康熙字典

강희
자전

解說者 | 草庵 田桂賢

一. 字典考證 자전고증
　 (誤謬修正 2,588處)

二. 字典補遺 자전보유
　 (收錄新字 1,861字)

三. 字典備考 자전비고
　 (收錄新字 5,489字)

四. 字典等韻 자전등운
　 (造成新字 230餘字)

明文堂

序 言(서 언)

유학(儒學)의 근본서(根本書)인 강희자전(康熙字典)의 오류(誤謬)를 자전고증정리(字典考證整理)의 제하(題下)에 2.588 처(處)의 오류(誤謬)를 세세(細細)히 밝혀 놓은 까닭은 글자가 품고 있는 의미이기 보다는 입증(立證)코자 전제(前提)시킨 결과(結果)서로서 이를 다시 재론(再論)하는 연유(緣由)는 유자(儒者)가 학문생활(學問生活)을 영위(營爲)함에 있어서 본서(本書)로 하여금 바르게 익히도록 인도(引導)하여 주려할 뿐이지 결코 유학(儒學)의 근본서(根本書)를 욕(辱)되게 하려거나 자전(字典) 제작진(製作陣)이신 총열관(總閱官) 찬수관(纂修官) 찬수겸교간관(纂修兼校刊官)에 종사(從事)하신 선유(先儒)의 이미지에 해(害)를 끼치고자 함은 더더욱 아니다.

특히 이에 자전보유(字典補遺; 字典 缺字 補充)와 자전비고(字典備考)를 한한자전(漢韓字典) 형식(形式)을 취하여 덧붙이고 등운(等韻)을 말미(末尾)에 더한 까닭은 자전고증(字典考證)과 더불어 초학(初學)들의 학문생활(學問生活)을 영위(營爲)함에 있어서 시야(視野)를 넓혀주려 기획(企劃)하였을 뿐이다.

다만 본서(本書)를 작성함에 있어서 워드(Microsoft Word) 한자자판(漢字字板)에서 결(缺)한 한자(漢字)는 구글(Google)과 다음(Daum)에서 취(取)하고 그에도 부족(不足)한 자(字)는 자체 조성(造成)으로 채워 이룩하여 두 웹싸이트(Web Site)에 심심(深甚)한 사의(謝意)를 표하는 바이다.

모쪼록 본서(本書)로 하여금 갈구(渴求)하는 학문(學問)하는이들의 등불이 되어주길 바릴뿐이다.

2020 년 4 월 21 일

草庵 田桂賢 序

凡　例

一. 자전고증(字典考證)

○康誤處 ; 강희자전(康熙字典)에서 오류(誤謬)를 범(犯)한 곳.

●考證 ; 자전고증(字典考證)에서 강희자전(康熙字典)의 오류(誤謬)를 수정(修正)한 내용.

◆整理 ; 오류수정(誤謬修正) 결과(結果).

◆訂正文 ; 수정(修正)시킨 결과(結果)

▶【1-1】字解誤謬與否 ; 오류(誤謬)의 지적(指摘).

★오류수정(誤謬修正)으로 인한 본의(本義)에 끼치는 영향.

二. 자전보유(字典補遺), 비고(備考)

○음미상(音未詳); 음(音)을 자세히 밝혀놓음이 없음.

○의미상(義未詳); 뜻을 자세히 밝혀놓음이 없음.

四. 등운(等韻)은 전체적으로 자전(字典) 본전(本典)과 보유(補遺) 비고(備考)에 수록되어 있지 않은 신자(新字)가 다수(多數) 포함되어 풀지 않고 최대한 원형(原形)대로 유지(維持)하였음.

五. 자전고증(字典考證)의 오류수정(誤謬修正) 2.588 처(處)라 함은 강희자전(康熙字典)의 오류처(誤謬處)임.

六. 　자전보유(字典補遺)의 수록신자(收錄新字)
　　　1.861 자(字)라 함은 강희자전(康熙字典) 원본
　　　(原本) 수록자(收錄字) 외의 신자(新字)임.

七. 자전비고(字典備考) 수록신자(收錄新字) 5.489
　　　자(字)라 함은 강희자전(康熙字典) 원본(原本)
　　　수록자(收錄字) 외의 신자(新字)임.

八. 자전등운(字典等韻) 조성신자(造成新字) 230 여
　　　자(字)라 함은 강희자전(康熙字典)과 자전보유
　　　(字典補遺) 자전비고(字典備考) 등 서(書)에는
　　　수록되어 있으나 한자(漢字) 자판(字板)을 비롯
　　　하여 변환 시킬 방법이 없는 신자(新字)를 자체
　　　(自體) 조성(造成)한 글자라 함임.

御製康熙字典序

易傳曰上古結繩而治後世聖人易之以書契百官以治萬民以察周
官外史掌達書名於四方保氏養國子教以六書而考文列於三重盖
以其為萬事百物之統紀而足以助流政教也古文篆隸随世遞變至
漢許氏始有說文然重義而略於音故世謂漢儒識文字而不識子母
江左之儒識四聲而不識七音七音之傳肇自西域以三十六字為母
從為四聲橫為七音而後天下之聲總於是焉嘗考管子之書所載五
方之民其聲之清濁高下各象其川原泉壤淺深廣狹而生故于五音
必有所偏得則能全備七音者鮮矣此歷代相傳取音者所以不能較
若畫一也自說文以後字書善者於梁則玉篇於唐則廣韻於宋則集
韻於金則五音集韻於元則韻會於明則洪武正韻皆流通當世衣被
後學其傳而未甚顯者尚數十百家當其編輯皆自謂毫髮無憾而後
儒推論輒多同異或所收之字繁省失中或所引之書濫疎無準或字
有數義而不詳或音有數切而不備魯無善兼美具可奉為典常而不
易者朕每念經傳至博音義繁賾據一人之見守一家之説未必能會
通罔缺也爰命儒臣悉取舊籍次第排纂切音解義一本說文玉篇兼
用廣韻集韻韻會正韻其餘字書一音一義之可採者靡有遺逸至諸
書引證未備者則自經史百子以及漢晉唐宋元明以來詩人文士所
述莫不旁羅博證使有依據然後古今形體之辨方言聲氣之殊部分
班列開卷了然無一義之不詳一音之不備矣凡五閱歲而其書始成
命曰字典於以昭同文之治俾承學稽古者得以備知文字之源流而
官府吏民亦有所遵守焉是為序
康熙五十五年閏三月十九日

　　　　日講官起居注翰林院侍講學士加五級臣陳邦彥奉
勅敬書

康熙十九年三月初九日

上諭南書房侍直大學士陳廷敬等朕留意典籍編定羣書比年以來如朱子全書佩文韻府淵鑑類函廣羣芳譜併其餘各書悉加修纂次第告成至於字學並關切要斋宜酌訂一書字彙失之簡略正字通涉於汎濫兼之各方風土不同南北音聲各異司馬光之類篇分部或有未明沈約之聲韻後人不無訾議洪武正韻雖多駁辯迄不能行仍依沈韻朕嘗參閱諸家究心考證凡蒙古西域洋外諸國多從字母而來音由地殊難以牽引大抵天地之元音發於人聲人聲之象形寄於點畫今欲詳略得中歸於至當增字彙之闕遺刪正字通之繁冗勒爲成書垂示永久爾等酌議式例具奏

康熙字典

總閱官

原任 文華殿大學士兼吏部尙書加三級臣張玉書

原任 經筵講官文淵閣大學士兼吏部尙書加二級臣陳廷敬

纂修官

原任 內閣學士兼禮部侍郎臣凌紹雯

原任 日講官起居注詹事府詹事兼翰林院侍讀學士臣史夔

原任 日講官起居注詹事府詹事兼翰林院侍讀學士臣周起渭

太僕寺卿加二級臣 王景曾

詹事府少詹事兼翰林院侍講學士加一級臣梅之珩

日講官起居注詹事府少詹事兼翰林院侍講學士加四級臣 蔣廷錫

日講官起居注翰林院侍讀學士加三級臣陳璋

翰林院侍讀學士加一級臣 汪氵隆

日講官起居注翰林院侍講學士加二級臣勵廷儀

日講官起居注翰林院侍講學士加五級臣陳邦彥

翰林院侍讀學士臣 張逸少

原任 翰林院侍讀加一級臣潘從律

原任 翰林院侍讀加一級臣朱啓昆

日講官起居注翰林院侍讀加一級臣趙熊詔

左春坊左諭德兼翰林院修撰加二級臣薄有德

原任 右春坊右中允兼翰林院編修臣吳世燾

翰林院編修臣 陳壯履

翰林院檢討加一級臣 劉師恕

翰林院編修加一級臣 萬經

翰林院編修臣 凃天相(

原任 翰林院編修加一級臣兪梅

原任 翰林院編修臣 劉巖

翰林院修撰加一級臣 王雲錦

原任 翰林院編修臣 賈國維

翰林院編修加一級臣 繆沅

翰林院編修加六級臣 蔣漣

原任 監察御史八品頂帶臣劉灝

纂修兼校刊官

日講官起居注翰林院侍讀加一級臣陳世倌

康熙字典凡例

一 六書之學自篆籀八分以來變為楷法各體雜出今古代異今一以說文
　　為主參以正韻不悖古法亦復便於楷書考證詳明體製醇確其或字彙
　　正字通中偏旁假借點畫缺略者悉為釐正

一 古韻失傳晉魏以降創為律韻行世雖其間遞有沿革然矩矱秩然不可
　　紊亂開口閉口音切迴殊輕脣重脣字母各別自洪武正韻一書為東冬
　　江陽諸韻併合不分矣今詳引各書音切而悉合之等韻辨析微茫集古
　　今切韻之大成合天地中和之元氣後之言音切者當以是為迷津寶筏
　　也

一 切韻有類隔通廣諸門最難猝辨正字通欲率用音和然於字母淵源茫
　　然未解以致幫滂莫辨曉匣不分貽誤後學為害匪淺今則悉用古人正
　　音其他俗韻槩置不錄

一 音韻諸書俱用翻切人各異見未可強同今一依唐韻廣韻集韻韻會正
　　韻為主同則合見異則分載其或此數書中所無則參以玉篇類篇五音
　　集韻等書又或韻書所無而經傳史漢老莊諸書音釋所有者猶為近古
　　悉行采入至如龍龕心鏡諸書音切類多臆見另列備考中不入正集

一 說文玉篇分部最為精密字彙正字通悉从今體改併成書總在便於檢
　　閱今仍依正字通次第分部閒有偏旁雖似而指事各殊者如娛字向收
　　日部今載火部隸字向收隶部今載雨部頴穎穎穎四字向收頁部今分
　　載水火禾木四部庶檢閱既便而義有指歸不失古人製字之意

一 字兼數音先詳考唐韻廣韻集韻韻會正韻之正音作某某讀次列轉音
　　如正音是平聲則上去入以次挨列正音是上聲則平去入以次挨列再
　　次列以叶音則一字數音庶無掛漏

一 字有正音先載正義再於一音之下詳引經史數條以為證據其或音同
　　義異則於每音之下分列訓義其或音異義同則於訓義之後又云某韻
　　書作某切義同庶幾引據確切展卷暸然

一 正音之下另有轉音俱用空格加一又字於上轉音之後字或通用則云
　　又某韻書與某字通再引書傳一條以為證據字或相同則云又某韻書
　　與某字同亦引書傳一條以實之其他如或作某書作某俱依此例至有
　　兩字通用則首一條云與某通次一條加一又字於上或有通至數字者
　　竝依此例

一 集內有或作某書作某者有與某字通與某字同者或通或同各有分辨
　　或作者顯屬二字偶爾假借也如禮祭法厲山氏之有天下也則烈或作
　　厲左傳晉侯見鍾儀問其族曰泠人也則伶或作泠書作者形體雖異本
　　屬一字也如花作華㣥作遂等類條分縷析各引經史音釋為證

一 集內所載古文除說文玉篇廣韻集韻韻會諸書外兼采經史音釋及凡子集字書於本字下既竝載古文復照古文之偏旁筆畫分載各部各畫詳註所出何書便於考證

一 正字通音訓每多繁宂重複今於音義相同之字止云註見某字不載音義庶幾詳略得宜不眩心目

一 引用訓義各以次第經之後次史史之後次子子之後次以雜書而於經史之中仍依年代先後不致舛錯倒置亦無層見疊出之弊

一 正字通所載諸字多有未盡今備采字書韻書經史子集來歷典確者竝行編入分載各部各畫之後上加增字以別新舊

一 正字通承字彙之譌有兩部疊見者如塋字則兩土兼存，羆字則网火互見他若虍部已收魌虒而斤日二部重載；舌部竝列甛′憩，而甘′心二部已收。又有一部疊見者，如酉部之酕′邑部之鄭，後先矛盾不可殫陳今俱考校精詳併歸一處

一 字有形體微分訓義各別者佩觿正譌等書辨之詳矣顧尚有譌以承譌諸家蒙混者如大部之奕與廾部之弈說文點畫迥殊舊註不加考校徒費推詳今俱細為辨析庶指事暸然不滋偽誤

一 正字通援引諸書不載篇名考之古本譌舛甚多今俱窮流溯源備載某書某篇根據確鑿如史記則索隱正義兼陳漢書則師古如淳竝列他若郭象註莊高誘註呂悉從原本不敢妄增其閒字有兩音音有兩義則竝采無遺如或有音無義有義無音則又寧缺無僞偶有參酌必用按字標明古書具在不可誣也

一 字彙補一書考校各書補諸家之所未載頗稱博雅但有字彙所收誤行增入者亦有正字通所增仍為補綴者其餘則專從海篇大成文房心鏡五音篇海龍龕手鑑搜眞玉鏡等書或字不成楷或音義無徵徒混心目無當實用今則詳考各書入之備考庶無以偽亂眞之弊

一 篆籀淵源猝難辨證正字通妄加釐正援引不倫累牘連篇使讀者瞢然莫辨今則檢其精確者錄之其泛濫無當者竝皆刪去不再駁辨以滋異議。

字典考證補遺備考等韻解說書 目次
자 전 고 증 보 유 비 고 등 운 해 설 서 목 차

字典考證 (자전고증)

康熙字典補遺(보유)

康熙字典備考(비고)

康熙字典等韻(등운)

[一]

字典考證
자전고증

(誤謬修正 2.588 處)

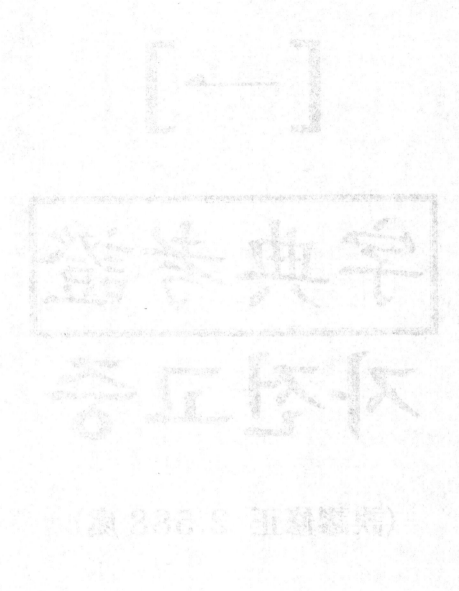

字典考證

臣奕繪 臣阿爾邦阿 臣王引之跪

奏爲重刊字典完竣輯錄考證一併進

呈仰祈

聖鑒事道光七年十二月經前任總理臣穆彰阿等
面奉

論旨康熙字典著交提調處先將原本校看再行刊
刻欽此臣等謹將書內

列聖廟諱

皇上御名敬謹缺筆在案嗣于七年八月前任總裁
臣玉麟等復面奉

論旨原刻字典內間有譌字今重加刊刻自應詳查
考據更正欽此臣等當卽督同提調及在館人員
敬謹辦理今全部校刊完竣謹分四十冊彙爲
六函恭呈

御覽其應帶往
盛京恭貯本二部照例辦理至應否陳設及
頒賞若干部之處仍另開單恭候

欽定遵奉施行欽惟
聖祖仁皇帝欽定是書體例精密考證賅洽誠字學之
淵藪藝苑之欂梁也其引據諸書蒐羅繁富自
經史諸子以及歷代詩人文士之所述莫不旁
搜博證各有依據凡閱五載全書告成惟是卷
帙浩繁成書較速纂輯諸臣迫於期限於引用
書籍字句間有未及詳校者臣等欽遵

論旨細檢原書凡字句譌誤之處皆照原文逐一校
訂其更正二千五百八十八條謹照原書十二
集輯爲考證十二冊分條註明各附案語總彙
二函恭繕進

呈伏候

欽定竊惟此次重刊字典詳校原本修改草樣覆勘
清樣恭閱正本逐條覈對簽檔紛繁辦理倍加
慎重謹查例載當開各館有
特交書籍纂辦者書成時如有格外出力之員應該
館臣酌量保奏各等語此次書成與他館移交

刊刻者不同今全書校刊已經四載其閭奔走
承值收發校對繕錄各微員應擇其勤奮者量
予甄敘又道光八年七月恭校
聖訓陳設本一百一十卷完竣彼時奏明將功課存記
彙算今擬併計考覈除臣等總裁幷提調官詹
事府左春坊左中允王炳瀛翰林院侍讀學士
祝慶蕃及總纂纂修協修均不敢仰邀議敘外
所有校錄收掌供事及監造董率匠役之筆帖
式柏唐阿可否照歷屆議敘之例由臣等覈計
功課分別等第移咨吏部內務府給予優敘以
示鼓勵之處出自
皇上逾格
恩施如蒙
俞允臣等詳覈功課移咨辦理是否有當伏乞
訓示施行謹
　奏
　　再查臣館供事多係自備資斧當差此次重刊
　　字典其在館鈔記簽檔承值奔走者臣等未敢
　　悉予保奏惟擇其專司承發格外出力者謹遵
　　歷屆議敘之例酌量保奏查得議敘間用之先
　　選用之從九品席丙周鵬展二員前因校刊
聖訓告成奏准先選在案今又承辦字典始終奮勉實
　　係尤為出力該二員班次無可再加合無仰懇
天恩俯准將該供事二員以應選之巡檢遇有缺出
　　不論雙單月卽予選用以示鼓勵出自
皇上恩施謹
　奏
　　道光十一年三月二十九日具奏本日奉
上諭奕繪等奏重刊字典完竣輯錄考證一併進呈
　一摺所有校錄收掌供事及監造督率匠役之筆
　帖式柏唐阿著准其照歷屆議敘之例覈計功課
　分別等第給予優敘至另片奏尤為出力之供事
　候選從九品席丙周鵬展二員著以應選之巡檢
　遇有缺出不論雙單月卽予選用以示鼓勵該部
　知道欽此

字典子集上考證

一 部 二畫

⚗丈(장)[唐韻]直兩切[集韻][韻韻][韻會]雉兩切[正韻]呈兩切𠀤長上聲十尺曰丈[前漢律歷志]十分爲寸十寸爲尺十尺爲丈十丈爲引又[左傳昭二十三年以令役於諸侯屬役賦丈(疏)屬聚下役課賦尺丈又[哀元年]廣丈高倍(註)壘厚一丈高二丈　又[禮曲禮]若非飮食之客則布席席閒函丈[註]函客也又長老之稱[易師卦]師貞丈人吉又朋友尊稱[長編]富鄭公稱范文正公曰范十二丈　又釋氏所居曰方丈[杜甫詩]方丈渾連水　又[杜甫詩]百丈牽來上瀨船[註]百丈牽船筏也　[說文]从又持十俗加點非[正譌]丈借爲扶行之杖老人特杖故曰丈人別作杖通

【 오류 정리 】

○康誤處 1;[左傳昭二十三年(改三十二年)]以令役於諸侯屬役賦丈

●考證 ; 謹照原文二十三年改三十二年)

◆整理 ; [左傳昭(좌전소) 二十三年(이십삼년)은　三十二年(삼십이년)의] 착오.

◆[訂正文] ; [左傳昭三十二年]以令役於諸侯屬役賦丈

▶【1-1】字解誤謬與否 ; [左傳昭二十三年(改三十二年)]以令役於諸侯屬役賦丈 [左傳昭二十三年(改三十二年)]

★이상과 같이 인용처(引用處)나 주소(註疏)의 오류(誤謬)를 수정(修訂)을 한다 하여도 자전상(字典上)의 장(丈)의 본의(本義)에는 영향이 미치지 않음.

○康誤處 2;[杜甫詩]百丈牽來(改誰家)上瀨船

●考證 ; 謹照原文牽來改誰家

◆整理 ; [杜甫詩(두보시)]의 牽來(견래)는 誰家(수가)의 착오.

◆[訂正文] ; [杜甫詩]百丈誰家上瀨船

▶【2-2】字解誤謬與否 ; [杜甫詩]百丈牽來(改誰家)上瀨船 [牽來(改誰家)]

★이상과 같이 오류(誤謬) 수정(修訂)이 된다 하여도 수가(誰家; 뉘집. 누구. 어떤 사람)는 자전상(字典上) 장(丈)의 본의(本義)에는 영향이 미치지 않음.

○康誤處 3;[杜甫詩][註]百丈牽船筏(改篾)　[筏(改篾)]

●考證 ; 謹照原註筏改篾

◆整理 ; [杜甫詩註(두보시주)]의 筏(벌)은 篾(멸)의 착오.

◆[訂正文] ; [杜甫詩][註]百丈牽船篾

▶【3-3】字解誤謬與否 ; [杜甫詩][註]百丈牽船筏(改篾) [牽船筏(改篾)]

★ 이상과 같이 오류(誤謬) 수정(修訂)이 된다 하여도 ○백장(百丈; 배를 끄는 바줄)을 ○멸(篾; 대껍질)로 만들었다는 수식어일뿐 멸(篾)이 자전상(字典上) 백장(百丈) 본의를 변질시킬 수 없음.

⚗上(상) [廣韻][集韻][韻會][正韻]𠀤時亮切音尙在上之上對下之稱崇也尊也[易乾文言] 本乎天者親上 [廣韻]君也太上極尊之稱[蔡邕 獨斷]上者尊位所在但言上不敢言尊號　又上日[書舜典]正月上日(註)孔氏曰上日朔日也葉氏曰上旬之日曾氏曰如上戊上辛上丁之類　又姓漢上雄明上觀上志又上官複姓　又[唐韻]時掌切[集韻][韻會][正韻]是掌切竝尙上聲登也升也自下而上也[易需卦]雲上于天[禮曲禮]拾級聚足 連步以上　又進也[前

漢東方朔傳]朔上三千奏牘　又與尙通
[詩魏風]上愼旃哉[前漢賈誼傳]上親
上齒上賢上貴　又[匡衡傳]治天下者
審所上　又[韻補]叶辰羊切音常[楚辭
九懷]臨淵兮汪洋顧林兮忽荒修予兮袿
衣騎電兮忽上治天下者審所上　又[韻
補]叶辰羊切音常[楚辭九懷]臨淵兮汪
洋顧林兮忽荒修予兮袿衣騎電兮忽上
又叶時刃切音愼[王微觀海詩]照本苟
不昧在末理知瑩忽乘搏角勢超騰送崖
上　又叶矢忍切音審[郭璞遊仙詩]翹
首望太淸朝雲無增景雖欲思陵化龍津
未易上　[說文]上高也指事時掌切○
按字有動靜音諸韻皆以上聲是掌切爲
升上之上屬動去聲時亮切爲本在物上
之上屬靜今詳說文上聲上字高也是指
物而言則本在物上之上亦作上聲矣依
諸韻分動靜音爲是後倣此

【 오류 정리 】

○康誤處 1；[楚辭九懷]臨淵兮汪洋顧
林兮忽荒修予兮袿衣騎電(改騎霓)兮忽
上(改南上)

●考證 ； 謹照原文騎電改騎霓忽上改
南上)

◆整理 ； [楚辭九懷(초사구회)]에서
騎電(기전)은 騎霓(기선). 忽上(홀상)
은 南上(남상)의 착오.

◆訂正文 ； [楚辭九懷]臨淵兮汪洋顧
林兮忽荒修予兮袿衣騎霓兮南上

▶ 【4-1】 字解誤謬與否 ； [楚辭九懷]
臨淵兮汪洋顧林兮忽荒修予兮袿衣騎
電(改騎霓)兮忽上(改南上) [騎電(改騎
霓)] [忽上(改南上)]

★이상과 같이 오류(誤謬) 수정(修訂)
이 된다 하여도 기선혜남상(騎霓兮南
上; 무지개를 타고서 남쪽으로 오르
네) 자전상(字典上) 상(上)의 본의
(本義)에는 영향이 미치지 않음.

康 **下** (하) [唐韻]胡雅切[集韻][韻

會][正韻]亥雅切𡘋遐上聲在下之下對
上之稱[易乾文言]本乎地者親下　又
[說文]底也[玉篇]後也又賤也　又[儀
禮士相見禮]始見于君執摰至下[鄭註]
下謂君所[賈疏]不言所而言下者凡臣
視袷已下故言下也　又[集韻][韻會]
𡘋亥駕切遐去聲[正韻]降也自上而下
也[易屯卦]以貴下賤[詩序]君能下下
又[爾雅釋訓]下落也[邢疏]下者自上
而落也草曰零木曰落　又去也[周禮夏
官司士]歲登下其損益之數　又[韻補]
叶後五切音戶[詩召南]于以奠之宗室
牖下與女叶[吳棫曰]毛詩下字一十有
七陸德明皆此讀[陳第古音考]與吳同
又叶胡佐切音賀[曹丕寡婦賦]風至
兮淸厲陰雲曀兮雨未下伏枕兮忘寐逮
乎朝兮起坐

【 오류 정리 】

○康誤處 1；[爾雅釋訓(改釋詁)]下落
也

●考證 ； 謹照原書釋訓改釋詁

◆整理 ； 爾雅(이아)의 釋訓(석훈)
은 釋詁(석고)의 착오.

◆訂正文 ； [爾雅釋詁]下落也

▶ 【5-1】 字解誤謬與否 ； [爾雅釋訓
(改釋詁)]下落也 [爾雅釋訓(釋詁；
誤)]

★이상과 같이 인용처(引用處)나 주
소(註疏)의 오류(誤謬)를 수정(修訂)
을 한다 하여도 자전상(字典上)의 하
(下)의 본의(本義)에는 영향이 미치지
않음.

一 部 三畫

康 **不** (불) [韻會][正韻]𡘋逋沒切補
入聲不然也不可也未也[禮曾子問]葬
引至于壙日日有食之則有變乎且不乎
又[周禮夏官]服不　氏掌養猛獸而敎擾
之(註)服不服之獸者　又[廣韻][韻會]
𡘋分物切與弗同今吳音皆然　又[韻

會]俯九切音缶與 可否之否通[說文]
鳥飛上翔不下來也从一一猶天也象形
又[玉篇]甫負切[廣韻]甫救切竝缶
去聲義同 又[廣韻]甫鳩切[集韻][韻
會][正韻]方鳩切竝音浮夫不鶉也亦作
鴀鴀[爾雅釋鳥]鶉其鴀鴀[邢疏]陸璣
云今小鳩也一名鵻鳩幽州人或謂鷱鴀
梁宋閒謂之佳楊州人亦然 又未定之
辭也[陶潛詩]未知從今去當復如此不
又姓[晉書]汲郡人不準○按正字通 云
不姓之不轉注古音音彪 又[正韻]芳
無切與柎通花萼跗也 [詩小雅]鄂不韡
韡[鄭箋]承華者鄂也不當作柎鄭樵曰
不象萼蔕形與胊通[陸璣詩疏]柎作跗
[束皙補亡詩]白華絳趺[唐詩]紅萼青
趺皆因之 又華不注山名在濟南城 東
北[左傳成二年]晉卻克戰于鞌齊師敗
績逐之三周華不注[伏琛齊記]引摯虞
畿服經不與詩鄂不之不同李白詩玆山
何峻秀綵翠如芙蓉蓋因華跗而比擬之
胡傳讀不如卜非又[古詩日出出東南隅
行]使君謝羅敷還可共載不羅敷前致辭
使君亦何愚使君自有婦羅敷自有夫○
按愚當讀若吾疑模切與敷不夫叶敷不
夫本同模韻正字通不改音符叶夫愚非
是 又與丕同[書大誥]爾丕克遠省 馬
融作不[秦詛楚文]不顯大神巫咸[秦
和鐘銘]不顯皇祖竝與詩周頌不顯不承
同不顯不承猶書云丕顯丕承也 又[韻
補]叶補美切音彼[荀子賦論篇]簡然易
知而致有理者與君子所敬而小人所不
者與[註]謂小人所鄙也 [正字通]不
字在入聲者方音各殊或讀逋入聲或讀
杯入聲司馬光切韻圖定爲逋骨切今北
方讀如幫鋪切雖入聲轉平其義則一也

【 오류 정리 】

○康誤處 1; [禮曾子問]葬引至于堩
日日(省下日字)有食之
●考證; 謹照原文省下日字
◆整理; [禮曾子問(예증자문)]의 日日

有食之(일일유식지)는 日有食之(일유
식지)의 착오.
◆訂正文 ; [禮曾子問]葬引至于堩
日有食之
▶【6-1】字解誤謬與否 ;[禮曾子問]
葬引至于堩日日(省下日字)有食之 [日
日(省下日字)]
★이상과 같이 두 일(日) 중 하나를
삭제하여도 자전상(字典上) 불(不)의
의미에는 영향이 미치지 않음.

○康誤處 2; [荀子賦論(省論字)篇]
●考證 ; 謹照原書省論字
◆整理 ; 荀子賦論篇(순자부론편)은
荀子賦篇(순자부편)의 착오.
◆訂正文 ; [荀子賦篇]
▶【7-2】字解誤謬與否 ; [荀子賦論
(省論字)篇] [賦論(省論字)篇]
★이상과 같이 인용처(引用處)의 오
류(誤謬) 수정이 자전상(字典上) 불
(不) 본의에는 영향이 미치지 않음.

○康誤處 3; [註]謂(改爲)小人所鄙
也
●考證 ; 謹照原文無此註改爲小人所
鄙也)
◆整理 ; [註]謂小人所鄙也에서 謂
(위)는 爲(위)의 착오
◆訂正文 ; [註]爲)小人所鄙也
▶【8-3】字解誤謬與否 ; [註]謂(改
爲)小人所鄙也 [謂(改爲)]
★이상과 같이 오류(誤謬) 수정(修訂)
이 된다 하여도 위(爲; 하다. 돕다.
보위 하다….에게….를 위하여)는
자전상(字典上) (不)의 본의(本義)에는
영향이 미치지 않음.

一 部 五畫

康丞(승)[廣韻]署陵切[集韻][韻
會]辰陵切[正韻]時征切竝音承[玉篇]

繼也[廣韻]佐也[正韻]副貳也[禮文王世子]虞夏商周有師傅有疑丞　又[戰國策]堯有九佐舜有七友禹有五丞湯有三輔又[前漢百官表]丞相秦官金印紫綬掌丞天子助理萬機(註)應劭曰丞者承也相者助也　又[前漢淳于長傳]扶丞左右甚有甥舅之恩　又[宋史天文志]紫微垣西蕃七星第七星爲上丞東蕃八星第八星爲少丞　又與承通[史記張湯傳]於是丞上指今本或作承　又[廣韻]常證切承去聲縣名在沂州匡衡所居　又[韻補]叶之郢切與拯通[揚雄羽獵賦]丞民於農桑

【 오류 정리 】

○康誤處 1;[禮文王世子]虞夏商周有師傅(改師保)有疑丞

●考證;謹照原文師傅改師保

◆整理;[禮文王世子]에서 師傅(사전)은 師保(사보)의 착오.

◆訂正文;[禮文王世子]虞夏商周有師保有疑丞

▶【9-1】字解誤謬與否;[禮文王世子]虞夏商周有師傅(改師保)有疑丞 [師傅(改師保)]

★이상과 같이 오류(誤謬) 수정(修訂)이 된다 하여도 사보(師保;지난날 황태자를 보좌하고 교육시키던 관리)인데 자전상(字典上) 승(丞)의 본의(本義)에는 영향이 미치지 않음.

丨 部 二畫

康 个 (개)[廣韻][正韻]古賀切[集韻]居賀切𠀤歌去聲枚也[儀禮大射儀]司射入于次搢三个挾一个 又一人曰一个[左傳昭三年]齊公孫竈卒晏子曰又弱一个焉 又物數[周禮冬官考工記]廟門容大局七个(註)每个長三尺 又四面偏室[禮月令]孟春天子居靑陽左个季春居右个(註)明堂旁舍也 又[禮檀弓]有若曰國君七个遣車七乘大夫五个遣車五乘(註)个謂所包遣奠牲體臂臑也折爲七段五段以七乘五乘遣車載之 又通作介獨 也偏也[莊子養生 主]是何人惡乎介也天之生是使獨也(註)介謂刖一足者[史記張耳陳餘傳]獨介居河北(註)介特也竝與个通[書秦誓若有一介臣[大學]作一个臣[左傳襄八年]一介行李卽一个又[昭二十八年]君亦不使一个辱在寡人卽一介互通 又[集韻]古案切與幹同射侯舌也[周禮冬官考工記]梓人爲侯上兩个與其身三下兩个半之(註)上个最上幅也射侯之制 上廣下陿自棲鵠而上以侯爲三分身居中兩个爲兩邊其大小皆同自鵠而下則其身與上身同而兩邊惟得其半蓋下陿也 又[六書本義]个竹一枝也[史記貨殖傳]竹竿萬个从竹省半爲意[韓愈合江亭詩]栽竹逾萬 个竝與箇同

【 오류 정리 】

○康誤處 1;[儀禮大射儀]司射入于次搢三个(省个字)挾一个

●考證;謹照原文搢三下省个字

◆整理;儀禮大射儀(의례대사의)에서 三个(삼개)의 个(개)는 삭제.

◆訂正文;[儀禮大射儀]司射入于次搢三挾一个

▶【10-1】字解誤謬與否;[儀禮大射儀]司射入于次搢三个(省个字)挾一个 [个(省个字)]

★이상과 같이 삭제(削除) 한다 하여도 개(个;양사(量辭) 개.명.사람)는 자전상(字典上) 개(个)의 본의(本義)에 영향을 끼치지 않음.

丨 部 三畫

康 中 (중)[唐韻]陟弓切[集韻][韻會][正韻]陟隆切𠀤音忠[書大禹謨]允執厥中[周禮地官大司徒以五禮防民僞而敎之中[左傳成十三年]劉子曰民受天地之中以生 又[左傳文元年]擧正

於中民則不惑(註)舉中氣也 又司中星名在太微垣[周禮春官大宗伯]以栖燎祀司中司命飌師雨師 又[前漢律歷志]春爲陽中萬物以生秋爲陰中萬物以成 又中央四方之中也[書召誥]王來紹上帝自服于土中(註)洛爲天地之中[班固東都賦]宅中圖大 又正也[禮儒行]儒有衣冠中[周禮春官司刺]以刺宥三法求民情斷民中施上服下服之罪(註)斷民罪使輕重得中也 又 心也[史記韓安國傳]深中寬厚 又內 也[易坤卦]黃裳元吉美在中也 又[老子道德經]多言數 窮不如守中 又半也[列子力命篇] 得亦中亡亦中[魏志管輅傳]鼓一中 (註)猶言鼓一半也 又成也[禮禮器]因名山升中于天(註)中猶成也燔柴祭天告以諸侯之成功也 又滿也[前漢百官表]制中二千石(註)謂滿二千石也[索隱]漢制九卿已上秩一歲滿二千石又穿也[周禮冬官考工記]中其莖(註)謂穿之也 又盛算器[禮投壺]主人奉 矢司射奉中(註)士鹿中大夫兕中刻木如兕鹿而伏背上位圜圈以盛算也 又[禮深衣註]衣有表者謂之中衣與衷通 又俚語以不可爲不中[蕭參希通錄]引左傳成公二年無能爲役杜預註不中爲之役使 又[禮鄉飲酒義]冬之爲言中也中者藏也 又姓漢少府卿中京 又中行中英中梁中壘中野皆複姓 又[廣韻][集韻][韻會]竹陟仲切音妕矢至的曰中[史記周本紀]養由基去柳葉百步射之百發百中 又著其中曰中[莊子達生篇]中身當心則 爲病猶醫書中風中暑是也 又要也[周禮天官]凡官府鄉州及都鄙之治中受而藏之(註)謂治職簿書之要也 又應也[禮月令]律中大簇(註)中猶應也 又合也[左傳定元年]季孫曰子家亟言於我未嘗不中吾志也 又[類篇][正韻]竹直衆切與 仲通[禮月令]中呂卽仲呂 又讀作得[周

禮地官]師氏掌國中失之事(註)故書中爲得陸德明云中杜音得 又[韻補]叶陟良切音章師古曰古讀中爲章[吳志胡綜傳黃龍大牙賦]四靈旣布黃龍處中周制日月是日太常 又叶諸仍切音征[劉貢父詩話]關中讀中爲烝 [詩大雅]泉之竭兮不云自中叶上頻[班固高祖泗水亭碑]天期乘祚受爵漢 中叶下秦古東韻與庚陽通 俗讀中酒 之中爲去聲中興之中爲平聲○按魏志徐邈傳邈爲尚書郎時禁酒邈私飲沈醉趙達問以曹問以曹事曰中聖人時謂酒淸爲聖人濁者爲賢人蘇軾詩公特未知其趣耳臣今時復一中之則中酒之中亦可讀平聲通鑑周宣王成中興之名註當也杜詩今朝漢社稷新數中興年則中興之中亦可讀去聲

【 오류 정리 】

○康誤處 1; [班固東都賦(改張衡東京賦)]宅中圖大
●考證 ; 謹照原書改張衡東京賦
◆整理 ; 班固東都賦(반고동도부)는 張衡東京賦(장형동경부)의 착오.
◆訂正文 ; [張衡東京賦]宅中圖大
▶【11】 字解誤謬與否 ; [班固東都賦(改張衡東京賦)]宅中圖大 [班固東都賦(改張衡東京賦)]
★이상과 같이 인용처(引用處)의 오류(誤謬) 수정(修訂)으로 인한 자전상(字典上) 중(中)의 본의(本義)에는 어떠한 영향도 끼치지 않음.

○康誤處 2; [周禮春官(改秋官)司刺]以刺宥三法求民(改此三法者求民)情斷民中
●考證 ; 謹照原文春官改秋官以刺宥三法求民情改以此三法者求民情
◆整理 ; 周禮春官(주례춘관) 中 春官(춘관)은 秋官(추관)의 착오이며, 三法求民(삼법구민)은 以此三法者求民

情(이차삼법자구민정)의 착오.
◆訂正文 ; [周禮秋官司刺]以此三法者求民情斷民中
▶ 【12-2】 字解誤謬與否 ; [周禮春官(改秋官)司刺]以刺宥三法求民(改以此三法者求民)情斷民中 [春官(改秋官)] [三法求民(改此以三法者求民)]
★이상과 같이 인용처(引用處)의 오류(誤謬)를 수정(修訂)을 한다 하여도 자전상(字典上)의 중(中)의 본의(本義)에는 영향이 미치지 않으며, 삼법자구민(此三法者求民; 세 번 꾸짖고 세 번 양해하고 세 번 용서하여 백성을 구한다. 고대삼자(古代三刺; 세 번 꾸짖다) 삼유(三宥)세 번 양해하고) 삼사(三赦; 세번 용서한다)之法的合称 [周禮秋官司刺]司刺掌三刺三宥三赦之法以贊司寇听獄訟以此三法者求民情斷民中而施上服下服之罪然后刑殺 역시 중(中)의 본의(本義)에는 영향이 미치지 않음.

○康誤處 3; [易坤卦]黃裳元吉美在中也(改文在中也)
●考證 ; 謹照原文美在中也改文在中也
◆整理 ; 美在中也(미재중야)는 文在中也(문재중야)의 착오.
◆訂正文 ; [易坤卦]黃裳元吉文在中也
▶ 【13-3】 字解誤謬與否 ; [易坤卦]黃裳元吉美在中也(改文在中也) [美在中也(改文在中也)]
★이상과 같이 오류(誤謬) 수정(修訂)이 된다 하여도 문재중야(文在中也; 문채는 가운데 있다)는 자전상(字典上) 중(中)의 본의(本義)에는 영향이 미침.

○康誤處 4; [周禮天官(改春官)]凡官府鄉州及都鄙之治中受而藏之

●考證 ; 謹照原書天官改春官
◆整理 ; 周禮天官(주례천관) 중 天官(천관)은 春官(춘관)의 착오.
◆訂正文 ; [周禮春官]凡官府鄉州及都鄙之治中受而藏之
▶ 【14】 字解誤謬與否 ; [周禮天官(改春官)]凡官府鄉州及都鄙之治中受而藏之 [天官(改春官)]
★이상의 인용처(引用處)의 오류(誤謬) 수정(修訂)은 자전상(字典上) 중(中)의 본의(本義)에는 영향을 끼치지 않음.

丨部 四畫

康屮 (관) [廣韻] [集韻] [韻會] [正韻]芔古患切音慣同卝 [詩齊風]總角丱兮 [鄭傳]總角聚兩髦也 卝幼稚 也 [朱傳]卝兩角貌 又[廣韻]呼瞀切[韻會]合猛切[正韻]胡猛切並同礦互詳卜部卝字石部礦字註○按正韻上聲梗韻礦亦作卝去聲諫韻卝亦作丱字彙屮為總角之屮卝為銅錫礦之屮屮卝分而為二非

【 오류 정리 】

○康誤處 1; [詩齊風] 總角丱兮[鄭傳(改毛傳)]總角聚兩髦也
●考證 ; 謹照原書鄭傳改毛傳
◆整理 ; [詩齊風(시제풍)] 중 [鄭傳(정전)]은 毛傳(모전)의 착오.
◆訂正文 ; [詩齊風] 總角丱兮[毛傳]總角聚兩髦也
▶ 【15-1】 字解誤謬與否 ; [詩齊風]總角丱兮[鄭傳(改毛傳)]總角聚兩髦也 [鄭傳(改毛傳)]
★이상의 인용처(引用處) 오류(수정으로 인한 자전상(字典上) 관(屮)의 본의(本義)에는 영향이 미치지 않음.

丶部 四畫

康主 (주) [唐韻]之庾切[集韻][韻

會][正韻]腫庾切𡘷音塵君也[董仲舒
賢良策]行高而恩厚知明而意美愛民而
好士可謂誼主矣[呂氏春秋]朝臣多賢
左右多忠如此者國日安主日尊天下日
服此所謂吉主也　又大夫之臣稱其大
夫曰主[左傳昭二十八年]成鮒對魏舒曰
主之舉也近文德矣　又天子女曰公主
周制天子嫁女諸侯不自主婚使諸侯同
姓者主之故謂之公主　又賓之對也[禮
檀弓]賓爲賓焉主爲主焉又[左傳僖三
十年]燭之武見秦伯曰若舍鄭以爲東道
主(註)鄭在秦之東也　又宰也守也宗也
[易繫 辭]樞機之發榮辱之主也　又神
主宗廟立以棲神用栗木爲之[春秋傳]
虞主用桑練主用栗又匰主[周禮春官]
司巫掌羣巫之政令祭祀則供匰主(註)主
神所依也匰盛主之器　又[禮曲禮]居
不主奧(疏)主猶坐也　又[晉語]陽子剛
而主能(註)上也　又姓隋主冑明主問禮
　又主父複姓　又[正韻]陟慮切同注
[荀子宥坐篇]主量必平似法(主)同注

【 오류 정리 】

○康誤處 1; [左傳昭二十八年]成鮒
(改成鱄)對魏舒曰主之舉也近文德矣
●考證 ; 謹照原文成鮒改成鱄
◆整理 ; 左傳(좌전) 中 成鮒(성부)는
成鱄(성전)의 착오.
◆訂正文 ; [左傳昭二十八年]成鱄對
魏舒曰主之舉也近文德矣
▶ 【16-1】字解誤謬與否 ; [左傳昭
二十八年]成鮒(改成鱄)對魏舒曰主之
舉也近文德矣 成鮒(改成鱄)
★이상의 오류(誤謬) 수정으로 인한
성전(成鱄; 인명(人名). 左傳昭二十八
年]成鱄對魏舒曰主之舉也近文德矣)은
자전상(字典上) 주(主)의 본의(本義)
에는 영향이 미치지 않음.

ノ 部 三畫

康之(지)[唐韻][正韻]止而切[集

韻][韻會]眞而切𡘷音枝[說文]出也象
艸過屮枝莖益大有所之一者地也[玉
篇]是也適也往也[禮檀弓]延陵季子曰
若䰟氣則無不之也　又於也[禮大學]
之其所親愛而辟焉(註)之適也[朱傳]猶
於也　又語助辭[書金縢]禮亦宜之[禮
文王世子]冬亦如之[正字通]凡之字或
句中或語尾或層出如毛詩我之懷矣共
武之服及女曰 雞鳴章知子之來之六句
九之字常華章左之左之六句八之字可
以例推　又至也[詩鄘風]之死矢靡他
　又遺也[揚子法言]或問孔子知其道
之不用也則載而惡乎之曰之後世君子
(註)言行道者 貴乎及身乃載以遺後世
又姓出[姓苑]　又[郝敬讀書通]凡言
之者物有所指事有所屬地有所往連屬
之辭也通作旃[詩唐風]舍旃舍旃又[魏
風]上愼旃哉𡘷與之同通作至往彼曰之
到此曰至音義互通　又[韻補]叶職流
切音周[楚辭九章]呂望屠於朝歌兮甯
戚歌而飯牛不逢堯舜與桓繆兮世孰云
而知之叶上牛下求　[周伯琦曰]古人
因物制字如之本芝草乎本吁氣焉本鳶
後人借爲助語助語之用旣多反爲所奪
又制字以別之乃有芝字吁字鳶字

【 오류 정리 】

○康誤處 1; [禮文王世子]冬亦如之
(改秋冬亦如之)
●考證 ; 謹照原文改秋冬亦如之
◆整理 ; 文王世子(문왕세자)中 冬亦
如之(동역여지)는 秋冬亦如之(추동역
여지)의 착오.
◆訂正文 ;[禮文王世子]秋冬亦如之
▶ 【17-1】字解誤謬與否 ; [禮文王
世子]冬亦如之(改秋冬亦如之) [冬亦
如之(改秋冬亦如之)]
★이상과 같이 오류(誤謬) 수정(修訂)
이 된다 하여도 추(秋; 가을)는 자전
상(字典上) 지(之)의 본의(本義)에
영향이 미치지 않음.

乙部 十二畫

康亂(란) [唐韻]郞段切[集韻][韻會][正韻]盧玩切쏦攣去聲紊也[爾雅釋詁]亂治也[說文]从乙乙治之也[玉篇]理也[書皐陶謨]亂而敬[孔傳]有治而能敬謹又[盤庚]亂越我家[梓材]厥亂爲民[洛誥]四方迪亂亂爲四輔[立政]丕乃俾亂之類皆訓治也 又不治也凡事物不理皆曰亂[爾雅釋訓]夢夢訰訰亂也[書周官]制治於未亂[周禮秋官]司虣掌憲布之禁令禁其鬥囂與其虣亂 又兵寇也 又事未定之時[禮檀弓]仲梁子曰夫婦方亂(註)喪次男女哭位未成列也 又樂之卒章曰亂[論語]關睢之亂又古賦末皆有亂總一賦之終發其要指也 又[爾雅釋水]水正絶流曰亂(註)橫流而濟之也(書禹貢)亂于河[詩大雅]涉渭爲亂 又[韻補]叶力眷切音戀[揚雄交州牧箴]周公攝阼白雉自獻昭王陵遲周室昏亂 又叶力敬切变去聲[揚戲李正方贊]不協不和忘節言亂疾終惜始實惟厥性

【 오류정리 】

○康誤處 1;[周禮秋官(改地官)]司虣掌憲布(改憲市)之禁令

●考證；謹照原書秋官憲布改憲市

◆整理；周禮秋官(주례추관) 중 秋官(추관)은 地官(지관). 憲布(헌포)는 憲市(헌시)의 착오.

◆訂正文；[周禮地官]司虣掌憲市之禁令

▶【18-1】字解誤謬與否；[周禮秋官(改地官)]司虣掌憲布(改憲市)之禁令 [秋官(改地官)] [憲布(改憲市)]

★이상과 같이 인용처(引用處) 주소(註疏) 등(等)의 오류(誤謬)를 수정(修訂)을 한다 하여도 자전상(字典上)의 란(亂)의 본의(本義)에는 영향이 미치지 않으며, 시(市;저자. 도시. 매매) 역시 란(亂)의 본의(本義)에는 영향이 미치지 않음.

亅部 七畫

康事(사) [唐韻]鉏吏切[集韻][韻會]仕吏切쏦音示大曰政小曰事[廣韻]使也立也由也[釋名]事偉也偉立也凡所立之功也[書大禹謨]三事正德利用後生 又[詩小雅]三事大夫莫肯夙夜[註]三公也 又[詩大雅]三事就緒[註]三農之事也 又奉也[禮曲禮]年長以倍則父事之 又營也治也[史記曹參世家]卿大夫以下吏及賓客見參不事事 又[廣韻][類篇]쏦側吏切事刄與倳剚同別見人部倳字註 又[韻補]叶逝支切音時[蔡邕詞]帝曰休哉命公三事乃耀柔嘉是式百司 又叶詩紙切音始[詩召南]于以用之公侯之事叶泚 又叶疎語切書上聲[韓非子揚權篇]使雞司夜令狸執鼠皆用其能上乃無事 又叶常御切音樹[易林]雖慍不去復職內事

【 오류 정리 】

○康誤處 1;[書大禹謨]三事正德利用後生(改爲六府三事允治)

●考證；謹按後字誤刊三事與下文六字亦不連謹照原文改爲六府三事允治

◆整理；書大禹謨(서대우모) 중 三事(삼사) 아래 6자인 正德利用後生(정덕리용후생)은 六府三事允治(육부삼사윤치)의 착오.

◆訂正文；[書大禹謨]三事六府三事允治

▶【19-1】字解誤謬與否；[書大禹謨]三事正德利用後生(改爲六府三事允治) [三事正德利用後生(改爲六府三事允治)]

★이상과 같이 오류(誤謬) 수정(修訂)이 되면 ○육부(六部:금, 목, 수, 화, 토, 곡(穀) ○삼사(三事;정덕(正

德), 이용(利用), 후생(厚生) ○윤치(允治; 잘 다스려 지다)가 되는데 자전상(字典上) 사(事)의 본의(本義)에 적극 영향이 미치게 됨.

二 部

康 二 (이) [唐韻] [集韻] [韻會] [正韻]耴而至切音樲地數之始卽偶之兩畫而變之也[易繫辭]分而爲二以象兩[左傳定四年]衞侯將會使祝佗從佗曰若又供二招大罪也[註]謂兼二職[荀子議兵篇]權出於一者强權出於二者弱[史記韓信傳]功無二於天下[前漢嚴助傳]詔曰子在朕前之時知略輻輳以爲天下少雙海內寡二　又巽二風神名　又古貨布文帝字見[六書略]二字上下畫均齊上畫短者乃古文上字也今相仍上短下長作二字非

【 오류 정리 】

○康誤處 1; [左傳定四年]衞侯將會使祝佗從佗曰若又供(改共)二招(改徹)大罪也

●考證 ; 謹照原文供改共招改徹

◆整理 ; [左傳定四年(좌전정사년)]의 供(공)은 共(공), 招(초)는 徹(요)의 착오.

◆訂正文 ; [左傳定四年]衞侯將會使祝佗從佗曰若又共二徹大罪也

▶ 【20-1】字解誤謬與否 ; [左傳定四年]衞侯將會使祝佗從佗曰若又供(改共)二招(改徹)大罪也 [供(改共)] [招(改徹)]

★이상과 같이 오류(誤謬) 수정(修訂)이 되면 공이요(共二徹; 두가지 직무를 수행한 뒤)라 자전상(字典上) 이(二)의 본의(本義)에 적극 영향이 미치게 됨.

二 部　一畫

康 于 (우) [唐韻]羽俱切[集韻] [韻會] [正韻]雲俱切𠀑音迂[爾雅釋詁]于曰也　又往也[書大誥]民獻有十夫予翼以于[詩小雅]王于出征　又[儀禮士冠禮]宜之于假(註)于猶爲也宜之見爲大矣又[禮聘禮]賄在聘于賄(註)于讀曰爲言當視賓之禮而爲之財也又[司馬相如長門賦]敘因于解悲愁之辭　又未定之辭[公羊傳僖二十八年]歸于者何歸于者罪未定也　又行貌[韓愈上宰相書]于于焉而來矣　又于于自足貌[莊子應帝王]其臥徐徐其覺于于　又鐘兩口之閒曰于[周禮冬官考工記]鳧氏爲鐘兩欒謂之銑兩銑謂之于　又[前漢元后傳]衣絳緣諸于(註)大掖衣也　又[唐書元德秀傳]明皇命三百里內刺史縣令以聲樂集德秀惟樂工十人聯袂歌于蔿于　又草名[爾雅釋草]茜蔓于(註)生水中一名軒于[司馬相如子虛賦]菴閭軒于　又木名[爾雅釋木]棧木于木[註]僵木也江東呼木船　又淳于縣名今密州安丘縣古淳于國　又姓周武王第二子邘叔之後以國爲氏後因去邑爲于又淳于宣于鮮于多于闞于皆複姓又三氏姓勿忸于阿伏于見[魏書官氏志]　又助語辭[詩召南]于沼于沚[朱傳]于於也[周易][毛詩]於皆作于於古通用　又[集韻]邕俱切音紆廣大貌[禮檀弓]邾婁考公之喪徐君使容居來弔含有司曰諸侯之來辱敝邑者易則易于則于易于雜者未之有也又[文王世子]周公抗世子法于伯禽所以善成王也仲尼聞之曰爲人臣者殺其身有益于君則爲之況于其身以善其君乎俱與迂通　又[正韻]休居切與吁通歡辭[詩周南]于嗟麟兮

【 오류 정리 】

○康誤處 1; [禮聘禮(此出儀禮不當稱禮)]賄在聘于賄

●考證 ; 謹按本書之例禮記謂之禮此出儀禮不當稱禮謹省上禮字

◆整理 ; 禮聘禮(예빙례) 중 禮(예)

는 儀禮(의례)의 착오.
◆訂正文 ; [聘禮]賄在聘于賄
▶【21-1】字解誤謬與否 ; [禮聘禮(此出儀禮不當稱禮)]賄在聘于賄 [禮(此出儀禮不當稱禮)]
★이상과 같이 인용처(引用處)의 오류(誤謬)를 수정(修訂)을 한다 하여도 자전상(字典上)의 우(于)의 본의(本義)에는 영향이 미치지 않음.

○康誤處 2; [周禮冬官考工記]鳧氏爲鐘兩欒謂之銑兩銑(改銑閒)謂之于
●考證 ; 謹照原文兩銑改銑閒
◆整理 ; 周禮(주례) 中 兩銑(양선)은 銑閒(선한)의 착오.
◆訂正文 ; [周禮冬官考工記]鳧氏爲鐘兩欒謂之銑兩閒謂之于
▶【22-2】字解誤謬與否 ; [周禮冬官考工記]鳧氏爲鐘兩欒謂之銑兩銑(改銑閒)謂之于 [兩銑(改銑閒)]
★이상과 같이 오류(誤謬) 수정(修訂)이 되면 선한(銑閒; 종(種)의 몸체의 일부)[周禮冬官考工記鳧氏]銑閒謂之于于上謂之鼓鼓上謂之鉦鉦上謂之舞[註]此四名者鍾體也又變弄也 자전상(字典上) 우(于)의 본의(本義)에 영향이 미치게 됨.

○康誤處 3; [爾雅釋木]栈木于木[註]僵木也江東呼木船(改木骼)
●考證 ; 謹照原註木船改木骼
◆整理 ; 爾雅(이아) 中 木船(목선)은 木骼(목격)의 착오,
◆訂正文 ; [爾雅釋木]栈木于木[註]僵木也江東呼木骼
▶【23-3】字解誤謬與否 ; [爾雅釋木]栈木于木[註]僵木也江東呼木船(改木骼) [木船(改木骼)]
★이상과 같이 오류(誤謬) 수정(修訂)이 된다 하여도 목격(木骼; 말라죽은 나무)이라 자전상(字典上) 우(于)의

본의(本義)에는 영향이 미치지 않음.

○康誤處 4; [文王世子]周公(周公上增仲尼曰三字)抗世子法于(改於字)伯禽所以善成王也仲尼聞之(聞之上省仲尼二字)曰爲人臣者殺其身有益于(改於字)君則爲之況于其身以善其君乎俱與迂通
●考證 ; 謹按周公至其君乎皆仲尼之言此誤於聞之上增仲尼二字謹照原文周公上增仲尼曰三字聞之上省仲尼二字法于益于兩于字照原文改於字
◆整理 ; 文王世子(문왕세자) 中 周公(주공) 위에 仲尼曰(중니왈)이 누락되었으며, 聞(문) 위에 仲尼(중니)는 原文(원문)에는 없음. 法于(법우) 益于(익우) 兩于字(양우자)는 모두 於字(어자)의 착오.
◆訂正文 ; [文王世子]仲尼曰周公抗世子法於伯禽所以善成王也聞之曰爲人臣者殺其身有益 於君則爲之況于其身以善其君乎俱與迂通
▶【24-4】字解誤謬與否 ; [文王世子](周公上增仲尼曰三字)周公抗世子法于(改於字)伯禽所以善成王也仲尼(聞之上省仲尼二字)聞之曰爲人臣者殺其身有益于(改於字)君則爲之況于其身以善其君乎俱與迂通 [(周公上增仲尼曰三字)周公] [于(改於字)] [(聞之上省仲尼二字)聞之] [于(改於字)]
★이상과 같이 ○중니(仲尼; 공자(孔子). [史記孔子世家]紇與顏氏女野合而生孔子禱於尼丘得孔子 [魯襄公二十二年]而孔子生生而首上圩頂故因名曰丘云字仲尼) 두자(二字)를 덧붙이거나 삭제(削除)를 하고 ○어(於; 어조사(語助辭) 두자(二字)를 오류(誤謬) 수정(修訂)을 한다 하여도자전상(字典上) 우(于)의 본의(本義)에는 영향이 미치지 않음.

二部 二畫

康 云(운)[唐韻][集韻]王分切[韻會][正韻]于分切󰒳音雲[說文]山川氣也象回轉形後人加雨作雲而以云爲云曰之云[正字通]與曰音別義同凡經史曰通作云　又運也[管子戒篇]天不動四時 云下而萬物化[註]云運動貌　又狃昵往復也[詩小雅]昏姻孔云[朱傳]云旋也[左傳襄二十九年]晉不鄰矣其誰云之[註]云猶旋旋歸之也　又語助[詩小雅]伊誰云憎　又陸佃曰云者有應之言也[左傳襄二十六年]子朱曰朱也當御三云叔向不應　又云云衆語也[史記封禪書]秦文公獲若云云于陳倉北坂又[汲黯傳]武帝曰吾欲云云 [註]猶言如此如此也　又云云山名[前漢郊祀志]封大山禪云云[註]云云太山下小山又云爲[易繫辭]變化云爲　又姓漢云敞　又與芸同[莊子在宥篇]萬物云云[註]盛貌老子作芸芸又紛云興作貌[呂覽圜道篇]雲氣西行云云然[前漢司馬相如傳]威武紛云俗作紜　又[韻補]叶于先切言也[韓愈剝行]我謝再拜汝無復云往追不及來可待焉

【 오류 정리 】

○康誤處 1；[史記封禪書]秦文公獲若云云(改爲獲若石云)于陳倉北坂(此十七字移於伊誰云憎之下)
●考證 ；謹照原文獲若云云改爲獲若石云又按云是語助謹將此十七字移於伊誰云憎之下)
◆整理 ；史記(사기)의 獲若云云(획약운운)은 獲若石云(획약석운)의 착오.
◆訂正文 ；[史記封禪書]秦文公獲若石云于陳倉北坂(此十七字移於伊誰云憎之下) 이상의 17 자는 [詩小雅(시소아)]伊誰云憎(이수운증) 아래로 옮김.
▶【25-1】字解誤謬與否 ；[史記封禪書]秦文公獲若云云(改爲獲若石云)于陳倉北坂(此十七字移於伊誰云憎之下) [獲若云云(改爲獲若石云)] [(此十七字移於伊誰云憎之下)]
★이상과 같이 석(石)으로의 오류(誤謬) 수정(修訂)과 문장(文章) 이동(移動)이 된다하여도 자전상(字典上) 운(云)의 본의(本義)에는 영향이 미치지 않음.

○康誤處 2；[(改前漢汲黯傳上曰吾欲云云 汲黯傳]武帝曰吾欲云云)[註]猶言如此如此也
●考證 ；謹照原書改前漢汲黯傳上曰吾欲云云
◆整理 ；[汲黯傳]武帝曰吾欲云云([급암전]무제왈오욕운운)은 原書(원서)에는 前漢汲黯傳上曰吾欲云云(전한급암전상왈오욕운운)임.
◆訂正文 ；[前漢汲黯傳]上曰吾欲云云)[註]猶言如此如此也
▶【26-2】字解誤謬與否 ；[汲黯傳]武帝曰吾欲云云(改前漢汲黯傳上曰吾欲云云)[註]猶言如此如此也 [[汲黯傳]武帝曰吾欲云云(改前漢汲黯傳上曰吾欲云云)]
★이상과 같이 인용처(引用處)의 오류(誤謬)를 수정(修訂)을 한다 하여도 자전상(字典上)의 운(云)의 본의(本義)에는 영향이 미치지 않음.

二部 六畫

康 亞(아)[唐韻][集韻]󰒳衣駕切鴉去聲[說文]醜也象人局背之形　又[爾雅釋詁]亞次也 [蜀志]諸葛亮管簫之亞又[增韻]少也[廣韻]就也　又姻亞壻之父曰姻兩壻相謂曰亞[詩小雅]瑣瑣姻亞則無膴仕別作婭　又[集韻][正韻]󰒳於加切音鴉[前漢東方朔傳]伊優亞者辭未定也　又[趙古則曰]物之岐者曰亞俗作丫极　又[正韻]烏落切[正

譌]與堊同塗飾牆也 又與惡同[史記盧綰傳]綰孫他人封亞谷侯[漢書]作惡谷[語林]宋人有獲玉印文曰周惡夫印劉原父曰漢條侯印古亞惡二字通用　又與滹通滹沱[禮禮器]作惡池[秦詛楚文]作亞駝　又與稏通稻也[韻會]穭稏通作罷亞　又[郝敬讀書通]壓通作亞[杜甫上巳宴集詩]花蘂亞技紅又[入宅詩]花亞欲移竹坐與壓同　[字彙]正譌云亞本涂飾字餘皆借義旣爲借義所奪小篆遂从土作堊字又从心作惡字以別之亞堊惡本一字秦詛楚文以亞駝代滹沱則因聲借用明矣○按字彙說是但俗旣習用借義巳久姑載本義於後以備一字原委云

【 오류정리 】

○康誤處 1;[爾雅釋詁(改釋言)]亞次也

●考證 ; 謹照原書釋詁改釋言

◆整理 ; 爾雅(이아)의 釋詁(석고)는 釋言(석언)의 착오.

◆訂正文 ;[爾雅釋言]亞次也

▶【27】字解誤謬與否 ;[爾雅釋詁(改釋言)]亞次也　[釋詁(改釋言)]

★이상과 같이 인용처(引用處)의 류(誤謬)를 수정(修訂)을 한다 하여도 자전상(字典上)의 아(亞)의 본의(本義)에는 영향이 미치지 않음.

○康誤處 2;[蜀志]諸葛亮管簫(改管蕭)之亞

●考證 ; 謹照原文管簫改管蕭

◆整理 ; 蜀志(촉지)의 管簫(관소)는 管蕭(관소)의 착오.

◆訂正文 ;[蜀志]諸葛亮管蕭之亞

▶【28-2】字解誤謬與否 ;[蜀志]諸葛亮管簫(改管蕭)之亞　[管簫(改管蕭)]

★이상과 같이 오류(誤謬) 수정(修訂)

이 된다 하여도 관소[管蕭;춘추시대(春秋時代) 제환공(齊桓公)의 현상(賢相) 관중(管仲)과 한고조(漢高祖)의 현상(賢相) 소하(蕭何)를 합칭어(合稱語)]는 자전상(字典上) 아(亞)의 본의(本義)에는 영향이 미치지 않음.

康交(교) [廣韻]古肴切[集韻][韻會][正韻]居肴切音郊[小爾雅]俱也[廣韻]共也合也[易泰卦]上下交而其志同也　又友也[易繫辭]上交下諂下交不瀆[禮郊特牲]爲人臣者外交不敢貳君也　又交交鳥飛貌[詩秦風]交交黃鳥　又交加參錯也[前漢劉向傳]章交公車　又州名南越地漢置交州[書堯典]申命羲叔宅南交[蔡傳]南交南方交趾地　又衣領也[揚子方言]衿之謂交又同蛟[前漢高帝紀]則見交龍於上[史記]作蛟　又同鵁[司馬相如上林賦]交精旋目卽鵁鶄

【 오류 정리 】

○康誤處 1;[揚子方言]衿之謂交(改矜謂之交)

●考證 ; 謹照原文改矜謂之交)

◆整理 ; 揚子方言(양자방언)의 衿之謂交(금지위교)는 矜謂之交의 착오.

◆訂正文 ;[揚子方言]矜謂之交

▶【29-1】字解誤謬與否 ;[揚子方言]衿之謂交(改矜謂之交) [衿之謂交(改矜謂之交)]

★이상과 같이 오류(誤謬) 수정(修訂)이 된다하여도 긍위지교(矜謂之交;긍(矜)을 교(交)라고 말한다.[方言卷四]矜謂之交[郭璞注]衿衣交領也) 자전상(字典上) 교(交)의 본의(本義)에는 영향이 미치지 않음.

康亨(형)[廣韻][集韻][韻會][正

韻]竝虛庚切音哼通也 [易乾文言]亨者嘉之會也 又[唐韻][集韻]竝許兩切同享[易大有]公用亨于天子 又[唐韻][正韻]竝普庚切同亨[易鼎卦]大亨以養聖賢[詩豳風]七月亨葵及菽[周禮秋官小司寇]凡禋祀五帝實鑊水納亨[註]致牲也 又[韻補]叶鋪郎切音滂[詩小雅]或剝或亨叶下將疆又[史記韓信傳]狡免死獵狗亨高鳥盡良弓藏敵國破謀臣亡○按古惟亨字兼三義後加一畫作享獻之享加四點作烹飪之烹今皆通用

【 오류 정리 】

○康誤處 1; [周禮秋官小司寇]凡禋祀五帝實鑊水納亨(增亦如之)

●考證 ; 謹照原文納亨下增亦如之三字以足文義

◆整理 ; 周禮(주례) 중 納亨(납형) 아래 亦如之(역여지) 3자가 빠져 덧붙여야 함.

◈訂正文 ; [周禮秋官小司寇]凡禋祀五帝實鑊水納亨亦如之

▶【30-1】 字解誤謬與否 ; [周禮秋官小司寇]凡禋祀五帝實鑊水納亨(增亦如之) [(增亦如之)]

★이상과 같이 역여지(亦如之; 역시 같다고 한다)가 증자(增字)가 되어도 자전상(字典上) 형(亨)의 자의(字義)에는 영향이 미치지 않음.

○康誤處 2; 按古惟亨字兼三義後加一畫作享獻之亨(改爲享獻之享)

●考證 ; 謹按文義享獻之亨謹改爲享獻之享)

◆整理 ; ○按(안) 중 之亨(지형)의 亨(형)은 享(향)의 착오.

◈訂正文 ; 按古惟亨字兼三義後加一畫作享獻之享

▶【31-2】 字解誤謬與否 ; 按古惟亨字兼三義後加一畫作享獻之亨(改爲享獻之享) [享獻之亨(改爲享獻之享)]

★이상과 같이 오류(誤謬) 수정(修訂)이 되면 향(享; 누리다. 받치다)인데 자전상(字典上) 형(亨)의 본의(本義)에 영향이 미치게 됨.

亠部 六畫

㉢京(경)[唐韻]擧卿切[集韻][韻會][正韻]居卿切竝音驚大也[揚子方言]燕之北齊楚之郊凡人之大謂之京 又[爾雅釋丘]丘絶高曰京[廣雅]四起曰京 又[蔡邕獨斷]天子所居曰京師京大也師衆也[公羊傳桓九年]天子之居必以衆大之辭言之 又數名十億爲兆十兆爲京 又姓漢京房宋京鏜 又與原同[禮檀弓]趙文子曰是全要領以 從先大夫于九京也[註]九京山名在今絳州晉大夫墓地在九京京卽原字 又人名[後漢銚期傳]破更始將軍京[東觀漢紀]京作原古通用 又與鯨同[前漢揚雄傳]騎京魚 又與强同[山海經]北方神名禺强[莊子註]作禺京 又[韻補]叶居良切音疆[詩小雅]憂心京京叶上將下痒[左傳莊二十二年]五世其昌並于正卿八世之後莫之與京[註]京猶齊也卿音羌

【 오류 정리 】

○康誤處 1; [揚子方言]燕之北(增鄙)齊楚之郊凡人之(削之)大謂之京

●考證 ; 謹照原文改燕之北鄙齊楚之郊凡人大謂之京)

◆整理 ; 揚子方言(양자방언) 중 齊(제) 앞에 鄙(비)가 누락 되었고 大(대) 앞의 之(지)는 삭제(削除) 되어야 함.

◈訂正文 ;[揚子方言]燕之北鄙齊楚之郊凡人大謂之京

▶【32-1】 字解誤謬與否 ; [揚子方

言]燕之北(增鄙)齊楚之郊凡人之(削之)大謂之京 [(增鄙)] [之(削之)]

★이상과 같이 ○북비(北鄙; 북쪽 오지. 북쪽의 변경지방. [左传隐公元年]既而大叔命西鄙北鄙貳於己[杜預注]鄙鄭邊邑)로 ○증자(增字)가 되거나 ○지(之; 가다. 代名詞)가 삭제(削除)된다 하여도 자전상(字典上) 경(京)의 본의(本義)에는 영향이 미치지 않음.

人部 二畫

康 介 (개) [唐韻]古拜切[集韻][韻會][正韻]居拜切ㅿ音戒際也[易繫辭]憂悔吝者存乎介[傳]介謂辨別之端[左傳襄九年]介居二大國之閒　又助也[詩䵂風]爲此春酒以介眉壽　又大也[詩小雅]神之聽之介爾景福　又[爾雅釋詁]介善也　又因也[左傳僖七年]求介于大國又[文六年]介人之寵非勇也[史記魯仲連傳]平原君曰勝請爲紹介[孔叢子難訓]子上曰士無介不見　又[揚子方言]介特也物無耦曰特獸無耦曰介　又小也[揚子法言]升東嶽而知衆山之峛崺也况介丘乎　又閒厠也古者主有擯客有介[禮聘義]上公七介侯伯五介子男三介　又隔也[左傳昭二年]晏子曰偪介之關暴征其私 [註]介隔也迫近國都之關　又貴介[左傳襄二十六年]王子圍寡君之貴介弟也　又保介農官之副[詩周頌]嗟嗟保介　又凡堅確不拔亦曰介[易豫卦]介于石[孟子]柳下惠不以三公易其介　又介介猶耿耿也[後漢馬援傳]介介獨惡是耳　又側畔也[楚辭九章]悲江介之遺風　又一夫曰一介[左傳襄八年]亦不使一介行李辱在寡君又兵甲也[禮曲禮]介胄則有不可犯之色　又未鱗甲亦曰鱗介[禮月令]孟冬之月其蟲介　又[前漢五行志]木冰爲木介又[天文志]木少陽人將有害陰氣脅木先寒得雨而冰曰樹介　又國名[左傳僖二十九年]介葛盧來朝[註]介東夷國葛盧名　又姓晉介之推　又與芥同[前漢元后傳]遇其王甚厚不以往事爲纖介　又叶居吏切音記[馬融長笛賦]激朗清厲　隨光之介也牢剌拂戾諸賁之氣也[說文]作爪从人介于八之中[正譌]爪分畫也限也从人从八分辨之義別作个詳丨部个字註

【 오류 정리 】

○康誤處 1; [左傳昭二年(改二十年)]晏子曰偪介之關暴征其私

●考證 ; (考證 1; 謹照原文二年改二十年)

◆整理 ; 左傳昭二年(좌전소이년)에서 二年(이년)은 二十年(이십년)의 착오.

◆訂正文 ; [左傳昭二十年]晏子曰偪介之關暴征其私

▶【33-1】 字解誤謬與否 ; [左傳昭二年(改二十年)]晏子曰偪介之關暴征其私 [昭二年(改二十年)]

★이상과 같이 인용처(引用處)에 수정(修訂)이 된다하여도 자전상(字典上) 개(介)의 본의(本義)에는 영향이 미치지 않음.

○康誤處 2; [左傳襄二十六年]王子圍(改王子圍)寡君之貴介弟也

●考證 ; 謹照原文王子圍改王子圍)

◆整理 ; 左傳(좌전)의 王子圍(왕자어)는 王子圍(왕자위)의 착오.

◆訂正文 ; [左傳襄二十六年]王子圍寡君之貴介弟也

▶【34-2】 字解誤謬與否 ; [左傳襄二十六年]王子圍(改王子圍)寡君之貴介弟也 [王子圍(改王子圍)]

★이상과 같이 오류(誤謬) 수정(修訂)이 된다하여도 위(圍; 둘러싸다. 두르다. 사냥 둘레. 경계)는 자전상(字典上) 개(介)의 본의(本義)에는 영향이 미치지 않음.

○康誤處 3; [左傳襄八年]亦不使一介行李辱在寡君(改告于寡君)

●考證 ; 謹照原文辱在寡君改告于寡君)

◆整理 ; 左傳(좌전)의 辱在寡君(욕재과군)은 告于寡君(고우과군)의 착오.

◆訂正文 ; [左傳襄八年]亦不使一介行李告于寡君

▶【35-3】 字解誤謬與否 ; [左傳襄八年]亦不使一介行李辱在寡君(改告于寡君) [辱在寡君(改告于寡君)]

★이상과 같이 오류(誤謬) 수정(修訂)이 된다하여도 고우(告于; 아룁니다)는 자전상(字典上) 개(介)의 본의(本義)에는 영향이 미치지 않음.

○康誤處 4; [前漢五行志]木冰爲木介(改爲前漢五行志春秋成公十六年雨木冰或曰今之長老名木冰爲木介介者甲兵象也)又[天文志]木少陽人將有害陰氣脅木先寒得雨而冰曰樹介

●考證 ; 謹按天文志無樹介之文今照五行志原文改爲前漢五行志春秋成公十六年雨木冰或曰今之長老名木冰爲木介介者甲兵象也)

◆整理 ; [前漢五行志]木冰爲木介([전한오행지]목빙위목개)는 改爲前漢五行志春秋成公十六年雨木冰或曰今之長老名木冰爲木介介者甲兵象也(개위전한오행지춘추성공십육년우목빙혹왈금지장노명목빙위목개개자갑병상야)로 고쳐야 함.

▶【36-4】 字解誤謬與否 ; [前漢五行志]木冰爲木介(改爲前漢五行志春秋成公十六年雨木冰或曰今之長老名木冰爲木介介者甲兵象也)又[天文志]木少陽人將有害陰氣脅木先寒得雨而冰曰樹介 [[前漢五行志]木冰爲木介(改爲前漢五行志春秋成公十六年雨木冰或曰

今之長老名木冰爲木介介者甲兵象也)]

★이상과 같이 오류(誤謬) 수정(修訂)으로 인하여 ○우병갑야(又兵甲也)가 있어 이미 갑옷을 의미하였고 개개(介介)는 ○갑병상야(甲兵象也)라 하였으니 개(介)는 갑옷임을 명확히 하였으니 자전상(字典上) ○개(介)의 본의(本義)에 직접 영향이 미치게 됨.

○康誤處 5; [左傳(改作春秋)僖二十九年]介葛盧來朝[註]介東夷國葛盧名

●考證 ; 謹按原文注在經下不當引傳左傳二字謹改作春秋)

◆整理 ; 左傳(좌전)은 春秋(춘추)의 착오.

◆訂正文 ; [春秋僖二十九年]介葛盧來朝[註]介東夷國葛盧名

▶【37-5】 字解誤謬與否 ; [左傳(改作春秋)僖二十九年]介葛盧來朝[註]介東夷國葛盧名 [左傳(改作春秋)]

★이상과 같이 인용처(引用處)에 오류(誤謬) 수정(修訂)이 된다하여도 자전상(字典上) 개(介)의 본의(本義)에는 영향이 미치지 않음.

康仍(잉)[唐韻]如乘切[集韻][韻會]如蒸切[正韻]如陵切𡎉音芿因也[論語]仍舊貫如之何[周禮春官司几筵]吉事變几凶事仍几[註]變几變更其質謂之飾也仍因也因其質謂無飾也 又重也頻也[前漢王莽傳]吉瑞累仍又[谷永傳]饑饉仍臻 又[淮南子精神訓]仍仍然知盆瓴之足羞也[註]仍仍不得志之貌 又雲仍[爾雅釋親]昆孫之子爲仍孫仍孫之子爲雲孫 又國名[史記夏本紀]少康娶於有仍氏 又姓 又叶人余切音如[柳宗元佩韋賦]治訐諫於昏朝兮名崩弛而陷誅苟縱直而不羈兮乃變罹而禍仍○按說文仍如乘切原屬日母變宮之字今字彙仍芿芿陝等字皆作時征切是爲禪母之齒音其誤甚矣不

可不辨

【 오류정리 】

○康誤處 1; [周禮春官司几筵]吉事變几凶事仍几[註]變几變更其質謂之飾(改有飾)也仍因也因其質謂無飾也

●考證 ; 謹照原文之飾改有飾

◆整理 ; 周禮(주례)의 之飾也(지식야)의 之字(지자)는 有字(유자)의 착오.

◈訂正文 ; [周禮春官司几筵]吉事變几凶事仍几[註]變几變更其質謂飾有也仍因也因其質謂無飾也

▶【38-1】 字解誤謬與否 ; [周禮春官司几筵]吉事變几凶事仍几[註]變几變更其質謂之飾(改有飾)也仍因也因其質謂無飾也 [之飾(改有飾)]

★이상과 같이 오류(誤謬) 수정(修訂)이 된다하여도 유식(有飾; 꾸밈이 있다)은 자전상(字典上) 잉(仍)의 본의(本義)에는 영향(影響)이 미치지 않음.

人部 三畫

㊗付(부)[唐韻][集韻][韻會]𢆶方遇切音傅畀也授也[孔叢子記義篇]孔子曰若苟付可付則已不勞而賢才不失矣　又[集韻]符遇切同祔祭名[周禮春官大祝]言甸人讀禱付練詳掌國事[註]付當爲祔　又姓　[說文]从寸持物對人[徐鉉曰]寸手也亦作仅

【 오류정리 】

○康誤處 1; [周禮春官大祝]言甸人讀禱付練詳(改祥)掌國事

●考證 ; 謹照原文詳改祥)

◆整理 ; 周禮(주례) 중 練詳掌(련상장)의 詳字(상자)는 祥字(상자)의 착오.

◈訂正文 ; [周禮春官大祝]言甸人讀禱付練祥掌國事

▶【39-1】 字解誤謬與否 ; [周禮春官大祝]言甸人讀禱付練詳(改祥)掌國事 [詳(改祥)]

★이상과 같이 오류(誤謬) 수정(修訂)이 된다하여도 상(祥; 길흉의 징조. 상서롭다) 자전상(字典上) 부(付)의 본의(本義)에는 영향이 미치지 않음.

㊗令(령)[集韻][正韻]𢆶力正切零去聲律也法也告戒也[書冏命]發號施令罔有不臧[禮月令]命相布德和令[周禮秋官]士師掌士之八成四曰犯邦令五曰撟邦令　又三令[前漢宣帝紀]令有先後有令甲令乙令丙　又縣令漢法縣萬戸以上爲令以二爲長　又時令月令所以紀十二月之政　又善也[詩大雅]令聞令望[左傳成十年]忠爲令德非其人猶不可況不令乎　又姓　又[集韻]郎丁切[正韻]離呈切𢆶音零厮役曰使令　又丁令地名見[前漢張湯傳]或作丁零　又令狐亦地名　又令狐複姓　又[詩齊風]盧令令[註]盧田犬令令犬頷下環聲　又與鴒通[詩小雅]春令在原兄弟急難卽鶺鴒鳥　又令適甓也與瓴甋同　又 [集韻]郎定切音答令支縣名在遼西　又[廣韻]力延切[集韻]陵延切𢆶音連亦縣名[前漢地理志]金城郡有令居縣　又[集韻]盧景切音領官署之長 又叶呂張切音良[韓愈谿堂詩]凡公四封既富以强謂公吾父孰違公令叶下邦　[說文]載卩部从亼从卩發號也[徐曰亼卽集字亼而爲之節制會意]

【 오류 정리 】

○康誤處 1; 又縣令漢法縣萬戸以上爲令以二(改以下)爲長

●考證 ; 謹照漢書以二改以下

◆整理 ; 前漢(전한) 중 以二(이이)는 以下(이하)의 착오임.

◈訂正文 ; 又縣令漢法縣萬戸以上

爲令以二下爲長

▶【40-1】 字解誤謬與否 ； 又縣令漢 法縣萬戶以上爲令以二(改以下)爲長　[以二(改以下)]

★이상과 같이 오류(誤謬) 수정(修訂)이 된다하여도 이하(以下; 어느 한도의 아래. 그 다음) 자전상(字典上) 령(令)의 본의(本義)에는 영향(影響)이 미치지 않음.

康 以(이)[韻會][正韻]𠀤養里切怡上聲爲也[論語]視其所以　又因也[詩衞風]何其久也必有以也[左傳昭十三年]我之不共魯故之以[註]以魯故也[列子周穆王篇]宋人執而問其以　又用也[論語]不使大臣怨乎不以　又[左傳僖二十六年]凡師能左右之曰以[易師卦]能以衆正又[詩周頌]侯彊侯以(註)彊民有餘力來助者以閒民轉移執事者　又同已[孟子]無以則王乎　又古以與聲相通[禮燕禮]君曰以我安[註]猶與也[魏書李順傳]此年行師當克以不[韓愈剝啄行]凡今之人急名以官[註]韓文與多作以　又[集韻]與似同[易明夷]箕子以之鄭氏荀氏皆作似

【 오류 정리 】

○康誤處 1；[詩衞風(改邶風)]何其久也必有以也

●考證 ；(考證 1；謹照原書衞風改邶風

◆整理 ；詩衞風(시위풍) 중 衞風(위풍)은 邶風(패풍)의 착오.

◆訂正文 ；[詩邶風]何其久也必有以也

▶【41-1】 字解誤謬與否 ；[詩衞風(改邶風)]何其久也必有以也 [衞風(改邶風)]

★이상과 같이 인용처(引用處)나 주소(註疏), 등(等)의 오류(誤謬)를 수정(修訂)을 한다 하여도 자전상(字典上)

의 이(以)의 본의(本義)에는 영향이 미치지 않음.

康 任(임)[唐韻][集韻][韻會]如林切[正韻]如深切𠀤音壬誠篤也[詩邶風]仲氏任只[鄭箋]以恩相信曰任又[周禮地官]大司徒之職以鄕三物敎萬民而賓興之二曰六行孝友睦婣任恤[註]任信於友道　又[廣韻]堪也[王粲登樓賦]情眷眷而懷歸兮孰憂思而可任[註]言誰堪此憂思也　又當也[左傳僖十五年]衆怒難任　又負也擔也[詩小雅]我任我輦[禮王制]輕任幷重任分[註]幷已獨任之分析而二之又姓大任文王之母又薛國之姓[左傳隱十一年]不敢與諸任齒[正義]謝章薛舒如祝終泉畢過此十國皆任姓也　又[集韻][韻會][正韻]𠀤如鴆切壬去聲克也用也又所負也[論語]仁以爲已任　又事也[周禮夏官]施貢分職以任邦國[註]事以其力之所堪　又與妊姙同[史記鄒陽傳註]紂剖任者觀其胎産又[方書]督脈屬陽循膈而上至鼻任脈屬陰循膈而上至咽女子二十任脈通則有子　又[書舜典]而難任人[註]言拒絶佞人本作壬與巧言孔壬之壬同譌作任

【 오류 정리 】

○康誤處 1；[王粲登樓賦]情眷眷而懷歸兮孰憂思而 (改之字)可任

●考證 ；謹照原文而字改之字

◆整理 ；王粲登樓賦(왕찬등루부) 중 而字(이자)는 之字(지자)의 착오.

◆訂正文 ；[王粲登樓賦]情眷眷而懷歸兮孰憂思之可任

▶【42-1】 字解誤謬與否 ；[王粲登樓賦]情眷眷而懷歸兮孰憂思而 (改之字)可任　[而(改之字)]

★이상과 같이 오류(誤謬) 수정(修訂)

이 된다하여도 지(之; 가다. 대명사
(代名詞) 그. 이. 그사람. 그것) 자전
상(字典上) 임(任)의 본의(本義)에는
영향이 미치지 않음.

康企(기)[唐韻][集韻][韻[韻會]去
智切[正韻]去冀切쓰音器舉踵望也[爾
雅釋鳥]鳧雁醜其足蹼其踵企[揚子方
言]跂登隲企立也東齊海岱北燕之郊跪
謂跂登委痿謂之隲企[前漢高帝紀]日
夜企而望歸　又[廣韻]丘弭切[韻會]
遣介切쓰音跂義同从人从止會意止卽
足也

【 오류 정리 】

○康誤處 1; [揚子方言]跂登隲企立
也東齊海岱 北燕之郊跪謂(增之字) 跂
登委痿謂之隲企

●考證 ; 謹照原文跪謂下增之字

◆整理 ; 揚子方言(양자방언) 중 跪謂
(궤위) 아래에 之字(지자)가 누락 덧
붙여야 함.

◆訂正文 ; [揚子方言]跂登隲企立
也東齊海岱 北燕之郊跪謂之跂登委痿
謂之隲企

▶【43-1】 字解誤謬與否 ; [揚子方
言]跂登隲企立也東齊海岱 北燕之郊
跪謂(增之字) 跂登委痿謂之隲企
[(增之字)]

★이상과 같이 증자(增字)가 된다하
여도 지(之; 가다. 代名詞)는 자전상
(字典上) 기(企)의 본의(本義)에는 영
향이 미치지 않음.

康伊(이)[唐韻]於脂切[集韻]於夷
切[韻會]幺夷切[正韻]於宜切쓰音蛜彼
也[詩秦風]所謂伊人在水一方　又發
語辭[詩邶風]伊余來暨　又[小雅]伊
誰云從　又維也[儀禮士冠禮]嘉薦伊
脯[揚雄河東賦]伊年暮春將瘞后土禮
靈祇[註]師古曰伊是也　又鬱伊不舒貌

[後漢崔寔傳]智士鬱伊於下與噫通
又吾伊讀書聲[黃庭堅詩]北窗讀書聲
吾伊俗作吚　又伊威委黍也[詩幽風]
伊威在室[陸璣疏]伊威一名委黍一名
鼠婦在壁根下甕底土中生如白魚者是
也　又姓　又州名本伊吾盧 地在燉煌
大磧外唐初內附置伊州　又水名[山海
經]熊耳之山伊水出焉南入于洛與洢同
又[周禮秋官]伊耆氏[註]伊耆古王者
號後王識伊耆氏之舊德而以名官今姓
有伊耆氏

【 오류 정리 】

○康誤處 1; [詩邶風]伊余來暨(改來
墍)

●考證 ; 謹照原文來暨改來墍

◆整理 ; 詩邶風(시패풍) 伊余來暨(이
여래기) 중 來暨(래기)는 來墍(래
기)의 착오.

◆訂正文 ; [詩邶風]伊余來墍

▶【44-1】 字解誤謬與否 ; [詩邶
風]伊余來暨(改來墍) 來暨(改來墍)
★이상과 같이 오류(誤謬) 수정(修訂)
이 된다하여도 래기(來墍; 와서 휴식
하다) 자전상(字典上) 이(伊)의 본의
(本義)에는 영향이 미치지 않음.

康伍(오)[唐韻][韻會]疑古切[集
韻][正韻]阮古切쓰音五[禮祭義註五人
爲伍 [說文]相參伍也三相參爲參五
相伍爲伍[周禮天官]設其參而傳其伍
[註]參謂卿三人伍謂大夫五人　又[齊
語]五家爲軌故五人有伍軌長帥之　又
[孫子]用兵之法全軍爲上破軍次之全
伍爲上破伍次之[左傳桓五年]先偏後
伍伍承彌縫[註]司馬法車戰二十五乘
爲偏以車居前以伍次之承偏之隙而彌
縫闕漏也　又五家相保曰伍[左傳襄三
十年]子産使盧井有伍與人誦之曰取我
田疇而伍之　又漢制有尺籍伍符　又

與衆雜處曰伍[史記司馬穰苴傳]臣素卑賤君擢之閭伍之中又[韓信傳]信過樊將軍門歖曰生乃與噲等伍　又[前漢律歷志]陰陽相生自黃鐘始而　左旋八八爲伍[註]孟康曰從子數辰至未得八下生林鐘數未至寅得八上生太簇律上下相生皆以此爲率伍耦也八八爲爲耦又姓

【 오류 정리 】

○康誤處 1; [禮祭義註(改爲周禮小司徒)]五人爲伍
●考證 ; 謹按五人爲伍不始於陳湖祭義註謹將禮祭義註改爲周禮小司徒)
◆整理 ; 禮祭義註(예제의주)의 五人爲伍(오인위오)는 周禮小司徒(주례소사도)에 기록이 있음.
◆訂正文 ; [周禮小司徒]五人爲伍
▶【45-1】 字解誤謬與否 ; [禮祭義註(改爲周禮小司徒)]五人爲伍 [禮祭義註(改爲周禮小司徒)]
★이상과 같이 인용처(引用處)에 수정(修訂)이 된다하여도 자전상(字典上) 오(伍)의 본의(本義)에는 영향이 미치지 않음.

○康誤處 2; [周禮天官]設其參而(去而字)傳其伍
●考證 ; 謹照原文省去而字
◆整理 ; 周禮天官(주례천관) 중 參而(삼이)의 而字(이자)는 덧붙은 자로 삭제되어야 함.
◆訂正文 ; [周禮天官]設其參傳其伍
▶【46-2】 字解誤謬與否 ; [周禮天官]設其參而(去而字)傳其伍 [而(去而字)]
★이상과 같이 이자(而字)가 삭제(削除)가 된다하여도 자전상(字典上) 오(伍)의 본의(本義)에는 영향이 미치지 않음.

○康誤處 3; [齊語]五家爲軌故五人有伍(改爲伍)軌長帥之
●考證 ; 謹照原文有伍改爲伍
◆整理 ; 齊語(제어) 중 有伍(유오)는 爲伍(위오)의 착오.
◆訂正文 ; [齊語]五家爲軌故五人爲伍軌長帥之
▶【47-3】 字解誤謬與否 ; [齊語]五家爲軌故五人有伍(改爲伍)軌長帥之 [有伍(改爲伍)]
★이상과 같이 오류(誤謬) 수정(修訂)이 된다하여도 위오(爲伍; 한패가 되다. 동반자로 삼다) 자전상(字典上) 오(伍)의 본의(本義)에 적극 영향이 미치게 됨.

康伏(복)[唐韻][集韻][韻會]𠀤房六切音服偃也[禮曲禮]寢毋伏　又[廣韻]匿藏也[書大禹謨]嘉言罔攸伏[詩小雅]潛雖伏矣[史記樂書]羽者嫗伏毛者孕鬻[前漢趙廣漢傳]發奸摘伏如神又屈服也[左傳隱十一年]旣伏其罪矣又三伏[史記秦本紀]秦德公二年初伏[註]六月三伏之節始自秦德公周時無伏[釋名]伏者金氣伏藏之日也金畏火故三伏皆庚四氣伏謝皆以相生至立秋以金代火故庚日必伏[註]夏至後三庚爲初伏第四庚爲中伏立秋後初庚爲末伏　又姓漢有伏勝伏隆氏族博考伏宓同出伏羲氏漢代生晉書作宓生又乞伏外國姓　又[廣韻][集韻][韻會][正韻]𠀤扶富切浮去聲禽覆卵也[古今注]燕伏戊已[前漢五行志]丞相府史家雄雞伏子　又[集韻]鼻墨切與匐通[史記范睢傳]膝行蒲伏　又叶必歷切音壁[賈誼]鵩賦禍兮福所倚福兮禍所伏憂喜聚門兮吉凶同域

【 오류 정리 】

○康誤處 1; [左傳隱十一年](增許字)

既伏其罪矣
●考證 ; 謹照原文既字上增許字
◆整理 ; 左傳(좌전) 中 既字(기자) 앞에 許字(허자) 누락 덧붙여야 함.
◆訂正文 ; [左傳隱十一年]許既伏其罪矣
▶【48-1】 字解誤謬與否 ; [左傳隱十一年](增許字)既伏其罪矣 [(增許字)]
★이상과 같이 허(許; 칭찬하다. 약속하다. 바치다)가 증자(增字) 된다하여도 자전상(字典上) 복(伏)의 본의(本義)에는 영향이 미치지 않음.

康伐(벌)[唐韻][集韻][類篇][韻會]坴房越切音罰征伐[詩小雅]薄伐玁狁[周禮夏官]大司馬以九伐之灋正邦國[左傳莊二十九年]凡師有鐘鼓曰伐無曰侵 又[小爾雅]伐美也 又伐閱與閥閱同[史記功臣侯表]古者人臣功有五等明其功曰伐積日曰閱[左傳莊二十八年]且旌君伐[註]伐功也 又自稱其功曰伐[老子道德經]不自伐故有功 又斫木也[詩周南]伐其條枚 又考擊鐘鼓也[禮郊特牲]孔子曰二;日伐鼓何居 又功殺擊刺也[書牧誓]不愆于四伐五伐六伐七伐乃止齊焉[註]少不下四五多不過六七而齊所以戒其貪殺也 又兵器[詩秦風]蒙伐有苑 [註]蒙雜文伐于也亦作瞂 又星名[周禮冬官考工記]熊旗六斿以象伐也[註]熊虎爲旗師都之所建伐屬白虎宿與參連體而六星又與垡同[周禮冬官考工記]一耦之伐[疏]畝上高土謂之伐又叶許竭切音歇[詩商頌]韋顧既伐叶上截下桀 又叶扶廢切音吠[徐幹西征賦]奉明辟之渥德與游軫而西伐過京邑以釋駕觀帝居之舊制伐字从人从戈戍字亦从人从戈[留靑日札]人坐臥則爲戍守人立行則爲征伐

【 오류 정리 】
○康誤處 1; [周禮冬官考工記]一耦之伐 [疏]畝上(改畎上)高土謂之伐
●考證 ; 謹照原文畝上改畎上
◆整理 ; 周禮(주례) 中 畝上(무상)의 畝字(무자)는 畎(견)의 착오.
◆訂正文 ; [周禮冬官考工記]一耦之伐 [疏]畎上高土謂之伐
▶【49-1】 字解誤謬與否 ; [周禮冬官考工記]一耦之伐 [疏]畝上(改畎上)高土謂之伐 [畝上(改畎上)]
★이상과 같이 오류(誤謬) 수정(修訂)이 되면 견상(畎上; 경작을 위해 이랑을 만든 두둑. [周禮冬官考工記]一耦之伐[疏]畎上高土謂之伐)이라 자전상(字典上) 벌(伐)의 본의(本義)에 적극 영향이 미치게 됨.

康休(휴)[唐韻]許尤切[集韻][韻會][正韻]虛尤切坴朽平聲美善也慶也[書說命]實萬世無疆之休又[周官]作德心逸日休[詩商頌]何天之休 又宥也[書呂刑]雖休勿休[註]宥之也我雖以爲宥爾惟勿宥 又[爾雅釋訓]休休儉也[疏]良士顧禮節之儉也[詩唐風]良士休休 又休沐言休假也一曰下沐一曰旬休唐法旬休者一月三旬遇旬則休沐卽十日一洗沐也 又致仕曰休 又休息[禮月令]季秋之月霜始降則百工休又[揚子方言]稱傀儡戲曰休亦曰提休又地名漢封楚元王子爲休侯見[史記年表] 又[爾雅釋木]休無實李[註]一名趙李 又蚤休藥名 又姓 又休休人名見[五代史] 又[集韻]吁句切音煦氣以溫之也[周禮冬官考工記]弓人角之本蹙於剞而休於氣 又同咻[左傳昭三年]民人痛疾而或燠休之[註]燠休痛念聲 又叶虛嬌切音囂[陸雲贈鄭曼季詩]拊翼墜夕和鳴興朝我之思之言懷其休 又叶匈于切音虛吳志胡綜黃龍

大牙賦含契河洛動與道俱天贊人和僉
曰惟休　[說文]休在木部人依木則休
爾雅庇蔭曰休會止木庇息意○按今爾
雅釋木本作庇庥蔭也

【 오류 정리 】

○康誤處 1;[書說命(改太甲)]實萬世
無疆之休

●考證 ; 謹照原書說命改太甲

◆整理 ; 書說命(서설명)의 說命(설
명)은 太甲(태갑)의 착오.

◆訂正文 ;[書太甲]實萬世無疆之休

▶【50-1】 字解誤謬與否 ;[書說命
(改太甲)]實萬世無疆之休　[說命(改
太甲)]

★이상과 같이 인용처(引用處)의
수정(修訂)이 된다하여도 자전상(字典
上) 휴(休)의 본의(本義)에는 영향이
미치지 않음.

○康誤處 2;按今爾雅釋木(改釋言)本
作庇庥蔭也

●考證 ; 謹照原書釋木改釋言

◆整理 ; 爾雅釋木(이아석목) 중 釋
木(석목)은 釋言(석언)의 착오.

◆訂正文 ; 按今爾雅釋言本作庇庥蔭
也

▶【51-1】 字解誤謬與否 ; 按今爾
雅釋木(改釋言)本作庇庥蔭也　[釋木
(改釋言)]

★이상과 같이 인용처(引用處)의 오
류(誤謬)를 수정(修訂)을 한다 하여도
자전상(字典上)의 휴(休)의 본의(本
義)에는 영향이 미치지 않음.

人部 五畫

康伯(백)[唐韻][集韻][正韻]𠀤博
陌切音百[說文]長也[釋名]父之兄曰
伯父伯把也把持家政也　又兄曰伯[詩
小雅]伯氏吹塤　又第三等爵曰伯又
[周禮春官大宗伯之職]以九儀之命正邦
國之位九命作伯[註]上公有功德者加命

爲二伯得征五侯九伯者[疏]公羊傳自陝
以東周公主之陝以西召伯主之是東西二
伯也言九伯九州有十八伯各得九伯故云
九伯也　又婦人目其夫曰伯[詩衛風]
伯也執殳　又馬祖天駟房星之神曰伯
[詩小雅]既伯既禱[註]以吉日祭馬祖
而禱之　又鳥名[左傳昭 十七年]伯趙
氏司至者也[註]伯趙伯勞也　又姓益
之後春秋時有伯宗伯州犂　又同陌[史
記酷吏傳]置伯格長[註]言阡陌村落皆
置長也　又[正韻]必駕切同霸五伯齊
桓晉文秦繆宋襄楚莊也伯叔伯長之義
後人恐與侯伯字溷故借霸字別之　又
叶蒲各切音博[詩大雅]王錫申伯叶下
蹻濯　又叶壁益切音必[史記敘傳]維
弃作稷德盛西伯　又叶博故切音布[揚
雄解嘲]子胥死而吳亡種蠡存而越伯五
羖入而 秦喜樂毅出而燕懼

【 오류 정리 】

○康誤處 1;[周禮春官大宗伯之職]以
九儀之命正邦國之位九命作伯[註]上
公有功德者加命爲二伯得征五侯九伯
者[疏]公羊傳自陝以東周公主之陝以
西召伯(改公言)主之是東西二伯也言九
伯九州有十八伯各得九伯故云九伯(增
者字)也

●考證 ; 謹照原文召伯之伯改公言九
伯下增者字

◆整理 ; 周禮(주례) 중 召伯(소백)의
伯(백)은 公言(공언)으로 고치고 九伯
(구백)아래에 者字(자자)를 덧붙임.

◆訂正文 ;[周禮春官大宗伯之職]以
九儀之命正邦國之位九命作伯[註]上
公有功德者加命爲二伯得征五侯九伯
者[疏]公羊傳自陝以東周公主之陝以
西召公言主之是東西二伯也言九伯九
州有十八伯各得九伯故云九伯者也

▶【52-1】 字解誤謬與否 ;[周禮春
官大宗伯之職]以九儀之命正邦國之位
九命作伯[註]上公有功德者加命爲二

伯得征五侯九伯者[疏]公羊傳自陝以東周公主之陝以西召伯(改公言)主之是東西二伯也言九 伯九州有十八伯各得九伯故云九伯(增者字)也 　[伯(改公言)] [(增者字)]

★이상과 같이 오류(誤謬)를 공언(公言; 공개(公開)로 하는 말. 공평(公平)한 말)으로 수정(修訂)되거나 자자(者字)를 덧붙인다 하여도 자전상(字典上) 백(伯)의 본의(本義)에는 영향이 미치지 않음.

康 伸(신) [唐韻]失人切 [集韻] [韻會] [正韻]升人切𡘋音身舒也理也 [易繫辭]引而伸之　又屈者使直也 [莊子刻意篇]吹呴呼吸吐故納新熊經烏伸爲壽而已矣　又欠伸 [禮曲禮]凡侍坐于君子欠伸撰杖履視日蚤暮侍坐者請出矣 [註志倦則欠體倦(兩倦字俱改疲)則伸也　又 [集韻]通作信詳信字註　又姓 [毛氏曰]古惟申字後加人以別之

【 오류 정리 】

○康誤處 1; [禮曲禮]凡侍坐于君子(增君子)欠伸撰杖履(改杖屨)視日蚤暮侍坐者請出矣 [註(改疏)]志倦則欠體倦(兩倦字俱改疲)則伸也

●考證 ; 謹照原文省凡字於君子下增君子二字杖履改杖屨注改疏兩倦字俱改疲

◆整理 ; 周禮(주례) 중 君子(군자) 아래 또 君子(군자)를 덧붙이고. 杖履(장리)는 杖屨(장구), 注(주)는 疏(소)의 착오, 兩倦字(양권자)는 다 같이 疲(피)로 고침.

◆訂正文 ; [禮曲禮]凡侍坐于君子君子欠伸撰杖屨視日蚤暮侍坐者請出矣[疏]志疲則欠體疲則伸也

▶【54-1】 字解誤謬與否 ; [禮曲禮]凡侍坐于君子(增君子)欠伸撰杖履(改杖屨)視日蚤暮侍坐者請出矣 [註(改

疏)]志倦則欠體倦(兩倦字俱改疲)則伸也 [(增君子)] [杖履(改杖屨)] [[註(改疏)]] [志倦則欠體倦(兩倦字俱改疲)]

★이상과 같이 오류(誤謬) 수정(修訂)이 된다 하여도 ○군자(君子; 학식과 덕망이 높은 사람)를 증자(增字)하거나, ○장구(杖屨; 지팡이와 신발)나 주소(註疏)나 ○피(疲; 피곤하다)는 자전상(字典上) 신(伸)의 본의(本義)에는 영향이 미치지 않음.

康 伿(이) [廣韻] [集韻]𡘋以鼓切音傷 [說文]隋也

【 오류 정리 】

○康誤處 1; [說文]隋也(改惰也)

●考證 ; 謹照原文隋也改惰也

◆整理 ; 說文(설문)의 隋(수)는 惰(타)의 착오.

◆訂正文 ; [說文]惰也

▶【54-1】 字解誤謬與否 ; [說文]隋也(改惰也) [隋也(改惰也)]

★이상과 같이 오류(誤謬) 수정(修訂)이 되면 타(惰; 게으르다. 태만하다)인데 자전상(字典上) 이(伿)의 본의(本義)에 적극 영향이 미치게 됨.

康 佃(전) [廣韻]徒年切 [集韻] [韻會] [正韻]亭年切𡘋音田治田也亦作田 [詩齊風]無田甫田 [註]田謂耕治之也通作畋 [書多方]畋爾田　又代耕農也或曰佃當借甸从人變體象匍匐力 耕形 [詩小雅]維禹甸之 [周禮地官甸師註]郊作曰甸　又古卿車 [左傳哀十七年註]衷甸一轅卿車甸一作佃徐曰佃訓中也古載物大車雙轅乘車一轅當中也　又田獵 [易繫辭]以佃以漁亦作畋　又 [正韻]蕩練切音電義同　又 [韻補]叶他英切音汀 [馬融廣成頌]忽蔑狩 之禮闕槃虞之佃闇昧不睹日月之光聾昏不聞雷霆

之震震音征

【 오류정리 】

○康誤處 1; [周禮地官(改天官)甸師註] 郊作(改郊外)曰甸

●考證 ; 謹照原文地官改天官郊作改郊外)

◆整理 ; 周禮(주례)의 地官(지관)은 天官(천관), 郊作(교작)은 郊外(교외)의 착오.

◆訂正文 ; [周禮天官甸師註]郊外曰甸

▶ 【55-1】 字解誤謬與否 ; [周禮地官(改天官)甸師註]郊作(改郊外)曰甸 [地官(改天官)] [郊作(改郊外)]

★이상과 같이 ○인용처(引用處)의 오류(誤謬)를 수정(修訂)을 한다 하여도 자전상(字典上)의 전(佃)의 본의(本義)에는 영향이 미치지 않으나 ○교외(郊外; 도성 밖 100 리 이내의 지역)는 본의(本義)에 적극 영향이 미치게 됨.

○康誤處 2 ; [左傳哀十七年註]衷甸一轅卿車甸一作佃徐曰佃訓中也古載物大車雙轅乘車一轅當中也(說文繫傳改爲說文作佃云中也徐鍇曰古載物大車雙轅乘車一轅當中也)

●考證 ; 謹按作佃者說文非左傳注也謹照說文繫傳改爲說文作佃云中也徐鍇曰古載物大車雙轅乘車一轅當中也

◆整理 ; 左傳註(좌전주)의 作佃者(작전자)는 左傳註(좌전주)를 說文(설문)繫傳(계전)으로 說文作佃云中也徐鍇曰古載物大車雙轅乘車一轅當中也(설문작전운중야서개왈고재물대거쌍원승거일원당중야)로 고침.

◆訂正文 ; [說文]作佃云中也徐鍇 曰古載物大車雙轅乘車一轅當中也

▶ 【56-2】 字解誤謬與否 ; [左傳哀十七年註]衷甸一轅卿車甸一作佃徐曰

佃訓中也古載物大車雙轅乘車一轅當中也(說文繫傳改爲說文作佃云中也徐鍇曰古載物大車雙轅乘車一轅當中也) [(說文繫傳改爲說文作佃云中也徐鍇曰古載物大車雙轅乘車一轅當中也)]

★이상과 같이 삭제(削除) 한다 하여도 ○충전(充甸; 교외(郊外)를 가득 채우다)과 ○경거(卿車; 경의 수레. [左傳哀十七年註]衷甸一轅卿車 [說文]作佃云中也[徐鍇曰]古載物大車雙轅乘車一轅當中也[周禮天官甸師註]郊外曰甸又古卿車[左傳哀十七年註]衷甸一轅卿車[說文]作佃云中也), ○전(甸; 교외), ○전훈(佃訓; 중야(中也). [徐曰]佃訓中也古載物大車雙轅乘車一轅當中也), ○전(佃; 소작(小作)하다)들은 모두 자전상(字典上) 전(佃)의 본의(本義)에 영향을 끼치지 않음.

康 侎 (매) [廣韻]莫話切[集韻]莫敗切𠀤音賣藥名[班固東都賦]傑侎兜離[禮明堂位]作眛[周禮]作韎義同

【 오류정리 】

○康誤處 1; [廣韻]莫話切[集韻]莫敗切𠀤音賣藥名(改樂名)

●考證 ; 謹照東都賦注藥名改樂名)

◆整理 ; 東都賦注(동도부주)의 藥名(약명)은 樂名(악명)의 착오.

◆訂正文 ; [廣韻]莫話切[集韻]莫敗切𠀤音賣樂名

▶ 【57-1】 字解誤謬與否 ; [廣韻]莫話切[集韻]莫敗切𠀤音賣藥名(改樂名) [藥名(改樂名)]

★이상과 같이 오류(誤謬) 수정(修訂)이 되면 악명(樂名; 풍류 이름)이라 자전상(字典上) 매(侎)의 본의(本義)에 적극 영향이 미치게 됨.

康 但 (단) [唐韻]徒旱切[韻會]蕩旱

切[正韻]徒亶切㽃音誕徒也凡也又空
也[前漢食貨志]民欲祭祀喪紀而無用
者錢府以所入工商之貢但賖之　又語
辭猶言特也弟也通作亶詳前亶字註
又　與誕通[淮南子說山訓]媒但者非學
謾也但成而生不信[註]但詐也　又但
馬一名誕馬散馬也[宋書江夏王義恭
傳]平乘誕馬不過二[程氏演繁露]誕馬
猶　徒馬今外官儀從有散馬前行名坐馬
亦　曰引馬卽但馬也[遼史]作靼馬　又
[集韻][韻會]徒案切[正韻]杜晏切㽃音
憚義同　又姓漢西域都尉但欽濟陰太
守但巴宋有進士但中庸　又音燕古不
知吹入[淮南子說林訓]使但吹竽使氏厭竅雖
中節而不可聽[註]但音燕　[說文]
但裼也[正譌]偏脫衣袖也借爲語辭

【 오류정리 】

○康誤處 1; 又音燕(改鉬)古不知吹入
[淮南子說林訓]使但吹竽使氏厭竅雖
中節而不可聽[註]但音燕(改讀鉬)
●考證 ; 謹按淮南子註但讀燕言鉬同
也謂讀如燕人之言鉬非讀爲燕也上音
燕之燕改鉬下音燕改讀鉬
◆整理 ; 淮南子註(회남자주)의 但音
燕(단음연)의 音燕(음연)은 讀鉬(독
서)의 착오.
◆訂正文 ; 又音燕古不知吹入[淮南
子說林訓]使但吹竽使氏厭竅雖中節
而不可聽[註]但讀鉬
▶ 【58-1】 字解誤謬與否 ; 又音燕
(改鉬)古不知吹入[淮南子說林訓]使但
吹竽使氏厭竅雖中節而不可聽[註]但
音燕(改讀鉬)　[上音燕之燕改鉬]
[下音燕改讀鉬]
★이상과 같이 음(音)의 오류(誤謬)를
수정(修訂)을 한다 하여도 자전상(字
典上)의 단(但)의 본의(本義)에는 영
향이 미치지 않음.

位(위)[廣韻]于愧切[集韻]于累

切[韻會]喩累切[正韻]于位切㽃音壝
[說文]列中庭之左右曰位[廣韻]正也
[易繫辭]聖人之大寶曰位[周禮天官]
惟王建國辨方正位　又凡所坐立者皆
曰位[禮曲禮]揖人必違其位[註]出位面
揖禮以變爲敬也　又所也[易艮卦]君
子思不出其位[註]范氏曰物各得其所而
天下之理得矣　又姓明位安　又高麗
人呼相似爲位見[三國志]本作伖俗作
位

【 오류 정리 】

○康誤處 1; [禮曲禮]揖人必違其位
[註]出位面揖(改而揖)
●考證 ; 謹照原文面揖改而揖
◆整理 ; [禮曲禮註](예곡례주)의 面
揖(면읍)의 面(면)은 而(이)의 착오.
◆訂正文 ; [禮曲禮]揖人必違其位
[註]出位而揖
▶ 【59-1】 字解誤謬與否 ; [禮曲
禮]揖人必違其位[註]出位面揖(改而
揖)　[面揖(改而揖)]
★이상과 같이 오류(誤謬) 수정(修訂)
이 된다하여도 이(而; 접속사(接續詞)
같은 종류의 단어 또는 문을 접속함.
단 명사는 제외….로부터 …까지. 자
네. 너)는 자전상(字典上) 위(位)의
본의(本義)에는 영향이 미치지 않음.

○康誤處 2; [易艮卦]君子思不出其位
[註(註上增朱字)]范氏曰物各得其
所而天下之理得矣
●考證 ; 謹按此論語經及朱註非易註
也易艮卦三字改爲論語二字註上增朱字
◆整理 ; 易艮卦(역간괘)는 論語(논
어)로　註(주) 앞에 朱(주)를 붙여
朱註(주주)로 함.
◆訂正文 ; [易艮卦]君子思不出其位
[朱註]范氏曰物各得其 所而天下之理
得矣
▶ 【60-2】 字解誤謬與否 ; [易艮
卦]君子思不出其位[註(註上增朱字)]

范氏曰物各得其 所而天下之理得矣
[註(註上增朱字)]
★이상과 같이 주소(註疏)의 오류(誤謬)를 수정(修訂)을 한다 하여도 자전상(字典上)의 위(位)의 본의(本義)에는 영향이 미치지 않음.

康佐(좌)[廣韻]則箇切[正韻]子賀切茲左去聲輔也貳也[周禮天官]以佐王 邦國[論語註]顏子王佐之才又[史記天官書]五星者天之五佐見伏有時盈縮有度 又[集韻][正韻]茲與祐

【 오류 정리 】

○康誤處 1;[周禮天官]以佐王邦(上增均字)國
●考證;謹照原文邦字上增均字
◆整理;邦字(방자) 앞에 均字(균자)가 누락 添記(첨기)첨기 하여야 함.
◆訂正文;[周禮天官]以佐王 邦均國
▶【61-1】 字解誤謬與否;[周禮天官]以佐王 邦(上增均字)國 [增均字]
★이상과 같이 균자(均字)를 덧붙인다 하여도 자전상(字典上) 좌(佐)의 본의(本義)에는 영향이 미치지 않음.

康佔(점)[廣韻][集韻]茲丁兼切音𧘂字書云佔㿉輕薄也 又[集韻][正韻]茲與覘同[禮樂記]今之教者呻其佔畢[註]佔視也畢簡也但吟諷所佔視之簡牘不能通其蘊奧也呻吟諷之聲也與覘音義同 又佔佔同沾沾[前漢匈奴傳]令喋喋而佔佔索隱曰佔囁耳語

【 오류 정리 】

○康誤處 1;[禮樂記(改學記)]今之教者呻其佔畢
●考證;謹照原書樂記改學記
◆整理;禮記(예기) 篇名(편명)인 學記(학기)는 樂記(악기)의 착오.
◆訂正文;[禮學記]今之教者呻其佔畢

▶【62-1】 字解誤謬與否;[禮樂記(改學記)]今之教者呻其佔畢 [樂記(改學記)]
★이상과 같이 인용처(引用處)의 오류(誤謬) 수정(修訂)을 한다하여도 자전상(字典上) 점(佔)의 본의(本義)에는 영향이 미치지 않음.

康佖(필)[廣韻]毗必切[集韻][韻會]薄必切[正韻]薄密切茲音弼有威儀也[詩小雅]威儀佖佖[說文]作佖佖○按詩賓筵威儀佖佖註訓媟慢承上既醉而言謂醉無儀也說文引詩訓威儀與詩義反此說文之誤諸韻書仍之茲非 又滿也[揚雄校獵賦]騈衍佖路

【 오류 정리 】

○康誤處 1;[揚雄校獵賦(改羽獵賦)]騈衍佖路
●考證;謹照原文校獵賦改羽獵賦
◆整理;揚雄(양웅) 校獵賦(교렵부)의 校(교)는 羽(우)의 착오
◆訂正文;[揚雄羽獵賦]騈衍佖路
▶【63-1】 字解誤謬與否;[揚雄校獵賦(改羽獵賦)]騈衍佖路 [校獵賦(改羽獵賦)]
★이상과 같이 인용처(引用處)에 오류(誤謬) 수정(修訂)이 된다하여도 자전 상(字典上) 필(佖)의본의(本義)에는 영향이 미치지 않음.

康余(여)[唐韻]以諸切[集韻]羊茹切[韻會]羊諸切 [正韻]雲居茲音餘[說文]語之舒也[爾雅釋詁]我也 又四月爲余月 又接余荇菜也 又[前漢匈奴傳]單于衣繡褡絢錦袷被各一比余[註]比余髮之飾也 又姓由余之後 又[集韻]詳於切音徐余吾水名在朔方 又[集韻]同都切音徒史記檮余匈奴山名又于遮切音邪褒余蜀地名一作襃 斜[漢陽厥碑]襃斜作襃余 又叶演女切

音與[楚辭九思]鸜雀列兮譁讙雓雊鳴兮聒余抱昭華兮寶車欲銜鸞兮莫取 又與餘同[周禮地官]委人凡其余聚以待頒賜[註]余同餘

【 오류 정리 】

○康誤處 1；[集韻]羊茹切(羊茹切謹省)[韻會]羊諸切

●考證；謹按集韻余字音羊諸切不音羊茹切羊茹切三字謹省

◆整理；羊諸切(양제절)은 余(여)의 音(음)이 없으니 羊茹切(양여절)은 삭제함.

◆訂正文 ；[集韻]羊茹切[韻會]羊茹切

▶【64-1】 字解誤謬與否 ；[集韻]羊茹切(羊茹切謹省) [韻會]羊諸切 [羊茹切 (羊茹切謹省)]

★이상과 같이 양여절(羊茹切; 音)이 삭제(削除) 된다하여도 자전상(字典上) 여(余)의 본의(本義)에는 영향이 미치지 않음.

康作(작) [唐韻]則洛切[集韻][韻會][正韻]卽各切𡘋臧入 聲興起也[易乾卦]聖人作而萬物睹 [書堯典]平秩東作 又振也[書康誥]作新民 又造也[禮樂記]作者之謂聖[詩邶風]定之方中作于楚宮 又爲也[詩鄭風]敝予又改作兮 又始也[詩魯頌]思馬斯作 又坐作[周禮夏官]大司馬敎坐作進退之節 又將作秦官名[前漢百官表]秩二千石掌宮室 又作猶斲也[禮內則]魚曰作之[註]謂削其鱗 又汨作逸書篇名 又姓漢涿郡太守作顯 又與詛同怨謗也[詩大雅]侯作侯祝 又[集韻][韻會][正韻]子賀切音佐[後漢廉范傳]廉叔度來何暮不禁火民夜作昔無襦今五袴[韓愈詩]非閣復非船可居兼可過君去問方橋方橋如此作今方音作讀佐俗用做 又[韻補]叶總古切音

阻[韓愈處州孔子廟碑]惟此廟學鄴侯所作厥初庫下神不以宇 又叶子悉切音卽[擊壤歌]日出而作日入而息[陳琳客難]太王築室百堵俱作西伯營臺功不浹日

【 오류 정리 】

○康誤處 1；[易乾卦]聖人作而萬物睹 (改覩)

●考證；謹照原文睹改覩

◆整理；周易(주역) 乾卦(건괘)의 萬物睹(만물도)의 睹(도)는 覩(도)의 착오.

◆訂正文 ；[易乾卦]聖人作而萬物覩

▶【65-1】 字解誤謬與否 ；[易乾卦]聖人作而萬物睹(改覩) [睹(改覩)]

★이상과 같이 오류(誤謬) 수정(修訂)이 된다하여도 도(覩; 보다) 자전상(字典上) 작(作)의 본의(本義)에는 영향이 미치지 않음.

○康誤處 2；[詩邶風(改鄘風)]定之方中作于楚宮

●考證；謹照原文邶風改鄘風

◆整理；詩經(시경)의 篇名(편명)인 邶風(패풍)은 鄘風(용풍)의 착오.

◆訂正文 ； [詩鄘風]定之方中作于楚宮

▶【66-2】 字解誤謬與否 ；[詩邶風(改鄘風)]定之方中作于楚宮 [邶風(改鄘風)]

★이상과 같이 인용처(引用處)의 오류(誤謬) 수정(修訂)을 한다하여도 자전상(字典上) 작(作)의 본의(本義)에는 영향이 미치지 않음.

人部 六畫

康佩(패) [廣韻][集韻][韻會]蒲昧切[正韻]步昧切𡘋音悖[釋名]佩倍也言非一物者有陪貳也一德佩一事佩[詩鄭

風]知子之來之雜佩以贈之[傳]雜佩者
珩璜琚瑀衝牙之類[左傳閔二年]晉狐
突曰佩衷之旗也[禮玉藻]古之君子必
佩玉右徵角左宮羽又天子佩白玉公侯
佩山玄玉大夫佩水蒼玉世子佩瑜玉士
佩瓀玫又凡帶必有佩玉唯喪否又[論
語]去喪無所不佩又[白虎通]農夫佩耒
耜工匠佩斧婦人佩鍼縷　又水縈紆謂
之佩[水經注]鮑丘水北佩謙澤眇望無
垠又蘭渠川水出自北山帶佩衆溪南流
注于渭　又叶蒲眉切音裴[詩秦風]何
以贈之瓊瑰玉佩叶上思　又叶蒲邁切
音敗[屈原離騷]紛吾既有此內美兮又
重之以修能扈江離與辟芷兮紉秋蘭以
爲佩能音奈　[說文]大帶佩也从人从
凡从巾佩必有巾巾謂之飾[徐鉉曰]俗
別作珮非

【 오류정리 】

○康誤處 1;[釋名]佩倍也言非一物
(改言其非一物)者有陪貳也
●考證；謹照原文言非一物者改言其
非一物
◆整理；釋名(석명)의 言非一物者(언
비일물자)는 言其非一物(언기비일물)
의 착오.
◆訂正文；[釋名]佩倍 也言其非一物
者有陪貳也
▶【67-1】 字解誤謬與否；[釋名]
佩倍也言非一物(改言其非一物)者有
陪貳也　[言非一物(改言其非一物)]
★이상과 같이 오류(誤謬) 수정(修訂)
이 된다하여도 언기비일물(言其非一
物; 일물이 아니라고 그는 말했다.
無一物이란 "본래 하나의 물건도 없
다"라는 의미로 아무것도 집착하지
않는 청정한 마음 상태의 이름이다)
은 자전상(字典上) 패(佩)의 본의(本
義)에는 영향이 미치지 않음.

康佝(궁)[集韻][韻會]𠀤去仲切穹

去聲小貌[張衡思玄賦]怨高陽之相寓兮
佝顓頊而宅幽[註]相視也寓居也怨顓
頊居此小陋之地北稱幽又屈也別作𦨶

【 오류정리 】

○康誤處 1;[張衡思玄賦]怨高陽之相
寓(改爲寓)兮佝顓頊而宅幽[註]相
視也寓(改爲寓)居也
●考證；謹照原文兩寓字俱改爲寓)
◆整理；[張衡思玄賦](장형사현부)
의 두 寓(우)는 寓(우)의 착오.
◆訂正文；[張衡思玄賦]怨高陽之相
寓兮佝顓頊而宅幽[註]相視也寓居也
▶【68-1】 字解誤謬與否；[張衡思
玄賦]怨高陽之相寓(改爲寓)兮佝顓頊
而宅幽[註]相視也寓(改爲寓)居也
[寓(改爲寓)]　[寓(改爲寓)]
★이상과 같이 오류(誤謬) 수정(修訂)
이 된다 하여도 우거(寓居; 사는 집)
는 자전상(字典上) 궁(佝)의 본의(本
義)에는 영향이 미치지 않음.

康佻(조)[廣韻]徒聊切[集韻][韻
會][正韻]田聊切𠀤音條獨行貌　又[爾
雅釋詁]佻偷也[屈原離騷]余猶惡其佻
巧　又行不耐勞苦貌[詩小雅]佻佻公
子行彼周行　又竊取名[周語]佻天以
爲已力　又佻人國名[河圖玉版]佻人
長三十丈五尺　又[集韻][韻會][正
韻]𠀤徒了切迢上聲義同　又[正字通]
餘韶切音姚緩也荀子王霸篇佻其期日
而利其巧任如是則百工不楛矣楊愼曰
佻與傜同晏子春秋景公爲露寢之臺令
使佻其日而不趣欲上悅乎君而游民足
乎食也今均傜之法用傜字欲其征役之
緩也　又[揚子方言]佻抗縣也趙魏之
閒曰佻又縣物於臺之上曰佻　又[字彙
補]直紹切音肇[前漢郊祀歌]佻正嘉吉
弘以昌如淳讀

【 오류정리 】

○康誤處 1;[爾雅釋詁(改釋言)]佻偷

也
●考證 ; 謹照釋詁改釋言
◆整理 ; 爾雅(이아)의 篇名(편명)인 釋詁(석고)는 釋言(석언)의 착오.
◆訂正文 ; [爾雅釋言]佻偸也
▶【69-1】 字解誤謬與否 ; [爾雅釋詁(改釋言)]佻偸也 [釋詁(改釋言)]
★이상과 같이 인용처(引用處)의 오류(誤謬)를 수정(修訂)한다하여도 자전상(字典上) 조(佻)의 본의(本義)에는 영향이 미치지 않음.

康佾(일)古文㣟.[唐韻]夷質切[集韻][韻會][正韻]弋質切𡘋音逸舞行列也行數人數縱橫皆同故曰佾[左傳隱四年]於是初獻六羽始用六佾 古但用肎加人轉注肎音翁古今異讀

【 오류정리 】

○康誤處 1 ; [左傳隱四年(改五年)]於是初獻六羽始用六佾
●考證 ; 謹照原文四年改五年
◆整理 ; 左傳隱公四年(좌전은공사년)은 隱公五年(은공오년)의 착오.
◆訂正文 ; [左傳隱五年]於是初獻六羽始用六佾
▶【70-1】 字解誤謬與否 ; [左傳隱四年(改五年)]於是初獻六羽始用六佾 [四年(改五年)]
★이상과 같이 인용처(引用處)의 오류(誤謬) 수정(修訂)을 한다하여도 자전 상(字典上) 일(佾)의 본의(本義)에는 영향이 미치지 않음.

康使(사)[唐韻]疎士切[集韻][韻會]爽士切[正韻]師止切𡘋音史令也役也[易兌卦]悅以使民[禮曲禮]六十日者指使[註]指事使人也[管子樞言篇]天以時使地以材使人以德使鬼神以祥使禽獸以力使 又[集韻]疎吏切[正韻]式至切𡘋音駛 遣人聘問曰使[前漢韓信傳]發一乘之使下咫尺之書又[鬼

谷子抵巇篇]聖人者天地之使也[淮南子天文訓]四時者天之吏也日月者天之使也 又[諡法]治民克盡嚴篤無私曰使本作使[六書統]从人从事令人治事也

【 오류정리 】

○康誤處 1 ; [易兌卦(改爲豳風序)]悅(改說)以使民
●考證 ; 謹按易兌卦象傳是悅以先民與使字無涉惟查毛詩豳風東山序有此四字謹將易兌卦三字改爲豳風序悅改說)
◆整理 ; 易兌卦(역태괘)는 豳風序(빈풍서)이며 悅(열)은 說(설)의 착오.
◆訂正文 ; [豳風序]說以使民
▶【71-1】 字解誤謬與否 ; [易兌卦(改爲豳風序)]悅(改說)以使民 [兌卦(改爲豳風序)] [悅(改說)]
★이상과 같이 인용처(引用處) 및 설문(說文)의 오류(誤謬) 수정(修訂)을 한다하여도 자전상(字典上) 사(使)의 본의(本義)에는 영향이 미치지 않음.

康來(래)[廣韻]落哀切[集韻][韻會][正韻]郞才切𡘋賴平聲至也還也及也[禮曲禮]禮尙往來往而不來非禮也來而不往亦非禮也 又[公羊傳隱五年]公觀魚於棠登來之也[註]登讀爲得齊人謂求得爲登來 又玄孫之子曰來孫 又麥名[詩周頌]貽我來牟[前漢劉向傳]作飴我釐麰亦作秾 又呼也[周禮春官]大祝來瞽令臯舞 又姓 又[集韻]洛代切音賚撫其 至曰來[孟子]放動曰勞之來之 又叶鄰奚切音離[詩邶風]莫往莫來悠悠我思[素問]恬澹虛無眞氣從之精神守內病安從來 又叶郞狄切音力[詩小雅]東人之子職勞不來叶下服[大雅]經始勿亟庶民子來 又叶落蓋切音賴[屈原離騷]因氣變而遂曾舉兮忽神奔而鬼怪時髣髴以遙

見兮精皎皎以往來　又叶良置切音利
[荀子賦論篇]一往一來結尾以爲事

【 오류정리 】

○康誤處 1; [荀子賦論 (省論字)篇]一往一來結尾以爲事
●考證 ; 謹照原書省論字
◆整理 ; 荀子(순자)의 篇名(편명)인 賦論篇 (부론편) 三字中(삼자중) 論字(론자)를 삭제 시킨 賦篇(부편)임
◆訂正文 ; [荀子賦篇]一往一來結尾以爲事
▶【72-1】 字解誤謬與否; [荀子賦論(省論字)篇]一往一來結尾以爲事 [論(省論字)]
★이상과 같이 인용처(引用處)의 오류(誤謬) 수정(修訂)을 한다하여도 자전상(字典上) 래(來)의 본의(本義)에는 영향이 미치지 않음.

康侈(치)[唐韻]尺氏切[集韻][韻會]做尒切[正韻]尺里切𡘋音齒奢也泰也[六書故]好廣也[書周官]祿不期侈又[詩小雅]哆兮侈兮[註]微張貌又[周禮冬官考工記]鳧氏侈弇之所由興[註]由鐘曰侈弇所興之聲亦有柞有鬱　又作侈[張衡西京賦]心侈體泰　又[字彙補]以支切音移[儀禮少牢饋食禮]主婦被錫衣侈袂　又[字彙補]昌者切音挆[公羊傳僖二十六年]其言至巂弗及何侈也[註]侈昌爾反又昌者反　又叶充鼓切音侈[左思魏都賦]繆默語之常倫牽膠言而踰侈飾華離以矜然假倔彊而攘臂

【 오류정리 】

○康誤處 1; [周禮冬官考工記]鳧氏侈弇之所由興 [註(改疏)]由鐘曰侈弇所興之聲
●考證 ; 謹照原文註改疏
◆整理 ; 原文(원문)에 붙은 註(주)는 疏(소)의 착오.

◆訂正文 ; [周禮冬官考工記]鳧氏侈弇之所由興 [疏]由鐘曰侈弇所興之聲
▶【73-1】 字解誤謬與否; [周禮冬官考工記]鳧氏侈弇之所由興 [註(改疏)]由鐘曰侈弇所興之聲 [註(改疏)]
★이상과 같이 주소(註疏) 오류(誤謬) 수정(修訂)이 된다하여도 자전상(字典上) 치(侈)의 본의(本義)에는 영향이 미치지 않음.

康侍(시)[唐韻][集韻][韻會][正韻]𡘋時吏切切音者[說文]承也[廣韻]近也從也[六書故]陪側也[禮曲禮]侍坐于先生　又常侍漢時宦官名後遂沿習爲士人官制如唐高適稱高常侍李愬稱李常侍是也　又[史記魏世家]公仲連進牛畜荀欣徐越畜侍以仁義欣侍以舉賢使能越侍以節財儉用[註]侍猶勸也又侍其複姓宋侍其良器

【 오류정리 】

○康誤處 1; [史記魏世家(改趙世家)]公仲連進牛畜荀欣徐越畜侍以仁義欣侍以舉賢使能越侍以節財儉用
●考證 ; 謹照原書魏世家改趙世家)
◆整理 ; 史記(사기)의 魏世家(위세가)는 趙世家(조세가)의 착오.
◆訂正文 ; [史記趙世家]公仲連進牛畜荀欣徐越畜侍以仁義欣侍以舉賢使能越侍以節財儉用
▶【74-1】 字解誤謬與否; [史記魏世家(改趙世家)]公仲連進牛畜荀欣徐越畜侍以仁義欣侍以舉賢使能越侍以節財儉用 [魏世家(改趙世家)]
★이상과 같이 인용처(引用處)의 오류(誤謬) 수정(修訂)을 한다하여도 자전상(字典上) 시(侍)의 본의(本義)에는 영향이 미치지 않음.

康侑(유)[唐韻]于救切[集韻][韻會]尤救切[正韻]爰救切𡘋音又佐也相

也[周禮春官]膳夫以樂侑食　又侍食於所尊亦曰侑食[禮玉藻]凡侑食不盡食又[爾雅釋訓]醻酢侑報也[郭註]此通謂相報答不主於飲酒又[文子守弱篇]又與姷通耦也　又寬也[管子法法篇]文有三侑武無一赦

【 오류정리 】

○康誤處 1;[周禮春官(改天官)]膳夫以樂侑食

●考證；謹照原文春官改天官

◆整理；周禮(주례)의 春官(춘관)은 天官(천관)의 착오.

◆訂正文；[周禮天官]膳夫以樂侑食

▶【75-1】 字解誤謬與否；[周禮春官(改天官)]膳夫以樂侑食 [春官(改天官)]

★이상과 같이 인용처(引用處)의 오류(誤謬) 수정(修訂)을 한다하여도 자전상(字典上) 유(侑)의 본의(本義)에는 영향이 미치지 않음.

○康誤處 2;[爾雅釋訓(改釋詁)]醻酢侑報也

●考證；謹照原書釋訓改釋詁)

◆整理；爾雅(이아)의 篇名(편명)인 釋訓(석훈)은 釋詁(석고)의 착오.

◆訂正文；[爾雅釋詁]醻酢侑報也

▶【76-2】 字解誤謬與否；[周禮春官(改天官)]膳夫以樂侑食 [春官(改天官)]

★이상과 같이 인용처(引用處)의 오류(誤謬) 수정(修訂)을 한다하여도 자전상(字典上) 유(侑)의 본의(本義)에는 영향이 미치지 않음.

康供(공)[廣韻]九容切[集韻][韻會]居容切[正韻]居中切𡘋音恭[說文]設也一曰供給[書無逸]文王不敢盤于遊田以庶邦惟正之供[禮檀弓]杜蕢曰蕢宰夫也非刀匕是供[左傳僖元年]敢不供給　又姓明供仲序廣東人　又[廣

韻][集韻][韻會][正韻]𡘋居用切音貢義同[華嚴經]諸供養中法供最重　又通作共互詳八部共字註

【 오류정리 】

○康誤處 1;[左傳僖元年(改四年)]敢不供給

●考證；謹照原文元年改四年)

◆整理；僖公元年(희공원년)은 僖公四年(희공사년)의 착오.

◆訂正文；[左傳僖四年]敢不供給

▶【77-1】 字解誤謬與否；[左傳僖元年(改四年)]敢不供給 [元年(改四年)]

★이상과 같이 인용처(引用處)의 오류(誤謬) 수정(修訂)을 한다하여도 자전상(字典上) 공(供)의 본의(本義)에는 영향이 미치지 않음.

康依(의)[廣韻][集韻][韻會][正韻]𡘋於希切音衣[說文]倚也[書無逸]知小人之依[註]言稼穡[詩小雅]謀之不臧則具是依[又]昔我往矣楊柳依依又依稀猶彷彿也[劉禹錫詩]宋臺梁館尚依稀　又姓　又[集韻][韻會]𡘋隱豈切音倚[詩大雅]于京斯依　又斧依與扆通[儀禮覲禮]天子設斧依于戸牖之閒[註]依如今綈素屏風也有繡斧文所以示威也　又繟弦也[儀禮士喪禮]設依撻焉[疏]依以韋依繟其弦如今時弓弓番是也　又[儀禮士虞禮]佐食無事則出戸負依南面[註]戸牖之閒謂之依　又喻也[禮學記]不學博依不能安詩

【 오류정리 】

○康誤處 1;[儀禮士喪禮(改旣夕禮)]設依撻焉[疏]依以韋依繟其弦如今時(改卽今時)弓番是也

●考證；謹照原書士喪禮改旣夕禮如今時改卽今時

◆整理；儀禮(의례) 篇名(편명)인 士喪禮(사상례)는 旣夕禮(기석례)의 착오이며, 如今時(여금시)는 卽今時

(즉금시)의 착오.

◆訂正文 ; [儀禮旣夕禮]設依撻焉[疏]依以韋依纏其弦即今時弓弬是也

▶【78-1】 字解誤謬與否 ; [儀禮士喪禮(改旣夕禮)]設依撻焉[疏]依以韋依纏其弦如今時(改即今時)弓弬是也 [士喪禮(改旣夕禮)] [如今時(改即今時)]

★이상과 같이 인용처(引用處) 및 설문(說文)의 오류(誤謬) 수정(修訂)을 한다하여도 자전상(字典上) 의(依)의 본의(本義)에는 영향이 미치지 않으며, 즉금시(即今時; 곧 이제) 역시 본의(本義)에는 영향이 미치지 않음.

人部 七畫

康侯(후)[廣韻]戶鉤切[集韻][韻會][正韻]胡溝切𠀤後平聲[爾雅釋詁]公侯君也又五等爵之次曰侯[書禹貢]五百里侯服孔氏曰侯候也斥候而服事又[史記秦始皇紀]倫侯[註]爵卑於列侯無封邑者倫類也 又侯射布也方十尺曰侯四尺曰鵠[儀禮鄕飮酒禮天子熊侯白質諸侯麋侯赤質大夫布侯畫以虎豹士布侯畫以鹿豕[註]此所謂獸侯也 又美也[詩鄭風]洵直且侯 又發語辭與惟維同意[爾雅釋詁]伊維侯也[詩小雅]侯誰在矣又[大雅]侯于周服又[周禮春官]肆師侯禳[註]侯者候迎祥善禳者禳去妖禜 又姓魏侯嬴又屈侯夏侯柏侯侯岡俱複姓又侯莫陳三字姓 又[諡法]執應八方曰侯 又與兮通亦語辭[[史記樂書]高祖過沛詩三侯之章索隱曰沛詩有三兮故曰三侯詩即大風歌兮侯古韻通 又通作何[呂覽觀表篇]今侯深過而弗辭[司馬相如封禪頌]君乎君乎侯不邁哉[註]侯何也 [說文]本作𠊱从人从厂象張布之狀矢在其下鄭司農曰方十尺曰𠊱四尺曰鵠○按射侯古作𠊱漢書多作𠊱从矢取射義射

之有侯所以候中否明工拙也古者以射選賢射中者獲封爵故因謂之諸侯 又蘇子瞻新渠詩渠成如神民始不知問誰爲之邦君趙侯侯叶支韻

【 오류정리 】

○康誤處 1; [儀禮鄕飮酒禮(改鄕射禮記)]天子熊侯白質

●考證 ; 謹照原書鄕飮酒禮改鄕射禮記

◆整理 ; 儀禮(의례)의 篇名(편명)인 鄕飮酒禮(향음주례)는 鄕射禮記(향사례기)의 착오.

◆訂正文 ;
[儀禮鄕射禮記]天子熊侯白質

▶【79-1】 字解誤謬與否 ; [儀禮鄕飮酒禮(改鄕射禮記)]天子熊侯白質 [鄕飮酒禮(改鄕射禮記)]

★이상과 같이 인용처(引用處)의 오류(誤謬)를 수정(修訂)을 한다하여도 자전상(字典上) 후(侯)의 본의(本義)에는 영향이 미치지 않음.

○康誤處 2; [周禮春官]肆師侯禳[註(改疏)]侯者候迎祥善(改善祥)禳者禳去妖禜(改殃氣)

●考證 ; 謹照原文註改疏祥善改善祥妖禜改殃氣

◆整理 ; [周禮春官](주례춘관)의 註(주)는 疏(소), 祥善(상선)은 善祥(선상), 妖禜(요침)은 殃氣(앙기)의 착오.

◆訂正文 ; [周禮春官]肆師侯禳[疏]侯者候迎善祥禳者禳去殃氣

▶【80-2】 字解誤謬與否 ; [周禮春官]肆師侯禳[註(改疏)]侯者候迎祥善(改善祥)禳者禳去妖禜(改殃氣) [註(改疏)] [祥善(改善祥)] [妖禜(改殃氣)]

★이상과 같이 주소(註疏)의 오류(誤謬)를 수정(修訂)을 한다거나 ○선상(善祥; 상서(祥瑞). 복되고 길한 일

이 일어날 조짐)과 ○앙기[殃氣; 죽은 사람의 사기(邪氣) 옳지 않은 기풍. 악기(惡氣) 악취(惡臭). 노기(怒氣). 업신여김. 모욕)]수정을 하여도 자전상(字典上)의 후(侯)의 본의(本義)에는 영향이 미치지 않음.

康 悟(오)[集韻]五故切音悟迎也[史記天官書]鬼若哭若呼其人逢悟化言[註]逢悟猶逢邊化同訛

【 오류정리 】

○康誤處 1; [史記天官書]鬼若(省若字)哭
●考證 ; 謹照原文省若字
◆整理 ; 史記天官書(사기천관서)의 鬼若哭(귀약곡)에서 중간 若字(약자)는 削除(삭제)하여야 함.
◆訂正文 ; [史記天官書]鬼哭
▶【81-1】 字解誤謬與否 ; [史記天官書]鬼若(省若字)哭 [若(省若字)]
★이상과 같이 약자(若字)를 삭제(削除)한다 하여도 자전상(字典上) 오(悟)의 본의(本義)에는 영향이 미치지 않음.

康 俎(조)[唐韻]側呂切[集韻]壯所切音阻祭享之器[詩小雅]爲俎孔碩[禮明堂位]周以房俎有虞氏以挽俎夏后氏以蕨俎 又折俎[左傳宣十七年]晉侯使士會平王室定王享之原襄公相殽烝王召士會曰王享有體薦宴有折俎公當享卿當宴王室之禮也[註]殽烝升殽於俎也體薦半體示儉也折俎體解節折示惠也 又鼎俎[韓詩外傳]伊尹負鼎俎調五味而立爲相 又[揚子方言]俎几也西南蜀漢之郊曰扯扯音賜 又刀俎[史記項羽紀]樊噲曰如今人方爲刀俎我爲魚肉[註]俎椹版也 又尊俎[後漢馬融傳]起謀於尊俎之閒[註]尊奠酒之罇俎載牲之器 又姓 又叶壯揣切錐

上聲[蘇轍新宅詩]李侯雖貧足圖史旋作明窗安淨几閉門且辦作詩章好事從來置尊俎 [說文]俎在且部禮俎也从半在且旁指事亦會意非从人[字彙]附人部非

【 오류정리 】

○康誤處 1; [禮明堂位]周以房俎有虞氏以挽(改梡)俎夏后氏以蕨(改蕨)俎
●考證 ; 謹照原文挽改梡蕨改蕨
◆整理 ; 明堂位(명당위)의 本文(본문) 挽(완)은 梡(완), 蕨(궐)은 蕨(궐)의 착오.
◆訂正文 ; [禮明堂位]周以房俎有虞氏以梡俎夏后氏以蕨俎
▶【82-1】 字解誤謬與否 ; [禮明堂位]周以房俎有虞氏以挽(改梡)俎夏后氏以蕨(改蕨)俎 [挽(改梡)] [蕨(改蕨)]
★이상과 같이 오류(誤謬) 수정(修訂)이 된다 하여도 ○완조[梡俎; 祭享때에 희생(犧牲)을 올려놓는 적대(炙臺)]와 ○궐조[蕨俎; 제향 때 희생을 올려 놓는 네발이 달린제기인 도마)[禮記明堂位]俎虞氏以梡夏後氏以蕨殷以椇周以房俎有虞氏以梡俎夏后氏以蕨俎 등은 자전상(字典上) 조(俎)의 본의(本義)에는 직접 영향이 미치게 됨.

○康誤處 2; [左傳宣十七年(改十六年)]晉侯使士會平王室
●考證 ; 謹照原文十七年改十六年)
◆整理 ; 宣十七年(선십칠년)은 宣十六年(선십육년)의 착오.
◆訂正文 ; [左傳宣十六年]晉侯使士會平王室
▶【83-2】 字解誤謬與否 ; [左傳宣十七年(改十六年)]晉侯使士會平王室 [十七年(改十六年)]
★이상과 같이 인용처(引用處)의 오류(誤謬)를 수정(修訂)한다 하여도 자

전상(字典上) 조(俎)의 본의(本義)에는 영향이 미치지 않음.

○康誤處 3 ; [揚子方言]俎几也西南蜀漢之郊曰扭扭(朹改杫)音賜 杫
●考證 ; 謹照原文兩扭字朹改杫
◆整理 ; 揚子方言(양자방언)의 扭扭(本文音賜)(차차)는 杫杫(지지)의 착오.
◆訂正文 ; [揚子方言]俎几也西南蜀漢之郊曰杫杫音賜
▶【84-3】 字解誤謬與否 ; [揚子方言]俎几也西南蜀漢之郊曰扭扭(朹改杫)音賜 [扭扭(朹改杫)]
★이상과 같이 오류(誤謬) 수정(修訂)이 되면 지[杫; 제사 때 희생(犧牲)을 올려 놓는 도마]인데 자전상(字典上) 조(俎)의 본의(本義)에 적극 영향이 미치게 됨.

康俗(극)[集韻]竭戟切[正韻]渠戟切朹音劇[玉篇]倦也與劮瘵谷几極劇字別義通上兩合與俗字兩開不同○按[說文]有俙無俗引[相如子虛賦]徼俙受屈賦本作徼卂卂倦也言徼遮獸之倦者而取之也卂當作卂俙與卂同俗卽俙之省文

【 오류정리 】
○康誤處 1; [相如上林賦(改子虛賦)]敽俙受屈
●考證 ; 謹照原文上林賦改子虛賦
◆整理 ; 上林賦(상림부)는 子虛賦(자허부)의 착오.
◆訂正文 ; 相如子虛賦敽俙受屈
▶【85-1】 字解誤謬與否 ; 相如上林賦(改子虛賦)敽俙受屈 [上林賦(改子虛賦)]
★이상과 같이 인용처(引用處)의 오류(誤謬)를 수정(修訂)을 한다하여도 자전상(字典上) 극(俗)의 본의(本義)에는 영향이 미치지 않음.

康保(보)[廣韻][集韻][韻會]補抱切[正韻]補道切朹音寶安也[周禮天官]八統紹王馭萬民五曰庸保[註]庸保安有功者 又恃也守也 又[禮月令]四鄙入保[註] 小城曰保又都邑之城曰保 又任也[周禮地官大司徒]令五家爲比使之相保[註]保猶任也 又全之也佑也[書召誥]天迪格保[註]格正夏命而保佑之又[詩小雅]天保定爾亦孔之固 又[說文]養也[增韻]抱也[書周官]立太師太傅太保[禮文王世子]入則有保出則有師[前漢宣帝紀]阿保之功[註]阿倚也保養也[賈誼治安策]保者保其身體 又[史記欒布傳]窮困賃傭於齊爲酒家保[註]酒家作保傭也 又姓[呂氏春秋]楚保申爲文王傳 又與褓緥병通[禮月令]保介之御閒[註]猶衣也保卽褓緥 又叶相保 又叶博效切音報[詩大雅]無射亦保叶上廟

【 오류정리 】
○康誤處 1; [周禮天官](增以字)八統紹王馭萬民五曰庸保(改保庸)[註]庸保(改保庸)安有功者
●考證 ; 謹照原文八統上增以字兩兩庸保朹改保庸
◆整理 ; 八統(팔통) 앞에 以字(이자)가 漏落(누락) 되었고 兩庸保(양용보)는 保庸(보용)의 착오.
◆訂正文 ; [周禮天官]以八統紹王馭萬民五曰保庸[註]保庸安有功者
▶【86-1】 字解誤謬與否 ; [周禮天官](增以字)八統紹王馭萬民五曰庸保(改保庸)[註]庸保(改保庸) 安有功者 [(增以字)八統] [庸保(改保庸)] [庸保(改保庸)]
★이상과 같이 이[以; 개사(開詞)인 으로써 등. 접속사(接續詞)인 하여 등]를 덧붙인다 하여 자전상(字典上) 의미 변화가 발생치 않으며 용보(庸保)를 보용(保庸)으로 수정함으로서

용보(庸保)는 보증인이라는 의미가 되고 보용(保庸)으로 수정되면 고용인(雇傭人)이란 뜻이니 자전상(字典上) 보(保)의 본의(本義)에 적극 영향을 끼침..

○康誤處 2; [前漢宣帝紀](增嘗有二字)阿保之功

●考證 ; 謹照原文阿保上增嘗有二字
◆整理 ; 前漢宣帝紀(전한선제기) 本註(본주) 阿保之功(아보지공) 앞에 嘗有(상유) 2자를 添入(첨입).
◆訂正文 ; [前漢宣帝紀]嘗有阿保之功
▶【87-2】 字解誤謬與否 ; [前漢宣帝紀](增嘗有二字)阿保之功 [(增嘗有二字)阿保]
★이상과 같이 덧붙인다면 아(阿; 아름다움)가 상유(嘗有; 언제나 있을. 늘 있은)로 변하여 자전상(字典上) 보(保)의 본의(本義)에 적극 영향이 미침.

○康誤處 3; [賈誼(改賈誼傳)治安策]保者保其身體
●考證 ; 謹照原書改賈誼傳
◆整理 ; 賈誼(가의)는 賈誼傳(가의전)의 착오.
◆訂正文 ; [賈誼傳治安策]保者保其身體
▶【88-3】 字解誤謬與否 ; [賈誼(改賈誼傳)治安策]保者保其身體 [賈誼(改賈誼傳)]
★이상과 같이 인용처(引用處)의 오류 (誤謬)를 수정(修訂) 한다하여도 자전상(字典上) 보(保)의 본의(本義)에는 영향이 미치지 않음.

人部 八畫

⑧修(수)[唐韻]息流切[集韻][韻會][正韻]思留切𡕫音羞飭也又飾也葺

理也[書禹貢]六府孔修　又古之聞人曰前修[屈原離騷]謇吾法夫前修兮非世俗之所服　又[屈原離騷]解佩纕以結言兮吾令蹇修以爲理[註]蹇修古良媒　又姓漢屯騎校尉修炳　又長也[詩小雅]四牡修廣　又與卣通[周禮冬官考工記]㼚人爲瓦簋廟用修[註]修讀爲卣卣中尊也以薦鬯則謂之卣以薦酒則謂之修　又叶詢趨切音須[陸機感丘賦]姸蚩混而爲一兮孰云識其所修必眇世以遠覽兮夫何殉以區區

【 오류정리 】

○康誤處 1; [周禮冬官考工記]㼚人爲瓦簋廟用修 [註] 修讀爲卣卣中尊也(改春官鬯人廟用修鄭注修讀爲卣卣中尊也謂獻象之屬)
●考證 ; 謹按冬官無廟用修之文照周禮改春官鬯人廟用修鄭注修讀爲卣卣中尊也謂獻象之屬
※筆者謹按周禮原本 ; [春官鬯人]廟用修[鄭注]鄭司農云修讀曰卣卣中尊謂獻象之屬
◆整理 ; 冬官(동관)은 無廟(무묘)라 春官鬯人廟(춘관창인묘)라 고치고 註(주)는 鄭注(정주)로 用修鄭注修讀爲卣卣中尊也謂獻象之屬(용수정주수독위유유중존야위헌상지속)라 함.
◆訂正文 ; [周禮春官鬯人]廟用修[鄭注]修讀爲卣卣中尊也謂獻象之屬
▶【89-1】 字解誤謬與否 ; [周禮冬官考工記]㼚人爲瓦簋廟用修[註]修讀爲卣卣中尊也 (改春官鬯人廟用修鄭注修讀爲卣卣中尊也謂獻象之屬) [(改春官鬯人廟用修鄭注修讀爲卣卣中尊也謂獻象之屬)]
★이상과 같이 오류(誤謬) 수정(修訂) 이 된다 하여도 ○방인(㼚人; 토기를 만드는 장인)과 ○위(爲) 와궤(瓦簋; 둥근 질그릇)를 삭제를 하고, ○위(謂) ○헌상(獻象; 상아를 받치다)

○지속(之屬; 속한다)이 증자가 된다 하여도 자전상(字典上) 수(修)의 본의(本義)에는 영향이 미치지 않음.

康 俯(부)[廣韻]方矩切[集韻]匪父切𡘋音府俛也[禮樂記]執其干戚習其俯仰詘伸容貌得莊焉 [又]進俯退俯[註]曲也不齊一也[禮月令]季秋之月蟄蟲咸俯在內皆墐其戶 又通府[荀子非相篇]府然若渠堰隄括之已也[註]府俯通 [韻會小補]古音流變字亦隨異如俯仰之俯本作頫或作俛今皆作俯而 頫音兆俛音免不復音俯矣

【 오류정리 】

○康誤處 1; [荀子非相篇]府然若渠堰隄括之(增於字)已也
●考證 ; 謹照原文已上增於字
◆整理 ; 已(이) 앞에 於字(어자)를 添入(첨입).
◆訂正文 ; [荀子非相篇]府然若渠堰隄括之於已也
▶【90-1】 字解誤謬與否 ; [荀子非相篇]府然若渠堰隄括之(增於字)已也 [(增於字)已也]
★이상과 같이 덧붙인 다하여도 어[於; 성(姓). 어조사(語助辭) …에. …에서. 의지하다. 따르다]는 자전상(字典上) 부(俯)의 본의(本義)에는 영향이 미치지 않음.

康 俶(숙)[唐韻][集韻]𡘋昌六切音埱[爾雅釋詁]俶始也[書胤征]俶擾天紀[詩小雅]俶載南畝[儀禮聘禮]燕與羞俶獻無常數[註]始獻四時新物無常數也 又[爾雅釋詁]俶作也[公羊傳隱九年]三月庚辰大雨何以書記異也何異爾俶甚也[詩大雅]有俶其成 又整也[張衡思玄賦]簡元辰而俶裝 又善也 又[集韻][正韻]𡘋他歷切與倜同[廣雅]俶儻卓異也[史記魯仲連傳]好奇偉俶儻之畫策[司馬相如子虛賦]俶儻瑰琦 又叶尺六切音觸[詩大雅]令終有俶叶下告

【 오류정리 】

○康誤處 1; [公羊傳隱九年]三月庚辰大雨(增雪字)何以書記異也
●考證 ; 謹照原文雨下增雪字
◆整理 ; 爾雅釋詁(이아석고)의 大雨(대우) 에 雪字(설자)를 덧붙임.
◆訂正文 ; [公羊傳隱九年]三月庚辰大雨雪何以書記異也
▶【91-1】 字解誤謬與否 ; [公羊傳隱九年]三月庚辰大雨(增雪字)何以書記異也 [大雨(增雪字)]
★이상과 같이 덧붙인 다하여도 우설(雨雪; 비와 눈)은 자전상(字典上) 숙(俶)의 본의(本義)에는 영향이 미치지 않음.

○康誤處 2; [詩大雅]有俶其成(改城)
●考證 ; 詩大雅有俶其成謹照原文成改城
◆整理 ; [詩大雅(시대아)]의 成(성)은 城(성)의 착오.
◆訂正文 ; [詩大雅]有俶其城
▶【92-2】 字解誤謬與否 ; [詩大雅]有俶其成(改城) [成(改城)]
★이상과 같이 오류(誤謬) 수정(修訂)이 된다하여도 기성(其城; 그 성채) 자전상(字典上) 숙(俶)의 본의(本義)에는 영향이 미치지 않음.

康 俾(비)[唐韻]幷弭切[韻會]補弭切𡘋音髀[說文]益也一曰俾門侍人[爾雅釋詁]俾使也[書大禹謨]俾予從欲以治[詩魯頌]俾爾昌爾熾 又[廣韻]從也[書武成]罔不率俾 又[爾雅釋言]俾職也[註]使共職也 又[集韻]賓彌切音卑漢安定郡安俾縣 又毗至切鼻去聲俾倪衺視貌通作睥睨[史記信陵君傳]侯生下見其客朱亥俾倪故久立與城

上女牆埤垸作僻倪音通義別

【 오류정리 】

○康誤處 1; [詩魯頌]俾爾昌爾(改昌而)熾

●考證 ; 謹照原文昌爾改昌而

◆整理 ; 詩魯頌(시로송)의 昌爾(창이)는 昌而(창이)의 착오.

◆訂正文 ; [詩魯頌]俾爾昌而熾

▶【93-2】 字解誤謬與否 ; [詩魯頌]俾爾昌爾(改昌而)熾 昌爾(改昌而)

★이상과 같이 오류(誤謬) 수정(修訂)이 된다 하여도 비이창이치(俾爾昌而熾; 당신으로 하여금 더욱더 번창케 하다)이니 자전상(字典上) 비(俾)의 본의(本義)에는 영향이 미치지 않음.

康併(병)[廣韻]同幷 又[韻會]部迥切音並相並也[禮祭義]行肩而不併[註]老幼並行肩臂不得併 又競也[賈誼治安策]高皇帝與諸公併起[又]與公併倨[註]對敵相拒也 又與屛棄之屛同[荀子彊國篇]併己之私欲必以道

【 오류정리 】

○康誤處 1; [賈誼(改前漢賈誼傳)治安策]高皇帝與諸公併起

●考證 ; 謹照原文改前漢賈誼傳

◆整理 ; 賈誼(가의)는 前漢賈誼傳(전한가의전)의 착오.

◆訂正文 ; [前漢賈誼傳治安策]高皇帝與諸公併起

▶【94-1】 字解誤謬與否 ; [賈誼(改前漢賈誼傳)治安策]高皇帝與諸公併起 [賈誼(改前漢賈誼傳)]

★이상과 같이 인용처(引用處)의 오류(誤謬)를 수정(修訂)을 한다 하여도 자전상(字典上) 병(併)의 본의(本義)에는 영향이 미치지 않음.

康倅(쉬)[集韻][韻會]蒼內切音淬[說文]副也又副車曰倅[周禮夏官]戎僕掌王倅車之政[又國子存遊倅使之修德樂道[註]遊倅子之仕者又[前漢趙充國傳]倅馬什之又今郡倅稱半刺猶半刺史之職也 又[集韻][正韻]藏沒切音卒百人爲倅周禮作卒

【 오류정리 】

○康誤處 1; [周禮夏官]戎僕掌王倅車之政[又](增諸子)國子存遊倅使之修德樂道(改學道)[註]遊倅子之仕者(改倅未仕者)

●考證 ; 謹照原文國子上增諸子二字樂道改學道子之仕者改倅未仕者)

◆整理 ; 國子(국자)앞에 諸子(제자)가 漏落(누락)돼 있고, 樂道(악도)는 學道(학도)와 子之仕者(자지사자) 倅未仕者(쉬미사자)의 착오.

◆訂正文 ; [周禮夏官]戎僕掌王倅車之政[又]諸國子存遊倅使之修德學道[註]遊倅未仕者

▶【95-1】 字解誤謬與否 ; [周禮夏官]戎僕掌王倅車之政[又](增諸子)國子存遊倅使之修德樂道(改學道)[註]遊倅子之仕者(改倅未仕者) [(增諸子)國子] [樂道(改學道)] [子之仕者(改倅未仕者)]

★이상과 같이 증자(增字)가 되고 ○악도(樂道; 칭찬)가 학도(學道; 도를 배우다)로 바뀌고 ○미사자(未仕者; 벼슬치 않은자)로 수정(修訂)된다 하여도 자전상(字典上) 쉬(倅)의 본의(本義)에는 영향이 미치지 않음.

康倛(기)[集韻]丘其切音娸[荀子非相篇]仲尼面如蒙倛[註]楊倞曰方相也其首蒙茸故曰蒙倛[韓愈曰]四方相兩目爲倛與魌頭並通

【 오류정리 】

○康誤處 1; [韓愈曰]四目(增爲字)方相兩目爲倛

●考證 ; 謹照原文方字上增爲字

◆整理 ; 方字(방자) 앞에 爲字(위자) 添入(첨입).

◆訂正文 ; [韓愈曰]四目爲方相兩目爲倶

▶【96-1】 字解誤謬與否 ; [韓愈曰]四目(增爲字)方相兩目爲倶 [四目(增爲字)]

★이상과 같이 위(爲; 돕다. 보위하다. …에게. …를 위하여. …에 대하여….때문에)를 덧붙인다 하여도 자전상(字典上) 기(倶)의 본의(本義)에는 영향이 미치지 않음.

康 借(차)[廣韻][集韻][韻會][正韻]𠀤子夜切嗟去聲假也貸也助也推獎也[家語]在貧如客使其臣如借[註]言不有其身如借使也[前漢文帝紀]假借納用 又[釋名]艸履曰不借[註]言賤易有各自置不假借也 又設辭[詩大雅]借曰未知亦旣抱子 又與藉耤通 又與假通[後漢李充傳]無所借借[註]下音假 又[唐韻][集韻][韻會][正韻]𠀤資昔切音積義同 本作僧隷省作借別作借

【 오류정리 】

○康誤處 1;[釋名]艸履曰不借[註]言賤易有各自置不假借也(改爲艸履曰不借釋名言賤易有各自蓄之不假借人也)

●考證 ; 謹照原文改爲艸履曰不借釋名言賤易有各自蓄之不假借人也

◆整理 ; [釋名]艸履曰不借[註]言賤易有各自置不假借也는 艸履曰不借釋名言賤易有各自蓄之不假借人也의 착오.

◆訂正文 ; [釋名]艸履曰不借釋名言賤易有各自蓄之不假借人也

▶【97-1】 字解誤謬與否 ; [釋名]艸履曰不借[註]言賤易有各自置不假借也(改爲艸履曰不借釋名言賤易有各自蓄之不假借人也) [[釋名](改爲艸履

曰不借釋名言賤易有各自蓄之不假借人也)]

★이상과 같이 인용처(引用處)나 주소(註疏), 등(等)의 오류(誤謬)를 수정(修訂)을 하거나 ○치야(置也; 두다)가 삭제(削除)되고 ○축지(蓄之; 축적하다. 쌓아가다)와 ○인(人)인이 증자(增字)가 된다 하여도자전상(字典上)의 차(借)의 본의(本義)에는 영향이 미치지 않음.

康 倡(창)[廣韻]尺良切[集韻][韻會]蚩良切[正韻]齒良切𠀤音昌倡優女樂[史記樂書]翼星爲樂庫爲天倡主俳倡別作娼 又倡狂[莊子山木篇]倡狂妄行亦作猖 又[唐韻][集韻][正韻]𠀤尺亮切音唱倡和也[詩鄭風]倡予和汝[周禮春官樂師]凡軍大獻敎凱歌遂倡之又[禮樂記]壹倡而三歎[註]倡發.歌句也三歎三人從歎之耳𠀤與唱通

【 오류정리 】

○康誤處 1;[史記樂書(改爲春秋元命包)]翼星爲樂庫爲天倡主俳倡別作娼

●考證 ; 謹按史記樂書無此語惟太平御覽引春秋元命包有之謹將史記樂書改爲春秋元命包

◆整理 ; 史記樂書(사기악서)는 春秋元命包(춘추원명포)의 착오.

◆訂正文 ; [春秋元命包]翼星爲樂庫爲天倡主俳倡別作娼

▶【98-1】 字解誤謬與否 ; [史記樂書(改爲春秋元命包)]翼星爲樂庫爲天倡主俳倡別作娼 [史記樂書(改爲春秋元命包)]

★이상과 같이 인용처(引用處)의 오류(誤謬)를 수정(修訂)을 한다하여도 자전상(字典上) 창(倡)의 본의(本義)에는 영향이 미치지 않음.

康 倨(거)[唐韻][韻會][正韻]𠀤居

御切音據倨傲不遜[禮曲禮]遊毋倨[呂氏春秋]貴爲天子而不驕倨　又[淮南子覽冥訓]臥倨倨興眄眄[註]倨倨臥無思慮也　又矩之直者爲倨折而衡者爲句磬有倨句戈亦有倨句詳[周禮冬官考工記]　又[禮樂記]倨中矩句中鉤[註]倨微曲也　又箕坐也[前漢張耳傳]高祖箕倨　又倨牙獸名[爾雅釋畜]駮如馬倨牙[註]倨牙音如鼓食虎豹

【 오류정리 】

○康誤處 1; 又倨牙獸名[爾雅釋畜]駮如馬倨牙[註]倨牙音如鼓食虎豹(改爲倨牙獸牙倨曲也爾雅釋畜駮如馬倨牙疏其牙倨曲)

●考證 ; (考證 1; 謹按爾雅倨牙乃駮馬之形狀非獸名也謹改爲倨牙獸牙倨曲也爾雅釋畜駮如馬倨牙疏其牙倨曲

◆整理 ; 又倨牙獸名[爾雅釋畜]駮如馬倨牙[註]倨牙音如鼓食虎豹는 倨牙獸牙倨曲也爾雅釋畜駮如馬倨牙疏其牙倨曲의 착오.

※筆者謹按爾雅註疏原本 ; 釋畜第十九; 駮如馬倨牙食虎豹註山海經云有獸名駮如白馬黑尾倨牙音如鼓食虎豹

◆訂正文 ; 倨牙獸牙倨曲也爾雅釋畜駮如馬倨牙疏其牙倨曲

▶ 【99-1】 字解誤謬與否 ; 又倨牙獸名[爾雅釋畜]駮如馬倨牙[註]倨牙音如鼓食虎豹(改爲倨牙獸牙倨曲也爾雅釋畜駮如馬倨牙疏其牙倨曲)

★이상과 같이 인용처(引用處)나 주소(註疏), 등(等)의 오류(誤謬)를 수정(修訂)하고 ○우명(又名; 또 이름)과 ○거아(倨牙; 어금니가 크다) ○음여고(音如鼓; 울음소리는 북소리와 같다) ○식호표(食虎豹; 호랑이와 표범 잡아먹는다)가 삭제(削除)가 되고, ○수아거곡야(獸牙倨曲也; 짐승의 이빨과. 발톱처럼 굽어져 있었다)와 ○기(其)가 증자(增字)가 되었다 하여도

자전상(字典上)의 거(倨)의 본의(本義)에는 영향이 미치지 않음.

倬(탁) [唐韻][集韻][韻會]𣂏竹角切音桌著也大也[詩大雅]倬彼雲漢　又[小雅]有倬其道　[傳]倬明貌

【 오류정리 】

○康誤處 1; [小雅(改大雅)]有倬其道

●考證 ; 小雅改大雅

◆整理 ; 小雅(소아)는 大雅(대아)의 착오.

◆訂正文 ; [大雅]有倬其道

▶ 【100-1】 字解誤謬與否 ; [小雅(改大雅)]有倬其道 [小雅(改大雅)]

★이상과 같이 인용처(引用處)의 오류(誤謬)를 수정(修訂)을 한다하여도 자전상(字典上) 병(倂)의 본의(本義)에는 영향이 미치지 않음.

偅(사) [廣韻][集韻]𣂏側吏切同剚李奇曰東方人以物插地皆爲偅 [前漢蒯通傳]通說范陽令徐公曰慈父孝子不敢事刃於公之腹者畏秦法也[史記張耳陳餘傳]作偅刃　又立事曰偅[周禮天官大宰]事典以任百官[註]猶偅也[音義]猶立也

【 오류정리 】

○康誤處 1; [廣韻][集韻]𣂏側吏切同剚李奇曰東方人以物插地皆(改地中)爲偅

●考證 ; 謹照原文地皆改地中

◆整理 ; 地皆(지개)는 地中(지중)의 착오.

◆訂正文 ; [廣韻][集韻]𣂏側吏切同剚李奇曰東方人以物插地地中爲偅

▶ 【101-1】 字解誤謬與否 ; [廣韻][集韻]𣂏側吏切同剚李奇曰東方人以物插地皆(改地中)爲偅[地皆(改地中)]

★이상과 같이 오류(誤謬) 수정(修訂)이 된다 하여도 지중[地中; 땅 속.

흙속. 광중(壙中)]은 자전상(字典上) 사(傸)의 본의(本義)에는 영향이 미치지 않음.

人部 九畫

康 俯(칭)[廣韻]稱本字[說文]揚也[爾雅釋詁]舉也

【 오류정리 】

○康誤處 1; [爾雅釋詁(改釋言)]舉也
●考證 ; 謹照原書釋詁改釋言
◆整理 ; 爾雅(이아) 釋詁(석고)는 釋言(석언)의 착오.
◆訂正文 ; [爾雅釋言]舉也
▶ 【102-1】 字解誤謬與否 ; [爾雅釋詁(改釋言)]舉也 [釋詁(改釋言)]
★이상과 같이 인용처(引用處)의 오류(誤謬)를 수정(修訂)을 한다 하여도 자전상(字典上) 병(倂)의 본의(本義)에는 영향이 미치지 않음.

康 傿(언)[唐韻][韻會]於幰切[集韻]隱幰切㗊煙上聲[說文]僵也什也[儀禮鄉射禮]傿旌興而俟[淮南子精神訓]牆之立不若其傿也 又服也靡也臥也[詩小雅或息傿在牀[書武成]傿武修文 又傿蹇困頓失志貌[左傳哀六年]彼皆傿蹇將棄子之命[註]傿蹇驕傲也 又與堰同壅水也[周禮天官廠人註]梁水傿也傿水爲關空也又傿豬下溼之地[左傳襄二十五年]規傿豬[正義曰傿豬謂傿水謂豬也 又厠也[莊子庚桑楚]觀室者周於寢廟又適其傿焉[註]傿謂屏厠也屏厠則以傿溲 又地名[春秋僖元年]公敗邾師于傿

【 오류정리 】

○康誤處 1; [周禮天官廠人註]梁水傿也傿水爲關空(改關空)也
●考證 ; 謹照原文關空改關空
◆整理 ; 周禮(주례)의 關空(활공)은

關空(관공)의 착오.
◆訂正文 ; [周禮天官廠人註]梁水傿也傿水爲關空也
▶ 【103-1】 字解誤謬與否 ; [周禮天官廠人註]梁水傿也傿水爲關空(改關空)也 [關空(改關空)]
★이상과 같이 오류(誤謬) 수정(修訂)이 된다 하여도 관공[關空; 언수(傿水). 언저(傿豬). 지하(地下)에 물이 많은 곳] [周禮天官人註]梁水傿也傿水爲關空也又傿豬下溼之地 [左傳襄二十五年]規傿豬[正義曰]傿豬謂傿水爲豬也은 자전상(字典上) 언(傿)의 본의(本義)에 영향이 미침

康 偈(게)[廣韻]渠列切[集韻]巨列切㗊音傑武也又偈偈用力貌[莊子天道篇]偈偈乎揭仁義又[揚子太玄經]輔其折盧其闕其人暉且揭 又武貌與竭通 又邞偈竿也[揚雄甘泉賦]夫何旟旗邞偈之旖旎也 又[集韻][韻會]㗊其例切音塲息也[揚雄甘泉賦]度三巒兮偈棠梨[師古曰]偈與憩通 又偈句釋氏詩詞也 又[正韻]奇熱切音揭疾也[詩檜風]匪車偈兮叶上發下怛[朱傳]偈疾驅貌

【 오류정리 】

○康誤處 1; [揚子太玄經]輔其折盧其闕其人暉且揭(改偈)
●考證 ; 謹照原文揭改偈
◆整理 ; 揚子太玄經(양자태현경)의 揭(게)는 偈(게)의 착오.
◆訂正文 ; [揚子太玄經]輔其折盧其闕其人暉且偈
▶ 【104-1】 字解誤謬與否 ; [揚子太玄經]輔其折盧其闕其人暉且揭(改偈) [揭(改偈)]
★이상과 같이 오류(誤謬) 수정(修訂)이 된다 하여도 게[偈; 형용사(形容詞) 용맹하다. 씩씩하다. 빠르다. 질

풍같다] 자전상(字典上) 비(俾)의 본의(本義)에 직접 영향을 미침.

⟨康⟩偏(편)[唐韻]芳連切[集韻][韻會][正韻]紕延切𡘋音篇頗也側也[書洪範]無黨無偏王道平平　又中之兩旁曰偏[左傳隱十一年]鄭伯使許大夫百里奉許叔以居許東偏　又屬也[左傳襄三年]君子謂祁奚于是能舉善矣舉其偏不爲黨　又[周禮地官]五十人爲偏　又[司馬法]車戰二十五乘爲偏詳前伍字註　又偏枯[荀子非相篇]禹跳湯偏[鄭註]湯半胊枯　又姓漢偏呂見[史游急就章　又偏翩翩篇古通用[易泰卦]翩翩不富以其鄰陸德明作篇篇古文作偏偏]

【 오류정리 】

○康誤處 1; [周禮地官](改爲夏官疏)五十人爲偏

●考證 ; 謹按此夏官敍官疏文非地官經文也地官謹改爲夏官疏

◆整理 ; 周禮(주례)의 地官(지관)은 夏官(하관)의 착오이며 하관 아래 疏(소)가 누락되었음.

◆訂正文 ; [周禮夏官疏]五十人爲偏

▶【105-1】 字解誤謬與否 ; [周禮地官](改爲夏官疏)五十人爲偏　[地官(改爲夏官疏)]

★이상과 같이 인용처(引用處)의 오류(誤謬)를 수정(修訂)을 한다하여도 자전상(字典上) 병(倂)의 본의(本義)에는 영향이 미치지 않음.

○康誤處 2; [荀子非相篇]禹跳湯偏[鄭註]湯半胊(改半體)枯

●考證 ; 謹照原書伴胊改半體

◆整理 ; 荀子非相篇(순자비상편) 半胊(반익)은 半體(반체)의 착오.

◆訂正文 ; [荀子非相篇]禹跳湯偏[鄭註]湯半體枯

▶【106-2】 字解誤謬與否 ; [荀子

非相篇]禹跳湯偏[鄭註]湯半胊(改半體)枯　[半胊(改半體)]

★이상과 같이 오류(誤謬) 수정(修訂)이 된다 하여도 반체(半體; 절반. 반쪽) 자전상(字典上) 비(俾)의 본의(本義)에는 영향이 미치지 않음.

⟨康⟩偟(황)[廣韻][集韻][正韻]𡘋胡光切音黃仿偟猶征營[莊子大宗師]茫然傍偟乎塵垢之外　又通遑[爾雅釋詁]偟暇也　[揚子法言]忠臣孝子偟乎不偟[註]言忠孝之人不暇問仙人無益之事也

【 오류정리 】

○康誤處 1; [爾雅釋詁(改釋言)]偟暇也

●考證 ; 謹照原書釋詁改釋言

◆整理 ; 爾雅(이아)의 釋詁(석고)는 釋言(석언)의 착오.

◆訂正文 ; [爾雅釋言]偟暇也

▶【107-1】 字解誤謬與否 ; [爾雅釋詁(改釋言)]偟暇也　[釋詁(改釋言)]

★이상과 같이 인용처(引用處)의 류(誤謬)를 수정(修訂)을 한다하여도 자전상(字典上) 황(偟)의 본의(本義)에는 영향이 미치지 않음.

⟨康⟩偪(핍)[集韻]與逼同侵迫也[禮雜記]君子不僭上不偪下　又借爲偪屦之偪[釋名]偪所以自逼今謂之行縢言以裹脚可以跳騰輕便也[禮內則]偪屦著綦[註]行縢也[詩小雅]邪幅在下[註]幅偪也邪纏於足所以東脛在股下也諸侯見天子人子事父母皆然　又[揚子方言]腹滿曰偪[註]言敕偪也[晉書明帝紀]阮孚告溫嶠內迫卽謂偪也　又[廣韻][集韻]𡘋方六切音福偪陽地名見[左傳襄十年]

【 오류정리 】

○康誤處 1; [釋名]偪所以自逼(增束

字)
●考證 ; 謹照原文逼下增束字
◆整理 ; 釋名(석명)의 逼(핍) 아래 束字(속자)를 덧붙임.
◆訂正文 ; [釋名]偪所以自逼束
▶【108-1】 字解誤謬與否 ; [釋名]偪所以自逼(增束字)　[逼(增束字)]
★이상과 같이 속(束)을 덧붙여 핍속(偪束; 핍박을 약속하다. 偪[集韻]與逼同)화 된다면 자전상(字典上) 핍(偪)의 본의(本義)에 직접 영향이 미치게 됨.

○康誤處 2 ; 又借爲偪屨之偪[禮內則]偪屨著綦(改偪屨之偪爲行縢之名)
●考證 ; 謹案內則偪屨著綦偪字自爲一句不與屨字連讀謹改偪屨之偪爲行縢之名
◆整理 ; 禮內則(예내칙) 偪屨著綦(핍구저기)의 偪字(핍자)와 屨字(구자)는 連讀(연독)하지 않음.
◆訂正文 ; 又借爲偪屨之偪[禮內則]偪屨著綦
▶【109-2】 字解誤謬與否 ; 又借爲偪屨之偪[禮內則]偪屨著綦(改偪屨之偪爲行縢之名)　[偪屨著綦(改偪屨之偪爲行縢之名)]
★이상과 같이 오류(誤謬) 수정(修訂)이 되면 ○구저기(屨著綦; 신을 신고 행전을 맨다)를 ○핍구지핍위행등지명(偪屨之偪爲行縢之名)으로 수정 되면 ○핍(偪; 맨다) ○행등지명(行縢之名; 행전의 구실을 한다)이라 하였으니 자전상(字典上)의 본의에 직접 영향이 미치게 됨.

康 側(측)[唐韻]阻力切[集韻][韻會]札色切䜌音仄旁也傾也[詩召南]在南山之側[書洪範]無反無側[註]不偏邪也　又卑隘也[書堯典]明明揚側陋　又叛黨曰反側[後漢光武紀]使反側子

自安　又[儀禮旣夕]有司請祖期日日側[註]側昳也謂將過中之時與昃同
　又側注冠名酈食其服以見沛公　又側生荔支名　又與特通[儀禮士冠禮]側尊一甒醴[註]特設一尊醴也[禮聘禮]公側授宰玉又側授宰幣[註]謂君特授不假相也　又同仄[史記平準書]公卿鑄鋳官赤側[註]赤側錢名
【 오류정리 】
○康誤處 1 ; [禮(改又字)聘禮]公側授宰玉又側授宰幣
●考證 ; 謹照本書之例上禮字改又字
◆整理 ; 禮聘禮(예빙례)란 禮記(예기)에는 聘禮(빙례)의 篇(편)없고 儀禮(의례)의 篇名(편명)으로 禮(례)는 又(우)로 고쳐야 앞 [儀禮士冠禮]의 儀禮(의례)를 이어받는 표시가 됨.
◆訂正文 ; [又聘禮]公側授宰玉又側授宰幣
▶【110-1】 字解誤謬與否 ; [禮(改又字)聘禮]公側授宰玉又側授宰幣　[禮(改又字)]
★이상과 같이 인용처(引用處)의 오류(誤謬)를 수정(修訂)을 한다 하여도 자전상(字典上) 측(側)의 본의(本義)에는 영향이 미치지 않음.

康 偸(투)[廣韻]託侯切[集韻][韻會][正韻]他侯切䜌透平聲[說文]苟且也[左傳昭十三年]子産曰晉政多門貳偸之不暇　又[禮表記]安肆日偸　又[爾雅釋詁]佻也[廣韻]盜也[管子形勢]解偸得利而後有害偸得樂而後有憂者聖人不爲也　又薄也[左傳襄三十一年]趙孟之語偸　又叶容朱切音余[張衡西京賦]敬愼威儀示民不偸我有嘉賓其樂愉愉聲敎布濩盈溢天區
【 오류정리 】
○康誤處 1 ; [爾雅釋詁(改釋言)]佻也

●考證 ; 謹照原書釋詁改釋言
◆整理 ; 爾雅(이아) 釋詁(석고)는 釋言(석언)의 착오.
◆訂正文 ;[爾雅釋言]佻也
▶【111-1】 字解誤謬與否 ; [爾雅釋詁(改釋言)]佻也 [爾雅釋詁(改釋言)]
★이상과 같이 인용처(引用處)의 류(謬)를 수정(修訂)을 한다 하여도 자전상(字典上)의 투(偸)의 본의(本義)에는 영향이 미치지 않음.

人 部 十畫

康傀(괴)[唐韻]公回切[集韻][韻會][正韻]姑回切𠀤音瑰[廣韻]天貌 [荀子性惡篇]傀然獨立天地之閒而不畏 又怪異[周禮春官大司樂]凡日月食四鎭五嶽崩大傀異烖去樂 又[集韻][韻會][正韻]𠀤古委切音宄義同 又[廣韻]口猥切[集韻][正韻]苦猥切𠀤魁上聲今爲木偶戲曰傀儡[通鑑]段綸徵巧匠楊思齊造傀儡太宗怒曰求巧匠以供國事今先造戲具豈百工相戒毋作淫巧之意乃削綸階 又[集韻]呼乖切音虺[莊子列禦寇]達生之情者傀○按傀說文唐韻𠀤公回切音瑰玉篇古回切正韻姑回切皆隷灰韻見母之字也字彙姑回切音規不知同隷灰韻規隷支韻此字彙顧母而失子誤也至正字通則用枯同切音魁不知魁本見母枯魁屬溪母此子母俱失者也不可不辨

【 오류정리 】

○康誤處 1;[廣韻]天貌(改大貌)
●考證 ; 謹照原文天貌改大貌)
◆整理 ; 廣韻(광운)의 天貌(천모)는 大貌(대모)의 착오.
◆訂正文 ;[廣韻]大貌
▶【112-1】 字解誤謬與否 ;[廣韻]天貌(改大貌) [天貌(改大貌)]
★이상과 같이 오류(誤謬) 수정(修訂)

이 되면 대모(大貌; 큰 모습)라 자전상(字典上) 괴(傀)의 본의(本義)에 직접 영향을 미게 됨.

康備(비)[唐韻][集韻][韻會]𠀤平祕切音避成也[周禮春官大司樂]凡樂則告備 又咸也副也[書周官]官不必備惟其人 又先具以待用也[書說命]惟事事乃其有備有備無患[左傳僖五年]凡分至啓閉必書雲物爲備故也 又足也[易繫辭]易之爲書也廣大悉備 又[禮祭統]福者備也備者百順之名也無所不順者之謂備 又盡也[禮月令]季秋之月命冢宰農事備收 又長兵曰備[左傳昭二十一年]用少莫如齊致 死齊致死莫如去備 又搔也[周禮秋官]冥氏若得其獸則獻其皮革齒須備[註]須直謂頤下須備謂搔也搔音爪 又姓 又叶蒲必切音弼[詩小雅]禮儀旣備鐘鼓旣戒戒音吉

【 오류정리 】

○康誤處 1;[周禮春官大司樂(改樂師)]凡樂(增成字)則告備
●考證 ; 謹照原書大司樂改樂師凡樂下增成字
◆整理 ; 周禮(주례)의 大司樂(대사악)은 樂師(악사)의 착오이며, 凡樂(범악) 아래로 成字(성자)가 누락 되었음.
◆訂正文 ;[周禮春官樂師]凡樂成則告備
▶【113-1】 字解誤謬與否 ; [周禮春官大司樂(改樂師)]凡樂(增成字)則告備 [大司樂(改樂師)] [凡樂(增成字)]
★이상과 같이 인용처(引用處)의 오류(誤謬)를 수정(修訂)을 하거나 성(成; 성취하다)을 증자(增字)를 한다 하여도 자전상(字典上) 비(備)의 본의(本義)에는 영향이 미치지 않음.

○康誤處 2;[禮月令]季秋之月(增乃

字)命冢宰農事備收
●考證 ; 謹照原文命字上增乃字
◆整理 ; 命冢宰(명총재) 앞에 乃字(내자)가 누락되어 있음.
◆訂正文 ; [禮月令]季秋之月乃命冢宰農事備收
▶【114-2】 字解誤謬與否 ; [禮月令]季秋之月(增乃字)命冢宰農事備收 [之月(增乃字)]
★이상과 같이 덧붙인 다하여도 내(乃; 너. 너의. 그. 그의. …이다)는 자전상(字典上) 비(備)의 본의(本義)에는 영향이 미치지 않음.

康傚(효)[廣韻]胡敎切[集韻]後敎切[正韻]胡孝切𠀤音效法也倣也通作效 又[韻補]叶胡高切音豪[詩小雅]君子是則是傚叶上昭下敎

【 오류정리 】
○康誤處 1; [詩小雅]君子是則是傚叶上昭下敎(改敎)
●考證 ; 謹照原文敎改敎
◆整理 ; 詩小雅(시소아) 本註(본주)下敎(하교)는 下敎(하오)의 착오.
◆訂正文 ; [詩小雅]君子是則是傚叶上昭下敎
▶【115-1】 字解誤謬與否 ; [詩小雅]君子是則是傚叶上昭下敎(改敎) [敎(改敎)]
★이상과 같이 오류(誤謬) 수정(修訂)이 된다 하여도 오(敎; 노닐다. 商나라 수도) 자전상(字典上) 효(傚)의 본의(本義)에는 영향이 미치지 않음.

康傜(요)[廣韻][集韻][韻會][正韻]𠀤餘招切音姚[六書故]傜役也亦作傜又作繇[揚子方言]傜衰也自山而西凡物不能純者謂傜 又姓漢更始將傜偉 又莫傜[隋書地理志]長沙郡有夷蜑名莫傜自言其先祖有功常免征役故以爲名[杜甫詩]莫傜射鴈鳴桑弓

【 오류정리 】
○康誤處 1; [揚子方言]傜衰也自山而西凡物不能純者謂傜(改爲凡物細大不純者謂之傜)
●考證 ; 謹照原文改爲凡物細大不純者謂之傜
◆整理 ; 凡物不能純者謂傜(범물불능순자위요)를 凡物細大不純者謂之傜(범물세대불순자위지요)로 고침.
◆訂正文 ; [揚子方言]傜衰也自山而西凡物細大不純者謂之傜
▶【116-1】 字解誤謬與否 ; [揚子方言]傜衰也自山而西凡物不能純者謂傜(改爲凡物細大不純者謂之傜) [凡物不能純者謂傜(改爲凡物細大不純者謂之傜)]
★이상과 같이 오류(誤謬) 수정(修訂)이 된다 하여도 ○불능(不能)과 ○위요(謂傜; 부역을 이름)를 삭제(削除)를 하고 ○세대(細大; 가늘고 굵다)와 ○불(不)이 증자(增字)가 되어도 자전상(字典上) 요(傜)의 본의(本義)에는 크게 영향이 미치지 않음.

人 部 十一畫
康備(용)[廣韻][集韻][韻會]𠀤餘封切音容[說文]均直也今雇役於人受直也[後漢夏馥傳]黨錮事起馥變姓爲治家備 又[廣韻]丑凶切[集韻][韻會]癡凶切𠀤音踵[爾雅釋詁]均也 [疏]謂齊等也[詩小雅]昊天不備 又[荀子非相篇]近世而不備 又[正名篇]色不及備而可以養羽[註]備作也用也

【 오류정리 】
○康誤處 1; [爾雅釋詁(改釋言)]均也
●考證 ; 謹照原書釋詁改釋言
◆整理 ; 爾雅(이아)의 篇名(편명)인 釋詁(석고)는 釋言(석언)의 착오.
◆訂正文 ;[爾雅釋言]均也

▶【117-1】 字解誤謬與否 ; [爾雅釋詁(改釋言)]均也 [釋詁(改釋言)]

★이상과 같이 인용처(引用處)의 오류(誤謬)를 수정(修訂)을 한다 하여도 자전상(字典上)의 용(傭)의 본의(本義)에는 영향이 미치지 않음.

○康誤處 2; [正名篇]色不及傭而可以養羽(改養目)
●考證 ; 謹照原文養羽改養目
◆整理 ; 正名篇(정명편)의 養羽(양우)는 養目(양목)의 착오.
◆訂正文 ; [正名篇]色不及傭而可以養目

▶【118-2】 字解誤謬與否 ; [正名篇]色不及傭而可以養羽(改養目) [養羽(改養目)]

★이상과 같이 오류(誤謬) 수정(修訂)이 되면 자전상(字典上) 용(傭)의 간접본의(本義)가 ○양우(養羽; 깃을 기르다)에서 ○양목(養目; 눈을 보호하다)로 바뀌게 되어도 용(傭)의 본의(本義)에는 크게 영향이 미치지 않음.

康 傳(전)[廣韻]直攣切[集韻][韻會][正韻]重綠切　音椽轉也[左傳莊九年]公喪戎路傳乘而歸[註]戎路兵車傳乘乘他小車 [註]傳直傳反 又丁戀反 又[正韻]授也續也布也[周禮夏官訓]方氏誦四方之傳道[註]傳說往古之事也讀平聲 又[禮曲禮]七十曰老而傳[註]倦勤傳家事于子也 又[禮內則]父母舅姑之衣衾簞席枕几不傳[註]移也 又[集韻][韻會][正韻]　株戀切專去聲傳舍[釋名]傳轉也人所止息去者復來轉相傳無常主也[史記酈食其傳註]高陽傳舍 又[說文]遽也驛遞曰傳[禮玉藻]士曰傳遽之臣[註]驛傳車馬所以供急遽之令士賤而給役使故自稱如此 又古者以車駕馬乘詣京師謂之傳車後 又置驛騎用單馬乘之若令之遽馬凡四

馬高足爲置傳四馬中足爲馳傳四馬下足爲乘傳一馬二馬爲軺傳漢律諸當乘傳及發駕置傳者皆持尺五寸木傳信封以御史大夫印章其乘傳參封之參三也有期會案封兩端端各兩封 凡四封乘置馳傳五封之兩端各二中央一軺傳兩馬再封之一馬一封以馬駕軺車而乘傳曰一封軺傳 又關傳[周禮地官司關]凡所達貨賄則以節傳出之[註]張晏曰信也若今過所也如淳曰兩行書繒帛分持其一出入關合之乃得過謂之傳師古曰今或用檗刻木爲合符[後漢陳蕃傳]投傳而去[註]符也丁戀切[釋名]傳轉也轉移所在執以爲信也 又[集韻][韻會][正韻]　柱戀切音瑑訓也賢人之書曰傳又紀載事迹以傳於世亦曰傳諸史列傳是也[釋名]傳傳也以傳示候人也 又續也[孟子]傳食於諸侯 又叶 重倫切音陳[前漢敘傳]帝庸親親厥國五分德不堪寵四支不傳 按諸字書傳本有直攣知戀直戀三切廣韻分析極細正韻因之然歷考經史註疏 驛傳之傳平去二音可以互讀至傳道傳聞傳授之傳乃一定之平聲紀載之傳一定之去聲此首之分動靜不可易者也正字通專關動靜字音之說每於此等處爲渾同之說以亂之此斷斷不可从者又按廣韻二先傳直攣切音椽又持戀丁戀二切三十三線傳直戀切卽持戀切知戀切卽丁戀切丁戀切蓋用交互門法不如用音和知戀切爲安也

【 오류 정리 】

○康誤處 1; [左傳莊九年]公喪戎路傳乘而歸 [註]戎路兵車傳乘乘他小(省小字)車
●考證 ; 謹照原文省小字
◆整理 ; 小車(소거)의 小字(소자)는 削除(삭제).
◆訂正文 ; [左傳莊九年]公喪戎路傳乘而歸[註]戎路兵車傳乘乘他車

▶【119-1】 字解誤謬與否 ; [左傳

莊九年]公喪戎路傳乘而歸[註]戎路兵
車傳乘乘他小(省小字)車　[小(省小
字)]
★이상과 같이 소자(小字)가 삭제(削
除)된다 하여도 자전상(字典上) 전
(傳)의 본의(本義)에 영향을 끼치지
않음.

○康誤處 2; [註(改釋文)]傳直傳反
●考證 ; 謹照原書註改釋文
◆整理 ; 左傳(좌전)의 註(주) 釋文
(석문)의 착오.
◆訂正文 ; [釋文]傳直傳反
▶【120-2】 字解誤謬與否 ; [註(改
釋文)]傳直傳反　[註(改釋文)]
★이상과 같이 주소(註疏)의 오류(誤
謬)를 수정(修訂)한다 하여도 자전상
(字典上)의 전(傳)의 본의(本義)에는
영향이 미치지 않음.

○康誤處 3; [禮內則]父母舅姑之衣
衾簟度(改簟席)枕几不傳
●考證 ; 謹照原文簟度改簟席
◆整理 ; 禮內則(예내칙)의 簟度(점
도)는 簟席(점석)의 착오.
◆訂正文 ; [禮內則]父母舅姑之衣衾
簟席枕几不傳
▶【121-3】 字解誤謬與否 ; [禮內
則]父母舅姑之衣衾簟度(改簟席)枕几
不傳　[簟度(改簟席)]
★이상과 같이 오류(誤謬) 수정(修訂)
이 된다 하여도 점석(簟席; 삿자리)은
자전상(字典上) 전(傳)의 본의(本義)
에는 영향이 미치지 않음.

○康誤處 4; [周禮地官司關]凡所達貨
賄則以節傳出之[註(註字上增前漢
文帝紀五字)]張晏曰信也
●考證 ; 謹按張晏曰云云乃漢書註非
周禮註註字上增前漢文帝紀五字
◆整理 ; 張晏曰云云(장안왈운운)은
漢書註(한서주)주로 周禮註(주례주)가

아니며 註字(주자) 앞에 前漢文帝(전
한문제기)덧붙임.
◆訂正文 ; [周禮地官司關]凡所達貨賄
則以節傳出之[前漢文帝紀註]張晏
曰信也
▶【122-4】 字解誤謬與否 ; [周禮地
官司關]凡所達貨賄則以節傳出之[註
(註字上增前漢文帝紀五字)]張晏曰信也
[註(註字上增前漢文帝紀五字)]
★이상과 같이 인용처(引用處)의 오
류(誤謬)를 수정(修訂)을 한다 하여도
자전상(字典上)의 전(傳)의 본의(本
義)에는 영향이 미치지 않음.

康 傷(상) [唐韻]式羊切[集韻][韻
會][正韻]尸羊切𡘋音商痛也[爾雅釋
訓]憂思也　[詩周南]維以不永傷[小
雅]我心憂傷　又創也損也[書說命]若
跣勿視地厥足用傷　又戕害也[左傳僖
二十二年]君子不重傷　又姓[左傳]傷
省宋人　又[諡法]未家短折曰傷　又叶
式亮切同慯[張衡四愁詩]路遠莫致
倚愁悵何爲懷憂心煩傷

【 오류 정리 】
○康誤處 1; [爾雅釋訓(改釋詁)]憂思
也(改傷思也)
●考證 ; 謹照原文釋訓改釋詁憂思也
改傷思也
◆整理 ; 爾雅(이아)의 釋訓(석훈)은
釋詁(석고)로, 憂思也(우사야)는 傷思
也(상사야)의 착오.
◆訂正文 ; [爾雅釋詁]傷思也
▶【123-1】 字解誤謬與否 ; [爾雅釋
訓(改釋詁)]憂思也(改傷思也)　[爾
雅釋訓(改釋詁)]　[憂思也(改傷思也)]
★이상과 같이 오류(誤謬) 수정(修訂)
이 되면 ○우사(憂思; 깊이 근심함)가
○상사(傷思; 마음 앓으다)가 되어 자
전상(字典上) 상(傷)의 본의(本義)에
직접 연향을 미치게 됨.

○康誤處 2; [書說命]若跣勿視(改弗視)地

●考證 ; 謹照原文勿視改弗視

◆整理 ; 書經(서경)의 勿視(물시)는 弗視(불시)의 착오.

◆訂正文 ; [書說命]若跣弗視地

▶【124-2】 字解誤謬與否 ; [書說命]若跣勿視(改弗視)地 [勿視(改弗視)]

★이상과 같이 오류(誤謬) 수정(修訂)이 된다 하여도 약선물시(若跣勿視)(개불시(改弗視))지(地)의 둘 다 "만약 맨발로 땅을 보지 않는다면"이란 의미이니 자전상(字典上) 상(傷)의 본의(本義)에는 영향이 미치지 않음.

康僙(경)[字彙]同僵[荀子仲尼篇]可吹而僙也[註]言其人可以氣吹之使什喻不足恃也 又同競[周禮春官種師註]繁遏執僙也

【 오류 정리 】

○康誤處 1; [荀子仲尼篇]可吹而僙也[註]言其人可以氣吹之使什喻不足恃也(註下改僙當爲僵言可以氣吹之而僵仆也)

●考證 ; 謹照原文於註下改僙當爲僵言可以氣吹之而僵仆也

◆整理 ; [註(주)]言其人可以氣吹之使什喻不足恃也(언기인가이기취지사십유불족시야)는 [註(주)]僙當爲僵言可以氣吹之而僵仆也(경당위강언가이기취지이강부야)의 착오.

◆訂正文 ; [荀子仲尼篇]可吹而僙也[註]僙當爲僵言可以氣吹之而僵仆也

▶【125-1】 字解誤謬與否 ; [荀子仲尼篇]可吹而僙也[註]言其人可以氣吹之使什喻不足恃也(註下改僙當爲僵言可以氣吹之而僵仆也) [[註]言其人可以氣吹之使什喻不足恃也(註下改僙當爲僵言可以氣吹之而僵仆也)]

★이상과 같이 오류(誤謬) 수정(修訂)

이 되면 ○언기인가(言其人可; 그 사람의 말이 옳다) ○사십(使什; 잡다한 것을 사용하다) ○유(喻; 깨우치다, 깨우쳐 주다, 고하다(告--), 이르다. ○불족시야(不足恃也; 의지할 것이 못 된다) ○경당위강언가(僙當爲僵言可) "경(僙)은 마땅히 강(僵; 形容詞 딱딱하다. 뻣뻣하다. 빳빳하다. (손발이) 곱다. 경직되어 있다. 벽에 부딪쳐 있다. 교착 상태에 있다. 대립되어 [動詞] 자극하다. 도발하다) 이 된다고 해야 옳은 표현이다) ○강부(僵仆; 뻣뻣해져서[경직되어서] 넘어지다. 죽다) [荀子仲尼篇]可吹而僙也[註]僙當爲僵, 言可以 氣吹之而僵仆也 는 자전상(字典上) 경(僙)의 본의(本義)에 일부 영향이 미치게 됨.

康傺(제)[廣韻][集韻][韻會]丑例切音懘止也[屈原離騷]忳鬱邑余佗傺兮[註]佗傺失志貌傺住也楚人謂住曰傺[揚子方言]傺逗也[註]逗卽今住字又[楚辭九辯]坎傺而沈藏[註]謂冬時物皆陷止潛藏 又[玉篇]敕厲切音蠆義同

【 오류 정리 】

○康誤處 1; [楚辭九辯](增然字)坎傺而沈藏

●考證 ; 謹照原文坎上增然字

◆整理 ; 坎字(감자) 앞에 然字(연자)를 붙여 然坎(연감)이 되여야 함.

◆訂正文 ; [楚辭九辯]然坎傺而沈藏

▶【136-1】 字解誤謬與否 ; [楚辭九辯](增然字)坎傺而沈藏 [(增然字)坎]

★이상과 같이 증자(增字)가 된다 하여도 연(然; 그러나)은 자전상(字典上) 비(俾)의 본의(本義)에는 영향이 미치지 않음.

康**偰**(설)[唐韻][集韻][韻會][正韻]𠀤先結切音屑[爾雅釋詁]聲也[疏]言 聲音偰偰然也[玉篇]小聲也一曰偰偰呻吟也 又[廣韻][集韻]𠀤息七切音悉義同

【 오류 정리 】

○康誤處 1; [爾雅釋詁(改釋言)]聲也

●考證 ; 謹照原書釋詁改釋言

◆整理 ; 爾雅(이아) 篇名(편명)인 釋詁(석고)는 釋言(석언)의 착오.

◆訂正文 ; [爾雅釋言]聲也

▶【127-1】 字解誤謬與否 ; [爾雅釋詁(改釋言)]聲也 [釋詁(改釋言)]

★이상과 같이 인용처(引用處)의 오류(誤謬)를 수정(修訂)을 한다 하여도 자전상(字典上)의 설(偰)의 본의(本義)에는 영향이 미치지 않음.

康**僄**(표)[集韻][韻會][正韻]𠀤匹妙切音剽[說文]輕也[玉篇]俵狡輕迫也[廣韻]身輕便也[荀子修身篇]怠慢僄棄則招之以禍災 又[廣韻]撫招切音飄義同 [正譌]本作僄僄火飛也故从㷍會輕意[字彙]僄从서从示誤

【 오류정리 】

○康誤處 1; [荀子修身篇]怠慢僄棄則招之(改炤之)以禍災

●考證 ; 謹照原文招之改炤之

◆整理 ; 荀子修身篇(순자수신편) 本註(본주)의 招之(초지)는 炤之(소지)의 착오.

◆訂正文 ; [荀子修身篇]怠慢僄棄則炤之以禍災

▶【128-1】 字解誤謬與否 ; [荀子修身篇]怠慢僄棄則招之(改炤之)以禍災 [招之(改炤之)]

★이상과 같이 오류(誤謬) 수정(修訂)이 된다 하여도 소지(炤之; 그것을 비추다)는 자전상(字典上) 표(僄)의 본의(本義)에는 영향이 미치지 않음.

人部 十二畫

康**僔**(준)[廣韻]玆損切[集韻][正韻]祖本切𠀤尊上聲[說文]聚也引詩僔沓背憎○按今詩小雅作噂又[周禮天官朝士族談者註]噂語也噂僔義通 又[廣韻]衆也 又恭敬也[荀子仲尼篇]主尊貴之則恭敬而僔 又人名徐陵第四子名僔

【 오류정리 】

○康誤處 1; 周禮天官(改秋官)朝士族談者註噂語也

●考證 ; 謹照原書天官改秋官

◆整理 ; 周禮(주례)의 天官(천관)은 秋官(추관)의 착오.

◆訂正文 ; 周禮秋官朝士族談者註噂語也

▶【129-1】 字解誤謬與否 ; 周禮天官(改秋官)朝士族談者註噂語也 [天官(改秋官)]

★이상과 같이 인용처(引用處)의 오류(誤謬)를 수정(修訂)을 한다 하여도 자전상(字典上)의 준(僔)의 본의(本義)에는 영향이 미치지 않음.

康**僞**(위)[唐韻][集韻]𠀤危睡切危去聲[說文]詐也[周禮地官]大司徒之職以五禮防萬民之僞而敎之中[書周官] 作僞心勞日拙[左傳襄三十年]淑愼爾止無載爾僞 又位悲切讀作帷[禮喪大記]素錦褚加僞荒 又[集韻][正韻]𠀤與訛同[周禮夏官馮相氏註]中夏辨秋南僞[前漢王莽傳]以勸南僞[註]韋昭讀[正字通]書堯典本作南訛周禮註及漢書誤从僞轉注古音謂吡假借作僞泥 說文从人爲聲[徐曰]僞者人爲之非天眞也故人爲爲僞

【 오류정리 】

○康誤處 1; [周禮夏官(改春官)馮相氏註]中夏辨秋南僞

●考證；謹照原書夏官改春官
◆整理；周禮(주례)의 夏官(하관)은 春官(춘관)의 착오.
◆訂正文；[周禮春官馮相氏註]中夏辨秋南僞
▶【130-1】 字解誤謬與否；[周禮夏官(改春官)馮相氏註]中夏辨秋南僞 [夏官(改春官)]
★이상과 같이 인용처(引用處)의 류(誤謬)를 수정(修訂)을 한다 하여도 자전상(字典上)의 위(僞)의 본의(本義)에는 영향이 미치지 않음.

康 僤(탄)[唐韻][集韻][韻會]徒案切[正韻]杜晏切𡘋音憚篤也[詩大雅]我生不辰逢天僤怒[毛氏曰]厚也陸氏音都但反亦作亶 又疾也[周禮冬官考工記]兵欲無僤 又[韻會][正韻]𡘋上演切音善婉僤行動貌[司馬相如上林賦]象輿婉僤於西清 又[集韻]齒善切音闡地名[公羊傳哀八年]齊人取讙及僤[左傳]作闡 又[集韻]昌然切音川義同

【 오류 정리 】
○康誤處 1;[詩大雅]我生不辰逢天僤怒[毛氏曰 (毛傳)]厚也
●考證；謹照本書之例毛氏曰改毛傳
◆整理；毛氏曰(모씨왈)은 毛傳(모전)의 착오.
◆訂正文；[詩大雅]我生不辰逢天僤怒[毛傳]厚也
▶【131-1】 字解誤謬與否；[詩大雅]我生不辰逢天僤怒[毛氏曰(毛傳)]厚也 [毛氏曰(毛傳)]
★이상과 같이 인용처(引用處)의 오류(誤謬)를 수정(修訂)을 한다 하여도 자전상(字典上)의 탄(僤)의 본의(本義)에는 영향이 미치지 않음.

○康誤處 2;[周禮冬官考工記](增句字)兵欲無僤

●考證；謹照原文兵字上增句字
◆整理；兵字(병자) 앞에 句字(구자)를 붙여야 함.
◆訂正文；[周禮冬官考工記]句兵欲無僤
▶【132-2】 字解誤謬與否；[周禮冬官考工記](增句字)兵欲無僤 [(增句字)兵]
★이상과 같이 덧붙인다 하여도 구병(句兵; 날끝이 구부러진 창과 비슷한 무기) 자전상(字典上) 탄(僤)의 본의(本義)에는 영향이 미치지 않음.

康 僨(분)[廣韻][集韻][韻會][正韻]𡘋方問切音奮[爾雅釋詁]僵也[疏]仰偃也[左傳隱三年]鄭伯之車僨于濟 又[昭十三年]叔向曰牛雖瘠僨于豚上其畏不死 又覆敗也[大學]一言僨事 一作賁[禮射義]賁軍之將不入 又[左傳僖十五年]陰血周作張脈僨興[註]僨動也 又[集韻]逋昆切音奔僨驕不可禁之勢

【 오류 정리 】
○康誤處 1;[爾雅釋詁(改釋言)]僵也
●考證；謹照原書釋詁改釋言
◆整理；爾雅(이아)의 釋詁(석고)는 釋言(석언)의 착오.
◆訂正文；[爾雅釋言]僵也
▶【133-1】 字解誤謬與否；[爾雅釋詁(改釋言)]僵也 [釋詁(改釋言)]
★이상과 같이 인용처(引用處)의 오류(誤謬)를 수정(修訂)을 한다 하여도 자전상(字典上)의 분(僨)의 본의(本義)에는 영향이 미치지 않음.

康 僑(결)[集韻]古穴切音玦狂也[玉篇]引甘泉宮賦捎夔魖而扶僑狂本亦作獝 又曰旁氣[呂氏春秋]其日有鬬蝕有倍僑暈珥

【 오류 정리 】

○康誤處 1；[玉篇]引甘泉宮賦捎夔
魖而扶(改扶)儦狂
●考證；謹照原文扶改扶
◆整理；扶(부)는 扶(질)의 착오.
◆訂正文；[玉篇]引甘泉宮賦捎夔
魖而扶儦狂
▶【134-1】 字解誤謬與否；[玉篇]
引甘泉宮賦捎夔魖而扶(改扶)儦狂 [扶
(改扶)]
★이상과 같이 오류(誤謬) 수정(修訂)
이 된다 하여도 질결광(扶儦狂; 미친
듯이 매질하다) 자전상(字典上) 결
(儦)의 본의(本義)에는 적극 영향이
미침.

僭(참)[韻會][正韻]𡿺子念切尖
去聲[說文]假也[廣韻]擬也又差也[書
大誥]天命弗僭 [詩大雅]不僭不賊 又
側禁切音僭[詩小雅]亂之初生僭始既
涵[註]僭始不信之端也由讒人以不信
之言始入王涵容不察眞僞也 又七林
切音侵亂也[詩小雅以雅以南以篇不僭

【 오류 정리 】
○康誤處 1；[書大誥(改湯誥)]天命弗
僭
●考證；謹照原書大誥改湯誥
◆整理；書經(서경)의 大誥(대고)는
湯誥(탕고)의 착오.
◆訂正文；[書湯誥]天命弗僭
▶【135-1】 字解誤謬與否；[書大
誥(改湯誥)]天命弗僭 [大誥(改湯
誥)]
★이상과 같이 인용처(引用處)의 오
류(誤謬)를 수정(修訂)을 한다 하여도
자전상(字典上)의 참(僭)의 본의(本
義)에는 영향이 미치지 않음.

僰(북)[唐韻]蒲北切[集韻]鼻墨
切𡿺音匐[禮王制]屏之遠方西曰僰
[註]僰偪也使之偪寄於荒遠也又[說
文]犍爲蠻夷也[田汝成炎徼紀]聞僰人

在漢爲犍爲郡在唐爲于矢部蓋南詔東
鄙也[揚雄長楊賦]羌僰東馳 [說文]
作僰从人在棘中或作僰

【 오류 정리 】
○康誤處 1；[禮王制]屏之遠方西(增
方字)曰僰
●考證；謹照原文西字下增方字
◆整理；西字(서자)에 方字(방자)를
붙여 西方(서방)으로 되어야 함.
◆訂正文；[禮王制]屏之遠方西方曰
僰
▶【136-1】 字解誤謬與否；[禮王
制]屏之遠方西(增方字)曰僰 [西(增
方字)]
★이상과 같이 오류(誤謬) 수정(修이
된다 하여도 서방(西方; 서쪽) 자전
상(字典上) 비(僰)의 본의(本義)에 적
극 영향이 미침.

○康誤處 2；[說文]作僰从人在棘中
(改爲棘聲)
●考證；謹照原文在棘中改爲棘聲
◆整理；在棘中(재극중)을 爲棘聲
(위극성)으로 고침.
◆訂正文；[說文]作僰从人在棘聲
▶【137-2】 字解誤謬與否；[說文]
作僰从人在棘中(改爲棘聲) [棘中
(改爲棘聲)]
★이상과 같이 오류(誤謬) 수정(修訂)
이 된다 하여도 성(聲; 소리) 자전상
(字典上) 비(僰)의 본의(本義)에는 영
향이 미치지 않음.

人 部 十三畫

僸(금)[廣韻][集韻][韻會]𡿺
居蔭切音禁樂名[班固東都賦]僸休兜
離罔不具集通作禁[周禮地官]北方曰禁 又
[文字音義]仰頭貌[司馬相如大人賦]僸侵
尋而高縱[潘岳思遊賦]前湛湛而攝進兮後
僸僸而方馳

【 오류 정리 】

○康誤處 1; [周禮地官(改蹝韠氏註)]北方曰禁

●考證 ; 謹按地官無此語地官改蹝韠氏註

◆整理 ; 周禮地官(주례지관)에서 地官(지관)은 蹝韠氏註(제루씨주)의 착오.

◆訂正文 ; [周禮蹝韠氏註]北方曰禁

▶【138-1】 字解誤謬與否 ; [周禮地官(改蹝韠氏註)]北方曰禁 [地官(改蹝韠氏註)]

★이상과 같이 인용처(引用處)의 오류(誤謬)를 수정(修訂)을 한다 하여도 자전상(字典上)의 금(傑)의 본의(本義)에는 영향이 미치지 않음.

康 傄(애) [唐韻]烏代切[集韻][韻會]於代切𠀤音傄仿彿貌[禮祭義]祭之日入室 傄 然必有見乎其位 [疏] [陸氏曰]微見也 又[爾雅釋言] 傄喑也[註]鳴喑短氣也[荀子禮論篇]僒詭喑傄而不能無時至焉 又 傄逮玻璢類也能照小物爲大物見[丘陵學山] 又[韻補]叶許旣切音戲[詩大雅]如彼遡風亦孔之 傄[鄭氏曰]使人喑然如鄉疾風不能息 俗作傄

【 오류 정리 】

○康誤處 1; [禮祭義]祭之日入室 傄然必有見乎其位 [疏] [陸氏曰]微見也(改微見貌)

●考證 ; 謹按此釋文非疏也謹將疏陸氏曰改爲釋文音愛微見也照原文改微見貌

◆整理 ; 微見也(미견야)는 微見貌(미견모)의 착오.

◆訂正文 ; [禮祭義]祭之日入室 傄然必有見乎其位 [疏] [陸氏曰]微見貌

▶【139-1】 字解誤謬與否 ; [禮祭義]祭之日入室 傄然必有見乎其位[疏]

[陸氏曰]微見也(改微見貌) [微見也(改微見貌)]

★이상과 같이 오류(誤謬) 수정(修訂)이 된다 하여도 미견모(微見貌; 희미한 모양. 비슷한 모양)는 자전상(字典上) 애(傄)의 본의(本義)에 적극 영향 이미침.

康 儀(의) [唐韻] [集韻]魚羈切[韻會]疑羈切𠀤音宜兩儀天地也又三儀天地人也 又容也[詩曹風]其儀不忒又威儀[詩邶風]威儀棣棣不可選也[又周禮地官保氏]教國子以六儀一祭祀二賓客三朝廷四喪紀五軍旅六車馬之容又[春官典命]掌諸侯之五儀[註]公侯伯子男也又[秋官司儀]掌九儀之賓客擯相之禮以詔儀容辭令揖讓之節 又唐禮部之長曰大儀 又[釋名]宜也得事宜也 又由儀笙詩[疏]由儀萬物之生各得其宜也 又象也法也[詩大雅]儀刑文王 又[爾雅釋詁]匹也[疏]詩鄘風實維我儀 又[周語]丹朱坅身以儀之[通雅]偶也謂胖合也 又度也[詩大雅]我儀圖之 又[揚子方言]來也淮潁之閒曰儀 又儀栗周邑名見[左傳定七年] 又姓秦大夫儀楚漢儀長孺 又通作擬[前漢外戚傳]皆心儀霍將軍女[註]心儀卽心擬 又[韻補]叶牛何切音俄[楊子太玄經]陽氣泛施不偏不頗物無爭訟各遵其儀 本作儀

【 오류정리 】

○康誤處 1; 又由儀笙詩 [疏(改序)]由儀萬物之生各得其宜也

●考證 ; 謹按此詩序也疏改序

◆整理 ; 疏(소)는 序(서)의 착오.

◆訂正文 ; 又由儀笙詩 [序]由儀萬物之生各得其宜也

▶【140-1】 字解誤謬與否 ; 又由儀笙詩[疏(改序)]由儀萬物之生各得其宜也 [疏(改序)]

★이상과 같이 오류(誤謬) 수정(修訂)

이 된다 하여도 서(序; 차례) 자전상(字典上) 의(儀)의 본의(本義)에는 영향이 미치지 않음.

○康誤處 2; [周語]丹朱坋身(改馮身)以儀之

●考證; 謹照原文坋身改馮身

◆整理; 坋身(분신)은 馮身(풍신)의 착오.

◆訂正文; [周語]丹朱馮身以儀之

▶【141-2】 字解誤謬與否; [周語]丹朱坋身(改馮身)以儀之 [坋身(改馮身)]

★이상과 같이 오류(誤謬) 수정(修訂)이 된다 하여도 풍신(馮身; 스스로 걸어서 강을 건너다)은 자전상(字典上) 비(俾)의 본의(本義)에는 영향이 미치지 않음.

康億(억)[廣韻]於力切[集韻][韻會]乙力切㘉音臆數名十萬曰億一說億數不定[禮內則降德于衆兆民疏]算法億之數有大小二法小數以十爲等十萬爲億十億爲兆也大數以萬爲等萬至萬是萬萬爲億也 又安也[左傳昭二十一年]伶州鳩曰心億則樂又[三十年]盍姑億吾鬼神 又料度也[左傳襄二十五年]不可以億逞 [論語]億則屢中 又供億謂供其匱乏使之安也[左傳隱十一年]寡君惟是一二父兄不能供億 又[吳幼淸云]億賭錢也以意猜度如漢人射覆之類故曰億 又與臆通[前漢平都侯相碑]餘悲憑億

【 오류정리 】

○康誤處 1; [左傳襄二十五年]不可以(省以字)億逞

●考證; 謹照原文省以字

◆整理; 不可以億(불가이억) 四字中(사자중) 以字(이자) 削除(삭제).

◆訂正文; [左傳襄二十五年]不可億逞

▶【142-1】 字解誤謬與否; [左傳襄二十五年]不可以(省以字)億逞 [以(省以字)]

★이상과 같이 이(以; …으로써. …을 가지고. …을 근거로. …을 주다. …에게. …히며. …함으로써. …하기 위하여)를 삭제(削除)한다 하여도 자전상(字典上) 억(憶)의 본의(本義)에 영향을 끼치지 않음.

○康誤處 2; [左傳隱十一年]寡君(改寡人)惟是一二父兄不能供億

●考證; 謹照原文寡君改寡人

◆整理; 寡君(과군)은 寡人(과인)의 착오.

◆訂正文; [左傳隱十一年]寡人惟是一二父兄不能供億

▶【143-2】 字解誤謬與否; [左傳隱十一年]寡君(改寡人)惟是一二父兄不能供億 [寡君(改寡人)]

★이상과 같이 오류(誤謬) 수정(修訂)이 된다 하여도 과인[寡人; 군주(君主)의 자칭(自稱)] 자전상(字典上) 억(憶)의 본의(本義)에는 영향이 미치지 않음.

人部 十四畫

康儐(빈)[唐韻][集韻][韻會][正韻]㘉必刃切賓去聲導也相也[禮聘義]主人三儐賓三介因賓而作故从賓接賓以禮曰儐接鬼神亦然 又[禮運]山川所以儐鬼神也[註]儐禮鬼神而祭山川也[石經]从手作擯亦省作賓 又進也[周禮春官]王命諸侯則儐 又陳也[詩小雅]儐爾籩豆 又[廣韻]必鄰切[集韻]卑民切㘉音賓敬也 又同擯[戰國策]六國從親以儐秦 又同顰眉蹙也[枚乘菟園賦]儐笑連便

【 오류정리 】

○康誤處 1; [禮聘義]主人三儐賓三介因賓而作故从賓(改作卿爲上儐大夫爲承儐士爲紹儐)(增又字)接賓以禮曰儐接鬼神亦然

●考證 ; 謹照聘義無此文其見於注中者曰賓見主人陳擯釋文擯本又作儐下文及注皆同所謂下文者謂卿為上擯三句也是經文擯又作儐矣今據此謹以主人三儐十四字改作卿為上儐大夫為承儐士為紹儐其下文接賓以禮曰儐接鬼神亦然別是一義謹增又字以別之

◆整理 ; 禮記(예기) 聘義(빙의) 卿為上儐大夫為承儐士為紹儐(경위상빈대부위승빈사위소빈)은 本註(본주)이고 그이하는 接賓以禮曰儐接鬼神亦然(접빈이례왈빈접귀신역연)에 이어 又(우)는 별개로 함.

◆訂正文 ; [禮聘義]卿為上儐大夫為承儐士為紹儐又字接賓以禮曰儐接鬼神亦然

▶【144-1】 字解誤謬與否 ; [禮聘義]主人三儐賓三介因賓而作故从賓(改作卿為上儐大夫為承儐士為紹儐)(增又字)接賓以禮曰儐接鬼神亦然 [主人三儐賓三介因賓而作故从賓(改作卿為上儐大夫為承儐士為紹儐)(增又字)]

★이상과 같이 오류(誤謬) 수정(修訂)이 되면 ○상빈(上儐; 최상으로 공경하고) ○승빈(承儐; 다음으로 공경하고. ○소빈(紹儐; 그 다음으로 공경한다) [禮聘義]卿為上儐大夫為承儐士為紹儐又接賓以禮曰儐接鬼神亦然又[禮運]山川所以儐鬼神也儐禮鬼神而祭山川也 은 자전상(字典上) 빈(儐)의 본의(本義)에 적극 영향이 미치게 됨.

康 儓(대)[廣韻]徒哀切[集韻]湯來切[韻會][正韻]堂來切𠀤音臺倍儓臣也[玉篇]興儓也[左傳昭七年]僕臣臺臺與儓同 又田儓庸賤之稱[揚子方言]儓西服農夫之醜稱也 又[廣韻]他代切音貸儓儗凝貌 本作臺

【 오류정리 】

○康誤處 1; [韻會][正韻]堂來切𠀤音臺倍儓(改陪儓)臣也

●考證 ; 謹照原文倍儓改陪儓

◆整理 ; [韻會(운회)][正韻(정운)]의 倍儓(배대)는 陪儓(배대)의 착오.

◆訂正文 ; [韻會][正韻]堂來切𠀤音臺陪儓臣也

▶【145-1】 字解誤謬與否 ; [韻會][正韻]堂來切𠀤音臺倍儓(改陪儓)臣也 [倍儓(改陪儓)]

★이상과 같이 오류(誤謬) 수정(修訂)이 되면 배대(陪儓; 신하(臣下) [韻會][正韻]堂來切 音臺陪儓臣也 는 자전상(字典上) 대(儓)의 본의(本義)에 적극 영향이 미치게 됨.

○康誤處 2; [揚子方言]儓西服(改為罷)農夫之醜稱也

●考證 ; 謹按西服乃罷字之譌謹改為罷

◆整理 ; 西服(서복)의 服자는 罷字(복자)의 착오.

◆訂正文 ; [揚子方言]儓西罷農夫之醜稱也

▶【146-1】 字解誤謬與否 ; [揚子方言]儓西服(改為罷)農夫之醜稱也 [服(改為罷)]

★이상과 같이 오류(誤謬) 수정(修訂)이 되면 서복(西服)은 양복을 의미하고 복(罷)은 농부를 욕하는 말이니 서복(西罷)이라야 복(罷)하여도 농부지추칭야(農夫之醜稱也)에 합당하여 자전상(字典上) 대(儓)의 본의(本義)에 적극 영향이 미치게 됨.

人部 十五畫

康 儥(육)[集韻][韻會][正韻]𠀤余六切音育[說文]賣也[周禮地官司市]以量度成賈而徵儥[疏]量以定穀粱之等度以度布緇之等成定也徵召也物賈定則召買者來故云徵儥也 又[集韻]亭歷

切音笛義同[周禮司市釋文]音笛字林
又他竺反○按價字从士从冏从貝與賣
字从四者不同又周禮兼買賣二義註疏
依文分訓甚確無足疑者爾雅亂兼訓治
在兼訓終徂又訓存肆訓故又訓今郭璞
曰此皆訓詁義有反覆旁通美惡不嫌同
名又臭兼香臭慊兼足不足之類一字兼
二義如陰陽黑白相反者甚多向獨疑於
價字乎正字通謂賣買音義各別周禮價
字雜見疑有脫誤註疏率合傳會字彙襲
舛承譌最眩後學此皆不考於古不善推
類之過也不可不辨

【 오류정리 】

○康誤處 1;[周禮地官司市][疏]量以
定(改以量)穀粱之等度以度布緡(改
布緝)之等
●考證 ; 謹照原文以定改以量布緡改
布緝
◆整理 ; 以定(이정)은 以量(이량), 布
緡(포민)은 布緝(포집)의 착오.
◆訂正文 ; [周禮地官司市][疏]量以
量穀粱之等度以度布緝之等
▶【147-1】 字解誤謬與否 ; [周禮
地官司市][疏]量以定(改以量)穀粱之
等度以度布緡(改布緝)之等 [以定(改
以量)] [布緡(改布緝)]
★이상과 같이 오류(誤謬) 수정(修이
된다 하여도 ○이량(以量; 도량으로
써) ○집(緝; 삼을 삼다)은 자전상(字
典上) 육(價)의 본의(本義)에는 영향
이 미치지 않음.

人部 十七畫

康 儳(참)[廣韻]士咸切[集韻][韻
會]鋤咸切𠀤音讒[說文]儳互不齊也又
師次不整[左傳僖二十二年]宋公及楚人
戰于泓司馬子魚曰聲盛致氣鼓儳可也
[註]乘其陣未成列急攻之也 又疾也
[後漢何進傳]進驚馳從儳道歸營 又
[廣韻]儳儳惡貌 又[集韻]仕懺切

[韻會]仕陷切𠀤音轞輕言也 又[禮表
記]君子不以一日使其躬儳焉如不終日
[註]謂苟且不整肅也鄭氏曰可輕賤之
貌 又[集韻]初鑒切音懺亦不齊也 又
雜言也[禮曲禮]毋儳言 又蒼鑒切𪘏也

【 오류정리 】

○康誤處 1;[左傳僖二十二年]宋公及
楚人戰于泓司馬子魚曰聲盛致氣(改
致志)鼓儳可也
●考證 ; 謹照原文致氣改致志
◆整理 ; [좌전희이십년] 本文(본
문) 중 致氣(치기)는 致志(치지)의 착
오.
◆訂正文 ; [左傳僖二十二年]宋公及
楚人戰于泓司馬子魚曰聲盛致志鼓儳
可也
▶【148-1】 字解誤謬與否 ; [左傳
僖二十二年]宋公及楚人戰于泓司馬子
魚曰聲盛致氣(改致志)鼓儳可也 [致
氣(改致志)]
★이상과 같이 오류(誤謬) 수정(修訂)
이 된다 하여도 치지(致志; 뜻을 두
다. 뜻을 받치다) 자전상(字典上) 참
(儳)의 본의(本義)에는 영향이 미치지
않음.

人部 十九畫

康 儷(려)[廣韻][韻會]𠀤郎計切音
麗並也[淮南子繆稱訓]與俗儷走而內
行無繩 又伉儷偶也[左傳成十一年]
郤犨奪施氏婦婦人曰鳥獸猶不失儷子
將若何[又]不能庇其伉儷而亡之通作
麗 又[儀禮士冠禮]主人酬賓束帛儷
皮[註]兩鹿皮也古文儷爲離又[士昏
禮]納徵曰某有先人之禮儷皮束帛使某
也請納徵 又[集韻]鄰知切音離[說
文]㮚儷也[韻會]木枝條貌

【 오류정리 】

○康誤處 1;[左傳成十一年](增已字)
不能庇其伉儷而亡之

●考證 ; 謹照原文不能上增已字
◆整理 ; 不能(불능) 앞에 已字(이자)가 缺(결)하여 添入(첨입) 함.
◆訂正文 ; [左傳成十一年]已不能庇其仇儷而亡之
▶【149-1】 字解誤謬與否 ; [左傳成十一年](增已字)不能庇其仇儷而亡之 [(增已字)不能]
★이상과 같이 오류(誤謬) 수정(修訂)이 된다 하여도 이(已; 그치다. 끝나다. 멎다. 이미. 벌써)는 자전상(字典上) 려(儷)의 본의(本義)에는 영향이 미치지 않음.

人部 二十一畫

康儷라) [正字通]與㑩㒧嬴𡚁通[荀子賦論篇]有物于此儷儷兮其狀屢化如神[註]作㑩謂蠶也

【 오류정리 】

○康誤處 1; [荀子賦論(省論字)篇]有物于此儷儷兮
●考證 ; 謹照原書省論字
◆整理 ; 賦論篇(부론편)의 가운데 論字(논자)는 削除(삭제)함.
◆訂正文 ; [荀子賦篇]有物于此儷儷兮
▶【150-1】 字解誤謬與否 ; [荀子賦論(省論字)篇]有物于此儷儷兮 [論(省論字)]
★이상과 같이 론(論)을 삭제(削除)한다 하여도 자전상(字典上) 라(儷)의 본의(本義)에는 영향을 끼치지 않음.

○康誤處 2; [註]作㑩(改讀如㑩)
●考證 ; 謹照荀子註原文作㑩改讀如㑩
◆整理 ; 作㑩(작라)를 讀如㑩(독여라)라 함.
◆訂正文 ; [註]讀如㑩
▶【151-2】 字解誤謬與否 ; [註]作㑩(改讀如㑩) [作㑩(改讀如㑩)]
★이상과 같이 오류(誤謬) 수정(修訂)이 된다 하여도 독여라(讀如㑩; 讀音은 라와 같다) 자전상(字典上) 라(儷)의 본의(本義)에는 영향이 미치지 않음.

字典子集下考證

儿部 二畫

康元(원)[唐韻][集韻][韻會]𧘂愚袁切音原[精薀]天地之大德所以生生者也元字从二从人仁字从人从二在天爲元在人爲仁在人身則爲體之長[易乾卦]元者善之長也 又[爾雅釋詁]元始也 又[廣韻]長也 又大也[前漢哀帝紀]夫基事之元命[註]師古曰更受天之大命 又首也[書益稷]元首明哉[前漢班固敘傳]上正元服[註]師古曰元首也故謂冠爲元服 又本也[後漢班固傳]元元本本 又百姓曰元元[戰國策]制海內子元元[史記文帝本紀]以全天下元元之民[註]古者謂人云善人因善爲元故云黎元其言元元者非一人也 又[公羊傳隱元年]元年者何君之始年也[左傳註]凡人君卽位欲其體元以居正故不言一年一月[羅泌路史]元者史氏之本辭也君卽位之一年稱元古之史皆然書太甲元年維元祀虞夏有元祀之文非春秋始爲法也 又氣也[公羊傳註]變一爲元元者氣也 又正月一日曰元日[書堯典]月正元日[註]朔日 又諡法行義悅民始建國都主義行德𧘂曰元 又姓[韻會]左傳衞大夫元咺又後魏孝文拓拔氏爲元氏望出河南 又[韻補]叶虞雲切 音輑 [桓譚仙賦]呼則出故翕則納新夭矯經引積氣關元[史記敘傳]莊王之賢乃復國陳旣赦鄭伯班師] 華元
○按新陳𧘂非文韻

【 오류정리 】

○康誤處 1; [書堯典(改舜典)]月正元日

●考證 ; 謹照原書堯典改舜典

◆整理 ; 書經(서경)의 堯典(요전)은 舜典(순전)의 착오.

◈訂正文 ; [書舜典]月正元日

▶【152-1】 字解誤謬與否 ; [書堯典(改舜典)]月正元日 [堯典(改舜典)]

★이상과 같이 인용처(引用處)나 주소(註疏)등(等)의 오류(誤謬)를 수정(修訂)을 한다 하여도 자전상(字典上)의 원(元)의 본의(本義)에는 영향이 미치지 않음.

儿部 五畫

㊗兌(태)[唐韻]杜外切[集韻][韻會]徒外切𠔉𪓐去聲[說文]兌說也[易兌卦]兌亨利貞[釋名]物得備足皆喜悅也 又[韻會]穴也直也 又[正韻]易兌爲澤澤者水中之鍾聚也 又[荀子議兵篇]仁人之兵兌則若莫邪之利鋒[註]兌猶聚也與隊同 又[正韻]貤易也[唐丁芝仙詩]十千兌得餘杭酒 又[集韻]兪芮切音睿[史記天官書]隨北端兌[註]索隱曰兌作銳 又[集韻][韻會]𠔉吐外切音娧[詩大雅]行道兌矣[毛傳]兌成蹊也[註]兌通也 又[集韻]徒活切音奪[史記趙世家]趙與燕易土以龍兌與燕 又[正韻]魚厥切音月[禮學記]兌命曰與說同 [韻會]悅或作說亦作兌

【 오류정리 】

○康誤處 1; [史記天官書](增三星二字)隨北端兌

●考證 ; 謹照史記原文隨北上增三星二字

◆整理 ; 隨北(수북) 앞에 三星(삼성) 두자를 揷入(삽입)함.

◈訂正文 ; [史記天官書]三星隨北端兌

▶【153-1】 字解誤謬與否 ; [史記天官書](增三星二字)隨北端兌 [(增三星二字)]

★이상과 같이 증자(增字)를 한다 하여도 삼성[三星; 세별. 삼형제별. 오리온좌(座)의 중앙 부분에 나란히 있는 세개의 恒星. 복(福) 녹(祿) 수(壽)의 세 신(神)]은 자전상(字典上) 태(兌)의 본의(本義)에는 영향이 미치지 않음.

○康誤處 2 ; [註]索隱(改爲漢書二字)曰兌作銳

●考證 ; 謹按作銳者漢書天文志非索隱也謹將註索隱曰改爲漢書二字

◆整理 ; 索隱(삭은)을 漢書(한서)로 바꿈.

◈訂正文 ; [註]漢書兌作銳

▶【154-2】 字解誤謬與否 ; [註]索隱(改爲漢書二字)曰兌作銳 [索隱(改爲漢書二字)]

★이상과 같이 오류(誤謬) 수정(修訂)이 된다 하여도 한서(漢書; 한서(漢書; 중국 후한시대의 역사가 반고가 저술한 기전체의 역사서. 12제기(帝紀) 8표(表) 10지(志), 70열전(列傳)으로 전 100권으로 이루어졌음. 전한서(前漢書) 또는 서한서)는 자전상(字典上) 태(兌)의 본의(本義)에는 영향이 미치지 않음.

儿部 六畫

㊗兒(아)古文𠒇[唐韻]汝移切[集韻][韻會][正韻]如支切𠔉爾平聲[說文]孩子也象形小兒頭囟未合 又[韻會]男曰兒女曰嬰 又[韻會]兒倪也人之始如木有端倪 又[倉頡篇]兒嫛也謂嬰兒嫛嫛然幼弱之形也 又[韻會]姓也漢有兒寬 又[唐韻]五稽切[集韻][韻會]硏奚切[正韻]五黎切𠔉音霓

姓也[前漢藝文志]兒良一篇[註]師古曰六國時人也[兒寬傳]兒寬千乘人也又[韻會]弱小也通作倪[孟子]反其耄倪

【 오류정리 】

○康誤處 1;[說文]孩子(改孺子)也象形小兒頭囟(改頭囟)未合
●考證 ; 謹照原文孫子改孺子頭囟改頭囟
◆整理 ; [說文(설문)]의 孫子(손자)는 孺子(유자), 頭囟(두창)은 頭囟(두신)의 착오.
◆訂正文 ; [說文]孺子也象形小兒頭囟未合
▶【155-1】 字解誤謬與否 ; [說文]孩子(改孺子)也象形小兒頭囟(改頭囟)未合 [孩子(改孺子)] [頭囟(改頭囟)]
★이상과 같이 오류(誤謬) 수정(修訂)이 된다 하여도 ○유자(孺子; 어린이. 아이. 자식을 낳은 妾. 嫡長子) ○두신(頭囟; 정수리) 등은 자전상(字典上) 아(兒)의 본의(本義)에는 영향이 미치지 않음.

○康誤處 2;[孟子]反其耄倪(改旄倪)
●考證 ; 謹照原文耄倪改旄倪
◆整理 ; [說文(설문)]의 耄倪(모예)는 旄倪(모예)의 착오.
◆訂正文 ;[孟子]反其旄倪
▶【156-2】 字解誤謬與否 ; [孟子]反其耄倪 (改旄倪) [耄倪 (改旄倪)]
★이상과 같이 오류(誤謬) 수정(修訂)이 된다 하여도 모예(旄倪; 노인과 어린아이를 아울러 이르는 말)는 자전상(字典上) 아(兒)의 본의(本義)에 영향이 직접 미침..

康 兕(시)[唐韻]徐姊切[集韻][韻會]序姊切𡘋音祀[說文]狀如野牛而靑象形本作시[爾雅釋獸]兕似牛[註]一

角靑色重千斤[疏]其皮堅厚可制甲交州記角長三尺餘形如馬　鞭柄[儀禮鄕射禮]大夫兕中各以其物獲[註]兕獸名[周禮冬官考工記]兕甲六屬[註]兕甲壽二百年　[韻會]陸佃云兕善抵觸故先王制罰爵以爲酒戒[詩周南]我姑酌彼兕觥[傳]兕觥角爵也

【 오류정리 】

○康誤處 1;周禮冬官考工記]兕甲六屬[註](改爲又字)兕甲壽二百年
●考證 ; 謹按下句亦考工記正文非註也註字謹改爲又字
◆整理 ; [周禮冬官考工記(주례동관고공기)] 註字(주자)를 又字(우자)로 바꿈.
◆訂正文 ; 周禮冬官考工記]兕甲六屬又兕甲壽二百年
▶【157-1】 字解誤謬與否 ; 周禮冬官考工記]兕甲六屬[註](改爲又字)兕甲壽二百年 [[註](改爲又字)]
★이상과 같이 오류(誤謬) 수정(修訂)이 된다 하여도 우(又; 또. 다시. 가듭. 한편. 또한. 더하여. 동시에. 두번하다)는 자전상(字典上) 시(兕)의 본의(本義)에는 영향이 미치지 않음.

入 部

康 入(입)[唐韻]人執切[集韻][韻會]日汁切[正韻]日執切𡘋任入聲[說文]內也[玉篇]進也[禮少儀]事君量而後入[檀弓]孟子禪比御而不入 [註]言雖比次婦人之當御者猶不人寢也　又[春秋隱二年]莒人入向[定六年]於越入吳[傳]造其國都曰入弗地曰入[註]謂勝其國邑不有其地也入者逆而不順非王命而入人國也　又[廣韻]納也得也　又[增韻]沒也　又[楞嚴經]六入謂六塵卽眼入色耳入聲也　又[敎坊記]每日常在天子左右爲長入

【 오류정리 】

○康誤處 1;［檀弓］孟子(改爲孟獻子)禪比御而不入

●考證 ; 謹照原書孟子改爲孟獻子

◆整理 ;［檀弓(단궁)］本文(본문)의 孟子(맹자)는 孟獻子(맹헌자)로 고침

◆訂正文 ;［檀弓］孟獻子禪比御而不入

▶【158-1】字解誤謬與否;［檀弓］孟子(改爲孟獻子)禪比御而不入 [孟子(改爲孟獻子)]

★이상과 같이 오류(誤謬) 수정(修訂)이 된다 하여도 맹헌자[孟獻子; 춘추시대(春秋時代) 노(魯)나라 대부(大夫)였던 중손멸(仲孫蔑)] 자전상(字典上) 입(入)의 본의(本義)에는 영향이 미치지 않음.

入部 二畫

康 內(내)［唐韻］集韻［韻會］［正韻］𡘋奴對切餒去聲［說文］入也从冂入自外而入也［玉篇］裏也［增韻］中也［易坤卦］君子敬以直內義以方外 又［前漢鼂錯傳］先爲築室家有一堂二內［註］二房也［韻會］房室曰內天子宮禁曰內漢制天子內中曰行內猶禁中也唐有三內皇城在長安西北隅曰西內東內曰大明宮在西內之東南內曰興慶宮在東內之南 又五內五中也［魏志王浚傳註］聞命驚愕五內失守 又職內官名［周禮天官註］職內主人也若今之泉所入謂之少內 又河內地名［周禮夏官職方氏］河內曰冀北其山鎮曰霍山 又［集韻］［正韻］𡘋儒稅切同汭水相入也或省文作內 又［正韻］同枘［周禮冬官考工記註］調其鑿內而合之 又［正韻］奴答切同納［孟子］若已推而內之溝中

【 오류정리 】

○康誤處 1;［周禮夏官職方氏］河內曰冀北(改冀州)

●考證 ; 謹照原文冀北改冀州

◆整理 ;［周禮夏官職方氏(주례하관직방씨)］本文(본문) 中 冀北(기북)은 (冀州)로 고침.

◆訂正文 ;［周禮夏官職方氏］河內曰冀州

▶【159-1】字解誤謬與否;［周禮夏官職方氏］河內曰冀北(改冀州) [冀北(改冀州)]

★이상과 같이 오류(誤謬) 수정(修訂)이 된다 하여도 기주[冀州; 지명(地名) ○우공(禹貢) 구주(九州)의 하나. 지금의 산서성(山西省) 지역에 있었음.○한(漢)나라 십이주(十二州) 자사부(刺史部)의 하나. 지금의 하북성(河北省) 남부지역. ○위(魏)나라 이래로 하남성(河南省) 하북성(河北省) 남동부 있는 도시. 현재는 기현(冀縣)] 자전상(字典上) 내(內)의 본의(本義)에는 영향이 미치지 않음.

八 部

康 八(팔)［唐韻］博拔切［集韻］［韻會］［正韻］布拔切𡘋音捌［說文］別也象分別相背之形［徐曰］數之八兩兩相背是別也少陰數木數也［玉篇］數也 又［集韻］補內切音背趙古則［六書本義］八音背分異也象分開相八形轉爲布拔切少陰數也 又［韻補］叶筆別切音𥮫［張衡舞賦］聲變諧集應激成節度終復位以授二八 又［韻補］叶必益切音璧［張衡西京賦］叉簇之所攙捔徒博之所撞拯白日未及移晷已獮其什七八 又八八［通雅］八八外國語稱巴巴［唐書李懷光傳］德宗以懷光外孫燕八八爲後

【 오류정리 】

○康誤處 1;［張衡西京賦］叉簇之所攙捔徒博(改徒搏)之所撞拯

●考證 ; 謹照原文徒博改徒搏

◆整理 ;［張衡西京賦(장형서경부)］

本文(본문)의 徒博(도박)은 徒搏(도박)의 착오.

◆訂正文; [張衡西京賦]叉簇之所攙挶徒搏之所撞拟

▶【160-1】字解誤謬與否; [張衡西京賦]叉簇之所攙挶徒博(改徒搏)之所撞拟 [徒博(改徒搏)]

★이상과 같이 오류(誤謬) 수정(修訂)이 된다 하여도 도박(徒搏; 맨손으로 때려잡다) 자전상(字典上) 팔(八)의 본의(本義)에는 영향이 미치지 않음.

八部 四畫

㗫共(공) [唐韻][集韻][韻會][正韻]㽞渠用切蛩去聲[說文]同也从廿廾[徐曰]廿音入二十共也會意[玉篇]同也衆也[廣韻]皆也[增韻]合也公也[禮王制]爵人于朝與衆共之[史記張釋之傳]法者所與天下共也 又[唐韻]九容切[集韻][韻會]居容切㽞音恭[前漢王褒傳]共惟春秋法五始之要[註]服虔曰共敬也師古曰共讀曰恭 又姓[氏族略]以國爲氏 又地名[詩大雅]侵阮徂共[韻會]阮國之地在河內共城 又[集韻]古勇切[正韻]居竦切㽞恭上聲[前漢百官公卿表]垂作共工利器用{註}應劭曰垂臣名也爲共工理百工之事共讀曰龔 又向也[論語]居其所而衆星共之 又姓[前漢匈奴傳]太守共友[註]師古曰共友太守姓名也共讀曰龔 又[集韻][正韻]㽞居用切恭去聲[左傳僖四年]敢不共給[前漢成帝紀]無共張繇役之勞[註]師古曰共音居用反謂共其張設又[律歷志]共養三德爲善○按共給共養有平去二音音別義同故正韻東送二韻其供兩存之 又[正韻]忌遇切音具[周禮天官內養]掌共羞修刑膴胖骨鱐以待共膳[註]掌共共當爲具 又[集韻]胡公切音洪共池地名[字彙]本作廾象兩手合持之形今作共

○康誤處 1; [禮王制]爵人于朝與衆(改士)共之

●考證; 謹照原文衆改士

◆整理; [禮王制(예왕제)] 本文(본문) 중 衆(중)은 士(사)의 착오.

◆訂正文; [禮王制]爵人于朝與士共之

▶【161-1】字解誤謬與否; [禮王制]爵人于朝與衆(改士)共之 [衆(改士)]

★이상과 같이 오류(誤謬) 수정(修訂)이 된다 하여도 사(士; 총각. 선비. 지식인. 독서인) 자전상(字典上) 공(共)의 본의(本義)에는 영향이 미치지 않음.

八部 六畫

㗫具(구) [唐韻]其遇切[集韻][韻會]衢遇切[正韻]忌遇切㽞音懼[說文]共置也[廣韻]備也辦也器具也[儀禮饋食禮]東北面告濯具[前漢劉澤傳]田生子請張卿臨親修具[註]師古曰具供具也[荀子王制篇]具具而王具具而霸(註)言具其所具也 又與俱通[詩小雅]則具是違[詩詁]俱也 又姓[左傳]有丙具 又[詩小雅]爾牲則具[註]居律反音橘 又[韻補]叶忌救切求去聲[漢馬融廣成頌]上無飛鳥下無走獸虞人植旓獵者效具車弊田罷從入禁圍

○康誤處 1; 又姓[左傳]有丙具(改爲具丙)

●考證; (考證1; 謹按其右具丙見襄公十八年左傳謹將丙具改爲具丙)

◆整理; 左傳(좌전) 丙具(병구)는 具丙(구병)의 착오.

◆訂正文; 又姓[左傳]有具丙

▶【162-1】字解誤謬與否; 又姓

[左傳]有丙具(改爲具丙) [丙具(改爲具丙)]

★이상과 같이 오류(誤謬) 수정(修訂)이 된다 하여도 구병[具丙; 인명(人名). 진대부(晉大夫). 春秋時晉國有具丙] 자전상(字典上) 구(具)의 본의(本義)에 직접 영향이 미침.

冂部 七畫

康冒(모)[唐韻]莫到切[集韻][韻會][正韻]莫報切𠀤音芼[說文]蒙而前从冃目以物自蔽而前也謂貪冒若目無所見也[前漢翟方進傳]冒濁苟容[註]師古曰貪蔽也[食貨志舉陵夷廉恥相冒[註]冒蔽也 又假稱曰冒[前漢衞靑傳]冒姓衞氏[註]冒爲假稱若人首之有覆冒也 又所以覆其首[前漢雋不疑傳]著黃冒 又[玉篇]覆也食也巾也 又與㜈通[正韻]忌也[書秦誓]冒嫉以惡之 又通作瑁[周禮春官]天子執冒四寸以朝諸侯[註]名玉曰冒者言德能覆天下也 又[集韻][韻會][正韻]𠀤密北切音默[增韻]貪也[左傳昭三十一年]貪冒之民 又犯也[前漢衞靑傳]直冒漢圍 又單于名[史記匈奴傳]及冒頓立攻破胃氏 又[集韻][正韻]𠀤莫佩切音妹[前漢司馬相如傳]毒冒鼈黿[註]毒音代冒音妹[韻會]龜屬身似龜首尾如鸚鵡甲有文

【 오류정리 】

○康誤處 1; [說文]蒙而前(改爲冡而前也)从冃目以物自蔽(改爲自蒙)而前也

●考證 ; 謹照原文蒙而前改爲冡而前也自蔽改爲自蒙

◆整理 ; [說文(설문)]의 蒙而前(몽이전)은 冡而前也(몽이전야)의 착오이며, 또 自蔽(자폐)는 自蒙(자몽)의 착오.

◆訂正文 ; [說文]冡而前也从冃目以

物自蒙而前也

▶【163-1】 字解誤謬與否 ; [說文]蒙而前(改爲冡而前也)从冃目以物自蔽(改爲自蒙)而前也 [蒙而前(改爲冡而前也)] [自蔽(改爲自蒙)]

★이상과 같이 오류(誤謬) 수정(修訂)이 된다 하여도 ○몽이전야(冡而前也; 덮어쓰고 스스로 앞으로 나아가다)와 ○자몽(自蒙; 스스로 덮어쓰다)은 자전상(字典上) 모(冒)의 본의(本義)에는 영향이 미치지 않음.

冖部 十四畫

康冪(멱)[集韻][韻會]𠀤莫狄切音覓[韻會]本作冖或作幎[周禮天官]冪人掌共冪[註]共可以覆物祭祀以疏布巾冪八尊以畫布巾冪八彝 [韻會]或作幂[正韻]作冪亦作羃覆食巾

【 오류정리 】

○康誤處 1; [周禮天官]冪人掌共(改掌共巾冪)[註]共可以覆物(改共巾可以覆物)祭祀以疏布巾冪八尊以畫布巾冪八彝(改六彝)

●考證 ; (考證 1; 謹按共字乃共巾二字之誤謹照原文掌共冪改掌共巾冪共可以覆物改共巾可以覆物八彝改六彝)

◆整理 ; [周禮天官(주례천관)]의 掌共冪(장공멱)은 掌共巾冪(장공건멱)의 착오, 共可以覆物(홍가이복물)은 共巾可以覆物(공건가이복물)의 착오, 八彝(팔이)는 六彝(육이)의 착오.

◆訂正文 ; [周禮天官]冪人掌共冪[註]共巾可以覆物祭祀以疏布巾冪八尊以畫布巾冪八彝改六彝)

▶【164-1】 字解誤謬與否 ; [周禮天官]冪人掌共冪(改掌共巾冪)[註]共可以覆物(改共巾可以覆物)祭祀以疏布巾冪八尊以畫布巾冪八彝(改六彝) [掌共冪(改掌共巾冪)] [共可以覆物(改共巾可以覆物)] [八彝(改六彝)]

★이상과 같이 오류(誤謬) 수정(修訂)이 되면 ○장공건멱(掌共巾羃; 보자기로 덮기를 책임진다) [周禮天官冢宰治官之職羃人]掌共巾羃[鄭玄註]共巾可以覆物 ○공건가이복물(共巾可以覆物; 보자기로 제물을 덮어야 한다) ○육이(六彝; 제사 때 사용하는 6 가지 술 그릇)는 자전상(字典上) 멱(羃)의 본의(本義)에 적극 영향이 미치게 됨.

冫部 四畫

康 冰(빙)[唐韻]筆陵切[集韻][韻會]悲陵切夶逼平聲[說文]本作仌[徐曰]今文作冰[韓詩外傳](增說)冰 者窮谷陰氣所聚不洩則結爲伏陰[禮月令]孟冬水始冰仲冬冰益壯季冬冰方盛水澤復堅命取冰冰以入[周禮天官]凌人其冰秋碎冰室冬藏春啟夏頒冰 又[爾雅釋器]冰脂也{註}莊子云肌膚若冰雪冰雪脂膏也[疏]脂膏一名冰脂 又矢箭蓋曰冰[左傳昭二十五年]公徒釋甲執冰而踞[註]冰櫝丸蓋[疏]盛弓者也或云櫝丸是箭箭其蓋可以取飮 又[集韻][正韻]夶魚陵切音凝同凝[正韻]古文冰作仌凝作冰後人以冰代仌以凝伐冰 又[集韻]讀去聲逋孕切[唐書韋思謙傳]涕泗冰須[註]謂涕著須而凝也[李商隱詩]碧玉冰寒漿 又[韻補]叶筆良切音近浜[陳琳大荒賦]心懸懸以伊感兮溺永思以增傷悵太息而攬涕乃揮霑而淚冰

【 오류정리 】

○康誤處 1; [韓詩外傳(改初學記)](增說)冰者窮谷陰氣所聚不洩則結(增而)爲伏陰
●考證 ; (考證 1; 謹按漢詩外傳無此語查初學記引作韓詩謹照初學記原文省外傳二字冰字上增說字結字下增而字

◆整理 ; [韓詩外傳(한시외전)]은 初學記(초학기)의 착오, 冰(빙) 앞에 說(설)을 더하고, 結(결) 뒤로 而(이)를 덧붙임.
◆訂正文 ; [初學記]說冰者窮谷陰氣所聚不洩則結而爲伏陰
▶【165-1】 字解誤謬與否 ; [韓詩外傳(改初學記)](增說)冰者窮谷陰氣所聚不洩則結(增而)爲伏陰 [韓詩外傳(改初學記)] [(增說)冰者] [結(增而)]
★이상과 같이 인용처(引用處)의 오류(誤謬)의 수정(修訂)과 이(而; 같은 종류의 단어나 문을 접속함. …로부터…까지. 시간 또는 상태를 나타내는 동사에 접속시킴)를 증자(增字)를 한다 하여도 자전상(字典上)의 빙(冰)의 본의(本義)에는 영향이 미치지 않음.

○康誤處 2; [正韻]古文冰作仌凝作冰後人以冰代仌以凝伐冰(改代冰)
●考證 ; 謹按文義伐冰改代冰
◆整理 ; 伐冰(벌빙)은 代冰(대빙)의 착오.
◆訂正文 ; [正韻]古文冰作仌凝作冰後人以冰代仌以凝代冰
▶【166-2】 字解誤謬與否 ; [正韻]古文冰作仌凝作冰後人以冰代仌以凝伐冰(改代冰) [伐冰(改代冰)]
★이상과 같이 오류(誤謬) 수정(修訂)이 된다 하여도 대(代; 대신하다. 대리하다. 교체하다. 번갈아들다. 대리)는 자전상(字典上) 빙(冰)의 본의(本義)에는 영향이 미치지 않음.

几部 一畫

康 凡(범)[唐韻][集韻][韻會][正韻]夶符咸切音帆[說文]最括也[玉篇]非 一也[廣韻]常也皆也[正韻]大概也 又[前漢揚雄傳]請略擧凡[註]師古

日凡大指也[杜預左傳序]發凡以言例
又[玉篇]計數也[前漢石奮傳] 凡
號奮爲萬石君[註]師古曰凡最計也總
合其一門計五人爲二千石故號萬石君
又最凡諸凡之最目也[周禮天官司會
註]謂簿書挈其最凡也 [小宰疏]凡要
亦是簿書如今印契其凡目所最處印之
又輕微之稱[廣韻]凡輕也[孟子]待
文王而後興者凡民也 又國名在濬州
[春秋隱七年]天王使凡伯來聘[左傳僖
二十四年]凡蔣邢茅胙祭周公之胤也
又姓[韻會]周公凡伯之後 又叶符
筠切[崔駰達旨]高樹麾陰獨木不林隨
時之宜道貴從凡[註]凡常也

【 오류정리 】

○康誤處 1; [周禮天官司會註](增書)
謂簿書挈(改契字)其最凡也
●考證 ; 謹照原文謂字上增書字挈字
改契字
◆整理 ; [周禮天官司會註(주례천관사
회주)]의 謂(위) 앞에 書(서)를 더하
여 書謂(서위)라 하고, 挈(설)은 契
(계)의 착오.
◆訂正文 ; [周禮天官司會註]書謂簿
書契其最凡也
▶【167-1】 字解誤謬與否 ; [周禮
天官司會註](增書)謂簿書挈(改契字)
其最凡也 [(增書)謂] [挈(改契字)]
★이상과 같이 오류(誤謬) 수정(修
訂)이 된다 하여도 서계(書契)란 최초
의 글자. 또는 사물을 문자로 표시한
글자. 정도로 번역이 되니 자전상(字
典上) 범(凡)의 본의(本義)에는 영향
이 미치지 않음.

几 部 九畫

康凰(황)[唐韻][集韻][韻會][正
韻]𡙇胡光切音黃[爾雅釋鳥]鷗鳳其雌
皇[疏]雞頭蛇頸燕頷龜背魚尾五采色高
六尺許[山海經]丹穴之山有鳥爲其狀

如鶴首文曰德翼文曰順背文曰義膺文
曰仁腹文曰信見則天下大安[韻會]雄
曰鳳雌曰凰 古詩鳳兮鳳兮求其凰 又
[集韻]或作鶬[晉書武帝紀]起鶬儀殿
于後 又通作皇[書益稷]鳳皇來儀[詩
小雅]鳳皇鳴矣

【 오류정리 】

○康誤處 1; [爾雅釋鳥]鷗鳳其雌皇
[疏(改註)]雞頭蛇頸燕頷龜背魚尾
●考證 ; 謹照原書疏改註
◆整理 ; [爾雅釋鳥(이아석조)] 疏
(소)는 註(주)의 착오.
◆訂正文 ; [爾雅釋鳥]鷗鳳其雌皇
[註]雞頭蛇頸燕頷龜背魚尾
▶【168-1】 字解誤謬與否 ; [爾雅
釋鳥]鷗鳳其雌皇[疏(改註)]雞頭蛇頸
燕頷龜背魚尾 [疏(改註)]
★이상과 같이 인용처(引用處)나 주
소(註疏)의 오류(誤謬)를 수정(修訂)
을 한다 하여도 자전상(字典上)의 황
(凰)의 본의(本義)에는 영향이 미치지
않음.

凵 部 六畫

康函(함)[唐韻][集韻][韻會][正
韻]𡙇胡男切音含[說文]舌也又容也
[禮曲禮]席閒函丈 又[前漢禮樂志郊
祀歌]函業祉福常若期[註]師古曰函包
也 又前漢班固敘傳函之如海[註]讀
與含同[律歷志]太極函三爲一[禮樂
志]人函陰陽之氣 又[玉篇]鎧也[周
禮冬官考工記]燕非無函也夫人而能爲
函也 又[集韻]戶感切音頷[通俗文]
口上曰臄口下曰函 [集韻]或作械[前
漢天文志]太白開可械劒[註]謂可容一
劒也 又[唐韻][集韻][韻會]胡讒切
[正韻]胡毚切𡙇音咸圅也 又[集韻]或
作梇 木名 又或作錏[博雅]介鎧也通
作函 又[玉篇]書也[晉書殷浩傳]竟
達空函 又姓[廣韻]漢有豫章太守函熙

又漢複姓漢末有黃門侍郎函治子覺
又函谷 關名　又通作咸[周禮秋官]伊
耆氏共杖咸[註]咸讀爲函以此藏杖
也　又[張有復古編]函又作圅亦筆迹
小異別作函非

【 오류정리 】

○康誤處 1; [前漢禮樂志郊祀歌]函業
(改函蒙)祉福常若期

●考證 ; 謹照原文函業改函蒙

◆整理 ; [前漢禮樂志郊祀歌(전한예악
지교사가)] 函業(함업)은 函蒙(함몽)
의 착오.

◆訂正文 ;[前漢禮樂志郊祀歌]函蒙祉
福常若期

▶【169-1】 字解誤謬與否 ; [前漢
禮樂志郊祀歌]函業(改函蒙)祉福常若
期 [函業(改函蒙)]

★이상과 같이 오류(誤謬) 수정(修訂)
이 된다면 함몽(函蒙; 싸고 덮는다)인
데 자전상(字典上) 함(函)의 본의(本
義)에 영향을 끼침.

刀 部 三畫

康 刊(간)[唐韻]苦寒切[集韻][韻
會][正韻]丘寒切𠀤看平聲[說文]剟也
从刀干聲[廣韻]削也　又斫也[周禮秋
官柞氏]夏至日令刊陽木而火之[註]謂
斫去次地之皮　又通栞[前漢地理志]
隨山栞木[註]師古曰栞古刊字斫其木
也　又[韻補]叶丘虔切音愆[曹子建怨
歌行]周旦佐文武金縢功不刊推心輔王
室二叔反流言　又叶古案切音旰[揚雄
酈商銘]橫恥愧景刎頸自獻金紫襃表萬
世不刊章樵讀　又刻也[晉書孫綽傳]
必須綽爲碑文然後刊石焉[王儉褚淵
碑]刊玄石以表德[字彙]楊愼曰劉歆答
揚雄懸諸日月不刊之書言不可削除也
今俗誤作刻梓之用各處鄕試序多云刊
其文之佳者若干篇張睿甫曰刊字亦可
用刊其字外之餘木而後字成故 刻字謂

之刊猶遷官而謂之除也

【 오류정리 】

○康誤處 1; [周禮秋官柞氏]夏至日
(改日至)令刊陽木而火之

●考證 ; 謹照原文至日改日至

◆整理 ; [周禮秋官柞氏(주례추관작
씨)] 至日(지일)은 日至(일지)의 착
오.

◆訂正文 ; [周禮秋官柞氏]夏至日至
令刊陽木而火之

▶【170-1】 字解誤謬與否 ; [周禮
秋官柞氏]夏至日(改日至)令刊陽木而
火之 [至日(改日至)]

★이상과 같이 오류(誤謬) 수정(修訂)
이 된다 하여도 일지[日至; 하지(夏
至)와 동지(冬至)]는 자전상(字典上)
간(刊)의 본의(本義)에는 영향이 미치
지 않음.

刀 部 四畫

康 刑(형)[唐韻]戶經切[集韻][韻
會]乎經切[正韻]奚經切𠀤音形[說文]
到也从刀开聲　又[玉篇]罰總名也[易
豐]君子以折獄致刑[禮王制]刑者
侀也侀者成也一成而不可變　又[爾雅
釋詁]常也法也[疏]謂常法也[書召
誥]王位在德元小民乃惟刑用于天下越
王顯[註]王有首天下之德民皆儀刑用
德于下王德益顯也[詩大雅]尙有典刑
[朱傳]典刑舊法也　又成也[禮樂記]
敎之不刑其此之由乎　又[禮禮運]刑
仁講讓[註]刑猶則也　又與鉶通[周禮
天官內饔]羞脩刑膴[註]刑羹器[史記
太史公自序]啜土刑[註]刑以盛羹也
又叶胡光切音黃[詩大雅]罔敷求先王
克共明刑[朱傳]胡光反　又[玉篇]刑
同荆

【 오류정리 】

○康誤處 1; [禮樂記(改學記)]敎之不
刑其此之由乎

●考證；謹照原書樂記改學記
◆整理；[禮樂記(改學記)] 樂記(악기)는 學記(학기)의 착오.
◈訂正文；[禮學記]敎之不刑其此之由乎
▶【171-1】 字解誤謬與否；[禮樂記(改學記)]敎之不刑其此之由乎 [樂記(改學記)]
★이상과 같이 인용처(引用處)의 오류(誤謬)를 수정(修訂)을 한다 하여도 자전상(字典上)의 병(倂)의 본의(本義)에는 영향이 미치지 않음.

㊗刓(완)同字[唐韻]五丸切[集韻][韻會][正韻]吾官切𠀤音岏[說文]剸也从刀元聲一曰齊也[徐曰]印刓弊[前漢韓信傳]刻刓忍不能子[註]蘇林曰刓音刓角之刓與摶同手弄角訛不忍授也[玉篇]削也[廣韻]圜削也[六書故]削去廉隅也[楚辭九章]刓方以爲圓 又[集韻]或作刓亦作园[莊子齊物論]五者园而幾向方矣[註]角泯鑅也 又通作玩[前漢酈食其傳]爲人刻印玩而不能授[註]師古曰韓信傳作刓此作玩義各通 又[韻補]叶虞袁切音元[白居易詩]危石疉四五巊嵬剞且刓造物者何意惟在嵩東偏

【 오류정리 】

○康誤處 1; [前漢韓信傳]刻(增印)刓忍不能子
●考證；謹照原文刻下增印字
◆整理；[前漢韓信傳(전한한신전)] 刻(각) 아래에 印(인)을 덧붙.
◈訂正文；[前漢韓信傳]刻印刓忍不能子
▶【172-1】 字解誤謬與否；[前漢韓信傳]刻(增印)刓忍不能子 [刻(增印)]
★이상과 같이 증자(增字)가 되면 각인(刻印; 도장은 새기다)으로 유도되어 자전상(字典上) 각(刻)의 본의(本義)에 적극 영향이 미치게 됨.

刀部 六畫

㊗刷(쇄)[唐韻][集韻][韻會][正韻]𠀤數滑切涮入聲[說文]刮也[爾雅釋詁]刷淸也[註]掃刷所以爲潔淸[周禮天官凌人]夏頒冰掌事秋刷[註]刷淸也秋凉冰不用可以淸除其室[前漢武帝紀]欲刷恥改行[註]師古曰刷除也[左思吳都賦]刷蕩漪瀾 又[顔延之馬賦]旦刷幽燕晝抹荊越[註]形容其迅疾也 又[博雅]箟謂之刷 又[增韻]根刷尋究也 又[唐韻][集韻][韻會][正韻]𠀤所劣切音㕞義同

【 오류정리 】

○康誤處 1; [顔延之馬賦]旦刷幽燕晝抹(改晝秣)荊越
●考證；謹照原文晝抹改晝秣
◆整理；[顔延之馬賦(안연지마부)] 晝抹(주말)은 晝秣(주말)의 착오.
◈訂正文；[顔延之馬賦]旦刷幽燕晝秣荊越
▶【173-1】 字解誤謬與否；[顔延之馬賦]旦刷幽燕晝抹(改晝秣)荊越 [晝抹(改晝秣)]
★이상과 같이 오류(誤謬) 수정(修訂)이 되면 주말형월(晝秣荊越; 점심때는 형월에서 말에게 꼴을 먹이다)[顔延之馬賦]旦刷幽燕晝秣荊越[說文]曰刷刮也[魏都賦]曰刷馬江州時尙書屋[毛詩]曰言秣其馬杜預曰以粟飯馬曰秣幽燕荊越四地名也이라 자전상(字典上) 쇄(刷)의 본의(本義)에 적극 영향이 미치게 됨.

刀部 七畫

㊗則(칙)[唐韻] [正韻]子德切[集韻][韻會]卽德切𠀤音側[說文]則等畫

物也从刀貝貝古之物貨也[徐曰]則節也取用有節刀所以裁制之也 又[玉篇]法也[爾雅釋詁]則常也[疏]謂常禮法也[周禮天官冢宰]以八則治都鄙[鄭註]則法也 又[增韻]凡制度品式皆曰則[書說命]明哲實作則 又天理不差曰則[易乾卦]乃見天則[詩大雅]順帝之則 又法其可法者曰則[書無逸]繼自今嗣王則其無淫于觀于逸于遊于田[註]戒成王效法文王也[詩小雅]君子是則是傚 又[周禮五命賜註]則地未成國之名又夷則七月律名[前漢律歷志]則法也言陽氣法度而使陰氣夷當傷之物 又[韻會]助辭 又然後之辭[論語]行有餘力則以學文

【 오류정리 】

○康誤處 1; [周禮五命賜註(改則)]則(改註)地未成國之名

●考證 ; 謹照原文註改則則改註)

◆整理 ; [周禮五命賜註(주례오명사주)는 則(칙)으로] 則(칙)은 註(주)로 바꿈.

◆訂正文 ; [周禮五命賜則][註]地未成國之名

▶ 【174-1】 字解誤謬與否 ; [周禮五命賜註(改則)]則(改註)地未成國之名 [註(改則)] [則(改註)]

★이상과 같이 오류(誤謬) 수정(修訂)이 된다 하여도 칙(則)과 주(註)가 전후로 바뀐다 하여 자전상(字典上) 칙(則)의 본의(本義)에는 영향이 미치지 않음.

刀 部 八畫

⑱剖(부)[唐韻][集韻][韻會]普后切[正韻]普厚切𠀤音掊[說文]剖也从刀音聲[蒼頡篇]拆也[玉篇]判也中分爲剖[廣韻]破也[前漢高帝紀]剖符封功臣[左思吳都賦]剖巨蚌於回淵 又[唐韻]方武切[集韻]斐父切𠀤音撫義同

【 오류정리 】

○康誤處 1; [說文]剖也(改判也)

●考證 ; 謹照原文剖也改判也

◆整理 ; [說文(설문)]D의 剖也(부야)는 判也(판야)의 착오.

◆訂正文 ; [說文]判也

▶ 【175-1】 字解誤謬與否 ; [說文]剖也(改判也) [剖也(改判也)]

★이상과 같이 오류(誤謬) 수정(修訂)이 되면 되어 판(判)은 쪼개다. 로서자 전상(字典上) 부(剖)의 본의(本義)에 영향이 미치게 됨.

刀 部 九畫

⑱剬(단)[唐韻][集韻][韻會][正韻]𠀤多官切音端[說文]劊齊也从刀耑聲[廣韻]同剸細割也[增韻]整救貌[揚子法言]魯仲連剬而不剬藺相如剬而不傷[註]傷古蕩字剬古剸字 又裁制也[史記顓頊紀]依鬼神以剬義[註]剬有制義[淮南子主術訓]人君揄策廟堂剬有司 又[唐韻]旨兖切[集韻]主兖切𠀤音膞義同

【 오류정리 】

○康誤處 1;[說文]劊(改斷)齊也

●考證 ; 謹照原文劊改斷

◆整理 ; [說文(설문)]의 劊(전)은 斷(단)의 착오.

◆訂正文 ;[說文]改斷齊也

▶ 【176-1】 字解誤謬與否 ; [說文]劊(改斷)齊也 [劊(改斷)]

★이상과 같이 오류(誤謬) 수정(修訂)이 되면 단제(斷齊; 잘라 지지런하게 하다)가 되어 자전상(字典上) 단(剬)의 본의(本義)에 영향이 미치게 됨.

○康誤處 2; [揚子法言]魯仲連傷(改傷)而不剬藺相如剬而不傷(改傷)

●考證 ; 謹照原文傷俱改傷
◆整理 ; 連傷(연이)와 不傷(불이)의 두 傷字(이자)는 傷字(탕자)의 착오.
◆訂正文 ; [揚子法言]魯仲連傷而不剕藺相如剕而不傷
▶【177-2】 字解誤謬與否 ; [揚子法言]魯仲連傷(改傷)而不剕藺相如剕而不傷(改傷) [傷(改傷)] [傷(改傷)]
★이상과 같이 오류(誤謬) 수정(修訂)이 된다 하여도 탕(傷; 방탕하다. 방종하다. 방자하다. 흔들다)은 자전상(字典上) 비(俾)의 본의(本義)에는 영향이 미치지 않음.

刀 部 十三畫

劍(검)[唐韻][集韻][韻會]𠀤居欠切檢去聲[玉篇]籀文劎[說文]人所帶兵也[釋名]劍檢也所以防檢非常[管子地數篇]昔(省昔)葛天盧之山發而出金蚩尤受而制之以爲劍鎧

【 오류정리 】

○康誤處 1; [管子地數篇]昔(省昔)葛天(省天)盧之山發而出金蚩尤受而制之以爲劍鎧(增矛戟二字)
●考證 ; 謹照原文省昔字天字劍鎧下增矛戟二字
◆整理 ; [管子地數篇(관자지수편)]의 昔(석)을 省(성;덜다)하고 葛天(갈천)의 天字(천자)를 삭제하고, 劍鎧(검개) 뒤로 矛戟(모극)을 添加(첨가)함.
◆訂正文 ; [管子地數篇]葛盧之山發而出金蚩尤受而制之以爲劍鎧矛戟
▶【178-1】 字解誤謬與否 ; [管子地數篇]昔(省昔)葛天(省天)盧之山發而出金蚩尤受而制之以爲劍鎧(增矛戟二字) [昔(省昔)] [天(省天)] [劍鎧(增矛戟二字)]
★이상과 같이 삭제(削除)하고 증자(增字)를 한다 하여도 ○석(昔; 옛날. 이전. 종전. 과거. 夜) ○천(天; 하늘.

천공. 꼭대기 부분. 가장. 몹시. 대단히) ○모극(矛戟; 창) 등은 자전상(字典上) 검(劍)의 본의(本義)에 영향을 끼치지 않음.

力 部 六畫

効(효)[唐韻]胡敎切[集韻]後敎切[韻會]後學切[正韻]胡孝切𠀤音校[玉篇]俗效字[集韻]象也功也[韻會]效驗也[前漢蘇武傳]殺身自効 [正韻]古惟从文無从力者後人傳寫承訛旣久相承用之

【 오류정리 】

○康誤處 1; [正韻]古惟从文(改从夂)無从力者
●考證 ; 謹照原文从文改从夂
◆整理 ; [正韻(정운)]의 从文(종문)은 从夂(종복)의 착오.
◆訂正文 ; [正韻]古惟从夂無从力者
▶【179-1】 字解誤謬與否 ; [正韻]古惟从文(改从夂)無从力者 [从文(改从夂)]
★이상과 같이 오류(誤謬) 수정(修訂)이 된다 하여도 종복(从夂; 순종하도록 채찍질하다)은 자전상(字典上) 효(効)의 본의(本義)에는 영향이 미치지 않음.

力 部 七畫

勇(용)[唐韻]余隴切[集韻][韻會][正韻]尹竦切𠀤音涌[說文]氣也一曰健也从力甬聲勇者用也共用之謂勇[玉篇]果決也[廣韻]猛也[增韻]銳也果敢也[論語]勇者不懼[老子道德經]慈故能勇儉故能廣

【 오류정리 】

○康誤處 1; [說文(改爲左傳文二年)]氣也一曰健也从力甬聲勇者用也共用之謂勇(改共用之謂勇)
●考證 ; 謹按勇者用也說文無此語共

用之謂勇係左傳文亦非說文謹改爲左傳
文二年共用之謂勇移在論語二字上
◆整理 ; [說文(설문)은 左傳文二年
(좌전문이년)]으로 고치고, 氣也一曰
健也从力甬聲勇者用也共用 之謂勇
(改共用之謂勇)
◆訂正文 ; [左傳文二年)] 共用之謂
勇
▶【180-1】 字解誤謬與否 ; [說文
(改爲左傳文二年)]氣也一曰健也从力
甬聲勇者用也共用之謂勇(改共用之謂
勇) [說文(改爲左傳文二年)] [氣也一
曰健也从力甬聲勇者用也共用之謂勇
(改共用之謂勇)]
★이상과 같이 인용처(引用處)의 오
류(誤謬)를 수정(修訂)을 한다 하여도
자전상(字典上)의 용(勇)의 본의(本
義)에는 영향이 미치지 않으나, 공용
지위용(共用之謂勇; 공동으로 사용할
수 있음은 과감하다는 의미이다)은
본의(本義)에 적극 영향이 미치게 됨.

力 部 十畫

康勝(승)[唐韻]識蒸切[集韻][韻
會]書蒸切𡘋音升[說文]从力朕聲本从
舟省作月任也[廣韻]舉也[正韻]堪也
[詩小雅]旣克有定靡人弗 勝 又[廣
韻]漢複姓何氏姓苑有勝屠公爲河東太
守 又[唐韻][集韻][韻會]𡘋詩證切
升去聲[廣韻]勝負之對[老子道德經]
天道不爭而善勝[史記魏世家]百戰百
勝 又加也優過之也[周子通書]實勝
善也名勝恥也 又婦人首飾[荊楚歲時
記]人日剪綵爲花勝以相遺或鏤金簿爲
人勝[杜甫人日詩]勝裏金花巧耐寒
又州名[廣韻]春秋時戎狄地戰國時晉
趙地漢雲中五原也隋屬雲州唐武德中
改爲勝州

【 오류정리 】

○康誤處 1; [荊楚歲時記]人日剪綵爲

花勝以相遺或鏤金簿(改金薄)爲人
勝
●考證 ; 謹照原文金簿改金薄
◆整理 ; [荊楚歲時記(형초세시기)]
의 金簿(금부)는 金薄(금박)의 착오
◆訂正文 ; [荊楚歲時記]人日剪綵爲
花勝以相遺或鏤金薄爲人勝
▶【181-1】 字解誤謬與否 ; [荊楚
歲時記]人日剪綵爲花勝以相遺或鏤金
簿(改金薄)爲人勝 [金簿(改金薄)]
★이상과 같이 오류(誤謬)가 수정(修
訂) 된다 하여도 금박(金薄; 금에
은을 약간 섞어 두드려 얇게편 물건)
자전상(字典上) 승(勝)의 본의(本義)
에는 영향이 미치지 않음.

勹 部 二畫

康勿(물)[唐韻][集韻][韻會][正
韻]𡘋文拂切音物[說文]勿州里所建旗
象其柄有三游雜帛幅半異所以趣民故
遽稱勿勿 [集韻]或作㫚 又通作物
[周禮春官司常]九旗雜帛爲物 又[玉
篇]非也[廣韻]無也[增韻]毋也[韻會]
莫也[通志]勿州里之旗也而爲勿不之
勿借同音不借義[論語]非禮勿視[朱
註]勿者禁止之辭 又[韻會]慇愛貌
[禮祭義]勿勿乎其欲響之也[註]猶勉勉
也 又[六書正譌]事物之物本只此字
後人加牛以別之 又[顏氏家訓篇]書
翰稱勿勿不知所由或妄言此匆匆之殘
缺者及考說文乃知怱遽者稱爲勿勿[東
觀餘論]今俗勿中加點作匆爲怱遽字彌
失眞矣 又[正韻]莫勃切音沒掃塵也
[禮曲禮]郎勿驅塵

【 오류정리 】

○康誤處 1; [禮祭義]勿勿乎(改諸)其
欲(增其)響(改饗字)之也
●考證 ; 謹照原文乎字改諸字欲字下
增其字響字改饗字
◆整理 ; [禮祭義]의 乎(호)는 諸(제)

로 고치고, 欲(욕) 아래로 其(기)를 더하고, 響(향)은 饗(향)의 착오.

◆訂正文 ; [禮祭義]勿勿諸其欲其饗字之也

▶【182-1】 字解誤謬與否 ; [禮祭義]勿勿乎(改諸)其欲(增其)響(改饗字)之也 [乎(改諸)] [欲(增其)] [響(改饗字)]

★이상과 같이 오류(誤謬) 수정(修訂)이 된다 하여도 물제기욕(勿諸其欲; 그것에 대항 욕심을 모두 버리다)과 기향(其饗; 그 제사에 흠향하시다)는 자전상(字典上) 물(勿)의 본의(本義)에는 직접 영향이 미치게 됨

勹部 三畫

康包(포)[廣韻]布交切[集韻]班交切𠀤音苞[說文]包象人褢妊巳在中象子未成形也元氣起於子子人所生也男左行三十女右行三十俱位於巳爲夫婦褢妊於巳巳爲子十月而生男起巳至寅女起巳至申故男年始寅女年始申也 又容也[易泰卦]九二包荒用馮河 又褢也[書禹貢]包匭菁茅[禮樂記]倒載干戈包以虎皮 又[前漢班固敘傳]包漢舉信[註]劉德曰包取也 又通作苞叢生也[書禹貢]草木漸包 又姓[廣韻]楚大夫申包胥之後漢有大鴻臚包咸 又山名[山海經註]吳縣南太湖中包山下有洞庭穴號爲地脈 又[集韻][正韻]𠀤蒲交切音庖[集韻]匏亦作包 又庖通作包[易姤卦]包有魚[繫辭]古者包犧氏之王天下也 又[韻補]房尤切音浮地名春秋公及莒人盟于包來左氏作孚通雅古呼包如孚胕與胞枹與枹芋與苞浮與抱之類同原相因故互通 又叶補苟切褒上聲裹也[詩召南]野有死麕白茅包之有女懷春吉士誘之

【 오류정리 】

○康誤處 1; [說文] 男左行三十女右

行三十俱位(改立字)於巳

●考證 ; 謹照原文位字改立字

◆整理 ; [說文(설문)]의 位(위)는 立(립)의 착오.

◆訂正文 ; [說文]男左行三十女右行三十俱立於巳

▶【183-1】 字解誤謬與否 ; [說文]男左行三十女右行三十俱位(改立字)於巳 [位(改立字)]

★이상과 같이 오류(誤謬) 수정(修訂)이 된다 하여도 구립(俱立; 함께 서다.) 자전상(字典上) 물(勿)의 본의(本義)에는 영향이 미치지 않음.

勹部 六畫

康匃(주)[集韻]之由切音周[說文]匝徧也通作周俗作週非是

【 오류정리 】

○康誤處 1; [說文]匝(改帀)徧也

●考證 ; 謹照原文匝字改帀

◆整理 ; [說文(설문)]의 匝(잡)은 帀(잡)의 착오.

◆訂正文 ; [說文]帀徧也

▶【184-1】 字解誤謬與否 ; [說文]匝(改帀)徧也 [匝(改帀)]

★이상과 같이 오류(誤謬) 수정(修訂)이 되면 잡(帀; 두루)으로 바뀌게 되어 자전상(字典上) 주(匃)의 본의(本義)에 영향을 미치게 됨.

勹部 九畫

康匐(복)[唐韻]薄北切[集韻][韻會]鼻墨切[正韻]步黑切𠀤音蔔[說文]伏地也从勹畐聲[詩大雅]誕實匍匐[註]兒以手行也 又盡力奔趨往也[詩邶風]凡民有喪匍匐救之[箋]盡方也 又作服[史記范睢傳]膝行蒲服[前漢霍光傳]扶服叩頭 又作伏[前漢韓信傳]俛出袴下蒲伏 又[集韻]步木切音僕義同 [集韻]或作匐

【 오류정리 】

○康誤處 1; [詩邶風]凡民有喪匍匐救之[箋]盡方(改力)也
●考證 ; 謹照原文方改力
◆整理 ; [詩邶風(시패풍)] [箋(전)]의 方(방)은 力(력)의 착오.
◆訂正文 ; [詩邶風]凡民有喪匍匐救之[箋]盡力也
▶【185-1】 字解誤謬與否 ; [詩邶風]凡民有喪匍匐救之[箋]盡方(改力)也　[方(改力)]
★이상과 같이 오류(誤謬) 수정(修訂)이 된다 하여도 진력(盡力; 있는 힘을 다하다) 자전상(字典上) 복(匐)의 본의(本義)에는 영향이 직접 미치게 됨

勹部十二畫

康 鼁(구)[唐韻]居祐切[集韻]居又切𠀤音救[說文]鼁也祭祀曰厭鼁　又[集韻]依據切音御義同

【 오류정리 】

○康誤處 1;[說文]鼁(改飽字)也(增民字)祭祀曰厭鼁
●考證 : 謹照原文鼁字改飽字祭上增民字
◆整理 ; [說文(설문)]의 鼁(구)는 飽(포)의 착오. 也(야)에 이어 民字(민자)를 덧붙임.
◆訂正文 ; [說文]飽也民祭祀曰厭鼁
▶【186-1】 字解誤謬與否 ; [說文]鼁(改飽字)也(增民字)祭祀曰厭鼁　[鼁(改飽字)] [(增民字)祭祀]
★이상과 같이 오류(誤謬)가 포(飽; 배부르다)로 수정(修訂)이 되면 자전상(字典上) 핍(匐)의 본의(本義)에 영향이 미치게 되고 민(民; 백성. 국민. 종족의 일원) 증자(增字)는 영향을 미치지 않음.

匚部 四畫

康 匡(광)[唐韻]去王切[集韻][韻會][正韻]曲王切𠀤音劻[說文]飯器也筥也一曰正也[論語]一匡天下[前漢揚雄傳]匡雅頌　又[玉篇]方正也[爾雅釋詁]匡方也[詩小雅]既匡既敕　又救也[書盤庚]不能胥匡以生[孝經事君章]匡救其惡　又斜枉也[周禮冬官考工記]輪雖敝不匡　又[廣韻]輔助也[前漢宣帝紀]以匡朕之不逮　又地名[韻會]陳留有匡城　又姓[風俗通]匡魯邑也句須爲之宰其後氏焉漢有匡衡　又與恇同恐也[禮禮器]年雖大殺衆不匡　又與眶同目匡也[史記淮南王安傳]涕滿匡而橫流　又烏光切音汪與�通廢疾也[荀子正論篇]傴巫跛匡大

【 오류정리 】

○康誤處 1; [禮禮器]年雖大殺衆不匡(增懼字)
●考證 ; 謹照原文匡下增懼字
◆整理 ; [禮禮器(예례기)]의 匡(광) 아래에 懼(구)를 더함.
◆訂正文 ; [禮禮器]年雖大殺衆不匡懼
▶【187-1】 字解誤謬與否 ; [禮禮器]年雖大殺衆不匡(增懼字)　[匡(增懼字)]
★이상과 같이 구(懼; 배부르다)를 증자(增字)하게 되면 자전상(字典上) 광(匡)의 본의(本義)에 적극 영향이 미치게 됨.

十部 六畫

康 卒(졸)[唐韻][集韻][韻會][正韻]𠀤臧沒切尊入聲[說文]隷人給事者[周禮地官小司徒]乃會萬民之卒 伍而用之五人爲伍五伍爲兩四兩爲卒　又[唐韻]子律切[集韻][韻會]卽聿切[正韻]卽律切𠀤音啐[爾雅釋詁]盡也[疏]終盡也[詩衞風]畜我不卒　又[爾雅釋言]已也[禮曲禮]大夫死曰卒　又[唐

韻][集韻][正韻]倉沒切[韻會]蒼沒切
丛村入聲[廣韻]急也[韻會]匆遽之貌
[前漢司馬遷傳]卒卒無須臾之間[趙充
國傳]則亡以應卒[註]卒為暴也　又與
倅同音翠副貳也[禮燕義]庶子官職諸
侯卿大夫士之庶子之卒　又[集韻]崒
力作卒　又[韻補]叶將遂切音翠[左思
吳都賦]雕題之上鏤身之卒比飭虬龍蛟
螭與對　又叶昌悅切音測[蘇轍功臣寺
詩]流傳後世人談笑資口舌是非亦已矣
興廢何倉卒

【 오류정리 】

○康誤處 1;[左思吳都賦]雕題之上鏤
身之卒比飭(改比飾)虬龍蛟螭與對
●考證 ; 謹照原文比飭改比飾
◆整理 ; [左思吳都賦(좌사오도부)]의
比飭(비칙)은 比飾(비식)의 착오.
◆訂正文 ; [左思吳都賦]雕題之上鏤
身之卒比飾虬龍蛟螭與對
▶【188-1】 字解誤謬與否 ;[左思吳
都賦]雕題之上鏤身之卒比飭(改比飾)
虬龍蛟螭與對　[比飭(改比飾)]
★이상과 같이 오류(誤謬) 수정(修訂)
이 된다 하여도 비식(比飾; 겉치로
간주하다) 자전상(字典上) 졸(卒)의
본의(本義)에는 영향이 미치지 않음.

卜部 五畫

康**卣**(유)[唐韻]與九切[集 韻][韻
會]以九切[正韻]云九切丛音酉[玉篇]
中尊器也[爾雅釋器]卣器也[註]盛酒
尊[疏]卣中尊也孫炎云尊彝為上罍為
下卣居中郭云不大不小在罍彝之閒[詩
大雅]秬鬯一卣　又作脩[周禮春官鬯
人]廟用脩{註}鄭曰脩讀曰卣　又[唐
韻]以周切[集韻]夷周切[正韻]于求切
丛音由義同

【 오류정리 】

○康誤處 1;[詩大雅]秬鬯(改鬱)一卣
●考證 ; 謹照原文鬯改鬱

◆整理 ; [詩大雅(시대아)]의 鬯(로)
는 鬱(창)의 착오
◆訂正文 ; [詩大雅]秬鬯一卣
▶【189-1】 字解誤謬與否 ; [詩大
雅]秬鬯(改鬱)一卣　[鬯(改鬱)]
★이상과 같이 오류(誤謬) 수정(修訂)
이 된다 하여도 거창(秬鬱; 검은 기
장과 향초를 버무려 빚은 술. [書洛
誥]以秬鬱二卣[傳]秬鬱黑黍香酒也)은
자전상(字典上) 유(卣)의 본의(本義)
에는 영향이 미치지 않음.

卩部 四畫

康**危**(위)[唐韻]魚為切[集韻][韻
會]虞為切丛僞平聲[說文]在高而懼也
从厃人在厓上自卩止之也[徐曰]孝經
高而不危制節謹度故从卩[玉篇]不安
貌[廣韻]疾也隤也不正也又禮儒行有
比黨而危之者[註]危欲毀害之也　又
屋棟上也[禮喪大記]升自東榮中屋危
[疏]踐履屋棟高危處　又[韻會]宿名
三星[左傳襄二十八年註]玄武之宿虛
危之星　又[書禹貢]三危既宅[韻會]
三峗山名通作危

【 오류정리 】

○康誤處 1;[禮喪大記]升自東榮中
屋(增履字)危
●考證 ; 謹照禮記原文危上增履字
◆整理 ; [禮喪大記(예상대기)] 危
(위)앞에 履字(리자)를 더함.
◆訂正文 ; [禮喪大記]升自東榮中
屋履危
▶【190-1】 字解誤謬與否 ; [禮喪
大記]升自東榮中屋(增履字)危　[(增
履字)危]
★이상과 같이 리(履; 신. 발걸음. 밟
다. 걷다)를 덧붙인다 하여도 자전상
(字典上) 비(俾)의 본의(本義)에는 영
향이 미치지 않음.

卩部 六畫

康 卹（휼）[正韻]雪律切音戌與恤同從卪俗從阝誤憂也愍也　又蘇骨切音窣[禮曲禮]以策慧卹勿[註]搔摩也

【 오류정리 】

○康誤處 1;[禮曲禮]以策慧(改策篲)卹勿

●考證；謹照原文策慧改策篲

◆整理；[禮曲禮(예곡례)] 策慧(책혜)는 策篲(책혜)의 착오.

◆訂正文；[禮曲禮]以策篲卹勿

▶【191-1】 字解誤謬與否；[禮曲禮]以策慧(改策篲)卹勿 [以策慧(改策篲)]

★이상과 같이 오류(誤謬) 수정(修訂)이 되면 책혜(策篲; 문지르거나 긁는 잎이 달린 대나무)로 바뀌어 자전상(字典上) 휼(卹)의 본의(本義)가 영향을 받음.

卪 部 七畫 卽

康 卽（즉）[唐韻]子力切[集韻][韻會][正韻]節力切𠀤音稷[說文]卽食也一曰就也[徐曰]卽猶就也就食也[前漢高帝紀]使陸賈卽授璽綬[註]師古曰卽就也　又玉篇今也　又[爾雅釋詁]卽尼也[註]尼近也[疏]卽今相近也　又[前漢西南夸傳]卽以爲 不毛之地無用之民[註]卽猶若也　又卽卽充實也[前漢禮樂志]安世房中歌磑磑卽卽師象山則[註]積實之盛類于山也　又通作則[前漢王莽傳]應聲滌地則時成創註則時猶卽時也　又燭炬之燼曰卽[管子弟子職]左手執燭右手執卽[註]卽作㶣又姓[廣韻]風俗通有單父令卽費又漢複姓有卽墨成　又[集韻]隸作卽[玉篇]今作即

【 오류정리 】

○康誤處 1;[管子弟子職]左手執燭(改右手燭執)右手執卽(改左手正櫛卽)[註]卽作㶣

●考證；謹照原文左手執燭改右手燭執右手執卽改左手正櫛卽作㶣非管子注文惟禮記檀弓注引作卽謹改爲檀弓注櫛作卽

◆整理；[管子弟子職(관자제자직)]의 左手執燭(좌수집촉)은 右手燭執(우수촉집)으로 右手執卽(우수집즉)은 左手正櫛卽(좌수정즐즉)으로 고치고, [註(주)]와 作㶣(작사)는 檀弓注(단궁주)와 櫛作卽(즐작즉)으로 고침.

◆訂正文；[管子弟子職]左手執燭(改右手燭執)右手執卽(改左手正櫛卽)[註]卽作사

▶【192-1】 字解誤謬與否；[管子弟子職]左手執燭(改右手燭執)右手執卽(改左手正櫛卽) [註]卽作㶣(改爲[檀弓注]櫛作卽) [左手執燭(改右手燭執)] [右手執卽(改左手正櫛卽)] [註]卽作㶣 (改爲[檀弓注]櫛作卽)

★이상과 같이 오류(誤謬) 수정(修訂)이 되면 ○우수집촉(右手執燭; 오른손으로 화불을 잡고)과 ○좌수정즐(左手正櫛; 왼손으로 모닥불을 정돈한다)과 ○즐작즉(櫛作卽; 櫛을 卽으로도 쓴다)인데 자전상(字典上) 즉(卽)의 본의(本義)에 일부 영향이 미치게 되고. ○주소(註疏) 수정(修訂)은 본의(本義)에 영향이 미치지 않음.

厂 部 五畫

康 厎（지）[唐韻]諸市切[集韻][韻會]軫視切[正韻]諸氏切𠀤音指[說文]柔石也从厂氏聲[徐曰]可以爲礪[前漢梅福傳]爵祿天下之厎石[蕭望之傳]厎厲鋒鍔[註]師古曰厎柔石厲卓石　又[說文]致也[書旅獒]西旅厎貢厥獒　又定也[書皐陶謨]朕言惠可厎行　又[說文]厎或从石作砥[詩小雅]周道如砥　又[韻會]通作底[孟子引[詩]周道如底　又或作者[詩周頌]者定爾功

[註]致也音指與底同　又[集韻]都黎切音低至也　又陟利切音致致也[書禹貢]震澤底定　又丁計切音帝義同　又[正韻]旨而切音支[前漢梅福傳]爵祿天下之底石[註]師古曰有平去二音

【 오류정리 】

○康誤處 1; [前漢梅福傳]爵祿天下之底石[註]師古曰有平去二音(改爲前漢梅福傳注師古曰底細石也音之履反又音秪)

●考證 ; 謹按所引與上文重複且師古注亦無有平去二音之語謹照原文改爲前漢梅福傳注師古曰底細石也音之履反又音秪

◆整理 ; [前漢梅福傳(전한매복전)]의 [註(주)]師古曰有平去二音(사고왈유평거이음)은 前漢梅福傳注師古曰底細石也音之履反又音秪(전한매복전주사고왈지세석야음지리반우음지)로 고침.

◆訂正文 ; [前漢梅福傳注]師古曰底細石也音之履反又音秪

▶【193-1】 字解誤謬與否 ; [前漢梅福傳]爵祿天下之底石[註]師古曰有平去二音(改爲前漢梅福傳注師古曰底細石也音之履反又音秪)

★이상과 같이 오류(誤謬) 수정(修訂)이 되면 ○지세석야(底細石也; 底는 잔돌이다)와 ○음지리반(音之履反; 音은 지이고 돌아가다)과 ○우음지(又音秪; 또 音은 지이다)가 되는데 자전상(字典上) 지(底)의 본의(本義)에 일부 적극 영향이 미치게 됨.

厂 部 八畫

⑧厝(조)[唐韻][集韻]倉各切[韻會]淸各切[正韻]七各切𠀤音錯[說文]厲石也从厂昔聲詩曰他山之石可以攻厝[徐曰]今詩借作錯字　又[前漢地理志]五方雜厝[註]晉灼曰厝古錯字　又

[唐韻][集韻][正韻]𠀤倉故切音措[前漢賈誼傳]夫抱火厝之積薪之下[註]厝置也[集韻]同措

【 오류정리 】

○康誤處 1; [說文]厲石也从厂昔聲詩曰他山之石可以攻厝(改作爲厝)

●考證 ; 謹照原文攻厝改作爲厝

◆整理 ; [說文(설문)]의 攻厝(공조)는 爲厝(위조)의 착오.

◆訂正文 ; [說文]厲石也从厂昔聲詩曰他山之石可以作爲厝

▶【194-1】 字解誤謬與否 ; [說文]厲石也从厂昔聲詩曰他山之石可以攻厝(改作爲厝)　[攻厝(改作爲厝)]

★이상과 같이 오류(誤謬) 수정(修訂)이 된다 하여도 위조(爲厝; 방치하다)는 자전상(字典上) 조(厝)의 본의(本義)에 직접 영향이 미침.

厂 部 十三畫

⑬厰(오)[篇海]音敖蒼厰

【 오류정리 】

○康誤處 1; [篇海]音敖蒼(改倉)厰

●考證 ; 謹照原文蒼改倉

◆整理 ; [篇海(편해)]의 蒼(창)은 倉(창)의 착오.

◆訂正文 ;[篇海]音敖倉厰

▶【195-1】 字解誤謬與否 ; [篇海]音敖蒼(改倉)厰　[蒼(改倉)]

★이상과 같이 오류(誤謬) 수정(修訂)이 되면 창(倉; 곳집. 창고. 배의 내부. 푸르다) 자전상(字典上) 오(厰)의 본의(本義)에 적극 영향이 미치게 됨.

⑬厲(려)[唐韻][集韻][韻會]力制切[正韻]力霽切𠀤音例[說文]旱石也从厂蠆省聲[徐曰]旱石麤悍石[玉篇]磨石也[詩大雅]取厲取鍛　又磨也[左傳成十六年]秣馬厲兵[荀子性惡篇]鈍金必將待礱厲然後利　又[說文]嚴也[論

語]聽其言也厲　又[廣韻]烈也猛也
[禮表記]不厲而威　又[玉篇]危也[易
乾卦]厲无咎　又[爾雅釋詁]厲作也
[註]穀梁傳曰始厲樂矣[疏]興作也[方
言]厲卬為也甌越曰卬吳曰厲　又[玉
篇]虐也[孟子]厲民以自養也　又[玉
篇]上也[詩衞風]在彼淇厲[韻會]岸危
處曰厲又[詩衞風]深則厲[註]以衣涉
水由帶以上曰厲又[周禮秋官司厲註]
犯政為惡曰厲又[爾雅釋天]月在戌曰
厲　又[韻會]醜惡也[莊子天地篇]厲
之人夜半生子恐其似已又[史記嚴安
傳]民不夭厲[註]厲病也又[前漢儒林
傳]以厲賢才焉[註]師古曰厲勸勉之也
又[息夫躬傳]鷹隼横厲[註]師古曰厲疾
飛也　又[正韻]厲鬼[左傳昭七年]子
産曰鬼有所歸乃不為厲　又[正韻]鞶
厲帶重也[左傳桓二年]鞶厲斿纓　又
姓[廣韻]漢有魏郡太守厲溫　又[集
韻][正韻]盍落蓋切音賴[前漢地理志]
厲鄉故厲國也[註]師古曰厲讀曰賴
又[史記范雎傳]漆身為厲[註]厲音賴
言以漆塗身而生瘡為病癩　又[韻會]
力蘗切[正韻]良薛切盍音列[韻會]嚴也
一曰囊垂飾[詩小雅]心之憂矣如或結
之今茲之正胡然厲矣[左思蜀都賦]巴
姬彈絃漢女擊節起西音於促柱歌江上
之颷厲[註]颷厲歌聲清越也

【 오류정리 】

○康誤處 1;[易乾卦]厲无(改无)咎
●考證;謹照原文无改无
◆整理;[易乾卦(역건괘)]의 无(기)
는 无(무)의 착오.
◆訂正文;[易乾卦]厲无咎
▶【196-1】字解誤謬與否;[易乾
卦]厲无(改无)咎　[无(改无)]
★이상과 같이 오류(誤謬) 수정(修訂)
이 되면 무구(无咎)에는 내포된 의미
가 심대하여 어는 하나로 택하기에는
실로 어려움이 따르게 마련이다. 다

만 려(厲)의 의미로는 "허물이 없다"
"탈 없이 살다" 등으로 택하게 되면
무난할 터이니 자전상(字典上) 려(厲)
의 본의(本義)에 영향이 미치게 됨.

厶部 二畫

康公(환)[集韻]幻古作公註詳幺部一
畫

【 오류정리 】

○康誤處 1;[集韻]幻古作公註詳幺部
一畫
●考證;謹按文義第二註字改詳
※筆者謹按康熙字典原本;[集韻]幻古
作公註詳幺部一畫
※筆者謹按集韻原本;幻古作公註詳
幺部一畫
※筆者謹按考證의 "第二註字改詳"은
착오로 간주됨.
◆訂正文;[集韻]幻古作公註詳幺部
一畫
▶【197-1】字解誤謬與否;[集韻]
幻古作公註詳幺部一畫（오류가 아님）
★이상과 같이 살펴본 결과 강희자전
(康熙字典)에서는 집운(集韻) 원문(原
文)대로 옮겨저 있어 자전상(字典上)
환(公)의 본의(本義)에는 아무런 영향
이 미치지 못함.

厶部 九畫

康參(삼)[唐韻][集韻][韻會][正
韻]盍倉含切音驂[集韻]謀度也閒厠也
又[玉篇]相謁也[廣韻]參承也勤也
又[增韻]干與也參錯也　又[韻會]三
相參為參五相伍為伍[易繫辭]參伍以
變[韻會]左傳自參以上周禮設其參皆
謂三相參列也後世參軍參謀參知政事
蓋取此義　又星名[前漢天文志]參
為白虎三星直者為衡石[註]參三 星者
白虎宿中東西直似稱衡也　又[唐韻]

所今切[集韻][韻會][正韻]疏簪切 𠱥
音森[說文商星也本作𠻞从晶㐱聲[徐
曰]其上晶與星同義也今文作參 又
[韻會]叢立貌[束哲補亡詩]參參其穋
[論語]立則見其參於前 又姓[廣韻]
祝融之後 又人參藥名本作薓 又[唐
韻]楚簪切[集韻][韻會]初簪切 𠱥音嵾
[廣韻]同嵾嵾嵳不齊貌[詩周南]參差
荇菜 又[張衡思玄賦]長金佩之參參
[註]長貌 又[唐韻][集韻][韻會][正
韻] 𠱥桑感切音糝雜也[韻會]與糝同
[周禮天官司裘註]大射大侯九十參七
十干五十 又[正韻]七紺切音槮曲名
又參鼓亦作摻鼓 又與叄通[周禮冬官
考工記]叄分去一

【 오류 정리 】

○康誤處 1; [前漢天文志]參爲白虎三
星直者(上增是字)爲衡石
●考證; 謹照原文爲字上增是字
◆整理; [前漢天文志(전한천문지)]
의 爲(위) 앞에 是字(시자)를 더함.
◆訂正文; [前漢天文志]參爲白虎三
星直者是爲衡石
▶【198-1】 字解誤謬與否; [前漢
天文志]參爲白虎三星直者(上增是字)
爲衡石 [(上增是字)爲]
★이상과 같이 시(是; 맞다. 옳다.
예. 네. 그렇습니다. …이다. 옳음.
바름. 진리. 무릇. …이라면. …라 할
수 있다. 이. 이것. 여기. 방침. 성)
를 덧붙인다 하여도 자전상(字典上)
삼(參)의 본의(本義)에는 영향이 미치
지 않음.

○康誤處 2; [張衡思玄賦]長金佩(改
余佩)之參參
●考證; 謹照原文金佩改余佩
◆整理; [張衡思玄賦(장형사현부)]
의 佩(패)는 余佩(여패)임.
◆訂正文; [張衡思玄賦]長余佩之參

參
▶【199-2】 字解誤謬與否; [張衡
思玄賦]長金佩(改余佩)之參參 [長金
佩(改余佩)]
★이상과 같이 오류(誤謬) 수정(修訂)
이 된다 하여도 장여패(長余佩; 길게
늘어진 내 패옥) 자전상(字典上) 삼
(參)의 본의(本義)에는 적극 영향이
미침.

字典丑集上考證

口 部 二畫

康句(구)[唐韻]九遇切[集韻][韻
會]俱遇切 𠱥音屨[玉篇]止也言語章句
也[類篇]詞絶也[詩關雎疏]句古謂之
言秦漢以來衆儒各爲訓詁乃有句稱句
必聯字而言句者局也聯字分疆所以局
言者也 又傴句地名龜所出也[左傳昭
二十五年]初臧昭伯如晉臧會竊其寶龜
傴句 又[禮樂記]句中鉤[疏]謂大屈
也言音聲大屈曲感動人心如中當於鉤
也又[周禮冬官考工記廬人]句兵欲無
彈[註句兵戈戟屬[釋文]句俱具反又音
鉤 又[史記叔孫通傳]臚句[註]上傳
語告下爲臚下告上爲句 又高句驪遼
東國名漢爲縣[前漢地理志]元菟郡高
句驪 又句容縣名[地理志]丹陽郡句
容縣 又[廣韻]古候切[集韻][韻會]
[正韻]居候切 𠱥音遘[廣韻]句當[宋史
曹彬傳]江南句當公事回 又姓[華陽
國志]王平句扶張翼廖化 𠱥爲將時人曰
前有王句後有張廖 又[類篇]拘也
又與彀同[詩大雅]敦弓旣句[釋文]句
說文作彀張弓曰彀 又[唐韻][集韻]
古候切[韻會][正韻]居侯切 𠱥音溝俗作
勾[說文]曲也[禮月令]句者畢出[左傳
哀十七年]越子爲左右句卒[註]鉤伍相
著別爲左右屯[前漢趙充國傳]入鮮水
北句廉上[註]句廉謂水岸曲而有廉稜

也 又[集韻]亦作區[禮樂記]區萌達[註]屈生曰區[釋文]區音勾古侯反又句芒春神[禮月令]其神句芒 又句龍社神[左傳昭二十九年]共工氏有子曰句龍爲后土 又句繹邾地[春秋哀二年]盟于句繹 又句瀆齊地[左傳襄十九年]執公子牙于句瀆之丘[前漢地理志]濟陰郡句陽縣[註]左傳句瀆之丘也 又菟句句章茻縣名[前漢地理志]會稽郡句章縣濟陰郡菟句縣[註]師古曰句音鉤 又句吳[史記吳世家]自號句吳[註]吳言句者發聲也猶言于越耳 又[五音集韻]亦姓[史記仲尼弟子傳]句井疆[註]正義曰句作勾 又[廣韻]其俱切[集韻]權俱切茻音衢須句地名[春秋文七年]公伐邾取須句[音義]句其俱反 又句町縣名[前漢地理志]牂柯郡句町縣[註]師古曰音劬挺 又[字彙補]與絇同履頭飾也[周禮天官屨人]靑句[註]句當爲絇[前漢王莽傳]句履[註]師古曰其形岐頭 又[集韻]恭于切音俱本作拘或作佝勾止也 又[史記孝文紀]故楚相蘇意爲將軍軍句注[註]應劭曰山險名也索隱曰句音俱包愷音鉤 又與矩同方也[莊子田子方]履句履者知地形[陸德明音義]句音矩徐云其俱反李云方也 又古有切音九[淮南子地形訓]自東北至西北方有岐踵民句嬰民[註]句讀若九 [說文]本作丩

【 오류정리 】

○康誤處 1; [史記仲尼弟子傳]句井疆[註]正義曰句作勾(改鈎)

●考證 ; 謹照原文勾改鈎

◆整理 ; [史記仲尼弟子傳(사기중니제자전)][註(주)]의 勾(구)는 鈎(구)의 착오.

◆訂正文 ; [史記仲尼弟子傳]句井疆[註]正義曰句作鈎

▶【200-2】 字解誤謬與否 ; [史記仲尼弟子傳]句井疆[註]正義曰句作勾(改鈎) [勾(改鈎)]

★이상과 같이 오류(誤謬) 수정(修訂)이 된다 하여도 구작구(句作鈎; 구(句)를 구(鈎)로도 쓴다)인데 자전상(字典上) 구(句)의 본의(本義)에는 영향이 미침.

康 叩(고)[集韻][韻會][正韻]茻丘候切音冠[玉篇]叩擊也[禮樂記]叩之以小者則小鳴叩之以大者則大鳴 [論語]以杖叩其脛[公羊傳僖十九年]其用之社奈何蓋叩其鼻以血社也[史記秦始皇紀]叩關而攻秦 又[集韻]以手至首 也[正字通]稽顙曰叩首[前漢李陵傳]叩頭自請 又[韻會]問也發也[論語]我叩其兩端而竭焉[疏]叩發動也又[廣韻][正韻]苦后切[集韻][韻會]去厚切茻音口[廣韻]叩頭 又[正韻]問也本作訂 又[廣韻]與扣同亦擊也又叶孔五切音苦[韓愈元和聖德詩]取之江中枷脰械手婦女纍纍啼哭拜叩手音暑

【 오류정리 】

○康誤處 1; [禮樂記(改學記)]叩之以小者則小鳴叩之以大者則大鳴

●考證 ; 謹照原書樂記改學記

◆整理 ; [禮樂記(예악기)]禮記(예기)의 樂記(악기)는 學記(학기)의 착오.

◆訂正文 ; [禮學記]叩之以小者則小鳴叩之以大者則大鳴

▶【201-1】 字解誤謬與否 ; [禮樂記(改學記)]叩之以小者則小鳴叩之以大者則大鳴 [樂記(改學記)]

★이상과 같이 인용처(引用處)의 오류(誤謬)를 수정(修訂)을 한다 하여도 자전상(字典上)의 고(叩)의 본의(本義)에는 영향이 미치지 않음.

康 叫(규)[唐韻][正韻]古弔切[集韻][韻會]吉弔切茻音訆[說文]嘑也[詩 小雅]或不知叫號[釋文]叫本又作嘂 又叫叫遠聲也[揚雄解難]大語叫叫 又叫奡高舉貌[司馬相如大人賦]

絿廖叫奡又色叫[塵史]王德用召入兩
府有干薦舘職者王曰某武人素不閱書
若奉薦則色叫矣今人以事理不相當爲
色叫本此　又[集韻][韻會]夳古幼切
音救[集韻]聲也[莊子齊物論]叫者讓
者郭象讀[前漢昌邑王傳]遂叫然號曰
[玉篇]同嘄[集韻]或作噭嗃　俗作叫
非

【 오류정리 】

○康誤處 1;[司馬相如大人賦]絿廖
(改絿蓼)叫奡
●考證;謹照原文絿廖改絿蓼
◆整理;[司馬相如大人賦(사마상여대
인부)]의 絿廖(규료)는 絿蓼(규료)의
착오.
◆訂正文;[司馬相如大人賦]絿蓼叫
奡
▶【202-1】 字解誤謬與否;[司馬
相如大人賦]絿廖(改絿蓼)叫奡　絿廖
(改絿蓼)
★이상과 같이 규료(絿蓼; 휘감다. 얽
히다)로 오류(誤謬) 수정(修訂)이
된다 하여도 자전상(字典上) 규(叫)의
본의(本義)에 영향이 적극 미치게 됨.

夳(연)[唐韻][集韻][韻會]夶以
轉切音抏[說文]山閒陷泥地从口从水
敗貌讀若沇州之沇九州之渥地也故以
沇名焉[徐鉉曰]口象山門八半水象土
上有少水也[韻會]㲋本作夳通作沇今
文作㲋[毛晃曰]㲋字中从夳俗从公作
㲋非

【 오류정리 】

○康誤處 1;[徐鉉(改徐鍇)曰]
●考證;謹照說文徐鉉改徐鍇
◆整理;[說文(설문)]의 徐鉉(서현)
은 徐鍇(서개)의 착오.
◆訂正文;[徐鍇曰]
▶【203-1】 字解誤謬與否;[徐鉉
(改徐鍇)曰]　[徐鉉(改徐鍇)]

★이상과 같이 인용처(引用處)의 오
류(誤謬)를 수정(修訂)을 한다 하여도
자전상(字典上)의 연(夳)의 본의(本
義)에는 영향이 미치지 않음.

台(태)[唐韻]與之切[集韻][韻
會]盈之切[正韻]延知切夶音怡[爾雅
釋詁]台我也[又]予也[書禹貢]祇台德
先[湯誓]非台小子敢行稱亂　又[說
文]悅也[史記太史公自序]唐堯遜位虞
舜不台　又[揚子方言]養也晉衞燕魏
曰台又失也宋魯之閒曰台　又[唐韻]
土來切[集韻][韻會]湯來切夶音胎[廣
韻]三台星亦作能[周禮春官大宗伯司
中註]司中三能三階也[疏]武陵太守星
傳云三台一名天柱上台司命爲太尉中
台司中爲司徒下台司祿爲司空史漢皆
作三能　又姓北史有台氏　又天台山
名在會稽　又州名[韻會]本漢冶縣宋
爲赤城郡唐改台州　又[春秋襄十二
年]莒人伐我東鄙圍台[註]琅邪費縣南
有台亭[釋文]台敕才反又音臺一音翼
之反三音皆可讀　又[集韻]堂來切音
臺台背大老也通作鮐[詩大雅]黃耉台
背[箋]台之言鮐也大老則背有鮐文[釋
文]台亦讀湯來反　又縣名[前漢地理
志]元菟郡上殷台縣[又]樂浪郡蠶台縣
又[集韻]台谷地名　又[集韻]祥吏切
音寺古文嗣字 [書舜典]舜讓于德弗嗣
[古文尚書]作弗台

【 오류정리 】

○康誤處 1;[集韻]祥吏切音寺古文
嗣字(改嗣古作台)
●考證;謹照原文古文嗣字改嗣古作
台
◆整理;[集韻(집운)]의 古文嗣字(고
문사자)는 嗣古作台(사고작태)의 착
오.
◆訂正文;[集韻]祥吏切音寺嗣古作
台
▶【204-1】 字解誤謬與否;[集韻]

祥吏切音寺古文嗣字(改嗣古作台)
[嗣字(改嗣古作台)]
★이상과 같이 오류(誤謬) 수정(修訂)이 된다 하여도 사고작태(嗣古作台; 사자(嗣字)를 옛적에는 태(台)로도 씀)라 자전상(字典上) 태(台)의 본의(本義)에 직접 영향이 미치게 됨.

○康誤處 2;[古(改今)文尙書]作弗(改不)台
●考證 ; 謹照文選典引註古改今弗改不
◆整理 ; [古(고)(改今(개금))文尙書(문상서)] [古文尙書(고문상서)]의 古(고)는 今(금), 弗(불)은 不(불)의 착오'
◆訂正文 ; [今文尙書]作不台
▶【205-2】 字解誤謬與否 ; [古(改今)文尙書]作弗(改不)台 [古(改今)] [弗(改不)]
★이상과 같이 인용처(引用處)나 본문(本文)의 ○금(今; 이제. 지금)과 ○불(不; 부정)의 오류(誤謬)를 수정(修訂)한다 하여도 자전상(字典上)의 태(台)의 본의(本義)에는 영향이 미치지 않음.

康 右(우)[唐韻]于救切[集韻][韻會]尤救切[正韻]爰救切𠀤音宥與祐佑通[說文]助也[爾雅釋詁]右導也勸也亮也[書益稷]予欲左右有民[註]左音佐[太甲]惟尹躬克左右厥辟宅師[詩大雅]保右命爾燮伐大商 又左之對也[書禹貢]夾右碣石入于河[禮少儀]贊幣自左詔辭自右[註]立者尊右 又上也[前漢公孫弘傳]守成上文遭遇右武[註]師古曰右亦上也又[循吏傳]文翁以爲右職[註]師古曰右職縣中高職也 又强也[後漢明帝紀]無令豪右得固其利 又官名[周禮夏官]司右掌羣右之政令[註]羣右戎右齊右道右也 又姓

[正字通]漢右公弻宋右嘉祥明右巖又[廣韻]漢複姓五氏左傳宋樂大心爲右師其後因官爲氏漢有中郎右師譚晉覃華爲右行因官爲氏漢有御史中丞右行綽何氏姓苑有右閭右扈右南等氏 又山名獸名[山海經]長右之山有獸狀如禺而四耳其名長右 又與侑通[周禮春官大祝]以享右祭祀[註]右讀爲侑勸也
又[廣韻][集韻][韻會][正韻]𠀤云久切音有義同○按集韻有上去二音義實相通正韻於上聲訓左右手去聲訓右助二音分二義非 右叶以周切音由[詩周頌]我將我享維羊維牛維天其右之○按唐韻正音以今從朱註 右叶羽軌切音以[詩鄘風]泉源在左淇水在右女子有行遠父母兄弟弟叶滿彼反[秦風]溯洄從之道阻且右溯游從之宛在水中沚[宋玉笛賦]隆崛萬丈盤石雙起丹水涌其左醴泉流其右○按唐韻正云右古音以歷引經傳子集證之是直當讀作以非止叶音矣 又叶于記切音意[詩小雅]我有嘉賓中心喜之鐘鼓既設一朝右之喜叶去聲 又叶演女切音與[陸雲陸丞相誄]乃幹中軍入作內輔公侯陟降在帝左右 [說文]本作𠂢从口从又[徐鍇曰]言不足以左復手助之

【 오류정리 】

○康誤處 1; 又叶于記切音意(改音異)
●考證 ; 謹按于屬喩母意屬影母于記切非意字之音謹照字母音意改音異
◆整理 ; 音意(음의)는 音異(음이)의 착오.
◆訂正文 ; 又叶于記切音異
▶【206-1】 字解誤謬與否 ; 又叶于記切音意(改音異) [音意(改音異)]
★이상과 같이 오류(誤謬) 수정(修訂)이 된다 하여도 음이(音異; 음이 다르다. 世異異音 音異異政)인데 자전상(字典上) 우(右)의 본의(本義)에는 영향이 미치지 않음.

口 部 三畫

康 㖏（망）[廣韻]莫郎切[集韻]謨郎切㗊音茫[玉篇]使人問而不肯答曰㖏[廣韻]不知也[揚子方言]沅澧之閒使之而不肯答曰㖏今中國語亦然　又[廣韻][集韻]㗊莫浪切音漭[廣韻]老人不知○按諸韻書㖏字止有平去二音正字通增上聲誤

【 오류정리 】

○康誤處 1;[揚子方言]沅澧之閒使之而不肯答曰㖏（增註字）今中國語亦然

●考證;謹照原文今字上增註字

◆整理;[揚子方言(양자방언)]의 今(금) 앞에 註(주)를 붙여 註今(주금)이라 함.

◆訂正文;[揚子方言]沅澧之閒使之而不肯答曰㖏[註]今中國語亦然

▶【207-1】 字解誤謬與否;[揚子方言]沅澧之閒使之而不肯答曰㖏（增註字）今中國語亦然 [（增註字）今]

★이상과 같이 주(註)를 덧붙인 다하여도 주소(註疏)는 자전상(字典上) 망(㖏)의 본의(本義)에는 영향이 미치지 않음.

康 合 [唐韻]候閣切[集韻][韻會]曷閣切[正韻]胡閣切㗊音盒[說文]合口也 又[玉篇]同也[易乾卦]保合太和[詩小雅]妻子好合　又配也[詩大雅]天作之合[前漢貨殖傳]蘗麯鹽豉千合[註]師古曰蘗麯以斤石稱之輕重齊則爲合鹽豉以斗斛量之多少等亦爲合合者相配耦之言耳　又會也[禮王制]不能五十里者不合于天子[註]合會也　又聚也[論語]始有曰苟合矣 [註]合聚也　又答也[左傳宣二年]既合而來奔 [註]合答也 又閉也[前漢兒寬傳]封禪告成合祛于天地神明 [註]李奇曰祛開散合閉也 又大合[莊子齊物論]六合之外聖人存

而不論[梁元帝纂要]天地四方曰六合　又黍名[禮曲禮]黍曰薌合　又[文中子問易篇]黃帝有合宮之聽　又合黎地名[書禹貢]導弱水至于合黎餘波入于流沙　又州名[廣韻]秦爲巴郡宋爲宕渠郡後魏置合州蓋涪漢二水合流之處因以名之又參合代地[史記韓王信傳]入居參合又鉅合在平原合騎在高城㗊漢侯國見[史記建元以來王子侯者年表]又重合縣屬勃海郡合鄉縣屬東海郡　又合浦郡名㗊見[前漢地理志]　又[廣韻]器名[正韻]合子盛物器　又[廣韻]姓也[左傳]宋大夫合左師　又子合西域國名[前漢西域傳]西夜國王號子合王[後漢西域傳]子合國去疏勒千里 又通作閤[戰國策]意者臣愚而不閤王心耶[註]閤合同　又與郃通[史記魏世家]築雒陰合陽[註]郃水之北又[高祖功臣侯表]高祖兄仲廢爲合陽侯　又[唐韻][正韻]古沓切[集韻][韻會]葛合切㗊音閣[廣韻]合集也　又[集韻]兩龠爲合[前漢律歷志]量者 龠合升斗斛也所以量多少也又合龠爲合十合爲升[註]合龠一作十龠又合者合龠之量也　又叶許及切音翕[張衡思玄賦]何孤行之煢煢兮子不羣而介立感鸞鷖之特棲兮悲淑人之希合

【 오류정리 】

○康誤處 1;[戰國策]意者臣愚而不閤（增於字）王心耶

●考證;謹照原文閤字下增於字

◆整理;[戰國策(전국책)]의 閤(합)에 於(어)를 붙여 閤於(합어)라 함.

◆訂正文;[戰國策]意者臣愚而不閤於王心耶

▶【208-1】 字解誤謬與否;[戰國策]意者臣愚而不閤（增於字）王心耶 [閤（增於字）]

★이상과 같이 어(於; …에. …에서. 기대다. 따르다. 가다. 있다. 성) 덧

붙인 다하여도 자전상(字典上) 합(合)
의 본의(本義)에는 영향이 미치지 않
음.

康 吉 (길)[唐韻]居質切[集韻][韻
會][正韻]激質切茲音拮[說文]善也[廣
韻]吉利也[書大禹謨]惠迪吉　又朔
日曰吉[詩小雅]二月初吉[周禮天官大
宰]正月之吉　又州名[韻會]漢豫章地
隋置吉州　又姓[廣韻]出馮翊尹吉甫
之後漢有漢中太守吉恪　又[集韻]極
乙切音佶本作姞姓也　又[集韻]謹也
　又[集韻][韻會]茲其吉切音咭亦姓
也[詩小雅]彼君子女謂之尹吉[箋]吉
讀爲姞尹氏姞氏周室昏姻之舊姓也○
按釋文吉毛讀如字鄭讀爲姞其吉反又其
一反三音皆可讀　又[唐韻正]叶音髻
[曹植黃帝三鼎贊]鼎質之精古之神器
黃帝是鑄以象太一能輕能重知凶識吉
一叶於二反[徐勉萱草賦]亦曰宜男加
名斯吉華而不艷雅而不質隨晦明而舒
卷與風霜而榮悴質叶音致

【 오류정리 】

○康誤處 1; 按釋文吉毛讀如字鄭讀
爲姞其吉反又其一反(改其乙反)

●考證 ; 謹照原文其一反改其乙反

◆整理 ; 其一反(기일반)을 其乙反(기
을반)으로 고침.

◆訂正文 ; 按釋文吉毛讀如字鄭讀
爲姞其吉反又其乙反

▶【209-1】 字解誤謬與否 ; 按釋文
吉毛讀如字鄭讀爲姞其吉反又其一反
(改其乙反) [其一反(改其乙反)]

★이상과 같이 오류(誤謬) 수정(修訂)
이 된다 하여도 기을반(其乙反; 그
것을 두번째 바꾸다)인데 자전상(字
典上) 길(吉)의 본의(本義)에는 영향
이 미치지 않음.

康 同 [唐韻][正韻]徒紅切[集韻][韻
會]徒東切茲音桐[說文]合會也[玉篇]
共也[廣韻]軰也[易同人]天與火同人
君子以類族辨物[書益稷]敷同日奏罔
功　又[廣韻]齊也[書舜典]同律度量
衡[詩小雅]我馬旣同　又聚也[詩小
雅]獸之所同[傳]同猶聚也　又和也
[禮禮運]是謂大同[註]猶和也平也
又[周禮春官大司樂]六律六同[註]六
律合陽聲者六同合陰聲者又[典同]掌
六律六同之和[註]律以竹同以銅言助
陽宣氣與之同也　又 [周禮春官大宗
伯]時見曰會殷見曰同[詩小雅]赤芾金
舃會同有繹　又[周禮地官小司徒井牧
其田野[註]司馬法曰十成爲終終十爲同
同方百里[疏]謂之爲同者取象震雷百
里所聞同故名百里爲同也　又爵名[書
顧命]上宗奉同瑁[註]同爵瑁圭也　又
州名[廣韻]漢馮翊地有九龍泉泉有九
源同爲一流因以名之[韻會]後魏以澧
水攸同名州　又[正韻]通也[莊子在宥
篇]聞廣成子在于空同之上[註]呂吉甫
曰空同之上無物而大通之處也　于姓
[正字通]唐有同谷又[盧仝詩]仝不仝
異不異是謂大仝而小異　又通作童[列
子黃帝篇]狀與我童者近而愛之狀與我
異者疏而畏之　又[釋文]徒貢切音洞
與詷同[禮祭統]鋪筵設同几爲依神也
[註]同之言詷也[疏]同之言詷也者若
單作同字是齊同之同非詷共之詷若詷
共之詷則言旁作同漢魏之時字義如此
今則總爲一字　又叶徒黃切音唐[陳琳
答客難]六合咸熙九州來同倒載干戈放
馬華陽

【 오류정리 】

○康誤處 1; 司馬法曰十成爲終終十
(改十終)爲同

●考證 ; 謹照周禮註原文終十改十終

◆整理 ; [周禮地官小司徒井牧其田野
註(주례지관소사도정목기전야주)]의
終十(종십)은 十終(십종)의 착오.

◆訂正文；司馬法曰十成爲終十終爲同

▶【210-1】字解誤謬與否；司馬法曰十成爲終終十(改十終)爲同　[終十(改十終)]

★이상과 같이 오류(誤謬) 수정(修訂)이 되면 십종(十終；열번의 끝남)이라 하였으니 종(終)은 자전상(字典上) 동(同)의 본의(本義)에 영향이 미치게 됨.

康名(명)[唐韻]武幷切[集韻][韻會]彌幷切[正韻]眉兵切𡨄音詺[說文]自命也从口从夕夕者冥也冥不相見故以口自名[玉篇]號也[廣韻]名字也[春秋說題]名成也[左傳桓六年]九月丁卯子同生公問名于申繻對曰名有五有信有義有象有假有類　又自呼名也[禮曲禮]父前子名君前臣名　又呼人之名也[禮曲禮]國君不名卿老世婦　又名譽也[易乾卦]不易乎世不成乎名　又[春秋說題]名大也[書武成]告于皇天后土所過名山大川[疏]山川大乃有名名大互言之耳　又名號也[儀禮士昏禮]請問名[疏]問名問姓氏也名有二種一是名字之名一是名號之名孔安國註尙書以舜爲名鄭君目錄以曾子爲姓名亦據子爲名皆是名號爲名者也今以姓氏爲名亦名號之類[周語]有不貢則修名[註]名爲尊卑職貢之名號　又號令也[周語]言以信名[註]信審也名號令也　又文字也[儀禮聘禮]不及百名書于方[註]名書文也今謂之字[疏]名者卽今之文字也[周禮秋官大行人]諭書名[註]書名書之字也古曰名　又[春秋解題]名功也[周語]勤百姓以爲己名[註]功也　又[釋名]名明也明實事使分明也　又[爾雅釋訓]目上爲名[註]眉眼之閒[說文]引詩齊風作猗嗟𩉩兮　又姓[廣韻]左傳楚大夫彭名之後唐名初撰公侯政術十卷　又與命通[史記天官書]免七命[註]免星有七名又[張耳傳]亾命遊外黃[註]脫名逃籍也　又[集韻]忙經切音冥與銘同志也詳金部銘字註　又[集韻]彌正切洺去聲與詺同目諸物也詳言部詺字註　又叶彌延切音綿[道藏歌]玄挺自嘉會金書東華名賢安密所戒相期陽洛汧　又叶莫陽切音鋩[韓愈曹成王碑辭]子父易封三王守名延延百載以有成王　又叶必仞切音儐[張華鮑元泰誄]烈考中丞妙世顯名峨峨先生誕資英俊

【오류정리】

○康誤處 1；[周語]有不貢則修名[註]名爲(改謂)尊卑職貢之名號

●考證；謹照原文爲改謂

◆整理；[周語(주어)][註(주)]의 爲(위)는 謂(위)의 착오.

◆訂正文；[周語]有不貢則修名[註]名謂尊卑職貢之名號

▶【211-1】字解誤謬與否；[周語]有不貢則修名[註]名爲(改謂)尊卑職貢之名號　[爲(改謂)]

★이상과 같이 오류(誤謬) 수정(修訂)이 된다 하여도 위(謂；말하다. 알리다. 일컫다. 뜻. 의미. 의의) 자전상(字典上) 명(名)의 본의(本義)에는 영향이 미치지 않음.

康向(향)[唐韻][集韻][韻會][正韻]𡨄許亮切音蠁[說文]北出牖也从宀从口[註]牖所以通人气故从口[玉篇]窻也[詩幽風]塞向墐戸[傳]北出牖也[疏]士虞禮註云嚮牖一名也北爲寒之備不塞南窻故云北出牖也[廣韻]嚮與向通用[集韻]亦作蚃[正韻]亦作鄕[禮明堂位]刮楹達鄕○按明堂位註鄕謂夾戶窻也每室八窻爲四達則凡牖皆名鄕不獨北出牖矣　又[廣韻]對也[戰國策]西向事秦[莊子秋水篇]望洋向若而嘆　又或作嚮[易說卦]嚮明而治　亦作鄕[禮明堂

位]南鄕而立　又[集韻]趣也　又[韻會]
救也　又昔也[莊子寓言篇]若向也俯而
今也仰　亦通作鄕[論語]鄕也吾見於夫
子而問知　又[廣韻][集韻][韻會][正韻]
ㅿ式亮切音餉[廣韻]姓也[左傳成五年]
諸侯謀復會宋公使向爲人辭以子靈之
難[釋文]向舒亮反　又[玉篇]地名[詩小
雅]皇父孔聖作都于向[註]向在東都畿
內今孟州河陽縣[左傳隱十一年]王與鄭
人向[註]軹縣西有地名向上[襄十一年]
諸侯會于北林師于向[註]在潁川長社
縣東北[後漢郡國志]潁川郡有向鄕　又
[集韻]國名[春秋隱二年]莒人入向
[註]向小國也譙國　龍亢縣東南有向城
[史記褚少孫補三皇紀]怡向申莒皆姜
姓之後漢爲縣[前漢地理志]沛郡向縣
[註]向故國姜姓炎帝後　又[集韻][正
韻]ㅿ許兩切音嚮[集韻]人字[左傳襄十
一年]晉侯使叔肸告于諸侯[註]叔肸叔
向也[釋文]向許丈反[前漢刑法志]作
叔嚮顏師古音許兩反　又[正韻]古文
嚮字註詳十六畫

【 오류정리 】

○康誤處 1; [左傳襄十一年]晉侯使叔
肸告于諸侯[註]叔肸(兩肸字ㅿ改肹)叔
向也
●考證 ; 謹照原文兩肸字ㅿ改肹
◆整理 ; [左傳襄十一年(좌전양십일
년)]의 肸(힐)과 肸(힐) 兩肸字(양힐
자)는 肹(힐)의 착오.
◆訂正文 ; [左傳襄十一年]晉侯使叔
肹告于諸侯[註]叔肹叔向也
▶【212-1】 字解誤謬與否 ; [左傳
襄十一年]晉侯使叔肸告于諸侯[註]叔
肸(兩肸字ㅿ改肹)叔向也 [肸告于諸
侯[註]叔肸(兩肸字ㅿ改肹)]
★이상과 같이 오류(誤謬) 수정(修訂)
이 된다 하여도 숙힐(叔肹)은 숙향(叔
向)으로 인명(人名) [叔向故里碑記记]
曰叔向姓羊舌一名叔肹食采于揚又名揚
肹으로 자전상(字典上) 향(向)의 본의

(本義)에는 영향이 미치지 않음.

口 部 四畫

康吻(문)[唐韻][集韻][韻會][正
韻]ㅿ武粉切音抆[說文]口邊也[玉篇]
口吻[釋名]吻免也入之則碎出則免也又
取拔也漱唾所出恆加抆拭因以爲名也
[周禮冬官考工記梓人]銳喙決吻[註]
吻口脣也[前漢東方朔傳]吐脣吻　[玉
篇]亦作脗[集韻]或作肳呡

【 오류정리 】

○康誤處 1; [釋名]吻免也入之則碎出
則免也又取拔(改取抆)也漱唾所出恆加
抆拭因以爲名也
●考證 ; 謹照本文文義取拔改取抆
◆整理 ; [釋名(석명)]의 取拔(취발)
은 取抆(취문)의 착오.
◆訂正文 ; [釋名]吻免也入之則碎出
則免也又取抆也漱唾所出恆加抆拭因
以爲名也
▶【213-1】 字解誤謬與否 ; [釋名]
吻免也入之則碎出則免也又取拔(改取
抆)也漱唾所出恆加抆拭因以爲名也
[取拔(改取抆)]
★이상과 같이 오류(誤謬) 수정(修訂)
이 된다 하여도 취문(取抆; 훔치다)
자전상(字典上) 문(吻)의 본의(本義)
에는 영향이 미치지 않음.

康吼(후)[廣韻]呼后切[集韻][韻
會][正韻]許后切ㅿ音犼[玉篇]牛鳴也
[增韻]虓聲[後漢童恢傳]一虎低頭閉目
狀如震懼卽時殺之其一視恢鳴吼踊躍自
奮[梵書大智論]辟如獅子百獸之王爲
小蟲吼則爲衆所笑[玉篇]亦作吽[廣
韻]亦作呴　又[廣韻]呼嘱切[集韻]
[韻會][正韻]許候切ㅿ音蔻[廣韻]聲
也　又[集韻][類篇]厚怒聲本作呴○
按玉篇廣韻吼呴分載音義各別集韻類
篇非

【 오류정리 】

○康誤處 1;[後漢童恢傳]一虎低頭閉目狀如震懼卽時殺之其一視恢鳴吼踊躍(改踊躍)自奮

●考證 ; 謹照原文踊躍改踊躍

◆整理 ; [後漢童恢傳(후한동회전)]의 踊躍(용약)은 踊躍(용약)의 착오.

◆訂正文 ; [後漢童恢傳]一虎低頭閉目狀如震懼卽時殺之其一視恢鳴吼踊躍自奮

▶【214-1】 字解誤謬與否 ; [後漢童恢傳]一虎低頭閉目狀如震懼卽時殺之其一視恢鳴吼踊躍(改踊躍)自奮 [踊躍(改踊躍)]

★이상과 같이 오류(誤謬) 수정(修訂)이 된다 하여도 용약(踊躍; 좋아서 들뜀)은 자전상(字典上) 후(吼)의 본의(本義)에는 영향이 미치지 않음.

口 部 五畫

㊍ 呞(시) [廣韻]書之切[集韻]申之切𡘋音詩[玉篇]牛嘔也[廣韻]本作齝吐而嘔也亦作䶆 又[集韻]超之切音癡 又[集韻]充之切音蚩義𡘋同

【 오류정리 】

○康誤處 1; 本作齝(改齝)吐而嘔也

●考證 ; 謹照廣韻集韻齝改齝

◆整理 ; [廣韻(광운)]의 齝(초)는 齝(치)의 착오.

◆訂正文 ; 本作齝吐而嘔也

▶【215-1】 字解誤謬與否 ; 本作齝(改齝)吐而嘔也 [齝(改齝)]

★이상과 같이 오류(誤謬) 수정(修訂)이 되면 본작치[本作齝; 시(呞)의 본자(本字)]인데 자전상(字典上) 시(呞)의 본의本義)에는 직접 영향이 미치게 됨.

㊍ 呹(일) [集韻]弋質切音逸[玉篇]

牛羊呞草貌[集韻]羊呞貌 又[集韻]疾也 又勑栗切音抶聲也[揚雄甘泉賦]蘌呹胅以梱根兮聲駓隱而歷鐘[註]師古曰風之動樹聲響振起衆根合同駓隱而盛歷入殿上之鐘也蘌讀與響同呹丑乙反

【 오류정리 】

○康誤處 1;[揚雄甘泉賦]蘌呹胅(改胅)以梱(改捆)根兮

●考證 ; 謹照原文胅改胅梱改捆

◆整理 ; [揚雄甘泉賦(양웅감천부)]의 胅(힐)은 胅(힐), 梱(곤)은 捆(혼)의 착오.

◆訂正文 ; [揚雄甘泉賦]蘌呹胅以捆根兮

▶【216-1】 字解誤謬與否 ; [揚雄甘泉賦]蘌呹胅(改胅)以梱(改捆)根兮 [胅(改胅)] [梱(改捆)]

★이상과 같이 오류(誤謬) 수정(修訂)이 되면 ○일(呹; 풀 뜯는 모양. 빠른 모양. 빠르다) ○힐(胅; 주로 인명(人名)에 쓰이는 글자.) ○혼(捆; 섞다 섞이다. 합하다. 혼탁하다)인데 자전상 (字典上) 일(呹)의 본의(本義)에 영향이 미치지 않음.

㊍ 呼(호) [唐韻]荒烏切[集韻][韻會][正韻]荒胡切𡘋音虍[說文]外息也[韻會]出息爲呼入息爲吸 又[廣韻]喚也 又[集韻]嗚呼歎辭[書五子之歌]嗚呼曷歸 又通作乎[詩大雅]於乎小子 又通作虖[前漢 武帝紀]嗚虖何施而臻此與亦作嘑 又姓[廣韻]列仙傳有仙人呼子先又複姓[前漢匈奴傳]呼衍氏[註師古曰卽今鮮卑姓呼延者是也 又呼沱水名[戰國策]南有呼沱易水 又草名[爾雅釋草]蕍蕮馬尾[註]蕍藗一名夜呼 又[集韻]虛交切音虓與詨同吳人謂叫呼爲詨或作嚆嘮 又[禮檀弓]曾子聞之瞿然曰呼[註]呼虛憊聲

[釋文]音虛吹氣聲也　又[廣韻][集韻][正韻]蓗荒故切音戽[廣韻]本作謼號呼也[詩大雅]式號式呼[釋文]呼火胡反又火故反[禮曲禮]城上不呼[釋文]呼火故反　又[集韻]許簡切音調[左傳文元年]江羋怒曰呼役夫[註]呼發聲也[釋文]呼好賀反　又[集韻]虛訝切音嚇與罅同裂也詳缶部罅字註

【 오류정리 】

○康誤處 1;[爾雅釋草]薽蒤馬尾[註(改疏)]蔄薩一名夜呼

●考證;謹照原文註改疏

◆整理;[爾雅釋草(이아석초)]의 [註(주)]는 疏(소)의 착오.

◆訂正文;[爾雅釋草]薽蒤馬尾[疏]蔄薩一名夜呼

▶【217-1】 字解誤謬與否;[爾雅釋草]薽蒤馬尾[註(改疏)]蔄薩一名夜呼　[註(改疏)]

★이상과 같이 인용처(引用處)나 주소(註疏)의 오류(誤謬)를 수정(修訂)을 한다 하여도 자전상(字典上)의 호(呼)의 본의(本義)에는 영향이 미치지 않음.

康 命(명)[唐韻][集韻][韻會][正韻]蓗眉病切鳴去聲[說文]使也[書堯典]乃命羲和　又[玉篇]教令也[書大禹謨]文命敷于四海[傳]言其外布文德教命[說命]王言惟作命[易泰卦]自邑告命[增韻]大曰命小曰令上出爲命下稟爲令　又[爾雅釋詁]命告也　又[易乾卦]各正性命[疏]命者人所稟受[說卦]窮理盡性以至于命[註]命者生之極[左傳成十三年]民受天地之中以生所謂命也是以有動作禮義威儀之則以定命也[疏]命雖受之天地短長有本順理則壽考逆理則夭折是以有動作禮義威儀之法則以定此命言有法則命之 長短得定無法則夭折無恆也　又[詩周頌]維天之命於穆不已[箋]命猶道也　又[詩周頌]夙夜基命宥密[傳]命信也[疏]信順天命　又[周禮春官大祝]作六辭以通上下親疏遠近一曰祠二曰命[論語]爲命裨諶草創之[註]命謂政令盟會之辭也　又[周禮春官大宗伯]典命[註]命謂遷秩羣臣之書　又星名[周禮春官大宗伯]司命[註]文昌第四星　又[周語]襄王賜晉惠公命[註]命瑞命諸侯卽位天子賜之命圭以爲瑞節　又[周語]襄王賜晉文公命[註]命命服也諸侯七命冕服七章　又[前漢張耳傳]嘗亡命遊外黃[註]師古曰命者名也脫名籍而逃亡　又[前漢李陵傳]射命中[註]師古曰所指名處卽中之也　又[廣韻]計也　又[廣韻]召也　又叶眉辛切音珉[詩鄘風]乃如之人也懷昏姻也大無信也不知命也又[大雅]保右命之自天申之○按朱子皆叶彌幷反幷在庚韻難與眞韻相叶疑應作彌賓反　又叶漭去聲[郭璞山海經不死國賛]有人爰處員丘之上赤泉駐年神木養命　又[禮大學]舉而不能先命也[註]命讀爲慢聲之誤也[釋文]命音慢武諫反

【 오류정리 】

○康誤處 1;[論語]爲命裨諶草創之[註(改疏)]命謂政令盟會之辭也

●考證;謹照原文註改疏

◆整理;[論語(논어)]의 [註(주)]는 疏(소)의 착오.

◆訂正文;[論語]爲命裨諶草創之[疏]命謂政令盟會之辭也

▶【218-1】 字解誤謬與否;[論語]爲命裨諶草創之[註(改疏)]命謂政令盟會之辭也　[註(改疏)]

★이상과 같이 인용처(引用處)나 주소(註疏)의 오류(誤謬)를 수정(修訂)을 한다 하여도 자전상(字典上)의 명(命)의 본의(本義)에는 영향이 미치지 않음.

口部 六畫

⟨康⟩**听**(후)[唐韻]呼后切[集韻][韻會][正韻]許后切𠀤音姁[說文]厚怒聲○按集韻同呴吽吼非詳前吼字註 又[廣韻]呼漏切[集韻]許候切𠀤音蔻義同 又[廣韻]恥辱[大戴禮]機銘曰皇皇惟敬口生听[註]听恥也听詈也 又[玉篇][廣韻]𠀤胡口切音厚[玉篇]吐也[廣韻]欲吐 [集韻]本作詬或作詢

【 오류정리 】

○康誤處 1;[大戴禮]機(改机)銘曰
●考證 ; 謹照原文機改机
◆整理 ; [大戴禮(대대례)]의 機(기)는 机(궤)의 착오.
◆訂正文 ;[大戴禮]机銘曰
▶【219-1】 字解誤謬與否 ; [大戴禮]機(改机)銘曰 [機(改机)]
★이상과 같이 오류(誤謬) 수정(修訂)이 된다 하여도 궤명(机銘; 기물 위에 글자를 색이다) 자전상(字典上) 후(听)의본의(本義)에는 영향이 미치지 않음.

⟨康⟩**咳**(해)[唐韻]戶來切[集韻][正韻]何開切𠀤音頦[說文]小兒笑也[史記扁鵲傳]曾不可以告咳嬰之兒終日[註]咳嬰言嬰兒初知笑者 又[禮內則]父執子之右手咳而名之[疏]謂以一手執子右手一手承子之咳而名之[集韻]或作孩噫 又[集韻]柯開切音該[史記倉公傳]受其脈書上下經五色診奇咳[註]奇咳言奇 祕非常術也[釋文]奇音羈咳音該○按前漢藝文志有五音奇胲用兵二十六卷淮南子兵略訓刑德奇賌之數廣韻作奇侅亦作奇賅胲賌侅賅五字皆通 又與該同[晏子外篇]頍尾咳於天地然而滲滲不知六翮之所在 又[玉篇]苦代切音慨[禮內則]不敢噦噫嚏咳[釋文]咳苦愛反[莊子漁父篇]幸聞咳唾之音[前漢宣元六王傳]大王誠賜咳唾[正韻]聲欬亦作咳

【 오류정리 】

○康誤處 1;[史記扁鵲傳]曾不可以告咳嬰之兒終日(終日二字省去)
●考證 ; 謹按終日二字屬下文扁鵲仰天嘆曰爲義不連上句謹省去
◆整理 ; [史記扁鵲傳(사기편작전)]의 終日(종일)은 삭제함.
◆訂正文 ; [史記扁鵲傳]曾不可以告咳嬰之兒
▶【220-1】 字解誤謬與否 ; [史記扁鵲傳]曾不可以告咳嬰之兒終日(終日二字省去) [終日(終日二字省去)]
★이상과 같이 삭제(削除) 한다 하여도 자전상(字典上) 해(咳) 본의(本義)에 영향을 끼치지 않음.

○康誤處 2; [史記倉公傳]受其脈書上下經五色診奇咳(增術字)
●考證 ; 謹按原文奇咳術三字連讀術字不可省謹於咳下增術字
◆整理 ; [史記倉公傳(사기창공전)]의 咳(해) 아래로 術字(술자)를 덧붙임.
◆訂正文 ; [史記倉公傳]受其脈書上下經五色診奇咳術
▶【221-2】 字解誤謬與否 ; [史記倉公傳]受其脈書上下經五色診奇咳(增術字) [奇咳(增術字)]
★이상과 같이 덧붙인다 하여도 해술(咳術; 기침하는 방법)은 자전상(字典上) 해(咳)의 본의(本義)에 영향이 미침.

○康誤處 3; [釋文(改集解)]奇音羈咳音該
●考證 ; 謹照原書釋文改集解
◆整理 ; [釋文(석문)]은 集解(집해)의 착오.
◆訂正文 ; [集解]奇音羈咳音該
▶【222-3】 字解誤謬與否 ; [釋文

(改集解)]奇音羈咳音該　[釋文(改集解)]

★이상과 같이 인용처(引用處)나 주소(註疏)의 오류(誤謬)를 수정(修訂)을 한다 하여도 자전상(字典上)의 해(咳) 본의(本義)에는 영향이 미치지 않음.

康 喧(훤)[唐韻]况晚切[集韻][韻會]火遠切𠀤音烜[揚子方言]喧痛也凡哀泣而不止曰喧燕之外鄙朝鮮列水之閒小兒泣而不止曰喧　又[詩衞風]赫兮喧兮[傳]喧威儀容止宣著也[禮大學]作喧　又[集韻]懼也　又人名[春秋隱元年]天王使宰喧來歸惠公仲子之賵又[僖二十八年]衞元喧出奔晉　又[集韻][韻會]𠀤許元切音萱[集韻]懼也　又[韻會]懽也　又[列子力命篇]墨尿單至單喧𢴇憋四人相與遊於世[註]張湛曰喧汗緩貌殷敬順曰寬綽貌

【 오류정리 】

○康誤處 1; [列子力命篇]墨尿單至單喧(改嘽喧)𢴇(改憋)憋四人相與遊於世[註]張湛曰喧汗(改迂)緩貌

●考證 ; 謹照原文單喧改嘽喧𢴇改憋汗改迂

◆整理 ; [列子力命篇(열자력명편)]의 單喧(단훤)은 嘽喧(탄훤), 𢴇(창)은 憋(별)의 착오이며 [註(주)]의 汗(한)은 迂(우)의 착오.

◆訂正文 ;; [列子力命篇]墨尿單至嘽喧憋憋四人相與遊於世[註]張湛曰喧迂緩貌

▶【223-1】 字解誤謬與否 ; [列子力命篇]墨尿單至單喧(改嘽喧)𢴇(改憋)憋四人相與遊於世[註]張湛曰喧汗(改迂)緩貌 　[單喧(改嘽喧)]　[𢴇(改憋)]　[汗(改迂)]

★이상과 같이 오류(誤謬) 수정(修訂)이 되면 탄 훤 별 우(嘽 喧 憋 迂 4명의 人名)는 자전상(字典上) 훤(喧)

의 본의(本義)에 적극 영향이 미치게 됨.

康 品(픔)[唐韻]丕飮切[集韻][韻會]丕錦切𠀤匹上聲[說文]衆庶也[廣韻]類也[易乾卦]品物流形[疏]品類之物流布成形　又[書舜典]五品不遜[疏]品爲品秩一家之內尊卑之差卽父母兄弟子是也　又[增韻]物件曰品[書禹貢]厥貢惟金三品[疏]鄭云以爲金三品者銅三色也[易巽卦]田獲三品[註]一曰乾豆二曰賔客三曰充君之庖[禮禮器]薦不美多品又[少儀]問品味曰子亟食于某乎[疏]品味者殽饌也[周禮天官膳夫]品嘗食[註]品者每物皆嘗之道尊者也　又[韻會]品格也[禮檀弓]品節斯斯之謂禮[疏]品階格也節制斷也　又[玉篇]齊也[周語]品其百邊　又同也[前漢李尋傳]百里爲品[註]孟康曰品同也言百里內數度同也　又[玉篇]官品[周語]外官不過九品[註]九卿也　又[廣韻]式也法也　又[廣韻]二口則生訟三口乃能品量　又官名[正字通]唐宦官曰品官　又[廣韻]姓也出何氏姓苑[正字通]明有品嵒　又地名[左傳文十五年]楚子乘驛會師于臨品　又[前漢西域傳]戎盧國王治卑品城

【 오류정리 】

○康誤處 1; [書禹貢]厥貢惟金三品[疏]鄭云(改鄭元)以爲金三品者銅三色也

●考證 ; 謹照原文鄭云改鄭元

◆整理 ; [書禹貢(서우공)] [疏(소)]의 鄭云(정운)은 鄭元(정원)의 착오.

◆訂正文 ; [書禹貢]厥貢惟金三品[疏]鄭元以爲金三品者銅三色也

▶【224-1】 字解誤謬與否 ; [書禹貢]厥貢惟金三品[疏]鄭云(改鄭元)以爲金三品者銅三色也　[鄭云(改鄭元)]

★이상과 같이 오류(誤謬) 수정(修訂)

이 된다 하여도 정원(鄭元; 鄭元生卒不詳字德芳隋唐大臣)은 인명(人名)이라 자전상(字典上) 품(品)의 본의(本義)에는 영향이 미치지 않음.

○康誤處 2;[左傳文十五年(改十六年)]楚子乘驛(改駟)

●考證 ; 謹照原文十五年改十六年驛改駟

◆整理 ; [左傳文十五年(좌전문십오년)]은 十六年(십육년)이며, 驛(역)은 駟(일)의 착오.

◆訂正文 ; [左傳文十六年]楚子乘駟

▶【225-2】 字解誤謬與否 ; [左傳文十五年(改十六年)]楚子乘驛(改駟) [十五年(改十六年)] [驛(改駟)]

★이상과 같이 인용처(引用處)나 승일(乘駟; 왕명을 띠고 출장을 떠날 때 벼슬아치가 역마를 잡아 타고 감)의 오류(誤謬)를 수정(修訂)을 한다 하여도 자전상(字典上)의 품(品)의 본의(本義)에는 영향이 미치지 않음.

康 里(좌)[字彙補]與坐同孫叔敖碑苦冠章甫而里塗炭也

【 오류정리 】

○康誤處 1;[字彙補]與坐同孫叔敖碑苦冠章甫(改若冠章甫)而里塗炭也

●考證 ; 謹照原文苦冠章甫改若冠章甫

◆整理 ; [字彙補(자휘보)]의 苦冠章甫(고관장보)는 若冠章甫(약관장보)의 착오.

◆訂正文 ; [字彙補]與坐同孫叔敖碑若冠章甫而里塗炭也

▶【226-1】 字解誤謬與否 ; [字彙補]與坐同孫叔敖碑苦冠章甫(改若冠章甫)而里塗炭也 [苦冠章甫(改若冠章甫)]

★이상과 같이 오류(誤謬) 수정(修訂)이 된다 하여도 ○약관(若冠; 20 세)

○장보(章甫; 人名. 北宋 建州浦城人 字端叔)는 자전상(字典上) 좌(里)의 본의(本義)에는 영향이 미치지 않음.

口 部 七畫

康 員(원)[唐韻]王權切[集[集韻][韻會][正韻]于權切𡘋音圓[說文]物數也[徐鉉曰]古以貝爲貨故數之 又[玉篇]官數[史記平原君傳]願君卽以遂備員而行矣[前漢尹翁歸傳]責以員程[註]師古曰員數也 又[正韻]周也幅員亦作幅隕[詩商頌]景員維河[傳]員均也與幅隕同 又[廣韻][集韻]王分切[隕會][正隕]于分切𡘋音雲[廣韻]益也[詩小雅]無棄爾輔員于爾幅 [傳]員益也 又地名[前漢匈奴傳]前將軍出塞千二百餘里至烏員 又通鄖[前漢古今人表]員公辛(註)師古曰員讀曰鄖 亦與云通[詩鄭風]聊樂我員[釋文]員本亦作云[商頌]景員維河[箋]員古與云通[釋文]員毛音圓鄭音云二音皆可讀 又[集韻]于倫切[韻會]爲贇切𡘋音筠[集韻]人字[左傳襄二十六年]行人子員 又[廣韻][集韻][韻會]王問切[正韻]禹愠切𡘋音運[廣韻]姓也前涼錄有金城員敞唐有棣州刺史員半千[韻會]伍員人名後人慕之爲姓○按左傳昭二十年伍員釋文本音云楊愼曰陸龜蒙詩賴得伍員騷思少誤讀平聲此說非也員字平去二音皆可讀[玉篇][廣韻]作貟

【 오류정리 】

○康誤處 1;[詩小雅]無棄爾輔員于爾幅(改輻)

●考證 ; 謹照原文幅改輻

◆整理 ; [詩小雅(시소아)] 幅(폭)은 輻(폭)의 착오.

◆訂正文 ;[詩小雅]無棄爾輔員于爾輻

▶【227-1】 字解誤謬與否 ; [詩小雅]無棄爾輔員于爾幅(改輻) [幅(改輻)]

★이상과 같이 오류(誤謬) 수정(修訂)이 되면 이폭(爾輻; 그 바퀴살)인데 자전상(字典上) 원(員)의 본의(本義)에는 영향이 미치지 않음.

○康誤處 2; [商頌]景員維河[箋]員古與云通(改古文作云哴)

●考證 ; 謹照原文古與云通改古文作云哴

◆整理 ; [商頌(상송)] [箋(전)]의 古與云通(고여운통)은 古文作云哴(고문작운량)의 착오.

◆訂正文 ; [商頌]景員維河[箋]員古文作云哴

▶【228-2】 字解誤謬與否 ; [商頌]景員維河[箋]員古與云通(改古文作云哴)　[古與云通(改古文作云哴)]

★이상과 같이 오류(誤謬) 수정(修訂)이 되면 ○원고문작(員古文作; 員을 古文에 쓰여 있기를) ○운량(云哴; 울어 목이 쉬다. 목이 쉬다라 하였다)이니 자전상(字典上) 원(員)의 본의(本義)에 직접 영향이 미치게 됨.

㉾哴(량)[廣韻][集韻]厸力讓切音諒[玉篇]啼極無聲謂之嗟哴也[集韻]或作喨 又[廣韻]魯當切[集韻]盧當切厸音郎義同一曰兒啼不止 又[廣韻]哴吭吹貌

【 오류정리 】

○康誤處 1; [玉篇]啼極無聲謂之嗟(改哴)哴也

●考證 ; 謹照原文嗟改哴

◆整理 ; [玉篇(옥편)]의 嗟(차)는 哴(강)의 착오.

◆訂正文 ; [玉篇]啼極無聲謂之哴哴也

▶【229-1】 字解誤謬與否 ; [玉篇]啼極無聲謂之嗟(改哴)哴也　[嗟(改哴)]

★이상과 같이 오류(誤謬) 수정(修訂)이 되면 강량(哴哴; 어린 아이가 훌쩍거리고 소리 없이 슬피 울다) [廣韻]哴哴小兒啼也 [玉篇]啼極無聲謂之哴哴也인데 자전상(字典上) 원(員)의 본의(本義)가 직접 영향이 미치게 됨.

㉾唐(당)[唐韻] 集韻][韻會][正韻]厸[徒郎切音堂[說文]大言也从口庚聲[莊子天下篇]荒唐之言　又[史記司馬相如上林賦]瑉玉旁唐[註]郭璞云旁唐盤薄　又國名[玉篇]堯稱唐者蕩蕩道德至大之貌[書五子之歌]惟彼陶唐有此冀方[疏]韋昭云陶唐皆國名猶湯稱殷商也○按書傳皆言堯以唐侯升爲天子不言封於陶唐陶唐二字或共爲地名未必如昭言也又[詩唐風疏]唐者成王母弟叔虞所封其地帝堯夏禹所都之墟漢曰太原郡　又漢縣名[前漢地理志]中山國唐縣[註]故堯國也唐水在西[詩唐風疏]皇甫謐曰堯始封於唐今中山唐縣是也後徒晉陽及爲天子都平陽於詩爲唐國則唐國爲平陽也　又魯地[春秋隱二年]公及戎盟于唐[註]高平方輿縣北有武唐亭又[戰國策]左濟右天唐[註]謂高唐[前漢地理志]平原郡高唐[註]桑欽言漯水所出也又[武帝紀]南巡狩至於盛唐[註]韋昭曰南郡又[地理志]會稽郡錢唐[註]武林水所出又[後漢光武紀]進屠唐子鄉[註]唐子鄉有唐子山在今唐州湖陽縣西南[廣韻]唐州楚地戰國時屬晉後入於韓秦屬南陽郡後魏爲淮州隋爲顯州貞觀改爲唐州因唐城山爲名　又姓[廣韻]唐堯之後子孫氏焉[史記秦本紀]孝文王立尊唐八子爲唐太后又[屈原傳]楚有宋玉唐勒景差之徒又唐山複姓[前漢禮樂志]高祖唐山夫人　又[詩陳風]中唐有甓[傳]中中庭也唐堂途也[疏]爾雅釋宮云廟中路謂之唐堂途謂之陳李巡曰

唐廟中路名孫炎引詩中唐有甓堂途堂
下至門之徑也然則唐之與陳廟庭之異
名耳其實一也故云唐堂途也[周語]陂
唐汚庳以鍾其美[註]唐俗本作塘[說
文]無塘字[莊子徐無鬼]其求唐子也而
未始出域有遺類矣[註]唐子者堂途給
使令之人猶周禮云門子耳　又草名[詩
鄘風]爰采唐矣[傳]唐蒙菜名[爾雅釋
草]唐蒙女蘿女蘿菟絲　又弓名[周禮
夏官司弓矢]唐弓大弓以授　學射者
又叶徒紅切音同[歐陽修楊諫議銘]震
官太尉四世以公於陵正直　僕射於唐

【 오류정리 】

○康誤處 1;[武帝紀]南巡狩至於盛唐
[註]韋昭曰(增在字)南郡
●考證 ; 謹照原文南郡上增在字
◆整理 ;[武帝紀(무제기)] [註(주)]
南郡(남군) 앞에 在字(재자)를 덧붙
임.
◆訂正文 ; [武帝紀]南巡狩至於盛唐
[註]韋昭曰在南郡
▶【230-1】 字解誤謬與否 ;[武帝
紀]南巡狩至於盛唐[註]韋昭曰(增在字)
南郡 [(增在字)南郡]
★이상과 같이 재(在; 생존한다.
존재하다. 마침…하고 있다. 살피다.
제멋대로 하다)를 덧붙인다 하여도
자전상(字典上) 당(唐)의 본의(本義)
에는 영향이 미치지 않음.

口 部 八畫

康售(수)[唐韻]承臭切[集韻][韻
會][正韻]承呪切坴音授[說文]賣去手
也从口雔省聲[廣韻]賣物出手[詩邶
風]賈用不售[戰國策]賣僕妾售乎閭巷
者良僕妾也　又[集韻]與雠同[詩大
雅]無言不讎[箋]教令之出如賣物物善
則其售賈貴物惡則其售賈賤[前漢宣帝
紀]每買餠所從買家輒大讎[註]師古曰
讎讀曰售　又[集韻]神六切音孰價也

又[韻會]時流切音酬[古樂府隴頭水
歌]將頓樓蘭膝就解邽支裘勿令如李牧
功多信不售

【 오류정리 】

○康誤處 1;[戰國策]賣僕妾售乎關
巷(改閭巷)者
●考證 ; 謹照原文關巷改閭巷
◆整理 ;[戰國策(전국책)]의 關巷(관
항)은 閭巷(려항)의 착오.
◆訂正文 ; [戰國策]賣僕妾售乎閭巷
者
▶【231-1】 字解誤謬與否 ; [戰國
策]賣僕妾售乎關巷(改閭巷)者 [關巷
(改閭巷)]
★이상과 같이 오류(誤謬) 수정(修訂)
이 된다 하여도 려항(閭巷; 골목. 마
을. 민간) 자전상(字典上) 수(售)의
본의(本義)에는 직접 영향이 미치지
않음.

康唼(삽)[集韻]作答切音帀[玉篇]
楚辭九辯云鳧鴈皆唼夫粱藻兮[集韻]
本作呫同啑嗒喋　又[集韻]七接切音
妾[集韻]本作捷捷捷讚言[揚雄廣離騷]
靈修既信椒蘭之唼佞兮[註]師古曰唼
佞譖言也　又[集韻]色甲切音翣與喋
同[司馬相如上林賦]唼喋菁藻[註]正
義曰唼疏甲反唼喋鳥食之聲也　又與
喋通[史記魏豹傳贊]喋血乘勝[註]徐
廣曰喋一作唼

【 오류정리 】

○康誤處 1; [集韻]本作捷捷捷讚(改
譖)言
●考證 ; 謹照原文讚改譖
◆整理 ; [集韻(집운)]의 讚(찬)은 譖
(참)의 착오.
◆訂正文 ; [集韻]本作捷捷捷譖言
▶【232-1】 字解誤謬與否 ; [集韻]
本作捷捷捷讚(改譖)言 [讚(改譖)]
★이상과 같이 오류(誤謬) 수정(修訂)

이 되면 참언(譖言; 참소. 헐뜯다)으로 직접 자전상(字典上) 삽(唼)의 본의 (本義)에 영향이 미치게 됨.

康 唾(타) [唐韻]湯臥切[集韻][韻會][正韻]吐臥切𠀤音毻[說文]口液也[禮曲禮]讓食不唾又[內則]不敢唾洟 [左傳僖二十三年]不顧而唾　[說文]本作𣵽或作𣴆[廣韻]作涶

【 오류정리 】

○康誤處 1; [左傳僖二十三年(改三十三年)]不顧而唾
●考證 ; 謹照原文二十三年改三十三年
◆整理 ;[左傳僖二十三年(좌전희이십삼년)]은 三十三年(삼십삼년)의 착오.
◆訂正文 ; [左傳僖三十三年)]不顧而唾
▶【233-1】 字解誤謬與否 ; [左傳僖二十三年(改三十三年)]不顧而唾 [二十三年(改三十三年)]
★이상과 같이 인용처(引用處)의 오류(誤謬)를 수정(修訂)을 한다 하여도 자전상(字典上)의 타(唾)의 본의(本義)에는 영향이 미치지 않음.

康 商(상) [唐韻]式陽切[集韻][韻會][正韻]尸羊切𠀤音觴[說文]从外知內也从冏章省聲[廣韻]度也[易 兌卦]九四商兌未寧[註]商商量裁制之謂也[禮曲禮]槁魚曰商祭[註]商猶量也[疏]祭用乾魚量度燥濕得中而用之也又[玉篇]五音金音也[禮月令]其音商[註]商數七十二屬金者以其濁次宮臣之象也秋氣和則商聲調[前漢律歷志]商之爲言章也物成孰可章度也[白虎通]商者强也[梁元帝纂要]秋 曰素商亦曰高商　又[說文]行賈也[易復卦]商旅不行[周禮天官大宰]九賦六日 商賈阜通貨賄[註]行曰商處曰賈[廣韻]

本作𧶽俗作商非　又[集韻]刻也[詩齊風東方未明疏]尙書緯謂刻爲商[儀禮士昏禮註]鄭目錄云日入三商爲昏[疏]馬氏云日未出日沒後皆二刻半云三商者據整數言也[正字通]商乃漏箭所刻之處古以刻鐫爲商所云商金商銀是也刻漏者刻其痕以驗水也　又[廣韻]張也又降也又常也　又國名[詩商頌譜]商者契所封之地[疏]鄭以湯取契之所封 以爲代號也服虔王肅則不然襄九年左傳曰關伯居商丘相土因之服虔云相土契之孫居商丘湯以爲號又書序王肅註亦云然契之封商見於書傳史記中候其文甚明經典之言商者皆單謂之商未有稱商丘者又相土之于殷室非王迹所因何當取其所居以爲代號也　又地名[左傳僖二十五年]楚鬬克屈禦寇以申息之師戍商密又[春秋襄二十一年]會于商任又[戰國策]高商之戰　又州名[廣韻]卽古商國後魏置洛州周爲商州取商於地爲名[戰國策]衞鞅亡魏入秦孝公以爲相封之於商號曰商君[史記張儀傳]臣請獻商於之地六百里[註]商州有古商城其西二百餘里有古於城　又商陵漢侯國在臨淮見[史記惠景閒侯者年表]　又姓[史記仲尼弟子傳]商瞿商澤　又[謚法]昭功寧民曰商　又與謪通[荀子儒效篇]謪德而定次[註]謪與商同又[集韻]諸良切音章度也[書費誓]我商賚汝[釋文]商如字徐音章

【 오류정리 】

○康誤處 1; [周禮天官大宰]九賦(改九職)六日商賈阜通貨賄
●考證 ; 謹照原文九賦改九職
◆整理 ; [周禮天官大宰(주례천관대재)]의 九賦(구부)는 九職(구직)의 착오.
◆訂正文 ; [周禮天官大宰]九職六日商賈阜通貨賄
▶【234-1】 字解誤謬與否 ; [周禮

天官大宰]九賦(改九職)六曰商賈阜通貨賄 [九賦(改九職)]

★이상과 같이 오류(誤謬) 수정(修訂)이 된다 하여도 구직[九職; ○중국(中國) 주(周)나라 때의 아홉 가지 직업(職業) 사(士) 농(農) 공(工) 상(商) 포(圃) 목(牧) 우(虞) 빈(嬪) 주(走) ○중국(中國) 요임금(堯) 때의 아홉 가지 관직 1 사공(司空 : 총리), 2 후직(后稷 : 농정), 3 사도(司徒 : 교육), 4 사(士 : 재판), 5 공공(共工 : 백공), 6 우(虞 : 산림소택), 7 질종(秩宗 : 예의. 제사), 8 전악(典樂 : 음악), 9 납언(納言 : 상언하달(上言下達) 하언상달(下言上達)]은 자전상(字典上) 상(商)의 본의(本義)에 일부 영향이 미침.

㉭問(문)[唐韻]亡運切[集韻][韻會][正韻]文運切蓝聞去聲[說文]訊也[書仲虺之誥]好問則裕[詩邶風]問我諸姑遂及伯姊 又[爾雅釋言]聘問也[儀禮聘禮]小聘曰問[周禮春官大宗伯]時聘曰問又[秋官大行人]閒問以諭諸侯之志[又]凡諸侯之邦交歲相問也又[正字通]古謂遺曰問[詩鄭風]雜佩以問之[傳]問遺也[禮曲禮]凡以苞苴簞笥問人者[左傳哀二十六年]衞侯使以弓問子貢 又訊罪曰問[詩魯頌]淑問如皋陶[註]淑善問訊囚也 又命也[左傳莊八年]期戍公問不至[註]問命也 又姓[廣韻]今襄州有之[正字通]明問智成化貢士 又[正韻]與聞同聲問也[詩大雅]宣昭義問[又]亦不隕厥問

【 오류정리 】
○康誤處 1;[禮曲禮]凡以苞苴簞笥(改簞笥)問人者
●考證 ; 謹照原文簟笥改簞笥
◆整理 ;[禮曲禮(예곡예)]의 簟笥(점사)는 簞笥(단사)의 착오.
◆訂正文 ;[禮曲禮]凡以苞苴簞笥問人者
▶【235-1】 字解誤謬與否 ;[禮曲禮]凡以苞苴簟笥(改簞笥)問人者 [簟笥(改簞笥)]

★이상과 같이 오류(誤謬) 수정(修訂)이 된다 하여도 단사(簞笥; 대나무로 만든 상자나 둥글거나 네모난 음식 그릇)는 자전상(字典上) 문(問)의 본의(本義)에는 영향이 미치지 않음.

㉭唪(쵀)[廣韻]七內切[集韻][韻會]取內切蓝音倅[說文]驚也 又[增韻]咄唪嘑也 又[玉篇]嘗也[廣韻]嘗入口[禮·雜記]衆實兄弟則皆唪之[註]唪嘗也[釋文]唪七內反[儀禮士冠禮]唪醴 又[廣韻][集韻]蓝倉夬切音嘬[廣韻]㗱也[禮·雜記唪之釋文]唪 又蒼快反徐邈讀 又[廣韻]蘇內切[集韻]蘇對切蓝音碎[廣韻]送酒聲[集韻]聲也 又[集韻]輸芮切音稅小歠 又攇內切音㲚驚也 又祖對切音晬少飲酒也 又[廣韻]子聿切[集韻][韻會]卽聿切[正韻]卽律切蓝音卒[玉篇]㕮聲[廣韻]唪啡聲 又[集韻]昨律切音崒嘈唪衆聲也 又[五音集韻]五割切音钀唪唪嘅嘅戒也[說文]語相呵拒也或作唁唪 又[廣韻]才割切[集韻]才達切蓝音戳與囋同詳後囋字註

【 오류정리 】
○康誤處 1;[集韻]祖對切音晬(改音晬)
●考證 ; 謹按集韻祖對切內有晬無晬音晬改音晬
◆整理 ;[集韻(집운)] 祖對切(조대절) 音晬(음쉬)는 音晬(음쇄)의 착오.
◆訂正文 ;[集韻]祖對切音晬
▶【236-1】 字解誤謬與否 ;[集韻]祖對切音晬(改音晬) [音晬(改音晬)]

★이상과 같이 오류(誤謬) 수정(修訂)이 된다 하여도 음(音; 음. 소식. 음절. 성. 언어. 음악. 음률)은 자전상(字典上) 쵀(啐)의 본의(本義)에는 영향이 미치지 않음.

康 啓(계)[廣韻]康禮切[集韻][韻會]遣禮切[正韻]袪禮切𠀤音棨[說文]本作啟教也[玉篇]開發也[書堯典]啓明[傳]啓開也又[大甲]啓廸後人　又[爾雅釋言]啓跪也[註]跽也[詩小雅]不遑啓處[傳]啓跪處居也　又[廣韻]別也又刻也　又[詩小雅]元戎十乘以先啓行[註]王싸曰軍前曰啓後曰殿先軍行之前者所謂選鋒也　又啓事[晉書山濤傳]濤爲吏部尙書凡用人行政皆先密啓然後公奏擧無失才時稱山公啓事又[字彙]姓也　又[爾雅釋畜]前右足白啓[註]左傳曰啓服[疏]昭二十八年衞侯來獻其乘馬曰啓服杜預曰啓服馬名是也　又[埤雅]雨而晝晴曰啓　又星名[詩小雅]東有啓明　又與启通詳前启字註

【 오류정리 】

〇康誤處 1;[爾雅釋畜][註]左傳曰啓服[疏]昭二十八年(改二十九年)

●考證 ; 謹照原文二十八年改二十九年

◆整理 ;[爾雅釋畜(이아석축)][註(주)][疏(소)] 文中(문중) 昭二十八年(소이십팔년)은 二十九年(이십구년)의 착오.

◆訂正文 ;[爾雅釋畜][註]左傳曰啓服[疏]昭二十九年

▶【237-1】 字解誤謬與否 ;[爾雅釋畜][註]左傳曰啓服[疏]昭二十八年(改二十九年)　[二十八年(改二十九年)]

★이상과 같이 오류(誤謬) 수정(修訂)이 된다 하여도 소이십구년(昭二十九

年; 군왕의 재직년도)은 자전상(字典上) 계(啓)의 본의(本義)에는 영향이 미치지 않음.

康 啖(담)[唐韻]徒敢切[集韻][韻會]杜覽切[正韻]徒覽切𠀤音淡[說文]噍啖也[前漢王吉傳]吉婦取棗以啖吉又[荀子王霸篇]不好循政其所以有啖啖常欲人之有是傷國[註]啖啖幷吞貌[玉篇]同噉[廣韻]同啗[集韻]同餤嚪又[廣韻][集韻][正韻]徒濫切[韻會]徒紺切𠀤音憺[廣韻]狂也　又[集韻]噍也　又與淡通[史記叔孫通傳]呂后與陛下攻苦食啖[註]徐廣曰啖一作淡如淳曰食無菜茄爲啖　又姓[晉書載記]啖靑氐羌名將又唐啖助宋啖鱗

【 오류정리 】

〇康誤處 1;[史記叔孫通傳][註]徐廣曰啖一作淡如淳曰食無菜茄(改菜茹)爲啖

●考證 ; 謹照原文菜茄改菜茹

◆整理 ;[史記叔孫通傳(사기숙손통전)][註(주)]의 菜茄(채가)는 菜茹(채여)의 착오.

◆訂正文 ;[史記叔孫通傳][註]徐廣曰啖一作淡如淳曰食無菜茹爲啖

▶【238-1】 字解誤謬與否 ;[史記叔孫通傳][註]徐 廣曰啖一作淡如淳曰食無菜茄(改菜茹)爲啖　[菜茄(改菜茹)]

★이상과 같이 오류(誤謬) 수정(修訂)이 되면 식무채여(食無菜茹; 나물 없이 식사를 하다)는 위담(爲啖; 먹는다고 한다)이라 하였으니 자전상(字典上) 담(啖)의 본의(本義)에 영향이 미치게 됨.

康 啞(아)[廣韻]烏格切[集韻]乙格切[韻會][正韻]乙革切𠀤音餩[說文]笑也[易震卦]笑言啞啞[疏]啞啞笑語

之聲也[揚子法言]或人啞爾笑曰須以
發策決科[集韻]或作誝 又[集韻]乙
却切音約義同 又[集韻][類篇]𠀤遏
鄂切音惡義同[易林]鳧雁啞啞以水爲
宅雌雄相和心志娛樂宅達各切 又[廣
韻]烏下切[集韻][正韻]倚下切[韻會]
幺下切𠀤雅上聲[玉篇]不言也[集韻]
瘂也 [戰國策]豫讓吞炭爲啞變其音
[廣韻]同瘂瘂 又[集韻][正韻]於加
切[韻會]幺加切𠀤音鴉[集韻]啞嘔小
兒學言 又[淮南子原道訓]烏之啞啞
[前漢王吉射烏辭]烏烏啞啞 又[集
韻]衣駕切音亞聲也[韓非子難一篇]師
曠曰啞是非君人者之言也 又[集韻]
一曰烏聲 瘂

【 오류정리 】

○康誤處 1;[集韻]瘂也(改瘂也)
●考證 ; 謹照原文瘂也改瘂也
◆整理 ; [集韻(집운)]의 瘂也(사야)
는 瘂也(음야)의 착오.
◆訂正文 ; [集韻]瘂也
▶【239-1】 字解誤謬與否 ; [集韻]
瘂也(改瘂也) [瘂也(改瘂也)]
★이상과 같이 오류(誤謬) 수정(修訂)
이 되면 음(瘂; 농아)은 벙어리이니
자전상(字典上) 아(啞)의 본의(本義)
에 적극 영향이 미치게 됨.

口 部 九畫

㉫喑(음)[唐韻][集韻][韻會]於金
切[正韻]於禽切𠀤音陰[說文]宋齊謂
兒泣不止曰喑 又[六書故]失聲不能
言謂之喑[文子上篇]皐陶喑而爲大理
[後漢哀閎傳]遂稱疚疾喑不能言[風俗
通義]無聲響徒喑喑而已 又[廣
韻][集韻][韻會][正韻]𠀤烏含切音諳
[廣韻]啼泣無聲 又[集韻]一曰大呼
又[集韻]於錦切音飲[莊子知北遊]自
本觀之生者喑醷物也[註]喑醷聚氣貌
[音義]喑李音飲郭音闇陸音蔭又於感反

又[集韻][韻會][正韻]𠀤鄔感切音唵
又[集韻]烏紺切音暗義𠀤同 又[廣
韻][集韻][韻會][正韻]𠀤於禁切音蔭
[廣韻]聲也[史記淮陰侯傳]項王喑噁
叱咤千人皆廢 又[集韻]方言㗳極無
聲齊宋之閒謂之喑或作嚵

【 오류정리 】 瘂

○康誤處 1;[音義]喑李音飲郭音闇
陸音蔭又於感反(改音義喑音蔭郭音闇
李音飲一音於感反)
●考證 ; 謹照原文改音義喑音蔭郭音
闇李音飲一音於感反
◆整理 ; [音義(음의)]喑李音飲郭音闇
陸音蔭又於感反(음이음음곽음암륙음
음우어감반) 音義(음의)의 原文(원문)
을 다음과 같이 고친다. [音義]喑
音蔭郭音闇李音飲一音於感反
◆訂正文 ; [音義]喑音蔭郭音闇李音
飲一音於感反
▶【240-1】 字解誤謬與否 ; [音義]
喑李音飲郭音闇陸音蔭又於感反(改音
義喑音蔭郭音闇李音飲一音於感反)
[喑李音飲郭音闇陸音蔭又於感反(改
音義喑音蔭郭音闇李音飲一音於感反)]
★이상과 같이 오류(誤謬) 수정(修訂)
이 된다 하여도 자순(字順)이 정리되
었을 뿐 수정(修訂)은 일음(一音; 한
음. 한가지 음. 같은 음. 딴 발음) 음
의(音義; 서명)의음(喑; 목이 잠겨 소
리가 나오지않다. 침묵하다. 말을 않
다. 벙어리)은 자전상(字典上) 음(喑)
의 본의(本義)에 적극 영향이 미치게
됨.

㉫喬(교)[唐韻]巨嬌切[集韻][韻
會]渠嬌切𠀤音僑[說文]高而曲也从夭
从高省[爾雅釋木]句如羽喬[註]樹枝
曲卷似鳥毛羽[又]下句曰朻上句曰喬
如木楸曰喬[又]小枝上繚曰喬[書禹
貢]厥木惟喬[傳]喬高也[詩周南]南有

喬木[傳]喬上竦也　又矛之上句曰喬
[詩鄭風]二矛重喬[傳]重喬累荷也[箋]
喬矛矜近上及室題所以縣毛羽　又姓
[後漢光武紀]雲中太守喬扈　又人名
[戰國策]世之稱孤而有喬松之壽[註]喬
王子喬松赤松　又通橋[詩周南喬木釋
文]亦作橋喬　又[廣韻]舉橋切[集韻]
居妖切𠀤音驕[書禹貢惟喬釋文]喬徐音
驕又[詩鄭風重喬釋文]喬居橋反　又
與驕通[禮樂記]齊音敖辟喬志[釋文]
喬音驕本或作驕又[表記]喬而野　又
[集韻]丘袄切音蹺喬詰意不平[莊子在
宥篇]天下始喬詰卓鷙[釋文]喬欽消反
或云去夭反郭音矯李音驕　又[集韻]
舉夭切音矯又祛矯切音槗義𠀤同　又
渠廟切音轎木枝上曲

【 오류정리 】

○康誤處 1;[戰國策]世之(改世世)稱
孤而有喬松之壽
●考證 ; 謹照原文世之改世世
◆整理 ; [戰國策(전국책)]의 世之(세
지)는 世世(세세)의 착오.
◆訂正文 ; [戰國策]世世稱孤而有喬
松之壽
▶【241-1】 字解誤謬與否 ; [戰國
策]世之(改世世)稱孤而有喬松之壽
[世之(改世世)]
★이상과 같이 오류(誤謬) 수정(修訂)
이 된다 하여도 세세(世世; 대대(代
代). 루대(累代). 여러대) 자전상(字典
上) 교(喬)의 본의(本義)에는 영향이
미치지 않음.

嗕(언)[廣韻]魚變切[集韻]魚戰
切𠀤同唁詳前唁字註　又[廣韻]五五
旰切[集韻][正韻]魚旰切𠀤音岸[廣
韻]弔失容　又[論語]由也嗕[註]子路
之行失於喭疏]舊註作呒嗕字書云
呒嗕失容也[朱註]嗕粗俗也　又[集
韻]語限切音眼小笑貌　哗

【 오류정리 】

○康誤處 1;[論語]由也嗕[註]子路
之行失於哗喭(改畔嗕)
●考證 ; 謹照原文반언改畔嗕
◆整理 ; [論語(론어)] [註(주)]의 哗
喭(반언)은 畔嗕(반언)의 착오.
◆訂正文 ; [論語]由也嗕[註]子路
之行失於畔嗕
▶【242-1】 字解誤謬與否 ; [論語]
由也嗕[註]子路 之行失於哗喭(改畔
嗕) [哗喭(改畔嗕)]
★이상과 같이 오류(誤謬) 수정(修訂)
이 되면 반언(畔嗕; 사납고 거친 性
品. 또는 그러한 모양)이란 의미로
자전상(字典上) 언(嗕)의 본의(本義)
에 영향이 미치게 됨.

單(단)[唐韻]都寒切[集韻][韻會]
多寒切𠀤音丹[說文]大也　又[書洛
誥]乃單文祖德[傳]單盡也[詩小雅]俾
爾單厚[箋]單盡也[禮郊特牲]惟爲社
事單出里[鄭語]夏禹能單平水土[晉
語]單善而內辱之　又[揚雄甘泉賦]單
倦垣兮[註]單周也　又縣名[前漢地理
志]牂牁郡母單縣　又[廣韻]單複也
[正字通]單者複之對也[杜甫詩]歲暮
衣裳單　又[玉篇]一也隻也[詩大雅]
其軍三單[箋]大國之制三軍以其餘卒
爲羨單者無羨卒也[禮禮器]鬼神之祭
單席[史記信陵君傳]今單車來代之[後
漢耿恭傳]以單兵固守孤城又[高彪傳]
家傳單寒　又姓[廣韻]可單氏後改爲
單氏　又[集韻]唐干切音壇亦姓也鄭
有櫟邑大夫單伯通作檀　又[廣韻]市
連切[集韻][韻會]時連切𠀤音蟬[廣
韻]單于[前漢匈奴傳]單于者廣大之貌
也言其象天單于然也　又[爾雅釋天]
太歲在卯曰單閼[釋文]單音蟬又音丹
或音善　又[廣韻][韻會]常演切[集韻
正韻]上演切𠀤音善[玉篇]大也　又縣

名[前漢地理志]山陽郡單父縣[註]師古曰音善甫 又姓[廣韻]單襄公之後[史記儒林傳]桓生單次[註]單音善單姓次名 又人名[書序]咎單作明居[傳]咎單臣名主土地之官[註]單音善 又[集韻]齒善切音闡與嘽同詳後嘽字註 又[集韻]黨旱切[正韻]多簡切丛音狚[集韻]本作亶多穀也一曰誠也厚也[書洛誥]乃單文祖德[釋文]單音丹 又丁但反信也[詩小雅]俾爾單厚[傳]單信也或曰厚也[釋文]單毛音都但反鄭音丹 又[周頌]單厥心[傳]單厚也[釋文]都但反 又通亶[史記歷書]端蒙單閼二年[註]單閼一作亶安 又[集韻]徒案切音憚與惲同嘽狐邑名 又[集韻][正韻]丛之膳切音戰單至輕發之貌 又[集韻][韻會]丛時戰切音繕單父邑名 亦姓

【 오류정리 】

○康誤處 1;[揚雄甘泉賦]單倦(改埢)垣兮

●考證 ; 謹照原文倦改埢

◆整理 ; [揚雄甘泉賦(양웅감천부)]의 倦(권)은 埢(권)의 착오.

◆訂正文 ; [揚雄甘泉賦]單埢垣兮

▶【243-1】 字解誤謬與否 ; [揚雄甘泉賦]單倦(改埢)垣兮 [倦(改埢)]

★이상과 같이 오류(誤謬) 수정(修訂)이 되면 권원(埢垣; 둥근 담. [集韻]古倦切音眷限曲也又驅圓切音拳圓牆也又連圓切音姈埢垣曲牆也[漢書揚雄傳上]登降刿嶬單埢垣兮[顏師古注]埢垣圜貌也)인데 자전상(字典上) 단(單)의 본의(本義) 에 영향이 미치게 됨.

口 部 十畫

康嗅(후)[廣韻][集韻][正韻]丛許救切音殠[集韻]與齅同以鼻就臭[廣韻]以鼻取氣[論語]三嗅而作[莊子逍遙遊]嗅之則使人狂醒三日而不已[韻會]亦作臭 又[集韻]香仲切音趨義同

【 오류정리 】

○康誤處 1;[莊子逍遙遊(改人閒世)]嗅之則使人狂醒(改醒)三日而不已

●考證 ; 謹按逍遙遊無此文謹照原書逍遙遊改人閒世醒改醒

◆整理 ; [莊子逍遙遊(장자소요유)]原書逍遙遊無(원서소요유무)원서에는 소요유가 없으니 人閒世(인간세)로 고치고 醒(성)은 醒(정)의 착오임.

◆訂正文 ; [莊子人閒世]嗅之則使人狂醒三日而不已

▶【244-1】 字解誤謬與否 ; [莊子逍遙遊(改人閒世)]嗅之則使人狂醒(改醒)三日而不已 [逍遙遊(改人閒世)] [醒(改醒)]

★이상과 같이 인용처(引用處)나 주소(註疏)의 오류(誤謬)를 수정(修訂)을 한다 하여도 본의(本義)에 영향을 끼치지 않으며 본문(本文)의 광정(狂醒; 미치게 취함)은 자전상(字典上)의 후(嗅)의 본의(本義)에는 간접 영향이 미치게 됨.

康嗛(겸)[廣韻][集韻][韻會][正韻]丛苦簟切音歉[廣韻]猿藏食處 [爾雅釋獸]寅鼠曰嗛[註]頰裏貯食處寅謂獼猴之類寄寅木上 又[正韻]與歉同[穀梁傳襄二十四年]穀不升謂之嗛[註]嗛不足貌[釋文]去簟反[呂氏春秋]天固有衰嗛廢伏 又[晉語]嗛嗛之德[註]嗛嗛猶小小也口沾切或作謙 又[集韻]下忝切音鼴鳥獸頰貯食 又[唐韻]戶監切[集韻]乎監切丛音銜[說文]口有所銜也[史記大宛傳]昆莫生棄于野鳥嗛肉蜚其上[註]嗛音銜[集韻]或作哺 又與銜同猶恨也[史記外戚世家]景帝恚心嗛之而未發也[註]嗛音銜漢書作銜 又[管子弟子職]唯嗛之視同嗛以齒[註]食盡曰嗛齒類也謂食盡

者則以其所盡之類而進劉績曰齒次序
也如菜肉同盡則先益菜後益肉也　又
[集韻][正韻]苵苦兼切與謙同[前漢藝
文志]易之嗛嗛[註]師古曰嗛與謙同又
[尹翁歸傳]溫良嗛退[莊子齊物論]大
廉不　嗛[註]至足者物之去來非我也故
無所容其嗛盈　又[集韻]詰叶切音愜
本作慊足也[莊子盜跖篇]口嗛于芻豢
醪醴之味[荀子非十二子篇]嗛然而終
日不言[戰國策]膳啗之嗛于口[註]嗛愜
也[又]齊桓公夜半不　嗛[註]嗛快也苦
劫反一云言不善食苦簟反[史記文帝
紀]天下人民未有嗛志[註]不滿之意
[漢書]作慁

【 오류정리 】

○康誤處 1; [穀梁傳襄二十四年](增
一字)穀不升謂之嗛

●考證 ; 謹照原文穀字上增一字

◆整理 ; [穀梁傳襄二十四年(곡량전양
이십사년)] 穀(곡) 앞에 一字(일자)
붙여 一穀(일곡)이라 함.

◆訂正文 ; [穀梁傳襄二十四年]一穀
不升謂之嗛

▶【245-1】 字解誤謬與否 ; [穀梁
傳襄二十四年](增一字)穀不升謂之嗛
[(增一字)穀]

★이상과 같이 오류(誤謬) 수정(修訂)
이 되면 일곡(一穀; 하나의 곡식. 하
나의 바퀴통)은 자전상 (字典上) 겸
(嗛)의 본의(本義)에는 영향이 미치지
못함.

○康誤處 2; [戰國策]膳啗(改啗)之嗛
于口

●考證 ; 謹照原文啗改啗

◆整理 ; [戰國策(전국책)]의 啗(삽)
은 啗(담)의 착오.

◆訂正文 ; [戰國策]膳啗之嗛于口

▶【246-2】 字解誤謬與否 ; [戰國
策]膳啗(改啗)之嗛于口 　[啗(改啗)]

★이상과 같이 오류(誤謬) 수정(修訂)
이 되면 선담지겸우구(膳啗之嗛于口;
음식(飮食)을 그의 입맛에 맞도록 편
하게 해 주다)라 함이니 자전상(字典
上) 겸(嗛)의 본의(本義)에 간접 영향
을 끼침.

康嗢(올)[玉篇]乙骨切[唐韻]烏沒
切苵音搵[說文]咽也[潘岳笙賦]援鳴笙
而將吹先嗢噦而理氣[註]嗢中先噦而
理氣也一曰嗢噦吐飮之貌　又[廣韻]
複姓後魏書有嗢盆氏又三字姓嗢石蘭
氏　又[集韻]烏八切音窫義同

【 오류정리 】

○康誤處 1; [潘岳笙賦]援鳴笙而(改
以)將吹先嗢噦而理氣

●考證 ; 謹照原文而改以

◆整理 ; [潘岳笙賦(반악생부)]의 而
(이)는 以(이)의 착오.

◆訂正文 ; [潘岳笙賦]援鳴笙以將吹
先嗢噦而理氣

▶【247-1】 字解誤謬與否 ; [潘岳
笙賦]援鳴笙而(改以)將吹先嗢噦而理
氣 　而(改以)

★이상과 같이 오류(誤謬) 수정(修訂)
이 된다 하여도 이(以; 開詞 으로써.
…를 가지고. …를 근거로. …에 따
라. …대로. 接續詞 …함으로써. …
하)는 자전상(字典上) 올(嗢)의 본의
(本義)에는 영향이 미치지 않음.

口部 十二畫

康嘲(조)[唐韻][集韻][韻會][正
韻]苵陟交切音趙[說文]謔也[玉篇]言
相調也[前漢揚雄傳]執蝘蜓而嘲龜龍
[說文]通作啁[韻]或作謿

【 오류정리 】

○康誤處 1; [前漢揚雄傳]執蝘(改蝘)
蜓而嘲龜龍

●考證 ; 謹照原文蝘改蝘

◆整理 ; [前漢揚雄傳(전한양웅전)] 蝮(후)는 蝘(언)의 착오.

◆訂正文 ; [前漢揚雄傳]執蝘蜓而嘲龜龍

▶【248-1】 字解誤謬與否 ; [前漢揚雄傳]執蝮(改蝘)蜓而嘲龜龍 [蝮(改蝘)]

★이상과 같이 오류(誤謬) 수정(修訂)이 된다 하여도 집언정(執蝘蜓; 도마뱀붙이. 벽호. 수궁. 蝎虎. 守宮을 잡다. [爾雅釋魚]蜥蜴蝘蜓[揚雄解嘲]執蝘蜓而嘲龜龍不亦病乎[註]說文曰在壁曰蝘蜓在草曰蜥蜴[古今注]蝘蜓一名龍子一曰守宮一曰蛇醫大者長三尺其色黑紺者善螫人一名黑蝘一名綠蝘也[說文解字注]蜥易蝘蜓守宮也)은 자전상(字典上) 조(嘲)의 본의(本義)에는 직접 영향이 미치지 않음.

康 嘻(희)[廣韻]許其切[集韻][韻會]虛其切 𡘋 音熙[玉篇]嘻嘻和樂聲[易家人]婦子嘻嘻終吝[詩周頌]噫嘻成王[傳]噫歎也嘻和也[箋]噫嘻有所多大之聲也[疏]謂作者有所哀多美大而爲聲以嘆之[揚雄河東賦]嘻嘻旭旭[註]師古曰自得之貌 又[集韻]敕也[詩疏]成湯見四面羅者曰嘻盡之矣噫嘻皆是歎聲爲歎以敕之 又[禮檀弓]夫子曰嘻其甚也[註嘻悲恨之聲[釋文]嘻許其反[公羊傳嘻元年]慶父聞之曰嘻[註]嘻發痛語首之聲 又[左傳定八年]從者曰嘻速駕[註]嘻懼聲 又[史記藺相如傳]秦王與羣臣相視而嘻[註]喜驚而怒之辭也 又[史記魏其武安侯傳]夫怒因嘻笑曰將軍貴人也 又[集韻]於其切音醫與噫同[禮檀弓釋文]嘻又於其反 又[集韻]許記切音憙笑也或作譆

【 오류정리 】

○康誤處 1; [史記藺相如傳]秦王與羣臣相視而嘻[註]喜(改嘻)驚而怒之辭也

●考證 ; 謹照原文喜改嘻

◆整理 ; [史記藺相如傳(사기린상여전)] [註(주)]의 喜(희)는 嘻(희)의 착오.

◆訂正文 ; [史記藺相如傳]秦王與羣臣相視而嘻[註]嘻驚而怒之辭也

▶【249-1】 字解誤謬與否 ; [史記藺相如傳]秦王與羣臣相視而嘻[註]喜(改嘻)驚而怒之辭也 [喜(改嘻)]

★이상과 같이 오류(誤謬) 수정(修訂)이 되면 희경(嘻驚; 분노하여 지르는 소리. [史記藺相如傳]秦王與羣臣相視而嘻[註]嘻驚而怒之辭也)인데 자전상(字典上)으로 바뀌게 되어 직접 영향이 미치게 됨.

康 嘽(탄)[唐韻][集韻][韻會]他干切[正韻]他丹切 𡘋 音灘[說文]喘息也[廣韻]馬喘[詩小雅]嘽嘽駱馬[傳]嘽嘽喘息之貌[釋文]嘽他丹反 又[詩小雅]戎車嘽嘽[傳]嘽嘽衆也 又[說文]喜也[詩大雅]徒御嘽嘽[傳]嘽嘽喜樂也[箋]車徒之行嘽嘽安舒言得體也 又[詩大雅]王旅嘽嘽[傳]嘽嘽然盛也[箋]嘽嘽閒暇有餘力之貌[疏]嘽嘽閒暇之貌由軍盛所以嘽嘽然故云盛也 又[集韻]稱延切音燀嘽咺迂緩貌[列子力命篇]墨尿單至嘽咺憋憋四人相與遊于世 又[揚子方言]凡怒而噎噫南楚江湘之閒謂之嘽咺 又[集韻]湯何切音他嘽嘽衆也 又一曰嘽咺泣貌 又[集韻]黨旱切音亶慄也 又儻旱切音坦嘽咺聲舒緩也[王褒洞簫賦]嘽咺逸豫戒其失 又[廣韻]昌善切[集韻][韻會][正韻]齒善切 𡘋 音闡[禮樂記]其樂心感者其聲嘽以緩[註]嘽寬綽貌[集韻]或作單 又[集韻]徒案切音憚嘽嘽喜樂盛也

【 오류정리 】

〇康誤處 1;[列子力命篇]墨尿單至嗻咺憋憨改憋憨)

●考證 ;謹照原文憨부改憋憨

◆整理 ;[列子力命篇(열자력명편)]의 憋憨(별부)는 憋憨(별부)의 착오.

◆訂正文 ;[列子力命篇]墨尿單至嗻咺憋憨

▶【250-1】 字解誤謬與否 ;[列子力命篇]墨尿單至嗻咺憋憨改憋憨)[憋憨改憋憨)]

★이상과 같이 오류(誤謬) 수정(修訂)이 되면 별부(憋憨; 성미가 급한 사람. 쏜살같이 빠른 모양. 황망한 모양. 분주한 모양 [列子力命]墨尿單至嗻咺憋憨四人相與游於世胥如志也[張湛注]憋憨急速之貌[方言]第十憋惡也[晉郭璞注]憋怸急性也[通雅釋詁五]憋憨即憋怸)이라 함이니 자전상(字典上) 탄(嗻)의 본의(本義)에는 직접 영향을 끼치지 않음.

康 嗻(담)[唐韻][集韻][韻會][正韻]𡘋徒感切音禫[說文]本作而담含深也从口覃聲[莊子馬蹄篇大甘而嗻 又[集韻]徒南切音覃貪也

【 오류정리 】

〇康誤處 1;[莊子馬蹄篇(玉篇引莊子)]大甘而嗻

●考證 ;謹按馬蹄篇無此語查係玉篇引莊子文莊子馬蹄篇改玉篇引莊子

◆整理 ;[莊子馬蹄篇(장자마제편)]은 [玉篇引莊子(옥편인장자)]의 착오.

◆訂正文 ;[玉篇引莊子]大甘而嗻

▶【251-1】 字解誤謬與否 ;[莊子馬蹄篇(玉篇引莊子)]大甘而嗻 [莊子馬蹄篇(玉篇引莊子)]

★이상과 같이 인용처(引用處)나 주소(註疏)의 오류(誤謬)를 수정(修訂)을 한다 하여도 자전상(字典上)의 담(嗻)의 본의(本義)에는 영향이 미치지

않음.

康 噂(준)[唐韻]子損切[集韻][韻會][正韻]祖本切𡘋音樽[說文]聚語也[詩小雅]噂杳背憎[傳]噂猶噂噂杳猶杳杳[箋]噂噂杳杳相對談語背則相憎逐也[廣韻]同譐

【 오류정리 】

〇康誤處 1;[詩小雅]噂杳背憎[傳]噂猶噂噂杳猶杳杳[箋]噂噂杳杳相對談語背則相憎逐(省逐字)也

●考證 ;謹按原文背則相憎解經之噂杳背憎也逐爲此者由主人也解經之職競由人也競逐也憎與逐不連讀今省逐字

◆整理 ;[詩小雅(시소아)]의 [傳(전)][箋(전)]의 逐(축) 逐字(축자)는 삭제.

◆訂正文;[詩小雅]噂杳背憎[傳]噂猶噂噂杳猶杳杳[箋]噂噂杳杳相對談語背則相憎也

▶【252-1】 字解誤謬與否 ;[詩小雅]噂杳背憎[傳]噂猶噂噂杳猶杳杳[箋]噂噂杳杳相對談語背則相憎逐(省逐字)也 [逐(省逐字)]

★이상과 같이 축자(逐字)를 삭제(削除) 한다 하여도 자전상(字典上) 준(噂)의 본의(本義에 영향을 끼치지 않음.

口部 十三畫

康 噪(조)[廣韻]蘇到切[集韻]先到切𡘋音燥[玉篇]呼噪也[拾遺記]魯僖公有白鵝遶煙而噪 [玉篇]同嗓[廣韻]同譟[集韻]本作喿

【 오류정리 】

〇康誤處 1;[拾遺記]魯僖公有白鵝(改白鴉)遶煙而噪

●考證 ;謹照原文白鵝改白鴉

◆整理 ;[拾遺記(습유기)]의 白鵝(백전)은 白鴉(백아)의 착오.

◆訂正文 ;[拾遺記]魯僖公有白鴉遶

煙而噪

▶【253-1】 字解誤謬與否 ； [拾遺記]魯僖公有白鵾(改白鴉)遠煙而噪 [白鵾(改白鴉)]

★이상과 같이 오류(誤謬) 수정(修訂)이 된다 하여도 백아(白鴉; 지명(地名) 조명鳥名. [拾遺記魯僖公]晉文公焚林以求介之推有白鴉 [詞語]白鴉[解釋]亦作白鵾鳥名)는 자전상(字典上) 조(噪)의 본의(本義)에는 직접 영향이 미치지 않음.

ⓚ噫(희) [廣韻] [集韻] [韻會]𠀤於其切音醫 [玉篇]痛傷之聲也 [廣韻]恨聲 [集韻]亦歎聲 [禮檀弓]噫 [註]不寤之聲 [釋文]噫本又作意於其反 [後漢梁鴻傳]作五噫之歌 [詩周頌]噫嘻成王 [傳]噫歎也 [集韻]或作意嘻譆懿譩 又[集韻]於希切音衣本作㤪哀痛聲 與倚譩同 又[集韻]隱已切音譩義同 又[唐韻]於介切[集韻][韻會]乙介切𠀤音呃 [說文]飽食息也 [廣韻]噫氣 [禮內則]不敢噦噫嚏咳 [釋文]噫於界反 [莊子齊物論]大塊噫氣 [釋文]噫乙戒反一音蔭[集韻]或作欬通作餩 又[集韻]於記切音意痛聲或作譩 又乙力切音億語辭通作億抑

【 오류정리 】

○康誤處 1; [禮內則]不敢噦噫嚏(改嚔)咳

●考證 ； 謹照原文嚏改嚔

◆整理 ； [禮內則(예내칙)]의 嚏(열)은 嚔(체)의 착오.

◆訂正文 ； [禮內則]不敢噦噫嚔咳

▶【254-1】 字解誤謬與否 ； [禮內則]不敢噦噫嚏(改嚔)咳 [嚏(改嚔)]

★이상과 같이 오류(誤謬) 수정(修訂)이 되면 체해(嚔咳; 재채기와 기침)인데 자전상(字典上) 희(噫)의 본의(本義)가 직접 영향이 미치게 됨.

口 部 十五畫

ⓚ罵(은) [唐韻]語巾切[集韻][正韻]魚巾切[韻會]疑巾切𠀤音銀 [說文]語聲 又[玉篇]愚也 [書堯典]父頑母罵 [左傳僖二十四年]口不道忠信之言爲罵 [前漢昌邑王傳]書作䚕 又人名 [晉語]召史罵占 [註]史罵號太史也 又[集韻]牛閑切音訮語聲

【 오류정리 】

○康誤處 1; [晉語]召史罵占(增之字)

●考證 ； 謹照原文占下增之字

◆整理 ； [晉語(진어)]의 占(점) 아래에 之字(지자)를 덧붙임.

◆訂正文 ； [晉語]召史罵占之

▶【255-1】 字解誤謬與否 ； [晉語]召史罵占(增之字) [占(增之字)]

★이상과 같이 오류(誤謬) 수정(修訂)이 된다 하여도 지(之; 동사(動詞). 가다. 이르다. 쓰다. 대명사(代名詞). 그이. 그것. 그 사람)는 자전상(字典上) 은(罵)의 본의(本義)에는 직접 영향이 미치지 않음.

口 部 十六畫

ⓚ嚮(향) [廣韻][集韻]𠀤許亮切音餉 [集韻]面也對也 [書盤庚]若火之燎于原不可嚮邇 [傳]火炎不可嚮近又[洛誥]伻嚮卽有僚 [傳]當使臣下各嚮就有官 []易隨卦君子以嚮晦入宴息 又[書洪範]嚮用五福 [傳]言天所以嚮勸人用五福 又[前漢丙吉傳]嚮使丞相不先聞馭吏言何見勞勉之有 又[廣韻][集韻]𠀤許兩切音響[廣韻]爾雅兩階謂之嚮○按今爾雅釋宮作鄉 又[書洪範嚮用五福釋文]嚮許亮反又許兩反二音皆可讀 又[史記游俠傳]何知仁義已嚮其利者爲有德 [註]索隱曰嚮者享受也 又與響同[易繫辭]其受命也如嚮[莊子養生主]砉然嚮然[前漢賈山傳]天下嚮應又與饗同[前漢宣帝紀]上帝嘉嚮

[註]師古曰嚮讀曰饗　[集韻]本作鄉

【 오류정리 】

○康誤處 1; [廣韻]爾雅兩階(增閒字)謂之嚮

●考證 ; 謹照原文兩階下增閒字

◆整理 ; [廣韻(광운)]爾雅(이아) 兩階(양계)에 閒字(한자)를 덧붙임.

◆訂正文 ; [廣韻]爾雅兩階閒謂之嚮

▶【256-1】 字解誤謬與否 ; [廣韻]爾雅兩階(增閒字)謂之嚮 [爾雅兩階(增閒字)]

★이상과 같이 오류(誤謬) 수정(修訂)이 된다 하여도 양계한(兩階閒; 양층계 사이)은 자전상(字典上) 향(嚮)의 본의(本義)에는 적극적으로 영향이 미치지 않음.

口部 十七畫

康嚴(엄)[唐韻]語枚切[集韻]魚枚切[韻會]疑枚切𡿧音籎[說文]本作嚴教命急也　又[爾雅釋詁]嚴敬也[書皐陶謨]曰嚴祇敬六德　又[玉篇]威也[禮祭義]嚴威儼恪[疏]嚴謂嚴肅　又尊也[禮大傳]收族故宗廟嚴[註]嚴猶尊也[史記游俠傳]諸公以故嚴重之　又[廣韻]嚴毅也　又[前漢史丹傳]聲中嚴鼓之節[註]李奇曰莊嚴之鼓節也　又[韻會]戒也昏鼓曰夜嚴　又[正字通]寒氣凛冽曰嚴[李白詩]霜杇楚關木始知殺氣嚴　又[正字通]敵將至設備曰戒嚴敵退弛備曰餘嚴　又姓[戰國策]嚴遂政議直指擧韓傀之過[正字通]漢明帝諱莊改莊助爲嚴助莊光爲嚴光　又[史記封禪書]諸布諸嚴諸逑之屬百有餘祠　又嚴道縣名[史記鄧通傳]賜鄧通蜀嚴道銅山　又[韻會]州名隋睦州宋改嚴州　又[前漢元帝紀]嚴籞池田[註]晉灼曰嚴籞射苑也　又國名[後漢西域傳]嚴國在奄蔡北屬康居　又[正字通]樹名[一統志]瓊州有嚴樹擣皮葉浸水和以釀數日成酒能醉人　又與莊同[周禮秋官小司寇註]嚴子爲坐[釋文]嚴劉音莊左傳作莊漢明帝名莊改爲嚴[後漢陳紀傳]不復辦嚴卽時之郡[註]嚴讀曰裝[風俗通]汝南應融義高聞之驚愕卽嚴便出○按詩商頌下民有嚴朱子叶剡剛反與下遑叶古嚴與裝本同音故漢避明帝諱改嚴爲莊似不必別增叶音也　又[集韻]魚銜切嚴字省文詳山部巖字註　又[五音集韻]五犯切與儼同[詩大雅]有嚴天子[傳]嚴然而威[釋文]嚴毛讀魚檢反鄭如字[書無逸]嚴恭寅畏[釋文]作儼○按皐陶謨釋文亦云又魚檢反[荀子儒效篇]嚴嚴兮其能敬已也[註]嚴或作儼　又[集韻]魚㤡切音驗酷也

【 오류정리 】

○康誤處 1; [正字通]敵將至設備曰戒嚴敵退弛備曰餘(改解)嚴

●考證 ; 謹照原文餘改解

◆整理 ; [正字通(정자통)]의 餘(여)는 解(해)의 착오.

◆訂正文 ; [正字通]敵將至設備曰戒嚴敵退弛備曰解嚴

▶【257-1】 字解誤謬與否 ; [正字通]敵將至設備曰戒嚴敵退弛備曰餘(改解)嚴 [餘(改解)]

★이상과 같이 오류(誤謬) 수정(修訂)이 되면 해엄(解嚴; 경계나 단속을 풀다. 계엄(令)을 해제하다)인데 자전상(字典上) 엄(嚴)의 본의(本義)가 적극적으로 영향이 미치게 됨.

○康誤處 2; 又與莊同[周禮秋官小司寇註](增鍼字)嚴子爲坐

●考證 ; 謹照原文嚴子上增鍼字

◆整理 ; [周禮秋官小司寇註(주례추관소사구주)]의 嚴子(엄자) 앞에 鍼字(침자)침자를 덧붙임.

◆訂正文 ; 又與莊同[周禮秋官小司寇註]鍼嚴子爲坐

▶【258-2】 字解誤謬與否 ； 又與莊
同[周禮秋官小司寇註](增鍼字)嚴子爲
坐 [(增鍼字)嚴]
★이상과 같이 침(鍼; 바늘. 침술)을
덧붙인다 하여도 자전상(字典上) 엄
(嚴)의 본의(本義)에는 영향이 미치지
않음.

康 嚶(앵)[唐韻]烏莖切[集韻]於莖
切[韻會]幺莖切𡘋音櫻[說文]鳥鳴也
[詩小雅]鳥鳴嚶嚶[爾雅釋訓]嚶嚶相
切直也[註]嚶嚶而鳥鳴喻朋友切磋相正
又[集韻]通作嚶[張衡思玄賦]鳴玉鸞
之嚶嚶

【 오류정리 】

○康誤處 1；[爾雅釋訓]嚶嚶相切直
也[註]嚶嚶而鳥鳴(改兩鳥鳴)
●考證；謹照原文而鳥鳴改兩鳥鳴
◆整理；[爾雅釋訓(이아석훈)] [註
(주)]의 而鳥鳴(이조명)은 兩鳥鳴
(양조명)의 착오.
◆訂正文 ；[爾雅釋訓]嚶嚶相切直
也[註]嚶嚶兩鳥鳴
▶【259-1】 字解誤謬與否 ；[爾雅
釋訓]嚶嚶相切直也[註]嚶嚶而鳥鳴
(改兩鳥鳴) [鳥鳴(改兩鳥鳴)]
★이상과 같이 오류(誤謬) 수정(修訂)
이 되면 양조명(兩鳥鳴; 새가 서로
지저귀는 소리. 嚶嚶)은 자전상(字典
上) 앵(嚶)의 본의(本義)에 적극 영향
이 미치게 됨.

口 部 十八畫

康 囂(효)[唐韻]許嬌切[集韻][韻
會]虛嬌切[正韻]吁嬌切𡘋音枵[說文]
聲也气出頭上从㗊从頁頁首也[玉篇]
喧譁也[集韻]聲也[左傳昭三年]湫隘
囂塵[釋文]囂許嬌反一音五高反[詩小
雅]選徒囂囂[傳]囂囂聲也[釋文]囂五
刀反亦許驕反 又[孟子]人知之亦囂

囂人不知亦囂囂[註]囂囂自得無欲之
貌 又人名[史記黃帝紀]嫘祖生二子
其一曰玄囂是爲青陽 又[集韻][韻
會][正韻]𡘋牛刀切音敖義同[周禮秋
官]銜枚氏掌司囂[註]察囂譁者[釋文]
囂五羔反 又[詩小雅]讒口囂囂[箋]
囂囂衆多貌[釋文]五刀反韓詩作嗸嗸
[前漢董仲舒傳]此民之所以囂囂若不足
也[註]師古曰與嗸同 又[詩小雅]我
卽爾謀聽我囂囂[傳]囂囂猶嗸嗸也[釋
文]囂五刀反 又[字彙]山凹之地 曰
囂[梁宣帝七山寺賦]神囂岳岳而特立
又鳥名[山海經梁渠之山有鳥狀如夸父
四翼一目犬尾名曰囂 又獸名[山海
經]羭次之山有獸狀如禺長臂善投名曰
囂 又水名[山海經]嶓冢之山囂水出
焉 又山名[山海經]北囂之山無石 其
陽多碧其陰多玉 又[集韻]地名通作
嗷敖詳前嚻字註○按經傳釋文囂多讀
敖惟小雅車攻及左傳昭三年釋文兼敖
枵二音

【 오류정리 】

○康誤處 1；[前漢董仲 舒傳]此民之
所以囂囂若不足(改苦不足)也
●考證；謹照原文若不足改苦不足
◆整理；[前漢董仲舒傳(전한동중서
전)]의 若不足(약부족)은 苦不足(고부
족)의 착오.
◆訂正文 ；[前漢董仲 舒傳]此民之
所以囂囂苦不足也
▶【260-1】 字解誤謬與否 ；[前漢
董仲舒傳]此民之所以囂囂若不足(改
苦不足)也 [若不足(改苦不足)]
★이상과 같이 오류(誤謬) 수정(修訂)
이 된다 하여도 고부족(苦不足; 욕심
이 많으면 부족에 허덕인다)인데 자
전상(字典上) 효(囂)의 본의(本義)에
는 영향이 미치지 않음.

口 部 十九畫

康 囈(예)[廣韻]魚祭切[集韻]倪祭

切[正韻]倪制切𡈼音藝[玉篇]笑囈也又[玉篇]睡語[集韻]寐聲[列子周穆王篇]眠中啽囈呻呼[楊愼丹鉛錄]作唵囈[拾遺記]吳呂蒙囈語通周易 [廣韻]同䰟㥌[韻會]書作囈

【 오류정리 】

○康誤處 1;[列子周穆王篇]眠(改眠)中啽囈呻呼

●考證 ; 謹照原文眠改眠

◆整理 ; [列子周穆王篇(열자주목왕편)]의 眠(저)는 眠(면)의 착오.

◆訂正文 ; [列子周穆王篇]眠中啽囈呻呼

▶【261-1】 字解誤謬與否 ; [列子周穆王篇]眠(改眠)中啽囈呻呼 [眠(改眠)]

★이상과 같이 오류(誤謬) 수정(修訂)이 된다 하여도 면중(眠中; 잠자는 동안) 자전상(字典上) 예(囈)의 본의(本義)에는 영향이 미치지 않음.

口部 三畫

康因(인)[唐韻]於眞切[集韻][韻會][正韻]伊眞切𡈼音姻[說文]从口大會意[徐鍇曰]能大者衆圍就之也 又仍也襲也[論語]殷因於夏禮[孟子]爲 高必因丘陵爲下必因川澤[書堯典]日永星火以正仲夏厥民因[註]析而又析也[禮禮器]因天事天因地事地因名山 升中于天因吉土以享帝于郊 又依也[論語]因不失其親亦可宗也 又托也[孟子]時子因陳子而以告孟子 又由也[鄒陽上梁王書]夜光之璧以暗投人於道莫不按劍相眄者無因至前也 又緣也[傳燈錄]欲知前世因今生受者是欲知後世因今生作者是 又姓[左傳定二年]遂人四族有因氏[正字通]明有因禮因絅 又[六書正譌]借爲昏姻之姻言女有所因 又叶烏前切音烟[陸雲贈顧尙書詩]殊音合奏曲異響連絕我懷條統我恩因 [集韻]或

作捆

【 오류정리 】

○康誤處 1;[鄒陽上梁王書]夜光之璧以暗投人於道莫不按劍相眄(𡈼作眄改眄)者無因至前也

●考證 ; 謹照史記漢書本傳眄𡈼作眄改眄

◆整理 ; [鄒陽上梁王書(추양상양왕서)]의 眄(분)은 史記(사기)나 漢書(한서) 本傳(본전)에 眄(분)은 眄(면)으로 되어 있으니 眄(면)으로 바뀌야 함.

◆訂正文 ; [鄒陽上梁王書]夜光之璧以暗投人於道莫不按劍相眄者無因至前也

▶【262-1】 字解誤謬與否 ;[鄒陽上梁王書]夜光之璧以暗投人於道莫不按劍相眄(𡈼作眄改眄)者無因至前也 [眄(𡈼作眄改眄)]

★이상과 같이 오류(誤謬) 수정(修訂)이 된다 하여도 면(眄; 애꾸눈. 곁눈질 하다. 보다)은 자전상(字典上) 인(因)의 본의(本義)에는 직접 영향이 미치지 않음.

口部 四畫

康囤(돈)[廣韻]徒損切[集韻][韻會]杜本切𡈼讀若頓[說文]本作笔筩也今俗言倉笔也一曰篋判竹圜以盛穀也[玉篇]小廩也[六書故]囤囷類 又[集韻]徒渾切音屯義同○按集韻音屯字彙卽以爲俗屯字非

【 오류정리 】

○康誤處 1; 今俗言倉笔也一曰篋判竹圜以盛穀也(今改笔判竹圜以盛穀也徐鍇曰今俗言倉笔)

●考證 ; 謹按今俗言倉笔見徐鍇說文繫傳一曰篋三字說文無繫傳亦無今改笔判竹圜以盛穀也徐鍇曰今俗言倉笔

◆整理 ; [說文(설문)]의 今俗言倉篅(금속언창천)은 徐鍇說文繫傳(서개설문계전)에 있으나 一曰篌三字(일왈호삼자)는 說文(설문)에도 없고 繫傳(계전)도 없으니 이제 篅判竹圜以盛穀也徐鍇曰今俗言倉篅(천판죽원이성곡야서개왈금속언창천)으로 고쳐야함.

◆訂正文 ; 篅判竹圜以盛穀也徐鍇曰今俗言倉篅

▶【263-1】 字解誤謬與否 ; 今俗言倉篅也一曰篌判竹圜以盛穀也(改篅判竹圜以盛穀也徐鍇曰今俗言倉篅)

★이상과 같이 오류(誤謬) 수정(修訂)이 됐다 하여도 ○천(篅; 대로 엮어 만든 둥구미) 자전상(字典上) 돈(囤)의 본의(本義)에는 직접 영향이 미치며 ○인용처(引用處)의 오류(誤謬)를 수정(修訂)을 한다 하여도 본의(本義)에는 영향이 미치지 않음.

口 部 七畫

(康) 圂 (혼)[唐韻] [集韻]𠀤胡困切音溷[說文]厠也从豕在口中也會意 又[集韻][正韻]𠀤胡慣切與豢同[說文]象豕在口中也[禮少儀]君子不食圂腴[註]圂音豢

【 오류정리 】

○康誤處 1; [說文]象豕在口中也[禮少儀]君子不食圂腴[註]圂音豢(今改禮少儀君子不食圂腴註謂犬豕之屬食米穀者也)

●考證 ; (考證 1; 謹按引說文豕在口中與上文所引重複且謂豕在口中者音胡困切不音胡慣切今改禮少儀君子不食圂腴註謂犬豕之屬食米穀者也)

◆整理 ; [禮少儀(예소의)] [註(주)]를 이제 고치기를 禮少儀君子不食圂腴註謂犬豕之屬食米穀者也(예소의군자불식혼유주위견시지속식미곡자야)로 고침.

◆訂正文 ; [說文]象豕在口中也[禮少儀]君子不食圂腴[註]謂犬豕之屬食米穀者也

▶【265-1】 字解誤謬與否 ; [說文]象豕在口中也[禮少儀]君子不食圂腴[註]圂音豢(今改禮少儀君子不食圂腴註謂犬豕之屬食米穀者也)

★이상과 같이 오류(誤謬) 수정(修訂)이 되면 견시지속식미곡자[犬豕之屬食米穀者; 개 돼지는 곡식은 먹여 기르는 가축)인데 자전상(字典上) 혼(圂)의 본의(本義)에 직접 영향이 미치게 됨.

口 部 八畫

(康) 圉 (어)[唐韻]魚巨切[集韻]偶擧切[韻會]魚許切[正韻]偶許切𠀤音語[說文]本作圉圉人掌馬者[周禮夏官校人]乘馬一師四圉[註]四匹爲乘養馬爲圉乘馬分爲四圉則圉師一人掌之又[圉師]掌敎圉人養馬又[圉人]掌養馬芻牧之事以役圉師 [註]役者圉師使令焉 又[爾雅釋詁]垂也[註]守圉在外垂也[詩大雅]多我覯痻孔棘我圉[左傳隱十一年]亦聊以固我圉也又[僖二十八年]不有行者誰扞牧圉 又月名[爾雅釋天]月在丁曰圉 又(孟子)始舍之圉圉焉[註]圉圉困而未舒之貌 又姓[左傳哀十六年]楚圉穴宮負王以入昭夫人之宮 又圉門周王城門[周語]王自圉門入 又圉陽地名[左傳昭二十四年]楚王以舟師略吳疆至圉陽而還 又朱圉山名[書禹貢]西傾朱圉[前漢地理志註]山在冀縣南梧中聚 又邑名[後漢郡國志]圉屬豫州陳留郡又洛陽有圉鄉 又與圄同詳前圄字註 又與敔通樂器[詩周頌]鞉磬柷圉[書益稷]作柷敔 又[諡法]威德剛武曰圉 又[正韻]魚據切音御止也捍也[莊子繕性篇]其來不可圉[註]與禦同[管子大匡篇]吾

參園之安能園我又[前漢賈誼傳序]設建屏藩以守强園吳楚合從賴誼之盧

【 오류정리 】

○康誤處 1;[左傳哀十六年]楚園穴宮負王以入(改如)昭夫人之宮

●考證 ; 謹照原文入改如

◆整理 ; [左傳哀十六年(좌전애십육년)]의 入(입)은 如(여)의 착오.

◆訂正文 ; [左傳哀十六年]楚園穴宮負王以如昭夫人之宮

▶【266-1】 字解誤謬與否 ; [左傳哀十六年]楚園穴宮負王以入(改如)昭夫人之宮　[入(改如)]

★이상과 같이 오류(誤謬) 수정(修訂)이 된다 하여도 여(如; …와 같다. …대로 하다) 자전상(字典上) 어(園)의 본의(本義)에는 영향이 미치지 않음.

○康誤處 2;[管子大匡篇]吾參園(改圍)之

●考證 ; 謹照原文園改圍

◆整理 ; [管子大匡篇(관자대광편)]의 園(어)는 圍(위)의 착오.

◆訂正文 ; [管子大匡篇]吾參圍之

▶【267-2】 字解誤謬與否 ; [管子大匡篇]吾參園(改圍)之　[園(改圍)]

★이상과 같이 오류(誤謬) 수정(修訂)이 되면 오삼위지(吾參圍之; 우리의 병력이 세배만 많았어도 노나라 군사를 포위하였을텐데)이니 자전상(字典上) 어(園)의 본의(本義)가 위(圍; 둘레)로 바뀌게 되어 영향이 미치지 않게 됨.

□ 部 十畫

㉠園(원)[唐韻]羽元切[集韻]于元切菾音袁[說文]所以樹果也[初學記]有藩曰園[易賁卦]賁于丘園束帛戔戔[詩鄭風]將仲子兮無踰我園[註]園者圃之樊其內可樹木也又[周禮地官充人]以場圃任園地[註]圃種果蓏之屬季秋於其中爲場樊圃謂之園任者取正於是也[又]園廛二十而一[註]廛無穀 園少利故僅二十而稅一也　又歷代帝王陵寢曰園漢制園陵有令文帝陵爲文園[司馬相如傳]爲文園令又[唐書李晟傳]臣已肅淸宮禁祇謁寢園　又桃園地名[前漢地理志]全鳩里其西名桃園卽古之桃林也[潘岳西征賦]問休牛之故林感徵名於桃園　又祇園[梵書]須達多長者建精舍請佛住凡十二百區謂之祇樹園　又東園公商山四皓之一○按史失其姓名字彙以園公爲姓非　又叶于羣切音爝[蘇軾祭韓琦文]意廣才疎將歸丘園公治此邦殄食其民

【 오류정리 】

○康誤處 1;[周禮地官充人(改載師)]以場圃任園地

●考證 ; 謹照原文充人改載師

◆整理 ; [周禮地官(주례지관) 充人(충인)]은 (載師(재사)의 착오.

◆訂正文 ; [周禮地官載師]以場圃任園地

▶【268-2】 字解誤謬與否 ; [周禮地官充人(改載師)]以場圃任園地　[充人(改載師)]

★이상과 같이 인용처(引用處)나 주소(註疏)의 오류(誤謬)를 수정(修訂)을 한다 하여도 자전상(字典上)의 원(園)의 본의(本義)에는 영향이 미치지 않음.

○康誤處 2;[梵書]須達多長者建精舍請佛住凡十(改千)二百區

●考證 ; 謹按文義十改千

◆整理 ; [梵書(범서)]의 十(십)은 千(천)의 착오.

◆訂正文 ; [梵書]須達多長者建精舍請佛住凡千二百區

▶【269-2】 字解誤謬與否 ; [梵書]

須達多長者建精舍請佛住凡十(改千)二
百區　　[十(改千)]
★이상과 같이 오류(誤謬) 수정(修訂)
이 된다 하여도 천(千; 1,000) 자전
상(字典上) 원(園)의 본의(本義)에는
영향이 미치지 않음.

土 部

康 土(토)[唐韻][正韻]他魯切[集
韻][韻會]統五切𡈽吐上聲五行之一
[說文]地之吐生物者也二象地之下地之
中物出形也[易離象傳]百穀草木麗乎
土[書禹貢]冀州厥土惟白壤袞州厥土
黑墳青州厥土白墳徐州厥土赤埴墳揚
州荊州厥土惟塗泥豫州厥土　惟壤下土
墳壚梁州厥土青黎雍州厥土惟黃壤
又[書禹貢]徐州厥貢惟土五色[註]諸
侯受命各錫以方色土建大社于國中一
曰冢土[詩大雅]乃立冢土　又后土取
厚載之義共工氏子句龍爲后土位在中
央主於四季各十八日[禮月令]中央土
其日戊己其帝黃帝其神后土[周禮冬官
考工記]土以黃其象方　又星土星所主
土[周禮春官]保章氏以星土辨九州之
地　又度也土圭之土訓度詳圭字註
又業也[皇極經世]獨夫以百畝爲土大
夫以百里爲土諸侯以四境爲土天子以
九州爲土仲尼以萬世爲土　又星名一
曰鎮星[漢書]作塡詳塡字註　又地名
[春秋僖二十八年]公會晉侯齊侯宋公
蔡侯鄭伯衛子莒子盟于踐土[註]鄭地
又姓句龍爲后土子孫爲氏　又[廣
韻][正韻]徒古切[集韻][韻會]動五切
𡈽音杜[揚子方言]東齊謂根曰土非專
指桑根白皮[郭璞註]方言引詩作桑土
非　又[集韻][韻會][正韻]𡈽董五切
音覩團土獄城也[周禮秋官]以圜土聚
教罷民　又[介之推龍蛇歌]五蛇從之
周流天下龍反其淵安其壤土下音戶戶
土俱在姥韻[字彙]作𡈽音非　又[集

韻]丑下切音姹土苴不眞物一曰查滓糞
草糟粕之類　又[字彙補]同都切音徒
土門北方之族門音瞞見周書異域傳

【 오류정리 】

○康誤處 1;[說文]地之吐生物者也二
象地之下地之中(增丨字)物出形也
●考證 ; 謹照原文物出上增丨字
◆整理 ; [說文(설문)]의 物出(물출)
앞에 丨字(곤자)를 덧붙임.
◆訂正文 ; [說文]地之吐生物者也二
象地之下地之中丨物出形也
▶【270-2】 字解誤謬與否 ; [說文]
地之吐生物者也二象地之下地之中物
(增丨字)出形也　[(增丨字)出]
★이상과 같이 곤(丨; 뚫다. (셈대)
세우다. 통하다)을 덧붙인다 하여도
자전상(字典上) 토(土)의 본의(本義)
에는 직접 영향이 미치지 않음.

土 部 三畫

康 圭(규)[唐韻]古攜切[集韻][韻
會]涓畦切𡈽音閨[說文]瑞玉也上圜下
方圭以封諸侯故从重土[書禹貢]禹錫
玄圭[詩大雅]錫爾介圭[周禮春官典
瑞]王執鎮圭公執桓圭侯執信圭伯執躬
圭　又[周禮春官]土圭以致四時日月
封國則以土地[註]土猶度也土圭測日
景之圭　又量名[前漢律歷志]量多少
者不失圭撮[註]六十四黍爲圭四圭曰撮
又凡合單紛爲一糸四糸爲一扶五扶爲一
首五首爲一文文采淳爲一圭　又丸散
之刀圭准如梧桐子大十分方寸匕之一
方寸匕者作匕正方一寸抄散不落爲度
見[本草綱目序例]　又與閨同[禮儒
行]蓽門圭窬

【 오류정리 】

○康誤處 1;[註]六十四黍爲圭四圭曰
撮(改後漢輿服志)　又凡合單紛(改
紡)爲一糸(改系)四糸(改系)爲一扶
●考證 ; 謹照後漢書原文紛改紡糸改

系省上文四圭曰撮句改後漢輿服志
◆整理 ; [前漢律歷志(전한율력지)]의 四圭曰撮(사규왈촬)은 後漢輿服志(후한여복지), 紛(분)은 紡(방), 糸(멱)은 系(계)의 착오.
◆訂正文 ; [註]六十四黍爲圭[後漢輿服志] 又凡合單紡爲一系四系爲一扶
▶【272-1】 字解誤謬與否 ; [註]六十四黍爲圭四圭曰撮(改後漢輿服志) 又凡合單紛(改紡)爲一糸(改系)四糸(改系)爲一扶　[紛(改紡)]　[糸(改系)]　[四圭曰撮(改後漢輿服志)]
★이상과 같이 오류(誤謬) 수정(修訂)이 되면 ○방(紡; 고치나 목화에서 실을 뽑다. 잣다. 견직물) ○계(系; 계통. 계열.. 맺다. 관련되다. 연결하다. 연계시키다. 달려 있다)와 자전상(字典上) 규(圭)의 본의(本義)에 간접 영향이 미치게 됨.

㉮地(지)[廣韻]徒四切[集韻]大計切[韻會]徒二切[正韻]徒利切𠀤音弟[說文]元氣初分重濁陰爲地萬物所陳列也[白虎通]地者易也言養萬物懷任交易變化也[釋名]地底也其體底下載萬物也[易說卦傳]坤爲地[內經]岐伯曰地爲人之下太虛之中黃帝曰何憑曰大氣擧之 [周禮地官]土訓掌道地圖以詔地事道地慝以辨地物而原其生以詔地求[博物志]地以各山爲輔佐石爲之骨川爲之脈艸木爲之毛土爲之肉　又第也但也[前漢丙吉傳]西曹地忍之　又叶徒何切音沱[屈原橘頌]閉目自慎終不失過兮秉德無私參天地兮[揚雄羽獵賦]鳥不及飛獸不得過軍驚師駭刮野埽地○按吳棫收地入箇韻音隋則過可如字讀沱隋亦平去閒耳　本作坔

【 오류정리 】

○康誤處 1; [內經]岐伯曰地爲人之下太虛之中黃帝曰何憑(改馮乎)曰大氣擧之

●考證 ; 謹照原文何憑改馮乎
◆整理 ; [內經(내경)]의 何憑(하빙)은 馮乎(빙호)의 착오.
◆訂正文 ; [內經]岐伯曰地爲人之下太虛之中黃帝曰何憑乎曰大氣擧之
▶【273-1】 字解誤謬與否 ; [內經]岐伯曰地爲人之下太虛之中黃帝曰何憑(改馮乎)曰大氣擧之　[何憑(改馮乎)]
★이상과 같이 오류(誤謬) 수정(修訂)이 된다 하여도 풍호(馮乎; 무엇에 의지하고 계십니까)는 자전상(字典上) 지(地)의 본의(本義)에는 영향이 미치지 않음.

土部 四畫

㉮均(균)[唐韻]居勻切[集韻][韻會][正韻]規倫切𠀤音鈞[說文]平也[詩小雅]大夫不均[周禮地官大司徒]以土均之法鈞齊天下之政[春官]軍禮有五二曰大均之禮恤衆也　又調也[詩小雅]六轡既均　又徧也[易說卦]坤爲均[莊子寓言篇]萬物皆種也以不同形相禪始卒循環莫得其倫是謂天均　又天子設四代之學曰成均見[禮文王世子註]　又造瓦之具旋轉者也董仲舒曰泥之在均惟甄者之所爲　又樂器[禮樂記]樂所以立均[尙書疏]堂上之樂皆受笙均堂下之樂皆受磬均[後漢律歷志]冬夏至陳八音聽五均[註]均長七尺繫以絲以節樂音　又均服戎服也[左傳僖五年]均服振振亦作袀　又地名均古麋國在襄陽[唐書中宗紀]嗣聖元年太后遷帝房州又遷于均　又[集韻]王問切[正韻]禹慍切𠀤音韻[說文先訓]古無韻字均卽韻也　又與專切音沿[史記夏本紀]均河海通淮泗[鄭元曰]均讀沿　又叶古頑均音鰥[韓愈孟郊失子詩]問天生下人薄厚胡不均夫曰天地人由來不

相關　又通作鈞[書泰誓]厥罪惟鈞
又或作句[禮內則]句而見[周禮地官]
均人公旬用三日[註]均古通句別作㽦

【 오류정리 】

○康誤處 1;[周禮地官大司徒]以土均
之法鈞(改均)齊天下之政
●考證 ; 謹照原文鈞改均
◆整理 ; [周禮地官大司徒(주례지관대
사도)]의 鈞(균)은 均(균)의 착오.
◆訂正文 ; [周禮地官大司徒]以土均
之法均齊天下之政
▶【274-1】 字解誤謬與否 ; [周禮
地官大司徒]以土均之法鈞(改均)齊天
下之政 [鈞(改均)]
★이상과 같이 오류(誤謬) 수정(修訂)
이 되면 균제천하(均齊天下; 천하가
균형이 잡혀 잘 어울린다)이라 자전
상(字典上) 균(均)의 본의(本義)가 적
극적으로 영향이 미치게 됨.

○康誤處 2; 又地名均古麋(改麇)國
在襄陽
●考證 ; 謹按春秋左傳有麇國無麋國
麋改麇
◆整理 ; [左傳僖五年(좌전희오년)]의
麋(미)는 麇(균)의 착오.
◆訂正文 ; 又地名均古麇國在襄陽
▶【275-2】 字解誤謬與否 ; 又地名
均古麋(改麇)國在襄陽 [麋(改麇)]
★이상과 같이 오류(誤謬) 수정(修訂)
이 되면 균(麇; 국명(國名). 지명(地
名). 춘추시국명(春秋時國)名) 재금호
북성운현(在今湖北省鄖縣) 춘추시지
명(春秋時地名) [春秋公羊傳]作圈國
春秋時代的小國麇國與楚國相鄰終爲楚
國所滅 [左傳哀十四年]逢澤有介麇焉
又國名)이라 자전상(字典上) 균(均)의
본의(本義)에 직접 영향을 미치게 됨.

㊿坐(좌)[唐韻][集韻][韻會][正
韻]㽦祖臥切音座行之對也[禮曲禮]坐
如尸[又]虛坐盡後食坐盡前　又便坐
別坐之處[前漢文翁傳]在便坐受事
又[後漢宣秉傳]秉修高節光武特拜御
史中丞詔與司隸校尉中書令同專席而
坐京師謂之三獨坐　又猶守也[左傳桓
十二年]楚伐絞軍其南門絞人爭出驅楚
役徒于山中楚人坐其北門而覆其山下
大敗之　又古者謂跪爲坐[禮曲禮]先
生琴瑟書策在前坐而遷之[註]坐跪也
又[律]有罪坐[前漢文帝紀]除收帑相
坐律令　又罪人對理曰坐[左傳僖二十
八年]鍼莊子爲坐　又釋氏大坐曰跏趺
[蓮華經]結跏趺坐　又與坐通[前漢梅
福傳]當戶牖之法坐[註]正坐也　又姓
見[姓苑]　又[集韻]徂果切音睉義同
○按坐有上去二音字韻諸書訓註皆同
惟轉注古音坐註引史記高帝紀遂坐上
坐正義云前坐字在果反後坐字在臥
反字彙行坐之坐讀上聲非正字通謂坐
字在上聲者叶音也亦非　本作坙[說
文]从土从留省土所止也隸作坐

【 오류정리 】

○康誤處 1;[左傳桓十二年]楚伐絞軍
其南門絞人爭出驅楚役徒于山中楚
人坐其北門而覆其山下(改爲覆諸山下)
大敗之
●考證 ; 謹照原文覆其山下改爲覆諸
山下
◆整理 ; [左傳桓十二年(좌전환십이
년)]의 覆其山下(복기산하)는 覆諸山
下(복제산하)의 착오.
◆訂正文 ; [左傳桓十二年]楚伐絞軍
其南門絞人爭出驅楚役徒于山中楚
人坐其北門而覆諸山下大敗之
▶【276-1】 字解誤謬與否 ; [左傳
桓十二年]楚伐絞軍其南門絞人爭出驅
楚役徒于山中楚人坐其北門而覆其山
下(改爲覆諸山下)大敗之 [覆其山下
(改爲覆諸山下)]
★이상과 같이 오류(誤謬) 수정(修訂)

이 되면 복제산하(覆諸山下)란 "모든 산 아래에 복병을 숨겨 놓았다" 라 함이니 수(守; 지키다)의 간접 표현이 되어 자전상(字典上) 좌(坐)의 본의(本義)에 영향이 미치게 됨

○康誤處 2; 本作坒(改坒)[說文]从土从留(改畱)省土所止也
●考證 ; 謹照說文坒改坒留改畱
◆整理 ; 坒(좌)는 坒(좌), [說文(설문)]의 留(류)는 畱(류)의 착오.
◆訂正文 ; 本作坒[說文]从土从畱省土所止也
▶【277-2】 字解誤謬與否 ; 本作坒(改坒)[說文]从土从留(改畱)省土所止也 [坒(改坒)] [留(改畱)]
★이상과 같이 오류(誤謬) 수정(修訂)이 된다 하여도 좌(坒)는 좌(坐)와 동자(同字)이고, 류(畱)는 류(留)의 본자(本字)이니 자전상(字典上) 좌(坐)의 본의(本義)에 직접적으로 영향이 미침.

康 圠(짐) [正字通]與圠斟郖坓同古國名 [後漢郡國志]北海國平壽有斟城或作圠

【 오류정리 】

○康誤處 1; [正字通]與圠斟郖(省郖字)坓同古國名
●考證 ; 謹按斟乃郖之譌集韻圠郖古國名是也郖音尋與圠不同字不得云圠與郖同謹省郖字
※筆者謹按康熙字典原本 ; [正字通]與圠斟郖坓同古國名(郖字 康熙字典誤謬無)
◆整理 ; [正字通]與圠斟郖坓同古國名(誤謬無)
◆訂正文 ; [正字通]與圠斟郖坓同古國名(誤謬無)
▶【278-1】 字解誤謬與否 ; [正字通]與圠斟郖(省郖字)坓同古國名

★이상과 같이 심(郖; 국명으로 쓰이는 글자. 고대 국명)을 삭제(削除)한다 하여도 자전상(字典上) 짐(圠)의 본의(本義)에 영향을 끼치지 않음.

土 部 五畫

康 坫(점) [唐韻] [集韻] [韻會] [正韻]坫都念切音店反爵之具以土爲之在兩楹閒[禮明堂位]反爵出尊[註]獻酬畢反爵于其上惟兩君好會有坫管氏亦反坫故孔子譏之 又屛也障也所以亢物也[禮明堂位]崇坫康圭 又房中之坫[禮內則]士于坫一[註]士卑不得作閣但于室中爲土坫以庋食 又堂隅之坫[爾雅釋宮]垝謂之坫[註]堂角也一名垝 [通雅]凡壘土甓成臺可庋物者皆謂之坫[沈括筆談]引沒冢周書回阿反坫註外向室也 又[廣韻] [集韻]坫知林切音砧權安厝攢塗謂之坫 又諸經訓義坫古文與店通

【 오류정리 】

○康誤處 1; [禮明堂位]反爵(改反坫)出尊
●考證 ; 謹照原文反爵改反坫
◆整理 ; [禮明堂位(예명당위)]의 反爵(반작)은 反坫(반점)의 착오.
◆訂正文 ; [禮明堂位]反坫出尊
▶【279-1】 字解誤謬與否 ; [禮明堂位]反爵(改反坫)出尊 [反爵(改反坫)]
★이상과 같이 오류(誤謬) 수정(修訂)이 되면 자전상(字典上) 점(坫)의 본의(本義)가 반작(反爵; 술잔을 되돌려 놓음)이 반점(反坫)으로 수정이 되면 "반점(反坫)이란 주(周)나라 때 제후들의 회맹에서 헌수의 예를 마치고 빈 술잔을 엎어 두던 흙을 쌓아 만든 대"의 의미이니 직접 영향이 미치게 됨.

○康誤處 2; [沈括筆談]引沒冢周書

回阿(改四阿)反坫
●考證 ; 謹照原文回阿改四阿
◆整理 ; [通雅(통아)]의 回阿(회아)는 四阿(사아)의 착오.
◆訂正文 ; [沈括筆談]引沒冢周書四阿反坫
▶【280-2】 字解誤謬與否 ; [沈括筆談]引沒冢周書回阿(改四阿)反坫 [回阿(改四阿)]
★이상과 같이 오류(誤謬) 수정(修訂)이 된다 하여도 사아(四阿란 사주사각추(四柱四角錐; 4 기둥에 지붕 네 귀가 뿔같이 솟은 집)이란 의미로 직접 자전상(字典上) 점(坫)의 본의(本義)에는 영향이 미치지 않음.

康 坺(발)[廣韻][集韻][韻會][正韻]蕰房越切音伐地名 又蒲撥切音跋[說文]治也一曰𤰇土謂之坺 又[集韻]北末切音茇發土也[周語]王耕一坺亦作墢

【 오류정리 】

○康誤處 1; [說文]治也一曰𤰇土(改甶土)謂之坺
●考證 ; 謹照原文𤰇土改甶土
◆整理 ; [說文(설문)]의 𤰇土(삽토)는 甶土(삽토)의 착오.
◆訂正文 ; [說文]治也一曰甶土謂之坺
▶【281-1】 字解誤謬與否 ; [說文]治也一曰𤰇土(改甶土)謂之坺 [𤰇土(改甶土)]
★이상과 같이 와자(譌字)를 정자(正字)인 삽(甶; 가래)으로 수정(修訂)한다 하여도 의미 변화는 없으며 다만 자전상(字典上) 발(坺; 파 헤치다)의 본의(本義)에 간접 영향이 미치게 됨.

土 部 六畫

康 坿(자) [廣韻]疾資切[集韻]才資

切蕰音茨[說文]以土增大道上一作坒

【 오류정리 】

○康誤處 1; [說文]以土增大道上一作坒(改古作聖)
●考證 ; 謹照原文一作坒改古作聖
◆整理 ; [說文(설문)]의 一作坒(일작자)은 古作聖(고작자)의 착오.
◆訂正文 ; [說文]以土增大道上古作聖
▶【282-1】 字解誤謬與否 ; [說文]以土增大道上一作坒(改古作聖) [一作坒(改古作聖)]
★이상과 같이 오류(誤謬) 수정(修訂)이 되면 고작즐[古作聖; 자(坿)를 고대(古代)에는 즐(聖)로 썼음]이니 자전상(字典上) 자(坿)의 본의(本義)에 직접 영향이 미치게 됨.

康 垓(해)[廣韻]古哀切[集韻][韻會][正韻]柯開切蕰音該[說文]兼垓八極地也[周語]天子之田九垓[司馬相如封禪書]上暢九垓 又數名[風俗通]十億曰兆十兆曰京十京曰垓 又界也守也[揚雄箴]重限累垓以防暴卒 又[集韻]居諧切音皆級也重也[史記封禪書]大乙壇三垓[北齊大禘歌]三垓上列四陛旁升 又地名[史記項羽紀]漢王圍項羽于垓下[註]垓堤名在沛縣一曰聚邑名正義垓是高岡其聚邑及堤在垓之側故曰垓 又叶居之切音基[郭璞遊仙詩]嫦娥揚妙音洪崖頷其頤升降隨長煙飄颻戲九垓

【 오류정리 】

○康誤處 1; [周語]天子之田九垓(改爲引春秋國語天子居九垓之田)
●考證 ; 謹照說文原文改爲引春秋國語天子居九垓之田
◆整理 ; [周語(주어)] 天子之田九垓(천자지전구해)을 [國語(국어)] 天子居九垓之田(천자거구해지전)으로 교

체.

◆訂正文 ；[春秋國語]天子居九垸之田

▶【283-1】 字解誤謬與否 ；[周語]天子之田九垸(改爲引春秋國語天子居九垸之田)

★이상과 같이 인용처(引用處)의 오류(誤謬)를 수정(修訂)을 하고 거자(居字)가 증자(增字) 되었다 하여도 자전 상(字典上)의 해(垸)의 본의(本義)에는 영향이 미치지 않음.

土 部 七畫

康垸(완)[廣韻][集韻]𡘋胡官切音完[說文]以桼和灰而髹也一曰補垸[周禮冬官考工記]治氏爲殺矢刃長寸圍寸鋌十之重三垸[註]垸量名秤之則重三垸[疏]桼之乾以石磨平之也 又[集韻]胡玩切音換義同]

【 오류정리 】

○康誤處 1；[說文]以桼和灰而髹 也(改爲髹)

●考證 ；謹照原文髹改爲髹

◆整理 ；[說文(설문)]의 髹(휴)는 髹(휴)의 착오.

◆訂正文 ；[說文]以桼和灰而髹也

▶【284-1】 字解誤謬與否 ；[說文]以桼和灰而髹(改爲髹)也 [髹(改爲髹)]

★이상과 같이 오류(誤謬) 수정(修訂)이 되면 휴(髹; 바르다)는 자전상(字典上) 완(垸)의 본의(本義)에 직접 영향이 미치게 됨.

○康誤處 1；[註]垸量名秤之則重三垸[疏]桼之乾以石磨平之也(改[註]垸量名讀爲丸[疏]其垸是稱量之名非斛量之號)

●考證 ；謹按周禮治氏註疏無此文謹照原文改註垸量名讀爲丸疏其垸是稱量

之名非斛量之號

◆整理 ；[주(註)]垸量名秤之則重三垸[疏]桼之乾以石磨平之也 [주(註)]垸量名讀爲丸[소(疏)]其垸是稱量之名非斛量之號로 교체.

◆訂正文 ；주(註)]垸量名讀爲丸[疏]其垸是稱量之名非斛量之號

▶【285-1】 字解誤謬與否 ；[註]垸量名秤之則重三垸[疏]桼之乾以石磨平之也(改[註]垸量名讀爲丸[疏]其垸是稱量之名非斛量之號)

★이상과 같이 오류(誤謬) 수정(修訂)이 되면 자전(字典)에서는 양명(量名)이라 밝혀 놓고 음(音)은 관행적으로 전음(前音)인 완으로 이해 시키고 있으나 고증(考證)에서 독위환(讀爲丸)이라 밝혔으니 완(垸)의 의미는 양(量; 무게)이 되고 음(音)은 환(丸)이 되어 자전상(字典上) 완(垸)의 본의(本義)에 적극 영향이 미치게 됨.

康城(성)[唐韻]是征切[集韻][韻會][正韻]時征切𡘋音成內曰城外日郭[釋名]城成也一成而不可毁也[古今注]盛也盛受國都也[淮南子原道訓]夏縣作三仞之城一曰黃帝始立城邑以居[白虎通]天子曰崇城[史記始皇本紀]帝築萬里長城[前漢元帝紀]帝初築長安城城南爲南斗形城北爲北斗形因名斗城 又諸侯僭侈建城踰制謂之産城若生子長大之義[司馬法曰]攻城者攻其所産 又[唐李肇國史補]元日冬至大朝會百官已集宰相後至列燭多至數百炬謂之火城[王禹偁待漏院記]北闕向曙東方未明相君啓行煌煌火城 又層城[淮南子地形訓]掘崑崙墟以下地中有層城九重[孫綽天台賦]苟台嶺之可攀亦何羨于層城 又官名[左傳文十六年]公子蕩爲司城[註]宋桓公以武公諱司空改司城 又宮名[前漢班倢伃

傳]倢伃居增城舍　又山名析城在河東濩縣西[書禹貢]底柱析城　又赤城山在會稽東南[孫綽天台賦]赤城霞起以建標　又墓地曰佳城[博物誌]夏侯嬰死送葬至東都門外馬踏地悲鳴掘之得石槨銘曰佳城鬱鬱二千年見白日吁嗟夏公居此室　又姓城渾又司城復姓　又叶辰羊切音常[韓愈贈張籍詩]我友東來說我家免禍殃乘船下汴水東去趨彭城

【 오류정리 】

○康誤處 1；[博物誌]夏侯嬰死送葬至東都門外馬踏地悲鳴掘之得石槨銘曰佳城鬱鬱二(改三)千年見白日吁嗟夏(改滕)公居此室

●考證；謹照原文二改三夏改滕

◆整理；[博物誌(박물지)]의 二(이)는三(삼), 夏(하)는 滕(등)의 착오.

◆訂正文；[博物誌]夏侯嬰死送葬至東都門外馬踏地悲鳴掘之得石槨銘曰佳城鬱鬱三千年見白日吁嗟滕公居此室

▶【286-1】 字解誤謬與否；[博物誌]夏侯嬰死送葬至東都門外馬踏地悲鳴掘之得石槨銘曰 佳城鬱鬱二(改三)千年見白日吁嗟夏(改滕)公居此室 [二(改三)] [夏(改滕)]

★이상과 같이 오류(誤謬) 수정(修訂)이 된다 하여도 삼(三)은 수(數)이며 등(滕)은 성씨(姓氏)로서 자전상(字典上) 성(城)의 본의(本義)에는 영향이 미치지 않음.

土 部 八畫

康 執(집)[唐韻][集韻][韻會]之入切[正韻]質入切𠀤音汁守也持也[書大禹謨]允執其中　又處也[禮樂記]師乙曰請誦其所聞吾子自執焉　又塞也[左傳僖二十八年]子玉使伯棼請戰曰非敢必有功也願以閒執讒慝之口　又父之友曰執友[禮曲禮]見父之執不問不敢

對[後漢馬援傳]援爲梁松父執松貴拜援狀下援不之答　又捕也[禮檀弓]肆諸市朝而妻妾執[孟子]執之而已　又姓又執失代三字姓　又與熱同[前漢朱博傳]豪强執服[註]謂畏威懾服也　本作𡙕省作執亦作瓠

【 오류정리 】

○康誤處 1；[書大禹謨]允執其(改厥)中

●考證；謹照原文其改厥

◆整理；[書大禹謨(서대우모)]의 其(기)는 厥(궐)의 착오.

◆訂正文；[書大禹謨]允執厥中

▶【287-1】 字解誤謬與否；[書大禹謨]允執其(改厥)中 [其(改厥)]

★이상과 같이 오류(誤謬) 수정(修訂)이 된다 하여도 윤집궐중(允執厥中；진실로 그 중심을 잡다)에서 기(其)나 궐(厥)이나 그를 표현 함에는 차이가 없어 자전상(字典上) 집(執)의 본의(本義)에는 영향이 미치지 않음.

康 堲(추)[廣韻]才句切[集韻][韻會]从遇切[正韻]族遇切𠀤音聚[說文]土積也一曰築也从聚省

【 오류정리 】

○康誤處 1；[說文]土積也一曰築也(省此四字)从聚省(增廣韻垜)

●考證；謹按原文無一曰築也之語謹省此四字於从聚省下增廣韻垜

◆整理；[說文(설문)]의 一曰築也(일왈축야) 此四字(차사자)는 삭제하고, 从聚省(종취성) 아래에 廣韻垜(광운타)를 덧붙임.

◆訂正文；[說文]土積也从聚省[廣韻]垜

▶【288-1】 字解誤謬與否；[說文]土積也一曰築也(省此四字)从聚省(增廣韻垜) [一曰築也(省此四字)] [从聚

省(增廣韻垜)]
★이상과 같이 일왈축야(一曰築也; 첫째가 먼저 흙을 다지는 것이다) 삭제(削除)는 본의와 는 무관하며 증자(增字)인 타(垜; 쌓다)는 자전상(字典上) 추(堅)의 본의(本義)에 직간접으로 영향를 끼침.

康 堁(과)[廣韻][集韻][韻會][正韻]蓏苦果切音顆塵起貌[淮南子主術訓]揚堁而弭塵 又[集韻]苦臥切音課[說文]麼塵也[揚子方言]堁火也 又[正韻]窺對切音塊義同一曰草器

【 오류정리 】

○康誤處 1; [說文]麼塵也(改[博雅]堁塵也)
●考證 ; 謹按說文無堁字此引麼塵也乃說文麼字註誤引於堁字下查集韻堁苦臥切引博雅堁麼也謹改博雅堁塵也
◆整理 ; [說文(설문)] 麼塵也(매진야)는 [博雅(박아)] 堁塵也(과진야)의 착오.
◆訂正文 ; [博雅]堁塵也
▶【289-1】 字解誤謬與否 ; [說文]麼塵也(改[博雅]堁塵也) [[說文]麼塵也(改[博雅]堁塵也)]
★이상과 같이 오류(誤謬) 수정(修訂)이 되면 과진(堁塵; 먼지)은 자전상(字典上) 과(堁)의 본의(本義)에 직접 영향이 미치게 됨.

○康誤處 2; [揚子方言]堁火也(省此七字)於上文所引淮南子主術訓揚堁而弭塵下增高註堁動塵之貌)
●考證 ; 謹按原文煤火也字从火不从土今誤繫堁字下謹省此七字於上文所引淮南子主術訓揚堁而弭塵下增高註堁動塵之貌
◆整理 ; [揚子方言(양자방언)]堁火也(과화야) 7자는 삭제하고 상문(上文)인 [淮南子主術訓(회남자주술훈)] 揚

堁而弭塵(양과이미진) 아래로 高註堁動塵之貌(고주과동진지모)를 덧붙임.
◆訂正文 ; [淮南子主術訓]揚堁而弭塵[高註]堁動塵之貌
▶【290-2】 字解誤謬與否 ; [揚子方言]堁火也(省此七字)於上文所引淮南子主術訓揚堁而弭塵下增高註堁動塵之貌) [[揚子方言]堁火也(省此七字)] [於上文所引淮南子主術訓揚堁而弭塵下(增[高註]堁動塵之貌)]
★이상과 같이 덧붙인 과(堁)는 동진지모(動塵之貌; 먼지가 날리는 모양)다. 라 하였으니 자전상(字典上) 과(堁)의 본의(本義)에 직접 영향을 끼침.

康 堅(견)[廣韻]古賢切[集韻][韻會][正韻]經天切蓏音肩實也固也勁也[詩大雅]實堅實好[禮月令]季冬之月冰澤腹堅 又將在中軍曰中堅[後漢光武紀]衝其中堅 又姓見[姓苑] 又[謚法]彰義掩過曰堅 又叶居銀切音巾[後漢雷義傳]鄉里語曰膠桼自謂堅不如雷與陳

【 오류정리 】

○康誤處 1; [禮月令]季冬之月冰澤(改水澤)腹堅
●考證 ; 謹照原文冰澤改水澤
◆整理 ; [禮月令(예월령)]의 冰澤(빙택)은 水澤(수택)의 착오.
◆訂正文 ; [禮月令]季冬之月水澤腹堅
▶【291-2】 字解誤謬與否 ; [禮月令]季冬之月冰澤(改水澤)腹堅 [冰澤(改水澤)]
★이상과 같이 오류(誤謬) 수정(修訂)이 된다면 수택복견(水澤腹堅; 연못물이 단단하게 엶)이 되니 자전상(字典上) 견(堅)의 본의(本義)에는 간접 영향이 미치게 됨

㉻堋(붕)[廣韻]方隥切[集韻][正韻]逋鄧切𡘋棚去聲[說文]喪葬下土也[左傳昭十二年]鄭簡公葬司墓之室有當道者毀之則朝而堋不毀則日中而堋又[集韻]蒲登切音朋射埒也[庾信詩]轉箭初調筈橫弓先望堋　又壅水灌漑曰堋　又披朋切音弸振動貌　又披冰切音砅削牆土隕聲　別作𡑷堋

【 오류정리 】

○康誤處 1; [左傳昭十二年] 不毀(改弗毀)則日中而堋

●考證 ; 謹照原文不毀改弗毀

◆整理 ; [左傳昭十二年(좌전소십이년)]의 不毀(불훼)는 弗毀(불훼)의 착오.

◆訂正文 ; [左傳昭十二年]弗毀則日中而堋

▶ 【292-1】 字解誤謬與否 ; [左傳昭十二年]不毀(改弗毀)則日中而堋 [不毀(改弗毀)]

★이상과 같이 오류(誤謬) 수정(修訂)이 된다 하여도 불(不)과 불(弗)은 거의 동의(同義)이니 자전상(字典上) 붕(堋)의 본의(本義)에는 영향이 미치지 않음.

土 部　九畫

㉻堨(측)[唐韻]初力切[集韻][韻會]察色切𡘋音測[說文]遮隔也　又充塞[梵書正法念經]堨滿充徧

【 오류정리 】

○康誤處 1; [說文]遮隔也(改遏遮也)

●考證 ; 謹照原文改遏遮也

◆整理 ; [說文(설문)]의 遮隔也(차격야)는 遏遮也(알차야)의 착오.

◆訂正文 ;[說文]遏遮也

▶ 【293-1】 字解誤謬與否 ; [說文]遮隔也(改遏遮也) [遮隔也(改遏遮也)]

★이상과 같이 오류(誤謬) 수정(修訂)

이 되면 자전상(字典上) 측(堨)의 본의(本義)가 차격(遮隔; 사이를 막다. 에서 알차(遏遮; 막다. 가로 막다)로 바뀌게 되어 적극 영향이 미치게 됨.

㉻堡(보)[廣韻]博抱切[集韻][韻會]補抱切𡘋音保堡障小城也[唐書歌舒翰傳]拔連城堡堡轉音普　亦作保又作堢葆

【 오류정리 】

○康誤處 1; [唐書歌舒翰(改哥舒翰)傳]拔連城堡

●考證 ; 謹照原書歌舒翰改哥舒翰

◆整理 ; [唐書(당서) 歌舒翰(가서한)傳(전)]의 歌舒翰(가서한)은 哥舒翰(가서한)의 착오.

◆訂正文 ; [唐書哥舒翰傳]拔連城堡

▶ 【294-1】 字解誤謬與否 ; [唐書歌舒翰(改哥舒翰)傳]拔連城堡 [唐書歌舒翰(改哥舒翰)]

★이상과 같이 인용처(引用處)나 주소(註疏)의 오류(誤謬)를 수정(修訂)을 한다 하여도 자전상(字典上)의 보(堡)의 본의(本義)에는 영향이 미치지 못함.

㉻聖(즐)[廣韻][集韻]𡘋古文坒字註詳六畫　又[廣韻]子力切[集韻]疾力切[韻會][正韻]子悉切𡘋音卽[書舜典]朕聖讒說殄行[註]聖疾也　又[集韻]節力切音畟火熟曰聖[禮檀弓]夏后氏聖周[註]聖者冶土爲塼而四周于棺之坎也　又火之餘燼曰聖[管子弟子職]左手秉燭右手折聖

【 오류정리 】

○康誤處 1; [集韻]節力切音畟火塾(改火熟)曰聖

●考證 ; 謹照原文火塾改火熟

◆整理 ; [集韻(집운)]의 火塾(화숙)은 火熟(화숙)의 착오.

◆訂正文 ;[集韻]節力切音畟火熟曰

聖
▶【295-1】　字解誤謬與否 ; [集韻]
節力切音畏火塾(改火熟)曰聖　[火塾
(改火熟)]
★이상과 같이 오류(誤謬) 수정(修訂)
이 되면 자전상(字典上) 즐(聖)의 본
의(本義)가 화숙(火熟; 불에 익히다)
로 바뀌게 되어 적극으로 영향이 미
치게 됨.

康堵(도)[唐韻]當古切[集韻][韻
會][正韻]董五切坔音賭[說文]垣也一
丈爲板五板爲堵[詩小雅]百堵皆作[韓
詩外傳]原憲居環堵之室茨以蓬蒿　又
懸鐘磬之名[周禮春官]小胥凡爲堵全爲
肆[註]凡編鐘編磬各十六枚半懸之在一
簴謂之堵全陳之在一簴謂之肆　又相安
曰安堵[史記高帝紀]上入關約法三章
吏民皆安堵如故　又畜積之象[莊子盜
跖篇]欲富就利故滿若堵　又方語若箇
這箇兀 的曰阿堵[晉書王衍傳]衍口未
嘗言 錢字婦令婢以錢繞牀下不得行衍
晨起呼婢曰舉郤阿堵中物　又姓[左
傳]鄭有堵叔　又[廣韻]章也切[集韻]
止野切坔音者縣名[史記張釋之傳]釋
之堵縣人亦姓[左傳]鄭堵女父堵狗
又山名[山海經]苦山東曰堵山神天愚
居之　又水名[水經註]堵水出堵陽北
山南源逕小堵鄉[後漢光武紀]岑彭爲
征南大將軍討鄧奉于堵鄉　又[集韻]
東徒切同闍城門臺也　又時遮切音蛇
[爾雅釋宮]闍謂之臺闍或从土

【 오류정리 】

〇康誤處 1; [周禮春官]小胥凡爲堵
(改半爲堵)全爲肆[註]凡編鐘編磬各十
六枚半懸之在一簴謂之堵全陳之在一
簴(註內兩簴字坔改虛)謂之肆
●考證 ; (考證 1; 謹照原文凡爲堵改
半爲堵註內兩簴字坔改虛)
◆整理 ; [周禮春官(주례춘관)]의 凡

爲堵(범위도)는 半爲堵(반위도), 註內
(주내) 兩簴字(양거자)는 虛(허)의 착
오.
◆訂正文 ; [周禮春官]小胥半爲堵全
爲肆[註]凡編鐘編磬各十六枚半懸之
在一虛謂之堵全陳之在一虛謂之肆
▶【296-1】　字解誤謬與否 ; [周禮
春官]小胥凡爲堵(改半爲堵)全爲肆[註
]凡編鐘編磬各十六枚半懸之在一簴謂
之堵全陳之在一簴(註內兩簴字坔
改虛)謂之肆　[凡爲堵(改半爲堵)]
[(註內兩簴字坔改虛)]
★이상과 같이 오류(誤謬) 수정(修訂)
이 되면 일허(一虛)란 하나의 빈곳은
도(堵; 악기 다는 틀)라 하고 〇범현
종경(凡縣鍾磬; 무릇 종과 북을 매닮
에는) 〇반위도(半爲堵; 반을 도라 하
고) 〇전위사(全爲肆; 전부를 사라 한
다)라 하였으니 자전상(字典上) 도
(堵)의 본의(本義)에 직간접으로 영향
이 미치게 됨.

土 部　十畫

康塗(도)[廣韻][集韻][韻會][正
韻]坔同都切音徒泥也[書禹貢]塗泥見
土字註　又[爾雅釋詁]路旅塗也[張衡
西京賦]參塗夷庭[註]參塗郭門之三道
[潘岳藉田賦]啓四塗之廣阡　又杜也
杜塞孔穴也[書梓材]惟其塗墍茨[詩小
雅]如塗塗附　又污也[莊子讓王篇]夷
齊曰周以塗吾身不如避之以潔吾行
又厚貌[楚辭九歎]白露紛以塗塗[謝脁
酬王晉詩]塗塗晚露稀　又[禮檀弓]菆
塗龍輴以椁　又塗車明器也[禮檀弓]
塗車芻靈自古有之　又糊塗不分曉也
[宋史呂端傳]太宗欲相端或言端爲人
糊塗帝曰端小事糊塗大事不糊塗　又
塗乙改竄也[隋百官志]給事中掌侍左
右分判省事詔敕有不便者塗竄奏還謂
之塗歸[李義山韓碑詩]點竄堯典舜典

字塗改淸廟生民詩　又塗山國名在壽春界巢縣東北[書益稷]娶于塗山[連山易]禹娶塗山氏女名攸[史記夏本紀]禹會諸侯塗山今山前有禹會村蘇軾有禹會村詩俗謂塗山在會稽渝州濠州當塗九江及三巴之江州丛非　又山名[山海經]天帝山之西南曰皐塗之山　又三塗太行轘轅崤澠也[馬融廣成頌]左轡三塗右槩嵩嶽轡音眄　又姓見[統譜]
又[集韻]徒故切音渡[張衡思玄賦]雲師䨺以交集兮凍雨沛其灑塗轙琱輿而樹葩兮擾應龍以服路　又[廣韻]宅加切[集韻]直加切丛音茶沮洳也一曰飾也[前漢東方朔傳]諧語曰老柏塗[柳宗元詩]善幼迷冰火齊諧笑柏塗東門牛屢飯　中散蝨空爬　又叶他魯切音土[史記龜筴傳]門流天下還復其所上至蒼天下薄泥塗

【 오류정리 】

○康誤處 1; 又三塗太行轘회(改轘)轅崤澠也
●考證 ; 謹照集韻轘改轘
◆整理 ;轘(회)는 轘(환)의 착오임.
◈訂正文 ; 又三塗太行轘轅崤澠也
▶【297-1】 字解誤謬與否 ; 又三塗太行轘(改轘)轅崤澠也 [轘(改轘)]
★이상과 같이 오류(誤謬) 수정(修訂)이 되면 자전상(字典上) 도(塗)의 본의(本義)가 삼도[三塗; 태행산(太行山). 환원산(轘轅山). 효민산(崤澠山)]로서 세 명산(名山) 명이되어 영향이 미치게 됨.

○康誤處 2; [馬融廣成頌]左轡(改右轡)三塗右槩(改左槩)嵩嶽轡音眄(改視)
●考證 ; 謹照原文左轡改右轡右槩改左槩又眄與轡不同音照原註音眄改視也
◆整理 ; [馬融廣成頌(마융광성송)]의 左轡(좌만)은 右轡(우만), 右槩(우 개)는 左槩(좌개), 音眄(음혜)는 視(시)의 착오.
◈訂正文 ; [馬融廣成頌]右轡三塗左槩嵩嶽轡音視
▶【298-2】 字解誤謬與否 ; [馬融廣成頌]左轡(改右轡)三塗右槩(改左槩)嵩嶽轡音眄(改視) [左轡(改右轡)] [右槩(改左槩)] [音眄(改視)]
★이상과 같이 오류(誤謬)가 수정(修訂) 되면 ○우만삼도(右轡三塗; 우측으로는 세 명산이 보이고) ○좌개숭악(左槩嵩嶽; 왼편으로는 숭악산이 모두 보인다) ○만시(轡視; 轡은 보다 이다)라 함이 되니 자전상(字典上) 도(塗)의 본의(本義)에 영향이 미치게 됨.

㊖塞(색)[廣韻]蘇則切[集韻][韻會][正韻]悉則切丛音塞塡也隔也[禮月令]孟冬天地不通閉塞成冬[又]謹關梁塞徯徑季春開通道路無有障塞　又充也滿也[書舜典]溫恭允塞[詩鄘風]秉心塞淵　又國之阨險曰塞[史記蘇秦傳]秦四塞之固披山帶渭[侯漢杜篤傳]城池百尺扼塞要害　又月在辛曰塞見[爾雅釋天]　又塞塞不安貌見[博雅]又伊蒲塞卽優婆塞[後漢楚王英傳]以助伊蒲塞桑門之饌　又[廣韻][集韻][韻會][正韻]丛先代切音賽邊界也[禮月令]孟冬備邊境完要塞　又九塞[淮南子地形訓]九塞太汾澠阨荊阮方城殽阪井陘令疵句注居庸[註]太汾在晉澠阨殽阪皆在弘農郡荊阮方城皆在楚井陘在常山令疵在遼西句注在鴈門陰館居庸在上谷阻陽之東　又紫塞[古今注]秦築長城土色皆紫因名　又博塞戲具也[莊子駢拇篇]問穀何事則博塞以遊　又姓　又與賽同[前漢郊祀志]冬塞禱祈本作竃亦作塞

【 오류정리 】

○康誤處 1; [史記蘇秦傳]秦四塞之固

(改國)

●考證 ；謹照原文固改國

◆整理 ；[史記蘇秦傳(사기소진전)]의 固(고)는 國(국)의 착오.

◆訂正文 ；[史記蘇秦傳]秦四塞之國

▶【299-1】 字解誤謬與否 ；[史記蘇秦傳]秦四塞之固(改國) [固(改國)]

★이상과 같이 오류(誤謬) 수정(修訂)이 되면 사새(四塞; 사방이 산이나 내로 둘러쌓인 천험의 요새)의 나라라 풀리니 자전상(字典上) 새(塞)의 본의(本義)에 간접으로 영향이 미치게됨.

○康誤處 2;[莊子騈拇篇]問穀(改穀)何事則博塞以遊

●考證 ；謹照原文穀改穀

◆整理 ；;[莊子騈拇篇(장자변무편)]의 穀(곡)은 穀(곡)의 착오.

◆訂正文 ；[莊子騈拇篇]問穀何事則博塞以遊

▶【300-2】 字解誤謬與否 ；[莊子騈拇篇]問穀(改穀)何事則博塞以遊 [穀(改穀)]

★이상과 같이 오류(誤謬) 수정(修訂)이 되면 ○문곡하사(問穀何事; 무엇을 하고 있었느냐고 물으니)하니 ○칙박색이유(則博塞以遊; 주사위 놀이를 하고 놀았다고 답했다)라 ○박색(博塞; 도박. 쌍육. 주사위)이라 따라서 자전상(字典上) 색(塞)의 본의(本義)에 곡(穀)은 간접적 영향이 미치게 됨.

土部 十二畫

康墧(료)[廣韻][集韻][韻會]力照切[正韻]力弔切𡘋音燎 [說文]周垣也 [班固西都賦]墧以周垣 又[廣韻]落蕭切[集韻][韻會]憐蕭切𡘋音聊義同

【 오류정리 】

○康誤處 1；[說文]周垣也[班固(改爲註引)西都賦]墧以周垣

●考證 ；謹按西都賦作繚以周牆此作墧以周垣者乃說文繫傳按語所引今謹將班固二字改爲註引

◆整理 ；[說文(설문)]의 班固(반고)는 註引(주인)의 착오.

◆訂正文 ；[說文]周垣也註引[西都賦]墧以周垣

▶【301-1】 字解誤謬與否 ；[說文]周垣也[班固(改爲註引)西都賦]墧以周垣 [班固(改爲註引)]

★이상과 같이 인용처(引用處)나 주소(註疏)의 오류(誤謬)를 수정(修訂)을 한다 하여도 자전상(字典上)의 료(墧)의 본의(本義)에는 영향이 미치지 않음.

康墨(묵)[唐韻]莫北切[集韻][韻會][正韻]密北切𡘋音默[說文]書墨也[西京雜記]漢尙書令僕承郎月給隃麋墨魏晉閒以黍燒烟和松煤爲之唐初高麗歲貢松烟墨宋熙寧閒張遇供御墨始用油烟入麝謂之龍劑[李堅墨評]古有李廷珪墨爲第一張遇墨次之兗州陳朗墨 又次之 又[禮玉藻]卜人定龜史定墨[註]凡卜必以墨畫龜乃鑽之觀所拆以占吉凶 又度名[小爾雅]五尺爲墨倍墨爲丈[周語]不過墨丈尋常之閒 又五刑之一鑿其額涅以墨書[書伊訓]臣下不匡其刑墨 又哀容[孟子]歠粥面深墨 又氣色下也[左傳哀十三年]晉定公吳夫差會于黃池司馬寅曰肉食者無墨 又闇昧也[劉向新序]師曠對晉平公曰國有墨墨而不危者未之有也 又墨灰[西京雜記]武帝鑿昆明池悉灰墨無復塊土西域人曰大劫將盡則有却燒灰墨其餘燼也 又與默通[史記商君傳]武王諤諤以興紂墨墨以亡[前漢

寶嬰傳]嬰墨墨不得志　又太史公論六
家之要旨墨家儉而難遵然其彊本節用不
可廢也六家陰陽儒墨名法道也　又地名
卽墨故齊地[史記齊世家樂毅下齊七十
餘城惟卽墨不下今卽墨乃漢之不其縣
　又墨山在卽墨東北墨水發源于此[前
漢郊祀志]帝以方士言祀太室于卽墨卽
此山也一在衞輝縣西北[九州要記]墨
子居墨山探茯苓餌之五百歲不死　又
姑墨國名南與于闐接　又康居國有附
墨城夶見[前漢西域傳]　又姓禹師墨如
見[王符潛夫論]周墨翟明墨麟[姓纂]
墨氏卽墨胎氏孤竹君後　又老馬腹中
有物曰墨猶狗寶也見[本草綱目]　又
[集韻]旻悲切音眉墨尿默詐貌又軟弱
貌　又[集韻]莫佩切音昧諡法貪以敗
官讒言敗善夶曰墨

【 오류정리 】

○康誤處 1; [禮玉藻]卜人定龜史定墨
[註]凡卜必以墨畫龜乃鑽之觀所拆(改
坼)以占吉凶

●考證 ; 謹照原文拆改坼

◆整理 ; [禮玉藻(예옥조)]의 拆(탁)
은 (坼(탁)의 착오.

◆訂正文 ; [禮玉藻]卜人定龜史定墨
[註]凡卜必以墨畫龜乃鑽之觀所坼以
占吉凶

▶【302-1】 字解誤謬與否 ; [禮玉
藻]卜人定龜史定墨[註]凡卜必以墨畫
龜乃鑽之觀所拆(改坼)以占吉凶　[拆
(改坼)]

★이상과 같이 오류(誤謬) 수정(修訂)
이 된다 하여도 탁(坼; 갈라지다. 쪼
개지다)은 자전상(字典上) 묵(墨)의
본의(本義)에는 직간접으로 영향이
미치지 않음.

○康誤處 2; 又太史公論六家之要旨墨
家儉而難遵然其彊本(改疆本)節用
不可廢也

●考證 ; 謹照漢書司馬遷傳彊本改疆

本

◆整理 ; 太史公論(태사공론) 중 彊本
(강본)은 疆本(강본)의 착오.

◆訂正文 ; 又太史公論六家之要旨墨
家儉而難遵然其疆本節用不可廢也

▶【303-2】 字解誤謬與否 ; 又太史
公論六家之要旨墨家儉而難遵然其彊
本(改疆本)節用不可廢也　[彊本(改疆
本)]

★이상과 같이 오류(誤謬) 수정(修訂)
이 된다 하여도 강본(疆本; 근본을
강화시킴)이 자전상(字典上) 묵(墨)의
본의(本義)에는 직접 영향이 미치지
않음.

㊉墳(분)[唐韻][集韻][韻會][正
韻]夶符分切音汾[說文]墓也[禮檀弓]
古者墓而不墳[註]土之高者曰墳[衡山
志]楚靈王之世衡山崩而祝融之墳壞中
有營丘九頭圖[張衡思玄賦]睹有黎之
圯墳[註]有黎祝融也　又水涯曰墳大
防也所以扞水[詩傳]辛受無道商人慕
文王而歸之賦汝墳　又[白虎通]三墳
分也論三才之分天地人之始也[孔安國
尚書序]伏犧神農黃帝之書謂之三墳言
大道也[左傳昭十三年]左史倚相是能
讀三墳五典八索九丘　又大也[周禮春
官]司烜氏共墳燭　又與羵同[魯語]土
之怪曰墳羊　又[廣韻[正韻]房吻切
[集韻][韻會]父吻切夶音憤土膏肥也
[書禹貢]白墳黑墳赤埴墳見土字註
又[集韻]部本切音笨土沸起也[左傳僖
四年]公祭地地墳

【 오류정리 】

○康誤處 1; [周禮春官(改秋官)]司烜
氏共墳燭

●考證 ; 謹照原書春官改秋官

◆整理 ; [周禮(주례)의 春官(춘관)은
秋官(추관)]의 착오.

◆訂正文 ; [周禮秋官]司烜氏共墳燭

▶【304-1】 字解誤謬與否 ; [周禮春官(改秋官)]司烜氏共墳燭 [春官(改秋官)]

★이상과 같이 인용처(引用處)나 주소(註疏)의 오류(誤謬)를 수정(修訂)을 한다 하여도 자전상(字典上)의 분(墳)의 본의(本義)에는 영향이 미치지 않음.

夊部 六畫

夋(종)[廣韻]子紅切[集韻][韻會]祖叢切𠀤音樬[說文]鳥飛斂足也引爾雅鵲鵙醜其飛也註不能翱翔遠舉但竦翅上下而已 又馬首飾與鍐同[晉書輿服志]金夋而方釳 又國名三騣[史記]作夋 又作弄切音槦義同別作夞

【 오류정리 】

○康誤處 1;[說文]鳥飛斂足也引爾雅鵲鵙醜其飛也(改作說文斂足也鵲鵙醜其飛也夋爾雅作夞)註(改疏)不能翱翔遠舉(改飛)但竦翅上下而已

●考證 ; 謹照說文爾雅原文改作說文斂足也鵲鵙醜其飛也夋爾雅作夞註改疏舉改飛

◆整理 ; [說文(설문)]의 鳥飛斂足也引爾雅鵲鵙醜其飛也(조비렴족야인이아작격추기비야)는 作說文斂足也鵲鵙醜其飛也夋爾雅作夞(작설문렴족야작격추기비야종이아작종)으로 註(주) 는 疏(소), 舉(거)는 飛(비)의 착오.

◆訂正文 ; [說文]斂足也鵲鵙醜其飛也夋爾雅作夞[疏]不能翱翔遠飛但竦翅上下而已

▶【305-1】 字解誤謬與否 ; [說文]鳥飛斂足也引爾雅鵲鵙醜其飛也(改作說文斂足也鵲鵙醜其飛也夋爾雅作夞)註(改疏)不能翱翔遠舉(改飛)但竦翅上下而已 [[說文]鳥飛斂足也引爾雅鵲鵙醜其飛也(改作說文斂足也鵲鵙醜其飛也夋爾雅作夞)] [註(改疏)] [舉(改

飛)]

★이상과 같이 오류(誤謬) 수정(修訂)이 된다 하더라도 ○종작종(夋作夞;종자(夋字)는 종(夞)으로도 씀)이 되고 또 ○주소(註疏)의 오류(誤謬) 수정(修訂)과 ○원비(遠飛;하늘 멀리 날아간다)는 자전상(字典上)의 종(夋)의 본의(本義)에는 영향이 미치지 않음.

夕部 二畫

外(외)[廣韻][集韻][韻會]魚會切𠀤歪去聲內之對表也[易坤卦文言]義以方外[家人象傳]男正位乎外[禮祭儀]禮也者動乎外者也[莊子齊物論]六合之外聖人存而不論[列子仲尼篇]遠在八荒之外 又疏斥也[易否卦象傳]內君子而外小人[前漢霍光傳]盡外我家 又度外置之也[後漢光武紀]暫置此兩子于度外 又方外散人也[淮南子道應訓]吾與汗漫期于九垓之外 又[集韻]五活切音枙[黃庭經]洞視得見無內外存漱五牙不飢渴神華執中六丁謁 又叶征例切音制[詩魏風]十畝之外兮叶下泄逝 [說文]外遠也卜尚平旦今若夕卜于事外矣會意

【 오류정리 】

○康誤處 1;[禮祭儀(改祭義)]禮也者動乎(改動於)外者也

●考證 ; 謹照原書祭儀改祭義照原文動乎改動於

◆整理 ; [禮(예) 祭儀(제의)는 (祭義(제의)]로 動乎(동호)는 動於(동어)의 착오.

◆訂正文 ; [禮祭義]禮也者動於外者也

▶【306-1】 字解誤謬與否 ; [禮祭儀(改祭義)]禮也者動乎(改動於)外者也 [祭儀(改祭義)] [動乎(改動於)]

★이상과 같이 오류(誤謬) 수정(修訂)

이 된다 하여도 인용처(引用處)나 주소(註疏)는 물론 호(乎) 어(於)는 어조사(語助辭)일뿐이니 자전상(字典上) 외(外)의 본의(本義)에는 영향이 미치지 않음.

○康誤處 2; [易否卦(改泰卦)象傳]內君子而外小人

●考證 ; 謹照原書否卦改泰卦

◆整理 ; [易(역)]의 否卦(부괘)는 (泰卦(태괘)의 착오] 動乎(동호)는 動於(동어)의 착오.

◆訂正文 ; [易泰卦象傳]內君子而外小人

▶【307-2】 字解誤謬與否 ; [易否卦(改泰卦)象傳]內君子而外小人 [否卦(改泰卦)]

★이상과 같이 인용처(引用處)나 주소(註疏)의 오류(誤謬)를 수정(修訂)을 한다 하여도 자전상(字典上)의 외(外)의 본의(本義)에는 영향이 미치지 않음.

夕 部 三畫

康多(다)[廣韻][正韻]得何切[集韻][韻會]當何切𣥄朵平聲[爾雅釋詁]衆也[詩小雅]謀夫孔多[增韻]不少也[易謙卦象傳]君子以裒多益寡[禮坊記]取數多者仁也　又勝也[禮檀弓]曾子曰多矣乎予出祖者[註]曾子聞子游喪事有進無退之言以爲勝于已之所說出祖也[史記高帝紀]臣之業所就孰與仲多　又刻求也[左傳僖七年]後之人必求多于汝汝必不免　又稱美也[前漢哀盎傳]諸公聞之皆多盎[後漢馮異傳]諸將皆言願屬大樹將軍帝以此多之　又戰功曰多見[周禮夏官司勳]　又荒俗呼父爲阿多[唐書德宗紀]正元六年回紇可汗謝其次相曰惟仰食于阿多　又姓漢多軍多卯宋多岳　又梵語吃栗多

華言賤人底栗多華言畜生　又樹名貝多樹出摩伽陀國長六七丈冬不凋見[西陽雜俎]又南印建那補羅國北有多羅樹株三十餘里其葉長廣其色光潤諸國書寫釆用之見[西域記]　又叶都牢切音刀[蘇轍巫山廟詩]歸來無恙無以報山下麥熟可作醪神君尊貴豈待我再拜長跪神所多又[詩魯頌]享以騂犧是饗是宜降福旣多[正字通]朱傳犧虛宜虛何二反宜牛奇牛多二反多章移當何二反字彙專叶音趨不知詩有二反也○按朱子意若从上虛宜切之犧牛奇切之宜則當何切之多宜叶章移切音貲若从下多字叶則犧叶虛何切音呵宜叶牛多切音哦一在支韻止攝一在歌韻果攝字彙叶逡須切音趨錯入虞韻遇攝正字通譏字彙不知二反殊不知其錯入虞韻幷不知一反也　[說文]多重也从重夕夕者相繹也故爲多重夕爲多重日爲疊

【 오류정리 】

○康誤處 1; [禮坊記(改表記)]取數多者仁也

●考證 ; 謹照原書坊記改表記

◆整理 ; [禮(예)]의 坊記(방기)는 表記(표기)]의 착오임.

◆訂正文 ; [禮表記]取數多者仁也

▶【308-1】 字解誤謬與否 ; [禮坊記(改表記)]取數多者仁也 [坊記(改表記)]

★이상과 같이 인용처(引用處)나 주소(註疏)의 오류(誤謬)를 수정(修訂)을 한다 하여도 자전상(字典上)의 다(多)의 본의(本義)에는 영향이 미치지 않음.

○康誤處 2; [左傳僖七年]後之人必求(改將求)多于汝

●考證 ; 謹照原文必求改將求

◆整理 ; [左傳僖七年(좌전희칠년)]의 必求(필구)는 將求(장구)의 착오.

◆訂正文 ; [左傳僖七年]後之人將求多于汝

▶【309-2】 字解誤謬與否 ; [左傳僖七年]後之人必求(改將求)多于汝 [必求(改將求)]

★이상과 같이 오류(誤謬) 수정(修訂)이 된다 하여도 장구(將求; 부축하여 구하다) 자전상(字典上) 다(多)의 본의(本義)에는 영향이 미치지 않음.

夕部 五畫

康夜(야)[唐韻]羊謝切[集韻][韻會]寅謝切[正韻]寅射切𠀤耶去聲日入爲夜與晝對[夏小正]時有養夜[註]猶言永夜也[周禮秋官司寤氏]以星分夜以詔夜士夜禁[蘅宏漢舊儀]晝漏盡夜漏起省中黃門持五夜[註]晝有朝禺中晡夕夜有甲乙丙丁戊漢制金吾掌宮外戒非常惟元夜弛禁前後各一日謂之放夜　又宣夜窺天之器[蔡邕釋誨]言天體者有三一曰周髀二曰宣夜三曰渾天　又夜明祭月之坎[禮祭法]夜明祭月也　又武宿夜武舞曲名[禮祭統]舞莫重於武宿夜又子夜晉曲名[樂府解題]昔女子名子夜者造此聲其聲甚哀　又國名西夜去長安萬三百五十里見[前漢西域傳]　又夜郎在播州見[蜀記]　又[史記夏本紀]桀鑿池爲夜宮　又使夜漢宮官名見[外戚傳]　又不夜城名在西夏[杜甫詩]無風雲出塞不夜月臨關[邵氏聞見錄]無風塞不夜城西夏有其地王韶經略西邊至其處[齊地記]齊有不夜城古者有日夜照于東境萊子立此城以不夜爲名　又墓穴曰夜臺一曰長夜[古詩]築此長夜室　又嘉夜草名[前漢禮樂志郊祀歌]俠嘉夜蔬蘭芳[註]俠挾同嘉夜芳草也[楊愼轉注]作液非　又姓見[通志]　又[集韻]夷益切音亦東海縣名　又他歷切音惕列子湯問篇師曠方夜擿耳俛首而聽之弗聞其聲見

[古今轉注]　又通御韻[屈原離騷]吾令鳳凰飛騰兮繼之以日夜飄風屯其相離兮率雲霓而來御　又古通箇韻[陳琳武庫賦]千徒縱唱億夫求和聲訇隱而動山光赫赫以燭夜字書𠀤作叶非　又叶羊洳切音豫[詩唐風]夏之日冬之夜叶下居居音倨　又叶以灼切音龠[詩小雅]三事大夫莫肯夙夜叶下惡 [說文]夾舍也天下休舍也从夕夾省聲亦作亱

【 오류정리 】

○康誤處 1; [說文]夾(改夜)舍也
●考證 ; 謹照原文夾改夜
◆整理 ; [說文(설문)]의 夾(협)은 夜(야)의 착오.
◆訂正文 ; [說文]夜舍也
▶【310-1】 字解誤謬與否 ; [說文]夾(改夜)舍也 [夾(改夜)]

★이상과 같이 오류(誤謬) 수정(修訂)이 되면 약사(夜舍)는 천하휴사(天下休舍; 천하가 밤이되면 모두 휴식을 취한다. [說文]夜舍也天下休舍也从夕亦省聲[段玉裁注]夜與夕渾言不別析言則殊)라 하였으니 자전상(字典上) 야(夜)의 본의(本義)에 직접 영향이 미치게 됨.

夕部 十一畫

康夢(몽)[唐韻][集韻][韻會]莫鳳切[正韻]蒙弄切𠀤蒙去聲覺之對寐中所見事形也[書說命]夢帝賚于良弼[詩小雅]乃占斯夢[周禮春官占夢]以日月星辰占六夢之吉凶一正夢二噩夢三思夢四寤夢五喜夢六懼夢[又]大卜掌三夢之法一致夢二觭夢[註]奇怪之夢三咸陟[註]升也進也無思慮而有其夢一作咸夢[莊子齊物論]昔者莊周夢爲胡蝶栩栩然胡蝶也俄然覺則蘧蘧然周也[張子正蒙]夢形閉而氣專于內夢所以緣舊于習心飢夢取飽夢與　又澤名[書禹貢]雲土夢作乂[司馬相如子虛賦]楚

有七澤一曰雲夢雲夢者方九百里〇按左傳漢書雲夢𡃉平去二音　又水名夢水在袁州宜春縣東[寰宇記]昔鍾儀欲相此立縣夜乞夢果符所祝因名縣曰思縣水曰夢水　又姓見[統譜]　又[廣韻][正韻]莫紅切[集韻][韻會]謨中切𡃉音蒙[潘岳哀永逝文]既遇目兮無兆曾寤寐兮弗夢爰顧瞻兮家道長寄心兮爾躬　又[集韻]爾登切音萌[詩齊風]甘與子同夢　又叶諸良切音章[陳琳大荒賦]懼著兆之有惑兮退齊思乎蘭房魂營營與神遇兮又診余以嘉夢　又叶暮傍切茫去聲[道藏歌]絳衣表羣會生始似久夢德隱沖內迹至寂不覺當當去聲[說文]夢不明也从夕瞢省聲

【 오류정리 】

〇康誤處 1; [詩小雅]乃占斯夢(改我夢)

●考證；謹照原文斯夢改我夢

◆整理；[詩小雅(시소아)]의 斯夢(사몽)은 我夢(아몽)의 착오.

◆訂正文；[詩小雅]乃占我夢

▶【311-1】 字解誤謬與否；[詩小雅]乃占斯夢(改我夢) [斯夢(改我夢)]

★이상과 같이 오류(誤謬) 수정(修訂)이 되면 아몽(我夢; 나의 꿈)이 되어 자전상(字典上) 몽(夢)의 본의(本義)에 간접적 영향이 미치게 됨.

大 部

康大(대)[唐韻][集韻][韻會]徒蓋切[正韻]度奈切𡃉音汏小之對[易乾卦]大哉乾元[老子道德經]域中有四大道大天大地大王亦大[莊子天地篇]不同同之謂大[則陽篇]天地者形之大陰陽者氣之大　又初也[禮文王世子]天子視學大昕鼓徵[註]日初明擊鼓徵召學士使早至也　又徧也[禮郊特牲]大報天而主日　又肥美也[儀禮公食大夫

禮]士羞庶羞皆有大贊者辨取庶羞之大以治賓[註]大以肥美者特爲臠所以祭也　又過也[戰國策]無大大王　又長也[爾雅釋器]珪大尺二寸謂之玠[疏]大長也　又都大官名宋制有兩都大一提擧茶馬一提點坑冶鑄錢與提刑序官　又措大士也[書言故事]窮措大眼孔小與錢十萬貫塞破屋子矣　又唐大弓名見[周禮夏官]　又四大地水火風也見[梵書圓覺經]　又姓大廷氏之後見[風俗通]　又[集韻][韻會][正韻]𡃉他蓋切音忲易大和大極書詩大王大師 禮大羹大牢𡃉音泰　又[廣韻][集韻][韻會]𡃉唐佐切音駄[杜甫天狗賦]不愛力以許人兮能絕目以爲大　又[集韻][韻會][正韻]𡃉吐臥切音拕猛也甚也[禮童子不衣裘裳註]鄭康成爲大溫也徐邈大音唾　又叶徒計切音第[詩大雅]戎雖小子而式弘大叶廣泄愒敗[正字通]楊愼曰大無音一駕切者韻書二十二禡不收考淮南子宋康王世有雀生鸇占曰小而生大必霸天下大叶下古亦有一駕切之音　[說文]天大地大人亦大象人形[徐曰]本古文人字一曰他達切經史大太泰通

【 오류정리 】

〇康誤處 1; [儀禮公食大夫禮]士羞庶羞皆有大贊者辨取庶羞之大以治賓(改授賓)

●考證；謹照原文治賓改授賓

◆整理；[儀禮公食大夫禮(의례공식대부례)]의 治賓(치빈)은 授賓(수빈)의 착오.

◆訂正文；[儀禮公食大夫禮]士羞庶羞皆有大贊者辨取庶羞之大以授賓

▶【312-1】 字解誤謬與否；[儀禮公食大夫禮]士羞庶羞皆有大贊者辨取庶羞之大以治賓(改授賓) [治賓(改授賓)]

★이상과 같이 오류(誤謬) 수정(修訂)

이 된다 하여도 수빈(授賓; 손님에게 주다)은 자전상(字典上) 대(大)의 본의(本義)에는 영향이 미치지 않음.

大部 一畫

康夫(부)[唐韻]甫無切[集韻][韻會]風無切𠀤音膚男子通稱[禮郊特牲]夫也者以知帥人者也[詩註]夫有傳相之德而可倚仗謂之丈夫 又男女既配曰夫婦[易家人]夫夫婦婦 又先生長者曰夫子妻稱夫亦曰夫子 又[禮曲禮]天子有后有夫人 又妾曰如夫人[左傳昭十七年]齊侯好內多內寵內嬖如夫人者六人 又官名[禮王制大夫註]大夫者扶進人者也 又[周禮地官]十夫有溝百夫有洫千夫有澮萬夫有川 又十六以上不成丁曰餘夫 又販夫[周禮地官]夕時而市販夫販婦爲主[白樂天詩]樓暗攢倡婦堤喧嗾販夫 又執御行役曰僕夫[詩小雅]召彼僕夫謂之載矣 又以我稱人曰夫夫[禮檀弓]曾子指子游示人曰夫夫也爲習于禮者 又人名黔夫齊威王彊場四臣之一 又國名丈夫國在維鳥見[山海經] 又邑名柴夫屬燕地見[齊語] 又山名夫夫山在風伯山之東見[山海經]○按續通考引此作大夫 又武夫石之次玉者[史記董仲舒傳]五霸比于三王猶武夫之于美玉別作玞砆 又數名[前漢食貨志]六尺爲步步百爲晦晦百爲夫 又姓又息夫複姓 又[廣韻]防無切[集韻][韻會]馮無切[正韻]逢夫切𠀤音扶語端辭[論語]夫仁者 又語已辭[論語]如斯夫 又有所指之辭[論語]夫二三子也 又草名[爾雅釋草]柱夫搖車[註]蔓生細葉紫花可食俗呼爲翹搖車 又叶縛謀切音浮[陳琳詩]仲尼以聖德行聘徧周流遭斥厄陳蔡歸之命也夫

【 오류정리 】

○康誤處 1; 又國名丈夫國在維鳥(增北)見[山海經]

●考證 ; 謹照原文維鳥下增北字

◆整理 ; 又國名(우국명) 이하의 維鳥(유조) 아래에 北(북) 字(자)를 더함.

◆訂正文 ; 又國名丈夫國在維鳥北見[山海經]

▶【313-1】 字解誤謬與否 ; 又國名丈夫國在維鳥(增北)見[山海經] [鳥(增北)]

★이상과 같이 북(北; 북쪽. 북방)을 덧붙인다 하여도 자전상(字典上) 부(夫)의 본의(本義)에는 영향이 미치지 않음.

○康誤處 2; [史記(改前漢)董仲舒傳]五霸比于三王

●考證 ; 謹按史記儒林傳董仲舒傳無此語所引出前漢書謹將史記二字改前漢

◆整理 ; 史記(사기)는 前漢(전한)의 착오.

◆訂正文 ; [前漢董仲舒傳]五霸比于三王

▶【314-2】 字解誤謬與否 ; [史記(改前漢)董仲舒傳]五霸比于三王 [史記(改前漢)]

★이상과 같이 인용처(引用處)나 주소(註疏)의 오류(誤謬)를 수정(修訂)을 한다 하여도 자전상(字典上)의 부(夫)의 본의(本義)에는 영향이 미치지 않음.

康夭(요)[廣韻]於嬌切[集韻][韻會]於喬切[正韻]伊堯切𠀤音妖色愉貌[論語]夭夭如也 又草盛貌[書禹貢]厥草惟夭 又少好貌[詩周南]桃之夭夭 又災也[詩小雅]夭夭是椓 又閔夭人名文王四友之一武十亂之一 又栢夭馬名見[列子] 又[廣韻][集韻][韻會][正韻]烏皓切音襖未壯也[禮月令]孟春母殺胎夭[王制]不殺胎不殀

夭[註]未生者曰胎方生者曰夭 又[廣韻][集韻][韻會]於兆切[正韻]伊鳥切𠀤同殀[說文]屈也[徐曰]夭矯其頭頸也一曰短折也[博雅]不盡天年謂之夭 又[集韻]烏酷切音沃[山海經]軒轅國有諸夭之野 又苦絹切音歪[白樂天詩]錢塘蘇小小人道最夭斜[自註]夭音歪收入九佳 又叶於糾切音黝[韓愈韋夫人墓銘]歸逢其良夫夫婦婦獨不與年而卒以夭婦音阜[歐陽修蔡君山墓銘]退之有言死孰爲夭子墓予銘其傳不朽別作芺芺夭

【 오류정리 】

○康誤處 1; [詩小雅]夭夭(改天夭)是椓

●考證 ; 謹照原文夭夭改天夭

◆整理 ; [詩小雅(시소아)]의 夭夭(요요)는 天夭(천요)의 착오.

◆訂正文 ; [詩小雅]天夭是椓

▶【315-2】 字解誤謬與否 ; [詩小雅]夭夭(改天夭)是椓 [夭夭(改天夭)]

★이상과 같이 오류(誤謬) 수정(修訂)이 되면 자전상(字典上) 요(夭)의 본의(本義)가 천요(天夭: 하늘의 재앙)로 바뀌게 되어 간접 영향이 미치게 됨.

大部 三畫

㉭夷(이)[唐韻][廣韻]以脂切[集韻][韻會][正韻]延知切𠀤音姨平也易也[詩周頌]彼徂矣岐有夷之行 又大也[詩周頌]降福孔夷 又安也悅也[鄭風]旣見君子云胡不夷 又等也儕也[禮曲禮]在醜夷不爭[史記張良傳]諸將陛下等夷 又陳也[禮喪大記]男女奉尸夷於堂[周禮天官凌人]大喪共夷槃冰牀曰夷牀衾曰夷衾皆依尸爲言 又夷俟展足箕坐也[論語]原壤夷俟 又誅滅也[前漢刑法志]戰國時秦用商

鞅連相坐之法造參夷之誅 又傷也[易說卦]坤上離下明夷 又芟也[周禮秋官]薙氏掌殺草夏日至而夷之 又陵夷言凡事始盛終衰其頹替如丘陵漸平也[前漢成帝紀]帝王之道日以陵夷 又地名[左傳隱元年]紀人伐夷[註]國在城陽莊武縣[莊十六年]晉武公伐夷[註]采地[僖二十三年]楚伐陳遂取焦夷[註]焦譙縣夷城父𠀤陳地 又要服[書禹貢]五百里要服三百里夷 又嵎夷東表之地在今登州[書堯典]宅嵎夷 又馮夷河伯也[莊子大宗師]馮夷得之以遊大川[郭璞江賦]冰夷舞浪[穆天子傳]河伯無夷之所都居[註]冰夷無夷𠀤卽馮夷又[淮南子原道訓]馮夷泰丙之御也[註]二人名古之能御陰陽者[容齋隨筆]此別是一馮夷 又女夷風神名[淮南子天文訓]女夷鼓吹以司天和 又山名武夷在今崇安有十二峰九曲之勝相傳籛鏗之子長曰武次曰夷隱此得道故名 又水名夷水出襄陽及康狼二山之閒[水經]漢水過宜城夷水注之 又鴟夷酒器[揚雄酒箴]鴟夷滑稽腹大如壺[吳越春秋]吳王取子胥尸盛以鴟夷 而投之江[史記貨殖傳]范蠡變名易姓爲鴟夷子皮 又辛夷花名[楚辭九歌]辛夷楣兮葯房 又留夷香草[屈原離騷]畦留夷與揭車 又[謚法]克毅秉政安心好靜𠀤曰夷 又姓周齊大夫夷仲年之後見[統譜] 又人名伯夷舜秩宗之官又孤竹君之長子曰伯夷 又優婆夷[梵書翻譯名義]男曰優婆塞女曰優婆夷所云淸淨男女也 又與彝同[孟子]詩云民之秉夷詩本作彝 又叶羊吏切音異[馮衍顯志賦]攢射干雜薜蕪兮結木英與新夷光扈扈而揚耀兮紛郁郁而暢美美音媚新夷卽辛夷 本作徲一曰古遲夷通

【 오류정리 】

○康誤處 1; [易說卦]坤上離下明夷

(改易序卦故受之以明夷)

●考證 ; 謹按說卦無此語謹照原書改易序卦故受之以明夷

◆整理 ; [易(역)]에는 說卦(설괘)]란 說卦無(설괘무)하니 (易序卦故受之以明夷(역서괘고수지이명이)로 고쳐야 함.

◆訂正文 ; [易序卦]故受之以明夷

▶【316-1】 字解誤謬與否 ; [易說卦]坤上離下明夷(改易序卦故受之以明夷) [[易說卦]坤上離下明夷(改易序卦故受之以明夷)]

★이상과 같이 오류(誤謬) 수정(修訂)이 된다 하여도 고수지이(故受之以; 그러한 까닭에 …를 받음으로써)인데 자전상(字典上) 이(夷)의 본의(本義)에는 직접 영향이 미치지 않음.

○康誤處 2; [郭璞江賦]冰夷舞(改倚)浪

●考證 ; 謹照原文舞改倚

◆整理 ; [郭璞江賦(곽박강부)]의 舞(무)는 倚(의)의 착오.

◆訂正文 ; [郭璞江賦]冰夷倚浪

▶【317-2】 字解誤謬與否 ; [郭璞江賦]冰夷舞(改倚)浪 [舞(改倚)]

★이상과 같이 오류(誤謬) 수정(修訂)이 된다 하여도 빙이의랑(冰夷倚浪; 물의 신. [海賦]冰夷倚浪以傲睨[注]冰夷水仙人也)자전상(字典上) 이(夷)의 본의(本義)에는 직접 영향이 미치지 않음.

○康誤處 3; 相傳籛**篷**(改鏗)之子長曰武次曰夷

●考證 ; 謹照列仙傳原文**篷**改鏗

◆整理 ; 相傳籛(상전전) 다음의 **篷**(견)자는 鏗(갱)의 착오.

◆訂正文 ; 相傳籛鏗之子長曰武次曰夷

▶【318-3】 字解誤謬與否 ; 相傳籛

篷(改鏗)之子長曰武次曰夷 [相傳籛**篷**(改鏗)]

★이상과 같이 오류(誤謬) 수정(修訂)이 된다 하여도 전갱(籛鏗; 인명(人名). 顓頊의 玄孫 [神仙傳] 彭祖者姓籛名鏗帝顓頊之玄孫至殷末世年七百六十歲)은 자전상(字典上) 이(夷)의 본의(本義)에는 직접 영향이 미치지 않음.

奄(엄)[廣韻][集韻][韻會]衣檢切[正韻]於檢切**丛**音厭[說文]覆也大有餘也从大申申展也一曰忽也遽也[書立政]奄甸萬姓[詩周頌]奄有四方 又人名[詩秦風]子車奄息 又[正韻]衣炎切音淹久觀也[詩周頌]奄觀鉅艾又久留也[漢更定郊祀樂歌]神奄留臨須搖[註]奄讀淹須搖臾也又神夕奄虞蓋孔享 又國名東諸侯助紂爲虐者[書多方]王來自奄 又奄里在魯城東卽曲阜舊城址[通志]謂之商奄里 又[集韻]於贍切[正韻]於豔切**丛**音弇精氣閉藏也[周禮春官]奄人劉昌宗讀

【 오류정리 】

○康誤處 1; [集韻]於贍切[正韻]於豔切**丛**音弇(改悁)

●考證 ; 謹按集韻於贍切以悁字爲首謹照集韻弇改悁

◆整理 ; 集韻(집운)의 弇(감)은 悁(엄)의 착오.

◆訂正文 ; [集韻]於贍切[正韻]於豔切**丛**音悁

▶【319-1】 字解誤謬與否 ; [集韻]於贍切[正韻]於豔切**丛**音弇(改悁) [弇(改悁)]

★이상과 같이 음(音)의 오류(誤謬)를 수정(修訂)을 한다 하여도 자전상(字典上)의 엄(俺)의 본의(本義)에는 영향이 미치지 않음.

康 奇(기)[廣韻][集韻][韻會]渠羈切[正韻]渠宜切𡘋音琦異也[莊子北遊篇]萬物一也臭腐化爲神奇神奇復化爲臭腐[仙經]人有三奇精氣神也 又祕也[史記陳平傳]平凡六出奇計其奇祕世莫得聞 又姓 又天神名[淮南子地形訓]窮奇廣莫風之所生也又四凶之一[史記五帝紀少皞氏有不才子天下謂之窮奇[註]窮奇卽共工氏 又獸名[司馬相如上林賦]窮奇犀象[註]狀如牛蝟毛音如嘷狗食人 又江神謂之奇相[江記]帝女也卒爲江神 又與琦通 又[廣韻][集韻][韻會]𡘋居宜]切音羈一者奇也陽奇而陰偶[易繫辭]陽卦奇亦零數也[又]歸奇于扐以象閏 又隻也[禮投壺]一算爲奇 又餘夫也[韓非子十過篇]遺有奇人者使治城郭 又數奇不偶也[史記李廣傳]大將軍陰受上誡以爲李廣老數奇毋令獨當單于 又奇撵一拜也[周禮春官]大祝辨九撵七日撵 又奇車奇邪不正之車[禮曲禮]國君不乘奇車又奇衺詭異也[周禮地官]奇衺則相及徒于國中及郊 又[集韻][韻會][正韻]𡘋隱綺切與倚通依倚也[前漢鄒陽傳]輪囷離奇 又[字彙補]倚蠏切同矮短人也[後漢五行志]童謠見一奇人言欲上天 又叶古禾切音戈[宋玉招魂]娭光眇視目曾波些被文服纖麗而不奇些 [說文]从大从可別作𡚒俗作奇非

【 오류정리 】

○康誤處 1; [司馬相如上林賦]窮奇犀象(改象犀)[註]狀如牛蝟毛音如嘷(改嘷)狗食人

●考證 ; 謹照原文犀象改象犀嘷改嘷

◆整理 ;; [司馬相如上林賦(사마상여상림부)]의 犀象(서상)은 象犀(상서), [註(주)]의, 嘷(호)는 嘷(호)의 착오.

◆訂正文 ; [司馬相如上林賦]窮奇象

犀[註]狀如牛蝟毛音如嘷狗食人

▶【320-1】 字解誤謬與否 ; [司馬相如上林賦]窮奇犀象(改象犀)[註]狀如牛蝟毛音如嘷(改嘷)狗食人 [犀象(改象犀)] [嘷(改嘷)]

★이상과 같이 오류(誤謬) 수정(修訂)이 되면 ○상서(象犀; 상아와 물소뿔)와 ○호(嘷; 야수(野獸)의 으르렁거리는 소리. 울부짖다)인데 자전상(字典上) 기(奇)의 본의(本義)에는 영향이 미치지 않음.

○康誤處 2; [周禮地官]奇衺則相及徒于國中及郊(改比長有辠奇衺則相及)

●考證 ; 謹按原文徒於國中及郊則從而授之二句相連不便單引一句謹改比長有辠奇衺則相及

◆整理 ; [周禮地官]奇衺則相及徒于國中及(改比長有辠奇衺則相及)郊

※[筆者謹按周禮地官司徒原本 ; [周禮地官司徒(주례지관사도)](釋曰云(석왈운) 奇衺則相及(기사칙상급) [周禮地官司徒(주례지관사도)]徒于國中及郊則從而授之(도우국중급교칙종이수지)

◆訂正文 ; [周禮地官]比長有辠奇衺則相及

▶【321-2】 字解誤謬與否 ; [周禮地官]奇衺則相及徒于國中及郊(改比長有辠奇衺則相及) [奇衺則相及徒于國中及郊(改比長有辠奇衺則相及)]

★이상과 같이 오류(誤謬) 수정(修訂)이 된다 하여도 ○비장(比長; 인명)과 ○유죄(有辠; 죄가 있다. 죄동죄(辠同罪) [說文]其云辠犯灋也從辛從自言辠人戚鼻苦辛之憂秦以辠似皇字改爲罪)인데 자전상(字典上) 기(奇)의 본의(本義)에는 영향이 미치지 않음.

大 部 六畫

奎（규）[廣韻]苦圭切[集韻][韻會]傾畦切㊂音睽[說文]兩髀之閒　又星名二十八宿之一[天文志]西方十六星象兩髀故亦曰奎[禮月令]中春日在奎季夏奎旦中[宋史天文志]太祖乾德五年丁卯五星聚奎[孝經援神契]奎主文昌[春秋合誠圖]奎主武庫[前漢天文志]奎曰封豨主溝瀆[後漢蘇竟傳]奎爲毒螫主庫兵　又[集韻]苦委切音跪奎踽擧足行貌　又犬縈切音趌與踒同

【 오류정리 】

○康誤處 1; [禮月令]中春日在奎季夏奎旦中(改旦奎中)

●考證 ; 謹照原文改旦奎中

◆整理 ; [禮月令(예월령)] 季夏(계하)의 奎旦中(규단중)은 旦奎中(단규중)의 착오.

◆訂正文 ; [禮月令]中春日在奎季夏奎旦奎中

▶【322-1】 字解誤謬與否 ; [禮月令]中春日在奎季夏奎旦中(改旦奎中) [奎旦中(改旦奎中)]

★이상과 같이 오류(誤謬) 수정(修訂)이 된다 하여도 단규중(旦奎中; 날이 밝아 오면 규성(奎星)이 하늘 중앙에 있다. 이십팔수(二十八宿)의 열 다섯째의 별. 문운(文運)을 맡아 보고, 이 별이 밝으면 천하가 태평하다고 함)은 자전상(字典上) 규(奎)의 본의(本義)에 적극 영향이 미치게 됨.

奔（분）[唐韻]博昆切[集韻][韻會][正韻]逋昆切㊂本平聲[說文]走也[爾雅釋居]堂上謂之行堂下謂之步門外謂之趨中庭謂之走大路謂之奔一曰趨事恐後曰奔[詩周頌]駿奔走在廟　又嫁娶而禮不備亦曰奔[周禮地官媒氏]仲春之月令會男女奔者不禁謂不必六禮備非淫奔也　又凡物皆言奔[詩齊風]鶉之奔奔[小雅]鹿斯之奔[石鼓文]霝雨奔樹[韓愈秋懷詩]鳴聲若有意顚倒相追奔空堂黃昏暮我坐默不言○按奔言俱十三元韻正字通沿字彙之誤奔叶音邊豈以言在一先韻耶　又姓石晉將奔洪進　又[集韻][韻會]㊂方問切音僨覆敗也[李陵與蘇武書]斬將搴旗追奔逐北　又[廣韻]甫悶切[集韻][韻會]補悶切[正韻]逋悶切㊂本去聲急赴也[釋名]變也有急變奔赴之也[增韻]奔走湊集也　又叶於夷切音依[崔亭伯七依]乃命長秋使驅默夷羿作虞人騰句喙以追飛騕韓盧以逐奔 [說文]从夭賁省聲入夭部俗省作奔

【 오류정리 】

○康誤處 1; [爾雅釋居(改釋宮)]堂上謂之行

●考證 ; 謹照原書釋居改釋宮

◆整理 ; 爾雅(이아)의 釋居(석거)는 釋宮(석궁)의 착오.

◆訂正文 ; [爾雅釋宮]堂上謂之行

▶【323-1】 字解誤謬與否 ; [爾雅釋居(改釋宮)]堂上謂之行 [釋居(改釋宮)]

★이상과 같이 인용처(引用處)나 주소(註疏)의 오류(誤謬)를 수정(修訂)을 한다 하여도 자전상(字典上)의 분(奔)의 본의(本義)에는 영향이 미치지 않음.

○康誤處 2; [詩齊風(改鄘風)]鶉之奔奔

●考證 ; 謹照原書齊風改鄘風

◆整理 ; [詩(시)의 齊風(제풍)은 鄘風(용풍)의] 착오.

◆訂正文 ; [詩鄘風]鶉之奔奔

▶【324-2】 字解誤謬與否 ; [詩齊風(改鄘風)]鶉之奔奔 [齊風(改鄘風)]

★이상과 같이 인용처(引用處)나 주

소(註疏)의 오류(誤謬)를 수정(修訂)을 한다 하여도 자전상(字典上)의 분(奔)의 본의(本義)에는 영향이 미치지 않음

大 部 九畫

康 奠(전)[廣韻][集韻][韻會]坌堂練切音電定也[書禹貢]奠高山大川[盤庚]奠厥攸居[周禮地官職幣]辨其物而奠其錄[註]謂別其物色而定其錄籍也 又薦也頓爵神前也[禮文王世子]凡學春夏釋奠於先師秋冬亦如之 又置也[禮內則]奠之而後取之[註]男女授器必以篚若無篚則授者置諸地受者亦就地以取之 又[集韻]徒徑切音定[周禮春官]小史掌邦國之志奠繫世辨昭穆 又[韻會]唐丁切音亭[周禮冬官考工記匠人]凡行奠水磬折以參伍[註]奠水淳水也 [說文]从酋酋酒也下其丌也

【 오류정리 】

○康誤處 1;[周禮地官(改天官)職幣]
●考證；謹照原書地官改天官
◆整理；[周禮(주례)의 地官(지관)은 天官(천관)의 착오. 職幣(직폐)]
◆訂正文；[周禮天官職幣]
▶【325-1】 字解誤謬與否；[周禮地官(改天官)職幣] [周禮地官(改天官)]
★이상과 같이 인용처(引用處)나 주소(註疏)의 오류(誤謬)를 수정(修訂)을 한다 하여도 자전상(字典上)의 전(奠)의 본의(本義)에는 영향이 미치지 않음

○康誤處 2;[禮文王世子]凡學春夏(改春官)釋奠於先師
●考證；謹照原文春夏改春官
◆整理；[禮文王世子(예문왕세자)]의 春夏(춘하)는 春官(춘관)의 착오.
◆訂正文；[禮文王世子]凡學春官釋奠於先師

▶【326-2】 字解誤謬與否；[禮文王世子]凡學春夏(改春官)釋奠於先師[春夏(改春官)]
★이상과 같이 오류(誤謬) 수정(修訂)이 된다 하여도 춘관(春官; 주대(周代)의 육관(六官)의 하나로서 예법(禮法)과 제사(祭祀) 일을 주관하였으며, 춘관의 장(長)을 대종백(大宗伯)이라 하였음. [周禮正義序]引[左傳昭公十七年]漢[服虔註]又爲[周禮]六官之一掌禮法祭祀見[周禮天官小宰]唐宋明清司天官屬有春官正夏官正等五官明太祖立春夏秋冬官謂之四輔)은 자전상(字典上) 전(奠)의 본의(本義)에는 영향이 미치지 않음.

康 奓(사)[廣韻]式車切[集韻] [韻會]詩車切[正韻]詩遮切坌音賒[說文]張也[司馬相如子虛賦]盛推雲夢以爲高奓 又侈也[毛詩序]蜉蝣之詩刺奓也[杜牧之阿房宮賦]秦愛紛奓 又美人名[荀子賦論篇]閭娵子奓莫知媒也 又世謂媼婿曰阿奓[通鑑]竇懷貞再娶韋后乳嫗爲妻秦請輒自署皇后阿奓不慙 又西竺譽人曰蘭奓[朱子語錄]王導爲相只周旋人過一生嘗坐客二十許人逐一稱讚獨不及西僧徐謂僧曰蘭奓 又姓奓比黃帝七輔之一[路史]奓比辯乎東以爲土師[三才圖會]作奓北[國名記]有奓北國 又[陸機感丘賦]或披褐以敦儉兮或侯服以崇奓或延祚于黃耇兮或喪志于札瘥○按奓瘥俱六麻韻亦在歌韻正字通沿字彙之誤將奓轉入歌韻謬 又神名[山海經]奓比之尸在其北 又或作夯詳夯字註 又食遮切音蛇苗姓明萬曆閒有奓崇明奓進

【 오류정리 】

○康誤處 1; 又美人名[荀子賦論(省論字)篇]閭娵子奓莫知媒也(改莫之媒也)
●考證；謹照原書賦論篇省論字莫知

媒也改莫之媒也

◆整理 ; [荀子賦論(순자부론)]의 論字(논자)를 제하고 篇] 莫知媒也(막지매야)는 莫之媒也(막지매야)의 착오.

◆訂正文 ; 又美人名[荀子賦篇]閭娵子奢莫之媒也

▶【327-1】 字解誤謬與否 ; 又美人名[荀子賦論(省論字)篇]閭娵子奢莫知媒也(改莫之媒也) [論(省論字)] [莫知媒也(改莫之媒也)]

★이상과 같이 ○론자(論字)를 삭(削除)한다 하여도 자전상(字典上) 사(奢)의 본의(本義)에 영향을 끼치지 않으며, ○막지매야(莫之媒也; 중매인이 없다) 역시 본의(本義)에 아무런 영향을 끼치지 않음.

大部 십一畫

康 獎(장)[廣韻]卽兩切[集韻][韻會]子兩切𡘋音槳助也勸勉也褒美也[左傳襄十一年]獎王室無閒玆命[朱傳]誘掖獎勸以成其事[杜甫詩]詞塲竟疎闊平昔濫推獎○按說文㹤列犬部𣤶犬𢊈之也本作㹆隷省作獎字彙泥說文㹤犬之訓升部收㹆以獎爲俗書失考正趙宧光長箋獎𢊈乃𣤶犬之訓俗通作褒獎美辭仕宧以爲課最之號此不通字學之大也說似泥

【 오류정리 】

○康誤處 1; [左傳襄十一年]獎王室無閒玆命(改同好惡獎王室)

●考證 ; 謹按左傳作或閒玆命文義屬下不屬上不便與獎王室連引謹照原文改同好惡獎王室

◆整理 ; [左傳襄十一年(좌전양십일년)]의 獎王室無閒玆命(장왕실무한자명)은 同好惡獎王室(동호악장왕실)로 고침.

※筆者謹按原本 ; 春秋左傳襄十一年

(傳)救災患恤禍亂同好惡獎王室

◆訂正文 ; [左傳襄十一年]改同好惡獎王室

▶【328-1】 字解誤謬與否 ; [左傳襄十一年]獎王室無閒玆命(改同好惡獎王室) [獎王室無閒玆命(改同好惡獎王室)]

★이상과 같이 오류(誤謬) 수정(修訂)이 되면 동호악(同好惡; 같이 좋아하고 싫어한다)인데 자전상(字典上) 장(獎)의 본의(本義)에는 영향이 미치지 않음.

女部 三畫

康 好(호)[唐韻]呼皓切[集韻][韻會][正韻]許皓切𡘋薅上聲美也善也[詩鄭風]琴瑟在御莫不靜好 又相善也[詩衞風]永以爲好也 又好會也[周禮地官]琬圭以結好[左傳文十二年]藉先君之命結二國之好 又人名張好好年十三姣麗善歌杜牧置樂籍中見[唐書杜牧傳] 又曲名武夷君于山頂會鄉族仙樂競奏唱人閒好見[武夷山志] 又[廣韻]呼到切[集韻][韻會][正韻]虛到切𡘋音耗[說文]愛而不釋也女子之性柔而滯有所好則愛而不釋故於文女子爲好[詩唐風]中心好之 又孔也[周禮冬官考工記]璧羨尺好三寸以爲度[註]羨徑也璧羨以起度也好璧孔也 又姓見[纂文] 又叶呼厚切音吼[王褒講德論]毛嬙西施善毀者不能蔽其好嫫母倭傀善譽者不能揜其醜 又叶滂佩切音配[楚辭九章]自前世之嫉賢兮謂蕙若其不可佩妒佳冶之芬芳兮嫫母姣而自好 又叶呼候切音詬[詩唐風]豈無他人維子之好叶上究

【 오류정리 】

○康誤處 1; [周禮地官(改春官)]琬圭以結好

●考證 ; 謹照原書地官改春官

◆整理 ; [周禮(주례)의 地官(지관)은 春官(춘관)의] 착오.

◆訂正文 ; [周禮春官]琬圭以結好

▶【329-1】 字解誤謬與否 ; [周禮地官(改春官)]琬圭以結好 [地官(改春官)]

★이상과 같이 인용처(引用處)나 주소(註疏)의 오류(誤謬)를 수정(修訂)을 한다 하여도 자전상(字典上)의 호(好)의 본의(本義)에는 영향이 미치지 않음.

○康誤處 2; [左傳文十二年]藉先君(改寡君)之命結二國之好

●考證 ; 謹照原文先君改寡君

◆整理 ; [左傳文十二年(좌전문십이년)]의 先君(선군)은 寡君(과군)의 착오.

◆訂正文 ; [左傳文十二年]藉寡君之命結二國之好

▶【330-2】 字解誤謬與否 ;[左傳文十二年]藉先君(改寡君)之命結二國之好 [先君(改寡君)]

★이상과 같이 오류(誤謬) 수정(修訂)이 된다 하여도 과군(寡君; 덕이 적은 임금. 신하가 제나라 임금을 다른 나라 임금이나 높은 이에게 겸손의 뜻으로 칭하던 말) 자전상(字典上) 호(好)의 본의(本義)에는 영향이 미치지 않음.

(康)妄(망)[廣韻][集韻][韻會][正韻]夶巫放切音望[說文]亂也[增韻]誕也罔也[禮儒行]今之命儒也妄[易說卦]上乾下震无妄[象]天下雷行物與无妄[程傳]動以天故无妄 又[圓覺經]認妄爲眞雖眞亦妄 又猶凡也[前漢李廣傳]諸妄校尉以下村能不及中以軍功侯者數十人 又[集韻]武方切音亡無也

【 오류정리 】

○康誤處 1;[易說卦(改卦名)]上乾下震无妄

●考證 ; 謹按所引非說卦文謹將說卦改卦名

◆整理 ; [易(역)의 說卦(설괘)는 卦名(괘명)의] 착오.

◆訂正文 ; [易卦名]上乾下震无妄

▶【331-1】 字解誤謬與否 ; [易說卦(改卦名)]上乾下震无妄 [說卦(改卦名)]

★이상과 같이 인용처(引用處)나 주소(註疏)의 오류(誤謬)를 수정(修訂)을 한다 하여도 자전상(字典上)의 망(妄)의 본의(本義)에는 영향이 미치지 않음.

女 部 四畫

(康)妙(묘)[廣韻][集韻][正韻]夶彌笑切音廟神妙也[易繫辭]神也者妙萬物而爲言者也[老子道德經]衆妙之門[莊子寓言篇]自吾聞子之言九年而 大妙[劉劭人物志]尤妙之人含精于內外無飾姿 又少年也[杜甫詩]明公獨妙年 又纖媚也[前漢李夫人傳]妙麗善舞 又姓見姓苑 又[集韻]弭沼切與眇通嫽妙女貌[漢三老袁君碑]朕以妙身襲表繼業 別作玅玅

【 오류정리 】

○康誤處 1;[易繫辭(改說卦)]神也者妙萬物而爲言者也

●考證 ; 謹照原文繫辭改說卦

◆整理 ; [易(역)의 繫辭(계사)는 說卦(설괘)의]착오.

◆訂正文 ; [易說卦]神也者妙萬物而爲言者也

▶【332-1】 字解誤謬與否 ; [易繫辭(改說卦)]神也者妙萬物而爲言者也 [繫辭(改說卦)]

★이상과 같이 인용처(引用處)나 주소(註疏)의 오류(誤謬)를 수정(修訂)

을 한다 하여도 자전상(字典上)의 망(妄)의 본의(本義)에는 영향이 미치지 않음.

康 妣(비)[廣韻]卑履切[集韻][韻會]補履切妣音比[爾雅釋親]父曰考母曰妣[鄭註]妣之爲言媲也媲于考也[說文]歿母也[禮曲禮]生曰父母死曰考妣[儀禮配食]妣配考同位不別設位也○按謝氏曰易曰有子考无咎書言事厥考之類蓋考妣古者通稱皆非死而後稱也又[集韻]必至切音庇母名

【 오류정리 】
○康誤處 1; [爾雅釋親]父曰考母曰(兩曰字妣改爲字)妣
●考證 ; 謹照原文兩曰字妣改爲字
◆整理 ; [爾雅釋親(이아석친)]의 曰(왈)과 曰(왈) 모두 爲(위)의 착오.
◆訂正文 ; [爾雅釋親]父爲考母爲妣
▶【333-1】 字解誤謬與否 ; [爾雅釋親]父曰考母曰(兩曰字妣改爲字)妣 [曰考母曰(兩曰字妣改爲字)]
★이상과 같이 오류(誤謬) 수정(修訂)이 된다 하여도 위(爲; 돕다. …에게. …을 위하여. …에 대해서)는 자전상(字典上) 비(妣)의 본의(本義)에는 영향이 미치지 않음.

康 妥(타)[廣韻]他果切[集韻][正韻]吐火切妥音㟂安也[詩大雅]以妥以侑[唐書循吏傳]民去愁歎而就安妥[韓愈薦士詩]妥帖力排奡今方言工穩成就皆曰妥帖 又與墮通[漁隱叢話]西北方言以墮爲妥 [杜甫詩]花妥鶯捎蝶 又叶他魯切音土[韓愈元和聖德詩]獸盾騰拏園壇帖妥天兵四羅旗常婀娜音弩 別作綏妥

【 오류정리 】
○康誤處 1; [詩大雅(改小雅)]以妥以

侑
●考證 ; 謹照原文大雅改小雅
◆整理 ; [詩(시)의 大雅(대아)는 小雅(소아)의] 착오.
◆訂正文 ; [詩小雅]以妥以侑
▶【334-1】 字解誤謬與否 ; [詩大雅(改小雅)]以妥以侑 [大雅(改小雅)]
★이상과 같이 인용처(引用處)나 주소(註疏)의 오류(誤謬)를 수정(修訂)을 한다 하여도 자전상(字典上)의 타(妥)의 본의(本義)에는 영향이 미치지 않음.

康 姐(달)[廣韻][集韻][韻會]妲當割切音怛妲已紂妃[晉語]殷辛伐有蘇氏有蘇以妲已女焉 又[廣韻]得案切音旦義同

【 오류정리 】
○康誤處 1; [晉語]殷辛伐有蘇氏有蘇(改有蘇氏)以妲已女焉
●考證 ; 謹照原文氏有蘇改有蘇氏
◆整理 ; [晉語(진어)의] 氏有蘇(씨유소)는 有蘇氏(유소씨)의 착오.
◆訂正文 ; [晉語]殷辛伐有蘇氏以妲已女焉
▶【335-1】 字解誤謬與否 ; [晉語]殷辛伐有蘇氏有蘇(改有蘇氏)以妲已女焉 [有蘇(改有蘇氏)]
★이상과 같이 오류(誤謬) 수정(修訂)이 된다 하여도 씨(氏; 인명(人名) 뒤에 붙이는 존칭)는 자전상(字典上) 달(妲)의 본의(本義)에는 영향이 미치지 않음.

康 姉(자)[廣韻]將几切[集韻][韻會]蔣兕切[正韻]祖似切姐本字[爾雅釋親]男子謂女子先生曰姉 [釋名]姉積也猶日始出積時多而明也[詩邶風]遂

及伯姊 又北齊太子稱生母爲姊姊至
宋則呼嫡母爲大姊姊妻之于嫡母亦然
宋高宗母韋后稱徽宗后爲大姊姊 語[后
妃本傳]

【 오류정리 】

○康誤處 1；[爾雅釋親]男子謂女子
先生曰姊(改爲姉)
●考證；謹照原文曰姊改爲姉
◆整理；[爾雅釋親(이아석친)]의 曰
姊(왈자)는 爲姉(위자)의 착오.
▶【336-1】 字解誤謬與否；[爾雅
釋親]男子謂女子先生曰姊(改爲姉)
[姊(改爲姉)]
★이상과 같이 오류(誤謬) 수정(修訂)
이 된다 하여도 위(爲; 돕다. …에게.
…을 위하여. …에 대해서)는 자전상
(字典上) 자(姉)의 본의(本義)에는 영
향이 미치지 않음.

(康)始(시)[廣韻][正韻]詩止切[集
韻][韻會]首止切𡖇音姑初也[易乾卦]
大哉乾元萬物資始[毛詩序]是爲四始
[註]風二雅頌也[前漢鮑宣傳]日食于
三始[註]元日爲歲之朝月之朝日之朝
始猶朝也[王褒聖主得賢臣頌]春秋法
五始之要[註]元者氣之始春者四時之
始王者受命之始正月者政教之始公卽
位者一國之始 又七始華始𡖇樂名[孟
康曰]七始天地人四時之始華始萬物英
華之始[漢安世房中歌]七始華始肅侶和
聲 又旬始星名[前漢天文志]旬始出
于北斗傍[司馬相如大人賦]垂旬始以爲
幓 又山名[山海經]東始之山多蒼玉
又州名屬廣漢郡魏改始州宋改隆慶府
爲始州 又式吏切音試[毛晃曰]本始
之始上聲易資始大始之類是也方始爲
之始去聲禮月令桃始華蟬始鳴之類是
也

【 오류정리 】

○康誤處 1；[漢安世房中歌]七始華

見始肅侶(改倡)和聲
●考證；謹照原文侶改倡
◆整理；[漢安世房中歌(한안세방중
가)]의 侶(려)는 倡(창)의 착오.
◆訂正文；[漢安世房中歌]七始華
見始肅倡和聲
▶【337-1】 字解誤謬與否；[漢安
世房中歌]七始華見始肅侶(改倡)和聲
[侶(改倡)]
★이상과 같이 오류(誤謬) 수정(修訂)
이 된다 하여도 창화성(倡和聲; 부르
고 화답하는 소리)은 자전상(字典上)
시(始)의 본의(本義)에는 영향이 미치
지 않음.

○康誤處 2；[司馬相如大人賦]垂旬
始以爲幓(改幓)
●考證；謹照原文참改幓
◆整理；；[司馬相如大人賦(사마상여
대인부)]의 참(참)은 幓(삼)의 착오.
◆訂正文；[司馬相如大人賦]垂旬
始以爲幓
▶【338-1】 字解誤謬與否；[司馬
相如大人賦]垂旬始以爲幓幓(改幓幓[
(改幓)]
★이상과 같이 오류(誤謬) 수정(修
訂)이 된다 하여도 삼(幓; 수레 휘장)
은 자전상(字典上) 시(始)의 본의(本
義)에는 영향이 미치지 않음.

(康)姍(산)[廣韻]蘇干切[集韻]相干
切𡖇音山好也一曰誹也[前漢異姓諸侯
王表]秦自任私智姍笑三代 又[集韻]
師姦切音刪又所晏切音訕義𡖇同 又鋪
官切音潘醜也 又簫前切音先姍姍行
貌[前漢外戚傳]立而望之何姍姍其來遲
又桑葛切音籑婦人行衣曳地貌[司馬
相如子虛賦]便姍嫳屑

【 오류정리 】

○康誤處 1；[前漢外戚傳]立而望之

(增偏字)何姍姍其來遲

●考證 ; 謹照原文何字上增偏字

◆整理 ; [前漢外戚傳(전한외척전)]增偏字(증편자) 何(하)

◆訂正文 ; [前漢外戚傳]立而望之偏何姍姍其來遲

▶【339-1】 字解誤謬與否 ; [前漢外戚傳]立而望之(增偏字)何姍姍其來遲 [之(增偏字)]

★이상과 같이 오류(誤謬) 수정(修訂)이 된다 하여도 편(偏; 편향되다. 치우치다) 자전상(字典上) 산(姍)의 본의(本義)에는 영향이 미치지 않음.

○康誤處 2; [司馬相如子虛賦(改林賦)]便姍嫳屑

●考證 ; 謹照原文子虛賦改上林賦

◆整理 ; [司馬相如(사마상여)의 子虛賦(자허부)는 上林賦(상림부)의]착오.

◆訂正文 ; [司馬相如上林賦]便姍嫳屑

▶【340-2】 字解誤謬與否 ; [司馬相如子虛賦(改上林賦)]便姍嫳屑 [子虛賦(改上林賦)]

★이상과 같이 인용처(引用處)나 주소(註疏)의 오류(誤謬)를 수정(修訂)을 한다 하여도 자전상(字典上)의 산(姍)의 본의(本義)에는 영향이 미치지 않음.

康 娍(월)[集韻]王伐切音越輕也
【 오류정리 】

○康誤處 1; [集韻]王伐切音越輕也(改爲唐韻廣韻集韻姞王伐切音越說文娍輕也)

●考證 ; 謹按說文玉篇廣韻集韻類篇娍字均無古文作姒之文惟說文娍字作姒此蓋以娍字篆文誤爲娍字古文謹將古文娍三字省去於註中集韻王伐切音越輕也改爲唐韻廣韻集韻姞王伐切音越說文娍輕也

◆整理 ; [集韻(집운)]王伐切音越輕也(왕벌절음월경야)를 唐韻廣韻集韻姞王伐切音越說文娍輕也(당운광운집운병왕벌절음월설문월경야)로 고침.

◆訂正文 ; [唐韻][廣韻][集韻]姞王伐切音越[說文]娍輕也

▶【341-1】 字解誤謬與否 ; [集韻]王伐切音越輕也(改爲[唐韻][廣韻][集韻]姞王伐切音越[說文]娍輕也)

★이상과 같이 ○인용처(引用處)나 주소(註疏), ○음(音) 등(等)의 오류(誤謬)를 수정(修訂)을 한다 하여도 자전상(字典上)의 월(娍)의 본의(本義)에는 영향이 미치지 않으며, ○월경[娍戌經. 월(娍) 경야(經也). 날실. 경맥. 경도. 경영하다. [集韻]王伐切音越經也) 경경(輕輕) (나이가) 젊다. (무게가) 가볍다. (말소리가) 부드럽고 조용하다. 조용조용하다. 가만 가만하다] 추가 되는데 자전상(字典上) 월(娍)의 본의(本義)에 적극 영향이 미치게 됨.

康 姑(고)[廣韻]古胡切[集韻][韻會][正韻]攻乎切姞音孤[爾雅釋親]婦稱夫之母曰姑父之姊妹亦曰姑王父之姊妹曰王姑[詩邶風]問我諸姑 又婦謂夫之女妹曰小姑[新婦詩]未諳姑食性先遣小姑嘗 又[禮檀弓]細人之愛人以姑息[註]姑且也息休也○按尸子曰紂棄黎老之言用姑息之語註姑婦女也息小兒也 又且也[書酒誥]姑惟敎之 又星名[歲時記]黃姑牽牛星一曰河鼓也 又國名[左傳昭二十二年]晏子曰古人居此地者有蒲姑氏[杜預曰]樂安博昌縣北有蒲姑城又[尙書序]周公告召公作將蒲姑又有亳姑姞亡 又山名麻姑在建昌南城縣西南道書三十六洞天之一顏眞卿有麻姑壇記李覯有麻姑山賦又從姑山在縣東南以山次于麻姑因

名　又姓姑浮越大夫　又作姑邪道所
出也[後漢王莽傳]三萬餘人南出棗街
作姑　又三姑三尸也[酉陽雜組]人有
三尸上尸凊姑中尸白姑下尸血姑　又
祀姑幡名[吳語]吳王與晉爭長乃戒夜
中官師擁鐸建祀姑　又金僕姑矢名[左
傳莊十一年]公以金僕姑射南宮長萬
　又鼠姑牡丹名見[本草綱目]

【 오류정리 】

○康誤處 1;[左傳昭二十二年]晏子曰
古人居此地者有蒲姑氏[杜預曰]樂安
博昌縣北有蒲姑城(改爲左傳昭九年及
武王克商蒲姑商奄吾東土也杜預註
曰樂安博昌縣北有蒲姑城)

●考證 ; 謹按傳文無此語杜預所註在
昭九年不在二十二年今謹改爲左傳昭九
年及武王克商蒲姑商奄吾東土也杜
預註曰樂安博昌縣北有蒲姑城

◆整理 ;[左傳昭二十二年(좌전소이십
이년)]晏子曰古人居此地者有蒲姑氏
(안자왈고인거차지자유포고씨)[杜預
曰(두예왈)]樂安博昌縣北有蒲姑城(락
안박창현북유포고성)을　左傳昭九年
及武王克商蒲姑商奄吾東土也杜預註曰
樂安博昌縣北有蒲姑城(좌전소구년급
무왕극상포고상엄오동토야두예주왈락
안박창현북유포고성)으로 고침.

◆訂正文 ;[左傳昭九年]及武王克商
蒲姑商奄吾東土也[杜預註曰]樂安博
昌縣北有蒲姑城

▶【342-1】 字解誤謬與否 ;[左傳
昭二十二年]晏子曰古人居此地者有蒲
姑氏[杜預曰]樂安博昌縣北有蒲姑城
(改爲[左傳昭九年]及武王克商蒲姑商
奄吾東土也[杜預註曰]樂安博昌縣北有
蒲姑城)

★이상과 같이 ○인용처(引用處)나
주소(註疏), 등(等)의 오류(誤謬)를
수정(修訂)을 한다 하여도 자전상(字
典上)의 고(姑)의 본의(本義)에는 영

향이 미치지 않으나 ○급무왕극상포
고상엄오동토야[及武王克商蒲姑商奄
吾東土也 ; 무왕(武王)이 상(商)나라
를 이겼을 때 포고(蒲姑; 國名)와 상
엄(商奄)은 우리나라 동쪽 영토였다.
[左傳昭九年]及武王克商蒲姑商奄吾東
土也[杜預註]曰樂安博昌縣北有蒲姑
城]는 본의(本義)에 적극 영향이 미
치게 됨.

㊝姓(성)[唐韻][集韻][韻會][正
韻]𡜅息正切音性[說文]人所生也[左
傳隱八年]天子建德因生以賜姓　又孫
謂之子姓[詩周南]振振公姓[楚語]率
其子姓從其時享　又眩姓備庶媵也[吳
語]一介嫡女願執箕箒以眩姓于王宮
又百姓民庶也[書堯典]平章百姓又百
官族姓[君奭]越百姓里居　又生子曰
姓[左傳昭四年]庚宗之婦人獻以雉
問其姓對曰余子長矣能奉雉而從我矣
又姓[前漢食貨志]臨菑人姓偉貲五千
萬[註]姓姓也偉其名　又推律定姓京
房本姓李推律定性爲京氏　又筮易得
姓陸羽不知所生自筮得蹇之漸乃姓陸
名羽字鴻漸　又[集韻]師庚切音生人
名[春秋哀四年]蔡殺其大夫公孫姓
又叶桑經切音星[詩唐風]豈無他人不
如我同姓叶上菁　[鄭曉曰]姓字从女
生上古八大姓姜姬嬀姒嬴妘姚妘皆从
女

【 오류정리 】

○康誤處 1; 眩姓備庶媵也[吳語]一
介嫡女願執箕箒以眩(兩眩字俱改昡)姓
于王宮

●考證 ; 謹照原文兩眩字俱改昡

◆整理 ; 眩(해) 眩(해) 모두 俱昡(구
해)의 착오.

◆訂正文 ; 昡姓備庶媵也[吳語]一 介
嫡女願執箕箒以昡姓于王宮

▶【343-1】 字解誤謬與否 ; 眩(改
昡)姓備庶媵也[吳語]一 介嫡女願執

箕箒以眩(改晛)姓于王宮　[眩(改晛)姓]　[眩(改晛)姓]

★이상과 같이 오류(誤謬) 수정(修訂)이 되면 해성(晛姓; 姓氏) 자전상(字典上) 성(姓)의 본의(本義)에 영향이 미치게 됨.

○康誤處 2; [君奭(改爲酒誥)]越百姓里居

●考證 ; 謹照原書君奭改爲酒誥

◆整理 ; [君奭(군석)은 酒誥(주고)의] 착오.

◆訂正文 ; [酒誥]越百姓里居

▶【344-2】 字解誤謬與否 ; [君奭(改爲酒誥)]越百姓里居　[君奭(改爲酒誥)]

★이상과 같이 인용처(引用處)나 주소(註疏)의 오류(誤謬)를 수정(修訂)을 한다 하여도 자전상(字典上)의 성(姓)의 본의(本義)에는 영향이 미치지 않음.

○康誤處 3; 京房本姓李推律定性(改定姓)爲京氏

●考證 ; 謹照漢書京房傳定性改定姓

◆整理 ; 京房本姓(경방본성)의 定性(정성)은 定姓(정성)의 착오.

◆訂正文 ; 京房本姓李推律定姓爲京氏

▶【345-3】 字解誤謬與否 ; 京房本姓李推律定性(改定姓)爲京氏　[定性(改定姓)]

★이상과 같이 오류(誤謬) 수정(修訂)이 되면 정성(定姓; 따를 성을 정하다)은 자전상(字典上) 성(姓)의 본의(本義)에 영향이 미치게 됨.

女部 六畫

康 **姚**(요) [廣韻] [集韻] [韻會] [正韻] 㟥餘昭切音遙舜後也 [左傳哀元年] 少康逃奔有虞虞思妻之以二姚　又美

好貌 [荀子非相篇] 美麗姚冶　又州名古滇池國唐置姚州今姚安府　又與遙同 [前漢禮樂志] 雜變㟥會雅聲遠姚　又與繇通 [說苑指武] 美哉德乎姚姚者乎　又 [集韻] 徒刀切同桃 [春秋傳] 周有頮叔姚子　又他弔切同窕 [春秋傳] 楚師輕姚　又戈笑切音燿票姚勁疾貌漢以名兵官 [前漢霍去病傳] 去病爲票姚校尉 [史記] 作剽姚 [荀悅漢紀] 作票鷂○按唐人詩用票姚率作平聲且改票作嫖尤屬舛謬正字通因李杜詩改入平聲非

【 오류정리 】

○康誤處 1; 又戈笑切(改弋笑切)音燿

●考證 ; 謹按戈與燿字母不同今照集韻戈笑切改弋笑切

◆整理 ; 戈笑切(과소절)은 弋笑切(익소절)의 착오.

◆訂正文 ; 又弋笑切音燿

▶【346-1】 字解誤謬與否 ; 又戈笑切(改弋笑切)音燿　[戈笑切(改弋笑切)]

★이상과 같이 음(音)의 오류(誤謬)를 수정(修訂)을 한다 하여도 자전상(字典上)의 요(姚)의 본의(本義)에는 영향이 미치지 않음.

康 **姤**(구) [廣韻] [集韻] [韻會] [正韻] 㟥古候切音構 [說文] 偶也　又 [易說卦] 乾上巽下姤 [象傳] 姤遇也柔遇剛也一曰好也 [管子地員篇] 其人彝姤　又 [集韻] 很口切音厚義同

【 오류정리 】

○康誤處 1; [易說卦(改卦名)]乾上巽下姤

●考證 ; 謹按所引非說卦文謹將說卦改卦名

◆整理 ; [易(역)의 說卦(설괘)는 卦名(괘명)의] 착오.

◆訂正文 ; [易卦名]乾上巽下姤

▶【347-1】 字解誤謬與否 ; [易說卦(改卦名)]乾上巽下姤 [說卦(改卦名)]
★이상과 같이 인용처(引用處)나 주소(註疏)의 오류(誤謬)를 수정(修訂)을 한다 하여도 자전상(字典上)의 구(姤)의 본의(本義)에는 영향이 미치지 않음.

康 姦(간)[廣韻]古顔切[集韻][韻會][正韻]居顔切𡘋音菅[說文]私也一曰詐也淫也[書舜典]寇賊姦宄[註]劫人曰寇殺人曰賊在外曰姦在內曰宄[禮學記]政以一其行刑以防其姦[管子君臣篇]止詐拘姦厚國之道也[張衡西京賦]禁禦不若以知神姦魑魅罔兩莫能逢旃删天韻本通[字彙]叶音堅非 又高麗用中國書獨以姦爲好字好爲姦字見[正字通]

【 오류정리 】
○康誤處 1; [禮學記(改樂記)]政以一其行刑以防其姦
●考證 ; 謹照原書學記改樂記
◆整理 ; [禮(예기)의 學記(학기)는 樂記(악기)의] 착오.
◆訂正文 ; [禮樂記]政以一其行刑以防其姦
▶【348-1】 字解誤謬與否 ; [禮學記(改樂記)]政以一其行刑以防其姦 [學記(改樂記)]
★이상과 같이 인용처(引用處)나 주소(註疏)의 오류(誤謬)를 수정(修訂)을 한다 하여도 자전상(字典上)의 구(姤)의 본의(本義)에는 영향이 미치지 않음.

康 姨(이)[廣韻]以脂切[集韻][韻會][正韻]延知切𡘋音夷母之姊妹曰姨 又妻之姊妹同出爲姨[詩衞風]邢侯之姨[左傳莊十年]息嬀過蔡蔡侯曰吾姨也止而享之 又母同堂之姊妹曰堂姨[朝野僉載]狄仁傑爲相候問盧氏堂姨仁傑曰表弟有何願盧曰老姨止一子不欲令事女主 又十八姨風神也[傳異記]崔元微月夜於苑中見諸女伴皆殊色煩元微每歲旦作一幡上圖日月五星求封家十八姨相庇崔如其言後風疾花飛而苑中花不動

【 오류정리 】
○康誤處 1; [左傳莊十年]息嬀過蔡蔡侯曰吾姨也止而享之(改見之)
●考證 ; 謹照原文享之改見之
◆整理 ; [左傳莊十年(좌전장십년)]의 享之(향지)는 見之(견지)의 착오.
◆訂正文 ; [左傳莊十年]息嬀過蔡蔡侯曰吾姨也止而見之
▶【349-1】 字解誤謬與否 ; [左傳莊十年]息嬀過蔡蔡侯曰吾姨也止而享之(改見之) [享之(改見之)]
★이상과 같이 오류(誤謬) 수정(修訂)이 된다 하여도 견지(見之; 만나보다. 본것)는 자전상(字典上) 이(姨)의 본의(本義)에는 영향이 미치지않음.

康 姬(희)[唐韻][集韻][韻會]𡘋居之切音基[說文]黃帝居姬水以姬爲氏ㅐ周人嗣其姓[左傳昭二十七年]武王克商光有天下兄弟之國者十有五人姬姓之國者四十人 又[廣韻]與之切[集韻]盈之切𡘋音怡婦人美稱一曰王妻別名一曰衆妾總稱[師古曰]姬本周姓其女貴於列國之女所以婦人美號皆稱姬[劉安世曰]政和中大臣不學以郡主爲宗姬姬周姓漢初取爲嬪嬙之號已可笑今乃以嬪嬙名其女尤非 又九魚切同居[列子黃帝篇]姬將告女[註]姬作居

【 오류정리 】
○康誤處 1; [左傳昭二十七年(改二十六年)]武王克商光有天下
●考證 ; 謹照原文二十七年改二十六

年
◆整理 ; [左傳昭(좌전소)의 二十七年
(이십칠년)은 二十六年(이십육년)의]
착오.
◆訂正文 ; [左傳昭二十六年]武王克
商光有天下
▶【350-1】 字解誤謬與否 ; [左傳
昭二十七年(改二十六年)]武王克商光
有天下 [二十七年(改二十六年)]
★이상과 같이 인용처(引用處)나 주
소(註疏)의 오류(誤謬)를 수정(修訂)
을 한다 하여도 자전상(字典上)의 희
(姬)의 본의(本義)에는 영향이 미치지
않음.

女部 八畫

康娵(추)[廣韻]子于切[集韻][韻
會]遵須切𡛖音諏娵訾星次名[爾雅釋
天]娵訾之口營室東壁也[註]自尾十六
度至奎四度爲娵訾衞之分野屬幷州
又娵訾帝嚳妃生摯見[前漢古今人物
表] 又閻娵魏之美人[東方朔七諫]謂
閻娵爲醜惡一曰明娵 又蠻語謂魚爲
娵隅[郝隆南蠻參軍詩]娵隅躍淸池
又[集韻]菑尤切音鄒女名 又此苟
切娵上聲美女也

【 오류정리 】

○康誤處 1; [前漢古今人物(省物
字)表]
●考證 ; 謹照原書省物字
◆整理 ; [前漢(전한) 古今人物表(고
금인물표)에서 物字(물자)를]삭제함.
◆訂正文 ; [前漢古今人表]
▶【351-1】 字解誤謬與否 ; [前漢
古今人物(省物字)表] [物(省物字)]
★이상과 같이 인용처(引用處)나 주
소(註疏)의 오류(誤謬)를 수정(修訂)
을 한다 하여도 자전상(字典上)의 희
(姬)의 본의(本義)에는 영향이 미치지
않음.

康婁(루)[集韻][韻會]𡛖隴主切音
縷卷婁形神交役也[莊子徐無鬼]舜舉
童土之地齒長明衰不得休歸所謂卷婁
者也 又繫馬曰維繫牛曰婁牛馬維婁見
[左傳] 又[集韻]龍遇切[正韻]良據
切𡛖音屢煩數也[前漢 公孫弘傳]上
方興功業婁舉賢良又[元帝紀]百姓婁
遭凶咎 又[集韻]倫爲切音嬴蟄婁地
名在西羌 又[廣韻]洛侯切[集韻][韻
會]郞侯切[正韻]盧侯切𡛖音樓星名
[禮月令]季冬之月日在婺女昏婁中[淮
南子天文訓]二月建奎婁 又地名[左
傳隱四年]莒人伐杞取牟婁又[僖十八
年]衞侯師于訾婁 又江名[史記正義]
江東北下三百餘里入海曰婁江今松江
屬有婁縣 又人名離婁古之明目者[楚
辭九章]離婁微睇兮瞽以爲無明又黔婁
齊隱士有[黔婁子四篇] 又姓漢婁敬
高祖賜姓劉唐婁師德 又獸名[韓詩外
傳]北方有獸名曰婁更食而更視又同貗
[左傳定十四年]旣定爾婁豬 又[集
韻]龍珠切[正韻]凌如切𡛖音慺曳也[詩
唐風]子有衣裳弗曳弗婁 又鏤刻貌
[何晏景福殿賦]繚以藻井編以綷疏紅
葩軬靾丹綺離婁[註]離婁鏤刻分明也
又愚也昧也[蘇氏演義]時人以無分
別者爲邾婁不辨邾婁小國微小之人不
能分別也[六書故]春秋邾國號邾婁
又[集韻]朗口切[正韻]朗斗切𡛖音
同塿小阜也[左傳襄二十四年]子太叔
曰部婁無松柏

【 오류정리 】

○康誤處 1; 繫馬曰維繫牛曰婁牛馬
維婁見[左(改公羊)傳]
●考證 ; 謹按所引出公羊傳謹將左傳
改公羊
◆整理 ; [左(좌)는 公羊(공양)양의
착오. 傳(전)]
◆訂正文 ; 繫馬曰維繫牛曰婁牛馬維
婁見[公羊傳]

▶【352-1】 字解誤謬與否 ; 繫馬曰維繫牛曰婁牛馬維婁見[左(改公羊)傳][左(改公羊)]

★이상과 같이 인용처(引用處)나 주소(註疏)의 오류(誤謬)를 수정(修訂)을 한다 하여도 자전상(字典上)의 루(婁)의 본의(本義)에는 영향이 미치지 않음.

○康誤處 2; [左傳(改春秋)隱四年]莒人伐杞取牟婁

●考證 ; 謹按所引係春秋經文謹將左傳改春秋

◆整理 ; [左傳隱四年(좌전은사년)은 春秋(춘추)의] 착오.

◆訂正文 ; [春秋隱四年]莒人伐杞取牟婁

▶【353-2】 字解誤謬與否 ; [左傳(改春秋)隱四年]莒人伐杞取牟婁 [左傳(改春秋)]

★이상과 같이 인용처(引用處)나 주소(註疏)의 오류(誤謬)를 수정(修訂)을 한다 하여도 자전상(字典上)의 루(婁)의 본의(本義)에는 영향이 미치지 않음.

(康)婉(완)[廣韻][正韻]於阮切[集韻][韻會]委遠切𡘜音宛[說文]順也[左傳昭三十一年]春秋之稱婉而辨 又婉婉龍飛貌[屈原離騷]駕八龍之婉婉 又[集韻]鄔管切音盌美也[詩衞風]燕婉之求徐邈讀 又[正韻]迂絹切音怨[詩齊風]猗嗟變兮淸揚婉兮與下選押選去聲 又叶胡玩切音換[邊讓章華賦]設長夜之歡飮兮展中情之燕婉竭四海之妙珍兮盡生人之祕翫娿婉𡘜通

【 오류정리 】

○康誤處 1; [詩衞風(改邶風)]燕婉之求

●考證 ; 謹照原書衞風改邶風

◆整理 ; [詩(시) 衞風(위풍)은 邶風(패풍)의] 착오.

◆訂正文 ; [詩邶風]燕婉之求

▶【354-1】 字解誤謬與否 ; [詩衞風(改邶風)]燕婉之求 [衞風(改邶風)]

★이상과 같이 인용처(引用處)나 주소(註疏)의 오류(誤謬)를 수정(修訂)을 한다 하여도 자전상(字典上)의 루(婁)의 본의(本義)에는 영향이 미치지 않음.

(康)婢(비)[廣韻]便俾切[集韻][韻會]部弭切𡘜音庳[說文]女之卑者[禮曲禮]自世婦以下皆稱曰婢子 又夫人負罪而有所請亦曰婢子[左傳僖十五年]穆姬曰晉侯朝以入則婢子夕以死又[二十二年]嬴氏對太子圉曰寡君使婢子侍執巾櫛 又有罪刂而沒入于官曰官婢[前漢刑法志]太倉令淳于公罪當刑小女緹縈上書願沒入爲官婢以贖父 又小魚曰魚婢見[爾雅釋魚] 又金鳳花別名菊婢見[草木譜] 又婢曰上淸[司馬光考異]引柳珵上淸傳竇參知敗屬上淸定爲宮婢一曰上淸或婢本名[正字通]當時通稱婢爲上淸

【 오류정리 】

○康誤處 1; [左傳僖十五年]穆姬曰晉侯(改晉君)朝以入

●考證 ; 謹照原文晉侯改晉君

◆整理 ; [左傳僖十五年(좌전희십오년)] 晉侯(진후)는 晉君(진군)의 착오.

◆訂正文 ; [左傳僖十五年]穆姬曰晉君朝以入

▶【355-1】 字解誤謬與否 ; [左傳僖十五年]穆姬曰晉侯(改晉君)朝以入 [晉侯(改晉君)]

★이상과 같이 오류(誤謬) 수정(修訂)이 된다 하여도 진군(晉君; 晉나라 임금) 자전상(字典上) 비(婢)의 본의

(本義)에는 영향이 미치지 않음.

女部 九畫

康 **婾**(유)[廣韻]羊朱切[集韻][韻會]容朱切㘱音俞[說文]薄也一曰靡也[楚辭卜居]將從俗富貴以婾生乎[左傳襄三十年]晉未可婾也 又樂也與愉通[呂氏春秋]齊威王鼓瑟騶忌子曰攫而深醇而婾者政令也 又叶餘昭切音遙[韋孟諷諫詩]務彼鳥獸忽此稼苗烝民以匱我王以婾 又[廣韻]託侯切[集韻][韻會][正韻]他侯切㘱音偸[晉語]婾居幸生[賈山至言]婾合取容 又巧黠也[左傳文十八年]齊君之語婾

【 오류정리 】

○康誤處 1;[左傳文十八年(改十七年)]齊君之語婾

●考證 ; 謹照原文十八年改十七年

◆整理 ; [左傳文(좌전문) 十八年(십팔년)은 十七年(십칠년)의 착오.

◆訂正文 ; [左傳文十七年]齊君之語婾

▶【356-1】 字解誤謬與否 ; [左傳文十八年(改十七年)]齊君之語婾 [十八年(改十七年)]

★이상과 같이 인용처(引用處)나 주소(註疏)의 오류(誤謬)를 수정(修訂)을 한다 하여도 자전상(字典上)의 루(婁)의 본의(本義)에는 영향이 미치지 않음.

康 **媚**(미)[廣韻][集韻][韻會][正韻]㘱明祕切音郿[說文]說也又諧也諂也蠱也[書冏命]便辟側媚[史記佞幸傳]非獨女以色媚士宦亦有之[吳志]虞翻曰自恨骨體不媚 又愛也親順也[詩大雅]媚玆一人[唐書魏徵傳]太宗曰人言魏徵舉動疎慢我見其嫵媚 又地名[左傳定九年]齊侯致禚媚杏于衞[註]三邑皆齊四界 又叶武悲切音眉[韓愈永

貞行]狐鳴梟噪爭署置賜睒跳踉相嫵媚[註]賜睒獸狂視貌時順宗病瘖王伾王叔文用事憲宗立改元永貞

【 오류정리 】

○康誤處 1;[左傳定九年]齊侯致禚媚杏于衞[註]三邑皆齊四界(改西界)

●考證 ; 謹照原文四界改西界

◆整理 ; [左傳定九年(좌전정구년)]의 四界(사계)는 西界(서계)의 착오.

◆訂正文 ; [左傳定九年]齊侯致禚媚杏于衞[註]三邑皆齊西界

▶【357-1】 字解誤謬與否 ; [左傳定九年]齊侯致禚媚杏于衞[註]三邑皆齊四界(改西界) [四界(改西界)]

★이상과 같이 오류(誤謬) 수정(修訂)이 된다 하여도 서계(西界; 서쪽 경계) 자전상(字典上) 미(媚)의 본의(本義)에는 영향이 미치지 않음.

康 **媞**(제)[廣韻][正韻]杜奚切[集韻][韻會]田黎切㘱音題[爾雅釋訓]媞媞安也一曰美好[東方朔七諫]西施媞媞而不得見 又[集韻]章移切音支又常支切音匙義㘱同 又[廣韻]承紙切[集韻]上紙切㘱音是[說文]媞諦一曰姸黠一曰江淮閒謂母曰媞 又[集韻]待禮切音弟草子名[夏小正]媞薃也薃也者莎薃也媞也者其實也 又[集韻]得懈切[揚子方言]姣媞欺嫚也 又陟嫁切邑吒義同

【 오류정리 】

○康誤處 1;[夏小正]媞薃也薃也者莎薃也媞也者其實也(改作爾雅薃侯莎其實媞註引夏小正曰媞者其實)

●考證 ; 謹按夏小正作緹不作媞作媞者爾雅也謹改作爾雅薃侯莎其實媞引夏小正曰媞者其實

◆整理 ; [夏小正(하소정)]媞薃也薃也者莎薃也媞也者其實也(제호야호야자사수야제야자기실야)를 爾雅(이아) 薃

侯莎其實媞註引夏小正曰媞者其實(호후사기실제주인하소정왈제자기실)로 고침.

◆訂正文 ; 爾雅蔿侯莎其實媞註引夏小正曰媞者其實

▶【358-1】 字解誤謬與否 ; [夏小正]媞蔿也蔿也者莎藬也媞也者其實也(改作爾雅蔿侯莎其實媞註引夏小正曰媞者其實)

★이상과 같이 오류(誤謬) 수정(修訂)이 되면 ○호후사(蔿侯莎; 초명(草名)) ○기실제(其實媞; 그의 열매를 媞라 함) [爾雅釋草] 蔿侯莎其實媞 [郭璞註]夏小正曰蔿也者莎藬媞者其實 [疏]蔿即莎別名侯維也其實別名 媞 ○제(媞; 향부자의 열매)인데 자전상(字典上) 제(媞)의 본의(本義)에 적극 영향이 미치게 됨.

女 部 十畫

康 媵(잉)[廣韻][集韻][韻會][正韻]㠯以證切音孕[說文]送也[釋文]古者同姓娶夫人則同姓二國媵之[釋名]三品曰姬五品曰媵[左傳成八年]凡諸侯嫁女同姓媵 又飮爵亦曰媵[儀禮燕禮]主人媵爵于賓[註]先飮一爵後一爵從之也 又凡送皆曰媵[楚辭九歌]彼滔滔兮來迎魚鱗鱗兮媵予 又寄物爲媵本作賸[揚子方言]賸寄也从月俗从月非 一作倭

【 오류정리 】

○康誤處 1; [楚辭九歌]彼(改波)滔滔兮來迎

●考證 ; 謹照原文彼改波

◆整理 ; [楚辭九歌(초사구가)]의 彼(피)는 波(파)의 착오.

◆訂正文 ; [楚辭九歌]波滔滔兮來迎

▶【359-1】 字解誤謬與否 ; [楚辭九歌]彼(改波)滔滔兮來迎 [彼(改波)]

★이상과 같이 오류(誤謬) 수정(修訂)이 된다 하여도 파도도(波滔滔; 큰물이 파도치다. 큰물이 출렁이다) 자전상(字典上) 잉(媵)의 본의(本義)에는 영향이 미치지 않음.

康 嫁(가)[廣韻]古訝切[集韻][韻會]居迓切[正韻]居亞切㪠音駕[說文]女適人也一曰家也故婦人謂嫁曰歸[揚子方言]自家而出謂之嫁[禮內則]女子二十而嫁[曲禮]女子許嫁纓[註]繫以纓示有所繫屬也[周禮地官]媒氏禁夫嫁殤者[註]謂以死而求夫也 又往也[列子天瑞篇]列子居鄭圃四十年人無識者將嫁于衛 又推惡于人曰嫁[史記趙世家]平陽君豹曰是欲嫁禍于趙也

【 오류정리 】

○康誤處 1; [周禮地官]媒氏禁夫(省夫字)嫁殤者 [註(改訂義)]謂以死而(改者)求夫也

●考證 ; 謹照原文禁下省夫字謂以死者求夫語出周禮訂義謹將註字改訂義而字改者字

◆整理 ; [周禮地官(주례지관)]의 夫(부)는 삭제하고, [註(주)]는 訂義(정의)]而(이)는 者(자)의 착오.

◆訂正文 ; [周禮地官]媒氏禁嫁殤者 [訂義]謂以死者求夫也

▶【360-1】 字解誤謬與否 ; [周禮地官]媒氏禁夫(省夫字)嫁殤者 [註(改訂義)]謂以死而(改者)求夫也 [夫(省夫字)] [註(改訂義)] [而(改者)]

★이상과 같이 부(夫; 남편. 사나이. 성년 남자. 육체노동에 종사하는 사람)를 삭제를 하거나 주소(註疏)의 오류(誤謬)를수정(修訂)하고 이[而; 접속사(接續詞) …로부터…까지. 접미사(接尾辭)]를 자(者; 자. 것. 이. 이것. 곳. 장소. 허락하는 소리)로 수정(修訂)하여도 자전상(字典上) 가(嫁)의 본의(本義)에는 영향이 미치지 않

音.

女部 十一畫

⊗ **嫡**(적)[廣韻]都歷切[集韻][韻會][正韻]丁歷切𡘋音的[增韻]正室曰嫡正室所生之子曰嫡子一曰嫡敵也言無與敵也[左傳閔元年]內寵𡘋后嬖子配嫡亂之本也　又嫡母曰民母見[前漢衞青傳註]通作適別作的　又[集韻]陟革切音摘嬌也　又竹益切音𪓵嫡嬌女審諦貌

【 오류정리 】

○康誤處 1;[左傳閔元年(改二年)]內寵𡘋后嬖子配嫡

●考證；謹照原文元年改二年

◆整理；[左傳閔(좌전민)元年(원년)은 二年(이년)의 착오.

◆訂正文；[左傳閔二年]內寵𡘋后嬖子配嫡

▶【361-1】字解誤謬與否；[左傳閔元年(改二年)]內寵𡘋后嬖子配嫡[元年(改二年)]

★이상과 같이 인용처(引用處)나 주소(註疏)의 오류(誤謬)를 수정(修訂)을 한다 하여도 자전상(字典上)의 적(嫡)의 본의(本義)에는 영향이 미치지 않음.

⊗ **嬌**(암)[廣韻][集韻]𡘋五感切音鍇[說文]含怒也一曰難知　又**豐豔貌**[韓詩外傳]碩大且嬌　又[廣韻]胡感切[集韻]戶感切𡘋撼上聲惡性也　又[集韻]鄔感切音暗又魚檢切音广𡘋含怒意　又於鹽切音懕美也　又衣檢切音掩義同　又烏含切音諳女有心嬌嬌通作媕　鍇嬌

【 오류정리 】

○康誤處 1;豐豔貌[韓詩外傳(省外傳二字) 章句]碩大且嬌(豐豔貌改重頤謂之嬌)

●考證；謹按韓詩外傳無此文查太平

御覽引韓詩作嬌又引章句曰嬌重頤也謹照韓詩章句豐豔貌改重頤謂之嬌省外傳二字

◆整理；[韓詩(한시) 外傳二字(외전이자)는 삭제하고　章句(장구)라]하며, 碩大且嬌(석대차암)은 豐豔貌改重頤謂之嬌(풍염모개중이위지암)이라 함.

◆訂正文；豐豔貌[韓詩章句]重頤謂之嬌

▶【362-1】字解誤謬與否；豐豔貌[韓詩外傳(省外傳二字) 章句]碩大且嬌(豐豔貌改重頤謂之嬌)　[外傳(省外傳二字)][豐豔貌(改重頤謂之嬌)]

★이상과 같이 삭제(削除)를 하거나 오류(誤謬) 수정(修訂)이 되면 중이위지암(重頤謂之嬌; 이중턱은 살이 통통하여 예쁘다고 이를만하다)라 하였으니 자전상(字典上) 암(嬌)의 본의(本義)에 적극적 영향이 미치게 됨.

女部 十三畫

⊗ **嬗**(선)[集韻]同禪[史記秦楚之際月表]五年之閒號令三嬗　又[廣韻][集韻]𡘋他干切音灘緩也婢也又[廣韻]多旱切[集韻]黨旱切𡘋音亶又[集韻]儻旱切音坦又蕩旱切音但義𡘋同又上演切同善[說文]吉也　又與嬋通[賈誼服賦]或流而遷或推而還形氣轉續變化而嬗

【 오류정리 】

○康誤處 1;又與嬋通(改又與禪通)[賈誼服賦]或流(改斡流)而遷或推而還形氣轉續變化而嬗

●考證；謹照漢書賈誼傳註又與嬋通改又與禪通𡘋照原文或流改斡流

◆整理；又與嬋通(우여선통)은 又與禪通(우여선통)으로, 或流(혹류)는 斡流(알류)로 수정함.

◆訂正文；又與禪通[賈誼服賦]斡流

而遷或推而還形氣轉續變化而嬗
▶【363-1】 字解誤謬與否 ; 又與嬋
通(改又與禪通)[賈誼服賦]或流(改幹
流)而遷或推而還形氣轉續變化而嬗
[又與嬋通(改又與禪通)] [或流(改幹
流)]
★이상과 같이 오류(誤謬) 수정(修訂)
이 되면 자전상(字典上) 선(嬗)의 본
의(本義)가 선통(禪通)으로 선[禪; 선
위(禪位) 선양(禪讓)]으로 바뀌게 되
어 직접 영향이 미치게 됨.

女部 十四 畫 嬴

康 嬴(영)[廣韻]以成切[集韻][韻
會]怡成切[正韻]餘輕切𡘋音盈[說文]
帝少皞氏之姓 又奉祖柏翳卽伯益爲
舜主畜畜多息賜姓嬴 又黔嬴造化神
名[楚辭遠遊]召黔嬴而見之兮爲余先
乎平路 又更嬴古善射者[左思魏都
賦]嬴弦一發妙擬更嬴 又嬴女名弄玉
秦穆公女[列仙傳]嬴女好簫蕭史善吹
簫穆公以弄玉配之 又齊地名[左傳哀
十五年]公孫宿以其甲兵入于嬴 又解
也[禮月令]天地始肅不可以嬴 又滿
也餘也與盈通[爾雅釋天]春爲發生夏
爲長嬴[史記天官書]歲星嬴縮 又端
也[史記趙世家]命乎命乎曾莫我嬴
[註]言命當貴盛人莫知其端也 又與
嫿通[周語]反及嬴內以無射之上宮[註]
嬴內同嫿汭

【 오류정리 】

○康誤處 1; [左思魏都賦]控弦一發
(改控弦簡發)
●考證 ; 謹照原文改控弦簡發
◆整理 ; [左思魏都賦(좌사위도부)]의
嬴弦一發(공현일발)은 控弦簡發(공
현간발)의 착오.
◆訂正文 ; [左思魏都賦]控弦簡發
▶【364-1】 字解誤謬與否 ; [左思
魏都賦]嬴 弦一發(改控弦簡發)嬴[弦
一發(改控弦簡發)]
★이상과 같이 오류(誤謬) 수정(修訂)
이 되면 공현간발(控弦簡發; 활을 쏘
는 병사는 쉽게 쏘아 댄다. 활잘쏘는
병사)인데 자전상(字典上) 영(嬴)의
본의(本義)가 되어 직접으로 영향이
미치게 됨.

康誤處 2; [左傳哀十五年]公孫宿以
其甲兵(改兵甲)入于嬴
●考證 ; 謹照原文甲兵改兵甲
◆整理 ;; [左傳哀十五年(좌전애십오
년)]의 甲兵(갑병)은 兵甲(병갑)의 착
오.
◆訂正文 ; [左傳哀十五年]公孫宿以
其兵甲入于嬴
▶【365-2】 字解誤謬與否 ; [左傳
哀十五年]公孫宿以其甲兵(改兵甲)入
于嬴 [甲兵(改兵甲)]
★이상과 같이 오류(誤謬) 수정(修訂)
이 되면 자전상(字典上) 영(嬴)의 본
의(本義)가 병갑입우영(兵甲入于嬴;
무장한 병사들이 들어가 있던 齊나라
지명인 嬴)이라 수정이 되어 간접으
로 영향이 미치게 됨.

○康誤處 3; 又與嫿通[周語]反及嬴
內以無射之上宮[註]嬴內同嫿汭(改爲
地名也周語反及嬴內布憲施舍於百姓註
嬴內地名)
●考證 ; 謹按周語註無同嫿汭之語以
無射之上宮句文義亦未足謹改爲地名也
周語反及嬴內布憲施舍於百姓註嬴內地
名
◆整理 ; [周語(주어)]反及嬴內以無射
之上宮(반급영내이무사지상궁)[註
(주)]嬴內同嫿汭(영내동규예)를 [周語
(주어)]反及嬴內布憲施舍於百姓(반급
영내포헌시사어백성)[註(주)]嬴內地
名(영내지명)으로 고침.
◆訂正文 ; 又地名也[周語]反及嬴內

布憲施舍於百姓[註]嬴內地名
▶【366-3】 字解誤謬與否 ; 又與嬀通[周語]反及嬴內以無射之上宮[註]嬴內同嬀汭(改爲地名也周語反及嬴內布憲施舍於百姓註嬴內地名)
★이상과 같이 오류(誤謬) 수정(修訂)이 되면 자전상(字典上) 영(嬴)의 본의(本義)가 지명(地名)으로 자전에서는 영내동규예(嬴內同嬀汭)라 하였고 고증(考證)에서는 영내지명(嬴內地名)이라 하였으니 모두 자의(字義)가 동일체(同一體)로 부수문(附隨文)이 다를뿐이라 본의(本義)에 적극 영향이 미치게 됨.

㊗ 㜪(신)[廣韻]所臻切[集韻][韻會]疏臻切丛音莘有㜪國名緜妃有㜪氏女生禹名女志一名修己 又有㜪湯妃生太丁丛見[前漢古今人物表]或作姺

【 오류정리 】
○康誤處 1; [前漢古今人物(省物字)表]
●考證 ; 謹照原書省物字
◆整理 ; [前漢古今人物 表(전한고금인물표)에서 物字(물자) 를]삭제함.
◈訂正文 ; [前漢古今人表]
▶【367-1】 字解誤謬與否 ; [前漢古今人物(省物字)表] [物(省物字)]
★이상과 같이 인용처(引用處)나 주소(註疏)의 오류(誤謬)를 수정(修訂)을 한다 하여도 자전상(字典上)의 영(嬴)의 본의(本義)에는 영향이 미치지 않음.

女 部 十七畫

㊗ 孀(상)[廣韻]色莊切[集韻][韻會][正韻]師莊切丛音霜嫠婦曰孀[王瑗淸河王誄]惠于媰孀 又[集韻]色壯切霜去聲義同

【 오류정리 】
○康誤處 1; [王瑗(改崔瑗)淸河王誄]惠于媰孀
●考證 ; 謹按廣韻媰字註作崔子玉卽崔瑗也王瑗改崔瑗
◆整理 ; 王瑗(왕원)은 崔瑗(최원)의 착오.
◈訂正文 ; [崔瑗淸河王誄]惠于媰孀
▶【368-1】 字解誤謬與否 ; [王瑗(改崔瑗)淸河王誄]惠于媰孀 [王瑗(改崔瑗)]
★이상과 같이 인용처(引用處)나 주소(註疏)의 오류(誤謬)를 수정(修訂)을 한다 하여도 자전상(字典上)의 상(孀)의 본의(本義)에는 영향이 미치지 않음.

女 部 二十一畫

㊗ 孏(란)[集韻]同嬾[後漢王丹傳]每歲農時丹載酒肴田閒勤苦者勞之其惰孏者恥不致

【 오류정리 】 欽
○康誤處 1; [後漢王丹傳]每歲農時丹載酒肴田閒(田間上增於字)勤苦(改候勤)者勞之其惰(改墮)孏者恥不致(下增丹皆兼功自厲六字)
●考證 ; 謹照原文田間上增於字勤苦改候勤惰改墮恥改恥欽改致下增丹皆兼功自厲六字以足文義
◆整理 ; [後漢王丹傳(후한왕단전)]의 田閒(전한) 田間上增於字(전간상증어자)하고, 勤苦(근고)는 候勤(후근), 惰(타)는 墮(타)의 착오이며, 孏者恥不致(란자치불치)에 이어 丹皆兼功自厲(단개겸공자려) 여섯자를 덧붙임.
◈訂正文 ; [後漢王丹傳]每歲農時丹載酒肴於田閒候勤者勞之其墮孏者恥不致丹皆兼功自厲
▶【369-1】 字解誤謬與否 ; [後漢王丹傳]每歲農時丹載酒肴田閒(田間上增於字)勤苦(改候勤)者勞之其惰(改墮)

孏者恥不致(下增丹皆兼功自勵六字)
[田閒(田間上增於字)] [勤苦(改候勤)]
[惰(改憊)] [致(下增丹皆兼功自勵六字)]

★이상과 같이 덧붙이고 오류(誤謬)
수정(修訂)이 된다 하여도 ○어(於;
語助辭) ○후근(候勤; 부지런히 문안
드리다) 단(丹; 붉은 색. 환약) ○개
겸공자려(皆兼功自勵; 모두 태연자약
하여 애쓰려고 더더욱 노력하다) 등
등은 자전상(字典上) 란(孏)의 본의
(本義)에는 영향이 미치지 않으나 ○
타란(憊孏; 게으르다)은 본의(本義)에
적극 영향이 미치게 됨.

字典寅集上考證

子 部

康 子(자) [廣韻]卽里切 [集韻] [韻
會] [正韻]祖似切𡥀音梓 [說文]十一月
陽氣動萬物滋入以爲稱 [徐鍇曰]十一
月夜半陽氣所起人承陽故以爲稱　又
[廣韻]息也 [增韻]嗣也 [易序卦傳]有
男女然後有夫婦有夫婦然後有父子 [白
虎通]王者父天母地曰天子天子之子曰
元子 [書顧命]用敬保元子釗又 [儀禮喪
服]諸侯之子稱公子又凡適長子曰冢子
卽宗子也其適夫人之次子或衆妾之子
曰別子亦曰支子 [禮曲禮]支子不祭祭
必告於宗子　又男子之通稱 [顏師古
曰]子者人之嘉稱故凡成德謂之君子
[王肅曰]子者有德有爵之通稱　又女
子亦稱子[禮曲禮]夫人自稱曰婢子又卿
之妻曰內子 [儀禮有司徹註]內子不薦
籩　又 [禮檀弓]兄弟之子猶子也　又
[前漢嚴助傳註]令子出就婦家爲贅壻
曰贅子　又人君愛養百姓曰子　又辰
名 [爾雅釋歲]太歲在子曰困敦 [前漢律
歷志]孳萌於子　又 [禮王制]公侯伯子
男凡五等 [疏]子者奉恩宣德　又左庶

子中庶子官名　又國名 [括地志]子城
在渭州莘城縣　又長子縣名周史辛甲
所封後爲趙邑屬上黨　又姓 [史記殷本
紀]契母吞鳦子而生故曰子氏又復姓
[左傳]鄭大夫子人氏魯大夫子服氏子
家氏　又子細猶分別 [北史源思禮傳]
爲政當擧大綱何必太子細也 [正字通]
子讀若薺方語別也俗作仔細　又去聲
才四切 [中庸]子庶民也徐邈讀　又與
慈通 [禮樂記]易直子諒之心油然生矣
[韓詩外傳]子諒作慈良　又叶濟口切
音走 [前漢班固敘傳]侯王之祉祚及孫
子公族蕃衍枝葉暢茂音某　又叶子
德切音則 [詩幽風]旣取我子無毀我室
[楊愼古音叢目]與朱傳同

【 오류정리 】

○康誤處 1; 女子亦稱子[禮曲禮]夫
人自稱曰婢子(改自世婦以下自稱曰婢
子見禮記曲禮)

●考證 ; 謹按自稱曰婢子乃世婦以下
之稱非夫人也夫人自稱曰小童不曰婢
子据改自世婦以下自稱曰婢子見禮記曲禮

◆整理 ; 女子亦稱子(녀자역칭자)[禮
曲禮(예곡예)]夫人自稱曰婢子(부인자
칭왈비자)를 自世婦以下自稱曰婢子見
(자세부이하자칭왈비자견)[禮記曲禮
(예기곡례)]로 고침.

◆訂正文 ; 又自世婦以下自稱曰婢子
見[禮記曲禮]

▶ 【370-1】 字解誤謬與否 ; 女子亦
稱子[禮曲禮]夫人自稱曰婢子(改自世
婦以下自稱曰婢子見禮記曲禮) [夫人
自稱曰婢子(改自世婦以下自稱曰婢子
見禮記曲禮)]

★이상과 같이 오류(誤謬) 수정(修訂)
이 된다 하여도 자세부이하(自世婦以
下; 스스로 세부로 이하)는 자전상(字
典上) 자(子)의 본의(本義)에는 영향
이 미치지 않음.

○康誤處 2; [爾雅釋歲(改釋天)]太歲

在子曰困敦

●考證；謹照原書釋歲改釋天

◆整理；[爾雅(이아)의 釋歲(석세)는 釋天(석천)의] 착오.

◆訂正文；[爾雅釋天]太歲在子曰困敦

▶【371-1】 字解誤謬與否；[爾雅釋歲(改釋天)]太歲在子曰困敦 [釋歲(改釋天)]

★이상과 같이 인용처(引用處)나 주소(註疏)의 오류(誤謬)를 수정(修訂)을 한다 하여도 자전상(字典上)의 자(子)의 본의(本義)에는 영향이 미치지 않음.

康 孑(혈)[廣韻]居列切[集韻][韻會]吉列切[正韻]古屑切茲音結[說文]人無右臂形[玉篇]單也餘也後也短也[集韻]健也[詩大雅]靡有孑遺言周之民無復有遺者 又孑孑特出貌[詩鄘風]孑孑干旌 又戟也[周禮夏官大司馬司戈盾註]戈有旁出者爲句孑[左傳莊四年]楚武王荊尸授師孑焉以伐隨[揚子方言]凡戟而無刃謂之孑俗作 釫 又孑孑水中赤蟲游水際遇人則沈俗呼沙蟲一名蛣蟩[淮南子說林賦]孑孑爲蟁 [註]倒跂蟲也化爲蟁蟁卽蚊也 又姓見[奇姓通] 又[集韻]激質切音吉義同

【 오류정리 】

○康誤處 1；又孑孑(改孑孒)水中赤蟲游水際遇人則沈俗呼沙蟲一名蛣蟩[淮南子說林賦]孑孑(改孑孒)爲蟁

●考證；謹照原文兩孑孑茲改孑孒

◆整理 ；又孑孑水中(우혈혈수중)과 孑孑爲蟁(혈혈위문)의 兩孑孑(양혈혈)은 孑孒(혈궐)의 착오.

◆訂正文 ；又孑孒水中赤蟲游水際遇人則沈俗呼沙蟲一名蛣蟩[淮南子說林賦]孑孒爲蟁

▶【372-1】 字解誤謬與否；又孑孑

(改孑孒)水中赤蟲游水際遇人則沈俗呼沙蟲一名蛣蟩[淮南子說林賦]孑孒(改孑孒)爲蟁 [孑孑(改孑孒)] [孑孑(改孑孒)]

★이상과 같이 혈궐(孑孒; 모기의 유충. 장구벌레)로 오류(誤謬)가 수정(修訂)이 되면 자전상(字典上) 혈(孑)의 본의(本義)에 직접 영향이 미치게 됨.

子 部 三 畫

康 字(자)[唐韻][集韻][韻會]疾置切[正韻]疾二切茲音自[說文]乳也又愛也[書康誥]父不能字厥子乃疾厥子[周禮地官鄭註]小國貢輕字之也[左傳成四年]楚雖大非吾族也其肯字我乎又文字字者孳也六義相生無窮也黃帝臣沮誦倉頡體卦畫摹鳥跡引伸觸類文字之形始立[周禮春官大宗伯內史]掌書名於四方[註]古曰名今曰字滋益而名故更曰字 又名字[禮曲禮]男子二十而冠而字[儀禮士冠禮]冠而字之敬其名也君父之前稱名他人則稱字也[又]女子許嫁笄而字[註]亦成人之道也 又女許嫁曰字[易屯卦]女子貞不字十年乃字 又畜之牝者能孕字故謂牝曰字[史記平準書]乘字牝者儐而不得聚會亦作牸 又姓[正字通]宋廉州判官字諤

【 오류정리 】

○康誤處 1；[周禮春官大宗伯內史]掌書名於四方[註]古曰名今曰字滋益而名故更曰字(改周禮春官外史掌達書名于四方註古曰名今曰字疏滋益而多故更稱曰字)

●考證 ；謹照原文改周禮春官外史掌達書名于四方註古曰名今曰字疏滋益而多故更稱曰字

◆整理 ；[周禮春官大宗伯內史(주례춘관대종백내사)]掌書名於四方(장서명

어사방)[註(주)]古曰名今曰字滋益而名故更曰字(고왈명금왈자자익이명고경왈자)를 [周禮春官外史(주례춘관외사)]掌達書名于四方(장달서명우사방)[註(주)]古曰名今曰字(고왈명금왈자)[疏(소)]滋益而多故更稱曰字(자익이다고경칭왈자)라 고침.

◆訂正文 ; [周禮春官外史]掌達書名于四方[註]古曰名今曰字[疏]滋益而多故更稱曰字

▶【373-1】 字解誤謬與否 ; [周禮春官大宗伯內史]掌書名於四方[註]古曰名今曰字滋益而名故更曰字(改周禮春官外史掌達書名于四方註古曰名今曰字疏滋益而多故更稱曰字)

★이상과 같이 오류(誤謬) 수정(修訂)이 되면 ○장달(掌達; 서명(書名). 책명(冊名) 장도(長道) [周禮春官外史]掌達書名于四方 [鄭玄註]謂若堯典禹貢達此名使知之或曰古曰名今曰字使四方知書之文字得能讀之 [疏]滋益而多故更稱曰字 [周禮夏官合方氏]掌達天下之道路[爾雅釋宮]路旅途也途卽道也[又]一達謂之道路長道) ○다고(多故; 탈이 많음) ○경칭(更稱; 다시 부르다) ○왈자(曰字; 관례를 치르면서 명(名) 대신 부르도록 지어준 호칭으로 부른다)인데 자전상(字典上) 자(字)의 본의(本義)에 적극 영향이 미치게 됨.

康存(존)[唐韻][集韻][韻會][正韻]ㅿ祖尊切音蹲[爾雅釋詁]存在也察也[疏]書舜典在璇璣玉衡以齊七政存卽在也[易繫辭]成性存存[孟子]操則存舍則亡[禮祭義]致愛則存[註]孝子致極愛親之心則若親之存也 又[說文]恤問也[禮王制]年八十月告存[註]告猶問也君每月使人致膳告問存否也 又[月令]養幼少存諸孤 又省也[周

禮天官]大喪存奠彝[註]欲見其所奠彝朝夕存省之意也 又叶昨先切音前[楚辭遠遊]壹氣孔神兮於中夜存虛以待之兮無爲之先 又叶匠鄰切音秦[揚雄解嘲]得士者富失士者貧矯翼厲翮恣意所存 [說文]从子去聲俗作存

【 오류정리 】

○康誤處 1; [禮王制]年八十月告存[註(改集說)]

●考證 ; 謹照原文改八十月告存註改集說

◆整理 ; [禮王制(예왕제)]의 [註(주)]는 集說(집설)의] 착오.

◆訂正文 ; [禮王制]年八十月告存[集說]

▶【374-1】 字解誤謬與否 ; [禮王制]年八十月告存[註(改集說)] [註(改集說)]

★이상과 같이 인용처(引用處)나 주소(註疏)의 오류(誤謬)를 수정(修訂)을 한다 하여도 자전상(字典上)의 존(存)의 본의(本義)에는 영향이 미치지 않음.

子 部 四畫

康孛(패)[唐韻]蒲昧切[廣韻][集韻][韻會]蒲昧切[正韻]步昧切ㅿ音佩[說文]寋也从宋艸木盛長宋宋然別作浡方未切 又人色變也从子[徐曰]人色孛然壯盛似草木之茂引論語色孛如也今作勃蒲沒切 又星[春秋昭十七年]冬有星孛入於大辰孛彗星也[申繻曰]彗所以除舊布新也或作茀敷勿切[穀梁傳]孛之爲言猶茀也隱蔽不見也 又姓○按孛字廣韻有蒲昧蒲沒二切集韻有方未蒲昧薄沒敷勿四切訓義錯出今依廣韻韻會以蒲昧切爲正音而以各音分註於每條下 又[正譌]借爲違悖字

【 오류정리 】

○康誤處 1; 又星[春秋昭十七年]冬有星孛入於大辰孛彗星也(改爲又彗星也左傳昭十七年冬有星孛於大辰西及漢)[申繻(改申須)曰]彗所以除舊布新也

●考證 ; 謹按孛彗星也非春秋原文謹改爲又彗星也左傳昭十七年冬有星孛於大辰西及漢申繻改申須

◆整理 ; 又星(우성)과[春秋昭十七年(춘추소십칠년)]冬有星孛入於大辰孛彗星也(동유성패입어대진패혜성야)는 又彗星也(우혜성야)과[左傳昭十七年(좌전소십칠년)]冬有星孛於大辰西及漢(동유성패어대진서급한)으로 고치고, [申繻曰(신수왈) 申須曰(신수왈)]의 착오.

◆訂正文 ; 又彗星也左傳昭十七年冬有星孛於大辰西及漢)[申須曰]彗所以除舊布新也

▶ 【375-1】 字解誤謬與否 ; 又星[春秋昭十七年]冬有星孛入於大辰孛彗星也(改爲又彗星也左傳昭十七年冬有星孛於大辰西及漢)[申繻(改申須)曰]彗所以除舊布新也 [又星[春秋昭十七年]冬有星孛入於大辰孛彗星也(改爲又彗星也左傳昭十七年冬有星孛於大辰西及漢)][申繻(改申須)]

★이상과 같이 인용처(引用處)나 주소(註疏), 등(等)과 ○서급한(西及漢; 서쪽에서 동쪽으로 전한(前漢)에까지 미쳤다)과 ○신수[申須; 인명(人名). 노국(魯國) 대부(大夫)] 등의 오류(誤謬)를 수정(修訂)을 한다 하여도 자전상(字典上)의 패(孛)의 본의(本義)에는 영향이 미치지 않음.

子部 五畫

㉿季(계)[唐韻][集韻][韻會]𠀤居悸切音記[說文]少稱也[玉篇]稚也[左傳文十八年]高莘氏有才子八人以伯仲叔季爲序 又勿之稚者亦曰季[周禮地官山虞]凡服耟斬季材[疏]服與耟宜用稺材尙柔忍也 又細也小稱也[管子乘馬篇]季絹三十三又[儀禮特牲饋食]掛於季指[註]季指小指也 又[廣韻]末也凡四時之末月曰季月末世曰季世[左傳昭三年]叔向問晏子曰齊其何如晏子曰此季世也叔向曰然雖吾公室亦季世也 又姓魯大夫季友漢季布 [說文]从子从稚省雉亦聲

【 오류정리 】

○康誤處 1; [左傳文十八年]高莘(改高辛)氏有才子八人

●考證 ; 謹照原文高莘改高辛

◆整理 ; [左傳文十八年(좌전문십팔년)]高莘(고신)은 高辛(고신)의 착오.

◆訂正文 ; [左傳文十八年]高辛氏有才子八人

▶ 【376-1】 字解誤謬與否 ; [左傳文十八年]高莘(改高辛)氏有才子八人 [高莘(改高辛)]

★이상과 같이 오류(誤謬) 수정(修訂)이 된다 하여도 고신씨[高辛氏; 오제중일제(五帝中一帝). 황제(黃帝)의 증손(曾孫)] [史記三皇五帝五帝本紀]帝嚳高辛氏者黃帝之曾孫也父曰蟜极蟜极父曰玄囂玄囂父曰黃帝自玄囂與蟜极皆不得在位至高辛即位 는자전상(字典上) 계(季)의 본의(本義)에는 영향이 미치지 않음.

子部 七畫

㉿孫(손)[唐韻][集韻]思䰟切[韻會][正韻]蘇昆切𠀤音飱[說文]子之子也从子从系系續也言順續先祖之後也[爾雅釋親]子之子爲孫孫之子爲曾孫[朱子曰]曾重也自曾孫以至於無窮皆得稱之也 又凡臨祭祀內事曰孝孫外事曰曾孫[詩小雅]神保是饗孝孫有慶[書武成]告於皇天后土所過名山大川曰惟有道曾孫發 又物再生亦曰孫[周禮

春官大司樂]孫竹之管[註]竹枝根之末生者又[番禺志]稻再生曰稻孫　又織女曰天孫[前漢天文志]織女天帝孫也又[博物誌]岱嶽亦名天孫　又靑海旁馬多龍種曰龍孫　又矢名[晉語]申孫之矢　又烏孫西戎國名　又姓又公孫長孫王孫俱複姓[廣韻]衞公子惠孫曾耳之後因氏焉　又[集韻]蘇困切音巽與遜同[論語]孫以出之[禮學記]入學鼓篋孫其業也[註]猶恭順也　又遁也[春秋莊元年]三月夫人孫于齊[閔二年]九月夫人姜氏孫于楚　又叶苟緣切音宣[趙壹窮鳥賦]天乎祚賢歸賢永年且公且侯子子孫孫

【 오류정리 】

○康誤處 1; [書武成]告於皇天后土所過名山大川曰惟有道曾孫發(發字上增周王二字)

●考證 ; 謹照原文發字上增周王二字

◆整理 ; [書武成(서무성)]의 發字上(발자상)에 周王二字(주왕이자)를 덧붙임..

◆訂正文 ; [書武成]告於皇天后土所過名山大川曰惟有道曾孫周王發

▶【377-1】 字解誤謬與否 ; [書武成]告於皇天后土所過名山大川曰惟有道曾孫發(發字上增周王二字) [發(發字上增周王二字)]

★이상과 같이 오류(誤謬) 수정(修訂)이 된다 하여도 주왕[周王; 주문왕(周文王) 차자(次子)]는 자전상(字典上) 손(孫)의 본의(本義)에 영향이 미치지 않음.

○康誤處 2; [閔二年]九月夫人姜氏孫于楚(改邾)

●考證 ; 謹照原文楚改邾

◆整理 ; [閔二年(민이년)의] 楚(초)는 邾(주)의 착오.

◆訂正文 ; [閔二年]九月夫人姜氏孫

于

▶【378-2】 字解誤謬與否 ; [閔二年]九月夫人姜氏孫于楚(改邾) [楚(改邾)]

★이상과 같이 오류(誤謬) 수정(修訂)이 된다 하여도 주(邾; 지금의 山東省 鄒城市에 있었던 周代의 나라. 戰國時代 鄒로 고쳤음) 나라는 자전상(字典上) 손(孫)의 본의(本義)에는 영향이 미치지 않음.

子 部 八畫

康 孰(숙)[唐韻]殊六切[集韻][韻會][正韻]神六切𠀤音淑[說文]食飪也本作𩱦隷作孰生之反也[儀禮特牲饋食]祭祀自孰始[禮禮運]腥其俎孰其殽又歲稔也[禮樂記]德盛而敎尊五穀時孰[前漢食貨志]大孰則上糴三而舍一中孰則糴一使民食足互見火部熟字註又[爾雅釋訓]孰誰也[楚辭天問]圜則九重孰營度之[莊子天運篇]孰主張是孰維綱是[史記藺相如傳]公之視廉將軍孰與秦王　又[正韻]何也[論語]是可忍也孰不可忍也　又[正字通]審也[漢武策賢良制]其孰之復之○按說文生孰字本但作孰後人加火以別生孰之熟而孰但爲誰孰字矣 𩱦

【 오류정리 】

○康誤處 1; [儀禮特牲饋食]祭祀自孰始[禮禮運]腥其俎孰其殽(改爲禮禮運腥其俎孰其殽特牲饋食禮註祭祀自孰始)

●考證 ; 謹按祭祀自孰始乃註文非經文次序當先經後註謹据改爲禮禮運腥其俎孰其殽特牲饋食禮註祭祀自孰始

◆整理 ; [儀禮特牲饋食(의례특생궤식)]祭祀自孰始(제사자숙시)[禮禮運(예예운)]腥其俎孰其殽(성기조숙기효)가 순번이 바뀌어 [禮禮運(예예운)]腥其俎孰其殽(성기조숙기효)[特牲饋食

食禮註(특생궤식례주)]祭祀自孰始(제
사자숙시)로 바르게 잡음.
◆訂正文 ; [禮禮運]腥其俎孰其殽[特
牲饋食禮註]祭祀自孰始
▶【379-1】 字解誤謬與否 ; [禮禮
運]腥其俎孰其殽(改爲禮禮運腥其俎孰
其殽特牲饋食禮註祭祀自孰始)
★이상과 같이 오류(誤謬) 수정(修訂)
이 되면 제사자숙시(祭祀自孰始; 제
사는 누구로부터 시작 되었는가)인데
자전상(字典上) 숙(孰)의 본의(本義)
에 적극 영향이 미치게 됨.

子 部 九畫

康孻(아)[集韻][類篇]㽿於家切音鴉
赤子也[揚子方言]吳人謂赤子曰孲孻

【 오류정리 】

○康誤處 1; [揚子方言(改爲集韻又
曰)]吳人謂赤子曰孲孻
●考證 ; 謹按方言無次語見集運아字
註謹將揚子方言改爲集韻又曰
◆整理 ; [揚子方言(양자방언)을][集
韻(집운)]으로 고치고 又曰(우왈)이라
함.
◆訂正文 ; [集韻]又曰吳人謂赤子曰
孲孻
▶【380-1】 字解誤謬與否 ; [揚子
方言(改爲集韻又曰)]吳人謂赤子曰孲
孻 [揚子方言(改爲集韻又曰)]
★이상과 같이 인용처(引用處)나 주
소(註疏)의 오류(誤謬)를 수정(修訂)
을 한다 하여도 자전상(字典上)의 아
(孻)의 본의(本義)에는 영향이 미치지
않음.

子 部 十一畫

康孷(리)[廣韻]里之切[集韻][類
篇]陵之切㽿音釐[玉篇]孷孖雙生也
[揚子方言]陳楚閒凡人嘼乳而雙産曰孷
孖 又[集韻]良志切音吏義同○按方
言雙生子本作釐孿釐離也孿而分生也
俗作孷正字通曰雙生有孿孿二文女部
嫠爲寡婦孷蓋獨子也與孤音殊義通說
亦是

【 오류정리 】

○康誤處 1; [揚子方言]陳楚閒凡人
嘼乳而雙産曰孷孖(改孿)
●考證 ; 謹照方言原文及集韻所引方
言孖改孿
◆整理 ; [揚子方言(양자방언)]의 孖
(자)는 孿(자)의 착오.
◆訂正文 ; [揚子方言]陳楚閒凡人
嘼乳而雙産曰孷孿
▶【382-1】 字解誤謬與否 ; [揚子
方言]陳楚閒凡人嘼乳而雙産曰孷孖
(改孿) 孖(改孿)
★이상과 같이 오류(誤謬) 수정(修訂)
이 되면 쌍산왈리자(雙産曰孷孿; 쌍
둥이를 낳다. [集韻][類篇]陵之切
㽿音釐孷孖雙生也[揚子方言]陳
楚閒凡人嘼乳而雙産曰孷孿 [方
言]雙生子本作釐孿釐離也孿而分
生也俗作孷)인데 자전상(字典上) 리
(孷)의 본의(本義)에 적극 영향이 미
치게 됨.

子 部 十四畫

康孺(유)[唐韻][集韻][韻會][正
韻]㽿而遇切音茹[說文]乳子也从子需
聲一曰輸也輸尚小也徐引史孺子可教
[六書故]子幼弱也[詩小雅]和樂且孺
[註]親慕意言兄弟歡洽如小兒慕父母
也又[禮檀弓]有子與子游立見有孺子慕
者有子曰情在於斯其是也夫 又[爾雅
釋言]孺屬也[禮曲禮]大夫曰孺人[註]
大夫之妻曰孺言屬於夫不敢自專也
又[玉篇][集韻]汝朱切[類篇]而朱
切㽿音儒義同或作穤孺又姓

【 오류정리 】

○康誤處 1; [禮檀弓]有子與子游立見有(省有字)孺子慕者
●考證 ; 謹照原文見字下省有字
◆整理 ; [禮檀弓(예단궁)]의 有(유)를 省有(성유) 즉 有(유)를 삭제함.
◆訂正文 ; [禮檀弓]有子與子游立見孺子慕者
▶【383-1】 字解誤謬與否 ; [禮檀弓]有子與子游立見有(省有字)孺子慕者 [有(省有字)]
★이상과 같이 유자(有字)를 삭제(削除)한다 하여도 자전상(字典上) 유(孺)의 본의(本義)에 영향을 끼치지 않음.

子 部 十九畫

康 孿(산) [唐韻]生患切[集韻]數患切𡘋音涮[說文]一乳兩子也[玉篇]變也又雙産也[揚子方言]東楚閒凡人嘼乳而雙生謂之釐孖秦晉閒謂之健子自關以東謂之孿 又[玉篇][廣韻]𡘋力員切孿平聲義同

【 오류정리 】

○康誤處 1; [揚子方言]東(改陳)楚閒凡人嘼乳而雙生(改産)謂之釐孖(改孶)秦晉閒謂之健子自關以(改而)東謂之孿
●考證 ; 謹照原文東改陳生改産孖改孶以改而
◆整理 ; [揚子方言(양자방언)]의 東(동)은 陳(진), 生(생)은 産(산), 孖(자)는 孶(자), 以(이)는 而(이)의 착오.
◆訂正文 ; [揚子方言]陳楚閒凡人嘼乳而雙産謂之釐孶秦晉閒謂之健子自關而東謂之孿
▶【384-1】 字解誤謬與否 ; [揚子方言]東(改陳)楚閒凡人嘼乳而雙生(改産)謂之釐孖(改孶)秦晉閒謂之健子自關以(改而)東謂之孿 [東(改陳)] [生(改産)] [孖(改孶)] [以(改而)]
★이상과 같이 오류(誤謬) 수정(修訂)이 되면 ○진초한(陳楚閒; 진(陳)나라와 초(楚)나라 사이) ○쌍산(雙産; 쌍둥이를 출산하다) ○리자(釐孶; 쌍둥이를 출산하다) ○이(而; 接續詞 …로부터…까지. 接尾辭) 까지가 되는데 자전상(字典上) 산(孿)의 본의(本義)에 적극 영향이 미치게 됨.

宀 部 二畫

康 宁(저) [唐韻]直呂切[集韻][韻會]展呂切𡘋音佇[爾雅釋宮]門屏之閒謂之宁[禮曲禮]天子當宁而立[註]門內屏外人君視朝所宁立處 又[集韻]通作著[詩齊風]俟我于宁乎而今作著 又[廣韻]直魚切[集韻][韻會][正韻]陳如切𡘋音除義同 又[說文]宁辦積物也象上隆四周之形○按積物與爾雅正意相背韻會六麌分註

【 오류정리 】

○康誤處 1; [說文]宁辦(改辨)積物也
●考證 ; 謹照原文辦改辨
◆整理 ; [說文(설문)]의 辦(판)은 辨(변)의 착오.
◆訂正文 ; [說文]宁辨積物也
▶【385-1】 字解誤謬與否 ; [說文]宁辦(改辨)積物也 [辦(改辨)]
★이상과 같이 오류(誤謬) 수정(修訂)이 된다 하여도 ○저(宁; 쌓다. 저장하다)와 ○변적물(辨積物; 분별하여 쌓아놓은 물건)은 자전상(字典上) 저(宁)의 본의(本義)에는 적극 영향을 미치게 됨.

康 宄(귀) [唐韻]居洧切[集韻][韻會]矩鮪切[正韻]古委切𡘋音軌[說文]姦也[周禮秋官司刑註]由內爲姦起外爲宄[書舜典]寇賊姦宄汝作士 又[漢書]作姦軌

【 오류정리 】

○康誤處 1；[書舜典]寇賊姦宄汝作士
（姦宄下謹改又通軌史記寇賊姦宄）

●考證；謹按汝作士文義屬下此誤連
引姦宄下謹改又通軌史記寇賊姦宄

◆整理；[書舜典(서순전)]寇賊姦宄
(구적간귀) 이하 汝作士(여작사)　又
(우)[漢書(한서)]作姦軌(작간궤)를
又通軌(우통궤)[史記(사기)]寇賊姦宄
(구적간귀)로 교체함.

◆訂正文；[書舜典]寇賊姦宄又通軌
[史記]寇賊姦宄

▶【386-1】 字解誤謬與否；[書舜
典]寇賊姦宄汝作士（姦宄下謹改又通
軌史記寇賊姦宄）　[姦宄汝作士（姦宄
下謹改又通軌史記寇賊姦宄）]

★이상과 같이 오류(誤謬) 수정(修訂)
이 되면 ○우통궤(又通軌)는 귀(宄)의
본의(本義)에 영향을 끼치지 않으나
○사기(史記) 구적간귀(寇賊姦宄；간
사한 도둑떼들이 안팎에 들끓고 있
다)는 자전상(字典上) 귀(宄)의 본의
(本義)에 적극 영향이 미치게 됨.

宀 部 三畫

㉿宅(택)[唐韻]場伯切[集韻][韻會]
[正韻]直格切𡉫音澤[說文]宅所托也
[爾雅釋言]居也[疏]謂居處也[釋名]
宅擇也擇吉處而營之也[書禹貢]四隩
旣宅[召誥]太保朝至于洛卜宅又[周禮
地官大司徒]以土宜之法相民宅而知其
利害以阜人民　又所居之位亦曰宅[書
舜典]使宅百揆又[立政]克用三宅三俊
[註]宅以位言俊以德言三宅謂居常伯
常任準人之位者又[禮郊特牲]土反其
宅　又定也[書康誥]亦惟助王宅天命
[註]安定天命也　又宅兆亦　曰宅[禮
雜記]大夫卜宅與葬日　又叶徒落切音
鐸[詩小雅]其究安宅叶上作[大雅]乃
眷西顧此維與宅叶上廓莫[集韻]或作

度

【 오류정리 】

○康誤處 1；[周禮地官大司徒]以土宜
之法相民宅而知其利害(改辨十有二土
之名物以相民宅而知其利害)以阜人
民

●考證；謹照原文改辨十有二土之名
物以相民宅而知其利害

◆整理；[周禮地官大司徒(주례지관대
사도)]의 以土宜之法相民宅而知其利害
(이토의지법상민택이지기리해)는　辨
十有二土之名物以相民宅而知其利害
(변십유이토지명물이상민택이지기리
해)의 착오.

◆訂正文；[周禮地官大司徒]辨十有
二土之名物以相民宅而知其利害

▶【387-1】 字解誤謬與否；[周禮
地官大司徒]以土宜之法相民宅而知其
利害(改辨十有二土之名物以相民宅而
知其利害)以阜人民　[以土宜之法相民
宅而知其利害(改辨十有二土之名物以
相民宅而知其利害)]

★이상과 같이 오류(誤謬) 수정(修訂)
이 된다 하여도 변십유이토지명물이
(辨十有二土之名物以；12가지로 분별
한 흙의 명물로써)로 고쳐지는데 자
전상(字典上) 택(宅)의 본의(本義)에
는 영향이 미치지 않음.

㉿宇(우)[唐韻][集韻]王矩切[等
韻]于矩切𡉫音禹[說文]宇屋邊也[釋
名]宇羽也如鳥羽翼自覆蔽也[易繫辭]
上棟下宇以蔽風雨[詩豳風]八月在宇
[註]宇簷下也[大雅]聿來胥宇　又[廣
韻]大也[玉篇]方也四方上下也尸子曰
天地四方曰宇[史記秦本紀]包擧宇內
　又[孔穎達正義]于屋則簷邊爲宇于
國則四垂爲宇[周語]先王規方千里以
爲甸服其餘以均分公侯伯子男使各有
寧宇　又隤下曰宇[周禮冬官考工記]

輪人爲蓋上欲尊而宇欲卑 又籀文作寓[張衡東京賦]德寓天覆 [集韻]力作庌庽

【 오류정리 】

○康誤處 1; [易繫辭]上棟下宇以蔽(改待)風雨
●考證 ; 謹照原文蔽改待
◆整理 ; [易繫辭(역계사)]의 蔽(폐)는 待(대)의 착오.
◆訂正文 ; [易繫辭]上棟下宇以待風雨
▶【388-1】 字解誤謬與否 ; [易繫辭]上棟下宇以蔽(改待)風雨 [蔽(改待)]
★이상과 같이 폐(蔽)가 대(待)로 오류(誤謬) 수정(修訂)이 된다 하여도 대풍우(待風雨; 비바람을 피하여 머물다)일 뿐이니 자전상(字典上) 우(宇)의 본의(本義)에는 영향이 미치지 않음.

㉽守(수)[唐韻]書九切[集韻][韻會][正韻]始九切坲音首[說文]守守官也从宀官府也从寸法度也[玉篇]收也視也護也[易繫辭]何以守位曰仁[周禮天官]獸人職時田則守罟[註]防獸觸攫也 又[廣韻]主守也[左傳昭二十年]晏子云山林之木衡麓守之澤之萑蒲舟鮫守之藪之薪蒸虞候守之海之蜃蛤祈望守之衡麓等皆官名 又[增韻]攻守也[易坎卦]王公設險以守其國[史記留侯世家]阻三面而守 又[唐韻][廣韻][集韻][韻會][正韻]坲舒救切音獸[增韻]守之也所守也爲之守也天子巡諸侯所守曰巡守諸侯爲天子守土亦曰守漢置郡太守 又姓[正字通]宋守恭與蘇軾爲詩友 又叶式視切音矢[楚辭天問]雄虺九首儵忽焉在何所不老長人何守在音泚 又叶雖遂切音粹[前漢班固敘傳]崇執言責隆待官守寶曲定陵坲

有大志

【 오류정리 】

○康誤處 1; [左傳昭二十年]晏子云山林之木衡麓(改衡鹿)守之
●考證 ; 謹照原文衡麓改衡鹿
◆整理 ; [左傳昭二十年(좌전소이십년)]의 衡麓(형록)은 衡鹿(형록)의 착오.
◆訂正文 ; [左傳昭二十年]晏子云山林之木衡鹿守之
▶【389-1】 字解誤謬與否 ; [左傳昭二十年]晏子云山林之木衡麓(改衡鹿)守之 [衡麓(改衡鹿)]
★이상과 같이 오류(誤謬)가 형록(衡鹿; 산림을 지키는 벼슬)으로 수정(修訂) 된다 하여도 자전상(字典上) 수(守)의 본의(本義)에 직접 영향이 미치게 됨.

○康誤處 2; 海之蜃蛤(改鹽蜃)祈望守之衡麓(改衡鹿)等皆官名
●考證 ; 謹照原文蜃蛤改鹽蜃衡麓改衡鹿
◆整理 ; 蜃蛤(신합)은 鹽蜃(염신), 衡麓(형록)은 衡鹿(형록)의 착오.
◆訂正文 ; 海之鹽蜃祈望守之衡鹿等皆官名
▶【390-2】 字解誤謬與否 ; 海之蜃蛤(改鹽蜃)祈望守之衡麓(改衡鹿)等皆官名
★이상과 같이 오류(誤謬)가 ○기망(祈望; 바다를 지키는 벼슬)과 ○형록(衡鹿; 산림을 지키는 벼슬)으로 수정(修訂)이 되어 자전상(字典上) 수(守)의 본의(本義)에는 직접 영향이 미치게 됨.

㉽安(안)[唐韻][集韻][韻會][正韻]坲於寒切案平聲[說文]靜也从女在宀下[廣韻]徐也止也[書堯典]欽明文

思安安[註]安安自然性之也[益稷]安
汝止[註]謂止於至善也　又寧也定也
[書皐陶謨]在知人在安民[齊語]其心
安焉不見異物而遷焉　又危之對也[賈
誼治安策]置之安處則安置之危處則危
又佚樂也[禮表記]君子莊敬日强安肆
日偸[左傳僖二十三年]懷與安實敗名
又[諡法]和好不爭曰安　又何也[禮檀
弓]吾將安仰[楚辭天問]九天之際安放
安屬　又與焉同[正字通]安之於焉猶
何之於曷音別義通　又姓[風俗通]漢
太守安成唐安金藏又安期安平俱複姓
又州名春秋時郹國漢屬江夏郡宋改爲
安州　又叶烏前切音煙[詩大雅]執訊
連連攸馘安安　又叶於眞切音因[蘇軾
李仲蒙哀辭]矯矯犖犖自貴珍兮欺世幻
俗內弗安兮

【 오류정리 】

○康誤處 1; [賈誼(改前漢賈誼傳)治
安策]置之安處則安置之危處則危
●考證 ; 謹照原書改前漢賈誼傳
◆整理 ; [賈誼(가의)]를 前漢賈誼傳
(전한가의전)으로 고침. 治安策(치안
책)]
◆訂正文 ; [前漢賈誼傳治安策]置之
安處則安置之危處則危
▶ 【391-1】 字解誤謬與否 ; [賈誼
(改前漢賈誼傳)治安策]置之安處則安
置之危處則危　[賈誼(改前漢賈誼傳)]
★이상과 같이 인용처(引用處)나 주
소(註疏)의 오류(誤謬)를 수정(修訂)
을 한다 하여도 자전상(字典上)의 안
(安)의 본의(本義)에는 영향이 미치지
않음.

宀部 五畫

康 宕(탕)[廣韻]徒浪切[集韻][韻
會]大浪切𠀤音盪[說文]過也一曰洞屋
从宀碭省聲[穀梁傳文十一年]長翟弟兄
三人佚宕中國　又州名秦漢諸羌地後

魏內附周置宕州陝西化外汝南項有宕
鄉又[集韻]采石工謂之宕戶　又[正字
通]與蕩通

【 오류정리 】

○康誤處 1; [穀梁傳文十一年]長翟
弟兄(改兄弟)三人佚宕中國
●考證 ; 謹照原文弟兄改兄弟
◆整理 ; [穀梁傳文十一年(곡량전문십
일년)]의 弟兄(제형)는 兄弟(형제)의
착오.
◆訂正文 ; [穀梁傳文十一年]長翟
兄弟三人佚宕中國
▶ 【392-1】 字解誤謬與否 ; [穀梁
傳文十一年]長翟弟兄(改兄弟)三人佚
宕中國　[弟兄(改兄弟)]
★이상과 같이 오류(誤謬) 수정(修訂)
이 된다 하여도 형제(兄弟; 형과 아
우) 자전상(字典上) 탕(宕)의 본의(本
義)에는 영향이 미치지 않음.

康 宗(종)[唐韻]作冬切[集韻][韻
會]祖賨切[正韻]祖冬切𠀤音㚇[說文]
尊祖廟也[白虎通]宗者何宗有尊也爲
先祖主也宗人之所尊也[邢昺曰]宗者
本也廟號不遷最尊者祖次曰宗通稱曰
宗廟[禮祭法]有虞氏祖顓頊而宗堯夏
后氏祖顓頊而宗禹殷人祖契而宗湯周
人祖文王而宗武王[賈誼曰]祖有功宗
有德也　又流派所出爲宗[禮喪服小
記]別子爲祖繼別爲宗繼禰爲小宗[程
頤曰]凡言宗者以主祭祀爲言人宗於此
而祭祀也　又同姓曰宗[詩大雅]
宗子維城[註]同姓也　又[書舜典]禋
于六宗[註]謂所尊祭者其祀有六寒暑
日月星水旱也賈逵曰天宗三日月星地
宗三河海岱司馬彪曰天宗日月星辰寒
暑之屬地宗社稷五祀之屬　又秩宗官
名[書舜典]咨伯汝作秩宗[註]主郊廟
之官掌敍鬼神尊卑故曰秩宗周禮謂之
宗伯又曰祝宗　又[周禮春官大宗伯]

諸侯朝於天子春見曰朝夏見曰宗　又瞽
宗殷學名　又人物所歸往亦曰宗[書禹
貢]江漢朝宗于海[註]言百川以海爲宗
也[史記孔子世家]孔子以布衣傳十餘
世學者宗之　又姓　又叶則郎切音臧
[史記司馬遷自敘]蠲除肉刑開通關梁
廣恩施博厥稱太宗　　[說文]从宀从示
[徐曰]宗廟神祇所居示古祇字

【 오류정리 】

○康誤處 1; [周禮春官大宗伯]諸侯朝
於天子(改爲以賓禮親邦國)春見曰朝夏
見曰宗

●考證 ; 謹照原文諸侯朝於天子改爲
以賓禮親邦國

◆整理 ; [周禮春官大宗伯(주례춘관대
종백)]의 諸侯朝於天子(제후조어천
자)는 以賓禮親邦國(이빈예친방국)으
로 고침.

◆訂正文 ; [周禮春官大宗伯]以賓禮
親邦國春見曰朝夏見曰宗

▶ 【393-1】 字解誤謬與否 ; [周禮
春官大宗伯]諸侯朝於天子(改爲以賓禮
親邦國)春見曰朝夏見曰宗　[諸侯朝於
天子(改爲以賓禮親邦國)]

★이상과 같이 오류(誤謬) 수정(修訂)
이 된다 하여도 ○이빈예(以賓禮; 손
님을 대하는 예로써)로 ○친방국(親
邦國; 나라와 친함이다) 자전상(字典
上) 종(宗)의 본의(本義)에는 영향이
미치지 않음.

康官 (관) [唐韻]古丸切[集韻][韻
會][正韻]沽歡切𡘋音觀[說文]吏事君
也[玉篇]宦也[論語撰考]黃帝受地形
象天文以制官[周禮天官疏]上古以雲
鳥紀官六官之號見於唐虞堯育重黎之
後羲氏和氏之子使掌舊職天地之官其
時官名蓋曰稷曰司徒是天官稷也地官
司徒也又分命仲叔使掌四時之官春爲
秩宗夏爲司馬秋爲士冬爲共工共工冬

官也合稷與司徒是六官之名見也夏之
官百有二十公卿大夫元士具列其數殷
之官二百四十至周三百六十而大備故
曰建官分職以爲民極　又[增韻]職也
使也公也[書咸有一德任官惟賢材[禮
王制]論定然後官之又[周禮春官大宗
伯]六命賜官[註]謂自置其臣屬治家邑
也　又朝廷治事處曰官[禮玉藻]在官
不俟履[註]趨君命也[前漢賈誼傳]學
者所學之官也　又事也[禮樂記]禮明
樂備天地官矣[疏]官猶事也謂各得其
事也　又身有五官[孟子]耳目之官不
思而蔽於物[又]心之官則思思則得之
又姓又複姓三氏晉王官氏魯丌官氏楚
上官氏　又與管通宋元邊徼所司曰掌
管今爲土司長官　又叶古元切音涓
[崔駰大理箴]嗟茲大理愼於爾官賞不
可不思斷不可不虔　　[說文]从宀从𠂤
𠂤猶衆也與師同意

【 오류정리 】

○康誤處 1; [周禮天官疏]故曰建(改
設)官分職以爲民極

●考證 ; 謹照原文建改設

◆整理 ; [周禮天官疏(주례천관소)]
의 建(건)은 設(설)의 착오.

◆訂正文 ; [周禮天官疏]故曰設官分
職以爲民極

▶ 【394-1】 字解誤謬與否 ; [周禮
天官疏]故曰建(改設)官分職以爲民極
[建(改設)]

★이상과 같이 오류(誤謬) 수정(修訂)
이 되면 설관분직(設官分職; 관직을
두어 직무를 나누다)이니 자전상(字
典上) 관(官)의 본의(本義)에 직접 영
향이 미치게 됨.

○康誤處 2; [禮玉藻]在官不俟履(改
屨)

●考證 ; 謹照原文履改屨

◆整理 ; [禮玉藻(예옥조)]의 履(리)

는 屨(구)의 착오.

◆訂正文 ; [禮玉藻]在官不俟屨

▶【395-2】 字解誤謬與否 ; [禮玉藻]在官不俟履(改屨)

★이상과 같이 오류(誤謬) 수정(修訂)이 된다 하여도 불사구(不俟屨: 머뭇거릴 수 없다)라 함은 자전상(字典上) 관(官)의 본의(本義)에는 영향이 미치지 않음.

○康誤處 3; [禮樂記]禮明樂備(改禮樂明備)

●考證 ; 謹照原文改禮樂明備

◆整理 ; [禮樂記(예악기)]의 禮明樂備(예명악비)는 禮樂明備(예악명비)의 착오.

◆訂正文 ; [禮樂記]禮樂明備

▶【396-3】 字解誤謬與否 ; [禮樂記]禮明樂備(改禮樂明備)

★이상과 같이 오류(誤謬) 수정(修訂)이 된다 하여도 예악명비(禮樂明備; 禮樂을 밝게 갖춤)인지라 자전상(字典上) 관(官)의 본의(本義)에는 영향이 미치지 않음.

宀部 六畫

康客(객)[唐韻]苦格切[集韻][韻會][正韻]乞格切𡘋坑入聲[說文]寄也从宀各聲 又[廣韻]賓客[周禮秋官]大行人掌大賓之禮及大客之儀[註]大賓爲五等諸侯大客卽其孤卿又[司儀]諸公相爲賓諸公之臣相爲國客 又主客[禮郊特牲]天子無客禮莫敢爲主也 又[左傳僖二十四年]宋先代之後也於周爲客 又凡自外至者皆曰客[易需卦]有不速之客三人來敬之終吉 又外寇亦曰客[易繫辭]重門擊柝以禦暴客 又姓[正字通]漢客孫廣德人 又叶苦各切音恪[詩小雅]所謂伊人於焉嘉客叶上夕藿夕音削 又[楚辭哀郢]順

風波以從流兮焉洋洋而爲客凌陽侯之氾濫兮忽翶翔之焉薄

【 오류정리 】

○康誤處 1; [禮郊特牲]天子無客禮莫敢爲主也(改焉)

●考證 ; 謹照原文也改焉

◆整理 ; [禮郊特牲(예교특생)]의 也(야)는 焉(언)의 착오.

◆訂正文 ; [禮郊特牲]天子無客禮莫敢爲主焉

▶【397-1】 字解誤謬與否 ; [禮郊特牲]天子無客禮莫敢爲主也(改焉) [也(改焉)]

★이상과 같이 오류(誤謬) 수정(修訂)이 된다 하여도 언(焉; 여기에 이보다. 대명사(代名詞)로 어디로. 어떻게. 어찌. 누가) 자전상(字典上) 객(客)의 본의(本義)에는 영향이 미치지 않음.

○康誤處 2; [易繫辭]重門擊柝以禦(改待)暴客

●考證 ; 謹照原文禦改待

◆整理 ; [易繫辭(역계사)]의 禦(어)는 待(대)의 착오.

◆訂正文 ; [易繫辭]重門擊柝以待暴客

▶【398-2】 字解誤謬與否 ; [易繫辭]重門擊柝以禦(改待)暴客 [禦(改待)]

★이상과 같이 오류(誤謬) 수정(修訂)이 된다 하여도 대폭객(待暴客; 폭도들을 막아내야 겠다)은 자전상(字典上) 객(客)의 본의(本義)에 적극 영향이 미치게 됨.

康宣(선)[唐韻]須緣切[集韻][韻會]荀緣切[正韻]息緣切𡘋音瑄[說文]天子宣室也从宀亘聲[徐鉉曰]从回風回轉所以宣陰陽也 又[爾雅釋言]徧

也[詩大雅]既順迺宣[註]順安宣徧也
　又[爾雅釋訓]通也[詩周頌]宣哲維
人[註]宣通哲智也　又布也散也[書皐
陶謨]日宣三德[禮月令]季秋會天地之
藏無有宣出[註]物皆收斂無有宣露出
散也　又[增韻]召也[包佶詩]隔屛初
聽玉音宣　又[爾雅釋言]緩也　又盡
也明也示也[周語]爲川者決之使導爲
民者宣之使言又[左傳成十三年]是用
宣之以懲不壹　又[詔書別錄]唐故事
中書舍人掌詔誥皆寫兩本一爲底一爲
宣在中書可檢覆謂之正宣　又[諡法]
善聞周達曰宣一曰聖善周聞曰宣又[周
禮冬官考工記]車人之事半矩謂之宣
　又[爾雅釋器]璧大六寸謂之宣[郭璞
註]漢書 瑄玉是也瑄宣同　又州名吳
宣城郡唐改宣州　又姓[正字通]東 漢
人宣秉　又頭髮皓落也[易說卦]巽爲
宣髮[註]髮早白也今文譌作寡髮[釋
文]寡本作宣　又叶相倫切音荀[徐幹
齊都賦]日不遷晷玄澤普宣鶉火南飛我
后來巡　[集韻]本作宣

【 오류정리 】

○康誤處 1; [爾雅釋訓]通也(改左傳
賈註賈註見史記四十二)
●考證 ; 謹按爾雅無此文謹改左傳賈
註賈註見史記四十二
◆整理 ; [爾雅釋訓(이아석훈)에는]通
也(통야)는 無此文(무차문)으로 左傳
賈註賈註見史記四十二(좌전가주가주
견사기사십이)좌전에서 사기42를 보
라하였음.
※筆者謹按史記原本 ; [卷四十二鄭世
家第十二]; 鄭桓公云云宣汾洮[服虔
曰]宣猶通也
◆訂正文 ; [左傳賈註]通也
▶ 【399-1】 字解誤謬與否 ; [爾雅
釋訓]通也(改左傳賈註賈註見史記四十
二)
★이상과 같이 오류(誤謬) 수정(修訂)

이 된다 하여도 자의(字義) 수정(修
訂)이 아니라 다만 상(上) (※)이 표
시문과 같이 통야(通也)는 동일하여
자전상(字典上) 선(宣)의 자의(字義)
에는 영향이 미치지 않았음.

宎(요)[唐韻]烏皎切[集韻][韻
會][正韻]伊鳥切蕊音杳[說文]室東南
隅也[爾雅釋宮]室東隅謂之宎[禮喪禮]
堀室聚諸宎[荀子非十二子篇]奧宎之
間　又[玉篇]戶樞聲也　又[集韻][韻
會][正韻]蕊一叫切夭去聲幽深也[廣
韻]隱暗處　[正字通]本作宎俗作窔或
作穾互見穾字註　[說文]本作宐从宀
旻聲

【 오류정리 】

○康誤處 1; [爾雅釋宮]室東(增南字)
隅謂之宎
●考證 ; 謹照原文東下增南字
◆整理 ; [爾雅釋宮(이아석궁)]室東
(실동)에 이어 南(남)자를 더함.
◆訂正文 ; [爾雅釋宮]室東(增南字)
隅謂之宎
▶ 【400-1】 字解誤謬與否 ; [爾雅
釋宮]室東(增南字)隅謂之宎 [東(增
南字)]
★이상과 같이 오류(誤謬) 수정(修訂)
이 되면 자전상(字典上) 요(宎)의 본
의(本義)가 실동우(室東隅; 방 동쪽
구석)가 실동남우(室東南隅; 방 동남
쪽 구석)로 바뀌게 되어 직접 영향이
미치게 됨.

○康誤處 2; [禮喪禮(改士喪禮)]堀室
聚諸宎
●考證 ; 謹按原書改士喪禮
◆整理 ; [禮(예)의 喪禮(상예)는 士
喪禮(사상례)의] 착오.
◆訂正文 ; [士喪禮]堀室聚諸宎
▶ 【401-2】 字解誤謬與否 ; [禮喪
禮(改士喪禮)]堀室聚諸宎 [禮喪
禮

(改土喪禮)]
★이상과 같이 인용처(引用處)나 주소(註疏)의 오류(誤謬)를 수정(修訂)을 한다 하여도 자전상(字典上)의 요(宎)의 본의(本義)에는 영향이 미치지 않음.

康室(실)[唐韻][集韻][韻會][正韻]坔式質切音失[說文]實也从宀从至至所止也[孔穎達曰]宮室通名因其四面穹隆曰宮因其財物充實曰室室之言實也[易繫辭]上古穴居野處後世聖人易之以宮室[書蔡仲之命]以蕃王室[詩豳風]曰爲改歲入此室處又[周禮地官註]城郭之宅曰室 又宗廟曰世室[周禮冬官考工記]夏后世室殷人重屋周人明堂[註]世室宗廟也 又夫以婦爲室[禮曲禮]三十曰壯有室 又營室星名[朱子詩傳]此星昏而正中夏正十月也是時可以營制宮室故謂之營室 又山名[史記封禪書註]崧高山有大室少室二山以山有石室故名 又壙穴[詩唐風]百歲之後歸于其室 又姓[正字通]宋衞將軍室种 又[集韻][韻會]式吏切[正韻]式至切坔音試[集韻]居也[左思魏都賦]窺玉策於金縢按圖錄於石室考曆數之所在察五德之所蒞 又叶書藥切音爍[焦氏易林]歲暮華落陽入陰室萬物伏匿藏不可得得音鐸

【 오류정리 】

○康誤處 1; [易繫辭]上古穴居(增而字)野處
●考證 ; 謹照原文野字上增而字
◆整理 ;; [易繫辭(역계사)]의 野處(야처) 앞에 而(이)를 덧붙임.
◆訂正文 ; [易繫辭]上古穴居而野處
▶【402-1】 字解誤謬與否 ; [易繫辭]上古穴居(增而字)野處 [(增而字)野]
★이상과 같이 이(而; 접속사(接續

詞). 단 명사(名詞)는 접속할 수 없음. 동사에 접속시킬 경우 대부분 접미사(接尾辭))를 덧붙인다 하여도 자전상(字典上) 실(室)의 본의(本義)에는 영향이 미치지 않음.

○康誤處 2; [周禮冬官考工記]夏后(增氏字)世室殷人重屋周人明堂
●考證 ; 謹照原文夏后下增氏字
◆整理 ;[周禮冬官考工記(주례동관고공기)] 夏后(하후)에 氏字(씨자)를 덧붙임.
◆訂正文 ; [周禮冬官考工記]夏后氏世室殷人重屋周人明堂
▶【403-2】 字解誤謬與否 ; [周禮冬官考工記]夏后(增氏字)世室殷人重屋周人明堂 [夏后(增氏字)]
★이상과 같이 씨(氏; 대체로 성의 뒤에 붙이는 존칭어. 옛날에는 기혼여자의 친가 성에 쓰던 칭호. 상고시대(上古時代)에는 국명(國名) 왕조(王朝) 제후(諸侯) 등에 붙여던 칭호)를 덧붙인다 하여도 자전상(字典上) 실(室)의 본의(本義)에는 영향이 미치지 않음.

康宦(환)[唐韻][集韻][韻會][正韻]坔胡慣切音患[說文]仕也[禮曲禮]宦學事師非禮不親[註]仕與學皆有師以明道也[左傳宣二年]晉成公卽位乃宦鄕之適子而爲之田以爲公族 又[左傳宣二年]宦三年矣[註]宦學也學職事爲官也 又凡事人者皆曰宦[越語]越王乃卑事秦宦士三百人于吳[左傳僖十七年]子圉西質妾爲宦女焉坔式質切音失[說文]實也从宀从至至 [註]妾晉惠公女名宦謂宦事於秦爲妾也 又奄宦中官也[宋史宦者傳]太宗不欲除王繼恩宣徽使曰朕讀前代史不欲令宦官預政宣徽使執政之漸止可授以他官 又姓 又叶胡玩切音換[謝惠連秋懷詩]

頗說鄭生偃無取白衣宦未知古人心且從性所翫　又叶于眷切音院[歐陽修讀書詩]念昔始從書力學希仕宦豈敢欺聲名惟期脫貧賤

【 오류정리 】

○康誤處 1;[越語]越王乃卑事(改勾踐卑事夫差)秦宦士三百人于吳

●考證；謹照原文改勾踐卑事夫差

◆整理；[越語(월어)] 乃卑事(내비사)를 踐卑事夫差(천비사부차)로 고침.

◆訂正文；[越語]勾踐卑事夫差秦宦士三百人于吳

▶ 【404-1】 字解誤謬與否；[越語]越王乃卑事(改勾踐卑事夫差)秦宦士三百人于吳 [越王乃卑事(改勾踐卑事夫差)]

★이상과 같이 오류(誤謬) 수정(修訂)이 되면 구천비사부차(勾踐卑事夫差; 월왕(越王) 구천(勾踐)이 오왕(吳王) 부차(夫差)를 겸손하게 섬기다)인데 자전상(字典上) 환(宦)의 본의(本義)에 적극적으로 영향이 미치게 됨.

宀 部 七畫

康宮(궁)[唐韻]居戎切[集韻][韻會]居雄切[正韻]居中切𠀤音弓[說文]室也从宀躳省聲[白虎通]黃帝作宮室以避寒暑宮之言中也[釋名]宮穹也屋見垣上穹隆然也[詩大雅]離離在宮[周禮內宰六宮註]婦人稱寢曰宮宮者隱蔽之言天子謂之六寢　又[禮儒行]儒有一畝之宮[註]宮牆垣也[儀禮士昏禮]母戒女曰夙夜無違宮事古者貴賤所居皆得稱宮至秦始定爲至尊所居之稱　又宗廟亦曰宮[詩召南]于以用之公侯之宮[孔氏曰]可以奉祭祀曰事祭必於宗廟曰宮互見其義也　又學名[禮曲禮]諸侯曰頖宮[註]謂半於天子之宮也　又官名[周禮天官]宮正掌王宮之戒令

糾禁　又五音中聲曰宮[前漢律歷志]宮中也居中央暢四方倡始施生爲四聲綱[史記樂書]宮土音聲出於脾合口而通之其性圓而居中五聲六律十二管還相爲宮也[註]宮爲君主之義當其爲宮五聲皆備　又腐刑曰宮[書呂刑宮辟註]宮淫刑次死之刑也[禮文王世子]公族無宮刑不翦其類也　又環也[爾雅釋山]大山宮小山霍[註]宮謂圍繞之禮記曰君爲廬宮之是也　又[周禮春官小胥]正樂縣之位天子宮縣[註]宮縣四面縣也　又姓左傳虞宮之奇戰國宮佗又北宮南宮俱複姓　又守宮木名[爾雅釋木]守宮槐　又守宮蜥蝪名別作蝘　又叶古黃切音光[班固張敖銘]功成德立襲封南宮垂號萬期永保無疆　又叶古元切音涓[黃庭經]自高自下皆眞人玉堂絳宇盡元宮人音然

【 오류정리 】

○康誤處 1;[釋名]宮穹也屋見垣上穹(兩穹字𠀤改穹)隆然也

●考證；謹照原文兩穹字𠀤改穹

◆整理；[釋名(석명)]宮穹也(궁궁야)上穹(상궁) 兩穹字(양궁자) 穹(궁)의 착오.

◆訂正文；[釋名]宮穹也屋見垣上穹隆然也

▶ 【405-1】 字解誤謬與否；[釋名]宮穹也屋見垣上穹(兩穹字𠀤改穹)隆然也 [穹也屋見垣上穹(兩穹字𠀤改穹)]

★이상과 같이 오류(誤謬)가 수정(修訂) 되더라도 자전(字典)의 궁(穹; 하늘)과 고증(考證)의 궁(穹)은 정자통(正字通)에서 동자(同字)라 하였으니 궁(宮)의 자의(字義)에 아무런 영향을 끼치지 않음.

康家(가)[唐韻]古牙切[集韻][韻會][正韻]居牙切𠀤音加[說文]居也[爾雅釋宮]戶牖之閒曰扆其內謂之家[詩周

南]宜其室家[註]家謂一門之內　又婦
謂夫曰家[孟子]女子生而願爲之有家
　又一夫受田百畝曰夫家[周禮地官]
上地家七人中地家六人下地家五人
[註]有夫有婦然後爲家　又大夫之邑
曰家仕於大夫者曰家臣[左傳襄二十六
年]大夫皆富政將在家　又天家天子之
稱[蔡邕獨斷]天子無外以天下爲家
又居其地曰家[史記陸賈傳]以好時田
地善往家焉　又著述家[前漢武帝紀]
表章六經罷黜百家又[太史公自序]成
一家之言　又家人易卦名　又姓漢劇
令家羡宋家鉉翁　又[集韻]古胡切音
姑[詩豳風]予未有室家叶上据荼又[小
雅]復我邦家叶上居樗　又與姑同大家
女之尊稱漢曹世叔之妻班昭稱大家卽
超妹　又叶古俄切音歌[古雉朝飛操]
我獨何命兮未有家時將暮兮可奈何又
[孔臧蓼賦]苟非德義不以爲家安逸無
心如禽獸何　又叶古暮切音固[焦氏易
林]三足孤鳥靈明爲御司過罰惡自殘其
家　[說文]从宀豭省聲周伯溫曰豕居
之圈曰家故从宀从豕後人借爲室家之
家○按六書故作宋人所合也从宀 三人
聚宀下宋之義也宋古族字宋譌爲豕說
文謂从豭省無義

【 오류정리 】

○康誤處 1;[說文]居也[爾雅釋宮]戶
牖之閒曰扆其內謂之家(改家居也爾雅
牖戶之閒謂之扆)

●考證 ; 謹照原文改家居也爾雅牖戶
之閒謂之扆

◆整理 ; [說文(설문)]居也(거야)[爾
雅釋宮(이아석궁)]戶牖之閒曰扆其內
謂之家(호유지한왈의기내위지가)는
家居也(가거야)[爾雅(이아)]牖戶之閒
謂之扆(유호지한위지의)로 고침.

◆訂正文 ; [說文]家居也[爾雅]牖戶
之閒謂之扆

▶【406-1】 字解誤謬與否 ; [說文]

居也[爾雅釋宮]戶牖之閒曰扆其內謂
之家(改家居也爾雅牖戶之閒謂之扆)
[居也[爾雅釋宮]戶牖之閒曰扆其內謂
之家(改家居也爾雅牖戶之閒謂之扆)]

★이상과 같이 오류(誤謬) 수정(修訂)
이 된다 하여도 자전(字典)의 거(居;
거처)와 고증(考證)의 가거(家居;
거처)가 동의(同義)이니 자전상(字典
上) 가(家)의 본의(本義)에는 영향이
미치지 않음.

○康誤處 2;[左傳襄二十六年(改二
十九年)]大夫皆富政將在家

●考證 ; 謹照原文二十六年改二十九
年

◆整理 ; [左傳襄二十六年(좌전양이십
육년)은 二十九年(이십구년)의] 착오.

◆訂正文 ; [左傳襄二十九年]大夫皆
富政將在家

▶【407-2】 字解誤謬與否 ; [左傳
襄二十六年(改二十九年)]大夫皆富政
將在家　[左傳襄二十六年(改二十九
年)]

★이상과 같이 인용처(引用處)나 주
소(註疏)의 오류(誤謬)를 수정(修訂)
을 한다 하여도 자전상(字典上)의 가
(家)의 본의(本義)에는 영향이 미치지
않음.

康容(용)[廣韻][集韻][韻會]䚡餘封
切音融[說文]盛也从宀从谷[徐鉉曰]
屋與谷皆所以盛受也[增韻]受也包函
也[易師卦]君子以容民畜衆[書君陳]
必有忍其乃有濟有容德乃大[註]謂包
之也又[唐書狄仁傑傳]婁公盛德爲所
包容久矣　又儀容也[禮冠義]禮文之
始在於正容體[射義]試之於澤宮其容比
於禮其節比於樂又[玉藻]君子之容舒
遲見所尊者齋遫足容重手容恭目容端
口容止聲容靜頭容直氣容　肅立容德色
容莊　又從容安也[書君陳]從容以和

[中庸]從容中道聖人也　　又[爾雅釋器]容謂之防[郭璞註]形如今㡛頭小曲屛風唱射者所以自防隱也所以容身防矢也　　又禮官曰容[禮樂記]使之行商容而復其位[註]容謂禮樂之官使之檢視殷家禮樂之官而復其位[前漢儒林傳]徐生善爲容是善禮樂者謂之容也　　又飛揚貌[楚辭九章]紛容容之無經兮　　又[禮內則]佩容臭[註]香物也助爲形容之飾猶後世香囊也　　又紗之經者曰輕容[唐苑類]輕容無花薄紗也　又州名古象郡地唐置容州　　又姓八凱仲容之後[禮記]有周大夫容居又慕容複姓　　又[集韻]尹竦切與慫㳯之㳯同勸也　　又[正字通]余壟切音涌[前漢郊祀歌]神之行旌容容　又與頌通[說文]貌也从頁公聲[徐曰]此儀容字歌頌者美盛德之形容故通作頌後人因以爲歌頌字[前漢惠{帝紀]有罪當盜械者皆頌繫[顏師古註]古頌與容同[刑法志註]頌謂寬容之不桎梏也　　又叶與章切音陽[韓愈獨孤申叔哀辭]如聞其聲如見其容嗚呼遠矣何日而忘　　又[參同契]天道甚浩廣太玄無形容虛寂不可覩匡郭以消忘`

【 오류정리 】

○康誤處 1; [禮冠義]禮文(改禮義)之始在於正容體
●考證 ; 謹照原文禮文改禮義
◆整理 ; [禮冠義(예관의)]의 禮文(예문)은 禮義(예의)의 착오.
◆訂正文 ; [禮冠義]禮義之始在於正容體
▶ 【408-1】 字解誤謬與否 ; [禮冠義]禮文(改禮義)之始在於正容體 [禮文(改禮義)]
★이상과 같이 오류(誤謬) 수정(修訂)이 된다 하여도 예의(禮義; 예절(禮節)과 의리(義理)) 자전상(字典上) 용(容)의 본의(本義)에는 영향이 미치지 않음.

○康誤處 2; [射義]試之於澤宮(改射宮)
●考證 ; 謹照原文澤宮改射宮
◆整理 ; [射義(사의)]의 澤宮(택궁)은 射宮(사궁)의 착오.
◆訂正文 ; [射義]試之於射宮
▶ 【409-2】 字解誤謬與否 ; [射義]試之於澤宮(改射宮) [澤宮(改射宮)]
★이상과 같이 오류(誤謬) 수정(修訂)이 된다 하여도 사궁(射宮; 고대(古代)의 대학(大學)) 자전상(字典上) 용(容)의 본의(本義)에는 영향이 미치지 않음.

○康誤處 3; [禮記(改檀弓)]有周(改徐)大夫容居 [禮記(改檀弓)] [周(改徐)]
●考證 ; 謹照檀弓周改徐
◆整理 ; [禮記(예기) 檀弓(단궁)]周(주)는 徐(서)의 착오.
◆訂正文 ; [檀弓]有徐大夫容居
▶ 【410-3】 字解誤謬與否 ; [禮記(개(改)檀弓)]有周(改徐)大夫容居 [禮記(개(改)檀弓)] [周(改徐)]
★이상과 같이 인용처(引用處)나 주소(註疏)의 오류(誤謬)를 수정(修訂)을 한다 하여도 자전상(字典上)의 용(容)의 본의(本義)에는 영향이 미치지 않으며 [周(改徐)] 역시 본의(本義)에 영향이 미치지 않음

宀 部 八畫

康宿(숙)[廣韻]息逐切[集韻][韻會]息六切𡧫音夙[說文]止也[玉篇]夜止也住也[詩周頌]有客宿宿有客信信[註]一宿曰宿再宿曰信[周禮地官]三十里有宿宿有路室　　又星宿各止其所故名宿二十八宿亦名二十八次次舍也[釋名]宿宿也言星各止住其所也　　又[增韻]安也守也[左傳昭二十六年]官宿其業[註]宿安也又[周禮宮正註]諸吏

直宿謂職王宮之守衞者　　又[廣韻]素
也[史記信陵傳]晉鄙嚄咤宿將又[莊子
列傳]雖當世宿學不能自解免也　　又國
名[春秋隱二年]及宋人盟于宿　　又邑
名[史記衞世家]孫林父甯殖謀逐獻公
怒如宿又蒯瞶入宿　　又[史記吳世家]
將舍於宿[左傳]作戚字別義同　　又姓
[風俗通]漢鴈門太守宿祥明正德中蜀
人宿進　　又通作夙早也[周禮春官]世
婦掌女宮之宿戒[註]宿戒當給事謂豫
告之也　　又與肅同[禮祭統]先期旬有
一日宮宰宿夫人[註]宿讀爲肅戒也　又
[儀禮宿尸註]宿與曲禮主人肅客入之
肅同　　又去聲[廣韻][集韻][韻會][正
韻]𠈃息救切音秀列星也○按史記漢書
二十八宿正義音息袖反又音夙左思吳
都賦窮飛鳥之棲宿註亦音秀是星宿之
宿與棲宿之宿古皆通同　　又叶息流切
音羞[莊子天地篇]至無而供其求時騁
而要其宿　　又叶相卽切音息[班彪冀州
賦]遵大路以北逝兮歷趙衰之采邑醜柏
人之惡名兮聖高帝之不宿

【 오류정리 】

○康誤處 1;[左傳昭二十六年(改二十
九年)]官宿其業
●考證；謹照原文二十六年改二十九
年
◆整理；[左傳昭(좌전소) 二十六年
(이십육년)은　二十九年(이십구년)의]
착오.
◆訂正文；[左傳昭二十九年]官宿其
業
▶【411-1】　字解誤謬與否；[左傳
昭二十六年(改二十九年)]官宿其業
[二十六年(改二十九年)]
★이상과 같이 인용처(引用處)나 주
소(註疏)의 오류(誤謬)를 수정(修訂)
을 한다 하여도 자전상(字典上)의 숙
(宿)의 본의(本義)에는 영향이 미치지
않음.

康 寇(구)[唐韻]　又姓宋有]苦候切
[集韻][韻韻][韻會][正韻]丘候切　𠈃
音扣[說文]暴也从攴从完當其完聚而
寇之也攴擊也會意[廣韻]鈔也[增韻]
仇也賊也[易蒙卦]不利爲寇利禦寇詩
大雅式遏寇虐[書舜典]寇賊姦宄[註]
羣行攻　刦曰寇殺人曰賊又[左傳文七
年]兵作於內爲亂於外爲寇　　又[周禮]
司寇秋官主刑戮理官也　　又[揚子方
言]凡物盛多謂之寇[郭璞註]今江東有
小其多無數俗謂之寇 寇準　[歐陽氏
曰]俗作㓂非

【 오류정리 】

○康誤處 1;[郭璞註]今江東有小鳧
其多無數俗謂之寇(下增鳧字)
●考證；謹照原文寇字下增鳧字
◆整理；[郭璞註(곽박주)]의 寇(구)
에 이어 鳧字(부자)를 덧붙임.
◆訂正文；[郭璞註]今江東有小鳧其
多無數俗謂之寇鳧
▶【412-1】　字解誤謬與否；[郭璞
註]今江東有小鳧其多無數俗謂之寇
(下增鳧字)　[寇(下增鳧字)]
★이상과 같이 오류(誤謬) 수정(修訂)
이 된다 하여도 구부(寇鳧; 작은 물
새(물오리) [揚子方言] 凡物盛多謂之
寇[郭璞註]今江東有小鳧其多無數俗謂
之寇鳧[大雅]鳧鷖在涇[註]鳧水鳥)인
데 자전상(字典上) (寇)의 본의(本義)
에 직접 영향이 미치게 됨.

康 叜(수)[集韻]與叟同[班固人物
志]鼓叜卽蟄睋也　本作叜或作㝢㝢
俀

【 오류정리 】

○康誤處 1;[班固人物志(改前漢人
表)]鼓叜卽蟄睋也
●考證；謹照原書改前漢人表
◆整理；[班固人物志(반고인물지)]는

前漢人表(전한인표)의] 착오.

◆訂正文 ; [前漢人表]鼓千卽瞽瞍也

▶【413-1】 字解誤謬與否 ; [班固
人物志(改前漢人表)]鼓千卽瞽瞍也
[班固人物志(改前漢人表)]

★이상과 같이 인용처(引用處)나 주
소(註疏)의 오류(誤謬)를 수정(修訂)
을 한다 하여도 자전상(字典上)의 麥
(수)의 본의(本義)에는 영향이 미치
지 않음.

宀 部 九畫

康 富(부)[廣韻][集韻][韻會]갋方
副切否去聲[說文]備也一曰厚也[廣
韻]豐於財也[書洪範]五福二曰富[周
禮天官冢宰]一曰爵以馭其富又[史記貨
殖傳]本富爲上末富次之奸富最下 又
[易繫辭]富有之謂大業[禮儒行]不祈
多積多文以爲富[莊子天地篇]有萬不
同之謂富 又[正字通]年富謂年幼後
來齒歷方久也[史記曹相國世家]悼惠
王富於春秋 又[禮祭義]殷人貴富而
尙齒[註]臣能世祿曰富 又貨賄也[書
呂刑]典獄非訖于威惟訖于富[註]主獄
之官非惟得盡法於權勢亦得盡法於賄
賂之人也 又姓[左傳]周大夫富辰
又凡充裕皆曰富[晉書夏侯湛傳]文
章宏富[王接傳]左氏辭義贍富[宋書謝
弘微傳]才辭辨富[唐書呂溫傳]藻翰精
富[文心雕龍]經籍深富辭理遐亘 又
叶渠記切音忌[詩大雅]何神不富叶上
刺類瘁[魯頌]俾爾壽而富叶上燬下試
又叶卑吉切音必[詩小雅]彼昏不知壹
醉日富叶上克下又[朱傳]又夷益反富
猶甚也 [說文]从宀畐聲畐古福字俗
作冨

【 오류정리 】

○康誤處 1; [周禮天官冢宰]一曰爵
(改二曰祿)以馭其富

●考證 ; 謹照原文一曰爵改二曰祿

◆整理 ; [周禮天官冢宰(주례천관총
재)]一曰爵(일왈작)은 二曰祿(이왈록)
의 착오.

◆訂正文 ; [周禮天官冢宰]二曰祿以
馭其富

▶【414-1】 字解誤謬與否 ; [周禮
天官冢宰]一曰爵(改二曰祿)以馭其富
[一曰爵(改二曰祿)]

★이상과 같이 오류(誤謬) 수정(修訂)
이 되면 오복(五福; 수(壽). 부(富).
강녕(康寧). 유호덕(攸好德). 고종명
(考終命)) 중에서 둘째가 부(富)인데
부(富; 작(爵). 록(祿). 여(予). 치
(置). 생(生). 탈(奪). 폐(廢). 주(誅))
에는 이왈록(二曰祿)이라 하였으니
자전상(字典上) 부(富)의 본의(本義)
에 직접 영향이 미치게 됨.

康 病(병)[唐韻]皮命切[集韻]陂病
切 갋 音柄[說文]臥驚病也一曰多寐也
[爾雅釋歲]三月爲病月 又[廣韻]兵永
切[韻會][正韻]補永切갋音丙義同
[集韻]或作窝

【 오류정리 】

○康誤處 1; [爾雅釋歲(改釋天)]三月
爲病月

●考證 ; 謹照原書釋歲改釋天

◆整理 ; [爾雅(이아)의 釋歲(석세)는
釋天(석천)의] 착오.

◆訂正文 ; [爾雅釋天]三月爲病月

▶【415-1】 字解誤謬與否 ; [爾雅
釋歲(改釋天)]三月爲病月 [釋歲(改
釋天)]

★이상과 같이 인용처(引用處)나 주
소(註疏)의 오류(誤謬)를 수정(修訂)
을 한다 하여도 자전상(字典上)의 병
(病)의 본의(本義)에는 영향이 미치지
않음.

康 寓(우)籀文字字[唐韻]牛具切[集
韻][韻會]元具切갋音遇[說文]寄也

[禮曲禮]大夫寓祭器於大夫士寓祭器
於士又[郊特牲]諸侯不臣寓公[註]謂
失地之君寄寓其國也　　又居也[孟子]
無寓人於我室[左傳成二年]韓厥曰請
寓乘　　又屬也[左傳僖二十八年]君憑軾
而觀之得臣寓目焉　　又托也[史記莊周
傳]著書十餘萬言大抵率寓言也　　又鳥
名如鼠而鳥翼其音如羊可以禦兵見[山
海經]　　又[爾雅釋獸]有寓屬[註]謂獼
猴之類寄寓木上故曰寓　　又[正韻]牛
居切音魚義同　　[集韻]或作庽

【 오류정리 】

○康誤處 1; [左傳僖二十八年]君憑
軾而觀之得臣(增與字)寓目焉

●考證 ; 謹照原文得臣下增與字

◆整理 ; [左傳僖二十八年(좌전희이십
팔년)] 得臣(득신) 아래 與字(여자)를
덧붙임.

◆訂正文 ; [左傳僖二十八年]君憑軾
而觀之得臣與寓目焉

▶ 【416-1】 字解誤謬與否 ; [左傳
僖二十八年]君憑軾而觀之得臣(增與
字)寓目焉 　[臣(增與字)]

★이상과 같이 여(與; 주다. 베플다.
지내다. 어울리다. …를 …함께)를
덧붙인다 하여도 자전상(字典上) 우
(寓)의 본의(本義)에는 영향이 미치지
않음.

宀部 十畫

康寊(치)[唐韻][集韻][韻會][正
韻]𣖢支義切音觶[說文]置也[正韻]納
之也猶言安著也[詩小雅]寊予于懷
[註]親之也[魯語]藏罟不如寊里克於
側之不忘也又[左傳隱十一年]凡而器
用財賄無寊於許　　又[廣韻]止也廢也
[詩周南]寊彼周行[註]寊舍也[周禮秋
官大司寇]寊之圜土又[左傳隱元年]遂
寊姜氏於城潁　　又通作示[禮中庸]其
如示諸掌乎[註]示讀如寊置也　　俗作

寊非

【 오류정리 】

○康誤處 1; [左傳隱元年]遂寊姜氏於
城潁(改潁)

●考證 ; 謹照原文潁改潁

◆整理 ; [左傳隱元年(좌전은원년)]의
潁(영)은 潁(영)의 착오.

◆訂正文 ; [左傳隱元年]遂寊姜氏於
城潁

▶ 【417-1】 字解誤謬與否 ; [左傳
隱元年]遂寊姜氏於城潁(改潁) 　[潁
(改潁)]

★이상과 같이 오류(誤謬) 수정(修訂)
이 된다 하여도 다만 지명(地名)인
성영(城潁; 하남성(河南省) 임영현(臨
潁縣) 서북(西北) 정(鄭)나라 땅) 바
르게 잡았을 뿐이니 자전상(字典上)
치(寊)의 본의(本義)에는 영향이 미치
지 않음.

宀部 十一畫

康察(찰)[唐韻]初八切[集韻][韻
會][正韻]初戛切𣖢音刹[說文]覆審也
从宀祭聲[徐鉉曰]祭祀必質明明察也
故从祭[廣韻]諦也知也[李陵答蘇武
書]功大罪小不蒙明察　　又[增韻]考也
廉視也[周禮秋官士師註]士察也義取
察理獄訟之事也又[唐書百官志]監察
御史掌司六察一察官人善惡二察賦役
不均三察農桑不勤倉廩耗減四察妖猾
盜賊五察茂才異等六察黜吏豪宗兼幷
縱暴　　又昭著也[中庸]言其上下察也
又察察潔淸貌[史記屈原傳]安能以身
之察察受物之汶汶　　又苛察也[老子道
德經]其政察察其民缺缺又[晉書謝安
傳]弘以大綱不存小察　　又[正字通]偏
見曰察[莊子天下篇]道德不一天下多
得一察焉以自好　　又姓吳將軍察戰明
正德中朝城知縣察童　　又讀作祭[尚書
大傳]祭之爲言察也察者至也人事至然

後祭 又叶直列切音徹[前漢郊祀歌]
景星顯見信星彪列象載昭庭日親以察
[古詩]置我懷袖中三歲字不滅一心抱
區區懼君不識察 又叶子例切音穧
[班固幽通賦]攬葛藟而授子兮眷峻谷日
勿墜眒昕寤而仰思兮心蒙蒙猶未察
[集韻]或作䚛

【 오류정리 】
○康誤處 1;[班固幽通賦]攬葛藟而
授子(改授余)兮
●考證 ；謹照原文授子改授余
◆整理 ；[班固幽通賦(반고유통부)]의
授子(수자)는 授余(수여)의 착오.
◆訂正文 ；[班固幽通賦]攬葛藟而授
余兮
▶【418-1】 字解誤謬與否 ；[班固
幽通賦]攬葛藟而授子(改授余)兮 [授
子(改授余)]
★이상과 같이 오류(誤謬) 수정(修訂)
이 된다 하여도 수여(授余; 여가를
주다) 자전상(字典上) 찰(察)의 본의
(本義)에는 영향이 미치지 않음.

康寡(과)[唐韻][集韻][韻會][正
韻]㼸古瓦切瓜上聲[說文]少也从宀頒
頒分賦也宀分故爲少也[爾雅釋詁]罕
也[易謙卦]君子以裒多益寡稱物平施
[繫辭]吉人之辭寡 又[釋名]倮也倮
然單獨也[書梓材]至于敬寡周禮夏官
大司馬以九代之法正邦國馮弱犯寡則
眚之 又[大戴禮]五十無夫曰寡又凡
嫡媵皆曰寡婦又無夫無婦㼸謂之寡丈夫
曰索婦女曰嫠 又王侯謙稱[禮曲禮]
諸侯自稱曰寡人[論語]夫人自稱曰寡小
君皆言寡德也 又[詩大雅]刊于寡妻
[註]嫡妻也[箋]寡有之妻言賢也[疏]
嫡妻惟一故言寡 又叶公戶切音古[詩
小雅]爰及矜人哀此鰥寡叶上野羽野音
暑又[大雅]不侮矜寡叶上吐下禦 又
叶古火切音果[陸雲歲暮賦]歲難除而
易逝兮情艱多而泰寡年有來而棄予兮

時無算而非我 [正字通]本作寡[正
譌]俗从力作寡非

【 오류정리 】
○康誤處 1;[論語]夫人自稱曰寡小君
(改稱諸異邦曰寡小君)
●考證 ；謹照原文改稱諸異邦曰寡小
君
◆整理 ；[論語(논어)]의 夫人自稱曰
寡小君(부인자칭왈과소군)은 稱諸異
邦曰寡小君(칭제이방왈과소군)의 착
오.
◆訂正文 ；[論語]稱諸異邦曰寡小君
▶【419-1】 字解誤謬與否 ；[論語]
夫人自稱曰寡小君(改稱諸異邦曰寡小
君) [夫人自稱曰寡小君(改稱諸異邦
曰寡小君)]
★이상과 같이 오류(誤謬) 수정(修訂)
이 되면 칭제이방(稱諸異邦; 다른 나
라 제후에게 칭하기를)이 되는데 자
전상(字典上) 과(寡)의 본의(本義)에
영향이 미치지 않음.

康實(실)[唐韻][廣韻] 神質切[集
韻][類篇][韻會]食質切㞒音失[說文]
實富也从宀从貫貫貨貝也[廣韻]誠也
滿也[增韻]充也虛之對也[易本義]乾
一而實坤二而虛[孟子]充實之謂美充
實而有光輝之謂大[宋程頤曰]心有主
則實實則外患不能入 又華實[晉語]
華則榮矣實之不知請務實乎[史記商鞅
傳]貌言華也至言實也 又物成實也
[爾雅釋草]果臝之 屮 其實多括樓實卽
子也[禮月令]季春爲民祈麥實[註]謂於
含秀求其成也 又品物也[左傳莊二十
二年]庭實旅百[註]庭之所實陳有百品
言物備也又[襄三十一年]其輸之則君
之府實也 又軍實[左傳襄二十四年]
齊侯祭社蒐軍實[註]謂兵甲器械也 又
[儀禮特牲饋食]實籩豆[註]謂取籩豆實
之也[周禮春官小宗伯註]豆實實於甕

篹實實於筐　　又具數也[史記始皇本紀]使黔首自實田[註]謂令民自具頃畝實數也　　又[唐六典]凡里有手實法歲終具民之年與地闊狹爲鄕帳　　又驗也[後漢光武紀]使各實二千石以下至黃綬　　又事跡也[史記莊周傳]率皆虛語無事實[韓非傳]反擧浮淫之蠹加之功實之上　　又當也[書呂刑]閱實其罪[註]使與法相當也　　又是也[詩大雅]實墉實壑　又姓　又[正字通]脂利切音至與至同[禮雜記]計於適者曰吾子之外私寡大夫不祿使某實[註]言爲計而至此也　[增韻]實亦作寔[韻會]實寔分爲二

【 오류정리 】

○康誤處 1;[爾雅釋草]果蓏之屮其實多(省屮其多三字)括樓(下增邢昺疏)實卽子也

●考證 ; 謹照原文省屮其多三字括樓下增邢昺疏

◆整理 ; [爾雅釋草(이아석초)]의 屮其多(좌기다) 三字(삼자)를 삭제하고, 括樓(괄루)에 邢昺疏(형병소)를 덧붙임.

◆訂正文 ; [爾雅釋草]果蓏之括樓[邢昺疏]實卽子也

▶ 【420-1】 字解誤謬與否 ; [爾雅釋草]果蓏之屮其實多(省屮其多三字)括樓(下增邢昺疏)實卽子也 [屮其多(省屮其多三字)]

★이상과 같이 좌기다(屮其多)를 삭제(削除)하였거나 증자(增字)를 하였다 하여도 자전상(字典上) 실(實)의 본의(本義)에 크게 영향을 끼치지 않으며, 덧붙인 형병소(邢昺疏; 송(宋)나라 형병(邢昺)이 소(疏)를 붙였다)는 역시 같다.

○康誤處 2;[禮月令]季春爲民祈麥實(改乃爲麥祈實)

●考證 ; 謹照原文改乃爲麥祈實

◆整理 ; [禮月令(예월령)]의 祈麥實(기맥실)은 麥祈實(맥기실)의 착오.

◆訂正文 ; [禮月令]乃爲麥祈實

▶ 【421-2】 字解誤謬與否 ; [禮月令]季春爲民祈麥實(改乃爲麥祈實) [季春爲民祈麥實(改乃爲麥祈實)]

★이상과 같이 오류(誤謬) 수정(修訂)이 되면 어순(語順)을 맞춤으로서 내위맥기실(乃爲麥祈實; 보리가 잘 "여물도록 기원한다"로 정리되니 자전상(字典上) 실(實)의 본의(本義)에 영향이 미치게 됨.

○康誤處 3;[左傳襄二十四年]齊侯祭(無侯祭二字)社蒐軍實 [註]謂兵甲(無兵甲之文)器械也(改齊社蒐軍實[杜註]祭社因閱數軍器)

●考證 ; 謹按左傳無侯祭二字註內亦無兵甲之文謹照原文改齊社蒐軍實杜註祭社因閱數軍器

◆整理 ; [左傳襄二十四年(좌전양이십사년)] 侯祭二字(후제이자)는 없어 이를 齊社蒐軍實[杜註]祭社因閱數軍器(제사수군실두주제사인열수군기)로 바르게 잡고, [註(주)]의 兵甲(병갑)은 원문에 없어 삭제 하여야 함.

◆訂正文 ; [左傳襄二十四年]齊社蒐軍實杜註祭社因閱數軍器[註]謂器械也

▶ 【422-3】 字解誤謬與否 ; 齊侯祭(無侯祭二字)社蒐軍實 [註]謂兵甲(無兵甲之文)器械也(改齊社蒐軍實杜註祭社因閱數軍器) [齊侯祭 (無侯祭二字)] [兵甲(無兵甲之文)] [社蒐軍實(改齊社蒐軍實杜註祭社因閱數軍器)]

★이상과 같이 후제(侯祭)와 병갑(兵甲)이 삭제 되고 주소(註疏)의 오류가 수정된다 하여도 자전상(字典上) 실(實)의 본의(本義)에는 영향이 미치지

않으며 ○제사수군실(齊社蒐軍實; 齊나라는 군대의 社에서 제사를 드리고 병사들에게 군사훈련을 실시했다)와 ○제사인열수군기(祭社因閱數軍器; 제신(祭神) 제사를 지내는 곳에서 전례에 따라 무기를 헤아려 검열하다)는 자전상(字典上) 실(實)의 본의(本義)인 군실(軍實; 군수물자(軍需物資))의 뒷받침으로 영향을 끼침.

○康誤處 4; [儀禮特牲饋食]實籩豆(改豆籩)
●考證 ; 謹照原文籩豆改豆籩
◆整理 ;; [儀禮特牲饋食(의례특생궤식)]의 籩豆(변두)는 豆籩(두변)의 착오.
◆訂正文 ; [儀禮特牲饋食]實豆籩
▶【423-4】 字解誤謬與否 ; [儀禮特牲饋食]實籩豆(改豆籩) [籩豆(改豆籩)]
★이상과 같이 오류(誤謬) 수정(修訂)이 된다 하여도 자순(字順)이 바뀌었을뿐 자전상(字典上) 실(實)의 본의(本義)에는 영향이 미치지 않음.

宀部 十二畫

康 寫(위)[唐韻]韋委切[集韻]羽委切𡘋音蔿[說文]屋貌 又姓[左傳隱十一年]公館于寫氏
【 오류정리 】
○康誤處 1; [左傳隱十一年]公(省公字)館于寫氏
●考證 ; 謹照原文省公字
◆整理 ; [左傳隱十一年(좌전은십일년)]의 公字(공자)를 삭제함.
◆訂正文 ; [左傳隱十一年]館于寫氏
▶【424-1】 字解誤謬與否 ; [左傳隱十一年]公(省公字)館于寫氏 [公(省公字)]
★이상과 같이 공(公; 국유의. 공동

의. 공개하다. 집단적. 공개하다)을 삭제(削除) 한다 하여도 자전상(字典上) 위(寫)의 본의(本義)에 영향을 끼치지 않음.

康 寮(료)[廣韻]落蕭切[集韻][韻會]憐蕭切[正韻]連條切𡘋音聊[爾雅釋言註]同官爲寮又官寮也[書酒誥]百寮庶尹又[左傳文七年]荀林父曰吾嘗同寮敢不盡心乎 又[正字通]寮小窻也楊愼曰古人謂同官爲寮亦指齋署同窻爲義 又通作僚[書皐陶謨]百僚師師 又叶凌如切音閭[傅毅洛都賦]革服朔正官寮辨方位摹八區
【 오류정리 】
○康誤處 1; [爾雅釋言(改釋詁)註]同官爲寮
●考證 ; 謹照原書釋言改釋詁
◆整理 ; [爾雅 (이아)의 釋言(석언)은 釋詁(석고)의] 착오.
◆訂正文 ; [爾雅釋詁註]同官爲寮
▶【425-1】 字解誤謬與否 ; [爾雅釋言(改釋詁)註]同官爲寮 [釋言(改釋詁)]
★이상과 같이 인용처(引用處)나 주소(註疏)의 오류(誤謬)를 수정(修訂)을 한다 하여도 자전상(字典上)의 료(寮)의 본의(本義)에 영향이 미치지 않음.

宀部 十七畫

康 寶(보)[唐韻][正韻]博浩切[集韻][韻會]補抱切𡘋音保[說文]珍也从宀玉貝缶聲[徐曰]人所保也[廣韻]珍寶又瑞也符也[易繫辭]聖人之大寶曰位[禮禮運]天不愛其道地不愛其寶[詩大雅]稼穡惟寶又[書旅獒]所寶惟賢則邇人安 又[增韻]符璽也重也貴也[周禮春官天府]凡國之玉鎭大寶器藏焉[書旅獒]分寶玉于叔伯之國[禮聘義]圭

璋璧琮凡此四器者唯其所寶以聘可也古者天子諸侯以圭璧爲符信至秦始有皇帝信璽唐改曰寶又凡錢文曰通寶　又姓　　又叶博古切音補[詩大雅]錫爾介圭以作爾寶叶上土　　又[陳琳瑪瑙賦]帝道匪康皇鑒元輔顧以多福康以碩寶　　又通作葆[史記魯世家]毋墜天之降葆命[註]讀如寶[留侯世家]見穀城下黃石取而葆祠之[徐廣曰]史珍寶字皆作葆

【 오류정리 】

○康誤處 1; [書旅獒]分寶玉于叔伯(改伯叔)之國

●考證 ; 謹照原文叔伯改伯叔

◆整理 ; [書旅獒(서여오)]의 叔伯(숙백)은 (伯叔(백숙))의 착오.

◆訂正文 ; [書旅獒]分寶玉于伯叔之國

▶ 【426-1】 字解誤謬與否 ; [書旅獒]分寶玉于叔伯(改伯叔) [叔伯(改伯叔)]

★이상과 같이 오류(誤謬) 수정(修訂)이 된다 하여도 선후(先後) 바꿨을뿐 자전상(字典上) 보(寶)의 본의(本義)에는 영향이 미치지 않음.

○康誤處 2; [禮聘義]圭璋璧琮凡此四器者唯其所寶以聘可也(改爲聘禮凡四器者唯其所寶以聘可也註謂圭璋璧琮)

●考證 ; 謹按禮記聘義無此文查係見儀禮聘禮記中謹據改爲聘禮凡四器者唯其所寶以聘可也註謂圭璋璧琮

◆整理 ; [禮聘義(예빙의)]圭璋璧琮凡此四器者唯其所寶以聘可也(규장벽종범차사기자유기소보이빙가야)는 禮記聘義無此文(예기빙의무차문)으로 [儀禮聘禮(의례빙례)] 凡四器者唯其所寶以聘可也(범사기자유기소보이빙가야) [註(주)]謂圭璋璧琮(위규장벽종)으로 바꿈.

◆訂正文 ; [聘禮]凡四器者唯其所寶以聘可也[註]謂圭璋璧琮

▶ 【427-2】 字解誤謬與否 ; [禮聘義]圭璋璧琮凡此四器者唯其所寶以聘可也(改爲聘禮凡四器者唯其所寶以聘可也註謂圭璋璧琮)

★이상과 같이 인용처(引用處)나 주소(註疏) 등(等)의 오류(誤謬)를 수정(修訂)을 하거나 유(唯)와 위(謂) 자(字)를 증자(增字) 한다 하여도 자전상(字典上)의 보(寶)의 본의(本義)에는 영향이 미치지 않음.

寸 部 三畫

康 寺(사)[廣韻][集韻][韻會]坐祥吏切音嗣[說文]廷也有法度者也从寸㞢聲[徐曰]寸法度也守也[釋名]寺嗣也官治事者相嗣續於其內也[唐書百官表]漢以太常光祿勳衞尉太僕廷尉大鴻臚宗正司農少府爲九卿後魏以來卿名雖仍舊而所蒞之局謂之寺因名九寺又[漢書註]凡府廷所在皆謂之寺　　又漢明帝時攝摩騰自西域白馬駝經來初止鴻臚寺遂取寺名爲創立白馬寺後名浮屠所居皆曰寺　　又宦寺[詩秦風]寺人之令[傳]內小臣也令使也又[周禮天官]寺人掌王之內人[註]寺之言侍也取親近侍御之義○按註疏蓋以侍釋寺義非轉音時吏切讀苦侍正譌合寺侍爲一非　[集韻]或作閣

【 오류정리 】

○康誤處 1; [周禮天官]寺人掌王之內人[註]寺之言侍也取親近侍御之義(增改爲掌王之內人及女宮之戒令鄭註寺之言侍也)

●考證 ; 謹按此所引文義未全謹照原文增改爲掌王之內人及女宮之戒令鄭註寺之言侍也

◆整理 ; [周禮天官(주례천관)]의 寺人掌王之內人(사인장왕지내인)에 이어 及女宮之戒令(급여궁지계령)을 덧

붙이고 [註(주)]는 (鄭註(정주)로 고침.

◆訂正文 ; [周禮天官]掌王之內人及女宮之戒令鄭註寺之言侍也

▶ 【428-1】 字解誤謬與否 ; [周禮天官]寺人掌王之內人[註]寺之言侍也取親近侍御之義(增改爲掌王之內人及女宮之戒令鄭註寺之言侍也)

★이상과 같이 ○근시(近侍; 임금 가까이에서 모시는 신하)가 삭제(削除)가 되고 ○급여궁지계령정(及女宮之戒令鄭; 훈계의 명령을 정중히 궁녀들에게 내리다)과 같이 오류(誤謬) 수정(修訂)이 된다 하여도 자전상(字典上) 사(寺)의 본의(本義)에는 영향이 미치지 않음.

寸部 六畫

康封(봉)[唐韻]府容切[集韻][韻會]方容切𡬶音𡬶[說文]爵諸侯之土也从之从土从寸[徐曰]各之其土也寸守其法度也本作封隸作封从圭所執也[周禮春官大宗伯]王大封則告后土[註]封土地之事也 又[禮王制]五十里爲封又[前漢刑法志]同十爲封封十爲畿畿方千里 又封疆之官曰封人[周禮地官]封人掌設王之社壇爲畿封而樹之又[大司徒之職]凡造都鄙制其地域而溝封之[註]封起土界也土在溝上謂之封封上樹木以爲固也 又大也[詩商頌]封建厥福[書舜典]封十有二山[孔傳]封大也每州之名山殊大者以爲其州之鎮 又封禪祭名積土增山曰封爲墠祭地曰禪[孝經緯封]於泰山禪於梁甫[白虎通]王者封禪以告太平金泥銀繩封以印璽孔子登泰山觀易姓而王可得而數者七十餘封是也 又聚土曰封[周禮地官冢人]以爵等爲丘封之度與樹數 又培也[吳語]封殖越國[註]壅本曰封 又富厚也[史記貨殖傳]無秩祿之奉爵邑之人而樂與之比者命曰素封 又凡專利自私曰封[詩周頌]無封靡于爾邦[禮王制]名山大澤不以封[鄭註]與民同財不得障管也 又緘也漢制奏事皁囊封板以防宣泄謂之封事又[前漢平帝紀]諸乘傳者持尺五木傳信封以御史大夫印 又國名[禮明堂位]封父龜[註]封父國也 又州名蒼梧郡地隋爲封州 又姓黃帝時有封鉅又賁氏改封氏又穿封複姓 又土精[白澤圖]物如小兒手無指名封食之多力 又封豕大豕名 又去聲[廣韻]芳用切音𡶡[書蔡仲之命]往卽乃封徐邈讀 又叶府良切音方[韓愈李道古銘]本支于今其尙有封叶下亡

【 오류정리 】

○康誤處 1; [禮王制]五十里爲封(改爲大戴禮五十里而封)

●考證 ; 謹按王制無此文查係大戴禮王言篇謹據改爲大戴禮五十里而封

◆整理 ; [禮王制(예왕제)]五十里爲封(오십리위봉)은 [大戴禮(대대례)] 五十里而封(오십리이봉)의 착오.

◆訂正文 ; [大戴禮]五十里而封

▶ 【429-1】 字解誤謬與否 ; [禮王制]五十里爲封(改爲大戴禮五十里而封)

★이상과 같이 인용처(引用處)나 주소(註疏), 등(等)과 이(而; 말을 이음. 접속사(接續詞)) 오류(誤謬)를 수정(修訂)을 한다 하여도 자전상(字典上)의 봉(封)의 본의(本義)에는 영향이 미치지 않음.

寸部 七畫

康射(사)[唐韻]神柘切[集韻]食夜切[韻會][正韻]神夜切𡬶蛇去聲[說文]弓弩發於身而中於遠也[禮射義]古者天子以射選諸侯卿大夫士射者男子之事也因而飾之以禮樂也又射之爲言

繹也各繹己之志也故射者心平體正持弓
矢審固持弓矢審固然後中又射義有大射
賓射燕射[周禮地官保氏]五射曰白矢
曰參連曰剡注曰襄尺曰井儀詳[鄭司農
註]　又[廣韻]羊謝切[集韻][韻會][正
韻]夤謝切 𡓳 音夜僕射秦官名[漢官儀
註]僕主也古者重武事每官必有主射督
課之故名師古曰射本如宇讀今音夜蓋
關中語轉爲此音也朱子曰禮僕人師扶
左射人師扶右周官大僕之職僕射之名
蓋起於此漢獻帝始分置左右僕射唐改
左右匡政又改左右相又[廣韻][集韻]𡓳
食亦切音實[增韻]以弓弩矢射物也又
指物而取曰射[論語]弋不射宿又[蜀
志]孟光曰吾好直言每彈射利病爲世所
嫌歐陽氏曰泛而言射則在去聲以射其
物而言則在入聲正字通以爲曲說非
又[廣韻]羊益切[集韻][韻會][正韻]
夷益切𡓳音睪[詩大雅]無射亦保[周頌]
無射于人斯[註]射厭也　　又無射九月
律名[前漢律歷志]無射言陽氣上升陰
氣收藏終而復始無厭已也　又叶當故
切音妒[詩小雅]式燕且譽好爾無射
又叶於略切音約[詩大雅]不可度思矧
可射思[楚辭天問]封豨是射叶下若
[說文]本作躲从身从矢或从寸寸法度
也亦手也

【 오류정리 】

○康誤處 1; [禮射義]射之爲言繹也各
繹己之志也故射者心平體正持弓矢
固持弓矢審固然後中(改繹者各繹己之
志也故心平體正持弓矢審固則中矣)
●考證；謹照原文改繹者各繹己之志
也故心平體正持弓矢審固則中矣
◆整理；[禮射義(예사의)]射之爲言繹
也各繹己之志也故射者心平體正持弓矢
審固持弓矢審固然後中(사지위언역야
각역기지지야고사자심평체정지궁시심
고지궁시심고연후중)을 繹者各繹己之
志也故心平體正持弓矢審固則中矣

(역자각역기지지야고심평체정지궁시
심고칙중의)로 고침.
◆訂正文 ； [禮射義]射之爲言繹也繹
者各繹己之志也故心平體正持弓矢審
固則中矣又射義有大射賓射燕射
▶ 【430-1】　字解誤謬與否；[禮射
義]射之爲言繹也各繹己之志也故射者
心平體正持弓矢審固持弓矢審固然後
中(改繹者各繹己之志也故心平體正持
弓矢審固則中矣)　繹也各繹己之志也故
射者心平體正持弓矢審固持弓矢審固
然後中(改繹者各繹己之志也故心平體
正持弓矢審固則中矣)
★이상과 같이 ○사지위언역야(射之
爲言繹也; 사(射)는 역(繹)을 말하는
것이다)와 ○사(射; 쏘다. 발사하다)
○지궁시심고(持弓矢審固; 활과 화살
을 잡음이 심히 견고히 한)와 ○연후
중(然後中; 그렇게 된 후라야 치우쳐
지지않는다)와 ○사자(射者: 활 쏘는
자)가 삭제(削除)가 되고 ○칙중의(則
中矣; 과녁에 맞는 법이다)로 수정이
되어도 자전상(字典上) 사(射)의 본의
(本義)에는 영향이 미치지 않음.

寸 部 八畫

(康)專(전)[唐韻]職緣切[集韻]朱遄
切[正韻]朱緣切 𡓳 音磚[說文]六寸簿
也从寸叀聲[徐曰]簿文簿也[廣韻]壹
也誠也[增韻]純篤也[易繫辭]夫乾其
靜也專[孟子]不專心致志則不得也　又
獨也[書說命]罔俾阿衡專美有商　　又
[左傳昭三年]是四國者專足畏也況加之
以楚　又擅也自是也[中庸]賤而好自
專[禮坊記]父母在饋獻不及車馬示不
敢專也又[左傳桓十五年]祭仲專鄭伯
患之　又姓吳人專諸　又[集韻]徒官
切音團聚也[周禮地官大司徒]其民專
而長　又叶陟鄰切音珍[古詩爲焦仲卿
妻作]奉事循公姥進止敢自專晝夜勤作

息伶傳緐苦辛　　[韻會]通作顗劅[正字通]專㬱通

【 오류정리 】

○康誤處　1;　[左傳昭三年(改昭十二年)]是四國者專足畏也(改子革對曰是四國者專足畏也)況加之以楚

●考證　;　謹按況加之以楚文義未了年分亦誤謹改昭十二年子革對曰是四國者專足畏也

◆整理　;　[左傳(좌전) 昭三年(소삼년)은 昭十二年(소십이년)으로]是四國者專足畏也(시사국자전족외야)는　子革對曰是四國者專足畏也(자혁대왈시사국자전족외야)로 수정함.

◆訂正文　;　[左傳昭十二年]子革對曰是四國者專足畏也況加之以楚

▶【431-1】　字解誤謬與否; [左傳昭三年(改昭十二年)]是四國者專足畏也(改子革對曰是四國者專足畏也)況加之以楚　[昭三年(改昭十二年)]　[是四國者專足畏也(改子革對曰是四國者專足畏也)]

★이상과 같이 오류(誤謬) 수정(修訂)이 된다 하여도 자혁(子革; 鄭穆公의 孫子) 대왈(對曰; 대답했다)가 다를뿐 그 외는 동일하니 자전상(字典上) 전(專)의 본의(本義)에는 영향이 미치지 않음.

寸部　九畫

康 尊(존)[唐韻][韻會]祖昆切[集韻][正韻]租昆切㚛音遵[說文]高稱也[廣韻]重也貴也君父之稱也[易繫辭]天尊地卑乾坤定矣[孟子]天下有達尊三爵一齒一德一[禮表記]使民有父之尊有母之親然後可以爲民父母　　又敬也[禮曲禮]禮者自卑而尊人雖負販者必有尊也　又[說文]注酒器[周禮春官]司尊彝掌六彝六尊之位六尊謂犧尊象尊著尊壺尊太尊山尊以待祭祀賓客　又姓

[風俗通]尊盧氏之後與宗通　　又叶將鄰切音津[前漢班固敘傳]大祖元勳啟立輔臣支庶藩屛侯王㚛尊　　又叶此緣切音銓[前漢班固敘傳]割制廬幷定爾土田什一供貢下富上尊　　[說文]尊本酒器字从酋廾以奉之或从寸或从缶作罇[集韻]亦作甀墫[正字通]今俗以尊作尊卑之尊酒器之尊別作樽非樽林木茂盛也

【 오류정리 】

○康誤處　1;　[禮表記]使民有父之尊有母之親然後(改而後)可以爲民父母

●考證　;　謹照原文然後改而後

◆整理　;　[禮表記(예표기)]의　然後(연후)는　而後(이후)의 착오.

◆訂正文　;　[禮表記]使民有父之尊有母之親而後可以爲民父母

▶【432-1】　字解誤謬與否　;　[禮表記]使民有父之尊有母之親然後(改而後)可以爲民父母　[然後(改而後)]

★이상과 같이 오류(誤謬) 수정(修訂)이 된다 하여도 이후(而後; 접속사(接續詞) 이후(以後)에. 연후(然後)에)는 자전상(字典上) 존(尊)의 본의(本義)에는 영향이 미치지 않음.

○康誤處　2;　[周禮春官]司尊彝掌六彝六尊(改六尊六彝)之位

●考證　;　謹照原文改六尊六彝

◆整理　;　[周禮春官(주례춘관)]　六彝六尊(육이육존)는　六尊六彝(육존육이)의 착오.

◆訂正文　;　[周禮春官]司尊彝掌六尊六彝之位

▶【433-2】　字解誤謬與否　;　[周禮春官]司尊彝掌六彝六尊(改六尊六彝)之位　[六彝六尊(改六尊六彝)]

★이상과 같이 오류(誤謬) 수정(修訂)이 된다 하여도 선후가 바뀌었을 뿐이니 자전상(字典上) 본의(本義)에는

영향이 미치지 않음.

寸部 十一畫

康**對**(대)[唐韻]都隊切[集韻][韻會][正韻]都內切𠀤音碓[說文]應無方也本作對[爾雅釋言]對遂也[疏]遂者因事之辭[廣韻]答也[增韻]揚也[詩大雅]以對于天下[註]答天下仰望之心也[書說命]敢對揚天子之休命又[禮曲禮]侍於先生先生問焉終則對[又]君子問更端則起而對[註]離席對也　又次對轉對[玉球貽謀錄]唐百官入閣有待制次對官後唐天成中廢待制　次對官五日一次內殿百官轉對　又當也配也[詩大雅]帝作邦作對[註]言擇其可當此國者而君之也　又對簿[史記李將軍傳]廣年六十餘矣終不能復對刀筆之吏　又敵也[吳陸遜曰]劉備今在境界此疆對也　又凡物𠀤峙曰對[杜甫萬丈潭詩]山危一徑盡岸絶兩壁對

【 오류정리 】

○康誤處 1; [禮曲禮]侍(增坐字)於先生先生問焉終則對

●考證 ; 謹照原文侍下增坐字

◆整理 ; [禮曲禮(예곡례)]侍(시)에 이어 坐字(좌자)를 덧붙임.

◆訂正文 ; [禮曲禮]侍坐於先生先生問焉終則對

▶【434-1】 字解誤謬與否 ; [禮曲禮]侍(增坐字)於先生先生問焉終則對 [侍(增坐字)]

★이상과 같이 덧붙인다 하여도 시좌(侍坐; 어른을 모시고 앉은. 지난날에는 임금님이 정전에 나아가실 때 세자가 그 옆에서 모시던 일) 자전상(字典上) 대(對)의 본의(本義)에는 영향이 미치지 않음.

尢部 四畫

康**尨**(방)[唐韻][集韻][韻會]𠀤莫江切音厖[說文]犬多毛者从犬彡[徐曰]彡毛長也[詩召南]無使尨也吠[周禮地官]凡外祭毀事用尨　又雜也[左傳閔二年]尨奇無常又衣之尨服遠其躬也[註]尨雜色　又高陽氏之子曰尨降八凱之一　又[集韻]謨蓬切音蒙[左傳僖四年]狐裘尨茸[註]尨茸亂貌　又[韻會]通作厖引書不和政厖　[說文]尨在犬部从犬从彡[毛氏曰]尨狗也已从犬又加犭作狵非

【 오류정리 】

○康誤處 1; [左傳僖四年(改五年)]狐裘尨茸

●考證 ; 謹照原文四年改五年

◆整理 ; [左傳僖(좌전희) 四年(사년)은 五年(오년)의] 착오.

◆訂正文 ; [左傳僖五年]狐裘尨茸

▶【435-1】 字解誤謬與否 ; [左傳僖四年(改五年)]狐裘尨茸 [四年(改五年)]

★이상과 같이 인용처(引用處)나 주소(註疏)의 오류(誤謬)를 수정(修訂)을 한다 하여도 자전상(字典上)의 방(尨)의 본의(本義)에는 영향이 미치지 않음.

尢部 九畫

康**就**(취)[廣韻][集韻][韻會][正韻]𠀤疾僦切音鷲[說文]就高也从京从尤[徐曰]尤異也尤高人所就之處語曰就之如日會意[廣韻]成也迎也[詩邶風]就其深矣方之舟之[周頌]日就月將學有緝熙于光明　又卽也[齊語]先王之處士也使就燕閒處工就官府處商就市井處農就田野　又[增韻]從也[禮檀弓]先王之制禮也過者使俯而就之　又帀也[禮禮器]大路繁纓一就[註]五采一帀曰就　又能也[左傳哀十一年]清之戰季孫曰須也弱有子曰就用命焉[註]雖少年能用命也　又終也[郭璞曰]凡事物成就亦終也　又姓[後漢書]

菟賴氏改爲就氏

【 오류정리 】

○康誤處 1; [齊語]先王(改聖王)之處士也使就燕閒(改閒燕)

●考證 ; 謹照原文先王改聖王燕閒改閒燕

◆整理 ; [齊語(제어)]先王(선왕)은 聖王(성왕,) 燕閒(연한)은 閒燕(한연)의 착오.

◆訂正文 ; [齊語]聖王之處士也使就閒燕

▶ 【436-1】 字解誤謬與否 ; [齊語]先王(改聖王)之處士也使就燕閒(改閒燕) [燕閒(改閒燕)]

★이상과 같이 오류(誤謬) 수정(修訂)이 된다 하여도 자순(字順)이 바뀌었을 뿐 자전상(字典上) 취(就)의 본의(本義)에는 영향이 미치지 않음.

○康誤處 2; [禮檀弓]先王之制禮也過者使俯而就之(改過之者俯而就之)

●考證 ; 謹照原文改過之者俯而就之

◆整理 ; [禮檀弓(예단궁)]의 過者使俯而就之(과자사부이취지)는 過之者俯而就之(과지자부이취지)의 착오.

◆訂正文 ; [禮檀弓]先王之制禮也過之者俯而就之

▶ 【437-2】 字解誤謬與否 ; [禮檀弓]先王之制禮也過者使俯而就之(改過之者俯而就之) [過者使俯而就之(改過之者俯而就之)]

★이상과 같이 오류(誤謬) 수정(修訂)이 된다 하여도 과지자(過之者; 지나친 者)가 자전상(字典上) 취(就)의 본의(本義)에는 영향이 미치지 않음.

○康誤處 3; [左傳哀十一年]淸之戰(改郊之戰)

●考證 ; 謹照原文改郊之戰

◆整理 ; [左傳哀十一年(좌전애십일년)]의 淸之戰(청지전)은 郊之戰(교지전)의 착오.

◆訂正文 ; [左傳哀十一年]郊之戰

▶ 【438-3】 字解誤謬與否 ; [左傳哀十一年]淸之戰(改郊之戰) [淸之戰(改郊之戰)]

★이상과 같이 오류(誤謬) 수정(修訂)이 된다 하여도 교지전(郊之戰; 도성 밖에서의 전쟁)은 자전상(字典上) 취(就)의 본의(本義)에는 영향이 미치지 않음.

尸 部

康 尸(시)[廣韻]式之切[集韻]升脂切[正韻]申之切𠀤音蓍[說文]尸陳也象臥之形[釋名]尸舒也骨節解舒不能復自勝斂也[論語]寢不尸[禮喪大記]凡憑尸興必踊 又神象也古者祭祀皆有尸以依神[詩小雅]皇尸載起[大雅]公尸來燕來寧[朱子曰]古人於祭祀必立之尸因祖考遺體以凝聚祖考之氣氣與質合則散者庶乎復聚此敎之至也 又主也[詩召南]誰其尸之有齊季女 [箋]主設羹之事 又陳也[左傳莊四年]楚武王荊尸授師孑焉以伐隨[註]謂陳師於荊也 又[禮表記]事君近而不諫則是尸利也[前漢鮑宣傳]以拱默尸祿爲智[註]言不憂其職但知食祿而已 又姓[廣韻]秦尸佼爲商君師著書 又三尸神名 [正字通]本作𡰣俗作尸

【 오류정리 】

○康誤處 1; [禮表記]事君近而不諫則是(省是字)尸利也

●考證 ; 謹照原文省是字

◆整理 ; [禮表記(예표기)] 是字(시자)는 삭제함.

◆訂正文 ; [禮表記]事君近而不諫則尸利也

▶ 【439-1】 字解誤謬與否 ; [禮表記]事君近而不諫則是(省是字)尸利也 [是(省是字)]

★이상과 같이 시자(是字)를 삭제(削除)한다 하여도 자전상(字典上) 시(尸)의 본의(本義)에 영향을 끼치지 않음.

尸 部 一畫

康尺(척)[廣韻][集韻][韻會][正韻]𡵂昌石切音赤[說文]十寸也人手郤十分動脈爲寸口十寸爲尺規矩事也从尸从乙乙所識也周制寸尺咫尋常諸度量皆以人體爲法[家語]布指知尺舒肱知尋[前漢律歷志]度量衡皆起於黃鐘之律一黍爲分十分爲寸十寸爲尺[蔡邕獨斷]夏十寸爲尺殷九寸爲尺周八寸爲尺[周禮地官]置丈尺於絹布之市　又大尺曰施[管子地員篇]其施五尺[註]施音遺大尺之名　又[小爾雅]五尺謂之墨[周語]不過墨丈尋常之閒[註]五尺爲墨倍墨爲丈今木工各用五尺以成宮室其名爲墨則墨者工師之五尺也　又[唐輦下歲時記]二月朔日爲中和節賜大臣戚里尺謂之裁度民閒　又法三尺謂以三尺竹簡書寫法律故俗謂舞文爲弁髦三尺今以三尺爲刑具非也　又叶昌約切音綽[詩魯頌]是尋是尺叶下作若[韻會]通作赤

【 오류정리 】

○康誤處 1; [說文]周制寸尺咫尋常(增仭字)諸度量皆以人體爲法

●考證 ; 謹照原文常字下增仭字

◆整理 ; [說文(설문)]의 常(상) 아래 仭字(인자)를 덧붙임.

◆訂正文 ; [說文]周制寸尺咫尋常仭諸度量皆以人體爲法

▶ 【440-1】 字解誤謬與否 ; [說文]周制寸尺咫尋常(增仭字)諸度量皆以人體爲法 [常(增仭字)]

★이상과 같이 증자(增字)를 한다면 자전상(字典上) 인(仭; 길이. 8 尺혹 7 尺)은 사람의 키를 의미하여 자

전상(字典上) 척(尺)의 본의(本義)에 간접 영향이 미치게 됨.

○康誤處 2; [周禮地官(改爲司市疏)]置丈尺於絹布之市(改肆)

●考證 ; 謹照原文地官改爲司市疏市改肆

◆整理 ; [周禮(주례) 地官(지관)은 司市疏(사시소)] 市(시)는 肆(사)의 착오.

◆訂正文 ; [周禮司市疏]置丈尺於絹布之肆

▶ 【441-2】 字解誤謬與否 ; [周禮地官(改爲司市疏)]置丈尺於絹布之市(改肆) [周禮地官(改爲司市疏)] [市(改肆)]

★이상과 같이 인용처(引用處)나 주소(註疏), 등(等)의 오류(誤謬)를 수정(修訂)을 한다거나 시(市; 저자. 시장. 도시. 사고팔다)가 사(肆; 제멋대오. 망동(妄動)하다. 힘을 다하다. 4의 갖은자)로 변경된다 하여도 자전상(字典上)의 척(尺)의 본의(本義)에는 영향이 미치지 않음.

尸 部 四畫

康尾(미)[廣韻][集韻][正韻]無匪切[韻會]武匪切𡵂音委[說文]㞑微也从倒毛在尸後[玉篇]鳥獸魚蟲皆有之又末後稍也[易未濟]狐濡其尾[書君牙]若蹈虎尾　又[詩邶風]瑣兮尾兮流離之子[註]瑣細尾末也　又[戰國策]王若能爲此尾[註]終也　又東方星名十八度尾爲大辰又次名[禮月令]日月會於鶉尾斗建申之辰也　又底也[爾雅釋水]漢大出尾[註]尾猶底也言其源深出於底下者名漢漢猶灑散也　又[書堯典]仲春鳥獸孳尾[註]乳化曰孳交接曰尾因物之生育驗其氣之和也　又陪尾山名在江夏安陸縣一名橫尾一曰負尾　又姓[左傳]殷民六族有尾勺氏又漢

劉虞吏尾敦

【 오류정리 】

○康誤處 1; [爾雅釋水]漢大出尾(增下字)

●考證 ; 謹照原文尾下增下字

◆整理 ;; [爾雅釋水(이아석수)] 尾(미)에 下(하)를 덧붙임.

◆訂正文 ; [爾雅釋水]漢大出尾下

▶ 【442-1】 字解誤謬與否 ; [爾雅釋水]漢大出尾(增下字) [尾(增下字)]

★이상과 같이 미(尾)에 하(下)를 덧붙인다면 미하(尾下; 꼬리 밑)되어 자전상(字典上) 미(尾)의 본의(本義)에는 영향이 미치지 않음.

尸 部 五畫

康居(거)[廣韻]九魚切[集韻][韻會][正韻]丩於切𡓥音車[說文]尻處也从尸得几而止也引孝經仲尼尻尻謂閒居如此會意今文作居　又[廣韻]安也[書盤庚]奠厥攸居[禮王制]凡居民量地以制邑度地以居民地邑居民必參相得　又[書舜典]五宅三居[註] 三居謂周之夷服鎮服蕃服也　又坐也[禮曾子問]居吾語女　又積也蓄也[書皐陶謨]懋遷有無化居[註]化易也謂交易其所居積也　又[前漢食貨志]富商轉穀百數廢居居邑[徐廣註]廢居貯蓄之名有所廢有所蓄言乘時射利也　又止也[禮月令]季秋行春令師興不居[疏]不休止也又海鳥曰爰居[魯語]爰居止於魯東門外　又姓漢居般封宋城侯　又[廣韻][集韻][韻會]𡓥居之切音基語助辭[禮檀弓]公儀仲子之喪舍其孫而立其子檀弓曰何居我未之前聞也[註]怪之之辭猶言何故也一說何居猶言此義何處居讀如字不必改音基[集韻]通作其又叶居御切音據[詩召南]惟鳩居之叶下御[唐風]無已太康職思其居叶下瞿

瞿去聲○按說文居一訓蹲長箋以尻爲尻處居爲蹲踞韻會正韻收入御韻引詩居居懷惡不相親比是居有倨音正字通云蹲踞通作倨居止居處與蹲踞貴倨从經史分見可也

【 오류정리 】

○康誤處 1; [禮曾子問(改爲論語陽貨)]居吾語女

●考證 ; 謹按曾子問無此語查係論語文據改爲論語陽貨

◆整理 ; [禮(예) 曾子問(증자문)은 論語陽貨(논어양화)의] 착오.

◆訂正文 ; [論語陽貨]居吾語女

▶ 【443-1】 字解誤謬與否 ; [禮曾子問(改爲論語陽貨)]居吾語女 [禮曾子問(改爲論語陽貨)]

★이상과 같이 인용처(引用處)나 주소(註疏)의 오류(誤謬)를 수정(修訂)을 한다 하여도 자전상(字典上)의 거(居)의 본의(本義)에는 영향이 미치지 않음.

○康誤處 2; [前漢食貨志(史記平準書)]富商轉穀百數廢居居邑[徐廣註]廢居貯蓄之名

●考證 ; 謹按徐廣註見史記不在食貨志謹改前漢食貨志爲史記平準書

◆整理 ; [前漢食貨志(전한식화지)는 史記平準書(사기평준서)의] 착오.

◆訂正文 ; [史記平準書]富商轉穀百數廢居居邑[徐廣註]廢居貯蓄之名

▶ 【444-2】 字解誤謬與否 ; [前漢食貨志(史記平準書)]富商轉穀百數廢居居邑[徐廣註]廢居貯蓄之名 [前漢食貨志(史記平準書)]

★이상과 같이 인용처(引用處)나 주소(註疏)의 오류(誤謬)를 수정(修訂)을 한다 하여도 자전상(字典上)의 거(居)의 본의(本義)에는 영향이 미치지 않음.

尸部 六畫

康屋(옥)[廣韻][集韻][韻會][正韻]𡘋烏谷切音沃[說文]居也从尸尸所主也一曰尸象屋形从至至所至　止也[風俗通]止也[集韻]具也[玉篇]居也舍也[詩秦風]在其板屋[周禮地官]考夫屋[註]夫三爲屋屋三爲井出地貢者三三相任又田不耕者出屋粟　又車蓋也[史記項羽本紀]項羽圍漢王滎陽紀信誑楚乘黃屋車傳左纛　又夏屋ﾞ大組也[詩秦風]於我乎夏屋渠渠[註]夏大也渠渠組深廣貌　又[禮雜記]諸侯素錦以爲屋土轉葦以爲屋[註]小帳覆棺者　又地名[春秋隱八年]宋公齊侯衞侯盟于瓦屋[註]周地　又王屋山名在河東垣縣　又[越南志]神屋龜甲也　又屋盧復姓

【 오류정리 】

○康誤處 1; [史記項羽本紀]項羽圍漢王滎陽紀信誑楚乘黃屋車傳(改傳)左纛
●考證 ; 謹按原文傳改傳
◆整理 ; [史記項羽本紀(사기항우본기)]의 傳(전)은 傅(부)의 착오.
◆訂正文 ; [史記項羽本紀]項羽圍漢王滎陽紀信誑楚乘黃屋車傳左纛
▶ 【445-1】 字解誤謬與否 ; [史記項羽本紀]項羽圍漢王滎陽紀信誑楚乘黃屋車傳(改傳)左纛 　[傳(改傳)]
★이상과 같이 오류(誤謬) 수정(修訂)이 된다 하여도 ○부좌독(傳左纛; 좌독(左纛)을 꽂다) ○좌독(左纛); 황제의 수레 좌측에 꽂는 쇠꼬리로 만든 장식)은 자전상(字典上) 옥(屋)의 본의(本義)에는 영향이 미치지 않음.

○康誤處 2; [禮雜記]諸侯素錦以爲屋土轉葦(下增席字)以爲屋
●考證 ; 謹照原文葦下增席字
◆整理 ; [禮雜記(예잡기)]의 葦(위)에 席字(석자)를 덧붙임.
◆訂正文 ; [禮雜記]諸侯素錦以爲屋土轉葦席以爲屋
▶ 【446-2】 字解誤謬與否 ; [禮雜記]諸侯素錦以爲屋土轉葦(下增席字)以爲屋 　[葦(下增席字)]
★이상과 같이 오류(誤謬) 수정(修訂)이 되면 위석(葦席; 삿자리)이 되어 자전상(字典上) 옥(屋)의 본의(本義)에 영향이 미치게 됨.

尸部 七畫

康屑(설)[集韻][韻會][正韻]𡘋先結切先入聲[說文]屑動作切切也本作屑从尸𡲡聲引崔駰達旨辭吾亦病子屑(屑)不已隸作屑[徐曰]居旣从尸動亦从尸屑屑屢動作也一曰敬也不獲已也　又[廣韻]淸也顧也勞也[詩邶風]不我屑以[註]屑潔也不以我爲潔而與之也　又[前漢王良傳]往來屑屑不憚煩　又[增韻]輕也[書多方]爾乃屑播天命[註]謂輕棄天命[正字通]凡遇事物輕視不加意曰不屑[孟子]不屑去不屑就乞人不屑是也　又瑣屑也[左傳昭五年]女叔齊曰禮所以守其國行其政令無失其民者也而屑屑焉習儀以亟不亦遠乎　又碎末也[周禮天官]大齋供食玉[鄭註]王齋當食玉屑又[禮內則]屑薑與桂○按屑本說文屑字正韻屑屑分訓泥

【 오류정리 】

○康誤處 1; [周禮天官]大(改王)齋供(改共)食玉[鄭註]王齋(二齋字皆改齊)當食玉屑
●考證 ; 謹照原文大改王二齋字皆改齊供改共
◆整理 ; [周禮天官(주례천관)의] 大(대)는 王(왕), 齋(재) 供(공)은 共(공), 齋(재) 二齋字(이재자)는 모두 齊(제)의 착오.
◆訂正文 ; [周禮天官]王齊共食玉[鄭註]王齊當食玉屑

▶【447-1】 字解誤謬與否 ; [周禮天官]大(改王)齋供(改共)食玉[鄭註]王齋(二齋字皆改齊)當食玉屑 [大(改王)][供(改共)][齋(二齋字皆改齊)]

★이상과 같이 오류(誤謬) 수정(修訂)이 된다 하여도 ○제공(齊共; 함께)과 ○왕제(王齊; 인명(人名))는 자전상(字典上) 설(屑)의 본의(本義)에는 영향이 미치지 않음.

○康誤處 2; [禮內則]屑薑與桂(改屑桂與薑)
●考證 ; 謹照原文改屑桂與薑
◆整理 ; [禮內則(예내칙)의]屑薑與桂(설강여계)는 (屑桂與薑(설계여강)의 착오.
◆訂正文 ; [禮內則]屑桂與薑
▶【448-2】 字解誤謬與否 ; [禮內則]屑薑與桂(改屑桂與薑) [屑薑與桂(改屑桂與薑)]

★이상과 같이 오류(誤謬) 수정(修訂)이 된다 하여도 설계여강(屑桂與薑; 계피와 생강 가루)은 자전상(字典上) 설(屑)의 본의(本義)에는 영향이 미침.

㊖展(전)[集韻][韻會][正韻]㪵知輦切邅上聲[說文]轉也本作㞡襄 尸襄省聲隷作展[爾雅釋言]展適也[註]得自申展適意也一曰誠也[詩鄘風]展如之人兮[小雅]展也大成[揚子方言]荊吳淮汭之閒謂信曰展 又舒也開也[儀禮聘禮]有司展羣幣以告[疏]展陳也 又[周禮天官]展其功緒[註]展猶錄也 又[書旅獒]分寶玉于叔伯之國時庸展親[註]使益厚其親也 又[廣韻]整也審也視也[周禮春官大宗伯]大祭祀展犠牲[註]展省閱也 又姓魯大夫展禽展喜又叶諸延切音㫖[詩鄘風]瑳兮瑳兮其之展也叶下顏媛[註]展與襢通 又叶章忍切音軫[張衡西京賦]五都貨殖旣

遷旣引商旅聯槅隱隱展展
【 오류정리 】
○康誤處 1; [書旅獒]分寶玉于叔伯(改伯叔)之國
●考證 ; 謹照原文叔伯改伯叔
◆整理 ; [書旅獒(서여오)의] 叔伯(숙백)은 伯叔(백숙)의 착오.
◆訂正文 ; [書旅獒]分寶玉于伯叔之國
▶【449-1】 字解誤謬與否 ; [書旅獒]分寶玉于叔伯(改伯叔)之國 [叔伯(改伯叔)]

★이상과 같이 오류(誤謬) 수정(修訂)이 된다 하여도 단지 장유(長幼) 순(順)을 바르게 잡았을 뿐이라 자전상(字典上) 전(展)의 본의(本義)에는 영향이 미치지 않음.

○康誤處 2; [周禮春官大宗伯(改肆師)]大祭祀展犠牲
●考證 ; 謹照原文大宗伯改肆師
◆整理 ; [周禮春官(주례춘관)의 大宗伯(대종백)은 士師(사사)의] 착오.
◆訂正文 ; [周禮春官大肆師]大祭祀展犠牲
▶【450-2】 字解誤謬與否 ; [周禮春官大宗伯(改肆師)]大祭祀展犠牲 [周禮春官大宗伯(改肆師)]

★이상과 같이 인용처(引用處)나 주소(註疏)의 오류(誤謬)를 수정(修訂)을 한다 하여도 자전상(字典上)의 전(展)의 본의(本義)에는 영향이 미치지 않음.

尸部 八畫

㊖屛(병)[廣韻]薄經切[集韻][韻會]旁經切[正韻]蒲明切㪵音萍[說文]蔽也从尸并聲[爾雅釋宮]屛謂之樹[註]小牆當門中[廣雅]罘罳謂之屛[禮緯]天子外屛諸侯內屛在路門之內外

[鄭司農曰]依其制如屏風然[三禮圖]
辰從廣八尺畫斧文今之屏風則遺象也
[詩大雅]大邦維屏[註]屏所以爲蔽也
[書康王之誥]乃命建侯樹屏[註]樹以
爲屏藩也　　又屏風水葵別名[博物志]
太原以北有屏風草依岸而生一說卽防
風　　又屏翳雨師　　又[廣韻]府盈切[集
韻]卑盈切㞡音幷[廣雅]屏營怔忪也[吳
語]屏營徬徨於山林之中今表箋言激切
屏營卽此義也[正字通]作上聲　　又[廣
韻][集韻][類篇]㞡必郢切音丙[詩小
雅]君子樂胥萬邦之屏叶上領　　又[禮
玉藻]其在邊邑曰某屏之臣某　　又除也
去也斥也[書金縢]我乃屏璧與圭[禮王
制]屏之遠方[註]屏放去也　　又退也
[禮曲禮]侍於君子有告者曰少閒願有
復也則左右屏而待[集韻][韻會]作去
聲

【 오류정리 】

○康誤處 1;[禮曲禮]侍(增坐字)於君
子
●考證 ; 謹照原文侍下增坐字
◆整理 ; [禮曲禮(예곡례)]의 侍(시)
에 이어 坐字(좌자)를 덧붙임.
◆訂正文 ; [禮曲禮]侍坐於君子
▶【451-1】 字解誤謬與否 ; [禮曲
禮]侍(增坐字)於君子　[侍(增坐字)]
★이상과 같이 덧붙인다 하여도 (侍
坐; 어른을 모시고 앉은. 지난날에는
임금님이 정전에 나아가실 때 세자가
그 옆에서 모시던 일) 자전상(字典
上) 병(屏)의 본의(本義)에는 영향이
미치지 않음.

尸部 九畫

康屠(도)[廣韻][集韻][韻會][正
韻]㞡同都切音徒[說文]刳也从尸者聲
又[廣韻]殺也裂也[周禮地官]凡屠者
斂其皮角筋入於王府[史記信陵君傳]臣
乃市井之人鼓刀以屠又[前漢高帝紀]

今屠沛　　又姓[拾遺記]軒轅去蚩尤遷
其民善者於鄒屠之地惡者於有北之鄉
其先以地命族後分爲鄒氏屠氏又申屠
複姓　　又[廣韻]直魚切[集韻][韻會]
陳如切㞡音除休屠匈奴王號休音朽

【 오류정리 】

○康誤處 1;[周禮地官(改廛人)]凡屠
者斂其皮角筋(增骨字)入於王府(改入
于玉府)
●考證 ; 謹照原文地官改廛人筋下增
骨字入于王府改入于玉府
◆整理 ; [周禮(주례)의 地官(지관)은
廛人(전인)으로, 筋(근)에 이어 骨字
(골자)를 덧붙이고, 入於王府(입어왕
부)는 入于玉府(입우옥부)의 착오.
◆訂正文 ; [周禮廛人]凡屠者斂其皮
角筋骨入于玉府
▶【452-1】 字解誤謬與否 ; [周禮
地官(改廛人)]凡屠者斂其皮角筋(增
骨字)入於王府(改入于玉府)　[地官(改
廛人)]　[筋(增骨字)]　[入於王府(改
入于玉府)]
★이상과 같이 인용처(引用處)나 주
소(註疏)의 오류(誤謬)를 수정(修訂)
을 한다 하여도 자전상(字典上)의
(屠)의 본의(本義)에는 영향이 미치지
않으나 본문인 피각근(皮角筋) 증골
자(增骨字)의 골자의 덧붙임은 ○피
각근골(皮角筋骨; 가죽을 벗기고 살
과 뼈를 각을 뜬다)은 짐승을 잡는데
필수 행위로서 도(屠; 잡는다)에 직접
으로 영향을 끼치며 ○입우옥부(入于
玉府; 신선이 사는 곳으로 들어가다)
는 본의(本義)에는 영향이 미치지 않
음.

○康誤處 2;[史記信陵君傳]臣乃市
井之人鼓刀以屠(改鼓刀屠者)
●考證 ; 謹照原文市井下改鼓刀屠者
◆整理 ; [史記信陵君傳(사기신능군
전)] 臣乃市井(신내시정) 이하 之人

鼓刀以屠 (지인고도이도)는 鼓刀屠者 (고도도자)의 착오.

◆訂正文 ; [史記信陵君傳]臣乃市井之人鼓刀屠者

▶ 【453-2】 字解誤謬與否 ; [史記信陵君傳]臣乃市井之人鼓刀以屠(改鼓刀屠者) [鼓刀以屠(改鼓刀屠者)]

★이상과 같이 오류(誤謬) 수정(修訂)이 되면 고도도자(鼓刀屠者; 백정이 각을 뜬다)함이 되니 자전상(字典上) 도(屠; 잡는다)의 본의(本義)에 직접 영향이 미치게 됨.

尸部 十四畫

⑧屨(구)[唐韻]九遇切[集韻][韻會]俱遇切[正韻]居御切𠀤音句[說文]履也从履省婁聲又鞮也[徐曰]鞮革履也[釋名]屨拘也所以拘足也[周禮天官]屨人掌王及后之服屨[註]複下曰舄禪下曰屨[疏]複下謂重底禪下謂禪底也[儀禮士冠禮]夏葛屨冬皮屨[禮曲禮]侍坐於長者屨不上於堂 又[增韻]同鞻[周禮]有鞮鞻氏

【 오류정리 】

○康誤處 1; [儀禮士冠(改喪)禮]夏葛屨冬皮(改白)屨

●考證 ; 謹按士冠禮無此文查係士喪禮云夏葛屨冬白屨謹將冠改喪皮改白

◆整理 ; [儀禮士(의례사) 冠(관)은 喪(상), 禮(례)] 皮(피)는 白(백)의 착오.

◆訂正文 ; [儀禮士喪禮]夏葛屨冬白屨

▶ 【454-1】 字解誤謬與否 ; [儀禮士冠(改喪)禮]夏葛屨冬皮(改白)屨 [冠(改喪)] [皮(改白)]

★이상과 같이 오류(誤謬) 수정(修訂)이 되면 인용처(引用處)의 수정(修訂)은 자전상(字典上) 구(屨)의 본의(本義)에 영향을 끼치지 않으나 백구(白屨; 흰나막신)으로 바뀌게 되어 구

(屨; 신)에 직접 영향이 미치게 됨.

尸部 十八畫

⑧屬(속)[廣韻][集韻]之欲切[韻會]朱玉切𠀤音燭[說文]連也从尾蜀聲[徐曰]屬相連續若尾之在體故从尾[廣韻]聚也會也[周禮地官]月吉則屬其州之民讀邦法[註]屬猶合聚也[孟子]乃屬其耆老而告之 又托也付也[左傳隱三年]宋穆公疾召大司馬孔父而屬殤公焉[史記留侯世家]漢王之將獨韓信可屬大事當一面 又恭也[禮禮器]屬屬乎其忠也[註]屬屬恭貌 又續也[史記信陵君傳]平原君使者冠蓋相屬於魏 又[晉語]必屬怨焉[註]屬結也 又足也[左傳昭二十九年]願以小人之腹爲君子之心屬厭而已[註]屬足也言小人知厭足君子當亦然 又[左傳僖二十三年]其左執鞭弭右屬櫜鞬以與君周旋[註]著也[周禮冬官考工記]察車之道欲其樸屬而微至[註]附著堅固也 又恤也[書梓材]至于敬寡至于屬婦[傳]屬存恤也婦婦妾也 又甲札之數[前漢刑法志]魏氏武卒衣 三屬之甲[如淳註]上身一髀禈一脛繳一凡三屬皆相連屬也 又[廣韻]市玉切[集韻][韻會]殊玉切[正韻]神六切𠀤音蜀[爾雅釋親鄭箋]屬者昭穆相次序也 又[增韻]隷也系屬也官寮也[禮王制]千里之外設方伯王國以爲屬屬有長又[書周官]各率其屬以倡九牧 又九族也[史記田單傳]田單者齊諸田疎屬也 又類也儕等也[史記留侯世家]今陛下起布衣以若屬取天下而所封皆蕭曹故人 又從也[史記項羽本紀]羽渡淮騎能屬者百餘人耳 又[前漢賈誼傳]善屬文[師古註]屬謂綴輯之也 又[左傳成二年]韓厥曰下臣不幸屬當戎行[註]屬適也 又[書禹貢]涇屬渭汭[傳]屬逮也馬云入也 又[五音集韻]朱戍切音著注也[儀禮士昏禮]酌元酒三屬於尊[註]屬注也又[晉語]若先則恐國人之屬耳目於我也[註]

屬注目也又[屈原離騷]前望舒使先驅
兮後飛廉使奔屬　又叶殊遇切音樹[詩
小雅]君子有徽猷小人與屬叶上附　又
叶直略切音著[班固西都賦]陵隥道而
超西墉混建章而連外屬叶上閣下爵擢
[正字通]俗作属嘱非

【 오류정리 】

○康誤處 1; [周禮地官]月吉則屬其州
之民讀邦法[註]屬猶合聚也(改爲州長
正月之吉各屬其州之民而讀灋註屬聚
也)

●考證 ; 謹照原文改爲州長正月之吉
各屬其州之民而讀灋註屬聚也

◆整理 ; [周禮地官(주례지관)의]月吉
則屬其州之民讀邦法(월길칙속기주지
민독방법)[註(주)]屬猶合聚也(속유합
취야)는 州長正月之吉各屬其州之民而
讀灋註屬聚也(주장정월지길각속기주
지민이독법주속취야)의 착오.

◆訂正文 ; [周禮地官]州長正月之吉
各屬其州之民而讀灋註屬聚也

▶ 【455-1】 字解誤謬與否 ; [周禮
地官]月吉則屬其州之民讀邦法[註]屬
猶合聚也(改爲州長正月之吉各屬其州
之民而讀灋註屬聚也) [月吉則屬其州
之民讀邦法[註]屬猶合聚也(改爲州長
正月之吉各屬其州之民而讀灋註屬聚
也)]

★이상과 같이 오류(誤謬)가 수정(修
訂)이 되면 ○주장정월지길각속법(州
長正月之吉各屬灋; 주(州)의 장(長)은
정월(正月)의 길(吉)한 날에 각각의
소속(所屬)의 방식대로 행한다) ○주
문(註文)에 속취야(屬聚也; 속(屬)은
모으다)라 하였으니 자전상(字典上)
속(屬)의 본의(本義)에 직접적으로 영
향이 미치게 됨.

○康誤處 2; [左傳昭二十九年(改二十
八年)]願以小人之腹爲君子之心屬厭
而已

●考證 ; 謹照原文二十九年改二十八
年

◆整理 ; [左傳昭(좌전소) 二十九年
(이십구년)은 二十八年(이십팔년)의]
착오.

◆訂正文 ; [左傳昭二十八年]願以小
人之腹爲君子之心屬厭而已

▶ 【456-2】 字解誤謬與否 ; [左傳
昭二十九年(改二十八年)]願以小人之
腹爲君子之心屬厭而已 [二十九年
(改二十八年)]

★이상과 같이 인용처(引用處)나 주
소(註疏)의 오류(誤謬)를 수정(修訂)
을 한다 하여도 자전상(字典上)의 속
(屬)의 본의(本義)에는 영향이 미치지
않음.

○康誤處 3; [爾雅釋親鄭箋(改爲小雅
常棣鄭箋)]屬者昭穆相次序也

●考證 ; 謹按所引在小雅常棣箋不在
爾雅謹改爲小雅常棣鄭箋

◆整理 ; [爾雅釋親鄭箋(이아석친정
전)은 小雅常棣鄭箋(소아상체정전)의]
착오.

◆訂正文 ; [小雅常棣鄭箋]屬者昭穆
相次序也

▶ 【457-3】 字解誤謬與否 ; [爾雅
釋親鄭箋(改爲小雅常棣鄭箋)]屬者昭
穆相次序也 [爾雅釋親鄭箋(改爲小雅
常棣鄭箋)]

★이상과 같이 인용처(引用處)나 주
소(註疏)의 오류(誤謬)를 수정(修訂)
을 한다 하여도 자전상(字典上)의 속
(屬)의 본의(本義)에는 영향이 미치지
않음.

○康誤處4; [禮王制]千里之外設方伯
王國(改五國)以爲屬

●考證 ; 謹照原文王國改五國

◆整理 ; [禮王制(예왕제)의] 王國(왕
국)은 五國(오국)의 착오.

◆[訂正文] ；[禮王制]千里之外設方伯五國以爲屬

▶【458-4】 字解誤謬與否 ；[禮王制]千里之外設方伯王國(改五國)以爲屬 [王國(改五國)]

★이상과 같이 오류(誤謬) 수정(修訂)이 되면 자전상(字典上) 속(屬)의 본의(本義)가 왕국(王國)에서 오국(五國)으로 바뀌게 되어 오국이위속(五國以爲屬; 다섯나라를 屬이라 한다)이 되니 직접 영향이 미치게 됨.

山 部

康 山(산)[廣韻]所閒切[集韻][韻會]師閒切[正韻]師姦切 屾 與刪音同[說文]山宣也宣氣散生萬物有石而高也[徐曰]象山峰 屾 起之形[釋名]山產也產萬物者也[易說卦]天地定位山澤通氣[書禹貢]奠高山大川[爾雅釋山]河南華河西嶽河東岱河北恆江南衡是爲五嶽[鄭註]鎭名山安地德者也又[山海經]山分東西南北中五經南則自蜀中西南至吳越諸山界西則自華陰嶓冢以至崑崙積石諸山今隴西甘肅玉門外其地也北則自狐岐大行以至王屋孟門諸山是禹貢冀雍兩州之境也東則自泰岱姑射沿海諸境則禹貢青州齊魯之地也見[讀山海經語] 又連山古易名[周禮春官]掌三易之法一曰連山[註]似山之出內氣也 又姓古烈山氏之後又公山複姓 又[集韻][韻會]屾所旃切音仙[詩小雅]幽幽南山叶上干干音堅又[孔子丘陵歌]喟然迴慮題彼泰山鬱確其高梁甫迴連○按山在刪韻古轉聲寒刪先通則非止叶音矣 又叶疏臻切音牲[班固東都賦]吐燄生風欻野歆山叶下振[正字通]本部與土阜石三部通者屾互見

【 오류정리 】

○康誤處 1; [爾雅釋山]河南華河西嶽河東岱河北恆江南衡是爲五嶽(改作周

禮謂之鎭以起註文)[鄭註]鎭名山安地德者也

●考證 ； 謹按是爲五嶽非爾雅原文鎭名山安地德者也是周禮註非爾雅註謹將是爲五嶽改作周禮謂之鎭以起註文

◆整理 ； [爾雅釋山(이아석산)]에는 是爲五嶽(시위오악)이 없으니 周禮謂之鎭以起註文(주례위지진이기주문)으로 바꿔야 함.

◆[訂正文] ；[爾雅釋山]河南華河西嶽河東岱河北恆江南衡[周禮]謂之鎭[鄭註]鎭名山安地德者也

▶【459-1】 字解誤謬與否 ；[爾雅釋山]河南華河西嶽河東岱河北恆江南衡是爲五嶽(改作周禮謂之鎭以起註文)[鄭註]鎭名山安地德者也 [是爲五嶽(改作周禮謂之鎭以起註文)]

★이상과 같이 오류(誤謬) 수정(修訂)을 하게 되면 ○위지진(謂之鎭; 군사를 주둔시켜 수비할만한 곳이라 이른다. [周禮]謂之鎭[鄭註]鎭名山安地) ○이기(以起; 일으켜 세우다) ○주문(註文; 주해문)이라 하였으니 자전상(字典上) 산(山)의 본의(本義)에 영향이 미치게 됨.

山 部 六畫

康 峓(이)[廣韻]以脂切[韻會][正韻]延知切屾音夷嵎峓東表之地[廣韻]嵎峓山名通作夷[書堯典]嵎夷出日[韻會]或作鍦

【 오류정리 】

○康誤處 1; [書堯典]嵎夷(改宅嵎夷)出日

●考證 ； 謹按原文改宅嵎夷

◆整理 ； [書堯典(서요전)]의 嵎夷(우이)는 宅嵎夷(택우이)로 수정함.

◆[訂正文] ；[書堯典]宅嵎夷出日

▶【460-1】 字解誤謬與否 ；[書堯典]嵎夷(改宅嵎夷)出日 [嵎夷(改宅

嵎夷)]

★이상과 같이 오류(誤謬) 수정(修訂)이 된다 하여도 이미 우이(嵎夷; 지명(地名)에다 택(宅; 거처)를 덧붙임이니 자전상(字典上) 이(夷)의 본의(本義)에는 영향이 미치지 않음.

康峗(위)[廣韻]魚爲切[集韻][正韻]吾回切[韻會]虞爲切荟音危三峗山名通作危[書禹貢]三危底績[疏]在鳥鼠西與嶓山近黑水出其南卽三苗地[後漢西羌傳]三危山在沙州燉煌城東南以山有三峰故曰三危 又[玉篇][廣韻][集韻]荟五罪切音隗山貌與嵬嶵通 又[集韻]魚屈切音崛峗崒山貌或从兀

【 오류정리 】

○康誤處 1; [書禹貢]三危底績(改旣宅)

●考證 ; 謹照原文底績改旣宅

◆整理 ; [書禹貢(서우공)]의 底績(저적)는 旣宅(기택)의 착오.

◆訂正文 ; [書禹貢]三危旣宅

▶【461-1】 字解誤謬與否 ; [書禹貢]三危底績(改旣宅) [底績(改旣宅)]

★이상과 같이 오류(誤謬) 수정(修訂)이 된다 하여도 이미 삼위(三危; 산명(山名)가 전제 되고 기택(旣宅; 이미 집을 짓다)으로 수정(修訂) 되어도 자전상(字典上) 위(峗)의 본의(本義)에는 영향이 미치지 않음.

康荟(계)[正字通]古器切音計[管子輕重戊篇]處戲造六荟行以迎陰陽作九九之數以合天道而天下化之周人之王循六荟行陰陽[王若谷曰]六荟其猶周髀算法乎 [正字通]諸家荟義未詳字書皆不載委宛編以六計解之荟當讀如計以企有跂音也

【 오류정리 】

○康誤處 1; [管子輕重戊篇]處戲(增

作字)造六荟行(省行字)以迎陰陽

●考證 ; 謹照原文造字上增作字荟字下省行字

◆整理 ; [管子輕重戊篇(관자경중무편)]의 造(조) 앞에는 作字(작자)를 더 쓰고, 行字(행자)는 삭제함.

◆訂正文 ; [管子輕重戊篇]處戲作造六荟行(省行字)以迎陰陽

▶【462-1】 字解誤謬與否 ; [管子輕重戊篇]處戲(增作字)造六荟行(省行字)以迎陰陽 [(增作字)造] [行(省行字)]

★이상과 같이 작자(作字) 증자(增字)와 행자(行字)를 생략(省略)의 오류(誤謬)가 수정(修訂)된다 하여도 자전상(字典上) 계(荟)의 본의(本義)에는 영향이 미치지 않음.

山部 七畫

康嵕(망)[廣韻][集韻]荟莫江切音茫五嵕山名在蜀 [正字通]一說蜀山無嵕名西南夷部有丹駹今四川之松潘地也漢武帝關丹駹爲汶山郡唐置松州宋爲茂州

【 오류정리 】

○康誤處 1; [正字通]一說蜀山無嵕名西南夷部有丹(改作冄)駹今四川之松潘地也漢武帝關丹(改作冄)駹爲汶山郡

●考證 ; 謹按史記漢書丹俱作冄據改作冄

◆整理 ; [正字通(정자통)]의 丹(단)은 冄(염), 丹(단)은 冄(염)의 착오.

◆訂正文 ; [正字通]一說蜀山無嵕名西南夷部有冄駹今四川之松潘地也漢武帝關冄駹爲汶山郡

▶【463-1】 字解誤謬與否 ; [正字通]一說蜀山無嵕名西南夷部有丹(改作冄)駹今四川之松潘地也漢武帝關丹(改作冄)駹爲汶山郡 [丹(改作冄)] [丹(改作冄)]

★이상과 같이 오류(誤謬) 수정(修訂)
이 된다 하여도 염방(冉駹; 부족명
(部族名). 사천성(四川省) 북부에 위
치. 전한 때에 멸망) [後漢書西南夷
傳冉駹]夷人冬則避寒入蜀爲傭夏則違
暑反其聚邑 은 자전상(字典上) 망(嵹)
의 본의(本義)에는 영향이 미치지 않
음.

康島(도)[唐韻][廣韻][正韻]都皓
切[集韻][韻會]都老切 坖 刀上聲[說
文]海中有山可依止曰島島到也人所奔
到也从山鳥省聲[書禹貢]島夷卉服[註]
海曲曰島卉草也木棉之屬以卉服來貢也
[木華海賦]崇島巨鼇 又[集韻]或作
隝[張衡西京賦]長風激於別隝亦作嶹
[集韻]古通鳥

【 오류정리 】

○康誤處 1; [說文]海中有山可依止
曰島島到也人所奔到也从山鳥省聲[書
禹貢]島夷卉服[註]海曲曰島卉草也木
棉之屬以卉服來貢也(改作說文海中往
往有山可依止曰島从山鳥聲釋名島到也
人所奔到也書禹貢島夷皮服孔傳海曲謂
之島居島之夷還服其皮)

●考證 ; 謹照各書原文改作說文海中
往往有山可依止曰島从山鳥聲釋名島到
也人所奔到也書禹貢島夷皮服孔傳海曲
謂之島居島之夷還服其皮

◆整理 ; [說文(설문)]의 海中有山可
依止曰島島到也人所奔到也从山鳥省聲
(해중유산가의지왈도도도야인소분도
야종산조성성)[書禹貢(서우공)]島夷卉
服(도이훼복)[註(주)]海曲曰島卉草也
木棉之屬以卉服來貢也(해곡왈도훼초
야목면지속이훼복래공야)를 [說文(설
문)]海中往往有山可依止曰島从山鳥聲
釋名島到也人所奔到也(해중왕왕유산
가의지왈도종산조성석명도도야인소분
도야) [書禹貢(서우공)] 島夷皮服(도
이피복) [孔傳(공전)] 海曲謂之島居島

之夷還服其皮(해곡위지도거도지이환
복기피)로 고침.

◆訂正文 ; 改作說文海中往往有山可
依止曰島从山鳥聲釋名島到也人所奔
到也書禹貢島夷皮服孔傳海曲謂之島
居島之夷還服其皮

▶【464-2】 字解誤謬與否 ; [說文]
海中有山可依止曰島島到也人所奔到
也从山鳥省聲[書禹貢]島夷卉服[註]
海曲曰島卉草也木棉之屬以卉服來貢
也(改作說文海中往往有山可依止曰島
从山鳥聲釋名島到也人所奔到也書禹貢
島夷皮服孔傳海曲謂之島居島之夷還服
其皮)

★이상과 같이 오류(誤謬) 수정(修訂)
이 된다 하여도 ○왕왕조종산조성[往
往鳥从山鳥聲; 종종 새는 산에 순종
하여 지저귀고) ○석명(釋名; 경론(經
論)의 제목을 풀이) ○조도야(鳥到也;
새가 날아 왔다) ○피복(皮服; 가죽
옷) ○공전(孔傳; 삼계(杉溪)선유의
저서. 공약고(孔若古); 송(宋)나라 연
주(兗州) 선원인(仙源人). 초명(初名)
약고(若古) 자(字) 세문(世文), 호(號)
 삼계(杉溪) 공도보(孔道輔)의 손자
(孫子)] ○위지도거도지이환복기피(謂
之島居島之夷還服其皮; 섬에 이르다
평안하게 섬에 살면서 그들의 가죽옷
으로 바꿔 입다)로 고쳐지는데 자전
상(字典上) 도(島)의 본의(本義)에는
영향이 선택적(選擇的)으로 미치게
됨.

○康誤處 2; [木華海賦]崇島巨鼇(改
鼇)

●考證 ; 謹按鼇从黽不从魚照海賦原
文改鼇

◆整理 ; [木華海賦(목화해부)]의 鼇
(오)는 鼇(오)의 착오.

◆訂正文 ; [木華海賦]崇島巨鼇

▶【465-2】 字解誤謬與否 ; [木華

海賦]崇島巨鰲(改鼇) [鰲(改鼇)]
★이상과 같이 오류(誤謬) 수정(修訂)
이 된다 하여도 자전(字典)의 오(鰲;
바다 거북)나 고증(考證)의 오(鼇; 바
다 거북)가 동일하니 자전상(字典上)
도(島)의 본의(本義)에는 영향이 미치
지 않음.

康 嵯(타)[廣韻][集韻]𡸫吐猥切音
腿嵯𡹡山高貌[揚雄甘泉賦]嵯峩𢠺乎其
相嬰[註]嵯峩山高貌言宮殿之形制相
似也 又[廣韻]他果切[集韻]吐火切
𡸫音妥山長貌 [集韻]或作嶞嶆

【 오류정리 】

○康誤處 1;[揚雄甘泉賦]嵯峩(改𢠺)
𢠺(改隗)乎其相嬰
●考證 ; 謹照原文峩改峩𢠺改隗
◆整理 ; [揚雄甘泉賦(양웅감천부)]의
峩(고)는 𢠺(죄), 𢠺(괴)는 隗(외)의
착오.
◆訂正文 ; [揚雄甘泉賦]嵯𢠺隗乎其
相嬰峩嶆
▶ 【466-1】 字解誤謬與否 ; [揚
雄甘泉賦]嵯峩(改𢠺)𢠺(改隗)乎其相嬰
[峩(改𢠺)] [𢠺(改隗)]
★이상과 같이 오류(誤謬) 수정(修訂)
이 되면 타외외(嵯𢠺隗; 산이 높고
험준하다 [揚雄甘泉賦]嵯隗乎其相嬰
[註]嵯山高貌言宮殿之形制相似也)인
데 자전상(字典上) 타(嵯; 산고모(山
高貌))의 본의(本義) 직접 영향이 미
침.

山部 八畫

康 崇(숭)[廣韻][集韻][韻會]鉏弓
切[正韻]鉏中切𡸫 音漴[說文]嵬高也
从山宗聲[爾雅釋詁]崇重也[邢昺曰]
又高貴也[易繫辭]崇高莫大於富貴[左
傳宣十二年]師叔楚之崇也 又充也
[禮樂記]復綴以崇又[儀禮鄉飲酒禮]

主人再拜崇酒[註]崇充也謂相充實也
又聚也[詩大雅]福祿來崇[註]謝積而
高也[左傳隱六年]見惡如農夫去草芟
夷蘊崇之[註]蘊積崇聚也 又[廣韻]
敬也就也[書仲虺之誥]欽崇天道 又
終也[詩衞風]誰謂宋遠曾不崇朝 [註]
言行不終朝而至也 又崇牙樂器飾[詩
周頌]崇牙樹羽[註]懸鐘磬之處以采色
爲大牙其狀隆隆然 又國名堯時崇伯鯀
商崇侯虎今西安府鄠縣 又地名[書舜
典]放驩兜于崇山[註]在今灃州灃陽縣
又姓[正字通]宋青田令崇大年 又叶仕
莊切音牀[陳琳大荒賦]仰閶闔風之城樓
兮縣圃邈以隆崇 崟 若華之景曜兮天門
閛以高驤 又[正譌]嵩古作崇別作崧非
[正字通]韋昭國語註通用 崈 崇 崈 音義
同合崇嵩爲一非互見後崧字註 [集韻]
或作崈

【 오류정리 】

○康誤處 1;[易繫辭]崇高莫大於(改
乎)富貴
●考證 ; 謹照原文於改乎
◆整理 ; [易繫辭(역계사)]의 於(어)
는 乎(호)의 착오.
◆訂正文 ; [易繫辭]崇高莫大乎富貴
▶ 【467-1】 字解誤謬與否 ; [易繫
辭]崇高莫大於(改乎)富貴 [於(改
乎)]
★이상과 같이 오류(誤謬) 수정(修訂)
이 된다 하여도 호(乎; 조사(助辭).
의문 또는 반문(反問)을 나타냄) 자전
상(字典上) 숭(崇)의 본의(本義)에는
영향이 미치지 않음.

康 崣(위)[集韻]烏毀切音委摧崣山
高貌[司馬相如子虛賦]摧崣崛起 [集
韻]力作崴

【 오류정리 】

○康誤處 1;[司馬相如子虛賦(改上林
賦)]摧崣崛起

●考證 ; 謹照原文子虛賦改上林賦
◆整理 ; [司馬相如(사마상여) 子虛賦
(자허부)는 上林賦(상림부)의] 착오.
◆訂正文 ; [司馬相如上林賦]摧嶊崛
起
▶ 【468-1】 字解誤謬與否 ; [司馬
相如子虛賦(改上林賦)]摧嶊崛起 [子
虛賦(改上林賦)]
★이상과 같이 인용처(引用處)나 주
소(註疏)의 오류(誤謬)를 수정(修訂)
을 한다 하여도 자전상(字典上)의 위
(嶊)의 본의(本義)에는 영향이 미치지
않음.

康崤(효)[廣韻]胡交切[集韻][韻
會][正韻]何交切坐音肴山名[雍錄]二
崤山又名嶔崟山 [元和志]東崤至西崤
三十五里在秦關之東漢關之西[杜預
曰]在弘農澠池縣西[括地志]在洛州永
寧縣西北二十里卽古之崤道[沈約應詔
詩]推轂二崤道[公羊傳僖三十三年]崤
之嶔巖文王所避風雨處 又通作殽[左傳
僖三十三年]晉人及羌戎敗秦師于殽
又省作肴[後漢王莽傳]肴黽之險 又
水名[水經注]崤水出河南盤崤山西北
流上有梁歷澗水東北流與石崤水合

【 오류정리 】

○康誤處 1; [公羊傳僖三十三年]崤之
嶔巖文王所避風雨處(處改也)
●考證 ; 謹照原文處改也
◆整理 ; [公羊傳僖三十三年(공양전희
삼십삼년)]의 處(처)는 也(야)의 착
오.
◆訂正文 ; [公羊傳僖三十三年]崤之
嶔巖文王所避風雨也
▶ 【469-1】 字解誤謬與否 ;
[公羊傳僖三十三年]崤之嶔巖文王所
避風雨處(處改也) [處(處改也)]
★이상과 같이 오류(誤謬) 수정(修訂)
이 된다 하여도 야(也; 판단. 결정.

의문. 반문의 어기 표시. 게다가. 그
리고 또. 또한)는 자전상(字典上) 효
(崤)의 본의(本義)에는 영향이 미치지
않음.

○康誤處 2; [左傳(改春秋)僖三十三
年]晉人及羌(改姜)戎敗秦師于殽
●考證 ; 謹照原書左傳改春秋羌改姜
◆整理 ; [左傳(좌전)은 春秋(춘추),
僖三十三年(희삼십삼년)] 羌(강)은 姜
(강)의 착오.
◆訂正文 ; [春秋僖三十三年]晉人及
姜戎敗秦師于殽
▶ 【470-1】 字解誤謬與否 ; [左傳
(改春秋)僖三十三年]晉人及羌(改姜)
戎敗秦師于殽 [左傳(改春秋)] [羌
(改姜)]
★이상과 같이 인용처(引用處)나 주
소(註疏)의 오류(誤謬)를 수정(修訂)
을 한다 하여도 자전상(字典上)의 효
(崤)의 본의(本義)에는 영향이 미치지
않으며, 강융(姜戎; 서융(西戎). 중국
서쪽 변방의 오랑캐)으로 수정(修訂)
된다 하여도 통효(通殽)의 자의에 영
향이 미치지 않음.

山 部 十二畫

康嶔(금)[廣韻]去金切[集韻]虛金
切[韻會][正韻]袪音切坐 音欽[玉篇]
嶔崟山勢聳立貌[釋名]嶔欠也開張其
口嶔嶔然[范曄洛遊應詔詩]隨山上嶇
嶔[杜甫阻雨不得歸瀼西詩]安得輟兩
足藜杖出嶇嶔[集韻]或作礉厱 又通
作唫[穀梁傳僖三十三年]巖唫之下[註]
唫音欽 又[集韻][類篇]坐丘廉切音
慊義同

【 오류정리 】

○康誤處 1; [穀梁傳僖三十三年]巖唫
之下[註]唫(註唫二字改釋文)音欽
●考證 ; 謹照原文註唫二字改釋文

◆整理 ; [穀梁傳僖三十三年(곡량전희삼십삼년)]의 註唫(주금)은 釋文(석문)의 착오.

◆訂正文 ; [穀梁傳僖三十三年]巖唫之下[釋文]欽

▶【471-1】 字解誤謬與否 ; [穀梁傳僖三十三年]巖唫之下[註]唫(註唫二字改釋文)音欽 [(註唫二字改釋文)]

★이상과 같이 인용처(引用處)나 주소(註疏)의 오류(誤謬)를 수정(修訂)을 한다 하여도 자전상(字典上)의 금(嶔)의 본의(本義)에는 영향이 미치지 않음.

康嶙(린)[唐韻][集韻]力珍切[韻會][正韻]離珍切𠀤音鄰[說文]嶙峋山崖重深貌[顏師古曰]節級貌[揚雄甘泉賦]岭嶙嶙峋 又[廣韻]力忍切[集韻][類篇][韻會里忍切[正韻]良忍切𠀤音凜嶙嶙山峻貌[潘岳西征賦]裁陂陀以嶙嶙

【 오류정리 】

○康誤處 1; [顏師古曰]節級貌[揚雄甘泉賦]岭嶙嶙峋(改爲前漢揚雄傳岭嶙嶙峋顏師古曰節級貌)

●考證 ; 謹照漢書原文改爲前漢揚雄傳岭嶙嶙峋顏師古曰節級貌

◆整理 ; [顏師古曰(안사고왈)]節級貌(절급모)[揚雄甘泉賦(양웅감천부)]岭嶙嶙峋(령영린순)은 前漢揚雄傳(전한양웅전) 岭嶙嶙峋(령영린순) 顏師古曰(안사고왈) 節級貌(절급모)의 착오.

◆訂正文 ; [漢揚雄傳]嶙嶙峋[顏師古曰]級貌

▶【472-1】 字解誤謬與否 ; [顏師古曰]節級貌[揚雄甘泉賦]岭嶙嶙峋(改爲前漢揚雄傳岭嶙嶙峋顏師古曰節級貌) [前漢揚雄傳] [顏師古曰節級貌]

★이상과 같이 문장순의 선후를 바꾸고 인용처(引用處)나 주소(註疏)의 오

류(誤謬)를 수정(修訂)을 한다 하여도 자전상(字典上)의 린(嶙)의 본의(本義)에는 영향이 미치지 않음.

康隋(타)[唐韻]徒果切[集韻]杜果切𠀤音惰[說文]山小而銳[爾雅釋山]巒山隋[註]荊州謂之巒[詩周頌]隋山喬嶽[註]山狹而長者 又[廣韻]他果切[集韻]吐火切𠀤音妥義同

【 오류정리 】

○康誤處 1; [說文]山小而銳(改山之墮墮者)

●考證 ; 謹照原文改山之墮墮者

◆整理 ; [說文(설문)]의 山小而銳(산소이예)는 山之墮墮者(산지타타자)의 착오.

◆訂正文 ; [說文]山之墮墮者

▶【473-1】 字解誤謬與否 ; [說文]山小而銳(改山之墮墮者) [山小而銳(改山之墮墮者)]

★이상과 같이 오류(誤謬) 수정(修訂)이 되면 산지타타자(山之墮墮者; 산이 좁고 길다)라 함이니 자전상(字典上) 타(隋)의 본의(本義)에 직접 영향이 미치게 됨.

康嶠(교)[唐韻][集韻][韻會][正韻]𠀤渠廟切音轎[爾雅釋山]山銳而高曰嶠又陵絶水曰嶠 又山名[列子湯問篇]渤海之東其中有五山焉二曰員嶠 又[集韻]山逕也顏延之侍[遊曲阿後湖詩]山祇躒嶠路 又[廣韻]巨嬌切[集韻][類篇][韻會]渠嬌切[正韻]祁堯切𠀤音喬[徐鉉曰]古通用喬[詩周頌]及河喬嶽 [集韻]或作嶠

【 오류정리 】

○康誤處 1;[爾雅釋山]山銳而高曰(省曰字)嶠

●考證 ; 謹照原文省曰字

◆整理 ;;[爾雅釋山(이아석산)]의 曰(왈)은 삭제함.

◆訂正文 ; [爾雅釋山]山銳而高嶠
▶ 【474-1】 字解誤謬與否 ; [爾雅釋山]山銳而高曰(省曰字)嶠 [曰(省曰字)]
★이상과 같이 왈자(曰字)를 삭제(削除)한다 하여도 자전상(字典上) 교(嶠)의 본의(本義)에 영향을 끼치지 않음.

○康誤處 2; 又陵絕水曰嶠(改作集韻一曰石絕水)
●考證 ; 謹按爾雅無此文照集韻原文改作集韻一曰石絕水
◆整理 ; 又陵絕水曰嶠(우능절수왈교)를 集韻(집운) 一曰石絕水(일왈석절수)라 고침.
◆訂正文 ; 集韻一曰石絕水
▶ 【475-2】 字解誤謬與否 ; 又陵絕水曰嶠(改作集韻一曰石絕水)
★이상과 같이 인용처(引用處) 오류(誤謬) 수정(修訂)이 된다하여도 자전상(字典上) 교(嶠)의 본의(本義)에는 영향을 미치지 않으나 석절수(石絕水; 폭포수)는 량(梁; 돌징검다리)이니 직접 영향이 미치게 됨.

康嶬(귀)[集韻]姞衞切音貴山崛起貌 又[集韻]居月切音厥俎名[禮明堂位]夏后氏用嶬[註]嶬之言蹙也謂中足爲橫距之象周禮謂之距

【 오류정리 】

○康誤處 1; [禮明堂位]夏后氏用(改以)嶬
●考證 ; 謹照原文用改以
◆整理 ; [禮明堂位(예명당위)]의 用(용)은 以(이)의 착오.
◆訂正文 ; [禮明堂位]夏后氏以嶬
▶ 【476-1】 字解誤謬與否 ; [禮明堂位]夏后氏用(改以)嶬 [用(改以)]
★이상과 같이 오류(誤謬) 수정(修訂)이 된다 하여도 이(以; 개사(開詞) 접

속사(接續詞))는 자전상(字典上) 궐(嶬)의 본의(本義)에는 영향이 미치지 않음.

山 部 十三畫

康嶨(고)[玉篇]姑戶切[集韻]果五切𡿦音古山名 又[玉篇]古胡切音吾義同

【 오류정리 】

○康誤處 1; [玉篇]古胡切音吾(改姑)
●考證 ; 謹按古胡切當音姑不當音吾吾改姑
◆整理 ; [玉篇(옥편)]의 古胡切(고호절) 音吾(음오)는 音姑(음고)의 착오.
◆訂正文 ; [玉篇]古胡切音姑
▶ 【477-1】 字解誤謬與否 ; [玉篇]古胡切音吾(改姑) [吾(改姑)]
★이상과 같이 음(音)에 관한 오류(誤謬) 수정(修訂)이 된다 하여도 자전상(字典上) 고(嶨)의 본의(本義)에는 영향이 미치지 않음.

康嶱(갈)[五音集韻]苦曷切[集韻]丘葛切𡿦 音渴嶱嶭山貌 又山石高峻貌[張衡南都賦]其山則崆峱嶱嶭[杜甫詠懷詩]樂動殷樛嶱[正字通]或作膠轕義同○按玉篇嶱同嶭而揚賦嶱嶭字連用又似非同音者正字通改古曷切音葛與轕通用似亦可從

【 오류정리 】

○康誤處 1; [張衡南都賦]其山則崆峱嶱嶭[杜甫詠懷詩]樂動殷樛嶱[正字通]或作膠轕義同○按玉篇嶱同嶭而揚(改張)賦嶱嶭字連用又似非同音者
●考證 ; 謹按前註所引是張衡南都賦此處揚賦應作張賦揚改張
◆整理 ; ○按玉篇(안옥편)의 揚(양)은 張(장)의 착오.
◆訂正文 ; [張衡南都賦]其山則崆峱嶱嶭[杜甫詠懷詩]樂動殷樛嶱[正字

通]或作膠轕義同○按玉篇嶢同碣而張
賦嶢碣字連用又似非同音者

▶【478-1】　字解誤謬與否 ; [張衡
南都賦]其山則峹峗嶢碣[杜甫詠懷詩]
樂動殷樛嶢[正字通]或作膠轕義同○
按玉篇嶢同碣而揚(改張)賦嶢碣字連用
又似非同音者　[張賦]
★이상과 같이 오류(誤謬) 수정(修訂)
이 된다 하여도 장부(張賦; 풍명(馮
銘) 책(冊)의 부명(賦名). [馮銘 張
賦]馮衍[席前右銘]曰修爾容貌飾爾衣
服文之以辭實之以德)는 자전상(字典
上) 갈(嶢)의 본의(本義)에는 영향이
미치지 않음.

康嶷(의);[唐韻][集韻]語其切[韻
會]疑其切𠀤音宜[說文]九嶷山名在零
陵營道縣北舜陵在焉[元結九嶷山記]
山方二千餘里四州各近一隅世稱九峰
相似望而疑之謂之九嶷通作疑[前漢武
帝紀]祀虞舜於九疑　又[屈原離騷]九
疑繽其並迎　又[玉篇]魚力切[集韻]
[類篇][韻會]鄂力切𠀤音逆[說文]小
兒有知也本作𡴈今文作嶷[詩大雅]克
岐克嶷[箋]嶷識也其貌嶷嶷然有所識
別也　又[史記帝嚳紀]其色郁郁其德
嶷嶷[註]德高也[集韻]或作懝

【 오류정리 】
○康誤處 1;[說文]九嶷山名在零陵
營道縣北舜陵在焉(改九嶷山舜所葬在
零陵營道從山疑聲)
●考證 ; 謹照原文改九嶷山舜所葬在
零陵營道從山疑聲
◆整理 ; [설문(說文)]구의산명재령
릉영도현북순릉재언(九嶷山名在零陵
營道縣北舜陵在焉)은(구의산순소장재
령릉영도종산의성(九嶷山舜所葬在零
陵營道從山疑聲)의 착오.
◆訂正文 ; [說文]九嶷山舜所葬在零
陵營道從山疑聲

▶【479-1】　字解誤謬與否 ; [說文]
九嶷山名在零陵營道縣北舜陵在焉(改
九嶷山舜所葬在零陵營道從山疑聲)
★이상과 같이 오류(誤謬) 수정(修訂)
이 된다 하여도 ○순소장(舜所葬; 순
임금을 장사한 곳) ○재영릉영도(在
零陵營道; 영도현의 영능에 계시다)
○종산의성(從山疑聲; 산맥에서의 주
봉의 의성어(擬聲語). 의태어(擬態
語). 모방)인데 자전상(字典上) 의(疑)
의 본의(本義)에는 영향이 미치지 않
음.

康嶽(악) : [唐韻]五角切[集韻][韻
會][正韻]逆角切𠀤音鸑[說文]東岱南
霍西華北恒中泰室王者巡狩所至从山
獄聲[白虎通]嶽之爲言桷也桷考功德
定黜陟也[揚子法言]川有瀆山有嶽[詩
大雅]崧高維嶽[詩詁]山高而尊者嶽唐
虞四嶽至周始有五嶽[爾雅釋山]河南
華河西嵩河東岱河北恒江南衡[郭註衡
山南嶽又霍山爲南嶽卽天柱山潯水所
出霍衡俱爲南嶽也[正字通]按地理志
衡山在長沙湘南縣故曰江南衡若天柱
在廬江潯縣則江北矣亦曰南嶽者漢武
帝以衡山遼曠移其祠於天柱亦名天柱
爲霍山衡霍其實一山衡山名霍猶泰山
一名岱也　又嶽嶽長角貌[前漢朱雲
傳]五鹿嶽嶽朱雲折其角　又姓[正字
通]嶽敏見廣西志　又通作岳[書堯典]
帝曰咨四岳[傳]四岳官名一人而總四
岳諸侯之事也　又州名本巴州隋曰岳
州以天岳山名山在洞庭湖　又叶虞欲
切音玉[曹植責躬詩]願蒙矢石建旗東
嶽庶立毫釐微功自贖　[集韻]或作嶽
[詩崧高維嶽註]又作嶽

【 오류정리 】
○康誤處 1;[爾雅釋山]河南華河西嵩
(改嶽)
●考證 ; 謹照原文嵩改嶽

◆整理 ; [爾雅釋山(이아석산)]의 嵩(숭)은 嶽(악)의 착오.
◈訂正文 ; [爾雅釋山]河南華河西嶽
▶【480-1】 字解誤謬與否 ; [爾雅釋山]河南華河西嵩(改嶽) [嵩(改嶽)]
★이상과 같이 오류(誤謬) 수정(修訂)이 된다 하여도 자전(字典)의 숭(嵩; 높은 산) 고증(考證)의 악(嶽; 높은 산)이 의미가 동일하니 자전상(字典上) 악(嶽)의 본의(本義)에는 영향이 미치지 않음.

山 部 十八畫

㊖巏(권)[集韻]連元切[類篇]逵員切 𠀤 音權巏務山名[集韻]在柏人城東北[顏氏家訓]柏人城東北有山或呼虛無山莫知所出讀城西碑銘云上有巏務山王喬所仙乃知俗呼宣務卽巏務山 又[玉篇]古亂切[集韻][類篇]古玩切𠀤音貫山名

【 오류정리 】

○康誤處 1; [集韻]連元切[類篇]逵員切𠀤音權(改爲集韻類篇𠀤逵員切音權)
●考證 ; 謹照集韻類篇原文改爲集韻類篇𠀤逵員切音權
◆整理 ; [集韻(집운)]連元切(연원절)[類篇(류편)]逵員切(규원절) 𠀤音權(병음권)은 集韻(집운) 類篇(류편) 𠀤逵員切音權(병규원절음권)의 착오.
◈訂正文 ; [集韻] [類篇]逵員切音權
▶【481-1】 字解誤謬與否 ; [集韻]連元切[類篇]逵員切𠀤音權(改爲集韻類篇𠀤逵員切音權)
★이상과 같이 오류(誤謬) 수정(修訂)이 된다 하여도 집운(集韻)의 음절(音切)의 바르게 잡음이니 자전상(字典上) 권(巏)의 본의(本義)에는 영향이 미치지 않음.

○康誤處 2; [顏氏家訓]柏人城東北有山或呼虛無(改作爲宣務三字)山莫知所出讀城西(增門內二字)碑銘云上(改作土字)有巏務山王喬所仙
●考證 ; 謹照原文虛無改作爲宣務三字城西下增門內二字上字改作土字
◆整理 ; [顏氏家訓(안씨가훈)의] 虛無(허무)는 爲宣務(위선무)의 착오이며, 城西(성서)에 이어 門內(문내)를 덧 붙이고 上(상)은 土(토)의 착오.
◈訂正文 ; [顏氏家訓]柏人城東北有山或呼虛無爲宣務山莫知所出讀城西門內碑銘云土有巏務山王喬所仙
▶【482-2】 字解誤謬與否 ; [顏氏家訓]柏人城東北有山或呼虛無(改作爲宣務三字)山莫知所出讀城西(增門內二字)碑銘云上(改作土字)有巏務山王喬所仙 [虛無(改作爲宣務三字)] [西(增門內二字)] [上(改作土字)]
★이상과 같이 오류(誤謬) 수정(修訂)이 된다 하여도 ○선무(宣務; 산명; 요산(堯山) 당산(唐山) 在今隆堯縣城以西六公里) ○문내(門內; 문안)를 덧붙이고 ○상(上)을 사자(士字)로 수정한다 하여도자전상(字典上) 권(巏)의 본의(本義)에는 영향이 미치지 않음.

山 部 十九畫

㊖巁(려)[集韻]力制切同𡽀[說文]危高也 本作巁或作𡽀𡾋

【 오류정리 】

○康誤處 1; [說文]危(改巍)高也
●考證 ; 謹照原文危改巍
◆整理 ; [說文(설문)]의 危(위)는 巍(외)의 착오.
◈訂正文 ; [說文]巍高也
▶【483-1】 字解誤謬與否 ; [說文]危(改巍)高也 [危(改巍)]
★이상과 같이 오류(誤謬) 수정(修訂)

이 되면 외고야(巍高也; 우뚝하게 높이 솟아 있다)인데 자전상(字典上)려(巘)의 본의(本義)에 영향이 직접 미치게 됨.

山部 二十畫

康巖(암)[唐韻]五銜切[集韻]魚銜切[韻會]疑銜切[正韻]魚咸切 𡷘 音嵒[說文]岸也从山巖聲[增韻]石窟曰巖深通曰洞 一曰險也[左傳隱元年]制巖邑也[公羊傳僖三十二年]殽之嵌巖文王所避風雨處 又嶄巖高峻貌[司馬相如上林賦]嶄巖參嵳 又巖廊殿廡也[漢武帝策賢良制]虞舜之時遊於巖廊之上 又地名[書說命]說築傳巖之野[傳]傅巖在虞虢之閒 又[集韻]魚枚切[韻會]疑枚切 𡷘 音嚴巖巖高貌[詩魯頌]泰山巖巖魯邦所詹 又[正字通]本作嵒力作巖通作礹嵒嵓○按巖與嵒同說文嵒五咸切山巖野巖五緘切岸也同字分訓巖專訓岸 𡷘 非

【 오류정리 】

○康誤處 1; [公羊傳僖三十二年(改三十三年)]殽之嵌巖文王所避風雨處(改也)
●考證 ; 謹照原文三十二年改三十三年處改也
◆整理 ; [公羊傳僖(공양전희) 三十二年(삼십이년)은 三十三年(삼십삼년)의 착오] 處(처)는 也(야)의 착오.
◆訂正文 ; [公羊傳僖三十三年]殽之嵌巖文王所避風雨也
▶ 【484-1】 字解誤謬與否 ; [公羊傳僖三十二年(改三十三年)]殽之嵌巖文王所避風雨處(改也) [三十二年(改三十三年)] [處(改也)]
★이상과 같이 인용처(引用處)나 주소(註疏)의 오류(誤謬)를 수정(修訂)을 하거나 처(處)를 야(也; 조사(助詞)나 부사(副詞))로 고친다 하여도

자전상(字典上)의 암(巖)의 본의(本義)에는 영향이 미치지 않음.

山部 二十一畫

康巘(언)[集韻]魚軒切音言山形似甗 又[韻會]通作甗[爾雅釋獸]駏蹄趼善陞巘[註]甗山形似甑 又牛偃切音巘義同

【 오류정리 】

○康誤處 1; [爾雅釋獸(改釋畜)]駏蹄趼善陞巘
●考證 ; 謹照原書釋獸改釋畜
◆整理 ; [爾雅(이아)의 釋獸(석수)는 釋畜(석축)의] 착오.
◆訂正文 ; [爾雅釋畜]駏蹄趼善陞巘
▶ 【485-1】 字解誤謬與否 ; [爾雅釋獸(改釋畜)]駏蹄趼善陞巘 [釋獸(改釋畜)]
★이상과 같이 인용처(引用處)나 주소(註疏)의 오류(誤謬)를 수정(修訂)을 한다 하여도 자전상(字典上)의 언(巘)의 본의(本義)에는 영향이 미치지 않음.

巛部

康川(천)[唐韻][集韻][韻會][正韻] 𡷘 昌緣切音川[釋名]穿也穿地而流也[周禮冬官考工記]凡天下之地勢兩山之閒必有川焉[爾雅釋水]湀闢流川[註]通流[疏]湀闢者通流大川之別名也[又]過辨回川[註]旋流[疏]言川中之水有回旋而流者[蔡邕月令章句]衆流注海曰川[書益稷]予決九川距四海[傳]決九州名川通之至海又[禹貢]奠高山大川[傳]大川四瀆[疏]川之大者莫大於瀆四瀆謂江河淮漢也[呂氏春秋]何謂六川河水赤水遼水黑水江水淮水[潘岳關中記]涇渭灞滻酆鎬潦潏凡八川[司馬相如上林賦]蕩蕩乎八川又三川郡名[史記秦始皇紀]滅二周置

三川郡[前漢高祖紀]斬三川守李由[註]應劭曰今河南郡也韋昭曰有河洛伊故曰三川也　又四川省名[韻會]今成都府潼州利州夔州四路取岷江沱江黑水白水四大川以立名也　又口川[周語]防民之口甚於防川[朱子詩]口川失自防　又川衡官名[周禮地官]川衡掌巡川澤之禁令　又竅也[山海經]倫山有獸如麋其川在尾上[註]川竅也　又叶樞倫切音春[詩大雅]旱旣大甚滌滌山川旱魃爲虐如惔如焚[前漢敍傳]昔在上聖昭事百神類帝禋宗望秩山川

【 오류정리 】

○康誤處 1; [周禮冬官考工記]凡天下之地勢(改埶)

●考證 ; 謹照原文勢改埶

◆整理 ; [周禮冬官考工記(주례동관고공기)의] 勢(세)는 埶(예)의 착오.

◈訂正文 ; [周禮冬官考工記]凡天下之地埶

▶【486-1】 字解誤謬與否 ; [周禮冬官考工記]凡天下之地勢(改埶) [勢(改埶)]

★이상과 같이 오류(誤謬) 수정(修訂)이 된다 하여도 지예(地埶; 땅의 형세. 지형(地形))는 자전상(字典上) 천(川)의 본의(本義)에는 직접 영향이 미치지 않음.

巛部 三畫

㊗州(주)[唐韻][正韻]職流切[集韻][韻會]之由切𠀤音周[說文]水中可居曰州周遶其旁从重川昔堯遭洪水民居水中高土故曰九州一曰州疇也各疇其土而主之[廣雅]州殊也浮也[春秋題辭]州之爲言殊也[釋名]州注也郡國所注仰也[玉篇]九州也時也宮也居也[書舜典]肇十有二　州[傳]禹治水之後舜分冀州爲幽州幷州分靑州爲營州[疏]禹貢治水之時猶爲九州今始爲十二州左傳云昔夏之方有德也貢金九牧則禹登王佐還置九州其名蓋如禹貢[禹貢]冀兗靑徐荊揚豫梁雍[周禮夏官]九州揚荊豫靑兗雍幽冀幷[爾雅釋地]冀豫雝荊揚兗徐幽營九州[疏]禹貢有靑徐梁無幽幷營是夏制周禮有靑幷幽無徐梁營是周制此有幽徐營而無靑梁幷疑是殷制也[史記孟子傳]騶衍言中國名赤縣神州赤縣神州內自有九州禹之序九州是也不得爲州數中國外如赤縣神州者九乃所謂九州也　又[周禮地官]五黨爲州[註]州二千五百家[論語]言不忠信行不篤敬雖州里行乎哉　又國名[春秋桓五年]州公如曹[傳]淳于公如曹[註]淳于州國所都城陽淳于縣也[括地志]密州安丘縣東三十里古州國周武王封爲淳于國　又邑名[左傳昭二年]鄭伯如晉公孫段相晉侯曰子豐有勞於晉余聞而弗忘賜女州田[註]州縣今屬河內郡又[春秋成七年]吳入州來[註]楚邑淮南下蔡縣又[史記楚世家]考烈王元年納州於秦[註]南郡有州陵縣　又姓[左傳襄二十二年]州綽出奔齊[註]晉大夫　又[爾雅釋畜]白州驠[註]州竅[疏]謂馬之白尻者也　又與洲通按[說文]引[詩周南]在河之州今文作洲古通　又叶專於切音朱[易林]鶗鴂徙巢西至平州遭逢雷電霹我葺廬

【 오류정리 】

○康誤處 1; [左傳昭二年(改三年)]鄭伯如晉公孫段相

●考證 ; 謹照原文二年改三年

◆整理 ; [左傳昭(좌전소) 二年(이년)은 三年(삼년)의] 착오

◈訂正文 ; [左傳昭三年]鄭伯如晉公孫段相

▶【487-1】 字解誤謬與否 ; [左傳昭二年(改三年)]鄭伯如晉公孫段相 [二年(改三年)]

★이상과 같이 인용처(引用處)나 주

소(註疏)의 오류(誤謬)를 수정(修訂)을 한다 하여도 자전상(字典上)의 언(鼺)의 본의(本義)에는 영향이 미치지 않음.

○康誤處 2;[襄二十二年(改二十一年)]州綽出奔齊

●考證 ; 謹照原文二十二年改二十一年

◆整理 ; [襄(양) 二十二年(이십이년)은 二十一年(이십일년)의 착오]州綽出奔齊

◆訂正文 ; [襄二十一年]州綽出奔齊

▶【488-1】 字解誤謬與否 ; [襄二十二年(改二十一年)]州綽出奔齊 [[襄二十二年(改二十一年)]]

★이상과 같이 인용처(引用處)나 주소(註疏)의 오류(誤謬)를 수정(修訂)을 한다 하여도 자전상(字典上)의 언(鼺)의 본의(本義)에는 영향이 미치지 않음.

工 部

康 工(공)[唐韻]古紅切[集韻]沽紅切 㐲 音公[說文]巧飾也象人有規榘也[廣韻]巧也[玉篇]善其事也[詩小雅]工祝致告[傳]善其事曰工[疏]工者巧於所能　又[玉篇]官也[書堯典]允釐百工　又共工官名[書堯典]共工方鳩僝功　又[韻會]匠也[禮曲禮]天子之六工曰土工金工石工木工獸工草工[周禮冬官考工記]審曲面勢以飭五材以辨民器謂之百工　又[正韻]事任也[書皐陶謨]無曠庶官天工人其代之[集傳]庶官所治無非天事　又射工蟲名[博物志]射工蟲口中有弩形氣射人影隨所著處發瘡　又通作功[魏志管輅傳註]輅弟辰曰與輅辨人物析臧否說近義彈曲直拙而不功也

【 오류정리 】

○康誤處 1;[周禮冬官考工記]審曲面勢(改執)

●考證 ; 謹照原文勢改執

◆整理 ; [周禮冬官考工記(주례동관고공기)] 勢(세)는 執(세)의 착오.

◆訂正文 ; [周禮冬官考工記]審曲面執

▶【489-1】 字解誤謬與否 ; [周禮冬官考工記]審曲面勢(改執)

★이상과 같이 오류(誤謬) 수정(修訂)이 된다 하여도 심곡면예(審曲面執; 역작심곡면세(亦作審曲面勢) 곡직(曲直)과 방면(方面)과 형세(形勢)를 자세히 살피다)는 자전상(字典上) 공(工)의 본의(本義)에는 직접 영향이 미치지 않음.

工 部 二畫

康 左(좌)[唐韻][正韻]臧可切[集韻][韻會]子我切 㘴 音旓[增韻]左右定位左右之對人道尙右以右爲尊[禮王制]男子由右女子由左[史記文帝紀]左賢右戚[註]韋昭曰左猶高右猶下也　又[增韻]手足便右以左爲僻故凡幽猥皆曰僻左[前漢諸侯王表]作左官之律[註]師古曰左官猶言左道僻左不正也漢時依古法朝廷之列以右爲尊故謂降秩爲左遷佐諸侯爲左官也[韻會]策畫不的事宜曰左計　又[正韻]左戾也　又乘車尙左[禮曲禮]祥車曠左[疏]曠空也車上貴左僕在右空左以擬神也　右吉尙左[禮檀弓]孔子與門人拱立而尙右二三子亦皆尙右孔子曰我則有姊之喪故也二三子皆尙左[註]喪尙右右陰也吉尙左左陽也　又不助也[左傳襄十年]天子所右寡君亦右之所左亦左之[疏]人有左右右便而左不便故以所助者爲右不助者爲左　又證也[前漢楊惲傳]左驗明白[註]左證左也言當時在其左右見此事者也　又姓[廣韻]齊之公

族有左右公子後因氏焉又漢複姓二氏
左傳公子目夷爲左師其後爲氏秦有左
師觸讋晉先蔑爲左行其後爲氏漢有御
史左行恢　　又[廣韻]則箇切[集韻][韻
會][正韻]子賀切𠂹音佐[說文]手相左
助也[爾雅釋詁]詔亮左右相導也詔相
導左右助也勵也左右亮也[疏皆謂佐助反
覆相訓以盡其義][易泰卦]以左右[疏]
左右助也[書畢命]周公左右先王　　又叶
總古切音祖[王逸九思]逢流星兮問路
顧我指兮從左侹娓觬兮直馳御者迷兮
失軌軌音矩　　又叶祖戈切挫平聲[詩小
雅]左之左之君子宜之宜叶牛何反

【 오류정리 】

○康誤處 1;[禮王制]男子由右女子
(改婦人)由左
●考證 ; 謹照原文女子改婦人
◆整理 ; [禮王制(예왕제)]의 女子(여
자)는 婦人(부인)의 착오.
◆訂正文 ; [禮王制]男子由右婦人由
左
▶【490-1】　字解誤謬與否 ;[禮王
制]男子由右女子(改婦人)由左　[女子
(改婦人)]
★이상과 같이 오류(誤謬) 수정(修訂)
이 된다 하여도 부인(婦人; 기혼녀.
아내) 자전상(字典上) 좌(左)의 본의
(本義)에는 영향이 미치지 않음.

○康誤處 2;[禮檀弓]孔子與門人拱
(改立)立(改拱)而尙右
●考證 ; 謹照原文拱改立立改拱
◆整理 ; [禮檀弓(예단궁)]의 拱(공)
은 立(립), 立(립)은 拱(공)의 착오.
◆訂正文 ; [禮檀弓]孔子與門人立拱
而尙右
▶【491-2】　字解誤謬與否 ; 禮檀
弓]孔子與門人拱(改立)立(改拱)而尙
右　[拱(改立)]　[立(改拱)]
★이상과 같이 오류(誤謬) 수정(修訂)
이 된다 하여도 립공(立拱; 두손을

맞잡고 가슴까지 올리고 서있다) 자
전상(字典上) 좌(左)의 본의(本義)에
는 영향이 미치지 않음.

工部 七畫

康差(차)[唐韻][集韻][韻會]初牙
切[正韻]初加切𠂹音杈[說文]貳也不
相值也[徐鍇曰]左于事是不當值也[廣
韻]舛也[韻會]差鍇之義[書呂刑]察辭
于差[前漢東方朔傳]失之毫釐差以千
里　　又[爾雅釋詁]擇也[釋文]差音义
[詩小雅]旣差我馬　　又[廣韻]楚宜切
[集韻][韻會]又宜切[正韻]又玆切 𠂹
音縒[廣韻]次也不齊等也[後漢荀爽
傳]天子娶十二諸侯以下各有等差　　又
[玉篇]參差不齊也[韻會]參差亂絲貌
參相參爲參兩相參爲差[詩周南]參差
荇菜[風俗通]舜作簫韶九成鳳凰來儀
其形參差象鳳翼　　又[韻會]參差洞簫
也[楚辭九歌]吹參差兮誰思　　又[韻
會]差池燕飛也[詩邶風]燕燕于飛差池
其羽　　又[唐韻]楚佳切[集韻][韻
會][正韻]初佳切𠂹音釵[韻會]差使也
[唐宣宗詔]凡役事委令輸差　　又擇也
[廣韻]簡也[詩陳風]穀旦于差[釋文]
差鄭初佳反王音嗟徐七何反　　又[廣
韻]差殊亦不齊[禮王制]庶人在官者其
祿以是爲差[釋文]差初佳反徐初宜反
　　又僭差[周禮春官大宗伯]以軍禮同
邦國[註]同謂威其不協僭差者[釋文]
差初佳反　　又[韻會]夫差吳王名　　又
差分算法[周禮地官九數註]有差分今
有重差　　又[集韻][韻會][正韻]𠂹倉
何切音磋[集韻]淅也[禮喪大記]御者
差沐于堂上[註]差淅也淅飯米取其潘爲
沐也　　又[韻補]差過也[屈原離騷]湯
禹儼而祗敬兮同論道而莫差　　又[韻會]
景差楚人名　　又[廣韻][集韻][韻
會][正韻]𠂹楚懈切釵去聲[廣韻]病除
也[集韻]瘥也[魏志張遼傳]疾小差

又[韻會]差較也[左傳宣十二年註]拔旗投衡使不帆風差輕[釋文]差初賣反又[集韻]楚嫁切权去聲差異也[韓愈瀧吏詩]颶風有時作掀簸眞差事　又與蹉通[韻會]蹉或作差　又[集韻]古與嗟通註詳口部十畫

【 오류정리 】

○康誤處 1; [禮喪大記]御者差沐于堂上[註]差淅也淅飯米取其潘(改潘)爲沐也

●考證 ; 謹詔原文潘改潘

◆整理 ; [禮喪大記(예상대기)]의 潘(심)은 潘(반)의 착오.

◆訂正文 ; [禮喪大記]御者差沐于堂上[註]差淅也淅飯米取其潘爲沐也

▶ 【492-2】 字解誤謬與否 ; [禮喪大記]御者差沐于堂上[註]差淅也淅飯米取其潘(改潘)爲沐也　[潘(改潘)]

★이상과 같이 오류(誤謬) 수정(修訂)이 되면 차(差)는 석(淅)이라면 반(潘; 쌀뜨물) 쌀을 일 때 생기는 부산물로 자전상(字典上) 차(差)의 본의(本義)에 간접 영향이 미치게 됨.

○康誤處 2; [屈原離騷]湯禹儼而祇敬兮同(改周)論道而莫差

●考證 ; 謹照原文同改周

◆整理 ; [屈原離騷(굴원리소)]의 同(동)은 周(주)의 착오.

◆訂正文 ; [屈原離騷]湯禹儼而祇敬兮周論道而莫差

▶ 【493-2】 字解誤謬與否 ; [屈原離騷]湯禹儼而祇敬兮同(改周)論道而莫差　[同(改周)]

★이상과 같이 오류(誤謬) 수정(修訂)이 된다 하여도 주론도이막차(周論道而莫差; 주(周)나라는 도(道)를 논함에는 어긋남어 없다)이니 주(周)는 국명으로 자전상(字典上) 차(差)의 본의(本義)에는 직간접이라도 영향이 미치지 않음.

康市(시)[唐韻]時止切[正韻]上止切 垰 音恃[說文]買賣所之也[風俗通]市恃也養贍老小恃以不匱也[古史考]神農作市[易繫辭]日中爲市致天下之民聚天下之貨交易而退各得其所[周禮地官]五十里有市[又]大市日昃而市百姓爲主朝市朝時而市ㅣ商賈爲主夕時夕時而市販夫販婦爲主[註]市雜聚之處又[冬官考工記]面朝後市[史記平準書註]師古曰古未有市若朝聚井汲便將貨物於井邊貨賣曰市井[漢宮闕疏]長安立九市[張衡西都賦]廓開九市通闤帶闠　又[廣韻]買也[爾雅釋詁]貿賈市也{疏}謂市買賣物也[論語]沽酒市脯　又[管子侈靡篇]市也者勸也勸者所以起本　又天市市樓軍市 垰 星名[史記天官書]房心東北曲十二星曰旗旗中四星曰天市市中六星曰市樓[正義]天市二十二星主國市聚交易之所一曰天旗[前漢天文志]軍市十三星在參東南天軍貿易之市　又縣名[前漢地理志]新市縣屬鉅鹿郡　又司市官名[周禮地官司市]掌市之治教政刑量度今[註]市官之長

【 오류정리 】

○康誤處 1; [周禮地官]五十里有市[又]大市日昃而市百姓(改旅)爲主

●考證 ; 謹照原文姓改旅

※筆者謹按原本 ; [周禮地官司徒教官之職]大市日昃百族爲主

◆整理 ; [周禮地官(주례지관)]의 姓(성)은 旅(여)의 착오.

◆訂正文 ; [周禮地官]五十里有市[又]大市日昃而市百旅爲主

▶ 【494-1】 字解誤謬與否 ; [周禮地官]五十里有市[又]大市日昃而市百姓(改旅)爲主　[姓(改旅)]

★이상과 같이 오류(誤謬) 수정(修訂)이 된다 하여도 백족(百族; 종족명(種

族名) 하수(河水) 남쪽 토번 지역 살다)은 자전상(字典上) 시(市)의 본의(本義)에는 영향이 미치지 않음.

康 布 (포)[唐韻][集韻][韻會][正韻] 蚞 博故切音拵[說文]布枲織也[廣韻]布帛也[小爾雅]麻紵葛曰布[釋名]布布也布列衆縷爲經以緯橫成之也又太古衣皮女工之事始于是施布其法度使民盡用之也[易說卦]坤爲布[詩衞風]抱布貿絲[傳]布幣也[疏]此布幣謂絲麻布帛之布幣者布帛之名[左傳閔二年]衞文公大布之衣　又泉也[周禮天官外府]掌邦布之出入[註]布泉也其藏曰泉其行曰布[前漢食貨志]布貨十品大布次布弟布壯布中布差布厚布幼布幺布小布[註]師古曰布亦錢耳謂之布者言其分布流行也　又[廣雅]布施也[莊子列禦寇]施于人而不忘非天布也　又[玉篇]陳列也[書康王之誥]諸侯入應門右皆布乘黃朱[傳]皆陳四黃馬朱鬣以爲庭實[左傳昭十六年]僑若獻玉不知所成敢私布之[註]布陳也　又[廣雅]布散也[左傳襄三十年]皆自朝布路而罷[註]布路分散　又[爾雅釋天]祭星曰布[註]布散祭於地　又[廣雅]布班也　又草名[爾雅釋草]布似布帛似帛華山有之[註]草葉中有象布帛者因名　又藥名[本草集解]昆布亦名綸布生南海葉如手大似薄葦紫赤色　又金布書名[前漢蕭望之傳]金布令甲[註]師古曰今布者令篇名也其上有府庫金錢布帛之事因以篇名　又懸泉激流曰瀑　布[孫綽天台賦]瀑布飛泉以界道又露布[續博物志]露布捷書別名以帛書揭之於竿欲天下知聞也　又姓[晉書陶侃傳]江夏布興又復姓[史記趙世家]姑布子卿[註]司馬彪曰姑布姓　又與專通[史記司馬相如子虛賦]專結縷[註]徐廣曰專古布字[漢書]作布

【 오류정리 】
○康誤處 1;[前漢蕭望之傳]金布令甲[註]師古曰今布(改金布)者令篇名也
●考證 ; 謹照原文今布改金布
◆整理 ; [前漢蕭望之傳(전한소망지전)]의 今布(금포)는 金布(금포)의 착오.
◆訂正文 ; [前漢蕭望之傳]金布令甲[註]師古曰金布者令篇名也
▶ 【495-2】 字解誤謬與否 ; [前漢蕭望之傳]金布令甲[註]師古曰今布(改金布)者令篇名也 　[今布(改金布)]
★이상과 같이 오류(誤謬) 수정(修訂)이 되면 금포(金布; 임금의 옷인 금의(金衣)를 짓는 천)으로 자전상(字典上) 포(布)의 본의(本義)에 직접 영향이 미치게 됨.

○康誤處 2;[史記司馬相如子虛賦(改上林賦)]專結縷
●考證 ; 謹照原文子虛賦改上林賦
◆整理 ; [史記(사기) 司馬相如(사마상여)의 子虛賦(자허부)는 上林賦(상림부)의] 착오.
◆訂正文 ; [史記司馬相如上林賦]專結縷
▶ 【496-2】 字解誤謬與否 ; [史記司馬相如子虛賦(改上林賦)]專結縷 [子虛賦(改上林賦)]
★이상과 같이 인용처(引用處)나 주소(註疏)의 오류(誤謬)를 수정(修訂)을 한다 하여도 자전상(字典上)의 포(布)의 본의(本義)에는 영향이 미치지 않음.

巾部 三畫

康 帎 (조)[廣韻]都了切[集韻]丁了切蚞音鳥[玉篇]繪頭也[廣韻]絹布頭也

【 오류정리 】

○康誤處 1；[玉篇]繪(改繪)頭也
●考證；謹照原文繪改繪
◆整理；[玉篇(옥편)]의 繪(회)는 繒
(증)의 착오.
◆訂正文；[玉篇]繒頭也
▶【497-2】 字解誤謬與否；[玉篇]
繪(改繪)頭也 [繪(改繪)]
★이상과 같이 오류(誤謬) 수정(修訂)
이 되면 증두(繒頭; 비단 두건)로 바
뀌니 자전상(字典上) 조(帒) 본의(本
義)에 직접 영향이 미치게 됨.

巾部 五畫

康 帑(노)[唐韻]乃都切[集韻][韻
會][正韻]農都切 𡘋 音奴與孥通[詩小
雅]樂爾妻帑[傳]帑子也[左傳文十三
年]秦人送其帑[註]帑妻子也 又鳥尾
曰帑[左傳襄二十八年]以害鳥帑[註]
鳥尾曰帑[疏]帑細弱之名於人則妻子
爲帑於鳥則鳥尾曰帑妻子爲人之後鳥
尾爲鳥之後故俱以帑爲言 又[廣韻]
他朗切[集韻][韻會]坦朗切[正韻]他
曩切 𡘋 音曭[說文]金幣所藏也[玉篇]
金布所藏之府[前漢匈奴傳]以爲虛費
府帑[後漢鄭弘傳]人食不足而帑藏金
幣

【 오류정리 】

○康誤處 1；[左傳文十三年]秦人送
(改歸)其帑
●考證；謹照原文送改歸
◆整理；[左傳文十三年(좌전문십삼
년)]의 送(송)은 歸(귀)의 착오.
◆訂正文；[左傳文十三年]秦人歸其
帑
▶【498-1】 字解誤謬與否；[左傳
文十三年]秦人送(改歸)其帑 [送(改
歸)]
★이상과 같이 오류(誤謬) 수정(修訂)
이 된다 하여도 진인귀기노(秦人歸其
帑；진나라 사람은 그의 처자식에게

로 돌아간다)라 귀(歸돌아간다)는 자
전상(字典上) 노(帑)의 본의(本義)에
는 영향이 미치지 않음.

康 帗(자)[廣韻]卽移切[集韻]將支
切 𡘋 音貲[玉篇]布也[類篇]布名[急就
篇]服瑣綸帗與繪連[註]綸帗錫布之尤
精者也言其質精好與繪相連次 又[五
音集韻]睢氏切音此巾也 [埤蒼]或作
帗

【 오류정리 】

○康誤處 1；[急就篇]服瑣綸帗與繪連
[註]綸帗錫布之尤精者也言其質精好
與繪(兩繪字 𡘋 改繒)相連次
●考證；謹照原文兩繪字 𡘋 改繒
◆整理；[急就篇(급취편)]의 與繪(여
회)와 與繪(여회)의 兩繪字(양회자)는
繒(증)의 착오.
◆訂正文；[急就篇]服瑣綸帗與繒連
[註]綸帗錫布之尤精者也言其質精好
與繒相連次
▶【499-1】 字解誤謬與否；[急就
篇]服瑣綸帗與繪連[註]綸帗錫布之尤
精者也言其質精好與繪(兩繪字 𡘋 改繒)
相連次 [與繪 與繪(兩繪字 𡘋 改繒)]
★이상과 같이 오류(誤謬) 수정(修訂)
이 되면 증(繒; 고대 중국에서는 견
직물의 총칭)은 자전상(字典上) 자
(帗) 본의(本義)에 직접 간접으로영
향이 미치게 됨.

康 帗(불)[廣韻]分物切[集韻]敷勿
切 𡘋 音弗[周禮春官]凡舞有帗舞[註]
帗析五采繪今靈星舞子持之是也 又
[廣韻]毳也[揚子方言]帗縷毳也荊揚江
湖之閒曰摺鋪楚曰幒㒒宋鄭衞之閒謂
之帗縷 又[廣韻][集韻] 𡘋 北末切音
撥[說文]一幅巾也幒㒒

【 오류정리 】

○康誤處 1；[揚子方言]帗縷毳也荊揚

江湖之閒曰揄鋪(改鋪)
●考證 ; 謹照原文舖改鋪
◆整理 ; [揚子方言(양자방언)]의 舖(포)는 鋪(포)의 착오.
◆訂正文 ; [揚子方言]帗縷毳也荊揚江湖之閒曰揄鋪
▶【500-1】 字解誤謬與否 ; [揚子方言]帗縷毳也荊揚江湖之閒曰揄舖(改鋪) [舖(改鋪)]
★이상과 같이 오류(誤謬)가 수정(修訂)이 된다 하여도 유포(揄鋪; 지명(地名). 형양(荊揚)과 강호(江湖) 사이를 이름 [揚子方言]荊揚江湖之閒曰揄鋪)으로 자전상(字典上) 불(帗)의 본의(本義)에는 영향이 미치지 않음.

康 帚(추)[唐韻]支手切[集韻]止酉切[韻會]止酒切 𡘋 音箒[說文]糞也从又持巾掃門內古者少康初作箕帚秫酒少康杜康也[玉篇]掃除糞穢也[禮曲禮]凡爲長者糞之禮必加帚于箕上[註]弟子職曰執箕膺擖厥中有帚[揚雄解嘲]或擁帚彗而先驅 又草名[爾雅釋草]葥馬帚[註]似蓍可以爲掃彗[又]萹王彗[註]王帚也似藜其樹可以爲彗江東呼之曰落帚 彗

【 오류정리 】
○康誤處 1;[爾雅釋草]葥(改葥)馬帚
●考證 ; 謹照原文葥改葥
◆整理 ; [爾雅釋草(이아석초)]의 葥(견)은 葥(병)병의 착오.
◆訂正文 ; [爾雅釋草]葥馬帚
▶【501-1】 字解誤謬與否 ;[爾雅釋草]葥(改葥)馬帚 [葥(改葥)]
★이상과 같이 오류(誤謬) 수정(修訂)이 되면 병(葥; 타래붓꽃. 지금은 마린(馬藺)으로 불림. 마추(馬帚; 말을 먹이기 위한 풀) [爾雅釋草]葥馬帚[疏]草似蓍俗謂蓍葥可爲掃彗又人名[呂氏春秋]靑葥趙人又[韻會]湀丁切音

偋[詩大雅]葥云不逮[傳]葥使也)인데 자전상(字典上) 본의(本義)에 직접 영향이 미치게 됨.

康 帛(백)[唐韻]旁陌切[集韻][韻會]薄陌切𡘋音白[說文]繒也[廣韻]幣帛[易賁卦]賁于丘園束帛戔[書堯典]五玉三帛[傳]三帛諸侯世子執纁公之孤執元附庸之君執黃[周禮春官]典命[註]帛如今璧色繒也[左傳閔二年]衞文公大帛之冠[註]大帛厚繒[後漢鄧后紀]必書功於竹帛[註]帛謂縑素 又執帛官名[前漢曹參傳]乃封參爲執帛[註]張晏曰執帛孤卿也或曰楚官名 又草名[爾雅釋草]帛似帛華山有之[疏]華山有草葉似帛者因名帛草 又姓[神仙傳]吳有帛和[水經注]灛水西有帛仲理墓 又叶僕各切音薄[禮禮運]以烹以炙以爲醴酪治其絲麻以爲布帛[又]疏布以冪衣其澣帛醴醆以獻薦其燔炙

【 오류정리 】
○康誤處 1;[爾雅釋草]帛似帛華山有之[疏]華山有草葉似帛者因名帛草(改因以名云)
●考證 ; 謹照原文因名帛草改因以名云
◆整理 ; [爾雅釋草(이아석초)]의 因名帛草(인명백초)는 因以名云(인이명운)의 착오.
◆訂正文 ; [爾雅釋草]帛似帛華山有之[疏]華山有草葉似帛者因以名云
▶【502-1】 字解誤謬與否 ; [爾雅釋草]帛似帛華山有之[疏]華山有草葉似帛者因名帛草(改因以名云) [因名帛草(改因以名云)]
★이상과 같이 오류(誤謬) 수정(修訂)이 된다 하여도 인이명운(因以名云; 이 때문에 붙여진 이름이다)은 자전상(字典上) 백(帛)의 본의(本義)에는 영향이 미치지 않음.

巾部 六畫

康 帝(제)[唐韻]都計切[集韻][韻會][正韻]丁計切 𡘋 音諦[說文]諦也 王天下之號也[爾雅釋詁]君也[白虎通]德合天者稱帝[書堯典傳]昔在帝堯聰明文思光宅天下[疏]帝者天之一名所以名帝帝者諦也言天蕩然無心忘于物我公平通遠舉事審諦故謂之帝也五帝道同于此亦能審諦故取其名[呂氏春秋]帝者天下之所適王者天下之所往[管子兵法篇]察道者帝通德者王[史記高帝紀]乃卽皇帝位氾水之南[註]蔡邕曰上古天子稱皇其次稱帝　又諡法[史記正義]德象天地曰帝　又上帝天也 [易鼎卦]聖人亨以享上帝[書舜典]肆類于上帝　又五帝神名[周禮春官小宗伯]兆五帝于四郊[註]蒼帝曰靈威仰赤帝曰赤熛怒黃帝曰含樞紐白帝曰白招拒黑帝曰叶光紀[家語]季康子問五帝之名孔子曰天有五行金木水火土分時化育以成萬物其神謂之五帝　又星名[史記天官書]中宮天極星其一明者太乙常居也[註]文耀鉤云中宮大帝其精北極星春秋合誠圖云紫微大帝室太乙之精也正義曰太乙天帝之別名也[又]大角者天王帝廷[註]索隱曰援神契云大角爲坐候宋均云坐帝坐也[又]太微三光之廷其內五星五帝座　又地名[左傳僖三十一年]衞遷于帝丘[註]帝丘今東郡濮陽縣故帝顓頊之墟故曰帝丘

【 오류정리 】

○康誤處 1;[書堯典傳(改序)]昔在帝堯聰明文思光宅天下
●考證 ; 謹按此係書序文傳改序
◆整理 ; [書堯典(서요전)의 傳(전)은 序(서)의] 착오.
◆訂正文 ;[書堯典序]昔在帝堯聰明文思光宅天下
▶ 【503-1】 字解誤謬與否 ; [書堯典傳(改序)]昔在帝堯聰明文思光宅天

下 [傳(改序)]
★이상과 같이 인용처(引用處)나 주소(註疏)의 오류(誤謬)를 수정(修訂)을 한다 하여도 자전상(字典上)의 제(帝)의 본의(本義)에는 영향이 미치지 않음.

○康誤處 2;[周禮春官小宗伯][註]黑帝曰叶(改汁)光紀
●考證 ; 謹照原文叶改汁
◆整理 ; [周禮春官小宗伯(주례춘관소종백)] [註(주)]의 叶(협)은 汁(협)의 착오.
◆訂正文 ;[周禮春官小宗伯] [註]黑帝曰汁光紀
▶ 【504-2】 字解誤謬與否 ; [周禮春官小宗伯] [註] 黑帝曰叶(改汁)光紀 [叶(改汁)]
★이상과 같이 오류(誤謬) 수정(修訂)이 되면 삼황오제(三皇五帝) 중 북방제(北方帝)인 즙광기(汁光紀; 黑帝)가 되어 자전상(字典上) 제(帝)의 본의(本義)에 직접 영향이 미치게 됨.

康 帟(역)[唐韻]羊益切[集韻]夷益切 𡘋 音繹[廣雅]帳也[說文]在上曰帟[釋名]小幕曰帟張在人上帟帟然也[周禮天官]幕人掌帷幕幄帟綬之事[註]帟主在幕若握中坐上承塵也[又]朝日祀上帝則張大次小次設重帟[註]重帟復帟也鄭司農云帟平帳也[後漢皇后紀]定策帷帟

【 오류정리 】

○康誤處 1;[周禮天官]幕人掌帷幕幄帟綬之事[註]帟主在幕若握(改幄)中坐上承塵也
●考證 ; 謹照原文握改幄
◆整理 ; [周禮天官(주례천관)] [註(주)]의 握(악)은 幄(악)의 착오.
◆訂正文 ; [周禮天官]幕人掌帷幕幄帟綬之事[註]帟主在幕若幄中坐上承

塵也

▶【505-1】 字解誤謬與否 ; [周禮天官]幕人掌帷幕幄帟綬之事[註]帟主在幕若握(改幄)中坐上承塵也 [握(改幄)]

★이상과 같이 오류(誤謬) 수정(修訂)이 되면 악(幄; 장막(帳幕))으로 바뀌게 되어 자전상(字典上) 역(帟)의 본의(本義)에 직접 영향이 미치게 됨.

○康誤處 2; [又(改掌次)]朝日祀上帝(改五帝)則張大次小次設重帟
●考證 ; 謹按朝日祀上帝乃掌次文非幕人職也謹照原文又字改掌次二字上帝改五帝
◆整理 ; [又(우)는 掌次(장차)] 上帝(상제)는 五帝(오제)의 착오.
◆訂正文 ; [掌次]朝日祀五帝則張大次小次設重帟
▶【506-1】 字解誤謬與否 ; [又(改掌次)]朝日祀上帝(改五帝)則張大次小次設重帟 [又(改掌次)] [上帝(改五帝)]

★이상과 같이 오류(誤謬) 수정(修訂)이 된다 하여도 ○장차(掌次; 악차(幄次)나 막차(幕次)에 관한 일을 맡음)와 ○오제(五帝; 복희(伏羲) 신농(神農) 황제(黃帝) 소호(少昊) 전욱(顓頊) 또 황제(黃帝) 전욱(顓頊) 제곡(帝嚳) 요(堯) 순(舜) 또 소호(少昊) 전욱(顓頊) 제곡(帝嚳) 요(堯) 순(舜))는 자전상(字典上) 역(帟)의 본의(本義)에는 영향이 미치지 않음.

康帥(솔)[唐韻]所律切[集韻][正韻]朔律切 𡘋 音蟀[易師卦]長子帥師[左傳襄十年]牽帥老夫以至于此 又循也[禮王制]命鄉簡不帥教者以告[註]帥循也 又遵也[前漢循吏傳]蕭曹以寬厚清靜爲天下帥[註]帥遵也 又聚也[揚雄甘泉賦]帥尒陰閉霫然陽

關[註]晉灼曰帥聚也 又[說文]佩巾也[廣雅]巾也 又[廣韻][集韻][韻會][正韻]𡘋所類切率去聲[廣韻]將帥也[正韻]主也率也統也領也[周禮夏官]二千五百人爲師師帥皆中大夫五百人爲旅旅帥皆下大夫[左傳宣十二年]命爲軍帥[疏]軍帥軍之主帥[前漢黃霸傳]置父老師帥 又姓[廣韻]本姓師晉景帝諱改爲帥氏晉尚書郎帥昺 又[五音集韻]舒芮切音稅同帨亦佩巾也

【 오류정리 】
○康誤處 1; [揚雄甘泉賦]帥尒陰閉霫然陽關(改開)
●考證 ; 謹照原文關改開
◆整理 ; [揚雄甘泉賦(양웅감천부)]의 關(관)은 開(개)의 착오.
◆訂正文 ; [揚雄甘泉賦]帥尒陰閉霫然陽開
▶【507-1】 字解誤謬與否 ; [揚雄甘泉賦]帥尒陰閉霫然陽關(改開) [關(改開)]

★이상과 같이 오류(誤謬) 수정(修訂)이 된다 하여도 양개(陽開; 양(陽)이면 연다) 자전상(字典上) 솔(帥)의 본의(本義)에는 영향이 미치지 않음.

巾部 七畫

康帨(세)[廣韻]舒芮切[集韻][韻會][正韻]輸芮切𡘋音稅[玉篇]帨巾也[儀禮士昏禮]母施衿結帨[註]帨佩巾也[禮內則]女子設帨于門右[註]帨事人之佩巾也 又[集韻]此芮切音毳又須銳切音歲又[類篇]欲雪切音悅義𡘋同

【 오류정리 】
○康誤處 1; [儀禮士昏禮]母(改母)施衿結帨
●考證 ; 謹照原文母改母
◆整理 ; [儀禮士昏禮(의례사혼례)]의 母(무)는 母(모)의 착오.
◆訂正文 ; [儀禮士昏禮]母施衿結帨

▶【508-1】 字解誤謬與否 ; [儀禮士昏禮]毋(改母)施衿結帨 [毋(改母)]

★이상과 같이 오류(誤謬) 수정(修訂)이 된다 하여도 모(母; 어머니. 모친(母親). 자기 보다 위 세대의 여자에 대한 호칭. 암컷) 자전상(字典上) 솔(帥)의 본의(本義)에는 영향이 미치지 않음.

㊗師(사)[唐韻]疎夷切[集韻][韻會]霜夷切[正韻]申之切 𠀤 音獅[爾雅釋詁]衆也[釋名]人也[註]謂人衆爲師 又天子所居曰京師[詩大雅]惠此京師[公羊傳桓九年]京師者衆大也 又[說文]二千五百人爲師[周禮地官]五旅爲師[註]二千五百人[詩大雅]周王于邁六師及之[傳]天子六軍[疏]春秋之時雖累萬之衆皆稱師詩之六師謂六軍之 師[易師卦註]多以軍爲名次以師爲名少以旅爲名師者擧中之言 又[玉篇]範也教人以道者之稱也[書泰誓]作之師[禮文王世子]出則有師師也者教之以事而喩諸德者也 又[玉篇]象他人也[增韻]法也效也[書大禹謨]百僚師師[傳]師師相師法 又長也[書益稷]州有十二師[註]師長也 又神名[周禮春官]以槱燎祭風師雨師[註]風師箕也雨師畢也[屈原離騷]雷師告余以未具[註]雷師豐隆也 又國名[史記大宛傳]樓蘭姑師[註]二國名姑師卽車師也 又縣名[後漢郡國志]河南尹有匽師[註]帝嚳所都 又官名[左傳昭十七年]黃帝氏以雲紀故爲雲師而雲名炎帝氏以火紀故爲火師而火名共工氏以水紀故爲水師而水名太皞氏以龍紀故爲龍師而龍名少皞摯之立也鳳鳥適至故紀於鳥爲鳥師而鳥名[書周官]立太師太傅太保玆惟三公少師少傅少保曰三孤 又師得宮名[揚雄甘泉賦]枝鶻露寒棠黎師得[註]師古曰師得宮在櫟陽界 又獸名與獅通[前漢西域傳]烏弋山出師子 又姓[前漢師丹傳]丹琅琊東武人哀帝時爲大司空又右師左師倶複姓

【 오류정리 】

○康誤處 1; [釋名(改釋言)]人也[註]謂人衆爲師(改郭註謂人衆也)

●考證 ; 謹照原書釋名改釋言下改郭註謂人衆也

◆整理 ; [釋名(석명)은 釋言(석언)][註(주)는 郭註(곽주] 謂人衆爲師(위인중위사)는 謂人衆也(위인중야)의 착오.

◈訂正文 ; [釋言]人也[郭註]謂人衆也

▶【509-1】 字解誤謬與否 ; [釋名(改釋言)]人也[註]謂人衆爲師(改郭註謂人衆也) [釋名(改釋言)] [註]謂人衆爲師(改郭註謂人衆也]

★이상과 같이 인용처(引用處)나 주소(註疏)의 오류(誤謬)를 수정(修訂)을 한다 하여도 자전상(字典上)의 사(師)의 본의(本義)에는 영향이 미치지 않음.

○康誤處 2; [公羊傳桓九年]京師者衆大(改大衆)也

●考證 ; 謹照原文衆大改大衆

◆整理 ; [公羊傳桓九年(공양전환구년)]의 衆大(중대)는 大衆(대중)의 착오.

◈訂正文 ; [公羊傳桓九年]京師者大衆也

▶【510-2】 字解誤謬與否 ; [公羊傳桓九年]京師者衆大(改大衆)也 [衆大(改大衆)]

★이상과 같이 오류(誤謬) 수정(修訂)이 된다 하여도 대중(大衆; 수가 많은 사람. 수많은 군중. 민중(民衆) 군속(群俗). 많은 승려(僧侶))은 자전상(字典上) 사(師)의 본의(本義)에는 영향이 미치지 않음.

○康誤處 3; [書大禹謨(改皋陶謨)]百僚師師
●考證 ; 謹照原書大禹謨改皋陶謨
◆整理 ; [書(서)의 大禹謨(대우모)는 皋陶謨(고도모)의 착오.
◆訂正文 ; [書皋陶謨]百僚師師
▶【511-3】 字解誤謬與否 ; [書大禹謨(改皋陶謨)]百僚師師 [大禹謨(改皋陶謨)]
★이상과 같이 인용처(引用處)나 주소(註疏)의 오류(誤謬)를 수정(修訂)을 한다 하여도 자전상(字典上)의 사(師)의 본의(本義)에는 영향이 미치지 않음.

○康誤處 4; [書益稷]州有十(改十有)二師
●考證 ; 謹照原文有十改十有
◆整理 ; [書益稷(서익직)]의 有十(유십)는 十有(십유)의 착오임.
◆訂正文 ; [書益稷]州有十有二師
▶【512-4】 字解誤謬與否 ; [書益稷]州有十(改十有)二師 [有十(改十有)]
★이상과 같이 오류(誤謬) 수정(修訂)이 된다 하여도 십유이(十有二; 십에 일르 더한다. 즉 12 를 이르는 數詞)는 자전상(字典上) 사(師)의 본의(本義)에는 영향이 미치지 않음.

○康誤處 5; [周禮春官]以檟燎祭(改祀)風師雨師
●考證 ; 謹照原文祭改祀
◆整理 ; [周禮春官(주례춘관)]의 祭(제)는 祀(사)의 착오.
◆訂正文 ; [周禮春官]以檟燎祀風師雨師
▶【513-5】 字解誤謬與否 ; [周禮春官]以檟燎祭(改祀)風師雨師 [祭(改祀)]
★이상과 같이 오류(誤謬) 수정(修訂)

이 된다 하여도 유료사(檟燎祀; 섶을 태워 그 연기를 일월성진(日月星辰)에 보내며 제사함. 고대제천적일칭예의(古代祭天的一稱禮儀) 선번시승연(先燔柴升烟) [周礼春官大宗伯]以禋祀祀昊天上帝以实柴祀日月星辰以檟燎祀司中司命風師雨師师[鄭玄註]“禋之言烟周人尚臭烟氣之臭聞者檟積也)는 자전상(字典上) 사(師)의 본의(本義)에는 영향이 미치지 않음.

○康誤處 6; [揚雄甘泉賦(改前漢揚雄傳)]枝鵲露寒棠黎師得
●考證 ; 謹按此非甘泉賦中語改前漢揚雄傳
◆整理 ; [揚雄甘泉賦(양웅감천부)는 前漢揚雄傳(전한양웅전)의] 착오.
◆訂正文 ; [前漢揚雄傳]枝鵲露寒棠黎師得
▶【514-6】 字解誤謬與否 ; [揚雄甘泉賦(改前漢揚雄傳)]枝鵲露寒棠黎師得 [揚雄甘泉賦(改前漢揚雄傳)]
★이상과 같이 인용처(引用處)나 주소(註疏)의 오류(誤謬)를 수정(修訂)을 한다 하여도 자전상(字典上)의 사(師)의 본의(本義)에는 영향이 미치지 않음.

巾部 八畫

㉇帳(장)[廣韻][集韻][韻會][正韻]㞼知亮切音脹[釋名]帳張也張施於牀上也[玉篇]帷也張也幬也[爾雅釋器]幬謂之帳[註]今江東亦謂帳爲幬[淮南子道應訓]齊伐楚市偸請爲君行薄技乃夜解齊君之幬帳而獻之 又與張通[史記高帝紀]復留止張飮三日[註]張幃帳也 又計簿也[前漢武帝紀]明堂朝諸侯受郡國計[註]計若今之諸州計帳也

【 오류정리 】

○康誤處 1;[爾雅釋器(改釋訓)]幬謂之帳
●考證 ; 謹照原書釋器改釋訓
◆整理 ; [爾雅(이아)의 釋器(석기)는 釋訓(석훈)의] 착오.
◆訂正文 ; [爾雅釋訓]幬謂之帳
▶【515-1】 字解誤謬與否 ; [爾雅釋器(改釋訓)]幬謂之帳　[釋器(改釋訓)]
★이상과 같이 인용처(引用處)나 주소(註疏)의 오류(誤謬)를 수정(修訂)을 한다 하여도 자전상(字典上)의 사(師)의 본의(本義)에는 영향이 미치지 않음.

康帶(대)[唐韻][集韻][韻會][正韻]𣃲當蓋切音㦡[說文]紳也男子鞶帶婦人帶絲象繫佩之形佩必有巾故帶从巾[徐鉉曰]帶其帶上連屬固結處[釋名]帶蔕也著於衣如物之繫蔕也[易訟卦]或錫之鞶帶[疏]鞶革大帶也[禮玉藻]凡帶有率無箴功[疏]謂其帶既襌亦以箴縪緝其側但緥褓之無別裨餙之箴功　又[揚子方言]厲謂之帶[註]小爾雅帶之垂者曰厲[詩小雅]垂帶而厲　又佩也[禮月令]帶以弓韣　又[揚子方言]行也[註]隨人行也　又蟲名[莊子齊物論]螂蛆甘帶　又書帶草名[三齊記]鄭康成山下生草大如䪥葉長一尺餘土人名康成書帶草　又姓[賈誼過秦論]帶佗　又叶音蒂[楚辭九歌]荷衣分蕙帶儵而來兮忽而逝夕宿兮帝鄉誰須兮雲之際

【 오류정리 】

○康誤處 1;[易訟卦]或錫之鞶帶[疏]鞶革(改帶)大帶也
●考證 ; 謹照原文革改帶
◆整理 ; [易訟卦(역송괘)]의 革(혁)은 帶(대)의 착오.
◆訂正文 ; [易訟卦]或錫之鞶帶[疏]

鞶帶大帶也
▶【516-1】 字解誤謬與否 ; [易訟卦]或錫之鞶帶[疏]鞶革(改帶)大帶也[革(改帶)]
★이상과 같이 오류(誤謬) 수정(修訂)이 되면 반대(鞶帶; 대대(大帶) 옛날 대부(大夫)이상의 벼슬아치가 두르던 띠. [說文解字]鞶大帶也[易]曰或錫之鞶帶男子帶鞶婦人帶絲从革般聲)는 띠로서 자전상(字典上) 대(帶)의 본의(本義)에 직접 영향이 미치게 됨.

○康誤處 2;[楚辭九歌]荷衣分(改兮)蕙帶儵(改儵)而來兮忽而逝
●考證 ; 謹照原文分改兮儵改儵
◆整理 ; [楚辭九歌(초사구가)]의 分(분)은 兮(혜), 숙(숙)은 儵(숙)의 착오.
◆訂正文 ; [楚辭九歌]荷衣分(改兮)蕙帶숙(改儵)而來兮忽而逝
▶【517-2】 字解誤謬與否 ; [楚辭九歌]荷衣分(改兮)蕙帶儵(改儵)而來兮忽而逝　[分(改兮)] [儵(改儵)]
★이상과 같이 오류(誤謬) 수정(修訂)이 된다 하여도 숙(儵; 갑자기. 별안간. 재빨리. 전설상의 동물명)은 자전상(字典上) 대(帶)의 본의(本義)에는 영향이 미치지 않음.

康常(상)[唐韻]市羊切[集韻][韻會]辰羊切𣃲音裳[玉篇]恆也[正韻]久也[易坤卦]後得主而有常[繫辭]動靜有常[詩周頌]陳常于時夏[箋]謂陳久長之功於是夏而歌之[朱傳]謂君臣父子ㅣ之常道　又五常[書舜典愼徽五典傳]五典五常之敎父義母慈兄友弟恭子孝又[五品傳]五品謂五常[疏]此事可常行乃爲五常耳　又神名[荀子九家易]兌爲常西方之神也　又地名[詩魯頌]居常與許[傳]常許魯南鄙西鄙也又州名[隋書地理志]毗陵郡平陳置常

州　　又山名[前漢地理志]常山郡[註]
恆山在西避漢文帝諱故改曰常山　　又
水名[史記夏本紀]常衞旣從[註]常水
出常山上曲陽縣[書禹貢]作恆　　又旗
名[周禮春官]司常掌九旗之物名日月爲
常[又]王建太常[釋名]日月爲常謂畫
日月於其端天子所建言常明也　　又常
服[詩小雅]載是常服[傳]日月爲常服
戎服也　　又[廣韻]倍尋曰常　　又車戟
名[釋名]車戟曰常長丈六尺車上所持
也八尺曰尋倍尋曰常故曰常也　　又木
名[爾雅釋木]常棣[註]關西棣樹子如
櫻桃可食[詩小雅]彼爾維何維常之華
又姓[廣韻]出河內[前漢常惠傳]惠大
原人甘露中爲右將軍　　又與裳同[說
文]下帬也[徐鉉曰]下直而垂象巾故從
巾今文作裳

【 오류정리 】

○康誤處 1;[周禮春官]司常掌九旂
(改旗)之物名日月爲常[又]王建太(改
大)常

●考證 ; 謹照原文旂改旗太改大

◆整理 ; [周禮春官(주례춘관)의] 旂
(기)는 旗(기), 太(태)는 大(대)의 착
오.

◆訂正文 ; [周禮春官]司常掌九旗之
物名日月爲常[又]王建大常

▶【518-1】 字解誤謬與否 ; [周禮
春官]司常掌九旂(改旗)之物名日月爲
常[又]王建太(改大)常 　[太(改大)]

★이상과 같이 오류(誤謬) 수정(修訂)
이 되면 ○구기[九旗; 휘호나 등급이
다름을 표하기 위한 9 가지의 기(旗).
상기(常旂) 전(旜) 물(物) 기(旗) 여
(旟) 조(旐) 수(旞) 정(旌)]와 ○대상
[大常; 옛날 중국(中國)에서 쓰던, 해
달 별 용(龍)을 그린 임금의 기(旗)]
인데 자전상(字典上) 상(常)의 본의
(本義)에 직접 영향이 미치게 됨.

巾 部 九畫

⟨康⟩幅(폭)[唐韻][集韻][韻會][正
韻] 𣛙 方六切音福[說文]布帛廣也[玉
篇]布帛廣狹[廣韻]絹幅[爾雅釋天]緇
廣充幅長尋曰旐[疏]以黑色之帛廣全
幅長八尺屬於杠名旐[急就篇註]四丈
曰疋兩邊具曰幅[左傳襄二十八年]夫
富如布帛之有幅焉爲之制度使無遷也
夫民生厚而用利於是乎正德以幅之
[疏]言用正德以爲邊幅使有度也[前漢
馬援傳]修飾邊幅[註]若布帛修飾其邊
幅也　　又[廣韻]匡幅滿也　　又[廣韻]
姓也　　又[廣韻]彼惻切[集韻][韻會]
筆力切𣛙音逼[廣韻]行縢名[左傳桓二
年]帶裳幅舃[註]幅若今行縢[詩小雅]
邪幅在下[傳]幅偪也所以自偪束也
又[韻會]通作偪[禮內則]偪屨著綦[註]
鄭云以幅帛邪纏於足所以自偪束偪卽縢
約也

【 오류정리 】

○康誤處 1;[禮內則]偪屨著綦[註]鄭
云以幅帛邪纏於足所以自偪束偪卽縢
約也(內則無此註改爲正義邪纏於足謂
之邪偪名曰偪者所以自偪束也)

●考證 ; 謹按內則無此註查係小雅疏
而又非原文謹移於上文小雅傳所以自偪
束也下照原文改爲正義邪纏於足謂之邪
偪名曰偪者所以自偪束也

◆整理 ; [禮內則(예내칙)] 內則無此
註(내칙무차주)라 주문을 正義邪纏於
足謂之邪偪名曰偪者所以自偪束也(정
의사전어족위지사핍명왈핍자소이자핍
속야)라 고침.

※筆者謹按禮記集說大全原本 ; [禮記
內則細註]以幅帛邪纏於足(故謂之邪幅)
所以自偪束(故謂之偪)偪卽縢約(之)也

◆訂正文 ; [禮內則]偪屨著綦[註]

※筆者謹按禮記集說大全原本 ; [禮記
內則細註]와 여히 중간 중간 省略하
였을뿐 誤謬가 이님며, 또 다른 禮記
註疏에는 無함.

▶【519-1】 字解誤謬與否 ; [禮內則]偪屨著綦[註]鄭云以幅帛邪纏於足所以自偪束偪卽縢約也(內則無此註改爲正義邪纏於足謂之邪偪名曰偪者所以自偪束也)

★이상과 같이 오류(誤謬) 수정(修訂)이 되더라도 자전(字典)이나 고증(考證) 공히 핍(偪; 행전(行纏))에 대한 문장의 오류(誤謬)를 바르게 잡음이니 자전상(字典上) 폭(幅)의 본의(本義)에 직접 영향이 미치게 됨.

巾部 十一畫

康 幕(막)[唐韻]慕各切[集韻][韻會][正韻]末各切𠀉音莫[說文]帷在上曰幕[廣雅]帳也[釋名]幕絡也在表之稱也[周禮天官幕人]掌帷幕幄帟綬之事[左傳成十六年]楚子登巢車以望晉軍伯州犂侍于王後張幕矣曰虔卜于先君也徹幕矣曰將發命也 又[韻會]幕府軍旅無常居故以帳幕言之通作莫[史記李牧傳]市租皆輸入莫府[註]索隱曰古者出征爲將帥軍還則罷理無常處以幕帟爲府署故曰幕府[李廣傳]莫府省約文書籍事[註]索隱曰凡將軍謂之幕府者蓋兵門合施帷帳故稱莫府古字通用遂作莫耳 又[周禮天官幕人註]幕或在地展陳於上也[儀禮聘禮]館人布幕於寢門外官陳幣[註]布幕以承幣[疏]館人布幕於地官陳幣於其上 又臂脛衣也[釋名]留幕冀州所名大褶至膝者也留牢也幕絡也言牢絡在衣表也[史記蘇秦傳]當戰則斬堅甲鐵幕[註]謂以鐵爲臂脛之衣 又[類篇]覆食案亦曰幕 又[廣雅]粗幕菴也 又[廣雅]幕覆也[易井卦]上六井收勿幕[註]幕猶覆也[疏]不自掩覆與衆共之 又[爾雅釋言]幕暮也[註]幕然暮夜也 又六幕[前漢禮樂志]紛紜六幕浮大海[註]猶言六合也 又沙幕[前漢武帝紀]衞青將六將軍絶幕[註]幕沙幕臣瓚曰沙土曰幕直度曰絶師古曰幕者今之突厥中磧耳 又縣名[前漢地理志]淸河郡繹幕縣琅邪郡姑幕縣 又[廣韻]姓也[姓譜]舜祖幕之後[史記陳世家]自幕至於瞽瞍[註]鄭衆曰幕舜之先也 又[集韻]莫半切音縵平而無文曰幕[前漢西域傳]罽賓國錢爲騎馬幕爲人面[註]韋昭曰幕錢背也 又[韻補]蒙哺切音模[李陵別蘇武歌]經萬里兮度沙幕爲君將兮奪匈奴 又[正韻]莫狄切音覓[盧仝思君吟]我心爲風兮淅淅君身爲雲兮幕幕

【 오류정리 】

○康誤處 1; [左傳成十六年]楚子登巢車以望晉軍伯州犂侍于王後(增王曰二字)張幕矣

●考證 ; 謹照原文張字上增王曰二字

◆整理 ; [左傳成十六年(좌전성십육년)] 張(장) 앞에 王曰(왕왈) 두자를 삽입함.

◆訂正文 ; [左傳成十六年]楚子登巢車以望晉軍伯州犂侍于王後王曰二張幕矣

▶【520-1】 字解誤謬與否 ; [左傳成十六年]楚子登巢車以望晉軍伯州犂侍于王後(增王曰二字)張幕矣 [(增王曰二字)張]

★이상과 같이 오류(誤謬) 수정(修訂)이 된다 하여도 왕왈(王曰; 임금께서 말씀하셨다) 자전상(字典上) 막(幕)의 본의(本義)에는 영향이 미치지 않음.

巾部 十二畫

康 幣(폐)[唐韻][集韻][韻會]𠀉毗祭切音弊[說文]幣帛也[周禮天官大宰]以九式均節財用六曰幣帛之式[註]幣帛所以贈答賓客者 又[集韻]財也[橫渠理窟]幣者金玉齒革泉布之雜名

[周禮天官大宰]以九貢致邦國之用四曰幣貢[註]幣貢玉馬皮帛也又[內府]凡四方之幣獻之金玉齒革兵器凡良貨賄入焉[管子國蓄篇]以珠玉為上幣黃金為中幣刀布為下幣[史記平準書]以白鹿皮方尺緣以藻繢為皮幣直四十萬[前漢[武帝紀]有司以幣輕多姦農傷而末眾又禁兼幷之塗故改幣以約之[註]幣錢也更去半兩錢行五銖錢皮幣以撿約姦邪 又[集韻]必袂切音蔽義同

【 오류정리 】

○康誤處 1;[周禮天官大宰][註]幣帛所以贈答(改勞)賓客者

●考證;謹照原文答改勞

◆整理 ;[周禮天官大宰(주례천관대재)][註(주)]의 答(답)은 勞(노)의 착오.

◆訂正文;[周禮天官大宰][註]幣帛所以贈勞賓客者

▶【521-1】 字解誤謬與否;[周禮天官大宰][註]幣帛所以贈答(改勞)賓客者 [答(改勞)]

★이상과 같이 오류(誤謬) 수정(修訂)이 된다 하여도 증노(贈勞; 받치게 시키다)는 자전상(字典上) 폐(幣)의 본의(本義)에는 영향이 미치지 않음.

巾部 十三畫

康 **幨**(첨)[廣韻][集韻]處占切[韻會][正韻]蚩占切 𠀤 音襜[玉篇]帷也[集韻]車襜[韻會]以帷障車旁如裳為容飾其上有蓋四旁垂而下謂之幨[周禮春官]王后之五路重翟厭翟安車皆有容蓋[註]容為幨車山東謂之裳幃或曰潼容 又[韻會]或作袩[儀禮士昏禮]婦車有裧[註]裧車裳帷 又絶也[周禮冬官考工記]弓人為弓筋之所由幨恆由此作[註]幨謂絶起也 又[廣韻][集韻][正韻] 𠀤 昌豔切音𧮫[廣韻]披衣[管子侯度篇]列大夫豹幨[註]襟謂之幨 [集韻]亦作襜憺

○康誤處 1;周禮春官][註]容為(改謂)幨車

●考證 ;謹照原文爲改謂

◆整理 ;周禮春官(주례춘관)][註(주)]의 爲(위)는 謂(위)의 착오.

◆訂正文 ;周禮春官][註]容謂幨車

▶【522-1】 字解誤謬與否;周禮春官][註]容爲(改謂)幨車 [爲(改謂)]

★이상과 같이 오류(誤謬) 수정(修訂)이 된다 하여도 위(謂; 말하다. 알리다. …라 부르다. 듯. 의미. 의의) 자전상(字典上) 폐(幣)의 본의(本義)에는 영향이 미치지 않음.

○康誤處 2;[管子侯(改揆)度篇]列大夫豹幨

●考證 ;謹照原文侯改揆

◆整理 ;[管子(관자)의 侯(후)는 揆(규)의 착오. 度篇(도편)]

◆訂正文 ;[管子揆度篇]列大夫豹幨

▶【523-2】 字解誤謬與否;[管子侯(改揆)度篇]列大夫豹幨 [侯(改揆)]

★이상과 같이 인용처(引用處)나 주소(註疏)의 오류(誤謬)를 수정(修訂)을 한다 하여도 자전상(字典上)의 첨(幨)의 본의(本義)에는 영향이 미치지 않음.

康 **幩**(분)[唐韻][集韻][正韻] 𠀤 符分切音汾[說文]馬纏鑣扇汗也[詩衞風]朱幩鑣鑣[傳]幩飾也人君以朱纏且以為飾[釋文]馬衡外鐵也一名扇汗又曰排沫 又[集韻]彼義切音賁義同或作幋 又分吻切音憤穀囊滿○按字彙附十二畫非今改正

【 오류정리 】

○康誤處 1;[詩衞風]朱幩鑣鑣[傳]幩飾也人君以朱纏且以為飾[釋文]馬衡

外鐵也一名扇汗又曰排沫(馬衡以下改爲毛傳幩飾也人君以朱纏鑣扇汗且以爲飾正義朱爲飾之物故幩爲飾)
●考證 ; 謹按馬衡以下乃鑣字註非幩字註也謹改爲毛傳幩飾也人君以朱纏鑣扇汗且以爲飾正義朱爲飾之物故幩爲飾
◆整理 ; [詩衞風(시위풍)] [釋文(석문)]의 馬衡以下(마형이하)를 毛傳幩飾也人君以朱纏鑣扇汗且以爲飾正義朱爲飾之物故幩爲飾(모전분식야인군이주전표선한차이위식정의주위식지물고분위식)으로 고침.
◆訂正文 ; [詩衞風]朱幩鑣鑣[毛傳]幩飾也人君以朱纏鑣扇汗且以爲飾正義朱爲飾之物故幩爲飾
▶【524-1】 字解誤謬與否 ; [詩衞風]朱幩鑣鑣[傳]幩飾也人君以朱纏且以爲飾[釋文]馬衡外鐵也一名扇汗又曰排沫(馬衡以下改爲毛傳幩飾也人君以朱纏鑣扇汗且以爲飾正義朱爲飾之物故幩爲飾) [馬衡外鐵也一名扇汗又曰排沫(馬衡以下改爲毛傳幩飾也人君以朱纏鑣扇汗且以爲飾正義朱爲飾之物故幩爲飾)]
★이상과 같이 오류(誤謬) 수정(修訂)이 되더라도 위풍(衞風) 본문(本文)인 주분표표(朱幩鑣鑣; 붉은 끈을 감은 재갈 장식이 아름답다)를 모전(毛傳)에서 幩飾也人君以朱纏鑣扇汗且以爲飾正義朱爲飾之物故幩爲飾이라 자세하게 풀어 놓았을 뿐으로 역시 자전상(字典上) 분(幩)의 본의(本義)에 직접 영향이 미치게 됨.

巾部 十四畫

康幬(주)[唐韻]直由切[集韻][韻會]陳留切[正韻]除留切[正韻]除留切𣐀 音儔[說文]禪帳也[爾雅釋器]幬謂之帳[註]今江東亦謂帳爲幬[宋玉神女賦]寒余幬而請御願盡心之惓惓 又車

帷也[史記禮書]大路之素幬也[註]索隱曰謂車蓋以素帷 又[類篇]幔轂之革也[周禮冬官考工記]欲其幬之廉也 又[廣韻]徒到切[集韻][韻會]大到切[正韻]杜到切𣐀音導[廣雅]幬覆也[禮中庸]辟如天地之無不持載無不覆幬 又[韻會][正韻] 𣐀 徒刀切音陶義同 又[集韻][韻會] 𣐀 重株切音廚[丁廙寡婦賦]靜閉門以却掃魂孤𤕩以窮居刷朱扉以白塈易玄帳以素幬

【 오류정리 】

○康誤處 1; [爾雅釋器(改釋訓)]幬謂之帳
●考證 ; 謹照原書釋器改釋訓
◆整理 ; [爾雅(이아)의 釋器(석기)는 釋訓(석훈)의] 착오.
◆訂正文 ; [爾雅釋訓]幬謂之帳
▶【525-1】 字解誤謬與否 ; [爾雅釋器(改釋訓)]幬謂之帳 [釋器(改釋訓)]
★이상과 같이 인용처(引用處)나 주소(註疏)의 오류(誤謬)를 수정(修訂)을 한다 하여도 자전상(字典上)의 주(幬)의 본의(本義)에는 영향이 미치지 않음.

巾部 十八畫

康幭(쌍)[集韻]疎江切音雙與艭同棒艭木張帆也或从巾通作䈿雙

【 오류정리 】

○康誤處 1; [集韻]木(改未)張帆也
●考證 ; 謹照原文木改未
◆整理 ; [集韻(집운)]의 木(목)은 未(미)의 착오.
◆訂正文 ; [集韻]未張帆也
▶【526-1】 字解誤謬與否 ; [集韻]木(改未)張帆也 [木(改未)]
★이상과 같이 오류(誤謬) 수정(修訂)이 되면 봉쌍(棒艭)은 미장범(未張帆; 펼치지 않은 돛. 접힌 돛)이라 하였

으니 자전상(字典上) 쌍(欓)의 본의
(本義)에 직접 영향이 미치게 됨.

字典寅集下考證

干部

⬡干(간)[唐韻]古寒切[集韻][韻
會]居寒切⿱音竿[說文]干犯也[左傳
文四年]其敢干大禮以自取戾[晉書衛
玠傳]非意相干可以理遣　　又[爾雅釋
言]干求也[書大禹謨]罔違道以干百姓
之譽[論語]子張學干祿　　又盾也[揚子
方言]盾自關而東或謂之瞂或謂之干關
西謂之盾[書大禹謨]舞干羽于兩階[詩
大雅]干戈戚揚　　又司干官名[周禮春
官]司干掌舞器　　又[爾雅釋言]干扞也
[註]相扞衞[疏]孫炎曰干盾自蔽扞[詩
周南]公侯干城[疏]干城者言以武夫自
固爲扞蔽如盾爲防守如城然　　又簡也
[詩小雅]秩秩斯干[傳]干簡也　　又水
涯也[易漸卦]鴻漸于干[註]干謂大水
之旁故停水處者[詩魏風]寘之河之干
兮[傳]干厓也　　又國郊曰干[詩邶風]出
宿于干[傳]干言國郊也　　又[韻會]若
干數未定之辭猶言幾許也[禮曲禮]問
天子之年對曰聞之始服衣若干尺矣[前
漢食貨志]或用輕錢百加若干[註]師古
曰若干且設數之言也干猶箇也謂當如
此箇數耳　　又自甲至癸爲天干[皇極經
世]十干天也十二支地也支干配天地之
用也[皇極內篇]十爲干十二爲支十干
者五行有陰陽也十二支者六氣有剛柔
也　　又闌干橫斜貌[古樂府善哉行]月
沒參橫北斗闌干　　又[韻會]闌板閒曰
闌干[李白清平調]沉香亭北倚闌干
又[韻會]目眶謂之闌干[正韻]闌干
淚流貌[談藪]王元景使梁劉孝綽送別
泣下元景無淚謝曰別後當闌干[白居易
詩]玉容寂寞淚欄干　　又蘭干紵也[後
漢哀牢國傳]蘭干細布織成文章如綾錦
[華陽國志]蘭干獠言紵也　　又干將劍

名[吳越春秋]干將者吳人也莫邪干將
之妻也干將作劍莫邪斷髮翦爪投于爐
中金鐵乃濡遂以成劍陽曰干將陰曰莫
邪　　又干遮曲名[司馬相如子虛賦]淮
南干遮[註]干遮曲名也　　又射干木名
[荀子勸學篇]西方有木名曰射干　　又
草名[本草圖經]射干花白莖長如射人
之執干[後漢陳寵傳]陽氣始萌十一月
有蘭射干芸茘之應　　又獸名[司馬相如
子虛賦]騰遠射干[註]射干似狐能緣木
又野干亦獸名[法華經]野干體瘦無目
爲諸童子摘擲受諸苦痛　　又發干蘭干
餘干⿱縣名[後漢郡國志]東郡有發　干
縣漢陽郡有蘭干縣[隋書地理志]鄱陽
郡有餘干縣　　又長干地名[左思吳都
賦]長干延屬[註]建業南五里有山岡其
閒平地吏民雜居東長干中有大長干小
長干皆相連地有長短故號大小長干韓
詩曰考盤在干地下而黃曰干　　又姓[左
傳昭二十一年]宋有干犫[劉向別錄]有
干長著天下忠臣九篇又段干干己甹複
姓[史記老子傳]老子之子名宗爲魏將
封於段干[註]段干應是魏邑名而魏世
家有段干木段干子田完世家有段干朋
疑此三人是姓段干也本蓋因邑爲姓[何
氏姓苑]漢有干已衍爲京兆尹　　又[集
韻]居案切音旰扞也[詩周南]公侯干城
沈重讀　　又[篇韻]音寒國名[淮南子道
應訓]荆有佽飛得寶劍於干隊[註]干國
在今臨淄出寶劍　　又[韻會]通作奸[前
漢劉向傳]數奸死亡之誅　　又通作忓干
預也[唐書萬壽公主傳]無忓時事　　又
[韻會]通作竿[後漢董卓傳]乘金華靑
蓋瓜畫兩轓時人號竿摩車言其服飾近
天子也[註]竿摩謂相逼近也今俗以事
干人者謂之相竿摩　　又與矸通[集韻]
矸石也或省作干　　又與豻通[類篇]豻
或作干[儀禮大射儀]量人量侯道干五
十[註]干讀豻豻侯者豻鵠豻飾也　　又
古與乾通[初月帖]淡悶干嘔楊愼曰淡

古淡液之淡干古干溼之干今以淡作痰
干作乾非也　又叶經天切音堅[黃庭
經]回紫抱黃入丹田漱嚥靈液災不干

【 오류정리 】

○康誤處 1;[韻會]闌板(改楯)閒曰闌
干

●考證 ; 謹照原文板改楯

◆整理 ;[韻會(운회)]의 板(판)은 楯
(순)의 착오.

◆訂正文 ;[韻會]闌楯閒曰闌干

▶【527-1】 字解誤謬與否 ;[韻會]
闌板(改楯)閒曰闌干　[板(改楯)]

★이상과 같이 오류(誤謬) 수정(修訂)
이 되면 란순한왈란간(闌楯閒曰 闌干
; 난간. 북두성 눈물이 뚝뚝(줄줄) 떨
어지다)이니 자전상(字典上) 간(干)의
본의(本義)에 직접 영향이 미치게 됨.

干部 三畫

㉭年(년)[唐韻][廣韻]奴顚切[集
韻][類篇][韻會]寧顚切[正韻]寧田切
𡘋 撚平聲[說文]本作秊穀熟也从禾千
聲[春秋桓三年]有年[穀梁傳五穀皆熟
爲有年][宣十六年]大有年][穀梁傳]五
穀大熟爲大有年　又歲也[爾雅釋天]
夏曰歲商曰祀周曰年唐虞曰載[註]歲
取星行一次祀取四時一終年取禾一熟
載取物終更始[疏]年者禾熟之名每歲
一熟故以爲歲名[周禮春官]正歲年以
序事[註]中數曰歲朔數曰年[疏]一年
之內有二十四氣節氣在前中氣在後節
氣一名朔氣中氣帀則爲歲朔氣帀則爲
年[左傳宣三年]卜年七百　又齒也[釋
名]年進也進而前也[禮王制]凡三王養
老皆引年[註]引年挍年也[左傳定四
年]武王之母弟八人周公爲太宰康叔爲
司寇𣧑季爲司空五叔無官豈尙年哉
[註]言以德爲輕重而不以齒爲先後也
　　又姓[萬姓統譜]永樂中有年當懷遠
人歷官戶部尙書　又叶禰因切音民[前

漢敘傳]封禪郊祀登秩百神協律改正享
茲永年[崔駰襪銘]長履景福至於億年
皇靈旣佑祉祿來臻　又[集韻]乃定切
音佞人名[公羊傳襄三十年]年夫[釋
文]年音佞二傳作佞夫　[集韻]亦書作
秆唐武后作𠡦

【 오류정리 】

○康誤處 1;又叶禰因切音民(改紉)

●考證 ; 謹按禰因切非民字之音謹照
音義民改紉

◆整理 ; 禰因切(니인절)을 音(음)은
民(민)이 아니라 紉(닌)임.

◆訂正文 ; 又叶禰因切音紉

▶【528-1】 字解誤謬與否 ; 又叶禰
因切音民(改紉)　[民(改紉)]

★이상과 같이 오류(誤謬) 수정(修訂)
이 된다 하여도 음(音)의 고침으로
자전상(字典上) 년(年)의 본의(本義)
에는 영향이 미치지 않음.

干部 五畫

㉭幷(병)[唐韻]府盈切[集韻][韻
會]卑盈切[正韻]補明切𡘋餠平聲[說
文]本作𡴏从二人幵聲一曰从持二干爲
𡴏隸作幷相从也[周禮冬官考工記]輿
人爲車凡居材大與小無幷[註]幷謂偏
邪相就也　又[廣韻]幷合也[謝靈運初
去郡詩]廬園當巖栖卑位代躬耕顧己雖
自許心迹猶未幷　又[玉篇]幷兼也同
也　　又州名[書舜典]肇有十二州[註]
舜分冀州爲幽州幷州[廣韻]春秋時爲
晉國後屬趙秦爲太原郡魏復置幷州[韻
會]唐爲太原府　又姓[廣韻]出姓苑
[萬姓統譜]幷韶有文藻吏部以幷姓無
先賢下其選格　又[廣韻][集韻][韻
會]卑正切[正韻]陂病切𡘋餠去聲[廣
韻]幷專也[禮檀弓]趙文子曰陽處父行
幷植於國[註]幷猶專也謂剛而專己[釋
文]幷必正反　又與倂同[集韻]倂或省
作幷[賈誼過秦論]幷吞八荒[謝靈運擬

鄴中詩序]天下良辰美景賞心樂事四者
難幷　　又[韻會]與併通[莊子天運篇]
至貴國爵幷焉[註]幷棄除也　　又叶卑
陽切音旁[張籍祭韓愈詩]偶有賈秀士
來茲亦同幷移船入南溪東西縱篙棍

【 오류정리 】

○康誤處 1; [書舜典]肇有十(改十有)
二州

●考證 ; 謹照原文有十改十有

◆整理 ; [書舜典(서순전)]의 有十(유
십)은 十有(십유)의 착오.

◆訂正文 ; [書舜典]肇十有二州

▶【529-1】 字解誤謬與否 ; [書舜
典]肇有十(改十有)二州　[有十(改十
有)]

★이상과 같이 오류(誤謬) 수정(修訂)
이 된다 하여도 전후(前後) 자순(字
順)을 바르게 고쳤을뿐이니 자전상
(字典上) 병(幷)의 본의(本義)에는 영
향이 미치지 않음.

幺 部 六畫

(康)幽(유)[唐韻][集韻]於虯切[韻
會]幺虯切[正韻]於尤切𢆶音呦[說文]
幽隱也[易履卦]幽人貞吉[疏]幽隱之
人守道貞吉[禮儒行]幽居而不淫[疏]
君子雖復隱處常自修整不傾邪也[後漢
章帝章和元年詔]光熙六幽[註]謂六合
幽隱之處也　　又[爾雅釋詁]幽微也
[疏]幽者深微也[史記樂書]極幽而不
隱　　又[玉篇]幽深遠也[易繫辭]无有
遠近幽深[疏]言易之告人无問遠之與
近及幽遼深遠之處皆告之也[詩小雅]
幽幽南山[註]幽幽深遠也　　又[玉篇]
幽不明[正韻]幽闇也[書舜典]黜陟幽
明[註]黜退其幽者升進其明者[禮檀
弓]望及諸幽求諸鬼神之道也[註]鬼神
處幽闇　　又[正韻]幽囚也[史記太史公
自序]幽於縲絏[楊惲報孫會宗書]身幽
北闕　　又州名[書舜典]肇十有二州

[傳]禹治水之後舜分冀州爲幽州幷州
[爾雅釋地]燕曰幽州[疏]燕其氣深要
厥性剽疾故曰幽幽要也　　又地名[左傳
莊十六年]同盟于幽[註]幽宋地　　又國
名[山海經]大荒之中有思幽之國思士
不妻思女不夫[註]言其人直思感而氣
通無配合而生子　　又姓[廣韻]出姓苑
　　又與黝通[集韻]黝或作幽[禮玉藻]
一命縕紱幽衡再命赤紱幽衡[註]幽讀
爲黝黑之黝　　又叶於交切音窔[道藏
歌]迴舞太空嶺六氣運重幽我際豈能窮
使爾終不彫又[詩小雅]隰桑有阿其葉
有幽旣見君子德音孔膠[傳]幽黑色

【 오류정리 】

○康誤處 1; [禮檀弓]望及(改反)諸幽
求諸鬼神之道也

●考證 ; 謹照原文及改反

◆整理 ; [禮檀弓(예단궁)]의 及(급)
은 反(반)의 착오.

◆訂正文 ; [禮檀弓]望反諸幽求諸鬼
神之道也

▶【530-1】 字解誤謬與否 ; [禮檀
弓]望及(改反)諸幽求諸鬼神之道也
[及(改反)]

★이상과 같이 오류(誤謬) 수정(修訂)
이 된다 하여도 망반제유(望反諸幽;
저승에서 되돌아오기를 바람)는 자전
상(字典上) 유(幽)의 본의(本義)에 영
향이 간접으로 미치게 됨.

广 部 六畫

(康)庢(질)[唐韻][集韻][韻會]𢆶陟
栗切音窒[說文]礙止也[枚乘七發]發
怒庢沓[註]言初發怒礙止而涌沸　　又
[廣韻]縣名在京兆[寰宇記]山曲曰嶅
水曲曰庢○按前漢地理志作厔

【 오류정리 】

○康誤處 1; [寰宇記]山曲曰嶅(改嶅)
水曲曰庢

●考證 ; 謹照原文𡽱改𡾲
◆整理 ; [寰宇記(환우기)]의 𡽱(려)는 𡽱(주)의 착오.
◆訂正文 ; [寰宇記]山曲曰𡾲水曲曰厓
▶【531-1】 字解誤謬與否 ; [寰宇記]山曲曰𡽱(改𡾲)水曲曰厓 [𡽱(改𡾲)]
★이상과 같이 오류(誤謬) 수정(修訂)이 된다 하여도 산곡왈주(山曲曰𡾲; 산 굽이를 주(𡾲)라 이른다)는 자전상(字典上) 질(厓)의 본의(本義)에는 영향이 미치지 않음.

康庥(휴)[唐韻]許尤切[集韻][韻會][正韻]虛尤切𡘋音休[爾雅釋言]庥庇蔭也[註]今俗呼樹蔭爲庥[疏]庥依止也 又叶匈于切音虛[韓愈鄆州谿堂詩]公在中流石詩左書無我斁遺此邦是庥 [集韻]或作茠

【 오류정리 】

○康誤處 1; [爾雅釋言]庥庇(改庇庥)蔭也
●考證 ; 謹照原文庥庇改庇庥
◆整理 ; [爾雅釋言(이아석언)]의 庥庇(휴비)는 庇庥(비휴)의 착오
◆訂正文 ; [爾雅釋言]庇庥蔭也
▶【532-1】 字解誤謬與否 ; [爾雅釋言]庥庇(改庇庥)蔭也 [庥庇(改庇庥)]
★이상과 같이 오류(誤謬) 수정(修訂)이 되면 비휴(庇庥; 보살피다. 비호하다)인데 자전상(字典上) 휴(庥)의 본의(本義)에는 적극 영향이 미치게 됨.

康度(도)[唐韻][集韻][韻會]徒故切[正韻]獨故切𡘋音渡[說文]法制也从又庶省聲[徐曰]又手也布指知尺舒肱知尋故从手[書舜典]同律度量衡[傳]度丈尺也[前漢律歷志]度者分寸丈尺引也所以度長短也本起於 黃鐘之長以子穀秬黍中者一黍之廣度之九十分黃鐘之長一爲一分十分爲寸十寸爲尺十尺爲丈十丈爲引而五度審矣 又躔度[書堯典疏]周天三百六十五度日行一度月行十三度[禮樂記]百度得數而有常[註]百度百刻也言日月晝夜不失正也 又殳也[周禮地官司市]胥執鞭度[註]度殳也[疏]因刻丈尺則爲度 又法度[易節卦]節以制度[禮仲尼燕居]制度在禮 又度量[前漢高帝紀]常有大度 又風度[唐書張九齡傳]風度能若九齡乎 又初度[屈原離騷]皇覽揆予於初度[註]初生年時也 又姓[廣韻]出後漢荊州刺史度尚 又縣度山名[前漢西域傳]縣度者石也谿谷不通以繩相引而度 又古度樹名[左思吳都賦]松梓古度 又[玉篇]與渡通過也[前漢賈誼傳]猶度江河亡維楫 又[廣韻]徒落切音鐸[爾雅釋詁]謀也[詩小雅]周爰咨度[左傳襄四年]咨親爲詢咨禮爲度 又[諡法]心能制義曰度 又投土於版也[詩大雅]度之薨薨[箋]度猶投也 又度支官名[唐書百官志]度支掌天下租賦物產豐約之宜水陸道途之利歲計所出而支調之

【 오류정리 】

○康誤處 1; [前漢律歷志]度者分寸丈尺(改尺丈)引也
●考證 ; 謹照原文丈尺改尺丈
◆整理 ; [前漢律歷志(전한율력지)]의 丈尺(장척)은 尺丈(척장)의 착오.
◆訂正文 ; [前漢律歷志]度者分寸尺丈引也
▶【533-1】 字解誤謬與否 ; [前漢律歷志]度者分寸丈尺(改尺丈)引也 [丈尺(改尺丈)]
★이상과 같이 오류(誤謬) 수정(修訂)이 된다면 도자(度者; 尺 자)란 분촌척장(分寸尺丈; 십분일촌(十分一寸)

십촌일척(十寸一尺) 십척일장(十尺一
丈))짧고 길의 표시이니 자전상(字典
上) 도(度; 尺)의 본의(本義)에 적극
영향이 미치게 됨.

○康誤處 2; [前漢西域傳]縣度者石也
(改縣度石山也)
●考證 ; 謹照原文改縣度石山也
◆整理 ; [前漢西域傳(전한서역전)]의
縣度者石也(현도자석야)는 縣度石山
也(현도석산야)의 착오.
◆訂正文 ; [前漢西域傳]縣度石山也
▶【534-2】 字解誤謬與否 ; [前漢
西域傳]縣度者石也(改縣度石山也)
★이상과 같이 오류(誤謬)가 수정(修
訂)되면 현도(縣度)는 석산(石山)이다
라 바르게 잡혔으니 자전상(字典上)
도(度)의 본의(本義)에 직접 영향이
미치게 됨.

广 部 七畫

⑤庭(정)[唐韻]特丁切[集韻][韻
會][正韻]唐丁切𠀤音亭[說文]宮中也
[玉篇]庭堂階前也[易節卦]不出戶庭
无咎[周禮天官閽人]掌埽門庭 又官
名[周禮秋官]庭氏[註]射天鳥令國中淸
潔如庭者也 又[爾雅釋詁]直也[疏]
庭條直也[詩小雅]播厥百穀旣庭且碩
又州名[唐書地理志]庭州貞觀十四年
置長安二年爲北庭都護府有後庭縣[廣
韻]卽漢車師後王庭之地本烏孫國土其
前王庭卽交河縣也 又天庭星名[石氏
星傳]龍星左角曰天田右角曰天庭 又
洞庭湖名[楚辭九歌]洞庭波兮木葉下
又山名[前漢地理志]太湖中有包山山
下有洞庭穴道潛行水底去無所不通號
爲地脉 又山庭[任昉王文憲集序]山
庭異表[註]論語摘輔像曰子貢山庭斗
繞口謂面有山庭言山在中鼻高有異相
也 又[集韻]他定切音聽[增韻]逕庭

隔遠貌[莊子逍遙遊]大有逕庭 又叶
徒陽切音近長[韓愈此日足可惜詩]馳辭
對我策章句何煌煌禮終樂亦関相拜送
於庭

【 오류정리 】

○康誤處 1; [周禮秋官]庭氏[註]射天
(改夭)鳥令國中淸潔如庭者也
●考證 ; 謹照原文天改夭
◆整理 ; [周禮秋官(주례추관)]의 天
(천)은 夭(요)의 착오.
◆訂正文 ; [周禮秋官]庭氏[註]射夭
鳥令國中淸潔如庭者也
▶【535-1】 字解誤謬與否 ; [周禮
秋官]庭氏[註]射天(改夭)鳥令國中淸
潔如庭者也 [天(改夭)]
★이상과 같이 오류(誤謬) 수정(修訂)
이 된다 하여도 요조(夭鳥; 불길한
새. 흉조. 요조)는 자전상(字典上)
정(庭)의 본의(本義)에는 영향이 미치
지 않음.

○康誤處 2; [韓愈此日足可惜詩]馳辭
對我策章句何煌煌(改煒煌)
●考證 ; 謹照原詩煌煌改煒煌
◆整理 ; [韓愈此日足可惜詩(한유차일
족가석시)]의 煌煌(황황)은 煒煌(휘
황)의 착오.
◆訂正文 ; [韓愈此日足可惜詩]馳辭
對我策章句何煒煌
▶【536-2】 字解誤謬與否 ; [韓愈
此日足可惜詩]馳辭對我策章句何煌煌
(改煒煌) [煌煌(改煒煌)]
★이상과 같이 오류(誤謬) 수정(修訂)
이 된다 하여도 위황(煒煌; 빛나고
휘황찬란하다)은 자전상(字典上) 정
(庭)의 본의(本義)에는 영향이 미치지
않음.

广 部 八畫

⑤康(강)[唐韻]苦岡切[集韻][韻
會][正韻]丘岡切𠀤音穅[爾雅釋詁]樂

也[詩唐風]無已大康又[周頌] 迄用康年　又[爾雅釋詁]康安也[書益稷]庶事康哉又[洪範]五福三曰康寧　又[爾雅釋宮]五達謂之康六達謂之莊[疏]孫炎曰康樂也交會樂道也[釋名]五達曰康康昌也昌盛也車步幷列並用之言充盛也[列子仲尼篇]堯遊於康衢[史記騶衍傳]爲列第康莊之衢　又[易晉卦]康侯用錫馬蕃庶[註]康美之名也　又[禮祭統]康周公[註]康猶襃大也　又[諡法]淵源流通曰康溫柔好樂曰康令民安樂曰康　又國名[書康誥疏]命康叔之誥管蔡郕霍皆國名則康亦國名在圻內又[前漢西域傳]康居國東與烏弋山離西與條支接　又州名[唐書地理志]康州析端州之端溪置　又姓[廣韻]衞康叔之後　又[爾雅釋器]康瓠謂之甈[註]瓠壺也[賈誼懷沙賦]寶康瓠　又與穅通[說文]穅或省作康　又與濂通[爾雅釋詁]濂虛也[詩小雅]酌彼康爵[箋]康空也濂康音義同　又[集韻]苦浪切音抗[禮明堂位]崇坫康圭[註]康讀爲亢[疏]亢舉也

【 오류정리 】

○康誤處 1; [前漢西域傳]康居國東與烏弋山離西與條支接(改爲安息國王治番兜城北與康居接)

●考證 ; 謹照原文改爲安息國王治番兜城北與康居接

◆整理 ; [前漢西域傳(전한서역전)]의 康居國東與烏弋山離西與條支接(강거국동여오과산리서여조지접)은 安息國王治番兜城北與康居接(안식국왕치번두성북여강거접)으로 고침.

◆訂正文 ; [前漢西域傳]安息國王治番兜城北與康居接

▶ 【537-1】 字解誤謬與否 ; [前漢西域傳]康居國東與烏弋山離西與條支接(改爲安息國王治番兜城北與康居接)

★이상과 같이 오류(誤謬) 수정(修訂)

이 되면 ○안식국(安息國; 파르티아 북부 이란 지방에 있었던 옛 나라, Parthia)은 ○왕치번두성(王治番兜城; 왕이 번두성(番兜城)에서 다스리다) ○북여(北與; 북으로는 ○강거접(康居接; 중국(中國) 한(漢), 위(衛) 시대(時代)에 중앙(中央) 아시아 키르기즈 草原을 中心으로 한 터키계遊牧民族의 나라)과 접하고 있다)은 자전상(字典上) 강(康)의 본의(本義)에는 국명(國名; 강거국(康居國))으로 직접 영향이 미치게 됨.

○康誤處 2; [賈誼懷沙賦(改弔屈原賦)]

●考證 ; 謹照原文懷沙賦改弔屈原賦

◆整理 ; [賈誼(가의)의 懷沙賦(회사부)는 弔屈原賦(조굴원부)의] 착오.

◆訂正文 ; [賈誼弔屈原賦]

▶ 【538-2】 字解誤謬與否 ; [賈誼懷沙賦(改弔屈原賦)] [懷沙賦(改弔屈原賦)]

★이상과 같이 인용처(引用處)나 주소(註疏)의 오류(誤謬)를 수정(修訂)을 한다 하여도 자전상(字典上)의 강(康)의 본의(本義)에는 영향이 미치지 않음.

(康) 庸(용)[唐韻][廣韻]余封切[集韻][類篇][韻會]餘封切坴音容[說文]庸用也[書堯典]疇咨若時登庸[傳]將登用之[莊子齊物論]爲是不用而寓諸庸庸也者用也用也者通也　又[爾雅釋詁]常也[易乾卦]庸言之信庸行之謹[書皐陶謨]自我五禮有庸哉[傳]用我五等之禮接之使有常　又[玉篇]功也[書舜典]有能奮庸熙帝之載使宅百揆[傳]庸功也[晉語]無功庸者不敢居高位[註]國功曰功民功曰庸[周禮天官大宰]以八統詔王馭萬民五曰保庸[註]安有功者又[地官大司徒]以庸制祿則民興功　又[爾雅釋詁]勞也[疏]

謂勞苦又[釋訓]庸庸勞也[疏]有功庸
者皆勞也[詩王風]我生之初尙無庸
[箋]庸勞也　　　又[廣韻]和也[禮中庸
疏]以其記中和之爲用也　　又[集韻]愚
也[史記周勃傳]才能不過凡庸　　又豈
也[左傳莊十四年]庸非貳乎[前漢文帝
紀]賜尉佗書雖王之國庸獨利乎　　又租
庸賦法[唐書食貨志]用民之力歲二十
日閏加二日不役者日爲絹三尺謂之庸
　　又水庸[禮郊特牲]祭坊與水庸事也
[註]水庸溝也[疏]坊者所以畜水亦以
鄣水庸者所以受水亦以泄水　　又國名
[左傳文十六年]楚滅庸[註]庸今上庸
縣屬楚之小國　　又庸浦地名[左傳襄十
三年]戰于庸浦　　又姓[姓譜]庸國子孫
以姓爲氏[前漢儒林傳]膠東庸生　　<u>又
與鄘通[前漢地理志]遷邶鄘之名於雒邑
故邶鄘衞三國之詩相與同風</u>○按毛詩作
鄘　　又與墉通[詩大雅]因是謝人以作
爾庸[註]庸城也[禮王制]附于諸侯曰
附庸[註]附庸小城也　　又與傭通<u>[前漢
欒布傳]窮困賣庸與齊</u>[註]師古曰謂庸
作受顧也[司馬相如傳]與庸保雜作
[註]師古曰庸卽謂賃作者保謂庸之可
信任者也　　又與鏞通[詩商頌]庸鼓有
斁[傳]大鐘曰庸　　又叶于方切音央[陳
琳車渠梡賦]廉而不劌婉而成章德兼聖
哲行應中庸

【 오류정리 】

○康誤處 1; 又與鄘通[前漢地理志]遷
邶鄘(改庸)之名(改民)於雒邑故邶鄘
(改庸)衞三國之詩相與同風
●考證 ; 謹照原文兩鄘字坐改庸名改
民
◆整理 ; 又與(우여) 鄘(용)은 庸(용),
名(명)은 民(민), 邶(패) 鄘(용)은 庸
(용)의 착오.
◆訂正文 ; 又與鄘通　[前漢地理志]
遷邶庸之民於雒邑故邶庸衞三國之詩
相與同風

▶ 【539-1】 字解誤謬與否 ; 又與鄘
(改庸)通　[前漢地理志]遷邶鄘(改庸)
之名(改民)於雒邑故邶鄘(改庸)
衞三國之詩相與同風　[鄘(改庸)] [名(改民)]
[鄘(改庸)]
★이상과 같이 오류(誤謬) 수정(修訂)
이 된다 하여도 패[邶; 춘추(春秋)
시대의 나라 이름. 지금의 하남성(河
南省) 탕음(湯陰)현 남쪽에 있었음.
당시 주성 북쪽에 있었고]와 용(庸;
주성 남쪽이 있던 나라) [漢書地理志
]故邶庸衞三國之詩相與同 [說文解字
註]使管叔蔡叔霍叔尹而敎之自紂城而
北謂之邶南謂之庸東謂之衞는 자전상
(字典上) 용(庸)의 본의(本義)에 국명
(國名)으로 집접 영향이 미치게 됨.

○康誤處 2; [前漢欒布傳]窮困賣庸與
(改於)齊
●考證 ; 謹照原文與改於
◆整理 ; [前漢欒布傳(전한란포전)]의
與(여)는 於(어)의 착오.
◆訂正文 ; [前漢欒布傳]窮困賣庸於
齊

▶ 【540-2】 字解誤謬與否 ; [前漢
欒布傳]窮困賣庸與(改於)齊　[與(改
於)]
★이상과 같이 오류(誤謬) 수정(修訂)
이 된다 하여도 어(於; 어조사(語助
辭). 기대다. 따르다. 가다. 있다)는
자전상(字典上) 용(庸)의 본의(本義)
에는 영향이 미치지 않음.

广 部　九畫

康庾(유)[唐韻]以主切[集韻][韻
會]勇主切坐音窳[說文]水槽倉也一曰
倉無屋者[釋名]庾裕也言盈裕也露積
之言也盈裕不可稱受所以露積之也[詩
小雅]曾孫之庾[傳]露積曰庾[周語]野
有庾積[史記文帝紀]發倉庾[註]在邑

曰倉在野曰庾 又星名[隋書天文志]天倉西南四星曰天庾積儲粟之所也 又量名與斞通[周禮冬官陶人]庾實二觳厚半寸脣寸[左傳昭二十六年]粟五千庾[註]庾十六斗 又[韻會]大庾嶺名五嶺之東者亦曰東嶠 又姓[廣韻]出穎川新野二望本自堯時爲庾大夫因氏焉 又弓名與臾通[周禮冬官考工記]弓人往體多來體寡謂之夾臾之屬 [註]臾音庾字亦作庾來庾之弓合五而成規 又與蕍通[集韻]蕍或省作庾

【 오류정리 】

○康誤處 1; [周禮冬官考工記]弓人往體多來體寡謂之夾臾之屬[註]臾音庾字亦作庾來庾之弓合五而成規(將註字以下改爲釋文音庾註作庾云夾庾之弓合五而成規)

●考證 ; 謹照原文將註字以下改爲釋文音庾註作庾云夾庾之弓合五而成規

◆整理 ; [周禮冬官考工記(주례동관고공기)]의 [註(주)]이하 臾音庾字亦作庾來庾之弓合五而成規(유음유자역작유래유지궁합오이성규)를 釋文音庾註作庾云夾庾之弓合五而成規(석문음유주작유운협유지궁합오이성규)로 고침.

◈訂正文 ; [周禮冬官考工記]弓人往體多來體寡謂之夾臾之屬[註]釋文音庾註作庾云夾庾之弓合五而成規

▶【541-1】 字解誤謬與否 ; [周禮冬官考工記]弓人往體多來體寡謂之夾臾之屬[註]臾音庾字亦作庾來庾之弓合五而成規(將註字以下改爲釋文音庾註作庾云夾庾之弓合五而成規) [[註]臾音庾字亦作庾來庾之弓合五而成規(將註字以下改爲釋文音庾註作庾云夾庾之弓合五而成規)]

★이상과 같이 인용처(引用處)나 주소(註疏) 등(等)과 유(庾; 잠시. 잠깐. 약한 활. 기름지다)가 삭제(削除)된다 하여도 자전상(字典上) 유(庾)의 본의(本義)에는 영향이 미치지 않음.

广部 十畫

㊗廈(하)[唐韻]胡雅切[集韻][韻會][正韻]亥雅切𢘑音夏[說文]屋也[玉篇]門之廡也 又[韻會]通作夏[禮檀弓]見若覆夏屋者矣[註]今之門廡旁廣而卑 又[集韻]大屋[糖太宗登三臺詩]所欣成大廈

【 오류정리 】

○康誤處 1; [玉篇]門之廡也(改今之門廡也)

●考證 ; 謹照原文改今之門廡也

◆整理 ; [玉篇(옥편)]의 門之廡也(문지무야)는 今之門廡也(금지문무야)의 착오.

◈訂正文 ; [玉篇]今之門廡也

▶【542-1】 字解誤謬與否 ; [玉篇]門之廡也(改今之門廡也) [門之廡也(改今之門廡也)]

★이상과 같이 오류(誤謬) 수정(修訂)이 되면 금지문무야(今之門廡也; 문의 좌우에 붙은 길게 굽은 회랑)인데 자전상(字典上) 하(廈)의 본의(本義)에 영향이 미치지 않음.

广部 十一畫

㊗廐(구)[唐韻][集韻][韻會][正韻]𢘑居又切音救[說文]馬舍也[釋名]廐勼也勼聚也生馬之所聚也[周禮夏官校人]三乘爲皁三皁爲繫六繫爲廐六廐成校[註]自乘至廐其數二百一十六匹[詩小雅]乘馬在廐 又官名[左傳襄十五年]養由基爲官廐[昭二十七年]左尹與中廐尹[唐書百官志]典廐署令掌飼牛馬給養雜畜 又姓[姓考]楚令尹子文曾孫弃疾爲廐尹因氏

【 오류정리 】

○康誤處 1;[左傳襄十五年]養由基爲官(改宮)廐(下增尹字)

●考證 ;謹照原文官改宮廐下增尹字

◆整理 ;[左傳襄十五年(좌전양십오년)]의 官(관)은 宮(궁)의 착오이며, 廐(구)에 이어 尹字(윤자)를 덧붙임.

◆訂正文 ;[左傳襄十五年]養由基爲宮廐尹

▶【543-1】 字解誤謬與否 ;[左傳襄十五年]養由基爲官(改宮)廐(下增尹字) [官(改宮)] [廐(下增尹字)]

★이상과 같이 오류(誤謬) 수정(修訂)이 되면 관(官)이 궁(宮)으로 고쳐지고 궁구(宮廐; 궁내(宮內) 마구간)에 윤(尹)을 덧붙이면 마구간을 관장하는 벼슬명이 되니 자전상(字典上) 구(廐)의 본의(本義)에 영향이 직접 미치게 됨.

廓(곽)[廣韻][正韻]苦郭切[集韻][韻會]闊鑊切㗊音霩[爾雅釋詁]大也[詩大雅]上帝耆之憎其式廓[吳志周瑜傳]性度恢廓 又[說文]空也[前漢東方朔傳]今世之處士魁然無徒廓然獨居 又[集韻]開也[揚子方言]張小使大謂之廓[荀子狹隘篇]褊小則廓之以廣大[後漢班勇傳]廓開朝廷之德 又[集韻]或作郭[韓愈徐偃王廟碑]堅嶠之後達夫郭之 又劒削曰廓[揚子方言]劒削自關而東或謂之廓或謂之削 又州名[廣韻]廓州漢西羌地前涼湟河郡周爲廓州

【 오류정리 】

○康誤處 1;[荀子狹隘(改荀子狹隘)篇]褊小則廓之以廣大

●考證 ;謹照原文改荀子狹隘褊小則廓之以廣大

◆整理 ;;[荀子(순자) 狹(적)은 狹(협)의] 착오.

◆訂正文 ;[荀子狹隘篇]褊小則廓之

以廣大

▶【544-1】 字解誤謬與否 ;[荀子狹隘(改荀子狹隘)篇]褊小則廓之以廣大 [荀子狹隘(改荀子狹隘)]

★이상과 같이 인용처(引用處)나 주소(註疏)의 오류(誤謬)를 수정(修訂)을 한다 하여도 자전상(字典上)의 곽(廓)의 본의(本義)에는 영향이 미치지 않음.

广 部 十二畫

廡(무)[唐韻]文甫切[集韻]罔武切[韻會]罔甫切㗊無上聲[說文]堂下周屋[釋名]大屋曰廡廡幠也幠覆也幷冀人謂之庌[前漢竇嬰傳]陳賜金廊廡下[註]廡門屋也 又[集韻]微夫切音無蕃廡草木盛貌[書洪範]庶草蕃廡 又讀上聲[晉語]詩曰黍不爲黍不能蕃廡[註]廡音武 又與甒通[儀禮士喪禮]甒禮在服[註]古文甒作廡

【 오류정리 】

○康誤處 1;[儀禮士喪禮]甒禮在服(改士冠禮側尊一甒)

●考證 ;謹按此出士冠禮原文側尊一甒爲句醴爲句在服北爲句非以甒禮在服爲句也謹照原文改士冠禮側尊一甒

◆整理 ;[儀禮(의례)의 士喪禮(사상례)]甒禮在服(무례재복)은 士冠禮(사관례) 側尊一甒(측존일무)로 고침.

◆訂正文 ;[儀禮士喪禮]士冠禮側尊一甒

▶【545-1】 字解誤謬與否 ;[儀禮士喪禮]甒禮在服(改士冠禮側尊一甒) [甒禮在服(改士冠禮側尊一甒)]

★이상과 같이 인용처(引用處)나 주소(註疏), 등(等)의 오류(誤謬)를 수정(修訂)을 한다 하여도 자전상(字典上)의 무(廡)의 본의(本義)에는 영향이 미치지 않으나, 측존일무(側尊一甒; 존자 곁으로 술단지 하나를 놓아둔

다)를 주문(註文)으로 고문무작무(古文瓾作 廡)하였으니 자전상(字典上) 무(廡)의 본의(本義)에 직접 영향이 미치게 됨.

康 廢(폐)[唐韻]方肺切[集韻][韻會]放吠切𡘋音癈[說文]屋傾也 又[爾雅釋詁]止也[註]止住也[禮曲禮]凡祭有其廢之莫敢舉也有其舉之莫敢廢也 又[爾雅釋詁]廢舍也[註]舍放置[周禮天官大宰]八柄七曰廢以馭其罪[註]廢猶放也[又]八則三曰廢置以馭其吏 又[爾雅釋詁]大也[詩小雅]廢爲殘賊[傳]廢忕也[釋文]一本作廢大也 又墮也[左傳定三年]邾子自投於牀廢於爐炭[註]廢墮也 又[轉注古音]音發[前漢郊祀歌]西顥沆碭秋氣肅殺舍秀垂穎續舊不廢 又與癈通[左傳昭十四年]司徒老祁慮癸僞癈疾 又與撥通[周禮冬官考工記梓人]必撥而怒[註]故書撥作廢鄭司農云廢讀爲撥

【 오류정리 】
○康誤處 1;[說文]屋傾(改頓)也
●考證 ; 謹照原文傾改頓
◆整理 ; [說文(설문)]의 傾(경)은 頓(돈)의 착오.
◆訂正文 ; [說文]屋頓也
▶【546-1】 字解誤謬與否 ; [說文]屋傾(改頓)也 [傾(改頓)]
★이상과 같이 오류(誤謬) 수정(修訂)이 된다 하여도 자전(字典)의 옥경(屋傾; 집이 한쪽으로 기울다) 고증(考證)의 옥돈(屋頓; 집이 한쪽으로 쏠리다) 모두 표현이 다를뿐 동일한 상태나 다만 설문 원본으로 바르게 잡음이니 자전상(字典上) 폐(廢)의 본의(本義)에 직접 영향이 미치게됨.

○康誤處 2;[周禮冬官考工記梓人]必撥而怒(改撥爾而怒)
●考證 ; 謹按原文文義必字可省爾字

不可省謹改撥爾而怒
◆整理 ;[周禮冬官考工記梓人(주례동관고공기재인)]의 必撥而怒(필발이노)는 撥爾而怒(발이이노)로 고침.
◆訂正文 ; [周禮冬官考工記梓人]必撥爾而怒
▶【547-2】 字解誤謬與否 ; [周禮冬官考工記梓人]必撥而怒(改撥爾而怒) [必撥而怒(改撥爾而怒)]
★이상과 같이 오류(誤謬) 수정(修訂)이 된다 하여도 단지 필(必; 반드시)을 이(爾; 너. 그대. 이것. 저것. 그. 뿐)로 교체 발(撥) 뒤로 이동 시켰을 뿐이니 자전상(字典上) 폐(廢)의 본의(本義)에는 영향이 미치지 않음.

广 部 十三畫

康 廩(름)[唐韻]力甚切[集韻][韻會][正韻]力錦切𡘋音凜[說文]本作㐭穀所振入宗廟粢盛倉黃㐭而取之故謂之㐭从入回象屋形中有戶牖或从广从禾[爾雅釋言]廩廙也[玉篇]倉廩也[釋名]廩矜也實物可惜者投之其中也[詩周頌]亦有高廩萬億及秭[禮明堂位]米廩有虞氏之庠也[註]庠序亦學也魯謂之米廩虞帝上孝令藏粢盛之委焉[周語]廩於藉東南鍾而藏之[註]廩御廩一名神倉東南生長之處鍾聚也爲廩以藏所藉田以奉粢盛[荀子富國篇]桓穵倉廩者財之末也[註]穀藏曰倉米藏曰廩 又給也[後漢章帝紀]恐人稍受廩往來煩劇[註]廩給也 又天廩星名[隋書天文志]天廩四星在昴南[張衡周天大象賦]天廩備稷以祈歆 又官名[周禮地官]廩人掌九穀之數以待國之匪頒賙稍食[後漢和帝紀]復置廩犧官[註]漢官儀曰廩犧令一人秩六百石 又與懍通[前漢食貨志]可以爲富安天下而直爲此廩廩也 又與壈通[集韻]壈或作廩

【 오류정리 】

○康誤處 1；[荀子富國篇]桓(改垣)窌倉廩者財之末也
●考證 ; 謹照原文桓改垣
◆整理 ; [荀子富國篇(순자부국편)]의 桓(환)은 垣(원)의 착오.
◆訂正文 ; [荀子富國篇]垣窌倉廩者財之末也
▶ 【548-1】 字解誤謬與否 ; [荀子富國篇]桓(改垣)窌倉廩者財之末也 [桓(改垣)]
★이상과 같이 오류(誤謬) 수정(修訂)이 된다 하여도 원교(垣窌; 울타리와 움)는 자전상(字典上) 름(廩)의 본의(本義)에는 영향이 미치지 않음.

广 部 十六畫

康 盧(려)[唐韻]力居切[集韻][韻會][正韻]凌如切𡗶音閭[說文]寄也秋冬去春夏去[詩小雅]中田有盧[箋]中田田中也農人作盧焉以便田事 又[玉篇]屋舍也[集韻]粗屋總名[易剝卦]小人剝盧[左傳襄二十三年]則猶有先人之敝盧在君無所辱命 又候舍也[周禮地官]十里有盧盧有飲食[註]盧若今野候徙有庌也 又直宿舍也[前漢金日磾傳]小疾臥盧[註]殿中所正曰盧[班固西都賦]周盧千列[註]直宿曰盧 又國名[周語]盧由荊嬀[註]盧嬀姓之國荊嬀盧女爲荊夫人也 又邑名[楚語]以王如盧[註]盧楚邑 又州名[隋書地理志]盧江郡開皇初改爲盧州 又山名[盧山記]周威王時有匡俗盧君故山取其號 又[正韻]龍都切音慮[周禮冬官考工記]秦無盧[註]盧讀爲纑謂矛戟柄竹攢秘或曰摩鐧之器 又與簠同[集韻]簠或作盧

【 오류정리 】

○康誤處 1;[前漢金日磾傳]小疾臥盧[註]殿中所正(改所止)曰盧
●考證 ; 謹照原書所正改所止
◆整理 ; [前漢金日磾傳(전한금일제전)]의 所正(소정)은 所止(소지)의 착오.
◆訂正文 ; [前漢金日磾傳]小疾臥盧[註]殿中所止曰盧
▶ 【549-1】 字解誤謬與否 ; [前漢金日磾傳]小疾臥盧[註]殿中所正(改所止)曰盧 [所正(改所止)]
★이상과 같이 오류(誤謬) 수정(修訂)이 되면 궁중(宮中) 소지(所止; 멈추어 사는 곳)를 려(盧)라 한다 함이라면 자전상(字典上) 려(盧)의 본의(本義)에 직접 영향이 미치게 됨.

廾 部 六畫

康 弇(엄)[唐韻]一儉切[集韻]衣檢切[正韻]於檢切𡗶音奄[爾雅釋言]蓋也[註]謂覆蓋又[釋天]弇日爲蔽雲[註]暈氣五彩覆日也 又[爾雅釋言]同也 又[類篇]弇中隘道也[左傳襄二十五年]行及弇中 又器之口小中寬者曰弇[周禮春官]侈聲窄弇聲鬱[註]弇謂中央寬也弇則聲鬱勃不出也[冬官考工記]侈弇之所由興[疏]由鍾口侈弇所興之聲亦有柞有鬱[呂氏春秋]其器宏以弇[註]宏大弇深象冬閉藏也 又內向也[周禮冬官考工記]棧車欲弇[疏]棧車無革鞔興易可圻壞故當弇向內爲之 又地名[淮南子地形訓]正西弇州曰幷土 又山名[山海經]大荒西有弇州之山[穆天子傳]天子賓於西王母乃紀其迹於弇山名曰西王母之山[註]弇曰之所 又弇玆神名[山海經]西海渚中有神名曰弇玆 又[類篇]那含切音南姓也 又[唐韻]古南切音蚺亦蓋也 又[集韻]於豓切音厭[周禮春官]弇聲鬱[釋文]劉昌宗讀

【 오류정리 】

○康誤處 1; [周禮春官]侈聲窄(改筰)弇聲鬱

●考證 ; 謹照原文窄改筰

◆整理 ; [周禮春官(주례춘관)]의 窄(착)은 筰(작)의 착오.

◆訂正文 ; [周禮春官]侈聲筰弇聲鬱

▶【550-1】 字解誤謬與否 ; [周禮春官]侈聲窄(改筰)弇聲鬱 [窄(改筰)]

★이상과 같이 오류(誤謬) 수정(修訂)이 된다 하여도 치성작(侈聲筰; 급박한 소리는 나와서 속히 없어진다) 엄성울(弇聲鬱; 깊은 소리는 답답하다)라 하니 자전상(字典上) 엄(弇)의 본의(本義)에는 영향이 미치지 않음.

○康誤處 2; [穆天子傳] [註]弇日之所(改日所入)

●考證 ; 謹照原文日之所改日所入

◆整理 ; [穆天子傳(목천자전)] [註(주)]의 日之所(일지소)는 日所入(일소입)의 착오.

◆訂正文 ; [穆天子傳] [註]弇日所入

▶【551-2】 字解誤謬與否 ; [穆天子傳] [註]弇日之所(改日所入) [弇日之所(改日所入)]

★이상과 같이 오류(誤謬) 수정(修訂)이 된다 하여도 일소입(日所入; 해가 그 곳으로 진다)은 자전상(字典上) 엄(弇)의 본의(本義)에는 영향이 미치지 않음.

弋部 六畫

㡫 㣛(동)[廣韻][集韻]㚓徒弄切音洞[玉篇]舺左右大木[廣韻]舺纜所繫[韻會]繫舺杙也 又[集韻][韻會]㚓徒紅切音童義同

【 오류정리 】

○康誤處 1; [玉篇]舺左右大木[廣韻]舺纜所繫[韻會]繫舺杙也(三舺字改船)

●考證 ; 謹照原文三舺字改船

◆整理 ; [玉篇(옥편)]의 三舺字(삼초자)는 船(선)의 착오.

◆訂正文 ; [玉篇]船左右大木[廣韻]船纜所繫[韻會]繫船杙也

▶【552-1】 字解誤謬與否 ; [玉篇]舺(改船)左右大木[廣韻]舺(改船)纜所繫[韻會]繫舺(改船)杙也 [舺(改船)] [舺(改船)] [舺(改船)]

★이상과 같이 오류(誤謬) 수정(修訂)이 되면 ○선좌우(船左右; 배의 좌우)와 ○선람(船纜; 닻줄)은 자전상(字典上) 동(㣛)의 본의(本義)에 영향이 미치지 않으나 ○선익(船杙; 배말뚝)은 본의(本義)에 적극 영향이 미치게 됨.

弋部 十畫

㡫 戵(가)[廣韻]古俄切[集韻][韻會][正韻]居何切㚓音歌[廣雅]舺戵杙也[韻會]戵杙也所以繫舟[集韻]或省作牁亦作牁通作柯 又[正字通]牁戵即牂柯郡名[前漢地理志]牂柯郡[註]師古曰牂柯繫舺杙也[華陽國志]楚頃襄王時遣莊蹻伐夜郎軍至且蘭椓舺於岸而步戰既滅夜郎以且蘭有椓舺牂柯處乃改其名為牂柯

【 오류정리 】

○康誤處 1; [前漢地理志]牂柯郡[註]師古曰牂柯繫舺(改船)杙也

●考證 ; 謹照原文舺改船

◆整理 ; [前漢地理志(전한지리지)]의 舺(초)는 船(선)의 착오.

◆訂正文 ; [前漢地理志]牂柯郡[註]師古曰牂柯繫船杙也

▶【553-1】 字解誤謬與否 ; [前漢地理志]牂柯郡[註]師古曰牂柯繫舺(改船)杙也 [舺(改船)]

★이상과 같이 오류(誤謬) 수정(修訂)이 되면 선익(船杙; 배말뚝)이 되어

자전상(字典上) 가(歌)의 본의(本義)에 영향이 미치게 됨.

弓部 二畫

㒵 弗(불)[唐韻][集韻][韻會]𝘵分勿切音紱[說文]撟也[玉篇]不正也[韻會]違也 又不也[書堯典]績用弗成[春秋僖二十六年]公追齊師至嶲弗及[公羊傳註]弗者不之深者也 又[韻會]不可也不然也[史記孔子世家]弗乎弗乎 又去也[詩大雅]以弗無子[傳]弗去也去無子求有子[箋]弗之爲言祓也 又渾弗盛貌[司馬相如子虛賦]渾弗㳯泊

【 오류정리 】

○康誤處 1;[司馬相如子虛賦]渾弗㳯泊(改汩)

●考證 ; 謹照原文泊改汩

◆整理 ; [司馬相如子虛賦(사마상여자허부)]의 泊(박)은 汩(골)의 착오.

◆訂正文 ; [司馬相如子虛賦]渾弗㳯汩

▶【554-1】 字解誤謬與否 ; [司馬相如子虛賦]渾弗㳯泊(改汩) [泊(改汩)]

★이상과 같이 오류(誤謬) 수정(修訂)이 된다 하여도 필불복골(渾弗㳯汩; 질병을 완치하고 왕성한 모습 [司馬相如上林賦]渾弗㳯汩[註]渾弗盛貌[顏師古曰]㳯汩去疾也又人名) 중 필불(渾弗; 성(盛)한 모양) [詩大雅]以弗無子[傳]弗去也去無子求有子[箋]弗之爲言祓也又渾弗盛貌은 자전상(字典上) 불(弗)의 본의(本義)에는 영향이 적극 미치게 됨

弓部 三畫

㒵 㢟(퇴)[集韻]徒回切音頹㢟靡困窮貌一曰遜伏[莊子應帝王]因以爲㢟靡因以爲波流

【 오류정리 】

○康誤處 1;)[集韻]徒回切音頹㢟靡困(改不)窮貌

●考證 ; 謹照原文困改不

◆整理 ; [集韻(집운)]의 困(곤)은 不(부)의 착오.

◆訂正文 ;)[集韻]徒回切音頹㢟靡不窮貌

▶【555-1】 字解誤謬與否 ; [集韻]徒回切音頹㢟靡困(改不)窮貌 [困(改不)]

★이상과 같이 오류(誤謬) 수정(修訂)이 되면 불궁모(不窮貌; 궁하지 않은 모양)으로 변하니 자전상(字典上) 퇴(㢟)의 본의(本義)에 직접 영향이 미치게 됨.

弓部 五畫

㒵 弢(도)[唐韻]土刀切[集韻][韻會][正韻]他刀切𝘵音叨[說文]弓衣也从弓从𡴠𡴠垂飾與鼓同意[左傳成十六年]鄢陵之戰楚共王召養由基使射呂錡中項伏弢[註]弢弓衣也 又旌囊也[左傳成十六年]內旌於弢中[疏]弢是盛旌之囊也 又六弢書名與韜通[莊子徐無鬼]從說之則以金版六弢[註]司馬雀云金版六弢皆周書篇名或云祕截也又竹六韜

【 오류정리 】

○康誤處 1;[莊子徐無鬼]從說之則以金版六弢[註(改釋文)]司馬雀(改崔)云金版六弢皆周書篇名或云祕截(改識)也

●考證 ; 謹照原文註改釋文雀改崔截改識

◆整理 ; [莊子徐無鬼(장자서무귀)]의 [註(주)는 釋文(석문)], 雀(작)은 崔(최), 截(절)은 識(식)의 착오.

◆訂正文 ; [莊子徐無鬼]從說之則以金版六弢[釋文]司馬崔云金版六弢皆周書篇名或云祕識也

▶【556-1】 字解誤謬與否 ；[莊子徐無鬼]從說之則以金版六弢[註(改釋文)]司馬雀(改崔)云金版六弢皆周書篇名或云祕截(改識)也 [註(改釋文)] [雀(改崔)] [截(改識)]

★이상과 같이 주소(註疏)나 명자(名字)의 오류(誤謬)를 수정(修訂)을 한다 하여도 자전상(字典上)의 도(弢)의 본의(本義)에는 영향이 미치지 않으며, ○최[崔; 최최(崔崔; 산이 높고 크다) 최외(崔嵬; 돌이 있는 흙산. 높고 크다), 최외(崔巍; (산이나 건축물이)높고 웅장하다) 성(姓)] ○비식(祕識; 주서편명(周書篇名) [釋文]金版六弢皆周書篇名或云祕識也)은 도(弢)의 본의(本義)에 적극 영향이 미치게 됨.

康 弧(호)[唐韻]戶吳切[集韻][韻會][正韻]洪孤切ㅿㅿ音狐[說文]木弓也从弓瓜聲一曰往體寡來體多曰弧[吳錄]揮觀弧星始制弧[易繫辭]弦木爲弧又張旗弓也[禮明堂位]乘大輅載弧韣旐[註]弧旌旗所以張幅也[疏]弧以竹爲之其形爲弓[周禮冬官考工記]弧旌枉矢[註]弧以張縿之幅[疏]弧旌者弧弓也旌旗有弓所以張縿幅故曰弧旌也 又星名[禮月令]季春之月日在奎昏弧中[史記天官書]狼下四星曰弧[註]弧九星在狼東北天之弓也以伐叛懷遠又主備盜賊之知姦邪者 又[後漢東夷傳]辰韓國名馬爲弧 又蝥弧旗名[左傳隱十一年]潁考叔取鄭伯之旗蝥弧以先登 又短弧蟲名[前漢五行志]蜮在水旁能射人南方謂之短弧[註]卽射工也亦呼水弩 又[類篇]汪胡切音汙曲也[周禮冬官考工記]凡揉輈欲其遜而無弧深[註]弧讀爲汙

【 오류정리 】
○康誤處 1；[史記天官書]狼下四星曰

弧[註]弧九星在狼東北(改東南)天之弓也
●考證 ；謹照史記註原文東北改東南
◆整理；[史記天官書(사기천관서)][註(주)]의 東北(동북)은 東南(동남)의 착오.
◆訂正文 ；[史記天官書]狼下四星曰弧[註]弧九星在狼東南天之弓也

▶【557-1】 字解誤謬與否 ；[史記天官書]狼下四星曰弧[註]弧九星在狼東北(改東南)天之弓也 [東北(改東南)]

★이상과 같이 오류(誤謬) 수정(修訂)이 된다 하여도 랑성(狼星) 아래 사성(四星)을 호(弧)라 하는데 호성(弧星)은 하늘의 동남쪽이다. 라 바르게 잡았을 뿐으로 자전상(字典上) 호(弧)의 본의(本義)인 성명(星名)에는 영향이 미치지 않음.

○康誤處 2；[後漢東夷傳]辰韓國名馬(改弓)爲弧
●考證 ；謹照原文馬改弓
◆整理 ；[後漢東夷傳(후한동이전)]의 馬(마)눈 弓(궁)의 착오.
◆訂正文 ；[後漢東夷傳]辰韓國名弓爲弧

▶【558-2】 字解誤謬與否 ；[後漢東夷傳]辰韓國名馬(改弓)爲弧 [馬(改弓)]

★이상과 같이 오류(誤謬) 수정(修訂)이 되면 궁위호(弓爲弧; 활을 호(弧)라 한다)로 바뀌니 자전상(字典上) 호(弧)의 본의(本義)에 직접 영향이 미치게 됨.

弓部 六畫

康 弭(미)[唐韻]綿婢切[集韻][韻會]母婢切[正韻]莫禮切ㅿㅿ音敉[說文]弓無緣可以解轡紛者[爾雅釋器]有緣者謂之弓無緣者謂之弭[註]今之角弓

也[疏]李巡曰骨飾兩頭曰弓不以骨飾
兩頭曰弭孫炎曰緣謂繳束而漆之弭謂
不以繳束骨飾兩頭者也[釋名]弓又謂
之弭以骨爲之滑弭弭也[詩小雅]象弭
魚服[傳]象弭弓反末也[疏]弭者弓弰
之名以象骨爲之是弓之末弭弛之則反
曲故云象弭爲弓反末也又[廣韻]息也
[玉篇]止也[左傳襄二十五年]自今以
往兵其少弭矣 又[玉篇]忘也[詩小
雅]心之憂矣不可弭忘[箋]我念之憂不
能忘也 又[玉篇]安也[史記田完世
家]夫治國家而弭人民者無若乎五音
又[玉篇]滅也[後漢趙壹傳]下則抗論
當世消弭時災 又按也低也[屈原離
騷]吾令羲和弭節兮[註]弭按也[司馬
相如子虛賦]弭節裴回[註]司馬彪云弭
猶低也 又地名[左傳莊二十一年]春
胥命于弭[註]弭鄭地 又[釋名]納弭
也弭弭兩致之言也

【 오류정리 】

○康誤處 1; [釋名]弓又(改末)謂之弭
●考證 ; 謹照原文又改末
◆整理 ; [釋名(석명)]의 又(우)는 末
(말)의 착오.
◆訂正文 ; [釋名]弓末謂之弭
▶ 【559-1】 字解誤謬與否 ; [釋名]
弓又(改末)謂之弭 [又(改末)]
★이상과 같이 오류(誤謬) 수정(修訂)
이 되면 궁말위지미(弓末謂之弭; 활
의 양끝을 활고자라 한다)란 말이니
자전상(字典上) 미(弭)의 본의(本義)
에 영향이 미치게 됨.

弓 部 八畫

㉽強(강)[唐韻]巨良切[集韻][韻
會][正韻]渠良切𡘋音彊[玉篇]米中蠹
[爾雅釋蟲]蛄蟹強蚚[註]今米穀中小
黑蟲是也建平人呼爲蚚子[楊子方言]
蛄蟹謂之強蚚江東人謂之蛵 又[爾
雅釋蟲]強蚚[疏]強蟲名也 一名蚚好

自摩捋者蓋蠅類[又]強醜捋[註]以脚
自摩捋 又與彊通[廣韻]剛強也健也
[禮曲禮]四十曰強而仕[疏]強有二義
一則四十不惑是智慮強二則氣力強也
[中庸]雖愚必明雖柔必強 又[集韻]
勝也[禮中庸註]南方以舒緩爲強北方
以剛猛爲強 又[廣韻]暴也[史記田延
年傳]誅鉏豪強 又算家以有餘爲強
[古木蘭詩]策勳十二轉賞賜百千強又
歲名[爾雅釋天]太歲在丁曰強圉
又姓[左傳莊十六年]刖強鉏[廣韻]後
漢有強華奉赤伏符 又[廣韻][集
韻][正韻]𠀤其兩切彊上聲[集韻]勉也
[爾雅釋詁]勤也[禮中庸]或勉強而行
之 又[韻會]矯強[左傳莊十九年]鬻
拳強諫楚子[荀子臣道篇]率羣臣百吏
而相與強君曰橋君[註]橋音矯 又勸
也[周禮地官]止其行而強之道藝[註]強
猶勸也[禮樂記]強而弗抑則易[疏]師
但勸強其神識而弗抑之令曉則受者和
易 又姓[廣韻]前秦錄有將軍強求○
按後漢強華前秦強求同姓廣韻分二音
不知何據 又[集韻][韻會][正韻]병
其亮切彊去聲[韻會]木強不和柔貌[前
漢周昌傳贊]周昌木強人也[註]言其強
質如木石然 又[正韻]自是也伵也[前
漢陸賈傳]乃欲以新造未集之越屈強於
此[註]屈強不柔服也[史記]作屈彊 又
與襁通[類篇]強負兒衣[史記魯周公世
家]成王少在強葆之中[註]索隱曰強
葆卽襁褓正義曰強闊八寸長八尺用約
小兒於背而負行

【 오류정리 】

○康誤處 1; [周禮地官]止(改正)其行
而強之道藝
●考證 ; 謹照原文止改正
◆整理 ; [周禮地官(주례지관)]의 止
(지)는 正(정)의 착오.
◆訂正文 ; [周禮地官]正其行而強之
道藝

▶【560-1】　字解誤謬與否 ; [周禮地官]止(改正)其行而強之道藝　[止(改正)]

★이상과 같이 오류(誤謬) 수정(修訂)이 된다 하여도 정기행(正其行; 정당하여야 그리 행한다) 자전상(字典上) 강(強)의 본의(本義)에는 영향이 미치지 않음.

弓部 九畫

康 弼(필) [唐韻]房密切[集韻][韻會][正韻]薄密切𡘋頻入聲[說文]本作𢐁舌也舌柔而弓剛以柔从剛輔弼之意[韻會]所以輔正弓弩者[正韻]正弓器也　又[爾雅釋詁]俌也[註]俌猶輔也[書大禹謨]明于五刑以弼五敎又[說命]夢帝賚予良弼[越語]憎輔遠弼[註]相道爲輔矯過爲弼　又戾也[前漢刑法志]君臣故弼茲謂悖[註]弼猶相戾也悖惑也　又[爾雅釋詁]重也[註]弼輔所以爲重疊也　又[揚子方言]弼高也　又通作拂[孟子]入則無法家拂士　又叶平祕切音備[李嵩述志賦]赳赳干城翼翼上弼志鹹奔鯨截彼醜類　[集韻]或作𢏏

【 오류정리 】

○康誤處 1; [前漢刑法志(改五行志)]君臣故弼茲謂悖
●考證 ; 謹按所引係五行志文非刑法志文據改五行志
◆整理 ; [前漢(전한)의 刑法志(형법지)는 五行志(오행지)의] 착오.
◆訂正文 ; [前漢五行志]君臣故弼茲謂悖
▶【561-1】　字解誤謬與否 ; [前漢刑法志(改五行志)]君臣故弼茲謂悖 [刑法志(改五行志)]

★이상과 같이 인용처(引用處)나 주소(註疏)의 오류(誤謬)를 수정(修訂)을 한다 하여도 자전상(字典上)의 필(弼)의 본의(本義)에는 영향이 미치지 않음.

彐部 十五畫

康 彝(이) [唐韻]以脂切[集韻][韻會][正韻]延知切𡘋音姨[說文]宗廟常器也从糸糸綦也𠬞持米器中實也互聲[左傳襄十九年]取其所得以作彝器[註]謂鍾鼎爲宗廟之常器　又[廣韻]酒尊也[爾雅釋器]彝卣罍器也[註]皆盛酒尊彝其總名[周禮春官小宗伯之職]辨六彝之名物以待裸將[註]六彝雞彝鳥彝黃彝虎彝蜼彝斝彝　又[廣韻]法也[周禮春官]司尊彝[註]彝灋也言爲尊之灋也　又[爾雅釋詁]常也[書洪範]彝倫攸敘[詩大雅]民之秉彝　[玉篇]一作彜

【 오류정리 】

○康誤處 1; [爾雅釋器]彝卣罍(改罍)器也
●考證 ; 謹照原文罍改罍
◆整理 ; [爾雅釋器(이아석기)]의 罍(루)는 罍(뢰)의 착오.
◆訂正文 ; [爾雅釋器]彝卣罍器也
▶【562-1】　字解誤謬與否 ; [爾雅釋器]彝卣罍(改罍)器也 [罍(改罍)]

★이상과 같이 오류(誤謬) 수정(修訂)이 되면 뢰(罍; 술독)는 자전상(字典上) 이(彝)의 본의(本義)에 영향이 미치게 됨.

彡部 九畫

康 彭(팽) [唐韻][集韻]薄庚切[韻會][正韻]蒲庚切𡘋音棚[說文]鼓聲也　又軍器[釋名]彭排軍器也彭旁也在旁排禦敵攻也　又水名[左傳桓十二年]伐絞之役楚師分涉於彭[註]彭水在新昌衞縣　又國名[書牧誓]及庸蜀羌髳微盧彭濮人[傳]盧彭在西北　又地名[詩鄭風]淸人在彭[傳]衞之河上鄭

之郊也[春秋文二年]晉侯及秦師戰于
彭衙[註]馮翊邵陽縣西北有彭衙城
又州名[唐書地理志]彭州垂拱二年析
益州置 又彭盛縣名[史記項羽本紀]
項王都彭城[正義]徐州縣[後漢郡國
志]彭城國彭城縣古大彭邑 又彭亡聚
名[後漢郡國志]武陽有彭亡聚又[岑彭
傳]彭至武陽所營地名彭亡 又彭蠡湖
名[書禹貢]彭蠡既豬[前漢地理志]豫
章郡彭澤縣彭蠡澤在西 又彭門山名
[後漢郡國志]蜀郡湔氐道縣前有兩石
對如闕號曰彭門 又姓[史記楚世家]
陸終生六子三曰彭祖[註]虞翻曰名剪
爲彭姓封於大彭[鄭語]彭姓豕韋諸稽
則商滅之矣[廣韻]左傳楚有彭仲爽漢
有大司空彭宣 又[韻會]逋旁切[正
韻]博旁切𡘋榜平聲[玉篇]多貌[詩齊
風]行人彭彭[釋文]彭必旁反 又[玉
篇]盛也[韻會]壯也[詩大雅]駟騵彭彭
[集韻]強盛貌 又[廣韻]行也[詩小
雅]四牡彭彭[傳]彭彭不得息也 又
[廣韻]道也 又[集韻]晡橫切音閍衆
車聲也 又[韻會][正韻]蒲光切音旁
[韻會]近也[正韻]旁也[易大有]九四
匪其彭无咎[疏]彭旁也 又[類篇]彭
亨驕滿貌[韓愈城南聯句]苦開腹彭亨
又[詩魯頌]有驪有黃以車彭彭[劉歆
遂初賦]求仁得仁固其常兮守信保己比
老彭兮 又與魴通[公羊傳成十八年]
晉侯使士彭來乞師[註]二傳士彭作士
魴

【 오류정리 】

○康誤處 1;[釋名]彭排車器也(筆者
按彭㫄也)(急就篇補註引釋名車作軍據
改)
●考證;謹按急就篇補註引釋名車作
軍據改
※筆者謹按釋名原本;[釋兵第二十
三]彭排彭㫄也[註]釋文云彭子夏作㫄
姚信云彭㫄則彭㫄聲相近

◆整理;[釋名(석명)]과 彭排車器也
(팽배거기야)는 [急就篇(급취편) 補
註(보주) 引釋名車作軍(인석명거작
군)으로 고침] 필자안(筆者按) 거기
야(車器也)는 팽방야(彭㫄也)의 착오.
◆訂正文;[釋名](彭排軍器也) 彭排
彭㫄也

▶【563-1】字解誤謬與否;[釋名]
彭排車器也(筆者按彭㫄也)(急就篇補
註引釋名車作軍據改)

★이상과 같이 오류(誤謬) 수정(修訂)
이 되면 팽방(彭㫄; 군기(軍器). 병기
(兵器)) [莊子大宗師]安排而去化又彭
排軍器也[釋名]彭㫄也在㫄排敵禦攻也
[後漢袁紹傳]蒙楯而行楯今之㫄排也
자전상(字典上) 팽(彭)의 본의(本義)
에 직접 영향이 미치게 됨.

彳 部 六畫

康待(대)[唐韻]徒在切[集韻][韻
會][正韻]蕩亥切𡘋音殆[說文]竢也
[易繫辭]君子藏器於身待時而動[禮儒
行]儒有席上之珍以待聘 又[增韻]遇
也[論語]以季孟之閒待之 又備禦也
[魯語]率大讎以憚小國其誰云待之
又叶直里切音峙[魏文帝浮海賦]衆帆
張兮櫂起爭先逐進莫適相待 又叶時
吏切音侍[荀子成相篇]治之志後世富君
子誠之好以待富音沸 又叶徒帝切音
兌[歐陽修祭龍文]浸潤收畜足支一歲
旱則來告否則當待 又叶杜兮切音啼
[屈原離騷]路修遠以多艱兮騰衆軍使
徑待路不周以左轉兮指西海以爲期[朱
註]待徒奇反

【 오류정리 】

○康誤處 1;[荀子成相篇]治之志後世
(改埶)富君子誠之好以待
●考證;謹照原文世改埶
◆整理;[荀子成相篇(순자성상편)]의

世(세)는 埶(세)의 착오.

◆訂正文 ; [荀子成相篇]治之志後埶富君子誠之好以待

▶【564-1】 字解誤謬與否 ; [荀子成相篇]治之志後世(改埶)富君子誠之好以待 [世(改埶)]

★이상과 같이 오류(誤謬) 수정(修訂)이 된다 하여도 세부(埶富; 세와 부 [廣韻][集韻][韻會]蚨始制切音世與勢同)는 자전상(字典上) 대(待)의 본의(本義)에는 영향이 미치지 않음.

康 律(률) [唐韻]呂戌切[集韻][韻會][正韻]劣戌切蚨音崒[玉篇]六律也[廣韻]律呂也[說文]均布也十二律均布節氣故有六律六均[爾雅釋器]律謂之分[註]律管所以分氣[前漢律歷志]律有十二陽六爲律陰六爲呂黃帝之所作也黃帝使泠綸自大夏之西昆侖之陰取竹之解谷生其竅厚均者斷兩節閒而吹之以爲黃鐘之宮制十二筩以聽鳳之鳴其雄鳴爲六雌鳴赤六比黃鐘之宮而皆可以生之是爲律本[後漢律歷志]殿中候用玉律十二惟二至乃候靈臺用竹律六十候日如其曆[史記律書註]古律用用竹又用玉漢末以銅爲之[書舜典]同律度量衡[禮王制]考時月定日同律 又[爾雅釋詁]法也 又常也[註]謂常法[正韻]律呂萬法所出故法令謂之律[管子七臣七主篇]律者所以定分止爭也[釋名]律累也累人心使不得放肆也[左傳桓二年]百官於是乎畏懼而不敢犯紀律 又軍法曰律[易師卦]師出以律 又刑書曰律[前漢刑法志]蕭何攈撫秦法取其宜於時者作律九章[晉書刑法志]秦漢舊律起自李悝悝著網捕二篇雜律一篇又以其律具其加減是故所著六篇而已 又爵命之等曰律[禮王制]有功德于民者加地進律[疏]律卽上宮九命繅藉九寸冕服九章建常九斿之等是也

又[爾雅釋言]述也[禮中庸]上律天時 又[爾雅釋言]銓也所以銓量輕重 又理髮曰律[荀子禮論篇]不沐則濡櫛三律而止[註]律理髮也 又詩律[杜甫遣悶詩]晚節漸於詩律細 又戒律[佛國記]法顯慨律殘缺於是以弘始二年至天竺尋求戒律 又[爾雅釋器]不律謂之筆[註]蜀人呼筆爲不律也 又斛律耶律蚨複姓[姓譜]斛律代人世爲部落統軍號斛律部因氏焉耶律遼之後 又[韻補]與嵂通[詩小雅]南山律律[司馬相如大人賦]徑入雷室之砰磷鬱律兮洞出鬼谷之堀礨崴魁

【 오류정리 】

○康誤處 1; [左傳桓二年]百官於是乎畏(改咸)懼而不敢犯(改易)紀律

●考證 ; 謹照原文畏改咸犯改易

◆整理 ; [左傳桓二年(좌전환이년)]의 畏(외)는 咸(함), 犯(범)은 易(역)의 착오.

◆訂正文 ; [左傳桓二年]百官於是乎咸懼而不敢易紀律

▶【565-1】 字解誤謬與否 ; [左傳桓二年]百官於是乎畏(改咸)懼而不敢犯(改易)紀律 [畏(改咸)] [犯(改易)]

★이상과 같이 오류(誤謬) 수정(修訂)이 된다 하여도 ○함구(咸懼; 전부 두렵다. ○역기(易紀; 쉽게 기억하다) 자전상(字典上) 률(律)의 본의(本義)인 기율(紀律; 규율(規律))에는 영향이 미치지 않음.

○康誤處 2; [禮王制]有功德于民者加地進律[疏]律卽上宮(改公)九命

●考證 ; 謹照原文宮改公

◆整理 ; [禮王制(예왕제)]의 宮(궁)은 公(공)의 착오.

◆訂正文 ; [禮王制]有功德于民者加地進律[疏]律卽上公九命

▶【566-2】 字解誤謬與否 ; [禮王制]有功德于民者加地進律[疏]律卽上宮(改公)九命　[宮(改公)]

★이상과 같이 오류(誤謬) 수정(修訂)이 되면 상공[上公; 오등작(五等爵)의 첫째인 ○공작(公爵)의 존칭(尊稱). 오등작은 공(公) 후(侯) 백(伯) 자(子) 남작(男爵)을 말함] ○구명(九命; 벼슬에서 가장 높은 등급)이 되는데 이 벼슬을 가장 높은 벼슬로 자전상(字典上) 률(律)의 본의(本義)에 직접 영향이 미치게 됨.

彳部 八畫

康 從(종)[廣韻]疾容切[集韻][韻會][正韻]牆容切𡘊俗平聲[說文]本作从相聽也[書益稷]汝無面從說命后從諫則聖　又[廣韻]就也[易乾卦]雲從龍風從虎[禮曲禮]謀于長者必操几杖以從之　又[爾雅釋詁]自也[詩小雅]伊誰云從[箋]言譖我者是言從誰生乎[晉書明帝紀]不聞人從日邊來　又姓[廣韻]漢有將軍從公[何氏姓苑]今東莞人　又[廣韻][集韻]𡘊七恭切促平聲[廣韻]從容也[正韻]從容舒緩貌[書君陳]從容以和[禮中庸]從容中道　又[集韻]書容切音舂從容久意[禮學記]待其從容然後盡其聲　又[集韻]將容切音蹤東西曰衡南北曰從[詩齊風]從衡其畝[史記蘇秦傳]從合則楚王衡成則秦帝　又與蹤通[史記聶政傳]重自刑以絶從[前漢張湯傳]從迹安起　又[集韻]祖動切音總太高貌[韻會]髻高也[禮檀弓]尔無從從爾　又[集韻]鋤江切泷平聲義同　又[唐韻]慈用切[集韻][類篇][韻會]才用切𡘊俗去聲[說文]本作㣥隨行也[詩齊風]其從如雲[論語]從我者其由與　又[韻會]從天子曰法從侍從[書冏命]其侍御僕從[前漢揚雄傳]趙昭儀每上甘泉常法從[註]

師古曰以法言當從耳一曰從法駕也[後漢百官志]羽林郎掌宿衞侍從　又[集韻][類篇]𡘊似用切音頌同宗也[爾雅釋親]父之世父叔父爲從祖祖父父之世母叔母爲從祖祖母[釋名]從祖父母言從己親祖別而下也亦言隨從己祖以爲名也　又[集韻]子用切與縱同[禮曲禮]欲不可從[論語]從之純如也

【 오류정리 】

○康誤處 1; [詩齊風]從衡(改衡從)其畝

●考證 ; 謹照原文從衡改衡從

◆整理 ; [詩齊風(시제풍)]의 從衡(종형)은 衡從(형종)의 착오.

◆訂正文 ; [詩齊風]衡從其畝

▶【567-1】 字解誤謬與否 ; [詩齊風]從衡(改衡從)其畝　[從衡(改衡從)]

★이상과 같이 오류(誤謬) 수정(修訂)이 된다 하여도 형종기무(衡從其畝; 가로 세로로 이랑을 일구다)는 자순(字順)만이 바르게 고쳐졌을 뿐이니 자전상(字典上) 종(從)의 본의(本義)에는 영향이 직접 미치지 않음.

康 御(어)[唐韻][集韻][類篇]牛據切[韻會][正韻]魚據切𡘊音禦[說文]使馬也[徐鍇曰]卸解車馬也从彳从卸皆御者之職[詩小雅]徒御不驚　又[正韻]統也[賈誼過秦論]振長策而御宇內　又[韻會]凡天子所止曰御前曰御前書曰御書服曰御服皆取統御四海之內[蔡邕獨斷]御者進也凡衣服加於身飲食適於口妃妾接於寢皆曰御[釋名]御語也尊者將有所欲先語之也亦言職卑尊者有所勤御如御牛馬然也[禮王制]千里之內以爲御[註]御謂衣食[疏]御是進御所須故爲衣食　又[廣韻]侍也進也[詩小雅]飲御諸友[傳]御進也[箋]御侍也吉甫遠從鎬地來飲之酒使諸友侍

之　又[正韻]勸侑也[禮曲禮]御食于君{註}勸侑曰御　又主也[禮曲禮]問大夫之子長曰能御矣幼曰未能御也[註]御猶主也[疏]謂主事也　又禦也[詩邶風]我有旨畜亦以御冬　又傳御日御御史䘒官名[詩大雅]王命傳御遷其私人[箋]傳御貳王治事謂家宰也[左傳桓十七年]天子有日官諸侯有日御[註]日官日御典曆數者[前漢百官表]御史大夫秦官位上卿秩千石有繡衣直指[後漢百官志]侍御史掌察舉非法受公卿郡吏奏事有違失劾舉之凡郊廟朝會則二人監威儀有違失則劾奏　又女官[周禮天官女御]掌御敘于王之燕寢[周語]內官不過九御　又姓[正字通]周有御鞅　又[類篇]偶舉切馭上聲止也[左傳襄四年]季孫不御[註]御止也[釋文]御魚呂反　又魯邑名[左傳襄二十二年]雨過御叔御叔在其邑[註]御叔魯御邑大夫[釋文]御魚呂反　又御龍複姓[史記夏本紀]劉累學擾龍以事孔甲孔甲賜之姓曰御龍氏　又[集韻]魚駕切牙去聲相迎也[詩召南]百兩御之{箋}御迎也[禮曲禮]君命召雖賤人大夫士必自御之[集韻]或作迓

【 오류정리 】

〇康誤處 1; 詩邶風]我有旨畜(改蓄)
●考證; 謹照原文畜改蓄
◆整理; [詩邶風(시패풍)]의 畜(축)은 蓄(축)의 착오.
◆訂正文; 詩邶風]我有旨蓄
▶【568-1】字解誤謬與否; 詩邶風]我有旨畜(改蓄)　[畜(改蓄)]
★이상과 같이 오류(誤謬) 수정(修訂)이 되면 지축(旨蓄; 겨울을 나기 위하여 저장해 두는 시래기 등의 식품)은 자전상(字典上) 어(御)의 본의(本義)에 영향이 미치게 됨.

彳部 十畫

⑩微(미)[唐韻][集韻][韻會][正韻]䖟無非切音薇[爾雅釋詁]幽微也[易繫辭]知微知彰[書大禹謨]道心惟微　又[廣韻]微妙也[禮禮運]德産之致也精微　又[說文]隱行也[史記秦始皇紀]微行咸陽　又[廣韻]細也[孟子]乃孔子則欲以微罪行　又[玉篇]不明也[詩小雅]彼月而微此日而微　又[韻會]衰也[詩小雅]式微式微[箋]微乎微者也[史記杞世家]杞小微　又[韻會]賤也[書舜典]虞舜側微　又[爾雅釋詁]匿微也[註]微謂逃藏也[左傳哀十六年]白公奔山而縊其徒微之[註]微隨也　又[爾雅釋詁]蔽微也[晉語]公子重耳過曹曹共公聞其駢脅諜其將浴設微薄而觀之[註]微蔽也　又殺也[禮檀弓]禮有微情者[疏]微殺也言賢者喪親必致滅性故制使三日而食哭踊有數以殺其內情　又伺察也[前漢郭解傳]使人微知賊處[註]微伺問之也　又[爾雅釋訓]骬瘍爲微[註]骬脚脛瘍瘡也[詩小雅]既微且尰　又[韻會]非也[詩邶風]微我無酒　又[韻會]無也[禮檀弓]齊餓者不食嗟來之食曾子曰微與[註]微猶無也　又國名[書牧誓]微盧彭濮[傳]微在巴蜀　又[爾雅釋山]未及上翠微(疏)未及頂上在旁陂陀之處山氣靑縹色故曰翠微也　又紫微太微少微竝星名[晉書天文志]紫微垣十五星在北斗北一曰紫微天帝之座也天子之常居也太微天子庭也五帝之座也十二諸侯府也少微在太微西士大夫之位也明大而黃則賢士舉也　又三微[後漢章帝紀]春秋於春每月書王者重三正慎三微也[註]三微者三正之始萬物皆微物色不同故王者取法焉十一月時陽氣始施於黃泉之下色皆赤赤者陽氣故周爲天正色尚赤十二月萬物始牙而色白白者陰氣故殷爲地正色尚白十三月萬物莩甲而出其色皆黑人得加功展業故夏爲

人正色尙黑　又姓[左傳哀八年]微虎
[註]魯大夫又微生複姓[論語]微生高

【 오류정리 】

○康誤處 1; [書舜典(改爲尙書序)]虞
舜側微
●考證 ; 謹按舜典無此文係出書序謹
將書舜典改爲尙書序
◆整理 ; [書(서)의 舜典(순전)은 尙
書序(상서서)의] 착오.
◆訂正文 ; [尙書序]虞舜側微
▶ 【569-1】 字解誤謬與否 ; [書舜
典(改爲尙書序)]虞舜側微　[書舜典
(改爲尙書序)]
★이상과 같이 인용처(引用處)나 주
소(註疏)의 오류(誤謬)를 수정(修訂)
을 한다 하여도 자전상(字典上) 미
(微)의 본의(本義)에는 영향이 미치지
않음.

彳 部 十二畫

康德(덕)[唐韻][正韻]多則切[集
韻][韻會]的則切**𡧓**登入聲[廣韻]德行
也[集韻]德行之得也[正韻]凡言德者
善美正大光明純懿之稱也[易乾卦]君
子進德修業[詩大雅]民之秉彝好是懿
德[書大禹謨]九德寬而栗柔而立愿而恭
亂而敬擾而毅直而溫簡而廉剛而塞彊
而義又[洪範]三德一曰正直二曰剛克
三曰柔克[周禮地官]六德知仁聖義中
和　又[玉篇]德惠也[書盤庚]施實德
于民[詩小雅]旣飽以德　又善敎也[禮
月令]孟春之月命相布德和令行慶施惠
[註]德謂善敎　又感恩曰德[左傳成三
年]王曰然則德我乎[疏]德加於彼彼荷
其恩故謂荷恩爲德[後漢樊曄傳]光武
微時曄餽餌一笥帝德之不忘　又[韻
會]四時旺氣也[禮月令]某日立春盛德
在木　又[諡法]綏柔士民諫爭不威執
義揚善曰德　又[說文]升也　又[玉
篇]福也　又星名[前漢郊祀志]望氣王

朔言後獨見塡星出如瓜有司皆曰陛下
建漢家封禪天其報德星云[註]德星卽
塡星也　又[韻會]亦作悳[前漢賈誼
傳]悳至渥也　又州名[廣韻]秦爲齊郡
地漢爲平原郡武德初爲德州因德安縣
以名之　又叶都木切音篤謝悳連雪賦
曹風以麻衣比色楚謠以幽蘭麗曲盈尺
則呈瑞於豐年豜丈則表沴於陰德　又
叶得各切當入聲[易林]酒爲歡伯除憂
來樂福善入門與君相索使我有德

【 오류정리 】

○康誤處 1; [書大禹謨(改臯陶謨)]九
德寬而栗
●考證 ; 謹照原書改臯陶謨
◆整理 ; [書(서)의 大禹謨(대우모)는
臯陶謨(고도모)의] 착오.
◆訂正文 ; [書臯陶謨]九德寬而栗
▶ 【570-1】 字解誤謬與否 ; [書大
禹謨(改臯陶謨)]九德寬而栗　[大禹謨
(改臯陶謨)]
★이상과 같이 인용처(引用處)나 주
소(註疏)의 오류(誤謬)를 수정(修訂)
을 한다 하여도 자전상(字典上)의 덕
(德)의 본의(本義)에는 영향이 미치지
않음.

彳 部 十四畫

康徽(휘)[唐韻]許歸切[集韻][韻
會]吁韋切**𡧓**音揮[說文]衺幅也　又
[爾雅釋詁]善也[疏]徽者美善也[書舜
典]愼徽五典[詩小雅]君子有徽猷[又]
太姒嗣徽音　又[正字通]琴節曰徽[前
漢揚雄傳]高張急徽[註]琴徽也所以表
發撫抑之處[嵇康琴賦]徽以鍾山之玉
[註]以玉爲徽也　又[說文]三糾繩也
[玉篇]徽大索也[易坎卦]繫用徽纆[揚
雄解嘲]折脅拉髂免於徽索　又徽嫭奔
馳貌[馬融廣成頌]徽嫭霍奕別驚分奔
又州名[宋史地理志]宣和三年改歙州
爲徽州　又與徽通幑也[禮大傳]聖人

南面而治天下必改正朔殊徽號[註]徽號旌旗之屬也[揚雄校獵賦]徽車輕武[註]徽車有徽幟之車也　又與褘通[張衡思玄賦]揚雜錯之桂徽[註]爾雅曰婦人之徽謂之褵郭璞云卽今之香纓也○按爾雅釋器本作褘

【 오류정리 】

○康誤處 1;[揚雄校獵賦(改羽獵賦)]
●考證；謹照原書改羽獵賦
◆整理；[揚雄(양웅)의 校獵賦(교렵부)는 羽獵賦(우렵부)의] 착오.
◆訂正文；[揚雄羽獵賦]
▶【571-1】 字解誤謬與否；[揚雄校獵賦(改羽獵賦)] [校獵賦(改羽獵賦)]

★이상과 같이 인용처(引用處)나 주소(註疏)의 오류(誤謬)를 수정(修訂)을 한다 하여도 자전상(字典上)의 휘(徽)의 본의(本義)에는 영향이 미치지 않음.

字典卯集上考證
心部 四畫

康 **忠**(충)[唐韻]陟弓切[集韻][韻會][正韻]陟隆切𡿨音中[說文]敬也[玉篇]直也[增韻]內盡其心而不欺也[周禮地官]一曰六德知仁聖義忠和[鄭疏]中心曰忠中下从心謂言出于心皆有忠實也　又[六書精薀]竭誠也[書伊訓]爲下克忠[傳]事上竭誠也　又不貳也[詩邶風北風箋]詩人事君無二志動身以事君忠也　又[廣韻]無私也[左傳成九年]無私忠也[後漢任延傳]延曰私臣不忠忠臣不私　又厚也[周語]忠非親禮[註]厚也　又[謚法]危身奉上險不辭難曰忠　又州名古巴東郡唐置忠州　又淵名[山海經]忠極之淵　又叶陟良切音張[漢溧陽長潘乾碑]彬文烈武扶弱抑强龕刈髃雄流惡顯忠

【 오류정리 】

○康誤處 1;[周禮地官改大司徒]一曰六德知仁聖義忠和[鄭(省鄭字)]疏]中心曰忠
●考證；謹按疏非鄭氏所作謹照原書地官改大司徒省鄭字
◆整理；[周禮(주례) 地官(지관)은 大司徒(대사도)의 착오이며] [省鄭字(성정자) 즉 鄭字는 삭제함. 疏(소)]
◆訂正文；[周禮大司徒]一曰六德知仁聖義忠和[疏]中心曰忠
▶【572-1】 字解誤謬與否；[周禮地官改大司徒]一曰六德知仁聖義忠和[鄭(省鄭字)]疏]中心曰忠 [鄭(省鄭字)]

★이상과 같이 인용처(引用處)나 주소(註疏)의 오류(誤謬)를 삭제(削除)한다 하여도 수정(修訂)하거나 정자(鄭字)를 삭제(削除)한다 하여도 자전상(字典上)의 휘(徽)의 본의(本義)에는 영향이 미치지 않음.

康 **忿**(분)[唐韻]敷粉切[集韻][韻會]撫吻切𡿨音紛[說文]悁也[玉篇]恨也怒也[書君陳]爾無忿疾于頑[傳]無忿怒疾之也　又[集韻]父吻切[韻會]扶粉切[正韻]房吻切병音憤或作賁通作憤[大學]身有所忿懥則不得其正[註]忿弗紛反集韻等書本此讀　又[玉篇][廣韻]匹問切[集韻]芳問切𡿨音湓義同　又通作分[杜甫送路侍御詩]不分桃花紅勝錦不分者不平之意與忿同又叶非律切音帝[劉向九歎]憂心展轉愁拂鬱兮寃結未舒長隱忿兮○按此字有依敷母切有依非母切有依奉母切皆輕脣音大略相近

【 오류정리 】

○康誤處 1;[大學]身有所忿懥則不得其正[註(改釋文)]忿弗紛反
●考證；謹照原書註改釋文

◆整理 ; [大學(대학)의] [註(주)는 釋文(석문)의] 착오.
◆訂正文 ; [大學]身有所忿懥則不得其正[釋文]忿弗紛反
▶【573-1】 字解誤謬與否 ; [大學]身有所忿懥則不得其正[註(改釋文)]忿弗紛反 [註(改釋文)]
★이상과 같이 인용처(引用處)나 주소(註疏)의 오류(誤謬)를 수정(修訂)을 한다 하여도 자전상(字典上)의 휘(徽)의 본의(本義)에는 영향이 미치지 않음.

心 部 五畫

康怠(태)[唐韻]徒亥切[集韻][韻會][正韻]蕩亥切达音待[說文]慢也[玉篇]懈也[書大禹謨]汝惟不怠 又通作殆[左傳昭五年]滋敞邑休怠 又[韻會]他代切音貸義同○按玉篇廣韻集韻皆無去聲韻會从毛氏增 又[集韻][類篇][韻會]达盈之切音怡義同[易雜卦傳]謙輕而豫怠也虞氏作怡[史記始皇紀]視聽不怠[劉歆烈女贊]言行不怠[註]达音怡 又鳥名[莊子山木篇]東海有鳥焉其名曰意怠 又[集韻]湯來切音胎義同 又叶堂來切音臺[荀子堯問篇]熱無失行微無怠忠信無倦而天下自來[越語]范蠡曰得時無怠時不再來俱叶灰韻 又叶養里切音以[詩小雅]無俾大怠叶上恥字 又叶徒替切音第[歐陽修范仲淹墓銘]藏其子孫寵及後世惟百有位可勸無怠

【 오류정리 】

○康誤處 1; 又通作殆[左傳昭五年]滋敞邑休怠(改殆)
●考證 ; 謹照韻會所引左傳怠改殆
◆整理 ; [左傳昭五年(좌전소오년)]의 怠(태)는 殆(태)의 착오.
◆訂正文 ; 又通作殆[左傳昭五年]滋敞邑休殆

▶【574-1】 字解誤謬與否 ; 又通作殆[左傳昭五年]滋敞邑休怠(改殆) [怠(改殆)]
★이상과 같이 오류(誤謬) 수정(修訂)이 되면 휴태(休殆; 몹시 게으름)로 변하여 자전상(字典上) 태(怠)의 본의(本義)에 영향이 미치게 됨.

○康誤處 2; [莊子山木篇]東海有鳥焉其(省其字)名曰意怠
●考證 ; 謹照原文省其字
◆整理 ; [莊子山木篇(장자산목편)]의 其(기)를 삭제함.
◆訂正文 ; [莊子山木篇]東海有鳥焉名曰意怠

▶【575-2】 字解誤謬與否 ; [莊子山木篇]東海有鳥焉其(省其字)名曰意怠 [其(省其字)]
★이상과 같이 기자(其字)를 삭제(削除)한다 하여도 자전상(字典上) 태(怠)의 본의(本義)에는 영향을 끼치지 않음.

○康誤處 3; [荀子堯問篇]熱無失(改爲執一無失)行微無怠忠信無倦而天下自來
●考證 ; 謹按熱乃執一二字之譌謹照原文熱無失改爲執一無失
◆整理 ; [荀子堯問篇(순자요문편)]의 熱無失(열무실)은 執一無失(집일무실)의 착오.
◆訂正文 ; [荀子堯問篇]執一無失行微無怠忠信無倦而天下自來

▶【576-3】 字解誤謬與否 ; [荀子堯問篇]熱無失(改爲執一無失)行微無怠忠信無倦而天下自來 [熱無失(改爲執一無失)]
★이상과 같이 오류(誤謬) 수정(修訂)이 된다 하여도 집일무실(執一無失; 보관만 철저히 한다면 한가지도 잃어버리지 않는다) 자전상(字典上) 본의(本義)에는 영향이 미치지 않음.

康性(성)[唐韻][集韻][韻會][正韻]𠀤息正切音姓[中庸]天命之謂性[註]性是賦命自然[孝經說曰]性者生之質也若木性則仁金性則義火性則禮水性則知土性則信 又[通論]性者生也[周禮地官大司徒]以土會之法辨五地之物生杜子春讀生爲性[釋文]性亦訓生義旣不殊故後鄭不破之也又[貉隷註]不生乳劉音色敬切 又無爲而安行曰性之[孟子]堯舜性之也 又姓 又[集韻]新佞切音胜心悸也 [陳淳曰]性字從生從心是人生來具是理于心方名曰性

【 오류정리 】

○康誤處 1; [周禮地官大司徒]以土會之法辨五地之物生杜子春讀生爲性[釋文(改賈疏)]性亦訓生

●考證 ; 謹照周禮原本釋文改賈疏

◆整理 ; [周禮地官大司徒(주례지관대사도)]의 [釋文(석문)은 賈疏(가소)의] 착오.

◆訂正文 ; [周禮地官大司徒]以土會之法辨五地之物生杜子春讀生爲性[賈疏]性亦訓生

▶ 【577-1】 字解誤謬與否 ; 周禮地官大司徒]以土會之法辨五地之物生杜子春讀生爲性[釋文(改賈疏)]性亦訓生[釋文(改賈疏)]

★이상과 같이 인용처(引用處)나 주소(註疏)의 오류(誤謬)를 수정(修訂)을 한다 하여도 자전상(字典上)의 성(性)의 본의(本義)에는 영향이 미치지 않음.

心 部 六畫

康恤(휼)(휼)[唐韻]辛聿切[集韻][韻會][正韻]雪律切𠀤音戌[說文]憂也从心血聲[書盤康]永敬大恤[詩小雅]出則銜恤[周禮春官大宗伯]以恤禮哀寇亂皆訓憂也 又收也賑也[周禮地官]

六行孝友睦婣任恤[註]恤振憂貧者[通論]振貧老曰恤 又[增韻]愍也災危相憂也[周禮地官]十二敎八曰以誓敎恤則民不怠[疏]民有厄喪敎相憂恤也

又相愛曰恤[周禮地官]八刑六曰不恤之刑[鄭司農註]恤謂相愛也 又恤恤憂患貌[左傳昭十二年]且言曰恤恤乎 又作卹[詩唐風小序]不卹其民也[註]恤亦作卹[周禮春官典瑞]以卹凶荒[註]卹者開府庫振救之 又姓晉大夫恤由 心血爲恤蓋心戌然而慘惻之若己身之有患也

【 오류정리 】

○康誤處 1; 又相愛(改憂)曰恤[周禮地官]八刑六曰不恤之刑[鄭司農註]恤謂相愛(改憂)也

●考證 ; 謹照周禮註原文兩愛字俱改憂

◆整理 ; 又相(우상) 愛(애)는 憂(우), [周禮地官(주례지관)] 愛(애)도 憂(우)의 착오.

◆訂正文 ; 又相憂曰恤[周禮地官]八刑六曰不恤之刑[鄭司農註]恤謂相憂也

▶ 【578-1】 字解誤謬與否 ; 又相愛(改憂)曰恤[周禮地官]八刑六曰不恤之刑[鄭司農註]恤謂相愛(改憂)也 [愛(改憂)]

★이상과 같이 오류(誤謬) 수정(修訂)이 되면 상우(相憂;서로 근심하다)하니 자전상(字典上) 휼(恤)의 본의(本義)에 직접 영향이 미치게 됨.

康恭(공)[廣韻]九容切[集韻]居容切𠀤音供[說文]肅也[書洪範]貌曰恭[禮曲禮]君子恭敬撙節退讓以明禮[註]在貌爲恭在心爲敬貌多心少爲恭心多貌少爲敬 又[禮玉藻]手容恭[註]高且正也 又[論語]溫良恭儉讓[註]和從不逆謂之恭 又[周語]夙夜恭也[註]夙夜敬事曰恭[釋名]恭拱也自拱持也亦

言供給事人也　又[書太甲]接下思恭
[禮少儀]賓客主恭[註]以不驕慢爲恭
又奉也[書甘誓]今予惟恭行天之罰
[傳]恭奉也　又[諡法]正德美容敬順
事上曰恭　又州名梁州地唐置恭州
又姓晉恭世子之後以諡爲姓　又通作
共[詩大雅]虔共爾位[註]恭字古與共
通[左傳僖二十七年]杞不共也{註}本
作恭　亦通作龔[書泰誓]恭行天罰或
作龔　又叶區王切音匡[道藏歌]太虛
感靈會命我生成章天神普欣悅一切稽
首恭　本作恭从心共聲今作恭

【 오류정리 】

○康誤處 1; [禮曲禮]君子恭敬撙節退
讓以明禮[註(改疏)]在貌爲恭在心爲敬
貌多心少爲恭心多貌少爲敬
●考證 ; 謹照原書註改疏
◆整理 ; [禮曲禮(예곡례)]의 [註(주)
는 疏(소)]의 착오.
◆訂正文 ; [禮曲禮]君子恭敬撙節退
讓以明禮[疏]在貌爲恭在心爲敬貌多
心少爲恭心多貌少爲敬
▶【579-1】 字解誤謬與否 ; [禮曲
禮]君子恭敬撙節退讓以明禮[註(改
疏)]在貌爲恭在心爲敬貌多心少爲恭
心多貌少爲敬 　[註(改疏)]
★이상과 같이 인용처(引用處)나 주
소(註疏)의 오류(誤謬)를 수정(修訂)
을 한다 하여도 자전상(字典上)의 공
(恭)의 본의(本義)에는 영향이 미치지
않음.

○康誤處 2; [論語]溫良恭儉讓[註(改
疏)]和從不逆謂之恭
●考證 ; 謹照原書註改疏
◆整理 ; [論語(논어)]의 [註(주)는
疏(소)]의 착오.
◆訂正文 ; [論語]溫良恭儉讓[疏]和
從不逆謂之恭
▶【580-1】 字解誤謬與否 ; [論語]

溫良恭儉讓[註(改疏)]和從不逆謂之恭
[註(改疏)]
★이상과 같이 인용처(引用處)나 주
소(註疏)의 오류(誤謬)를 수정(修訂)
을 한다 하여도 자전상(字典上)의 공
(恭)의 본의(本義)에는 영향이 미치지
않음.

息 (식) [唐韻]相卽切[集韻][韻
會][正韻]悉卽切𡘋音熄[說文]喘也
[增韻]一呼一吸爲一息　又大聲歎曰
太息[戰國策]閔王太息[註]長出氣也
[前漢高帝紀]喟然太息[師古註]太息
之大也　又累氣曰累息[後漢任延傳]
吏民累息　一曰止也[禮檀弓]小人之
愛人也以姑息[註]息猶安也言苟且取
安也王氏曰且止之辭　又處也[詩小
雅]無恆安息[傳]息猶處也　又生也
[周禮地官]以保息六養萬民[前漢宣帝
紀]刑者不可息[師古註]息謂生長言劓
刖之徒不可更生長也　又[禮月令註]
陽生爲息　又子曰息[東觀漢記]此蓋
我子息也[戰國策]老臣賤息舒祺最少
又[尸子]棄黎老之言用姑息之語
[註]姑婦也息小兒也　又出錢生子亦
曰息[周禮地官泉府]凡民之貸者以國
服爲之息　又勞也[儀禮鄕飲酒禮]乃
息司正[註]息勞也[釋文]勞力報反
又休也[周禮春官籥章]以息老物[註]
休息之也又[冬官考工記梓人]張獸侯
則王以息燕[註]息者休農息老物也
又[釋名]息塞也塞滿也　又國名又新
息縣本息故國徙於東故加新字[左傳隱
十一年]息侯伐鄭[註]息國汝南新息縣
[釋文]一本作鄎又安息戎國去長安萬
六百里[風俗通]戎類有六五曰鼻息
又土自長息無限曰息壤[山海經]絲
竊帝之息壤以堙洪水　又姓[姓苑]今
襄陽有此姓又息夫複姓　又叶私列切
音屑[蘇軾遊香積寺詩]把玩竟不食棄
置長太息幽尋恐不繼書版記歲月　从

心从自自亦聲[徐鍇曰]自鼻也氣息从鼻出會意

【 오류정리 】

○康誤處 1;[禮檀弓]小人(改細人)之愛人也以姑息

●考證 ; 謹照原文小人改細人

◆整理 ;;[禮檀弓(예단궁)]의 小人(소인)은 細人(세인)의 착오.

◆訂正文 ;[禮檀弓]細人之愛人也以姑息

▶【581-1】字解誤謬與否 ;[禮檀弓]小人(改細人)之愛人也以姑息 [小人(改細人)]

★이상과 같이 오류(誤謬) 수정(修訂)이 된다 하여도 세인(細人; 소인. 식견이 좁은 사람. 지위가 낮은 사람. 시녀. 기생. 첩)은 자전상(字典上) 식(息)의 본의(本義)인 식(息)에는 영향이 미치지 않음.

心 部 七畫

康 悌(제)[唐韻]特計切[集韻][韻會][正韻]大計切𠀤音第[說文]善兄弟也从心弟聲經典通用弟　又[廣韻]徒禮切[集韻][韻會]待禮切𠀤音娣[玉篇]愷悌也與詩豈弟同[註]豈樂弟易也　又[集韻]蕩亥切音待義同　又[集韻]待亦切易也或作弟義同　又[爾雅釋言]豈弟發也[郭璞註]發發行也引詩齊子豈弟[疏]引鄭箋云此豈弟猶言發夕也豈讀爲闓弟古文尙書以弟爲圛圛明也然則郭云發發行也是用鄭箋爲說[孔穎達曰]此豈弟猶發夕言與餘豈弟不同也讀愷爲闓[說文]闓開也洪範論卜兆有五曰圛註云圛者色澤光明上云發夕謂初夜卽行此云闓明謂侵明而行與上文相通也○按豈弟又有發行之義毛傳於齊風載驅詩之豈弟與他處豈弟訓義混同鄭箋不從必有考也集韻又有特入切當訓發也今集韻仍毛傳而不用

箋則多此一切爲贅矣

【 오류정리 】

○康誤處 1;集韻又有特入切(改特亦切)

●考證 ; 謹按集韻悌字無特入切之音惟有待亦切謹照原文特入切改特亦切

◆整理 ; 集韻(집운)의 特入切(특입절)은 特亦切(특역절)의 착오.

◆訂正文 ; 集韻又有特亦切

▶【582-1】字解誤謬與否 ; 集韻又有特入切(改特亦切) [特入切(改特亦切)]

★이상과 같이 인용처(引用處)나 주소(註疏)의 오류(誤謬) 수정(修訂)이 된다 하여도 자전상(字典上) 제(悌)의 본의(本義)에는 영향이 미치지 않음.

康 悖(패)[唐韻][韻會][正韻]蒲沒切[集韻]蒲沒切𠀤音孛[說文]亂也[玉篇]逆也[周語]是以行事而不悖[註]步沒切　又盛貌[左傳莊十一年]其興也悖焉[註]悖盛貌一作勃　又姓　又[玉篇][廣韻][集韻]𠀤蒲昧切音佩[詩大雅]覆俾我悖[註]蒲對反　又[集韻][韻會]𠀤補昧切音背義同　又[玉篇][集韻][韻會]𠀤必每切[博雅]强也本作誖从言或从心作悖或从口作哱籋从二或作惑上下反覆皆相惑故爲誖也梁王以佛有悖音改悖爲背嗣後該讀入聲者多讀去聲矣　[集韻]悖亦作愂

【 오류정리 】

○康誤處 1;[周語]是以行事(改事行)而不悖

●考證 ; 謹照原文行事改事行

◆整理 ;[周語(주어)]의 行事(행사)는 事行(사행)의 착오.

◆訂正文 ;[周語]是以事行而不悖

▶【583-1】字解誤謬與否 ;[周語]是以行事(改事行)而不悖 [行事(改事行)]

★이상과 같이 사행(事行; 절대적(絶對的) 원리(原理)인 자아(自我)의 근원적(根源的) 활동(活動))으로 오류(誤謬) 수정(修訂)이 된다 하여도 자전상(字典上) 패(悖)의 본의(本義)에는 영향이 미치지 않음.

康 悛(전)[唐韻]此緣切[集韻]逡緣切茲音詮[說文]止也[廣韻]改也[周語]其有悛乎 又次也[左傳定三年]外內以悛 又[集韻][韻會][正韻]茲七倫切音逡義同 又[集韻]須倫切音荀與恂同[說文]信心也

【 오류정리 】

○康誤處 1; [左傳定三年(改哀三年)]外內以悛
●考證 ; 謹照原文定三年改哀三年
◆整理 ; [左傳(좌전)의 定三年(정삼년)은 哀三年(애삼년)의] 착오.
◆訂正文 ; [左傳哀三年]外內以悛
▶【584-1】 字解誤謬與否 ; [左傳定三年(改哀三年)]外內以悛 [三年(改哀三年)]

★이상과 같이 인용처(引用處)나 주소(註疏) 등(等)의 오류(誤謬)를 수정(修訂)을 한다 하여도 자전상(字典上)의 전(悛)의 본의(本義)에는 영향이 미치지 않음.

康 悠(유)[唐韻]以周切 [集韻][韻會]夷周切茲音由[說文]憂也从心攸聲[詩小雅]悠悠我里[註]悠悠憂也 又思也[詩周南]悠哉悠哉[箋]思之哉思之哉 又遠也[詩鄘風]驅馬悠悠[註]悠悠遠貌又[周頌]於乎悠哉[傳]悠遠也 又行貌[詩大雅]悠悠南行 又眇邈無期貌[詩王風]悠悠蒼天 又閒暇貌[詩小雅]悠悠斾旌 又通作攸[孟子]攸然而逝[前漢班固敍傳]攸攸外寓 又通作繇[前漢韋賢傳]犬馬繇繇讀

作悠悠 又叶延知切音移[梁竦悼騷賦]彼皇麟之高舉兮熙太淸之悠悠臨岷川以懷恨兮指丹海以爲期

【 오류정리 】

○康誤處 1; [詩大雅(改小雅)]悠悠南行
●考證 ; 謹照原書大雅改小雅
◆整理 ; [詩(시)의 大雅(대아)는 小雅(소아)의] 착오.
◆訂正文 ; [詩小雅]悠悠南行
▶【585-1】 字解誤謬與否 ; [詩大雅(改小雅)]悠悠南行 [大雅(改小雅)]

★이상과 같이 인용처(引用處)나 주소(註疏)의 오류(誤謬)를 수정(修訂)을 한다 하여도 자전상(字典上)의 유(悠)의 본의(本義)에는 영향이 미치지 않음.

康 惕(척)[唐韻][集韻][韻會][正韻]茲他歷切音剔[說文]敬也从心易聲 又怵惕也憂也懼也 又[爾雅釋訓]惕惕愛也引詩陳風心焉惕恨韓詩以爲悅人故言愛也 又疾也[吳語]一曰惕[註]疾也疾速之疾 又[說文]或作悐[前漢王商傳]無惕悐憂[集韻]亦作愓惖 又叶汀藥切音託[揚子太玄經]心惕惕足金烏不志溝壑烏音削

【 오류정리 】

○康誤處 1; [爾雅釋訓]惕惕愛也引詩陳風(改郭註詩云)心焉惕恨韓詩以爲悅人故言愛也
●考證 ; 謹按此註文誤爲經文謹將引詩陳風四字改郭註詩云
◆整理 ; [爾雅釋訓(이아석훈)]의 引詩陳風(인시진풍)은 郭註詩云(곽주시운)의 착오.
◆訂正文 ; [爾雅釋訓]惕惕愛也郭註詩云心焉惕恨韓詩以爲悅人故言愛也
▶【586-1】 字解誤謬與否 ; [爾雅

釋訓]惕惕愛也引詩陳風(改郭註詩云)
心焉惕恨韓詩以爲悅人故言愛也　[引
詩陳風(改郭註詩云)]
★이상과 같이 인용처(引用處)나 주
소(註疏)의 오류(誤謬)를 수정(修訂)
을 한다 하여도 자전상(字典上)의 유
(悠)의 본의(本義)에는 영향이 미치지
않음.

心部 九畫

康 悸(경)[廣韻][正韻]渠營切[集
韻][韻會]葵營切𡘋音瓊憂也[詩小雅]
憂心悸悸[傳]悸悸憂意　又獨也[詩小
雅]哀此悸獨[箋]悸獨也[疏]單獨之民
窮而無告也又[周禮秋官大司寇]凡遠近
悸獨老幼之欲[註]無兄弟曰悸無子孫曰
獨又[書洪範]無虐悸獨[註]悸單無兄
弟也　又與煢同[詩箋小註]悸本作煢
[後漢東平王傳]俾屏余一人夙夜煢煢
又作𤈇[孟子引小雅正月詩]作哀此𤈇
獨　[集韻]又作佌憌○按悸訓憂惸訓
獨近日字書多分然經書於悸字訓憂又
訓獨蓋憂從獨生而惸悸煢𤈇等經傳錯
引互見大抵皆通

【 오류정리 】

○康誤處 1;[周禮秋官大司寇]凡遠近
悸獨老幼之欲(增有復於上四字)[(增鄭
字)註]無兄弟曰悸無子孫曰獨(省下無
子孫曰獨五字)
●考證；謹按所引經句未全謹照原文
之欲下增有復於上四字註上增鄭字省下
無子孫曰獨五字
◆整理；[周禮秋官大司寇(주례추관대
사구)] 유복어상(有復於上; 다시 먼저
있다) 四字(사자)를 덧붙이고 [(鄭
(정)을 덧붙고 註(주)] 無子孫曰獨(무
자손왈독) 五字(오자)는 삭제함.
◆訂正文；[周禮秋官大司寇]凡遠近
悸獨老幼之欲有復於上[(鄭註]無兄弟
曰悸

▶【587-1】 字解誤謬與否；[周禮
秋官大司寇]凡遠近悸獨老幼之欲(增
有復於上)[(增鄭字)註]無兄弟曰悸無
子孫曰獨(省下無子孫曰獨五字)　[欲
(增有復於上)][(增鄭字)註][無子孫
曰獨(省下無子孫曰獨五字)]
★이상과 같이 오류(誤謬) 수정(修訂)
이 된다 하여도 유복어상(有復於上;
다시 먼저 있다)과 주소(註疏)는 자전
상(字典上) 경(悸)의 (本義)에는 영향
이 미치지 않으나, 무형제왈경(無兄
弟曰悸; 형제가 없으면 고독하다고
한다)은 본의(本義)에 적극 영향이 미
치게 됨.

康 愉(유)[唐韻]羊朱切[集韻][韻
會]容朱切[正韻]雲俱切𡘋音腴从心兪
聲[玉篇]悅也顏色樂也[禮祭義]必有
愉色[論語]愉愉如也[註]愉愉和悅之
貌　又[爾雅釋詁]樂也[詩唐風]他人
是愉[註]安閒之樂也　又[爾雅釋詁]
服也[註]謂喜樂而服從也　又懌也[前
漢安世房中歌]高賢愉愉民所懷[註]愉
愉懌也[集韻]或作婾　又與愈通詳愈
字註　又[集韻][韻會]𡘋他侯切音偷
[周禮地官大司徒]以俗教民則民不愉
[註]愉音偷謂朝不謀夕也[疏]偷苟且
也　又勇主切音窳[爾雅釋詁]勞也
[註]今或作窳[疏]愉懶也郭璞曰勞苦
者多懶愉也　又叶員丘切音尤[張衡東
京賦]敬愼威儀示民不偷我有嘉賓其樂
愉愉○按說文愉訓薄援恌爲愉皆不合
經解

【 오류정리 】

○康誤處 1;[周禮地官大司徒]以俗教
民(改教安)則民不愉
●考證；謹照原文教民改教安
◆整理；[周禮地官大司徒(주례지관대
사도)]의 教民(교민)은 教安(교안)의
착오.

◈訂正文；[周禮地官大司徒]以俗教安則民不偷

▶【588-1】 字解誤謬與否；[周禮地官大司徒]以俗教民(改教安)則民不偷 [教民(改教安)]

★이상과 같이 오류(誤謬) 수정(修訂)이 된다 하여도 교안(教安; 평안을 일러주다)은 자전상(字典上) 유(愉)의 본의(本義)인 투(偷; 苟且)에는 영향이 미치지 않음.

㊖愒(게)[廣韻][集韻][韻會]𠀤去例切音憩[說文]息也从心曷聲[詩小雅]不尙愒焉[大雅]汔可小愒[傳]皆訓息也 又[集韻]或作偈[揚雄甘泉賦]度山巒兮偈棠梨[師古註]偈讀作愒 又[廣韻]苦蓋切[集韻][韻會][正韻]丘蓋切𠀤音磕[廣韻]貪也[左傳昭元年]忨歲而愒日[註]忨愒皆貪也 又急也[春秋隱三年]葬宋繆公[公羊傳]不及時而日愒葬也[註]急也或作渴又作幆 又[集韻]可亥切音愷義同 又[集韻]許葛切音喝相恐怯也或作㵣通作偈 又[廣韻]丘謁切[集韻][韻會]丘傑切𠀤音朅[廣韻]息也 本作愒破體作憇 遂譌成憩 再譌成憩憩 咍下心 䛦下心

【 오류정리 】

○康誤處 1; [公羊傳]不及時而日愒葬也[註]急也或作渴又作幆(改爲廣韻引公羊傳不及時而葬日愒愒急也今本作渴)

●考證；謹按今本公羊傳作渴惟廣韻引公羊作愒謹改爲廣韻引公羊傳不及時而葬日愒愒急也今本作渴

◆整理；[公羊傳(공양전)]不及時而日愒葬也(불급시이일게장야)[註(주)]急也或作渴又作幆(급야혹작갈우작개)를 廣韻引公羊傳不及時而葬日愒愒急也今本作渴(광운인공양전불급시이장일게게급야금본작갈)로 고침.

◈訂正文；[公羊傳]不及時而葬日愒愒急也今本作渴

▶【589-1】 字解誤謬與否；[公羊傳]不及時而日愒葬也[註]急也或作渴又作幆(改爲廣韻引公羊傳不及時而葬日愒愒急也今本作渴)

★이상과 같이 오류(誤謬) 수정(修訂)이 된다 하여도 ○장일(葬日; 장사날은) ○게게(愒愒; 영원히 쉬다. 영원히 잠들다)라 자전상(字典上) 게(愒)의 본의(本義)에 직접 영향이 미치지 않음.

心部 十畫

㊖慤(각)[唐韻]苦角切[集韻][韻會]克角切[正韻]乞約切𠀤音㱿[說文]謹也从心㱿聲[廣韻]善也愿也誠也[荀子不苟篇]有慤士者 又[謚法]行見中外曰慤 又或作愨[禮禮器]七介以相見也不然則已愨又[檀弓]孔子曰殷已愨[疏]質愨也 又通作㲉[周禮秋官大司寇註]愿㲉愼也亦作慤 又叶枯沃切音酷[張衡東京賦]所貴惟賢所寶惟穀民去末而反本感懷忠而抱慤 [集韻]又作慤大抵慤愨慤㱿或省或通𠀤存可也

【 오류정리 】

○康誤處 1; 又通作㲉(改㱿)[周禮秋官大司寇註]愿㲉愼也亦作慤(改檀弓殷已慤陸德明釋文慤本又作㱿)

●考證；謹按周禮註愨不作㲉惟檀弓釋文慤字有作㱿者謹將通作㲉之㲉改㱿周禮以下十五字改檀弓殷已慤陸德明釋文慤本又作㱿

◆整理；又通作(우통작) 㲉(각)은 㱿(각)의 착오이며, [周禮秋官大司寇註(주례추관대사구주)]愿㲉愼也亦作慤(원각신야역작각)은 [檀弓(단궁)]殷已慤(은이각)[陸德明釋文(육덕명석문)]慤本又作㱿(각본우작각)의 착오.

◆訂正文 ; 又通作㲉[檀弓]殷已慤陸德明釋文慤本又作㲉

▶【590-1】 字解誤謬與否 ; 又通作㲉(改㲉)[周禮秋官大司寇註]愿㲉愼也亦作慤(改檀弓殷已慤陸德明釋文慤本又作㲉) [㲉(改㲉)] [[周禮秋官大司寇註]愿㲉愼也亦作慤(改檀弓殷已慤陸德明釋文慤本又作㲉)]

★이상과 같이 오류(誤謬) 수정(修訂)이 되면 ○각(㲉; 단단한 껍질)이 각(㲉; 껍데기)으로 바뀌고 ○은이각(殷已慤; 은나라의 예는 이미 절박하다 [檀弓]孔子曰殷已慤[疏]質慤也)은 자전상(字典上) 각(㲉)의 본의(本義)에 영향이 미침.

康愷(개)[唐韻]苦亥切[集韻][韻會][正韻]可亥切 音凱[說文]康也[廣韻]樂也[詩小雅]豈樂飲酒[註]豈本作愷 又軍勝之樂[周禮秋官大司馬]愷樂獻于祉[左傳僖二十八年]晉文公振旅愷以入于晉 又或作凱[爾雅釋天]南風謂之凱風[疏]南風長養萬物喜樂故曰凱風[左傳]八愷或作八凱愷凱古通用也

【 오류정리 】

○康誤處 1;[周禮秋官(改夏官)大司馬]愷樂獻于祉

●考證 ; 謹照原文秋官改夏官

◆整理 ; [周禮(주례)의 秋官(추관)은 夏官(하관)의] 착오.

◆訂正文 ; [周禮夏官大司馬]愷樂獻于祉

▶【591-1】 字解誤謬與否 ; [周禮秋官(改夏官)大司馬]愷樂獻于祉 [秋官(改夏官)]

★이상과 같이 인용처(引用處)나 주소(註疏)의 오류(誤謬)를 수정(修訂)을 한다 하여도 자전상(字典上)의 개(愷)의 본의(本義)에는 영향이 미치지

않음.

康應(특)[廣韻]他德切[集韻]惕得切 音忒[廣韻]應惡也[書畢命]旌別淑應 又穢也[禮樂記]世亂則禮應而樂淫 又邪也[詩鄘風]之死矢靡應 又隱惡也[周禮秋官司寇]詰姦應 又地應若瘴蠱也[周禮地官]土訓掌道地圖以詔地事道地應以辨地物[晉語]宵靜女德以伏蠱應 又方應也[周禮地官]誦訓掌道方應以詔辟忌[註]方應四方言語所惡也 又仄應也[前漢五行志]朔而月見東方謂之仄應[孟康曰]仄應者月行遲在日後當沒而更見也 又[集韻]昵力切音匿隱情飾非曰應 从匿从心蓋惡之匿於心者

【 오류정리 】

○康誤處 1;[周禮秋官(改書周官篇)司寇]詰姦應

●考證 ; 謹按秋官無詰姦應之文查係書周官謹將周禮秋官改書周官篇

◆整理 ; [周禮秋官(주례추관)은 書周官篇(서주관편)의] 착오.

◆訂正文 ; [書周官篇司寇]詰姦應

▶【592-1】 字解誤謬與否 ; [周禮秋官(改書周官篇)司寇]詰姦應 [周禮秋官(改書周官篇)]

★이상과 같이 인용처(引用處)나 주소(註疏)의 오류(誤謬)를 수정(修訂)을 한다 하여도 자전상(字典上)의 특(應)의 본의(本義)에는 영향이 미치지 않음.

康慢(만)[廣韻]謨晏切[集韻][正韻]莫晏切[韻會]莫縮切 音縵[說文]惰也从心曼聲一曰不畏也[廣韻]怠也倨也緩也[朱子曰]慢放肆也 又或作僈[荀子不苟篇]寬而不僈 亦作謾[前漢董仲舒傳]桀紂暴謾 又[大學]舉而

不能先命也[鄭氏云]命當作慢　又[集韻]亦作漫詳水部漫字註　又[集韻]眧見切音麨慢䄜弛縱意　又[集韻]謨官切音瞞惑也　又叶民堅切音眠[古詩]太古之不慢兮禮義之不愆兮　又叶莫半切音幔[謝惠連秋懷詩]夷險難預謀倚伏昧前算雖好相如達不同長卿慢

【 오류정리 】

○康誤處 1;[大學]舉而不能先命也[鄭氏云]命當作(改讀爲)慢

●考證;謹照原文當作改讀爲

◆整理;[大學(대학)][鄭氏云(정씨운)]의 當作(당작)은 讀爲(독위)의 착오.

◆訂正文;[大學]舉而不能先命也[鄭氏云]命讀爲慢

▶【593-1】 字解誤謬與否;[大學]舉而不能先命也[鄭氏云]命當作(改讀爲)慢　當作(改讀爲)

★이상과 같이 오류(誤謬) 수정(修訂)이 된다 하여도 독위(讀爲;독서만 하다)는 자전상(字典上) 만(慢)의 본의(本義)에는 영향이 미치지 않음.

慨(개)[集韻][韻會]𠀤口漑切音嘅忼慨壯士不得志也从心旣聲[徐曰]內自高亢憤激也[後漢馮良傳]慨然恥在廝役　又悲也[禮檀弓]旣葬慨然如不及[疏]中心悲也又[檀弓]練而慨然[註]憂悼在心之貌　又通作愾[晉書陸機傳]登壇忼愾　又叶去吏切音器[賈誼早雲賦]遂積聚而合沓兮相紛薄而慷慨若飛翔之縱橫兮揚波怒而澎濞

【 오류정리 】

○康誤處 1;[禮檀弓]旣葬慨然(改慨焉)如不及

●考證;謹照原文慨然改慨焉

◆整理;[禮檀弓(예단궁)]의 慨然(개연)은 慨焉(개언)의 착오.

◆訂正文;[禮檀弓]旣葬慨焉如不及

▶【594-1】 字解誤謬與否;[禮檀弓]旣葬慨然(改慨焉)如不及　慨然(改慨焉)

★이상과 같이 오류(誤謬) 수정(修訂)이 되면 개언(慨焉;근심하고 슬퍼함. 개탄스러움)이 되어 자전상(字典上) 개(慨)의 본의(本義)에 직접 영향이 미치게 됨.

慮(려)[唐韻][集韻][韻會][正韻]𠀤良據切音鑢[說文]謀思也从思虍聲思有所圖曰慮慮猶縷也[增韻]憂也疑也[書太甲]弗慮胡獲[註]欲其謹思之也[大學]安而后能慮[朱註]處事精詳也　又度也[揚子太玄經]立督慮也[註]督正也慮度也運以正度也　又總計曰亡慮[前漢書註]舉凡之辭言不待計慮而知其大凡也　又軍前所持幡曰慮無[左傳宣十二年]前茅慮無[註]慮有無也[正義]明爲思慮其所無之事使知而爲之備也　又[釋名]慮旅也旅衆也[易繫辭]一致而百慮[註]慮及衆物以一定之也　又姓[左傳]南蒯臣慮癸
又[廣韻]力居切[集韻][韻會][正韻]凌如切𠀤音閭[正韻]思慮也[淮南子原道訓]恬然無思澹然無慮以天爲蓋以地爲輿　又木名[爾雅釋木]諸慮山櫐也　又地名隆慮在河內無慮在遼東取慮在臨淮且慮在遼西昌慮在海東隆音林取音趣且音苴　又[古今字考]兩舉切音呂[箕山歌]日月運照靡不記睹游放其閒何所却慮　又[正字通]盧谷切音錄[唐書百官志]大理寺掌折獄詳刑凡繫囚五日一慮[前漢雋不疑傳]每行縣錄囚徒還[師古註]錄囚今云慮囚本錄聲之去者耳近俗不曉其意訛爲思慮之慮失其源矣○按師古此言近於識字而實未通韻惟未通韻亦未爲識字之源也蓋每字原具四聲如慮字從平聲起韻閭呂慮錄則閭字爲慮字之平呂字爲慮字之上錄字爲慮字之入也慮本訓謀

思然兼有詳審之義故漢書錄囚亦卽慮囚也慮字原具入聲有錄音豈必專屬去聲爲得字之源乎 又叶郞古切音魯[楚辭九 章]惟佳人之獨懷兮折芳椒以自處曾歔欷之嗟嗟兮獨隱伏而思慮○按本从思說文玉篇都入思部字彙幷入心部取其便考

【 오류정리 】

○康誤處 1; [大學]安而后能慮[朱註]處事精詳(改爲謂處事精詳)也

●考證 ; 謹照原文改爲謂處事精詳

◆整理 ; [大學(대학)] 朱註(주주)]의 處事精詳(처사정상)을 謂處事精詳(위처사정상)으로 고침.

◈訂正文 ; [大學]安而后能慮[朱註]謂處事精詳也

▶【595-1】 字解誤謬與否 ; [大學]安而后能慮[朱註]處事精詳(改爲謂處事精詳)也

★이상과 같이 오류(誤謬) 수정(修訂)이 된다 하여도 위(謂)를 덧붙인다 하여도 자전상(字典上) 려(慮)의 본의(本義)에는 영향이 미치지 않음.

㊕慰(위)[唐韻]於胃切[集韻][韻會][正韻]紆胃切𠀤音尉同慰安之以愜其情也[詩衛風]莫慰母心[小雅]以慰我心 又通作尉[前漢車千秋傳]寬廣上意尉安黎庶

【 오류정리 】

○康誤處 1; [詩衛風(改邶風)]莫慰母心

●考證 ; 謹照原書衛風改邶風

◆整理 ; [詩(시)의 衛風(위풍)은 邶風(패풍)의] 착오.

◈訂正文 ; [詩邶風]莫慰母心

▶【596-1】 字解誤謬與否 ; [詩衛風(改邶風)]莫慰母心 [衛風(改邶風)]

★이상과 같이 인용처(引用處)나 주소(註疏)의 오류(誤謬)를 수정(修訂)을 한다 하여도 자전상(字典上)의 위(慰)의 본의(本義)에는 영향이 미치지 않음.

㊕懘(채)[唐韻]特計切[集韻]大計切𠀤音第[說文]高也一曰極也一曰困劣也从心帶聲 又[廣韻][集韻]𠀤丑例切音跇[廣韻]困劣也 又[集韻]尺制切音掣音敗不和也本从水作滯或从心作懘亦書作𢡺 又[廣韻]丑犗切[集韻]丑邁切𠀤音蠆懘芥刺梗也[司馬相如上林賦]曾不蔕芥[賈誼鵩鳥賦]細故蔕芥或書作懘薊

【 오류정리 】

○康誤處 1; [司馬相如上林賦(改子虛賦)]曾不蔕芥

●考證 ; 謹照原書上林賦改子虛賦

◆整理 ; [司馬相如(사마상여)의 上林賦(상림부)는 子虛賦(자허부)의]착오.

◈訂正文 ; [司馬相如子虛賦]曾不蔕芥

▶【597-1】 字解誤謬與否 ; [司馬相如上林賦(改子虛賦)]曾不蔕芥 [上林賦(改子虛賦)]

★이상과 같이 인용처(引用處)나 주소(註疏)의 오류(誤謬)를 수정(修訂)을 한다 하여도 자전상(字典上)의 채(懘)의 본의(本義)에는 영향이 미치지 않음.

心部 十二畫

㊕憏(제)[集韻]丑例切音傺恀憏未定也

【 오류정리 】

○康誤處 1; 音傺恀憏未定也

●考證 ; 謹按此字右旁从祭係十一畫謹改歸十一畫內

◆整理 ; 憏(제)는 十一畫(십일획) 十一畫(십일획)내로 되돌림.

◈訂正文 ; 歸十一畫內

▶【598-1】 字解誤謬與否 ; 音傺侘 憏未定也

★이상과 같이 오류(誤謬) 수정(修訂)이 된다 하여도 제(憏; 心部 十一畫)가 십이획(十二畫)이 십일획(十一畫)의 착오 수정(修訂)으로 자전상(字典上) 제(憏)의 본의(本義)에는 영향이 미치지 않음.

憪(창)[廣韻][正韻]昌兩切[集韻][韻會]齒兩切𠀤音敞[玉篇]敞怳驚貌或省作惝

【 오류정리 】

○康誤處 1;[玉篇]敞怳(改憪怳)驚貌
●考證 ; 謹照原文敞怳改憪怳
◆整理 ; [玉篇(옥편)]의 敞怳(창황)은 憪怳(창황)의 착오.
◆訂正文 ;[玉篇]憪怳驚貌
▶【599-1】 字解誤謬與否 ; [玉篇]敞怳(改憪怳)驚貌 敞怳(改憪怳)]

★이상과 같이 오류(誤謬) 수정(修訂)이 되면 창황(憪怳; 실망하다. 시무룩하다. 흐리멍텅하다. 불분명하다)이 되는데 자전상(字典上) 본의(本義)에 직접 영향이 미치게 됨.

心部 十六畫

懷(회)[唐韻]戸乖切[集韻][韻會]乎乖切𠀤音槐[說文]念思也从心褱聲[論語]君子懷德 又歸也[書大禹謨]黎民懷之[註]歸之也 又來也[詩齊風]曷又懷止又[周頌]懷柔百神[註]懷來也 又安也[書秦誓]邦之榮懷[詩王風]懷哉懷哉 又包也[書堯典]蕩蕩懷山襄陵 又藏也[論語]懷其寶而迷其邦[禮曲禮]其有核者懷其核 又慰也[詩檜風]懷之好音 又懷抱胷臆也[左傳成十七年]瓊瑰盈吾懷乎[論語]然後免於父母之懷 又傷也[詩邶風]願言則懷[毛傳]懷傷也 又私也[詩小雅]每懷靡及[箋]懷私也 又[爾雅釋詁]至也[註]齊魯之會郊曰懷[詩小雅]懷允不忘[箋]至也至信不忘 又[爾雅釋詁]止也[疏]至止也 又[釋名]懷回也本有去意回來就己也亦言歸也來歸己也 又[諡法]慈仁哲行曰懷 又地名[書禹貢]覃懷底績 又州名春秋時野野王邑漢河內郡唐置懷州 又姓三國吳尚書郎懷敘 又通作褱[前漢許后傳]褱誠秉忠 又叶胡隈切音回[詩周南]陟彼崔嵬我馬虺隤我姑酌彼金罍維以不永懷 又叶呼回切音揮[楚辭九歌]長太息兮將上心低回兮顧懷羌生色以娛人觀者憺以忘歸[魏文帝苦寒行]延頸長太息遠行多所懷我心何怫鬱思欲一東歸 又叶苦禾切音窠[淮南子五位篇]平而不阿明而不苟包裹覆露無不囊懷 周伯琦曰]褱藏挾於衣中也从衣𣎵聲心之所恩念藏貯亦曰褱隸作懷

【 오류정리 】

○康誤處 1;[楚辭九歌]長太息兮將上心低回兮顧懷羌生色以娛人觀者憺以(兩以字𠀤改爲兮字)忘歸
●考證 ; 謹照原文兩以字𠀤改爲兮字
◆整理 ; [楚辭九歌(초사구가)]의 以(이)는 兮(혜), 以(이)는 兮(혜)의 착오.
◆訂正文 ; [楚辭九歌]長太息兮將上心低回兮顧懷羌生色兮娛人觀者憺兮忘歸
▶【600-1】 字解誤謬與否 ; [楚辭九歌]長太息兮將上心低回兮顧懷羌生色以(改兮)娛人觀者憺以(改兮)忘歸 [(兩以字𠀤改爲兮字)]

★이상과 같이 오류(誤謬) 수정(修訂)이 된다 하여도 혜(兮; 어조사(語助辭). 감탄사(感歎詞)) 자전상(字典上) 회(懷)의 본의(本義)에는 영향이 미치지 않음.

○康誤處 2; [淮南子五位篇(改爲時則訓)]平而不阿明而不苛包裹覆露無不囊懷

●考證 ; 謹照原書五位篇改爲時則訓

◆整理 ; [淮南子(회남자)의 五位篇(오위편)은 時則訓(시칙훈)의] 착오.

◆訂正文 ; [淮南子時則訓]平而不阿明而不苛包裹覆露無不囊懷

▶【601-2】 字解誤謬與否 ; [淮南子五位篇(改爲時則訓)]平而不阿明而不苛包裹覆露無不囊懷 [淮南子五位篇(改爲時則訓)]

★이상과 같이 인용처(引用處)나 주소(註疏)의 오류(誤謬)를 수정(修訂)을 한다 하여도 자전상(字典上)의 회(懷)의 본의(本義)에는 영향이 미치지 않음.

字典卯集中考證
戈部 三畫

康成(성)[唐韻]是征切[集韻][韻會][正韻]時征切茲音城[說文]就也[廣韻]畢也凡功卒業就謂之成 又平也[周禮地官調人]凡過而殺傷人者以民成之[疏]成平也非故心殺傷人故共鄉里和解之也[詩大雅]虞芮質厥成又[左傳隱六年]鄭人來輸平[公羊傳]輸平猶墮成也[文七年]惠伯成之 又終也凡樂一終爲一成[書益稷]簫韶九成[儀禮燕禮]笙入三成[註]三成謂三終也 又善也[禮檀弓]竹不成用[註]成猶善也 又[周禮天官大宰]職有官成[註]官成者謂官府之有成事品式也又[秋官士師]掌士之八成[註]八成者行事有八篇若今時決事比也[釋文]凡言成者皆舊有成事品式 又必也[吳語]勝未可成[註]猶必也 又倂也[儀禮旣夕]俎二以成[註]成猶倂也 又[禮王制]司會以歲之成質于天子[註]計要也[周禮天官司會]以參互攷日成以月要

攷月成以歲會攷歲成 又[司馬法]通十爲成[周禮冬官考工記]方十里爲成[左傳哀元年]有田一成 又重也[爾雅釋地]丘一成爲敦丘[註]成猶重也周禮曰爲壇三成[疏]言丘上更有一丘相重累者 又[釋名]成盛也 又[謚法]安民立政曰成 又州名古西戎白馬氏國西魏置成州唐同谷郡 又姓周武王子成伯之後又盆成陽成皆複姓 又[集韻]辰陵切音承本作郕或省作成地名 又[韻補]叶陳羊切音常[范蠡曰]得時不成反受其殃又[史記龜筴傳]螟蟊歲生五穀不成叶上祥

【 오류정리 】

○康誤處 1; [周禮天官大宰]職有官成[註]官成者謂官府之有成事品式也(改爲八灋五曰官成註官成謂官府之成事品式也)

●考證 ; 謹照原文改爲八灋五曰官成註官成謂官府之成事品式也

◆整理 ; [周禮天官大宰(주례천관대재)] 職有官成(직유관성) [註(주)]문인 官成者謂官府之有成事品式也(관성자위관부지유성사품식야)를 八灋五曰官成(팔법오왈관성) [註(주)] 官成謂官府之成事品式也(관성위관부지성사품식야)으로 교체함.

◆訂正文 ; [周禮天官大宰]改爲八灋五曰官成註官成謂官府之成事品式也

▶【602-1】 字解誤謬與否 ; [周禮天官大宰]職有官成[註]官成者謂官府之有成事品式也(改爲八灋五曰官成註官成謂官府之成事品式也) [職有官成[註]官成者謂官府之有成事品式也(改爲八灋五曰官成註官成謂官府之成事品式也)]

★이상과 같이 오류(誤謬) 수정(修訂)이 되면 ◆팔법오왈관성(八灋五曰官成; 八法 중 다섯 번째가 관성(官成)이다)○팔법[八灋(八法) 八法이란 중

국(中國) 주대(周代)의 관부(官府)를 다스리는 여덟 가지의 법제(法制). 곧 관속(官屬). 관직(官職). 관련(官聯; 관직의 연락(連絡). 관상(官常; 각 관의 상직(常職)). 관성(官成; 관부의 품식(品式)). 관법(官法; 소관(所管)의 법도(法度)). 관형(官形; 소관의 형벌(刑罰)). 관계(官計; 관부의 회계) ○오왈(五曰; 다섯번째) ○관성 [官成; 주대에 관부를 다스리는 8 가지 법제도 중 다섯 번째가 관성(관부의 품식)이다. [周禮天官大宰]八灑五曰官成[註]官成謂官府之成事品式也]인데 자전상(字典上) 성(成)의 본의(本義)에 적극 영향이 미침.

㉭戒(계)[唐韻]古拜切[集韻][韻會][正韻]居拜切㘴音介[說文]警也[書大禹謨]警戒無虞 又諭也[書大禹謨]戒之用休 又告也[儀禮士冠禮]主人戒賓[註]告也[聘禮]戒上介亦如之[註]猶命也 又[廣韻]愼也具也 又備也[易萃卦]戒不虞[註]備不虞也 又[易繫辭]聖人以此齋戒[註]洗心曰齊防患曰戒[朱子本義]湛然純一之謂齊肅然警惕之謂戒 又守也[周禮夏官掌固]夜三鼜以號戒[註]謂擊鼓行夜戒守也又[司馬法]鼓夜半三通號爲發戒 又通作誡[易繫辭]小懲而大誡[前漢賈誼傳]前車覆後車誡 又與界同[史記天官書]星茀於河戒又[唐書天文志]江河爲南北兩戒 又[韻補]叶居吏切音記[六韜]將不常戒則三軍失其備 又叶紀力切音亟[詩小雅]豈不日戒玁狁孔棘

【 오류정리 】

○康誤處 1; [易繫辭]聖人以此齋(改爲齊)戒
●考證 ; 謹照原文齋改爲齊
◆整理 ; [易繫辭(역계사)]의 齋(재)는 齊(제)의 착오.

◆訂正文 ; [易繫辭]聖人以此齊戒
▶【603-1】 字解誤謬與否 ; [易繫辭]聖人以此齋(改爲齊)戒 [齋改爲齊]
★이상과 같이 오류(誤謬) 수정(修訂)이 되더라도 재계(齋戒)는 재계(齊戒; [曲禮]齊牋西切音齋與齋同) 재(齋) 재(齊) 동의(同義) 이니 자전상(字典上) 계(戒)의 본의(本義)에 영향이 미치지 않음.

○康誤處 2; [司馬法]鼓夜半三通號爲發戒(改晨戒)
●考證 ; 謹照原文發戒改晨戒
◆整理 ; [司馬法(사마법)]의 發戒(발계)는 晨戒(신계)의 착오.
◆訂正文 ; [司馬法]鼓夜半三通號爲晨戒
▶【604-2】 字解誤謬與否 ; [司馬法]鼓夜半三通號爲發戒(改晨戒) [發戒(改晨戒)]
★이상과 같이 오류(誤謬) 수정(修訂)이 되면 신계(晨戒; 새벽 문안)로 바르게 잡혀 자전상(字典上) 계(戒)의 본의(本義)에 직접 영향이 미치게 됨.

戈 部 四畫

㉭戔(잔)[唐韻]昨干切[集韻][韻會]財干切[正韻]財難切㘴音殘[說文]賊也[廣韻]傷也二戈疊加有賊傷之象通作殘 又[集韻][韻會]㘴將先切音箋戔戔淺小之意[易賁卦]束帛戔戔 又[字彙補]宗親切音津[劉孟陽碑銘]有父子然後有君臣理財正辭束帛戔戔 又[集韻]楚限切音剗擣傷也 又揣綰切音慘義同 又子淺切音翦少意 又在演切音踐狹也[周禮冬官鮑人]自急者先裂則是以博爲慅[註]鄭云讀爲羊豬戔之戔[說文]音踐 又旨善切音膳賊也 又匹見切音片狹少之意劉昌

宗說攺

【 오류정리 】

○康誤處 1; [周禮冬官鮑人]自急者先裂則是以博爲恠(改幨)

●考證 ; 謹照原文恠改幨

◆整理 ; [周禮冬官鮑人(주례동관포인)]의 恠(잔)은 幨(전)의 착오.

◆訂正文 ; [周禮冬官鮑人]自急者先裂則是以博爲幨

▶【605-1】 字解誤謬與否 ; [周禮冬官鮑人]自急者先裂則是以博爲恠(改幨) [恠(改幨)]

★이상과 같이 오류(誤謬) 수정(修訂)이 되면 전(幨; 좁다)으로 바르게 잡혀 자전상(字典上) 계(戒)의 본의(本義)에 직접 영향이 미치게 됨.

戈部 七畫

㉾戚(척)[廣韻][集韻][韻會]𪗆倉歷切音磩[正字通]戉類[六書精薀]戉之白者爲之錫劑以文之不專用武也[司馬法]殷執白戚[詩大雅]干戈戚揚[註]戚斧也[釋名]戚蹙也斧以斬斷見者蹙懼也 又親也[詩大雅]戚戚兄弟[傳]戚戚內相親也正義曰戚戚猶親親也 又哀也[論語]喪與其易也寧戚[註]哀戚也 又憂也[論語]小人長戚戚[註]戚戚憂貌 又惱也[書金縢]未可以戚我先王[蔡註]戚憂惱之意 又慎也[禮檀弓]慍斯戚[註]戚慎恚也 又醜疾人曰戚施[詩邶風]得此戚施[箋]戚施面柔下人以色不能仰者也 又[小爾雅]戚近也 又地名[春秋文元年]公孫敖會晉侯于戚[註]戚衛邑 又姓漢有臨轅侯戚緦 又[集韻][韻會]𪗆趨玉切同促[周禮冬官考工記]不微至無以爲戚速也 又[集韻][韻會]𪗆昨木切音族縣名在東海 又[韻補]叶子六切音蹙[詩小雅]歲聿云暮采蕭穫菽心之憂矣自貽伊戚

【 오류정리 】

○康誤處 1; [釋名]戚蹙(改戚)也斧以斬斷見者蹙(改戚)懼也

●考證 ; 謹照釋名釋兵原文兩蹙字均改戚

◆整理 ; [釋名(석명)]의 蹙(축)은 戚(척), 蹙(축) 역시 戚(척)의 착오.

◆訂正文 ; [釋名]戚戚也斧以斬斷見者戚懼也

▶【606-1】 字解誤謬與否 ; [釋名]戚蹙(改戚)也斧以斬斷見者蹙(改戚)懼也 [蹙(改戚)] [蹙(改戚)]

★이상과 같이 오류(誤謬) 수정(修訂)이 되면 ○척척(戚戚; 서로 친밀한 모양)으로 바르게 잡혀) ○척구(戚懼; 친척들이 두려워 하다) 자전상(字典上) 계(戒)의 본의(本義)에 직접 영향이 미치게 됨.

㉾戛(알)[廣韻]古黠切[集韻][韻會][正韻]訖黠切𪗆音拮[說文]戟也又曰長矛也[張衡東京賦]立戈迤戛[註]戈短故立車上矛長故靡迤邪柱也 又擽之也[書益稷]戛擊鳴球 又齟齬貌[韓愈答李翊書]戛戛乎其難哉 又[集韻]丘八切音劼[爾雅釋言]禮也[註]謂常禮[疏]戛常也故郭云常禮[書康誥]不率大戛[正義]戛猶楷也言爲楷模之常 又與秸稭通[前漢地理志]三百里戛服[書禹貢]作秸服

【 오류정리 】

○康誤處 1; [張衡東京賦]立戈迤戟(改戛)

●考證 ; 謹照原文戟改戛

◆整理 ; [張衡東京賦(장형동경부)]의 戟(극)은 戛(알)의 착오.

◆訂正文 ; [張衡東京賦]立戈迤戛

▶【607-1】 字解誤謬與否 ; [張衡東京賦]立戈迤戟(改戛) [戟(改戛)]

★이상과 같이 오류(誤謬) 수정(修訂)

이 된다면 입과이알(立戈迤戛; 긴 창을 가지고 서서 죄인을 내려치다) [張衡東京賦]立戈迤戛戈短故立車上矛長故靡迤邪柱也又轢之也이 되니 자전상(字典上) 알(戛)의 본의(本義)에 적극 영향이 미치게 됨.

戈部 八畫

㊫戟(극)[廣韻]几擄切[集韻]訖逆切𠀤音撠有枝兵也[增韻]雙枝爲戟單枝爲戈[釋名]戟格也傍有枝格也[典略]周有雍狐之戟[周禮冬官考工記]戟廣寸有半寸內三之胡四之援五之[註]戟今三鋒戟也內長四寸半胡長六寸援長七寸半 又地名[戰國策]秦舉安邑而塞女戟[註]女戟在太行西 又與棘通[周禮天官掌舍棘門註]以戟爲門[左傳隱十一年]子都拔棘以逐之[註]棘戟也[禮明堂位]越棘大弓[註]棘戟同 又[韻補]叶訖約切音腳[詩秦風]修我矛戟與子偕作[揚子太玄經]比禮爲甲冠矜爲戟被甲荷戟以威不恪 [說文]作𢧢

【 오류정리 】

○康誤處 1; 比禮(改比札)爲甲
●考證 ; 謹照揚子原文比禮改比札
◆整理 ; [揚子太玄經(양자태현경)]의 比禮(비례)는 比札(비찰)의 착오.
◈訂正文 ; 比札爲甲
▶【608-1】 字解誤謬與否 ; 比禮(改比札)爲甲 [比禮(改比札)]
★이상과 같이 오류(誤謬) 수정(修訂)이 된다 하여도 비찰위갑(比札爲甲)이라 하였으니 모두 자전상(字典上) 극(戟)의 본의(本義)에는 영향이 미치지 않음.

戶部 一畫

㊫戹(액)[唐韻]於革切[集韻][韻會][正韻]乙革切𠀤音厄[說文]隘也[徐曰]戶小門也 又艱也[周禮地官]賙萬民之囏戹 又[增韻]困也[史記季布傳]兩賢豈相戹哉 又通作阨[孟子]阨窮而不憫 又[韻補]叶乙得切[王逸九思]悼屈子兮遭戹沉玉躬兮湘汨何楚國兮難化迄如今兮不易 [六書正譌]凡阨軛等字从此俗用厄乃五果切木節也

【 오류정리 】

○康誤處 1; [王逸九思]悼屈子兮遭戹沉玉躬兮湘汨何楚國兮難化迄如今(改于今)兮不易
●考證 ; 謹照原文如今改于今
◆整理 ; [王逸九思(왕일구사)]의 如今(여금)은 于今(우금)의 착오.
◈訂正文 ; [王逸九思]悼屈子兮遭戹沉玉躬兮湘汨何楚國兮難化迄于今兮不易
▶【609-1】 字解誤謬與否 ; [王逸九思]悼屈子兮遭戹沉玉躬兮湘汨何楚國兮難化迄如今(改于今)兮不易 [如今(改于今)]
★이상과 같이 오류(誤謬) 수정(修訂)이 된다 하여도 우(于; 개사. …에. …에서. …에. …에게.)는 자전상(字典上) 액(戹)의 본의(本義)에는 영향이 미치지않음.

戶部 三畫

㊫戺(사)[廣韻][韻會]𠀤鉏里切音士[爾雅釋宮]落時謂之戺○按爾雅作㞺疏持樞也詳㞺字註 又堂簾曰戺[書顧命]四人綦弁執戈夾兩階戺 又砌也閾也[張衡西京賦]金戺玉階 又[集韻]𨸝古作戺註詳己部六書

【 오류정리 】

○康誤處 1; 堂簾(改堂廉)曰戺
●考證 ; 謹照書孔傳堂簾改堂廉
◆整理 ; 堂簾(당렴)은 堂廉(당렴)의 착오

◆訂正文 ; 堂廉曰阰

▶【610-1】 字解誤謬與否 ; 堂簾(改堂廉)曰阰 [堂簾(改堂廉)]

★이상과 같이 오류(誤謬) 수정(修訂)이 되면 당렴(堂廉; 당의 모서리. 또는 모퉁이. 또는 귀퉁이) 자전상(字典上) 사(阰)의 본의(本義)인 직접 영향이 미치게 됨.

戸部 四畫

㉙房(방)[唐韻][集韻][韻會][正韻]𠀤符方切音防[說文]室在旁也 又東南宿名[爾雅釋天]房天駟也 [禮月令]十月日在房[尚書運期授]所謂房四表之道 又州名春秋時房渚秦爲房陵郡唐武德時改爲房州 又姓舜封堯子爲房邑侯子陵以父封爲氏 又俎名[詩魯頌]籩豆大房[註]半體之俎足下有跗如堂房也 又箭室也[左傳宣十三年]知莊子每射抽矢菆納諸厨子之房 又[廣韻]步光切[集韻][韻會][正韻]蒲光切𠀤音傍[廣韻]阿房秦宮名 又[韻補]叶符風切音馮道藏中嶽仙人謌徘徊元嶽顚翻焉御飛龍齊騰八紘外翺翔閶闔房

【 오류정리 】

○康誤處 1; [爾雅釋天]房天駟也(改天駟房也)

●考證 ; 謹照原文改天駟房也

◆整理 ; [爾雅釋天(이아석천)]의 房天駟也(방천사야)는 天駟房也(천사방야)의 착오.

◆訂正文 ; [爾雅釋天]天駟房也

▶【611-1】 字解誤謬與否 ; [爾雅釋天]房天駟也(改天駟房也) [房天駟也(改天駟房也)]

★이상과 같이 오류(誤謬) 수정(修訂)을 하게 되면 천사방(天駟房; 房星(四星)의 별자리에 있는 하늘의 수레를 끄는 네 마리의 말. [爾雅釋天]天

駟房也[郭璞註]:龍爲天馬故房四星謂之天駟)은 자전상(字典上) 방(房)의 본의(本義)에 적극 영향이 미치치게 됨.

戸部 五畫

㉙扁(편)[廣韻][集韻][韻會][正韻]𠀤補典切音匾[說文]署也从戸冊戸冊者署門戸之文也會意其餘皆借義凡器物不圓者曰扁[前漢東夷傳]三韓生兒欲其頭匾壓之以石 又卑也[詩小雅]有扁斯石 又[廣韻]薄泫切[集韻]婢典切𠀤音辯[集韻]姓也古有扁鵲或作䳗 又[廣韻]符善切[集韻]婢善切𠀤音楩又[集韻]婢忍切音牝義𠀤同 又[集韻]孚袁切音翻番也[莊子知北遊]扁然[郭註]音翻 又[集韻][類篇]𠀤卑眠切音邊扁諸劍名 又[集韻]蒲眠切音蹁圜貌 又[廣韻]芳連切[集韻]紕延切𠀤音篇[廣韻]小舟也

【 오류정리 】

○康誤處 1; [前漢(改後漢)東夷傳]三韓(改辰韓)生兒欲其頭匾(改扁)壓(改押)之以石

●考證 ; 謹照原書前漢改後漢三韓改辰韓匾改扁壓改押

◆整理 ; [前漢(전한)은 後漢(후한), 東夷傳] 三韓(삼한)은 辰韓(진한), 匾(편)은 扁(편), 壓(압)은 押(압)의 착오.

◆訂正文 ; [後漢東夷傳]進韓生兒欲其頭扁押之以石

▶【612-1】 字解誤謬與否 ; [前漢(改後漢)東夷傳]三韓(改進韓)生兒欲其頭匾(改扁)壓(改押)之以石 [前漢(改後漢)] [三韓(改辰韓)] [匾(改扁)] [壓(改押)]

★이상과 같이 인용처(引用處)나 주소(註疏)나 진한(辰韓; 國名)오류(誤謬) 수정(修訂)이 된다 하여도 자전상(字典上) 편(扁)의 본의(本義)에는 영

향이 미치지 않으나 ○두편(頭扁; 대가리가 넓적하다) ○압(押; 잡다. [後漢東夷傳]辰韓生兒欲其頭扁押之以石)으로 수정(修訂)이 되면 본의(本義)에 적극 영향이 미치게 됨.

戶部 六畫

康 辰(의)[唐韻]於豈切[集韻][韻會]隱豈切𡘋衣上聲戶牖閒畫斧屏風也[禮明堂位]天子斧辰南鄉而立[註]辰狀如屏風以絳爲質高八尺東西當戶牖之閒繡爲斧文亦曰斧辰天子見諸侯則依而立負之而南面以對諸侯 又姓 又[正韻]隱綺切音倚義同 又[集韻]於希切音衣[爾雅釋宮]戶牖閒謂之辰郭璞讀 又通作依[禮曲禮]天子當依而立

【 오류정리 】

○康誤處 1; [禮明堂位]天子斧(上增負)辰南鄉而立[註(改曲禮疏)]辰狀如屏風

●考證 ; 謹照原文斧辰上增負字又按辰狀如屏風乃曲禮疏非明堂位註改曲禮疏

◆整理 ; [禮明堂位(예명당위)] 斧(부) 앞에 負(부)를 덧 쓰고, [註(주)는 曲禮疏(곡례소)의] 착오.

◆訂正文 ; [禮明堂位]天子負斧辰南鄉而立[曲禮疏]辰狀如屏風

▶【613-1】 字解誤謬與否 ; [禮明堂位]天子斧(上增負)辰南鄉而立[註(改曲禮疏)]辰狀如屏風 [(上增負)辰] [註(改曲禮疏)]

★이상과 같이 오류(誤謬) 수정(修訂)과 인용처(引用處)나 주소(註疏)나 부(負; 지다. 메다. 의지하다. 책임을 지다) 등의 오류(誤謬)를 수정(修訂)을 하였다 하여도 자전상(字典上)의 의(辰)의 본의(本義)에는 영향이 미치지 않음.

手部 三畫

康 扡(타)[集韻]同拕詳拕字註 又[集韻]待可切駝上聲引也[音學五書]古音徒可切後人誤入紙韻[詩小雅]伐木扡矣析薪扡矣詳掎字註 又[唐韻]移爾切迆上聲加也又離也 又[集韻][韻會]𡘋丑豸切褫上聲析也又落也與摭同或作扡 又[集韻][韻會]𡘋丈尒切音多義同 又[集韻]丈蟹切音廌亦析也 又余支切音移遷徙也 又是義切音豉牽也 [韻會]說文引詩漢五經本作杝今文毛詩陸德明所定作扡音異字異而義實同○按詩小雅箋註敕氏反又疏云扡者施也觀其裂而漸相施及也諸家音訓多从紙韻今依類篇以古音爲正而餘音附之

【 오류정리 】

○康誤處 1; 按詩小雅箋註(改釋文)敕氏反

●考證 ; 謹照原書箋註改釋文

◆整理 ; 小雅(소아) 箋註(전주)는 釋文(석문)의 착오.

◆訂正文 ; 按詩小雅釋文敕氏反

▶【614-1】 字解誤謬與否 ; 按詩小雅箋註(改釋文)敕氏反 [箋註(改釋文)]

★이상과 같이 인용처(引用處)나 주소(註疏)의 오류(誤謬)를 수정(修訂)을 한다 하여도 자전상(字典上)의 타(扡)의 본의(本義)에는 영향이 미치지 않음.

手部 四畫

康 扶(부)[唐韻]防無切[集韻][韻會]馮無切[正韻]逢夫切𡘋音符[說文]佐也一曰相也[揚子方言]護也[郭璞註]扶挾將護[論語]顚而不扶[前漢高祖紀]不如更遣長者扶義而西[註]以義自助也 又緣也[晉語]侏儒扶盧 又

州名扶州代隴右唐屬山南道　又澤名
[前漢地理志扶柳縣註]地有扶澤澤中
多柳　又姓[前漢藝文志]傳魯論語者
魯扶鄕　又[集韻]與芺通扶藼荷也　又
與飅通大風也　又[唐韻]甫無切[集
韻][韻會]風無切𡗉音夫[禮投壺]籌室
中五扶堂上七扶庭中九扶[註]鋪四指
曰扶[公羊傳僖三十一年]觸石而出扶寸
而合[註]側手曰扶按指曰寸通作膚　又
幼小貌[揚子太玄經]赤子扶扶　又[集
韻]蓬逋切音蒲與匍同手行也[左傳昭
二十一年]扶伏而擊之[註]伏蒲北反
[禮檀弓]詩云扶服救之[陸氏音義]作
匍匐音同　又[前漢天文志]晷長爲潦
短爲旱奢爲扶[註]鄭氏曰扶當爲蟠齊
魯之閒聲如酺酺扶聲近蟠止不行也晉
灼曰扶附也小臣附近君子之側也　又
叶房尤切音浮[陸雲答兄詩]昔我先公
爰造斯猷今我六蔽匪崇克扶

【 오류정리 】

〇康誤處 1;(通作膚)[公羊傳僖三十
一年]觸石而出扶(改膚)寸而合[註]側
手曰扶(改膚)按指曰寸通作膚

●考證 ; 謹照原文兩扶字𡗉改膚以通
作膚三字移於公羊傳之上

◆整理 ; 通作膚(통작부)를 이에 덧붙
이고, [公羊傳僖三十一年(공양전희삼
십일년)]의 扶(부)는 膚(부), 扶(부)는
膚(부)의 착오.

◆訂正文 ; 通作膚[公羊傳僖三十一
年]觸石而出膚寸而合[註]側手曰膚按
指曰寸

▶ 【615-1】 字解誤謬與否 ; (通作
膚)[公羊傳僖三十一年]觸石而出扶(改
膚)寸而合[註]側手曰扶(改膚)按指曰
寸通作膚　[通作膚三字移於公羊傳之
上] [扶(改膚)] [扶(改膚)]

★이상과 같이 오류(誤謬) 수정(修訂)
이 되면 통작부삼자(通作膚三字)를
이어공양전지(移於公羊傳之; 공양전

으로 옮긴다)이니 의미 변화가 생기
지 않으며, 다만 부(膚)로 수정(修訂)
이 되면 이하에서 통작부(通作膚)라
하였으니 자전상(字典上) 부(扶)의 본
의(本義)에 직접 영향이 미치게 됨.

㉿扽(운)[廣韻]云紛切[集韻][韻
會]羽粉切𡗉雲上聲[說文]有所失也
[戰國策]寡人愚陋守齊國惟恐夫扽之
[註]扽失也　又[唐韻]于敏切[集
韻][正韻]羽敏切𡗉與隕同[戰國策]折
淸風而扽矣[註]扽下也如折然[史記東
越傳]不戰而扽利莫大焉〇按俗本譌秐
漢書作隕通鑑辨誤慕容廆見封愥封抽
曰此家扽扽千斤犍也說文云隕從高而
下也蓋言千斤之犍人閒不可多得若從
天而下也　[正字通]韻會正韻誤與耺
混

【 오류정리 】

〇康誤處 1; [戰國策]寡人愚陋守齊國
惟恐夫(改失)扽之

●考證 ; 謹照原文夫改失

◆整理 ; [戰國策(전국책)]의 夫(부)
는 失(실)의 착오.

◆訂正文 ; [戰國策]寡人愚陋守齊國
惟恐失扽之

▶ 【616-1】 字解誤謬與否 ; [戰國
策]寡人愚陋守齊國惟恐夫(改失)扽之
[夫(改失)]

★이상과 같이 오류(誤謬) 수정(修訂)
이 된다 하여도 공실(恐失; 잃어버릴
까 두려워함)은 자전상(字典上) 운
(扽)의 본의(本義)에는 영향이 미치지
않음.

㉿折(절)[唐韻]旨熱切[集韻][韻
會][正韻]之列切𡗉音浙拗折也[詩鄭
風]無折我樹杞[周語]體解節折而共飮
食之於是乎有折組　又斷之也[易貫
象]君子以明庶政无敢折獄[疏]勿得直

用果敢折斷訟獄　又折中也[前漢貢禹傳]微孔子之言亡所折中　又曲也[禮玉藻]折還中矩[註]曲行宜方還亦作旋[史記灌夫傳]吾益知吳壁中曲折請復往　又屈也[前漢伍被傳]折節下士又挫也[史記項羽紀]諸侯吏卒乘勝輕折辱秦吏卒[前漢蒯通傳]漢王一日數戰亡尺寸之功折北不救　又止也[詩大雅]子曰有禦侮[傳]武臣折衝曰禦侮[疏]能折止敵人之衝突者　又直指人過失也[史記呂后紀]面折廷諍　又毀也[易說卦]兌爲毀折[前漢高帝紀]常從王媼武負貰酒兩家常折劵棄責[註]折毀之棄其所負　又封土爲祭處曰折[禮祭法]瘞埋于泰折祭地也[註]折昭晢也必爲昭明之名尊神也又[前漢郊祀志註]言方澤之形四曲折也　又短折不祿也[書洪範]六極一曰凶短折[疏]未齓曰凶未冠曰短未婚曰折[前漢五行志]傷人曰凶禽獸曰短草木曰折[又]兄喪弟曰短父喪子曰折　又葬具也[儀禮既夕]折橫覆之[註]折猶庪也方鑿連木爲之如牀而無簀加之壙上以承抗席　又地名[春秋桓十一年]柔會宋公陳侯蔡叔盟于折　又姓[後漢方術傳]折象其先封折侯因氏焉　又[唐韻][集韻][韻會][正韻]𡐔食列切音舌[說文]斷也[廣韻]斷而猶連也[易鼎卦]鼎折足覆公餗[禮月令]孟秋命理瞻傷察創視折[註]折損筋骨也[前漢賈誼傳]釋斤斧之用而欲嬰以芒刃不缺則折　又[唐韻][正韻]杜奚切[集韻][韻會]田黎切𡘋音題[禮檀弓]吉事欲其折折爾[註]安舒貌　又[集韻][韻會][正韻]𡘋征例切音制亦斷之也[班固西都賦]許少施巧秦成力折掎僄佽抾猛噬[註]許少古捷人秦成壯士也　又[集韻]時制切音逝亦曲也[禮曲禮]立則磬折垂佩[疏]身宜僂折如磬之背也[陸德明音義]折之列反一音逝[屈原離騷]何瓊佩

之偃蹇兮衆薆然而蔽之惟此黨人之不亮兮恐嫉妒而折之[註]沈重曰折　說文作𣂠从斤斷艸籀文作𣃚从艸在仌中冰寒故折隷从手从斤

【 오류정리 】

○康誤處 1;[禮祭法]瘞埋于泰折祭地也[註]折昭晢(改晢)也

●考證;謹照原文晢改晢

◆整理;[禮祭法(예제법)]의 晢(석)은 晢(절)의 착오.

◆訂正文;[禮祭法]瘞埋于泰折祭地也[註]折昭晢也

▶【617-1】 字解誤謬與否;[禮祭法]瘞埋于泰折祭地也[註]折昭晢(改晢)也　[晢(改晢)]

★이상과 같이 오류(誤謬) 수정(修訂)이 되면 소절(昭晢; 밝음. 광명 [說文]曰昭晢明也)인데 자전상(字典上) 절(折)의 본의(本義)에 직접 영향이 미치게 됨.

手 部 五畫

康拌(반)[唐韻]普官切[集韻][韻會][正韻]鋪官切𡐔音潘[博雅]捐棄也[揚子方言]楚人凡揮棄物謂之拌俗誤用抴　又[集韻]蒲官切音盤又普伴切潘上聲又[唐韻]蒲旱切[集韻]部滿切𡐔盤上聲又[集韻][韻會]𡐔普半切音判義𡐔同　又與判通分也割也[史記龜策傳]鑴石拌蚌[註]鑴石取玉拌蚌取珠

【 오류정리 】

○康誤處 1;[博雅]捐(改拌)棄也

●考證;謹照原文捐改拌

◆整理;[博雅(박아)]의 捐(연)은 拌(반)의 착오.

◆訂正文;[博雅]拌棄也

▶【618-1】 字解誤謬與否;[博雅]捐(改拌)棄也　[捐(改拌)]

★이상과 같이 오류(誤謬) 수정(修訂)

이 되면 기왕의 기(棄; 버리다) 와 더불어 반(拌; 버리다)와 합성 반기(拌棄; 버리다)화 되어 자전상(字典上) 반(拌)의 본의(本義)에 영향이 미치게 됨.

康 擎 (지)[唐韻]前智切[集韻]疾智切𠀤音漬[說文]積也詩曰助我舉擎械頍旁也　又[集韻][韻會]𠀤子智切讀若委積之積又[唐韻][集韻]𠀤奇寄切音芰義𠀤同　[正字通]小雅本作舉柴說文改作擎按批擎𠀤从手此聲字形横直異體从合可也

【 오류정리 】

○康誤處 1;[說文]積也詩曰助我舉擎械(改撖)頍旁也

●考證 ; 謹照原文械改撖

◆整理 ; [說文(설문)]의 械(계)는 撖(멸)의 착오.

◆訂正文 ; [說文]積也詩曰助我舉擎撖頍旁也

▶【619-1】 字解誤謬與否 ; [說文]積也詩曰助我舉擎械(改撖)頍旁也 [械(改撖)]

★이상과 같이 오류(誤謬) 수정(修訂)이 된다 하여도 멸(撖; 구부리다)은 자전상(字典上) 지(擎)의 본의(本義)에는 영향이 미치지 않음.

康 拖 (타)同拕 [班固西都賦]挾師豹拖熊螭[註]拖曳也讀平聲又[禮少儀]僕者負良綏申之面拖諸帶[疏]拖猶擲也亦引也綏申於面前而引之可置車帶上也[論語]加朝服拖紳[司馬相如子虛賦]宛虹拖於楯軒[註]拖謂申加於上也讀上聲或去聲　又[廣韻][集韻]𠀤吐邏切牽車也

【 오류정리 】

○康誤處 1;[司馬相如子虛賦(改上林賦)]宛虹拖於楯軒

●考證 ; 謹照原文子虛賦改上林賦

◆整理 ; [司馬相如(사마상여)의 子虛賦(자허부)는 上林賦(상림부)의]착오.

◆訂正文 ; [司馬相如上林賦]宛虹拖於楯軒

▶【620-1】 字解誤謬與否 ; [司馬相如子虛賦(改上林賦)]宛虹拖於楯軒 [子虛賦(改上林賦)]

★이상과 같이 인용처(引用處)나 주소(註疏)의 오류(誤謬)를 수정(修訂)을 한다 하여도 자전상(字典上)의 타(拖)의 본의(本義)에는 영향이 미치지 않음.

康 指 (지)[唐韻]職雉切[集韻][韻會]軫視切𠀤音旨[說文]手指也[易說卦]艮爲指[疏]取其執止物也[左傳宣四年]子公之食指動[疏]一巨指二食指三將指四無名指五小指又[定十四年]闔廬傷將指[註]足大指也言其將領諸指足之用力大指居多手之取物中指爲長故足以大指爲將手以中指爲將　又[廣韻]斥也[易繫辭]辭也者各指其所之[疏]各斥其爻卦之所適也　又示也[禮玉藻]凡有指畫於君前用笏[前漢蕭何傳]發蹤指示獸處者人也[註]指示者以手指示之　又[增韻]指麾也[禮曲禮]六十曰耆指使[註]指事使人也[前漢賈誼傳]頤指如意[註]但動頤指麾則所欲皆如意　又直指官名[前漢武帝紀]遣直指使者暴勝之等衣繡衣杖斧分部逐捕羣盜　又與旨恉通意向也[書盤庚]王播告之修不匿厥指[前漢孔光傳]不希指苟合[註]希望天子之旨意也　又歸趣也[孟子]言近而指遠者善言也[前漢河間獻王傳]文約指明[註]指謂義之所趨若人以手指物也　又美也[荀子大略篇]不時宜不敬交不驩欣雖指非`禮也　[集韻]或从月作脂

【 오류정리 】

○康誤處 1; [定十四年](增以戈擊)闔
廬傷將指
●考證 ; 謹照原文闔廬上增以戈擊三
字
◆整理 ; [定十四年(정십사년)] 闔廬
(합려) 앞에 以戈擊(이과격)을 덧붙
임.
◆訂正文 ; [定十四年]以戈擊闔廬傷
將指
▶【621-1】 字解誤謬與否 ; [定十
四年](增以戈擊)闔廬傷將指 [(增以
戈擊)闔廬]
★이상과 같이 오류(誤謬) 수정(修訂)
이 된다 하여도 과격(戈擊; 창을 가
지고 공격하다)이니 자전상(字典上)
지(指)의 본의(本義)에는 영향이 미치
지 않음.

(康)挈(설)[唐韻]苦結切[集韻][
韻會][正韻]詰結切𠀤契入聲[說文]縣持
也[廣韻]提挈也[禮王制]班白不提挈
[周禮夏官]挈壺氏[註]世主挈壺水以
爲漏[前漢張耳陳餘傳]以兩賢王左提
右挈[註]相扶持也 又修整也[荀子不
苟篇]君子挈其辨而同焉者合矣[註]謂
不煩雜 又[集韻][韻會]詰計切[正
韻]去計切𠀤音契缺也又絶也[司馬相
如封禪書]挈三神之歡 又以板書之也
[前漢張湯傳]上所是受而著讞法廷尉
挈令[註]在板挈也挈獄訟之要也[史
記]作絜 又與契通[前漢溝洫志]內史
稻田租挈重其議減[註]租挈收田租之
約令也 又[班固幽通賦]旦算祀於挈
龜[註]挈所以然火灼龜者也[詩大雅]
爰契我龜[釋文]亦作挈 又[集韻]奚
結切音頁亦縣持也通作絜 又訖黠切
音戛[博雅]獨也 又[集韻][韻會]𠀤
丘八切音劼與𦼞同菝𦼞草名[禮月令]
王瓜生[註]萯挈也即菝𦼞

【 오류정리 】

○康誤處 1; [禮王制]班白(改斑白者)
不提挈
●考證 ; 謹照原文班白改斑白者
◆整理 ; [禮王制(예왕제)]의 班白(반
백)은 斑白者(반백자)의 착오.
◆訂正文 ; [禮王制]斑白者不提挈
▶【622-1】 字解誤謬與否 ; [禮王
制]班白(改斑白者)不提挈 [班白(改
斑白者)]
★이상과 같이 오류(誤謬) 수정(修訂)
이 된다 하여도 반백자(斑白者; 노인)
자전상(字典上) 설(挈)의 본의(本義)
에는 영향이 미치지 않음.

(康)挎(고)[唐韻]苦胡切[集韻]空胡
切𠀤音枯持也[儀禮鄕飮酒禮]左荷瑟
後首挎越內弦[疏]瑟底有孔越以指深
入謂之挎也 又[集韻]墟侯切音彄與
摳同

【 오류정리 】

○康誤處 1; [儀禮鄕飮酒禮]左荷(改
何)瑟
●考證 ; 謹照原文荷改何
◆整理 ; [儀禮鄕飮酒禮(의례향음주
례)]의 荷(하)는 何(하)의 착오.
◆訂正文 ; [儀禮鄕飮酒禮]左何瑟
▶【623-1】 字解誤謬與否 ; [儀禮
鄕飮酒禮]左荷(改何)瑟 [荷(改何)]
★이상과 같이 오류(誤謬) 수정(修訂)
이 된다 하여도 좌하슬(左何瑟; 거문
고는 어느쪽아 왼쪽인가)는 자전상
(字典上) 고(挎)의 본의(本義)에는 영
향이 미치지 않음.

手部 七畫

(康)挼(뇌)[唐韻][集韻]𠀤奴禾切同
挪[禮曲禮]共飯不澤手[註]澤謂挼莎
也[晉書劉毅傳]東府聚樗蒲大擲劉裕
挼五木久之卽成盧焉 又[六書故]按
揉也 又[唐韻]索回切[集韻][韻
會][正韻]蘇回切𠀤音膗擊也又手摩也

又[集韻][韻會]**𢫦**奴回切音酶義同亦
作捼　又[唐韻][集韻]**𢫦**儒誰切音蕤
與捼同　又[集韻]翾規切音墮[儀禮
特牲饋食禮]祝命捼祭[註]祭神食也古
虞禮曰祝命佐食墮祭周禮曰既祭則藏
其墮墮與捼讀同　又宣錐切音雖又思
累切音髓義**𢫦**同　又盧臥切螺去聲理
也與摞同　又奴臥切音穤推也餘詳捼
字註

【 오류정리 】

〇康誤處 1; 古虞禮(改士虞禮)曰祝命
佐食墮祭
●考證 ; 謹照儀禮特牲饋食註文古虞
禮改士虞禮
◆整理 ; [儀禮特牲饋食禮(의례특생궤
식례)] [註(주)]의 古虞禮(고우례)는
士虞禮(사우례)의 착오.
◆訂正文 ; 士虞禮曰祝命佐食墮祭
▶【624-1】 字解誤謬與否 ; 古虞禮
(改士虞禮)曰祝命佐食墮祭 [古虞禮
(改士虞禮)]
★이상과 같이 인용처(引用處)나 주
소(註疏)의 오류(誤謬)를 수정(修訂)
을 한다 하여도 자전상(字典上)의 뇌
(捼)의 본의(本義)에는 영향이 미치지
않음.

康**捌**(팔)[集韻][韻會][正韻]**𢫦**布
拔切音八破也分也又擊也[淮南子說林
訓]解捽者不在於捌格在於批伉　[集
韻]同扒　又官文書紀數借爲八字[正
字通]秦法凡數目字文單者𠄌取茂密字
易之一作壹二作貳是也〇按秦諸碑惟
一二三改易四以下仍用本文徐氏始收
附捌字今則一至十字**𢫦**改非秦之舊也
又[集韻]必結切與抐同捄也　又筆別
切讀若分別之別與扒同亦剖分也　又
皮列切讀若離別之別義同　又[唐韻]
百轄切[說文]方言云無齒杷从手別聲
[急就篇]捌杷[師古註]無齒爲捌有齒

爲杷皆所以推引聚禾穀也　又博拔切
音八同朳〇按集韻从木作梛別見木部

【 오류정리 】

〇康誤處 1; [淮南子說林訓]解梓(改
捽)者不在於捌格
●考證 ; 謹照原文梓改捽
◆整理 ; [淮南子說林訓(회남자설림
훈)]의 梓(재)는 捽(졸)의 착오.
◆訂正文 ; [淮南子說林訓]解捽者不
在於捌格
▶【625-1】 字解誤謬與否 ; [淮南
子說林訓]解梓(改捽)者不在於捌格
[梓(改捽)]
★이상과 같이 오류(誤謬) 수정(修訂)
이 된다 하여도 해졸(解捽; 머리채를
잡힌 사람을 떼어 놓다) [說文解字手
部]捽持頭髮也 은 자전상(字典上) 팔
(捌)의 본의(本義)에는 영향이 미치지
않음.

手 部 八畫

康**排**(배)[唐韻][正韻]步皆切[集
韻][韻會]蒲皆切**𢫦**音牌[說文]擠也一
曰推也[增韻]斥也[禮少儀]排闔說屨
於戶內者一人而已矣[疏]排推門扇也
[史記樊噲傳]迺排闥直入又[魯仲連
傳]爲人排患釋難解紛亂而無取也[前
漢賈誼傳]所排擊剗割皆衆理解也　又
列也安置也[前漢朱買臣傳]相推排成
列中庭拜謁[莊子大宗師]安排而去化
又彭排[釋名]軍器也彭旁也在旁排敵禦
攻也[後漢袁紹傳]蒙楯而行[註]楯今
之旁排也　又[集韻][韻會]**𢫦**步拜切
音憊排揩强突也　又與輫橐通吹火韋
囊也[後漢杜詩傳]造水排鑄農器[註]冶
者爲排以吹炭今激水鼓之[魏志韓暨傳]
爲監冶謁者乃作水排利益三倍於前[晉
書杜預傳]作人排新器　又[正韻]薄邁
切音敗義同　又叶邊迷切音鎞[謝
靈運登石門最高頂詩]心契九秋幹日翫

三春羣居常以待終處順故安排

【 오류정리 】

○康誤處 1; 又彭排[釋名]軍器也彭旁也在旁排敵禦攻也(改爲又彭排軍器也釋名彭旁也在旁排敵禦攻也)

●考證 ; 謹按軍器也非釋名原文謹改爲又彭排軍器也釋名彭旁也在旁排敵禦攻也

◆整理 ; 又彭排(우팽배)[釋名(석명)]軍器也彭旁也在旁排敵禦攻也(군기야팽방야재방배적어공야)는 又彭排軍器也(우팽배군기야) [釋名(석명)]彭旁也在旁排敵禦攻也(팽방야재방배적어공야)의 착오.

◆訂正文 ; 又彭排軍器也[釋名]彭旁也在旁排敵禦攻也

▶【626-1】 字解誤謬與否 ; 又彭排[釋名]軍器也彭旁也在旁排敵禦攻也(改爲又彭排軍器也釋名彭旁也在旁排敵禦攻也)

★이상과 같이 오류(誤謬) 수정(修訂)이 된다 하여도 인용처(引用處)인 서명(書名)인 [석명(釋名)]이 이동(移動)하였을 뿐이니 자전상(字典上) 배(排)의 본의(本義)에는 영향이 미치지 않음.

○康誤處 2; [後漢杜詩傳]造水排鑄農器[註]治者爲排以吹炭今(原本今)激水鼓之

●考證 ; 謹照原文今改令

※筆者謹按後漢書原本 ; [後漢書]卷三十一郭杜孔張廉王蘇羊賈陸列傳第二十一[杜詩]字(公)君[公]河內汲人也[註]一排音蒲拜反冶鑄者爲排以吹炭今激水以鼓之也

◆整理 ; [後漢杜詩傳(후한두시전)]의 今(금)은 原本今

◆訂正文 ; [後漢杜詩傳]造水排鑄農器[註]治者爲排以吹炭今激水鼓之

▶【627-2】 字解誤謬與否 ; [後漢杜詩傳]造水排鑄農器[註]冶者爲排以吹炭今(改令)激水鼓之 [今(改令)]

★이상과 같이 근안후한서원본(謹按後漢書原本) 금격수고지(今激水鼓之)와 같이 오류(誤謬)가 아니니 자전상(字典上) 배(排)의 본의(本義)에는 영향이 미칠 수 없음.

康掩(엄)[唐韻][集韻][韻會]衣檢切[正韻]於檢切坔淹上聲[說文]斂也小上曰掩[增韻]遮也[禮月令]仲夏君子齊戒處必掩身[註]掩猶隱翳也[又]孟冬是察阿黨則罪無有掩蔽 又乘其不備而覆之曰掩[禮曲禮]大夫不掩羣[疏]禽獸羣聚則多不可掩取之[前漢貨殖傳]掘冢搏掩[註]博擊掩襲取人物也一說博六博也掩意錢之屬 一曰撫也[爾雅釋訓]矜憐撫掩之也[郭璞註]撫掩猶撫揗謂慰恤也 又閉也[韓愈詩]獨宿門不掩 又[揚子方言]止也 又同也江淮南楚之閒曰掩 [韻會]或作揜 又[集韻]烏感切庵上聲覆取也與揜同又於贍切淹去聲繅絲以手振出緒也或作綩通作淹 又乙業切音打也

【 오류정리 】

○康誤處 1; [爾雅釋訓]矜憐撫掩之也[郭璞註]撫掩猶撫揗(改撫拍)謂慰恤也

●考證 ; 謹照原文撫揗改撫拍

◆整理 ; [爾雅釋訓(이아석훈)]의 撫揗(무순)은 撫拍(무박)의 착오.

◆訂正文 ; [爾雅釋訓]矜憐撫掩之也[郭璞註]撫掩猶撫拍謂慰恤也

▶【628-1】 字解誤謬與否 ; [爾雅釋訓]矜憐撫掩之也[郭璞註]撫掩猶撫揗(改撫拍)謂慰恤也 [撫揗(改撫拍)]

★이상과 같이 오류(誤謬) 수정(修訂)이 되면 무박(撫拍; 撫掩謂慰恤也 가엽게 여기다. 위로(慰勞)하고 구휼(救恤)함. [爾雅釋訓]矜憐撫掩之也[郭璞

註]撫掩猶撫拍謂慰恤也又閉也)이라
자전상(字典上) 엄(掩)의 본의(本義)
에 영향이 미침.

康)捒(추)[唐韻]子侯切[集韻][韻
會][正韻]將侯切𠀤音𨅷[說文]夜戒守
有所擊也[左傳襄二十五年]陪臣干捒有
淫者[註]干音扞又[昭二十年]賓將捒
主人辭[註]捒行夜也即今擊柝　又地
名[後漢更始傳]亦眉立劉盆子更始使
李松軍捒以拒之[註]續漢志曰新豐有
捒城　又[唐韻][集韻][韻會][正韻]
𠀤側九切篘上聲義同持物相著也　又
[唐韻]子于切[集韻]遵須切𠀤音娵擊
也　又[集韻]初尤切音篘手取物也　又
甾尤切音鄒持也　又此苟切𨅷上聲亦
擊也　又[前漢五行志]民驚走持藁或
捒一枚[註]捒麻幹也○按木薪曰捒麻
蒸曰菣或作廐韻會謂廐通作捒沿俗
本之譌也　[集韻]或作趣

【 오류정리 】

○康誤處 1;[左傳襄二十五年]陪臣干
捒有淫者[註(改釋文)]干音扞
●考證;謹照原書註改釋文
◆整理;[左傳襄二十五年(좌전양이십
오년)]의 [註(주)는 釋文(석문)의] 착
오.
◆訂正文;[左傳襄二十五年]陪臣干
捒有淫者[釋文]干音扞
▶【629-1】 字解誤謬與否;[左傳
襄二十五年]陪臣干捒有淫者[註(改釋
文)]干音扞 [註(改釋文)]
★이상과 같이 인용처(引用處)나 주
소(註疏)의 오류(誤謬)를 수정(修訂)
을 한다 하여도 자전상(字典上)의 추
(捒)의 본의(本義)에는 영향이 미치지
않음.

康)提(제)[唐韻][正韻]杜奚切[集
韻][韻會]田黎切𠀤音題[說文]挈也
[詩大雅]匪面命之言提其耳[禮曲禮]
凡奉者當心提者當帶[疏]屈臂當帶而
提挈其物　又擧也[周禮夏官田僕]凡
田王提馬而走[前漢刑法志]一同百里
提封萬井[註]提封者大擧其封疆也
又鼓名[周禮夏官大司馬]師帥執提
[註]馬上鼓有曲木提持鼓立馬髦上者
故謂之提　又攝提星名[史記天官書]
大角兩傍各有三星鼎足句之曰攝提直
斗杓所指以建時節[註]攝提之爲言提
攜也提斗攜角以接於下也　又梜提箸
名[禮曲禮]羹之有菜者用梜[註]今人
或謂箸爲梜提　又提提安諦也與媞同
[詩魏風]好人提提[疏]行步安舒而審
諦也　又菩提梵語猶華言正道也　又
浮屠所居曰招提梵言拓鬭提奢華言四
方生物也後魏創立伽藍爲拓提境俗譌
拓爲招[杜甫詩]已從招提遊更宿招提
境　又偏提酌酒壺也[拾遺記]唐元和
閒謂之注子後仇士良惡其名同鄭注乃
去柄安繫名曰偏提　又[集韻]市之切
[正韻]辰之切𠀤音時朱提縣名[前漢食
貨志]朱提銀重八兩爲一流[註]朱提縣
屬犍爲出善銀北方人名匕曰提　又[唐
韻]是支切[集韻][韻會]常支切𠀤音匙
鳥羣聚貌[詩小雅]弁彼鸒斯歸飛提提
[集韻]或作翨　又[唐韻]都禮切[集
韻][韻會]典禮切𠀤音底絶也[禮少儀]
牛羊之肺離而不提心[註]刲離之不絶
中央少者使易絶以祭耳　又擲也[戰國
策]侍醫夏無且以其所奉藥囊提荆軻
[史記絳侯世家]太后以冒絮提文帝[註]
徐廣服虔提音弟蕭該音底蕭音爲得
又[集韻][韻會][正韻]𠀤大計切音
第見上史記註又[漢書音義]同

【 오류정리 】

○康誤處 1;[史記絳侯世家]太后以冒
絮提文帝[註]徐廣(改爲索隱)服虔提音

弟

●考證 ; 謹照原文將註徐廣三字改爲索隱

◆整理 ; [史記絳侯世家(사기강후세가)] [註(주)]와 더불어 徐廣三字(서광삼자)는 索隱(삭은)의 착오.

◆訂正文 ; [史記絳侯世家]太后以冒絮提文帝[索隱]服虔提音弟

▶【630-1】 字解誤謬與否 ; [史記絳侯世家]太后以冒絮提文帝[註]徐廣(改爲索隱)服虔提音弟 [[註]徐廣(改爲索隱)]

★이상과 같이 인용처(引用處)나 주소(註疏)의 오류(誤謬)를 수정(修訂)을 한다 하여도 자전상(字典上)의 제(提)의 본의(本義)에는 영향이 미치지 않음.

康 揖 (읍)[唐韻]伊入切[集韻][韻會][正韻]一入切𡘋音挹[說文]手著胷曰揖[六書故]拱手上下左右之以相禮也[儀禮鄕飮酒禮賓厭介註]推手曰揖引手曰厭[詩詁]上手當曰厭謂手厭於胷引手當曰揖下手曰拜[周禮秋官司儀]土揖庶姓時揖異姓天揖同姓[註]土揖推手小下之也時揖平推手也天揖推手小舉之也[前漢高帝紀]酈生不拜長揖[註]長揖者手自上而極下 又[說文]攘也○按攘同讓增韻遜也前漢王莽傳揖大福之恩註揖謂讓而不當也 又進也[禮玉藻]進則揖之退則揚之[註]揖之謂小俯也揚之謂小仰也 又三揖卿大夫士也[左傳哀二年]三揖在下 又[集韻]乙及切音邑與揖同[王禹偁竹樓記]遠呑山光平揖江瀨 又側立切音戢聚也[詩周南]螽斯羽揖揖兮 又[集韻]卽入切[正韻]賁入切𡘋音湒義同 又[集韻]籍入切音集義同又成也 又與輯通[史記秦始皇紀]普天之下博心揖志[前漢郊祀志]揖五瑞[註]合也

又乙冀切音懿與擅同 本作揖

【 오류정리 】

○康誤處 1; [史記秦始皇紀]普天之下博心(改摶心)揖志

●考證 ; 謹照原文博心改摶心

◆整理 ; [史記秦始皇紀(사기진시황기)]의 博心(박심)은 摶心(단심)의 착오.

◆訂正文 ; [史記秦始皇紀]普天之下摶心揖志

▶【631-1】 字解誤謬與否 ; [史記秦始皇紀]普天之下博心(改摶心)揖志 [博心(改摶心)]

★이상과 같이 오류(誤謬) 수정(修訂)이 된다 하여도 단심(摶心; 마음은 오로지)은 자전상(字典上) 읍(揖)의 본의(本義)에는 영향이 미치지 않음.

康 捜 (수)[唐韻]所鳩切[集韻][韻會][正韻]疏鳩切𡘋音蒐[說文]衆意也[玉篇]聚也 又勁疾也[詩魯頌]束矢其捜[疏]捜爲矢行聲言勁且疾也 又[說文]一曰求也[廣韻]索也[揚子方言]捜略求也秦晉之閒曰捜就室曰捜於道曰略[前漢武帝紀]發三輔騎士大捜上林[註]捜謂索姦人也 又窮討文義亦曰捜[韓愈進學解]獨旁捜而遠紹[杜甫詩]方知象教力足可追冥捜 又渠捜西戎名[書禹貢]析支昆侖渠捜西戎卽敘 又縣名[前漢地理志]朔方郡渠捜縣[水經註]有溝捜郡 又[集韻]先侯切漱平聲亦求也[莊子秋水篇]惠子捜於國中李軌說 凡从叟者今文作叟捜亦作搜 廾

【 오류정리 】

○康誤處 1; [書禹貢]析支昆侖渠捜(改昆侖析支渠捜)

●考證 ; 謹照原文改昆侖析支渠捜

◆整理 ; [書禹貢(서우공)]의 昆侖渠捜(곤륜거수)는 昆侖析支渠捜(곤륜석

지거수)의 착오.

◆訂正文 ; [書禹貢]析支昆侖析支渠搜

▶【632-1】 字解誤謬與否 ; [書禹貢]析支昆侖渠搜(改昆侖析支渠搜) [析支昆侖渠搜(改昆侖析支渠搜)]

★이상과 같이 오류(誤謬) 수정(修訂)이 된다 하여도 이미 서융명(西戎名; 서쪽 오랑캐 명칭)이 전제 되어 있으며 단순히 字順을 바르게 잡았을뿐이니 자전상(字典上) 수(搜)의 본의(本義)에는 영향이 미치지 않음.

康換(환)[唐韻][集韻][韻會][正韻]𡘋胡玩切音逭讀若完去聲[說文]易也[晉書阮孚傳]嘗以金貂換酒 又[前漢敘傳]項氏畔換[註]孟康曰畔反也換易也師古曰畔換强恣貌猶言跋扈也[左思魏都賦]雲散叛換[註]換猶恣睢也[集韻]作㦀 又于眷切音院[蘇轍送孫提刑詩]依依東軒竹凛凛故人面詔書遂公私使節許新換 从手从側人从穴从廾俗作換非

【 오류정리 】

○康誤處 1; [左思魏都賦]雲散叛換[註](增叛字)換猶恣睢也

●考證 ; 謹照原文註下增叛字

◆整理 ; [左思魏都賦(좌사위도부)][註(주)]에 이어 叛字(반자)를 덧붙임.

◆訂正文 ; [左思魏都賦]雲散叛換[註]叛換猶恣睢也

▶【633-1】 字解誤謬與否 ; [左思魏都賦]雲散叛換[註](增叛字)換猶恣睢也

★이상과 같이 오류(誤謬)가 수정(修訂)이 되면 [주(註)]반환유자수야(叛換猶恣睢也)가 되는데 반환(叛換=恣睢; 방자한 모양)은 이미 본문(本文)에 있다 하여도 자전상(字典上) 환(換)의 본의(本義)에 직간접으로 영향

이 미치게 됨.

康揜(엄)[唐韻][集韻][韻會]衣檢切[正韻]於檢切𡘋淹上聲[說文]自關以東謂取曰揜[揚子方言]揜索取也關東曰揜關西曰索 一曰覆也[禮禮器]豚肩不揜豆又[聘義]瑕不揜瑜瑜不揜瑕 又困迫也[易困象]困剛揜也[禮表記]篤以不揜[疏]君子篤厚行於善道不使揜逼而被困迫也 又[揚子方言]滅也吳揚曰揜 又揜然疾歸貌[司馬相如子虛賦]揜乎反鄉 又[唐韻]烏敢切[集韻][韻會]烏感切𡘋庵上聲手揜物也 [韻會]與掩同互詳掩字註

【 오류정리 】

○康誤處 1; 又揜然疾歸貌[司馬相如子虛賦(漢書司馬相如傳)]揜乎反鄉

●考證 ; 謹按揜字文選作揂史記作闇惟漢書司馬相如傳作揜揜然疾歸貌亦惟漢書註有之今據改司馬相如子虛賦爲漢書司馬相如傳

◆整理 ; [司馬相如子虛賦(사마상여자허부)]는 漢書司馬相如傳(한서사마상여전)의] 착오.

◆訂正文 ; 又揜然疾歸貌[漢書司馬相如傳]揜乎反鄉

▶【634-1】 字解誤謬與否 ; 又揜然疾歸貌[司馬相如子虛賦(漢書司馬相如傳)]揜乎反鄉 [司馬相如子虛賦(漢書司馬相如傳)]

★이상과 같이 인용처(引用處)나 주소(註疏)의 오류(誤謬)를 수정(修訂)을 한다 하여도 자전상(字典上)의 엄(揜)의 본의(本義)에는 영향이 미치지 않음.

康揩(개)[唐韻]口皆切[集韻][韻會][正韻]丘皆切𡘋楷平聲[博雅]摩拭也[張衡西京賦]揩枳落突棘藩 又[玉篇][廣韻]苦戒切[集韻][韻會][正韻]

口戒切𠔉音炌揩排强突也　又與鞜通鼓名[唐書南蠻驃傳]龜兹部有羯鼓揩鼓腰鼓　又[五音集韻]訖黠切音戛敔也擽之以止樂[禮明堂位]拊搏玉磬揩擊[註]揩擊謂柷敔也

【 오류정리 】

○康誤處 1; [博雅]摩栻也(改磨也)
●考證 ; 謹照原文摩栻也改磨也
◆整理 ; [博雅(박아)]의 摩栻也(마식야)는 磨也(마야)의 착오.
◈訂正文 ; [博雅]磨也
▶【635-1】 字解誤謬與否 ; [博雅]摩栻也(改磨也) [摩栻也(改磨也)]
★이상과 같이 오류(誤謬) 수정(修訂)이 되면 마(磨; 맷돌. 갈다)가 되어 자전상(字典上) 개(揩)의 본의(本義)에 영향이 미치게 됨.

㊗揭(게)[唐韻][集韻][韻會]𠔉居謁切音訐[說文]高擧也或作擨　又[唐韻]基竭切[集韻][韻會]丘傑切𠔉音朅義同或作担又作拮　又與偈通車疾貌[王應麟詩攷]韓詩匪車揭兮見漢書王吉傳　又[唐韻]渠列切[集韻][韻會][正韻]巨列切𠔉音傑與擖同或作揲[增韻]擧而竪之也[前漢陳項傳贊]揭竿爲旗[張衡西京賦]豫章珍館揭焉中峙　又擔也負也[戰國策]馮煖于是乘其車揭其劒[史記東方朔傳]數賜縑帛擔揭而去　又姓[前漢功臣表]安道侯揭陽定　又[唐韻][集韻][韻會]병其謁切音碣亦擔也　又長也[詩衞風]葭菼揭揭　又[集韻][韻會]𠔉語訐切音钀義同　又[唐韻]居列切音孑揭起也[詩小雅]維北有斗西柄之揭又[大雅]顚沛之揭[傳]揭見根貌[疏]樹倒故根見[戰國策]唇揭者其齒寒[註]揭猶反也　又啓事今曰揭帖　又[唐韻][集韻][韻會]𠔉去例切音憩亦高擧也　又褰衣涉水由膝以下也[詩邶風]淺則揭[爾雅釋水]揭者揭衣也[司馬相如子虛賦]涉冰揭河　又[集韻]其例切音偈揭陽縣名[前漢地理志]南海郡揭陽縣又丘言切與攑同亦擧也

【 오류정리 】

○康誤處 1; [司馬相如子虛賦(改上林賦)]涉冰揭河
●考證 ; 謹照原書子虛賦改上林賦
◆整理 ; [司馬相如(사마상여)의 子虛賦(자허부)는 上林賦(상림부)의] 착오.
◈訂正文 ; [司馬相如上林賦]涉冰揭河
▶【636-1】 字解誤謬與否 ; [司馬相如子虛賦(改上林賦)]涉冰揭河 [子虛賦(改上林賦)]
★이상과 같이 인용처(引用處)나 주소(註疏)의 오류(誤謬)를 수정(修訂)을 한다 하여도 자전상(字典上)의 게(揭)의 본의(本義)에는 영향이 미치지 않음.

手部 十一畫

㊗摟(루)[唐韻]洛侯切[集韻][韻會]郎侯切[正韻]盧侯切𠔉音樓[說文]曳聚也又牽也攬取也[孟子]五伯者摟諸侯以伐諸侯者也　又[揚子方言]裒持謂之摟[孟子]踰東家牆而摟其處子　又[唐韻]力朱切[集韻]龍朱切𠔉音蔞亦曳也一曰挽使申也通作婁

【 오류정리 】

○康誤處 1; [說文]曳聚也又牽也攬取也[孟子]五伯者摟諸侯以伐諸侯者也又[揚子方言]裒持謂之摟[孟子]踰東家牆而摟其處子(改爲爾雅摟聚也註猶今言拘摟聚也又牽也孟子踰東家牆而摟其處子又五霸者摟諸侯以伐諸侯者也)
●考證 ; 謹按裒持謂之摟揚子方言無此語又孟子兩摟字趙註俱訓爲牽謹將又牽也至摟其處子改爲爾雅摟聚也註猶今

言拘攄聚也又牽也孟子踰東家牆而攄其處子又五霸者攄諸侯以伐諸侯者也

◆整理 ; [孟子(맹자)] 五伯者攄諸侯以伐諸侯者也(오백자루제후이벌제후자야)와 又(우)[揚子方言(양자방언)]裒持謂之攄(포지위지루)와 [孟子(맹자)] 踰東家牆而攄其處子(유동가장이루기처자)는, 爾雅(이아) 攄聚也註猶今言拘攄聚也又牽也(루취야주유금언구루취야우견야)와 孟子(맹자) 踰東家牆而攄其處子又五霸者攄諸侯以伐諸侯者也(유동가장이루기처자우오패자루제후이벌제후자야)의 착오.

◆訂正文 ; [說文]曳聚也爾雅攄聚也註猶今言拘攄聚也又牽也孟子踰東家牆而攄其處子又五霸者攄諸侯以伐諸侯者也

▶ 【637-1】 字解誤謬與否 ; [說文]曳聚也又牽也攬取也[孟子]五伯者攄諸侯以伐諸侯者也 又[揚子方言]裒持謂之攄[孟子]踰東家牆而攄其處子(改爲爾雅①攄聚也註猶今言拘攄聚也又②牽也孟子踰東家牆而攄其③處子又④五霸者攄諸侯以伐諸侯者也)

★이상과 같이 오류(誤謬) 수정(修訂)이 된다면 ①루취(聚; 모으다) ②견(牽; 끌다)은 자전(字典) 고증(考證)공(共)히 있고. 다만 ③처자(處子; 아가씨) ④오패자(五霸者; 다섯 제후의 우두머리)란 자의(字義)이니 자전상(字典上) 루(攄)의 본의(本義)에 직접으로 영향이 미침.

⟳摦(화)[唐韻][集韻][韻會]𡘋胡化切華去聲[說文]橫大也[廣韻]寛也[左傳昭二十一年]小者不窕大者不摦則加於物今鐘摦矣[註]窕細而不滿摦橫而不入也或作㧅 又[集韻]胡瓜切音華義同

【 오류정리 】

○康誤處 1; [左傳昭二十一年]小者不窕大者不摦則加於物(改和於物)今鐘摦矣

●考證 ; 謹照原文加於物改和於物

◆整理 ; [左傳昭二十一年(좌전소이십일년)]의 加於物(가어물)은 和於物(화어물)의 착오.

◆訂正文 ; [左傳昭二十一年]小者不窕大者不摦則和於物今鐘摦矣

▶ 【638-1】 字解誤謬與否 ; 左傳昭二十一年]小者不窕大者不摦則加於物(改和於物)今鐘摦矣 [加於物(改和於物)]

★이상과 같이 오류(誤謬) 수정(修訂)이 된다 하여도 화어물(和於物; 다른 삼람과도 화합한다) 자전상(字典上) 화(摦)의 본의(本義)에는 영향이 미치지 않음.

⟳摩(마)[唐韻]莫婆切[集韻][韻會][正韻]眉波切𡘋音磨[說文]研也[廣韻]迫也[增韻]揩也[易繫辭]剛柔相摩[註]相切摩也[禮學記]相觀而善之謂摩[註]相切磋也又[樂記]陰陽相摩[註]猶迫也[戰國策]於是乃摩燕烏集闕見說趙王於華屋之下[註]摩言切近過之 又揣摩也[管子輕重篇]摩之符也內內符者揣之主也[鬼谷子摩篇]抱薪趨火燥者先然此言內符之應外摩也 又[揚子方言]滅也陳之東鄙曰摩[史記平準書]姦或盜摩錢裏取鎔 又消摩[曹毗杜蘭香傳]消摩自可愈疾香以藥爲消摩 又[唐韻][集韻]𡘋莫臥切磨去聲按摩也[孟子爲長者折枝註]折枝案摩折手節解罷枝也 又[集韻]忙皮切音糜漢有施摩神荊巫所祠 或作攠 又古與靡磨𡘋通

【 오류정리 】

○康誤處 1; 又揣摩也[管子輕重篇]摩之符也內內符者揣之主也[鬼谷子摩

篇]抱薪趨火燥者先然(改爲鬼谷子摩之符也內內符者揣之主也抱薪趨火燥者先然平地注水濕者先濡)
●考證；謹按摩之符也內三句出鬼谷子不出管子謹將管子以下三十字改爲鬼谷子摩之符也內內符者揣之主也抱薪趨火燥者先然平地注水濕者先濡
◆整理；[管子輕重篇]摩之符也內內符者揣之主也[鬼谷子摩篇]抱薪趨火燥者先然 (이상의) 管子以下三十字(관자이하삼십자)는 [鬼谷子(귀곡자)] 摩之符也內內符者揣之主也抱薪趨火燥者先然平地注水濕者先濡(마지부야내내부자췌지주야포신추화조자선연평지주수습자선유)로 교체함.
◆訂正文；又揣摩也[鬼谷子]摩之符也內內符者揣之主也抱薪趨火燥者先然平地注水濕者先濡
▶【639-1】 字解誤謬與否；又揣摩也[管子輕重篇]摩之符也內內符者揣之主也[鬼谷子摩篇]抱薪趨火燥者先然(改爲鬼谷子摩之符也內內符者揣之主也抱薪趨火燥者先然平地注水濕者先濡)
★이상과 같이 ○평지주수(平地注水; 평지에 물을 쏟으면) ○습자선유(濕者先濡; 축축한 곳이 먼저 젖는다)를 덧붙인다 하여도 자전상(字典上) 마(摩)의 본의(本義)에는 영향이 미치지 않음.

㉺摰(오)[唐韻]五勞切[集韻][韻會][正韻]牛刀切㞢音敖摰也[公羊傳宣二年]膳宰熊蹯不熟公怒以斗摰而殺之 又[集韻][韻會]㞢丘交切與敲同橫撾也或作摦 又[集韻]牛交切音磝亦摰也與敖同

【 오류정리 】
○康誤處 1; [公羊傳宣二年(改六年)] 膳宰熊蹯不熟

●考證；謹照原文二年改六年
◆整理；[公羊傳宣(공양전선) 二年(이년)은 六年(육년)의] 착오.
◆訂正文；[公羊傳宣六年]膳宰熊蹯不熟
▶【640-1】 字解誤謬與否；[公羊傳宣二年(改六年)]膳宰熊蹯不熟 [二年(改六年)]
★이상과 같이 인용처(引用處)나 주소(註疏)의 오류(誤謬)를 수정(修訂)을 한다 하여도 자전상(字典上)의 오(摰)의 본의(本義)에는 영향이 미치지 않음.

手部 十二畫

㉺㧝(한)[集韻][韻會]㞢下板切音僩勁忿貌[左傳昭十八年]今執事㧝然授兵登陴 又[正韻]下簡切音限義同 又[集韻]賈限切音簡[揚子方言]猛也晉魏之閒曰㧝[爾雅瑟兮僩兮註]僩或作㧝 [韻會]通作憪

【 오류정리 】
○康誤處 1; [爾雅瑟兮僩兮註(改釋文)]僩或作㧝
●考證；謹照原書註改釋文
◆整理；[爾雅瑟兮僩兮(이아슬혜한혜) 註(주)는 釋文(석문)의] 착오.
◆訂正文；[爾雅瑟兮僩兮[釋文]僩或作㧝
▶【641-1】 字解誤謬與否；[爾雅瑟兮僩兮註(改釋文)]僩或作㧝 [註(改釋文)]
★이상과 같이 인용처(引用處)나 주소(註疏)의 오류(誤謬)를 수정(修訂)을 한다 하여도 자전상(字典上)의 한(㧝)의 본의(本義)에는 영향이 미치지 않음.

㉺撓(요)[唐韻]奴巧切[集韻][韻會][正韻]女巧切㞢鐃上聲[說文]擾也[釋名]物繁則相雜撓也[左傳成十三

年]撓亂我同盟[註]乃卯反或作撽 又[說文]一曰捄也 又[集韻][韻會][正韻]尼交切音鐃抓也搔也亦擾也又屈也[孟子]不膚撓[趙岐註]讀平聲或作捄 又[集韻][韻會][正韻]女教切音鬧義同[左傳成二年]畏君之震師徒撓敗[史記酷吏傳]所愛者撓法活之[前漢劉向傳]守正不撓 又[唐韻]呼毛切[集韻][韻會][正韻]呼高切音蒿攪也[前漢鼂錯傳]匈奴之衆易撓亂也[註]火高反其字从手 又[集韻][韻會][正韻]爾紹切音繞亦屈也與揉同 又[集韻][韻會]人要切饒去聲纏也與繞同[史記太史公自序]名家苛察繳繞或作撓 又[集韻]馨幺切音嘵撓挑宛轉也 [正字通]撓橈从手从木古互通與鐃从金音同義異捄

○康誤處 1;[前漢劉向傳]守正不撓(改爲不撓衆枉)
●考證;謹按原文獨處守正爲句不撓衆枉爲句謹據改爲不撓衆枉
◆整理;[前漢劉向傳(전한유향전)]守正(수정)에 不撓(불요)는 不撓衆枉(불요중왕)으로 고침.
◆訂正文;[前漢劉向傳]守正不撓衆枉
▶【642-1】 字解誤謬與否;[前漢劉向傳]守正不撓(改爲不撓衆枉) [守正不撓(改爲不撓衆枉)]
★이상과 같이 오류(誤謬) 수정(修訂)이 된다면 불요중왕(不撓衆枉; 흔들리지도 않는 모든 굽은 사람들. [漢書劉向傳]君子獨處守正, 不撓衆枉勉彊以從王事)인데 자전상(字典上) 요(撓)의 본의(本義)에 적극 영향이 미치게 됨.

(康) 撙(준)[唐韻]茲損切[集韻][韻會][正韻]祖本切音 尊上聲[廣韻]挫趨

也[增韻]裁抑也[禮曲禮]君子恭敬撙節退讓以明禮[註]撙猶趨也[疏]節法度也言恆趨於法度也[戰國策]伏軾撙銜橫歷天下[註]撙挫也猶頓銜勒也 又撙撙聚貌[揚雄甘泉賦]齊總總撙撙其相膠葛兮 或作繜通作僔又作劋

○康誤處 1;[揚雄甘泉賦]齊總總(增以字)撙撙其相膠葛兮
●考證;謹照原文總總下增以字
◆整理;[揚雄甘泉賦(양웅감천부)]齊(제) 總總(총총)에 이어 以字(이자)를 덧붙임.
◆訂正文;[揚雄甘泉賦]齊總總以撙撙其相膠葛兮
▶【643-1】 字解誤謬與否;[揚雄甘泉賦]齊總總(增以字)撙撙其相膠葛兮 [總總(增以字)]
★이상과 같이 오류(誤謬) 수정(修訂)이 된다 하여도 이(以;接續詞)로서는 자전상(字典上) 준(撙)의 본의(本義)에는 영향이 미치지 않음.

(康) 撟(교)[唐韻]居少切[集韻][韻會]舉夭切音矯[說文]舉手也 一曰撟擅也與矯通[周禮秋官士師]掌士之八成五曰撟邦令[註]稱詐以有爲者[疏]撟卽詐也[前漢武帝紀]百姓所安殊路而撟虔[註]撟託也虔固也妄託上命而堅固爲邪惡者也又[高五王傳]撟制以令天下[註]託天子制詔也 又[倉頡篇]正也[周禮冬官考工記弓人]撟幹欲孰于火而無贏撟角欲孰于火而無燂[前漢諸侯王表]撟枉過其正[註]正曲曰撟 又强貌[荀子臣道篇]撟然剛折端立而無傾側之心 又[集韻]渠嬌切音喬亦舉手也 又[唐韻]舉橋切[集韻]居妖切音驕義同又[搏雅]取也一曰選也 又[集韻][韻會]嬌廟切驕去聲撟捎略取也互見捎字註 又[集韻]巨夭切音趫夭撟頻伸貌[爾雅釋獸]人曰

撟[註]伸引手足　又丘袄切音蹻舉也
又渠廟切音嶠義同[史記扁鵲傳]舌撟
然而不下　又苦浩切音考以火曲物也
[考工記]撟幹劉昌宗說　又[集韻][正
韻]𢬵吉了切音皎撓曲也屈也[考工記
釋文]沈讀古了反[荀子臣道篇]率羣臣
百吏而相與强君撟君

【 오류정리 】

○康誤處 1;[前漢武帝紀]百姓所安殊
路而撟虔(改爲撟虔吏乘埶以侵蒸庶)
●考證 ; 謹按原文撟虔二字屬下爲句
不屬上謹改爲撟虔吏乘埶以侵蒸庶
◆整理 ; [前漢武帝紀(전한무제기)]
撟虔(교건)에　撟虔吏乘埶以侵蒸庶(교
건리승예이침증서)를 덧붙임.
◆訂正文 ; [前漢武帝紀]撟虔史乘埶
以侵蒸庶
▶【644-1】 字解誤謬與否 ; [前漢
武帝紀]百姓所安殊路而撟虔(改爲撟虔
吏乘埶以侵蒸庶)
★이상과 같이 오류(誤謬) 수정(修訂)
이 된다 하여도 이미 자전(字典)이나
고증(考證) 공(共)히 교건(撟虔)을
논하였으며 [주(註)]교탁야건고야(橋
託也虔固也)라 하였으니 탁고(託固;
단단히 부탁함)란 하나의 자의(字義)
로 성립되어 있어 그로는 자전상(字
典上) 교(撟)의 본의(本義)에는 영향
이 미치지 않음.

㉣撥(발)[唐韻][集韻][韻會][正
韻]𢮗北末切音鉢[說文]治也[詩商頌]
玄王桓撥[公羊傳哀十四年]撥亂世反
諸正莫近於春秋　又除也[前漢司馬遷
傳]秦撥去古文焚滅詩書　又發揚貌
[禮曲禮]衣毋撥　又[增韻]振開也又
轉之也[戰國策]弓撥矢鉤[註]撥弓反
也　又葬具[禮檀弓]廢輴而設撥竊禮
之不中者也[註]撥可撥引輴車所謂紼
也　又鼓絃之物[唐書蘇頲傳]皇甫恂

使蜀檄取庫錢市琵琶捍撥玲瓏鞭頭不
肯予又叱撥良馬名　又[集韻][韻
會][正韻]𢮗蒲襪切音跋絕也[詩大雅]
枝葉未有害本實先撥[疏]撥者撥去之去
其餘根故猶絕也　又[詩朱傳]叶方吠
切音廢又叶必列切音鷩義𢮗同　又[唐
韻][集韻]𢮗普活切音潑芟草也與癹同
亦作撥　又撥剌張弓貌[張衡思玄賦]
彎威弧之撥剌[註]剌音力達反　又[史
記索隱]房越切音伐謂大楯也[史記孔
子世家]會于夾谷齊有司請奏四方之樂
于是旌旄羽祓矛戟劒撥鼓譟而至[集
韻]作瞂

【 오류정리 】

○康誤處 1;[詩大雅]枝葉未有害本實
先撥[疏]撥者撥去之去其餘根故猶絕
也(改爲箋撥猶絕也疏撥去餘根故猶絕
也)
●考證 ; 謹按故猶絕也四字是釋箋之
詞當先箋後疏謹改爲箋撥猶絕也疏撥去
餘根故猶絕也
◆整理 ; [詩大雅(시대아)] [疏(소)]
撥者撥去之去其餘根故猶絕也(발자발
거지거기여근고유절야)는　先箋後疏
(선전후소)의 법도에 따라 [箋(전)]
撥猶絕也(발유절야) [疏(소)] 撥去餘
根故猶絕也(발거여근고유절야)로 어
순은 바꿈.
◆訂正文 ; [詩大雅]枝葉未有害本實
先撥箋撥猶絕也[疏]撥去餘根故猶絕
也
▶【645-1】 字解誤謬與否 ; [詩大
雅]枝葉未有害本實先撥[疏]撥者撥去
之去其餘根故猶絕也(改爲箋撥猶絕也
疏撥去餘根故猶絕也) [[疏]撥者撥去
之去其餘根故猶絕也(改爲箋撥猶絕也
疏撥去餘根故猶絕也)]
★이상과 같이 오류(誤謬) 수정(修訂)
이 되면 발유절야(撥猶絕也; 발(撥)은
절(絕)과 같다. 라 히였으니 절(絕)이

란 끊어지다. 단절하다. 다하다. 막히
다)인데 자전(字典)에도 이미 발(撥)
이 논의 되어있으니 이로 인한 자전
상(字典上) 발(撥)의 본의(本義)에 영
향이 미치지 못함.

康 播(파) [唐韻] [集韻] [韻會] [正
韻] 𠀉補過切波去聲 [說文] 種也一曰布
也 [廣韻] 揚也 [詩豳風] 其始播百穀 [書
盤康] 王播告之修不匿厥指　又放也棄
也 [書泰誓] 播棄黎老 又 [多方] 屑播天
命　又散也 [書禹貢] 又北播爲九河 [禮
禮運] 播五行于四時 [疏] 播散五行之氣
於四時也 [釋文] 舒也　又 [增韻] 逋也
遷也 [書大誥] 予惟以爾庶邦于伐殷逋
播臣　又州名西南徼外夜郎且蘭地唐
置播州 [韓愈柳子厚墓誌] 劉禹錫當詣
播州子厚願以柳易播　又明萬曆中平
播置遵義平越二府　又姓播武殷賢人
或云播軌　又 [集韻] [韻會] [正韻] 𠀉
補火切音跛義同 [說文] 書舜典播時百穀
註播音波左切　又搖也與簸通 [莊子人
閒世] 鼓筴播精足以食十人 [註] 簡米曰
精播搖動也　又 [集韻] 逋禾切音波澤
名在豫州 [史記禹本紀] 滎播旣都 [註]
古文尙書作滎波　又 [郭璞木禾贊] 爰
有嘉穀號曰木禾匿植匿藝自然靈播
　又 [說文] 通作譒引書王譒告之今書
作播

【 오류정리 】

〇康誤處 1; [書泰誓] 播棄黎老(改爲
犁老)
●考證 ; 謹照原文黎老改爲犁老
◆整理 ; [書泰誓(서태서)]의 黎老(려
노)는 犁老(리노)의 착오.
◆訂正文 ; [書泰誓] 播棄犁老
▶ 【646-1】 字解誤謬與否 ; [書泰
誓] 播棄黎老(改爲犁老)　[黎老(改爲
犁老)]
★이상과 같이 오류(誤謬) 수정(修訂)

이 된다 하여도 리노(犁老; 안면에
검버섯이 핀 노인) 자전상(字典上) 파
(播)의 본의(本義)에는 영향이 미치
지 않음.

〇康誤處 2; [說文]書舜典播時百穀註
播音波左切(改爲書舜典播時百穀釋文
播波左反)
●考證 ; 謹按說文播字註無引播時百
穀之文波左切亦非註文謹據釋文改爲書
舜典播時百穀釋文播波左反
◆整理 ; [說文(설문)]의 書舜典播時
百穀註播音波左切(서순전파시백곡주
파음파좌절)은 [書舜典(서순전)] 播時
百穀(파시백곡) [釋文(석문)] 播波左
反(파파좌반)으로 고침.
◆訂正文 ; [說文]書舜典播時百穀釋
文播波左反
▶ 【647-2】 字解誤謬與否 ; [說文]
書舜典播時百穀註播音波左切(改爲書
舜典播時百穀釋文播波左反)　書舜典
播時百穀註播音波左切(改爲書舜典播
時百穀釋文播波左反)]
★이상과 같이 인용처(引用處)나 주
소(註疏) 음(音) 등(等)의 오류(誤謬)
를 수정(修訂)을 한다 하여도 자전상
(字典上)의 파(播)의 본의(本義)에는
영향이 미치지 않으나 파파좌반(播波
左反; 여러 곡식을 파종하여 그를 보
급하여 구제하라)에서는 파(播)의 본
의(本義)에 적극 영향을 미치게 됨.

手部 十四畫

康 擫(엽) [唐韻] 於葉切 [集韻] [韻
會] 益涉切 𠀉音魘讀若厭入聲 [說文] 一
指按也 [莊子外物篇] 擪其䪼 [元稹連昌
宮辭] 李謩擪笛傍宮牆　又 [正韻] 弋涉
切音葉義同　又 [集韻] 託協切音帖又
諾協切音敜或作壓義 𠀉同　又乙甲切
音壓亦按也　又 [唐韻] [集韻] 𠀉於琰
切音黶持也　亦作擪古文通厭　[王褒

洞簫賦]挹抐撎攦順敘卑迡[註]撎攦一
作擊扵手執之狀也[白居易霓裳羽衣
歌]擊撎彈吹聲邐迤　本作撎

【 오류정리 】

○康誤處 1;[王褒洞簫賦]挹抐撎攦順
敘卑迡(改膠緻理比挹抐撎攦)

●考證 ; 謹按所引文義不連謹照原賦
改膠緻理比挹抐撎攦

◆整理 ; [王褒洞簫賦(왕포동소부)]의
挹抐撎攦順敘卑迡(읍눌엽녑순서비체)
는 膠緻理比挹抐撎攦(교치리비읍눌엽
녑)으로 정리함.

◆訂正文 ; [王褒洞簫賦]膠緻理比挹
抐撎攦

▶【648-1】 字解誤謬與否;[王褒
洞簫賦]挹抐撎攦順敘卑迡(改膠緻理比
挹抐撎攦) [挹抐撎攦順敘卑迡(改膠
緻理比挹抐撎攦)]

★이상과 같이 오류(誤謬) 수정(修訂)
이 된다 하여도 교치리비(膠緻理比;
이치와 비교하여 정착시키는데 집중
하다)로서는 자전상(字典上) 엽(撎)의
본의(本義)에는 영향이 미치지 않음.

手部 十五畫

㉾擾(요)[唐韻]而沼切[集韻][韻
會][正韻]爾紹切𡚁音繞[說文]煩也
[廣韻]亂也[書胤征]俶擾天紀[前漢曹
參傳]以齊獄市爲寄愼勿擾也　又馴也
順也安也[書皋陶謨]擾而毅[註]馴擾
而果毅又[周官]司徒掌邦敎敷五典擾
兆民[周禮地官大司徒]以佐王安擾邦
國[註]擾亦安也言饒衍之又[夏官職方
氏]河南曰豫州其畜宜六擾[註]馬牛羊
豕犬雞[疏]六擾與爾雅六畜周禮六牲
一也[左傳昭二十九年]董父實甚好龍乃
擾畜龍[註]順龍所欲而畜養之　又[集
韻][韻會][正韻]𡚁如招切音饒義同上
[周禮六擾釋文]徐邈劉昌宗讀饒[前漢
高帝紀贊]劉累學擾龍[註]師古又讀饒

又[集韻]乃老切音惱亦煩也　又叶
忍九切柔上聲[李尤平樂觀賦]飛凡躍
劒沸渭回擾巴渝隈一蹴眉相受　本从
憂[說文]作擾

【 오류정리 】

○康誤處 1;[左傳昭二十九年]董父實
甚好龍乃擾畜龍[註(改疏)]順龍所欲而
畜養之

●考證 ; 謹照原書註改疏

◆整理 ; [左傳昭二十九年(좌전소이십
구년)] [註(주)는 疏(소)의] 착오.

◆訂正文 ; [左傳昭二十九年]董父實
甚好龍乃擾畜龍[疏]順龍所欲而畜養
之

▶【649-1】 字解誤謬與否;[左傳
昭二十九年]董父實甚好龍乃擾畜龍
[註(改疏)]順龍所欲而畜養之 [註(改
疏)]

★이상과 같이 인용처(引用處)나 주
소(註疏)의 오류(誤謬)를 수정(修訂)
을 한다 하여도 자전상(字典上)의 요
(擾)의 본의(本義)에는 영향이 미치지
않음.

手部 二十一畫

㉾攭(라)[韻會][正韻]𡚁魯果切音
裸無毛羽貌[荀子賦論篇]攭攭兮其狀
屢化如神或作儽　又[正韻]力霽切音
例分判也[荀子賦論篇]攭兮其相逐而反
也[註]與劙同言雲或分散相逐而還
於山

【 오류정리 】

○康誤處 1;[荀子賦論篇]攭攭兮其狀
屢化如神或作儽　又[正韻]力霽切音
例分判也[荀子賦論篇]攭兮其相逐而
反也(兩賦論篇𡚁省論字)

●考證 ; 謹照原書兩賦論篇 𡚁省論字

◆整理 ; 兩(양)[荀子(순자) 賦論篇
(부론편)의 論字(론자)를] 삭제함.

◈訂正文 ；[荀子賦篇]攭攭兮其狀屢化如神或作儽　又[正韻]力霽切音例分判也[荀子賦篇]攭兮其相逐而反也

▶【650-1】 字解誤謬與否 ；[荀子賦論篇]攭攭兮其狀屢化如神或作儽又[正韻]力霽切音例分判也[荀子賦論篇]攭兮其相逐而反也(兩賦論篇𢇁省論字) [荀子賦論篇 省論字)] [荀子賦論篇 省論字)]

★이상과 같이 인용처(引用處)나 주소(註疏)의 오류(誤謬)를 수정(修訂)을 한다 하여도 자전상(字典上)의 라(攭)의 본의(本義)에는 영향이 미치지 않음.

字典卯集下考證

支部

㊫支(지)[唐韻][集韻][韻會]章移切[正韻]旨而切𢇁音巵[說文]去竹之枝也从手持半竹[註]徐鍇曰竹葉下垂也[增韻]俗作攴非　又[韻會]庶也[詩大雅]本支百世[傳]支支子也[儀禮士昏禮]支子則稱其宗[註]支子庶昆弟也又[廣韻]持也[左傳定元年]天之所支不可壞也　又[周語]武王克殷作詩以爲飮歌名之曰支[註]支拄也　又[廣韻]度也[晉書職官志]有度支尙書　又[韻府]支劵也[魏書盧仝傳]一支付勳人一支付行臺[韓愈寄崔立之詩]當如合分支[註]今時人謂析産符契爲分支帳[又大戴禮]燕支地計衆不與齊均也[註]支猶計也　又[玉篇]支離自異[類篇]一曰分也[王延壽魯靈光殿賦]支離分赴[註]支離分散也　又[玉篇]載充也　又[韻會]十二支辰名[史記天官書註]爾雅釋天云歲陽者甲乙丙丁戊己庚辛壬癸十干是也歲陰者子丑寅卯辰巳午未申酉戌亥十二支是也又[後漢王符傳]明帝時以反支日不受章奏[註]凡反支日用月朔爲正十二支終戌亥反還於子丑如朔日遇戌亥卽初一爲反支也見陰陽書　又國名[書禹貢]崑崙析支渠搜西戎卽敘[註]馬云析支在河關西[前漢平帝紀]黃支國獻犀牛[註]應劭曰黃支在日南之南又[西域傳]條支國臨西海　又山名[史記匈奴傳]出隴西過焉支山[註]焉支山在丹州　又茘支果名[後漢和帝紀]舊南海獻茘支　又姓[莊子列禦寇]朱泙曼學屠龍於支離益[何氏姓苑]支氏琅邪人[後趙錄]司空支雄又與肢肢通[易坤卦]美在其中而暢於四支[疏]四支猶人手足　又與枝通[詩衛風]芄蘭之支[前漢揚雄傳]支葉扶疎　又與梔通[前漢司馬相如傳]鮮支黃礫[註]鮮支卽今梔子樹也　又[集韻]翹移切音祇令支縣名[齊語]制令支[註]令爲縣在遼西　又[集韻]支義切音寘[揚子方言]南楚謂譴讙爲支註

【 오류정리 】

○康誤處 1; [左傳定元年]天之所支不可壞也(改爲天之所壞不可支也)

●考證 ; 謹照原文改爲天之所壞不可支也

◆整理 ; [左傳定元年(좌전정원년)]의 天之所支不可壞也(천지소지불가괴야)는 天之所壞不可支也(천지소괴불가지야)의 착오.

◈訂正文 ；[左傳定元年]天之所壞不可支也

▶【651-1】 字解誤謬與否 ；[左傳定元年]天之所支不可壞也(改爲天之所壞不可支也) [天之所支不可壞也(改爲天之所壞不可支也)]

★이상과 같이 오류(誤謬) 수정(修訂)이 된다 하여도 천지소괴불가지야(天之所壞不可支也)로 자순(字順)이 정돈되었을 뿐으로 자전상(字典上) 지(支)의 본의(本義)에는 영향이 미치지 않음.

支部 三畫

康 攸(유)[唐韻]以周切[集韻][韻會][正韻]夷周切𡘋音由[說文]作攸行水也[註]攴入水所攸也秦刻石嶧山文攸字作汥[孟子]攸然而逝趙[註]攸然迅走趣水深處也 又[爾雅釋言]攸所也[易坤卦]君子攸行[詩大雅]爲韓姞相攸[註]擇可嫁之所也 又[左傳哀三年]鬱攸從之[註]鬱攸火氣也 又[前漢敘傳]攸攸外寓[註]攸攸遠貌 又語助辭[書洪範]彝倫攸敘[詩大雅]四方攸同 又[集韻]以九切音酉[左傳昭十三年]湫乎攸乎[註]攸懸危貌 又姓[急就篇]北燕有攸邁

【 오류정리 】

○康誤處 1;[左傳昭十三年(改十二年)]湫乎攸乎

●考證 ; 謹照原文十三年改十二年

◆整理 ; [左傳(좌전) 昭(소) 十三年(십삼년)은 十二年(십이년)의] 착오.

◆訂正文 ; [左傳昭十二年]湫乎攸乎

▶【652-1】 字解誤謬與否 ; [左傳昭十三年(改十二年)]湫乎攸乎 [十三年(改十二年)]

★이상과 같이 인용처(引用處)나 주소(註疏)의 오류(誤謬)를 수정(修訂)을 한다 하여도 자전상(字典上)의 유(攸)의 본의(本義)에는 영향이 미치지 않음.

康 攻(공)[唐韻]古洪切[集韻][韻會]沽紅切[正韻]古紅切𡘋音公[說文]擊也[搏雅]伐也[易同人]乘其墉弗克攻[書伊訓]造攻自鳴條 又[類篇]一曰治也[書甘誓]左不攻于左[傳]治也[論語]攻乎異端 又[詩小雅]我車既攻[傳]攻善也[朱傳]攻堅也 又心爲物欲所侵曰攻[唐書太宗紀]一心攻之者衆 又摘人過失赤曰攻[蜀志諸葛亮

傳]勤攻吾闕則事可定 又[詩大雅]庶民攻之[傳]攻猶作也 又[博雅]攻擊也 又姓[何氏姓苑]漢有攻生單 又[廣韻]古冬切音釭義同 又[集韻]古送切音貢[周禮夏官司弓矢]利攻守[釋文]攻如字劉音貢 又[韻補]叶姑黃切[史記龜筴傳]入於周地得太公望與卒聚兵與之相攻 [說文]从攴作<工从攴>

【 오류정리 】

○康誤處 1;[博雅]攻擊(改擊)也

●考證 ; 謹照原文擊攻擊

◆整理 ; [博雅(박아)]의간(간)은 擊(간)의 착오.

◆訂正文 ; [博雅]攻擊也

▶【653-1】 字解誤謬與否 ; 攻擊(改擊)也 [擊(改擊)]

★이상과 같이 오류(誤謬)가 공간(攻擊; 굳세게 책망하다)으로 수정(修訂)이 되면 자전상(字典上) 공(攻)의 본의(本義)에 직접 영향이 미치게 됨.

支部 四畫

康 放(방)[唐韻][集韻][韻會]𡘋甫妄切音舫[說文]逐也[小爾雅]棄也[書舜典]放驩兜于崇山[疏]放逐[左傳宣元年]晉放其大夫胥甲父于衞[註]放者受罪黜免宥之以遠 又[書武成]放牛于桃林之野[疏]據我釋之則云放 又[禮曲禮]毋放飯[註]去手餘飯於器中 又[左傳昭十六年]獄之放紛[註]放縱也 又[論語]隱居放言[何晏註]放置也不復言世務 又[孟子]如追放豚[趙岐註]放逸之豕 又[博雅]妄也[玉篇]散也[增韻]肆也捨也[正韻]廢也 又[廣韻]分兩切[集韻]甫兩切[正韻]妃兩切𡘋音昉同倣學也[玉篇]比也[類篇]效也[書堯典]曰若稽古帝堯曰放勳[疏]能放效上世之功 又[周禮天官]食醫凡君子之食恆放焉[註]放猶依也 又[孟子]放乎四海[趙岐註]放至

也　　又[集韻]分房切方或作放倂船也
[前漢禮樂志]神裴回若留放殣冀親與肆
章[說文]从攴作<从攴作放>

【 오류정리 】

○康誤處 1;[前漢禮樂志]神裴回若留
放殣冀親與(改以)肆章
●考證;謹照原文與改以
◆整理;[前漢禮樂志(전한예악지)]의
與(여)는 以(이)의 착오.
◆訂正文;[前漢禮樂志]神裴回若留
放殣冀親以肆章
▶【654-1】字解誤謬與否;[前漢
禮樂志]神裴回若留放殣冀親與(改以)
肆章　[與(改以)]
★이상과 같이 오류(誤謬) 수정(修訂)
이 된다 하여도 이(以; 개사. 으로써.
접속사(接續詞)함으로써)는 자전상(字
典上) 방(放)의 본의(本義)에는 영향
이 미치지 않음.

支 部 五畫

康 更경)[廣韻]古行切[集韻]居行
切 𡛷 音庚[說文]攺也[九經字樣]隷省
作更[禮曲禮]君子問更端　又[禮月
令]易皮幣[註]易猶更也又[史記曹相國
世家]舉事無所變更　又[禮儒行]乃留
更僕未可終也[釋文]更代也　又[史記
平準書]悉巴蜀租賦不足以更之[註]韋
昭曰更續也或曰更償也　又[玉篇]更
歷也復也[類篇]㳦也　又[禮文王世
子]遂設三老五更[註]年老更事致仕者
也[後漢禮儀志註]五更老人知五行更
代之事者　又[前漢昭帝紀]三年以前
逋更賦未入者皆勿收[註]更有三品有
卒更有踐更有過更古者正卒無常人皆
當迭爲之一月一更是爲卒更也貧者欲
得顧更錢者次直者出錢顧之是爲踐更
也天下人皆直戍邊三日亦名爲更律所
謂繇戍也諸不行者出錢三百入官官以
給戍者是爲過更也　又因時變易刻漏

日更[張衡西都賦]衞以嚴更之署[註]
督夜行鼓也又[豹隱紀談]楊萬里詩天
上歸來有六更[註]內樓五更後梆鼓偏
作名蝦蟇更禁門初開百官隨入所謂六
更也　又官名[前漢百官公卿表]太子
率更家令[註]師古曰掌知刻漏故曰率
更　又[廣韻][集韻]𡛷古孟切音亘[增
韻]再也　又[韻補]叶居良切[司馬相
如長門賦]望中庭之藹藹兮若季秋其降
霜夜曼曼其若歲兮懷鬱鬱其不可再更

【 오류정리 】

○康誤處 1;[禮月令]易皮幣(改更皮
幣)[註]易猶更也(改更猶易也)
●考證;謹照原文易皮幣改更皮幣易
猶更也改更猶易也
◆整理;[禮月令(예월령)]의 易皮幣
(역피폐)는 更皮幣(경피폐), [註(주)]
의 易猶更也(역유경야)는 更猶易也(경
유역야)의 착오.
◆訂正文;[禮月令]更皮幣[註]更猶
易也
▶【655-1】字解誤謬與否;[禮月
令]易皮幣(改更皮幣)[註]易猶更也(改
更猶易也)　[易皮幣(改更皮幣)][易猶
更也(改更猶易也)]
★이상과 같이 오류(誤謬) 수정(修訂)
이 되면 ○경피폐(更皮幣; 가벼운 곳
에는 가죽으로 폐백한다) ○경(更; 경
시하다) ○유(猶; 같다) ○역(易; 경
시하다)인데 자전상(字典上) 경(更)의
본의(本義)에 적극 영향이 미치게 됨.

○康誤處 2;[張衡(改班固)西都賦]
●考證;謹按西都賦班固所作謹照原
書張衡改班固
◆整理;[張衡(장형)은 班固(반고)의
착오.　西都賦(서도부)]
◆訂正文;[班固西都賦]
▶【656-2】字解誤謬與否;[張衡
(改班固)西都賦]　[張衡(改班固)]
★이상과 같이 인용처(引用處)나 주

소(註疏)의 오류(誤謬)를 수정(修訂)을 한다 하여도 자전상(字典上)의 경(夏)의 본의(本義)에는 영향이 미치지 않음.

支 部 七畫

⑱敖(오)[廣韻]五勞切[集韻][韻會][正韻]牛刀切삸音遨[說文]作敖遊也从出从放[集韻]隸作敖[博雅]遊敖戲也[詩邶風]以敖以遊[釋文]敖亦作遨 又[詩衞風]碩人敖敖[傳]敖敖長貌[箋]猶欣欣也 又[左傳昭十二年]葬子丨千于皆實皆敖[註]無號諡者楚皆謂之敖 又[爾雅釋訓]敖敖傲也[疏]大雅板篇云聽我囂囂毛傳云猶警也敖警囂音義삸同 又地名[詩小雅]搏獸于敖[傳]敖鄭地今近滎陽[左傳宣十二年]晉師在敖鄗之閒[註]敖鄗二山在滎陽縣西北 又姓[廣韻]顓頊大敖後 又與熬同[荀子富國篇]天下敖然若燒若焦 又與螯同[荀子勸學篇]蟹六跪而二敖[註]敖蟹首上如鉞者 又與嗷同[荀子彊國篇]百姓讙敖[註]敖喧噪也 又[集韻][正韻]삸魚到切同傲慢也[詩小雅]彼交匪敖[註]不敖慢[禮曲禮]敖不可長[疏]敖者矜慢在心之名[爾雅釋言]敖憮傲也 又[史記天官書]箕爲敖客[註]敖調弄也 又[博雅]傲妄也 [說文]从攴作敖<从攴作>

【 오류정리 】
○康誤處 1;[左傳昭十二(改三)年]
●考證 ; 謹照原文二改三
◆整理 ; [左傳昭十(좌전소십) 二(이)는 三(삼)의 착오. 年(년)]
◆訂正文 ; [左傳昭十三年]
▶【657-1】 字解誤謬與否 ; [左傳昭十二(改三)年] 二(改三)
★이상과 같이 인용처(引用處)나 주소(註疏)의 오류(誤謬)를 수정(修訂)을 한다 하여도 자전상(字典上)의 오

(敖)의 본의(本義)에는 영향이 미치지 않음.

支 部 八畫

⑱敦(돈)[廣韻][集韻]삸都昆切音墪[說文]作𢼄怒也詆也一曰誰何也 又[五經文字]敦厚也[易臨卦]敦臨吉[疏]厚也 又[詩邶風]王事敦我[釋文]韓詩云敦迫也鄭都回反猶投擲也 又[爾雅釋詁]敦勉也[疏]敦者厚相勉也[前漢揚雄傳]敦衆神使式道兮[註]師古曰敦勉也 又[爾雅釋天]太歲在午曰敦牂[史記歷書註]敦盛也 又[揚子方言]敦大也 又姓[廣韻]敦洽衞之醜人也 又[廣韻][集韻][韻會][正韻]삸都回切音堆[詩豳風]敦彼獨宿[傳]敦敦然獨宿也 又[詩魯頌]敦商之旅[箋]敦治也 又[莊子說劍篇]今日試使士敦劍[註]敦斷也 又[廣韻]度官切[集韻][韻會][正韻]徒官切삸音團[詩豳風]有敦瓜苦[傳]敦猶專專也[疏]敦是瓜繫蔓之貌言瓜繫於蔓專專然也[釋文]徒丹反[朱傳]音堆 又[詩大雅]敦彼行葦[傳]聚貌[釋文]徒端反 又[集韻]徒渾切音屯[詩大雅]鋪敦淮濆[箋]當作屯[揚雄甘泉賦]敦萬騎於中營兮[註]敦與屯同陳也 又[類篇]敦煌郡名 又[集韻][韻會]삸丁聊切音雕[詩大雅]敦弓旣堅[傳]敦弓畫弓也天子敦弓音彫[疏]敦與彫古今之異 又[詩周頌敦]琢其旅[疏]敦雕古今字[朱傳]音堆 又[集韻]都內切音對[儀禮士昏禮]黍稷四敦皆蓋[禮明堂位]有虞氏之兩敦[註]敦黍稷器[疏]敦與瑚璉簠簋連方故云黍稷器也 又[周禮天官玉府]若合諸侯則共珠槃玉敦[註]敦槃類古者以槃盛血以敦盛食 又[集韻]大到切音道幬或作敦覆也[周禮春官司几筵]每敦一几[註]敦讀曰燾覆也 又[集韻]

杜皓切音稻又陳留切音儔義坴同　又[集韻][正韻]坴杜本切音盾[左傳文十八年]天下之民謂之渾敦[註]謂驩兜渾敦不開通之貌[疏]混沌與渾敦字之異耳　又[廣韻][集韻][韻會][正韻]坴都困切通作頓[爾雅釋丘]丘一成爲敦丘[疏]詩衞風氓篇至于頓丘是也　又[爾雅釋天]太歲在子曰困敦[註]敦音頓[史記曆書註]困敦混沌也　又[莊子列禦寇]敦杖蹙之[音義]敦音頓司馬云豎也　又[集韻]主尹切音準淳或作敦[周禮天官內宰]出其度量淳制[註]故書淳爲敦杜子春讀敦爲純純者謂幅廣也　又[集韻]他昆切懲或省作敦懲者恨心不明也　又[韻補]叶都鈞切[崔瑗南陽文學頌]我國旣淳我俗旣敦　又叶亭年切[蘇軾祭同安郡夫人文]嗣爲兄弟莫如君賢婦職旣備母儀甚敦

【 오류정리 】

○康誤處 1; [周禮天官王府(改玉府)]
●考證 ; 謹照原文王府改玉府
◆整理 ; [周禮天官(주례천관) 王府(왕부)는 玉府(옥부)의 착오.
◆訂正文 ; [周禮天官玉府]
▶ 【658-1】 字解誤謬與否 ; [周禮天官王府(改玉府)] [王府(改玉府)]
★이상과 같이 인용처(引用處)나 주소(註疏)의 오류(誤謬)를 수정(修訂)을 한다 하여도 자전상(字典上)의 돈(敦)의 본의(本義)에는 영향이 미치지 않음.

支部 十一畫

康敹(료)[廣韻]落蕭切[集韻][韻會]憐蕭切[正韻]連條切坴音聊[說文]作敿揮也[玉篇]簡也[書費誓]善敹乃甲胄[傳]言當善簡汝甲鎧胄[疏]敹謂穿徹之謂甲繩有斷絶當使敹理穿治之○按書俗本譌作敿字彙譌作敿坴非

又[集韻]離昭切音繚義同

【 오류정리 】

○康誤處 1; [說文]作敿揮(改擇)也
●考證 ; 謹照原文揮改擇
◆整理 ; [說文(설문)]의 揮(휘)는 擇(택)의 착오.
◆訂正文 ; [說文]作敿擇也
▶ 【659-1】 字解誤謬與否 ; [說文]作敿揮(改擇)也 [揮(改擇)]
★이상과 같이 오류(誤謬) 수정(修訂)이 되면 택(擇; 고르다)으로 바뀌어 자전상(字典上) 료(敹)의 본의(本義)에 영향이 미치게 됨.

支部 十三畫

康斂(렴)[唐韻]良冉切[集韻][韻會][正韻]力冉切坴音磏[說文]收也[爾雅釋詁]聚也[疏]斂者率聚也[詩小雅]此有不斂穧[疏]不收斂之穧束也[書洪範]斂時五福[疏]以斂聚五福之道也[周禮天官大宰]以九賦斂財賄　又[儀禮聘禮]斂壚[註]斂藏也　又[博雅]斂取也又欲也予也略也　又姓[左傳定七年]公斂處父御孟懿子[廣韻]姚秦錄有輔國將軍斂憲　又[廣韻][集韻][韻會]坴力驗切音爁義同　又[集韻]離鹽切音廉斂盂地名[左傳僖二十八年]齊侯晉侯會于斂盂[註]衞地[釋文]斂徐音廉　[韻會]作斂非互詳欠部斂字註

【 오류정리 】

○康誤處 1; [左傳僖二十八年]齊侯晉侯會于斂盂(改晉侯齊侯盟于斂盂)
●考證 ; 謹照原文改晉侯齊侯盟于斂盂
◆整理 ; [左傳僖二十八年(좌전희이십팔년)]의 齊侯晉侯會于斂盂(제후진후회우렴우)는 晉侯齊侯盟于斂盂(진후제후맹우렴우)의 착오.

◆訂正文 ; [左傳僖二十八年]晉侯齊侯盟于斂盂

▶【660-1】 字解誤謬與否 ; [左傳僖二十八年]齊侯晉侯會于斂盂(改晉侯齊侯盟于斂盂) [齊侯晉侯會于斂盂(改晉侯齊侯盟于斂盂)]

★이상과 같이 오류(誤謬) 수정(修訂)이 된다 하여도 진후(晉侯) 제후(齊侯)로 원서(原書)대로 순을 바르게 잡았을 뿐이며 맹(盟; 연합. 동맹. 맹세하다)이미 자전(字典) 고증(考證) 공(共)히 렴우(斂盂; 지명(地名). 위지(衛地). [集韻]離鹽切音廉斂盂地名[左傳僖二十八年]晉侯齊侯盟于斂盂[註]衛地)가 있어 자전상(字典上) 렴(斂)의 본의(本義)에는 영향이 미치지 않음.

斗 部

康 斗(두)[唐韻][集韻][韻會][正韻]太當口切音陡[說文]大升也[羣經音辨]升十之也[史記李斯傳]平斗斛度量[前漢律歷志]斗者聚升之量也 又宿名[春秋運斗樞]第一至第四爲魁第五至第七爲杓合爲斗居陰播陽故稱北斗[易豐卦]日中見斗[疏]日中盛明之時而斗星顯見[詩小雅]維北有斗[疏]維此天上其北則有斗星[史記天官書]北斗七星所謂璇璣玉衡以齊七政也[又]衡殷南斗[註]南斗六星爲天廟丞相大宰之位 又酒器[詩大雅]酌以大斗[疏]大斗長三尺謂其柄也蓋從大器挹之於樽用此勺耳[史記滑稽傳]目眙不禁飲可七八斗 又吳中市魚亦以斗計[松陵倡和詩]一斗霜鱗換濁醪 又[前漢王莽傳]作威斗長二尺五寸 又[周禮地官司徒掌染革註]染革藍蒨象斗之屬[疏]象斗染黑 又[尙書序]皆科斗文字[疏]科斗蟲名蝦蟆子也書形似之 又[史記封禪書]成山斗入海[註]謂斗絕曲入海也又[韓愈答張十一詩]

斗覺霜毛一半加 又[集韻][正韻]太腫庾切音主枓或省作斗勺也[周禮春官鬯人]大喪之大渳設斗[註]所以沃尸也[釋文]斗依注音主

【 오류정리 】

○康誤處 1; [周禮地官司徒(改爲序官)掌染革註]染革(兩革字均改爲草字)藍蒨象斗之屬

●考證 ; 謹照原文司徒改爲序官兩革字均改爲草字

◆整理 ; 周禮地官(주례지관) 司徒(사도)는 序官(서관)의 착오이며, 革革(혁혁) 兩革字(양혁자)는 草字(초자)의 착오.

◆訂正文 ; [周禮地官序官掌染草註]染草藍蒨象斗之屬

▶【661-1】 字解誤謬與否 ; [周禮地官司徒(改爲序官)掌染革註]染革(兩革字均改爲草字)藍蒨象斗之屬 [司徒(改爲序官)] [革(改爲草字)] [革(改爲草字)]

★이상과 같이 오류(誤謬) 수정(修訂)이 되면 ○서관(序官; 관직 질서) [周禮春官序官]記載其中的演奏人員有"瞽矇上瞽肆十人中瞽百人下瞽百有陸十人 ○장염초(掌染草; 염초를 관리하는 관직) [周禮地官司徒]有染人官職掌染草掌以春秋斂染草之物 ○염초(染草; 염료로 쓰이는 풀) [周禮地官掌染草]謂掌以春秋斂染草之物[鄭玄註]染草,茅蒐橐蘆豕首紫䓞之屬茅蒐今言茜草緹色(赤黃色或淺紅色)就是는 자전상(字典上) 두(斗)의 본의(本義)에 영향이 미치게 됨.

方 部 七畫

康 旌(정)[唐韻][正韻]子盈切[集韻][韻會]咨盈切太音精[說文]析羽注旄首所以進士卒[爾雅釋天]旄首曰旌[註]載旄於竿頭如今之幢亦有旒[廣

雅]天子旌高九仞諸侯七仞大夫五仞士三仞[又]旄旐[疏]旄旐者凡旗之名雖異旄旐爲之總稱[釋名]旌精也有精光也[詩鄘風]孑孑干旌[周禮春官司常]析羽爲旌[又]旂車建旌　又[周禮天官掌舍]爲帷宮設旌門[註]樹旌以表門　又[周禮地官掌節]道路用旌節[註]今使者所用擁節是也　又[禮曲禮]武車綏旌德車結旌註武車尙威武故舒散若花德美在內故纏旌於竿　又[書畢命]旌別淑慝[傳]言當識別頑民之善惡[疏]旌旗所以表識貴賤故傳以旌爲識　又[左傳莊二十八年]且旌君伐[註]旌章也　又[周語]故爲車服以旌之[註]旌表也　又[後漢胡廣傳]德以旌賢[註]旌明也

【 오류정리 】

○康誤處 1; [爾雅釋天](增註字)旄首曰旌

●考證 ; 謹照原文旄上增註字

◆整理 ; [爾雅釋天(이아석천)] 註字(주자)를 덧붙임. 旄(모)

◆訂正文 ; [爾雅釋天]註旄首曰旌

▶ 【662-1】 字解誤謬與否 ; [爾雅釋天](增註字)旄首曰旌 [(增註字)旄]

★이상과 같이 인용처(引用處)나 주소(註疏)의 오류(誤謬)를 수정(修訂)을 한다 하여도 자전상(字典上)의 정(旌)의 본의(本義)에는 영향이 미치지 않음.

○康誤處 2; [又]旄旐[疏]旄旐者凡旗之名雖異旄旐爲之總稱(此十九字亦係爾雅釋天文謹改於亦有旒之下廣雅之前)

●考證 ; 謹按此十九字亦係爾雅釋天文謹改於亦有旒之下廣雅之前

◆整理 ; [爾雅釋天]旄首曰旌[註]載旄於竿頭如今之幢亦有旒([又]旄旐

[疏]旄旐者凡旗之名雖異旄旐爲之總稱)[廣雅] 이상과 같이[又]이하 19자를 爾雅釋天文(이아석천문)에 이어 廣雅之前(광아지전)으로 옮김.

◆訂正文 ; [爾雅釋天]旄首曰旌[註]載旄於竿頭如今之幢亦有旒[又]旄旐[疏]旄旐者凡旗之名雖異旄旐爲之總稱[廣雅]

▶ 【663-2】 字解誤謬與否 ; [又]旄旐[疏]旄旐者凡旗之名雖異旄旐爲之總稱(此十九字亦係爾雅釋天文謹改於亦有旒之下廣雅之前)

★이상과 같이 인용처(引用處)나 주소(註疏)의 오류(誤謬)를 수정(修訂)을 하거나 또 단지 문장(文章)을 수정(修訂) 없이 이동시키는 관계로 자전상(字典上)의 정(旌)의 본의(本義)에는 영향이 미치지 않음.

○康誤處 3; 旂車建旌(改載旌)

●考證 ; 謹照周禮原文建旌改載旌

◆整理 ; 建旌(건정)은 載旌(재정)의 착오.

◆訂正文 ; 旂車載旌

▶ 【664-3】 字解誤謬與否 ; 旂車建旌(改載旌) [建旌(改載旌)]

★이상과 같이 오류(誤謬) 수정(修訂)이 되면 도차재수(道車載旞; 도거(道車; 상로(象輅). 제왕(帝王)이 타던 상아(象牙)로 꾸민 수레에는 재수(載旞; 꼭대기에 오색의 새 깃털을 붙여서 만든 기를 싣는다. [周禮春官司常]全羽爲旞[又]道車載旞[註]道車象路也가 되는데 자전상(字典上) 정(旌)의 본의(本義)에 직접영향이 미치게 됨.

方部 十五畫

康旞(수)[唐韻][集韻][韻會][正韻]夶徐醉切音遂[說文]導車所以載全羽以爲允允進也[周禮春官司常]全羽

為旟[又]道車建旟[註]道車象路也

【 오류정리 】

○康誤處 1;[又]道車建旟(改載旟)

●考證 ; 謹照周禮原文建旟改載旟

◆整理 ; 建旟(건수)는 載旟(재수)의 착오.

◆訂正文 ;[又]道車載旟

▶【665-1】 字解誤謬與否 ;[又]道車建旟(改載旟) [建旟(改載旟)]

★이상과 같이 오류(誤謬) 수정(修訂)이 되면 재수(載旟; 꼭대기에 오색의 새 깃털을 붙여서 만든 기를 싣는다. 자전상(字典上) 수(旟)의 본의(本義)에 적극 영향이 미치게 됨.

方部 十六畫

康旟(여)[唐韻]以諸切[集韻][韻會]羊諸切益音貐[說文]錯革畫鳥其上所以進士衆旟旟衆也[爾雅釋天]錯革鳥曰旟[註]此謂合剝鳥皮毛置之竿頭卽禮記云載鴻及鳴鳶[疏]錯置也革忽也畫急疾之鳥於縿也[釋名]鳥準為旟旟譽也軍吏所建急疾趨事則有稱譽也[詩鄘風]孑孑干旟[周禮春官司常]鳥準為旟[又]州里建旟[註]鳥準象其勇健也又[周禮冬官考工記]鳥旟七斿以象鶉火[註]畫朱雀及準於斿縿之上也[疏]縿旟之正幅斿則末垂者 又[詩小雅]匪伊卷之髮則有旟[傳]旟揚也

【 오류정리 】

○康誤處 1;[爾雅釋天]錯革鳥曰旟[疏]錯置也革忽也(改急也)

●考證 ; 謹照原文忽也改急也

◆整理 ;[爾雅釋天(이아석천)]의 忽也(홀야)는 急也(급야)의 착오.

◆訂正文 ;[爾雅釋天]錯革鳥曰旟[疏]錯置也革急也

▶【666-1】 字解誤謬與否 ;[爾雅釋天]錯革鳥曰旟[疏]錯置也革忽也(改急也) [忽也(改急也)]

★이상과 같이 오류(誤謬) 수정(修訂)이 된다 하여도 급야(急也; 급하다) 자전상(字典上) 여(旟)의 본의(本義)에는 영향이 미치지 않음.

字典辰集上考證

日部 四畫

康昆(곤)[唐韻]古渾切[集韻][韻會][正韻]公渾切益音崐[說文]同也[註]比之是同也[前漢揚雄傳]噍噍昆鳴[註]師古曰昆同也 又[爾雅釋言]昆後也[註]謂先後也[書大禹謨]昆命于元龜[傳]昆後也 又[書仲虺之誥]垂裕後昆[傳]垂優足之道示後世[釋名]來孫之子曰昆孫昆貫也恩情轉遠以禮貫連之耳 又[詩王風]謂他人昆[傳]昆兄也 又姓[詩商頌]昆吾夏桀[傳]昆吾已姓也[姓氏急就篇]昆氏夏諸侯昆吾之後戰國有賢者昆詳 又山名[史記李斯傳]致昆山之玉[註]正義曰昆岡在于闐國東北四百里其岡出玉 又[左思魏都賦]昆蟲毒噬[註]昆明也明蟲者陽而生陰而藏 又與崑同[前漢地理志]昆崙析支渠叟西戎卽敍[書禹貢]作崑崙 又[集韻][韻會]益胡昆切音魂人名漢有屬國公孫昆邪 又[集韻]戶袞切音混義同又昆夷亦作混 又與渾同[揚子太玄經]昆侖旁薄○按卽渾淪 又[韻補]叶俱倫切[度尚曹娥碑]若堯二女為湘夫人時效髣髴以詔後昆 又叶居員切[韓愈胡評事墓誌]宜兹人肯後昆五十七不足年 [集韻]本作羃

【 오류정리 】

○康誤處 1;[說文]同也[註](增日日二字)比之是同也

●考證 ; 謹照原文比之上增日日二字

◆整理 ;[說文(설문)][註(주)] 增日日二字(증일일이자)함. 比(비)

◆訂正文 ; [說文]同也[註]日日比之
是同也

▶【667-1】 字解誤謬與否 ; [說文]
同也[註](增日日二字)比之是同也
[(增日日二字)比之]

★이상과 같이 오류(誤謬) 수정(修訂)
이 된다 하여도 일일(日日; 매일. 날
마다) 자전상(字典上) 곤(昆)의 본의
(本義)에는 영향이 미치지 않음.

康昔(석)[唐韻][集韻][韻會][正
韻]𡘋思積切音惜[說文]作㫺乾肉也从
殘肉曰以晞之與俎同意[類篇]隷作昔
[五經文字]後人以爲古昔字[易說卦]
昔者聖人之作易也[疏]據今而稱上世
謂之昔者也[詩商頌]自古在昔先民有
作[禮曲禮]必則古昔稱先王 又[詩陳
風]誰昔然矣[傳]昔久也[疏]昔是久遠
之事 又[禮檀弓]予疇昔之夜[註]猶
前也 又[博雅]昔夜也[左傳哀四年]
爲一昔之期[莊子天運篇]則通昔不寐
矣 又姓[廣韻]漢有烏傷令昔登 又
[集韻]倉各切音錯㹀也[周禮冬官考工
記弓人]老牛之角紾而昔[註]昔讀爲交
錯之錯謂牛角㹀理錯也 又[韻補]叶
息約切[左思詠史詩]當其未遇時憂其填
溝壑英雄有迍邅由來自古昔

【 오류정리 】

○康誤處 1; [左思詠史詩]當其未遇時
憂其(改憂在)塡溝壑

●考證 ; 謹照原詩憂其改憂在

◆整理 ; [左思詠史詩(좌사영사시)]의
憂其(우기)는 憂在(우재)의 착오.

◆訂正文 ; [左思詠史詩]當其未遇時
憂在塡溝壑

▶【668-1】 字解誤謬與否 ; [左思
詠史詩]當其未遇時憂其(改憂在)塡溝
壑 [憂其(改憂在)]

★이상과 같이 오류(誤謬) 수정(修訂)
이 된다 하여도 우재(憂在; 걱정이

있다. 근심이 있다) 자전상(字典上)
삭(昔)의 본의(本義)에는 영향이 미치
지 않음.

康昭(소)[唐韻]止遙切[集韻][韻
會][正韻]之遙切𡘋音招[說文]日明也
[爾雅釋詁]昭見也[博雅]明也[玉篇]
光也[廣韻]著也覿也[易晉卦]君子以
自昭明德[書堯典]百姓昭明[詩大雅]
於昭于天 又[禮王制]天子七廟三昭
三穆與太祖之廟而七又[祭統]夫祭有
昭穆昭穆者所以別父子遠近長幼親疏
之序而無亂也[魯語]明者爲昭次者爲
穆 又[禮樂記]蟄蟲昭蘇[註]昭曉也
蟄蟲以發生爲曉更息曰蘇 又姓[戰國
策]楚有昭奚恤[屈原離騷註]三閭之職
掌王族三姓曰昭屈景 又[集韻]時饒
切[正韻]時昭切𡘋音韶廟中佋穆或作
昭[佩觿集]說文自有佋穆之字以佋爲
昭蓋借音耳李祭酒涪說爲晉諱昭改音
韶失之也 又[集韻][韻會][正韻]𡘋
止少切音沼[詩魯頌]其馬蹻蹻其音昭
昭[釋文]昭之繞反 又[集韻][正韻]
𡘋之笑切照或省作昭 又[韻補]叶蚩
於切[前漢敘傳]受命之初贊功剖符奕
世弘業爵士乃昭 又叶之由切[楚辭九
章]臨沅湘之玄淵兮遂自忍而沈流卒沒
身而絕名兮惜壅君之不昭

【 오류정리 】

○康誤處 1; 爵士(改爵土)乃昭

●考證 ; 謹照前漢敘傳原文爵士改爵
土

◆整理 ; 爵士(작사)는 爵土(작토)의
착오.

◆訂正文 ; 爵土乃昭

▶【669-1】 字解誤謬與否 ; 爵士
(改爵土)乃昭 [爵士(改爵土)]

★이상과 같이 오류(誤謬) 수정(修訂)
이 되면 작토(爵土; 작위와 봉토)가

되어 자전상(字典上) 소(昭)의 본의
(本義)에는 영향이 미치지 않음.

日 部 八畫

(康)矯(지)本字智[廣韻][集韻][韻會]
[正韻]坴知義切音置同智或作智[說
文]識詞也从白从亏从知○按經典相承
作智[釋名]智知也無所不知也[孟子]
是非之心智之端也[荀子正名篇]知而
有所合謂之智○按經典或通用知 又姓
[廣韻]晉有智伯

【 오류정리 】

○康誤處 1;[說文]識詞也从白从亏从
知
●考證 ; 謹照說文弓旁改亏旁
※筆者謹按 康熙字典原本;从亏 (考
證或錯誤从弓)
▶【670-2】 字解誤謬與否 ;[說文]
識詞也从白从亏从知
★이상과 같이 강희자전원본(康熙字
典原本) 日部八畫 [矯] [說文]識詞也
从白从亏从知로 정상인데 고증(考證)
의 說文弓旁改亏旁은 오류(誤謬)로
확인되어 자전상(字典上) 지(矯)의 본
의(本義)에는 영향이 미치지 않음.

字典辰集上考證

日 部 十畫

(康)暴(현)[廣韻][集韻]坴呼典切音
蜆[說文]作暴微杪也从日中視絲古文
以爲顯字或曰衆口貌讀若唫唫或以爲
繭繭者絮中往往有小繭也[廣韻]今作
暴衆明也微妙也[類篇]頭明飾也一曰
著也光也亦姓 又[唐韻]五合切[集
韻]鄂合切坴音蛤又[集韻]渠飮切音噞
義坴同

【 오류정리 】

○康誤處 1;[說文]作暴(暴上刪作字

暴下增衆字)微杪也
●考證 ; 謹照原文暴上刪作字暴下增
衆字
◆整理 ;[說文(설문)]의 作暴(작현)
중 作字(작자)는 삭제되고 暴(현)
에 이어 衆字(중자)를 덧붙임.
◆訂正文 ;[說文]暴衆微杪也
▶【671-1】 字解誤謬與否 ;[說文]
作暴(暴上刪作字暴下增衆字)微杪也
[暴(暴上刪作字暴下增衆字)]
※筆者謹按說文原本 ; 暴衆微杪也
[廣韻]衆明也微妙也[玉篇]暴日中視
絲衆明察及微妙之意○謹按字典微杪
也也上杪改妙
★이상과 같이 작자(作字)를 삭제(削
除)를 하고 중자(衆字)를 덧붙인다
하여도 자전상(字典上) 현(暴)의 본의
(本義)에는 영향이 미치지 않음.

日 部 十一畫

(康)暬(지)[正字通]古文智字○按說
文智作矯从白在矢部从日非

【 오류정리 】

○康誤處 1; 按說文智作矯从白在矢
(改白)部
●考證 ; 謹按說文矯在白部矢改白
◆整理 ; 矢(시)는 白(백)의 착오.
◆訂正文 ; 按說文智作矯从白在白部
▶【672-1】 字解誤謬與否 ; 按說文
智作矯从白在矢(改白)部 [矢(改白)]
★이상과 같이 오류(誤謬) 수정(修訂)
이 된다 하여도 재백부(在白部;백부
(白部)에 있다) 자전상(字典上) 지
(暬)의 본의(本義)에는 영향이 미치
지 않음.

(康)暴(표)[廣韻][集韻]坴匹妙切音
剽[揚子方言]曬乾物[博雅]曝也 又
[集韻]紕招切音縹義同

【 오류정리 】

○康誤處 1; [揚子方言]曬乾物(改乾物也)

●考證 ; 謹照原文改乾物也

◆整理 ; [揚子方言(양자방언)]曬乾物(쇄건물)에 也(야)를 덧붙임.

◆訂正文 ; [揚子方言]曬乾物也

▶【673-1】 字解誤謬與否 ; [揚子方言]曬乾物(改乾物也) [乾物(改乾物也)]

★이상과 같이 오류(誤謬) 수정(修訂)이 된다 하여도 어조사(語助辭; 也)는 자전상(字典上) 표(曬)의 본의(本義)에는 영향이 미치지 않음.

日 部 十二畫

㈜晉(석)[字彙補]同昔○按集韻昔籀作㝅

【 오류정리 】

○康誤處 1; 晉(改㝅)

●考證 ; 晉謹按集韻昔籀作㝅字當上晉下月月卽肉也謹改㝅

※謹按集韻昔籀作㝅字當上晉下月月卽肉也謹改㝅

◆整理 ; 晉(석)은 㝅(석)의 착오.

◆訂正文 ; 㝅

▶【674-1】 字解誤謬與否 ; 晉(改㝅)

★이상과 같이 오류(誤謬) 수정(修訂)이 된다 하여도 ※筆者謹按㝅은 석(晉)의 주문체(籀文體; 대전체(大篆體))로 동자(同字)로서 다만 자체(字體)가 다를뿐으로 자전상(字典上) 석(晉)의 본의(本義)에는 영향이 미치지 않음.

日 部 六畫

㈜曹(조)[唐韻]昨牢切[集韻][韻會]財勞切棘音漕[說文]作曹獄之兩

曹也在廷東从棘治事者[註]徐鍇曰以言詞治獄也故从曰[前漢成帝紀註]尙書四人爲四曹成帝置五人有三公曹主斷獄事[後漢百官志]世祖分六曹 又[詩大雅]乃造其曹[傳]曹羣也[朱傳]羣牧之處也 又[史記;平準書]分曹循行郡國[註]曹輩也 又[楚辭招魂]分曹並進[註]曹偶也 又國名[詩曹風譜]周武王封弟叔振鐸於曹今濟陰定陶是也 又姓[姓氏急就篇]周武王封曹叔振鐸後以國爲氏 又[韻補]叶徂侯切[楚辭招隱士]禽獸駭兮亡其曹王孫兮歸來山中不可以久留 又叶木何切[蘇轍嚴顏詩]斫頭除死子無怒我豈畏死如兒曹匹夫受戮或不避所重壯氣吞黃河 [五經文字]曹經典相承隷省作曹石經作曺

【 오류정리 】

○康誤處 1; [說文]作曹獄之兩曹也在廷東从棘治事者(增从曰二字)

●考證 ; 謹照原文於治事者下增从曰二字

◆整理 ; [說文(설문)] 治事者(치사자)에 덧붙여 从曰 (종왈) 두자를 붙임.

◆訂正文 ; [說文]作曹獄之兩曹也在廷東从棘治事者从曰

▶【675-1】 字解誤謬與否 ; [說文]作曹獄之兩曹也在廷東从棘治事者(增从曰二字) [事者(增从曰二字)]

★이상과 같이 ○종왈(从曰; 복종 굴복한다 라고 한다) [說文]作獄之兩也在廷東从棘治事者从曰[註]徐鍇曰以言詞治獄也故从曰 ○치사자종왈(治事者从曰; 일을 다스리는 사람 복종 굴복한다 라고 한다) ○이언사치옥야종왈(以言詞治獄也从曰) 언변과 노래로서 옥을 다스리게 되면 복종 굴복한다 라고 한다)을 덧붙인다 하여도 자전상(字典上) 조(曹)의

본의(本義)에는 영향이 미치지 않음.

日部 九畫

康會(회)[唐韻][集韻]㐅黃外切音繪合也[易乾卦]亨者嘉之會也[疏]使物嘉美之會聚[書禹貢]灉沮會同[疏]謂二水會合而同又[洪範]會其有極[疏]會謂集會[禮樂記]竹聲濫濫以立會會以聚衆 又[周禮天官大宰]大朝觀會同又[春官大宗伯]時見而會 又[禮檀弓]周人作會而民始疑[註]會謂盟也[左傳昭三年]有事而會不協而盟又[左傳宣七年]凡師出與謀曰及不與謀曰會 又[集韻][韻會]㐅古外切音憎與繪通[書益稷]日月星辰山龍華蟲作會[傳]會五采也[釋文]馬鄭作繪又[詩衞風]會弁如星[箋]會謂弁中之縫也[釋文]會說文作䯤[周禮夏官弁師]王之皮弁會五采[註]會作䯤鄭司農云謂以五采束髮也士喪禮曰檜用組乃䈟檜讀與䯤同書之異耳 又[周禮天官小宰]聽出入以要會[註]謂計最之簿書月計曰要歲計曰會又[天官司會註]會大計也 又[周禮夏官職方氏]東南曰揚州其山鎭曰會稽[註]會稽在山陰 又姓[姓氏急就篇]漢武陽令會栩 又[集韻]古活切音括撮項椎也 又[集韻]戸栝切音活[莊子人閒世]會撮指天向秀讀 又[韻補]今聲濁叶泰古聲淸叶祭[卻正釋譏]三方鼎峙九有未乂聖賢拯救之秋列士樹功之會

【 오류정리 】

○康誤處 1; [春官大宗伯]時見而會(改日會)

●考證 ; 謹照原文而會改日會

◆整理 ; [春官大宗伯(춘관대종백)]而會(이회)는 日會(일회)의 착오.

◆訂正文 ; [春官大宗伯]時見日會

▶【676-1】 字解誤謬與否 ; [春官大宗伯]時見而會(改日會) [而會(改日會)]

★이상과 같이 오류(誤謬) 수정(修訂)이 되면 시견일회(時見日會; 때때로 와 뵙다)로 정리가 되니 자전상(字典上) 회(會)의 본의(本義)에 영향이 미치게 됨.

○康誤處 2; [集韻]古活切音括(增會字)撮項椎也

●考證 ; 謹照原文撮上增會字

◆整理 ; [集韻(집운)] 括(괄) 누락된 會字(회자)를 덧붙임. 撮(촬)

◆訂正文 ; [集韻]古活切音括會撮項椎也

▶【677-2】 字解誤謬與否 ; [集韻]古活切音括(增會字)撮項椎也 [(增會字)撮]

★이상과 같이 괄자(會字)를 증자(增字)를 하게되면 회촬(會撮; 항추(項椎) 상투)로 성어(成語)가 되어 자전상(字典上) 회(會)의 본의(本義)에 영향이 미치게 됨.

日部 十畫

康㯒(인)[廣韻][集韻][韻會]㐅羊進切音引[說文]擊小鼓引樂聲从申柬聲[玉篇]小鼓在大鼓上擊之以引樂也[周禮春官大師]合奏鼓㯒[註]鄭司農先擊小鼓乃擊大鼓爲大鼓先引故曰㯒康成謂鼓㯒猶言擊㯒又[春官小師]小樂事鼓㯒[註]㯒小鼓名 又與田同[詩周頌]應田縣鼓[箋]田當作㯒㯒小鼓在大鼓旁應鞞之屬也聲轉字誤變而爲田○按正字通入九畫非今改正

【 오류정리 】

○康誤處 1; [周禮春官大師]合(改令)奏鼓㯒

●考證 ; 謹照原文合改令

◆整理 ; 周禮春官大師(주례춘관대사)]合(합)은 令(령)의 착오.

◆訂正文 ; [周禮春官大師]令奏鼓㯒

▶【678-1】 字解誤謬與否 ; 周禮春官大師]合(改令)奏鼓鞂

★이상과 같이 오류(誤謬) 수정(修訂)이 된다 하여도 령주(令奏; 음악을 연주하도록 령을 내리다)는 자전상(字典上) 인(鞂)의 본의(本義)에는 영향이 미치지 않음.

○康誤處 2; [註]鄭司農(移註)先擊小鼓乃擊大鼓爲(增小鼓)大鼓先引故曰鞂
●考證 ; 謹按文義註字移於鄭司農下照原註爲大鼓上增小鼓二字
◆整理 ; [註(주)]는 아래 鄭司農(정사농) [註(주)]이 자리로 옮기고, 小鼓(소고)를 이에 덧씀. 大鼓(대고)
◆訂正文 ; 鄭司農[註]先擊小鼓乃擊大鼓爲小鼓大鼓先引故曰鞂

▶【679-2】 字解誤謬與否 ; [註]鄭司農(移註)先擊小鼓乃擊大鼓爲(增小鼓)大鼓先引故曰鞂 [[註]鄭司農(移註)] [(增小鼓)大鼓]

★이상과 같이 인용처(引用處)나 주소(註疏), 등(等)의 오류(誤謬)를 수정(修訂)을 한다 하여도 자전상(字典上)의 인(鞂)의 본의(本義)에는 영향이 미치지 않으며, 소고(小鼓; 작은 북) 증자(增字)는 본의(本義)에 간접으로 영향이 미치게 됨.

月部 六畫

⊕朒(뉵)[正字通]女六切音衄[說文]朔而月見東方曰朒○按朒說文作朒非當从肉謝莊月賦朒朓驚闋李善註引說文亦作朒餘詳朒字註 又[玉篇]縮朒不寬伸之貌[前漢五行志]王侯縮朒不任事[註]鄭氏曰縮朒不任事之貌也

【 오류정리 】

○康誤處 1; 謝莊月賦朒朓驚闋(改闋)
●考證 ; 謹照原文闋改闋
◆整理 ; 闋(궐)은 闋(궐)의 착오임.
◆訂正文 ; 謝莊月賦朒朓驚闋

▶【680-2】 字解誤謬與否 ; 謝莊月賦朒朓驚闋(改闋) [闋(改闋)]

★이상과 같이 오류(誤謬) 수정(修訂)이 된다 하여도 경궐(驚闋; 갑자기 몹시 놀람)은 자전상(字典上) 뉵(朒)의 본의(本義)에는 영향이 미치지 않음.

字典辰集中考證

木 部 一畫

⊕宋(발)[廣韻]普活切音潑[說文]草木盛宋宋然也象形八聲 又[說文]補昧切凡宋之屬皆从宋 又[集韻]普卦切音波義同○按說文宋自爲部南瞥索孛等字从之今誤入

【 오류정리 】

○康誤處 1; [說文]補昧切(改讀若輩)
●考證 ; 謹照原文補昧切改讀若輩
◆整理 ; [說文(설문)]의 補昧切(보매절)은 讀若輩(독약배)의 착오.
◆訂正文 ; [說文]讀若輩

▶【681-2】 字解誤謬與否 ; [說文]補昧切(改讀若輩) [補昧切(改讀若輩)]

★이상과 같이 오류(誤謬) 수정(修訂)이 된다 하여도 독약배(讀若輩; 배(輩)와 같이 발음한다)자전상(字典上) 발(宋)의 본의(本義)에는 영향이 미치지 않음.

⊕末(말)[唐韻][集韻]莫撥切[韻會]莫曷切[正韻]莫葛切坐瞞入聲[說文]木上曰末从木一在其上謂木杪也[禮曲禮]獻杖者執末[玉篇]端也顚也盡也[廣韻]無也弱也遠也 又終也[書立政]我則末惟成德之彦 又勿也[禮文王世子]命膳宰曰末有原 又蒲也[左傳昭十四年]三數叔魚之惡不爲末

減　又四肢曰末[左傳昭元年]風淫末
疾　又商賈曰末[史記秦琅邪頌]上農
除末黔首是富　又太末縣名[前漢地理
志]屬會稽郡　又且末國名見[前漢西域
傳]　又山名[山海經]末山多赤金
又姓[統譜]秣陵之後改爲末氏　又[集
韻][正韻]莫狄切音覓[荀子禮論篇]絲
末[註]與幦同　又叶莫結切音蔑[屈原
九歌]桂櫂兮蘭枻斲冰兮積雪采薜荔兮
水中搴芙蓉兮木末　又叶沒各切音莫
[蘇轍偶作詩]重門閉不開鳴鳥相呼樂
晨暉轉簾影微風響秋末

【 오류정리 】

○康誤處 1; 又且(改且)末國名見[前
漢西域傳]
●考證 ; 謹照原文宁改且
◆整理 ; 且(구)는 且(차)의 착오.
◆訂正文 ; 又且末國名見[前漢西域
傳]
▶【682-1】 字解誤謬與否 ;又且(改
且)末國名見[前漢西域傳]　 [且(改
且)]
★이상과 같이 오류(誤謬) 수정(修訂)
이 되면 차말(且末; 국명(國名) [漢書
西域傳且末國]載且末國王治且末城去
長安)이 되니 자전상(字典上) 말(末)
의 본의(本義)에 영향이 미치게 됨.

康 **本**(본)[唐韻][正韻]布忖切[集
韻][韻會]補袞切𡘋奔上聲[說文]木下
曰本从木一在其下草木之根柢也[左傳
昭元年]木水之有本原[班固西都賦]元
元本本殫見洽聞　又[玉篇]始也　又
[廣韻]舊也下也[禮禮器]反本修古不
忘其初[爾雅釋器疏]柢本也凡物之本
必在底下　又[左傳註]豫爲後地曰張
本　又[曲禮註]韭曰豐本菖蒲根曰昌
本　又[集韻][類篇]𡘋逋昆切同奔喩
德宣譽曰本走　又叶方典切音匾[班叔
妤擣素賦]調非常律聲無定本或連躍而

更投或暫舒而常斂

【 오류정리 】

○康誤處 1; [曲禮註(省註)]韭曰豐本
●考證 ; 謹按韭曰豐本係經文非註文
謹省註字
◆整理 ; [曲禮(곡예) 註(주)는 삭제
함.]
◆訂正文 ; [曲禮]韭曰豐本
▶【683-1】 字解誤謬與否 ; [曲禮
註(省註)]韭曰豐本　 [註(省註)]
★이상과 같이 인용처(引用處)나 주
소(註疏)의 오류(誤謬)를 수정(修訂)
을 한다 하여도 자전상(字典上)의 본
(本)의 본의(本義)에는 영향이 미치지
않음.

康 **札**(찰)[唐韻][集韻][韻會][正
韻]𡘋側八切音紮[說文]牒也[徐曰]牒
亦木牘也[爾雅釋器疏]古未有紙載文
於簡謂之簡札[中庸方策註]簡札牒畢
同物而異名札木簡之薄小者也[釋名]
札櫛也編之如櫛齒相比也[前漢司馬相
如傳]請爲天子遊獵之賦上令尙書給筆
札　又甲葉也[左傳成十六年]養由基蹲
甲而射之穿七札焉　又夭死爲札[左傳
昭二年]民不夭札　又[釋名]撥水之權
曰札形似札也　又[集韻]一點切音軋
報也　又叶側瑟切音櫛[古詩十九首]
客從遠方來遺我一書札上言長相思下
言久離別　[正譌]俗作扎非

【 오류정리 】

○康誤處 1; [左傳成十六年]養由基蹲
甲而射之穿(改徹)七札焉
●考證 ; 謹照原文穿改徹
◆整理 ; [左傳成十六年(좌전성십육
년)]의 穿(천)은 徹(철)의 착오.
◆訂正文 ; [左傳成十六年]養由基蹲
甲而射之徹七札焉
▶【684-1】 字解誤謬與否 ; [左傳
成十六年]養由基蹲甲而射之穿(改徹)

七札焉　[穿(改徹)]
★이상과 같이 오류(誤謬) 수정(修訂)이 된다 하여도 철(徹; 꿰뚫다. 끝내다. 제거하다)은 자전상(字典上) 찰(札)의 본의(本義)에는 영향이 미치지 않음.

康誤處 2; [左傳昭二年(改四年)]民不夭札
●考證 ; 謹照原文二年改四年
◆整理 ; [左傳昭(좌전소) 二年(이년)은 四年(사년)의 착오.
◆訂正文 ; [左傳昭四年]民不夭札
▶【685-2】 字解誤謬與否 ; [左傳昭二年(改四年)]民不夭札　[二年(改四年)]
★이상과 같이 인용처(引用處)나 주소(註疏)의 오류(誤謬)를 수정(修訂)을 한다 하여도 자전상(字典上)의 찰(札)의 본의(本義)에는 영향이 미치지 않음.

木部 二畫

康 朱(주)[唐韻]章俱切[集韻][韻會]鐘輸切[正韻]專於切𠀔音珠[說文]赤心木松柏之屬从木一在其中一者記其心徐曰木之爲物含陽於內南方之火所自藏也　又[山海西荒經]蓋山之國有樹赤皮名朱木　又朱赤深纁也[詩豳風]我朱孔陽[註]謂朱色光明也寄位於南方　又朱儒短小之稱[左傳襄四年]臧武仲敗於邾國人歌之曰朱儒朱儒使我敗於邾或作侏儒　又姓[統譜]顓頊之後封邾後爲楚滅子孫去色爲朱又望出吳郡　又[集韻]慵朱切音殊朱提縣名[前漢地理志]屬犍爲郡

【 오류정리 】

○康誤處 1;國人歌(改誦)之曰朱儒朱儒使我敗於邾
●考證 ; 謹照左傳原文歌改誦
◆整理 ; 國人(국인) 歌(가)는 誦(송)의 착오.
◆訂正文 ; 國人誦之曰朱儒朱儒使我敗於邾
▶【686-1】 字解誤謬與否 ; 國人歌(改誦)之曰朱儒朱儒使我敗於邾　[歌(改誦)]
★이상과 같이 오류(誤謬) 수정(修訂)이 된다 하여도 송지(誦之; 외웠다)는 자전상(字典上) 주(朱)의 본의(本義)에는 영향이 미치지 않음.

康 朴(박)[唐韻][集韻][韻會]𠀔匹角切音璞[說文]木皮也[徐曰]藥有厚朴一名厚皮木皮也[本草別錄]一名逐折又名樹名榛　又與樸同[史記文帝紀]示敦朴爲天下先　又[戰國策]范雎曰鄭人謂玉未理者樸周人謂鼠未臘者朴　又[博雅]朴大也猝也離也　又[正韻]匹各切又[集韻]匹候切音踣義𠀔同又[玉篇]普木切音扑本也　又[集韻]披尤切音飍夷姓[魏志]建安二十年巴夷王朴胡擧巴夷來附　又叶蒲沃切音僕[陳琳瑪瑙勒賦]太上去華尙素朴兮所貴在人匪金玉兮

【 오류정리 】

○康誤處 1; [本草別錄]一名逐折又名樹名榛(改其樹名榛其子名逐折)
●考證 ; 謹照原文改其樹名榛其子名逐折
◆整理 ; [本草別錄(본초별록)]의 一名逐折又名樹名榛(일명축절우명수명진)은 其樹名榛其子名逐折(기수명진기자명축절)로 고침.
◆訂正文 ; [本草別錄]其樹名榛其子名逐折
▶【687-1】 字解誤謬與否 ; [本草別錄]一名逐折又名樹名榛(改其樹名榛其子名逐折)　[一名逐折又名樹名榛(改其樹名榛其子名逐折)]

★이상과 같이 오류(誤謬) 수정(修訂)이 되면 ○기수명진(其樹名榛; 그 나무의 이름은 자작나무과에 속한 개암나무이다) ○기자명축절(其子名逐折; 그 나무의 씨앗은 축절(逐折)이라고 한다)인데 자전상(字典上) 주(朱)의 본의(本義)에직 영향이 미치게 됨.

㉿机(궤)[說文]古簋字註詳竹部十一畫　又[唐韻]巨鳩切[集韻][韻會]渠尤切𡘋音求木名[爾雅釋木]机檕梅[註]机樹狀似梅子大如指色赤似小柰可食[本草補遺]机子山櫨一物也　又[方言]机仇也謂怨仇也[註]巨救切音舊

【 오류정리 】
○康誤處 1;[爾雅釋木]机檕梅[註]机樹狀似梅子大如指(改如指頭)
●考證 ; 謹照原文大如指改如指頭
◆整理 ; [爾雅釋木(이아석목)]의 大如指(대여지)는 如指頭(여지두)의 착오.
◆訂正文 ; [爾雅釋木]机檕梅[註]机樹狀似梅子如指頭
▶【688-1】 字解誤謬與否 ; [爾雅釋木]机檕梅[註]机樹狀似梅子大如指(改如指頭) [大如指(改如指頭)]
★이상과 같이 오류(誤謬) 수정(修訂)이 된다 하여도 여지두(如指頭; 손가락 끝은 같다) [集解]時珍曰此石處處溪澗中有之大者如雞子小者如指頭有黑白二色入藥用白小者는 자전상(字典上) 주(朱)의 본의(本義)에는 영향이 미치지 않음.

㉿朽(후)[唐韻][集韻][韻會][正韻]𡘋許久切休上聲木腐也[詩周頌]荼蓼朽止[左傳僖三十三年]恐燥濕之不時而朽蠹以重敝邑之罪　又與殠同臭也[列子周穆王篇]饗香以爲朽[仲尼篇]鼻將塞者先覺焦朽　又叶喜語切音許

[陳琳大荒賦]廓寥寂而無人兮雖獨存兮何補追邃古之退跡兮惟德音兮爲不朽　又叶許救切音齅[李賀感諷詩]凄涼梔子落山矗泣淸漏下有張仲蔚披書案將朽

【 오류정리 】
○康誤處 1;[左傳僖三十三年(改襄三十一年)]恐燥濕之不時而朽蠹以重敝邑之罪
●考證 ; 謹照原文改襄三十一年
◆整理 ; [左傳(좌전)]의 僖三十三年(희삼십삼년)은 襄三十一年(양삼십일년)]의 착오.
◆訂正文 ; [左傳襄三十一年]恐燥濕之不時而朽蠹以重敝邑之罪
▶【689-1】 字解誤謬與否 ; [左傳僖三十三年(改襄三十一年)]恐燥濕之不時而朽蠹以重敝邑之罪 [僖三十三年(改襄三十一年)]
★이상과 같이 인용처(引用處)나 주소(註疏)의 오류(誤謬)를 수정(修訂)을 한다 하여도 자전상(字典上)의 후(朽)의 본의(本義)에는 영향이 미치지 않음.

㉿朾(정)[唐韻]宅耕切[集韻][類篇][正韻]除耕切𡘋音橙[說文]橦也[類篇]楔也　又[爾雅釋蟲]蠪朾螘[郭註]赤駁蚍蜉　又[集韻]唐丁切音庭又當經切音丁又除更切橙去聲義𡘋同又[集韻][韻會]𡘋湯丁切音汀虛朾宋地[左傳成十八年]孟獻子會於虛朾[杜註]朾音汀　又[集韻]癡貞切音檉義同又[唐韻]中莖切讀若爭與丁同伐木聲又[五音集韻]都冷切擊也　又[類篇]都挺切音頂栳也

【 오류정리 】
○康誤處 1;[左傳成十八年]孟獻子會於(※筆者改于)虛朾[杜註]朾音汀(考證改釋文他丁反)(※筆者朾音汀三字剟

除)
●考證 ；謹照原文改釋文他丁反
※筆者謹按春秋左傳原本 ；[成公二傳十二月孟獻子會于虛杅謀救宋也宋人辭諸侯而請師以圍彭城[杜註]不敢煩諸侯故但請其師爲襄元年圍彭城傳
◆整理 ；[左傳成十八年(좌전성십팔년)]의 [杜註(두주)]杅音汀(정음정)은 釋文他丁反(석문타정반)의 착오.
◆訂正文 ；[左傳成十八年]孟獻子會於虛杅[釋文]他丁反
▶【690-1】 字解誤謬與否 ；[左傳成十八年]孟獻子會於虛杅[杜註]杅音汀(改釋文他丁反) [[杜註]杅音汀(改[釋文]他丁反)]
★이상과 같이 오류(誤謬) 수정(修訂)이 된다 하여도 ○우(于; 어조사(語助辭). 에서. 에게. 향하여 가다. 허사(虛辭로 옛날 시문에 쓰임)로 고치고 ○정음정(杅音汀)을 삭제(削除)를 한다 하여도 자전상(字典上) 주(朱)의 본의(本義)에는 영향이 미치지 않음.

木 部 三畫

㉙杅(우)[唐韻]羽俱切[集韻][韻會][正韻]雲俱切𡘋音于[公羊傳宣十二年]杅不穿皮不蠹則不出於四方[何休註]杅飲水器 又[類篇]浴器[禮玉藻正義]浴時入杅浴竟出杅 又[禮旣夕註]杅亦作枑盛湯漿器也[荀子君道篇]槃圓而水圓杅方而水方 又杅杅猶于于自足貌[荀子儒效篇]杅杅富人豈不貧而富哉 又大杅山名[山海經]崑崙之丘黑水出焉西流於大杅 又地名[前漢武帝紀]遣因杅將軍公孫敖築受降城[註]因杅匈奴地名 又[集韻]王遇切音芋義同 又[史記秦本紀]秦得燒掇焚杅君之國[註]一孤切音烏○按古文杅同杇今分

【 오류정리 】

○康誤處 1; [(增儀)禮旣夕註]杅亦作枑盛湯漿器(改盤)也
●考證 ；謹照原文禮上增儀字器也改盤字
◆整理 ；[(儀(의)를 덧붙이고, 禮(예)旣夕註(기석주)] 器(기)는 盤(반)의 착오.
◆訂正文 ；[儀禮旣夕註]杅亦作枑盛湯漿盤也
▶【691-1】 字解誤謬與否 ；[(增儀)禮旣夕註]杅亦作枑盛湯漿器(改盤)也 [(增儀)禮旣夕註] [器(改盤)]
★이상과 같이 오류(誤謬) 수정(修訂)이 되면 인용처(引用處)나 주소(註疏)의 오류(誤謬)를 수정(修訂)을 한다 하여도 자전상(字典上)의 우(杅)의 본의(本義)에는 영향이 미치지 않으나 본문 수정인 우역작우성탕장반(杅亦作枑盛湯漿盤)의 반(盤; 고대 목욕 세면 용구의 일종)은 자전상(字典上) 우(杅)의 본의(本義)에 적극 영향이 미치게됨.

㉙杇(오)[唐韻]哀都切[集韻][韻會][正韻]汪胡切𡘋音烏[說文]所以塗也[爾雅釋宮]杇鏝謂之杇[方言]秦謂之杇關東謂之槾[增韻]塗鏝器或作圬亦作釫 又[集韻]洪孤切音乎又[五音集韻]烏故切音汙義𡘋同

【 오류정리 】

○康誤處 1; [說文]所以塗也[爾雅釋宮]杇鏝謂之杇[方言]秦謂之杇關東謂之槾(改爲說文所以塗也秦謂之杇關東謂之槾爾雅釋宮鏝謂之杇註泥鏝)
●考證 ；謹按秦謂之杇二語出說文不出方言謹改爲說文所以塗也秦謂之杇關東謂之槾爾雅釋宮鏝謂之杇註泥鏝
◆整理 ；[說文(설문)]所以塗也(소이도야)[爾雅釋宮(이아석궁)]杇鏝謂之杇

(오만위지오)[方言(방언)]秦謂之杴關
東謂之樱(진위지오관동위지만)은 [說
文(설문)] 所以塗也秦謂之杴關東謂之
樱(소이도야진위지오관동위지만) [爾
雅釋宮(이아석궁)] 鏝謂之杴(만위지
오) [註(주)] 泥鏝(니만)의 착오.

◆訂正文 ; [說文]所以塗也秦謂之杴
關東謂之樱[爾雅釋宮]鏝謂之杴註泥鏝

▶【692-1】 字解誤謬與否 ; [說文]
所以塗也[爾雅釋宮]杴鏝謂之杴[方
言]秦謂之杴關東謂之樱(改爲說文所以
塗也秦謂之杴關東謂之樱爾雅釋宮鏝謂
之杴註泥鏝)

★이상과 같이 인용처(引用處)나 주
소(註疏), 등(等)의 오류(誤謬)를 수
정(修訂)을 한다거나 니만(泥鏝; 흑
손)이 증자(增字)가 된다 하여도 자전
상(字典上)의 오(杴)의 본의(本義)에
는 영향이 미치지 않음.

康杴(차)[唐韻]初牙切[集韻][
會][正韻]初加切丛音叉[說文]杴枝也
徐曰岐枝木也[杜甫雕賦]突杴枒而皆
折 又捕魚具[周禮天官鼈人]以時杴魚
鼈龜蜃 [註] 謂以杴刺泥中搏取之也
又[集韻][類篇]丛初佳切音釵杴杷農
器又枝也 又[集韻]楚懈切音瘥義同
又[集韻]楚嫁切音汊木枝衢也[東京夢
華錄]御廊立朱黍杴子路心立黑黍杴子
即行馬也 又[類篇]收草具

【 오류정리 】
○康誤處 1; [周禮天官鼈人]以時杴
(改籍)魚鼈龜蜃
●考證 ; 謹照原文杴 改籍
◆整理 ; [周禮天官鼈人(주례천관별
인)]의 杴(착)은 籍(착)의 착오.
◆訂正文 ; [周禮天官鼈人]以時籍魚
鼈龜蜃
▶【693-1】 字解誤謬與否 ; [周禮
天官鼈人]以時杴 (改籍)魚鼈龜蜃杴[

改籍)]

★이상과 같이 오류(誤謬) 수정(修訂)
이 되면 포어구(捕魚具; 물고기 잡는
어구(漁具))인 착(籍; 작살)으로 고쳐
지니 자전상(字典上) 차(杴)의 본의
(本義)에 영향이 적극 미치게 됨.

康杪(초)[唐韻][集韻]丛子了切音
剿木相高也 又[說文]私兆切[集韻]七
小切丛音悄又子小切義丛同
【 오류정리 】
○康誤處 1; [唐韻(改廣韻)][集韻]丛
子了切音剿
●考證 ; 謹按子了切見廣韻非說文所
載唐韻也唐韻改廣韻
◆整理 ; [唐韻(당운)은 廣韻(광운)
의] 착오.
◆訂正文 ; [廣韻][集韻]丛子了切音
剿
▶【694-1】 字解誤謬與否 ; [唐韻
(改廣韻)][集韻]丛子了切音剿 [唐韻
(改廣韻)]

★이상과 같이 인용처(引用處)나 주
소(註疏)의 오류(誤謬)를 수정(修訂)
을 한다 하여도 자전상(字典上)의 초
(杪)의 본의(本義)에는 영향이 미치지
않음.

○康誤處 2; [說文]私兆切(增音小)
[集韻]七小切丛(省丛字)音悄
●考證 ; 謹按私兆切非悄字之音謹據
廣韻私兆切下增音小二字七小切下省
丛字
◆整理 ; [說文(설문)] 私兆切(사조
절) 音小(음소)를 덧붙이고, [集韻(집
운)]七小切(칠소절) 아래 丛字(병자)
는 삭제함.
◆訂正文 ; [說文]私兆切音小[集韻]
七小切音悄
▶【695-2】 字解誤謬與否 ; [說文]

私兆切(增音小)[集韻]七小切**ㅆ**(省**ㅆ**字)音悄　[私兆切(增音小)]　[**ㅆ**(省**ㅆ**字)]

★이상과 같이 인용처(引用處)나 음(音) 등(等)의 오류(誤謬)를 수정(修訂)을 한다거나 병자(**ㅆ**字)를 삭제(削除)를 한다하여도 자전상(字典上)의 초(杺)의 본의(本義)에는 영향이 미치지 않음.

⑱杍(리)[玉篇]古文李字詳下註　又[集韻][韻會]**ㅆ**同梓治木器又木工也[書梓材]疏梓亦作杍詳梓字註

【 오류정리 】

○康誤處 1;[書梓材]疏(改釋文)梓亦作杍
●考證 ; 謹照原文疏改釋文
◆整理 ; [書梓材(서재재)]의 疏(소)는 釋文(석문)의 착오.
◆訂正文 ; [書梓材][釋文]梓亦作杍
▶【696-1】 字解誤謬與否 ; [書梓材]疏(改釋文)梓亦作杍　[疏(改釋文)]

★이상과 같이 인용처(引用處)나 주소(註疏)의 오류(誤謬)를 수정(修訂)을 한다 하여도 자전상(字典上)의 리(杍)의 본의(本義)에는 영향이 미치지 않음.

⑱李(리)[唐韻][正韻]良以切[集韻]兩耳切[韻會]良士切**ㅆ**音里[說文]果名[素問]東方木也[爾雅翼]李木之多子者[埤雅]李性難老雖枝枯子亦不細其品處桃上[詩小雅]投我以桃報之以李　又[韻會]世薦士謂之桃李[劉向說苑]樹桃李者夏得休息秋得其實焉樹蒺藜者夏不得休息秋得其莿焉世謂狄仁傑桃李皆在公門正用此事　又[博雅]行李關驛也　又與理通[左傳僖十三年]行李之往來[周語]行李以節逆之

[泊宅編]李理義通人將有行必先治裝如孟子之言治任理亦治也　又星名[史記天官書]熒惑爲李[徐廣註]內則理兵外則理政　又司理刑官亦稱司李[前漢胡建傳]黃帝李治[管子法法篇]皐陶爲李　又檇李春秋吳地　又姓[風俗通]伯陽之後

【 오류정리 】

○康誤處 1;[前漢胡建傳]黃帝李治(改法)
●考證 ; 謹照原文治改法
◆整理 ; [前漢胡建傳(전한호건전)]의 治(치)는 法(법)의 착오.
◆訂正文 ; [前漢胡建傳]黃帝李法
▶【697-1】 字解誤謬與否 ; [前漢胡建傳]黃帝李治(改法)　[治(改法)]

★이상과 같이 오류(誤謬) 수정(修訂)이 된다 하여도 치법(治法;나라를 다스리는 방법. 치료 방법)은 자전상(字典上) 리(李)의 본의(本義)에는 영향이 미치지 않음.

⑱杏(행)[唐韻][正韻]何梗切[集韻][韻會]下便切**ㅆ**音荇[說文]果名[格物叢話]杏實味香於梅而酸不及核與肉自相離[禮祭法]夏祠用杏[管子地員篇]五沃之土其木宜杏[文獻通考]杏多實不蟲來年秋禾善　又[周禮司爟註]夏取棗杏之火　又[左思吳都賦李善註]平仲果其實如銀一名銀杏　又北杏地名[春秋莊十三年]齊侯會於北杏　又[神仙傳]廬山有杏林董奉故里

【 오류정리 】

○康誤處 1;[禮(改爲廬諶)祭法]夏祠(改爲祀字)用杏
●考證 ; 謹按禮祭法無此語太平御覽引廬諶祭法曰夏祀用杏謹將禮字改爲廬諶祠字改爲祀字
◆整理 ; [禮祭法(예제법)은 廬諶(려심)의 착오이며] 祠(사)는 祀(사)의

착오.

◆訂正文 ; [盧諶祭法]夏祀用杏

▶【698-1】 字解誤謬與否 ; [禮祭法(改爲盧諶)]夏祠(改爲祀字)用杏 [禮祭法(改爲盧諶)] [祠(改爲祀字)]

★이상과 같이 인용처(引用處)나 주소(註疏), 등(等)과 하사(夏祀; 여름제사)로 오류(誤謬)를 수정(修訂)을 한다 하여도 자전상(字典上)의 행(杏)의 본의(本義)에는 영향이 미치지 않음.

康 材(재)[唐韻]昨哉切[集韻][韻會][正韻]牆來切𡘋音才[說文]木梃也徐曰木勁直堪入於用者[孟子]材木不可勝用 又[周禮地官]委人掌斂疏材 [疏]材是木實榛栗之屬 又[周禮冬官考工記]五材金木水火土也又六材木工金工皮工設色之工刮磨之工搏植之工也又[太宰之職]百工飭庀八材珠象玉石土金革羽也 又與才同[書咸有一德]任官惟賢材 又與財通[孟子]有達財者 又質性也[中庸]必因其材而篤焉 又[集韻]昨代切音在材具也 又叶前西切音齊[劉向列女傳]妻往說公陳其幹材列言勞苦公遂釋之

【 오류정리 】

○康誤處 1; 搏植(改爲搏埴)之工也
●考證 ; 謹照周禮原文搏植改爲搏埴
◆整理 ;; 搏植(박식)은 搏埴(박식)의 착오.
◆訂正文 ; 搏埴之工也
▶【699-1】 字解誤謬與否 ; 搏植(改爲搏埴)之工也 [搏植(改爲搏埴)]
★이상과 같이 오류(誤謬) 수정(修訂)이 된다 하여도 박식(搏埴; 점토(粘土))은 육재(六材; ○육재(六材; 목공(木工)、금공(金工)、피공(皮工)、설색지공(設色之工)、괄마지공(刮磨之工)、박식지공야(搏埴之工也)) [考工

記]中認為制弓以간(幹)、각(角)、근(觔)、교(膠)、사(絲)、칠(漆), 合稱六材為重要六材之幹. ○육공(六工)에 필요(必要)한 재료(材料) 기물을 만드는 여섯 가지 재료. 토(土), 금(金), 석(石), 목(木), 피(皮), 초(草)를 이른다)의 하나인 박식지공(搏埴之工; 점토를 다루는 장인 또는 일) 장인 또는 일의 설명인지라 자전상(字典上) 재(材)의 본의(本義)에는 영향이 적극 미치게 됨.

○康誤處 2; 百工飭庀(改爲飭化)八材
●考證 ; 謹照周禮原文飭庀改爲飭化
◆整理 ; 飭庀(칙비)는 飭化(칙화)의 착오.
◆訂正文 ; 百工飭化八材
▶【700-2】 字解誤謬與否 ; 百工飭庀(改爲飭化)八材 [百工飭庀(改爲飭化)]
★이상과 같이 오류(誤謬) 수정(修訂)이 된다 하여도 칙화(飭化; 근화(勤化) 부지런히 만들다) [周禮天官太宰之職]百工飭化八材 : 珠 象 玉 石 土 金 革 羽也 의 칙(飭)은 [主禮天官太宰]百工飭化八材[疏]飭勤也 [鄭玄注引鄭司農]曰 : 八材 : 珠曰切 象曰瑳 玉曰琢 石曰磨 木曰刻 金曰鏤 革曰剝 羽曰析 라 하였으니 근화(勤化)란 부지런하게 만들다. 란 의미라 자전상(字典上) 재(材)의 본의(本義)에는 영향이 미치지 않음.

康 杓(표)[唐韻][正韻]甫遙切[集韻][韻會]卑遙切𡘋音標[說文]斗柄也[前漢天文志]一至四爲魁五至七爲杓[律志]玉衡杓建天之綱也 又引也[淮南子道應訓]孔子勁杓國門之關而不以力聞 又繫也[淮南子兵略訓]凌人者勝待人者敗爲人杓者死 又[集韻]丁

歷切音嫡標的也[莊子庚桑楚]我其杓
之人耶　又[集韻]多嘯切音弔義同
　又[集韻]皮招切音漂亦斗柄也又[說
文][唐韻][集韻]市若切[韻會]是若切
𠀤音勺[徐鉉曰]以爲桮杓之杓所以抒
挹也[史記項羽傳]沛公不勝桮杓[正韻]
作裳灼切誤　又[唐韻]丁了切貂上聲
[史記天官書]杓雲如繩[索隱]時酌切
　又[篇海]職略切音勺橫木橋

【 오류정리 】

○康誤處 1;[史記項羽傳(改紀)]沛公
不勝桮杓
●考證；謹照原文傳改紀
◆整理；[史記項羽(사기항우)　傳(전)
은 紀(기)의]착오.
◆訂正文；[史記項羽紀]沛公不勝桮
杓
▶【701-1】　字解誤謬與否；[史記
項羽傳(改紀)]沛公不勝桮杓　[傳(改
紀)]
★이상과 같이 인용처(引用處)나 주
소(註疏)의 오류(誤謬)를 수정(修訂)
을 한다 하여도 자전상(字典上)의 표
(杓)의 본의(本義)에는 영향이 미치지
않음.

康 杖(장)[唐韻]直兩切[集韻][韻
會]雉兩切[正韻]呈兩切𠀤音杖[說文]
所以扶行也[禮曲禮]大夫七十而致仕賜
之几杖又[王制]五十杖於家六十杖於
鄉七十杖於國八十杖於朝　又[禮喪服
小記]父喪苴杖竹也母喪削杖桐也　又
木梃也[家語]舜事瞽瞍小棰則待過大
杖則逃走　又[方言]矜謂之杖謂戈戟
柄也[呂覽貴已篇]操杖以戰　又[爾雅
釋草]虎杖荼也　又[唐韻][集韻][韻
會][正韻]𠀤直亮切丈去聲持也與仗同
[書牧誓]王左杖黃鉞　又憑倚也[左傳
襄八年]杖信以待晉

【 오류정리 】

○康誤處 1;[禮曲禮]大夫七十而致仕
(增若不得謝則必)賜之几杖
●考證；謹照原文賜之上增若不得謝
則必六字
◆整理；[禮曲禮(예곡예)]의 仕(사)
와 賜(사) 사이에 若不得謝則必(약부
득사칙필)의 여섯자를 增字(증자)함.
◆訂正文；[禮曲禮]大夫七十而致仕
若不得謝則必賜之几杖
▶【702-1】　字解誤謬與否；[禮曲
禮]大夫七十而致仕(增若不得謝則必)
賜之几杖　[(增若不得謝則必)賜之几
杖]
★이상과 같이 약부득사칙필(若不得
謝則必; 만약 사직의 허락을 얻지 못
한다면 반드시)을 덧붙인다 하여도
자전상(字典上) 장(杖)의 본의(本義)
에는 영향이 미치지 않음.

○康誤處 2;[爾雅釋草]虎杖荼(改蓨
虎杖)也
●考證；謹照原文改蓨虎杖
◆整理；[爾雅釋草(이아석초)]의 虎
杖荼(호장도)는 蓨虎杖(도호장)의 착
오.
◆訂正文；[爾雅釋草]蓨虎杖也
▶【703-1】　字解誤謬與否；[爾雅
釋草]虎杖荼(改蓨虎杖)也　[虎杖荼
(改蓨虎杖)]
★이상과 같이 오류(誤謬) 수정(修訂)
이 된다 하여도 ○도(蓨; 호장(虎杖))
○호장(虎杖; 마데풀과에 속한 다년
생 초인 감제풀)[爾雅釋草]蓨虎杖
[註]似紅草而粗大有細刺可以染赤이
자전상(字典上) 장(杖)의 본의(本義)
에 적극 영향이 미치게 됨.

康 杜(두)[唐韻][集韻][韻會][正
韻]𠀤動五切音羍[說文]甘棠也牡曰棠
牝曰杜樊光曰赤者爲杜白者爲棠[陸璣
草木疏]赤棠子澀而酢無味木理靭可作

弓幹與說文不同　又塞也[書費誓]杜
乃擾[周禮夏官大司馬]犯令凌政則杜
之　又[爾雅釋草]杜榮[註]似茅皮可
爲索　又香草名[屈原九歌]采芳洲兮
杜若又綠之兮杜蘅　又[方言]東齊謂
根爲杜又澀也　又[本草]杜仲藥名
　又[爾雅釋蟲]杜伯蝎也　又姓[廣
韻]本帝堯劉累之後出京兆濮陽襄陽三
望　又[集韻]董五切音睹姓也楚有杜
敖　又[類篇]同都切音徒亦姓也晉有
杜蒯

【 오류정리 】

○康誤處 1; [爾(改搏)雅釋蟲]杜伯蝎
(改蠍)也

●考證 ; 謹按所引出搏雅非爾雅爾改
搏并照原文蝎改蠍

◆整理 ; [爾(이)는 搏(박)의 착오, 雅
(아)] 蝎(갈)은 蠍(갈)의 착오.

◆訂正文 ; [搏雅釋蟲]杜伯蠍也

▶ 【704-1】 字解誤謬與否 ; [爾(改
搏)雅釋蟲]杜伯蝎(改蠍)也　[爾(改
搏)] [蝎(改蠍)]

★이상과 같이 인용처(引用處)나 주
소(註疏), 등(等)의 오류(誤謬)를 수
정(修訂)을 한다 하여도 자전상(字典
上)의 두(杜)의 본의(本義)에는 영향
이 미치지 않으나 ○두백(杜伯; 전갈)
과 ○갈(蠍; 전갈)은 본의(本義)에 적
극 영향이 미치게 됨.

㉭杝(치)[唐韻][集韻][韻會]攴池
爾切音侈 [說文]落也 [廣韻]析薪也
　又[正韻]尺里切音移[集韻]陳知切
音馳義攴同　又[集韻]鄰知切同離
又[唐韻]弋之切音移木名[爾雅釋木]
椴杝[註]白椴也[孝經註]杝棺四寸謂
之椑　又[韻會]吐邏切音拕車名
　又叶託何切音佗[詩小雅]伐木掎矣
析薪杝矣[註]杝隨其理也[詩緝]以手
離之也亦作柂

【 오류정리 】

○康誤處 1; [正韻]尺里切音移(改音
侈)

●考證 ; 謹按尺里切不得音移謹改音
侈

◆整理 ; [正韻(정운)]의 音移(음이)
는 音侈(음치)의 착오.

◆訂正文 ; [正韻]尺里切音侈

▶ 【705-1】 字解誤謬與否 ; [正韻]
尺里切音移(改音侈) [移(改音侈)]

★이상과 같이 음(音)의 오류(誤謬)
수정(修訂)이 된다 하여도 자전상(字
典上) 치(杝)의 본의(本義)에는 영향
이 미치지 않음.

㉭杞(기)[唐韻][韻會][正韻]墟里
切[集韻]口己切攴音起[說文]枸杞也
[爾雅釋木]杞枸檵[廣韻]枸杞春名天
精子夏名枸杞葉秋名却老枝冬名地骨皮
[本草]一名仙人杖根名地骨皮　又[嚴
粲詩緝]詩有三杞鄭風無折我樹杞柳屬
也小雅南山有杞在彼杞棘山木也集于
苞杞言采其杞隰有杞楰枸杞也○按嚴
說則易姤卦以杞包瓜孟子杞柳此是柳
屬左傳襄二十七年杞梓皮革自楚往也
類篇似豫章此是山木陸璣草木疏苦杞
秋熟正赤服之輕身益氣此是枸杞本草
沈存中云陝西枸杞最大高丈餘可作柱
又枸杞之別種也　又國名夏之後[論
語]杞不足徵　又姓以國爲氏[姓譜]望
出齊郡　又[集韻]象齒切同梩田器一曰
徒土轝也　又[類篇]下楷切音駭舌也

【 오류정리 】

○康誤處 1; 秋名却老枝冬名地骨皮
(改根)

●考證 ; 謹照廣韻原文皮改根

◆整理 ; 皮(피)는 根(근)의 착오.

◆訂正文 ; 秋名却老枝冬名地骨根

▶ 【706-1】 字解誤謬與否 ; 秋名却
老枝冬名地骨皮(改根) [皮(改根)]

★이상과 같이 오류(誤謬) 수정(修訂)이 된다 하여도 지골근(地骨根; 구기자 나무의 뿌리) 자전상(字典上) 기(杞)의 본의(本義)에는 영향이 미치지 않음.

⟨康⟩杠(강) [唐韻] [集韻] [韻會] 古雙切 [正韻] 居郎切 ㊊音江 [說文] 牀前橫木也 [徐曰] 今人謂之牀桯 [急就篇] 妻婦聘嫁齎媵僮奴僕私隸枕牀杠 [方言] 秦晉之閒謂之杠 又旌旗竿 [爾雅講武] 素綿綢杠 [註] 謂以白地錦韜旗之竿 [廣雅] 天子杠高九仞諸侯七大夫五 又銘橦也 [儀禮士喪禮] 竹杠長三尺 又小橋謂之杠 [孟子] 徒杠成 又 [博雅] 杠舉也 又星名 [晉書天文志] 大帝上九星曰華蓋下九星曰杠華蓋之柄也 又 [集韻] [類篇] ㊊沽紅切音公地名 [前漢曹參傳] 攻杠里大破之○按唐韻杠音工古音也字彙作叶音非

【 오류정리 】

○康誤處 1; [急就篇]妻婦聘嫁齎媵僮奴僕(改婢)私隸枕牀杠

●考證 ; 謹照原文僕改婢

◆整理 ; [急就篇(급취편)]의 僕(복)은 婢(비)의 착오.

◆訂正文 ; [急就篇]妻婦聘嫁齎媵僮奴婢私隸枕牀杠

▶【707-1】 字解誤謬與否 ; [急就篇]妻婦聘嫁齎媵僮奴僕(改婢)私隸枕牀杠 [僕(改婢)]

★이상과 같이 오류(誤謬) 수정(修訂)이 된다 하여도 노비(奴婢; 사내종과 계집종. 환관이 황제나 왕비 앞에서 자신을 낮추어 이르는 말)는 자전상(字典上) 강(杠)의 본의(本義)에는 영향이 미치지 않음.

○康誤處 2; [爾雅講武(改釋天)]素綿(改錦)綢杠

●考證 ; 謹按所引係爾雅釋天謹照原文講武改釋天綿改錦

◆整理 ; [爾雅(이아)의 講武(강무)는 釋天(석천),] 綿(면)은 錦(금)의 착오.

◆訂正文 ; [爾雅釋天]素錦綢杠

▶【708-1】 字解誤謬與否 ; [爾雅講武(改釋天)]素綿(改錦)綢杠 [講武(改釋天)]

★이상과 같이 인용처(引用處)나 주소(註疏)의 오류(誤謬)를 수정(修訂)을 한다 하여도 자전상(字典上)의 강(杠)의 본의(本義)에는 영향이 미치지 않

木部 四畫

⟨康⟩杫(지) [唐韻] [集韻] [韻會] ㊊斯義切音賜 [廣韻] 肉机 [方言] 俎几蜀漢之閒曰杫 又 [正韻] 初寺切音廁義同 又 [集韻] [類篇] ㊊想氏切音徙同㭳木名可以爲器 又 [集韻] 渚市切音止板施於礩上柱下者

【 오류정리 】

○康誤處 1; [方言]俎几(增也字)蜀漢之閒曰杫

●考證 ; 謹照原文几下增也字

◆整理 ; [方言(방언)]俎几(조궤)에 이어 也字(야자)를 덧붙임.

◆訂正文 ; [方言]俎几也蜀漢之閒曰杫

▶【709-1】 字解誤謬與否 ; [方言]俎几(增也字)蜀漢之閒曰杫 [几(增也字)]

★이상과 같이 오류(誤謬) 수정(修訂)이 된다 하여도 야(也; 조사(助詞) 판결 결정의 어기의 표시. 부사(副詞)의 문 반문의 어기의 표시.…임과 동시에도 또한. 그리고 또 게다가. …조차 …하다)는 자전상(字典上) 지(杫)의 본의(本義)에는 영향이 미치지 않음.

⟨康⟩杯(배) [唐韻] 布回切 [集韻] [韻

會]晡枚切[正韻]晡回切坐背平聲[說文]作柸俗作桮通作杯飲酒器唐孔穎達曰周禮有王敦今之杯盂也[禮玉藻]母沒而杯棬不能飲焉口澤之氣存焉爾又盛羹器[史記項羽傳]一杯羹[師古註]今之側杯有兩耳者　又叶博孤切音餔[曹植隴西行]鄗略再拜跪然後持一杯談笑未及竟左顧敕中廚　又叶薄侯切音裒鮑照合歡詩飲共連埋杯寢共無縫禰

【 오류정리 】

○康誤處 1;[史記(改爲前漢幸分我)項羽傳]一杯羹[師古註]今之側杯有兩耳者
●考證 ; 謹按師古註係前漢書謹將史記改爲前漢并照原文增幸分我三字
◆整理 ; [史記(사기)는 前漢(전한)의 착오이며 項羽傳(항우전)] 이에 幸分我(행분아) 석자를 아울러 덧붙임.
◆訂正文 ; [前漢項羽傳]幸分我一杯羹[師古註]今之側杯有兩耳者
▶【710-1】 字解誤謬與否 ; [史記(改爲前漢幸分我)項羽傳]一杯羹[師古註]今之側杯有兩耳者 [史記(改爲前漢幸分我)]
★이상과 같이 인용처(引用處)나 주소(註疏)의 오류(誤謬)를 수정(修訂)을 한다 하여도 자전상(字典上)의 배(杯)의 본의(本義)에는 영향이 미치지 않음.

㉿杳(묘)[唐韻]烏皎切[集韻][韻會][正韻]伊鳥切坐音窅[說文]冥也[張衡思玄賦]日杳杳而西匿[淮南子天文訓]日晡則反景上照於桑楡故杳字日在木下　又[玉篇]深廣貌[管子內業篇]杳乎如入於淵　又叶委羽切迂上聲[王逸九思]意逍遙兮欲歸衆穢盛兮杳杳思哽饐兮詰詘涕流瀾兮如雨

【 오류정리 】

○康誤處 1;[集韻][韻會][正韻]伊烏(改鳥)切坐音窅
●考證 ; 謹照原文烏改鳥
◆整理 ; [集韻(집운)][韻會(운회)][正韻(정운)]의 烏(오)는 鳥(조)의 착오.
◆訂正文 ; [集韻][韻會][正韻]伊鳥切坐音窅
▶【711-1】 字解誤謬與否 ; [集韻][韻會][正韻]伊烏(改鳥)切坐音窅 [烏(改鳥)]
★이상과 같이 음(音)에 관계된 오류(誤謬) 수정(修訂)이 된다 하여도 자전상(字典上) 묘(杳)의 본의(本義)에는 영향이 미치지 않음.

㉿柕(춘)[唐韻]丑倫切[集韻][韻會]敕倫切[正韻]樞倫切坐音椿[說文]木也[書禹貢]柕幹栝柏[孔傳]木似橁漆或作橁[左傳襄十七年]孟莊子斬其橁以爲公琴[註]橁柕也琴材[類篇]櫄櫪橁坐同柕

【 오류정리 】

○康誤處 1;[左傳襄十七年(改十八年)]孟莊子斬其橁以爲公琴
●考證 ; 謹照原文十七年改十八年
◆整理 ; [左傳襄(좌전양) 十七年(십칠년)은 十八年(십팔년)의] 착오.
◆訂正文 ; [左傳襄十八年]孟莊子斬其橁以爲公琴
▶【712-1】 字解誤謬與否 ; [左傳襄十七年(改十八年)]孟莊子斬其橁以爲公琴 [十七年(改十八年)]
★이상과 같이 인용처(引用處)나 주소(註疏)의 오류(誤謬)를 수정(修訂)을 한다 하여도 자전상(字典上)의 춘(柕)의 본의(本義)에는 영향이 미치지 않음.

㉿杼(저)(저)[唐韻][韻會][正韻]直呂

切[集韻]丈呂切杼除上聲[說文]機之持緯者[詩小雅]大東小東杼柚其空　又[揚子方言]杼柚作也東齊土作謂之杼木作謂之柚　又薄也[周禮冬官考工記輪人]凡爲輪行澤者欲杼故泥不附[註]謂削薄其踐地者　又絅也[周禮冬官考工記玉人]大圭長三尺杼上終葵首天子服之　又長也[揚子方言]豐人杼首　又或作芧栗屬[莊子山木篇]衣裘褐食杼栗　又[集韻]常恕切音泄水槽也[管子禁藏篇]鑽燧易火杼井易水　又莫侯切音茂果名　又[廣韻]羌舉切橡也　又[廣韻]神與切[集韻]上與切并音墅木名栩也[爾雅釋木]栩杼[疏]栩一名杼柞樹也[山海經]景山其木多杼檀○按說文栩也係柔字之訓杼訓機之持緯二字音同義別今韻書于置呂切下依說文杼柔分列而於神與切下去柔存杼且以栩也爲杼字之訓似應从說文分列爲是然爾雅諸書柔栩之柔俱書作杼而玉篇柔註云今作杼則竟合爲一字矣存以俟考

【 오류정리 】

○康誤處 1;[詩小雅]大東小東(改小東大東)杼柚其空

●考證 ; 謹照原文改小東大東

◆整理 ; [詩小雅(시소아)]의 大東小東(대동소동)은 小東大東(소동대동)의 착오.

◆訂正文 ; [詩小雅]小東大東杼柚其空

▶【713-1】 字解誤謬與否 ; [詩小雅]大東小東(改小東大東)杼柚其空 [大東小東(改小東大東)]

★이상과 같이 오류(誤謬) 수정(修訂)이 된다 하여도 소동대동(小東大東; 동양의 크고 작은 나라)은 자전상(字典上) 저(杼)의 본의(本義)에는 영향이 미치지 않음.

康松(송)[唐韻]詳容切[集韻]思恭切[正韻]息中切林音淞木也[字說]松百木之長猶公故字从公[禮禮器]松柏之有心也貫四時而不改柯易葉[史記龜筴傳]千歲之松上有免絲下有茯苓[撝遺]吳鄧夫人傷臉以琥珀屑滅痕[註]琥珀松脂入地千年所化　又甘松香草名[廣志]細葉蔓生可合諸香又長松[本草]一名仙茆能治風　又州名[韻會]本河關之西南羌也唐置松州　又江名松江禹貢三江之一或作淞

【 오류정리 】

○康誤處 1;[禮禮器](增如字)松柏之有心也(增故字)貫四時而不改柯易葉

●考證 ; 謹照原文松上增如字貫上增故字

◆整理 ; [禮禮器(예예기)] 이에 如字(여자)를 덧붙이고, 松柏(송백) 貫(관) 앞에 故字(고자)를 덧붙임.

◆訂正文 ; [禮禮器]如松柏之有心也故貫四時而不改柯易葉

▶【714-1】 字解誤謬與否 ; [禮禮器](增如字)松柏之有心也(增故字)貫四時而不改柯易葉 [(增如字)松][(增故字)貫]

★이상과 같이 ○여(如; 동사(動詞)…에 따르다. …와 같다. …대로 하다. …보다 …하다)와 ○고(故; 명사(名詞) 사고. 원인. 연고. 부사(副詞) 고의로. 일부러. 본래) 덧붙인다 하여도 자전상(字典上) 송(松)의 본의(本義)에는 영향이 미치지 않음.

康板(판)[唐韻]布綰切[集韻][韻會]補綰切林同版[說文]判也又籍也[莊子徐無鬼篇]金板六弢或作鈑　又[玉篇]片木也[急就篇]木瓦也[詩秦風]在其板屋[正義]西戎之俗民以板爲屋　又詔板[後漢竇武傳]曹節召尚書官屬使作詔板　又[松窗小牘]鐵券謂之金板　又板官假板官品之卑者[隋書

官志]有板咨議參軍板長史等名[宋書百官志]除拜則爲參軍事府板則爲行參軍　又手板笏也[文獻通考]晉宋以來謂之手板　又[宋國史補]爲尹者例置板記事　又[毛萇百堵傳]築牆者一丈爲板五板爲堵　又箕屬也[管子弟子職]坐板排之以葉適已　又板板反側也[詩大雅]上帝板板　又負板悲哀貌[儀禮喪服鄭註]孝子前有衰後負板[疏]謂負其悲哀於背也　又[集韻]蒲限切音阪籍也　又叶卑免切音匾[韓愈祭張徹文]乃遷殿中朱衣象板惟義之趨豈利之踐[自註]踐上聲讀

【 오류정리 】

○康誤處 1; [毛萇百堵傳(改詩小雅鴻雁篇毛傳)]築牆者

●考證 ; 謹按原文無築牆者三字謹照原書改詩小雅鴻雁篇毛傳

◆整理 ; [毛萇百堵傳(모장백도전)은 詩小雅鴻雁篇毛傳(시소아홍안편모전)의] 착오.

◆訂正文 ; [詩小雅鴻雁篇毛傳]築牆者

▶【715-1】 字解誤謬與否 ; [毛萇百堵傳(改詩小雅鴻雁篇毛傳)]築牆者 [毛萇百堵傳(改詩小雅鴻雁篇毛傳)]

★이상과 같이 인용처(引用處)나 주소(註疏)의 오류(誤謬)를 수정(修訂)을 한다 하여도 자전상(字典上)의 판(板)의 본의(本義)에는 영향이 미치지 않음.

康 **杤**(모)[唐韻][集韻]莫袍切[韻會]謨袍切[正韻]謨交切𡘋音毛[玉篇]桃之冬熟者亦作旄[爾雅釋木]旄桃[郭註]子冬熟[廣韻]杤同楸

【 오류정리 】

○康誤處 1; [爾雅釋木]旄(增冬字)桃桃

●考證 ; 謹照原文桃上增冬字

◆整理 ; [爾雅釋木(이아석목)] 旄(모)에 이어 冬字(동자)를 덧붙임. 桃(도)

◆訂正文 ; [爾雅釋木]旄冬桃

▶【716-1】 字解誤謬與否 ; [爾雅釋木]旄(增冬字)桃 [(增冬字)桃]

★이상과 같이 덧붙인이면 동도[冬桃; 겨울에 익는 복숭아(나무)]를 의미하는 자의(字義)가 생기어 자전상(字典上) 모(杤)의 본의(本義)에 적극 영향이 미침.

康 **枇**(비)[唐韻]房脂切[集韻][韻會]頻脂切𡘋音皮詳杷字註　又[白居易山枇杷詩]深山老去惜年華況對東溪野枇杷作入聲讀薄密切音弼　又[廣韻]卑履切音匕與朼同所以載牲體也[孔穎達·雜記疏]從鑊以枇升入於鼎從鼎以枇載之於俎也　又[廣韻]毗至切音俾細櫛[釋名]枇其細相比也　又[集韻]次也　又[集韻]騈迷切音鼙枒木　又[集韻]篇迷切音批義同或作柴

【 오류정리 】

○康誤處 1; [釋名]枇其(改言)細相比也

●考證 : 謹照原文其改言

◆整理 ; [釋名(석명)]의 其(기)는 言(언)의 착오. 細相比也(세상비야)

◆訂正文 ; [釋名]枇言細相比也

▶【717-1】 字解誤謬與否 ; [釋名]枇其(改言)細相比也 [其(改言)]

★이상과 같이 오류(誤謬) 수정(修訂)이 된다 하여도 언(言; 말. 언어 한자(漢字)의 한 글자. 말하다)은 자전상(字典上) 비(枇)의 본의(本義)에는 영향이 미치지 않음.

康 **枉**(왕)[唐韻][廣韻]迂往切[集韻][類篇][韻會]嫗往切𡘋汪上聲[說文]衺曲也[淮南子時則訓]木熙者舉梧

櫃據句枉又人之不直者亦謂之枉[論語]舉直錯諸枉　又屈也[禮月令]仲秋命有司申嚴百刑毋或枉橈　又冤也[唐書高仙芝傳]軍中皆呼枉　又枉駕[戰國策]聶政曰仲子不遠千里枉車騎而交臣　又枉矢有三義一[周禮秋官司寇]救日以枉矢[註]漢時名飛矛用以守城利火射一[投壺禮]主人謂曰某有枉矢哨壺以樂嘉賓[註]謙言不直之矢也一星名[考異郵]枉矢狀如流星蛇行有尾　又[類篇]巨王切汲具

【 오류정리 】

○康誤處 1; [周禮秋官司寇]救日以枉矢[註]漢時名飛矛用以守城利火射(謹按秋官司寇無救日以枉矢之文註亦無漢時名飛矛之語今照周禮改夏官司弓矢枉矢利火射註今之飛矛是也或謂之兵矢)

●考證 ; 謹按秋官司寇無救日以枉矢之文註亦無漢時名飛矛之語今照周禮改夏官司弓矢枉矢利火射註今之飛矛是也或謂之兵矢

※筆者謹按周禮原本 ; [周禮夏官司馬下司馬政官之職司弓矢]枉矢絜矢利火射[鄭玄註]今之飛矛是也或謂之兵矢

◆整理 ; [周禮秋官司寇(주례추관사구)]의 救日以枉矢(구일이왕시)가 없고 [註]또 漢時名飛矛(한시명비모)도 없어 제외하고 ([周禮改夏官司弓矢枉矢利火射註今之飛矛是也或謂之兵矢)고 고침. 用以守城利火射

◆[訂正文] ; [周禮改夏官司弓矢]枉矢利火射[註]今之飛矛是也或謂之兵矢

▶ 【718-1】 字解誤謬與否 ; [周禮秋官司寇]救日以枉矢[註]漢時名飛矛用以守城利火射(謹按秋官司寇無救日以枉矢之文註亦無漢時名飛矛之語今照周禮改夏官司弓矢枉矢利火射註今之飛矛是也或謂之兵矢)

★이상과 같이 오류(誤謬) 수정(修訂)이 되면 ○왕시(枉矢; 구부러진 화살)

○혈시(絜矢; 곧은 화살) ○리화사(利火射; 비모(飛矛) 병시(兵矢) 날아다니는 별. 날아가며 빛을 낸다) [周禮夏官司弓矢]枉矢利火射註今之飛矛是也或謂之兵矢 [周禮]曰司弓矢掌八矢之法枉矢系矢利火射用諸守城車戰[鄭玄註]枉矢者取名飛星飛行有光也 ○비모(飛矛; 날아가는 창) ○병시(兵矢; 군용화살) 중 왕시(枉矢)는 자전상(字典上) 왕(枉)의 본의(本義)에 직접적으로 영향이 미치게 됨.

○康誤處 2; [投壺禮[(禮字應移於投壺之上)]主人謂(改請字)曰某有枉矢哨壺以樂嘉賓(改請以樂賓)

●考證 ; 謹按禮字應移於投壺之上照原文謂字改請字以樂嘉賓改請以樂賓

◆整理 ; [禮(예)를 앞으로 옮기고, 投壺(투호)] 謂(위)는 請(청), 樂嘉賓(락가빈)은 請以樂賓(청이락빈)의 착오.

◆[訂正文] ; [禮投壺]主人請曰某有枉矢哨壺請以樂賓

▶ 【719-2】 字解誤謬與否 ; [(禮)投壺 禮]主人謂(改請字)曰某有枉矢哨壺以樂嘉賓(改請以樂賓) [禮[(禮字應移於投壺之上)]] [謂(改請字)] [以樂嘉賓(改請以樂賓)]

★이상과 같이 인용처(引用處)나 주소(註疏), 등(等)과 ○청(請; 요청하다)과 ○청이락빈(請以樂賓; 청컨대 손님을 즐겁게 하렵니다) 등(等)의 오류(誤謬)를 수정(修訂)을 한다 하여도 자전상(字典上)의 왕(枉)의 본의(本義)에는 영향이 미치지 않음.

康 枋(방)[唐韻]甫良切[集韻][韻會]分房切[正韻]敷房切𡘋音方[說文]木可作車[管子地員篇]其杞其枋　又[南方草木狀]蘇枋木出九眞南人以之染絳漬以大庾之水則色愈深　又[揚子

方言]蜀人以木偃魚曰枋　又[集韻]甫
妄切妨去聲舟師也　又[集韻][韻會]
𣲖陂病切與柄同[周禮春官]內史掌王
八枋之法以詔王治謂爵祿予奪生殺廢
置也　又[儀禮士昏禮]酌醴加柶面葉
受醴面枋[疏]柶杫類枋柶柄也　又[正
韻]舫亦作枋

【 오류정리 】

○康誤處 1;[揚子方言(改揚子方言爲
集韻)]蜀人以木偃魚曰枋

●考證 ; 謹按方言無以木偃魚曰枋之
文查係集韻謹改揚子方言爲集韻

◆整理 ; [揚子方言(양자방언)은 集韻
(집운)의] 착오.

◆訂正文 ; [集韻]蜀人以木偃魚曰枋

▶【720-2】 字解誤謬與否 ; [揚子
方言(改揚子方言爲集韻)]蜀人以木偃
魚曰枋　[揚子方言(改揚子方言爲集
韻)]

★이상과 같이 인용처(引用處)나 주
소(註疏)의 오류(誤謬)를 수정(修訂)
을 한다 하여도 자전상(字典上)의 방
(枋)의 본의(本義)에는 영향이 미치지
않음.

㉿枌(분)[唐韻][集韻][韻會][正
韻]𣲖符分切音焚[說文]木名[爾雅釋
木]榆白枌[郭註]榆之先生葉却著莢皮
色白　又[詩陳風]東門之枌婆娑其下
[陸佃埤雅]榆性扇地其陰下五穀不植
人就以息焉　又枌榆社名見榆字註
又通棼複屋棟也[左思魏都賦]枌橑複
結[班固西都賦]作棼橑

【 오류정리 】

○康誤處 1;[爾雅釋木]榆白枌[郭註]
榆之(改枌榆)先生葉却著莢皮色白

●考證 ; 謹照原文榆之改枌榆

◆整理 ; [爾雅釋木(이아석목)] [郭註
(곽주)]의 榆之(유지)는 枌榆(분유)의
착오.

◆訂正文 ; [爾雅釋木]榆白枌[郭註]
枌榆先生葉却著莢皮色白

▶【721-2】 字解誤謬與否 ; [爾雅
釋木]榆白枌[郭註]榆之(改枌榆)先生
葉却著莢皮色白　[榆之(改枌榆)]

★이상과 같이 오류(誤謬) 수정(修訂)
이 되면 자전의 유(榆; 느릅남무) 고
증(考證) 분유(枌榆; 춘유(春榆) 가유
(家榆))는 느릅나무과에 속한 낙엽활
엽 교목. 통상 느릅나무라 칭함. 본
수정(修訂)으로 자전상(字典上) 분
(枌)의 본의(本義)에 영향이 미치게
됨.

㉿枍(예)[唐韻]於計切[集韻]壹計
切𣲖音意[玉篇]枍栺宮名[類篇]木名
楊愼曰如五柞長楊之類用木爲宮名也
[關中記]建章宮有枍栺殿[班固西都
賦]洞枍栺與天梁○按韻書皆音於計切
正字通柞希字讀非

【 오류정리 】

○康誤處 1;[唐韻]於計切[集韻]壹計
切𣲖音意(音今据廣韻集韻意皆翳)

●考證 ; 謹按枍在霽韻意在寘韻枍意
不同音今据廣韻集韻意改翳

◆整理 ; [唐韻(당운)] [集韻(집운)]
意(의)는 翳(예)의 착오.

◆訂正文 ; [唐韻]於計切[集韻]壹計
切𣲖音翳

▶【722-2】 字解誤謬與否 ; [唐韻]
於計切[集韻]壹計切𣲖音意(音今据廣
韻集韻意皆翳)

★이상과 같이 음(音)의 오류(誤謬)
수정(修訂)이 된다 하여도 자전상(字
典上) 예(枍)의 본의(本義)에는 영향
이 미치지 않음.

㉿析(석)[唐韻]先擊切[集韻][韻
會]先的切[正韻]思積切𣲖音錫[說文]
破木也[詩齊風]析薪如之何非斧不克

一曰折也　又分也[書堯典]厥民析[孔安國傳]丁壯就功老弱分析也　又剖析[晉陶潛移居詩]疑義相與析　又[史記律書]寅曰析木　又國名[書禹貢]析支渠搜西戎　又地名析城屬冀州　又邑名[左傳僖二十五年]秦取析矣　又[尸子]虹蜺爲析翳　又[類篇]相支切音斯[周禮天官醢人]饋食之豆脾析　又草名張揖曰析似燕麥　又平聲[唐韻]息黎切[史記五帝紀]析支渠庮[索隱]作鮮支渠搜鮮析音相近古讀鮮爲斯　又息例切音近賜[後漢西羌傳]濱于賜支[註]賜支者禹貢所謂析支者也

【 오류정리 】

○康誤處 1; [書禹貢]析支渠搜西戎(改崐崘析支渠搜)

●考證 ; 謹照原文改崐崘析支渠搜

※筆者謹按書經集傳原本 ; [書經禹貢]崐崘析支渠搜西戎

◆整理 ; [書禹貢(서우공)]의 析支渠搜西戎(석지거수서융)은 崐崘析支渠搜(곤륜석지거수)의 착오.

◆訂正文 ; [書禹貢]崐崘析支渠搜

▶【723-1】 字解誤謬與否 ; [書禹貢]析支渠搜西戎(改崐崘析支渠搜) [析支渠搜西戎(改崐崘析支渠搜)]

★이상과 같이 오류(誤謬) 수정(修訂)이 된다 하여도 곤륜(崐崘; 전설상의 산) 자전상(字典上) 석(析)의 본의(本義)에는 영향이 미치지 않음.

康柸(호)[唐韻]胡誤切[集韻][韻會][正韻]胡故切𡘋音護[說文]行馬也[周禮天官掌舍]設梐柸再重[註]梐柸謂行馬再重者以周衞有內外列[漢制考]按六韜治營壘則有天羅武落行馬蒺藜之具周禮梐柸即行馬以木爲螳螂槧築籓落用以遮陣者也　又[韻會]柸者交互其木以爲遮闌也漢魏三公門視行馬又名枊子祥枊字註

【 오류정리 】

○康誤處 1; 祥(改詳)枊字註

●考證 ; 謹按文義祥改詳

◆整理 ; 祥(상)은 詳(상)의 착오.

◆訂正文 ; 詳枊字註

▶【724-1】 字解誤謬與否 ; 祥(改詳)枊字註 [祥(改詳)]

★이상과 같이 오류(誤謬) 수정(修訂)이 된다 하여도 상(詳; 상세하다. 세밀하다. 분명하다. 상술하다)인데 자전상(字典上) 호(柸)의 본의(本義)에는 영향이 미치지 않음.

康枒(야)[唐韻]五加切[集韻][韻會][正韻]牛加切𡘋音牙本作梛亦作椰[說文]木名[玉篇]出交阯高數十丈葉在其末[左思吳都賦]椰葉無陰[蜀都賦]楼枒[註]皮可爲繩履　又楈枒詳楈字註　又車輪外輞謂之枒[周禮冬官考工記]作牙輿人斬三材以爲轂輪牙　又[類篇]迦枒水相拒也　又[類篇]余遮切音耶亦木名　又[廣韻][集韻]𡘋吾駕切音迓又[集韻]魚駕切義𡘋同

【 오류정리 】

○康誤處 1; [周禮冬官考工記]作牙輿(改輪)人斬三材以爲轂輪(改輻)牙

●考證 ; 謹照原文輿改輪輪改輻

◆整理 ; 周禮冬官考工記(주례동관고공기)]의 輿(여)는 輪(륜), 輪(륜)은 輻(폭)의 착오.

◆訂正文 ; [周禮冬官考工記]作牙輪人斬三材以爲轂輻牙

▶【725-1】 字解誤謬與否 ; [周禮冬官考工記]作牙輿(改輪)人斬三材以爲轂輪(改輻)牙 [輿(改輪)] [輪(改輻)]

★이상과 같이 오류(誤謬) 수정(修訂)이 된다 하여도 ○륜인(輪人; 수레바퀴를 만드는 사람) ○폭(輻; 바퀴

살)은 자전상(字典上) 야(枒)의 본의(本義)에는 영향이 미치지 않음.

康 枓(두)[廣韻][集韻][韻會][正韻]蚩之庾切音主[說文]勺也徐曰有柄形如北斗用以斟酌也[儀禮饋食禮]司官設罍水于洗東有枓[註]設水用罍沃盥用枓枓水器也又[禮喪大記]浴水用盆沃水用枓[註]以枓酌盆水沃尸也[史記索隱]凡方者爲斗若安長柄則名爲枓音主 又[唐韻][集韻][韻會][正韻]蚩當口切音斗栱枓柱上方木也

【 오류정리 】

○康誤處 1;[儀禮(改少牢)饋食禮]司官(改宮)設罍水于洗東有枓

●考證 ; 謹按無少牢二字則與特牲饋食禮無別今照原文儀禮改少牢官改宮

◆整理 ; [儀禮(의례)는 少牢(소뢰)의 착오이며, 饋食禮(궤식례)]官(관)은 宮(궁)의 착오.

◆訂正文 ; [少牢饋食禮]司宮設罍水于洗東有枓

▶【726-1】 字解誤謬與否 ; [儀禮(改少牢)饋食禮]司官(改宮)設罍水于洗東有枓 [儀禮(改少牢)] [官(改宮)]

★이상과 같이 인용처(引用處)나 주소(註疏)의 오류(誤謬)를 수정(修訂)을 한다 하여도 자전상(字典上)의 두(枓)의 본의(本義)에는 영향이 미치지 않으며 사궁(司宮; 내수사(內需司)와 궁방(宮房)의 합칭어(合稱語)) 자의(字義)에 영양이 미치지 않음.

康 枕(우)[唐韻]羽求切[集韻][類篇]余求切蚩音尤[玉篇]木名[篇海]梓屬一曰與桙同 又春枕見桃字註

【 오류정리 】

○康誤處 1; 春枕見桃(改挑)字註

●考證 ; 謹照本書桃改挑

◆整理 ; 春枕見 桃(도)는 挑(도)의 착오.

◆訂正文 ; 春枕見挑字註

▶【727-1】 字解誤謬與否 ; 春枕見桃(改挑)字註 [桃(改挑)]

★이상과 같이 오류(誤謬) 수정(修訂)이 되면 도(挑; 선택하다)라는 자의(字義)가 생기니 자전상(字典上) 우(枕)의 본의(本義)에 직접 영향이 미치게 됨.

康 林(림)[唐韻]力尋切[集韻][韻會]犂針切[正韻]犂沈切蚩音臨[說文]平土有叢木曰林徐曰叢木故从二木平土故二木齊[詩小雅]依彼平林 又野外謂之林[詩周南]施于中林 又山木曰林[穀梁傳僖十四年]林屬于山爲麓 又[周禮地官林衡註]竹木曰林水衡曰衡 又[爾雅釋詁]林君也 又盛貌[詩小雅]有壬有林 又林鐘律名[左傳莊二十年]歌林鐘舞大夏以祭山川 又羽林星名應劭曰天有羽林大將軍之星也林喩若林木羽翼鷙擊之意故以名武官[前漢宣帝紀]取從軍死事者之子養爲羽林軍號羽林孤兒 又綠林荊州山名[後漢劉元傳]諸亡命集于綠林 又姓[姓譜]殷比于後避難長林山因氏又平王世子林開之後望出南安○按說文林自爲部焚楚等字从之今併入

【 오류정리 】

○康誤處 1;[左傳莊二十年]歌林鐘舞大夏以祭山川(改禮月令季夏之月律中林鐘周禮作函鐘)

●考證 ; 謹按此係左傳疏所引大司樂文非係左傳原文且周禮作函鐘不作林鐘今謹改禮月令季夏之月律中林鐘周禮作函鐘

◆整理 ; [左傳莊二十(좌전장이십년)]歌林鐘舞大夏以祭山川(가림종무대하이제산천)은 좌전에는 없어, [禮

月令(예월령)] 季夏之月律中林鐘(계하지월율중림종)과 [周禮(주례)] 作函鐘(작함종)으로 고침.

◆訂正文 ; [禮月令]季夏之月律中林鐘周禮作函鐘

▶【728-1】 字解誤謬與否 ; [左傳莊二十年]歌林鐘舞大夏以祭山川(改禮月令季夏之月律中林鐘周禮作函鐘)

★이상과 같이 오류(誤謬) 수정(修訂)이 되더라도 자전(字典)에서 이미 림종(林鐘; 12율중음려(12律中陰呂) 음려(陰呂란; 한 옥타브를 12반음으로 나누며, 그 12율의 짝수 음들, 대려 협종 중려 임종 남려 응종을 음려라고 한다. 양률과 함께 음려는 음양의 조화를 이룬다)의 하나. 률명(律名); 12律名 황종(黃鍾) (도) 대려(大呂)(도) 태족(太簇)(레) 夾鍾(레) 고세(姑洗)(미) 중려(仲呂)(파) 유빈(蕤賓)(파) 임종(林鍾)(솔) 이칙(夷則)(솔) 남려(南呂)(라) 무사(無射)(라) 응종(應鍾)(시) 전제 되어 있으며 고증(考證) 역시 림종(林鐘; 12율중음려(12律中陰呂)의 하나) 함종(函鐘; 임종(林鐘))으로 수정(修訂) 되었으니 자전상(字典上) 림(林)의 본의(本義)에 영향이 미치게 됨.

康柄(예)[唐韻]而銳切[集韻][韻會][正韻]儒稅切坐音芮[玉篇]柄柄[類篇]刻木耑所以入鑿[莊子天下篇]鑿不圍柄[循本註]鑿非圍柄而柄自入之[宋玉九辨]圜柄而方鑿兮吾固知鉏鋙而難入 又[韻會]通作內[周禮冬官考工記註]調其鑿內而合之 又[博雅]柄柱也 又[集韻]奴困切音嫩草始生貌也

【 오류정리 】

○康誤處 1; [宋玉九辨]圜柄(改鑿)而方鑿(改柄)兮吾固知(增其字)鉏鋙而難

入

●考證 ; 謹照原文柄改鑿鑿改柄知下增其字

◆整理 ; [宋玉九辨(송옥구변)]의 柄(예)는 鑿(착), 鑿(착)은 柄(예)위 착오이며, 知(지)에 이어 其字(기자)를 덧붙임.

◆訂正文 ; [宋玉九辨]圜鑿而方柄兮吾固知其鉏鋙而難入

▶【729-1】 字解誤謬與否 ; [宋玉九辨]圜柄(改鑿)而方鑿(改柄)兮吾固知(增其字)鉏鋙而難入 [柄(改鑿)] [鑿(改柄)]

★이상과 같이 오류(誤謬) 수정(修訂)이 되면 ○원착(圜鑿; 둥근 구멍) ○방예(方柄; 네모난 장무) ○난입(難入 끼워 넣기 어렵다)이라 한다면 자의(字義)는 방예(方柄)라면 자전상(字典上) 예(柄)의 본의(本義)에 직접 영향이 미치나 기자(其字) 증자(增字)는 본의(本義)에 영향이 미치지 않게 됨.

康柂(와)[集韻]吾禾切音訛木節也本作厄 又[海篇]於革切義同○按說文無柂字卩部厄木節也五果切讀若火从卩厂聲賈逵以爲厄裏也廣韻平聲从厄上聲从厄皆訓木節正字通柂俗厄字

【 오류정리 】

○康誤處 1; 賈逵以爲厄裏(改裹)也

●考證 ; 謹照說文裏改裹

◆整理 ; 賈逵以爲厄 裏(이)는 裹(과)의 착오.

◆訂正文 ; 賈逵以爲厄裹也

▶【730-1】 字解誤謬與否 ; 賈逵以爲厄裏(改裹)也 [裏(改裹)]

★이상과 같이 오류(誤謬) 수정(修訂)이 되면 본작액(本作厄)이 전제 되었고 액과(厄裹; 제앙이 그치다)라 자전상(字典上) 와(柂)의 본의(本義)에 영향이 미치게 됨.

㉙枚(매)[廣韻]莫杯切[集韻][韻會][正韻]謨杯切ᄊ音梅[說文]幹也可爲杖从木从攴[詩大雅]施于條枚[徐曰]自條而出也枝曰條幹曰枚 又个也[書大禹謨]枚卜功臣[註]一一卜之也[前漢食貨志]二枚爲一朋[五行志]拔宮中樹七圍以上十六枚 又枚筮不指其事汎卜吉凶也[左傳昭十二年]南蒯枚筮之 又馬箠曰枚[左傳襄十一年]以枚數闔 又銜枚枚狀如箸口橫銜之繣結於項也[周禮秋官]銜枚氏掌司囂 又鐘乳也[周禮冬官考工記]鐘帶謂之篆篆閒謂之枚 又枚枚礱密也[詩魯頌]閟宮有侐實實枚枚 又屋內重檐曰雙枚[何晏景福殿賦]雙枚既修 又姓[統譜]周枚被漢枚乘

【 오류정리 】

○康誤處 1; [左傳襄十一年(改十八年)]
●考證 ; 謹照原文十一年改十八年
◆整理 ; [左傳襄(좌전양) 十一年(십일년)은 十八年(십팔년)의] 착오.
◆訂正文 ; [左傳襄十八年]
▶ 【731-1】 字解誤謬與否 ; [左傳襄十一年(改十八年)] [十一年(改十八年)]
★이상과 같이 인용처(引用處)나 주소(註疏)의 오류(誤謬)를 수정(修訂)을 한다 하여도 자전상(字典上)의 매(枚)의 본의(本義)에는 영향이 미치지 않음.

㉙果(과)[唐韻][集韻][韻會][正韻]ᄊ古火切音裹[說文]木實也从木象果形在木之上[易下繫]乾爲天爲木果[註]果實著木有似星之著天也[周禮地官]甸師共野果蓏之屬[應劭曰]木曰果草曰蓏[張晏曰]有核曰果無核曰蓏 又勝也尅也[左傳宣元年]殺敵爲果致

果爲毅 又決也[禮內則]將爲善思貽父母令名必果 又驗也[宋書后妃傳]今果然矣 又釋氏因果[隋書經籍志]釋迦敎化弟子多有正果者 又果然獸名[宋國史補]揚州取一果然數十果然可得 又[爾雅釋蟲]果蠃蒲盧[疏]細腰蠭也 又與蜾通[左思吳都賦]風俗以蠭果爲媓[方言]悍勇也古字通 又[集韻][韻會]ᄊ苦果切音顆果然飽貌[莊子逍遙遊]三餐而反腹猶果然 又[唐韻][集韻][韻會]ᄊ同婐女侍也[孟子]二女果 又通裸[廣韻]赤體也 又[集韻][韻會]ᄊ與祼通[周禮春官大宗伯]大賓客則攝而載果[小宗伯]辨六彝之名物以待祼將 又魯火切音臝[周禮春官宗伯]龜人掌六龜之屬東龜曰果屬字从田从木今趨便作果俗作菓非

【 오류정리 】

○康誤處 1; [易下繫(改爲說卦)]乾爲天爲木果
●考證 ; 謹照原文下繫二字改爲說卦
◆整理 ; [易(역)의 下繫(하계)는 說卦(설괘)의] 착오.
◆訂正文 ; [易說卦]乾爲天爲木果
▶ 【732-1】 字解誤謬與否 ; [易下繫(改爲說卦)]乾爲天爲木果 [易下繫(改爲說卦)]
★이상과 같이 인용처(引用處)나 주소(註疏)의 오류(誤謬)를 수정(修訂)을 한다 하여도 자전상(字典上)의 과(果)의 본의(本義)에는 영향이 미치지 않음.

○康誤處 2; [左傳宣元年(改二年)]
●考證 ; 謹照原文元年改二年
◆整理 ; [左傳宣(좌전선) 元年(원년)은 二年(이년)의] 착오.
◆訂正文 ; [左傳宣二年]
▶ 【733-2】 字解誤謬與否 ; [左傳宣元年(改二年)] [元年(改二年)]

★이상과 같이 인용처(引用處)나 주소(註疏)의 오류(誤謬)를 수정(修訂)을 한다 하여도 자전상(字典上)의 과(果)의 본의(本義)에는 영향이 미치지 않음.

○康誤處 3; 又與蝌(改悸)通[左思吳都賦]風俗以蜑果爲孀

●考證 ; 謹照原文蝌改悸

◆整理 ; 又與(우여) 蝌(과)는 悸(과)의 착오.

◆訂正文 ; 又與悸通[左思吳都賦]風俗以蜑果爲孀

▶【734-3】 字解誤謬與否 ; 又與蝌(改悸)通[左思吳都賦]風俗以蜑果爲孀 [蝌(改悸)]

★이상과 같이 오류(誤謬) 수정(修訂)이 되면 [방언(方言)]에서 과용야(悸勇也)라 하였으니 과(悸; 용감하다)라 자전상(字典上) 과(果)의 본의(本義)에 직접 영향이 미치게 됨.

○康誤處 4;[小宗伯]辨六彝之名物以待祼(改果)將

●考證 ; 謹照原文祼改果

◆整理 ;[小宗伯(소종백)] 祼(관)은 果(과)의 착오.

◆訂正文 ;[小宗伯]辨六彝之名物以待果將

▶【735-4】 字解誤謬與否 ;[小宗伯]辨六彝之名物以待祼(改果)將 [祼(改果)]

★이상과 같이 오류(誤謬) 수정(修訂)이 된다 하여도 이미 자전(字典)에 관(祼; 강신제(降神祭))이 전제 되어 있으니 대관장(待祼將)의 관(祼)이 과(果)로 바뀐다 하여도 과(果)에는 강신제(降神祭)라는 자의가 없으니 자전상(字典上) 과(果)의 본의(本義)에는 영향이 미치지 않음.

康枝(지)[唐韻][集韻][韻會]章移切[正韻]旨而切枝音支[說文]木別生條也[徐曰]本作支故曰別生會意[廣韻]枝柯也[左傳隱八年]枝布葉分 又散也[易下繫]中心疑者其辭枝 又與支通[詩大雅]本支百世左傳作本枝 又支持也[史記項羽紀]諸將懾服莫敢枝梧[贊曰]小柱爲枝斜柱爲梧 又干支亦作幹枝[博雅]甲乙爲幹幹者日之神也寅卯爲枝枝者月之靈也 又手節曰枝[孟子]爲長者折枝[趙岐註]折枝按摩手節也 又[管子度地篇]水別于他水入于大水及海者命曰枝水 又枝江縣名[前漢地理志]屬南郡 又姓[姓苑]楚大夫枝如子躬之後爲枝氏 又[集韻]翹移切音祈枝指多指也[莊子駢拇篇]駢拇枝指 又[集韻]渠羈切音奇[字林]橫首枝也 又[集韻]居僞切音垝祭山名 又與校通[儀禮士昏禮]主人拂几授校[註]校几足古文爲枝 與枝異枝卽枚也

【 오류정리 】

○康誤處 1; 本作支故曰別生會意(改自本而分故曰別生)

考證 ; 謹照原文改自本而分故曰別生

◆整理 ; 本作支故曰別生會意(본작지고왈별생회의)는 自本而分故曰別生(자본이분고왈별생)으로 고침.

◆訂正文 ; 自本而分故曰別生

▶【736-1】 字解誤謬與否 ; 本作支故曰別生會意(改自本而分故曰別生)

★이상과 같이 오류(誤謬) 수정(修訂)이 된다 하여도 자본이분(自本而分; 본래부터가 나뉘어졌었다)는 자전상(字典上) 지(枝)의 본의(本義)에는 영향이 미치지 않음.

○康誤處 2;[左傳隱八年(增疏字)]枝布葉分

●考證 ; 謹按所引乃隱八年疏非正文

謹照原書八年下增疏字
◆整理 ; [左傳隱(좌전은) 八年(팔년)에 이어 疏字(소자)를 닷붙임.]
◆訂正文 ; [左傳隱八年疏]枝布葉分
▶【737-2】 字解誤謬與否 ; [左傳隱八年(增疏字)]枝布葉分 [年(增疏字)]]
★이상과 같이 인용처(引用處)나 주소(註疏)의 오류(誤謬)를 수정(修訂)을 한다 하여도 자전상(字典上)의 지(枝)의 본의(本義)에는 영향이 미치지 않음.

木 部 五畫

⑩枰(평)[唐韻]符兵切[集韻][韻會]蒲兵切[正韻]蒲明切𠀤音平[說文]平也[逸雅釋牀]枰平也以板作其體平正也 又博局[揚子方言]投博謂之枰[韋曜博奕論]所志不過一枰之上 又枰仲木名或作梈[司馬相如上林賦]華楓枰櫨 又[集韻][韻會][正韻]𠀤皮命切音病[說文]作柄

【 오류정리 】

○康誤處 1; [逸雅釋牀(四字改爲釋名)]枰平也以板作其體平正也
●考證 ; 謹按枰平也二語出釋名今照原書將逸雅釋牀四字改爲釋名
◆整理 ; [逸雅釋牀(일아석상)은 釋名(석명)의] 착오.
◆訂正文 ; [釋名]枰平也以板作其體平正也
▶【738-1】 字解誤謬與否 ; [逸雅釋牀(四字改爲釋名)]枰平也以板作其體平正也 [逸雅釋牀(四字改爲釋名)]
★이상과 같이 인용처(引用處)나 주소(註疏)의 오류(誤謬)를 수정(修訂)을 한다 하여도 자전상(字典上)의 평(枰)의 본의(本義)에는 영향이 미치지 않음.

○康誤處 2; [揚子方言](增所以二字)投博謂之枰
●考證 ; 謹照原文投博上增所以二字
◆整理 ; [揚子方言(양자방언)] 所以(소이) 二字(이자)를 이에 덧붙임. 投博謂之枰(투박위지평)
◆訂正文 ; [揚子方言]所以投博謂之枰
▶【739-2】 字解誤謬與否 ; [揚子方言](增所以二字)投博謂之枰 [(增所以二字)投博]
★이상과 같이 오류(誤謬) 수정(修訂)이 된다 하여도 박국(博局; 도박(賭博) 도박장(賭博場) 도박판(賭博板)) 전제(前提)되어 있으니 소이(所以; 그러니. 그러니까. 소이. 이유. 까닭)는 자전상(字典上) 평(枰)의 본의(本義)에는 영향이 미치지 않음.

⑩枳(지)[唐韻][廣韻][類篇][韻會][正韻]𠀤諸氏切音紙木名枳也[說文]木似橘[徐曰]卽藥家枳殼也[周禮冬官考工記]橘踰淮而化爲枳 又木高多刺可爲籬落[張衡西京賦]楷枳落突棘藩 又[博雅]枳股也 又[小爾雅]枳害也[孔叢子刑論]率過以小罪謂之枳 又與軹通地名一在巴郡一在魏地 又[集韻]頸爾切[韻會]居紙切𠀤音泜義同 又[集韻]擧綺切[韻會]居矣切𠀤音己枳椇又一名白石李 又[集韻]章移切音支[爾雅釋蟲]枳首蛇歧蛇也 又翹移切音岐義同

【 오류정리 】

○康誤處 1; [周禮冬官考工記]橘踰淮而化(改北)爲枳
●考證 ; 謹照原文化改北
◆整理 ; [周禮冬官考工記(주례동관고공기)]의 化(화)는 北(북)의 착오.
◆訂正文 ; [周禮冬官考工記]橘踰淮

而北爲枳

▶【740-1】字解誤謬與否；[周禮冬官考工記]橘踰淮而化(改北)爲枳[化(改北)]

★이상과 같이 오류(誤謬) 수정(修訂)이 된다 하여도 북(北; 북쪽. 북녘. 패배하다)은 자전상(字典上) 지(枳)의 본의(本義)에는 영향이 미치지 않음.

⟨康⟩架(가)[唐韻]古訝切[集韻][正韻]居迓切[韻會]居訝切𠀤音駕[類篇]與椵同亦作枒枻也所以擧物　又衣架也[爾雅釋器疏]凡以竿爲衣架者多𦀾　又[正韻]屋架也[儀禮少宰饋食註]大夫士廟皆兩下五架　又[廣韻]擧閣也　又[韻會]棚也　又以架架物[詩周南鄭箋]鵲作巢冬至架之至春乃成

【 오류정리 】

○康誤處 1；[爾雅釋器疏]凡以竿爲衣架者多(改名)𦀾

●考證；謹照原文多改名

◆整理；[爾雅釋器疏(이아석기소)]의 多(다)는 名(명)의 착오임.

◆訂正文；[爾雅釋器疏]凡以竿爲衣架者名𦀾

▶【741-1】字解誤謬與否；[爾雅釋器疏]凡以竿爲衣架者多(改名)𦀾[多(改名)]

★이상과 같이 오류(誤謬) 수정(修訂)이 되면 의가자명이(衣架者名𦀾; 옷걸이의 이름은 횃대다)로 고쳐지니 명(名; 이름)은 자전상(字典上)가(架)의 본의(本義)에 영향이 미치지 않음.

○康誤處 2；[儀禮少宰(改少牢)饋食註]

●考證；謹照原文少宰改少牢

◆整理；[儀禮(의례) 少宰(소재)는 少牢(소뢰)의 착오. 饋食註(궤식주)]

◆訂正文；[儀禮少牢饋食註]

▶【742-2】字解誤謬與否；[儀禮少宰(改少牢)饋食註]　[少宰(改少牢)]

★이상과 같이 인용처(引用處)나 주소(註疏)의 오류(誤謬)를 수정(修訂)을 한다 하여도 자전상(字典上)의 가(架)의 본의(本義)에는 영향이 미치지 않음.

⟨康⟩枸(구)[唐韻][韻會]俱羽切[集韻]果羽切[正韻]居許切𠀤音矩[說文]木名[詩小雅]南山有枸[陸璣草木疏]枸樹高大如白楊子長數寸噉之甘美如飴蜀以爲醬亦書作蒟　又[正韻]忌遇切義同　又[唐韻][集韻]古厚切[韻會][正韻]擧后切𠀤音苟[爾雅釋木]枸檵[註]今枸杞也[疏]一名苦杞一名地骨服之輕身益氣　又[集韻][類篇][韻會]𠀤居侯切音鉤[宋玉風賦]枳枸來巢[李善註]枸曲也似橘屈曲也[本草]枸橘一名楮橙人家多種爲藩籬　又[集韻]恭于切[韻會]擧朱切𠀤音拘[方言]枸簍車弓也自關而西謂之枸簍　又[韻會]權俱切音劬[山海經]下有九枸[郭註]盤錯也　又斷木見株字註

【 오류정리 】

○康誤處 1；[(增揚子)方言]枸簍車弓也(改作車枸簍)

●考證；謹照原文方言上增揚子二字枸簍車弓也改作車枸簍

◆整理；[揚子(양자)를 덧붙이고 方言(방언) 枸簍車弓也(구루거궁야)는 車枸簍(거구루)로 고침.

◆訂正文；[揚子方言]車枸簍

▶【743-1】字解誤謬與否；[(增揚子)方言]枸簍車弓也(改作車枸簍)[(增揚子)方言][枸簍車弓也(改作車枸簍)]

★이상과 같이 인용처(引用處)나 주

소(註疏)의 오류(誤謬)를 수정(修訂)을 한다 하여도 자전상(字典上)의 구(枸)의 본의(本義)에는 영향이 미치지 않으나 거구루(車枸簍)로 고쳐지면 구루(枸簍; 車弓) 거궁(車弓)이란 "수레덮개 살"이란 의미이니 자전상(字典上)의 구(枸)의 본의(本義)에는 영향이 미치게 됨.

㊗枹(포)[唐韻]防無切音夫[說文]擊鼓杖也[左傳成二年]左執轡右援枹而鼓馬逸不能止[管子大匡篇]介曹執枹立于軍門 又[集韻][韻會][正韻]𡭙芳無切音敷又[集韻][類篇][韻會]房尤切[正韻]房鳩切𡭙音浮義𡭙同 又草名[爾雅釋草]楊枹薊[郭註]音孚[集韻]敷浮二音 又[韻會]班交切音包[爾雅釋木]樸枹者[註]樸屬叢生爲枹又他結切音鐵[史記武帝紀]枹罕[註]金城縣名

【 오류정리 】

○康誤處 1; [左傳成二年]左執(改幷)轡

●考證 ; 謹照原文執改幷

◆整理 ; [左傳成二年(좌전성이년)]執(집)은 幷(병)의 착오.

◆訂正文 ; [左傳成二年]左幷轡

▶【744-1】 字解誤謬與否 ; [左傳成二年]左執(改幷)轡 [執(改幷)]

★이상과 같이 오류(誤謬) 수정(修訂)이 된다 하여도 좌병비(左幷轡; 외편에는 말고삐 나란히 하고) 자전상(字典上) 포(枹)의 본의(本義)에는 영향이 미치지 않음.

○康誤處 2; [管子大匡(改小匡)篇]介曹(改介冑)執枹立于軍門

●考證 ; 謹照原文大匡改小匡介曹改介冑

◆整理 ; [管子(관자)의 大匡(대광)은 小匡(소광), 篇(편)]介曹(개조)는 介冑(개주)의 착오.

◆訂正文 ; [管子小匡篇]介冑執枹立于軍門

▶【745-2】 字解誤謬與否 ; [管子大匡(改小匡)篇]介曹(改介冑)執枹立于軍門 [介曹(改介冑)]

★이상과 같이 인용처(引用處)나 주소(註疏)등과 개주(介冑; 갑옷과 투구)로 오류(誤謬)를 수정(修訂)을 한다하여도 자전상(字典上)의 구(枸)의 본의(本義)에는 영향이 미치지 않음

○康誤處 3; [爾雅釋草]楊枹薊[郭註(改釋文)]音孚

●考證 ; 謹照原文郭註改釋文

◆整理 ; [爾雅釋草(이아석초)]의 [郭註(곽주)는 釋文(석문)의] 착오.

◆訂正文 ; [爾雅釋草]楊枹薊[釋文]音孚

▶【746-3】 字解誤謬與否 ; [爾雅釋草]楊枹薊[郭註(改釋文)]音孚 [郭註(改釋文)]

★이상과 같이 인용처(引用處)나 주소(註疏)의 오류(誤謬)를 수정(修訂)을 한다 하여도 자전상(字典上)의 구(枸)의 본의(本義)에는 영향이 미치지 않음.

○康誤處 4; 又他結切音鐵[史記武帝紀]枹罕[註]金城縣名(改又縣名前漢武帝紀枹罕註音鈇金城之縣也又按漢書註音鈇與音敷相近謹移於敷浮二音之下)

●考證 ; 謹按玉篇廣韻集韻類篇韻會枹字均無他結切之音史記武帝紀亦無枹罕之文惟漢書有之謹改又縣名前漢武帝紀枹罕註音鈇金城之縣也又按漢書註音鈇與音敷相近謹移於敷浮二音之下

◆整理 ; 又他結切音鐵(우타결절음

철) [史記武帝紀(사기무제기)] 枹罕(포한) [註(주)] 金城縣名(금성현명)을, 又縣名(우현명) [前漢武帝紀(전한무제기)] 枹罕(포한) [註(주)] 音鈇金城之縣也(음부금성지현야)로 고침. 우안(又按)이하 [漢書註] 音鈇與音敷相近謹移於敷浮는 [집운(集韻)] 부부이음(敷浮二音) 밑에 붙임.

◆訂正文 ; 又縣名 [前漢武帝紀] 枹罕 [註] 音鈇金城之縣也 [集韻] 敷浮二音 又按 [漢書註] 音鈇與音敷相近謹移於敷浮

▶【747-4】 字解誤謬與否 ; 又他結切音鐵 [史記武帝紀] 枹罕 [註] 金城縣名(改又縣名 [前漢武帝紀] 枹罕 [註] 音鈇金城之縣也又按 [漢書註] 音鈇與音敷相近謹移於敷浮二音之下)

★이상과 같이 인용처(引用處)나 주소(註疏) 등(等)의 오류(誤謬)를 수정(修訂)을 한다 하여도 자전상(字典上)의 포(枹)의 본의(本義)에는 영향이 미치지 않으며, 포한(枹罕; 금성현(金城縣))은 현명(縣名)으로 포(枹)의 본의(本義)에 적극 영향이 미치게 됨.

⊛柍(영) [集韻] [韻會] [正韻] 𡉴於驚切音英 [說文] 梅也 [爾雅釋木] 時英梅 [郭註] 雀梅也 又 [類篇] 杏也 又 [說文] 江南橦邨其實謂之柍 又 [韻會] 於良切音央 [揚雄甘泉賦] 日月纔經于柍桭 [李善註] 柍中央也 又 [廣韻] 於兩切音鞅義同 又木名 [張衡南都賦] 柍柘檍檀 又 [類篇] 於浪切 [馬融長笛賦] 瞋菌碨柍 [李善註] 鬱積競出之貌 又 [集韻] 於朗切音盎義同 又 [集韻] [類篇] 於亮切音快 [博雅] 杖也一日打穀具 [方言] 齊楚江淮之閒謂之柍

【 오류정리 】
○康誤處 1; [說文] 江南橦邨(改材)

●考證 ; 謹照原文邨改材
◆整理 ; [說文(설문)]의 邨(촌)은 材(재)의 착오.
◆訂正文 ; [說文] 江南橦材
▶【748-1】 字解誤謬與否 ; [說文] 江南橦邨(改材) [邨(改材)]
★이상과 같이 오류(誤謬) 수정(修訂)이 되면 동재(橦材; 목면나무 재목)으로 변하니 자전상(字典上) 영(柍)의 본의(本義)에 영향이 적극 미치게 됨.

⊛染(염) [唐韻] [集韻] [韻會] [正韻] 𡉴而琰切音冉 [說文] 以繒綵爲色从水杂聲徐鍇引裴光遠云从水水者所以染从水水者桅茜之屬从九九者染之數也 [周禮天官] 染人掌染帛 [爾雅釋器] 一染謂之縓再染謂之赤三染謂之纁 又柔貌 [詩小雅] 荏染柔水 又 [博雅] 染耦和諧也 又姓 [姓譜] 晉染閔五代染于 又 [唐韻] [集韻] [韻會] [正韻] 𡉴而豔切冉去聲汚也漬也 [書胤征] 舊染汚俗咸與維新 [韻會] 周禮染人有上去二音 从九會意俗从九非○按說文收水部今誤入

【 오류정리 】
○康誤處 1; 再染謂之赤(改赬)
●考證 ; 謹照爾雅原文赤改赬
◆整理 ; 再染謂之(재염위지) 赤(적)은 赬(정)의 착오.
◆訂正文 ; 再染謂之赬
▶【749-1】 字解誤謬與否 ; 再染謂之赤(改赬) [赤(改赬)]
★이상과 같이 오류(誤謬) 수정(修訂)이 되면 정(赬; 길상(吉祥))으로 바뀌는데 자전상(字典上) 염(染)의 본의(本義)와는 관련이 없음.

⊛柚(유) [唐韻] [集韻] [韻會] 余救切 [正韻] 爰救切𡉴音右 [說文] 與櫾同條也 [書禹貢] 厥包橘柚 [傳] 大曰橘小曰

柚[爾雅釋木]柚條[註]似橙而酢[呂覽本味篇]果之美者有雲夢之柚[埤雅]卽詩秦風有條者是也　又[玉篇]羊宙切音茂義同　又[唐韻][正韻]直六切[集韻]佇六切[韻會]仲六切**杰**音逐杼織具也杼受經柚受緯通作軸　又[集韻]夷周切音由橙屬　又柚梧竹名

【 오류정리 】

○康誤處 1;[書禹貢]厥包橘柚[傳]大曰橘小曰柚(改小曰橘大曰柚)

●考證 ; 謹照原文改小曰橘大曰柚

◆整理 ; [書禹貢(서우공)] [傳(전)]의 大曰橘小曰柚(대왈귤소왈유)는 小曰橘大曰柚(소왈귤대왈유)의 착오.

◆[訂正文] ; [書禹貢]厥包橘柚[傳]小曰橘大曰柚

▶【750-1】 字解誤謬與否 ; [書禹貢]厥包橘柚[傳]大曰橘小曰柚(改小曰橘大曰柚) [大曰橘小曰柚(改小曰橘大曰柚)]

★이상과 같이 오류(誤謬) 수정(修訂)이 된다 하여도 대소(大小) 관계가 변할뿐 유(柚; 유자나무) 부동이니 자전상(字典上) 유(柚)의 본의(本義)에는 영향이 미치지 않음.

⑱ 柤(사)[唐韻]側加切[集韻][韻會][正韻]莊加切**杰**詐平聲[說文]木閑也[徐曰]柤之言阻也[博雅]距也　又[廣韻]同櫨似梨而酸[爾雅釋木]柤梨曰攢之[山海經]洞庭之山其木多柤　又地名[春秋襄十年]會吳于柤　又[集韻]鉏加切音槎[博雅]隕也　又[集韻]臻於切音菹以木爲闌　又壯所切同俎

【 오류정리 】

○康誤處 1;[爾雅釋木]柤(改櫨)梨曰攢(改鑽)之

●考證 ; 謹照原文攢改鑽

※筆者謹按爾雅註疏原本 ; [爾雅釋木]櫨梨曰鑽之[註]櫨似梨[疏]櫨梨曰鑽之者恐有蟲故一一鑽看其蟲孔也 [說文]木名與柤同

◆整理 ; [爾雅釋木(이아석목)]의 柤(사)는 櫨(사), 攢(찬)은 鑽(찬)의 착오.

◆[訂正文] ; [爾雅釋木]櫨梨曰鑽之

▶【751-1】 字解誤謬與否 ; [爾雅釋木]柤(改櫨)梨曰攢(改鑽)之 [攢(改鑽)]

★이상과 같이 오류(誤謬) 수정(修訂)이 이뤄진다 하여도 ○사(櫨; 풀명자나무) ○찬(鑽; 뚫다. 깊이 연구하다. 아첨하다)에서 사(櫨) 나무이름에서는 사(柤)와 동자(同字)이니 자전상(字典上) 사(柤)의 본의(本義)에 영향이 미치게 됨.

⑱ 柮(돌)[集韻]女滑切音豽[說文]斷也　又[集韻]女律切音豽義同　又[韻會][正韻]當沒切音咄榾柮木頭　又[廣韻]藏活切[集韻]攢活切**杰**音梓柱端木　又[類篇]五忽切音兀樹無枝也

【 오류정리 】

○康誤處 1;[廣韻]藏活切[集韻]攢活切**杰**音梓(改梓)

●考證 ; 謹按攢活切不得音梓梓乃梓之譌據類篇梓攢活切正與柮同音梓改梓

◆整理 ; [集韻(집운)] 梓(재)는 梓(졸)의 착오.

◆[訂正文] ; [廣韻]藏活切[集韻]攢活切**杰**音梓

▶【752-1】 字解誤謬與否 ; [廣韻]藏活切[集韻]攢活切**杰**音梓(改梓) [梓(改梓)]

★이상과 같이 음(音)의 오류(誤謬)를 수정(修訂)을 한다 하여도 자전상(字典上)의 돌(柮)의 본의(本義)에는 영향이 미치지 않음.

⑱柯(가)[唐韻]古俄切[集韻][韻會][正韻]居何切𠀤音歌[說文]斧柄也[詩豳風]伐柯伐柯其則不遠[周禮冬官考工記]柯長三尺　又[倉頡篇]柯屬檜梢也　又[爾雅釋詁]柯法也　又枝也[謝靈運鄰中集詩]傾柯引弱枝　又草莖也[張衡西京賦]濯靈芝以朱柯　又[方言]盂謂之柯　又木名[廣志]柯木出廣南山谷閒波斯家用爲船舫　又齊地名[春秋莊十三年]公會齊侯于柯　又姓[韻會]吳公子柯隆之後　又叶于希切音衣[黃庭經]丹靑紫條翠靈柯七蕤玉籥閑兩扉

【 오류정리 】

○康誤處 1;[春秋莊十三年]公會齊侯(增盟字)于柯

●考證；謹照原文于柯上增盟字

◆整理；[春秋莊十三年(춘추장십삼년)]公會齊侯(공회제후)에 이어서 盟字(맹자)를 덧붙임. 于柯(우가)

◆訂正文；[春秋莊十三年]公會齊侯盟于柯

▶【753-1】 字解誤謬與否；[春秋莊十三年]公會齊侯(增盟字)于柯 [(增盟字)于柯]

★이상과 같이 오류(誤謬) 수정(修訂)이 된다 하여도 맹우(盟于; 맹서하다)는 자전상(字典上) 가(柯)의 본의(本義)에는 영향이 미치지 않음.

⑱柲(비)[唐韻][韻會]𠀤兵媚切音祕柲攢也[廣韻]戟柄[周禮冬官考工記]戈柲六尺有六寸[左傳昭七年]君王命剝圭以爲鏚柲　又槃也[周禮冬官考工記]弓槃曰柲[詩秦風]竹閉緄縢作閟　又[廣雅]丘上有木曰柲丘　又[唐韻]卑吉切音必又[集韻]薄必切[正韻]薄密切𠀤音弼義𠀤同或作柲　又毗必切音邲偶也　又[廣韻]鄙密切音筆柄也　又[廣韻]蒲結切音蟞支柄

【 오류정리 】

○康誤處 1;[周禮冬官考工記]弓槃曰柲(改[儀禮旣夕記有柲註]弓槃也)

●考證；謹按考工記無弓槃曰柲之文今改儀禮旣夕記有柲註弓槃也

◆整理；[周禮冬官考工記(주례동관고공기)] 弓槃曰柲(궁경왈비)는 [儀禮旣夕記(의례기석기)] 有柲(유비) [註(주)] 弓槃也(궁경야)로 교체함.

◆訂正文；[儀禮旣夕記]有柲[註]弓槃也

▶【754-1】 字解誤謬與否；[周禮冬官考工記]弓槃曰柲(改[儀禮旣夕記有柲[註]弓槃也)

★이상과 같이 인용처(引用處)나 주소(註疏)의 오류(誤謬)를 수정(修訂)을 한다 하여도 자전상(字典上)의 비(柲)의 본의(本義)에는 영향이 미치지 않으며 또 궁경왈비(弓槃曰柲)가 유비[주]궁경야(有柲[註]弓槃也)로 자순(字順)이 바뀌었을 뿐 의미 변화는 특이하게 없어 본의(本義)에는 영향이 미치지 않음.

⑱柶(사)[唐韻][集韻][韻會]息利切[正韻]息漬切𠀤音四[說文]匕也[禮聘禮]宰夫實觶于醴加柶于觶[周禮漿人註]飮醴用柶者糟也不用柶者漿也　又角柶喪禮所用[禮喪大記註]以角爲之長六寸兩頭屈曲

【 오류정리 】

○康誤處 1;[禮聘禮]宰夫實觶于(改以)醴

●考證；謹照原文于改以

◆整理；[禮聘禮(예빙례)] 于(우)는 以(이)의 착오.

◆訂正文；[禮聘禮]宰夫實觶以醴

▶【755-1】 字解誤謬與否；[禮聘禮]宰夫實觶于(改以)醴 [于(改以)]

★이상과 같이 오류(誤謬) 수정(修訂)

이 된다 하여도 이(以; 개사(開詞).
…으로써. …를 가자고. …를 근거로.
접속사(接續詞)…에게…를 주다….를
하어. …를 함으로써….를 하기 위하
여)는 자전상(字典上) 사(枢)의 본의
(本義)에는 영향이 미치지 않음.

木部 六畫

康 栩(허)[唐韻]況羽切[集韻]丑呂
切[正韻]虛呂切𠫦音詡[說文]柔也其
實皂一曰樣[徐曰]皂斗謂之樣亦栗屬
也[詩唐風]集于苞栩[草木疏]今柞櫟
也徐州人謂櫟爲栩其子爲皂斗　又栩
栩喜貌[莊子齊物篇]夢爲蝴蝶栩栩然
蝶也　又[廣韻]王矩切音羽栩陽地名
【 오류정리 】
○康誤處 1; 𠫦音詡[說文]柔(改柔)也
●考證 ; 謹照原文柔改柔
◆整理 ; [說文(설문)] 柔(유)는 서
(柔)의 착오.
◆訂正文 ; 𠫦音詡[說文]柔也
▶【756-1】 字解誤謬與否 ; 𠫦音詡
[說文]柔(改柔)也　[柔(改柔)]
★이상과 같이 오류(誤謬) 수정(修訂)
이 되면 두(柔; 설문허야(說文栩也))
허(栩; 상수리나무)로 자전상(字典上)
허(栩)의 본의(本義)에 영향이 미치게
됨.

康 株(주)[唐韻]陟輸切[集韻][類
篇]鐘輸切[韻會]追輸切𠫦音邾[說文]
木根也徐曰在土曰根在土上曰邾[易困
卦]困于株木[王肅註]謂最處底下也
　又株枸斷木也[莊子達生篇]承蜩者
處身若橜株枸　又幹也[韓非子五蠹
篇]宋人守株冀復得兔　又木身也[蜀
志諸葛表]成都有桑八百株　又與誅通
[釋名]罪及餘人曰誅誅株也如株木根
枝葉盡落也　又[類篇]株儒短柱也
又柱離亦作侏離樂名[史記樂書]四夷

之樂東方曰韎南方曰任西方曰株離
北方曰禁　又株林邑名[詩陳風]胡爲
乎株林　又[正韻]專於切音朱義同
　又[集韻][類篇]𠫦鱅珠切音殊株㮡
木名可爲車輞　又同駐[釋名]駐株也
株木不動也
【 오류정리 】
○康誤處 1;[說文]木根也徐曰在土曰
根在土上曰邾(改株)
●考證 ; 謹照原文邾改株
◆整理 ; [說文(설문)]의 邾(주)는 株
(주)의 착오.
◆訂正文 ; [說文]木根也徐曰在土曰
根在土上曰株
▶【757-1】 字解誤謬與否 ; [說文]
木根也徐曰在土曰根在土上曰邾(改株)
[邾(改株)]
★이상과 같이 오류(誤謬) 수정(修訂)
이 된다면 주(株; 그루. 포기)인데 자
전상(字典上) 주(株)의 본의(本義)에
적극 영향이 미침.

康 栫(천)[唐韻][集韻][類篇]𠫦徂
悶切音鐏[說文]以柴木雝水亦木名
又[唐韻][正韻]在甸切[集韻][韻會]
才殿切𠫦音荐捕魚具[郭璞江賦]涔澝
爲涔見樧註　又[博雅]地籬也[廣韻]
圍也[左傳襄十年]囚諸樓臺栫之以棘
又司馬光曰栫徂門切音存今集韻不收
【 오류정리 】
○康誤處 1;[郭璞江賦]涔(改栫)澝爲
涔
●考證 ; 謹照原文涔改栫
◆整理 ; [郭璞江賦(곽박강부)]의 涔
(천)은 栫(천)의 착오.
◆訂正文 ; [郭璞江賦]栫)澝爲涔
▶【758-1】 字解誤謬與否 ; [郭璞
江賦]涔(改栫)澝爲涔　[涔(改栫)]
★이상과 같이 오류(誤謬) 수정(修訂)
이 되면 천(栫; 어살)로 바뀌나 자전

(字典)에도 심(樳; 어살)을 제시되어 있으니 오자(誤字) 수정(修訂)이라는 의미라 하더라도 자전상(字典上) 천(栫)의 본의(本義)에 간접적 영향이 미치게 됨.

○康誤處 2; [左傳襄十年(改哀八年)]囚諸樓臺栫之以棘

●考證 ; 謹照原文襄十年改哀八年

◆整理 ; [左傳(좌전)]의 襄十年(양십년)은 哀八年(애팔년)의] 착오.

◆訂正文 ; [左傳哀八年]囚諸樓臺栫之以棘

▶【759-1】 字解誤謬與否 ; [左傳襄十年(改哀八年)]囚諸樓臺栫之以棘 [襄十年(改哀八年)]

★이상과 같이 인용처(引用處)나 주소(註疏)의 오류(誤謬)를 수정(修訂)을 한다 하여도 자전상(字典上)의 천(栫)의 본의(本義)에는 영향이 미치지 않음.

康栱(공)[唐韻][正韻]居竦切[集韻][韻會]古勇切**夶**音拱大杙也[爾雅釋宮]杙大者爲栱小者爲閣 又栱斗柱頭科栱也 又[集韻]渠容切音蛩義同

【 오류정리 】

○康誤處 1; [爾雅釋宮]杙大者爲栱小者爲閣(改杙大者謂之栱長者謂之閣)

●考證 ; 謹照原文改杙大者謂之栱長者謂之閣

◆整理 ; [爾雅釋宮(이아석궁)]의 杙大者爲栱(익대자위공)과 小者爲閣(소자위합)는 杙大者謂之栱(익대자위지공)과 長者謂之閣(장자위지각)의 착오.

◆訂正文 ; [爾雅釋宮]杙大者謂之栱長者謂之閣

▶【760-1】 字解誤謬與否 ; [爾雅釋宮]杙大者爲栱小者爲閣(改杙大者謂

之栱長者謂之閣) [杙大者爲栱小者爲閣(改杙大者謂之栱長者謂之閣)]

★이상과 같이 오류(誤謬) 수정(修訂)이 되면 익(杙; 말뚝) 대자위지공(大者謂之栱; 큰 말뚝을 공이라 한다)의 자의(字義)로 수정(修訂)되어 자전상(字典上) 공(栱)의 본의(本義)에 직접 영향이 미치게 됨.

康核(핵)[唐韻][集韻][韻會]**夶**下革切音覈果中核也[爾雅釋木]桃李醜核[禮曲禮]賜果于君前其有核者懷其核又[玉藻]食棗桃李弗致于核 又邊實曰核豆實曰殽[詩小雅]殽核維旅[申傳]非穀實而食之曰殽核 又通覈[周禮地官大司徒]三曰丘陵其植物宜覈物[註]覈李梅之屬 又剋核[莊子人閒世]剋核太甚則必有不肖之心應之 又綜核[前漢宣帝紀]綜核名實 又看覈與殽核同[班固典引]斟酌道德之淵源看覈仁義之林藪 又[正韻]胡德切音劾義同 又[集韻][正韻]**夶**胡骨切覈入聲果核也 又[說文]古哀切[集韻]柯開切**夶**音陔[說文]蠻夷以木皮爲篋狀如籄尊 又[集韻][正韻]**夶**居諧切音皆義同 又根核也 又口漑切音慨檻也 又戶代切音恢義同

【 오류정리 】

○康誤處 1; [詩小雅]殽核維旅[申傳]非穀實而食之曰殽核(改傳核加籩也箋桃梅之屬)

●考證 ; 謹按鄭箋非穀而食之曰殽無核字今改傳核加籩也箋桃梅之屬

◆整理 ; [詩小雅(시소아)]殽核維旅(효핵유여)[申傳(신전)]非穀實而食之曰殽核(비곡실이식지왈효핵)은 [傳(전)] 核加籩也(핵가변야) [箋(전)] 桃梅之屬(도매지속)이라 고침.

◆訂正文 ; [詩·小雅]殽核維旅傳核加籩也箋桃梅之屬。

▶【761-1】 字解誤謬與否 ; [詩小雅]殽核維旅[申傳]非穀實而食之曰殽核(改傳核加籩也箋桃梅之屬) [[申傳]非穀實而食之曰殽核(改傳核加籩也箋桃梅之屬)]

★이상과 같이 오류(誤謬) 수정(修訂)이 되면 ○핵가변야(核加籩也; 대오리를 결여 만든 제기에 씨 있는 과일을 담아 올린다) ○도매지속(桃梅之屬; 복숭아와 매실에 속한 것) [爾雅釋木]桃李醜核[禮曲禮]賜果于君前其有核者懷其核又[玉藻]食棗桃李弗致于核 又籩實曰核豆實曰殽[詩小雅殽核維旅傳核加籩也箋桃梅之屬 인데 자전상(字典上) 핵(核)의 본의(本義)에 적극 영향이 미치게 됨.

㊗根(근)[唐韻][集韻][韻會][正韻]𠀤古痕切音跟[說文]木株也[左傳隱六年]農夫之去草絶其本根勿使能植 又[廣韻]根柢也[老子道德經]重爲輕根[管子地形篇]地者萬物之本原諸生之根菀 又[博雅]始也 又天根氏星也[左傳桓十四年]天根見而水涸 又金根車名[後漢輿服志]天子車金根 又門之鋪首銅鍰曰倉琅根[前漢五行志]木名倉琅根 又竹根杯名[晉庾信報惠酒詩]山杯捧竹根 又雲根山名[宋孝武登作樂山詩]積水溺雲根 又姓[姓苑]周人根牟子善著書 又叶經天切音堅[三略軍讖]侵侮下民國內譁諠臣蔽不言是謂亂根

【 오류정리 】

○康誤處 1; 勿使能植(改殖)

●考證 ; 謹照左傳原文植改殖

◆整理 ; 勿使能(물사능) 植(식)은 殖(식)의 착오.

◈訂正文 ; 勿使能殖

▶【762-1】 字解誤謬與否 ; 勿使能植(改殖) [植(改殖)]

★이상과 같이 오류(誤謬) 수정(修訂)이 된다 하여도 능식(能殖; 잘 번식하다)은 자전상(字典上) 근(根)의 본의(本義)에는 영향이 미치지 않음.

○康誤處 2; 天根氏星也[左傳桓十四年]天根見而水涸(改天根星也周語天根見而水涸註亢氐之間)

●考證 ; 謹按左傳無天根見而水涸之語查係周語今據改天根星也周語天根見而水涸註亢氐之間

◆整理 ; 天根氏星也(천근저성야) [左傳桓十四年(좌전환십사년)]天根見而水涸(천근견이수후)는 天根星也(천근성야) [周語(주어)] 天根見而水涸(천근견이수후) [註(주)] 亢氐之間(항저지간)으로 고침.

◈訂正文 ; 天根星也[周語]天根見而水涸[註]亢氐之間

▶【763-2】 字解誤謬與否 ; 天根氐星也[左傳桓十四年]天根見而水涸(改天根星也周語天根見而水涸註亢氐之間)

★이상과 같이 오류(誤謬) 수정(修訂)이 된다 하여도 ○항(亢; 항수(亢宿) 별자리의 하나)과 ○저(氐; 저수(氐宿). 별자리 이름. 28 수(宿) 중의 하나인 현재의 천칭(天秤) 자리임)의 ○지간(之間; 사이)은 자전상(字典上) 근(根)의 본의(本義)에는 영향이 미치지 않음.

○康誤處 3; [前漢五行志]木名(改門)倉琅根

●考證 ; 謹照原文名改門

◆整理 ; [前漢五行志(전한오행지)]木(목) 名(명)은 門(문)의 착오.

◈訂正文 ; [前漢五行志]木門倉琅根

▶【764-1】 字解誤謬與否 ; [前漢五行志]木名(改門)倉琅根 [名(改門)]

★이상과 같이 오류(誤謬) 수정(修訂)이 되면 목문(木門; 나무로 짠 문)이 되는데 이로는 자전상(字典上) 근(根)의 본의(本義)에 영향이 미치지 않음.

㉿格(격)[唐韻]古柏切[集韻][韻會][正韻]各額切𡘋音隔[說文]木長貌[徐曰]樹高長枝爲格 又至也[書堯典]格于上下 又來也[書舜典]帝曰格汝舜 又感通[書說命]格于皇天 又變革也[書益稷謨]格則承之庸之 又格窮究也窮之而得亦曰格[大學]致知在格物又物格而後知至 又法式[禮緇衣]言有物而行有格也又正也[書冏命]繩愆糾繆格其非心 又登也[書呂刑]皆聽朕言庶有格命[疏]格命謂登壽考者 又牴牾曰格[周語]穀洛鬭韋昭云二水格 又頑梗不服也[荀子議兵篇]服者不禽格者不赦 又敇也[詩魯頌]在泮獻馘[鄭箋]馘謂所格者之左耳 又舉持物也[爾雅釋訓]格格舉也 又庋格也凡書架肉架皆曰格[周禮牛人註]挂肉格 又敵也[史記張儀傳]驅羣羊攻猛虎不格明矣 又[爾雅釋天]太歲在寅曰攝提格 又[爾雅釋詁]格陞也[方言]齊魯曰驀梁益曰格 又標準也[後漢博弈傳]朝廷重其方格 又格例[唐書裴光庭傳]吏部求人不以資考爲限所獎拔惟其才光庭懲之乃爲循資格 又[廣韻]度也量也 又姓[統譜]漢格班 又[唐韻]古落切[集韻][韻會][正韻]葛鶴切𡘋音各樹枝也 又廢格阻格也[前漢梁孝王傳]哀盎有所關說大后議格 又格五角戲也[前漢吾丘壽王傳]以善格五召待詔 又杙也亦以杙格獸也[莊子胠篋篇]削格羅落罝罘之知多則獸亂于澤[左思吳都賦]峭格周施 又扞格不相入也[禮學記]發然後禁則扞格而不勝[註]格胡客反 又[集韻][韻會]歷各切音洛籬落

也[前漢鼂錯傳]謂之虎落[揚雄羽獵賦]謂之虎路通作格 又[類篇]曷各切音鶴格澤妖星也見[史記天官書]

【 오류정리 】

○康誤處 1;[書冏(改冏)命]繩愆糾繆(改謬)

●考證 ; 謹照原文冏改冏繆改謬

◆整理 ; [書(서) 冏(경)은 冏(경)의 착오임. 命(명)] 繆(무)는 謬(류)의 착오.

◆訂正文 ; [書冏命]繩愆糾謬

▶【765-1】 字解誤謬與否 ; [書冏(改冏)命]繩愆糾繆(改謬) [冏(改冏)] [繆(改謬)]

★이상과 같이 인용처(引用處)나 주소(註疏) 등(等)의 오류(誤謬)를 수정(修訂)을 한다 하여도 자전상(字典上)의 격(格)의 본의(本義)에는 영향이 미치지 않으나 규류(糾謬; 오류를 바로잡다)는 본의(本義)에 영향이 직접적으로 미치게 됨.

㉿桀(걸)[唐韻]渠列切[集韻]巨列切𡘋音傑磔也周禮謂磔爲䃐辜古人稱桀黠者其凶暴若磔也 又[諡法]賊人多殺曰桀 又擔也[左傳成二年]齊高國桀石以投人 又借爲儁桀字[辨名記]千人曰英萬人曰桀 又桔桀形貌[張衡西都賦]蒿甹桔桀 又雞棲杙也[詩王風]雞棲于桀古作榤俗作橛 又姓[姓苑]漢橛龍宋桀路分 又[集韻]其謁切音竭義同 又[韻會]巨列切[正韻]古屑切𡘋音結桀桀秀貌[詩齊風]維莠桀桀

【 오류정리 】

○康誤處 1;[左傳成二年]齊高國(改固)桀石以投人

●考證 ; 謹照原文國改固

◆整理 ; [左傳成二年(좌전성이년)]의

國(국)은 固(고)의 착오.

◆訂正文 ; [左傳成二年]齊高固桀石以投人

▶【766-1】 字解誤謬與否 ; [左傳成二年]齊高國(改固)桀石以投人 [國(改固)]

★이상과 같이 오류(誤謬) 수정(修訂)이 된다 하여도 고고(高固; 인명(人名) 춘추시대(春秋時代) 제인(齊人))는 자전상(字典上) 걸(桀)의 본의(本義)에는 영향이 미치지 않음.

○康誤處 2; [張衡西都(改京)賦]

●考證 ; 謹照原文都改京

◆整理 ; [張衡西(장형서) 都(도)는 京(경)의 착오. 賦(부)]

◆訂正文 ; [張衡西京賦]

▶【767-2】 字解誤謬與否 ; [張衡西都(改京)賦] [都(改京)]

★이상과 같이 인용처(引用處)나 주소(註疏)의 오류(誤謬)를 수정(修訂)을 한다 하여도 자전상(字典上)의 걸(桀)의 본의(本義)에는 영향이 미치지 않음.

㉕桁(항)[集韻][類篇][韻會][正韻]𣓑何庚切音衡[玉篇]屋桁屋横木也 又葬具[儀禮既夕]皆木桁久之[註]久當爲炙所以蓋也苞筲甕甒之屬以木桁塞其口也 又[唐韻]胡郎切[集韻][韻會]寒剛切[正韻]胡剛切𣓑音抗械也[類篇]木在足曰械大械曰桁[莊子在宥篇]桁楊相推刑獄相望 又與航同浮橋也[晉書溫嶠傳]嶠討王敦燒朱雀桁以挫其鋒 又[集韻][正韻]下浪切[韻會]合浪切𣓑航去聲橈也[古樂府東門行]還視桁上無懸衣

【 오류정리 】

○康誤處 1; [儀禮既夕]皆木桁久之[註]久當爲炙(改灸)所以蓋也

●考證 ; 謹照原文炙改灸

◆整理 ; [儀禮既夕(의례기석)]의 炙(적)은 灸(구)의 착오.

◆訂正文 ; [儀禮既夕]皆木桁久之[註]久當爲灸所以蓋也

▶【768-1】 字解誤謬與否 ; [儀禮既夕]皆木桁久之[註]久當爲炙(改灸)所以蓋也 [炙(改灸)]

★이상과 같이 오류(誤謬) 수정(修訂)이 된다 하여도 장구(葬具)를 논(論)한 단원(單元)으로서 구(灸; 뜸. 뜸질) 자전상(字典上) 항(桁)의 본의(本義)에는 영향이 미치지 않음.

㉕桃(도)[唐韻][集韻][韻會][正韻]𣓑徒刀切音陶[說文]果也[爾雅釋木]旄冬桃㮦山桃[禮月令]仲春桃始華[內則]桃曰膽之[疏]桃多毛拭治令青滑如膽又桃諸[王肅云]諸菹也今之藏桃也 又[典術]桃五木之精仙木也[禮檀弓]君臨臣喪以巫祝桃茢執戈[左傳昭四年]桃弧棘矢以除其災[後漢禮儀志]爲桃印施門戶以止惡氣 又含桃櫻桃也[爾雅]作楔 又桃氏攻金之工也[周禮冬官考工記]桃氏爲刃 又胡桃[名物志]謂之羌桃 又銚芅曰羊桃[爾雅釋草]萇楚銚芅 又桃枝竹名[爾雅釋草]桃枝四寸有節 又[本草]豬苓名地烏桃 又桃蟲鷦也一名巧婦[詩周頌]肇允彼桃蟲拚飛維鳥 又桃林地名在華山東[書武成]放牛桃林之野又老桃宋地[左傳隱十年]公會齊侯鄭伯于老桃 又水名[山海經]樂遊之山桃水出焉 又姓[姓苑]戰國桃應晉桃豹 又集韻他彫切音祧長枋可以持物于器中者 又[集韻]上與切音墅抒物器也 又[集韻]直紹切音趙與桃同[博雅]板也

【 오류정리 】

○康誤處 1; [爾雅]作楔(改爾雅謂之

楔)

●考證 ; 謹按含桃又名楔非字之通作也謹改爾雅謂之楔

◆整理 ; [爾雅(이아)] 作楔(작설)은 [爾雅(이아)] 謂之楔(위지설)의 착오.

◆訂正文 ; [爾雅]謂之楔

▶ 【769-1】 字解誤謬與否 ; [爾雅]作楔(改爾雅謂之楔)

★이상과 같이 오류(誤謬) 수정(修訂)이 되면 위지설(謂之楔; 문설주. 문짝을 끼워 달기 위하여 문의 양쪽에 세운 기둥) [爾雅釋宮]根謂之楔[註]門兩旁木枝即今府暑大門脱限者兩旁柱兩木于橛之端是也 쐐기)인데 자전상(字典上) 도(桃)의 본의(本義)에 영향이 미치지 않게 됨.

⊛康 桐(동)[唐韻][正韻]徒紅切[集韻][韻會]徒東切𡘋音同[說文]桐榮也[爾雅釋木]榮桐木[書禹貢]嶧陽孤桐[傳]嶧山特生之桐中琴瑟[詩鄘風]椅桐梓漆爰伐琴瑟[草木疏]分青白赤三種[陳翥桐譜]列六種紫桐白桐膏桐刺桐櫬桐梧桐　又[禮月令]仲春之月桐始華　又[遁甲書]梧桐可知月正閏歲生十二葉每邊六葉從下數一葉爲一月有閏則十三葉視葉小處則知閏何月立秋之日至期一葉先墜　又[博雅]桐痛也[儀禮喪服志]母喪削杖桐也　又空桐北荒地名[爾雅釋地]南戴日爲丹穴北戴斗極爲空桐　又桐過邑名[前漢地理志]屬定襄郡　又姓[姓苑]桐君著藥錄　又[集韻][類篇][韻會]他東切[正韻]佗紅切𡘋音通[類篇]輕脫貌[前漢武帝五子傳]無桐好逸　又[漢安世房中歌]桐生茂豫[顏師古曰]桐讀爲通言草木通達而生也　又[類篇]杜孔切音動[莊子讓王]自投桐水桐一作㓊司馬本作洞　又叶徒黃切音唐[史記龜筴傳]邦福重寶聞於旁鄉殺牛取革被鄭之

桐

○康誤處 1; [禮月令]仲(改季)春之月桐始華

●考證 ; 謹照原文仲改季

◆整理 ; [禮月令(예월령)] 仲(중)은 季(계)의 착오.

◆訂正文 ; [禮月令]季春之月桐始華

▶ 【770-1】 字解誤謬與否 ; [禮月令]仲(改季)春之月桐始華 [仲(改季)]

★이상과 같이 오류(誤謬) 수정(修訂)이 된다 하여도 계춘(季春; 음력 3월. 늦은 봄)인데 자전상(字典上) 동(桐)의 본의(本義)에는 영향이 미치지 않음.

⊛康 桑(상)[唐韻]息郎切[集韻][韻會][正韻]蘇郎切𡘋顙平聲[說文]蠶食葉[徐曰]叒音若日初出東方湯谷所登搏桑叒木也蠶所食神葉故加木叒下以別之[典術]桑箕星之精[詩幽風註疏]爰求柔桑釋桑也猗彼女桑黃桑也蠶月條桑枝落采其葉也[禮月令]季夏之月命野虞毋伐桑柘[註]愛蠶食也[史記貨殖傳]齊魯千畝桑麻其人與千戸侯等　又[周禮夏官司爟]變國火以救時疾[註]夏取桑柘之火　又檿桑山桑也絲中琴瑟絃[書禹貢]厥貢檿絲　又其材中弓幹[周禮冬官考工記]工人取幹之道柘爲上檿桑次之　又台桑地名啓所生處[楚辭天問]焉得嵞山氏女而通之于台桑　又空桑山名[呂氏春秋]伊尹生于空桑　又桑林樂名[左傳襄十年]宋公享魯侯于楚丘請以桑林　又桑扈鳥名[左傳襄四年]桑扈竊脂爲蠶驅雀者也　又姓[姓苑]秦大夫子桑之後漢桑弘羊桑楚又複姓桑丘庚桑

○康誤處 1; [禮月令]季夏(改春)之月命野虞毋伐桑柘
●考證 ; 謹照原文夏改春
◆整理 ; [禮月令(예월령)]季(계) 夏(하)는 春(춘)의 착오.
◆訂正文 ; [禮月令]季春)之月命野虞毋伐桑柘
▶【771-1】 字解誤謬與否 ; [禮月令]季夏(改春)之月命野虞毋伐桑柘 [夏(改春)]
★이상과 같이 오류(誤謬) 수정(修訂)이 된다 하여도 계춘(季春; 음력 3 월. 늦은 봄)인데 자전상(字典上) 상(桑)의 본의(本義)에는 영향이 미치지 않음.

○康誤處 2; [書禹貢]厥貢(改篚)檿絲
●考證 ; 謹照原文貢改篚
◆整理 ; [書禹貢(서우공)]厥(궐) 貢(공)은 篚(비)의 착오.
◆訂正文 ; [書禹貢]厥篚檿絲
▶【772-2】 字解誤謬與否 ; [書禹貢]厥貢(改篚)檿絲 [貢(改篚)]
★이상과 같이 오류(誤謬) 수정(修訂)이 되면 궐비염사(厥篚檿絲; 그들의 공물 바구니에는 산누에고치실이 담겨왔다)가 된다. 이 문단(文段)의 논점(論點)은 산상(山桑; 산뽕나무)이니 자전상(字典上) 상(桑)의 본의(本義)에 간접 영향이 미치게 됨.

○康誤處 3; [周禮冬官考工記]工人(改弓人)取幹之道柘爲上檿桑次之
●考證 ; 謹照原文工人改弓人
◆整理 ; [周禮冬官考工記(주례동관고공기)] 工人(공인)은 弓人(궁인)의 착오.
◆訂正文 ; [周禮冬官考工記]弓人取幹之道柘爲上檿桑次之
▶【773-3】 字解誤謬與否 ; [周禮冬官考工記]工人(改弓人)取幹之道柘

爲上檿桑次之 [工人(改弓人)]
★이상과 같이 오류(誤謬) 수정(修訂)이 된다 하여도 궁인(弓人; 주대(周代)의 관직명. 활을 만드는 匠人) 자전상(字典上) 상(桑)의 본의(本義)에는 영향이 미치지 않음.

○康誤處 4; [左傳襄四年]桑扈竊脂爲蠶驅雀者也(改左傳昭十七年九扈爲九農正註桑扈竊脂)
●考證 ; 謹按此係昭十七年傳註非襄四年傳文今據改左傳昭十七年九扈爲九農正註桑扈竊脂
◆整理 ; [左傳襄四年(좌전양사년)] 桑扈竊脂爲蠶驅雀者也(상호절지위잠구작자야)는 [左傳昭十七年(좌전소십칠년)] 九扈爲九農正(구호위구농정) [註(주)] 桑扈竊脂(상호절지)로 고침.
◆訂正文 ; [左傳昭十七年]九扈爲九農正 [註]桑扈竊脂
▶【774-4】 字解誤謬與否 ; [左傳襄四年]桑扈竊脂爲蠶驅雀者也(改左傳昭十七年九扈爲九農正註桑扈竊脂)
★이상과 같이 인용처(引用處)나 주소(註疏) 등(等)의 오류(誤謬)를 수정(修訂)을 한다 하게 되면 ○구호[九扈]아홉의 호씨 [춘호(春扈), 하호(夏扈), 추호(秋扈), 동호(冬扈), 극호(棘扈),행호(行扈), 소호(宵扈), 상호(桑扈), 노호(老扈)] 아홉개의 호씨는 ○구농[九農; 도(稻) 메기장(黍) 찰기장(稷)차조(秫) 보리(大麥) 밀(小麥) 깨(麻)콩(大豆) 팥(小豆)] 아홉 개의 농정벼슬하다. ○상호(桑扈; 콩새)와 ○절지(竊脂; 콩새) 중에서 상호(桑扈)는 자전상(字典上)의 상(桑)의 본의(本義)에 직접 영향이 미치게 됨.

康**桓**(환)[唐韻][集韻][韻會][正韻]𡘋胡官切音丸[說文]郵亭表也[徐曰]表雙立爲桓漢法亭表四角建大木貫

以方板名曰桓表縣所治兩邊各一[前漢尹賞傳]葬寺門桓東　又斲木如石碑四植謂之桓以下棺也[禮王制]三家視桓楹　又[周禮春官]公執桓圭　又桓桓武貌[書武成]尙桓桓[詩魯頌]桓桓于征　又盤桓難進貌[易屯卦]盤桓利居貞　又水名[書禹貢]西傾因桓是來　又[諡法]辟土服遠克敬勤民皆曰桓　又[方言]桓桓憂也　又木名[郭璞云]葉似柳子似楝[玉篇]皮黃白色[山海經]袟周之山木多桓　又[酉陽雜俎]無患木一名桓　又盤桓髻名[古今註]長安婦人好爲盤桓髻　又姓[姓苑]望出譙郡漢有桓榮　又叶敕倫切音櫄[漢高彪詩]古之君子卽戎忘身明其果毅尙其桓桓　又叶王權切音圓[陶潛歸去來辭]雲無心以出岫鳥倦飛而知還景翳翳以將入撫孤松以盤桓還音旋

【 오류정리 】

○康誤處 1; [禮王制(改檀弓)]三家視桓楹

●考證 ; 謹照原書王制改檀弓

◆整理 ; [禮(예)의 王制(왕제)는 檀弓(단궁)의] 착오.

◆訂正文 ; [禮檀弓]三家視桓楹

▶ 【775-1】 字解誤謬與否 ; [禮王制(改檀弓)]三家視桓楹 [王制(改檀弓)]

★이상과 같이 인용처(引用處)나 주소(註疏)의 오류(誤謬)를 수정(修訂)을 한다 하여도 자전상(字典上)의 환(桓)의 본의(本義)에는 영향이 미치지 않음.

○康誤處 2; [書武成(改牧誓)]尙桓桓

●考證 ; 謹照原書武成改牧誓

◆整理 ; [書(서)의 武成(무성)은 牧誓(목서)의] 착오.

◆訂正文 ; [書牧誓]尙桓桓

▶ 【776-2】 字解誤謬與否 ; [書武

成(改牧誓)]尙桓桓 [武成(改牧誓)]

★이상과 같이 인용처(引用處)나 주소(註疏)의 오류(誤謬)를 수정(修訂)을 한다 하여도 자전상(字典上)의 환(桓)의 본의(本義)에는 영향이 미치지 않음.

○康誤處 3; [方言]桓桓(省一桓字)憂也

●考證 ; 謹照原文省一桓字

◆整理 ; [方言(방언)] 桓桓(환환)의 두 桓字(환자) 중 桓字(환자) 한자(자)를 삭제 시킴.

◆訂正文 ; [方言]桓憂也

▶ 【777-3】 字解誤謬與否 ; [方言]桓桓(省一桓字)憂也 [桓桓(省一桓字)]

★이상과 같이 환자(桓字)를 삭제(削除)하게 되면 환우(桓憂; 환(桓)=우(憂)) 곧 환(桓)은 "근심"이다. 로 바르게 잡음이니 자전상(字典上) 환(桓)의 본의(本義)에 직접 영향이 미치게 됨.

木 部 七畫

桷(각)[唐韻]古岳切[集韻][韻會][正韻]訖岳切夶音角[說文]榱也椽方曰桷[揚子方言]周謂之榱齊魯謂之桷桷[釋名]桷确堅而直也[詩魯頌]松桷有舃[左傳莊二十四年]刻桓宮桷[穀梁傳]天子之桷斲之礱之加密石焉諸侯之桷斲之礱之大夫斲之　又平柯也[易漸卦]鴻漸于木或得其桷　又[博雅]槌也　又木名[南州記]都桷子生廣南山谷二月開花實大如雞卵　又通嶽[左傳昭四年]太嶽三塗[疏]引風俗通云嶽桷也桷考功德也　又叶盧谷切音祿[夏侯湛元鳥賦]銜泥結巢營居傳桷積一喙而不已終絫泥而成屋

【 오류정리 】

○康誤處 1; [左傳(改春秋)莊二十四年]刻桓宮桷

●考證 ; 謹照原文左傳改春秋

◆整理 ; [左傳(좌전)은 春秋(춘추)의 착오. 莊二十四年(장이십사년)]

◆訂正文 ; [春秋莊二十四年]刻桓宮桷

▶【778-1】 字解誤謬與否 ; [左傳(改春秋)莊二十四年]刻桓宮桷 [左傳(改春秋)]

★이상과 같이 인용처(引用處)나 주소(註疏)의 오류(誤謬)를 수정(修訂)을 한다 하여도 자전상(字典上)의 각(桷)의 본의(本義)에는 영향이 미치지 않음.

○康誤處 2; [穀梁傳]天子之桷斲之礱之(改礱之)加密石焉諸侯之桷斲之礱之(改礱之)

●考證 ; 謹照原文兩襲之𡴤改爲礱之

◆整理 ; [穀梁傳(곡량전)] 襲之(습지)는 礱之(롱지), 襲之(습지)는 礱之(롱지)의 착오.

◆訂正文 ; [穀梁傳]天子之桷斲之礱之加密石焉諸侯之桷斲之礱之

▶【779-2】 字解誤謬與否 ; [穀梁傳]天子之桷斲之襲之(改礱之)加密石焉諸侯之桷斲之襲之(改礱之) [襲之(改礱之)]) [襲之(改礱之)]

★이상과 같이 오류(誤謬) 수정(修訂)이 된다 하여도 롱지(礱之; 연자방아 찧다. 매갈이하다. 탈곡하다. 벼를 찧다)는 자전상(字典上) 각(桷)의 본의(本義)에는 영향이 미치지 않음.

○康誤處 3; [左傳昭四年]太嶽(改四嶽)三塗

●考證 ; 謹照原文太嶽改四嶽

◆整理 ; [左傳昭四年(좌전소사년)의] 太嶽(태악)은 四嶽(사악)의 착오.

◆訂正文 ; [左傳昭四年]四嶽三塗

▶【780-3】 字解誤謬與否 ; [左傳昭四年]太嶽(改四嶽)三塗 [太嶽(改四嶽)]

★이상과 같이 오류(誤謬) 수정(修訂)이 되면 사악[四嶽; 동악(東嶽) 타이산(泰山), 서악 화산(華山), 남악 헝산. 북악 항산(恒山)] 삼도(三塗; ① 부모(父母)가 생존(生存)했을 때 잘 봉양(奉養)하고, ②돌아간 후(後) 근신(謹愼)하여 상제(喪制) 노릇을 제대로 하고, ③제사(祭祀)를 정성껏(精誠–) 받드는 일)이나 이에서는 [풍속통(風俗通)]에서 운악각야(云嶽桷也)라 각고(桷考)는 공덕야(功德也)라 일렀으니 자전상(字典上) 각(桷)의 본의(本義)에는 영향이 미치지 않음.

㋣桹(랑)[廣韻]魯當切[集韻][韻會]盧當切[正韻]魯堂切𡴤音郎[說文]高木也或作榔[廣韻]桃桹木名屑之如麪可食[後漢夜郎傳]牂柯句叮縣有桃桹木可爲麪[註]木皮有毛如栟櫚木剛如鐵皮中有似擣稻米片又如麥麪中作餠餌[任昉述異記]出西蜀石門山 又枸桹木出廣州[左思吳都賦]栟櫚枸桹[註]其用與栟櫚同 又鳴桹以敺魚[潘岳西征賦]鳴桹厲響 又蟲名[爾雅釋蟲]桑桹卽蜻蛉

【 오류정리 】

○康誤處 1; [後漢夜郎傳]牂柯句叮(改町)縣

●考證 ; 謹照原文叮改町

◆整理 ; [後漢夜郎傳(후한야랑전)] 叮(정)은 町(정)의 착오. 縣(현)

◆訂正文 ; [後漢夜郎傳]牂柯句叮町縣

▶【781-1】 字解誤謬與否 ; [後漢夜郎傳]牂柯句叮(改町)縣 [叮(改町)]

★이상과 같이 오류(誤謬) 수정(修訂)

이 된다 하여도 구정현(句町縣; 장가군(牂牁郡)에 속한 현명(縣名))이니 자전상(字典上) 랑(粮)의본의(本義)에는 영향이 미치지 않음.

㊞康 梁(량)[唐韻][集韻][韻會]呂張切[正韻]龍張切𠀤音良[說文]水橋也[禮月令]孟冬謹關梁[詩大雅]造舟爲梁[爾雅釋地]梁莫大于溴梁　又石絶水爲梁[詩衛風]在彼淇梁[禮王制]獺祭魚然後虞人入澤梁　又魚梁水堰也堰水爲關空承之以笱以捕魚梁之曲者曰罶[詩小雅]敝笱在梁[又]胡逝我梁　又[爾雅釋地]隄謂之梁　又屋脊柱曰棟負棟曰梁[爾雅釋宮]楣謂之梁　又冠梁冠上橫脊也[漢大官令]冠兩梁　又陸梁[揚雄甘泉賦]帶于將而秉玉戚兮飛蒙茸而走陸梁[註]陸梁亂走貌　又跳梁[莊子逍遙遊]貍狌東西跳梁中于機辟　又彊梁[金人銘]彊梁者不得其死[後漢禮儀志]神名能食鬼　又大梁西方之宿[爾雅釋天]大梁昴星　又州名[書禹貢]華陽黑水惟梁州又國名周平王封少子康于夏陽是謂梁伯　又大梁地名[晉語]魏惠王徙都大梁　又山名[詩大雅]奕奕梁山　又呂梁水名[莊子達生篇]孔子觀于呂梁又都梁香草名澤蘭也[荊州記]都梁山下生蘭草因以爲名　又姓[廣韻]出安定天水河南三望周梁鱣漢梁鴻複姓梁丘梁由

【 오류정리 】

○康誤處 1; [詩小雅(改齊風)]敝笱在梁[又(改小雅)]胡逝我梁

●考證 ; 謹照原文小雅改齊風又字改小雅

◆整理 ; [詩(시)의 小雅(소아)는 齊風(제풍)] [又(우)는 小雅(소아)의] 착오.

◈訂正文 ; [詩齊風]敝笱在梁[小雅]胡逝我梁

▶【782-1】 字解誤謬與否 ; [詩小雅(改齊風)]敝笱在梁[又(改小雅)]胡逝我梁 [小雅(改齊風)] [又(改小雅)]

★이상과 같이 인용처(引用處)나 주소(註疏)의 오류(誤謬)를 수정(修訂)을 한다 하여도 자전상(字典上)의 량(梁)의 본의(本義)에는 영향이 미치지 않음.

○康誤處 2; [爾雅釋天]大梁昴星(改昴也)

●考證 ; 謹照原文昴星改昴也

◆整理 ; [爾雅釋天(이아석천)]의 昴星(묘성)은 昴也(묘야)의 착오.

◈訂正文 ; [爾雅釋天]大梁昴也

▶【783-2】 字解誤謬與否 ; [爾雅釋天]大梁昴星(改昴也) [昴星(改昴也)]

★이상과 같이 오류(誤謬) 수정(修訂)이 되면 ○대량(大梁; 전국 시대에 전국 칠웅인 위(魏)나라에 있던 지명) 서방지숙(西方之宿) 주명(州名) ○묘야(昴也; 묘성(昴星). 이십팔수의 하나) [後漢禮儀志]神名能食鬼 又大梁西方之宿 [爾雅釋天]大梁昴也 又州名 [書禹貢]華陽黑水惟梁州 又國名周平王封少子康于夏陽是謂梁伯 又大梁地名 [史記]魏惠王徙治大梁 又山名 [太平御覽]又曰西陸昴也 [郭璞]曰昴西方之宿別名旄頭 인뎁 따라서 자전상(字典上) 량(梁)의 본의(本義)에 간접 영향이 미치게 됨.

○康誤處 3; [晉語(改史記)]魏惠王徙都(改治字)大梁

●考證 ; 謹按晉語無徙都大梁之文今照史記魏世家將晉語改爲史記都字改爲治字

◆整理 ; [晉語(진어)는 史記(사기)] 都(도)는 治(치)의 착오.

◈訂正文；[史記]魏惠王徙治大梁

▶【784-3】 字解誤謬與否；[晉語(改史記)]魏惠王徙都(改治字)大梁 [晉語(改史記)] [都(改治字)]

★이상과 같이 인용처(引用處)나 주소(註疏), 등(等)의 오류(誤謬)를 수정(修訂)을 한다 하여도 자전상(字典上)의 량(梁)의 본의(本義)에는 영향이 미치지 않으나 위혜왕(魏惠王)은 사치대량(徙治大梁; 대량으로 옮겨 다스리다)라 하니 본의(本義)에 간접 영향이 미치게 됨.

㊚**梅**(매)[唐韻]莫杯切[集韻][正韻]模杯切[韻會]謀杯切**𠀤**音枚或作**槑**楳亦作**𣘹**[說文]枏也[爾雅釋木]梅枏[陸璣條梅疏]似豫章大木也又[書說命]若作和羹汝惟鹽梅[禮內則]梅諸[名物疏]陸璣所釋有條有梅自是枏木似豫章者豫章大樹可以爲棺舟者也和羹之梅籩實之乾 **蕂**似杏實酢者也 又[爾雅釋木]時英梅[註]雀梅 又[爾雅釋木]**杌槧**梅[註]狀如梅子赤色似小柰可食 又[埤雅]江湘兩浙四五月閒梅欲黃落則水潤土溽蒸鬱成雨謂之梅雨[四時纂要]閩人以立夏後逢庚入梅芒種後逢壬出梅 又楊梅果名[越郡志]會稽楊梅爲天下之奇 又梅梅猶**昧昧**居喪之容也[禮玉藻]視容瞿瞿梅梅又州名屬廣東[南宋地理志]改敬州爲梅州 又姓[廣韻]出汝南漢梅福梅鋗 又[集韻]毋罪切音浼亦姓也

【 오류정리 】

○康誤處 1; [書說命]若作和羹汝惟(改爾惟)鹽梅

●考證；謹照原文汝惟改爾惟

◆整理；[書說命(서설명)]의 汝惟(여유)는 爾惟(이유)의 착오.

◈訂正文；[書說命]若作和羹爾惟鹽梅

▶【785-1】 字解誤謬與否；[書說命]若作和羹汝惟(改爾惟)鹽梅 [汝惟(改爾惟)]

★이상과 같이 오류(誤謬) 수정(修訂)이 된다 하여도 이유(爾惟; 그대가 오직)은 자전상(字典上) 매(梅)의 본의(本義)에는 영향이 미치지 않음.

○康誤處 2; [爾雅釋木]杌槧(改**檕**)梅

●考證；謹照原文槧改**檕**

◆整理；[爾雅釋木(이아석목)]의 槧(참)은 **檕**(계)의 착오.

◈訂正文；[爾雅釋木]杌**檕**梅

▶【786-2】 字解誤謬與否；[爾雅釋木]杌槧(改**檕**)梅 [槧(改**檕**)]

★이상과 같이 오류(誤謬) 수정(修訂)이 되면 구계매(杌**檕**梅; 목명(木名) 모양을 매화와 같다) [爾雅釋木]杌**檕**梅[註]狀如梅子赤色似小柰可食 인데 자전상(字典上) 매(梅)의 본의(本義)에 영향이 미치게 됨.

㊚**梏**(곡)[唐韻]古沃切[集韻][類篇]姑沃切**𠀤**音鵠[說文]手械也[廣韻]紂所作[易蒙卦]用說桎梏[疏]在手曰梏[爾雅釋器]杻謂之桎械謂之梏[周禮秋官掌囚]中罪桎梏下罪梏 又貫頸也[左傳襄六年]子蕩以弓梏華氏于朝 又[孟子]梏亡之矣[趙岐註]亂也 又[博雅]**梢**也○按說文**梢**角械也 又[廣韻]古岳切[韻會]吉岳切[正韻]訖岳切**𠀤**音覺[爾雅釋詁]梏直也[禮緇衣]引詩有梏德行[射義]棲皮曰鵠[註]鵠之言梏梏直也言人正直乃得中也

【 오류정리 】

○康誤處 1; [爾雅釋器(改博雅釋室)]杻謂之桎(改梏)械謂之梏(改桎)

●考證；謹按所引出博雅不出爾雅今照原文爾雅釋器改博雅釋室桎改梏梏改桎

◆整理 ; [爾雅釋器(이아석기)는 博雅釋室(박아석실)] 桎(질)은 梏(곡), 梏(곡)은 桎(질)의 착오.

◆訂正文 ; [博雅釋室]杻謂之梏械謂之桎

▶【787-1】 字解誤謬與否 ; [爾雅釋器(改博雅釋室)]杻謂之桎(改梏)械謂之梏(改桎) [爾雅釋器(改博雅釋室)] [桎(改梏)] [梏(改桎)]

★이상과 같이 인용처(引用處)나 주소(註疏), 등(等)과 질(桎; 차꼬. 족쇠)는 오류(誤謬)를 수정(修訂)을 한다 하여도 자전상(字典上)의 곡(梏)의 본의(本義)에는 영향이 미치지 않으나 곡계(梏械; 쇠고랑)는 본의(本義)에 적극 영향이 미치게 됨.

○康誤處 2; [左傳襄六年]子蕩以弓梏華氏(改華弱)于朝

●考證 ; 謹照原文華氏改華弱

◆整理 ; [左傳襄六年(좌전양육년)] 華氏(화씨)는 華弱(화약)의 착오.

◆訂正文 ; [左傳襄六年]子蕩以弓梏華弱于朝

▶【788-2】 字解誤謬與否 ; [左傳襄六年]子蕩以弓梏華氏(改華弱)于朝 [華氏(改華弱)]

★이상과 같이 오류(誤謬) 수정(修訂)이 된다 하여도 화약(華弱; 宋人)은 자탕(子蕩) 궁곡(弓梏) 등 모두 인명(人名)이니 자전상(字典上) 곡(梏)의 본의(本義)에는 적극 영향이 미침.

康 梔(치)[唐韻][集韻][韻會]𠀤章移切音支[說文]木實可染[博雅釋木]梔子楮桃也[唐本草]一名木丹一名越桃[圖經]生南陽川谷今南方及西蜀州郡皆有之木高七八尺葉似李而堅硬二三月生白花夏秋結實如訶子狀生青熟黃中仁深紅 又名鮮支[司馬相如上林

賦]鮮支黃礫 又梔之花葉差大者謂之林蘭[謝靈運山居賦]林蘭近雪而揚猗 又作巵[史記貨殖傳]千畝巵茜 又[爾雅釋木]桑辨有葚梔見椹字註

【 오류정리 】

○康誤處 1; [說文]木實(改黃木)可染

●考證 ; 謹照原文木實改黃木

◆整理 ; [說文(설문)]의 木實(목실)은 黃木(황목)의 착오.

◆訂正文 ; [說文]黃木可染

▶【789-1】 字解誤謬與否 ; [說文]木實(改黃木)可染 [木實(改黃木)]

★이상과 같이 오류(誤謬) 수정(修訂)이 된다 하여도 황목(黃木=황벽(黃蘗) 황목(黃木) 벽피 산도(山屠) 황경나무. 황경피나무)은 목명(木名)으로 자전상(字典上) 치(梔)의 본의(本義)에는 영향이 미치지 않음.

康 梗(경)[唐韻][廣韻][集韻][類篇][正韻]𠀤古杏切音鯁[說文]山枌榆有束莢可爲蕪荑者 又病也[詩大雅]至今爲梗 又禦災曰梗[周禮天官]女祝以時招梗禬禳以除時疾 又[爾雅釋詁]梗正直也 又[揚子方言]梗略也梗槩大略也 又草木刺人爲梗[張衡西京賦]梗木爲之靡拉 又枝梗[戰國策]桃梗土偶 又土梗非眞物也[莊子田子方]吾所學者直土梗耳 又猛也[方言]韓趙之閒曰梗[淮南子原道]鋤其强梗

【 오류정리 】

○康誤處 1; [周禮天官]女祝以時招梗禬禳以除時疾(改病殃)

●考證 ; 謹照原文時病改病殃

◆整理 ; [周禮天官(주례천관)]의 時疾(시질)은 病殃(병앙)의 착오.

◆訂正文 ; [周禮天官]女祝以時招梗禬禳以除病殃

▶【790-1】 字解誤謬與否 ; [周禮

天官]女祝以時招梗禬禳以除時疾(改病殃) [時疾(改病殃)]

★이상과 같이 오류(誤謬) 수정(修訂)이 된다 하여도 병앙(病殃; 병화의 재앙)은 자전상(字典上) 경(梗)의 본의(本義)에는 영향이 미치지 않음.

康梟(효)[唐韻]古堯切[集韻][韻會]堅堯切𠀤音驍[說文]不孝鳥也[詩大雅]爲梟爲鴟[陸璣疏]自關而西爲梟爲流離其子適長大還食其母故張奐云鶹鷅食母又其肉甚美可爲羹臛[北戶錄]古人尙鴞羹意欲滅其族非以爲美也又縣首木上曰梟首[前漢高帝紀]梟故塞王欣頭櫟陽市 又健也[前漢高帝紀]北貉燕人來致梟騎助漢 又山巓曰梟[管子地員篇]其山之梟多桔符楡其山之末有箭與苑 又雄也[淮南子原道訓]湫漻寂寞爲天下梟 又梟瞷深目貌[王褒四子講德論]燋齒梟瞷文身裸袒之國靡不奔走貢獻 又梟盧樗蒲采名幺爲梟六爲盧晉謝艾曰梟邀也六博得邀者勝[楚辭]成梟而牟呼五白梟二爲珉采牟勝也勝梟必五白 又[本草別錄]桃終冬不落者爲梟桃 又姓[姓譜]隋煬帝誅楊元感改其姓爲梟氏

【 오류정리 】

○康誤處 1;[楚辭]成梟爲牟(改而牟)

●考證 ; 謹照原文爲牟改而牟

◆整理 ; [楚辭(초사)]成梟(성효) 爲牟(위모)는 而牟(이모)의 착오.

◆訂正文 ; [楚辭]成梟而牟

▶【791-1】 字解誤謬與否 ; [楚辭]成梟爲牟(改而牟) [爲牟(改而牟)]

★이상과 같이 오류(誤謬) 수정(修訂)이 된다 하여도 이(而; 접속사(接續詞). 같은 류의 단어 또는 문을 접속함. …로부터 …까지)는 자전상(字典上) 효(梟)의 본의(本義)에는 영향이 미치지 않음.

康梢(초)[廣韻][正韻]所交切[集韻]師交切𠀤音弰[說文]木也[爾雅釋木]梢梢櫂[郭註]木無枝柯梢櫂長而殺者 又竿也樂者所執[漢郊祀歌天門章]飾玉梢以舞歌 又小柴也[淮南子兵略訓]曳梢肆柴 又[字彙]船柂尾曰梢今人謂篙師爲梢子或作艄 又擊而去之曰梢[揚雄甘泉賦]梢夔魖而扶猵狂 又[博雅]梢梢小也 又農器[陸龜蒙耒耜經]前如桯而樛者曰轅後加柄而喬者曰梢 又梢雲山名[左思吳都賦]梢雲無以踰嶻谷弗能連 又與旓同旌旗之旒也[揚雄河東賦]揚左纛被雲梢 又[韻會]思邀切音宵 [周禮冬官考工記]匠人梢溝三十里而廣倍[鄭註]梢謂水潄齧之溝 又[說文]山巧切音數木長貌 又[集韻]所敎切音哨剟木上殺也 又[集韻]色角切音朔義同爾雅

【 오류정리 】

○康誤處 1;[揚雄甘泉賦]梢夔魖而扶(改抶)猵狂

●考證 ; 謹照原文扶改抶

◆整理 ; [揚雄甘泉賦(양웅감천부)]의 扶(부)는 抶(질)의 착오.

◆訂正文 ; [揚雄甘泉賦]梢夔魖而抶猵狂

▶【792-1】 字解誤謬與否 ; [揚雄甘泉賦]梢夔魖而扶(改抶)猵狂 [扶(改抶)]

★이상과 같이 오류(誤謬) 수정(修訂)이 되면 ○질(抶; 매질하다. 때리다) [左傳文十年]抶其僕以徇[註]抶撻也 ○효광(猵狂; 악귀(惡鬼)) [揚雄甘泉賦]梢夔魖而抶猵狂[孟康]曰猵狂惡鬼[師古]曰猵挽聿反 [文選揚雄]属堪輿以壁壘兮捎夔魖而抶猵狂[李善註]引[孟康]曰魖耗鬼也猵狂亦惡鬼也 은 자전상(字典上) 초(梢)의 본의(本義)에 적극 영향이 미치게 됨.

康梧(오)[唐韻][韻會]五乎切[集

韻][正韻]訛胡切𠅘音吾[說文]梧桐木一名櫬[詩大雅]梧桐生矣于彼朝陽[瑞應圖]王者任用賢良則梧桐生于東廂 又[埤雅]梧橐鄂皆五其子似乳綴其上柔木也[淮南子說山訓]梧桐斷角[註]柔勝剛也 又[風俗通]梧桐生嶧陽山巖石之上采東南孫枝爲琴聲清雅 又]南方草木狀]海梧出林邑樹與中國松同但結實絶大肥甘有香味亦樽俎間佳果也 又[爾雅釋地]當道有丘曰梧丘 又枝梧詳枝註 又琴瑟爲槁梧[莊子德克符]惠子倚槁梧而瞑[循本註]謂琴瑟也 又縣名[前漢地理志]屬楚國 又蒼梧地名舜葬處唐置郡餘詳桐註 又[集韻]偶舉切音圄樂器椌楬也敔或作梧 又[集韻][類篇][韻會]𠅘五故切音悮[史記留侯世家]魁梧奇偉應劭曰魁梧丘墟壯大之意又言其警悟也

【 오류정리 】

○康誤處 1; [莊子德克符]惠子倚(改據)槁梧而瞑

●考證 ; 謹照原文倚改據

◆整理 ; [莊子德克符(장자덕극부)]倚(의)는 據(거)의 착오.

◆訂正文 ; [莊子德克符]惠子據槁梧而瞑

▶【793-1】 字解誤謬與否 ; [莊子德克符]惠子倚(改據)槁梧而瞑 [倚(改據)]

★이상과 같이 오류(誤謬) 수정(修訂)이 되면 혜자(惠子; 양인(梁人))는 거고오(據槁梧; 오동나무 궤상에 기대 앉아) 는 자전상(字典上) 오(梧)의 본의(本義)에 영향이 미치게 됨.

㊗械(계)[唐韻][集韻][韻會][正韻]𠅘胡介切音邂[說文]四解一曰桎梏也[孔穎達曰]械者戒也戒止人不得遊行也一曰器之總名禮王制器械異制註謂禮樂之器及兵甲也一曰持也一曰有盛爲械無盛爲器[周禮天官]三歲大計羣吏之治以知民器械之數[註]器禮樂之器械謂弓矢戈殳矛戟也 又術之巧者曰械[孟子]爲機械變詐之巧者無所用恥焉

【 오류정리 】

○康誤處 1; [周禮天官(改司書)]三歲大計羣吏之治以知民器械之數[註(改疏)]器禮樂之器械謂弓矢戈殳矛戟也

●考證 ; 謹照原文天官改司書註改疏

◆整理 ; [周禮(주례)의 天官(천관)은 司書(사서)의 착오] [註(주)는 疏(소)의] 착오.

◆訂正文 ; [周禮司書]三歲大計羣吏之治以知民器械之數[疏]器禮樂之器械謂弓矢戈殳矛戟也

▶【794-1】 字解誤謬與否 ; [周禮天官(改司書)]三歲大計羣吏之治以知民器械之數[註(改疏)]器禮樂之器械謂弓矢戈殳矛戟也 [周禮天官(改司書)][註(改疏)]

★이상과 같이 인용처(引用處)나 주소(註疏)의 오류(誤謬)를 수정(修訂)을 한다 하여도 자전상(字典上)의 계(械)의 본의(本義)에는 영향이 미치지 않음.

㊗梱(곤)[唐韻][集韻][韻會][正韻]𠅘苦本切音閫[說文]門橛也[徐曰門兩旁挾門短限也古者多乘車門限必去之也 又[韻會]梱猶款也款扣也人物出入多扣觸之也[禮曲禮]外言不入于梱內言不出于梱或作閫[周禮大司寇軍形疏]梱外之事將軍裁之 又[揚子方言]梱就也[註]梱梱成就貌 又[集韻][類篇][正韻]𠅘苦悶切音困齊等也[儀禮大射儀]旣拾取矢梱之 又梱復謂矢至侯不著而復反也[司射命]中離維網揚觸梱復公則釋獲衆則不與 又[廣韻]牛昆切音僤[爾雅釋木]髡梱

[註]未詳

【 오류정리 】

○康誤處 1; [周禮大司寇軍形(改刑)疏]

●考證 ; 謹照原文形改刑

◆整理 ; [周禮(주례) 大司寇軍(대사구군) 形(형)은 刑(형)의 착오. 疏(소)]

◆訂正文 ; [周禮大司寇軍刑疏]

▶ 【795-1】 字解誤謬與否 ; [周禮大司寇軍形(改刑)疏] [形(改刑)]

★이상과 같이 인용처(引用處)나 주소(註疏)의 오류(誤謬)를 수정(修訂)을 한다 하여도 자전상(字典上)의 곤(梱)의 본의(本義)에는 영향이 미치지 않음.

○康誤處 2; [司射命(改大射儀)]中離維綱

●考證 ; 謹照儀禮原文司射命改大射儀

◆整理 ; [司射命(사사명) 은大射儀(대사의)의] 착오.

◆訂正文 ; [大射儀]中離維網

▶ 【796-2】 字解誤謬與否 ; [司射命(改大射儀)]中離維網 [司射命(改大射儀)]

★이상과 같이 인용처(引用處)나 주소(註疏)의 오류(誤謬)를 수정(修訂)을 한다 하여도 자전상(字典上)의 곤(梱)의 본의(本義)에는 영향이 미치지 않음.

木部 八畫

㉿棄(기)[唐韻]詰利切[韻會]磬致切[正韻]去冀切𡙇音器[說文]捐也[爾雅釋詁]忘也[詩召南]不我遐棄[禮冠禮祝辭]棄爾幼志順爾成德

【 오류정리 】

○康誤處 1; [爾雅釋詁(改釋言)]忘也

●考證 ; 謹照原書釋詁改釋言

◆整理 ; [爾雅(이아) 釋詁(석고)는 釋言(석언)의] 착오.

◆訂正文 ; [爾雅釋言]忘也

▶ 【797-1】 字解誤謬與否 ; [爾雅釋詁(改釋言)]忘也 [釋詁(改釋言)]

★이상과 같이 인용처(引用處)나 주소(註疏)의 오류(誤謬)를 수정(修訂)을 한다 하여도 자전상(字典上)의 기(棄)의 본의(本義)에는 영향이 미치지 않음.

○康誤處 2; [詩召南(改周南)]不我遐棄

●考證 ; 謹照原書召南改周南

◆整理 ; [詩(시) 召南(소남)은 周南(주남)의] 착오.

◆訂正文 ; [詩周南]不我遐棄

▶ 【798-2】 字解誤謬與否 ; [詩召南(改周南)]不我遐棄 [召南(改周南)]

★이상과 같이 인용처(引用處)나 주소(註疏)의 오류(誤謬)를 수정(修訂)을 한다 하여도 자전상(字典上)의 기(棄)의 본의(本義)에는 영향이 미치지 않음.

㉿棅(병)[說文]與柄同柯也[唐韻] 又本也權也[莊子天文篇]天下奮棅而不與之偕[管子山權數]權棅之數吾己得聞之矣 又[類篇]持也

【 오류정리 】

○康誤處 1; [莊子天文篇(改天道篇)]

●考證 ; 謹照原書改天道篇

◆整理 ; [莊子(장자) 天文篇(천문편)은 天道篇(천도편)의] 착오.

◆訂正文 ; [莊子天道篇]

▶ 【799-1】 字解誤謬與否 ; [莊子天文篇(改天道篇)] [莊子天文篇(改天道篇)]

★이상과 같이 인용처(引用處)나 주소(註疏)의 오류(誤謬)를 수정(修訂)을 한다 하여도 자전상(字典上)의 병(棅)의 본의(本義)에는 영향이 미치지 않음.

康 棐(비)[唐韻][韻會]府尾切[集韻]妃尾切[正韻]敷尾切音非[說文]輔也[徐曰]輔卽弓檠也故从木[書大誥]天棐忱辭[洛誥]朕教汝以棐民彝 又與棿同木名可爲几[晉書王羲之傳]見門生棐几滑淨作書 又與篚同[前漢食貨志]歲入貢棐[應劭云]方曰箱橢曰棐 又地名[左傳文十三年]鄭伯會公于棐

【 오류정리 】
○康誤處 1;[洛誥]朕教汝以棐民彝(改聽朕教汝于棐民彝)
●考證；謹照原文改聽朕教汝于棐民彝
◆整理；[洛誥(락고)]의 朕教汝以棐民彝(짐교여이비민이)은 聽朕教汝于棐民彝(청짐교여우비민이)의 착오.
◆訂正文；[洛誥]聽朕教汝于棐民彝
▶【800-1】字解誤謬與否；[洛誥]朕教汝以棐民彝(改聽朕教汝于棐民彝)[朕教汝以棐民彝(改聽朕教汝于棐民彝)]
★이상과 같이 오류(誤謬) 수정(修訂)이 되면 ○덕(德; 도덕. 품행. 은혜)와 ○우(于; 개사. 에. 에서. 에게. 허사(虛詞)는 자전상(字典上)비(棐)의 본의(本義)에 영향이 미치지 않음.

康 棓(부.本音방)同上(棒[集韻][韻會][正韻]步項切旁上聲)又連枷也打穀具[揚子方言]自關而西謂之棓 又天棓星名[史記天官書]紫宮右三星曰天棓[索隱]蒲麋切音皮 又[唐韻]普口切音剖義同 又擊也[揚子太玄]遠之昡近之棓 又高下有絶加蹋板曰棓[公羊傳成二年]踊于棓而闚客 又[類篇]蒲侯切音裒義同 又木名[類篇]依樹生枝如網 又[集韻]蒲來切[唐韻]蒲回切𣥺音裴[集韻]板也[唐韻]姓也[前漢袁盎傳]盎之棓生所問占 又[集韻]晡枚切音杯義同

【 오류정리 】
○康誤處 1;[史記天官書]紫宮右三星(改五星)曰天棓
●考證；謹照原文三星改五星
◆整理；[史記天官書(사기천관서)]의 三星(삼성)은 五星(오성)의 착오.
◆訂正文；[史記天官書]紫宮右五星曰天棓
▶【801-1】字解誤謬與否；；[史記天官書]紫宮右三星(改五星)曰天棓[三星(改五星)]
★이상과 같이 오류(誤謬) 수정(修訂)이 된다 하여도 오성(五星; 세성(歲星)목성. 형혹(熒惑)화성. 태백(太白)금성. 진성(辰星)수성. 진성(鎮星)토성을 이르는데, 각각 하늘의 동(東) 남(南). 서(西). 북(北). 중앙(中央) 방위에 위치함)은 자전 상(字典上)부(棓)의 본의(本義)에 간접 영향이 미치게 됨.

康 棘(극)[唐韻][集韻][韻會]𣥺紀力切音殛[說文]小棗叢生者[詩詁]棘如棗而多刺木堅色赤叢生人多以爲藩歲久無刺赤能高大如棗木色白者爲白棘實酸者爲樲棘亦名酸棗[詩鄘風]吹彼棘心[疏]棘木之難長養者 又[爾雅釋木]終牛棘[註]卽馬棘也刺粗而長 又執囚之處爲叢棘[易坎卦]係用徽纆寘于叢棘[左傳哀八年]邾子無道吳子囚諸樓臺栫之以棘 又九棘外朝也[禮王制]史以獄成告于正正聽之正以獄成告于大司寇大司寇聽之棘木之下

[註]左九棘孤卿大夫位焉右九棘公侯伯子男位焉　又與戟通[禮明堂位]越棘大弓天子之戎器也[左傳隱十一年]穎考叔挾輈以走子都拔棘而逐之[周禮天官掌舍]戟門亦謂之棘　又地名垂棘赤棘春秋晉地　又藥名[本草]天門冬一名天棘　又棘扈鳥名[賈陸云]棘扈竊丹爲果驅鳥者也　又與僰通[禮王制]四夷西曰僰　又姓[論語]棘子成　又[唐韻]居里切音紀又[廣韻]居吏切音記義𣏟同

【 오류정리 】

○康誤處 1; [詩鄘風(改爲邶風)]吹彼棘心

●考證 ; 謹照原書鄘風改爲邶風

◆整理 ; [詩(시)의 鄘風(용풍)은 邶風(패풍)의] 착오.

◈訂正文 ; [詩邶風]吹彼棘心

▶【802-1】 字解誤謬與否 ; [詩鄘風(改爲邶風)]吹彼棘心 [詩鄘風(改爲邶風)]

★이상과 같이 인용처(引用處)나 주소(註疏)의 오류(誤謬)를 수정(修訂)을 한다 하여도 자전상(字典上)의 극(棘)의 본의(本義)에는 영향이 미치지 않음.

○康誤處 2 ; [周禮天官掌舍]戟門亦謂之棘(改棘門註以戟爲門)

●考證 ; 謹照原文改棘門註以戟爲門

◆整理 ; [周禮天官掌舍(주례천관장사)]의 戟門亦謂之棘(극문역위지극)은 棘門(극문) [註(주)] 以戟爲門(이극위문)로 고침.

◈訂正文 ; [周禮天官掌舍]棘門註以戟爲門

▶【803-2】 字解誤謬與否 ; [周禮天官掌舍]戟門亦謂之棘(改棘門註以戟爲門) [戟門亦謂之棘(改棘門註以戟爲門)]

★이상과 같이 오류(誤謬) 수정(修訂)이 되면 ○극문(棘門; 여러 가지 창을 늘어 세워 놓은 고관 집 문) [周禮天官掌舍]爲壇壝宮棘門[鄭玄註] 引鄭司農曰棘門以戟為門又古代宮門插戟故亦爲宮門的別稱 과 ○극문(戟門; 벼슬이 높거나 귀한 집문. (옛날, 궁문(宮門) 또는 관계(官階)가 삼품(三品) 이상인 벼슬아치의 집 문 앞에 극(戟)을 세웠어서 붙여진 문명(門名))은 자전상(字典上) 극(棘)의 본의(本義)에 직접 영향이 미치게 됨.

㊗棟(동)[廣韻][集韻][韻會][正韻]𣏟多貢切音凍[說文]極也[逸雅]棟中也居屋之中也[爾雅釋宮]棟謂之桴[郭註]屋檼曰棟卽屋脊也[易大過]棟隆吉　又桴之四阿亦曰棟[左傳成二年]桴有四阿[鄭註]四阿四角設棟　又星名[博雅]大角謂之棟星　又[轉註古音]德紅切音東木名[管子地員篇]其桑其松其杞其茸榧木胥容楡桃柳棟　又屋脊之棟亦叶音東[蘇軾徐孺子亭詩]徐君鬱鬱澗底松陳君落落堂上棟澗深松茂不遭伐堂毁棟折傷其躬

【 오류정리 】

○康誤處 1; [逸雅(改釋名)]棟中也

●考證 ; 謹照原書逸雅改釋名

◆整理 ; [逸雅(일아)는 釋名(석명)의] 착오.

◈訂正文 ; [釋名]棟中也

▶【804-1】 字解誤謬與否 ; [逸雅(改釋名)]棟中也 [逸雅(改釋名)]

★이상과 같이 인용처(引用處)나 주소(註疏)의 오류(誤謬)를 수정(修訂)을 한다 하여도 자전상(字典上)의 동(棟)의 본의(本義)에는 영향이 미치지 않음.

○康誤處 2 ; [管子地員篇]其桑其松其杞其茸榧(改種)木胥容

●考證 ; 謹照原文極改種
◆整理 ; [管子地員篇(관자지원편)]의 極(추)는 種(종)의 착오.
◆訂正文 ; [管子地員篇]其桑其松其杞其茸種木胥容
▶【805-1】 字解誤謬與否 ; [管子地員篇]其桑其松其杞其茸極(改種)木胥容 [極(改種)]
★이상과 같이 오류(誤謬) 수정(修訂)이 된다 하여도 종목(種木; 묘목)은 자전상(字典上)의 본의(本義)에는 영향이 미치지 않음.

康 棣(체) [廣韻]特計切 [集韻] [正韻]大計切 [韻會]他計切𡘋音第 [說文]白棣也 [爾雅釋木]常棣棣唐棣栘 [詩召南]何彼穠矣唐棣之華 [小雅]棠棣之華 鄂不韡韡 [陸璣常棣疏]白棣如李而小如櫻桃正白又有赤棣樹亦似白棣葉如刺楡而微圓子正赤如郁李而小五月始熟關西天水隴西多有之 [唐棣疏]唐棣奧李也一名雀梅亦曰車下李所在山中皆有其花或白或赤六月中熟大如李子可食 又無棣齊地名 [左傳僖四年]北至于無棣 又 [廣韻]車下木 又姓 [統譜]王莽司馬棣並 又 [集韻]徒二切音地 又 [五音集韻]徒對切音隊義𡘋同 又 [集韻]徒耐切 [韻會]待戴切 [正韻]度耐切𡘋音代棣棣閑習貌 [詩邶風]威儀棣棣不可選也 又 [類篇]他計切音替通也 [前漢律志]正月乾之九三萬物棣通

【 오류정리 】
○康誤處 1; [小雅]棠棣(改常棣)之華
●考證 ; 謹照原文棠棣改常棣
◆整理 ; [小雅(소아)]의 棠棣(당체)는 常棣(상체)의 착오.
◆訂正文 ; [小雅]常棣之華
▶【806-1】 字解誤謬與否 ; [小雅]棠棣(改常棣)之華 [棠棣(改常棣)]
★이상과 같이 오류(誤謬) 수정(修訂)이 되면 상체(常棣; 산앵도나무)로 고쳐저 자전상(字典上) 체(棣)의 본의(本義)에 직접 영향이 미치게 됨.

康 棧(잔) [廣韻] [集韻] [韻會]仕限切 [正韻]租限切𡘋音轏上聲 [說文]棚也 [廣韻]閣也 [前漢張良傳]說漢王燒絕棧道 [崔浩云]險絕之處旁鑿山巖施版梁爲閣也 又 [說文]竹木之車曰棧 [周禮冬官考工記輿人]爲車棧車欲其弇飾車欲其侈 [註]不革鞔而桼之曰棧車 [春官巾車]士乘棧車 又 [詩小雅]有棧之車行彼周道 [疏]棧是車狀非所乘之棧車也庶人乘役車 又柩車亦謂之棧 [儀禮既夕]賓奠幣于棧 又姓 [魏書]任城棧潛 又 [集韻]士免切音俴義同 又 [廣韻] [集韻] [韻會]士諫切 [正韻]助諫切𡘋轏去聲木棧道也 又編木曰棧 [公羊傳哀四年]勝國之社奄其上而棧其下 [傳]本作柴 [周禮喪祝鄭註]引作棧 又馬棧亦編木爲之 [管子小問篇]夷吾嘗爲圉人矣傳馬棧甚難 [莊子馬蹄篇]編之以皁棧 又棧齴高峻貌 [張衡西京賦]棧齴巉嶮 又棧香 [南方草木狀]蜜香樹其榦爲棧香 又木名 [爾雅釋木]棧木于木 [註]橿江東呼木𥲪 [疏棧木一名于木 又 [集韻] [會] [正韻]𡘋阻限切音㻜 [爾雅釋樂]大鐘謂之鏞小鐘謂之棧 又 [韻會]小橋曰棧 又 [集韻] [類篇]𡘋鋤臻切音榛衆盛貌 [前漢藝文志]叢棘棧棧

【 오류정리 】
○康誤處 1; [周禮冬官考工記]輿人爲車棧車欲其弇飾車欲其侈 [註]不革鞔而桼之曰棧車 [春官巾車]士乘棧車(改周禮春官巾車士乘棧車註棧車不革鞔而漆之冬官考工記輿人爲車棧車欲弇飾車欲侈)
●考證 ; 謹按輿人原文無二其字不革

鞔而㯃之乃巾車註非輿人註今謹照原文
改周禮春官巾車士乘棧車註棧車不革鞔
而漆之冬官考工記輿人爲車棧車欲弇飾
車欲侈

◆整理 ; [周禮冬官考工記(주례동관고
공기) 輿人]爲車棧車欲其弇飾車欲其
侈(여인위거잔거욕기감식거욕기치)
[註(주)] 不革鞔而㯃之曰棧車(불혁만
이칠지왈잔거)[春官巾車(춘관건거)]士
乘棧車(사승잔거)는 [周禮春官巾車(주
례춘관건거)] 士乘棧車(사승잔거) [註
(주)] 棧車不革鞔而漆之(잔거불혁만이
칠지) [冬官考工記(동관고공기)] 輿人
爲車棧車欲弇飾車欲侈(여인위거잔거
욕감식거욕치)의 착오.

◆訂正文 ; [周禮春官巾車]士乘棧車
[註]棧車不革鞔而漆之[冬官考工記]
輿人爲車棧車欲弇飾車欲侈

▶【807-1】 字解誤謬與否 ; [周禮
冬官考工記]輿人爲車棧車欲其弇飾車
欲其侈[註]不革鞔而㯃之曰棧車[春官
巾車]士乘棧車(改周禮春官巾車士乘棧
車註棧車不革鞔而漆之冬官考工記輿人
爲車棧車欲弇飾車欲侈)

★이상과 같이 인용처(引用處)나 주
소(註疏) 등(等)의 오류(誤謬)가 수정
(修訂)되거 기(其)와 왈(曰)이 삭제
되고 불혁만이칠지(不革鞔而漆之; 북
통에 가죽을 메우고 옻칠하는 원칙은
영원히 바뀌지 않는다)가 증자(增字)
가 된다 하여도 자전상(字典上)의 잔
(棧)의 본의(本義)에는 영향이 미치지
않음.

○康誤處 2; [爾雅釋木]棧木于(改干)
木[註]橵(增木也)江東呼木輅[疏]棧木
(省棧木二字)一名于(改干字)木

●考證 ; 謹照原文于改干橵下增木也
二字疏下省棧木二字于字改干字

◆整理 ; [爾雅釋木(이아석목)]의 于

(우)는 干(간)의 착오, [註(주)] 橵
(강)에 이아 木也(목야)를 덧붙이고,
[疏(소)] 棧木二字(잔목이자)는 삭제
하고, 于(우) 干字(간자)의 착오.

◆訂正文 ; [爾雅釋木]棧木干木[註]
橵木也江東呼木輅[疏]一名干木

▶【808-2】 字解誤謬與否 ; [爾雅
釋木]棧木于(改干)木[註]橵(增木也)
江東呼木輅[疏]棧木(省棧木二字)一名
于(改干字)木

★이상과 같이 오류(誤謬) 수정(修訂)
이 된다 하여도 잔목(棧木; 간목(干
木). 강목(橵木). 사잇대. 목재를 건
조시키기 위해 나무 사이에 끼우는
나무 토막) [爾雅釋木]棧木干木[註]
橵木也江東呼木輅[疏]一名干木 자전
상(字典上) 잔(棧)의 본의(本義)에 직
접 영향이 미치게 됨.

○康誤處 3; [爾雅釋樂]大鐘謂之鏞小
鐘(改小者)謂之棧

●考證 ; 謹照原文小鐘改小者

◆整理 ; [爾雅釋樂(이아석악)]의 小
鐘(소종)은 小者(소자)의 착오.

◆訂正文 ; [爾雅釋樂]大鐘謂之鏞小
者謂之棧

▶【809-3】 字解誤謬與否 ; [爾雅
釋樂]大鐘謂之鏞小鐘(改小者)謂之棧
[小鐘(改小者)]

★이상과 같이 오류(誤謬) 수정(修訂)
이 되면 소자(小者; 작은 것)인데 자
전상(字典上) 잔(棧)의 본의(本義)에
영향이 미치지 않음.

○康誤處 4; [前漢藝文志(改息夫躬
傳)]叢棘棧棧

●考證 ; 謹按此語不出藝文志照原書
改息夫躬傳

◆整理 ; [前漢(전한)의 藝文志(예문
지)는 息夫躬傳(식부궁전)의] 착오.

◆訂正文 ; [前漢息夫躬傳]叢棘棧棧

▶【810-4】 字解誤謬與否 ; [前漢藝文志(改息夫躬傳)]叢棘棧棧 [藝文志(改息夫躬傳)]

★이상과 같이 인용처(引用處)나 주소(註疏)의 오류(誤謬)를 수정(修訂)을 한다 하여도 자전상(字典上)의 잔(棧)의 본의(本義)에는 영향이 미치지 않음.

康 椁(곽)[唐韻][正韻]古博切[集韻][韻會]光鑊切𧰼音郭或作槨[說文]葬有木椁也[博雅]椁廓也唐賈公彥云棺周于衣椁周于棺[禮檀弓]桓司馬爲石椁三年不成[左傳定元年]魏舒卒于甯范獻子去其柏椁 又[廣韻]木名 又度也[周禮冬官考工記]兵車之輪崇六尺有六寸椁其漆內而中詘之以爲之轂長

【 오류정리 】

○康誤處 1 ; [博雅(改釋名)]椁廓也
●考證 ; 謹照原書博雅改釋名
◆整理 ; [博雅(박아)는 釋名(석명)의] 착오.
◆訂正文 ; [釋名]椁廓也
▶【811-1】 字解誤謬與否 ; [博雅(改釋名)]椁廓也 [博雅(改釋名)]]

★이상과 같이 인용처(引用處)나 주소(註疏)의 오류(誤謬)를 수정(修訂)을 한다 하여도 자전상(字典上)의 곽(椁)의 본의(本義)에는 영향이 미치지 않음.

○康誤處 2 ; [周禮冬官考工記]兵車之輪崇六尺有六寸椁其漆內而中之以爲之轂長(改周禮冬官考工記輪人參分其牙圍而漆其二椁其漆內而中詘之以爲之轂長)
●考證 ; 謹按下二句是輪人文上二句則非輪人文不便連引謹照原文改周禮冬官考工記輪人參分其牙圍而漆其

漆內而中詘之以爲之轂長
◆整理 ; [周禮冬官考工記(주례동관고공기)]兵車之輪崇六尺有六寸椁其漆內而中之以爲之轂長(병거지륜숭육척유육촌곽기칠내이중지이위지곡장)은 [周禮冬官考工記(주례동관고공기)]輪人參分其牙圍而漆其二椁其漆內而中詘之以爲之轂長(륜인참분기아위이칠기이곽기칠내이중굴지이위지곡장)으로 바꿈.
◆訂正文 ; [周禮冬官考工記輪人]參分其牙圍而漆其二椁其漆內而中詘之以爲之轂長
▶【812-2】 字解誤謬與否 ; [周禮冬官考工記]兵車之輪崇六尺有六寸椁其漆內而中之以爲之轂長(改周禮冬官考工記輪人參分其牙圍而漆其二椁其漆內而中詘之以爲之轂長)

★이상과 같이 오류(誤謬) 수정(修訂)이 된다 하여도 참분기아위이칠기이(參分其牙圍而漆其二 ; 셋으로 나눈 그들의 상아 둘레에 옻칠을 한 그 중 두개)는 자전상(字典上) 곽(椁)의 본의(本義)에는 영향이 미치지 않음.

康 桖(졸)[唐韻][集韻]𧰼昨沒切存入聲[唐韻]桖杌以柄內孔也 [玉篇]柱頭柄也 又[集韻]攢活切音蕞桖杌木短出貌 又[集韻]秦醉切音萃木朽[正字通]卽欂字同不

【 오류정리 】

○康誤處 1;[唐韻][集韻]𧰼昨沒切存入聲[唐韻]桖杌以柄內孔也(兩唐韻𧰼改爲廣韻)
●考證 ; 謹按說文無桖字則無由引說文註末之唐韻查昨沒切及以柄內孔之解皆出廣韻謹照廣韻原文兩唐韻𧰼改爲廣韻
◆整理 ; [唐韻(당운)]과 [唐韻(당운)] 兩唐韻(양당운)을 廣韻(광운)으

로 고침.

◆訂正文 ; [廣韻][集韻]𡘋昨沒切存
入聲[廣韻]梓杭以柄內孔也

▶【813-1】 字解誤謬與否 ; [唐韻
(改爲廣韻)][集韻]𡘋昨沒切存 入聲
[唐韻(改爲廣韻)][]梓杭以柄內孔也
[唐韻(改爲廣韻)][唐韻(改爲廣韻)]

★이상과 같이 인용처(引用處)나 주
소(註疏)의 오류(誤謬)를 수정(修訂)
을 한다 하여도 자전상(字典上)의 졸
(梓)의 본의(本義)에는 영향이 미치지
않음.

康椌(강)[唐韻]丘江切[集韻][韻
會]枯江切[正韻]驅羊切𡘋音腔[說文]
柷樂也[禮樂記]鞉鼓柷圉[註]大椌曰柷
詳柷註 又[唐韻][正韻]枯紅切[集
韻][韻會]枯公切𡘋音空[說文]从木空
聲[廣韻]器物朴也[正韻]虛也

【 오류정리 】
○康誤處 1; [禮樂記]鞉鼓柷圉(改椌
楬)[註]大椌曰柷(改謂柷敔也)
●考證 ; 謹照原文柷圉改椌楬大椌曰
柷改謂柷敔也
◆整理 ; [禮樂記(예악기)]의 柷圉(축
어)는 椌楬(강갈)의 착오이며, [註
(주)]의 大椌曰柷(대강왈축)은 謂柷敔
也(위축어야)의 착오.
◆訂正文 ; [禮樂記]鞉鼓椌楬[註]謂
柷敔也

▶【814-1】 字解誤謬與否 ; [禮樂
記]鞉鼓柷圉(改椌楬)[註]大椌曰柷(改
謂柷敔也) [柷圉(改椌楬)][大椌曰柷
(改謂柷敔也)]

★이상과 같이 오류(誤謬) 수정(修訂)
이 되면 ○강갈(椌楬; 악기명 축어(柷
敔)의이명(異名)) ○축어(柷敔; 악기
의 이름. 축(柷)은 음악을 시작할 때
사용하고, 어(敔)는 음악을 그칠 때
사용함) 로 자전상(字典上) 강(椌)의

본의(本義)에 영향이 미치게 됨.

康植(식)[唐韻]常職切[集韻][韻
會][正韻]丞職切𡘋音殖[說文]戶植也
[爾雅釋宮]植謂之傳傳謂之突[疏]植謂
戶之維持鑣者也植木爲之又名傳亦名突
又[玉篇]根生之屬曰植[周禮地官大司
徒]以土會之法辨五地之物生一山林其
植物宜阜物二川澤其植物宜膏物三丘
陵其植物宜覈物四墳衍其植物宜莢物
五原隰其植物宜叢物[註]謂櫟楊柳李
梅王棘萑葦之屬 又樹立也[左傳襄三
十一年]子産曰陳亡國也其君弱植[正
義]草木爲植物植爲樹君志弱不樹立也
[周禮地官]大田獵則萊山田之野植虞
旗于中 又[集韻][類篇]𡘋逐力切音
直立也[詩商頌]植我鼗鼓 又[唐
韻][集韻][韻會]𡘋直吏切音緻[博雅]
縋也 又[韻會]種也 又懸蠶薄柱[禮
月令]季春具曲植 又枝幹之屬曰植
[周禮大司馬]大役與慮事屬其植[註]
植築城楨也 又將領主帥監作者謂之
植[左傳宣二年]宋華元爲植巡功 又
倚也[論語]植其杖而芸 又通置[書金
滕]植璧秉珪 又[集韻]時吏切音侍
[賈誼弔屈原文]方正倒植 又[正韻]
直意切義同

【 오류정리 】
○康誤處 1; [爾雅釋宮]植謂之傳傳
(𡘋改爲傳字)謂之突[疏]植謂戶之維持
鑣者也植木爲之又名傳(改爲傳字)亦名
突
●考證 ; 謹照原文三傳字𡘋改爲傳字
◆整理 ; [爾雅釋宮(이아석궁)]의 傳
傳(부부)는 두자 모두 傳字(전자)의
착오아며 傳(부)도 傳(전)의 착오.
◆訂正文 ; [爾雅釋宮]植謂之傳傳爲
謂之突[疏]植謂戶之維持鑣者也植木
爲之又名傳爲亦名突

▶【815-1】 字解誤謬與否 ; [爾雅

釋宮]植謂之傳傳(甡改爲傳字)謂之突
[疏]植謂戶之維持鐖者也植木爲之又
名傳(改爲傳字)亦名突　[傳傳(甡改爲
傳字)]　[傳(改爲傳字)]
★이상과 같이 오류(誤謬) 수정(修訂)
이 된다 하여도 ○전전(傳傳; 끊임
없이 전하여 짐)과 ○명전(名傳; 이름
이 전하여 오다)은 자전상(字典上)
식(植)의 본의(本義)에는 영향이 미치
지 않음.

○康誤處 2; [左傳襄三十一年(改三十
年)](增鄭字)子産曰
●考證 ; 謹照原文三十一年改三十年
子産上增鄭字
◆整理 ;; [左傳襄(좌전양) 三十一年
(삼십일년)은 三十年(삼십년)의] 착오
이며 鄭字(정자)를 이에 덧붙임. 子産
(자산)
◆訂正文 ; [左傳襄三十年]鄭子産曰
▶【816-2】 字解誤謬與否 ; [左傳
襄三十一年(改三十年)](增鄭字)子産
曰　[三十一年(改三十年)]　[(增鄭字)
子産]
★이상과 같이 인용처(引用處)나 주
소(註疏)의 오류(誤謬)를 수정(修訂)
을 한다 하여도 자전상(字典上)의 식
(植)의 본의(本義)에는 영향이 미치지
않으며 증정자(增鄭字) 역시 같음.

(康)椐(거)[唐韻]九魚切[集韻][韻
會][正韻]斤於切甡音居[說文]樻也
[爾雅釋木]椐樻[註]腫節可以爲杖[草
木疏]節中腫可作杖以扶老今靈壽是也
人以爲馬鞭弘農共北山甚有之　又[釋
名]疎籬靑徐曰椐椐居也居于中也　又
[唐韻]去魚切[集韻]丘於切甡音墟義
同　又[集韻]居御切音據[詩大雅]脩
之平之其灌其栵啓之辟之其檉其椐
【 오류정리 】
○康誤處 1; [詩大雅]脩之平之其灌

其栵啓之辟之其檉其椐(改啓之辟之其
檉其椐攘之剔之其檿其柘)
●考證 ; 謹按椐與柘爲韻不與栵爲韻
謹照原文之韻改啓之辟之其檉其椐攘之
剔之其檿其柘
◆整理 ; [詩大雅(시대아)]의 脩之平
之其灌其栵啓之辟之其檉其椐(수지평
지기관기렬계지피지기정기거)는 啓之
辟之其檉其椐攘之剔之其檿其柘(계지
피지기정기거양지척지기염기자)의 착
오.
◆訂正文 ; [詩大雅]啓之辟之其檉其
椐攘之剔之其檿其柘
▶【817-1】 字解誤謬與否 ; [詩大
雅]脩之平之其灌其栵啓之辟之其檉其
椐(改啓之辟之其檉其椐攘之剔之其檿
其柘)　[脩之平之其灌其栵啓之辟之其
檉其椐(改啓之辟之其檉其椐攘之剔之
其檿其柘)]
★이상과 같이 오류(誤謬) 수정(修訂)
이 된다 하여도 ○계지피지기정기거
(啓之辟之其檉其椐: 개간하여 없애니
능수버들과 가물태나무이고)하고, ○
양지척지기염기자(攘之剔之其檿其柘:
쳐 내고 베어낸 것은 산뽕나무와 구
지뽕나무였더라)러라. 자전상(字典上)
거(椐)의 본의(本義)에 직접 영향이
미치게 됨.

(康)椓(탁)[唐韻][韻會][正韻]甡竹
角切音斲[說文]擊也[詩周南]椓之丁
丁[左傳哀十一年]衛侯辭以難公子又使
椓之[註]謂攻擊之也　又留土曰椓[詩
小雅]椓之橐橐　又去陰之刑本作斀
[書呂刑]劓刖椓黥[伏生傳]男女不以
義交者其刑宮是也故奄人亦謂之椓[詩
大雅]昏椓靡共　又叶都木切音篤[詩
大雅]民今之無祿夭夭是椓
【 오류정리 】
○康誤處 1; [左傳哀十一年(改十七

年)]衞侯辭以難公子(改大子)又使椓之
●考證 ; 謹照原文十一年改十七年公
子改大子
※筆者謹按春秋左傳原本 ; [左傳哀十
七年]三月衞侯辭以難大子又使椓之
◆整理 ; [左傳哀(좌전애) 十一年(십
일년)은 十六年(십육년)], 公子(공자)
는 大子(대자)의 착오.
◆訂正文 ; [左傳哀十六年]衞侯辭以
難大子)又使椓之
▶【818-1】 字解誤謬與否 ; [左傳
哀十一年(改十六年)]衞侯辭以難公子
(改大子)又使椓之 [十一年(改十六
年)] [公子(改大子)]
★이상과 같이 인용처(引用處)나 주
소(註疏)나 대자(大子; 태자(太子). 장
자(長子)) 등(等)의 오류(誤謬)를 수
정(修訂)을 한다 하여도자전상(字典
上)의 탁(椓)의 본의(本義)에는 영향
이 미치지 않음.

○康誤處 2 ; [書呂刑]劓刖(改刵)椓黥
●考證 ; 謹照原文刖改刵
◆整理 ; [書呂刑(서여형)] 刖(월)은
刵(이)의 착오.
◆訂正文 ; [書呂刑]劓刵椓黥
▶【819-2】 字解誤謬與否 ; [書呂
刑]劓刖(改刵)椓黥 [刖(改刵)]
★이상과 같이 오류(誤謬) 수정(修訂)
이 된다 하여도 본 단원(單元)에서
요구는 이(刵; 귀베는 형벌)가 아니라
자전(字典) 탁(椓; 궁형(宮刑))이니
자전상(字典上) 탁(椓)의 본의(本義)
에는 영향이 미치지 않음.
○康誤處 3 ; [詩大雅(改小雅)]民今之
無祿夭夭(改天夭)是椓
●考證 ; 謹照原文大雅改小雅夭夭改
天夭(夭)
◆整理 ; [詩(시) 大雅(대아)는 (小雅
(소아)] 夭夭(요요)는 天夭(천요)의

착오.
◆訂正文 ; [詩小雅]民今之無祿天天
是椓
▶【820-3】 字解誤謬與否 ; [詩大
雅(改小雅)]民今之無祿夭夭(改天天)
是椓 [大雅(改小雅)] [夭夭(改天天)]
★이상과 같이 인용처(引用處)나 주
소(註疏)의 오류(誤謬)를 수정(修訂)
한다 하여도 자전상(字典上)의 탁(椓)
의 본의(本義)에는 천천(天天; 매일.
날마다. 하늘. 하느님)과 더불어 영
향이 미치지 않음

木 部 九畫

械(감)[集韻]居咸切音緘或作榿
[說文]篋也[徐曰]函屬 又[唐韻]胡
讒切音咸杯也[揚子方言]梧趙魏之閒
曰械 又[集韻]胡南切音函容也[前漢
天文志]星辰過大白閒可械劍
【 오류정리 】
○康誤處 1 ; [前漢天文志]星辰(改辰
星)過大白閒可械劍
●考證 ; 謹照原文星辰改辰星
◆整理 ; [前漢天文志(전한천문지)]
星辰(성진)은 辰星(진성)의 착오.
◆訂正文 ; [前漢天文志]辰星過大白
閒可械劍
▶【821-1】 字解誤謬與否 ; [前漢
天文志]星辰(改辰星)過大白閒可械劍
[星辰(改辰星)]
★이상과 같이 오류(誤謬) 진성(辰星;
水星; 동방(東方)에 있는 성좌(星座))
으로 수정(修訂)이 된다 하여도 자전
상(字典上) 감(械)의 본의(本義)에는
영향이 미치지 않음.

楀(우)[唐韻][集韻][韻會]尐王
矩切音羽[說文]木名也 又姓[詩小
雅]楀維師氏[箋]褒氏族黨 又[唐韻]

[韻會]俱雨切[集韻]果羽切𡘋音矩又[正韻]居許切音舉義𡘋同

【 오류정리 】

○康誤處 1;[詩小雅]梀維師氏[箋(改疏)]褒氏(改姒)族黨

●考證 ; 謹照原文箋改疏氏改姒

◆整理 ; [詩小雅(시소아)] [箋(전)은 疏(소)] 氏(씨)는 姒(사)의 착오.

◆訂正文 ; [詩小雅]梀維師氏[疏]褒姒族黨

▶【822-1】 字解誤謬與否 ; [詩小雅]梀維師氏[箋(改疏)]褒氏(改姒)族黨 [箋(改疏)] [氏(改姒)]

★이상과 같이 인용처(引用處)나 주소(註疏)와 포사(褒姒; 서주(西周) 12대 유왕(幽王) 희궁녈(姬宮涅)의 비이다)라 오류(誤謬)를 수정(修訂)하였다 하여도 자전상(字典上)의 우(梀)의 본의(本義)에는 영향이 미치지 않음.

康 楡(유)[唐韻]羊朱切[集韻]容朱切[正韻]雲俱切𡘋音兪[說文]楡白枌[陸璣草木疏]楡有十種葉皆相似皮及木理異爾雅釋楡者三一曰蒤荎郭註今之刺楡疏詩唐風山有樞是也一曰無姑其實夷郭註無姑姑楡也生山中葉圓而厚所謂蕪荑是也一曰楡白枌疏詩陳風東門之枌是也 又[禮內則]菫荁枌楡兔薧滫瀡以滑之 又[禮檀弓]諸侯爲楡沈設撥[註]以水澆楡白皮之汁有急播地引輴車使滑 又[嵆康養生論]楡令人瞑[博物志]啖楡則眠不欲覺 又[周禮夏官司爟註]鄹子春取楡柳之火 又[本草集解]大楡二月生莢榔楡八月生莢 又桑楡晚景也[後漢馮異傳]失之東隅收之桑楡 又地楡草名[博雅]菗蒢也 又白楡星名[古樂府]天上何所有歷歷種白楡 又枌楡鄉名漢高立社于此[前漢郊祀志]高祖禱枌楡社

又楡林塞名[水經注]諸次水東逕楡林塞世謂之楡林山 又姓[後漢]將軍楡棘

【 오류정리 】

○康誤處 1;[禮內則]菫荁枌楡兔(改免)薧滫瀡以滑之

●考證 ; 謹照原文兔改免

◆整理 ; [禮內則(예내칙)]의 兔(토)는 免(면)의 착오.

◆訂正文 ; [禮內則]菫荁枌楡免薧滫瀡以滑之

▶【823-1】 字解誤謬與否 ; [禮內則]菫荁枌楡兔(改免)薧滫瀡以滑之 [兔(改免)]

★이상과 같이 오류(誤謬) 수정(修訂)이 된다 하여도 면(免; 새로 생기다)[禮內則]免薧[註]免新生者薧乾也 은 자전상(字典上) 유(楡)의 본의(本義)에는 영향이 미치지 않음.

康 楣(미)[唐韻]武悲切[集韻][韻會]旻悲切[正韻]謨桮切𡘋音眉本作𣑸省作楣[說文]秦名屋櫊聯也齊謂之檐楚謂之梠徐引爾雅釋宮楣謂之梁謂門上橫梁也眉猶際也[釋名]楣眉也近前各兩若面之有眉[儀禮鄉射禮]序則物當棟堂則物當楣[註]五架之屋正中曰棟次曰楣[鄉飲酒禮]賓升主人阼階上立當楣北面再拜[註]楣前梁也

【 오류정리 】

○康誤處 1;[鄉飲酒禮]賓升主人阼階上立(去立字)當楣北面再拜

●考證 ; 謹照原文去立字

◆整理 ; [鄉飲酒禮(향음주례)] 立字(립자)는 삭제함.

◆訂正文 ; [鄉飲酒禮]賓升主人阼階上當楣北面再拜

▶【824-1】 字解誤謬與否 ; [鄉飲酒禮]賓升主人阼階上立(去立字)當楣北面再拜 [立(去立字)]

★이상과 같이 립자(立字)를 삭제(削除) 한다 하여도 자전상(字典上) 미(楣)의 본의(本義)에 영향을 끼치지 않음.

㊢ 楨(정)[唐韻]陟盈切[集韻][韻會]知盈切[正韻]諸成切𠀤音貞[說文]剛木也[山海經]太山之上多楨女[郭註]女楨也冬不凋 又楨榦築牆所立兩木也[書費誓]峙乃楨榦[孔傳]題曰楨旁曰榦楨當牆兩端者也榦在牆兩邊者也 又楨林縣名[前漢地理志]屬上郡

【 오류정리 】

○康誤處 1;[山海經]太山之上多楨女(改楨木)

●考證 ; 謹照原文貞女改楨木

◆整理 ; [山海經(산해경)]의 楨女(정녀)는 楨木(정목)의 착오.

◆訂正文 ; [山海經]太山之上多楨木

▶【825-1】 字解誤謬與否 ; [山海經]太山之上多楨女(改楨木) [楨女(改楨木)]

★이상과 같이 오류(誤謬) 수정(修訂)이 되면 정목(楨木; 여정(女貞). 담광나무)으로 고쳐지니 자전상(字典上) 정(楨)의 본의(本義)에 직접 영향이 미치게 됨.

㊢ 楯(순)[唐韻]食允切[集韻][韻會]豎尹切[正韻]乳允切𠀤音盾[說文]闌檻也[王逸曰]縱曰欄橫曰楯今階除木句欄是也[史記滑稽傳]秦始皇時有陛楯郎[唐書百官志]鉤楯掌禁苑果木 又與盾通千也[左傳定五年]樂祁獻揚楯六十于簡子 又舞者所執[禮明堂位]朱干玉戚[疏]干楯也戚斧也舞者左手執楯右手執斧謂之武舞 又與輴通喪車用之[儀禮既夕註]輴有四周帬軸則無輴一作楯或讀作閏 又拔擢也[淮南子原道訓]引楯萬物羣美萌生 又[集

韻][正韻]𠀤食閏切音順義同 又[集韻]敇準切音蠢案也 又[唐韻]丑倫切[正韻]樞倫切𠀤音椿[唐韻]木名[類篇]車約軝也 又[唐韻]詳遵切音旬閑檻也

【 오류정리 】

○康誤處 1;[左傳定五年(改六年)]樂祁獻揚楯六十于簡子

●考證 ; 謹照原文五年改六年

◆整理 ; [左傳定(좌전정) 五年(오년)은 六年(육년)의] 착오.

◆訂正文 ; [左傳定六年]樂祁獻揚楯六十于簡子

▶【826-1】 字解誤謬與否 ; [左傳定五年(改六年)]樂祁獻揚楯六十于簡子 [五年(改六年)]

★이상과 같이 인용처(引用處)나 주소(註疏)의 오류(誤謬)를 수정(修訂)을 한다 하여도 자전상(字典上)의 순(楯)의 본의(本義)에는 영향이 미치지 않음.

㊢ 梯(체)[唐韻][正韻]𠀤他計切音涕梯枝整髮釵也或从手作搘[詩邶風]象之搘也[魏風]佩其象搘[註]搘以摘髮象骨爲之 又[集韻]大計切音第笄屬 又[集韻]徒二切音地簪屬 又[類篇]丁計切音帝根也 又[篇海]式志切音世木名

【 오류정리 】

○康誤處 1;[詩邶風(改鄘風)]象之搘也

●考證 ; 謹照原文邶風改鄘風

◆整理 ; [詩(시) 邶風(패풍)은 鄘風(용풍)의] 착오.

◆訂正文 ; [詩鄘風]象之搘也

▶【827-1】 字解誤謬與否 ; [詩邶風(改鄘風)]象之搘也 [詩邶風(改鄘風)]

★이상과 같이 인용처(引用處)나 주소(註疏)의 오류(誤謬)를 수정(修訂)

을 한다 하여도 자전상(字典上)의 체
(梯)의 본의(本義)에는 영향이 미치지
않음.

木部 十畫

康 **穀**(곡) [廣韻] [類篇] 古祿切 [玉
篇] 古斛切 杜音谷 [說文] 楮也 [詩小雅]
爰有樹檀其下維穀 [註] 惡木也本草作
構 [爾雅翼] 葉無瓣曰構 [埤雅] 皮白者
穀皮斑者楮蓋一物三名也詳楮字註
又 [書咸乂] 亳有祥桑穀共生于朝 [孔傳]
不恭之罰 又 [山海經] 招搖之山有木
名迷穀佩之不迷 又 [類篇] 居矦切音
構義同

【 오류정리 】

○康誤處 1 ; 又 [書咸乂(增序字)] 亳
有祥桑穀共生于朝
●考證 ; 謹按此書序文非經文謹照原
書咸乂下增序字
◆整理 ; [書(서)]의 咸乂(함예)에 이
어 序字(서자)를 덧붙임.
◆訂正文 ; 又 [書咸乂序] 亳有祥桑穀
共生于朝
▶ 【828-1】 字解誤謬與否 ; 又 [書
咸乂(增序字)] 亳有祥桑穀共生于朝
[咸乂(增序字)]
★이상과 같이 인용처(引用處)나 주
소(註疏)의 오류(誤謬)를 수정(修訂)
을 한다 하여도 자전상(字典上)의 곡
(穀)의 본의(本義)에는 영향이 미치지
않음.

康 **榛**(진) [唐韻] 側詵切 [集韻] [韻
會] 緇詵切 杜音瑧 [唐韻] 同亲 [說文] 木
也 [詩邶風] 山有榛 [大雅] 榛楛濟濟
一曰蕪也 [揚雄反騷] 枳棘之榛榛兮
[註] 榛榛梗穢貌 又 [說文] 亲註果實
如小栗引莊公二十四年左傳女摯不亲
過栗 [徐曰] 今五經皆作榛榛有臻之之

義又 [禮曲禮] 婦人之摯椇榛脯脩棗栗
[註] 榛古作亲 ○按此二說則榛訓木名
亲訓果實古字分今通用 又 [韻會] 或
作栵 [左思蜀都賦] 栵栗罅發 [註] 榛栵
同 又榛笄婦人喪服 [禮檀弓] 榛以爲
笄長尺而總八寸 又聚木曰榛 [淮南子
原道訓] 木處榛巢木居窟穴 又 [集韻]
慈鄰切音秦鉏臻切音蓁將先切音箋義
杜同 又叶渠年切音近虔 [司馬相如弔
二世賦] 汩湛籾以永遊兮注平皋之廣衍
觀衆樹之蓊薆兮覽竹林之榛榛衍平聲

【 오류정리 】

○康誤處 1 ; [禮曲禮] 婦人之摯椇榛
脯脩棗栗 [註(改釋文)] 榛古(改古本)作
亲
●考證 ; 謹照原文註改釋文榛古改古
本
◆整理 ; [禮曲禮(예곡례)] [註(주)는
釋文(석문)의 착오이며] 榛古(진고)는
古本(고본)의 착오.
◆訂正文 ; [禮曲禮] 婦人之摯椇榛脯
脩棗栗 [釋文] 古本作亲
▶ 【829-1】 字解誤謬與否 ; [禮曲
禮] 婦人之摯椇榛脯脩棗栗 [註(改釋
文)] 榛古(改古本)作亲 [註(改釋文)]
★이상과 같이 인용처(引用處)나 주
소(註疏)의 오류(誤謬)를 수정(修訂)
을 한다 하여도 자전상(字典上)의 진
(榛)의 본의(本義)에는 영향이 미치지
않음.

康 **梐**(비) [唐韻] [集韻] [韻會] 杜府
尾切音篚木名子可食療白蟲 [本草] 梐
實陶弘景云出東陽諸郡 又 [爾雅翼]
梐似柰而材光文彩如柏古謂文木通作
棐 [邢疏] 爾雅以被棣爲一物與翼說異

【 오류정리 】

○康誤處 1 ; [唐韻] [集韻] [韻會] 杜
府尾切音篚(改音篚)

●考證 ; 謹照府尾切音筐改音篚
◆整理 ; [唐韻(당운)][集韻(집운)][韻會(운회)]의 音筐(음광)은 音篚(음비)의 착오.
◆訂正文 ; [唐韻][集韻][韻會]㯵府尾切音篚
▶【830-1】 字解誤謬與否 ; [唐韻][集韻][韻會]㯵府尾切音筐(改篚) [音筐(改音篚)]
★이상과 같이 음(音)의 오류(誤謬) 수정(修訂)이 된다 하여도 자전상(字典上) 비(榧)의 본의(本義)에는 영향이 미치지 않음.

康 梘(견)[唐韻][集韻][韻會]㯵渠焉切音虔廩也構木爲之[詩魯頌]方斲是虔[鄭箋]引爾雅釋宮梜謂之梘梘即梜也孫炎曰斫木質 又[集韻]渠言切音籛義同

【 오류정리 】

○康誤處 1;[詩魯頌(改商頌)]方斲是虔
●考證 ; 謹照原書魯頌改商頌
◆整理 ; [詩(시) 魯頌(로송)은 商頌(상송)의] 착오.
◆訂正文 ;[詩商頌]方斲是虔
▶【831-1】 字解誤謬與否 ; [詩魯頌(改商頌)]方斲是虔 [魯頌(改商頌)]
★이상과 같이 인용처(引用處)나 주소(註疏)의 오류(誤謬)를 수정(修訂)을 한다 하여도 자전상(字典上)의 건(梘)의 본의(本義)에는 영향이 미치지 않음.

康 榪(마)[唐韻][集韻][韻會]㯵莫駕切音罵[玉篇]牀頭橫木也[韻會]引會子輿機疏機以木爲之如牀先用以繩繫兩頭謂之榪[正字通]俗謂木片關定器物曰榪子

【 오류정리 】

○康誤處 1;[韻會]引會子輿機疏機以木爲之如牀先用以(改一字)繩繫兩頭謂之榪(改著兩頭之榪)
●考證 ; 謹照原文以繩之以改一字兩頭謂之榪改著兩頭之榪
◆整理 ; [韻會(운회)]의 以(이)는 一字(일자)의 착오이며, 兩頭謂之榪(양두위지마)는 著兩頭之榪(저양두지마)의 착오.
◆訂正文 ; [韻會]引[曾子輿機疏]機以木爲之如牀先用一繩繫著兩頭謂之榪
▶【832-1】 字解誤謬與否 ; [韻會]引會子輿機疏機以木爲之如牀先用以(改一字)繩繫兩頭謂之榪(改著兩頭之榪) [以(改一字)] [兩頭謂之榪(改著兩頭之榪)]
★이상과 같이 오류(誤謬) 수정(修訂)이 된다 하여도 ○일(一)과 ○저(著;현저하다. 드러나다)는 자전상(字典上) 마(榪)의 본의(本義)에는 영향이 미치지 않으며 ○위(謂; 말하다. 이르다. 뜻)의 삭제(削除) 역시 같다

康 榭(사)[唐韻][集韻][韻會][正韻]㯵詞夜切音謝[說文]作㴝臺有屋也[書泰誓]宮室臺榭陂池侈服[孔傳]土高曰臺有木曰榭又[禮禮運]合土以爲臺榭[註]榭器之所藏也又[前漢五行志]榭者所以藏樂器 又[春秋宣十六年]成周宣榭火[公羊傳]廟有室曰寢無室曰榭 又講武之屋曰榭 又[爾雅釋宮]榭亦謂之序[唐韻]古者序榭同

【 오류정리 】

○康誤處 1 [公羊傳]廟(改註)有室曰寢
●考證 ; 謹照原文廟改註
◆整理 ; [公羊傳(공양전)]의 廟(묘)는 註(주)의 착오.

◆訂正文；[公羊傳]註有室曰寢

▶【833-1】 字解誤謬與否；[公羊傳]廟(改註)有室曰寢

★이상과 같이 인용처(引用處)나 주소(註疏)의 오류(誤謬)를 수정(修訂)을 한다 하여도 자전상(字典上)의 사(榯)의 본의(本義)에는 영향이 미치지 않음.

○康誤處 2; [爾雅釋宮]榯亦謂之序[唐韻]古者序榯同(改與序通儀禮序則鉤楹內註序讀如榯)

●考證；謹按榯亦謂之序爾雅無此文今改與序通儀禮序則鉤楹內註序讀如榯

◆整理；[爾雅釋宮(이아석궁)] 榯亦謂之序(사역위지서)는 爾雅(이아)에 없는 말이라 又與序通儀禮序則鉤楹內(우여서통의예서칙구영내) [註(주)]序讀如榯(서독여사)로 바로잡음.

◆訂正文；與序通[儀禮]序則鉤楹內[註]序讀如榯

▶【834-2】 字解誤謬與否；[爾雅釋宮]榯亦謂之序(改與序通儀禮序則鉤楹內註序讀如榯)[唐韻]古者序榯同 [[爾雅釋宮]榯亦謂之序(改與序通儀禮序則鉤楹內註序讀如榯)]

★이상과 같이 오류(誤謬) 수정(修訂)이 되면○여서통(與序通; 사(榯)는 서(序)와 같이 통용한다) ○서칙구영내(序則鉤楹內; 사당이면 기둥안쪽) ○서독여사(序讀如榯; 서(序)는 사(榯)와 같이 읽는다) 는 자전상(字典上) 사(榯)의 본의(本義)에 일부 영향이 미치게 됨.

康 榮 (영)[唐韻]永兵切[集韻][正韻]于平切[韻會]於營切荙音營[說文]桐木也見桐字註　又屋梠之兩頭起者爲榮[禮喪大記]升自東榮降自西北榮[註]榮屋翼也　又榮華[爾雅釋草]木謂之華草謂之榮不榮而實者謂之秀榮而不實者謂之英　又[淮南子時則訓]

秋行夏令爲華行春令爲榮　又榮者辱之反[老子道德經]知其榮守其辱　又人以血爲榮以氣爲衞[內經]榮衞不行五臟不通　又[謚法]寵祿光大曰榮　又州名[前漢地理志]屬犍爲郡唐置榮州　又杜榮忘憂艸也[郭璞爾雅註]一名蒬今芒草可爲索　又姓[史記聖門弟子傳]榮旂[莊子]榮啓期　又[集韻]維傾切音營義同　又叶以中切音融[越絶書]種留封侯不知令終二賢比德種獨不榮[楊愼云]東韻宜收榮字　又叶爲命切音詠[揚雄太玄經]宗其高年鬼待敬也牽羊于叢不足榮也鼎血之猶信王命也

【 오류정리 】

○康誤處 1; 又杜榮忘憂艸也[郭璞爾雅註]一名蒬今芒草可爲索(改又杜榮草也爾雅蒬杜榮註似茅皮可以爲繩索履屬)

●考證；謹按杜榮非忘憂草今改又杜榮草也爾雅蒬杜榮註似茅皮可以爲繩索履屬

◆整理；又杜榮忘憂艸也(우두영망우초야)[郭璞爾雅註(곽박이아주)]一名蒬今芒草可爲索(일명망금망초가위삭)을 又杜榮草也(우두영초야) [爾雅(이아)]蒬杜榮(망두영) [註(주)] 似茅皮可以爲繩索履屬(사모피가이위승삭리교)로 고침.

◆訂正文；又杜榮草也[爾雅]蒬杜榮[註]似茅皮可以爲繩索履屬

▶【835-1】 字解誤謬與否；又杜榮忘憂艸也[郭璞爾雅註]一名蒬今芒草可爲索(改又杜榮草也爾雅蒬杜榮註似茅皮可以爲繩索履屬)

★이상과 같이 오류(誤謬) 수정(修訂)이 되면 ○두영초(杜榮草; 망경초(芒莖草)다. ○망두영(蒬杜榮; 망(蒬)은 두영(杜榮)이다) ○사모(似茅; 띠와 비슷하다) ○피가이위승삭(皮可以爲

繩索; 껍데기로는 밧줄 꼬기에 적당하다) ○리교(履屬; 짚신을 신다) [爾雅釋草]莣 杜榮[註]今莣草似茅皮可以爲繩索履屬也 가 되는데 두영초(杜榮草; 망우초(忘憂草))는 자전상(字典上) 영(榮)의 본의(本義)에 적극 영향이 미치게 됨.

⊛楮(지)[唐韻][集韻][韻會]章移切[正韻]旨而切𡘋音支[說文]柱砥古用木今用石[徐曰]柱下根也[爾雅釋訓]楮柱也[郭註]相楮註也 又[前漢項羽傳]枝梧一作楮梧 又[易恆卦]上六振恆凶[說文]作楮恆未詳

【 오류정리 】
○康誤處 1; [爾雅釋訓(改釋言)]楮柱也[郭註]相楮註也
●考證 ; 謹照原書釋訓改釋言
◆整理 ; [爾雅(이아)의 釋訓(석훈)은 釋言(석언)의] 착오
◆訂正文 ; [爾雅釋言]楮柱也[郭註]相楮註也
▶【836-1】 字解誤謬與否 ; [爾雅釋訓(改釋言)]楮柱也[郭註]相楮註也 [釋訓(改釋言)]
★이상과 같이 인용처(引用處)나 주소(註疏)의 오류(誤謬)를 수정(修訂)을 한다 하여도 자전상(字典上)의 지(楮)의 본의(本義)에는 영향이 미치지 않음.

⊛榳(정)[集韻][類篇]𡘋唐丁切音亭榯榳長水貌[正字通]以爲梃字之譌非

【 오류정리 】
○康誤處 1; 榯榳長水(改木)貌
●考證 ; 謹照原文水改木
◆整理 ; 榯榳長(령정장) 水(수)는 木(목)의 착오.
◆訂正文 ; 榯榳長木貌

▶【837-1】 字解誤謬與否 ; 榯榳長水(改木)貌 [水(改木)]
★이상과 같이 오류(誤謬) 수정(修訂)이 되면 령정장목모(榯榳長木貌; 문설주가 긴 모양)로 바뀌니 자전상(字典上) 정(榳)의 본의(本義)에 영향이 미치게 됨.

⊛榽(혜)[唐韻]胡雞切[集韻][類篇]弦雞切𡘋音兮[爾雅釋木]魄榽橀[註]木細葉似檀今河東有之齊諺曰上山斫檀榽橀先殫 又[集韻]胡計切音係[說文]束也 又[廣韻]戶佳切音傒榽棱也

【 오류정리 】
○康誤處 1; [爾雅釋木]魄榽橀[註]木細葉似檀今河(改江)東有之
●考證 ; 謹照原文河改江
◆整理 ; [爾雅釋木(이아석목)] [註(주)]의 河(하)는 江(강)의 착오.
◆訂正文 ; [爾雅釋木]魄榽橀[註]木細葉似檀今江東有之

▶【838-1】 字解誤謬與否 ; [爾雅釋木]魄榽橀[註]木細葉似檀今河(改江)東有之 [河(改江)]
★이상과 같이 오류(誤謬) 수정(修訂)이 된다 하여도 목명(木名; 백(魄) 혜혜(榽橀))을 논하는 문장에서 산출지(産出地)인 강동(江東; 양자강(揚子江)의 동쪽 하류지역인 무호(蕪湖) 남경(南京) 일대로 삼국시대(三國時代) 오지(吳地))으로 바르게 잡음이나 자전상(字典上) 혜(榽)의 본의(本義)에는 영향이 미치지 않음.

⊛槀(고)[唐韻][集韻][韻會]𡘋苦浩切音考[說文]枯木一作槁[易說卦]離爲火其于木也爲科上槁[註]草木空中者必枯槁也 又乾魚謂之槀[禮曲禮]祭槀魚曰商[註]槀乾也與周禮辨魚

物爲蠹薧之薧同　又[集韻]口到切音靠義同　又[唐韻]古老切音縞槀本藥名也[荀子大略篇]蘭茝藁本　又枯槀之槀亦讀作縞[禮樂記]之如槀木　又積也[左傳哀三年]富父槐去表之槀道還公宮　又與箛通[馬融長笛賦]持箛槀而莛立[註]箛槀二竹名

【 오류정리 】

○康誤處 1;[禮曲禮]祭槀魚曰商(改槀魚曰商祭)

●考證;謹照原文改槀魚曰商祭

◆整理;[禮曲禮(예곡예)]의 祭槀魚曰商(제고어왈상)은 槀魚曰商祭(고어왈상제)의 착오.

◆訂正文;[禮曲禮]槀魚曰商祭

▶【839-1】 字解誤謬與否;[禮曲禮]祭槀魚曰商(改槀魚曰商祭) [祭槀魚曰商(改槀魚曰商祭)]

★이상과 같이 오류(誤謬) 수정(修訂)이 된다 하여도 고어왈상제(槀魚曰商祭; 제사에 마른 고기를 쓰는데 마른 정도를 헤아려 적당한 것을 쓴다)가 되는데 자전상(字典上) 고(槀)의 본의(本義)에는 직접 영향이 미치게 됨.

康槃(반)[唐韻]薄官切[集韻][韻會][正韻]蒲官切音盤[說文]承盤也或从金或从皿亦作柈[禮內則]適父母舅姑之所少者奉槃長者奉水請沃盥[周禮天官掌舍]若合諸侯則共珠槃玉敦[註]古者以槃盛血以敦盛食　又槃樂也[詩衞風]考槃在澗[鄭箋]考成也槃樂也　又槃停不進也[宋書吳喜傳]西雉旣殄便應還朝而解姑槃停托云捍蜀又叶蒲沿切便平聲[劉邵趙都賦]首渠渓波池潺湲經落疇邑詰曲縈槃

【 오류정리 】

○康誤處 1;[周禮天官掌舍(改玉府)]若合諸侯則共珠槃玉敦[註]古者以槃盛皿(改血)

●考證;謹照原文掌舍改玉府皿改血

◆整理;[周禮天官(주례천관)의 掌舍(장사)는 玉府(옥부)의 착오이고] [註(주)]의 皿(명)은 血(혈)의 착오.

◆訂正文;[周禮天官玉府]若合諸侯則共珠槃玉敦[註]古者以槃盛血

▶【840-1】 字解誤謬與否;[周禮天官掌舍(改玉府)]若合諸侯則共珠槃玉敦[註]古者以槃盛皿(改血) [掌舍(改玉府)] [皿(改血)]

★이상과 같이 인용처(引用處)나 주소(註疏)의 오류(誤謬)를 수정(修訂)하거나 반성혈(槃盛血; 쟁반에 가득 채운 피)로 바르게 잡는다 하여도 자전상(字典上)의 반(槃)의 본의(本義)에는 적극 영향이 미치게 됨.

康榗(도)[唐韻]土刀切[集韻][韻會][正韻]他刀切音叨[爾雅釋木]榗山榎[郭註]今山楸也又槐大曰楸小曰榎見楸字註　又條也[詩秦風註]條又作檮榗也[爾雅釋木]謂之柚條　又[唐韻]他浩切[集韻]土皓切音討義同○按爾雅一爲橘屬一爲槐屬名榗者槐屬也正字通云榗有楸名非卽楸也

【 오류정리 】

○康誤處 1;[詩秦風註]條又作檮榗也[爾雅釋木]謂之柚條(爾雅一條改作詩秦風有條有梅傳條榗也釋文條本一作檮)

●考證;謹按爾雅柚條乃橘柚之柚非榗也今節爾雅一條改作詩秦風有條有梅傳條榗也釋文條本一作檮

◆整理;[爾雅釋木(이아석목)] 謂之柚條(위지유조)인데, 爾雅一條(이아일조)만 다음과 같이 改作(개작)함. [詩秦風(시진풍)] 有條有梅傳條榗也(유조유매전조도야)[釋文(석문)] 條本一作檮(조본일작조)

◆訂正文 ; [詩秦風註]條又作櫄楀也
[詩秦風]有條有梅傳條楀也釋文條本一
作櫄
▶【841-1】 字解誤謬與否 ; [詩秦
風註]條又作櫄楀也[爾雅釋木]謂之柚
條(爾雅一條改作詩秦風有條有梅傳條
楀也釋文條本一作櫄) [[爾雅釋木]謂
之柚條(爾雅一條改作詩秦風有條有梅
傳條楀也釋文條本一作櫄)]
★이상과 같이 오류(誤謬)를 수정(修
訂)을 하게 되면 ○유조유매(有條有
梅; 산초나무와 매화나무가 있다) ○
전조(傳條; 전(傳)의 조문(條文)에) ○
도야(楀也; 개오동나무다. 라 하였다)
○조본일작조(條本一作櫄; 조(條)를
조(櫄)로도 쓴다) 인데 자전상(字典
上) 도(楀)의 본의(本義)에 직접 일부
가 영향을 미치게 됨.

康 槅(격)[唐云]古覈切[集韻][類
篇]各覈切𠀤音革[說文]大車枙也與軶
通[張衡西都賦]商旅連槅 又[集韻]
[類篇]𠀤下革切音覈果中核也或作槅
又核也[左思蜀都賦]看槅四陳

【 오류정리 】
○康誤處 1; [張衡西都賦(改西京賦)]
商旅連(改聯)槅
●考證 ; 謹照原文西都賦改西京賦連
改聯
◆整理 ; [張衡(장형)의 西都賦(서도
부)는 西京賦(서경부)], 連(연)은 聯
(연)의 착오.
◆訂正文 ; [張衡西京賦]商旅聯槅
▶【842-1】 字解誤謬與否 ; [張衡
西都賦(改西京賦)]商旅連(改聯)槅
[西都賦(改西京賦)] [連(改聯)]
★이상과 같이 인용처(引用處)나 주
소(註疏), ○상여(商旅; 행상. 도부장
수). ○연도(聯槅; 과일을 사고 팔다)
[文選張衡西京賦]商旅聯槅隱隱展展

등(等)의 오류(誤謬)를 수정(修訂)을
한다 하여도 자전상(字典上)의 격(槅)
의 본의(本義)에는 영향이 미치지 않
음.

康 槍(창)[唐韻]七羊切[集韻][韻
會][正韻]千羊切𠀤音鏘[說文]距也
[周禮秋官職舍]國有大故而用金石則掌
其令[註]用金石者作槍雷椎椁之屬[揚
雄長楊賦]木雍槍纍以爲儲胥 又[玉
篇]木兩頭銳也[類篇]剡木傷盜曰槍
又曰器也見樀字註 又抵也[前漢路
溫舒傳]見獄吏則頭槍地 又[前漢天
文志]紫宮左之星曰天槍 又姓[姓苑]
漢槍傳 又[集韻][韻會]楚耕切[正
韻]抽庚切𠀤音崢[爾雅釋天]彗星爲欃
槍亦叶音鏘[宋謝瞻張子房詩]婉婉慔
中晝輝輝天業昌鴻門銷薄蝕垓下阻欃
槍
○康誤處 1; [周禮秋官職舍(改職金)]
國有大故而用金石則掌其令
●考證 ; 謹照原文職舍改職金
◆整理 ; [周禮秋官(주례추관)의 職舍
(직사)는 職金(직금)의] 착오.
◆訂正文 ; [周禮秋官職金]國有大故
而用金石則掌其令
▶【843-1】 字解誤謬與否 ; [周禮
秋官職舍(改職金)]國有大故而用金石
則掌其令 [職舍(改職金)]
★이상과 같이 인용처(引用處)나 주
소(註疏)의 오류(誤謬)를 수정(修訂)
을 한다 하여도 자전상(字典上)의 창
(槍)의 본의(本義)에는 영향이 미치지
않음.

康 槎(차)[唐韻][韻會]仕下切[集
韻]側下切[正韻]茶下切𠀤音厏[說文]
衺斫也本作㮸[春秋公羊傳]山木不槎
[尙書刊木註]刊槎其木 又[唐韻]仕
加切[集韻][韻會][正韻]鋤加切𠀤音

査義同　又桴也同査見査字註

【 오류정리 】

○康誤處 1；[春秋公羊傳]山木不槎
(改魯語里革曰山不槎蘖)

●考證 ；謹照原按公羊傳無山木不槎
之文今改魯語里革曰山不槎蘖

◆整理 ；[春秋(춘추) 公羊傳(공양
전)]山木不槎(산목불차)는 없는 문장
으로 [魯語(로어)]里革曰山不槎蘖(리
혁왈산불차얼)로 교체함.

◆訂正文 ；[魯語]里革曰山不槎蘖

▶【844-1】 字解誤謬與否 ；[春秋
公羊傳]山木不槎(改魯語里革曰山不槎
蘖)

★이상과 같이 오류(誤謬) 수정(修訂)
이 되면 리혁왈산불차얼(里革曰山不
槎蘖; 노국(魯國)의 태사극(太史克)이
일러주기를 산에서는 새싹을 찍지 아
니한다)이라 자전상(字典上) 차(槎)의
본의(本義)에 직접 영향이 미치게 됨.

木部 十一畫

康樣(改樣)(사)[唐韻]宅加切[集韻]
直加切𡘋乍平聲[唐韻]此卽今茶𦯴之
茶[廣韻]茶𦯴也今作茶俗字不可从[唐
權德輿撰陸贄翰苑集序]領新茶一串作
此字　又[廣韻]同都切音徒楸木別名
春藏葉可以爲飮巴南人曰葭樣　又[集
韻]苦茶也詳櫃字註

【 오류정리 】

○康誤處 1；樣(改樣)

●考證 ；謹按說文無此字今改樣

◆整理 ；樣(사)는 樣(사)의 착오.

◆訂正文 ；樣

▶【845-1】 字解誤謬與否 ；樣(改
樣)

★이상과 같이 원자(原字) 오류(誤謬)
수정(修訂)이 된다 하여도 자전상(字
典上) 사(樣)의 본의(本義)에는 영향

이 미치지 않음.

康楢(유)[唐韻]與久切[集韻][韻
會]以九切[正韻]云九切𡘋音酉[說文]
積火燎之也[詩大雅]薪之楢之[傳]楢
積也[箋]豫斫以爲薪至祭皇天上帝及
三辰則聚積以燎之[周禮春官]以楢燎
祀司中司命飌師雨師或作禂栖通作楢
又[廣韻][集韻][韻會]余救切[正韻]
爰救切𡘋音柚又[集韻][韻會][類篇]
𡘋夷周切音猶義𡘋同

【 오류정리 】

○康誤處 1；[說文]積火(改積木)燎之
也

●考證 ；謹照集韻原文積火改積木

◆整理 ；[說文(설문)] 積火(적화)는
積木(적목)의 착오.

◆訂正文 ；[說文]積木燎之也

▶【846-1】 字解誤謬與否 ；[說文]
積火(改積木)燎之也 [積火(改積木)]

★이상과 같이 오류(誤謬) 수정(修訂)
이 되면 적목료지야(積木燎之也; 나
무를 싸놓고 불지르다)라 자전상(字
典上) 유(楢)의 본의(本義)에 영향이
미치게 됨.

○康誤處 2；通作楢(改猶)

●考證 ；謹照集韻原文楢改猶

◆整理 ；楢(유)는 猶(유)의 착오.

◆訂正文 ；通作猶

▶【847-2】 字解誤謬與否 ；通作楢
(改猶) [楢(改猶)]

★이상과 같이 각자(各字)의 통작(通
作) 자(字)가 오류(誤謬)를 범하여 수
정(修訂)이 된다 하여도 자전상(字典
上) 각자(各字)의 본의(本義)에는 영
향이 미치지 않음.

康樂(악)[唐韻]五角切[集韻][韻
會][正韻]逆角切𡘋音岳[說文]五聲八

音之總名[書舜典]夔命女典樂教冑子
詩言志歌永言聲依永律和聲[易豫卦]
先王作樂崇德殷薦之上帝以配祖考[禮
樂記]大樂與天地同和又鐘鼓羽籥干戚
樂之器也屈伸俯仰綴兆舒疾樂之文也
[孝經]移風移俗莫善于樂　又姓[左傳]
晉大夫樂王鮒[戰國策]燕樂毅複姓[孟
子]樂正裘　又[唐韻]盧各切[集韻]
[韻會][正韻]歷各切𡗆音洛喜樂也[通
論]喜者主於心樂者無所不被[易繫辭]
樂天知命[孟子]與民同樂　又[集韻]
力照切[正韻]力召切𡗆音療[詩陳風]
可以樂飢毛音洛鄭音療　又[集韻][韻
會][正韻]𡗆魚敎切[論語]仁者樂山又
益者三樂　又[韻補]盧谷切音祿[太公
下略]四民用虛國乃無儲四民用足國乃
安樂[班固東都賦]食舉雍徹太師奏樂
陳金石布絲竹　又[唐韻]魯刀切音勞
[廣韻]伯樂相馬一作博勞

【 오류정리 】

○康誤處 1;[孝經]移風移俗(改易俗)
莫善于樂

●考證;謹照原文移俗改易俗

◆整理;[孝經(효경)] 移俗(이속)은
易俗(역속)의 착오.

◆訂正文;[孝經]移風易俗莫善于樂

▶【848-1】 字解誤謬與否;[孝經]
移風移俗(改易俗)莫善于樂　[移俗(改
易俗)]

★이상과 같이 오류(誤謬) 수정(修訂)
이 된다 하여도 역속(易俗;세속을
바꾸다) 자전상(字典上) 악(樂)의 본
의(本義)에는 영향이 미치지 않음.

㉭樊 (번)[唐韻]附袁切音煩[說文]
作𤣥鷙不行也从廾从棥[徐曰]鷙猶摰
也鷹隼之屬見籠不得出以左右攀引外
也[廣韻]樊籠也[莊子養生主]澤雉十
步一啄百步一飲不期畜于樊中　又通
棥[詩小雅]止于樊[說文]作棥[孫炎

曰]樊圃之樊也謂樊籬[莊子山木篇]莊
子遊乎雕陵之樊睹一蟬得美蔭而忘其
身　又紛雜貌[莊子齊物論]樊然殽亂
　又國名[詩大雅]生仲山甫[毛傳]仲
山甫樊侯也　又地名[左傳隱十一年]
王取田于鄭而與鄭人以溫原絺樊　又
姓[姓苑]仲山甫之後因國爲氏　又[正
韻]符艱切義同　又通鞶[周禮春官巾
車]掌王之五路一曰玉路錫樊纓[鄭註]
鞶馬大帶也步干切與鞶通[左傳]作曲縣
繁纓　又[高誘曰]扶萬切音飯樊桐山
名[淮南子地形訓]樊桐在崑崙閶闔之
中　又叶汾沿切讀若楩[左思贈妹詩]
才麗漢班明朗楚樊默識若記下筆成篇
[白居易中隱詩]大隱住朝市小隱住丘
樊不如作中隱隨月有俸錢○按說文
廾部收樊下不从大今誤入

【 오류정리 】

○康誤處 1;[周禮春官巾車]掌王之五
路一曰玉路錫樊纓(改錫樊纓)

●考證;謹照原文錫樊纓改錫樊纓

◆整理;[周禮春官(주례춘관) 巾車
(건거)] 錫樊纓(석번영) 錫樊纓(양번
영) 살피건대 이는 오류가 아님.

※筆者謹按周禮原本 ; 周禮卷二十七
春官宗伯禮官之職[巾車]掌公車之政
令辨其用與其旗物而等敍之以治其出
入王之五路一曰王路錫樊纓十有再就建
大常十有二斿以祀

◆訂正文;[周禮春官巾車]掌王之五
路一曰玉路錫樊纓

▶【849-1】 字解誤謬與否;[周禮春
官巾車]掌王之五路一曰玉路錫樊纓
(改錫樊纓)　[錫樊纓(改錫樊纓)]

★이상과 같이 오류(誤謬) 수정(修訂)
이 되면 양번영(錫樊纓;말의 뱃대
끈)이 되어 자전상(字典上) 번(樊)의
본의(本義)에 직접 영향이 미치게 됨.

○康誤處 2;[鄭註] 鞶馬大帶也步干
切與鞶通[左傳]作曲縣繁纓(步干切以

下非鄭註也謹照原文改鄭註樊讀如鞶馬
大帶也釋文步干反左傳作繁纓)

●考證；謹按步干切以下非鄭註也謹
照原文改鄭註樊讀如鞶馬大帶也釋文步
干反左傳作繁纓

◆整理；[鄭註(정주)] 鞶馬大帶也(반
마대대야) 步干切(보간절)　與鞶通(여
반통)[左傳(좌전)]作曲縣繁纓(작곡현
번영)은　[鄭註(정주)] 樊讀如鞶馬大帶
也(번독여반마대대야)　[釋文(석문)]
步干反左傳作繁纓(보간반좌전작번영)
의 착오.

◆訂正文；[鄭註]樊讀如鞶馬大帶也
[釋文]步干反[左傳]作繁纓

▶【850-2】 字解誤謬與否；[鄭註]
鞶馬大帶也步干切與鞶通[左傳]作曲
縣繁纓(步干切以下非鄭註也謹照原文
改鄭註樊讀如鞶馬大帶也釋文步干反左
傳作繁纓)

▶【846-2】 字解誤謬與否；[鄭註]
鞶馬大帶也步干切與鞶通[左傳]作曲
縣繁纓(步干切以下非鄭註也謹照原文
改[鄭註]樊讀如鞶馬大帶也[釋文]步干
反[左傳]作繁纓)

★이상과 같이 인용처(引用處)나 주
소(註疏) 등(等)의 오류(誤謬)를 수정
(修訂)을 한다 하여도 자전상(字典上)
의 번(樊)의 본의(本義)에는 영향이
미치지 않으나 ○번독여반(樊讀如
鞶; 번(樊)은 반(鞶)과 같이 읽는다)
○마대대야(馬大帶也; 말의 안장을
매는 넓고 큰 띠) ○보간반(步干反;
보와 간의 반절음이다) ○작번영(作
繁纓; 말안장 양 옆으로 늘어 뜨리는
가슴걸이를하다)　[左傳成二年]曲縣
繁纓以朝[釋文]繁步干反繁纓亦作樊纓
[周禮巾車]玉路錫樊纓十有再就[註]
樊讀如'鞶帶'之'鞶謂今之馬大帶也 은
일부 본의(本義)에 적극 영향이 미치
게 됨.

康 樓(루)[唐韻]落侯切[集韻][韻
會]郎侯切[正韻]盧侯切夶音婁[說文]
重屋也[爾雅釋宮]四方而高曰臺狹而
脩曲曰樓[釋名]樓謂牖戶之閒有射孔
樓樓然也　又偵敵之車曰飛樓赤曰樓
車[六韜軍略篇]視城中則有飛樓[左傳
宣二十五年]解揚登諸樓車呼宋人而告
之　又岑樓山之銳嶺[孟子]方寸之木
可使高於岑樓　又譙樓城樓也[前漢陳
勝傳]戰譙門中又謂之戍樓[儲光羲送
別詩]寒雲隱戍樓　又樓蘭國名見[前
漢昭帝紀　又[爾雅釋詁]樓聚也　又
[爾雅釋草]栝樓果臝之實[註]齊人呼爲
木瓜　又道家以兩肩爲玉樓[蘇軾雪
詩]凍合玉樓寒起粟　又姓[姓苑]望出
東陽周封少康之裔爲東樓公子孫因氏
焉　又叶凌如切音閭[古日出東南隅
行]日出東南隅照我秦氏樓秦氏有好女
自名爲羅敷　又離樓衆木交加之貌[王
延壽魯靈光殿賦]嶔崟離樓

【 오류정리 】

○康誤處 1;[爾雅釋草]栝樓果臝之實
(改果臝之實栝樓)[註]齊人呼爲木瓜
(改天瓜)

●考證；謹照原文改果臝之實栝樓木
瓜改天瓜

◆整理；[爾雅釋草(이아석초)]의 栝
樓(괄루) 果臝之實(과라지실)은 果臝
之實(과라지실) 栝樓(괄루)의 착오,
[註(주)]의 木瓜(목과)는 天瓜(천과)
의 척오.

◆訂正文；[爾雅釋草]果臝之實栝樓
[註]齊人呼爲天瓜

▶【851-1】 字解誤謬與否；[爾雅
釋草]栝樓果臝之實(改果臝之實栝
樓)[註]齊人呼爲木瓜(改天瓜) [栝樓
果臝之實(改果臝之實栝樓)] [木瓜(改
天瓜)]

★이상과 같이 오류(誤謬)가 수정(修
訂)이 되면 ○과라지실괄루(果臝之

實栝樓; 天瓜) [爾雅釋草]果臝之實栝樓[註]齊人呼爲天瓜 ○천과(天瓜; 하늘타리)가 되는데 이는 자전상(字典上) 루(樓)의 본의(本義)에 적극 영향이 미치게 됨.

⚗標(표)[唐韻]甫遙切[集韻][韻會][正韻]卑遙切𡘋音猋木末也[管子霸言篇]大本而小標[淮南子天文訓]本標相應 又高枝曰標[莊子天地篇]上如標枝民如野鹿 又表也[禮投壺]飮畢之後司射請爲勝者樹標書宣帝[晉紀]立兩標以別新舊 又旌旗也[淸異錄]梁祖建火龍標 又標樹位置也[唐書王義方傳]高自標樹 又書也[孫綽天台山賦]名標於奇紀 又[說文]敷沼切音標[廣韻]方小切音褾義𡘋同

【 오류정리 】

○康誤處 1; [禮投壺(增疏字)]飮畢之後司射請爲勝者樹標
●考證 ; 謹按此孔疏非經文謹照原書投壺下增疏字
◆整理 ; [禮(예) 投壺(투호)아래 疏(소)를] 덧붙임.
◆訂正文 ; [禮投壺疏]飮畢之後司射請爲勝者樹標
▶ 【852-1】 字解誤謬與否 ; [禮投壺(增疏字)]飮畢之後司射請爲勝者樹標 [投壺(增疏字)]
★이상과 같이 인용처(引用處)나 주소(註疏)의 오류(誤謬)를 수정(修訂)을 한다 하여도 자전상(字典上)의 표(標)의 본의(本義)에는 영향이 미치지 않음.

⚗樛(규)[唐韻]居虯切[集韻][韻會][正韻]居尤切音鳩木下句曰樛[詩周南]𡘋南有樛木[毛傳]木枝下曲 又絞也[儀禮喪經]不樛垂[註]不絞其帶之垂者亦與繆通[禮檀弓]叔仲皮死其

妻衣衰而繆絰[註疏]繆當爲樛謂兩股相交也[前漢五行志]天兩草葉相樛結大如彈丸 又樛流周流也[揚雄反騷]望崑崙以樛流 又姓[史記尉陀傳]陀太子嬰齊取邯鄲樛氏女 又[集韻]亡幽切音鷚木名 又憐蕭切音聊義同

【 오류정리 】

○康誤處 1; [儀禮喪經(改喪服)]不樛垂
●考證 ; 謹照原書喪經改喪服
◆整理 ; [儀禮(의례)의 喪經(상경)은 喪服(상복)의] 착오.
◆訂正文 ; [儀禮喪服]不樛垂
▶ 【853-1】 字解誤謬與否 ; [儀禮喪經(改喪服)]不樛垂 [喪經(改喪服)]
★이상과 같이 인용처(引用處)나 주소(註疏)의 오류(誤謬)를 수정(修訂)을 한다 하여도 자전상(字典上)의 표(標)의 본의(本義)에는 영향이 미치지 않음.

木部 十二畫

⚗樴(직)[唐韻]之翼切[集韻][韻會]質力切𡘋音職[說文]杙也[爾我釋宮]樴謂之杙[郭註]㮤也 又[玉篇]繫牛杙[周禮春官]大祭祀展犧牲繫于牽頒于職[鄭註]職讀作樴[疏]謂牽牲于橜置橜之時樴樴然作聲故讀从樴 又[集韻]敵得切音特義同 又[集韻]逸織切音弋[說文]劉杙或作樴

【 오류정리 】

○康誤處 1; [周禮春官(改肆師)]大祭祀展犧牲繫于牽(改牢)頒于職(增人字)
●考證 ; 謹照原文春官改肆師牽改牢職下增人字
◆整理 ; [周禮(주례) 春官(춘관)은 肆師(사사)위 착오.] 牽(견)은 牢(뢰)의 착오이며 職(직)에 이어 人字(인자)를 덧붙임.

◆訂正文 ; [周禮肆師]大祭祀展犧牲繫于牢頒于職人

▶【854-1】 字解誤謬與否 ; [周禮春官(改肆師)]大祭祀展犧牲繫于牽(改牢)頒于職(增人字) [春官(改肆師)] [牽(改牢)] [職(增人字)]

★이상과 같이 인용처(引用處)나 주소(註疏)와 ○뢰반(牢頒; 희생을 분배하고)으로 오류(誤謬)를 수정(修訂)을 하거나 ○직인(職人; 장색(匠色) 장인(匠人). 목수. 미장이 등)으로 증자(增字)를 한다하여도 자전상(字典上)의 직(橷)의 본의(本義)에는 영향이 미치지 않음.

康樹(수)[唐韻]常句切[集韻][韻會][正韻]殊遇切𡘋殊去聲[說文]生植之總名[左傳昭二年]季氏有嘉樹宣子譽之[禮祭義]樹木以時伐焉[淮南子原道訓]萍樹根于水木樹根于土 又[爾雅釋宮]屛謂之樹[論語]邦君樹塞門 又[揚子方言]㮤謂之杠北燕朝鮮閒謂之樹 又獸名[儀禮鄕射禮]君國中射皮樹[註]皮樹獸名謂皮作樹形以射之 又姓也[後魏官氏志]樹洛于氏後改爲樹氏 又[唐韻][廣韻][集韻][韻會][正韻]𡘋臣庾切音豎扶樹也[徐鍇曰]樹之言豎也種樹曰樹[易繫辭]古之葬者不封不樹[詩小雅]荏染柔木君子樹之往來行人心焉數之 又立也[書說命]樹后王君公承以大夫師長[泰誓]樹德務滋除惡務本[畢命彰善癉惡樹之風聲 又諸侯之適子天子命爲之嗣者曰樹子[穀梁傳僖九年]無易樹子 俗作𣗳非

【 오류정리 】

○康誤處 1; [儀禮鄕射禮]君國中射(增則字)皮樹(增中字)

●考證 ; 謹照原文皮上增則字樹下增中字

◆整理 ; [儀禮鄕射禮(의례향사례)]

君國中射(군국중사)에 이어 則字(칙자)를 덧붙이고, 皮樹(피수)에 이어 中字(중자)를 덧붙임.

◆訂正文 ; [儀禮鄕射禮]君國中射則皮樹中

▶【855-1】 字解誤謬與否 ; [儀禮鄕射禮]君國中射(增則字)皮樹(增中字) [中射(增則字)] [皮樹(增中字)]

★이상과 같이 ○칙(則; 법칙. 막다. 간격을 두다. 떨어져 있다) ○중(中; 가운데. 중등. 불편부당)을 덧붙인다하여도 자전상(字典上) 수(樹)의 본의(本義)에는 영향이 미치지 않음.

康樺(화)[唐韻][集韻][韻會]胡化切[正韻]胡挂切𡘋音嫿[廣韻]木名[玉篇]木皮可以爲燭或作樺通作華[莊子壤王篇]原憲華冠縱履[註]以華皮爲冠[司馬相如上林賦]華楓枰櫨[師古註]華卽今樺皮貼弓者詳櫰字註 又[集韻]戶花切音驊義同 又[集韻]訖黠切音夏鼓也

【 오류정리 】

○康誤處 1; [莊子壤王篇]原憲華冠縱(改縰)履

●考證 ; 謹照原文縱改縰

◆整理 ; [莊子(장자) 壤王篇(양왕편)]의 縱(종)은 縰(쇄)의 착오.

◆訂正文 ; [莊子壤王篇]原憲華冠縰履

▶【856-1】 字解誤謬與否 ; [莊子壤王篇]原憲華冠縱(改縰)履 [縱(改縰)]

★이상과 같이 오류(誤謬) 수정(修訂)이 되면 쇄(縰; 머리쓰개)로 고쳐서 자전상(字典上) 화(樺)의 본의(本義)에 직접 영향이 미치게 됨.

康樽(준)[唐韻][集韻][韻會][正韻]𡘋租昆切音尊[說文]作尊[玉篇]酒

器也[正韻]从木者後人所加亦作罇[易大過]樽酒簋貳用缶　又[儀禮燕禮註]禮法有以壺爲樽者[左傳昭十四年]樽以魯壺　又止也[淮南子要略訓]樽流遁之觀　又[韻會]禮運以尊爲尊卑之尊別出樽字然樽乃林木茂盛之字　又叶蹤倫切音遵[馬融東巡頌]圭璋峨峨犧牲潔純鬱圛宗彝明水元樽　又叶且緣切音詮[蘇軾祭單君貺文]何以慰君中里一尊人生如夢何促何延

【 오류정리 】

○康誤處 1; [左傳昭十四年(改十五年)]樽以魯壺

●考證 ; 謹照原文十四年改十五年

◆整理 ;; [左傳昭(좌전소) 十四年(십사년)은 十五年(십오년)의] 착오.

◆訂正文 ; [左傳昭十五年)]樽以魯壺

▶【857-1】 字解誤謬與否 ; [左傳昭十四年(改十五年)]樽以魯壺 [十四年(改十五年)]

★이상과 같이 인용처(引用處)나 주소(註疏)의 오류(誤謬)를 수정(修訂)을 한다 하여도 자전상(字典上)의 준(樽)의 본의(本義)에는 영향이 미치지 않음.

㉭橈(요)[廣韻][集韻][韻會][正韻]𠀤女教切音鬧[說文]曲木[周禮冬官考工記]其覆車也轅直且無橈也　又枉也[禮月令]命有司申嚴百刑毋或枉橈　又弱也[易大過]棟橈凶[前漢高帝紀]與酈食其謀橈楚權又散也[易說卦傳]橈萬物者莫疾乎風　又摧折也[左傳成二年]畏君之震師徒橈敗　又層橈屋飾也[淮南子本經訓]夭矯曾橈　又柔橈骨體奕弱也[司馬相如上林賦]柔橈嫚嫚嫵媚纖弱[揚子方言]自關而西凡物小謂之孅橈　又[集韻][韻會][正韻]𠀤女巧切音撓亂也　又[集韻]爾紹切音獿亦曲木　又[唐韻][集韻][韻

會]𠀤如招切音饒楫也[博雅]楫謂之橈[後漢岑彭傳]襄直進樓船冒突露橈數千艘[註]露橈露楫在外人在船中　又[集韻]尼交切音鐃曲也

【 오류정리 】

○康誤處 1; [周禮冬官考工記]其覆車也轅直且無橈也(改輈人惟轅直且無橈也)

●考證 ; 謹按所引非原文謹照原文改輈人惟轅直且無橈也

◆整理 ; [周禮冬官考工記(주례동관고공기)]의 其覆車也轅直且無橈也(기복거야원직차무요야)는 원문이 아닌고로 輈人惟轅直且無橈也(주인유원직차무요야)로 고침.

◆訂正文 ; [周禮冬官考工記]輈人惟轅直且無橈也

▶【858-1】 字解誤謬與否 ; [周禮冬官考工記]其覆車也轅直且無橈也(改輈人惟轅直且無橈也) [其覆車也轅直且無橈也(改輈人惟轅直且無橈也)]

★이상과 같이 오류(誤謬) 수정(修訂)이 된다 하여도 주인유(輈人惟; 끌채를 만드는 사람은 오직) [說文解字注]輈也攷工記輈人爲輈車人爲大車之轅 는 자전상(字典上) 요(橈)의 본의(本義)에는 요(橈; 굽다)에 영향이 미치지 않음.

㉭橋(교)[唐韻]巨嬌切[集韻][韻會]渠嬌切[正韻]祁堯切𠀤音喬[說文]水梁也从木喬聲喬高而曲也橋之爲言趫也矯然也[史記秦本紀]昭王五十年初作何橋　又懸繩以度曰絚橋[水經注]闍𡨴之境絚橋相引　又器之有橫梁者曰橋[儀禮士昏禮]筓加于橋[註]橋以庋筓　又桔橰上衡也[淮南子主術訓]橋直植立而不動俯仰取制焉　又橋泄嫚也[荀子榮辱篇]橋泄者人之殃也又戾也[呂覽離謂篇]聽言而不可知其

與橋言無擇　又木名[尙書大傳]橋木高而仰梓木晉而俯以喻父子　又陽橋[春秋]魯地　又姓[統譜]黃帝葬橋山子孫守塚因爲氏[史記貨殖傳]橋姚致馬千匹牛倍之　又[集韻]丘妖切音蹺[史記河渠書]山行乘橋[註]橋一作檋直轅車也　又[集韻]居勞切音高勁疾貌[莊子則陽篇]欲惡去就於是橋起　又[韻會]渠廟切音嶠[禮曲禮]奉席如橋衡[疏]左低右昂如橋之衡　又屈橋壯健貌[揚雄河東賦]千乘霆亂萬騎屈橋嘻嘻旭旭天地稱慜　又[正韻]古弔切音叫義同　又[正韻]吉了切音皎[荀子儒効篇]橋飾其情性[前漢武帝紀]陳湯橋發兵斬郅支　又[集韻]居夭切音矯人名秦有盛橋

【 오류정리 】

○康誤處 1; [儀禮士昏禮]笄(改筓)加于橋[註]橋以庪笄(改筓)
●考證 ; 謹照原文兩笄字𠀤改筓
◆整理 ; [儀禮士昏禮(의례사혼례)]笄(계)는 筓(계)로, 筓(계) 역시 筓(계)의 착오.
◆訂正文 ; [儀禮士昏禮]筓加于橋[註]橋以庪筓
▶【859-1】 字解誤謬與否 ; [儀禮士昏禮]笄(改筓)加于橋[註]橋以庪笄(改筓) [笄(改筓)] [笄(改筓)]
★이상과 같이 오류(誤謬) 수정(修訂)이 된다 하여도 ○笄는 계(筓)의 속자(俗字) ○계가(筓加; 비녀를 꽂다. 가로 들보. 橋梁) ○기계(庪筓; 가로 들보. 橋梁 筓加于橋[註]橋以庪筓)자전상(字典上) 교(橋)의 본의(本義)에 적극 영향이 미치게 됨.

◎橑(료)[唐韻][集韻][韻會]𠀤普皓切音老[說文]椽也[廣韻]簷前木[楚辭九歌]桂棟兮蘭橑[韻會]通作轑[前漢張敞傳]得之殿屋重轑中蘇林曰重梦也師古曰今之廊舍一邊虛爲兩夏者

又車前蓋如弓形者謂之橑[周禮冬官考工記輪人]弓鑿廣二枚[註]弓蓋橑也漢世呼弓爲橑子所以庇車者[淮南子說林訓]蓋非弓不能蔽日輪非輻不能追疾　又木段也[管子侈靡篇]雕卵然後瀹之雕橑然後爨之　又[集韻]憐蕭切[正韻]落蕭切𠀤音聊蓋骨也

【 오류정리 】

○康誤處 1; [周禮冬官考工記輪人]弓鑿廣二(改四)枚
●考證 ; 謹照原文二改四
◆整理 ; [周禮冬官考工記輪人(주례동관고공기수인)] 二(이)는 四(사)의 착오
◆訂正文 ; [周禮冬官考工記輪人]弓鑿廣四枚
▶【860-1】 字解誤謬與否 ; [周禮冬官考工記輪人]弓鑿廣二(改四)枚 [二(改四)]
★이상과 같이 오류(誤謬) 수정(修訂)이 된다 하여도 사매(四枚; 4 개. 4 매) 자전상(字典上) 료(橑)의 본의(本義)에는 영향이 미치지 않음.

◎槴(고)[唐韻]古胡切[集韻][韻會]攻乎切𠀤音孤木名　又[廣韻]苦胡切[集韻][韻會][正韻]空胡切𠀤音枯[類篇]牡槴山楡也[周禮秋官]壺涿氏掌除水蟲若欲殺其神則以牡槴貫象齒而焚之[註]槴讀爲枯枯楡木名　又[玉篇]木四布也　又[集韻]後五切[類篇]𠀤古切𠀤音戶木名

【 오류정리 】

○康誤處 1; [周禮秋官]壺涿氏掌除水蟲若欲殺其神則以牡槴貫象齒而焚(改沈)之
●考證 ; 謹照周禮原文焚改沈
◆整理 ; [周禮秋官(주례추관)] 焚(분)은 沈(심)의 착오.
◆訂正文 ; [周禮秋官]壺涿氏掌除水

蟲若欲殺其神則以牡橭貫象齒而沈之
▶【861-1】 字解誤謬與否 ; ［周禮
秋官］壺涿氏掌除水蟲若欲殺其神則以
牡橭貫象齒而焚(改沈)之 ［焚(改沈)］
★이상과 같이 오류(誤謬) 수정(修訂)
이 된다 하여도 심지(沈之; 빠지다)
자전상(字典上) 고(橭)의 본의(本義)
에는 영향이 미치지 않음.

ⓀⓀ欙(류)同柳［周禮天官典枲］衣翣柳
之材［註］翣柳一作接欙鄭元曰接讀爲澀
欙讀爲柳皆棺飾也
【 오류정리 】
○康誤處 1; ［周禮天官典枲(改縫人)］
衣翣柳之材［註(省註字)］翣柳一作接欙
(改爲故書作接欙)鄭元(改爲鄭衆)曰接
讀爲澀欙讀爲柳
●考證 ; 謹照原文典枲改縫人省註字
一作接欙改爲故書作接欙鄭元改爲鄭衆
◆整理 ; ［周禮天官(주례천관)의 典枲
(전시)는 縫人(봉인)의 착오] ［註(주)
註字(주자)는 삭제함.] 翣柳一作接欙
(삽류일작접류)는 故書作接欙(고서작
접류)로 고치고. 鄭元(정원)은 鄭衆
(정중)의 착오.
◆訂正文 ; ［周禮天官縫人］衣翣柳之
材故書作接欙鄭衆曰接讀爲澀欙讀爲
柳
▶【862-1】 字解誤謬與否 ; ［周禮
天官典枲(改縫人)］衣翣柳之材［註(省
註字)］翣柳一作接欙(改爲故書作接欙)
鄭元(改爲鄭衆)曰接讀爲澀欙讀爲柳
［典枲(改縫人)］ ［註(省註字)］ ［翣柳一
作接欙(改爲故書作接欙)］ ［鄭元(改爲
鄭衆)］
★이상과 같이 인용처(引用處)나 주
소(註疏)의 오류(誤謬)를 수정(修訂)
을 한다거나 ○고서작접류(故書作接
欙; 삽류(翣柳) 옛책에 있기를 운삽
(雲翣)과 불삽(黻翣) 류거(柳車)를 만

들었다 하였다) ［周禮天官典枲］衣翣
柳之材［註］翣柳一作接欙［鄭元］曰接讀
爲澀欙讀爲柳 ［周礼天官縫人］喪縫棺
飾焉衣翣柳之材［鄭玄註］引鄭司農皆棺
飾［孫詒讓正義］凡覆柩車者上曰柳下曰
墙柳衣謂之荒墙衣謂之帷后以翣柳指靈
柩 ○정중(鄭衆; 후한인(後漢人) 대사
농(大司農) 벼슬을 지내 정사농(鄭司
農)이라함 정현(鄭玄) 전대인(前代人)
이므로 경학가(經學家)에서 정중(鄭
衆)을 선정(先鄭) 정현(鄭玄)을 후정
(後鄭)이라 함. 이라 개서(改書)르 하게
되면 자전상(字典上)의 류(欙)의 본의
(本義)에 직접 영향을 미침.

木 部 十三畫
Ⓚ橿(강)［唐韻］［集韻］［韻會］［正
韻］ⓌⓌ居良切音薑［說文]枋也一曰鋤柄
［逸雅］齊人謂鋤柄曰橿橿然正直也 又
［唐韻］一名檍萬年木［爾雅釋木］杻檍
［註］材中車輞關西呼杻子一名土橿［周
禮冬官考工記］斬三材［註］轂用雜榆輻
以檀牙以橿 又［爾雅釋木］棧木［註］
橿木也江東呼木絡 又橿橿彊盛也［揚
子太玄經］左右橿橿 又山名［山海經］
橿谷之山多赤銅
【 오류정리 】
○康誤處 1; ［逸雅(改釋名)］齊人謂鋤
柄曰橿
●考證 ; 謹照原書逸雅改釋名
◆整理 ; ［逸雅(일아)는 釋名(석명)
의] 착오.
◆訂正文 ; ［釋名］齊人謂鋤柄曰橿
▶【863-1】 字解誤謬與否 ; ［逸雅
(改釋名)］齊人謂鋤柄曰橿 ［逸雅(改
釋名)］
★이상과 같이 인용처(引用處)나 주
소(註疏)의 오류(誤謬)를 수정(修訂)
을 한다 하여도 자전상(字典上)의 강
(橿)의 본의(本義)에는 영향이 미치지

않음.

康檀(단)[唐韻]徒干切[集韻]唐干切[正韻]唐闌切𡘋音壇[說文]木也[詩小雅]爰有樹檀[註]善木[鄭風]無折我樹檀[註]强靭之木[周禮冬官考工記]中車輻　又[本草]紫檀白檀[綱目]總謂之旃檀　又州名[前漢地理志]白檀縣屬漁陽郡唐置檀州　又姓[統譜]齊公族有食瑕丘檀城因以爲氏　又[集韻]時戰切音善人名春秋饔人檀

【 오류정리 】

○康誤處 1; [周禮冬官考工記]中車輻(改考工記鄭註輻以檀)

●考證 ; 謹按考工記無中車輻之文今改考工記鄭註輻以檀

◆整理 ; [周禮冬官(주례동관) 考工記(고공기)에는] 中車輻(중거복)은 없어 [鄭註(정주)] 輻以檀(복이단)으로 바꿈.

◆訂正文 ; [周禮冬官考工記][鄭註]輻以檀

▶【864-1】 字解誤謬與否 ; [周禮冬官考工記]中車輻(改考工記鄭註輻以檀) [中車輻(改考工記鄭註輻以檀)]

★이상과 같이 인용처(引用處)나 주소(註疏) 등(等)의 오류(誤謬)를 수정(修訂)을 한다 하여도 자전상(字典上)의 단(檀)의 본의(本義)에는 영향이 미치지 않으나 복이단(輻以檀; 박달나무를 가지고 바퀴살을 만든다)은 단(檀)의 본의(本義)에 적극 영향이 미치게 됨.

康隱(은)[唐韻]於謹切[集韻]倚謹切𡘋音隱本作檼[說文]栝也[註]正邪曲之器揉曲者曰隱正方者曰栝[荀子性惡篇]枸木必待隱栝烝矯然後直[淮南子務修訓]其曲中規隱栝之力　又與隱同[後漢鄧訓傳]考量隱栝　又[韻會]

於靳切音檼義同

【 오류정리 】

○康誤處 1; [淮南子務修訓(改修務訓)]

●考證 ; 謹照原書務修訓改修務訓

◆整理 ; [淮南子(회남자)의 務修訓(무수훈)은 修務訓(수무훈)의] 착오.

◆訂正文 ; [淮南子修務訓]

▶【865-1】 字解誤謬與否 ; [淮南子務修訓(改修務訓)] [務修訓(改修務訓)]

★이상과 같이 인용처(引用處)나 주소(註疏)의 오류(誤謬)를 수정(修訂)을 한다 하여도 자전상(字典上)의 은(隱)의 본의(本義)에는 영향이 미치지 않으며 수무훈(修務訓; 인간으로서의 의무를 가르침) [淮南子修務訓] 회남자(淮南子)의 편명(篇名). 역시 같다.

康檄(격)[唐韻]胡狄切[集韻][韻會][正韻]刑狄切𡘋音薂[說文]下尺書也[顏師古曰]檄者以木簡爲書長尺二寸用徵召也[前漢申屠嘉傳]爲檄召通　又有急則加以雞羽插之示速疾也[史記漢高紀]以羽檄徵天下兵　又[韻會]陳彼之惡說此之德曉諭百姓之書也又曰檄皎也明言此使令皎然而識也漢司馬相如諭巴蜀檄魏陳琳討曹操檄皆是　又[逸雅]檄激也下官所以激迎其上之書文也　又長檄印封長牒也[後漢安帝紀]民窮困道路欲歸本郡在所爲封長檄　又檀直上也[爾雅釋木]無枝爲檄　又檄糴疾貌[𣁋康琴賦]㤥檄糴以奔邀　又[唐韻]胡教切音效[郭璞蜜蜂賦]誅戮峻于鈇鉞招徵速乎羽檄集不謀而同期動不安而齊約

【 오류정리 】

○康誤處 1; 檀直上也(改檄檀直上)

●考證 ; 謹照爾雅註原文改檄檀直上

◆整理 ; 櫂直上也(도직상야)는 檄櫂直上(격도직상)의 착오.

◆訂正文 ; 檄櫂直上

▶ 【866-1】 字解誤謬與否 ; 櫂直上也(改檄櫂直上)

★이상과 같이 오류(誤謬) 수정(修訂)이 되면 격도직상(檄櫂直上; 배를 빨리 저어 곧게 올라간다)인데 자전상(字典上) 격(檄)의 본의(本義)에 직접 영향이 미치게 됨.

⊕ 檍(억)[廣韻]於力切[集韻][韻會]乙力切𠀤音億[說文]杶也可爲弓材[周禮冬官考工記]工人取幹之道柘爲上檍次之[爾雅釋木]杻檍[郭註]似棣細葉[陸璣隰有杻疏]名萬歲樹取億萬之義 [韻會]或作杙 又[集韻][類篇]𠀤于記切音意義同

【 오류정리 】

○康誤處 1; [周禮冬官考工記]工人(改弓人)取幹之道柘爲上檍次之

●考證 ; 謹照原文工人改弓人

◆整理 ; [周禮冬官考工記(주례동관고공기)] 工人(공인)은 弓人(궁인)의 착오.

◆訂正文 ; [周禮冬官考工記]弓人取幹之道柘爲上檍次之

▶ 【867-1】 字解誤謬與否 ; [周禮冬官考工記]工人(改弓人)取幹之道柘爲上檍次之 工人(改弓人)

★이상과 같이 오류(誤謬) 수정(修訂)이 된다면 궁인(弓人; 주대(周代) 관직명(官職名). 활 만드는 일을 담당)인데 자전상(字典上) 억(檍)의 본의(本義)에는 영향이 미치지 않음.

⊕ 繫(계)[唐韻]古詣切[集韻]吉詣切𠀤音係[說文]繘耑木也 [正字通]糾線小椎繫絲端而轉機形如撞鐘椎故字从縠○按易井卦象辭汔至未繘井則繘

乃汲水之緪繫當爲桔橰上橫木所以轉機方言註亦云繘汲水索似从經解爲是 又[唐韻]苦奚切[集韻]牽奚切𠀤音谿義同 又繫梅木名見杭字註 又[類篇]堅奚切音雞繫迷木名

【 오류정리 】

○康誤處 1; 按易井卦象辭汔至(增亦字)未繘井

●考證 ; 謹照原文汔至之下增亦字

◆整理 ; 汔至(흘지)에 이어 亦字(역자)를 덧붙임. 未繘井

◆訂正文 ; 按易井卦象辭汔至亦未繘井

▶ 【868-1】 字解誤謬與否 ; 按易井卦象辭汔至(增亦字)未繘井 [汔至(增亦字)]

★이상과 같이 역자(亦字) 덧붙인다 하여도 자전상(字典上) 계(繫)의 본의(本義)에는 영향이 미치지 않음.

⊕ 樕(수)[唐韻][集韻][韻會][正韻]𠀤徐醉切音遂[說文]作樕蘿也[爾雅釋木]樕蘿[郭註]今楊樕也實似梨而小酢可食[詩秦風]隰有樹樕[陸璣疏]樕一名赤蘿一名山梨一名鹿梨一名鼠梨今人種之極有脆美如梨者 又[埤雅]樕木文細密如羅亦有華者俗謂之羅錦 又樕順也[淮南子齊俗訓]披斷撥樕

【 오류정리 】

○康誤處 1; [爾雅釋木]樣(改樕)蘿

●考證 ; 謹照原文樣改樕

◆整理 ; [爾雅釋木(이아석목)]樣(수)는 樕(수)의 착오.

◆訂正文 ; [爾雅釋木]樕蘿

▶ 【869-1】 字解誤謬與否 ; [爾雅釋木]樣(改樕)蘿 [樣(改樕)]

★이상과 같이 오류(誤謬) 수정(修訂)이 되면 수라(樕蘿; 양수(楊樕) 버드나무와 돌배나무) [爾雅釋木]樕蘿

[郭璞註]今楊檛也實似梨而小酢可食
인데 자전상(字典上) 수(檛)의 본의
(本義)에 영향이 미치게 됨.

⟨康⟩**檛**(과)[唐韻]陟瓜切[集韻][韻
會]張瓜切[正韻]職瓜切𠀤音撾筆也
[玉篇]策也[左傳文十一年]士會適晉繞
朝贈之以策[杜註]馬檛也左作檛別作
筞 又[集韻]莊華切音髽義同

【 오류정리 】

○康誤處 1;[左傳文十一年(改爲十三
年)]士會適晉(改乃行二字)繞朝贈之以
策
●考證 ; 謹照原文十一年改爲十三年
士會適晉四字改乃行二字
◆整理 ; [左傳文(좌전문) 十一年(십
일년)은 十三年(십삼년)의] 착오이며,
士會適晉(사회적진)은 乃行二字(내행
이자)로 수정함.
◆訂正文 ; [左傳文十三年]乃行繞朝
贈之以策
▶【870-1】 字解誤謬與否 ; [左傳
文十一年(改爲十三年)]士會適晉(改乃
行二字)繞朝贈之以策 [十一年(改爲
十三年)] [士會適晉(改乃行二字)]
★이상과 같이 인용처(引用處)나 주
소(註疏) 그외 내행(乃行; 이 내
거행한다)으로 오류(誤謬) 수정(修訂)
이 된다 하여도 자전상(字典上) 과
(檛)의 본의(本義)에는 영향이 미치지
않음.

⟨康⟩**檜**(회)[唐韻]古會切[集韻][韻
會][正韻]古外切𠀤音膾[爾雅釋木]檜
柏葉松身[翼雅]性耐寒其樹大可爲棺
椁及舟[詩鄘風]檜楫松舟 又棺飾也
[左傳成二年]棺有翰檜[鄭註]翰兩旁
飾檜棺上飾 又通膾[左傳桓五年]膾
動而鼓[音釋]又作檜建大木置石其上發
機以鎚敵者也 又國名祝融之後[詩檜

風]本作檜[左傳襄二十九年]自鄶而下
無譏焉作鄶 又[廣韻][集韻][韻
會][正韻]𠀤古活切音括[孔氏禹貢栝
柏註]柏葉松身與此一也

【 오류정리 】

○康誤處 1;[詩鄘風(改爲衞風)]檜楫
松舟
●考證 ; 謹照原文鄘風改爲衞風
◆整理 ; [詩(시)의 鄘風(용풍)은 衞
風(위풍)의] 착오
◆訂正文 ; [詩衞風]檜楫松舟
▶【871-1】 字解誤謬與否 ; [詩鄘
風(改爲衞風)]檜楫松舟 [鄘風(改爲
衞風)]
★이상과 같이 인용처(引用處)나 주
소(註疏)의 오류(誤謬)를 수정(修訂)
을 한다 하여도 자전상(字典上)의 회
(檜)의 본의(本義)에는 영향이 미치지
않음.

○康誤處 2;[鄭註(改杜註)]翰兩旁飾
●考證 ; 謹照原文鄭註改杜註
◆整理 ; [鄭註(정주)는 杜註(두주)
의] 착오.
◆訂正文 ; [杜註]翰兩旁飾
▶【872-2】 字解誤謬與否 ; [鄭註
(改杜註)]翰兩旁飾 [鄭註(改杜註)]
★이상과 같이 인용처(引用處)나 주
소(註疏)의 오류(誤謬)를 수정(修訂)
을 한다 하여도 자전상(字典上)의 회
(檜)의 본의(本義)에는 영향이 미치지
않음.

○康誤處 3;[音釋(改音義)]又作檜建
大木置石其上發機以鎚敵(改磓敵)者也
●考證 ; 謹照原文音釋改音義鎚敵改
磓敵
◆整理 ; [音釋(음석)은 音義(음의)
의] 착오이며, 鎚敵(추적)은 磓敵(추
적)의 착오.
◆訂正文 ; [音義]又作檜建大木置石
其上發機以磓敵者也

▶【873-3】 字解誤謬與否 ; [音釋(改音義)]又作檜建大木置石其上發機以鎚敵(改磓敵)者也 [音釋(改音義)] [鎚敵(改磓敵)]

★이상과 같이 인용처(引用處)나 주소(註疏) 그외 퇴적(磓敵; 추적(追敵) 적을추격하다) [左傳桓五年]旝動而鼓 [音義]又作檜建大木置石其上發機以磓敵者也 [說文]建大木置石其上發機以追敵也 의 오류(誤謬)를 수정(修訂)을 한다 하여도 자전상(字典上)의 회(檜)의 본의(本義)에는 영향이 미치지 않음.

㉮檠(경)[唐韻][集韻][韻會][正韻]𠀤渠京切音擎[說文]榜也[唐韻]所以正弓或作䋄通作檠[詩秦風]竹閉緄縢[箋]弓檠曰䪐[周禮冬官考工記弓人註]內之檠中[淮南子修務訓]弓必待檠而後能調 又借作燈檠字檠架也韓愈有短檠歌 又[唐韻]居影切[集韻][韻會]舉影切𠀤音景義同 又[唐韻][集韻][韻會][正韻]𠀤渠敬切音競檠子疊名[類篇]有足所以几物卽隔子也[前漢地理志]朝鮮民飮食以籩豆[師古註]以竹曰籩以木曰豆今之檠也

【 오류정리 】

○康誤處 1; [詩秦風]竹閉緄縢[箋(改釋文)]弓檠曰䪐

●考證 ; 謹照原文箋改釋文

◆整理 ; [詩秦風(시진풍)]의 [箋(전)은 釋文(석문)의] 착오.

◈訂正文 ; [詩秦風]竹閉緄縢[釋文]弓檠曰䪐

▶【874-3】 字解誤謬與否 ; [詩秦風]竹閉緄縢[箋(改釋文)]弓檠曰䪐 [箋(改釋文)]

★이상과 같이 인용처(引用處)나 주소(註疏)의 오류(誤謬)를 수정(修訂)을 한다 하여도 자전상(字典上)의 경(檠)의 본의(本義)에는 영향이 미치지 않음.

木部 十四畫

㉮檮(도)[唐韻][集韻][韻會][正韻]𠀤徒刀切音濤[說文]斷木也本作檮[左傳文十八年]顓頊有不才子不可教誨天下之民謂之檮杌 又楚史名[孟子]楚之檮杌[韻會]檮杌惡木取其記惡以爲戒也 又瑞獸名[周語]惠王十五年內史過曰商之興也檮杌次于丕山其亡也夷羊在牧[朱傳]以爲惡獸名 又無知貌[郭璞爾雅序]不揆檮昧 又[唐韻][韻會]直由切[集韻]陳留切[正韻]徐留切𠀤音稠剛木也 又瑞草名[史記龜筴傳]上有檮著下有伏龜 又山名[前漢霍去病傳]有檮余山 又人名[左傳文十八年]高陽氏有才子八人蒼舒隤敳檮戭大臨 又音儔[左傳杜註]檮杌兇頑無儔匹貌 又[集韻]覩老切音倒[博雅]刺也 又[集韻]大到切音道[博雅]棺也

【 오류정리 】

○康誤處 1; [左傳文十八年]顓頊(增氏字)有不才子不可教誨(改訓)

●考證 ; 謹照原文顓頊下增氏字誨改訓

◆整理 ; [左傳文十八年(좌전문십팔년)]顓頊(전욱)에 이어 氏字(씨자)를 덧붙이고, 誨(회)는 訓(훈)의 착오.

◈訂正文 ; [左傳文十八年]顓頊氏有不才子不可教訓

▶【875-3】 字解誤謬與否 ; [左傳文十八年]顓頊(增氏字)有不才子不可教誨(改訓) [顓頊(增氏字)] [誨(改訓)]

★이상과 같이 오류(誤謬) 수정(修訂)이 된다 하여도 ○씨(氏; 성의 뒤에 붙이는 존칭) ○교훈(敎訓; 가르치고 깨우침. 타이름. 훈계함) 자전상(字典上) 도(檮) 본의(本義)에는 영향이 미

치지 않음.

康樹 (대) [唐韻]都隊切[集韻][韻會]都內切𡘋音對[玉篇]作轛[說文]車橫軨也[周禮冬官考工記]參分軹圍去一以箱爲轛圍[註]轛或从木[廣韻]車箱立曰樹橫曰軹

【 오류정리 】

○康誤處 1; [周禮冬官考工記](增輿人二字)參分軹圍去一以箱(省箱字)爲轛圍[註(省註字)]轛或从木

●考證 ; 謹照考工記以字下無箱字註亦無或从木之文今照原文參分上增輿人二字省箱字註字

◆整理 ; [周禮冬官考工記(주례동관고공기)]이어 輿人二字(여인이자)를 덧붙이고 參分(참분) 箱(상) 箱字(상자)는 삭제하고 [註(주) 註字(주자) 역시] 삭제함.

◆訂正文 ; [周禮冬官考工記]輿人參分軹圍去一以爲轛圍轛或从木

▶【876-3】 字解誤謬與否 ; [周禮冬官考工記](增輿人二字)參分軹圍去一以箱(省箱字)爲轛圍[註(省註字)]轛或从木

★이상과 같이 ○여인(輿人; 수레를 만드는 사람. 여러 사람)을 증자(增字)하거나 ○상(箱; 상자. 궤) ○주(註; 주석(註釋) 주해(註解)하다)를 삭제(削除)를 하여도 자전상(字典上) 대(樹)의 본의(本義)에는 영향이 미치지 않음.

康檿 (염) [唐韻][集韻]於琰切[韻會]幺琰切[正韻]於檢切𡘋音黶[說文]山桑有點文者[書禹貢]厥篚檿絲[註]檿絲蠶食檿桑所得絲韌中琴瑟絃 又[郭璞爾雅檿桑註]材中作弓及車轅[周禮冬官考工記]弓人取榦之道柘爲上檿桑又次之[周語]檿弧箕服 [集韻]通作

僉

【 오류정리 】

○康誤處 1; [周禮冬官考工記]弓人取榦之道柘爲上檿桑又(又字移於周語之上)次之[周語]檿弧箕服

●考證 ; 謹照原文改作檿桑次之又字移於周語之上

◆整理 ; [周禮冬官考工記(주례동관고공기)] 又字移於周語之上(우자이어주어지상) 次之(차지) [周語(주어)] 곧 次之(차지) 又(우)[周語(주어)]로 교정함.

◆訂正文 ; [周禮冬官考工記]弓人取榦之道柘爲上檿桑次之又[周語]檿弧箕服

▶【877-3】 字解誤謬與否 ; [周禮冬官考工記]弓人取榦之道柘爲上檿桑又(又字移於周語之上)次之[周語]檿弧箕服 [弓人取榦之道柘爲上檿桑又(又字移於周語之上)次之[周語]]

★이상과 같이 한 문장(文章)은 옮긴다 하여도 자전상(字典上) 염(檿)의 본의(本義)에는 영향이 미치지 않음.

木 部 十五畫

康櫓 (로) [唐韻][正韻]郎古切[集韻][韻會]籠五切𡘋音魯[說文]大盾也[禮儒行]禮義爲干櫓 又[玉篇]櫓城上守禦望樓[釋名]櫓露也露上無覆屋也[後漢公孫瓚傳]樓櫓千里一作樐 又[韻會]戰陳高巢車亦爲櫓[太公六韜篇]陷堅陣敗强敵武翼大櫓提翼小櫓 又進船其[釋名]船尾曰柂在旁曰櫓櫓篚也用篚力然後舟行也[通鑑]呂象取荊州使白衣搖櫓 又櫓罟子果名[桂海虞衡志]大如椀數十房欑聚成毬食之微甘

【 오류정리 】

○康誤處 1; [禮儒行]禮義(增以字)爲干櫓

●考證 ; 謹照原文禮義下增以字

◆整理 ; [禮儒行(예유행)] 禮義(예의)에 이어 以字(이자)를 덧붙임.

◆訂正文 ; [禮儒行]禮義以字爲干櫓

▶【878-1】 字解誤謬與否 ; [禮儒行]禮義(增以字)爲干櫓 [禮義(增以字)]

★이상과 같이 이(以; 開詞 …를 가지고. 접속사(接續詞) …함으로써) 덧붙인다 하여도 자전상(字典上) 로(櫓)의 본의(本義)인 로(櫓)에는 영향이 미치지 않음.

㉾櫛(즐)[唐韻]阻瑟切[集韻][韻會][正韻]側瑟切𢢳音節[說文]梳枇之總名也[左傳僖二十二年]懷嬴曰寡君使婢子侍巾櫛 又[說文徐氏曰]櫛之言積也[詩周頌]其比如櫛[疏]言積之比密也 又理髮也[禮內則]櫛縰笄總 又剔除也[韓愈王適墓志]櫛垢爬痒民獲蘇醒 又[唐韻]阻四切義同 [集韻]與梛同

【 오류정리 】

○康誤處 1; [左傳僖二十二年]懷嬴曰寡君使婢子侍(增執字)巾櫛

●考證 ; 謹照原文侍下增執字

◆整理 ; [左傳僖二十二年(좌전희이십이년)] 侍(시)에 이어 執字(집자)를 덧붙임.

◆訂正文 ; [左傳僖二十二年]懷嬴曰寡君使婢子侍執巾櫛

▶【879-1】 字解誤謬與否 ; [左傳僖二十二年]懷嬴曰寡君使婢子侍(增執字)巾櫛 [侍(增執字)]

★이상과 같이 집(執; 잡다. 담당하다. 증서. 증명서)을 덧붙인다 하여도 자전상(字典上) 즐(櫛)의 본의(本義)에는 영향이 미치지 않음.

○康誤處 2; [說文徐氏(改繫傳)曰]櫛之言積也

●考證 ; 謹照原書徐氏改繫傳

◆整理 ; [說文(설문) 徐氏(서씨)는 繫傳(계전)의 착오. 曰(왈)]

◆訂正文 ; [說文繫傳曰]櫛之言積也

▶【880-1】 字解誤謬與否 ; [說文徐氏(改繫傳)曰]櫛之言積也 [徐氏(改繫傳)]

★이상과 같이 인용처(引用處)나 주소(註疏)의 오류(誤謬)를 수정(修訂)을 한다 하여도 자전상(字典上)의 즐(櫛)의 본의(本義)에는 영향이 미치지 않음.

㉾櫜(고)[唐韻]古勞切[集韻][韻會][正韻]居勞切𢢳音高[說文]車上大橐[杜預曰]櫜韜也弓衣也甲衣也又受箭器也[禮檀弓]赴車不載櫜帳[左傳昭元年]伍舉請垂櫜而入[註]示無弓也[左傳僖二十三年]右屬櫜鞬[註]櫜以受箭鞬以受弓 又與皐通[左傳莊十年]公子偃蒙皐比而先犯之[註]包干戈以虎皮曰建櫜 又[集韻]居號切音告[詩小雅]彤弓弨兮受言櫜之我有嘉賓中心好之

【 오류정리 】

○康誤處 1; [禮檀弓]赴車不載櫜帳(改櫜韔)

●考證 ; 謹照原文櫜帳改櫜韔

◆整理 ; [禮檀弓(예단궁)]의 櫜帳(고장)은 櫜韔(고창)의 착오.

◆訂正文 ; [禮檀弓]赴車不載櫜韔

▶【881-1】 字解誤謬與否 ; [禮檀弓]赴車不載櫜帳(改櫜韔) [櫜帳(改櫜韔)]

★이상과 같이 오류(誤謬) 수정(修訂)이 되면 고할(櫜韔; 활집)로 고쳐저 자전상(字典上) 고(櫜)의 본의(本義)에 직접 영향이 미치게 됨.

○康誤處 2; [註改疏]包干戈以虎皮曰建櫜

●考證；謹照左傳原文註改疏
◆整理；[註(주)는 疏(소)의] 착오.
◆訂正文；[疏]包干戈以虎皮曰建櫜
▶【882-2】 字解誤謬與否；[註改疏]包干戈以虎皮曰建櫜 [註改疏]
★이상과 같이 인용처(引用處)나 주소(註疏)의 오류(誤謬)를 수정(修訂)을 한다 하여도 자전상(字典上)의 고(櫜)의 본의(本義)에는 영향이 미치지 않음.

康櫝(독)[唐韻][集韻][韻會]徒谷切[正韻]杜谷切𡘋音獨[說文]匵也[禮少儀]劍則啓櫝[註]劍函[儀禮聘禮]賈人西向坐啓櫝取圭垂繅不起而受宰[註]圭函故凡緘藏物者皆曰櫝[論語]龜玉毁於櫝中[左傳襄七年]瑤甕玉櫝又[博雅]棺也[前漢成帝紀]其爲水所流壓死令郡國給槥櫝葬埋又[說文]大梡也[國老談苑]漢文帝命大官每具兩擔櫝謂之櫝食又作櫳木名見櫳字註

【 오류정리 】

○康誤處 1; [儀禮聘禮]賈人西向(改西面)坐啓櫝
●考證；謹照原文西向改西面
◆整理；[儀禮聘禮(의례빙례)]賈人(가인) 西向(서향)은 西面(서면)의 착오.
◆訂正文；[儀禮聘禮]賈人西面坐啓櫝
▶【883-1】 字解誤謬與否；[儀禮聘禮]賈人西向(改西面)坐啓櫝 [西向(改西面)]
★이상과 같이 오류(誤謬) 수정(修訂)이 된다 하여도 서면(西面; 서쪽. 서방. 서부)은 자전상(字典上) 독(櫝)의 본의(本義)에는 영향이 미치지 않음.

○康誤處 2; [註]圭函故(改爲釋文函

也)
●考證；謹按註無此語今改爲釋文函也
◆整理；[註(주)] 圭函故(규함고)라 함이 없어 [釋文(석문)] 函也(함야)라 고침.
◆訂正文；[釋文]函也
▶【884-2】 字解誤謬與否；圭函故(改爲釋文函也)
★이상과 같이 인용처(引用處)나 주소(註疏), 등(等)의 오류(誤謬)를 수정(修訂)을 한다 하여도 자전상(字典上)의 독(櫝)의 본의(本義)에는 영향이 미치지 않으며. 함야(函也; 함. 상자. 독)은 본의(本義)에는 적극 영향이 미치게 됨.

○康誤處 3; [左傳襄(改昭)七年]瑤甕玉櫝
●考證；謹照原文攘改昭
◆整理；[左傳(좌전) 襄(양)은 昭(소)의 착오. 七年(칠년)]
◆訂正文；[左傳昭七年]瑤甕玉櫝
▶【885-3】 字解誤謬與否；[左傳襄(改昭)七年]瑤甕玉櫝 [襄(改昭)]
★이상과 같이 인용처(引用處)나 주소(註疏)의 오류(誤謬)를 수정(修訂)을 한다 하여도 자전상(字典上)의 독(櫝)의 본의(本義)에는 영향이 미치지 않음.

康櫟(력)[唐韻][集韻][韻會][正韻]𡘋卽狄切音歷[說文]木也[邢昺曰]似樗之木[詩秦風]山有苞櫟[註]引爾雅云櫟其實梂橡也[陸璣疏]秦人謂柞櫟爲櫟其子房生爲梂河南人謂木蔘爲櫟椒樧之屬也其子亦房生秦風苞櫟從其方土之言柞櫟也　又不材之木也[莊子人閒世]匠石見櫟社樹其大蔽牛觀者如市匠石不顧　又不生火之木也[淮南子時則

訓]官獄其樹櫟[高誘註木不生火惟]櫟
爲然 又地名[春秋桓十五年]鄭伯突入
于櫟 又鳥名[山海經]天帝之山有鳥
黑文而赤翁名曰櫟 又與擽通[詩周
頌]鞉磬柷圉[疏]圉狀如伏虎背上有二
十七鉏鋙刻以木長尺櫟之 又[唐韻]
以灼切音鑠櫟陽縣名[前漢地理志]屬
左馮翊 又[集韻]式灼切音爍地名在
晉 又[集韻]歷各切音洛[詩秦風]山
有苞櫟隰有六駁[唐書]櫟駁通叶無二
音 又[唐韻]魯刀切音勞[史記楚元王
世家]嫂詳爲羹櫟釜[漢書]作轑釜

【 오류정리 】

○康誤處 1; [詩秦風]山有苞櫟[註(改
疏)]引爾雅云
●考證 ; 謹照原文註改疏
◆整理 ; [詩秦風(시진풍)] [註(주)는
疏(소)의] 착오.
◆訂正文 ; [詩秦風]山有苞櫟[疏]引
爾雅云
▶【886-1】 字解誤謬與否 ; [詩秦
風]山有苞櫟[註(改疏)]引爾雅云 [註
(改疏)]
★이상과 같이 인용처(引用處)나 주
소(註疏)의 오류(誤謬)를 수정(修訂)
을 한다 하여도 자전상(字典上)의 력
(櫟)의 본의(本義)에는 영향이 미치지
않음.

○康誤處 2; [陸璣疏]秦人謂柞櫟爲櫟
其子房生爲梂河南(改內)人謂木蓼爲櫟
椒榝之屬也其子亦房生秦風苞櫟從其
方土之言柞櫟也(秦風以下改爲此秦詩
宜從其方土之言柞擽是也)
●考證 ; 謹照原文南改內秦風以下改
爲此秦詩宜從其方土之言柞擽是也
◆整理 ; [陸璣疏(육기소)] 南(남)은
內(내)의 착오이며, 秦風(진풍) 苞櫟
從其方土之言柞櫟也(포력종기방토지
언작력야)는 [秦詩(진시)] 宜從其方土

之言柞擽是也(의종기방토지언작력시
야)로 바꿈.
◆訂正文 ; [陸璣疏]秦人謂柞櫟爲櫟
其子房生爲梂河內人謂木蓼爲櫟椒榝
之屬也其子亦房生[秦詩]宜從其方土
之言柞擽是也
▶【887-2】 字解誤謬與否 ; [陸璣
疏]秦人謂柞櫟爲櫟其子房生爲梂河南
(改內)人謂木蓼爲櫟椒榝之屬也其子亦
房生秦風苞櫟從其方土之言柞櫟也(秦
風以下改爲此秦詩宜從其方土之言柞擽
是也) [南(改內)] [秦風苞櫟從其方
土之言柞櫟也(秦風以下改爲此秦詩宜
從其方土之言柞擽是也)]
★이상과 같이 ○포력(苞櫟; 새순 돋
는 상수리나무)이 삭제(削除)되고 ○
력시(擽是; 어루만짐이 옳다고 여기
다)로 오류(誤謬) 수정(修訂)이 되면
자전상(字典上) 포력(苞櫟)이 력(櫟)
의 본의(本義)에 영향이 직접으로 미
치게 됨.

○康誤處 3; [淮南子時則訓]官獄(改
爲十二月三字)其樹櫟
●考證 ; 謹照原文文義官獄改爲十二
月三字
◆整理 ; [淮南子時則訓(회남자시칙
훈)] 官獄(관옥)을 十二月三字(십이월
삼자)로 바꿈.
◆訂正文 ; [淮南子時則訓]十二月其
樹櫟
▶【888-1】 字解誤謬與否 ; [淮南
子時則訓]官獄(改爲十二月三字)其樹
櫟 [官獄(改爲十二月三字)其樹櫟]
★이상과 같이 십이월(十二月)로 오
류(誤謬) 수정(修訂)이 된다 하여도
자전상(字典上) 력(櫟)의 본의(本義)
에는 영향이 미치지 않음.

木 部 十六畫

㊍櫬(친)[唐韻][集韻][韻會]𡘋初覲切音襯[說文]棺也[左傳襄六年]穆姜爲櫬[疏]櫬親身棺也以親近其身故以櫬爲名　又[爾雅]釋櫬者三一櫬木槿[註]今王蒸一櫬梧[註]今梧桐一櫬采薪[疏]樵薪一名櫬一名采薪　又七刃切親去聲木槿也　又雌人切音親義同　又[類篇]古玩切音貫汲器　又[正韻]寸遴切音襯義同

【 오류정리 】

○康誤處 1；[左傳襄六年(改二年)]穆姜爲櫬

●考證 ；謹照原文六年改二年

◆整理 ；[左傳襄(좌전양) 六年(육년)은 二年(이년)의] 착오.

◆訂正文 ；[左傳襄二年]穆姜爲櫬

▶【889-1】 字解誤謬與否 ；[左傳襄六年(改二年)]穆姜爲櫬 ［六年(改二年)]

★이상과 같이 인용처(引用處)나 주소(註疏)의 오류(誤謬)를 수정(修訂)을 한다 하여도 자전상(字典上)의 독(櫝)의 본의(本義)에는 영향이 미치지 않음.

【 木 部 十七畫 】

㊍櫻(앵)[唐韻]烏莖切[集韻][韻會]於驚切[正韻]於京切𡘋音鶯[說文]果名櫻桃也一名含桃[禮月令]仲夏之月以含桃先薦寢廟[爾雅翼]果熟最先故云先薦[呂覽高誘註]以鸎所含食故曰含桃又名鸎桃[王維敕賜櫻桃詩]纔是寢園春薦後非關御苑鳥銜殘　又[爾雅釋木]楔荆桃[郭璞註]今櫻桃也[孫炎註]最大而甘者謂之崖蜜[蘇軾橄欖詩]待得餘甘回齒頰已輸崖蜜十分甜[本草]一名朱桃一名麥英深紅者爲朱櫻黃者爲蠟櫻　又[集韻]伊盈切音嫈義同

【 오류정리 】

○康誤處 1；[禮月令]仲夏之月(增羞字)以含桃先薦寢廟

●考證 ；謹照原文以上增羞字

◆整理 ；[禮月令(예월령)] 仲夏之月(중하지월)에이어 羞字(수자)를 덧붙임. 以含(이함)

◆訂正文 ；[禮月令]仲夏之月羞以含桃先薦寢廟

▶【890-1】 字解誤謬與否 ；[禮月令]仲夏之月(增羞字)以含桃先薦寢廟[(增羞字)以]

★이상과 같이 수(羞; 수줍다. 무안하게 하다)가 증자(增字)가 된다 하여도 자전상(字典上) 앵(櫻)의 본의(本義)에는 영향이 미치지 않음.

【 木 部 十八畫 】

㊍欇(섭)[唐韻]書涉切[集韻][韻會]失涉切𡘋音攝[爾雅釋木]欇虎櫐又楓欇欇見楓字註　[正字通]楓註云欇欇之欇與虎櫐之欇字雖同而種不同一樹生一蔓生正韻引虎櫐入楓註誤　又[博雅]欇枝也　又[唐韻]時攝切音涉又[集韻][類篇]𡘋尺涉切音恓義𡘋同

【 오류정리 】

○康誤處 1；[博雅]欇枝(改杖)也

●考證 ；謹照原文枝改杖

◆整理 ；；[博雅(박아)] 枝(지)는 杖(장)의 착오.

◆訂正文 ；[博雅]欇杖也

▶【891-1】 字解誤謬與否 ；[博雅]欇枝(改杖)也 ［枝(改杖)]

★이상과 같이 오류(誤謬) 수정(修訂)이 되면 섭장(欇杖; 지팡이)으로 바뀌어 자전상(字典上) 섭(欇)의 본의(本義)에 적극 영향이 미치게 됨.

㊍權(권)[唐韻]巨員切[集韻][韻會][正韻]逵員切𡘋音拳[玉篇]稱錘也

[前漢律歷志]孔子陳後王之法曰謹權
量量多少者不失圭撮權輕重者不失黍
絫 又經權[易繫辭]巽以行權[註]權
反經而合道者也 又平也[禮王制]原
父子之情立君臣之義以權之 又權謀
[左傳宣十二年]中權後勁[杜註]中軍
制謀精兵爲殿 又權柄[莊子天運篇]
親權者不能與人柄 又[爾雅釋詁]權
輿始也[詩秦風]吁嗟乎不成權輿 又攝
官曰權[鼠璞]權字唐始用之韓愈權知
國子博士三歲爲眞 又國名亦姓[左傳
莊十八年]楚武王克權[韻會]楚鬪緡尹
權後因爲氏 又與爟通烽火也[後漢郊
祀志]上宿郊見通權火 又與顴通兩頰
也[前漢高帝紀隆準註]頰權準也[曹植
洛神賦]靨輔承權 又[說文]權黃華木
也[爾雅釋草]權黃英[六書故云]以草
釋木似誤○按爾雅木槿木也列之于草
殆未可泥 又[集韻]古玩切音貫木叢
生也

【 오류정리 】

○康誤處 1;[詩秦風]吁(改于)嗟乎不
成(改承)權輿
●考證;謹照原文吁改于成改承
◆整理;[詩秦風(시진풍)]의 吁(우)
는 于(우), 成(성)은 承(승)의 착오.
◆訂正文;[詩秦風]于嗟乎不承權輿
▶【892-1】 字解誤謬與否;[詩秦
風]吁(改于)嗟乎不成(改承)權輿 [吁
(改于)] [成(改承)]
★이상과 같이 오류(誤謬) 수정(修訂)
이 된다 하여도 ○우차호(于嗟乎; 아
름다움을 찬탄하는 소리) ○부승(不
承; 계속할 수 없다)는 자전상(字典
上) 권(權)의 본의(本義)에는 영향이
미치지 않음.

○康誤處 2;[後漢(改前漢)郊祀志]上
宿郊見通權火
●考證;謹按後漢書無郊祀志後漢改

前漢
◆整理;[後漢(후한)은 前漢(전한)의
착오임. 郊祀志(교사지)]
◆訂正文;[前漢郊祀志]上宿郊見通
權火
▶【893-2】 字解誤謬與否;[後漢
(改前漢)郊祀志]上宿郊見通權火 [後
漢(改前漢)]
★이상과 같이 인용처(引用處)나 주
소(註疏)의 오류(誤謬)를 수정(修訂)
을 한다 하여도 자전상(字典上)의 권
(權)의 본의(本義)에는 영향이 미치지
않음.

○康誤處 3;[爾雅釋草]權黃英(改華)
●考證;謹照原文英改華
◆整理;[爾雅釋草(이아석초)]의 英
(영)은 華(화)의 착오
◆訂正文;[爾雅釋草]權黃華
▶【894-3】 字解誤謬與否;[爾雅
釋草]權黃英(改華) [英(改華)]
★이상과 같이 오류(誤謬) 수정(修訂)
이 되면 황화(黃華; 국화의 이칭(異
稱))로 바르게 잡혀 자전상(字典上)
권(權)의 본의(本義)에 적극 영향이
미치게 됨.

木 部 十九畫

康 欑(찬)[集韻][韻會]徂丸切[正
韻]徂官切丛音巑[說文]一曰積竹杖也
[禮喪大記]君殯用輴欑至于上畢塗泥
[註]輴盛柩之車欑猶菆也菆木于輴之
四面至于棺上以泥塗之此欑木似屋形
故曰畢塗泥也[後漢岑彭傳]田戎橫江
水起浮橋鬪樓立欑木 又地名[左傳隱
十一年]王與鄭人欑茅之田又[春秋宣十
一年]會狄于欑函 又[韻會]祖官切音
鑽又[集韻]祖算切鑽去聲義丛同 又
[類篇]矛戟柄也 又[集韻]在坦切音
瓚[左傳昭元年]禜祭爲營欑

【 오류정리 】

○康誤處 1; [左傳隱十一年]王與鄭人欑茅之田(省之田二字)

●考證 ; 謹照原文省之田二字

◆整理 ; [左傳隱十一年(좌전은십일년)] 之田(지전) 之田二字(지전이자)는 삭제함.

◆訂正文 ; [左傳隱十一年]王與鄭人欑茅

▶【895-1】 字解誤謬與否 ; [左傳隱十一年]王與鄭人欑茅之田(省之田二字) [之田(省之田二字)]

★이상과 같이 지전(之田)을 삭제(削除)한다 하여도 자전상(字典上) 찬(欑)의 본의(本義)에는 영향을 끼치지 않음.

○康誤處 2; [春秋宣十一年](增晉侯二字)會狄于欑函

●考證 ; 謹照原文會狄上增晉侯二字

◆整理 ; [春秋宣十一年(춘추선십일년)] 晉侯二字(진후이자)를 이에 덧뽑임. 會狄(회적)

◆訂正文 ; [春秋宣十一年]晉侯會狄于欑函

▶【896-2】 字解誤謬與否 ; [春秋宣十一年](增晉侯二字)會狄于欑函 [(增晉侯二字)會狄]

★이상과 같이 진후(晉侯; 진왕(晉王))를 덧붙인다 하여도 자전상(字典上) 찬(欑)의 본의(本義)에는 영향이 미치지 않음.

○康誤處 3; [左傳昭元年(增註字)]縈祭爲營欑

●考證 ; 謹按此註文非傳文謹照原文元年下增註字

◆整理 ; [左傳昭(좌전소) 元年(원년) 註字(주자)를 이에 덧뽑임]

◆訂正文 ; [左傳昭元年註]縈祭爲營欑

▶【897-3】 字解誤謬與否 ; [左傳昭元年(增註字)]縈祭爲營欑 [年(增註字)]

★이상과 같이 인용처(引用處)나 주소(註疏)의 오류(誤謬)를 수정(修訂)을 한다 하여도 자전상(字典上)의 찬(欑)의 본의(本義)에는 영향이 미치지 않음.

康 欒(란)[唐韻]路官切[集韻][正韻]盧官切[韻會]盧丸切𡵉音鸞[說文]木似欄大夫冢樹欄棟也[周禮冢人疏]大夫墳高八尺樹以藥草[廣韻]作樹以欒[山海經]雲雨之山有木名欒黃木赤枝靑葉羣帝焉取藥[唐本草]謂之欒荊[註]欒荊莖葉都似石南 又[本草別錄]欒華葉似木槿而薄細花黃似槐而稍長大 又欒欒瘠貌[詩檜風]棘人欒欒兮 又鐘口兩角爲欒[周禮冬官考工記]鳧氏爲鐘兩欒謂之銑[註]古應鐘之鐘不圜狀如今之鈴故有兩角也 又[禮明堂位]鸞車有虞氏之車也[鄭註]鸞或爲欒 又[博雅]曲枅謂之欒[左思吳都賦]欒櫨疊施 又檀欒竹貌[枚乘兔園賦]修竹檀欒 又姓[春秋]欒書之後代爲晉卿

【 오류정리 】

○康誤處 1; [註(改疏)]古應鐘(改應律)之鐘不圜

●考證 ; 謹照周禮考工記原文註改疏應鐘改應律

◆整理 ; [註(주)는 疏(소)의 착오]應鐘(응종)은 應律(응률)의 착오.

◆訂正文 ; [疏]古應律之鐘不圜

▶【898-1】 字解誤謬與否 ; [註(改疏)]古應鐘(改應律)之鐘不圜 [註(改疏)] [應鐘(改應律)]

★이상과 같이 인용처(引用處)나 주소(註疏) 오류(誤謬)를 수정(修訂)을 한다 하여도 자전상(字典上)의 란(欒)의 본의(本義)에는 영향이 미치지 않으며 응률(應律; 률력에 따라서)로 수

정이 되어도 같다.

木 部 二十一畫

㊣欐(란)[集韻][韻會]𡘋郎干切音闌[類篇]木名桂類本作木蘭[屈原離騷]朝搴阰之木闌兮 又[任昉述異記]木蘭洲在潯陽江中多木蘭故名

【 오류정리 】

○康誤處 1; [屈原離騷]朝搴阰之木闌(改蘭)兮

●考證 ; 謹照原文闌改蘭

◆整理 ; [屈原離騷(굴원리소)] 闌(란)은 蘭(란)의 착오.

◆訂正文 ; [屈原離騷]朝搴阰之木蘭兮

▶【899-1】 字解誤謬與否 ; [屈原離騷]朝搴阰之木闌(改蘭)兮 [闌(改蘭)]

★이상과 같이 오류(誤謬) 수정(修訂)이 되면 목란(木蘭; 목란화. 望春花)으로 고쳐저 자전상(字典上) 란(欐)의 본의(本義)에 영향이 직접 미치게 됨.

字典辰集下考證

欠 部

㊣欠(흠)[唐韻][集韻][韻會][正韻]𡘋去劍切謙去聲[說文]作兂張口气悟也象氣从儿上出形[徐曰]人欠去也悟解也氣壅滯欠去而解也[韓愈讀東方朔雜事詩]噫欠爲飄風 又欠伸疲乏之貌人氣乏則欠體疲則伸[禮曲禮]侍坐于君子君子欠伸侍坐者請出亦作欠申[前漢翼奉傳]體病則欠伸動於貌 又不足也[韓愈贈張籍詩]今者誠自幸所懷無一欠 又水名在汝南[水經注]沙水東分爲二水一水東注卽注水也俗謂之欠水

【 오류정리 】

○康誤處 1; [前漢翼奉傳]體病則欠伸(改申)動於貌

●考證 ; 謹照原文伸改申

◆整理 ; [前漢翼奉傳(전한익봉전)] 伸(신)은 申(신)의 착오.

◆訂正文 ; [前漢翼奉傳]體病則欠申動於貌

▶【900-1】 字解誤謬與否 ; [前漢翼奉傳]體病則欠伸(改申)動於貌 [伸(改申)]

★이상과 같이 오류(誤謬) 수정(修訂)이 되면 흠신(欠申; 하품과 기지개)으로 고쳐저 자전상(字典上) 흠(欠)의 본의(本義)에 영향이 직접 미치게 됨.

欠 部 二畫

㊣次(차)[唐韻][集韻][韻會][正韻]𡘋七四切音佽[說文]不前不精也[徐曰]不前是次於上也不精是其次也[周禮冬官考工記]畫繢之事靑與白相次也赤與黑相次也[左傳襄二十四年]太上有立德其次有立功其次有立言又師止曰次[左傳莊三年]凡師一宿爲舍再宿爲信過信爲次[書泰誓]戊午王次于河朔 又位次[周禮春官]大史祭之日執書以次位常[疏]謂執行祭祀之書各居所掌位次也[左傳襄二十三年]敬共朝夕恪居官次 又次舍[周禮天官]宮正以時比宮中之官府次舍之衆寡[鄭註]次諸吏直宿若今之部署諸廬者舍其所居寺[又]宮伯授八次八舍之職事[註]鄭司農云庶子衞王宮在內爲次在外爲舍 又凡舍皆曰次[左傳襄二十六年]師陳焚次[杜註]次舍也焚舍示必死 又安行旅之處爲旅次[易旅二爻]旅卽次 又處也[魯語]五刑三次[註]次處也三次謂朝野市 又張幄於所止之處亦曰次[周禮天官]掌次朝日祀五帝則張大次小次[鄭註]次謂幄也大幄初往所止居也小幄謂接祭退俟之

處又[儀禮士冠禮]賓就次[鄭註]次門外更衣處必帷幕簟席爲之　又市亭也[周禮地官]司市于思次以令市而聽大治大訟泣于介次而聽小治小訟[註]思次若今市亭也介次市亭之屬別小者也鄭司農云次市中侯樓　又星之躔舍爲次[禮月令]日窮于次[註]次舍也正義曰謂去年季冬日次於玄枵從此以來每引移次他辰至此月窮盡還次玄枵故云日窮於次又天有十二次地有十二辰次之與辰上下相値如星紀在丑斗牛之次玄枵在子虛危之次　又胷中曰胷次[莊子田子方]喜怒哀樂不入於胷次[註]次中也　又席閒曰席次[孔稚圭北山移文]眉軒席次　又至也[史記酷吏杜周傳]內深次骨[註]李奇曰其用罪深刻至骨　又造次猶言草次急遽貌[論語]造次必於是[前漢河閒獻王傳]造次必於儒者　又編髮爲首飾之名[儀禮士冠禮]如次純衣纁袡[註]次首飾今時髲也[疏]周禮追師掌后之首服副編次言次第髮長短爲之如髮鬄也別作髲　又雞次楚典名[戰國策]蒙穀獻雞次之典而百官治　又水名在高平[水經注]若水與石門水合水有五原東水導源高平縣西八十里西北流次水注之　又諸次山名亦水名[山海經]有大次山小次山又諸次之山諸次之水出焉東流注于河是山多木無草　又居次匈奴女號若漢公主[前漢常惠傳]獲單于父行及嫂居次[匈奴傳]王昭君長女爲須卜居次小女爲當于居次　又姓[呂氏春秋]荊有勇士次非亦作佽　又[集韻]資四切音恣楡次地名[廣輿記]楡次縣屬太原府　又[集韻][正韻]蚳津私切音咨次且欲前不前也[易夬卦]其行次且易經考異作趦跙王鄭馬皆作趑趄　又湑次漢縣名在武威郡[孟康曰]次音咨　又[集韻]才資切音慈具次山名通作茨又[楚辭九歎]今余邦之橫陷兮宗鬼神之無次

閔先嗣之中絶兮心惶惑而息悲次亦叶慈

【 오류정리 】

○康誤處 1; [儀禮士冠禮(改士昏禮)]如次純衣纁袡(改袡)

●考證 ; 謹照原文士冠禮改士昏禮袡改袡

◆整理 ; [儀禮(의례) 士冠禮(사관례)는 士昏禮(사혼례)의] 착오, 袡(단)은 袡(염)의 착오.

◆訂正文 ; [儀禮士昏禮]如次純衣纁袡

▶【901-1】 字解誤謬與否 ; [儀禮士冠禮(改士昏禮)]如次純衣纁袡(改袡) [士冠禮(改士昏禮)] [袡(改袡)]

★이상과 같이 인용처(引用處)나 주소(註疏), 등(等)의 오류(誤謬)를 수정(修訂)하거나 훈염(纁袡; 여자가 시집갈 때 입는 붉은 활옷)으로 교정(校訂)한다 하여도 자전상(字典上)의 차(次)의 본의(本義)에는 영향이 미치지 않음.

欠部 六畫

康 欪(궐)[廣韻][集韻]蚳居月切音厥[玉篇]掘也一曰發也穿也　又同瘚[說文]逆氣也[列子殷湯篇]吳楚有大木其名爲櫾食其皮汁已憤欪之疾[註]欪同瘚

【 오류정리 】

○康誤處 1; [列子殷湯篇(改湯問篇)]

●考證 ; 謹照原書改湯問篇

◆整理 ; [列子(열자)의 殷湯篇(은탕편)은 湯問篇(탕문편)의] 착오.

◆訂正文 ; [列子湯問篇]

▶【902-1】 字解誤謬與否 ; [列子殷湯篇(改湯問篇)] [殷湯篇(改湯問篇)]

★이상과 같이 인용처(引用處)나 주소(註疏)의 오류(誤謬)를 수정(修訂)

을 한다 하여도 자전상(字典上)의 궐(欮)의 본의(本義)에는 영향이 미치지 않음.

欠部 七畫

(康)欲(욕)[唐韻]余蜀切[集韻][韻會]兪玉切[正韻]余玉切𠀤音浴[說文]貪欲也从欠谷聲[徐曰]欲者貪欲欲之言續也貪而不已於文欠谷爲欲欠者開口也谷欲聲[禮曲禮]欲不可從[疏]心所貪愛爲欲又[禮運]何謂人情喜怒哀懼愛惡欲七者弗學而能 又物欲[禮樂記]人生而靜天之性也感于物而動性之欲也[老子道德經]不見可欲中心不亂又[增韻]愛也[孟子]可欲之爲善[禮曲禮]問疾不能遺不問其所欲 又期願之辭[論語]我欲仁[大學]欲明明德於天下[文子微明篇]心欲小志欲大 又婉順貌[禮祭義]其薦之也敬以欲 又將然也[古銘]欲墮不墮逢王顆[杜甫詩]渾欲不勝簪 又與慾通[詩大雅]非棘其欲[註]與慾同 又[集韻][韻會]𠀤兪戌切音裕義同[揚雄羽獵賦]壯士忼慨殊鄕別趣東西南北騁嗜奔欲[潘岳 西征賦]旣餐服以屬厭泊恬靜以無欲俱讀裕 又叶余律切音聿[易林]鼎足承德嘉謀是克爲王開庭得心所欲

【 오류정리 】

○康誤處 1; [老子道德經]不見可欲中(改使)心不亂

●考證 ; 謹照河上公註王弼註顧文中改使

◆整理 ; [老子道德經(노자도덕경)]中(중)은 使(사)의 착오.

◆訂正文 ; [老子道德經]不見可欲使心不亂

▶ 【903-1】 字解誤謬與否 ; [老子道德經]不見可欲中(改使)心不亂 [中(改使)]

★이상과 같이 오류(誤謬) 수정(修訂)

이 된다 하여도 사심(使心; 마음을 쓰다. 애를 쓰다)은 자전상(字典上) 욕(欲)의 본의(本義)에는 영향이 미치지 않음.

○康誤處 2; [詩大雅]非(改匪)棘其欲

●考證 ; 謹照原文非改匪

◆整理 ; [詩大雅(시대아)] 非(비)는 匪(비)의 착오.

◆訂正文 ; [詩大雅]匪棘其欲

▶ 【904-2】 字解誤謬與否 ; [詩大雅]非(改匪)棘其欲 [非(改匪)]

★이상과 같이 오류(誤謬) 수정(修訂)이 된다 하여도 비극기욕(匪棘其欲; 욕심대로 급하게 이루지 않다)은 자전상(字典上) 욕(欲)의 본의(本義)에 간접 영향이 미치게 됨.

○康誤處 3; [揚雄羽獵賦]壯士忼慨殊鄕別趣(改趣)

●考證 ; 謹照原文趣改趣

◆整理 ; [揚雄羽獵賦(양웅우렵부)] 趣(취)는 趣(취)의 착오.

◆訂正文 ; [揚雄羽獵賦]壯士忼慨殊鄕別趣

▶ 【905-3】 字解誤謬與否 ; [揚雄羽獵賦]壯士忼慨殊鄕別趣(改趣) [趣(改趣)]

이상과 같이 오류(誤謬) 수정(修訂)을 별취(別趣; 특별한 취향)으로 고쳐진다 하여도 자전상(字典上) 욕(欲)의 본의(本義)에는 영향이 미치지 않음.

欠部 九畫

(康)歇(헐)[唐韻][集韻][韻會][正韻]𠀤許竭切音蠍[說文]息也[左傳襄二十九年]未獲所歸難未歇也[孔稚圭 北山移文]林慙無盡澗愧不歇 又[爾雅釋詁]歇竭也[疏]謂竭盡也[老子道德經]神無以靈將恐歇谷無以盈將恐竭 又[博雅]歇泄也謂氣越泄無餘也[謝靈

運詩]芳草亦未歇 又歇欻幽邃之貌[王延壽魯靈光殿賦]歇歇幽靄雲覆霮䨴 又[集韻]許曷切音喝與獥猲獦𡘋同短喙犬也[詩秦風]載獫歇驕[毛傳]獫歇驕田犬也長喙曰獫短喙曰歇驕 又[集韻]乙轄切音軋人名[前漢高帝紀]立趙王歇爲趙王鄭氏讀 又[集韻]虛乂切音韰亦息也

【 오류정리 】

○康誤處 1; [集韻]乙轄切音軋(改爲音鶡)人名[前漢高帝紀]立趙王歇爲趙王鄭氏讀(改史紀高祖紀)**趙歇爲王徐廣音烏轄反**

●考證 ; 謹按史記高祖紀索隱歇徐廣音烏轄反鄭德音遏按烏轄反與乙轄切同則乙轄切內當引徐廣讀不得引鄭氏讀今謹改高帝紀一條爲史紀高祖紀趙歇爲王徐廣音烏轄反又按歇音乙轄切在集韻十五鎋軋音乙黠切在十四黠乙轄切不得音軋謹照集韻乙轄切以鶡字爲首改爲音鶡

◆整理 ; [集韻(집운)]乙轄切(을할절) 音軋(음알)은 音鶡(음할)로 고치고, [前漢(전한) 高帝紀(고제기)는 史紀(사기) 高祖紀(고조기)로] 고침.

◈訂正文 ; [集韻]乙轄切音鶡人名[史紀高祖紀]立趙王歇爲趙王鄭氏讀

▶【906-1】 字解誤謬與否 ; [集韻]乙轄切音軋(改爲音鶡)人名[前漢高帝紀]立趙王歇爲趙王鄭氏讀(改史紀高祖紀) [音軋(改爲音鶡)] [前漢高帝紀(改[史紀高祖紀]**趙歇爲王徐廣音烏轄反**)]

★이상과 같이 음(音)과 인용처(引用處)나 주소(註疏)의 오류(誤謬)를 수정(修訂)한다 하여도 자전상(字典上)의 헐(歇)의 본의(本義)에는 영향이 미치지 않으며, ○조헐위왕(趙歇爲王; 조나라 왕은 조헐이었다) ○徐廣人名 東晉東莞姑幕人 字野民 徐邈의 弟 ○음(音)은 오할반(烏轄反; 乙轄切) [史記高祖紀]索隱歇徐廣音烏轄反鄭德音遏按烏轄反與乙轄切同則乙轄切內當引 은 조헐(趙歇; 人名)이 있어 본의(本義)에는 적극 영향이 미치게 됨

止部 一畫

㉯正(정)[唐韻][韻會][正韻]𡘋之盛切音政[說文]是也从止一以止[註]守一以止也[新書道術篇]方直不曲謂之正[易乾卦]剛健中正[公羊傳隱三年]君子大居正 又備也足也[易乾文言]各正性命[書君牙]咸以正罔缺 又[爾雅釋詁]正長也[郭註]謂官長[左傳隱六年]翼九宗五正[杜註]五正五官之長又[昭二十九年]木正曰句芒火正曰祝融金正曰蓐收水正曰玄冥土正曰后土 又官名[禮王制]史以獄成告於正[鄭註]正於周鄉師之屬今漢有正平丞秦所置 又杫載也[周禮夏官]諸子大祭祀正六牲之體[註]正謂杫載之杫亦作匕 又常也朱子云物以正爲常又正人尋常之人也[書洪範]凡厥正人[朱子語錄]是平平底人 又定也[周禮天官]宰夫令羣吏正歲會正月要[註]正猶定又決也[詩大雅]維龜正之 又治其罪亦曰正[周禮夏官]大司馬九伐之法賊殺其親則正之[註]正之者執而治其罪王霸記曰正殺之也 又直也[易坤文言]直其正也[爾雅釋泉]濫泉正出正出直出也 又平質也[論語]就有道而正焉[屈原離騷]指九天以爲正[註]謂質正其是非也 又以物爲憑曰正[儀禮士昏禮]父戒女必有正焉若衣若笄[註]有正者以託戒使不忘 又釐辨也[論語]必也正名乎 又四月亦曰正月[詩小雅]正月繁霜[箋]夏之四月建巳之月[疏]謂之正月者以乾用事正純陽之月又[杜預左傳昭十七年註]謂建巳正陽之月也正音政 又預期也[孟子]必有

事焉而勿正[公羊傳僖二十六年]師出不出反戰不正勝　又三正[史記歷書]夏正以正月殷正以十二月周正以十一月蓋三王之正若循環然[後漢章帝紀]王者重三正慎三微[註]三正天地人之正　又人臣之義有六正謂聖臣良臣忠臣智臣貞臣直臣也見[說苑]　又七正日月五星也[書舜典]作七政[史記律書]作七正　又八正謂八節之氣以應八方之風[史記律書]律歷天所以通五行八正之氣又[大品經說]八正曰正見正思惟正語正業正命正精進正念正定[王屮頭陀寺碑文]憑五衍之軾拯溺逝川開八正之門大庇交喪　又先正先賢也[書說命]昔先正保衡　又諡法[汲冢周書]內外賓服曰正　又與政通[詩小雅]今茲之正[禮月令]仲春班馬正皆與政同又朝覲曰朝正[左傳文三年]昔諸侯朝正於王[杜註]朝而受其政教也亦讀平聲[杜甫詩]不見朝正使　又姓[廣韻]宋上卿正考父之後漢有正錦後魏志有正帛又複姓漢有正令官　又宗正星名[甘氏星經]在帝座東南主宗正卿大夫又[廣韻]之盈切[集韻][韻會]諸盈切[正韻]諸成切屮音征歲之首月也[春秋]春王正月[公羊穀梁傳註]音征或如字今多讀征　又室之向明處曰正[詩小雅]噲噲其正　又射侯中曰正[周禮夏官]射人以射法治射儀王以六耦射三侯五正諸侯以四耦射二侯三正孤卿大夫以三耦射一侯二正士以三耦射豻侯二正[詩齊風]終日射侯不出正兮[毛傳]二尺曰正[疏]正大於鵠三分侯廣而正居一焉其內皆方二尺又[儀禮大射儀鄭註]正者正也亦鳥名齊魯之閒名題肩為正正鳥之捷點者射之難中以中為雋故射取名焉　又與征通[周禮夏官]諸子有兵甲之事則授之車馬以軍法治之弗正[疏]正音征謂賦稅也　唐武后作𠤞

止 部 四畫

康武(무)[唐韻]文甫切[集韻][韻會]罔甫切𣲞音舞[玉篇]健也一曰威也斷也[書大禹謨]乃武乃文又[伊訓]布昭聖武又[左傳宣十二年]楚子曰止戈爲武[又]夫武禁暴戢兵保大定功安民和衆豐財者也武有七德　又諡法之一[汲冢周書]剛彊直理曰武威彊叡德曰武克定禍亂曰武刑民克服曰武夸志多窮曰武　又周樂名[前漢禮樂志]武王作武武言以功定天下也　又[禮樂記]始奏以文復亂以武[鄭註]文謂鼓武謂金[疏]金屬西方可以爲兵刃故爲武鼓主發動衆音無兵器之用故爲文　又迹也[詩大雅]履帝武敏歆[禮曲禮]堂上接武堂下布武　又[禮曲禮]牛曰一元大武[疏]牛肥則迹大　又[爾雅釋詁]武繼也[詩大雅]下武惟周[箋]言後人能繼先祖者惟有周也　又冠卷曰武[禮玉藻]縞冠玄武居冠屬武又[雜記][註]秦人曰委齊東曰武　又冠名[蔡邕獨斷]武冠或曰繁冠今謂之大冠武官服之　又水名[前漢地理志]東郡有東武

陽縣[應劭曰]武水之陽也又泰山郡南武陽縣武水所出南入泗　又關名[地理通釋]左傳哀四年楚人謀北方將通於少習以聽命[杜註]少習商縣武關也輿地廣記商洛縣東有少習秦謂之武關賈誼新書所謂建武關函谷臨晉關者大抵爲備山東諸侯也　又武都州名[廣韻]本自白馬玄地魏文徙武都郡於美陽今好時縣界武都古城是也後漢平仇池山築城置武都鎮卽今州是也又[地理通釋]唐大中五年以原州之蕭關置武州　又廣武山名在滎陽[前漢項籍傳]羽與漢王臨廣武閒而語　又縣名屬太原郡又修武陽武原武皆屬河內郡又靈武今陝西環縣唐肅宗卽位於此　又湖名[廣輿記]在黃州府黃陂縣相傳黃祖習射處

又溪名亦山名[廣輿記]在辰州府盧溪縣馬援門生善吹笛援作歌和之曰滔滔武溪一何深卽此又武山亦在盧溪縣又眞武湖名[六朝事迹]吳後主寶鼎元年開城北渠引後湖水流入新宮今城北十三里有古池俗呼爲後湖是也　又星名[夢溪筆談]北方眞武七宿起於東井終於角又玄武北方七宿也[禮曲禮]前朱雀而後玄武　又姓[廣韻]風俗通云宋武功之後漢有武臣又漢複姓六氏漢有乗黃令武安恭出自武安君白起之後風俗通云漢武强侯王梁其後因封爲氏世本云夏時有武羅國其後氏焉何氏姓苑有廣武氏武成氏武仲氏又西秦錄有武都氏　又與珷通石似玉者[史記司馬相如傳]瑉石武夫　又[正韻]微夫切與無通[禮禮器]周坐尸詔侑武方[鄭註]武讀爲無

【 오류정리 】

○康誤處 1; [汲冢周書]剛彊直理(改理直)曰武
●考證 ; 謹照逸周書及北史于忠傳直理改理直
◆整理 ; [汲冢周書(급총주서)]의 直理(직리)는 理直(리직)의 착오.
◆訂正文 ; [汲冢周書]剛彊理直曰武
▶【908-1】 字解誤謬與否 ; [汲冢周書]剛彊直理(改理直)曰武 [直理(改理直)]
★이상과 같이 오류(誤謬)가 수정(修訂)이 되면 강강리직왈무(剛彊理直曰武; 굳센 의지와 강인한 힘으로 굽을 것을 바르게 잡는 것이 무이다)라 하였으니 자전상(字典上) 무(武)의 본의(本義)에 간접으로 영향이 미치게 됨.

○康誤處 2; ◆康熙本文; [廣韻]本自白馬玄(改互)地
◆字典考證; [廣韻]本自白馬元地(誤)
●考證 ; 謹照原文元改氏(誤)
※筆者謹按廣韻原本 ; 廣韻上聲卷第三麌第九十六板前 [九麌; 十六板後 [武]又州名本自白馬互地魏文徙武都郡於美陽今好時縣界武都古城是也
◆整理 ; [廣韻(광운)]의 玄(현)은 互(호)의 착오.
◆訂正文 ; [廣韻]本自白馬互地
▶【909-2】 字解誤謬與否 ; [廣韻]本自白馬玄(改互)地 [玄(改互)]
★이상과 같이 오류(誤謬) 수정(修訂)이 된다 하여도 자전상(字典上) 전제(前提)된 무(武; 武都州名)의 본의(本義)인 지명(地名)에는 호지(互地)로서는 영향이 미치지 않음.

止部 九畫

康歲(세)[唐韻]相銳切[集韻]須銳切𡵉音悅[釋名]歲越也越故限也[白虎通]歲者遂也[易繫辭]寒暑相推而歲成[書洪範]五紀一曰歲[傳]所以紀四時[又]王省惟歲[傳]王所省職兼總羣吏如歲兼四時　又星名[爾雅釋天]唐虞曰載夏曰歲商曰祀周曰年[郭註]歲取歲星行一次也[疏]按律歷志分二十八

宿爲十二次歲星十二歲而周天是年行一次也[周禮春官]馮相氏掌十有二歲[又]保章氏以十有二歲之相觀天下之妖祥[疏]此太歲在地與天上歲星相應而行歲星右行於天一歲移一辰十二歲一小周千七百二十八年爲大周太歲左行於地一與歲星跳辰年數同歲星爲陽人之所見太歲爲陰人所不覩故擧歲星以表太歲歲星與日同次之月一年之中惟於一辰之上爲法若元年甲子朔旦冬至日月五星俱赴於牽牛之初是歲星與日同次之 月十一月斗建子子有太歲至後年歲星移向子上十二月日月會於玄枵十二月斗建丑丑有太歲推此已後皆然又歲星木會在東方爲青龍之象天之貴神福德之星所在之國必昌又[史記天官書]歲星一曰攝提曰重華曰應星曰紀星營室爲淸廟歲星廟也[孝經鉤命決]歲星守心年穀豐[左傳昭三十二年]史墨曰越得歲而吳伐之必受其凶又[岳珂桯史]今星家以太歲爲凶星[王充論衡]抵太歲凶負太歲亦凶抵太歲名曰歲下負太歲名曰歲破 又年穀之成曰歲[左傳哀十六年]國人望君如望歲焉[杜註]歲年穀也[前漢武帝詔]爲歲事曲加禮又周制有歲計歲會[周禮天官]職歲[註]主歲計者[又]歲終則令百官各正其治受其會三歲則大計羣吏之屬而誅賞之[又]司會以參互攷日成以月要攷月成以歲會攷歲成 又[史記天官書]臘之明日曰初歲[四民月令]亦曰小歲又始歲曰獻歲[楚辭招魂]獻歲發春[註]獻進也歲始來進春氣奮揚也又[東京夢華錄]除夕夜士庶之家圍爐團坐達旦不寐謂之守歲又[風土記]除夜祭先竣事長幼聚飮祝頌而散謂之分歲又[蘇軾饋歲詩序]蜀中値 歲晩問遺謂之饋歲酒食相邀爲別歲 又萬歲山名在桂陽[水經注]萬歲山生靈壽木溪下卽千秋水水側居民號萬歲村又水名[伏琛三齊略記]曲城齊城東有萬歲水水北有萬歲亭又湖名[廣輿記]萬歲湖在建昌府南豐縣 又宮名[三輔黃圖]汾陽有萬歲宮又木名[爾雅釋木疏]杻一名檍今宮園種之名萬歲木取名於億萬也 又[集韻]相絶切音雪義同上[曹植平原公主誄]城 闕之詩以日喩歲况我愛子神光長滅歲亦讀雪 又[集韻]蘇臥切音䐝馯 歲穀名 [說文]从步戌聲律歷書名五行爲五步一說从步者躔度之行可推步也从戌者木星之精生於亥自亥至戌而周天戌與歲亦諧聲別作嵗歲𡘙非

【 오류정리 】

○康誤處 1; [周禮春官]馮相氏[疏]十二歲一小周千七百二十八年爲(改一字)大周

●考證 ; 謹照原文爲字改一字

◆整理 ; [周禮春官(주례춘관)] 馮相氏(풍상씨) [疏(소)] 爲(위)는 一(일)의 착오

◈訂正文 ; [周禮春官]馮相氏[疏]十二歲一小周千七百二十八年一大周

▶【910-1】 字解誤謬與否 ; [周禮春官]馮相氏[疏] 十二歲一小周千七百二十八年爲(改一字)大周 [爲(改一字)]

★이상과 같이 오류(誤謬) 수정(修訂)이 된다 하여도 일대주(一大周; 매월 10 일을 일대주(一大周)라 하고, 5 일을 일소주(一小周)라 함)는 자전상(字典上) 세(歲)의 본의(本義)에는 영향이 미치지 않음.

○康誤處 2; 三歲則大計羣吏之屬(改治)而誅賞之

●考證 ; 謹照周禮原文屬改治

◆整理 ; 屬(속)은 治(치)의 착오.

◈訂正文 ; 三歲則大計羣吏之治而誅賞之

▶【911-2】 字解誤謬與否 ; 三歲則

大計羣吏之屬(改治)而誅賞之 [屬(改治)]

★이상과 같이 오류(誤謬) 수정(修訂)이 된다 하여도 치(治; 다스리다. 처리하다. 태평하다)는 자전상(字典上) 세(歲)의 본의(本義)에는 영향이 미치지 않음.

止 部 十二畫

康 歷(력) [唐韻]郎擊切[集韻][韻會]狼狄切𡕣音靂[說文]過也一曰經歷[書梓材]殺人歷人[註]歷人者罪人所過[前漢天文志]合散犯守陵歷鬪食[韋昭註]自下往觸之曰犯居其宿曰守經之爲歷突掩爲陵星相擊爲鬪 又次也[禮月令]季冬命宰歷卿大夫至於庶民[註]歷猶次也 又盡也謂徧及之也[書盤庚]歷告爾百姓于朕志[前漢劉向傳]歷周唐之所進以爲法[師古註]歷謂歷觀之 又踰也越也[孟子]不歷位而相與言[大戴記]竊盜歷法妄行 又疎也[宋玉登徒子好色賦]齞脣歷齒[註]歷猶疎也[後漢列女傳]蓬髮歷齒未知禮則 又錯也[莊子天地篇]交臂歷指 又亂也[大戴記]歷者獄之所由生[註]歷歷亂也[鮑照詩]黃絲歷亂不可治 又歷歷行列貌[古樂府]歷歷種白楡 又釜鬲謂之歷[史記滑稽傳]銅歷爲棺[索隱註]歷卽釜鬲也 又歷錄文章之貌見[詩疏] 又寂歷猶寂寞也[張說詩]空山寂歷道心生 又山名[括地志]蒲州河東縣雷首山一名中條一名歷山舜耕處[廣輿記]蒲州今屬平陽府又濟南有歷山漢志杋縣亦有歷山 又縣名[前漢地理志]信都國有歷縣又歷城縣屬濟南卽齊州縣也[地理通釋]田廣羅歷下兵卽其地後漢安帝建光三年黃龍見歷城 又湖名[廣輿記]歷湖在和州城西周七十里爲郡之巨浸 又爰歷書名[說文序]趙高作爰歷篇所謂小篆 又與曆日

之曆同[前漢律歷志]黃帝造歷又世本曰容成造歷尸子曰羲和造歷或作曆又與霹靂之靂同[前漢天文志]辟歷夜明[後漢蔡邕傳]辟歷數發 又與馬櫪之櫪同[前漢梅福傳]伏歷千駟 又同壢坑也

【 오류정리 】

○康誤處 1; [索隱註(改曰)]歷卽釜鬲也

●考證 ; 謹按索隱卽史記註之名旣稱索隱不得復稱註謹改註謂曰

◆整理 ; [索隱(삭은) 註(주)를 曰(왈)로] 고침.

◆訂正文 ; [索隱曰]歷卽釜鬲也

▶【912-1】 字解誤謬與否 ; [索隱註(改曰)]歷卽釜鬲也 [註(改曰)]

★이상과 같이 인용처(引用處)나 주소(註疏)의 오류(誤謬)를 수정(修訂)을 한다 하여도 자전상(字典上)의 력(歷)의 본의(本義)에는 영향이 미치지 않음.

止 部 十四畫

康 歸(귀) [唐韻]擧韋切[集韻]居韋切𡕣音騩還也入也[詩小雅]薄言旋歸 又還所取之物亦曰歸[春秋定十年]齊人來歸鄆讙龜陰田又[禮祭義]父母全而生之子全而歸之[孟子]久假而不歸皆還復之義 又[春秋隱元年]歸惠公仲子之賵[杜註]歸者不反之辭[桓七年]突歸于鄭[穀梁傳]歸易辭也 又依歸也[詩曹風]于我歸處[毛傳]歸依歸也 又歸附也[穀梁傳莊二年]王者民之所歸往也[詩大雅]豈弟君子民之攸歸 又[說文]女嫁也[詩周南]之子于歸[禮禮運]男有分女有歸又[穀梁傳隱二年]婦人謂嫁曰歸反曰來歸[註]嫁而曰歸明外屬也反曰來歸明從外至也[左傳莊二十七年]凡諸侯之女歸寧曰來出曰來歸夫人歸寧曰如某出曰歸又某

又投也委也[左傳襄三年]請歸死于司
敗又[前漢申屠嘉傳]鼂錯恐自歸景帝
[註]師古曰自首于天子　又與也許也
[論語]天下歸仁焉　又合也[禮緇衣]
私惠不歸德[註]謂不合於德義　又終
也[左傳宣十一年]以討召諸侯而以貪
歸之　又歸妹卦名　又三歸臺名[史記
註]三歸取三姓女也　又指趨曰歸[易
繫辭]殊途而同歸[史記李斯傳]覩指而
識歸　又道家有八歸[參同契]九還七
返八歸六居[註]八歸者天三生木
地八成汞戊己一合木汞之眞歸煉鼎中
故曰八歸　又[謝察微算經]有歸法歸
己入之數也　又歸藏黃帝易名一曰殷
易[周禮春官]大占掌三易之法二曰歸藏
[註]歸藏者萬物莫不歸而藏之于中此
易以純坤爲首故名　又[爾雅釋親]女
子謂晜弟之子爲姪謂姪之子爲歸孫
又饋也[論語]歸孔子豚[晉語]不腆
敝邑之禮敢歸諸下執政　又山名[山海
經]太行之山其首曰歸山其上有金玉其
下有碧　又州名[廣韻]本春秋夔子國
武德初割夔州之秭歸巴東二縣置州取
歸國爲名也[廣興記]今屬荊州府　又
姓　又歸邪星氣名[前漢天文志]如星
非星如雲非雲名曰歸邪歸邪出必有歸
國者邪音蛇　又忘歸矢名見[公孫子]
又姊歸鳥名當歸藥名　又[集韻]求
位切音匱同饋[說文]餉也亦讀如字義
見上

【 오류정리 】
○康誤處 1;[周禮春官]大占(改卜)掌
三易之法(改灋)
●考證；謹照原文占改卜法改灋
◆整理；[周禮春官(주례춘관)]의 占
(점)은 卜(복), 法(법)은 灋(법)의 착
오.
◆訂正文；[周禮春官]大卜掌三易之
灋
▶【913-1】 字解誤謬與否；[周禮

春官]大占(改卜)掌三易之法(改灋)
[占(改卜)]　[法(改灋)]
★이상과 같이 오류(誤謬) 수정(修訂)
이 되면 ○대복(大卜；직명(職名))
[周禮春官大卜]掌三夢之灋一曰致夢
[左传稳公十一年]滕侯曰我周之卜正也
[杜預註]謂卜正爲卜官之長[孔穎達疏
謂即大卜 ○법(灋；법(法)의 고자(古
字))인데 자전상(字典上) 귀(歸)의 본
의(本義)에 영향이 미치게 됨.

歹 部 五畫

康 殆(태)[唐韻]徒亥切[集韻][韻
會][正韻]蕩亥切蛬駘上聲[說文]危也
[禮祭儀]不敢以先父母之體行殆　又近
也[詩小雅]無小人殆[箋]言無與小人
近　又始也[詩豳風]殆及公子同歸[毛
傳]殆始也　又將也幾也[易繫辭]顏氏
之子其殆庶幾乎[禮檀弓]殆不可伐
又[賈誼新書]志操精果謂之誠反誠爲
殆　又與怠通[左傳昭五年]滋敝邑休
殆　又叶養里切音以[楚辭天問]女歧
縫裳而館同爰止何顚易厥首而親以逢
殆

【 오류정리 】
○康誤處 1;[禮祭儀(改祭義)]不敢以
先父母之體行殆
●考證；謹照原書祭儀改祭義
◆整理；[禮(예) 祭儀(제의)는 祭義
(제의)의] 착오.
◆訂正文；[禮祭義]不敢以先父母之
體行殆
▶【914-1】 字解誤謬與否；[禮祭
儀(改祭義)]不敢以先父母之體行殆
[祭儀(改祭義)]
★이상과 같이 인용처(引用處)나 주
소(註疏)의 오류(誤謬)를 수정(修訂)
을 한다 하여도 자전상(字典上)의 태
(殆)의 본의(本義)에는 영향이 미치지
않음.

康 𣧍(고)[篇海類編]與𣧌同詳𣧌字註

【 오류정리 】
○康誤處 1;⊕𣧍[篇海類編]與𣧌(改𣧌)同詳𣧌字註
●考證；謹照原文𣧌改𣧌
※筆者謹按康熙字典原本；歹(歺)部五畫⊕𣧍[篇海類編]與𣧌同詳𣧌字註
◆整理；[篇海類編(편해류편)]𣧍(고)는 𣧌(고)와 同字(동자).
◆訂正文；[篇海類編]與𣧌同
▶【915-1】字解誤謬與否；考證誤謬

歹部 六畫
康 殉(순)[廣韻]辭閏切[集韻]徐閏切[韻會][正韻]松閏切𡘋音徇[玉篇]用人送死也[禮檀弓]子亢曰以殉葬非禮也[左傳文六年]秦伯好任卒以子車氏之三子爲殉國人哀之爲之賦黃鳥 又營也求也[書伊訓]殉于貨色[傳]殉求也正義曰殉者心循其事是貪求之意故爲求[前漢李陵傳]殉國家之急[註]師古曰殉營也一曰從也又[班固幽通賦]豈余身之足殉兮遑世業之可懷[項岱註]亦訓營 又凡以身從物皆曰殉 [莊子騈拇篇]小人則以身殉利士則以身殉名天下盡殉也彼所殉仁義也則俗謂之君子所殉貨財也則俗謂之小人 又[集韻]松倫切音旬義同[書伊訓]殉于貨色徐邈讀 又[集韻]余絹切音蝝義同

【 오류정리 】
○康誤處 1;[左傳文六年]秦伯好任(改任好)卒
●考證；謹照原文好任改任好
◆整理；[左傳文六年(좌전문육년)]好任(호임)은 任好(임호)의 착오.
◆訂正文；[左傳文六年]秦伯任好卒
▶【916-1】字解誤謬與否；[左傳

文六年]秦伯好任(改任好)卒 [好任(改任好)]
★이상과 같이 오류(誤謬) 수정(修訂)이 된다 하여도 임호(任好; 진덕공(秦德公)의 삼자(三子))는 자전상(字典上) 순(殉)의 본의(本義)에는 영향이 미치지 않음.

歹部 八畫
康 殔(이)[唐韻][集韻]𡘋羊至切音肄[說文]瘞也[小爾雅]埋柩謂之殔[釋名]假葬於道曰殔與殥同

【 오류정리 】
○康誤處 1;[釋名]假葬於道(增側)曰殔
●考證；謹照原文道字下增側字
◆整理；[釋名(석명)]道(도)에 이어 側(측)을 덧붙임.
◆訂正文；[釋名]假葬於道側曰殔
▶【917-1】字解誤謬與否；[釋名]假葬於道(增側)曰殔 [道(增側)]
★이상과 같이 덧붙인다 하여도 도측(道側; 길가. 도로변) 자전상(字典上) 이(殔)의 본의(本義)에는 영향이 미치지 않음.

康 殖(식)[唐韻]常職切[集韻][韻會][正韻]丞職切𡘋音植[說文]脂膏久殖也[徐曰]脂膏久則浸潤[玉篇]生也種也[書湯誥]兆民允殖[呂刑]農殖嘉穀[左傳昭二十五年]爲溫慈惠和以效天之生殖長育 又興生財利曰殖[書仲虺之誥]不殖貨利[傳]殖生也不生資貨財利言不貪也史記有貨殖傳 又封殖也[書仲虺之誥]殖有禮[傳]有禮者封殖之[左傳昭二年]宿敢不封殖此樹以無忘角弓 又蕃也長也[魯語]同姓不婚惡不殖也[韋註]殖蕃也又[左傳昭元年]內官不及同姓其生不殖[杜註]殖長也 又立也[周語]以殖義方 又學殖

[左傳昭八年]夫學殖也不殖將落[杜註]殖生長也言學之進德如農之殖苗日新月益　又殖殖平正也[詩小雅]殖殖其庭　又[集韻]仕吏切音事植也[左傳襄三十年]子産從政輿人誦之曰我有田疇子産殖之子産而死誰其嗣之[註]殖時力反徐是吏反叶下韻

【 오류정리 】

○康誤處 1; [左傳昭八年(改十八年)]夫學殖也不殖(改不學)將落

●考證 ; 謹照原文八年改十八年不殖改不學

◆整理 ; [左傳昭(좌전소) 八年(팔년)은 十八年(십팔년)의 착오] 不殖(불식)은 不學(불학)의 착오.

◆訂正文 ; [左傳昭十八年]夫學殖也不學將落

▶【918-1】 字解誤謬與否 ; [左傳昭八年(改十八年)]夫學殖也不殖(改不學)將落 [不殖(改不學)]

★이상과 같이 오류(誤謬) 수정(修訂)이 된다 하여도 불학(不學; 배우지 못하였거니 배우지 못함) 자전상(字典上) 식(殖)의 본의(本義)에는 영향이 미치지 않음.

康殘(잔)[廣韻]昨干切[集韻][韻會]財干切𠀤音殘[說文]賊也[詩小雅]廢爲殘賊[孟子]賊義者謂之殘　又[釋名]殘踐也踐使殘壞也[書泰誓]殘害于爾萬姓又[史記樊噲傳]殘東垣[註]謂多所殺傷也　又惡也[書泰誓]取彼凶殘[史記陳餘傳]爲天下除殘　又放逐也殺也[周禮夏官]大司馬九伐之法放弑其君則殘之[揚子方言]㑜殺也晉魏河內之北謂㑜爲殘㑜音廩或洛感反　又食餘也[杜甫詩]殘杯與冷炙　又煮肉之名[張協七命]鷰髀猩脣髦殘象白[註]髦髦牛也殘白蓋煮肉之異名[崔駰博徒論]鷰曜羊殘　又殘缺也[劉歆移

太常博士書]專己守殘[註]師古曰專執己所偏見苟守殘缺之文　又穿鑿傳會謂之蕞殘[王充論衡]蕞殘滿車不成爲道玉屑滿篋不成爲寶　又惡罵曰殘罵[揚子方言]南楚凡人殘罵謂之鉆　又貪暴吏曰殘吏[後漢明帝紀]殘吏放手　又五殘星名[史記天官書]五殘星出正東東方之野其星狀類辰星[正義曰]五殘一名五鋒[前漢藝文志]有五殘雜變星二十一卷　又與戔通[易賁卦]束帛戔戔[註]引子夏易束帛殘殘　又[魏志]辰韓名樂浪人爲阿殘東方人名我爲阿爲樂浪人本其殘餘之人也　又膾殘魚名[皮日休詩]分明數得膾殘魚　又[高僧傳]明瓚禪師性懶而食殘號懶殘　又[韻補]叶財先切音前[班彪北征賦]首身分而不寤兮猶數功而辭譽何夫子之妄說兮孰云地脈而生殘　又[夢溪筆談]王聖美治字學演其義以爲右文凡字其類在左其義在右如木類其左皆从木所謂右文者如戔少也水之少者曰淺金之小者曰錢歹而小者曰殘貝之小者曰賤如此類皆以戔爲義○按殘義本兼大小而言姑附記於此

【 오류정리 】

○康誤處 1; [崔駰博徒論]鷰曜(改臛)羊殘

●考證 ; 謹照原文曜改臛

◆整理 ; [崔駰博徒論(최인박도론)]曜(확)은 臛(확)의 착오.

◆訂正文 ; [崔駰博徒論]鷰臛羊殘

▶【919-1】 字解誤謬與否 ; [崔駰博徒論]鷰曜(改臛)羊殘 [曜(改臛)]

★이상과 같이 오류(誤謬) 수정(修訂)이 된다 하여도 확(臛; 고기국. 곰국) 자전상(字典上) 잔(殘)의 본의(本義)인 영향이 미치지 않음.

歹部 十畫

康殞(운)[唐韻][集韻][韻會]𠀤尺

救切音臭[說文]腐氣也[玉篇]物傷氣也[前漢揚王孫傳]其穿下不及泉上不泄臭又[楊惲傳]單于得漢美食好物以爲殠惡　又[集韻]許救切音嗅義同　又[廣韻][集韻]𣨼許久切音朽臭也　[集韻]或省作㕚[韻會]本作殠通作臭[左傳註疏]臭是氣總名元非善惡之稱旣謂善氣爲香則專以惡氣爲臭

【 오류정리 】

○康誤處 1;[楊惲傳]單于得漢美食好物以爲(改謂之)殠惡
●考證；謹照原文以爲改謂之
◆整理；[楊惲傳(양운전)] 以爲(이위)는 謂之(위지)의 착오.
◆訂正文；[楊惲傳]單于得漢美食好物殠惡
▶【920-1】 字解誤謬與否；[楊惲傳]單于得漢美食好物以爲(改謂之)殠惡 [以爲(改謂之)]
★이상과 같이 오류(誤謬) 수정(修訂)이 된다 하여도 위지(謂之; 하다. 하고. 하며) 자전상(字典上) 추(殠)의 본의(本義)인 에는 영향이 미치지 않음.

殳部

康殳(수)[唐韻]市朱切[集韻][韻會]慵朱切[正韻]尙朱切𠀤音殊[說文]以杸殊人也　又兵器[周禮夏官司兵掌五兵註]五兵者戈殳戟酋矛夷矛[釋名]殳殊也長一丈二尺無刃有所撞挃於軍上使殊離也正義曰考工記殳長尋有四尺八尺曰尋是丈二也冶氏爲戈戟之屬不言殳刃是無刃也[詩衞風]伯也執殳爲王前驅　又戟柄之別名[揚子方言]三刃枝南楚宛郢謂之匽戟其柄自關而西謂之柲或謂之殳　又書法名[前漢藝文志]八體六杖韋昭曰八體六曰殳書[歐陽詢書法]殳書者伯氏所職文記笏武記殳因而制之[說文序]七曰殳書[徐鍇

註]殳體八觚隨其勢而書之故八體有殳書　又姓　又打穀之架曰攝殳[揚子方言]僉宋衞之閒謂之攝殳[註]僉今連架所以打穀者　从几几音殊鳥短羽也與几案之几別　又與殳別[佩觿集]殳示朱翻戈殳也殳莫勿翻沈也

【 오류정리 】

○康誤處 1;[釋名]殳殊也長一丈二尺無刃有所撞挃於軍上(改車上)
●考證；謹照原文軍上改車上
◆整理；[釋名(석명)] 軍上(군상)은 車上(거상)의 착오.
◆訂正文；[釋名]殳殊也長一丈二尺無刃有所撞挃於車上
▶【921-1】 字解誤謬與否；[釋名]殳殊也長一丈二尺無刃有所撞挃於軍上(改車上) [軍上(改車上)]
★이상과 같이 오류(誤謬) 수정(修訂)이 된다 하여도 차상(車上; 수레 위) 자전상(字典上)의 본의(本義)에는 영향이 미치지 않음.

殳部 五畫

康段(단)[唐韻][集韻][韻會]徒玩切[正韻]杜玩切𠀤音緞[說文]椎物也一曰分段也帛二曰緉分而未丽曰匹旣丽曰段[張衡詩]美人贈我錦繡段　又款段馬名[後漢馬援傳]御款段[註]款猶緩也言形段緩也　又段谷水名[通典]秦州上邽縣有段谷水姜維爲鄧艾破於此[水經注]藉水又東合段溪水出西南馬門溪東北流　又阿段蠻獠之稱[北史蠻獠傳]獠無名字以長幼次第呼之丈夫稱阿謩阿段　又姓出武威[風俗通]段干木之後有出遼西者本鮮卑檀石槐之後又段干複姓　又卵不成也與毈通[管子五行篇]羽卵者不段　又[集韻][韻會][正韻]都玩切𠀤同鍛鍊也一曰小冶也[周禮冬官考工記]段氏爲鑄器　又通腶[禮昏義]婦執笲棗栗段脩以見段

丁亂反　从殳耑省聲與叚別叚乃假借之義古馬切俗通用非是

【 오류정리 】

○康誤處 1；[說文]推(改椎)物也
●考證；謹照原文推改椎
◆整理；[說文(설문)] 推(추)는 椎(추)의 착오.
◆訂正文；[說文]椎物也
▶ 【922-1】 字解誤謬與否；[說文]推(改椎)物也　[推(改椎)]
★이상과 같이 오류(誤謬) 수정(修訂)이 된다 하여도 추물(椎物; 동단(同段) 사물의 한 부분. 도막. 토막) [說文解字]對段字所作的解釋是段椎物也은 자전상(字典上) 단(段)의 본의(本義)에 적극 영향이 미치게 됨.

殳 部 七畫

康 殺(살) [唐韻]所八切 [集韻][韻會][正韻]山戛切 𢿑 音煞 [說文]戮也 [周禮春官]內史掌王之八柄之一法以詔王治五曰殺 [疏]太宰有誅無殺此有殺無誅者誅與殺相因見爲過不止則殺之也 又[秋官]掌戮掌斬殺賊諜而博之 [註]斬以鈇鉞殺以刀刃 又[爾雅釋詁]殺克也 [郭註]隱元年公羊傳曰克之者何殺之也 又獲也 [禮王制]天子殺則下大綏諸侯殺則下小綏大夫殺則止佐車 [註]殺獲也 又同死 [孟子]凶年不能殺 又忘也 [莊子大宗師]殺生者不死 [註]李軌云殺猶亡也亡生者不死也崔云除其營生爲殺生 又薙草曰殺 [禮月令]利以殺草 又霜殺物曰殺 [春秋僖三十三年]隕霜不殺草 [左傳桓五年]始殺而嘗 又以火炙簡爲殺靑 [後漢吳祐傳]欲殺靑簡以寫經書 [註]殺靑者以火炙簡令汗取其靑易書後不蠹謂之殺靑 赤爲汗靑義見 [劉向別錄] 又矢名 [周禮夏官司弓矢]殺矢鍭矢用諸近射田臘 [註]殺矢言中則死 又[考工記]

冶氏爲殺矢刃長寸圍寸鋌十之 又刷也 [釋名]摩挲猶抹殺 又[集韻][韻會]𢿑桑葛切音薩散貌 [史記倉公傳]望之殺然黃 [註]徐廣曰殺蘇葛反正義曰蘇亥反 又掃滅之也 [前漢谷永傳]未殺災異 又騷殺下垂貌 [張衡東京賦]飛流蘇之騷殺 又[集韻]私列切音薛與躠同蹩躠旋行貌 [莊子馬蹄篇]蹩躠爲仁向崔本作弊殺 又[廣韻][集韻][韻會]𢿑所界切音鎩降也減削也 [周禮秋官象胥]國新殺禮凶荒殺禮 [禮大傳]五世而緦殺同姓也 又[禮器]禮不同不豐不殺 又[正韻]所賣切音曬義同 又毛羽敝曰殺 [詩豳風予羽譙譙傳]譙譙殺也 又[周禮天官瘍醫]劀殺之劑 [註]殺謂以藥食其惡肉 又唯殺音也 [禮樂記]其哀心感者其聲噍以殺 [註]噍則竭而無澤殺則減而不隆 又剪縫也 [論語]非帷裳必殺之亦作襒 又韜屍之具上曰質下曰殺 [儀禮士喪禮]經殺掩足 又疾也 [白居易半開花詩]西日憑輕照東風莫殺吹 [自註]殺去聲 [正字通]今樂府家有元殺旁殺之別元人傳奇白鶴子一殺二殺卽其遺聲也俗讀生殺之殺非 [集韻]或作𥻦煞 又[集韻][韻會]𢿑所例切音際亦降也 又[集韻]式吏切音試同弒 [前漢高帝紀]項羽放殺其主 [註]殺當作弒 又[班固西都賦]掎僄狡扼猛噬脫角挫脰徒搏獨殺 [註]殺亦叶式吏切 又叶色櫛切音瑟 [梁肅兵箴]傳美干戈易載以律古之睿知神武不殺 又叶式列切音設 [束皙近遊賦]繫複襦以御冬脅汗衫以當熱帽引四角之縫裙爲數條之殺殺一作襒

【 오류정리 】

○康誤處 1；[後漢吳祐傳]欲殺靑簡以寫經書[註]殺靑者以火炙簡令汗取其靑易書後(改復)不蠹謂之殺靑
●考證；謹照原文後改復

◆整理；[後漢吳祐傳(후한오우전)]
[註(주)] 後(후)는 復(복)의 착오.
◆訂正文；[後漢吳祐傳]欲殺靑簡以
寫經書[註]殺靑者以火炙簡令汗取其
靑易書復不蠹謂之殺靑
▶【923-1】 字解誤謬與否；[後漢
吳祐傳]欲殺靑簡以寫經書[註]殺靑者
以火炙簡令汗取其靑易書後(改復)不蠹
謂之殺靑 [後(改復)]
★이상과 같이 오류(誤謬) 수정(修訂)
이 된다 하여도 복(復; 중복하다. 돌
아오다. 번잡한)은 자전상(字典上) 살
(殺)의 본의(本義)에는 영향이 미치
지 않음.

殳部 十畫

⊕殻(격)[唐韻]古歷切[集韻]吉歷
切𠀤音激[說文]相擊中也如車相擊故
从殳从𣪊[周禮冬官考工記]廬人殻兵用
强[註]殻兵戈戟屬[疏]殳長丈二而無
刃可以殻打人故曰殻兵 又拂也[周禮
冬官考工記]弓人和弓殻摩[註]和調也
殻拂也將用弓必先調之拂之摩之 又
[集韻][韻會]詰歷切[正韻]苦擊切𠀤
音喫勤苦用力曰殻

【 오류정리 】

○康誤處 1;[周禮冬官考工記]廬人殻
兵用(改同)强
●考證；謹照原文用改同
◆整理；[周禮冬官考工記(주례동관고
공기)] 用(용)은 同(동)의 착오.
◆訂正文；[周禮冬官考工記]廬人殻
兵同强
▶【924-1】 字解誤謬與否；[周禮
冬官考工記]廬人殻兵用(改同)强 [用
(改同)]
★이상과 같이 오류(誤謬) 수정(修訂)
이 된다 하여도 동(同; 같다. 함께.
접속사(接續詞) …와. …과.) 자전상
(字典上) 격(殻)의 본의(本義)에는 영
향이 미치지 않음.

毋部

⊕毋(무)[唐韻]武扶切[集韻][韻
會][正韻]微夫切𠀤音無[說文]止之也
其字从女內有一畫象姦之形禁止之勿
令姦[禮曲禮]毋不敬[註]毋止之辭古
人云毋猶今人言莫也又[儀禮士相見
禮]毋上于面毋下于帶[鄭註]古文毋爲
無[賈公彥疏]今不從者說文云毋禁辭
故不從有無之無也 又將毋毋乃皆發
問之辭與無通[韓詩外傳]客有見周公
者曰入乎將毋公曰請入坐乎將毋公曰
請坐言乎將毋公唯唯 又姓[廣韻]毋
丘或爲毋氏又漢複姓八氏漢書食貨傳
有毋鹽氏巨富齊毋鹽邑大夫之後漢有
執金吾東海毋將隆將作大匠毋丘興風
俗通有樂安毋車伯奇爲下邳相有主簿
步邵南時人稱毋車府君步主簿何氏姓
苑云有毋終氏左傳魯大夫玆毋還晉大
夫綦毋張漢書有巨毋霸王莽改爲巨毋
氏 又甯毋地名[穀梁傳]作寍毋毋音
無又茂后反[公羊傳]音同 又[集韻]
[韻會]𠀤迷浮切音謀毋追夏后氏緇布
冠名[禮郊特牲]毋追夏后氏之道也
又[集韻]罔甫切音武與鵡鸚同鸚鵡
鳥名或从武亦省作毋 與父母之母不
同

【 오류정리 】

○康誤處 1；漢書食貨傳(改貨殖傳)
●考證 ；謹照原書食貨傳改貨殖傳
◆整理 ；漢書(한서) 食貨傳(식화전)
은 貨殖傳(화식전)의 착오.
◆訂正文 ；漢書貨殖傳
▶【925-1】 字解誤謬與否；漢書食
貨傳(改貨殖傳) [食貨傳(改貨殖傳)]
★이상과 같이 인용처(引用處)나 주
소(註疏)의 오류(誤謬)를 수정(修訂)
을 한다 하여도 자전상(字典上)의 무
(毋)의 본의(本義)에는 영향이 미치지
않음.

毋部 四畫

康 毒 (독) [唐韻] [廣韻] [集韻] [類篇] [韻會] 𡘋徒沃切音碡 [搏雅] 惡也一曰害也 [書盤庚] 惟汝自生毒 [禮緇衣] 惟君子能好其正小人毒其正 又深害曰漸毒 [莊子胠篋篇] 漸毒頡滑 又痛也苦也 [詩大雅] 民之貪亂寧爲荼毒 [後漢蘇章傳] 分骸斷首以毒生者 [註] 毒苦也 又恨也 [馮衍顯志賦] 惡叢巧之亂世兮毒縱橫之敗俗 [註] 毒恨也 [後漢哀紹傳] 令人憤毒 又藥名 [周禮天官醫師] 掌醫之政令聚毒藥以供藥事 [鄭註] 毒藥藥之辛苦者藥之物恆多毒 又 [瘍醫] 凡療瘍以五毒攻之 [註] 今醫方有五毒之藥作之合黃整置石膽丹砂雄黃礜石慈石其中燒之三日三夜取以注創惡肉破骨則盡出 又魚毒木名見 [爾雅釋木] 急就篇註云芫華一名魚毒漁者投之水中魚卽死而浮出故以爲名芫或作杬 又雞毒烏頭別名 [淮南子主術訓] 天下之物莫凶於雞毒然良醫索而藏之有所用也 又狗毒繩毒俱草名見 [爾雅釋草註] 又置毒於物曰毒 [左傳襄十四年] 秦人毒涇上流 又治也 [易師卦] 以此毒天下而民縱之 [註] 王云毒役也馬云治也 [莊子人閒世] 無門無毒 [註] 毒亦訓治 又同育亭育化育之意 [老子道德經] 亭之毒之 [註] 亭以品其形毒以成其質毒徒篤反今作育 [唐代宗詔書] 中孚及物亭育爲心 [張說撰姚崇碑] 亭育之功成皆以亭毒爲亭育古毒育音義通 又 [韻會] [正韻] 𡘋都毒切音篤身毒西域國名在大夏東南一名捐毒又名天篤師古曰今之天竺蓋身毒聲轉爲天篤篤省文作竺又轉爲竺音 [山海經] 東海之內北海之隅有國名天毒其人水居 [郭璞註] 天毒卽天竺國 又 [集韻] 待戴切 [正韻] 度耐切𡘋音代同瑇瑇瑁也亦作毒冒 [前漢地理志] 多犀象毒冒 [註] 師古曰毒音代冒莫內反通作玳瑇 又叶

昌石切音尺 [曹植思歸賦] 何曾雲之沈結兮悼太陽之潛匿雨淋涔而𡍩注兮心憤悁以悽毒 [說文] 𡶜厚也害人之草往往而生从屮从毒 [廣韻] 本作毐今經史𡘋省屮从主作毒

【 오류정리 】

○康誤處 1; [周禮天官醫師] 掌醫之政令聚毒藥以供藥事(改醫事)
●考證 ; 謹照原文藥事改醫事
◆整理 ; [周禮天官醫師(주례천관의사)] 藥事(약사)는 醫事(의사)의 착오.
◆訂正文 ; [周禮天官醫師] 掌醫之政令聚毒藥以供醫事
▶ 【926-1】 字解誤謬與否 ; [周禮天官醫師] 掌醫之政令聚毒藥以供藥事(改醫事)
★이상과 같이 오류(誤謬) 수정(修訂)이 된다 하여도 의사(醫事; 醫療業) 자전상(字典上) 독(毒)의 본의(本義)에는 영향이 미치지 않음.

○康誤處 2; 狗毒繩毒俱草名見 [爾雅釋草註(改疏)]
●考證 ; 謹照原書註改疏
◆整理 ; [爾雅釋草(이아석초) 註(주)는 疏(소)의] 착오.
◆訂正文 ; 狗毒繩毒俱草名見 [爾雅釋草疏]
▶ 【927-2】 字解誤謬與否 ; 狗毒繩毒俱草名見 [爾雅釋草註(改疏)] 註(改疏)
★이상과 같이 인용처(引用處)나 주소(註疏)의 오류(誤謬)를 수정(修訂)을 한다 하여도 자전상(字典上)의 독(毒)의 본의(本義)에는 영향이 미치지 않음.

比部

康 比 (비) [廣韻] 卑履切 [集韻] [韻會] 補履切 [正韻] 補委切𡘋音匕校也𡘋

也[周禮天官]凡禮事贊小宰比官府之具[註]比校次之使知善惡足否也[儀禮大射儀]遂比三耦[註]比校也[齊語]比校民之有道者　又類也方也[禮學記]比物醜類[疏]謂以同類之事相比方則學乃易成[韓詩外田]高比所以廣德也下比所以挾行也比於善自進之階比於惡自退之原　又詩有比體[毛詩序]詩有六義一曰風二曰賦三曰比四曰興五曰雅六曰頌鄭司農云比者比方於物諸言如者皆比詞也比之與興同附託外物比顯而興隱　又比例[禮王制]必察小大之比以成之[鄭註]已行故事曰比比例也[後漢陳忠傳]父寵在廷尉上除漢法溢於甫刑者未施行寵免後忠略依寵意奏上二十三條爲决事比[註]比例也又綴輯書史曰比[前漢儒林傳]公孫弘比輯其義[唐藝文志]玄宗命馬懷素爲修圖書使與褚無量整比　又謚法之一[左傳昭二十八年]擇善而從之曰比[詩大雅]王此大邦克順克比[註]比必里反正義引服虔云比方損益古今之宜而從之也　又此部官名取校勘亭平之義卽今刑部[正韻]音皮誤　又水名[前漢地理志]南陽郡有比陽縣應劭曰比水所出東入蔡　又[集韻][正韻]竝普弭切音諀與庀同治也具也[周禮春官]大胥比樂官[註]錄具樂官也與庀通　又[廣韻][韻會]毗至切[集韻]毗義切[正韻]毗意切竝音避[爾雅釋詁]比俌也[郭註]俌猶輔[易比卦彖辭]比輔也下順從也[卜氏傳]地得水而柔故曰比　又親也近也[周禮夏官]形方氏使小國事大國大國比小國[註]比猶親也　又和也[周禮春官]簭人辨九簭之名六曰巫比[註]巫讀爲筮比謂筮與民和比也　又近鄰之稱[周禮地官]五家爲比使之相保五比爲閭使之相受　又案此[周禮地官]小司徒掌九比之數乃頒比法於六卿之大夫及三年則大比[又]鄉大夫大比考其德行道藝而興賢者能者[疏]三年一閏天道有成故每至三年則大案比　又及也[詩大雅]比于文王其德靡悔[註]比于至于也[前漢高帝紀]自度比至皆亡之　又頻也[禮王制]比年一小聘[漢志]比年猶頻年也又比比猶言頻頻[前漢成帝紀]郡國比比地動　又竝也[書牧誓]比爾干[正義]楯則竝以扞敵故言比[史記蘇秦傳]騎不得比行　又齊也[詩小雅]比物四驪[註]比物齊其力也　又偏也黨也[書洪範]人無有比德[正義]人無阿比之德言天下衆民盡得中也[論語]君子周而不比[鄭註]忠信爲周阿黨爲比　又從也[論語]義之與比[朱註]比從也[晉語]事君者比而不黨[註]比謂比義　又合也[禮射儀]其容體比於禮其節比於樂[註]比親合也[漢劉歆移太常博士書]比意同力冀得廢遺[師古註]訓合　又密也[詩周頌]其比如櫛　又比余櫛髮具[史記匈奴傳]漢文帝遺單于比余[漢書]作比疎[廣雅]比櫛也[蒼頡篇]靡者爲比麤者爲疏今亦謂之梳[顏師古急就篇註]櫛之大而麤所以理鬢者謂之疏言其齒稀疏也小而細所以去蟣蝨者謂之比言其齒密比也皆因其體以立名　又矢括曰比[周禮考工記]矢人爲矢夾其陰陽以設其比夾其比以設其羽[鄭司農註]比謂括也　又[揚子方言]比代也　又[廣韻][集韻][韻會]竝必至切音畀近也併也密也義同　又[正韻]兵媚切音祕先也[禮祭義]比時具物不可以不備[鄭註]比時猶先時也比必利反又甫至反　又[廣韻]房脂切[集韻][韻會]頻脂切[正韻]蒲麋切竝音毗和也一曰次也竝也比鄰猶竝鄰[杜甫詩]不敎鵝鴨惱比鄰　又比蒲地名[春秋昭十一年]大蒐于比蒲　又皐比虎皮也[左傳莊十年]蒙皐皮而先犯之後人以爲講席[戴叔倫詩]皐比喜接連[朱子張載銘]勇撤皐比　又師比胡革帶鉤也[戰國策]胡服黃金師比通作毗紕　又[唐韻]毗必切[集韻][韻會]簿必切[正韻]簿密切竝音邲比次也[增韻]比比猶總總

也[張九齡荔枝賦]皮龍鱗而騈比[顧况持斧章]榱之斯密如鱗櫛比皆讀如邲又[莊子齊物論]人籟則比竹是矣李軌讀[說文]二人爲从反从爲比

【 오류정리 】

○康誤處 1; [左傳莊十年]蒙皐皮(改皐比)而先犯之
●考證 ; 謹照原文皐皮改皐比
◆整理 ; [左傳莊十年(좌전장십년)] 皐皮(고피)는 皐比(고비)의 착오.
◈訂正文 ; [左傳莊十年]蒙皐比而先犯之
▶【928-1】 字解誤謬與否 ; [左傳莊十年]蒙皐皮(改皐比)而先犯之 [皐皮(改皐比)]
★이상과 같이 오류(誤謬) 수정(修訂)이 되면 고비(皐比; 호피(虎皮))로 고쳐저 자전상(字典上) 비(比)의 본의(本義)에 영향이 미치게 됨.

毛部

㊗毛(모)[唐韻]莫袍切[集韻][韻會]謨袍切丛音旄[說文]眉髮之屬及獸毛也[釋名]毛貌也冒也在表所以別形貌自覆冒也[詩小雅]不屬于毛[註]毛者體骨之餘氣末屬也[周禮秋官]司儀王燕則諸侯毛[鄭註]謂以須髮坐也[齊語]班序顚毛以爲民紀[註]顚頂也毛髮也次列頂髮之白黑使長幼有等 又髮班白曰二毛[禮檀弓]古之征伐者不獲二毛 又獸爲毛蟲[周禮地官]以土會之灋辨五地之物生一曰山林其動物宜毛物[註]毛物貂狐貒貉之屬縟毛者也[禮月令]孟秋之月其蟲毛又[樂記]羽者嫗伏毛者孕鬻[正義曰]羽鳥也毛獸也 又犧牲純色曰毛[史記三王世家]魯有白牡騂剛之牲羣公不毛[註]何休曰不毛不純毛也 又草也[左傳隱三年]澗溪沼沚之毛又[昭七年]食土之毛誰非君臣 又桑麻五穀之屬皆曰毛[周禮地官載師]凡宅不毛者有里布[註]鄭司農云謂不種桑麻也[公羊傳宣十二年]錫之不毛之地[註]不毛者磽确不生五穀又[崔豹古今注]地以名山爲輔石爲之骨川爲之脈草木爲之毛 又去毛曰毛[詩魯頌]毛炰胾羹[註]毛炰爛去其毛而炰之 又柔毛羊也[禮曲禮]羊曰柔毛 又莎草曰地毛見[廣雅]又抆毛鹽草也見[雷斆炮炙序] 又[高麗方言]謂苧曰毛苧布曰毛施背見[雞林類事]又閩南人謂毛曰膜見[井觀瑣言]又梵言欽跋羅此云毛 頷鉢羅西域記云織細羊毛褐賴縭西域記云織野獸毛 又國名又姓[左傳僖二十四年]魯衞毛聃文之昭也[廣雅]周武王弟毛公後以爲氏本居鉅鹿避讎滎陽漢毛亨治詩作訓詁傳以授從子萇時稱亨爲大毛公萇爲小毛公 又竹名[顧愷之竹譜]南嶺有毛竹[劉美之續竹譜]毛竹生武夷山[李商隱詩]武夷洞裏毛生竹 又與氂通[儀禮士喪禮]馬不齊氂[註]今文氂爲毛 亦作毴[周禮天官司裘註]中秋鳥獸毴毨 亦作旄[史記夏本紀]羽旄齒革 又[集韻]莫報切音帽擇也鄭康成說或从手作托通作芼 又蒙晡切音模[佩觿集]河朔謂無曰毛[後漢馮衍傳]饑者毛食[註]太子賢曰案衍集作無今俗語猶然者豈古語亦通乎當讀如模[集韻]又作毷

【 오류정리 】

○康誤處 1; [史記夏本紀]羽旄(改旄)齒革
●考證 ; 謹照原文旄改旄
◆整理 ; [史記夏本紀(사기하본기)] 旄字는 旄(모)의 착오
※筆者謹按康熙字典原本 ; [旄字] 補遺及備考三冊包含無字
◈訂正文 ; [史記夏本紀]羽旄齒革
▶【929-1】 字解誤謬與否 ; [史記夏本紀]羽旄(改旄)齒革 [旄(改旄)]

★이상과 같이 오류(誤謬) 수정(修訂)이 되면 우모(羽旄; 오색 깃털로 꾸며 깃대 끝 장식물)인데 자전상(字典上) 모(毛)의 본의(本義)에 영향이 미치게 됨.

毛部 七畫

⑱毫(호)[廣韻][集韻][韻會][正韻]𡘋胡刀切音豪長銳毛也[老子道德經]合抱之木生於毫末[前漢鮑宣傳]有益毫毛 又言物細曰秋毫言毫至秋極纖細也[孟子]明足以察秋毫之末[莊子知北遊]秋毫爲小待之成體[前漢高帝紀]沛公入關秋毫無犯 又[謝察微算經]十絲曰毫十毫曰釐[禮經解]差若毫釐謬以千里[晉書虞預傳]毫釐之失 又筆謂之毫[陸機文賦]或含毫而渺然[唐書劉知幾傳]每記事載言則閣筆相視含毫不斷又蘸筆曰濡毫落筆曰揮毫 又姓漢毫康封安陽侯 又修毫狗名[西京雜記]李亨好馳駿狗有修毫釐睫白望青曹之名 [說文]作豪籀文作毫[正字通]毫豪雖通然山海經豪豬可借毫孟子豪傑之士淮南子智過百人謂之毫當用豪俗溷爲一非又姓譜毫豪分二姓

【 오류정리 】

○康誤處 1;[陸機文賦]或含毫而渺(改邈)然

●考證；謹照原文渺改邈

◆整理；[陸機文賦(육기문부)] 渺(묘)는 邈(막)의 착오.

◆訂正文；[陸機文賦]或含毫而邈然

▶【930-1】 字解誤謬與否；[陸機文賦]或含毫而渺(改邈)然 [渺(改邈)]

★이상과 같이 오류(誤謬) 수정(修訂)이 된다 하여도 막연(邈然; 요원하다. 아득하게 멀다)은 자전상(字典上) 호(毫)의 본의(本義)에는 영향이 미치지 않음.

毛部 九畫

⑱毹(유)[唐韻]羊朱切音兪[說文]氍毹也[風俗通]織毛褥曰氍毹[南史夷貊傳]梁大同中高昌國獻蒲桃良馬氍毹等物[古樂府]坐客氍毹毹毾㲪五木香[韓愈李正封鄭城聯句]兩廂鋪氍毹五鼎調勻藥 或書作毹[三輔黃圖]溫室規地以罽賓毹 亦作毦[張衡四愁詩]美人贈我貂襜褕或作氈氍毦[通俗文]氍毦之細者名毦毹 又[廣韻]山芻切[集韻]雙雛切𡘋音楡又[集韻]舂朱切音輸義𡘋同 [集韻]亦作毷毦

【 오류정리 】

○康誤處 1;[古樂府]坐客氈氍毹毾(改毾)㲪五木香

●考證；謹照原文毾改毾

◆整理；[古樂府(고악부)] 毾(탑)은 毾(탑)의 착오.

◆訂正文；[古樂府]坐客氈氍毹毾㲪五木香

▶【931-1】 字解誤謬與否；[古樂府]坐客氈氍毹毾(改毾)㲪五木香 [毾(改毾)]

★이상과 같이 오류(誤謬) 수정(修訂)이 되면 답등(毾㲪; 털로 짠 담요)인데 자전상(字典上) 유(毹)의 본의(本義)에 적극 영향이 미치게 됨.

毛部 十畫

⑱毾(탑)同上(毹)

【 오류정리 】

○康誤處 1;毾 (탑)(改爲毾)同上

●考證；謹按此字在十畫若作毾 則是九畫今據廣韻改爲毾

◆整理；毾은 毾 (탑)의 착오.

◆訂正文；毾

▶【932-1】 字解誤謬與否；毾(탑)

(改爲氈)同上

★이상과 같이 원자(原字)의 오류(誤謬) 수정(修訂)이 된다 하여도 자전상(字典上) 탑(毚毛)의 본의(本義)에는 상관이 없음.

毛 部 十三畫

康 氈(전) [廣韻] [集韻] [韻會] [正韻] 䖒諸延切音旃 [說文] 撚毛也或曰撚執也蹂也蹂毛成片故謂之氈 [釋名] 氈旃也毛相著旃旃然也 [周禮天官掌皮] 秋斂皮冬斂革共其毳皮爲氈 又 [掌次] 王大旅上帝則張氈案 [疏] 案謂牀也牀上著氈卽謂之氈案 [齊民要術] 作氈法春毛秋毛中半和用秋毛緊强春毛軟弱獨用太偏是以須雜三月桃花水氈第一凡作氈不須厚大唯緊薄均調乃佳耳 通作旃 [前漢王褒傳] 荷旃被毳 [王吉傳] 細旃之上 [蘇武傳] 齧雪與旃毛皆與旃同 又叶之人切音眞 [楊方合歡詩] 寒坐併肩氈上叶身下叶塵

【 오류정리 】

○康誤處 1; [周禮天官掌皮]秋斂皮冬斂革共其毳皮(改毳毛)爲氈

●考證 ; 謹照原文毳皮改毳毛

◆整理 ; [周禮天官掌皮(주례천관장피)] 毳皮(취피)는 毳毛(취모)의 착오.

◆訂正文 ; [周禮天官掌皮]秋斂皮冬斂革共其毳毛爲氈

▶ 【933-1】 字解誤謬與否 ; [周禮天官掌皮]秋斂皮冬斂革共其毳皮(改毳毛)爲氈 [毳皮(改毳毛)]

★이상과 같이 오류(誤謬) 수정(修訂)이 되면 취모(毳毛; 새나 짐승의 솜털. 잔털. 머라카락 그외 부위의 털)인데 자전상(字典上) 전(氈)의 본의(本義)에 영향이 미치게 됨.

氏 部

康 氏(씨) [唐韻] 承旨切 [集韻] [韻會] [正韻] 上紙切䖒音是氏族也 [白虎通] 有氏者何貴功德下伎力所以勉人爲善也 [左傳隱八年] 天子建德因生以賜姓胙之土而命之氏諸侯以字爲諡因以爲族官有世功則有官族邑亦如之 [疏] 釋例曰別而稱之謂之氏合而言之則爲族 [趙彦衛雲麓漫抄] 姓氏後世不復別但曰姓某氏雖史筆亦然按姓者所以統系百世使不別也氏者所以別子孫所自出如周姓姬氏所以別子孫如魯衛毛耼邗晉應韓之分若夫易云黃帝堯舜氏作堯舜雖非姓氏旣是天子當一代稱曰堯舜氏義亦通此又不拘姓氏之例 [柳芳論氏族] 氏於國則齊魯秦吳氏於諡則文武成宣氏於官則司馬司徒氏於爵則王孫公孫氏於字則孟孫叔孫氏於居則東門北郭氏於志則三馬五鹿氏於事則巫乙匠陶 又古者貴有氏賤無氏故其詛辭有曰墜命亡氏言奪爵失國也詛辭見 [左傳襄十一年] 又婦人例稱氏 [儀禮士昏禮] 祝告婦之姓曰某氏來歸 又樂氏津名在鄭 [左傳襄二十六年] 涉於樂氏 又元氏猗氏盧氏尉氏皆縣名 [廣輿記] 元氏屬常山今屬眞定府猗氏屬河東今屬平陽府盧氏本漢縣今屬河南府尉氏本秦縣今屬眞定府 [師古漢書註] 凡地名稱某氏者皆謂因之而立名如尉氏左氏緱氏禺氏之類 又以氏名其物 [大戴記] 蘭氏之根櫰氏之苞 又姓 [吳志] 有氏儀後改姓是 又猛氏獸名 [司馬相如上林賦] 鋋猛氏 [郭璞曰] 今蜀中有獸狀似熊而小毛淺有光澤名猛氏 又 [說文] 巴蜀山名岸脅之旁著欲落墮者曰氏氏崩聞數百里揚雄解嘲響若氏隤○按今揚雄傳作阝氏 [玉篇] 亦云巴蜀謂山岸欲墜曰氏崩聲也承紙切又元包經剝阝氏傳曰山崩於地也註阝音蔡氏音支與說文玉篇義同而音異 又 [集韻] 掌是

切音紙姓也義同上　又[廣韻][集韻]
[韻會]章移切[正韻]旨而切굿音支月
氏西域國名在大宛西[史記大宛傳]有
大月氏小月氏亦作月支　又閼氏單于
后名[史記韓王信傳]上乃使人厚遺閼
氏[註]閼音燕氏音支　又烏氏縣名[史
記酈商傳]破雍將軍烏氏[註]烏音於然
反氏音支縣名屬安定[前漢地理志]作
閼氏又[史記貨殖傳]烏氏倮[註]韋昭
曰烏氏縣名倮名也索隱以烏氏爲姓非
是又[廣韻]子盈切[集韻]咨盈切굿音
精狋氏縣名[前漢地理志]代郡有狋氏
縣[註]孟康曰狋音拳氏音精　亦作厎
[古今印史]厎承旨切族下所分也古者
姓統族族統厎適出繼位之餘凡側出者
皆曰厎故爲文從側出以見意

【 오류정리 】

○康誤處 1；[趙彥衞雲麓漫抄]如魯
衛毛聃邗(改邘)晉應韓之分
●考證；謹照原文邗 改邘
◆整理；[趙彥衞雲麓漫抄(조언위운록
만초)] 邗(한)은 邘(우)의 착오.
◆訂正文 ； 趙彥衞雲麓漫抄] 如魯
衛毛聃邘晉應韓之分
▶ 【934-1】 字解誤謬與否 ；[趙彥
衞雲麓漫抄] 如魯衛毛聃邗(改邘)晉應
韓之分 　[邗(改邘)]
★이상과 같이 오류(誤謬) 수정(修訂)
이 된다 하여도 우(邘; 주대국명(周
代國名) 지금의 하남성(河南省) 심양
시(沁陽市) 서북쪽에 있었음)는 나라
이름으로 자전상(字典上) 씨(氏)의 본
의(本義)인 성씨(姓氏)에는 영향이 미
치지 않음.

○康誤處 2；[史記貨殖傳]鳥(改烏)氏
倮
●考證；謹照原文鳥改烏
◆整理；[史記貨殖傳(사기화식전)]
鳥(조)는 烏(오)의 착오.

◆訂正文 ； [史記貨殖傳]烏氏倮
▶ 【935-2】 字解誤謬與否 ；[史記
貨殖傳]鳥(改烏)氏倮　[鳥(改烏)]
★이상과 같이 오류(誤謬) 수정(修訂)
이 되면 오씨현명(烏氏縣名)으로 바
르게 잡히니 자전상(字典上) 씨(氏)의
본의(本義)에 직접 영향이 미치게 됨.

氏部 一畫

氏(저)[唐韻]丁禮切[集韻]典禮
切굿音邸[說文]氏至也从氏下著一一
地也　又本也[詩小雅]尹氏大師維周
之氏[毛傳]氏本也正義曰氏讀從邸若
四圭爲邸故爲本言是根本之臣也又[鄭
箋]氏當作桎鎋之桎孝經鉤命訣云孝道
者萬世之桎鎋說文云桎車鎋也則桎是
鎋之別名以鎋能制車喩大臣能制國也
桎之寔反又丁履反鎋又作轄胡膳反○
按今詩從毛傳讀若邸　又與抵同歸也
[前漢食貨志]天下大氏無慮皆鑄金錢
[又]大氏皆遇告[註]師古曰氏讀曰抵
歸也大氏猶言大凡也又[左思三都賦]
作者大氏舉爲憲章[註]氏音旨義同今
俗書作抵　又氏人外國名在建木西人
面魚身無足見[山海經]氏音觸抵之抵
舊註附入都奚切今訂正　又木之根氏
也亦作柢義詳木部　又人所托宿亦曰
氏通作邸　又[集韻]軫視切音旨氏道
地名在廣漢　又[廣韻]丁尼切[集韻]
張尼切굿音胝氏池縣名或作旨而切音
支非是　又[廣韻]都奚切[集韻][韻
會][正韻]都黎切굿音低低羌也[詩商
頌]自彼氏羌莫敢不來享莫敢不來王
[正義曰]氏羌之種漢世仍存其居在秦
隴之西[路史]氏羌數十白馬最大[前漢
地理志]隴西郡有氏道羌道二縣[魚豢
魏略]漢置武都郡排其種人分竄山谷或
號青氏或號白氏　又星名[爾雅釋天]
天根氏也孫炎曰角亢下繫于氏若木之
有根[史記天官書]氏四星東方之宿氏

者言萬物皆至也[甘氏星經]氐四星為
天宿宮一名天根二名天符[禮月令]季
冬之月旦氐中又[前漢地理志]韓地角
亢氐之分野　又同低偃也[前漢食貨
志]封君皆氐首仰給[註]師古曰氐首猶
俯首　又賤也[前漢食貨志]其價氐賤
減平　又墨神曰回氐見[致虛閣雜組]
　又[集韻][韻會][正韻]𢓜丁計切音
帝東方宿也義見上

【 오류정리 】

○康誤處 1;[鄭箋]孝經鉤命訣(改決)
●考證 ; 謹照原書訣改決
◆整理 ; [鄭箋(정전)] 訣(결)은 決
(결)의 착오.
◆訂正文 ; [鄭箋]孝經鉤命決
▶【936-1】 字解誤謬與否 ; [鄭箋]
孝經鉤命訣(改決)　[訣(改決)]
★이상과 같이 오류(誤謬) 수정(修訂)
이 된다 하여도 구명결(鉤命決; 서명
(書名))[孝經鉤命決]孝道者萬世之桎鎋
也은 자전상(字典上) 저(氐)의 본의
(本義)에는 영향이 미치지 않음.

氏部 四畫

康氓(맹)[唐韻]武庚切[正韻]眉庚
切𢓜音盲[說文]民也[詩衛風]氓之蚩
蚩抱布貿絲[石經註疏]作甿甿與氓通
[周禮地官遂人]凡治野以下劑致甿以
田里安甿以樂昏擾甿以土宜教甿稼穡
以興鋤利甿以時器勸甿以彊予任甿[鄭
註]變民言甿異外內也甿猶懵懵無知貌
也又[旅師]凡新甿之治皆聽之使無征
役[註]新甿謂新徙來者也○按此則氓
本同甿長箋以氓為民眠為民田分為二
非是　又[集韻]謨耕切[韻會]謨盲切
𢓜音萌義同　又通作萌[前漢劉向傳]
民萌何以戒勉[註]萌與甿同　又[楊愼
經說]氓从亡从民流亡之民也引周禮新
甿之治註新徙來者○按氓與民音別義

同从亡者言民易散難聚非專屬新徙之
民而言周禮註新徙來者釋新義非釋眠
義遂人之安氓教氓氓猶民也非皆他國
新徙之民謂之氓也孟子受廛為氓猶受
廛為民天下之民皆願為氓猶皆願為民
也楊說迂泥

【 오류정리 】

○康誤處 1; 周禮註新徙來者釋新義
非釋眠(改甿)義
●考證 ; 謹按文義眠改甿
◆整理 ; 周禮註(주례주) 眠(맹)은
甿(맹)의 착오.
◆訂正文 ; 周禮註新徙來者釋新義非
釋甿義
▶【937-1】 字解誤謬與否 ; 周禮註
新徙來者釋新義非釋眠(改甿)義　[眠
(改甿)]
★이상과 같이 오류(誤謬) 수정(修訂)
이 되면 맹(甿; 외국이나 외지에서
들어온 백성)으로 고쳐지니 자전상
(字典上) 맹(氓)의 본의(本義)에 영향
이 미치게 됨.

水部 二畫

康汁(즙)[唐韻][韻會]之十切[集
韻][正韻]質入切𢓜音執[說文]液也
[禮郊特牲]汁獻涗於醆酒[註]獻讀為莎
秬鬯者中有煮鬱和以盎齊摩莎泲之出
其香汁因謂之汁莎　又啜汁[史記魏世
家]客曰彼勸太子戰攻欲啜汁者衆[註]
喩冀功勳者衆也　又雨雪雜下曰汁[禮
月令]仲冬行秋令則天時雨汁瓜瓠不成
　又[集韻]檄頰切音協與協通和也[揚
子方言]自關而東曰協關西曰汁[張衡
西京賦]五緯相汁以旅於東井[左思吳
都賦]皆與謠俗汁協律呂相應[註]猶叶
也　又[爾雅釋天]太歲在未為協洽[史
記歷書]作汁洽[李巡云]言陰陽化生萬
物和合故曰協洽也　又[緯書]汁光紀
黑帝名[周禮註]黑曰汁光紀顓頊食焉汁

音叶劉子集讀亦作卽入切　又[集韻]實入切音十阝十郃縣名在蜀或从邑作𨚷亦作汁

【 오류정리 】

○康誤處 1; [周禮註]黑曰汁光紀顓頊食焉汁音叶劉子集(改爲劉昌宗)讀亦作卽入切(改爲子集切)

●考證 ; 謹按周禮釋文汁音叶劉子集反謂劉昌宗音子集反非以劉子集爲人名謹改劉子集爲劉昌宗卽入切爲子集切

◆整理 ; [周禮註(주례주)] 劉子集(유자집)은 劉昌宗(유창종), 卽入切(즉입절)은 子集切(자집절)로 고침이 옳음.

◈訂正文 ; [周禮註]黑曰汁光紀顓頊食焉汁音叶劉昌宗讀亦作子集切

▶【938-1】 字解誤謬與否 ; [周禮註]黑曰汁光紀顓頊食焉汁音叶劉子集(改爲劉昌宗)讀亦作卽入切(改 爲子集切)

★이상과 같이 인용처(引用處)나 주소(註疏) 음(音) 등(等)의 오류(誤謬)를 수정(修訂)을 한다 하여도 자전상(字典上)의 즙(汁)의 본의(本義)에는 영향이 미치지 않음.

㊗求(구)[唐韻]巨鳩切[集韻][韻會]渠尤切𠀤音裘[說文]索也[增韻]覓也乞也[易乾卦]同氣相求[詩大雅]世德作求　又招來也[禮學記]發慮憲求善良　又等也[書康誥]用康乂民作求[傳]求等也言爲等匹於商先王也　又山水名[山海經]歷石山東南一百里曰求山求水出于其上潛于其下　又姓[三輔決錄]漢有求仲　又與裘通[說文]裘字古省作求　又與球通[柳宗元饗軍堂記]琉球作流求　又[集韻]恭于切音拘與蛷同肌蛷蟲名或省作求　又[韻補]叶渠之切音奇[班昭東征賦]貴賤貧富不可求兮正身履道以俟時兮　又叶疆於切音渠[陳琳大荒賦]雖遊目於西極兮大道卷而未舒仍皇靈之攸暢兮爰稽余之所求　又叶巨九切音臼[易林]春栗夏梨少鮮希有斗阡石萬貴不可求

【 오류정리 】

○康誤處 1; 叶疆(改彊)於切音渠

●考證 ; 謹按韻會小補作强於切强與彊同彊字謹改彊

◆整理 ; 疆(강)은 彊(강)으로 고침.

◈訂正文 ; 叶彊於切音渠

▶【939-1】 字解誤謬與否 ; 叶疆(改彊)於切音渠 [疆(改彊)]

★이상과 같이 음부분(音部分)의 오류(誤謬)를 수정(修訂)한다 하여도 자전상(字典上)의 구(求)의 본의(本義)에는 영향이 미치지 않음.

㊗汃(팔)[玉篇]彼銀切[唐韻]府巾切[集韻]悲巾切𠀤音邠[說文]西極之水也引爾雅東至於泰遠西至於汃國○按今爾雅釋地本作邠國　又[唐韻][集韻][韻會]𠀤普八切攀入聲義同　又水貌[張衡南都賦]砏汃輣軋[註]波相激聲[韓愈征蜀聯句]獠江息澎汃[註]與澎湃同○按五音篇海書作朳譌

【 오류정리 】

○康誤處 1; 又[唐韻(改爲廣韻)][集韻][韻會]𠀤普八切

●考證 ; 謹按說文註下所引唐韻只有府巾切惟廣韻音普八切謹將唐韻改爲廣韻

◆整理 ; [唐韻(당운)은 廣韻(광운)의] 착오.

◈訂正文 ; 又[廣韻][集韻][韻會]𠀤普八切

▶【940-1】 字解誤謬與否 ; [唐韻(改爲廣韻)][集韻][韻會]𠀤普八切 [唐韻(改爲廣韻)]

★이상과 같이 인용처(引用處)나 주소(註疏)의 오류(誤謬)를 수정(修訂)을 한다 하여도 자전상(字典上)의 팔

(氾)의 본의(本義)에는 영향이 미치지 않음.

水 部 三畫

康 汕(산)[唐韻][集韻][韻會][正韻]所晏切音訕[說文]魚游水貌 又以簿取魚曰汕[詩小雅]南有嘉魚烝然汕汕[傳]汕汕樔也[箋]樔或作巢[爾雅釋器]巢謂之汕[疏]郭璞曰今之撩罟李巡曰汕以簿取魚也[韓愈詩]兄住洛之涯鲂鱒可罩汕 又水名[史記朝鮮傳註]張晏曰朝鮮有濕水洌水汕水三水合爲洌水疑樂浪朝鮮取名於此 又[唐韻][集韻][韻會][正韻]𡉉所簡切音産又[集韻]師閒切音山義𡉉同

【 오류정리 】

○康誤處 1; 以簿(改薄)取魚曰汕
●考證 ; 謹照原文簿改薄
◆整理 ; 簿(부)는 薄(박)의 착오.
◆訂正文 ; 以薄取魚曰汕
▶【941-1】 字解誤謬與否 ; 以簿(改薄)取魚曰汕 簿(改薄)
★이상과 같이 오류(誤謬) 수정(修訂)이 되면 박(薄; 어량(魚梁) 통발)으로 고쳐저 자전상(字典上) 산(汕)의 본의(本義)에 직접 영향이 미치게 됨.
○康誤處 2;[詩小雅]南有嘉魚烝然汕汕[傳]汕汕(省下汕)樔也[箋(改釋文)]樔或作巢
●考證 ; 謹照傳文省下汕字照原書箋改釋文
◆整理 ; [詩小雅(시소아)] 汕汕(산산) 汕(산)자 한자는 삭제하고, [箋(전)은 釋文(석문)의 착오.
◆訂正文 ; [詩小雅]南有嘉魚烝然汕汕[傳]汕樔也[釋文]樔或作巢
▶【942-1】 字解誤謬與否 ; [詩小雅]南有嘉魚烝然汕汕[傳]汕汕(省下汕)樔也[箋(改釋文)]樔或作巢 汕(省下汕)][箋(改釋文)]

★이상과 같이 삭제(削除)를 한다거나 전(箋)을 석문(釋文)으로 수정(修訂)하여도 자전상(字典上) 산(汕)의 본의(本義)에 영향을 끼치지 않음.

康 汙(오)[唐韻]屋孤切[集韻][韻會]汪胡切𡉉音烏與洿同[說文]濁水不流也一曰窊下[詩小雅]田卒汙萊[傳]下則汙高則萊[正義]汙者池停水之名禮記曰汙其宮而瀦焉是也[左傳隱三年]潢汙行潦之水[疏]畜水謂之潢水不流謂之汙 又行濁亦曰汙[賈誼新書道術篇]放理潔靜謂之行反行爲汙[書胤征]舊染汙俗 又降也殺也[禮檀弓]道隆則從而隆道汙則從而汙[註]有隆有殺進退如禮 又勞事亦曰汙[左傳昭元年]處不辟汙[正義]言事之勞身若穢之汙物 又汙邪不地田也[史記滑稽傳]甌窶滿篝汙邪滿車 又[唐韻][集韻][韻會][正韻]𡉉烏故切惡去聲[說文]薉也又染也一曰去垢汙曰汙[詩周南]薄汙我私[傳]汙煩也[箋]煩捪之用山海經作 功深也[字略]煩捪猶挼莎也亦音烏 又[唐韻][集韻][韻會]𡉉雲俱切音于水名在鄴西南[後漢郡國志]鄴有汙水有汙城[註]史記項羽擊秦軍汙水上 又曲也[左傳成十四年]春秋之文盡而不汙[杜註]言盡其事實無所汙曲 又[集韻][韻會正韻]𡉉烏瓜切音窊鑿地也 [禮禮運]汙尊而抔飲[註]汙尊鑿地爲尊 又[韻補]叶烏戈切音窩[楊方合歡詩]爾根深且固我根淺且汙移植良無期歡息將如何 又叶文甫切音武[杜甫雷詩]氣暍腸胃融汙滋衣裳汙吾衰尤拙計失望築場圃

【 오류정리 】

○康誤處 1;[左傳成十四年]春秋之文(改稱)盡而不汙
●考證 ; 謹照原書文改稱
◆整理 ; [左傳成十四年(좌전성십사

년)] 文(문)은 稱(칭)의 착오.
◆訂正文 ; [左傳成十四年]春秋之稱
盡而不汙
▶【943-1】 字解誤謬與否 ; [左傳
成十四年]春秋之文(改稱)盡而不汙
[文(改稱)]
★이상과 같이 오류(誤謬) 수정(修訂)
이 된다 하여도 칭(稱; 일컫다. 말하
다. 명칭. 칭호)은 자전상(字典上) 오
(汙)의 본의(本義)에는 영향이 미치지
않음.

康汝(여)[唐韻]人渚切[集韻][韻
會][正韻]忍與切𡙡音茹水名[說文]水
出弘農盧氏還歸山東入淮[水經]汝水
出河南梁縣勉鄉西天息山[酈道元注]
今汝水出魯陽縣之大盂山黃柏谷至原鹿
縣南入於淮謂之汝口側有汝口戍淮汝
之交會也[春秋釋例]汝水至汝陰褒信
縣入淮[詩周南]遵彼汝墳　又州名[廣
韻]春秋時爲王畿及鄭楚之地左傳楚襲
梁及霍漢爲梁縣後魏屬汝北郡隋移于
陸渾縣北遂改爲汝州[廣輿記]今
屬河南州西有臨汝城古蹟　又汝寧郡
名[廣輿記]秦屬潁川漢曰汝南元曰汝
寧郡有汝陽縣　又姓[書亡篇]有汝鳩
汝方湯之賢臣[左傳]有汝寬　又[韻
會]通作女[前漢地理志]女陽女陰𡙡與
汝同　又爾女亦作爾汝[書益稷]予欲
左右有民汝翼予欲宣力四方汝爲

【 오류정리 】

○康誤處 1; [水經][酈道元注]今汝水
出魯陽縣之大盂(改盂)山黃(改蒙)柏谷
●考證 ; 謹照原文盂改盂黃改蒙
◆整理 ; [水經(수경)][酈道元注(력도
원주)] 盂(맹)은 盂(우), 黃(황)은 蒙
(몽)의 착오.
◆訂正文 ; [水經][酈道元注]今汝水
出魯陽縣之大盂山蒙柏谷
▶【944-1】 字解誤謬與否 ; [水

經][酈道元注]今汝水出魯陽縣之大盂
(改盂)山黃(改蒙)柏谷　[盂(改盂)]
[黃(改蒙)]
★이상과 같이 오류(誤謬) 수정(修訂)
이 된다 하여도 ○대우(大盂; 바리.
밥그릇) ○몽(蒙; 덮다. 쓰다. 펴다.
무지 몽매)은 자전상(字典上) 여
(汝)의 본의(本義)에는 영향이 미치지
않음.

康池(지)[廣韻]直離切[集韻][正
韻]陳知切[韻會]除知切𡙡音馳[說文]
治也孔安國曰停水曰池[周禮秋官]雍
氏掌溝瀆澮池之禁[註]謂陂障之水道
也[禮月令]毋漉陂池[註]畜水曰陂穿
地通水曰池　又城塹曰溝池[禮禮運]
城郭溝池以爲固[班固西都賦]呀周池
而成淵[註]城有水曰池　又朝夕池海
也[枚乘諫吳王書]游曲臺臨上路不知朝
夕之池[註]蘇林曰以海水朝夕爲池
又咸池天神也[東方朔七諫]屬天命而
委之咸池　又咸池黃帝樂名又堯樂名
大咸亦曰咸池[周禮春官]大司樂舞咸
池以祭地示[註]咸池大咸也[禮樂記]
咸池備矣[註]咸皆也池之爲言施也言
德之無不施也　又咸池星名主五穀見
[史記天官書]　又亢池;星名在亢北主
度送迎之事見[甘氏星經]　又[爾雅釋
樂註]琴上曰池言其平下曰濱言其服
又棺飾[禮檀弓]池視重霤[疏]池者
柳車之池也[織]竹爲之形如籠衣以靑
布以承霤甲名之爲池象重霤方面之數
又[小爾雅]埋柩謂之殔殔坎謂之池　又
銅池承霤也以銅爲之[前漢宣帝紀]金
芝九莖產於函德殿銅池中　又道家名
腎中偃月爐爲玉池[黃庭經]玉池淸水
灌靈根審能行之可長存　又心之別名
爲中池[黃庭經]中池有士衣赤衣田下
三寸神所居　又裝潢家以卷縫縛處爲
玉池[楊愼墐戶錄]古裝裱卷軸引　首後

以綾黏者曰貼唐人謂之玉池　又差池飛貌[詩邶風]燕燕于飛差池其羽　又黃池地名[春秋哀十三年]公會晉侯及吳子于黃池　又天池山名在南陽　又州名[廣輿記]池州府漢屬丹陽三國吳爲石城侯邑隋曰秋浦曰池陽唐宋曰池州　又姓漢中牟令池瑗見[風俗通]　又[唐韻]徒何切[集韻][韻會]唐何切[正韻]湯何切𡐊音駝與沱通[說文]江別流也　又虖池水名在幷州界[周禮夏官織方氏]幷州其川虖池[註]虖池出鹵城池徒多切○按禮器作惡池㶁沱戰國策作呼沱詛楚文作惡駝音義𡐊同　又陂池或作坡陁[刊謬正俗]陂池讀如坡陁猶言靡迆耳　又[楚辭九歌]與汝沐兮咸池晞予髮兮陽之阿[揚雄羽獵賦]相與集於青冥之館以臨珍池灌以岐梁隘以江河[註]池𡐊讀沱　又[正韻]直列切音徹[禮檀弓]主人既祖填池[註]填池當讀爲奠徹

【 오류정리 】

○康誤處 1; [枚乘諫吳王書]游曲臺臨上路不知(改如)朝夕之池

●考證 ; 謹照原文知改如

◆整理 ; [枚乘諫吳王書(매승간오왕서)] 知(지)는 如(여)의 착오.

◆訂正文 ; [枚乘諫吳王書]游曲臺臨上路不如朝夕之池

▶ 【945-1】 字解誤謬與否 ; [枚乘諫吳王書]游曲臺臨上路不知(改如)朝夕之池 [知(改如)]

★이상과 같이 오류(誤謬) 수정(修訂)이 된다 하여도 불여(不如; …만 못하다. …하는편이 낫다. 불약(不若). 불비(不比). 막여(莫如). 불급(不及))는 자전상(字典上) 지(池)의 본의(本義)에는 영향이 미치지 않음.

○康誤處 2; [揚雄羽獵賦]相與集於青(改靖)冥之館以臨珍池灌以岐梁隘(改

溢)以江河

●考證 ; 謹照原文青改靖隘改溢

◆整理 ; [揚雄羽獵賦(양웅우렵부)] 青(청)은 靖(정), 隘(애)는 溢(일)의 착오.

◆訂正文 ; [揚雄羽獵賦]相與集於靖冥之館以臨珍池灌以岐梁溢以江河

▶ 【946-2】 字解誤謬與否 ; [揚雄羽獵賦]相與集於青(改靖)冥之館以臨珍池灌以岐梁隘(改溢)以江河 [青(改靖)] [隘(改溢)]

★이상과 같이 오류(誤謬) 수정(修訂)이 된다 하여도 일(溢; 넘치다. 지나치다) 자전상(字典上) 지(池)의 본의(本義)에는 영향이 미치지 않음.

水部 四畫

㘚 汪(왕)[唐韻][集韻][韻會][正韻]𡐊烏光切音尩[說文]深廣也[淮南子俶眞訓]汪然平靜寂然淸澄[後漢黃憲傳]叔度汪汪若千頃陂　又池也[通俗文]停水曰汪池之汙濁者[揚子方言]楚謂之汪閩謂之洋[左傳桓十五年]蔡仲殺雍糾尸諸周氏之汪　又大貌[晉語]汪是土也　又[楊萬里擬楚辭]誕寘之祝融之汪[註]謂南海也　又木名[水經注]潢水一名汪水與洈水合至沛入泗　又姓[廣韻]汪芒氏之後[姓苑]新安人　又[廣韻]紆往切[集韻]嫗枉切𡐊音枉[後漢郡國志]汪陶縣名屬鴈門[前漢志]作𣶖　又[廣韻]烏浪切[集韻]烏曠切𡐊音𨠰停水臭也或从廣作㶛从枉作㳸　又[集韻]烏宏切與泓同水貌

【 오류정리 】

○康誤處 1; [後漢黃憲傳]叔度汪汪若千頃陂(改波)

●考證 ; 謹照原文陂改波

◆整理 ; [後漢黃憲傳(후한황헌전)] 陂(피)는 波(파)의 착오.

◆訂正文 ; [後漢黃憲傳]叔度汪汪若

千頃波

▶【947-1】 字解誤謬與否 ; [後漢黃憲傳]叔度汪汪若千頃陂(改波) [陂(改波)]

★이상과 같이 오류(誤謬) 수정(修訂)이 되면 천경파(千頃波; 백만묘의 방죽. 물이 넓고 넓음)로 고쳐짐이니 자전상(字典上) 왕(汪)의 본의(本義)에 영향이 미치게 됨.

○康誤處 2; [左傳桓十五年]蔡仲(改祭仲)殺雍糾尸諸周氏之汪
●考證 ; 謹照原文蔡仲改祭仲
◆整理 ; [左傳桓十五年(좌전환십오년)] 蔡仲(채중)은 祭仲(제중)의 착오.
◆訂正文 ; [左傳桓十五年]祭仲殺雍糾尸諸周氏之汪
▶【948-2】 字解誤謬與否 ; [左傳桓十五年]蔡仲(改祭仲)殺雍糾尸諸周氏之汪 [蔡仲(改祭仲)]

★이상과 같이 오류(誤謬) 수정(修訂)이 되면 제중(祭仲; 鄭國大夫)이란 인명(人名)으로 바르게 잡았을 뿐 지(池; 못)에 대한 전문일 뿐으로 자전상(字典上) 왕(汪)의 본의(本義)에는 영향이 미치지 않음.

汴(판)[集韻]同上(皮變切音卞)
又州名[韻會]秦屬三州郡漢爲陳留郡東魏置梁州後周改爲汴州宋爲京師
又襄陽零水亦名汴水[水經注]夷水東南流與零水合零水卽汴水也上通梁州沒陽縣之默城山

【 오류정리 】

○康誤處 1; [韻會]秦屬三州(改三川)郡
●考證 ; 謹照原文三州改三川
◆整理 ; [韻會(운회)] 三州(삼주)는 三川(삼천)의 착오.

◆訂正文 ; [韻會]秦屬三川郡
▶【949-1】 字解誤謬與否 ; [韻會]秦屬三州(改三川)郡 [三州(改三川)]

★이상과 같이 오류(誤謬) 수정(修訂)이 되면 삼천군(三川郡 秦나라 행정구역의 하나) 1.낙양(洛陽)으로 지금의 河南省 洛陽市 동북쪽에 있었고, 2.榮陽으로 지금의 河南省 榮陽市) 동북쪽에 있었다는 설이다. 은 자전상(字典上) 판(汴)의 본의(本義)에 직접 영향이 미치게 됨.

汶(문)[唐韻][集韻][韻會][正韻]𡘋文運切音問水名[書禹貢]浮于汶達于濟又濟東北會于汶[前漢地理志]泰山郡萊蕪縣原山汶水出西南入泲[水經]汶水出泰山萊蕪縣原山西南過壽張縣至安民亭入于濟[註]汶出牟縣故城西南阜下俗謂之胡盧堆牟縣古牟國故俗謂是水爲牟汶汶水又右合北汶水水出太山天門下谷東流西南逕汶陽縣又西南逕桃鄕縣自桃鄕四分當其波別之處謂之四汶口左二水雙流至無鹽邸鄕平陸故城合爲茂都澱次一汶至壽張故城東逯爲澤渚右一汶逕壽張縣西南注長直溝西流入浦[淮南子地形訓]汶出弗其[高誘註]弗其山名在朱虛縣東○按誘說乃東汶非經所謂入濟者也 又[前漢地理志]琅邪郡朱虛縣東泰山汶水所出東至安丘入維[說文]維作灘[水經]汶水出朱虛縣泰山[酈道元注]伏琛晏謨𡘋言水出縣東西峿山山在小泰山東地理風俗記曰朱虛縣東四十里有峿城亭故縣也汶水逕峿城北又北過淳于縣西灘水過縣東其城東北則兩川交會也 又[水經注]叟崮水有二源雙會東導一川俗謂之汶水東經蒙陰縣注桑泉水又東北流入於沂 又汶上縣名[廣輿記]本漢平陸今屬兗州府 又[集韻]武粉切音吻義同 又[廣韻][集韻]𡘋無

分切音文黏唾也　又遼東有汶城[盛輔
之云]卽孤竹國也音文　又[廣韻]武巾
切[集韻]眉貧切[正韻]彌鄰切𡘋音珉
與岷通汶江也[書禹貢]岷嶓旣藝[又]
岷山導江[史記]皆作汶[山海經]大江
出汶水[輿地廣記]汶山在茂州汶山縣
西北俗謂之鐵豹嶺禹之導江發跡於此
又汶山郡名汶川縣名　[蜀王本紀]禹本
汶山郡廣柔縣人生於石紐廣柔隋改曰
汶川[廣輿記]今屬成都府　又[集韻]
謨奔切[韻會]謨昆切𡘋音門汶濛玷辱
也[楚辭漁父]安能以身之察察受物之
汶汶者乎　[正字通]汶水今一統志列
爲三曰塹汶徐汶靑汶章本淸曰入濟之
汶見禹貢論語汶上書傳謂之北汶卽今
大淸河入濰之汶見漢書入沂之汶見水
經齊有三汶淸河爲大述征記泰山郡水
皆名汶有北汶嬴汶柴汶牟汶皆源別流
同又在三汶之外

【 오류정리 】

○康誤處 1; [水經][註]汶逕壽張縣西
南注長直溝西流入浦(改入泲)
●考證 ; 謹照原文入浦改入泲
◆整理 ; [水經(수경)] [註(주)] 入浦
(입포)는 入泲(입제)의 착오임.
◆訂正文 ; [水經][註]汶逕壽張縣西
南注長直溝西流入泲
▶ 【950-1】 字解誤謬與否 ; [水經]
[註]汶逕壽張縣西南注長直溝西流入
浦(改入泲)　 [入浦(改入泲)]
★이상과 같이 오류(誤謬) 수정(修訂)
이 되면 입제(入泲; 제강(泲江)으로
흘러든다) [春秋定公十二年]公山不狃
帥費人攻魯公入季氏之宮登武子之台也
泲在湖陸西而左注泗泗泲合流故[地記]
或言泲入泗泗亦言入泲互受通稱称故有
入泲는 자전상(字典上) 문(汶)의 본의
(本義)에 영향이 미치지 않음.

○康誤處 2; [山海經(增註字)]大江出
汶水(改作汶山)
●考證 ; 謹按此句出山海經註謹於經
下增註字𡘋照原文汶水改作汶山
◆整理 ; [山海經(산해경)] 이에 註
(주)를 덧붙이고] 汶水(문수)는 汶山
(문산)으로 고침.
◆訂正文 ; [山海經註]大江出汶山
▶ 【951-2】 字解誤謬與否 ; [山海
經(增註字)]大江出汶水(改作汶山)
[經(增註字)] [汶水(改作汶山)]
★이상과 같이 인용처(引用處)나 주
소(註疏)의 오류(誤謬)를 수정(修訂)
을 한다 하여도 자전상(字典上)의 문
(汶)의 본의(本義)에는 영향이 미치지
않으며, 문산(汶山; 중국 고대 군명)
은 문(汶)의 본의(本義)에 직접 영향
이 미침.

沂(기)[唐韻][集韻][韻會]𡘋魚
衣切音濴水名[說文]水出東海費縣一
曰沂水出泰山蓋靑州浸[周禮夏官職方
氏]靑州其浸沂沭[水經注]沂水於下邳
縣北西流分爲二水一水於城北西南入
泗一水逕城東屈從縣南亦注泗謂之小
沂水水上有橋徐泗閒以爲圯子房遇黃
石公卽此處[地理通釋]曾氏曰徐州之
水以沂名者非一酈道元謂出尼丘山西
北逕魯之雩門謂之沂水出泰山武陽之
冠石山亦謂之沂水　又山名四鎭之一
[周禮春官大司樂]四鎭五嶽[註]靑州
之沂山　又地名[左傳定五年]大敗夫
槩王于沂[註]沂楚地　又州名本秦琅
邪地宋置北徐州周改沂州今屬兗州府
又沂水縣名本春秋鄆邑今屬靑州府俱
見[廣輿記]　又姓[一統志]有沭陽令
沂州　又[集韻][正韻]𡘋魚巾切音銀
器之鋚鍔鍚或作沂[爾雅釋樂]大篪謂
之沂又[杜篤論都賦]奮彗光埽項軍
遂濟人難蕩滌於泗沂[班固答賓戲]張
良受書於邳沂俱作魚巾切

【 오류정리 】

〇康誤處 1; [周禮夏官職方氏]靑州其浸沂沭(改沭)

●考證 ; 謹照原書沭改沭

◆整理 ; [周禮夏官職方氏(주례하관직방씨)] 沭(목)은 沭(술)의 착오.

◆訂正文 ; [周禮夏官職方氏]靑州其浸沂沭

▶ 【952-1】 字解誤謬與否 ; [周禮夏官職方氏]靑州其浸沂沭(改沭) [沭(改沭)]

★이상과 같이 오류(誤謬) 수정(修訂)이 되면 기술(沂沭; 기술하(沂沭河) 강명(江名))로 바르게 고쳐저 자전상(字典上) 기(沂)의 본의(本義)에 직접 영향이 미치게 됨.

〇康誤處 2; [爾雅釋樂]大箎(改箎)謂之沂

●考證 ; 謹照原文箎改箎

◆整理 ; [爾雅釋樂(이아석악)] 箎(호)는 箎(지)의 착오.

◆訂正文 ; [爾雅釋樂]大箎謂之沂

▶ 【953-2】 字解誤謬與否 ; [爾雅釋樂]大箎(改箎)謂之沂 [箎(改箎)]

★이상과 같이 오류(誤謬) 수정(修訂)이 되면 대지(大箎; 큰 피리)로 바르게 고쳐저 자전상(字典上) 기(沂)의 본의(本義)에 직접 영향이 미치게 됨.

康 沄(운) [唐韻][集韻]王分切[韻會][正韻]于分切𡘋音雲[說文]轉流也[杜甫詩]沄沄逆素浪 又[爾雅釋言]沄沄也[註]水流㴸沄 又玄沄沸貌[揚雄冀州箴]冀土㶑沸沄沄如湯 又通紜[楊雄長楊賦]汾沄沸渭[註]汾沄與紛紜同衆盛貌 又[廣韻]戸昆切[集韻][韻會][正韻]胡昆切𡘋音渾義同 又[集韻]戸衮切混上聲水流貌 又[韻補]叶于權切音員[柳宗元懲咎賦]凌洞庭之洋洋沂湘流之沄沄飄風擊以揚波舟

摧抑而迴邅

【 오류정리 】

〇康誤處 1; [柳宗元懲咎賦]凌洞庭之洋洋沂(改泝)湘流之沄沄

●考證 ; 謹照原文沂改泝

◆整理 ; [柳宗元懲咎賦(유종원징구부)] 沂(기)는 泝(소)의 착오.

◆訂正文 ; [柳宗元懲咎賦]凌洞庭之洋洋泝湘流之沄沄

▶ 【954-1】 字解誤謬與否 ; [柳宗元懲咎賦]凌洞庭之洋洋沂(改泝)湘流之沄沄 [沂(改泝)]

★이상과 같이 오류(誤謬) 수정(修訂)이 되면 소(泝; 흐르다)로 바뀌는데 자전상(字典上) 운(沄)의 본의(本義)에 간접적 영향이 미치게 됨.

康 沍(호) [玉篇]胡故切音護閉塞也[左傳昭四年]固陰沍寒 又[集韻]曷各切音鶴與涸同竭也 又轄格切音烙與洛同堅凍也[列子殷湯篇]霜雪交下川池暴沍 又洪孤切音胡漫沍水貌

【 오류정리 】

〇康誤處 1; 又轄格切音烙與洛(改洛)同堅凍也

●考證 ; 謹照原文洛改洛

◆整理 ; 洛(락)은 洛(락)의 착오.

◆訂正文 ; 又轄格切音烙與洛同堅凍也

▶ 【955-1】 字解誤謬與否 ; 又轄格切音烙與洛(改洛)同堅凍也 [洛(改洛)]

★이상과 같이 오류(誤謬) 수정(修訂)이 되면 학(洛)이 되는데 옥편(玉篇)에서는 학탁빙모(洛澤冰貌)라 하였고 초사구사(楚辭九思)에서는 빙동(冰凍)이라 하였으니 견동(堅凍; 꽁꽁 얼다)을 직간접설이 되어 자전상(字典上) 호(沍)의 본의(本義)에 영향이 미치게 됨.

○康誤處 2;[列子殷湯篇(改湯問篇)]霜雪交下川池暴沍

●考證;謹照原書改湯問篇

◆整理;[列子(열자) 殷湯篇(은탕편)은 湯問篇(탕문편)의] 착오.

◆訂正文;[列子湯問篇]霜雪交下川池暴沍

▶【956-2】 字解誤謬與否;[列子殷湯篇(改湯問篇)]霜雪交下川池暴沍 [殷湯篇(改湯問篇)]

★이상과 같이 인용처(引用處)나 주소(註疏)의 오류(誤謬)를 수정(修訂)을 한다 하여도 자전상(字典上)의 호(沍)의 본의(本義)인 폭호(暴沍; 갑자기얼다)에는 영향이 미치지 않음.

康 沒 (몰) [唐韻][集韻][韻會][正韻]𡥁莫勃切音歿[說文]沈也 又盡也[詩小雅]曷其沒矣[傳]沒盡也[疏]言不可盡服也 又過也[禮坊記]君子不以美沒禮[疏]沒過也不可以財物豐多華美其事沒過於禮 又貪也[晉語]不沒爲後 又乾沒[史記酷吏傳]張湯始爲小吏乾沒[註]如淳曰得利爲乾失利爲沒正義曰乾沒謂無潤澤而取他人也又曰陽浮慕爲乾心內不合爲沒 又水名[山海經]太山東南流注于沒水[水經注]作役水 又[孫穆雞林類事]高麗方言謂水曰沒井曰烏沒熟水曰泥根沒冷水曰時根沒 又[集韻]莫佩切音妹亦沈也 又母果切音麼不知而問曰拾沒 又[韻補]叶明祕切音寐[曹植七啓]翔爾鴻驚瀏然鳧沒縱輕體以迅赴景追形而不逮逮音遞 [說文]本作𣴷

【 오류정리 】

○康誤處 1;[山海經]太山(改太水)東南流注于沒水

●考證;謹照原文太山改太水

◆整理;[山海經(산해경)] 太山(태산)은 太水(태수)의 착오.

◆訂正文;[山海經]太水東南流注于沒水

▶【957-1】 字解誤謬與否;[山海經]太山(改太水)東南流注于沒水 [太山(改太水)]

★이상과 같이 오류(誤謬) 수정(修訂)이 되면 태수(太水; 강명(江名))가 되어 동남쪽으로 흘러 몰수(沒水; 강명(江名))로 합류한다. 자전상(字典上) 몰(沒)의 본의(本義)에 영향이 미치게 됨.

康 沙 (사) [唐韻]所加切[集韻][韻會][正韻]師加切𡥁音紗[說文]水散石也从水从少水少沙見楚東有沙水[水經注]逢澤陂東北流爲新溝又東北注梁爲沙水 又[山海經]盧其之山無草木多沙石沙水出焉南流注于涔水 又潁水之別名[爾雅釋水]潁爲沙[註]謂大水溢出別爲小水之名 又疏土也[易需卦]需于沙[正義]沙水旁之地[詩大雅]鳧鷖在沙 又州名在西徼外取沙角山爲名卽三秦記鳴沙山也[廣輿記]沙州鳴沙山峰勢危峻沙如乾糖天氣淸朗則沙鳴聞數里外 又流沙西境極遠之地[書禹貢]西被于流沙 又丘名[爾雅釋丘]邐迤曰沙丘[疏]謂丘形斜行連接而長者 又長沙郡名屬楚[廣輿記]今湖廣長沙府有長沙縣 又長沙星名在軫旁主壽命見[史記天官書] 又水中有沙者曰沙衍[穆天子傳]天子乃遂東征南絕沙衍 又沙汰詳汰字註 又[謝察微算經]十塵爲沙十沙爲纖 又木名[范成大桂海草木記]沙木與杉同類尤高大葉尖成叢穗少與杉異 又豆名[崔豹古今注]貍豆一名貍沙一名獵沙虎豆一名虎沙馬豆一名馬沙 又吹沙魚名[爾雅釋魚]鯊鮀[郭璞註]今吹沙也[陸機註]魚狹而小常張口吹沙故曰吹沙 又小而甘美之稱[韓彥直橘錄]沙橘

取其細而甘美或曰種之沙州之上故其
味特珍然邦人稱物之小而甘美者必曰
沙如沙瓜沙密沙糖之類特方言耳　又
沙門謂勤行也[佛說四十二章經]辭親
出家識心達本解無爲法名曰沙門　又
姓宋勇將有沙世堅　又借爲紗縠字[周
禮天官]內司服素沙[註]素沙今之白縛
也以白縛爲裏使之章顯今世有紗縠者
名出于此　又[集韻]蘇和切[正韻]桑
何切㠯音簑亭名在元城[春秋定七年]
齊侯衞侯盟于沙[註]今陽平元城縣東
南有沙亭　又與犧通[詩魯頌]犧尊將
將[鄭註]素何反[毛傳]有沙飾也　又
酒名[儀禮大射儀兩壺獻酒註]獻讀爲
沙沙酒濁特沛之必摩沙者也　又[集
韻]山宜切音釃亦水傍也　又[廣
韻][集韻][韻會]㠯所稼切音嗄聲嘶也
[周禮天官]內饔鳥皫色而沙鳴貍[註]
沙音所嫁反或蘇他反[疏]沙嘶也○按
沙本有蘇何山宜二切不必又入歌支叶
韻今刪去

【 오류정리 】

○康誤處 1; [周禮天官]內司服素沙
[註]素沙今之白縛(改縛)也以白縛(改
縛)爲裏

●考證 ; 謹照原書兩縛字㠯改縛

◆整理 ; [周禮天官(주례천관)] [註
(주)] 縛(박)은 縛(견), 縛(박)은 縛
(견)의 착오.

◆訂正文 ; [周禮天官]內司服素沙
[註]素沙今之白縛也以白縛爲裏

▶【958-1】 字解誤謬與否 ; [周禮
天官]內司服素沙[註]素沙今之白縛
(改縛)也以白縛(改縛)爲裏　[縛(改
縛)] [縛(改縛)]

★이상과 같이 오류(誤謬) 수정(修訂)
이 되면 백견(白縛; 흰색 비단)으로
고쳐지는데 [주례천관주(周禮天官
註)]에서 소사금지백견야(素沙今之白
縛也)라 하였으니 자전상(字典上) 사

(沙)의 본의(本義)에 영향이 미치게
됨.

康沛(패)[唐韻][集韻]㠯普蓋切音
霈水名[說文]沛水出遼東番汙塞外西
南入海　又澤名[左傳昭二十年]齊侯
田于沛　又草生水曰沛[公羊傳註]草
棘曰沛[風俗通山澤篇]沛者草木之蔽
茂禽獸之所匿也　又縣名屬沛郡[漢書
註]秦泗水郡之屬縣　又行貌[楚辭九
歌]沛吾乘兮桂舟[左思吳都賦]直衝濤
而上瀨常沛沛而悠悠　又有餘貌[公羊
傳文十四年]沛若有餘　又大貌[前漢
五行志]沛然自大　又雨貌[張衡思玄
賦]凍雨沛其灑塗又滂沛雨盛貌別作霈
又旆幔也[易豐卦]豐其沛通作斾　又
蓄水灌田之名[三餘贅筆]浙中少水人
家多于山上置閘蓄水遇旱歲開以灌田
名之曰沛　又竹名[神異經]南方荒中
有沛竹可以爲大船[僧贊寧筍譜]有
沛竹筍　又沛艾姿容俊偉貌[司馬相如
大人賦]沛艾赳螑　又滯沛奔楊貌[司
馬相如上林賦]奔揚滯沛　又姓　又
[廣韻][集韻][韻會]㠯博蓋切音貝義
同　又疾也[前漢郊祀歌]靈之來神哉
沛[註]沛補蓋反　又偃仆也[詩大雅]
顛沛之揭[傳]沛拔也[正義]遽離根本
之言　又[韻補]叶方吠切音避[揚雄甘
泉賦]雲飛揚兮雨滂沛于胥德兮麗萬世
又叶蒲迫切音白[左思魏都賦]揆旣往
之前跡叩將來之後轍成都迄以傾覆建
業則亦顚沛

【 오류정리 】

○康誤處 1; [揚雄甘泉賦]雲飛揚兮雨
滂沛子胥(改于胥)德兮麗萬世

●考證 ; 謹照原文子胥改于胥

◆整理 ; [揚雄甘泉賦(양웅감천부)]
子胥(자서)는 于胥(우서)의 착오.

◆訂正文 ; [揚雄甘泉賦]雲飛揚兮雨
滂沛于胥德兮麗萬世

▶【959-1】 字解誤謬與否 ; [揚雄甘泉賦]雲飛揚兮雨滂沛子胥(改于胥)德兮麗萬世 [子胥(改于胥)]
★이상과 같이 오류(誤謬) 수정(修訂)이 된다 하여도 우(于; 어조사(語助辭) 에. 에서)로 바뀐다 하여도 자전상(字典上) 패(沛)의 본의(本義)에는 영향이 미치지 않음.

水部 五畫

㉾沰(탁) [廣韻]他各切[集韻]闥各切𡘋音託[玉篇]落也礚也 又[廣韻]赭也[詩秦風]顏如渥丹箋丹如字韓詩作沰音撻各反赭也 又[集韻]當各切音矺滴也[崔實農家諺]上火不落下火滴沰

【 오류정리 】
○康誤處 1; [詩秦風]顏如渥丹箋(改箋字爲釋文)丹如字韓詩作沰音撻各反赭也
●考證 ; 謹按丹如字云云本釋文非鄭箋謹改箋字爲釋文
◆整理 ; [詩秦風(시진풍)] 箋(전)은 釋文(석문)으로 고침.
◆訂正文 ; [詩秦風]顏如渥丹[釋文]丹如字韓詩作沰音撻各反赭也
▶【960-1】 字解誤謬與否 ; [詩秦風]顏如渥丹箋(改箋字爲釋文)丹如字韓詩作沰音撻各反赭也 [箋(改箋字爲釋文)]
★이상과 같이 인용처(引用處)나 주소(註疏). 전(箋)의 오류(誤謬)를 수정(修訂)을 한다 하여도 자전상(字典上)의 탁(沰)의 본의(本義)에는 영향이 미치지 않음.

㉾沱(타) [唐韻]徒何切[集韻][韻會]唐何切[正韻]湯何切𡘋音駝[說文]水別流也出嶓山[書禹貢]岷山導江東別爲沱[註]引爾雅釋水水自江出爲沱

漢爲潛[詩地理攷]蔡氏曰南郡枝江縣有沱水其流入江而非出於江也華容縣有夏水首出於江尾入於沔亦謂之沱此荆州之沱蜀郡郫縣江沱在東西入大江汶江縣江沱在西南東入江此梁州之沱戴侗曰沱名不一梁州之沱特其大者耳 又濾沱河名在定州 又涕垂貌[易離卦]出涕沱若 又大雨貌[詩小雅]俾滂沱矣 又[廣韻]徒可切[集韻][韻會][正韻]待可切𡘋音柁與瀡同澶瀡沙土往來貌[郭璞江賦]碧沙澶瀡而往來 又與池同潭沱隨波貌[郭璞江賦]隨風猗萎與波潭沱[杜甫詩]春光潭沱秦東亭今作淡沱 又[集韻]陳知切音馳與池同

【 오류정리 】
○康誤處 1; [說文]水(改江)別流也
●考證 ; 謹照原文水改江
◆整理 ; [說文(설문)]水(수)는 江(강)의 착오.
◆訂正文 ; [說文]江別流也
▶【961-1】 字解誤謬與否 ; [說文]水(改江)別流也 [水(改江)]
★이상과 같이 오류(誤謬) 수정(修訂)이 되면 강(江) 별류(別流; 지류(支流))로 고쳐지니 자전상(字典上) 타(沱)의 본의(本義)에 간접으로 영향이 미치게됨.

㉾河(하) [唐韻]乎哥切[集韻][韻會][正韻]寒歌切𡘋音何水名[說文]水出焞煌塞外崑崙山發源注海[春秋說題辭]河之爲言荷也荷精分布懷陰引度也[釋名]河下也隨地下處而通流也[前漢西域傳]河有兩源一出蔥嶺一出于闐在南山下其河北流與蔥嶺河合東注蒲昌海潛行地下南出於積石爲中國河云[書禹貢]導河積石至于龍門[爾雅釋水]河出崑崙色白所渠幷千七百一川色黃百里一小曲千里一曲一直 又九河[書禹

貢]九河既道[傳]九河徒駭一太史二馬
頰三覆釜四胡蘇五簡六絜七鉤盤八鬲
津九　又三河謂河南河北河東也[後漢
光武紀]三河未澄四關重擾又[小學紺
珠]以黃河析支河湟中河爲三河　又兩
河謂河南河北也[爾雅釋地]兩河閒曰冀
州　又州名[廣輿記]古西羌地秦漢屬
隴西唐曰河州明置河州衞　又梗河星
名[甘氏星經]梗河三星在大角帝座北
又銀河天河也　又[趙崇純雞肋]道家
以目爲銀河　又酒器也[乾饌子]裴鈞
大宴有銀河受一斗　又淘河鳥名見[爾
雅釋鳥註]　又姓明河淸長沙人

【 오류정리 】

○康誤處 1; 又兩河謂河南河北(爲東
河西河)也[爾雅釋地]兩河閒曰冀州
●考證 ; 謹按爾雅註云自東河至西河
非謂河南河北謹改河南河北爲東河西河
◆整理 ; 河南河北(하남하북)을 東
西河(동하서하)로 함.
◆訂正文 ; 又兩河謂東河西河也[爾
雅釋地]兩河閒曰冀州
▶【962-1】 字解誤謬與否 ; 又兩河
謂河南河北(爲東河西河)也[爾雅釋地]
兩河閒曰冀州　[河南河北(東河西
河)]
★이상과 같이 오류(誤謬) 수정(修訂)
이 되면 동하서하(東河西河; 강명(江
名)) [小學紺珠]以黃河析支河湟中河爲
三河又兩河謂東河西河也[爾雅釋地兩
河閒曰冀州又州名인데 자전상(字典
上) 하(河)의 본의(本義)에 영향을 미
치게 됨.

康 沸(비)[唐韻][集韻][韻會][正
韻]方味切音𣲏㳒也[詩大雅]如沸如
羹　又水名[王子年拾遺記]蓬萊山有
沸水飲者千歲　又井名潭名[水經注]
曲阿季子廟前井及潭常沸故名井曰沸
井潭曰沸潭[謝惠連雪賦]沸潭無涌炎

風不興　又[集韻][正韻]敷勿切[韻
會]分勿切𣲏音拂灑也　又鬱沸泉出貌
[詩小雅]鬱沸檻泉　又[正韻]滂佩切
音配波涌貌[司馬相如子虛賦]水蟲駭波
鴻沸　又怒貌[司馬相如上林賦]沸乎
暴怒　又與潰同沸渭不安貌[王褒洞簫
賦]若雷霆輵輷佚豫以沸渭[註]沸或爲
潰扶味切　[集韻]或作㵒

【 오류정리 】

○康誤處 1; [司馬相如子虛賦]水蟲駭
(改駭)波鴻沸
●考證 ; 謹照原文駿改駭
◆整理 ; [司馬相如子虛賦(사마상여자
허부)] 駿(준)은 駭(해)의 착오.
◆訂正文 ; [司馬相如子虛賦]水蟲駭
波鴻沸
▶【963-1】 字解誤謬與否 ; [司馬
相如子虛賦]水蟲駿(改駭)波鴻沸　[駿
(改駭)]
★이상과 같이 오류(誤謬) 수정(修訂)
이 된다 하여도 해파(駭波; 사나운
파도)라 고쳐지고 홍비(鴻沸; 큰 물이
솟아오름)가 확인하고 있으며 이미
본 문장(文章)의 전제(前提)로 파용모
(波涌貌; 물결이 솟구치는 모양) 와
거의 일맥상통(一脈相通)으로 자전상
(字典上) 비(沸)의 본의(本義)에는 직
간접으로 영향이 미치고 있음.

康 油(유)[唐韻]以周切[集韻][韻
會]夷周切[正韻]于求切𣲏音由水名
[說文]水出武陵孱陵東南入江[水經
注]孱陵縣有白石山油水所出　又江夏
平春縣有油水[水經注]油水出平春縣
西南油溪　又膏也[博物志]積油滿萬
石自然生火　又石油[水經注]高奴洧
水肥可然[夢溪筆談]鄜延出石油[廣輿
記]石油出肅州南山　又猛火油[昨夢
錄]猛火油出高麗東數千里日初出之時
因盛夏日力烘石極熱則出液他物遇之

即爲火惟眞琉璃器可貯之 又緹油車
飾[後漢劉玄傳]乘鮮車大馬赤屛泥
[註]赤屛泥謂以緹油屛泥於軾前 又
橘名[韓彥直橘錄]油橘皮似以油飾之
中堅而外黑 又油油和謹貌[禮玉藻]
三爵而油油以進 又禾黍光悅貌[束晳
補亡詩]厥草油油 又雲盛貌[孟子]天
油然作雲 又[廣韻][集韻]ㅿㅿ余救切
音狖浩油地名[公羊傳定四年]公及諸
侯盟于浩油[註]油音由一音羊又反
又與釉同[篇海]物有光也[蔡襄茶錄]
珍膏油其面

【 오류정리 】

〇康誤處 1;[禮玉藻]三爵而油油以進
(改退)

●考證 ; 謹照原文進改退

◆整理 ; [禮玉藻(예옥조)] 進(진)은
退(퇴)의 착오.

◆訂正文 ; [禮玉藻]三爵而油油以退

▶【964-1】 字解誤謬與否 ; [禮玉
藻]三爵而油油以進(改退) [進(改
退)]

★이상과 같이 오류(誤謬) 수정(修訂)
이 된다 하여도 퇴(退; 물러가다)는
유유(油油; 부두럽고 삼가는 모양)히
물러간다는 표현이나 자전상(字典上)
유(油)의 본의(本義)에는 영향이 미치
지 않음.

康治(치)[唐韻]直之切[集韻][韻
會]澄之切[正韻]陳知切ㅿㅿ音持水名
[說文]水出東萊曲城陽丘山南入海
又水出泰山[前漢地理志]泰山郡南武
陽冠石山治水所出南至下邳入泗 又
[集韻]湯來切音胎水名水出鴈門郡[前
漢地理志]鴈門郡陰館累頭山治水所出
東至泉州入海 又理也[周禮天官]大
宰以九職任萬民七曰嬪婦化治絲枲
又盈之切音怡義同 又[廣韻][集
韻][韻會]直利切[正韻]直意切ㅿㅿ音穉

亦理也[荀子修身篇]少而理曰治 又
簡習也[周禮春官大宗伯]治其大體 又
校也[戰國策]皆無敢與趙治 又有所
求乞也[周禮地官旅師]凡新甿之治皆
聽之 又監督也[周禮地官鄕師]用役
則帥其民而至遂治之 又聽獄之成辭
亦曰治[周禮秋官方士]凡都家之士所
上治則主之[註]所上治謂獄訟之小事
不附罪者也 又才多亦曰治[左傳莊九
年]鮑叔曰管夷吾治于高傒使相可也
[註]言管仲治理政事之才多于敬仲

又道家靜室曰治[六朝詩話]送謝靈
運於杜治猶今之宮觀也 又所都之處
曰治[前漢田儋傳]更王膠事治卽墨
[註]治謂都之也 又州郡所駐曰治如
蜀刺史曰治成都揚刺史曰治會稽 [毛
氏韻增]治字本平聲脩治字借爲去聲經
典釋文治字平聲皆無音假借治道平治
字ㅿㅿ直吏切

【 오류정리 】

〇康誤處 1;[周禮春官大宗伯]治其大
體(改大禮)

●考證 ; 謹照原文大體改大禮

◆整理 ; [周禮春官大宗伯(주례춘관대
종백)] 大體(대체)는 大禮(대례)의 착
오.

◆訂正文 ; [周禮春官大宗伯]治其大
禮

▶【965-1】 字解誤謬與否 ; [周禮
春官大宗伯]治其大體(改大禮) [大體
(改大禮)]

★이상과 같이 오류(誤謬) 수정(修訂)
이 된다 하여도 대례(大禮; 큰절. 궁
중에서 임금이 직접 주관하는 모든
의식. 임금의 등극(登極)과 전위(傳
位), 혼례 등에 관련되는 가례(嘉禮)
와 성황(城隍)·선농(先農)·기우(祈
雨)를 비롯하여 충신묘(忠臣廟)·문
묘(文廟) 등에서 친히 거행하는 제례
(祭禮)로 나뉘어 짐. 은 자전상(字典

上)치(治)의 본의(本義)에는 영향이 미치지 않음.

⟨康⟩沽(고)[唐韻]古胡切[集韻][韻會][正韻]攻乎切𠀤音孤水名[前漢地理志]沽水出漁陽塞外東至泉州入海[水經注]沽河出塞外禦夷鎭西北丹花嶺　又賣也[論語]求善賈而沽諸　又買也別作酤[詩小雅]有酒酤我　又[廣韻]公戶切[集韻][韻會]古五切[正韻]公五切𠀤音古屠沽賣酒者[尸子]屠者割肉知牛之多少則沽者亦知酒之多少也　又略也[禮檀弓]杜橋之母喪宮中無相以爲沽也　又物之麤惡者曰沽[周禮夏官司兵]掌五兵五盾各辨其物與其等[註]謂功沽上下[疏]沽謂麤惡者爲下等也　又[廣韻][集韻][韻會][正韻]𠀤古慕切音顧義同

【 오류정리 】
○康誤處 1; [詩小雅]有酒(改無酒)酤我
●考證 ; 謹照原文有酒改無酒
◆整理 ; [詩小雅(시소아)] 有酒(유주)는 無酒(무주)의 착오.
◆訂正文 ; [詩小雅]無酒酤我
▶【966-1】 字解誤謬與否 ; [詩小雅]有酒(改無酒)酤我 [有酒(改無酒)]
★이상과 같이 오류(誤謬) 수정(修訂)이 된다 하여도 무주(無酒; 술이 없다) 자전상(字典上) 고(沽)의 본의(本義)에는 영향이 미치지 않음.

⟨康⟩沿(연)[唐韻]與專切[集韻][韻會]余專切𠀤音鉛[說文]沿緣水而下也[書禹貢]沿于江海[傳]順流而下曰沿　又循也[禮樂記]禮樂之情故明王以相沿也[註]沿猶因迹也[疏]謂因而更改也　又[集韻]沇古作沿卽沿字註詳四畫俗作㳂

【 오류정리 】
○康誤處 1; [禮樂記]禮樂之情(增同字)故明王以相沿也
●考證 ; 謹照原文情下增同字
◆整理 ; [禮樂記(예악기)] 情(정)에 이어 同字(동자)를 덧붙임.
◆訂正文 ; [禮樂記]禮樂之情同故明王以相沿也
▶【967-1】 字解誤謬與否 ; [禮樂記]禮樂之情(增同字)故明王以相沿也 [情(增同字)]
★이상과 같이 동(同; 서로 같다. …와 같다)을 덧붙인다 하여도 자전상(字典上) 연(沿)의 본의(本義)에는 영향이 미치지 않음.

⟨康⟩泊(박)[廣韻]傍各切[集韻][韻會]白各切𠀤音薄止也舟附岸曰泊[杜甫詩]漾舟千山內日入泊枉渚　又水貌[前漢郊祀歌]泊如四海之池　又澹泊恬靜無爲貌[老子道德經]泊乎其未兆　又紛泊飛走衆多之貌[張衡西京賦]霍澤紛泊　又漂泊流寓也[庾信哀江南賦]下亭漂泊高橋羈旅　又與薄同[王充論衡率性篇]氣有厚泊故性有善惡　又[集韻]匹陌切音拍岶竹密貌或作漠泊[王褒同簫賦]密漠泊以獩㹯又小波也[木華海賦]㳍泊伯以㳡㵣[註]泊匹帛切

【 오류정리 】
○康誤處 1; [張衡西京賦]霍澤(改繹)紛泊
●考證 ; 謹照原文澤改繹
◆整理 ; [張衡西京賦(장형서경부)]澤(백)은 繹(역)의 착오. [張衡西京賦]霍澤(改繹)紛泊 [澤(改繹)]
◆訂正文 ; [張衡西京賦]霍繹紛泊
▶【968-1】 字解誤謬與否 ; [張衡西京賦]霍澤(改繹)紛泊 [澤(改繹)]

★이상과 같이 오류(誤謬) 수정(修訂)이 되면 곽역분박(霍繹紛泊; 짐승이 날아가는모양) [文選張衡西京賦]鳥畢駭獸鹹作草伏木棲寓居穴託起彼集此霍繹紛泊[薛綜註]霍繹紛泊飛走之貌 인데 자전상(字典上) 박(泊)의 본의(本義)에 직접 영향이 미치게 됨.

⑩泌(필)[唐韻][集韻][韻會][正韻]🜔兵媚切音祕[說文]俠流也一曰泉貌[詩陳風]泌之洋洋可以樂飢[疏]泌者泉水涓流不已乃至廣大也 又水名[水經注]汶水過平章縣南有泌水注之水自肥縣東北之自源西南注於汾 又泌陽縣名[廣興記]屬河南南陽府漢舞陰唐泌陽 又[廣韻]毗必切[集韻][韻會]薄必切[正韻]薄密切🜔音邲亦俠流也 又[廣韻]鄙密切[集韻]壁吉切병音筆司馬相如上林賦偪側泌㴋

【 오류정리 】
○康誤處 1;[水經注]汶水過平章縣南有泌水注之水自肥縣東北之自源西南注於汾(改水出肥城縣東北白源西南注於汶)
●考證；謹按自源乃白源之譌汾乃汶之譌謹照原文改水出肥城縣東北白源西南注於汶
◆整理；[水經注(수경주)]水自肥縣東北之自源西南注於汾(수자비현동북지자원서남주어분)을 水出肥城縣東北白源西南注於汶(수출비성현동북백원서남주어문)으로 고침.
◆訂正文；[水經注]汶水過平章縣南有泌水注之水出肥城縣東北白源西南注於汶
▶【969-1】 字解誤謬與否；[水經注]汶水過平章縣南有泌水注之水自肥縣東北之自源西南注於汾(改水出肥城縣東北白源西南注於汶)
★이상과 같이 오류(誤謬) 수정(修訂)이 이뤄지면 ○수출비성현동북백원(水出肥城縣東北白源: 강물이 비성현(肥城縣) 동북쪽 백원(白源)으로 흘러 나가다 ○서남주어문(西南注於汶; 서남쪽 문수(汶水)로 흘러든다)[水經注]汶水過平章縣南有泌水注之水出肥城縣東北白源西南注於汶 이 되는데 자전상(字典上) 필(泌)의 본의(本義)인 강명(江名)에 영향이 미치게 됨.

⑩泐(륵)[廣韻]盧則切[集韻][韻會][正韻]歷德切🜔音勒[說文]水石之理也[徐鍇曰]言石因其脈理而解散也[周禮冬官考工記]石有時而泐 又[廣韻]凝合也 又潭名[唐裴休題泐潭詩]泐潭形勝地祖塔在雲湄 又[集韻]六直切音力義同 或作扐沏

【 오류정리 】
○康誤處 1;[周禮冬官考工記]石有時而泐(改以泐)
●考證；謹照原文而泐改以泐
◆整理；[周禮冬官考工記(주례동관고공기)] 而泐(이륵)은 以泐(이륵)의 착오임.
◆訂正文；[周禮冬官考工記]石有時以泐
▶【970-1】 字解誤謬與否；[周禮冬官考工記]石有時而泐(改以泐) [而泐(改以泐)]
★이상과 같이 오류(誤謬) 수정(修訂)이 되면 이(以; 개사(開詞) …으로써. …에게 …를 주다. 접속사(接續詞) …하여. …하기 위하여)는 자전상(字典上) 륵(泐)의 본의(本義)에는 영향이 미치지 않음.

⑩泚(자)[唐韻]千禮切[集韻][韻會][正韻]此禮切🜔音玼水淸也又鮮明貌[詩邶風]新臺有泚 又汗出貌[孟子]其顙有泚 又[廣韻][正韻]雌氏切

[集韻][韻會]淺氏切泚音此義同　又
[集韻]蔣氏切音紫水名[說文]長沙之
山泚水出焉[水經]泚水出泚陽東北大
胡山　又[山海經]石者之山泚水出焉
西流注于河東始之山泚水出焉東北注
于海○按水出泚陽大胡山者後漢書光
武紀作泚水泚陽而水經作泚水泚陽互
見四畫沘字註

【 오류정리 】

○康誤處 1; [說文(改山海經)]長沙之
山泚水出焉
●考證 ; 謹按此二句出山海經不出說
文謹據改山海經
◆整理 ; [說文(설문)은 山海經(산해
경)의] 착오.
◆訂正文 ; [山海經]長沙之山泚水出
焉
▶ 【971-1】 字解誤謬與否 ; [說文
(改山海經)]長沙之山泚水出焉 [說文
(改山海經)]
★이상과 같이 인용처(引用處)나 주
소(註疏)의 오류(誤謬)를 수정(修訂)
을 한다 하여도 자전상(字典上)의 자
(泚)의 본의(本義)에는 영향이 미치지
않음.

泝(소)[廣韻]桑故切[正韻]蘇故
切泚音訴與溯遡同[爾雅釋水]逆流而
上曰泝洄順流而下曰泝游[左傳文十
年]楚子西沿漢泝江[註]沿順流泝逆流
又向也[張衡東京賦]泝洛背河　又泝
斗舟中抒水斗也見[爾雅]

【 오류정리 】

○康誤處 1; 泝斗舟中抒水斗也見[爾
雅](改爲又與遡通詩秦風遡洄從之)
●考證 ; 謹照原文按泝乃戽之譌爾雅
乃廣雅之譌廣雅釋器戽斗謂之㭖是也當
作戽不當作泝謹改爲又與遡通詩秦風遡
洄從之
◆整理 ; 泝斗舟中抒水斗也見(소두주
중서수두야견)[爾雅(이아)]를 又與遡
通(우여소통)[詩秦風(시진풍)]遡洄從
之(소회종지)로 고침.
◆訂正文 ; 又與遡通[詩秦風]遡洄從
之
▶ 【972-1】 字解誤謬與否 ; 泝斗舟
中抒水斗也見[爾雅](改爲又與遡通詩
秦風遡洄從之)
★이상과 같이 오류(誤謬) 수정(修訂)
이 되면 ○여소통(與遡通; 소자(遡字)
와 통용한다) ○소회종지(遡洄從之;
물결 거슬러 올라가 따르려 하다)로
고쳐지는데 소(遡; 거슬러 올라가
다)가 전제되어 있어 자전상(字典上)
소(泝)의 본의(本義)에 적극 영향이
미치게 됨.

泥(니)[廣韻]奴低切[集韻][韻
會][正韻]年題切泚音䃜水名[說文]水
出北地郁郅北蠻中　又漻水之別名[長
安志]漻水今名泥水　又江州渼水又謂
之泥水[前漢地理志]長沙國茶陵泥水
又水和土也[書禹貢]厥土惟塗泥　又
柈也[易井卦]井泥不食　又丘名[爾雅
釋丘]水潦所止曰泥丘　又泥中衞邑也
[詩邶風]胡爲乎泥中　又泥陽縣名[史
記酈商傳]蘇馹軍於泥陽[前漢地理志]
北地郡有泥陽縣玉莽更曰泥陰　又弱
也[爾雅釋獸]威夷長脊而泥又蟲名出
東海得水則活失水則如泥[杜甫詩]先
拚一飮醉如泥　又紫泥以封璽書者[西
京雜記]中書以武都紫泥爲璽室加綠綈
其上又靑泥水名[長安志]藍田縣南有
靑泥水魏置靑泥軍又坊名[杜甫詩]飯
煮靑泥坊底芹　又蜀人謂糊窻曰泥窻
[花蕊夫人宮詞]紅錦泥窻遶四廊　又
渤泥佛泥俱國名[諸蕃風俗]佛泥國在
廣州東南宋濂有渤泥入貢記　又薛俊
日本寄語]星曰付泥金曰空措泥銀曰失
祿楷泥船曰浮泥　又姓漢犍爲功曹泥

和 又[廣韻]奴禮切[集韻][韻會][正韻]乃禮切𡘋音禰泥泥露濃貌[詩小雅]蓼彼蕭斯零露泥泥 又柔澤貌[詩大雅]方苞方體維葉泥泥亦作𣸁 又[廣韻]奴計切[集韻][韻會][正韻]乃計切𡘋尼去聲滯也[論語]致遠恐泥 又[集韻]乃定切音甯泥母地名又亭名[左傳註]高平方與縣東有泥母亭讀如甯 又與埿同[史記屈原傳]蟬然泥而不滓[註]泥音涅

【 오류정리 】

○康誤處 1; 又柇(改汚)也[易井卦]井泥不食
●考證 ; 謹按程傳井之不可食以泥汚也柇 改汚
◆整理 ; 柇(오)는 汚(오)의 착오.
◆訂正文 ; 又汚也[易井卦]井泥不食
▶ 【973-1】 字解誤謬與否 柇又(改汚)也[易井卦]井泥不食 柇오(改汚)]
★이상과 같이 오류(誤謬) 수정(修訂)이 되면 오(汚; 더럽다)로 바뀌어 자전상(字典上) 니(泥)의 본의(本義)에 영향이 미치게 됨.

康 注(주)[唐韻]之戍切[集韻][韻會]朱戍切𡘋音註[說文]灌也[增韻]水流射也[詩大雅]豐水東注 又引也[前漢溝洫志]注塡淤之水漑舄鹵之地 又意所嚮曰注[管子君臣下篇]君人者上注[註]上謂注意於上天 又記也[通俗文]記物曰注因支分派別之意 又凡以傳釋經曰注通作註 又聚也[周禮天官]獸人及弊田令禽注于虞中 又擊也[莊子達生篇]以黃金注者殙 又屬也[爾雅釋天]注旄首曰旌[註]言以旄牛尾屬之竿首 又屬矢於弦也[左傳襄二十三年]樂射之不中又注則乘槐本而覆 又附藥亦爲注[周禮天官]瘍醫掌祝藥劀殺之;齊[註]祝當爲注注謂附著藥

又華不注山名[括地志]在濟南又勺注亦山名在代州鴈門縣西北 又仄注冠名[前漢五行志註]言形側立而下注也 又日注茶名[歐陽脩歸田錄]兩浙之品日注爲第一 又[集韻]株遇切音駐與註同 又[集韻]陟救切[正韻]職救切𡘋音晝蟲喙也與噣通[周禮冬官考工記]以注鳴者 又注張星名別見木部柳字註

【 오류정리 】

○康誤處 1; 又勿(改勿爲句)注亦山名在代州鴈門縣西北
●考證 ; 謹按漢書地理志鴈門郡及元和郡縣志皆作句注謹改勿爲句
◆整理 ; 勿(물)은 句(구)로 고침.
◆訂正文 ; 又句注亦山名在代州鴈門縣西北
▶ 【974-1】 字解誤謬與否 ; 又勿(改勿爲句)注亦山名在代州鴈門縣西北 [勿(改勿爲句)]
★이상과 같이 오류(誤謬) 수정(修訂)이 되면 구주(句注; 산명(山名)) [左傳襄二十三年]又句注亦山名在代州鴈門縣西北 으로 고쳐저 자전상(字典上) 주(注)의 본의(本義)에 적극 영향이 미치게 됨.

康 泬(혈)[唐韻]呼穴切[集韻]古穴切𡘋音玦[說文]水從孔穴疾出也 又水名水經作沈水[顏師古漢書註]泬卽今沈水本作泬與沈相似因名沈水 又回泬邪僻也與回遹同[潘岳西征賦]事回泬而好還 又[廣韻][集韻][韻會][正韻]𡘋呼決切𡘋音血泬寥空貌[楚辭九辯]泬寥兮天高而氣清

【 오류정리 】

○康誤處 1;[唐韻]呼穴切[集韻]古穴切𡘋音玦[說文]水從孔穴疾出也 又水名水經作沈水[顏師古漢書註]泬卽

今沈水本作泬與沈相似因名沈水　又
[廣韻][集韻][韻會][正韻]烋呼決切
音血泬寥空貌[楚辭九辯]泬寥兮天高
而氣淸(改爲廣韻集韻韻會正韻烋呼決
切音血說文水從孔穴疾出也　又回泬邪
僻也與回遹同[潘岳西征賦]事回泬而好
還　又泬寥空貌[楚辭九辯]泬寥兮天高
而氣淸　又[集韻]古穴切與潏同水名水
經作沈水[顏師古漢書註]泬卽今沈水本
作泬與沈相似因名沈水)

●考證原形文；謹按呼穴切與呼決切
同與古穴切異前後援引譌誤今謹改爲廣
韻集韻韻會正韻烋呼決切音血說文水從
孔穴疾出也　又回泬邪僻也與回遹同
[潘岳西征賦]事回泬而好還　又泬寥空
貌[楚辭九辯]泬寥兮天高而氣淸　又
[集韻]古穴切與潏同水名水經作沈水
[顏師古漢書註]泬卽今沈水本作泬與沈
相似因名沈水

◆整理；省略(考證原形參照)

◆訂正文；廣韻集韻韻會正韻烋呼決
切音血說文水從孔穴疾出也　又回泬邪
僻也與回遹同[潘岳西征賦]事回泬而好
還　又泬寥空貌[楚辭九辯]泬寥兮天高
而氣淸　又[集韻]古穴切與潏同水名水
經作沈水[顏師古漢書註]泬卽今沈水本
作泬與沈相似因名沈水

▶【975-1】　字解誤謬與否；[廣韻
集韻韻會正韻烋呼決切音血說文水從孔
穴疾出也]　[又回泬邪僻也與回遹同
[潘岳西征賦]事回泬而好還]　[又泬寥
空貌[楚辭九辯]泬寥兮天高而氣淸]
[又[集韻]古穴切與潏同水名水經作沈
水[顏師古漢書註]泬卽今沈水本作泬與
沈相似因名沈水]

★이상과 같이 인용처(引用處)나 주
소(註疏), 음(音), 등(等)의 오류(誤
謬)를 수정(修訂)을 한다 하여도 자전
상(字典上)의 혈(泬)의 본의(本義)에
는 영향이 미치지 않으며, ○회혈(回

泬; 거느림이 하나같이 가지런하지
않다)[後漢書王充王符仲長統傳論]用
明居晦回泬於曩時[李賢註]回泬猶攜互
不齊一也　○사벽야(邪僻也; 사곡(邪
曲) 바르지 않다. 옳지 않다)　○여회
휼동(與回遹同; 회(回)와 휼(遹)은 같
다)　○사회혈이호환(事回泬而好還; 회
혈(回泬)을 행하는 것은 되돌아오기
를 좋아하기 때문이다)　○고혈절(古
穴切; 음결)　○여율동수명(與潏同水名
; 율(潏)은 수명(水名)과 같다)　○[水
經]작침수(作沈水; 침수로 명명하다)
[楚辭九辯]泬寥兮天高而氣淸又古穴切
與潏同水名[水經]作沈水　[顏師古漢書
註]泬卽今沈水本作泬與沈相似因名沈
水 는 혈(泬)의 본의(本義)에 적극 영
향이 미치게 됨.

康 泰(태)[唐韻][集韻][韻會][正
韻]烋他蓋切音太[說文]滑也　又大也
[前漢郊祀歌]揚金光橫泰河　又通也
[易泰卦]天地交泰　又甚也[詩小雅]
昊天泰憮　又寬也安也[論語]君子泰
而不驕　又侈也[晉語]恃其富寵以泰
於國　又丘名[爾雅釋丘]右陵泰丘
又風名[爾雅釋天]西風謂之泰風[註]
西風成物物豐泰也　又山名[爾雅釋
山]泰山爲東獄又有小泰山在朱虛縣汝
水所出　又州名本晉海陵郡今屬揚州
府又泰安州本唐泰州屬濟南府俱見[廣
輿記]　又澤名[山海經]㶚澤之水東北
流注于泰澤　又社名[蔡邕獨斷]天子
之宗社曰泰社　又尊名[禮明堂位]泰
有虞氏之尊也　又[韻補]叶他計切音
替[曹植七啓]元化參神與靈合契惠澤
播於黎苗威靈鎭乎無外超隆平於殷周
踵羲皇而齊泰　[說文]亦省作太从水
俗作小非是

【 오류정리 】

○康誤處 1；又有小泰山在朱虛縣汝
(改汶字)水所出

●考證 ; 謹按前汶字註引水經汶水出朱虛縣泰山酈道元註汶水出縣東西峏山山在小泰山東據此汝字謹改汶字

◆整理 ; 汝(여)는 汶(문)의 착오.

◆訂正文 ; 又有小泰山在朱虛縣汶水所出

▶【976-1】 字解誤謬與否 ; 又有小泰山在朱虛縣汝(改汶字)水所出 [汝(改汶字)]

★이상과 같이 오류(誤謬) 수정(修訂)이 된다 하여도 문수(汶水; 강명(江名))[漢書地理志][水經]入濟之汶源出于山東萊蕪縣北南流經古嬴縣南古嬴汶又西南會牟汶北汶石汶柴汶至今東平戴村壩는 자전상(字典上) 태(泰)의 본의(本義)에는 영향이 미치지 않음.

水部 六畫

㉾ 洄(회)[唐韻]戶恢切[集韻][韻會]胡隈切[正韻]胡瑰切㊄音回[說文]澕洄也[爾雅釋水]逆流而上曰泝洄[詩秦風]溯洄從之 又水流貌[後漢王景傳]立一水門令更相洄注 又湖名在襄陽[水經注]蔡州大岸西有洄湖 又通褘[爾雅釋訓]洄洄惛也[註]洄本作褘音韋 又[集韻]胡對切音潰洄湜水淸也

【 오류정리 】

○康誤處 1;[爾雅釋訓]洄洄惛也[註]洄本作褘(改或作褘)

●考證 ; 謹照原文本作褘改或作褘

◆整理 ; [爾雅釋訓(이아석훈)] [註(주)] 本作褘(본작위)는 或作褘(혹작위)의 착오.

◆訂正文 ; [爾雅釋訓]洄洄惛也[註]洄本作褘改或作褘

▶【977-1】 字解誤謬與否 ; [爾雅釋訓]洄洄惛也[註]洄本作褘(改或作褘) [本作褘(改或作褘)]

★이상과 같이 오류(誤謬) 수정(修訂)이 된다 하여도 혹작위(或作褘; 혹

위자(褘字)로도 쓴다)는 자전상(字典上) 회(洄)의 본의(本義)에 직접 영향이 미치게 됨.

㉾ 洋(양)[唐韻]似羊切[集韻]徐羊切㊄音詳水名[說文]水出齊臨朐高山東北入鉅定 又[玉篇]水出昆侖山北[山海經]昆侖之丘洋水出焉 又藉水卽洋水也出上邽縣西北[山海經]邽山蒙水出焉南流注于洋 又蜀水名[水經]漢水東會洋水 又州名[廣韻]本漢成固縣秦爲漢中郡魏置洋州 又[廣韻]與章切[集韻][韻會]余章切[正韻]移章切㊄音陽[爾雅釋詁]洋多也[詩魯頌]萬舞洋洋 又廣也[詩大雅]牧野洋洋[中庸]洋溢乎中國 又瀾也[莊子秋水篇]望洋向若而歎 又海名[徐兢使高麗錄]洋中有白水洋其源出靺鞨故作白色黃水洋卽沙尾也其水渾濁且淺 又洋洋水盛貌[詩衛風]河水洋洋 又與祥同[史記吳王濞傳]方祥天下[註]方祥猶翺翔也 又與養同[爾雅釋訓]洋洋思也[疏]詩邶風中心養養洋養音義同

【 오류정리 】

○康誤處 1;[山海經]邽山蒙(改濛)水出焉南流注于洋(增水字)

●考證 ; 謹照原文蒙改濛洋下增水字

◆整理 ; [山海經(산해경)] 蒙(몽)은 濛(호)의 착오이며, 洋(양)에 이어 水字(수자)를 덧붙임.

◆訂正文 ; [山海經]邽山濛水出焉南流注于洋水

▶【978-1】 字解誤謬與否 ; [山海經]邽山蒙(改濛)水出焉南流注于洋(增水字) [洋(增水字)]

★이상과 같이 오류(誤謬) 수정(修訂)이 되면 양수(洋水; 자수(藉水) 감숙성(甘肅省) 동남부 지역에 흐르는 강)라 교정(矯正)되어 자전상(字典上) 양(洋)의 본의(本義)에 직접 영향이 미

치게 됨.

㉿洎(계)[唐韻]具冀切[集韻][韻會]巨至切𠀤音暨[說文]灌釜也與漑通[周禮秋官士師]祀五帝則沃尸[註]謂增其沃汁　又潤也[管子水地篇]越之水重濁而洎　又及也[張衡東京賦]百僚師師於斯胥洎[註]言百官於此相連及而來朝賀也　又水名[水經注]沁水卽洎水　又[廣韻][集韻][韻會]几利切[正韻]吉器切𠀤音冀肉汁也[左傳襄二十八年]去其肉而以其洎饋

【 오류정리 】

○康誤處 1;[周禮秋官士師]祀五帝則沃尸[註]謂增其沃汁(增入及王盥洎鑊水六字)

●考證 ; 謹按原註因有及王盥洎鑊水句故云增其沃汁正釋洎字也謹增入及王盥洎鑊水六字

◆整理 ; [周禮秋官士師(주례추관사사)][註(주)] 謂增其沃汁(위증기옥즙)에 이어 及王盥洎鑊水(급왕관계확수) 六字(육자)를 덧붙임.

◆訂正文 ; [周禮秋官士師]祀五帝則沃尸[註]謂增其沃汁入及王盥洎鑊水

▶【979-1】 字解誤謬與否 ; [周禮秋官士師]祀五帝則沃尸[註]謂增其沃汁(增入及王盥洎鑊水六字) [謂增其沃汁(增入及王盥洎鑊水六字)]

★이상과 같이 옥즙급왕관계확수(沃汁及王盥洎鑊水; 가마솥에 물을 붓고 끓이는 사이에 임금님의 대야에 즙을 붓다) [周禮秋官士師]祀五帝則沃尸及王盥洎鑊水[註]謂增其沃汁가 증자(增字)가 되면 자전상(字典上) 계(洎)의 본의(本義)에 적극 영향이 미치게 됨.

㉿洒(세)[廣韻][正韻]所買切[集韻][韻會]所蟹切𠀤音曬[說文]滌也

[詩唐風]弗洒弗掃　又[正韻]沙下切沙上聲義同　又[集韻][韻會][正韻]𠀤蘇典切音銑肅恭貌[禮玉藻]君子之飮酒受一爵而色洒如也　又水深曰洒[爾雅釋丘]望厓洒而高岸　又[集韻]先見切音霰[禮內則]屑桂爲薑以洒諸上而鹽之　又蘇很切驚貌[莊子庚桑楚]洒然異之亦作悉禮反　又洒洒寒慄貌[素問]秋刺冬分病不已令人洒洒時寒　又[唐韻]先禮切[正韻]想禮切𠀤與洗同[左傳襄二十一年]洒濯其心壹以待人　又雪也[孟子]願比死者一洒之　又[集韻][韻會][正韻]𠀤取猥切與漼同鮮貌一曰高峻貌[詩邶風]新臺有洒　又[集韻]思晉切音信與汛同詳汛字註

【 오류정리 】

○康誤處 1;[禮內則]屑桂爲薑(改與薑)以洒諸上而鹽之

●考證 ; 謹照原文爲薑改與薑

◆整理 ; [禮內則(예내칙)] 爲薑(위강)은 與薑(여강)의 착오.

◆訂正文 ; [禮內則]屑桂與薑以洒諸上而鹽之

▶【980-1】 字解誤謬與否 ; [禮內則]屑桂爲薑(改與薑)以洒諸上而鹽之 [爲薑(改與薑)]

★이상과 같이 오류(誤謬) 수정(修訂)이 된다 하여도 여(與; 동사(動詞) 베풀다. 사귀다. 개사(開詞) …와 함께)는 자전상(字典上) 세(洒)의 본의(本義)에는 영향이 미치지 않음.

㉿洗(세)[唐韻][集韻][韻會][正韻]𠀤蘇典切音銑[說文]洒足也[史記高帝紀]使兩女子洗　又潔也[書酒誥]自洗腆致用酒　又姑洗律名[周語]姑洗所以修百物考神納賓[白虎通五行論]洗者鮮也　又姑洗鐘名見[左傳定四年]　又洗馬官名　又姓　又[廣

韻][集韻][韻會]先禮切[正韻]想禮切
㳿音姓與酒同滌也[易繫辭]聖人以此
洗心退藏于密　又承水器也[儀禮士冠
禮]設洗于東榮　又石名山海經華山之
首曰錢來之山其下多洗石　又洗手花
名[楓窗小牘]雞冠花汁人謂之洗手花

【 오류정리 】

○康誤處 1;[史記高帝(改高祖)紀]使
兩女子洗(增足字)

●考證 ; 謹照原文高帝改高祖洗字下
增足字

◆整理 ; [史記(사기) 高帝(고제)는
高祖(고조)의 착오이며, 紀(기)] 洗
(세)에 이어 足字(족자)를 덧붙임.

◆訂正文 ; [史記高帝(改高祖)紀]使
兩女子洗足

▶【981-1】 字解誤謬與否 ; [史記
高帝(改高祖)紀]使兩女子洗(增足字)
[洗(增足字)]

★이상과 같이 인용처(引用處)나 주
소(註疏) 등(等)의 오류(誤謬)를 수정
(修訂)을 한다 하여도 자전상(字典上)
의 세(洗)의 본의(本義)에는 영향이
미치지 않으며 세족(洗足; 발을 씻
다)가 증자(增字)기 되면 본의(本義)
에 직접 영향이 미치게 됨.

康洟(이)[廣韻]以脂切[集韻][韻
會][正韻]延知切㳿音夷[說文]鼻液也
[禮檀弓]待于廟垂涕洟[疏]自鼻曰洟
　又溫洟澤名[水經注]汾水于大陵縣
左迆爲鄔澤[呂氏春秋]謂之大理又名之
曰溫洟之澤　又[廣韻][集韻]㳿他計
切音替與涕同[禮內則]不敢唾洟[註]
本又作涕　又[唐韻]他禮切[集韻]土
禮切㳿音體義同

【 오류정리 】

○康誤處 1;[呂氏春秋]謂之大理(改
陸)又名之曰溫(改漚)洟之澤

●考證 ; 謹照原文理改陸溫改漚

◆整理 ; [呂氏春秋(여씨춘추)] 理
(리)는 陸(륙), 溫(온)은 漚(구)의 착
오.

◆訂正文 ; [呂氏春秋]謂之大陸又名
之曰漚洟之澤

▶【982-1】 字解誤謬與否 ; [呂氏
春秋]謂之大理(改陸)又名之曰溫(改
漚)洟之澤 [理(改陸)] [溫(改漚)]

★이상과 같이 오류(誤謬) 수정(修訂)
이 되면 ○대륙(大陸; 바다로 둘러
쌓인 큰 육지. 중국대륙.) ○구이(漚
洟; 택명(澤名))[呂氏春秋]謂之大陸又
名漚洟之澤俗謂之鄔城按[周禮]並州澤
藪曰昭餘祁即班固所稱九澤也로 고쳐
져 자전상(字典上) 이(洟)의 본의(本
義)에 적극 영향이 미치게 됨.

康洭(광)[唐韻]去王切[集韻][韻
會][正韻]曲王切㳿音匡水名[說文]水
出桂陽縣盧聚山洭浦關爲桂水[水經
注]山海經謂之湟水亦曰溝水[集韻]本
作㳿隸省作洭漢書作㳿

【 오류정리 】

○康誤處 1;[集韻]本作㳿隸省作洭漢
書作㳿 (改洭)

●考證 ; 謹按漢書作洭不作㳿㳿改洭

◆整理 ; [集韻(집운)] 㳿(광)은 洭
(광)의 착오.

◆訂正文 ; [集韻]本作㳿隸省作洭漢
書作洭

▶【983-1】 字解誤謬與否 ; [集韻]
本作㳿隸省作洭漢書作㳿(改洭) [㳿
(改洭)]

★이상과 같이 오류(誤謬) 수정(修訂)
이 된다 하여도 광자(洭字)를 광자
(洭字)로도 작(作; 쓴다)한다 로 고쳐
져 자전상(字典上) 광(洭)의 본의(本
義)와 일치 적극 영향이 미치게 됨.

康洼(와)[唐韻]一佳切[集韻]於佳

切𣲹音娃水名渥洼水在陝西行都司沙
州境內[史記樂書]常得神馬渥洼水中
又[廣韻][集韻][韻會][正韻]𣲹烏
瓜切音窊同窪[揚子方言]洼湾也自關
而東或曰洼或曰氾　又深也曲也[莊子
齊物論]似洼者似汙者　又[廣韻]烏佳
切[集韻]烏雖切𣲹音䁬義同　又[廣
韻]古攜切[集韻]涓畦切𣲹音圭姓也
[後漢儒林傳]人鴻臚洼丹　又[集韻]
烏乖切音崴亦曲也

【 오류정리 】

○康誤處 1;[史記樂書]常(改嘗)得神
馬渥洼水中
●考證 ; 謹照原文常改嘗
◆整理 ; [史記樂書(사기악서)] 常
(상)은 嘗(상)의 착오.
◆訂正文 ; [史記樂書]嘗得神馬渥洼
水中
▶【984-1】 字解誤謬與否 ; [史記
樂書]常(改嘗)得神馬渥洼水中　[常
(改嘗)]
★이상과 같이 오류(誤謬) 수정(修訂)
이 된다 하여도 상득(嘗得; 일찍이
얻었다. 벌서 얻었다) 자전상(字典上)
(洼)의 본의(本義)에는 영향이 미치지
않음.

康洽(흡)[唐韻]侯夾切[集韻]轄夾
切[韻會][正韻]胡夾切𣲹音狹和也合
也[詩小雅]洽比其鄰　又霑也[書大禹
謨]好生之德洽于民心[正義]洽謂沾漬
優渥洽于民心言潤澤多也　又[後漢杜
林傳]京師士大夫咸推其溥洽[註]洽徧
也　又[爾雅釋天]太歲在未曰協洽又
[集韻]葛合切音閤水名亦作郃[詩大
雅]在洽之陽　又[韻補]叶胡急切音覤
[傳遐皇初頌]歌九功舞八佾鴻澤普皇
恩洽又叶胡頰切音協[顏延之赭白馬
賦]武義粤其肅陳文教迄已優洽泰階之
平可升興王之軌可接

【 오류정리 】

○康誤處 1;[後漢杜林傳]京師士大夫
咸推其溥(改博)洽
●考證 ; 謹照原文溥改博
◆整理 ; [後漢杜林傳(후한두림전)]
溥(부)는 博(박)의 착오.
◆訂正文 ; [後漢杜林傳]京師士大夫
咸推其博洽
▶【985-1】 字解誤謬與否 ; [後漢
杜林傳]京師士大夫咸推其溥(改博)洽
[溥(改博)]
★이상과 같이 오류(誤謬) 수정(修訂)
이 되면 박흡(博洽; 박통(博通). 박식
(博識)하다. 널리 알아서 막힐데가
없다)으로 고쳐저 자전상(字典上) 흡
(洽)의 본의(本義)에 직접 영향이 미
치게 됨.

康派(파)[廣韻]匹卦切[集韻][韻
會]普卦切𣲹音𣲹[說文]別水也一曰水
分流也[左思吳都賦]百川派別歸海而
會　又[博雅]水自分出爲派　又[集
韻]卜卦切音紙谷名在安邑　又莫獲切
音麥泉潛通也　又[韻補]叶滂佩切音
配[歐陽修病暑賦]覽星辰之浮沒視日
月之陰蔽披閶闔之淸風飮黃流之巨派
又叶普駕切音怕[呂溫勳臣贊]河出
昆侖來潤中夏連山合沓橫擁其派　或
作泒非泒音孤水名

【 오류정리 】

○康誤處 1;[博雅]水自分(改汾)出爲
派
●考證 ; 謹照原文分改汾
◆整理 ; [博雅(박아)] 分(분)은 汾
(분)의 착오.
◆訂正文 ; [博雅]水自汾出爲派
▶【986-1】 字解誤謬與否 ; [博雅]
水自分(改汾)出爲派　[分(改汾)]
★이상과 같이 오류(誤謬) 수정(修訂)
이 되면 수자분출(水自汾出; 물이 스

스로 "빙빙돌며 솟아 나오다")로
고쳐저 자전상(字典上) 파(派)의 본의
(本義)에 영향이 미치게 됨.

水部 七畫

浙(절)[唐韻]旨熱切[集韻][韻
會][正韻]之列切𡘋音折江名[說文]江
水東至會稽山陰爲浙江[史記昭王本
紀]至錢塘臨浙江[註]浙者折也蓋取其
潮出海曲折而倒流也 又水名[水經
注]浙水出浙縣西北弘農盧氏縣大嵩山
又[廣韻]浙米也[類篇]一曰汰也
又[集韻]征例切音制通作濟亦作制
義同 又[集韻]或作漸[水經]漸江卽
浙江也

【 오류정리 】
○康誤處 1;[史記昭王本紀(改秦始皇
紀)]至錢塘臨浙江
●考證 ; 謹照原文昭王本紀改秦始皇
紀
◆整理 ; [史記(사기) 昭王本紀(소왕
본기)는 秦始皇紀(진시황기)의] 착오
임.
◆訂正文 ; [史記秦始皇紀]至錢塘臨
浙江
▶【987-1】 字解誤謬與否 ; [史記
昭王本紀(改秦始皇紀)]至錢塘臨浙江
[昭王本紀(改秦始皇紀)]
★이상과 같이 인용처(引用處)나 주
소(註疏)의 오류(誤謬)를 수정(修訂)
을 한다 하여도 자전상(字典上)의 절
(浙)의 본의(本義)에는 영향이 미치지
않음.

浚(준)[唐韻]私閏切[集韻][韻
會][正韻]須閏切𡘋音晙說文抒也[徐
曰]抒取出之也[左傳襄二十四年]浚我
以生[註]言取我財以自生也 又深也
[春秋莊九年]冬浚洙 又[揚子方言]
稟浚敬也秦晉閒曰稟齊曰敬 又須也

[書大禹謨]夙夜浚明有家[傳]言早夜思
之須明行之也馬融云大也 又水名在
衞[詩地理攷]浚水出浚儀東逕𨛦地入
濟 又邑名[詩邶風]在浚之下[傳]浚
衞邑 又[集韻]祖峻切音俊浚稽山名
在武威北 又[字彙補]七均切與踆通
伏也[劉歆遂初賦鳥脇翼之浚浚 與濬
濬通]

【 오류정리 】
○康誤處 1;[揚子方言]稟浚敬也秦晉
閒曰稟齊曰敬(改曰浚)
●考證 ; 謹照原文曰敬改曰浚
◆整理 ; [揚子方言(양자방언)] 曰敬
(왈경)은 曰浚(왈준)의 착오.
◆訂正文 ; [揚子方言]稟浚敬也秦晉
閒曰稟齊曰浚
▶【988-1】 字解誤謬與否 ; [揚子
方言]稟浚敬也秦晉閒曰稟齊曰敬(改
曰浚) [曰敬(改曰浚)]
★이상과 같이 오류(誤謬) 수정(修訂)
이 되면 품제왈준(稟齊曰浚; 천품(天
稟)이 가지런함을 준(浚)이라 이름)으
로 고쳐서 자전상(字典上) 준(浚)의
본의(本義)에 적극적으로 영향이 미
치게 됨.

○康誤處 2;[書大禹謨(改皐陶謨)]夙
夜浚明有家
●考證 ; 謹照原書大禹謨改皐陶謨
◆整理 ; [書(서) 大禹謨(대우모)는
皐陶謨(고도모)의] 착오.
◆訂正文 ; [書皐陶謨]夙夜浚明有家
▶【989-2】 字解誤謬與否 ; [書大
禹謨(改皐陶謨)]夙夜浚明有家 [大禹
謨(改皐陶謨)]
★이상과 같이 인용처(引用處)나 주
소(註疏)의 오류(誤謬)를 수정(修訂)
을 한다 하여도 자전상(字典上)의 준
(浚)의 본의(本義)에는 영향이 미치지
않음.

康浜(빈)[廣韻]布耕切[集韻]晡橫切𠀤音坅安船溝也一曰溝納舟者曰浜[李翊俗呼小錄]絶橫斷港謂之浜 又[廣韻]布梗切[集韻]百猛切𠀤音䢵浦名也

【 오류정리 】

○康誤處 1;[李翊俗呼小錄]絶橫(改潢)斷港謂之浜
●考證 ; 謹照原文橫改潢
◆整理 ; [李翊俗呼小錄(이익속호소록)] 橫(횡)은 潢(황)의 착오.
◆訂正文 ; [李翊俗呼小錄]絶潢斷港謂之浜
▶【990-1】 字解誤謬與否 ; [李翊俗呼小錄]絶橫(改潢)斷港謂之浜 [橫(改潢)]
★이상과 같이 오류(誤謬) 수정(修訂)이 되면 절황단항(絶潢斷港; 막다른 지류와 연한 연못)으로 고쳐지니 자전상(字典上) 빈(浜)의 본의(本義)에 영향이 미치게 됨.

康浡(발)[廣韻][韻會][正韻]蒲沒切[集韻]薄沒切𠀤音孛[爾雅釋詁] 作也[孟子]則苗浡然興之矣 又[博雅]盛也[左思吳都賦]歊霧漨浡 又浡潏沸涌貌[木華海賦]大網浡潏 又滂浡憤藹貌[馮衍顯志賦]氣滂浡而雲披 又[玉篇]渾也 又海別名與勃渤𠀤通 又南浡里海外國名見[馬觀瀛海勝覽]

【 오류정리 】

○康誤處 1;[木華海賦]大網(改天網)浡潏
●考證 ; 謹照原文大網改天網
◆整理 ; [木華海賦(목화해부)] 大網(대망)은 天網(천망)의 착오.
◆訂正文 ; [木華海賦]天網浡潏
▶【991-1】 字解誤謬與否 ; [木華

海賦]大網(改天網)浡潏 [大網(改天網)]
★이상과 같이 오류(誤謬) 수정(修訂)이 된다 하여도 천망(天網; 천벌(天罰) 하늘이 친 그물)으로 고쳐지니 자전상(字典上) 발(浡)의 본의(本義)에는 영향이 미치지 않음.

康浥(읍)[唐韻]於及切[集韻][韻會]乙及切[正韻]乙入切𠀤音邑[說文]濕也又漬潤也[詩召南]厭浥行露 又[廣韻]於業切[集韻]乙業切𠀤音裛義同 又[集韻]乙俠切音踥窊陷也[前漢司馬相如傳]踰彼趨浥[註]趨浥輸于淵也 又乙甲切音押水流下貌[郭璞江賦]乍浥乍堆

【 오류정리 】

○康誤處 1;[前漢司馬相如傳]踰彼(改踰波)趨浥
●考證 ; 謹照原文踰彼改踰波
◆整理 ; [前漢司馬相如傳(전한사마상여전)] 踰彼(유피)는 踰波(유파)의 착오.
◆訂正文 ; [前漢司馬相如傳]踰波趨浥
▶【992-1】 字解誤謬與否 ; [前漢司馬相如傳]踰彼(改踰波)趨浥 [踰彼(改踰波)]
★이상과 같이 오류(誤謬) 수정(修訂)이 된다 하여도 유파(踰波; 물결이 넘치다)는 자전상(字典上) 읍(浥)의 본의(本義)에는 영향이 미치지 않음.

康浩(호)[唐韻][正韻]胡老切[集韻]戶老切[韻會]合老切𠀤音晧大水貌[書舜典]浩浩滔天 又饒也[禮王制]用有餘曰浩 又[集韻]古老切音杲以水沃酒曰浩 又姓漢靑州刺史浩賞 又居號切音誥水名 又[廣韻]古沓切[集韻]葛合切𠀤音閤浩亹漢縣名屬金

城郡[前漢地理志]浩亹水在西塞外東至允吾入湟水[註]浩亹音合門

【 오류정리 】

○康誤處 1;[書舜典(改堯典)]浩浩滔天

●考證 ; 謹照原書舜典改堯典

◆整理 ; [書(서) 舜典(순전)은 堯典(요전)의] 착오.

◆訂正文 ; [書堯典]浩浩滔天

▶【993-1】 字解誤謬與否 ; [書舜典(改堯典)]浩浩滔天 [舜典(改堯典)]

★이상과 같이 인용처(引用處)나 주소(註疏)의 오류(誤謬)를 수정(修訂)을 한다 하여도 자전상(字典上)의 호(浩)의 본의(本義)에는 영향이 미치지 않음.

康 浮(부)[唐韻]縛牟切[集韻][韻會]房尤切[正韻]房鳩切𡘋音罘[說文]氾也[論語]乘桴浮於海 又順流曰浮[書禹貢]浮于濟漯 又濟涉腰瓠曰浮[淮南子釋山訓]百人抗浮[註]浮瓠也 又溢也過也[禮坊記]君子與其使食浮于人也寧使人浮于食 又先時曰浮[書盤康]鮮以不浮于天時 又輕也[楚語]疏其穢而鎮其浮 又浮浮氣烝貌[詩大雅]烝之浮之 又雨雪盛貌[詩小雅]雨雪浮浮 又衆彊貌[詩大雅]江漢浮浮 又浮沉無定之意[詩小雅]載沉載浮 又[小爾雅]浮罰也謂罰爵也[禮投壺]無偕立無踰言若是者浮 又水名[水經注]青河東北浮水故瀆出焉 又山名[山海經]竹山西百二十里曰浮山 又[廣輿記]廣東高州府城東有浮山 又羅浮二山名[羅浮山記]在增城博羅二縣境 又竹名[戴凱之竹譜]浮竹亞節虛軟厚肉 又石名[左思吳都賦]浮石若桴 又天浮星名[甘氏星經]天浮四星在左旗南北列主漏刻 又[莊緄

鷄肋編]釣竿之半繫以荻梗謂之浮子 又[甄權脈經]浮爲風爲虛 又[集韻]普溝切音抙漂也 又[韻補]叶符非切音肥[楚辭遠遊]指炎神而直馳兮吾將往乎南疑覽方外之荒忽兮沛罔象而自浮

【 오류정리 】

○康誤處 1;[詩大雅]烝之浮之(改烝之浮浮)

●考證 ; 謹照原書改烝之浮浮

◆整理 ; [詩大雅(시대아)] 烝之浮之(증지부지)는 烝之浮浮(증지부부)의 착오.

◆訂正文 ; [詩大雅]烝之浮浮

▶【994-1】 字解誤謬與否 ; [詩大雅]烝之浮之(改烝之浮浮) [烝之浮之(改烝之浮浮)]

★이상과 같이 오류(誤謬) 수정(修訂)이 되면 부부(浮浮; 많고 굳셈. 눈이나 비가 한창 쏟아지는 모양)로 고쳐져 자전상(字典上) 부(浮)의 본의(本義)에 영향이 미치게 됨.

康 涗(세)[唐韻][集韻][韻會][正韻]𡘋輸芮切音稅[說文]財溫水也一曰沛灰汁[周禮冬官考工記]㡡人涷絲以涗水漚其絲七日 又沛和也淸也[周禮春官司尊彝]盎齊涗酌[註]盎齊差淸和以淸酒涗之而已 又[集韻]須銳切音歲義同 又相絕切音雪拭勻以酌酒

【 오류정리 】

○康誤處 1;[周禮冬官考工記]㡡人(改㡡氏)涷絲以涗水漚其絲七日

●考證 ; 謹照原文㡡人改㡡氏

◆整理 ; [周禮冬官考工記(주례동관고공기)] 㡡人(황인)은 㡡氏(황씨)의 착오.

◆訂正文 ; [周禮冬官考工記]㡡氏涷絲以涗水漚其絲七日

▶【995-1】 字解誤謬與否 ; [周禮冬官考工記]幎人(改幎氏)凍絲以涗水漚其絲七日 [幎人(改幎氏)]

★이상과 같이 오류(誤謬) 수정(修訂)이 된다 하여도 황씨(幎氏; 주례동관(周禮冬官) 고공기(考工記)의 항목명(項目名)으로 재인(梓人), 황씨(幎氏), 포인(鮑人), 궁인(弓人), 시인(矢人), 륜인(輪人), 여인(輿人), 주인(輈人)가 있음) [周禮冬官考工記幎氏]幎氏凍丝以涗水通練 는자전상(字典上) 세(涗)의 본의(本義)에는 영향이 미치지 않음.

水 部 八畫

㉻涪(부)[唐韻]縛牟切[集韻][韻會]房尤切[正韻]房鳩切坕音浮水名[水經注]涪水出廣漢屬國刪氏游徼外又涪陵漢縣名今爲州屬重慶府 又[集韻]馮無切音扶義同 又蒲侯切音抙涪漚水泡也

【 오류정리 】

○康誤處 1; [水經注]涪水出廣漢屬國刪(改剛)氏游(改道)徼外

●考證 ; 謹照原文刪改剛游改道

◆整理 ; [水經注(수경주)] 刪(산)은 剛(강), 游(유)는 道(도)의 착오.

◆訂正文 ; [水經注]涪水出廣漢屬國剛氏道徼外

▶【996-1】 字解誤謬與否 ; [水經注]涪水出廣漢屬國刪(改剛)氏游(改道)徼外 [刪(改剛)][游(改道)]

★이상과 같이 오류(誤謬) 수정(修訂)이 된다 하여도 강저도(剛氏道; 한무제 때 氐族의 땅) [水經注]涪水出廣漢屬國剛氏道徼外又涪陵漢縣名今爲州屬重慶府 는 자전상(字典上) 부(涪)의 본의(本義)에는 영향이 미치지 않음.

㉻液(액)[唐韻]羊益切[集韻][韻

會][正韻]夷益切坕音繹[說文]盡也盡氣液也[字林]液汁也 又淫液謂音連延不絶之意[禮樂記]咏嘆之淫液之 又姓[急就章]有液容調 又與液通[前漢王莽傳]液庭尉朕未充 又[集韻]施隻切音釋漬也[周禮冬官考工記]弓人凡爲弓冬析幹而春液角[註]液讀爲醳[疏]醳酒之醳亦漬液之義 又解散也[文子上仁篇]渙乎其若水之液 又[韻補]叶弋灼切音龠[左思蜀都賦]黍稷油油稉稻漠漠指渠曰以爲雲門灑彪池而爲陸澤雖星畢之滂沱曾未齊其膏液澤音託

【 오류정리 】

○康誤處 1; [說文]盡(改晝)也盡(改晝)氣液也

●考證 ; 謹照原文 ; 原書提示誤謬

※筆者謹按原本 ; [說文解字注]晝也晝气液也

◆整理 ; [說文(설문)] 盡(진)은 晝(진), 盡(진)은 晝(진)의 착오.

◆訂正文 ;; [說文]晝)也晝)氣液也

▶【997-1】 字解誤謬與否 ; [說文]盡(改晝)也盡(改晝)氣液也 [盡(改晝)][盡(改晝)]

★이상과 같이 오류(誤謬) 수정(修訂)이 되면 진(晝; 기액(氣液). 액즙(液汁). 즙(汁))으로 고쳐져 자전상(字典上) 액(液)의 본의(本義)에 적극 영향이 미치게 됨.

㉻溹(홀)[唐韻][集韻]坕呼骨切音忽[玉篇]青黑貌又大淸也 又合也[楞嚴經]心綿愛溹 又[集韻]武粉切音吻水絶貌 又吐內切音退漬元色曰溹[玉篇]本作渭今作溹[集韻]與渭同隸作溹或从忽作淴

【 오류정리 】

○康誤處 1;[玉篇]本作渭今作溹

●考證 ; 字典[玉篇]本作渴今作溍
謹照原文渴改渨
※筆者謹按玉篇原本; 水部八畫溍 本
作渨今作溍
◆整理 ; 考證(고증) [玉篇(옥편)]本
作(본작) 渴(갈 原本渨) 今作溍(금작
홀)
◆訂正文 ; 착오(錯誤)
▶【998-1】 字解誤謬與否 ; [玉篇]
本作渨今作溍 (誤謬無)
★字典 [玉篇]本作渨今作溍
※筆者謹按玉篇原本; 水部八畫溍 本
作渨今作溍
●考證 ; 字典[玉篇]本作渴今作溍謹
照原文渴改渨
이상과 같이 사펴 보건대 강희 자전
[玉篇]本作渨今作溍은 오류(誤謬)가
아님이 확인이 됨.

○康誤處 2; [集韻]與渨(改洄)同隷作
溍
●考證 ; 謹按홀字當改洄互見本部七
畫洄字註
◆整理 ; [集韻(집운)]渨(홀)은 洄(홀)
의 착오.
◆訂正文 ; [集韻]與洄홀(改洄)同隷
作溍
▶【999-2】 字解誤謬與否 ; [集韻]
與渨(改洄)同隷作溍 [洄(改洄)]
★이상과 같이 오류(誤謬) 수정(修訂)
이 되면 회(洄; 청흑색(靑黑色))로 고
쳐저 자전상(字典上) 홀(溍)의 본의
(本義)에 적극적으로 영향이 미치게
됨.

ⓒ渨(혼)[集韻]呼昆切音昏渨渨未
定貌[荀子賦論]渨渨淑淑 又呼困切
昏去聲渨渨濁水

【 오류정리 】

○康誤處 1; [荀子賦論(改賦篇)]渨渨
淑淑

●考證 ; 謹照原書改賦篇
◆整理 ; [荀子(순자) 賦論(부론)은
賦篇(부편)의] 착오.
◆訂正文 ; [荀子賦篇]渨渨淑淑
▶【1000-1】 字解誤謬與否 ; [荀子
賦論(改賦篇)]渨渨淑淑 [賦論(改賦
篇)]
★이상과 같이 인용처(引用處)나 주
소(註疏)의 오류(誤謬)를 수정(修訂)
을 한다 하여도 자전상(字典上)의 혼
(渨)의 본의(本義)에는 영향이 미치지
않음.

ⓒ淄(치)[廣韻]側持切[集韻][韻
會][正韻]莊持切𡘜音菑水名[水經]淄
水出泰山萊蕪縣原山 又州名[廣韻]
春秋時屬齊漢爲濟南郡宋文帝改淸和
郡隋置淄州因水以名焉 又縣名[廣輿
記]淄川屬濟寧府臨淄屬靑州 又通作
菑[周禮夏官職方氏]幽州其浸菑 又黑
色曰淄[後漢皇后紀]恩隆好合遂忘淄
蠹 [集韻]俗作澢非

【 오류정리 】

○康誤處 1; 又通作菑[周禮夏官職方
氏]幽州其浸菑(增時字)
●考證 ; 謹照原文菑下增時字
◆整理 ; 菑(치)에 이어 時字(시자)를
덧붙임.
◆訂正文 ; 又通作菑時[周禮夏官職方
氏]幽州其浸菑
▶【1001-1】 字解誤謬與否 ; 又通
作菑(增時字)[周禮夏官職方氏]幽州其
浸菑 [菑(增時字)]
★이상과 같이 오류(誤謬) 수정(修訂)
이 되면 치시(淄時; 큰 못) [廣韻]春
秋時屬齊漢爲濟南郡宋文帝改淸和郡隋
置淄州因水以又通作菑 [周禮夏官職方
氏]幽州其浸菑時로 고쳐지니 자전상
(字典上) 치(淄)의 본의(本義)에 직접
영향이 미치게 됨.

康淡(담)[廣韻][正韻]徒覽切[集韻][韻會]杜覽切𡙇音啖[說文]薄味也[急就篇註]平薄謂之淡[史記叔孫通傳]呂后與陛下攻苦食啖[註]啖亦作淡[如淳曰]食無菜茹爲淡　又甘之反也[禮表記]君子淡以成小人甘以壞　又[廣韻]徒敢切音噉洺淡水滿貌[前漢揚雄傳]秬鬯泔淡　又[廣韻][集韻][正韻]𡙇以冉切音琰澹淡水播蕩貌[枚乘七發]湍流遡波又澹淡之　又隨風貌[司馬相如上林賦]隨風澹淡　又淡淡安流平滿貌[宋玉高唐賦]潰淡淡而並入　又[廣韻][集韻]𡙇徒甘切音談水貌也或作澹　又與痰通[玉羲之初月帖]淡悶千嘔[黃伯思云]淡古痰字　又[廣韻][集韻][韻會][正韻]𡙇徒濫切音餤水味也[中庸]淡而不厭　又[集韻]以贍切音豔水貌[列子殷湯篇]淡淡焉若有物存張湛讀

【 오류정리 】

○康誤處 1; [列子殷湯篇(改湯問篇)]淡淡焉若有物存

●考證 ; 謹照原書改湯問篇

◆整理 ; [列子(열자) 殷湯篇(은탕편)은 湯問篇(탕문편)의] 착오.

◆訂正文 ; [列子湯問篇]淡淡焉若有物存

▶【1002-1】 字解誤謬與否 ; [列子殷湯篇(改湯問篇)]淡淡焉若有物存 [列子殷湯篇(改湯問篇)]

★이상과 같이 인용처(引用處)나 주소(註疏)의 오류(誤謬)를 수정(修訂)을 한다 하여도 자전상(字典上)의 담(淡)의 본의(本義)에는 영향이 미치지 않음.

康淫(음)[唐韻]余箴切[集韻][韻會][正韻]夷針切𡙇音霪[說文]浸淫隨理也[徐曰]隨其脈理而浸漬也[周禮冬官考工記]善防者水淫之[註]謂以淤泥

淫液使厚也　又放也[禮哀公問]淫德不倦　又貪也[禮樂記]聲淫及商　又溢也過也[書大禹謨]罔淫于樂　又甚也[列子黃帝篇]黃帝曰朕之過淫矣　又大也[詩周頌]既有淫威　又僭也[吳語]掩王東海以淫名聞於天子　又久也[晉語]底著滯淫[註]滯廢淫久也　又邪也[禮王制]志淫好僻　又[禮曲禮]毋淫視[疏]謂流移也　又[小爾雅]男女不以禮交謂之淫　又星記失次亦曰淫[左傳襄二十八年]歲在星記而淫于元枵　又淫淫去遠貌[揚雄羽獵賦]淫淫與與[註]往來之貌　又水名[淮南子覽冥訓]女媧氏積蘆灰以止淫水[註]平地出水爲淫　又泉名[王子年拾遺記]日南之南有淫泉之浦　又樹名[採蘭雜志]遜頓國有淫樹　又魚名[淮南子釋山訓]瓠巴鼓瑟而淫魚出聽　又[集韻]以贍切音豔巴東有淫預堆[古歌]淫預大如馬今作灧澦　又讀作㳣[周禮東官考工記]㡛人涷帛淫之以蜃[註]淫當爲㳣　又讀作瑤[山海經]爰有淫水其清洺洺[註]淫音遙與瑤同

【 오류정리 】

○康誤處 1; 星記(改爲歲星)失次亦曰淫[左傳襄二十八年]歲在星記(改紀)而淫于元枵

●考證 ; 謹按傳所言者歲星也星記改爲歲星歲在星記之記照原文改紀

◆整理 ; 星記(성기)는 歲星(세성), 星(성) 記(기)는 紀(기)의 착오.

◆訂正文 ; 歲星失次亦曰淫[左傳襄二十八年]歲在星紀而淫于元枵

▶【1003-1】 字解誤謬與否 ; 星記(改爲歲星)失次亦曰淫[左傳襄二十八年]歲在星記(改紀)而淫于元枵 [星記(改爲歲星)] [記(改紀)]

★이상과 같이 오류(誤謬) 수정(修訂)이 되면 ○세성(歲星; 목성(木星)) ○성기(星紀; 견우(牽牛)) [爾雅釋天]星

紀斗牽牛也인데 자전상(字典上) 음
(淫)의 본의(本義)에 영향이 미치지
않음.

○康誤處 2; [周禮東官考工記]幊人
(改氏)涷帛淫之以蜃
●考證 ; 謹照原文人改氏
◆整理 ; [周禮東官考工記(주례동관고
공기)]幊(황) 人(인)은 氏(씨)의 착오.
◆訂正文 ; [周禮東官考工記]幊氏涷
帛淫之以蜃
▶【1004-2】 字解誤謬與否 ; [周禮
東官考工記]幊人(改氏)涷帛淫之以蜃
[人(改氏)]
★이상과 같이 오류(誤謬) 수정(修訂)
이 된다 하여도 씨(氏; 성명 뒤에 붙
이는 존칭. 같은 종족임은 나타내는
칭호. 여자가 출가를 하면 친가 성씨
에 붙이는 칭호. 고대에는 국명 왕조
제후 등에 붙이던 칭호)는 자전상(字
典上) 음(淫)의 본의(本義)에는 영향
이 미치지 않음.

康 淸(청) [唐韻] [正韻] 七情切 [集
韻] [韻會] 親盈切𡗆音圊 [說文] 朖也澂
水之貌 [釋名] 淸靑也去濁遠穢色如靑
也 [詩鄭風] 瀏其淸矣 又靜也澄也潔
也 [書舜典] 直哉惟淸 又水治曰淸 [詩
小雅] 泉流旣淸 又視淸明也 [詩鄘風]
子之淸揚 [註] 視淸明曰淸 又[齊風]猗
嗟名兮美目淸矣 [傳] 目上爲名目下爲
淸 又酒名 [周禮天官酒正] 辨四飮之
物一曰淸 [註] 淸謂醴之汰者 又凡飮
皆曰淸 [周禮天官膳夫] 凡王之饋飮用
六淸 又水名 [山海經] 太時之山淸水
出焉 [水經] 淸水出河南修武縣北黑山
又江名 [廣輿記] 淸江在臨江府城南
又河名 [水經注] 白溝水東北過廣宗
縣東爲淸河 又邑名 [春秋隱四年] 夏
公及宋公遇于淸 [註] 淸衞邑 [詩鄭風]
淸人在彭 [正義] 淸鄭邑 又姓宋有進

士淸賢 又[集韻] [韻會] [正韻]𡗆疾
郢切音靜潔也 又[集韻] [正韻]𡗆疾
正切音淨與瀞同 又[集韻] [韻會] [正
韻]𡗆七正切音婧與淸同寒也 又[韻
補]叶于羊切音瑲 [張籍詩] 籍時官休罷
兩月同遊翔黃子陂岸曲也曠氣色淸

【 오류정리 】
○康誤處 1; [齊風]猗嗟名兮美目淸矣
(改兮)
●考證 ; 謹照原文矣改兮
◆整理 ; [齊風(제풍)] 矣(의)는 兮
(혜)의 착오.
◆訂正文 ; [齊風]猗嗟名兮美目淸兮
▶【1005-1】 字解誤謬與否 ; [齊
風]猗嗟名兮美目淸矣(改兮) [矣(改
兮)]
★이상과 같이 오류(誤謬) 수정(修訂)
이 된다 하여도 혜(兮; 감탄사(感歎
詞). 고대(古代)에는 시가(詩歌)에 많
이 쓰이던 조사(助詞). 현재는 아(啊)
하(呀)에 해당함)는 자전상(字典上)
청(淸)의 본의(本義)에는 영향이 미치
지 않음.

康 淹(엄) [唐韻] 英廉切 [集韻] [韻
會]衣廉切 [正韻]衣炎切𡗆音醃水名
[說文] 水出越巂徼外東入若水 又漬
也 [禮儒行] 淹之以好樂 又[爾雅釋
詁] 淹留久也 [左傳僖三十三年]吾子淹
久於敝邑通作奄 [前漢郊祀歌]神淹留
又[揚子方言] 淹敗也水敗爲淹 又
[集韻]衣檢切音掩水涯也一曰纅絲出
緒也 [禮祭義]夫人繅三盆手 [註]三盆
手者三淹也 又[廣韻]於劍切音俺又
[集韻]於贍切音𢜻義𡗆同又沒也 又
[集韻]憶笈切音裛亦漬也

【 오류정리 】
○康誤處 1; [禮儒行]淹之以好樂(改
樂好)
●考證 ; 謹照原文好樂改樂好

◆整理 ; [禮儒行(예유행)] 好樂(호악)은 樂好(악호)의 착오.

◆訂正文 ; [禮儒行]淹之以樂好

▶【1006-1】 字解誤謬與否 ; [禮儒行]淹之以好樂(改樂好) [好樂(改樂好)]

★이상과 같이 오류(誤謬) 수정(修訂)이 된다 하여도 악호(樂好; 즐거워 좋다) 자전상(字典上) 엄(淹)의 본의(本義)에는 영향이 미치지 않음.

○康誤處 2; 通作奄[前漢郊祀歌]神淹留(改奄留)

●考證 ; 謹照原文淹留改奄留

◆整理 ; [前漢郊祀歌(전한교사가)]淹留(엄류)는 奄留(엄류)의 착오.

◆訂正文 ; 通作奄[前漢郊祀歌]神奄留

▶【1007-2】 字解誤謬與否 ; 通作奄[前漢郊祀歌]神淹留(改奄留) [淹留(改奄留)]

★이상과 같이 오류(誤謬) 수정(修訂)이 되면 신엄류(神奄留; 엄류(淹留). 신께서 오래 머물러 계시다) [漢更定郊祀樂歌]神奄留臨須搖奄讀淹須搖須臾也又神夕奄虞蓋孔享은자전상(字典上) 엄(淹)의 본의(本義)에 적극 영향이 미치게 됨.

水部 九畫

康渚(저)[唐韻]章與切[玉篇]之與切𡥉音煮水名[說文]水出常山中丘逢山東入湡 又[爾雅釋水]小洲曰渚[釋名]渚遮也能遮水使旁迴也[詩召南]江有渚[傳]水岐曰渚[漢詩外傳]一溢一否曰渚

【 오류정리 】

○康誤處 1; [詩召南]江有渚[傳]水岐曰渚(改成渚)

●考證 ; 謹照原文曰渚改成渚

◆整理 ; [詩召南(시소남)][傳(전)]曰渚(왈저)는 成渚(성저)의 착오.

◆訂正文 ; [詩召南]江有渚[傳]水岐成渚

▶【1008-1】 字解誤謬與否 ; [詩召南]江有渚[傳]水岐曰渚(改成渚) [渚(改成渚)]

★이상과 같이 오류(誤謬) 수정(修訂)이 되면 성저(成渚; 섬이 이뤄진다) [爾雅釋水]小洲曰渚[釋名]渚遮也能遮水使旁迴也[詩召南]江有渚[傳]水岐成渚인데 자전상(字典上) 저(渚)의 본의(本義)에 영향이 미치게 됨.

○康誤處 2; [漢詩外傳(改爲釋文引韓詩)]一溢一否曰渚

●考證 ; 謹按此韓詩章句非韓詩外傳今改爲釋文引韓詩

◆整理 ; [漢詩外傳(한시외전)]을 釋文引韓詩(석문인한시)로] 고침.

◆訂正文 ; [釋文引韓詩]一溢一否曰渚

▶【1009-2】 字解誤謬與否 ; [漢詩外傳(改爲釋文引韓詩)]一溢一否曰渚 [漢詩外傳(改爲釋文引韓詩)]

★이상과 같이 인용처(引用處)나 주소(註疏)의 오류(誤謬)를 수정(修訂)을 한다 하여도 자전상(字典上)의 저(渚)의 본의(本義)에는 영향이 미치지 않음.

康減(감)[唐韻][集韻][韻會][正韻]𡥉古斬切音鹼[說文]損也[玉篇]少也輕也[禮樂記]禮主其減 又水名[山海經]番條之山減水出焉又岐山亦出減水東南流注于江 又姓[前漢酷吏傳]減宣 又[廣韻][集韻]𡥉下斬切音豏又[集韻]公陷切音鬠義𡥉同 俗作减

【 오류정리 】

○康誤處 1; 又姓[前漢(改史記)]酷吏傳]減宣

●考證 ; 謹按漢書作咸史記作減前漢

謹改史記

◆整理 ; [前漢(전한)은 史記(사기)의 착오. 酷吏傳(혹리전)]

◆訂正文 ; 又姓[史記酷吏傳]減宣

▶【1010-1】 字解誤謬與否 ; 又姓[前漢(改史記)酷吏傳]減宣 [前漢(改史記)]

★이상과 같이 인용처(引用處)나 주소(註疏)의 오류(誤謬)를 수정(修訂)을 한다 하여도 자전상(字典上)의 저(渚)의 본의(本義)에는 영향이 미치지 않음.

康溫(온)[唐韻]烏魂切[集韻][韻會][正韻]烏昆切𡈽音蘊水名[說文]水出犍爲涪南入黔水 又水名[山海經]溫水出崞峒山在臨汾南入河 又洛水之別名[易乾度]王者有盛德之應則洛水先溫故號溫洛 又水名[水經]溫水出牂柯夜郞縣 又泉名[潘岳西征賦]湯井溫谷[註]卽溫泉也 又地名[左傳隱三年]取溫之麥[註]溫今河內溫縣[廣輿記]今屬懷慶府 又郡名溫州府今屬浙江 又色和曰溫[論語]色思溫 又性純粹曰溫[詩秦風]溫其如玉 又[爾雅釋訓]溫溫柔也[疏]寬緩和柔也[詩大雅]溫溫恭人 又煖也[王褒聖主得賢臣頌]襲狐貉之溫者不憂至寒之凄愴 又燖也[中庸]溫故而知新[註]溫如燖溫之溫謂故學之熟矣復時習之謂之溫 又風名[禮月令]季夏溫風始至 又姓[廣韻]唐叔虞之後受封于河內溫因以命氏 又[集韻][韻會][正韻]𡈽紆問切音醞溫藉也同蘊[詩小雅]飮酒溫克[箋]苞裹曰蘊謂蘊藉自持含容之義經中作溫者蓋古字通用 又讀作盜[史記周本紀]周繆王得驥溫驪[索隱]溫音盜徐廣曰溫一作盜盜竊也淺靑色 又[韻補]叶紆權切音淵[蘇軾詩]四時盛衰各有態搖落悽愴驚寒溫南山孤松積雪底

抱凍不死誰能賢

【 오류정리 】

○康誤處 1; [易乾(增鑿字)度]王者有盛德之應則洛水先溫故號溫洛

●考證 ; 謹按太平御覽引此作乾鑿度今據增鑿字

◆整理 ; [易(역) 乾(건)에 이어 鑿字(착자)를 덧붙임. 度(도)]

◆訂正文 ; [易乾鑿度]王者有盛德之應則洛水先溫故號溫洛

▶【1011-1】 字解誤謬與否 ; [易乾(增鑿字)度]王者有盛德之應則洛水先溫故號溫洛 [乾(增鑿字)]

★이상과 같이 인용처(引用處)나 주소(註疏)의 오류(誤謬)를 수정(修訂)을 한다 하여도 자전상(字典上)의 온(溫)의 본의(本義)에는 영향이 미치지 않음.

康渭(위)[廣韻][集韻][韻會]𡈽于貴切音胃水名[春秋說題辭]渭之爲言布也[說文]水出隴西首陽渭首亭南谷[周醴夏官職方氏]雍州其浸渭洛[書禹貢]導渭自鳥鼠同穴 又州名[廣韻]秦始置隴西郡後魏置渭州[廣輿記]今爲鞏昌府又府有通渭縣又渭源縣屬臨洮渭南縣屬西安 又濩渭衆波聲[木華海賦]濯㳽濩渭 又[埤蒼]沸渭不安貌[王褒洞簫賦]若雷霆輘輷佚豫以沸渭

【 오류정리 】

○康誤處 1; [說文]水出隴西首陽謂(改渭)首亭南谷

●考證 ; 謹照原文謂改渭

◆整理 ; [說文(설문)] 謂(위)는 渭(위)의 착오.

◆訂正文 ; [說文]水出隴西首陽渭)首亭南谷

▶【1012-1】 字解誤謬與否 ; [說文]水出隴西首陽謂(改渭)首亭南谷

[謂(改渭)]
★이상과 같이 오류(誤謬) 수정(修訂)이 되면 위수(渭首; 위수(渭水)는 롱서군(隴西郡) 수양현(首陽縣)위수정(渭首亭)의 남쪽 골짜기에서 발원해서 동남쪽에서 황하로 들어간다) [說文]水出隴西首陽渭首亭南谷[春秋說題辭]渭之爲言布也水出隴西首陽渭首亭南谷인데 자전상(字典上)위(渭)의본의(本義)에 영향이 적극 미치게 됨.

康游(유)[唐韻]以周切[集韻][韻會]夷周切𠀤音猶水名[水經注]淮水於淮浦縣枝分北爲游水　又浮行也[爾雅釋水]順流而下曰遡游[詩秦風]遡游從之　又[周禮天官]閽人王宮每門四人圍游亦如之[註]游離宮也　又[管子首憲篇]分理以爲十游游爲之宗　又[尙書考靈曜]地有四游常動而人不知　又玩物適情之意[禮少儀]少依于德游於藝　又閒曠也[禮王制]無游民　又自適貌[詩小雅]愼爾優游　又枝葉扶疎貌[詩鄭風]隰有游龍[傳]龍紅草也[箋]游猶放縱也言紅草放縱枝葉于隰中　又[集韻]徐由切音囚義同　又[集韻][正韻]𠀤力求切音留旌旗之旒也本作斿亦作旒[左傳桓二年]鞶厲游纓　又九游星也[史記天官書]九游九星在玉井西南　又[韻補]叶延知切音移[司馬相如上林賦]拖蜺旌靡雲旗前皮軒後道游　又叶衣虛切音於[萬震南州異物志贊]合浦之人習水善游上視層潭如猿仰株

【 오류정리 】

○康誤處 1;[禮少儀]少(改士)依于(改於)德游於藝
●考證 ; 謹照原文少改士于改於
◆整理 ; [禮少儀(예소의)] 少(소)는 士(사), 于(우)는 於(어)의 착오.
◆訂正文 ; [禮少儀]士依於德游於藝

▶【1013-1】 字解誤謬與否 ; [禮少儀]少(改士)依于(改於)德游於藝　[少(改士)] [于(改於)]
★이상과 같이 오류(誤謬) 수정(修訂)이 되면 사의어덕(士依於德; 선비는 덕에 의지하고) 유어예(游於藝; 기예(伎藝)로 논다)이니 자전상(字典上) 유(游)의 본의(本義)에 간접 영향이 미치게 됨.

康渻(성)[唐韻]息幷切[集韻][韻會][正韻]息井切𠀤音省[說文]少減也一曰水門一曰水名　又丘名[爾雅釋丘]水出其前曰渻丘　又姓[左傳]有省竈　又[唐韻]所景切[集韻]所省切𠀤音眚義同

【 오류정리 】

○康誤處 1;又姓[左傳(襄三十一年)]有省竈(改渻竈)
●考證 ; 謹據襄三十一年左傳原文省竈改渻竈
◆整理 ; [左傳(좌전) 襄三十一年(양삼십일년)이며] 省竈(성조)는 渻竈(성조)의 착오.
◆訂正文 ; 又姓[左傳(襄三十一年)]有渻竈

▶【1014-1】 字解誤謬與否 ; 又姓[左傳(襄三十一年)]有省竈(改渻竈) [省竈(改渻竈)]
★이상과 같이 인용처(引用處)나 주소(註疏) 등(等)의 오류(誤謬)를 수정(修訂)을 한다 하여도 자전상(字典上)의 성(渻)의 본의(本義)에는 영향이 미치지 않으며 성조(渻竈; 인명(人名)) [說文解字註] 渻 左傳有渻竈人姓名也는 본의(本義)에 직접 영향이 미치게 됨.

康湀(규)[唐韻]求癸切[集韻]巨癸切𠀤音揆泉出也[爾雅釋水]湀闢荒川[註]通流也[說文]湀辟深水處也　又

[集韻][正韻]頸誄切[韻會]居誄切𣲖
音癸又[廣韻]苦圭切[集韻]傾畦切𣲖
音睽又[集韻][韻會]𣲖苦穴切音闋義
𣲖同

【 오류정리 】

○康誤處 1; [爾雅釋水]溪闢荒川(改
流川)
●考證 ; 謹照原文荒川改流川
◆整理 ; [爾雅釋水(이아석수)] 荒川
(황천)은 流川(류천)의 착오.
◆訂正文 ; [爾雅釋水]溪闢流川
▶ 【1015-1】 字解誤謬與否 ; [爾雅
釋水]溪闢荒川(改流川) [荒川(改流
川)]
★이상과 같이 오류(誤謬) 수정(修訂)
이 되면 류천(流川; 흐르는 하천)으로
바르게 잡혀도 자전상(字典上) 규(溪)
의 본의(本義)에 영향이 미치지지 않
음.

⑭湊(주)[唐韻]倉奏切[集韻][韻
會][正韻]千俟切𣲖音輳[說文]水上人
所會也一曰聚也[汲冢周書]周𣲖公將
致政乃作大邑成周于中土以爲天下之
大湊 又[玉篇]競進也[戰國策]士爭
湊燕 又湊理也與腠通[文心雕龍養氣
篇]湊理無滯 又題湊棺外累木也[史
記滑稽傳]梗楓橡樟爲題湊 又[韻補]
叶子與切音咀[王延壽魯靈光殿賦]浮
柱岧嶤以星懸漂嶢峴而枝柱飛梁偃蹇
以虹指揭蘧蘧而騰湊 又叶遵遇切疽
去聲[班固東都賦]僻界西戎險阻四塞
修其防禦孰與處乎土中平俟洞達萬
方輻湊 通作輳古通奏

【 오류정리 】

○康誤處 1; [史記滑稽傳]梗楓(改梗
楓)橡樟爲題湊
●考證 ; 謹照原文梗楓改梗楓
◆整理 ; [史記滑稽傳(사기골계전)]梗

楓(경풍)은 梗楓(편풍)의 착오.
◆訂正文 ; [史記滑稽傳]梗楓橡樟爲
題湊
▶ 【1016-1】 字解誤謬與否 ; [史記
滑稽傳]梗楓(改梗楓)橡樟爲題湊 [梗
楓(改梗楓)]
★이상과 같이 오류(誤謬) 수정(修訂)
이 되면 편풍상장위제주(梗楓橡樟爲
題湊; 느릅 단풍 녹나무로 횡대를 만
듦) 또 제주(題湊) 관외루목야(棺外累
木也)가 전제 되어 있으니 자전상(字
典上) 주(湊)의 본의(本義)에 간접으
로 영향이 미치게 됨.

⑭湏(회)[說文]古文沫字註詳五畫
又[集韻]虎猥切音賄與澗同水貌

【 오류정리 】

○康誤處 1; [說文]古文沫字(改沫互
詳本部五畫沫字註)
●考證 ; 謹按沫字當改沫互詳本部
五畫沫字註
◆整理 ; [說文(설문)] 沫字(말자)를
沫互詳本部五畫沫字註(말호상본부오
화말자주)로 고침.
◆訂正文 ; [說文]古文沫互詳本部五
畫沫字註
▶ 【1017-1】 字解誤謬與否 ; [說
文]古文沫字(改沫互詳本部五畫沫字
註)
★이상과 같이 오류(誤謬) 수정(修訂)
이 되면 회(沫; 씻다)인데 자전상(字
典上) 회(湏)의 본의(本義)에 적극 영
향이 미치지 않음.

⑭湔(전)[廣韻][集韻]子仙切[韻會]
將先切𣲖音煎水名[前漢地理志]蜀郡
綿虒縣玉壘山湔水所出 又手澣也灑
也傍沾也[戰國策]汙明見春申君曰君獨
無意湔袚 又[廣韻][正韻]𣲖側前切
音箋 又[廣韻][集韻]𣲖子賤切音箭
義𣲖同 又[集韻]則肝切音贊與灒同

汗灑也　又[廣韻]昨先切音前湔胡藥名

【 오류정리 】

○康誤處 1; [戰國策]汙明見春申君曰君獨無意湔袚(增僕也二字)

●考證 ; 謹照原文湔袚下增僕也二字

◆整理 ; [戰國策(전국책)] 湔袚(전발)에 이어 僕也二字(복야이자)를 덧붙임.

◆訂正文 ; [戰國策]汙明見春申君曰君獨無意湔袚僕也

▶ 【1018-1】 字解誤謬與否 ; [戰國策]汙明見春申君曰君獨無意湔袚(增僕也二字) [湔袚(增僕也二字)]

★이상과 같이 복야(僕也; 종. 하인. 마부) 덧붙인다 하여도 자전상(字典上) 전(湔)의 본의(本義)인 전제된 수한(手澣; 물 번짐)에는 영향이 미치지 않음.

康 湯(탕)[唐韻]土郎切[集韻][韻會][正韻]他郎切𡘋音鐋[說文]熱水也[楚辭九歌]浴蘭湯兮沐芳華　又水名[山海經]上申之山湯水出焉又[水經注]江水東逕瞿巫灘左則湯谿水注之源出朐忍縣北　又谷名[張衡南都賦]湯谷涌其後　又州名[韻會]廣南化外唐置湯州天寶時爲湯泉郡　又縣名[廣興記]湯陰縣屬彰德府　又[書虞書疏]除殘去虐曰湯馬融又云雲行雨施曰湯又[風俗通王霸篇]湯者攘也昌也言其攘除不軌天下熾盛　又[廣韻]式羊切[集韻][韻會][正韻]尸羊切𡘋音商湯湯流貌一曰波動之狀[詩大雅]江漢湯湯　又[廣韻][集韻][韻會][正韻]𡘋他浪切音儻熱水沃也[禮月令]如以熱湯　又[集韻]余章切音陽與暘同暘谷日所出也亦作陽[淮南子天文訓]日出于湯谷　又[廣韻]他浪切音盪與蕩通[詩陳風]子之湯兮[傳]湯蕩也[箋]言游蕩

無不爲也　又與盪同[前漢天文志]四星若合是謂大湯　又[韻補]叶透空切音通[東方朔七諫]何青雲之流瀾兮微霜降之蒙蒙徐風至而徘徊兮疾風過之湯湯

【 오류정리 】

○康誤處 1; [楚辭九歌]浴蘭湯兮沐芳華(省華字)

●考證 ; 謹按原文華字屬下爲句不連芳讀謹省華字

◆整理 ; [楚辭九歌(초사구가)] 華字(화자)는 삭제함.

◆訂正文 ; [楚辭九歌]浴蘭湯兮沐芳

▶ 【1019-1】 字解誤謬與否 ; [楚辭九歌]浴蘭湯兮沐芳華(省華字) [華(省華字)]

★이상과 같이 화(華; 광채. 빛나다)를 삭제(削除) 한다 하여도 자전상(字典上) 탕(湯)의 본의(本義)인 욕란탕(浴蘭湯; 香湯에서 沐浴함)에 영향을 끼치지 않음.

水 部 十畫

康 潲(초)[廣韻][集韻][韻會][正韻]𡘋七肖切音陗潲㳿浚波也[木華·海賦]潲㳿溑而爲魁[文選]从口作嘯

【 오류정리 】

○康誤處 1; [廣韻][集韻][韻會][正韻]𡘋七肖切音陗潲㳿浚波(改峭波)也

●考證 ; 謹照原文浚波改峭波

◆整理 ; [廣韻(광운)][集韻(집운)][韻會(운회)][正韻(정운)] 浚波(준파)는 峭波(초파)의 착오.

◆訂正文 ; [廣韻][集韻][韻會][正韻]𡘋七肖切音陗潲㳿峭波也

▶ 【1020-1】 字解誤謬與否 ; [廣韻][集韻][韻會][正韻]𡘋七肖切音陗潲㳿浚波(改峭波)也 [浚波(改峭波)]

★이상과 같이 오류(誤謬) 수정(修訂)

이 되면 초파(峭波; 높고 험한 파도)로 바르게 잡혀 자전상(字典上) 초(湬)의 본의(本義)에 적극 영향이 미치게 됨.

康 準(준)[唐韻][正韻]之允切[集韻][韻會]主尹切࿙音朏上聲[說文]平也[前漢律歷志]繩直生準準者所以揆平取正也[書立政]準人[正義]準人正法之人謂士官 又均也[禮月令]先定準直[正義]謂輕重平均 又[周禮冬官考工記]準之然後量之[註]謂準擊平正之也 又平準漢官名武帝置平準官籠天下鹽鐵 又則也倣也[易繫辭]易與天地準 又樂器漢京房所作以定律數亦作准[莊子天道篇]平中准大匠取法焉[字林]准與准同 又[唐韻]職悅切[集韻][韻會][正韻]朱劣切࿙音拙[史記高祖本紀]隆準而龍顔[註]服虔曰準頰權也文穎曰準鼻也 又[集韻]數軌切[正韻]式軌切࿙音水亦平也一曰車轅脊不停水

【 오류정리 】

○康誤處 1; [周禮冬官考工記]準之然後量之(改爲權之然後準之)[註]謂準擊平正之也

●考證 ; 謹按註係上句權之然後準之之註謹將準之然後量之句改爲權之然後準之

◆整理 ; [周禮冬官考工記(주례동관고공기)] 準之然後量之(준지연후량지)는 權之然後準之(권지연후준지)의 착오.

◆訂正文 ; [周禮冬官考工記]權之然後準之[註]謂準擊平正之也

▶【1021-1】 字解誤謬與否 ; [周禮冬官考工記]準之然後量之(改爲權之然後準之)[註]謂準擊平正之也 [準之然後量之(改爲權之然後準之)]

★이상과 같이 오류(誤謬) 수정(修訂)이 되면 권지연후준지(權之然後準之;

권력을 잡은 뒤에는 고르게 하라)로 고쳐지면 자전상(字典上) 준(準)의 본의(本義)에 직접 영향이 미치게 됨.

康 溗(승)[廣韻]食陵切[集韻]神陵切音繩波前後相溙也一曰水不流也一曰水名[集韻]或作溗

【 오류정리 】

○康誤處 1; [廣韻]食陵切[集韻]神陵切音繩波前後相溙(改凌)也

●考證 ; 謹照原文溙改凌

◆整理 ; [廣韻(광운)][集韻(집운)]溙는 凌(릉)의 착오.

◆訂正文 ; [廣韻]食陵切[集韻]神陵切音繩波前後相凌也

▶【1022-1】 字解誤謬與否 ; [廣韻]食陵切[集韻]神陵切音繩波前後相溙(改凌)也 [溙(改凌)]

★이상과 같이 오류(誤謬) 수정(修訂)이 된다 하여도 상릉(相凌; 서로 깔보다) 자전상(字典上) 승(溗)의 본의(本義)에는 영향이 미치지 않음.

康 溞(소)[廣韻][集韻]蘇遭切[韻會][正韻]蘇曹切࿙音騷[爾雅釋訓]溞溞淅也[註]淘米聲[疏]詩大雅淅之溞溞[傳]釋淅米也叟叟聲也溞叟音異義同○按今詩本作叟叟 又[集韻]疏鳩切音搜義同通作溲

【 오류정리 】

○康誤處 1; [爾雅釋訓][疏]詩大雅淅之(改釋之)溞溞[傳]釋淅米也

●考證 ; 謹照原文淅之改釋之

◆整理 ; [爾雅釋訓(이아석훈)][疏(소)] 淅之(석지)는 釋之(석지)의 착오.

◆訂正文 ; [爾雅釋訓][疏]詩大雅釋之溞溞[傳]釋淅米也

▶【1023-1】 字解誤謬與否 ; [爾雅

釋訓] [疏]詩大雅淅之(改釋之)滺滺
[傳]釋淅米也　[淅之(改釋之)]
★이상과 같이 오류(誤謬) 수정(修訂)
이 되면 석지(釋之; 쌀을 일다)로 고
쳐저 자전상(字典上) 소(溲)의 본의
(本義)에 적극 영향이 미치게 됨.

康溢(일)[唐韻]夷質切[集韻][韻
會][正韻]弋質切𡘋音逸[說文]器滿也
[爾雅釋詁]溢盈也[孝經諸侯章]滿而
不溢　又[爾雅釋詁]溢靜也[疏]盈溢
者宜靜又愼也舍人曰溢行之愼　又洋
溢也[中庸]洋溢乎中國　又匹溢聲四
散也[王褒洞簫賦]翩紛離其匹溢　又
[儀禮喪服]朝一溢米[註]二十四兩日
溢爲米一升二十四分升之一　又[孔叢
子雜訓]兩手曰掬一手曰溢　又同鎰
[荀子儒效篇]藏千溢之寶　又通佾[前
漢郊祀歌]千童羅舞成八溢[註]溢與佾
同列也　又[集韻]食質切音實[儀禮]
一溢米劉昌宗讀　又神至切音示[詩周
頌]假以溢我徐邈讀　又[韻補]叶子旣
切音意[左思魏都賦]沐浴福應宅心醰
粹餘糧栖畝而勿收頌聲載路而洋溢

【 오류정리 】
○康誤處 1; [韻補]叶子旣切(改於旣
切)音意
●考證 ; 謹照韻補原文子旣切改於旣
切
◆整理 ; [韻補(운보)] 子旣切(자기
절)은 於旣切(어기절)의 착오.
◆訂正文 ; [韻補]叶於旣切音意
▶ 【1024-1】 字解誤謬與否 ; [韻
補]叶子旣切(改於旣切)音意　[子旣切
(改於旣切)]
★이상과 같이 음(音)의 오류(誤謬)를
수정(修訂)을 한다 하여도 자전상(字
典上)의 일(溢)의 본의(本義)에는 영
향이 미치지 않음.

康溱(진)[唐韻][正韻]側詵切[集

韻][韻會]緇詵切𡘋音臻水名[說文]水
出桂陽臨武入淮　又水名在河南春秋
時屬鄭[詩鄭風]溱與洧方渙渙兮　又
水名出汝南[水經注]溱水出浮石嶺北
靑衣山　又溱溱衆也[詩小雅]室家溱
溱　又[班固靈臺詩]百穀溱溱[註]溱
溱盛貌　又舒也[楊子太玄經]陽引而
進物出溱溱　又至也與臻同[前漢王褒
傳]萬祥畢溱　又通蓁[詩周南]其葉蓁
蓁齊詩作其葉溱溱見[詩攷]　又州名
[廣輿記]河南汝寧府漢曰汝南後周曰
溱州

【 오류정리 】
○康誤處 1; [說文]水出桂陽臨武入淮
(改入匯)
●考證 ; 謹照原文入淮改入匯
◆整理 ; [說文(설문)] 入淮(입회)는
入匯(입회)의 착오.
◆訂正文 ; [說文]水出桂陽臨武入匯
▶ 【1025-1】 字解誤謬與否 ; [說
文]水出桂陽臨武入淮(改入匯)　[入淮
(改入匯)]
★이상과 같이 오류(誤謬) 수정(修訂)
이 된다 하여도 입회(入匯; 물이 모
여들다)는 자전상(字典上) 진(溱)의
본의(本義)에는 영향이 미치지 않음.

康溷(혼)[唐韻][集韻][韻會][正
韻]𡘋胡困切音慁[說文]亂也一曰水濁
[屈原離騷]世溷濁而不分　又穢也[禮
少儀]君子不食溷餘[註]謂犬豕之屬食
米穀者也　又厠也[晉書左思傳]門庭
蕃溷皆著紙筆　又[集韻]戶袞切音混
　又胡慣切音患義𡘋同　又[集韻][韻
會]𡘋胡昆切音魂鬱熱也[宋玉風賦]憒
溷鬱邑[註]憒溷煩濁貌一曰熱鬱貌

【 오류정리 】
○康誤處 1; [禮少儀]君子不食溷餘
[註]謂犬豕之屬食米穀者也(改爲與圂
通禮少儀君子不食圂腴儀禮旣夕禮鄭註
圂作溷)

●考證 ; 謹按少儀原文君子不食圂腴圂字無水旁腴亦不作餘查儀禮既夕禮鄭註圂作溷今改爲與圂通禮少儀君子不食圂腴儀禮既夕禮鄭註圂作溷

◆整理 ; [禮少儀(예소의)] 君子不食溷餘(군자불식혼여)[註(주)]謂犬豕之屬食米穀者也(위견시지속식미곡자야)를 與圂通禮少儀君子不食圂腴(여혼통례소의군자불식혼유) [儀禮既夕禮(의례기석례)] 鄭註圂作溷(정주혼작혼)으로 고침.

◆訂正文 ; 與圂通[禮少儀]君子不食圂腴[禮既夕禮][鄭註]圂作溷

▶ 【1026-1】 字解誤謬與否 ; [禮少儀]君子不食溷餘[註]謂犬豕之屬食米穀者也(改爲與圂通禮少儀君子不食圂腴儀禮既夕禮鄭註圂作溷) [君子不食溷餘[註]謂犬豕之屬食米穀者也(改爲與圂通禮少儀君子不食圂腴儀禮既夕禮鄭註圂作溷)]

★이상과 같이 인용처(引用處)나 주소(註疏), 등(等)의 오류(誤謬)를 수정(修訂)을 한다 하여도 자전상(字典上)의 혼(溷)의 본의(本義)에는 영향이 미치지 않으며, ○여혼통(與圂通; 圂通用) ○혼유(圂腴; 내장(內臟)) ○혼작혼(圂作溷; 혼(圂)을 혼(溷)으로도 쓴다) 등(等)은 본의(本義)에 직간접으로 영향이 미치게 됨.

(康) 溼(습)[唐韻][集韻][韻會]夶失入切邑聶[說文]幽溼也从水一所以覆也覆而有土故溼也[爾雅釋地]陂下者曰溼[易乾卦]水流溼 又吏治太急曰束溼[前漢酷吏傳]急如束溼[註]言其急之甚也溼物則易束 又溼溼水光開合之貌[木華海賦]瀿瀿溼溼 又[揚子方言]溼憂也宋衞謂之愼或曰瞻陳楚或曰溼或曰濟自關而西秦晉之間凡志而不得欲而不獲高而有墜得而中亡謂之溼或謂之惄[註]溼者失意潛沮之名 俗

作濕[徐鉉曰]今人不知以濕爲此字濕乃水名非此也[毛氏]曰濕本合韻託合切水名後誤以爲乾溼字

【 오류정리 】

○康誤處 1; [說文]幽溼也从水一所以覆也覆而有土(改覆土而有水)故溼也

●考證 ; 謹照繫傳原文覆而有土改覆土而有水

◆整理 ; [說文(설문)] 覆而有土(복이유토)는 覆土而有水(복토이유수)의 착오.

◆訂正文 ; [說文]幽溼也从水一所以覆也覆土而有水故溼也

▶ 【1027-1】 字解誤謬與否 ; [說文]幽溼也从水一所以覆也覆而有土(改覆土而有水)故溼也 [覆而有土(改覆土而有水)]

★이상과 같이 오류(誤謬) 수정(修訂)이 되면 복토이유수(覆土而有水; 북돋우고 물을 준다)인데 자전상(字典上) 습(溼)의 본의(本義)에 간접 영향이 미치게 됨.

○康誤處 2; [爾雅釋地]陂(省陂字)下者曰溼

●考證 ; 謹照原文省陂字

◆整理 ; [爾雅釋地(이아석지)]陂字(피자)는 삭제함.

◆訂正文 ; [爾雅釋地]下者曰溼

▶ 【1028-2】 字解誤謬與否 ; [爾雅釋地]陂(省陂字)下者曰溼 [陂(省陂字)]

★이상과 같이 피(陂; 연못. 물가. 산비탈)를 삭제(削除)를 함으로서 문맥을 통하게 하였을뿐 자전상(字典上) 습(溼)의 본의(本義)에 영향을 끼치지 않았음.

(康) 滇(전)[唐韻][集韻][韻會][正韻]夶都年切音顚[說文]益州池名[前漢地理志]水在益州滇池縣 又本西南

夷名[史記西南夷傳]西南夷君長以什
數夜郎最大其西靡莫之屬以什數滇最
大　又[廣韻]徒年切[集韻][韻會][正
韻]亭年切**𡘋**音田滇污大水貌　又盛貌
[前漢郊祀歌]泛泛滇滇從高斿　又[廣
韻][集韻]**𡘋**他甸切音瑱滇㴸大水
[左思吳都賦]滇㴸淼漫[註]滇㴸水闊
無涯之狀　又[集韻]堂練切音電義同
　又[集韻]之人切[韻會]知鄰切**𡘋**音
眞滇陽縣名屬汝南[前漢地理志]作眞
陽[續漢書]又作湞陽　又[集韻]之刃
切音震義同　又通作顚[司馬相如子虛
賦]文成顚歌[註]益州顚縣其人能西南
夷歌顚與滇同

【 오류정리 】

○康誤處 1; [司馬相如子虛賦(改上林
賦)]文成顚歌

●考證 ; 謹照原文子虛賦改上林賦

◆整理 ; [司馬相如(사마상여) 子虛賦
(자허부)는 上林賦(상림부)의 착오.

◆訂正文 ; [司馬相如上林賦]文成顚
歌

▶【1029-1】 字解誤謬與否 ; [司馬
相如子虛賦(改上林賦)]文成顚歌 [子
虛賦(改上林賦)]

★이상과 같이 인용처(引用處)나 주
소(註疏)의 오류(誤謬)를 수정(修訂)
을 한다 하여도 자전상(字典上)의 전
(滇)의 본의(本義)에는 영향이 미치지
않음.

康 滎(형)[唐韻][集韻][韻會]**𡘋**戶
扃切音熒[說文]絕小水也　又水名[書
禹貢]滎波既道[周禮夏官職方氏]豫州
其川滎洛　又滎陽郡名[地理通釋]滎
陽漢屬河南今鄭州滎陽滎澤二縣　又
山名[山海經]南海之外有滎山滎水所
出　又[集韻]娟營切音縈滎濙波浪涌
起貌[郭璞江賦]漩澴滎濙　又[玉
篇][集韻]**𡘋**烏迥切音瑩與濙同洴濙小
水貌　又[集韻]縈定切音鎣義同亦作

濴

【 오류정리 】

○康誤處 1; [書禹貢]滎波既道(改既
豬)

●考證 ; 謹照原文既道改既豬

◆整理 ; [書禹貢(서우공)] 既道(기
도)는 既豬(기저)의 착오.

◆訂正文 ; [書禹貢]滎波既豬

▶【1030-1】 字解誤謬與否 ; [書禹
貢]滎波既道(改既豬) [既道(改既
豬)]

★이상과 같이 오류(誤謬) 수정(修訂)
이 된다 하여도 기저(既豬; 이미 웅
덩이가 되었다)는 자전상(字典上) 형
(滎)의 본의(本義)에는 영향이 미치지
않음.

康 滔(도)[唐韻]土刀切[集韻][韻
會][正韻]他刀切**𡘋**音叨[說文]水漫漫
大貌[書堯典]浩浩滔天　又流貌[詩齊
風]汶水滔滔　又慢也[左傳昭二十六
年]士不濫官不滔　又水名[穆天子傳]
庚辰至於滔水　又八風之一[呂氏春
秋]東方曰滔風　又九土之一[淮南子
地形訓]南戎州曰滔土　又[集韻]徒刀
切音陶聚也[莊子田子方]滔乎前而不
知其所以然　[說文]从水舀聲舀音由
凡慆蹈韜縚等字皆从舀上从爪下从杵
臼之臼凡陷閻諂欲等字**𡘋**从臽音陷與
舀義別

【 오류정리 】

○康誤處 1; [淮南子地形訓](增西字)
南戎州曰滔土

●考證 ; 謹照原文南上增西字

◆整理 ; [淮南子地形訓(회남자지형
훈)] 西字(서자)를 이에 덧붙임.

◆訂正文 ; [淮南子地形訓]西南戎州
曰滔土

▶【1031-1】 字解誤謬與否 ; 淮南
子地形訓](增西字)南戎州曰滔土 [(增

西字)南]

★이상과 같이 서자(西字)를 덧붙여 서남(西南)이 된다 하여도 자전상(字典上) 도(滔)의 본의(本義)에는 영향이 미치지 않음.

水部 十一畫

㉿潃(수)[唐韻]思酒切[集韻][韻會][正韻]息有切𠀤音醙[說文]久泔也浙米汁[禮內則]潃瀡以滑之[註]潃泔也 又溲也秦人謂溲曰潃[荀子勸學篇]蘭根與白芷漸之潃中 又[唐韻]息流切[集韻]思流切𠀤音脩又[集韻]疎鳩切音搜 又息救切音秀義𠀤同

【 오류정리 】

○康誤處 1; [荀子勸學篇(改史記三王世家)]蘭根與白芷漸之潃中
●考證 ; 謹按此出史記三王世家非荀子勸學篇文今改荀子勸學篇爲史記三王世家
◆整理 ; [荀子勸學篇(순자권학편)은 史記三王世家(사기삼왕세가)의] 착오.
◆訂正文 ; [史記三王世家)]蘭根與白芷漸之潃中
▶【1032-1】 字解誤謬與否 ; [荀子勸學篇(改史記三王世家)]蘭根與白芷漸之潃中 [荀子勸學篇(改史記三王世家)]
★이상과 같이 인용처(引用處)나 주소(註疏)의 오류(誤謬)를 수정(修訂)을 한다 하여도 자전상(字典上)의 수(潃)의 본의(本義)에는 영향이 미치지 않음.

㉿湨(순)[廣韻]食倫切[集韻][韻會]船倫切𠀤音脣[說文]水厓也[詩王風]在河之湨[傳]湨水瀳也[疏]引爾雅云夷上灑下曰湨郭云涯上平坦而下水深爲湨[集韻]或省作洀

【 오류정리 】

○康誤處 1; [詩王風]在河之湨[傳]湨水瀳也[疏]引爾雅云夷上灑下(改洒下)曰湨(改不湨)
●考證 ; 謹照原文灑下改洒下曰湨改不湨
◆整理 ; [詩王風(시왕풍)] [疏(소)]灑下(쇄하)는 洒下(주하), 曰湨(왈순)은 不湨(불순)의 착오.
◆訂正文 ; [詩王風]在河之湨[傳]湨水瀳也[疏]引爾雅云夷上洒下不湨
▶【1033-1】 字解誤謬與否 ; [詩王風]在河之湨[傳]湨水瀳也[疏]引爾雅云夷上灑下(改洒下)曰湨(改不湨) [灑下(改洒下)] [曰湨(改不湨)]
★이상과 같이 오류(誤謬) 수정(修訂)이 되면 ○세하(洒下; 씻어 내리다) ○불순(不湨; 물가라 하지 않는다)인데 자전상(字典上) 순(湨)의 본의(本義)에 직접 영향이 미쳤음.

㉿漠(막)[唐韻]慕各切[集韻][韻會][正韻]末各切𠀤音莫[說文]北方流沙也與幕通[前漢衞靑傳]軍絕幕[註]幕漫也[程大昌北邊備對]幕者漠也言沙磧廣莫望之漠漠然也 又[爾雅釋言]漠淸也 又[廣韻]施也茂也 又淡漠恬靜貌[文子上仁篇]非淡漠無以明德 又與寞通[楚辭遠遊]野寂寞其無人 又與莫通[爾雅釋詁]漠謀也[詩小雅]聖人莫之莫漠音義同 又漠漠布列貌[陸機詩]街巷紛漠漠 又漠陽江命[廣輿記]在肇慶府陽江縣 又[集韻]莫白切音陌與嫼同或从水亦作㵸 又[韻補]叶蒙晡切音模[李陵詩]徑萬里兮度沙漠爲君將兮奪匈奴 又叶莫十切音木[嵇康阮籍碑銘]怡神大素簡邁世局隱處虛室反眞歸漠

【 오류정리 】

○康誤處 1; [前漢衞靑傳]軍絕幕[註]幕漫也(改文選嘯賦註沙土曰幕幕漫也)

●考證；謹按沙幕之幕訓爲漫出文選嘯賦註不出前漢書註今改文選嘯賦註沙土曰幕幕漫也

◆整理；[前漢衞靑傳(전한위청전)]軍絕幕(군절막)[註(주)]幕漫也(막만야)는 [文選嘯賦註(문선소부주)] 沙土曰幕幕漫也(사토왈막막만야)고 고침.

◆訂正文；[文選嘯賦註]沙土曰幕幕漫也

▶【1034-1】 字解誤謬與否；[前漢衞靑傳]軍絕幕[註]幕漫也(改文選嘯賦註沙土曰幕幕漫也) [[註]幕漫也(改文選嘯賦註沙土曰幕幕漫也)]

※筆者謹按[史記匈奴傳]原本；[集解應劭曰]幕沙幕[瓚曰]沙土曰幕

★이상과 같이 오류(誤謬) 수정(修訂)이 되면 사토왈막(沙土曰幕; 사막(沙幕))이라 고쳐지니 자전상(字典上) 막(漢)의 본의(本義)에 영향이 미치게 됨.

康 漢(한)[唐韻]呼旰切[集韻]虛旰切[韻會][正韻]虛汗切𡗶音熯水名[書禹貢]嶓冢導漾東流爲漢 又天河也[爾雅釋天]箕斗之閒漢津也[史記天官書]漢者六金之散氣[楊泉物理論]漢水之精也[詩大雅]倬彼雲漢 又漢中郡名秦惠王置[廣興記]今爲漢中府 又漢口地名[廣興記]漢陽府本春秋鄖國地漢屬江夏唐曰沔州亦曰漢陽 又州名屬成都府[韻會]漢屬廣漢郡唐置州 又半漢形容之辭[張衡南都賦]天馬半漢 又[輟耕錄]今人謂賤丈夫爲漢子 又高麗方言謂白日漢見[孫穆雞林類事] 又[集韻]他干切音攤太歲在申曰汭漢亦作涒攤 又[韻補]叶詩建切音扇[繁欽賦]長唐虎圈迴望曼衍槃旋岹嶢上刺雲漢

【 오류정리 】

○康誤處 1；[史記天官書]漢者六(改亦)金之散氣

●考證；謹照原文六改亦

◆整理；[史記天官書(사기천관서)]六(육)은 亦(역)의 착오임.

◆訂正文；[史記天官書]漢者亦金之散氣

▶【1035-1】 字解誤謬與否；[史記天官書]漢者六(改亦)金之散氣 [六(改亦)]

★이상과 같이 오류(誤謬) 수정(修訂)이 된다 하여도 역(亦)은 부사(副詞)일뿐으로 자전상(字典上) 한(漢)의 본의(本義)에는 영향이 미치지 않음.

康 漣(연)[唐韻]力延切[集韻][韻會]陵延切[正韻]靈年切𡗶音連風行水上成文曰漣[詩魏風]河水淸且漣猗 又垂涕貌[詩衞風]泣涕漣漣 又水名[水經註]漣水出邵陵縣界 又桂陽有漣水[水經註]漣水源出桂陽縣西北之石塘村 又[郡縣志]沐水俗名漣水 又[韻會]郎干切音闌與瀾同大波也

【 오류정리 】

○康誤處 1；[郡縣志]沐(改沭)水俗名漣水

●考證；謹照原文沐改沭

◆整理；[郡縣志(군현지)] 沐(목)은 沭(술)의 착오.

◆訂正文；[郡縣志]沭水俗名漣水

▶【1036-1】 字解誤謬與否；[郡縣志]沐(改沭)水俗名漣水 [沐(改沭)]

★이상과 같이 오류(誤謬) 수정(修訂)이 되면 술수(沭水; 속명(俗名) 연수(漣水) [說文]沭水出靑州浸[周礼夏官職方氏]靑州其浸沂沭[疏]沭出東莞)가 되는데 자전상(字典上) 연(漣)의 본의(本義)에 직접 영향이 미쳤음.

康 漫(만)[廣韻][集韻][韻會][正韻]𡗶莫半切音縵大水也一曰水浸淫敗

物[揚子方言]溼敝爲漫　又水名[後漢
郡國志]成皋有漫水　又澗名[水經注]
囊水出囊山北流出谷謂之漫澗　又漫
漫長遠貌[左思吳都賦]廓廣庭之漫漫
又雲色也[尚書大傳]卿雲爛兮體漫漫兮
又徧也[公羊傳宣三年]郊牛死不言其
所食漫也[註]徧食牛身　又放也[前漢
藝文志]漫羨而無所歸心　又汗漫渺茫
貌[關尹子九藥篇]勿以汗漫曰道之廣
又澶漫猶縱逸也[莊子馬蹄篇]澶漫爲
樂　又川原之形[張衡西京賦]澶漫靡
迤　又爛漫分散之形[王延壽魯靈光殿
賦]流離爛漫　又[揚子方言]漢漫潎也
朝鮮洌水之閒煩潎謂之漢漫　又與墁
同塗也[莊子徐無鬼]郢人堊漫其鼻端
　　又[集韻][韻會][正韻]謨官切音
瞞水大貌　又[博雅]漫漫平也　又漫
漫路長貌與曼通　又[集韻]莫晏切音
謾與慢同惰也亦作優　又[韻補]叶民
堅切音眠[魏文帝寡婦賦]歷夏日兮苦
長涉秋夜兮漫漫微霜隕兮集庭燕雀飛
兮我前　又叶眠見切音面[揚雄甘泉
賦]仰矯首以高視兮目瞑眴而無見正瀏
濫以弘惝兮指東西之漫漫

【 오류정리 】

○康誤處 1; [尚書大傳]卿雲爛兮體
(改禮)漫漫兮
●考證 ; 謹照原文體改禮
◆整理 ; [尚書大傳(상서대전)] 體
(체)는 禮(례)의 착오.
◆訂正文 ; [尚書大傳]卿雲爛兮禮漫
漫兮
▶【1037-1】 字解誤謬與否; [尚書
大傳]卿雲爛兮體(改禮)漫漫兮　[體
(改禮)]
★이상과 같이 오류(誤謬) 수정(修訂)
이 된다 하여도 예(禮; 의식. 예식.
경례. 예로서 마주 대함) 자전상(字
典上) 만(漫)의 본의(本義)에는 영향
이 미치지 않음.

⟨康⟩漬(지) [唐韻]前知切 [集韻] [韻
會]疾智切𡘋音眥 [說文]漚也　又浸漬
也 [史記貨殖傳]漸漬於失敎　又染也
[周禮冬官考工記]鍾氏染羽淳而漬之
又獸死也 [禮曲禮]四足曰漬 [註]漬謂相
濺汙而死

【 오류정리 】

○康誤處 1; [禮曲禮]四足曰漬 [註]漬
謂相濺汗(改汙)而死
●考證 ; 謹照原文汗改汙
◆整理 ; [禮曲禮(예곡예)] [註(주)]
汗(한)은 汙(오)의 착오.
◆訂正文 ; [禮曲禮]四足曰漬 [註]漬
謂相濺汙而死
▶【1038-1】 字解誤謬與否; [禮曲
禮]四足曰漬 [註]漬謂相濺汗(改汙)而
死　[汗(改汙)]
★이상과 같이 오류(誤謬) 수정(修訂)
이 된다 하여도 오(汙; 혼탁한물.
더럽다. 불결하다)는 자전상(字典上)
지(漬)의 본의(本義) 에는 영향이 미
치지 않음.

⟨康⟩漳(장) [唐韻] [集韻] [韻會]諸良
切 [正韻]止良切𡘋音章水名 [周禮夏官
職方氏]冀州其川漳 [山海經]發鳩之山
漳水出焉又東北百二十里曰少山淸漳
水出焉　又水出南郡臨沮 [山海經]荊
山漳水出焉　又州名 [韻會]唐拆福州
西南境置漳州

【 오류정리 】

○康誤處 1; [韻會]唐拆(改析)福州西
南境置漳州
●考證 ; 謹照原文拆改析
◆整理 ; [韻會(운회)] 拆(탁)은 析
(석)의 착오.
◆訂正文 ; [韻會]唐析福州西南境置
漳州
▶【1039-1】 字解誤謬與否 ; [韻
會]唐拆(改析)福州西南境置漳州　[拆

(改析)]

이상과 같이 오류(誤謬) 수정(修訂)이 된다 하여도 석(析; 쪼개다. 가르다. 해부하다. 흩어지다. 분석하다)은 자전상(字典上) 지(漬)의 본의(本義)에는 영향이 미치지 않음.

康漸(점)[唐韻]慈冉切[集韻][韻會]疾染切[正韻]秦冉切𠀤礆上聲水名[說文]水出丹陽黟南蠻中東入海　又漸次也進也稍也事之端先覩之始也[易漸卦正義]漸者不速之名凡物有變移徐而不速謂之漸　又通作蔪[書禹貢]草木漸包[傳]如字本又作蔪[字林]才冉反草之相包裹也　又[集韻]鉏衡切音鑱與巉通高也或作嶄[詩小雅]漸漸之石維其高矣　又側衡切音黷流貌[楚辭九章]涕漸漸兮　又[廣韻]子廉切[集韻][韻會][正韻]將廉切𠀤音尖流入也[書禹貢]東漸于海　又漬也濕也[詩衞風]漸車帷裳　又浸也染也[前漢董仲舒傳]漸民以仁　又臺名[水經注]太液池中有漸臺三十丈　又星名[甘氏星經]漸臺四星屬織女東足　又[集韻]子艷切音㰣漸汝淫貌也　又之列切音折同浙江名　又[類篇]慈鹽切音潛涉水也與潛通[書洪範]沉潛剛克[左傳][史記]皆作沉漸

【 오류정리 】

○康誤處 1; 通作蔪[書禹貢]草木漸包[傳(改釋文)]如字本又作蔪

●考證 ; 謹照原書傳字改釋文

◆整理 ; [書禹貢(서우공)] [傳(전)은 釋文(석문)의] 착오.

◆訂正文 ; 通作蔪[書禹貢]草木漸包[釋文]如字本又作蔪

▶【1040-1】 字解誤謬與否 ; 通作蔪[書禹貢]草木漸包[傳(改釋文)]如字本又作蔪 [傳(改釋文)]

★이상과 같이 인용처(引用處)나 주

소(註疏)의 오류(誤謬)를 수정(修訂)을 한다 하여도 자전상(字典上)의 점(漸)의 본의(本義)에는 영향이 미치지 않음.

康漼(최)[唐韻]七罪切[集韻][韻會][正韻]取猥切𠀤音璀[說文]深也[詩小雅]有漼者淵或作濢　又鮮明也[詩邶風]新臺有洒洒[韓詩]作漼　又涕垂貌[陸機弔魏武帝文]指季豹而漼焉　又壞貌[崔駰慰志賦]王綱漼以陵遲　又折貌[傅毅舞賦]漼以摧折　又水名[山海經]湟水亦曰漼水　又[集韻]昨回切[韻會][正韻]徂回切𠀤音摧漼澄雪霜積聚貌或昨漼

【 오류정리 】

○康誤處 1; [詩小雅]有漼者淵或作濢(改濢)

●考證 ; 謹按漼字無通濢據集韻濢改濢

◆整理 ; [詩小雅(시소아)] 濢(췌)를 濢(최)로 고침.

◆訂正文 ; [詩小雅]有漼者淵或作濢

▶【1041-1】 字解誤謬與否 ; [詩小雅]有漼者淵或作濢(改濢) [濢(改濢)]

★이상과 같이 오류(誤謬) 수정(修訂)이 되면 최(濢; 깊다)로 고쳐저 자전상(字典上) 최(漼)의 본의(本義)에 직접 영향이 미치게 됨.

康漾(양)[唐韻][韻會][正韻]餘亮切[集韻]弋亮切𠀤音樣水名[說文]水出隴西氐道[書禹貢]嶓冢導漾　又水搖動貌　又長也[王粲登樓賦]川旣漾而濟深　亦作養

【 오류정리 】

○康誤處 1; [說文]水出隴西氐(改柏)道

●考證 ; 謹照原文氐改柏

◆整理 ；[說文(설문)] 氐(저)는 柏(백)의 착오.

◆訂正文 ；[說文]水出隴西柏道

▶【1042-1】 字解誤謬與否 ；[說文]水出隴西氐(改柏)道 [氐(改柏)]

★이상과 같이 오류(誤謬) 수정(修訂)이 되면 롱서백도(隴西柏道)에서 발원(發源)한 수명(水名)으로 자전상(字典上) 양(漾)의 본의(本義)에 영향이 미치게 됨.

水 部 十二畫

康 撆(별)[唐韻]匹蔽切[集韻]匹曳切 𡘋音潎[說文]於水中擊絮也 又[揚子方言]淸也 又魚遊水貌[潘岳秋興賦]翫游儵之撆撆 又[集韻]匹妙切音勳義同[玉篇]波浪貌 又[廣韻]芳滅切[集韻][韻會][正韻]匹滅切𡘋音瞥 撆冽流輕疾貌[司馬相如上林賦]轉騰撆冽[註]撆冽相撆也 又[集韻]補履切音比以水激物 [集韻][韻會]或作潎

【 오류정리 】

○康誤處 1；[潘岳秋興賦]翫游儵(改儵)之撆撆

●考證 ；謹照原文游儵改游儵

◆整理 ；[潘岳秋興賦(반악추흥부)]儵(숙)은 儵(숙)의 착오.

◆訂正文 ；[潘岳秋興賦]翫游儵之撆撆

▶【1043-1】 字解誤謬與否 ；[潘岳秋興賦]翫游儵(改儵)之撆撆 [儵(改儵)]

★이상과 같이 오류(誤謬) 수정(修訂)이 된다 하여도 조(儵; 피라미) 자전상(字典上) 별(撆)의 본의(本義)에는 영향이 크게 미치지 않음.

康 潗(집)[廣韻]子入切[集韻][韻會]卽入切𡘋音㗱泉出也一曰水漢也 又洽

潗水微轉細通貌[司馬相如上林賦]潝潗鼎沸 又潗瀄沸聲[木華海賦]潰濞潗瀄 又集韻七入切音緝義同 或作㗱緝石鼓文作㳷

【 오류정리 】

○康誤處 1；[木華海賦]潝(改潰)濞潗瀄

●考證 ；謹照原文潝改潰

◆整理 ；[木華海賦(목화해부)]潝(홍)은 정(潰)의 착오.

◆訂正文 ；[木華海賦]潰濞潗瀄

▶【1044-1】 字解誤謬與否 ；[木華海賦]潝(改潰)濞潗瀄 [潝(改潰)]

★이상과 같이 오류(誤謬) 수정(修訂)이 되면 정(潰; 물이 증발하는 모양)으로 바뀌어 자전상(字典上) 집(潗)의 본의(本義)에 영향이 미치지 않음.

康 潭(담)[唐韻][正韻]徒含切[集韻][韻會]徒南切𡘋音覃水名[說文]水出武陵潭成玉山 又深也[前漢揚雄傳]潭思渾天 又州名[廣輿記]長沙府隋唐曰潭州 又[集韻][正韻]𡘋徐心切音尋旁深也與潯同[揚雄解嘲]或橫江潭而漁 又[集韻][正韻]𡘋夷針切音淫浸潭與浸淫同[司馬相如上林賦]浸潭促節[漢書]作浸淫 又[廣韻][集韻]𡘋以荏切音栢潭瀁水動搖貌或作薄灙 又[集韻]忍甚切音荏義同

【 오류정리 】

○康誤處 1；[說文]水出武陵潭(改鐔)成玉山

●考證 ；謹照原文潭改鐔

◆整理 ；[說文(설문)] 潭(담)은 鐔(심)의 착오.

◆訂正文 ；[說文]水出武陵鐔成玉山

▶【1045-1】 字解誤謬與否 ；[說文]水出武陵潭(改鐔)成玉山 [潭(改鐔)]

★이상과 같이 오류(誤謬) 수정(修訂)이 되면 심성(鐔成; 현명(縣名)) [前漢地理志]武陵郡鐔成縣 인데 자전상(字典上) 담(潭)의 본의(本義)에 영향이 미치지 않음.

⟨康⟩澘(열)[集韻]一結切音噎與洇同水流貌[焦氏易林]黃落噎鬱

【 오류정리 】

〇康誤處 1; [焦氏易林]黃落噎(改澘)鬱

●考證 ; 謹照原文噎改澘

◆整理 ; [焦氏易林(초씨역림)] 噎(열)은 澘(열)의 착오.

◆訂正文 ; [焦氏易林]黃落澘鬱

▶【1044-1】 字解誤謬與否 ; [焦氏易林]黃落噎(改澘)鬱 [噎(改澘)]

★이상과 같이 오류(誤謬) 수정(修訂)이 되면 열(澘; 물 흐르는 모양)로 고쳐져 자전상(字典上) 열(澘)의 본의(本義)에 적극 영향이 미치게 됨.

⟨康⟩滫(소)[廣韻][集韻]夶所敎切稍去聲水激也一曰汎潘以食豕[博雅]滫濯滫也 又[集韻]山巧切音稍義同

【 오류정리 】

〇康誤處 1; [廣韻][集韻]夶所敎切稍去聲水激也一曰汎潘以食豕(改豕)

●考證 ; 謹照原文豕改豕

◆整理 ; [廣韻(광운)][集韻(집운)] 豕(축)은 豕(시)의 착오.

◆訂正文 ; [廣韻][集韻]夶所敎切稍去聲水激也一曰汎潘以食豕

▶【1047-1】 字解誤謬與否 ; [廣韻][集韻]夶所敎切稍去聲水激也一曰汎潘以食豕(改豕) [豕(改豕)]

★이상과 같이 오류(誤謬) 수정(修訂)이 되면 식시(食豕; 돼지사료)로 고쳐져 자전상(字典上) 소(滫)의 본의(本

義)에 적극 영향이 미치게 됨.

⟨康⟩潼(동)[唐韻][正韻]徒紅切[集韻][韻會]徒東切夶音同水名[說文]水出廣漢梓潼北界 又水名[水經注]潼水出江夏郡之曲陵縣西北潼山 又水名[潘岳西征賦]愬黃卷以濟潼[註]潼水在華陰縣界 又海名[王子年拾遺記]北極之外有潼海之水 又潼潼高貌[宋玉高唐賦]沫潼潼而高厲 又[廣韻][集韻][韻會]夶他東切音通義同 又[廣韻]尺容切[集韻]昌容切夶音衝義同一曰水壞道 又潼容車裳也見[周禮巾車註] 又[集韻][類篇]夶諸容切音鍾溼貌

【 오류정리 】

〇康誤處 1; [潘岳西征賦]愬黃卷(改巷)以濟潼

●考證 ; 謹按文選註車駕東行到黃巷亭卷改巷

◆整理 ; [潘岳西征賦(반악서정부)] 卷(권)은 巷(항)의 착오.

◆訂正文 ; [潘岳西征賦]愬黃巷以濟潼

▶【1048-1】 字解誤謬與否 ; [潘岳西征賦]愬黃卷(改巷)以濟潼 [卷(改巷)]

★이상과 같이 오류(誤謬) 수정(修訂)이 되면 항(巷; 골목. 거리. 복도)이 되어 자전상(字典上) 동(潼)의 본의(本義)에는 영향이 미치지 않음.

⟨康⟩溝(홰)[廣韻][集韻]夶胡卦切音畫水名[水經注]臨淄惟有溝水西北入沛 又[集韻]胡麥切音劃[前漢功臣表]溝淸侯參[索隱]溝音獲又戶卦反

【 오류정리 】

〇康誤處 1; [前漢功臣表] 溝淸侯參[索隱(改爲顏註)]溝音獲

●考證 ; 謹按漢書無索隱謹照原書改

爲顏註

◆整理 ; [前漢功臣表(전한공신표)] [索隱(삭은)]을 顏註(안주)로]고침.

◆訂正文 ; [前漢功臣表] 灈清侯參 [顏註]灈音獲

▶【1049-1】 字解誤謬與否 ; [前漢 功臣表] 灈淸侯參 [索隱(改爲顏註)]灈 音獲 [索隱(改爲顏註)]

★이상과 같이 인용처(引用處)나 주소(註疏)의 오류(誤謬)를 수정(修訂)을 한다 하여도 자전상(字典上)의 회(灈)의 본의(本義)에는 영향이 미치지 않음.

澌(시) [唐韻]息移切[集韻][韻會]相支切[正韻]相咨切촶音斯 [說文]水索也[揚子方言]澌盡也 又[集韻]山宜切音釃義同 又[集韻][韻會][正韻]촶先齊切音西與嘶同本作㒭[說文]散聲也[徐曰]若今謂馬鳴爲嘶也 又[廣韻][集韻][韻會]斯義切[正韻]息漬切촶音賜亦水索也 與凘別凘爲流水之澌俗誤作澌

【 오류정리 】

○康誤處 1; 與凘別凘爲流水(改流冰)之澌俗誤作澌

●考證 ; 謹按說文凘流冰也流水改流冰

◆整理 ; 流水(류수)는 流冰(류빙)의 착오.

◆訂正文 ; 與凘別凘爲流冰之澌俗誤作澌

▶【1050-1】 字解誤謬與否 ; 與凘別凘爲流水(改流冰)之澌俗誤作澌 [流水(改流冰)]

★이상과 같이 오류(誤謬) 수정(修訂)이 되면 류빙(流冰; 물 위로 떠다니는 어름덩이)으로 고쳐저 자전상(字典上) 시(澌)의 본의(本義)에 영향이 적극 미치게 됨.

水部 十三畫

澡(조) [唐韻][集韻][韻會][正韻]촶子皓切音早與璪同[說文]王飾如冰藻之文或从水作澡 又澡洗也[東觀漢記]以手歙水澡頮 又借作修潔意[禮儒行]儒有澡身而浴德 又澤名[穆天子傳]郦伯絮觴天子於澡澤之上 又[集韻]倉刀切音操澡澡欲沸

【 오류정리 】

○康誤處 1; [說文]王飾如冰藻(改水藻)之文或从水作澡

●考證 ; 謹照原文冰藻改水藻

◆整理 ; [說文(설문)] 冰藻(빙조)는 水藻(수조)의 착오.

◆訂正文 ; [說文]王飾如水藻之文或从水作澡

▶【1051-1】 字解誤謬與否 ; [說文]王飾如冰藻(改水藻)之文或从水作澡 [冰藻(改水藻)]

★이상과 같이 오류(誤謬) 수정(修訂)이 되면 왕식(王飾; 왕관 장식)은 수조지문(水藻之文; '물풀' 무늬)으로 한다. 자전상(字典上) 조(澡)의 본의(本義)에 영향이 적극 미치게 됨.

澧(례) [唐韻]盧啓切[集韻][韻會]里第切촶音禮水名[說文]水出南陽雉衡山[山海經]雅山澧水出焉 又水名[前漢地理志]武陵郡充縣歷山澧水所出[書禹貢]岷山導江東別爲沱又東至于澧 又州名[韻會]漢屬武陵郡隋置澧州[廣輿記]今屬岳州府 又通作醴[列子殷湯篇]甘露降澧泉涌

【 오류정리 】

○康誤處 1; [列子殷湯篇(改湯問篇)]甘露降澧泉涌

●考證 ; 謹照原書改湯問篇

◆整理 ; [列子(열자) 殷湯篇(은탕편)은 湯問篇(탕문편)의] 착오.

◆訂正文 ；[列子湯問篇]甘露降澧泉涌

▶【1052-1】 字解誤謬與否 ；[列子殷湯篇(改湯問篇)]甘露降澧泉涌 [殷湯篇(改湯問篇)]

★이상과 같이 인용처(引用處)나주소(註疏)의 오류(誤謬)를 수정(修訂)을 한다 하여도 자전상(字典上)의 례(澧)의 본의(本義)에는 영향이 미치지않음.

康濱(자)[唐韻]卽夷切[集韻][韻會][正韻]津私切𡙡音容[說文]久雨涔濱也一曰水名在邵陵本作資[水經注]濱水出武陵郡無陽縣界 又[集韻]疾資切音茨水名在常山郡

　　　　【 오류정리 】
○康誤處 1;[說文]久雨涔濱也一曰水名在邵陵(無在邵陵三字謹照原文省去)本作資
●考證 ；謹按說文無在邵陵三字謹照原文省去
◆整理 ；[說文(설문)에는]在邵陵三字(소릉삼자)가 없어 省去(성거)함. 즉 삭제함.
◆訂正文 ； [說文]久雨涔濱也一曰水名本作資

▶【1053-1】 字解誤謬與否 ；[說文]久雨涔濱也一曰水名在邵陵(無在邵陵三字謹照原文省去)本作資 [在邵陵(無在邵陵三字謹照原文省去)]

★이상과 같이 재소릉(在邵陵; 소릉에 있다) [史記白起傳]雖周邵呂望之功不益于此矣又邵陵地名을 삭제(削除) 한다 하여도 자전상(字典上) 자(濱)의 본의(本義) 에는 영향을 끼치지 않음.

康澹(담)[廣韻][正韻]徒覽切[集韻][韻會]杜覽切𡙡談上聲澹淡水貌[司馬相如上林賦]隨風澹淡[註]淡音

琰 又水名[水經注]澹水承澧水于作唐縣 又恬靜也[老子道德經]澹兮其若海 又平澹也[韓愈詩]姦窮怪變得往往造平澹 又動也[前漢郊祀歌]相放悲震澹心 又[唐韻][集韻][韻會][正韻]𡙡徒濫切音啖水搖動貌[宋玉高唐賦]水淡淡而盤紆 又安也[前漢郊祀歌]澹容與獻壽觴 又[廣韻][集韻][韻會]徒甘切[正韻]徒監切병音談澹臺複姓一曰水貌 又[集韻]都甘切音儋[史記馮唐傳]破東胡滅澹林[註]澹林一作襜襤 又[集韻]時豔切與贍同[前漢食貨志]竭天下資財以奉其政猶不足以澹其欲[註]古與贍通

　　　　【 오류정리 】
○康誤處 1;[宋玉高唐賦]水淡淡(改澹澹)而盤紆
●考證 ；謹照原文淡淡改澹澹
◆整理 ；[宋玉高唐賦(송옥고당부)]淡淡(담담)은 澹澹(담담)의 착오.
◆訂正文 ； [宋玉高唐賦]水澹澹而盤紆

▶【1054-1】 字解誤謬與否 ；[宋玉高唐賦]水淡淡(改澹澹)而盤紆

★이상과 같이 오류(誤謬) 수정(修訂)이 되면 수담담이반우(水澹澹而盤紆; 물이 조용히 휘돌아나감)로 고쳐지니 자전상(字典上) 담(澹)의 본의(本義)에 영향이 미치게 됨.

康激(격)[唐韻][集韻][韻會]吉歷切[正韻]訖逆切𡙡音擊[說文]礙衺疾波也一曰半遮也[前漢溝洫志]爲石隄激使東注激者聚石於隄旁衝要之處所以激去其水也 又衝也[潘岳詩]驚湍激巖阿 又[水經注]沔水北岸數里有大石名五女激 又言論過直爲激切[後漢陳寵傳]言事者必多激切 又感激也[後漢蔡邕傳]感激忘身 又違俗立異爲激詭[後漢范冉傳]冉好違時絕俗爲

激詭之行冉或作丹 又激楚淸聲也[楚
辭九歌]宮庭震驚發激楚些 又姓[前漢
淮南王傳]有激章 又[廣韻]古弔切
[集韻]吉弔切𡊨音叫潚流貌一曰風聲
又[集韻]堅堯切音驍與憿同幸也通
作僥徼

【 오류정리 】

○康誤處 1; [楚辭九歌(改招魂)]宮庭
震驚發激楚些

●考證 ; 謹照原書九歌改招魂

◆整理 ; [楚辭(초사) 九歌(구가)는
招魂(초혼)의] 착오.

◆訂正文 ; [楚辭招魂]宮庭震驚發激
楚些

▶ 【1055-1】 字解誤謬與否 ; [楚辭
九歌(改招魂)]宮庭震驚發激楚些 [九
歌(改招魂)]

★이상과 같이 인용처(引用處)나 주
소(註疏)의 오류(誤謬)를 수정(修訂)
을 한다 하여도 자전상(字典上)의 격
(激)의 본의(本義)에는 영향이 미치지
않음.

康潒(읍)[廣韻]尼立切[集韻]昵立
切𡊨音眷漦潒水文貌一曰沸聲[木華海
賦]澒潾溙潒

【 오류정리 】

○康誤處 1; [木華海賦]澒潾(改澒潾)
溙潒

●考證 ; 謹照原文澒潾改澒潾

◆整理 ; [木華海賦(목화해부)] 澒潾
(홍녕)은 澒潾(정녕)의 착오.

◆訂正文 ; [木華海賦]澒潾溙潒

▶ 【1056-1】 字解誤謬與否 ; [木華
海賦]澒潾(改澒潾)溙潒 [澒潾(改澒
潾)]

★이상과 같이 오류(誤謬) 수정(修訂)
이 되면 정(澒; 물이 증발하는 모양)
으로 바뀌어 자전상(字典上) 읍(潒)의
본의(本義)에 직접 영향이 미치게 됨.

康濊(예)[唐韻]呼會切[集韻]呼外
切𡊨音翽[說文]水多貌 又[廣韻][集
韻][韻會][正韻]𡊨烏外切音薈汪濊深
廣也[前漢郊祀歌]澤汪濊輯萬國[註]
汪濊者言饒多也 又[廣韻]於廢切[集
韻][韻會]烏廢切[正韻]烏胃切𡊨音穢
義同一曰濁也亦與穢通[前漢李尋傳]
溫滌濁穢 又水名[水經注]淸漳自章
武縣故城西故濊邑也枝瀆出焉謂之濊
水 又[廣韻][集韻][韻會][正韻]𡊨
呼括切音豁與濊同礙流也一曰罟入水
聲也[詩衞風]施罟濊濊

【 오류정리 】

○康誤處 1; [詩衞風]施罟(改眾)濊濊

●考證 ; 謹照原文罟改眾

◆整理 ; [詩衞風(시위풍)] 罟(고)는
眾(고)의 착오.

◆訂正文 ; [詩衞風]施眾濊濊

▶ 【1057-1】 字解誤謬與否 ; [詩衞
風]施罟(改眾)濊濊 [罟(改眾)]

★이상과 같이 오류(誤謬) 수정(修訂)
이 되면 시고예예(施眾濊濊; 물 깊은
곳에 어망 던진다)로 고쳐저 자전상
(字典上) 예(濊)의 본의(本義)에 영향
이 직접 미치게 됨.

水 部 十四畫

康濛(몽)[唐韻][正韻]莫紅切[集
韻][韻會]謨蓬切𡊨音蒙[說文]微雨也
[詩豳風]零雨其濛或作霿 又濛鴻元
氣未分貌[春秋命曆序]濛鴻萠兆 又
水名[水經注]水出上邽縣西北邽山 又
水名[山海經]濛水出漢陽西入江 又
[廣韻]莫孔切[集韻][韻會][正韻]母
摠切𡊨音蠓濛澒大水一曰小溝

【 오류정리 】

○康誤處 1; 又水名[山海經]濛水出
漢陽西入江(改爲山海經邽山濛水出焉
南流注於洋水)

●考證 ; 謹按水經江水註引山海經蒙水出漢陽西入江蒙字無水旁不當引入濛字下今據改爲山海經邽山濛水出焉南流注於洋水

◆整理 ; 又水名(우수명) [山海經(산해경)]濛(몽) 아래 水出漢陽西入江(수출한양서입강)을 [山海經(산해경)]邽山濛水出焉南流注於洋水(규산몽수출언남류주어양수)로 고침.

◆訂正文 ; 又水名[山海經]邽山濛水出焉南流注於洋水

▶【1058-1】 字解誤謬與否 ; 又水名[山海經]濛水出漢陽西入江(改爲山海經邽山濛水出焉南流注於洋水)

★이상과 같이 오류(誤謬) 수정(修訂)이 되면 ○규산몽수출언 (邽山濛水出焉; 규산에서 발원한 몽수가) ○남류주어양수(南流注於洋水; 남쪽으로 흘러가 양수로 흘러든다)인데 자전상(字典上) 몽(濛)의 본의(本義)인 강명(江名)에 적극 영향이 미치게 됨.

康 濩(호)[唐韻]胡郭切[集韻][韻會]黃郭切𡘋音穫[說文]雨流霤下貌　又[玉篇]煑也[詩周南]是刈是濩　又潰濩水勢相激貌[郭璞江賦]潰濩泧潏　又蠖濩宮室深邃貌[揚雄甘泉賦]姍娟蠖濩之中　又水名[山海經]松果之山濩水出焉　又濩濩水名[山海經]泰戲山北三百里曰石山濩濩之水出焉[註]濩音如尺蠖之蠖　又鳥名[山海經]靑丘之山有鳥名灌灌[註]灌灌或作濩濩　又[廣韻]一虢切[集韻][韻會]屋郭切𡘋音攫濩澤縣名[前漢地理志]屬河東郡　又[集韻]胡陌切音獲義同　又[廣韻]胡誤切[集韻][韻會][正韻]胡故切𡘋音護布濩流敬也[張衡東京賦]聲敎布濩　又大濩湯樂名[周禮春官大司樂疏]濩卽救護也救護使天下得所也一作護亦音獲[左傳襄二十九年]見舞大濩者

徐邈讀

【 오류정리 】

○康誤處 1; [揚雄甘泉賦]姍娟(改蠖濩)蠖濩之中

●考證 ; 謹照原文姍娟改蠖濩

◆整理 ; [揚雄甘泉賦(양웅감천부)]姍娟(인연)은 蠖濩(연연)의 착오.

◆訂正文 ; [揚雄甘泉賦]蠖濩蠖濩之中

▶【1059-1】 字解誤謬與否 ; [揚雄甘泉賦]姍娟(改蠖濩)蠖濩之中 [姍娟(改蠖濩)]

★이상과 같이 오류(誤謬) 수정(修訂)이 되면 연연(蠖濩; 궁궐의 깊고 넓은 곳)의 확호지중(蠖濩之中; 화려한 전각 속에서)로 바뀌니 자전상(字典上) 호(濩)의 본의(本義)인 심수모(深邃貌; 그윽한 모양) 에 영향이 미치게 됨.

康 濫(람)[唐韻][集韻][韻會][正韻]𡘋盧瞰切音纜[說文]氾也[增韻]水延漫也[家語]其源可以濫觴[註]濫謂泛濫小流貌　又溢也[水經注]其水陽焊不耗陰霖不濫　又刑溢曰濫[詩商頌]不僭不濫　又竊也[賈誼新書道術篇]反禮爲濫　又漬也[魯語]宣公濫于泗淵[註]漬罟于泗水之淵以取魚也　又失實曰濫[左傳昭八年]民聽濫也　又浮辭也[陸機文賦]每除煩而去濫　又音之速疾而僭差曰滌濫[禮樂記]狄成滌濫之音作而民淫亂　又[集韻][韻會]𡘋杜覽切音啖竹聲也[禮樂記]竹聲濫以立會[註]濫之意猶摍聚也　又[廣韻]胡黯切[集韻][韻會]戶黤切𡘋音檻泉名[爾雅釋水]濫泉正出或作灠通作檻　又水名[前漢地理志]降狄道東有白石山濫水　又[集韻]魯敢切音覽與灠同漬果也[禮內則]醷濫[註]以諸和水也[揚子方言]紀莒之閒名諸爲

濫[釋文]乾桃乾梅皆曰諸 又[集韻]盧甘切音藍邑名[春秋昭三十一年]黑肱以濫來奔 又胡暫切與鑑同陶器如甀大口以盛冰[周禮天官]春秋治鑑或从水亦作䃂䃃 又浴器也[莊子則陽篇]同濫而浴

【 오류정리 】

○康誤處 1; [禮樂記]竹聲濫(增濫字)以立會
●考證 ; 謹照原文以上增濫字
◆整理 ; [禮樂記(예악기)] 濫字(람자)를 이에 덧붙임. 以(이)
◆訂正文 ; [禮樂記]竹聲濫濫以立會
▶【1060-1】 字解誤謬與否 ; [禮樂記]竹聲濫(增濫字)以立會 [(增濫字)以]
★이상과 같이 오류(誤謬) 수정(修訂)이 되면 죽성(竹聲; 대 소리) 람람(濫濫; 넘치고 넘쳐) 자전상(字典上) 람(濫)의 본의(本義)에 적극 영향이 미치게됨.

○康誤處 2; [禮內則]醯濫[註]以諸和水也[揚子方言]紀莒之閒名諸爲濫(改禮內則漿水醯濫鄭註濫以諸和水也紀莒之閒名諸爲濫)
●考證 ; 謹按紀莒之閒二句出內則註不出方言謹照原文改禮內則漿水醯濫鄭註濫以諸和水也紀莒之閒名諸爲濫
◆整理 ; [禮內則]醯濫[註]以諸和水也[揚子方言]紀莒之閒名諸爲濫 를 [禮內則(예내칙)] 漿水醯濫(장수의람) [鄭註(정주)] 濫以諸和水也紀莒之閒名諸爲濫(람이제화수야기거지한명제위람)로 고침.
◆訂正文 ; [禮內則]漿水醯濫[鄭註]濫以諸和水也紀莒之閒名諸爲濫
▶【1061-2】 字解誤謬與否 ; [禮內則]醯濫[註]以諸和水也[揚子方言]紀莒之閒名諸爲濫(改禮內則漿水醯濫鄭

註濫以諸和水也紀莒之閒名諸爲濫)
★이상과 같이 인용처(引用處)나 주소(註疏), 등(等)의 오류(誤謬)를 수정(修訂)을 한다 하여도 자전상(字典上)의 람(濫)의 본의(本義)에는 영향이 미치지 않으며, 장수의람(漿水醯濫; 미음과 매실장과 맑은 술 혹찬죽. [禮內則]或以酏爲醴黍酏漿水醯濫[註]醯梅漿也濫涼也 [周禮天官漿人註]涼以水和酒康成謂今寒粥若糗飯雜水) 은 본의(本義)에 적극 영향이 미치게 됨.

康 濬(준) [唐韻]私閏切[集韻][韻會][正韻]須閏切䀭音浚[說文]深通川也[書堯典]封十有二山濬川 又凡深皆曰濬[爾雅釋言]濬幽深也[詩商頌]濬哲惟商 又州名[廣輿記]大名府濬縣古衛邑漢黎陽五代濬州 [玉篇]同浚

【 오류정리 】

○康誤處 1; [書堯典(改舜典)]封十有二山濬川
●考證 ; 謹照原書堯典改舜典
◆整理 ; [書(서) 堯典(요전)은 舜典(순전)의 착오.
◆訂正文 ; [書舜典]封十有二山濬川
▶【1062-1】 字解誤謬與否 ; [書堯典(改舜典)]封十有二山濬川 [堯典(改舜典)]
★이상과 같이 인용처(引用處)나 주소(註疏)의 오류(誤謬)를 수정(修訂)을 한다 하여도 자전상(字典上)의 준(濬)의 본의(本義)에는 영향이 미치지 않음.

康 濱(빈) 古文 頻 [唐韻]必鄰切[集韻][韻會][正韻]卑民切䀭音賓水際也[書禹貢]海濱廣斥 又地近亦曰濱[史記貨殖傳]鄒魯濱洙泗 又[韻會]毗賓切與頻通[詩大雅]池之竭矣不云自頻[箋]頻作濱厓也 又[韻補]叶卑眠切

音邊[蘇轍詩]送我出重嶺長揖清江濱我老益不堪惟有二頃田 [集韻]或作瀕

【 오류정리 】

○康誤處 1; 古文顟(改偏旁爲顡(止从三☰))

●考證 ; 謹照原文 謹按㚔古涉字中从☰今瀆下引古文顟字應照古涉字改偏旁爲顡(止从三☰)

◆整理 ; 古文顟(고)는 顡(止从三☰)(고)의 착오.

◆訂正文 ; 古文顟(止从三☰)

▶【1063-1】 字解誤謬與否 ; 古文顟(改偏旁爲顡(止从三☰))

★이상과 같이 고문(古文. 고자(古字) 옛 글자) 오류(誤謬)를 수정(修訂)을 한다 하여도 자전상(字典上)의 본문(本文)의 빈(瀆)의 본의(本義)에는 영향이 미치지 않음.

水 部 十五畫

康 瀆(독)[唐韻][集韻][韻會]徒谷切[正韻]杜谷切𡘋音牘[說文]溝也[爾雅釋水]注澮曰瀆 又江湖淮濟爲四瀆[釋名]瀆獨也各獨出其水而入海也[白虎通巡狩篇]瀆者濁也中國垢濁發源東注海其功著大故稱瀆[風俗通山澤篇]瀆者通也所以通中國垢濁 又小渠也[賈誼弔屈原賦]彼尋常之汙瀆兮豈能容吞舟之魚 又㥶也重複也[易蒙卦]再三瀆瀆則不告 又慢也[易繫辭]君子上交不諂下交不瀆 又易也[左傳成十六年]瀆齊盟而食話言 又山名[史記封禪書]瀆山蜀之汶山也 又[集韻][韻會][正韻]𡘋大透切音豆句瀆地名[左傳桓十二年]公及宋公盟于句瀆之丘 又與竇同[左傳襄三十年]伯有自墓門之瀆入瀆徐邈音豆

【 오류정리 】

○康誤處 1; [爾雅釋水]江湖(改江河)淮濟爲四瀆

●考證 ; 謹照原文江湖改江河

◆整理 ; [爾雅釋水(이아석수)] 江湖(강호)는 江河(강하)의 착오.

◆訂正文 ; [爾雅釋水]江河淮濟爲四瀆

▶【1064-1】 字解誤謬與否 ; [爾雅釋水]江湖(改江河)淮濟爲四瀆 [江湖(改江河)]

★이상과 같이 오류(誤謬) 수정(修訂)이 되면 강하회제(江河淮濟; 양자강(揚子江) 황하(黃河) 회하(淮河) 제수(濟水)) 사독(四瀆; [禹貢]奠高山大川[傳]大川四瀆[疏]川之大者莫大於瀆四瀆謂江河淮漢也)으로 교정(矯正) 되었으니 자전상(字典上) 독(瀆)의 본의(本義)에 간접 영향이 미치게 됨.

康 瀉(사)[廣韻]息姐切[集韻][韻會]洗野切[正韻]先野切𡘋音寫[玉篇]傾也一曰瀉水也[周禮冬官考工記]以澮瀉水[謝靈運詩]石磴瀉紅泉 又[類篇]一曰鑑形 又[廣韻][正韻]司夜切[集韻][韻會]四夜切𡘋音卸鹵也[王充論衡書解篇]地無毛則爲瀉土 又吐瀉也[釋名]揚豫以東以吐爲瀉 又泄也[揚子方言]泄瀉爲注下之症

【 오류정리 】

○康誤處 1; 瀉水也[周禮冬官考工記]以澮瀉水[謝靈運詩]石磴瀉紅泉(改爲謝靈運詩石磴瀉紅泉或作寫周禮稻人以澮寫水)

●考證 ; 謹照原文按周禮原文作寫無水旁且以澮寫水係地官稻人文非考工記謹改爲謝靈運詩石磴瀉紅泉或作寫周禮稻人以澮寫水

◆整理 ; 瀉水也(사수야) [周禮冬官考工記(주례동관고공기)] 以澮瀉水(이회사수) [謝靈運詩(사령운시)] 石磴瀉紅

泉(석등사홍천)을 [謝靈運詩(사령운시)] 石磴瀉紅泉或作寫(석등사홍천혹작사) [周禮稻人(주례도인)] 以澮寫水(이회사수)라 고침.
◆訂正文 ; 瀉水也[謝靈運詩]石磴瀉紅泉或作寫[周禮稻人]以澮寫水
▶【1065-1】 字解誤謬與否 ; 瀉水也[周禮冬官考工記]以澮瀉水[謝靈運詩]石磴瀉紅泉(改爲謝靈運詩石磴瀉紅泉或作寫周禮稻人以澮寫水) [[謝靈運詩]石磴瀉紅泉(改爲謝靈運詩石磴瀉紅泉或作寫周禮稻人以澮寫水)]
★이상과 같이 인용처(引用處)나 주소(註疏), 등(等)의 오류(誤謬)를 수정(修訂)을 한다 하여도 자전상(字典上)의 사(瀉)의 본의(本義)에는 영향이 미치지 않으며, 혹작사(或作寫; 혹 사(瀉)를 사자(寫字)로도 쓴다)라 본의(本義)에 간접으로 영향이 미치게 됨.

水部 十七畫

康瀳(천)[唐韻]在甸切[集韻]才甸切𣲖音荐[說文]水至也[易坎卦]水瀳至[石經]作洊 又[集韻]租昆切音尊義同 又[唐韻]則前切[集韻]將先切𣲖音箋義同一曰水名 又[集韻]才先切音前義同又祖悶切存去聲水出貌

【 오류정리 】

○康誤處 1; [說文]水至也[易坎卦]水瀳至[石經]作洊(改爲瀳或作洊易坎卦水洊至)(原本 ;[說文]水部瀳水至也[周易]曰水洊至[釋言]洊再也荐同洊)
●考證 ; 謹按說文瀳字註未引易文作瀳不得徑稱易坎卦水瀳至集韻云瀳或作洊謹改爲瀳或作洊易坎卦水洊至
※筆者謹按[說文]原本 ;(水部瀳)水至也[周易]曰水洊至[釋言]洊再也荐同洊
◆整理 ; [說文(설문)]水至也(수지야)[易坎卦(역감괘)]水瀳至(수천지)이나 [說文(설문)] 원본대로라면 水

部瀳水至也(수부천수지야) [周易(주역)]曰水洊至(왈수천지)임.
◆訂正文 ; [說文]水至也瀳或作洊[易坎卦]水洊至。
▶【1066-1】 字解誤謬與否 ; [說文]水至也[易坎卦]水瀳至[石經]作洊(改爲瀳或作洊易坎卦水洊至) [水至也[易坎卦]水瀳至[石經]作洊(改爲瀳或作洊易坎卦水洊至)]
★이상과 같이 오류(誤謬) 수정(修訂)이 되면 천혹작천(瀳或作洊)이면 수천지(水洊至; 물이 연거푸 이르다)라 자전상(字典上) 천(瀳)의 본의(本義)에 적극 영향이 미치게 됨.

康瀵(분)[唐韻][集韻][韻會]𣲖方問切音糞水名[爾雅釋水]瀵大出尾下[疏]尾猶底也言其源出于底下者名瀵瀵猶灑散也[水徑注]南瀵水出汾陰縣南 又神瀵出終北國[列子殷湯篇]終北國有山名壺領狀如甀甄頂有口名曰滋穴有水湧出名曰神瀵臭過椒蘭味同醪醴 又[集韻]普悶切音噴義同 又[廣韻]匹問切[集韻]芳問切𣲖溢去聲水浸也[郭璞江賦]翹莖瀵蔾

【 오류정리 】

○康誤處 1; [列子殷湯篇(改湯問篇)]終北國有山名壺領
●考證 ; 謹照原書改湯問篇
◆整理 ; [列子(열자) 殷湯篇(은탕편)은 湯問篇(탕문편)의] 착오.
◆訂正文 ; [列子湯問篇]終北國有山名壺領
▶【1067-1】 字解誤謬與否 ; [列子殷湯篇(改湯問篇)]終北國有山名壺領 [殷湯篇(改湯問篇)]
★이상과 같이 인용처(引用處)나 주소(註疏)의 오류(誤謬)를 수정(修訂)을 한다 하여도 자전상(字典上)의 분(瀵)의 본의(本義)에는 영향이 미치지

않음.

康 瀼 (양) [唐韻] 汝羊切 [集韻] [韻會] [正韻] 如陽切𡘋音穰露濃貌 [詩小雅] 零露瀼瀼通作囊　又 [集韻] 奴當切音囊義同　又 [集韻] 汝兩切音壤水淤也 [前漢溝洫志] 杜欽曰屯民河羑溢有塡淤反瀼之害或从土作壤　又 [集韻] [韻會] 乃朗切 [正韻] 乃黨切𡘋音曩水流貌 [木華海賦] 涓流泱瀼　又水名 [寰宇記] 夔州大昌縣西有千頃池水分三道一道南流爲奉節縣西瀼水　又溪名 [廣輿記] 唐元結傲居瑞昌之瀼溪上　又 [集韻] 思將切音襄水貌通作囊　又人㨾切音讓義同　又 [木華海賦] 瀼瀼溼溼 [註] 瀼瀼水光開合之;貌音傷○按字書𡘋無傷音

【 오류정리 】

○康誤處 1; [前漢溝洫志] 杜欽曰屯民河羑溢(改爲來春必羑溢)有塡淤反瀼之害

●考證 ; 謹照原文屯民河羑溢改爲來春必羑溢

◆整理 ; [前漢溝洫志(전한구혁지)] 屯民河羑溢(둔민하선일)은 來春必羑溢(래춘필선일)의 착오.

◆訂正文 ; [前漢溝洫志] 杜欽曰來春必羑溢有塡淤反瀼之害

▶ 【1068-1】 字解誤謬與否 ; [前漢溝洫志] 杜欽曰屯民河羑溢(改爲來春必羑溢)有塡淤反瀼之害 [屯民河羑溢(改爲來春必羑溢)]

★이상과 같이 오류(誤謬) 수정(修訂)이 된다 하여도 래춘필선일(來春必羑溢; 봄이 오면 반드시 넘쳐날 것이다) 자전상(字典上) 양(瀼)의 본의(本義)인 전제(前提)된 수어(水淤; 물이 잦아버림)에 영향이 미치지 않음.

康 澄 (등) [廣韻] [集韻] 𡘋他登切音𩏌小水相添益貌　又 [集韻] 都騰切音登

又 [廣韻] [正韻] 台鄧切 [集韻] 台隥切𡘋音㲧義𡘋同　又通作㽅 [左思蜀都賦] 㽅流十二同源異口

【 오류정리 】

○康誤處 1; [左思蜀都賦(改魏都賦)] 㽅流十二同源異口

●考證 ; 謹照原文蜀都賦改魏都賦

◆整理 ; [左思(좌사) 蜀都賦(촉도부)는 魏都賦(위도부)의] 착오.

◆訂正文 ; [左思魏都賦] 㽅流十二同源異口

▶ 【1069-1】 字解誤謬與否 ; [左思蜀都賦(改魏都賦)] 㽅流十二同源異口 [蜀都賦(改魏都賦)]

★이상과 같이 인용처(引用處)나 주소(註疏)의 오류(誤謬)를 수정(修訂)을 한다 하여도 자전상(字典上)의 등(澄)의 본의(本義)에는 영향이 미치지 않음.

字典巳集中考證

康 災 (재) [唐韻] 祖才切 [集韻] [韻會] [正韻] 將來切𡘋音哉 [說文] 天火也 [春秋桓十四年] 御廩災　又 [玉篇] 害也 [書堯典] 眚災肆赦 [傳] 過而有害當緩赦之 [左傳僖十三年] 天災流行國家代有救災恤鄰道也　又作菑 [詩大雅] 無菑無害　亦作甾 [史記秦始皇紀] 甾害絶息　又叶子之切 [史記龜筴傳] 十有二月日至爲期聖人徹焉身乃無災　又叶將侯切 [班固幽通賦] 震鱗漦于夏庭兮𢁉三正而滅周巽羽化于宣宮兮彌五辟而成災 [說文] 本作烖或作灾籕文作災

【 오류정리 】

○康誤處 1; [書堯典(改舜典)] 眚災肆赦

●考證 ; 謹照原書堯典改舜典

◆整理 ; [書(서) 堯典(요전)은 舜典
(순전)의] 착오.
◆訂正文 ; [書舜典]眚災肆赦
▶【1070-1】 字解誤謬與否 ; [書堯
典(改舜典)]眚災肆赦 [堯典(改舜
典)]
★이상과 같이 인용처(引用處)나 주
소(註疏)의 오류(誤謬)를 수정(修訂)
을 한다 하여도 자전상(字典上)의 등
(澄)의 본의(本義)에는 영향이 미치지
않음.

火部 四畫

康炎(염)[唐韻][集韻]于廉切[韻會]
疑廉切[正韻]移廉切𤈦音鹽[說文]火
光上也[玉篇]熱也焚也[書胤征]火炎
崑岡玉石俱焚又[洪範]火曰炎上 又
[爾雅釋訓]爞爞炎炎熏也[詩大雅]赫
赫炎炎 又[吳語]日長炎炎[註]進貌
又[正韻]熾也 又[禮月令]其帝炎帝
[註]此赤精之君炎帝大庭也 又[呂氏
春秋]南方曰炎天東北曰炎風 又[集
韻][類篇]𤈦于凡切㷊平聲義同 又
[類篇]徒甘切音談美辨也[莊子齊物
論]大言炎炎[註]美盛貌 又[集韻]以
贍切音豔[史記司馬相如傳]獲耀日月
之末光絶炎以展采錯事[註]覩日月末
光殊絶之用以展其官職 又通焰[前漢
五行志]人之所忌其氣炎以取之[蔡邕
釋誨]懼煙炎之毁熸 又[列子殷湯篇]
楚之南有炎人之國[註]炎去聲 [集
韻]本作燄亦同惔燚○按說文玉篇類篇
炎字俱自爲部

【 오류정리 】

○康誤處 1; [列子殷湯篇(改湯問篇)]
楚之南有炎人之國
●考證 ; 謹照原書改湯問篇
◆整理 ; [列子(열자) 殷湯篇(은탕편)
은 湯問篇(탕문편)의] 착오.
◆訂正文 ; [列子湯問篇]楚之南有炎

人之國
▶【1071-1】 字解誤謬與否 ; [列子
殷湯篇(改湯問篇)]楚之南有炎人之國
[殷湯篇(改湯問篇)]
★이상과 같이 인용처(引用處)나 주
소(註疏)의 오류(誤謬)를 수정(修訂)
을 한다 하여도 자전상(字典上)의 등
(澄)의 본의(本義)에는 영향이 미치지
않음.

火部 五畫

康炮(포)[唐韻]薄交切[集韻][韻
會][正韻]蒲交切𤈦音庖同㐹[說文]毛
炙肉也[廣韻]一曰裹物燒也[詩小雅]
炮之燔之[傳]毛曰炮加火曰燔[疏]此
述庶人之禮當是合毛而炮之[禮內則]
炮取豚若將[註]炮者以塗燒之爲名也
[禮運]以炮以燔[註]炮裹之也[周禮地
官封人]毛炮之豚[註]燂去其毛而炮之
以備八珍○按註疏合毛去毛總曰炮廣
韻止訓合毛炙物義猶未全 又[周禮春
官大祝]九祭三 曰炮祭[註]炮祭燔柴
也 又[周禮秋官壺涿氏]掌除水蟲以
炮土之鼓毆之 [註]炮土之鼓瓦鼓也
又與庖通[前漢律歷志]炮犧氏之王天
下也[師古註]炮與庖同 又[集韻]披
敎切音砲灼也[齊民要術]蒸缹法有胡炮
肉[註]炮著敎反 又叶蒲侯切[詩小
雅]有兔斯首燔之炮之君子有酒酌言醻
之

【 오류정리 】

○康誤處 1; [齊民要術]蒸缹法有胡炮
肉[註]炮著敎反(改普敎反)
●考證 ; 謹照原文著敎反改普敎反
◆整理 ; [齊民要術(제민요술)] 著敎
反(저교반)은 普敎反(보교반)의 착오.
◆訂正文 ; [齊民要術]蒸缹法有胡炮
肉[註]炮普敎反
▶【1072-1】 字解誤謬與否 ; [齊民
要術]蒸缹法有胡炮肉[註]炮著敎反

(改普敎反) [著敎反(改普敎反)]
★이상과 같이 오류(誤謬) 수정(修訂)이 된다 하여도 보교반(普敎反; 보통 교육 체제로 바꾸다) 자전상(字典上)의 본의(本義)에는 영향이 미치지 않음.

康 炰(포)[廣韻][集韻]𠀤同炮[詩小雅]炰鼈膾鯉[魯頌]毛炰胾羹 又[詩大雅]女炰烋于中國[傳]炰烋彭亨也[箋]自矜氣健之貌 又炰烋亦作咆烋[左思魏都賦]克翦方命吞滅咆烋雲徹叛換度卷虔劉 又[集韻]俯九切音缶同缹詳缹字註

【 오류정리 】

○康誤處 1;[左思魏都賦]克翦方命吞滅咆烋雲徹叛換度卷(改席卷)虔劉
●考證 ; 謹照原文度卷改席卷
◆整理 ; [左思魏都賦(좌사위도부)]度卷(도권)은 席卷(석권)의 착오.
◆訂正文 ; [左思魏都賦]克翦方命吞滅咆烋雲徹叛換席卷虔劉
▶【1073-1】 字解誤謬與否 ; [左思魏都賦]克翦方命吞滅咆烋雲徹叛換度卷(改席卷)虔劉 [度卷(改席卷)]
★이상과 같이 오류(誤謬) 수정(修訂)이 되면 석권(席卷; 휩쓸다. 말끔히 거두어들이다)으로 고쳐지나 자전상(字典上) 포(炮)의 본의(本義)에는 영향이 미치지 못함.

火部 六畫

康 烆(교)[唐韻][集韻]𠀤古巧切音狡[說文]交木然也[玉篇]交木然之以燎柴天也同煔燒 又[集韻][類篇]𠀤居号切音誥義同 又[集韻]魚敎切音樂煎也

【 오류정리 】

○康誤處 1;[玉篇]交木然之以燎柴天(改祭天)也

●考證 ; 謹照五音篇海火部載玉篇原文柴天改祭天
◆整理 ; [玉篇(옥편)] 柴天(시천)은 祭天(제천)의 착오.
◆訂正文 ; [玉篇]交木然之以燎祭天也
▶【1074-1】 字解誤謬與否 ; [玉篇]交木然之以燎柴天(改祭天)也 [柴天(改祭天)]
★이상과 같이 오류(誤謬) 수정(修訂)이 되면 료제천(燎祭天; 나무를 태워 하늘에 제사함)이 되니 자전상(字典上) 교(烆)의 본의(本義)에 영향이 미치게 됨.

康 烆(행)[篇海]尹庚切音行火炬也

【 오류정리 】

○康誤處 1;[篇海]尹庚切(改戶庚切)音行
●考證 ; 謹照原文尹庚切改戶庚切
◆整理 ; [篇海(편해)] 尹庚切(윤경절)은 戶庚切(호경절)의 착오.
◆訂正文 ; [篇海]戶庚切音行
▶【1075-1】 字解誤謬與否 ; [篇海]尹庚切(改戶庚切)音行 [尹庚切(改戶庚切)]
★이상과 같이 인용처(引用處)나 주소(註疏), 음(音)의 오류(誤謬)를 수정(修訂)을 한다 하여도 자전상(字典上)의 행(烆)의 본의(本義)에는 영향이 미치지 않음.

康 烝(증)[唐韻]煑仍切[集韻][韻會]諸仍切𠀤音蒸[說文]火气上行也[詩大雅]烝之浮浮[疏]炊之于甑䉛而烝之 又[爾雅釋詁]君也[詩大雅]文王烝哉 又[爾雅釋詁]進也[書堯典]烝烝又[詩周頌]烝畀祖妣 又[爾雅釋詁]衆也[書益稷]烝民乃粒 又[書立政]夷微盧烝[蔡傳]烝或以爲衆或以爲夷名 又[爾雅釋言]塵也[註]人衆所

以生塵埃 又[詩豳風]烝在桑野[傳]
烝實也 又[小雅]烝然罩罩[箋]烝塵也
塵然猶言久如也[朱傳]烝發語辭 又
[詩魯頌]烝烝皇皇[傳]烝烝厚也 又
[爾雅釋訓]烝烝作也[註]物興作之貌
又[爾雅釋天]冬祭于烝[註]進品物也
[書洛誥]烝祭歲 又[禮月令]大飮烝
[疏]烝升也升此牲體于俎之上[周語]
禘郊之事則有全烝王公立飫則有房烝
親戚宴饗則有殽烝 又[儀禮特牲饋食
禮]棗烝栗擇[註]果實之物多皮核優尊
者可烝襄之也 又[揚子方言]烝婬也
[左傳桓十六年]衞宣公烝于夷姜[註]
上淫曰烝 又[韻會]通作蒸 又[五音
集韻]支廥切蒸上聲氣上遠貌 又[廣
韻][集韻]𢀜諸應切音證[廣韻]熱也
[正韻]鬱熱 又[集韻]氣之上達也或
作蒸 又叶居良切音姜[漢校官碑辭]
翼翼皇慈惠我黎烝貽我潘君平玆溧陽

【 오류정리 】

○康誤處 1；[爾雅釋天]冬祭于烝(改
曰烝)
●考證；謹照原文于烝改曰烝
◆整理；[爾雅釋天(이아석천)]于烝
(우증)은 曰烝(왈증)의 착오.
◆訂正文；[爾雅釋天]冬祭曰烝
▶【1076-1】 字解誤謬與否；[爾雅
釋天]冬祭于烝(改曰烝) [于烝(改曰
烝)]
★이상과 같이 오류(誤謬) 수정(修訂)
이 된다 하여도 왈증(曰烝; 증발하다.
김이오르다. 찌다. 증증(烝烝). 공히
이르다. 를 붙임) 자전상(字典上) 증
(烝)의 본의(本義)에 직접 영향이 미
치게 됨.

康烹(팽)[唐韻][正韻]普庚切[集
韻][韻會]披庚切𢀜音磅[說文]本作亯
[廣韻]俗亨字詳亠部亨字註[左傳昭二

十年]以烹魚肉 又[唐韻正]古音普郎
反[詩小雅]或剝或烹或肆或踦[墨子耕
柱篇]鼎成三足而方不炊而自烹不舉而
自藏不遷而自行[史記越世家]蜚鳥盡
良弓藏狡兔死走狗烹〇按說文玉篇類
篇亯字俱自爲部說文玉篇無烹字類篇
火部內始收烹字經傳本作亨今俗用皆
作烹矣

【 오류정리 】

○康誤處 1；[詩小雅]或剝或烹或肆或
踦(改或將)
●考證；謹照原文或踦改或將
◆整理；[詩小雅(시소아)] 或踦(혹
창)은 或將(혹장)의 착오.
◆訂正文；[詩小雅]或剝或烹或肆或
將
▶【1077-1】 字解誤謬與否；[詩小
雅]或剝或烹或肆或踦(改或將) [或踦
(改或將)]
★이상과 같이 오류(誤謬) 수정(修訂)
이 된다 하여도 혹장(或將; 혹은 부
축하다. 혹은 거느리다. 혹은 장수)
자전상(字典上) 팽(烹)의 본의(本義)
에는 영향이 미치지 않음.

康烻(연)[集韻]尸連切音羶光也
又[集韻][類篇]𢀜抽延切音鏈義同
又延面切音衍光熾也[王延壽魯靈光殿
賦]丹桂歕荔而電烻[註]烻光盛起也弋
戰切

【 오류정리 】

○康誤處 1；[王延壽魯靈光殿賦]丹桂
(改丹柱)歕荔而電烻
●考證；謹照原文丹桂改丹柱
◆整理；[王延壽魯靈光殿賦(왕연수로
령광전부)] 丹桂(단계)는 丹柱(단주)
의 착오.
◆訂正文；[王延壽魯靈光殿賦]丹柱
歕荔而電烻
▶【1078-1】 字解誤謬與否；[王延

壽魯靈光殿賦]丹桂(改丹柱)歘絶而電烻　[丹桂(改丹柱)]

★이상과 같이 오류(誤謬) 수정(修訂)이 되면 단주(丹柱; 붉은 기둥. 홍칠적주자(紅漆的柱子) [藝文類聚]引漢崔駰[七依]丹柱雕楹飛閣曾樓樓唐韓愈[謁衡岳廟遂宿岳寺題門樓]詩粉墻丹柱動光彩鬼物圖畫塡靑紅)의 자전상(字典上) 연(烻)의 본의(本義)에 는 영향이 미치지 못함.

康 **焌**(준)[廣韻][韻會]子峻切[集韻]祖峻切𡘋音俊[說文]然火也[周禮春官菙氏]凡卜以明火䕺燋遂歘其焌契以授卜師[註]杜子春云焌讀如英俊之俊書亦或爲俊　又[廣韻]子寸切[集韻][韻會][正韻]祖寸切𡘋音捘義同[集韻]或作焞燇　又[集韻]祖悶切音鐏[周禮春官菙氏註]康成謂讀如弋鐏之鐏[疏]讀爲俊者意取荊樵之中英俊者爲楚燋用之灼龜也讀爲鐏者意取銳頭以灼龜也[集韻]或灼燇　又[集韻]祖管切音纂義同本作焞○按周禮春官釋文焌音俊又存悶反又祖悶反又祖管反四音皆可讀　又[廣韻]倉聿切[集韻][韻會]促律切𡘋音黢[廣韻]火燒　又[廣韻]亦火滅也

【 오류정리 】

○康誤處 1; [周禮春官菙氏註]康成謂讀如弋鐏(改戈鐏)之鐏

●考證 ; 謹照原文弋鐏改戈鐏

◆整理 ; [周禮春官菙氏註(주례춘관수씨주)] 弋鐏(익준)은 戈鐏(과준)의 착오.

◆訂正文 ; [周禮春官菙氏註]康成謂讀如戈鐏之鐏

▶【1079-1】 字解誤謬與否 ; [周禮春官菙氏註]康成謂讀如弋鐏(改戈鐏)之鐏　[弋鐏(改戈鐏)]

★이상과 같이 오류(誤謬) 수정(修訂)

이 되면 과준(戈鐏; 창고달)이 되어 자전상(字典上) 준(焌)의 본의(本義)에 영향이 미치게 됨.

火 部 八畫

康 **焞**(돈)[集韻]徒渾切音屯[說文]作燉隷作焞[玉篇]焞焞無光耀也　又[集韻]灼龜火也　又[集韻][韻會][正韻]𡘋他昆切音暾[左傳僖五年]鶉之賁賁天策焞焞火中成軍虢公其奔[註]天策傳說星時近日星微焞焞無光耀也　又[集韻]一曰灼龜炬　又[廣韻]常倫切[集韻][韻會][正韻]殊倫切𡘋音純[廣韻]明也[韻會]火色也　又[集韻][正韻]通回切[韻會]吐雷切𡘋音推[玉篇]焞焞盛貌[詩小雅]戎車嘽嘽嘽嘽焞焞如霆如雷[傳]焞焞盛也[釋文]焞本又作嘽[前漢韋玄成傳]引詩又作推　又[集韻]祖管切[韻會]作管切𡘋音纂[集韻]灼龜也或作焌　又[集韻]祖悶切音鐏然火以灼龜或作焌　又[集韻][類篇]𡘋祖寸切音捘[儀禮士喪禮]楚焞置于燋在龜東[註]楚荊也荊焞所以鑽灼龜者[疏]荊是草名古法鑽龜用荊謂之荊焞也○按廣韻十八諄焞字註云又他昆切而二十三𩹊內止收燉字無焞字疑焞爲燉之重文又周禮菙氏註引楚焞疏與釋文皆作燉是焞燉古通用也互詳燉字註六書㳊原作焞

【 오류정리 】

○康誤處 1; [左傳僖五年]鶉之賁賁天策焞焞火中成軍虢公其奔[註]天策傳說(改傳說)星

●考證 ; 謹照原文傳說改傳說

◆整理 ; [左傳僖五年(좌전희오년)]傳說(전설)은 傅說(부설)의 착오.

◆訂正文 ; [左傳僖五年]鶉之賁賁天策焞焞火中成軍虢公其奔[註]天策傅說星

▶【1080-1】 字解誤謬與否；[左傳僖五年]鶉之賁賁天策焞焞火中成軍號公其奔[註]天策傳說(改傳說)星 [傳說(改傳說)]

★이상과 같이 오류(誤謬) 수정(修訂)이 되면 부열성(傅說星; 전설상 은(殷)의 부열이 죽어 하늘로 올라가 되었다는별이름) [楚辭遠遊]奇傳說之託星辰或叫做龍尾傳說死他的精神乘東維托龍尾今尾上有傳說星辰星就是房星龍尾就是尾 는 자전상(字典上) 돈(焞)의 본의(本義)에는 영향이 미치지 못함.

康 燉 (흔)[廣韻][集韻][韻會]𣊬香靳切音焮[玉篇]炙也[廣韻]火氣[左傳昭十七年]司馬司寇列居火道行火所燉[註]燉炙也[小爾雅]暴晒晒也燉也[杜甫火詩]光彌燉宇宙 又[集韻]一曰𤓋也[玉篇]同炘 又[玉篇]許勤切音欣義同亦同炘

【 오류정리 】

○康誤處 1；[左傳昭十七年(改十八年)]司馬司寇列居火道行火所燉

●考證；謹照原文十七年改十八年

◆整理；[左傳昭(좌전소) 十七年(십칠년)은 十八年(십팔년)의] 착오.

◆訂正文；[左傳昭十八年]司馬司寇列居火道行火所燉

▶【1081-1】 字解誤謬與否；[左傳昭十七年(改十八年)]司馬司寇列居火道行火所燉 [十七年(改十八年)]

★이상과 같이 인용처(引用處)나 주소(註疏)의 오류(誤謬)를 수정(修訂)을 한다 하여도 자전상(字典上) 흔(燉)의 본의(本義)에는 영향이 미치지 않음.

康 然 (연)[唐韻][集韻][類篇][韻會][正韻]𣊬如延切音䊗[說文]燒也

[註]徐鉉曰俗作燃蓋後人增加[孟子]若火之始然[管子弟子職]蒸閒容蒸然者處下[趙用賢曰]古者束薪蒸以爲燭蒸細薪也稍寬其束使其蒸閒可各容一蒸以通火氣又使已然者居上未然者居下則火易然也[集韻]通作䕼 又玉篇許也如是也䧺言也[史記張耳陳餘傳]此固趙國立名義不侵爲然諾者也 又[廣韻]語助[禮檀弓]歲旱穆公召縣子而問然[註]然之言焉也 又[廣韻]如也[詩邶風]惠然肯來[禮檀弓]貿貿然來 又承上接下語[禮曲禮]然後客坐 又[檀弓]然則盍行乎[文王世子]然而衆知父子之道矣 又[禮祭義]國人稱願然曰幸哉有子如此[註]然猶而也 又果然獸名[周禮春官巾車]然𥿄髳飾[註]然果然也○按埤雅作㹣詳犬部㹣字註 又率然蛇名[孫子九地篇]率然者常山之蛇也擊其首則尾至擊其尾則首至擊其中則首尾俱至 又連然縣名[前漢地理志]益州郡連然有鹽官 又燕然山名[前漢匈奴傳]至速邪烏燕然山 又姓[左傳]楚然丹鄭然明 又叶而鄰切音人[劉向列女贊]齊女傳母防女未然莊姜亦材卒能修身[馬融東巡頌]散齊旣畢越翼良辰梜栖增積烈火燔然

【 오류정리 】

○康誤處 1；[管子弟子職]蒸閒容蒸然者處下[趙用賢曰(改爲劉績曰)]古者束薪蒸以爲燭蒸細薪也稍寬其束使其蒸閒可各容一蒸以通火氣又使已然者居上(改爲下字)未然者居下(改爲上字)則火易然也

●考證；謹按管子卷首有按字者皆劉績語非趙用賢語謹據凡例將趙用賢曰四字改爲劉績曰按又已然者居上二句係釋然者居下之義蓋火性炎上故使已然者下未然者居上則火易然也謹按文義將已然句上字改爲下字未然句下字改爲上字

◆整理；[管子弟子職(관자제자직)][趙用賢曰(조용현왈)은 劉績曰(유적

왈)] 上(상)은 下(하), 下(하)는 上(상)으로 고침.

◆訂正文 ; [管子弟子職]蒸閒容蒸然者處下[劉績曰]古者束薪蒸以爲燭蒸細薪也稍寬其束使其蒸閒可各容一蒸以通火氣又使已然者居下未然者居上則火易然也

▶【1082-1】 字解誤謬與否 ; [管子弟子職]蒸閒容蒸然者處下[趙用賢曰(改爲劉績曰)]古者束薪蒸以爲燭蒸細薪也稍寬其束使其蒸閒可各容一蒸以通火氣又使已然者居上(改爲下字)未然者居下(改爲上字)則火易然也 [趙用賢曰(改爲劉績曰)] [上(改爲下字)] [下(改爲上字)]

★이상과 같이 인용처(引用處)나 주소(註疏)는 물론 ○거하(居下; 관리 성적(成績) 평가 기준에서 최하위) ○거상(居上; 관리 성적(成績) 평가 기준에서 최상위) 과 같이 오류(誤謬)를 수정(修訂)을 한다 하여도 자전상(字典上)의 연(然)의 본의(本義)에는 영향이 미치지 않음.

火 部 九畫

㉇煑(자)[唐韻]章與切[集韻]掌與切𠀤音渚[說文]亨也[周禮天官亨人]職外內饔之爨亨煑辨膳羞之物[爾雅釋訓]是刈是濩濩煑之也 又煑棗地名[戰國策]秦懼遽効煑棗[註]屬濟陰宛司 [說文]或作鬻[玉篇]亦作䭇

【 오류정리 】

○康誤處 1; 煑棗地名[戰國策]秦懼遽効煑棗[註]屬濟陰宛司(改宛句)
●考證 ; 謹按續漢書郡國志濟陰郡宛句有煑棗城宛司改宛句
◆整理 ; [戰國策(전국책)] [註(주)] 宛司(완사)는 宛句(원구)로 고침.
◆訂正文 ; 煑棗地名[戰國策]秦懼遽効煑棗[註]屬濟陰宛句

▶【1083-1】 字解誤謬與否 ; 煑棗地名[戰國策]秦懼遽効煑棗[註]屬濟陰宛司(改宛句) [宛司(改宛句)]

★이상과 같이 오류(誤謬) 수정(修訂)이 되면 원구[宛句; 현명(縣名) 금산동성조현(今山東省曹縣) 북방(北方)] [前漢地理志]會稽郡句章縣濟陰郡宛句縣 [爾雅釋訓]是刈是濩濩煑之也又煑棗地名[戰國策]秦懼遽効煑棗[註]屬濟陰宛句 인데 자전상(字典上) 자(煑)의 본의(本義)에는 영향이 미치지 않음.

㉇熦(추)[唐韻]自秋切[集韻]字秋切𠀤音酋[玉篇]爆也同酋[集韻]燥也 又[集韻]張流切音輈燥也 又[集韻]將由切音啾火貌 又以九切音酉亦火也

【 오류정리 】

○康誤處 1; [玉篇]爆也同酋(改煎)
●考證 ; 謹照原文酋改煎
◆整理 ; [玉篇(옥편)] 酋(추)는 煎(추)의 착오.
◆訂正文 ; [玉篇]爆也同煎

▶【1084-1】 字解誤謬與否 ; [玉篇]爆也同酋(改煎) [酋(改煎)]

★이상과 같이 오류(誤謬) 수정(修訂)이 되면 추(煎; 불태우다)로 고쳐저 자전상(字典上) 추(熦)의 본의(本義)에 직접 영향이 미치게 됨.

火 部 十畫

㉇㲉(혹)[廣韻][集韻]𠀤呼木切音㲉[廣韻]本作㲉曰出赤貌 又[集韻]胡谷切音㲉赤貌 又黑角切音吒火聲

【 오류정리 】

○康誤處 1; [廣韻]本作㲉曰(改日)出赤貌
●考證 ; 謹照原文曰改日
◆整理 ; [廣韻(광운)] 曰(왈)은 日(일)의 착오.

◆訂正文 ; [廣韻]本作穀日出赤貌
▶【1085-1】 字解誤謬與否 ; [廣韻]本作穀曰(改日)出赤貌　[曰(改日)]
★이상과 같이 오류(誤謬) 수정(修訂)이 되면 일출적모(日出赤貌; 해뜰 때 붉은 모양. 혹(穀). 아침 노을.)가 되니 자전상(字典上) 혹(穀)의 본의(本義)에 적극 영향이 미치게 됨.

康熒(형)[唐韻]戶扃切[集韻]懸扃切[韻會]互扃切𠀤音螢[說文]屋下燈燭之光从焱冖[前漢班固敘傳]守突奧之熒燭[註]師古曰熒熒小光之燭也 又[玉篇]熒熒猶灼灼也[廣韻]光也明也[史記趙世家]美人熒熒兮顏若苕之榮[杜牧阿房宮賦]明星熒熒 又熒惑星名[史記天官書]察剛氣以處熒惑亦作營 又[莊子人閒世]而目將熒之[註]使人眼眩也 又熒陽縣名[左傳宣十二年]及熒澤見六麋[註]熒澤在熒陽縣東 又[水經注]火山似火从地中出名熒臺 又草名[爾雅釋草]熒委萎[註]藥草也 又與螢通[爾雅釋蟲]熒火卽炤[後漢靈帝紀]逮熒光行數里 又[集韻]乎萌切音宏火光 又維傾切音營義同 又[集韻][類篇]𠀤翾營切音眴[集韻]本作熒水名 又[集韻]烏迴切音渨同瀅聽瀅疑惑也[莊子齊物論]是黃帝之所聽熒也 又[五音集韻]烏絅切音鎣火光貌 又[集韻]胡鎣切濙去聲暫明貌

【 오류정리 】
○康誤處 1; [後漢靈帝紀]逮(改逐)熒光行數里
●考證 ; 謹照原文逮改逐
◆整理 ; [後漢靈帝紀(후한영제기)]逮(수)는 逐(축)의 착오.
◆訂正文 ; [後漢靈帝紀]逐熒光行數里
▶【1086-1】 字解誤謬與否 ; [後漢靈帝紀]逮(改逐)熒光行數里　[逮(改逐)]
★이상과 같이 오류(誤謬) 수정(修訂)이 된다 하여도 축형(逐熒; 현혹되아 쫓아가다) 자전상(字典上) 형(熒)의 본의(本義)에 직접 영향이 미치게 됨.

火部 十一畫

康熯(선)[唐韻]人善切[集韻][韻會]忍善切𠀤音橪[說文]乾貌从火漢省聲[玉篇]火盛貌[管子伯形篇]楚人攻宋鄭燒炳熯焚鄭地[王充論衡]熯一炬火爨一鑊水 又[爾雅釋詁]敬也[詩小雅]我孔熯矣式禮莫愆 又[廣韻][韻會]呼旱切[集韻][正韻]許旱切𠀤音罕[廣韻]本作焊詳前焊字註 又[韻會][正韻]乾也又炙也 又[廣韻][韻會]呼旰切[集韻]虛旰切[正韻]虛汗切𠀤音漢[廣韻]火乾[易說卦]燥萬物者莫熯乎火[集韻]本作暵

【 오류정리 】
○康誤處 1; [管子伯形篇]楚人攻宋鄭燒炳(改炳)熯焚鄭地
●考證 ; 謹按炳字在本部八畫炳改炳
◆整理 ; [管子伯形篇(관자백형편)]炳(無音)은 炳(설)의 착오.
◆訂正文 ; [管子伯形篇]楚人攻宋鄭燒炳熯焚鄭地
▶【1087-1】 字解誤謬與否 ; [管子伯形篇]楚人攻宋鄭燒炳(改炳)熯焚鄭地　[炳(改炳)]
★이상과 같이 오류(誤謬) 수정(修訂)이 되면 소설선분(燒炳熯焚; 무참히 불사르다)으로 바뀌니 자전상(字典上) 선(熯)의 본의(本義)에 적극 영향이 미치게 됨.

火部 十二畫

康燕(연)[唐韻]於甸切[集韻][韻

會][正韻]伊甸切㷱音宴[說文]玄鳥也籥口布翅枝尾象形[爾雅釋鳥]燕燕鳦[疏]燕燕又名鳦古人重言之[詩邶風]燕燕于飛[玉篇]俗作鷰[集韻]亦作鷰 又[禮學記]燕朋逆其師燕辟廢其學[註]燕猶褻也 又與醼通[廣韻]醼飲古無酉今通用[詩小雅]我有旨酒嘉賓式 燕以敖[儀禮]燕禮第六 又[集韻]與宴通安也息也[易中孚]初九虞吉有他不燕[疏]燕安也[詩小雅]悉率左右以燕天子[傳]以安待天子[又]或燕燕居息[傳]燕燕安息貌[齊語]昔先君之處事也使就閒燕[註]閒燕猶清淨也 又[廣韻]烏前切[集韻][韻會]因蓮切[正韻]因肩切㷱音煙[玉篇]國名[爾雅釋地]燕曰幽州[詩大雅]溥彼韓城燕師所完[朱傳]燕召公之國○按鄭箋云燕安也讀去聲今从朱傳 又[左傳隱五年]衛人以燕師伐鄭[註]南燕國今東郡燕縣[疏]燕有二國一稱北燕故此註言南燕以別之世本燕國姞姓地理志東郡燕縣南燕國姞姓黃帝之後也 又姓[廣韻]邵公奭封燕爲秦所滅子孫以國爲氏漢有燕倉○按史記仲尼弟子傳燕伋字思是春秋時即有燕姓也 又[集韻]於殄切音蝘本作宴引爾雅宴宴居息也○按爾雅疏引小雅北山或燕燕居息考爾雅釋文及北山釋文俱無作上聲讀者惟大雅韓奕韓姞燕譽釋文云燕于遍反又於顯反可証燕之有上聲也

【 오류정리 】
○康誤處 1; [齊語]昔先君(改聖王)之處事(改處士)也使就閒燕
●考證 ; 謹照原文先君改聖王處事改處士
◆整理 ; [齊語(제어)] 先君(선군)은 聖王(성왕), 處事(처사)는 處士(처사)의 착오.
◆訂正文 ; [齊語]昔聖王之處士也使就閒燕

▶【1088-1】 字解誤謬與否 ; [齊語]昔先君(改聖王)之處事(改處士)也使就閒燕 [先君(改聖王)] [處事(改處士)]
★이상과 같이 오류(誤謬) 수정(修訂)이 된다 하여도 ○성왕(聖王; 어짐 임금) ○처사(處士; 벼슬을 하지 아니하고 초야에 묻혀 사는 선비. 거사) 자전상(字典上) 연(燕)의 본의(本義)에는 영향이 미치지 않음.

㉃燙(탕)[字彙]徒浪切音宕[篇海]盪滌盪也出釋典 又[篇海]從郎切音唐義同

【 오류정리 】
○康誤處 1; [篇海]從郎切(改徒郎切)音唐
●考證 ; 謹按從郎切不音唐謹照原文改徒郎切
◆整理 ; [篇海(편해)] 從郎切(종랑절)은 徒郎切(도랑절)의 착오.
◆訂正文 ; [篇海]徒郎切音唐

▶【1089-1】 字解誤謬與否 ; [篇海]從郎切(改徒郎切)音唐 [從郎切(改徒郎切)]
★이상과 같이 인용처(引用處)나 주소(註疏) 음(音)의 오류(誤謬)를 수정(修訂)을 한다 하여도 자전상(字典上)의 탕(燙)의 본의(本義)에는 영향이 미치지 않음.

火部 十三畫

㉃燠(욱)[廣韻]於六切[集韻][韻會][正韻]乙六切㷱音郁[說文]熱在中也[爾雅釋言]燠煖也[註]今江東通言燠[書洪範]曰燠曰寒[前漢王褒傳]不若盛暑之鬱燠 又通作奧[詩唐風]不如子之衣安且燠兮[註]奧本又作燠又[小雅]日月方奧[禮內則]問衣燠寒[註]燠本又作奧○按漢書五行志李尋

王莽傳燠皆作奧　又與陳同[書堯典]
厥民陳[史記堯本紀]作其民燠[集韻]
或作曦　又[唐韻]烏到切[集韻][韻
會][正韻]於到切𤎿音奧義同　又[廣
韻]燠釜以水添釜　又[集韻]威遇切音
嫗燠休痛念聲或作噢　又[集韻][類
篇]𤎿於求切音憂義同[左傳昭三年]民
人痛疾而或燠休之[註]燠休痛念之聲
[疏]燠厚也休美也○按釋文休盧喻反
燠徐音憂又於到反又乙六反三音皆可
讀[集韻]或亦作奧　又[廣韻][集韻]
𤎿烏皓切音襖[廣韻]甚熱也

【 오류정리 】

○康誤處 1; [前漢王襃傳]不若(改不
苦)盛暑之鬱燠

●考證 ; 謹照原文不若改不苦

◆整理 ; [前漢王襃傳(전한왕포전)]
不若(불약)은 不苦(불고)의 착오.

◆訂正文 ; [前漢王襃傳]不苦盛暑之
鬱燠

▶【1090-1】 字解誤謬與否 ; [前漢
王襃傳]不若(改不苦)盛暑之鬱燠 [不
若(改不苦)]

★이상과 같이 오류(誤謬) 수정(修訂)
이 된다 하여도 불고(不苦; 괴롭지도
않다) 자전상(字典上) 욱(燠)의 본의
(本義)에는 영향이 미치지 않음.

康燗(람)[廣韻][集韻]𤎿盧惑切音
壈[玉篇]黃色[廣韻]黃焦

【 오류정리 】

○康誤處 1; [廣韻][集韻]𤎿盧惑切
(改盧感切)音壈

●考證 ; 謹按盧惑切不音壈謹照原文
改盧感切

◆整理 ; [廣韻(광운)][集韻(집운)]
盧惑切(로혹절)은 盧感切(로감절)의
착오.

◆訂正文 ; [廣韻][集韻]𤎿盧感切音

壈
▶【1091-1】 字解誤謬與否 ; [廣
韻][集韻]𤎿盧惑切(改盧感切)音壈
[盧惑切(改盧感切)]

★이상과 같이 인용처(引用處)나 주
소(註疏) 음(音)의 오류(誤謬)를 수정
(修訂)을 한다 하여도 자전상(字典上)
의 탕(燙)의 본의(本義)에는 영향이
미치지 않음.

康燧(수)[廣韻][集韻][韻會][正
韻]𤎿徐醉切音邃[玉篇]以取火於日
[禮內則]左佩金燧右佩木燧[註]金燧
取火於日木燧鑽火也[左傳文十年]命
夙駕載燧又[定二年]鍼尹固與王同舟
王使執燧象以奔吳師[註]燒火燧繫象
尾　又[周禮冬官考工記輈人]金錫半
謂之鑑燧之齊[註]鑑燧取水火於日月
之器也　又[史記三皇紀]自人王已後
有五龍氏燧人氏　又作邃[周禮秋官
司烜氏]掌以夫邃取明火于日[註]夫邃
陽邃也[疏]取火於日故名陽邃猶取火
於木爲木邃也又[史記韓安國傳]攻烽
燧互詳烽字註　[玉篇]同熒亦作鐩

【 오류정리 】

○康誤處 1; [周禮冬官考工記輈人(改
金有六齊)]金錫半謂之鑑燧之齊

●考證 ; 謹按所引係攻金之事與輈人
無涉謹照原文輈人改金有六齊

◆整理 ; [周禮冬官考工記(주례동관고
공기) 輈人(주인)은 金有六齊(금유육
제)의] 착오.

◆訂正文 ; [周禮冬官考工記金有六
齊]金錫半謂之鑑燧之齊

▶【1092-1】 字解誤謬與否 ; [周禮
冬官考工記輈人(改金有六齊)]金錫半
謂之鑑燧之齊 [輈人(改金有六齊)]

★이상과 같이 인용처(引用處)나 주
소(註疏) 음(音)의 오류(誤謬)를 수정
(修訂)을 한다 하여도 자전상(字典上)

의 탕(燙)의 본의(本義)에는 영향이 미치지 않음.

○康誤處 2; [史記三皇紀]自人王(改人皇)已後有五龍氏燧人氏
●考證 ; 謹照原文人王改人皇
◆整理 ; [史記三皇紀(사기삼황기)]人王(인왕)은 人皇(인황)의 착오.
◆訂正文 ; [史記三皇紀]自人皇已後有五龍氏燧人氏
▶【1093-2】 字解誤謬與否 ; [史記三皇紀]自人王(改人皇)已後有五龍氏燧人氏 [人王(改人皇)]
★이상과 같이 오류(誤謬) 수정(修訂)이 되면 자전상(字典上) 인황(人皇; 삼황오제(三皇五帝) [하도(河圖)] 천황(天皇) 지황(地皇) 인황(人皇) 또 수인씨(燧人氏; 고대 중국 전설상의 황제. 복희씨(伏羲氏) 신농씨(神農氏) 수인씨(燧人氏) 중의 한 임금)의 본의(本義)에 영향이 미치게 됨.

康燭(촉)[唐韻]之欲切[集韻][韻會]朱欲切𡨜音囑[說文]庭燎火燭也[廣韻]燈燭[禮曲禮]燭至起[周禮秋官烜氏]以共祭祀之明𧩹明燭 又[玉篇]照也[前漢武帝紀]日月所燭莫不率俾 又[爾雅釋天]四時和謂之玉燭[註]道光照也[梁書簡文帝紀]太平玉燭爾乃議之 又[楚辭天問]日出不到燭龍何燿 又星名[史記天官書]燭星狀如太臼其出也不行見則滅如星非星如雲非雲名曰歸邪歸邪出必有歸國者漢元鳳四年燭星見奎婁閒 又南天燭藥名赤者名文燭木而似草故又名南燭草又石燭一名水肥一名石脂一名石液 又姓[左傳僖二十八年]若使燭之武見秦君師必退 又去聲[前漢武帝紀]見光集於雲檀一夜三燭[註]服虔曰燭音炷師古讀如字 又[唐韻正]音朱[張衡東京賦]德寅天覆輝烈光燭狹三王之趨

趫軼五帝之長驅 又[唐韻正]後魏渴燭渾民亦作可足渾民又作可朱渾民

【 오류정리 】
○康誤處 1; [前漢武帝紀]見光集於雲檀(改靈檀)一夜三燭
●考證 ; 謹照原文雲檀改靈檀
◆整理 ; [前漢武帝紀(전한무제기)]雲檀(운단)은 靈檀(령단)의 착오.
◆訂正文 ; [前漢武帝紀]見光集於靈檀)一夜三燭
▶【1094-1】 字解誤謬與否 ; [前漢武帝紀]見光集於雲檀(改靈檀)一夜三燭 [雲檀(改靈檀)]
★이상과 같이 오류(誤謬) 수정(修訂)이 된다 하여도 자전상(字典上) 촉(燭)의 본의(本義)인 령단(靈壇; 위패를 모신 檀) 삼촉(三燭; 초의 등급 삼촉(三燭) 사촉(四燭) 오촉(五燭)…)에는 영향이 미치지 않음.

火部 十四畫
康燻(훈)[廣韻]許云切音勳同熏[列子殷湯篇]燻則煙上[集韻]熏俗作燻非是 又[集韻]吁運切音訓[庾肩吾詩]柏燻起廚文

【 오류정리 】
○康誤處 1; [列子殷湯篇(改湯問篇)]燻則煙上
●考證 ; 謹照原書改湯問篇
◆整理 ; [列子(열자) 殷湯篇(은탕편)은 湯問篇(탕문편)의] 착오.
◆訂正文 ; [列子湯問篇]燻則煙上
▶【1095-1】 字解誤謬與否 ; [列子殷湯篇(改湯問篇)]燻則煙上 [殷湯篇(改湯問篇)]
★이상과 같이 인용처(引用處)나 주소(註疏)의 오류(誤謬)를 수정(修訂)을 한다 하여도 자전상(字典上)의 훈(燻)의 본의(本義)에는 영향이 미치지 않음.

爪部 四畫

康 爭 (쟁)[唐韻]側莖切[集韻]甾耕切㘴音筝[說文]引也从爪厂[徐鉉曰]厂音曳爪二手而曳之爭之道也[廣韻]競也[書大禹謨]汝惟不矜天下莫與汝爭能汝惟不伐天下莫與汝爭攻　又[玉篇]諫也　又訟也[增韻]理也辨也[禮曲禮]分爭辨訟非理不決　又姓[正字通]印藪有爭不識爭同　又[集韻]側迸切爭去聲義同　又[廣韻]本作諍諫諍也止也[孝經諫諍章]天子有爭臣七人[韻會]俗作争非

【 오류정리 】

○康誤處 1；[禮曲禮]分爭辨訟非理(改非禮)不決
●考證；謹照原文非理改非禮
◆整理；[禮曲禮(예곡예)] 非理(비리)는 非禮(비례)의 착오.
◆訂正文；[禮曲禮]分爭辨訟非禮不決
▶【1096-1】 字解誤謬與否；[禮曲禮]分爭辨訟非理(改非禮)不決 [非理(改非禮)]
★이상과 같이 오류(誤謬) 수정(修訂)이 된다 하여도 비례(非禮；예의에 어긋나다. 무례하다) 자전상(字典上) 쟁(爭)의 본의(本義)인 분쟁(分爭)에는 영향이 미치지 않음.

爪部 十四畫

康 爵 (작)[唐韻]卽略切[集韻][韻會][正韻]卽約切㘴音雀[說文]禮器也象爵之形中有鬯酒又持之也所以飲器象爵者取其鳴節節足足也[字彙]取其能飛而不溺於酒以示儆焉[埤雅]一升曰爵亦取其鳴節以戒荒淫[詩小雅]酌彼康爵[箋]康虛也又[禮投壺]正爵既行請立馬又[射義]發彼爾的以祈爾爵　又[儀禮鄕飮酒禮]揖讓如初升乃羞無算爵　又[玉篇]竹器所以酌酒也　又[集

韻]爵位也[廣韻]封也殷爵三等周爵五等三等法三光也五等法五行也[周禮天官大宰]以八柄馭羣臣一曰爵[註]爵謂公侯伯子男卿大夫士也[疏]以德詔爵以賢乃受爵也　又[埤雅]大夫以上與燕賞然後賜爵以章有德故謂命秩爲爵祿爵位[書武成]列爵惟五[傳]公侯伯子男也　又[廣韻]爵量也量其職盡其才也　又官名[前漢汲黯傳]爲主爵都尉　又鳥名[孟子]爲叢敺爵者鸇也[疏]鸇能食鳥雀　又叶資昔切音卽[陸機贈顧驃騎詩]淸塵既彰朝虛好爵敬子侯度愼徽百辟　又叶子結切音節[蘇軾補龍山文]宰夫揚觶兒觥舉罰誰歌相鼠以侑此爵[註]罰房六反[玉篇]本作𤔍

【 오류정리 】

○康誤處 1；[詩小雅]酌彼康爵[箋]康虛也又[禮投壺]正爵既行請立馬又[射義]發彼爾的以祈爾爵(改爲詩小雅發彼有的以祈爾爵又酌彼康爵鄭箋康虛也又禮記投壺正爵既行請立馬)
●考證；謹按發彼有的亦係引小雅賓筵詩應在酌彼康爵之上射義亦屬引詩應以詩爲主謹改爲詩小雅發彼有的以祈爾爵又酌彼康爵鄭箋康虛也又禮記投壺正爵既行請立馬
◆整理；[詩小雅(시소아)]酌彼康爵(작피강작)[箋(전)]康虛也(강허야) 又(우)[禮投壺(예투호)] 正爵既行請立馬(정작기행청립마)는 [詩小雅(시소아)]發彼有的以祈爾爵又酌彼康爵(발피유적이기이작우작피강작) [鄭箋(정전)]康虛也(강허야) 又(우)[禮記投壺(예기투호)] 正爵既行請立馬(정작기행청립마)라 고침.
◆訂正文；[詩小雅]發彼有的以祈爾爵 又酌彼康爵鄭箋康虛也　又[禮記投壺]正爵既行請立馬
▶【1097-1】 字解誤謬與否；[詩小雅]酌彼康爵[箋]康虛也又[禮投壺]正爵既行請立馬又[射義]發彼爾的以祈

爾爵(改爲[詩小雅]發彼有的以祈爾爵又酌彼康爵[鄭箋]康虛也又[禮記投壺]正爵既行請立馬)

★이상과 같이 인용처(引用處)나 주소(註疏), 전(箋), 등(等)의 오류(誤謬)를 수정(修訂)을 하거나 문장(文章)의 변화 없이 다만 선후 조정을 하였다 하여도 자전상(字典上)의 작(爵)의 본의(本義)에는 약간도 영향이 미치지 않음.

○康誤處 2; [蘇軾補龍山文]宰夫揚觶兕觥舉罰請歌相鼠以侑此爵[註]罰房六反(改房穴反)

●考證 ; 謹照原文房六反改房穴反

◆整理 ; [蘇軾補龍山文(소식보룡산문)] 房六反(방육반)은 房穴反(방혈1반)의 착오.

◆訂正文 ; [蘇軾補龍山文]宰夫揚觶兕觥舉罰請歌相鼠以侑此爵[註]罰房穴反

▶【1098-2】 字解誤謬與否 ; [蘇軾補龍山文]宰夫揚觶兕觥舉罰請歌相鼠以侑此爵[註]罰房六反(改房穴反) [房六反(改房穴反)]

★이상과 같이 오류(誤謬) 수정(修訂)이 된다 하여도 방혈반(房穴反; 안방에 깊히 숨어살다 밖으로 나오다)은 자전상(字典上) 작(爵)의 본의(本義)에는 영향이 미치지 않음.

父 部

父(부)[唐韻]扶雨切[集韻][韻會]奉甫切坴音輔[說文]矩也家長率教者从 又舉杖[釋名]父甫也始生己者[書泰誓]惟天地萬物父母[爾雅釋親]父爲考父之考爲王父王父之考爲曾祖王父曾祖王父之考爲高祖王父父之世叔父爲從祖祖父父之晜弟先生爲世父後生爲叔父父之從父晜弟爲從祖父之從晜弟爲族父 又[詩小雅]以速諸

父[傳]天子謂同姓諸侯諸侯謂同姓大夫皆曰諸父 又老叟之稱[史記馮唐傳]文帝輦過問唐曰父老何自爲郎 又[廣韻]方矩切[集韻][韻會]匪父切坴音府[集韻]同甫[廣韻]男子之美稱[詩大雅]維師尚父[箋]尚父呂望也尊稱焉○按管仲稱仲父孔子稱尼父范增稱亞父皆倣此 又野老通稱[戰國策]田父見之 又[詩小雅]祈父[傳]司馬也 又[春秋桓十三年]盟于武父[註]武父鄭地[釋文]音甫有父字者皆同甫音 又[廣韻]漢複姓三氏孔子弟子宰父黑漢主父偃左傳宋之公族皇父充石漢初王父鸞改父爲甫 又[正韻]防父切音附父母○按父字古無去聲正韻始收入五暮俗音从之防父切父字誤 又叶扶岳切[蘇轍釀酒詩]誰來共佳節但約鄉人父生理正揀難一醉陶衰朽

【 오류정리 】

○康誤處 1; [廣韻]漢複姓三氏孔子弟子宰父黑漢主父偃左傳宋之公族皇父充石漢初王父(改皇父)鸞改父爲甫

●考證 ; 謹照廣韻原文王父改皇父

◆整理 ; [廣韻(광운)] 王父(왕부)는 皇父(황부)의 착오.

◆訂正文 ; [廣韻]漢複姓三氏孔子弟子宰父黑漢主父偃左傳宋之公族皇父充石漢初皇父鸞改父爲甫

▶【1099-1】 字解誤謬與否 ; [廣韻]漢複姓三氏孔子弟子宰父黑漢主父偃左傳宋之公族皇父充石漢初王父(改皇父)鸞改父爲甫 [王父(改皇父)]

★이상과 같이 오류(誤謬) 수정(修訂)이 되면 황부(皇父; 황보(皇甫) 복성씨) [維基百科]出自西周西周宣王太師皇父[公兼官謂三公而兼卿士之官]的後代以[皇甫]爲姓稱皇甫氏出自子姓東周時期宋國宋戴公之子皇父充石其子孫便以祖宗之字爲姓之後又將皇父改爲皇甫는 자전상(字典上) 부(父)의본의(本

義)에 적극 영향이 미치게 됨.

父部 六畫

⟨康⟩爹 (다) [廣韻] 屠可切 [集韻] [韻會] 待可切𠀤音舵 [廣韻] 爹父也 [南史梁始興王憺傳] 詔徵還朝人歌曰始興王人之爹赴人急如水火何時復來哺乳我荊土方言謂父爲爹故云 [廣韻] 爹北方人呼父與南史不合 [韓愈祭女挐女文] 阿爹阿八○按集韻云說文爹 𪒠父也說文本無父部 又不載多部集韻引說文誤 又 [廣韻] [集韻] 陟邪切 [正韻] 丁邪切𠀤雅平聲 [廣韻] 羌人呼父也

【 오류정리 】

○康誤處 1; [廣韻(改廣雅)]爹父也
●考證 ; 謹照原書廣韻改廣雅
◆整理 ; [廣韻(광운)은 廣雅(광아)의] 착오.
◆訂正文 ; [廣雅]爹父也
▶ 【1100-1】 字解誤謬與否; [廣韻(改廣雅)]爹父也 [廣韻(改廣雅)]
★이상과 같이 인용처(引用處)나 주소(註疏)의 오류(誤謬)를 수정(修訂)을 한다 하여도 자전상(字典上)의 다(爹)의 본의(本義)에는 영향이 미치지 않음.

爻部 七畫

⟨康⟩爽 (상) [唐韻] 疏兩切 [集韻] 所兩切𠀤音塽 [說文] 明也燚从大 [註] 徐鍇曰大其中隙縫光也 [書仲虺之誥] 用爽厥師 [傳] 爽明也 又 [盤庚] 故有爽德自上 [傳] 湯有明德在天○按蔡傳故有爽德爲句自上二字連下其罰汝三字爲句爽訓失也與孔傳異 又 [康誥] 爽惟民迪吉康 又 [大誥] 爽邦由哲 左傳昭四年二惠競爽 又昭七年是以有精爽至于神明 又 [書太甲] 先王昧爽丕顯 又 [牧誓] 時甲子昧爽 [傳] 昧爽早旦 又 [左傳昭三年] 請更諸爽塏者 [註] 爽明也○按增韻云又淸快也卽爽塏之義 又史記屈原賈誼傳爽然自失矣 又 [爾雅釋言] 爽差也忒也 [揚子方言] 爽過也 [書洛誥] 惟事其爽侮 [朱語] 晉君爽二 [列子黃帝篇] 昏然五情爽惑 又 [揚子方言] 爽猛也齊晉曰爽 又 [廣韻] 烈也 又貴也 又星名細爽免星七之一見 [史記天官書] 又 [左傳昭十七年] 爽鳩氏司寇也 [註] 爽鳩鷹也 又人名左爽見 [戰國策] 又 [類篇] 師莊切音霜義同 [詩衞風] 淇水湯湯漸車帷裳女也不爽士貳其行 又 [小雅] 其德不爽壽考不忘○按朱子詩傳爽叶師莊反集韻爽本載十陽韻中古有此音不必叶也 又 [老子道德經] 五味令人口爽馳獵田騁令人心發狂 又 [楚辭招魂] 露雞臛蠵厲而不爽些 [註] 敗也楚人謂羹敗曰爽 又 [左傳定二年] 唐成公如楚有兩肅爽馬 [釋文] 爽音霜馬無肅爽之名爽或作霜賈逵云色如霜紈馬融說肅爽鴈也馬似之○按廣韻十陽韻中作驦同驦不載爽字惟集韻驦註云通作爽 又叶音生 [後漢馬融傳] 豐彤薱蔚崟雛槮爽翕習春風含津吐榮 [註] 槮爽林木貌爽協音生

【 오류정리 】

○康誤處 1; [朱語]晉君(改晉侯)爽二
●考證 ; 謹照原文晉君改晉侯
◆整理 ; [朱語(주어)] 晉君(진군)은 晉侯(진후)의 착오.
◆訂正文 ; [朱語]晉侯爽二
▶ 【1101-1】 字解誤謬與否 ; [朱語]晉君(改晉侯)爽二 [晉君(改晉侯)]
★이상과 같이 오류(誤謬) 수정(修訂)이 된다 하여도 진후(晉侯; 진(晉)나라 왕)는 자전상(字典上) 본의(本義)에는 영향이 미치지 않음.

○康誤處 2; [老子道德經]五味令人口爽馳獵田騁(改馳騁田獵)令人心發狂

●考證；謹照原文馳獵田騁改馳騁田獵

◆整理；[老子道德經(노자도덕경)]馳獵田騁(치렵전빙)은 馳騁田獵(치빙전렵)의 착오.

◆訂正文；[老子道德經]五味令人口爽馳騁田獵令人心發狂

▶【1102-2】字解誤謬與否；[老子道德經]五味令人口爽馳獵田騁(改馳騁田獵)令人心發狂 [馳獵田騁(改馳騁田獵)]

★이상과 같이 오류(誤謬) 수정(修訂)이 된다 하여도 치빙전렵(馳騁田獵; 말타고 달리며 들에서 사냥질하다)으로 자순(字順)을 바르게 고쳤을뿐 자전상(字典上) 상(爽)의 본의(本義)에는 영향이 미치지 않음.

爻 部 十畫

㉽爾(이)[唐韻]兒氏切[集韻][韻會]忍氏切𠀧音邇[說文]麗爾猶靡麗也本作𤕠从冂从𤕠其孔𤕠介聲此與爽同意 又[玉篇]爾汝也[書大禹謨]肆予以爾衆士奉辭伐罪 又[禮檀弓]爾毋從從爾爾毋扈扈爾[註]爾語助[廣韻]介義與爾同詞之必然也 又鷹詞[古詩]爲焦仲卿妻作諾諾復爾爾[世說]聊復爾耳 又同邇[詩大雅]戚戚兄弟莫遠具爾[箋]爾謂進之也[疏]邇是近義謂揖而進之[儀禮少牢饋食禮]上佐食爾上敦黍于筵上右[註]爾近也或曰移也右之便尸食也[周禮地官肆長]實相近者相爾也[註]爾亦近也又[前漢藝文志]爾雅三卷二十篇[註]張晏曰爾近也雅正也 又[集韻]乃禮切音禰[集韻]本作濔滿也 又一曰爾爾衆也 又[詩小雅]彼爾維何維常之華[註]爾華盛貌[釋文]爾乃禮反 又[爾雅釋草]薾月爾[疏]薾一名月爾可食之菜也

【 오류정리 】

○康誤處 1；[儀禮少牢饋食禮]上佐食爾上敦黍于筵上右(增之字)[註]爾近也或曰移也右之便尸食也

●考證；謹照原文上右下增之字

◆整理；[儀禮少牢饋食禮(의례소뢰궤식례)]上右(상우)에 이어 之字(지자)를 덧붙임.

◆訂正文；[儀禮少牢饋食禮]上佐食爾上敦黍于筵上右之[註]爾近也或曰移也右之便尸食也

▶【1103-2】字解誤謬與否；[儀禮少牢饋食禮]上佐食爾上敦黍于筵上右(增之字)[註]爾近也或曰移也右之便尸食也 [右(增之字)]

★이상과 같이 지(之; 動詞 가다. 代名詞 그이. 그사람. 그것)를 덧붙인다 하여도 자전상(字典上) 이(爾)의 본의(本義)에는 영향이 미치지 않음.

爿 部 十三畫

㉽牆(장)[唐韻]才良切[廣韻]在良切[集韻][韻會][正韻]慈良切𠀧音嬙[說文]本作牆垣蔽也从嗇爿聲[爾雅釋宮]牆謂之墉[書五子之歌]峻宇雕牆[詩鄘風]牆有茨[傳]牆所以防非常 又[禮檀弓]周人牆置翣[註]柳衣也[儀禮旣夕]巾尊乃牆[註]牆設柩也 又[論語]蕭牆之內[註]鄭曰蕭肅也牆屏也君臣相見之禮至屏而加肅敬焉是以謂之蕭牆 又[前漢司馬遷傳]幽于圜牆之中[師古註]圜牆獄也 又複姓[左傳襄二十六年]寺人惠牆伊戾[註]惠牆氏伊戾名[釋文]牆或作嗇音檣 又[廣韻]同廧[穀梁傳成三年]晉卻克衛孫良夫伐牆咎如又[左傳]作廧 又通作嬙[前漢匈奴傳]元帝以後宮良家子王牆字昭君賜單于[說文]䊷文作牆[廣韻]俗作墻

【 오류정리 】

○康誤處 1；[前漢司馬遷傳]幽于圜牆

之中[師古註]園(改圜)牆獄也
●考證；謹照原文園改圜
◆整理；[前漢司馬遷傳(전한사마천
전)] [師古註(사고주)] 園(원)은 圜
(원)의 착오.
◆訂正文；[前漢司馬遷傳]幽于圜牆
之中[師古註]圜牆獄也
▶【1104-2】 字解誤謬與否；[前漢
司馬遷傳]幽于圜牆之中[師古註]園
(改圜)牆獄也 園(改圜)
★이상과 같이 오류(誤謬) 수정(修訂)
이 되면 원장옥야(圜牆獄也; 원장(圜
牆)이란 옥(獄)이다) [漢書司馬遷傳]
今交手足受木索暴肌膚受榜箠幽於圜牆
之中也作圜土 [前漢司馬遷傳]幽于圜
牆之中[師古註]圜牆獄也라 하였으니
자전상(字典上) 장(牆)의 본의(本義)
에 영향이 미치게 됨.

片 部 十畫

康牓(방)[廣韻]北朗切[集韻]補朗
切夶音榜[玉篇]牌也[廣韻]題牓[杜甫
詩]天門日射黃金牓[集韻]本作榜木片
也 又[集韻]舖郎切音滂履編模也

【 오류정리 】

○康誤處 1；[集韻]舖(改鋪)郎切
●考證；謹照原文舖改鋪
◆整理；[集韻(집운)]舖(포)는 鋪(포)
의 착오.
◆訂正文；[集韻]鋪郎切
▶【1105-2】 字解誤謬與否；[集
韻]舖(改鋪)郎切 舖(改鋪)
★이상과 같이 인용처(引用處)나 주
소(註疏) 음(音)의 오류(誤謬)를 수정
(修訂)을 한다 하여도 자전상(字典上)
의 방(牓)의 본의(本義)에는 영향이
미치지 않음.

片 部 十一畫

康牘(석)(義闕)[玉篇]仕革切義闕○

按集韻書作牘詳爿部牘字註 又[正字
通]與䗱同楊愼曰牎牘堰在舒城
縣牘閘㘧同元史作䗱

【 오류정리 】

○康誤處 1；[正字通]與䗱同楊愼曰
牎(改槽)牘堰在舒城縣牘閘㘧同
●考證；謹照原文牎改槽
◆整理；[正字通]牎은 槽(조)의
착오.
◆訂正文；[正字通]與䗱同楊愼曰
槽牘堰在舒城縣牘閘㘧同
▶【1106-2】 字解誤謬與否；[正字
通]與䗱同楊愼曰牎 (改槽)牘堰在舒
城縣牘閘㘧同 牎(改槽)
★이상과 같이 오류(誤謬) 수정(修訂)
이 된다 하여도 조(槽; 구유. 통. 칸.
틀)자전상(字典上) 석(牘)의 본의(本
義)에는 영향이 미치지 않음.

字典乙集下考證

牛 部

康牛(우)[唐韻]語求切[集韻]魚尤
切[韻會]疑尤切夶䲤平聲[說文]大牲
也牛件也件事理也象角頭三封尾之形
[註]徐鍇曰件若言物一件二件也封高
起也[玉篇]黃帝服牛乘馬[易无妄]或
繫之牛又[說卦]坤爲子母牛[禮曲禮]
凡祭宗廟之禮牛曰一元大武又[月令]
出土牛以送寒氣[疏]月建丑土能克水
故作土牛以畢送寒氣也 又樹化牛[玄
中記]千年樹精化爲靑牛始皇伐大樹有
靑牛躍出入水 又官名[周禮地官]牛
人掌養國之公牛以待國之政令 又牽
牛宿名[爾雅釋天]星紀斗牽牛也[註]
牽牛斗者日月五星之所終始故謂之星
紀 又天牛蟲名一曰天水牛[爾雅釋蟲
壤蠰桑註]似天牛 又紫金牛藥名見
[本草綱目] 又姓[廣韻]微子裔司寇
牛父子孫以王父字爲氏[風俗通]漢有

牛崇　又人名[史記虞舜紀]瞽瞍父曰橋牛　又叶音奚[詩小雅]我任我輦我車我牛叶下哉哉讀將黎反

【 오류정리 】

○康誤處 1; 天牛蟲名[爾雅釋蟲壤(改蟓)蠹桑註]似天牛

●考證 ; 謹照原文壤改蟓

◆整理 ; [爾雅釋蟲(이아석충) 壤(양)은 蟓(양)의 착오. 蠹桑註(설상주)]

◆訂正文 ; 天牛蟲名[爾雅釋蟲蟓蠹桑註]似天牛

▶【1107-1】 字解誤謬與否 ; 天牛蟲名[爾雅釋蟲壤(改蟓)蠹桑註]似天牛 [壤(改蟓)]

★이상과 같이 인용처(引用處)나 주소(註疏)의 오류(誤謬)를 수정(修訂)을 한다 하여도 자전상(字典上) 우(牛)의 본의(本義)에는 영향이 미치지 않음.

○康誤處 2; 又叶音奚(改叶音疑)[詩小雅]我任我輦我車我牛叶下哉哉讀將黎反

●考證 ; 謹按牛與奚不同母牛字不得叶音奚謹照字母叶音奚改叶音疑

◆整理 ; 叶音奚(협음해)는 叶音疑(협음의)의 착오.

◆訂正文 ; 又叶音疑)[詩小雅]我任我輦我車我牛叶下哉哉讀將黎反

▶【1108-2】 字解誤謬與否 ; 又叶音奚(改叶音疑)[詩小雅]我任我輦我車我牛叶下哉哉讀將黎反 [叶音奚(改叶音疑)]

★이상과 같이 인용처(引用處)나 주소(註疏) 음(音)의 오류(誤謬)를 수정(修訂)을 한다 하여도 자전상(字典上)의 우(牛)의 본의(本義)에는 영향이 미치지 않음.

牛部 二畫

康 牝(빈)[唐韻]毗忍切[集韻][韻會][正韻]婢忍切牝音髕[說文]畜母也从牛匕聲[玉篇]牝牡也[易坤卦]利牝馬之貞[書牧誓]牝雞無晨[詩鄘風]騋牝三千[禮月令]遊牝於牧　又[古詩]哀壑叩虛牝[韓愈贈崔立之詩]有似黃金擲虛牝[註]牝谿谷也　又[集韻]補履切音匕義同　又[集韻][類篇]牝婢善切音才便亦畜母也[書牧誓釋文]徐音扶忍反　又[廣韻]扶履切[集韻]並履切牝音牶義同牶

【 오류정리 】

○康誤處 1; [類篇]牝婢善切音才便(改楩)亦畜母也

●考證 ; 謹按集韻婢善切內有楩字云木名又有牝字云畜母故云牝音楩今據改才便爲楩

◆整理 ; [類篇(류편)] 才便(편)은 楩(편)의 착오.

◆訂正文 ; [類篇]牝婢善切音才楩亦畜母也

▶【1109-1】 字解誤謬與否 ; [類篇]牝婢善切音才便(改楩)亦畜母也 [才便(改楩)]

★이상과 같이 인용처(引用處)나 주소(註疏) 음(音)의 오류(誤謬)를 수정(修訂)을 한다 하여도 자전상(字典上)의 우(牛)의 본의(本義)에는 영향이 미치지 않음.

牛部 三畫

康 牢(뢰)[唐韻]魯刀切[集韻][韻會][正韻]郎刀切牝音勞[說文]閑養牛馬圈也从牛冬省取其四周帀也[玉篇]牷備也[詩大雅]執豕于牢[周禮地官]充人掌繫祭祀之牷牷祀五帝則繫於牢[註]牢閑也必有閑者防禽獸觸齧[管子輕重戊篇]殷人之王立帛牢服牛馬　又牛曰太牢羊曰少牢[禮王制]天子社稷皆太牢諸侯社稷皆少牢　又[周禮天官小宰]牢禮之灋[註]三牲牛羊豕具爲一

牢[齊語]環山於有牢[註]牢牛羊豕也言雖山險皆有牢牧 又[玉篇]廩食也[史記平準書]願募民自給費因官器作煮鹽官與牢盆[註]如淳曰牢廩食也古人名廩爲牢也盆者煮鹽盆蘇林云牢價置也今世人言雇手牢盆樂彥云牢乃盆名[後漢西羌傳]諸將多盜牢稟[註]牢價直也[應劭傳]多其牢賞 又[唐韻]堅也固也[史記外戚世家]欲連固根本牢甚 又[前漢揚雄傳]惜誦以下至懷沙一卷名曰畔牢愁[註]李奇曰畔離也牢聊也 又[司馬相如上林賦]牢落陸離 又[馬融廣成頌]皐牢陵山[註]皐牢猶牢籠也孫卿子曰皐牢天下而制之若制子孫也諸本有作牢柵者非也 又[晉書姚萇載紀]陛下將牢太過耳[註]將牢猶俗言把穩 又[韻會]猚犴曰牢[史記天官書]赤帝行德天牢爲之空 又地名[左傳莊二十一年]自虎牢以東[註]虎牢河南成皐縣又[成五年]同盟于蟲牢[後漢郡國志]陳留郡封丘有桐牢亭或曰古蟲牢又[史記秦本紀]伐趙皮牢拔之 又山名[後漢南蠻哀牢夷傳]其先有婦人名沙臺居於牢山 又姓[廣韻]孔子弟子琴牢之後[後漢佞幸傳]僕射牢梁 又[廣韻]蒲牢海獸名 又[廣韻]同牢詳穴部牢字註 又[廣韻][類篇]郎侯切音樓[儀禮士喪禮]握手用玄纁裏長尺二寸廣五寸牢中旁寸[註]牢讀爲樓樓爲削約握之中央以安手也[疏]讀從樓者義取纋斂狹少之意云削約者謂削之使約少也 又[易林]失志懷憂如坐牢牢 又音潦[後漢董卓傳]卓縱放兵士突其廬舍淫略婦女剽虜資物謂之搜牢[註]言牢周者皆搜索取之也一曰牢漉也二字皆從去聲今俗有此言 又[淮南子本經訓]牢籠天地[註]牢讀屋霤之霤楚人謂牢曰霤

【오류정리】

牛部 四畫

牧(목)[廣韻][集韻][韻會]莫六切音目[說文]本作牧養牛人也从攴牛[玉篇]畜養也[廣韻]放也食也[揚子方言]牧飤也[註]謂放飤牛馬也[書禹貢]萊夷作牧[傳]萊夷地名可以放牧[詩小雅]爾牧來思[周禮地官牧人]掌牧六畜而阜蕃其物以供祭祀之牲牷 又[夏官校人]夏祭先牧[註]始養馬者又牧師掌牧地[左傳僖二十八年]不有行者誰扞牧圉[註]牛曰牧馬曰圉又[哀元年]少康爲仍牧正 又[爾雅釋地]郊外謂之牧[疏]言可放牧也書牧誓云王朝至于商郊牧野乃誓是也[書傳]紂近郊三十里地名牧 又[易謙卦]謙謙君子卑以自牧也[註]牧養也 又[小爾雅]牧臨也[揚子方言]牧司也察也[韻會]治也[書舜典]旣月乃日覲四岳羣牧[傳]九州牧監又[呂刑]非爾惟作天牧[禮曲禮]九州之長入天子之國曰牧[周禮天官大宰]九兩一曰牧以地得民[註]牧州長也[前漢成帝紀]罷部刺史官更置州牧 又[詩邶風]自牧歸荑[傳]牧田官也 又[禮月令]舟牧覆舟[註]主舟之官也 又[周禮地官小司徒]乃經土地而井牧其田野[註]隰皐之地九夫爲

牧二牧而當一井今造都鄙授民田有不
易有一易有再易通率二而當一是之謂
井牧　又[周禮地官遂師]經牧其田野
[註]經牧制田界與井也　又[廣韻]使
也　又[爾雅釋畜]黑腹牧[疏]牛黑腹
者名牧　又[左傳隱五年]鄭人侵衞牧
[註]牧衞邑　又廣牧縣名屬朔方郡見
[前漢地理志]　又人名[史記黃帝紀]
舉風后力牧[註]班固曰力牧黃帝相也
　又姓[風俗通]漢有越巂太守牧稂
　又[集韻]莫侯切音茂地名[尚書大傳]
牧之野劉昌宗讀　又一曰畜牧[書禹
貢]萊夷及牧誓[釋文]徐云一音茂　又
叶莫狄切[詩小雅]我出我車于彼牧矣
自天子所謂我來矣召彼僕夫謂之載矣
王事多難維其棘矣來叶六直切載叶節
力切

【 오류정리 】

○康誤處 1; [周禮地官牧人]掌牧六畜
(改六牲)而阜蕃其物以供祭祀之牲牷
●考證；謹照原文六畜改六牲
◆整理；[周禮地官牧人(주례지관목
인)] 六畜(육축)은 六牲(육생)의 착
오.
◆訂正文；[周禮地官牧人]掌牧六牲
而阜蕃其物以供祭祀之牲牷
▶【1111-1】 字解誤謬與否；[周禮
地官牧人]掌牧六畜(改六牲)而阜蕃其
物以供祭祀之牲牷　[六畜(改六牲)]
★이상과 같이 오류(誤謬) 수정(修訂)
이 되면 육생(六牲; 제사 때 제물로
올리는 희생(犧牲)인 여섯 가지의 가
축) [周禮地官牧人]掌牧六牲而阜蕃其
物以共祭祀之牲牷[鄭玄註]六牲, 謂牛
馬羊豕犬鷄又[天官膳夫]凡王之饋食用
六谷膳用六牲[鄭玄註]六牲馬牛羊豕犬
鷄也王引之[經義述聞周官上]此六牲與
[牧人]不同[牧人]之六牲謂馬牛羊豕犬
鷄此六牲則牛羊豕犬鴈魚也으로 고쳐
지면 자전상(字典上) 목(牧)의 본의

(本義)에 적극 영향이 미치게 됨.

○康誤處 2; [集韻]莫侯切(改莫候切)
音茂地名
●考證；謹照原文莫侯切改莫候切
◆整理；[集韻(집운)] 莫侯切(막후
절)은 莫候切(막후절)의 착오.
◆訂正文；[集韻]莫候切音茂地名
▶【1112-2】 字解誤謬與否；[集
韻]莫侯切(改莫候切)音茂地名　[莫侯
切(改莫候切)]
★이상과 같이 인용처(引用處)나 주
소(註疏) 음(音)의 오류(誤謬)를 수정
(修訂)을 한다 하여도 자전상(字典上)
의 목(牧)의 본의(本義)에는 영향이
미치지 않음.

○康誤處 3; [書禹貢]萊夷及牧誓[釋
文]徐云一音茂(改爲萊夷作牧[釋文]徐
音目一音茂)
●考證；謹按所引禹貢文未全謹照原
文改爲萊夷作牧釋文徐音目一音茂
◆整理；[書禹貢(서우공)]의 萊夷及
牧誓(래이급목서)[釋文(석문)]徐云一
音茂(서운일음무)를 萊夷作牧(래이작
목) [釋文(석문)]徐音目一音茂(서음
목일음무)라 고침.
◆訂正文；[書禹貢]萊夷作牧[釋文]
徐音目一音茂
▶【1113-3】 字解誤謬與否；[書禹
貢]萊夷及牧誓[釋文]徐云一音茂(改
爲萊夷作牧[釋文]徐音目一音茂)　[萊
夷及牧誓[釋文]徐云一音茂(改爲萊夷
作牧[釋文]徐音目一音茂)]
★이상과 같이 음(音)의 오류(誤謬)를
수정(修訂)을 한다 하여도 자전상(字
典上)의 목(牧)의 본의(本義)에는 영
향이 미치지 않음.

康 物(물)[唐韻]文弗切[集韻][韻
會][正韻]文拂切达音勿[說文]萬物也

牛爲大物天地之數起於牽牛故从牛勿聲[玉篇]凡生天地之閒皆謂物也[易乾卦]品物流行又[无妄]先王以茂對時育萬物[周禮天官大宰]九貢九曰物貢[註]物貢雜物魚鹽橘柚 又[玉篇]事也[易家人]君子以言有物而行有恆[疏]物事也[禮哀公問]敢問何謂成身孔子對曰不過乎物[註]物猶事也[周禮地官大司徒]以鄕三物敎萬民而賓興之 又[詩小雅]比物四驪[傳]物毛物也[又]三十維物爾牲則具[周禮春官雞人]掌共雞牲辨其物[註]謂毛色也又[夏官校人]凡軍事物馬而頒之[疏]物卽是色[楚語]毛以示物 又[周禮地官卝人]若以時取之則物其地圖而授之[註]物地占其形色知鹹淡也草人以物地相其宜而爲之種[左傳昭三十二年]物土方[註]物相也相取土之方面 又[玉篇]類也[左傳桓六年]丁卯子同生公曰是其生也與吾同物[註]物類也謂同日 又[周禮天官酒正]辨三酒之物[疏]物者財也以三酒所成有時故豫給財令作之也 又[周禮地官司門]幾出入不物者[註]不物衣服視占不與眾同及所操物不如品式者 又[周語]神之見也不過其物[註]物物數也 又[廣韻]旗名[周禮春官司常]雜帛爲物 又叶去聲[唐韻正]符沸反[揚子太玄經]人人物物各由厥彙[阮籍東平賦]及至分之國邑樹之表物四時儀其象陰陽暢其氣 又叶微律切[班固東都賦]指顧倏忽獲車己實義不極盤殺不盡物 又叶微月切[蘇軾四達齋銘]孰如此閒空洞無物戶牖盍開廓焉四達達陀悅切

【 오류정리 】

○康誤處 1; [周禮(考證周官)春官雞人]掌共雞牲辨(改辨)其物
●考證 ; 謹照原文辨改辨
※筆者謹按周禮原本 ; [周禮春官雞人]考證(고증)의 周官(주관)은 周禮(주례)의 착오.
◆整理 ; [周官春官雞人(주관춘관계인)] 辦(판)은 辨(변)의 착오.

◆訂正文 ; [周禮春官雞人]掌共雞牲辨其物
▶【1114-1】 字解誤謬與否 ; [周禮春官雞人]掌共雞牲辦(改辨)其物 [辦(改辨)]
★이상과 같이 오류(誤謬) 수정(修訂)이 된다 하여도 변(辨; 판별하다. 분간하다. 분별하다) 자전상(字典上) 물(物)의 본의(本義)에는 영향이 미치지 않음.

○康誤處 2; [班固東都賦]指顧倏忽獲車己實義(改樂)不極盤殺不盡物
●考證 ; 謹照原文義改樂
◆整理 ; [班固東都賦(반고동도부)]義(의)는 樂(악)의 착오.
◆訂正文 ; [班固東都賦]指顧倏忽獲車己實樂不極盤殺不盡物
▶【1115-1】 字解誤謬與否 ; 班固東都賦]指顧倏忽獲車己實義(改樂)不極盤殺不盡物 [義(改樂)]
★이상과 같이 오류(誤謬) 수정(修訂)이 된다 하여도 락(樂; 즐기다) 자전상(字典上) 물(物)의 본의(本義)에는 영향이 미치지 않음.

牛 部 五畫

⊛牲(생)[唐韻]所庚切[集韻][韻會][正韻]師庚切𠀤音生[說文]牛全完从牛生聲[易萃卦]用大牲吉[書微子]今殷民乃攘竊神祇之犧牷牲用[傳]色純白曰犧體完曰牷牛羊豕曰牲器實曰用[疏]經傳多言三牲知牲是牛羊豕也[周禮天官膳夫]膳用六牲[註]馬牛羊豕犬雞也又[庖人註]六畜六牲也始養之曰畜將用之曰牲[春秋僖三十一年]

四卜郊不從乃免牲[左傳]牛卜日曰牲[註]旣得吉日則牛改名曰牲　又叶倉經切[班固東都賦]薦三犧效五牲體神祇懷百靈○按周禮秋官典客云上公牲三十有六註云牲當爲腥聲之誤也釋女依註音星蓋周禮本當作腥誤作牲鄭註明言其誤正韻引此另音星非是

【 오류정리 】

○康誤處 1;[班固東都賦]薦三犧效五牲體(改禮)神祇懷百靈

●考證；謹照原文體改禮

◆整理；[班固東都賦(반고동도부)]體(체)는 禮(례)의 착오.

◆訂正文；[班固東都賦]薦三犧效五牲禮神祇懷百靈

▶【1116-1】 字解誤謬與否；[班固東都賦]薦三犧效五牲體(改禮)神祇懷百靈　[體(改禮)]

★이상과 같이 오류(誤謬) 수정(修訂)이 된다 하여도 생례(牲禮; 희생(제물용 집짐승)을 받치는예)는 자전상(字典上) 생(牲)의 본의(本義)에는 영향이 미치지 않음.

牛 部 六畫

康 **特**(특)[唐韻]徒得切[集韻][韻會][正韻]敵得切𠀤音䡷[說文]朴特牛父也[玉篇]牡牛也[書舜典]格于藝祖用特[傳]特一牛也[禮郊特牲註]郊者祭天之名用一牛故曰特牲　又[禮內則]庶人特豚士特豕　又[詩魏風]胡瞻爾庭有懸特兮[傳]獸三歲曰特　又[爾雅釋獸]豕生三豵二師一特　又牡馬亦曰特[廣韻]特雄也[周禮夏官校人]凡馬特居四之一[註]三牝一牡　又頒馬攻特[註]攻特謂騬之　又[詩鄘風]髧彼兩髦實維我特[傳]特匹也又[小雅]不思舊姻求爾新特[傳]新特外昏也　又[韻會]挺立曰特[詩秦風]維此奄息百夫之特[箋]百夫之中最雄俊也又

[小雅]瞻彼阪田有菀其特[箋]菀然茂特之田[禮聘儀]珪璋特達又[儒行]特立獨行　又[禮服問]輕者包重者特[註]特其葛不變之也　又[周禮夏官司士]孤卿特揖[註]特揖一一揖之　又[爾雅釋水]士特舟[註]單船　又[韻會]但也[史記秦始皇紀]博士雖七十人特備員弗用　又[廣韻]亦姓左傳晉大夫特宮[玉篇]或作得○按廣韻得與特音同義別與集韻異詳後得字註

【 오류정리 】

○康誤處 1;[左傳小雅]瞻彼阪田有菀其特[箋]菀然茂特之田(改苗)

●考證；謹照原文茂特之田田改苗

◆整理；[左傳小雅(좌전소아)] 田(전)은 苗(묘)의 착오.

◆訂正文；[左傳小雅]瞻彼阪田有菀其特[箋]菀然茂特之苗

▶【1117-1】 字解誤謬與否；[左傳小雅]瞻彼阪田有菀其特[箋]菀然茂特之田(改苗)　[田(改苗)]

★이상과 같이 오류(誤謬) 수정(修訂)이 된다 하여도 묘(苗; 모종. 새싹. 새끼 갖난것. 유순하지 않다. 고집이 세다)는 자전상(字典上) 특(特)의 본의(本義)에는 영향이 미치지 않음.

牛 部 八畫

康 **牰**(사)[集韻]式夜切音舍[玉篇]馬名[廣雅]牰牸牝雌也[玉篇]亦作駣[集韻]本作駣[正字通]牝之通稱非專指馬言

【 오류정리 】

○康誤處 1;[廣雅]牰牸(改牸)牝雌也

●考證；謹照原文牸改牸

◆整理；[廣雅(광아)] 牸(자)는 牸(자)의 착오.

◆訂正文；[廣雅]牰牸牝雌也

▶【1118-1】 字解誤謬與否；[廣

雅]犙犌(改犕)牝雌也　[犌(改犕)]

★이상과 같이 오류(誤謬) 수정(修訂)이 되면 자(犕; 암컷)으로 바뀌어 자전상(字典上) 사(犙)의 본의(本義)에 영향이 미치게 됨.

康 犂 (리)[廣韻]郎奚切[集韻][韻會]憐題切太音黎[玉篇]耕具也[廣韻]墾田器山海經曰後稷之孫叔均所作魏略曰皇甫隆爲燉煌太守教民作樓犂[管子乘馬篇]丈夫二犂童五尺一犂[正字通]宋淳化五年武允成獻踏犂一具不用牛以人力運　又[廣韻]耕也[前漢匈奴傳]犂其庭[註]師古曰犂耕也　又[史記呂后紀]犂明[註]徐廣曰犂猶比也將明之時又[南越傳]犂旦城中皆降伏波[註]徐廣曰呂靜云犂結也結猶連及逮至也又[史記犂旦註]索隱曰犂黑也天未明而尚黑也　又[史記歷書]祝犂協洽[註]祝犂巳也　又[前漢匈奴傳]其國稱之曰撑犂孤塗單于匈奴謂天爲撑犂謂子爲孤塗又[汲冢周書]孅犂[註]北狄之別名[史記·秦本紀]丹犂臣蜀[註]丹犂二戎號也臣伏於蜀又[匈奴傳]薪犂之國[前漢西域傳]蒲犂國王治蒲犂國　又地名[左傳哀十年]取犂及轅[註]犂一名隰濟南有隰陰縣又[史記西南夷傳]以筰都爲沈犂郡[前漢·地理志]犂縣屬東郡又育犂縣屬東萊郡[後漢安帝紀]攻夫犂營[註]夫犂縣名屬遼東樂國　又人名[左傳昭二十九年]顓頊氏有子曰犂爲祝融[註]犂爲火正[廣韻]同黎[集韻]本作黎或省作犁類篇或作犛[正韻]亦作犁　又[廣韻]力脂切[集韻][韻會]良脂切太音黎[廣韻]牛駁[論語]犂牛之子[註]犂雜文　又[集韻]一曰耕也　又[書泰誓]播棄犂老[傳]駘背之耉稱老[疏]孫炎曰耉面凍犂色似浮垢也[釋文]犂力私反又力兮反　又[春秋·定六年]晉人執宋行

人樂祈犂又[左傳·哀十年]取犂[釋文]太力兮反又力之反二音皆可讀　[集韻]或作犪黐[韻會]俗作犁　又[集韻]力求切音留犂然栗然也[莊子山木篇]犂然有當於人心音義犂力牛反

【 오류정리 】

○康誤處 1; [後漢安帝紀]攻夫犂營[註]夫犂縣名屬遼東樂國(改屬國)

●考證 ; 謹照原文樂國改屬國

◆整理 ; [後漢安帝紀(후한안제기)][註(주)] 樂國(악국)은 屬國(속국)의 착오.

◆訂正文 ; [後漢安帝紀]攻夫犂營[註]夫犂縣名屬遼東屬國

▶【1119-1】 字解誤謬與否 ; [後漢安帝紀]攻夫犂營[註]夫犂縣名屬遼東樂國(改屬國)　[樂國(改屬國)]

★이상과 같이 오류(誤謬) 수정(修訂)이 된다 하여도 속국(屬國; 종속국(從屬國). 정치적으로 다른 나라에 매여 있는 국가)은 자전상(字典上) 리(犂)의 본의(本義) 에는 영향이 미치지 않음.

○康誤處 2; [書泰誓]播棄犂老[傳]駘背之耉稱(增犂字)老

●考證 ; 謹照原文稱下增犂字

◆整理 ; [書泰誓(서태서)] [傳(전)] 稱(칭)에 이어 犂字(리자)를 덧붙임. 老(로)

◆訂正文 ; [書泰誓]播棄犂老[傳]駘背之耉稱犂老

▶【1120-2】 字解誤謬與否 ; [書泰誓]播棄犂老[傳]駘背之耉稱(增犂字)老　[稱(增犂字)]

★이상과 같이 리(犂)를 덧붙이게 되면 리노(犂老; 노인. 늙은이)라 자전상(字典上) 리(犂)의 본의(本義)에 적극 영향이 미치게 됨.

○康誤處 3; [莊子山木篇]犂然有當於

人心音義犂力牛反(改爲按莊子山木篇
犂然有當於人之心音義不音留)
●考證 ; 謹按莊子音義無力牛反之文
謹改爲按莊子山木篇犂然有當於人之心
音義不音留
◆整理 ; [莊子山木篇(장자산목편)]犂
然有當於人心音義犂力牛反(리연유당
어인심음의리력우반)을 [莊子山木篇
(장자산목편)]犂然有當於人之心音義
不音留(리연유당어인지심음의불음유)
로 고침.
◆訂正文 ; [莊子山木篇]犂然有當於
人之心音義不音留
▶【1121-3】 字解誤謬與否 ; [莊子
山木篇]犂然有當於人心音義犂力牛反
(改爲按莊子山木篇犂然有當於人之心
音義不音留)
★이상과 같이 오류(誤謬) 수정(修訂)
이 된다 하여도 불음류(不音留; 류라
발음하지 않는다)와 지(之)의 증자
(增字)를 한다 하여도 자전상(字典上)
리(犂)의 본의(本義) 에는 영향이 미
치지 않음.

牛部 九畫

㉭**犎**(봉) [廣韻]甫容切[集韻][韻
會]方容切音封[玉篇]野牛也[集韻]牛
名領上肉犦然起如橐駝[爾雅釋畜註]犦
牛卽犎牛[司馬相如上林賦]庸旄貘犛
[註]師古曰庸牛卽今之犎牛 又或
作封[前漢西域傳]罽賓出封牛[註]師
古曰封牛項上隆起者也 亦作峰[後漢
順帝紀]疏勒國獻獅子封牛[註]封牛其
領上肉隆起若封然因以名之卽今之峰
牛 [集韻]或作犐
【 오류정리 】
○康誤處 1; [集韻]牛名領上肉犦然
(改胅)起如橐駝
●考證 ; 謹照原文然改胅
◆整理 ; [集韻(집운)] 然(연)은 胅

(질)의 착오.
◆訂正文 ; [集韻]牛名領上肉犦胅起
如橐駝
▶【1122-3】 字解誤謬與否 ; [集
韻]牛名領上肉犦然(改胅)起如橐駝
[然(改胅)]
★이상과 같이 오류(誤謬) 수정(修訂)
이 된다 하여도 질(胅; 뼈마디를 퉁
기다. 삐다. 돌출하다) 자전상(字典
上) 봉(犎)의 본의(本義)에는 영향이
미치지 않음.

㉭**犋**(격)[廣韻]古闃切[類篇]局闃
切夶音臭[玉篇]牛屬[爾雅釋畜]犋牛
[註]未詳[釋文]古覓反○按犋从臭與
犋異玉篇廣韻集韻類篇俱有犋無犋篇
海犋犋夶收音義各異字彙正字通收犋
删犋非
【 오류정리 】
○康誤處 1; [類篇]局闃切(改局闃切)
夶音臭
●考證 ; 謹照原文局闃切改局闃切
◆整理 ; [類篇(류편)] 局闃切(국격
절)은 局闃切(경격절)의 착오.
◆訂正文 ; [類篇]局闃切夶音臭
▶【1123-3】 字解誤謬與否 ; [類
篇]局闃切(改局闃切)夶音臭 [局闃切
(改局闃切)]
★이상과 같이 인용처(引用處)나 주
소(註疏) 또는 음(音)의 오류(誤謬)를
수정(修訂)을 한다 하여도 자전상(字
典上)의 격(犋)의 본의(本義)에는 영
향이 미치지 않음.

牛部 十畫

㉭**犏**(수)[正字通]犐犏醜牛狀[淮南
子說山訓]凱屯犂牛既犐以犏[字彙補]
心秋切音修無尾也
【 오류정리 】

○康誤處 1；[淮南子說山訓]凱屯犂牛既㸳(改牭)以犣
●考證；謹照原文㸳改牭
◆整理；[회남자설산훈(淮南子說山訓)]의 㸳(字典無)는 과(牭)의 착오임.
◆訂正文；[淮南子說山訓]凱屯犂牛既牭以犣
▶【1124-1】字解誤謬與否；[正字通]㸳(改牭)犣醜牛狀[淮南子說山訓]凱屯犂牛既牭以犣 [㸳(改牭)]
★이상과 같이 오류(誤謬) 수정(修訂)이 되면 과(牭; 꼬리 짧은 소)인데 자전(字典) 본문(本文)의 기과이수(既牭以犣)라 하였으니 자전상(字典上) 수(犣)의 본의(本義)에 적극 영향을 미치게 됨.

牛部 十一畫

康 犛(리) [唐韻][集韻]莫交切[韻會][正韻]謨交切丛音茅[說文]本作斄長髦牛也从牛𠩺聲[玉篇]獸如牛而尾長名曰犛牛[楚語]巴浦之犀犛兕象[註]犛莫交切[司馬相如上林賦]㺯旄獏犛[註]犛一音茅或以爲貓牛毛可爲翿是也[集韻]或作斄斄髦通作貓[廣韻]書作犛 又[集韻]謨袍切音毛本作斄犛牛尾也或作斄[楚語]犀犛註犛亦作旄 又[廣韻]里之切[集韻][韻會]陵之切丛音釐]義同 又[玉篇]牛黑色[司馬相如上林賦]獏犛[註]張揖曰犛牛黑色出西南徼外[班固西都賦]曳犀犛 又[集韻]嗚龍切音釐羌中牛名李登說 又[廣韻]落哀切[集韻]郎才切丛音來[廣韻]關西有長尾牛[集韻]或作斄

【오류정리】

○康誤處 1；[班固西都賦]頓(改曳)犀犛

●考證；謹照原文頓改曳
◆整理；[班固西都賦(반고서도부)]頓(돈)은 曳(예)의 착오.
◆訂正文；[班固西都賦]曳犀犛
▶【1125-3】字解誤謬與否；[班固西都賦]頓(改曳)犀犛 [頓(改曳)]
★이상과 같이 오류(誤謬) 수정(修訂)이 된다 하여도 예(曳; 기르다)는 자전상(字典上) 리(犛)의 본의(本義) 영향이 미치지 않음.

牛部 十五畫

康 犢(독)[ ][唐韻][集韻][韻會]丛徒谷切音獨 [說文]牛子也从牛賣聲[爾雅釋畜]其子犢[禮月令]犧牲駒犢舉書其數又[禮器]天子適諸侯諸侯膳以犢 又[前漢溝洫志]河決淸河靈嗚犢口[註]師古曰淸河之靈縣嗚犢河口也 又[前漢地理志]北海郡桑犢縣雲中郡犢和縣

【오류정리】

○康誤處 1；[前漢地理志]北海郡(增桑字)犢縣雲中郡犢和縣
●考證；謹照原文犢縣上增桑字
◆整理；[前漢地理志(전한지리지)]北海郡(북해군) 이에 이어 桑字(상자)를 덧붙임. 犢縣(독현)
◆訂正文；[前漢地理志]北海郡桑犢縣雲中郡犢和縣
▶【1126-3】字解誤謬與否；[前漢地理志]北海郡(增桑字)犢縣雲中郡犢和縣 [(增桑字)犢縣]
★이상과 같이 오류(誤謬) 수정(修訂)이 되면 상독현(桑犢縣; 행정 구역명.[前漢地理志]北海郡桑犢縣雲中郡犢和縣)으로 자전상(字典上) 독(犢)의 본의(本義)에 영향이 미치게 됨.

牛部 十六畫

康 犠(희)[唐韻]許羈切[集韻][韻會][正韻]虛宜切夶音義[說文]宗廟之牲也[書微子]今殷民乃攘竊神祇之犠牷牲[傳]色純曰犠[疏]曲禮云天子以犠牛天子祭牲必用純色故知色純曰犠也[詩小雅]以我齊明與我犠羊以社以方又[魯頌]享以騂犠[傳]犠純也[禮曲禮]凡家造祭器爲先犠賦爲次[註]犠賦以次出牲　又[禮禮器]犠尊疏布[疏]刻爲犠牛之形用以爲尊　又[集韻][韻會][正韻]夶桑何切音娑[集韻]酒尊名飾以翡翠鄭司農說[詩魯頌]犠尊將將[傳]犠尊有沙飾也[釋文]犠素何反[集韻]或作獻戲

【 오류정리 】

○康誤處 1;[禮禮器]犠尊疏布(增鼏字)

●考證；謹照原文疏布下增鼏字

◆整理；[禮禮器(예예기)] 疏布(소포)에 이어 鼏字(멱자)를 덧붙임.

◆訂正文；[禮禮器]犠尊疏布鼏

▶【1127-3】 字解誤謬與否；[禮禮器]犠尊疏布(增鼏字) [疏布(增鼏字)]

★이상과 같이 멱(鼏; 솥뚜껑. 덮개. 보자기)을 덧붙인다 하여도 자전상(字典上) 희(犠)의 본의(本義)에는 영향이 미치지 않음.

康 犨(주)[唐韻]赤周切[集韻]蚩周切夶音趦[說文]牛息聲　又牛名　又姓[風俗通]晉大夫郤犨之後　又[玉篇]出也[呂氏春秋]南家之牆犨於前而不直　又縣名[史記高祖紀]南陽守齮戰犨東[前漢地理志]南陽郡犨[註]犨昌牛反[廣韻]本作犫

【 오류정리 】

○康誤處 1;[史記高祖紀](增與字)南陽守齮戰犨東

●考證；謹照原文南上增與字

◆整理；[史記高祖紀(사기고조기)]이에 이어 與字(여자)를 덧붙임. 南(남)

◆訂正文；[史記高祖紀]與南陽守齮戰犨東

▶【1128-3】 字解誤謬與否；[史記高祖紀](增與字)南陽守齮戰犨東 [(增與字)南]

★이상과 같이 여(與; 함께. 베풀다. 더불다. 친하게 지내다. …와 …함께)덧붙인다 하여도 자전상(字典上) 주(犨)의 본의(本義)에는 영향이 미치지 않음.

牛 部 二十三畫

康 犫(주)[玉篇]尺由切同犨詳犨字註　又[左傳昭元年]楚公子圍使公子黑肱伯州犂城犫[註]犫縣屬南陽[釋文]犫尺州反　又[昭十三年]王奪鬬韋龜中犫[註]中犫邑名　又人名[左傳僖二十七年]荀林父御戎魏犫爲右又[成十一年]晉侯使郤犫來聘[釋文]犫尺由反　又[廣韻]赤周切[集韻]蚩周切夶音趦義同[廣韻]陳有惡人焉曰敦洽犫狹額廣額顏色如漆陳侯悅之

【 오류정리 】

○康誤處 1;[廣韻(改呂覽)]陳有惡人焉曰敦洽犫(增麋字)狹額廣額顏色如漆陳侯悅之

●考證；謹按廣韻係引呂覽夶爲據今照原書廣韻改呂覽夶照原文敦洽犫下增麋字

◆整理；[廣韻(광운)은 呂覽(려람)의 착오] 犫(주)에 이어 麋字(미자)를 덧붙임. 狹(협)

◆訂正文；[呂覽]陳有惡人焉曰敦洽犫麋狹額廣額顏色如漆陳侯悅之

▶【1129-3】 字解誤謬與否；[廣韻(改呂覽)]陳有惡人焉曰敦洽犫(增麋

字)狹顙廣額顏色如漆陳侯悅之 [廣韻(改呂覽)] [轡(增麋字)]

★이상과 같이 미(麋)를 덧붙여 주미(轡麋; 주미(轡麋) 동인(同人) 진국(陳國) 추남(醜男))가 되었으나 자전상(字典上) 주(轡)의 본의(本義)에는 영향이 미치지 않음.

犬 部 二畫

康 犰(구)[廣韻]巨鳩切[集韻]渠尤切 太音裘[廣韻]犰狳獸似魚蛇尾豕目見人則佯死[山海經]餘峩之山有獸焉其狀如菟而鳥喙鴟目蛇尾見人則眠名曰犰狳其鳴自訆見則蠡蝗爲敗事物紺珠作犰珠

【 오류정리 】

○康誤處 1; [山海經]餘峩之山有獸焉其狀如菟而鳥喙鴟目蛇尾見人則眠名曰犰狳其鳴自訆(改訆)

●考證 ; 謹照原文訆改訆

◆整理 ; [山海經(산해경)] 訆(현)은 訆(규)의 착오.

◆訂正文 ; [山海經]餘峩之山有獸焉其狀如菟而鳥喙鴟目蛇尾見人則眠名曰犰狳其鳴自訆

▶【1130-1】 字解誤謬與否 ; [山海經]餘峩之山有獸焉其狀如菟而鳥喙鴟目蛇尾見人則眠名曰犰狳其鳴自訆(改訆) [訆(改訆)]

★이상과 같이 오류(誤謬) 수정(修訂)이 된다 하여도기명자규(其鳴自訆; 그들은 울면서 자신을 부르짖는다) 자전상(字典上) 구(犰)의 본의(本義)에는 영향이 미치지 않음.

犬 部 三畫

康 犴(안)[廣韻][正韻]俄寒切[集韻]俄干切太音雅[廣韻]本作犴北地野狗似狐而小[正字通]陸仙曰黑喙善守故

字從干干扞也[淮南子道應訓]靑犴白虎 又[集韻][韻會]太何干切音寒本亦作犴義同 又[集韻]居寒切音干野犴獸名 又[唐韻]五旰切[集韻][正韻]魚旰切[韻會]疑旰切太音岸[說文]犴或从犬引[詩]宜犴宜獄今[詩小雅]作宜岸宜獄[釋文][韓詩]作犴鄉亭之繫曰犴朝廷曰獄[後漢崔駰傳]獄犴塡滿又人名[左傳昭二十四年]越大夫胥犴勞王于豫章之汭[史記梁平王世家]睢陽人類犴反者[註]人姓名也反字或作友[集韻]本作犴野犬也犬所以守故謂獄爲犴○按《廣韻》犴獄也犴野狗也分二義[集韻]本[說文]合爲一應從集韻 又[集韻][類篇]太魚攔切音鴈本作干或作犴 又居莧切音襉逐虎犬亦作狺

【 오류정리 】

○康誤處 1; [正字通]陸仙(改佃)曰黑喙善守故字從干干扞也

●考證 ; 謹按黑喙云云出陸仙埤雅仙改佃

◆整理 ; [正字通(정자통)] 陸(륙)의 仙(선)은 佃(전)의 착오.

◆訂正文 ; [正字通]陸佃曰黑喙善守故字從干干扞也

▶【1131-1】 字解誤謬與否 ; [正字通]陸仙(改佃)曰黑喙善守故字從干干扞也 [仙(改佃)]

★이상과 같이 오류(誤謬) 수정(修訂)이 된다 하여도 육전(陸佃; 인명(人名). 자(字) 농사(農師) 호(號) 도산(陶山) 越州山陰人 今浙江紹興) 자전상(字典上) 안(犴) 본의(本義)에는 영향이 미치지 않음.

○康誤處 2; [史記梁平王(改孝王)世家]

●考證 ; 謹按史記梁平王世家睢陽人類犴反者謹照原文平王改孝王

◆整理 ; [史記梁(사기량) 平王(평왕)은 孝王(효왕)의 착오. 世家(세가)]

◆訂正文 ; [史記梁孝王世家]

▶ 【1132-2】 字解誤謬與否 ; [史記梁平王(改孝王)世家] [平王(改孝王)]

★이상과 같이 인용처(引用處)나 주소(註疏)의 오류(誤謬)를 수정(修訂)을 한다 하여도 자전상(字典上)의 안(犴)의 본의(本義)에는 영향이 미치지 않음.

犬部 四畫

㖂狃(뉴)[唐韻]女久切[集韻][韻會][正韻]女九切夶音紐[說文]犬性驕也 又[玉篇]犳也習也就也復也[爾雅釋言]狃復也[註]狃伏復爲[疏]狃伏前事復爲也鄭風云將叔無狃毛傳云狃習也[左傳桓十三年]莫敖狃于蒲騷之役[杜註]狃伏也狃伏串習之義[書君陳]狃于姦宄[傳]習也 又[小爾雅]狃忕也 又[晉語]狃中軍之司馬[註]狃正也 又[玉篇]狐貍等獸跡也[爾雅釋獸]闕洩多狃[註]說者云脚饒指未詳[疏]舊說以爲闕泄獸名其脚多狃狃指也然其形所未詳聞 又人名[左傳定五年]告公山不狃[註]不狃季氏臣 又[韻會]通作忸詳忸字註 又[廣韻][集韻][韻會][正韻]夶女救切音糅[廣韻]習也就也 又狐貍也 又[集韻]女六切音朒獸名 又叶女古反[詩鄭風]將叔無狃戒其傷女

【 오류정리 】

○康誤處 1; [爾雅釋言]狃復也[註]狃伏(改忕)復爲[疏]狃伏(改忕)前事復爲也鄭風云將叔無狃毛傳云狃習也[左傳桓十三年]莫敖狃于蒲騷之役[杜註]狃伏(改忕)也狃伏(改忕)串習之義

●考證 ; 謹照原文四伏字夶改忕

◆整理 ; [爾雅釋言(이아석언)] 伏(복)은 忕(태), 伏(복)은 忕(태)의 착오임. [左傳桓十三年(좌전환십삼년)] [杜註(두주)] 伏(복)은 忕(태), 伏(복)은 忕(태)의 착오.

◆訂正文 ; [爾雅釋言]狃復也[註]狃忕復爲[疏]狃忕前事復爲也鄭風云將叔無狃毛傳云狃習也[左傳桓十三年]莫敖狃于蒲騷之役[杜註]狃忕也狃忕串習之義

▶ 【1133-1】 字解誤謬與否 ; [爾雅釋言]狃復也[註]狃伏(改忕)復爲[疏]狃伏(改忕)前事復爲也鄭風云將叔無狃毛傳云狃習也[左傳桓十三年]莫敖狃于蒲騷之役[杜註]狃伏(改忕)也狃伏(改忕)串習之義 [伏(改忕)] [伏(改忕)] [伏(改忕)] [伏(改忕)]

★이상과 같이 오류(誤謬) 수정(修訂)이 되면 뉴태(狃忕; 관습)로 고쳐지는데 자전상(字典上) 뉴(狃)의 본의(本義)에 직접 영향이 미치게 됨.

○康誤處 2; [小爾雅]狃忕(改忕)也

●考證 ; 謹照原文忕改忕

◆整理 ; [小爾雅(소이아)] 忕(태)는 忕(태)의 착오.

◆訂正文 ; [小爾雅]狃忕也

▶ 【1134-1】 字解誤謬與否 ; [小爾雅]狃忕(改忕)也 [忕(改忕)]

★이상과 같이 오류(誤謬) 수정(修訂)이 되면 뉴태(狃忕; 관습)로 고쳐지는데 자전상(字典上) 뉴(狃)의 본의(本義)에 직접 영향이 미치게 됨.

㖂狄(적)[唐韻]徒歷切[集韻][韻會]亭歷切夶音敵[爾雅釋地]八狄[禮王制]北方曰狄[明堂位]五狄[周禮職方氏]六狄[書仲虺之誥]南面而征北狄怨[春秋莊三十二年]狄伐邢[穀梁傳莊十年]荆者楚也何爲謂之荆狄之也 又下士[書顧命]狄設黼扆綴衣[傳]狄下

士[禮祭統]狄者樂吏之賤者也　又鹿名[爾雅釋獸]絕有力狄[疏]絕異壯大有力者名狄也　又地名[史記陳涉世家]周市北徇地至狄[註]徐廣曰今之臨濟　又人名[史記殷本紀]殷契母曰簡狄　又姓[左傳襄十年]狄虒彌大車之輪[註]狄虒彌魯人[史記張湯傳]博士狄山[廣韻]春秋時狄國之後　又與翟通[禮玉藻]夫人揄狄[疏]揄讀如搖狄讀如翟謂畫搖翟之雉于衣　又[樂記]干戚旄狄以舞之[疏]狄羽也[前漢地理志]羽畎夏狄　又泉名在洛陽[公羊傳僖二十九年]盟於狄泉○按二傳作翟　又[集韻][正韻]汰他歷切音惕[集韻]本作逖遠也[詩大雅]舍爾介狄維予胥忌[傳]狄遠也　又[詩魯頌]桓桓于征狄彼東南[箋]狄當爲剔剔治也[釋文]韓詩云鬀除也　又[禮樂記]流辟邪散狄成滌濫之音作[註]狄滌往來疾貌　又與易通[王充論衡]狄牙之調味也經史俱作易牙

【 오류정리 】

○康誤處 1；[左傳襄十年]狄虒彌(增建字)大車之輪
●考證 ；謹照原文大上增建字
◆整理 ；[左傳襄十年(좌전양십년)]狄虒彌(적사미)에 이어 建字(건자)를 덧붙임. 大(대)
◆訂正文 ；[左傳襄十年]狄虒彌建大車之輪
▶【1135-1】 字解誤謬與否；[左傳襄十年]狄虒彌(增建字)大車之輪 [狄虒彌(增建字)]
★이상과 같이 오류(誤謬) 수정(修訂)이 되면 건대거(建大車; 소나 말 두 필이 끄는 대형 수레를 건조함)인데 자전상(字典上) 적(狄)의 본의(本義)에 영향이 미치지 않음.

犬 部 五畫

狋(의)[唐韻]語其切[集韻]牛肌切汰音狋[說文]犬怒貌[玉篇]兩犬爭也[前漢東方朔傳]狋吽牙[註]師古曰狋五伊切　又[說文]一曰犬難得　又地名[說文]代郡有狋氏縣　又[集韻]遵綏切音嶉犬怒　又俟甾切音漦狋䯀獸角貌　又一曰不平貌　又[說文]讀若銀[前漢東方朔傳]狋吽牙註應劭曰狋音銀　又[廣韻]巨員切[集韻]逵員切汰音權[前漢地理志]代郡狋氏]註]孟康曰狋氏音權精[集韻]或作𤟥

【 오류정리 】

○康誤處 1；[前漢東方朔傳]狋呼(改吽)牙又[前漢東方朔傳]狋呼(改吽)牙[註]
●考證 ；謹照原文兩呼字汰改吽
◆整理 ；[前漢東方朔傳(전한동방삭전)] 呼(호)는 吽(후)의 착오이며, [前漢東方朔傳(전한동방삭전)] 呼(호) 역시 吽(후)의 착오.
◆訂正文 ；[前漢東方朔傳]狋吽牙又[前漢東方朔傳]狋吽牙[註]
▶【1136-1】 字解誤謬與否；[前漢東方朔傳]狋呼(改吽)牙又[前漢東方朔傳]狋呼(改吽)牙[註] [呼(改吽)]
★이상과 같이 오류(誤謬) 수정(修訂)이 되면 의후아(狋吽牙; 개 두 마리가 싸우다) [漢書東方朔傳]狋吽牙者兩犬爭也가 되어 자전상(字典上) 의(狋)의 본의(本義)에 직접 영향이 미치게 됨.

狌(성)[集韻][正韻]師庚切音生[玉篇]本作猩[爾雅釋獸註]王會曰都郭狌狌欺羽狌狌若黃狗人面能言[山海經]山有獸狀如禺而白耳伏行人走其名曰狌狌食之善走[淮南子畢萬術]歸終知來狌狌知徃互詳後猩字註　又[集韻]桑經切音星義同○按集韻十五青韻猩

又與狌別　又[集韻]息正切音性鼠屬
[莊子秋水篇]騏驥驊騮一日而馳千
里捕鼠不如狸狌　[集韻]或作鼪

【 오류정리 】

○康誤處 1; [爾雅釋獸註(改疏)]王會
曰都郭狌狌欺羽狌狌若黃狗人面能言
●考證 ; 謹照原文註改疏
◆整理 ; [爾雅釋獸(이아석수) 註(주)
는 疏(소)의] 착오.
◆訂正文 ; [爾雅釋獸疏]王會曰都郭
狌狌欺羽狌狌若黃狗人面能言
▶【1137-1】 字解誤謬與否 ; [爾雅
釋獸註(改疏)]王會曰都郭狌狌欺羽狌
狌若黃狗人面能言　[註(改疏)]
★이상과 같이 인용처(引用處)나 주
소(註疏)의 오류(誤謬)를 수정(修訂)
을 한다 하여도 자전상(字典上)의 성
(狌)의 본의(本義)에는 영향이 미치지
않음.

狍(포)[廣韻]薄交切[集韻]蒲交
切音庖[玉篇]獸也[山海經]鈎吾之山
有獸焉羊身人面目在腋下虎齒人爪音如
嬰兒名曰狍鴞是食人[註]郭曰爲物貪惏
食人未盡還害其身像在夏鼎左傳所謂
饕餮是也狍音咆[東觀餘論]以飾器之
掖腹象其本形示爲食戒

【 오류정리 】

○康誤處 1; [山海經]鈎吾之山有獸焉
羊身人面目在腋下虎齒人爪音如嬰兒
名曰狍鴞是食人[註]郭(改郭註)曰爲物
貪惏食人未盡還害其身
●考證 ; 謹照原書註廓改廓註
◆整理 ; [山海經(산해경)] 註廓(주
곽)은 廓註(곽주)의 착오.
◆訂正文 ; [山海經]鈎吾之山有獸焉
羊身人面目在腋下虎齒人爪音如嬰兒
名曰狍鴞是食人[廓註]曰爲物貪惏食
人未盡還害其身
▶【1138-1】 字解誤謬與否 ; [山海

經]鈎吾之山有獸焉羊身人面目在腋下
虎齒人爪音如嬰兒名曰狍鴞是食人
[註]郭(改廓註)曰爲物貪惏食人未盡還
害其身　[[註]郭(改廓註)]
★이상과 같이 인용처(引用處)나 주
소(註疏)의 오류(誤謬)를 수정(修訂)
을 한다 하여도 자전상(字典上)의 포
(狍)의 본의(本義)에는 영향이 미치지
않음.

狎(압)[唐韻][廣韻]胡甲切[集
韻][類篇][韻會]轄甲切 音匣[廣韻]
習也[說文]大可習也从犬甲聲[爾雅釋
詁]狎習也又[釋言]甲狎也[註]謂習狎
[禮曲禮]賢者狎而敬之[註]狎近也習
也謂附而近之習其所行也[周語]未狎
君政　又[玉篇]易也[書泰誓]狎侮五
常[傳]輕狎五常之教[疏]狎慣忽之言
慣見而忽也[左傳昭二十年]水懦弱民
狎而玩之[註]狎輕也[穀梁傳莊十七
年]齊人殲焉此謂狎敵也[昭二十一年]
不狎鄙　又更也[左傳襄二十七年]且
晉楚狎主諸侯之盟也久矣[疏]更代主
諸侯之盟也　又[神異經]八荒之中有
毛人焉名髯公俗曰髯麗一名髯狎小兒
髯狎可畏也[玉篇]亦作狭

【 오류정리 】

○康誤處 1; [說文]大(改犬字)可習
也从犬甲聲
●考證 ; 謹照原文大字改犬字
◆整理 ; [說文(설문)] 大(대)는 犬字
(견자)의 착오.
◆訂正文 ; [說文]犬可習也从犬甲聲
▶【1139-1】 字解誤謬與否 ; [說
文]大(改犬字) 可習也从犬甲聲　[大
(改犬字)]
★이상과 같이 오류(誤謬) 수정(修訂)
이 된다 하여도 견(犬; 개)은 자전상
(字典上) 압(狎)의 본의(本義)에는 영
향이 미치지 않음.

康 狙(저)[唐韻]親去切[集韻][韻會][正韻]七慮切 音覷[說文]玃屬从犬且聲[戰國策]兵固天下之狙喜也[註]狙玃屬而狡黠, 言兵家如之而可喜 又[管子七臣七主篇]從狙而好小察[註]狙伺也謂既任臣有所爲必從而伺之[史記留侯世家]良與客狙擊秦皇帝博浪沙中[註]服虔曰狙伺 也七預反應劭云狙伺也一云伏伺也狙之伺物必伏而 之故今云狙是也 又[說文]一曰狙犬也暫齧人者一曰犬不齧人也 又[集韻]莊助切音詛猿類[莊子齊物論]狙公賦芧朝三而暮四衆狙皆怒曰然則朝四而暮三衆狙皆悅又[徐無鬼]吳王浮于江登于狙之山衆狙見之恂然棄而走 又[廣韻][韻會]七余切[集韻]千余切 音疽[廣韻]猿也[集韻]猨屬 又[前漢宣帝紀]騁狙詐之兵[註]應劭曰狙伺也若蛆反師古音千絮反 又[山海經]倚帝之山有獸如獸鼠白耳白喙名曰狙如[註]狙如鼠耳銳喙 又[集韻][正韻]子余切音苴猿屬 又[山海經]北號之山有獸焉其狀如狼赤首而鼠目其音如豚名曰猲狙[註]郭璞曰猲狙音葛苴○按韻書引山海經皆作獦狙

【 오류정리 】

○康誤處 1; [前漢宣帝紀(改諸侯王表)]騁狙詐之兵[註]應劭曰狙伺也若蛆反(改音若蛆)師古音千絮反

●考證 ; 謹按宣帝紀無此文謹照原文宣帝紀改諸侯王表若蛆反改音若蛆

◆整理 ; [前漢(전한) 宣帝紀(선제기)]는 諸侯王表(제후왕표)의 착오이며, 若蛆反(약저반)은 音若蛆(음약저)의 착오

◆訂正文 ; [前漢諸侯王表]騁狙詐之兵[註]應劭曰狙伺也音若蛆師古音千絮反

▶ 【1140-1】 字解誤謬與否 ; [前漢宣帝紀(改諸侯王表)]騁狙詐之兵[註]應劭曰狙伺也若蛆反(改音若蛆)師古音千絮反 [宣帝紀(改諸侯王表)]] [若蛆反(改音若蛆)]

★이상과 같이 인용처(引用處)나 주소(註疏)와 더불어 음약저(音若蛆; 음은 저(蛆)와 같다) [前漢諸侯王表]騁狙詐之兵[註]應劭曰狙伺也音若蛆師古音千絮反라 오류(誤謬)를 수정(修訂)을 한다 하여도 자전상(字典上)의 저(狙)의 본의(本義)에는 영향이 미치지 않음.

犬 部 六畫

康 狡(교)[唐韻][集韻][韻會][正韻]𠘨古卯切音絞[說文]少狗也匈奴地有狡犬巨口而黑身[玉篇]獸名少狗也 又[山海經]玉山有獸狀如犬而豹文角如牛名曰狡音如吠犬見則其國犬穰[註]郭璞曰太康七年邵陵檻得一獸狀如豹文有兩角無前兩腳時人謂之狡疑非此盧柟蟻蠓集云狡音龐吠豹文純擾 又[玉篇]猾也獪也[左傳成八年]夫狡焉思啓封疆以利社稷者何國蔑有[註]狡猾之人 又[廣韻]狂也[左傳僖十五年]亂氣狡憤[註]狡戾也[疏]言馬之亂氣狡戾而憤滿 又[詩鄭風]不見子充乃見狡童[箋]狡童言有貌而無實[疏]狡童謂狡好之童 又[玉篇]疾也健也[戰國策]狡兔有三窟 又[釋名]狡交也與物交錯也 又人名[左傳宣二年]狂狡輅鄭人

【 오류정리 】

○康誤處 1; [山海經]玉山有獸名曰狡音如吠犬見則其國犬穰(改大穰)

●考證 ; 謹照原文犬穰改大穰

◆整理 ; [山海經(산해경)] 犬穰(견양)은 大穰(대양)의 착오임.

◆訂正文 ; [山海經]玉山有獸名曰狡音如吠犬見則其國大穰

▶ 【1141-1】 字解誤謬與否 ; [山海

經]玉山有獸名曰狡音如吠犬見則其國
犬穰(改大穰)　[犬穰(改大穰)]
★이상과 같이 오류(誤謬) 수정(修訂)
이 되면 대양(大穰;풍년) [莊子庚桑
楚]居三年畏垒大壤 [列子天瑞]一年而
給二年而足三年大穰 [梁書武帝紀中]
是歲(天監五年)大穰米斛三十이 되는
데 자전상(字典上) 교(狡)의 본의(本
義)에 영향이 미치지 않음.

康 狪(주)[廣韻]章俱切[集韻]鍾輸
切㧾音朱[廣韻]狪獳[集韻]獸名山海
經云耿山有獸狀如狐而魚鱗有翼名曰
狪獳通作朱○按今山海東山經作朱儒
【 오류정리 】
○康誤處 1;山海經云耿 (改耿)山有獸
●考證 ; 謹照原文耿改耿
◆整理 ; 山海經云(산해경운)耿(경)은
耿(경)의 착오.
◆訂正文 ; 山海經云耿山有獸
▶【1142-1】 字解誤謬與否 ; 山海
經云耿 (改耿)山有獸
★이상과 같이 오류(誤謬) 수정(修訂)
이 되면 경산(耿山;산명(山名))으로
고쳐지는데 자전상(字典上) 주(狪)의
본의(本義)인 주유(狪獳;전설상의
짐승)에 간접 영향이 미치게 됨.

○康誤處 2;按今山海東山經作朱儒
(改獳)
●考證 ; 謹照原文儒改獳
◆整理 ; 儒(유)는 獳(누)의 착오.
◆訂正文 ; 按今山海東山經作朱獳
▶【1143-2】 字解誤謬與否 ; 按今
山海東山經作朱儒(改獳)　[儒(改獳)]
★이상과 같이 오류(誤謬) 수정(修訂)
이 되면 주누(朱獳;경산(耿山)에
산다는 괴상한 짐승)[山海經東山經]
耿山无草木多水碧多大蛇有獸焉其狀如
狐而魚翼其名曰獳其鳴自叫見則國有恐

朱獳[山海經東次二經耿山]有獸焉其狀
如狐而魚인데 자전상(字典上) 주(狪)
의 본의(本義)에 직접 영향이 미치게
됨.

康 㺎(이)[廣韻]戈支切[集韻]余支
切㳛音移[廣韻]獸名似犬尾白目喙赤
[山海經]鮮山有獸其狀如膜犬赤喙赤
目白尾見則邑有火名曰㺎卽[註]談薈
曰火獸兆火㺎卽火獸見則邑有火災也
[集韻]或作㺎狏
【 오류정리 】
○康誤處 1;[廣韻]戈(改弋)支切
●考證 ; 謹照原文戈改弋
◆整理 ; [廣韻(광운)] 戈(과)는 弋
(익)의 착오.
◆訂正文 ; [廣韻]弋支切
▶【1144-1】 字解誤謬與否 ; [廣
韻]戈(改弋)支切　[戈(改弋)]
★이상과 같이 오류(誤謬) 수정(修訂)
이 된다 하여도 음(音)인 과지절(戈支
切)이 익지절(弋支切)로 바뀔뿐 자전
상(字典上) 이(㺎)의 본의(本義)에는
영향이 미치지 않음.

康 狏(동)[集韻]他東切音通[山海
經]泰山有獸其狀如豚而有珠名曰狏狏
其名自訓[註]郭璞曰音如吟恫之恫駍
雅曰狏狏珠豚也亶爰子曰召慵狏使先
驅[郭璞狏狏圖賛]蚌則含珠獸何不可
狏狏如豚被褐懷禍患難無由招之自我
又[集韻]徒東切音同本作狏野彘或作
狏
【 오류정리 】
○康誤處 1;[山海經]泰山有獸其狀如
豚而有珠名曰狏狏其名(改其鳴)自訓
(改訓)
●考證 ; 謹照山海經之例其名改其鳴
訓改訓
◆整理 ; [山海經(산해경)] 其名(기

명)은 其鳴(기명), 訆(현)은 訆(규)의 착오.

◆訂正文 ; [山海經]泰山有獸其狀如豚而有珠名曰狪狪其鳴自訆

▶【1145-1】 字解誤謬與否 ; [山海經]泰山有獸其狀如豚而有珠名曰狪狪其名(改其鳴)自訆(改訆) [其名(改其鳴)] [訆(改訆)]

★이상과 같이 오류(誤謬) 수정(修訂)이 된다 하여도 기명자규(其鳴自訆; 그 울음소리는 (동동) 스스로를 부르는 소리다) [山海經]泰山有獸其狀如豚而有珠名曰狪狪其鳴自訆[註]郭璞曰音如吟恫之恫駢雅曰狪狪珠豚也亶爰子曰召慵狪使先驅는 자전상(字典上) 동(狪)의 본의(本義)에 직접 영향이 미치게 됨.

犬部 七畫

康 狸(리)[廣韻]里之切[集韻]陵之切 音离[玉篇]似貓[詩幽風]取彼狐狸爲公子裘[禮內則]狸去正脊[左傳襄十四年]狐狸所居[莊子逍遙遊]子獨不見狸狌乎 身而伏以敖者 又[徐無鬼]是狸德也 又[史記封禪書]狸首者諸侯之不來者 [註]徐廣曰狸一名不來 又[揚子方言]貔關西謂之狸 又[史記封禪書]殺一狸牛以爲俎豆牢具○按註作犛牛當與犛通

【 오류정리 】

○康誤處 1; [玉篇]似貓(改貓)

●考證 ; 謹照原文 貓 改貓

◆整理 ; [玉篇(옥편)]貓(無音)은 貓(묘)의 착오.

◆訂正文 ;[玉篇]似貓

▶【1146-1】 字解誤謬與否 ; [玉篇]似貓(改貓) [貓(改貓)]

★이상과 같이 오류(誤謬) 수정(修訂)이 되면 사묘(似貓;고양이와 비슷하다)가 되는데 자전상(字典上) 리(狸)

의 본의(本義)에 간접 영향이 미치게 됨.

犬部 八畫

康 猄(경)[集韻]居行切音庚狓猄大名

【 오류정리 】

○康誤處 1; [集韻]狓猄大(改犬)名

●考證 ; 謹照原文大改犬

◆整理 ; [集韻(집운)] 大(대)는 犬(견)의 착오.

◆訂正文 ;[集韻]狓猄犬名

▶【1147-1】 字解誤謬與否 ;[集韻]狓猄大(改犬)名 [大(改犬)]

★이상과 같이 오류(誤謬) 수정(修訂)이 되면 견명(犬名)이 되는데 자전상(字典上) 경(猄)의 본의(本義)인 피경(狓猄;犬名)에 직접 영향이 미치게 됨.

康 猋(표)[唐韻]甫遙切[集韻][韻會][正韻]卑遙切夶音標[說文]犬走貌从三犬 又[爾雅釋天]扶搖謂之猋[註]暴風从下上[疏]李巡曰猋上也[釋文]猋必遙反 又[爾雅釋草]猋藨芀[註]皆芀荼之別名[疏]芀一名猋又名藨萑茅之屬 又[集韻]紕招切音漂回風也[禮月令]猋風暴雨總至[註]回風爲猋[釋文]本又作飆徐音方遙反

【 오류정리 】

○康誤處 1; [爾雅釋草]猋藨(改藨)芀[註]皆芀荼之別名[疏]芀一名猋又名藨(改藨)

●考證 ; 謹照原文兩藨字夶改藨

◆整理 ; [爾雅釋草(이아석초)] 兩藨字(량자자) 모두 藨(표)의 착오.

◆訂正文 ; [爾雅釋草]猋藨芀[註]皆芀荼之別名[疏]芀一名猋又名藨

▶【1148-1】 字解誤謬與否 ;[爾雅釋草]猋藨(改藨)芀[註]皆芀荼之別名

[疏]芳一名猋又名蔗(改蘺)　[蔗(改蘺)]

★이상과 같이 오류(誤謬) 수정(修訂)이 되면 표초(蘺芳; 초도(芳荼)의 별명(別名)) 자전상(字典上)의 표(猋) 본의(本義)에 영향이 미치게 됨.

㉻猓(과)[廣韻][集韻]夶五火切音果[玉篇]猓猻獸也[集韻]似猴通作果

【 오류정리 】

○康誤處 1;[廣韻][集韻]夶五火切(改古火切)音果
●考證;謹照原文五火切改古火切
◆整理;[廣韻(광운)][集韻(집운)]모두 五火切(오화절)은 古火切(고화절)의 착오.
◆訂正文;[廣韻][集韻]夶古火切音果
▶【1149-1】 字解誤謬與否;[廣韻][集韻]夶五火切(改古火切)音果 [五火切(改古火切)]

★이상과 같이 인용처(引用處)나 주소(註疏) 또는 음(音)의 오류(誤謬)를 수정(修訂)을 한다 하여도 자전상(字典上)의 과(猓)의 본의(本義)에는 영향이 미치지 않음.

㉻㺳(미)[集韻]民卑切音彌儞本作或作狝詳獼字註

【 오류정리 】

○康誤處 1;本作儞(改獼)或作狝詳獼(改獼)字註
●考證;謹照獼字註儞字獼字夶改獼
◆整理;本作(본작)儞(無音)와 獼(선)은 모두 獼(미)의 착오.
◆訂正文;本作獼或作狝詳獼字註
▶【1150-1】 字解誤謬與否;本作儞(改獼)或作狝詳獼(改獼)字[儞(改獼)][獼(改獼)]

★이상과 같이 오류(誤謬) 수정(修訂)이 되면 미(獼; 원숭이)가 되는데 자전상(字典上) 미(㺳)와 동의(同義)로 본의(本義)에 적극 영향이 미치게 됨.

犬部 九畫

㉻猱(노)[廣韻][集韻][韻會][正韻]夶奴刀切音猫[玉篇]獸也[廣韻]猴也[詩小雅]毋教猱升木[傳]猱猨屬[箋]猱之性善登木[疏]猱則猨之輩屬非猨也陸璣云猱獼猴也楚人謂之沐猴老者爲玃長臂者爲猨猨之白腰者爲獑胡獑胡猨駿捷於獼猴然則猱猨其類大同也[埤雅]狨一名猱顏氏以爲其尾柔長可藉制字从柔以此故也[爾雅釋獸]猱猨善援[疏]猱一名蝯善攀援樹枝　又[爾雅釋獸]蒙頌猱狀[疏]蒙頌一名蒙貴狀似猨故曰猱狀[集韻]本作夒或作獿獶蝚　又[集韻]而由切音柔或作夒通作蝚　又[廣韻][集韻]夶女救切音糅義夶同　又[集韻]乃豆切音耨義同[詩小雅]猱升木沈重讀

【 오류정리 】

○康誤處 1;[埤雅]狨(改狨)一名猱
●考證;謹照原文狨改狨
◆整理;[埤雅(비아)]狨(無音)은 狨(융)의 착오.
◆訂正文;[埤雅]狨一名猱
▶【1151-1】 字解誤謬與否;[埤雅]狨(改狨)一名猱 [狨(改狨)]

★이상과 같이 오류(誤謬) 수정(修訂)이 되면 융(狨; 원숭이의 일종)이 되는데 자전상(字典上) 노(猱)의 본의(本義)에 적극 영향이 미치게 됨.

㉻猶(유)[唐韻]以周切[集韻][韻會]夷周切夶音由[說文]玃屬从犬酋聲[集韻]居山中聞人聲豫登木無人乃下世謂不決曰猶豫或作猶[爾雅釋獸]猶如麂善登木[註]健上樹[禮曲禮]所以

使民決嫌疑定猶與也[疏]猶與二獸皆
進退多疑人多疑惑者似之故謂之猶與
[淮南子兵略訓]擊其猶猶凌其與與
又[說文]隴西謂犬子爲猶 又[廣
韻]似也[詩召南]寔命不猶[傳]猶若也
又[小雅]淑人君子其德不猶[禮喪服]
兄弟之子猶子也 又[集韻]可止之辭
也[詩衞風]上愼旃哉猶來無止[傳]猶可
也 又本作猷[詩小雅]克壯其猶[傳]
猶道也[箋]猶謀也兵謀也[疏]能光大
其運謀之道[又]謀猶回遹[箋]謀爲政
之道 又[大雅]王猶允塞[箋]猶
謀也 又[廣韻]尚也[禮檀弓]仲子亦
猶行古之道也 又[詩周頌]陟山喬嶽
允猶翕河[箋]猶圖也小山及高嶽皆信
按山川之圖而次序祭之又夷猶[禮檀
弓]君子蓋猶猶爾[註]疾舒之中[楚辭
九歌]君不行兮夷猶 又[管子地員篇]
下土曰五猶五猶之狀如糞 又[前漢地
理志]厹猶縣屬臨淮郡 又姓[正字通]
宋猶道明 又[集韻][正韻]夷餘招切
音遙[集韻]本作䚻徒歌也或作謠 又
與搖通[禮檀弓]咏斯猶猶斯舞[註]猶
當爲搖謂身動搖也秦人猶搖聲相近[釋
文]猶依註作搖音遙 又[廣韻][集韻]
夷居祐切音究[爾雅釋獸音義]弋又反
又[廣韻][集韻][韻會]夷余救切音
柚[爾雅釋獸音義]羊救反 又叶余久
切音酉[詩小雅]式相好矣無相猶矣好
叶許厚反

【 오류정리 】

○康誤處 1;[詩衞風(改魏風)]尚愼旃
哉猶來無止
●考證 ; 謹照原文衞風改魏風
◆整理 ; [詩(시) 衞風(위풍)은 魏風
(위풍)의 착오.
◆訂正文 ; [詩魏風]尚愼旃哉猶來無
止
▶【1152-1】 字解誤謬與否 ; [詩衞
風(改魏風)]尚愼旃哉猶來無止 [衞
風(改魏風)]

★이상과 같이 인용처(引用處)나 주
소(註疏)의 오류(誤謬)를 수정(修訂)
을 한다 하여도 자전상(字典上)의 유
(猶)의 본의(本義)에는 영향이 미치지
않음.

康猗(적)[唐韻][集韻]夶亭歷切音
敵[集韻]摘特雄也本作犆詳牛部犆字
註

【 오류정리 】

○康誤處 1;[集韻]摘(改猗)特雄也
●考證 ; 謹照原文摘改猗
◆整理 ; [集韻(집운)] 摘(적)은 猗
(적)의 착오.
◆訂正文 ; [集韻]猗特雄也
▶【1153-1】 字解誤謬與否 ; [集
韻]摘(改猗)特雄也 [摘(改猗)]

★이상과 같이 오류(誤謬) 수정(修訂)
이 되면 적(猗; 수소)이 되는데 자전
상(字典上) 적(猗)의 본의(本義)에 적
극 영향이 미치게 됨.

康獘(폐)[唐韻][集韻]夶毗祭切音
幣[說文]頓仆也从犬敝聲引春秋傳與
犬犬獘○按今[左傳僖四年]本作斃[爾
雅釋木]木自獘柛[註]獘踣也 又[廣
韻]困也惡也 又[集韻]蒲結切音蹩仆
也或作獙 又便滅切音䁅義同[說文]
或从死作斃

【 오류정리 】

○康誤處 1;[爾雅釋木]木自獘神(改
柛)
●考證 ; 謹照原文神改柛
◆整理 ; [爾雅釋木(이아석목)] 神
(신)은 柛(신)의 착오.
◆訂正文 ; [爾雅釋木]木自獘柛
▶【1154-1】 字解誤謬與否 ; [爾雅

釋木]木自獘神(改柛) [神(改柛)]

★이상과 같이 오류(誤謬) 수정(修訂)이 되면 목자폐신(木自獘柛; 죽다. 넘어지다. 피곤하다. 흉악하다) [爾雅釋木]木自獘柛[註]獘踣也 又[廣韻]困也惡也으로 바뀌는데 자전상(字典上) 폐(獘)의 본의(本義)인 곤(困)에 적극 영향이 미치게 됨.

(康)獡(삭)[唐韻]式略切[廣韻]書藥切[集韻]式灼切𠀤音爍[說文]犬獡獡而附人也[集韻]或作獛 又[玉篇]獡獡犬不附人而驚貌 又[揚子方言]獡驚也宋衞南楚相驚曰獡 又[廣韻]趞獡𧇠也 又[集韻][類篇]𠀤七約切音鵲本作㹱或作猎詳㹱字註 又[集韻]思積切音昔本作猎詳猎字註

【 오류정리 】

○康誤處 1; [說文]犬獡獡而附人(改不附人)也

●考證 ; 謹照原文而附人改不附人

◆整理 ; [說文(설문)] 而附人(이부인)은 不附人(불부인)의 착오.

◈訂正文 ; [說文]犬獡獡不附人也

▶【1155-1】 字解誤謬與否 ; [說文]犬獡獡而附人(改不附人)也 [而附人(改不附人)]

★이상과 같이 오류(誤謬) 수정(修訂)이 되면 불부인야(不附人也; 사람과는 부합할 수 없다)라 자전상(字典上) 삭(獡; 견경모(犬驚貌))의 본의(本義)에는 영향이 미치지 못함.

犬部 十三畫

(康)獪(회)[唐韻][集韻][韻會]古外切[正韻]吉外切𠀤音澮[說文]狡獪也从犬會聲[揚子方言]剿蹶獪也秦晉之閒曰獪 又[廣韻][正韻]古賣切[集韻]古邁切𠀤音夬義同[集韻]或作狭狫 又[博雅]擾也 又[正韻]古壞切音怪本作狭狡也 又[集韻]戶八切音滑本作猾詳猾字註

【 오류정리 】

○康誤處 1; [集韻]或作狭狫(改狭猪)

●考證 ; 謹照原文狭狫改狭猪

◆整理 ; [集韻(집운)] 狭狫(결로)는 狭猪(결길)의 착오.

◈訂正文 ; [集韻]或作狭猪

▶【1156-1】 字解誤謬與否 ; [集韻]或作狭狫(改狭猪) [狭狫(改狭猪)]

★이상과 같이 오류(誤謬) 수정(修訂)이 되면 결길(狭猪; 교활하다) [揚子方言]剿蹶獪也秦晉之閒曰獪[集韻]或作狭猪이라 자전상(字典上) 회(獪)의 본의(本義)에 적극 영향이 미치게 됨.

(康)獮(선)[廣韻][集韻][韻會]𠀤息淺切音蘚[爾雅釋詁]獮殺也[釋文]秋獵爲獮[註]順殺氣也[周禮春官小宗伯]獮之日涖卜來歲之戒又[夏官大司馬]中秋敎治兵遂以獮田[說文]本作𤢺或作祢[集韻]亦作𤢺

【 오류정리 】

○康誤處 1; [周禮春官小宗伯(改肆師)]獮之日涖卜來歲之戒

●考證 ; 謹按獮之日二句在肆師下小宗伯改肆師

◆整理 ; [周禮春官(주례춘관) 小宗伯(소종백)은 肆師(사사)의] 착오.

◈訂正文 ; [周禮春官肆師]獮之日涖卜來歲之戒

▶【1157-1】 字解誤謬與否 ; [周禮春官小宗伯(改肆師)]獮之日涖卜來歲之戒 [小宗伯(改肆師)]

★이상과 같이 인용처(引用處)나 주소(註疏)의 오류(誤謬)를 수정(修訂)을 한다 하여도 자전상(字典上)의 선(獮)의 본의(本義)에는 영향이 미치지 않음.

犬部 十四畫

⑧獳(누)[唐韻]奴豆切[集韻]乃豆切𠀤音耨[說文]怒犬貌讀若耨[玉篇]犬怒也 又[唐韻]乃侯切[廣韻]奴鉤切[集韻]奴侯切𠀤音獳義同[山海經]獳犬如獳犬[註]獳犬怒犬也[范𣐌蜀都賦]叫𤡜之獳 又人名[左傳僖二十八年]曹伯之豎侯獳 又[廣韻]人朱切[集韻]汝朱切𠀤音儒[山海經]耿山有獸狀如狐而魚翼名曰朱獳其鳴自叫見則其國有兵[集韻]本作𤠻

【 오류정리 】
○康誤處 1;[山海經]耿山有獸名曰朱獳其鳴自叫見則其國有兵(改有恐)
●考證 ; 謹照原文有兵改有恐
◆整理 ; [山海經(산해경)] 有兵(유병)은 有恐(유공)의 착오.
◆訂正文 ; [山海經]耿山有獸名曰朱獳其鳴自叫見則其國有恐
▶【1158-1】 字解誤謬與否 ; [山海經]耿山有獸名曰朱獳其鳴自叫見則其國有兵(改有恐) [有兵(改有恐)]
★이상과 같이 오류(誤謬)가 유공(有恐; 두려워 했다) 수정(修訂)이 된다 하여도 자전상(字典上) 누(獳)의 본의(本義)에는 영향이 미치지 않음.

犬部 十五畫

⑧獵(렵)[唐韻]良涉切[集韻][韻會][正韻]力涉切𠀤音巤[說文]放獵逐禽也[廣韻]取獸也白虎通曰四時之田總名爲獵爲田除害也尸子曰庖犧氏之世天下多獸故敎人以獵也[爾雅釋言]獵虐也[疏]獵謂從禽也必暴害於物故云[爾雅釋天]春獵爲蒐夏獵爲苗秋獵爲獮冬獵爲狩[詩魏風]不狩不獵[禮王制]豺祭獸然後田獵[蔡邕月令章句]獵者捷取之名[正字通]獵以供俎豆習兵戎皆國家重事也 又震也[吳語]今大夫國子興其衆庶以犯獵吳國之師徒[註]獵震也 又[揚雄校獵賦]鴻絧緁獵[註]師古曰緁獵相差次也 又龜名[爾雅釋 魚]龜後弇諸獵[疏]謂甲後弇覆者名獵[周禮春官龜人]南龜曰獵屬 又山名[淮南子地形訓]洛出獵山 又車名[前漢宣帝紀]太僕以輅獵車奉迎龜孫[註]文穎曰輅獵小車

【 오류정리 】
○康誤處 1;[前漢宣帝紀]太僕以輅獵車奉迎龜孫(改曾孫)
●考證 ; 謹照原文龜孫改曾孫
◆整理 ; [前漢宣帝紀(전한선제기)]龜孫(구손)은 曾孫(증손)의 착오.
◆訂正文 ; [前漢宣帝紀]太僕以輅獵車奉迎曾孫
▶【1159-1】 字解誤謬與否 ; [前漢宣帝紀]太僕以輅獵車奉迎龜孫(改曾孫) [龜孫(改曾孫)]
★이상과 같이 오류(誤謬) 수정(修訂)이 증손(曾孫; 증손(曾孫). 손자(孫子) 이하의 총칭)으로 고쳐지는데 자전상(字典上) 렵(獵)의 본의(本義)에 간접 영향이 미치게 됨.

字典午集上考證

玉部

⑧玉(옥)[唐韻][正韻]魚欲切[集韻][韻會]虞欲切𠀤音獄[說文]石之美者玉有五德潤澤以溫仁之方也䚡理自外可以知中義之方也其聲舒楊專以遠聞智之方也不撓而折勇之方也銳廉而不技絜之方也[五音集韻]烈火燒之不熱者眞玉也[易鼎卦]鼎玉鉉[疏]正義曰玉者堅剛而有潤者也 又[說卦]乾爲玉爲金[疏]爲玉爲金取其剛之淸明也[詩大雅]金玉其相[禮聘義]君子比德於玉焉溫潤而澤仁也縝密以栗知也廉而不劌義也垂之如隊禮也叩之其

淸越以長其終詘然樂也瑕不掩瑜瑜不掩瑕忠也孚尹旁達信也氣如白虹天也精神見于山川地也圭璋特達德也天下莫不貴者道也[管子侈靡篇]玉者陰之陰也[白虎通]玉者象君子之德燥不輕溫不重是以君子寶之　又水玉水精也[史記司馬相如傳]水玉磊砢[註]水玉水精也　又美貌也[公羊傳宣十二年是以使寡人得見君之玉面而微至乎此[疏]言玉面者亦美言之也[史記陳丞相世家]如冠玉耳　又珍食曰玉食[書洪範]惟辟玉食[釋文]漢書云玉食珍食也　又時和曰玉燭[爾雅釋天]時和謂之玉燭[疏]言四時和氣溫潤明照故曰玉燭　又地名[左傳哀十二年]宋鄭之閒有隙地焉曰彌作頃丘玉暢嵒戈鍚[註]凡六邑　又河名[正字通]後晉天福中鴻臚卿張匡鄴使于闐著行程記言玉河在于闐城外其源出昆山西流一千三百里至于闐界疏爲三河一白玉河二綠玉河三黑玉河五六月水漲玉隨流而至多寡視水小大七八月水退可取彼人謂之撈玉　又關名[前漢張騫傳]酒泉列亭鄣至玉門矣[註]玉門關在龍勒界　又星名[後漢郞顗傳]從西方天苑趨左足入玉井[註]參星下四小星爲玉井　又木名[山海經]開明北有文玉樹[註]五采玉樹　又草名[爾雅釋草]蒙玉女[註]女蘿別名　又[正字通]寒玉竹別名亦曰綠玉　又鳥名[前漢司馬相如傳]駕鵞屬玉[郭註]屬玉似鴨而大長頸赤目紫紺色　又觀名[前漢宣帝紀]行幸萯陽宮屬玉觀[註]晉灼曰屬玉水鳥以名觀也　又蟲名[爾雅釋蟲]玉蛈蝪[註]卽蝰蠵似鼅鼄在穴中有蓋今河北人呼蛈蝪　又蚌名[爾雅釋魚蜃小者珧註]珧玉珧卽小蚌　又姓[史記封禪書]濟南人公玉帶[註]公玉姓帶名[風俗通]齊濬王臣有公玉冉　又愛也成也[詩大雅]王欲玉女是作大諫[註]玉寶愛之意[張載西銘]貧賤憂戚庸玉女于成也　又[廣韻]息逐切[集韻]息六切𠀤音肅[廣韻]朽玉又琢玉工[集韻]或作璛瑒　又姓[史記封禪書公玉帶註]索隱曰玉又音肅[後漢光武紀]陳留太守玉況爲大司徒[註]玉音肅京兆人　又[廣韻]相玉切[集韻]須玉切𠀤音粟西戎國名亦姓　又[五音集韻]許救切音齅篆玉工也　又[韻補]叶音域[漢費鳳碑]體履柔和溫其如玉修孝友于閨門執忠謇于王室[易林]鈆刀攻玉堅不可得盡我筋力胝繭爲疾　又叶音龠[易林]桑華腐蠹衣敝如絡女工不成絲帛爲玉　又叶音迂[洞玄頌]韞產寶玉叶含耀明珠[說文]王象三王之連丨其貫也[註]徐曰王中畫近上王三畫均李陽冰曰三畫正均如貫王也[類篇]隸始加點以別帝王字[六書精蘊]帝王之王一貫三爲義三者天, 地人也中畫近上王者法天也珠王之王三畫相均象連貫形俗書不知帝王字中畫近上之義加點于旁以別之

【 오류정리 】

○康誤處 1; [爾雅釋天](增四字)時和謂之玉燭

●考證 ; 謹照原文時字上增四字

◆整理 ; [爾雅釋天(이아석천)]이에 四字(사자)를 덧붙임. 時(시)

◈訂正文 ; [爾雅釋天]四時和謂之玉燭

▶【1160-1】 字解誤謬與否 ; [爾雅釋天](增四字)時和謂之玉燭 [(增四字)時]

★이상과 같이 오류(誤謬) 수정(修訂)이 되면 사시화(四時和; 사철의 기후가 고르고 화창함)로 고쳐지는데 이는 곧 옥촉(玉燭; 사철의 기후가 고르고 화평함. [爾雅釋天]四氣和謂之玉燭[郭璞注]道光照[邢昺疏]道光照者道言也言四時和氣溫潤

明照故曰玉燭)이라 자전상(字典上) 옥(玉)의 본의(本義)에 영향이 적극 미치게 됨.

○康誤處 2; [左傳哀十二年]宋鄭之閒有隙地焉曰彌作頃丘玉暢喦戈錫(改錫)

●考證 ; 謹照原文錫改錫

◆整理 ; [左傳哀十二年(좌전애십이년)] 錫(석)은 錫(양)의 착오.

◆訂正文 ; [左傳哀十二年]宋鄭之閒有隙地焉曰彌作頃丘玉暢喦戈錫

▶【1161-2】 字解誤謬與否 ; [左傳哀十二年]宋鄭之閒有隙地焉曰彌作頃丘玉暢喦戈錫(改錫) [錫(改錫)]

★이상과 같이 오류(誤謬) 수정(修訂)이 되면 양(錫; 당노. 말 이마에 다는 장식물) [左傳桓公二年]錫鸞和鈴昭其聲也[晉杜預注]錫在馬額盾背上的金屬飾物이 되어 자전상(字典上) 옥(玉)의 본의(本義)에 적극 영향이 미치게 됨.

○康誤處 3; 又蟲名(又蟲名三字省去)[爾雅釋蟲]玉蚨蝪[註]卽螲蟷似䵷黽在穴中有蓋今河北人呼蚨蝪

●考證 ; 謹按爾雅原文作王蚨蝪誤引入玉字下謹將又蟲名三字省去以爾雅釋蟲至呼蚨蝪二十六字移入下條王字註又蟲名下

※筆者謹按康熙字典原本 ; 又蟲名[爾雅釋蟲]玉蚨蝪[註]卽螲蟷似䵷黽在穴中有蓋今河北人呼蚨蝪

※筆者謹按爾雅郭注原本 ; 又蟲名[爾雅釋蟲]王蚨蝪[註]卽螲蟷似䵷黽在穴中有蓋今河北人呼蚨蝪

◆整理 ; 又蟲名[爾雅釋蟲]玉蚨蝪[註]卽螲蟷似䵷黽在穴中有蓋今河北人呼蚨蝪 (錯誤無)

◆訂正文 ; 又蟲名[爾雅釋蟲]玉蚨蝪[註]卽螲蟷似䵷黽在穴中有蓋今河北人呼蚨蝪 (訂正無)

▶【1162-3】 字解誤謬與否 ; 又蟲名[爾雅釋蟲]玉蚨蝪[註]卽螲蟷似䵷黽在穴中有蓋今河北人呼蚨蝪 (誤謬無)

★이상과 같이 이아곽주원본(爾雅郭注原本)을 살펴보건대 고증(考證)이 지적한 오류(誤謬)는 착오(錯誤)가 아닌가 하여 조심을 거듭하나 우충명(又蟲名)을 삭제한다 하여도 자전상(字典上) 옥(玉)의 본의(本義)에는 영향이 미치지 않음.

㉿王(왕)[廣韻][集韻][韻會]炏雨方切音徨[廣韻]大也君也天下所法[正韻]主也天下歸往謂之王[易坤卦]或從王事又[隨卦]王用享于西山[書洪範]無偏無黨王道蕩蕩[詩小雅]宜君宜王[註]君諸侯也王天子也○按秦漢以下凡諸侯皆稱王天子伯叔兄弟分封于外者亦曰王 又諸侯世見曰王[詩商頌]莫敢不來王[箋]世見曰王 又凡尊稱亦曰王[爾雅釋親]父之考爲王父父之母爲王母 又法王象王皆佛號[華嚴偈]象王行處落花紅[岑參詩]況值廬山遠抽簪禮法王[註]法王佛尊號也 又姓 又[謚法]仁義所往曰王 又王屋山名[書禹貢]至于王屋[疏]正義曰王屋在河東垣縣東北 又弓名[周禮冬官考工記]王弓[註]往體寡來體多曰王又王連遠志也見[博雅]夫王芏草也見[爾雅釋草疏] 又王鴡鳥名[爾雅釋鳥]鴡鳩王鴡[註]鵰類今江東呼之爲鶚 又王鮪魚名[周禮天官獻人]春獻王鮪[註]王鮪鮪之大者 又蛇名[爾雅釋魚]蟒王蛇[註]蟒蛇最大者故曰王蛇 又蟲名[爾雅釋蟲]虎王蝐也[博雅]虎王蝐也 又[廣韻][集韻][韻會][正韻]炏于放切音旺霸王也[正韻]凡有天下者人稱之曰王則平聲據其身臨天下而言曰王則去聲[詩大雅]王此大邦[箋]王君也[釋文]王于況反[前漢高帝紀]項羽背約而王君王於南鄭[師古註]

上王字于放反　又[廣韻]盛也[莊子養生主]神雖王不善也[註]謂心神長王[釋文]王于況反　又音往[詩大雅]昊天曰明及爾出王[傳]王往也[朱註音往○按王本古文玉字註詳部首

【 오류정리 】

○康誤處 1；[爾雅釋親]父之母曰王母(改父之妣爲王母)

●考證 ；謹照原文改父之妣爲王母

◆整理 ；[爾雅釋親(이아석친)] 父之母曰王母(부지모왈왕모)는 父之妣爲王母(부지비위왕모)의 착오.

◆訂正文 ；[爾雅釋親]父之妣爲王母

▶【1163-1】 字解誤謬與否 ；[爾雅釋親]父之母曰王母(改父之妣爲王母) [父之母曰王母(改父之妣爲王母)]

★이상과 같이 오류(誤謬) 수정(修訂)이 되면 부지비위왕모(父之妣爲王母; 아버지의 작고하신 어머니는 나는 조모 벌이다 가 되는데 자전상(字典上) 왕(王)의 본의(本義)에 영향이 미치게 됨.

○康誤處 2；[周禮冬官考工記]王弓[註]往體寡來體多曰王(改弓人往體寡來體多謂之王弓之屬)

●考證 ；謹照原文改弓人往體寡來體多謂之王弓之屬

◆整理 ；[周禮冬官考工記(주례동관고공기)]의 王弓(왕궁)[註(주)]往體寡來體多曰王(왕체과래체다왈왕)은 弓人往體寡來體多謂之王弓之屬(궁인왕체과래체다위지왕궁지속)의 착오.

◆訂正文 ；[周禮冬官考工記][弓人]往體寡來體多謂之王弓之屬

▶【1164-2】 字解誤謬與否 ；[周禮冬官考工記]王弓[註]往體寡來體多曰王(改弓人往體寡來體多謂之王弓之屬) [王弓[註]往體寡來體多曰王(改弓人往體寡來體多謂之王弓之屬)]

★이상과 같이 오류(誤謬) 수정(修訂)이 된다 하여도 ○궁인(弓人; 궁장(弓匠). 주대(周代)의 관직명(官職名). 활을 만드는 일을 담당) [周禮考工記弓人]弓人爲弓取六材必以其時[孟子公孫丑上]人役而恥 爲役由弓人而恥 爲弓矢人而恥爲矢也 ○궁지속(弓之屬; 궁장(弓匠)에 소속하고 있다)은 자전상(字典上) 왕(王)의 본의(本義)에는 직접 영향이 미치지 않았음.

○康誤處 3；又蟲名[爾雅釋蟲](增王蚨蝎註卽螳蟷似鼅鼄在穴中有蓋今河北人呼蚨蝎二十二字)虎王蜲也

●考證 ；謹照原文又蟲名爾雅釋蟲下增王蚨蝎註卽螳蟷似鼅鼄在穴中有蓋今河北人呼蚨蝎二十二字

◆整理 ；[爾雅釋蟲(이아석충)]에 이어 王蚨蝎(왕철척)[註(주)]卽螳蟷似鼅鼄在穴中有蓋今河北人呼蚨蝎(즉질당사지주재혈중유개금하북인호철척)을 덧붙임. 虎王蜲也(호왕위야)

◆訂正文 ；又蟲名[爾雅釋蟲]王蚨蝎註卽螳蟷似鼅鼄在穴中有蓋今河北人呼蚨蝎虎王蜲也

▶【1165-3】 字解誤謬與否 ；又蟲名[爾雅釋蟲](增王蚨蝎註卽螳蟷似鼅鼄在穴中有蓋今河北人呼蚨蝎二十二字)虎王蜲也 [又蟲名[爾雅釋蟲](增王蚨蝎註卽螳蟷似鼅鼄在穴中有蓋今河北人呼蚨蝎二十二字)]

★이상과 같이 오류(誤謬) 수정(修訂)이 되면 ○왕철척(王蚨蝎; 땅거미) ○주([註]; 주석(註釋)하기를) ○즉질당(卽螳蟷; 즉 땅거미라 하며) ○사지주(似鼅鼄; 묘근을 갉아 먹는 해충(害蟲)과 흡사하다) ○재혈중(在穴中; 굴 속에 사는데) ○유개(有蓋; 굴 입구에는 덮개가 있다) ○금하북인호철척(今河北人呼蚨蝎; 오늘날 하북 사람들은 땅거미라 부른다)이 되는데 자

전상(字典上) 왕(王)의 본의(本義)에 적극 영향이 미치게 됨.

○康誤處 4; 又按(增博雅)虎王蛻也非爾雅文查係
●考證 ; 謹照原文增博雅二字
◆整理 ; 博雅(박아)를 이에 덧붙임. 虎王蛻也(호왕위야)
◆訂正文 ; 又按博雅虎王蛻也非爾雅文查係
▶【1166-4】 字解誤謬與否 ; 又按(增博雅)虎王蛻也非爾雅文查係 [(增博雅)]
★이상과 같이 인용처(引用處)나 주소(註疏)의 오류(誤謬)를 수정(修訂)을 한다 하여도 자전상(字典上)의 왕(王)의 본의(本義)에는 영향이 미치지 않음.

○康誤處 5; [廣韻]集韻[韻會][正韻]𡗉于放切徨去聲霸王(改爲音旺霸王也)
●考證 ; 謹按王于放切徨胡光切王非徨之去聲今將徨去聲霸王五字改爲音旺霸王也
◆整理 ; [廣韻(광운)]集韻(집운)][韻會(운회)][正韻(정운)] 徨去聲霸王(황거성패왕)을 音旺霸王也(음왕패왕야)고 고침.
◆訂正文 ; [廣韻]集韻][韻會][正韻]𡗉于放切音旺霸王也
▶【1167-5】 字解誤謬與否 ; [廣韻]集韻][韻會][正韻]𡗉于放切徨去聲霸王(改爲音旺霸王也) [徨去聲霸王(改爲音旺霸王也)]
★이상과 같이 오류(誤謬) 수정(修訂)이 된다 하여도 ○음왕(音旺; 音은 왕이고) ○패왕(霸王; 패자(霸者). 진한시(秦漢時) 항우(項羽)를 서초(西楚)의 패왕(覇王)이라 하였음)은 자전상(字典上) 왕(王)의 본의(本義) 에는 직접 영향이 미치게 됨

康玗(우)[唐韻]羽俱切[集韻][正韻]雲俱切𡘋音于[說文]本作玗]石之似玉者[玉篇]玉屬爾雅云東方之美者有醫無閭之珣玗琪焉[列子殷湯篇]珠玗之樹皆叢生 又洞名[正韻]元結自釋云逃入猗玗洞始稱猗玗子 又玗琪樹名[山海經]開明北有玗琪樹[註]玗琪赤玉屬也

【 오류정리 】

○康誤處 1; [列子殷湯篇(改問湯篇)]
●考證 ; 謹照原書改問湯篇
◆整理 ; [列子(열자) 殷湯篇(은탕편)은 問湯篇(문탕편)의] 착오.
◆訂正文 ; [列子問湯篇]
▶【1168-1】 字解誤謬與否 ; [列子殷湯篇(改問湯篇)] [殷湯篇(改問湯篇)]
★이상과 같이 인용처(引用處)나 주소(註疏)의 오류(誤謬)를 수정(修訂)을 한다 하여도 자전상(字典上)의 우(玗)의 본의(本義)에는 영향이 미치지 않음.

康玠(개)[唐韻]古拜切[集韻][韻會][正韻]居拜切 音戒[說文]大圭也引書顧命稱奉玠玉[爾雅釋器]珪大尺二寸謂之玠 又[集韻]通作介[詩大雅]錫爾介圭以作爾寶 [類篇]或作珒

【 오류정리 】

○康誤處 1; [說文]大圭也引書顧命稱奉玠玉(改玠圭)
●考證 ; 謹照原文玠玉改玠圭
◆整理 ; [說文(설문)] 玠玉(개옥)은 玠圭(개규)의 착오.
◆訂正文 ; [說文]大圭也引書顧命稱奉玠圭
▶【1169-1】 字解誤謬與否 ; [說

文]大圭也引書顧命稱奉玠玉(改玠圭) [玠玉(改玠圭)]

★이상과 같이 오류(誤謬) 수정(修訂)이 되면 개규(玠圭; 대규(大圭). 천자(天子)의 홀(笏))가 되는데 자전상(字典上) 개(玠)의 본의(本義)에 직접 영향이 미치게 됨.

㉭玧(변)[集韻]皮變切音卞玉飾弁也[左傳僖二十八年]楚子自爲瓊弁玉纓[釋文]弁本又作玧皮彥反 [類篇]或作珄

【 오류정리 】

○康誤處 1; [左傳僖二十八年]楚子(改楚子爲子玉)自爲瓊弁玉纓

●考證 ; 謹按原文作楚子玉楚字可省玉字不可省謹改楚子爲子玉

◆整理 ; [左傳僖二十八年(좌전희이십팔년)] 楚子(초자)는 子玉(자옥)의 착오

◆訂正文 ; [左傳僖二十八年]子玉自爲瓊弁玉纓

▶ 【1170-1】 字解誤謬與否 ; [左傳僖二十八年]楚子(改楚子爲子玉)自爲瓊弁玉纓 [楚子(改楚子爲子玉)]

★이상과 같이 오류(誤謬) 수정(修訂)이 되면 자옥(子玉; 인명(人名). 성씨(成氏) 명(名) 득신(得臣) 자(字) 자옥(子玉) 초성왕시(楚成王時) 령윤(令尹))인데 자전상(字典上) 변(玧)의 본의(本義)에 영향이 미치지 않음.

玉部 五畫

㉭珈(가)[唐韻]古牙切[韻會][正韻]居牙切𠀤音嘉[說文]婦人首飾[詩衞風]副笄六珈[傳]珈笄飾之最盛者所以別尊卑副笄旣笄而加飾也如今步搖上飾錢氏曰今人步搖加飾以珠飾之小者六多者倍蓰至三十六詩六珈然則古玉數凡六也孔氏曰珈加也王后之衡笄皆以

玉爲之垂於副之兩旁當耳其下以紞縣瑱由副旣笄而加此飾故謂之珈[古器圖]珈加於副之飾也狀如口長廣僅寸

【 오류정리 】

○康誤處 1; [詩衞風(改鄘風)]副笄六珈

●考證 ; 謹照原文衞風改鄘風

◆整理 ; [詩(시) 衞風(위풍)은 鄘風(용풍)의]착오.

◆訂正文 ; [詩鄘風]副笄六珈

▶ 【1171-1】 字解誤謬與否 ; [詩衞風(改鄘風)]副笄六珈 [衞風(改鄘風)]

★이상과 같이 인용처(引用處)나 주소(註疏)의 오류(誤謬)를 수정(修訂)을 한다 하여도 자전상(字典上)의 가(珈)의 본의(本義)에는 영향이 미치지 않음.

○康誤處 2; [傳]珈笄飾之最盛者所以別尊卑(增箋字)副笄旣笄而加飾也

●考證 ; 謹按旣笄句乃箋文非傳文謹照原文副上增箋字

◆整理 ; [傳(전)] 尊卑(존비)에 이어 箋字(전자)르 덧붙임. 副(부)

◆訂正文 ; [傳]珈笄飾之最盛者所以別尊卑[箋]副笄旣笄而加飾也

▶ 【1172-2】 字解誤謬與否 ; [傳]珈笄飾之最盛者所以別尊卑(增箋字)副笄旣笄而加飾也 [尊卑(增箋字)]

★이상과 같이 전(箋; 주석(註釋). 주해(註解))을 덧붙인다 하여도 자전상(字典上) 가(珈)의 본의(本義)에는 영향이 미치지 않음.

○康誤處 3; 孔氏曰珈加也(珈加也三字謹省)

●考證 ; 謹照原文無下珈加也三字謹省

◆整理 ; 孔氏曰(공씨왈) 아래 珈加也三字(가가야삼자)를 삭제함.

◆訂正文 ; 孔氏曰

▶【1173-3】 字解誤謬與否 ; 孔氏曰珈加也(珈加也三字謹省) [珈加也(珈加也三字謹省)]

★이상과 같이 가가야(珈加也; 가(珈)는가(加)이다) [詩鄘風君子偕老]君子偕老副笄六珈[鄭玄箋]珈之言加也를 삭제(削除)를 한다 하여도 자전상(字典上) 가(珈)의 본의(本義)에 영향을 끼치지 않음.

○康誤處 4;(謂之珈者四字謹增)由副旣笄而加此飾故謂之珈

●考證 ; 謹按原文由副上有謂之珈者四字謹增

◆整理 ; 由副(유부) 앞에 謂之珈者四字(위지가자사자)를 덧붙임.

◆訂正文 ; 謂之珈者由副旣笄而加此飾故謂之珈

▶【1174-4】 字解誤謬與否 ;(謂之珈者四字謹增)由副旣笄而加此飾故謂之珈 [(謂之珈者四字謹增)由]

★이상과 같이 위지가자(謂之珈者; 부인의 머리꾸미개라고 말한다) 덧붙인다 하여도 자전상(字典上) 가(珈)의 본의(本義)에는 적극 영향이 미치게 됨.

⑱珊(산)[唐韻]蘇干切[集韻][韻會]相干切[正韻]師姦切𠀤音冊[說文]珊瑚生於海或生於山[徐曰]珊瑚石也或靑或紅高一二尺裹以繒帛燒之不熱蓋生海島之根亦可刻琢爲器爲樹者乃交柯可愛[本草]珊瑚樹紅油色者細縱文如鉛丹色者無縱文入藥紅油色者良生海中磐石上白如菌一歲變黃二歲變赤枝幹交錯高三四尺今廣州亦有之明潤如紅玉中有孔亦有無孔者枝柯多者爲上李時珍曰生海底五七株成林謂之珊瑚林居水中直而軟見風則曲而堅變紅色漢趙陀謂之火樹是也亦有黑色碧色者碧色者亦良[前漢司馬相如傳]珊瑚叢生[註]珊瑚生水底石邊大者樹高三尺餘枝格交錯無有華 又[史記司馬相如傳]玫瑚勃窣上金隄[註]索隱曰玫瑚匍匐上下也 又[韻會]珊珊佩聲[杜甫詩]自是秦樓厭鄭谷時聞雜佩聲珊珊 又[魏文帝釣竿行]釣竿何珊珊魚尾何簁簁 又[韻會]闌珊彫散貌[李後主詞]簾外雨潺潺春意闌珊 又[集韻]桑葛切音辥珊瑚之珊亦讀入聲 又[韻補]叶相然切音仙[宋玉神女賦]宜高殿以廣意兮翼放縱而綽寬動霧縠以徐步兮拂墀聲之珊珊

【 오류정리 】

○康誤處 1;漢趙陀(改趙佗)謂之火樹是也

●考證 ; 謹照本草原文趙陀改趙佗

◆整理 ; 漢(한) 趙陀(조타)는 趙佗(조타)의 착오.

◆訂正文 ; 漢趙佗謂之火樹是也

▶【1175-1】 字解誤謬與否 ; 漢趙陀(改趙佗)謂之火樹是也 [趙陀(改趙佗)]

★이상과 같이 오류(誤謬) 수정(修訂)이 된다 하여도 조타(趙佗; 인명(人名). 한족(漢族). 한시(漢時) 때 남월왕(南越王). 진말기(秦末期)의 혼란기에 주변 일대를 통합, 독립하여 남월무왕(南越武王)이라 칭하였다) [趙佗傳] 趙佗漢族秦朝恆山郡眞定縣人秦朝著名將領南越國創建者趙佗是南越國第一代王和皇帝號稱南越武王或南越武帝는 자전상(字典上) 산(珊)의 본의(本義)에는 영향이 미치지 않음.

⑱珍(진)[唐韻]陟鄰切[集韻]知鄰切𠀤音眞[說文]寶也[玉篇]貴也美也重也[禮儒行]儒有席上之珍以待聘[盧諶詩]不待卜和顯自爲命世珍 又瑞也[詩周頌將受厥明傳]我周家大受其光

明謂爲珍瑞天下所休慶也　又[爾雅釋
詁]珍獻也　又奇也[書旅獒]珍禽奇獸
不育于國[公羊傳昭三十一年]食必坐
二子於其側而食之有珍怪之食[註]珍
怪猶奇異也　又[正字通]食之美者亦
曰珍[禮王制]八十常珍[註]常食皆珍
味也[又]九十者天子欲有問焉則就其
室以珍從[註]九十者專指有爵者言天
子就而問珍味從之以往致尊養之義也
又[周禮天官膳夫]珍用八物[註]謂淳
熬淳母炮豚炮牂擣珍漬熬肝膋也[陸佃
云]珍用八物牛羊麋鹿鷹豕狗狼　又
坤珍洛書也[後漢班固傳]聖主乃握乾符
闡坤珍　又[正字通]州名漢牂牁郡唐
置珍州　又[字彙補]讀作鎭[周禮春官
典瑞]珍圭以徵守以恤凶荒[註]杜子春
云珍當作鎭　又[韻補]叶張連切音邅
[陳琳馬瑙勒賦]遭時顯價冠世珍兮君
子窮達亦時然兮　[玉篇]俗作珎[五音
集韻]俗作珍

【 오류정리 】

○康誤處 1; [後漢班固傳]聖主(改聖
皇)乃握乾符闡坤珍

●考證 ; 謹照原文聖主改聖皇

◆整理 ; [後漢班固傳(후한반고전)]
聖主(성주)은 聖皇(성황)의 착오.

◆訂正文 ; [後漢班固傳]聖皇乃握乾
符闡坤珍

▶ 【1176-1】 字解誤謬與否 ; [後漢
班固傳]聖主(改聖皇)乃握乾符闡坤珍
[聖主(改聖皇)]

★이상과 같이 오류(誤謬) 수정(修訂)
이 되면 성황(聖皇; 어진 황제. 임금
을 높이어 이르는 칭호)가 되는데 자
전상(字典上) 진(珍)의 본의(本義)에
영향이 미치지 않음.

玉部 六畫

珝(후)唐韻况主切集韻韻會火羽

切正韻虛呂切 音詡說文王名也　又人
名[玉篇]吳志有薛琮字珝[韻會]晉藝
術傳有卜珝

【 오류정리 】

○康誤處 1; [玉篇]吳志有薛琮(改綜)
字(改子)珝

●考證 ; 謹查吳志有薛綜無薛琮綜子
珝官至威南將軍非琮字珝也玉篇原文已
誤謹據吳志琮改綜字改子

◆整理 ; [玉篇(옥편)] 琮(종)은 綜
(종), 字(자)는 子(자)의 착오.

◆訂正文 ; [玉篇]吳志有薛綜子珝

▶ 【1177-1】 字解誤謬與否 ; [玉
篇]吳志有薛琮(改綜)字(改子)珝 [琮
(改綜)] [字(改子)]

★이상과 같이 오류(誤謬) 수정(修訂)
이 되면 설종(薛綜; 삼국시대(三國時
代) 오인(吳人))의 자(子) 후(珝; 인명
(人名))로 자전상(字典上) 후(珝)의 본
의(本義)에 영향이 미치게 됨.

班(반)[廣韻]布還切[集韻][韻
會][正韻]逋還切夶音頒[書堯典]班瑞
于羣后　又[爾雅釋言]班賦也[註]謂
布與[書洪範]武王旣勝殷邦諸侯班宗
彝[傳]賦宗廟彝器酒罇賜諸侯[左傳襄
二十六年]班荊相與食[註]班布也[公
羊傳僖三十一年]晉侯執曹伯班其所取
侵地于諸侯　又[博雅]班, 秩序也[左
傳文六年]趙孟曰辰嬴賤班在九人[註]
班位也　又[集韻]次也[左傳桓六年]
諸侯之大夫戍齊齊人饋之餼使魯爲其
班[註]班次也　又[集韻]別也[左傳襄
十八年]有班馬之聲[註]班別也夜遁馬
不相見故作離別聲也　又徧也[晉語]
車班外內順以訓之[註]班徧也　又
[揚子方言]班徹列也北燕曰班東齊曰
徹[易屯卦]乘馬班如[疏]六四應初故
乘馬也慮二妨已路故初時班如旋也[書
大禹謨]班師振旅　又雜色也[禮王制]

班白者不提挈[註]雜色曰班 又班班車聲[後漢五行志]車班班入河閒 又姓[風俗通]楚令尹鬭班之後 又縣名[前漢地理志]班氏[註]屬代郡 又班茅蟲名[古今注]藥種有五物五曰班茅戎鹽解之 又[集韻]或作辨[前漢王莽傳]辨社諸侯 又[韻會]通作般[左傳成十三年]鄭公子班自晳求入于大宮[釋文]班本亦作般[前漢郊祀歌]先以雨般裔裔[註]先以雨言神欲行令雨先驅也般讀與班同布也裔裔飛流之貌 又[韻補]叶卑連切音鞭[何晏景福殿賦]光明熠爚文彩璘班淸風萃而成響朝日曜而增鮮 [廣韻]俗作班[正韻]亦作頒𣬈

【 오류정리 】

○康誤處 1; 又姓[風俗通]楚令尹鬭班(改鬭班)之後

●考證 ; 謹照廣韻所引風俗通鬭班改鬭班

◆整理 ; [風俗通(풍속통)] 鬭班(궐반)은 鬭班(투반)의 착오.

◆訂正文 ; 又姓[風俗通]楚令尹鬭班之後

▶【1178-1】 字解誤謬與否 ; 又姓[風俗通]楚令尹鬭班(改鬭班)之後 [鬭班(改鬭班)]

★이상과 같이 오류(誤謬) 수정(修訂)이 되면 투반(鬭班; 복성(復姓))이 되는데 자전상(字典上) 반(班)의 본의(本義)에 적극 영향이 미치게 됨.

玉 部 七畫

康玲(함)[唐韻][韻會][正韻]𠀤胡紺切音憾[說文]贈賵玲襚皆贈喪之物珠玉曰玲 又或作含[周禮春官典瑞]共含玉[註]含玉柱左右顑及在口中者 又通作唅[晉書皇甫謐傳]殯唅之物 又[集韻]胡南切音含義同

【 오류정리 】

○康誤處 1; [周禮春官典瑞]共含玉[註]含玉柱左右顑(改顚)及在口中者

●考證 ; 謹照原文顑改顚按顚與顩同

◆整理 ; [周禮春官典瑞(주례춘관전서)] 顑(함)은 顚(전)의 착오..

◆訂正文 ; [周禮春官典瑞]共含玉[註]含玉柱左右顚及在口中者

▶【1179-1】 字解誤謬與否 ; [周禮春官典瑞]共含玉[註]含玉柱左右顑(改顚)及在口中者 [顑(改顚)]

★이상과 같이 오류(誤謬) 수정(修訂)이 된다 하여도 전(顚; 정수리. 정상(頂上). 꼭대기)은 자전상(字典上) 함(玲)의 본의(本義)인 함옥(含玉)에는 영향이 미치지 않음.

康琁(선)[廣韻]似宣切[集韻]旬宣切[正韻]旬緣切𠀤音旋與璿同[說文]美玉也[後漢安帝紀]據琁璣玉衡以齊七政[荀子成相篇]琁玉瑤珠不知佩也 又[集韻]葵營切音瓊赤玉也

【 오류정리 】

○康誤處 1; [荀子成相篇(改爲荀卿子賦篇)]琁玉瑤珠不知佩也

●考證 ; 謹按所引出賦篇不出成相篇謹改爲荀卿子賦篇

◆整理 ; [荀子成相篇(순자성상편)은 荀卿子賦篇(순경자부편)의] 착오.

◆訂正文 ; [荀卿子賦篇]琁玉瑤珠不知佩也

▶【1180-1】 字解誤謬與否 ; [荀子成相篇(改爲荀卿子賦篇)]琁玉瑤珠不知佩也 [荀子成相篇(改爲荀卿子賦篇)]

★이상과 같이 인용처(引用處)나 주소(註疏)의 오류(誤謬)를 수정(修訂)을 한다 하여도 자전상(字典上)의 선(琁)의 본의(本義)에는 영향이 미치지 않음.

康瑛(오)[廣韻]五乎切[集韻][韻

會][正會]訛胡切 扙音吾[博雅]琨瑔石
之次玉者[廣韻]琨瑔美石 又[玉篇]
琨瑔劍名[集韻]或作珸

【 오류정리 】

○康誤處 1；[集韻][韻會][正會(改正
韻)]訛胡切
●考證；謹照原書正會改正韻
◆整理；正會(정회)는 正韻(정운)의
착오.
◆訂正文；[集韻][韻會][正韻]訛胡
切
▶【1181-1】 字解誤謬與否；[集
韻][韻會][正會(改正韻)]訛胡切 [正
會(改正韻)]
★이상과 같이 인용처(引用處)나 주
소(註疏)의 오류(誤謬)를 수정(修訂)
을 한다 하여도 자전상(字典上)의 오
(瑔)의 본의(本義)에는 영향이 미치지
않음.

㊔理(리)[唐韻]良止切[集韻][韻
會]兩耳切[正韻]良以切 扙音里[說文]
治玉也[徐曰]物之脈理惟玉最密故从
玉[淮南子覽冥訓]夏桀之時金積折廉
璧襲無理[註]用之煩數皆鈍而無文
又[說文徐註]治玉治民皆曰理[書周
官]論道經邦變理陰陽[前漢循吏傳]政
平訟理 又[玉篇]正也[左傳成二年]
先王疆理天下[註]理正也 又[玉篇]
道也[廣韻]義理;易繫辭]易簡而天下
之理得矣[史記平原君傳]謂公孫龍曰
公無復與孔子高辨事也其人理勝於辭
公辭勝於理辭勝於理終必受詘[皇極經
世]天下之數出於理違理則入於術世人
以數而入於術故失於理也 又性也[禮
樂記]天理滅矣[註]理猶性也 又條理
也[易繫辭]俯以察於地理[疏]地有山川
原隰各有條理故稱理也 又[說卦]和
順於道德而理於義[禮中庸]文理密察
[朱註]理條理也 又[禮樂記]理發諸
外而民莫不承順[註]理容貌之進止也

又[玉篇]文也[前漢周勃傳]縱理入口
[唐書太宗紀]本心不正則脈理皆斜
又[增韻]膚肉之閒爲湊理以其有脈理
也[禮內則]薄切之必絕其理[杜甫詩]
肌理細膩骨肉勻 又分也[禮樂記]樂
者通倫理者也[註]理分也[釋文]分扶
問反 又賴也[孟子]大不理於口
又[廣韻]料理[晉書桓冲傳]冲謂徽之
曰卿在府日久當相料理 又[韻會]治
獄官曰理[禮月令]孟秋之月命理瞻傷
察創視折[註]理治獄官也[史記循吏
傳]李離者晉文公之理也 又媒也[屈
原離騷]解佩纕以結言兮吾令蹇修以爲
理[註]使古賢蹇修而爲媒理也五臣云
令蹇脩爲媒以通辭理 又姓[五音集
韻]皋陶爲大理因官氏焉殷有理徵 又
紙名[博物志]南海以海苔爲紙其理倒
側故名側理 又[正字通]大理古滇夷
國名自唐始通中國歷蒙趙楊段四姓俱
僭稱帝至元始臣服中國稱總管及明而
亡改爲大理府屬雲南 又與李通[左傳
昭十三年]行理之命[註]使人也[周語]
行理以節逆之[周禮地官小行人孔晁註]
亦作李[前漢天文志]騎官左角曰理[史
記天官書]作李

【 오류정리 】

○康誤處 1；[周語]行理以節逆之[周
禮地官小行人孔晁註(改爲賈達註小行
人也孔晁註)]亦作李
●考證；謹按周禮小行人註無孔晁作
李之文孔晁乃註國語者小行人三字亦賈
達國語註文今照僖三十年左傳疏所引周
語註改爲賈達註小行人也孔晁註亦作李
◆整理；[周語(주어)][周禮地官小行
人孔晁註(주례지관소행인공조주)]를
賈達註小行人也孔晁註(가규주소행인
야공조주)로] 고침.
◆訂正文；[周語]行理以節逆之[賈達
註小行人也孔晁註]亦作李
▶【1182-1】 字解誤謬與否；[周

語]行理以節逆之[周禮地官小行人孔晁註(改爲賈逵註小行人也孔晁註)]亦作李
★이상과 같이 인용처(引用處)나 주소(註疏), 등(等)의 오류(誤謬)를 수정(修訂)을 한다 하여도 자전상(字典上)의 리(理)의 본의(本義)에는 영향이 미치지 않음.

玉部 八畫

㊟琚(거)[唐韻]九魚切[集韻][韻會][正韻]斤於切 音居[說文]瓊琚[詩衛風]投我以木瓜報之以瓊琚[傳]琚佩玉名佩有琚瑀所以納閒[疏]謂納衆玉與珩上下之閒朱氏曰佩有珩者佩之上橫者也下垂三道貫以珠璜如半璧繫於兩旁之下端琚如圭而正方在珩璜之中瑀如大珠在中央之中別以珠貫下繫於橫而交貫於瑀復上繫於珩之兩端衝牙如牙兩端皆銳橫繫於瑀下與璜齊行則衝璜出聲也 又錢氏曰佩玉之雙璜上繫於珩又有組以左右交牽之使得因衝之抑揚以自相衝擊而於二組相交之處以物居其閒交納而拘捍之故謂之琚或以大珠或雜用瑀石詩言琚用瓊則佩之美者也 又[集韻]求於切音渠義同[詩衛風瓊琚註]徐邈讀 [類篇]亦作

【 오류정리 】

○康誤處 1; 別以珠貫下繫於橫(改璜)而交貫於瑀
●考證 ; 謹按詩疏文義橫改璜
◆整理 ; 橫(횡)은 璜(황)의 착오.
◈訂正文 ; 別以珠貫下繫於璜而交貫於瑀
▶【1183-1】 字解誤謬與否 ; 別以珠貫下繫於橫(改璜)而交貫於瑀 [橫(改璜)]
★이상과 같이 오류(誤謬) 수정(修訂)이 되면 황(璜; 반원형의 패옥)으로 바뀌어 자전상(字典上) 거(琚)의 본의(本義)에 적극 영향이 미치게 됨.

㊟琜(래)[唐韻]落哀切[集韻]郎才切 音來[說文]本作瑬瓄玉也[玉篇]玉屬也[博雅]玉名

【 오류정리 】

○康誤處 1; [說文]本作瑬(增瑬字)瓄玉也
●考證 ; 謹照原文 於瑬字下增瑬字
◆整理 ; [說文(설문)] 瑬(래)에 이어 瑬字(래자)를 덧붙임.
◈訂正文 ; [說文]本作瑬瑬瓄玉也
▶【1184-1】 字解誤謬與否 ; [說文]本作瑬(增瑬字)瓄玉也 [瑬(增瑬字)]
★이상과 같이 덧붙인다 하여도 래(琜)의 본자(本字; 래(瑬))로 자전상(字典上) 래(琜)의 본의(本義)인 독옥(瓄玉; 옥편(玉篇) 옥속야(玉屬也))에 간접 영향이 미침.

㊟琥(호)[唐韻]呼古切[韻會][正韻]火五切炊音虎[說文]發兵瑞玉爲虎文[長箋]漢銅虎符全體中分作漢篆又古玉虎符扁體不全形不敂體亦無字故曰龍文與瓏同義當卽虎字加玉轉註以別于銅符也 又玉器[左傳昭三十二年]賜子家子雙琥[註]琥玉器[禮禮器]琥璜爵[周禮春官]以白琥禮西方[註]爲虎形虎猛象秋聲 又[韻會]琥珀松脂入地所化[易乾卦則各從其類也疏]異類相感者若琥珀拾芥皆冥理自然不知其所以然也[前漢西域傳]作虎魄詳前珀字註

【 오류정리 】

○康誤處 1; [周禮春官]以白琥禮西方[註]爲虎形虎猛象秋聲(改嚴)
●考證 ; 謹照原文聲改嚴
◆整理 ; [周禮春官(주례춘관)] 聲(성)은 嚴(엄)의 착오.

◆訂正文；[周禮春官]以白琥禮西方[註]爲虎形虎猛象秋嚴

▶【1185-1】　字解誤謬與否；[周禮春官]以白琥禮西方[註]爲虎形虎猛象秋聲(改嚴)　[聲(改嚴)]

★이상과 같이 오류(誤謬) 수정(修訂)이 된다 하여도 추엄(秋嚴; 추기숙살(秋氣肅殺) 가을 기운 스산하다)은 자전상(字典上) 호(琥)의 본의(本義)인 백호(白琥; 선인장)에는 영향이 미치지 않음.

康琫(봉)[唐韻][正韻]邊孔切[集韻][韻會]補孔切夶音玤[說文]佩刀下飾天子以玉諸侯以金从玉奉意兼聲[徐曰]刀削上飾也琫之言捧也若捧持之也上謂首也[釋名]刀室口之飾曰琫琫捧也捧束口也[詩小雅]鞸琫有珌[傳]鞸容刀鞸也琫上飾珌下飾　又[大雅]鞸琫容刀[傳]上曰琫下曰鞸[疏古之言鞸猶今之言鞘也禮內則註遱刀鞸琫上飾珌下飾毛傳言下曰鞸者　又因琫爲在上之飾下則指鞸之體言也[韻會]按說文詩傳皆言鞸刀鞸也琫上飾珌下飾爾雅刀室謂之鞸鞛鞛與琫同故亦言鞛上飾鞸下飾如公劉詩毛傳是也左傳藻率鞸鞛杜註鞸刀削上飾鞛下飾蓋誤以鞸鞛爲上下飾也諸韻今皆註爲刀下飾蓋承用杜註而未詳說文詩傳之義也

【 오류정리 】

○康誤處 1;[說文]佩刀下(改上)飾

●考證；謹照原文下改上

◆整理；[說文(설문)] 下(하)는 上(상)의 챡오.

◆訂正文；[說文]佩刀上飾

▶【1186-1】　字解誤謬與否；[說文]佩刀下(改上)飾　[下(改上)]

★이상과 같이 오류(誤謬) 수정(修訂)이 되면 패도상식(佩刀上飾; 칼 손잡이 장식)이 되니 자전상(字典上) 봉(琫)의 본의(本義)에 직접 영향이 미치게 됨.

康琮(종)[唐韻]藏宗切[韻會]組宗切夶音賨[說文]瑞玉大八寸似車釭[徐曰]謂其狀外八角而中圓也[玉篇]琮玉八角象地[周禮春官]黃琮禮地[註]琮之言宗八方所宗故外八方象地之形中虛圓以應無窮象地之德故以祭地[冬官考工記]璧琮九寸諸侯以享天子[又]璧琮八寸以頫聘駔琮五寸宗后以爲權大琮十有二寸射四寸厚寸是謂內鎮宗后守之駔宗七寸鼻寸有半寸天子以爲權瑑琮八寸諸侯以享夫人[註]員曰璧方曰琮聘禮享君以璧享夫人以琮衆來曰頫特來曰聘駔讀爲組謂以組繫琮爲稱錘權重也大琮如王之鎮圭射謂其外之鉏牙也頫音眺射音石瑑音篆　又姓[姓譜]宋進士琮師古開封人　又人名[繆襲平南荊曲]劉琮據襄陽劉備屯樊城　又[五音集韻]戎稅也　又[集韻]子宋切綜去聲半璧也

【 오류정리 】

○康誤處 1;[周禮春官](增以字)黃琮禮地

●考證；謹照原文黃琮上增以字

◆整理；[周禮春官(주례춘관)]에 이어 以字(이자)를 덭붙임. 黃琮(황종)

◆訂正文；[周禮春官]以黃琮禮地

▶【1187-1】　字解誤謬與否；[周禮春官](增以字)黃琮禮地　[(增以字)黃琮]

★이상과 같이 이(以)를 황종(黃琮; 황옥으로 만든 팔각에 가운데에 둥근 구멍이 뚫려 있는 땅에 제사할 때 사용하는 예기(禮器)) 앞에 덧붙인다 하여도 자전상(字典上) 종(琮)의 본의(本義)에 영향이 미치지 않음.

康琱(조)[唐韻]都寮切[集韻][韻

會][正韻]丁聊切𠀤音貂[說文]治玉也
一曰石似玉[廣韻]琱琢[前漢郊祀志]
繡黼琱戈[師古註]琱戈]刻鏤之戈也
[張衡南都賦]圓方琢琱[抱朴子名實
卷]駑蹇矯首於琱輦騄驥委牧乎林坰
又畫也[前漢貢禹傳]牆塗而不琱[師
古註]琱與彫同畫也　又通作雕[爾雅
釋器]玉謂之雕雕謂之琢[禮王制]雕題
交趾　又通作彫[孟子]使玉人彫琢之
[後漢杜林傳]斲彫爲樸　又通作鋽[荀
子禮論篇]鋽刻黼黻文章以塞其目　又
或作敦[詩周頌]敦琢其旅[註]敦]與琱
同　又[集韻]或作剮詳剮字註

【 오류정리 】

○康誤處 1; [荀子禮論篇(改富國篇)]
鋽刻黼黻文章以塞其目

●考證 ; 謹按所引鋽刻黼黻二句在富
國篇不在禮論篇謹照改富國篇

◆整理 ; [荀子(순자) 禮論篇(예론편)]
은 富國篇(부국편)의 착오.

◆訂正文 ; [荀子富國篇]鋽刻黼黻文
章以塞其目

▶【1188-1】 字解誤謬與否; [荀子
禮論篇(改富國篇)]鋽刻黼黻文章以塞
其目 　[禮論篇(改富國篇)]

★이상과 같이 인용처(引用處)나 주
소(註疏)의 오류(誤謬)를 수정(修訂)
을 한다 하여도 자전상(字典上)의 조
(琱)의 본의(本義)에는 영향이 미치지
않음.

㊗琴(금)[唐韻]巨今切[集韻][韻
會][正韻]渠金切𠀤音靲[說文]本作珡
禁也象形神農所作洞越練朱五絃周加
二絃[徐曰君子所以自禁制也[白虎通]
琴以禁制淫邪正人心也[琴論]伏羲氏
削桐爲琴面圓法天底方象地龍池八寸
通八風鳳池四寸合四氣琴長三尺六寸
象三百六十日廣六寸象六合前廣後狹
象尊卑也上圓下方法天地也五絃象五

行大絃爲君小絃爲臣文武加二絃以合
君臣之恩[三禮圖]琴第一絃爲宮次商
角羽徵次少宮次少商琴有絃有徽有首
有尾有脣有足有腹有背有腰有肩有越
脣名龍脣足名鳳足背名仙人腰名美女
越長者龍池短者鳳沼臨岳琴首絚絃者
也岳山琴尾高起絚絃者也城路岳山下
路也鴈足支肩下繫絃者也軫支足下轉
扭調絃者也[正字通]琴名奇雅者如伏
羲嬰碏貢梓帝命下相柏皇爲琴曰丹維
曰祖牀帝俊琴曰電母俊之子晏龍琴曰
菌首曰白民伊陟琴曰國阿周宣王琴曰
嚮風銘曰情有耳伏寇在是祝琴曰太古
楚玉子無虧撫琴爲洞庭木秋之歌琴曰
青翻崔駰琴曰臥冰戴逵琴曰黑鵠逵之
子仲若琴曰躍魶兄勃琴曰應谷柳文暢
琴曰春風此數名可與號鍾露越綠綺焦
尾同備藻繪也　又地名[公羊傳定八
年]甲起於琴如[註]琴如地名　又[山
海經]西南黑水之閒有廣都之野冬夏播
琴[註]郭曰播琴猶播殖方俗言耳　又
姓琴張孔子弟子字子開見[左傳昭二十
年]　又人名[山海經]赤水之西有先民
之國有芒山有桂山有瑤山其上有人號曰
太子長琴　又蟲名[山海經]蕭愼氏之
國有蟲獸首蛇身名曰琴蟲[註]郭曰亦
蛇類也　又琴城冡名[水經注]楚人謂
冡爲琴六安縣都陂中有大冡民曰公琴
世傳卽皋陶之冡　又簷前鐵馬曰風琴
[王半山詩]風鐵相敲固可鳴朔兵行夜
響行營如何淸世容高枕翻作幽窻枕上
聲

【 오류정리 】

○康誤處 1; [山海經]赤水之西有先民
之國有芒山有桂山有瑤山(改槮山)

●考證 ; 謹照原文瑤山改槮山

◆整理 ; [山海經(산해경)] 瑤山(요
산)은 槮山(요산)의 착오.

◆訂正文 ; [山海經]赤水之西有先民
之國有芒山有桂山有槮山

▶【1189-1】 字解誤謬與否 ; [山海經]赤水之西有先民之國有芒山有桂山有瑤山(改橘山) [瑤山(改橘山)]
★이상과 같이 오류(誤謬) 수정(修訂)이 되면 요산(橘山; 산정(山頂)에 태자장금(太子長琴)이 살았다는 산명. [山海經大荒西經]記載有芒山有桂山有橘山其上有人号曰太子長琴顓頊生老童老童生祝融祝融生太子長琴是處橘山始作樂風)으로 바뀌는데 자전상(字典上) 금(琴)의 본의(本義)에는 영향이 미치지 않음.

玉部 九畫

㉭瑀(우)[唐韻][集韻][韻會]忂王矩切音羽[說文]石之似玉者[徐曰]按詩傳佩玉琚瑀以納其閒[後漢輿服志]乃爲大佩衝牙雙瑀璜皆以白玉[註]詩云雜佩以贈之毛萇曰珩璜琚瑀衝牙之類月令章句曰佩上有雙衝下有雙璜琚瑀以雜之衝牙蠙珠以納其閒纂要曰琚瑀所以納閒在玉之閒今白珠也

【 오류정리 】

○康誤處 1; 月令章句曰佩上有雙衝(改衡)
●考證 ; 謹照原文衝改衡
◆整理 ; 月令章句(월령장구) 衝(충)은 衡(형)의 착오.
◆訂正文 ; 月令章句曰佩上有雙衡
▶【1190-1】 字解誤謬與否 ; 月令章句曰佩上有雙衝(改衡) [衝(改衡)]
★이상과 같이 오류(誤謬) 수정(修訂)이 되면 쌍형(雙衡; 패옥 위에 거로로 매단 항쌍의 옥. [三禮圖]曰凡玉佩上有雙衡衡長五寸博一寸)으로 자전상(字典上) 우(瑀)의 본의(本義)에 영향이 미치게 됨.

㉭瑄(선)[唐韻]須緣切[集韻][韻會]荀緣切[正韻]息緣切忂音宣[說文]

璧六寸也[前漢郊祀志]有司奉瑄玉[孟康註]璧大六寸謂之瑄 又[說文]通作宣[爾雅釋器]璧大六寸謂之宣[註]漢書所云瑄玉是也

【 오류정리 】

○康誤處 1; [說文(改爲集韻)]通作宣
●考證 ; 謹按說文無此語查係集韻宣字註謹將說文改爲集韻
◆整理 ; [說文(설문)은 集韻(집운)의] 착오.
◆訂正文 ; [集韻]通作宣
▶【1191-1】 字解誤謬與否 ; [說文(改爲集韻)]通作宣 [說文(改爲集韻)]
★이상과 같이 인용처(引用處)나 주소(註疏)의 오류(誤謬)를 수정(修訂)을 한다 하여도 자전상(字典上)의 선(瑄)의 본의(本義)에는 영향이 미치지 않음.

㉭瑋(위)[廣韻]于鬼切[集韻][韻會]羽鬼切忂音韙[廣韻]玉名 又[博雅]瑋重也[又]瑰瑋琦玩也 又人名[前漢王子侯表]就鄕節侯瑋 又[集韻]紆胃切音尉瑰瑋亦讀上聲 又[韻補]叶于貴切音位[張華鷦鷯賦]提挈萬里飄飆逼畏體大妨物形瑰足瑋

【 오류정리 】

○康誤處 1; [張華鷦鷯賦]提絜(改挈)萬里飄飆逼畏
●考證 ; 謹照原文絜改挈
◆整理 ; [張華鷦鷯賦(장화초료부)]絜(혈)은 挈(설)의 착오.
◆訂正文 ; [張華鷦鷯賦]提挈萬里飄飆逼畏
▶【1192-1】 字解誤謬與否 ; [張華鷦鷯賦]提絜(改挈)萬里飄飆逼畏 [絜(改挈)]
★이상과 같이 오류(誤謬) 수정(修訂)이 된다 하여도 제설(提挈; 이끌다. 거느리다. 보살피다. 양육하다)은 자

전상(字典上) 위(瑋)의 본의(本義)에는 영향이 미치지 않음.

康 瑒(창) [唐韻] [集韻] [韻會] 丑亮切 [正韻] 尺亮切𠀤音悵 [說文] 圭尺二寸有瓚以祠宗廟者 [徐曰] 瓚亦杓也 又通作瑒 [周語] 玉瑒往獻 [註] 瑒酒之圭長尺二寸有瓚所以灌地降神之器 又 [廣韻] 徒杏切 [集韻] 丈梗切 [韻會] 杜挺切 [正韻] 杜梗切𠀤音挺義同 又 [集韻] 待朗切 [正韻] 徒黨切𠀤音蕩 [前漢王莽傳] 瑒琭瑒珌 [註] 瑒音蕩玉名也 又 [廣韻] 與章切 [集韻] [韻會] 余章切𠀤音陽義同 又人名 [曹丕典論論文] 汝南應瑒德璉又唐有申屠瑒

【 오류정리 】

○康誤處 1; [周語](增奉字)玉瑒往獻
●考證 ; 謹照原文玉字上增奉字
◆整理 ; 옥자(玉字) 위에 奉字(봉자)를 덧붙임.
◆訂正文 ; [周語]奉玉瑒往獻
▶【1193-1】 字解誤謬與否 ; [周語](增奉字)玉瑒往獻 [(增奉字)玉]
★이상과 같이 덧붙이면 봉옥창왕헌(奉玉瑒往獻; 옥창(玉瑒; 관지(灌地) 강신지기(降神之器))을 받들고 가 강신한다) [國語周語]奉玉瑒往獻 [註]瑒酒之圭長尺二寸有瓚所以灌地.降神之器인데 자전상(字典上) 창(瑒)의 본의(本義)에는 직접 영향이 미침.

康 瑕(하) [唐韻] 乎加切 [集韻] [韻會] [正韻] 何加切𠀤音遐 [說文] 玉小赤也 [前漢司馬相如傳] 赤瑕駮犖 [註] 赤瑕赤玉也 又玉玷也 [左傳宣十五年] 瑾瑜匿瑕 [禮聘義] 瑕不揜瑜 [註] 瑕玉之病也 又過也 [詩大雅] 烈假不瑕 [註] 烈光假大瑕過也 [左傳僖七] 予取予求不汝疵瑕也 [註] 不以汝爲罪釁也 又 [博雅] 瑕裂也 又遠也 [詩衞風]

不瑕有害 [傳] 瑕遠也 [箋] 瑕猶過也 又 [管子制分篇] 故凡用兵者攻堅則軔乘瑕則神 [註] 瑕謂虛脆也 又 [管子法法篇] 令入而不至謂之瑕 [註] 相閒曰瑕 又 [字彙補] 嚴利之狀 [周禮冬官考工記] 深瑕而澤 又國名 [左傳成六年] 晉人謀去故絳諸大夫皆曰必居郇瑕氏之地 [註] 郇瑕古國名 又地名 [左傳桓六年] 楚武王侵隨使薳章求成焉軍於瑕以待之 [註] 瑕隨地 [春秋哀六年] 城邾瑕 [大全] 邾瑕如魯濟之類魯有負瑕故稱邾以別之 [禮檀弓] 公叔文子升于瑕丘 又滋陽古瑕縣宋大觀四年因犯宣聖諱以西北有嵫山改爲嵫陽 又姓 [左傳] 周大夫瑕禽 又複姓 [史記項羽紀] 瑕丘申陽 [註] 文穎曰姓瑕丘臣瓚曰瑕丘縣名 [五音集韻] 漢複姓有瑕呂氏 又獸名 [史記司馬相如傳] 格瑕蛤 [前漢書音義] 瑕蛤獸名 又與遐通 [禮表記] 引 [詩小雅] 瑕不謂矣瑕之爲言何也 又與霞同 [前漢揚雄傳] 翕青雲之流瑕 [文選] 作霞 又 [五音集韻] 古牙切音嘉垂瑕地名 又古下切音檟已也 [詩大雅] 烈假不瑕鄭康成讀 又 [字彙補] 呼加切與蝦同 [張衡南都賦] 駿瑕委蛇 [註] 瑕蝦通 又 [韻補] 叶音舒 [史記龜筴傳] 日辰不全故有孤虛黃金有疵白玉有瑕 事有所疾亦有所徐 又叶音何 [陸機文賦] 混妍蚩而成體累良質而爲瑕象下管之偏疾故雖應而不和

【 오류정리 】

○康誤處 1; 又與遐通 [禮表記] 引詩小雅瑕不謂矣瑕之爲言何也(改註瑕之言胡也)
●考證 ; 謹照原文改註瑕之言胡也
◆整理 ; [禮表記(예표기)] 瑕之爲言何也(하지위언하야)를 註瑕之言胡也(주하지언호야)로 고침.
◆訂正文 ; 又與遐通 [禮表記] 引詩小雅瑕不謂矣 [註] 瑕之言胡也

▶【1194-1】 字解誤謬與否 ; 又與
遐通[禮表記]引詩小雅瑕不謂矣瑕之
爲言何也(改註瑕之言胡也) [瑕之爲
言何也(改註瑕之言胡也)]
★이상과 같이 오류(誤謬) 수정(修訂)
이 된다 하여도 호(胡; 오랑캐. 옛날
중궁의 북방과 서방 민족의 총칭)는
자전상(字典上) 하(瑕)의 본의(本義)
에는 영향이 미치지 않음.

康 瑗(원)[唐韻]王眷切[集韻][韻
會]新眷切𠀤音援[說文]大孔璧人君上
除陛以璧瑗相引[爾雅釋器]好倍肉謂
之瑗肉倍好謂之璧肉好若一謂之環
[註]好倍肉]孔大于邊也 又[玉篇]玉
名 又[正韻]人名瀍瑗字伯玉 又[集
韻][韻會]𠀤于願切音遠義同 又[集
韻]紆願切音怨玉名 又胡關切音還與
環同引說文璧也或从爰
【 오류정리 】
○康誤處 1;[說文]大孔璧人君上除陛
以璧瑗(省璧瑗二字)相引
●考證 ; 謹照原文省璧瑗二字
◆整理 ; [說文(설문)] 璧瑗二字(벽원
이자)를 삭제함.
◆訂正文 ; [說文]大孔璧人君上除陛
以相引
▶【1195-1】 字解誤謬與否 ; [說
文]大孔璧人君上除陛以璧瑗(省璧瑗二
字)相引 [璧瑗(省璧瑗二字)相引]
★이상과 같이 벽원[璧瑗; 옥으로 만
든 좋은 물건(장식물)] [爾雅釋器]肉
倍好謂之璧好倍肉謂之瑗肉好若一謂之
环 [淮南子說林訓]璧瑗成器 礛諸之功
鎮邪斷割砥礪之力을 삭제(削除) 한다
하여도 자전상(字典上) 원(瑗)의
본의(本義) 에는 영향을 끼치지 않음.

康 瑞(서)[唐韻]是僞切[集韻][韻
會]樹僞切[正韻]殊僞切𠀤音倕[說文]

以玉爲信也[玉篇]信節也諸侯之珪也
[書舜典]輯五瑞[釋文]信也[周禮春
官]玉作六瑞以等邦國[註]玉公侯伯子
男所執圭璧 又[典瑞]掌玉瑞玉器之
藏[註]人執以見曰瑞瑞符信也 又[韻
會]祥瑞也天以人君有德符將錫之以歷
年錫之以五福先出此以與之爲信也[春
秋左傳杜序]麟鳳五靈王者之嘉瑞也
[唐書百官志]禮部郎中員外郎掌圖書
祥瑞景星慶云爲大瑞其名物六十四白
猿赤兔爲上瑞其名物二十八蒼鳥赤雁
爲中瑞其名物三十有二嘉禾芝草木連
理爲下瑞其名物十二 又州名本唐筠
州以土產篔竹名宋改瑞州 又姓
【 오류정리 】
○康誤處 1;[周禮春官](增以字)玉作
六瑞以等邦國
●考證 ; 謹照原文玉字上增以字
◆整理 ; [周禮春官(주례춘관)]에 이
어 以字(이자)를 덧붙임. 玉(옥)
◆訂正文 ; [周禮春官]以玉作六瑞以
等邦國
▶【1196-1】 字解誤謬與否 ; [周禮
春官](增以字)玉作六瑞以等邦國
[(增以字)玉作]
★이상과 같이 이(以; …를 가지고.
…에게…를 주다. …를 하여. …를 함
으로서. …를 하기위하여)를 덧붙인다
하여도 자전상(字典上) 서(瑞)의 본의
(本義)에는 영향이 미치지 않음.

玉 部 十畫

康 瑱(전)[唐韻][集韻][韻會][正
韻]𠀤他甸切音瞋[說文]以玉充耳也
[詩鄘風]玉之瑱也[傳]瑱塞耳也[衞
風]充耳琇瑩[傳]充耳謂之瑱天子玉瑱
諸侯以石[禮檀弓]練角瑱[註]小祥後
以角爲之 又[廣韻]玉名[江淹雜體
詩]巡華過盈瑱[註]盈瑱盈尺之玉也

又[郭璞江賦]金精玉英瑱其裏[註]瑱他見反瑱謂文采相雜也　又[廣韻][集韻][韻會]陟刃切[正韻]之刃切 **𨑊**音鎭充耳玉也[釋名]瑱鎭也懸珠當耳旁不使妄聽自鎭重也　又玉名[周禮秋官小行人]王用瑱圭[釋文]瑱宜作鎭音[楚辭九歌]瑤席兮玉瑱[註[瑱音**鎭**]　又人名[正韻]唐將來瑱　又[集韻]他典切音腆玉也　又堂練切音電玉名　又[正韻]之人切音眞同鎭　又玉充耳又音田[後漢班固傳]雕玉瑱以所楹裁金璧以飾瑠[註]廣雅曰瑱音田**碩**也又[陳琳神女賦]紆玄靈之**鬂髦**兮珥明月之雙瑱結金鑠之婀娜兮飛羽袿之翩翩[韻補]叶亭年切音田　[說文]或作顚[集韻]亦作瑱璳

【 오류정리 】

○康誤處 1；[後漢班固傳]雕玉瑱以所(改居)楹裁金璧以飾瑠

●考證 ; 謹照原文所改居

◆整理 ; [後漢班固傳(후한반고전)]所(소)는 居(거)의 착오.

◆訂正文 ; [後漢班固傳]雕玉瑱以居楹裁金璧以飾瑠

▶【1197-1】 字解誤謬與否 ; [後漢班固傳]雕玉瑱以所(改居)楹裁金璧以飾瑠 [所(改居)]

★이상과 같이 오류(誤謬) 수정(修訂)이 된다 하여도 거(居; 살다. …에 있다…를 차지하다. 거처. 주소) 자전상(字典上) 전(瑱)의 본의(本義)에는 영향이 크게 미치지 않음.

玉 部 十一畫

康 璗(예)[集韵]煙奚切音兮美石黑色[正韵]黑玉舊註美石黑色誤[本草]琥珀千年者爲璗狀似玄玉黑如純漆大如車輪永昌有黑玉鏡卽璗也

【 오류정리 】

○康誤處 1；[集韻]煙奚切音兮(改鷖)

●考證 ; 謹按兮字屬匣母煙字屬影母煙奚切不得音兮今據集韻兮改鷖

◆整理 ; [集韻(집운)] 兮(혜)는 鷖(예)의 착오.

◆訂正文 ; [集韻]煙奚切音鷖

▶【1198-1】 字解誤謬與否 ; [集韻]煙奚切音兮(改鷖) [兮(改鷖)]

★이상과 같이 인용처(引用處)나 주소(註疏), 음(音) 등의 오류(誤謬)를 수정(修訂)을 한다 하여도 자전상(字典上)의 예(璗)의 본의(本義)에는 영향이 미치지 않음.

康 璆(구)[廣韻]巨鳩切[集韻]渠尤切 **𨑊**音求與球同玉磬也[晉語]纕篠蒙璆[註]蒙戴也璆玉磬也[前漢刑法志]璆磬金鼓[師古註]璆美玉名以爲磬也又玉聲[史記孔子世家]環珮玉聲璆然又[集韻]一曰美玉[書禹貢]厥貢璆鐵銀鏤砮磬[傳]璆玉名[釋文]璆音虯又居虯反又閭幼反[詩小雅]**韠**琫有珌[傳]諸侯**璗**琫而璆珌[釋文]璆玉也[楚辭九歌]撫長劍兮玉珥璆鏘鳴兮琳琅[註]璆琳琅皆美玉也　又[廣韻][集韻] **𨑊**渠幽切音虯又[集韻]居尤切音鳩　又居虬切音樛又夷周切音由又張流切音周又力救切音溜義 **𨑊**同

【 오류정리 】

○康誤處 1；[前漢刑法志(改爲禮樂志)]璆磬金鼓

●考證 ; 謹按刑法志無此文所引見禮樂志謹改爲禮樂志

◆整理 ; [前漢(전한) 刑法志(형법지)는 禮樂志(예악지)의] 착오.

◆訂正文 ; [前漢禮樂志]璆磬金鼓

▶【1199-1】 字解誤謬與否 ; [前漢刑法志(改爲禮樂志)]璆磬金鼓 [刑法志(改爲禮樂志)]

★이상과 같이 인용처(引用處)나 주

소(註疏)의 오류(誤謬)를 수정(修訂)을 한다 하여도 자전상(字典上)의 구(璆)의 본의(本義)에는 영향이 미치지 않음.

玉部 十二畫

㉻璠(번)[唐韻]附袁切[集韻]符袁切𠀤 音煩[說文]璵璠魯之寶玉孔子曰美哉璠璵遠而望之奐若也近而視之瑟若也一則理勝二則孚勝[左傳定五年]陽虎將璵璠斂[註]璵璠美玉[阮德如答嵆康詩]良玉須切磋，璵璠就其形 又[集韻][韻會]𠀤孚袁切音翻義同 又[韻補]叶汾沿切音近梗[潘尼贈陸機詩]今子徂東何以贈旃寸珤惟寶豈無璵璠 又叶孚音切音近芬[陸雲贈顧秀才詩]藻不彫樸華不變淳有斐君子如珪如璠

【 오류정리 】

○康誤處 1;[說文]璵璠魯之寶玉孔子曰美哉璠璵(改璵璠)

●考證 ; 謹照原文璠璵改璵璠

◆整理 ; [說文(설문)] 璠璵(번여)는 璵璠(여번)의 착오.

◆訂正文 ; [說文]璵璠魯之寶玉孔子曰美哉璵璠

▶【1200-1】 字解誤謬與否 ; [說文]璵璠魯之寶玉孔子曰美哉璠璵(改璵璠) [璠璵(改璵璠)]

★이상과 같이 오류(誤謬) 수정(修訂)이 되면 여번(璵璠; 춘추시대(春秋時代) 노국(魯國)에서 산출하였던 이름다운 옥)으로 고쳐지는데 자전상(字典上) 번(璠)의 본의(本義)에 적극 영향이 미치게 됨.

○康誤處 2;[左傳定五年]陽虎將(增以字)璵璠斂

●考證 ; 謹照原文將字下增以字

◆整理 ; [左傳定五年(좌전정오년)]

陽虎將(양호장)에 이어 以字(이자)를 덧붙임.

◆訂正文 ; [左傳定五年]陽虎將以璵璠斂

▶【1201-2】 字解誤謬與否 ; [左傳定五年]陽虎將(增以字)璵璠斂 [將(增以字)]

★이상과 같이 이(以; …를 가지고. …에게…를 주다. …를 하여. …를 함으로서. …를 하기위하여)를 덧붙인다 하여도 자전상(字典上) 번(璠)의 본의(本義)에는 영향이 미치지 않음.

玉部 十三畫

㉻璨(찬)[唐韻]倉案切[集韻][韻會]蒼案切[正韻]倉晏切𠀤音粲[說文]玉光也 又[廣韻]美玉 又[廣韻]璀璨[孫綽遊天台山賦]琪樹選璨瓘而垂珠[註]璀璨珠垂貌

【 오류정리 】

○康誤處 1;[孫綽遊天台山賦]琪樹選璨瓘(改瓘璨)而垂珠

●考證 ; 謹照原文選璨瓘改瓘璨

◆整理 ; [孫綽遊天台山賦(손작유천태산부)] 璨瓘(찬최)는 瓘璨(최찬)의 착오.

◆訂正文 ; [孫綽遊天台山賦]琪樹選瓘璨而垂珠

▶【1202-1】 字解誤謬與否 ; [孫綽遊天台山賦]琪樹選璨瓘(改瓘璨)而垂珠 [璨瓘(改瓘璨)]

★이상과 같이 오류(誤謬) 수정(修訂)이 되면 최찬(瓘璨; 옥의 광채가 찬란한 모양)으로 버뀌어 자전상(字典上) 찬(璨)의 본의(本義)에 적극 영향이 미치게 됨.

㉻環(환)[唐韻]戶關切[集韻][韻會][正韻]胡關切𠀤音還[說文]璧屬也[玉篇]玉環[爾雅釋器]肉好若一謂之

環[註]邊孔適等[禮經解]行則有環佩之
聲[註]環取其無窮　又[玉篇]繞也[正
韻]回繞也[禮雜記]小斂環経[疏]環経
是周回纏繞之名[周禮冬官考工記]環
涂七軌[註]故書環或作轘環涂謂環城
之道　又[周禮春官樂師]環拜以鐘鼓
爲節[註]環猶旋也　又[儀禮士喪禮]
布巾環幅不鑿[註]環幅廣袤等也　又
[釋名]刀本曰環形似環也　又[詩秦
風]游環脅驅[傳]游環靷環也　又[周
禮冬官考工記]良鼓瑕如積環[疏]瑕與
環皆謂漆之文理　又姓[史記田敬仲世
家]環淵之徒七十六人[註]楚人孟子傳
云環淵著書上下篇[五音集韻]古有楚
賢者環淵後有環齊撰要略一部　又人
名[左傳襄十四年]今余命女環[註]齊
靈公名[戰國策]楚王問於范環[釋文]
環史作蠉　又官名[左傳文元年]且掌
環列之尹[註]宮衞之官[周禮夏官]環
人掌致師察軍慝環四方之故[註]巡察
內外若環之相循不窮致師謂犯敵以誘
其出軍慝謂敵懷詐潛入我師也四方有
兵戎之故則環繞而巡之　又器名[揚子
方言]㮂宋魏陳楚江淮之閒謂之繀或謂
之環[註]㮂絲䕝簿橫也　又水名[山海
經]泰山環水出焉　又州名[韻會]古朔
方鳴沙之地隋置環州以大河環曲名焉
　又廣南化外唐開生獠置環州　又[韻
會]環玉國名又環狗海外國名[山海經]
環狗其爲人獸首人身　又通作圜[周禮
冬官考工記]畫繢火似圜[註]圜形似火
如半環然　又通作瑗[前漢五行志]宮
門銅瑗　又[集韻][韻會][正韻]扻胡
慣切音患[集韻]卻也[周禮夏官]環人
劉昌宗讀　又[韻會]繞也周迴也[前漢
高帝紀]守濮陽環水[註]環音宦決水以
自環守爲固也又[項羽傳]故因環封之
三縣[註]繞南皮三縣以封之環音宦
　又[韻補]叶胡涓切音懸[馬融廣成
頌]棲鳳鳥於高梧宿麒麟於西園納僬僥

之珍羽受王母之白環　又叶胡玩切音
換[班固西都賦]徇以離宮別寢承以崇
臺閒館煥若列宿紫宮是環　又叶熒絹
切音眩[王延壽魯靈光殿賦]連閣承宮
馳道周環陽榭外望高樓飛觀長途升降
軒檻曼延延音衍去聲

【 오류정리 】

○康誤處 1; [禮經解]行(增步字)則有
環佩之聲
●考證 ; 謹照原文行字下增步字
◆整理 ; [禮經解(예경해)] 行(행)에
이어 步字(보자)를 덧붙임.
◆訂正文 ; [禮經解]行步則有環佩之
聲
▶【1203-1】 字解誤謬與否 ; [禮經
解]行(增步字)則有環佩之聲　[行(增
步字)]
★이상과 같이 오류(誤謬) 수정(修訂)
이 되면 행보(行步; 걸어다니다)가
되는데 자전상(字典上) 환(環)의 본의
(本義)인 환패(環佩; 관리들이 관복이
나 예복을 갖추고 양쪽 무릎 아래까
지 늘어트리어 차는 흰 옥을 이어 만
든 패옥. 걸어 다닐 때 옥부딛치는
소리가 남)에 간접 영향이 미치게
됨.

○康誤處 2; [周禮冬官考工記]畫繢火
似圜(改以圜)
●考證 ; 謹照原文似圜改以圜
◆整理 ; [周禮冬官考工記(주례동관고
공기)] 似圜(사원)은 以圜(이원)의 착
오.
◆訂正文 ; [周禮冬官考工記]畫繢火
以圜
▶【1204-1】 字解誤謬與否 ; [周禮
冬官考工記]畫繢火似圜(改以圜)　[似
圜(改以圜)]
★이상과 같이 오류(誤謬) 수정(修訂)
이 된다 하여도 이(以)로서는 원(圜;
둥글다)를 도울수 없으니 자전상(字

典上) 환(環)의 본의(本義)에는 영향이 미치지 않음.

玉部 十四畫

康　璽(새)[廣韻]斯氏切[韻會]想氏切𠀤音徙[說文]王者印也本作鉨[玉篇]天子諸侯印也[釋名]璽徙也封物使可轉徙而不可發也[韻會]信也古者尊卑共之秦漢以來唯至尊以爲稱[左傳襄二十九年]公在楚季武子使公冶問璽書追而與之[疏]此諸侯大夫印稱璽也[周禮地官司市]凡通貨賄以璽節出入之[註]璽節印章如今斗檢封矣[蔡邕獨斷]皇帝六璽[後漢輿服志]璽皆玉螭虎紐文曰皇帝行璽皇帝之璽皇帝信璽天子行璽天子之璽天子信璽凡六外有大藍田玉璽文曰受天之命皇帝壽昌[正字通]又舊制乘輿六璽唐改爲寶唐末亡失周廣順中詔作二寶曰皇帝承天受命之寶皇帝神寶初太宗刻受命元璽以白玉爲螭首文曰皇天景命有德者昌武后改諸璽皆爲寶中宗卽位復爲璽開元六年復爲寶初改璽書爲寶書再改傳國寶爲承天大寶　又姓[姓譜]明有璽書　又人名[山海經]稷之弟曰台璽生叔均　又國名[山海經]璽㮝在崑崙墟東南在流沙中[字彙補]抱朴子有璽產國㮝原字从㮝作

【 오류정리 】

〇康誤處 1;[周禮地官司市]凡通貨賄以璽節出入之[註]璽節印章如今斗檢(改檢)封矣

●考證 ; 謹照原文撿改檢

◆整理 ; [周禮地官司市(주례지관사시)] 撿(검)은 檢(검)의 착오.

◆訂正文 ; [周禮地官司市]凡通貨賄以璽節出入之[註]璽節印章如今斗檢封

▶【1205-1】 字解誤謬與否 ; [周禮地官司市]凡通貨賄以璽節出入之[註]璽節印章如今斗撿(改檢)封矣　[撿(改檢)]

★이상과 같이 오류(誤謬) 수정(修訂)이 되면 검봉(檢封; 잘 살펴 봉함)이 되는데 자전상(字典上) 새(璽)의 본의(本義)에는 영향이 미치지 못함.

玉部 十八畫

康　瓘(관)[唐韻]工玩切[集韻][韻會][正韻]古玩切音貫[說文]玉名也[左傳昭十七年]鄭裨竈曰若我用瓘斝玉瓚鄭必不火[註]瓘珪也　又人名[左傳哀十一年]瓘陳莊涉泗[註]二陳齊大夫

【 오류정리 】

〇康誤處 1;[左傳昭十七年]鄭裨(改裨)竈曰

●考證 ; 謹照原文裨改裨

◆整理 ; [左傳昭十七年(좌전소십칠년)] 裨(비)는 裨(비)의 착오.

◆訂正文 ; [左傳昭十七年]鄭裨竈曰

▶【1206-1】 字解誤謬與否 ; [左傳昭十七年]鄭裨(改裨)竈曰　[裨(改裨)]

★이상과 같이 정비조(鄭裨竈); 人名[左傳昭十七年]鄭裨竈曰若我用瓘斝玉瓚鄭必不火[註]瓘珪也又人名)의 오류(誤謬)를 수정(修訂)함은 자전상 (字典上)의 관(瓘)의 본의(本義)에는 영향이 미치지 않음.

瓜部

康　瓜(과)[唐韻][正韻]古華切[集韻][韻會]姑華切𠀤音騧[說文]㼋也象形[詩豳風]七月食瓜[禮曲禮]爲天子削瓜者副之又[月令]孟夏之月王瓜生[註]王瓜萆挈也[前漢食貨志]菜茹有畦瓜瓠果蓏[齊民要術]二月辰日宜種瓜[廣雅]龍蹄獸掌羊駮㼌頭桂髓蜜筩小靑大班皆瓜名也　又木瓜[詩衞風]投

我以木瓜報之以瓊琚[傳]木瓜楙木也
可食之木[周禮冬官考工記弓人]凡取
幹之道七柘爲上檿桑次之橘次
之木瓜次之荊次之竹爲下 又天瓜栝
樓別名見[本草綱目] 又昆侖瓜茄子
別名見[酉陽雜組] 又匏瓜星名[史記
天官書]匏瓜有靑黑星守之魚鹽貴[註
匏瓜一名天雞在河鼓東匏瓜明則歲大
熟也 又守瓜蟲名[爾雅釋蟲]蠸輿父
守瓜[註今瓜中黃甲小蟲喜食瓜葉故曰
守瓜也 又地名[左傳宣十五年]晉侯
賞桓子狄臣千室亦賞士伯以瓜衍之縣
又[襄十四年昔秦人迫逐乃祖吾離于瓜
州[註]瓜州地在今燉煌[正字通今鎮江
有瓜州異地同名 又國名[正字通]柯
枝國別種曰木瓜穴居男女裸體紉結草
木葉蔽前後見星槎勝覽 又瓜田複姓
[前漢王莽傳有瓜田儀 又[韻補]叶攻
乎切音孤[左傳哀十七年]衞侯夢于北
宮見人登昆吾之觀被髮北面而譟曰登
此昆吾之墟緜緜生之瓜余爲渾良夫叫
天無辜 又叶古禾切音戈[道藏歌]仙
童掇朱實神女獻玉瓜浴身丹液池濯
髮甘泉波 [集韻]俗作苽非

【 오류정리 】

○康誤處 1; [廣雅]龍蹄獸掌羊駮(改
骹)兔頭桂髓(改支)蜜筩小靑大班皆(改
廱蚰貍頭)瓜名(改瓜屬)也

●考證; 謹照原文駮改骹髓改支小靑
大班改廱蚰貍頭瓜名改瓜屬

◆整理; [廣雅(광아)] 駮(박)은 骹
(교), 髓(수)는 支(지), 小靑大班(소청
대반)은 廱蚰貍頭(온고리두), 瓜名(과
명)은 瓜屬(과속)의 착오.

◆訂正文; [廣雅]龍蹄獸掌羊骹兔頭
桂支蜜筩廱蚰貍頭皆瓜屬也

▶【1207-1】 字解誤謬與否; [廣
雅]龍蹄獸掌羊駮(改骹)兔頭桂髓(改
支)蜜筩小靑大班皆(改廱蚰貍頭)瓜名
(改瓜屬)也 [駮(改骹)] [髓(改支)]

[小靑大班皆(改廱蚰貍頭)] [瓜名(改瓜
屬)]

★이상과 같이 오류(誤謬) 수정(修訂)
이 되면 ○양교(羊骹)와 ○온고리두
(廱蚰貍頭) 모두 ○과속(瓜屬; 박과에
속한 과실)에 속한다. [廣雅]龍蹄獸掌
羊骹兔頭桂支蜜筩蚰貍頭皆瓜屬也 인
데 자전상(字典上) 과(瓜)의 본의(本
義)인) 에 적극 영향이 미치게 됨.

瓜 部 六畫

⊕ 瓠(호)[廣韻]戶吳切[集韻][韻
會][正韻]洪孤切𠀤音胡[廣韻]瓠爐瓢
也[詩小雅]幡幡瓠葉采之亨之[前漢食
貨志]菜茹有畦瓜瓠果蓏[正字通]瓜類
分甘苦二種甘者大苦者小陶弘景曰瓠
或有苦者味如膽不可食非別生一種也
又陸佃埤雅長而瘦上曰匏短頸大腹
曰瓠瓠性甘匏性苦故詩曰匏有苦葉左
傳叔向曰苦匏不材于人共濟而已後人
皆合匏瓠爲一據此說說文瓠匏也陸機
詩疏匏瓠也𠀤非[正韻]亦作葫 又[爾
雅釋宮]康瓠謂之甈[註]瓠壺也[疏]說
文云破罌也[前漢賈誼傳]斡棄周鼎兮
而寶康瓠 又[廣韻]胡誤切[集韻][韻
會][正韻]胡故切𠀤音護義同[禮月令]
仲冬之月行秋令則天時雨汁瓜瓠不成
[釋文]瓠戶故反[莊子逍遙遊]惠子謂
莊子曰魏王貽我大瓠之種[註]瓠徐音
護[正字通]瓠有平去二音孫恦唐韻一
音壺一音護義同非康瓠必讀若湖瓜瓠
必讀若互字彙音湖器也音互匏也非
又[集韻]瓠子隄名[前漢武帝紀]夏四
月還祠泰山至瓠子臨決河[註]服虔曰
瓠子隄名也在東郡白馬蘇林曰在鄄城
以南濮陽以北 又[集韻]亦姓[列子
殷湯篇]瓠巴鼓琴而鳥舞魚躍 又[集
韻]攻乎切音孤瓠䴵漢侯國名在河東
[正字通]按漢地理志有軤䴵無瓠䴵
又[集韻]黃郭切音穫[莊子逍遙遊]
剖之以爲瓢則瓠落無所容[註]瓠落猶

廓落梁簡文帝讀

【 오류정리 】

○康誤處 1; [列子殷湯篇(改湯問篇)]
●考證 ; 謹照原書改湯問篇
◆整理 ; [列子(열자) 殷湯篇(은탕편)
은 湯問篇(탕문편)의] 착오.
◆訂正文 ; [列子湯問篇]
▶ 【1208-1】 字解誤謬與否 ; [列子
殷湯篇(改湯問篇)] [殷湯篇(改湯問
篇)]
★이상과 같이 인용처(引用處)나 주
소(註疏)의 오류(誤謬)를 수정(修訂)
을 한다 하여도 자전상(字典上)의 호
(瓠)의 본의(本義)에는 영향이 미치지
않음.

瓦 部 八畫

康甄(추)[廣韻][集韻][韻會]馳僞
切[正韻]直類切𠀤音縋小口罌也[淮南
子氾論訓]抱甄而汲[註]今兗州曰小武
爲甄幽州曰瓦[揚子方言]自關而西晉
之舊都河汾之閒其大者謂之甄罌其通
語也[博雅]甄瓶也 又地名[史記黥布
傳]遂西與上兵遇蘄西會甄[註]正義曰
甄音逵瑞反蘄沛郡蘄城 又[集韻]是
爲切音垂義同[列子殷湯篇]當國之中
有山山名壺領狀若甂甄[釋文]甄音垂
又[廣韻]直垂切[集韻]重垂切𠀤音
錘 又[集韻][韻會]傳追切[正韻]直追
切𠀤音椎義𠀤同

【 오류정리 】

○康誤處 1; [列子殷湯篇(改湯問篇)]
●考證 ; 謹照原文改湯問篇
◆整理 ; [列子(열자) 殷湯篇(은탕편)
은 湯問篇(탕문편)의] 착오.
◆訂正文 ; [列子湯問篇]
▶ 【1209-1】 字解誤謬與否 ; [列子
殷湯篇(改湯問篇)] [殷湯篇(改湯問
篇)]

★이상과 같이 인용처(引用處)나 주
소(註疏)의 오류(誤謬)를 수정(修訂)
을 한다 하여도 자전상(字典上)의 추
(甄)의 본의(本義)에는 영향이 미치지
않음.

康瓶(병)[廣韻]薄經切[集韻][韻
會]旁經切𠀤音萍與缾同[玉篇]汲器也
[揚子方言]缶謂之瓬瓹其小者謂之瓶
[易井卦]汔至亦未繘井羸其瓶[左傳襄
十六年]衞孫蒯田于曹隧飲馬于重丘毀
其瓶[儀禮士喪禮]新盆槃瓶廢敦重鬲
[註]瓶以汲水也 又炊器[禮禮器]夫
奧者老婦之祭也盛於盆尊於瓶[註]盆
瓶炊器也 又地名[後漢郡國志]河南
郡有瓶丘聚 又姓[風俗通]漢有太子
少傅瓶守[後趙錄]有北海瓶子然

【 오류정리 】

○康誤處 1; [左傳襄十六年(改十七
年)]衞孫蒯田于曹隧
●考證 ; 謹照原文十六年
◆整理 ; [左傳襄(좌전양) 十六年(십
륙년)은 十七年(십칠년)의] 착오.
◆訂正文 ; [左傳襄十七年]衞孫蒯田
于曹隧
▶ 【1210-1】 字解誤謬與否 ; [左傳
襄十六年(改十七年)]衞孫蒯田于曹隧
[十六年(改十七年)]
★이상과 같이 인용처(引用處)나 주
소(註疏)의 오류(誤謬)를 수정(修訂)
을 한다 하여도 자전상(字典上)의 병
(瓶)의 본의(本義)에는 영향이 미치지
않음.

瓦 部 九畫

康甋(렵)[唐韻]零帖切[集韻]力協
切𠀤音飀[說文]蹈瓦聲[玉篇]甋甋蹋
瓦聲[集韻]一曰瓦薄也或省 又[正字
通]凡損破聲通謂之歷甋 [類篇]或作
甌

【 오류정리 】

○康誤處 1; (增集韻) [類篇]或(或省)作瓹

●考證 ; 謹按下文類篇或作瓹卽謂或省也不得上下重複謹去或省二字而於類篇上增集韻二字

◆整理 ; [集韻(집운)]에서 或省二字(혹성이자)를 삭제하고, 類篇(류편)위에 集韻二字(집운이자)를 덧붙임.

◆訂正文 ; [集韻]一曰瓦薄也 又[正字通]凡損破聲通謂之歴甄[集韻][類篇]

▶【1211-1】 字解誤謬與否; [集韻]一曰瓦薄也或省 而於類篇上增集韻二字) [[集韻][類篇]]

★이상과 같이 인용처(引用處)나 주소(註疏), 등(等)의 오류(誤謬)를 수정(修訂)을 한다거나 혹자(或字)를 삭제(削除)를 하여도 자전상(字典上)의 렵(甄)의 본의(本義)에는 영향이 미치지 않음.

康 甄(견) [唐韻]居延切[集韻][韻會]稽延切𡖊音𤬩[說文]陶也[前漢董仲舒傳]夫上之化下下之從上猶泥之在鈞惟甄者之所爲[註]師古曰甄作瓦之人也[後漢班固傳]孕虞育夏甄殷陶周又化也[左思魏都賦]玄化所甄國風所禀[註]甄成也言宮殿之制不侈秦國俗奉爲程式也[何晏景福殿賦]甄陶國風[註]李暕曰墊埴爲器曰甄陶王者亦甄陶其民也 又[博雅[甄地也 又[廣韻]察也[抱朴子正郭卷]甄無名之士於草萊 又[廣韻]一曰免也 又[增韻]表也[潘岳西征賦]甄大義以明責[註]宋均曰甄表也 又[增韻]明也[後漢光武紀]靈覘自甄[註]甄明也[謝瞻張子房詩]聖心豈徒甄惟德在無忘 又[集韻]亦姓[陳留風俗傳]舜陶河濱後爲氏[前漢趙充國辛慶忌傳]用甄豐甄邯以自助 又地名[張悌爲吳令謝詢求爲

諸孫置守冢人表]破董卓於陽人濟神器於甄井[釋文]甄音堅[註]吳書曰初堅入洛軍城南甄官井上每旦有五色氣堅命人浚探得漢傳國璽 又陣名[左傳文十年宋公道楚予田孟諸註]將獵張兩甄故置二左司馬兩甄猶兩翼也[世說新語]桓元好獵雙甄所指不避林壑[晉書周魴傳]擊賊杜曾于楊口令李桓督左甄梁裴遂壽楊之戰爲四甄待之 又甄甄鳥飛貌[楚辭九思]鹿蹊兮𫟹𫟹貒貉兮蟫蟫鸇鶟兮軒軒鷞鷞兮甄甄 又諡法[汲冢周書]醜心動懼曰甄 又[廣韻]側鄰切[集韻][韻會][正韻]之人切𡖊音眞義同[韻會]毛氏曰甄陶字眞僊二韻通押[莊季裕雞肋篇]甄徹字見獨登進士時林攄爲樞密當唱名讀堅音上以爲眞音攄辯不遜坐貶吳志孫堅入洛屯軍城南甄宮井上旦有五色氣令人入井探得傳國璽以甄與己名音叶爲受命之符則三國以前未有音之人切者孫權卽位尊堅爲帝江左諸儒爲吳諱故改音眞[孫奕示兒編]甄有二音學者皆押甄字在先韻獨眞韻反未嘗押此皆相承之久信耳不信目之過文選張華女箴云散氣流形旣陶旣甄在帝包義肇經天人則已押入眞韻矣○按女箴在三國以後孫氏未詳考前此甄無眞音也 又[博雅]埃下謂之甄[釋文]甄只賓反 又[博雅]甄甄也[釋文]音眞 又[集韻]諸延切 音饘察也勉也 又[廣韻]苦緣切音奍視也 又[集韻]規緣切音絹同鄄衞地今齊陰鄄城或作甄[史記齊太公世家]七年諸侯會桓公於甄[杜預曰]甄衞地今東郡甄城也 又[田敬仲完世家]昔日趙攻甄子弗能救[註]正義曰甄音絹卽濮州甄城縣北 又[集韻][韻會][正韻]𡖊之刃切音震[集韻]鐘病聲[周禮春官典同]薄聲甄[註]甄讀爲甄燿之甄甄猶掉也[釋文]音震 又[字彙]古奚切音稽[春秋命曆敘]神農甄四海白阜脈山川白阜人

名佛經甄明之甄亦音稽

【 오류정리 】

○康誤處 1；吳志孫堅入洛屯軍城南甄宮(改甄官)井上旦有五色氣

●考證 ； 謹照吳志孫堅傳註原文甄宮改甄官

◆整理 ； 吳志(오지)의 甄宮(견궁)은 甄官(견관)의 착오.

◆訂正文 ； 吳志孫堅入洛屯軍城南甄官井上旦有五色氣

▶【1212-1】 字解誤謬與否 ； 吳志孫堅入洛屯軍城南甄宮(改甄官)井上旦有五色氣 [甄宮(改甄官)]

★이상과 같이 오류(誤謬) 수정(修訂)이 되면 견관정(甄官井; 낙양성(洛陽城) 남쪽에 있는 샘)이 되는데 자전상(字典上) 견(甄)의 본의(本義)에 직접 영향이 미치게 됨.

○康誤處 2；文選張華女(增入史字)箴云散氣流形旣陶旣甄在帝包義(改在帝句義)肇經天人則已押入眞韻矣○按女(增入史字)箴在三國以後

●考證 ； 謹按原文作女史箴此註兩引女箴中𡗗增入史字在帝句義照原文改在帝句義

◆整理 ； 文選張華(문선장화) 女(녀)에 이어 史字(사자)를 덧붙이고, 箴(잠) 在帝包義(재제포희)는 在帝句義(재제구의)의 착오이며, 女(녀)에 이어 史字(사자)를 덧붙임. 箴(잠)

◆訂正文 ； 文選張華女史箴云散氣流形旣陶旣甄在帝句義肇經天人則已押入眞韻矣○按女史箴在三國以後

▶【1213-2】 字解誤謬與否 ； 文選張華女(增入史字)箴云散氣流形旣陶旣甄在帝包義(改在帝句義)肇經天人則已押入眞韻矣○按女(增入史字)箴在三國以後 [女(增入史字)] [在帝包義(改在帝句義)] [女(增入史字)]

★이상과 같이 오류(誤謬) 수정(修訂)이 되면 여사잠(女史箴; 진국문인(晉國文人) 장화(張華)가 지은 文章)이 되는데 자전상(字典上) 견(甄)의 본의(本義)에 영향이 미치게 됨.

瓦部 十二畫

康甀(증)[唐韻][集韻][韻會][正韻]𡗗子孕切增去聲[說文]甗也[廣韻]古史考曰黃帝始作甑[韻會]鬵屬也甗無底曰䰝[周禮冬官考工記陶人]甑實二䰝厚半寸[註]量六斗四升曰䰝[史記項羽紀]皆乘船破釜甑燒廬舍 又攀倒甑草名[本草綱目]生郊野葉如薄荷治風熱遇煩渴狂躁諸症擣汁服效 又[集韻]慈陵切音繒炊器

【 오류정리 】

○康誤處 1；[史記項羽紀]皆乘船(改沈船)破釜甑

●考證 ； 謹照原文乘船改沈船

◆整理 ； [史記項羽紀(사기항우기)]乘船(승선)은 沈船(침선)의 착오.

◆訂正文 ； [史記項羽紀]皆沈船破釜甑

▶【1214-1】 字解誤謬與否 ； [史記項羽紀]皆乘船(改沈船)破釜甑 [乘船(改沈船)]

★이상과 같이 오류(誤謬) 수정(修訂)이 되면 침선(沈船; 배가 가라앉아)되는데 자전상(字典上) 증(甀)의 본의(本義)인 증(甑)에 영향이 미치게 됨.

生 部

康生(생)[唐韻]所庚切[集韻][韻會][正韻]師庚切𡗗音甥[說文]進也[玉篇]起也[莊子外物篇]凡道不欲壅壅則哽哽而不止則跈跈則衆害生[註]生起也 又[玉篇]產也[博雅]人十月而生[穀梁傳莊二年]獨陰不生獨陽不生獨天不生三合然後生 又出也[易觀

卦]上九觀其生君子無咎[註]生猶動出也　又養也[周禮天官大宰]五曰生以馭其福[註]生猶養也賢臣之老者王有以養之[左傳哀元年]越十年生聚而十年教訓　又[韻會]死之對也[孟子]生亦我所欲也[前漢文帝紀]世咸嘉生而惡死　又造也[公羊傳桓八年]遂者何生事也[註]生猶造也專事之詞　又性也[書君陳]惟民生厚因物有遷[傳]言人自然之性敦厚因所見所習之物有遷變之道　又[左傳僖二十七年]於是乎出定襄王入務利民民懷生矣]疏]懷生者謂有懷之心　又[詩鄘風]旣生旣育比予于毒[箋]生謂財業也[前漢高帝紀]不事家人生產作業　又[周禮冬官考工記矢人]凡相笴欲生而摶[註]相猶擇也生謂無瑕蠹也摶謂圜也　又不熟也[史記項羽紀]與一生彘肩　又語辭[李白戲杜甫詩]借問別來太瘦生[歐陽修詩]問向靑州作麼生　又平生疇昔也[阮籍詩]平生少年時趙李相經過[杜甫詩]平生爲幽興未惜馬蹄遙　又[正字通]凡事所從來曰生宋高宗朝孫槩入觀嘗論公生明上問何以生公曰廉生公問何以生廉曰儉生廉上稱善　又所生祖父也[詩小雅]夙興夜寐毋忝爾所生[疏]當早起夜臥行之無辱汝所生之父祖也　又友生朋友也[詩小雅]矧伊人矣不求友生　又先生師之稱諸生弟子之稱[韓愈進學解]諸生弟子事先生於茲有年矣[史記酈生傳]高祖謂酈食其以萬戶封生[註]師古曰生猶言先生文穎曰諸生也　又先生父兄也[論語]有酒食先生饌　又[儀禮士冠禮]遂以摯見於鄕大夫鄕先生[註]鄕先生鄕中老人爲卿大夫致仕者[史記五帝紀]薦紳先生難言之　又[詩商頌]以保我後生[朱註]我後生謂後嗣子孫也　又門生[裴翽詩]三主禮闈年八十門生門下見門生　又蒼生民也[晉書謝安傳]安石不出其

如蒼生何[張協雜詩[沖氣扇九垠蒼生衍四垂　又[前漢郊祀志]故神降之嘉生[註]師古曰嘉生謂衆瑞　又[楚語]滯則不震生乃不殖[註]生人物也　又水名[山海經]北二百二十里曰盂山生水出焉而東流注于河[註]卽奢延水也水西出奢延縣西南赤沙阜東北流　又姓[正字通]漢生臨明生甫申又微生浩生俱複姓　又與牲同[前漢昭帝紀]令破烏桓斬虜獲生有功[註]獲生口也　又與狌同[汲冢周書]郭都生生　又[廣韻][正韻]所敬切[集韻][韻會]所慶切𤯓音甥產也[字彙]俗謂雞生卵　又[集韻][韻會]𤯓所景切音眚育也[論語註]四乳生八子[陸德明音義]生所幸反又如字　又[正韻]息正切音性[周禮地官司徒]以土會之瀘辨五土之物生[註]杜子春讀爲性　又[韻補]叶師莊切音商[傅毅舞賦]在山峨峨在水湯湯與志遷化容不虛生　又叶桑經切音星[詩小雅]雖有兄弟不如友生叶寧平[東方朔七諫]觀天火之炎煬兮聽大壑之波聲引八維以自道兮含沆瀣以長生　又叶尸連切音羶[黃庭經]內養三神可長生魂欲上天魄入淵還魂反魄道自然

【 오류정리 】

〇康誤處 1; [韓愈進學解]諸生弟子事先生於茲有年矣(改國子先生晨入太學招諸生)

●考證 ; 謹按原文無諸生弟子句今改國子先生晨入太學招諸生

◆整理 ; [韓愈進學解(한유진학해)]諸生弟子事先生於茲有年矣(제생제자사선생어자유년의)는 國子先生晨入太學招諸生(국자선생신입태학초제생)의 착오.

◆訂正文 ; [韓愈進學解]國子先生晨入太學招諸生

▶ 【1215-1】 字解誤謬與否 ; [韓愈進學解]諸生弟子事先生於茲有年矣

(改國子先生晨入太學招諸生) [諸生弟子事先生於茲有年矣(改國子先生晨入太學招諸生)]

★이상과 같이 오류(誤謬) 수정(修訂)이 되면 ○국자선생(國子先生; 국자선생이) ○신입태학(晨入太學; 새벽 일찍 태학에 들어와서) ○초제생(招諸生; 모든 학생을 불러 놓고)[漢書叔孫通傳]臣願徵魯諸生與臣弟子共起朝儀老師對眾多弟子的稱呼唐[韓愈進學解]國子先生晨入太學招諸生立館下科舉時代對秀才的通稱 이 되는데 자전상(字典上) 생(生)의 본의(本義)에 영향이 미치게 됨.

用 部

⑳用(용)[唐韻][集韻][韻會][正韻]㳠余頌切容去聲[說文]可施行也[易乾卦]初九潛龍勿用[疏]唯宜潛藏勿可施用[書皋陶謨]天討有罪五刑五用哉 又[廣韻]使也[左傳襄二十六年]惟楚有材晉實用之[杜甫詩]古來才大難爲用 又功用[易繫辭]顯諸仁藏諸用[疏]謂潛藏功用不使物知是藏諸用也[論語]禮之用和爲貴 又貨也[書大禹謨]正德利用厚生[疏]謂在上節儉不爲糜費以利而用使財物殷阜[禮王制]冢宰制國用必於歲之杪五穀皆入然後制國用 又以也[詩小雅]謀夫孔多是用不集[古樂府]何用識夫壻白馬從驪駒 又庸也[論語]則四方之民襁負其子而至矣焉用稼 又[增韻]器用也[書微子]今殷民乃攘竊神祇之犧牷牲用以容[傳]器實曰用[左傳襄二十五年]我先王賴其器用也 又[廣韻]通也 又姓漢有用蚪爲高唐令 又[韻補]叶餘封切音容[詩小雅]謀臧不從不臧覆用[陸賈新語]大化絕而不通道德施而不用又立則爲太山衆本之宗仆則爲萬世之用 又[六書正譌]周伯琦曰用

古鏞字鐘也古歂識商鐘寅簋鐘字皆作用後人借爲施用字

【 오류정리 】

○康誤處 1; [左傳襄二十五年]我先王賴其(增利字)器用也

●考證 ; 謹照原文賴其下增利字

◆整理 ; [左傳襄二十五年(좌전양이십오년)] 賴其(뢰기)이 이어 利字(리자)를 덧붙임.

◆訂正文 ; [左傳襄二十五年]我先王賴其利器用也

▶【1216-1】 字解誤謬與否 ; [左傳襄二十五年]我先王賴其(增利字)器用也 [賴其(增利字)]

★이상과 같이 오류(誤謬) 수정(修訂)이 되면 이기(利器; 편리한 도구. 예리한 무기. 편리한 도구. 영재(英才))가 되는데 자전상(字典上) 용(用)의 본의(本義)에 간접 영향이 미치게 됨.

用 部 二畫

⑳甫(보)[唐韻]方矩切[集韻][韻會]匪父切[正韻]斐古切㳠音斧[說文]男子美稱也[禮檀弓]臨諸侯畛於鬼神曰有天王某甫[疏]某是天子之字甫是男子美稱也[儀禮士冠禮]永受保之曰伯某甫仲叔季唯其所當[註]甫是丈夫之美稱孔子爲尼甫周大夫有嘉甫宋大夫有孔甫[雜記疏]甫且也五十以伯仲是正字二十之時曰某甫是且字言且爲之立字也 又[爾雅釋詁]甫大也[詩小雅]倬彼甫田[釋文]甫之言大也[箋]甫之言丈夫也明乎彼太古之時以丈夫稅田也 又[玉篇]始也 又[廣韻]眾也[博雅]甫甫眾也[詩大雅]魴鱮甫甫 又[爾雅釋詁]甫我也 又國名[詩大雅]維申及甫維周之翰[箋]甫甫侯也 又地名[詩小雅]東有甫草駕言行狩[箋]甫草者甫田之草也鄭有圃田今開封府中牟縣西圃田澤是也[春秋定十

年]冬齊侯衞侯鄭游速會于安甫[穀梁
傳昭二十三年]吳敗頓胡沈蔡陳許之師
于雞甫[註]雞甫楚地　又山名[詩魯
頌]徂來之松新甫之柏[傳]新甫山也
　又章甫冠名[禮郊特牲]章甫殷道也
　又姓[風俗通]甫侯之後周甫瑕明甫
轍甫輕又皇甫複姓宋戴公之子曰皇父
因命族曰皇父至秦改爲皇甫　又[集
韻]彼五切音補種菜曰圃或省作甫

【 오류정리 】

○康誤處 1；[釋文]甫之言大也(改爲
傳甫田謂天下田)

●考證；謹按釋文甫之言大也卽鄭箋
別本已引鄭箋可以不引別本謹改爲傳甫
田謂天下田

◆整理；[釋文(석문)] 甫之言大也(보
지언대야)는 傳甫田謂天下田(전보전
위천하전)의 착오.

◆訂正文；[釋文]傳甫田謂天下田

▶【1217-1】 字解誤謬與否；[釋
文]甫之言大也(改爲傳甫田謂天下田)
[甫之言大也(改爲傳甫田謂天下田)]

★이상과 같이 오류(誤謬) 수정(修訂)
이 되면 ○[傳] 보전(甫田；큰밭) ○
위천하전(謂天下田；왕전(王田)을 이
른다) [詩小雅]倬彼甫田[傳]甫田謂天
下田[箋]甫之言丈夫也明乎彼太古之時
以丈夫稅田也 [孟子滕文公下]天下者
天下之天下也非一人之天下也王莽欲效
王政而名天下田曰王田이 되는데 자전
상(字典上) 보(甫)의 본의(本義)에 직
접 영향이 미치게 됨.

⑳甬(용)[唐韻]余隴切[集韻][韻
會][正韻]尹竦切𠀤音勇[說文]草木華
甬甬然也[徐曰]甬之言涌也若泉涌出
也　又甬道[史記秦始皇紀]築甬道
[註]應劭曰謂馳道外築牆天子於中外
人不見也[項羽紀註]應劭曰恐敵鈔輜
重故築牆垣如街[淮南子本經訓]修爲
牆垣甬道相連[註]甬道飛閣複道也[韓

愈詩]雲韶凝禁甬[註]宮禁巷道也[正
字通]按甬道之名雖同或馳道外或軍伍
中或宮巷道其用不一　又[周禮冬官考
工記鳧氏]鳧氏爲鍾舞上謂之甬甬上謂
之衡[註]此二名者鍾柄　又[揚子方
言]自關而東陳魏宋楚之閒保庸謂之甬
又地名[左傳哀二十二年]越滅吳請使
吳王居甬東甬東越地會稽句章縣東
海中洲也　又量名[禮月令]仲春之月
日夜分則同量度量鈞衡石角斗甬[註]
甬今斛也　又[博雅]甬常也　又[集
韻][韻會]坱杜孔切音動候管也與箽同

【 오류정리 】

○康誤處 1；[禮月令]仲春之月日夜分
則同量度(改同度量)

●考證；謹照原文同量度改同度量

◆整理；[禮月令(예월령)] 同量度(동
량도)는 同度量(동도량)의 착오.

◆訂正文；[禮月令]仲春之月日夜分
則同度量

▶【1218-1】 字解誤謬與否；[禮月
令]仲春之月日夜分則同量度(改同度
量) [同量度(改同度量)]

★이상과 같이 오류(誤謬) 수정(修訂)
이 되면 도량(度量；자와 말. 너그러
운 마음과 깊은 생각)이 되는데 자전
상(字典上) 용(甬)의 본의(本義)에 직
접 영향이 미치게 됨.

田 部

⑳由(유)[廣韻]以周切[集韻][韻
會]夷周切[正韻]于求切𠀤音猷[廣韻]
从也[韻]因也[爾雅釋詁]自也[註]猶
从也[論語]觀其所由[註]經也言所經
從[禮內則]由衣服飮食由執事[註]由
自也[儀禮士相見禮]願見無由達[註]
言久無因緣以自達也　又[博雅]由行
也[書微子之命]率由典常以蕃王室[禮
祭統]是故隆禮由禮謂之有方之士 [疏]
由行也　又於也[詩大雅]無易由言

[箋]由於也　又[博雅]由用也[書盤庚]冲人非廢厥謀弔由靈[註]弔至由用靈善也言我非廢衆謀乃至用爾衆謀之善者指臣民以爲當遷者言也[詩小雅]君子無易由言[箋]由用也[左傳襄三十年]以晉國之多虞不能由吾子[註由用也　又[博雅]式也　又[揚子方言]胥由正輔也燕之北鄙曰由[註]胥相也由正皆謂輔持也　又[揚子方言]由迪正也東齊靑徐之閒相正謂之由迪　又所由州郡官也[唐書崔成傳]舉觴罰裴度曰丞相不宜與所由咕囁耳語度笑受之又[孟子]由由焉與之偕而不自失焉[註]由由自得之貌[管子小問篇]至其成也由由茲免[註]由由愜懌實貌茲免謂益有謹廣　又由庚由儀汰笙詩也見[束晢補亡詩]　又國名[戰國策]昔智伯欲伐厹由遺之大鐘[註]厹由國名[釋文]漢志由作猶　又縣名[後漢郡國志]吳郡由拳[搜神記]秦始皇東巡望氣者云五百年後江東有天子氣始皇至令囚徒十萬人掘汙其地表以惡名曰由拳縣　又姓[史記秦本紀]戎王使由余於秦　又由吾複姓　又由胡草名[爾雅釋草]繁由胡　又夷由鳥名[爾雅釋鳥]鼯鼠夷由又雔由蟲名[爾雅釋蟲]雔由樗繭[註]食樗葉　又與猶通尚可之辭[孟子]王由足用爲善　又通作繇[董仲舒賢良策]道者所繇適於治之路[註]與由同又許由[前漢古今人表]作許繇　又通作䌛[前漢宣帝紀]上亦無䌛知　又[楊愼丹鉛錄]由與農通韓詩外傳東西耕曰橫南北耕曰由呂氏春秋管子曆紀皆云堯使后稷爲大由註大由大農也錢譜神農幣文農作由　又借作甹[類篇]按說文徐曰說文無由字惟甹字註木生條也古文省弓而後人因省之通用爲因由等字[書盤庚]若顚木之有由蘖[註]古作甹顚仆也甹木生條也〇按[說文]註古文省弓則甹係正字由乃古省據[尚

書註]則甹屬古文似誤　又[韻補]叶延知切音夷[馮衍顯志賦]往者不可攀援兮來者不可與期病歿世之不稱兮願橫逝而無由　又叶羊諸切音余[古詩爲焦仲卿妻作]阿母謂府吏何乃太區區此婦無禮節舉動自專由　又[正字通]音妖冶由女子笑貌

【 오류정리 】

〇康誤處 1; [禮祭統(改經解)]是故隆禮由禮謂之有方之士

●考證 ; 謹照原文祭統改經解

◆整理 ; [禮(예) 祭統(제통)은 經解(경해)의 착오.

◆訂正文 ; [禮經解]是故隆禮由禮謂之有方之士

▶【1219-1】 字解誤謬與否 ; [禮祭統(改經解)]是故隆禮由禮謂之有方之士 [祭統(改經解)]

★이상과 같이 인용처(引用處)나 주소(註疏)의 오류(誤謬)를 수정(修訂)을 한다 하여도 자전상(字典上)의 유(由)의 본의(本義)인 유행(由行; 정도(正道))에는 영향이 미침.

〇康誤處 2; [孟子]由由焉(改由由然)與之偕而不自失焉

●考證 ; 謹照原文由由焉改由由然

◆整理 ; [孟子(맹자)] 由由焉(유유언)은 由由然(유유연)의 착오.

◆訂正文 ; [孟子]由由然與之偕而不自失焉

▶【1220-2】 字解誤謬與否 ; [孟子]由由焉(改由由然)與之偕而不自失焉 [由由焉(改由由然)]

★이상과 같이 오류(誤謬) 수정(修訂)이 되면 유유연(由由然; 悠悠然. 자연스럽고 너그러운 모습)이 되는데 자전상(字典上) 유(由)의 본의(本義)에 영향이 미치게 됨.

康甲(갑)[唐韻][集韻][韻會]古狎

切[正韻]古洽切莢音夾草木初生之孚子也[易解卦]雷雨作而百果草木皆甲坼[疏]百果草木皆孚甲開坼莫不解散也[後漢章帝紀]方春生養[萬物孚甲[註]葉裏白皮也 又十干之首[爾雅釋天]歲在甲曰閼逢月在甲曰畢[易蠱卦]先甲三日後甲三日[疏]甲者造作新令之日[書益稷]娶于塗山辛壬癸甲[禮郊特牲]社日用甲用日之始也 又凡物首出羣類曰甲[戰國策]臣萬乘之魏而甲秦楚[釋文]甲一作申言居二國之上也[張衡西京賦]北闕甲第[註]第館也甲言第一也[蘇表忠觀碑]吳越地方千里象犀珠玉之富甲於天下 又始也[書多方]甲于內亂[註]甲始也 又科甲[正字通]漢有甲乙丙科平帝時歲課甲科四十人爲郎乙科二十人爲太子舍人丙科四十人補文學掌故順帝陽嘉元年增甲乙科員 又[爾雅釋言]甲狎也[註]謂習狎[詩衞風]雖則佩韘能不我甲[毛傳]甲狎也[朱註]甲長也言才能不足以長於我也 又兵甲[易說卦離爲甲胄[疏]爲甲胄取其剛在外也[左傳襄三年]組甲三百[註]組甲漆甲成組文[禮王制]命大司徒敎士以車甲[周禮冬官考工記]函人爲甲犀甲七屬兕甲六屬合甲五屬 又[揚子方言]汗襦自關而東謂之甲襦[正字通]衣亦曰甲元世祖制一衣前有裳無袵後長倍於前亦無領袖綴以雨襻名比甲以便弓馬 又爪甲[管子四時篇]陰生金與甲[註]陰氣凝結堅實故生金爲爪甲也 又甲帳殿也 又甲庫[正字通]唐制甲庫藏奏鈔之地也程大昌曰唐中書門下吏部各有甲曆凡三庫以若干人爲一甲在選部則名團甲貞元四年吏部奏三庫敕甲 又經失墜乃至制敕旨甲皆被改毀據此則甲非甲乙之甲麗元英文昌雜錄謂甲庫如令甲令丙誤也宋時有敕甲旨甲之稱猶今言底言案也遼史有架閣庫管句元有左右

部架閣庫卽唐之甲庫也 又[淮南子覽冥訓]質壯輕足者爲甲卒[註]甲鎧也 又令甲法令首章也亦曰甲令[戰國策]臣敬循衣服以待令甲[史記惠景閒侯年表]長沙王者至令甲稱其忠焉[註]瓚曰漢以芮忠故特王之以非制故特著令漢時決事集爲令甲三百餘篇如淳曰令有先後故有令甲令乙令丙師古曰若今第一第二篇[後漢皇后紀]向使因設外戚之禁編著甲令 又官名[周禮夏官]司甲[疏]司甲兵戈盾官之長者 又保甲[正字通編籍民戶彼此詰察防容隱姦宄也 又宋元豐以諸路義勇改爲保甲紹興閒詔淮漢閒取主戶之雙丁十戶爲甲五甲爲團團有長乾道閒漕臣馮忠嘉言敎閱保甲皆義勇民兵也 又國名[春秋宣十六年]晉人滅赤狄甲氏及留吁[註]甲氏留吁赤狄別種[左傳宣十五年]晉侯滅赤狄甲氏及留吁 又[昭十五年]徐子及郯人莒人會齊侯盟于蒲隧賂以甲父之鼎[註]甲父古國名高平昌邑縣東南有甲父亭 又姓 [莊子庚桑楚]昭景也著戴也甲氏也[註]昭景甲三者皆楚同宗也 [釋文]一說昭景甲三者皆楚同宗也昭景甲三姓雖異論本則同也 又赤甲山名[杜甫詩]卜居赤甲遷居新[註]白鹽赤甲皆峽口大山赤甲山高不生草木上皆赤色望之如人袒胛在夔州 又蟲介曰甲 又鳥名[博雅]定甲鴡也 又[韻補]叶訖立切音急[揚雄長楊賦]今樂遠出以露威靈數動搖以疲車甲叶上德 又叶吉協切音頰[楚辭九歌]操吳戈兮被犀甲]車錯轂兮短兵接

【 오류정리 】

〇康誤處 1; [書多方](增因字)甲于內亂

●考證 ; 謹照原文甲字上增因字

◆整理 ; [書多方(서다방)]에 이어 因字(인자)를 덧붙임. 甲(갑)

◆訂正文 ; [書多方]因甲于內亂

▶【1221-1】 字解誤謬與否 ; [書多方]甲于內亂 [(增因字)甲]

★이상과 같이 오류(誤謬) 수정(修訂)이 되면 인갑(因甲; 아무개 때문에)이 되는데 자전상(字典上) 갑(甲)의 본의(本義)에 직접 영향이 미치게 됨.

○康誤處 2; [左傳宣十五年(改傳昭十六年)]晉侯(改晉人)滅赤狄甲氏及留吁又(改傳)[昭十五年(改十六年)]徐子及郯人莒人會齊侯盟于蒲隧賂以甲父之鼎

●考證 ; 謹照原書左傳改春秋昭字上又字改爲傳字兩十五年俱照原文改爲十六年晉侯改晉人

◆整理 ; [左傳宣十五年(좌전선십오년)은 傳昭十六年(전소십육년)으로]晉侯(진후)는 晉人(진인)으로 又(우)는 傳(전)으로, [昭(소) 十五年(십오년)은 十六年(십육년)으로] 고침.

◆訂正文 ; [左傳昭十六年]晉人滅赤狄甲氏及留吁 傳[昭十六年]徐子及郯人莒人會齊侯盟于蒲隧賂以甲父之鼎

▶【1222-2】 字解誤謬與否 ; [左傳宣十五年(改傳昭十六年)]晉侯(改晉人)滅赤狄甲氏及留吁 又(改傳)[昭十五年(改十六年)]徐子及郯人莒人會齊侯盟于蒲隧賂以甲父之鼎 [傳宣十五年(改傳昭十六年)] [晉侯(改晉人)] [又(改傳)] [十五年(改十六年)]

★이상과 같이 인용처(引用處)나 주소(註疏) 및 기타의 오류(誤謬)를 수정(修訂)을 한다 하여도 자전상(字典上)의 갑(甲)의 본의(本義)에는 영향이 미치지 않음.

○康誤處 3; [莊子庚桑楚]昭景也著戴也(改爲釋文一說)甲氏也[註](省註)昭景甲三者皆楚同宗也

●考證 ; 謹照原文甲氏也下連著封也

爲句言昭景以戴而著甲氏以封而著也今按義謹省著戴也三字註改爲釋文一說

◆整理 ; [莊子庚桑楚(장자경상초)]著戴也(저대야)는 釋文一說(석문일설)로 고치고, [註(주)는] 省(성) 즉 삭제함.

◆訂正文 ; [莊子庚桑楚]昭景也釋文一說甲氏也昭景甲三者皆楚同宗也

▶【1223-3】 字解誤謬與否 ; [莊子庚桑楚]昭景也著戴也(改爲釋文一說)甲氏也[註](省註)昭景甲三者皆楚同宗也 [著戴也(改爲釋文一說)] [[註](省註)]

★이상과 같이 주소(註疏) 및 기타 오류(誤謬)를 수정(修訂)을 한다 하여도 자전상(字典上)의 갑(甲)의 본의(本義)에는 영향이 미치지 않음.

田部 三畫

畖(견)[玉篇]古文畎字[前漢食貨志]后稷始畖田以二耜爲耦廣尺深尺曰畖[後漢章帝紀]每尋前世舉人貢士或起畖畝 又[類篇]松倫切音旬山下受霤處[釋名]山下根之受霤處曰畖畖吮也吮得山之肥潤也[呂氏春秋]丁田弃畖 又[集韻]朱閏切音稕溝也

【 오류정리 】

○康誤處 1; [玉篇]古文畎(改畎)字

●考證 ; 謹照原文畎改畎

◆整理 ; [玉篇(옥편)]畎(견)을 畎(견)으로 고침.

◆訂正文 ; [玉篇]古文畎字

▶【1224-1】 字解誤謬與否 ; [玉篇]古文畎(改畎)字 [畎(改畎)]

★이상과 같이 오류(誤謬) 수정(修訂)이 되면 견(畎; 밭도랑)이 되어 자전상(字典上) 견(畖)의 본의(本義)에 직접 영향이 미치게 됨.

田部 四畫

康界(계)[唐韻]古拜切[集韻][韻會][正韻]居拜切𠀤音戒[說文]境也[爾雅釋詁]界垂也[孟子]固國不以封疆之界 又[增韻]分畫也限也[後漢馬融傳]奢儉之以禮爲界[註]界猶限也 又[增韻]離閒也[揚雄解嘲]范睢界涇陽[註]界者界其兄弟使疏也 又地名[後漢獻帝紀]袁紹及公孫瓚戰於界橋[註]今貝州宗城縣東有古界城近枯漳水則界橋在此也 又與也[後漢桓譚傳]非身力所得]皆以臧界告者[註]界與也音必二反 又[韻補]叶居吏切音記[陶潛感士不遇賦]悼賈傅之秀朗紆遠轡於促界悲董相之淵致屢乗危而幸濟 [集韻]本作畍或作堺畍

【 오류정리 】

○康誤處 1;[孟子]固國(改域民)不以封疆之界

●考證 ; 謹照原文固國改域民

◆整理 ; [孟子(맹자)] 固國(고국)은 域民(역민)의 착오.

◆訂正文 ; [孟子]域民不以封疆之界

▶【1225-1】 字解誤謬與否 ; [孟子]固國(改域民)不以封疆之界 [固國(改域民)]

★이상과 같이 오류(誤謬) 수정(修訂)이 되면 역민(域民; 백성이 도망가지 못하도록 관문(關門) 등을 설치해서 한계를 지어 그 안에서 살아가는 인민. 한제인민(限制人民))이 되는데 자전상(字典上) 계(界)에 영향이 미치게 됨.

康畏(외)[唐韻]於胃切[集韻]紆胃切𠀤音尉惡也[廣韻]畏懼[增韻]忌也 又心服也怯也[易震卦]雖凶无咎畏鄰戒也[書呂刑]永畏惟罰[傳]當長畏懼惟爲天所罰 又[集韻]於非切音威[書臯陶謨]天明畏自我民明威[傳]天

明可畏亦用民成其威[釋文]畏如字徐音威○按[古文尚書]威畏同天威裴忱今文作畏[禮表記]引書德威惟威註讀作畏 又[周禮冬官考工記弓人]夫角之中恆當弓之畏畏也者必橈[註]畏作威謂弓淵角之中央與淵相當鄭謂畏讀如秦師入隈之隈[釋文]畏烏回反 又集韻鄔賄切音猥同嵔嵔壘山名或省

【 오류정리 】

○康誤處 1;[周禮冬官考工記弓人]夫角之中恆當弓之畏畏也者必橈[註]畏作威(改杜子春云畏當作威)

●考證 ; 謹照原文註畏作威改杜子春云畏當作威

◆整理 ; [周禮冬官考工記弓人(주례동관고공기궁인)] 註畏作威(주외작위)는 杜子春云畏當作威(두자춘운외당작위)의 착오.

◆訂正文 ; [周禮冬官考工記弓人]夫角之中恆當弓之畏畏也者必橈[杜子春云]畏當作威

▶【1226-1】 字解誤謬與否 ; [周禮冬官考工記弓人]夫角之中恆當弓之畏畏也者必橈[註]畏作威(改杜子春云畏當作威) [[註]畏作威(改杜子春云畏當作威)]

★이상과 같이 오류(誤謬) 수정(修訂)이 되면 외당작위(畏當作威; 두려움과 위세를 지음은 서로 걸맞다)로 자전상(字典上) 외(畏)의 본의(本義)에 영향이 미치게 됨.

田 部 五畫

康畝(무)[唐韻]莫厚切[集韻][韻會]莫後切𠀤謀上聲司馬法六尺爲步步百爲畝秦孝公制二百四十步爲畝宋程頤曰古者百畝止當今之四十畝今之百畝當古之二百五十畝[書盤庚]惰農自安不昏作勞不服田畝[詩小雅]南東其畝[朱註]畝壟也 又丘名[爾雅釋地]

如畎畎丘[註]丘有隴界如田畎[釋名]
畎丘丘體滿一畎之地也[詩小雅]楊園
之道猗于畎丘]傳]畎丘丘名　又地名
[左傳桓二年]晉穆侯之夫人姜氏以條之
役生太子名之曰仇其弟以千畎之戰生
命之曰成師[註]西河界休縣南有地名
千畎　又[韻補]叶莫補切模上聲[班固
西都賦]士食舊德之名氏農服先疇之畎
畝商循族世之所鬻工用高曾之規矩
又叶滿彼切眉上聲[詩豳風]饁彼南畝田
畯至喜[屈原離騷]余旣滋蘭之九畹兮又
樹蕙之百畝畦留夷與揭車兮雜杜衡與
芳芷　[說文]本作畮

【 오류정리 】

○康誤處 1;[左傳桓二年]晉穆侯之夫
人姜氏以條之役生太子名之(改爲命之)
曰仇
●考證 ; 謹照原文名之改爲命之
◆整理 ; [左傳桓二年(좌전환이년)]
名之(명지)는 命之(명지)의 착오.
◆訂正文 ; [左傳桓二年]晉穆侯之夫
人姜氏以條之役生太子命之曰仇
▶【1227-1】 字解誤謬與否;[左傳
桓二年]晉穆侯之夫人姜氏以條之役生
太子名之(改爲命之)曰仇　[名之(改爲
命之)]
★이상과 같이 오류(誤謬) 수정(修訂)
이 되면 명지(命之; 명하여 이르다)기
되는데 자전상(字典上) 무(畝)의 본의
(本義)에 영향이 미치지 않음.

○康誤處 2;[班固西都賦]農服先疇之
畎(改畮)畝
●考證 ; 謹照原文畎改畮
◆整理 ; [班固西都賦(반고서도부)]
畎(견)은 畮(견)의 착오.
◆訂正文 ; [班固西都賦]農服先疇之
畮畝
▶【1228-2】 字解誤謬與否;[班固
西都賦]農服先疇之畎(改畮)畝　[畎
(改畮)]

★이상과 같이 오류(誤謬) 수정(修訂)
이 되면 견무(畎畝; 밭의 고랑과 이
랑을 아울러 이는 말. 견무(畎畝) 논.
밭. 시골) 자전상(字典上) 무(畝)의
본의(本義)에 적극 영향이 미치게 됨.

田 部 六畫

畢(필)[廣韻]畢吉切[集韻][韻
會][正韻]壁吉切𠀤音必[博雅]畢
竟也[書大誥]子曷敢不于前寧人攸
受休畢[左傳莊二十九年]日至而畢[註]日南
至微陽始動故土功畢　又皆也盡也[詩
小雅]畢來旣升[禮月令]仲春之月乃修
闔扇寢廟畢備[註]畢猶皆也　又[郊特
牲]唯爲社田國人畢作[疏]畢盡也　又
月名[爾雅釋天]月在甲曰畢　又星名
[詩小雅]有捄天畢[朱註]天畢畢星也
狀如掩兔之畢[禮月令]孟夏之月日在
畢　又小綱也[詩小雅]鴛鴦于飛畢之
羅之[疏]罔小而柄長謂之畢[禮月令]
田獵置罘[羅綱畢翳[揚雄校獵賦]荷垂
天之畢　又簡也[爾雅釋器]簡謂之畢
[註]今簡札也[禮學記]今之敎者呻其
佔畢[疏]佔視也畢簡也不曉經義但諷
吟長咏以視篇簡而已　又貫牲體木也
[禮雜記]畢用桑]註]主人舉肉時以畢
助之喪祭用桑吉用棘畢狀如乂博三寸
長八寸柄長二尺四寸丹漆兩頭[儀禮特
牲饋食禮]宗人執畢先入[註]畢狀如叉
蓋爲其似畢星取名焉　又[儀禮大射
儀]司馬正東面以弓爲畢[註]畢所以助
敎執事者[疏]畢是助載鼎實之物故司
馬執弓爲畢以指授　又[揚子方言]車
下鐵陳宋淮楚之閒謂之畢　又[字彙
補]畢門路門也　又地名[爾雅釋地]
畢堂牆[註]今終南山道名畢其邊若堂
室之牆[詩秦風終南何有有紀有堂箋]
畢終南山之道名邊如堂之牆然　又國
名[左傳僖二十三年]畢原酆郇文之昭也
[史記建元以來王子侯年表]畢梁侯劉

罬　又姓[左傳閔元年]畢萬爲右[晉語]得畢陽[註]畢陽晉士　又神名[博雅]木神謂之畢方[張衡東京賦]况魃蜮與畢方[註]畢方老父神如鳥兩足一翼者常銜火在人家作怪災　又鳥名[山海經]章莪之山有鳥焉其狀如鶴一足赤文靑質而白喙名曰畢方　又與彈同[歸藏鄭母經]昔者羿善射畢十日果畢之　又與繂同[儀禮覲禮]冠六升外畢[註]外畢者冠前後屈而出縫於武也[疏]外畢者前後兩畢之末而向外攝之也○按旣夕畢作繂　又與韠同[荀子正論篇共艾畢

【 오류정리 】

○康誤處 1; [禮月令]田獵置罘(改置罦)羅綱畢翳

●考證 ; 謹照原文置罘改置罦

◆整理 ; [禮月令(례월령)] 置罘(치부)는 置罦(저부)의 착오.

◆訂正文 ; [禮月令]田獵置罦羅綱畢翳

▶【1229-1】 字解誤謬與否 ; [禮月令田獵置罘(改置罦)]羅綱畢翳 [置罘(改置罦)]

★이상과 같이 인용처(引用處)나 주소(註疏)의 오류(誤謬)를 수정(修訂)을 한다 하여도 자전상(字典上)의 필(畢)의 본의(本義)에는 영향이 미치지 않음.

○康誤處 2; [左傳僖二十三年(改二十四年)]畢原酆郇文之昭也

●考證 ; 謹照原文二十三年改二十四年

◆整理 ; [左傳僖(좌전희) 二十三年(이십삼년)은 二十四年(이십사년)의] 착오.

◆訂正文 ; [左傳僖二十四年]畢原酆郇文之昭也

▶【1230-1】 字解誤謬與否 ; [左傳

僖二十三年(改二十四年)]畢原酆郇文之昭也　[二十三年(改二十四年)]

★이상과 같이 인용처(引用處)나 주소(註疏)의 오류(誤謬)를 수정(修訂)을 한다 하여도 자전상(字典上)의 필(畢)의 본의(本義)에는 영향이 미치지 않음.

康 **畤**(치) [唐韻]周市切[集韻]渚市切[韻會]諸市切𠀤音止[說文]天地五帝所基址祭地也[史記秦本紀]祠上帝西畤[索隱註]襄公始列爲諸侯自以居西畤西畤縣名故作西畤祠白帝畤止也言神靈之所依止也[前漢郊祀志師古註]如種韭畦之形於畦中各爲一土封

又云祠之必於高山之下時命曰畤是則凡土高處皆曰畤也[前漢郊祀志師古註]如種韭畦之形於畦中各爲一土封又云祠之必於高山之下時命曰畤是則凡土高處皆曰畤也[括地志]秦文公夢黃蛇自天而下屬地其口止於鄜衍作畤郊祭白帝曰鄜畤秦宣公作密畤於渭南祭靑帝秦靈公作吳陽上畤祭黃帝作下畤亦祠黃帝　又地名[左傳襄三十年]成愆奔平畤[註]平畤周邑又[哀四年]夏伐晉取邢任欒鄗逆畤陰人盂壺口[後漢光武紀]杜茂與賈覽戰於繁畤[註]繁畤縣名屬鴈門郡今代州縣　又[廣韻]時止切[集韻]士止切𠀤音市又[廣韻]直里切[集韻][韻會]丈里切𠀤音峙義𠀤同

又[集韻]時吏切音雉與蒔同　又[五音集韻]池爾切音侈儲也

【 오류정리 】

○康誤處 1; [前漢郊祀志師古註]如種韭畦之形於畦中各爲一土封又云祠之必於高山之下時命曰畤是則凡土高處皆曰畤也(改爲[前漢郊祀志]作畦畤師古註如種韭畦之形於畦中各爲一土封也又祠之必於高山之下時命曰畤註名其祭處曰畤)

●考證；謹按師古註係𣈆解畤字祠之至曰畤十二字係郊祀志正文非註文謹據前漢書原文改爲前漢郊祀志作畦畤師古註如種韭畦之形於畤中各爲一土封也又祠之必於高山之下畤命曰畤註名其祭處曰畤

◆整理；[前漢郊祀志]作畦畤師古註如種韭畦之形於畤中各爲一土封也又祠之必於高山之下畤命曰畤註名其祭處曰畤를, 前漢郊祀志作畦畤師古註如種韭畦之形於畤中各爲一土封也又祠之必於高山之下畤命曰畤註名其祭處曰畤로 교체함.

◆訂正文；[前漢郊祀志]作畦畤師古註如種韭畦之形於畤中各爲一土封也又祠之必於高山之下畤命曰畤註名其祭處曰畤

▶【1231-1】 字解誤謬與否；[前漢郊祀志師古註]如種韭畦之形於畤中各爲一土封又云祠之必於高山之下畤命曰畤是則凡土高處皆曰畤也(改爲[前漢郊祀志]作畦畤師古註如種韭畦之形於畤中各爲一土封也又祠之必於高山之下畤命曰畤註名其祭處曰畤)

★이상과 같이 오류(誤謬) 수정(修訂)이 되면 ○작휴치(作畦畤; 전지(田地)에 천지 신령과 제왕을 제사 지내는 祭터를 만든다) ○명기제처왈치(名其祭處曰畤) 제사 지내는 그 곳의 이름을 치(畤)라 한다)라 고쳐지는데 자전상(字典上) 치(畤)의 본의(本義)에 영향이 미치게 됨.

○康誤處 2; 又[哀四年](增國字)夏伐晉取邢任欒鄗逆畤陰人盂壺口

●考證；謹照原文夏上增國字

◆整理；[哀四年(애사년)]에 이어 國字(국자)를 덧붙임. 夏(하)

◆訂正文；又[哀四年]國夏伐晉取邢任欒鄗逆畤陰人盂壺口

▶【1232-2】 字解誤謬與否；又[哀

四年](增國字)夏伐晉取邢任欒鄗逆畤陰人盂壺口 [(增國字)夏]

★이상과 같이 오류(誤謬) 수정(修訂)이 되면 국하(國夏; 人名 春秋戰國 제나라 景公時 大夫)가 되는데 자전상(字典上) 치(畤)의 본의(本義)에는 영향이 미치지 못함.

康(略)(략) [唐韻]離灼切 [集韻][韻會][正韻]力灼切𣈆音掠 [說文]經略土地 [左傳昭七年]天子經略 [註]經營天下略有四海故曰經略 [博雅]略治也 又[廣韻]謀略 [前漢趙充國傳]百聞不如一見臣願馳至金城圖上方略 [李康運命論]張良受三略之說 [註]上中下三計 又[廣韻]用功少者皆曰略 [書禹貢]嵎夷旣略 [傳]用功少曰略 [木華海賦]羣山旣略 又[博雅]要也 [莊子知北遊]將爲汝言其崖略 [淮南子本經訓]其言略而循理 [註]略約要也 又不詳也 [禮孔子閒居]子夏曰三無旣得略而聞之矣 [荀子非相篇]傳者久則論略近則論詳 又[公羊傳哀五年]喪曷爲以閏數喪數略也 [註]略猶殺也以月數恩殺故并閏數 又道也 [左傳定四年]吾子欲復文武之略而不正其德將如之何 [註]略道也 又[博雅]取也 [左宣十五年]晉侯治兵于稷以略狄土 [註]略取也 [淮南子兵略訓]攻城略地莫不降下 又[揚子方言]求也 又灋也 又[博雅]行也 [左傳隱五年]公曰吾將略地焉 [註]略總攝巡行之名 又[宣十一年]略基趾 [註]趾城足略行也 又界也 [左傳莊二十一年]鄭伯享王于闕西辟樂備王與之武公之略自虎牢以東 [註]略界也 又[僖十二年]賂秦伯以河外列城五東盡虢略 又路也 [書武成]敢祇承上帝以遏亂略 [傳]略路也 又犯也 [晉語]及桓子驕泰奢侈貪欲無藝略則行志 [註]略犯也則法也 又利也 [詩周頌]有略其耜 [傳]略利也 又[正字通]書篇名漢劉

歆總羣書爲七略有輯略六藝略諸子略詩賦略兵書略術數略方伎略　又[揚雄甘泉賦]蠖略蕤綏灕虖襂纚[註]蠖略蕤綏龍行貌　又姓[姓譜]三國略統吳人　又奪也與掠同[齊語]犧牲不略則牛羊遂[註]略奪也[史記外戚世家]少君年四五歲爲人所略賣又[龔遂傳]渤海多劫略相隨者遂下敎令卽時解散又渠略蟲名[詩曹風蜉蝣之羽傳]蜉蝣渠略也[釋文]略本或作螺

康畦(휴)[唐韻]戶圭切[集韻][韻會]懸圭切夶音攜[說文]田五十畝曰畦[屈原 離騷]畦留夷與揭車兮雜杜蘅與芳芷[註]五十畝爲畦[莊子人閒世]彼且爲無町畦亦與之爲無町畦　又[廣韻]菜畦[史記貨殖傳]千畦薑韭[註]徐廣曰千畦二十五畝駰案韋昭曰畦猶壠[前漢食貨志]還廬樹桑菜茹有畦瓜瓠果蓏[註]師古曰畦區也　又地名[史記封禪書]故作畦畤櫟陽而祀白帝[索隱註]漢舊儀云祭人先於隴西西縣人先山山上皆有土人上下有時如種韭畦畦中各有二土封故云畦畤也　又[集韻]涓

畦切音圭田起堳埒也　又[集韻]勻規切音蘬　又[五音集韻]息遺切音綏義夶同

田部 七畫

康異(이)[唐韻][集韻][韻會]羊吏切[正韻]以智切夶移去聲[說文]分也从廾从畀畀予也[博雅]異分也[史記商君傳]民有二男以上不分異者倍其賦又不同也[書旅獒]王乃昭德之致于異姓之邦[禮儒行]同弗與異弗非也[疏]謂彼人與己之疏異所爲是善則不非毀之也　又怪也[釋名]異者異於常也[左傳昭二十六年]據有異焉[註]異猶怪也[史記屈賈傳]化爲異物兮又何足患又奇也[周禮地官質人]賞成市之貨賄人民牛馬兵器珍異[註]珍異四時食物[史記仲尼弟子傳]受業身通者七十有七人皆異能之士也　又違也　又姓唐異牟尋歸唐冊封南詔王今白水蠻有　此姓

又異翹草名[爾雅釋草]連異翹　又無名異藥名主治金創折傷　又[韻補]叶延知切音怡[詩邶風]洵美且異叶下貽又叶弋質切音逸[詩小雅]亦祇以異[朱註]逸織反[無名氏樂德歌]所見奇異叶甘美酒食

【 오류정리 】

○康誤處 1；[周禮地官質人]賞(改掌)成市之貨賄人民牛馬兵器珍異

●考證 ；謹照原文賞改掌

◆整理 ；[周禮地官質人(주례지관질인)] 賞(상)은 掌(장)의 착오.

◆訂正文 ；[周禮地官質人]掌成市之貨賄人民牛馬兵器珍異

▶【1235-1】 字解誤謬與否；[周禮地官質人]賞(改掌)成市之貨賄人民牛馬兵器珍異　[賞(改掌)]

★이상과 같이 오류(誤謬) 수정(修訂)이 된다 하여도 장(掌; 관장하다. [周禮地官質人]掌成市之貨賄人民牛馬兵器珍異[註]珍異四時食物)는 자전상(字典上) 이(異)의 본의(本義)에는 영향이 미치지 않음.

畱 (류)[唐韻][集韻][韻會][正韻]力求切音流[說文]畱止也[史記秦本紀]臣知虞君不用臣臣誠私利祿爵且畱又[越世家]莊生曰可疾去矣愼毋畱　又遲也[易旅卦]君子以明愼用刑而不畱獄[史記匈奴傳]然而諸宿將常坐畱落不遇[註]謂遲畱零落不遇合也　又久也[禮儒行]悉數之乃畱更僕未可終也[註]畱久也　又徐也[吳語]一日惕一日畱[註]惕疾也畱徐也　又已去而止之也[正字通]李元紘治潤有惠政及代去吏民遮畱　又[楚語]舉國畱之[註]畱治也　又伺便也[莊子刻意篇]執彈而畱之　又[戰國策]使秦而欲屠趙不顧一子以畱計[註]畱不決也　又[左思魏都賦]朝無刓印國無費畱

[註]凶命曰費畱　又姓[詩王風]丘中有麻彼畱子嗟[傳]畱大夫氏子嗟字也[韻會]出會稽本衞大夫畱封人之後吳志有左將畱贊　又地名[左傳襄元年]楚子辛救鄭侵宋呂畱[註]呂畱二縣合屬彭城郡又[襄十八年夏晉人執衞行人石買于長子執孫蒯于純畱[註]長純畱二縣屬上黨郡[前漢張良傳]封爲畱侯又[地理志]陳畱[註]畱鄭邑爲陳所幷故曰陳畱　又國名[左傳宣十五年]晉侯滅赤狄甲氏及畱吁[註]甲氏畱吁赤狄別種[山海經]畱利之國人足反折　又山名[山海經]西二百里曰長畱之山　又[博雅]畱黃綵也　又[釋名]畱幕冀州所名大褶下至膝者也畱牢也幕絡也言牢絡在衣表也　又鳥名[正韻]栗畱黃鳥　又獸名[山海經]柢山有魚焉其音如畱牛[註]莊子曰執犁之狗謂此牛也　又草名[司馬相如上林賦]雜以畱夷[註]顏監云畱夷香草　又果名[張衡南都賦]樗棗若畱[註]廣雅曰若畱石榴也　又與流通[楚康琴賦]忽飄飆以輕邁乍畱聯而扶疏　又[廣韻]力救切音溜宿畱停待也[前漢武帝紀]宿畱海上　又[五音集韻]力久切音柳昴星別名[史記律書]北至於畱畱者言陽氣之稽畱也[索隱曰]畱卽卯也毛傳亦以畱爲卯[丹鉛錄]畱音柳註以畱爲卯恐非如其說陽氣稽卯殆不成文　又[韻補]叶凌如切音閭[陸雲賦]遊士非乎故字步彷徨以跼蹐佇盤桓而不能聊相羊以淹畱　又叶魯刀切音牢[屈原離騷]時繽紛其變易兮又何可以淹畱蘭芷變而不芳兮荃蕙化而爲茅　[韻會]毛氏曰从田从丣丣音酉當作畱今經史皆作留傳寫譌也

【 오류정리 】

○康誤處 1；[左傳襄元年]楚子辛救鄭侵宋呂畱[註]呂畱二縣合屬(今屬)彭城郡

●考證 ; 謹據宋本岳本合屬改今屬今者杜預謂晉代也晉書地理志彭城國漢以爲郡內有甾縣呂縣

◆整理 ; [左傳襄元年(좌전양원년)] 合屬(합속)은 今屬(금속)의 착오.

◆訂正文 ; [左傳襄元年]楚子辛救鄭侵宋呂甾[註]呂甾二縣今屬彭城郡

▶【1236-1】 字解誤謬與否 ; [左傳襄元年]楚子辛救鄭侵宋呂甾[註]呂甾二縣合屬(今屬)彭城郡 [合屬(今屬)]

★이상과 같이 오류(誤謬) 수정(修訂)이 된다 하여도 금속(今屬;지금의…속한다)은 자전상(字典上) 류(甾)의 본의(本義)에는 영향이 미치지 않음.

○康誤處 2; [左傳宣十五年(春秋宣十六年)]晉侯(改晉人)滅赤狄甲氏及甾吁
●考證 ; 謹照原文左傳改春秋十五年改十六年晉侯改晉人
◆整理 ; [左傳宣十五年(좌전선십오년)은 春秋宣十六年(춘추선십육년)의 착오이며] 晉侯(진후)는 晉人(진인)의 착오.
◆訂正文 ; [左傳宣十五年(春秋宣十六年)]晉人滅赤狄甲氏及甾吁

▶【1237-1】 字解誤謬與否 ; [左傳宣十五年(春秋宣十六年)]晉侯(改晉人)滅赤狄甲氏及甾吁 [宣十五年(春秋宣十六年)] [晉侯(改晉人)]

★이상과 같이 인용처(引用處)나 주소(註疏), 인명(人名) 대명사(代名詞)의 오류(誤謬)를 수정(修訂)을 한다 하여도 자전상(字典上)의 본의(本義)에는 영향이 미치지 않음.

田部 八畫

康甾(주)[廣韻]丁呂切[集韻]陟呂切𠀤音主幠也所以載盛米者[博雅]幩㡊甾也[釋文]陟呂反

【 오류정리 】

○康誤處 1; [博雅]幩㡊甾(改甾)宇

也[釋文(改甾音)]陟呂反
●考證 ; 謹照原文甾改甾博雅有音無釋文釋文改甾音
◆整理 ; [博雅(박아)] [釋文(석문)은 甾音(주음)의] 착오.
◆訂正文 ; [博雅]幩㡊甾宇也[甾音]陟呂反

▶【1238-1】 字解誤謬與否 ; [博雅]幩㡊甾(改甾)宇也[釋文(改甾音)]陟呂反 [甾(改甾)] [釋文(改甾音)]

★이상과 같이 오류(誤謬) 수정(修訂)이 되면 주우(甾宇;쌀광)가 되어 자전상(字典上) 주(甾)의 본의(本義)에 직접 영향이 미치게 되고, 음(音)은 본의(本義)에 영향을 미치지 못함.

康當(당)[唐韻][集韻][韻會][正韻]𠀤都郞切黨平聲[說文]田相値也从田尚聲 又[玉篇]任也[論語]當仁不讓於師[晉語]夫幸非福非德不當[註]當猶任也 又[廣韻]敵也[禮王制]次國之上卿位當大國之中中當其下下當其上大夫[史記廉頗藺相如傳]學兵法言兵事以天下莫能當 又直也[禮內則]妻不在妾御莫敢當夕 又遇也[左傳昭七年]聖人有明德者若不當世其後必有達人[禮曲禮]當食不歎 又適可也[易履卦]夫履貞厲位正當也[左傳哀元年]逢滑當公而進[註]當公不左不右[禮學記]當其可之謂時[史記禮書]好惡以節喜怒以當 又主也[左傳襄二十六年]慶封當國[註]當國秉政[儀禮喪服]童子唯當室緦[註]當室者爲父後承家事者爲家主 又偶也[前漢司馬相如傳]及飮卓氏弄琴文君竊從戸窺心說而好之恐不得當也[註]師古曰當謂對偶也 又抵也[史記屈賈傳]以一儀而當漢中地臣請往如楚 又[增韻]蔽也[左傳昭二十年]使祝鼃寘戈於車薪以當門[李白蜀道難]一夫當關萬夫莫開 又斷罪

曰當言使罪法相當也[史記張釋之傳]
廷尉奏當一人犯蹕當罰[註]當謂處其
罪也[路溫舒緩刑書]奏當之成　又[正
韻]猶合也理合如是也[儀禮特牲饋食
禮]佐食當事則尸外南面[註]當事將有
事而未至[史記萬石君傳]內史慶醉歸
入外門不下車萬石君讓曰內史貴人入
閭里里中長老皆走匿而內史坐車中自
如固當[註]固當者反言之以見其不當
如是責讓之甚也　又過當[史記霍去病
傳]斬首捕鹵過當[註]言不啻相等　又
勾當[歐陽修歸田錄]曹彬平江南詣閣
門求見其榜子云奉敕江南勾當公事回
　又[職官分紀]奏舉京朝官知縣資序
二人充本司勾當　又官名[前漢宣帝
紀]詔單于毋謁其左右當戶之羣皆列觀
[註]左右當戶匈奴官名　又排當宋宮
中宴飲名　又州名[韻會]本羌地唐置
當州蓋取燒當羌以名之[後漢明帝紀]
秋九月燒當羌寇隴西　又縣名[正字
通]鳳州兩當縣[後漢郡國志]南郡有當
陽又[劉隆傳]遣隆屯田武當[註]武當
今均州縣也　又馬當武當屳山名　又
當康獸名[山海經]欽山有獸焉其狀如
豚而有牙其名曰當康[註]牙豚也　又
當䲘魚名[爾雅釋魚]鮥當䲘[註]海魚
也　又姓　又[唐韻][集韻][韻會][正
韻]屳丁浪切黨去聲事理合宜也[禮樂
記]古者天地順而四時當[韓詩外傳]君
子行不貴苟難惟當之爲貴　又底也[韓
非子外儲說]堂谿公見韓昭侯曰人主漏
泄羣臣語譬猶玉巵之無當　又[正字
通]凡出物質錢俗謂之當[後漢劉虞傳]
虞所賚賞典當胡夷瓚復抄奪之[註]當
音丁浪反

【 오류정리 】

○康誤處 1; [晉語]夫幸非福非德不當
(增雍字)

●考證 ; 謹照原文當字下增雍字

◆整理 ; [晉語(진어)] 當(당)에 이어
雍字(옹자)를 덧붙임.

◆訂正文 ; [晉語]夫幸非福非德不當
雍

▶ 【1239-1】 字解誤謬與否 ; [晉
語]夫幸非福非德不當(增雍字) [當
(增雍字)]

★이상과 같이 오류(誤謬) 수정(修訂)
이 되면 부당옹(不當雍; 덮어씌움은
부당하다)가 되어 자전상(字典上)
당(當)의 본의(本義)에 영향이 미치게
됨.

○康誤處 2; [左傳襄二十六年(改二十
七年)]慶封當國

●考證 ; 謹照原文二十六年改二十七
年

◆整理 ; [左傳襄(좌전양) 二十六年
(이십육년)은 二十七年(이십칠년)의]
착오.

◆訂正文 ; [左傳襄二十七年]慶封當
國

▶ 【1240-2】 字解誤謬與否 ; [左傳
襄二十六年(改二十七年)]慶封當國
[二十六年(改二十七年)]

★이상과 같이 인용처(引用處)나 주
소(註疏)의 오류(誤謬)를 수정(修訂)
을 한다 하여도 자전상(字典上)의 당
(當)의 본의(本義)에는 영향이 미치지
않음.

康 畚 (분)字彙補與畚同[列子殷湯
篇]荷擔者三夫叩石墾壤箕畚運於渤海
之尾[釋文]音本

【 오류정리 】

○康誤處 1; [列子殷湯篇(改湯問篇)]

●考證 ; 謹照原文改湯問篇

◆整理 ; [列子(열자) 殷湯篇(은탕편)
은 湯問篇(탕문편)의] 착오.

◆訂正文 ; [列子湯問篇]

▶ 【1241-1】 字解誤謬與否 ; [列子
殷湯篇(改湯問篇)] [殷湯篇(改湯問

篇)]

★이상과 같이 인용처(引用處)나 주소(註疏)의 오류(誤謬)를 수정(修訂)을 한다 하여도 자전상(字典上)의 분(畚)의 본의(本義)에는 영향이 미치지 않음.

田 部 十畫

康畿(기)[唐韻]集韻][韻會]渠希切音祈[說文]天子千里地以遠近言之則曰畿[詩周頌]邦畿千里[傳]畿疆也[周禮地官小司徒]九畿[疏]王畿外仍有九畿謂侯甸男釆衞要內六服夷鎭藩外三服四面皆有此九畿相去各五百里[正字通]古者王國千里曰王畿自是以往每五百里爲一畿，通天下爲九畿故因之約方千里爲一畿。又門內曰畿[詩衞風]不遠伊邇薄送我畿[傳]畿門內也 又限也[增韻]門限也[韓愈詩]白石爲門畿 又或作圻[左傳襄二十六年]天子之地一圻[註]封圻也當作畿

【 오류정리 】

○康誤處 1;[左傳襄二十六年(改二十五年)]天子之地一圻

●考證；謹照原文二十六年改二十五年

◆整理；[左傳襄(좌전양) 二十六年(이십륙년)은 二十五年(이십오년)의] 착오.

◆訂正文；[左傳襄二十五年]天子之地一圻

▶【1242-1】字解誤謬與否；[左傳襄二十六年(改二十五年)]天子之地一圻 [二十六年(改二十五年)]

★이상과 같이 인용처(引用處)나 주소(註疏)의 오류(誤謬)를 수정(修訂)을 한다 하여도 자전상(字典上)의 기(畿)의 본의(本義)에는 영향이 미치지 않음.

疋 部 七畫

康疏(소)[唐韻]所菹[集韻][韻會]山於切[正韻]山徂切林音梳[說文]通也本作疋今作疏[禮樂記]淸廟之瑟朱絃而疏越[註]越瑟底孔也畫疏之使聲遲也[疏]疏通也使兩頭孔相連而通孔小則聲急孔大則聲遲[經解]疏通知遠又遠也[詩大雅]予曰有疏附[傳]率下親上曰疏附[箋]疏附使疏者親也[禮曲禮]夫禮者所以定親疏 又麤也[詩大雅]彼疏斯粺[箋]疏麤也謂糲米也[禮玉藻]客飧主人辭以疏[註]飧者美主人之食也疏之言麤也又[郊特牲]疏布之尚反女功之始也 又分也[孟子]禹疏九河[史記黥布傳]疏爵而貴之 又稀也[穀梁傳隱八年]庚辰大雨雪[傳]志疏數也[疏]遠者爲疏近者爲數也[禮祭義]祭不欲疏疏則怠怠則忘[楚辭九歌]疏緩節兮安歌[註]使曲節希緩而安音淸歌 又治也[謝靈運登石門最高頂詩]疏峰抗高館對嶺臨迴溪[註]疏治也 又刻也[禮明堂位]疏屏天子之廟飾也[疏]疏刻也屏樹也謂刻於屏樹爲雲氣蟲獸也[又]殷以疏勺[註]疏通刻其頭[後漢梁冀傳]窗牖皆綺疏靑瑣[註]鏤爲綺文也 又畫也[管子問篇]大夫疏器[註]疏飾畫也[何晏景福殿賦]羅疏柱之汨越[註]疏柱畫柱也 又徹也[晉語]公伐原令以三日之糧三日而原不降公令疏軍而去之[註]蔬徹也 又布也[楚辭九歌]疏石蘭兮爲芳[註]疏布陳也 又大也[揚子太玄經]方州部家三位疏成[註]疏大也 又菜也與蔬同[周禮天官大冢宰]以九職任萬民八曰臣妾聚斂疏材[註]疏材百草根實可食者疏不熟曰饉[釋文]菜也 又[地官稍人]疏材木材[註]凡畜聚之物瓜瓠葵芋禦冬之具 又[淮南子道應訓]子佩疏揖北面立於殿下[註]疏徒跣也 又扶疏枝葉盛貌[揚子太玄經]見小勿用以我扶疏[註]秋木扶疏而大故可用 又[正

韻]渠疏杷也　又疏躍布散也[淮南子
俶眞訓]今夫萬物之疏躍枝舉百事之莖
葉條枝皆本于一根而條循千萬也　又
疏疏衣服盛貌[韓詩外傳]子路盛服見
孔子孔子曰由疏疏者何也　又[揚子太
玄經]穀不穀失疏數[註]疏數不平也
又姓漢疏廣疏受　又國名[潛夫論]捿
疏猗姓[路史夏世侯伯也　又山名[山
海經]貳負之臣曰危危與貳負殺窫窳帝
乃梏之疏屬之山[註]按文中子云疏屬
之南汾水之曲卽斯山也　又鳥名[禮檀
弓]雉曰疏趾[疏]雉肥則兩足開張趾相
去疏也　又獸名[山海經]帶山有獸焉
其狀如馬一角有錯其名曰䮃疏　又[韻
會補]與梳通揚雄頭蓬不暇梳　又[集
韻]孫租切音蘇粗也　又[廣韻]所助切
[正韻]所故切太音數條陳也[揚雄解
嘲]獨可抗疏時道是非　又記注也　又
[韻補]叶山宜切音詩[劉章耕田歌]深
耕穊種立苗欲疏非其種者鋤而去之

【 오류정리 】

○康誤處 1;[周禮天官大冢(省冢字)
宰]
●考證；謹照原文省冢字
◆整理；[周禮(주례) 天官(천관) 大
冢(대총) 冢字(총자)를 삭제함. 宰
(재)]
◆訂正文；[周禮天官大宰]
▶【1243-1】 字解誤謬與否；[周禮
天官大冢(省冢字)宰] [冢(省冢字)]
★이상과 같이 인용처(引用處)나 주
소(註疏)의 오류(誤謬)를 수정(修訂)
을 한다 하여도 자전상(字典上)의 소
(疏)의 본의(本義)에는 영향이 미치지
않음.

○康誤處 2;[地官稍人]疏材木材[註]
凡畜聚之物瓜瓟葵芋禦冬之具(改爲地
官委人凡疏材木材凡畜聚之物註疏材艸
木有實者)

●考證；謹按此委人非稍人凡畜聚之
物乃經文非註文瓜瓟葵芋禦冬之具乃畜
聚之物四字之註非疏材二字之註謹照原
文改爲地官委人凡疏材木材凡畜聚之物
註疏材艸木有實者
◆整理；[地官稍人]疏材木材[註]凡
畜聚之物瓜瓟葵芋禦冬之具전문은 [地
官委人]凡疏材木材凡畜聚之物註疏材
艸木有實者의 착오.
◆訂正文；[地官委人]凡疏材木材凡
畜聚之物註疏材艸木有實者
▶【1244-2】 字解誤謬與否；[地官
稍人]疏材木材[註]凡畜聚之物瓜瓟葵
芋禦 冬之具(改爲地官委人凡疏材木材
凡畜聚之物註疏材艸木有實者)
★이상과 같이 인용처(引用處)나 주
소(註疏), 등(等)의 오류(誤謬)를 수정
(修訂)을 한다 하여도 자전상(字典上)
의 소(疏)의 본의(本義)에는 영향이
미치지 않으며, ○소재(疏材; [周禮太
宰][註]疏材百草根實可食者 "소재(疏
材)란 백초(百草)의 뿌리와 열매로서
먹을 수 있는 것이다)와 ○초목유실
자(艸木有實者; 초목으로 열매가 열
리는 것)에서 소재(疏材)는 소(疏)의
본의(本義)에 적극 영향이 미치게 됨.

○康誤處 3;[禮檀弓(改曲禮)]雉曰疏
趾
●考證；謹照原書檀弓改曲禮
◆整理；[禮(예) 檀弓(단궁)은 曲禮
(곡례)의] 착오.
◆訂正文；[禮曲禮]雉曰疏趾
▶【1245-3】 字解誤謬與否；[禮檀
弓(改曲禮)]雉曰疏趾 [檀弓(改曲
禮)]
★이상과 같이 인용처(引用處)나주소
(註疏)의 오류(誤謬)를 수정(修訂)을
한다 하여도 자전상(字典上)의 소(疏)
의 본의(本義)에는 영향이 미치지 않

음.

疒部 四畫

(康) 疛 (첨) [唐韻]赤口切[集韻]處占切𠀤音襜[說文]皮剝病也[正字通]皮膚多蚝如風疾故曰皮剝病亦曰皮蚛 又[集韻]如占切音顆 又式劍切音閃 又昌豔切音襜義𠀤同[五音集韻]亦作瘂

【 오류정리 】

○康誤處 1; [唐韻]赤口切(改赤占切)

●考證 ; 謹照原文赤口切改赤占切

◆整理 ; [唐韻(당운)]赤口切(적구절)은 赤占切(적점절)의 착오.

◆訂正文 ; [唐韻]赤占切

▶ 【1246-1】 字解誤謬與否 ; [唐韻]赤口切(改赤占切) [赤口切(改赤占切)]

★이상과 같이 인용처(引用處)나 주소(註疏), 음(音) 등(等)의 오류(誤謬)를 수정(修訂)을 한다 하여도 자전상(字典上)의 첨(疛)의 본의(本義)에는 영향이 미치지 않음.

疒部 五畫

(康) 疾 (질) [唐韻]秦悉切[集韻][韻會]昨悉切𠀤音嫉[說文]病也一曰急也[徐曰]病來急故从矢矢急疾也[易復卦]復亨出入無疾[書說命]若藥弗瞑眩厥疾弗瘳 又[玉篇]患也[左傳·桓六年]謂其不疾瘯蠡也[疏]不疾者猶言不患此病也 又[玉篇]速也[廣韻]急也[易·繫辭]帷神也故不疾而速[詩·大雅]昊天疾威[傳]疾猶急也[禮月令]季冬之月征鳥厲疾[疏]疾捷速也[張衡南都賦]總括趣欲箭馳風疾 又[增韻]惡也[左傳昭九年]辰在子卯謂之疾日[注]疾惡也 又[爾雅釋言]疾齊壯也[疏]急速齊整皆于事敏速强壯也 又虐也

[詩大雅]疾威上帝[朱注]疾威猶暴虐也 又怨也[管子君臣篇]有過者不宿其罰故民不疾其威[注]疾怨也 又毒害也[左傳宣十五年]山藪藏疾[註]山之有林藪毒害者居之 又姓[姓譜]元魏疾陸眷 又車轅前之下垂在地者曰前疾[周禮·秋官]大行人立當前疾 又劉疾鳥名[爾雅釋鳥]鶛劉疾 又與嫉通[書·君陳]爾無忿疾于頑又[秦誓]人之有技冒疾以惡之[傳]見人之有技藝蔽冒疾害以惡之[史記孫臏傳]龐涓恐其賢於已疾之 又與瘄同[前漢·揚雄傳]及至獲夷之徒蹶松柏掌疾黎 又[韻補]叶才詣切音劑[易無妄]无妄之疾勿藥有喜喜音戲[詩大雅]庶人之愚亦職維疾叶下戾[司馬相如上林賦]澔澔涆涆湁潗鼎沸馳波跳沫汩隱漂疾

【 오류정리 】

○康誤處 1; [爾雅釋鳥]鶛(改鶝)劉疾

●考證 ; 謹照原文鶛改鶝

◆整理 ; [爾雅釋鳥(이아석조)] 鶛(작)은 鶝(개)의 착오.

◆訂正文 ; [爾雅釋鳥]鶝劉疾

▶ 【1247-1】 字解誤謬與否 ; [爾雅釋鳥]鶛(改鶝)劉疾 [鶛(改鶝)]

★이상과 같이 오류(誤謬)가 수정(修訂)이 되면 ○개(鶝; 숫메추라기) [爾雅釋鳥]鶝鶉其雄鶝牝痺 ○류질(劉疾; 鳥名 숫메추라기) [爾雅釋鳥]又劉疾, 鳥名鶝劉疾이 되는데 자전상(字典上) 질(疾)의 본의(本義)에 영향이 미치게 됨.

疒部 七畫

(康) 痣 (지) [廣韻][集韻][韻會]𠀤職吏切音志[集韻]黑子也 又通作誌[史記高祖紀]左股有七十二黑子[師古註]吳楚俗爲黑子爲誌通呼靨黑子

【 오류정리 】

○康誤處 1; 吳楚俗爲黑子爲誌通呼靨

黑子(改今中國通呼靨子吳楚俗謂之誌)
●考證；謹照師古註原文改今中國通呼靨子吳楚俗謂之誌
◆整理；오초속위흑자위지통호염흑자(吳楚俗爲黑子爲誌通呼靨黑子)는 금중국통호염자오초속위지지(今中國通呼靨子吳楚俗謂之誌)의 착오.
◆訂正文；[師古註]今中國通呼靨黑子吳楚俗謂之誌
▶【1248-1】 字解誤謬與否；吳楚俗爲黑子爲誌通呼靨黑子(改今中國通呼靨子吳楚俗謂之誌)
★이상과 같이 오류(誤謬) 수정(修訂)이 되면 염(靨; 사마귀) 염자(靨子; 검정사마귀) 흑자(黑子; 사마귀) 자전상(字典上) 지(誌)의 본의(本義)에 직접 영향이 미치게 됨.

广部 八畫

康 痹(비)[唐韻][集韻]𡘋必至切音畀[說文]濕病也[正字通]內經曰風寒濕三氣雜至合而爲痹風氣勝者爲行痹寒氣勝者爲痛痹濕氣勝者爲著痹註風屬陰中之陽善行而數變凡走注歷節之類俗名流火是也陰寒之氣乘於肌肉筋骨則凝閉不通故爲痛痹卽痛風也著痹者重著不移濕從上化故病在肌肉不在筋骨也有心痹肺痹肝痹腎痹腸痹胞痹凡痹之類逢寒則急逢熱則縱言寒則筋攣故急熱則筋弛故縱也程子曰醫書以手足痿痹爲不仁按病能篇云痹而不仁發爲肉痿痿與痹分爲二內經痹論痿論兩存程子旣舉而兼言之以痿痹相續而至其爲不仁一也[淮南子俶眞訓]谷氣多痹[抱朴子至理卷]菖蒲乾薑之止痹濕[嵇康與山巨源絕交書危坐一時痹不得搖[註]痹濕病也　又矢名[周禮夏官司弓]恆矢痹矢用諸散射[註]恆矢安居之矢也痹矢象焉二者可以散射也痹之言倫比也　又[集韻]毗至切音鼻[集

韻]病也本作痺

【 오류정리 】

○康誤處 1；[周禮夏官司弓(增矢字)]恆矢痹矢用諸散射
●考證；謹照原文司弓下增矢字
◆整理；[周禮(주례) 夏官(하관) 司弓(사궁)에 이어 矢字(시자)를 덧붙임]
◆訂正文；[周禮夏官司弓矢]恆矢痹矢用諸散射
▶【1249-1】 字解誤謬與否；[周禮夏官司弓(增矢字)]恆矢痹矢用諸散射 [司弓(增矢字)]
★이상과 같이 인용처(引用處)나 주소(註疏)의 오류(誤謬)를 수정(修訂)을 한다 하여도 자전상(字典上)의 비(痹)의 본의(本義)에는 영향이 미치지 않음.

广部 十畫

康 瘥(채)[唐韻]才他切[集韻][韻會][正韻]才何切𡘋坐平聲[說文]瘉也[廣韻]病也[詩小雅]天方薦瘥[傳]瘥病也[左傳昭十七年]寡君之二三臣札瘥夭昏[註]小疫曰瘥　又[廣韻]子邪切[集韻]咨邪切𡘋音䪎義同　又[唐韻][集韻][正韻]𡘋楚懈切音衩疾愈也[博雅]瘥瘉也　又[集韻]楚嫁切音汊義同本作瘥

【 오류정리 】

○康誤處 1；[左傳昭十七年(改十九年)]寡君之二三臣札瘥夭昏
●考證；謹照原文十七年改十九年
◆整理；[左傳昭(좌전소) 十七年(십칠년)은 十九年(십구년)의] 착오.
◆訂正文；[左傳昭十九年]寡君之二三臣札瘥夭昏
▶【1250-1】 字解誤謬與否；[左傳昭十七年(改十九年)]寡君之二三臣札

瘂夭昏　[十七年(改十九年)]
★이상과 같이 인용처(引用處)나 주소(註疏)의 오류(誤謬)를 수정(修訂)을 한다 하여도 자전상(字典上)의 채(瘂)의 본의(本義)에는 영향이 미치지 않음.

㉻瘧(학)[唐韻]魚約切[集韻][韻會]逆約切𠀤音虐[說文]熱寒休作[玉篇]或寒或熱病[釋名]瘧酷虐也凡疾或寒或熱耳而此疾先寒後熱兩疾似酷虐者也[禮月令]孟夏之月寒熱不節民多瘧疾[周禮天官疾醫]秋時有瘧寒疾[疏]秋時陽氣漸消陰氣方盛惟火沴金兼寒兼熱故有瘧寒之疾[正字通]瘧有風寒暑熱濕食瘴邪八種久瘧腹有痞塊名瘧母獨寒不熱爲牝瘧獨熱不冷爲牡瘧發無期度爲鬼瘧先寒後熱爲寒瘧先熱後寒曰溫瘧熱而不寒曰癉瘧卽脾瘧皆痰中中脘脾胃不和所致詳見靈樞經瘧論

【 오류정리 】

○康誤處 1;[禮月令]孟夏(改孟秋)之月寒熱不節
●考證 ; 謹照原文孟夏改孟秋
◆整理 ; [禮月令(예월령)] 孟夏(맹하)는 孟秋(맹추)의 착오.
◆訂正文 ; [禮月令]孟秋之月寒熱不節
▶【1251-1】 字解誤謬與否 ; [禮月令]孟夏(改孟秋)之月寒熱不節 [孟夏(改孟秋)]
★이상과 같이 오류(誤謬) 수정(修訂)이 되면 맹추(孟秋; 초가을 음력 7월)가 되는데 자전상(字典上) 학(瘧)의 본의(本義)에 간접 영향이 미치게 됨.

广部 十一畫

㉻療(채)[唐韻]側介切[集韻]側界切[正韻]側賣切𠀤音瘵[說文]勞病也[廣韻]病也[詩小雅]上帝甚蹈無自療焉[傳]療病也[戰國策]上天甚明無自療也[註]療病也[木華海賦]爲凋爲療
　又[集韻]側例切音際病也[詩無自療焉鄭箋]療接也音際正義曰鄭讀爲交際之際故云接也　又[集韻]征例切音制引縱病也

【 오류정리 】

○康誤處 1; [戰國策]上天甚明(改甚神)無自療也
●考證 ; 謹照原文甚明改甚神
◆整理 ; [戰國策(전국책)] 甚明(심명)은 甚神(심신)의 착오.
◆訂正文 ; [戰國策]上天甚神無自療也
▶【1252-1】 字解誤謬與否 ; [戰國策]上天甚明(改甚神)無自療也 [甚明(改甚神)]
★이상과 같이 오류(誤謬) 수정(修訂)이 되면 심신(甚神; 위엄있고 신령스러워 두려워 할만함)이 되는데 자전상(字典上) 채(療)의 본의(本義)인 채병(療)에 영향이 미치지 못함.

㉻癭(루)[字彙]力侯切音漏癭瘡亦作癭

【 오류정리 】

○康誤處 1; [字彙]力侯切(改力候切)音漏
●考證 ; 謹照原文力侯切改力候切
◆整理 ; [字彙(자휘)]力侯切(력후절)은 力候切(력후절)의 착오.
◆訂正文 ; [字彙]力候切音漏
▶【1253-1】 字解誤謬與否 ; [字彙]力侯切(改力候切)音漏 [力侯切(改力候切)]
★이상과 같이 인용처(引用處)나 주소(註疏), 음(音)의 오류(誤謬)를 수정(修訂)을 한다 하여도 자전상(字典上)

의 루(瘺)의 본의(本義)에는 영향이
미치지 않음.

康瘻(루)[唐韻]力豆切[集韻][韻
會]郞豆切𠀤音屚[說文]腫也一曰久創
[玉篇]瘡也[山海經]半石之山合水出于
其陰多膥魚食者不癰可以已瘻[註]瘻癩
屬也中多有蟲[柳宗元捕蛇者說]可以已
大風攣踠拘攣瘻 又[集韻]力救切音溜
又龍遇切音屢義𠀤同 又[廣韻]力
朱切[集韻]龍珠切𠀤音慺痀瘻曲脊
[字彙]亦作瘺

【 오류정리 】

○康誤處 1;[山海經]半石之山合水出
于其陰多膥魚食者不癰可以已瘻(改爲
瘻)

●考證 ; 謹照原文已瘻改爲瘻

◆整理 ; [山海經(산해경)] 已瘻(이
루)는 爲瘻(위루)의 착오.

◆訂正文 ; [山海經]半石之山合水出
于其陰多膥魚食者不癰可以爲瘻

▶【1254-1】 字解誤謬與否 ; [山海
經]半石之山合水出于其陰多膥魚食者
不癰可以已瘻(改爲瘻) [已瘻(改爲
瘻)]

★이상과 같이 오류(誤謬) 수정(修訂)
이 되면 위루(爲瘺; 연주창이다)가
되는데 자전상(字典上) 루(瘺)의 본의
(本義)에 적극 영향이 미치게 됨.

○康誤處 2;[柳宗元捕蛇者說]可以已
大風拘攣瘻癩(改攣踠)

●考證 ; 謹照原文拘攣改攣踠

◆整理 ; [柳宗元捕蛇者說(류종원포사
자설)] 拘攣(구련)은 攣踠(련원)의 착
오임.

◆訂正文 ; [柳宗元捕蛇者說]可以已
大風拘攣攣踠

▶【1255-2】 字解誤謬與否 ; [柳宗
元捕蛇者說]可以已大風拘攣(改攣踠)

瘻癩 [拘攣(改攣踠)]

★이상과 같이 오류(誤謬) 수정(修訂)
이 되면 련원(攣踠; 손발이 꼬부져
펴지 못하는 병) 자전상(字典上) 루
(瘻)의 본의(本義)에 영향이 미치지
않음.

广部 十二畫

康瘤(류)[唐韻][集韻][韻會][正韻]
𠀤力求切音雷[說文]腫也[玉篇]瘜肉
也[廣韻]肉起疾[釋名]瘤流也血流聚
所生瘤腫也[正字通]瘤胕二病似同實
異與肉偕生者爲胕病而漸生者爲瘤[抱
朴子勗學卷]粉黛至則西施以加麗而宿
瘤以藏醜 又[韻會]或作膟通作旒[公
羊傳襄十六年]君若贅旒然 又[集韻]
[韻會][正韻]𠀤力救切音溜義同

【 오류정리 】

○康誤處 1; 又[韻會]或作膟通作旒
(改旒)[公羊傳襄十六年]君若贅旒(改
旒)然

●考證 ; 謹照原文兩旒字俱改旒

◆整理 ; [韻會(운회)] 旒(류)는 旒
(류), 旒(류) 역시 旒(류)의 착오임.

◆訂正文 ; 又[韻會]或作膟通作旒
[公羊傳襄十六年]君若贅旒然

▶【1256-1】 字解誤謬與否 ; 又[韻
會]或作膟通作旒(改旒)[公羊傳襄十六
年]君若贅旒(改旒)然 [旒(改旒)][旒
(改旒)]

★이상과 같이 오류(誤謬) 수정(修訂)
이 되면 둘 모두 류(旒; 면류관의 전
후로 주옥을 꿰어 매단 면류관(冕旒
冠) 술) 자전상(字典上) 류(瘤)의 본
의(本義)에 영향이 미치게 됨.

广部 十三畫

康瘲(요) [集韻]餘招切音遙痤瘲疾
名 又[五音集韻]亦名癰也

【 오류정리 】

○康誤處 1；[集韻]餘招切音遙瘂瘴疾
名　又[五音集韻]亦名瘤也（[五音集
韻]餘招切音遙音遙亦名瘤也按卽 瘴字
之譌）

●考證；謹按集韻本作瘴字从皐聲五
音集韻譌作瘂今爲瘴字引出處當引五音
集韻不當引集韻謹改爲五音集韻餘招切
音遙音遙亦名瘤也按卽瘴字之譌

◆整理；[集韻]餘招切音遙瘂瘴疾名
又[五音集韻]亦名瘤也을 [五音集韻]
餘招切音遙音遙亦名瘤也按卽瘴字之譌
로 교체함.

◆訂正文；[五音集韻]餘招切音遙音
遙亦名瘤也按卽瘴字之譌

▶【1257-1】 字解誤謬與否；[集
韻]餘招切音遙瘂瘴疾名　又[五音集
韻]亦名瘤也（[五音集韻]餘招切音遙音
遙亦名瘤也按卽瘴字之譌）

★이상과 같이 오류(誤謬) 수정(修訂)
이 되면 명절(名癤; 뽀루지. 凡腫根廣
一寸已下名癤一寸已上名小癤) 자전상
(字典上) 요(瘴)의 본의(本義)에 직접
영향이 미치게 됨.

癶 部 七畫

康發(발)[唐韻][集韻][韻會][正
韻]汏方伐切音髮[說文]躰發也[詩召
南]壹發五犯[傳]發矢也[前漢匈奴傳]
矢四發[註]射禮三而止每射四矢故以
十二矢爲一發師古曰發猶今言箭一放
兩放也　又[廣韻]起也[孟子]舜發於
畎畝之中　又舒也揚也[易乾卦]六爻
發揮[疏]發越也又[坤卦]發於事業
[疏]宣發也[左傳桓元年]聲名以發之
[註]發揚此德也　又[博雅]開也[書武
成]發鉅橋之粟[疏]謂開出也[詩小雅]
明發不寐[註]謂將旦而光明開發也
又[玉篇]進也行也[博雅]去也[詩齊
風]履我發兮[疏]行必發足而去故以發
爲行也[禮玉藻]疾趨則欲發而手足無

移[註]謂起屨也　又[釋名]撥也撥使
開也[禮王制]有發則命大司徒教士以軍
甲[疏]謂有軍旅以發士卒也　又[廣韻]
明也[論語]亦足以發[註]謂發明大體
也　又[廣韻]舉也[增韻]興也[前漢王
吉傳]愼毋有所發[註]謂興舉眾事也
　又亂也[詩邶風]毋發我笱　又伐也
[詩周頌]駿發爾私[疏]以耟擊伐其私
田使之發起也　又遣也[禮檀弓]晉獻
文子成室晉大夫發焉[註]發禮往賀也
　又見也[禮禮器]君子樂其發也[註]
樂多其外見也　又動也[老子道德經]
地無以寧將恐發　又洩也[楚辭大招]
春氣奮發又[曆法]春夏曰發秋冬曰斂
　又發發疾貌[詩小雅]飄風發發[箋]
寒且疾也　又[詩傳]長發大禘也[疏]
大禘之樂歌也[唐書禮樂志]懿祖曰長
發之舞　又昏禮曰發齊[荀子禮論]大
昏之未發齊也[註]謂未有威儀節文象
太古時也[史記禮書]作廢齊　又[玉
篇]發駕車也[揚子方言]發稅舍車也東
齊海岱之閒謂之發宋趙陳魏之閒謂之
稅[註]舍宜音寫今通發寫也稅猶脫也
　又[後漢五行志]東方神鳥曰發明[博
雅]鳳皇晨鳴曰發明　又[汲冢周書]發
人鹿鹿者若鹿迅走[註]發東夷也　又
淸發水名見[左傳]　又縣名[前漢地理
志]餘發縣屬九眞郡發干縣屬東郡　又
姓[史記封禪書]游水發根[註]游水縣
名發根人姓名　又[集韻][正韻]汏北
末切音撥[詩衛風]鱣鮪發發[傳]盛貌
馬融曰魚尾著網發發然[韓詩]作鱍[說
文]作魦　又叶方吠切音廢[詩豳風]一
之日觱發[傳]風寒也叶下烈烈音例
　又叶非律切廢入聲[揚雄長楊賦]紛
紜沸渭雲合電發猋騰波流機駭蠭軼軼
音亦一說本賦發軼與上文爰整其旅乃
命驃衞衞字爲韻發音費軼音替古霽寘
二韻通非發讀廢入聲與軼音亦叶也

【 오류정리 】

○康誤處 1；[左傳桓元年(改二年)]聲名以發之
●考證；謹照原文元年改二年
◆整理；[左傳桓(좌전환) 元年(원년)은 二年(이년)의] 착오.
◆訂正文；[左傳桓二年]聲名以發之
▶【1258-1】字解誤謬與否；[左傳桓元年(改二年)]聲名以發之　[元年(改二年)]
★이상과 같이 인용처(引用處)나 주소(註疏)의 오류(誤謬)를 수정(修訂)을 한다 하여도 자전상(字典上)의 발(發)의 본의(本義)에는 영향이 미치지 않음.

○康誤處 2；[禮王制]有發則命大司徒教士以軍甲(改車甲)
●考證；謹照原文軍甲改車甲
◆整理；[禮王制(례왕제)] 軍甲(군갑)은 車甲(거갑)의 착오.
◆訂正文；[禮王制]有發則命大司徒教士以車甲
▶【1259-2】字解誤謬與否；[禮王制]有發則命大司徒教士以軍甲(改車甲)　[軍甲(改車甲)]
★이상과 같이 오류(誤謬) 수정(修訂)이 되면 거갑(車甲; 전차와 갑옷)이 되는데 자전상(字典上) 발(發)의 본의(本義)에 영향이 미치지 않음.

白 部

康白(백)[唐韻]旁陌切[集韻][韻會][正韻]薄陌切𠀤音帛[說文]西方色也陰用事物色白从入合二二陰數也[釋名]啓也如水啓時色也[爾雅釋天]秋爲白藏[疏]秋之氣和則色白而收藏也[周禮冬官考工記]畫繪之事西方謂之白[書禹貢]冀州厥土惟白壤靑州厥土白墳又[禮檀弓[殷人尚白　又[增韻]素也潔也[易賁卦]白賁无咎[註]其質素不勞文飾也又[說卦]巽爲白[疏]風吹去塵故潔白也　又明也[禮曾子問]當室之白[註]謂西北隅得戶明者也[荀子正名篇]說不行則白道而冥窮[註]白道謂明道也[前漢谷永傳]反除白罪[註]罪之明白者皆反而除之　又白屋以茅覆屋也[前漢蕭望之傳]恐非周公相成王致白屋之意　又白衣給官府趨走者[前漢兩龔傳]聞之白衣戒君勿言也又白徒猶白身[管子乘馬篇]白徒三十人奉車兩　又白丁[北史李敏傳]周宣帝謂樂平公主曰敏何官對曰一白丁耳又白民[魏書食貨志]莊帝班入粟之制白民輸五百石聽依第出身　又白著[唐書劉晏傳]稅外橫取謂之白著[春明退朝錄]世人謂酒酢爲白著言刻薄之後人必顚沛酩酊如飲者之著也　又[禮玉藻]君衣狐白裘[陳註]以狐之白毛皮爲裘也　又[爾雅釋器]白金謂之銀　又[唐書食貨志]隋末行五銖白錢　又[前漢刑法志]罪人爲白粲[註]坐擇米使正白三歲刑也　又[古今注]白筆古珥筆示君子有文武之備焉　又[字學淵源]飛白書蔡邕見施堊帚而作　又星名[博雅]太白謂之長庚　又旗名[禮明堂位]殷之太白　又罰爵名[說苑]魏文侯與大夫飲使公乘不仁爲觴政曰飲不釂者浮以大白　又酒名[禮內則]酒淸白[註]白事酒昔酒也色皆白故以白名之　又稻曰白黍曰黑[周禮天官籩人]其實蔩蕡白黑　又馬名[詩秦風]有馬白顚[疏]額有白毛今之戴星馬也　又猛獸名[汲冢周書]義渠以茲白[註]茲白一名駮能食虎豹　又蟲名[爾雅釋蟲]蟫白魚[註]衣書中蟲也又[大戴禮]白鳥者謂蚊蚋也　又草名[前漢西域傳]鄯善國多白草　又三白正月雪也[西北農諺]要宜麥見三白　又五白簙簺五木也[宋玉招魂]成梟而牟呼五白些　又梵言一年爲一白[傳燈錄]我止林閒已經九白　又山名[後漢耿恭傳]竇固前

擊白山功冠三軍[註]冬夏有雪故名白
山[金史禮志]有司言長白山在興王之
地禮合尊崇 又水名[桑欽水經]白水
出朝陽縣西 又州名[唐書地理志]武
德四年置白州因博白溪而名 又海外
有白民國見[山海經] 又白狄狄別名
見[春秋成九年] 又戎類有六一曰老
白見[風俗通] 又姓黃帝後[左傳]秦
大夫白乙丙又複姓[史記秦本紀]白冥
氏秦族[潛夫論]吉白氏莘姓後又白楊
提代北三字姓 又[諡法]外內貞復曰
白 又[玉篇]告語也[正字通]下告上
曰稟白同輩述事陳義亦曰白[前漢高帝
紀]上令周昌選趙壯士可令將者白見四
人[後漢鍾皓傳]鍾瑾常以李膺言白皓
又[唐書宦者傳]宣宗時諸道歲進閹兒
號私白○按[說文]入聲有白部去聲自
部內亦載白字在自部內者讀疾二切曰
此亦自字也省自者詞言之氣从鼻出與
口相助也是告語之白讀自西方之白讀
帛音義各別許氏分爲二部[玉篇]合而
爲一今从之 又[集韻]步化切音杷亦
西方色也 又博陌切與伯同長也一曰
爵名亦姓[印藪]有白鸞氏[註]卽伯字
又叶旁各切音薄[詩小雅]裳裳者華或
黃或白我覯之子乘其四駱 又叶房密
切音弼[蘇軾寒食雨詩]暗中偸負去夜
半眞有力何殊病少年病起頭已白
㿟古文自疾二切

【 오류정리 】

○康誤處 1;[禮明堂位]殷之太白(改
大白)
● 考證 ; 謹照原文太白改大白
◆整理 ;[禮明堂位(예명당위)] 太白
(태백)은 大白(대백)의 착오.
◆訂正文 ;[禮明堂位]殷之大白
▶【1260-1】 字解誤謬與否;[禮明
堂位]殷之太白(改大白) [太白(改大
白)]
★이상과 같이 오류(誤謬) 수정(修訂)

이 되면 대백(大白; 白色旗 [禮明堂
位]殷之大白周之大赤[孔穎達疏]殷之
大白謂白色旗) 자전상(字典上) 백(白)
의 본의(本義)에 적극 영향이 미치게
됨.

白部 四畫

⠀皇(황)[唐韻][集韻][韻會][正
韻]吷胡光切音黃[說文]大也[風俗通]
天也[爾雅釋天疏]尊而君子則稱皇天
[書大禹謨]皇天眷命又[湯誥]惟皇上
帝[傳]皇大上帝天也 又三皇伏犧神
農黃帝是也[尚書序疏]稱皇者以皇是
美大之名言大於帝也[風俗通]三皇道
德元泊有似皇天故稱曰皇皇者中也光
也弘也 又有天下者之通稱[爾雅釋
詁]君也[白虎通]號也號之爲皇者煌煌
人莫違也[書呂刑]皇帝淸問下民[詩大
雅]皇王維辟[春秋繁露]德侔天地者稱
皇帝[蔡邕獨斷]皇帝至尊之稱也上古
天子庖犧氏神農氏稱皇堯舜稱帝夏殷
周稱王秦幷以爲號漢因之不改[前漢高
帝紀]漢王卽皇帝位尊王后曰皇后太子
曰皇太子又尊太公爲太上皇[註]太上
極尊之稱天子之父故號曰皇不預治國
故不言帝[明制]太子稱諸王以下不稱
皇皇族各戚屬宗人府掌之 又[禮曲
禮]祭王父曰皇祖考王母曰皇祖妣父曰
皇考母曰皇妣夫曰皇辟[註]更設稱號
尊神異于人也 又[宋史眞宗紀]祥符
五年親祀玉皇於朝元殿[註]玉皇天帝
聖號又[鴻苞博蒐]佛一稱覺皇 又[博
雅]美也[詩大雅]思皇多士 又[爾雅
釋言]匡正也[詩豳風]四國是皇 又莊
盛也[儀禮聘禮]賓入門皇 又美盛貌
[詩大雅]穆穆皇皇 又猶煌煌也[詩小
雅]皇皇者華[爾雅釋言]皇華也[疏]草
木之華一名皇 又猶熒熒也[揚子太玄
經]物登明堂矞矞皇皇 又猶栖栖也
[禮檀弓]皇皇如有望而弗至 又於皇

歎美辭[詩周頌]於皇來牟[註]於音烏
又聿皇疾貌[前漢揚雄校獵賦]武騎
聿皇 又遑皇往來貌[張衡思玄賦]察
二紀五緯之綢繆遑皇 又冠名上畫羽
飾也[禮王制]有虞氏皇而祭 又屛風
名王坐所置也[周禮天官]掌次設皇邸
又舞名析五采羽持以舞也[周禮地官]
舞師掌教皇舞帥而舞旱暵之事[註]皇
或爲䍿 又鳳皇靈鳥也[書益稷]鳳皇
來儀[傳]雄曰鳳雌曰皇皇通作凰[集
韻]亦作鶬 又[爾雅釋鳥疏]皇一名黃
鳥俗呼爲黃離留 又[爾雅釋草疏]皇
一名守田似燕麥子如彫胡米生廢田中
又[埤雅]驪馬黃白曰皇[詩豳風]皇駁
其馬 又星名[前漢天文志]太歲十月出
名天皇又國皇星大而赤 又餘皇舟名
[左傳昭十七年]楚敗吳師獲其乘舟餘
皇俗作艅艎 又喬皇神名[前漢司馬
相如傳]前長離而後矞皇[史記]作潏湟
又冡前闕曰皇[左傳莊十九年]葬于絰
皇 又寢門闕曰皇[左傳宣十三年]屨
及于窒皇 又室無四壁曰皇[前漢胡建
傳]列坐堂皇上[博雅]作堭非 又澗名
[詩大雅]夾其皇澗 又山水名[山海
經]皇人之山皇水出焉 又地名[春秋
昭二十二年]劉子單子以王猛居于皇
又姓[左傳疏]宋戴公子皇父其子孫
以皇爲氏又皇甫複姓 又[諡法]靖民
則法曰皇 又與遑偟徨怳通[左傳昭三
十二年[不皇啓處[詩小雅]作遑[爾雅
釋訓]作偟暇也[前漢揚雄甘泉賦]溶方
皇于西淸[註]猶仿偟也一作彷徨 又
[正韻]戶廣切黃上聲[禮少儀]祭祀之
美齊齊皇皇陸德明讀 又[正韻]于放
切黃去聲義同徐邈讀 又[集韻]羽兩
切音往皇皇祭祀之儀[禮少儀註]皇讀
如歸往之往[疏]謂心所繫往孝子祭祀
威儀嚴正必有繼屬故齊齊皇皇也[詩魯
頌]烝烝皇皇[箋]皇皇當作旺旺猶往往
也[說文]本从自始也[徐曰]自從也故

爲始也今省作白

【 오류정리 】

○康誤處 1; [爾雅釋天疏]尊而君子
(改君之)則稱皇天
●考證 ; 謹照原文君子改君之
◆整理 ; [爾雅釋天疏(이아석천소)]
君子(군자)는 君之(군지)의 착오.
◆訂正文 ; [爾雅釋天疏]尊而君之則
稱皇天
▶【1261-1】 字解誤謬與否 ; [爾雅
釋天疏]尊而君子(改君之)則稱皇天
[君子(改君之)]
★이상과 같이 오류(誤謬) 수정(修訂)
이 되면 존이군지(尊而君之; 황천(皇
天). 천제(天帝)[詩毛氏傳]曰尊而君之
則稱皇天)자전상(字典上) 황(皇)의 본
의(本義)에 직접 영향이 미치게 됨.

○康誤處 2; [爾雅釋言]匡(改爲皇)正
也
●考證 ; 謹照原文文義匡改爲皇
◆整理 ; [爾雅釋言(이아석언)] 匡
(광)은 皇(황)의 착오.
◆訂正文 ; [爾雅釋言]皇正也
▶【1262-2】 字解誤謬與否 ; [爾雅
釋言]匡(改爲皇)正也 [匡(改爲皇)]
★이상과 같이 오류(誤謬) 수정(修訂)
이 되면 ○황(皇; 황제. 군주. 성대하
자. 휘황하다. 당당하다. 봉황 [爾雅
釋言]皇正也[詩豳風]四國是皇 又莊盛
也[儀禮聘禮賓入門皇 又美盛貌[詩大
雅]穆穆皇皇 又猶煌煌也[詩小雅]皇皇
者華[爾雅釋言]皇華也[疏]草木之華一
名皇 ○광(匡); 바로잡다. ○복정(服
整); 복장은 단정하다)이 되니 자전상
(字典上) 황(皇)의 본의(本義)에 직접
영향이 미치게 됨.

○康誤處 3; [前漢天文志]太歲(改歲
星)十月出名天皇
●考證 ; 謹照原文太歲改歲星

◆整理 ; [前漢天文志(전한천문지)]太歲(태세)는 歲星(세성)의 착오.

◆訂正文 ; [前漢天文志]歲星十月出名天皇

▶【1263-3】 字解誤謬與否 ; [前漢天文志]太歲(改歲星)十月出名天皇 [太歲(改歲星)]

★이상과 같이 오류(誤謬) 수정(修訂)이 되면 세성(歲星; 태세(太歲). 목성(木星))이 되어 자전상(字典上) 황(皇)의 본의(本義)에 직접 영향이 미치게 됨.

白 部 五畫

(康) 皐 (고) [唐韻]古勞切[集韻][韻會]居勞切[正韻]姑勞切𠀤音高[說文]从本从白禮祝曰皐登謌曰奏故皐奏皆从本本進趣也[周禮春官樂師]詔來瞽皐舞[註]皐告之也告國子當舞者舞也又長聲也[禮禮運]升屋而號告曰皐某復[註]皐者引聲之言也 又緩也[左傳哀二十一年]齊人歌曰魯侯之皐數年不覺使我高蹈[疏]緩聲而長引之]是皐爲緩也 又[玉篇]澤也[韻府]岸也[詩小雅]鶴鳴于九皐[傳]九折之澤[左傳襄二十五年]牧隰皐[註]皐爲澤之坎是水岸也[前漢賈山傳]江皐河瀕[註]皐水邊淤地也 又[集韻]局也[張衡西京賦]實惟地之奧區神皐[註]謂神明之界局也 又[廣韻]高也[禮明堂位]天子皐門[註]皐之言高也 又[釋名]高祖高皐也最在上皐韜諸下也 又[爾雅釋訓]皐皐刺素食也[疏]皐皐不治之貌[詩大雅]皐皐訿訿[傳]皐皐頑不知道也 又月名[爾雅釋天五月爲皐 又神名[史記武帝紀]紀皐山用牛[封禪書]一作澤山 又禽名[汲冢周書]文翰者若皐雞[註]皐雞似鳧冀州謂之澤特 又乾皐鸚鵡別名[埤雅]乾皐斷舌則坐歌孔雀拍尾則立舞又寒皐鸜鵒別名[本草

綱目]皐告也天寒欲雪羣飛如告故名寒皐 又皐比虎皮也[左傳莊十年]蒙皐比而先犯之 又皐蘭山名[前漢武帝紀]西至皐蘭 又水名[山海經]皐水出章山 又皐舟吳地[左傳襄十四年]吳人自皐舟之隘要而擊之 又姓皐陶之後[左傳]越大夫皐如又複姓東山皐落氏赤狄別種 又同鼛[周禮冬官考工記]韗人爲皐鼓[註]大鼓也[又]爲皐陶[註]鼓木也 又一作睪[荀子大略篇]望其壙皐如也[註]高貌[莊子危言篇][列子天瑞篇]俱作睪如又[後漢馬融傳]皐牢陵山[註]皐牢猶牢籠也[荀子王霸篇]作睪牢 又或作澤[史記歷書]百艸奮興秭鴂先澤[註]子規先出野澤而鳴也 又與羔通[禮檀弓]高子皐[註]孔子弟子名柴[論語]作子羔皐羔古字通用 又[集韻]乎刀切[正韻]胡刀切𠀤音嗥呼也[周禮春官大祝]來瞽令皐舞[註]皐讀爲嗥謂呼之入也與號号虓通 又[集韻]後到切[韻會]胡到切𠀤音號周禮皐舞劉昌宗讀或作譹 又[集韻]攻乎切音姑橐皐地名在壽春[前漢孟康註]橐皐音拓姑 [類篇]隸作皐[經傳]作皋

【 오류정리 】

○康誤處 1; [左傳哀二十一年]齊人歌曰魯侯(改魯人)之皐

●考證 ; 謹照原文魯侯改魯人

◆整理 ; [左傳哀二十一年(좌전애이십일년)]魯侯(로후)는 魯人(로인)의 착오.

◆訂正文 ; [左傳哀二十一年]齊人歌曰魯人之皐

▶【1264-1】 字解誤謬與否 ; [左傳哀二十一年]齊人歌曰魯侯(改魯人)之皐 [魯侯(改魯人)]

★이상과 같이 오류(誤謬) 수정(修訂)이 된다 하여도 로인(魯人; 바보. 멍청이. 얼간이. 노나라 사람. 산동인

(山東人). [禮記檀弓下]容居魯人也不敢忘其祖[漢鄭玄註]魯魯鈍也言魯鈍者欲自明不妄古稱春秋時魯國人今稱山東人為魯人) 자전상(字典上) 고(皋)의 본의(本義)에는 영향이 미치지 않음.

○康誤處 2; [左傳襄二十五年]牧隰皋[註(改疏)]皋爲澤之坎是水岸也
●考證 ; 謹照原文註改疏
◆整理 ; [左傳襄二十五年(좌전양이십오년)] [註(주)는 疏(소)의] 착오
◆訂正文 ; [左傳襄二十五年]牧隰皋[疏]皋爲澤之坎是水岸也
▶【1265-2】 字解誤謬與否 ; [左傳襄二十五年]牧隰皋[註(改疏)]皋爲澤之坎是水岸也　[註(改疏)]
★이상과 같이 인용처(引用處)나 주소(註疏)의 오류(誤謬)를 수정(修訂)을 한다 하여도 자전상(字典上)의 고(皋)의 본의(本義)에는 영향이 미치지 않음.

○康誤處 3; [汲冢周書]文翰者若皋雞[註]皋雞似鳧翼州(改冀州)謂之澤特
●考證 ; 謹照原文翼州改冀州
◆整理 ; [汲冢周書(급총주서)] [註(주)] 翼州(익주)는 冀州(기주)의 착오.
◆訂正文 ; [汲冢周書]文翰者若皋雞[註]皋雞似鳧冀州謂之澤特
▶【1266-3】 字解誤謬與否 ; [汲冢周書]文翰者若皋雞[註]皋雞似鳧翼州(改冀州)謂之澤特　[翼州(改冀州)]
★이상과 같이 오류(誤謬) 수정(修訂)이 된다 하여도 기주(冀州; 주명(州名))은 자전상(字典上) 고(皋)의 본의(本義)에는 영향이 미치지 않음.

白部 七畫

康皓(호)[唐韻][正韻]胡老切[集韻]下老切夶音昊[爾雅釋詁]光也[小爾雅]白也[博雅]皓皓明也[詩陳風]月出皓兮[揚子淵騫篇]明星皓皓　又[集韻]潔白也[詩唐風]揚之水白石皓皓[朱註]又胡暴反叶下鵠鵲音告　又虛曠貌[大戴禮]常以皓皓是以眉壽　又皓膠水凍貌[楚辭大招]霧雨淫淫白皓膠只　又[廣韻]顥今作皓[說文]商山四顥白首老人也[史記留侯世家]四人從太子鬚眉皓白[師古註]所以謂之四皓　又通作昊太皓天也[後漢郎顗傳]太皓悅和靁聲乃發[荀子賦論篇]皓天不復[註]皓同昊　又天皓星名[史記天官書]歲陰在丑星居寅以十二月與尾箕辰出曰天皓[前漢天文志]作天昊　又與皜同[楚辭遠遊]歷太皓以左轉[註]卽太皞也　又[唐韻][韻會][正韻]夶古老切音杲皓皓潔白精瑩貌　又姓[吳越春秋]句踐大夫皓進　又[集韻]呼回切音灰髮皓落也劉昌宗說[玉篇]同皜[集韻]或作皞皋皞[廣韻从日作晧

【 오류정리 】

○康誤處 1; [荀子賦論(省論字)篇]
●考證 ; 謹照原文省論字
◆整理 ; [荀子賦(순자부) 論(론) 論字(론자)는 삭제함 篇(편)]
◆訂正文 ; [荀子賦篇]
▶【1267-1】 字解誤謬與否 ; [荀子賦論(省論字)篇]　[論(省論字)]
★이상과 같이 인용처(引用處)나 주소(註疏)의 오류(誤謬)를 수정(修訂)을 한다 하여도 자전상(字典上)의 호(皓)의 본의(本義)에는 영향이 미치지 않음.

○康誤處 2; [史記天官書]歲陰在星居寅以十二月與尾箕辰出(改爲晨出)曰天皓
●考證 ; 謹照原文辰出改爲晨出
◆整理 ; [史記天官書(사기천관서)] 辰出(진출)은 晨出(신출)의 착오.
◆訂正文 ; [史記天官書]歲陰在星居

寅以十二月與尾箕晨出曰天皓
▶【1268-2】 字解誤謬與否 ; [史記天官書]歲陰在星居寅以十二月與尾箕辰出(改爲晨出)曰天皓 [辰出(改爲晨出)]
★이상과 같이 오류(誤謬) 수정(修訂)이 된다 하여도 신출(晨出; 이른 새벽에 나아간다)는 자전상(字典上) 호(皓)의 본의(本義)에는 영향이 미치지 않음.

皿部 五畫

(康) 盍(합) [唐韻]胡臘切 [集韻] [韻會]轄臘切 [正韻]胡閣切夶與盇同 [說文]覆也 [爾雅釋詁]合也 [易豫卦]朋盍簪 [疏]羣朋合聚而疾求也 又何不也 [左傳桓十一年]盍請濟師於王 [論語]盍各言爾志 又 [魏略西域傳]氐人分竄山谷閒其種非一自相號曰盍稚 又姓宋盍著嘉祐七年以殿中丞知常熟縣事 又 [韻會]或作蓋 [詩小雅]蓋云歸處 [孟子]則蓋反其本矣 又 [集韻]丘葛切音渴盍旦鳥名 [禮坊記]詩云相彼盍旦尚猶患之 [註]夜鳴求旦之鳥 [集韻]與鴠曷鶡夶同 又 [集韻]丘蓋切音嘅義同 [字彙補]別作蓋非

【 오류정리 】

○康誤處 1; [易豫卦]朋盍簪 [疏]羣朋合聚而疾求(改來)也
●考證 ; 謹照原文求改來
◆整理 ; [易豫卦(역예괘)] 求(구)는 來(래)의 착로.
◆訂正文 ; [易豫卦]朋盍簪 [疏]羣朋合聚而疾來也
▶【1269-1】 字解誤謬與否 ; [易豫卦]朋盍簪 [疏]羣朋合聚而疾求(改來)也 [求(改來)]
★이상과 같이 오류(誤謬) 수정(修訂)이 된다 하여도 질래(疾來; 재빨리 달려오다) 자전상(字典上) 합(盍)의

본의(本義)에는 영향이 미치지 않음.

皿部 八畫

(康) 盟(맹) [唐韻]武兵切 [集韻] [韻會] [正韻]眉兵切夶音明 [釋名]明也告其事於神明也 [類篇]誓約也又信也 [書呂刑]罔中于信以覆詛盟 [周禮春官盟詛註]盟詛主於要誓大事曰盟小事曰詛 [疏]盟者盟將來詛者詛往過 [春秋正義]凡盟禮殺牲歃血告誓神明若有背違欲令神加殃咎使如此牲也 [禮曲禮]涖牲曰盟 [疏]割牲左耳盛以珠盤又取血盛以玉敦用血爲盟書書成乃歃血讀書又盟府司盟之官也 [左傳僖五年]藏於盟府 又 [集韻]武永切明上聲義同 又 [集韻]眉病切明去聲 [莊子齊物論]其留如詛盟郭象讀 又 [字彙補]謨耕切音萌義同盟徐邈讀 又 [廣韻] [集韻] [韻會] [正韻]夶莫更切與孟通地名 [左傳隱十一年註]盟今盟津河內邑名 [史記周本紀]武王東觀兵於盟津 [書禹貢]作孟津 又澤名 [前漢地理志]道荷澤被盟豬 [註]今南京虞城縣西北孟諸澤是也 [書禹貢]作孟豬 又叶莫郎切音茫 [詩小雅]君子屢盟亂是用長 [史記序傳]殺鮮放度周公爲盟大任十子周以宗疆 又叶莫浪切茫去聲 [黃庭經]十讀四拜朝太上先謁太帝後北向黃庭內經玉書暢授者曰師受者盟 [說文]本作盟从血篆作盟 [字彙]俗通从皿故附皿部

【 오류정리 】

○康誤處 1; [周禮春官盟詛(改春官盟祝)註]盟詛主於要誓
●考證 ; 謹照原文春官盟詛改春官盟祝
◆整理 ; [周禮(주례) 春官盟詛(춘관맹저)는 春官盟祝(춘관맹축)의 착오 註(주)]
◆訂正文 ; [周禮春官盟祝註]盟詛主

於要誓
▶【1270-1】 字解誤謬與否 ; [周禮春官盟詛(改春官盟祝)註]盟詛主於要誓 [春官盟詛(改春官盟祝)]
★이상과 같이 인용처(引用處)나 주소(註疏)의 오류(誤謬)를 수정(修訂)을 한다 하여도 자전상(字典上)의 맹(盟)의 본의(本義)에는 영향이 미치지 않음.

皿部 九畫

康 監(감)[唐韻][正韻]古銜切[集韻][韻會]居銜切𠀤減平聲[說文]臨下也[徐曰]安居以臨下監之也[揚子方言]察也[廣韻]領也[詩小雅]何用不監[箋]女何用爲職不監察之[禮王制]天子使其大夫爲三監監於方伯之國[註]使佐方伯領諸侯監臨而督察之也上監去聲下監平聲[周禮天官大宰之職]邦國立其監[註]謂公侯伯子男各監一國[莊子天運篇]監臨下土天下戴之此謂上皇 又[韻府]攝也[左傳閔二年]君行則有守守曰監國 又[韻會小補]觀也[魯語]長監于世 又監寐猶寤寐也[後漢桓帝紀]監寐寤嘆[註]言雖寢而不寐也 又雲氣臨日也[周禮春官]眂祲掌十煇之灋四曰監[疏]謂有赤雲氣在日旁如冠珥珥卽耳也 又星名[史記天官書歲陰在寅歲星居丑正月辰出東方名曰監德 又[唐韻]格懺切[集韻][韻會]居懺切[正韻]古陷切𠀤減去聲義同 又[爾雅釋詁]視也[書太甲]天監厥德用集大命[詩大雅]監觀四方求民之莫 又官名[史記五帝紀]黃帝置左右監又[唐書百官志]官寺之別曰寺曰監 又[韻會]牧苑及鹽鐵官所治皆曰監又宦寺亦曰監[史記秦本紀]衞鞅因景監求見孝公[註]監奄人也 又姓[風俗通]衞康叔爲連屬之監其後氏焉[史記田齊世家]監止爲齊簡公相[註]監一作闞 又[韻會]通作鑑鑒[書酒誥]人無于水監當于民監[班倢伃自傷賦]陳女圖以鏡監 又監監如金之監而明察也[靈樞經]陽明之上監監然 又[集韻]苦濫切音闞地名在東平郡[史記封禪書]蚩尤在東平陸監鄉齊之西境也[註]監音闞 又[前漢韋孟諫詩]我王如何曾不斯覽黃髮不近胡不時監監叶覽覽音濫 又叶古嫌切音蒹[韓愈子產頌]在周之興養老乞言及其已衰謗者使監 [六書正譌]从臨省聲兼意从血者與盟同義古者歃血爲盟書其辭曰明神監之故盟與監皆从血會意

【 오류정리 】

○康誤處 1; [左傳閔二年]君行則有(省有字)守守曰監國
●考證 ; 謹照原文省有字
◆整理 ; [左傳閔二年(좌전민이년)]有字(유자)를 삭제함.
◆訂正文 ; [左傳閔二年]君行則守守曰監國
▶【1271-1】 字解誤謬與否 ; [左傳閔二年]君行則有(省有字)守守曰監國 [有(省有字)]
★이상과 같이 유자(有字)를 삭제(削除)한다 하여도 자전상(字典上) 감(監)의 본의(本義)에 영향을 끼치지 않음.

○康誤處 2; [史記天官書]歲陰在寅歲星居丑正月辰出(改晨出)東方名曰監德
●考證 ; 謹照原文辰出改晨出
◆整理 ; [史記天官書(사기천관서)]辰出(진출)은 晨出(신출)의 착오.
◆訂正文 ; [史記天官書]歲陰在寅歲星居丑正月晨出東方名曰監德
▶【1272-2】 字解誤謬與否 ; [史記天官書]歲陰在寅歲星居丑正月辰出(改晨出)東方名曰監德 [辰出(改晨出)]
★이상과 같이 오류(誤謬) 수정(修訂)

이 된다 하여도 신출(晨出; 이른 새벽부터 나아간다)은 자전상(字典上) 감(監)의 본의(本義)에는 영향이 미치지 않음.

皿部 十一畫

康 盬(고)[唐韻]公戶切[集韻]盤五切夶音古說文器也 [玉篇]亦作㽜

【오류정리】

○康誤處 1;[集韻]盤(改果)五切
●考證；謹照原文盤改果
◆整理；[集韻(집운)] 盤(반)은 果(과)의 착오.
◆訂正文；[集韻]果五切
▶【1273-1】字解誤謬與否；[集韻]盤(改果)五切 盤(改果)
★이상과 같이 인용처(引用處)나 주소(註疏) 및 음(音)의 오류(誤謬)를 수정(修訂)을 한다 하여도 자전상(字典上)의 고(盬)의 본의(本義)에는 영향이 미치지 않음.

康 盧(로)[唐韻]洛乎切[集韻][正韻]龍都切[韻會]籠都切夶路平聲[說文]飯器也[字彙]盛火器也[六書正譌]別作鑪爐非 又與鑪罏壚夶通[類篇]賣酒區也[前漢食貨志]令官作酒率開盧以賣又[司馬相如傳]文君當盧[註]累土爲盧以居酒瓮四邊隆起其一面高形如鍛盧[史記]作當鑪[晉書阮籍傳]作當罏[王戎傳]作酒壚 又借爲黑色之稱[集韻]黑弓也通作玈或作玈[書文侯之命]盧弓一盧矢百[左傳僖二十八年]作玈弓矢[揚子法言]作玈 又[釋名]土黑曰盧盧然解散也 又[水經注]奴盧縣有黑水故池水黑曰盧不流曰奴因以爲名 又[韻會]湛盧越劍名歐冶子所鑄言湛然如水黑也 又勃盧矛屬[集韻]長殳謂之勃盧 又呼盧樗蒱戲五子皆黑曰盧最勝采也[晉書劉毅傳] 按喝五木成盧 又與矑通目中黑子也[前漢揚雄甘泉賦]玉女無所眺其淸盧[註]盧目童子也[文選]作矑本作[目膚] 又與獹通良犬名[詩齊風]盧令令[傳]盧田犬[張華博物志]韓國有黑犬名盧[博雅]作韓獹 又與顱通頭盧首骨也[前漢武五子贊]頭盧相屬於道[史記]作頭顱俗作髗 又當盧馬首飾[詩大雅鉤膺鏤錫箋]眉上曰錫刻金飾之今當盧也[正義]當馬之額盧 又的盧馬名[埤雅]顙有白毛謂之的盧俗云的顱非也 又與鸕通水鳥名[前漢司馬相如上林賦]箴疵鵁盧[註]鸕鷀也[史記]作鸕 又與蘆通觚盧草名[前漢司馬相如子虛賦]蓮藕觚盧[註]扈魯也[史記]作菰蘆 又[廣韻]葦未秀者曰蘆[禮中庸]夫政也者蒲盧也[朱註]蒲葦也[鄭註]蒲盧蜾蠃謂土蜂也[爾雅釋蟲]果蠃蒲盧[註]即細腰蜂也[解頤新語]瓠細腰者曰蒲盧蜂細腰者一曰蒲盧 又與瓠通胡盧匏面圜者本作瓠瓤 又水名[宋史河渠志]有胡盧河[五代史突厥傳]牛蹄突厥其水曰瓠瓤河 又與櫨通柱上柎即今之斗也[釋名]盧在柱端都盧負屋之重也[爾雅釋宮]作櫨[疏]斗栱也 又與籚盧通都盧國名一曰戲伎名[前漢地理志]南入海有都盧國[註]其國人勁捷善緣高故張衡西京賦云都盧尋橦[程大昌演繁露]唐人以緣橦爲都盧緣○按[晉語]侏儒扶盧韋氏謂扶緣也盧矛戟之柲緣之以爲戲[說文]作籚[周禮冬官考工記]作廬器註廬力吾反戈戟殳矛之柄也是盧與籚盧古字通 又與轤通鹿盧圜轉木也[禮喪大記註]以紼繞碑闑之鹿盧輓棺而下之 又鹿盧劍名[宋書禮志]劍不得鹿盧形[註]古劍首以玉作鹿盧謂之鹿盧劍 又果名[爾雅釋木邊腰棗註]今謂之鹿盧棗 又若盧官名主弩射[前漢百官公卿表]少府屬官有若盧令丞 又獄名主鞫將相大臣[禮月令疏]囹圄漢曰若

盧　又盧牟猶規矩也[淮南子要略篇]
盧牟六合　又盧胡笑也一作胡盧[後漢
應劭傳]掩口盧胡而笑[孔叢子抗志篇]
衞君胡盧大笑　又地名[左傳隱三年]
尋盧之盟也[註]齊地今濟北盧縣故城
又山名[前漢揚雄校獵賦]後陳盧山
[註]單于南庭山也　又姓[廣韻]姜氏
封於盧以國爲氏又複姓[列子]有長盧
子古有尊盧氏後氏焉又有盧胥善弋[左
傳]有盧蒲嫳漢有索盧恢[姓苑]有盧妃
氏湛盧氏[五代周書]有豆盧寧[魏書]
有叱盧沓盧等氏又三字姓[魏書]有吐
伏盧奚斗盧[北史]有莫胡盧　又[字
彙]盧回切音雷[周禮夏官職方氏]兗州
其浸維盧鄭康成讀○按[水經注]漢封
劉猇爲盧縣侯国[前漢王子侯表]作雷
侯猇是盧雷古字通　又[正韻]凌如切
音閭與臚同[唐書和逢堯傳]攝鴻盧卿
[前漢百官公卿表]作鴻臚秦名典客漢
武帝更名大鴻臚　又與閭同[前漢霍去
病傳]濟弓盧[註]水名[史記]作弓閭
[說文]本从虍从𠙴俗从田作盧非

【 오류정리 】

○康誤處 1; [詩大雅鉤膺鏤錫(改鍚)
箋]眉上曰錫(改鍚)
●考證 ; 謹按錫字从易二錫字𠀤改鍚
◆整理 ; [詩大雅鉤膺鏤(시대아구응
루) 錫(석)은 鍚(양)의 착오. 箋(전)]
錫(석) 역시 鍚(양)의 착오.
◆訂正文 ; [詩大雅鉤膺鏤錫(改鍚)
箋]眉上曰鍚
▶ 【1274-1】 字解誤謬與否 ; [詩大
雅鉤膺鏤錫(改鍚)箋]眉上曰錫(改鍚)
[錫(改鍚)] [錫(改鍚)]
★이상과 같이 오류(誤謬) 수정(修訂)
이 되면 양(鍚; 당노. 말 이마에 다는
장식물 [左傳桓二年]錫鸞和鈴昭其聲
也[註]錫在馬額有鳴聲)인데 자전상
(字典上) 로(盧)의 본의(本義)에 직접
영향이 미치게 됨.

○康誤處 2; [周禮夏官職方氏]兗州其
浸維盧(改盧維)
●考證 ; 謹照原文維盧改盧維
◆整理 ; [周禮夏官職方氏(주례하관직
방씨)] 維盧(유로)는 盧維(로유)의 착
오.
◆訂正文 ; [周禮夏官職方氏]兗州其
浸盧維
▶ 【1275-2】 字解誤謬與否 ; [周禮
夏官職方氏]兗州其浸維盧(改盧維)
[維盧(改盧維)]
★이상과 같이 오류(誤謬) 수정(修訂)
이 로유(盧維; 연주(兗州)에 있는 큰
못. [周官]曰河東曰兗州其山鎭曰岱山
其澤藪曰大野其川河沛其浸盧維其利蒲
魚)된다 하여도 자전상(字典上) 로
(盧)의 본의(本義)에는 영향이 미치지
않음.

皿部 十二畫

康　盨(돈)[集韻]都昆切音敦[博雅]
盂也　又都回切音堆歃血器[禮曲禮
疏][周禮天官王府]𪔂作敦音義同

【 오류정리 】

○康誤處 1; [周禮天官王府(改玉府)]
●考證 ; 謹照原文王府改玉府
◆整理 ; [周禮天官(주례천관) 王府
(왕부)는 玉府(옥부)의] 착오.
◆訂正文 ; [周禮天官玉府]
▶ 【1276-1】 字解誤謬與否 ; [周禮
天官王府(改玉府)] [王府(改玉府)]
★이상과 같이 인용처(引用處)나 주
소(註疏)의 오류(誤謬)를 수정(修訂)
을 한다 하여도 자전상(字典上)의 돈
(盨)의 본의(本義)에는 영향이 미치지
않음.

目部 三畫

康　盲(맹)[唐韻]武庚切[集韻][正
韻]眉庚切[韻會]眉甕切𠀤音𡄿[說文]

目無牟子[釋名]盲茫也茫茫無所見也
[淮南子泰俗訓]盲者目形存而無能見也
又盲風疾風也[禮月令]仲秋盲風至
又[正韻]巫放切與望同[周禮天官內
饔]豕盲眡而交睫腥[註]盲當爲望[禮
內則]作望視　又叶謨郎切莽平聲[荀
況佹詩]天地易位四時易鄉列星隕墜旦
暮晦盲　又叶謨蓬切音蒙[老子道德
經]五色令人目盲五音令人耳聾[越絕
書]內視者盲反聽者聾[集韻]或作瞢䀮
瘄

【 오류정리 】

○康誤處 1；[淮南子泰俗訓(改泰族
訓)]盲者目形存而無能見也
●考證；謹按盲者二句見泰族訓謹照
原書改泰族訓
◆整理；[淮南子(회남자) 泰俗訓(태
속훈)]은 泰族訓(태족훈)의 착오.
◆訂正文；[淮南子泰族訓]盲者目形
存而無能見也
▶【1277-1】 字解誤謬與否；[淮南
子泰俗訓(改泰族訓)]盲者目形存而無
能見也　[泰俗訓(改泰族訓)]
★이상과 같이 인용처(引用處)나 주
소(註疏)의 오류(誤謬)를 수정(修訂)
을 한다 하여도 자전상(字典上)의 맹
(盲)의 본의(本義)에는 영향이 미치지
않음.

㉿直(직)[唐韻]除力切[集韻]逐力
切𠀤音値[說文]正見也[博雅]正也[玉
篇]不曲也[易坤卦]直其正也[書洪範]
王道正直　又準當也[禮投壺]馬各直
其算[史記平準書]以白鹿皮爲皮幣]直
四十萬　又[增韻]當也[儀禮士冠禮]
主人立于阼階下直東序西面[疏]謂當
堂上東序牆也　又伸也[孟子]枉尺而
直尋　又[玉篇]侍也[晉書羊祜傳]悉
統宿衞入直殿中　又順也[詩鄭風洵直
且侯　又猶宜也[詩魏風]爰得我直

又猶但也[孟子]直不百步耳　又猶故也
[史記留侯世家]張良嘗遊下邳圯上有一
老父至良所直墮其履圯下　又埋枉曰
直[韓愈王仲舒墓誌]公知制誥友人得罪
公獨爲直其冤　又直來無事而來也[公
羊傳莊二十七年]直來曰來　又[禮月
令]田事旣畢先定準直農乃不惑[疏]準
謂輕重平均直謂繩墨得中也　又骨直
謂强毅也[周禮冬官考工記工人]骨直
以立　又語發聲[史記龜筴傳]神龜知
吉凶而骨直空枯[正義曰]直語發聲也
又柄也[禮明堂位]玉豆雕篹[註]篹邊
屬雕刻飾其直者也[疏]雕鏤其柄　又
殖也[揚子太玄經]直東方也春也質而
未有文也[註]直之言殖也萬物甲始出
殖立未有枝葉也　又[揚子方言]祖謂
之直衿[註]婦人初嫁所著上衣直衿也
又[韻會小補]器直曲尺也梓人用之
又官名[鄧析子轉辭篇]湯有司直之人
又[通典]漢時繡衣直指卽秦時御史大
夫　又直人邑名[左傳昭二十三年]劉
子取直人　又泉名[公羊傳昭五年]直
泉者何涌泉也　又門名[三輔黃圖]長
安城西出第二門曰直城門　又姓漢有
直不疑　又[諡法]肇敏行成曰直　又
[集韻][韻會]直吏切[正韻]直意切𠀤
音治與値通[史記項羽紀]直夜潰圍
[註]直讀曰値當也[索隱曰]古字例以
直爲値[前漢酷吏傳]無直甯成之怒[史
記]作値　又物價曰直[北史齊景思王
傳]食雞羹何不還他價直也　又備作得
錢亦曰直[柳宗元送薛存義序]向使備
一夫於家受若直怠若事則必甚怒而黜
罰之矣　又叶直略切音著[樂府焦仲卿
妻詩]命如南山石四體康且直阿母得聞
之零淚應聲落　又叶直六切音逐[楚辭
九章]令五帝以折中兮戒六神與嚮服俾
山川以備御兮命咎繇使聽直[六書正
譌]从𠃊从十目𠃊古隱字十目所視雖隱
亦直會意俗作直非

【 오류정리 】

○康誤處 1; [揚子方言]祖(增飾字)謂之直衿(改衿)[註]婦人初嫁所著上衣直衿(改衿)也

●考證 ; 謹照原文祖下增飾字兩衿字𠀤改衿

◆整理 ; [揚子方言(양자방언)] 祖(단)이 이어 飾字(식자)를 덧붙임. 衿(금)은 衿(령), 衿(금) 역시 衿(령)의 착오.

◆訂正文 ; [揚子方言]祖飾謂之直衿[註]婦人初嫁所著上衣直衿也

▶【1278-1】 字解誤謬與否 ; [揚子方言]祖(增飾字)謂之直衿(改衿)[註]婦人初嫁所著上衣直衿(改衿)也 [祖(增飾字)] [衿(改衿)]

★이상과 같이 오류(誤謬) 수정(修訂)이 되면 단식(祖飾; 단식(祖飾; 부인이 시집가며 첫 번 입는 상의(上衣)인 직령) [揚子方言]祖飾謂之直衿[註]婦人初嫁所著上衣直衿也인데 자전상(字典上) 직(直)의 본의(本義)에 직접 영향이 미치게 됨.

目部 四畫

㉻眂(시)[唐韻]常利切[集韻]時利切𠀤音嗜[說文]眂貌 又與視通[周禮天官大宰]王眂治朝則贊聽政又[食醫]凡食齊眂春時[疏]眂猶比也[師曠禽經]白鷁相眂而孕[註]雄雌相視而孕也 又[博雅]語也[正韻]與眎通互詳眎字註 又[廣韻]承旨切[正韻]善指切𠀤嗜上聲亦與視同 又[唐韻]是支切[集韻]常支切𠀤嗜平聲[玉篇]視也[廣韻]眂眂役目 又[集韻]章移切音支義同 [說文]見部古視字从氏[舉要亦作眂○按从氏非視音諧聲當以从氏爲正

【 오류정리 】

○康誤處 1; [周禮天官大宰]王眂治朝則贊聽政(改聽治)

●考證 ; 謹照原文聽政改聽治

◆整理 ; [周禮天官大宰(주례천관대재)] 聽政(청정)은 聽治(청치)의 착오.

◆訂正文 ; [周禮天官大宰]王眂治朝則贊聽治

▶【1279-1】 字解誤謬與否 ; [周禮天官大宰]王眂治朝則贊聽政(改聽治) [聽政(改聽治)]

★이상과 같이 오류(誤謬) 수정(修訂)이 되면 청치(聽治; 정사(政事)를 들음. 들어 판단함) [周禮天官太宰]王視治朝則贊聽治[鄭玄註:]王視之則助王平斷[墨子非樂上]與君子聽之廢君子之聽治與賤人聽之廢賤人之從事인데 자전상(字典上) 시(眂)의 본의(本義)에는 영향이 미치지 못함.

目部 五畫

㉻眫(비)[唐韻][集韻]𠀤兵媚切音祕[說文直視也 又[博雅]慙也[揚子方言]趙魏曰眰或从目 又[集韻]莫肇切音密義同 又[廣韻][集韻][韻會]𠀤莫八切蠻入聲[博雅]視也一曰惡視[孟郊征蜀聯句]獷眼困逾眫[集韻]或作眄

【 오류정리 】

○康誤處 1; [集韻]莫肇切(改莫筆切)音密

●考證 ; 謹照原文莫肇切改莫筆切

◆整理 ; [集韻(집운)]莫肇切(막조절)은 莫筆切(막필절)의 착오.

◆訂正文 ; [集韻]莫筆切音密

▶【1280-1】 字解誤謬與否 ; [集韻]莫肇切(改莫筆切)音密 [莫肇切(改莫筆切)]

★이상과 같이 인용처(引用處)나 주소(註疏)의 음(音)의 오류(誤謬)를 수정(修訂)을 한다 하여도 자전상(字典

上)의 비(睥)의 본의(本義)에는 영향
이 미치지 않음.

目部 八畫

康**督**(독)[唐韻]冬毒切[集韻][韻
會][正韻]都毒切𠀤音篤[說文]察也
[廣韻]率也勸也[增韻]催趨也[正韻]
董也又敕戒也[前漢車千秋傳]宜有以
教督[唐書裴度傳]請身督戰　又[說
文]目痛也　又[爾雅釋詁]正也[左傳
僖十二年]謂督不忘[疏]謂管仲功德正
而不忘也　又[增韻]責也[史記項羽
紀]聞大王有意督過之[註]督責也　又
考也[韓非子揚權篇]督參鞠之[註]考
驗盡之也　又中也[周禮冬官考工記匠
人註]督旁之脩[疏]中央爲督所以督率
兩旁[莊子養生主]緣督以爲經[註]督
中也謂中兩閒而立俗所謂騎縫也[六書
故]人身督脈當身之中貫徹上下故衣縫
當背之中達上下者亦謂之督別作裻
　又[奇經攷]督者都也督脈爲陽脈之
都綱　又家督長子也[史記越世家]朱
公長男曰家有長子曰家督　又大將曰
督[後漢郭躬傳]軍征校尉一統於督
又督郵督護都督皆官名　又地名[左傳
成十六年]我師次于督揚[註]卽祝柯縣
今屬濟南郡又[史記燕世家]荊軻獻督
亢地圖於秦[註]督亢燕地徐廣曰涿有
督亢亭　又姓望出巴郡晉有督戎　又
通作篤毒竺[書微子之命]曰篤不忘[孔
傳]篤厚也本又作竺<u>左傳謂篤不忘</u>林註
謂督厚不可忘也[前漢張騫傳]身毒在
大夏東南[李奇曰]一名天篤[師古曰]
今之天竺蓋身毒聲轉爲天篤篤省文作
竺又轉爲竹音[後漢杜篤論都賦]摧天
督[註]卽天竺國按此是督與篤竺毒古
𠀤通

【 오류정리 】

○康誤處 1;[周禮冬官考工記匠人註]
督旁之脩(改脩)

●考證;謹照原文脩改脩
◆整理;[周禮冬官考工記匠人註(주례
동관고공기장인주)] 脩(토)는 脩(수)
의 착오.
◆訂正文;[周禮冬官考工記匠人註]
督旁之脩
▶【1281-1】　字解誤謬與否;[周禮
冬官考工記匠人註]督旁之脩(改脩)
[脩(改脩)]
★이상과 같이 오류(誤謬) 수정(修訂)
이 되면 수(脩; 포. 포육. 닦다. 익히
다. 길다. 건조하다. 멀다. 오래다.
청소하다. 씻다. 단정히 하다. 베풀
다. 행하다. 삼가다. 속수(束脩)) 자
전상(字典上) 독(督)의 본의(本義)에
영향이 미치지 못함.

○康誤處 2;[左傳]謂篤(改督)不忘
●考證;謹照僖十二年原文篤改督
◆整理;[左傳(좌전)]篤(독)은 督(독)
의 착오.
◆訂正文;[左傳]謂督不忘
▶【1282-2】　字解誤謬與否;[左
傳]謂篤(改督)不忘　[篤(改督)]
★이상과 같이 오류(誤謬) 수정(修訂)
이 되면 독(督; 감독하다. 살피다. 재
촉하다. 독촉하다. 나무라다. 꾸짖다)
으로 자전상(字典上) 독(督)의 본의
(本義)에 직접 영향이 미치게 됨.

康**睥**(비)[廣韻]匹詣切[集韻][韻
會]匹計切𠀤音媲[玉篇]左睥右睨[集
韻]睥睨邪視也　又通作俾[史記信陵
君傳]俾睨故久立　又通作辟[前漢息
夫躬傳]辟倪兩宮閒　又通作瞗[晉書
列傳]瞗睨漢廷　又[宋史儀衞志]睥睨
如華蓋而小[唐書儀衞志]作俾倪　又
[釋名]城上垣曰<u>睥睨言其於孔中睥睨非
常也</u>一作埤堄與陴堄𠀤通　又[集韻]
普米切媲上聲義同下从丌俗作睥非

【 오류정리 】

○康誤處 1；[釋名]城上垣曰瞑睨言其於(改於其)孔中瞑睨非常也

●考證；謹照原文其於改於其

◆整理；[釋名(석명)] 其於(기어)는 於其(어기)의 착오.

◆訂正文；[釋名]城上垣曰瞑睨言於其孔中瞑睨非常也

▶【1283-1】 字解誤謬與否；[釋名]城上垣曰瞑睨言其於(改於其)孔中瞑睨非常也 [其於(改於其)]

★이상과 같이 오류(誤謬) 수정(修訂)이 어기(於其)로 바르게 잡혔다 하여 자전상(字典上) 비(瞑)의 본의(本義)에는 직접 영향이 미치지 않음.

目部 十畫

㉣瞑(명)[唐韻]莫經切[集韻][韻會]忙經切夶音溟[說文]翁目也[廣韻]合目瞑瞑也[後馬援傳]甘心瞑目[皇極經世]在水者不瞑在風者瞑[註]魚在水其目盡夜不瞑也　又[集韻]目不明也[晉書山濤傳]臣耳目聾瞑不能自勵　又[呂覽]瞑者目無由接也[汲冢周書]師曠曰請使瞑臣往與之言[註]無目故稱瞑　又[春秋繁露]民者瞑也瞑也者名其別離分散也　又瞑瞑視不審之貌[荀子非十二子篇]酒食聲色之中則瞑瞑然[淮南子覽冥訓]其視瞑瞑　又[集韻][韻會]母迴切[正韻]莫迴切夶溟上聲又[集韻][韻會]夶莫定切溟去聲義夶同　又[廣韻]莫賢切[集韻]民堅切[正韻]莫堅切夶䩉平聲與眠通[玉篇]寐也[莊子德充符]據高梧而瞑　又弓名[唐書南蠻傳]永昌野桑生石上其材上屈兩向而下植取以爲弓不筋漆而利名曰瞑弓　又菜名[本草綱目]瞑菜一名睡菜南海人食之思睡故名　又盱瞑與芊眠同[張衡南都賦]攢立叢駢青麗盱瞑杳藹蓊鬱于谷底森尊尊而刺天李善讀夶詳盱眠二字註　又[廣韻]莫

甸切[集韻][韻會]眠見切[正韻]莫見切夶音麪瞑眩劇也又憒亂也[書說命]若藥不瞑眩厥疾弗瘳一作眠眩互詳眠字註　又[集韻]謨耕切音萌與矒同　又叶武巾切音旻[楚辭招魂]致命於帝然後得瞑些歸來歸來往恐危身些[註]瞑臥也[正字通]古無眠字瞑卽眠今通用眠正譌从瞑廢眠泥

【 오류정리 】

○康誤處 1；[莊子德充符]據高(改槁)梧而瞑

●考證；謹照原文高改槁

◆整理；[莊子德充符(장자덕충부)]高(고)는 槁(고)의 착오.

◆訂正文；[莊子德充符]據槁梧而瞑

▶【1284-1】 字解誤謬與否；[莊子德充符]據高(改槁)梧而瞑 [高(改槁)]

★이상과 같이 오류(誤謬) 수정(修訂)이 된다 하여도 고오(槁梧；거문고)[莊子德充符]倚樹而吟据槁梧而瞑[陸德明釋文]引崔譔曰据琴而睡也[成玄英疏]夾膝几也后人詩文中或以指几或以指琴宋王安石[示公佐]詩各据槁梧는 자전상(字典上) 명(瞑)의 본의(本義)에는 영향이 미치지 않음.

㉣瞕(차)[字彙補]鋤加切音槎[淮南子原道訓]所謂人者隅瞕智故曲巧譌詐所以俯仰於世人而與俗交者

【 오류정리 】

○康誤處 1；[淮南子原道訓]所謂人者隅(改偶)瞕智故曲巧譌(改僞)詐所以俯仰於世人而與俗交者

●考證；謹照原文隅改偶譌改僞

◆整理；[淮南子原道訓(회남자원도훈)] 隅(우)는 偶(우), 譌(와)는 僞(위)의 착오

◆訂正文；[淮南子原道訓]所謂人者偶瞕智故曲巧僞詐所以俯仰於世人而

與俗交者

▶【1285-1】 字解誤謬與否 ; [淮南子原道訓]所謂人者隅(改偶)睯智故曲巧譌(改僞)詐所以俯仰於世人而與俗交者 [隅(改偶)] [譌(改僞)]

★이상과 같이 오류(誤謬) 수정(修訂)이 ○우(偶; 흙이나 나무로 만든) 인형. 꼭두각시. 허수아비. 성(姓. 쌍(의). 짝(의)] ○위(僞; 거짓(의). 허위(의). 가장(된). 비합법적인. 괴뢰의) 고쳐진다 하여도 자전상(字典上) 차(睯)의 본의(本義)에는 영향이 미치지 않음.

目部 十三畫

康 瞻(첨)[唐韻]職廉切[集韻][韻會][正韻]之廉切𠀤音詹[說文]臨視也[韻會]仰視曰瞻[詩衞風]瞻彼日月[禮曲禮]視瞻無回 又官名[魏書官氏志]有瞻人郎 又國名[唐書南蠻傳]瞻博或曰瞻婆北距兢伽河 又山水名[山海經有瞻諸山又瞻水出婁涿山東流注於洛 又姓[正字通]元有瞻思通經學 又通作詹[史記周本紀]顧詹有河 又[集韻]章豔切詹去聲視也 又叶側姜切音章[詩大雅]維此惠君民入所瞻秉心宣猶考愼其相相平聲 又叶側銜切斬平聲[詩小雅]節彼南山維石巖巖赫赫師尹民具爾瞻

【 오류정리 】

○康誤處 1; [詩衞風(改邶風)]瞻彼日月
●考證 ; 謹照原文衞風改邶風
◆整理 ; [詩(시) 衞風(위풍)은 邶風(패풍)의 착오.
◆訂正文 ; [詩邶風]瞻彼日月
▶【1286-1】 字解誤謬與否 ; [詩衞風(改邶風)]瞻彼日月 [衞風(改邶風)]

★이상과 같이 인용처(引用處)나 주소(註疏)의 오류(誤謬)를 수정(修訂)을 한다 하여도 자전상(字典上)의 첨(瞻)의 본의(本義)에는 영향이 미치지 않음.

石部 五畫

康 砆(부)[集韻]符遇切音附白石本作玞[司馬相如上林賦]雌黃白玞蘇林曰白玞白石英也

【 오류정리 】

○康誤處 1; [司馬相如上林賦(改子虛賦)]雌黃白玞
●考證 ; 謹照原文上林賦改子虛賦
◆整理 ; [司馬相如(사마상여) 上林賦(상림부)는 子虛賦(자허부)의] 착오.
◆訂正文 ; [司馬相如子虛賦]雌黃白
▶【1287-1】 字解誤謬與否 ; [司馬相如上林賦(改子虛賦)]雌黃白玞 [上林賦(改子虛賦)]

★이상과 같이 인용처(引用處)나 주소(註疏)의 오류(誤謬)를 수정(修訂)을 한다 하여도 자전상(字典上)의 부(砆)의 본의(本義)에는 영향이 미치지 않음.

石部 十一畫

康 磬(경)[唐韻]苦定切[集韻][韻會]詰定切𠀤音罄[說文]樂石也籀文作殸象縣虡之形殳擊之也[五經要義]磬立秋之樂[白虎通]磬者夷則之氣象萬物之成[禮明堂位]叔之離磬]註]叔之離磬者叔之所作編離之磬又[周禮冬官考工記]磬氏爲磬倨句一矩有半[註]先度一矩爲句一矩爲股而求其弦旣而以一矩有半觸其弦則磬之倨句也 又編磬特磬[陳用之曰]叔之離磬特懸之磬也[三禮圖]股廣三寸長尺三寸半十六枚同一筍虡謂之編磬 又笙磬頌磬[周禮春官眡瞭]掌凡樂擊笙磬頌磬[註]

磬在東方曰笙笙生也在西方曰頌或作庸庸功也　又玉磬石磬[書益稷]戛擊鳴球[禮明堂位]拊搏玉磬[左傳成二年]齊侯使賔媚人賂以紀甗玉磬[魯語]臧文仲以玉磬如齊告糴[禮樂記]石聲磬磬以立辨[書禹貢]泗濱浮磬[傳]泗水中見石可以爲磬陳澔曰玉磬天子樂器諸侯當擊石磬故郊特牲以擊玉磬爲諸侯之僭禮　又磬控[詩鄭風]抑磬控忌[註]騁馬曰磬謂使之曲折如磬止馬曰控謂有所控制不逸　又磬折[禮曲禮]立則磬折垂佩[疏]帶佩於兩邊臣則身宜僂折如磬之背故云磬折[周禮冬官考工記]韗人倨句磬折[註]磬折中曲之不參正也　又[禮文王世子]磬于甸人[註]縊之如縣樂器之磬也　又掉磬[韻會]齊人相絞訐爲掉磬北海人以激事爲掉磬　又與罄通垂盡也[魯語]室如縣磬[左傳]作縣罄　又[集韻]棄挺切音聲擊石聲　又叶苦丁切音卿[董京答孫楚詩]鸚鵡能言泗濱浮磬衆人所翫豈合物情

孫詒讓正義東方之樂與樂器之笙物異而取義於生則同也인데 자전상(字典上) 경(磬)의 본의(本義)에 적극 영향이 미치게 됨.

石部 十六畫

(康)礮(포)[廣韻]匹貌切[集韻][韻會][正韻]披敎切叴抛去聲俗作砲機石也[前漢甘延壽傳]投石絕等倫[張晏曰]范蠡兵法飛石重十二斤爲機發行二百步礮蓋出此[魏略曰]諸葛亮起衝車郝昭以繩連石磨壓之衝車折卽礮事[唐書李密傳]以機發石爲攻城具號將軍爲礮　又通作抛[後漢袁紹傳]曹操發石車擊袁紹軍中呼霹靂車[註]卽今抛車[集韻]亦作砲

示部 三畫

(康)祁(기)[廣韻]渠脂切[集韻][韻會]翹移切[正韻]渠宜切叴音岐盛也大也[書君牙]冬祁寒[詩小雅]瞻彼中原

其祁孔有　又舒遲貌[詩召南]彼之祁
祁又[小雅]興雨祁祁　又衆多也[詩爾
風]采蘩祁祁又[大雅]諸娣從之祁祁如
雲[註]祁祁徐靚也如雲衆多也　又姓
　又通作耆[史記五帝紀註]堯姓伊祁
[禮郊特牲]作伊耆　又縣名在太原
　又諡[左傳莊六年]鄧祁侯[疏]諡法
經典不易曰祁衞有石祁子　又[史記諡
法]治典不殺曰祁[註]秉常不衰也　又
[廣韻]職雉切[集韻]軫視切太音旨地
名

【 오류정리 】

○康誤處 1;[詩召南]彼(改被)之祁祁
●考證 ; 謹照原文彼改被
◆整理 ; [詩召南(시소남)] 彼(피)는
被(피)의 착오.
◆訂正文 ; [詩召南]被之祁祁
▶【1290-1】 字解誤謬與否 ; [詩召
南]彼(改被)之祁祁　[彼(改被)]
★이상과 같이 오류(誤謬) 수정(修訂)
이 된다 하여도 피(被; 덮다)는 자전
상(字典上) 기(祁)의 본의(本義)에는
영향이 미치지 않음.

示 部 五畫

康 祏(석)[唐韻][集韻][正韻]常隻
切[韻會]常亦切太音石宗廟中藏主石
室也[左傳莊十四年]命我先人典守宗祏
[疏]慮有非常火災於廟之北壁內爲石
室以藏木主有事則出而祭之旣祭納於
石室祏字从示神之也[說文]周禮有郊
宗石室一曰大夫以石爲主

【 오류정리 】

○康誤處 1;[左傳莊十四年]命我先人
典守(改司)宗祏
●考證 ; 謹照原文守改司
◆整理 ; [左傳莊十四年(좌전장십사
년)] 守(수)는 司(사)의 착오.
◆訂正文 ; [左傳莊十四年]命我先人
典司宗祏

▶【1291-1】 字解誤謬與否 ; [左傳
莊十四年]命我先人典守(改司)宗祏
[守(改司)]
★이상과 같이 오류(誤謬) 수정(修訂)
이 된다 하여도 사(司; 담당하다)는
자전상(字典上) 석(祏)의 본의(本義)
에는 영향이 미치지 않음.

康 祓(불)[唐韻][集韻][韻會][正
韻]太敷勿切音拂除災求福也又潔也除
也[周禮春官]女巫掌歲時祓除釁浴
[註]祓除如今三月上巳如水上之類[左
傳襄二十五年]祝祓社　又[司馬相如
封禪書]祓飾厥文[師古註]祓飾者除去
舊事更飾新文　又[五音集韻]方肺切
音廢義同　又縣名在琅邪郡　又通作
茀[爾雅釋詁]祓福也[註]詩祓爾祿康矣
今詩本作茀　又通作弗[詩大雅]以弗
無子[註]弗之言祓也祓除其無子之疾

【 오류정리 】

○康誤處 1;[爾雅釋詁]祓福也[註]詩
祓爾祿(改祿爾)康矣
●考證 ; 謹照原文爾祿改祿爾
◆整理 ; [爾雅釋詁(이아석고)] 爾祿
(이록)은 祿爾(록이)의 착오.
◆訂正文 ; [爾雅釋詁]祓福也[註]詩
祓祿爾康矣

▶【1292-1】 字解誤謬與否 ; [爾雅
釋詁]祓福也[註]詩祓爾祿(改祿爾)康
矣　[爾祿(改祿爾)]
★이상과 같이 오류(誤謬) 수정(修訂)
이 되면 발록(祓祿; 복. [周南汝墳]祿
祉履戩祓禧禔祜福也) 자전상(字典上)
불(祓)의 본의(本義)에 직접 영향이
미치게 됨.

康 祝(축)[唐韻][集韻][韻會][正
韻]太之六音粥贊主人饗神者[說文]祝
祭主贊詞者从人口从示一曰从兌省易
曰兌爲口爲巫[徐曰]按易兌悅也巫所
以悅神也[詩小雅]工祝致告[周禮春

官]大祝掌六祝之辭　又屬也[詩鄘風
素絲祝之[箋]祝當作屬屬著也[毛傳]
訓織也　又祝神名[虞翻曰]祝大融明
也[韋昭曰]祝始也　又斷也[公羊傳哀
十四年]子路死孔子曰天祝予[穀梁傳哀
十三年]祝髮文身　又丁寧也請求之辭
　　又國名[禮樂記]封帝堯之後於祝
　　又姓[左傳]鄭大夫祝聃後漢司徒祝
恬　又[集韻][類篇]太職救切]音晝
[詩大雅]侯作侯祝[傳]祝詛也[疏]祝
無用牲之文口告而祝詛之也[書無逸]
否則厥口詛祝[疏]以言告神謂之祝請
神加殃謂之詛　又陟慮切音註[周禮天
官瘍醫掌祝藥[註]祝讀如注病之注謂
附著藥也[集韻]或作呪亦作詋詶

【 오류정리 】

○康誤處 1;[公羊傳哀十四年]子路死
孔子曰(改子曰噫)天祝予

●考證 ; 謹照原文孔子曰改子曰噫

◆整理 ; [公羊傳哀十四年(공양전애십
사년)] 孔子曰(공자왈)은 子曰噫(자왈
희)의 착오.

◆訂正文 ; [公羊傳哀十四年]子路死
子曰噫天祝予

▶【1293-1】 字解誤謬與否 ; [公羊
傳哀十四年]子路死孔子曰(改子曰噫)
天祝予　[孔子曰(改子曰噫)]

★이상과 같이 오류(誤謬) 수정(修訂)
이 된다 하여도 희(噫; 아아! 탄식하
는 소리)는 자전상(字典上) 축(祝)의
본의(本義)인 단(斷)에는 영향이 미치
지 않음.

示部 六畫

康 票(표)[集韻] 遙切音標本作 省
作示今作票[說文]火飛也[揚子太經]
見票如累明利以正於王[註]君子之道
重明麗正光輝宣著故利正於王也　又
[前漢禮樂志]票然逝旗透蛇[師古註]
票然輕舉意[揚雄校獵賦]宣觀夫票禽之

紲隃[師古註]票禽輕疾之禽也　又毗
召切音驃義同　又[前漢霍去病傳]爲
票姚校尉[師古曰]票頻妙反[服虔曰音
飄

【 오류정리 】

○康誤處 1;[揚雄校獵賦(改羽獵賦)]
宣觀夫票禽之紲隃

●考證 ; 謹照原文校獵賦改羽獵賦

◆整理 ; [揚雄(양웅) 校獵賦(교렵부)
는 羽獵賦(우렵부)의] 착오.

◆訂正文 ; [揚雄羽獵賦]宣觀夫票禽
之紲隃

▶【1294-1】 字解誤謬與否 ; [揚雄
校獵賦(改羽獵賦)]宣觀夫票禽之紲隃
[校獵賦(改羽獵賦)]

★이상과 같이 인용처(引用處)나 주
소(註疏)의 오류(誤謬)를 수정(修訂)
을 한다 하여도 자전상(字典上)의 표
(票)의 본의(本義)에는 영향이 미치지
않

示部 八畫

康 禁(금)[唐韻][集韻][韻會]太居
蔭切今去聲制也勝也戒也謹也止也[易
繫辭]禁民爲非曰義　又天子所居曰禁
[蔡邕曰]漢制天子所居門閤有禁非侍
御之臣不得妄入稱禁中避元后父名改
省中　又承酒尊之器[禮禮器]大夫士
棜禁[疏]承尊者皆用禁名之禁者因爲
酒戒也　又樂名[周禮春官鞮鞻氏掌四
夷之樂註]東方曰韎南方曰任西方曰株
離北方曰禁亦作僸　又[說文]吉凶之
忌　又[小爾雅]禁錄也　又姓　又[廣
韻][集韻][韻會][正韻]太居吟切音金
力所勝也當也刦持也[前漢咸宣傳]猶
弗能禁　又同紟紟帶也[荀子非十二子
篇]其纓禁緩

【 오류정리 】

○康誤處 1;[周禮鞮鞻氏註]西方曰株

離(改侏離)北方曰禁
●考證；謹照原文株離改侏離
◆整理；[周禮鞮鞻氏註(주례제루씨주)] 株離(주리)는 侏離(주리)의 착오.
◆訂正文；[周禮鞮鞻氏註]西方曰侏離北方曰禁
▶【1295-1】 字解誤謬與否；[周禮鞮鞻氏註]西方曰株離(改侏離)北方曰禁 [株離(改侏離)]
★이상과 같이 오류(誤謬) 수정(修訂)이 되면 주리(侏離; 서방 오랑캐 음악. [史記樂書]四夷之樂東方曰韎南方曰任西方曰株離北方曰禁)인데 자전상(字典上) 금(禁)의 본의(本義)인 악(樂)에 적극 영향이 미치게 됨.

示 部　九畫

康福(복)[唐韻][集韻][韻會]夶方六切膚平聲祐也休也善也祥也[禮祭統]福者備也[易謙卦]鬼神害盈而福謙[書洪範]嚮用五福　又[釋名]福富也其中多品如富者也　又祭祀胙肉曰福[周禮天官膳夫]祭祀之致福者受而膳之[穀梁傳僖十年]祠致福於君　又福猶同也[張衡西京賦]仰福帝居陽曜陰藏[薛註]言今長安宮上與五帝所居之太微宮陽時則見陰時則藏同法也　又州名秦閩中郡陳立閩州唐改福州　又姓元忠臣福壽　又[集韻][韻會]夶敷救切音副藏也[史記龜筴傳]邦福重龜[註]徐廣讀　又叶筆力切音偪[詩大雅]自求多福[儀禮士冠禮]介爾景福俱叶上德字[正字通]福本有偪音說文从示畐聲賈誼治安策疏者或制大權以福天子乃偪諭爲福非福與偪通也諸韻書誤以爲福偪同音共義合爲一蓋未詳毛詩儀禮及安世房中歌班固明堂詩福皆讀偪與偪義不相通也韻會職韻逼字註云通作福字彙福與逼同尤非

【 오류정리 】

○康誤處 1;[唐韻][集韻][韻會]夶方六切膚平(改入)聲
●考證；謹按福係入聲字平改入
◆整理；[唐韻(당운)][集韻(집운)][韻會(운회)] 平(평)은 入(입)의 착오.
◆訂正文；[唐韻][集韻][韻會]夶方六切膚入聲
▶【1296-1】 字解誤謬與否；[唐韻][集韻][韻會]夶方六切膚平(改入)聲 [平(改入)]
★이상과 같이 인용처(引用處)나 주소(註疏) 음(音) 등의 오류(誤謬)를 수정(修訂)을 한다 하여도 자전상(字典上)의 복(福)의 본의(本義)에는 영향이 미치지 않음.

示 部　十畫

康禡(마)[唐韻][集韻][韻會][正韻]夶莫駕切音罵師旅所止地祭名[詩大雅]是類是禡[傳]於內曰類於野曰禡[禮王制]禡於所征之地　又[集韻]或作貉[周禮春官]肆師凡四時之大甸獵祭表貉則爲位[註]貉師祭也莫駕反鄭音陌[疏]師祭者爾雅云是類是禡故知貉爲師祭也祭先世創首造軍法者也　又叶滿補切音姥[鼓吹曲]師執提工執鼓坐作從節有序盛矣允文允武蒐田表禡

【 오류정리 】

○康誤處 1;[周禮春官]肆師凡四時之大甸獵祭表貉則爲位[註]貉師祭也(增釋文二字)莫駕反
●考證；謹照原文莫駕反上增釋文二字
◆整理；[周禮春官(주례춘관)][註(주)] 祭也(제야)에 이어 釋文二字(석문이자)를 덧붙임. 莫駕反(막가반)
◆訂正文；[周禮春官]肆師凡四時之大甸獵祭表貉則爲位[註]貉師祭也釋

文莫駕反

▶【1297-1】 字解誤謬與否 ；[周禮春官]肆師凡四時之大甸獵祭表貉則爲位[註]貉師祭也(增釋文二字)莫駕反[祭也(增釋文二字)]

★이상과 같이 인용처(引用處)나 주소(註疏) 석문(釋文) 등의 오류(誤謬)를 수정(修訂)을 한다 하여도 자전상(字典上)의 마(禡)의 본의(本義)에는 영향이 미치지 않음.

禾 部

康禾(화)[唐韻[正韻]戶戈切[集韻][韻會]胡戈切夶音和[說文]嘉穀也二月始生八月而孰得時之中故謂之禾禾木也木王而生从木从巛省巛象其穗[春秋莊二十八年]大無麥禾[疏]麥熟於夏禾成在秋 又凡穀皆曰禾[詩豳風]十月納禾稼黍稷重穋禾麻菽麥[疏]苗生旣秀謂之禾禾是大名非徒黍稷重穋四種其餘稻秫苽粱皆名禾惟麻與菽麥無禾稱故再言禾以總之 又[山海經]玉山王母所居昆侖之墟其上有木禾長五尋大五圍二月生八月熟[註]木禾穀類可食[鮑照詩]遠食玉山禾 又禾和也[尚書傳]唐叔得禾異畝同穎王命歸周公於東作歸禾周公得命禾旅天子命作嘉禾[孔傳]異畝同穎天下和同之象[疏後世同穎之禾遂名嘉禾由此 又姓

【 오류정리 】

○康誤處 1;[尚書傳(改序)]唐叔得禾異畝同穎

●考證 ; 謹照原文按所引係書序傳改序

◆整理 ; [尚書(상서) 傳(전)은 序(서)의] 착오.

◆訂正文 ; [尚書序]唐叔得禾異畝同穎

▶【1298-1】 字解誤謬與否 ; [尚書傳(改序)]唐叔得禾異畝同穎 [傳(改序)]

★이상과 같이 인용처(引用處)나 주소(註疏)의 오류(誤謬)를 수정(修訂)을 한다 하여도 자전상(字典上)의 화(禾)의 본의(本義)에는 영향이 미치지 않음.

禾 部 三畫

康秊(년)[唐韻]奴顚切[集韻]寧顚切 年本字[說文]穀熟也从禾千聲[春秋宣十六年]大有秊[穀梁傳桓三年]五穀皆熟爲有年[疏]取歲穀一熟之義[正字通]俗俱作年

【 오류정리 】

○康誤處 1;[春秋宣(改春秋宣公)十六年]大有秊

●考證 ; 謹按所引係春秋經不得稱傳春秋傳宣四字改春秋宣公

◆整理 ; [春秋宣(춘추선)은 春秋宣公(춘추선공)의 착오임. 十六年]

◆訂正文 ; [春秋宣公十六年]大有秊

▶【1299-1】 字解誤謬與否 ; [春秋宣(改春秋宣公)十六年]大有秊 [春秋宣(改春秋宣公)]

★이상과 같이 인용처(引用處)나 주소(註疏)의 오류(誤謬)를 수정(修訂)을 한다 하여도 자전상(字典上)의 년(秊)의 본의(本義)에는 영향이 미치지 않음.

禾 部 五畫

康秠(비)[唐韻]敷悲切[集韻][韻會]攀悲切[正韻]鋪杯切夶音坏[爾雅釋草]秬黑黍秠一稃二米[詩大雅]維秬維秠[疏]秬黑黍之大名黑黍中有一米者別名爲秠宗廟之祭唯祼爲重二米嘉異之物鬯酒宜用之漢和帝時任城縣生黑黍或三四實實二米得黍三斛八斗者是 又[韻會]百穀之中一稃二米惟麥爲然[說文]解秠字一稃二米而解來字云來麰一來二縫是秠正此來麰爾 又[廣韻]四

鄙切[集韻][韻會]普鄙切𥠊 音㘞 又
[集韻]𥠊四九切音剖 又[集韻]
俯九切音缶又[廣韻]匹尤切[集韻]
韻][韻會]披尤切𥠊音呼又[五音集韻]
數羈切音披義𥠊同

【 오류정리 】
○康誤處 1;[詩大雅]維秬維秠(改秠)
●考證;謹照原文秠改秠
◆整理;[詩大雅(시대아)] 秠(배)는
秠(비)의 착오.
◆訂正文;[詩大雅]維秬維秠
▶【1300-1】 字解誤謬與否;[詩大雅]維秬維秠(改秠) [秠(改秠)]
★이상과 같이 오류(誤謬) 수정(修訂)이 된다 하여도 유비(維秠; 검은 기장) [詩經大雅生民]誕降嘉種維秬維秠維穈維芑唐[孔穎達正義]秬是黑麥之大名秠是黑麥之中有二米者別名之爲秠는 자전상(字典上) 비(秠)의 본의(本義)에 적극 영향이 미치게 됨.

㉿秩(질)[廣韻]直一切[集韻][韻會][正韻]直質切𥠊音姪[廣韻]次也常也序也[書堯典]平秩東作[傳]次序東作之事以務農[舜典]望秩于山川[傳]如其秩次望祭之 又[增韻]職也官也整也[周禮天官官伯]行其秩敘[註]秩祿廩也[疏]謂依班秩受祿[左傳文六年]委之常秩[註]常秩官司之常職 又[爾雅釋訓]秩秩智也[註]智慮深長 又[爾雅釋訓]秩秩清也[註]德音清冷[詩大雅]德音秩秩[箋]敎令清明也 又[詩小雅]秩秩斯干[註]流行貌[箋]流出無極巳也 又[詩小雅]左右秩秩[註]秩秩然肅敬也 又官名[書舜典]汝作秩宗[疏]主郊廟之官序鬼神尊卑[後漢百官志]鄉置有秩三老遊徼[註]有秩郡所置秩百石掌一鄉人[風俗通]卽田閒大夫言其官裁有秩耳 又姓[字彙]伊秩複姓 又十年爲一秩[容齋

隨筆]白公詩云已開第七秩飽食仍安眠 又云年開第七秩屈指幾多人是時年六十二元日詩也 又[韻會]毛氏曰从禾形也从失聲也本再生稻刈而重出後 先相繼故借爲秩序字○按[說文]秩訓積也引[詩]積之秩秩今[詩]無此句不 取 又[集韻]弋質切音逸[爾雅釋鳥]秩秩海雉[註]如雉而黑在海中山上施乾讀 又叶徒結切音迭[張衡東京賦]元謀設而陰行合二九而成譎登聖皇於天階章漢祚之有秩 又叶直畧切音紲[何晏景福殿賦]屯坊列署三十有二星居宿陳綺錯鱗比辛壬癸甲爲之名秩[註]二而至切比毗至切秩直畧切

【 오류정리 】
○康誤處 1;[爾雅釋訓]秩秩清也[註]德音清冷(改泠)
●考證;謹照原文冷改泠
◆整理;[爾雅釋訓(이아석훈)] [註(주)] 冷(랭)은 泠(령)의 착오.
◆訂正文;[爾雅釋訓]秩秩清也[註]德音清泠
▶【1301-1】 字解誤謬與否;[爾雅釋訓]秩秩清也[註]德音清冷(改泠) [冷(改泠)]
★이상과 같이 오류(誤謬) 수정(修訂)이 된다 하여도 청령(清泠; 수명(水名)) [水經註]泠水南出九疑山北流經泠道縣又桂陽曲江縣有泠水 [水經註]泠水出泠君山又清泠水名 [張衡西京賦]耕父揚光於清泠之淵[註]在南陽西鄂山上은 자전상(字典上) 질(秩)의 본의(本義)에는 영향이 미치지 않음.

禾部 七畫

㉿稅(세)[廣韻]舒芮切[集韻][韻會][正韻]輸芮切𥠊音帨[說文]租也[廣韻]斂也[禮王制]古者公田藉而不稅[春秋宣十五年]初稅畝[周禮天官司書]凡稅斂掌事者受法焉[前漢食貨志]

有賦有稅稅謂公田什一及工商虞衡之入也賦共車馬甲兵士徒之役充實府庫賜予之用稅給郊社宗廟百神之祀天子奉養百官祿食庶事之費　又[爾雅釋詁]稅舍也[註]舍放置[史記李斯傳]我未知所稅駕[註]稅駕猶解駕言休息也　又[韻會]以物遺人曰稅[禮檀弓]未仕者不稅人如稅人則以父兄之命[註]謂遺人　又姓[盛弘之荊州記]建州信陵縣有稅氏千家姓云河閒人宋有進士稅挺　又與說通[詩衞風]說于農郊[註]說本或作稅毛云舍也　又[集韻][韻會]吐外切音駾[禮檀弓]曾子曰小功不稅則是遠兄弟終無服也而可乎[註]日月已過聞喪而服曰稅又[服問]大功之葛以有本爲稅[註]稅變易也　又[集韻]吐玩切音彖[禮雜記]夫人稅衣揄狄[疏]稅謂黑衣也　又[集韻]他括切音脫[左傳成九年]晉侯見鐘儀問之有司對曰鄭人所獻楚囚也使稅之[註]稅解也　又[集韻]輸藝切音說田賦也　又與悅通[史記禮書]凡禮始乎脫成乎文終乎稅[註]稅作悅言禮終卒和悅人情亦與禭通[史記陸賈傳]平原君朱建母喪辟陽侯乃奉百金往稅[註]稅贈終服也　又叶大藝切音蠆[王筠詩]九沸翻成緩六輔良爲切烟霞幸易龜紐詎難稅

【 오류정리 】

○康誤處 1;[詩衞風(改鄘風)]說于農郊

●考證 ; 謹照原文衞風改鄘風

◆整理 ; [詩(시) 衞風(위풍)은 鄘風(용풍)의] 착오.

◆訂正文 ; [詩鄘風]說于農郊

▶【1302-1】 字解誤謬與否 ; [詩衞風(改鄘風)]說于農郊 [衞風(改鄘風)]

★이상과 같이 인용처(引用處)나 주소(註疏)의 오류(誤謬)를 수정(修訂)

을 한다 하여도 자전상(字典上)의 세(稅)의 본의(本義)에는 영향이 미치지 않음.

(康)稠(조)[唐韻]直由切[集韻][韻會]陳留切[正韻]除留切𠀤音儔[說文]多也[廣韻]穊也[增韻]密也又穮也[戰國策]書策稠濁[束皙補亡華詩]黍發稠花　又地名[北史魏本紀]永熙三年二月帝至稠桑　又姓[前漢功臣表]常樂侯稠雕　又[增韻]通作綢[詩小雅]綢直如髮[箋]綢密也　又[集韻]田聊切音迢[莊子天下篇]可謂稠適而上遂矣[註]音調本亦作調　又[集韻]徒弔切音糶動搖貌[前漢揚雄傳]天下稠㟽[註]稠徒弔反

【 오류정리 】

○康誤處 1;[束皙補亡華詩]黍發稠花(改稠華)

●考證 ; 謹照原文黍華改華黍稠花改稠華

◆整理 ; [束皙補亡華詩(속석보망화시)] 稠花(조화)는 稠華(조화)의 착오.

◆訂正文 ; [束皙補亡華詩]黍發稠華

▶【1303-1】 字解誤謬與否 ; [束皙補亡華詩]黍發稠花(改稠華) [稠花(改稠華)]

★이상과 같이 오류(誤謬) 수정(修訂)이 되면 조화(稠華;진한 광채) 자전상(字典上) 조(稠)의 본의(本義)에 영향이 미치게 됨.

(康)稹(진)[唐韻][韻會]之忍切[集韻][正韻]止忍切𠀤音軫叢緻也　又聚物也[爾雅釋言]苞稹也[疏]物叢生曰苞齊人名曰稹郭璞曰今人呼叢緻者爲稹[郭璞江賦]樷杞稹薄[註]稹,稠穊

也　又[廣韻]側鄰切[集韻]之人切太
音眞義同　　又音奠[周禮冬官考工記輪
人]凡斬轂之道必矩于陰陽陽也者積理
而堅陰也者疏理而柔[註]陽木文理緻
而堅鄭司農云積讀爲奠祭之奠　又[集
韻]亭年 切音田木根相迫也與槇同
　　又旱眠切音邊籬上豆與穮同

【 오류정리 】

○康誤處 1;[周禮輪人]凡斬轂之道必
矩于(改其)陰陽
●考證 ; 謹照原文于改其
◆整理 ; [周禮輪人(주례륜인)] 于
(우)는 其(기)의 착오.
◆訂正文 ; [周禮輪人]凡斬轂之道必
矩其陰陽
▶【1304-1】 字解誤謬與否 ; [周禮
輪人]凡斬轂之道必矩于(改其)陰陽
[于(改其)]
★이상과 같이 오류(誤謬) 수정(修訂)
이 된다 하여도 기(其)는 자전상(字
典上) 진(積)의 본의(本義)에는 영향
이 미치지 않음.

㈜稺(치)[唐韻][集韻]直利切[正
韻]直意切太音治[說文]幼禾也[廣韻]
晚禾[詩魯頌]稙稺菽麥[註]後種曰稺
又[增韻]凡人物幼小皆曰稺[詩衞風]
衆稺且狂[傳]幼稺[史記五帝紀]舜以
夔爲典樂教稺子[鄭註]國子也　又[五
音集韻]直離切音馳幼也一曰自驕矜貌
[管子重令篇]菽粟不足末生不禁民必
有饑色而工以雕文刻鏤相稺也謂之逆
[註]稺驕也　又[正字通]叶賄韻[詩小
雅]無害我田稺叶下火火音毁[集韻]亦
作稚穉稊

【 오류정리 】

○康誤處 1;[詩衞風(改鄘風)]衆稺且
狂
●考證 ; 謹照原文衞風改鄘風
◆整理 ; [詩(시) 衞風(위풍)은 鄘風

(용풍)의] 착오.
◆訂正文 ; [詩鄘風]衆稺且狂
▶【1305-1】 字解誤謬與否 ; [詩衞
風(改鄘風)]衆稺且狂　[衞風(改鄘
風)]
★이상과 같이 인용처(引用處)나 주
소(註疏)의 오류(誤謬)를 수정(修訂)
을 한다 하여도 자전상(字典上)의 지
(稺)의 본의(本義)에는 영향이 미치지
않음.

禾部 十一畫

㈜穮(표)[集韻]卑遙切音標稻苗秀
出者　又[集韻]弭沼切音渺禾芒[宋書
律志]秋分而禾穮定穮定而禾孰律之數
十二故十二穮而當一粟一粟而當一寸
[註]禾穗芒也

【 오류정리 】

○康誤處 1;一粟(改十粟)而當一寸
●考證 ; 謹照原文宋書律志原文一粟
改十粟
◆整理 ; 一粟(일속)은 十粟(십속)의
착오.
◆訂正文 ; 十粟而當一寸
▶【1306-1】 字解誤謬與否 ; 一粟
(改十粟)而當一寸　[一粟(改十粟)]
★이상과 같이 오류(誤謬) 수정(修訂)
이 된다 하여도 십속(十粟; 조 10 톨)
을 이어 놓은 길이가 1 촌(寸)이란
표시니 자전상(字典上) 표(穮)의 본의
(本義)에는 영향이 미치지 않음.

禾部 十四畫

㈜穫(확)[唐韻]胡郭切[集韻][韻
會]黃郭切太音濩[說文]刈穀也草曰刈
穀曰穫[易无妄]不耕穫不菑畬[詩豳
風]八月其穫　又隕穫困迫失志貌[禮
儒行]不隕穫于貧賤[註]隕如籜之隕而
飄零穫如禾之穫而枯槁　又[集韻]胡
陌切音獲義同　又[集韻]胡故切音護

焦穫地名[詩小雅]整居焦穫[傳]焦穫周地接於玁狁者[爾雅釋地註]今扶風池陽縣瓠中是也

【 오류정리 】

○康誤處 1;[禮儒行]不隕穫于貧賤[註]隕如籜(改蘀)之隕而飄零

●考證 ; 謹照原文籜改蘀

◆整理 ; [禮儒行(예유행)] 籜(탁)은 蘀(탁)의 착오.

◆訂正文 ; [禮儒行]不隕穫于貧賤[註]隕如蘀之隕而飄零

▶【1307-1】 字解誤謬與否 ; [禮儒行]不隕穫于貧賤[註]隕如籜(改蘀)之隕而飄零 [籜(改蘀)]

★이상과 같이 오류(誤謬) 수정(修訂)이 된다 하여도 탁(蘀; 껍데기. 왕겨)은 자전상(字典上) 확(穫)의 본의(本義)에는 영향이 미치지 않음.

禾部 十七畫

康**穰**(양)[廣韻]汝陽切[集韻][韻會]如陽切[正韻]如羊切夶音攘[說文]禾槀已治者[廣韻]禾莖 又禾實豐也[詩商頌]農年穰穰 又凡物豐盛皆曰穰[詩周頌]降福穰穰[傳]穰穰衆也又[史記滑稽傳]道傍有穰田者[註]謂爲田求福穰 又姓齊將穰苴之後[何氏姓苑]今高平人 又地名[前漢地理志]南陽郡穰縣 又[正字通]與瓤通凡果實中之子曰犀穰 又[廣韻][集韻][韻會][正韻]夶汝兩切音壤豐也[前漢張敞傳]京師長安中浩穰 又[集韻]人成切瓤平聲踩禾黍之餘也

【 오류정리 】

○康誤處 1;[詩商頌]農年(改豐年)穰穰

●考證 ; 謹照原文農年改豐年

◆整理 ; [詩商頌(시상송)] 農年(농년)은 豐年(풍년)의 착오.

◆訂正文 ; [詩商頌]豐年穰穰

▶【1308-1】 字解誤謬與否 ; [詩商頌]農年(改豐年)穰穰 [農年(改豐年)]

★이상과 같이 오류(誤謬) 수정(修訂)이 되면 풍년(豐年; 곡식이 잘자라고 잘 여물어 평년보다 수확이 많은 해)이 자전상(字典上) 양(穰)의 본의(本義)에 직접 영향이 미치게 됨.

穴部

康**穴**(혈)[唐韻][集韻][韻會][正韻]夶胡決切音坺[說文]土室也[易繫辭]上古穴居而野處[詩大雅]陶復陶穴[箋]未有寢廟故覆穴而居 又[玉篇]孔穴也[孟子]鑽穴隙相窺 又[廣韻]窟也[易需卦]出自穴 又訓爲側[爾雅釋水]氿泉穴出穴出仄出也 又官名[周禮秋官]穴氏掌攻蟄獸[疏]凡獸皆藏穴中故以穴爲官名使取蟄獸 又地名[書禹貢]鳥鼠同穴[爾雅釋地]岠齊州以南戴日爲丹穴[左傳文十一年]潘崇伐麇至于錫穴[註]錫穴麇地[水經注]中廬縣之西山謂之馬穴山[左思蜀都賦]嘉魚出于丙穴[註丙穴在漢中沔陽縣北 又[韻會]古穴切[前漢天文志]暈適背穴[註]孟康曰穴或作鐍其形如鐍如淳曰凡氣在日上爲冠爲戴在旁直射爲珥在旁如半環向日爲抱向外爲背有氣刺日爲鐍鐍抉傷也 又叶胡桂切[曹植七啓]采英奇于側陋宣皇明于巖穴此甯子商歌之秋而呂望所以投綸而逝 又[集韻]戶橘切[淮南子原道訓]水居窟穴人民有室[孔融詩]言多令事敗器漏苦不密河潰蟻孔端山壞由猿穴

【 오류정리 】

○康誤處 1;[左傳文十一年]潘崇伐麇至於錫(改錫)穴

●考證 ; 謹照原文錫改錫

◆整理 ; [左傳文十一年(좌전문십일

년)] 錫(석)은 錫(양)의 착오.

◆訂正文 ；[左傳文十一年]潘崇伐麇至於錫穴

▶【1309-1】 字解誤謬與否 ；[左傳文十一年]潘崇伐麇至於錫(改錫)穴 [錫(改錫)]

★이상과 같이 오류(誤謬) 수정(修訂)이 되면 양혈(錫穴; 균지(麇地) 중려현(中廬縣) 서산(西山) 마혈산(馬穴山) 금섬서성백하현동방(今陝西省白河縣東方)) [左傳文十一年]潘崇伐麇至于錫穴[註]錫穴麇地[水經註]中廬縣之西山謂之馬穴山인데 자전상(字典上) 혈(穴)의 본의(本義)에 직접 영향이 미치게 됨.

穴 部 三畫

康 空(공)[唐韻][正韻]苦紅切[集韻][韻會]枯公切夶音崆空虛也[史記天官書]赤帝行德天牢謂之空 又大也[詩小雅]在彼空谷[傳]大也 又盡也[爾雅釋詁]空盡也[詩小雅]杼柚其空 又太空天也 又地名[爾雅釋地]北戴斗極爲空桐[左傳哀二十年]宋公遊于空澤[註]空澤宋地[史記殷本紀註]伊尹生于空桑[前漢地理志]京兆縣十二其三曰船司空[註]縣名木土船之官遂以爲縣又[武帝紀]元鼎五年行幸雍遂踰隴登空同[註]空同山名亦作崆峒[山海經]白馬山又北二百里曰空桑之山空桑之水出焉[括地志]徵在生孔子空桑之地今名空竇在曲阜縣南二十里女陵山[魏土地記]代城東北九十里有空侯城 又官名[書舜典]伯禹作司空又[周官]司空掌邦土居四民時地利 又拜名[周禮春官]大祝辨九拜三曰空首[疏]先以兩手拱地乃頭至手是爲空首也 又樂器名[風俗通]箜篌一名坎侯或曰空侯取其空中[楚辭註]空桑瑟名 又獄名[禮記疏]囹圄魏曰司空 又姓[廣

韻]漢複姓有空桐空相二氏 又[集韻][韻會]苦動切[正韻]康董切夶音孔穴也竅也窳也通作孔[周禮冬官考工記]函人眡其鑽空[史記五帝紀]瞍使舜穿井]爲匿空旁出[大宛傳]張騫鑿空[註]西域本無道路今鑿孔而通之也[韓非子喻世篇]空竅者神明之戶牖也[韻會小補秦人呼土窟爲土空 又[集韻][韻會][正韻]苦貢切音控。窮也[詩小雅不宜空我師[註》] 不宜使小人困窮民也 又缺也[揚子法言]酒誥之篇俄空焉 又虛也[論語]回也其庶乎屢空[註]空猶虛中也 又叶枯江切[徐幹思室詩]良會無有期中心摧且傷不聊憂飧食嗛嗛常饑空 又叶枯良切[詩小雅]小東大東杼柚其空糾糾葛屨可以履霜

【 오류정리 】

○康誤處 1 ；[前漢地理志]京兆縣十二其三曰船司空[註]縣名木土船(改本主船)之官遂以爲縣

●考證 ； 謹照原文木土船改本主船

◆整理 ； [前漢地理志(전한지리지)] [註(주)] 木土船(목토선)은 本主船(본주선)의 착오.

◆訂正文 ； [前漢地理志]京兆縣十二其三曰船司空[註]縣名本主船之官遂以爲縣

▶【1310-1】 字解誤謬與否 ；[前漢地理志]京兆縣十二其三曰船司空[註]縣名木土船(改本主船)之官遂以爲縣 [木土船(改本主船)]

★이상과 같이 오류(誤謬) 수정(修訂)이 되면 본주선(本主船; 현명(縣名)) [漢書地理志]京兆尹船司空莽曰船利[服虔]曰縣名[師古]曰本主船之官遂以爲縣 이 되니 자전상(字典上) 공(空)의 본의(本義)에 영향이 미치게 됨.

穴 部 四畫

康 窔(요)[集韻][韻會]一叫切[正

韻]一笑切**汏**與**突**同深也　　　　又隱暗處
[釋名]突幽也[司馬相如子虛賦]巖突洞
房　　　　又複室也[楚辭招魂]冬有突厦
[註]突複室　　又[集韻][正韻]**汏**伊鳥
切音杳戶樞聲室東南隅也　　　　又[字彙
補]伊堯切音妖深竅聲[莊子齊物篇]突
者咬者

【 오류정리 】

○康誤處 1;[司馬相如子虛賦(改上林
賦)]巖突洞房
●考證；謹照原文子虛賦改上林賦
◆整理；[司馬相如(사마상여) 子虛賦
(자허부)는 上林賦(상림부)의] 착오.
◆訂正文；[司馬相如上林賦]巖突洞
房
▶【1311-1】 字解誤謬與否；[司馬
相如子虛賦(改上林賦)]巖突洞房
[子虛賦(改上林賦)]
★이상과 같이 인용처(引用處)나 주
소(註疏)의 오류(誤謬)를 수정(修訂)
을 한다 하여도 자전상(字典上)의 요
(突)의 본의(本義)에는 영향이 미치지
않음.

穴部 六畫

康**窒**(질)[唐韻][集韻][韻會]**汏**陟
栗切音挃[說文]塞也[易訟卦]有孚窒
[詩豳風]穹窒熏**鼠**[爾雅釋言]窒塞也
[疏]謂塡塞　　又[爾雅釋天]月在庚曰
窒　　又[揚子方言]劍削自河而北燕趙
之閒謂之窒　　又[廣雅]窒滿也　　又[廣
韻][集韻][韻會]**汏**丁結切音櫍又[集
韻]乃結切音涅義**汏**同　　又[集韻]徒結
切音姪實也一曰寢門**冢**前闕皆謂之窒
皇[左傳宣十四年]投袂而起屨及于窒皇
[註]窒寢門闕　　又借作室[漢韓敕後
碑]庫窒中朗

【 오류정리 】

○康誤處 1;[左傳宣十四年]投袂而起

屨及於窒皇[註]窒(增皇字)寢門闕
●考證；謹照原註窒下
◆整理；[左傳宣十四年(좌전선십사
년)] [註(주)] 窒(질)에 이어 皇字(황
자)를 덧붙임.
◆訂正文；[左傳宣十四年]投袂而起
屨及於窒皇[註]窒皇寢門闕
▶【1312-1】 字解誤謬與否；[左傳
宣十四年]投袂而起屨及於窒皇[註]窒
(增皇字)寢門闕　[窒(增皇字)]
★이상과 같이 오류(誤謬) 수정(修訂)
이 되면 질황(窒皇; 궁전 앞에 흙으
로 쌓은 토방) [左傳宣公十四年]楚子
聞之投袂而起屨及於窒皇劍及於寢門之
外車及於蒲胥之市;[杜預註]窒皇寢門
闕[洪亮吉詁]窒皇盖即今之甬道인데
자전상(字典上) 질(窒)의 본의(本義)
에 직접 영향이 미치게 됨.

穴部 八畫

康**窣**(솔)[唐韻][集韻][韻會][正
韻]**汏**蘇骨切音捽[說文]穴中卒出也
　　又勃窣行緩貌[司馬相如子虛賦]媻
珊勃窣上金堤[註]媻珊勃窣匍匐行也
　　又窸窣聲不安也[杜甫詩]河梁幸未
坼枝撐聲窸窣　　又[釋典]窣堵坡[註]塔
也　　又[集韻]蒼沒切音猝義同

【 오류정리 】

○康誤處 1;[釋典]窣堵坡(改波)[註]
塔也
●考證；謹按梵語謂塔爲窣堵波坡改
波
◆整理；[釋典(석전)] 坡(파)는 波
(파)의 착오.
◆訂正文；[釋典]窣堵波[註]塔也
▶【1313-1】 字解誤謬與否 ；[釋
典]窣堵坡(改波)[註]塔也　 [坡(改
波)]
★이상과 같이 오류(誤謬) 수정(修訂)
이 되면 솔도파(窣堵波; 불탑(佛塔).

도어(度漁) 人東北行百余里故城西有窂堵波)자전상(字典上) 솔(窂)의 본의(本義)에 적극 영향이 미치게 됨.

康 窌 (교)[海篇]乎孝切音校窌也

【 오류정리 】

○康誤處 1;[海篇(改海篇爲篇海)]乎孝切(改爲古孝切)音校窌也

●考證 ; 謹按篇海云窌音校窌也在周禮也查周禮考工記匠人困窌倉城釋文窌劉古孝反此窌卽窌之譌故云在周禮也當依周禮音古孝切校亦古孝切故云音校謹改海篇爲篇海乎孝切改爲古孝切

◆整理 ; [海篇(해편)은 篇海(편해)의 착오이며] 乎孝切(호효절)은 古孝切(고효절)의 착오.

◆訂正文 ; [海篇爲篇海]古孝切音校窌也

▶【1314-1】 字解誤謬與否 ; [海篇(改海篇爲篇海)]乎孝切(改爲古孝切)音校窌也 [海篇(改海篇爲篇海)] [乎孝切(改爲古孝切)]

★이상과 같이 인용처(引用處)나 주소(註疏)의 오류(誤謬) 및 음(音)의 수정(修訂)을 한다 하여도 자전상(字典上)의 교(窌)의 본의(本義)에는 영향이 미치지 않음.

康 窚 (형)[篇海]許用切音迥老弱也

【 오류정리 】

○康誤處 1;[篇海]許用切(改香仲切)音迥(改音趌)

●考證 ; 謹篇海窚香仲切廣韻集韻香仲切皆以趌字爲首許用切音迥改香仲切

◆整理 ; [篇海(편해)] 許用切(허용절)은 香仲切(향중절), 音迥(음형)은 音趌(음흥)의 착오.

◆訂正文 ; [篇海]香仲切音趌

▶【1315-1】 字解誤謬與否 ; [篇

海]許用切(改香仲切)音迥(改音趌) [許用切(改香仲切)] [音迥(改音趌)]

★이상과 같이 음(音)의 수정(修訂)을 한다 하여도 자전상(字典上)의 교(窌)의 본의(本義)에는 영향이 미치지 않음.

康 窶 (구)[唐韻]其矩切[集韻]郡羽切汰音甊[說文]無禮居也[徐註]階阼升降所以行禮貧無禮故先見於屋室[詩衞風]終窶且貧[傳]窶者無禮也[爾雅釋言]窶貧也[註]謂貧陋 [疏]由其無財以爲禮故謂貧陋 又[前漢東方朔傳]盆下爲窶數[師古註]窶數戴器也以盆盛物戴於頭者則以窶數爲之今賣白團餅人所用者是[釋名]窶數猶局促皆小意也 又[集韻]郎侯切[正韻]盧侯切汰音嶁[史記淳于髠傳]甌窶滿簀[裴駰註]甌窶便側之地 又[韻會][正韻]汰良據切音慮義同

【 오류정리 】

○康誤處 1;[詩衞風(改邶風)]終窶且貧

●考證 ; 謹照原文衞風改邶風

◆整理 ; [詩(시) 衞風(위풍)은 邶風(패풍)의] 착오.

◆訂正文 ; [詩邶風]終窶且貧

▶【1316-1】 字解誤謬與否 ; [詩衞風(改邶風)]終窶且貧 [衞風(改邶風)]

★이상과 같이 인용처(引用處)나 주소(註疏)의 오류(誤謬) 및 음(音)의 수정(修訂)을 한다 하여도 자전상(字典上)의 구(窶)의 본의(本義)에는 영향이 미치지 않음.

康 竅 (규)[廣韻][正韻]苦弔切[集

韻][韻會]詰弔切丝音擎[說文]穴也空
也[禮禮運]地秉竅于山川[疏]謂地秉
持于陰氣爲孔于山川以出納其氣[周禮
天官]兩之以九竅之變[註]陽竅七陰竅
二[疏]七者在頭露見故爲陽二者在下
不見故爲陰　　又凡藥以滑養竅[疏]凡
諸滑物通利往來似竅故以養之[山海
經]貫胷國其爲人胷有竅

【 오류정리 】

○康誤處 1; [禮禮運]地秉(增陰字)竅
于山川

●考證 ; 謹照原文地秉下增陰字

◆整理 ; [禮禮運(예예운)] 地秉(지
병)에 이어 陰字(음자)를 덧붙임.

◆訂正文 ; [禮禮運]地秉陰竅于山川

▶【1317-1】 字解誤謬與否 ; [禮禮
運]地秉(增陰字)竅于山川　[地秉(增
陰字)]

★이상과 같이 오류(誤謬) 수정(修訂)
이 된다 하여도 지병음(地秉陰; 땅의
음(陰)을 잡다)은 자전상(字典上) 규
(竅)의 본의(本義)에는 영향이 미치지
않음.

穴部 十四畫

㉿竆(궁)[廣韻][集韻][韻會]渠弓
切[正韻]渠宮切音與窮同[說文]作竆
極也[禮檀弓]充充如有竆[註]事盡理
屈爲竆言孝子心形充曲如急行道極竆
急之容也[韓詩外傳]獸竆則齧鳥竆則
啄人竆則詐[楚辭九歌]橫四海以焉竆
[註]竆極也　　又竟也[易臨卦]君子以
敎思無竆[書微子之命]與國咸休永世
無竆　　又究也[杜預春秋序]究其所竆
[疏]言竆盡其所竆之處也　　又塞也[孟
子]遁辭知其所竆[註]困屈也　　又人名
[左傳文十八年]少皥氏有不才子天下
之民謂之竆奇　　又獸名[山海經邦山有
獸名竆奇音如猣狗是食人又狀如虎有
翼[神異經]西北有獸有翼能飛知人言

語聞人鬪輒食直者聞人忠信輒食其鼻
聞人惡逆不善輒殺獸往饋之名曰竆奇
　　又地名[山海經]軒轅之國在此竆山
之際[帝王世紀]黃帝自竆桑登位[晉地
記]河南有竆國[竹書紀年]荀瑤伐中山
取竆魚之丘[莊子逍遙遊]竆髮之北有
冥海者天池也[屈原離騷]夕歸次于竆
石[水經]淮水又東北竆水入焉[註水出
六安國安豐縣竆谷　　又草名[山海經]
號山其草多芎竆　　又叶渠王切音狂[黃
庭經]同服紫衣飛羅裳但思一部壽無竆

【 오류정리 】

○康誤處 1; [楚辭九歌]橫四海以(改
兮)焉竆

●考證 ; 謹照原文以改兮

◆整理 ; [楚辭九歌(초사구가)] 以
(이)는 兮(혜)의 착오.

◆訂正文 ; [楚辭九歌]橫四海兮焉竆

▶【1318-1】 字解誤謬與否 ; [楚辭
九歌]橫四海以(改兮)焉竆　[以(改
兮)]

★이상과 같이 혜(兮; 어조사(語助辭)
감탄사(感歎詞) 현대 중국어에서 아
(啊) 하(呀)에 해당함)의 오류(誤謬)를
수정(修訂)한다 하여도 자전상(字典
上)의 궁(竆)의 본의(本義)에는 영향
이 미치지 않음.

立部 六畫

㉿竟(경)[廣韻][韻會][正韻]丝居
慶切音敬竆也終也[史記項羽紀]籍大
喜略知其意又不肯竟學[高祖紀]歲竟
兩家常折劵棄責[前漢元帝紀]竟寧元
年[師古註]竟者終極之言言永安寧也
[霍光傳]縣官重太后故不竟[師古註]
竟竆竟其事也　　又[說文]樂曲盡爲竟
又地名[史記白起傳]遂東至竟陵[註]
在郢州長壽縣南百五十里　　又姓出[何
氏姓苑]　　又[集韻]擧影切音景與境同
界也[禮曲禮]入竟而問禁[疏]竟彊首也
[左傳莊二十七年]卿非君命不越竟[字

彙補]按竟界之竟宜从上聲徐師曾禮註
字彙附於去聲非　　又[韻補]叶居亮切
[郭璞不死圖讚]有人爰處員丘之上稟
此遐齡悠悠無竟

【 오류정리 】

○康誤處 1;[禮曲禮]入竟而問禁[疏]
竟彊(改界)首也

●考證 ; 謹照孔疏原文彊改界

◆整理 ;[禮曲禮(예곡례)] [疏(소)]
彊(강)은 界(계)의 착오.

◆訂正文 ;[禮曲禮]入竟而問禁[疏]
竟界首也

▶【1319-1】 字解誤謬與否 ;[禮曲
禮]入竟而問禁[疏]竟彊(改界)首也
[彊(改界)]

★이상과 같이 오류(誤謬) 수정(修訂)
이 되면 경계(竟界; 경계(境界) ○[詩
小雅]萬壽無疆[箋]疆竟界也 ○[集韻]
竟與境同界也 ○佛法; 자기 법위로서
일체의 모습을 살피는 견처(見處)를
이름)인데자전상(字典上) 경(竟)의 본
의(本義)에 적극영향이 미치게 됨.

康章(장)[廣韻][集韻][韻
會]諸良
切[正韻]止良切𠀎音彰[說文]樂竟爲
一章从音从十十數之終也　　又采也[書
皐陶謨]五服五章哉[周禮冬官考工記]
畫績之事靑與赤謂之文赤與白謂之章
又明也[易垢卦]品物咸章[書洪範]俊
民用章　　又文章也[詩小雅]維其有章
矣[箋]禮文也　　又篇章[詩疏]詩有章
句總義包體所以明情也　　又成事成文
曰章[孟子]不成章不達[周語]將以講
事成章　　又[周語]余敢以私勞變前
之大章[註]表也表明天子與諸侯異物
也　　又條也程也[史記高祖紀]約法三
章[太史公自序]張蒼爲章程[註]章歷
數之章術也　　又大林木曰章[史記貨殖
傳]千章金材　　又[爾雅釋山疏]山形上
平者名章　　又地名[山海經]鮮山又東
曰章山又赤水之北有章尾山[史記楚世

家]吳大敗楚于豫章[前漢地理志]勃海
郡屬縣章武章鄉會稽郡屬縣句章西河
郡千章縣廣平國斥章東平國章縣[後漢
光武紀]建武六年改春陵鄉爲章陵縣
又官名[周禮春官]保章氏[前漢王子侯
表]千章侯[百官志]東閣主章令丞　 [師
古註]主章掌大材也[前漢宣帝紀]元康
元年置建章衞尉　　又[爾雅釋天]太歲
在庚曰上章　　又樂名[禮記註]大章堯
樂名　　又印章[漢官儀]吏秩比二千石
以上銀印龜鈕其文曰章刻曰某官之章
又章奏[獨斷]凡羣臣書通於天子者四
曰章曰奏曰表曰駁議　　又[左傳僖五
年]日南至[疏]步曆之始以朔旦冬至爲
首曆之上元其年是十一月朔旦冬至十
九年閏月盡復得十一月朔旦冬至故以
十九年爲一章積章成部積部成紀治曆
者以此章部爲法以知氣朔　　又章甫殷
冠名[禮郊特牲]章甫殷道也　　又總章
舜明堂名　　又建章漢宮名在長安城西
周迴二十餘里　　又姓秦將章邯　　又諡
法[逸書]溫克令儀曰章　　又國名[左傳
註]謝章薛舒呂祝終泉畢過此十國皆任
姓　　又俗或謂舅曰章　　又[六書音義]
周章怔營貌又懼貌亦作慞　　又[字彙
補]與樟同[司馬相如上林賦]楩楠豫章
又與獐同[周禮冬官考工記]山以章
[註]讀爲獐　 [韻會小補又叶之風切音
中[書皐陶謨]天秩有禮自我五禮有庸
哉同寅協恭和衷哉天命有德五服五章
哉　　又之亮切同障[禮雜記四面有章

【 오류정리 】

○康誤處 1;[司馬相如上林賦(改子虛
賦)]楩楠豫章

●考證 ; 謹照原文上林賦改子虛賦

◆整理 ;[司馬相如(사마상여) 上林賦
(상림부)는 子虛賦(자허부)의] 착오.

◆訂正文 ;[司馬相如子虛賦]楩楠豫
章

▶【1320-1】 字解誤謬與否 ;[司馬

相如上林賦(改子虛賦)]欟楠豫章 [上林賦(改子虛賦)]
★이상과 같이 인용처(引用處)나 주소(註疏)의 오류(誤謬)를 수정(修訂)을 한다 하여도 자전상(字典上)의 장(章)의 본의(本義)에는 영향이 미치지 않음.

立部 九畫

⊕端(단)[廣韻][集韻][韻會][正韻]太多官切音偳[說文]直也正也[禮曲禮]振書端書于君前[註]端正也[玉藻]目容端[前漢賈誼傳]選天下之端士孝悌博聞有道術者以衛翼之 又[篇海]萌也始也首也[禮禮運]人者天地之心五行之端也[公羊傳隱元年註]上係天端[疏]天端卽春也春秋說云以元之深正天之端以天之端正王者之政也[左傳文元年]先王之正時也履端于始[疏]履步也謂推步曆之初始以爲術曆之端首[孟子惻隱之心仁之端也[註]端者首也人皆有仁義禮智之首可引用之 又[廣韻]緒也等也[揚子方言]緒南楚或曰端 又[增韻]審也[戰國策]郤疵對智伯曰韓魏之君視疵端而趨疾 又專也[戰國策]敢端其願[註]端猶專也 又布帛曰端[禮記疏]束帛十端也丈八尺爲端[小 爾雅]倍丈謂之端倍端謂之兩倍兩謂之 疋 又[周禮春官]其齊服有玄端素端[鄭司農註]衣有襦裳者爲端[穀梁傳僖三年]桓公委端搢笏而朝諸侯[註]端玄端之服[疏]其色玄而制正幅無殺故謂之玄端 又地名[山海經]號山端水出焉東流注于河 又國在流沙中者墩端璽暎[史記趙世家]與韓魏分晉封晉君以端氏[註]端氏澤州縣也[前漢地理志]蒼梧郡有端溪 又姓孔子弟子端木賜 又宮門名[後漢黃瓊傳]舉吏先試之于公府又覆之于端門[註]端門太微宮南門也 又獸名[後漢

鮮卑傳]禽獸異于中國者野馬原羊角端牛以角爲弓俗謂之角端弓 又[正韻]尺兗切與喘同[荀子勸學篇]端而言[註]端讀爲喘喘微言也 又[韻會小補]美辨切同冕大夫以上冠也[禮月令]諸侯玄端以祭天子玄端以朝日于東門之外[註]端皆音冕 又[韻補]叶都元切[陸機文賦]罄澄心以凝思眇衆慮而爲言籠天地于形內挫萬物于筆端 又叶多汪切[楊戲贊秦子敕正方受遣豫聞後綱不陳不儉造此異端

【 오류정리 】

○康誤處 1;[禮月令(改玉藻)]諸侯玄端以祭天子玄端以朝日于東門之外
●考證;謹照原文月令改玉藻
◆整理;[禮(예) 月令(월령)은 玉藻(옥조)의] 착오.
◆訂正文;[禮玉藻]諸侯玄 端以祭天子玄端以朝日于東門之外
▶【1321-1】 字解誤謬與否;[禮月令(改玉藻)]諸侯玄端以祭天子玄端以朝日于東門之外 [月令(改玉藻)]
★이상과 같이 인용처(引用處)나 주소(註疏)의 오류(誤謬)를 수정(修訂)을 한다 하여도 자전상(字典上)의 단(端)의 본의(本義)에는 영향이 미치지 않음.

立部 十四畫

⊕競(경)[廣韻]渠敬切[集韻][韻會]渠映切[正韻]具映切太音僥彊也[書立政]乃有室大競[爾雅釋詁]競彊也[左傳僖七年]心則不競何憚于病 又爭也逐也高也遽也[詩商頌]不競不絿[註]競逐也[左傳襄十年]鄭其災乎師競已甚[註]爭競也[又]季康子曰敝邑有社稷之事使肥與職競焉[註]競遽也 又[增韻]盛也[左傳昭三年]二惠競爽 又[集韻]或作競亦作僥[周禮春官鐘師

註]繁遏執兢也[韻會補又作倞[開元五經文字]毛詩秉心無倞　又借作境[秦詛楚文]奮兵盛師以侸㤅邊競　又叶居良切[黃庭經]魂魄內守不爭競神生腹中銜玉鑑　又叶其兩切[詩大雅]靡所止疑云徂何往君子實維秉心無競俗作覸

【 오류정리 】

○康誤處 1; [左傳襄十年]鄭其(增有字)災乎師競已甚

●考證 ; 謹照原文災上增有字

◆整理 ; [左傳襄十年(좌전양십년)]鄭其(정기)에 이어 有字(유자)를 덧붙임. 災(재)

◆訂正文 ; [左傳襄十年]鄭其有災乎師競已甚

▶【1322-1】 字解誤謬與否 ; [左傳襄十年]鄭其(增有字)災乎師競已甚 [鄭其(增有字)]

★이상과 같이 오류(誤謬) 수정(修訂)이 된다 하여도 유재(有災; 재앙이 있다) [孟子梁惠王上]王曰若是其甚與曰殆有甚焉緣木求魚雖不得魚無後災以若所爲求若所欲盡心力而爲之後必有災는 자전상(字典上) 경(競)의 본의(本義)에는 영향이 미치지 않음.

○康誤處 2; [又]季康子曰(改爲哀二十三年)敝邑有社稷之事使肥與(增有字)職競焉

●考證 ; 謹按此係哀二十三年傳文謹將又季康子曰五字改爲哀二十三年職上增有字

◆整理 ; 又季康子曰(우계강자왈)은 哀二十三年(애이십삼년)의 착오이며, 與(여)에 이어 有字(유자)를 덧붙임. 職(직)

◆訂正文 ; [哀二十三年]敝邑有社稷之事使肥與有職競焉

▶【1323-2】 字解誤謬與否 ; [又]

季康子曰(改爲哀二十三年)敝邑有社稷之事使肥與(增有字)職競焉 [[又]季康子曰(改爲哀二十三年)] [(增有字)職]

★이상과 같이 인용처(引用處)의 오류(誤謬) 수정(修訂)이나 유(有; 소유하다. 가지고 있다. 있다)가 증자(增字)가 있다 하여도 자전상(字典上) 경(競)의 본의(本義)에는 영향이 미치지 않음.

竹 部

康竹(죽)[廣韻][集韻][韻會]張六切[正韻]之六切㚇音竺[說文]冬生靑艸象形下垂箬箁也[竹譜]植類之中有物曰竹不剛不柔非草非木小異空實大同節目[又]竹雖冬蒨性忌殊寒九河鮮育五嶺實繁[詩衞風]綠竹猗猗[禮月令]日短至則伐木取竹箭[周禮夏官]東南曰揚州其利金錫竹箭[史記貨殖傳]渭川千畝竹其人與萬戶侯等[釋名]竹曰个[淮南子俶眞訓]竹以水生　又八音之一[周禮春官]播之以八音金石土革絲木匏竹[禮樂記]竹聲濫濫以立會會以聚衆[史記律書註]古律用竹[前漢律歷志]黃帝使冷綸自大夏之西崑崙之陰取竹之解谷生其竅厚均者斷兩節閒而吹之以爲黃鐘之宮[釋名]竹曰吹吹推也以氣推發其聲也　又竹簡[左傳註]造刑書于竹簡　又竹帛[史記孝文紀]請著之竹帛宣布天下[說文]著之竹帛謂之書　又竹花竹實[謝靈運晉書]元康二年巴西界竹生花紫色結實[本草竹花一名草華[莊子秋水篇]鵷雛非練實不食[註]練實竹實也　又竹醉日[岳陽風土記]五月十三日謂之龍生日可種竹[齊民要術]所謂竹醉日也　又地名[爾雅釋地]觚竹北戶西王母日下謂之四荒[史記]伯夷叔齊孤竹君之二子[前漢地理志]孤竹在遼西令支縣[又]沛郡有竹

縣[註]今竹邑[又]廣漢郡屬縣有綿竹[又]零陵郡竹山縣[水經注]藉水東南流與竹嶺水合[穆天子傳]我祖黃竹[零陵記]桂竹之野[楊愼集]桂竹後稱貴竹今貴州[福建志南安縣有苦竹山　又官名[唐書百官志]司竹監掌植竹葦供宮中百司簾筐之屬　　又書名[竹書紀年][戴凱之竹譜][劉美之續竹譜]　又姓[廣韻]伯夷叔齊之後以竹爲氏後漢有下邳相竹曾　　又草名[永嘉郡志]靑田縣有草葉似竹可染碧名爲竹靑[宛陵詩註]錦竹草名似竹而斑　　又木名[益部方物略]竹柏生峨嵋山葉繁長而籜似竹　　又花藥名[本草]石竹瞿麥也鹿竹菟竹黃精也玉竹葳蕤也　　又菜名[齊民要術]竹菜生竹林下似芹科而莖葉細可食[羣芳譜]淡竹葉一名竹葉菜嫩時可食　　又果名[桂海虞衡志]木竹子皮色形狀全似大枇杷肉甘美秋冬開實　　又鼠名[贊寧筍志]竹根有鼠大如貓其色類竹名竹㹠亦名稚子杜詩所謂筍根稚子也　　又魚名[桂海虞衡志]竹魚出灕水狀如靑魚味似鱖　　又酒名[張協七命]豫北竹葉[張華詩]蒼梧竹葉淸　　又[集韻]敕六切音畜蓄竹草名　　又與屬玉之屬通鴨也[揚雄蜀都賦]獨竹孤鶬　　又叶職律切[謝惠連雪賦]雪宮建于東國雪山峙于西域岐昌發詠于來思姬滿申歌于黃竹曹風以麻衣比色楚謠以幽蘭儷曲[註]曲區聿切竹職律切

【 오류정리 】

○康誤處 1;[史記貨殖傳]渭川千畝竹其人與萬戶(改千戶)侯等

●考證 ; 謹照原文萬戶改千戶

◆整理 ; [史記貨殖傳(사기화식전)]萬戶(만호)는 千戶(천호)의 착오.

◆訂正文 ; [史記貨殖傳]渭川千畝竹其人與千戶侯等

▶ 【1324-1】 字解誤謬與否 ; [史記貨殖傳]渭川千畝竹其人與萬戶(改千戶)侯等 [萬戶(改千戶)]

★이상과 같이 오류(誤謬) 수정(修訂)이 된다 하여도 천호(千戶; 관직명) 자전상(字典上) 죽(竹)의 본의(本義)에는 영향이 미치지 않음.

○康誤處 2; [前漢律歷志]黃帝使冷綸(改泠綸)

●考證 ; 謹照原文冷綸改泠綸

◆整理 ; [前漢律歷志(전한율력지)] 冷綸(랭륜)은 泠綸(령륜)의 착오.

◆訂正文 ; [前漢律歷志]黃帝使泠綸

▶ 【1325-2】 字解誤謬與否 ; [前漢律歷志]黃帝使冷綸(改泠綸) [冷綸(改泠綸)]

★이상과 같이 오류(誤謬) 수정(修訂)이 되면 령륜(泠綸; 전설적(傳說的) 악관명(樂官名))인데 자전상(字典上) 죽(竹)의 본의(本義)에는 영향이 미치지 않음.

竹部 三畫

㉃竽(우)[廣韻]羽俱切[集韻][韻會][正韻]雲俱切夶音于[說文]竽三十六簧樂也[周禮春官疏]竽長四尺二寸[註]竽管類用竹爲之形參差象鳥翼鳥火禽火數七冬至之時吹之冬水用事水數六六七四十二竽之長蓋取於此也[世本]隨作竽[釋名]竽汙也其中汙空[博雅]竽象笙三十六管宮管在中央[樂書]近代笙竽十九簧竽與笙異器而同和故[周官]竽與笙均掌之笙師[周禮春官]笙師掌敎吹竽[禮樂記]君子聽笙竽則思畜聚之臣[易通卦驗]冬至吹黃鐘之律閉音以竽[老子道德經]服文采帶利劍厭飲食而資貨有餘此之謂盜竽[註]竽者五聲之長也竽倡則衆樂皆和大姦倡則小盜和故曰盜竽[集韻]或作䇓

【 오류정리 】

○康誤處 1;[釋名]竽汙也其中汙空

(改汗空)

●考證；謹照原文汗空改汗空

◆整理；[釋名(석명)] 汗空(한공)은 汗空(오공)의 착오임.

※筆者謹按原本；자전(字典)은 {[釋名]笐汗也其中汗空}과 같이 오류(誤謬)가 없음. 고증의 汗空 지적은 착오로 보임.

▶【1326-1】 字解誤謬與否；誤無汗空)空

★이상과 같이 강희자전(康熙字典) 죽부(竹部) 삼획(三畫) 우자(笐字) 설문조(說文條) 우공(笐空)을 고증(考證)에서 한공(汗空)으로 착각하여 우공(笐空)으로의 수정(修訂) 제시는 조심스러우나 오류가 아닌가함.

○康誤處 2；[禮樂記]君子聽笙竽(改竽笙)則思畜聚之臣

●考證；謹照原文笙竽改竽笙

◆整理；[禮樂記(예악기)] 笙竽(생우)은 竽笙(우생)의 착오.

◆訂正文；[禮樂記]君子聽竽笙則思畜聚之臣

▶【1327-2】 字解誤謬與否；[禮樂記]君子聽笙竽(改竽笙)則思畜聚之臣 [笙竽(改竽笙)]

★이상과 같이 오류(誤謬) 수정(修訂)이 되면 우생(竽笙; 관악기(管樂器)의 일종)인데 자전상(字典上) 우(竽)의 본의(本義)에 직접 영향이 미치게 됨.

康 笁 (지)[正韻]陳知切音池同篪[禮月令]仲夏之月調竽笙笁簧[篇海]或作笪箷

【 오류정리 】

○康誤處 1；[正韻]陳知切音池同篪(改籭)

●考證；謹按集韻篪音馳同笁篪音虎音義各別今据改籭

◆整理；[正韻(정운)] 篪(호)는 籭(지)의 착오.

◆訂正文；[正韻]陳知切音池同籭

▶【1328-1】 字解誤謬與否；[正韻]陳知切音池同篪(改籭) [篪(改籭)]

★이상과 같이 오류(誤謬) 수정(修訂)이 되면 지(籭; 죽관악기(竹管樂器))가 되는데 자전상(字典上) 지(笁)의 본의(本義)에 직접 영향이 미치게 됨.

竹部 四畫

康 笏 (홀)[廣韻][集韻][韻會][正韻]戉呼骨切音忽公及士所搢也[禮玉藻]笏天子以球玉諸侯以象大夫以魚須文竹士以竹本象可也笏度二尺有六寸其中博二寸其殺六分而去一凡有指畫于君前用笏造受命于君前則書于笏[左傳桓二年]袞冕黻珽[註]珽玉笏也若今吏之持簿[晉書輿服志]古者貴賤皆執笏有事則搢之于腰帶[釋名]笏忽也備忽忘也[廣韻]笏一名手版品官所執[輿服雜事]五代以來惟八座尚書執笏以筆綴手版頭紫囊裹之其餘王公卿士但執手版主于敬不執筆示非記事官也[正字通]明制笏四品以上用象牙五品以下用木以粉飾之 又[韻會]通作㧣[史記夏本紀註]鄭康成曰㧣者臣見君所秉書思對命者也君亦有焉 又[集韻]武粉切音刎箤笏手循笛孔貌[馬融長笛賦]箤笏抑隱行入諸變 又[集韻]文拂切音勿箤笏繁密貌

【 오류정리 】

○康誤處 1；[禮玉藻]笏天子以球玉(改球玉)諸侯以象

●考證；謹照原文球玉改球玉

◆整理；[禮玉藻(예옥조)] 球玉(구옥)은 球玉(구옥)의 착오.

◆訂正文；[禮玉藻]笏天子以球玉諸侯以象

▶【1329-1】 字解誤謬與否；[禮玉

藻]笏天子以璙玉(改球玉)諸侯以象
[璙玉(改球玉)]
★이상과 같이 오류(誤謬) 수정(修訂)
이 되면 구옥(球玉; 구슬옥. 꿸수 있
게 가운데에 작은 구멍이 뚫린 작은
둥근 옥)으로 자전상(字典上) 홀(笏)
의 본의(本義)에 영향이 미치게 됨.

〇康誤處 2; 笏度二尺有六寸其中博
二寸(改博三寸)
●考證 ; 謹照原文博二寸改博三寸
◆整理 ; 博二寸(박이촌)은 博三寸(박
삼촌)의 착오.
◆訂正文 ; 笏度二尺有六寸其中博三
寸
▶【1330-1】 字解誤謬與否 ; 笏度
二尺有六寸其中博二寸(改博三寸)
[博二寸(改博三寸)]
★이상과 같이 오류(誤謬) 수정(修訂)
이 되면 박삼촌(博三寸; 두께 3 치)이
되는데 자전상(字典上) 홀(笏)의 본의
(本義)에 영향이 미치게 됨.

竹部 五畫

康笙(생)[唐韻][廣韻]所庚切[集
韻][韻會][正韻]師庚切𡘋音生[廣韻]
樂器也[世本]隨作笙一曰女媧作[說
文]笙十三簧象鳳之身也正月之音物生
故謂之笙[釋名]笙生也象物貫地而生
也以瓠爲之十三管宮管在左方[白虎通]
笙之爲言施也牙也萬物始施而牙太蔟之
氣也[爾雅釋樂]大笙謂之巢小者謂之
和[註]大者十九簧和十三簧者[前漢律
歷志]匏曰笙[註]匏瓠也列管瓠中施簧
管端[書益稷謨]笙鏞以閒[詩小雅]笙
磬同音[周禮春官]笙師掌教歙竽笙
又細也[揚子方言]笙細也自關而西
秦晉之閒凡細貌謂之笙[廣雅]笙小也
又地名[左傳宣十八年]歸父還自晉至
笙[註]笙魯境　　又簟名[揚子方言]簟
謂之笙[左思吳都賦]桃笙象簟鞗于筒

中　　又叶師莊切[詩小雅]鼓瑟吹笙叶
下將行行音杭　　又[字彙補]疏臻切音
莘[史記齊世家]遂殺子糾于笙瀆[索
隱曰]鄒誕生本作莘讀莘笙聲相近

【 오류정리 】

〇康誤處 1; (增博雅釋樂四字)以瓠爲
之十三管宮管在左方
●考證 ; 謹按此數語出博雅誤列入釋
名語中今於以瓠句上增博雅釋樂四字
◆整理 ; 博雅釋樂(박아석악) 四字(사
자)를 이호(以瓠) 앞에 덧붙임. 以瓠
(이호)
◆訂正文 ; [博雅釋樂]以瓠爲之十三
管宮管在左方
▶【1331-1】 字解誤謬與否 ; (增博
雅釋樂四字)以瓠爲之十三管宮管在左
方 [(增博雅釋樂四字)以瓠]
★이상과 같이 인용처(引用處)나 주
소(註疏)의 오류(誤謬)를 수정(修訂)
을 한다 하여도 자전상(字典上)의 생
(笙)의 본의(本義)에는 영향이 미치지
않음.

〇康誤處 2; [白虎通]笙之爲言施也牙
也萬物始施而牙太蔟之氣也(改笙者大
蔟之氣象萬物之生故謂之笙)
●考證 ; 謹按原文笙作匏上二語乃匏
之訓詁與笙字無涉今据本書改笙者大蔟
之氣象萬物之生故謂之笙
◆整理 ; [白虎通(백호통)]笙之爲言施
也牙也萬物始施而牙太蔟之氣也(생지
위언시야아야만물시시이아태주지기
야)는 笙者大蔟之氣象萬物之生故謂之
笙(생자대주지기상만물지생고위지생)
의 착오.
◆訂正文 ; [白虎通]笙者大蔟之氣象
萬物之生故謂之笙
▶【1332-2】 字解誤謬與否 ; [白虎
通]笙之爲言施也牙也萬物始施而牙太
蔟之氣也(改笙者大蔟之氣象萬物之生

故謂之笙)
★이상과 같이 오류(誤謬) 수정(修訂)
이 되면 ○생자(笙者; 생(生)) ○대
주지기(大蔟之氣; 육율(六律) 중 두
번째 률. 육률(六律) 황종(黃鐘) 대주
(大蔟) 고세(姑洗) 유빈(蕤賓) 이칙(夷
則) 무사(無射))○상만물지생(象萬物
之生; 만물의 형상이 생겨나다) ○고
위지생(故謂之笙; 그런 까닭에 생황
(笙簧)이라 한다) [孟子]笙者生也 [說
文]笙十三簧象鳳之身也正月之音物生
故謂之笙[釋名]笙生也象物貫地而生也
[博雅釋樂]以瓠爲之十三管宮管在左方
[白虎通]笙者大蔟之氣象萬物之生故謂
之笙[爾雅釋樂]大笙謂之巢小者謂之和
[註]大者十九簧和十三簧者이라 하였
으니 자전상(字典上) 생(笙)의 본의
(本義)에 적극 영향이 미치게 됨.

○康誤處 3; [書益稷謨(改篇)]笙鏞以
閒
●考證 ; 謹按益稷不稱謨謨改篇
◆整理 ; [書益稷(서익직) 謨(모)는
篇(편)의] 착오.
◆訂正文 ; [書益稷篇]笙鏞以閒
▶ 【1333-3】 字解誤謬與否 ; [書益
稷謨(改篇)]笙鏞以閒 [謨(改篇)]
★이상과 같이 인용처(引用處)나 주
소(註疏)의 오류(誤謬)를 수정(修訂)
을 한다 하여도 자전상(字典上)의 홀
(笏)의 본의(本義)에는 영향이 미치지
않음.

康笛(적)[廣韻]徒歷切[集韻][韻
會]亭歷切[正韻]杜歷切𠀤音狄七孔箎
也[說文]樂管亦作篴[風俗通]武帝時
丘仲作笛笛滌也蕩滌邪志納之雅正長
尺四寸七孔[通雅]有雅笛有羌笛[馬融
長笛賦]近世雙笛從羌起羌人伐竹未及
已龍鳴水中不見已截竹吹之聲相似剡
其上孔通洞之裁以當簻便易持易京君

明識音律故本四孔加以一君明所加孔
後出是謂商聲五音畢[西京雜記]高祖
初入咸陽宮得玉笛長二尺三寸二十六
孔吹之則見車馬山林隱轔相次銘曰昭
華之琯[酉陽雜俎]猿臂可爲笛吹之聲
圓于竹[韻會小補]樂器圖有義觜笛謂
笛上別安觜也 又地名[水經注]洞庭
湖之右岸有山世謂之笛烏頭石 [正字
通]西京玉笛在武帝前[風俗通]謂笛爲
武帝時丘仲所作誤也○按[周禮笙師]
已有教篴之文篴與笛同則周時已有之
矣

【 오류정리 】

○康誤處 1; [說文]樂管亦作篴(改篴)
●考證 ; 謹查篴字入本部十一畫从逐
不从遂今據改篴
◆整理 ; [說文(설문)] 篴(無音)은 篴
(적)의 착오.
◆訂正文 ; [說文]樂管亦作篴
▶ 【1334-1】 字解誤謬與否 ; [說
文]樂管亦作篴(改篴) [篴(改篴)]
★이상과 같이 오류(誤謬) 수정(修訂)
이 되면 적(篴; 피리)이라 자전상(字
典上) 적(笛)의 본의(本義)에 직접 영
향이 미치게 됨.

康第(제)[廣韻]特計切[集韻][韻
會][正韻]大計切𠀤音弟次第也[左傳
哀十六年]子西曰楚國第我死令尹司馬
非勝而誰[註]用士之次第 又但也[史
記陳丞相世家]陛下第遊雲夢[註]第且
也但也 又第宅[前漢高帝紀]爲列侯
者賜大第[註]孟康曰有甲乙次第故曰
第也[司馬相如喻巴蜀檄]位爲通侯居
列東第 又複姓[後漢第五倫傳]齊諸
田徙園陵者多故以次第爲氏有第五第
八等氏 又同弟[說文]第本作弟韋束
之次第也今爲兄弟字 又[集韻]一曰
順也 又[韻會]舊註作苐非苐草也

【 오류정리 】

○康誤處 1；[史記陳丞相世家]陛下第(增出僞二字)遊雲夢
●考證；謹照原文第下增出僞二字
◆整理；[史記陳丞相世家(사기진승상세가)] 第(제)에 이어 出僞二字(출위이자)를 덧붙임. 遊(유)
◆訂正文；[史記陳丞相世家]陛下第出僞遊雲夢
▶【1335-1】 字解誤謬與否；[史記陳丞相世家]陛下第(增出僞二字)遊雲夢 [第(增出僞二字)]
★이상과 같이 오류(誤謬) 수정(修訂)이 된다 하여도 출위(出僞; 밖에 나가면 위선을 일삼는다)는 자전상(字典上) 제(第)의 본의(本義)에는 영향이 미치지 않음.

康筍(구)[廣韻]古厚切[集韻][韻會][正韻]擧后切𠀤音苟[說文]曲竹捕魚筍也[詩衞風]毋發我筍[註]鄭司農云堰水而爲關空以筍承其空[爾雅釋器]篧婦之筍謂之䈉[註]孫炎云以薄爲魚筍也 又地名[廣韻]筍扁縣在交趾 又音鉤見[莊子音義

【 오류정리 】
○康誤處 1；[詩衞風(改邶風)]毋發我筍
●考證；謹照原書衞風改邶風
◆整理；[詩(시) 衞風(위풍)은 邶風(패풍)의] 착오.
◆訂正文；[詩邶風]毋發我筍
▶【1336-1】 字解誤謬與否；[詩衞風(改邶風)]毋發我筍 [衞風(改邶風)]
★이상과 같이 인용처(引用處)나 주소(註疏)의 오류(誤謬)를 수정(修訂)을 한다 하여도 자전상(字典上)의 구(筍)의 본의(本義)에는 영향이 미치지 않음.

康笲(번)[廣韻]附袁切[集韻][韻會]符袁切[正韻]符艱切𠀤音煩竹器所以盛棗脩[禮昏禮]婦執笲棗栗段脩以見[註]笲以葦苦竹爲之其形如筥衣之以靑繒以盛棗栗之屬 又[廣韻]扶晚切[集韻]父遠切[正韻]甫版切𠀤音㪱義同 又[廣韻][集韻]皮變切[正韻]毗面切𠀤音卞義同 [集韻]同匧

【 오류정리 】
○康誤處 1；[禮昏禮(改昏義)]婦執笲棗栗段脩以見
●考證；謹照原書昏禮改昏義
◆整理；[禮(예) 昏禮(혼례)는 昏義(혼의)의] 착오.
◆訂正文；[禮昏義]婦執笲棗栗段脩以見
▶【1337-1】 字解誤謬與否；[禮昏禮(改昏義)]婦執笲棗栗段脩以見 [昏禮(改昏義)]
★이상과 같이 인용처(引用處)나 주소(註疏)의 오류(誤謬)를 수정(修訂)을 한다 하여도 자전상(字典上)의 번(笲)의 본의(本義)에는 영향이 미치지 않음.

竹部 六畫
康箷(지)[類篇]陳知切管樂也與篪笹同

【 오류정리 】
○康誤處 1；與篪(改簾)笹同
●考證；謹据集韻篪改簾
◆整理；篪(호)는 簾(지)의 착오.
◆訂正文；與簾笹同
▶【1338-1】 字解誤謬與否；與篪(改簾)笹同 [篪(改簾)]
★이상과 같이 오류(誤謬) 수정(修訂)이 되면 ○지지(簾笹; 피리 비슷한 죽관악기 8개의 구멍이 있음) ○笹[正韻]陳知切音池同篪[爾雅釋樂]大篪謂之沂[郭註]篪長尺四寸圍三寸一孔上出寸三分橫吹小者尺二寸[廣雅]云八

孔[疏]鄭司農註[周禮]云籈七孔蓋不數
其上出者故七也인데　자전상(字典上)
지(筅)의 본의(本義)에 영향이 적극
미치게 됨.

竹部 七畫

康 筅(은)[集韻]牛肌切音沂大籈也
又魚斤切音銀義同或作猌

【 오류정리 】

○康誤處 1; 大籈(改籈)也
●考證 ; 謹据集韻籈改籈
◆整理 ; 大(대) 籈(호)는 籈(지)의 착
오. 也(야)
◆訂正文 ; 大籈也
▶【1339-1】 字解誤謬與否 ; 大籈
(改籈)也　[籈(改籈)]
★이상과 같이 오류(誤謬) 수정(修訂)
이 되면 지(籈; 피리 비슷한 죽관악
기 8개의 구멍이 있음)[爾雅釋樂]大
籈謂之沂[郭註]籈長尺四寸圍三寸一孔
上出寸三分橫吹小者尺二寸[廣雅]云八
孔[疏]鄭司農註[周禮]云籈七孔蓋不數
其上出者故七也로 자전상(字典上) 은
(筅)의 본의(本義)에 적극 영향이 미
치게 됨.

康 筆(봉)[廣韻]薄紅切[集韻]蒲蒙
切夶音蓬與篷同[廣韻]車奉[揚子方
言]車篷南楚之外謂之篷或省作筆[玉
篇]亦船連帳也　又[集韻]胡江切音降
筆簍酒篘也

【 오류정리 】

○康誤處 1; [揚子方言]車(增枸字)簍
南楚之外謂之篷或省作筆
●考證 ; 謹照原文簍上增枸字
◆整理 ; [揚子方言(양자방언)] 車
(차)에 이어 枸字(구자)를 덧붙임. 簍
(루)
◆訂正文 ; [揚子方言]車枸簍南楚之

外謂之篷或省作筆
▶【1340-1】 字解誤謬與否 ; [揚子
方言]車(增枸字)簍南楚之外謂之篷或
省作筆　[車(增枸字)]
★이상과 같이 오류(誤謬) 수정(修訂)
이 되면 구루(枸簍; 달구지 덮개) [揚
子方言]車枸簍自關而西謂之枸簍又[韻
會]權俱切音劬[山海經]下有九枸[郭
註]盤錯也又斷木見株字註[揚子方言]
枸簍車弓也인데　자전상(字典上) 봉
(筆)의 본의(本義)에 적극 영향이 미
치게 됨.

康 筩(통)[廣韻][正韻]徒紅切[集
韻][韻會]徒東切夶音同竹筒也[前漢
律歷志]黃帝使冷綸取竹之解谷制十二
筩以聽鳳之鳴爲律本　又[前漢趙廣漢
傳]廣漢爲潁川太守教吏爲缿筩[註]師
古曰若今盛錢藏鉼爲小孔可入而不可
出或缿或筩皆爲此制而用受書令投於
其中也　　又捕魚鈎[郭璞江賦]筩灑連
鋒罾罶比船[李善註]筩灑皆鈎名　　又
[集韻]杜孔切音動候管　又[集韻][韻
會][正韻]夶尹竦切音勇箭室[左傳昭
十三年]司鐸射懷錦奉壺飮冰以蒲伏焉
[註]冰箭筩蓋可以取飮

【 오류정리 】

○康誤處 1;[前漢律歷志]黃帝使冷綸
(改泠綸)
●考證 ; 謹照原書冷綸改泠綸
◆整理 ; [前漢律歷志(전한률력지)]
冷綸(냉륜)은 泠綸(영륜)의 착오.
◆訂正文 ; [前漢律歷志]黃帝使泠綸
▶【1341-1】 字解誤謬與否 ; [前漢
律歷志]黃帝使冷綸(改泠綸)　[冷綸
(改泠綸)]
★이상과 같이 오류(誤謬) 수정(修訂)
이 되면 령륜(泠綸; 악관(樂官)) [帝
王世紀]黃帝命令泠綸確立十二律泠綸
在崑崙山北麓取筆直且厚薄一致的竹子

先做成三寸九分長的管以其吹出的音高定爲黃鐘律이라 자전상(字典上) 통(箭)의 본의(本義)에는 영향이 미치지 못함.

⑰筮(서)[廣韻][集韻][韻會][正韻]丑時制切音誓[說文][易]卦用也 [廣韻]龜曰卜著曰筮巫咸作筮筮決也 [書洪範]擇建立卜筮人乃命卜筮[左傳僖四年]卜人曰筮短龜長不如從長[註]物生而後有象象而後有滋滋而後有數龜象筮數故象長數短[疏]象者物初生之形數者物滋息之狀凡物皆先有形象乃有滋息是數從象生也龜以本象金木水火土之兆以示人故爲長筮以末數七八九六之策以示人故爲短又筮之畫卦從下而始故以下爲內上爲外凡筮者先爲其內後爲其外內卦爲己身外卦爲他人　又[集韻]以制切音曳櫟著占也

又山名[前漢地理志註]南陽郡宛縣南有北筮山　　又書名[前漢藝文志]縱橫家有[國筮子]十七篇著龜家有[大筮衍易]二十八篇　　又[屈原離騷]吾令豐隆乘雲兮[註]郭璞云豐隆筮師御雲[歸藏]云豐隆筮雲氣而告之則雲師也

【 오류정리 】

〇康誤處 1;[廣韻]龜曰卜著曰筮巫威(改巫咸)作筮
●考證 ; 謹照原文巫威改巫咸
◆整理 ;[廣韻(광운)] 巫威(무위)는 巫咸(무함)의 착오.
◆|訂正文| ;[廣韻]龜曰卜著曰筮巫咸作筮
▶【1343-1】 字解誤謬與否 ;[廣韻]龜曰卜著曰筮巫威(改巫咸)作筮 [巫威(改巫咸)]
★이상과 같이 오류(誤謬) 수정(修訂)이 되면 무함(巫咸; 신무(神巫) 점쟁이) [呂氏春秋勿躬]巫彭作医巫咸作筮 [楚辭]記有巫咸將夕降兮[王逸註]爲巫咸古神巫也 자전상(字典上) 서(筮)의

본의(本義)에 영향이 미치게 됨.

〇康誤處 2;[前漢藝文志]著龜家有大筮衍易二十八篇(改卷)
●考證 ; 謹照原書係二十八卷篇改卷
◆整理 ; [前漢藝文志(전한예문지)] 二十八卷(이십팔권) 篇(편)은 卷(권)의 착오.
※筆者謹按原本 ; 考證에서는 二十八卷篇改卷라 하였으나. 字典 [前漢藝文志]에는 二十八篇으로 되어 있으니 考證 卷篇의 卷은 덧붙은 글자임.
◆|訂正文| ;[前漢藝文志]著龜家有大筮衍易二十八卷
▶【1343-1】 字解誤謬與否 ;[前漢藝文志]著龜家有大筮衍易二十八篇(改卷) [篇(改卷)]
★이상과 같이 오류(誤謬) 수정(修訂)이 된다 하여도 권(卷; 책. 서작. 두루마리. 답안지) 자전상(字典上) 서(筮)의 본의(本義)에는 영향이 미치지 않음.

⑰豜(은)[集韻]魚斤切音銀大篪也同豻

【 오류정리 】

〇康誤處 1; 大篪(改篪)也
●考證 ; 謹照原文篪改篪
◆整理 ; 大(대) 篪(호)는 篪(지)의 착오. 也(야)
◆|訂正文| ; 大篪也
▶【1344-1】 字解誤謬與否 ; 大篪(改篪)也 [篪(改篪)]
★이상과 같이 오류(誤謬) 수정(修訂)이 되면 대지(大篪; 일명기(一名沂) 피리와 비슷한 죽관악기(竹管樂器) [爾雅釋樂]大篪謂之沂[郭璞注]篪以竹爲之長尺四寸圍三寸一孔上出一寸三分名翹橫吹之)인데 자전상(字典上) 은(豜)의 본의(本義)에 적극 영향이 미치게 됨.

竹部 八畫

⑱箅(비)[唐韻][廣韵]幷弭切[集韻][韻會]邊迷切𠀤音箆小籠也[類篇]捕魚器[揚子方言]篝小者南宋謂之簍自關而西秦晉之閒謂之箅[註]今江東呼籠爲箅[廣雅]箅簍也又名簍又名籈又名笯 又[集韻]蒲街切音牌大桴也[前漢岑彭傳]公孫述遣其將任滿田戎程汎將數萬人乘枋箅下江關擊破馮駿及田鴻等[註]枋箅以竹木爲之浮于水上郭景純曰水中箅篾也 又[集韻]必至切音畀薄也 又上聲[集韻][韻會]𠀤補弭切音辟箷箅也 又入聲[集韻]蒲歷切音辟亦薄也

【 오류정리 】

○康誤處 1; [揚子方言]篝小者南宋(南楚)謂之簍自關而西秦晉之閒謂之箅
●考證 ; 謹照原文南宋改南楚
◆整理 ; [揚子方言(양자방언)] 南宋(남송)은 南楚(남초)의 착오.
◆訂正文 ; [揚子方言]篝小者南楚謂之簍自關而西秦晉之閒謂之箅
▶【1345-1】 字解誤謬與否 ; [揚子方言]篝小者南宋(南楚)謂之簍自關而西秦晉之閒謂之箅 [宋(南楚)]
★이상과 같이 오류(誤謬) 수정(修訂)이 되면 남초(南楚; 춘추전국시대 초(楚)나라가 중원의 남쪽 지역에 있었기 때문에 남초(南楚)라는 명칭이 생겼음) [史記貨殖列傳]載衡山九江江南豫章長沙爲南楚[漢書高帝紀]注載旧名江陵爲南楚 인데 자전상(字典上) 비(箅)의 본의(本義)에는 영향이 미치지 않음.

○康誤處 2;[前漢(改後漢)]岑彭傳]
●考證 ; 謹照原文書前漢改後漢
◆整理 ; [前漢(전한)은 後漢(후한)의 착오. 岑彭傳(잠팽전)]
◆訂正文 ; [後漢岑彭傳]
▶【1346-2】 字解誤謬與否 ; [前漢(改後漢)岑彭傳] [前漢(改後漢)]
★이상과 같이 인용처(引用處)나 주소(註疏)의 오류(誤謬)를 수정(修訂)을 한다 하여도 나라는 자전상(字典上)의 비(箅)의 본의(本義)에는 영향이 미치지 않음.

○康誤處 3; 郭景純曰水中箅篾(改筏)也
●考證 ; 謹照原文篾改筏
◆整理 ; 郭景純曰(곽경순왈) 篾(멸)은 筏(벌)의 착오.
◆訂正文 ; 郭景純曰水中箅筏也
▶【1347-1】 字解誤謬與否 ; 郭景純曰水中箅篾(改筏)也 [篾(改筏)]
★이상과 같이 오류(誤謬) 수정(修訂)이 되면 벌(筏; 뗏목)이라 자전상(字典上) 비(箅)의 본의(本義)에 직접 영향이 미치게 됨.

⑱箒(추)[廣韻]之九切[集韻]止酉切𠀤音帚箕箒也[世本]少康初作箕帚[集韻]少康杜康也葬長垣[賈誼治安策]母取箕箒立而誶語 又竹名[僧贊寧筍譜]拂雲箒竹出廬山莖大如指竹杪細葉密翠如箒彼人采爲方物贈人謂之拂雲箒

【 오류정리 】

○康誤處 1;[賈誼治安策(改後漢賈誼傳)]母取箕箒立而誶語
●考證 ; 謹照原書改後漢賈誼傳
◆整理 ; [賈誼治安策(가의치안책)은 後漢賈誼傳(후한가의전)의] 착오.
◆訂正文 ; [後漢賈誼傳]母取箕箒立而誶語
▶【1348-1】 字解誤謬與否 ; [賈誼治安策(改後漢賈誼傳)]母取箕箒立而誶語 [賈誼治安策(改後漢賈誼傳)]
★이상과 같이 인용처(引用處)나 주소(註疏)의 오류(誤謬)를 수정(修訂)을 한다 하여도 자전상(字典上)의 추

(箒)의 본의(本義)에는 영향이 미치지 않음.

康 箕(기)[廣韻][集韻][韻會]居之切[正韻]堅溪切𠀤音姬宿名[詩小雅]成是南箕[傳]南箕箕星也正義曰箕四星二爲踵二爲舌踵在上舌在下踵狹而舌廣[韻會]箕者萬物根基東方之宿考星者多驗於南方故曰南箕[爾雅釋天]箕斗之閒漢津也[疏]天漢在箕斗二星之閒箕在東方木位斗在北方水位分析水木以箕星爲隔隔河須津梁以渡故此次爲析木之津[史記天官書]箕爲敖客曰口舌[註]敖調弄也箕以簸揚調弄爲象又受物有去來去來客之象箕爲天口主出氣是箕有舌象讒言[石氏星經]箕四宿主後宮別府二十七世婦八十一御妻爲相天子后也[書洪範註]好風者箕星好雨者畢星[春秋緯]月麗于畢雨滂沱月麗于箕風揚沙[天官書]箕燕之分野 又[篇海]箕簸箕揚米去糠之具 又[廣韻]箕箕帚[禮曲禮]凡爲長者糞之禮必加帚於箕上[世本]古者少康作箕帚 又國名[書洪範]王訪于箕子[註]箕國名子爵也 又地名[山海經]釐山西二百里曰箕尾之山[春秋僖三十三年]晉人敗狄于箕[註]太原陽邑縣南有箕城[孟子]益避禹之子於箕山之陰[疏]箕山嵩高之北是也[前漢地理志]琅琊有箕縣[水經注]濰水出箕屋山 又姓晉有大夫箕鄭 又斯螽別名[周禮考工記疏]幽州人謂斯螽爲舂箕 又木名[鄭語]檿弧箕服[韋註]箕木名服矢房也 又[張衡思玄賦]屬箕伯以函風兮[註]箕伯風師

【 오류정리 】

〇康誤處 1;[爾雅釋天](增析木之津四字)箕斗之閒漢津也

●考證;謹照原文箕斗之閒上增析木之津四字

◆整理;[爾雅釋天(이아석천)]에 이어 析木之津四字(석목지진사자)를 덧붙임. 箕斗之閒(기두지한)

◆訂正文;[爾雅釋天]析木之津箕斗之閒漢津也

▶【1349-1】 字解誤謬與否;[爾雅釋天](增析木之津四字)箕斗之閒漢津也 [(增析木之津四字)箕斗]

★이상과 같이 오류(誤謬) 수정(修訂)이 되면 석목지진(析木之津; 석목(析木) 별자리 이름. 진(津)나루)이 되어 자전상(字典上) 기(箕)의 본의(本義)에 적극 영향이 미치게 됨.

康 箘(균)[古文]筠[廣韻]渠殞切[集韻][韻會][正韻]巨隕切𠀤音窘[說文]箘簬美竹可爲矢[書禹貢]惟箘簬楛[山海經]暴山多檖柟荊芑竹箭䉋箘[註]箘亦篠類中箭[戴凱之竹譜]箘竹出雲夢之澤皮特黑色 又筍名[呂氏春秋]和之美者越駱之箘[註]箘竹笋也 又箘桂[屈原離騷]雜申椒與箘桂[註][本草]有箘桂花白藥黃正圓如竹箘 又博棊也[揚子方言]簿或謂之箘 又江名[書禹貢]九江孔殷[傳]九曰箘江 又[廣韻]去倫切[集韻]區倫切𠀤音囷義同

【 오류정리 】

〇康誤處 1;[說文]箘簬美竹可爲矢(改箘路也)[書禹貢]惟箘簬楛(補傳美竹三字)

●考證;謹按說文無簬美竹可爲矢之文謹照原文改箘路也於惟箘簬楛下補傳美竹三字

※筆者謹按[說文解字注]原本;[箘]箘簬逗竹也

◆整理;[說文(설문)]의 簬美竹可爲矢(로미죽가위시)는 改箘路也(개균로야)의 착오,[書禹貢(서우공)]惟箘簬楛(유균로고)에 이어 傳美竹(전미죽)석자를 보충함.

◆訂正文 ; [說文]籆美竹可爲矢[書禹貢]惟箘簬楛傳美竹

▶【1350-1】 字解誤謬與否 ; [說文]籆美竹可爲矢[書禹貢]惟箘簬楛(補傳美竹三字) 籆美竹可爲矢(改箘簬也) [惟箘簬楛(補傳美竹三字)]

★이상과 같이 오류(誤謬) 수정(修訂)이 되면 ○균로(箘簬; 화살대로 쓰는 대나무의 일종으로 가늘고 길며 마디가 없다) ○두(逗; 묵히다) 逗的本義是停止停留 [說文]逗止也 ○죽야(竹也; 대나무다) [說文解字注](箘)箘簬逗竹也竹字今補[禹貢鄭注]曰箘簬聆風也按箘簬二字一竹名吳都賦之射筒也[劉逵]曰射筒竹細小通長長丈餘無節可以爲矢笴名射筒인데 자전상(字典上) 균(箘)의 본의(本義)에 적극 영향이 미치게 됨.

○康誤處 2; [呂氏春秋]和之美者越輅(改越駱)之箘

●考證 ; 謹照原文越輅改越駱

◆整理 ; [呂氏春秋(려씨춘추)] 越輅(월로)는 越駱(월락)의 착오.

◆訂正文 ; [呂氏春秋]和之美者越駱之箘

▶【1351-1】 字解誤謬與否 ; [呂氏春秋]和之美者越輅(改越駱)之箘 [越輅(改越駱)]

★이상과 같이 오류(誤謬) 수정(修訂)이 되면 월락지균(越駱之箘; 월락국의 죽순) [呂氏春秋]和之美者越駱之箘[註]箘竹笋也又箘桂越駱之菌鱧鮪之醢越駱國名菌竹笋也이 확인 되니 자전상(字典上) 균(箘)의 본의(本義)에 영향이 미치게 됨.

㉿管(관)[廣韻]古滿切[集韻][韻會][正韻]古緩切𠀤音筦樂器[書益稷謨]下管鼗鼓[詩商頌]嘒嘒管聲[儀禮大射儀]乃管新宮[註]管謂吹蕩以播新宮之樂[周禮春官]孤竹之管絲竹之管陰竹之管[疏]管如箎六孔[爾雅釋樂]大管謂之簥其中謂之篞小者謂之篎[註]管長尺圍寸併漆之有底如笛而小併兩而吹[前漢律歷志]竹曰管[說文]管十一月之音物開地牙故謂之管 又葭管[玉泉記]取宜陽金門竹爲管河內葭草爲灰吹之以候陽氣 又地名[山海經管涔之山汾水出焉[左傳註]滎陽京縣東北有管城[史記周本紀]武王封弟叔鮮于管[註]括地志鄭州管城縣外城古管國城也 又姓[廣韻]出平原周文王子管叔之後齊有大夫管至父 又筆彄也[禮內則]右佩玦捍管[註]管筆彄[梁史元帝紀]元帝筆有三品忠孝全者以金管書之行精粹者以銀管書之文辭華麗者以斑竹管書之 又總理其事曰管[史記李斯傳]趙高以刀筆吏入秦宮管事二十餘年 又主當也[禮樂記禮樂之說管乎人情矣[註猶包也[荀子儒效篇]聖人也者道之管也[註]管樞要也 又管管小見也[詩大雅]靡聖管管[傳]管管無所依繫[箋]管管然以心自恣 又[博雅]管管浴也 又五臟腧亦曰管[莊子人閒世]支離疏者五管在上[註]管腧也 又管籥也[周地官]司門掌授管鍵以啟閉國門[註]謂籥也[禮月令]修鍵閉愼管籥 又[集韻]或从玉作琯古者琯以玉舜之時西王母來獻其白玉琯零陵文學姓奚於泠道舜祠下得笙玉琯夫以玉作音故神人以和鳳凰來儀也 又[韻會補]通作筦[前漢東方朔傳]以筦窺天[註]古管字 又[類篇]沽丸切[集韻]古丸切𠀤音官[儀禮聘禮]管人布幕于寢門外[註]管古文作官猶館也謂掌次舍帷幕之官 又叶局縣切[蘇轍燕山詩]居民異風氣自古習耕戰次稱望諸君術略亞狐管 又叶古轉切[郭璞鸇贊]殷王元發聖敬日遠商人是頌詠之弦管

【 오류정리 】

○康誤處 1; [書益稷謨(改篇)]下管鼗鼓

●考證 ; 謹按益稷不稱謨謨改篇

◆整理 ; [書益稷(서익직) 謨(모)는 篇(편)의] 착오.

◆訂正文 ; [書益稷篇]下管鼗鼓

▶【1352-1】 字解誤謬與否 ; [書益稷謨(改篇)]下管鼗鼓 [謨(改篇)]

★이상과 같이 인용처(引用處)나 주소(註疏)의 오류(誤謬)를 수정(修訂)을 한다 하여도 자전상(字典上)의 관(管)의 본의(本義)에는 영향이 미치지 않음.

○康誤處 2; [儀禮大射儀]乃管新宮[註]管謂吹蕩(改吹簜)以播新宮之樂

●考證 ; 謹照原文吹蕩改吹簜

◆整理 ; [儀禮大射儀(의례대사의)] 吹蕩(취탕)은 吹簜(취탕)의 착오.

◆訂正文 ; [儀禮大射儀]乃管新宮[註]管謂吹簜以播新宮之樂

▶【1353-2】 字解誤謬與否 ; [儀禮大射儀]乃管新宮[註]管謂吹蕩(改吹簜)以播新宮之樂 [吹蕩(改吹簜)]

★이상과 같이 오류(誤謬) 수정(修訂)이 되면 취탕(吹簜; 궁중악(宮中樂)에서 부는피리)[儀禮大射儀]乃管新宮[註]管謂吹簜以播新宮之樂[周禮春官]孤竹之管孫竹之管陰竹之管[疏]管如篪六孔으로 자전상(字典上) 관(管)의 본의(本義)에 적극 영향이 미치게 됨.

○康誤處 3; [周禮春官]孤竹之管絲竹(改孫竹)之管陰竹之管[疏]管如篪(改篪)六孔

●考證 ; 謹照原文絲竹改孫竹箎改篪

◆整理 ; [周禮春官(주례춘관)] 絲竹(사죽)은 孫竹(손죽), 篪(호)는 篪(지)의 착오.

◆訂正文 ; [周禮春官]孤竹之管孫竹之管陰竹之管[疏]管如篪六孔

▶【1354-3】 字解誤謬與否 ; [周禮春官]孤竹之管絲竹(改孫竹)之管陰竹之管[疏]管如篪(改篪)六孔 [絲竹(改孫竹)] [篪(改篪)]

★이상과 같이 오류(誤謬) 수정(修訂)이 되면 ○손죽(孫竹; 뿌리 끝에서 뻗어 나온 대가지)[周禮春官大司樂]孫竹之管空桑之琴瑟[咸池]之舞夏日至於澤中方丘奏之[鄭玄注]"孫竹竹枝根之末生者와 ○지(篪; 竹管樂器)로 모두자전상(字典上) 관(管)의 본의(本義)에 직간접으로 영향이 미치게 됨.

竹部 九畫

㉧箭(전)[廣韻][集韻][韻會]夶子賤切音餞[說文]矢也[揚子方言] 自周而東曰矢江淮曰簇關西曰箭[釋名]箭進也 又竹之小者曰箭[周禮夏官]東南曰揚州其利金錫竹箭[註]箭篠也[史記夏本紀]震澤致定竹箭既布[竹譜]箭竹高者不過一丈節閒三尺堅勁中矢江南諸山皆有之會稽所生最精好 又漏箭[周禮挈壷氏註]主定漏刻先王分十二時於一晝一夜閒以漏箭準十二時爲百刻分晝夜而定長短故立此官掌之 又博箸也[博雅]博箸謂之箭 又[華山記]箭括峰上有穴裁見天日攀緣自穴中而上有至絕頂者 又赤箭藥名[韓愈進學解]赤箭青芝 又[廣東新語]箭豬卽封豕初本泡魚化爲豕毫在項脊閒尺許如箸白本黑端人逐之則激毫以射 [集韻]或作䩭䉭

【 오류정리 】

○康誤處 1; [揚子方言]自周而東(改自關而東)曰矢江淮曰簇(改鏃)關西曰箭

●考證 ; 謹照原文自周而東改自關而東 又据詩疏引方言及聚珍板校本簇改鏃

◆整理 ; [揚子方言(양자방언)] 自周而東(자주이동)은 自關而東(자관이동), 簇(족)은 鏃(후)의 착오.

◆訂正文 ; [揚子方言]自關而東曰矢江淮曰鏃關西曰箭

▶【1355-1】 字解誤謬與否 ; [揚子方言]自周而東(改自關而東)曰矢江淮曰簇(改鏃)關西曰箭 [自周而東(改自關而東)] [簇(改鏃)]

★이상과 같이 오류(誤謬) 수정(修訂)이 되면 관이동[關而東; 왈시(曰矢)]과 후(鏃; 후시(鏃矢) 화살 명(名))로 자전상(字典上) 전(箭)의 본의(本義)에 적극 영향이 미치게 됨.

㊣箱(상)[廣韻][正韻]息良切[集韻][韻會]思將切𠀤音廂[說文]大車牡服也[篇海]車內容物處爲箱[詩小雅]睆彼牽牛不以服箱[傳]箱大車之箱也 又廩也[詩小雅[乃求千斯倉乃求萬斯箱 又竹器箱篋也 又與廂同[儀禮公食大夫禮]賓升公揖退于箱又[覲禮]俟于東箱[註]東箱東夾之前相翔待事之處[前漢周昌傳]上欲以戚姬子如意爲太子昌曰臣期期知其不可上欣然笑卽罷呂后側耳於東箱聽[註]師古曰正寢之東西室皆曰箱言似箱篋之形

【 오류정리 】

○康誤處 1; [說文]大車牡(改牝)服也
●考證 ; 謹照原文牡改牝
◆整理 ; [說文(설문)] 牡(모)는 牝(빈)의 착오.
◆訂正文 ; [說文]大車牝服也
▶【1356-1】 字解誤謬與否 ; [說文]大車牡(改牝)服也 [牡(改牝)]
★이상과 같이 오류(誤謬) 수정(修訂)이 되면 빈복(牝服; 거상(車箱) 양쪽

의 가로목 [鄭司農云]牝服謂車箱服讀曰負)으로 자전상(字典上) 상(箱)의 본의(本義)에 영향이 미치게 됨.

○康誤處 2; [覲禮](增几字)俟于東箱
●考證 ; 謹照原文俟上增几字
◆整理 ; [覲禮(근례)]이 이어 几字(궤자)를 덧붙임 俟于(사우)
◆訂正文 ; [覲禮]几俟于東箱
▶【1357-2】 字解誤謬與否 ; [覲禮](增几字)俟于東箱 [(增几字)俟]
★이상과 같이 오류(誤謬) 수정(修訂)이 되면 궤사(几俟; 동상(東箱) 동쪽의 곁채) [儀禮公食大夫禮]賓升公揖退于箱又[覲禮]几俟于東箱[註]東箱東夾之前相翔待事之處로 자전상(字典上) 상(箱)의 본의(本義)에 영향이 미치게 됨.

㊣箴(잠)[廣韻]職深切[集韻][韻會][正韻]諸深切𠀤音斟[說文]綴衣箴也[禮內則]紉箴請補綴 又古者以石爲箴所以刺病[前漢藝文志]醫經箴石湯火所施[註]箴所以刺病也石謂砭石卽石箴也[山海經]高氏之山其上多玉其下多箴石[註]可以爲砥針治癰腫者 又規戒也[書盤庚]猶須顧于箴言[左傳襄十四年]工誦箴諫[前漢揚雄傳贊]箴莫善于[虞箴]作[州箴][註]九州之箴也[玉海]箴者諫誨之辭若箴之療疾故名箴 又姓[風俗通]衞有大夫箴莊子 又[爾雅釋訓]一羽謂之箴十羽謂之縛 又官名[左傳宣四年]子文孫箴尹克黃[註]箴尹官名 又魚名[山海經]枸狀之山泝水出焉其中 多箴魚其狀如鯈其啄如箴 又鳥名[司馬相如上林賦]箴疵鵁盧[註]張揖曰箴疵似魚虎而倉黑色 又草名[神異經]桂林有睡草見之則令人睡一名醉草亦呼爲懶婦箴[韻會補]一曰竹名 亦通作鍼[前漢司馬相如傳]箴疵鵁盧箴疵鳥名[說文]作

鸛鶱　　又[集韻]口減切音樏古斬切音
減夶竹名也　　又[韻會補]與鍼同諸韻
別出篯爲篯誠字又通作針

【 오류정리 】

○康誤處 1; [前漢藝文志]醫經篯石
(改用度篯石)湯火所施

●考證 ; 謹按原文醫經字不與篯石相
屬爲句今照原文改用度篯石

◆整理 ; [前漢藝文志(전한예문지)]
醫經(의경)은 用度篯石(용도잠석)의
착오.

◆訂正文 ; [前漢藝文志]用度篯石湯
火所施

▶【1358-1】 字解誤謬與否 ; [前漢
藝文志]醫經篯石(改用度篯石)湯火所
施 [醫經篯石(改用度篯石)]

★이상과 같이 오류(誤謬) 수정(修訂)
이 되면 용도(用度; 비용. 경비. 지
출. 생활필수품. 사용하다)가 되는데
자전상(字典上) 잠(篯)의 본의(本義)
에 간접 영향이 미치게 됨.

○康誤處 2; [書盤庚]猶須(改胥)顧于
篯言

●考證 ; 謹照原文須改胥

◆整理 ; [書盤庚(서반경)] 須(수)는
胥(서)의 착오.

◆訂正文 ; [書盤庚]猶胥顧于篯言

▶【1359-2】 字解誤謬與否 ; [書盤
庚]猶須(改胥)顧于篯言 [須(改胥)]

★이상과 같이 오류(誤謬) 수정(修訂)
이 되면 서고(胥顧; 서로 돌아보다)무
엇을 잠언(篯言; 훈계가 되는 말)이라
하니 자전상(字典上) 잠(篯)의 본의
(本義)에 직접 영향이 미치게 됨.

○康誤處 3; [爾雅釋訓]一羽謂之篯十
羽謂之縛(改縛)

●考證 ; 謹照原書釋訓改釋器照原文
縛改縛

◆整理 ; [爾雅釋訓(이아석훈)] 縛

(박)은 縛(견)의 착오.

◆訂正文 ; [爾雅釋訓]一羽謂之篯十
羽謂之縛

▶【1360-3】 字解誤謬與否 ; [爾雅
釋訓]一羽謂之篯十羽謂之縛(改縛)
[縛(改縛)]

★이상과 같이 오류(誤謬) 수정(修訂)
이 되면 견(縛; 명주. 희다. 열묶음)
이니 자전상(字典上) 잠(篯)의 본의
(本義)에 직접 영향이 미치게 됨.

⍟篿(위)譌篿字見[海篇]

【 오류정리 】

○康誤處 1; 譌篿改篿譌)字見[海篇]

●考證 ; 謹按文義譌篿改篿譌

◆整理 ; 譌篿(와위)는 篿譌(위와)의
착오.

◆訂正文 ; 篿譌字見[海篇]

▶【1361-3】 字解誤謬與否 ; 譌篿
(改篿譌)字見[海篇] [篿(改篿譌)]

★이상과 같이 오류(誤謬) 수정(修訂)
이 되면 위와(篿譌; 대나무의 순을
싸고 있는 껍질이란 한자(漢字)의 한
글자) [海篇]篿原刻作竹下為 [說文解
字](言部)譌譌言也인데 자전상(字典
上) 위(篿)의 본의(本義)에 적극 영향
이 미치게 됨.

竹部 十畫

⍟夔(확)[廣韻][集韻]夶王縛切音
玃收絲器也[廣雅]棷謂之夔[揚子方
言]夔棷也兗豫河濟之閒謂之棷[郭註]
所以終絲者也同籰

【 오류정리 】

○康誤處 1; [揚子方言[註]所以終絲
(改絡絲)者也

●考證 ; 謹照原文終絲改絡絲

◆整理 ; [揚子方言(양자방언)][註
(주)] 終絲(종사)는 絡絲(락사)의 착
오.

◆訂正文 ；[揚子方言[註]所以絡絲者
也

▶【1362-1】 字解誤謬與否 ；[揚子
方言[註]所以終絲(改絡絲)者也 [終
絲(改絡絲)]

★이상과 같이 오류(誤謬) 수정(修訂)
이 되면 락사(絡絲; 얽힌 실. 실감기)
인데 자전상(字典上) 확(蒦)의 본의
(本義)에 직접적으로 영향이 미치게
됨.

康篚 (비)[廣韻][集韻][韻會]府尾
切[正韻]方尾切𠀤音匪[廣韻]竹器方
曰筐圓曰篚[孟子註疏]以竹爲之長三
尺廣一尺深六寸足高三寸上有蓋也[書
禹貢]厥篚織文[儀禮士冠禮]有篚實
[註]篚竹器如筓者　　[正韻]通作匪[韻
會]亦作棐[漢志]賦入貢棐[註]師古曰
棐與篚同

【 오류정리 】

○康誤處 1;[儀禮士冠禮]有篚實(省
實字)

●考證 ；謹照原文有篚二字爲句實字
屬下文不宜連引今省實字

◆整理 ；[儀禮士冠禮(의례사관례)]
實(실) 實字(실자) 삭제함.

◆訂正文 ；[儀禮士冠禮]有篚

▶【1363-1】 字解誤謬與否 ；[儀禮
士冠禮]有篚實(省實字) [實(省實
字)]

★이상과 같이 실자(實字)를 삭제(削
除)한다 하여도 자전상(字典上) 비
(篚)의 본의(本義)에는 영향을 끼치지
않음.

康篈 (격)[廣韻]許激切[集韻]馨激
切𠀤音鬩[廣韻]籅屬形小而高[廣雅
註]斛謂之篈[揚子方言]所以注斛陳魏
宋楚閒謂之篈又謂之籅自關而西謂之
注箕盛米穀寫斛中者也　　又[集韻]形
狄切音檄義同

【 오류정리 】

○康誤處 1;[廣雅註(改注)]斛謂之篈

●考證 ；謹照原文註改注連下四字爲
句

◆整理 ；[廣雅(광아) 註(주)는] 注
(주)라 고치고 이하 4자의 句(구)로
함. 斛謂之篈

◆訂正文 ；[廣雅]注斛謂之篈

▶【1364-1】 字解誤謬與否 ；[廣雅
註(改注)]斛謂之篈 [廣雅註(改注)]

★이상과 같이 인용처(引用處)나 주
소(註疏), 등(等)의 오류(誤謬)를 수
정(修訂)을 한다 하여도 자전상(字典
上)의 격(篈)의 본의(本義)에는 영향
이 미치지 않음.

康箟 (도)[廣韻]土刀切[集韻]他刀
切𠀤音叨竹筐[類篇]飯牛器[集韻]牛
簾[揚子方言]簾趙岱之閒謂之箟

【 오류정리 】

○康誤處 1;[揚子方言]簾趙岱(改代)
之閒謂之箟

●考證 ；謹照原文岱改代

◆整理 ；[揚子方言(양자방언)] 岱
(대)는 代(대)의 착오.

◆訂正文 ；[揚子方言]簾趙代之閒謂
之箟

▶【1365-1】 字解誤謬與否 ；[揚子
方言]簾趙岱(改代)之閒謂之箟 [岱
(改代)]

★이상과 같이 오류(誤謬) 수정(修訂)
이 된다 하여도 조대(趙代; 조(趙)나
라 시대) [揚子方言]箟簾也趙代之閒
謂之箟江沔之閒謂之籅淇衞之閒謂之牛
筐는 자전상(字典上) 도(箟)의 본의
(本義)에는 영향이 미치지 않음.

康篨 (저)[集韻][韻會]𠀤陳如切音
除籧篨竹席[廣韻]籧篨蘆蕟也[揚子方
言]簟或謂之籧篨又簟麤者謂之籧篨

又醜疾名[詩衞風]籧篨不鮮[晉語]籧篨不能使俯[篇海]編籧篨爲囷如人之擁腫而不能俯故以名醜疾也

【 오류정리 】

○康誤處 1;[詩·衞風(改邶風)]籧篨不鮮

●考證 ; 謹照原書衞風改邶風

◆整理 ; [詩(시)·衞風(위풍)은 邶風(패풍)의] 착오.

◆訂正文 ; [詩邶風]籧篨不鮮

▶【1366-1】 字解誤謬與否 ; [詩·衞風(改邶風)]籧篨不鮮 [衞風(改邶風)]

★이상과 같이 인용처(引用處)나 주소(註疏)의 오류(誤謬)를 수정(修訂)을 한다 하여도 자전상(字典上)의 저(篨)의 본의(本義)에는 영향이 미치지 않음.

康篪(지)[字彙補]與箎同

【 오류정리 】

○康誤處 1;[字彙補]與箎(改篪)同

●考證 ; 謹照原文箎改篪

◆整理 ; [字彙補(자휘보)] 箎(호)는 篪(지)의 착오.

◆訂正文 ; [字彙補]與篪同

▶【1367-1】 字解誤謬與否 ; [字彙補]與箎(改篪)同 [箎(改篪)]

★이상과 같이 오류(誤謬) 수정(修訂)이 되면 지동(篪同; 피리와 비슷한 죽관악기(竹管樂器)라는 의미를 지닌 지자(篪字)와 같은 자(字)이다)이라 하였으니 자전상(字典上) 지(篪)의 본의(本義)에 직접 영향이 미치게 됨.

竹部 十一畫

康篴(적)[廣韻]徒歷切[集韻]亭歷切𢭉音狄[說文]七孔筩也[周禮春官]笙師掌敎歙竽笙塤篴簫篴管舂牘應雅以敎械樂[疏]杜子春讀篴爲蕩滌之滌云

今時所吹五空竹篴[釋名]篴滌也其聲滌滌然也通作笛　又[廣韻]直六切音逐竹名

【 오류정리 】

○康誤處 1;[周禮春官]笙師掌敎歙竽笙塤篰簫(增箎字)篴管舂牘應雅以敎械樂(改祴樂)

●考證 ; 謹照原文簫下增箎字械樂改祴樂

◆整理 ; [周禮春官(주례춘관)] 簫(소)에 이어 箎字(호자)를 덧붙이고, 械樂(계악)은 祴樂(개악)의 착오.

◆訂正文 ; [周禮春官]笙師掌敎歙竽笙塤篰簫箎篴管舂牘應雅以敎祴樂

▶【1368-1】 字解誤謬與否 ; [周禮春官]笙師掌敎歙竽笙塤篰簫(增箎字)篴管舂牘應雅以敎械樂(改祴樂) [簫(增箎字)] [械樂(改祴樂)]

★이상과 같이 오류(誤謬) 수정(修訂)이 되면 호(箎; 피리모양으로 8개의 구멍이 있는 죽관악기(竹管樂器))와 개악(祴樂; 개하(祴夏). 술 취한 손이 나갈 때 연주. [周禮春官鍾師]以敎祴樂參見祴夏[周禮春官]鐘師以鐘鼓奏九夏有祴夏[註]祴讀爲陔鼓之陔客醉而出奏陔夏又[笙師]舂牘應雅以敎祴樂[註]祴夏之樂有牘應雅三器皆舂於[說文解字注]宗廟奏祴樂宗廟中賓醉而奏祴夏인데 자전상(字典上) 적(篴)의 본의(本義)에 영향이 미치게 됨.

康籧(거)[篇海]居許切音擧養蠶竹器[揚子方言]江沔之閒謂之籧 趙岱之閒謂之篰小者楚謂之篝秦晉謂之箄籧

【 오류정리 】

○康誤處 1;[揚子方言](增籧字)江沔之閒謂之籧(改篘)趙岱(改代)之閒謂之篰小者(增南字)楚謂之篝秦晉謂之箄籧(省籧字)

●考證 ; 謹照原文江沔之閒上增籧字

篽改篽岱改代楚字上增南字　又按原文秦晉謂之箄爲句籧其通語也爲句籧字不連箄字讀謹省籧字

◆整理 ; [揚子方言(양자방언)]에 이어 籧字(거자)를 덧붙이고, **籅**(여)는 篽(여), 岱(대)는 代(대)의 착오이며, 小者(소자)에 이어 南字(남자)를 덧붙이고, **箄**(비) 아래 籧字(거자)는 삭제함.

◆訂正文 ; [揚子方言]籧江沔之閒謂之篽趙代之閒謂之笤小者南楚謂之簍秦晉謂之箄

▶【1369-1】 字解誤謬與否 ; [揚子方言](增籧字)江沔之閒謂之 **籅**(改篽)趙岱(改代)之閒謂之笤小者(增南字)楚謂之簍秦晉謂之箄籧(省籧字)　[(增籧字)江沔] [**籅**(改篽)] [岱(改代)] [(增南字)楚] [籧(省籧字)]

★이상과 같이 오류(誤謬) 수정(修訂)이 되면 거(籧; 소죽통), 여(篽; 대상자), 조대(趙代; 趙나라 시대), 초(楚; 國名), 지(籧)는 삭제인데 자전상(字典上) 거(籧)의 본의(本義)에 영향이 미치게 됨.

㊟**簃**(이)[廣韻]弋支切[集韻][韻會]余支切太音移[說文]閣邊小屋　又[廣韻]直離切[集韻][韻會]陳知切[正韻]延知切太音池宮室相連謂之**簃**[爾雅釋器]連謂之**簃**[註]堂樓閣邊小屋今呼之**簃**廚連觀也[疏]**簃**樓閣邊相連小屋名也　又[集韻]丈爾切音豸連閣也

【 오류정리 】

○康誤處 1; [韻會]余支切([正韻]延知切)太音移[正韻]延知切太音池

●考證 ; 謹按延知切乃移字之音非池字之音今將正韻延知切五字移於上文太音移上

◆整理 ; [韻會(운회)]余支切(여지절) 밑으로 [正韻(정운)]延知切(연지절)을 옮김. 太音移(병음이)

◆訂正文 ; [韻會]余支切([正韻]延知切)太音移[廣韻]直離切[集韻][韻會]延知切太音池

▶【1370-1】 字解誤謬與否 ; [韻會]余支切([正韻]延知切)太音移[廣韻]直離切[集韻][韻會]延知切太音池　[[韻會]余支切([正韻]延知切)太音移]

★이상과 같이 이동(移動)한다 하여도 자전상(字典上) 이(**簃**)의 본의(本義)에는 영향이 미치지 않음.

㊟簉(추)[廣韻][集韻][韻會]太初救切音遚倅也齊也[左傳昭十一年]泉丘人有女夢以其帷**幙**孟氏之廟遂奔僖子僖子使助**薳**氏之簉[註]簉副倅也**薳**氏之女爲僖子副妾故納泉丘人女令副助之[張衡西京賦]屬車之簉載獫**猲**獢[註]簉副也　又[正字通]齊飛順疾也簉羽鵷鷺見[唐書]　又[馬融長笛賦]聽簉弄者遙思於古昔[註]簉弄小曲也

【 오류정리 】

○康誤處 1; [左傳昭十一年]泉丘人有女夢以其帷**幙**(改帷幕)孟氏之廟遂奔僖子僖子使助**薳**氏之簉

●考證 ; 謹照原文帷**幙**改帷幕

◆整理 ; [左傳昭十一年(좌전소십일년)] 帷**幙**(유막)은 帷幕(유막)의 착오.

◆訂正文 ; [左傳昭十一年]泉丘人有女夢以其帷幕孟氏之廟遂奔僖子僖子使助**薳**氏之簉

▶【1371-1】 字解誤謬與否 ; [左傳昭十一年]泉丘人有女夢以其帷**幙**(改帷幕)孟氏之廟遂奔僖子僖子使助**薳**氏之簉　[帷**幙**(改帷幕)]

★이상과 같이 오류(誤謬) 수정(修訂)이 된다 하여도 유막(帷幕; 휘장)은 자전상(字典上) 추(簉)의 본의(本義)

에는 영향이 미치지 않음.

康簋(궤)[廣韻]居洧切[集韻][韻會]矩鮪切[正韻]古委切𠀤音宄[說文]黍稷方器也[廣韻]簠簋祭器受斗二升內圓外方曰簋[周禮冬官考工記]旅人爲簋實一㲀崇尺[疏]祭宗廟用木簋今此用瓦簋祭天地及外神尚質器用陶瓠之意也[易損卦二簋可用亨[註]離爲日日體圓巽爲木木器圓簋象則簋亦以木爲之也[詩秦風]於我乎每食四簋[傳]四簋黍稷稻粱[周禮地官]舍人凡祭祀共簠簋[儀禮公食大夫禮]宰夫東面坐啓簋會各郤于其西[史記太史公自序]墨者尚堯舜道其德行曰食土簋[註]用土作簋殷

【 오류정리 】

○康誤處 1;[傳]四簋黍稷稻粱(改稻粱)

●考證；謹照原文稻粱改稻粱

◆整理；[傳(전)] 稻粱(도량)은 稻粱(도량)의 착오.

◆訂正文；[傳]四簋黍稷稻粱

▶【1372-1】 字解誤謬與否；[傳]四簋黍稷稻粱(改稻粱) [稻粱(改稻粱)]

★이상과 같이 오류(誤謬) 수정(修訂)이 된다 하여도 도량(稻粱; 벼와 기장)은 자전상(字典上) 궤(簋)의 본의(本義)에는 영향이 미치지 않음.

○康誤處 2;[史記太史公自序]墨者尚堯舜(增言字)道其德行

●考證；謹照原文尚堯舜道爲句言其德行爲句言字不可省謹增言字

◆整理；[史記太史公自序(사기태사공자서)] 堯舜(요순)이 이어 言字(언자)를 덧붙임. 道其德行(도기덕행)

◆訂正文；[史記太史公自序]墨者尚堯舜言道其德行

▶【1373-2】 字解誤謬與否；[史記太史公自序]墨者尚堯舜(增言字)道其德行 [堯舜(增言字)]

★이상과 같이 오류(誤謬) 수정(修訂)이 된다 하여도 언도(言道; 12 道의 첫째인 나이들면 말의 수를 줄이고 소리를 낮춰야 한다. 말하다. 이야기하다)는 자전상(字典上) 궤(簋)의 본의(本義)에는 영향이 미치지 않음.

竹部 十二畫

康簠(보)[集韻]匪父切[正韻]斐古切𠀤音甫[說文]黍稷圜器也[廣韻]簠簋祭器[詩秦風傳]外方內圓曰簠用貯稻粱容一斗二升[論語註]周曰簠簋宗廟盛黍稷之器[儀禮聘禮]兩簠繼之粱在北 又[廣韻]甫無切[集韻]風無切[正韻]芳無切𠀤音膚義同 又[集韻]蓬逋切音蒲義同 又[集韻][韻會]芳遇切[正韻]芳故切𠀤音赴義同

【 오류정리 】

○康誤處 1;[詩秦風傳(改爲釋文)]外方內圓曰簠

●考證；謹按所引係釋文語謹將傳改爲釋文

◆整理 ；[詩秦風(시진풍) 傳(전)은 釋文(석문)의] 착오. 재진하면[詩秦風] [釋文]

◆訂正文；[詩釋文]外方內圓曰簠

▶【1374-1】 字解誤謬與否；[詩秦風傳(改爲釋文)]外方內圓曰簠 [傳(改爲釋文)]

★이상과 같이 인용처(引用處)나 주소(註疏)의 오류(誤謬)를 수정(修訂)을 한다 하여도 자전상(字典上)의 보(簠)의 본의(本義)에는 영향이 미치지 않음.

康簡(간)[廣韻][正韻]古限切[集

韻][韻會]賈限切**汰**音柬牒也[爾雅釋
器]簡謂之畢[疏]簡竹簡也古未有紙載
文于簡謂之簡札一名畢[禮王制]太史
典禮執簡記奉諱惡[註]簡記策書也[釋
名]簡閒也編之篇篇有閒也[杜預春秋
序]大事書之于策小事簡牘而已[詩小
雅]畏此簡書[傳]簡書戒命也　又簡閱
也[周禮春官]大田之禮簡衆也[疏]簡
閱也謂閱其車徒之數也又[夏官]大司
馬簡<u>稽鄉民</u>[註謂比數之　又要也略也
[易繫辭]乾以易知坤以簡能[疏]簡謂
簡省[書大禹謨]臨下以簡[史記樂書]
大樂必易大禮必簡　　又求也選也分別
也[書多士]夏迪簡在王庭[禮王制]簡
不肖以絀惡[郊特牲]簡其車賦而歷其
卒伍　　又大也[詩<u>衞風</u>]簡兮簡兮[傳]
簡大也[周頌]降福簡簡[傳]簡簡大也
[論語]吾黨之小子狂簡[註]簡大也
又[左傳昭元年]子羽謂子皮曰宋左師
簡而禮[註]無所臧否故曰簡共事大國
故曰禮　　又慢忽之謂簡[孟子]是簡驩
也[疏]簡略不禮也　　又諫也[左傳成八
年]晉侯使韓穿來言汶陽之田季文子 私
焉曰猶之未遠是用大簡[註]簡諫也
　　又誠也[禮王制]有旨無簡不聽[註]
簡誠也有其意無其誠不論以爲罪　　又
[諡法]一德不懈曰簡平易不訾曰簡
又鼓　聲[詩商頌]奏鼓簡簡[箋]其聲和
大　　又[韻會]手版也古制長二尺四寸
短者半之蔡邕曰漢制長二尺短者半蓋
單執一札謂之簡　　又姓周大夫簡師父
魯大夫簡叔

【 오류정리 】

○康誤處 1; [夏官]大司馬簡稽(改爲
稽)鄉民

●考證 ; 謹照原文稽改爲稽

◆整理 ; [夏官(하관)] 稽(혜)는 稽
(계)의 착오.

◆訂正文 ; [夏官]大司馬簡稽鄉民

▶ 【1375-1】 字解誤謬與否 ; [夏
官]大司馬簡稽(改爲稽)鄉民 [稽(改
爲稽)]

★이상과 같이 오류(誤謬) 수정(修訂)
이 되면 간계(簡稽; 황당무계. 황탄무
계(荒誕無)稽))가 되니 자전상(字典
上) 간(簡)의 본의(本義)에 영향이 미
치게 됨.

○康誤處 2; [詩衞(改邶)風]簡兮簡兮

●考證 ; 謹照原書衞改邶

◆整理 ; [詩(시) 衞(위)는 邶(패)의
착오. 風(풍)]

◆訂正文 ; [詩邶風]簡兮簡兮

▶ 【1376-2】 字解誤謬與否 ; 詩衞
(改邶)風]簡兮簡兮 [衞(改邶)]

★이상과 같이 인용처(引用處)나 주
소(註疏)의 오류(誤謬)를 수정(修訂)
을 한다 하여도 자전상(字典上)의 간
(簡)의 본의(本義)에는 영향이 미치지
않음.

○康誤處 3; [左傳成八年]晉侯使韓穿
來言汶陽之田季文子私焉曰(增詩曰二
字)猶之未遠是用大簡[註]簡諫也

●考證 ; 謹按猶之未遠二句乃引詩大
雅辭非文子語也今於曰字下謹照原文增
詩曰二字

◆整理 ; [左傳成八年(좌전성팔년)]
焉曰(언왈)에 이어 詩曰二字(시왈이
자)를 덧붙임.

◆訂正文 ; [左傳成八年]晉侯使韓穿
來言汶陽之田季文子私焉曰詩曰猶之
未遠是用大簡[註]簡諫也

▶ 【1377-3】 字解誤謬與否 ; [左傳
成八年]晉侯使韓穿來言汶陽之田季文
子私焉曰(增詩曰二字)猶之未遠是用大
簡[註]簡諫也 [曰(增詩曰二字)]

★이상과 같이 시왈(詩曰)을 덧붙인
다 하여도 자전상(字典上) 간(簡)의
본의(本義)에는 영향이 미치지 않음.

㉇簣(궤)[廣韻][集韻][韻會]求位切[正韻]具位切夶音匱土籠也[書旅獒]爲山九仞功虧一簣[疏]簣盛土器又[廣韻][集韻]夶苦怪切音蒯亦籠也[廣韻]竹箭也　亦作臾[後漢律歷志]爲山露而不終蹞乎一臾　又通作匱[前漢王莽傳]綱紀咸張成不一匱[註]匱者織竹爲器所以盛土[集韻]同簣

【 오류정리 】

○康誤處 1; (增玉篇其貴切五字)[廣韻]竹箭也(省去)
●考證 ; 謹按廣韻簣字無竹箭也之文今省去別增玉篇其貴切五字於前
◆整理 ; [玉篇(옥편)]其貴切五字(기귀절오자)를 앞에 덧붙이고 廣韻竹箭也(광운죽전야)는 省去(성거) 즉 삭제함.
◆訂正文 ; [玉篇]其貴切
▶ 【1378-1】 字解誤謬與否 ; (增玉篇其貴切五字)[廣韻]竹箭也(省去) [(增玉篇其貴切五字)[廣韻]]
★이상과 같이 오류(誤謬) 수정(修訂)이 된다 하여도 [광운(廣韻)]죽전야(竹箭也)는 삭제되고 옥편기귀절(玉篇其貴切)이 증자기 되고 인용처(引用處)나 주소(註疏), 음절(音切) 등(等)을 수정(修訂)하거나 증삭자(增削字)를 하였다 하여도 자전상(字典上) 궤(簣)의 본의(本義)에는 영향이 미치지 않음.

○康誤處 2; [前漢王莽傳][註]匱者織竹(改織草)爲器
●考證 ; 謹照原文織竹改織草
◆整理 ; [前漢王莽傳(전한왕망전)][註(주)] 織竹(직죽)은 織草(직초)의 착오.
◆訂正文 ; [前漢王莽傳][註]匱者織草爲器
▶ 【1379-2】 字解誤謬與否 ; [前漢

王莽傳][註]匱者織竹(改織草)爲器 [織竹(改織草)]
★이상과 같이 오류(誤謬) 수정(修訂)이 되면 직초(織草; 짚을 엮어 삼태기나 둥구미를 만든다) 자전상(字典上) 궤(簣)의 본의(本義)에 직접 영향이 미치게 됨.

㉇簥(교)[廣韻]舉喬切[集韻]居妖切夶音喬大管名[爾雅釋樂]大管謂之簥[註]長尺圍寸倂漆之有底賈氏以爲如箎六孔[疏]李巡云聲高大故曰簥簥高也又[集韻]一曰田器

【 오류정리 】

○康誤處 1; [爾雅釋樂]大管謂之簥[註]賈氏以爲如箎(改箎)六孔
●考證 ; 謹照原文箎改箎
◆整理 ; [爾雅釋樂(이아석악)] 箎(호)는 箎(지)의 착오.
◆訂正文 ; [爾雅釋樂]大管謂之簥[註]賈氏以爲如箎六孔
▶ 【1380-1】 字解誤謬與否 ; [爾雅釋樂]大管謂之簥[註]賈氏以爲如箎(改箎)六孔 [箎(改箎)]
★이상과 같이 오류(誤謬) 수정(修訂)이 되면 지(箎; 피리와 비슷한 죽관악기(竹管樂器))가 되는데 자전상(字典上) 교(簥)의 본의(本義)에 영향이 미치게 됨.

㉇簧(황)[廣韻][集韻]ㅟ韻會][正韻]夶胡光切音黃[說文]笙中簧也古者女媧作簧[釋名]簧橫也於管頭橫施于中也以竹鐵作于口橫鼓之也[詩王風]君子陽陽左執簧[疏]簧者笙管之中金薄鑠也[禮明堂位]女媧之笙簧[月令]仲夏之月命樂師調笙簧　又以言惑人謂之簧鼓[詩小雅]巧言如簧[疏]如笙中之簧聲相應和[蔡邕賦]思在口而爲簧　又步搖也[急就篇]冠幘簪簧結髮紐[師古註]簧卽步搖也

【 오류정리 】

○康誤處 1; [禮月令]仲夏之月命樂師調(增竽字)笙(增笆字)簧

●考證 ; 謹照原文笙上增竽字簧上增笆字

◆整理 ; [禮月令(례월령)] 調(조)에 이어 竽字(우자)를 笙(생)에 이어 笆字(지자)를 덧붙임.

◆訂正文 ; [禮月令]仲夏之月命樂師調竽笙笆簧

▶【1381-1】 字解誤謬與否 ; [禮月令]仲夏之月命樂師調(增竽字)笙(增笆字)簧 [調(增竽字)] [笙(增笆字)]

★이상과 같이 오류(誤謬) 수정(修訂)이 되면 ○우생(竽笙; 피리와 비슷한 竹管樂器)와 ○지황(笆簧; 죽관악기(竹管樂器). 황(簧); 소리를 내는 악기의 얇은 진동판) [禮明堂位]女媧之笙簧 [月令]仲夏之月命樂師調竽笙笆簧又以言惑人謂之簧鼓 [詩小雅巧言如簧 [疏]如笙中之簧聲相應和으로 되는데 생자전상(字典上) 의 본의(本義)에 영향이 직접 미치게 됨.

康 簪(잠) [廣韻]側吟切 [集韻] [韻會]緇岑切 [正韻]緇深切达音瑨首笄也 [釋名簪袱也連冠于髮也又枝也因形名之也 又 [廣韻]作含切 [集韻] [韻會] [正韻]祖含切达音鐕義同 又疾也 [易豫卦]由豫大有得勿疑朋盍簪 [註]簪疾也以信待之則羣朋合聚而疾求也 又 [前漢百官表]爵一級曰公士二上造三簪嬝裊 [註]師古曰以組帶馬曰裊簪裊者言飾此馬也 又 [集韻]子感切音昝 [易]朋盍簪王肅讀 又祖官切 [易]朋盍簪李鼎祚曰簪舊讀作攢 [集韻]或作鐕簪

【 오류정리 】

○康誤處 1; [易豫卦] [註(改疏)]簪疾也以信待之則羣朋合聚而疾求(改來)也

●考證 ; 謹照原文註改疏求改來

◆整理 ; [易豫卦(역예괘)] [註(주)]는 疏(소)의 착오] 求(구)는 來(래)의 착오.

◆訂正文 ; [易豫卦] [疏]簪疾也以信待之則羣朋合聚而疾來也

▶【1382-1】 字解誤謬與否 ; [易豫卦] [註(改疏)]簪疾也以信待之則羣朋合聚而疾求(改來)也 [註(改疏)] [求(改來)]

★이상과 같이 주소(註疏)의 오류(誤謬)를 수정(修訂)을 한다 하여도 자전상(字典上)의 잠(簪)의 본의(本義)에는 영향이 미치지 않으나 질래(疾來; 빠르게 온다)는 영향이 적극적으로 미치게 됨.

康 簫(소) [廣韻]蘇彫切 [集韻] [韻會] [正韻]先彫切达音蕭樂器 [風俗通]舜作簫其形參差以象鳳翼十管長二尺 [廣雅]簫大者二十四管小者十六管 [博雅]簫大者二十三管無底小者十六管有底 [三禮圖]簫大者長尺四寸二十四彄頌簫長尺二寸十六彄 [通卦驗]簫夏至之樂長尺四寸 [註]簫管形象鳥翼鳥爲火火成數七生數二二七一十四簫之長由此 [釋名]簫肅也其聲肅肅而淸也 [白虎通]簫者中呂之氣 [書益稷]簫韶九鳳凰來儀 [傳]言簫見細樂之備 [詩周頌]既備乃奏簫管備舉 [箋]簫編小竹管如今賣餳者所吹也管如篴 [禮月令]仲夏之月命樂師均管簫參差之音 [蔡邕月令章句]簫長則濁短則淸以蠟蜜實其底而增減之則和管而成音無所復調當與琴瑟相參 [周禮春官]笙師掌教龡簫 [爾雅釋言]大簫謂之言小者謂之筊 [疏]李巡曰大簫聲大者言言也小者聲揚而小故言筊筊小也郭璞曰簫一名籟 [莊子寓言篇]顏成子遊謂南郭子綦曰汝聞人籟而未聞地籟汝聞地籟而未聞天籟 [註]郭

象曰籥簫也[前漢元帝紀贊]鼓琴瑟吹
洞簫[註]如淳曰洞簫簫之無底者[段龜
龍涼州記]呂纂咸寧二年人發張駿家得
玉簫[丹陽記]江寧縣南三十里有慈姥
山積石臨江上生簫管竹圓緻異于他處
自泠倫採竹嶰谷其後惟此簳見珍故歷
代常給樂府而俗呼曰鼓吹山　　[正韻]
亦作箾　　又弓末謂之簫[禮曲禮]凡遺
人弓者右手執簫左手承弣[註]簫弭頭
也謂之簫簫邪也[正義]簫弓頭頭稍刓
差邪似簫故謂為簫也　　又與篠通[馬融
長笛賦林簫蔓荊[註]簫與篠通　　又叶音
脩[劉邵趙都賦]擊靈鼓鳴籥簫乘素波
鏡清流

【 오류정리 】

○康誤處 1;[禮月令]仲夏之月命樂師
均管簫參差之音(改均琴瑟管簫)
●考證 ; 謹按參差之音四字月令所無
謹照月令原文改均琴瑟管簫
◆整理 ; [禮月令(예월령)] 參差之音
(참차지음)은 均琴瑟管簫(균금슬관소)
의 착오.
◆訂正文 ; [禮月令]仲夏之月命樂師
均管簫均琴瑟管簫
▶ 【1383-1】 字解誤謬與否 ; [禮月
令]仲夏之月命樂師均管簫參差之音
(改均琴瑟管簫) [參差之音(改均琴瑟
管簫)]
★이상과 같이 오류(誤謬) 수정(修訂)
이 되면 균금슬관소(均琴瑟管簫; 거
문고, 비파, 생황, 퉁소의 음을 고르게
조정함) 자전상(字典上) 簫(소)의 본
의(本義)에 직간접적으로 영향이 미
치게 됨.

竹部 十三畫

康 簳(간)[廣韻][集韻][正韻]达古
旱切音幹小竹也[張衡南都賦]其竹則
篠簳箛箘[李善註]簳小竹也[拾遺記]
蓬萊有浮筠之簳葉青莖紫子大如珠有

靑鸞集其上風至葉條翻起聲如鐘磬
又[篇海]箭簳[列子殷湯篇]燕角之弧朔
蓬之簳[山海經]休與之山有草焉狀如
箸赤葉而叢生名曰夙條可以為簳[陳琳
武庫賦]矢則燋銅毒鐵簳鏃鳴鏃　　又
[廣東新語]薏苡一名簳珠　　又[類篇]
居案切箭羽　　[廣韻同笥

【 오류정리 】

○康誤處 1;[列子殷湯篇(改湯問篇)]
燕角之弧朔蓬之簳
●考證 ; 謹照原書改湯問篇
◆整理 ; [列子(열자) 殷湯篇(은탕편)
은 湯問篇(탕문편)의] 착오.
◆訂正文 ; [列子湯問篇]燕角之弧朔
蓬之簳
▶ 【1384-1】 字解誤謬與否 ; [列子
殷湯篇(改湯問篇)]燕角之弧朔蓬之簳
[殷湯篇(改湯問篇)]]
★이상과 같이 인용처(引用處)나 주
소(註疏)의 오류(誤謬)를 수정(修訂)
을 한다 하여도 자전상(字典上)의
簳(간)의 본의(本義)에는 영향이 미치
지 않음.

康 奧(옥)[廣韻]於六切[集韻]乙六
切达音郁[說文]漉米籔也[揚子方言]
炊奧謂之縮或謂之籔或謂之匼[廣雅]
奧一曰簎又曰簝又曰篓又曰匼　　又[集
韻]居六切音掬義同　　又[集韻]烏浩切
音襖移甕具簎字原作甹下砍篓字原作
宎下夂

【 오류정리 】

○康誤處 1;[廣雅]奧一曰簎又曰簝
又曰篓又曰匼(改簎篓匼[郭註]江東呼
淅籔七字以足字數奧也)
●考證 ; 謹照原文改簎篓匼奧也於上
文或謂之匼下增郭註江東呼淅籔七字以
足字數
◆整理 ; [廣雅]의 奧一曰簎又曰簝
又曰篓又曰匼은 簎篓匼[郭註]江東呼

淅籦七字以足字數 簅也의 착오.

◆訂正文 ; [廣雅]簥篧匼[郭註]江東呼淅籦七字以足字數簅也

▶【1385-1】 字解誤謬與否 ; [廣雅]簅一曰簥又曰篧又曰篗又曰匼(改簥篧匼[郭註]江東呼淅籦七字以足字數簅也)

★이상과 같이 인용처(引用處)나 주소(註疏)의 오류(誤謬)를 수정(修訂)을 한다 하여도 자전상(字典上)의 욱(簅)의 본의(本義)에는 영향이 미치지 않으며, 또 강동호석첨(江東呼淅籦)증자(增字)가 되면 이하에서 팔펴보 듯이 첨(籦)은 기지오(箕之誤)라 확인이 되어 강동호(江東呼; 강동에서 부르기를 석기(淅箕; 죽제 청정기. 竹制的過濾器) [說文解字注]方言曰炊簅謂之縮或謂之篗或謂之匼[郭注]漉米簅江東呼淅籦按史記索隱引纂要云簅淅箕也此注籦字正箕之誤今江蘇人呼淘米具曰溲箕是也 [廣雅]曰淅簥音箱音旋簅音郁[纂文]曰簅淅箕也一曰藪魯人謂之淅簥 [方言]曰箕陳魏宋楚之間謂之籭炊簅謂之縮漉米簅也或謂之江東呼淅篧也 [纂要]簅淅箕也[詞語]淅箕(基本解釋)竹制的過濾器與湖南所謂瀝箕相似平口大腹圓底)가 되어 본의(本義)에 직접 영향이 미치지 못함.

康簾(거)[集韻][正韻]夶曰許切音巨簅簾也[周禮春官]典庸及祭祀帥其屬而設筍簾陳庸器 亦作虡[周禮冬官考工記]梓人爲筍虡又臝者羽者鱗者以爲筍簾[釋名]所以懸鼓者橫曰簨縱曰虡虡舉也 [廣韻]本作虡天上神獸鹿頭龍身懸鐘之木刻飾爲之因名曰虡

【 오류정리 】

○康誤處 1;[周禮春官]典庸(增器字)及(省及字)祭祀帥其屬而設筍簾
●考證 ; 謹按典庸器係官名典庸之下

謹增器字省及字

◆整理 ; [周禮春官(주례춘관)] 典庸(전용)에 이어 器字(기자)를 덧부치고, 及(급) 及字(급자)는 삭제함.

◆訂正文 ; [周禮春官]典庸器祭祀帥其屬而設筍簾

▶【1386-1】 字解誤謬與否 ; [周禮春官]典庸(增器字)及(省及字)祭祀帥其屬而設筍簾 [典庸(增器字)] [及(省及字)]

★이상과 같이 오류(誤謬) 수정(修訂)이 된다 하여도 용기(庸器=彝鼎; 제사에 쓰이는 솥과 술동이) [周禮春官序官]典庸器[鄭玄注]引鄭司農云庸器有功者鑄器銘其功인데 자전상(字典上) 거(簾)의 본의(本義)에는 영향이 미치지 않음.

康簹(알)[廣韻]枯鎋切[集韻][韻會]五瞎切夶音藒木虎止樂器亦名敔也又[玉篇]亦作楬[禮樂記]作爲鞀鼓椌楬此德音也 [韻會]或作簹亦作檣

【 오류정리 】

○康誤處 1; [禮樂記]作爲鞀鼓椌楬(改然後聖人作爲鞀鼓椌楬壎篪)此德音也(省此德音也四字)
●考證 ; 謹按所引句未全今照原文改然後聖人作爲鞀鼓椌揭壎篪省此德音也四字
◆整理 ; [禮樂記(예악기)]의作爲鞀鼓椌楬은 然後聖人作爲鞀鼓椌揭壎篪의 착오이며 此德音也四字(차덕음야사자)는 삭제함.
◆訂正文 ; [禮樂記]然後聖人作爲鞀鼓椌揭壎篪
▶【1387-1】 字解誤謬與否 ; [禮樂記]作爲鞀鼓椌楬(改然後聖人作爲鞀鼓椌揭壎篪)此德音也(省此德音也四字) [作爲鞀鼓椌楬(改然後聖人作爲鞀鼓椌

揭壎篪)][此德音也(省此德音也四字)]
★이상과 같이 오류(誤謬) 수정(修訂)이 되면 ○연후성인(然後聖人; 그러한 후에야 성인이　된다) ○훈지(壎篪; 형이 훈이라는 악기를 불면 아우는 지라는 악기를 불어 화답한다는 뜻으로, 형제간의 화목함을 비유적으로 이르는 말)이 되고, ○차덕음야(此德音也; 이런 말을 덕담이라 한다)가 삭제(削除) 되었다 하여도 자전상(字典上) 얄(籋)의 본의(本義)에는 영향이 미치지 않게 됨.

竹 部 十四畫

康 籋(섭)[集韻]同篓　又[廣韻][正韻]汰尼輒切音聶鉗也　又[廣韻]奴協切[集韻]諾叶切汰音捻小箱也　又同躡[前漢禮樂志天馬歌]籋浮雲晻上池[註]言天馬上籋浮雲也　又[集韻]縣批切苆竹

【 오류정리 】

○康誤處 1;[前漢禮樂志天馬歌]籋浮雲晻上池(改馳)
●考證 ; 謹照原文池改馳
◆整理 ; [前漢禮樂志天馬歌(전한례악지천마가)] 池(지)는 馳(치)의 착오.
◆訂正文 ; [前漢禮樂志天馬歌]籋浮雲晻上馳
▶【1388-1】 字解誤謬與否 ; [前漢禮樂志天馬歌]籋浮雲晻上池(改馳)
[池(改馳)]
★이상과 같이 오류(誤謬) 수정(修訂)이 된다 하여도 치(馳; 질주하다)는 자전상(字典上) 섭(籋)의 본의(本義)에는 영향이 미치지 않음.

康 籍(적)[廣韻][集韻][韻會]秦昔切[正韻]前歷切汰音踖[玉篇]書籍[尚書序疏]籍者借也借此簡書以記錄政事故曰籍[左傳昭十五年]王謂籍談曰昔而

高祖司晉之典籍　又戶籍[史記蕭何世家]高祖入關何獨先走丞相府收圖籍以是具知天下戶口阨塞　又尺籍所以書軍令　又門籍置牒于門以案出入[前漢元帝紀]令從官給事宮司馬門中者得爲父母兄弟通籍[註]籍者爲尺二竹牒記其年紀名字物色挂之宮中案省相應乃得入也　又租籍[管子國蓄篇]租籍者所以彊求也[註]在工商曰租籍　又籍田[禮祭義]天子爲籍千畝諸侯爲籍百畝[詩疏]籍之言借也借民力治之故謂之籍田[五經要義]天子籍田以供上帝之粢盛所以先百姓而致孝享也籍蹈也言親自蹈履于田而耕之也　又籍籍語聲也[前漢江都易王傳]國中口語籍籍　又狼籍[史記蒙恬傳]此四君者皆爲大失以是籍于諸侯[註]言惡聲狼籍布于諸國　又姓晉籍談漢籍福　又[正韻]詞夜切音謝[前漢義縱傳]治敢往少溫籍[註]言無所含容也　又地名[史記秦本紀]靈公十年城籍姑[括地志]籍姑在同州韓城縣北三十五里　又叶檣舲切[左思詠史詩]陳平無產業歸來翳負郭長卿還成都壁立何廖廓四賢豈不偉遺烈光篇籍

【 오류정리 】

○康誤處 1;[管子國蓄篇]租籍者所以彊求(改彊求)也
●考證 ; 謹照原文彊求改彊求
◆整理 ; [管子國蓄篇(관자국축편)] 彊求(강구)는 彊求(강구)의 착오.
◆訂正文 ; [管子國蓄篇]租籍者所以彊求也
▶【1389-1】 字解誤謬與否 ; [管子國蓄篇]租籍者所以彊求(改彊求)也
[彊求(改彊求)]
★이상과 같이 오류(誤謬) 수정(修訂)이 되면 강구(彊求; 구하기 힘든 것은 어지로 구함. 강제로 구함)가 되어 자전상(字典上) 적(籍)의 본의

(本義)에 영향이 미치게 됨.

竹 部 十五畫

康籔(의)[廣韻][集韻]𣥏魚旣切音毅竹名 又[篇海]竹節或作藪又小竹

【 오류정리 】

○康誤處 1; 籔(改籔)[廣韻][集韻]𣥏魚旣切音毅(改毅)竹名 又[篇海]竹節或作藪(改藪)又小竹

●考證；謹按說文豙字從豕辛声从豕不从豕今改籔音毅謹改毅

※筆者謹按康熙字典原本；竹部 十五畫 (籔)[廣韻][集韻]𣥏魚旣切音毅竹名 又[篇海]竹節或作藪又小竹

◆整理；康熙字典의 오류를 발견할 수 없음.

◆訂正文；상(上) 강희자전(康熙字典) 원문과 동일함

▶【1390-1】 字解誤謬與否；籔(改籔)[廣韻][集韻]𣥏魚旣切音毅(改毅)竹名 又[篇海]竹節或作藪(改藪)又小竹 (誤謬無)

★이상과 같이 강희자전(康熙字典)과 광운(廣韻) 원본(原本) 의부(籔部)를 살펴보건대 자전(字典)과 광운(廣韻)이 동일할 뿐으로 오류(誤謬)를 검증해 낼 수가 없음.

○康誤處 2; 或作藪(改藪)

●考證；謹照原文改藪

※筆者謹康熙字典按原本；或作藪

◆整理；藪 藪

◆訂正文；或作藪

▶【1391-2】 字解誤謬與否；或作藪(改藪) [藪(改藪)]

★이상과 같이 살펴보건대 강희자전(康熙字典) 혹작의(或作藪)에는 오류(誤謬)가 없음에도 고증(考證)에서 改籔(개의)라 하였으니 본 지적은 오류(誤謬)로 간주됨.

竹 部 十六畫

康籟(뢰)[廣韻][集韻][韻會][正韻]𣥏落蓋切音賴[說文]簫三孔也大者謂之笙中者謂之籟小者謂之箹[爾雅註]簫一名籟[史記司馬相如傳]摐金鼓吹鳴籟[註]籟簫也 又凡孔竅機括皆曰籟[莊子齊物論]人籟則比竹地籟則衆竅是已 又叶力制切[宋玉高唐賦]緣葉紫裏丹莖白蔕纖條悲鳴聲似竽籟[註]蔕丁計切籟力制切

【 오류정리 】

○康誤處 1;[史記司馬相如傳]摐·(改摐)金鼓吹鳴籟

●考證；謹照原文摐·改摐

◆整理；[史記司馬相如傳]摐은 摐의 착오.

◆訂正文；[史記司馬相如傳]摐金鼓吹鳴籟

▶【1392-1】 字解誤謬與否；[史記司馬相如傳]摐(改摐)金鼓吹鳴籟 [摐(改摐)]

★이상과 같이 오류(誤謬) 수정(修訂)이 된다 하여도 창금고(摐金鼓; 종모양의 징을 치다) [文選司馬相如子虛賦]摐金鼓吹鳴籟[韋昭曰]摐擊也[郭璞曰]金鼓鉦也는 자전상(字典上) 뢰(籟)의 본의(本義)에는 영향이 미치지 않음.

竹 部 十七畫

康籋(첩)[廣韻]徒協切[集韻]弋涉切[韻會]達協切𣥏音蝶籋也

【 오류정리 】

○康誤處 1;[廣韻]徒協切[集韻]弋涉切[韻會]達協切(改集韻韻會達協切)𣥏音蝶(改牒)籋也

●考證 ； 謹按弋涉切集韻作弋涉切與徒協達協切之音皆不合今省去弋涉切三字照集韻三十帖籋字註改集韻韻會達協

切秇音牒增集韻二字於簸也上蝶改牒
◆整理 ; [集韻(집운)]弋陟切(익척절)
[韻會(운회)] 達協切(달협절)을 集韻
(집운) 韻會(운회) 모두 達協切(달협
절)이며, 蝶(접)은 牒(첩)의 착오임.
◆訂正文 ; [廣韻]徒協切[集韻][韻
會]達協切秇音牒簸也
▶【1393-1】 字解誤謬與否 ; [廣
韻]徒協切[集韻]弋陟切[韻會]達協切
(改集韻韻會達協切)秇音蝶(改牒)簸也
[[韻會]達協切(改集韻韻會達協切)]
[蝶(改牒)]
★이상과 같이 인용처(引用處)나 주
소(註疏), 음(音) 등(等)의 오류(誤謬)
를 수정(修訂)을 한다 하여도 자전상
(字典上)의 첩(簸)의 본의(本義)에는
영향이 미치지 않음.

米 部

康米(미)[廣韻][正韻]莫禮切[集
韻][韻會]母禮切秇瀰上聲[說文]粟實
也象禾實之形[註]穬顆粒也十其秄彙
開而米見也八八米之形[鄭康成詩箋]
米之率糲十粺九繫八侍御七[周禮地官
]舍人掌粟米之出入[註]九穀六米[疏]
九穀六米者九穀之中黍稷稻粱苽大豆
六者皆有米麻與小豆小麥三者無米故
云九穀六米 又姓唐有米嘉榮 又學名
[禮明堂位]米廩有虞氏之庠也 又[本
草]蛇牀一名蛇米[廣東新語]薏苡一名
贛米亦曰薏珠子 又[日本土風記]倭國
十二支之巳曰米

【 오류정리 】

○康誤處 1; [周禮地官]舍人掌粟米
(改米粟)之出入
●考證 ; 謹照原文粟米改米粟
◆整理 ; [周禮地官(주례지관)] 粟米
(속미)는 米粟(미속)의 착오.
◆訂正文 ; [周禮地官]舍人掌米粟之

出入
▶【1394-1】 字解誤謬與否 ; [周禮
地官]舍人掌粟米(改米粟)之出入 [粟
米(改米粟)]
★이상과 같이 오류(誤謬) 수정(修訂)
이 되면 미속(米粟; 쌀과 벼를 아울
러 이르는 말)이니 자전상(字典上)
미(米)의 본의(本義)에 적극 영향이
미치게 됨.

米 部 五畫

康粗(조)[廣韻]千胡切[集韻]聰徂
切[正韻]倉胡切秇音麤[玉篇]大也略
也疏也物不精也[禮月令]其器高以粗
又[樂記]怒心感者其聲粗以厲[莊子秋
水篇]物之粗也 又[廣韻]徂古切[韻
會]坐五切秇音佐義同 [集韻]或作觕
通作麤俗作糲

【 오류정리 】

○康誤處 1; [禮樂記](增其字)怒心感
者其聲粗以厲
●考證 ; 謹照原文怒上增其字
◆整理 ; [禮樂記(예악기)]에 이어 其
字(기자)를 덧붙임.
◆訂正文 ; [禮樂記]其怒心感者其聲
粗以厲
▶【1395-1】 字解誤謬與否 ; [禮樂
記](增其字)怒心感者其聲粗以厲
[(增其字)怒心]
★이상과 같이 덧붙인다 하여도 기
(其; 그것들의 그러한 것 어찌. 아마
도. 만일)는 자전상(字典上) 조(粗)의
본의(本義)에는 영향이 미치지 않음.

米 部 六畫

康粢(자)[廣韻]卽夷切[韻會]將支
切[正韻]津私切秇音咨[類篇]稷也[爾
雅釋草疏]粢者稷也[禮曲禮]稷曰明粢
[左傳桓六年]潔粢豐盛[註]黍稷曰粢
又通作齊[儀禮士虞禮]明齊溲酒

[註]今文曰明粢　又通作齋[周禮春官
小宗伯]辨六齋之名物[註]齋讀爲粢六
粢謂六穀黍稷稻粱麥苽　又[集韻]才
資切音茨[說文]稻餠與餈同[列子力命
篇]食則粢糲[註]粢稻餠也味類粔米不
碎[揚子方言]餌謂之餻或謂之粢　又
[集韻]才詣切音劑酒也[禮禮運]粢醍
在堂通作齊[說文]本作齋或作粢今文
从米作粢

【 오류정리 】

○康誤處 1;[說文]本作齋(改齎)
●考證 ；謹照原文齋从齊从禾今改齎
◆整理 ；[說文(설문)] 齋(재)는 齎
(자)의 착오.
◆訂正文 ；[說文]本作齎
▶【1396-1】 字解誤謬與否 ；[說
文]本作齋(改齎)　[齋(改齎)]
★이상과 같이 오류(誤謬) 수정(修訂)
이 되면 자(齎; 제기(祭器). [玉篇]黍
稷在器) 서직(黍稷)을 담아 올리는 제
기(祭器). 육곡(六穀)의 총칭) 자전상
(字典上) 자(粢)의 본의(本義)에 영향
이 미치게 됨.

米 部 七畫

康粱(량)[廣韻][集韻][韻會]呂張
切[正韻]龍張切苤音梁[說文]稻穀名
[篇海]似粟而大有黃靑白三種又有赤
黑色者[韻會小補]粱粟類米之善者五
穀之長今人多種粟而少種粱以其損地
力而收穫少也[爾雅釋草註]虋赤粱粟
芑白粱粟[周禮天官]犬宜粱[疏]犬味
酸而溫粱米味甘而微寒氣味相成故云
犬宜粱[廣志]有具粱解粱有遼東赤粱
[本草]白粱味甘微寒無毒主除熱益氣
有襄陽竹根者最佳黃粱出靑冀[杜甫贈
衞八處士詩]夜雨翦春韭新炊聞黃粱
[註][本草]香美逾諸粱俗呼竹根黃
又葯類曰粱[爾雅釋草]稂童粱[註]葯
類[疏]稂一名童粱　[集韻]或作粱

【 오류정리 】

○康誤處 1;[說文]稻穀名(改米名也)
●考證 ；謹照原文改米名也
◆整理 ；[說文(설문)] 稻穀名(도곡
명)은 米名也(미명야)의 착오.
◆訂正文 ；[說文]米名也
▶【1397-1】 字解誤謬與否 ；[說
文]稻穀名(改米名也)　[稻穀名(改米
名也)]
★이상과 같이 오류(誤謬) 수정(修訂)
이 되면 미명야(米名也; 쌀의 명칭이
다. [說文]粱米名也 [釋名]弘景曰此
是以米作 非別米名也)이라 자전상(字
典上) 량(粱)의 본의(本義)에 영향이
미치게 됨.

○康誤處 2;[杜詩]新炊聞(改聞)黃粱
●考證 ；謹照原文聞改閒
◆整理 ；[杜詩(두시)] 聞(문)은 閒
(한)의 착오.
◆訂正文 ；[杜詩]新炊閒黃粱
▶【1398-2】 字解誤謬與否 ；[杜
詩]新炊聞(改閒)黃粱　[聞(改閒)]
★이상과 같이 오류(誤謬) 수정(修訂)
이 된다 하여도 한(閒; 틈. 사이)으로
는 자전상(字典上) 량(粱)의 본의(本
義)에는 영향이 미치지 않음.

康粹(수)[廣韻][集韻][韻會]苤雖
遂切音隧[說文]不雜也[易乾卦]剛健
中正純粹精也[疏]純粹不雜也　又純
也[前漢賈誼傳]所托財器職業粹于羣下
[註]粹純也　又同也[屈原離騷]昔三
后之純粹兮[註]齊同曰粹　又專一 也
[荀子非相篇]粹而能容雜[註]粹專一
也　又全也[荀子王霸篇]粹而王駮而
霸[註]粹全也　又[集韻][韻會]苤同
碎[荀子儒效篇]力少而任重舍粹折無
適也[註]粹與碎同

【 오류정리 】

○康誤處 1;[前漢賈誼傳]所托(改託)
財器職業粹于羣下
●考證 ; 謹照原文托改託
◆整理 ;[前漢賈誼傳(전한가의전)]
托(탁)은 託(탁)의 착오.
◆訂正文 ;[前漢賈誼傳]所託財器職
業粹于羣下
▶【1399-1】 字解誤謬與否 ;[前漢
賈誼傳]所托(改託)財器職業粹于羣下
[托(改託)]
★이상과 같이 오류(誤謬) 수정(修訂)
이 된다 하여도 탁(託; 바치다)은 자
전상(字典上) 수(粹)의 본의(本義)에
는 영향이 미치지 않음.

米部 十畫

㊊**糕**(고)[集韻]居勞切音羔與餻同
糜也[野客叢書]劉夢得嘗作九日詩欲
用糕字思六經中無此字遂止故宋景文
九日詩曰劉郎不肯題糕字虛負人生一
世豪[周禮天官籩人疏]羞籩之實糗餌粉
瓷[鄭箋]今之瓷糕六經中未嘗無糕也
[九日]詩曰劉郎不肯題糕字虛負人生
一世豪[周禮天官籩人疏]羞籩之實糗
餌粉瓷註餅之曰瓷疏今之瓷糕六經中
未嘗無糕[松漠紀聞]金國重陽有寶階
糕

【 오류정리 】

○康誤處 1;[野客叢書][周禮天官籩
人疏]羞籩之實糗餌粉瓷[鄭箋]今之瓷
糕六經中未嘗無糕也(改周禮籩人疏羞
籩之實糗餌粉瓷註餅之曰瓷疏今之瓷糕
六經中未嘗無糕)
●考證 ; 謹照原文改周禮籩人疏羞籩
之實糗餌粉瓷註餅之曰瓷疏今之瓷糕六
經中未嘗無糕
◆整理 ;[周禮天官籩人疏]羞籩之實
糗餌粉瓷[鄭箋]今之瓷糕六經中未嘗無
糕也를 周禮籩人疏羞籩之實糗餌粉瓷
註餅之曰瓷疏今之瓷糕六經中未嘗無糕

로 교체함.
◆訂正文 ;[周禮天官籩人疏]羞籩之
實糗餌粉瓷註餅之曰瓷疏今之瓷糕六
經中未嘗無糕
▶【1400-1】 字解誤謬與否 ;[野客
叢書][周禮天官籩人疏]羞籩之實糗餌
粉瓷[鄭箋]今之瓷糕六經中未嘗無糕
也(改周禮籩人疏羞籩之實糗餌粉瓷註
餅之曰瓷疏今之瓷糕六經中未嘗無糕)
★이상과 같이 오류(誤謬) 수정(修訂)
이 되어 새로움은 병지왈자(餅之曰
瓷; 떡이라 한것은 인절미다) 자전상
(字典上) 고(糕)의 본의(本義)에 영향
이 미치게 됨.

㊊**糗**(구)[廣韻][集韻][韻會][正
韻]祛去九切音餱[說文]熬米麥也 又
乾飯屑也 又粮也[博雅]糗糒也[書費
誓]峙乃糗粮[疏]糗擣熬穀也謂熬米麥
使熟 又擣之以爲粉[禮內則糗餌[註]
擣熬穀以爲糗餌[周禮天官]羞籩之實
糗餌粉瓷[註]糗熬大豆與米也[左傳哀十
一年]陳轅頗出奔鄭其族轅咺進稻醴梁
糗腶脯焉[註]糗乾飯[釋名]糗齲也飯
而磨之使齲碎也 又姓[風俗通]漢有
糗宗爲嬴長 又[玉篇]尺沼切義同 又
[集韻][韻會][正韻]祛丘救切音齅義
同[六書音義與糗同

【 오류정리 】

○康誤處 1;[周禮天官]羞邊(改籩)之
實糗餌粉瓷
●考證 ; 謹照原文邊改籩
◆整理 ;[周禮天官(주례천관)] 邊
(변)은 籩(변)의 착오.
◆訂正文 ;[周禮天官]羞籩之實糗餌
粉瓷
▶【1401-1】 字解誤謬與否 ;[周禮
天官]羞邊(改籩)之實糗餌粉瓷 [邊
(改籩)]
★이상과 같이 오류(誤謬) 수정(修訂)

이 된다 하여도 수변(羞籩; 떡등을 괴어 올리는 대(竹)를 엮어 만든 제기(祭器))[周禮天官籩人]羞籩之實糗餌粉餈[註]皆粉稻黍米爲之餌言糗餈言粉互足其義也合烝曰餌餠之曰餈[疏]今餈糕之名出于此은 자전상(字典上) 구(糗)의 본의(本義)에는 영향이 미치지 않음.

米 部 十一畫

㉿糜(미)[廣韻]靡爲切[集韻][韻會][正韻]忙皮切𡙡音靡[說文]黃帝初教作糜[釋名]糜黂米使糜爛也[博雅]糜糒也饘也[禮月令]行糜粥飯食[史記封禪書]施糜之屬[註]施糜粥之神[風土記]俗尚以赤豆爲糜所以象色也 又爛也[孟子]糜爛其民[前漢賈山傳]無不糜滅 又與靡通[禮少儀]國家靡敝[疏]靡爲糜謂財物糜散凋敝古字通用 又與眉同[前漢王莽傳]赤糜聞之不敢入界[註]糜眉也古字通用 [集韻]或作𪎭𪏩

【 오류정리 】

○康誤處 1; [禮月令]行糜粥飯食(改飲食)
●考證 ; 謹照原文飯食改飲食
◆整理 ; [禮月令(예월령)] 飯食(반식)은 飲食(음식)의 착오.
◆訂正文 ; [禮月令]行糜粥飲食
▶【1402-1】 字解誤謬與否 ; [禮月令]行糜粥飯食(改飲食) [飯食(改飲食)]
★이상과 같이 오류(誤謬) 수정(修訂)이 되면 미죽음식(糜粥飲食; 미음 음식)으로 자전상(字典上) 미(糜)의 본의(本義)에 영향이 미치게 됨.

糸 部 三畫

㉿紉(인)[廣韻]女鄰切[集韻]而鄰切𡙡音人[說文]繟繩也[博雅]䋝也[玉篇]繩縷也展而續之[禮內則]衣裳綻裂紉箴請補綴[屈原離騷]紉秋蘭以爲佩[註]紉索也 [揚子方言]續楚謂之紉 又[集韻]而鄰切義同 又[集韻]居覲切音抑合絲爲繩

【 오류정리 】

○康誤處 1; [廣韻]女鄰切[集韻]而鄰切𡙡音人(改𡙡音人爲昵平聲)
●考證 ; 謹按女鄰切係孃母而鄰切係日母不得𡙡音人謹照集韻紉字本音改而鄰切爲尼鄰切改𡙡音人爲昵平聲
◆整理 ; [集韻(집운)] 而鄰切𡙡音人(이린절음인)은 𡙡音人爲昵平聲(병음인위닐평성)의 착오.
◆訂正文 ; [廣韻]女鄰切𡙡音人爲昵平聲
▶【1403-1】 字解誤謬與否 ; [廣韻]女鄰切[集韻]而鄰切𡙡音人(改𡙡音人爲昵平聲) [𡙡音人(改𡙡音人爲昵平聲)]
★이상과 같이 음(音)의 오류(誤謬)를 수정(修訂)을 한다 하여도 자전상(字典上)의 인(紉)의 본의(本義)에는 영향이 미치지 않음.

○康誤處 2; [揚子方言]續(改爲擘)楚謂之紉
●考證 ; 謹照原文續改爲擘
◆整理 ; [揚子方言(양자방언)] 續(속)은 擘(벽)의 착오.
◆訂正文 ; [揚子方言]擘楚謂之紉
▶【1404-2】 字解誤謬與否 ; [揚子方言]續(改爲擘)楚謂之紉 [續(改爲擘)]
★이상과 같이 오류(誤謬) 수정(修訂)이 되면 ○벽(擘)을 [孟子]吾必以仲子爲巨擘焉又挽擘也弓弩手張曰擘足踏曰蹶又[揚子方言]擘楚謂之紉 ○초위지인(楚謂之紉; 초(楚)나라 사람들은 紉이라 한다) [玉篇]繩縷也展而續

之[禮內則]衣裳綻裂紉箴請補綴[屈原離騷]紉秋蘭以爲佩[註]紉索也[揚子方言]擘楚謂之紉이라　자전상(字典上) 인(紉)의 본의(本義)에 영향이 미치게 됨.

○康誤處 3; 又[集韻]尼鄰切(改尼鄰切爲而鄰切)
●考證 ; 謹照集韻紉字別音改尼鄰切爲而鄰切
◆整理 ; [集韻(집운)]1번에서 尼鄰切(니린절)이라 수정함을 而鄰切(이린절)로 원본대로 환원함.
◈訂正文 ; 又[集韻]而鄰切
▶【1405-1】 字解誤謬與否 ; 又[集韻]尼鄰切(改尼鄰切爲而鄰切)
★이상과 같이 음(音)의 오류(誤謬)를 수정(修訂)을 한다 하여도 자전상(字典上)의 인(紉)의 본의(本義)에는 영향이 미치지 않음.

○康誤處 4; 居覲切音抑(改抻)
●考證 ; 謹照原文按居覲切不得音抑今据集韻居覲切首一字抑改抻
◆整理 ; 居覲切(거근절) 音(음) 抑(억)은 抻(근)의 착오.
◈訂正文 ; 居覲切音抻
▶【1406-1】 字解誤謬與否 ; 居覲切音抑(改抻)　[抑(改抻)]
★이상과 같이 음(音)의 오류(誤謬)를 수정(修訂)을 한다 하여도 자전상(字典上)의 인(紉)의 본의(本義)에는 영향이 미치지 않음.

糸部 四畫

㊗紐(뉴)[廣韻]女久切[集韻][韻會][正韻]女九切狃音忸[說文]系也一曰結而可解[博雅]束也[急就篇註]紐謂結之鬠[周禮夏官弁師]朱裏延紐[註]小鼻在武上笄所貫也[儀禮既夕禮]紐前經後緇[註]紐所以聯帷荒[禮玉藻]弟子縞帶并紐約用組[疏]紐謂帶之交結之處[莊子人閒世]禹舜之所紐也[音義]崔云系而行之曰紐簡文云本也[楚辭九歎]情素結于紐帛[註]結束也　又姓[隋書孝義傳]紐回字孝政河東安邑人　又[韻補]叶碾與切[陳琳大荒賦]建皇極以連衡兮布辰機而結紐陽幹曜于乾門兮陰氣伏于地戶

【 오류정리 】

○康誤處 1; [禮玉藻]弟子縞帶并紐約用組[疏]紐謂帶之交結之處(改爲并紐約用組三寸長齊于帶疏組謂帶交結處)
●考證 ; 謹按原文以用組三寸爲句三寸字應增今省去弟子縞帶四字改爲并紐約用組三寸長齊于帶疏組謂帶交結處
◆整理 ; [禮玉藻]의 弟子縞帶并紐約用組[疏]紐謂帶之交結之處는 并紐約用組三寸長齊于帶疏組謂帶交結處의 착오.
◈訂正文 ; [禮玉藻]并紐約用組三寸長齊于帶疏組謂帶交結處
▶【1407-1】 字解誤謬與否 ; [禮玉藻]弟子縞帶并紐約用組[疏]紐謂帶之交結之處(改爲并紐約用組三寸長齊于帶疏組謂帶交結處)
★이상과 같이 오류(誤謬) 수정(修訂)이 되면 ○삼촌(三寸; 세치) ○장제우대(長齊于帶: 대(帶)를 길게 가지런히 한다)[儀禮既夕禮]紐前經後緇[註]紐所以聯帷荒[禮玉藻]并紐約用組三寸長齊于帶疏組謂帶交結處[莊子人閒世]禹舜之所紐也인데 자전상(字典上) 뉴(紐)의 본의(本義)에는 영향이 미치지 못함.

○康誤處 2; [楚辭九歎]情素結(改潔)于紐帛
●考證 ; 謹照原文結改潔
◆整理 ; [楚辭九歎(초사구탄)] 結(결)은 潔(결)의 착오.
◈訂正文 ; [楚辭九歎]情素潔于紐帛

▶【1408-1】 字解誤謬與否 ；[楚辭九歎]情素結(改潔)于紐帛 [結(改潔)]

★이상과 같이 오류(誤謬) 수정(修訂)이 되면 소결(素潔; 산뜻하다. 청결하다. 깨끗하다. [楚辭九歎]情素潔于紐帛[註]結 束也)은 자전상(字典上) 뉴(紐)의 본의(本義)에 영향이 미치게 됨.

康純(순)[廣韻]常倫切[集韻]殊倫切夶音淳[說文]絲也[論語]今也純儉吾從衆[何晏註]純絲也絲易成故從儉[前漢王襃傳]難與道純縣之麗密 又[易乾卦]純粹精也[疏]純粹不雜 又[書酒誥]嗣爾股肱純[傳]繼汝股肱之教爲純一之行 又[詩大雅]純嘏爾常矣[箋]純大也 又[詩周頌]文王之德之純[箋]純亦不已也 又[周禮冬官考工記]諸侯純九大夫純五[註]純猶皆也 又[禮郊特牲]貴純之道也[註]純謂中外皆善 又[左傳隱元年]潁考叔純孝也[註]純猶篤也 又[前漢地理志]織作冰紈綺繡純麗之物[註]純精好也 又[淮南子地形訓]里閒九純純丈五尺[註]純量名 又[集韻]主尹切[韻會]之尹切夶音準[書顧命]篾席黼純[註]白黑雜繒緣之[儀禮士冠禮]服纁裳純衣[註]純衣緣衣也 又[旣夕]緇純[註]飾衣曰純[禮曲禮]冠衣不純素[註]純緣也 又[集韻]規倫切音鈞 又朱聞切音分義夶同 又[集韻]徒溫切音屯[詩召南]白茅純束[傳]純束猶包之也[箋]純讀曰屯[戰國策]錦繡千純[註]純音屯束也 又縣名[傳襄十八年]執孫蒯于純留[註]純留縣名[釋文]純[地理志]作屯 又[集韻]杜本切音盾義同 又[集韻]從緣切音全[儀禮鄉射禮]二算爲純[註]猶全也[禮投壺]二算一純[疏]二算合爲一全 又[集韻]莊持切緇或作純[周禮地官媒氏]純帛無過五兩[註]純實緇字也古緇以才爲聲[禮祭統]以共純服[疏]凡言純者其義有二一糸旁才是古之緇字二是糸旁屯是純字但書文相亂雖是緇字夶皆作純鄭氏所註於絲理可知於色不明者卽讀爲緇[史記五帝本紀]黃收純衣[註]索隱曰純讀曰緇 又[集韻]朱倫切音諄諄或作純 又[集韻]船倫切音脣門名[春秋傳]有純門

【 오류정리 】

○康誤處 1; 又朱聞切音分(改朱閏切音稕)

●考證 ; 謹按朱聞切不得音分今据集韻改朱閏切音稕

◆整理 ; 朱聞切音分(주문절음분)은 朱閏切音稕(주윤절음준)의 착오.

◆訂正文 ; 又朱閏切音稕

▶【1409-1】 字解誤謬與否 ; 又朱聞切音分(改朱閏切音稕) [音分(改朱閏切音稕)]

★이상과 같이 인용처(引用處)나 주소(註疏) 음(音) 등(等)의 오류(誤謬)를 수정(修訂)을 한다 하여도 자전상(字典上)의 순(純)의 본의(本義)에는 영향이 미치지 않음.

康紕(비)[廣韻]房脂切[集韻][韻會]頻脂切夶音毗[爾雅釋言]紕飾也[詩鄘風]素絲紕之[箋]素絲爲縷以縫紕旌旗之旒縿 又[集韻]平祕切音備[正韻]毗意切音避義夶同 又[集韻]賓彌切音卑[正韻]蒲縻切音皮緣也[禮玉藻]縞冠素紕[註]緣邊也 又[廣韻]符支切[集韻]頻彌切夶音陴義同 又[廣韻]匹夷切[集韻]篇夷切夶音批[禮大傳]五者一物紕繆[註]紕繆猶錯也 又[玉篇]紕纇也 又[廣韻]繒欲壞也 又[增韻]繒疏也 又[集韻]蒲眠切音編[說文]紕氐人繵也 又[集韻]補履切音比義同 又[廣韻]昌里切音

齒績苧一紕出[新字林[集韻]或作繼

【 오류정리 】

○康誤處 1；又[集韻]蒲眠切音編(改音蹁)

●考證；謹照原文按編非蒲眠切今据原文音編改音蹁

◆整理；[集韻(집운)] 音編(음변)은 音蹁(음편)의 착오.

◈訂正文；又[集韻]蒲眠切音蹁

▶【1410-1】 字解誤謬與否；又[集韻]蒲眠切音編(改音蹁) [音編(改音蹁)]

★이상과 같이 인용처(引用處)나 주소(註疏) 음(音) 등(等)의 오류(誤謬)를 수정(修訂)을 한다 하여도 자전상(字典上)의 순(純)의 본의(本義)에는 영향이 미치지 않음.

(康)紗(사)[廣韻]所加切[集韻][韻會][正韻]師加切𠀤音沙[玉篇]紗縠也[廣韻]絹屬一曰紡繡也[急就篇註]已紡而成謂之紗[前漢江充傳]充衣紗縠禪衣[註]師古曰紗縠紡絲而織之也輕者爲紗縐者爲縠古通沙[周禮天官內司服]緣衣素紗[註]素紗者今之白縛也今世有沙縠名出於此 又[集韻]弭沼切音眇紗微也或作𢃰[韻會]紗今作緲 又通作眇 又[韻補]叶桑河切[劉楨魯都賦]妖服旣工刻畫綺紗和顏揚眸盱風長歌

【 오류정리 】

○康誤處 1；古通沙[周禮天官內司服]緣衣素紗(改沙)[註]素紗(改沙)者今之白縛也

●考證；謹照原文兩紗字𠀤改沙

◆整理；[周禮天官內司服(주례천관내사복)] 紗(사)는 沙(사), 紗(사) 역시 沙(사)의 착오.

◈訂正文；古通沙[周禮天官內司服]緣衣素沙[註]素沙者今之白縛也

▶【1411-1】 字解誤謬與否；古通沙[周禮天官內司服]緣衣素紗(改沙)[註]素紗(改沙)者今之白縛也 [紗(改沙)] [紗(改沙)]

★이상과 같이 오류(誤謬) 수정(修訂)이 된다 하여도 소사(素沙; 희고 깨끗한 모래)는 자전상(字典上) 사(紗)의 본의(本義)에는 영향이 미치지 않음.

(康)紞(담)[集韻][韻會][正韻]𠀤都感切音眈[說文]冕冠塞耳者臣鉉等曰今俗別作髧非是[左傳桓二年]衡紞紘綖[註]紞冠之垂者[疏]紞者縣瑱之繩垂于冠之兩旁若今之條繩 又[儀禮士喪禮]緇衾赬裏無紞[註]紞被識也[禮喪大記]紟五幅無紞[註]紞以組類爲之綴之領側[疏]爲緣飾爲識 又擊鼓聲[晉書鄧攸傳]紞如打五鼓

【 오류정리 】

○康誤處 1；[儀禮]緇衾赬(改赬)裏無紞

●考證；謹按赬从赤貞声从貞不从頁今改赬

◆整理；[儀禮(의례)] 赬(정)은 赬(정)의 착오.

◈訂正文；[儀禮]緇衾赬裏無紞

▶【1412-1】 字解誤謬與否；[儀禮]緇衾赬(改赬)裏無紞 [赬(改赬)]

★이상과 같이 오류(誤謬) 수정(修訂)이 되면 정리(赬裏; 붉은색 안감) [說文]緅或从貞作赬[爾雅釋器]再染謂之赬[註]赬染赤[詩周南]魴魚赬尾[傳]赬赤也魚勞則尾赤[釋文]赬說文作緅이라 자전상(字典上) 담(紞)의 본의(本義)에 영향이 미치게 됨.

(康)素(소)[廣韻]桑故切[集韻][韻會][正韻]蘇故切𠀤音訴[說文]作𦃃白緻繒也从糸𡴀取其澤也[九經字樣]隸

省作素[小爾雅]縞之麤者曰素[釋名]素朴素也已織則供用不復加巧飾也[急就篇註]素謂絹之精白者[禮·雜記]純以素[註]素生帛也 又[易履卦]素履往无咎[疏]處履之始而用質素 又[詩鄭風]充耳以素乎而[傳]素象瑱 又[詩·魏風]不素餐兮[傳]素空也 又[禮檀弓]有哀素之心也[註]凡物無飾曰素又[禮器]或素或青[註]素尚白 又[左傳·僖二十八年]其衆素飽[疏]素訓爲直 又[楚語]夫謀必素[註]素猶豫也 又[博雅]素本也 又姓[姓氏急就篇]後魏有幷州刺史素延 又[禮中庸]素隱行怪[註]素讀爲傃猶鄉也○按[朱子中庸章句]素按[漢書]當作索蓋字之誤也 又與傃通[戰國策]竭智能示情素[註]素傃通誠也 又與嗉通[史記天官書]張素爲廚主觴客[註]索隱曰素嗉也 又[韻補]叶孫租切[古書]新人工織縑故人工織素織縑日一匹織素五丈餘○按[說文繁自爲部今併入

【 오류정리 】

○康誤處 1;[詩鄭風(改齊風)]充耳以素乎而
●考證 ; 謹照原書鄭風改齊風
◆整理 ; [詩(시) 鄭風(정풍)은 齊風(제풍)의] 착오.
◆訂正文 ; [詩齊風]充耳以素乎而
▶【1413-1】 字解誤謬與否 ; [詩鄭風(改齊風)]充耳以素乎而 [鄭風(改齊風)]
★이상과 같이 인용처(引用處)나 주소(註疏)의 오류(誤謬)를 수정(修訂)을 한다 하여도 자전상(字典上)의 소(素)의 본의(本義)에는 영향이 미치지 않음.

○康誤處 2;[韻補]叶孫租切[古書(改古詩)]新人工織縑故人工織素
●考證 ; 謹照韻補原文古書改古詩
◆整理 ; [韻補(운보)][古書(고서)는

古詩(고시)의] 착오.
◆訂正文 ; [韻補]叶孫租切[古詩]新人工織縑故人工織素
▶【1414-2】 字解誤謬與否 ; [韻補]叶孫租切[古書(改古詩)]新人工織縑故人工織素 [古書(改古詩)]
★이상과 같이 인용처(引用處)나 주소(註疏)의 오류(誤謬)를 수정(修訂)을 한다 하여도 자전상(字典上)의 소(素)의 본의(本義)에는 영향이 미치지 않음.

康 **紡**(방)[廣韻][正韻]妃兩切[集韻][韻會]撫兩切𠀤音仿[說文]網絲也[廣韻]績紡[急就篇註]謂紡切麻絲之屬爲纑縷也[儀禮聘禮]賄用束紡[註]紡紡絲爲之今之縛也[左傳昭十九年]託于紀鄣紡焉[疏]紡謂紡麻作纑也 又[晉語]獻子執而紡于庭之槐[註]紡縣也

【 오류정리 】

○康誤處 1;[儀禮聘禮]賄用吏紡(改束紡)
●考證 ; 謹照原文吏紡改束紡
◆整理 ; [儀禮聘禮(의례빙례)] 吏紡(이방)은 束紡(속방)의 착오.
◆訂正文 ; [儀禮聘禮]賄用束紡
▶【1415-1】 字解誤謬與否 ; [儀禮聘禮]賄用吏紡(改束紡) [吏紡(改束紡)]
★이상과 같이 오류(誤謬) 수정(修訂)이 속방(束紡; 견(縛). 견직물(絹織物)[儀禮聘禮]束紡[鄭玄注]紡紡絲為之今之縛也)이라 자전상(字典上) 방(紡)의 본의(本義)에 영향이 미치게 됨.

康 **索**(색)[廣韻]蘇各切[集韻][韻會]昔各切𠀤音𥿄[說文]作㨖草有莖葉可作繩索从宋糸[韻會]隸作索[小爾雅]大者謂之索]小者謂之繩[急就篇

註]索總謂切撚之令緊者也[書五子之歌]若朽索之馭六馬[詩豳風]宵爾索綯 又[易震卦]震索索[疏]心不安之貌[釋文]懼也 又[書牧誓]惟家之索[傳]索盡也 又[周禮夏官方相氏]以索室毆疫[註]索廋也 又[禮檀弓]吾離羣而索居[註]索散也 又[左傳昭十二年]八索九丘[書序]八卦之說謂之八索 又地名[前漢地理志]武都郡有索縣 又姓[左傳定四年]殷民七族有索氏 又[廣韻]山戟切[集韻]色窄切𣎴音色同索求也[禮曲禮]大夫以索牛[註]索求得而用之 又[集韻]蘇故切音素[釋名]索素也八索著素王之法也[屈原離騷]衆皆競進以貪婪兮憑不厭乎求索羌內恕(增己字)以量人兮各興心而嫉妒[註]索音素○按[說文]在木部今併附入索从宋[說文]在宋部

【 오류정리 】

○康誤處 1;[屈原離騷]羌內恕(增己字)以量人兮各興心而嫉妒

●考證 ; 謹照原文恕下增己字

◆整理 ; [屈原離騷(굴원리소)] 恕(서)에 이어 己字(기자)를 덧붙임.

◆訂正文 ; 屈原離騷]羌內恕己以量人兮各興心而嫉妒

▶【1416-1】 字解誤謬與否 ; [屈原離騷]羌內恕(增己字)以量人兮各興心而嫉妒 [恕(增己字)]

★이상과 같이 오류(誤謬) 수정(修訂)이 된다 하여도 기(己; 자기. 자신. 몸) 자전상(字典上) 의 본의(本義)에는 영향이 미치지 않음.

糸部 五畫

康紫(자)[廣韻]將此切[集韻]蔣氏切𣎴音呰[說文]帛靑赤色[釋名]紫疵也非正色正色之疵瑕以惑人者也[論語]紅紫 不以爲褻服[邢昺疏]紫北方閒色[又]惡紫之奪朱也[何晏註]紫閒色之好者 又水名[史記司馬相如傳]紫淵在其北[註]文穎曰西河穀羅縣有紫澤其水紫色 又姓[廣韻]出[何氏姓苑]又同絮[荀子非十二子篇]紫然洞然[註]紫與絮同柔弱之貌

【 오류정리 】

○康誤處 1;[釋名]紫疵也非正色正色之疵(改五色之疵)瑕以惑人者也

●考證 ; 謹照原文正色之疵改五色之疵

◆整理 ; [釋名(석명)] 正色之疵(정색지자)는 五色之疵(오색지자)의 착오.

◆訂正文 ; [釋名]紫疵也非正色五色之疵瑕以惑人者也

▶【1417-1】 字解誤謬與否 ; [釋名]紫疵也非正色正色之疵(改五色之疵)瑕以惑人者也 [正色之疵(改五色之疵)]

★이상과 같이 오류(誤謬) 수정(修訂)이 된다 하여도 자(疵; 흠)로는 자전상(字典上) 자(紫)의 본의(本義)에는 영향이 미치지 않음.

○康誤處 2; 又同絮(改孳)[荀子非十二子篇]紫然洞然[註]紫與絮(改孳)同

●考證 ; 謹照原文兩絮字𣎴改孳

◆整理 ; 又同(우동) 絮(서)는 孳(자)의 착오이며 [荀子非十二子篇(순자비십이자편)] [註(주)] 絮(서) 역시 孳(자)의 착오.

◆訂正文 ; 又同孳[荀子非十二子篇]紫然洞然[註]紫與孳同

▶【1418-1】 字解誤謬與否 ; 又同絮(改孳)[荀子非十二子篇]紫然洞然[註]紫與絮(改孳)同 [絮(改孳)]

★이상과 같이 오류(誤謬) 수정(修訂)이 된다 하여도 자(孳; 번식하다)로는 자전상(字典上) 자(紫)의 본의(本義)에는 영향이 미치지 않음.

絚(견)同堅[釋名]絹絚也其絲絚厚而疏也○按[玉篇]古于古兩二切引[成公四年]鄭伯絚卒[公羊傳]作鄭伯堅疏云[左氏]作堅字[穀梁傳]作賢字]今定本亦作堅字]類篇]經音堅亦作緪絚卽緪字也

【 오류정리 】

○康誤處 1; 按[玉篇]古于(改古千)古兩二切

●考證 ; 謹照原文古于改古千

◆整理 ; [玉篇(옥편)] 古于(고우)는 古千(고천)의 착오.

◆訂正文 ; 按[玉篇]古千古兩二切

▶【1419-1】 字解誤謬與否 ; 按[玉篇]古于(改古千)古兩二切　[古于(改古千)]

★이상과 같이 오류(誤謬) 수정(修訂)이 된다 하여도 고천(古千; 옛 천년)은 자전상(字典上) 견(絚)의 본의(本義)에는 영향이 미치지 않음.

紵(저)[廣韻]直呂切[集韻][韻會]文呂切𠀤音宁[說文]檾屬細者爲絟粗者爲紵[急就篇註]紵織紵爲布及疏之屬也[書禹貢]厥貢漆枲絺紵[詩·陳風]可以漚紵[陸璣疏]紵亦麻也[周禮·天官·典枲]掌布緦縷紵之麻草之物[註]白而細疏曰紵[左傳襄二十九年]子產獻紵衣焉[註]鄭地貴紵[史記司馬相如傳]揄紵縞[註]紵織紵也　又[集韻]展呂切音貯義同

【 오류정리 】

○康誤處 1;[集韻][韻會]文呂切(改丈呂切)𠀤音宁

●考證 ; 謹照原文文呂切改丈呂切

◆整理 ; [集韻(집운)][韻會(운회)] 文呂切(문려절)은 丈呂切(장려절)의 착오.

◆訂正文 ; [集韻][韻會]丈呂切𠀤音宁

▶【1420-1】 字解誤謬與否 ; [集韻][韻會]文呂切(改丈呂切)𠀤音宁　[文呂切(改丈呂切)]

★이상과 같이 인용처(引用處)나 주소(註疏) 음(音) 등(等)의 오류(誤謬)를 수정(修訂)을 한다 하여도 자전상(字典上)의 저(紵)의 본의(本義)에는 영향이 미치지 않음.

紹(소)[廣韻][集韻][韻會]𠀤市沼切音佋[說文]繼也一曰紹緊糾也[書盤庚]紹復先王之大業[詩大雅]弗念厥紹[禮樂記]韶者繼也[註]舜樂名也言舜能繼紹堯之德　又[禮聘儀]介紹而傳命又士爲紹擯[疏]謂繼續承擯[戰國策]請爲紹介[註]相佐助也　又姓[廣韻]出[姓苑]　又[集韻]蚩招切音弨緩也引[詩]匪紹匪游。鄭康成讀

【 오류정리 】

○康誤處 1;[禮樂記]紹者繼也(改韶繼也)

●考證 ; 謹照原文改韶繼也

◆整理 ; [禮樂記(예악기)] 紹者繼也(소자계야)는 韶繼也(소계야)의 착오.

◆訂正文 ; [禮樂記]韶繼也

▶【1421-1】 字解誤謬與否 ; [禮樂記]紹者繼也(改韶繼也)　[紹者繼也(改韶繼也)]

★이상과 같이 오류(誤謬) 수정(修訂)이 되면 소계(韶繼; 계승하다)인데 자전상(字典上) 소(紹)의 본의(本義)에 직접 영향이 미치게 됨.

紼(불)[廣韻][集韻][韻會]𠀤分勿切音弗[說文]亂糸也　又[爾雅釋水]紼繂也[詩小雅]紼纚維之[傳]紼縛也　又[禮曲禮]助葬必執紼[註]引棺索也[釋名]從前引之曰紼紼發也發車使前　又與綍通[前漢丙吉傳]上將使人加紼而封之[註]師古曰紼繫印之組

也　　又與芾通[白虎通]紱者蔽也行以
蔽前天子朱紱諸侯赤紱[詩]云朱紱斯
皇又云赤紱在股○按[詩]朱紱赤紱皆
作芾也　　又[集韻]芳未切音費[類篇]
縕也[玉篇或从芾作繛亦作緋

【 오류정리 】

○康誤處 1;[詩小雅]紼纚維之[傳]紼
縛(改縛)也
●考證 ; 謹照原文縛改縛
◆整理 ;[詩小雅(시소아)] [傳(전)]
縛(박)은 縛(견)의 착오.
◆訂正文 ;[詩小雅]紼纚維之[傳]紼
縛也
▶【1422-1】 字解誤謬與否 ;[詩小
雅]紼纚維之[傳]紼縛(改縛)也 [縛
(改縛)]
★이상과 같이 오류(誤謬) 수정(修訂)
이 되면 견(縛; 명주. 견직물)으로 자
전상(字典上) 불(紼)의 본의(本義)에
영향이 미치게 됨.

㉽紾(진)[廣韻]章忍切[集韻][正
韻]止忍切𠀤音軫[說文]轉也[淮南子
精神訓]千萬紾　又戾也[孟子]是猶或
紾其兄之臂　又[正韻]徒典切音殄義
同　又[廣韻]紾或作繀單衣也　又[集
韻]上演切音善[周禮冬官考工記弓人]
老牛之角紾而昔[註]紾讀爲抮縛之抮[
疏]紾謂理麤錯然不潤澤也　又[廣韻]
知演切[集韻]知輦切𠀤音展轉繩也　又
[集韻]丈善切音趙義同　又[集韻]他
典切音腆[類篇]垂絶貌　又[集韻]頸
忍切音緊緊或作紾繀絲急也

【 오류정리 】

○康誤處 1;[淮南子精神訓]千(增變
字)萬紾
●考證 ; 謹照原文千字下增變字
◆整理 ;[淮南子精神訓(회남자정신
훈)] 千(천)에 이어 變字(변자)를 덧
붙임.

◆訂正文 ;[淮南子精神訓]千變萬紾
▶【1423-1】 字解誤謬與否 ;[淮南
子精神訓]千(增變字)萬紾 [千(增變
字)]
★이상과 같이 오류(誤謬) 수정(修訂)
이 되면 천변만진(千變萬紾; 천번을
변하고 만번을 돌아가다) 자전상(字
典上) 진(紾)의 본의(本義)에 영향이
미치게 됨.

○康誤處 2;[周禮冬官考工記弓人]老
牛之角紾而昔[註]紾讀爲抮縛(改縛)之
抮
●考證 ; 謹照原文縛改縛
◆整理 ;[周禮冬官考工記弓人(주례동
관고공기궁인)] [註(주)] 縛(박)은 縛
(견)의 착오.
◆訂正文 ;[周禮冬官考工記弓人]老
牛之角紾而昔[註]紾讀爲抮縛之抮
▶【1424-1】 字解誤謬與否 ;[周禮
冬官考工記弓人]老牛之角紾而昔[註]
紾讀爲抮縛(改縛)之抮 [縛(改縛)]
★이상과 같이 오류(誤謬) 수정(修訂)
이 된다 하여도 견(縛; 명주) 자전상
(字典上) 진(紾)의 본의(本義)에는 영
향이 미치지 않음.

㉽絀(출)[廣韻][集韻]𠀤竹律切音
窋[說文]絳也[玉篇]絑也[史記趙世家]
却冠秫絀[註]徐廣曰戰國作秫縫亦縫絑
之別名也古字多假借故作秫絀耳此蓋
言其女工箴縷之麤拙也　又[荀子非相
篇]緩急嬴絀[註]猶言屈伸也　又[集
韻]敕律切音黜義同　又同黜[禮王
制]不孝者君絀以爵[註]絀退也

【 오류정리 】

○康誤處 1;[說文]絳(改縫)也
●考證 ; 謹照原文絳改縫
◆整理 ;[說文(설문)]絳(강)은 縫(봉)
의 착오.
◆訂正文 ;[說文]縫也

▶【1425-1】 字解誤謬與否 ; [說文]絳(改縫)也 　[絳(改縫)]
★이상과 같이 오류(誤謬) 수정(修訂)이 되면 봉(縫; 꿰매다)이 되는데 자전상(字典上) 출(紐)의 본의(本義)에 직접 영향이 미치게 됨.

○康誤處 2; [史記趙世家]却冠秫紐[註]徐廣曰戰國(增策字)作秫縫
●考證 ; 謹照原文戰國下增策字
◆整理 ; [史記趙世家(사기조세가)] [註(주)] 戰國(전국)에 이어 策字(책자)를 덧붙임.
◆訂正文 ; [史記趙世家]却冠秫紐[註]徐廣曰戰國策作秫縫

▶【1426-2】 字解誤謬與否 ; [史記趙世家]却冠秫紐[註]徐廣曰戰國(增策字)作秫縫 　[戰國(增策字)]
★이상과 같이 오류(誤謬) 수정(修訂)이 된다 하여도 전국책(戰國策; 서한(西漢)의 유향(劉向)이 주정정왕(周貞定王) 57년 BC454~진시황(秦始皇) 37년 BC210 240여년 동안 정치 사회 책사언행(策士言行) 등을 기록한 33권의 역사서)은 자전상(字典上)의 본의(本義)에는 미치지 않음.

康終(종)[廣韻]職戎切[集韻][韻會]之戎切夶音螽[說文]絿絲也 　又[玉篇]極也窮也[集韻]一曰盡也[易繫辭][易]之爲書也原始要終[書仲虺之誥]愼厥終惟其始[詩大雅]高朗令終 　又[禮檀弓]君子曰終小人曰死 　又[左傳文元年]先王之正時也履端于始舉正于中歸餘于終[疏]歸其餘分置于終末言於終末乃置閏也 　又[左傳襄九年]十二年矣是謂一終一星終也 　又[爾雅釋天]月在壬曰終 　又[前漢刑法志]地方一里爲井井十爲通通十爲成成方十里成十爲終 　又姓[左傳定四年]殷民七族有終葵氏[史記秦本紀]秦之先爲嬴姓其後分封以國爲姓有終黎氏[前漢

終軍傳]終軍字子雲濟南人也 　又[韻補]叶諸仍切[周易坤·文言]以終叶成
　又[韻補]叶諸良切[陳琳迷迭香賦]竭歡慶於夙夜兮雖幽翳而彌彰事罔隆而不殺兮亦無始而不終

【 오류정리 】

○康誤處 1; 先王之正時也履端于(改於)始舉正于(改於)中歸餘于(改於)終
※ 筆者謹按左傳原本 ; [左傳文元年]先王之正時也履端於始舉正於中歸餘於終三于改於
◆整理 ; [左傳文元年(좌전문원년)] 三于(삼우) 모두 於(어)의 착오.
◆訂正文 ; 先王之正時也履端於始舉正於中歸餘於終
※ 筆者謹按左傳原本 ; [左傳文元年]先王之正時也履端於始舉正於中歸餘於終三于改於

▶【1427-1】 字解誤謬與否 ; 先王之正時也履端于(改於)始舉正于(改於)中歸餘于(改於)終 　[于(改於)] [于(改於)] [于(改於)]
★이상과 같이 어조사(語助辭)의 오류(誤謬)를 수정(修訂)을 한다 하여도 자전상(字典上)의 종(終)의 본의(本義)에는 영향이 미치지 않음.

糸部 六畫

康紞(차)[廣韻]集韻夶七四切音次[說文]績所緝也[周禮地官廛人掌斂布紞布[註]紞布列肆之稅布 　又[集韻]津私切音咨疾二切音自義夶同

【 오류정리 】

○康誤處 1; [周禮地官廛人]掌斂布(改斂市)紞布
●考證 ; 謹照原文斂布改斂市
◆整理 ; [周禮地官廛人(주례지관전인)] 斂布(렴포)는 斂市(렴시)의 착오.
◆訂正文 ; [周禮地官廛人]掌斂市紞

布
▶【1428-1】　字解誤謬與否　；［周禮地官廛人］掌斂布(改斂市)絘布　[斂布(改斂市)]

★이상과 같이 오류(誤謬)가 수정(修訂)이 되면 장렴시차포(掌斂市絘布; 구실로 납부하는 베)가 되는데 자전상(字典上) 차(絘)의 본의(本義)에 영향이 미치게 됨.

康絜(혈)［廣韻］［正韻］古屑切［集韻］［韻會］吉屑切𡘋音結［說文］麻一耑也　又［博雅］靜也［玉篇］淸也［廣韻］經典潔用絜［易說卦］齊也者言萬物之絜齊也○按絜朱子本意作潔［詩小雅］絜爾牛羊［禮經解］絜靜精微易敎也［左傳桓六年］絜粢豐盛　又［廣韻］［正韻］胡結切［集韻］［韻會］奚結切𡘋音擷［禮大學］是以君子有絜矩之道也［註］絜猶結也挈也［朱子章句］絜度也［莊子人間世］見櫟社樹其大蔽牛絜之百圍［音義］絜約束也　又［爾雅釋水］絜九河之一［註］水多約絜也　又［集韻］顯結切音肹義同　又［集韻］詰計切音契提也　又［集韻］訖黠切音戛挈或作絜橶也

【 오류정리 】
○康誤處 1; 按絜朱子本意(改朱子本義)作潔
●考證 ; 謹照原書朱子本意改朱子本義
◆整理 ; 朱子本意(주자본의)는 朱子本義(주자본의)의 착오.
◆訂正文 ; 按絜朱子本義作潔
▶【1429-1】　字解誤謬與否 ； 按絜朱子本意(改朱子本義)作潔　[朱子本意(改朱子本義)]

★이상과 같이 오류(誤謬) 수정(修訂)이 되면 혈주자본의(絜 朱子本義; 청렴함)이니 자전상(字典上) 혈(絜)의 본의(本義)에 영향이 미치게 됨.

康絣(병)［廣韻］北萌切［集韻］悲萌切［韻會］哺橫切𡘋音崩［說文］作絣氏人殊縷布也［玉篇］無文綺也［戰國策］妻自組甲絣［註］絣綿也　又［後漢班固傳］將絣萬嗣［註］絣續也　又［集韻］普幸切音頩義同　又［正韻］補耕切音伻義同　又切音幷義同　又［集韻］必幸切音祊急絙也　又同弁［周禮春官司服］凡弔事弁絰服［註］故書弁作絣鄭司農絣讀爲弁　又［集韻］披庚切音磅𥿄或从糸張絃也

【 오류정리 】
○康誤處 1; ［廣韻］振繩墨也亦作𥿄(改𥿃)
●考證 ; 謹照原文𥿄改𥿃
◆整理 ; ［廣韻(광운)］𥿄(字典無)는 𥿃(붕)의 착오.
◆訂正文 ; ［廣韻］振繩墨也亦作𥿃
▶【1430-1】　字解誤謬與否 ； ［廣韻］振繩墨也亦作𥿄(改𥿃)　[𥿄(改𥿃)]

★이상과 같이 오류(誤謬) 수정(修訂)이 되면 붕(𥿃; 통작병(通作絣) 병(絣)과 통용(通用)한다)이라 자전상(字典上) 병(絣)의 본의(本義)에 영향이 미치게 됨.

康絰［廣韻］［集韻］［韻會］徒結切［正韻］杜結切𡘋音臷［說文］喪首戴也[儀禮喪服]苴絰［註］麻在首在要皆曰絰首絰象緇布冠之缺頂要絰象大帶［禮檀弓］絰也者實也［註］所以表哀戚　又［周禮春官司服］凡弔事弁絰服［註弁絰者如爵弁而素加環絰　又［左傳莊十九年］葬于絰皇［註］絰皇冢前闕

【 오류정리 】
○康誤處 1; ［儀禮］［註］首絰象緇布冠之缺頂(改缺項)
●考證 ; 謹照原文缺頂改缺項
◆整理 ; ［儀禮(의례)］［註(주)］缺頂(결정)은 缺項(결항)의 착오.

◆訂正文 ; [儀禮][註]首経象緇布冠之缺項

▶【1431-1】 字解誤謬與否 ; [儀禮][註]首経象緇布冠之缺項(改缺頂) [缺項(改缺頂)]

★이상과 같이 오류(誤謬) 수정(修訂)이 된다 하여도 결항(缺項; 광이 벗어지지 않도록 목덜미에 단단하 잡아맨 건)은 자전상(字典上) 질(経)의 본의(本義)에는 영향이 미치지 않음.

糸部 七畫

康 絹(견)[廣韻][正韻]吉掾切[集韻][韻會]規掾切𠀤音狷[說文]繒如麥稍[博雅]繁繐鮮支穀絹也[釋名]絹絸也其絲絸厚而疏也[廣韻]縑也 又[集韻]古泫切音犬冒或作絹[周禮秋官冥氏註]弧張罿罦之屬所以局絹禽獸 又[翟氏註]置其所食之物于絹中鳥來下則搯其足 又[集韻]熒絹切音炫射侯綱紐

【 오류정리 】

○康誤處 1; [博雅]繁(改縶)繐(改繐)鮮支穀絹也

●考證 ; 謹照原文繁改縶繐改繐

◆整理 ; [博雅(박아)]繁(번) 縶(무)繐(세)는 繐(字典無)의 착오.

◆訂正文 ; [博雅]縶繐鮮支穀絹也

▶【1432-1】 字解誤謬與否 ; [博雅]繁(改縶)繐(改繐)鮮支穀絹也 [繁(改縶)] [繐(改繐)]

★이상과 같이 오류(誤謬) 수정(修訂)이 되면 무총(縶繐; 비단)이 되니 자전상(字典上) 견(絹)의 본의(本義)에 직접 영향이 미치게 됨.

康 絺(치)[廣韻]丑飢切[集韻]抽遲切𠀤音都[說文]細葛也[書益稷]黼黻絺繡[傳]葛之精者曰絺[詩周南]爲絺爲綌[疏]煮葛以爲絺綌[禮曲禮]爲天子削瓜者副之巾以絺[疏]細葛爲巾 又[正韻]抽知切音摛義同 又地名[左傳隱十一年註]絺在野里縣西南 又姓[姓氏急就篇]周有絺邑以邑爲氏晉智伯臣有絺疵 又[集韻]展几切𦁕或作絺

【 오류정리 】

○康誤處 1; [左傳隱十一年註]絺在野里(改野王)縣西南

●考證 ; 謹照原文野里改野王

◆整理 ; [左傳隱十一年註(좌전은십일년주)] 野里(야리)는 野王(야왕)의 착오.

◆訂正文 ; [左傳隱十一年註]絺在野王縣西南

▶【1433-1】 字解誤謬與否 ; [左傳隱十一年註]絺在野里(改野王)縣西南 [野里(改野王)]

★이상과 같이 오류(誤謬) 수정(修訂)이 되면 치재(絺在) 야왕현(野王縣; 地名)인데 자전상(字典上) 치(絺)의 본의(本義)에 직접 영향이 미치게 됨.

康 綏(수)[廣韻]息遺切[集韻][韻會]宣佳切[正韻]蘇回切𠀤音雖[說文]車中把也[註]徐鍇曰禮升車必正立執綏所以安也[儀禮士冠禮]壻御婦授綏[註]綏所以引車者[禮曲禮]僕人之禮必授人綏 又[書禹貢]五百里綏服[傳]綏安也安服王者之政教[詩周南]福履綏之[傳]安也 又[左傳文十二年]乃皆出戰交綏[註]古名退軍爲綏[疏][司馬法]將軍死綏舊說綏却也 又[荀子儒效篇]綏綏兮其有文章[註]安泰之貌或爲葳蕤之貌 又州名[廣韻]春秋時白翟所居秦幷天下爲上郡後魏廢郡置州取綏德縣爲名 又[集韻]雙佳切音榱毿毶毛長貌一曰狐貌毿 或作綏[詩衛風有狐綏綏[傳]匹行貌 又[集韻]儒佳切音蕤綏或作綏[詩大雅]淑旂綏章[傳]大綏也[疏]綏者卽交龍旂竿所建[禮王制]諸侯殺則下小綏大夫殺則止左

車[註]綏當爲綾綾有虞氏之旌旗也又
[明堂位]夏后氏之綏[註]綏讀爲冠蕤
之蕤　又[集韻]思累切音濉隋或作
墮亦作綏尸所祭肝脊黍稷之屬[儀禮士
虞禮]不綏祭[註]事尸之禮始於綏祭綏
當爲墮　又[集韻]呼恚切音毁義同　又
[集韻]吐火切音妥[禮曲禮]執天子之
器則上衡國君則平衡大夫則綏之[註]
綏讀曰妥妥之謂下於心[又]國君綏視
[註]視國君彌高妥視謂視止於袷　又
[集韻]通回切音推妥或作綏安坐也

【 오류정리 】

○康誤處 1;[說文]車中把也[註]徐鍇
曰禮升車以正立(改必正)執綏
●考證 ; 謹照原註以正立改必正
◆整理 ; [說文(설문)] 註(주) 正立
(정립)은 必正(필정)의 착오.
◆訂正文 ; [說文]車中把也[註]徐鍇
曰禮升車以必正執綏
▶【1434-1】 字解誤謬與否 ; [說
文]車中把也[註]徐鍇曰禮升車以正立
(改必正)執綏 [正立(改必正)]
★이상과 같이 오류(誤謬) 수정(修訂)
이 되면 승차이필정집수(升車以必正
執綏; 수레에 오를 때는 반듯이 바르
게 서서 수레의 손잡이를 꽉 잡는다)
자전상(字典上) 수(綏)의 본의(本義)
에 영향이 미치게 됨.

○康誤處 2;[儀禮士冠禮]壻御婦(增
車字)授綏
●考證 ; 謹照原文婦字下增車字
◆整理 ; [儀禮士冠禮(의례사관례)]
婦(부)에 이어 車字(거자)를 덧붙임.
◆訂正文 ; [儀禮士冠禮]壻御婦車授
綏
▶【1435-2】 字解誤謬與否 ; [儀禮
士冠禮]壻御婦(增車字)授綏 [婦(增
車字]
★이상과 같이 오류(誤謬) 수정(修訂)
이 되면 차수수(車授綏; 수레의 손잡
이를 곽 잡는다) 자전상(字典上) 수

(綏)의 본의(本義)에 영향이 미치게
됨.

○康誤處 3;[禮王制]諸侯殺則下小綏
大夫殺則止左車(改佐車)
●考證 ; 謹照原文左車改佐車
◆整理 ; [禮王制(예왕제)] 左車(좌
거)는 佐車(좌거)의 착오.
◆訂正文 ; [禮王制]諸侯殺則下小綏
大夫殺則止佐車
▶【1436-3】 字解誤謬與否 ; [禮王
制]諸侯殺則下小綏大夫殺則止左車
(改佐車) [左車(改佐車)]
★이상 같이 오류(誤謬) 수정(修訂)이
된다 하여도 좌거(佐車; 뒤따르는 예
비 수레)는 자전상(字典上) 수(綏)의
본의(本義)에는 영향이 미치지 않음.

糸 部 八畫

康綣(권)[廣韻]去阮切[集韻][韻
會]苦遠切𡘊音捲[說文新附字]繾綣
也[廣韻]繾綣志盟[類篇]繾綣厚意[詩大
雅]以謹繾綣[傳]繾綣反覆也[左傳昭
二十五年]繾綣從公[註]繾綣不離散
又[淮南子氾論訓]古若有鍪而綣領以
王天下者矣[註]綣領皮衣屈而袄之
又[廣韻]去願切[集韻]區願切𡘊音劵
義 同又[韻補]叶苦殞切[釋名]困綣
也藏物繾綣束縛之也

【 오류정리 】

○康誤處 1;[淮南子氾論訓]古若(改
古者)有鍪而綣領以王天下者矣
●考證 ; 謹照原文古若改古者
◆整理 ; [淮南子氾論訓(회남자사론
훈)] 古若(고약)은 古者(고자)의 착
오.
◆訂正文 ; [淮南子氾論訓]古者有鍪
而綣領以王天下者矣
▶【1437-1】 字解誤謬與否 ; [淮南
子氾論訓]古若(改古者)有鍪而綣領以

王天下者矣　[古若(改古者)]
★이상과 같이 오류(誤謬) 수정(修訂)
이 된다 하여도 고자(古者; 옛 사람
들)는 자전상(字典上) 권(綣)의 본의
(本義)에는 영향이 미치지 않음.

㘚絟(천)[廣韻][集韻][韻會][正韻]
麁倉甸切音蒨[說文]絟赤繒也以茜染
故謂之絟[廣韻]靑赤色[左傳定四年]
以大路少帛絟茷旃旌[註]絟茷大赤取
染草名也　又[集韻]倉經切音靑淺碧色
　又[廣韻]側莖切[集韻]甾莖切麁音
爭絳或作絟[儀禮士喪禮]陳襲事於房中
而領南上不絟[註]絟讀爲絳屈也江沔
之閒謂縈收繩索爲絳[禮玉藻]齊則絟
結佩而爵韠[註]絟屈也[結又屈之
[史記楚世家]絟繳蘭臺[註]縈也

【 오류정리 】

○康誤處 1; [儀禮]陳襲事於房中而領
(改西領)南上不絟
●考證 ; 謹照原文而領改西領
◆整理 ; [儀禮(의례)] 而領(이령)은
西領(서령)의 착오.
◆訂正文 ; [儀禮]陳襲事於房中西領
南上不絟
▶ 【1438-1】 字解誤謬與否 ; [儀
禮]陳襲事於房中而領(改西領)南上不
絟　[而領(改西領)]
★이상과 같이 오류(誤謬) 수정(修訂)
이 된다 하여도 서령(西領; 중국 최
대의 금광명(金鑛名))은 자전상(字典
上) 천(絟)의 본의(本義)에는 영향이
미치지 않음.

㘚維(유)[廣韻]以追切[集韻][韻
會]夷佳切麁音惟[說文]車蓋維也　又
[博雅]係也[詩小雅]縶之維之[傳]維
繫也[公羊傳昭二十四年]且夫牛馬維
婁[註]繫馬曰維繫牛曰婁　又[詩小
雅]四方是維[周禮夏官大司馬]以維邦
國[註]維猶連結也　又[儀禮太射禮]

中離維綱[註]侯有上下綱其邪制射舌
之角爲維　又[爾雅釋天]太歲在巳曰屠
維　又[前漢賈誼傳]是猶度江河亡維
楫[註]維所以繫船　又[管子牧民篇]
國有四維一曰禮二曰義三曰廉四曰恥
　又[淮南子天文訓]帝張四維運之斗
　又[楚辭天問]幹維焉繫[註]維綱
也　又[爾雅釋詁]維伊維也[註]發語
辭[韻會]案六經惟維唯三字皆通作語
辭　又訓獨尚書助辭皆用惟字詩助辭
多用維字左傳助辭用唯字論語助辭用
惟字新安朱氏曰惟从心思也維糸繫也
唯从口專辭也應辭也然皆語辭古書皆
通用之　又地名[史記管晏列傳]晏平
仲嬰者萊之夷維人也[註]應劭曰故萊
夷維邑　又姓[姓氏急就篇]漢維氾妖
巫卷縣人　又於恭切音雍[周禮夏官
職方氏]其浸盧維[釋文]盧音雷維於恭
反

【 오류정리 】

○康誤處 1; [楚辭天問]幹維焉繫[註]
維網也(改綱也)
●考證 ; 謹照原文網也改綱也
◆整理 ; [楚辭天問(초사천문)][註
(주)]網也(망야)는 綱也(강야)의 착오.
◆訂正文 ; [楚辭天問]幹維焉繫[註]
維綱也
▶ 【1439-1】 字解誤謬與否 ; [楚
辭天問]幹維焉繫[註]維網也(改綱也)
[網也(改綱也)]
★이상과 같이 오류(誤謬) 수정(修訂)
이 되면 유강(維綱; 법령. 법도)인데
자전상(字典上) 유(維)의 본의(本義)
에 영향이 미치게 됨.

○康誤處 2; [爾雅釋詁]維伊維也(改
伊維侯也)
●考證 ; 謹照原文改伊維侯也
◆整理 ; [爾雅釋詁(이아석고)] 維伊
維也(유이유야)는 伊維侯也(이유후야)
의 착오.

◆訂正文 ; [爾雅釋詁]伊維侯也

▶【1440-2】 字解誤謬與否 ; [爾雅釋詁]維伊維也(改伊維侯也) [維伊維也(改伊維侯也)]

★이상과 같이 오류(誤謬) 수정(修訂)이 되면 이유(伊維)는 후야(侯也; 후작이다)라 하니 자전상(字典上) 유(維)의 본의(本義)에 영향이 미치게 됨.

康綱(강)[廣韻]古郎切[集韻][韻會]居郎切夶音岡[說文]維紘繩也[書盤庚]若網在綱有條而不紊[詩大雅]綱紀四方[傳]張之爲綱[疏]綱者網之大繩　又[儀禮鄉射禮]乃張侯下綱[註]綱持舌繩也[周禮冬官考工記梓人]梓人爲侯上綱與下綱出舌尋縜寸焉[註]綱所以繫侯於植者也　又[禮緯含文嘉]君爲臣綱父爲子綱夫爲妻綱

【 오류정리 】
○康誤處 1; [周禮冬官考工記梓人]梓人爲侯上綱與下綱出舌尋縜寸(改絹寸)焉
●考證 ; 謹照原文縜寸改絹寸
◆整理 ; [周禮冬官考工記梓人(주례동관고공기재인)] 縜寸(수촌)은 絹寸(견촌)의 착오.
◆訂正文 ; [周禮冬官考工記梓人]梓人爲侯上綱與下綱出舌尋絹寸焉
▶【1441-1】 字解誤謬與否 ; [周禮冬官考工記梓人]梓人爲侯上綱與下綱出舌尋縜寸(改絹寸)焉 [縜寸(改絹寸)]
★이상과 같이 오류(誤謬) 수정(修訂)이 된다 하여도 견촌(絹寸; 명주의 길이를 재는 촌) [周禮冬官考工記梓人]梓人爲侯上綱與下綱出舌尋絹寸焉) 자전상(字典上) 강(綱)의 본의(本義)에는 영향이 미치지 않음.

康緤(첩)[廣韻][集韻][韻會][正韻]夶七接切音妾[說文]纏衣也]或从習作緤[玉篇]縫也亦作緤[廣韻]連緤[前漢·賈誼傳]白縠之衣薄紈之裏緤以偏諸[註]師古曰緤謂以偏諸纏著之也又[前漢揚雄傳]鴻絧緤獵[註]緤獵相差次也又[集韻]七入切音葺疾葉切音捷義夶同

【 오류정리 】
○康誤處 1; [前漢賈誼傳]白縠之衣(改表)薄紈之裏緤以偏諸
●考證 ; 謹照原文衣改表
◆整理 ; [前漢賈誼傳(전한가의전)]衣(의)는 表(표)의 착오.
◆訂正文 ; [前漢賈誼傳]白縠之表薄紈之裏緤以偏諸
▶【1442-1】 字解誤謬與否 ; [前漢賈誼傳]白縠之衣(改表)薄紈之裏緤以偏諸 [衣(改表)]
★이상과 같이 오류(誤謬) 수정(修訂)이 된다 하여도 표(表; 겉 표면)는 자전상(字典上) 첩(緤)의 본의(本義)에는 영향이 미치지 않음.

康緆(석)[廣韻]先擊切[集韻][韻會]先的切夶音錫[說文]細布也[玉篇]治麻布也]亦作褍[儀禮既夕]縓綼緆[註]飾裳在幅曰綼在下曰緆　又與錫通[儀禮燕禮]公尊瓦大兩有豐冪用綌若錫[註]今文錫爲緆[司馬相如子虛賦]被阿緆[註張揖曰細布也緆與錫古字通　又[集韻]以豉切音易袘或作緆裳下緣也

【 오류정리 】
○康誤處 1; [儀禮既夕]縓綼緆[註]飾裳在幅曰綼在下曰褍(改緆)
●考證 ; 謹照原文褍改緆
◆整理 ; [儀禮既夕(의례기석)]褍(석)은 緆(석)의 착오.
◆訂正文 ; [儀禮既夕]縓綼緆[註]飾裳在幅曰綼在下曰緆

▶【1443-1】 字解誤謬與否 ；[儀禮既夕]繰絆絏[註]飾裳在幅曰絆在下曰裼(改絏) [裼(改絏)]

★이상과 같이 오류(誤謬) 수정(修訂)이 되면 석(絏; 가는 베)인데 자전상(字典上) 석(絏)의 본의(本義)에 직접 영향이 미치게 됨.

糸 部 九畫

康緒(서)[廣韻]徐呂切[集韻][韻會]象呂切𠀤音敍[說文]絲耑也 又[爾雅釋詁]緒事也[疏]事業也[廣韻]基緒[書五子之歌]則有荒墜厥緒[詩魯頌]纘太王之緒[周禮天官宮正]稽其功緒[註]緒其志業 又[史記張丞相傳]張蒼爲計相時緒正律曆[註]緒尋也 又[莊子讓王篇]其緒餘以爲國家[音義]緒者殘也謂殘餘也[楚辭九章]欸秋冬之緒風[註]緒餘也 又[集韻]詩車切音奢緒餘殘也徐邈說

【 오류정리 】

○康誤處 1; [書五子之歌]則有(則有二字今省)荒墜厥緒
●考證 ; 謹照原文則有二字屬上王府爲句不得連引今省
◆整理 ; [書五子之歌(서오자지가)]則有二字(칙유이자)는 삭제함.
◆訂正文 ; [書五子之歌]荒墜厥緒
▶【1444-1】 字解誤謬與否 ；[書五子之歌]則有(則有二字今省)荒墜厥緒 [則有(則有二字今省)]

★이상과 같이 칙유(則有)를 삭제(削除) 한다 하여도 자전상(字典上) 서(緒)의 본의(本義)에 영향을 끼치지 않음.

康縣(면)[廣韻]武延切[集韻][韻會]彌延切𠀤音棉[正韻]莫堅切音眠[玉篇]新絮也今作綿[廣韻]精曰縣麤曰絮[釋名]縣猶湎湎柔而無文也[書禹貢 厥貢

纖縣傳]縣新縣[前漢王褒傳]難與道純縣之麗密[註]縣纖之密 又[說文]縣聯微也[博雅]連也小也縣縣長也[詩王風]縣縣葛藟[註]長不絕之貌又[大雅]縣縣瓜瓞[疏]微細之辭 又縣縣詳密也[詩周頌]縣縣其麃 又縣蠻鳥聲[詩小雅]縣蠻黃鳥 又縣猶彌漫也[穀梁傳文十四年]縣地千里 又纏縣猶綢繆也[淮南子主術訓]纏縣經宂 又地名[前漢地理志]廣漢郡縣竹[註]縣水所出 又姓[孟子]縣駒處於高唐[廣韻]晉張方以縣思爲腹心 又[集韻]莫列切音滅弱也 又[韻補]叶彌鄰切[魏文帝思親賦]痛弱條之眇眇兮悲瓜瓞之縣縣蒙屯險而自育兮常含瘁而履辛○按[說文]在系部今倂入

【 오류정리 】

○康誤處 1; [書禹貢]厥貢(改厥篚)纖縣傳縣新縣
●考證 ; 謹照原文厥貢改厥篚
◆整理 ; [書禹貢(서우공)] 厥貢(궐공)은 厥篚(궐비)의 착오.
◆訂正文 ; [書禹貢]厥篚纖縣傳縣新縣
▶【1445-1】 字解誤謬與否 ；[書禹貢]厥貢(改厥篚)纖縣傳縣新縣 [厥貢(改厥篚)]

★이상과 같이 인용처(引用處)나 주소(註疏)의 오류(誤謬)를 수정(修訂)을 한다 하여도 자전상(字典上)의 면(縣)의 본의(本義)에는 영향이 미치지 않음.

康緧(추)[廣韻]七由切[集韻][韻會]雌由切[正韻]此由切𠀤音秋[說文]馬紂也[玉篇]牛馬緧亦作䩭緧[周禮冬官考工記輈人]不緩其邸必緧其牛後 又[集韻]字秋切音酋義同

【 오류정리 】

○康誤處 1; [周禮冬官考工記輈人]不

緩(改不援)其邸]必緧其牛後
●考證 ; 謹照原文不緩改不援
◆整理 ; [周禮冬官考工記輈人(주례동관고공기주인)] 不緩(부완)은 不援(부원)의 착오.
◆訂正文 ; [周禮冬官考工記輈人]不援其邸必緧其牛後
▶【1446-1】 字解誤謬與否 ; [周禮冬官考工記輈人]不緩(改不援)其邸必緧其牛後 [不緩(改不援)]
★이상과 같이 오류(誤謬) 수정(修訂)이 된다 하여도 불원(不援; 않으면)은 자전상(字典上) 추(緧)의 본의(本義)에는 영향이 미치지 않음.

總(총)[集韻]麤叢切音怱總或作總帛靑色一曰輕絹[博雅]靑蒼色[周禮春官巾車]重翟錫朱總[註]總靑黑色以繒爲之 又[集韻]祖叢切音㝇祖冬切音宗[類篇]絲數詩曰素絲五總 又[集韻]作弄切音糉㪍或作總○按五經文字云總从怱作總者訛今總與總混當正之

【 오류정리 】
○康誤處 1;[博雅]靑蒼色(改靑也)
●考證 ; 謹照原文靑蒼色改靑也
◆整理 ; [博雅(박아)] 靑蒼色(청창색)은 靑也(청야)의 착오.
◆訂正文 ; [博雅]靑也
▶【1447-1】 字解誤謬與否 ; [博雅]靑蒼色(改靑也) [靑蒼色(改靑也)]
★이상과 같이 오류(誤謬) 수정(修訂)이 되면 청(靑; 푸르다)인데 자전상(字典上) 총(總)의 본의(本義)에 영향이 직접 미치게 됨.

緱(구)[廣韻]古侯切[集韻][韻會][正韻]居侯切夶音鈎[說文]刀劒緱也[史記孟嘗君傳]馮先生甚貧猶有一劒耳 又蒯緱[註]蒯草名緱謂把劒之

物言其劒無物可褒但以蒯繩纏之故云蒯緱 又[集韻]墟侯切音摳緱氏地名[戰國策]轘緱氏之口[註]緱氏以山爲名[前漢武帝紀]將幸緱氏[註]河南縣也 又姓[孝子傳]陳留緱氏女

【 오류정리 】
○康誤處 1;[戰國策](增塞轘二字)轘緱氏之口
●考證 ; 謹照原文轘上增塞轘二字
◆整理 ; [戰國策(전국책)]에 이어 塞轘二字(새환이자)를 덕붙임. 轘緱氏(원구씨)
◆訂正文 ; [戰國策]塞轘轘緱氏之口
▶【1448-1】 字解誤謬與否 ; [戰國策](增塞轘二字)轘緱氏之口 [(增塞轘二字)轘]
★이상과 같이 오류(誤謬) 수정(修訂)이 되면 새환원구씨지구(塞轘轘緱氏之口; 환원산과 구씨산의 요새를 막다)가 되니 산명(山名) 운운(云云)이라 자전상(字典上) 구(緱)의 본의(本義)에 영향이 미치게 됨.

緯(봉)[廣韻]邊孔切[集韻][韻會]補孔切夶音琫[正韻]方孔切音捧[說文]枲履也[廣韻]小兒皮履也[急就篇註]圓頭掩上之履也[愼子君人篇]有虞氏之誅以後緯當刖 又[廣韻]巴講切[集韻]補講切夶音榜義同

【 오류정리 】
○康誤處 1;[廣韻]巴講切[集韻]補講切夶音榜(改爲邦上聲)
●考證 ; 謹按講在講韻榜在養韻巴講補講二切不得音榜謹改爲邦上聲
◆整理 ; [廣韻(광운)][集韻(집운)] 音榜(음방)은 邦上聲(방상성)의 착오.
◆訂正文 ; [廣韻]巴講切[集韻]補講切夶邦上聲
▶【1449-1】 字解誤謬與否 ; [廣韻]巴講切[集韻]補講切夶音榜(改爲邦

上聲) 〔榜(改爲邦上聲)〕

★이상과 같이 인용처(引用處)나 주소(註疏) 음(音) 등(等)의 오류(誤謬)를 수정(修訂)을 한다 하여도 자전상(字典上)의 봉(絼)의 본의(本義)에는 영향이 미치지 않음.

康 練(련)[廣韻][集韻][韻會][正韻]𠀤郎甸切音鍊[說文]湅繒也[玉篇]煮湅也[釋名]練爛也煮使委爛也[急就篇註]練者煮練而熟之也[周禮天官染人]凡染春曝練[註]暴練練其素而暴之 又小祥服也[禮檀弓]練而慨然 又練練衣黃裏縓緣[疏]小祥而著練冠練中衣故曰練也練衣者以練爲中衣 又簡練[禮月令]天子乃命將帥選士厲兵簡練桀俊[戰國策]簡練以爲揣摩 又選也[前漢禮樂志]練時日 又閱歷也[前漢韋賢傳]昔靡不練[註]練猶閱歷之 又姓[廣韻]何氏姓苑云南康人 又通作湅[周禮冬官考工記㡛氏]湅絲涗水

【 오류정리 】

○康誤處 1;[周禮天官染人]凡染春曝練(改暴練)

●考證 ; 謹照原文曝練改暴練

◆整理 ; [周禮天官染人(주례천관염인)] 曝練(폭련)은 暴練(폭련)의 착오.

◆訂正文 ; [周禮天官染人]凡染春暴練

▶【1450-1】 字解誤謬與否 ; [周禮天官染人]凡染春曝練(改暴練) [曝練(改暴練)]

★이상과 같이 오류(誤謬) 수정(修訂)이 되면 폭련(暴練; 생사를 삶아 햇볕에 말리다. 누이다)인데 자전상(字典上) 련(練)의 본의(本義)에 직접 영향이 미치게 됨.

康 緵(종)(종)[廣韻]子紅切[集韻]祖叢切𠀤音�[玉篇]緵也[史記孝景本紀]令

徒隷衣七緵布[註]緵八十縷也與布相似七升布用五百六十縷 又[爾雅釋器]緵罟謂之九罭緵罟魚罔也[註]今之百囊罟江東謂之緵 又[廣韻][集韻][韻會][正韻]𠀤作弄切音糉義同 又與稯通[儀禮聘禮]十筥曰稯[註]古文稯作緵

【 오류정리 】

○康誤處 1;[爾雅釋器]緵罟謂之九罭緵罟魚罔也(改九罭魚罔也)

●考證 ; 謹照原文緵罟魚罔也改九罭魚罔也

◆整理 ; [爾雅釋器(이아석기)] 緵罟魚罔也(종고어망야)는 九罭魚罔也(구역어망야)의 착오.

◆訂正文 ; [爾雅釋器]緵罟謂之九罭九罭魚罔也

▶【1451-1】 字解誤謬與否 ; [爾雅釋器]緵罟謂之九罭緵罟魚罔也(改九罭魚罔也) [緵罟魚罔也(改九罭魚罔也)]

★이상과 같이 오류(誤謬) 수정(修訂)이 되면 구역(九罭; 작은 물고기 잡는 촘촘한 어망) [說文新附字]魚網也 [爾雅釋器]緵罟謂之九罭九罭魚罔也 [註]今之百囊罟[詩豳風]九罭之魚 [傳]九罭緵罟小魚之網也 이라 자전상(字典上) 종(緵)의 본의(本義)에 영향이 직접 미치게 됨.

康 緶(편)[廣韻]房連切[集韻]毗連切𠀤音蹁[說文]交枲也一曰緁衣也[廣韻]縫也 又[集韻]蒲眠切音編義同 又[廣韻]方典切[集韻]補典切𠀤音區褰裳亦作編

【 오류정리 】

○康誤處 1;[集韻]蒲眠切音編(改音蹁)

●考證 ; 謹按蒲眠切不得音編今照集韻音編改音蹁

◆整理 ;[集韻(집운)] 音編(음편)은 音蹁(음편)의 착오.

◆訂正文 ;[集韻]蒲眠切音蹁

▶【1452-1】 字解誤謬與否 ;[集韻]蒲眠切音編(改音蹁) [音編(改音蹁)]

★이상과 같이 인용처(引用處)나 주소(註疏) 음(音) 등(等)의 오류(誤謬)를 수정(修訂)을 한다 하여도 자전상(字典上)의 편(綼)의 본의(本義)에는 영향이 미치지 않음.

糸部 十畫

康綩(귀)[集韻]立廢切[周禮春官巾車錫而朱總註]鄭司農云綩當爲總[釋文]綩字林蒼雅及說文皆無此字衆家亦不見有音者惟昌宗音廢以形聲會意求之當是廢而不用乎非其意也李音兵廢反 又[集韻]基位切音媿[類篇]繪也

【 오류정리 】

○康誤處 1;[周禮春官巾車錫而(改錫面)朱總註]鄭司農云綩當爲總

●考證 ;謹照原文錫而改錫面

◆整理 ;[周禮春官巾車(주례춘관건차) 錫而(석이)는 錫面(석면)의 착오임. 朱總註(주총주)]

◆訂正文 ;[周禮春官巾車錫面朱總註]鄭司農云綩當爲總

▶【1453-1】 字解誤謬與否 ;[周禮春官巾車錫而(改錫面)朱總註]鄭司農云綩當爲總 [錫而(改錫面)]

★이상과 같이 인용처(引用處)나 주소(註疏)의 오류(誤謬)를 수정(修訂)을 한다 하여도 자전상(字典上)의 귀(綩)의 본의(本義)에는 영향이 미치지 않음.

康縒(착)[廣韻]楚宜切[集韻]又宜切[正韻]又茲切𠀤音差[說文]作綵參縒也[類篇]謂絲亂貌 又[廣韻]蘇可切音褖鮮絜貌 又[集韻]此我切音瑳

義同 又[廣韻][集韻]汰倉各切音錯綜亂也[玉篇]縒亦作錯

【 오류정리 】

○康誤處 1;[廣韻][集韻]汰倉各切音錯(增縒字)綜亂也

●考證 ;謹照廣韻原文綜上增縒字

◆整理 ;[廣韻(광운)][集韻(집운)] 音錯(음착)에 이어 縒字(착자)를 덧붙임. 綜亂也(종란야)

◆訂正文 ;[廣韻][集韻]汰倉各切音錯縒綜亂也

▶【1454-1】 字解誤謬與否 ;[廣韻][集韻]汰倉各切音錯(增縒字)綜亂也 [音錯(增縒字)]

★이상과 같이 오류(誤謬) 수정(修訂)이 되면 착(縒; 가지런하지 않다)이라 자전상(字典上) 착(縒)의 본의(本義)에 직접 영향이 미치게 됨.

康線(전)[廣韻]此緣切[集韻][韻會][正韻]逡緣切𠀤音詮[說文]帛赤黃色[爾雅釋器]一染謂之線[註]今之紅也[儀禮喪服]公子爲其母練冠麻麻衣線緣[註]淺絳也[禮閒傳]期而小祥練冠線緣[疏]以線爲領緣也 又[廣韻]七絹切[集韻][韻會][正韻]取絹切𠀤音爨義同

【 오류정리 】

○康誤處 1;[廣韻]七絹切[集韻][韻會][正韻]取絹切𠀤音爨(改爲詮去聲)

●考證 ;謹按絹在霰韻爨在翰韻七絹取絹二切不得音爨謹改爲詮去聲

◆整理 ;廣韻(광운)] [集韻(집운)][韻會(운회)][正韻(정운)] 音爨(음찬)은 詮去聲(전거성)의 착오.

◆訂正文 ;廣韻]七絹切[集韻][韻會][正韻]取絹切𠀤詮去聲

▶【1455-1】 字解誤謬與否 ;[廣韻]七絹切[集韻][韻會][正韻]取絹切𠀤音爨(改爲詮去聲) [音爨(改爲詮去聲)]

★이상과 같이 인용처(引用處)나 주소(註疏) 음(音) 등(等)의 오류(誤謬)를 수정(修訂)을 한다 하여도 자전상(字典上)의 전(縓)의 본의(本義)에는 영향이 미치지 않음.

㊗縛(박)[廣韻]符钁切[集韻][韻會]伏約切[正韻]符約切[說文]束也[釋名]縛薄也使相薄者也[廣韻]繫也[左傳僖六年]許男面縛銜璧　又[昭二十六年]以幣錦二兩縛一如瑱[註]縛卷也　又[釋名]縛在車下與輿相連縛也[急就篇註]縛在車下主縛軸令輿相連卽今所謂鉤心也又[廣韻][集韻][韻會][正韻]𠀤符臥切義同　又[集韻]符遇切音附紨或作縛纒也[韻會]俗从専作縛誤

【 오류정리 】

○康誤處 1; [釋名]縛薄也使相薄者(改薄著)也

●考證 ; 謹照原文薄者改薄著

◆整理 ; [釋名(석명)] 薄者(박자)는 薄著(박저)의 착오.

◈訂正文 ; [釋名]縛薄也使相薄著也

▶【1456-1】 字解誤謬與否 ; [釋名]縛薄也使相薄者(改薄著)也 [薄者(改薄著)]

★이상과 같이 오류(誤謬) 수정(修訂)이 되면 박저(薄著; 옷을 얇게 입다)인데 자전상(字典上) 박(縛)의 본의(本義)에 직법 영향이 미치게 됨.

㊗緂(담)[廣韻][集韻][韻會]吐敢切[正韻]他感切𠀤音菼[說文]帛騅色也詩曰毳衣如緂按今詩作菼傳曰菼騅也蘆之初生者也註徐鍇曰染之如生菼色今人所染麥綠也[徐鉉曰]今俗別作毯非是[玉篇]今作菼緂[廣韻]俗作裧毯字原刻从焱

【 오류정리 】

○康誤處 1; [說文]帛騅色也詩曰毳衣如緂按今詩作菼傳曰菼騅也蘆之初生者也(增說文二字)註徐鍇曰染之如生菼色今人所染麥綠也

●考證 ; 謹按徐鍇語係說文註今照繫傳原文於註上增說文二字

◆整理 ; [說文(설문)] 生者也(생자야)에 이어 說文二字(설문이자)를 덧붙임. 註(주)

◈訂正文 ; [說文]帛騅色也詩曰毳衣如緂按今詩作菼傳曰菼騅也蘆之初生者也說文註徐鍇曰染之如生菼色今人所染麥綠也

▶【1457-1】 字解誤謬與否 ; [說文]帛騅色也詩曰毳衣如緂按今詩作菼傳曰菼騅也蘆之初生者也(增說文二字)註徐鍇曰染之如生菼色今人所染麥綠也 [生者也(增說文二字)]

★이상과 같이 인용처(引用處)나 주소(註疏) 음(音) 등(等) 의 오류(誤謬)를 수정(修訂)을 한다 하여도 자전상(字典上)의 담(緂)의 본의(本義)에는 영향이 미치지 않음.

㊗縝(진)[廣韻]昌眞切[集韻][正韻]稱人切𠀤音嗔[博雅]縝纑縷也[揚子方言]纑謂之縝[廣韻]與縝同　又[集韻]痴鄰切音伸之忍切音紾義𠀤同　又[廣韻]章忍切[集韻][韻會][正韻]止忍切𠀤音軫[禮聘義]縝密以栗[註]縝緻也　又[博雅]縝黑也[謝朓晩登三山望京邑詩]誰縝不變[註]縝與鬒同　又[廣韻]結也單也　又[廣韻]丑人切[集韻]之人切𠀤音眞縝紛也

【 오류정리 】

○康誤處 1; [謝朓晩登三山望京邑詩]誰(增能字)縝不變

●考證 ; 謹照原書誰字下增能字

◆整理 ; [謝朓晩登三山望京邑詩(사조만등삼산망경읍시)] 誰(수)에 이어 能

字(능자)를 덧붙임.

◆訂正文 ; [謝朓晚登三山望京邑詩] 誰能續不變

▶【1458-1】 字解誤謬與否 ; [謝朓晚登三山望京邑詩]誰(增能字)續不變 [誰(增能字)]

★이상과 같이 오류(誤謬) 수정(修訂) 이 된다 하여도 수능(誰能; 누가 충분히)은 자전상(字典上) 진(縉)의 본의(本義)에는 영향이 미치지 않음.

○康誤處 2; [廣韻]丑人切[集韻]之人切夶音眞繽紛也(改爲前漢司馬相如傳註繽紛衆盛也音丑人反)

●考證 ; 謹按廣韻繽字無丑人切之音集韻之人切下亦無繽紛也之謹改爲前漢司馬相如傳註繽紛衆盛也音丑人反

◆整理 ; [廣韻]丑人切[集韻]之人切夶音眞繽紛也을 [前漢司馬相如傳]註繽紛衆盛也音丑人反으로 바꿈.

◆訂正文 ; [前漢司馬相如傳註]繽紛衆盛也音丑人反

▶【1459-1】 字解誤謬與否 ; [廣韻]丑人切[集韻]之人切夶音眞繽紛也(改爲前漢司馬相如傳註繽紛衆盛也音丑人反)

★이상과 같이 오류(誤謬) 수정(修訂) 이 되면 진분중성(繽紛衆盛; 어지럽도록 많고 성함 [前漢司馬相如傳][註]繽紛衆盛也)이라 자전상(字典上) 진(縉)의 본의(本義)에 영향이 미치게 됨.

康 縟(욕)[廣韻]而蜀切[集韻][韻會]儒欲切夶音辱[說文]繁釆色也[玉篇]飾也[張衡西京賦]采飾纖縟[註]縟繁釆飾也 又[博雅]縟聚數也[儀禮[喪服]喪成人者其文縟喪未成人者其文不縟[註]縟猶數也 又[韻補]叶而聿切[李尤陽德殿賦]靑瑣禁門廊廡翼翼華蟲詭異密采珍縟

【 오류정리 】

○康誤處 1; [博雅]縟聚(改驟)數也

●考證 ; 謹照原文聚改驟

◆整理 ; [博雅(박아)] 聚(취)는 驟(취)의 착오.

◆訂正文 ;[博雅]縟驟數也

▶【1460-1】 字解誤謬與否 ; [博雅]縟聚(改驟)數也 [聚(改驟)]

★이상과 같이 오류(誤謬) 수정(修訂) 이 되면 취수(驟數; 등급 [儀禮喪服]喪成人者其文縟喪未成人者其文不縟[註]縟猶數也) 자전상(字典上) 욕(縟)의 본의(本義)에 영향이 미치게 됨.

康 縠(곡)[廣韻][集韻][韻會][正韻]夶胡谷切音斛[說文]細縛也[玉篇]紗縠也[廣韻]羅縠[增韻]縐紗曰縠紡絲而織之[釋名]縠粟也其文足足而蹴蹴視之如粟也[戰國策]不若王愛尺縠也[註]縠細繒也[史記司馬相如傳]垂霧縠[註]言細如霧[後漢章帝紀]詔齊省冰紈方空縠[註]縠紗也[宋玉神女賦]動霧縠以徐步[註]縠今之輕紗

【 오류정리 】

○康誤處 1; [說文]細縛(改繒)也

●考證 ; 謹照原文縛改繒

◆整理 ; [說文(설문)]縛(박)은 繒(견) 의 착오.

◆訂正文 ;[說文]細繒也

▶【1461-1】 字解誤謬與否 ;[說文]細縛(改繒)也

★이상과 같이 오류(誤謬) 수정(修訂) 이 되면 견(繒; 비단. 명주실로 무늬 없이 짠 비단) 되어 자전상(字典上) 곡(縠)의 본의(本義)에 적극 영향이 미치게 됨.

康 縢(등)[廣韻][集韻][韻會][正韻]夶徒登切音騰[說文]緘也[玉篇]繩也約也[書金縢傳]爲請命之書藏之於

匱縅之以金[詩秦風]竹閉緄縢[傳]縢約也[疏]謂以繩約弓又[魯頌]朱英綠縢[傳]縢繩也[禮少儀]甲不組縢[註]組縢以組飾之及紟帶也 又行縢[詩小雅]邪幅在下箋邪幅如今行縢也偪束其脛自足至膝故曰在下[疏]名行縢者言行而縅束之[戰國策]嬴縢履蹻 又與膡同[後漢儒林傳序]小九制爲縢囊[註]縢亦膡也[莊子胠篋篇]唯恐緘縢扃鐍之不固也[音義]縢向崔本作膡同

【 오류정리 】

○康誤處 1; [後漢儒林傳序]小九(改小乃)制爲縢囊

●考證 ; 謹照原文小九改小乃

◆整理 ; [後漢儒林傳序(후한유림전서)] 小九(소구)는 小乃(소내)의 착오.

◆訂正文 ; [後漢儒林傳序]小乃制爲縢囊

▶【1462-1】 字解誤謬與否 ; [後漢儒林傳序]小九(改小乃)制爲縢囊 [小九(改小乃)]

★이상과 같이 오류(誤謬) 수정(修訂)이 된다 하여도 소내(小乃; 작으면 곧)는 자전상(字典上) 등(縢)의 본의(本義)에는 영향이 미치지 않음.

糸部 十一畫

康縫(봉)[廣韻][集韻][韻會]扶符容切音逢[說文]以鍼紩衣也[詩召南]羔羊之縫[傳]縫言縫殺之大小得其制 又[魏風]可以縫裳[左傳昭二年]敢拜子之彌縫[註]猶補合也 又[集韻符風切[正韻]符中切扶音馮義同 又[廣韻]扶用切[集韻]房用切扶音俸衣縫也[周禮天官]縫人掌王宮之縫線之事[禮檀弓]古者冠縮縫今也衡縫

【 오류정리 】

○康誤處 1; [左傳昭二年]敢拜子之彌縫(增敞邑二字)

●考證 ; 謹照原文彌縫下增敞邑二字

◆整理 ; [左傳昭二年(좌전소이년)]彌縫(미봉)에 이어 敞邑二字(창읍이자)를 덧붙임.

◆訂正文 ; [左傳昭二年]敢拜子之彌縫敞邑

▶【1463-1】 字解誤謬與否 ; [左傳昭二年]敢拜子之彌縫(增敞邑二字) [彌縫(增敞邑二字)]

★이상과 같이 오류(誤謬) 수정(修訂)이 된다 하여도 창읍(敞邑; 대국(大國)) [說文解字注]邑國也[左傳]凡稱人曰大國凡自稱曰敞邑古國邑通稱[白虎通]曰夏曰夏邑商曰商邑周曰京師[尚書]曰西邑夏曰天邑商曰作新大邑於東國雒皆是大邑周皆谓国 이 증자(增字)가 된다 하여도 자전상(字典上) 봉(縫)의 본의(本義)에는 영향이 미치지 않음.

康縭(리)[廣韻]呂支切[集韻][韻會]鄰知切扶音離[說文]以絲介履也 又[爾雅釋器]婦人之褘謂縭[註]卽今之香纓也[詩豳風]親結其縭[傳]縭婦人之褘也母戒女施衿結帨 又[爾雅釋水]縭緌也[疏]縭訓爲緌緌又爲繫[詩小雅]紼縭維之 又[正韻]抽知切音摛[唐書儒學傳]風縭露沐

【 오류정리 】

○康誤處 1; [爾雅釋器]婦人之褘謂(增之字)縭

●考證 ; 謹照原文謂下增之字

◆整理 ; [爾雅釋器(이아석기)] 謂(위)에 이어 之字(지자)를 덧붙임.

◆訂正文 ; [爾雅釋器]婦人之褘謂之縭

▶【1464-1】 字解誤謬與否 ; [爾雅釋器]婦人之褘謂(增之字)縭 [謂(增之字)縭]

★이상과 같이 덧붙인다 하여도 지(之; 가다. 그이)는 자전상(字典上)

리(縭)의 본의(本義)에는 영향이 미치지 않음.

康縮(축)[廣韻][集韻][韻會][正韻]夶所六切音蹜[說文]亂也一曰蹴也[爾雅釋詁]縱縮亂也[註]縱放掣縮皆亂法也[儀禮鄕飮酒禮]磬階閒縮霤北面鼓之[註]縮從也霤以東方爲從古文縮爲麔[禮檀弓]古者冠縮縫今也衡縫[註]縮從也 又[爾雅釋器]繩之謂之縮之[註]縮者約束之[詩大雅縮版以載 又[儀禮郊特牲]縮酌用茅[註]縮去滓也[左傳僖元年]無以縮酒 又[孟子]自反而縮[趙岐註]縮義也[朱子集註]縮直也 又[戰國策]縮于財用則匱[註]歉也贏之反也 又[釋名]齊人謂車枕以前曰縮言局縮也 又[玉篇]退也止也 又[廣韻]斂也短也 又姓[戰國策]安陵人縮高 又[韻補]叶式律切[班固幽通賦神先心以定命兮命隨行以消息斡流遷其不濟兮故遭罹而贏縮

【 오류정리 】

○康誤處 1;[左傳僖元年(改四年)]無以縮酒
●考證 ; 謹照原文元年改四年
◆整理 ; [左傳僖(좌전희) 元年(원년)은 四年(사년)의] 착오.
◆訂正文 ; [左傳僖四年]無以縮酒
▶【1465-1】 字解誤謬與否 ; [左傳僖元年(改四年)]無以縮酒 [元年(改四年)]
★이상과 같이 인용처(引用處)나 주소(註疏) 음(音) 등(等)의 오류(誤謬)를 수정(修訂)을 한다 하여도 자전상(字典上)의 축(縮)의 본의(本義)에는 영향이 미치지 않음.

康縹(표)[廣韻]敷紹切[集韻][韻會]匹紹切[正韻]普沼切夶音醥[說文]帛靑白色[博雅]蒼靑也[釋名]縹猶漂漂淺靑色也有碧縹有天縹有骨縹各以其色所象言之也[廣韻]靑黃色也[後漢輿服志]賈人縹緗而已[楚辭九懷]翠縹兮爲裳 又[集韻]匹妙切音剽義同 又[正韻]紕紹切音漂[前漢賈誼傳鳳縹縹其高逝兮[註]縹縹輕擧貌 又[木華海賦]羣仙縹眇考證

【 오류정리 】

○康誤處 1;[博雅]蒼(改縹)靑也
●考證 ; 謹照原文蒼改縹
◆整理 ; [博雅(박아)] 蒼(창)은 縹(표)의 착오.
◆訂正文 ; [博雅]縹靑也
▶【1466-1】 字解誤謬與否 ; [博雅]蒼(改縹)靑也 [蒼(改縹)]
★이상과 같이 오류(誤謬) 수정(修訂)이 되면 표청(縹靑; 옥색 빛 [釋名]縹猶漂漂淺靑色也)이라 자전상(字典上) 표(縹)의 본의(本義)에 영향이 미치게 됨.

康繁(번)[廣韻]附袁切[集韻][韻會][正韻]符袁切夶音煩[書仲虺之誥]實繁有徒[傳]繁多也又[禮鄕飮酒義]拜至辭讓之節繁[註]繁猶盛也 又[孝經序]安得不翦其繁蕪[註]繁雜也 又[廣韻]繁概也 又[廣韻]薄官切[集韻]蒲官切夶音鞶[禮禮器]大路繁纓一就次路繁纓七就[疏]繁爲馬腹帶也[左傳成二年]請曲縣繁纓以朝[註]繁纓馬飾 又與樊通[周禮春官巾車樊纓註]樊讀如鞶帶之鞶謂今馬大帶也 又[廣韻]薄波切[集韻]蒲波切夶音婆[玉篇]姓也[左傳定四年]殷民七族]有繁氏[前漢陳湯傳]御史大夫繁延壽 又[韻補]叶符筠切[陸雲夏府君誄]元祐秀朗輝景絪縕誕載豐美俊穎夙繁 又[韻補]叶汾沅切[左貴嬪楊後誄]天祚貞吉克昌克繁則百斯慶育聖育賢

【 오류정리 】

○康誤處 1; [禮鄉飲酒義]拜至(增獻酬二字)辭讓之節繁

●考證 ; 謹照原文拜至下增獻酬二字

◆整理 ; [禮鄉飲酒義(애향음주의)]拜至(배지)에 이어 獻酬二字(헌수이자)를 덧붙임.

◆訂正文 ; [禮鄉飲酒義]拜至獻酬辭讓之節繁

▶【1467-1】 字解誤謬與否 ; [禮鄉飲酒義]拜至(增獻酬二字)辭讓之節繁 [拜至(增獻酬二字)]

★이상과 같이 오류(誤謬) 수정(修訂)이 된다 하여도 헌수(獻酬; 술잔을 서로 주고 받다)인데 자전상(字典上) 번(繁)의 본의(本義)에는 영향이 미치지 않음.

康繇(요) [廣韻] [集韻] [韻會] [正韻]㕦餘招切音遙 [說文]作䌛隨從也 [徐鉉曰]今俗从䍃 又 [書禹貢]厥草惟繇 [傳]茂也 [釋文]抽也 又與傜同 [詩大雅民亦勞止箋]繇役煩多 [釋文]繇本亦作傜 [史記高祖本紀]高祖常繇咸陽 [註]應劭曰繇役也 [前漢高帝紀註]師古曰繇讀與傜同古通用 又 [文帝紀]省繇費以便民 又與陶同 [前漢古今人表]咎繇卽皋陶 又與謠同 [前漢李尋傳]人民繇俗 又姓 [後漢邪惲傳]西都督郵繇延 [註]繇姓咎繇之後 又 [廣韻]以周切 [集韻] [韻會]夷周切㕦音由 與由同 [易坤卦]其所繇來者漸矣 [左傳昭二十六年]繇胊汰輈匕入者三寸 [註]繇, 過也 [前漢文帝記]列侯亦無繇教訓其民 [註]師古曰繇讀與由同 又與猷同 [爾雅釋詁]繇道也 [疏]小雅巧言云秩秩大猷猷繇音義同 又與猶同 [爾雅釋詁]繇喜也 [註]禮記曰人喜則斯陶陶斯詠詠斯猶猶卽繇也古今字耳 又與悠同 [前漢韋賢傳]犬馬繇繇 [註]師古曰繇與悠同悠悠行貌 又與

游同 [前漢班固敘傳]陸子優繇○按 [文選]作優游 又 [集韻]直祐切 [易繫辭註]爻繇之辭所以明得失 [釋文]服虔云抽也抽出吉凶也韋昭云由也吉凶所由生也 [左傳閔二年]成風聞成季之繇 [註]繇卦兆之占辭 [爾雅釋詁]繇於也 [註繇辭] [疏]卦兆之辭也 [干祿字書]繇皋繇字繇卜兆辭音胄 [佩觿集]繇从䍃从卜从系○按繇繇經典皆通用 [說文]在系部今幷入

【 오류정리 】

○康誤處 1; [干祿字書]繇皋繇(改繇)字繇(改繇)卜兆辭音胄 [佩觿集]繇从䍃从卜从系

●考證 ; 謹照原文下二繇字𡘋改繇

◆整理 ; [干祿字書(간록자서)] 二繇字(이요자) 모두 繇(주)의 착오.

◆訂正文 ; [干祿字書]繇皋繇字繇卜兆辭音胄 [佩觿集]繇从䍃从卜从系

▶【1468-1】 字解誤謬與否 ; [干祿字書]繇皋繇(改繇)字繇(改繇)卜兆辭音胄 [佩觿集]繇从䍃从卜从系 [繇(改繇)] [繇(改繇)]

★이상과 같이 오류(誤謬) 수정(修訂)이 되면 요주(繇繇; 점괘에 나타난 징조. 繇[正韻]直又切音胄卦兆辭)자전상(字典上) 요(繇)의 본의(本義)에 영향이 직접 미치게 됨.

糸部 十二畫

康繚 [集韻]丘祆切]音蹺 [說文]綼紐也 [管子輕重篇]絏繚而踵相隨 又 [集韻]牽幺切音鄡義同 又 [集韻]訖約切音脚屐或作繑亦作轎通作蹻

【 오류정리 】

○康誤處 1; [集韻]訖約切音脚屐(改屩)或作繑亦作轎通作蹻

●考證 ; 謹照原文屐改屩

◆整理 ; [集韻(집운)] 屐(극)은 屩

(교)의 착오.

◆訂正文 ; [集韻]訖約切音脚屩或作
屩亦作韉通作蹻

▶【1469-1】 字解誤謬與否 ; [集
韻]訖約切音脚屐(改屩)或作屩亦作韉
通作蹻 [屐(改屩)]

★이상과 같이 오류(誤謬) 수정(修訂)
이 되면 교(屩; 짚신)인데 자전상(字
典上) 요(繇)의 본의(本義)에 영향이
직접 미치게 됨.

康繒(증) [廣韻]疾陵切[集韻][
韻會]慈陵切夶音蹭[說文]帛也籀文作緈
[前漢灌嬰傳]雎陽販繒者也[註]師古
曰繒者帛之摠名 又國名[穀梁傳僖十
四年]季姬及繒子遇于防[周語]杞繒由
太姒[註]杞繒二國姒姓夏禹之後 又
縣名[史記吳大伯世家]敗齊師于艾湊至
繒 [註]琅邪繒縣 又姓[史記夏本
紀]禹爲姒姓其後分封用國爲姓有繒氏
[前漢文帝紀]祁侯繒賀爲將軍 又[集
韻]咨騰切音增徂棱切音層作互切音贈
義夶同 又與矰同[三輔黃圖]佽飛具
繒繳以射雁

【 오류정리 】

○康誤處 1; [史記吳大伯世家]敗齊師
于艾湊(改艾陵)至繒

●考證 ; 謹照原文艾湊改艾陵

◆整理 ; [史記吳大伯世家(사기오대백
세가)] 艾(애)湊(字典無) 艾陵(애릉)의
착오.

◆訂正文 ; [史記吳大伯世家]敗齊師
于艾陵至繒

▶【1470-1】 字解誤謬與否 ; [史記
吳大伯世家]敗齊師于艾湊(改艾陵)至
繒 [艾湊(改艾陵)]

★이상과 같이 오류(誤謬) 수정(修訂)
이 되면 예릉(艾陵; 고을명. 현(現)
산동성(山東省) 치박시(淄博市) 경내
남쪽의 노산(魯山) 서쪽 산록 고을)인

데 지증(至繒; 랑사증현(琅邪繒縣))이
라 하였으니 자전상(字典上) 증(繒)
의 본의(本義)에 간접 영향이 미치게
됨.

康繚(료) [廣韻]落蕭切[集韻][
韻會]憐蕭切[正韻]連條切夶音聊[說文]
纏也[類篇]繞也[禮玉藻]再繚四寸[班
固東都賦]修袖繚繞而滿庭 又祭名
[周禮春官大祝]辨九祭八曰繚祭[儀禮
鄉飲酒禮]弗繚左絕末以祭[註]繚猶紾
也 又人名[前漢藝文志]尉繚二十九篇
[註]師古曰尉姓繚名也 又縣名[前漢
地理志]清和郡有繚縣 又[集韻]朗鳥
切[正韻]盧皎切夶音了義同 又[集
韻]離昭切音膠力照切音燎義夶同 又
[廣韻]力小切音憭[莊子盜跖篇]繚意
絕 體而爭[音義]繚理也 又[集韻]爾
紹切音擾人名莊子有黃繚 又[韻補叶
力虬切[楚辭招隱士]偓僧連卷兮枝相
繚[註]繚紐也

【 오류정리 】

○康誤處 1; [儀禮鄉飲酒禮]弗繚左
(改右)絕末以祭

●考證 ; 謹照原文左改右

◆整理 ; [儀禮鄉飲酒禮(의례향음주
례)] 左(좌)는 右(우)의 착오.

◆訂正文 ; [儀禮鄉飲酒禮]弗繚右絕
末以祭

▶【1471-1】 字解誤謬與否 ; [儀禮
鄉飲酒禮]弗繚左(改右)絕末以祭 [左
(改右)]

★이상과 같이 오류(誤謬) 수정(修訂)
이 된다 하여도 우절말이제(右絕末以
祭; 오른쪽 끝은 잘라 제사한다)이니
자전상(字典上) 료(繚)의 본의(本義)
에는 영향이 미치지 않음.

康繟(천) [廣韻]昌善切[集韻][韻會
[齒善切夶音闡[說文]帶緩也[博雅]繟

繟緩也[廣韻]寬綽 又[廣韻]徒干切
[集韻]唐干切夶音壇義同 又[集韻]
尺戰切 又時戰切義夶同 又[集韻]
黨旱切音亶通作嬗 又[集韻]時連切
音鋋繟聯不絕貌

【 오류정리 】

○康誤處 1; [集韻]尺戰切(改尺繟切)
●考證 ; 謹照原文尺戰切改尺繟切
◆整理 ; [集韻(집운)] 尺戰切(척극
절)은 尺繟切(척천절)의 착오.
◆訂正文 ; [集韻]尺繟切
▶【1472-1】 字解誤謬與否 ; [集
韻]尺戰切(改尺繟切) [尺戰切(改尺
繟切)]
★이상과 같이 인용처(引用處)나 주
소(註疏) 음(音) 등(等)의 오류(誤謬)
를 수정(修訂)을 한다 하여도 자전상
(字典上)의 천(繟)의 본의(本義)에는
영향이 미치지 않음.

(康)繡(수)[廣韻]集韻][韻會][正韻]
夶息救切音秀[說文]五釆備也[釋名]
繡修也文修修然也[書益稷]黼黻絺繡
[周禮冬官考工記]畫繢之事五釆備爲之
繡 又姓[姓氏急就篇]漢有繡君實
又[集韻]先彫切音蕭[類篇]綺屬[詩
唐風]素衣朱繡[箋]繡當爲綃[韻補]當
讀如肖

【 오류정리 】

○康誤處 1; [周禮冬官考工記]畫繢之
事五釆備爲之(改謂之)繡
●考證 ; 謹照原文爲之改謂之
◆整理 ; [周禮冬官考工記(주례동관고
공기)] 爲之(위지)는 謂之(위지)의 착
오.
◆訂正文 ; [周禮冬官考工記]畫繢之
事五釆備謂之繡
▶【1473-1】 字解誤謬與否 ; [周禮
冬官考工記]畫繢之事五釆備爲之(改
謂之)繡 [爲之(改謂之)]

★이상과 같이 오류(誤謬) 수정(修訂)
이 된다 하여도 위지(謂之; 이를만
하다)일터이니 자전상(字典上) 수(繡)
의 본의(本義)에는 영향이 미치지 않
음.

(康)繢(궤)[廣韻][集韻][韻會][正
韻]夶胡對切音潰[說文]織餘也[玉篇]
紐繢也[急就篇註]繢亦絛組之屬似纂
而色赤 又[類篇]一曰畫也[周禮春官
司几筵]諸侯祭祀席蒲筵繢純[註]繪畫
文也又[冬官考工記]畫繢之事雜五色
[禮曲禮]飾羔鴈者以繢[疏]畫布爲雲
氣[前漢食貨志]以繢爲皮幣[註]繢繡
也繪五采而爲之 又與繪同[禮玉藻]
緇布冠繢緌[註]繢或作繪 又[集韻]
戶賄切音塊義同 又[集韻]胡隈切音
回[類篇]采色鮮也 又[集韻]胡骨切
音搰義同 又[集韻]求位切櫃或作繢

【 오류정리 】

○康誤處 1; [集韻]戶賄切音塊(改音
瘣)
●考證 ; 謹按塊在隊韻賄在賄韻戶賄
切不得音塊謹照集韻音塊改音瘣
◆整理 ; [集韻(집운)] 音塊(음괴)는
音瘣(음외)의 착오.
◆訂正文 ; [集韻]戶賄切音瘣
▶【1474-1】 字解誤謬與否 ; [集
韻]戶賄切音塊(改音瘣) [音塊(改音
瘣)]
★이상과 같이 인용처(引用處)나 주
소(註疏) 음(音) 등(等)의 오류(誤謬)
를 수정(修訂)을 한다 하여도 자전상
(字典上)의 궤(繢)의 본의(本義)에는
영향이 미치지 않음.

糸 部 十三畫

(康)繭(견)[廣韻]古典切[集韻][韻
會][正韻]吉典切夶音趼[說文]蠶衣也

[禮祭義]世婦卒蠶奉繭以示于君遂獻繭于夫人 又[釋名]繭曰幕也貧者著衣可以幕絡絮也或謂牽離黂熟爛牽引使離散如綿然也[禮玉藻]纊爲繭縕爲袍 又繭繭聲氣微也[禮玉藻]言容繭繭[疏]猶綿綿聲氣微細繭繭然 又[戰國策]足重繭而不休息[註]足傷皮皺如蠶繭也 [類篇]或作蠒俗作𧋊非是

【 오류정리 】

○康誤處 1; [釋名]繭曰幕也(改爲黂繭曰幕)或謂(增之字)牽離

●考證 ; 謹照太平御覽引釋名原文改爲黂繭曰幕或謂牽離謹照釋名原文謂下增之字

◆整理 ; [釋名(석명)]繭曰幕也(견왈막야)는 爲黂繭曰幕(위자견왈막)의 작오이며, 或謂(혹위)에 이어 之字(지자)를 덧붙임.

◆訂正文 ; [釋名]爲黂繭曰幕

▶【1475-1】 字解誤謬與否 ; [釋名]繭曰幕也(改爲黂繭曰幕)或謂(增之字)牽離 [繭曰幕也(改爲黂繭曰幕)] [或謂(增之字)]

★이상과 같이 오류(誤謬) 수정(修訂)이 되면 자견(黂繭; 누에고치를 삶다)와 위지(謂之; 과연 그렇다고 이를만하다)일지니 자전상(字典上) 견(繭)의 본의(本義)에 전자(前者)만은 영향이 미치게 됨.

(康)繹(역)[廣韻]羊益切[集韻][韻會][正韻]夷益切𧋊音亦[說文]抽絲也[揚子方言]繹理也絲曰繹之[註]言解繹也 又[爾雅釋詁]繹陳也[書君陳]庶言同則繹[傳]眾言同則陳而布之[詩小雅]會同有繹[傳]陳也[禮射義]射之爲言繹也或曰舍也繹者各繹已之志也[疏]繹陳也 又[詩魯頌]以車繹繹[傳]善走也 又山名[詩魯頌]保有鳧繹[傳]繹山也 又龜名[周禮春官]龜人掌六龜之屬地龜曰繹屬[疏]仰者繹

又祭名[左傳宣八年]壬午猶繹[註]繹 又祭陳昨日之禮所以賓尸[公羊傳]繹者何祭之明日也 又邑名[左傳文十三年]邾文公卜遷于繹[註]邾邑 又紬繹[前漢谷永傳]燕見紬繹[註]紬繹者引其端緒也 又[揚子方言]繹長也 又[博雅]繹窮也終也充也 又[玉篇]繹大也 又與驛同[詩大雅]徐方繹騷[箋]繹當作驛[爾雅釋訓]繹繹生[疏]載芟云[驛驛其達]繹與驛音義𧋊同 又[集韻]施只切音釋釋或作繹解也 又[韻補]叶弋灼切[楚辭九辯]悲愁窮感兮獨處廓有美一人兮心不繹

【 오류정리 】

○康誤處 1; [爾雅釋訓]繹繹生(增也字)

●考證 ; 謹照原文生下增也字

◆整理 ; [爾雅釋訓(이아석훈)] 繹繹生(역역생)에 이어 也字(야자)를 덧붙임.

◆訂正文 ; [爾雅釋訓]繹繹生也

▶【1476-1】 字解誤謬與否 ; [爾雅釋訓]繹繹生(增也字) [生(增也字)]

★이상과 같이 증자(增字)가 된다 하여도 야(也; 조사(助詞). 판단 결정 어기(語氣)의 표시. 부사(副詞). 의문 반문의 어기 표시. …임과 동시에. …도 또한. 그리고 또 게다가 ….조차…하다)이니 자전상(字典上) 역(繹)의 본의(本義)에는 영향이 미치지 않음.

糸部 十四畫

(康)纁(훈)[廣韻][集韻][韻會][正韻]𧋊許云切音熏[說文]淺絳也[爾雅釋器]三染謂之纁[書禹貢]厥篚玄纁璣組[周禮天官染人]夏纁玄 又[冬官考工記鍾氏]三入爲纁[注]染纁者三入而成[儀禮士冠禮]服纁裳純衣 又[集韻]呼運切音訓义同

【 오류정리 】

○康誤處 1; [儀禮士冠禮](增爵弁二字)服纁裳純衣

●考證 ; 謹按原文服字上連爵弁爲句今于服字上增爵弁二字

◆整理 ; [儀禮士冠禮(의례사관례)]에 이어 爵弁二字(작변이자)를 덧붙임. 服(복)

◆訂正文 ; [儀禮士冠禮]爵弁服纁裳純衣

▶【1477-1】 字解誤謬與否 ; [儀禮士冠禮](增爵弁二字)服纁裳純衣 [(增爵弁二字)服]

★이상과 같이 오류(誤謬) 수정(修訂)이 된다 하여도 작변(爵弁; 모자)은 자전상(字典上) 훈(纁)의 본의(本義)에는 영향이 미치지 않음.

糸部 十五畫

康 纂(채)[廣韻][集韻]㘞七曷切音攃[玉篇]絹縠也[類篇]綃屬 又[集韻]桑葛切音蠍義同 又[集韻][韻會]㘞弋蓋切音蔡[類篇]綷纂執素聲[潘岳藉田賦]綃執綷纂○按[漢書]班倢伃傳作綷縩詳縩字註

【 오류정리 】

○康誤處 1; [集韻][韻會]㘞弋蓋切(改七蓋切)音蔡

●考證 ; 謹照原文弋蓋切改七蓋切

◆整理 ; [集韻(집운)][韻會(운회)]弋蓋切(익개절)은 七蓋切(칠개절)의 착오.

◆訂正文 ; [集韻][韻會]㘞七蓋切音蔡

▶【1478-1】 字解誤謬與否 ; [集韻][韻會]㘞弋蓋切(改七蓋切)音蔡 [弋蓋切(改七蓋切)]

★이상과 같이 인용처(引用處)나 주소(註疏) 음(音) 등(等)의 오류(誤謬)를 수정(修訂)을 한다 하여도 자전상(字典上)의 채(纂)의 본의(本義)에는

영향이 미치지 않음.

康 纇(뢰)[廣韻][集韻][韻會]㘞盧對切音耒[說文]絲節也[玉篇]絲節不調也 又戾也[左傳昭二十八年]忿纇無期[疏]以纇忿其文則纇亦似忿故以爲戾言很戾也 又疵也[唐書儒學傳]鉏纇除荒[淮南子氾論訓]明月之珠不能無纇

【 오류정리 】

○康誤處 1; [左傳昭二十八年]忿纇無期[疏]以纇忿其文(改共文)則纇亦似忿

●考證 ; 謹照原文其文改共文

◆整理 ; [左傳昭二十八年(좌전소이십팔년)] 其文(기문)은 共文(공문)의 착오.

◆訂正文 ; [左傳昭二十八年]忿纇無期[疏]以纇忿共文則纇亦似忿

▶【1479-1】 字解誤謬與否 ; [左傳昭二十八年]忿纇無期[疏]以纇忿其文(改共文)則纇亦似忿 [其文(改共文)]

★이상과 같이 오류(誤謬) 수정(修訂)이 된다 하여도 공문(共文; 공동문어(共同文語))는 자전상(字典上) 뢰(纇)의 본의(本義)에는 영향이 미치지 않음.

康 纍(류)[廣韻]力追切[集韻][韻會]倫追切㘞音欙[說文]綴得理也[禮樂記]纍纍乎端如貫珠 又[說文]一曰大索也[小爾雅]綆縲也[前漢李廣傳]以劒斫絕纍[註]纍索也 又[玉篇]繫也[廣韻]係也亦作縲[左傳僖三十三年]不以纍臣釁鼓[註]纍囚繫也[前漢司馬遷傳]幽于纍紲[註]纍係也 又[詩周南]葛藟纍之[釋文]纍纏繞也 又[詩小雅]甘瓠纍之[註]纍蔓也 又[禮玉藻]喪容纍纍[註]羸憊貌 又[齊語]諸侯甲不解纍[註]纍所以盛甲也 又[史記孔子世家]纍纍若喪家之狗[註]纍纍然不得志之貌也 又[前漢郊祀

志]秦巫祠社主巫保族纍之屬[註]族纍
二神名　又[前漢揚雄傳]欽弔楚之湘
纍[註]李奇曰不以罪死曰纍　又姓[廣
韻]晉七輿大夫纍虎　又[集韻][正韻]
𨚖魯猥切音壘嵬壘山名或作纝　又[集
韻]力僞切音媙同累事相緣及也

【 오류정리 】

〇康誤處 1; [小爾雅]綆(改纍)繘也

●考證 ; 謹照原文綆改纍

◆整理 ; [小爾雅(소이아)] 綆(경)은
纍(류)의 착오.

◆訂正文 ; [小爾雅]纍繘也

▶【1480-1】 字解誤謬與否 ; [小爾
雅]綆(改纍)繘也　[綆(改纍)]

★이상과 같이 오류(誤謬) 수정(修訂)
이 되면 류율(纍繘; 두레박줄을 거듭
내려 물을 긷다)인지라　자전상(字典
上) 류(纍)의 본의(本義)에 영향이 미
치게 됨.

糸部 十七畫

(康)纓(영)[廣韻]於盈切[集韻]渠成
切𨚖音嬰[正韻]於京切音英[說文]冠
系也[釋名]纓頸也自上而繫於頸也[禮
曲禮]女子許嫁纓又[玉藻]玄冠朱組纓
天子之冠也　又[儀禮既夕]薦馬纓三
就[註]今馬鞅[周禮春官巾車]錫樊纓
[註]纓當胷削革爲之也又[左傳桓二
年]鞶厲游纓[註]纓在馬膺首如索帬
　又[集韻]於正切音郢義同

【 오류정리 】

〇康誤處 1; [周禮春官巾車]錫(改鍚)
樊纓

●考證 ; 謹照原文錫改鍚

◆整理 ; [周禮春官巾車(주례춘관건
거)] 錫(석)은 鍚(양)의 착오.

◆訂正文 ; [周禮春官巾車]鍚樊纓

▶【1481-1】 字解誤謬與否 ; [周禮
春官巾車]錫(改鍚)樊纓

★이상과 같이 오류(誤謬) 수정(修訂)

이 되면 양번영(鍚樊纓; 당노와 가죽
으로 만든 말의 배대끈. [周禮]鍚樊
纓[鄭玄曰]樊讀如鞶謂今之馬大帶也繁
與鞶古字通)으로 자전상(字典上) 영
(纓)의 본의(本義)에 영향이 미치게
됨.

(康)纕(양)[廣韻]息良切[集韻][韻
會]思將切𨚖音襄[說文]援臂也[玉篇]
帶也[屈原離騷]旣替余以蕙纕兮[註]
佩帶也　又[廣韻]馬腹帶[晉語]懷挾
纓纕　又[玉篇]收衣袖䋪　又[集韻]
如陽切音禳義同　又[集韻]蘇郎切音
桑[類篇]緗纕淺黃也纕或从襄　又[集
韻]汝兩切音壤[類篇]絲棼也

【 오류정리 】

〇康誤處 1; [周語(改晉語)]懷挾纓纕

●考證 ; 謹照原書周語改晉語

◆整理 ; [周語(주어)는 晉語(진어)
의] 착오임.

◆訂正文 ; [晉語]懷挾纓纕

▶【1482-1】 字解誤謬與否 ; [周語
(改晉語)]懷挾纓纕　[周語(改晉語)]

★이상과 같이 인용처(引用處)나 주
소(註疏) 음(音) 등(等)의 오류(誤謬)
를 수정(修訂)을 한다 하여도 자전상
(字典上)의 양(纕)의 본의(本義)에는
영향이 미치지 않음.

糸部 十九畫

(康)纛(독)[集韻][韻會][正韻]𨚖杜皓
切音道[玉篇]羽葆幢也亦作翿[周禮地
官鄉師]及葬執纛以興匠師[註]雜記曰
匠人執翿鄭司農云翿羽葆幢也爾雅曰
纛翳也以指麾輓柩之役　又[前漢高帝
紀]黃屋左纛[註]李斐曰纛毛羽幢也在
乘輿車衡左方上注也蔡邕曰以犛牛尾
爲之如鬥或在騑或在衡應劭曰雉尾爲
之在左驂當鑣上　又[集韻]皁纛軍中
大旗也　又[廣韻]徒到切[集韻][韻

會]大到切甛音導義同　又[廣韻][集韻][韻會]甛徒沃切音毒幬或作纛義同　又[集韻]徒谷切[正韻]杜谷切甛音義同　又[正韻]徒刀切音陶義同

【 오류정리 】

○康誤處 1; [前漢高帝紀]黃屋左纛[註]李斐曰纛毛羽幢也在乘輿車衡左方上注也(改注之)

●考證 ; 謹照原文注也改注之

◆整理 ; [前漢高帝紀(전한고제기)]注也(주야)는 注之(주지)의 착오.

◆訂正文 ; [前漢高帝紀]黃屋左纛[註]李斐曰纛毛羽幢也在乘輿車衡左方上注之

▶【1483-1】 字解誤謬與否 ; [前漢高帝紀]黃屋左纛[註]李斐曰纛毛羽幢也在乘輿車衡左方上注也(改注之) [注也(改注之)]

★이상과 같이 오류(誤謬) 수정(修訂)이 된다 하여도 주지(注之; 불어 넣다. 주입하다)는 자전상(字典上) 독(纛)의 본의(本義)에는 영향이 미치지 않음.

缶 部 十五畫

康 罍 (뢰) [廣韻]魯回切[集韻][韻會][正韻]盧回切甛音雷[說文]櫑或从缶作罍龜目酒尊刻木作雲雷象施不窮也[詩周南]我姑酌彼金罍[釋文]罍酒尊也韓詩云天子以玉飾諸侯大夫皆以黃金飾士以梓[周禮春官司尊彝]皆有罍諸臣之所酢也[疏]尸酢賓長卽用罍尊[爾雅釋器]彝卣罍器也小罍謂之坎[註]罍形似壺大者受一斛[疏]罍尊之大者也雖尊卑飾異皆得畫雲雷之形以其云罍取于云雷故也　又[周禮春官鬯人]凡祭祀社壝用大罍[註]大罍瓦罍　又[禮明堂位]山罍夏后氏之尊[註]山罍亦刻而畫之爲山雲之形　又[集韻]倫追切音纍義同

【 오류정리 】

○康誤處 1; [說文]刻木作雲雷象(象字今据增入)施不窮也

●考證 ; 謹按原文以刻木作雲雷象爲句施不窮也上另有象字今据增入

◆整理 ; [說文(설문)] 象(상)에 이어 또 象(상)을 덧붙임.

◆訂正文 ; [說文]刻木作雲雷象象施不窮也

▶【1484-1】 字解誤謬與否 ; [說文]刻木作雲雷象(象字今据增入)施不窮也 [象(象字今据增入)]

★이상과 같이 오류(誤謬) 수정(修訂)이 된다 하여도 상시(象施; 모방하다)는 자전상(字典上) 뢰(罍)의 본의(本義)에는 영향이 미치지 않음.

网 部 三畫

康 罔 (망) [說文]网或从亡[易繫辭]結繩而爲罔罟以佃以漁[釋文]取獸曰罔取魚曰罟○按今文易作網　又羅也[易大壯]君子用罔[註]君子用之以爲羅已者也[詩大雅]天之降罔[傳]天下羅罔以取有罪　又[爾雅釋言]罔無也[易晉卦]貞吉罔孚[書湯誓]罔有攸赦　又[論語]罔之生也幸而免[何晏註]誣罔[朱註]不直也[前漢揚雄傳]不可姦罔[註]誣也　又[楚辭九歌]罔薜荔爲帷[註]結也　又[楚辭九章]罔芒芒之無紀[註]又欲罔然芒芒與衆同志則無以立紀綱垂號諡也　又[莊子齊物論]罔兩問景曰[註]罔兩景外之微陰也　又同魍[孔叢子]土木之怪夔罔兩　又[集韻]武方切音亡汪罔氏長狄之君

【 오류정리 】

○康誤處 1; [楚辭九歌]罔薜荔(增兮字)爲帷

●考證 ; 謹照原文薜荔下增兮字

◆整理 ; [楚辭九歌(초사구가)] 荔(려)에 이어 兮字(혜자)를 덧붙임.

◆訂正文 ; [楚辭九歌]罔薜荔兮爲帷
▶【1485-1】 字解誤謬與否 ; [楚辭
九歌]罔薜荔(增兮字)爲帷　[荔(增兮
字)]

★이상과 같이 덧붙인다 하여도 혜
(兮; 어조사(語助辭) 감탄사(感歎詞)
현대 중국어에서 아(啊) 하(呀)에 해
당함)는 자전상(字典上) 망(罔)의 본
의(本義)에는 영향이 미치지 않음.

网 部 五畫

康罡(강)[正字通]居康切音剛天罡
星名[參同契]二月榆魁臨于卯八月麥生
天罡據西[註]天罡卽北斗也　又[白玉
蟾琅書序]作爲符圖印訣罡咒之文

【 오류정리 】

○康誤處 1; [參同契]二月榆(增落字)
魁臨于卯八月麥生天罡據西(改酉)
●考證 ; 謹照原文榆下增落字西改酉
◆整理 ; [參同契(참동계)]　榆(유)에
이어 落字(락자)를 덧붙이고, 西(서)
는 酉(유)의 착오.
◆訂正文 ; [參同契]二月榆落魁臨于
卯八月麥生天罡據酉
▶【1486-1】 字解誤謬與否 ; [參同
契]二月榆(增落字)魁臨于卯八月麥生
天罡據西(改酉)　[榆(增落字)] [西(改
酉)]

★이상과 같이 락(落; 떨어지다) 덧붙
이거나 유(酉; 유방(酉方))로 수정
(修訂)한다 하여도 자전상(字典上) 강
(罡)의 본의(本義)에는 영향이 미치지
않음.

网 部 八畫

康罩(조)[廣韻]都敎切[集韻]陟敎
切夶音罩[說文]覆鳥使令不得飛走也

【 오류정리 】

○康誤處 1; [說文]覆鳥使(使字今省)
令不得飛走也

●考證 ; 謹照原文無使字今省
◆整理 ; [說文(설문)] 覆鳥使(복조
사)의 使字(사자)는 삭제함.
◆訂正文 ; [說文]覆鳥令不得飛走也
▶【1487-1】 字解誤謬與否 ; [說
文]覆鳥使(使字今省)令不得飛走也
[使(使字今省)]

★이상과 같이 삭제(削除) 한다 하여
도 사(使; 사람을 보내다. 쓰다. 접속
사(接續詞) 하여금. 가령. 만약)는 자
전상(字典上) 조(罩)의 본의(本義)에
영향을 끼치지 않음.

网 部 九畫

康罰(벌)[廣韻][集韻][韻會]夶房
越切音伐[說文]辠之小者从刀从詈未
以刀有所賊但持刀罵詈則應罰[春秋元
命包]罔言爲詈刀詈爲罰罰之言罔陷於
害[易·豫卦]則刑罰淸而民服[書呂刑]
五刑不簡正於五罰[傳]出金贖罪[周禮
地官司徒]凡民之有衺惡者三讓而罰之
[註]罰謂撻擊之也　又[韻補]叶扶廢
切[江淹齊高帝誄]綴機剗賊輕章削罰
矜早廣慈合賤兼愛愛字音炁○按[說
文]在刀部今併入

【 오류정리 】

○康誤處 1; [周禮地官司徒(改司救)]
凡民之有衺惡者三讓而罰之(省之字)
●考證 ; 謹照原文司徒改司救三讓而
罰下省之字
◆整理 ; [周禮地官(주례지관) 司徒
(사도)는 司救(사구)의] 착오이며, 之
字(지자)는 삭제함.
◆訂正文 ;[周禮地官司救]凡民之有衺
惡者三讓而罰
▶【1488-1】 字解誤謬與否 ; [周禮
地官司徒(改司救)]凡民之有衺惡者三
讓而罰之(省之字)　[司徒(改司救)]
[之(省之字)]

★이상과 같이 인용처(引用處)나 주
소(註疏) 음(音) 등(等)의 오류(誤謬)

를 수정(修訂)을 한다거나 지(之; 가다. 代名詞)를 삭제한다 하여도 자전상(字典上)의 벌(罰)의 본의(本義)에는 영향이 미치지 않음.

网部 十四畫

康 羆(비)[廣韻]彼爲切[集韻][韻會]班麋切[正韻]逋眉切𠀤音陂[爾雅釋畜]羆如熊黃白文[註]似熊而長頭高脚憨悍多力能拔樹木[陸璣詩疏]羆有黃羆有赤羆大于熊其脂如熊白而麤理不如熊白美也[爾雅翼]羆則熊之雌者力尤猛[書禹貢]熊羆狐狸織皮[詩小雅]維熊維羆 又人名[書舜典]讓于朱虎熊羆[註]四臣名 又[韻補]叶甫委切[張衡西京賦]若驚鶴之羣羆叶上綺字下繼字

【 오류정리 】

○康誤處 1;[爾雅釋畜(改釋獸)]羆如熊黃白文[註]似熊而長頭高脚憨悍(改憨猛)多力

●考證；謹照原書釋畜改釋獸憨悍改憨猛

◆整理；[爾雅(이아) 釋畜(석축)은 釋獸(석수)의]칙오, 憨悍(감한)은 憨猛(감맹)의 착오.

◆訂正文；[爾雅釋獸]羆如熊黃白文[註]似熊而長頭高脚憨猛多力

▶【1489-1】 字解誤謬與否；[爾雅釋畜(改釋獸)]羆如熊黃白文[註]似熊而長頭高脚憨悍(改憨猛)多力 [釋畜(改釋獸)][憨悍(改憨猛)]

★이상과 같이 인용처(引用處)나 주소(註疏) 음(音) 등(等)의 오류(誤謬)와 감맹(憨猛; 먼청하면서 사납다)으로 수정(修訂)한다 하여도 자전상(字典上)의 비(羆)의 본의(本義)에는 영향이 미치지 않음.

网部 十九畫

康 羈(기)[廣韻][集韻][韻會]𠀤居宜切音羇罵或作羈馬絆也又馬絡也[廣雅]勒也[急就篇註]羈絡頭也謂勒之無銜者也[禮檀弓]如守社稷則執執羈靮以從[左傳僖二十四年]臣負羈絏[註]馬羈 又[釋名]羈檢也所以檢持制之也[左傳昭十三年]爲羈終世 又髻也[禮內則]男角女羈[註]午達曰羈[疏]一縱一橫曰午今女剪髮留其頂也縱橫各一相交通達故曰午達不如兩角相對但縱橫各一在頂上故曰羈羈者隻也

【 오류정리 】

○康誤處 1;[禮檀弓]]如(增皆字)守社稷則執執羈靮以從

●考證；謹照原文如下增皆字

◆整理；[禮檀弓(예단궁)]] 如(여)에 이어 皆字(개자)를 덧붙임.

◆訂正文；[禮檀弓]]如皆守社稷則執執羈靮以從

▶【1490-1】 字解誤謬與否；[禮檀弓]]如(增皆字)守社稷則執執羈靮以從 [如(增皆字)]

★이상과 같이 덧붙인다 하여도 개(皆; 모두. 다)는 자전상(字典上) 기(羈)의 본의(本義)에는 영향이 미치지 않음.

○康誤處 2;[禮內則]男角女羈[疏]今女剪髮留其頂也(改頂上)縱橫各一

●考證；謹照原文頂也改頂上

◆整理；[禮內則(예내칙)] 頂也(정야)는 頂上(정상)의 착오.

◆訂正文；[禮內則]男角女羈[疏]今女剪髮留其頂上縱橫各一

▶【1491-2】 字解誤謬與否；[禮內則]男角女羈[疏]今女剪髮留其頂也(改頂上)縱橫各一 [頂也(改頂上)縱橫各一]

★이상과 같이 오류(誤謬) 수정(修訂)이 된다 하여도 정상(頂上; 꼭대기)은

자전상(字典上) 기(羈)의 본의(本義)에는 영향이 미치지 않음.

羊部 三畫

康羑(유)[廣韻]與久切[集韻][韻會]以久切𠀤音牖[說文]進善也[玉篇]導也今作誘亦作羪[書康王之誥]惟周文武誕受羑若[傳]言文武大受天道而順之[疏]羑聲近猷故訓之爲道王肅云羑道也 又[說文]文王拘羑里在湯陰[史記周本紀]帝紂乃囚西伯于羑里[註]河內湯陰有羑里城西伯所拘處[又]其囚羑里, 蓋益易之八卦爲六十四卦 又[廣韻]亦姓

【 오류정리 】

○康誤處 1;[玉篇]導也今作誘亦作羪(改𦍲)

●考證 ; 謹照原文羪改𦍲

◆整理 ; [玉篇(옥편)] 羪(字典無)는 𦍲(유)의 착오.

◆訂正文 ; [玉篇]導也今作誘亦作𦍲

▶【1492-1】 字解誤謬與否 ; [玉篇]導也今作誘亦作羪(改𦍲) [羪(改𦍲)]

★이상과 같이 오류(誤謬) 수정(修訂)이 되면 유(𦍲; 유(羑)와 동자(同字) 착한 말 하다. 인도하다) 자전상(字典上) 유(羑)의 본의(本義)와 같음.

羊部 四畫

康羒(분)[廣韻][集韻]𠀤符分切音汾[說文]牂羊也[玉篇]牝羊也[廣韻]白羝羊也[爾雅釋羊]羊牡羒[註]謂吳羊白羒[疏]吳羊牡者名羒

【 오류정리 】

○康誤處 1;[爾雅釋羊(改釋畜)]羊牡羒

●考證 ; 謹照原書釋羊改釋畜

◆整理 ; [爾雅(이아) 釋羊(석양)은 釋畜(석축)의] 착오.

◆訂正文 ; [爾雅釋畜]羊牡羒

▶【1493-1】 字解誤謬與否 ; [爾雅釋羊(改釋畜)]羊牡羒 [釋羊(改釋畜)]

★이상과 같이 인용처(引用處)나 주소(註疏) 음(音) 등(等)의 오류(誤謬)를 수정(修訂)을 한다 하여도 자전상(字典上)의 분(羒)의 본의(本義)에는 영향이 미치지 않음.

康羖(고)[廣韻]公戸切[集韻]果五切𠀤音古[說文]夏羊牡曰羖[廣韻]俗作羘羺羊[爾雅釋羊]牝羖[註]今人以羘羖爲黑白羊名[疏]黑羊牝者曰羖[詩小雅]俾出童羖[傳]羖羊不童也[箋]羖羊之性牝牡有角[史記秦本紀]吾媵臣百里傒在焉請以五羖羊皮贖之

【 오류정리 】

○康誤處 1;[爾雅釋羊(改釋畜)]牝羖

●考證 ; 謹照原書釋羊改釋畜

◆整理 ; [爾雅(이아) 釋羊(석양)은 釋畜(석축)의] 착오.

◆訂正文 ; [爾雅釋畜]牝羖

▶【1494-1】 字解誤謬與否 ; [爾雅釋羊(改釋畜)]牝羖 [釋羊(改釋畜)]

★이상과 같이 인용처(引用處)나 주소(註疏) 음(音) 등(等)의 오류(誤謬)를 수정(修訂)을 한다 하여도 자전상(字典上)의 고(羖)의 본의(本義)에는 영향이 미치지 않음.

羊部 五畫

康羞(수)[廣韻]息流切[集韻]思留切𠀤音脩[說文]進獻也从羊羊所進也从丑丑亦聲 又[廣韻]致滋味爲羞[周禮天官膳夫]掌王之食飮膳羞[註]羞有滋味者[又]淸羞用百有二十品[註]羞出于牲及禽獸以備滋味謂之庶羞 又[禮月令]群鳥養羞[註]羞謂所食也 又[廣韻]進也[書盤庚]今我既羞告爾于

朕志[傳]已進告汝之　又[廣韻]恥也
[書說命]惟口起羞[疏]惟口出令不善
以起羞辱　又[韻補]叶息救切[張載七
命]繁肴旣闋亦有寒羞商山之果漢皇之
榛榛音湊[正字通]俗作羞○按說文在
丑部今从正字通併入

【 오류정리 】

○康誤處 1; 淸(省淸字)羞用百有二十
品
●考證 ; 謹按周禮飮用六淸羞用百有
二十品淸字屬上爲句不得連引謹省淸字
◆整理 ; 淸(청) 淸字(청자)는 삭제함.
◆訂正文 ; 羞用百有二十品
▶【1495-1】 字解誤謬與否 ; 淸(省
淸字)羞用百有二十品　[淸(省淸字)]
★이상과 같이 삭제(削除) 한다 하여
도 청(淸; 맑다)은 자전상(字典上) 수
(羞)의 본의(本義)에 영향을 끼치지
않음.

羊 部 九畫

康羬(겸)[廣韻]巨淹切[集韻]其淹
切羬[廣韻]巨淹切[集韻]其淹切夶音
箝[爾雅釋獸]羊六尺爲羬[註]尸子曰大
羊爲羬六尺　又[玉篇]獸名[山海經]
錢來之山有獸焉其狀如羊而馬尾名曰
羬羊其脂可以已臘　又[集韻]胡讒切
音咸鷈或从羊作羬[類篇]山羊而大者
細角　又魚咸切音嵒[類篇]郊羊其大
者羬麘

【 오류정리 】

○康誤處 1; [爾雅釋獸(改釋畜)]羊六
尺爲羬
●考證 ; 謹照原書釋獸改釋畜音箝
◆整理 ; [爾雅(이아) 釋獸(석수)는
釋畜(석축)의] 착오.
◆訂正文 ; [爾雅釋畜]羊六尺爲羬
▶【1496-1】 字解誤謬與否 ; [爾雅
釋獸(改釋畜)]羊六尺爲羬　[釋獸(改

釋畜)]
★이상과 같이 인용처(引用處)나 주
소(註疏) 음(音) 등(等)의 오류(誤謬)
를 수정(修訂)을 한다 하여도 자전상
(字典上)의 겸(羬)의 본의(本義)에는
영향이 미치지 않음.

康羭(유)[廣韻]羊朱切[集韻]容朱
切夶音逾[說文]夏羊牡者曰羭[爾雅釋
獸]牡羭[註]黑牸也歸藏曰兩壺兩羭
又[集韻]羭美也[左傳僖三年]且其繇
曰專之渝攘公之羭[註]羭美也　又[山
海經]羭山神也祠之用燭　又[集韻]兪
戌切音喻義同

【 오류정리 】

○康誤處 1; [爾雅釋獸(改釋畜)]牡羭
●考證 ; 謹照原書釋獸改釋畜
◆整理 ; [爾雅(이아) 釋獸(석수)는
釋畜(석축)의] 착오.
◆訂正文 ; [爾雅釋畜]牡羭
▶【1497-1】 字解誤謬與否 ; [爾雅
釋獸(改釋畜)]牡羭　[釋獸(改釋畜)]
★이상과 같이 인용처(引用處)나 주
소(註疏) 음(音) 등(等)의 오류(誤謬)
를 수정(修訂)을 한다 하여도 자전상
(字典上)의 유(羭)의 본의(本義)에는
영향이 미치지 않음.

康羯(갈)[廣韻]居竭切[集韻][韻
會]居謁切夶音訐[說文]羊羖犗也[急
就篇註]羖之犗者爲羯謂劇劇也　又
[韻會]地名上党武鄕羯室晉匈奴別部
入居之後因號爲羯　又[唐書西域傳]
募勇健者爲柘羯柘羯猶中國言戰士也

【 오류정리 】

○康誤處 1; [急就篇註]羖之犗者爲羯
謂劇劇也(改劇之也)
●考證 ; 謹照原文劇劇也改劇之也
◆整理 ; [急就篇註(급취편주)] 劇劇
也(건건야)는 劇之也(건지야)의 착오.

◆訂正文; [急就篇註]殺之犗者爲羯謂劇之也

▶【1498-1】 字解誤謬與否; [急就篇註]殺之犗者爲羯謂劇劇也(改劇之也) [劇也(改劇之也)]

★이상과 같이 오류(誤謬) 수정(修訂)이 되면 건지야(劇之也; 거세한 소다) 자전상(字典上) 갈(羯)의 본의(本義)에 영향이 미치게 됨.

羊部 十二畫

康羳(번)[廣韻]附袁切[集韻]符袁切夶音煩[說文]黃腹羊[爾雅釋獸]羳羊黃腹[註]腹下黃

【 오류정리 】

○康誤處 1; [爾雅釋獸(改釋畜)]羳羊黃腹

●考證; 謹照原書釋獸改釋畜

◆整理; [爾雅(이아) 釋獸(석수)는 釋畜(석축)의] 착오

◆訂正文; [爾雅釋畜]羳羊黃腹

▶【1499-1】 字解誤謬與否; [爾雅釋獸(改釋畜)]羳羊黃腹 [釋獸(改釋畜)]

★이상과 같이 인용처(引用處)나 주소(註疏) 음(音) 등(等)의 오류(誤謬)를 수정(修訂)을 한다 하여도 자전상(字典上)의 번(羳)의 본의(本義)에는 영향이 미치지 않음.

羊部 十三畫

康羷(렴)[廣韻]良冉切[集韻][韻會][正韻]力冉切夶音檢[玉篇]羊名[爾雅釋獸]角三觠羷[註]觠角三匝[疏]羊角捲三匝者名羷 又[集韻]虛檢切音險 又力驗切音殮義夶同

【 오류정리 】

○康誤處 1; [爾雅釋獸(改釋畜)]角三觠羷

●考證; 謹照原書釋獸改釋畜

◆整理; [爾雅(이아) 釋獸(석수)는 釋畜(석축)의] 착오.

◆訂正文; [爾雅釋畜]角三觠羷

▶【1500-1】 字解誤謬與否; [爾雅釋獸(改釋畜)]角三觠羷 [釋獸(改釋畜)]

★이상과 같이 인용처(引用處)나 주소(註疏) 음(音) 등(等)의 오류(誤謬)를 수정(修訂)을 한다 하여도 자전상(字典上)의 렴(羷)의 본의(本義)에는 영향이 미치지 않음.

羊部 十六畫

康羬(력)[廣韻]郎擊切[集韻]狼狄切夶音歷殺羬山羊[爾雅釋獸註]黑殺羬[類篇或省作㹦

【 오류정리 】

○康誤處 1; [爾雅釋獸(改爲釋畜註)]黑殺羬

●考證; 謹按黑殺羬三字係郭註非爾雅正文謹照原文改爲釋畜註

◆整理; [爾雅(이아) 釋獸註(석수주)는 釋畜註(석축주)의] 착오.

◆訂正文; [爾雅釋畜註]黑殺羬

▶【1501-1】 字解誤謬與否; [爾雅釋獸(改爲釋畜註)]黑殺羬 [釋獸(改爲釋畜註)]

★이상과 같이 인용처(引用處)나 주소(註疏) 음(音) 등(等)의 오류(誤謬)를 수정(修訂)을 한다 하여도 자전상(字典上)의 력(羬)의 본의(本義)에는 영향이 미치지 않음.

羽部 四畫

康翄(치)[廣韻]赤知切[集韻]充知切夶音蚩[說文]飛盛貌[類篇]翄翄羽翼盛也 又[集韻]市之切音時義同 又[集韻]職吏切音志義同或作翨亦作翅

【 오류정리 】

○康誤處 1; [廣韻赤知(改之)切[集韻]充知(改之)切𠀤音蚩

●考證 ; 謹照原文兩知字𠀤改之

◆整理 ; [廣韻(광운)]赤(적) 知(지)는 之(지)의 착오이며, 切(절) [集韻(집운)] 充(충) 知(지)는 之(지)의 착오. 切(절)

◆訂正文 ; [廣韻赤之切[集韻]充之切𠀤音蚩

▶【1502-1】 字解誤謬與否 ; [廣韻赤知(改之)切[集韻]充知(改之)切𠀤音蚩　[知(改之)] [知(改之)]

★이상과 같이 인용처(引用處)나 주소(註疏) 음(音) 등(等)의 오류(誤謬)를 수정(修訂)을 한다 하여도 자전상(字典上)의 치(翄)의 본의(本義)에는 영향이 미치지 않음.

羽部 五畫

康習(습)[廣韻]似入[集韻][韻會][正韻]席入切𠀤音襲[說文]數飛也[禮月令]鷹乃學習　又[易乾卦]不習无不利[註]不假修爲而功自成[論語]學而時習之[何晏註]學者以時湧習之　又[易坎卦]習坎[註]習謂便習之[釋文]習重也　又[書大禹謨]士不習吉[傳]習因也　又[詩邶風]習習谷風[傳]習習和舒貌　又姓[廣韻]出襄陽晉有習鑿齒○按說文習自爲部今從正字通併入字从羽从白俗作習非

【 오류정리 】

○康誤處 1; [易乾卦(改坤卦)]不習无不利

●考證 ; 謹照原書乾卦改坤卦

◆整理 ; [易(역) 乾卦(건괘)는 坤卦(곤괘)의] 착오.

◆訂正文 ; [易坤卦]不習无不利

▶【1503-1】 字解誤謬與否 ; [易乾卦(改坤卦)]不習无不利　[乾卦(改坤

卦)]]

★이상과 같이 인용처(引用處)나 주소(註疏) 음(音) 등(等)의 오류(誤謬)를 수정(修訂)을 한다 하여도 자전상(字典上)의 습(習)의 본의(本義)에는 영향이 미치지 않음.

羽部 六畫

康翔(상)[廣韻]似羊切[集韻][韻會][正韻]徐羊切𠀤音詳[說文]回飛也[爾雅釋鳥]鳶鳥醜其飛也翔[註]布翅翶翔[易豐卦]天際翔也[詩鄭風]河上乎翶翔　又[禮曲禮]室中不翔[註]行而張拱曰翔　又[禮玉藻]朝廷濟濟翔翔[註]莊敬貌　又[禮三年問]過其故鄉回翔焉　又[周禮冬官考工記矢人]前弱則俛後弱則翔[註]翔回顧也　[集韻]通作鴹

【 오류정리 】

○康誤處 1; [爾雅釋鳥]鳶鳥醜(改鳶鳥醜)其飛也翔

●考證 ; 謹照原文鳶鳥醜改鳶鳥醜

◆整理 ; [爾雅釋鳥(이아석조)] 鳶鳥醜(연조추)는 鳶鳥醜(연오추)의 착오.

◆訂正文 ; [爾雅釋鳥]鳶鳥醜其飛也翔

▶【1504-1】 字解誤謬與否 ; [爾雅釋鳥]鳶鳥醜(改鳶鳥醜)其飛也翔　[鳶鳥醜(改鳶鳥醜)]

★이상과 같이 오류(誤謬) 수정(修訂)이 된다 하여도 오(烏; 까마귀)는 자전상(字典上) 상(翔)의 본의(本義)에는 영향이 미치지 않음.

羽部 八畫

康翟(적)[廣韻]徒歷切[集韻][韻會]亭歷切[正韻]杜歷切𠀤音狄[說文]山雉尾長者[書禹貢]羽畎夏翟　又[詩鄘風]其之翟也[傳]翟羽飾衣　又[詩衞風]翟茀以朝[傳]翟翟車也夫人以翟

羽飾車[周禮春官巾車]王后之五路重翟錫面朱總厭翟勒面繢總[註]重翟厭翟謂蔽也 又[詩邶風]右手秉翟[傳]翟羽也[疏]謂雉之羽也[禮祭義]夫祭有畀煇胞翟閽者[註]翟謂敎羽舞者也[疏]四者皆是賤官 又國名[周語]將以翟伐鄭[註]翟隗姓之國也 又戎翟[周語]自竄于戎翟之閒[註]翟或作狄 又姓[急就篇註]翟氏本齊翟僂新之後也魏有翟璜翟翦漢有翟公翟方進 又[廣韻]場伯切[集韻][韻會][正韻]直格切音宅陽翟縣名[史記項羽紀]韓王成因故都都陽翟[註]陽翟河陽翟縣也 又[廣韻]亦姓唐有陝州刺史翟璋[姓纂]姓苑本音翟後改音宅 又[集韻]直角切音濁鸐或作翟

【 오류정리 】

○康誤處 1;[周禮春官巾車]王后之五路重翟錫(改錫)面朱總

●考證；謹照原文錫改錫

◆整理；[周禮春官巾車(주례춘관건차)] 錫(석)은 錫(양)의 착오.

◆訂正文；[周禮春官巾車]王后之五路重翟錫面朱總

▶【1505-1】 字解誤謬與否；[周禮春官巾車]王后之五路重翟錫(改錫)面朱總 [錫(改錫)]

★이상과 같이 오류(誤謬) 수정(修訂)이 된다 하여도 양(錫; 말의 이마에 장식으로 다는 당노)은 자전상(字典上) 적(翟)의 본의(本義)에는 영향이 미치지 않음.

康 翠 (취)[廣韻][集韻][韻會][正韻]太七醉切音綷[說文]青羽雀也出鬱林[爾雅釋鳥]翠鷸[註]似燕紺色[疏]李巡曰鷸一名曰翠其羽可以爲飾樊光云青羽出交州[前漢賈山傳]飾以翡翠[註]雄曰翡雌曰翠又[南越王趙陀傳]翠鳥幹[博物志]翡身通黑惟胸前背上翼

後有赤毛翠身通青黃惟六翮上毛長寸餘青其飛則翠鳴翠翡翠翡然因以爲名 又[禮內則]舒雁翠[註]舒鴈鵝也翠尾肉也 又[爾雅釋山]未及上翠微[疏]謂未及頂上在旁陂陀之處名翠微一說山氣青縹色故曰翠微 又姓[急就篇註]翠氏楚晨之後也避入關三遷懷土逃匿改姓爲翠

【 오류정리 】

○康誤處 1;又姓[急就篇註]翠氏楚晨(改楚景萃)之後也

●考證；謹照原文楚晨改楚景萃

◆整理；[急就篇註(급취편주)] 楚晨(초신)은 楚景萃(초경췌)의 착오.

◆訂正文；又姓[急就篇註]翠氏楚景萃之後也

▶【1506-1】 字解誤謬與否；又姓[急就篇註]翠氏楚晨(改楚景萃)之後也 [楚晨(改楚景萃)]

★이상과 같이 오류(誤謬) 수정(修訂)이 된다 하여도 초경췌(楚景萃; 인명(人名)[急就篇注]翠氏楚景萃之后也)는 자전상(字典上) 취(翠)의 본의(本義)에는 영향이 미치지 않음.

羽 部 十畫

康 翰 (한)[廣韻][集韻][韻會]太侯旰切音旱[說文]天雞赤羽也逸周書曰大翰若翬雉一名鷐風周成王時獻之 又[玉篇]飛也[易中孚]翰音登于天[註]翰高飛也 又[易賁卦]白馬翰如[疏]鮮潔其馬其色翰如[禮檀弓]戎事乘翰[註]翰白色馬也 又[詩大雅]維周之翰[爾雅釋詁]翰榦也 又[前漢揚雄傳]故藉翰林以爲主人子墨爲客卿以風[註]翰筆也[文選李善註]翰林文翰之多若林也 又[廣韻]胡安切[集韻][韻會][正韻]河干切太音寒義同[正韻]翰有平去二音凡稱書翰者謂以羽翰爲筆以書平去二音皆通[正字通爾雅作韓亦

作乾

【 오류정리 】

○康誤處 1; [說文]天雞赤羽也逸周書曰大翰(改文翰)若翬雉

●考證 ; 謹照原文大翰改文翰

◆整理 ; [說文(설문)] 大翰(대한)은 文翰(문한)의 착오.

◆訂正文 ; [說文]天雞赤羽也逸周書曰文翰若翬雉

▶【1507-1】 字解誤謬與否 ; [說文]天雞赤羽也逸周書曰大翰(改文翰)若翬雉 [大翰(改文翰)]

★이상과 같이 오류(誤謬) 수정(修訂)이 되면 문한(文翰; 문장(文章). 문장가(文章家))으로 자전상(字典上) 한(翰)의 본의(本義)에 영향이 미치게 됨.

羽部 十一畫

㉭翳(예)[廣韻][正韻]於計切[集韻][韻會]壹計切𠀤音殪[說文]華蓋也[廣韻]羽葆也[急就篇註]翳謂凡鳥羽之可隱翳者也舞者所持羽翿以自隱翳因名爲翳一曰華蓋今之雉尾扇是其遺象 又[周語]是去其藏而翳其人也[註]翳猶屏也一曰滅也 又[揚子方言]翳掩也[註]謂掩覆也[廣雅]翳障也[廣韻]隱也蔽也[類篇]也 又[詩大雅]其菑其翳[傳]木立死曰菑自死爲翳 又[韻]雨師謂之荓翳[史記司馬相如傳]召屏翳[註雷師也 又[玉篇]鳥名也似鳳[山海經]北海之內有五采之鳥飛蔽一鄉名曰翳焉[註]鳳屬也[屈原離騷]駟玉虯而乘翳 又[潘岳射雉賦序]習媒翳之事[註]媒翳者所隱以射者也 又[廣韻]烏奚切[集韻]煙奚切𠀤音鷖義同 又[集韻][韻會]一結切[正韻]於歇切𠀤音調[左思魏都賦]桃李蔭翳叶音咽

【 오류정리 】

○康誤處 1; [山海經]北海之內有五采之鳥飛蔽一鄉名曰翳焉(改翳鳥)

●考證 ; 謹照原文翳焉改翳鳥

◆整理 ; [山海經(산해경)] 翳焉(예언)은 翳鳥(예조)의 착오.

◆訂正文 ; [山海經]北海之內有五采之鳥飛蔽一鄉名曰翳鳥

▶【1508-1】 字解誤謬與否 ; [山海經]北海之內有五采之鳥飛蔽一鄉名曰翳焉(改翳鳥) [翳焉(改翳鳥)]

★이상과 같이 오류(誤謬) 수정(修訂)이 되면 예조(翳鳥; 봉황(鳳凰)의 일종. [山海經] 五采之鳥名曰翳焉 [註]鳳屬也. [廣雅]翳鳥鸞鳥鳳皇屬也今離騷翳作鷖[王逸注云]鳳皇別名也)인데 자전상(字典上) 예(翳)의 본의(本義)에 적극 영향이 미치게 됨.

羽部 十二畫

㉭翝(동)[玉篇]陸貢切飛貌

【 오류정리 】

○康誤處 1; [玉篇]陸貢切(改達貢切)飛貌

●考證 ; 謹照原文陸貢切改達貢切

◆整理 ; [玉篇(옥편)] 陸貢切(육공절)은 達貢切(달공절)의 착오.

◆訂正文 ; [玉篇]達貢切飛貌

▶【1509-1】 字解誤謬與否 ; [玉篇]陸貢切(改達貢切)飛貌 [陸貢切(改達貢切)]

★이상과 같이 인용처(引用處)나 주소(註疏) 음(音) 등(等)의 오류(誤謬)를 수정(修訂)을 한다 하여도 자전상(字典上)의 동(翝)의 본의(本義)에는 영향이 미치지 않음.

㉭翼(익)[廣韻]與職切[集韻][韻會]逸職切𠀤音弋[說文]作𦐟𦐏也篆文

从羽[廣韻]羽翼[易明夷]明夷于飛垂其翼　又[書皐陶謨]庶明勵翼[傳]翼戴上命[疏]言如鳥之羽翼而戴奉之鄭云以衆賢明作輔翼之臣　又[書益稷]予欲左右有民汝翼[傳]汝翼成我[疏]汝當翼贊我也　又[書武成]越翼日[傳]翼明也　又[詩小雅]四牡翼翼[傳]閑也　又[詩小雅]有嚴有翼[傳]翼敬也　又[詩小雅]四騏翼翼[傳]壯健貌　又[詩小雅]我黍翼翼[箋]蕃廡貌　又[詩小雅]疆埸翼翼[傳]讓畔也[箋]閒暇之意　又[詩大雅]小心翼翼[傳]恭也　又星名[禮月令]昏翼中　又國名[左傳隱五年]伐翼[註]晉舊都在平陽絳邑縣東　又姓[前漢藝文志]孝經有翼氏說一篇[姓氏急就篇]晉翼侯之後漢有諫議大夫翼奉　又[廣雅]飛也美也和也盛也元氣也[玉篇]翹也助也

【 오류정리 】

○康誤處 1; [詩小雅]我黍(改我稷)翼翼

●考證 ; 謹照原文我黍改我稷

◆整理 ; [詩小雅(시소아)] 我黍(아서)는 我稷(아직)의 착오.

◆訂正文 ; [詩小雅]我稷翼翼

▶【1510-1】 字解誤謬與否 ; [詩小雅]我黍(改我稷)翼翼 [我黍(改我稷)]

★이상과 같이 오류(誤謬) 수정(修訂)이 된다 하여도 아직(我稷; 내 기장. [楚茨] 先秦詩經楚楚者茨言抽其棘自昔何爲我藝黍稷我黍여 與我稷翼翼)은 자전상(字典上) 익(翼)의 본의(本義)에는 영향이 미치지 않음.

羽部 十三畫

康翽(홰)[廣韻]呼會切[集韻]苦會切𡘋音噲[說文]飛聲也[詩大雅]鳳凰于飛翽翽其羽[傳]衆多也[箋]羽聲也

又[集韻][韻會]𡘋呼外切音譓義同　又[韻會]許穢切音喙義同　又[正韻]苦夬切音快義同

【 오류정리 】

○康誤處 1; [廣韻]呼會切[集韻](增韻會二字)苦會切(改爲呼外切)𡘋音噲(改爲譓)

●考證 ; 謹按呼屬曉母苦屬溪母呼會與苦會不同音不得𡘋音噲今依廣韻集韻韻會將苦會切改爲呼外切噲改爲譓於集韻下增韻會二字

◆整理 ; [集韻(집운)]이어 韻會二字(운회이자)를 덧붙이고, 苦會切(고회절)은 呼外切(호외절), 噲(홰)는 譓(홰)의 착오.

◆訂正文 ; [廣韻]呼會切[集韻][韻會]呼外切𡘋音譓

▶【1511-1】 字解誤謬與否 ; [廣韻]呼會切[集韻](增韻會二字)苦會切(改爲呼外切)𡘋音噲(改爲譓) [[集韻](增韻會二字)] [苦會切(改爲呼外切)] [噲(改爲譓)]

★이상과 같이 인용처(引用處)나 주소(註疏) 음(音) 등(等)의 오류(誤謬)를 수정(修訂)을 한다 하여도 자전상(字典上)의 홰(翽)의 본의(本義)에는 영향이 미치지 않음.

○康誤處 2; [集韻][韻會]𡘋呼外切(改爲苦會切)音譓(改爲音檜)

●考證 ; 謹照集韻呼外切改爲苦會切音譓改爲音檜

◆整理 ; [集韻(집운)][韻會(운회)]呼外切(호외절)은 苦會切(고회절)의 착오이며, 音譓(음홰)는 音檜(음괴)의 착오.

◆訂正文 ; [集韻][韻會]𡘋苦會切音檜

▶【1512-2】 字解誤謬與否 ; [集韻][韻會]𡘋呼外切(改爲苦會切)音譓

(改爲音檜) [呼外切(改爲苦會切)] [音譓(改爲音檜)]
★이상과 같이 인용처(引用處)나 주소(註疏) 음(音) 등(等)의 오류(誤謬)를 수정(修訂)을 한다 하여도 자전상(字典上)의 홰(翽)의 본의(本義)에는 영향이 미치지 않음.

羽 部 十四畫

㊗翾(빈)[廣韻]卑民切[集韻]紕民切𠀤音繽[廣雅]翾翾飛也

【 오류정리 】

○康誤處 1; [廣韻]卑民切(改爲匹賓切)
●考證 ; 謹照原文改爲匹賓切
◆整理 ; [廣韻(광운)] 卑民切(비민절)은 匹賓切(필빈절)의 착오.
◈訂正文 ; [廣韻]匹賓切
▶【1513-1】 字解誤謬與否 ; [廣韻]卑民切(改爲匹賓切) [卑民切(改爲匹賓切)]
★이상과 같이 인용처(引用處)나 주소(註疏) 음(音) 등(等)의 오류(誤謬)를 수정(修訂)을 한다 하여도 자전상(字典上)의 빈(翾)의 본의(本義)에는 영향이 미치지 않음.

㊗翿(도)[廣韻]徒到切[集韻][韻會]大到切[正韻]杜到切𠀤音導[玉篇]同翳[爾雅釋言]翿纛也[註]今之羽葆幢[詩王風]君子揚揚左執翿[傳]纛也翳也 又[廣韻][集韻][韻會][正韻]𠀤徒刀切音陶義同 又[集韻]杜皓切音道義同

【 오류정리 】

○康誤處 1; [詩王風]君子揚揚(改陶陶)左執翿
●考證 ; 謹照原文揚揚改陶陶
◆整理 ; [詩王風(시왕풍)] 揚揚(양양)은 陶陶(도도)의 착오.
◈訂正文 ; [詩王風]君子陶陶左執翿
▶【1514-1】 字解誤謬與否 ; [詩王風]君子揚揚(改陶陶)左執翿 [揚揚(改陶陶)]
★이상과 같이 오류(誤謬) 수정(修訂)이 된다 하여도 도도(陶陶; 도도하다)는 자전상(字典上) 도(翿)의 본의(本義)에는 영향이 미치지 않음.

老 部

㊗考(고)[唐韻][廣韻][集韻][類篇][韻會][正韻]𠀤苦浩切音栲[說文]老也从老省丂聲[說文序]轉注者建類一首同意相受考老是也[佩觿]考从丂丂苦果反老从匕匕火霸反裴務齊切韻序云左回右轉非也[毛晃增韻]老字下从匕考字下从丂各自成文非反匕爲丂也[書洪範]五曰考終命[詩大雅]周王壽考 又[爾雅釋親]父爲考[釋名]父死曰考考成也亦言槁也槁于義爲成凡五材膠漆陶冶皮革乾槁乃成也[易蠱卦]有子考無咎[禮曲禮]死曰考 又[廣雅]考問也[易復卦]敦復無悔中以自考也[詩大雅]考卜維王[傳]考猶稽也 又[書周官]考制度于四岳[註]考正制度 又[詩衛風]考槃在澗[傳]考成也[左傳隱五年]考仲子之宮[註]成仲子之宮 又[詩唐風]子有鐘鼓弗鼓弗考[傳]考擊也 又[淮南子氾論訓]夏后氏之璜不能無考[註]考瑕釁 又[楚辭九歎]身憔悴而考旦兮[註]考猶終也 又姓[廣韻]出何氏姓苑 又[韻補]叶去九切[邊讓章華賦]衆變已盡羣樂既考攜西子之弱腕兮援毛嬙之素肘 又[韻補]叶口舉切[易林]周旋步驟行中規矩正恩有節延命壽考

【 오류정리 】

○康誤處 1; [佩觿]考从丂丂苦果反(改苦杲反)
●考證 ; 謹照原文苦果反改苦杲反

◆整理 ; [佩觽(패휴)] 苦果反(고과반)은 苦杲反(고고반)의 착오.

◆訂正文 ; [佩觽]考从丂丂苦杲反

▶【1515-1】 字解誤謬與否 ; [佩觽]考从丂丂苦果反(改苦杲反) [苦果反(改苦杲反)]

★이상과 같이 오류(誤謬) 수정(修訂)이 된다 하여도 고고반(苦杲反; 고통이 희망으로 배뀌다)이라 자전상(字典上) 고(考)의 본의(本義)에는 영향이 미치지 않음.

而 部

康 而(이)[廣韻]如之切[集韻][韻會]人之切𠀤音𣓏[正韻]如支切音兒[說文]頰毛也[註]臣鉉等曰今俗別作鬍非是[周禮冬官考工記梓人]其鱗之而[註]之而頰頜也 又[玉篇語助也[詩齊風]俟我於著乎而 又[書洪範]而康而色[傳汝當安汝顏色 又[詩小雅]垂帶而厲[箋]而亦如也 又[詩大雅]子豈不知而作[箋]而猶與也 又[禮檀弓]而曰然[註]而猶乃也 又[韻會]因辭因是之謂也[論語]學而時習之 又[韻會]抑辭抑又之辭也[論語]不好犯上而好作亂者 又[韻會]發端之辭也 又[集韻]奴登切音能[易屯卦]宜建侯而不寧[釋文]鄭讀而曰能能猶安也

【 오류정리 】

○康誤處 1; [周禮冬官考工記梓人](增作字)其鱗之而

●考證 ; 謹照原文其上增作字

◆整理 ; [周禮冬官考工記梓人(주례동관고공기재인)]에 이어作字(작자)를 덧붙임. 其鱗之而(기린지이)

◆訂正文 ; [周禮冬官考工記梓人]作其鱗之而

▶【1516-1】 字解誤謬與否 ; [周禮冬官考工記梓人](增作字)其鱗之而

[(增作字)其]

★이상과 같이 오류(誤謬) 수정(修訂)이 된다 하여도 작(作; 만들다) 자전상(字典上) 이(而)의 본의(本義)에는 영향이 미치지 않음.

而 部 三畫

康 耏(내)[廣韻]奴代切[集韻]乃代切𠀤音奈[說文]罪不至髡也[註]徐鍇曰但𩮜其頰毛而已[前漢功臣侯表]耏爲鬼薪亦作耐詳耐字註 又[廣韻]頰也 又[廣韻]如之切[集韻]人之切[正韻]如支切𠀤音而[玉篇]頰鬚也[釋名]耏耳耏也耳有一體屬著兩邊耏耏然也[後漢章帝紀]冒耏之類[註]言鬚鬢多蒙冒其面 又姓[左傳文十年]耏班御皇父充石 又[玉篇]鬚亦作耏獸多毛

【 오류정리 】

○康誤處 1; [釋名]耏(省耏字)耳耏也

●考證 ; 謹照原文耳上省耏字

◆整理 ; [釋名(석명)] 耏(내) 耏字(내자)는 삭제함. 耳耏也

◆訂正文 ; [釋名]耳耏也

▶【1517-1】 字解誤謬與否 ; [釋名]耏(省耏字)耳耏也 [耏(省耏字)]

★이상과 같이 삭제(削除) 한다 하여도 뒤에 내(耏; 구레나루)가 있어 자전상(字典上) 내(耏)의 본의(本義)에 영향을 끼치지 않음.

耒 部 五畫

康 耜(사)[廣韻]詳里切[集韻]象齒切[韻會]序姊切𠀤音似[說文]臿也本作枱今文作耜[玉篇]耒端木[廣韻]耒耜世本曰倕作耜古史考曰神農作耜[易繫辭]斷木爲耜[詩小雅]以我覃耜俶載南畝[禮月令]季冬之月命農計耦耕事修耒耜[註]耜者耒之金也廣五寸[周禮冬官考工記匠人]耜廣五寸二耜爲耦

[疏]耜謂耒頭金金廣五寸[釋名]耜似也似齒之斷物也[說文]或作梩[集韻]亦或作㭉枱耜　又作梠辝

【 오류정리 】

○康誤處 1;[易繫辭]斷木(改斲木)爲耜

●考證 ; 謹照原文斷木改斲木

◆整理 ; [易繫辭(역계사)] 斷木(단목)은 斲木(착목)의 착오.

◆訂正文 ; [易繫辭]斲木爲耜

▶【1518-1】 字解誤謬與否 ; [易繫辭]斷木(改斲木)爲耜 [斷木(改斲木)]

★이상과 같이 오류(誤謬) 수정(修訂)이 되면 착목(斲木; 벌목)이라 자전상(字典上) 시(耜)의 본의(本義)에 직접 영향이 미치게 됨.

耒 部 九畫

康耦(우)[唐韻]五口切[集韻][韻會][正韻]語口切𠀤音偶[說文]耒廣五寸爲伐二伐爲耦[詩周頌]亦服爾耕十千維耦[箋]耜廣五寸三耜爲耦一川之閒萬夫故有萬耦[周禮冬官考工記匠人]二耜爲耦一耦之伐廣尺深尺謂之甽[疏]兩人耕爲耦　又凡二人爲耦[左傳襄二十九年]射者三耦[註]二人爲耦[周禮天官掌次]射則張耦次[註]耦俱升射者[疏]天子大射六耦在西郊賔射亦六耦在朝燕射三耦在寢又[射人]王以六耦諸侯以四耦孤卿大夫以三耦[莊子齊物論]嗒焉似喪其耦　又匹也配也[左傳桓六年]人各有耦齊大非吾耦也[宣三年]石癸曰吾聞姬姞耦其子孫必蕃[註]姞姓宜爲姬配耦　又[釋名]遇也[前漢高帝紀]耦語者棄市[註]耦對也　又[玉篇]不畸也[易繫辭]陽卦奇陰卦耦[註]陽卦二陰故奇爲之君陰卦二陽故耦爲之主　又通也[淮南子要略]所以應待萬方覽耦百變也[註]耦通也

又地名[列子說符篇]牛缺者上地之大儒也下之邯鄲遇盜於耦沙之中　又人名[左傳文十五年]宋華耦來盟其官皆從之[註]耦華督曾孫也　又姓[五音集韻]漢有侍中耦嘉　又[韻補]叶語綺切音擬[詩周頌]駿發爾私終三十里亦服爾耕十千維耦　又叶五舉切音語[楚辭九思]言逝邁兮北徂叫我友兮配耦日陰曀兮未光閴睄寙兮靡睹

【 오류정리 】

○康誤處 1;[詩周頌]亦服爾耕十千維耦[箋]耜廣五寸三耜(改二耜)爲耦

●考證 ; 謹照原文三耜改二耜

◆整理 ; [詩周頌(시주송)] [箋(전)] 三耜(삼사)는 二耜(이사)의 착오.

◆訂正文 ; [詩周頌]亦服爾耕十千維耦[箋]耜廣五寸二耜爲耦

▶【1519-1】 字解誤謬與否 ; [詩周頌]亦服爾耕十千維耦[箋]耜廣五寸三耜(改二耜)爲耦 [三耜(改二耜)]

★이상과 같이 오류(誤謬) 수정(修訂)이 되면 이사(二耜; 두개의 쟁기)인데 자전상(字典上) 우(耦)의 본의(本義)에 영향이 미치게 됨.

耳 部 四畫

康耳(이)[唐韻]而止切[集韻][韻會][正韻]忍止切𠀤音洱[說文]主聽也[易說卦]坎爲耳[管子水地篇]腎發爲耳[淮南子精神訓]肝主耳[白虎通]耳者腎之候也　又俗以塗巷語爲信曰耳食[史記六國表]此與以耳食何異[註]耳食不能知味也　又凡物象耳形者皆曰耳[史記封禪書]有雉登鼎耳[後漢五行志]延熹中京都幘顏短耳長　又[韻會]助語辭[論語]女得人焉耳乎[禮祭統]夫銘者壹稱而上下皆得焉耳矣　又[正韻]語決辭[史記高祖紀]與父老約法三章耳　又[詩魯頌]六轡耳耳[傳]耳耳然至盛也[朱註]耳耳柔從也　又

爵名[左傳昭七年]燕人歸燕姬賂以瑤
罋玉櫝斝耳[註]斝耳玉爵[疏]斝爵名
以玉爲之旁有耳若今之杯故名耳　又
姓[正字通]明洪熙中有耳元明　又人
名老子名李耳　又地名[前漢武帝紀]
罷儋耳眞番郡[註]師古曰儋耳本南越
地眞番本朝鮮地皆武帝所置也[後漢明
帝紀西南哀牢儋耳僬僥諸種前後貢獻[
註楊浮異物志曰儋耳南方夷生則鏤其
頰皮連耳匡分爲數枝狀如雞腸纍纍下
垂至肩　又山名[書禹貢]熊耳外方桐
柏[疏]熊耳山在弘農盧氏縣東伊水所
出[荊州記]順陽益陽二縣東北有熊耳
山東西各一峯如熊耳狀因以爲名[齊語
]踰大行與辟耳之谿[註]辟耳山名[史
記封禪書]束馬懸車上卑耳之山[註]卑
耳山名在河南太陽　又草名[詩周南]
采采卷耳[傳]卷耳苓耳也廣雅云枲耳
也[疏]生子如婦人耳中璫或謂之耳璫
幽州人謂之爵耳[博雅]耳馬莧也　又
獸名[博雅]李耳虎也又綠耳周穆王駿
馬名俗作騄駬魏時西卑獻千里馬色白
兩耳黃名黃耳[山海經]丹熏之山有獸
焉其狀如鼠而兔首麋身其音如獆犬以
其尾飛名曰耳鼠[註]卽鼯鼠飛生鳥也
[崔豹古今注]狗一名黃耳　又蟲名[爾
雅釋蟲]蜈蚰入耳[疏]今蚰蜒喜入耳者
[揚子方言]蚰蜒自關而東謂之蜈蚰或
謂之入耳　又曾孫之孫曰耳孫[前漢惠
帝紀]內外公孫耳孫[註]應劭曰耳孫者
玄孫之孫也去曾高遠但耳聞之　又[集
韻][韻會]扤如蒸切音仍[前漢惠帝紀]
耳孫[註]晉灼曰耳孫玄孫之曾孫也師
古曰爾雅仍孫從己而數是爲八葉與晉
說相同仍耳聲相近蓋一號也又[諸侯王
表]玄孫之子耳孫[註]耳音仍　又[集
韻]仍拯切仍上聲關中河東讀耳作此音

【 오류정리 】

○康誤處 1;[博雅](增�字)耳馬莧也
●考證；謹照原文作薜耳馬莧也謹於

耳上增薜字
◆整理；[博雅(박아)]에 이어 薜字
(돈자)를 덧붙임. 耳馬莧也
◆訂正文；[博雅]薜耳馬莧也
▶【1520-1】 字解誤謬與否；[博
雅](增薜字)耳馬莧也 　[(增薜字)耳]
★이상과 같이 덧붙이게 되면 돈(薜;
풀 이름. [字彙補]草名[廣雅]薜耳馬
莧) 자전상(字典上) 이(耳)의 본의(本
義)에 직접 영향이 미치게 됨.

耳部 五畫

康 **祕**(비)[集韻]兵媚切音祕[揚子方
言]秦晉之閒言心內慙矣趙魏之閒謂
之祕　又[集韻]莫筆切音密義同

【 오류정리 】

○康誤處 1;[揚子方言]秦晉之閒言心
內慙矣趙魏之閒謂之祕(山之東西自愧
曰恧趙魏之閒謂之祕)
●考證；謹按所引非本書文義謹照原
文改山之東西自愧曰恧趙魏之閒謂之祕
◆整理；[揚子方言(양자방언)]의　秦
晉之閒言心內慙矣趙魏之閒謂之祕는
山之東西自愧曰恧趙魏之閒謂之祕의
착오.
◆訂正文；[揚子方言]山之東西自愧
曰恧趙魏之閒謂之祕
▶【1521-1】 字解誤謬與否；[揚子
方言]秦晉之閒言心內慙矣趙魏之閒謂
之祕(改山之東西自愧曰恧趙魏之閒謂
之祕)
★이상과 같이 오류(誤謬) 수정(修訂)
이 되면 산지동서(山之東西) 자괴왈
뉵(自愧曰恧; 자괴(自愧) 스스로 부끄
러워하다. 뉵(恧) 부끄러워 하다)이라
자전상(字典上) 비(0祕)의 본의(本義)
에 적극 영향이 미치게 됨.

耳部 八畫

康聚(취)[唐韻][正韻]慈庾切[集韻][韻會]在庾切𠀤徐上聲[說文]會也[易乾卦]君子學以聚之[禮檀弓]聚國族於斯[前漢高帝紀]五星聚于東井[管子君臣篇]是以明君順人心安情性而發於衆心之所聚[註]聚謂所同歸湊也 又[玉篇]斂也[禮樂記]君子聽竽笙簫管之聲則思畜聚之臣[周禮地官稍人]凡其余聚以待頒賜[疏]聚是縣四百里都五百里中畜聚之物 又居也邑落也[史記五帝紀]一年而所居成聚[註]聚謂村落也又[秦本紀]幷諸小鄉聚集爲大縣[註]萬二千五百家爲鄉聚[前漢平帝紀]鄉曰庠聚曰序[註]張晏曰聚邑落名也師古曰聚小于鄉 又積也[禮月令]孟冬之月命司徒循行積聚無有不斂 又[管子正篇]會民所聚曰道[註]聚謂衆所宜 又[周禮冬官考工記弓人]六材既聚巧者和之[註]聚具也 又[左傳莊二十五年]城聚[註]晉邑 又[唐韻]才句切[集韻]從遇切[正韻]族遇切𠀤音㵰義同 又音娵[史記歷書]月名畢聚日得甲子索隱讀 又與驟同[周禮天官獸醫註]趨聚之節[釋文]聚本一作驟 又[韻補]叶組救切音僦[班固西都賦]毛羣內闐飛羽上覆接翼側足集禁林而屯聚

【 오류정리 】

○康誤處 1;[禮月令]孟冬之月命司徒(改有司)循行積聚
●考證 ; 謹照原文司徒改有司
◆整理 ; [禮月令(예월령)] 司徒(사도)는 有司(유사)의 착오.
◆訂正文 ; [禮月令]孟冬之月命有司循行積聚
▶【1522-1】 字解誤謬與否 ; [禮月令]孟冬之月命司徒(改有司)循行積聚 [司徒(改有司)]]
★이상과 같이 오류(誤謬) 수정(修訂)이 된다 하여도 유사(有司; 관리. 벼

슬아치. [紅樓夢第六八回]著他寫一張狀子只管往有司衙門)는 자전상(字典上) 취(聚)의 본의(本義)에는 영향이 미치지 않음.

○康誤處 2;[班固西都賦]毛羣肉闐(改內闐)飛羽上覆
●考證 ; 謹照原文肉闐改內闐
◆整理 ; [班固西都賦(반고서도부)] 肉闐(육전)은 內闐(내전)의 착오.
◆訂正文 ; [班固西都賦]毛羣內闐飛羽上覆
▶【1523-1】 字解誤謬與否 ; [班固西都賦]毛羣肉闐(改內闐)飛羽上覆 [肉闐(改內闐)]
★이상과 같이 오류(誤謬) 수정(修訂)이 된다 하여도 모군내전(毛羣內闐; 짐승들이 숲 속에 가득하다) [文選班固西都賦] 毛羣內闐 [李善注]毛群獸也 飛羽上覆 [呂向注]飛羽鳥類 接翼側足集禁林而屯聚水衡虞人修其營表種別羣分部曲有署罘網連紘籠山絡野列卒周匝星羅雲布 이라 자전상(字典上)의 본의(本義)에 영향이 미침.

耳部 十六畫

康聾(롱)[唐韻]盧紅切[集韻][正韻]盧東切𠀤音籠[說文]無聞也[釋名]籠也如在蒙籠之內不可察也[左傳僖二十六年]耳不聽五聲之和曰聾又[宣十四年]鄭昭宋聾[註]聾闇也[禮王制]瘖聾跛躃斷者[疏]聾謂耳不聞聲 又蔥聾獸名[山海經]符禺之山其獸多蔥聾其狀如羊而赤鬣[註]蔥聾如羊黑首赤鬣 又[韻補]叶盧黃切音郞[易林]遠視無光不知靑黃觟辚塞耳,使君闇聾

【 오류정리 】

○康誤處 1;[左傳僖二十六年]耳不聽五聲之和曰聾(改爲聾)

●考證；謹照原文曰聾改爲聾
◆整理；[左傳僖二十六年(좌전희이륙년)]曰聾(왈롱)은 爲聾(위롱)의 착오.
◆訂正文；[左傳僖二十六年]耳不聽五聲之和爲聾
▶【1524-1】字解誤謬與否；[左傳僖二十六年]耳不聽五聲之和曰聾(改爲聾) [曰聾(改爲聾)]
★이상과 같이 오류(誤謬) 수정(修訂)이 되면 위롱(爲聾; 귀머거리 되려 한다)이니 자전상(字典上) 롱(聾)의 본의(本義)에 직접 영향이 미치게 됨.

聿部 四畫

康 殔(사)[廣韻][集韻]𣪠息利切音四埋棺坎下也[儀禮士喪禮]掘殔見衽[註]殔埋棺之坎也[疏]殔訓爲陳謂陳尸於坎鄭卽以殔爲埋棺之坎也[顏延之哀冊文]戒涼在殔杪秋卽冸[註]三日而殔三月而葬 又[集韻]羊至切言肆義同或作殔

【 오류정리 】

○康誤處 1；又[集韻]羊至切言(改音)肆
●考證；謹照本書之例言改音
◆整理；[集韻(집운)] 言(언)은 音(음)의 착오.
◆訂正文；又[集韻]羊至切音肆
▶【1525-1】字解誤謬與否；又[集韻]羊至切言(改音)肆 [言(改音)]
★이상과 같이 인용처(引用處)나 주소(註疏) 음(音) 등(等)의 오류(誤謬)를 수정(修訂)을 한다 하여도 자전상(字典上)의 사(殔)의 본의(本義)에는 영향이 미치지 않음.

聿部 七畫

康 肆(사)[玉篇][廣韻][集韻][類篇][韻會]息利切[正韻]悉漬切𣪠音四

[說文]極陳也[爾雅釋言]肆力也[疏]極力也[左傳昭十二年]昔穆王欲肆其心周行天下[註肆極也[周語藪澤肆旣[註]肆極也旣盡也 又[玉篇]放也恣也[易繫辭]其事肆而應[疏]其辭放肆顯露而所論義理深而幽隱也[左傳昭三十二年]伯父若肆大惠復二文之業弛周室之憂[註]肆展放也[禮表記]君子莊敬日强安肆日偷[註]肆猶放恣也 又遂也[書舜典]肆類于上帝[傳]肆遂也 又次也[詩小雅跂彼織女終日七襄箋]襄駕也駕謂更其肆也[疏]謂止舍處也天有十二次日月所止舍也舍卽肆也在天爲次在地爲辰每辰爲肆是歷其肆舍有七也 又陳也列也[書牧誓]昏棄厥肆祀弗答[傳]昏亂也肆陳也[詩大雅]肆筵設席[註]肆者陳設之意 又[古今註]肆所以陳貨鬻之物也[周禮天官司市]掌以陳肆辨物[註]肆謂陳物處[前漢刑法志]開市肆以通之[註]師古曰肆列也 又[韻會]旣刑陳尸曰肆[禮月令]仲春之月命有司省囹圄去桎梏毋肆掠[註]肆謂死刑暴尸也[周禮秋官掌囚]凡殺人者踣諸市肆之三日 又[爾雅釋詁]肆故也[疏]肆之爲故語更端辭也[又]肆今也[註]肆旣爲故 又爲今此義相反而兼通者[書大禹謨]肆予以爾衆士奉辭代罪[傳]肆故也[詩大雅]肆不殄厥慍亦不隕厥問[傳]肆故今也 又[博雅]伸也[左傳僖三十年]旣東封鄭又欲肆其西封[註]肆申也 又[小爾雅]餘也 又緩也[書舜典]眚災肆赦[傳]肆緩也過而有害當緩赦之[左傳莊二十二年]肆大眚[疏]肆緩也○按公羊傳註肆跌也過度也穀梁傳註肆失也三傳異義 又[玉篇]量也 又大也[書梓材]越厥疆土于先王肆[傳]能遠拓其界壤則于先王之道遂大 又長也[詩大雅]其詩孔碩其風肆好[傳]肆長也 又弃也[揚雄長楊賦]故平不肆險安不忘危

也[註]服虔曰肆弃也 又[小爾雅]突
也[詩大雅]是伐是肆[傳]肆疾也[箋]
肆犯突也[疏]肆爲犯突言犯師而衝突
之[左傳文十二年]若使輕者肆焉其可
[註]肆暫往而退也 又[周禮春官小
胥]凡縣鍾磬半爲堵全爲肆[註]編縣之
二十六枚在一虡謂之堵鍾一堵磬一堵
謂之肆[左傳襄十一年]歌鍾二肆[註]
肆列也縣鍾十六爲一肆二肆三十六枚
　又官名[周禮地官]肆長各掌其肆之
政令 又姓[何氏姓苑]有漁陽太守肆
敏 又祭名[史記周本紀]肆祀不答
又[集韻]息七切音悉放也 又[韻會]
羊至切與㺿同[五音集韻]習也嫩條也
[禮玉藻]肆束及帶勤者有事則收之走
則擁之[註]肆讀爲㺿㺿餘也[釋文]肆
音㺿 又音陸[禮禮器]其出也肆夏而
送之蓋重禮也[註]肆夏當爲陸夏[釋
文]肆依註作陸古來切 又[集韻]他歷
切音逖解也[禮郊特牲]腥肆爓腍祭
[註]治肉曰肆[疏]肆剔也[釋文]肆敕
歷切[周禮地官大司徒]祀五帝奉牛牲羞
其肆[釋文]羞進也肆解也謂於俎上進
所解牲體於神座前[釋文]肆他歷切

【 오류정리 】

○康誤處 1;[易繫辭]其事肆而應(改
隱)
●考證 ; 謹照原文應改隱
◆整理 ; [易繫辭(역계사)] 應(응)은
隱(은)의 착오.
訂正文 ; [易繫辭]其事肆而隱
▶【1526-1】字解誤謬與否 ; [易繫
辭]其事肆而應(改隱) [應(改隱)]
★이상과 같이 오류(誤謬) 수정(修訂)
이 되면 은(隱; 숨기다)이라 자전상
(字典上) 사(肆)의 본의(本義)에 영향
이 미치게 됨.

○康誤處 2;[周禮天官(改地官)司市]
掌以陳肆辨物(增而平市三字)
●考證 ; 謹照原書天官改地官照原文

辨物下增而平市三字
◆整理 ; [周禮(주례) 天官(천관)은
地官(지관)지광릐 착오이며, 司市(사
시)] 辨物(변물)에 이어 而平市三字
(이평시삼자)를 덧붙침.
訂正文 ; [周禮地官司市]掌以陳肆
辨物而平市
▶【1527-2】字解誤謬與否 ; [周禮
天官(改地官)司市]掌以陳肆辨物(增而
平市三字) [天官(改地官)] [辨物(增
而平市三字)]
★이상과 같이 오류(誤謬) 수정(修訂)
이 되면 평시(平市; 시장. 동일수평적
시장(同一水平的市場). 조선(朝鮮)의
평시서(平市署)의 준말. [周禮地官司
市]以陳肆辨物而平市[鄭玄注]陳 犹列
也辨物物异肆也肆异則市平[孫詒讓正
義]物各异肆則种別相校易以定其功沽
而价不至騰跃故市得其平 [金融煉金
術; 冊名]成交价格連續兩次或兩次以
上都保持在同一水平的市場) 평시(平
市; 조선(朝鮮)의 평시서(平市署)의
준말. 시사(市司) 평시(平市)라고도
한다. 평시서는 시장 내 물가를 조절
하고 도량형을 관리하였으며 시전의
허가 및 운영 등을 관리 감독하였으
며, 그 일환으로 금난전권(禁亂廛權)
을 행사하였다)인데 자전상(字典上)
사(肆)의 본의(本義)에 영향이 미치게
됨.

○康誤處 3;[周禮地官大司徒]祀五帝
奉牛牲羞其肆[釋文(改爲賈疏)]羞進也
●考證 ; 謹照原文按羞進也句出賈疏
非釋文今据改爲賈疏
◆整理 ; [周禮地官大司徒(주례지관대
사도)] [釋文(석문)은 賈疏(가소)의]
착오.
訂正文 ; [周禮地官大司徒]祀五帝
奉牛牲羞其肆[賈疏]羞進也
▶【1528-3】字解誤謬與否 ; [周禮

地官大司徒]祀五帝奉牛牲羞其肆[釋文(改爲賈疏)]羞進也 [釋文(改爲賈疏)]

★이상과 같이 인용처(引用處)나 주소(註疏) 음(音) 등(等)의 오류(誤謬)를 수정(修訂)을 한다 하여도 자전상(字典上)의 사(肆)의 본의(本義)에는 영향이 미치지 않음.

肉部 三畫

康 肙 (연)[唐韻]烏懸切音淵[說文]小蟲也一曰空也 又撓也[周禮冬官考工記廬人]劃兵欲無肙[註]撓也 又[類篇]縈絹切音䏍義同亦作育

【 오류정리 】

○康誤處 1;[周禮冬官考工記廬人]劃兵(改刺兵)欲無肙
●考證;謹照原文劃兵改刺兵
◆整理;[周禮冬官考工記廬人(주례동관고공기려인)]劃兵(전병)은 刺兵(자병)의 착오.
◆訂正文;[周禮冬官考工記廬人]刺兵欲無肙
▶【1529-1】字解誤謬與否;[周禮冬官考工記廬人]劃兵(改刺兵)欲無肙 [劃兵(改刺兵)]

★이상과 같이 오류(誤謬) 수정(修訂)이 된다 하여도 자병(刺兵; 찌르는 병기. [周禮考工記廬人]凡兵句兵欲無彈刺兵欲無蜎是故句兵椑刺兵摶[鄭玄注]"刺兵矛屬[孫詒讓正義]程瑤田云矛用恒直故曰刺[說文刀部]刺直傷也詒讓案刺兵亦謂之直兵[呂氏春秋知分篇]云直兵造胸[高注]云直矛也)은 자전상(字典上) 연(肙)의 본의(本義)에는 영향이 미치지 않음.

肉部 四畫

康 肦 (분)[廣韻][集韻][正韻]䫂符分切音汾[廣韻]大首貌[集韻]一曰象

貌亦作頒[正韻]亦作頒 又[廣韻]布還切[集韻][韻會][正韻]逋還切䫂音班[集韻]頒頒謂之肦 又[韻會]賦也[禮王制]名山大澤不以肦[釋文]肦讀爲班賦也[儀禮聘禮]肦肉及庾車[註]肦猶賦也[釋文]音班

【 오류정리 】

○康誤處 1;[儀禮聘禮]肦肉及庾車(改廋車)
●考證;謹照原文庾車改廋車
◆整理;[儀禮聘禮(의례빙례)] 庾車(유차)는 廋車(수차)의 착오.
◆訂正文;[儀禮聘禮]肦肉及廋車
▶【1530-1】字解誤謬與否;[儀禮聘禮]肦肉及庾車(改廋車) [庾車(改廋車)]

★이상과 같이 오류(誤謬) 수정(修訂)이 된다 하여도 수거(廋車; 수레에 감추다)는 자전상(字典上) 분(肦)의 본의(本義)에는 영향이 미치지 않음.

康 肸 (힐)[唐韻]羲乙切[集韻][韻會][正韻]黑乙切䫂欣入聲[說文]響布也从十从肖[徐曰]肖振肖也[前漢司馬相如傳]肸蠁布寫[註]肸蠁盛作也 又[揚雄傳]薌呹肸以棍根兮聲駍隱而歷鍾[註]言風之動樹聲響振起衆根合同駍隱而盛歷入殿上之鍾也根猶株也[左思蜀都賦]景福肸蠁而興作[註]韋昭曰肸蠁濕生蟲蚊類是也大福之興如此蟲騰起矣 又[正韻]佛肸大貌 又人名 又西名[前漢西域傳]四曰肸頓 侯 又人名公孫肸鄭大夫見[左傳襄三十年] 又[前漢功臣表]疆圉侯留肸 又[廣韻][集韻][韻會]䫂許訖切音迄 又[集韻]顯結切音義䫂同 又[集韻]兵媚切音祕邑名在魯[史記魯世家作肸誓[註]魯東郊之地名[尚書]作費通作肸

【 오류정리 】

○康誤處 1;[揚雄傳]薌呹肸以棍根

(改捆根)兮
●考證；謹照原文棍根改捆根
◆整理；[揚雄傳(양웅전)] 棍根(곤근)은 捆根(혼근)의 착오.
◆訂正文；[揚雄傳]薌呹肸以捆根兮
▶【1531-1】字解誤謬與否；[揚雄傳]薌呹肸以棍根(改捆根)兮 [棍根(改捆根)]
★이상과 같이 오류(誤謬) 수정(修訂)이 되면 혼근(捆根; 모조리 합하다. [揚雄甘泉賦]薌呹肸以捆根兮聲駍隱而歷鐘[師古曰]風之動樹聲響振起衆根合同駍隱而盛歷入殿上之鐘也 [班固西都賦]捆建章而連外屬[註]與混同[王褒洞簫賦]帶以象牙捆其會合[註]帶猶飾也飾之象牙同於會合之處)이라 자전상(字典上) 힐(肸)의 본의(本義)에 영향이 미치게 됨.

肉部 五畫

康 貸(대)[集韻]待戴切音代貸賽體顫動貌

【 오류정리 】

○康誤處 1; [集韻]待戴切音代貸賽(改貸賽)體顫動貌
●考證；謹照原文貸賽改貸賽
◆整理；[集韻(집운)] 貸賽(대색)은 貸賽(대색)의 착오.
◆訂正文；[集韻]待戴切音代貸賽體顫動貌
▶【1532-1】字解誤謬與否；[集韻]待戴切音代貸賽(改貸賽)體顫動貌 [貸賽(改貸賽)]
★이상과 같이 오류(誤謬) 수정(修訂)이 되면 대색(貸賽; 몸을 떠는 모양. [集韻]貸賽體顫動貌) 자전상(字典上) 대(貸)의 본의(本義)에 영향이 미치게 됨.

康 胜(성)[唐韻][集韻][韻會]忕桑

經切音星[說文]犬膏臭也从肉生意兼聲一曰不熟也徐引禮記飲胜而苴熟[禮內則秋宜犢麠膳膏腥釋文]腥音星雞膏也說文作胜云犬膏臭也 又[集韻]七正切音婧[山海經]玉山有鳥焉名曰胜遇[註]音姓 又新佞切音性與腥同星見食豕令肉中生小息肉也 又[五音集韻]所庚切音生餼肉也

【 오류정리 】

○康誤處 1; 一曰不熟也徐引禮記飲胜(改飯胜)而苴熟
●考證；謹照原文飲胜改飯胜
◆整理；飲胜(음성)은 飯胜(반성)의 착오.
◆訂正文；一曰不熟也徐引禮記飯胜而苴熟
▶【1533-1】字解誤謬與否；一曰不熟也徐引禮記飲胜(改飯胜)而苴熟 [飲胜(改飯胜)]
★이상과 같이 오류(誤謬) 수정(修訂)이 되면 반성(飯胜; 설익은 밥)이라 자전상(字典上) 성(胜)의 본의(本義)에 적극 영향이 미치게 됨.

康 胥(서)[廣韻]相居切[集韻]新於切忕音湑[說文]蟹醢也[韻會]言其肉胥胥解也[周禮天官庖人註]靑州之蟹胥 又[集韻]助也待也 又[廣韻]相也[書太甲]民非后罔克胥匡以生[傳]無能相匡[前漢楚元王傳]二人諫不聽胥靡之[註]胥相也靡隨也古者相隨坐輕刑之名又刑徒亦名胥靡[莊子庚桑楚]胥靡登高而不懼[註]胥靡刑徒人也[前漢敍傳]史遷薰胥以刑[註]胥相也 又[集韻]皆也[詩小雅]君子樂胥[傳]胥皆也 又儲胥謂蓄積待用也[前漢揚雄傳]木雍槍累以爲儲胥[註]有儲蓄以待所須也 又官名[周禮地官]胥師二十四則一人皆二史[註]胥及肆長市中給繇役者[禮文王世子]胥鼓南[註]

胥掌以六樂之會正舞位 又樹名[前漢司馬相如傳]留落胥邪[註]胥邪似幷閭皮可作索 又蝶名[莊子至樂篇]蝴蝶胥也[註蝴蝶一名胥[列子天瑞篇]烏足之根爲蠐螬其葉爲胡蝶胡蝶胥也化而爲蟲生竈下 又語辭[詩小雅]侯氏燕胥[又]君子樂胥 又地名[左傳宣十二年]車及于蒲胥之市 又胥閭門名[穀梁傳成元年]客不悅而去相與立胥閭而語[註]門名 又姓[廣韻]胥童晉臣見[左傳成十七年[又人名[左傳哀十一年]桑掩胥御國子[前漢功臣表]復陽剛侯陳胥 又[集韻]寫與切音諝又蘇故切音素義𣤶同 又[正韻]山徂切音蔬同蘇 又[韻補]叶胥上聲[班固靈臺詩]屢維豐年於皇樂胥叶上廙雨

【 오류정리 】

○康誤處 1;[周禮地官]胥師二十四(改二十肆)則一人皆二史
●考證;謹照原文二十四改二十肆
◆整理;[周禮地官(주례지관)] 二十四(이십사)는 二十肆(이십사)의 착오.
◆訂正文;[周禮地官]胥師二十肆則一人皆二史
▶【1534-1】字解誤謬與否;[周禮地官]胥師二十四(改二十肆)則一人皆二史 [二十四(改二十肆)]
★이상과 같이 오류(誤謬) 수정(修訂)이 된다 하여도 사(肆; 四의 갖은자)는 자전상(字典上) 서(胥)의 본의(本義)에는 영향이 미치지 않음.

肉部 七畫

康 胏 (절)[廣韻]旨熱切音晢胏皮也又[集韻]之列切音浙[博雅]胏眉脂也本作胙[五音集韻肨胏牛羊脂也

【 오류정리 】

○康誤處 1;[博雅]胏眉(改肨胏)脂也
●考證;謹按肨胏二字相連爲文謹照原文胏眉改肨胏

◆整理 ; [博雅(박아)]胏(절)眉 는 肨胏(평절)의 착오.
◆訂正文 ; [博雅]肨胏脂也
▶【1535-1】字解誤謬與否 ; [博雅]胏眉(改肨胏)脂也 [胏眉(改肨胏)]
★이상과 같이 오류(誤謬) 수정(修訂)이 되면 평절(肨胏; 지방(脂肪). 소와 양의 지방(脂肪) [博雅]肨胏脂也本作胙[五音集韻肨胏牛羊脂也) 자전상(字典上) 절(胏)의 본의(本義)에 영향이 미치게 됨.

康 脩 (수)[唐韻]息流切[集韻][韻會][正韻]思留切𣤶音羞[說文]脯也[正字通]肉條割而乾之也[釋名]縮也腊脯乾燥而縮[周禮天官膳夫]凡肉脩之頒賜皆掌之[註]脩脯也又[內饔]凡掌共羞脩刑膴胖骨鱐以待共膳[註]脩鍛脯也[左傳莊二十四年]女贄不過榛栗棗脩[註]脩脯也[釋文]鍛脯加薑桂曰脩 又治也習也[書說命]爾交脩予[疏]令其交更脩治己也[詩大雅]脩爾車馬[禮禮運]講信脩睦 又[韻會]長也[詩小雅]四牡脩廣[傳]脩長也又[大雅]孔脩且張[屈原離騷]路曼曼其脩遠兮吾將上下而求索[註]長也 又掃除也[周禮天官]掌百官之誓戒與其具脩[註]脩掃除糞酒[禮祭義]宮室既脩[註]脩設謂除及黝堊 又備也[周語]脩其簜簜[註]備也 又久也[周禮冬官考工記弓人]斲目不茶則及其大脩也筋代之受病[註]脩猶久也 又敬也[魯語]吾冀而朝夕脩我[註]敬也 又乾也[詩王風]中谷有蓷暵其脩矣[傳]脩且乾也 又[爾雅釋樂]徒鼓鍾謂之脩 又草名[山海經]賈超之山其中多龍脩[註]郭曰龍須也似莞而細生山石穴中 又魚名[山海經]橐山橐水出焉其中多脩辟之魚 又姓[韻會]漢有屯騎校尉脩炳 又人名[屈原離騷]吾令

蹇脩以爲理[註]蹇脩伏羲氏之臣也　又[正韻]云九切音有[周禮春官鬯人]廟用脩[註]脩器名漆尊也鄭康成曰脩讀爲卣　又[集韻]他彫切音祧縣名在信都周亞夫封邑[前漢恩澤侯表序]孝景將侯王氏脩侯犯色[註]脩讀曰條　又[類篇]思邀切音宵脩脩羽敝也[正字通]說文脩脯也修飾也分爲二今脩修通

【 오류정리 】

○康誤處 1;又敬(改儆)也[魯語]吾冀而朝夕脩我[註]敬(改儆)也

●考證 ; 謹照原文兩敬字达改儆

◆整理 ; 又(우) 敬(경)은 儆(경)의 착오, [魯語(로어)] 敬(경) 역시 儆(경)의 착오.

◆訂正文 ; 又儆也[魯語]吾冀而朝夕脩我[註]敬(改儆)也

▶【1536-1】字解誤謬與否 ; 又敬(改儆)也[魯語]吾冀而朝夕脩我[註]敬(改儆)也　[敬(改儆)] [敬(改儆)]

★이상과 같이 오류(誤謬) 수정(修訂)이 되면 경(儆; 경계하다. 훈계하다. 미리 조심하다) 자전상(字典上) 수(脩)의 본의(本義)에 직접 영향이 미치게 됨.

肉 部 八畫

(康)腓(비)[唐韻]符飛切[韻會]符非切达音肥[說文]脛腨也[廣韻]腳腨腸也[博雅]腓腨也[正字通]脛後肉腓腸也[易咸卦]六二咸其腓[疏]腓足之腓腸也[莊子天下篇]禹親自操槖耜而九雜天下之川腓無胈脛無毛[管子侈靡篇]故卿而不理靜也其獄一踦腓一踦屨[註]諸侯犯罪者令著一隻屨以恥之　又病也[詩小雅百卉具腓][傳]腓病也　又變也[詩小雅具腓釋文]腓變也　又避也[詩小雅]君子所依小人所腓[傳]腓避也　又[大雅牛羊腓字之][釋文]避也　又[廣韻]扶涕切[集韻]父沸切达音

扉義同

【 오류정리 】

○康誤處 1;[管子侈靡篇]其獄一踦腓一踦屨(改屨)[註]諸侯犯罪者令著一隻屨(改屨)以恥之

●考證 ; 謹照原文兩屨字达改屨

◆整理 ; [管子侈靡篇(관자치미편)]屨(루)는 屨(구), 屨(루)는 屨(구)의 착오.

◆訂正文 ; [管子侈靡篇]其獄一踦腓一踦屨[註]諸侯犯罪者令著一隻屨以恥之

▶【1537-1】字解誤謬與否 ; [管子侈靡篇]其獄一踦腓一踦屨(改屨)[註]諸侯犯罪者令著一隻屨(改屨)以恥之　[屨(改屨)] [屨(改屨)]

★이상과 같이 오류(誤謬) 수정(修訂)이 되면 구(屨; 짚신)인데 자전상(字典上) 비(腓)의 본의(本義)에 적극 영향이 미치게 됨.

(康)腕(완)[廣韻][集韻][韻會][正韻]达烏貫切音惋[說文]本作掔手掔也[揚雄曰]掔握也[玉篇]手腕也[釋名]腕宛也言可宛屈也[戰國策]天下之游士莫不日夜扼腕瞋目切齒[嵇康琴賦發和顏攘皓腕　又與肘同[禮三年問]袂之長短反詘之及肘[註]肘或爲腕

【 오류정리 】

○康誤處 1;又與肘(爲腕)同[禮三年問]袂之長短反詘之及肘[註]肘或爲腕(改爲史記刺客傳偏袒搤捥而進索隱捥古腕字)

●考證 ; 謹按袂之長短二句係深衣篇文肘或爲腕乃言兩本之軄非謂腕與肘同也肘爲臂節腕爲手後節音義均不同謹將又與肘同改爲又與捥同禮三年問以下十八字改爲史記刺客傳偏袒搤捥而進索隱捥古腕字

◆整理 ; 肘(주)는 腕(완)으로, [三年

問(삼년문)]이하 袂之長短反詘之及肘[註]肘或爲腕 18자를 史記刺客傳偏袒搤捥而進索隱捥古腕字로 교체함.

◆訂正文 ; [史記刺客傳偏]袒搤捥而進[索隱[捥古腕字

▶【1538-1】字解誤謬與否 ; 又與肘(爲腕)同[禮三年問]袂之長短反詘之及肘[註]肘或爲腕(改爲史記刺客傳偏袒搤捥而進索隱捥古腕字)

★이상과 같이 오류(誤謬) 수정(修訂)이 되면 ○편단액완(偏袒搤捥而進; 한쪽 어깨를 드러내고 한 손으로는 팔뚝을 움켜쥐고 앞으로 다가서다)와 완고완자(捥古腕字; 완(腕)은 완(捥)의 고자(古字)다)인데 자전상(字典上) 완(腕)의 본의(本義)에 영향이 미치게 됨.

康 賤(잔) [篇海類篇]昨干切音殘禽獸食之餘也

【 오류정리 】

○康誤處 1 ; [篇海類篇]昨干切音殘禽獸食之餘也(禽獸食餘)

※筆者謹按[廣韻]原本 ; 上平聲寒第二十五 [賤]禽獸食餘又祖贊切

●考證 ; 謹按此與二十八頁賤字重複今省去而於九畫腜字註末增又通膴魏都賦註引韓詩周原腜腜毛詩腜作膴十九字以足字數

◆訂正文 ; [篇海類篇]昨干切音殘禽獸食餘

▶【1549-1】字解誤謬與否 ; [篇海類篇]昨干切音殘禽獸食之餘也(禽獸食餘) [昨干切音殘禽獸食之餘也(禽獸食餘)]

★이상과 같이 오류(誤謬) 수정(修訂)이 되면 금수식여(禽獸食餘; 새와 짐승이 먹다 남은 찌꺼기. [玉篇肉部]賤獸食之餘也 [廣韻寒韻]賤禽獸食餘)인데 자전상(字典上) 잔(賤)의 본의

(本義)에 적극 영향이 미치게 됨.

康 臂(신)(신)[五音類聚]時忍切音腎[山海經]陽山有獸如牛而赤毛其頸臂其狀如句瞿[註]頭上有肉臂句瞿斗也

【 오류정리 】

○康誤處 1 ; [山海經][註]頭(改頸)上有肉臂

●考證 ; 謹照原文頭改頸

◆整理 ; [山海經(산해경)][註(주)]頭(두)는 頸(경)의 착오.

◆訂正文 ; [山海經][註]頸上有肉臂

▶【1540-1】字解誤謬與否 ; [山海經][註]頭(改頸)上有肉臂 [頭(改頸)]

★이상과 같이 오류(誤謬) 수정(修訂)이 된다 하여도 경상(頸上; 목에)은 자전상(字典上)의 신(臂)의 본의(本義)에는 영향이 미치지 않음.

肉 部 九畫

康 朕(규)[廣韻]渠追切[集韻]渠龜切夶音葵朧朕醜也[淮南子修務訓]嗇朕哆噅籧篨戚施雖粉白黛黑弗能爲美者嫫母仳催也 又[廣韻]渠追切[集韻]渠惟切夶音逵義同

【 오류정리 】

○康誤處 1 ; [淮南子修務訓]雖粉白黛黑弗能爲美者嫫母仳催(改仳倠)也

●考證 ; 謹照原文仳催改仳倠

◆整理 ; [淮南子修務訓(회남자수무훈)] 仳催(비최)는 仳倠(비휴)의 착오.

◆訂正文 ; [淮南子修務訓]雖粉白黛黑弗能爲美者嫫母仳倠也

▶【1541-1】字解誤謬與否 ; [淮南子修務訓]雖粉白黛黑弗能爲美者嫫母仳催(改仳倠)也 [仳催(改仳倠)]

★이상과 같이 오류(誤謬) 수정(修訂)

이 되면 비휴(仳傀; 추녀명(醜女名)).
못생긴 얼굴. [淮南子脩務訓]雖粉白
黛弗能爲美者嫫姆仳傀也 [說文人部]
傀仳傀醜面)자전상(字典上) 규(膎)의
본의(本義)에 영향이 미치게 됨.

肉部 十畫

康朡(소)[廣韻]桑故切[集韻]蘇故
切𠀤音素[玉篇]肥也 又與嗉同[潘岳
射雉賦]裂朡破觜[註]音素喉受食處也

【 오류정리 】

○康誤處 1; [潘岳射雉賦]裂朡破觜
(改觜)

●考證; 謹照原文觜改觜

◆整理; [潘岳射雉賦(반악사치부)]
觜(자)는 觜(자)의 착오.

◆訂正文; [潘岳射雉賦]裂朡破觜

▶【1542-1】字解誤謬與否; [潘岳
射雉賦]裂朡破觜(改觜) [觜(改觜)]

★이상과 같이 오류(誤謬) 수정(修訂)
이 되면 열소파자(裂朡破觜; 모이주
머니가 터지고 부리가 찢어짐)인데
이를 주이사 후수식처(喉受食處; 朡
멀떠구니. 모이주머니)이해되어야 하
니 자전상(字典上) 소(朡)의 본의(本
義)에 적극 영향이 미치게 됨

康膏(고)[唐韻]古勞切[集韻][韻
會]居勞切[正韻]姑勞切𠀤音高[說文]
肥也[韻會]凝者曰脂澤者曰膏一曰戴
角者脂無角者膏[元命包]膏者神之液
也[易鼎卦]雉膏不食[晉語]不能爲膏
而祇離咎也[註]膏肥也[又]夫膏粱之
性難正也[註]膏肉之肥者[史記田敬仲
完世家]狶膏棘軸[註]狶膏豬脂也 又
[博雅]人一月而膏[左傳成十年]居肓
之上膏之下[註]心下爲膏 又[正韻]
澤也[博雅]膏滑澤也[易屯卦]屯其膏
[疏]正義曰膏謂膏澤也 又屑脂以膏
和丹作之亦曰膏[詩衞風]豈無膏沐誰的
爲容 又甘也[禮禮運]天降膏露[註]

膏猶甘也 又凡樹理之白者皆曰膏[周
禮地官大司徒]其植物宜膏物[註]鄭司
農曰膏謂楊柳之屬理致且白如膏 又
五穀之滑者皆曰膏[山海經]西南黑水
之閒有廣都之野爰有膏菽膏稻膏黍膏
稷[註]郭曰言味好皆滑如膏 又[唐
韻]古到切[[集韻][韻會][正韻]居號
切𠀤音誥潤也[詩曹風]芃芃黍苗陰雨
膏之[釋文]膏古報反[禮內則]脂膏以
膏之[釋文]膏之古報反○按劉鑑經史
動靜字音凡脂膏之膏則讀平聲用以潤
物曰膏則讀去聲

【 오류정리 】

○康誤處 1; [詩衞風]豈無膏沐誰的
(改誰適)爲容

●考證; 謹照原文誰的改誰適

◆整理; [詩衞風(시위풍)] 誰的(수
적)은 誰適(수적)의 착오.

◆訂正文; [詩衞風]豈無膏沐誰適爲
容

▶【1543-1】字解誤謬與否; [詩衞
風]豈無膏沐誰的(改誰適)爲容 [誰的
(改誰適)]

★이상과 같이 오류(誤謬) 수정(修訂)
이 된다 하여도 수적위용(誰適爲容;
누구를 위하여 단장을 하나. 누구 보
라고 얼굴 꾸밀까. [詩衞風]伯也執殳
爲王前驅自伯之東首如飛蓬豈無膏沐誰
適爲容)은 자전상(字典上) 고(膏)의
본의(本義)에는 영향이 미치지 않음.

肉部 十一畫

康膝(슬)[廣韻][集韻][韻會][正
韻]𠀤息七切音悉[說文]脛頭卪也本作
䣛[徐曰]今俗作膝膝人之節也[釋名]
膝伸也可屈伸也[儀禮旣夕袂屬幅長下
膝 又[韻會]楯名[揚子方言]矛骹細
如鴈脛者謂之鶴膝[唐書王志愔傳]鶴
膝犀渠[左思吳都賦]家有鶴膝 又齒
膝良馬名[前漢王褒傳]駕齒膝[註]孟康

曰良馬低頭口至膝也

【 오류정리 】

○康誤處 1; 又齒(改齧)膝良馬名[前漢王褒傳]駕齒(改齧)膝
●考證 ; 謹照原文兩齒字丛改齧
◆整理 ; 齒(치)는 齧(설)의 착오, [前漢王褒傳(전한왕포전)] 齒(치) 역시 齧(설)의 착오.
◆訂正文 ; 又齧膝良馬名[前漢王褒傳]駕齧膝
▶【1544-1】字解誤謬與否 ; 又齒(改齧)膝良馬名[前漢王褒傳]駕齒(改齧)膝 [齒(改齧)][齒(改齧)]
★이상과 같이 오류(誤謬) 수정(修訂)이 되면 설슬(齧膝; 명마명(名馬名)) [左思吳都賦]家有鶴膝又齧膝良馬名[琵琶記杏園春宴]飛龍赤兔騄裏驊騮紫燕驌驦嚙膝正是青海月氏生下大宛越賖將來齧膝亦作嚙㕙良馬名)이라 자전상(字典上)의 본의(本義)에 적극 영향이 미치게 됨.

康膠(교)[唐韻]古肴切[集韻][韻會][正韻]居肴切丛音交[說文]昵也作之以皮[徐曰]昵黏也[玉篇]煮用其皮或用角[廣韻]膠漆[周禮冬官考工記輪人]膠必厚施又[弓人]凡相膠欲朱色而昔昔也者深瑕而澤紾而搏廉鹿膠靑白馬膠赤白牛膠火赤鼠膠黑魚膠餌犀膠黃凡昵之類不能方[註]昔音錯純赤之中文又交錯也澤表裏有文色潤澤也紾縐密搏音團團圓也廉利也昵本作䐈不方柔韌不取其方整也 又[爾雅釋詁]膠固也[疏]膠者所以固物[詩小雅]德音孔膠[傳]膠固也 又[博雅]欺也 又戾也[史記司馬相如傳]蜿灗膠戾[註]膠戾邪曲也 又[廣韻太學也[正字通]東膠周學名周之學成均居中左東序右瞽宗東膠卽東序也 又[集韻]紏也[禮王制]養國老於東膠[註]膠之言紏也

又[正韻]黏泥不通[莊子逍遙遊]置杯焉則膠 又膠葛氣也[前漢揚雄傳]撆膠葛騰九閎[註]膠葛上淸之氣也 又[韻會]和也[詩鄭風]雞鳴膠膠[傳]膠膠猶喈喈也 又詐也[揚子方言]膠譎詐也涼州西南之閒曰膠 又[韻會]水名萊州有膠水 又地名[戰國策以膠東委於燕 又姓[前漢古今人表]膠鬲 又[廣韻]古孝切[集韻]居效切丛音敎義同 又[韻會][正韻]丛古巧切音絞動撓貌[莊子天道篇]膠膠擾擾乎[音義]交卯反 又[集韻]女巧切音橈㵰膠雜亂貌 又乎刀切音豪戾也[楚辭九辯]何况一國之事兮亦多端而膠加[註]膠加戾也音豪 又[五音集韻]口交切敲面不平也

【 오류정리 】

○康誤處 1;[周禮冬官考工記輪人]膠必厚施(改施膠必厚)
●考證 ; 謹照原文改施膠必厚
◆整理 ; [周禮冬官考工記輪人(주례동관고공기륜인)] 膠必厚施(교필후시)는 施膠必厚(시교필후)의 착오.
◆訂正文 ; [周禮冬官考工記輪人]施膠必厚
▶【1545-1】字解誤謬與否 ; [周禮冬官考工記輪人]膠必厚施(改施膠必厚) [膠必厚施(改施膠必厚)]
★이상과 같이 오류(誤謬) 수정(修訂)이 되면 시교필후(施膠必厚; 아교는 반듯이 두텁게 발라야 한다. [周禮冬官考工記輪人]容轂必直陳篆必正施膠必厚施筋必數幬必負幹旣摩革色靑白謂之轂之善)라 자전상(字典上) 교(膠)의 본의(本義)에 적극 영향이 미치게 됨.

肉部 十二畫

康膳(선)[唐韻]常衍切[集韻][韻會][正韻]上演切丛音善[說文]具食也[徐曰]言具備此食也庖人和味必加善

胡从善[韻會]熟食曰饗具食曰膳[正
韻]膳之言善也今時美物曰珍膳[前漢宣
帝紀]其令大官損膳省宰[註]膳具食也
食之善者也　又牲肉也[周禮天官膳
夫]膳夫掌王之飲食膳羞[註]膳牲肉
也　又[廣韻]食也[禮文王世子]食下
問所膳[註]問所食者　又[博雅]膳離
也　又官名[釋小雅]仲允膳夫[箋]膳
夫上士也掌王之飲食膳羞　又[韻會亦
作善[莊子至樂篇具太牢以爲善　又
[廣韻][集韻][韻會][正韻]杰時戰切
音繕義同[集韻]或作饍

【 오류정리 】

○康誤處 1;[正韻(改正韻爲周禮鄭
註)]膳之言善也今時美物曰珍膳
●考證;謹按二句出周禮天官敍官註
不始於正韻謹改正韻爲周禮鄭註
◆整理;[正韻(정운)은 周禮鄭註(주
례정주)의] 착오.
◆訂正文;[周禮鄭註]膳之言善也今
時美物曰珍膳
▶【1546-1】字解誤謬與否;[正韻
(改正韻爲周禮鄭註)]膳之言善也今時
美物曰珍膳　[正韻(改正韻爲周禮鄭
註)]
★이상과 같이 인용처(引用處)나 주
소(註疏) 음(音) 등(等)의 오류(誤謬)
를 수정(修訂)을 한다 하여도 자전상
(字典上)의 선(膳)의 본의(本義)에는
영향이 미치지 않음.

○康誤處 2;[周禮天官膳夫]膳夫(省
下膳夫二字)掌王之飲食(改食飲)膳羞
●考證;謹按膳夫二字重出謹省下膳
夫二字杰照原文飲食改食飲
◆整理;[周禮天官膳夫(주례천관선
부)] 膳夫(선부) 膳夫二字(선부이자)
는 삭제하고, 飲食(음식)은 食飲(식
음)의 착오.
◆訂正文;[周禮天官膳夫] 掌王之食

飲膳羞
▶【1547-2】字解誤謬與否;[周禮
天官膳夫]膳夫(省下膳夫二字)掌王之
飲食(改食飲)膳羞　[膳夫(省下膳夫二
字)] [飲食(改食飲)]
★이상과 같이 오류(誤謬) 수정(修訂)
이 되면 식음(食飲; 먹고 마심)이 되
는데 자전상(字典上) 선(膳)의 본의
(本義)에 적극 영향이 미치게 됨.

肉 部 十三畫

(康)膈(랍)[集韵]腊或作膈[晏子春秋
諫上]景公令兵搏治當膈冰月之閉而寒
冰多凍餒而功不成　又蜜膈[古今注]
遠方諸山出蜜膈處以木爲器中开小孔
以蜜膈涂器内外　又膈布[古今注]周
書曰昆吾氏獻切玉刀切玉如膈布　又
[集韵]居曷切音葛膈胆肥貌

【 오류정리 】

○康誤處 1;[晏子春秋諫上]景公令兵
搏(改摶)治當膈冰月之閑而寒冰多凍餒
而功不成
●考證;謹照原文搏改摶
◆整理;[晏子春秋諫上(안자춘추간
상)] 搏(박)은 摶(단)의 착오.
◆訂正文;[晏子春秋諫上]景公令兵
摶治當膈冰月之閑而寒冰多凍餒而功
不成
▶【1548-1】字解誤謬與否;[晏子
春秋諫上]景公令兵搏(改摶)治當膈冰
月之閑而寒冰多凍餒而功不成　[搏
(改摶)]
★이상과 같이 오류(誤謬) 수정(修訂)
이 된다 하여도 단치(摶治; 흙벽돌을
만든다. [晏子春秋諫下四]景公令兵摶
治當膈冰月之間而寒民多凍餒而功不成
王念孫[讀書雜志晏子春秋一]案'治'者
輒也搏治謂摶土爲輒)는 자전상(字典
上) 랍(膈)의 본의(本義)에는 영향이
미치지 않음.

臣部 十一畫

康臨 (림)[唐韻]力尋切[集韻][韻會]犂針切[正韻]犂沉切壮音林[爾雅釋詁]臨視也[詩衞風]日居月諸照臨下土又[大雅]上帝臨女無貳爾心[箋]臨視也[禮檀弓]臨諸侯畛於鬼神[疏]以尊適卑曰臨[穀梁傳哀七年]春秋有臨天下之言焉有臨一國之言焉有臨一家之言焉[註徐乾曰臨者撫有之也　又[博雅]臨大也　又[戰國策]縣陰以甘之循有燕以臨之[註]臨猶制也　又易卦名

又車名[詩大雅]以爾鉤援與爾臨衝以伐崇墉[傳]臨臨車也[疏臨者在上臨下之名[釋名]臨如字韓詩作隆　又地名[左傳哀四年]荀寅奔鮮虞趙稷奔臨[註]臨晉邑　又丘名[爾雅釋丘]右高臨丘　又姓[後趙錄]秦州刺史臨深[孔融傳]有臨孝存　又門名[左思吳都賦]左稱彎崎右號臨硎[註]彎崎臨硎闔閭名吳後主起昭明宮於太初之東開彎崎臨硎二門彎崎宮東門臨硎宮西門　又[韻會]力鴆切[正韻]力禁切壮林去聲[增韻]喪哭[顏師古曰]衆哭曰臨[左傳宣十二年]楚子圍鄭旬有七日鄭人卜行成不吉卜臨于大官且巷出車吉[註]臨哭也[釋文]臨力鴆切　又[韻補]叶盧東切音隆[詩大雅]后稷不克上帝不臨耗斁下土寧丁我躬[司馬相如長門賦]奉虛言而望誠兮期城南之離宮修薄具而自設兮君不肯兮幸臨　又叶力陽切音良[秦始皇祠洛水歌]洛陽之水其色蒼蒼祠祭大澤倏忽南臨洛濱醴禱色連三光

【 오류정리 】

〇康誤處 1;[禮檀弓(改曲禮)]臨諸侯畛於鬼神
●考證；謹照原書檀弓改曲禮
◆整理；[禮(예) 檀弓(단궁)은 曲禮(곡례)의] 착오.

◆訂正文 ；[禮曲禮]臨諸侯畛於鬼神
▶【1549-1】字解誤謬與否 ；[禮檀弓(改曲禮)]臨諸侯畛於鬼神　[檀弓(改曲禮)]

★이상과 같이 인용처(引用處)나 주소(註疏) 음(音) 등(等)의 오류(誤謬)를 수정(修訂)을 한다 하여도 자전상(字典上)의 임(臨)의 본의(本義)에는 영향이 미치지 않음.

〇康誤處 2;[司馬相如長門賦]君不肯兮(改乎)幸臨
●考證；謹照原文兮改乎
◆整理；[司馬相如長門賦(사마상여장문부)] 兮(혜)는 乎(호)의 착오.
◆訂正文 ；[司馬相如長門賦]君不肯乎幸臨
▶【1550-2】字解誤謬與否 ；[司馬相如長門賦]君不肯兮(改乎)幸臨　[兮(改乎)]

★이상과 같이 호(乎; 어조사(語助辭) 의문 또는 반문을 나타냄. 느냐? 지? 겠지? …도다. 접미사(接尾辭)를 수정(修訂)한다 하여도 자전상(字典上)임(臨)의 본의(本義)에는 영향이 미치지 않음.

自部 四畫

康臭 (취)[廣韻][集韻][韻會]壮尺救切抽去聲[說文]禽走臭而知其迹者犬也故从犬[徐鍇曰]以鼻知臭故从自[廣韻]凡氣之總名[易說卦]巽爲臭[疏]爲臭取其風所發也[詩大雅]上天之載無聲無臭[禮月令]其臭羶[疏]通於鼻者謂之臭　又香也[易繫辭]其臭如蘭[詩大雅]胡臭亶時[禮內則]纓衿佩容臭[註]容臭香物也[疏]庾氏曰以臭物可以修飾形容故謂之容臭　又惡氣與香臭別[書盤庚]無起穢以自臭[莊子知北遊]是其所美者爲神奇所惡者爲臭腐[[正韻]對香而言則爲惡氣海濱逐

臭之夫之類是也　又[左傳襄八年]寡
君在君君之臭味也[註]言同類　又敗
也[書盤庚]若乘舟汝弗濟臭厥載[傳]
如舟在水中流不渡臭敗其所載物　又
[揚子太玄經]赤臭播關[註]赤臭惡人
也　又[韻會][正韻]𣱁許救切音齅與
齅嗅𣱁通[荀子榮辱篇]臭之而無嗛于
鼻[又]三臭之不食[註]謂歠其氣也　又
[韻補]叶初尤切音篘[詩大雅]上天之
載無聲無臭叶下孚孚音浮　又叶丑鳩
切音抽[左傳僖五年]卜繇曰一薰一蕕十
年猶尚有臭

【 오류정리 】

○康誤處 1; [禮內則]纓衿(改衿纓)佩
容臭
●考證 ; 謹照原文纓衿改衿纓
◆整理 ; [禮內則(예내칙)] 纓衿(영
금)은 衿纓(금영)의 착오.
◆訂正文 ; [禮內則]衿纓佩容臭
▶【1551-1】字解誤謬與否 ; [禮內
則]纓衿(改衿纓)佩容臭　[纓衿(改衿
纓)]
★이상과 같이 오류(誤謬) 수정(修訂)
이 되면 금영(衿纓; 향주머니를 차고.
[禮內則]男女未冠笄者雞初鳴咸盥漱櫛
縱拂髦總角衿纓皆佩容臭所謂容臭指的
即是裝填香料的絲袋又稱香包或香囊)
이니 자전상(字典上) 취(臭)의 본의
(本義)에 영향이 미치게 됨.

○康誤處 2; [左傳僖五年(改四年)]卜
繇曰一薰一蕕十年猶尚(改尚猶)有臭
●考證 ; 謹照原文五年改四年猶尚改
尚猶
◆整理 ; [左傳僖(좌전희) 五年(오년)
은 四年(사년),] 猶尚(유상)은 尚猶
(상유)의 착오.
◆訂正文 ; [左傳僖四年]卜繇曰一薰
一蕕十年尚猶有臭
▶【1552-2】字解誤謬與否 ; [左傳

僖五年(改四年)]卜繇曰一薰一蕕十年
猶尚(改尚猶)有臭　[五年(改四年)]
[猶尚(改尚猶)]
★이상과 같이 인용처(引用處)의 오
류(誤謬)를 수정(修訂)을 한다 하여도
자전상(字典上)의 취(臭)의 본의(本
義)에는 영향이 미치지 않으며 상유
(尚猶; 여전히) 역시 본의(本義)에
는 영향이 미치지 않음.

臼部 九畫

⊙(康)興(흥)[唐韻][韻會][正韻]𣱁虛
陵切音𪓑[爾雅釋言]興起也[詩小雅]
夙興夜寐[禮中庸]國有道其言足以興
[註]興謂起在位也　又[廣韻]盛也[詩
小雅]天保定爾以莫不興[箋]興盛也
　又[五音集韻]舉也[周禮夏官大司
馬]進賢興功以作邦國[註]興猶舉也
　又動也[周禮冬官考工記弓人]下柎
之功未應將興[註]興猶動也　又[詩大
雅]興迷亂于政[箋]興猶尊尚也　又[周
禮地官旅師]頒其興積[註]縣官徵聚物
曰興今云軍興是也又[掌均]平其興
[註]所徵賦　又州名[五音集韻]漢置
武都郡魏立東西州梁為興州因武興山
而名　又縣名[李顒涉湖詩]旋經義興
境　又殿名[張衡西京賦]龍興含章
[註]龍興殿名　又姓[姓譜]漢濟陰王
謁者興渠　又[廣韻][集韻][韻會][正
韻]𣱁許應切音嬹[集韻]象也　又[韻
會]比興[增韻]興況意思也[周禮春官
大師]教六詩曰風曰賦曰比曰興曰雅曰
頌[詩詁]興者感物而發如倉庚于飛熠
燿其羽昔我往矣楊柳依依之類　又正
韻》悅也[禮學記]不興其藝不能樂學
[註]興之言喜也[殷仲文詩]獨有淸秋
日能使高興盡　又[正韻]許刃切音釁
[禮文王世子]既興器用幣[釋文]音同
釁　又[韻補]叶火宮切音凶[馬融長笛
賦]曲終闋盡餘弦更興繁手累發密櫛疊

重重平聲　又叶虛良切音香[徐幹雜詩]沈陰增憂愁憂愁爲誰興念與君相別乃在天一方[潘乾碑]實天生德有漢將興子子孫孫俾爾熾昌　又叶丘侵切音欽[詩大雅]殷商之旅其會如林矢于牧野維予侯興

【 오류정리 】

○康誤處 1; 又[掌均(改司稼)]平其興
●考證 ; 謹按周禮無掌均之官所引出地官司稼掌均謹改司稼
◆整理 ; [掌均(장균)은 司稼(사가)의]착오.
◆訂正文 ; 又[司稼]平其興
▶【1553-1】字解誤謬與否 ; 又[掌均(改司稼)]平其興　[掌均(改司稼)]
★이상과 같이 인용처(引用處)나 주소(註疏) 음(音) 등(等)의 오류(誤謬)를 수정(修訂)을 한다 하여도 자전상(字典上)의 흥(興)의 본의(本義)에는 영향이 미치지 않음. 사가(司稼)란 주(周)나라 때의 관직명으로 주로 농사에 관한 일을 맡아 보았음.[周禮地官司稼]

臼部 十三畫

康舋(흔)[廣韻]許覲切[集韻]許愼切[韻會][正韻]許刃切夶欣去聲同釁隙罅也龜瓦裂皆曰舋　又[王延壽魯靈光殿賦]倚㟰奮舋而軒翥[註]杜預曰舋動也　又[集韻]文運切音問義同

【 오류정리 】

○康誤處 1; [王延壽魯靈光殿賦]倚(省去倚字)㟰奮舋而軒翥
●考證 ; 謹照原文奔虎攫拏以梁倚倚字屬上爲句謹省去倚字
◆整理 ; [王延壽魯靈光殿賦(왕연수로령광전부)] 倚(의) 倚字(의자)는 삭제함.
◆訂正文 ; [王延壽魯靈光殿賦]㟰奮舋而軒翥

▶【1554-1】字解誤謬與否 ; [王延壽魯靈光殿賦]倚(省去倚字)㟰奮舋而軒翥　[倚(省去倚字)]
★이상과 같이 의(倚; 기대다. 의지하다. 의뢰하다. 빌붙다)를 삭제(削除)한다 하여도 자전상(字典上) 흔(舋)의 본의(本義)에 영향을 끼치지 않음.

舌部 二畫

康舍(사)[廣韻]始夜切[集韻][韻會][正韻]式夜切夶音赦[說文]市居曰舍[釋名]舍於中舍息也[禮曲禮]將適舍求毋固[註》謂行而就人館[疏]適猶往也舍主人家也[周禮天官宮正]以時比宮中之官府次舍之衆寡[註]次謂吏直宿若今部署諸廬者舍其所居寺[前漢高祖紀]高祖適從旁舍來又[王莽傳]里區謁舍[註]不宿客之舍爲里區宿客者曰謁舍　又息也[詩小雅]爾之安行亦不遑舍[箋]女可安行乎則何不暇舍息乎[前漢高祖紀]遂西入咸陽欲止宮休舍[註]師古曰舍息也於殿中休息也　又日行有次舍[淮南子天文訓]日入於虞淵之汜曙於蒙谷之浦行九州七舍[郭璞遊仙詩]迴日向三舍[註]二十八宿一宿爲一舍　又師行一宿爲舍[增韻　又三十五里爲一舍[左傳僖二十三年]晉楚治兵遇於中原其辟君三舍[註]一舍三十里　又[釋典[一俱廬舍[註]四里爲一俱廬舍一里三百六十步一俱廬舍計一千四百四十步　又止也[禮月令]仲春之月是月也耕者少舍[註]舍猶止也[管子四稱篇]良臣不使讒賊是舍[註]舍止也謂止讒賊於其旁與之近也　又廢也罷也[易乾卦]見龍在田時舍也[左傳昭五年]舍中軍卑公室也[註]罷中軍　又厝也[戰國策]王不如舍需於側以稽二人者之所爲[註]舍猶厝也　又施也[左傳宣十二年]老有加惠旅有施舍又[昭十三年]施舍不倦[註]施舍猶言布恩德　又官名[周禮天官掌舍]掌王之會同之

舍又[地官]舍人[註]舍猶宮也主平宮中用穀者也師古曰舍人親近左右之通稱後遂爲私屬官號　又處也[詩鄭風]彼其之子舍命不渝[箋]舍猶處也[釋文]舍音王云受也　又除也[詩小雅]舍彼有罪[傳]舍除也　又釋也[詩小雅]不失其馳舍矢如破又[大雅]舍矢旣均[箋]舍之言釋也　又中也[禮射義]射之爲言者繹也或曰舍也[疏]舍中也　又舍匿[前漢淮南王傳]舍匿者論皆有法[註]謂容止藏隱也　又與赦通[前漢朱博傳]姦以事君常刑不舍　又[集韻][韻會][正韻]𡘜始野切音捨止息也廢也置也[論語]不舍晝夜[書湯誓]舍我穡事而割夏正[釋文]舍音捨廢也[左傳昭四年]使杜洩舍路[註]舍置也[釋文]舍音捨　又[五音集韻]悉姐切音寫[揚子方言]發挩舍車　又[集韻]始隻切[正韻]施隻切𡘜與釋同[周禮春官大胥]春入學舍采合舞[註]舍卽釋也采讀爲菜始入學必釋菜禮先師也[釋文]舍音釋[管子五輔篇]是故上必寬裕而有解舍[註]解放也舍免也[釋文]舍同釋　又[韻補]叶春遇切音戍[屈原離騷]余固知謇謇之爲患兮忍而不能舍也指九天以爲正兮夫惟靈修之故也　又叶始賀切[白居易效淵明體詩]所以陰雨中經旬不出舍始悟獨住人心安時亦過

【 오류정리 】

○康誤處 1; [書湯誓]舍我穡事而割夏正(改正夏)

●考證 ; 謹照原文夏正改正夏

◆整理 ; [書湯誓(서탕서)] 夏正(하정)은 正夏(정하)의 착오.

◈訂正文 ; [書湯誓]舍我穡事而割正夏

▶【1555-1】字解誤謬與否 ; [書湯誓]舍我穡事而割夏正(改正夏) [夏正(改正夏)]

★이상과 같이 오류(誤謬) 수정(修訂)이 된다 하여도 정하(正夏; 오월(午月). 5 월)는 자전상(字典上) 사(舍)의 본의(本義)에는 영향이 미치지 않음.

舌部 六畫

㊎舒(서)[廣韻]商魚切[集韻][韻會][正韻]商居切𡘜音書[說文]伸也[博雅]舒展也[揚子方言]舒勃展也東齊之閒凡展物謂之舒勃　又[廣韻]緩也遲也徐也[爾雅釋詁]舒敘也[詩大雅]王舒保作[傳]舒徐也[釋文]舒序也[禮玉藻]君子之容舒遲[疏]舒遲閒雅也[淮南子原道訓]柔弱以靜舒安以定[註]舒詳也　又[爾雅釋詁]緖也[註]又爲端緖　又[韻會]散也開也　又國名[詩魯頌]荆舒是懲[疏]舒楚之與國[春秋僖三年]徐人取舒[註]舒國今廬江舒縣[韻會]唐置舒州宋改安慶府又[左傳襄二十三年]明日將復戰期于壽舒[註]壽舒莒地　又姓唐舒元輿　又鼎名[左傳定六年]文之舒鼎成之昭兆定之鞶鑑[疏]舒鼎鼎名　又[博雅]月御謂之望舒[抱朴子喻蔽卷]羲和昇光以啟旦望舒曜景以灼夜　又[禮內則]舒鴈翠鵠鴞胖舒鳧翠[註]舒鴈鵝也舒鳧鶩也　又[韻會]通作荼[史記建元以來侯表]荆荼是徵[註]荼音舒又[周禮冬官考工記]弓人斷日必荼[註]荼讀爲舒古文舒荼假借字　又[五音集韻]羊如切與豫同[晉書地理志]豫餘也言稟中和之氣性理安舒舒讀作豫　又[韻補]叶商支切音詩[越采葛婦歌]增封益地賜羽奇几杖茵蓐諸侯儀羣臣拜舞天顏我王何憂不能移

【 오류정리 】

○康誤處 1; [周禮冬官考工記]弓人斷日(改斲目)必荼

●考證 ; 謹照原文斷日改斲目

◆整理 ; [周禮冬官考工記(주례동관고공기)] 斷日(단일)은 斲目(착목)의 착

오.

◆訂正文 ; [周禮冬官考工記]弓人斲目必荼

▶【1556-1】字解誤謬與否 ; [周禮冬官考工記]弓人斲目(改斲目)必荼 [斲目(改斲目)]

★이상과 같이 오류(誤謬) 수정(修訂)이 된다 하여도 착목(斲目; 간절목(干節目). [周禮考工記弓人]斲目必荼斲目不荼則及其大修也筋代之受病[鄭玄注]目干節目[賈公彦疏]如攻堅木先其易者后其節目是斲目必徐之義荼讀爲舒舒徐也) 자전상(字典上) 서(舒)의 본의(本義)에는 영향이 미치지 않음.

○康誤處 2; [五音集韻]羊如切(改羊茹切)與豫同

●考證 ; 謹照原文羊如切改羊茹切

◆整理 ; [五音集韻(오음집운)] 羊如切(양여절)은 羊茹切(양여절)의 착오.

◆訂正文 ; [五音集韻]羊茹切與豫同

▶【1557-2】字解誤謬與否 ; [五音集韻]羊如切(改羊茹切)與豫同 [羊如切(改羊茹切)]

★이상과 같이 인용처(引用處)나 주소(註疏) 음(音) 등(等)의 오류(誤謬)를 수정(修訂)을 한다 하여도 자전상(字典上)의 서(舒)의 본의(本義)에는 영향이 미치지 않음.

舟部 七畫

康艁(조) [說文]古文造字[徐曰]天子艁舟[揚子方言]艁首謂之浮梁[註]卽今浮橋餘詳辵部造字註

【 오류정리 】

○康誤處 1; [揚子方言]艁首(改艁舟)謂之浮梁

●考證 ; 謹照原文艁首改艁舟

◆整理 ; [揚子方言(양자방언)] 艁首(조수)는 艁舟(조주)의 착오.

◆訂正文 ; [揚子方言]艁舟謂之浮梁

▶【1558-1】字解誤謬與否 ; [揚子方言]艁首(改艁舟)謂之浮梁 [艁首(改艁舟)]

★이상과 같이 오류(誤謬) 수정(修訂)이 되면 조주(艁舟; 부교(浮橋) [揚子方言]艁舟謂之浮梁[註]卽今浮橋) 자전상(字典上) 조(艁)의 본의(本義)에 직접 영향이 미치게 됨.

舟部 十畫

康艖(차) [廣韻]初牙切[集韻][韻會]初加切夶音叉同 小舟也[揚子方言]南楚江湘凡船大者謂之舸小舸謂之艖[註]今江東呼艖小底者也 又[廣韻]酢何切[集韻]才何切夶音醝又[集韻]初佳切音鉏又側下切音 義夶同

【 오류정리 】

○康誤處 1; 艖(艖)

●考證 ; 謹謹按艖字右旁作差則十一畫作差則十畫此入十畫當作差謹改艖

◆整理 ; 艖字旁의 羊의 뿔형이 康熙字典에서는 ++두형을 양형인 字典考證에서는 羊형인 艖로 고친다 함임

◆訂正文 ; 艖

▶【1559-1】字解誤謬與否 ; 차(艖)

★이상과 같이 본주(本柱)의 오류(誤謬) 수정(修訂)이 된다 하여도 자전상(字典上) 본의(本義)에는 영향이 미치지 않음.

艮部 一畫

康良(량) [廣韻][集韻][韻會]呂張切[正韻]龍張切夶音梁[說文]善也[廣韻]賢也[釋名]良, 量也量力而動不敢越限也[書益稷]元首明哉股肱良哉又[太甲]一人元良萬邦以貞[註]元大良善也 又[論語]夫子溫良恭儉讓以得之[朱註]良易直也 又[爾雅釋詁]良首

也 又[博雅]良長也 又[正韻]器工曰良[禮月令]陶器必良[周禮天官玉府]掌凡良貨賄之藏又[內府]掌良兵良器以待邦之大用又[春官巾車]凡良車散車不在等者其用無常[註]作之有功有沽[疏]精作爲功則曰良麤作爲沽則曰散也 又[博雅]良牢擊也 又深也[後漢祭遵傳]良夜乃罷[註]良猶深也 又良人夫也[儀禮士昏禮]御衽于奧媵衽良席在東[註]婦人稱夫曰良[孟子]良人者所仰望而終身也 又夫稱婦亦曰良人[詩唐風]今夕何夕見此良人[毛傳]良人美室也○按朱註云良人夫稱也與毛傳異 又良久頗久也[列子仲尼篇]公子牟默然良久告退[正韻]或以爲良久少久也一曰良略也聲輕故轉略爲良 又病愈曰良愈 又能也[左傳昭十八年]弗良及也[疏]正義曰良是語詞服虔云弗良及者不能及也良能也 又[左傳莊十六年]良月[註]十月也 又[禮少儀]僕者右帶劍負良綏申之面[註]良綏君綏也 又[莊子危言篇]往視其良[註]墓也 又[謚法]溫良好善曰良 又姓鄭大夫良霄漢長秋良 又王良星名 又大良造秦官名 又地名[左傳昭十三年]秋晉侯會吳子于良[註]下邳有良城縣 又山名[山海經]良餘之山其上多穀柞無石 又草名[博雅]黃良大黃也 又彊良獸名見[山海經 又吉良良馬名見唐書兵志 又[古今注]螢火一名丹良 又[韻會]里養切音兩[周禮夏官方相氏]以戈擊四隅敺方良[註]方良罔兩也[釋文]方言罔良音兩 又[正字通]音亮[古詩]良無盤石固[李白宴桃李園序]良有以也

【 오류정리 】

○康誤處 1;[莊子危言篇(改列御寇)]往視(改嘗視)其良
●考證；謹照原書危言篇改列御寇往視改嘗視
◆整理；[莊子(장자) 危言篇(위언편)는 列御寇(열어구)] 往視(왕시)는 嘗視(상시)의 착오.
◆訂正文；[莊子列御寇]嘗視其良
▶【1560-1】字解誤謬與否；[莊子危言篇(改列御寇)]往視(改嘗視)其良 [危言篇(改列御寇)] [往視(改嘗視)]
★이상과 같이 오류(誤謬) 수정(修訂)이 되면 상시(嘗視；항상 보다)에 이어 기량(其良；그 묘)라 하였으니 자전상(字典上) 량(良)의 본의(本義)에 간접 영향이 미치게 됨.

字典申集上考證
艸 部 二畫

康艾(애)[唐韻]五蓋切[集韻][韻會][正韻]牛蓋切𤣥音礙[玉篇]蕭也[詩王風]彼采艾兮[傳]艾所以療疾[急就篇註]艾一名冰臺一名醫草[博物志]削冰令圓舉以向日以艾承其影得火故號冰臺[本草註]醫家用灸百病故曰灸草 又[博雅]老也[禮曲禮]五十曰艾服官政[疏]髮蒼白色如艾也[揚子方言]東齊魯衞之閒凡尊老謂之艾人[爾雅釋詁]艾歷也[註]長者多更歷 又[爾雅釋詁]艾相也[疏]謂相視也 又美好也[孟子]知好色則慕少艾 又養也[詩小雅]保艾爾後 又止也[左傳哀二年]憂未艾也[註]未絕也 又報也[周語]樹于有禮艾人必豐 又[史記歷書]橫艾淹茂[索隱]橫艾壬也 又山名[春秋隱六年]公會齊侯盟于艾[註]泰山牟縣東南有艾山 又亭名[水經注]甘陵故淸河直東二十里有艾亭 又姓[通志氏族略]春秋大夫艾孔之後 又[正韻]倪制切音刈苅也[詩周頌]奄觀銍艾[穀梁傳莊二十八年]一年不艾而百姓飢[註]艾穫也 又與乂通治也[前漢郊祀志]天下艾安 又[張衡東京賦]齊騰驤而沛艾[註]沛艾作姿容貌也[五經文字]从乂訛[集韻或作𦭝

【 오류정리 】

○康誤處 1; [揚子方言]東齊魯衞之閒凡尊老謂之艾人(改人字爲又)

●考證 ; 謹按原文艾下無人字謹改人字爲又字作更端之詞屬下爲義

◆整理 ; [揚子方言(양자방언)] 人(인)은 又(우)의 착오

◆訂正文 ; [揚子方言]東齊魯衞之閒凡尊老謂之艾又

▶【1561-1】字解誤謬與否 ; [揚子方言]東齊魯衞之閒凡尊老謂之艾人(改人字爲又) [人(改人字爲又)]

★이상과 같이 오류(誤謬) 수정(修訂)이 되면 애우(艾又; 책력(冊曆). [爾雅註疏][疏]艾曆也○釋曰艾又爲曆) 자전상(字典上) 애(艾)의 본의(本義)에 적극 영향이 미치게 됨.

艸 部 三畫

康苏(소)[唐韻]私兆切音小[玉篇]苏草遠志也本作小[本草]遠志苗名小草[世說]謝安云處則爲遠志出則爲小草

【 오류정리 】

○康誤處 1; [世說]謝安(改郝隆)云處則爲遠志出則爲小草

●考證 ; 謹照原文謝安改郝隆

◆整理 ; [世說(세설)] 謝安(사안)은 郝隆(학륭)의 착오.

◆訂正文 ; [世說]郝隆云處則爲遠志出則爲小草

▶【1562-1】字解誤謬與否 ; [世說]謝安(改郝隆)云處則爲遠志出則爲小草 [謝安(改郝隆)]

★이상과 같이 오류(誤謬) 수정(修訂)이 된다 하여도 학륭(郝隆; 인명(人名). 동진(東晉) 급군(汲郡) 사람. 자는 좌치(佐治). 정서대장군(征西大將軍) 환온(桓溫)의 남만참모(南蠻參謀)를 지냈음. [世說新語排調]郝隆七月

七日出日中仰臥人問其故答日我晒書书盖自謂滿腹詩書后爲仰臥曝日之典 [世說新語]東晉汲郡人字佐治征西大將軍桓溫南蠻參謀) 자전상(字典上) 소(苏)의 본의(本義)에는 영향이 미치지 않음.

康芃(봉)[唐韻]薄紅切[集韻][韻會]蒲蒙切夶音蓬[說文]草盛也[詩衞風]芃芃其麥[傳]麥芃芃然方盛長 又[詩小雅]有芃者狐率彼幽草[傳]芃小獸貌[註]芃尾長貌 又草名[山海經]成侯之山其草多芃 又[唐韻]房戎韻[韻會]符風切[正韻]符中切夶音馮義同 又[唐韻古音]讀凡引[說文]云芃从艸凡聲

【 오류정리 】

○康誤處 1; [詩衞風(改鄘風)]芃芃其麥

●考證 ; 謹照原書衞風改鄘風

◆整理 ; [詩(시) 衞風(위풍)은 鄘風(용풍)의 착오.

◆訂正文 ; [詩鄘風]芃芃其麥

▶【1563-1】字解誤謬與否 ; [詩衞風(改鄘風)]芃芃其麥 [衞風(改鄘風)]

★이상과 같이 인용처(引用處)나 주소(註疏) 음(音) 등(等)의 오류(誤謬)를 수정(修訂)을 한다 하여도 자전상(字典上)의 봉(芃)의 본의(本義)에는 영향이 미치지 않음.

康芋(우)[唐韻][韻會]王遇切[集韻]王矩切[正韻]羊茹切夶音羽[說文]大葉實根駭人故謂之芋也[續博物志]芋以十二子爲衞應月之數也[史記項羽本紀]士卒食芋菽[索隱註]芋蹲鴟也 又[儀禮士喪禮註]齊人或名菹金爲芋 又[廣韻]雲俱切音于草盛貌 又[集韻][韻會]匈于切[正韻]休居切音吁

[揚子方言]大也[詩小雅]君子攸芋[註]香于反又火吳反或作吁　又陳有芋尹見[左傳]蓋以鳥名官

【 오류정리 】

○康誤處 1; [儀禮註]齊人或名金葅(改全葅)爲芋

●考證 ; 謹照原文金葅改全葅

◆整理 ; [儀禮註(의례주)] 金葅(금저)는 全葅(전저)의 착오.

◆訂正文 ; [儀禮註]齊人或名全葅爲芋

▶【1564-1】字解誤謬與否 ; [儀禮註]齊人或名金葅(改全葅)爲芋　[金葅(改全葅)]

★이상과 같이 오류(誤謬) 수정(修訂)이 되면 전저(全葅; 토란. [儀禮註疏凶禮]齊人或名全葅爲芋)라 자전상(字典上) 우(芋)의 본의(本義)에 영향이 미치게 됨.

康 芍(작)[唐韻]市若切[韻會][正韻]職略切林音勺[詩衛風]贈之以芍藥[古今註]芍藥一名可離故將離而後贈之[本草釋名]芍藥猶綽約也此草花容綽約故以爲名　又[正韻]如灼切音若義同　又[唐韻][集韻][韻會]胡了切音晶[爾雅釋草]芍鳧茈[註]生下田苗似龍鬚而細根似指頭黑色可食　又[唐韻][正韻]七雀切[韻會]七約切音鵲[後漢王景傳]廬江郡界有楚相孫叔敖所起芍陂稻田[註]陂在今壽州安豐縣東　又[廣韻]都歷切[正韻]丁歷切音的蓮中子通的

【 오류정리 】

○康誤處 1; [詩衛風(改鄭風)]贈之以芍藥

●考證 ; 謹照原書衛風改鄭風

◆整理 ; [詩(시) 衛風(위풍)은 鄭風(정풍)의] 착오.

◆訂正文 ; [詩鄭風]贈之以芍藥

▶【1565-1】字解誤謬與否 ; [詩衛風(改鄭風)]贈之以芍藥　[衛風(改鄭風)]

★이상과 같이 인용처(引用處)나 주소(註疏) 음(音) 등(等)의 오류(誤謬)를 수정(修訂)을 한다 하여도 자전상(字典上)의 작(芍)의 본의(本義)에는 영향이 미치지 않음.

康 茝(토)[唐韻]他魯切音吐草名[爾雅釋草]茝夫王[註]草生海邊似莞蘭今南越人採以爲席　又[集韻]徒故切音渡海茝也

【 오류정리 】

○康誤處 1; [爾雅釋草]茝夫[註]草生海邊似莞蘭(改莞蘟)

●考證 ; 謹照原文夫字下增王字莞蘭改莞蘟

◆整理 ; [爾雅釋草(이아석초)] 莞蘭(완란)은 莞蘟(완은)의 착오.

◆訂正文 ; [爾雅釋草]茝夫[註]草生海邊似莞蘟

▶【1566-1】字解誤謬與否 ; [爾雅釋草]茝夫[註]草生海邊似莞蘭(改莞蘟)　[莞蘭(改莞蘟)]

★이상과 같이 오류(誤謬) 수정(修訂)이 되면 완은(莞蘟; 골풀과 은인(隱忍)) 자전상(字典上) 토(茝)의 본의(本義)에 영향이 미치게 됨.

康 芑(기)[唐韻][正韻]墟里切[韻會]口己切林音起[說文]白苗嘉穀[爾雅釋草]白苗[註]今白粱粟[詩大雅]維糜維芑　又[集韻]巨己切音忌義同　又菜名[詩小雅]薄言采[疏]菜似苦菜莖青白色摘其葉白汁出肥可生食亦可蒸爲茹　又木名[山海經]歷石之山其木多荆　又草也[詩大雅]豐水有　又袪狶切音欨○按經典皆讀起唯[佩觿]作

墟里祛猁兩切不知何據

【 오류정리 】

○康誤處 1;[詩大雅]維藼(改藦)維苢

●考證 ; 謹照原文藼改藦

◆整理 ; [詩大雅(시대아)]藼(字典無)는 藦(미)의 착오.

◆訂正文 ; [詩大雅]維藦維苢

▶【1567-1】字解誤謬與否 ; [詩大雅]維藼(改藦)維苢 [藼(改藦)]

★이상과 같이 오류(誤謬) 수정(修訂)이 되면 유미유기(維藦維苢; 붉은조. 흰조. [大雅生民]藦赤粱粟也 苢(白粱粟也) 자전상(字典上) 기(苢)의 본의(本義)에 영향이 미치게 됨.

康芒(망)[唐韻]莫郎切[集韻][正韻]謨郎切音忙[說文]芒草端也[玉篇]稻麥芒也[周禮地官稻人]澤草所生種之芒種[註]芒種稻麥也[易林]夏麥霜擊其芒 又大貌[詩商頌]宅殷土芒芒 又多貌[束皙補亡詩]芒芒其稼 又罷倦貌[孟子]芒芒然歸 又光芒[晏子諫上篇]列舍無次變星有芒[史記天官書]作作有芒 又[禮月令]其神句芒 又草名[爾雅釋草]蔈春草[註]一名芒草[山海經]姦山有木狀如棠赤葉名曰芒草可以毒魚 又地名[前漢地理志]沛郡芒[註]世祖更名臨睢 又水名[蜀志後主傳]姜維率衆至芒水 又門名[水經注]穀水逕淸陽門亦曰芒門 又姓[史記秦本紀]擊芒卯華陽破之[註]芒卯魏將 又通茫[詩商頌]洪水芒芒[陸機歎逝賦]嗟予今之方殆何視天之芒芒 又通邙[後漢恭王祉傳]葬于洛陽北芒 又通鋩[後漢陳忠傳]氣洩針芒[張載七命]建雲髦啓雄芒[註]芒鋒刃也 又[唐韻][集韻][類篇][韻會]武方切音亡義同 又呼光切讀作荒[爾雅釋天]太歲在巳曰大芒落[莊子至樂篇]芒乎芴乎而無從出乎 又[集韻]虎晃切

音慌昏也 又[韻補]母朗切讀作莽[道藏歌]玉虛範女像高會通冥想二曜無停暉明眞煥雲芒

【 오류정리 】

○康誤處 1;[爾雅釋天]太歲在巳曰大芒落(改史記曆書大芒駱爾雅芒作荒)

●考證 ; 謹按爾雅不作芒謹改史記曆書大芒駱爾雅芒作荒

◆整理 ; [爾雅釋天(이아석천)]太歲在巳曰大芒落(태세재사왈대망락)은[史記曆書(사기력서)]大芒駱(대망락) [爾雅(이아)] 芒作荒(망작황)의 착오.

◆訂正文 ; [史記曆書]大芒駱爾雅芒作荒

▶【1568-1】字解誤謬與否 ; [爾雅釋天]太歲在巳曰大芒落(改史記曆書大芒駱爾雅芒作荒)

★이상과 같이 인용처(引用處)나 주소(註疏) 음(音) 등(等)의 오류(誤謬)를 수정(修訂)을 한다 하여도본의(本義)에는 영향이 미치지 않으며, 또 망작황(芒作荒; 망(茫)을 황(荒)으로 쓴다. 大荒落亦作大荒駱亦作大芒落亦作大芒駱十二支中巳的別稱[爾雅]芒作荒) 芒字를 荒字로도 쓴다라 가르침이니 자전상(字典上)의 망(芒)의 본의(本義)에는 영향이 미치지 않음.

艸部 四畫

康苻(부)[唐韻]縛謀切[集韻]房尤切[正韻]房鳩切妭音浮[玉篇]苻苢馬舄[詩周南]采采苻苢[郭璞疏]大葉長穗江東呼爲蝦蟆衣[陸璣疏]馬舄一名車前喜在牛跡中生幽州人謂之牛舌草可鬻作茹大滑其子治婦人難產[關尹子九藥篇]聖人大言金玉小言桔梗苻苢 又山名[鄭語]主苻媿而食溱洧[註]苻媿山在密縣 又[集韻]俯九切音缶茊苻苂也 又芳無切音敷从苦省華盛貌

【 오류정리 】

○康誤處 1; [玉篇]苿苢馬舃[詩周南]采采苿苢[郭璞疏]大葉長穗江東呼爲蝦蟆衣[陸璣疏]馬舃一名車前(改爲爾雅釋草苤苢馬舃馬舃車前郭璞註大葉長穗江東呼爲蝦蟆衣詩周南采采苤苢陸璣疏一名當道)

●考證 ; 謹按毛詩無郭璞疏謹將此三十六字改爲爾雅釋草苤苢馬舃馬舃車前郭璞註大葉長穗江東呼爲蝦蟆衣詩周南采采苤苢陸璣疏一名當道

◆整理 ; [玉篇]苿苢馬舃[詩周南]采采苿苢[郭璞疏]大葉長穗江東呼爲蝦蟆衣[陸璣疏]馬舃一名車前 이상의 36자를 이하와 같이 교체함. [爾雅釋草]苤苢馬舃馬舃車前[郭璞註]大葉長穗江東呼爲蝦蟆衣詩周南采采苤苢陸璣疏一名當道

◆訂正文 ; [爾雅釋草]苤苢馬舃馬舃車前[郭璞註]大葉長穗江東呼爲蝦蟆衣詩周南采采苤苢陸璣疏一名當道

▶【1569-1】字解誤謬與否 ; [玉篇]苿苢馬舃[詩周南]采采苿苢[郭璞疏]大葉長穗江東呼爲蝦蟆衣[陸璣疏]馬舃一名車前(改爲爾雅釋草苤苢馬舃馬舃車前郭璞註大葉長穗江東呼爲蝦蟆衣詩周南采采苤苢陸璣疏一名當道) ①[마석차전(馬舃車前)] ②[채채비이(采采苤苢)] ③[당도(當道)]

★이상과 같이 오류(誤謬) 수정(修訂)이 되면 ①마석차전(馬舃車前) ②채채비이(采采苤苢) ③당도(當道) 이상의 ①②③ 모두 '질경이' '차전초(車前草)' '우설초(牛舌草)' 마석차전(馬舃車前) 거전초(車前草) [爾雅釋草]馬舃車前[疏]馬舃一名車前一名當道 [詩周南]采采苤苢[陸璣疏]一名當道喜在牛跡中生幽州人謂之牛舌草 로 자전상(字典上) 부(苿)의 본의(本義)에 영향이 미치게 됨.

㉋芥(개)[唐韻]古拜切[集韻][韻會][正韻]居拜切苁音戒[說文]菜也[禮內則]秋用芥[儀禮公食大夫禮]炙南醢以西豕胾芥醬魚膾[註]芥醬芥實醬也[揚子方言]蘴蕘趙魏之閒謂之大芥其小者謂之辛芥或謂之香芥[爾雅翼]芥似菘而有毛極辛苦[續博物志]食芥墮淚 又草芥[揚子方言]自淮以西或曰草或曰芥 又纖芥細微貌[繁露王道篇][春秋]記纖芥之失 又蒂芥見蒂字註 又[集韻]訖黠切音戛小草 又叶居吏切音記[王粲浮淮賦]軸轤千里名卒億計運兹威以赫怒淸海隅之舞芥[直音]作芥芥从艸作

【 오류정리 】

○康誤處 1; [揚子方言]或謂之香芥(改幽芥)

●考證 ; 謹照原文香芥改幽芥

◆整理 ; [揚子方言(양자방언)] 香芥(향개)는 幽芥(유개)의 착오.

◆訂正文 ; [揚子方言]或謂之幽芥

▶【1570-1】字解誤謬與否 ; [揚子方言]或謂之香芥(改幽芥) [香芥(改幽芥)]

★이상과 같이 오류(誤謬) 수정(修訂)이 되면 유개(幽芥; 겨자. 갓. [揚子方言]蘴蕘趙魏之閒謂之大芥其小者謂之辛芥或謂之幽芥) 자전상(字典上) 개(芥)의 본의(本義)에 직접 영향이 미치게 됨

㉋芩(금)[唐韻]巨金切[集韻][韻會][正韻]渠金切苁音琴[說文]草也[詩小雅]呦呦鹿鳴食野之芩[疏]根如釵股叶如竹蔓生澤中下地咸處爲草其實牛馬亦喜食之 又黃芩藥名[本草注]芩者黔也黔乃黃黑之色也[劉琨與兄子演書]黃芩一斤皆所須也[柳宗元文]黃芩以腐肠[注]陶隱居云圓者名子芩破者名宿芩 又地名[魏志東夷傳]廉斯鑡爲

辰韓大渠帥从芩中乗大船入辰韓　又
[玉篇]渠炎切[集韵]其淹切妗音黔乂
同　又魚音切音吟菜名如蒜生水中或
作藙

【 오류정리 】

○康誤處 1;[詩]食野之芩[疏]根如釵
股叶如竹蔓生湋中下地咸處爲草其實
(改眞實)牛馬亦喜食之
●考證；謹照原文其實改眞實
◆整理；[詩(시)] 其實(기실)은 眞實
(진실)의 착오.
◆訂正文；[詩]食野之芩[疏]根如釵
股叶如竹蔓生湋中下地咸處爲草眞實
牛馬亦喜食之
▶【1571-1】字解誤謬與否；[詩]食
野之芩[疏]根如釵股叶如竹蔓生湋中
下地咸處爲草其實(改眞實)牛馬亦喜食
之　[其實(改眞實)]
★이상과 같이 오류(誤謬) 수정(修訂)
이 된다 하여도 진실(眞實; 거짓이
없는 사실. 마음에 거짓이 없이 순수
하고 바름)은 자전상(字典上) 금(芩)
의 본의(本義)에는 영향이 미치지 않
음.

康 芬(분)[唐韻]撫文切[集韻][韻會]
[正韻]敷文切妗音紛草初生分布也　又
[博雅]芬芬香也[詩小雅]苾芬孝祀[大
雅]燔炙芬芬　又[揚子方言]和也　又
[汲冢周書]汝無泯泯芬芬厚顔忍醜[註
]泯芬亂也　又[管子地員篇]芬然若灰
[註]芬然壞起貌　又[前漢禮樂志]芬
哉茫茫[師古註]芬謂衆多　又[博雅]
毛草也　又姓[戰國策]晉有大夫芬只
又[韻補]孚焉切[楊芳合歡詩]爰有承
露枝紫榮合素芬扶疎垂淸藻布翹芳且
鮮[說文]本作芬或从艸[六書略]　又
作芔

【 오류정리 】

○康誤處 1;[集韻][韻會][正韻]草初
生(增香字)分布也
●考證；謹照原文分布上增香字
◆整理；[集韻(집운)][韻會(운회)]
[正韻(정운)] 草初生(초초생)에 이어
香字를 덧붙임. (향자) 分布也(분포야)
◆訂正文；[集韻][韻會][正韻]草初
生香分布也
▶【1572-1】字解誤謬與否；[集
韻][韻會][正韻]草初生(增香字)分布
也　草初生(增香字)]
★이상과 같이 오류(誤謬) 수정(修訂)
이 되면 생향(生香; 생결(生結) 아직
정제하지 않은 송진)인데 자전상(字
典上) 분(芬)의 본의(本義)에 직접 영
향이 미치게 됨.

○康誤處 2;又姓[戰國策]晉有大夫
芬只(改芬質)
●考證；謹照廣韻原文芬只改芬質
◆整理；[戰國策(전국책)] 芬只(분
지)는 芬質(분질)의 착오.
◆訂正文；又姓[戰國策]晉有大夫芬
質
▶【1573-2】字解誤謬與否；又姓
[戰國策]晉有大夫芬只(改芬質)　[芬
只(改芬質)]
★이상과 같이 오류(誤謬) 수정(修訂)
이 되면 분질(芬質; 진대부(晉大夫)의
성명(姓名)[前漢禮樂志]芬哉茫茫[師
古註]芬謂衆多又[博雅]毛草也又姓[戰
國策]晉有大夫芬質) 자전상(字典上)
芬의 본의(本義)에 영향이 미치게 됨.

康 芳(방)[唐韻][集韻][正韻]妗敷
方切音妨[說文]香草也[屈原離騷]雜
杜蘅與芳芷[註]杜蘅芳芷皆香草名
又[玉篇]芬芳香氣貌[司馬相如美人
賦]芳香芬烈　又[屈原離騷]芳與澤其
雜糅兮[註]芳德之貌也[晉書元帝紀]文
景垂仁傳芳于南頓　又[韻會]州名
地多芳草置在常芳縣　又姓[通志氏

族略][風俗通]云漢有幽州刺史芳垂敷 [韻學集成]作芳

【 오류정리 】

○康誤處 1; [屈原離騷]芳與澤其雜糅兮[註]芳德之貌(改臭)也

●考證 ; 謹照原文貌改臭

◆整理 ; [屈原離騷(굴원리소)] 貌(모)는 臭(취)의 착오.

◆訂正文 ; [屈原離騷]芳與澤其雜糅兮[註]芳德之臭也

▶【1574-1】字解誤謬與否 ; [屈原離騷]芳與澤其雜糅兮[註]芳德之貌(改臭)也 [貌(改臭)也]

★이상과 같이 오류(誤謬) 수정(修訂)이 방덕지취(芳德之臭; 미덕이 역겹다)라 자전상(字典上) 방(芳)의 본의(本義)에 간접적 영향이 미치게 됨.

康芴(물)[唐韻][韻會][正韻]夶文弗切音物菲芴土瓜也[陸璣詩疏]菲幽州謂之芴詳菲字註 又軋芴緻密也[司馬相如上林賦]繽紛緻芴 又呼骨切音忽[莊子至樂篇]芒乎芴乎而無從出乎[荀子正名篇]故愚者之言芴然而粗

【 오류정리 】

○康誤處 1;[司馬相如上林賦]繽紛緻芴(改軋芴)

●考證 ; 謹照原文緻芴改軋芴

◆整理 ; [司馬相如上林賦(사마상여상림부)] 緻芴(치홀)은 軋芴(알홀)의 착오.

◆訂正文 ; [司馬相如上林賦]繽紛軋芴

▶【1575-1】字解誤謬與否 ; [司馬相如上林賦]繽紛緻芴(改軋芴) [緻芴(改軋芴)]

★이상과 같이 오류(誤謬) 수정(修訂)이 되면 알물(軋芴; 치밀함. [文選司馬相如上林賦]於是乎周覽泛觀繽紛軋芴芒芒恍忽[李善注]引孟康曰軋芴緻密

也)이라 자전상(字典上) 물(芴)의 본의(本義)에 영향이 직접 미치게 됨.

康芹(근)[唐韻]巨斤切[集韻][韻會]渠斤切夶音勤[說文]楚葵也[詩魯頌]思樂泮水薄采其芹[箋]芹水菜也[爾雅疏]水芹一名水英[呂氏春秋]菜之美者有雲夢之芹[埤雅]芹潔白而有節其氣芬芳味不如蓴之美故列子以爲客有獻芹者鄉豪取而嘗之蜇於口慘於腹也 又水名[水經注]濟水又東北合芹溝水 又[集韻]渠希切音祈水草 又[類篇]凡隱切音謹菜蒿類原凡隱切

【 오류정리 】

○康誤處 1; [類篇]凡隱切(改几隱切)音謹

●考證 ; 謹照原文凡隱切改几隱切

◆整理 ; [類篇(류편)]凡隱切(범은절)은 几隱切(궤은절)의 착오.

◆訂正文 ; [類篇]几隱切音謹

▶【1576-1】字解誤謬與否 ; [類篇]凡隱切(改几隱切)音謹 [凡隱切(改几隱切)]

★이상과 같이 인용처(引用處)나 주소(註疏) 음(音) 등(等)의 오류(誤謬)를 수정(修訂)을 한다 하여도 자전상(字典上)의 근(芹)의 본의(本義)에는 영향이 미치지 않음.

康芻(추)[唐韻]側愚切[正韻]楚徂切夶音初[說文]刈草也[詩大雅]詢于芻蕘[疏]芻者飼牛馬之草[孟子]猶芻豢之悅我口[趙註]草牲曰芻[韻會]羊曰芻犬曰豢皆以所食得名 又[禮祭統]士執芻[註]藁也[詩小雅]生芻一束[箋]苃草刈取以用曰芻故曰生芻 又草名[小雅]終朝采綠[箋]綠王芻也 又梵語謂僧曰苾芻 又芻尼[許彦周詩話]嘗作七夕詩押潘尼字難于屬和後讀[藏經]有呼喜鵲爲芻尼 又姓見[何

氏姓苑]　又[集韻]蒭尤切音鄒[韓愈
驥驥詩]力小若易制價微良易酬渴飮一
斗水饑食一束蒭[六書正譌]蒭象包束
草之形俗作芻非[干祿字書]通作字原
从艸从口从丑作

【 오류정리 】

○康誤處 1；[孟子]猶蒭豢之悅我口
[趙註]草牲(改食)曰蒭
●考證 ；謹照原文牲改食
◆整理 ；[孟子(맹자)] 牲(생)은 食
(식)의 착오.
◆訂正文 ；[孟子]猶蒭豢之悅我口[趙
註]草食曰蒭
▶【1577-1】字解誤謬與否 ；[孟子]
猶蒭豢之悅我口[趙註]草牲(改食)曰蒭
[牲(改食)]
★이상과 같이 오류(誤謬) 수정(修訂)
이 되면 초식(草食; 푸성귀로만 만든
음식. 초식동물에 의한 섭식활동)으
로 자전상(字典上) 추(蒭)의 본의(本
義)에 영향이 미치게 됨.

艸部 五畫

康 苑(원)[唐韻][正韻]於阮切[集
韻][韻會]委遠切𠀼音婉[說文]所以養
禽獸也[周禮地官囿人疏]古謂之囿漢
謂之苑[前漢高帝紀]故秦苑囿園池令
民得田之[註]養禽獸曰苑[白虎通]苑
囿所以在東方謂養萬物東方物所生也
又縣名[史記高祖功臣侯年表]高苑侯
丙倩[索隱註]縣屬千乘　又善苑國名
見[洞冥記　又[莊子天地篇]諄芒將東
之大壑適遇苑風於東海之濵[註]苑風
扶搖大風也　又書名如[文苑][類苑]
[藝苑][說苑]之類　又宮室名如內苑
禁苑西苑南苑之類　又星名[史記天官
書]句曲九星二曰天苑　又藥名蒜苑遠
志也見[博雅]　又[集韻][韻會]𠀼紆
願切音怨[周禮地官]禁山之爲苑劉昌
宗讀去聲[左思吳都賦]遭藪爲囿值林

爲苑異琴蕰䕷夏曄冬蒋　又[類篇]于
袁切音鴛人姓[左傳]苑何忌齊大夫[魏
志]渤海苑康　又音鬱[詩小雅]我心苑
結[傳]苑猶屈也積也[箋註]讀鬱　又
[正韻]委粉切讀如蕰義同　又苑菀互
通[前漢百官表]牧師菀令[晉語]人皆
集于苑　又[韻補]叶音氳[詩秦風]蒙
伐有苑[註]苑文貌讀平聲叶上羣韻

【 오류정리 】

○康誤處 1；[詩小雅]我心苑結[傳(改
箋)]苑猶屈也積也[箋註]讀鬱(改釋文
音鬱)
●考證 ；謹照原文傳改箋箋註讀鬱改
[釋文]音鬱
◆整理 ；[詩小雅(시소아)][傳(전)]은
[箋(전)]의 착오. [箋註(전주)] 讀鬱
(독울)은 [釋文(석문)]音鬱(음울)의
착오.
◆訂正文 ；[詩小雅]我心苑結[箋]苑
猶屈也積也[釋文]音鬱
▶【1578-1】字解誤謬與否 ；[詩小
雅]我心苑結[傳(改箋)]苑猶屈也積也
[箋註]讀鬱(改釋文音鬱) [傳(改箋)]
[[箋註]讀鬱(改釋文音鬱)]
★이상과 같이 인용처(引用處)나 주
소(註疏) 음(音) 등(等)의 오류(誤謬)
를 수정(修訂)을 한다 하여도 자전상
(字典上)의 원(苑)의 본의(本義)에는
영향이 미치지 않음.

康 苖(적)[唐韻]徒歷切[集韻]亭歷
切𠀼音翟[爾雅釋草]苖蓨[類篇]羊蹄
草也　又[玉篇]丑六切音蓄[廣韻]他
歷切音惕義𠀼同[爾雅釋草]苖蓨

【 오류정리 】

○康誤處 1；[爾雅釋草]苖修(改苖蓨)
●考證 ；謹照原文苖修改苖蓨
◆整理 ；[爾雅釋草(이아석초)]苖修
(적수)는 苖蓨(적수)의 착오.
◆訂正文 ；[爾雅釋草]苖蓨

▶【1579-1】字解誤謬與否 ；[爾雅釋草]苗修(改苗蓨) [苗修(改苗蓨)]
★이상과 같이 오류(誤謬) 수정(修訂)이 되면 수(蓨; 참소루쟁이)인데 자전상(字典上) 적(苗)의 본의(本義)에 영향이 미치게 됨.

康苞(포)[唐韻]布交切[集韻][韻會]班交切夶音包[說文]草也南陽以爲麤履[司馬相如子虛賦]其高燥則生葴菥苞荔[註]苞蘆也[漢書註]卽今所用作席者 又本也[易否卦]繫于苞桑[疏]凡物繫於桑之苞本則牢固也[詩商頌]苞有三蘖 又草木叢生也[爾雅疏]物叢生曰苞齊人名曰槇 又通包[儀禮旣夕]苞二[註]所以裹羊豕之肉[子夏詩傳]朋友相贈賦木瓜子曰見苞苴之禮焉 又[韻補]逋侯切音近褒[詩大雅]如山之苞叶下流韻[揚子太玄經]蒼水維流厥美可以達于瓜苞 又上聲[詩大雅]實方實苞叶下好韻 又[集韻]蒲交切同匏瓟也 又被表切音殍與蘆同○按[郭忠恕佩觿集]草名之苞不當通麤包之包苞平表反包班交反截然爲二然經典俱通用今仍舊

【 오류정리 】
○康誤處 1; [子夏(改子貢)詩傳]朋友相贈賦木瓜子曰見苞苴之禮焉
●考證 ；謹按詩傳是子貢作今据改子貢
◆整理 ；子夏(자하)는 子貢(자공)의 착오.
◆訂正文 ；子貢[詩傳]朋友相贈賦木瓜子曰見苞苴之禮焉
▶【1580-1】字解誤謬與否 ；子夏(改子貢)[詩傳]朋友相贈賦木瓜子曰見苞苴之禮焉 [子夏(改子貢)]
★이상과 같이 인용처(引用處)나 주소(註疏) 음(音) 등(等)의 오류(誤謬)를 수정(修訂)을 한다 하여도 자전상

(字典上)의 포(苞)의 본의(本義)에는 영향이 미치지 않음.

康苧(저)[唐韻]直呂切[集韻]丈呂切夶音佇草名可爲繩[張衡南都賦其草則蘆苧蘋莞][王褒僮約]多取蒲苧益作繩索[本草]取苧根和米粉爲餠禦饑味甘美 又苧蘿山名[吳越春秋]苧蘿山鬻薪之女曰西施鄭旦 又[集韻]陳如切音除義同 又通作紵[詩陳風]東門之池可以漚紵[註]苧同亦作芧

【 오류정리 】
○康誤處 1; [張衡南都賦]其草則蘆苧蘋莞(改蘋莞)
●考證 ；謹照原文蘋莞改蘋莞
◆整理 ；[張衡南都賦(장형남도부)]蘋莞(빈완)은 蘋莞(번완)의 착오.
◆訂正文 ；[張衡南都賦]其草則蘆苧蘋莞(改蘋莞
▶【1581-1】字解誤謬與否 ；[張衡南都賦]其草則蘆苧蘋莞(改蘋莞) [蘋莞(改蘋莞)]
★이상과 같이 오류(誤謬) 수정(修訂)이 되면 번완(蘋莞; 초명(草名) 풀의 이름 (향부자(香附子) 비슷한 풀)마포(麻布) 莞골풀. 초훼(草卉)의 하나. 왕골. 관초(莞草). 완초(莞草). 관포(莞蒲). 총포(葱蒲). 수총(水葱). 직석초(織席草)[張衡南都賦]其草則蘆苧蘋莞布結縷攢戾莎揭車衡蘭稿本射干苴姜蘘荷葴持若蓀荪鮮支黃礫蔣芧青蘋布濩閎澤又通芔 [爾雅釋草]蘆薦[註]卽苺也江東人呼爲蘆莓[爾雅釋木]葥山莓)는 자전상(字典上) 저(苧)의 본의(本義)에 영향이 미치게 됨.

康苨(니)[唐韻]奴禮切[集韻]乃禮切夶音禰[爾雅釋草]苨菧苨[註]薺苨也[劉勰新論]愚與直相像若薺苨之亂人參 又通作泥[詩大雅]維葉泥泥

[疏]張揖作苨苨[博雅]苨苨茂盛也

【오류정리】

○康誤處 1；[詩大雅]維葉泥泥[疏(改釋文)]張揖作苨苨

●考證；謹照原文疏改釋文

◆整理；[詩大雅(시대아)] 疏(소)는 釋文(석문)석문의 착오.

◆訂正文；[詩大雅]維葉泥泥[釋文]張揖作苨苨

▶【1582-1】字解誤謬與否；[詩大雅]維葉泥泥[疏(改釋文)]張揖作苨苨 [疏(改釋文)]

★이상과 같이 인용처(引用處)나 주소(註疏) 음(音) 등(等)의 오류(誤謬)를 수정(修訂)을 한다 하여도 자전상(字典上)의 니(苨)의 본의(本義)에는 영향이 미치지 않음.

康苴(저)[集韻]千余切音蛆[玉篇]麻也[詩豳風]九月叔苴[傳]苴麻子也[莊子讓王篇]顏闔守陋閭苴布之衣而自飯牛[註]苴有子麻也 又[禮喪服小記]苴杖竹也[註]苴者黯也心如斬斫貌若蒼苴所以縗裳経杖俱備苴色[儀禮喪服傳]斬衰裳苴経杖絞帶[疏]以一苴目此三事謂苴麻爲首経要経 又以苴竹爲杖苴麻爲絞帶 又[廣韻]子余切音沮履中草 又[禮曲禮]凡以弓劍苞苴簟笥問人者[註]苴藉也[管子霸言篇]上夾而下苴[註]苴包裹也 又木名[山海經]服山其木多苴 又[司馬相如子虛賦]諸柘巴苴[註]巴苴草名 又地名[史記索隱註]狄苴在渤海 又姓[前漢貨殖傳有平陵苴氏 又鋤加切音槎水中浮草也[詩大雅]如彼棲苴[疏]苴是草木之枯槁者故在樹未落及已落爲水漂皆稱苴也[楚辭悲回風]草苴比而不芳[註]枯曰苴 又[正韻]宗蘇切音租茅藉祭也[前漢郊祀志]掃地而祠席用苴稭[註]讀如租 又[類篇]徐嗟切音斜

苴 咩城在雲南 又[集韻]側下切音鮓[莊子讓王篇]其土苴以治天下[註]土苴和糞草[韓愈文]補苴罅漏 又[正韻]將豫切音怚[前漢終軍傳]苴白毛于江淮[註]苴于豫切 又讀作巴[史記張儀傳]苴蜀相攻擊[索隱註]苴音巴 又讀苞[後漢徐廣傳註]譙周曰益州天苴讀爲苞黎之苞 又[五音集韻]子與切音咀[羣經音辨亦音咀 又[正韻]才野切音灺幔也又伺也

【오류정리】

○康誤處 1；又[禮曲禮]凡以弓劍苞苴簟笥(改簞笥)問人者

●考證；謹照原文簟笥改簞笥

◆整理；[禮曲禮(예곡례)] 簟笥(점사)는 簞笥(단사)의 착오.

◆訂正文；又[禮曲禮]凡以弓劍苞苴簞笥問人者

▶【1583-1】字解誤謬與否；又[禮曲禮]凡以弓劍苞苴簟笥(改簞笥)問人者 [簟笥(改簞笥)]

★이상과 같이 오류(誤謬) 수정(修訂)이 되면 단사(簞笥; 대상자)가 되는데 자전상(字典上) 저(苴)의 본의(本義)에 영향이 미치게 됨.

○康誤處 2；[前漢終軍傳]苴白毛(改白茅)于江淮

●考證；謹照原文白毛改白茅

◆整理；[前漢終軍傳(전한종군전)] 白毛(백모)는 白茅(백모)의 착오.

◆訂正文；[前漢終軍傳]苴白茅于江淮

▶【1584-2】字解誤謬與否；[前漢終軍傳]苴白毛(改白茅)于江淮 [白毛(改白茅)]

★이상과 같이 오류(誤謬) 수정(修訂)이 되면 백모(白茅; 삘기)로 저(苴)의 본의(本義)에 영향이 미치게 됨.

康苹(평)[唐韻]符兵切音平[爾雅釋

草]苹藾蕭[注]今藾蒿也[詩小雅]呦呦鹿鳴食野之苹[箋]藾蕭也葉青白色莖似箸而輕肥始生香可生食 又可蒸食 又[集韻]萍也群萍字註 又苹苹草貌[宋玉高唐賦]涉漭漭馳苹苹[孟郊韓愈聯句]駬遙略苹苹 又蒲眠切音軿[周禮春官車僕]苹車之苹[類篇]苹車名所以對敵自蔽隱者 又披耕切音拼[馬融長笛賦]爭湍苹縈[注]苹縈廻旋也

【 오류정리 】

○康誤處 1;[詩小雅]呦呦鹿鳴食野之苹箋藾蕭也(增疏字)葉青白色
●考證；謹照原文葉上增疏字
◆整理；[詩小雅(시소아)] 蕭也(소야)에 이어 疏字(소자)를 덧붙임. 葉青白色(엽청백색)
◆訂正文；[詩小雅]呦呦鹿鳴食野之苹箋藾蕭也[疏]葉青白色
▶【1585-2】字解誤謬與否；[詩小雅]呦呦鹿鳴食野之苹箋藾蕭也(增疏字)葉青白色 [蕭也(增疏字)]
★이상과 같이 인용처(引用處)나 주소(註疏) 음(音) 등(等)의 오류(誤謬)를 수정(修訂)을 한다 하여도 자전상(字典上)의 평(苹)의 본의(本義)에는 영향이 미치지 않음.

康 苽(고)[唐韻][集韻][韻會][正韻]𦹋攻乎切音姑[說文]彫胡也[禮內則]蝸醢而苽食雉羹[周禮天官膳夫註]六穀秫黍稷粱麥苽[淮南子天文訓]大旱苽封熯]註]苽生水上相連特大而薄者也 又[詩周南]葛藟纍之[疏]藟一名巨苽

【 오류정리 】

○康誤處 1;[禮內則]蝸醢(改蝸醢)而苽食雉羹
●考證；謹照原文蝸醢改蝸醢
◆整理；[禮內則(예내칙)] 蝸醢(와혜)는 蝸醢(와해)의 착오.

◆訂正文；[禮內則]蝸醢而苽食雉羹
▶【1586-2】字解誤謬與否；[禮內則]蝸醢(改蝸醢)而苽食雉羹 [蝸醢(改蝸醢)]
★이상과 같이 오류(誤謬) 수정(修訂)이 되면 와해(蝸醢; 달팽이젓갈)라 자전상(字典上) 고(苽)의 본의(本義)에 적극 영향이 미치게 됨.

○康誤處 2;[淮南子天文訓]大旱苽封熯]註]苽生水上相連特(改持)大而(改如)薄(改蒲)者也
●考證；謹照原註特改持而改如据道藏本薄改蒲
◆整理；[淮南子天文訓(회남자천문훈)] 特(특)응 持(지), 而(이)는 如(여), 薄(박)은 蒲(포)의 착오.
◆訂正文；[淮南子天文訓]大旱苽封熯]註]苽生水上相連持大如蒲者也
▶【1587-2】字解誤謬與否；[淮南子天文訓]大旱苽封熯]註]苽生水上相連特(改持)大而(改如)薄(改蒲)者也 [特(改持)] [而(改如)] [薄(改蒲)]
★이상과 같이 오류(誤謬) 수정(修訂)이 되면 지대여포(持大如蒲; 부들. 향포(香蒲). 갯버들. 창포(菖蒲). [淮南子天文訓]大旱苽封熯[註]苽生水上相連持大如蒲者也[詩周南]葛藟纍之[疏]藟, 一名巨苽[唐韻]薄胡切水草可以爲席[禮玉藻]連用湯履蒲席[釋名]蒲草也[周禮天官醢人]深蒲[詩大雅]維筍及蒲[後漢劉寬傳]吏人有過但用蒲鞭罰之[詩王風]揚之水不流束蒲[陸璣疏]蒲柳有兩種皮正青者曰小楊其一種皮紅者曰大楊[周禮•春官]男執蒲璧[註]或以蒲爲瑑飾[禮明堂位]周以蒲勺[註]蒲謂合蒲當刻勺爲蒲頭其口微開如蒲草)가 되는데 자전상(字典上) 고(苽)의 본의(本義)에 적극 영향이 미치게 됨.

康 苾(필)[唐韻]毗必切[集韻]簿必

切音邲[說文]馨香也[詩大雅]苾芬孝祀[大戴禮]與君子遊苾乎入芝蘭之室
又苾芻草名[陸龜蒙詩]日下洲島清烟生苾芻碧　又蒲統切音鼈菜名　又[綠目集覽]突厥有契苾等十五部[玉篇]同䕰

【 오류정리 】
○康誤處 1;[大戴禮]苾乎(增如字)入芝蘭之室
●考證;謹照原文苾乎下增如字
◆整理;[大戴禮(대대비)]苾乎(필호)에 이어 如字(여자)를 덧붙임.
◆訂正文;[大戴禮]苾乎如入芝蘭之室
▶【1588-2】字解誤謬與否;[大戴禮]苾乎(增如字)入芝蘭之室　[苾乎(增如字)]
★이상과 같이 여자(如字)를 덧붙인다 하여도 자전상(字典上) 필(苾)의 본의(本義)에는 영향이 미치지 않음.

康 茀(불)[唐韻][正韻]敷勿切[韻會]芳勿切𠀋音弗[說文]道多草不可行[曾鞏南軒記]得鄰之茀地　又茀茀茂也　又[爾雅釋詁]覭髳茀離也[註]茀離即彌離彌離猶蒙蘢耳　又[詩大雅]茀厥豐草[註]治也　又臨衝茀茀[註]強盛也　又[易既濟]婦喪其茀[註]茀首飾也　又[詩衞風]翟茀以朝[疏]婦人乘車不露見車之前後設障以自蔽隱謂之茀　又[蔽茀疏]茀謂車之後戶也　又[詩大雅]茀祿爾康矣[註]福也　又[爾雅釋畜疏]旋毛在脅者曰茀方　又通紼[左傳宣八年]始用葛茀[註]茀所以引柩　又方味切[與帗通][詩]蔽芾甘棠[王應麟詩攷]作蔽茀　又音佩[史記武帝紀]有星茀于東井[索隱天官書註]茀即孛星也　又音勃氣貌[莊子人間世]獸死不擇音氣息茀然[司馬相如上林賦]瞱臲泌茀　又音弼人姓[後漢古

今人表]茀肸[註]師古曰即佛肸也茀音弼[通志氏族略]周有茀翰○按[詩]茀祿之茀[唐韻]古音讀廢

【 오류정리 】
○康誤處 1;[後漢(改前漢)古今人表]茀肸
●考證;謹照原書後漢改前漢
◆整理;[後漢(후한)은 前漢(전한)의 착오. 古今人表(고금인표)]
◆訂正文;[前漢古今人表]茀肸
▶【1589-2】字解誤謬與否;[後漢(改前漢)古今人表]茀肸　[後漢(改前漢)]
★이상과 같이 인용처(引用處)나 주소(註疏) 음(音) 등(等)의 오류(誤謬)를 수정(修訂)을 한다 하여도 자전상(字典上)의 불(茀)의 본의(本義)에는 영향이 미치지 않음.

康 范(범)[唐韻]防錢切[集韻]父錢切[正韻]房啖切𠀋音犯[說文]草也　又蠭也[禮檀弓]范則冠而蟬有緌[內則]爵鷃蜩范[梁元帝玄覽賦]范飛冠而吐密　又地名[前漢地理志]東郡范涿郡范陽　又宮名[竹書紀年]穆王十四年作范宮　又臺名[戰國策]梁王魏嬰觴諸侯於范臺　又門名[左傳哀七年]秋伐邾及范門[註]邾郭門也　又姓[左傳昭二十九年]劉累學擾龍于豢龍氏范氏其後也[潛夫論]帝堯之後有范氏[廣韻]隨會爲晉大夫食采於范其後氏焉　又與範通[禮少儀]左右軌范乃飲[揚子太玄經]矩范之動成敗之效也[正字通]已从弓音頷

【 오류정리 】
○康誤處 1;又與範通[禮少儀]左右軌范乃飲(改又通軑少儀祭左右軌范又通範)
●考證;謹按左右軌范之范與軑同不與範同謹改又通軑少儀祭左右軌范又通

範

◆整理 ; 又與範通(우여범통)[禮少儀(례소의)]左右軌范乃飲(좌우궤범내음)을, 又通軓(우통범)[少儀(소의)]祭左右軌范(제좌우궤범) 又通範(우통범)으로 교체함.

◆訂正文 ; 又通軓少儀祭左右軌范又通範

▶【1590-1】字解誤謬與否 ; 又與範通[禮少儀]左右軌范乃飲(改又通軓少儀祭左右軌范又通範) 통범(通軓) 통범(通範)

★이상과 같이 오류(誤謬) 수정(修訂)이 되면 범(範; 규범(規範))이라 자전상(字典上) 범(范)의 본의(本義)에 영향이 미치게 됨.

康 茆(묘)[唐韻]莫飽切音卯[韻會]鳧葵[鄭小同云]蓴菜草[詩魯頌]思樂泮水薄采其茆[陸璣疏]茆與荇菜相似葉大如手赤圻有肥者著手滑不得停莖大如匕柄葉可以生食 又可鬻滑美江南人謂之蓴菜或謂之水葵謙陂澤中皆有[于寶云]今之鷇蹎草壜爲菹江東有之又云或名水戾一云今之浮菜卽猪蓴是也 又[集韻]通莪草叢生也 又與茅通[周秖天官醢人]茆菹[鄭註]讀作茅[說文][玉篇]蔝音柳註詳荓字

【 오류정리 】

○康誤處 1; [于寶(改干寶)云]今之鷇蹎草

●考證 ; 謹照原文于寶改干寶

◆整理 ; [于寶(우보)는 干寶(간보)의 착오임. 云(운)]

◆訂正文 ; [干寶云]今之鷇蹎草

▶【1591-1】字解誤謬與否 ; [于寶(改干寶)云]今之鷇蹎草 [于寶(改干寶)]

★이상과 같이 인용처(引用處)나 주소(註疏) 음(音) 등(等)의 오류(誤謬)

를 수정(修訂)을 한다 하여도 자전상(字典上)의 묘(茆)의 본의(本義)에는 영향이 미치지 않음.

康 茈(자)[唐韻]將此切[集韻]蔣氏切茨音紫[說文]茈草也[爾雅釋草]藐茈草[山海經]勞山多茈草[註]一名茈莫中染紫也 又茈蕠[後漢馬融廣成頌]茈蕠芸蒩[註似蕨可食 又茈薑[司馬相如上林賦]茈薑蘘荷[註]茈薑茈上齊也薑之息生者連其株本則紫色也

又茈魚[山海經]東始之山泚水出焉其中多茈魚其狀如鮒一首而十身其臭如蘪蕪 又茈蠃[山海經]激水東南流注娶檀之水其中多茈蠃 又[廣韻]蔟移切音疵[爾雅釋草]芀鳧茈[後漢劉元傳]王莽末南方饑饉]人庶羣入野澤掘鳧茈而食之[本草]一名烏芋俗名勃薺

又[韻會]茈菰似鳧茈而白[本草]亦謂剪刀草一莖收十二實歲閏則十三 又鉏佳切音柴茈胡藥名[急就篇註]茈胡一名地薰一名山菜通作柴[杜甫詩]書信有柴胡 又[集韻]音此[司馬相如上林賦]柴池茈虒[註]茈音此]虒音豸不齊也

【 오류정리 】

○康誤處 1; [急就篇註]茈胡一名地薰(改地薰)

●考證 ; 謹照原文地薰改地薰

◆整理 ; [急就篇註(급취편주)] 地薰(지동)은 地薰(지훈)의 착오.

◆訂正文 ; [急就篇註]茈胡一名地薰

▶【1592-1】字解誤謬與否 ; [急就篇註]茈胡一名地薰(改地薰) [地薰(改地薰)]

★이상과 같이 오류(誤謬) 수정(修訂)이 되면 지훈(地薰; 약명(藥名)). 산채(山菜). 여초(茹草). [오보본초(吳普本草)] 시초(柴草). 고초(菇草). 시초(柴草). 성미고(性味苦). 미한(微寒). 귀

간(归肝). 단경(胆经). [本草]茈胡藥名 [急就篇註]茈胡一名地薰一名山菜通作 柴 [本草經集注]久服輕身明目益精一 名地薰一名山菜一名茹草葉一名芸蒿辛 香可食生洪農川谷及宛胊)은 자전상 (字典上) 자(茈)의 본의(本義)에 직접 영향이 미치게 됨.

康荒(시)[集韻]想姊切音枲[說文]澌 也人所難也

【 오류정리 】

○康誤處 1; [說文]澌也人所難(改離) 也

●考證 ; 謹照原文難改離

◆整理 ; [說文(설문)] 難(난)은 離 (리)의 착오.

◆訂正文 ; [說文]澌也人所離也

▶【1593-1】字解誤謬與否 ; [說文] 澌也人所難(改離)也 [難(改離)]

★이상과 같이 오류(誤謬) 수정(修訂) 이 되면 소리(所離; 곧 만남. [孟子公 孫丑上]何謂知言曰詖辭知其所蔽淫辭 知其所陷邪辭知其所離遁辭知其所窮生 於其心害於其政 發於其政害於其事聖 人復起必從吾言矣) 자전상(字典上) 시 (荒)의 본의(本義)에 직접 영향이 미 치게 됨.

艸部 六畫

康茗(명)[唐韻][正韻]太莫迥切音 酩[玉篇]茶芽也[韻會]茶晚取者[爾雅釋 草]茗荈詳荈字註[洛陽伽藍記]楊元愼 含水噀陳慶之曰菰稗爲飯茗飲作漿[杜 甫詩]茗飲蔗漿攜所有 又花名[述異 記]巴東有眞香茗其花色白如薔薇 又 [南方草木狀]耶悉茗南人憐其芳香競 植之 又茗邈高貌[張載七命]搖刖峻 挺茗邈苕嶢 又山名[水經注]沇水 又 東入溪水南出茗山 又通酩[韓愈詩]

茗艼馬上知爲誰

【 오류정리 】

○康誤處 1; [韻會]茶晚取者[爾雅釋 草]茗荈(改爲爾雅註茶晚取者爲茗一名 荈)

●考證 ; 謹按爾雅經文無茗荈之文謹 改爲爾雅註茶晚取者爲茗一名荈

◆整理 ; [韻會(운회)]茶晚取者(다만 취자)[爾雅釋草(이아석초)]茗荈(명 천)은 [爾雅註(이아주)]茶晚取者爲茗 一名荈(도만취자위명일명천)의 착오 임.

◆訂正文 ; [爾雅註]茶晚取者爲茗一 名荈

▶【1594-1】字解誤謬與否 ; [韻會] 茶晚取者[爾雅釋草]茗荈(改爲爾雅註 茶晚取者爲茗一名荈)

★이상과 같이 오류(誤謬) 수정(修訂) 이 되면 만취자위명일명천(茶晚取者 爲茗一名荈; 늦게 딴 찻잎은 명(茗; 늦게 딴 차)이라 하고 또 일명 천(荈; 늦게 딴 찻잎)이라 한다) (荼茶辨證 說)[物理小識]茶解答載[神農食經]古 茶卽茶 [漢志]荼陵音茶詳 [通雅]韓翃 [謝茶啓]云吳主置茗晉人分茶晏子三茗 自古以然惟桑苧以製顯耳唐竟陵陸羽 [茶經]一曰茶二曰檟三曰蔎四曰茗五曰 荈이라 자전상(字典上) 명(茗)의 본의 (本義)에 직접 영향이 미치게 됨.

康蒸(증)[說文]同蒸純壹貌[前漢酷 吏傳]蒸蒸不至於姦

【 오류정리 】

○康誤處 1; [前漢酷吏傳](增吏治二 字)蒸蒸不至於姦

●考證 ; 謹照原文蒸蒸上增吏治二字

◆整理 ; [前漢酷吏傳(전한혹리전)]에 이어 吏治二字(이치이자)를 덧붙임. 蒸蒸(증증)

◆訂正文 ; [前漢酷吏傳]吏治蒸蒸不

至於姦
▶【1595-1】字解誤謬與否；[前漢酷吏傳](增吏治二字)茲茲不至於姦 [[前漢酷吏傳](增吏治二字)]
★이상과 같이 오류(誤謬) 수정(修訂)이 되면 리치(吏治; 관리의 치적)이니 자전상(字典上) 증(茲)의 본의(本義)에 영향이 미치게 됨.

康 茢(렬)[唐韻][正韻]良薛切[韻會]力薛切茲音列[說文]芳也[禮檀弓]君臨臣喪以巫祝桃茢執戈惡之也[註]茢萑苕可掃不祥[左傳襄二十九年乃使巫以桃茢先祓殯 又紫茢染草[周禮地官掌染草註]茅蒐索蘆豕首紫茢之屬 又[爾雅釋草]茢勃茢[註[一名石芸[本草]一名螫茢[唐韻古音]讀去聲音例[張衡東京賦]爾乃卒歲大儺毆除羣癘方相秉鉞巫覡操茢[說文]作蒯義同

【 오류정리 】
○康誤處 1；[周禮地官學染草註]茅蒐索(改橐)蘆豕首紫茢之屬
●考證；謹照原文索改橐
◆整理；[周禮地官學染草註(주례지관학염초주)]索(색)은 橐(탁)의 착오.
◆訂正文；[周禮地官學染草註]茅蒐橐蘆豕首紫茢之屬
▶【1596-1】字解誤謬與否；[周禮地官學染草註]茅蒐索(改橐)蘆豕首紫茢之屬 [索(改橐)]
★이상과 같이 오류(誤謬) 수정(修訂)이 된다 하여도 탁(橐; 전대(纏帶)[詩大雅]于橐于囊[說文]囊也[唐韻]囊無底[毛傳]小曰橐)은 자전상(字典上) 렬(茢)의 본의(本義)에는 영향이 미치지 않음.

康 茭(교)[唐韻]古肴切[正韻]居肴切茲音交[說文]乾芻也[書費誓]峙乃芻茭[註]積芻茭供軍牛馬[韻會]草名苽刈取以用曰芻乾之曰茭故曰峙乃芻茭[史記河渠書]盡河壖棄地民茭牧其中 又[爾雅釋草]茭牛蘄[疏]茭似芹菜可食[本草註]生水澤中苗似鬼針花青白色子黃黑色似防風子 又[後漢溝洫志]搴長茭兮湛美玉[註竹葦絚謂之茭也所以引置土石也 又[集韻]下巧切同芰根也[爾雅釋草]芍茭[註]今江東呼藕經緒如指空中可啖者爲茇茭卽此類 又口教切音敲[揚子方言]茭媞欺謾之詞 又[集韻]吉歷切[周禮冬官弓人][註]茭讀爲激發之激謂弓檠也

【 오류정리 】
○康誤處 1；[後漢(改前漢)溝洫志]搴長茭兮湛美玉
●考證；謹照原書後漢改前漢
◆整理；[後漢(후한)은 前漢(전한)의 착오임. 溝洫志(구혁지)]
◆訂正文；[前漢溝洫志]搴長茭兮湛美玉
▶【1597-1】字解誤謬與否；[後漢(改前漢)溝洫志]搴長茭兮湛美玉 [後漢(改前漢)]
★이상과 같이 인용처(引用處)나 주소(註疏) 음(音) 등(等)의 오류(誤謬)를 수정(修訂)을 한다 하여도 자전상(字典上)의 교(茭)의 본의(本義)에는 영향이 미치지 않음.

康 茸(용)[唐韻]而容切[集韻]而融切[韻會]如容切茲音戎[說文]草茸茸貌[張衡南都賦]阿那蓊茸[謝靈運詩]新蒲含紫茸 又[史記晉世家]狐裘蒙茸[註]蒙茸以言亂貌[左傳]作尨茸 又木名[管子地員篇]其杞其茸 又鹿茸藥名[本草]四月五月解角時取陰乾使時燥 又[穆天子傳]賜紫茸雲氣帳[杜牧詩]醉脫紫茸裘 又五茸地名[陸龜蒙詩]五茸春草雉媒驕[自註]五茸吳王獵所 又[集韻]乳勇切音宂草生貌[前

漢司馬相如傳]叢以蘢茸[師古註]聚貌
又[前漢司馬遷傳]僕　又茸以蠶室重
爲天下觀笑[師古註]茸推也　又闒茸
不肖也[鹽鐵論]賢知之士闒茸之所惡
也

【 오류정리 】

○康誤處 1;[穆天子傳(改飛燕外傳)]
賜紫茸雲氣帳
●考證;謹按穆天子傳無此文謹照原
書改飛燕外傳
◆整理;[穆(字典無)天子傳(천자전)은
飛燕外傳(비연외전)의] 착오.
◆訂正文;[飛燕外傳]賜紫茸雲氣帳
▶【1598-1】字解誤謬與否;[穆天
子傳(改飛燕外傳)]賜紫茸雲氣帳 [穆
天子傳(改飛燕外傳)]
★이상과 같이 인용처(引用處)나 주
소(註疏) 음(音) 등(等)의 오류(誤謬)
를 수정(修訂)을 한다 하여도 자전상
(字典上)의 용(茸)의 본의(本義)에는
영향이 미치지 않음.

康 茹 [唐韻]人諸切音如 [集韻] [韻
會]忲忍與切音汝 [正韻]而遇切音孺
[易泰卦]拔茅連茹[王註]根相牽引貌
[程傳]根之相連者　又受也[詩大雅]
柔亦不茹　又食也[禮禮運]茹毛飮血
[孟子]飯糗茹草[莊子人閒世]不飮酒
不茹葷者數月矣　又食菜曰茹[前漢
董仲舒傳]公儀子相魯食于舍而茹葵
[主莽傳]不茹園葵　又啜也[爾雅釋
詁]啜茹也　又貪也恣也[揚子方言]吳
越之閒凡貪飮食者謂之茹[郭註]凡俗
呼能粗食者爲茹　又[說文]茹飯牛也
[廣韻]飯馬也　又度也[詩邶風]不可
以茹[小雅]玁狁匪茹[周頌]來咨來茹
又柔也[屈原離騷]攬茹蕙以掩涕兮
[註]茹柔壤也　又臭敗也[呂氏春秋]
以茹魚驅蠅蠅愈至而不能禁　又[左思
魏都賦]神藥形茹[註]物自死曰茹

又菜茹[前漢食貨志]菜茹有畦[晉書地
理志]環廬種桑柘菜茹　又草名[詩鄭
風]茹藘在阪[傳]茅蒐也[爾雅釋草]茹
藘[註]今蒨草也　又水名[水經注]澧
水　又東茹水注之　又地名[前漢地理
志]上谷郡茹縣　又陂名[魏志劉馥傳]
馥爲揚州刺史治芍陂及茹陂以漑稻田
又姓[晉書五行志]茹千秋爲驃騎咨議
[通志氏族略茹氏註]蠕蠕入中國爲茹
氏○按茹字有平上去三聲皆于字義無
係如[易]之連茹王肅音如[易韻]讀孺
[詩]之匪茹來茹箋音汝徐音如[前漢董
仲舒傳]茹字音汝[王莽傳]茹字又音如
唯茹藘茹字[詩]箋及[爾雅]疏皆音如
茹毛茹草茹葷茹字皆音人庶切餘音或
平或仄不可泥也[正字通]以連茹不茹
茹毛義列于如音以來茹形茹等茹列于
孺音非是

【 오류정리 】

○康誤處 1;[揚子方言][郭註]凡(改
今)俗呼能粗食者爲茹
●考證;謹照原文凡改今
◆整理;[揚子方言(양자방언)][郭註
(곽주)] 凡(범)은 今(금)의 착오.
◆訂正文;[揚子方言][郭註]凡今俗
呼能粗食者爲茹
▶【1599-1】字解誤謬與否;[揚子
方言][郭註]凡(改今)俗呼能粗食者爲
茹 [凡(改今)]
★이상과 같이 오류(誤謬) 수정(修訂)
이 된다 하여도 금(今;지금. 이제. 오
늘.현재. 현대. 곧바로. 혹은. 지금
의. 오늘의. 만약)은 자전상(字典上)
여(茹)의 본의(本義)에는 영향이 미치
지 않음.

康 荁 (환) [玉篇] [唐韻]忲胡官切音
桓堇類[禮內則]堇荁粉楡兔薧滫瀡以滑
之[註]冬用堇夏用荁[廣雅]夏荁秋堇
滑如粉[後漢馬融傳]芝荋堇荁今通用
堇字

【 오류정리 】

○康誤處 1; [禮內則]堇荁枌楡兔(改免)薧滫瀡以滑之

●考證 ; 謹照原文兔改免

◆整理 ; [禮內則(례내칙)] 兔(토)는 免(면)의 착오.

◈訂正文 ; [禮內則]堇荁枌楡免薧滫瀡以滑之

▶【1600-1】字解誤謬與否 ; [禮內則]堇荁枌楡兔(改免)薧滫瀡以滑之 [兔(改免)]

★이상과 같이 오류(誤謬) 수정(修訂)이 된다 하여도 면(免; 면하다)은 자전상(字典上) 환(荁)의 본의(本義)에는 영향이 미치지 않음.

㊗荃(전)[廣韻]此緣切[韻會]逡緣切太音詮[說文]芥脃也亦香草也[屈原離騷]荃不察余之中情[拾遺記]荃蕪香出波弋國浸地則土石皆香以燻枯骨則肌肉皆生 又[正韻]蘇昆切音孫義同 又通絟[前漢江都王傳]繇王閩侯遺建荃葛[註]細布也 又通筌[莊子外物篇]得魚而忘荃[註]積柴水中使魚依而食焉

【 오류정리 】

○康誤處 1; [說文]芥脃(改脆)也

●考證 ; 謹照原文脃改脆

◆整理 ; [說文(설문)]脃(비)는 脆(취)의 착오.

◈訂正文 ; [說文]芥脆也

▶【1601-1】字解誤謬與否 ; [說文]芥脃(改脆)也 [脃(改脆)]

★이상과 같이 오류(誤謬) 수정(修訂)이 되면 개취(改脆; 향초[說文]芥脃也亦香草也)라 자전상(字典上) 전(荃)의 본의(本義)에 영향이 미치게 됨.

㊗荄(해)[唐韻]古哀切[韻會]柯開切太音該[說文]草根也[爾雅釋草]莍菟荄[揚子方言]荄根也東齊曰杜或曰芨[前漢禮樂志]青陽開動根荄以遂[註]草根曰荄 又[集韻][正韻]太居諧切音皆義同 又與核通[前漢五行志]孕毓根核[師古註]核亦荄字也

【 오류정리 】

○康誤處 1; [爾雅釋草]莍菟荄(改荄根)

●考證 ; 謹 按菟荄乃草名非草根上文引說文荄草根也則此當引爾雅荄根謹將莍菟荄改荄根

◆整理 ; [爾雅釋草(이아석초)]莍菟荄(련도해)는 荄根(해근)의 착오.

◈訂正文 ; [爾雅釋草]荄根

▶【1602-1】字解誤謬與否 ; [爾雅釋草]莍菟荄(改荄根) [莍菟荄(改荄根)]

★이상과 같이 오류(誤謬) 수정(修訂)이 되면 해근(荄根; 뿌리. [爾雅釋草]荄根[揚子方言荄根也[前漢禮樂志]青陽開動根荄以遂[註]草根曰荄)인데 자전상(字典上) 해(荄)의 본의(本義)에 적극 영향이 미치게 됨.

㊗荈(천)[集韻][韻會]太尺兗切音舛茶葉老者[類篇]茶晩取者多荈[吳志韋曜傳]密賜曜茶荈以當酒

【 오류정리 】

○康誤處 1; [類篇]茶晩取者多荈(改名荈)

●考證 ; 謹照原文多荈改名荈

◆整理 ; [類篇(류편)] 多荈(다천)은 名荈(명천)의 착오.

◈訂正文 ; [類篇]茶晩取者名荈

▶【1603-1】字解誤謬與否 ; [類篇]茶晩取者多荈(改名荈) [多荈(改名荈)]

★이상과 같이 오류(誤謬) 수정(修訂)이 되면 천(荈; 늦게 딴 찻잎.[茶經]

一曰荼二曰檟三曰蔎四曰茗五曰荈)이
라인데 자전상(字典上) 천(荈)의 본의
(本義)에 적극 영향이 미치게 됨.

康 草 (초)[唐韻]采老切[集韻]在早
切[韻會][正韻]采早切达音懆[說文]
作艸百卉也經典相承作草[書禹貢]厥
草惟繇[詩小雅]在彼豐草[禮祭統]草
艾則墨未發秋政則民弗敢草也[註]草
艾謂艾取草也[論衡]地性生草山性生
木[大戴禮易本命]食草者善走而愚
又[史記陳丞相世家]惡草具進[註]草
粗也 又[篇海]苟簡曰草草[春秋隱四
年]公及宋公遇于清[註]遇者草次之期
二國各簡其禮也[疏]草次猶造次也 又
[詩小雅]勞人草草[傳]草草勞心也 又
[易屯卦]天造草昧[疏]言天造萬物于
草創之始 又[前漢淮南王傳]常召司
馬相如等視草迺遣[註]謂爲文之草藁
[百官志註]一曹有六人主作文書起草
[後漢陳寵傳]蕭何草律 又[魏志衞覬
傳]覬好古文隸草無所不善 又姓[正
字通]草中 又[韻補]脞五切徂上聲
[徐幹齊都賦]焚梗林燎圃草 又此苟
切湊上聲[邊讓章華賦]攜西子之弱腕
兮援毛嬙之素肘形便纖以嬋娟兮若流
風之靡草 又[說文]自保切音阜斗櫟
實也橡斗子 [徐鉉曰]今俗以此爲艸木
之艸別作皁字爲黑色之皁案櫟實可染
白爲黑故曰草通用今俗書或从白从十
或从白从七皆無意義

【 오류정리 】

○康誤處 1;[說文]自保切音阜(增草)
斗櫟實也(增一曰二字)橡斗子
●考證 ; 謹照原文阜下增草字橡斗上
增一曰二字
◆整理 ; [說文(설문)] 阜(조)에 이어
草(초)를 덧붙이고, 也(야)에 이어 一
日二字(일왈이자)를 덧붙임. 橡斗子
(상두자)

◆訂正文 ; [說文]自保切音阜草斗櫟
實也一曰橡斗子
▶ 【1604-1】字解誤謬與否 ; [說文]
自保切音阜(增草)斗櫟實也(增一曰二
字)橡斗子 [阜(增草)] [也(增一曰二
字)]
★이상과 같이 오류(誤謬) 수정(修訂)
이 되면 초두(草斗; 상수리나무 열매.
도토리)라 자전상(字典上) 초(草)의
본의(本義)에 적극 영향이 미치게 되
며 이왈(二曰)은 영향을 미치지 못함.

○康誤處 2;[徐鉉曰]實可染白(改帛)
爲黑
●考證 ; 謹照原文白改帛
◆整理 ; [徐鉉曰(서현왈)] 白(백)은
帛(백)의 착오.
◆訂正文 ; [徐鉉曰]實可染帛爲黑
▶ 【1605-1】字解誤謬與否 ; [徐鉉
曰]實可染白(改帛)爲黑 [白(改帛)]
★이상과 같이 오류(誤謬) 수정(修訂)
이 된다 하여도 염백(染帛; 흰비단을
염색한다)은 자전상(字典上) 초(草)의
본의(本義)에는 영향이 미치지 않음.

康 菣 (교)[唐韻]渠遙切[集韻][正
韻]祁堯切达音翹[詩陳風]視爾如菣
[傳]菣芘芣也[疏]一名蚍衃郭註今荊葵
也陸註似蕪菁華紫綠色可食微苦[爾雅
翼]一名錦葵花 又[爾雅註]菣小草多
花少葉葉 又翹起 又[類篇]尸周切
音收[集韻巨夭切音趫義达同

【 오류정리 】

○康誤處 1;[詩陳風]視爾如菣[傳]菣
芘芣也[疏]一名蚍衃郭註今荊葵也陸
註(郭註至陸註八字改陸疏二字)似蕪菁
華紫綠色可食微苦[爾雅翼]一名錦葵
花 又[爾雅註](增今荊葵也又云六字)
菣小草
●考證 ; 謹按郭註乃爾雅註非毛詩註
謹將郭註至陸註八字改陸疏二字爾雅註

下增今荊葵也又云六字

◆整理 ; [詩陳風(시진풍)] 郭註至陸註(곽주지륙주) 八字(팔자)를 陸疏二字(류소이자)로 바꾸고, [爾雅註(이아주)]에 이어 今荊葵也又云(금형규야우운)의 六字[륙자]를 덧붙임.

◆訂正文 ; [詩陳風]視爾如荍[傳]荍芘芣也[疏]一名蚍衃[陸疏]似蕪菁華紫綠色可食微苦[爾雅翼]一名錦葵花 又[爾雅註]今荊葵也又云荍小草

▶【1606-1】字解誤謬與否 ; [詩陳風]視爾如荍[傳]荍芘芣也[疏]一名蚍衃郭註今荊葵也陸註(郭註至陸註八字改陸疏二字)似蕪菁華紫綠色可食微苦[爾雅翼]一名錦葵花 又[爾雅註](增今荊葵也又云六字)荍小草 [郭註今荊葵也陸註(郭註至陸註八字改陸疏二字)] [[爾雅註](增今荊葵也又云六字)]

★이상과 같이 오류(誤謬) 수정(修訂)이 되면 형규(荊葵; 당아욱)가 되어 자전상(字典上) 교(荍)의 본의(本義)에 적극 영향이 미치게 됨.

康荏(임)[唐韻]如甚切[集韻][韻會][正韻]忍甚切𠀤音稔[詩大雅]荏菽旆旆[傳]荏菽戎菽也[箋]大豆也 又[爾雅釋草]蘇桂荏[揚子方言]關之東西或謂之蘇或謂之荏[後漢馬融傳]桂荏鳧葵[本草]荏子可壓油[益都方物略記]每歲荏且熟則荏雀羣至食其實 又柔也[詩小雅]荏染柔木[傳]荏染柔意也[論語]色厲而內荏 又[篇海]荏染猶侵尋也亦作荏苒[廣韻]荏苒展轉也[魏書彭城王傳]離違淸挹荏苒至今又地名[史記趙世家]敗林人于荏

【 오류정리 】

○康誤處 1; [魏書彭城王傳]離(改難)違淸挹荏苒至今
●考證 ; 謹照原文離改難
◆整理 ; [魏書彭城王傳(위서팽성왕전)] 離(리)는 難(난)의 착오.

◆訂正文 ; [魏書彭城王傳]難違淸挹荏苒至今

▶【1607-1】字解誤謬與否 ; [魏書彭城王傳]離(改難)違淸挹荏苒至今 [離(改難)]

★이상과 같이 오류(誤謬) 수정(修訂)이 된다 하여도 난위(難違; 어기기 어렵다)는 자전상(字典上) 임(荏)의 본의(本義)에는 영향이 미치지 않음.

康荐(천)[廣韻][正韻]在甸切[集韻][韻會]才甸切𠀤音洊[爾雅釋言]荐原再也 又[國語註]荐聚也 又[小爾雅]重也[廣韻]仍也[左傳僖十三年]晉荐饑[爾雅釋天]仍饑爲荐 又[左傳襄四年]戎狄荐居[註]荐草也古狄人逐水草而居徙無常處 又與薦通[詩大雅]饑饉薦臻[說文]荐薦席也[六書正譌]俗作洊非

【 오류정리 】

○康誤處 1; [左傳襄四年]戎狄荐居[註]荐草也古(改言)狄人逐水草而居
●考證 ; 謹照原文古改言
◆整理 ; [左傳襄四年(좌전양사년)][註(주)] 古(고)는 言(언)의 착오.

◆訂正文 ; [左傳襄四年]戎狄荐居[註]荐草也言狄人逐水草而居

▶【1608-1】字解誤謬與否 ; [左傳襄四年]戎狄荐居[註]荐草也古(改言)狄人逐水草而居 [古(改言)]

★이상과 같이 오류(誤謬) 수정(修訂)이 된다 하여도 언적(言狄; 방언(方言). 북쪽 종족의 언어.)은 자전상(字典上) 천(荐)의 본의(本義)에는 영향이 미치지 않음.

康荑(이)[廣韻]杜奚切[集韻][韻會]田黎切𠀤音啼[玉篇]始生茅也[詩邶風]自牧歸荑[衞風]手如柔荑 又草木初生貌[晉書郭璞傳]蘭荑爭翹[謝靈運詩]草木荑綠柳 又草也[孟子]苟

為不熟不如荑稗通作稊　又[廣韻]以脂切[集韻]延知切莀音夷[爾雅釋草]莀荑蕛藬[註]莀荑草名一名白蕢　又芟刈曰荑[周禮地官]凡稼澤以水殄草而芟荑之或作稊

【오류정리】

○康誤處 1; [謝靈運詩]草木(改原隰)荑綠柳
●考證 ; 謹照原詩草木改原隰
◆整理 ; [謝靈運詩(사령운시)] 草木(초목)은 原隰(원습)의 착오.
◆訂正文 ; [謝靈運詩]原隰荑綠柳
▶【1609-1】字解誤謬與否 ; [謝靈運詩]草木(改原隰)荑綠柳 [草木(改原隰)]
★이상과 같이 오류(誤謬) 수정(修訂)이 된다 하여도 원습(原隰; 높고 마른 땅과 얕고 젖은 땅. [書禹貢貢]原隰底績至于猪野[國語周語上]猶其原隰之有衍沃也 [韋昭注]廣平曰原下濕曰隰 [說文解字阜部]隰阪下濕也)은 자전상(字典上) 이(荑)의 본의(本義)에는 영향이 미치지 않음.

康 荒(황)[唐韻][集韻][韻會][正韻]莀呼光切音肓[說文]蕪也一曰草掩地也[周語田疇荒蕪[韓詩外傳]四穀不升謂之荒[爾雅釋天]果不熟為荒　又廢也[書蔡仲之命]無荒棄朕命[傳]無廢棄我命　又大也[詩周頌]天作高山大王荒之[書益稷]惟荒度土功[傳]大治度水土之功　又[書禹貢]五百里荒服[爾雅釋地]觚竹北戶西王母日下謂之四荒　又掩也[詩周南]南有樛木葛藟荒之　又空也[吳語]荒城不盟　又蒙也[禮喪大記註]在旁曰帷在上曰荒　又[集韻]同慌[楚辭哀郢]荒忽其焉極　又通肓[史記扁鵲列傳]搦髓腦揲荒[註]荒膏荒也　又地名[水經注]荒谷東岸有冶父城[梁元帝玄覽賦]夕瞻荒谷之寺　又歲名[爾雅釋天]大歲在己曰大荒落　又姓見[通志氏族略]

【오류정리】

○康誤處 1; [吳語]荒城(改成)不盟
●考證 ; 謹照原文城改成
◆整理 ; [吳語(오어)] 城(성)은 成(성)의 착오.
◆訂正文 ; [吳語]荒成不盟
▶【1610-1】字解誤謬與否 ; [吳語]荒城(改成)不盟 [城(改成)]
★이상과 같이 오류(誤謬) 수정(修訂)이 된다 하여도 황성(荒成; 거칠어졌다)은 자전상(字典上) 황(荒)의 본의(本義)에는 영향이 미치지 않음.

艸部 七畫

康 莑(리)[唐韻]恥六切[集韻]敕六切莀音蓄[博雅]羊蹄萊也[本草]一名東方宿一名連蟲陸　又[揚子方言郭璞註]蘸蒗莑菜也亦蘇之種類　又[說文]陵之切讀若釐草也[齊民要術][字林]云莑草似冬藍蒸食之

【오류정리】

○康誤處 1; [博雅]羊蹄萊也(改莑羊蹄也)
●考證 ; 謹照原文改莑羊蹄也
◆整理 ; [博雅(박아)] 羊蹄萊也(양제래야)는 莑羊蹄也(리양제야)의 착오.
◆訂正文 ; [博雅]莑羊蹄也
▶【1611-1】字解誤謬與否 ; 羊蹄萊也(改莑羊蹄也) [羊蹄萊也(改莑羊蹄也)]
★이상과 같이 오류(誤謬) 수정(修訂)이 되면 리양제(莑羊蹄; 소루쟁이. 양제초(羊蹄草). 동방숙(東方宿) 련충륙(連蟲陸) [博雅]莑羊蹄也[本草]一名東方宿一名連蟲陸[揚子方言郭璞註]蘸蒗莑菜也亦蘇之種類)인데 자전상(字典上) 리(莑)의 본의(本義)에 적극 영향이 미치게 됨.

康荷(하)[唐韻]胡歌切[集韻][韻會][正韻]寒歌切夶音何[爾雅釋草]荷芙渠[註]別名芙蓉江南人呼荷[詩鄭風]隰有荷華[傳]荷華扶渠也 又[陳風]有蒲與荷[箋]芙渠之莖也[埤雅]荷總名也華葉等名具衆義故以不知爲問謂之荷也 又[本草]薄荷莖葉似荏而長

又地名[吳志裴松之傳]吳圍成陽都尉張喬于揚荷橋 又[集韻]居何切音歌水名與菏同註詳菏字 又[廣韻]胡可切[左傳昭七年]其子弗克負荷[註]荷擔也[論語]有荷蕢而過孔氏之門者[疏]荷擔揭也[晉書輿服志]八座尚書荷紫以生紫爲袷囊綴之服外 又通何[詩小雅]何蓑何笠[傳]揭也[箋]何可反

又[國語補音]負荷之荷亦音河[嵆康詩]昔蒙父兄祚少得離負荷因疏邁成嬾寢跡此山阿[潘岳詩]位同單父邑愧無子賤歌豈能陋微官但恐泰所荷 又通苛[前漢酈食其傳]握齱好荷禮[師古註]荷與苛同苛細也 又怨怒聲[通鑑]梁武帝口苦索蜜不得再曰荷荷

【 오류정리 】

○康誤處 1; [爾雅釋草]荷芙渠[註]別名芙蓉江南(改江東)人呼荷

●考證 ; 謹照原文江南改江東

◆整理 ; [爾雅釋草(이아석초)] [註(주)] 江南(강남)은 江東(강동)의 착오.

◆訂正文 ; [爾雅釋草]荷芙渠[註]別名芙蓉江東人呼荷

▶ 【1612-1】 字解誤謬與否 ; [爾雅釋草]荷芙渠[註]別名芙蓉江南(改江東)人呼荷 [江南(改江東)]

★이상과 같이 오류(誤謬) 수정(修訂)이 된다 하여도 강동(江東; 양자강(揚子江)의 동쪽 하류 지역인 무호(蕪湖) 남경(南京). 삼국시대(三國時代) 오(吳)나라가 통치하던 전지역.)은 자전상(字典上) 하(荷)의 본의(本義)

에는 영향이 미치지 않음.

○康誤處 2; [詩小雅]何蓑何笠[傳]揭也[箋]何可反(改釋文河可反)

●考證 ; 謹照原文箋何可反改釋文河可反

◆整理 ; [詩小雅(시소아)] [傳(전)]의 箋(전) 何可反(하가반)은 釋文(석문) 河可反(하가반)의 착오.

◆訂正文 ; [詩小雅]何蓑何笠[傳]揭也[釋文]河可反

▶ 【1613-2】 字解誤謬與否 ; [詩小雅]何蓑何笠[傳]揭也[箋]何可反(改釋文河可反) [[箋]何可反(改釋文河可反)]

★이상과 같이 오류(誤謬) 수정(修訂)이 된다 하여도 하가반(河可反; 하수(河水)를 되돌이킬 수 있나)은 자전상(字典上) 하(荷)의 본의(本義)에는 영향이 미치지 않음.

康筠(윤)[唐韻]于敏切音殞[爾雅釋草]筠菼[註]筠一名菼謂草根可食者也亦笋類也非一種 又[集韻]于倫切音筠藕紹也

【 오류정리 】

○康誤處 1; [爾雅釋草]筠菼[註]筠一名菼(改一名菱)

●考證 ; 謹照原文一名菼改一名菱

◆整理 ; [爾雅釋草(이아석초)] [註(주)] 一名菼(일명회)는 一名菱(일명교)의 착오.

◆訂正文 ; [爾雅釋草]筠菼[註]筠一名菱

▶ 【1614-1】 字解誤謬與否 ; [爾雅釋草]筠菼[註]筠一名菼(改一名菱) [一名菼(改一名菱)]

★이상과 같이 오류(誤謬) 수정(修訂)이 되면 윤일명교(筠一名菱; 연 뿌리 연근(蓮根). [爾雅釋草]筠菼[註]筠一

名荼謂草根可食者也亦筍類也)라 자전
상(字典上) 윤(芛)의 본의(本義)에 적
극 영향이 미치게 됨.

康 荼(도)[唐韻][正韻]夊同都切音
塗[詩邶風]誰謂荼苦其甘如薺[傳]荼
苦菜也[大雅]周原膴膴菫荼如飴[爾雅
釋草]荼苦菜[疏]一名荼草一名選一名
游冬葉似苦苣而細斷之白汁花黃似菊
又[詩豳風]採荼薪樗又予所捋荼[註]
荼萑苕也　又[詩鄭風]有女如荼[箋]荼
茅秀物之輕者飛行無常[周禮地官掌荼
註]荼茅秀也[前漢禮樂志]顏如荼兆逐
靡[應劭曰]荼野菅白華也[師古曰]言
美女顏貌如茅荼之柔也荼者卽今所謂
蒹錐也　又[書湯誥]弗忍荼毒[傳]荼
毒苦也[詩大雅]民之貪亂寧爲荼毒
[疏]荼毒皆惡物　又[詩周頌]以薅荼
蓼[孫炎曰]荼亦穢草非苦菜也[王肅
曰]荼陸穢　又[爾雅釋木]檟苦荼[註]
樹小如梔子冬生葉可作羹飲[野客叢
書]世謂古之荼卽今之茶不知荼有數種
惟荼檟之荼卽今之茶也詳茶字註　又
[博雅]荼僭也　又[揚子方言]倩荼借
也[郭註]荼猶徒也　又神名[風俗通]
上古之時有神荼鬱壘昆弟二人性能執
鬼[蔡邕獨斷]十二月歲竟乃畫荼壘并
懸葦索以禦凶　又[唐韻]宅加切[六書
正譌]直加切[正韻]鋤加切夊音槎義同
　又通舒[禮玉藻]荼前詘後　[註]讀如
舒遲之舒[荀子大略篇]諸侯御荼[註]
古舒字玉之上圓下方者[史記建元以來
侯者年表]荊荼是徵[索隱註]荼音舒
[唐韻古音]神荼之荼荼毒之荼亦夊音
舒　又[集韻]時遮切音闍[爾雅釋草]
蔈荂荼卽芀也　又倉大切音蔡[博物
記]雲南郡荼首其音爲蔡茂是兩頭鹿名
也永昌有之　又[集韻]余遮切音邪荼
陵縣名在長沙　又姓[通志氏族略][漢
書江都易王傳]有男子荼恬蘇林云荼音

琅邪之邪　又[正韻]商居切音書與璣
同　又[周禮地官]掌荼徐邈讀作羊諸
切音余　又[集韻]後五切音戸亦茅秀
也

【 오류정리 】

○康誤處 1; [禮玉藻]荼前詘後(改諸
侯荼)
●考證 ; 謹按所引非原文句讀謹照原
文改諸侯荼
◆整理 ; [禮玉藻(례옥조)]荼前詘後
(도전굴후)는 諸侯荼(제후도)의 착오.
◆訂正文 ; [禮玉藻]諸侯荼
▶ 【1615-1】字解誤謬與否 ; [禮玉
藻]荼前詘後(改諸侯荼) [荼前詘後
(改諸侯荼]
★이상과 같이 오류(誤謬) 수정(修訂)
이 되면 제후도(諸侯荼; 제후는 홀을
드느데 [禮玉藻]雲天子搢斑方正於天
下也諸侯荼前詘後直讓於天子也大夫前
詘後詘無所不讓也[字典] 荼通舒[荀子
大略篇]諸侯御荼[註]古舒字玉之上圓
下方者) 자전상(字典上) 도(荼)의 본
의(本義)에 적극 영향이 미치게 됨.

康 莊(장)[唐韻][集韻]夊側羊切音
裝草盛貌[六書正譌]艸芽之壯也　又嚴
也[論語]臨之以莊則敬　又[韻會]盛
飾也　又[左傳襄二十八年]得慶父之
木百車于莊[註]莊六軌之道[爾雅釋
宮]六達謂之莊　又田舍也[通鑑史炤
釋文]唐置莊宅使[胡三省註]蓋主莊田
及外舍之事　又[公羊傳定八年]矢著
于莊門[註]莊門孟氏之門名　又姓[通
志氏族略]楚莊王之後以諡爲氏楚有大
儒曰莊周　又[雲南通志]海貝一枚土
人謂之莊　又[篇海]側亮切音壯恭也
[說文]作壯[干祿字書]通作莊俗作庄
非

【 오류정리 】

○康誤處 1; [干祿字書]通作莊(改莊)

●考證 ; 謹照原文莊改莊

◆整理 ; [干祿字書(간록자서)] 莊
(장)은 莊(장)의 착오.

◆訂正文 ; [干祿字書]通作莊

▶【1616-1】字解誤謬與否 ; [干祿
字書]通作莊(改莊) [莊(改莊)]

★이상과 같이 오류(誤謬) 수정(修訂)
이 된다 하여도 장(莊; 통작장(通作
莊) 장(莊)과 통용(通用) 마을. 봉토
(封土). 장중하다. 씩씩하다)은 자전
상(字典上) 장(莊)의 본의(本義)에 는
영향이 미치지 않음.

康 茺(충)[唐韻]昌終切[集韻]昌嵩切
夶音充茺蔚草[本草]一名益母一名野
天麻一名夏枯草一名土質汗李時珍曰
其功宜於婦人及明目益精故有益母之
稱其莖方類麻故謂之野天麻夏至後卽
枯故有夏枯之稱[近效方]謂之土質汗
林億云質汗乃山西番以熱血合諸藥煎
成治金瘡折傷益母亦可治折傷故名土
質汗也[正字通]本作茺[字彙]譌作茺

【 오류정리 】

○康誤處 1;[唐韻(改廣韻)]昌終切

●考證 ; 謹照原書唐韻改廣韻

◆整理 ; [唐韻(당운)은 廣韻(광운)의]
착오.

◆訂正文 ; [廣韻]昌終切

▶【1617-1】字解誤謬與否 ; [唐韻
(改廣韻)]昌終切 [唐韻(改廣韻)]

★이상과 같이 인용처(引用處)나 주
소(註疏) 음(音) 등(等)의 오류(誤謬)
를 수정(修訂)을 한다 하여도 자전상
(字典上)의 충(茺)의 본의(本義)에는
영향이 미치지 않음.

康 莌(탈)[唐韻]徒活切音奪[爾雅釋
草]離南活莌[疏]離南一名活莌[山海
經]又名寇脫生江南高丈許零陵人植而
日灌之以爲樹[廣韻]活莌大葉莖中有

瓠正白

【 오류정리 】

○康誤處 1; [山海經]又名寇脫(增郭
註二字)生江南

●考證 ; 謹照原文寇脫下增郭註二字

◆整理 ; [山海經(산해경)] 寇脫(구
탈)에 이어 郭註二字(곽주이자)를 덧
붙임.

◆訂正文 ; [山海經]又名寇脫[郭註]
生江南

▶【1618-1】字解誤謬與否 ; [山海
經]又名寇脫(增郭註二字)生江南 [寇
脫(增郭註二字)]

★이상과 같이 주소(註疏) 등(等)의
오류(誤謬)를 수정(修訂)을 한다 하여
도 자전상(字典上)의 탈(莌)의 본의
(本義)에는 영향이 미치지 않음.

康 茱(출)[唐韻]巨鳩切[集韻][韻
會]渠尤切夶音求[說文]茱樧實裏如表
者[爾雅釋草]椒樧醜茱[註]茱萸子聚生
成房貌

【 오류정리 】

○康誤處 1; [爾雅釋草(改釋木)]椒樧
醜茱

●考證 ; 謹照原書釋草改釋木

◆整理 ; [爾雅(이아) 釋草(석초)는
釋木(석목)의] 착오.

◆訂正文 ; [爾雅釋木]椒樧醜茱

▶【1619-1】字解誤謬與否 ; [爾雅
釋草(改釋木)]椒樧醜茱 [釋草(改釋
木)]

★이상과 같이 인용처(引用處)나 주
소(註疏) 음(音) 등(等)의 오류(誤謬)
를 수정(修訂)을 한다 하여도 자전상
(字典上)의 출(茱)의 본의(本義)에는
영향이 미치지 않음.

康 萌(맹)[廣韻]武庚切[集韻]眉耕
切[韻會]眉甍切[正韻]眉庚切夶音盲

[爾雅釋草]蝱貝母[註]根如小貝圓而白華葉似韭[張衡西京賦]王芻蝱臺[蔡邕述行賦]布蝱葰與臺蝱兮 又與莔通
[爾雅疏]詩云言采其莔陸璣曰莔今藥草貝母也 又[唐韻古音]武郎切[韻補]謨郎切𦮼音芒義同 又[廣韻]許訖切音迄吳孫休長子字

【 오류정리 】
○康誤處 1; [蔡邕述行賦](增布字)蝱葰與臺蝱兮
●考證 ; 謹照原文蝱葰上增布字
◆整理 ; [蔡邕述行賦](채옹술행부)에 이어 布字(포자)를 덧붙임.
◆訂正文 ; [蔡邕述行賦]布蝱葰與臺蝱兮
▶【1620-1】字解誤謬與否 ; [蔡邕述行賦](增布字)蝱葰與臺蝱兮 [蔡邕述行賦(增布字)]
★이상과 같이 오류(誤謬) 수정(修訂)이 되면 포미담(布蝱葰; 물억새)인데 자전상(字典上) 맹(莔)의 본의(本義)에 영향이 미치게 됨.

康 莖(경)[唐韻]戸耕切[集韻][韻會]何耕切[正韻]何庚切𦮼音輕[說文]草木榦也[字林]枝柱也[類篇]草曰莖竹曰箇木曰枚[楚辭九歌]秋蘭兮青青綠葉兮紫莖[繁露竹林篇]凡[春秋]之記災異也雖畝有數莖猶謂之無麥苗也[論衡]朱草之莖如鍼 又特也[張衡西京賦]徑百常而莖擢 又[周禮冬官桃氏]以其臘廣爲之莖圍長倍之[註]莖謂劍夾人所握鐔以上也 又樂名[白虎通]顓頊樂曰[六莖]莖者著萬物也[左思魏都賦]冒六英五莖 又山名[韓詩外傳]秦穆公將田而喪其馬求三日而得之於莖山之陽 又[廣韻]烏莖切[直音]於京切𦮼音鶯草名[爾雅釋草]姚莖凃薺 [六書正譌]別作䇢非
【 오류정리 】

○康誤處 1; [白虎通]顓頊樂曰六莖莖者(改者莖)著萬物也
●考證 ; 謹照原文莖者改者莖
◆整理 ; [白虎通(백호통)] 莖者(경자)는 者莖(자경)의 착오.
◆訂正文 ; [白虎通]顓頊樂曰六莖者莖著萬物也
▶【1621-1】字解誤謬與否 ; [白虎通]顓頊樂曰六莖莖者(改者莖)著萬物也 [莖者(改者莖)]
★이상과 같이 오류(誤謬) 수정(修訂)이 되면 자경(者莖; 전욱악(顓頊樂)○[白虎通德論禮樂][禮記]曰顓頊樂曰[六莖]者莖著萬物也○[禮樂]顓頊曰[六莖]者言和律曆以調陰陽莖者著萬物也)이라 자전상(字典上) 경(莖)의 본의(本義)에 영향이 미치게 됨.

康 莞(완)[唐韻][集韻]𦮼胡官切音桓[說文]草也可爲席[詩小雅]上莞下簟[箋]小蒲之席也[爾雅釋草]莞苻蘺[註]白蒲一名苻蘺楚謂之莞蒲[禮禮器]莞簟之安而藁秸之設[前漢東方朔傳]莞蒲爲席[註]莞今謂之蔥 又姓[晉武帝紀]吳將莞恭 又[集韻]沽還切音關義同 又古丸切音官[韻會]亦莞蒲也 又東莞地名[史記註]東莞在琅邪[綱目集覽]今沂州沂水縣古東莞也[方輿勝覽]廣州路有東莞縣 又谷名[水經注]高都縣有莞谷 又戸板切音皖[論語]夫子莞爾而笑[何晏註]莞爾小笑貌 又[韻補]圭園切[韓愈詩]欲不出納以埋其源空堂幽幽有秸有莞[六書故]作莧[篇海作𦱤

【 오류정리 】
○康誤處 1; [詩小雅]上莞下簟(改下莞上簟)
●考證 ; 謹照原文改下莞上簟
◆整理 ; [詩小雅(시소아)] 上莞下簟(상완하점)은 下莞上簟(하완상점)의

착오.

◆訂正文 ; [詩小雅]下莞上簟

▶【1622-1】字解誤謬與否 ; [詩小雅]上莞下簟(改下莞上簟) [上莞下簟(改下莞上簟)]

★이상과 같이 오류(誤謬) 수정(修訂)이 되면 하완상점(下莞上簟; 바닥은 부들자리요 위는 대자리라)고 의미를 상하로빠뀌었을뿐이라 자전상(字典上) 완(莞)의 본의(本義)에 영향이 미치지 잃음.

康莢(협)[唐韻][正韻]古協切[韻會]吉協切𠀤音夾[說文]草實[博雅]豆角謂之莢[周禮地官大司徒]其植物宜莢[註]莢物薺莢王棘之屬[疏]卽今人謂之皁莢是也 又蓂莢堯時瑞草又莢蒾[本草]葉似木槿及榆柞小樹 又錢名[前漢食貨志]漢興以爲秦錢重難用更令民鑄莢錢[註]如榆莢也 又陵名[水經注[李夫人塚塚形三成世謂之莢陵 又姓[通志氏族略]莢氏[風俗通]莢成僖子晉大夫[王僧孺百家志]荀永之娶平陽莢氏

【 오류정리 】

○康誤處 1; [周禮地官大司徒]其植物宜莢(增物字)

●考證 ; 謹照原文莢字下增物字

◆整理 ; [周禮地官大司徒(주례지관대사도)] 莢(협)에 이어 物字(물자)를 덧 붙임.

◆訂正文 ; [周禮地官大司徒]其植物宜莢物

▶【1623-1】字解誤謬與否 ; [周禮地官大司徒]其植物宜莢(增物字) [莢(增物字)]

★이상과 같이 오류(誤謬) 수정(修訂)이 되면 협물(莢物; 꼬투리가 열리는 식물. [周禮地官大司徒]其植物宜莢物[註]莢物薺莢王棘之屬[疏]卽今人謂之

皁莢是也又蓂莢堯時瑞草) 자전상(字典上) 협(莢)의 본의(本義)에 영향이 미치게 됨.

康草(조)[唐韻]昨早切[集韻]在早切𠀤音造[說文]作草詳草字註又作皁斗櫟實也 [篇海]作草[六書正譌]俗作皁皀𠀤非草字从皀作

【 오류정리 】

○康誤處 1; [說文]作草詳草字註又作皁(增皁字)斗櫟實也

●考證 ; 謹照原文皁下增皁字

◆整理 ; [說文(설문)] 又作(우작) 皁(초)에 이어 皁字(초자)를 덧붙임.

◆訂正文 ; [說文]作草詳草字註又作皁皁斗櫟實也

▶【1624-1】字解誤謬與否 ; [說文]作草詳草字註又作皁(增皁字)斗櫟實也 [皁(增皁字)]

★이상과 같이 오류(誤謬) 수정(修訂)이 되면 초초(皁皁; 간략하게)라 자전상(字典上) 조(草)의 본의(本義)에 적극 영향이 미치게 됨.

艸 部 八畫

康莽(망)[玉篇][唐韻][㺯韻]莫朗切[集韻][類篇]模朗切 𠀤音蟒[說文]南昌謂犬善逐兔草中爲莽 又[揚子方言]草南楚之閒謂之莽[孟子]在野曰草莽之臣[趙岐註]莽亦草也[屈原離騷]夕攬中州之宿莽[註草冬生不死者 又[周秝秋官剪氏]掌除蠹物以莽草薰之[山海經]朝歌之山有草名曰莽草可以毒魚 又[拾遺記]有草名莽煌炙人衣則焦刈之爲席方冬彌溫以枝相摩則火出 又[爾雅釋草]莽數節[疏]凡竹節閒促數者名莽 又[小爾雅]大也 又草深貌[楚辭天問]草木莽莽 又[莊子則陽篇]君爲政焉勿鹵莽[註]猶粗率也

又莽蒼見蒼字註　　又國名[列周穆王篇]西蕀之南隅名古莽之國　　又姓[後漢莽何羅傳註]孟康曰本姓駕明德皇后惡其先人有反者易姓莽　又[廣韻]莫厚切音某義同　　又[唐韻古音]莫補切音媽[楚辭九章陶陶孟夏兮草木莽莽傷懷永哀兮汨徂南土　　又[集韻]謨郎切音茫莽蒼亦讀平聲　俗作莽莽

【 오류정리 】

○康誤處 1; [屈原離騷]夕攬中(省中字)州(改洲)之宿莽

●考證 ; 謹照原文 省中字州改洲

◆整理 ; [屈原離騷(굴원리소)] 中字(중자)는 삭제하고, 州(주)는 洲(주)의 착오.

◆訂正文 ; [屈原離騷]夕攬洲之宿莽

▶【1625-1】字解誤謬與否 ; [屈原離騷]夕攬中(省中字)州(改洲)之宿莽 [中(省中字)] [州(改洲)]

★이상과 같이 오류(誤謬) 수정(修訂)이 되면 석람주지숙주(夕攬洲之宿莽; 저녁나절 물가에서 숙초(宿草 숙망(宿莽) 를 뜯었다) [孟子]在野曰草莽之臣[趙岐註]莽亦草也[屈原離騷]夕攬洲之宿莽草冬生不死者又[周禮秋官剪氏]掌除蠱物以莽草薰之) 라 자전상(字典上) 망(莽)의 본의(本義)에 적극 영향이 미치게 됨.

○康誤處 2; [後漢莽何羅傳註](改前漢書武帝紀莽何羅註)

●考證 ; 謹按後漢無莽何羅傳謹照原書改前漢書武帝紀莽何羅註

◆整理 ; [後漢莽何羅傳註(후한망하라전주)]는 [前漢書武帝紀莽何羅註(전한서무제기망하라주)의] 착오.

◆訂正文 ; [前漢書武帝紀莽何羅註]

▶【1626-2】字解誤謬與否 ; [後漢莽何羅傳註](改前漢書武帝紀莽何羅註)

★이상과 같이 인용처(引用處)나 주

소(註疏) 음(音) 등(等)의 오류(誤謬)를 수정(修訂)을 한다 하여도 자전상(字典上)의 망(莽)의 본의(本義)에는 영향이 미치지 않음.

康菁(청)[唐韻]子盈切[集韻][類篇]咨盈切𠀤音精[說文]韭華也[張衡南都賦]秋韭冬菁[註]廣雅曰韭其華謂之菁　又菁茅[書禹貢]包匭菁茅[管子菁茅謀]江淮之閒有一茅而三脊母至其本名之曰菁茅　又蔓菁[周禮天官]醢人菁菹[註]菁蔓菁也　又蕪菁[後漢桓帝紀]種蕪菁以助人食　又菁華英也[張衡西京賦]麗服颺菁　又[集韻]倉經切音靑菁菁花盛貌[詩唐風]有杕之左其葉菁菁　又地名[謝靈運山居賦]三菁五奧[自註]三菁在太平之。

【 오류정리 】

○康誤處 1; [管子菁茅謀(改管子輕重丁)]

●考證 ; 謹照原書篇名改管子輕重丁

◆整理 ; [管子菁茅謀(관자청모모)는 管子輕重丁(관자경중정)의] 착오.

◆訂正文 ; [管子輕重丁]

▶【1627-1】字解誤謬與否 ; [管子菁茅謀(改管子輕重丁)]

★이상과 같이 인용처(引用處)나 주소(註疏) 음(音) 등(等)의 오류(誤謬)를 수정(修訂)을 한다 하여도 자전상(字典上)의 청(菁)의 본의(本義)에는 영향이 미치지 않음.

○康誤處 2; [詩唐風]有杕之左(改杜)其葉菁菁

●考證 ; 謹照原文左改杜

◆整理 ; [詩唐風(시당풍)] 左(좌)는 杜(두)의 착오.

◆訂正文 ; [詩唐風]有杕之杜其葉菁菁

▶【1628-2】字解誤謬與否 ; [詩唐風]有杕之左(改杜)其葉菁菁 [左(改杜)]

★이상과 같이 오류(誤謬) 수정(修訂)이 되면 두기엽청청(杜其葉菁菁; 콩배나무 잎이 무성하다. [張衡西京賦]麗服颺菁又[集韻]倉經切音靑菁菁花盛貌[詩唐風有杕之杜其葉菁菁)이라 자전상(字典上) 청(菁)의 본의(本義)에 적극영향이 미치게 됨.

(康)菅(관)[唐韻]古顏切[集韻]居顏切夶音姦[玉篇]茅屬也[詩小雅]白華菅兮[疏]已漚爲菅[左傳昭二十年]無棄菅蒯[註]菅似茅滑澤無毛筋宜爲索漚與曝尤善 又[左傳昭二十七年]或取一編菅[杜註]苫也[山海經]白菅爲席 又[管子牧民論]野蕪曠則民乃菅[註]謂葬色也 又姓[正字通]漢有菅禹唐有菅崇嗣 又古頑切音關[春秋隱十年]公敗宋師于菅[註]菅宋地 又[韻補]圭玄切音涓[詩陳風]東門之池可以漚菅叶下晤言韻

【 오류정리 】

○康誤處 1; [管子牧民論(改牧民篇)]野蕪曠則民乃菅[註]謂葬色也(改菅當爲姦)

●考證 ; 謹照原書牧民論改牧民篇註中謂葬色也照原文改菅當爲姦

◆整理 ; [管子(관자) 牧民論(목민론)은 牧民篇(목민편)의 착오] [註(주)] 謂葬色也(위부색야)는 菅當爲姦(관당위간)의 착오.

◆訂正文 ; [管子牧民篇]野蕪曠則民乃菅[註]菅當爲姦

▶ 【1629-1】 字解誤謬與否 ; [管子牧民論(改牧民篇)]野蕪曠則民乃菅[註]謂葬色也(改菅當爲姦) [牧民論(改牧民篇)] [謂葬色也(改菅當爲姦)]

★이상과 같이 오류(誤謬) 수정(修訂)이 되면 관당위간(菅當爲姦; 얕보이면 배반을 당한다. [管子牧民篇]野蕪曠則民乃菅[註]菅當爲姦)일지니 자전상(字典上) 관(菅)의 본의(本義)에 적

극 영향이 미치게 됨.

(康)萪(백)[唐韻]傍伯切音白[類篇]草名也[爾雅釋草]帛似[註]草葉有似帛者因名俗加艸

【 오류정리 】

○康誤處 1; [爾雅釋草]帛似(增帛字)

●考證 ; 謹照原文帛似下增帛字

◆整理 ; [爾雅釋草(이아석초)] 帛似(백사)에 이어 帛字(백자)를 덧붙임.

◆訂正文 ; [爾雅釋草]帛似帛

▶ 【1630-1】 字解誤謬與否 ; [爾雅釋草]帛似(增帛字) [帛似(增帛字)]

★이상과 같이 오류(誤謬) 수정(修訂)이 되면 백사백(帛似帛; 백초(帛草)잎은 흰비단 같다. [爾雅釋草]帛似帛華山有之[疏]華山有草葉似帛者因以名云)이라 자전상(字典上) 백(萪)의 본의(本義)에 적극 영향이 미치게 됨.

(康)菊(국) [唐韻][韻會]夶居六切音掬古作蘜[說文]蘜治牆也[郭註]今之秋華菊[禮月令]蘜有黃華[屈原離騷]夕餐秋菊之落英 又水名[水經注]湍水又南菊水注之水出西北石㟉山芳菊谿 又[韻補]訣力切[賈島詩]九日不出門十日見黃灼灼耀繁英美人無消息[集韻]亦作蘜

【 오류정리 】

○康誤處 1; [唐韻][韻會]夶居六切音掬古作蘜[說文(改爾雅)]蘜治牆(改蘠字)也[郭註]今之秋華菊[禮月令]蘜(改鞠字)有黃華

●考證 ; 謹按郭註係爾雅之註今改說文爲爾雅夶照原文牆字改蘠字月令蘜字改鞠字古作蘜之下增鞠字

◆整理 ; [說文(설문) 爾雅(이아)] 牆(장)은 蘠字(장자)의 착오. [禮月令(례월령)] 蘜(국)은 鞠字(국자)의 착오.

◆訂正文 ; [唐韻][韻會]夶居六切音

掬古作鞠[爾雅]鞠治牆也[郭註]今之秋華菊[禮月令]鞠有黃華

▶【1631-1】字解誤謬與否；[唐韻][韻會]丘六切音掬古作鞠[說文(改爾雅)]鞠治牆(改牆字)也[郭註]今之秋華菊[禮月令]鞠(改鞠字)有黃華 [說文(改爾雅)][牆(改牆字)][鞠(改鞠字)]

★이상과 같이 인용처(引用處)의 오류(誤謬)를 수정(修訂)을 한다 하여도 자전상(字典上)의 국(菊)의 본의(本義)에는 영향이 미치지 않으며, 치장(治牆; 국화.[說文艸部]鞠治牆也)과 국유황화(鞠有黃華; 국화는 노란꽃이 된다) 둘다 국화를 논함이니 적극 본의(本義)에 영향을 미침.

康 莍 (미)[唐韻]無沸切音味[說文]荎蕏也[爾雅釋草]莍荎蕏[註]五味也 又[集韻]暮拜切音靺義同亦作茉

【 오류정리 】

○康誤處 1；[說文]荎蕏(改藸)也[爾雅釋草]莍荎蕏(改藸)

●考證；謹照原文兩蕏字丛改藸

◆整理；[說文(설문)]蕏(저)는 藸(저)의 착오. [爾雅釋草(이아석초)]蕏(저)는 藸(저)의 착오.

◆訂正文；[說文]荎藸也[爾雅釋草]莍荎藸

▶【1632-1】字解誤謬與否；[說文]荎蕏(改藸)也[爾雅釋草]莍荎蕏(改藸)[蕏(改藸)][蕏(改藸)]

★이상과 같이 오류(誤謬) 수정(修訂)이 되면 치저(荎藸; 오미자)라 자전상(字典上) 미(莍)의 본의(本義)에 직접 영향이 미치게 됨.

康 薱 (우)[集韻]匈于切音吁[類篇]藥草[爾雅釋草]薱虺牀[註]蛇牀也一名馬牀[疏]一名蛇米一名虺牀一名思益一名繩毒一名棗棘一名牆蘼

【 오류정리 】

○康誤處 1；[爾雅釋草]薱(改盱)虺牀

●考證；謹照原文薱改盱

◆整理；[爾雅釋草(이아석초)]薱(우)는 盱(우)의 착오.

◆訂正文；[爾雅釋草]盱虺牀

▶【1633-1】字解誤謬與否；[爾雅釋草]薱(改盱)虺牀 [薱(改盱)]

★이상과 같이 오류(誤謬) 수정(修訂)이 되면 우(盱; 쳐다보다 부릅뜨다 확대하다. 크다. 바라보다, 기다리다. 근심하다) [說文]張目也[六書故]張目企望者[易豫卦]盱豫悔[註]上視也[前漢王莽傳]盱衡厲色[註]眉上曰衡盱衡舉眉揚目也又[爾雅釋詁]憂也[鄭箋]病也[朱傳]望也張目貌인데 자전상(字典上) 우(薱)의 본의(本義)에 직접 영향이 미치게 됨.

康 菑 (치)[唐韻]側持切音緇[說文]不耕田也[徐曰]从艸从巛从田巛川壅也田不耕則艸壅塞之[爾雅釋地]田一歲曰菑[註]今江東呼初耕地反草為菑[詩雅]于此菑畝[疏]菑者災也始災殺其草木也[易无妄]不菑畲[疏]不敢首發新田[惟 治其菑熟之地 又水名[山海經]常蒸之山菑水出焉 又地名[史記孝景帝紀註]菑川縣故劇城 又姓[通氏族略]孔融集有菑莊青州人 又[正韻]將來切同災[詩大雅]無菑無害 又[韻會]側吏切音厠木立死曰菑[詩大雅]其菑其翳 又[周禮冬官輪人註]菑謂輻入轂中者[鄭註]謂建輻也 又泰山平原所樹立物為菑[周禮冬官考工記註]博立梟棊於中央亦為菑[前漢·武帝紀瓠子歌]隤林竹兮揵石菑[師古註]石菑謂臿石立之也 又資四切音恣剖也裂也[周禮冬官考工記]居幹之道菑栗不迤 又與椔通[荀子非相篇]身如斷菑

【 오류정리 】

○康誤處 1; [周禮冬官輪人註]菑謂輻入轂中者[鄭註]謂建輻也又泰山平原所樹立物爲菑[周禮冬官考工記註]博立㯻枲於中央亦(改察其菑蚤不齵則輪雖敝不匡鄭註菑輻入轂中者謂建輻也又泰山平原所樹立物爲菑聲如戴博立㯻枲亦爲菑)爲菑

●考證 ; 謹照原文自註菑至於中央四十字改察其菑蚤不齵則輪雖敝不匡鄭註菑輻入轂中者謂建輻也泰山平原所樹立物爲菑聲如戴博立㯻枲亦爲菑

◆整理 ; [周禮冬官輪人註(주례동관륜인주)]菑謂輻入轂中者[鄭註]謂建輻也又泰山平原所樹立物爲菑[周禮冬官考工記註]博立㯻枲於中央亦爲菑는 [周禮冬官輪人註(주례동관륜인주)]察其菑蚤不齵則輪雖敝不匡鄭註菑輻入轂中者謂建輻也 又泰山平原所樹立物爲菑聲如戴博立㯻枲亦爲菑의 착오.

◆訂正文 ; [周禮冬官輪人註]菑蚤不齵則輪雖敝不匡鄭註菑輻入轂中者謂建輻也 又泰山平原所樹立物爲菑聲如戴博立㯻枲亦爲菑

▶【1634-1】字解誤謬與否 ; [周禮冬官輪人註]菑謂輻入轂中者[鄭註]謂建輻也又泰山平原所樹立物爲菑[周禮冬官考工記註]博立㯻枲於中央亦 (改察其菑蚤不齵則輪雖敝不匡鄭註菑輻入轂中者謂建輻也 又泰山平原所樹立物爲菑聲如戴博立㯻枲亦爲菑)爲菑 [菑謂輻入轂中者[鄭註]謂建輻也又泰山平原所樹立物爲菑[周禮冬官考工記註]博立㯻枲於中央亦 (改察其菑蚤不齵則輪雖敝不匡鄭註菑輻入轂中者謂建輻也 又泰山平原所樹立物爲菑聲如戴博立㯻枲亦爲菑)]

★이상과 같이 오류(誤謬) 수정(修訂)이 되면 ○찰기치조부우(察其菑蚤不齵; 그 묵정 밭은 가까이가 살펴보니

아주 몹쓸 정도는 아닐진대 갈아 엎으면 몹쓸 정도는 아니다) ○칙륜수폐부광(則輪雖敝不匡; 땅갈이를 하게 되면 아무리 황폐하다 하여도 예상하지 못할 정도로) ○성여자역위치(聲如戴亦爲菑; 크게 자른 고기 덩이와 같이 또한 개간한 첫해의 경작지라 할 수 있다. 라 소문이 날 것이다) 【周禮冬官考工記】察其菑蚤不齵則輪雖敝不匡菑輻之入轂處蚤入牙處齒牙參差謂之齵上下入處整然相當則轂雖敝壞[詩小雅]于此菑畝聲如戴博立㯻枲亦爲菑 이라 자전상(字典上) 치(菑)의 본의(本義)에 직접 영향이 미치게 되고 또 어중앙역(於中央亦)이 삭제(削除)되어도 본의(本義)에는 영향이 미치지 않음.

⊗康 菔(복)[唐韻]蒲北切音匐蘆菔也魯人名菈蘧秦人名蘿蔔[後漢劉盆子傳]時掖庭中宮女猶有數百千人自更始敗後幽閉殿內掘庭中蘆菔根捕池魚而食之 又與蕧通[爾雅釋草]葖蘆菔[本草綱目]葖蕧[註]蕧與菔同 又[廣韻]房六切音服[韻會]蘆菔一名來服言來麰之所服也字亦與服通[詩小雅]象弭魚服[箋]服當作菔[周禮素服註]服當作菔刀劍衣也

【 오류정리 】

○康誤處 1; [爾雅釋草]突(改葖)蘆菔[本草綱目]突(改蘆)蕧

●考證 ; 謹照原文上突字改葖下突字改로(蘆)

◆整理 ; [爾雅釋草(이아석초)] 突(돌)은 葖(돌)의 착오. [本草綱目(본초강목)] 突(돌)은 로(蘆)의 착오.

◆訂正文 ; [爾雅釋草]葖蘆菔[本草綱目]蘆蕧

▶【1635-1】字解誤謬與否 ; [爾雅釋草]突(改葖)蘆菔[本草綱目]突(改

蘆)菔　[突(改葵)]　[突(改蘆)]

★이상과 같이 오류(誤謬) 수정(修訂)이 되면 돌로비(葵蘆菔; 순무.[爾雅釋草]葵蘆菔[注]菔宜爲菔蘆菔蕪菁屬今俗所謂蔓菁可食)와 ○로비(蘆菔; 무[本草綱目]蘆菔[註]菔與菔同) 자전상(字典上) 복(菔)의 본의(本義)에 적극 영향이 미치게 됨.

康菖(창)[唐韻]尺良切音昌[本草]菖蒲蒲類之昌盛者[呂氏春秋]冬至後五旬七日菖始生菖者百草之先于是于是始耕[南方草木狀]番禺澗中生菖蒲一寸九節[劉勰新論]菖蒲去蚤蝨而來蚰蜒　又[集韻]通昌[左傳僖三十年]享有昌歜

【 오류정리 】

○康誤處 1; [呂氏春秋]冬至後五旬七日菖始生菖者百草之先于是始耕(改生者也)

●考證 ; 謹照原文于是始耕改生者也

◆整理 ; [呂氏春秋(여씨춘추)] 于是始耕(우시시경)은 生者也(생자야)의 착오.

◆訂正文 ; [呂氏春秋]冬至後五旬七日菖始生菖者百草之先生者也

▶【1636-1】字解誤謬與否 ; [呂氏春秋]冬至後五旬七日菖始生菖者百草之先于是始耕(改生者也)　[于是始耕(改生者也)]

★이상과 같이 오류(誤謬) 수정(修訂)이 된다 하여도 선생자(先生者; 부형(父兄). 노사(老師) [論語爲政]註解顯示先生者父兄也[曲禮中先生是對老師的稱呼)는 자전상(字典上) 창(菖)의 본의(本義)에는 영향이 미치지 않음.

康茪(병)[玉篇]同萍[集韻][類篇]汰旁經切音鉼草名也[說文]馬帚也　又同蓂[集韻]旁經切音鉼草名[爾雅釋草

茪馬帚[註]草似蓍俗謂蓍茪可爲掃彗　又人名[呂氏春秋]靑茪趙人　又[韻會]湧丁切音俜[詩大雅]茪云不逮[傳]茪使也[周頌]莫予茪蜂[傳]茪蜂摩曳也

【 오류정리 】

○康誤處 1; [爾雅釋草]茪馬帚[註(改疏)]草似蓍

●考證 ; 謹照原文註改疏

◆整理 ; [爾雅釋草(이아석초)] [註(주)는 疏(소)의] 착오.

◆訂正文 ; [爾雅釋草]茪馬帚[疏]草似蓍

▶【1637-1】字解誤謬與否 ; [爾雅釋草]茪馬帚[註(改疏)]草似蓍　[註(改疏)]

★이상과 같이 인용처(引用處)나 주소(註疏) 음(音) 등(等)의 오류(誤謬)를 수정(修訂)을 한다 하여도 자전상(字典上)의 병(茪)의 본의(本義)에는 영향이 미치지 않음.

康䒼(긴)[唐韻][集韻]汰去刃切音赾[爾雅釋草]蒿䒼[註]今人呼靑蒿香中炙啖者爲䒼　又荊楚閒謂蒿爲䒼[又]蔚牡䒼[註]蔚卽蒿之雄無子者　又苦旬切牽去聲義同

【 오류정리 】

○康誤處 1; [爾雅釋草]蔚牡䒼[註改疏]蔚卽蒿之雄無子者

●考證 ; 謹照原文註改疏

◆整理 ; [爾雅釋草(이아석초)] [註(주)는 疏(소)의] 착오.

◆訂正文 ; [爾雅釋草]蔚牡䒼[疏]蔚卽蒿之雄無子者

▶【1638-1】字解誤謬與否 ; [爾雅釋草]蔚牡䒼[註改疏]蔚卽蒿之雄無子者　[註改疏]

★이상과 같이 인용처(引用處)나 주소(註疏) 음(音) 등(等)의 오류(誤謬)

를 수정(修訂)을 한다 하여도 자전상(字典上)의 긴(菣)의 본의(本義)에는 영향이 미치지 않음.

㊗菹(저)[集韻]典禮切音邸[爾雅釋草]菹苨[註]根莖都似人參而葉小異根味甜 又[集韻]軫視切音旨菹藒小苹也[廣韻作菹

【 오류정리 】

○康誤處 1; [爾雅釋草]菹苨[註(改疏)]根莖都似人參

●考證 ; 謹照原文註改疏

◆整理 ; [爾雅釋草(이아석초)][註(주)는 疏(소)의] 착오.

◈訂正文 ; [爾雅釋草]菹苨[疏]根莖都似人參

▶【1639-1】字解誤謬與否 ; [爾雅釋草]菹苨[註(改疏)]根莖都似人參[註(改疏)]

★이상과 같이 인용처(引用處)나 주소(註疏) 음(音) 등(等)의 오류(誤謬)를 수정(修訂)을 한다 하여도 자전상(字典上)의 저(菹)의 본의(本義)에는 영향이 미치지 않음.

㊗堇(근)[唐韻][集韻]丛居隱切音謹[詩大雅]堇荼如飴[傳]堇菜也[禮內則]堇荁枌楡兔薨滫瀡以滑之[註]冬用堇夏用荁[爾雅釋草]苦堇[註]今堇葵也 又[集韻]渠吝切音覲[類篇]藥名烏頭也[爾雅釋草]芨堇草[註]卽烏頭也江東呼爲[莊子徐無鬼]藥也其實堇也又[淮南子說林訓]蝮蛇螫人傅以和堇卽愈[註]和堇毒藥 又赤堇[山名越絕書]赤堇之山破而出錫○按堇字有三音上去二音从艸入艸部其平聲音芹[說文]訓黏土从革省从土另詳土部

【 오류정리 】

○康誤處 1; [禮內則]堇荁枌楡兔(改免)薨滫瀡以滑之

●考證 ; 謹照原文兔改免

◆整理 ; [禮內則(예내칙)] 兔(토)는 免(면)의 착오.

◈訂正文 ; [禮內則]堇荁枌楡免薨滫瀡以滑之

▶【1640-1】字解誤謬與否 ; [禮內則]堇荁枌楡兔(改免)薨滫瀡以滑之[兔(改免)]

★이상과 같이 오류(誤謬) 수정(修訂)이 된다 하여도 면(免; 면하다)은 자전상(字典上) 근(堇)의 본의(本義)에는 영향이 미치지 않음.

㊗華(화)[唐韻]戸花切[集韻]胡瓜切丛音划[書舜典]重華協于帝[傳]華謂文德 又[禮檀弓]華而睆[疏]凡繪畫五色必有光華故曰華畫也 又[廣韻]草盛也 又粉也[曹植洛神賦]鉛華弗御 又髮白也[後漢陳蕃傳]蹇諤之操華首彌固 又華林園名[魏志]芳林園卽今華林園 又地名[戰國策]說趙王于華屋之下[史記秦本紀註]華陽地名[吳志孫皓傳]皓舉大衆出華里 又[水經注]河水東南徑華池 又華表[古今註]堯設誹謗木今之華表 又星名[晉書天文志]大帝九星曰華蓋 又[韻會]胡化切音話[書禹貢]至于太華[爾雅釋山]華山爲西嶽 又姓[潛夫論]華氏子姓也[通志氏族略]宋戴公子者食采于華因氏焉 又[司馬相如上林賦]華楓枰櫨[註]華皮可以爲索 又[集韻]呼瓜切音譁[禮曲禮]爲國君者華之[註]華中裂之不四拆也[爾雅釋木]瓜曰華之 又與花同[爾雅釋草]華荂也[揚子方言]齊楚之閒或謂之華或謂之荂[佩觿集華有戸瓜呼瓜二翻俗別爲花 又[韻補]呼戈切[邊讓章華賦]體迅輕鴻榮曜春華進如浮雲退如激波 又胡戈切[徐鍇說文繫傳]華本音和故今人謂華表爲和表[棗據詩]矯足登雲閣相伴步九華徙倚憑高山仰攀桂樹柯 又[詩本音]灼

灼其華[註]音敷[考]詩如棠棣之華顏如
舜華維常之華茈叶車韻隰有荷華叶下
都韻黍稷方華叶下途韻凡七見皆讀敷
　又[唐韻古音]亦音敷郭璞曰江東謂
華爲敷陸德明曰古讀華如敷不獨江東
也漢光武曰仕宦當作執金吾娶妻必得
陰麗華　又[韻會]苦蛙切[正韻]枯瓜
切茈音誇不正也　或作蕐詳蕐字註

【 오류정리 】

○康誤處 1;[禮檀弓]華而睆(改脘)
●考證 ; 謹照原文睆改脘
◆整理 ; [禮檀弓(예단궁)] 睆(환)은
脘(환)의 착오.
◆訂正文 ;[禮檀弓]華而脘
▶【1641-1】字解誤謬與否 ;[禮檀
弓]華而睆(改脘) [睆(改脘)]
★이상과 같이 오류(誤謬) 수정(修訂)
이 되면 화이환(華而脘; 아름답고 광
채가 나다) [禮檀弓]華而睆大夫之簀
與[疏]刮削木之節目使其睆睆然好也徐
邈又音刮凡繪畫五色必有光華故曰華畫
也又草盛也又粉也)이 되는데 자전상
(字典上) 화(華)의 본의(本義)에 적극
영향이 미치게 됨.

○康誤處 2;[詩本音]灼灼其華[註]音
敷[考]詩如棠(改常)棣之華
●考證 ; 謹照原文棠改常
◆整理 ; [詩本音(시본음)] [註(주)]
[考(고)] 棠(당)은 常(상)의 착오임.
◆訂正文 ; [詩本音]灼灼其華[註]音
敷[考]詩如常棣之華
▶【1642-1】字解誤謬與否 ;[詩本
音]灼灼其華[註]音敷[考]詩如棠(改
常)棣之華 [棠(改常)]
★이상과 같이 오류(誤謬) 수정(修訂)
이 되면 상체지화(常棣之華; 아가위
나무의 꽃. [詩經小雅常棣]常棣之華
鄂不韡韡凡今之人莫如兄弟全詩八章是
寫兄弟友愛的相傳周公悲傷管叔蔡叔不

和疏遠了兄弟之情召公為此作[常棣]之
歌[爾雅釋木]常棣[註]關西棣樹子如櫻
桃可食[詩召南]何彼穠矣唐棣之華[小
雅常棣之華鄂不韡韡[陸璣常棣疏]白棣
如李而小如櫻桃正白又有赤棣樹)가 되
는데 자전상(字典上) 화(華)의 본의
(本義)에 영향이 미치게 됨.

康菰(고)[唐韻]古胡切[博雅]菰蔣
也其米謂之胡菰 [西京雜記]菰之有米
者長安人謂之雕胡有首者謂之綠節
又地名[吳志孫亮傳]諸葛誕別將于菰
陂　又借作孤[漢校官碑]履菰竹之廉
[集韻]同苽詳苽字註

【 오류정리 】

○康誤處 1;[博雅]菰蔣也其米謂之胡
菰(省菰字)
●考證 ; 謹照原文胡下省菰字
◆整理 ; [博雅(박아)] 菰(고) 菰字(고
자)는 삭제함.
◆訂正文 ; [博雅]菰蔣也其米謂之胡
▶【1643-1】字解誤謬與否 ;[博雅]
菰蔣也其米謂之胡菰(省菰字) [菰(省
菰字)]
★이상과 같이 고(菰; 볏과에 속한
다년생인 줄풀)를 삭제(削除) 한다 하
여도 이미 전제가 되어 있어 자전상
(字典上) 고(菰)의 본의(本義)에 영
향을 끼치지 않음.

康菲(비)[集韻]妃尾切[正韻]敷尾
切茈音斐菜名[說文]芴也[詩邶颭]采
葑采菲[疏]郭璞曰菲草生下濕地似蕪
菁范紫赤色可　又[論闓]菲飲食而致
孝乎鬼神[何晏註]薄也　又[損子方
言]菲悵悵也　又[集韻]父沸切音狒
義同　又與扉通[秠曾子問]不杖不菲
不次[註]菲草履[前漢刑法志]菲履赭
衣而不純　又[集韻]芳微切音霏草茂貌
[玕韻]芳菲也　又[博雅]菲菲香也[司

鴛相如上林賦]郁郁菲菲　又[揚子太玄經]白黑菲菲[註]雜也[後漢梁鴻傳]志菲菲于升降[註]高下不定也

【 오류정리 】

○康誤處 1;[後漢梁鴻傳]志菲菲于(改兮)升降

●考證；謹照原文于改兮

◆整理；[後漢梁鴻傳(후한량홍전)]于(우)는 兮(혜)의 착오.

◆訂正文；[後漢梁鴻傳]志菲菲兮升降

▶【1644-1】字解誤謬與否；[後漢梁鴻傳]志菲菲于(改兮)升降 [于(改兮)]

★이상과 같이 오류(誤謬)를 수정(修訂)을 한다 하여도 혜(兮; 어조사)는 자전상(字典上)의 비(菲)의 본의(本義)에는 영향이 미치지 않음.

康 莀(려)[唐韻][集韻]杕郞計切音戾[說文]草也可以染留黃[急就篇註]綟蒼艾色也東海有草其名曰莀以染此色因色綟云

【 오류정리 】

○康誤處 1;[急就篇註]以染此色因色(改因名)綟云

●考證；謹照原文因色改因名

◆整理；[急就篇註(급취편주)]因色(인색)은 因名(인명)의 착오.

◆訂正文；[急就篇註]以染此色因名綟云

▶【1645-1】字解誤謬與否；[急就篇註]以染此色因色(改因名)綟云 [因色(改因名)]

★이상과 같이 오류(誤謬) 수정(修訂)이 된다 하여도 차색인명(此色因名; 이색으로 인하여 이름하여) [急就篇註]綟蒼艾色東海有草其名曰莀以染此色因名綟云)은 자전상(字典上) 려(莀)의 본의(本義)에는 영향이 미치지 않음.

康 菹(저)[唐韻]側魚切音鱛[說文]酢菜也[釋名]菹阻也生釀之遂使阻于寒溫之閒不得爛也[詩小雅]疆場有瓜是剝是菹[禮祭統]水草之菹[註]芹茆之屬[侯鯖錄]細切曰齏全物曰菹今中國皆言齏江南皆言菹　又[集韻]子邪切音澤生草曰菹[孟子]驅蛇龍而放之菹　又地名[穆天子傳]南征至于菹

【 오류정리 】

○康誤處 1;[詩小雅]疆場(改疆埸)有瓜

●考證；謹照原文疆場改疆埸

◆整理；[詩小雅(시소아)]疆場(강장)은 疆埸(강역)의 착오.

◆訂正文；[詩小雅]疆埸有瓜

▶【1646-1】字解誤謬與否；[詩小雅]疆場(改疆埸)有瓜 [疆場(改疆埸)]

★이상과 같이 오류(誤謬) 수정(修訂)이 된다 하여도 강역(疆埸; 밭두둑. 논밭의 경계. 국경. [左傳桓公十七年]疆埸之事慎守其一而備其不虞晉江統徙戎論惟以待之有備禦之有常雖稽顙執贄而邊城不弛固守為寇賊彊暴而兵甲不加遠征期令境內獲安疆場不侵而已)은 자전상(字典上) 저(菹)의 본의(本義)에는 영향이 미치지 않음.

康 莢(담)[唐韻]吐敢切音毯[說文]蘲之初生[爾雅釋草]莢薍[註]似葦而小實中江東呼爲烏蘳[詩王風]毳衣如莢[箋]毳衣之屬有五色其靑者如雛[傳]郭璞曰莢草色如雛在靑白之閒[字說]莢中赤始生未黑黑已而赤故謂之莢可爲帚[禮玉藻桃茢註]茢莢帚也[說文]作菼或作炎

【 오류정리 】

○康誤處 1;[爾雅釋草][註]江東呼爲

鳥薡(改烏薡)
●考證 ; 謹照原文鳥薡改烏薡
◆整理 ; [爾雅釋草(이아석초)] [註(주)] 鳥薡(조구)는 烏薡(오구)의 착오.
◆訂正文 ; [爾雅釋草][註]江東呼爲烏薡
▶【1647-1】字解誤謬與否 ; [爾雅釋草][註]江東呼爲鳥薡(改烏薡) [鳥薡(改烏薡)]
★이상과 같이 오류(誤謬) 수정(修訂)이 되면 오구(烏薡; 갈대. [廣韵]烏薡艸名也[郭注]爾雅菼薍云○[爾雅]葭葦也菼薍也) 자전상(字典上) 담(菼)의 본의(本義)에 영향이 미치게 됨.

(康)菽(숙)[唐韻][韻會]杕式竹切音叔[物理論]衆豆之總名[詩豳風]禾麻菽麥[春秋定元年]隕霜殺菽[註]大豆之苗[儀禮註]王公熬豆而食曰啜菽 又[唐韻古音]式沼反[詩豳風]烹葵及菽叶下棗韻 又[篇海]子了切[集韻]通莍詳莍字註[詩疏]亦作叔[廣韻]同尗

【 오류정리 】

○康誤處 1; [儀禮註]王公熬豆而食曰啜菽(改禮檀弓王註熬豆而食曰啜菽)
●考證 ; 謹按儀禮註無此文查係王肅檀弓註見釋文今改禮檀弓王註熬豆而食曰啜菽
◆整理 ; [儀禮註(의례주)]의 王公熬豆而食曰啜菽은 [禮檀弓(예단궁)]의 王註熬豆而食曰啜菽의 착오.
◆訂正文 ; [禮檀弓]王註熬豆而食曰啜菽
▶【1648-1】字解誤謬與否 ; [儀禮註]王公熬豆而食曰啜菽(改禮檀弓王註熬豆而食曰啜菽)
★이상과 같이 인용처(引用處)나 주소(註疏) 음(音) 등(等)의 오류(誤謬)를 수정(修訂)을 한다 하여도 자전상

(字典上)의 숙(菽)의 본의(本義)에는 영향이 미치지 않음.

(康)萉(비)[唐韻]扶涕切音狒[說文]枲屬 又[集韻]符分切音汾義同或作蕡賮 又符非切音肥避也[班固幽通賦]安悩悩而不萉兮 又蒲北切與菔通[爾雅釋草]葖蘆萉[註]萉宜爲菔蘆菔也

【 오류정리 】

○康誤處 1; [爾雅釋草]突(改葖)蘆萉
●考證 ; 謹照原文突改葖
◆整理 ; [爾雅釋草(이아석초)] 突(돌)은 葖(돌)의 착오.
◆訂正文 ; [爾雅釋草]葖蘆萉
▶【1649-1】字解誤謬與否 ; [爾雅釋草]突(改葖)蘆萉 [突(改葖)]
★이상과 같이 오류(誤謬) 수정(修訂)이 되면 돌로비(葖蘆萉; 순무. [爾雅釋草]葖蘆萉[註]萉宜爲菔蘆菔蕪菁屬今俗所謂蔓菁可食) 자전상(字典上) 비(萉)의 본의(本義)에 영향이 미치게 됨.

(康)萋(처)[唐韻]七稽切[韻會]千西切杕音妻[玉篇]草盛貌[詩周南]維葉萋萋 又雲行貌[詩小雅]有渰萋萋 又[爾雅釋訓]萋萋臣盡力也 又萋斐文章相錯也[詩小雅]萋兮斐兮成是貝錦 又萋且敬愼貌[詩周頌]有萋有苴 又[韻會]此禮切音泚[左思魏都賦]珍樹猗猗奇卉萋萋惠風如薰甘露如醴 又[集韻]千咨切音郪義同

【 오류정리 】

○康誤處 1; [詩周頌]有萋有苴(改且)
●考證 ; 謹照原文苴改且
◆整理 ; [詩周頌(시주송)] 苴(저)는 且(차)의 착오.
◆訂正文 ; [詩周頌]有萋有且
▶【1650-1】字解誤謬與否 ; [詩周頌]有萋有苴(改且) [苴(改且)]

★이상과 같이 오류(誤謬) 수정(修訂)이 되면 유차(有且; 또한 있다)인데 자전상(字典上) 처(薹)의 본의(本義)에 영향이 미치게 됨.

康茹(지)[集韻]離珍切音知[類篇]茹母藥草本作知

【 오류정리 】

○康誤處 1; [集韻]離珍(改珍離)切音知

●考證 ; 謹照原文離珍改珍離

◆整理 ; [集韻(집운)] 離珍(리진)은 珍離(진리)의 착오.

◆訂正文 ; [集韻]珍離切音知

▶【1651-1】 字解誤謬與否 ; [集韻]離珍(改珍離)切音知 [離珍(改珍離)]

★이상과 같이 인용처(引用處)나 주소(註疏) 음(音) 등(等)의 오류(誤謬)를 수정(修訂)을 한다 하여도 자전상(字典上)의 지(茹)의 본의(本義)에는 영향이 미치지 않음.

康蓮(삽)[唐韻]山洽切[集韻]色輒切[韻會]山輒切茹音歃蓮蒲瑞草王者孝德至則蓮蒲生於厨[白虎通]阜出蓮莆[註]蓮莆樹其葉大於門扇不搖自扇於飲食淸涼助供養也 又[集韻]實洽切音䌥義同

【 오류정리 】

○康誤處 1; [白虎通]阜出蓮莆[註]蓮莆樹(改蓮莆樹名)其葉大於門扇

●考證 ; 謹按原文蓮莆樹以下係白虎通正文非註文謹將註蓮莆樹四字改蓮莆樹名

◆整理 ; [白虎通(백호통)] [註(주)]와 蓮莆樹(삽보수)는 蓮莆樹名(삽보수명)의 착오.

◆訂正文 ; [白虎通]阜出蓮莆[註]蓮莆樹名其葉大於門扇

▶【1652-1】 字解誤謬與否 ; [白虎通]阜出蓮莆[註]蓮莆樹(改蓮莆樹名)

其葉大於門扇 [蓮莆樹(改蓮莆樹名)]

★이상과 같이 오류(誤謬) 수정(修訂)이 되면 삽보수명(蓮莆樹名; 삽보는 나무 이름. 상서로운 풀. 의선倚扇))[白虎通]阜出蓮莆蓮莆樹名其葉大於門扇不搖自扇於飲食淸涼助供養也[說文解字]蓮莆瑞艸也堯時生於庖廚扇暑而涼从艸妾聲[宋書符瑞志下]蓮莆一名倚扇狀如蓬大枝葉小根根如絲轉而成風殺蠅堯時生於廚인데 자전상(字典上) 삽(蓮)의 본의(本義)에 직접 영향이 미치게 됨.

艸部 九畫

康萩(추)[唐韻]七由切[集韻][韻會]雌由切茇音秋[說文]蕭也[爾雅釋草]蕭萩[註]卽蒿[左傳襄十八年]秦周伐雍門之萩 又通楸木名[管子禁藏篇]當春三月萩室燻造[註]萩木鬱臭以辟毒氣故燒之新造之室[前漢貨殖傳]山居千章之萩 又[史記朝鮮列傳]封陰爲萩苴侯[註]屬渤海 又[五經文字]子遙切音椒[穀梁傳文九年]楚子使萩來聘[集韻]或作菽 又[玉篇][廣韻]茇子小切義同

【 오류정리 】

○康誤處 1; [左傳襄十八年](增及字)秦周伐雍門之萩

●考證 ; 謹照原文秦周上增及字

◆整理 ; [左傳襄十八年(좌전양십팔년)]에 어 及字(급자)를 덧붙임.

◆訂正文 ; [左傳襄十八年]及秦周伐雍門之萩

▶【1653-1】 字解誤謬與否 ; [左傳襄十八年](增及字)秦周伐雍門之萩 [(增及字)秦周]

★이상과 같이 오류(誤謬) 수정(修訂)이 된다 하여도 급(及; 이르다. 비교되다. 딸아가다.기회를 틈타서 …하는 틈에. 끼치게 하다)으로는 자전상

(字典上) 추(萩)의 본의(本義)에는 영
향이 미치지 않음.

(康) 萹 (편) [唐韻] 布玄切音邊萹竹草
名 [爾雅釋草] 竹萹蓄 [註] 布地而生節閒
白華葉細綠人謂之萹竹　又 [廣韻] 方
典切音匾義同　又 [集韻] 蒲眠切音胼
萹薘草木動貌

【 오류정리 】

○康誤處 1; [爾雅釋草] 竹萹蓄 [註(改
疏)] 布地而生
●考證 ; 謹照原文註改疏
◆整理 ; [爾雅釋草(이아석초)] [註
(주)는 疏(소)의] 착오.
◆訂正文 ; [爾雅釋草] 竹萹蓄 [疏] 布
地而生
▶ 【1654-1】 字解誤謬與否 ; [爾雅
釋草] 竹萹蓄 [註(改疏)] 布地而生　 [註
(改疏)]
★이상과 같이 인용처(引用處)나 주
소(註疏) 음(音) 등(等)의 오류(誤謬)
를 수정(修訂)을 한다 하여도 자전상
(字典上)의 편(萹)의 본의(本義)에는
영향이 미치지 않음.

(康) 萪 (적) [唐韻] 在各切音昨茹草 [博
雅] 萪茹烏芋也 [集韻] 萪茹草名　又秦
昔切音籍義同　又 [集韻] 土革切音賾
[類篇] 菜名

【 오류정리 】

○康誤處 1; [集韻] 土革切音頤(改賾)
●考證 ; 謹照原文頤改賾
◆整理 ; [集韻(집운)] 頤(이)는 賾
(색)의 착오.
◆訂正文 ; [集韻] 土革切音賾
▶ 【1655-1】 字解誤謬與否 ; [集韻]
土革切音頤(改賾)　 [頤(改賾)]
★이상과 같이 인용처(引用處)나 주
소(註疏) 음(音) 등(等)의 오류(誤謬)
를 수정(修訂)을 한다 하여도 자전상

(字典上)의 적(萪)의 본의(本義)에는
영향이 미치지 않음.

(康) 薞 (간) [集韻] 居顏切音奸 [山海
經] 吳林之山其中多薞草 [吳越春秋] 干
將鑄劍夫妻人冶爐中後世麻絰薞服然後
敢鑄　又山名 [山海經] 昆吾山又西百
二十里曰薞山薞水出焉

【 오류정리 】

○康誤處 1; [吳越春秋] 干將鑄劍(改吾
師作冶)夫妻人冶爐中後世麻絰(改麻
絰)薞服然後敢鑄
●考證 ; 謹照原文干將鑄劍改吾師作
冶麻絰改麻絰
◆整理 ; [吳越春秋(오월춘추)] 干將
鑄劍(간장주검)은 吾師作冶(오사작
야)의 착오이며 麻絰(마경)은 麻絰(마
질)의 착오.
◆訂正文 ; [吳越春秋] 吾師作冶夫妻
人冶爐中後世麻絰薞服然後敢鑄
▶ 【1656-1】 字解誤謬與否 ; [吳越
春秋] 干將鑄劍(改吾師作冶)夫妻人冶
爐中後世麻絰(改麻絰)薞服然後敢鑄
[干將鑄劍(改吾師作冶)]　 [麻絰(改麻
絰)]
★이상과 같이 오류(誤謬) 수정(修訂)
이 되면 ○오사작야(吾師作冶; 내 스
승은 (띠로)몸단장은 하고. [吳越春秋]
吾師作冶夫妻入冶爐中後世麻絰薞服然
後敢鑄)와 ○마질(麻絰; (후세에는) 상
중에 허리와 머리 띠를 하다)이라 자
전상(字典上) 간(薞)의 본의(本義)에
간접 영향이 미치게 됨.

(康) 葍 (복) [唐韻] [集韻] [韻會] [正
韻] 妐方六切音福 [說文] 葍也 [詩小雅]
言采其葍 [傳] 葍惡菜也 [爾雅釋草] 葍
葍葍 [註] 大葉白華根如指正白可啖　又
[爾雅釋草] 葍藑茅 [註] 葍花有赤者爲藑
　又 [博雅] 烏鬱葍也　又 [唐韻古音]
方墨切引 [詩] 叶求爾新特韻　又去聲

音富　又[集韻]或作蘆葍

【 오류정리 】

○康誤處 1; [爾雅釋草]葍葍(去下葍字)葍[註]大葉白華

●考證 ; 謹照原文葍葍去下葍字

◆整理 ; [爾雅釋草(이아석초)]葍葍(복복) 두 복자에서 葍字(복자) 한자를 삭제함.

◆訂正文 ; [爾雅釋草]葍葍[註]大葉白華

▶【1657-1】字解誤謬與否 ; [爾雅釋草]葍葍(去下葍字)葍[註]大葉白華 [葍(去下葍字)]

★이상과 같이 복(葍; 메꽃. 메꽃의 뿌리) 삭제(削除) 한다 하여도 자전상(字典上) 의 본의(本義)에 영향을 끼치지 않음.

○康誤處 2; [博雅]烏蔜(改鼓)葍也

●考證 ; 謹照原文蔜改鼓

◆整理 ; [博雅(박아)] 蔜(구)는 鼓(거)의 착오.

◆訂正文 ;[博雅]烏鼓葍也

▶【1658-2】字解誤謬與否 ; [博雅]烏蔜(改鼓)葍也 [蔜(改鼓)]

★이상과 같이 오류(誤謬) 수정(修訂)이 되면 오거복(烏鼓葍; 메꽃. 메꽃의 뿌리. [博雅] 烏鼓葍也)인데 자전상(字典上) 의 본의(本義)에 직접 영향이 미치게 됨.

⑭蕡(분)[唐韻]符分切音汾[玉篇]蕡蕡盛貌[左思蜀都賦]鬱蕡蕡以翠微　又[博雅]馥蕡香也　又[集韻]步奔切音盆艸名[爾雅釋草]莖蒛蕡[註]覆盆也實似莓而小[正字通]梵書謂覆蕡子花曰蘇蜜那花

【 오류정리 】

○康誤處 1; [爾雅釋草]莖(改茥)蒛蕡

●考證 ; 謹照原文莖改茥

◆整理 ; [爾雅釋草(이아석초)] 莖(경)은 茥(규)의 착오.

◆訂正文 ; [爾雅釋草]茥蒛蕡

▶【1659-1】字解誤謬與否 ; [爾雅釋草]莖(改茥)蒛蕡 [莖(改茥)]

★이상과 같이 오류(誤謬) 수정(修訂)이 되면 결분(蒛蕡; 딸기. 복분자.결분자(缺盆子). 복분(覆盆). 서국초(西國草). 필릉가(畢楞伽). 규(茥). 오표자(烏藨子). 대맥매(大麥苺). 삽전표(揷田藨). 재앙표(栽秧藨). [爾雅釋草]茥蒛蕡[註]覆盆也實似苺而小可食)이라 자전상(字典上) 분(蕡)의 본의(本義)에 직접 영향이 미치게 됨.

⑭著(저)[集韻][韻會][正韻]汏陟慮切音箸[博雅]明也[中庸]形則著[晏子諫上篇]君之德著而彰　又[管子立政篇]十二月一著[註]著標著也使儐曹署著其名[周禮典婦功註]書其賈而著其物　又[前漢景帝紀]廷尉與丞相更議著令[註]著音著作之著[晉書職官志]魏太和中詔置著作郎於此始有其官　又[小爾雅]思也　又與貯通[家語]子貢廢著鬻財於曹魯之閒[註]著居也　又[詩齊風]俟我于著乎而[傳]門屏之閒曰著　又[左傳昭十二年]若不廢君命則固有著矣[註]著位次也[前漢五行志]朝內列位有定處所謂表著也　又[廣韻]直餘切音除[爾雅釋天]太歲在戊曰著雍[韻會]表著之著亦音除　又[羣經音辨]藥草也[爾雅釋草]味莖著[註]音儲　又[類篇]陟略切音芍被服也[晉書宣帝紀]關中多蒺藜帝使軍士二千人著軟材平底木屐前行　又[儀禮士喪禮]幎目用緇方尺二寸經裏著組繫[註]著充之以絮也[韓詩外傳]士褐衣縕著未嘗完也　又[集韻]直略切音擉[吳越春秋]從陰收著望陽出糶[註]著置也　又[類篇]附也[前漢食貨志]

黑子之著面　又[禮明堂位]著殷尊也[註]著地無足　又[前漢張騫傳]身毒國在大夏東南其俗土著[師古註]土著謂有城郭常居不隨畜牧移徙[後漢李忠傳]流民占著者五萬餘口　[直音]俗作着

【 오류정리 】

○康誤處 1; [前漢食貨志(改賈誼傳)]黑子之著面

●考證 ; 謹按食貨志無此語食貨志改賈誼傳

◆整理 ; [前漢(전한) 食貨志(식화지)는 賈誼傳(가의전)의] 착오.

◈訂正文 ; [前漢賈誼傳]黑子之著面

▶【1660-1】字解誤謬與否 ; [前漢食貨志(改賈誼傳)]黑子之著面

★이상과 같이 인용처(引用處)나 주소(註疏) 음(音) 등(等)의 오류(誤謬)를 수정(修訂)을 한다 하여도 자전상(字典上)의 저(著)의 본의(本義)에는 영향이 미치지 않음.

㊖**葙**(상)[唐韻]息良切音襄青葙子也[魏志裴松之傳]初平中有青牛先生者客三輔常食青葙芫花年似五六十者[齶民要術]葙根以爲菹香辛[集韻][類篇]俱作蘘

【 오류정리 】

○康誤處 1; [魏志裴松之傳(改註)]初平中有青牛先生者客三輔常食青葙芫花(改芫花)

●考證 ; 謹按魏志無裴松之傳查傂管幼安傳裴松之註文謹照原書傳改註芫花改芫花

◆整理 ; [魏志裴松之(위지배송지) 傳(전)은 註(주)의] 착오, 芫花(완화)는 芫花(원화)의 착오.

◈訂正文 ; [魏志裴松之傳(改註)]初平中有青牛先生者客三輔常食青葙芫花

▶【1661-1】字解誤謬與否 ; [魏志裴松之傳(改註)]初平中有青牛先生者客三輔常食青葙芫花(改芫花) [傳(改註)] [芫花(改芫花)]

★이상과 같이 인용처(引用處)나 주소(註疏) 음(音) 등(等)의 오류(誤謬)를 수정(修訂)을 한다 하여도 자전상(字典上)의 상(葙)의 본의(本義)에는 영향이 미치지 않으며, 원화(芫花; 팥꽃나무. 팥꽃나무의 꽃봉오리를 말린 약재. 약어초(葯魚草). 로서화(老鼠花). 뇨어화(鬧魚花). 두통화(頭痛花). 민두화(悶頭花). 두통피(頭痛皮). 석면피(石棉皮). 포미화(泡米花). 니추수(泥秋樹). 황대극(黃大戟). 촉상(蜀桑). 어독(魚毒). [吳普本草]曰芫花花有紫赤白者三月實落盡,葉乃生三月三採花雖只寥寥數語但從開紫花先花後葉三月採花這三個重要環節來考察就可以肯定傳統的藥用芫花和)는 상(葙)의 본의(本義)에 직접 영향이 미침.

㊖**葛**(갈)[唐韻][集韻][正韻]太居曷切音割[玉篇]蔓草也[易困卦]困于葛藟[註]引蔓纏繞之草[埤雅]瓜葛皆延蔓相及故屬之綿遠者取譬瓜葛[蔡邕獨斷]凡與先帝先后有瓜葛者皆會尚書官屬陛西除下　又[說文]絺綌草也[詩周南]葛之覃兮[傳]葛所以爲絺綌[周禮地官掌葛疏]以時徵絺綌之材于山農　又[司馬相如大人賦]雜遝膠葛以方馳[註]膠葛驅馳也　又國名[書仲虺之誥]乃葛伯仇餉[春秋桓十四年]郲人牟人葛人來朝　又水名[水經注]沭水又南與葛陂相會　又山名[越絕書]有葛山[山海經]葛山之首無草木　又姓[通志][氏族略]葛氏有三嬴氏之後以國爲氏　又諸葛有熊氏之後爲詹葛氏齊人語訛以詹葛爲諸葛　又[毛詩古音攷]音結[詩邶風]旄丘之葛兮]何誕之節兮

[馬融圍棋賦]乍緩乍急兮上且未別黑
白紛亂兮於約如葛 又[唐韻古音][路
史]葛天氏葛音蓋○按古本葛與蓋通
【 오류정리 】
○康誤處 1; [周禮地官掌葛疏(改掌)]
以時徵絺綌之材于山農
●考證 ; 謹照原文疏改掌
◆整理 ; [周禮地官掌葛(주례지관장
갈) 疏(소)는 掌(장)의] 착오.
◆訂正文 ; [周禮地官掌葛掌]以時徵
絺綌之材于山農
▶【1662-1】字解誤謬與否 ; [周禮
地官掌葛疏(改掌)]以時徵絺綌之材于
山農 [疏(改掌)]
★이상과 같이 인용처(引用處)나 주
소(註疏) 음(音) 등(等)의 오류(誤謬)
를 수정(修訂)을 한다 하여도 자전상
(字典上)의 갈(葛)의 본의(本義)에는
영향이 미치지 않음.

○康誤處 2; [水經注]沐水(改沭水)又
南與葛陂相會
●考證 ; 謹照原文沐水改沭水
◆整理 ; [水經注(수경주)] 沐水(목
수)는 沭水(술수)의 착오.
◆訂正文 ; [水經注]沭水又南與葛陂
相會
▶【1663-2】字解誤謬與否 ; [水經
注]沐水(改沭水)又南與葛陂相會 [沐
水(改沭水)]
★이상과 같이 오류(誤謬) 수정(修訂)
이 되면 술수(沭水; 수명(水名). 산동
성에서 강소성으로 흐르는 강. [水經
注] 수수(洙水). 술수(沭水). 거양수
(巨洋水). 치수(淄水). 유수(濰水). 교
수(膠水). 면수(沔水). 잠수(潛水). 단
수(湍水). 균수(均水). 분수(粉水). 백
수(白水). 비수(比水). 회수(淮水). 치
수(滍水). 육수(淯水). [說文解字]沭
水出靑州浸[周禮夏官職方氏]靑州其浸

沂沭[疏]沭出東莞)인데 자전상(字典
上) 갈(葛)의 본의(本義)에 직접 영향
이 미치게 됨.

⊛菳(금)[唐韻]渠京切音擎[爾雅釋
草]菳山薊[疏]薊生山中者名菳 又
[集韻]堅正切音勁[爾雅釋草]菳鼠尾
[註]可以染草[疏]一名陵翹 [廣韻又
作劃

【 오류정리 】
○康誤處 1; [爾雅釋草]菳鼠尾[註]可
以染草(改染皁)
●考證 ; 謹照原文染草改染皁
◆整理 ; [爾雅釋草(이아석초)] 染草
(염초)는 染皁(염조)의 착오.
◆訂正文 ; [爾雅釋草]菳鼠尾[註]可
以染皁
▶【1664-1】字解誤謬與否 ; [爾雅
釋草]菳鼠尾[註]可以染草(改染皁)
[染草(改染皁)]
★이상과 같이 오류(誤謬) 수정(修訂)
이 된다 하여도 염조(染皁; 검은 물
드리다)는 자전상(字典上) 경(菳)의
본의(本義)에는 영향이 미치지 않음.

⊛葍(창)[唐韻]褚羊切[集韻]抽良
切衭音倀[說文]草名枝枝相值葉葉相
當 又[集韻]余章切音陽亦草名 又
[廣韻]吐郎切音湯與蘯同 又音蕩[前
漢陳湯傳]陳湯儻不自收斂[師古註]儻
葍無行檢也
【 오류정리 】
○康誤處 1; [前漢陳湯傳(增贊字)]
●考證 ; 謹照原文書傳下增贊字
◆整理 ; [前漢陳湯傳(전한진탕전)]에
이어 贊字(찬자)를 덧붙임.
◆訂正文 ; [前漢陳湯傳贊]
▶【1665-1】字解誤謬與否 ; [前漢
陳湯傳(增贊字)] [前漢陳湯傳(增贊
字)]

★이상과 같이 인용처(引用處)나 주소(註疏) 음(音) 등(等)의 오류(誤謬)를 수정(修訂)을 한다 하여도 자전상(字典上)의 창(莔)의 본의(本義)에는 영향이 미치지 않음.

康 蓲(미)[唐韻]綿婢切[集韻]母婢切夶音弭[爾雅釋草]蓲春草[疏]蘭草一名芒草俗呼爲茵

【 오류정리 】

○康誤處 1;[爾雅釋草]蓲春草[疏]蘭(改莽)草一名芒(改春)草

●考證;謹照原文蘭改莽芒改春

◆整理;[爾雅釋草(이아석초)][疏(소)]蘭(란)은 莽(망), 芒(망)은 春(춘)의 착오.

◆訂正文;[爾雅釋草]蓲春草[疏]莽草一名春草

▶【1666-1】字解誤謬與否;[爾雅釋草]蓲春草[疏]蘭(改莽)草一名芒(改春)草 [蘭(改莽)][芒(改春)]

★이상과 같이 오류(誤謬) 수정(修訂)이 되면 ○망초(莽草; 붓순나무)[周禮秋官翦氏]掌除蠹物以攻 禜攻之以莽草熏之[鄭玄注]莽草葯物殺虫者以熏之則死 ○춘초(春草; 봄풀. 백미꽃)[爾雅釋草]蓲春草[邢昺疏]葯草也莽草一名蓲一名春草一說春草爲白微的別名은 자전상(字典上) 미(蓲)의 본의(本義)에 적극 영향이 미치게 됨.

康 董(동)[唐韻]多動切[集韻]覩動切夶音懂[爾雅釋詁]董督正也[書大禹謨]董之用威 又[博雅]固也 又深藏也[史記倉公傳]氣當大董 又[周禮春官]辨九擽四日振動[鄭註]動讀爲董書亦或爲董振董以兩手相擊也 又[玉篇]藕根也 又董葯[續博物志]董葯者婆羅門云阿苗根似白芷 又亭名[左傳文六年]改蒐于董[註]河東汾陰縣有董

亭 又澤名[後漢郡國志]文喜邑有董池陂古董澤 又姓[左傳昭二十九年]昔有飂叔安有裔子曰董父實甚好龍龍多歸之服事帝舜賜之姓曰董又[宣二年]董狐古之良史也 又[集韻]主勇切音腫[羣經音辨]短也[左傳]余髮董董今本作種種 又[字彙補]董正之董讀若督東谷切 [集韻通作董

【 오류정리 】

○康誤處 1;[左傳昭二十九年]昔有飂(改飂)叔安

●考證;謹照原文飅改飂

◆整理;[左傳昭二十九年(좌전소이십구년)]飅(양)은 飂(료)의 착오.

◆訂正文;[左傳昭二十九年]昔有飂叔安

▶【1667-1】字解誤謬與否;[左傳昭二十九年]昔有飅(改飂)叔安 [飅(改飂)]

★이상과 같이 오류(誤謬) 수정(修訂)이 된다 하여도 료숙안(飂叔安; 인명(人名) BCE 2250年 황제(黃帝)의 육세손(六世孫). [左傳昭二十九年]昔有飂叔安有裔子曰董父實甚好龍以服事帝舜帝賜之姓曰董氏曰豢龍封諸鬷川鬷夷氏其後也)은 자전상(字典上) 동(董)의 본의(本義)에는 영향이 미치지 않음.

康 葦(위)[玉篇]禹鬼切[集韻]羽鬼切夶音偉[說文]大葭也[詩衛風]一葦杭之[風俗通]除夕飾桃人垂葦交畫虎于門[後漢袁閎傳]爲沛相乘葦車 又山名[水經注]江水浦東有葦山 又[類篇]于非切音闈[爾雅釋草]葦醜芀謝嶠讀作平聲 又[[篇海]于貴切音胃[莊子列禦寇]緯蕭而食亦作葦

【 오류정리 】

○康誤處 1;[詩衛風]一葦航(改杭)之

●考證;謹照原文航改杭

◆整理;[詩衛風(시위풍)] 航(항)은

杭(항)의 착오.

◆訂正文 ; [詩衛風]一葦杭之

▶ 【1668-1】 字解誤謬與否 ; [詩衛風]一葦航(改杭)之 [航(改杭)]

★이상과 같이 오류(誤謬) 수정(修訂)이 되면 일위항지(一葦杭之; 한 개의 갈대배로도 건널 수 있다. [詩經國風周南]誰謂河廣 一葦杭之誰謂宋遠 跂予望之誰謂河廣曾不容刀誰謂宋遠曾不崇朝伯兮)라 자전상(字典上) 위(葦)의 본의(本義)에 영향이 미치게 됨.

康 葵(규)[唐韻]渠追切[集韻][韻會]渠惟切[正韻]渠爲切 音鄈 [玉篇]菜名[詩豳風]七月烹葵及菽[儀禮士虞禮]夏秋用生葵[王禎農書]葵陽草也爲百菜之主備四時之 [爾雅翼天有十日葵與之終始故葵从癸[說文]葵衛也傾葉向日不令照其根[左傳成十七年]鮑莊子之知不如葵葵猶能衛其足 又[周禮冬官玉人]大圭長三尺杼上終葵首天子服之[註]終葵椎也爲椎于其杼上明無所屈也 又地名[晉語]王命之以負葵之田七十萬 又姓[通志氏族略]終葵氏[註][左傳]商人七族有終葵氏[正字通]宋葵方直明葵玉 又與揆通[爾雅釋詁]葵揆也[詩小雅]天子葵之[大雅]則莫我敢葵 又與鄈通[正韻]鄈丘地名[春秋]作葵丘 [玉篇]亦作

【 오류정리 】

○康誤處 1; [儀禮士虞禮(增記註二字)]夏秋用生葵

●考證 ; 謹按此鄭註非經文謹照原文士虞禮下增記註二字

◆整理 ; [儀禮士虞禮(의례사우례)]이 이어 記註二字(기주이자)를 덧붙임.

◆訂正文 ; [儀禮士虞禮記註]夏秋用生葵

▶ 【1669-1】 字解誤謬與否 ; [儀禮士虞禮(增記註二字)]夏秋用生葵 [儀禮士虞禮(增記註二字)]

★이상과 같이 인용처(引用處)나 주소(註疏) 음(音) 등(等)의 오류(誤謬)를 수정(修訂)을 한다 하여도 자전상(字典上)의 규(葵)의 본의(本義)에는 영향이 미치지 않음.

○康誤處 2; [左傳成十七年]鮑莊子之知不如葵葵猶能衛其足 (改爲左傳成十七年鮑莊子之知不如葵葵猶能衛其足杜預註葵傾葉向日以蔽其根)

●考證 ; 謹按說文無此語謹下文所引左傳改爲左傳成十七年鮑莊子之知不如葵葵猶能衛其足杜預註葵傾葉向日以蔽其根

◆整理 ; [說文(설문)] [左傳成十七年(좌전성십칠년)] 其足(기족)에 이어 杜預註葵傾葉向日以蔽其根(두예주규경엽향일이폐기근)을 덧붙임.

◆訂正文 ; 左傳成十七年鮑莊子之知不如葵葵猶能衛其足杜預註葵傾葉向日以蔽其根

▶ 【1670-2】 字解誤謬與否 ; [左傳成十七年]鮑莊子之知不如葵葵猶能衛其足 (改爲左傳成十七年鮑莊子之知不如葵葵猶能衛其足杜預註葵傾葉向日以蔽其根)

★이상과 같은 주문(註文)의 오류(誤謬) 수정(修訂)은 자전상(字典上) 규(葵)의 본의(本義)에는 영향이 미치지 않음.

○康誤處 3; [晉語]王(改吾)命之以負葵之田七十萬

●考證 ; 謹照原文王改吾

◆整理 ; [晉語(진어)] 王(왕)은 吾(오)의 착오.

◆訂正文 ; [晉語]吾命之以負葵之田七十萬

▶ 【1671-3】 字解誤謬與否 ; [晉語]

王(改吾)命之以負葵之田七十萬　[王(改吾)]

★이상과 같이 오류(誤謬) 수정(修訂)이 된다 하여도 오명(吾命; 내가 명령하여)은 자전상(字典上) 규(葵)의 본의(本義)에는 영향이 미치지 않음.

㡿葷(훈)[唐韻][集韻][正韻]灻許云切音熏[禮玉藻]膳于君有葷桃茢[註]葷薑及辛菜也[儀禮士相見禮]夜侍坐問夜膳葷[註]葷辛物食之止臥[玉篇]葷葉所以辟凶邪[後漢禮儀志]仲夏之月其禮以朱索連葷菜彌牟朴蠱鐘以桃印長六寸方三寸五色書文如法以施門戶[荀子哀公篇]志不在於食葷[註]蔥薤也[徐鉉說文註]葷臭菜也通謂芸薹椿韭蔥蒜阿魏之屬方術家所禁謂氣不潔也[唐書王維傳]維兄弟皆篤志奉佛食不葷[爾雅翼]西方以大蒜小蒜興渠慈蒜茖蔥爲五葷道家以韭蒜芸薹胡荽薤爲五葷　又通薰[史記五帝紀]北逐葷粥[前漢霍去病傳]所獲葷允之士[師古註]葷字與薰同[集韻]或作蕫[禮記註]或作焄

【 오류정리 】

○康誤處　1; [前漢霍去病傳](增躬將二字)所獲葷允之士

●考證 ; 謹照原文所獲上增躬將二字

◆整理 ; [前漢霍去病傳(전한곽거병전)]에 이어 躬將二字(궁장이자)를 덧붙임. 所獲(소획)

◆訂正文 ; [前漢霍去病傳]躬將所獲葷允之士

▶【1672-1】字解誤謬與否 ; [前漢霍去病傳](增躬將二字)所獲葷允之士 [(增躬將二字)所獲]

★이상과 같이 오류(誤謬) 수정(修訂)이 된다 하여도 궁장(躬將; 직접 인솔하다. [史記魏將軍驃騎列傳]驃騎將軍去病率師躬將所獲葷粥之士約輕齎絕大幕涉獲章渠以誅比車)은 자전상

(字典上) 훈(葷)의 본의(本義)에는 영향이 미치지 않음.

㡿葼(종)[唐韻]子紅切[集韻][韻會]祖叢切灻音騣[博雅]小也[說文]木細枝也[揚子方言]木細枝謂之杪青齊燕冀閒謂之葼故傳曰慈母之怒子也猶折葼笞之其惠存焉　又草名[謝靈運山居賦]蓼蕺葼薺[謝脁詩]弱葼旣蔥翠輕莎方靃靡　又染草[漢宮儀]葼園供染綠紋綬

【 오류정리 】

○康誤處　1; [揚子方言]木細枝謂之杪青齊燕(改兗)冀閒謂之葼故傳曰慈母之怒子也猶(改雖)折葼笞之其惠存焉

●考證 ; 謹照原文燕改兗猶改雖

◆整理 ; [揚子方言(양자방언)] 燕(연)은 兗(연), 猶(유)는 雖(수)의 착오.

◆訂正文 ; [揚子方言]木細枝謂之杪青齊兗冀閒謂之葼故傳曰慈母之怒子也雖折葼笞之其惠存焉

▶【1673-1】字解誤謬與否 ; [揚子方言]木細枝謂之杪青齊燕(改兗)冀閒謂之葼故傳曰慈母之怒子也猶(改雖)折葼笞之其惠存焉 [燕(改兗)] [猶(改雖)]

★이상과 같이 오류(誤謬) 수정(修訂)이 된다 하여도 제연기(齊兗冀; 주명(州名) 제(齊)는 국명(國名) [揚子方言木細枝謂之杪青齊兗冀閒謂之葼故傳曰慈母之怒子也 [方言]亦有青齊兗冀之間謂之吳青兗冀皆爲州名僅齊爲古國名)는 자전상(字典上) 종(葼)의 본의(本義)에는 영향이 미치지 않음.

㡿蘪(미)[唐韻]武悲切音眉荶蘪草也[博雅]荶蘪王岑也[集韻]或作薇

【 오류정리 】

○康誤處　1; [博雅]荶蘪王岑(改黃岑)

也
●考證 ; 謹照原文王岑改黃岑
◆整理 ; [博雅(박아)] 王岑(왕잠)은 黃岑(황잠)의 착오.
◆訂正文 ; [博雅]莥薝黃岑也
▶【1674-1】字解誤謬與否 ; [博雅] 莥薝王岑(改黃岑)也　[王岑(改黃岑)]
★이상과 같이 오류(誤謬) 수정(修訂)이 되면 황잠(黃岑; 진형과식물(唇形科植物) 꿀풀과에 속한 다년생초(多年生草) 당귀(當歸). 마황(麻黃). 후박(厚朴). 백합(白合). 매실(梅實). 봉방(蜂房) 등이 속한다. [吳普本草] 黃芩二月生赤黃叶兩兩四四相值莖空中或方員高三四尺四月花紅赤五月實黑根黃二月至九月采)자전상(字典上) 미(薝)의 본의(本義)에 영향이 미치게 됨.

(康)迷(술)[集韻]食律切音術[說文]草也[本草]蓬莪茂一名迷　又[廣韻]於筆切音扰義同
【 오류정리 】
○康誤處 1; [本草]蓬莪茂(改茂)一名迷
●考證 ; 謹照原文茂改茂
◆整理 ; [本草(본초)] 茂(무)는 茂(술)의 착오.
◆訂正文 ; [本草]蓬莪茂一名迷
▶【1675-1】字解誤謬與否 ; [本草] 蓬莪茂(改茂)一名迷　[茂(改茂)]
★이상과 같이 오류(誤謬) 수정(修訂)이 되면 봉아술(蓬莪茂; 생강과에 속한 다년생초. 건조시킨 봉아(蓬莪)의 뿌리줄기. 蓬朮 廣朮 蓬莪茂 봉아술(蓬莪茂). 봉아(蓬莪). 봉출(蓬术). 강칠(羌七). 엄출(广术).흑심강(黑心姜). 문출(文术). 산강황(山姜黃). 록강(綠姜) [說文解字注] 艸也陳藏器本艸蓬莪茂旬律切一名蓬莪二名迷三名波殺徐鍇引之未知是否)로 자전상(字典上) 술

(迷)의 본의(本義)에 영향이 미치게 됨.

艸部 十畫

(康)蒐(수)[唐韵]所鳩切音搜[說文]茅蒐也[徐曰]今人謂蒐爲地血食之補血故从鬼[周禮地官]掌染草[注]茅蒐蒨也[山海經注]蒐一名茜　又[爾雅釋詁]蒐聚也[注]春猎爲蒐蒐者以其聚人衆也[左傳隱五年]春蒐夏苗[注]蒐捧取不孕者　又隱也[左傳文十八年]服讒蒐慝　又[穆天子傳]巨蒐之人蠚奴乃獻白鵠之血
【 오류정리 】
○康誤處 1; [周禮地官]掌染草[注(改釋文)]茅蒐蒨也
●考證 ; 謹照原文注改釋文
◆整理 ; [周禮地官(주례지관)] 注(주)는 釋文(석문)의 착오.
◆訂正文 ; [周禮地官]掌染草[釋文]茅蒐蒨也
▶【1676-1】字解誤謬與否 ; [周禮地官]掌染草[注(改釋文)]茅蒐蒨也[注(改釋文)]
★이상과 같이 인용처(引用處)나 주소(註疏) 음(音) 등(等)의 오류(誤謬)를 수정(修訂)을 한다 하여도 자전상(字典上)의 수(蒐)의 본의(本義)에는 영향이 미치지 않음.

(康)薂(적)[集韻]亭歷切音廸[說文]草旱盡也詩薂薂山川或作滌按[詩大雅]本作滌滌[說文]作薂[王應麟詩攷]亦作薂
【 오류정리 】
○康誤處 1; [說文]作菽(改薂)
●考證 ; 謹照上文菽改薂
◆整理 ; [說文(설문)] 菽(숙)은 薂(적)의 착오.

◆訂正文 ；[說文]作菽

▶【1677-1】字解誤謬與否 ；[說文]作菽(改菽) [菽(改菽)]

★이상과 같이 오류(誤謬) 수정(修訂)이 되면 적(菽; 풀이 말라 죽다)인데 자전상(字典上) 적(菽)의 본의(本義)에 적극 영향이 미치게 됨.

康 猿(랑)[唐韻]魯當切音郎猿毒藥名[山海經]大騩之山有草焉其名曰猿服之不夭可以療腹病又地名[水經注]石川水 又西南徑郭猿城[類篇]通作㵟

【 오류정리 】

○康誤處 1;[山海經]大騩之山有草焉其名曰猿服之不夭可以療(改爲)腹病

●考證 ；謹照原文療改爲

◆整理 ；[山海經(산해경)] 療(료)는 爲(위)의 착오.

◆訂正文 ；[山海經]大騩之山有草焉其名曰猿服之不夭可以爲腹病

▶【1678-1】字解誤謬與否 ；[山海經]大騩之山有草焉其名曰猿服之不夭可以療(改爲)腹病 [療(改爲)]

★이상과 같이 오류(誤謬) 수정(修訂)이 된다 하여도 위(爲; 하다. 돕다. 보위(保衛)하다. …에게…을 위하여. 다스리다. 되다. 생각하다)는 자전상(字典上) 랑(猿)의 본의(本義)에는 영향이 미치지 않음.

康 蒡(방)[集韻]蒲光切音旁[爾雅釋草]隱荵蒡見荵字註 又[博雅]繁母蒡勃也 又[唐韻]薄庚切音彭義同 又[廣韻]北朗切]音榜牛蒡子藥名[本草]一名惡實似蒲萄核外殼如栗莍一名鼠黏一名大力子一名蝙蝠刺氣味苦寒無毒[類篇]作牛蒡[唐韻]作蒡

【 오류정리 】

○康誤處 1;[爾雅釋草]隱荵蒡(改蒡

隱荵)

●考證 ；謹照原文改蒡隱荵

◆整理 ；[爾雅釋草(이아석초)] 隱荵蒡(은인방)은 蒡隱荵(방은인)의 착오.

◆訂正文 ；[爾雅釋草]蒡隱荵

▶【1679-1】字解誤謬與否 ；[爾雅釋草]隱荵蒡(改蒡隱荵) [隱荵蒡(改蒡隱荵)]

★이상과 같이 오류(誤謬) 수정(修訂)이 되면 은인(隱荵; 인동덩쿨. [爾雅釋草]蒡隱荵句下晉[郭璞注]似蘇有毛今江東呼爲隱荵藏以爲菹亦可瀹食)인데 자전상(字典上) 방(蒡)의 본의(本義)에 영향이 미치게 됨.

康 蒯(괴)[唐韻]苦怪切音喟[左傳成八年]雖有絲麻無棄菅蒯[註]毛詩疏曰菅與蒯連亦菅之類[儀禮喪服傳疏]屨者藨蒯之菲也[禮玉藻[註]蒯席澀便于洗足也[張衡西京賦]草則葴莎菅蒯[註]蒯草中爲索 又地名[左傳昭二十三年]攻蒯蒯潰[註]河南縣蒯鄉是也 又姓[前漢蒯通傳]蒯通范陽人 又蒯緱[史記孟嘗君傳註]蒯緱把劍之物謂以劍繩纏之 又[韻補]苦對切音塊引[左傳]叶雖有姬姜無棄蕉萃韻 又[索隱蒯成侯緤註]引[三蒼]音裴

【 오류정리 】

○康誤處 1;[左傳成八年(改九年)]雖有絲麻無棄菅蒯[註]毛詩疏曰(改正義)菅與蒯(改蒯與菅)連亦菅之類

●考證 ；謹照原文八年改九年註毛詩疏曰改正義菅與蒯改蒯與菅

◆整理 ；[左傳成(좌전성) 八年(팔년)은 九年(구년),] 註毛詩疏曰(주모시소왈)은 正義(정의), 菅與蒯(관여괴)는 蒯與菅(괴여관)의 착오.

◆訂正文 ；左傳成九年]雖有絲麻無棄菅蒯[註]毛詩正義蒯與菅連亦菅之類

▶【1680-1】字解誤謬與否 ; [左傳成八年(改九年)]雖有絲麻無棄菅蒯 [註]毛詩疏曰(改正義)菅與蒯(改蒯與菅)連亦菅之類 [八年(改九年)] [毛詩疏曰(改正義)] [菅與蒯(改蒯與菅)]

★이상과 같이 인용처(引用處)나 주소(註疏) 음(音) 등(等)의 오류(誤謬)를 수정(修訂)을 한다 하여도 자전상(字典上)의 괴(蒯)의 본의(本義)에는 영향이 미치지 않으나 ○괴(蒯; 황모(黃茅). 들띠, 삐삐)와 ○관(菅; 솔새벼과 솔새속에 속하는 多年生草)으로 자전상(字典上) 괴(蒯)의 본의(本義)에 적극 영향이 미치게 됨.

○康誤處 2; [(增禮玉藻三字)註]蒯席
●考證 ; 謹照原文 按此玉藻註非喪服註註上增禮玉藻三字
◆整理 ; [禮玉藻三字(례옥조삼자)를 앞에 덧붙임. 註(주)]
◆訂正文 ; [禮玉藻註]蒯席
▶【1681-2】字解誤謬與否 ; [(增禮玉藻三字)註]蒯席 [(增禮玉藻三字)註]

★이상과 같이 인용처(引用處)나 주소(註疏) 음(音) 등(等)의 오류(誤謬)를 수정(修訂)을 한다 하여도 자전상(字典上)의 괴(蒯)의 본의(本義)에는 영향이 미치지 않음.

康蒲(포)[唐韻]薄胡切水草可以爲席[禮玉藻]連用湯履蒲席[釋名]蒲草也[周禮天官醢人]深蒲[詩大雅]維筍及蒲[後漢劉寬傳]吏人有過但用蒲鞭罰之 又[詩王風]揚之水不流束蒲[陸璣疏]蒲柳有兩種皮正青者曰小楊其一種皮紅者曰大 又[周禮春官]男執蒲璧[註]或以蒲爲瑑飾 又[禮明堂位]周以蒲勺[註]蒲謂合蒲當刻勺爲蒲頭其口微開如蒲草 又[釋名]草圜屋曰蒲蒲敷也 又人名[華陽國志]望帝更

名蒲卑[高士傳]蒲衣舜時賢人[淮南子人閒訓]蒲且子之功亦勿能加也 又地名[春秋桓三年]齊侯衛侯胥命于蒲 又水名[水經注]河水又南合蒲水 又山名[史記封禪書]有蒲山 又臺名[述異記]東海上有蒲臺秦王至此縈蒲繫馬 又姓[十六國春秋]符洪家生蒲五丈長時人異之謂之蒲家 又[韻會]通蒱[馬融樗蒲賦]道德既備好此樗蒲 又通匍[左傳昭十三年]懷錦奉壺飲冰以蒲伏焉 又[類篇]傍各切與薄通蒲姑地名[竹書紀年]太戊城蒲姑 又去聲蒲萄果名[芥隱筆記]樂天詩羌管吹楊柳燕姬酌蒲萄 又叶頗五切音浦[韻補][周禮職方氏]其澤藪曰弦蒲鄭氏讀上聲[詩]不流束蒲叶下戍許

【 오류정리 】

○康誤處 1; [淮南子人閒訓]蒲且子之功(改巧)亦勿(改弗)能加也
●考證 ; 謹照原文功改巧勿改弗
◆整理 ; [淮南子人閒訓(회남자인한훈)] 功(공)은 巧(교), 勿(물)은 弗(불)의 착오.
◆訂正文 ; [淮南子人閒訓]蒲且子之巧亦弗能加也
▶【1682-1】字解誤謬與否 ; [淮南子人閒訓]蒲且子之功(改巧)亦勿(改弗)能加也 [功(改巧)] [勿(改弗)]

★이상과 같이 오류(誤謬) 수정(修訂)이 된다 하여도 ○교(巧; 교묘하다)와 ○불능가(弗能加; 능가하는 것 아무 것도없다)는 자전상(字典上) 포(蒲)의 본의(本義)에는 영향이 미치지 않음.

康蒸(증)[唐韻]煑仍切音烝[說文]折麻中榦也[詩小雅]以薪以蒸[箋]麤曰薪細曰蒸[周禮天官甸師]帥其徒以薪蒸役內外饔之事[註]自然小者曰蒸也 又衆也[詩大雅]天生蒸民 又地名[吳越春秋]吳王召公孫聖使門人提之

蒸丘 又通烝[爾雅釋天]冬祭曰蒸[註]進品物也 又[類篇]諸應切音證氣之上達也[列子註]溫蒸同乎炎火音去聲[潘尼苦雨賦]氣觸石而結蒸雲膚合而仰浮[羣經音辨]蒸經典蒸祭之蒸多去草以此爲薪蒸

【 오류정리 】

○康誤處 1;[周禮天官甸師]帥其徒以薪蒸役內外(改外內)饗之事[註(改疏)]自然小者曰蒸也

●考證 ; 謹照原文內外改外內註改疏

◆整理 ; [周禮天官甸師(주례천관전사)] 內外(내외)는 外內(외내), 註(주)는 疏(소)의 착오.

◆訂正文 ; [周禮天官甸師]帥其徒以薪蒸役外內饗之事[疏]自然小者曰蒸也

▶【1683-1】字解誤謬與否 ; [周禮天官甸師]帥其徒以薪蒸役內外(改外內)饗之事[註(改疏)]自然小者曰蒸也 [內外(改外內)] [註(改疏)]

★이상과 같이 오류(誤謬) 수정(修訂)이 된다 하여도 외내(外內; 밖과 안. 국어(國語)에서 부부를 높여 이르는 말.외내분. 내외분)는 자전상(字典上) 증(蒸)의 본의(本義)에는 영향이 미치지 않음.

康蒹(겸)[唐韻]古甜切[正韻]古嫌切𠀤音縑[說文]藋之未秀者[詩秦風]蒹葭蒼蒼[傳]蒹薕也[疏]似藋而細高數尺陸璣云水草堅實牛食之令牛肥强青徐州人謂之簾

【 오류정리 】

○康誤處 1;[詩秦風]蒹葭蒼蒼[疏]青徐州人謂之簾(改蒹)

●考證 ; 謹照原文簾改蒹

◆整理 ; [詩秦風(시진풍)] [疏(소)] 簾(렴)음 蒹(겸)의 착오.

◆訂正文 ; [詩秦風]蒹葭蒼蒼[疏]青徐州人謂之蒹

▶【1684-1】字解誤謬與否 ; [詩秦風]蒹葭蒼蒼[疏]青徐州人謂之簾(改蒹) [簾(改蒹)]

★이상과 같이 오류(誤謬) 수정(修訂)이 되면 겸(蒹; 갈대 볏과에 속하는 1년생풀. 물억새. 볏과에 속하는 다년생풀) 자전상(字典上) 겸(蒹)의 본의(本義)에 적극 영향이 미치게 됨.

康蒼(창)[唐韻]七岡切[正韻]千剛切𠀤音倉[說文]草色也[易說卦傳]震爲蒼筤竹[臨川吳氏註]蒼深青色[詩王風]悠悠蒼天[禮玉藻]大夫佩水蒼玉[疏]似水之蒼而雜有文 又[博雅]茂也[書益稷謨]至于海隅蒼生[傳]蒼蒼然生草木 又老也[詩秦風]蒹葭蒼蒼[釋文]物老之狀 又[前漢陳勝傳]蒼頭[註]士卒青帛巾 又[綱目集覽[蒼黃急遽貌 又姓[通志氏族略]蒼氏[註][風俗通]云八愷蒼舒之後 又[韻會]采朗切倉上聲莽蒼寒狀一曰近郊之色[莊子逍遙遊]適莽蒼者三湌而反[唐書韋述傳]蒼卒犇逼[白居易詩]寒銷春蒼茫亦作倉[禮月令]駕倉龍服倉玉[史記蕭望之傳]倉頭廬兒[直音]作蒼蒼字从艸作

【 오류정리 】

○康誤處 1;[書益稷謨(改篇)]至于海隅蒼生

●考證 ; 謹按益稷不稱謨謨改篇

◆整理 ; [書益稷(서익직) 謨(모)는 篇(편)의 착오.

◆訂正文 ; [書益稷篇]至于海隅蒼生

▶【1685-1】字解誤謬與否 ; [書益稷謨(改篇)]至于海隅蒼生 [謨(改篇)]

★이상과 같이 인용처(引用處)나 주소(註疏) 음(音) 등(等)의 오류(誤謬)를 수정(修訂)을 한다 하여도 자전상(字典上)의 창(蒼)의 본의(本義)에는 영향이 미치지 않음.

康蓐(욕)[唐韻]而蜀切[韻會]如欲切𦰧音辱[說文]陳草復生繁縟也 又[篇海]猶蠶蔟也 又薦也[禮少儀]茵者蓐也[爾雅釋器]蓐謂之茲[註][公羊傳]屬負茲茲者蓐席也 又馬藉草曰蓐[周禮夏官圉師]春除蓐釁廏始牧[註]蓐馬茲也馬既出而除之 又[博雅]厚也 又[禮月令]孟秋其神蓐收[左傳註]秋物摧蓐而可收也 又國名[左傳昭元年]沈姒蓐黃[註]四國臺駘之後 又姓見[氏族畧]

【 오류정리 】

○康誤處 1;[禮少儀(增註字)]茵者(改著)蓐也

●考證 ; 謹照原文少儀下增註字者改著

◆整理 ; [禮少儀(예소의)]에 이어 註字(주자)를 덧붙이고, 者(자)는 著(저)의 착오.

◆訂正文 ;[禮少儀註]茵著蓐也

▶【1686-1】字解誤謬與否 ;[禮少儀(增註字)]茵者(改著)蓐也 [禮少儀(增註字)] [者(改著)]

★이상과 같이 오류(誤謬) 수정(修訂)이 되면 저욕(著蓐; 자리)으로 자전상(字典上) 욕(蓐)의 본의(本義)에 영향이 미치게 됨.

艸 部 十一畫

康蔗(자)[唐韻][韻會][正韻]𦰧之夜切音柘[玉篇]甘蔗也[張衡南都賦]諸蔗薑蟠[南方草木狀]諸蔗一曰甘蔗交阯所生者圍數寸長丈餘斷而食之甚甘 又與柘通[楚辭招㝱]胹鼈炮羔有柘漿些[註]柘一作蔗[司馬相如上林賦]甘柘巴苴 又[唐韻古音]讀諸甘蔗一名甘諸南北音異也

【 오류정리 】

○康誤處 1;[司馬相如上林賦(改子虛賦)]甘柘(改諸柘)巴苴

●考證 ; 謹照原文上林賦改子虛賦甘柘改諸柘

◆整理 ; [司馬相如(사마상여) 上林賦(상림부)는 子虛賦(자허부)의] 착오이며 甘柘(감자)는 諸柘(제자)의 착오.

◆訂正文 ; [司馬相如子虛賦]諸柘巴苴

▶【1687-1】字解誤謬與否 ;[司馬相如上林賦(改子虛賦)]甘柘(改諸柘)巴苴 [上林賦(改子虛賦)] [甘柘(改諸柘)]

★이상과 같이 인용처(引用處)의 오류(誤謬)를 수정(修訂)을 한다 하여도 자전상(字典上)의 자(蔗)의 본의(本義)에는 영향이 미치지 않으나, 제자(諸柘; 초명(草名). [司馬相如子虛賦]諸柘巴苴[註]巴苴草名又地名[張揖]云諸柘甘柘也搏且[漢書]作巴且[文穎]云巴蕉也[郭璞]云搏且蘘荷屬未知孰是也)는 자(蔗) 본의(本義)에 영향이 미치게 됨.

康蔞(루)[唐韻]落侯切[類篇][韻會]郎侯切[正韻]盧侯切𦰧音樓[玉篇]蒿屬[爾雅釋草]蔞蒿也[詩周南]言刈其蔞[疏]葉似艾正月根芽生莖正白生食之脆美[楚辭大招]吳酸蒿蔞不沾薄只[註]言 爛蔞蒿以爲齏也 又[賈子新書]古者胎敎之道七月而就蔞室 一又地名[後漢王常傳]收散車入蔞谿 又[唐韻古音]力朱切音慺。義同 又[廣韻]力主切音縷草可烹魚 又[周禮冬官考工記註]等爲萬蔞以運輪上輪中萬蔞則不匡剌也 又[集韻]力九切音柳喪車飾也[禮檀弓]設蔞翣[註]棺之牆飾

【 오류정리 】

○康誤處 1;[爾雅釋草]蔞蒿也(改購蔏蔞)

●考證 ; 謹照原文改購蔏蔞

◆整理 ; [爾雅釋草(이아석초)] 蔞蒿

也(루호야)는 購蔏蔞(구상루)의 착오.
◆訂正文 ; [爾雅釋草]購蔏蔞
▶【1688-1】字解誤謬與否 ; [爾雅釋草]蔞蒿也(改購蔏蔞) [蔞蒿也(改購蔏蔞)]
★이상과 같이 오류(誤謬) 수정(修訂)이 되면 구상루(購蔏蔞; 물쑥을 구입하다) [爾雅釋草]購蔏蔞宋邢昺[疏]其葉似艾白色長數寸高丈餘好生水邊及澤中正月根牙生旁莖正白生食之香而脆美其葉又可蒸為茹是也)인데 자전상(字典上) 루(蔞)의 본의(本義)에 적극 영향이 미치게 됨.

康 蔟 (주)[唐韻][韻會][正韻]扸千木切音簇[說文]行蠶蓐[晉書左貴嬪傳]修成蠶蔟分繭理絲 又巢也[周禮秋官蜡蔟氏註]鄭司農云蔟讀爲爵蔟之蔟謂巢也 又[韻會]與簇同聚也攢也 又[廣韻]倉奏切[集韻]千候切扸音湊律名[禮月令]律中太蔟[註]太蔟言陽氣大蔟達于上也 又同箘[張衡西京賦]又蔟之攙挶[註]楚角切同箘

【 오류정리 】

○康誤處 1; [周禮秋官蜡(改蠟)蔟氏註]
●考證 ; 謹照原文蜡改蠟
◆整理 ; [周禮秋官(주례추관) 蜡(철)은 蠟(척)의 착오. 蔟氏註(주씨주)]
◆訂正文 ; [周禮秋官蠟蔟氏註]
▶【1689-1】字解誤謬與否 ; [周禮秋官蜡(改蠟)蔟氏註] [蜡(改蠟)]
★이상과 같이 인용처(引用處)나 주소(註疏) 음(音) 등(等)의 오류(誤謬)를 수정(修訂)을 한다 하여도 자전상(字典上)의 주(蔟)의 본의(本義)에는 영향이 미치지 않음.

康 蔬 (소)[唐韻]所菹切[韻會]山於切扸音疏[說文]菜也[爾雅註]凡草菜可食者通名爲蔬[禮曲禮]稻曰嘉蔬

[註]稻菰蔬之屬也 又[爾雅釋草]蘧蔬[註]似土菌生菰草中 又通疏[周禮春官]臣妾聚斂疏材 又通疎[荀子富國篇]葷菜百疎 又[集韻]爽舉切音所粒也[莊子天道篇]鼠壤有餘蔬[註]蔬讀若糈粒也

【 오류정리 】

○康誤處 1; [周禮春官(改天官)]臣妾聚斂疏材
●考證 ; 謹照原書春官改天官
◆整理 ; [周禮(주례) 春官(춘관)은 天官(천관)의] 착오.
◆訂正文 ; [周禮天官]臣妾聚斂疏材
▶【1690-1】字解誤謬與否 ; [周禮春官(改天官)]臣妾聚斂疏材 [春官(改天官)]
★이상과 같이 인용처(引用處)나 주소(註疏) 음(音) 등(等)의 오류(誤謬)를 수정(修訂)을 한다 하여도 자전상(字典上)의 소(蔬)의 본의(本義)에는 영향이 미치지 않음.

艸 部 十二畫

康 蔽 (폐)[集韻][韻會]扸必袂切音閉[說文]小草也 又[廣韻]掩也[禮月令]是察阿黨則罪無有掩蔽 又微也[爾雅釋詁疏]蔽者覆障使微也 又[論語][詩]三百一言以蔽之[何晏註]猶當也 又[小爾雅]斷也 又[楚辭招魂]菎蔽象碁[註]蔽博箸 又地名[鄭語]鄢蔽補丹依聚歷莘[註]八邑也 又[集韻]毗祭切音弊義同 又分勿切音弗[周禮春官巾車]有蒲蔽棼蔽藻蔽繁蔽[註]蔽車禦風塵者 又必列切音鼈[類篇]蔜也[江淹詩]乳竇旣滴瀝丹井復寥泬嵒崿轉奇秀岌岑還相蔽 又匹蔑切音撇別也一曰擊也拂也[史記荊軻傳]跪而蔽席 又璧吉切音必[詩召南]蔽芾甘棠沈重讀必或作茀蘇

【 오류정리 】

○康誤處 1; [鄭語]鄢薜補丹依聚(改依聚)歷莘

●考證 ; 謹照原文依聚改依聚

◆整理 ; [鄭語(정어)] 依聚(의야)는 依聚(의유)의 착오.

◆訂正文 ; [鄭語]鄢薜補丹依聚歷莘

▶【1691-1】字解誤謬與否 ; [鄭語]鄢薜補丹依聚(改依聚)歷莘 [依聚(改依聚)]

★이상과 같이 오류(誤謬) 수정(修訂)이 된다 하여도 의유력신(依聚歷莘; 군왕(君王)의 토지(土地) [鄭語]若克二邑鄢薜補丹依聚歷莘君之土也)이라 자전상(字典上) 폐(薜)의 본의(本義)에는 영향이 미치지 않음.

○康誤處 2; [周禮春官]巾車有蒲薜棼薜藻薜繁薜(改藩薜)

●考證 ; 謹照原文繁薜改藩薜

◆整理 ; [周禮(주례) 春官(춘관)] 繁薜(번폐)는 藩薜(번폐)의 착오.

◆訂正文 ; [周禮春官]巾車有蒲薜棼薜藻薜藩薜

▶【1692-2】字解誤謬與否 ; [周禮春官]巾車有蒲薜棼薜藻薜繁薜(改藩薜) [繁薜(改藩薜)]

★이상과 같이 오류(誤謬) 수정(修訂)이 되면 번폐(藩薜; 울타리. [周禮春官巾車]漆車藩薜[鄭玄注]藩漆席以 為之屛障[後漢書來歙傳]公孫述以隴西天水為藩薜故得延命假息)라 자전상(字典上) 폐(薜)의 본의(本義)에 적극 영향이 미치게 됨.

康薐(한)[唐韻]胡安切音寒[玉篇]薐蔣也本作寒[爾雅釋草]蒚寒蔣[註]今酸漿

【 오류정리 】

○康誤處 1; [爾雅釋草]蒚寒蔣(改寒漿)

●考證 ; 謹照原文寒蔣改寒漿

◆整理 ; [爾雅釋草(이아석초)] 寒蔣(한장)은 寒漿(한장)의 착오.

◆訂正文 ; [爾雅釋草]蒚寒漿

▶【1693-1】字解誤謬與否 ; [爾雅釋草]蒚寒蔣(改寒漿) [寒蔣(改寒漿)]

★이상과 같이 오류(誤謬) 수정(修訂)이 되면 한장(寒漿; 가지과에 속한 꽈리의 전초(全草). 침(蒚) 산장(酸漿) [爾雅釋草]蒚寒漿[郭璞注]今酸漿草江東呼曰苦蒚[郝懿行義疏]今京師人以充茗飲可滌煩熱故名寒漿其味微酸故名酸漿)인데 자전상(字典上) 폐(薜)의 본의(本義)에 직접 영향이 미치게 됨.

康薀(운)[唐韻][集韻]汰玉分切音云[玉篇]薀薹菜[本草註]此菜易起薹須採其薹則分枝必多故名薀薹淮人謂之薹芥 又薀香草也[杜陽雜編]元載造薀輝堂於私第其香出於闐國潔白如玉春之爲屑以塗壁[集韻]或作蕢

【 오류정리 】

○康誤處 1; [杜陽雜編]元載造薀輝堂於私第其香出於闐(改于闐)國

●考證 ; 謹照原文於闐改于闐

◆整理 ; [杜陽雜編(두양잡편)] 於闐(어전)은 于闐(우전)의 착오.

◆訂正文 ; [杜陽雜編]元載造薀輝堂於私第其香出于闐國

▶【1694-1】字解誤謬與否 ; [杜陽雜編]元載造薀輝堂於私第其香出於闐(改于闐)國 [於闐(改于闐)]

★이상과 같이 어조사(語助辭)인 우(于)를 수정(修訂)한다 하여도 자전상(字典上) 운(薀)의 본의(本義)에는 영향이 미치지 않음.

康蕘(요)[唐韻][正韻]汰如招切音

饒[說文]草薪也[左傳昭十三年]淫芻蕘者[註]杕燃火之草也　又蕘花藥名[本草註]蕘者饒也其花繁饒也　又[集韻]尼交切音饒菜名[博雅]蘴蕘蕪精也[揚子方言]陳楚之郊謂之蘴魯齊之郊謂之蕘

【 오류정리 】

○康誤處 1;[左傳昭十三年]淫芻蕘者[註(改疏)]杕燃火之草也

●考證；謹照原文註改疏

◆整理；[左傳昭十三年(좌전소십삼년)][註(주)는 疏(소)의] 착오.

◆訂正文；[左傳昭十三年]淫芻蕘者[疏]杕燃火之草也

▶【1695-1】字解誤謬與否；[左傳昭十三年]淫芻蕘者[註(改疏)]杕燃火之草也　[註(改疏)]

★이상과 같이 인용처(引用處)나 주소(註疏) 음(音) 등(等)의 오류(誤謬)를 수정(修訂)을 한다 하여도 자전상(字典上)의 요(蕘)의 본의(本義)에는 영향이 미치지 않음.

(康)蕢(괴)[唐韻][韻會]杕求位切音匱[說文]草器[論語]有荷蕢而過孔氏之門者　又山名[前漢高帝紀]沛公引兵繞嶢關踰蕢山　又[集韻]苦怪切音喟菜名[爾雅釋草]蕢赤莧[註]今莧菜之有赤根者　又與凷通[禮禮運]蕢桴而土鼓[註]蕢讀爲凷聲之誤也謂摶土爲桴也　又姓[禮檀弓]公使人弔蕢尚

【 오류정리 】

○康誤處 1;[爾雅釋草]蕢赤莧[註]今莧菜之有赤根(改赤莖)者

●考證；謹照原文赤根改赤莖

◆整理；[爾雅釋草(이아석초)] 赤根(적근)은 赤莖(적경)의 착오.

◆訂正文；[爾雅釋草]蕢赤莧[註]今莧菜之有赤莖者

▶【1696-1】字解誤謬與否；[爾雅釋草]蕢赤莧[註]今莧菜之有赤根(改赤莖)者　[赤根(改赤莖)]

★이상과 같이 오류(誤謬) 수정(修訂)이 된다 하여도 적경(赤莖; 붉은 줄기. [爾雅釋草]蕢赤莧[註]今莧菜之有赤莖者 [詩衛風]綠竹猗猗[傳]篇竹也[疏]似小藜赤莖節好生道旁可食)은 자전상(字典上) 괴(蕢)의 본의(本義)에는 영향이 미치지 않음.

(康)蕤(유)[唐韻][集韻][韻會]杕儒佳切音桵[說文]草木華垂貌[陸機文賦]播芳蕤之馥馥　又冠蕤[禮雜記]緇布冠不蕤[疏]緇布冠古法不蕤今特云不蕤者以後代有蕤此以凶事故不蕤　又蕤賓五月律[周語]蕤賓[註]蕤委蕤柔貌也[前漢律歷志]蕤繼也　又萎蕤藥名見萎字註　又旗名鹵簿中有之[唐人詩]望見萎蕤舉翠華　[集韻]省作𦬖

【 오류정리 】

○康誤處 1;[唐人詩]望見萎蕤(改葳蕤)舉翠華

●考證；謹照原文詩萎蕤改葳蕤

◆整理；[唐人詩(당인시)] 萎蕤(위유)는 葳蕤(위유)의 착오.

◆訂正文；[唐人詩]望見葳蕤舉翠華

▶【1697-1】字解誤謬與否；[唐人詩]望見萎蕤(改葳蕤)舉翠華　[萎蕤(改葳蕤)]

★이상과 같이 오류(誤謬) 수정(修訂)이 되면 위유(葳蕤; 초목이 무성하다.[古今韻會]云葳蕤草木叶垂之貌此草根長多須如冠緌下垂之而有威儀故以名之凡羽盖旌旗之緌皆象葳蕤是矣)라 자전상(字典上) 유(蕤)의 본의(本義)에 직접 영향이 미치게 됨.

(康)薞(수)[唐韻]錫兪切[集韻]詢趨切杕音須蘬蕪別名本作須[爾雅釋草]

須薞蕪[註]似羊蹄稍細味酢可食

【 오류정리 】

○康誤處 1;[爾雅釋草]須薞蕪[註]似羊蹄稍細(改葉細)

●考證;謹照原文稍細改葉細

◆整理;[爾雅釋草(이아석초)][註(주)]稍細(초세)는 葉細(엽세)의 착오.

◆訂正文;[爾雅釋草]須薞蕪[註]似羊蹄葉細

▶【1698-1】字解誤謬與否;[爾雅釋草]須薞蕪[註]似羊蹄稍細(改葉細)[稍細(改葉細)]

★이상과 같이 오류(誤謬) 수정(修訂)이 된다 하여도 엽세(葉細;가느다란 잎)는 자전상(字典上) 수(薞)의 본의(本義)에는 영향이 미치지 않음.

康 葍(복)[唐韻]房六切音服[說文]盜庚也[爾雅釋草]葍盜庚[註旋葍花也]又 [集韻]方六切音福義同 又葍盆草見藎字註

【 오류정리 】

○康誤處 1;[爾雅釋草]葍盜庚[註]旋葍花也(改似菊)

●考證;謹照原文花也改似菊

◆整理;[爾雅釋草(이아석초)] 花也(화야)는 似菊(사국)의 착오.

◆訂正文;[爾雅釋草]葍盜庚[註]旋葍似菊

▶【1699-1】字解誤謬與否;[爾雅釋草]葍盜庚[註]旋葍花也(改似菊)[花也(改似菊)]

★이상과 같이 오류(誤謬) 수정(修訂)이 된다 하여도 사국(似菊;국화를 닮았다)은 자전상(字典上) 복(葍)의 본의(本義)에는 영향이 미치지 않음.

康 蕨(궐)[唐韻][韻會][正韻]达居月切音厥[玉篇]菜也[爾雅釋草]蕨虌

[郭註]初生無葉可食[詩召南]言采其蕨[疏]周秦曰蕨齊魯曰鼈俗云其初生似鼈脚故名[埤雅]蕨初生狀如雀足之拳 又如人足之蹶故名焉 又[爾雅釋草]菱蕨攈[疏]淩一名蕨攈今水中芰俗云菱角是也

【 오류정리 】

○康誤處 1;[爾雅釋草]蕨虌(改虌)

●考證;謹照原文虌改虌

◆整理;[爾雅釋草(이아석초)] 虌(별)은 虌(별)의 착오.

◆訂正文;[爾雅釋草]蕨虌

▶【1700-1】字解誤謬與否;[爾雅釋草]蕨虌(改虌)[虌(改虌)]

★이상과 같이 오류(誤謬) 수정(修訂)이 되면 궐별(蕨虌;고사리.[毛傳]蕨虌也其初生時似鼈脚故名)인데 자전상(字典上) 궐(蕨)의 본의(本義)에 영향이 적극 미치게 됨.

康 蕪(무)[唐韻]武夫切[集韻][韻會][正韻]微夫切达音無[說文]薉也[楚辭離騷]哀衆草之蕪穢 又[爾雅釋草]苞蕪茂[註]蕪豐也 又逋也[楚辭哀郢]埶兩東門之可蕪 又[小爾雅]草也 又地名[鮑昭蕪城賦註]廣陵故城也 又湖名[前漢地理志]丹陽郡蕪湖 又與廡通[書洪]庶草蕃廡

【 오류정리 】

○康誤處 1;[楚辭離騷]哀衆草(改衆芳)之蕪穢

●考證;謹照原文衆草改衆芳

◆整理;[楚辭離騷(초사리소)] 衆草(중초)는 衆芳(중방)의 착오.

◆訂正文;[楚辭離騷]哀衆芳之蕪穢

▶【1701-1】字解誤謬與否;[楚辭離騷]哀衆草(改衆芳)之蕪穢[衆草(改衆芳)]

★이상과 같이 오류(誤謬) 수정(修訂)이 된다 하여도 중방(衆芳;많은 꽃)

은 자전상(字典上) 의 본의(本義)에는
영향이 미치지 않음.
○康誤處 2; [爾雅釋草(改釋詁)]苞蕪
茂(改蕪豐也)[註]蕪豐(改豐盛)也
●考證 ; 謹照原書釋草改釋詁苞蕪茂
改蕪豐也蕪豐改豐盛
◆整理 ; [爾雅(이아) 釋草(석초)는
釋詁(석고),] 苞蕪茂(포무무)은 蕪豐
也(무풍야), [註(주)] 蕪豐(무풍)은 豐
盛(풍성)의 착오.
◆訂正文 ; [爾雅釋詁]蕪豐也[註]豐
盛也
▶【1702-2】字解誤謬與否 ; [爾雅
釋草(改釋詁)]苞蕪茂(改蕪豐也)[註]
蕪豐(改豐盛)也 [釋草(改釋詁)] [苞
蕪茂(改蕪豐也)] [蕪豐(改豐盛)]
★이상과 같이 인용처(引用處)의 오
류(誤謬)를 수정(修訂)을 한다 하여도
자전상(字典上)의 무(蕪)의 본의(本
義)에는 영향이 미치지 않으나, ○무
풍(蕪豐; 풍성하다. [爾雅釋詁]蕪豐也
[註]豐盛也又逋也)과 ○풍성(豐盛;
풍부하다. 성대하다.)은 본의(本義)에
적극 영향이 미치게 됨

康 董 (동)[唐韻]多動切[韻會]覩動
切㚏音董[爾雅釋草]薰董[疏]狀似蒲而
細可爲屬亦可陶以爲索 又[說文]杜林
曰薚根也 又[廣韻]徒紅切音童義同
○按[六書正譌]云又姓別作董考古文
重童雖可通用然董字經典從無从童者
正譌之說非

【 오류정리 】
○康誤處 1; [爾雅釋草]薰董[疏]狀似
蒲而細可爲屬亦可陶(改可綯)以爲索
●考證 ; 謹照原文可陶改可綯
◆整理 ; [爾雅釋草(이아석초)] 可陶
(가도)는 可綯(가도)의 착오.
◆訂正文 ; [爾雅釋草]薰董[疏]狀似
蒲而細可爲屬亦可綯以爲索

▶【1703-1】字解誤謬與否 ; [爾雅
釋草]薰董[疏]狀似蒲而細可爲屬亦可
陶(改可綯)以爲索 [可陶(改可綯)]
★이상과 같이 오류(誤謬) 수정(修訂)
이 되면 도(陶; 동아줄 도이위색(綯
以爲索))는 자전상(字典上) 동(董)의
본의(本義)에 영향이 미치게 됨.

康 薐 (관)[玉篇]苦緩切音欵本作款
[爾雅釋草]菟薐顆涷[註]款冬也紫赤
花生水中
【 오류정리 】
○康誤處 1; [爾雅釋草]菟薐顆涷(改
菟奚顆涷)
●考證 ; 謹照原文改菟奚顆涷
◆整理 ; [爾雅釋草(이아석초)] 菟薐
顆涷(도혜과동)은 菟奚顆涷(도해과동)
의 착오.
◆訂正文 ; [爾雅釋草]菟奚顆涷

▶【1704-1】字解誤謬與否 ; [爾雅
釋草]菟薐顆涷(改菟奚顆涷) [菟薐顆
涷(改菟奚顆涷)]
★이상과 같이 오류(誤謬) 수정(修訂)
이 되면 과동(顆涷; 국화과에 속한
다년생초(多年生草) 약용(藥用). [爾
雅釋草]菟奚顆涷[註]款冬也[疏]藥草
一名菟奚一名顆涷又人名)으로 자전
상(字典上) 관(薐)의 본의(本義)에 적
극 영향이 미치게 됨.

艸部 十三畫
康 蕸 (하)[唐韻]胡加切音遐花葉也
[爾雅釋草]荷芙蕖[註]其葉蕸 又[集
韻]居牙切音加葦未秀者
【 오류정리 】
○康誤處 1; [爾雅釋草]荷芙蕖[註(省
註字)]其葉蕸
●考證 ; 謹按其葉蕸是經文非註文謹
照原文省註字
◆整理 ; [爾雅釋草(이아석초)] [註

(주) 註字(주자)는 삭제함.]

◆訂正文 ; [爾雅釋草]荷芙蕖其葉蕸

▶【1705-1】字解誤謬與否 ; [爾雅釋草]荷芙蕖[註(省註字)]其葉蕸 [註(省註字)]

★이상과 같이 주자(註字)를 삭제(削除)한다 하여도 자전상(字典上) 하(蕸)의 본의(本義)에 영향을 끼치지 않음.

康 薄(박)[唐韻]傍各切音泊林薄也 [楚辭註]林草不交錯曰薄[揚雄甘泉賦]列新雉于林薄[註]草叢生曰薄 又簾也[禮曲禮]帷薄之外不趨[史記周勃世家]勃以織薄曲爲生[索隱曰]織蠶薄也 又厚薄 又少也[詩周南]薄澣我衣 又聊也[詩周南]薄言采之 又輕也[前漢董仲舒傳]愍世俗之靡薄 又嫌也[前漢 張安世傳]薄朕忘故 又[揚子方言]勉也]秦晉曰釗或曰薄故其鄙語曰薄努猶勉努也 又[博雅]蕆也 又集也[司馬相如上林賦]奄薄水渚 又[史記蘇秦傳]心搖搖如懸旌而無所終薄 又被也[書益稷]外薄四海 又水名[山海經]蟲尾之山薄水出焉 又姓[史記外戚世家]薄太后父吳人姓薄氏 又亭名[後漢郡國志滎陽有薄亭 又草名薄荷見荷字註 又通亳[郊特牲]薄社北牖[註]殷社[荀子議兵篇]湯以薄武以鎬 又迫各切音博 廹也[易說卦傳]雷風相薄[左傳僖二十四年]薄而觀之 又迫晚曰薄暮 又侵也[荀子天倫篇]寒暑未薄而疾 又匹各切音粕[詩齊風]載驅薄薄[傳疾驅聲也] 又薄革切同欂壁柱也[爾雅釋宮]屋上薄謂之筄 又[唐韻古音]讀蒲[書]序成王旣踐奄將遷其君於蒲姑[左傳][史記]作薄姑

【 오류정리 】

○康誤處 1; [荀子天倫篇(改天論篇)]寒暑未薄而疾

●考證 ; 謹照原書改天論篇

◆整理 ; [荀子(순자) 天倫篇(천륜편)은 天論篇(천론편)의] 착오.

◆訂正文 ; 荀子天論篇]寒暑未薄而疾

▶【1706-1】字解誤謬與否 ; [荀子天倫篇(改天論篇)]寒暑未薄而疾 [天倫篇(改天論篇)]

★이상과 같이 인용처(引用處)나 주소(註疏) 음(音) 등(等)의 오류(誤謬)를 수정(修訂)을 한다 하여도 자전상(字典上)의 박(薄)의 본의(本義)에는 영향이 미치지 않음.

康 薌(향)[唐韻]許良切音鄉[說文]穀氣也[禮曲禮]黍曰薌合粱曰薌其 又[內則]春宜羔豚膳膏薌[註]牛膏薌犬膏臊 又地名[張衡南都賦]華薌重秬[註]華薌鄉名 又通香[荀子非相篇]芬薌以送之[史記滑稽傳]微聞薌澤 又[集韻]許兩切通響[前漢揚雄反騷]薌呹肸以棍根兮

【 오류정리 】

○康誤處 1; [前漢揚雄反騷(改前漢書揚雄傳)]薌呹肸以棍根兮

●考證 ; 謹照原書改前漢書揚雄傳

◆整理 ; [前漢揚雄反騷(전한양웅반소)는 前漢書揚雄傳(전한서양웅전)의] 착오.

◆訂正文 ; [前漢書揚雄傳]薌呹肸以棍根兮

▶【1707-1】字解誤謬與否 ; [前漢揚雄反騷(改前漢書揚雄傳)]薌呹肸以棍根兮 [前漢揚雄反騷(改前漢書揚雄傳)]

★이상과 같이 인용처(引用處)나 주소(註疏) 음(音) 등(等)의 오류(誤謬)를 수정(修訂)을 한다 하여도 자전상(字典上)의 향(薌)의 본의(本義)에는

영향이 미치지 않음.

康 蘖(알)[韻會]魚列切音钀[篇海]餘枾也[詩商頌]包有三蘖[傳]蘖餘也 ○按[說文][玉篇]俱作櫱收入子部惟[篇海]作蘖[字彙][正字通]达因之

【 오류정리 】
○康誤處 1;[詩商頌]包(改苞)有三蘖
●考證;謹照原文包改苞
◆整理;[詩商頌(시상송)]包(포)는 苞(포)의 착오.
◆訂正文;[詩商頌]苞有三蘖
▶【1708-1】字解誤謬與否;[詩商頌]包(改苞)有三蘖 [包(改苞)]
★이상과 같이 오류(誤謬) 수정(修訂)이 되면 포(苞;화포(花苞). 꽃턱잎)인데 자전상(字典上) 알(蘖)의 본의(本義)에 적극 영향이 미치게 됨.

康 蘐(손)[唐韻]思渾切[韻會]蘇昆切达音孫[爾雅釋草]蘬烏蘐 又須蘐蕪[註]蘐蕪似羊蹄葉細味酢可食[篇海]一作蕽

【 오류정리 】
○康誤處 1;[爾雅釋草]蘬(改薞)烏蘐
●考證;謹照原文蘬改薞
◆整理;[爾雅釋草(이아석초)]蘬(회)는 薞(괴)의 착오.
◆訂正文;[爾雅釋草]薞烏蘐
▶【1709-1】字解誤謬與否;[爾雅釋草]蘬(改薞)烏蘐 [蘬(改薞)]
★이상과 같이 오류(誤謬) 수정(修訂)이 되면 괴(薞;회향(茴香) 산형과에 속한 多年生草) 자전상(字典上) 손(蘐)의 본의(本義)에 적극 영향이 미치게 됨.

康 薢(해)[唐韻]古諧切音皆薢茩藥名[爾雅]薢茩芡光見芡字註 又[博雅]蔆芰薢物也[離騷註]芰秦人曰薢茩 又

[本草]薢草生水旁葉似澤瀉而小亦堪蒸啖 又萆薢見萆字註 又[集韻]皆買切音解下買切音蟹義达

【 오류정리 】
○康誤處 1;[博雅]蔆芰薢物(改苟)也
●考證;謹照原文物改苟
◆整理;[博雅(박아)] 物(물)은 苟(구)의 착오.
◆訂正文;[博雅]蔆芰薢苟也
▶【1710-1】字解誤謬與否;[博雅]蔆芰薢物(改苟)也 物(改苟)
★이상과 같이 오류(誤謬) 수정(修訂)이 되면 해구(薢苟;약명(藥名) [博雅]蔆芰薢苟也[离騷注]芰秦人曰薢茩[唐韻]古諧切音皆薢茩藥名)인데 자전상(字典上) 해(薢)의 본의(本義)에 적극 영향이 미치게 됨.

康 薤(해)[唐韻]胡介切[正韻]下戒切达音械[說文]菜也[爾雅釋草]薤鴻薈[註]薤似韭之菜也[禮內則]切蔥若薤實諸醢以柔之[儀禮士相見禮]蔥薤之屬食之止臥 又簟名[韓翃詩]薤葉照人呈夏簟 又[古樂府薤露行] 又[韻補]胡計切音系[魏文帝塘上行]念君常苦悲夜夜不能寐莫以魚肉賤棄損蔥與薤

【 오류정리 】
○康誤處 1;[儀禮士相見禮(增註字)]蔥薤之屬
●考證;謹照原書士相見禮下增註字
◆整理;[儀禮(의례) 士相見禮(사상견례)]에 이어 註字(주자)를 덧붙임.
◆訂正文;[儀禮士相見禮]註蔥薤之屬
▶【1711-1】字解誤謬與否;[儀禮士相見禮(增註字)]蔥薤之屬 [士相見禮(增註字)]
★이상과 같이 인용처(引用處)나 주소(註疏) 음(音) 등(等)의 오류(誤謬)

를 수정(修訂)을 한다 하여도 자전상(字典上)의 해(薤)의 본의(本義)에는 영향이 미치지 않음.

康 薦(천)[唐韻][集韻]𠀌作甸切音㬒[爾雅釋草]薦黍蓬[疏]蒿也[唐書契苾何力傳]逐薦草美水以爲生[說文]獸之所食草也[莊子齊物論]麋鹿食薦[郭註]六畜所食曰薦 又[韻會]進也[易豫卦]殷薦之上帝[周禮邊人]薦羞之事[註]未食未飲曰薦旣食旣飲曰羞[穀梁傳註]無牲而祭曰薦 又[集韻]才甸切通荐[前漢終軍傳]隨畜薦居[師古註]薦讀曰荐 又與縉通[史記五帝本紀]薦紳先生難言之 又[揚子方言]江淮家簿于中謂之薦[註]薦音符 又[字彙補]卽略切音爵[詩大雅]藍醢以薦與膴咢爲韻[集韻]或作蕇𧂍

【 오류정리 】

○康誤處 1; [周禮邊人]薦羞之事(改實)

●考證 ; 謹照原文事改實

◆整理 ; [周禮邊人(주례변인)]事(사)는 實(실)의 착오.

◆訂正文 ; [周禮邊人]薦羞之實

▶【1712-1】字解誤謬與否 ; [周禮邊人]薦羞之事(改實) [事(改實)]

★이상과 같이 오류(誤謬) 수정(修訂)이 되면 천수지실(薦羞之實; 제물(祭物)이 가득하다. [周禮邊人]薦羞之實未食未飲曰薦旣食旣飲曰羞[穀梁傳註]無牲而祭曰薦又才甸切通荐)이니 자전상(字典上) 천(薦)의 본의(本義)에 간접 영향이 미치게 됨.

○康誤處 2; [揚子方言]江淮家簿于(改居簿)中[謂之薦[註]薦音符(改荇)

●考證 ; 謹照原文簿于改居簿符改荇

◆整理 ; [揚子方言(양자방언)] 簿(字典無)于(우)는 居簿(字典無)(거), 符(부)는

荇(천)의 착오임.

◆訂正文 ; [揚子方言]江淮家居簿中[謂之薦[註]薦音荇

▶【1713-2】字解誤謬與否 ; [揚子方言]江淮家簿于(改居簿)中謂之薦[註]薦音符(改荇) [簿于(改居簿)] [符(改荇)]

★이상과 같이 簿(字典無 音義를 알 수 없어 본 해설은 유보하겠음) 인용처(引用處)나 주소(註疏) 음(音) 등(等)의 오류(誤謬)를 수정(修訂)을 한다 하여도 자전상(字典上)의 薦의 본의(本義)에는 영향이 미치지 않음.

康 薧(고)[集韻][韻會]𠀌苦浩切音考乾魚[周禮天官庖人]辨魚物爲鱻薧[本草釋名]鮑魚[禮記]謂之薧 又[禮內則]董荁粉楡免薧滫瀡以滑之[註]免新生者薧乾也 又[集韻]口到切音靠義同 又通蒿[唐韻]薧里死人里也

【 오류정리 】

○康誤處 1; [禮內則]董荁粉楡免(改免)薧滫瀡以滑之

●考證 ; 謹照原文免改免

◆整理 ; [禮內則(예내칙)] 免(토)는 免(면)의 착오.

◆訂正文 ; [禮內則]董荁粉楡免薧滫瀡以滑之

▶【1714-1】字解誤謬與否 ; [禮內則]董荁粉楡免(改免)薧滫瀡以滑之 [免(改免)]

★이상과 같이 오류(誤謬) 수정(修訂)이 되면 면고(免薧; 말려 묵히다. [禮內則]董荁粉楡免薧免新鮮者薧乾陳者言董荁粉楡或用新或用舊也)라 자전상(字典上) 고(薧)의 본의(本義)에 간접 영향이 미치게 됨.

康 薨(홍)[唐韻]呼肱切音儣[說文]公侯卒也[白虎通]薨之言奄也奄然亡

也 又[集韻]呼宏切音訇衆也疾也[詩周南]蠡斯羽薨薨兮[大雅]度之薨薨

【 오류정리 】

○康誤處 1;[白虎通]薨(改薨)之言奄也

●考證 ; 謹照原文薨改薨

◆整理 ; [白虎通(백호통)]薨(고)는 薨(홍)의 착오.

◆訂正文 ; [白虎通]薨之言奄也

▶【1715-1】字解誤謬與否 ; [白虎通]薨(改薨)之言奄也 [薨(改薨)]

★이상과 같이 오류(誤謬) 수정(修訂)이 되면 훙(薨; 薨去 제후나 대관이 卒하다)이라 자전상(字典上) 훙(薨)의 본의(本義)에 직접 영향이 미치게 됨.

康薪(신)[唐韻]息鄰切[韻會]斯人切太音新[說文]蕘也 又柴也[詩齊風]析薪如之何[禮月令]季秋草木黃落乃代薪爲炭[周禮地官甸師註]大木曰薪 又草亦曰薪[孟子]毁傷其薪木[趙岐註]恐其傷我薪草樹木也 又采薪亦曰薪[前漢刑法志]罪人獄已決完爲城旦春滿三歲爲鬼薪白粲

【 오류정리 】

○康誤處 1;[禮月令]乃代薪(改伐薪)爲炭

●考證 ; 謹照原文代薪改伐薪

◆整理 ; [禮月令(예월령)] 代薪(대신)은 伐薪(벌신)의 착오.

◆訂正文 ; [禮月令]乃伐薪爲炭

▶【1716-1】字解誤謬與否 ; [禮月令]乃代薪(改伐薪)爲炭 [代薪(改伐薪)]

★이상과 같이 오류(誤謬) 수정(修訂)이 되면 벌신(伐薪; 땔나무(섶)를 베다)이라 자전상(字典上) 신(薪)의 본의(本義)에 영향이 미치게 됨.

艸部 十四畫

康薫(훈)[唐韻][集韻][韻會][正韻]太許云切音勳[說文]香草也[本草註]古人祓除以此草薫之故謂之薫[山海經]浮山有草焉名曰薫草佩之已厲[左傳僖四年]一薫一蕕[前漢兩龔傳薫以香自燒 又[南方草木狀]薫陸香出大秦 又灼也[易艮卦]厲薫心[爾雅釋訓]爐爐炎炎薫炙也[註]皆旱熱薫炙人又與獯通[史記周本紀]薫育戎狄攻之又與勳通[漢夏承碑]帶薫著于王室 又[韻補]音萱[黃庭經]沐浴盛潔棄肥薫入室東向誦玉篇 又許運切音訓義同

【 오류정리 】

○康誤處 1;[漢夏承碑]帶(改策)薫著于王室

●考證 ; 謹照原文帶改策

◆整理 ; [漢夏承碑(한하승비)] 帶(대)는 策(책)의 착오.

◆訂正文 ; [漢夏承碑]策薫著于王室

▶【1717-1】字解誤謬與否 ; [漢夏承碑]帶(改策)薫著于王室 [帶(改策)]

★이상과 같이 오류(誤謬) 수정(修訂)이 된다 하여도 책(策; 죽간(竹竿). 대나무 장대)은 자전상(字典上) 훈(薫)의 본의(本義)에는 영향이 미치지 않음.

康藍(람)[唐韻]魯甘切音籃染靑草也[詩小雅]終朝采藍[周禮地官掌染草註]染草藍蒨象斗之屬[通志]藍三種蓼藍染綠大藍如芥染碧槐藍如槐染靑三藍皆可作澱色成勝母故曰靑出於藍而靑於藍 又[古今注]燕支中國人謂之紅藍 又[說文]瓜苴也 又[酉陽雜俎]藍蛇首有毒尾能解毒南人以首合藥謂之藍藥 又鳥名[爾雅釋鳥]秋鳸竊藍[註]竊藍靑色 又鑑也[大戴禮]文王官人藍之以樂以觀其不寧 又地名[晉語]三卿宴于藍臺 又山名[水經

注]新河出令支縣之藍山　又水名[杜甫詩]藍水遠從千澗落　又[綱目集覽]伽藍梵語猶中華言衆園　又姓[通志氏族略]戰國時中山大夫藍諸　又通襤[傅玄詩]整此藍縷衣

【 오류정리 】

○康誤處 1; 又鑑(鑑改濫)也

●考證 ; 謹照大戴禮註鑑改濫

◆整理 ; 又(우) 鑑(감)은 濫(람)의 착오. 也(야)

◆訂正文 ; 又濫也

▶【1718-1】 字解誤謬與否 ; 又鑑(鑑改濫)也　[鑑(鑑改濫)]

★이상과 같이 오류(誤謬) 수정(修訂)이 되면 람(濫; 넘치다) 자전상(字典上) 람(藍)의 본의(本義)에 적극 영향이 미치게 됨.

康藎(신)[唐韻][韻會]夶徐刃切音燼[本草]藎草一名黄草一名藎草可染黄　又[爾雅釋詁]藎進也[詩大雅]王之藎臣[疏]藎忠愛之篤進進無已也又[揚子方言]藎餘也[註]遺餘周鄭之閒曰藎[馬融長笛賦]藎滯抗絶　又秦晉之閒炊薪不盡曰藎　或作藎藎

【 오류정리 】

○康誤處 1; [揚子方言]藎餘也[註]遺餘(移於周鄭之閒曰藎下)周鄭之閒曰藎

●考證 ; 謹照原文註遺餘三字移於周鄭之閒曰藎下

◆整理 ; [揚子方言(양자방언)] 註遺餘三字(주유여삼자)는 周鄭之閒曰藎(주정지한왈신)아래로 옮김.

◆訂正文 ; [揚子方言]藎餘也周鄭之閒曰藎[註]遺餘

▶【1719-1】 字解誤謬與否 ; [揚子方言]藎餘也[註]遺餘(移於周鄭之閒曰藎下)周鄭之閒曰藎　[[註]遺餘(移於周鄭之閒曰藎下)]

★이상과 같이 주문(註文)을 옮겼다

하여도 자전상(字典上) 신(藎)의 본의(本義)에는 영향이 미치지 않음.

康藏(장)[唐韻]昨郎切[正韻]徂郎切夶音鑶[說文]匿也[易乾文言]潛龍勿用陽氣潛藏　又蓄也[易繫辭]君子藏器于身待時而動　又兹郎切音臧草名[司馬相如子虛賦]其埤濕則生藏莨蒹葭[註]藏莨草中牛馬芻　又才浪切音臧[禮月令]謹蓋藏[晉語]文公之出也豎豆須守藏者也不從　又與臟通[周禮天官醫師]參之以九藏之動[註]正藏五　又有胃膀胱大腸小腸[疏]正藏五者謂心肝脾肺腎夶氣之所藏[白虎通]人有五藏六府何法法五行六合也[說文][漢書]通用臧

【 오류정리 】

○康誤處 1; [晉語]文公之出也豎豆(改頭)須守藏者也

●考證 ; 謹照原文豆改頭

◆整理 ; [晉語(진어)] 豆(두)는 頭(두)의 착오.

◆訂正文 ; [晉語]文公之出也豎頭須守藏者也

▶【1720-1】 字解誤謬與否 ; [晉語]文公之出也豎豆(改頭)須守藏者也　[豆(改頭)]

★이상과 같이 오류(誤謬) 수정(修訂)이 된다 하여도 수두수(豎頭須; 인명(人名) [國語.晉語四]文公遽見豎頭須文公之出也豎頭須守藏者也不從公入乃求見公辭焉以沐謂謁者曰沐則心覆心覆則圖反宜吾不得見也 [左傳僖公二十四年]晉侯之豎頭須守藏者也漢司馬遷(報任少卿書)夫以中才之人事有關於宦豎莫不傷氣而況於慷慨之士乎[晉杜預注]豎左右小吏)는 자전상(字典上) 장(藏)의 본의(本義)에는 영향이 미치지 않음.

○康誤處 2; [周禮天官醫師](改疾醫)]

參之以九藏之動
●考證 ; 謹照原書醫師改疾醫
◆整理 ; [周禮天官(주례천관) 醫師(의사)는 疾醫(질의)의] 착오.
◆訂正文 ; [周禮天官疾醫]參之以九藏之動
▶【1721-2】字解誤謬與否 ; [周禮天官醫師(改疾醫)]參之以九藏之動 [醫師(改疾醫)]
★이상과 같이 인용처(引用處)나 주소(註疏) 음(音) 등(等)의 오류(誤謬)를 수정(修訂)을 한다 하여도 자전상(字典上)의 장(藏)의 본의(本義)에는 영향이 미치지 않음.

艸 部 十五畫

康(藝)(예)[唐韻]魚祭切[韻會]倪祭切𣥂音𪗆才能也[禮禮運]月以爲量故功有藝也[註]藝猶才也 又[周禮天官宮正]會其什伍而敎之道藝[註]藝謂禮樂射御書數 又[書舜典]歸格于藝祖[傳]告止文祖之廟藝文也 又[王延壽魯靈光殿賦]觀藝於魯[註]六經也 又[左傳文六年]陳之藝極[註]藝準也[司馬相如上林賦]藝殪仆[註]所射準的爲藝 又[家語]合諸侯而藝貢事禮也[註]藝分別貢獻之事也 又[晉語]貪欲無藝[註]藝極也 又姓[通志氏族略]有藝氏 又與蓺通[韻會]種也[書禹貢]蒙羽其藝[傳]兩山巳可種藝[孟子]樹藝五穀 又[韻補]五結切叶音臬[丘遲思賢賦]備百行之高致談九流之洪藝諒可雜而非染迹每同而常別

【 오류정리 】

○康誤處 1; [書舜典]歸格于藝祖[傳]告止(改告至)文祖之廟
●考證 ; 謹照原文告止改告至
◆整理 ; [書舜典(서순전)] [傳(전)] 告止(고지)는 告至(고지)의 착오.
◆訂正文 ; [書舜典]歸格于藝祖[傳]告至文祖之廟
▶【1722-1】字解誤謬與否 ; [書舜典]歸格于藝祖[傳]告止(改告至)文祖之廟 [告止(改告至)]
★이상과 같이 오류(誤謬) 수정(修訂)이 된다 하여도 고지(告至; 극진히 아뢰다. [荀子君子篇]天子無妻告人無匹也四海之內無客禮告無適也足能行待相者然後進者然後進口能言待官人然後詔不視而見不聽而聰不言而信不慮而知不動而功告至備也)는 자전상(字典上) 예(藝)의 본의(本義)에는 영향이 미치지 않음.

康(藨)(표)[唐韻]平表切音殍[說文]草名鹿藿也 又[玉篇]蒯屬可爲席[增韻]可爲屨[儀禮喪服傳疏]屨者藨蒯之菲也[張衡南都賦]其草則藨苧薠莞 又[集韻]蒲嬌切音瀌[爾雅釋草]藨麃[註]卽苺也江東人呼爲藨苺[爾雅釋木]葥山苺[註]今之木苺實似藨苺而大 又[韻會]悲嬌切音鑣𠭖藨茗別名[柳宗元詩]寧惟迫魑魅所懼齊蕉藨[註][禮記]蕉萑悽愴藨與蔍同類

【 오류정리 】

○康誤處 1; [爾雅釋草]藨藨(改藨麃)
●考證 ; 謹照原文藨藨改藨麃
◆整理 ; [爾雅釋草(이아석초)] 藨藨(표표)는 藨麃(표포)의 착오.
◆訂正文 ; [爾雅釋草]藨麃
▶【1723-1】字解誤謬與否 ; [爾雅釋草]藨藨(改藨麃) [藨藨(改藨麃)]
★이상과 같이 오류(誤謬) 수정(修訂)이 되면 표포(藨麃; 나무딸기. [爾雅釋草]藨麃[疏]藨一名麃[郭云]麃卽苺也江東呼麃苺子似覆盆而大赤酢甜可食)이니 자전상(字典上) 표(藨)의 본의(本義)에 영향이 미치게 됨.

康(藰)(류)[玉篇]六九切[集韻]力九

切夶音柳[集韻]力九切音柳[玉篇]草名
[爾雅釋草]薊章陸 又[集韻]力求切
音留薊茿亦草名也 又[司馬相如上林
賦]薊茈䒷歆[註]衆聲貌也

【 오류정리 】

○康誤處 1; [集韻]力九切音柳[玉篇]
草名[爾雅釋草]薊章陸(改玉篇六九切
集韻力九切夶音柳玉篇薊章陸)

●考證 ; 謹按薊章陸三字出玉篇不出
爾雅謹照玉篇原文改玉篇六九切集韻力
九切夶音柳玉篇薊章陸

◆整理 ; [集韻]力九切音柳[玉篇]草
名[爾雅釋草]薊章陸은 玉篇(옥편) 六
九切(륙구절) 集韻(집운) 力九切(력구
절) 夶音柳(병음류) 玉篇(옥편) 薊章
陸(류장륙)의 착오.

◆訂正文 ; [玉篇]六九切[集韻]力九
切夶音柳[玉篇]薊章陸

▶【1724-1】字解誤謬與否; [集韻]
力九切音柳[玉篇]草名[爾雅釋草]薊
章陸(改玉篇六九切集韻力九切夶音柳
玉篇薊章陸)

★이상과 같이 문장순이 바뀌고 초명
(草名)이 삭제 되었다 하여도 자전상
(字典上) 류(薊)의 본의(本義)에는 영
향이 미치지 않음.

艸部 十六畫

康藃(효)[唐韻]下巧切音㶳[博雅]株
根也亦竹笋也 又古巧切音狡[類篇]藕
根也江東謂之藃 又弓角接亦曰藃 又
[集韻]何交切音爻義同

【 오류정리 】

○康誤處 1; [博雅]株(改藃)根也亦竹
笋也

●考證 ; 謹照原文文義株改藃

◆整理 ; [博雅(박아)] 株(주)는 藃
(효)의 착오.

◆訂正文 ; [博雅]藃根也亦竹笋也

▶【1725-1】字解誤謬與否; [博雅]
株(改藃)根也亦竹笋也 [株(改藃)]

★이상과 같이 오류(誤謬) 수정(修訂)
이 되면 효(藃; 뿌리)라 자전상(字典
上) 효(藃)의 본의(本義)에 영향이 적
극 미치게 됨.

康蘀(탁)[唐韻]他各切[韻會]闥各
切夶音託[說文]草木凡皮葉落陊地爲
蘀[詩鄭風]蘀兮蘀兮風其吹汝[傳]蘀
槁也 又[豳風]十月殞蘀 又[西京
雜記]葭蘆之未解葉者謂之紫蘀 又
[字彙補]草名出甘棗山葵木而杏葉見
[山海經][玉篇]作虆

【 오류정리 】

○康誤處 1; [詩豳風]十月殞(改隕)蘀

●考證 ; 謹照原文殞改隕

◆整理 ; [詩豳風(시빈풍)] 殞(운)은
隕(운)의 착오.

◆訂正文 ; [詩豳風]十月隕蘀

▶【1726-1】字解誤謬與否 ; [詩豳
風]十月殞(改隕)蘀 [殞(改隕)]

★이상과 같이 오류(誤謬) 수정(修訂)
이 되면 운탁(隕蘀; 초목 잎이 지다.
낙엽. [詩經豳風]八月其穫十月隕蘀
[毛傳]隕墜蘀落[孔穎達疏]十月木葉皆
隕落也)인데 자전상(字典上) 탁(蘀)의
본의(本義)에 적극 영향이 미치게 됨.

康蘅(형)[唐韻]戶庚切音行[玉篇]
香草也[爾雅釋草]杜土鹵[註]杜衡也
似葵而香[唐本草註]杜衡葉似葵形如
馬蹄故俗云馬蹄香[屈原離騷]雜杜蘅
與芳芷俱作衡 又微蘅草名[述異記]
魏興錫山多生微蘅草 又[唐韻古音]
音杭[屈原九歌]白玉兮爲瑱疏石兮爲
芳芷葺兮荷蓋繚之兮杜蘅[宋玉風賦]
獵蕙草雜秦蘅被辛夷椔稊楊

【 오류정리 】

○康誤處 1; [宋玉風賦]獵蕙草雜(改

離)秦蘅
●考證 ; 謹照原文雜改離
◆整理 ; [宋玉風賦(송옥풍부)] 雜(잡)은 離(리)의 착오.
◆訂正文 ; [宋玉風賦]獵蕙草離秦蘅
▶【1727-1】字解誤謬與否 ; [宋玉風賦]獵蕙草雜(改離)秦蘅 [雜(改離)]
★이상과 같이 오류(誤謬) 수정(修訂)이 된다 하여도 리진형(離秦蘅; 진형(秦蘅)을 거쳐가다. [初學記]入於深宮徘徊於桂椒之間翶翔於激水之上獵蕙草離秦蘅概新夷披丆楊北上玉堂蹟於羅帷經於洞房故其風也[宋玉風賦]獵蕙草離秦蘅被辛夷椓棉楊)의 리(離)는 자전상(字典上)의 본의(本義)에는 영향이 미치지 않음.

⑱蘋(빈)[唐韻]符眞切[正韻]毗賓切𠀤音頻[說文]本作薲大萍也[爾雅釋草]萍㴆其大者蘋[本草集解]四葉合成一葉如田字者蘋也[詩召南]于以采蘋[傳]古之將嫁女者必先禮之于宗室牲用魚芼之以蘋藻[箋]蘋之言賓也[疏]韓詩云沈者曰蘋[呂氏春秋]海菜之美者崐崘之蘋[爾雅翼]蘋似槐葉而連生淺水中五月有華白色故謂之白蘋[楚辭九章]登白蘋兮騁望

【 오류정리 】

○康誤處 1;[詩召南]于以采蘋[疏(改釋文)]韓詩云沈者曰蘋
●考證 ; 謹照原書疏改釋文
◆整理 ; [詩召南(시소남)] [疏(소)는 釋文(석문)의] 착오.
◆訂正文 ; [詩召南]于以采蘋[釋文]韓詩云沈者曰蘋
▶【1728-1】字解誤謬與否 ; [詩召南]于以采蘋[疏(改釋文)]韓詩云沈者曰蘋 [疏(改釋文)]
★이상과 같이 인용처(引用處)나 주

소(註疏) 음(音) 등(等)의 오류(誤謬)를 수정(修訂)을 한다 하여도 자전상(字典上)의 빈(蘋)의 본의(本義)에는 영향이 미치지 않음.

○康誤處 2;[呂氏春秋]海(省海字)菜之美者崐崘之蘋
●考證 ; 謹按原文海字屬上文不屬本句今省海字
◆整理 ; [呂氏春秋(여씨춘추)]海(해)海字(해자)는 삭제함.
◆訂正文 ; [呂氏春秋]菜之美者崐崘之蘋
▶【1729-2】字解誤謬與否 ; [呂氏春秋]海(省海字)菜之美者崐崘之蘋 [海(省海字)]
★이상과 같이 해(海; 바다. 큰 호수. 많은 사람과 사물을 지적함.널리)가 삭제(削除) 한다 하여도 자전상(字典上) 빈(蘋)의 본의(本義)에 영향을 끼치지 않음.

⑱藇(어)[唐韻]魚巨切[集韻]偶舉切𠀤音語藇䰩也[張衡東京賦]于東則拱池淸藇[註]藇在池水上作室可用棲鳥入則捕之 又地名[史記建元侯者年表索隱註]藇況在吳越界今爲鄉也

【 오류정리 】

○康誤處 1;[張衡東京賦]于東則拱池(改洪池)淸藇
●考證 ; 謹照原文拱池改洪池
◆整理 ; [張衡東京賦(장형동경부)]拱池(공지)는 洪池(홍지)의 착오.
◆訂正文 ; [張衡東京賦]于東則洪池淸藇
▶【1730-1】字解誤謬與否 ; [張衡東京賦]于東則拱池(改洪池)淸藇 [拱池(改洪池)]
★이상과 같이 오류(誤謬) 수정(修訂)이 되면 홍지(洪池; 연못) 자전상(字典上) 어(藇)의 본의(本義)에 영향이

미치게 됨.

○康誤處 2; [史記建元(增以來二)侯者年表索隱(省索隱二字)註]藥況(改藥兒)在吳越界

●考證 ; 謹照原書建元下增以來二字省索隱二字藥況改藥兒

◆整理 ; [史記(사기) 建元(건원)에 이어 以來二字(이래이자)를 덧붙이고, 索隱(색은) 索隱二字(색은이자)는 삭제하고, 藥況(어황)은 藥兒(어아)의 착오.

◆訂正文 ; [史記建元以來侯者年表索註]藥兒在吳越界

▶【1731-2】字解誤謬與否 ; [史記建元(增以來二)侯者年表索隱(省索隱二字)註]藥況(改藥兒)在吳越界 [建元(增以來二)] [索隱(省索隱二字)] [藥況(改藥兒)]

★이상과 같이 오류(誤謬)가 수정(修訂)이 되면 어아(藥兒;오월계(吳越界)에 있는 지명(地名)으로 지금은 향(鄉)이라 함)로 자전상(字典上) 어(藥)의 본의(本義)에 적극 영향이 미치게 됨.

艸部 十七畫

康蘘(양)[唐韻]汝陽切音穰[說文]蘘荷也一名葍蒩[本草註]今人呼赤者爲蘘荷白者爲覆苴蓋食以赤者爲勝入藥以白者爲良同一種耳[司馬相如子虛賦]茈薑蘘荷[急就篇註]蘘荷莖葉似薑其根香而脆可以爲菹 又治蠱毒[柳宗元詩註]蘘荷性好陰在木下生者尤美故[潘岳閒居賦]曰蘘荷依陰 又[集韻]思將切同蒩奴當切同蘘互詳蒩蘘字註

【 오류정리 】

○康誤處 1; [司馬相如子虛賦(改上林賦)]茈薑蘘荷

●考證 ; 謹照原文子虛賦改上林賦

◆整理 ; [司馬相如(사마상여) 子虛賦(자허부)는 上林賦(상림부)의 착오.

◆訂正文 ; [司馬相如上林賦]茈薑蘘荷

▶【1732-1】字解誤謬與否 ; [司馬相如子虛賦(改上林賦)]茈薑蘘荷 [子虛賦(改上林賦)]

★이상과 같이 인용처(引用處)나 주소(註疏) 음(音) 등(等)의 오류(誤謬)를 수정(修訂)을 한다 하여도 자전상(字典上)의 우(虞)의 본의(本義)에는 영향이 미치지 않음.

康蘠(장)[集韻][韻會]夵慈良切音牂[說文]蘠蘼[爾雅釋草]蘠蘼[註]一名蘴冬 又[唐韻]同薔[爾雅釋草]蒤薔[疏]蒤蘠今作薇薔字之誤也 又治蘠見菊字註 又[韻會]東蘠見薔字註

【 오류정리 】

○康誤處 1; [爾雅釋草]蘠蘼[註(改疏)]一名蘴冬

●考證 ; 謹照原文注改疏

◆整理 ; [爾雅釋草(이아석초)][註(주)는 疏(소)의 착오.

◆訂正文 ; [爾雅釋草]蘠蘼[疏]一名蘴冬

▶【1733-1】字解誤謬與否 ; [爾雅釋草]蘠蘼[註(改疏)]一名蘴冬 [註(改疏)]

★이상과 같이 인용처(引用處)나 주소(註疏) 음(音) 등(等)의 오류(誤謬)를 수정(修訂)을 한다 하여도 자전상(字典上)의 장(蘠)의 본의(本義)에는 영향이 미치지 않음.

字典申集中考證

虍部 五畫

康處(처)[唐韻]昌與切[集韻][正韻]敞呂切夵音杵[玉篇]居也[詩王風]

莫或遄處　又止也[詩王風]其後也處 [廣韻]留也息也定也　又居室也[詩大雅]于時處處　又歸也[左傳襄四年]民有寢廟獸有茂草各有攸處　又分別也[晉書杜預傳]處分既定乃啓請伐吳之期　又制也[晉書食貨志]人閒巧偽滋多雖處以嚴刑而不能禁也　又姓[前漢藝文志][處子]九篇[師古註][史記]云趙有處子[廣韻][風俗通]云漢有北海太守處興　又州名[一統志]晉屬永嘉郡隋置處州　又[廣韻]讀去聲昌據切所也[詩邶風]爰居爰處爰喪其馬[魯語]五刑三次[註]次處也三處野朝市也　又[集韻]居御切通據人名齊有梁丘處
又通杵[公羊傳僖十二年]陳侯處臼卒[註][左傳]作杵臼[說文]作処[廣韻]俗作處

【 오류정리 】

○康誤處 1;[詩王風(改召南)]其後也處
●考證；謹照原書王風改召南
◆整理；[詩(시) 王風(왕풍)은 召南(소남)의] 착오.
◆訂正文；[詩召南]其後也處
▶【1734-1】字解誤謬與否；[詩王風(改召南)]其後也處　[王風(改召南)]
★이상과 같이 인용처(引用處)나 주소(註疏) 음(音) 등(等)의 오류(誤謬)를 수정(修訂)을 한다 하여도 자전상(字典上)의 처(處)의 본의(本義)에는 영향이 미치지 않음.

虍部 七畫

康虞(우)[唐韻]遇俱切[集韻][韻會]元俱切𡘋音愚[說文]騶虞也白虎黑文尾長于身仁獸食自死之肉[詩周南]吁嗟乎騶虞　又度也[書大禹謨]儆戒無虞[左傳桓十七年]疆場之事愼守其一而備其不虞　又安也[儀禮士虞禮註]士既葬其父母迎精而返日中而祭之于殯宮以安之　又誤也[詩魯頌]無貳無虞上帝臨女[疏]言天下歸周無有貳心無有疑誤　又備也[晉語]衞文公有邢翟之虞　又樂也[孟子]霸者之民驩虞如也[趙岐註]霸者行善邮民恩澤暴見易知故民驩虞樂之也　又[博雅]助也望也擇也　又[玉篇]有也專也　又[正韻]慮也測也　又官名[易屯卦]卽鹿無虞[註]謂虞官[周禮天官大宰]虞衡作山澤之材[疏]掌山澤者謂之虞　又國名[詩大雅]虞芮質厥成[左傳註]虞國在河東大陽縣　又縣名[晉書地理志]虞縣屬梁國　又姓[潛夫論]帝舜姓虞[左傳昭三年]箕伯直柄虞遂伯戲[註]四人皆舜後[通志氏族略]禹封商均之子于虞城爲諸侯後以國爲氏　又虞淵地名[淮南子天文訓]日至于虞淵是爲高春　又[韻會]元具切音遇[揚雄長楊賦]奉太尊之烈遵文武之度復三王之日反五帝之虞　又與吳同[史記孝武帝紀]不虞不驚索隱讀話　又通吾吾丘壽王[水經注]作虞丘壽王[王應麟詩攷]鄒虞或作騶吾見[劉芳詩義疏][直音]俗作虞

【 오류정리 】

○康誤處 1;[揚雄長楊賦]復三王之日(改田)
●考證；謹照原文日改田
◆整理；[揚雄長楊賦(양웅장양부)]日(일)은 田(전)의 착오.
◆訂正文；[揚雄長楊賦]復三王之田
▶【1735-1】字解誤謬與否；[揚雄長楊賦]復三王之日(改田)　[日(改田)]
★이상과 같이 오류(誤謬) 수정(修訂)이 되면 전(田; 밭. 전답. 경작지. 봉토(封土). 사냥하다)으로 자전상(字典上) 우(虞)의 본의(本義)에 영향이

미치게 됨.

虫部 二畫

康虮(기)[唐韻]居夷切音肌密虮蟲名 又[集韻]通作飢[爾雅釋蟲]密飢繼英

【 오류정리 】

○康誤處 1;[集韻]通作飢(改肌)[爾雅釋蟲]密飢(改肌)繼英
●考證;謹照原文飢夶改肌
◆整理;[集韻(집운)] 飢(기)는 肌(기)의 착오,[爾雅釋蟲(이아석충)]飢(기)는 肌(기)의 착오.
◆訂正文 ;[集韻]通作肌[爾雅釋蟲]密肌繼英
▶【1736-1】字解誤謬與否 ;[集韻]通作飢(改肌)[爾雅釋蟲]密飢(改肌)繼英 [飢(改肌)] [飢(改肌)]
★이상과 같이 오류(誤謬) 수정(修訂)이 되면 ○통작기(通作肌;기자(虮字)와 통용(通用)) 와 ○밀기(密肌;벌레이름,[爾雅釋蟲]密肌繼英皆蟲名[註]云未詳茲曰止居或密肌爲蟄伏之蟲正巽象也 [釋名]肌慬也膚幕堅慬也又密肌蟲名)는 자전상(字典上) 기(虮)의 본의(本義)에 영향이 미치게 됨.

康蚪(규)[唐韻][集韻]渠幽切[正韻]渠尤切夶音觓[說文]龍子有角者[楚辭天問]焉有蚪龍負熊以遊[司馬相如大人賦]騎赤螭靑蚪之蚴蟉蜿蜒 又[廣韻]居幽切音樛義同 又[集韻]巨小切音猶[王逸魯靈光殿賦]騰蛇蟉蚪而繞榱 又[韻補]叶去九切丘上聲[李尤平樂觀賦]云有仙駕雀其形蚴蚪騎驢馳射狐兔驚走

【 오류정리 】

○康誤處 1;[王逸(改延壽)魯靈光殿賦]
●考證;謹照原文逸改延壽

◆整理 ;[王逸(왕일)은 延壽(연수)의 착오. 魯靈光殿賦(로령광전부)]
◆訂正文 ;[延壽魯靈光殿賦]
▶【1737-1】字解誤謬與否 ;[王逸(改延壽)魯靈光殿賦] [王逸(改延壽)]
★이상과 같이 인용처(引用處)나 주소(註疏) 음(音) 등(等)의 오류(誤謬)를 수정(修訂)을 한다 하여도 자전상(字典上)의 규(蚪)의 본의(本義)에는 영향이 미치지 않음.

虫部 三畫

康虺(훼)[唐韻][正韻]許偉切[韻會]詡鬼切夶音卉[廣韻]蛇虺[詩小雅]維虺維蛇女子之祥[爾雅釋蟲]蝮虺詳蝮字註 又王虺[楚辭大招]王虺騫只[註]王虺大蛇 又水虺[述異記]水虺五百年爲蛟 又姓[潛夫論]虺氏皆子姓也[唐書則天本紀]削越王貞及琅琊郡王沖屬籍改其姓爲虺氏 又人名[書仲虺之誥疏]仲虺居薛以爲湯左相 又[博雅]虺虺聲也[詩邶風]虺虺其雷[傳]暴若震雷之聲虺虺然 又[正韻]呼回切音灰喧虺詩虺虺其雷亦讀平聲 又[爾雅]虺隤病也[詩周南]我馬虺隤 又與䖭通[顏氏家訓][韓非子]曰蟲有䖭者一身兩口爭食相齕遂相殺也茫然不識此字何音後見[古今字譜]是虺字○按䖭當作虺

【 오류정리 】

○康誤處 1;[爾雅釋蟲(改釋魚)]蝮虺
●考證;謹照原書釋蟲改釋魚
◆整理 ;[爾雅(이아) 釋蟲(석충)은 釋魚(석어)의] 착오.
◆訂正文 ;[爾雅釋魚]蝮虺
▶【1738-1】字解誤謬與否 ;[爾雅釋蟲(改釋魚)]蝮虺 [釋蟲(改釋魚)]
★이상과 같이 인용처(引用處)나 주소(註疏) 음(音) 등(等)의 오류(誤謬)

를 수정(修訂)을 한다 하여도 자전상(字典上)의 규(蚆)의 본의(本義)에는 영향이 미치지 않음.

虫部 四畫

康蚆(파)[唐韻]普巴切[集韻]披巴切𧕟音葩貝也[爾雅釋魚]蚆博而頯[註]頯者中央廣兩頭銳又[集韻]邦加切[廣韻]伯加切𧕟音巴義同

【 오류정리 】

○康誤處 1;[爾雅釋魚]蚆博而頯(改頯)[註]頯(改頯)者中央廣
●考證 ; 謹照原文兩頯字𧕟改頯
◆整理 ; [爾雅釋魚(이아석어)] 頯(변)는 頯(규)의 착오, 註(주)] 頯(변)은 頯(규)의 착오.
◆訂正文 ; [爾雅釋魚]蚆博而頯[註]頯者中央廣
▶【1739-1】字解誤謬與否 ; [爾雅釋魚]蚆博而頯(改頯)[註]頯(改頯)者中央廣 [頯(改頯)][頯(改頯)]
★이상과 같이 오류(誤謬) 수정(修訂)이 되면 규(頯; 광대뼈. 높이 드러나 아름다운 모양.드러나다)는 자전상(字典上) 파(蚆)의 본의(本義)에 적극 영향이 미치게 됨.

虫部 五畫

康蚳(지)[唐韻]直尼切[集韻][韻會]陳尼切𧕟音迟[玉篇]蟻卵也[禮內則]服修蚳醢[注]蚍蜉子也[周禮天官鼈人]蚳醢[疏]謂蟻之子取白者以爲醢又[集韻]稱脂切音鴟𧕟蚳獸名[山海經]昆吾之山有獸焉其狀如彘而有其音如号名曰𧕟蚳[注]𧕟蚳似九尾狐

【 오류정리 】

○康誤處 1;[天官鼈人]蚳醢(改鼈人共蚳以授醢人)
●考證 ; 謹照原文改鼈人共蚳以授醢人

人
◆整理 ; [周禮天官(주례천관) 鼈人(별인)] 蚳醢(지해)는 共蚳以授醢人(공지이수해인)의 착오.
◆訂正文 ; [周禮天官鼈人]共蚳以授醢人
▶【1740-1】字解誤謬與否 ; [天官鼈人]蚳醢(改鼈人共蚳以授醢人) [蚳醢(改共蚳以授醢人)]
★이상과 같이 오류(誤謬) 수정(修訂)이 되면 공지(共蚳; 개미 알. [周禮天官鼈人]共蚳以授醢人[疏]謂蟻之子)인데 자전상(字典上) 지(蚳)의 본의(本義)에 직접 영향이 미치게 됨.

康蚷(거)[韻會]臼許切音巨商蚷蟲名[莊子秋水篇]猶猴蚊負山商蚷馳河也[註]蚷北燕謂之馬蚿 又[集韻]求於切音渠義同

【 오류정리 】

○康誤處 1;[莊子秋水篇]猶猴(改使)蚊負山
●考證 ; 謹照原文猴改使
◆整理 ; [莊子秋水篇(장자추수편)] 猴(후)는 使(사)의 착오임.
※筆者謹按原本 ; [考證]謹照原文候改使의 候는 字典本文은 猴字임.
◆訂正文 ; [莊子秋水篇]猶使蚊負山
▶【1741-1】字解誤謬與否 ; [莊子秋水篇]猶猴(改使)蚊負山 [猴(改使)]
★이상과 같이 오류(誤謬) 수정(修訂)이 된다 하여도 유사문부산(猶使蚊負山; 모기에게 산을 지키게 하다와 같다. [莊子秋水篇]猶使蚊負山商蚷馳河也蚷北燕謂之馬蚿)은 자전상(字典上) 거(蚷)의 본의(本義)에는 영향이 미치지 않음.

康蚹(부)[唐韻[符遇切音附蚹蛇腹下横鱗可行者[莊子齊物論]吾待蛇蚹

蜩翼耶[註]蚹謂蛇腹下齟齬可以行者也　又[爾雅釋蟲]蚹蠃蜾蝓[註]卽蝸牛詳蝓字註　又[集韻]步木切音僕義同

【 오류정리 】

○康誤處 1;[爾雅釋蟲(改釋魚)]蚹蠃蜾蝓

●考證；謹照原書釋蟲改釋魚

◆整理；[爾雅(이아) 釋蟲(석충)은 釋魚(석어)의] 착오.

◆訂正文；[爾雅釋魚]蚹蠃蜾蝓

▶【1742-1】字解誤謬與否；[爾雅釋蟲(改釋魚)]蚹蠃蜾蝓　[釋蟲(改釋魚)]

★이상과 같이 인용처(引用處)나 주소(註疏) 음(音) 등(等)의 오류(誤謬)를 수정(修訂)을 한다 하여도 자전상(字典上)의 부(蚹)의 본의(本義)에는 영향이 미치지 않음.

康蚰(굴)[唐韻]職悅切音拙蟲也　又[集韻]曲勿切音屈[說文]蛣蚰也或作蜛[爾雅釋蟲]蝎蛣蚰[註]木中蟲也或作蜛

【 오류정리 】

○康誤處 1;[爾雅釋蟲]蝎蛣蚰(改蜛)[註]木中蟲也(改蠹蟲)或作蜛(或作蜛三字移於爾雅上)

●考證；謹照原文蚰改蜛蟲也改蠹蟲或

作蜛三字移於爾雅上

◆整理；或作蜛(혹작굴)[爾雅釋蟲(이아석충)]蚰(굴)은 蜛(굴)의 착오이며, [註(주)] 蟲也(충야)는 蠹蟲(두충)의 착오, 或作蜛三字(혹작굴삼자)는 爾雅上(이아상)으로 옮김.

◆訂正文；或作蜛[爾雅釋蟲]蝎蛣蜛[註]木中蠹蟲

▶【1743-1】字解誤謬與否；[爾雅釋蟲]蝎蛣蚰(改蜛)[註]木中蟲也(改蠹

蟲)或作蜛(或作蜛三字移於爾雅上)
[蚰(改蜛)]　[蟲也(改蠹蟲)]　[或作蜛(或作蜛三字移於爾雅上]

★이상과 같이 오류(誤謬) 수정(修訂)이 되면 굴(蜛; 길굴(蛣蚰) 전갈 [唐韻]職悅切音拙蟲也　又[集韻]曲勿切音屈[說文]蛣蚰也或作蜛)과 두충(蠹蟲; 좀)이 자전상(字典上) 굴(蚰)의 본의(本義)에 직접 영향이 미치게 됨.

虫部 六畫

康蛑(모)[唐韻]莫浮切[韻會]迷浮切[正韻]莫侯切蛁音侔[唐韻]蝤蛑似蟹而大[續博物志]蝤蛑大有力能與虎鬪螯能剪殺人互見蝤字註　又[爾雅釋蟲]莫貈蟷蜋蛑[揚子方言]蟷蜋或謂之虰蛑[集韻]作蝥

【 오류정리 】

○康誤處 1;[爾雅釋蟲]莫貈蟷蜋(改爲蜋)蛑

●考證；謹照原文蜋改爲蜋

◆整理；[爾雅釋蟲(이아석충)] 蜋(랑)은 蜋(랑)의 착오.

◆訂正文；[爾雅釋蟲]莫貈蟷蜋蛑

▶【1744-1】字解誤謬與否；[爾雅釋蟲]莫貈蟷蜋(改爲蜋)蛑　[蜋(改爲蜋)]

★이상과 같이 오류(誤謬) 수정(修訂)이 되면 당랑(蟷蜋; 사마귀)인데 자전상(字典上) 모(蛑)의 본의(本義)에 영향이 미치게 됨.

○康誤處 2;[揚子方言]蟷蜋或謂之虰蛑(無蛑字改爲疏莫貈一名蟷蜋一名蛑)

●考證；謹按方言虰下無蛑字謹改爲疏莫貈一名蟷蜋一名蛑

◆整理；[揚子方言(양자방언)] 蛑(모) 蛑字(모자)를 삭제하고 그에 疏莫貈一名蟷蜋一名蛑(소막학일명당랑

일명모)로 교체 함.

◆訂正文 ; [揚子方言]蟷螂或謂之虰
[疏]莫貈一名蟷蛝一名蛑

▶【1745-2】字解誤謬與否 ; [揚子
方言]蟷螂或謂之虰蛑(無蛑字改爲疏莫
貈一名蟷蛝一名蛑)

★이상과 같이 오류(誤謬) 수정(修訂)
이 되면 ○막학(莫貈; 버마재비. 일
명 당랑(一名蟷蛝) 일명모(一名蛑).
[爾雅釋蟲]莫貈蟷蛝蛑[疏]莫貈一名蟷
蛝一名蛑) 자전상(字典上)라 하였으니
모(蛑)의 본의(本義)에 직접 영향이
미치게 됨.

(康)蚰(자)[唐韻][集韻]丛七賜切音
刺[說文]毛蟲也[爾雅釋蟲]蝤毛蟲[疏]
蝤一名毛蠹即蚰也今俗呼爲毛蚰有毒
螫人[王逸九思]蚰緣兮我裳　　又[唐
韻]七吏切義同　　[玉篇]或作蝍蚵蟋
蚝[類篇]別作蜥[集韻]又作蟌

【 오류정리 】

○康誤處 1 ; [爾雅釋蟲]蝤(改蛁)毛蟲
(改毛蠹)[疏]蝤(改蛁)一名毛蠹

●考證 ; 謹照原文兩蝤字丛改蛁毛蟲
改毛蠹

◆整理 ; [爾雅釋蟲(이아석충)]蝤(함)
은 蛁(조), 毛蟲(모충)은 毛蠹(모두)의
착오.

◆訂正文 ; [爾雅釋蟲]蛁毛蠹[疏]蛁
一名毛蠹

▶【1746-1】字解誤謬與否 ; [爾雅
釋蟲]蝤(改蛁)毛蟲(改毛蠹)[疏]蝤(改
蛁)一名毛蠹　[蝤(改蛁)] [毛蟲(改毛
蠹)] [蝤(改蛁)]

★이상과 같이 오류(誤謬) 수정(修訂)
이 되면 조모두(蛁毛蠹; 사면발니. 음
슬(陰蝨). 모두충(毛蠹蟲). 사람의 겉
옷 속에 붙어살며 피를 빨아먹고 삶
[釋曰]蛁一名毛蠹即也[說文]雲蚰毛蟲
今俗呼爲毛蚰有毒螫人) 자전상(字典

上) 자(蚰)의 본의(本義)에 직접 영향
이 미치게 됨

(康)蛝(한)[唐韻]戶閒切音閑蟲名[爾
雅釋蟲]蛝馬蠭[疏]蛝蟲一名馬蠭一名
馬蠲蚐俗呼馬蚿[類篇]一曰蝮蜪也一
曰蚍蜉　　又[集韻]魚巾切音銀義同

【 오류정리 】

○康誤處 1 ; [爾雅釋蟲][疏]一名馬
蠲蚐(改蚿)

●考證 ; 謹照經典釋文蚐改蚿

◆整理 ; [爾雅釋蟲(이아석충)][疏
(소)] 蚐(굴)은 蚿(균)의 착오.

◆訂正文 ; [爾雅釋蟲][疏]一名馬
蠲蚿

▶【1747-1】字解誤謬與否 ; [爾雅
釋蟲][疏]一名馬蠲蚐(改蚿)　[蚐(改
蚿)]

★이상과 같이 오류(誤謬) 수정(修訂)
이 되면 균(蚿; 노래기)인데 자전상
(字典上) 한(蛝)의 본의(本義)에 직접
영향이 미치게 됨.

(康)蛬(공)[唐韻][正韻]居竦切[韻
會]古勇切丛音鞏[爾雅釋蟲]蟋蟀蛬
[註]今促織也[揚子方言]蜻蛚楚謂之
蟋蟀或謂之蛬[郭註]梁園呼蛬爲蛩[蠡
海集]蛬近陰依於土以陽而爲聲　　又蛬
陰性妒相遇必爭鬭別詳蟋蟀字註　　又
[廣韻]巨容切音邛[集韻]居用切音拱
義丛同　　[玉篇]一作蛗[正韻]通作蛩

【 오류정리 】

○康誤處 1 ; [揚子方言][郭註]梁園
(改國)呼蛬爲(改音)蛩

●考證 ; 謹照原文園改國爲改音

◆整理 ; [揚子方言(양자방언)][郭註
(곽주)] 園(원)은 國(국), 爲(위)는 音
(음)의 착오.

◆訂正文 ; [揚子方言][郭註]梁國呼
蛬音蛩

▶【1748-1】字解誤謬與否 ; [揚子方言][郭註]梁園(改國)呼蚕爲(改音)鞏 [園(改國)][爲(改音)]
★이상과 같이 오류(誤謬) 수정(修訂)이 된다 하여도 국(國)과 음(音)은 자전상(字典上) 공(蚕)의 본의(本義)에는 영향이 미치지 않음.

虫部 七畫

㋕蛹(용)[唐韻]余隴切[韻會][正韻]尹竦切夶音勇蠹化爲蛹蛹化爲蛾[說文]繭蟲也[爾雅釋蟲]蛹蛹[註]蚕蛹[疏]即蚕所變者一名蛹一名蛹[荀子賦論篇]蛹以爲母[蔡邕短人賦]繭中蛹兮蠹蠕[韓愈詩]眇若抽獨蛹 又土蛹[博雅]土蛹蠁蟲也

【 오류정리 】

○康誤處 1 ; [爾雅釋蟲][註]蚕(改蠶)蛹[疏]即蚕(改蠶)所變者
●考證 ; 謹照原文兩蚕字夶改蠶
◆整理 ; [爾雅釋蟲(이아석충)][註(주)]蚕(천)은 蠶(잠), 蚕(천)은 蠶(잠)의 착오.
◆訂正文 ; [爾雅釋蟲][註]蠶蛹[疏]即蠶所變者
▶【1749-1】字解誤謬與否 ; [爾雅釋蟲][註]蚕(改蠶)蛹[疏]即蚕(改蠶)所變者 [蚕(改蠶)][蚕(改蠶)]
★이상과 같이 오류(誤謬) 수정(修訂)이 되면 잠용(蠶蛹; 누에번데기)으로 자전상(字典上) 용(蛹)의 본의(本義)에 직접 영향이 미치게 됨.

○康誤處 2 ; [荀子賦論(省論字)篇]
●考證 ; 謹照原文省論字
◆整理 ; [荀子賦(순자부) 論(론) 論字(론자)를 삭제함. 篇(편)]
◆訂正文 ;[荀子賦篇]
▶【1750-2】字解誤謬與否 ; [荀子賦論(省論字)篇] [論(省論字)]

★이상과 같이 인용처(引用處)나 주소(註疏) 음(音) 등(等)의 오류(誤謬)를 수정(修訂)을 한다 하여도 자전상(字典上)의 용(蛹)의 본의(本義)에는 영향이 미치지 않음.

○康誤處 3 ; [蔡邕短人賦]繭中蛹兮蠹蠕(增頓字)
●考證 ; 謹照原文蠕下增頓字
◆整理 ; [蔡邕短人賦(채옹단인부)]蠕(연)에 이어 頓字(혈자)를 덧붙임.
◆訂正文 ; [蔡邕短人賦]繭中蛹兮蠹蠕頓
▶【1751-3】字解誤謬與否 ; [蔡邕短人賦]繭中蛹兮蠹蠕(增頓字) [蠕(增頓字)]
★이상과 같이 오류(誤謬) 수정(修訂)이 된다 하여도 혈(頓; 국명(國名). 월지(月支). [類篇]肹頓國名月支也)은 자전상(字典上) 용(蛹)의 본의(本義)에는 영향이 미치지 않음.

㋕蛘(양)[唐韻]余兩切[集韻]以兩切夶音養[說文]搔蛘也 又[揚子方言]虮蛘燕謂之蛾蛘 又[廣韻]綿婢切音渳[爾雅釋蟲]蛄蟹强蛘[揚子方言]螳螂或謂之蛘蛘蛄蟹謂之强蛘[郭註]米中小黑甲蟲也建平人呼芊子音芊芊即姓也[正字通]云蛘字有平上二音○按字書蛘字有余兩綿婢二切皆係上聲無平聲

【 오류정리 】

○康誤處 1 ; 又[廣韻]綿婢切音渳[爾雅釋蟲]蛄蟹强蛘[揚子方言]螳螂或謂之蛘蛘(螳螂以下七字移於上文虮蛘燕謂之蛾蛘下)蛄蟹謂之强蛘[郭註]米中小黑甲蟲也建平人呼芊子音芊芊即姓也
●考證 ; 謹按螳螂或謂之蛘蛘郭註不音芊姓之芊不當入縣婢切下且與上下文强蛘不類謹將螳螂以下七字移於上文虮

蜉燕謂之蛾蚌下

◆整理；[揚子方言(양자방언)] 螳螂或謂之蚌蚌(당랑혹위지양양)의 螳螂以下七字(당랑이하칠자)를 移於上文(이어상문)하여 虵蜉燕謂之蛾蚌(비부연위지아양) 아래인 [揚子方言(양자방언)]虵蜉燕謂之蛾蚌(비부연위지아양)이어 螳螂或謂之蚌蚌(당랑혹위지양양)이라 붙임.

◆訂正文；又[揚子方言]虵蜉燕謂之蛾蚌螳螂或謂之蚌蚌 又[廣韻]綿婢切音湎[爾雅釋蟲]蛄蟹强蚌[揚子方言]蛄蟹謂之强蚌[郭註]米中小黑甲蟲也建平人呼芊子音芊芊即姓也

▶【1752-1】字解誤謬與否；又[廣韻]綿婢切音湎[爾雅釋蟲]蛄蟹强蚌[揚子方言]螳螂或謂之蚌蚌(螳螂以下七字移於上文虵蜉燕謂之蛾蚌下)蛄蟹謂之强蚌[郭註]米中小黑甲蟲也建平人呼芊子音芊芊即姓也

★이상과 같이 한 문장(文章)을 전후(前後)로 이동(移動)한다 하여도 자전상(字典上) 양(蚌)의 본의(本義)에는 영향이 미치지 않음.

康 蜀(촉)[唐韻]市玉切[集韻]殊玉切𣤶音屬[說文]葵中蠶也[淮南子說林訓]蠶與蜀狀相類而愛憎異也[詩𧑙風]蜎蜎者蠋本作蜀詳蠋字註 又獸名[山海經]杻陽之山有獸焉其狀如馬其文如虎名曰鹿蜀佩其皮尾宜子孫 又[韻會]雞大者謂之蜀雞 又巴蜀地名秦置蜀郡即益州地 又[爾雅釋山]獨山蜀[疏]山之孤獨者名蜀 又[字彙補]祠器也[管子形勢篇]抱蜀不言而廟堂既脩 又同睽見[歸藏易]楊愼曰蠋字從蜀爲聲音圭則蜀固有圭音矣

【 오류정리 】

〇康誤處 1；[爾雅釋山]獨山(改獨者)蜀

●考證；謹照原文獨山改獨者

◆整理；[爾雅釋山(이아석산)] 獨山(독산)은 獨者(독자)의 착오.

◆訂正文；[爾雅釋山]獨者蜀

▶【1753-1】字解誤謬與否；[爾雅釋山]獨山(改獨者)蜀 [獨山(改獨者)]

★이상과 같이 오류(誤謬) 수정(修訂)이 되면 독자(獨者; 혼자)인데 자전상(字典上) 촉(蜀)의 본의(本義)에 직접 영향이 미치게 됨.

康 蜃(신)[唐韻]時忍切[集韻]是忍切[正韻]時軫切𣤶音腎[禮月令]雉入大水爲蜃[註]大蛤曰蜃[周禮天官鼈人]以時籍魚鼈龜蜃凡貍物[述異記]黃雀秋化爲蛤春復爲黃雀五百年爲蜃蛤[山海經註]蜃一名蚌一名含漿 又[本草]蜃蛟之屬其狀亦似蛇而大有角如龍狀紅鬣腰以下鱗盡逆食燕子能吁氣成樓臺城郭之狀將雨即見名蜃樓亦曰海市其脂和蠟作燭香凡百步烟中亦有樓臺之形[漢書天文志]海旁蜃氣象樓臺 又[儀禮既夕禮]蜃車[註]柩路也迫地而行有似於蜃 又蜃炭[左傳成二年]宋文公卒始厚葬用蜃炭[註]燒蜃爲炭 又蜃器[周禮春官鬯人]掌四方山川用蜃器[莊子人間世]夫愛馬者以筐盛矢以蜃盛溺 又[廣韻]時刃切音愼義同 又縣名[集韻一作𧒟[通志六書略亦作蜄

【 오류정리 】

〇康誤處 1；[周禮天官鼈人]以時籍(改𥳁)魚鼈

●考證；謹照原文籍改𥳁

◆整理；[周禮天官鼈人(주례천관별인)] 籍(적)은 𥳁(착)의 착오.

◆訂正文；[周禮天官鼈人]以時𥳁魚鼈

▶【1754-1】字解誤謬與否；[周禮

天官鼈人]以時籍(改籍)魚鼈　[籍(改籍)]

★이상과 같이 오류(誤謬) 수정(修訂)이 된다 하여도 착(籍; 작살)은 자전상(字典上) 신(蜃)의 본의(本義)에는 영향이 미치지 않음.

康蜆(현)[唐韻]胡典切音峴蟲名[說文]蛹女也詳蛹字註　又[集韻]胡千切音賢義同　又呼典切音顯[類篇]小蛤[隋書劉臻傳]好啖蜆以父諱顯因呼蜆爲扁螺　又湖名[史記夏本紀][註]三江一江東南上七十里自蜆湖名曰上江或作蠯

【 오류정리 】

○康誤處 1; [說文]蛹(改縊)女也

●考證 ; 謹照原文蛹改縊

◆整理 ; [說文(설문)] 蛹(의)는 縊(액)의 착오.

◆訂正文 ; [說文]縊女也

▶【1755-1】字解誤謬與否 ; [說文]蛹(改縊)女也　[蛹(改縊)]

★이상과 같이 오류(誤謬) 수정(修訂)이 되면 액녀(縊女; 도롱이벌레. 샤오헤이충 [爾雅釋蟲]蜆縊女[註]小黑蟲赤頭喜自經死故曰縊女[疏]蜆縊女○釋曰蜆小黑蟲也赤頭喜自縊故又名縊女)인데 자전상(字典上) 현(蜆)의 본의(本義)에 직접 영향이 미치게 됨.

康蜉(부)[唐韻]縛謀切[集韻][韻會]房尤切[正韻]房鳩切夶音浮[說文]作蠢蚍蠢也今作蜉[爾雅釋蟲]蚍蜉大蟻[疏]蟻大者別名蚍蜉[韓愈詩]蚍蜉撼大樹可笑不自量　又[韻會]引[漢書][註]蚍蠢蜉蝣渠略也[詩曹風]蜉蝣之羽衣裳楚楚[爾雅釋蟲]蜉蝣渠略[註]似蛣蜣身狹則長有角黃黑色聚生糞土中朝生暮死豬好啖之陸璣曰似甲蟲有角大如指長三四寸甲下有翅能飛夏月

陰雨時地中出令人燒炙噉之美如蟬也樊光謂之糞中蝎蟲[揚子方言]蜉蝓秦晉之閒謂之渠略

【 오류정리 】

○康誤處 1; [爾雅釋蟲]蚍蜉大蟻(改蛾)[疏]蟻(改蛾)大者別名蚍蜉

●考證 ; 謹照原文兩蟻字夶改蛾

◆整理 ; [爾雅釋蟲(이아석충)]蟻(의)는 蛾(의), 蟻(의)는 蛾(의)의 착오.

◆訂正文 ; [爾雅釋蟲]蚍蜉大蛾[疏]蛾大者別名蚍蜉

▶【1756-1】字解誤謬與否 ; [爾雅釋蟲]蚍蜉大蟻(改蛾)[疏]蟻(改蛾)大者別名蚍蜉　[蟻(改蛾)]　[蟻(改蛾)]

★이상과 같이 오류(誤謬) 수정(修訂)이 되면 대의(大蛾; 왕개미. [爾雅釋蟲]蚍蜉大蛾[疏]蛾通名也其大者別名蚍蜉俗呼馬蚍蜉小者即名蛾齊人呼蛾蛘)인데 자전상(字典上) 부(蜉)의 본의(本義)에 적극 영향이 미치게 됨.

○康誤處 2 ; 令人(改今人)燒炙噉之

●考證 ; 謹照陸璣疏原文令人改今人

◆整理 ; 令人(령인)은 今人(금인)의 착오.

◆訂正文 ; 今人燒炙噉之

▶【1757-2】字解誤謬與否 ; 令人(改今人)燒炙噉之　[令人(改今人)]

★이상과 같이 오류(誤謬) 수정(修訂)이 된다 하여도 금인(今人; 지금 사람)은 자전상(字典上) 부(蜉)의 본의(本義)에는 영향이 미치지 않음.

康蜎(연)[唐韻]於玄切[集韻]縈玄切[韻會]縈緣切夶音娟[玉篇]蠋貌[詩]蜎蜎者蠋詳蠋字註　又[爾雅釋蟲]蜎蠉蟲詳蠉字註　又撓也[周禮冬官廬人]句兵欲無彈刺兵欲無蜎[註]鄭司農云蜎亦掉也　又姓[前漢藝文志][蜎子]十三篇[師古註]名淵楚人老子

弟子蜎姓也 又[廣韻]巨卷切音圈義同 又[集韻]於泫切音䐼[前漢揚雄傳]蝹蜎蠖濩之中[師古註]言屋中之深廣也 又休緣切人名[史記甘茂傳]楚王問于范蜎[索隱註]蜎休緣切 又與娟通[楚辭遠遊篇]雌蜺便蜎以增撓兮[成公綏嘯賦]蔭脩竹之蟬蜎 又馨尢切同蠑

【 오류정리 】

○康誤處 1;[爾雅釋蟲(改釋魚)]蜎蠉蟲(省蟲字)

●考證 ;謹照原書釋蟲改釋魚蠉下省蟲字

◆整理 ;[爾雅(이아) 釋蟲(석충)은 釋魚(석어)의] 착오이며, 蟲(충) 蟲字(충자)는 삭제함.

◆訂正文 ;[爾雅釋魚]蜎蠉

▶【1758-1】字解誤謬與否 ;[爾雅釋蟲(改釋魚)]蜎蠉蟲(省蟲字) [釋蟲(改釋魚)] [蟲(省蟲字)]

★이상과 같이 인용처(引用處)나 주소(註疏) 음(音) 등(等)의 오류(誤謬)를 수정(修訂) 하거나 충자(蟲字)를 삭제(削除)한다 하여도 자전상(字典上)의 연(蜎)의 본의(本義)에는 영향이 미치지 않음.

康 蜓(정)[唐韻][集韻][韻會][正韻]䒳徒典切音殄[玉篇]蝘蜓詳蝘字註 又[集韻]唐丁切音廷蜻蜓[爾雅釋蟲]虹蛭[註]或曰卽蜻蛉也[疏]一名蜻蜓詳蜻字註 又待鼎切音挺蜓蚞[爾雅釋蟲]蜓蚞蜓蠷見蚞字註蝘蜓[集韻]或作蝏

【 오류정리 】

○康誤處 1;[爾雅釋蟲]虹蛭(改蛵)

●考證 ;謹照原文蛭改蛵

◆整理 ;[爾雅釋蟲(이아석충)] 蛭(질)은 蛵(형)의 착오.

◆訂正文 ;[爾雅釋蟲]虹蛵

▶【1759-1】字解誤謬與否 ;[爾雅釋蟲]虹蛭(改蛵) [蛭(改蛵)]

★이상과 같이 오류(誤謬) 수정(修訂)이 되면 정형(虹蛵; 물잠자리 [爾雅釋蟲]虹蛵負勞[郭璞注]或曰即蜻蛉也[本草綱目蟲二蜻蛉]蜻虹蜻蜒虹蛵)으로 자전상(字典上) 정(蜓)의 본의(本義)에 영향이 미치게 됨.

康 蜚(기)[韻會]渠之切[正韻]渠宜切䒳音其[玉篇]蟚蜚也[集韻]似蟹而小不可食[晉書蔡謨傳]初渡江見蟚蜚大喜曰蟹有二螯八足加以二螯烹之既食吐下委頓方知非蟹謝尚曰卿讀爾雅不熟幾爲勸學死 又雷蜚蟲名[酉陽雜俎]雷蜚大如蚓以物觸之乃蹙縮圓轉若鞠良久引首鞠形漸小復如蚓焉 又馬蜚[本草]水蛭大者名馬蜚[類篇]或作蜞

【 오류정리 】

○康誤處 1;[晉書蔡謨傳]初渡江見蟚蜚大喜曰蟹有二螯(省二螯)八足加以二螯(增令字)烹之

●考證 ;謹照原文蟹有下省二螯兩字烹上增令字

◆整理 ;[晉書蔡謨傳(진서채모전)] 二螯(이오) 二螯(이오)는 삭제하고, 上(상)에 이어 令字(령자)를 덧붙임.

◆訂正文 ;[晉書蔡謨傳]初渡江見蟚蜚大喜曰蟹有八足加以二螯令烹之

▶【1760-1】字解誤謬與否 ;[晉書蔡謨傳]初渡江見蟚蜚大喜曰蟹有二螯(省二螯)八足加以二螯(增令字)烹之 [二螯(省二螯)] [(增令字)烹]

★이상과 같이 령(令; 명령하다. 하게 하다. 하여금. 가령. 이를테면. 규칙)덧붙이거나 이오(二螯; 두개의 집게발. [荀子勸學]蟹八跪而二螯非虵蟺之穴 無可寄託者,用心躁也) 삭제(削除)를 한다하여도 자전상(字典上) 기(蜚)의 본의(本義)에는 영향이 미치지 않

음.

㋾蜡(사)[集韻][正韻]𠀤七慮切音靚[說文]蠅膽也[周禮秋官蜡氏註]蜡骨肉腐臭蠅蟲所蜡也[月令]曰掩骼埋骴此官之職也 又助駕切音乍年終祭名[禮禮運]仲尼與于蜡賓[註]夏曰清祀殷曰嘉平周曰蜡秦曰臘[郊特牲]蜡也者索也歲十二月合聚萬物而索饗之也 又[玉篇]子六切音𪏰蟲名蜡祭之蜡[廣韻]或作禘[六書正譌]从虫昔聲別作禘从示非

【 오류정리 】

○康誤處 1；[說文]蠅膽(改胆)也
●考證；謹照原文膽改胆
◆整理；[說文(설문)] 膽(담)은 胆(단)의 착오.
◆訂正文 ；[說文]蠅胆也
▶【1761-1】字解誤謬與否；[說文]蠅膽(改胆)也 [膽(改胆)]
★이상과 같이 오류(誤謬) 수정(修訂)이 되면 승단(蠅胆; 파리의 담낭. 보잘것 없다. [集韻][正韻]𠀤七慮切音靚蠅胆也 考證:[說文]蠅膽也謹照原文膽改胆)이라 자전상(字典上) 사(蜡)의 본의(本義)에 영향이 미치게 됨.

㋾蜦(국)[唐韻][集韻]𠀤渠竹切音蹢[玉篇]蟲名[說文]蜦鼀詹諸以脰鳴者 又[集韻]居六切音匊義同 又丘六切音麴[廣雅]蚼蟺也一曰蜦蟙螃也

【 오류정리 】

○康誤處 1；[說文]蜦鼀(改鼀)詹諸
●考證；謹照原文鼀改鼀
◆整理；[說文(설문)] 鼀(와)는 鼀(축)의 착오.
◆訂正文 ；[說文]蜦鼀詹諸
▶【1762-1】字解誤謬與否；[說文]蜦鼀(改鼀)詹諸 [鼀(改鼀)]

★이상과 같이 오류(誤謬) 수정(修訂)이 되면 국축(蜦鼀; 지렁이. [說文解字注]蜦蜦鼀詹諸以脰鳴者从虫匊聲[釋名]鼀䲰鼀音蹙秋䲰鼀爾邑音施蜦鼀苦蠪蚵蚾癲蛤蟆 時珍曰蟾蜍[說文]作詹諸云其聲詹諸其皮鼀鼀其行爾邑爾邑)인데 자전상(字典上) 국(蜦)의 본의(本義)에 영향이 미치게 됨.

㋾蝥(견)[唐韻]牽繭切[集韻]牽典切𠀤音蠠[玉篇]蝥蠶也[爾雅釋蟲]蠵蚓蝥蠶 [疏]蠵蚓一名蝥蠶卽蜸蟺也

【 오류정리 】

○康誤處 1；[玉篇]蝥蠶(改蚕)也[爾雅釋蟲]蠵蚓蝥蠶(改蚕)[疏]蠵蚓一名蝥蠶(改蚕)
●考證；謹按蚕音腆蚯蚓也謹照原文三蠶字𠀤改蚕
◆整理；[玉篇(옥편)] 蠶(잠)은 蚕(천), [爾雅釋蟲(이아석충)] 蠶(잠)은 蚕(천), [疏(소)] 蠶(잠)은 蚕(천)의 착오.
◆訂正文 ；[玉篇]蝥蚕也[爾雅釋蟲]蠵蚓蝥蚕[疏]蠵蚓一名蝥蚕
▶【1763-1】字解誤謬與否；[玉篇]蝥蠶(改蚕)也[爾雅釋蟲]蠵蚓蝥蠶(改蚕)[疏]蠵蚓一名蝥蠶(改蚕) [蠶(改蚕)] [蠶(改蚕)]

★이상과 같이 오류(誤謬) 수정(修訂)이 되면 견천(蝥蚕; 지렁이. [爾雅釋蟲]蠵蚓蝥蚕[疏]蠵蚓一名蝥蚕卽蜸蟺也)이라 자전상(字典上) 견(蝥)의 본의(本義)에 영향이 미치게 됨.

㋾蜺(예)[唐韻]五稽切[集韻][正韻]研奚切𠀤音倪[爾雅釋蟲]蜺寒蜩[註]寒螿也[揚子方言]蟬黑而赤者謂之蜺 又嬰蜺蟲名[神異經]蜚蟲以季夏藏于鹿耳名嬰蜺 又與霓同[爾雅釋天]蜺爲挈貳[註]雌虹也 又[唐韻]

五結切[集韻]倪結切𧌒音齧[韻會]屈
虹也[前漢天文志]抱蜺垂蜺[註]雄爲
虹雌爲蜺如淳曰蜺讀曰齧[晉書王筠
傳]沈約示筠[郊居賦]筠讀至雌蜺連蜷
約撫掌欣抃曰僕嘗恐人呼爲霓蓋謂字
本讀入聲恐人呼爲平聲也　又[廣韻]
寒蜩之蜺亦音齧　又子蜺延首之貌[王
逸魯靈光殿賦]白鹿子蜺於欂櫨　又虹
蜺之蜺[韻補]叶研計切音詣[曹植七
啓]凌轢諸侯馳驅當世揮袂則九野生風
忼慨則氣成虹蜺

【 오류정리 】

○康誤處 1 ; [王逸(改王延壽)魯靈光
殿賦]
●考證 ; 謹照原文王逸改王延壽
◆整理 ; [王逸(왕일)은 王延壽(왕연
수)의 착오임. 魯靈光殿賦(로령광전
부)]
◆訂正文 ; [王延壽魯靈光殿賦]
▶【1764-1】字解誤謬與否 ; [王逸
(改王延壽)魯靈光殿賦] [王逸(改王
延壽)]
★이상과 같이 인용처(引用處)나 주
소(註疏) 음(音) 등(等)의 오류(誤謬)
를 수정(修訂)을 한다 하여도 자전상
(字典上)의 예(蜺)의 본의(本義)에는
영향이 미치지 않음.

康蜻(청)[唐韻][正韻]子盈切[集
韻][韻會]咨盈切𧌒音精[說文]蜻蛚也
[詩唐風蟋蟀疏]一名蜻蛚[張載詩]俯
聞蜻蛚吟詳蟀字註　又[集韻]疾正切
音淨蟬屬[玉篇]蛼也[揚子方言]蟬有
文者謂之蜻蜻[郭註]卽蛼也詳蛼字註
　又此靜切音請慈盈切音情義𧌒同
又[廣韻]倉經切音靑蜻蜓蟲[揚子方言
]蜻蛉謂之蜻蛉[埤雅]蜻蜓飮露六足四
翼其翅輕薄如蟬盡取蚊䖟食之遇雨卽
多好集水上款飛一名蜻蛉[古今注]有
青赤黃三種靑而大者曰靑亭小而黃者
曰胡黎一曰胡離小而赤者曰赤卒一曰
絳騶一名赤衣使者亦曰赤弁丈人總曰
蜻蛉[呂氏春秋]海上有人好蜻蛉者每朝
居海上從遊有蜻蛉至者數萬[博物志]五
月五日埋蜻蜓頭于西向戶下埋至三日
不食則化爲靑眞珠　又地名[前漢地理
志]越巂郡蜻蛉　又水名[水經注]蜻蜓
縣上承蜻蛉水

【 오류정리 】

○康誤處 1 ; [呂氏春秋]海上有人好
蜻蛉者每朝居海上從遊有蜻蛉至者數
萬(改海上之人有好蜻者每朝居海上從
蜻遊蜻之至者數百)
●考證 ; 謹照呂氏春秋精諭篇原文改
海上之人有好蜻者每朝居海上從蜻遊蜻
之至者數百
◆整理 ; [呂氏春秋]의 海上有人好蜻
蛉者每朝居海上從遊有蜻蛉至者數萬
은 海上之人有好蜻者每朝居海上從蜻
遊蜻之至者數百의 착오.
◆訂正文 ; [呂氏春秋]海上之人有好
蜻者每朝居海上從蜻遊蜻之至者數百
▶【1765-1】字解誤謬與否 ; [呂氏
春秋]海上有人好蜻蛉者每朝居海上從
遊有蜻蛉至者數萬(改海上之人有好蜻
者每朝居海上從蜻遊蜻之至者數百)
[蜻(增遊蜻)] [蛉(增之)] [萬(改百)]
★이상과 같이 오류(誤謬) 수정(修訂)
이 된다 하여도 유청(遊蜻; 잠자리
유충. [呂氏春秋]海上之人有好蜻者每
朝居海上從蜻遊蜻之至者數百[博物志]
五月五日埋蜻蜓頭于西向戶下埋至三日
不食則化爲靑眞珠)은 자전상(字典上)
청(蜻)의 본의(本義)에 적극 영향이
미치겠으나 지(之)나 백(百)은 청
(蜻)의 본의(本義)에는 영향이 미치지
않음.

康蜒(담)[集韻]吐濫切音倓[類篇]
蚺蜒獸吐舌貌本从舌[王逸魯靈光殿

賦]玄熊舑蛇以齗齗

【 오류정리 】

○康誤處 1 ; [王逸(改王延壽)魯靈光殿賦]

●考證 ; 謹照原文王逸改王延壽

◆整理 ; [王逸(왕일)은 王延壽(왕연수)의 착오. 魯靈光殿賦(로령광전부)]

◆訂正文 ; [王延壽魯靈光殿賦]

▶【1766-1】字解誤謬與否 ; [王逸(改王延壽)魯靈光殿賦] [王逸(改王延壽)]

★이상과 같이 인용처(引用處)나 주소(註疏) 음(音) 등(等)의 오류(誤謬)를 수정(修訂)을 한다 하여도 자전상(字典上)의 담(蛇)의 본의(本義)에는 영향이 미치지 않음.

虫 部 九畫

(康)蝎(갈)[唐韻]胡葛切[集韻]何葛切夶音褐[說文]蝤蠐也[爾雅釋蟲]蝎蛣蚍[註]木中蟲[又]蝎桑蠹[註]卽蛣蚍[嵆康客難養生論]蝎盛則木朽[曹植藉田論]封人有以輕鑿修鈎去樹之蝎者曰不識天下亦有蝎乎曰三苗共工非堯之蝎與[劉勰新論]身之有慾如樹之有蝎[揚子方言]蝎噬逮也東齊曰蝎北燕曰噬逮 又餅名[釋名釋飮食]餅名有蝎餅 又[集韻]胡公切音洪籀文虹字

【 오류정리 】

○康誤處 1 ; [爾雅釋蟲]蝎蛣蚍(改蛣蜠)[註]木中(增蠹字)蟲[又]蝎桑蠹[註]卽蛣蚍(改蛣蜠)

●考證 ; 謹照原文 兩蛣蚍夶改蛣蜠木中下增蠹字

◆整理 ; [爾雅釋蟲(이아석충)]蛣蚍(길굴)은 蛣蜠(길굴)위 착오. [註(주)]木中(목중)에 이어 蠹字(두자)를 덧붙임. [又(우)] [註(주)] 蛣蚍(길굴)은

蛣蜠(길굴)의 착오.

◆訂正文 ; [爾雅釋蟲]蝎蛣蜠[註]木中蠹蟲[又]蝎桑蠹[註]卽蛣蜠

▶【1767-1】字解誤謬與否 ; [爾雅釋蟲]蝎蛣蚍(改蛣蜠)[註]木中(增蠹字)蟲[又]蝎桑蠹[註]卽蛣蚍(改蛣蜠) [蛣蚍(改蛣蜠)] [木中(增蠹字)] [蛣蚍(改蛣蜠)]

★이상과 같이 오류(誤謬) 수정(修訂)이 되면 길굴(蛣蜠; 나무좀)과 두충(蠹蟲; 좀)인데 자전상(字典上) 갈(蝎)의 본의(本義)에 직접 영향이 미치게 됨.

○康誤處 2 ; [揚子方言]蝎噬逮也東齊曰蝎北燕曰噬逮(省逮字)

●考證 ; 謹按此係釋訓詁與上下文釋蟲名者不類謹將此段移置下文如樹之有蝎下加又字以別之又按方言原文北燕曰噬爲句逮通語也爲句不連讀今省逮字

◆整理 ; [揚子方言(양자방언)] 逮(체) 逮字(체자)는 삭제함.

◆訂正文 ; [揚子方言]蝎噬逮也東齊曰蝎北燕曰噬

▶【1768-2】字解誤謬與否 ; [揚子方言]蝎噬逮也東齊曰蝎北燕曰噬逮(省逮字) [逮(省逮字)]

★이상과 같이 체(逮; 이르다. 잡다. 쫓다. 미치다.)를 삭제(削除) 한다 하여도 자전상(字典上) 갈(蝎)의 본의(本義)에 영향을 끼치지 않음.

○康誤處 3 ; [嵆康客(改荅)難養生論]

●考證 ; 謹照原文客改荅

◆整理 ; [嵆康(혜강) 客(객)은 荅(답)의 착오. 難養生論(난양생론)]

◆訂正文 ; [嵆康荅難養生論]

▶【1769-3】字解誤謬與否 ; [嵆康客(改荅)難養生論] [客(改荅)]

★이상과 같이 인용처(引用處)나 주소(註疏) 음(音) 등(等)의 오류(誤謬)

를 수정(修訂)을 한다 하여도 자전상(字典上)의 갈(蝎)의 본의(本義)에는 영향이 미치지 않음.

㊟蝓(유)[唐韻]羊朱切[集韻]容朱切太音兪[說文]螔蝓也[爾雅釋蟲]蚹蠃螔蝓[註]卽蝸牛也[儀禮士冠禮註]蠃醢螔蝓醢 又[揚子方言]蜘蛛謂之螔蝓 又[類篇]夷周切音猶義同或作蝡

【 오류정리 】

○康誤處 1; [爾雅釋蟲(改釋魚)]蚹蠃螔蝓

●考證 ; 謹照原書釋蟲改釋魚

◆整理 ; [爾雅(이아) 釋蟲(석충)은 釋魚(석어)의] 착오.

◈訂正文 ; [爾雅釋魚]蚹蠃螔蝓

▶【1770-1】字解誤謬與否 ; [爾雅釋蟲(改釋魚)]蚹蠃螔蝓 [釋蟲(改釋魚)]

★이상과 같이 인용처(引用處)나 주소(註疏) 음(音) 등(等)의 오류(誤謬)를 수정(修訂)을 한다 하여도 자전상(字典上)의 유(蝓)의 본의(本義)에는 영향이 미치지 않음.

㊟蝘(언)[唐韻][集韻]太於殄切音偃[詩大雅]如蜩如螗[傳]螗蝘也[疏]蟬屬也草木疏云一名蜩蟟青徐謂之螇螰楚人謂之蟪蛄秦燕謂之蛥蚗或名之蜓蚞郭云俗呼爲胡蟬江南謂之螗蛦互詳蜩蟬二字註 又蝘蜓[爾雅釋蟲]蜥蜴蝘蜓 [揚雄解嘲]執蝘蜓而嘲龜龍不亦病乎[註]說文曰在壁曰蝘蜓在草曰蜥蜴[古今注]蝘蜓一名龍子一曰守宮一曰蛇醫大者長三尺其色黑紺者善螫人一名黑螈一名綠螈也[廣韻][博物志]蝘蜓卽守宮以器養之食以朱砂體盡赤重七斤擣萬杵以點女人體終身不滅淫則點滅故號守宮漢武試之驗互見蜥字註 又[集韻]隱幰切音匽義同或作䗡

【 오류정리 】

○康誤處 1 ; [爾雅釋蟲(改釋魚)]蜥蜴蝘蜓

●考證 ; 謹照原書釋蟲改釋魚

◆整理 ; [爾雅(이아) 釋蟲(석충)은 釋魚(석어)의] 착오.

◈訂正文 ; [爾雅釋魚]蜥蜴蝘蜓

▶【1771-1】字解誤謬與否 ; [爾雅釋蟲(改釋魚)]蜥蜴蝘蜓 [釋蟲(改釋魚)]

★이상과 같이 인용처(引用處)나 주소(註疏) 음(音) 등(等)의 오류(誤謬)를 수정(修訂)을 한다 하여도 자전상(字典上)의 언(蝘)의 본의(本義)에는 영향이 미치지 않음.

㊟蝚(유)[唐韻]如由切[集韻]而由切太音柔蟲名[爾雅釋蟲]蝚蠬螻[註]蠬螻螻蛄類[又]蛭蝚至掌[註]未詳 又蝚蠕國名[晉書馮跋載記]蝚蠕勇斛律遣使求跋女跋許之 又[集韻]奴刀切音猱與獿猱同貪獸也[前漢司馬相如傳]蛭蜩獿蝚[師古註]今所爲戎皮爲案褥者也

【 오류정리 】

○康誤處 1 ; [爾雅釋蟲]蝚蠬(改蛖)螻[註]蠬(改蛖)螻螻蛄類

●考證 ; 謹照原文兩蠬字太改蛖

◆整理 ; [爾雅釋蟲(이아석충)] 蠬(룡)은 蛖(방), [註(주)]蠬(룡)은 蛖(방)의 착오.

◈訂正文 ; [爾雅釋蟲]蝚蛖螻[註]蛖螻螻蛄類

▶【1772-1】字解誤謬與否 ; [爾雅釋蟲]蝚蠬(改蛖)螻[註]蠬(改蛖)螻螻蛄類 [蠬(改蛖)] [蠬(改蛖)]

★이상과 같이 오류(誤謬) 수정(修訂)이 되면 유방루(蝚蛖螻; 두구(杜狗).

땅강아지. [爾雅釋蟲]蝼蛄螻[郭璞註]蝼螻螻蛄類)인데 자전상(字典上) 유(蝼)의 본의(本義)에 직접 영향이 미치게 됨.

康**蝦**(하)[唐韻]胡加切[集韻][韻會][正韻]何加切𠀤音遐[說文]蝦蟆也[史記龜筴傳]月爲刑而相佐見食于蝦蟆[前漢武帝紀]元鼎五年秋黿蝦蟆鬪[酉陽雜俎]蝦蟆無腸 又蝦蟆護鳥名[酉陽雜俎]南山下有鳥名蝦蟆護多在田中頭有冠色蒼足赤形似鷺 又車名[南史殷琰傳]前右軍杜叔寶等𠀤勸琰同逆帝遣劉勔西討之作大蝦蟆車載土牛皮蒙之推以塞塹 又蝦蛤獸名[司馬相如上林賦]格蝦蛤見蛤字註 又[集韻]虛加切音鰕蟲名 又[篇海]與鰕通[爾雅翼]蝦多鬚善游而好躍今閩中五色蝦長尺餘具五色梅蝦梅雨時有之蘆蝦靑色相傳蘆葦所變泥蝦稻花變成多在泥田中 又蝦姑狀如蜈蚣一名管蝦[洞冥記]有丹蝦長十丈鬚長八尺其鼻如鋸[張衡南都賦]蛟蝦委蛇

【 오류정리 】

○康誤處 1；[張衡南都賦]蛟(改駮)蝦委蛇
●考證；謹照原文蛟改駮
◆整理；[張衡南都賦(장형남도부)]蛟(교)는 駮(박)의 착오.
◆訂正文；[張衡南都賦]駮蝦委蛇
▶【1773-1】字解誤謬與否；[張衡南都賦]蛟(改駮)蝦委蛇 [蛟(改駮)]
★이상과 같이 오류(誤謬) 수정(修訂)이 된다 하여도 ○박(駮; 얼룩말)은 본 문장 서두에 ○하고(蝦姑; 해마)가 전제 되어 있어 자전상(字典上) 하(蝦)의 본의(本義)에는 영향이 미치지 않음.

康**蝸**(와)[唐韻][韻會][正韻]𠀤古

華切音瓜[說文]蝸蠃也[爾雅釋蟲]蚹蠃蜾蝓[註]卽蝸牛也[疏]按[本草]陶註云生山中及人家頭形似蛞蝓但背負殼爾[古今注]蝸牛陵螺也殼如小螺熱則自懸葉下野人結圓舍如蝸牛之殼故曰蝸舍蝸殼宛轉有文章[莊子則陽篇]有國于蝸牛之左角者曰觸氏有國于蝸牛之右角者曰蠻氏[郭璞江賦]鸚螺蝸蝸

又[韻會]公蛙切音騧與媧通[禮明堂位]女媧之笙簧 又古禾切音戈[莊子]郭象註讀戈

【 오류정리 】

○康誤處 1；[爾雅釋蟲(改釋魚)]蚹蠃蜾蝓
●考證；謹照原書釋蟲改釋魚
◆整理；[爾雅(이아) 釋蟲(석충)은 釋魚(석어)의] 착오.
◆訂正文；[爾雅釋魚]蚹蠃蜾蝓
▶【1774-1】字解誤謬與否；[爾雅釋蟲(改釋魚)]蚹蠃蜾蝓 [釋蟲(改釋魚)]
★이상과 같이 인용처(引用處)나 주소(註疏) 음(音) 등(等)의 오류(誤謬)를 수정(修訂)을 한다 하여도 자전상(字典上)의 와(蝸)의 본의(本義)에는 영향이 미치지 않음.

虫部 十畫

康**蝝**(원)[集韻]愚袁切音元與蚖同蠑蝝蛇醫互見蠑蚖二字註 又蝝蟺[埤雅]再蠶也或曰蟺不交而生者往往爲蝝蟺[淮南子泰俗訓]蝝蟺一歲再收非不利也然而王法禁之者爲其殘桑也本作原或作蠠蟲蚕𧐊

【 오류정리 】

○康誤處 1；[淮南子泰俗(改族)訓]
●考證；謹照原文書俗改族
◆整理；[淮南子泰(회남자태) 俗(속)은 族(족)의 착오임. 訓(훈)]
◆訂正文；[淮南子泰族訓]

▶【1775-1】字解誤謬與否 ; [淮南子泰俗(改族)訓] [俗(改族)]

★이상과 같이 인용처(引用處)나 주소(註疏) 음(音) 등(等)의 오류(誤謬)를 수정(修訂)을 한다 하여도 자전상(字典上)의 원(蝟)의 본의(本義)에는 영향이 미치지 않음.

㉾ **蝟**(활)[唐韻][集韻][韻會]夶戶八切音滑[爾雅釋蟲]蝟蠌小者蟧[疏]卽蟄蝟也詳蟄字註[韓愈詩]水漉雜鱷蝟 又[集韻]吉忽切音骨螺屬

【 오류정리 】

〇康誤處 1 ; [爾雅釋蟲(改釋魚)]蝟蠌小者蟧

●考證 ; 謹照原書釋蟲改釋魚

◆整理 ; [爾雅(이아) 釋蟲(석충)은 釋魚(석어)의] 착오.

◆訂正文 ; [爾雅釋魚]蝟蠌小者蟧

▶【1776-1】字解誤謬與否 ; [爾雅釋蟲(改釋魚)]蝟蠌小者蟧 [釋蟲(改釋魚)]

★이상과 같이 인용처(引用處)나 주소(註疏) 음(音) 등(等)의 오류(誤謬)를 수정(修訂)을 한다 하여도 자전상(字典上)의 활(蝟)의 본의(本義)에는 영향이 미치지 않음.

㉾ **蜮**(회)[唐韻][集韻]夶胡對切音潰[說文]蠶蛹也[爾雅釋蟲]蜮蛹[註]卽蠶所變者一名蜮一名蛹[柳宗元天對]蜮翳已毒不以外肆 又[集韻]基位切音媿義同 又[顏氏家訓]與虺通詳虺字註

【 오류정리 】

〇康誤處 1 ; [爾雅釋蟲]蜮蛹[註(改疏)]卽蠶所變者

●考證 ; 謹照原文註改疏

◆整理 ; [爾雅釋蟲(이아석충)] [註(주)는 疏(소)의]착오.

◆訂正文 ; [爾雅釋蟲]蜮蛹[疏]卽蠶所變者

▶【1777-1】字解誤謬與否 ; [爾雅釋蟲]蜮蛹[註(改疏)]卽蠶所變者 [註(改疏)]

★이상과 같이 인용처(引用處)나 주소(註疏) 음(音) 등(等)의 오류(誤謬)를 수정(修訂)을 한다 하여도 자전상(字典上)의 회(蜮)의 본의(本義)에는 영향이 미치지 않음.

㉾ **螟**(명)[唐韻]莫經切[集韻][韻會]忙經切夶音冥[玉篇]食苗心蟲也[說文]吏冥冥犯法卽生螟[詩小雅]去其螟螣及其蟊賊[疏]李巡云言其姦冥冥難知也陸璣云螟似蚼蚄而頭不赤[春秋隱五年]螟[前漢武帝紀]元光五年八月螟互詳螣字註 又焦螟[列子殷湯篇]江浦之閒生麼蟲其名曰焦螟羣飛而集于蚊睫 又螟蛉詳蛉字註

【 오류정리 】

〇康誤處 1 ; [詩小雅]去其螟螣[疏]陸璣云螟似**蚼**(改蚼)蚄

●考證 ; 謹照原文**蚼**改蚼

◆整理 ; [詩小雅(시소아)] [疏(소)]의**蚼**는 蚼(자)의 착오.

※筆者謹按字典原本 ; **蚼**字는字典本文에도 수록되어 있지 않은 字임.

◆訂正文 ; [詩小雅]去其螟螣[疏]陸璣云螟似蚼蚄

◆訂正文 ; [詩小雅]去其螟螣[疏]陸璣云螟似蚼蚄

▶【1778-1】字解誤謬與否 ; [詩小雅]去其螟螣[疏]陸璣云螟似**蚼**(改蚼)蚄 [**蚼**자 (改蚼)]

★이상과 같이 오류(誤謬) 수정(修訂)이 된다 하여도 자방(蚼蚄; 야도충. 거염벌레. 며루)은 자전상(字典上) 명(螟)의 본의(本義)에는 영향이 미치지 않음.

○康誤處 2；[列子殷湯篇(改湯問篇)]

●考證；謹照原書改湯問篇

◆整理；[列子(열자) 殷湯篇(은탕편)은 (湯問篇(탕문편)의] 착오.

◆訂正文；[列子湯問篇]

▶【1779-2】字解誤謬與否；[列子殷湯篇(改湯問篇)] 殷湯篇(改湯問篇)]

★이상과 같이 인용처(引用處)나 주소(註疏) 음(音) 등(等)의 오류(誤謬)를 수정(修訂)을 한다 하여도 자전상(字典上)의 명(螟)의 본의(本義)에는 영향이 미치지 않음.

虫部 十一畫

康 蝓 (유)[唐韻]羊朱切[集韻]弋朱切夶音兪[爾雅釋蟲]蠑醜蝓[疏]蝓垂腴也卽腹下也[說文長箋]猶釋典言流出穢惡也 又[集韻]兪玉切音欲義同或作蝤

【 오류정리 】

○康誤處 1；[爾雅釋蟲][疏]蝓垂腴也(增腴字)卽腹下也

●考證；謹照原文卽腹上增腴字

◆整理；[爾雅釋蟲(이아석충)][疏(소)]蝓垂腴也(유수유야)에 이어 腴字(유자)를 덧붙임.

◆訂正文；[爾雅釋蟲][疏]蝓垂腴也腴卽腹下也

▶【1780-1】字解誤謬與否；[爾雅釋蟲][疏]蝓垂腴也(增腴字)卽腹下也 [蝓垂腴也(增腴字)]

★이상과 같이 오류(誤謬) 수정(修訂)이 되면 유(腴; 쌀찌다)인데 자전상(字典上) 유(蝓)의 본의(本義)에 간접 영향이 미치게 됨.

康 䗪 (자)[唐韻][韻會][正韻]夶之夜切音柘[說文]蟲也一曰蝗類 又[玉篇]鼠婦負蠜也[周禮秋官赤犮氏][註]貍蟲䗪肌蚎之屬 又[揚子方言]蟒南楚之外謂之䗪蟒 又[廣韻]之石切音隻[唐韻古音]張略切音搐義夶同[玉篇]一作蟅

【 오류정리 】

○康誤處 1；[周禮秋官赤犮氏][註]貍蟲䗪肌蚎(改蚐)之屬

●考證；謹照原文蚎改蚐

◆整理；[周禮秋官赤犮氏(주례추관적발씨)][註(주)] 蚎(목)은 蚐(구)의 착오.

◆訂正文；[周禮秋官赤犮氏][註]貍蟲䗪肌蚐之屬

▶【1781-1】字解誤謬與否；[周禮秋官赤犮氏][註]貍蟲䗪肌蚎(改蚐)之屬 [蚎(改蚐)]

★이상과 같이 오류(誤謬) 수정(修訂)이 되면 기구(肌蚐; 자충(䗪蟲). 쥐며느리.[周礼秋官赤犮氏]凡隙屋除其貍虫[注]貍虫䗪肌蚐之属)인데 자전상(字典上) 자(䗪)의 본의(本義)에 적극 영향이 미치게 됨.

康 蝥 (모)[唐韻]莫浮切[集韻][韻會]迷浮切夶音侔與蟊同[說文]蠿蝥也 又謨蓬切音蒙龜兆氣不澤也[書洪範]圉曰蝥○按[說文]蝥莫浮切蠿蝥也蝥莫交切盤蝥也二字音各別然攷唐宋字書蝥蝥蝤音義相通今以[唐韻]爲正詳蝥字註

【 오류정리 】

○康誤處 1；[書洪範](增曰字)圉曰蝥

●考證；謹照正義引鄭王本圉上增曰字

◆整理；[書洪範(서홍범)]에 이어 曰字(왈자)를 덧붙임.

◆訂正文；[書洪範]曰圉曰蝥

▶【1782-1】字解誤謬與否；[書洪範](增曰字)圉曰蝥 [(增曰字)圉]

★이상과 같이 덧붙인다 하여도 왈(曰)은 자전상(字典上) 모(蟊)의 본의(本義)에는 영향이 미치지 않음.

康蟆(모)[字彙補]名侯切音矛蟆蒿青蛉也[淮南子泰俗訓]水蠆爲蟆蒿

【 오류정리 】

○康誤處 1；[淮南子泰(改齊)俗訓]

●考證；謹照原文泰改齊

◆整理；[淮南子(회남자) 泰(태)는 齊(제)의 착오. 俗訓(속훈)]

◆訂正文；[淮南子齊俗訓]

▶【1783-1】字解誤謬與否；[淮南子泰(改齊)俗訓] [泰(改齊)]

★이상과 같이 인용처(引用處)나 주소(註疏) 음(音) 등(等)의 오류(誤謬)를 수정(修訂)을 한다 하여도 자전상(字典上)의 모(蟆)의 본의(本義)에는 영향이 미치지 않음.

虫部 十二畫

康蟜(교)[唐韻]居夭切[韻會]舉夭切𠀤音矯[說文]蟲也[枚乘七發]蚑蟜螻蟻聞之拄喙而不能前 又野人名[山海經]蟜其爲人虎文脛有臂在窮奇東 又人名[大戴禮]宰我請問帝嚳孔子曰玄囂之孫蟜極之子也請問帝舜蟜牛之孫瞽叟之子也 又[韻會]夭蟜龍貌[王逸魯靈光殿賦]旁夭蟜以橫出 又[前漢司馬相如傳]夭蟜支格[註]頻伸也 又姓[禮檀弓]季武子寢疾蟜固不說齊衰而入見[通志氏族略]漢有逸人蟜愼 又[廣韻]巨嬌切音橋蠪蟜蟶也 又[韻會]有蟜古諸侯[晉語]少典娶于有蟜氏

【 오류정리 】

○康誤處 1；[王逸(改王延壽)魯靈光殿賦]

●考證；謹照原文王逸改王延壽

◆整理；[王逸(왕일)은 王延壽(왕연수)의 착오임. 魯靈光殿賦(노령광전부)]

◆訂正文；[王延壽魯靈光殿賦]

▶【1784-1】字解誤謬與否；[王逸(改王延壽)魯靈光殿賦] [王逸(改王延壽)]

★이상과 같이 인용처(引用處)나 주소(註疏) 음(音) 등(等)의 오류(誤謬)를 수정(修訂)을 한다 하여도 자전상(字典上)의 교(蟜)의 본의(本義)에는 영향이 미치지 않음.

康蠦(녕)[集韵]乃定切音佞[類篇]虫名似蟬 又上聲乃梃音汀與蟶同虫似蛙 又[玉篇]蝙蠦

【 오류정리 】

○康誤處 1；[玉篇]蝙(改蝙)蠦

●考證；謹照原文蝙改蝙

◆整理；[玉篇(옥편)] 蝙(편)은 蝙(변)의 착오.

◆訂正文；[玉篇]蝙蠦

▶【1785-1】字解誤謬與否；[玉篇]蝙(改蝙)蠦 [蝙(改蝙)]

★이상과 같이 오류(誤謬) 수정(修訂)이 되면 변녕(蝙蠦; 신장병으로 배가 더부룩하면서 불러 오는 병. [玉篇]蝙蠦似蛙而小觸之腹脹一名胕肛[廣韻]胕肛脹大也[埤蒼]胕肛腹脹也)으로 자전상(字典上) 녕(蠦)의 본의(本義)에 영향이 미치게 됨.

康蟲(충)(충)[唐韻]直弓切[集韻][韻會][正韻]持中切𠀤音种[說文]从三虫象形凡蟲之屬皆从蟲[大戴禮]有羽之蟲三百六十而鳳凰爲之長有毛之蟲三百六十而麒麟爲之長有甲之蟲三百六十而神龜爲之長有鱗之蟲三百六十而蛟龍爲之長有倮之蟲三百六十而聖人爲之長[爾雅釋蟲]有足謂之蟲無足謂之豸[周禮冬官考工記梓人]外骨內骨

郤行仄行連行紆行以脰鳴者以注鳴者
以旁鳴者以翼鳴者以股鳴者以胃鳴者
謂之小蟲之屬以爲雕琢[大戴禮]二九
十八八主蟲故蟲八月化也[荀子勸學
篇]肉腐出蟲　又[詩大雅]蘊隆蟲蟲
[傳]蟲蟲而熱也　又桃蟲鳥名[詩周
頌]肇允彼桃蟲[傳]桃蟲鷦也鳥之始小
終大者　又[書益稷]華蟲作繪[孔註]
雉也　又地名[左傳昭十九年]宋公伐
邾圍蟲三月[註]蟲邾邑　又書名[魏志
裴松之註]邯鄲淳善蒼雅蟲篆　又姓[前
漢功臣表]曲成侯蟲達　又直衆切音仲
與蚛同蟲食物也　又[集韻]徒冬切音彤
[爾雅釋訓]爞爞董也爞或作蟲[羣經音
辨]蘊隆蟲蟲蟲字又音徒冬切[韻會]俗
作虫非

【 오류정리 】

○康誤處 1 ; [大戴禮]八主蟲(改八主
風風主蟲)故蟲八月

●考證 ; 謹照原文八主蟲改八主風風
主蟲

◆整理 ; [大戴禮(대대례)]八主蟲(팔
주충)은 八主風風主蟲(팔주풍풍주충)
의 착오.

◆訂正文 ; [大戴禮]八主風風主蟲故
蟲八月

▶【1786-1】字解誤謬與否 ; [大戴
禮]八主蟲(改八主風風主蟲)故蟲八月
[八主蟲(改八主風風主蟲)]

★이상과 같이 오류(誤謬) 수정(修訂)
이 되면 팔주풍풍주충(八主風風主蟲;
8 은 바람을 주관하고 바람은 벌레를
주관한다 '벌레'는 이 때문에 8 일만
에 부화한다. [說文解字,第十三篇下]
風字云:從虫凡聲風動蟲生,故蟲八日而
化)[段玉裁注云:][大戴禮][淮南書]皆
曰二九十八八主風,風主蟲故蟲八日化
也)이니 자전상(字典上) 충(蟲)의 본
의(本義)에 직접 영향이 미치게 됨.

○康誤處 2 ; [爾雅釋訓]爞爞董也(改
爞爞薰也)

●考證 ; 謹照原文改爞爞薰也

◆整理 ; [爾雅釋訓(이아석훈)]爞爞董
也(충충동야)는 爞爞薰也(충충훈야)의
착오.

◆訂正文 ; [爾雅釋訓]爞爞薰也

▶【1787-2】字解誤謬與否 ; [爾雅
釋訓]爞爞董也(改爞爞薰也) 爞爞董
也(改爞爞薰也)]

★이상과 같이 오류(誤謬) 수정(修訂)
이 되면 충충(爞爞; 가뭄이 계속되
어 더운 모양. [爾雅釋訓]爞爞薰也爞
或作蟲 [疏]爞爞炎炎薰也)인데 자전
상(字典上) 충(蟲)의 본의(本義)에 직
접 영향이 미치게 됨.

虫 部 十三畫

㘋蟾(섬)[唐韻]職廉切[集韻]之廉
切㪍音詹[爾雅釋蟲]鼀䗇蟾諸[註]似蝦
蟆居陸地淮南子謂之去蚊[廣韻][張衡
靈憲]曰羿請不死之藥于西王母姮娥竊
之奔月宮蓋託身于月是爲蟾諸[抱朴
子]曰蟾諸壽三千歲者頭上有角頷下有
丹書八字[玄中記]蟾諸頭生角者壽千歲
[爾雅翼]蟾蜍今之蚵蚾背上礚礚好服
牆陰壁下者五月五日收之謂之辟兵餘
詳蜍字註　又[廣韻]視占切音襝蟾光
月彩也　[正韻]蟾蠩之蟾與月彩之蟾
同一物而有兩音者方言之不同也

【 오류정리 】

○康誤處 1 ; [爾雅釋蟲(改釋魚)]鼀
(改䵷)䗇蟾諸[註]似蝦蟆居陸地淮南子
(去子字)謂之去蚊(改蚑)

●考證 ; 謹照原書釋蟲改釋魚鼀改䵷
淮南子下去子字蚊改蚑

◆整理 ; [爾雅(이아) 釋蟲(석충)은
釋魚(석어)의 착오]鼀(와)는 䵷(축)의
착오. [註(주)] 淮南子(회남자)의 子
字(자자)는 삭제. 蚊(문)은 蚑(보)의

착오.
◆訂正文 ；[爾雅釋魚]鼀䳜蟾諸[註]似蝦蟇居陸地淮南謂之去蚊蚊
▶【1788-1】字解誤謬與否 ；[爾雅釋蟲(改釋魚)]鼀(改鼀)䳜蟾諸[註]似蝦蟇居陸地淮南子(去子字)謂之去蚊(改蚊) [釋蟲(改釋魚)] [鼀(改鼀)] [子(去子字)] [蚊(改蚊)]
★이상과 같이 인용처(引用處)의 오류(誤謬)를 수정(修訂)을 한다 하여도 자전상(字典上)의 섬(蟾)의 본의(本義)에는 영향이 미치지 않으며, ○축(鼀; 두꺼비)과 ○보(蚊; 두꺼비)는 섬(蟾)의 본의(本義)에 적극 영향을 미침.

○康誤處 2 ；[元中記]蟾諸頭生角者(增食之二字)壽千歲
●考證 ；謹照原文壽千歲上增食之二字
◆整理 ；[元中記(원중기)] 生角者(생각자)에 이어 食之二字(식지이자)를 덧붙임.
※筆者謹按原本 ；晉郭璞[玄中記]初學記三十千歲蟾蜍頭生角得而食之壽千歲
◆訂正文 ；[元中記]蟾諸頭生角者食之壽千歲
▶【1789-2】字解誤謬與否 ；[元中記]蟾諸頭生角者(增食之二字)壽千歲 [(增食之二字)壽千歲]
★이상과 같이 오류(誤謬) 수정(修訂)이 된다 하여도 식지(食之; 먹히다)는 자전상(字典上) 섬(蟾)의 본의(本義)에는 영향이 미치지 않음.

㊍**蠅**(승)[唐韻][集韻]灰余陵切音儴[說文]蟲之大腹者[陸佃云]蠅交其前足有絞繩之狀[埤雅]青蠅亂色蒼蠅亂聲[詩小雅]營營青蠅[箋]蠅之爲蟲汙白使黑汙黑使白喩佞人變亂善惡也

[後漢隗囂傳]蒼蠅之飛不過數步卽託驥尾可以絕羣[揚子方言]蠅東齊謂之羊[十六國春秋]苻堅議赦有一大蠅入自窗閒集于筆端俄有衣黑小人大呼官今大赦卽向蒼蠅也 又蠅虎[古今注]蠅虎蠅狐也形似蜘蛛而色灰白善捕蠅一名蠅蝗一名蠅豹 又人名[列子殷湯篇]甘蠅古之善射者 [集韻]或作蠅

【 오류정리 】
○康誤處 1 ；[列子殷湯篇(改湯問篇)]
●考證 ；謹照原文改湯問篇
◆整理 ；[列子(열자) 殷湯篇(은탕편)은 湯問篇(탕문편)의] 착오.
◆訂正文 ；[列子湯問篇]
▶【1790-1】字解誤謬與否 ；[列子殷湯篇(改湯問篇)] [殷湯篇(改湯問篇)]
★이상과 같이 인용처(引用處)나 주소(註疏) 음(音) 등(等)의 오류(誤謬)를 수정(修訂)을 한다 하여도 자전상(字典上)의 승(蠅)의 본의(本義)에는 영향이 미치지 않음.

㊍**蠉**(현)[唐韻]許緣切[集韻][韻會]䂊緣切灰音儇蟲行貌 又[爾雅釋蟲]蜎蠉[註]井中小赤蟲也一名蜎一名蠉一名蛣蟩一名孑孑 又[集韻]馨兗切[廣韻]香兗切灰音睻義同

【 오류정리 】
○康誤處 1 ；[爾雅釋蟲(改釋魚)]蜎蠉[註(改疏)]井中小赤蟲也
●考證 ；謹照原書釋蟲改釋魚註改疏
◆整理 ；[爾雅(이아) 釋蟲(석충)은 釋魚(석어)의 착오] [註(주)는 疏(소)의] 착오.
◆訂正文 ；[爾雅釋魚]蜎蠉[疏]井中小赤蟲也
▶【1791-1】字解誤謬與否 ；[爾雅釋蟲(改釋魚)]蜎蠉[註(改疏)]井中小赤蟲也 [釋蟲(改釋魚)] [註(改疏)]

★이상과 같이 인용처(引用處)나 주소(註疏) 음(音) 등(等)의 오류(誤謬)를 수정(修訂)을 한다 하여도 자전상(字典上)의 현(蠓)의 본의(本義)에는 영향이 미치지 않음.

虫 部 十四畫

康 蠓(몽)[唐韻]莫孔切[集韻][韻會][正韻]母總切夶濛上聲[玉篇]小飛蟲[爾雅釋蟲]蠓蟲蠓[註]小蟲似蚋而喜亂飛[列子殷湯篇]春夏之月有蠓蚋者因雨而生見陽而死[揚雄甘泉賦]浮蟻蠓而撤天 又[廣韻]莫紅切音蒙義同 又[爾雅蚍蜉疏]齊魯之閒謂之蚼蠓 又[博雅]蠓螉蜂也[揚子方言]螽燕趙之閒謂之蠓螉 通作蒙

【 오류정리 】

○康誤處 1 ;[爾雅釋蟲][註]小蟲似蚋而(省而字)喜亂飛
●考證 ;謹照原文省而字
◆整理 ;[爾雅釋蟲(이아석충)][註(주)] 而(이) 而字(이자)는 삭제함.
◆訂正文 ;[爾雅釋蟲][註]小蟲似蚋喜亂飛
▶【1792-1】字解誤謬與否 ;[爾雅釋蟲][註]小蟲似蚋而(省而字)喜亂飛 [而(省而字)]
★이상과 같이 이(而)를 삭제(削除)한다 하여도 자전상(字典上) 몽(蠓)의 본의(本義)에 영향을 끼치지 않음.

○康誤處 2 ;[列子殷湯篇(改湯問篇)]
●考證 ;謹照原文改湯問篇
◆整理 ;[列子(열자) 殷湯篇(은탕편)은 湯問篇(탕문편)의] 착오임.
◆訂正文 ;[列子湯問篇]
▶【1793-2】字解誤謬與否 ;[列子殷湯篇(改湯問篇)] [殷湯篇(改湯問篇)]
★이상과 같이 인용처(引用處)나 주

소(註疏) 음(音) 등(等)의 오류(誤謬)를 수정(修訂)을 한다 하여도 자전상(字典上)의 몽(蠓)의 본의(本義)에는 영향이 미치지 않음.

康 蠕(연)[集韻]同蝡[說文]動也 又國名[綱目集覽]柔飛魏太祖改其號蠕蠕國[南史夷貊傳]蠕蠕爲族蓋匈奴之別種也 又[韻會]而宣切音瑌[荀子勸學篇]端爲言蠕爲動[註]蠕微動也 又[集韻]汝朱切音儒蟲行貌

【 오류정리 】

○康誤處 1 ;[荀子勸學篇]端爲(改而)言蠕爲(改而)動
●考證 ;謹照原文兩爲字夶改而
◆整理 ;[荀子勸學篇(순자권학편)] 爲(위)는 而(이), 爲(위)는 而(이)의 착오.
◆訂正文 ;[荀子勸學篇]端而言蠕而動
▶【1794-1】字解誤謬與否 ;[荀子勸學篇]端爲(改而)言蠕爲(改而)動 [爲(改而)] [爲(改而)]
★이상과 같이 오류(誤謬) 수정(修訂)이 되면 단이언(端而言;단정하게 말하고) 연이동(蠕而動:벌레가 꿈틀거리며 조금씩 움직임. [荀子勸學篇]端而言蠕而動[註]蠕微動也又[集韻]汝朱切音儒蟲行貌)이니 자전상(字典上) 연(蠕)의 본의(本義)에 직접 영향이 미치게 됨.

虫 部 十五畫

康 蠚(학)[集韻][韻會][正韻]夶黑各切音郝[類篇]蟲毒[廣韻]螫也[博雅]痛也[詩小雅]卷髮如蠆[疏]蠆螫蟲也螫 又作蠚[前漢嚴助傳]南方暑濕近夏癉熱暴露小居蝮蛇蠚生[山海經]崑崙之山有鳥焉名曰欽原蠚鳥獸則死蠚木則枯 又[廣韻]丑略切音毺[類篇]

施隻切音釋呼酷切音熇義蚳同　又[字
彙補]知列切音哲東西方音不同也 [集
韻]或作蝷[篇海]亦作蝑

【 오류정리 】
○康誤處 1；[前漢嚴助傳]暴露小居
(改水居)
●考證；謹照原文小居改水居
◆整理；[前漢嚴助傳(전한엄조전)]
小居(소거)는 水居(수거)의 착오.
◆訂正文；[前漢嚴助傳]暴露水居
▶【1795-1】字解誤謬與否；[前漢
嚴助傳]暴露小居(改水居)　小居(改
水居)]
★이상과 같이 오류(誤謬) 수정(修訂)
이 된다 하여도 수거(水居; 물가에
살다)는 자전상(字典上) 약(蘦)의 본
의(本義)에는 영향이 미치지 않음.

蠡(려)[唐韻]盧啓切[集韻]里弟
切竝音禮[說文]蟲齧木中也　又彭蠡
澤名[書禹貢]東匯澤爲彭蠡[註]彭蠡
在揚州之西界　又鄰知切音離[史記匈
奴傳]置左右賢王左右谷蠡　又[韻會]
憐題切音黎瓠瓢也[前漢東方朔傳]以
蠡測海　又[唐韻古音]落戈切音騍義
同　又[玉篇]蠡蠡行列貌[劉向九歌]
登長陵而四望兮覽芷圃之蠡蠡　又山
名[揚雄長楊賦]燒燺蠡[註]燺蠡山名
　又人名[晉書姚弘載記]姚墨蠡[宋書
桂陽王休範傳]杜墨蠡　又與螺通[類
篇]蚌屬聖人法蠡蚌而閉戶見文子　又
[集韻]魯果切音裸瘰蠡皮肥一曰疥病
[左傳桓六年]謂其不疾瘯蠡也　又[集
韻]力至切音利蟲名　又郎計切音麗
[揚子方言]參蠡分也[郭註]謂分割也
齊曰參楚曰蠡　又作蠫

【 오류정리 】
○康誤處 1；[劉向九歌(改九歎)]登長
陵而四望兮覽芷圃之蠡蠡
●考證；謹照原書九歌改九歎

◆整理；[劉向(유향) 九歌(구가)는
九歎(구탄)의] 착오.
◆訂正文；[劉向九歎]登長陵而四望
兮覽芷圃之蠡蠡
▶【1796-1】字解誤謬與否；[劉向
九歌(改九歎)]登長陵而四望兮覽芷圃
之蠡蠡　[九歌(改九歎)]]
★이상과 같이 인용처(引用處)나 주
소(註疏) 음(音) 등(等)의 오류(誤謬)
를 수정(修訂)을 한다 하여도 자전상
(字典上)의 려(蠡)의 본의(本義)에는
영향이 미치지 않음.

蘦(모)[集韻]謨交切音茅蟲名[說
文]蟲蘦也[揚子方言]蜩螗謂之蘦蠹
[郭註]江東呼爲蘦蠹也　又迷浮切同
蝥

【 오류정리 】
○康誤處 1；[揚子方言]蜩螗謂之蘦
蠹(改蜩)
●考證；謹照原文蠹改蜩
◆整理；[揚子方言(양자방언)] 蠹
(절)은 蜩(조)의 착오.
◆訂正文；[揚子方言]蜩螗謂之蘦蜩
▶【1797-1】字解誤謬與否；[揚子
方言]蜩螗謂之蘦蠹(改蜩)　[蠹(改
蜩)]
★이상과 같이 오류(誤謬) 수정(修訂)
이 되면 모조(蘦蜩; 쓰르라미. [雲霓]
蜩螗謂之蘦蜩[方言]蟲名蜩螗謂之蘦蜩
[揚子方言]蜩螗謂之蘦蠹[郭註]江東呼
爲蘦蠹也)로 자전상(字典上) 모(蘦)의
본의(本義)에 직접 영향이 미치게 됨.

虫 部 十六畫
蠪(롱)[唐韻]盧紅切[集韻]盧東
切竝音聾[爾雅釋蟲]蠪虹蠜[註]赤駁
蚍蜉也　又蠪蛭獸名[山海經]鳧麗之山
有獸焉其狀如狐而九尾九首虎爪名曰
蠪蛭其音如嬰兒是食人　又蚨蠪[史記

龜筴傳]明月之珠出于江海藏于蚌中蚖蠥伏之　又鮭蠥神名[莊子達生篇]東北方之下者倍阿鮭蠥躍之[註]鮭蠥狀如小兒長一尺四寸黑衣赤幘大冠帶劍持戟　又蠥蜂[本草]生肇慶府附橄欖樹有手足與木葉無異鳴則自呼　又[集韻]力鐘切音龍義同一曰竹蟻

【 오류정리 】

○康誤處 1；[爾雅釋蟲]蠥虹(改杠)蠉
●考證；謹照原文虹改杠
◆整理；[爾雅釋蟲(이아석충)]虹(정)은 杠(정)의 착오.
◆訂正文；[爾雅釋蟲]蠥杠蠉
▶【1798-1】字解誤謬與否；[爾雅釋蟲]蠥虹(改杠)蠉　[虹(改杠)]
★이상과 같이 오류(誤謬) 수정(修訂)이 되면 롱정의(蠥杠蠉; 붉은반점왕개미 [爾雅釋蟲]蠥杠蠉[註]赤駁蚍蜉也又蠥蛵獸名)인데 자전상(字典上) 롱(蠥)의 본의(本義)에 직접 영향이 미치게 됨.

虫部 十七畫

康蠭(봉)[唐韻][集韻][韻會]敷容切音丰[說文]飛蟲螫人者[詩商頌]莫予荓蠭[左傳僖二十二年]蠭蠆有毒[爾雅釋蟲]蠭醜螱[又]土蠭[註]今江東大蠭在地中作房者爲土蠭啖其子即馬蠭[又]木蠭[註]似土蠭而小在樹上作房江東亦呼爲木蠭又食其子[爾雅翼]蜂種類至多其黃色細腰者謂之稢蜂　又蜜蜂人收而養之一日兩出而聚鳴號爲兩衙其出探花者取花鬚上粉置兩髀或採而無所得經宿不敢歸房中　又旗名[左傳哀二年]獲其蠭旗　又舟名[拾遺記]武王伐紂有蠭狀如丹鳥飛集王舟翼日南臬紂名其船曰蠭舟　又星名[前漢天文志]杓端有二星一內爲矛招搖一外爲盾天蠭　又地名[拾遺記]燃丘國獻比翼鳥使者經蠭岑　又與鋒通[前漢韓王信傳]及其蠭向可以爭天下[師古註]蠭鋒同　[長箋]逢二虫會遭遇毒蟲意寓戒心也隸書傳省作蜂[埤雅]蜂其毒在尾垂穎如鋒故謂之蜂也[集韻]本作蠭或作蜂蚌[韻會]又作蠭

【 오류정리 】

○康誤處 1；[爾雅釋蟲][註]今江東(改江東呼)大蠭在地中作房者爲土蠭
●考證；謹照原文今江東改江東呼
◆整理；[爾雅釋蟲(이아석충)][註(주)] 今江東(금강동)은 江東呼(강동호)의 착오.
◆訂正文；[爾雅釋蟲][註]江東呼大蠭在地中作房者爲土蠭
▶【1799-1】字解誤謬與否；[爾雅釋蟲][註]今江東(改江東呼)大蠭在地中作房者爲土蠭　[今江東(改江東呼)]
★이상과 같이 오류(誤謬) 수정(修訂)이 된다 하여도 강동호(江東呼; 강동에서는 부른다. [爾雅釋蟲]曰藨麃[郭璞注]曰藨即莓也江東呼藨莓'子似覆葐而大赤酢甜可啖[列仙傳]云呂尚服地髓尤味苦溫主風寒濕痺死肌痙好生道邊江東呼爲蝦蟆衣)는 자전상(字典上) 봉(蠭)의 본의(本義)에는 영향이 미치지 않음.

康蠲(비)[唐韻]蒲幸切音倗與蚲同[類篇]蚌狹而長者[周禮天官鼈人]祭祀共蠲蚳以授醢人[註]鄭司農云蠲蛤也　又[正韻]作蠯[爾雅釋蟲]蠯蛶詳蛶字註　又[集韻]駢迷切音鼙[韻會]蒲街切音牌[廣韻]符支切音裨義丛同[集韻]亦作蠯

【 오류정리 】

○康誤處 1；[周禮天官鼈人]祭祀共蠲蚳以授醢人[註]鄭司農云蠲(增蠃字)蛤也
●考證；謹照原文祭祀共蠲下增蠃字
◆整理；[周禮天官鼈人(주례천관별

인)][註(주)] 蠯(비)에 이어 蠃字(라자)를 덧붙임.
◆訂正文 ; [周禮天官鼈人]祭祀共蠯蚔以授醢人[註]鄭司農云蠯蠃蛤也
▶【1800-1】字解誤謬與否 ; [周禮天官鼈人]祭祀共蠯蚔以授醢人[註]鄭司農云蠯(增蠃字)蛤也 [蠯(增蠃字)]
★이상과 같이 덧붙인다 하여도 라(蠃; 소라)는 자전상(字典上) 비(蠯)의 본의(本義)에는 영향이 미치지 않음.

○康誤處 2; [爾雅釋蟲(改釋魚)]蠯蛈(改蛈蠯)
●考證 ; 謹照原書釋蟲改釋魚蠯蛈改蛈蠯
◆整理 ; [爾雅(이아) 釋蟲(석충) 釋魚(석어)]蠯蛈(비폐)는 蛈蠯(폐비)의 착오.
◆訂正文 ; [爾雅釋魚]蛈蠯
▶【1801-2】字解誤謬與否 ; [爾雅釋蟲(改釋魚)]蠯蛈(改蛈蠯) [釋蟲(改釋魚)] [蠯蛈(改蛈蠯)]
★이상과 같이 오류(誤謬) 수정(修訂)이 되면 폐비(蛈蠯; 긴맛조개. [爾雅釋魚]蛈蠯[註]今江東呼蚌長而狹者爲蠯[本草]馬刀一名蛈)자전상(字典上)라비(蠯)의 본의(本義)에 영향이 미치게 됨.

(康)蠱(고)[唐韻]公戸切[集韻][韻會]果五切[正韻]公五切𠀤音古[說文]腹中蟲也[通志六書略]造蠱之法以百蟲置皿中俾相啖食其存者爲蠱[左傳昭元年]於文皿蟲爲蠱[註]皿器也器受蟲害者爲蠱[周禮秋官庶氏]掌除毒蠱[史記秦本紀]德公二年初伏以狗禦蠱 又[左傳昭元年]穀之飛亦爲蠱[述異記]晉末荊州久雨粟化爲蠱蟲 又[說文]梟桀死之鬼亦爲蠱 又蠱雕獸名[山海經]鹿吳之山有獸名蠱雕其狀如雕而有角其音如嬰兒之音 又[爾雅釋詁]蠱

疑也[左傳註]蠱惑疾心志惑禮之疾也
又卦名[易]巽下艮上蠱[序卦傳]蠱者事也 又[集韻]古慕切音顧義同 又[正韻]以者切音治媚也 又[集韻]音義𠀤與治同[後漢馬融傳廣成頌]田開古蠱[註]蠱與治通

【 오류정리 】
○康誤處 1; [爾雅釋詁]蠱疑也[左傳註]蠱惑疾心志惑禮(改亂)之疾也
●考證 ; 謹照原文禮改亂
◆整理 ; [爾雅釋詁(이아석고)] [左傳註(좌전주)] 禮(례)는 亂(란)의 착오.
◆訂正文 ; [爾雅釋詁]蠱疑也[左傳註]蠱惑疾心志惑亂之疾也
▶【1802-1】字解誤謬與否 ; [爾雅釋詁]蠱疑也[左傳註]蠱惑疾心志惑禮(改亂)之疾也 [禮(改亂)]
★이상과 같이 오류(誤謬) 수정(修訂)이 되면 혹란(惑亂; 미혹 시키다. 미혹되어 어지러움. [史記秦始皇本紀]今諸生不師今而學古以非當世惑亂黔首)인데 자전상(字典上) 고(蠱)의 본의(本義)에 직접 영향이 미치게 됨.

(康)蠲(견)[唐韻]古玄切[集韻][韻會]圭玄切𠀤音涓[說文]馬蠲蟲也[明堂月令]曰腐草爲蠲 又潔也[詩小雅]吉蠲爲饎[周禮天官宮人]除其不蠲 又明也[左傳襄十四年]惠公蠲其大德 又[玉篇]除也疾也 又[韻會]涓畦切音圭義同 又與圭通[儀禮士虞禮]哀子某圭爲哀薦之饗[註]圭今作蠲 又[正字通]唐人以漿穫紙使瑩滑名曰蠲紙蠲音圭[字彙又讀作桂引唐太宗詩水搖文蠲動言水紋似蠲紙也[韻略又音絹

【 오류정리 】
○康誤處 1 ; 又與圭通[儀禮士虞禮]哀子某圭爲哀薦之饗(改而哀薦之)[註]圭今作蠲(改引詩吉圭爲饎)
●考證 ; 謹照原文哀薦之饗改而哀薦

之圭今作蠲改引詩吉圭爲饎
◆整理 ; [儀禮士虞禮(의례사우례)]
哀薦之饗(애천지향)은 而哀薦之(이애
천지)의 착오. 圭今作蠲(규금작견)은
引詩吉圭爲饎(인시길규위회)의 착오.
◆訂正文 ; 又與圭通[儀禮士虞禮]哀
子某圭爲而哀薦之[註]引詩吉圭爲饎
▶【1803-1】字解誤謬與否 ; 又與圭
通[儀禮士虞禮]哀子某圭爲哀薦之饗
(改而哀薦之)[註]圭今作蠲(改引詩吉
圭爲饎) [哀薦之饗(改而哀薦之)][圭
今作蠲(改引詩吉圭爲饎)]
★이상과 같이 오류(誤謬) 수정(修訂)
이 되면 ○이애천지(而哀薦之; 하옵
고 슬피 제수를 올려 드리오니. [儀
禮士虞禮]皇祖妣某氏婦曰孫婦於皇祖
姑某氏其他辭一也饗辭曰哀子某圭為而
哀薦之饗明日以其班祔沐浴櫛搔翦用專
膚為折俎取諸脰臆)와 ○길규위희(吉
圭爲饎; 길규(吉圭)는 주식(酒食)이라
한다. [儀禮士虞禮]哀子某圭爲而哀薦
之引[詩]吉圭爲饎又唐人以漿穫紙使瑩
滑名曰蠲紙蠲音圭) 등 두 문장은 자
전상(字典上) 견(蠲)의 본의(本義)에
는 영향이 미치지 않음.

虫部 十八畫

⟨康⟩**蠹**(두)[唐韻][集韻]當故切[韻
會][正韻]都故切𣱆音妒[說文]木中蟲
也[莊子人閒世]以爲門戶則液樠以爲
柱則蠹是不材之木也[註]蟲在木中謂
之蠹 又[前漢南粵傳]桂蠹一器 又
[續博物志]積穀則生蠹 又蠹書[穆天
子傳]天子東遜次雀梁蠹書于羽陵[註]
暴書中蠹蟲使不藏匿也[徐陵玉臺新詠
序]辟惡生香聊防羽陵之蠹 又[爾雅
釋蟲]蝤毛蠹[註]卽蝍也[說文]作蠧省
作蟊象蚰在木中形[集韻]亦作蟱[韻會
別作蠹非

【 오류정리 】

○康誤處 1 ; [穆天子傳]天子東遜(改
遊)
●考證 ; 謹照原文遜改遊
◆整理 ; [穆天子傳(목천자전)] 遜
(손)은 遊(유)의 착오.
◆訂正文 ; [穆天子傳]天子東遊
▶【1804-1】字解誤謬與否 ; [穆天
子傳]天子東遜(改遊) [遜(改遊)]
★이상과 같이 오류(誤謬) 수정(修訂)
이 된다 하여도 동유(東遊; 동쪽 지
방의 여러곳으로 놀러 다님)는
자전상(字典上) 두(蠹)의 본의(本義)
에는 영향이 미치지 않음.

虫部 二十一畫

⟨康⟩**蠼**(확)[集韻]厥縛切音矍[類篇]
獸名母猴也[司馬相如上林賦]蛭蜩蠼猱
又[司馬相如大人賦]蠼以連卷[索隱
註]韋昭曰蠼龍之形貌 又[篇海]音瞿
與蠷通詳蠷字註蠷猱之蠼本作玃別詳
犬部

【 오류정리 】

○康誤處 1 ; [司馬相如上林賦]蛭蜩
(改猱)蠼猱
●考證 ; 謹照原文蜩改猱
◆整理 ; [司馬相如上林賦(사마상여상
림부)]蜩(조)는 猱(노)의 착오.
◆訂正文 ; [司馬相如上林賦]蛭猱蠼
猱
▶【1805-1】字解誤謬與否 ; [司馬
相如上林賦]蛭蜩(改猱)蠼猱 [蜩(改
猱)]
★이상과 같이 오류(誤謬) 수정(修訂)
이 되면 질노구노(蛭猱蠼猱; 원숭이.
[文選司馬相如上林賦]蛭蜩蠼猱獑胡縠
蜒栖息乎其間[李善[注]蠼猱獮猴也)는
자전상(字典上) 확(蠼)의 본의(本義)
에 직접 영향이 미치게 됨.

【 오류정리 】

血部 六畫

康衉(객)[集韻]乞格切音客與喀同[楚語]鐵之戰趙簡子曰鄭人擊我吾伏弢衉血鼓音不衰[註]面汙血曰衉[補音]衉或作喀音客[唐書諸子建成傳]王暴疾衉血數升

【 오류정리 】

○康誤處 1 ; [楚語(改晉語)]鐵之戰

●考證 ; 謹照原書楚語改晉語

◆整理 ; [楚語(초어)는 晉語(진어)의] 착오.

◆訂正文 ; [晉語]鐵之戰

▶【1806-1】字解誤謬與否 ; [楚語(改晉語)]鐵之戰 [楚語(改晉語)]

★이상과 같이 인용처(引用處)나 주소(註疏) 음(音) 등(等)의 오류(誤謬)를 수정(修訂)을 한다 하여도 자전상(字典上)의 객(衉)의 본의(本義)에는 영향이 미치지 않음.

行部

康行(행)[唐韻]戶庚切[集韻][韻會][正韻]何庚切夶音蘅[說文]人之步趨也[類篇]从彳从亍[韻會]从彳左步从亍右步也左右步俱舉而後爲行者也[爾雅釋宮]堂上謂之行堂下謂之步[釋名]行伉也伉足而前也 又[廣韻]適也往也去也 又[增韻]路也[禮月令]孟冬其祀行[註]行在廟門外之西爲軷壤高二寸廣五寸輪四尺設主軷上 又道也[晉語]下有直言臣之行也 又五行[書洪範]我聞在昔鯀陻洪水汩陳其五行[韻會]五行運于天地閒未嘗停息故名 又行人官名[廣韻]周有大行之官[論語]行人子羽修飾之 又語也[爾雅釋詁]行言也[註]今江東通謂語爲行 又歌行[前漢司馬相如傳]爲鼓一再行[師古曰]行謂引古樂府長歌行短歌行此其義也 又[唐書韓琬傳]器不行

窊[音義]不牢曰行苦惡曰窊 又[廣韻]下孟切胻去聲[玉篇]行迹也[周禮地官師氏]敏德以爲行本[註]德行內外在心爲德施之爲行 又姓[後漢光武紀]隗囂遣將行巡寇扶風[註]行姓巡名漢行祐爲趙相 又[集韻]寒岡切音杭[類篇]列也[左傳隱十一年]鄭伯使卒出豭行出犬雞[註]百人爲卒二十五人爲行行亦卒之行列[吳語]吳王陳士卒百人以爲徹行百行[註]以百人通爲一行百行爲萬人謂之方陳 又中行複姓[通志氏族略]中行氏晉公族隰叔之後也漢文時有宦者中行說 又太行山名[書禹貢]太行恆山至于碣石[註]太行在河內山陽縣西 又[廣韻]戶浪切音笐次第也 又輩行也[杜甫詩]豈知吾甥不流宕丞相中郎丈人行 又[韻會]行行剛健貌[論語]子路行行如也 又[類篇]下朗切音沆義同 又[韻補]叶先韻[焦氏易林]缺破不完殘祭側偏公孫幽遏跛踦後行 又[集韻]乎監切音嗛與銜同

【 오류정리 】

○康誤處 1 ; [左傳隱十一年]鄭伯使卒出豭行出雞犬(改犬雞)

●考證 ; 謹照原文雞犬改犬雞

◆整理 ; [左傳隱十一年(좌전은십일년)] 雞犬(계견)는 犬雞(견계)의 착오.

◆訂正文 ; [左傳隱十一年]鄭伯使卒出豭行出犬雞

▶【1807-1】字解誤謬與否 ; [左傳隱十一年]鄭伯使卒出豭行出雞犬(改犬雞) [雞犬(改犬雞)]

★이상과 같이 오류(誤謬) 수정(修訂)이 된다 하여도 견계(犬雞; 개와 닭)는 자전상(字典上) 항(行)의 본의(本義)에는 영향이 미치지 않음.

○康誤處 2 ; [杜甫詩]豈知(改豈如)吾甥不流宕

●考證 ; 謹照原文豈知改豈如
◆整理 ; [杜甫詩(두보시)] 豈知(기지)는 豈如(기여)의 착오.
◆訂正文 ; [杜甫詩]豈如吾甥不流宕
▶【1808-1】字解誤謬與否 ; [杜甫詩]豈知(改豈如)吾甥不流宕 [豈知(改豈如)]
★이상과 같이 오류(誤謬) 수정(修訂)이 된다 하여도 기여(豈如; 어찌 …보다…하다)는 자전상(字典上) 항(行)의 본의(本義)에는 영향이 미치지 않음.

行 部 三畫

康衍(연)[唐韻][集韻][韻會]㠯以淺切音演水溢也[說文]水朝宗于海也 又[小爾雅]澤之廣者謂之衍 又美也[詩小雅]釃酒有衍 又布也[前漢司馬相如傳]離靡廣衍 又游衍自恣之意[詩大雅]昊天曰旦及爾游衍 又衍沃平美之地[左傳襄二十五年]井衍沃 又曼衍無極也[莊子齊物論]和之以天倪因之以曼衍 又沙衍水中有沙者[穆天子傳]天子乃遂東征南絕沙衍 又篋衍笥也[莊子天運篇]芻狗之未陳也盛以篋衍巾以文繡 又[博雅]衍衍行也[謝朓詩]衍衍淸風爛 又水名[史記荊軻傳]丹匿衍水中[索隱曰]在遼東 又胸衍地名[前漢地理志]屬北地郡 又姓[通志氏族略]衍子姓宋微仲衍之後 又[廣韻]于線切延去聲義同 又[集韻]夷然切音延進也[周禮春官]望祀望衍[鄭註]讀平聲[疏]衍衍祭也[劉歆甘泉賦]高巒峻阻臨眺曠衍叶泉字韻[直音]或作衍

【 오류정리 】

○康誤處 1 ; [周禮春官]望祀望衍[鄭註]讀平聲(改讀爲延)
●考證 ; 謹照原文讀平聲改讀爲延
◆整理 ; [周禮春官(주례춘관)] [鄭註

(정주)] 讀平聲(독평성)은 讀爲延(독위연)의 착오.
◆訂正文 ; [周禮春官]望祀望衍[鄭註]讀爲延
▶【1809-1】字解誤謬與否 ; [周禮春官]望祀望衍[鄭註]讀平聲(改讀爲延) [讀平聲(改讀爲延)]
★이상과 같이 오류(誤謬) 수정(修訂)이 된다 하여도 독위연(讀爲延; 연으로 읽는다. [周禮春官]望祀望衍[鄭註]讀爲延[疏]衍衍祭也) 자전상(字典上) 연(衍)의 본의(本義)에는 영향이 미치지 않음.

康衎(간)[唐韻]苦旰切[集韻][韻會]墟旰切㠯音看[說文]行喜也[爾雅釋詁]衎樂也[詩小雅]君子有酒嘉賓式燕以衎[曹植娛賓賦]遂衎賓而高會兮丹幃曄以四張 又[揚子方言]衎定也[郭註]衎然安定貌 又[廣韻]苦旱切音侃信言也

【 오류정리 】

○康誤處 1 ; [說文]行喜也(改兒)
●考證 ; 謹照原文也改兒
◆整理 ; [說文(설문)] 也(야)는 兒(아)의 착오.
◆訂正文 ; [說文]行喜兒
▶【1810-1】字解誤謬與否 ; [說文]行喜也(改兒) [也(改兒)]
★이상과 같이 오류(誤謬) 수정(修訂)이 되면 행희아(行喜兒; 아동을 기쁘게 해 준다. [集韻][韻會]墟旰切㠯音看行喜兒[說文]行喜兒[爾雅釋詁]衎樂也[詩小雅]君子有酒嘉賓式燕以衎)인데 자전상(字典上) 간(衎)의 본의(本義)에 영향이 미치게 됨.

行 部 五畫

康術(술)[唐韻][集韻][韻會]㠯食律切音秫[廣韻]技術也[人物志]思通

造化策謀奇妙是爲術家　又心術[漢書註]師古曰述道徑也心之所由也[禮樂記]心術形焉　又道也[晏子雜下篇]言有文章術有條理　又業也[禮儒行]營道同術　又[說文]邑中道也[管子度地篇]百家爲里里十爲術術十爲州[左思蜀都賦]亦有甲第當衢向術　又[博雅]迹也　又與述通[禮祭義]結諸心形諸色而術省之[註]術當爲述　又與沭通[史記建元侯年表]術陽侯建德[索隱曰]在下邳　又[集韻]徐醉切音燧六鄉之外地一曰道也通作遂[禮學記]術有序[註]術當爲遂[周禮地官]萬二千五百家爲遂

【 오류정리 】

○康誤處 1；[史記建元侯年表(改史記建元以來侯者年表)]術陽侯建德
●考證；謹照原書改史記建元以來侯者年表
◆整理；[史記(사기) 建元侯年表(건원후년표)는 史記(사기) 建元以來侯者年表(건원이래후자년표)의] 착오.
◆訂正文；[史記建元以來侯者年表]術陽侯建德
▶【1811-1】字解誤謬與否；[史記建元侯年表(改史記建元以來侯者年表)]術陽侯建德　[史記建元侯年表(改史記建元以來侯者年表)]
★이상과 같이 인용처(引用處)나 주소(註疏) 음(音) 등(等)의 오류(誤謬)를 수정(修訂)을 한다 하여도 자전상(字典上)의 술(術)의 본의(本義)에는 영향이 미치지 않음.

行部 六畫

康街(가)[唐韻]古膎切[集韻][韻會]居膎切夶音佳[玉篇]四通道也[風俗通]街攜也離也四出之路攜離而別也[後漢梁冀傳]冀乃大起第舍而壽亦對街爲宅[張華詩]甲第面長街朱門赫嵯

峨　又亭名[蜀志諸葛亮傳]魏明帝使張郃拒亮亮與郃戰于街亭　又允街[地名[前漢地理志]屬金城郡　又參街谷名[水經注]湟水又東逕允吾縣之參街谷　又天街星名[晉書天文志]昴酉二星曰天街　又氣街陰髦兩傍脈動處也[素問]陰陽總宗筋之會于氣街而陽明爲之長　又[廣韻]古諧切音皆[集韻]均窺切音規義夶同

【 오류정리 】

○康誤處 1；[晉書天文志]昴酉二星曰天街(改昴畢間爲天街)
●考證；謹照原文改昴畢間爲天街
◆整理；[晉書天文志(진서천문지)]昴酉二星曰天街(묘유이성왈천가)는 昴畢間爲天街(묘필간위천가)의 착오.
◆訂正文；[晉書天文志]昴畢間爲天街
▶【1812-1】字解誤謬與否；[晉書天文志]昴酉二星曰天街(改昴畢間爲天街)　[昴酉二星曰天街(改昴畢間爲天街)]
★이상과 같이 오류(誤謬) 수정(修訂)이 된다 하여도 필문(畢間；물음을 끝내다)은 자전상(字典上) 가(街)의 본의(本義)에는 영향이 미치지 않음.

行部 十畫

康衞(위)[唐韻][集韻][韻會]夶于歲切音贇[篇海]防也捍也[玉篇]護也[公羊傳定四年]朋友相衞[註]相衞不使爲讎所勝　又[爾雅釋詁]垂也[註]營衞守圉皆在外垂也　又魯語]有貨以衞身也[註]衞營也　又[書康誥]侯甸男采衞[國語註]衞衞圻也　又宿衞[晉書元帝紀]禁衞嚴警　又榮衞[關尹子七釜篇]爪之生髮之長榮衞之行無頃刻止　又精衞鳥名[山海經]發鳩之山有鳥焉文首白喙赤足名曰精衞常銜西山之木石以湮東海　又國名[詩疏]邶鄘

衞者殷紂畿內地名屬古冀州在汲郡朝歌縣　又水名[書禹貢]恆衞旣從[疏]衞水出常山靈壽縣東入滹池　又姓[廣韻]周文王子衞康叔之後國滅因氏焉出河東陳留二望　又[集韻]乙劣切嘁入聲[范曄靈帝賛]微亡備兆[小雅]盡缺麋鹿霜露遂棲宮衞[篇海]本作衞省作衞俗作衛衞非

【 오류정리 】

○康誤處 1 ; [書康誥]侯甸男釆衞(改侯甸男邦釆衞)

●考證 ; 謹照原文改侯甸男邦釆衞

◆整理 ; [書康誥(서강고)] 侯甸男釆衞(후전남채위)는 侯甸男邦釆衞(후전남방채위)의 착오.

◆訂正文 ; [書康誥]侯甸男邦釆衞

▶【1813-1】字解誤謬與否 ; [書康誥]侯甸男釆衞(改侯甸男邦釆衞) [侯甸男釆衞(改侯甸男邦釆衞)]

★이상과 같이 오류(誤謬) 수정(修訂)이 되면 후복(侯服) 전복(甸服) 남복(男服) 방복(邦服; 왕기(王畿)밖의 500리를 한 구(區)로 한 여섯 지역(六服) 중 한 구역(諸侯).) 채복(釆服) 위복(衞服) 자전상(字典上) 위(衞)의 본의(本義)에 간접 영향이 미치게 됨.

康衡 (형)[唐韻]戶庚切[集韻][韻會]何庚切𡗜音行[書舜典]同律度量衡[前漢律歷志]衡平也所以任權而均物平輕重也[荀子禮論]衡誠懸矣則不可欺以輕重　又[書舜典]在璿璣玉衡以齊七政[傳]璣衡王者正天文之器可運轉者[漢書註]衡謂渾天儀也　又樓殿邊欄楯也[前漢袁盎傳]百金之子不騎衡　又勺柄龍頭也[周禮冬官玉人]大璋中璋九寸邊璋七寸衡四寸　又眉目之閒也[蔡邕釋誨]揚衡含笑[左思魏都賦]盱衡而誥　又斗之中央也[前漢天文志]衡殷南斗　又橫也[前漢刑法志]

合縱連衡[師古曰]戰國時齊楚韓魏燕趙爲縱秦國爲衡秦地形東西橫長故爲衡也　又楅衡所以楅持牛使不得抵觸也[周禮地官]凡祭祀飾其牛牲設其楅衡　又[小爾雅]斤十謂之衡衡有半謂之秤　又維持冠者曰衡[左傳桓五年]衡紞紘綖　又掌山林者謂之衡[周禮天官太宰]虞衡作山澤之材　又阿衡官名[書太甲]惟嗣王不惠于阿衡　又地名[周語]以諸侯朝于衡雝[註]衡雝鄭地在今河內　又山名[爾雅釋山]江南衡[註]南岳衡山也　又水名[水經注]衡水東經阜城縣故城　又姓[通志氏族略]伊尹爲湯阿衡子孫因以爲氏一云魯公子衡之後以王父字爲氏漢有衡威衡驃卿　又與蘅通杜蘅也[司馬相如子虛賦]其東則有蕙圃衡蘭　又[集韻]胡盲切與橫通[詩齊風]衡從其畝[疏]衡古通橫　又[詩陳風]衡門之下可以棲遲[註]衡木爲門也　又[毛詩古音攷]音杭[小雅]約軝錯八鸞瑲瑲史記傳序維契作商爰及成湯太甲居桐作盛阿衡炊叶音杭[說文]从角大从行[韻會]俗作衝非

【 오류정리 】

○康誤處 1 ; [左傳桓五年(改二年)]衡紞綋綖(改紘綖)

●考證 ; 謹照原文五年改二年綋綖

◆整理 ; [左傳桓(좌전환) 五年(오년)은 二年(이년)의 착오] 綋綖(굉연)은 紘綖(굉연)의 착오.

◆訂正文 ; [左傳桓二年]衡紞紘綖

▶【1814-1】字解誤謬與否 ; [左傳桓五年(改二年)]衡紞綋綖(改紘綖) [五年(改二年)] [綋綖(改紘綖)]

★이상과 같이 오류(誤謬) 수정(修訂)이 된다 하여도 굉연(紘綖; 면류관의 끈과 덮개. [左傳桓二年]衡紞紘綖[註]綖冠上覆[疏]冕以木爲幹以玄布衣其上謂綖又通作延[禮玉藻]天子玉藻十有二旒前後邃延[註]延冕上覆也)은 자전상

(字典上) 형(衡)의 본의(本義)에는 영향이 미치지 않음.

○康誤處 2 ; 史記傳序(改自序)維契作商爰及成湯太甲居桐作盛(改德盛)阿衡

●考證 ; 謹照原文傳序改自序作盛改德盛

◆整理 ; 史記(사기) 傳序(전서)는 自序(자서), 作盛(작성)은 德盛(덕성)의 착오.

◆訂正文 ; 史記傳序(改自序)維契作商爰及成湯太甲居桐德盛阿衡

▶【1815-2】字解誤謬與否 ; 史記傳序(改自序)維契作商爰及成湯太甲居桐作盛(改德盛)阿衡　[傳序(改自序)][作盛(改德盛)]

★이상과 같이 인용처(引用處)와 덕성(德盛)은 오류(誤謬)를 수정(修訂)을 한다 하여도 자전상(字典上)의 형(衡)의 본의(本義)에는 영향이 미치지 않음.

行　部　十一畫

康衛(솔)[唐韻]所律切[集韻][類篇][韻會]朔律切𠀤音率[說文]將衛也[玉篇]衛循也導也今或爲率[石鼓文]悉衛左右[禮中庸]衛性之謂道　又[集韻]所類切音帨與帥通[六書正譌]將帥也統也从行率聲會意今趨簡易借用帥字

【 오류정리 】

○康誤處 1 ; [禮中庸]衛性(改率性)之謂道

●考證 ; 謹照原文衛性改率性

◆整理 ; [禮中庸(예중용)] 衛性(솔성)은 率性(솔성)의 착오.

◆訂正文 ; [禮中庸]率性之謂道

▶【1816-1】字解誤謬與否 ; [禮中庸]衛性(改率性)之謂道　[衛性(改率性)]

性)]

★이상과 같이 오류(誤謬) 수정(修訂)이 되면 솔성(率性;하늘이 정한 본성을 따르다. 양심이 시킨느 대로 하다. 타고난 성질. [中庸]天命之謂性率性之謂道修道之謂教道也者不可須臾離也可離非道也是故君子戒慎乎其所不睹恐懼乎其所不聞莫見乎隱莫顯乎微故君子慎其獨也喜怒哀樂之未發謂之中發而皆中節謂之和中也者天下之大本也和也者天下之達道也致中和天地位焉萬物育焉)이라　자전상(字典上) 솔(衛)의 본의(本義)에 직접 영향이 미치게 됨.

衣　部

康衣(의)[唐韻][集韻][韻會]𠀤於希切音依[說文]上曰衣下曰裳[世本]胡曹作衣黃帝時人[白虎通]衣者隱也[釋名]衣依也人所以依以庇寒暑也[玉篇]所以形軀依也[類篇]象覆二人之形[易繫辭]黃帝堯舜垂衣裳而天下治蓋取諸乾坤[禮玉藻]衣正色裳閒色[傅玄衣銘]衣服從其儀君子德也衣以飾外德以飾內　又絲衣祭服也[詩周頌]絲衣其紑　又[博雅]寢衣衾幭服也　又[釋名]中衣言在外小衣之外大衣之中也又心衣抱腹而施鉤肩鉤肩之閒施一襠以養心也　又面衣[晉書惠帝紀]尚書高光進面衣　又耳衣[唐邊塞曲]金縫耳衣寒　又綴衣掌衣服官名[書立政]王左右常伯常任準人綴衣虎賁　又白衣未仕之稱[後漢崔駰傳]憲諫以爲不宜與白衣會　又牛衣編亂麻爲之卽今俗呼爲龍具者[前漢王章傳]章疾病無被臥牛衣中　又垣衣苔也[王融詩]垣衣不可裳　又姓[通志氏族略]見[姓苑][正字通]明有衣勉仁衣祐　又人名[高士傳]被衣堯時人蒲衣舜時人　又青衣地名[史記彭越傳]處蜀青衣[註]今爲臨卭　又借服膺意[書康誥]紹聞

衣德言 又[唐韻]於旣切讀去聲服之也[玉篇]以衣被人也[增韻]著衣也[晏子雜下篇]衣十升之布[前漢東方朔傳]身衣弋綈 又[韻補]於斤切齊人言衣聲如殷今姓有衣者殷之謂歟一作月[通志六書略]卽衣字从向身

【 오류정리 】

○康誤處 1；[正字通]明有衣勉仁衣祐(改祐)

●考證；謹照原文祐改祐

◆整理；[正字通(정자통)] 祐(字典無)는 祐(우)의 착오.

◆訂正文；[正字通]明有衣勉仁衣祐

▶【1817-1】字解誤謬與否；[正字通]明有衣勉仁衣祐(改祐) [祐(改祐)]

★이상과 같이 오류(誤謬) 수정(修訂)이 되면 의우(衣祐; 인명(人名). [正字通]明有衣勉仁衣祐又人名)인데 자전상(字典上) 의(衣)의 본의(本義)에 직접 영향이 미치게 됨.

衣部 二畫

康 卒(졸)[唐韻][集韻]夳臧沒切音稡[說文]隸人給事者[韻會]古以染衣題識故从衣十[揚子方言]南楚東海之閒謂卒爲褆[郭璞註]言其衣赤[玉篇]行鞭也[周禮地官小司徒]五伍爲兩四兩爲卒五卒爲旅[齊語]四里爲連故二百人爲卒連長帥之[左思吳都賦]雕題之士鏤身之卒 又積卒星名[晉書天文志]積卒十二星在房星南主爲衞也 又[廣韻]子聿切音稡盡也[晉語]史蘇卒爵再拜稽首 又終也[詩邶風]父兮母兮畜我不卒[史記淮陰侯傳]公小人也爲德不卒 又沒也[禮曲禮]大夫曰卒士曰不祿庶人曰死 又[唐韻]倉沒切音猝急也[史記秦本紀]不可以應卒[晉書禮志]于時內外卒聞杜預異議多怪之

又[集韻]昨律切音辤[詩疏]與崒通崔嵬也[詩小雅]漸漸之石惟其卒矣 又[類篇]取內切與倅同副貳也[禮燕義]諸侯卿大夫士之庶子之卒 又[韻補]叶昌說切音歠[蘇轍詩]流傳後世人談笑資口舌是非亦已矣興廢何倉卒 [六書正譌]以衣而荷之會意別作卆殍坅非

【 오류정리 】

○康誤處 1；[揚子方言]南楚東海之閒謂卒爲褆(改褚)

●考證；謹照原文褆改褚

◆整理；[揚子方言(양자방언)] 褆(정)은 褚(저)의 착오.

◆訂正文；[揚子方言]南楚東海之閒謂卒爲褚

▶【1818-1】字解誤謬與否；[揚子方言]南楚東海之閒謂卒爲褆(改褚) [褆(改褚)]

★이상과 같이 오류(誤謬) 수정(修訂)이 되면 저(褚; 솜옷)인데 자전상(字典上) 졸(卒)의 본의(本義)에 직접 영향이 미치게 됨.

衣部 四畫

康 袞(곤)[唐韻][集韻]夳古本切音滾[正韻]龍衣法服也[說文]天子享先王卷龍繡于下幅一龍蟠阿上向[詩豳風]我覯之子袞衣繡裳[周禮天官司服]享先王則袞冕[註]袞龍衣也[儀禮覲禮]天子袞冕負斧扆[註]袞衣者裨之上也 又與卷通[禮王制]三公一命卷[註]卷俗讀也其通則曰袞 又袞袞[晉書王戎傳]裴頠論前言往行袞袞可聽 又[韻會]亦作褎[荀子富國篇]天子袾褎衣冕 通作袞

【 오류정리 】

○康誤處 1；[荀子富國篇]天子袾褎衣冕 通作袞(改[註]與袞同)

●考證；謹照原文通作袞改註與袞同

◆整理 ; [荀子富國篇(순자부국편)]通作袞(통작곤)은 [註]與袞同(주여곤동)의 착오.

◆訂正文 ; [荀子富國篇]天子袾裷衣冕[註]與袞同

※筆者謹按荀子富國篇原本 ; 註裷字與袞同

▶【1819-1】字解誤謬與否 ; [荀子富國篇]天子袾裷衣冕 通作袞(改[註]與袞同) [通作袞(改[註]與袞同)]

★이상과 같이 오류(誤謬) 수정(修訂)이 된다 하여도 여곤동(與袞同; 表면(冕)과 더불어 곤(袞)은 동자(同字) [類篇]蟋蟀螢也詳螢字註表[申集下][衣字部]袞[字彙補]與袞同[晉書王戎傳]裴頠論前言往行袞袞可聽又亦作裷[荀子富國篇]天子袾裷衣冕與袞同)은 자전상(字典上) 곤(袞)의 본의(本義)에는 간접 영향이 미치게 됨.

康 衷 (충)[唐韻]陟弓切[集韻][韻會][正韻]陟隆切夶音中[玉篇]善也[書湯誥]惟皇上帝降衷于下民[左傳昭二十二年]無亢不衷以獎亂人 又中也[周語]國之將興其君齊明衷正精潔惠和 又[韻會]誠也[左傳昭十六年]發命之不衷 又通也[左傳莊六年]必度于本末而後立衷焉 又[增韻]方寸所蘊也 又[說文]裏褻衣也[左傳宣九年]陳靈公與孔寧儀行父通于夏姬皆衷其袥服 又姓[正字通]漢衷帝之後衷愉仕唐改姓哀 又[廣韻]陟仲切中去聲當也[韻會]折衷平也[史記孔子世家]折衷于夫子[註]折斷也衷當也 又[後漢梁統傳]爰制百姓于册之衷[註]不輕不重也通作中[前漢貢禹傳]微夫子之言則無所折中亦讀作平聲 [六書正譌]俗作衺非

【 오류정리 】

○康誤處 1 ; [後漢梁統傳]爰制百姓

于册(改刑)之衷[註(改衷字)]不輕不重也

●考證 ; 謹照原文册改刑不輕不重也即原傳正文非註文註字改衷字

◆整理 ; [後漢梁統傳(후한량통전)]册(책)은 刑(형)의 착오, [註(주)는 衷字(충자)의] 착오.

◆訂正文 ; [後漢梁統傳]爰制百姓于刑之衷衷不輕不重也

▶【1820-1】字解誤謬與否 ; [後漢梁統傳]爰制百姓于册(改刑)之衷[註(改衷字)]不輕不重也 [册(改刑)] [註(改衷字)]

★이상과 같이 오류(誤謬) 수정(修訂)이 되면 ○형(刑; 형벌)은 ○충(衷; 속마음. 속심. 속옷. 정성. 중간. 가운데. [說文解字衣部]衷裏褻衣內心如言不由衷無動於衷心意心事如苦衷互訴情衷姓如五代時南唐有衷愉[春秋傳]曰皆衷其袥服[段玉裁注]褻衣有在外者衷則在內者也衷可表示貼身穿穿在裡面)이라 하였으니 자전상(字典上) 충(衷)의 본의(本義)에 직접 영향이 미치게 됨.

康 衺 (사)[唐韻]似嗟切[集韻]徐嗟切夶音斜[說文]㒳也[廣韻]不正也[玉篇]姦思也[周禮天官宮正]去其淫思與其奇衺之民[註]奇衺謫觚非常 又[地官]比長五家有辠奇衺則相及[註]衺猶惡也[唐書婉兒傳]衺人穢夫爭候門下 又[韻補]徐蹉切入歌韻[白居易續古詩]身從富貴來恩薄讒言多冢婦獨守禮羣妾互奇衺[類篇]或作衸[集韻]通作斜

【 오류정리 】

○康誤處 1 ; [周禮天官宮正]去其淫思(改愆)

●考證 ; 謹照原文思改愆

◆整理 ; [周禮天官宮正(주례천관궁

정)] 思(사)는 怠(태)의 착오.

◆訂正文 ; [周禮天官宮正]去其淫怠

▶【1821-1】字解誤謬與否 ; [周禮天官宮正]去其淫思(改怠) [思(改怠)]

★이상과 같이 오류(誤謬) 수정(修訂)이 되면 음태(淫怠; 음탕하고 게으름. 사악하고 태만함. [周礼天官宮正]淫怠[郑玄注]淫放濫也怠解慢也) 자전상(字典上) 사(衮)의 본의(本義)에 직접 영향이 미치게 됨.

㉿ 衽(임)[唐韻][正韻]汝鴆切[集韻]如鴆切𠀤音妊[類篇]衣襟也[揚子方言]褸謂之衽[釋名]衽襜也在傍襜襜如也[禮玉藻]衽當旁[註]衽謂裳幅所交裂也 又[禮曲禮]請衽何趾[註]衽臥席也[周禮天官王府]掌王之燕衣服衽席[註]衽席單席也 又[禮檀弓]棺束縮二衡三衽每束一[疏]小要也其形兩頭廣中央小也旣不用釘棺但先鑿棺邊及兩頭合際處作坎形則以小要連之今因漢時呼衽爲小要也 又[屈原離騷]跪敷衽以陳辭兮[註]衽衣前也 又[博雅]衽裀袾袶褑也 又[集韻]忍甚切音稔義同 又[類篇]或作袵通作衹

【 오류정리 】

○康誤處 1; [周禮天官王府(改玉府)]掌王之燕衣服衽席

●考證 ; 謹照原文王府改玉府

◆整理 ; [周禮天官(주례천관) 王府(왕부)는 玉府(옥부)의 착오.

◆訂正文 ; [周禮天官玉府]掌王之燕衣服衽席

▶【1822-1】字解誤謬與否 ; [周禮天官王府(改玉府)]掌王之燕衣服衽席 [王府(改玉府)]

★이상과 같이 인용처(引用處)나 주소(註疏) 음(音) 등(等)의 오류(誤謬)를 수정(修訂)을 한다 하여도 자전상

(字典上)의 임(衽)의 본의(本義)에는 영향이 미치지 않음.

㉿ 衿(금)[唐韻][集韻][正韻]𠀤居吟切音今[說文]衿謂之袶[註]衣小帶也 又[揚子方言]衿謂之交[註]衣交領也[詩鄭風]靑靑子衿[傳]靑衿靑領也 又[類篇]渠金切音琴其淹切音箝義𠀤同 又[玉篇]巨禁切音妗[禮內則]衿纓綦屨[註]衿猶結也[儀禮士昏]母施衿結帨 又[前漢揚雄傳]衿芰茄之緣衣兮[註]衿帶也 又[通志六書略]與襟同 [韻會作紟

【 오류정리 】

○康誤處 1; [說文(改爾雅)]衿謂之袶

●考證 ; 謹照原書說文改爾雅

◆整理 ; [說文(설문)은 爾雅(이아)의] 착오.

◆訂正文 ; [爾雅]衿謂之袶

▶【1823-1】字解誤謬與否 ; [說文(改爾雅)]衿謂之袶 [說文(改爾雅)]

★이상과 같이 인용처(引用處)나 주소(註疏) 음(音) 등(等)의 오류(誤謬)를 수정(修訂)을 한다 하여도 자전상(字典上)의 금(衿)의 본의(本義)에는 영향이 미치지 않음.

㉿ 袂(몌)[唐韻]弭弊切[集韻][韻會]彌蔽切𠀤音檄[玉篇]袖也[釋名]袂掣也掣開也開張之以受臂屈伸也[禮曲禮]以袂拘而退[儀禮大射儀]大射正弓矢以袂順左右隈[前漢鄒陽傳]攘袂而正議者獨大王耳 又擔袂國名[水經注]江口有國號擔袂屬天竺遣黃門字興爲擔袂王 又[集韻]儒稅切音汭[莊子漁父篇]被髮揄袂[李軌云]儒稅切 又倪祭切同襼詳襼字註 又[類篇]古穴切同橘亦袖也[韻補][沈炯歸魂賦]矧古今之悲凉並攢心而霑袂渡狹嶺之欹危跨淸津之幽咽

【 오류정리 】

○康誤處 1；[莊子漁父篇]被髮褕(改揄)袂[李軌云]儒稅切(改釋文袂李音芮)

●考證；謹照原文褕改揄李軌云儒稅切改釋文袂李音芮

◆整理；[莊子漁父篇(장자어부편)]褕(유)는 揄(유)의 착오. [李軌云(이궤운)]儒稅切(유세절)은 [釋文(석문)]袂李音芮(메리음예)의 착오.

◆訂正文；[莊子漁父篇]被髮揄袂[李軌云][釋文]袂李音芮

▶【1824-1】字解誤謬與否；[莊子漁父篇]被髮褕(改揄)袂[李軌云]儒稅切(改釋文袂李音芮) [褕(改揄)] [[李軌云]儒稅切(改[釋文]袂李音芮)]

★이상과 같이 오류(誤謬) 수정(修訂)이 되면 ○유메(揄袂; 소매를 휘저으며) ○메리음예(袂李音芮; 메(袂) 리(李)의 음(音)은 예(芮)이다 [莊子漁父篇]被髮揄袂[釋文]袂李音芮如意彩票又倪祭切)는 자전상(字典上) 메(袂)의 본의(本義)에 직접 영향이 미치게 됨

衣部 五畫

康 袉(타)[唐韻]徒何切[集韻]唐何切夶音駞[類篇]裾也 又[韻會]待可切音柁義同 又[集韻]通拖[說文]引[論語]加朝服袉紳 又[玉篇]袉袉美也 又他佐切拖去聲義同 又[集韻]他可切音拸[廣韻]長舒貌

【 오류정리 】

○康誤處 1；[說文]引論語加(改曰)朝服袉紳

●考證；謹照原文加改曰

◆整理；[說文(설문)] 加(가)는 曰(왈)의 착오.

◆訂正文；[說文]引論語曰朝服袉紳

▶【1825-1】字解誤謬與否；[說文]引論語加(改曰)朝服袉紳 [加(改曰)]

★이상과 같이 오류(誤謬) 수정(修訂)이 된다 하여도 왈(曰; 가로대. 이에. 이르다. 말하다. 말하기를. 일컫다. 부르다. …이다. …에 있다. …라 하다. 부르다. 성(姓))은 자전상(字典上) 타(袉)의 본의(本義)에는 영향이 미치지 않음.

康 袑(소)[唐韻][集韻]夶市沼切音紹[說文]絝上也[類篇]絝襠也[博雅]襱謂之絝其襠謂之袑[前漢朱博傳]博遷琅琊太守敕功曹官屬多褒衣大袑不中節度自今掾吏衣皆令去地三寸 又[類篇]衣襟 也

【 오류정리 】

○康誤處 1；[博雅]其襠(改䙅)謂之袑

●考證；謹照原文襠改䙅

◆整理；[博雅(박아)]襠(당)은 䙅(관)의 착오.

◆訂正文；[博雅]其䙅謂之袑

▶【1826-1】字解誤謬與否；[博雅]其襠(改䙅)謂之袑 [襠(改䙅)]

★이상과 같이 오류(誤謬) 수정(修訂)이 되면 관(䙅; 바짓가랑이. 바지. [康熙字典]䙅[唐韻]古滿切[集韻]古緩切夶音管旱韻[玉篇]袴襱也[博雅]襱謂之絝其䙅謂之袑)으로 자전상(字典上) 소(袑)의 본의(本義)에 직접 영향이 미치게 됨.

康 袒(단)[唐韻]徒旱切[集韻][韻會]蕩旱切夶音但袒裼也[禮曲禮]冠毋免勞毋袒[儀禮鄉射禮]司射適堂袒決遂[註]袒左免衣也[疏]凡事無問吉凶皆袒左惟有受刑袒右 又[楞嚴經]佛乞食王城偏袒右肩 又[釋名]汗衣或曰鄙袒或曰羞袒作之用六尺裁足覆胷背言羞鄙于袒而衣此耳 又[廣韻]丈莧

切同綻衣縫解也詳袗字註　又與禮通詳禮字註

【 오류정리 】

○康誤處 1；[儀禮鄉射禮]司射適堂(增西字)袒決遂[註]袒左免衣也

●考證；謹照原文堂字下增西字

◆整理；[儀禮鄉射禮(의례향사례)]堂字(당자)에 이어 西字(서자)를 덧붙임.

◆訂正文 ；[儀禮鄉射禮]司射適堂西袒決遂[註]袒左免衣也

▶【1827-1】字解誤謬與否；[儀禮鄉射禮]司射適堂(增西字)袒決遂[註]袒左免衣也　[堂(增西字)]

★이상과 같이 오류(誤謬) 수정(修訂)이 된다 하여도 서(西; 방위로 서쪽. 서문자(西文子)의 준말.)는 자전상(字典上) 번(袢)의 본의(本義)에는 영향이 미치지 않음.

康袢(번)[唐韻]附袁切[集韻][韻會]符袁切夶音煩[玉篇]衣無色也　又[類篇]絆延衣熱也[詩鄘風]是裨絆也[傳]是當暑袢延之服也　又[集韻]普半切音泮[類篇]袢迅盛服貌

【 오류정리 】

○康誤處 1；[類篇]絆(改袢)延衣熱也[詩鄘風]是裨絆(改袢)也

●考證；謹照原文兩絆字夶改袢

◆整理；[類篇(류편)] 絆(반)은 袢(번),[詩鄘風(시용풍)] 絆(반)은 袢(번)의 착오.

◆訂正文 ；[類篇]袢延衣熱也[詩鄘風]是裨袢也

▶【1828-1】字解誤謬與否；[類篇]絆(改袢)延衣熱也[詩鄘風]是裨絆(改袢)也　[絆(改袢)]　[絆(改袢)]

★이상과 같이 오류(誤謬) 수정(修訂)이 되면 ○번연(袢延; 여름에 입는 속적삼. [集韻][韻會]符袁切夶音煩衣

無色也又袢延衣熱也)과 ○예번(裨袢; 긴 옷으로 차려 입다. [詩鄘風]是裨袢也[傳]是當暑袢延之服也又普半切音泮袢迅盛服貌)은 자전상(字典上) 번(袢)의 본의(本義)에 직접 영향이 미치게 됨.

衣部 六畫

康袼(각)[唐韻]盧各切音落裼袼[揚子方言]襲袼謂之裼[郭註]卽小兒次衣也　又[集韻]剛隺切音各袖也[廣韻]袂也　又袼裱也[禮深衣]袼之高下可以運時[註]袼衣袂當掖之縫也

【 오류정리 】

○康誤處 1；[禮深衣]可以運時(改肘)

●考證；謹照原文時改肘

◆整理；[禮深衣(예심의)] 時(시)는 肘(주)의 착오.

◆訂正文 ；[禮深衣]可以運肘

▶【1829-1】字解誤謬與否 ；[禮深衣]可以運時(改肘)　[時(改肘)]

★이상과 같이 오류(誤謬) 수정(修訂)이 된다 하여도 운주(運肘; 팔꿈치 운동)는 자전상(字典上) 각(袼)의 본의(本義)에는 영향이 미치지 않음.

康裂(렬)[唐韻][正韻]良辥切[集韻]力蘖切[韻會]力辥切夶音列[說文]繒餘[徐曰]裁剪之餘也　又[廣韻]襞裂破也[禮內則]衣裳綻裂紉箴請補綴[晏子雜下篇]女子而男其飾者裂其衣斷其帶　又滅裂[莊子則陽篇]治民焉勿滅裂　又[韻會]力制切音例與厲通[禮內則註]鞶小囊盛帨巾者男用韋女用繒有緣飾之則是鞶裂與[疏]案傳作鞶厲古時通爲一字　又人名[左傳隱二年]紀子帛名裂繻　[說文]作製

【 오류정리 】

○康誤處 1；[左傳隱二年]紀子帛名裂繻(改春秋隱二年紀裂繻來逆女)

●考證 ; 謹按左傳無此文改春秋隱二年紀裂繻來逆女

◆整理 ; [左傳隱二年(좌전은이년)]紀子帛名裂繻(기자백명렬수)는 [春秋隱二年(춘추은이년)]紀裂繻來逆女(기렬수래역녀)의 착오.

◆訂正文 ; [春秋隱二年]紀裂繻來逆女

▶【1830-1】字解誤謬與否 ; [左傳隱二年]紀子帛名裂繻(改春秋隱二年紀裂繻來逆女) [紀子帛名裂繻(改春秋隱二年紀裂繻來逆女)]

★이상과 같이 오류(誤謬) 수정(修訂)이 되면 기렬수래역녀(紀裂繻來逆女; 기나라의 열수가 (혜공의) 여식을 영접하러 왔다. [春秋左傳隱公二年]春公会戎於潛夏五月莒人入向無骇帥師入极秋八月庚辰公及戎盟於唐九月紀裂繻來逆女冬十月伯姬歸於紀紀子帛莒子盟於密十有二月乙卯夫人子氏薨鄭人伐衛)라 자전상(字典上) 렬(裂)의 본의(本義)에 영향이 미치게 됨.

衣部 七畫

㉽ 袅(부)[唐韻] 薄侯切[集韻][正韻]蒲侯切 丛音抔[爾雅釋詁]聚也[詩小雅]原隰袅兮兄弟求矣又[周頌]敷天之下袅時之對 又[爾雅釋詁]多也 又[玉篇]减也[易謙卦]君子以袅多益寡 又[集韻]房尤切音浮義同 又博毛切同襃詳襃字註或作袅

【 오류정리 】

○康誤處 1 ; [詩小雅]原隰袅兮(改矣)

●考證 ; 謹照原文兮改矣

◆整理 ; [詩小雅(시소아)] 兮(혜)는 矣(의)의 착오.

◆訂正文 ; [詩小雅]原隰袅矣

▶【1831-1】字解誤謬與否 ; [詩小雅]原隰袅兮(改矣) [兮(改矣)]

★이상과 같이 오류(誤謬) 수정(修訂)

이 된다 하여도 의(矣; 조사(助辭)로 문장의 끝에 써 완료를 나타냄. 감탄을 나타냄. 결정 판단을 나타냄. …였다. …리라. …이다. …뿐이다. …로다. …느냐? …여라)는 자전상(字典上) 부(袅)의 본의(本義)에는 영향이 미치지 않음.

衣部 八畫

㉽ 製(제)[唐韻][集韻]丛征例切音制[說文]裁也[左傳襄三十一年]雖有美錦不使人學製焉 又裘也[左傳定九年]晳幘而衣貍製 又[六書正譌]雨衣也 又造也[後漢樊準傳]上疏言大侵之禮百官備而不製 又式也[前漢叔孫通傳]通儒服漢王憎之廼變其服服短衣楚製[師古註]謂裁衣之形製 又與致同[唐書張易之傳]易之旣冠頎晳美姿製 又義與著同[杜甫詩]聲華當健筆灑落富淸製

【 오류정리 】

○康誤處 1 ; [左傳襄三十一年]雖(改子)有美錦

●考證 ; 謹照原文雖改子

◆整理 ; [左傳襄三十一年(좌전양삼십일년)]雖(수)는 子(자)의 착오.

◆訂正文 ; [左傳襄三十一年]子有美錦

▶【1832-1】字解誤謬與否 ; [左傳襄三十一年]雖(改子)有美錦 [雖(改子)]

★이상과 같이 오류(誤謬) 수정(修訂)이 된다 하여도 자(子; 아들)는 자전상(字典上) 제(製)의 본의(本義)에는 영향이 미치지 않음.

㉽ 袴(기)[集韻]去倚切音綺[博雅]襜襦謂之襜袴 又隱綺切音倚[類篇]袴袘衣貌[玉篇]好也

【 오류정리 】

○康誤處 1；[博雅]襜襦(改襌襦)謂之襜裾
●考證；謹照原文襜襦改襌襦
◆整理；[博雅(박아)]襜襦(첨유)는 襌襦(단유)의 착오.
◆訂正文；[博雅]襌襦謂之襜裾
▶【1833-1】字解誤謬與否；[博雅]襜襦(改襌襦)謂之襜裾 [襜襦(改襌襦)]
★이상과 같이 오류(誤謬) 수정(修訂)이 되면 단유(襌襦; 내의. 땀받이 [博雅]襌襦謂之襜裾 [揚子方言]汗襦或谓之襌襦)인데 자전상(字典上) 기(裾)의 본의(本義)에 적극 영향이 미치게 됨.

衣 部 九畫

康複(복)[唐韻][集韻][韻會]丛方六切音福[玉篇]重衣也[釋名]衣服有裏曰複 又[類篇]一曰褚衣[急就篇註]褚之以綿曰複 又[集韻]芳六切音蝮重也[魏志文帝紀典論]余少曉持複自謂無對後從袁敏學以單攻複每爲若神 又[韻會]複道[前漢高帝紀]從複道上望見諸將[註]上下有道故謂之複[庾信華林園射馬賦]屬車醴酒複道焚香 又[廣韻]扶富切音覆亦重複也

【 오류정리 】

○康誤處 1；[庾信華林園射馬賦(改馬射賦)]
●考證；謹照原文射馬賦改馬射賦
◆整理；[庾信華林園(유신화림원) 射馬賦(사마부)는 馬射賦(마사부)의] 착오.
◆訂正文；[庾信華林園射馬射賦]
▶【1834-1】字解誤謬與否；[庾信華林園射馬賦(改馬射賦)] [射馬賦(改馬射賦)]
★이상과 같이 인용처(引用處)나 주소(註疏) 음(音) 등(等)의 오류(誤謬)를 수정(修訂)을 한다 하여도 자전상

(字典上)의 복(複)의 본의(本義)에는 영향이 미치지 않음.

康褐(갈)[唐韻]胡葛切[集韻][韻會][正韻]何葛切丛音曷[說文]編枲襪也 又[詩豳風]無衣無褐何以卒歲[註]褐毛布也 又[潘岳藉田賦]被褐振裾[註]褐麤布也 又[荀子大略篇]衣則竪褐不完[註]竪褐僮竪之褐 又[左傳哀十三年]余與褐之父睨之[註]褐寒賤之人也 又人名[吳越春秋]晉令童褐請年 又複姓[通志氏族略][古今人表]有司褐拘又有司褐扶楚靈王大夫見[韓子 又[韻補]胡結切音纈[白居易詩]閒將酒壺出醉回人家歇野食或烹鮮寓眠多擁褐 又[集韻]居曷切音葛同褐麤衣也[類篇]或作襪

【 오류정리 】

○康誤處 1；[吳越春秋]晉令童褐請年(改軍)
●考證；謹照原文年改軍
◆整理；[吳越春秋(오월춘추)] 年(년)은 軍(군)의 착오.
◆訂正文；[吳越春秋]晉令童褐請軍
▶【1835-1】字解誤謬與否；[吳越春秋]晉令童褐請年(改軍) [年(改軍)]
★이상과 같이 오류(誤謬) 수정(修訂)이 되면 진령동갈청군(晉令童褐請軍; 진(晉)나라 동갈(童褐)로 하여금 군국의 일을 의논하기를 청하다 [左傳哀十三年]余與褐之父睨之褐寒賤之人也又人名 【吳越春秋】晉令童褐請軍又複姓[通志氏族略][古今人表]有司褐拘又有司褐扶楚靈王大夫 [史記周本紀]囊王告急于晉又請急古休假名晉令急假者)이 되는데 자전상(字典上) 갈(褐)의 본의(本義)에 영향이 미치게 됨.

康褓(보)[唐韻]博抱切[集韻]補抱

切林音保[玉篇]小兒衣也[前漢宣帝紀]曾孫雖在襁褓猶坐收繫郡獄[李奇註]褓小兒大藉也[孟康註]小兒被也又通葆[史記魯世家]成王少在襁葆之中[索隱]襁褓古字假借用之 又通保[封禪書]業隆于襁保

【 오류정리 】

○康誤處 1；[前漢宣帝紀]曾孫雖在襁褓猶坐收繫郡(增邸字)獄

●考證；謹照原文郡下增邸字

◆整理；[前漢宣帝紀(전한선제기)]郡(군)에 이어 邸字(저자)를 덧붙임.

◆訂正文；[前漢宣帝紀]曾孫雖在襁褓猶坐收繫郡邸獄

▶【1836-1】字解誤謬與否；[前漢宣帝紀]曾孫雖在襁褓猶坐收繫郡(增邸字)獄 [郡(增邸字)]

★이상과 같이 오류(誤謬) 수정(修訂)이 된다 하여도 군저옥(郡邸獄; 소아(小兒)옥명(獄名)[前漢宣帝紀]曾孫雖在襁褓猶坐收繫郡邸獄[李奇註]褓小兒大藉也[孟康註]小兒被也又通葆[李奇註]襁絡也以繒布爲之絡負小兒[師古註]即今小兒繃也)은 자전상(字典上) 보(褓)의 본의(本義)에는 영향이 미치지 않음.

【 오류정리 】

衣部 十畫

(康)褫(치)[唐韻]池爾切[集韻][韻會]丈爾切林音豸奪衣也[易訟卦]或錫之鞶帶終朝三褫之[疏]三見褫脫 又[集韻]丑豸切音褫義同 又[廣韻]衣絮編也 又演爾切音酏福也 又相支切音斯余支切音移義林同 又[韻會]直吏切值去聲解也脫也[荀子非相篇]極禮而褫[註]讀去聲 又[廣韻]直离切[集韻]陳知切林音馳蓐衣又曰褫氈

【 오류정리 】

○康誤處 1；[荀子非相篇]極禮而褫

[註]讀去聲(改直吏反)

●考證；謹照原文讀去聲改直吏反

◆整理；[荀子非相篇(순자비상편)][註(주)] 讀去聲(독거성)은 直吏反(직리반)의 착오.

◆訂正文；[荀子非相篇]極禮而褫[註]直吏反

▶【1837-1】字解誤謬與否；[荀子非相篇]極禮而褫[註]讀去聲(改直吏反) [讀去聲(改直吏反)]

★이상과 같이 오류(誤謬) 수정(修訂)이 된다 하여도 직리반(直吏反; 직(直)과 리(吏)의 반절음. [荀子非相篇]極禮而褫直吏反又直离切陳知切林音馳蓐衣又曰褫氈[禮記禮運]畜許六反下同治直吏反麟民人反近附近之近操七刀反桴薄侯反徐音普溝反)은 자전상(字典上) 치(褫)의 본의(本義)에는 영향이 미치지 않음.

衣部 十二畫

(康)襏(발)[唐韻][集韻]林北末切音撥襏襫蓑雨衣也[管子中匡篇]身服襏襫[註]襏襫謂麤堅之衣可以任苦著者也又[通俗文]三尺衣也[唐劉禹錫高陵令劉君德政碑]丞徒讙呼奪襏而舞 又[國語註]襏蠻夸服也同袯

【 오류정리 】

○康誤處 1；[管子中匡(改小匡)篇]身服襏襫

●考證；謹照原文中匡改小匡

◆整理；[管子(관자) 中匡(중광)은 小匡(소광)의 착오. 篇(편)]

◆訂正文；[管子小匡篇]身服襏襫

▶【1838-1】字解誤謬與否；[管子中匡(改小匡)篇]身服襏襫 [中匡(改小匡)篇]

★이상과 같이 인용처(引用處)나 주소(註疏) 음(音) 등(等)의 오류(誤謬)를 수정(修訂)을 한다 하여도 자전상

(字典上)의 발(襪)의 본의(本義)에는 영향이 미치지 않음.

○康誤處 2 ; 又[國語註(改補音)]襪蠻夸服也同袜
●考證 ; 謹按二語出國語補音註字改補音
◆整理 ; [國語(국어) 註(주)는 補音(보음)의] 착오.
◆訂正文 ; 又[國語補音襪蠻夸服也同袜
▶【1839-2】字解誤謬與否 ; 又[國語註(改補音)]襪蠻夸服也同袜 [註(改補音)]
★이상과 같이 인용처(引用處)나 주소(註疏) 음(音) 등(等)의 오류(誤謬)를 수정(修訂)을 한다 하여도 자전상(字典上)의 발(襪)의 본의(本義)에는 영향이 미치지 않음.

衣部 十三畫

康 襜(첨)[唐韻][集韻]處占切[韻會]蚩占切𠀤音幨[爾雅釋器]衣蔽前謂之襜[詩小雅]終朝采藍不盈一襜[戰國策]百姓理襜蔽 又[前漢雋不疑傳註]襜褕直裾襌衣也詳褕字註 又[博雅]襜襦謂之襜袴 又[揚子方言]襜謂之襦[郭註]衣掖下也 又帷也[後漢劉盆子傳]乘鮮車大馬乘屏泥絳襜絡[註]車上施帷以屛蔽者交絡之以爲飾 又整貌[論語]衣前後襜如也[說苑]子路盛服而見孔子子曰由是襜襜者何也 又搖動貌[司馬相如長門賦]擧帷幄之襜襜[柳宗元祭從兄文]垂帷襜襜 又[廣韻]昌豔切音韂義同 又[集韻]都甘切音儋[史記李牧傳]滅襜襤[如淳曰]在代地 [玉篇]一作襝襏[類篇]又作裧

【 오류정리 】

○康誤處 1 ; [博雅]襜襦(改襌襦)謂之襜袴

●考證 ; 謹照原文襜襦改襌襦
◆整理 ; [博雅(박아)] 襜襦(첨유)는 襌襦(단유)의 착오.
◆訂正文 ; [博雅]襌襦謂之襜袴
▶【1840-1】字解誤謬與否 ; [博雅]襜襦(改襌襦)謂之襜袴 [襜襦(改襌襦)]
★이상과 같이 오류(誤謬) 수정(修訂)이 되면 단유(襌襦; 자락. 곧은 홑옷. [博雅]襌襦謂之襜袴 [前漢雋不疑傳]有一男子衣黃襜褕[師古註]襜褕直裾襌衣也) 자전상(字典上) 첨(襜)의 본의(本義)에 적극 영향이 미치게 됨.

康 襞(벽)[唐韻][韻會]𠀤必益切音璧[說文]韏衣也[徐鉉曰]革中辨也衣襞積如辨也[前漢司馬相如傳]襞積褰縐[師古曰]襞積卽今之帬褶[揚雄反騷]芳酷烈而莫聞今不如襞而幽之離房[註]襞疊衣也

【 오류정리 】

○康誤處 1 ; [揚雄反騷]芳酷烈而莫聞今(改兮)不如襞而幽之離房
●考證 ; 謹照原文今改兮
◆整理 ; [揚雄反騷(양웅반소)] 今(금)은 兮(혜)의 착오.
◆訂正文 ; [揚雄反騷]芳酷烈而莫聞兮不如襞而幽之離房
▶【1841-1】字解誤謬與否 ; [揚雄反騷]芳酷烈而莫聞今(改兮)不如襞而幽之離房 [今(改兮)]
★이상과 같이 어조사(語助辭; 혜(兮))를 수정(修訂)한다 하여도 자전상(字典上) 벽(襞)의 본의(本義)에는 영향이 미치지 않음.

襾部

康 西(서)[唐韻]先稽切[集韻][韻會][正韻]先齊切𠀤音栖[類篇]金方也[說文]鳥在巢上也日在西方而鳥栖故

因以爲東西之西篆文作㢴象形也[前漢律歷志]少陰者西方西遷也陰氣遷落物於時爲秋[尚書大傳]西方者何鮮方也或曰鮮方訊訊之方也訊者訊人之貌　又地名[晉書地理志]西郡[韻會]唐置西州　又姓[通志氏族略]西氏[姓苑]西門豹之後改爲西　又[集韻]相咨切音私義同　又[篇海]蘇前切音先[前漢郊祀志]象載瑜白集西食甘露飮榮泉[後漢趙壹傳窮鳥賦]幸賴大賢我矜我憐昔濟我南今振我西　又[韻補]斯人切叶音辛[王延壽魯靈光殿賦]玄體騰湧於陰溝甘露被宇而下臻朱桂黝儵於南北芝蘭阿那於東西　又[類篇]乙却切音約平量也　又[廣韻]籀文作卤○按[玉篇]等書西字另一部今从[字彙][正字通]附入兩部

【 오류정리 】

○康誤處 1；[前漢郊祀志(改郊祀歌)]象載瑜白集西食甘露飮榮泉
●考證 ；謹按郊祀志無此文謹照原書改郊祀歌
◆整理 ；[前漢(전한) 郊祀志(교사지)]는 郊祀歌(교사가)의] 착오.
◆訂正文 ；[前漢郊祀歌]象載瑜白集西食甘露飮榮泉
▶【1842-1】字解誤謬與否 ；[前漢郊祀志(改郊祀歌)]象載瑜白集西食甘露飮榮泉　[郊祀志(改郊祀歌)]
★이상과 같이 인용처(引用處)나 주소(註疏) 음(音) 등(等)의 오류(誤謬)를 수정(修訂)을 한다 하여도 자전상(字典上)의 서(西)의 본의(本義)에는 영향이 미치지 않음.

兩 部 十三畫

康覈(핵)[廣韻][集韻]㿱下革切音核[類篇]考事兩筈邀遮其辭得實曰覈[張衡西京賦]何以覈諸[註]覈驗也[王褒責髥奴文]鼓鬣動鬐則研覈臧否　又

[韻會]深刻也　又泉名[水經注]籍水　又東逕上邽城南得覈泉水　又與核通[篇海]果中實也[周禮地官大司徒]其植物宜覈　又[集韻]奚結切音頁邀也　又恨竭切音紇與乾同麥糠中不破者[前漢陳平傳]亦食糠覈耳　又詰弔切音竅[博雅]骰覈骨也或作覈礉

【 오류정리 】

○康誤處 1；[周禮地官大司徒]其植物宜覈(增物字)
●考證 ；謹照原文覈字下增物字
◆整理 ；[周禮地官大司徒(주례지관대사도)] 覈(핵)에 이어 物字(물자)를 덧붙임.
◆訂正文 ；[周禮地官大司徒]其植物宜覈物
▶【1843-1】字解誤謬與否 ；[周禮地官大司徒]其植物宜覈(增物字) [覈(增物字)]
★이상과 같이 오류(誤謬) 수정(修訂)이 되면 핵물(覈物; 씨있는 과실. [五洲衍文長箋散稿萬物篇]萬物雜說其動物宜鱗物其植物宜膏物其民黑而津三曰丘陵其動物宜羽物其植物宜覈物其民專而長四曰墳衍其動物宜介物其植物宜莢物其民晳而瘠[周禮地官大司徒]三曰丘陵其植物宜覈物覈李梅之屬又剋核)인데 자전상(字典上) 핵(覈)의 본의(本義)에 직접 영향이 미치게 됨.

字典酉集上考證

見 部 八畫

康覢(섬)[唐韻][集韻][韻會][正韻]㷅失冉切音閃[說文]暫見也[公羊傳哀六年]覢然公子陽生[註]出頭貌今本作闖然　又[倉頡篇]覢覢視貌[韻會]與睒同

【 오류정리 】

○康誤處 1；[說文]暫見也[公羊傳哀

六年]覿然公子陽生(改爲引春秋公羊傳覿然公子陽生)

●考證；謹照原文按作覿者說文所引之本無哀六年三字謹照說文原文改爲引春秋公羊傳覿然公子陽生

◆整理；[說文(설문)]暫見也(잠견야)아래[公羊傳哀六年(공양전애륙년)]覿然公子陽生(섬연공자양생)은 引(인)[春秋公羊傳(춘추공양전)]覿然公子陽生(섬연공자양생)의 착오.

◆訂正文；[春秋公羊傳]覿然公子陽生

▶【1844-1】字解誤謬與否；[說文]暫見也[公羊傳哀六年]覿然公子陽生(改爲引春秋公羊傳覿然公子陽生)[[公羊傳哀六年]覿然公子陽生(改爲引春秋公羊傳覿然公子陽生)]]

★이상과 같이 인용처(引用處)나 주소(註疏) 음(音) 등(等)의 오류(誤謬)를 수정(修訂)을 한다 하여도 자전상(字典上)의 섬(覿)의 본의(本義)에는 영향이 미치지 않음.

○康誤處 2；[註]出頭貌今本作闖然(改爲今本作闖註闖出頭貌)

●考證；謹按作覿者訓爲暫見作闖者訓爲出頭貌不得合以爲一註字以下謹改爲今本作闖註闖出頭貌

◆整理；[註(주)]出頭貌(출두모) 今本作闖然(금본작틈연)은 今本作闖[註]闖出頭貌(금본작틈주틈출두모)의 착오.

◆訂正文；今本作闖[註]闖出頭貌

▶【1845-2】字解誤謬與否；[註]出頭貌今本作闖然(改爲今本作闖註闖出頭貌) [今本作闖註闖出頭貌]

★이상과 같이 오류(誤謬) 수정(修訂)이 되면 틈(闖)은 출두모(出頭貌; 머리를 불쑥 내밀다. [說文]馬出門貌从馬在門中會意亦象形讀若郴又出頭貌[公羊傳哀六年]開之則闖然公子陽生也

[註]闖出頭貌)라 하였으니 자전상(字典上) 섬(覿)의 본의(本義)에 영향이 미치게 됨.

見部 九畫

親(친)[唐韻][正韻]七人切[集韻][韻會]雌人切夶七平聲[廣韻]愛也[孝經序]親譽日著[註]慈愛之心曰親[荀子不苟篇]交親而不比[註]親謂仁恩[周語]慈惠保民親也 又近也[易乾卦]本乎天者親上本乎地者親下 又[增韻]躬也[詩小雅]勿躬勿親[箋]言不躬而親之也[禮文王世子]世子親齊玄而養[註]親猶自也 又[釋名]襯也言相隱襯也[增韻]姻也[禮大傳]親者屬也[疏]謂有親者各以屬而爲之服[左傳昭十四年]祿勳合親[杜註]親九族也[周禮地官大司徒]以陰禮敎親則民不怨[註]謂男女之禮婚姻以時則男不曠女不怨 又六親父母兄弟妻子也[管子牧民篇]上服度則六親固又[前漢禮樂志註]如淳曰父子從父昆弟從祖昆弟曾祖昆弟族昆弟爲六親 又姓[史記孟嘗君傳]齊王逐周最而聽親弗[註]親弗人姓名[戰國策]作祝弗 又通作新[大學]在親民[程註]親當作新 又[唐韻]七遴切[集韻][韻會]七刃切[正韻]寸遴切夶七去聲[左傳桓二年]庶人工商各有分親[註]以親疏爲分別[釋文]有平去兩音 又[廣韻]親家也[集韻]婚姻相謂爲親 又叶蒼先切音千[楊方合歡詩]磁石引長針陽燧下燄煙宮商聲相和心同自相親 [字彙]古从亲今省作亲[集韻]或作媇儭○按字彙補又作覝親非

【 오류정리 】

○康誤處 1；[詩小雅]勿躬勿親(改爲弗躬弗親)

●考證；謹照原文改爲弗躬弗親

◆整理；[詩小雅(시소아)]勿躬勿親(물궁물친)은 弗躬弗親(불궁불친)의

착오.

◆訂正文 ; [詩小雅]爲弗躬弗親

▶【1846-1】字解誤謬與否 ; [詩小雅]勿躬勿親(改爲弗躬弗親) [勿躬勿親(改爲弗躬弗親)]

★이상과 같이 오류(誤謬) 수정(修訂)이 되면 불궁불친(弗躬弗親; 몸소하지도 않고 친히 하지도 않는다. [詩經小雅節南山之什]不宜空我師弗躬弗親庶民弗信弗問弗仕勿罔君子式夷式已無小人殆瑣瑣姻亞則無膴仕昊天不傭降此鞠訩昊天不惠降此大戾君子如屆俾民心閱君子如夷惡怒是違)이라 자전상(字典上) 친(親)의 본의(本義)에 직접 영향이 미치게 됨.

見部 十畫

康 覒 (명) [唐韻]莫經切[集韻][韻會]忙經切夶音冥[說文]小見也[正字通]或曰暗處密窺曰覒覒有微細難見義故从冥 又[廣韻][集韻]夶莫狄切冥入聲[廣韻]小貌[類篇]微見也 又[集韻]莫獲切音麥草木叢生貌[爾雅釋草]覒芺茢離也[註]謂草木之叢茸翳薈也 又[正韻]眉兵切音明眉目之閒也○按爾雅目上爲名註眉目之閒正韻因名覒聲近而誤訓字彙从之夶非

【 오류정리 】

○康誤處 1 ; [爾雅釋草(改釋詁)]覒芺茢離也

●考證 ; 謹照原書釋草改釋詁

◆整理 ; [爾雅(이아) 釋草(석초)는 釋詁(석고)의 착오.

◆訂正文 ; [爾雅釋詁]覒芺茢離也

▶【1847-1】字解誤謬與否 ; [爾雅釋草(改釋詁)]覒芺茢離也 [釋草(改釋詁)]

★이상과 같이 인용처(引用處)나 주소(註疏) 음(音) 등(等)의 오류(誤謬)를 수정(修訂)을 한다 하여도 자전상

(字典上)의 명(覒)의 본의(本義)에는 영향이 미치지 않음.

見部 十三畫

康 覺 (각) [唐韻]古岳切[集韻][韻會][正韻]訖岳切夶音角[說文]寤也[廣韻]曉也[書說命]念終始典于學厥德修罔覺[公羊傳昭三十一年]叔術覺焉[註]覺悟也[莊子齊物論]且有大覺而後知此大夢也[白虎通]學之爲言覺也悟所不知也 又發也[前漢高帝紀求賢詔]有而勿言覺免[註]發覺者免其官 又明也[左傳文四年]以覺報宴[註]以明報功宴樂 又大也直也[詩小雅]有覺其楹[傳]有覺言高大也[箋]直也[左傳襄二十一年]夫子覺者也[註]較然正直 又[釋名]告也一曰自上敕下一曰告告覺也 又[博雅]哲也 又佛曰覺王[舊唐書高祖詔]自覺王遷謝像法流行又[姚崇傳]佛者覺也在乎方寸[魏書釋老志]浮屠正號曰佛陀華言譯之則謂淨覺 又星名[晉書天文志]妖星三曰天棓一名覺星 又姓見[姓苑]又[韻會]通作梏[禮緇衣]有梏德行[註]梏音角[詩大雅]本作覺[疏]梏與覺字異音同 又[唐韻]古孝切[集韻][韻會][正韻]居效切夶音敎[增韻]夢醒曰覺[詩王風]尚寐無覺[史記高帝紀]後人至高祖覺[註]覺謂寢寐而寤也 又叶訖力切音棘[列子力命篇]楊朱歌曰天其弗識人胡能覺 又叶吉列切音子[蘇軾補龍山文]驥騄交鶩鶩蹇先蹶楚狂醉亂陰帽莫覺 又叶古爻切音交[左傳哀二十一年]齊人歌魯人之臯數年不覺使我高蹈[音學五書覺叶皋 又[正字通]按郭璞萯草讚萯草赤莖實如蘡薁食之益智忽不自覺殆齊生知功奇于學萯音約與覺學叶字彙不考郭讚上下文泥吳棫[韻補]萯音育覺改音谷非

【 오류정리 】

○康誤處 1；[蘇軾補龍山文]驥騄交鶩(改鶩)鶩(改駑)騫先蹶楚狂醉亂陨(改隕)帽莫覺

●考證；謹照原文鶩改鶩鶩改駑陨改隕

◆整理；[蘇軾補龍山文(소식보룡산문)] 鶩(목)은 鶩(무), 鶩(노)는 駑(노), 陨(현)은 隕(운)의 착오.

◆訂正文；[蘇軾補龍山文]驥騄交鶩鶩騫先蹶楚狂醉亂隕帽莫覺

▶【1848-1】字解誤謬與否；[蘇軾補龍山文]驥騄交鶩(改鶩)鶩(改駑)騫先蹶楚狂醉亂陨(改隕)帽莫覺 [鶩(改鶩)] [鶩(改駑)] [陨(改隕)]

★이상과 같이 오류(誤謬) 수정(修訂)이 되면 ○기록교무(驥騄交鶩；준마(駿馬)는 일등을 위해 달린다. [蘇軾補龍山文]驥騄交鶩鶩騫先蹶楚狂醉亂隕帽莫覺) ○노건선궐(鶩騫先蹶；노둔하면 먼저 엎어진다. [蘇軾補龍山文]驥騄交鶩鶩騫先蹶楚狂醉亂隕帽莫覺) ○운모막각(隕帽莫覺；체통이 추락하는데도 스스로 깨닫는 자도 없다. [蘇軾補龍山文]驥騄交鶩鶩騫先蹶楚狂醉亂隕帽莫覺)자전상(字典上) 각(覺)의 본의(本義)에 영향이 미치게 됨.

見部 十八畫

康 觀 (관)[唐韻][集韻][韻會][正韻]𪓰古玩切官去聲[說文]諦視也[韻會]所觀也示也[易觀卦]大觀在上順而巽中正以觀天下[朱註]觀者有以中正示人而爲人所仰也[書益稷]予欲觀古人之象[傳]欲觀示法象之服制觀舊音官陸音工喚切[周禮冬官考工記]㮚氏爲量嘉量既成以觀四國[註]以觀示四方使放象之[前漢宣帝紀]觀以珍寶[師古曰]觀示也 又容觀容貌儀觀也[禮玉藻]既服習容觀玉聲乃出 又[爾雅釋詁]多也[詩周頌]奄觀銍艾[箋]奄久觀多也一音官 又[爾雅釋宮]觀謂之闕[註]宮門雙闕[疏]雉門之旁名觀 又名闕[白虎通]上懸法象其狀巍巍然高大謂之象魏使人觀之謂之觀也[三輔黃圖]周置兩觀以表宮門登之可以遠觀故謂之觀[左傳僖五年]公既視朔遂登觀臺以望而書禮也[註]臺上構屋可以遠觀者也 又[廣韻]樓觀[韻會]道宮謂之觀[史記封禪書]仙人好樓居上令長安作蜚廉桂觀甘泉作益延壽觀 又太子宮有甲觀[前漢成帝紀]元帝在太子宮生甲觀畫堂 又東觀漢祕書監[後漢安帝紀]詔五經博士校定東觀五經傳記[註]洛陽南宮有東觀一名蓬觀 又京觀積尸封土其上也[左傳宣十二年]潘黨曰君盍築武軍而收晉尸以爲京觀 又[韻會]壯觀奇觀謂景趣壯麗事端奇偉有可觀者 又[字彙補]炗也[周禮夏官司爟註]今燕俗名湯炗爲觀 又人名國名[竹書紀年]帝啓十年放季子武觀于西河[註]武觀即楚語五觀也觀國今頓丘衛縣又縣名水名[前漢地理志]東郡有畔觀縣膠東國有觀陽縣[應劭曰]在觀水之陽 又姓[楚語]楚之所寶者曰觀射 又通作館[文選司馬相如上林賦]靈圉燕於閒館[又]虛宮館而勿仞[史記][漢書]俱作觀 又與鸛通[莊子寓言篇]如觀雀蚊虻相過乎前也 又[廣韻][集韻]古丸切[韻會][正韻]沽歡切𪓰音官[博雅]視也[正字通]遠視上視曰觀近視下視曰臨[易觀卦]初六童觀[朱子曰]卦以觀示爲義爻以觀瞻爲義[書盤庚]予若觀火[傳]我視汝情如視火鄭康成讀去聲[穀梁傳隱五年]公觀魚于棠[傳]常事曰視非常曰觀[關尹子二柱篇]愛者我之精觀者我之神愛爲水觀爲火愛執而觀因之爲木觀存而愛攝之爲金 又遊也[孟子]吾何修而可以比於先王觀也 又占也[史記天官書]觀

成潢[晉灼曰]觀占也潢五帝車舍　又猶
顯也[前漢嚴安傳]以觀欲天下[師古
曰]顯示之使其慕欲也　　又[韻會小補]
區願切音勸[禮緇衣]在昔上帝周田觀
文王之德[註]周田觀古文爲割申勸[陸
德明釋文]觀依註讀爲勸　　又叶古黃
切音光[汲冢周書]師曠歌無射曰國誠
寧矣遠人來觀修義經矣好樂無荒　　又
叶規倫切音均[前漢高彪詩]枉道依合
復無所觀先公高節越可永遵　　又叶居
員切音涓[傅毅七激]推深窮類靡不博
觀光潤嘉美世宗其言　　又叶局縣切涓
去聲[揚雄甘泉賦]大厦雲譎波詭摧嗺
而成觀仰橋首以高視兮目冥眴而無見
　　又叶掌與切音煮[詩小雅]維魴及鱮薄
言觀者[箋]觀多也[韓詩]作覩[朱註]觀
叶鱮鱮音湑

【 오류정리 】

○康誤處 1 ; 又叶掌與切音煮[詩小
雅]維魴及鱮薄言觀者[箋]觀多也[韓
詩]作覩[朱註]觀叶鱮鱮音湑(改又詩小
雅維魴及鱮薄言觀者箋多也韓詩作覩)
●考證 ; 謹按觀叶鱮朱註無此語叶掌
與切乃者字之音非觀字之音謹改又詩小
雅維魴及鱮薄言觀者箋多也韓詩作覩
◆整理 ; 又叶掌與切音煮 [詩小雅]維
魴及鱮薄言觀者[箋]觀多也[韓詩]作
覩[朱註]觀叶鱮鱮音湑는 又[詩小雅]
維魴及鱮薄言觀者[箋]多也[韓詩]作覩
의 착오.
◆訂正文 ; 又[詩小雅維]魴及鱮薄言
觀者[箋]多也[韓詩]作覩
▶【1849-1】字解誤謬與否 ; 又叶掌
與切音煮[詩小雅]維魴及鱮薄言觀者
[箋]觀多也[韓詩]作覩[朱註]觀叶鱮
鱮音湑(改又詩小雅維魴及鱮薄言觀者
箋多也韓詩作覩)
★이상과 같이 인용처(引用處)나 주
소(註疏), 음(音), 전(傳), 전(箋), 등
(等)의 오류(誤謬)를 수정(修訂)을 한

다 하여도 자전상(字典上)의 관(觀)의
본의(本義)에는 영향이 미치지 않으
며, ○유방급서(維魴及鱮; 이것은 방
어와 연어로다) ○박언관자(薄言觀
者; 어서 가서 구경하세) ○다야(多
也 많기도 하다) ○작도(作覩; 도(覩;
로 쓴다) [承政院日記]旣有是情便有
是言卽人之常情也且況其釣維何維魴及
鱮維魴及鱮薄言觀者非但決非怨辭宛有
沖遠紆餘底意豈不美哉[詩小雅]維魴及
鱮薄言觀者[箋]觀多也[韓詩]作覩)는
관(觀)의 본의(本義)에 일부 영향을
끼치게 됨.

角 部

㋕角(각)[唐韻]古岳切[集韻][韻
會][正韻]訖岳切𡘋音覺[說文]角獸角
也本作𧢲从力从肉[易大壯]羝羊觸藩
羸其角[春秋成七年]鼷鼠食郊牛角[禮
月令]仲夏鹿角解仲冬麋角解[大戴禮
易本命]四足者無羽翼戴角者無上齒
[列子黃帝篇]傅翼戴角謂之禽獸　　又
犀有食角[爾雅釋獸]犀似豕[註]犀三
角一在頂一在額一在鼻鼻上者食角也
蘇頌曰]一名奴角　　又龍角[埤雅]有角
曰叫龍　　又角弓以角飾弓也[詩小雅]
騂騂角弓[周禮冬官考工記]弓人爲弓
角者以爲疾也[魏志鮮卑傳]端牛角爲
弓世謂之角端者也○按角端卽角顚謂
一角正立不斜故名角端角古音祿字林
正韻譌作甪非　　又額角[逸雅]角者生
於額角也[後漢光武紀]隆準日角[註]
謂庭中骨起狀如日[論語撰考讖]顏回
有角額似月　　又隅也[易晉卦]晉其角
[疏]西南隅也[後漢郎顗傳]顗父宗善
風角星算[註]角隅也候四隅之風以占
吉凶　　又[唐書裴坦傳]含人初詣省視
事四丞相送之施一榻堂上壓角而坐[宋
敏求春明退朝錄]舍人院每知制誥上事
必設紫褥于庭北面拜廳閣長立褥東北

隅謂之壓角　又男女未冠笄曰總角
[詩衞風]總角之宴[朱傳]結髮爲飾也
[禮內則]剪髮爲鬌男角女羈[註]夾囟
曰角兩髦也午達曰羈三髦也　又校也
[禮月令]仲春角斗甬[註]較其同異也
[管子七法篇]春秋角試　又[廣韻]競
也[戰國策]駕犀首而驂馬服以與秦角
逐[前漢谷永傳]角無用之虛文　又[增
韻]通作确[前漢李廣傳]數與鹵确[註]
謂競勝負也　又[韻會]角抵戲名六國
時所造使兩兩相當角力相抵觸[史記李
斯傳]作觳抵[前漢武帝紀]作角抵　又
[張騫傳]作角氐角與觳通　又掎角駐
兵以制敵也[正韻]緬其後曰掎絓其前
曰角[左傳襄十四年]譬如捕鹿晉人角
之諸戎掎之[魏志少帝紀]吳寇屯逼永
安遣荊豫諸軍掎角赴救[韻會]亦作捔
又東方之音也[禮月令]孟春之月其音
角[前漢律歷志]角觸也物觸地而出戴
芒角也[爾雅釋樂]角謂之經[韻會]
通作龣[魏書江式傳]宮商龣徵羽[註]
龣卽角字　又大角軍器[演繁露]蚩尤
率魑魅與黃帝戰帝命吹角爲龍鳴禦之
[唐書百官志]節度使入境州縣築節樓
迎以鼓角今鼓角樓始此　又星名[韻
會]東方七宿之首蒼龍之角十二度[爾
雅釋天]角亢壽星也[註]列宿之長　又
[博雅]大角謂之棟星[史記天官書]大
角者天王帝廷　又羊角旋風也[莊子逍
遙遊]搏扶搖羊角而上者九萬里　又
酒器[禮禮器]畀者舉角[疏]四升曰角
角觸也不能自適觸罪過也　又量器[管
子七法篇]斗斛也角量也[呂覽八月紀]
正鈞石齊升角　又木角斠水斗名[禮喪
大記]虞人出木角　又角人官名[周禮
地官]角人掌以時徵齒角凡骨于山澤之
農　又履名[釋名]仰角屐上施履之名也
[揚子方言]徐土邳圻之閒大麤謂之靸
角[註今漆履有齒者　又艸名[博雅]茭
明羊角也[埤雅]茭一名角蒿　又果名
[清異錄]新羅國松子有數等惟玉角香

最奇[本草綱目]芡實一名沙角　又鳥
名[本草綱目]鷹一名角鷹[李時珍曰]頂
有毛角故名　又小魚名鹿角[歐陽修達
頭魚詩]毛魚與鹿角一龠數千百　又地
名[韓愈祭張員外文]避風太湖七日鹿
角[註]地在洞庭湖　又城名[左傳襄
二十六年]襲衞羊角取之[註]今廩丘縣
所治羊角城是　又縣名[南齊書州郡
志]角陵縣屬南新陽左郡　又姓[後漢
馮異傳]角閎據汧駱　又[唐韻][集韻]
杰盧谷切音祿[類篇]獸不童也　又[廣
韻]漢四皓有角里先生〇按通雅角古音
祿詩召南誰謂雀無角何以穿我屋史記
刺客傳天雨粟馬生角前漢東方朔傳臣
以爲龍又無角謂之爲蛇又有足揚子太
玄經噴以牙者童其角擇以翼者兩其足
崔駰[杖頌]用以爲杖飾以犀角王母扶
持永保百祿俱叶音祿李因篤曰杜甫赤
霄行孔雀未知牛有角渴飲寒泉逢觝觸
唐人亦作祿音用又李濟翁資暇錄云漢
四皓其一號角里先生角音祿今多以覺
音呼誤也至於讀角爲覺而角里之音祿
者輒改作甪則益謬矣　又東都事略崔倦
佺云刀下用音權兩點下用音鹿一點一
撇不成字未詳唐韻角音祿又音覺其實
字無二形說文角訓象獸角形亦無刀用
兩點之說倦佺臆說不可從佩觿集字林
韻會正韻分角甪爲二杰誤　又[字彙
補]古祿切音谷[韓愈贈張籍詩]角角雄
雉鳴[方崧卿云]角音谷　又[音學五
書]叶良拒切音慮[尉繚子兵談篇]兵如
總木弩如羊角人人無不騰陵張膽絕乎
疑慮堂堂決而去　[集韻]通作捔

【 오류정리 】
〇康誤處 1；[埤雅]有角曰叫龍(改爲虯)
●考證；謹照原文叫龍改爲虯
◆整理；[埤雅(비아)] 叫龍(규룡)은
爲虯(위규)의 착오.
◆訂正文；[埤雅]有角曰爲虯

▶【1850-1】字解誤謬與否 ；[埤雅]有角曰叫龍(改爲虯)　[叫龍(改爲虯)]

★이상과 같이 오류(誤謬) 수정(修訂)이 된다 하여도 위(爲; 돕다. 보위(保衛)하다. …에게. …를 위하여. 하다. 다스리다. 되다. 생각하다. 삼다. 배우다)는 자전상(字典上) 각(角)의 본의(本義)에는 영향이 미치지 않음.

○康誤處 2 ；[爾雅釋天]角亢壽星也(改壽星角亢也)
●考證 ；謹照原文改壽星角亢也
◆整理 ；[爾雅釋天(이아석천)]角亢壽星也(각항수성야)는 壽星角亢也(수성각항야)의 착오.
◆訂正文 ；[爾雅釋天]壽星角亢也

▶【1851-2】字解誤謬與否 ；[爾雅釋天]角亢壽星也(改壽星角亢也)　[角亢壽星也(改壽星角亢也)]

★이상과 같이 오류(誤謬) 수정(修訂)이 된다 하여도 각항수성(角亢壽星)이 수성각항(壽星角亢; 수성의 별자리. [史記刺客傳]嚴仲子奉黃金百鎰爲聶政母壽 又星名[爾雅釋天]壽星角亢也數起角亢列宿之長故曰壽)로 어순(語順)이 바뀌었을뿐 자전상(字典上) 각(角)의 본의(本義)에는 영향이 미치지 않음.

○康誤處 3 ；[周禮地官]角人掌以時徵齒角凡骨(增物字)于山澤之農
●考證 ；謹照原文骨下增物字
◆整理 ；[周禮地官(주례지관)] 骨(골)에 이어 物字(물자)를 덧붙임.
◆訂正文 ；[周禮地官]角人掌以時徵齒角凡骨物于山澤之農

▶【1852-3】字解誤謬與否 ；[周禮地官]角人掌以時徵齒角凡骨(增物字)于山澤之農　[骨(增物字)]

★이상과 같이 물자(物字)가 증자(增字)가 되면 골물(骨物; 뼈로 만든 장신구) [大學衍義補]山澤之賦如山虞澤虞之地使角人斂齒角骨物羽翮於山澤之農以當邦賦是也幣餘之賦如職幣斂官莘鄙與夫凡用邦財者之幣)이 되는데 자전상(字典上) 각(角)의 본의(本義)에는 영향을 미치지 않음.

角部 五畫

康觜(자)[唐韻][集韻]太遵爲切醉平聲[說文]鴟奮頭上角觜也 又星名觜觿西方宿也[禮月令]仲秋之月日在角旦觜觿中[史記天官書]觜觿虎首主葆旅事　又次名娵觜室壁之次也[爾雅釋天]娵觜之口營室東壁也通作訾[左傳襄三十年]歲在娵訾之口　又[類篇]龜屬觜觿與蟕蠵同[後漢文苑傳杜篤論都賦]甲瑇瑁戕觜觿[註]觜觿大龜也[集韻]或作觿　又[廣韻]卽移切[集韻][韻會]將移切[正韻]津私切太音貲 又[唐韻]姊宜切[集韻]津垂切太音厜義太同　又[唐韻][韻會][正韻]卽委切[集韻]祖委切太厜上聲義同　又[廣韻]喙也[南齊書劉休傳]武人厲其觜吻[潘岳射雉賦]列膝破觜[集韻]或作嘴嘴噭

【 오류정리 】

○康誤處 1 ；[說文]鴟奮(改舊)頭上角觜也
●考證 ；謹照原文奮改舊舊卽鴟字
◆整理 ；[說文(설문)] 奮(字典無)는 舊(구)의 착오.
◆訂正文 ；[說文]鴟舊頭上角觜也

▶【1853-1】字解誤謬與否 ；[說文]鴟奮(改舊)頭上角觜也

★이상과 같이 오류(誤謬) 수정(修訂)이 된다 하여도 치구(鴟舊; 처음에는 부엉이를 말하는 글자로 쓰였다 가차되어 오래 묵었다는 의미로 쓰이고

있음) [唐韻] [集韻] [韻會] 巨救切 [正韻] 巨又切, 灴音樞鵂舊舊留也 [說文解字通釋] 辭曰求矩 雘之所同藋小爵也 從萑叩聲詩曰藋鳴于垤臣鍇曰今俗作鸛 古翰反舊鵂舊留也從萑臼聲臣鍇曰即怪鵂也今借為新舊字其救反)는 자전상(字典上) 자(觜)의 본의(本義)에는 영향이 미치지 않음.

角 部 六畫

(康)觡(격) [唐韻] 古百切 [集韻] [韻會] [正韻] 各額切灴音格 [說文] 骨角之名也 [廣韻] 鹿角 [玉篇] 麋角有枝曰觡無枝曰角 [禮樂記] 角觡生 [註] 無腮曰角 [前漢司馬相如傳] 犧雙觡共抵之獸 又角索絞也 [淮南子主術訓] 桀之力制觡伸鉤 又木名 [爾雅釋木註] 檕木江東呼木觡 又鉤名 [揚子方言] 宋楚陳魏之閒謂鉤為鹿觡 [註] 鉤懸物者或呼鹿角 又叶剛鶴切音各 [郭璞玃如獸賛] 玃如之獸鹿狀四觡貌兼三形攀木緣石 石音芍

【 오류정리 】

○康誤處 1 ; [禮樂記]角觡生[註]無腮(改鰓)曰角
●考證 ; 謹照原文腮改鰓
◆整理 ; [禮樂記(예악기)] [註(주)]腮(시)는 鰓(새)의 착오.
◆訂正文 ; [禮樂記]角觡生 [註]無鰓曰角
▶【1854-1】字解誤謬與否 ; [禮樂記]角觡生[註]無腮(改鰓)曰角 [腮(改鰓)]
★이상과 같이 오류(誤謬) 수정(修訂)이 되면 무새(無鰓; 뿔. [禮樂記]角觡生[註]無鰓曰角 [疏]鰓謂角外皮滑澤者)인데 자전상(字典上) 격(觡)의 본의(本義)에 직접 영향이 미치게 됨.
○康誤處 2 ; 又角索絞也 [淮南子主術訓]桀之力制觡伸鉤(改為淮南子主術訓

制觡伸鉤索鐵歙金高註觡角也)

●考證 ; 謹按淮南註觡角索絞也乃訓觡為角訓索為絞非訓觡為角索絞也謹照原文改為淮南子主術訓制觡伸鉤索鐵歙金高註觡角也
◆整理 ; [淮南子主術訓(회남자주술훈)]桀之力制觡伸鉤(걸지력제격신구)은 [淮南子主術訓(회남자주술훈)]制觡伸鉤索鐵歙金高註觡角也(제격신구색철흡김고주격각야)의 착오.
◆訂正文 ; 又角索絞也[淮南子主術訓]制觡伸鉤索鐵歙金[高註]觡角也
▶【1855-1】字解誤謬與否 ; 又角索絞也[淮南子主術訓]桀之力制觡伸鉤(改為淮南子主術訓制觡伸鉤索鐵歙金高註觡角也)
★이상과 같이 오류(誤謬) 수정(修訂)이 되면 미각(麋角. 觡; 가지가 있는 뿔. 角; 가지가 없는 뿔. [玉篇]麋角有枝曰觡 無枝曰角) 자전상(字典上) 격(觡)의 본의(本義)에 직접 영향이 미치게 됨.

(康)解(해) [唐韻] [正韻] 佳買切 [集韻] [韻會] 舉嶰切灴皆上聲 [說文] 判也 從刀判牛角 [莊子養生主] 庖丁解牛 [左傳宣四年] 宰夫解鼄 [前漢陳湯傳] 支解人民 [註 [謂解截其四支也 又 [博雅] 散也 [玉篇] 緩也 [易解卦註] 解難之散也 [正義] 解有兩音一古買反謂解難之初一諧買反謂既解之後故序卦云解者緩也險難解釋物情舒緩故為解也 [前漢張耳陳餘傳] 今獨王陳恐天下解也 [註] 謂離散其心也 又 [玉篇] 釋也 [儀禮大射禮解綱註] 解猶釋也 [文心雕龍] 百官詢事則有關刺解牒解者釋也解釋結滯徵事以對也 又 [廣韻] 脫也 [禮曲禮] 解屨不敢當階 又 [博雅] 說也 [史記封禪書] 船交海中皆以風為解 [註] 皆自解說遇風不至也 又 [廣韻] 講也一曰釋詁

也[禮經解疏]解者分析之名　又樂曲解[古今樂錄]倡歌以一句爲一解中國以一章爲一解王僧虔啓云古曰章今曰解解有多少當是先詩而後聲也　又[字彙補]削也[魯語]晉文公解曹地以分諸侯　又止也[前漢五行志]歸獄不解茲謂追非　又開也[後漢耿純傳贊]嚴城解扉　又達也[莊子秋水篇]無南無北奭然四解　又解構猶閒構也[後漢隗囂傳]勿用傍人解構之言　又猶會合煩辱也[淮南子俶眞訓]孰肯解構人閒之事以物煩其性命乎　又道家有尸解術[史記封禪書]燕人方僊道形解銷化[註]尸解也[問奇集][金壼字考]攺音假非　又梵言目帝羅此雲解脫荊溪淨名記若正用功解可作古買切功成曰解應作尸買切强分二音亦非　又解解戟多之貌[揚子太玄經]次七何戟解解遘　又[集韻][韻會]下買切[正韻]胡買切莊音蟹義同　又[增韻]物自解散也[孔安國尚書序]逃難解散[註]解音蟹　又[廣韻]曉也[禮學記]相說以解[註]解物爲解自解釋爲解是相證而曉解也[魏志賈詡傳]太祖與韓遂馬超戰渭南問計於詡對曰離之而已太祖曰解[註]謂曉悟也　又[博雅]跡也[爾雅釋獸]鏖其跡解[註]其跡名解　又地名[左傳昭二十二年]王師軍於解[註]洛陽西南有大解小解　又[史記甘茂傳]今公與楚解口地[索隱]秦地名[正義]解口猶開口也　又州縣名[一統志]春秋爲晉之解梁城戰國屬魏漢爲解縣屬河東郡五代漢始置解州治解縣元屬平陽路明因之　又姓[廣韻]自唐叔虞食邑于解後因氏複姓[姓苑]北魏有解枇氏後攺爲解氏　又[說文]解廌獸也[史記司馬相如傳]弄解豸[註]解似鹿一角一名神羊古者決訟令觸不直者唐御史法冠一名解廌冠取其能觸邪也[晉書輿服志]作獬豸[王充論衡]作觟䚡　又與嶰通嶰谷

名[前漢律歷志]取竹之解谷[孟康曰]解脫也一說昆侖之北谷名也　又與澥通[前漢揚雄傳]江湖之雀勃解之鳥　又與蟹同[呂覽恃君篇]大解陵魚大人之居[山海經]作大蟹　又[唐韻]尸賣切[集韻][韻會]下解切莊蟹去聲亦判也散也曉也獸也地名也　又[玉篇]接中也[周禮冬官考工記]弓人爲弓茭解中有變焉故挍[註]茭弓檠也茭解謂接中也　又支節也[前漢賈誼傳]所排擊剝割皆衆理解也[師古註]解支節也　又與懈同[詩大雅]不解于位[註]解怠惰也[禮月令]民氣解惰　又與邂同[正字通]解后卽邂逅言彼此不期而遇也[六書正譌]別作邂非　又[廣韻]古隘切[集韻][韻會]居隘切[正韻]居拜切莊皆去聲[類篇]除也一曰聞上也[韻會]發也[唐制]進士由鄉而貢曰解額　又[國史補]外府不試而貢者謂之拔解[宋史選舉志]天下之士屛處山林令監司守臣解送　又[職官志]入額人一任實滿四年與解發赴銓[正字通]凡官司解報杻解皆此音[韻會]讀若懈非　又與廨同[玉篇]署也[商子墾令篇]高其解舍[左思吳都賦]解署棊布[註]言非一也

又[集韻]口賣切楷去聲解垢詭曲之辭[莊子胠篋篇]解垢同異[音義]又音楷　又叶舉履切音几[古詩]著以長相思緣以結不解以膠投漆中誰能別離此　又叶居縊切音記[楚辭九章]愁鬱鬱之無快兮居戚戚而不解心䪠羇而不開兮氣繚轉而自締　又叶訖力切音棘[詩魯頌]春秋匪解享祀不忒皇皇后帝皇祖后稷　又叶舉下切嘉上聲[僧皎然題毗沙天王像]憶昔胡兵圍未解感得此神天之下[俗書正誤]解从刀牛俗从羊作觧非

【 오류정리 】

〇康誤處 1;[史記封禪書]燕人(改爲)方僊道形解銷化[註(改集解)]尸解也

●考證 ；謹照原文燕人改爲字註字改集解

◆整理 ；[史記封禪書(사기봉선서)]燕人(연인)은 爲(위), [註(주)는 集解(집해)의] 의 착오.

▶【1856-1】字解誤謬與否 ；[史記封禪書]燕人(改爲)方僊道形解銷化[註(改集解)]尸解也 [燕人(改爲)] [註(改集解)]

★이상과 같이 위(爲)와 주소(註疏)의 오류(誤謬) 수정(修訂)이 된다 하여도 자전상(字典上) 해(解)의 본의(本義)에는 영향이 미치지 않음.

○康誤處 2 ；[史記司馬相如傳]弄解豸[註]解(增豸字)似鹿一角一名神羊

●考證 ；謹照原文註解下增豸字

◆整理 ；[史記司馬相如傳(사기사마상여전)] [註(주)] 解(해)에 이어 豸字(치자)를 덧붙임.

◆訂正文 ；[史記司馬相如傳]弄解豸[註]解豸似鹿一角一名神羊

▶【1857-2】字解誤謬與否 ；[史記司馬相如傳]弄解豸[註]解(增豸字)似鹿一角一名神羊 [解(增豸字)]

★이상과 같이 오류(誤謬) 수정(修訂)이 되면 해치(解豸; 사슴과 비슷하며 뿔이 하나임. [史記司馬相如傳]弄解豸解豸似鹿一角一名神羊古者決訟令觸不直者唐御史法冠一名解廌冠取其能觸邪也[初學記]王充[論衡]曰解豸者一角之羊也性知有罪皋陶治獄其罪疑者令羊觸之崔豹[古今注]曰羊一名長鬚主簿)로 자전상(字典上) 해(解)의 본의(本義)에 직접 영향이 미치게 됨.

角 部 九畫

㉕觱(필)[唐韻]畢吉切[集韻][韻會][正韻]壁吉切𠀤音必[說文]羌人所

吹角屠觱以驚馬也[徐曰]今之觱栗其聲然也俗作篳篥 又觱發風寒也[詩豳風]一之日觱發[說文]作滭發 又觱沸泉湧出貌[詩小雅]觱沸檻泉[玉篇]或作滭 又[廣韻][集韻]𠀤王勿切音颰亦羌人吹角[說文]本作觱[六書正譌]吹皆角音故从角㻸古詩字諧聲然今時惟知觱矣[說文]汳一之日滭汳

【 오류정리 】

○康誤處 1 ；[詩豳風]一之日觱發[說文]作畢發(改滭汳)

●考證 ；謹照原文畢發改滭汳

◆整理 ；[說文(설문)]畢發(필발)은 滭汳(필불)의 착오.

◆訂正文 ；[詩豳風]一之日觱發[說文]作滭汳

▶【1858-1】字解誤謬與否 ；[詩豳風]一之日觱發[說文]作畢發(改滭汳) [畢發(改滭汳)]

★이상과 같이 오류(誤謬) 수정(修訂)이 되면 필불(滭汳; 냉풍과 냉기. 감기. [說文]滭滭汳風寒也)자전상(字典上)인데 필(觱)의 본의(本義)에 직접 영향이 미치게 됨.

角 部 十二畫

㉕觿(교)[廣韻]居夭切[集韻]舉夭切𠀤音矯角不正也 又角長也一曰角高貌 [揚子太玄經]上九郭其目觿其角 又角觿刀劍羽閒之覆角也[淮南子齊俗訓]角觿不厭薄 又[集韻]袪矯切蹺上聲角貌 又渠廟切音轎獸角長也 又渠嬌切轎平聲角曲也 [字彙補]作觿非

【 오류정리 】

○康誤處 1 ；[揚子·太玄經](增格字)上九郭其目觿其角

●考證 ；謹按此格首之上九也格字不可省謹照原文上九上增格字

◆整理 ; [揚子(양자)·太玄經(태현경)]에 이어 格字(격자)를 덧붙임.

◆訂正文 ; [揚子·太玄經]格上九郭其目觽其角

▶【1859-1】字解誤謬與否 ; [揚子·太玄經](增格字)上九郭其目觽其角 [九上增格字]

★이상과 같이 오류(誤謬) 수정(修訂)이 된다 하여도 격상(格上; 지위나 격식이 상위로 올라감)은 자전상(字典上) 교(觽)의 본의(本義)에는 영향이 미치지 않음.

角部 十三畫

㊗觸(촉)[唐韻]尺玉切[集韻][韻會]樞玉切𠀤衝入聲[說文]牴也[易大壯]羝羊觸藩[前漢元帝紀]去禮義觸刑法[荀子議兵篇]觸之者角摧[揚子太玄經]星辰不相觸 又[玉篇]據也[增韻]汚也 又觸衣[本草綱目]褌襠一名觸衣 又人名[左傳襄十一年]鄭人賂晉侯以師觸[註]樂師名 又姓[史記趙世家]左師觸龍 又[集韻]昌句切芻去聲亦牴也[揚雄校獵賦]票禽之紲踰犀兕之牴觸熊羆之拏攫虎豹之凌遽觸叶遽遽音詎師古讀 [集韻亦作觕

【 오류정리 】

○康誤處 1 ; [揚雄校獵賦(改羽獵賦)]票禽之紲踰犀兕之抵觸

●考證 ; 謹照原書校獵賦改羽獵賦

◆整理 ; [揚雄(양웅) 校獵賦(교렵부)는 羽獵賦(우렵부)의] 착오.

◆訂正文 ; [揚雄羽獵賦]票禽之紲踰犀兕之抵觸

▶【1860-1】字解誤謬與否 ; [揚雄校獵賦(改羽獵賦)]票禽之紲踰犀兕之抵觸 [校獵賦(改羽獵賦)]

★이상과 같이 인용처(引用處)나 주소(註疏) 음(音) 등(等)의 오류(誤謬)를 수정(修訂)을 한다 하여도 자전상(字典上)의 촉(觸)의 본의(本義)에는 영향이 미치지 않음.

言部

㊗言(언)[唐韻]語軒切[集韻][韻會]魚軒切𠀤𩏂平聲[說文]直言曰言論難曰語[周禮大司樂註]發端曰言答述曰語[釋名]言宣也宣彼此之意也[易乾卦]庸言之信[書湯誓]朕不食言[傳]言已出而反呑之也[周禮地官大司徒]以鄕八刑糾萬民七曰造言之刑[註]譌言惑衆也[論語]食不言[註]自言曰言[史記商君傳]貌言華也至言實也苦言藥也甘言疾也[唐書徐伯彥傳]言者]德之柄也行之主也身之文也 又辭章也[書洪範]五事一曰貌二曰言[疏]言者]道其語有辭章也[禮曲禮]士載言[註]言謂會同要盟之辭 又一句爲一言[左傳定四年]趙簡子曰夫子語我九言[論語]一言以蔽之 又一字爲一言[戰國策]臣請三言而已矣曰海大魚[前漢東方朔傳]凡臣朔固已誦四十四萬言 又猶議也[屈原離騷]初旣與余成言兮後悔遁而有他 又號令也[周語]有不祀則修言 又助語辭[易師卦]田有禽利執言[註]語辭也 又[爾雅釋詁]言我也[詩周南]言告師氏[傳]言我也師女師也 又[博雅]問也[周禮春官]冢人及葬言鸞車象人[註]言問其不知法度者 又[廣雅]從也 又[釋名[委也 又言言高大貌[詩大雅]崇墉言言[註]高大也 又簫名[爾雅釋樂]大簫謂之言[註]編二十三管長尺四寸[韻會]或作管 又官名[書舜典]命汝作納言夙夜出納朕命惟允[傳]納言喉舌之官[唐書高祖紀]改納言爲侍中 又幘名[後漢輿服志]幘者賾也尚書賾收方三寸名曰納言示以忠正顯近職也 又地名[詩國風]出宿于干飮餞于言[傳]適衞所經之地

也　又山名[隋書地理志]邢州內丘縣
有千言山　又[山海經]大荒之中有山
名曰大言日月所出　又州縣名[宋史劉
翊傳有言州[魏書地形志]有萬言縣　又
人言砒石別名[本草綱目]砒出信州故
隱信字爲人言　又姓[潛夫論]桓叔之
後有言氏韓後姬姓也　又複姓[潛夫論
魯之公族有子言氏　又[正韻]夷然切
音延義同　又[集韻]牛堰切音齴訟也
　又[集韻][正韻]夶魚巾切音銀和敬
貌[禮玉藻]二爵而言言斯[註]言言與
誾誾同意氣和悅貌[集韻]亦作訢　又
叶眞韻[韓愈孔戣墓銘]白而長身寡笑
與言其尚類也莫之與倫　又叶五剛切
音昂[詩商頌]騯假無言叶上羹平下爭
彊羹音郎平音旁爭音章　又叶五姦切
音顔[古詩]四座且莫諠願聽歌一言請
說銅爐器崔嵬象南山　又叶魚戰切音
彥[楊修節遊賦]迴旋詳觀目周意倦御
子方舟載笑載言[說文]本作𡗊从口辛
聲辛辠也犯法也[釋名]言之爲辛也寓
戒也鄭樵曰言从舌从二二古上字言出
於舌上也

【 오류정리 】

○康誤處 1；[論語]食不言(改寢不言)
●考證；謹照原文改寢不言
◆整理；[論語(론어)]食不言(식불언)
은 寢不言(침불언)의 착오.
◆[訂正文]；[論語]寢不言
▶【1861-1】字解誤謬與否；[論語]
食不言(改寢不言)　[食不言(改寢不
言)]
★이상과 같이 오류(誤謬) 수정(修訂)
이 되면 침부언(寢不言; 침상에 누워
서는 말하지 말라. [論語]寢不言自言
曰言 [明心寶鑑正己篇]孔子食不語寢
不言)인데 자전상(字典上) 언(言)의
본의(本義)에 영향이 미치게 됨.

○康誤處 2；[周禮春官][註]言問其

不知(改不如)法度者
●考證；謹照原文不知改不如
◆整理；[周禮春官(주례춘관)][註
(주)]不知(부지)는 不如(부여)의 착
오.
◆[訂正文]；[周禮春官][註]言問其不
如法度者
▶【1862-1】字解誤謬與否；[周禮
春官][註]言問其不知(改不如)法度者
[不知(改不如)]
★이상과 같이 오류(誤謬) 수정(修訂)
이 된다 하여도 불여(不如; …만 못하
다)는 자전상(字典上) 언(言)의 본의
(本義)에는 영향이 미치지 않음.

(康)訧(우)[唐韻]羽求切[集韻][正
韻]于求切夶音尤[說文]罪也引書報以
庶訧今[書呂刑]作尤　又[廣雅]惡也
[篇]過也[詩國風]俾無訧兮[傳]過也
[箋]訧音尤本或作尤[傳]于其切叶上絲
治治讀平聲　又人名公訧見[宋史宗室
表]

【 오류정리 】

○康誤處 1；[詩國風]俾無訧兮[箋
(改釋文)]訧音尤[增朱字傳]于其切
●考證；謹照原文箋改釋文傳上增朱
字
◆整理；[詩國風(시국풍)][箋(전)]은
釋文(석문)의 착오. [朱字(주자) 傳
(전)]
◆[訂正文]；[詩國風]俾無訧兮[釋文]
訧音尤[朱傳]于其切
▶【1863-1】字解誤謬與否；[詩國
風]俾無訧兮[箋(改釋文)]訧音尤[增朱
字傳]于其切　[箋(改釋文)]　[增朱字
傳]
★이상과 같이 인용처(引用處)나 주
소(註疏) 전(箋) 등(等)의 오류(誤謬)
를 수정(修訂)을 한다 하여도 자전상

(字典上)의 우(訧)의 본의(本義)에는 영향이 미치지 않음.

康 訩(흉)[唐韻][集韻][正韻]許容切[韻會]虛容切𠀤音凶[爾雅釋言]訩也 又[釋詁]盈也[詩小雅]降此鞠訩[傳]鞠盈訩訟也又鞠窮訩亂也 又[廣韻]衆語也[晉書劉毅傳]天下訩訩但爭品位[說文]同詾省[正字通]與詾訩匈㐫凶洶恟𠀤通[字彙補又作𧦝非

【 오류정리 】
○康誤處 1;[詩小雅]降此鞠訩[傳]鞠盈訩訟也 又鞠窮(改朱傳)訩亂也
●考證;謹照原文鞠窮改朱傳
◆整理;[詩小雅(시소아)] 又(우) 鞠窮(국궁)은 朱傳(주전)의 착오.
◆訂正文;[詩小雅]降此鞠訩[傳]鞠盈訩訟也 又朱傳訩亂也
▶【1864-1】字解誤謬與否;[詩小雅]降此鞠訩[傳]鞠盈訩訟也 又鞠窮(改朱傳)訩亂也 [鞠窮(改朱傳)]
★이상과 같이 인용처(引用處)나 주소(註疏) 전(傳) 등(等)의 오류(誤謬)를 수정(修訂)을 한다 하여도 자전상(字典上)의 우(訧)의 본의(本義)에는 영향이 미치지 않음.

康 訬(초)[唐韻]楚交切[集韻]初交切𠀤音抄[說文]訬擾也一曰訬儈 又[玉篇]健也疾也[淮南子修務訓]越人有重遲者而人謂之訬[註]訬輕利善趨不如法度者 者 又訬婧細腰貌[後漢張衡傳思玄賦]舒訬婧之纖腰[文選註]亦音眇 又[類篇]書也 又人名陳訬見[梁書] 又[集韻]鋤交切音巢[博雅]獝也 又[廣韻]亡沼切[集韻]弭沼切𠀤音眇[說文]義同 又[類篇]高也[張衡西京賦]通天訬以竦峙[註]通天臺名訬高也李善讀 又[集韻]七省切音艄輕也江東語 又[集韻]楚敎切抄

去聲義同[前漢班固敘傳]江都訬輕[註]訬謂輕狡也師古讀[集韻]或作吵 又[集韻]楚絞切抄上聲與訬同

【 오류정리 】
○康誤處 1;[集韻]七省切(改七肖切)音艄輕也江東語
●考證;謹照原文七省切改七肖切
◆整理;[集韻(집운)]七省切(칠성절)은 七肖切(칠초절)의 착오.
◆訂正文;[集韻]七肖切音艄輕也江東語
▶【1865-1】字解誤謬與否;[集韻]七省切(改七肖切)音艄輕也江東語 [七省切(改七肖切)]
★이상과 같이 인용처(引用處)나 주소(註疏) 음(音) 등(等)의 오류(誤謬)를 수정(修訂)을 한다 하여도 자전상(字典上)의 초(訬)의 본의(本義)에는 영향이 미치지 않음.

康 設(설)[唐韻]識列切[集韻][韻會][正韻]式列切𠀤扇入聲[說文]施陳也从言从殳殳使人也[徐曰]殳所以驅遣使人也會意[博雅]合也[玉篇]置也[易繫辭]聖人設卦以觀象[疏]是施設其卦有此諸象也[詩小雅]設此旐矣[註]陳也[禮經解]規矩誠設不可欺以方圜[註]謂彈畫也[疏]謂置設 又[韻會]立也[前漢文帝紀]高帝設之以撫四海[註]置立也謂立此法也 又大也[周禮冬官考工記]桃氏爲劒中其莖設其後[疏]設大也謂從中以却稍大之後大則于把易制也 又假借之辭[戰國策]今先王設爲不宦[註]設者虛假之辭[前漢趙廣漢傳]鉤距者設欲知馬賈則先問狗 又突厥別部典兵者曰設[唐書李子和傳]突厥署子和爲屋利設[註]屋利者一設之號也 又[韻會]唐制諸郡燕犒將吏謂之旬設今㕔事謂設㕔公厨曰設厨 又姓見[姓苑] 又叶書質切音失[詩小

雅]鐘鼓既設舉酬逸逸設叶逸　又叶式
吏切音試[王讚荀夫人誄]喪庭靡託几
筵虛設躬當昏迷事無荒滯[六書故]亦
作言叟鋪陳詞說也

【 오류정리 】

○康誤處 1；[戰國策]今先王(改先生)
設爲不宦

●考證 ；謹照原文先王改先生

◆整理 ；[戰國策(전국책)]先王(선왕)
은 先生(선생)의 착오.

◆訂正文 ；[戰國策]今先生設爲不宦

▶【1866-1】字解誤謬與否 ；[戰國
策]今先王(改先生)設爲不宦　[先王
(改先生)]

★이상과 같이 오류(誤謬) 수정(修訂)
이 된다 하여도 선생(先生；먼저 난
자) 자전상(字典上) 설(設)의 본의(本
義)에는 영향이 미치지 않음.

言 部 五畫

康 訶 (가)[唐韻][集韻][韻會][正
韻]𠀤虎何切音呵[說文]大言而怒也
[廣韻]責也[正韻]譴也[後漢文苑傳]
禰衡言不遜黃祖慙乃訶之[蜀志廖立
傳]隨大將軍則誹謗譏訶[北史張曜傳]
勵已溫尋非欲詆訶古人得失也　又官
名[隋書婆利國傳]官曰獨訶邪拏次曰
獨訶氏拏　又木名[本草釋名]訶棃勒
一名訶子[嵆含南方草木狀]樹以木梡
出九眞　又國名[唐書地理志]廣州東
南海中有訶陵國　又通作呵[前漢食貨
志]縱而弗呵　又通作何[前漢賈誼治
安策]大譴大何[師古曰]何問也　又通
作苛[前漢王莽傳]苛問不遜

【 오류정리 】

○康誤處 1；通作何[前漢賈誼治安策
(改賈誼傳)]大譴大何

●考證 ；謹照原書賈誼治安策改賈誼
傳

◆整理 ；[前漢(전한) 賈誼治安策(가

의치안책)은 賈誼傳(가의전)의] 착오.

◆訂正文 ；通作何[前漢賈誼傳]大譴
大何

▶【1867-1】字解誤謬與否 ；通作何
[前漢賈誼治安策(改賈誼傳)]大譴大何
[賈誼治安策(改賈誼傳)]

★이상과 같이 인용처(引用處)나 주
소(註疏) 음(音) 등(等)의 오류(誤謬)
를 수정(修訂)을 한다 하여도 자전상
(字典上)의 가(訶)의 본의(本義)에는
영향이 미치지 않음.

康 訾 (자)[唐韻]將此切[集韻][韻
會]蔣氏切[正韻]祖似切𠀤音子[說文]
不思稱意也引[詩小雅]翕翕訾訾[徐
曰]言不思稱事之意也今文相承皆作訿
[爾雅釋言]翕翕訾訾莫供職也[韓詩外
傳]不善之意[朱傳]濦濦相和也訿訿相
詆也　又[玉篇]毀也[禮曲禮]不苟訾
[疏]相毀曰訾[管子形勢解]毀訾賢者
之謂訾　又[集韻]本作疵[荀子不苟
篇]正義直指舉人之過惡非毀疵也[韻
會]疵毀字今文相承作訾毀久矣　又惡
也[管子形勢篇]訾食者不肥體[註]惡
食之人憂嫌致疾故不能肥體　又恣也
[荀子非十二子篇]以不俗爲俗離蹤而
跂訾者也[註]訾讀爲恣跂訾謂跂足違
俗而恣其志意也　又[廣韻]卽移切[集
韻][韻會]將支切𠀤紫平聲義同　又[類
篇]思也[禮少儀]不訾重器[註]訾思也
[唐書李勣傳]臨時選將必訾相其奇麗
福艾者遣之[音義]訾思也　又量也[前
漢枚乘傳]舉吳兵以訾于漢[李奇曰]量
也[商子懇令篇]訾粟而稅[註]量也
又限也[管子君臣篇]吏嗇夫盡有訾程
事律[註]訾限程準也　又病也[禮檀
弓]故子之所刺於禮者亦非禮之訾也
[註]病也　又[揚子方言]何也湘潭之
原荊之南鄙謂何爲曾或謂之訾若中夏
言何爲也[註]今江東人語亦云訾爲聲

如斯 又地名[左傳僖十八年]從師
于訾婁 [註]衞邑 又[文十六年]以侵
訾枝[註]楚邑 又[襄九年]楚師伐宋
師于訾母[註]宋地 又[昭二十三年]
單子取訾[註]訾在河南鞏縣西南訾城
是也[路史]訾有二西訾在維東訾在鞏
又姓[前漢功臣表]有樓虛侯訾順 又
複姓[潛夫論]訾辱氏趙嬴姓也 又與
貲同財也[前漢司馬相如傳]更名相如
以訾爲郎[註]訾讀與貲同財也以家財
多得拜爲郎也 又通作茈苻茈草名[後
漢劉聖公傳]南方飢饉人庶掘鳬茈而食
之[註續漢書作苻訾 又與娍通娍訾北
方宿名亦作娍觜詳角部觜字註 又[集
韻][韻會]㘈才支切音疵亦毀也[正韻]
才資切音茨義同[莊子山水篇]無譽無訾
徐邈讀 又[正韻]同砒[史記貨殖傳]
砒窳偸生[前漢地理志]作㭸[徐廣曰]
砒窳苟且惰嬾也應劭曰㭸弱也師古曰
短也 又集韻][正韻]㘈津私切音咨亦
思也 又[正字通]與咨通[前漢禮樂
志]訾黃其何不徠下[師古註]訾嗟歎辭
也黃乗黃也歎乗黃不來下也 又[集
韻]子禮切音濟[博雅]諆訾也 又[字
彙補]宗吳切音租足訾獸名[山海經贊]
見人則呼其名足訾[集韻]或作癠亦書
作訨[字彙補又作諎譚非

【 오류정리 】

○康誤處 1 ; [爾雅釋言(改釋訓)]翕翕
訾訾莫供職也
●考證 ; 謹照原書釋言改釋訓
◆整理 ; [爾雅(이아) 釋言(석언)은
釋訓(석훈)의] 착오.
◆訂正文 ; [爾雅釋訓]翕翕訾訾莫供
職也
▶【1868-1】字解誤謬與否 ; [爾雅
釋言(改釋訓)]翕翕訾訾莫供職也 [釋
言(改釋訓)]
★이상과 같이 인용처(引用處)나 주
소(註疏) 음(音) 등(等)의 오류(誤謬)
를 수정(修訂)을 한다 하여도 자전상
(字典上)의 자(訾)의 본의(本義)에는
영향이 미치지 않음.

○康誤處 2 ; [韓詩外傳(改詩釋文引
韓詩云)]不善之意
●考證 ; 謹按此韓詩章句非韓詩外傳
也謹照原書改詩釋文引韓詩云
◆整理 ; [韓詩外傳(한시외전)]은 [詩
(시)] [釋文(석문)] 引(인) [韓詩(한
시)] 云(운)의 착오.
◆訂正文 ; [詩釋文]引韓詩云不善之
意
▶【1869-2】字解誤謬與否 ; [韓詩
外傳(改詩釋文引韓詩云)]不善之意
[韓詩外傳(改詩釋文引韓詩云)]
★이상과 같이 인용처(引用處)나 주
소(註疏) 음(音) 등(等)의 오류(誤謬)
를 수정(修訂)을 한다 하여도 자전상
(字典上)의 자(訾)의 본의(本義)에는
영향이 미치지 않음.

○康誤處 3 ; [左傳僖十八年]從(改而
後二字)師于訾婁
●考證 ; 謹照原文從字改而後二字
◆整理 ; [左傳僖十八年(좌전희십팔
년)]從(종)은 而後二字(이후이자)의
착오.
◆訂正文 ; [左傳僖十八年]而後師于
訾婁
▶【1870-3】字解誤謬與否 ; [左傳
僖十八年]從(改而後二字)師于訾婁
[從(改而後二字)]
★이상과 같이 오류(誤謬) 수정(修訂)
이 된다 하여도 이후(而後; 연후)는
자전상(字典上) 자(訾)의 본의(本義)
에는 영향이 미치지 않음.

○康誤處 4 ; [襄九年(改十年)]楚師
(省師字)伐宋師于訾母
●考證 ; 謹照左傳原文九年改十年楚

字下省師字

◆整理 ; [襄(양) 九年(구년)은 十年(십년)의] 착오이며, 師(사) 師字(사자)는 삭제함.

◆訂正文 ; [襄十年]楚伐宋師于訾母

▶【1871-4】字解誤謬與否 ; [襄九年(改十年)]楚師(省師字)伐宋師于訾母　[九年(改十年)] [師(省師字)]

★이상과 같이 인용처(引用處)나 주소(註疏) 음(音) 등(等)의 오류(誤謬)를 수정(修訂)하거나 사자(師字)를 삭제를 하여도 자전상(字典上)의 자(訾)의 본의(本義)에는 영향이 미치지 않음.

○康誤處 5 ; [莊子山水篇(改山木篇)]無譽無訾

●考證 ; 謹照原文山水篇改山木篇

◆整理 ; [莊子(장자) 山水篇(산수편)은 山木篇(산목편)의] 착오.

◆訂正文 ; [莊子山木篇]無譽無訾

▶【1872-5】字解誤謬與否 ; [莊子山水篇(改山木篇)]無譽無訾　[山水篇(改山木篇)]

★이상과 같이 인용처(引用處)나 주소(註疏) 음(音) 등(等)의 오류(誤謬)를 수정(修訂)을 한다 하여도 자전상(字典上)의 자(訾)의 본의(本義)에는 영향이 미치지 않음.

康 訛(자)[集韻]同訾[詩大雅]皋皋訛訛[孔傳]訛訛窳不供事也[朱傳]務爲謗毀也

【 오류정리 】

○康誤處 1 ; [詩大雅]皋皋訛訛[孔傳(改毛傳)]訛訛窳不供事也

●考證 ; 謹按傳出於毛公不出於孔氏謹將孔傳改毛傳

◆整理 ; [詩大雅(시대아)] [孔傳(공전)은 毛傳(모전)의] 착오.

◆訂正文 ; [詩大雅]皋皋訛訛[毛傳]

訛訛窳不供事也

▶【1873-1】字解誤謬與否 ; [詩大雅]皋皋訛訛[孔傳(改毛傳)]訛訛窳不供事也　[孔傳(改毛傳)]

★이상과 같이 인용처(引用處)나 주소(註疏) 음(音). 전(傳) 등(等)의 오류(誤謬)를 수정(修訂)을 한다 하여도 자전상(字典上)의 자(訾)의 본의(本義)에는 영향이 미치지 않음.

康 詍(예)[唐韻]余制切[集韻][韻會][正韻]以制切𡘋音曳[說文]多言也引[詩]無然詍詍今[大雅]作泄泄[荀子解蔽篇]辨利非以言則謂之詍[註]多言也　又[集韻]時制切音誓語多也　又[集韻]私列切音薛義同[集韻]與呭同[六書正譌]俗作詑唲𡘋非[字彙補]譌省作詌尤非

【 오류정리 】

○康誤處 1 ; [荀子解蔽篇]辨利非以言則謂(改是謂)之詍

●考證 ; 謹照原文則謂改是謂

◆整理 ; [荀子解蔽篇(순자해폐편)]則謂(칙위)는 是謂(시위)의 착오.

◆訂正文 ; [荀子解蔽篇]辨利非以言是謂之詍

▶【1874-1】字解誤謬與否 ; [荀子解蔽篇]辨利非以言則謂(改是謂)之詍　[則謂(改是謂)]

★이상과 같이 오류(誤謬) 수정(修訂)이 된다 하여도 시위(是謂; 이를 …라 하다)는 자전상(字典上) 예(詍)의 본의(本義)에는 영향이 미치지 않음.

康 詎(거)[唐韻]其呂切[集韻][韻會][正韻]臼許切𡘋音巨[說文]詎猶豈也[莊子大宗師]庸詎知吾所謂天之非人乎[後漢光武紀]天下詎可知而閉長者乎[宋書沈約自序]若馳一介四方詎不響應　又[玉篇]止也至也格也　又

通作巨[前漢高帝紀]沛公不先破關中
兵公巨能入乎[師古註巨讀曰詎猶豈也
　又[廣韻][集韻][韻會]𠀤其據切巨上
聲義同　又[字林]未知詞也　　[正字
通][讀書通]詎通作渠鉅遽𠀤非

【 오류정리 】

○康誤處 1；又[廣韻][集韻][韻會]
𠀤其據切巨上(改去)聲義同
●考證；謹按其據切係去聲非上聲上
字謹改去字
◆整理；[廣韻(광운)][集韻(집운)]
[韻會(운회)] 上(상)은 去(거)의 착오.
◆訂正文 ；又[廣韻][集韻][韻會]
𠀤其據切巨去聲義同
▶【1875-1】字解誤謬與否；又[廣
韻][集韻][韻會]𠀤其據切巨上(改去)
聲義同　　上(改去)
★이상과 같이 오류(誤謬) 수정(修訂)
이 된다 하여도 거성(去聲；사성의
하나로 가장 높은 소리)은 자전상(字
典上) 거(詎)의 본의(本義)에는 영향
이 미치지 않음.

(康)詖(피)[唐韻][集韻][韻會]𠀤彼
義切陂去聲[說文]辯論也[廣雅]慧也
[玉篇]佞諂也[廣韻]譣詖也[詩周南卷
耳序]內有進賢之志而無險詖私謁之心
[箋]詖妄加人以罪也崔云險詖不正也
[孟子]詖辭知其所蔽[註]詖偏陂也[前
漢敍傳]趙敬險詖[師古註]詖辯也一曰
佞也　又[正韻]兵媚切悲去聲義同　又
[六書故]與陂通[荀子成相篇]讒人罔
極險陂傾側[註]陂與詖同　又[廣韻]
彼爲切[集韻][韻會]班麋切𠀤音陂
又[正韻]逋眉切音悲　又[集韻]滂禾
切音坡義𠀤同

【 오류정리 】

○康誤處 1；[詩周南卷耳序]內有進
賢之志而無險詖私謁之心[箋(改釋文)]
詖妄加人以罪也

●考證；謹照原書箋改釋文
◆整理；[詩周南卷耳序(시주남권이
서)] 箋(전)은 釋文(석문)의 착오.
◆訂正文 ；[詩周南卷耳序]內有進賢
之志而無險詖私謁之心[釋文]詖妄加
人以罪也
▶【1876-1】字解誤謬與否；[詩周
南卷耳序]內有進賢之志而無險詖私謁
之心[箋(改釋文)]詖妄加人以罪也
　[箋(改釋文)]
★이상과 같이 인용처(引用處)나 주
소(註疏), 음(音), 전(傳), 전(箋), 등
(等)의 오류(誤謬)를 수정(修訂)을 한
다 하여도 자전상(字典上)의 피(詖)의
본의(本義)에는 영향이 미치지 않음.

(康)詛(저)[廣韻][集韻][韻會][正
韻]𠀤莊助切阻去聲[說文]詶也[廣韻]
咒詛[書無逸]厥口詛祝[疏]詛祝謂告
神明令加殃咎也以言告神謂之祝請神
加殃謂之詛[詩小雅]出此三物以詛爾
斯[釋文]以禍福之言相要曰詛[周禮春
官]詛祝掌盟詛之祝號[註]詛謂祝之使
沮敗也大事曰盟小事曰詛[疏]盟盟將
來詛詛過往[後漢仲長統傳]匈詈腹詛
　又[集韻]古通作[詩大雅]侯作侯祝
[釋文]作本或作詛[傳]作讀爲詛詛祝
怨謗也　又[集韻]遵遇切娵去聲義同
　又[集韻][韻會][正韻]𠀤壯所切音
阻[集韻]呪也[釋名]阻也使人行事阻
限于言也　又通作阻[晉語]狂夫阻之
衣也[註]狂夫方相氏之士也阻古通詛
將服是衣必先詛之

【 오류정리 】

○康誤處 1；[詩大雅]侯作侯祝[釋
文]作本或作詛[(增朱字)傳]作讀爲詛
●考證；謹照原書傳字上增朱字
◆整理；[詩大雅(시대아)] [釋文(석
문)] [이에 (朱字(주자)를 덧붙임. 傳
(전)]

◆訂正文 ; [詩大雅]侯作侯祝[釋文]
作本或作詛[朱傳]作讀爲詛
▶【1877-1】字解誤謬與否 ; [詩大
雅]侯作侯祝[釋文]作本或作詛[(增朱
字)傳]作讀爲詛 [(增朱字)傳]
★이상과 같이 인용처(引用處)나 주
소(註疏), 음(音), 전(傳), 전(箋), 등
(等)의 오류(誤謬)를 수정(修訂)을 한
다 하여도 자전상(字典上)의 피(詖)의
본의(本義)에는 영향이 미치지 않음.

言 部 六畫

㉾誅(주)[唐韻]陟輸切[集韻][韻
會]追輸切竝音株[說文]討也[廣雅]殺
也[書胤征]以干先王之誅[禮月令]詰
誅暴慢[註]誅者戮其人[前漢刑法志]
征暴誅悖治之威也[莊子庚桑楚]爲不
善乎顯明之中者人得而誅之爲不善乎
幽暗之中者鬼得而誅之 又[釋名]罪
及餘人曰誅誅株也如株木根枝葉盡落
也[周禮秋官司烜氏]軍旅修火禁邦若屋
誅則爲明竁焉[註]鄭司農云屋誅爲夷三
族 又[易雜卦]明夷誅也[註]誅傷也
又[晉語]小國敖大國襲焉曰誅 又
[玉篇]罰也[禮曲禮]以足蹙路馬芻有
誅齒路馬有誅[註]誅罰也 又[類篇]
責也[左傳襄三十一年]誅求無時[註]
誅責也[周禮天官大宰]誅以馭其過
[疏]人有過失非故爲之者則以言語責
讓之 又翦除也[晉語]故以惠誅怨
[註]誅除也[楚辭卜居]寧誅鋤草茅以
力耕乎[杜甫岳麓山道林二寺詩]傍此
煙霞茅可誅[正字通]翦茅爲屋借用誅
字 又叶之由切音周[華覈自責文]不
敢違敕懼速罪誅冒承詔命魂逝形留 又
叶株遇切株去聲[蔡邕釋誨]下獲熏胥
之辜高受滅家之誅前車已覆襲軌而驚

【 오류정리 】

○康誤處 1 ; [周禮秋官司烜氏][註]
鄭司農云屋誅爲(改謂)夷三族

●考證 ; 謹照原文爲改謂
◆整理 ; [周禮秋官司烜氏(주례추관사
훤씨)][註(주)] 爲(위)는 謂(위)의 착
오.
◆訂正文 ; [周禮秋官司烜氏][註]
鄭司農云屋誅謂夷三族
▶【1878-1】字解誤謬與否 ; [周禮
秋官司烜氏][註]鄭司農云屋誅爲(改
謂)夷三族 [爲(改謂)]
★이상과 같이 오류(誤謬) 수정(修訂)
이 된다 하여도 위(謂; 말하다. 이르
다. 가리키다. 논평하다. 설명하다.
알리다. 부르다. 뜻. 의미. 의의)는
자전상(字典上) 주(誅)의 본의(本義)
에는 영향이 미치지 않음.

言 部 七畫

㉾認(기)[唐韻][集韻][韻會]渠記
切[正韻]奇寄切竝音芰[說文]誠也[徐
曰]今言誠認是也[淮南子繆稱訓]目之
精者可以消釋而不可以昭認[註]認誠也
不可以教導戒人 又[廣雅]告也[玉
篇]禁也[廣韻]信也 又人名汝認與認
見[宋史宗室表] 又[字彙補]古到切音
告[淮南子齊俗訓日月之所照認[註]認
音告

【 오류정리 】

○康誤處 1 ; [淮南子繆稱訓]目之精
者可以消釋(改消澤)而不可以昭認
●考證 ; 謹照原文消釋改消澤
◆整理 ; [淮南子繆稱訓(회남자무칭
훈)] 消釋(소석)은 消澤(소택)의 착
오.
◆訂正文 ; [淮南子繆稱訓]目之精者
可以消澤而不可以昭認
▶【1879-1】字解誤謬與否 ; [淮南
子繆稱訓]目之精者可以消釋(改消澤)
而不可以昭認 [消釋(改消澤)]
★이상과 같이 오류(誤謬) 수정(修訂)
이 된다 하여도 소택(消澤; 윤기나게

닦아내다. [淮南子繆稱訓]目之精者可以消澤而不可以昭認認誠也不可以教導戒人)으로는 자전상(字典上) 기(認)의 본의(本義)에는 영향이 미치지 않음.

㊗誌(지)[唐韻][集韻][韻會]太職吏切音志[說文]記誌也[唐書褚亮傳]圖史一經目輒誌于心[南齊書王慈傳]朝堂榜誌[列子楊朱篇]大古之事滅矣孰誌之哉[文中子述史篇]制誌詔冊則幾乎典誥矣[註]誌臣下誌君之善也 又[正韻]支義切音寘義同 又同志[正字通]凡史傳記事之文曰誌[周禮春官]小史掌邦國之志[註]志謂記也 又[漢書]有十志俱與誌同 又[類篇]或作識[論語]汝以予爲多學而識之者與 又[韻會]通作痣[史記漢高祖紀]左股七十二黑子[師古註]今中國通呼爲黶子吳楚俗謂之誌誌記也[南齊書江祏傳]高宗胛上有赤誌

【 오류정리 】

○康誤處 1 ; [論語]汝(改女)以予爲多學而識之者與

●考證 ; 謹照原文汝改女

◆整理 ; [論語(론어)]汝(여)는 女(녀)의 착오.

◈訂正文 ; [論語]女以予爲多學而識之者與

▶【1880-1】字解誤謬與否 ; [論語]汝(改女)以予爲多學而識之者與 [汝(改女)]

★이상과 같이 오류(誤謬) 수정(修訂)이 된다 하여도 녀(女; 여자. 딸)는 자전상(字典上) 지(誌)의 본의(本義)에는 영향이 미치지 않음.

㊗誎(속)[唐韻]桑谷切[集韻]蘇谷切太音速[說文]餔旋促也[廣雅]督促也[類篇]飭也[佩觿集]銜也 又人名希誎崇誎見[宋史宗室表 又[廣韻]七玉切[集韻]趨玉切太音促義同 又[玉篇]從也

【 오류정리 】

○康誤處 1 ; [廣雅]督促也(改作誎促也)

●考證 ; 謹按廣雅原文誎督二字爲促非訓誎督促也謹照原書文義改作誎促也

◆整理 ; [廣雅(광아)]督促也(독촉야)는 誎促也(속촉야)의 착오.

◈訂正文 ; [廣雅]誎促也

▶【1881-1】字解誤謬與否 ; [廣雅]督促也(改作誎促也) [督促也(改作誎促也)]

★이상과 같이 오류(誤謬) 수정(修訂)이 되면 속촉(誎促; 독촉하다. [廣雅]誎促也飭也[說文解字注]餔旋促也未聞疑有誤字廣雅誎促也集韵手鑑云飭也)인데 자전상(字典上) 속(誎)의 본의(本義)에 적극 영향이 미치게 됨.

㊗誆(광)[唐韻]居況切[集韻][韻會][正韻]古況切太音狂[說文]欺也[玉篇]惑也[禮曲禮]幼子常視無誆[註]欺也[史記高祖紀]紀信乘王駕詐爲漢王誆楚[舊唐書姚崇傳]遞相欺誆[子牙子論將篇]信而喜信人者可誆也[註]惑也 又[集韻]或作迋[詩國風]無信人之言人實迋女[傳]迋與誆同 又[韻會]亦作誑[史記鄭世家]晉使解揚誑楚[說文]本作譁[集韻]或作誆迋

【 오류정리 】

○康誤處 1 ; [曲禮]幼子常視無誆[註(改釋文)]欺也

●考證 ; 謹照原書註改釋文

◆整理 ; [曲禮(곡례)] [註(주)는 釋文(석문)의] 착오.

◈訂正文 ; [曲禮]幼子常視無誆[釋文]欺也

▶【1882-1】字解誤謬與否 ; [曲禮]幼子常視無誆[註(改釋文)]欺也 [註

(改釋文)]

★이상과 같이 인용처(引用處)나 주소(註疏), 음(音), 전(傳), 전(箋), 등(等)의 오류(誤謬)를 수정(修訂)을 한다 하여도 자전상(字典上)의 O(O)의 본의(本義)에는 영향이 미치지 않음.

康 誓(서)[唐韻][集韻][韻會]𣭈時制切音逝[說文]約束也[六書統]从言从折以言折其罪也[爾雅釋言]謹也[註]所以約勤謹戒衆[疏]謹敕也集將士而戒之曰誓[釋名]制也以拘制之也[正韻]約信也[書大禹謨]禹乃會羣后誓于師[傳]誓戒也軍旅曰誓[左傳閔二年]誓軍旅[註]宣號令也[禮曲禮]約信曰誓[疏]用言辭共相約束]以爲信也 又[文王世子]曲藝皆誓之[註]戒謹也 又[玉篇]命也[周禮春官典命]凡諸侯之適子誓于天子攝其君[註]誓猶命也言誓者明天子既命之爲嗣樹子不易也 又禮將祭而號令齊百官亦謂之誓[周禮天官大宰]祀五帝則掌百官之誓戒[鄭箋]誓戒要之刑重失禮也 又男女私約亦曰誓[詩國風]信誓旦旦 又[尚書]有甘誓湯誓泰誓牧誓費誓秦誓皆篇名[傳]書有六體誓其一也 又人名[史記秦始皇紀]高誓古仙人名 又[集韻]以制切音曳相約以言也 又食列切音舌義同

【 오류정리 】

○康誤處 1 ; [周禮天官大宰]祀五帝則掌百官之誓戒[鄭箋(改註)]誓戒要之(增以字)刑重失禮也
●考證 ; 謹按周禮註不名爲箋鄭箋謹改註要之下照原文增以字
◆整理 ; [周禮天官大宰(주례천관대재)] [鄭箋(정전)]은 註(주)의 착오] 要之(요지)에 이어 以字(이자)를 덧붙임.
◆訂正文 ; [周禮天官大宰]祀五帝則

掌百官之誓戒[註]誓戒要之以刑重失禮也
▶【1883-1】字解誤謬與否 ; [周禮天官大宰]祀五帝則掌百官之誓戒[鄭箋(改註)]誓戒要之(增以字)刑重失禮也 [鄭箋(改註)] [要之(增以字)]

★이상과 같이 인용처(引用處)나 주소(註疏), 음(音), 전(傳), 전(箋), 등(等)의 오류(誤謬)를 수정(修訂)을 하거나 이(以; …으로써. …을가지고. …을 근거로. …에게…을 주다. …하여. …함으로써…. 하기 위하여. …대로. …때문에)로 바르게 잡는다 하여도 자전상(字典上) 서(誓)의 본의(本義)에는 영향이 미치지 않음.

康 誨(회)[唐韻]荒內切[集韻][韻會]呼內切[正韻]呼對切𣭈音晦[說文]曉教也[徐曰]丁寧誨之若決晦昧也[玉篇]教示也[廣韻]教訓也[易繫辭]慢藏誨盜冶容誨淫[書說命]朝夕納誨以輔王德[詩小雅]教誨爾子式穀似之 又叶呼位切音貗[詩大雅]匪教匪誨時維婦寺 又叶許既切希去聲[秦泰山刻石]夙興夜寐建設長利專隆教誨訓經宣達遠近畢理咸承聖志三句入韻[吳棫韻補]古未韻與寘通

【 오류정리 】

○康誤處 1 ; [書說命]朝夕納誨以輔王德(改台德)
●考證 ; 謹照原文王德改台德
◆整理 ; [書說命(서설명)] 王德(왕덕)은 台德(태덕)의 착오.
◆訂正文 ; [書說命]朝夕納誨以輔台德
▶【1884-1】字解誤謬與否 ; [書說命]朝夕納誨以輔王德(改台德) [王德(改台德)]

★이상과 같이 오류(誤謬) 수정(修訂)이 된다 하여도 보태덕(輔台德; 나의

덕을 보필하라. [書說命]朝夕納誨以輔台德)이니 자전상(字典上) 회(誨)의 본의(本義)에는 영향이 미치지 않음.

康 說(설)[唐韻]失爇切[集韻][韻會][正韻]輸爇切𠀤音近刷[說文]說釋也一曰談說[釋名]述也序述之也[廣雅]論也[玉篇]言也[廣韻]告也[增韻]解也訓也 又所論之辭也[易咸卦]滕口說也又[繫辭]故知死生之說[書益稷]庶頑讒說[詩國風]士之耽兮猶可說也女之耽兮不可說也[史記老莊申韓傳]韓非作[說難]曰凡說之難在知所說之心可以吾說當之[揚子法言]五經之爲衆說郛[文心雕龍]說者悅也兌爲口舌故言咨悅懌過悅必僞故舜驚讒說 又[周易]有[說卦]孔子十翼之一[疏]陳說八卦之德業變化及法象所爲也 又[周禮春官大祝]掌六祈以同鬼神示六曰說[註]謂以辭責之如董仲舒救日之祝是也 又攻說[周禮秋官庶氏]以攻說禬之[註]祈其神求去之也 又[玉篇]余輟切[唐韻]弋雪切[集韻][韻會]欲雪切𠀤音閱與悅通[玉篇]懌也[類篇]喜也樂也服也[易益卦]民說無疆[詩召南]我心則說[周禮秋官]掌交達萬民之說 又數也[詩邶風]死生契闊與子成說[疏]當與子危難相救成其軍伍之數勿得相背使非理死亡也 又人名[書說命序]高宗夢得說[註]夢得賢相其名曰說說本又作兌 又姓[廣韻]傅說之後 又[廣韻]舒芮切[集韻][韻會][正韻]輸芮切𠀤音稅[玉篇]亦談說也[增韻]說誘謂以言語諭人使從己也[孟子]說大人則藐之[史記蘇秦傳]遊說六國 又舍也[詩召南]召伯所說[左傳宣十二年]日中而說[正韻]與稅駕之稅同 又[集韻]儒稅切音芮亦說也引[周禮]註遊觀則施惠以爲說也聶氏定作此音 又[正韻]他括切音脫[韻會]挩亦作

說與脫通[易蒙卦]用說桎梏[禮檀弓]孔子之衞遇舊館人之喪使子貢說驂而賻之 又赦也[詩大雅]彼宜有罪女覆說之[註]音脫

【 오류정리 】

○康誤處 1 ; [易益卦]民說無彊(改爲无彊)

●考證 ; 謹照原文無彊改爲无彊

◆整理 ; [易益卦(역익괘)]無彊(무강)은 无彊(무강)의 착오.

◆訂正文 ; [易益卦]民說无彊

▶ 【1885-1】 字解誤謬與否 ; [易益卦]民說無彊(改爲无彊)　[無彊(改爲无彊)]

★이상과 같이 오류(誤謬) 수정(修訂)이 된다 하여도 무강(无彊; 무한하다. 무강하다. 끝이 없다)은 자전상(字典上) 설(說)의 본의(本義)에는 영향이 미치지 않음.

康 諍(쟁)[唐韻][集韻][韻會]𠀤側迸切爭去聲[說文]止也[韻會]謂止其失也[正韻]諫諍救正也[前漢王褒傳]諫諍卽見聽[說苑臣術]有能盡言于君用則可生不用則死謂之諍 又[列子湯問篇]東北極有人名曰諍人長九寸 又[集韻]通作爭[孝經諫諍章]天子有爭臣七人 又[集韻][韻會]𪁪莖切[正韻]𪁪耕切𠀤音爭訟也[後漢劉聖公傳]平理諍訟[晉書王沈釋時論]闒茸勇敢於饕諍[註]叶平聲

【 오류정리 】

○康誤處 1 ; [說苑臣術(增篇字)]有能盡言于君

●考證 ; 謹照原書臣術下增篇字

◆整理 ; [說苑(설원) 臣術(신술)에 이어 篇字(편자)를] 덧붙임.

◆訂正文 ; [說苑臣術篇]有能盡言于君

▶ 【1886-1】 字解誤謬與否 ; [說苑

臣術(增篇字)]有能盡言于君 [術(增篇字)]

★이상과 같이 인용처(引用處)나 주소(註疏), 음(音), 전(傳), 전(箋), 등(等)의 오류(誤謬)를 수정(修訂)을 한다 하여도 자전상(字典上)의 쟁(諍)의 본의(本義)에는 영향이 미치지 않음.

言部 九畫

(康)諜(첩)[唐韻]徒叶切[集韻][韻會]達協切𠀤音牒[說文]軍中反閒也[玉篇]伺也[左傳桓十二年]楚師伐絞涉彭羅人使伯嘉諜之[註]諜伺也[疏]謂詐爲敵國之人入其軍中伺候閒隙以反報其主兵書謂之反閒又[宣八年]晉人獲秦諜[註]諜往來閒諜者今謂之細作又[哀元年]使女艾諜澆[註]候也[周禮夏官]環人巡邦國搏諜賊[吳志孫皓傳]宜遣閒諜以觀其勢 又[字林]通作牒[廣韻]譜諜也[史記三代世表]余讀諜記黃帝以來皆有年數稽其歷譜諜終始五德之傳古文咸不同乖異[後漢張衡傳]子長諜之爛然有第[註]諜譜第也與牒通[文心雕龍]百官詢事則有關刺解諜諜者葉也短簡編諜如葉在枝諜亦書作牒 又通作喋[史記張釋之傳]豈斅此嗇夫諜諜利口捷給哉[索隱曰]漢書作喋喋多言也 又[集韻]託協切音帖[說文]義同[類篇]安也 又[集韻]悉協切音燮[類篇]言相次也[增韻]或作誄譌作言枼字彙補又省作諜𠀤非

【 오류정리 】

○康誤處 1 ; [左傳桓十二年]楚師伐絞涉彭(改分涉於彭)羅人使伯嘉諜之

●考證 ; 謹照原文伐絞涉彭改分涉於彭

◆整理 ; [左傳桓十二年(좌전환십이년)] 伐絞涉彭(벌교섭팽)은 分涉於彭(분섭어팽)의 착오.

◈訂正文 ; [左傳桓十二年]楚師分涉於彭羅人使伯嘉諜之

▶【1887-1】字解誤謬與否 ; [左傳桓十二年]楚師伐絞涉彭(改分涉於彭)羅人使伯嘉諜之 [伐絞涉彭(改分涉於彭)]

★이상과 같이 오류(誤謬) 수정(修訂)이 된다 하여도 분섭어팽(分涉於彭; 분산하여 팽수를 건느다. [左傳桓十二年]伐絞之役楚師分涉於彭[註]彭水在新昌衛縣)은 자전상(字典上) 첩(諜)의 본의(本義)에는 영향이 미치지 않음.

(康)諧(해)[唐韻]戶皆切[集韻][韻會][正韻]雄皆切𠀤音骸[說文]詥也又[廣雅]耦也[玉篇]合也調也[書堯典]克諧以孝又[舜典]八音克諧[左傳襄十一年]如樂之和無所不諧[禮禮器]君子有禮則外諧而內無怨 又[文心雕龍]諧之言皆也辭淺會俗皆悅笑也[前漢敘傳]東方贍辭詼諧倡優[晉書顧愷之傳]愷之好諧謔人多愛狎之 又平論定其價也[後漢宦者張讓傳]當之官者皆先至西園諧價然後得去 又古書名[莊子逍遙遊][齊諧]者志怪者也 又鳥名[博雅]鴆鳥其雄謂之運目其雌謂之陰諧[淮南子繆稱訓]陰諧知雨[註]天將陰雨則鳴 又叶弦雞切音奚[後漢五行志]更始時童謠曰諧不諧在赤眉又[儒林周澤傳]時人爲之語曰生世不諧作大常妻

【 오류정리 】

○康誤處 1 ; [博雅]鴆鳥其雄謂之運目(改運日)其雌謂之陰諧

●考證 ; 謹照原文運目改運日

◆整理 ; [博雅(박아)] 運目(운목)은 運日(운일)의 착오.

◈訂正文 ; [博雅]鴆鳥其雄謂之運日其雌謂之陰諧

▶【1888-1】字解誤謬與否 ; [博雅]

鴆鳥其雄謂之運日(改運日)其雌謂之陰諧 [運日(改運日)]
★이상과 같이 오류(誤謬) 수정(修訂)이 된다 하여도 운일(運日;짐조(鴆鳥)의 수컷. [國語周語]中也使醫鴆之不死鴆鳥也一名運日其羽有毒漬之酒而飮之立死 [廣雅]鴆鳥其雄謂之運日其雌謂之陰諧)은 자전상(字典上) 해(諧)의 본의(本義)에는 영향이 미치지 않음.

康)諮 [廣韻]卽夷切[集韻]津私切夶音資與咨同謀也問也[詩小雅]周爰咨諏[釋文]咨本亦作諮[左傳桓六年]夏會於成紀來諮謀齊難也[後漢趙典傳]朝廷每有災異疑議輒諮門之

【 오류정리 】

○康誤處 1 ; [後漢趙典傳]朝廷每有災異疑議輒諮門(改諮問)之
●考證 ; 謹照原文諮門改諮問
◆整理 ; [後漢趙典傳(후한조전전)]諮門(자문)은 諮問(자문)의 착오.
◆訂正文 ; [後漢趙典傳]朝廷每有災異疑議輒諮問之
▶【1889-1】字解誤謬與否 ; [後漢趙典傳]朝廷每有災異疑議輒諮門(改諮問)之 [諮門(改諮問)]
★이상과 같이 오류(誤謬) 수정(修訂)이 되면 자문(諮問; 어떤 일을 효율적이고 바르게 처리하기 위하여 그 분야에 전문적인 지식을 가진 개인이나 기관에게 의견을 묻는 일)인데 자전상(字典上) 자(諮)의 본의(本義)에 적극 영향이 미치게 됨.

康)諸(제)[唐韻][廣韻]章魚切[集韻][類篇][韻會][正韻]專於切夶渚平聲[說文]辯也[徐曰]別異之辭[爾雅釋訓]諸諸便便辯也[註]皆言辭辯給也 又[玉篇]非一也皆言也[正韻]凡衆也

[書舜典]歷試諸艱[詩邶風]變彼諸姬[史記賈誼傳]紛亂諸事 又[廣雅]之也於也[穀梁傳莊二十四年]迎者行見諸舍見諸[註]諸之也[禮射義]射求正諸己[註]諸猶於也 又[韻會語助辭[詩邶風]日居月諸[疏]居諸語助也[公羊傳桓六年]其諸以病桓與[註]其諸辭也 又[韻會]有諸疑辭[孟子]文王之囿方七十里有諸 又于諸寘也[公羊傳哀六年]陳乞使人迎陽生于諸其家[註]齊人語也 又諸侯國君也[易比卦]先王以建萬國親諸侯 又官名[周禮夏官]諸子[註]主公卿大夫士之子者或曰庶子 又神名[淮南子地形訓]諸稽攝提條風之所生也 又諸比凉風之所生也[註]皆天神名 又因諸齊獄名[公羊傳昭二十一年]宋南里者何若曰因諸者然[註]因諸者齊故刑人之地 又諸于衣名[前漢元后傳]政君獨衣絳緣諸于[師古註]諸于大掖衣卽袿衣之類也 又偏諸衣緣也[賈誼治安策]繡衣絲履偏諸緣[師古註]若今織成以爲要襻及褾領者 又[韻會]方諸鑑名以取明水於月 又[釋名]諸儲也藏以爲儲待給冬月用之也[禮內則]桃諸梅諸[疏]王肅云諸菹也謂桃菹梅菹卽今之藏桃藏梅也 又[周禮天官六飮疏]紀莒之閒名諸爲濫 又草木名[爾雅釋木]諸慮山櫐[註]今江東呼櫐爲藤似葛而麤大[嵇含南方草木狀]諸蔗一曰甘蔗交阯所生者 又獸名[山海經]單張山有獸狀如豹長尾人首牛耳一目名曰諸犍 又敖岸山有獸狀如白鹿四角名曰夫諸 又蟲名[爾雅釋魚]蟾諸[註]似蝦蟆居陸地淮南謂之去蚊一作詹諸互詳詹字註 又山水名[山海經]諸餘之山諸餘之水出焉 又邑名[春秋莊二十九年]城諸及防[註]諸防皆魯邑[前漢地理志]琅琊郡有諸縣[註]春秋城諸及鄆者 又澤名[爾雅釋地]宋有孟諸[疏]一曰望諸

一曰孟豬互詳豕部豬字註　又姓[說
苑]越大夫諸發[唐書]兵部侍郎諸道
　又複姓[漢書]有諸葛豐[三國志]有
諸葛亮　又[廣韻]正奢切[集韻]之奢
切𡥷音遮亦姓也[風俗通]漢有洛陽令
諸於[何氏姓苑]吳人　又[南唐書妖賊
傳]諸祐蘄州獨木人[註]諸音查[正字
通]六麻有諸姓音查按本作䛴譌作諸䛴
本詐上聲音查非餘詳語字註　又[字
彙]常如切音稱詹諸蝦蟆也[六書正譌]
別作蟾蜍非

【 오류정리 】

○康誤處 1 ; [賈誼治安策(改傳字)]
(增爲之二字)繡衣絲履偏諸緣
●考證 ; 謹照原書治安策改傳字繡字
上照原文增爲之二字
◆整理 ; [賈誼治安(가의치안)의 策
(책)은 傳字(전자)의 착오]이며 繡衣
위에 爲之二字(위지이자)를 덧붙임.
◆訂正文 ; [賈誼治安傳]爲之繡衣絲
履偏諸緣
▶【1890-1】字解誤謬與否 ; [賈誼
治安策(改傳字)](增爲之二字)繡衣絲
履偏諸緣　[策(改傳字)] [(增爲之二
字)繡衣]
★이상과 같이 인용처(引用處)나 주
소(註疏), 음(音), 전(傳), 전(箋), 등
(等)의 오류(誤謬)와 위지(爲之; 접속
사(接續詞). 그것 때문에. 그것으로
인해. 그것을 위하여)를 증자(增字)한
다 하여도 자전상(字典上)의 제(諸)의
본의(本義)에는 영향이 미치지 않음.

○康誤處 2 ; [爾雅釋魚]蟾諸[註]似
蝦蟆居陸地淮南謂之去蚊(改去蚍)
●考證 ; 謹照原文去蚊改去蚍
◆整理 ; [爾雅釋魚(이아석어)] [註
(주)] 去蚊(거문)은 去蚍(거보)의 착
오.
◆訂正文 ; [爾雅釋魚]蟾諸[註]似

蝦蟆居陸地淮南謂之去
▶【1891-1】字解誤謬與否 ; [爾雅
釋魚]蟾諸[註]似蝦蟆居陸地淮南謂之
去蚊(改去蚍)
★이상과 같이 오류(誤謬) 수정(修訂)
이 되면 거보(去蚍; 두꺼비. [類篇]去
蚍蟾諸[爾雅釋魚]鼀𪕘蟾諸[郭註]似鰕
蟇居陸地淮南謂之去蚍)로 자전상(字
典上) 제(諸)의 본의(本義)에 직접 영
향이 미치게 됨.

康諺(언)[唐韻]魚變切[集韻]魚戰
切[韻會]疑戰切𡥷音彥[說文]傳言也
[廣韻]俗言也[書無逸]乃逸乃諺[傳]
俚語曰諺[左傳昭元年]諺所謂老將至而
耄及之　又與喭唁𡥷同[文心雕龍]諺
者直語也喪言亦不及文故弔亦稱諺[新
論正賞篇]子游裦裘而諺曾參指揮而呬
[正字通]按諺通作喭弔唁經皆從唁不
必借諺喭[新論]作諺偶譌誤耳　又[集
韻]魚肝切[正韻]魚幹切𡥷音岸[類篇]
詊諺自矜也[增韻]畔喭剛猛也[韻會]
叛諺不恭也或作喭引[論語註]子路失
於畔喭正義曰舊註作呍喭失言也言子
路性行剛彊常呍喭失於禮容也

【 오류정리 】

○康誤處 1 ; [左傳昭元年]諺所謂老
將至(改將知)而耄及之
●考證 ; 謹照原文將至改將知
◆整理 ; [左傳昭元年(좌전소원년)]
將至(장지)는 將知(장지)의 착오.
◆訂正文 ; [左傳昭元年]諺所謂老將
知而耄及之
▶【1892-1】字解誤謬與否 ; [左傳
昭元年]諺所謂老將至(改將知)而耄及
之　[將至(改將知)]
★이상과 같이 오류(誤謬) 수정(修訂)
이 된다 하여도 장지(將知; 장차 알
게 되고. [老子道德經]天地相合以降
甘露民莫之令而自均始制有名名亦既有

夫亦將知止知止可以不殆譬道之在天下猶川谷之於江海)는 자전상(字典上) 언(諺)의 본의(本義)에는 영향이 미치지 않음.

康詯(집)[廣韻][集韻][正韻]抾七入切音緝和也辯也 又人名唐詯見[唐書宰相表] 又[字彙]私呂切音醑謀也[揚子太玄經]次七女不女其心予覆夫詯[註]謀也[釋文]才智之稱也[㵎原]本作㝵

【 오류정리 】

○康誤處 1；[揚子太玄經](增戾字)次七女不女其心予覆夫詯

●考證；謹按此戾首之次七也戾字不可省今照原文次七上增戾字

◆整理；[揚子太玄經(양자태현경)]에 이어 戾字(려자)를 덧붙임. 次七(차칠)

◆訂正文；[揚子太玄經]戾次七女不女其心予覆夫詯

▶【1893-1】字解誤謬與否；[揚子太玄經](增戾字)次七女不女其心予覆夫詯 [(增戾字)次七]

★이상과 같이 오류(誤謬) 수정(修訂)이 되면 려차칠(戾次七; 점(占)을 쳐서 의문과 의심을 풀어 밝히라. 모(謀)꾀하다. [揚子太玄經]戾次七女不女其心予覆夫詯[註]謀也) 차칠(次七; 점(占)을 쳐서 의문과 의심을 풀어 밝히라.【釋文】才智之稱也[洪範九疇]初一曰五行次二曰敬用五事次三曰農用八政次四曰協用五紀次五曰建用皇極次六曰乂用三德次七曰明用稽疑 次八曰念用庶徵 次九曰嚮用五福 威用六極)인데 자전상(字典上) 집(詯)의 본의(本義)에 적극 영향이 미치게 됨.

康謀(모)[唐韻]莫浮切[集韻][韻會]迷浮切抾音牟[說文]慮難曰謀[爾雅釋言]心也[註]謀慮以心[廣雅]議也[玉篇]計也[字彙]㕟難慮患曰謀[易訟卦]君子以作事謀始[疏]凡欲興作其事必先謀慮其始[書洪範]聰作謀[傳]度也[詩小雅]周爰㕟謀[傳]㕟事之難易為謀[左傳宣十三年]貪必謀人[疏]計謀也 又[襄四年]㕟難為謀[註]問患難也[前漢藝文志]權謀者以正守國以奇用兵[晉書刑法志]二人對議謂之謀 又謀面[書立政]謀面用丕訓德[傳]謀面者謀人之面貌也 又謀主[左傳昭九年]民人之有謀主也[註]民人謀主宗族之師長 又菜名[本草綱目蒔蘿一名慈謀勒李時珍曰番言也 又樂名[周禮春官大司樂疏][孝經緯]云神農之樂曰[下謀] 又官名[金史百官志]諸謀克從五品掌撫輯軍戸訓練武藝 又姓[風俗通]周卿士蔡公謀父之後以字為氏 又通作規詳規字註 又叶謨悲切音眉[詩衞風]氓之蚩蚩抱布貿絲匪來貿絲來卽我謀 又叶莫徒切音模[詩小雅]民雖靡膴或哲或謀[註]膴音呼 又叶況于切音吁[焦氏易林]懿公淺愚不受深謀 又叶滿補切音母[詩小雅]彼譖人者誰適與謀取彼譖人投畀豺虎 又叶莫故切音暮[傳鶡觚馬皇后贊]作后作母帝諮厥謀國賴內訓家應顯祚

【 오류정리 】

○康誤處 1；[左傳宣十三年(改十四年)]貪必謀人

●考證；謹照原文十三年改十四年

◆整理；[左傳宣(좌전선) 十三年(십삼년)은 十四年(십사년)의] 착오.

◆訂正文；[左傳宣十四年]貪必謀人

▶【1894-1】字解誤謬與否；[左傳宣十三年(改十四年)]貪必謀人 [十三年(改十四年)]

★이상과 같이 인용처(引用處)나 주소(註疏), 음(音), 전(傳), 전(箋), 등(等)의 오류(誤謬)를 수정(修訂)을 한

다 하여도 자전상(字典上)의 모(謀)의 본의(本義)에는 영향이 미치지 않음.

康諏(추)[類篇]同諏[揚子太玄經]次二事在樞有咎不諏喪其哲符[註]諏奏也 又人名希諏與諏見[宋史宗室表

【 오류정리 】

○康誤處 1;[揚子太玄經](增事字)次二事在樞有咎不諏喪其哲符

●考證;謹照原文按此事首之次二也事字不可省今照原文次二上增事字

◆整理;[揚子太玄經(양자태현경)]이어 事字(사자)를 덧붙임. 次二(차이)

◆訂正文;[揚子太玄經]事次二事在樞有咎不諏喪其哲符

▶【1895-1】字解誤謬與否;[揚子太玄經](增事字)次二事在樞有咎不諏喪其哲符 [(增事字)次二]

★이상과 같이 오류(誤謬) 수정(修訂)이 된다 하여도 사(事; 일. 직업. 재능. 공업. 사업. 관직 벼슬. 사고. 사건. 모시다. 섬기다)는 자전상(字典上) 추(諏)의 본의(本義)에는 영향이 미치지 않음.

康謂(위)[唐韻][集韻][韻會]汰于貴切音胃[說文]報也[徐曰]謂之是報之也[廣雅]說也[廣韻]告也言也[增韻]與之言也[易乾卦]何謂也[疏]假設問辭故言何謂[詩召南]求我庶士迨其謂之[傳]但相告語而約可定矣[左傳昭八年]子盍謂之 又[韻會]事有可稱曰有謂失於事宜不可名言曰無謂[莊子齊物論]今我則有謂矣而未知吾所謂之其果有謂乎其果無謂乎[前漢景帝紀]姦法與盜盜甚無謂也 又[正韻]非與之言而稱其人亦曰謂[論語]子謂子賤子謂子產是指事而言亦曰謂[詩召南]謂行多露[小雅]謂天蓋高之類是也稱其言亦曰謂[論語]此之謂也其斯之謂與

是也 又[正字通]援古釋義而言亦曰謂[易臨卦]大君之宜行中之謂也[禮樂記]聖明者述作之謂也 又[爾雅釋詁]勤也[詩小雅]心乎愛矣遐不謂矣[箋]謂勤也勤思君子也 又[廣雅]使也[玉篇]信也道也 又姓[萬姓統譜]宋有謂準太平興國登科[說文]本作謂

【 오류정리 】

○康誤處 1;[禮樂記]聖明(改明聖)者述作之謂也

●考證;謹照原文聖明改明聖

◆整理;[禮樂記(예악기)] 聖明(성명)은 明聖(명성)의 착오.

◆訂正文;[禮樂記]明聖者述作之謂也

▶【1896-1】字解誤謬與否;[禮樂記]聖明(改明聖)者述作之謂也 [聖明(改明聖)]

★이상과 같이 오류(誤謬) 수정(修訂)이 되면 명성(明聖; 임금의 지덕(知德)을 형용하는 표현. 총명하고 덕(德)이 높음)인데 자전상(字典上) 위(謂)의 본의(本義)에 영향이 미치게 됨.

言 部 十畫

康謑(혜)[唐韻]胡禮切[集韻][韻會][正韻]戶禮切汰奚上聲[說文]恥也[玉篇]謑詬恥辱也[集韻]小人怒也[荀子非十二子篇]無廉恥而任謑詢謂置辱也 又人名[宋史宗室表]武翼郎不謑 又[[集韻][韻會][正韻]汰弦雞切音奚[類篇]謑髁不正貌[莊子天下篇]謑髁無任而笑天下之尚賢也 又[廣韻]呼訝切[集韻][韻會]虛訝切汰音罅怒言也 又[集韻]下解切音邂怒聲也或作嚇 [說文]或作謑[類篇]書作謑[字彙補]謑作謑非

【 오류정리 】

○康誤處 1;[荀子非十二子篇]無廉

恥而任(改忍)謑詬謂詈辱也
●考證 ; 謹照原文任改忍
◆整理 ; [荀子非十二子篇(순자비십이자편)] 任(임)은 忍(인)의 착오.
◈訂正文 ; [荀子非十二子篇]無廉恥而忍謑詬謂詈辱也
▶【1897-1】字解誤謬與否 ; [荀子非十二子篇]無廉恥而任(改忍)謑詬謂詈辱也 [任(改忍)]
★이상과 같이 오류(誤謬) 수정(修訂)이 되면 무렴치이인혜구(無廉恥而忍謑詬; 남을 두려워하지도 않고 염치도 없으며 꾸짖음과 욕을 참다. [楚辭九思]違群小兮謑詬[註]謑詬恥辱垢陋之言也[荀子非十二子]無廉恥而忍謑詬[注]謑詬詈辱也)인데 자전상(字典上) 혜(謑)의 본의(本義)에 간접 영향이 미치게 됨.

康 **謘**(지)[廣韻]直尼切[集韻]陳尼切𠀤音墀[說文]語諄謘也[荀子樂論篇]衆積謘謘乎 又人名希謘見[宋史宗室表] 又[唐韻]直离切[正韻]陳知切𠀤音馳又[廣韻][集韻][韻會]𠀤直利切墀去聲又[正韻]直意切持去聲義𠀤同 又[集韻]徒回切音頹啍謘語不正也

【 오류정리 】

○康誤處 1 ; [說文]語諄諄也(改語諄謘也)
●考證 ; 謹照原文改語諄謘也
◆整理 ; [說文(설문)] 語諄諄也(어순순야)는 語諄謘也(어순지야)의 착오.
◈訂正文 ; [說文]語諄謘也
▶【1898-1】字解誤謬與否 ; [說文]語諄諄也(改語諄謘也) [語諄諄也(改語諄謘也)]
★이상과 같이 오류(誤謬) 수정(修訂)이 되면 어순지(語諄謘; 말이 느리고 둔함. [說文解字注]語諄謘也諄謘盖猶鈍遲也)자전상(字典上) 지(謘)의 본의(本義)에 직접 영향이 미치게 됨.

康 **謝**(사)[唐韻]辭夜切[集韻][韻會][正韻]詞夜切𠀤音榭[說文]辭去也[廣雅]去也[楚辭九章]願歲幷謝與長友兮[註]謝去也 又[正韻]絕也[史記儒林傳]謝絕賓客 又[增韻]退也衰也彫落也[南史範縝傳]形存則神存形謝則神滅[淮南子兵略訓]若春秋有代謝 又[類篇]告也[前漢陳餘傳]厮養卒謝其舍[晉灼註]以辭相告曰謝 又[韻會]拜賜曰謝[前漢張安世傳]安世嘗有引薦]其人來謝安世以爲擧賢達能豈有私謝邪 又[正字通]自以爲過曰謝[禮檀弓]從而謝焉[史記項羽紀]旦日不可不蚤自來謝項王 又[韻會]聽也[正韻]致仕曰謝[禮曲禮]大夫七十而致仕若不得謝必賜之几杖[疏]謝猶聽也陳皓曰君不許其致事也如辭謝代謝皆却而退去之義 又鳥名[張華禽經]子規啼苦則倒懸於樹自呼曰謝豹 又菜名[本草綱目]水苦蕒一名謝婆菜 又島名[唐書地理志]登州東北海有大謝島 又蠻名[舊唐書南蠻傳]東謝蠻其地在黔州之西 又國名[詩大雅]于邑于謝[毛傳]謝周之南國也[朱傳]在今鄧州南陽縣 又縣名[前漢地理志]謝沐縣屬蒼梧郡 又姓[廣韻]出陳留會稽二望周宣王之舅姜申伯封于謝以邑爲氏[左傳昭七年]謝息爲孟孫守又複姓[風俗通]周宣王支子食采謝丘因以爲氏[前漢古今人表]謝丘章魯人 又通作榭[左傳襄三十一年]宮室卑庳無觀臺榭[註]本亦作謝[荀子王霸篇]臺榭甚高[註]與謝同 又或作繹亦作射[爾雅釋魚]龜仰者謝[疏]謂行時頭仰[周禮]地龜曰繹屬是也[周禮春官龜人鄭註]仰者繹[禮玉藻鄭註]靈射之屬[釋文]射音亦[周禮]作繹[爾雅]作謝 又叶祥豫切徐去聲[左思魏都賦]有覥瞢容神惢形茹弛氣離坐㥘墨而謝 又叶徂賀切音坐[韓愈送窮文]羾頭喪氣上手稱謝燒

車與船延之上坐　[說文]本作譺

【 오류정리 】
○康誤處 1；[禮曲禮]大夫七十而致仕(改致事)若不得謝必賜之几杖[疏(改註)]謝猶聽也
●考證；謹照原文致仕改致事疏改註
◆整理；[禮曲禮(예곡례)] 致仕(치사)는 致事(치사), 疏(소)는 註(주)의 착오.
◆訂正文；[禮曲禮]大夫七十而致事若不得謝必賜之几杖[註]謝猶聽也
▶【1899-1】字解誤謬與否；[禮曲禮]大夫七十而致仕(改致事)若不得謝必賜之几杖[疏(改註)]謝猶聽也　致仕(改致事)]　[疏(改註)]
★이상과 같이 오류(誤謬) 수정(修訂)이 되면 치사(致事; 사직하다. [三國演義第二七回]桓帝時曾爲議郎致仕歸鄕也作致事)으로 사(謝)의 본의(本義)에 적극 영향이 미치게 되, 주소(註疏)의 오류(誤謬)를 수정(修訂)을 한다 하여도 자전상(字典上)의 사(謝)의 본의(本義)에는 영향이 미치지 않음.

康諂(도)[廣韻]土刀切[集韻][韻會][正韻]他刀切夶音叨[爾雅釋詁]疑也[左傳昭二十六年]天道不諂不貳其命[註]諂本又作慆　又[哀十七年]天命不慆久矣[註慆疑也　又[集韻]叨号切叨去聲義同毛氏曰从言从舀與謟諛字不同

【 오류정리 】
○康誤處 1；[左傳昭二十六年]天道不諂不貳其命[註(改釋文)]諂本又作慆
●考證；謹照原文註字改釋文
◆整理；[左傳昭二十六年(좌전소이십륙년)] [註(주)는 釋文(석문)의 착오.
◆訂正文；[左傳昭二十六年]天道不諂不貳其命[釋文]諂本又作慆
▶【1900-1】字解誤謬與否；[左傳

昭二十六年]天道不諂不貳其命[註(改釋文)]諂本又作慆　[註(改釋文)]
★이상과 같이 인용처(引用處)나 주소(註疏), 음(音), 전(傳), 전(箋), 등(等)의 오류(誤謬)를 수정(修訂)을 한다 하여도 자전상(字典上)의 도(諂)의 본의(本義)에는 영향이 미치지 않음.

○康誤處 2；[哀(改二字)十七年]天命不慆久矣
●考證；謹按此昭二十七年傳非哀十七年傳今照原文哀字改二字
◆整理；[哀(애)는 二字(이자)의 착오. 十七年(십칠년)]
◆訂正文；[二十七年]天命不慆久矣
▶【1901-2】字解誤謬與否；[哀(改二字)十七年]天命不慆久矣　[哀(改二字)]
★이상과 같이 인용처(引用處)나 주소(註疏), 음(音), 전(傳), 전(箋), 등(等)의 오류(誤謬)를 수정(修訂)을 한다 하여도 자전상(字典上)의 도(諂)의 본의(本義)에는 영향이 미치지 않음.

言部 十一畫

康謷(오)[集韻][韻會][正韻]夶牛刀切音敖[說文]不肖人也[徐曰]不肖人其言煩苛也[廣韻]不肖語也[呂覽·懷寵篇]謷醜先王排訾舊典[楚辭九思]令尹兮謷謷[王逸註]不聽話言而妄語也　又[說文]哭不止悲聲謷謷也[前漢食貨志]天下謷謷然陷刑者衆[師古註]衆口愁聲也[正字通]通作嗸　又[韻會]大貌[莊子德充符]謷乎大哉獨成其天　又[正字通]謷有甚意今楚黃人謂事之甚者曰謷　又[廣韻]五交切[集韻][韻會]牛交切夶嶅平聲義同　又[廣韻]五到切[集韻][正韻]魚到切夶敖去聲[類篇]志遠也[字彙]謔也[正字通]倨也[唐書·周墀傳]宿將暴謷不循令者墀命鞭其背[韻會]與傲通[正字通]與

傲通 又或作慠[詩小雅]執我仇仇[傳]仇仇猶謷謷也[箋]謷 又作慠 [說文]本作謷[廣雅]書作謷[正韻]亦作譺

【 오류정리 】

○康誤處 1; [詩小雅]執我仇仇[傳]仇仇猶謷謷也[箋(改釋文)]謷本又作慠
●考證; 謹照原書箋改釋文
◆整理; [詩小雅(시소아)] [傳(전)] [箋(전)은 釋文(석문)의] 착오.
◆訂正文; [詩小雅]執我仇仇[傳]仇仇猶謷謷也[釋文]謷本又作慠
▶【1902-1】字解誤謬與否; [詩小雅]執我仇仇[傳]仇仇猶謷謷也[箋(改釋文)]謷本又作慠 [箋(改釋文)]
★이상과 같이 인용처(引用處)나 주소(註疏), 음(音), 전(傳), 전(箋), 등(等)의 오류(誤謬)를 수정(修訂)을 한다 하여도 자전상(字典上)의 오(謷)의 본의(本義)에는 영향이 미치지 않음.

言部 十二畫

康譆(희)[廣韻]許其切[集韻][韻會]虛其切夶音僖[說文]痛也[徐曰]痛而呼之言也[玉篇]敕也懼聲也[史記趙世家]簡子召之曰譆吾有所見子晰也[亢倉子[賢道篇]仰而譆[曹植七啓]俯而應之曰譆[註]愁恨之聲也譆與嘻古通
又譆譆熱也[左傳襄三十年]或叫于宋大廟曰譆譆出出[通雅]當作嘻嘻咄皆狀鬼神之聲舊訓火狀誤[說文]引[左傳]作誒誒 又譩譆鳥名詳譩字註 又[集韻][類篇]夶於其切音醫恨聲也同噫

【 오류정리 】

○康誤處 1; [史記趙世家]簡子召之曰譆吾有所見子晰(改子晰)也
●考證; 謹照原文子晰改子晰
◆整理; [史記趙世家(사기조세가)]子晰(자석)은 子晰(자절)의 착오,
◆訂正文; [史記趙世家]簡子召之曰

譆吾有所見子晰也
▶【1903-1】字解誤謬與否; [史記趙世家]簡子召之曰譆吾有所見子晰(改子晰)也 [子晰(改子晰)]
★이상과 같이 오류(誤謬) 수정(修訂)이 된다 하여도 자절(子晰; 인명(人名). [史記趙世家]簡子召之曰譆吾有所見子晰也當道者曰屏左右原有謁簡子屏人當道者曰主君之疾臣在帝側 [索隱] 認爲子晰是人名) 자전상(字典上) 희(譆)의 본의(本義)에는 영향이 미치지 않음.

康譖(참)[唐韻]莊蔭切[集韻][正韻]側禁切[韻會]側廕切夶簪去聲[說文]愬也[博雅]譖也[玉篇]讒也[韻會]旁入曰譖[詩小雅]譖言則退[註]有譖毀之言則共爲排退之[公羊傳莊元年]夫人譖公于齊侯[註]如其事曰訴加誣曰譖[前漢孫寶傳]蒙受冤譖 又蝎譖[埤雅]古者譖從中起謂之蝎譖 又[韻會]子念切與僭通不信也[詩大雅]譖始竟背[箋]譖本亦作僭[又]覆謂我僭[傳]僭不信也本亦作譖 又叶子林切音祲[詩大雅]瞻彼中林牲牲其鹿朋友已譖不胥以穀譖叶林 [正字通]俗作譛譖非

【 오류정리 】

○康誤處 1; [詩大雅]譖始竟背[箋(改釋文)]譖本亦作僭[又]覆謂我僭[傳(改箋)]僭不信也本亦作譖
●考證; 謹照原文箋改釋文傳改箋
◆整理; [詩大雅(시대아)] [箋(전)은 釋文(석문)] [傳(전)은 箋(전)의] 착오.
◆訂正文; [詩大雅]譖始竟背[釋文]譖本亦作僭[又]覆謂我僭[箋]僭不信也本亦作譖
▶【1904-1】字解誤謬與否; [詩大雅]譖始竟背[箋(改釋文)]譖本亦作僭[又]覆謂我僭[傳(改箋)]僭不信也本亦

作譖
★이상과 같이 인용처(引用處)나 주소(註疏), 음(音), 전(傳), 전(箋), 등(等)의 오류(誤謬)를 수정(修訂)을 한다 하여도 자전상(字典上)의 참(譖)의 본의(本義)에는 영향이 미치지 않음.

言 部 十三畫

康 譬 (비) [唐韻] 匹至切 [集韻] [韻會] [正韻] 匹智切𠀤嬖去聲 [說文] 諭也 [徐曰] 猶匹也匹而諭之也 [詩大雅] 取譬不遠 [禮學記] 罕譬而諭 [註] 北方之辭 [後漢第五種傳] 羽請住譬降之 [註] 譬諭也 又猶曉也 [後漢鮑永傳] 言之者雖戒而聞之者未譬 又 [集韻] 或作辟 [詩小雅] 譬彼舟流 [箋] 譬本亦作辟 [孟子] 譬若掘井

【 오류정리 】

○康誤處 1; [禮學記] 罕譬而諭(改喻) [註] 北方(改比方)之辭
●考證; 謹照原文諭改喻北方改比方
◆整理; [禮學記(예학기)] 諭(유)는 喻(유)의 착오. [註(주)] 北方(북방)은 比方(비방)의 착오.
◆訂正文; [禮學記] 罕譬而喻 [註] 比方之辭
▶【1905-1】字解誤謬與否; [禮學記] 罕譬而諭(改喻) [註] 北方(改比方)之辭 [諭(改喻)] [北方(改比方)]
★이상과 같이 오류(誤謬) 수정(修訂)이 되면 ○유(喻; 깨우치다)로 자전상(字典上) 비(譬)의 본의(本義)에 적극 영향이 미치게 되고, ○북방(北方; 북쪽)은 비(譬)의 본의(本義)에는 영향이 미치지 않음.

康 議 (의) [唐韻] [集韻] [韻會] 𠀤宜寄切音義 [說文] 語也 [徐曰] 定事之宜也 [廣雅] 言也謀也 [廣韻] 評也 [正韻] �也 [易節卦] 君子以制數度議德行 [書

周官] 議事以制 [禮曲禮] 公事不私議 [莊子齊物論] 六合之內聖人論而不議 [文中子問易篇] 議其盡天下之心乎 [註] 續書有議 又 [廣韻] 擇也 [儀禮有司徹] 乃議侑于賓以異姓 [鄭註] 議猶擇也擇賓之賢者可以侑尸必用異姓廣敬也
又 [玉篇] 法有八議 [周禮秋官小司寇] 以八辟麗邦法附刑罰一議親二議故三議賢四議能五議功六議貴七議勤八議賓 又 [唐書百官志] 下之通上其制有六四曰議 [蔡邕獨斷] 其有疑事公卿百官會議若臺閣有所正處而獨執異意曰駁議 又官名 [後漢百官志] 議郎六百石 [唐書百官志] 有諫議大夫 又司議郎 又通作誼詳前誼字註 又 [集韻] 魚羈切 [韻會] 疑羈切𠀤義平聲謀度也 [詩小雅] 或出入風議陸德明協句音宜
又叶牛何切音俄 [史記述贊] 桓公之東太史是庸及侵周禾王人是議庸叶東議叶禾 [說文] 本作議

【 오류정리 】

○康誤處 1; [易節象] 君子以制度數(改數度) 議德行
●考證; 謹照原文度數改數度
◆整理; [易節象(역절상)] 度數(도수)는 數度(수도)의 착오.
◆訂正文; [易節象] 君子以制數度議德行
▶【1906-1】字解誤謬與否; [易節象] 君子以制度數(改數度) 議德行 [度數(改數度)]
★이상과 같이 오류(誤謬) 수정(修訂)이 된다 하여도 제수도(制數度; 예수(禮數)와 법도(法度)를 짓는다. [周易節象] 君子以制數度議德行 數度指禮數法度) 자전상(字典上) 의(議)의 본의(本義)에는 영향이 미치지 않음.

言 部 十五畫

康 讀 (독) [唐韻] [集韻] [韻會] 徒谷

切[正韻]杜谷切太音獨[說文]誦書也
[徐鍇曰]讀猶瀆也若四瀆之引水也[詩
鄘風]中冓之言不可讀也[毛傳]抽也[鄭
箋]抽猶出也[朱傳]誦言也[禮文王世
子]冬讀書典書者詔之　又樂名[周禮
春官大司樂疏][孝經緯]云祝融之樂曰
[屬讀]　又曲名[唐書禮樂志][讀曲]
宋人爲彭城王義康作也　又官名[唐
書百官志]集賢殿書院有侍讀學士掌承
旨撰集文章校理經籍　又姓見[姓苑]
又[集韻][韻會]太大透切音豆義同[周
禮天官宮小宰正註]鄭司農讀火絕之徐
音豆又[增韻]句讀凡經書成文語絕處
謂之句語未絕而點分之以便誦詠謂之
讀今祕省挍書式凡句絕則點於字之旁
讀分則微點於字之中閒　又[韻會]通
作投[馬融長笛賦]察度於句投[註]說
文曰逗止也投與逗古字通音豆投句之
所止也○按此則讀與逗通逗又與投通
　又叶亭歷切音狄[蘇轍醉吟庵詩]詩
成付與醉中讀知有淸溪可終日

【 오류정리 】

○康誤處 1；[周禮天官小宰(省小宰二
字)宮正註]鄭司農讀火絕之(增釋文二
字)徐音豆
●考證；謹按此天官宮正註非小宰註
也謹照原文省小宰二字徐音豆上增釋文
二字
◆整理；[周禮天官(주례천관) 小宰
(소재) 小宰二字(소재이자)는 삭제하
고, 宮正註(궁정주)] 絕之(절지)에 이
어 釋文二字(석문이자)를 덧붙임. 徐
音豆(서음두)
◆訂正文；[周禮天官小宰(省小宰二
字)宮正註]鄭司農讀火絕之[釋文]徐
音豆
▶【1907-1】字解誤謬與否；[周禮
天官小宰(省小宰二字)宮正註]鄭司農
讀火絕之(增釋文二字)徐音豆　[小宰
(省小宰二字)]　[絕之(增釋文二字)]

★이상과 같이 인용처(引用處)나 주
소(註疏), 음(音), 전(傳), 전(箋), 석
문(釋文) 등(等)의 오류(誤謬)를 수정
(修訂)을 한다 하여도 자전상(字典上)
의 독(讀)의 본의(本義)에는 영향이
미치지 않음.

言部　十六畫

讇(첨)[唐韻][集韻][韻會][正
韻]太丑琰切覘上聲[說文]諛也[玉篇]
佞也[禮少儀]爲人臣下者有頌而無讇
[前漢五行志]不知誰主爲佞讇之計又
[劉輔傳]朝廷無讇諛之士[師古註]讇
古諂字　又[集韻]余廉切音鹽過恭也
[禮玉藻]立容辨卑無讇[鄭註]謂傾身
以自下也　又[集韻]時占切音蟾[類篇]
寐言也

【 오류정리 】

○康誤處 1；[禮少儀]爲人臣下者有
(省有字)頌而無讇
●考證；謹照原文頌上省有字
◆整理；[禮少儀(예소의)] 有(유) 有
字(유자)는 삭제함.
◆訂正文；[禮少儀]爲人臣下者頌而
無讇
▶【1908-1】字解誤謬與否；[禮少
儀]爲人臣下者有(省有字)頌而無讇
★이상과 같이 유자(有字)를 삭제(削
除) 한다 하여도 자전상(字典上) 첨
(讇)의 본의(本義)에 영향을 끼치지
않음.

變(변)[唐韻]祕戀切[廣韻]彼眷
切[集韻][韻會]彼卷切太鞭去聲[說
文]更也[小爾雅]易也[廣韻]化也通也
[增韻]轉也[正韻]改也[易乾卦]乾道
變化[易解]自有而無謂之變自無而有
謂之化[禮王制]一成而不可變[註]更
也[周禮夏官司爟]四時變國火以救時

疾[註]變猶易也[前漢循吏傳]漢家承
敝通變　又動也[禮檀弓]夫子之疾病矣
不可以變[註]變動也[荀子議兵篇]機
變不張[註]謂器械變動攻敵也　又權
變[前漢魏豹傳贊]張耳韓信皆徼一時
之權變以詐力成功[文中子述史篇]非
君子不可以語變[註]變權也反經合道
之謂也　又災異曰變[前漢五行志]災
異愈甚天變成形又[諸葛豐傳]災變數
見　又死喪曰變[穀梁傳昭十五年]君
在祭樂之中大夫有變以聞可乎　又姓
見[姓苑]　又[韻會]平免切音辨正也
[禮禮運]大夫死宗廟謂之變[陳註]變
讀爲辨猶正也　又叶㢱眠切音邊[莊子
田子方]夫至人者上闚靑天下潛黃泉揮
斥八極神氣不變　又叶必愼切音鬢[陸
雲詩]羽儀未變叶有客來信○按[說文]
本从攴變載攴部徐曰攴有爲也精蘊从
夊俗譌作夂㚘非字彙已載攴部是言部
重出下改从夊非　又集韻俗作[木變]
變亦非變

【 오류정리 】

○康誤處 1 ; [禮檀弓]夫子之疾病(改
病革)矣不可以變
●考證 ; 謹照原文疾病改病革
◆整理 ; [禮檀弓(례단궁)] 疾病(질
병)은 病革(병혁)의 착오.
◆訂正文 ; [禮檀弓]夫子之病革矣不
可以變
▶【1909-1】字解誤謬與否 ; [禮檀
弓]夫子之疾病(改病革)矣不可以變
[疾病(改病革)]
★이상과 같이 오류(誤謬) 수정(修訂)
이 된다 하여도 병혁(病革; 위독한
병세) 자전상(字典上) 변(變)의 본의
(本義)에는 영향이 미치지 않음.

㊔䜬(위)[玉篇]爲劇切[五音集韻]
于劇切夊音衞與㥜同䜬言不慧也[管子
形勢解]推譽不小之謂䜬　又[正字通]

詐也與僞通亦作譌[左傳哀二十四年]
是譌言也[註言不信也]

【 오류정리 】

○康誤處 1 ; [管子形勢解]推譽不小
(改不肖)之謂䜬
●考證 ; 謹照原文不小改不肖
◆整理 ; [管子形勢解(관자형세해)]
不小(불소)는 不肖(불초)의 착오.
◆訂正文 ; [管子形勢解]推譽不肖之
謂䜬
▶【1910-1】字解誤謬與否 ; [管子
形勢解]推譽不小(改不肖)之謂䜬 [不
小(改不肖)]
★이상과 같이 오류(誤謬) 수정(修訂)
이 된다 하여도 불초(不肖; 품행이
좋지 않다. 아버지를 닮지 않았다.
현명하지 않다. 못나다. 불효자.
[孟子萬章上]丹朱之不肖舜之子亦不肖
不賢無才能[禮記中庸]賢者過之不肖者
不及也) 자전상(字典上) 위(䜬)의
본의(本義)에는 영향이 미치지 않음.

言 部 十七畫

㊔讔(은)[集韻]倚謹切音隱庾語也
[字彙]訹言也 又[文心雕龍]讔者隱也
遯辭以隱意譎譬以指事也[呂覽重言
篇]荊莊王立三年不聽而好讔　又[正
字通]與隱通[劉向新序]齊宣王發隱書
而讀之隱卽讔字[字彙補]亦書作䜪或
作䜴非

【 오류정리 】

○康誤處 1 ; [集韻]倚謹切音隱庾語
(改廋語)也
●考證 ; 謹照原文庾語改廋語
◆整理 ; [集韻(집운)] 庾語(유어)는
廋語(수어)의 착오.
◆訂正文 ; [集韻]倚謹切音隱廋語也
▶【1911-1】字解誤謬與否 ; [集韻]
倚謹切音隱庾語(改廋語)也 [庾語(改

廈語)]

★이상과 같이 오류(誤謬) 수정(修訂)이 되면 수어(廈語; 은어(隱語) 특수집단 내에서 서로 통하는 언어. 廈辭(수사) 廈辭(수사). 수수께끼. 은어. 廈詞(수사). 廈語(수어). 謎語(미어). 讔語(은어). [新五代史晉臣傳桑維翰]不知人者數日及醒訊之莫知其然而帝方與業及晶文進後贊郭允明等狎昵多爲廈語相謫戱放紙鳶於宮中太後數以災異戒帝不聽)로 자전상(字典上) 은(讔)의 본의(本義)에 직접 영향이 미치게 됨.

言 部 十八畫

康譆(희)[集韻]噫譆夶同[列子黃帝篇]仲尼曰譆吾與若玩其文也久矣而未達其實[註]譆音希

【 오류정리 】

○康誤處 1 ; [列子黃帝篇]仲尼曰譆吾與若玩其文也久矣而未達其實[註]譆音希(改與讔同)

●考證 ; 謹照原文音希改與讔同

◆整理 ; [列子黃帝篇(열자황제편)] [註(주)] 音希(음희)는 與讔同(여의동)의 착오.

◆訂正文 ; [列子黃帝篇]仲尼曰譆吾與若玩其文也久矣而未達其實[註]譆與讔同

▶【1912-1】字解誤謬與否 ; [列子黃帝篇]仲尼曰譆吾與若玩其文也久矣而未達其實[註]譆音希(改與讔同) [音希(改與讔同)]

★이상과 같이 오류(誤謬) 수정(修訂)이 되면 희여의동(譆與讔同; 희(譆)와 의(讔)는 同字)이니 자전상(字典上) 희(譆)의 본의(本義)에 간접 영향이 미치게 됨.

谷 部

康谷(곡)[唐韻][集韻][韻會][正韻]古祿切音穀[說文]泉出通川爲谷从水半見出於口[韻會]兩山閒流水之道也[爾雅釋水]水注谿曰谷[疏]謂山谷中水註入澗谿也[易井卦]井谷射鮒[註]谿谷出水從上注下[公羊傳僖三年]桓公曰無障谷[註]水注川曰谿注谿曰谷[禮祭法]山林川谷丘陵民所取財用也[老子道德經]江海所以能爲百谷王者以其善下之 又谷水[管子度地篇]山之溝一有水一無水者命曰谷水 又暘谷日所出處昧谷日所入處[書堯典]分命義仲宅嵎夷曰暘谷分命和仲宅西曰昧谷 又[集韻]窮也[詩大雅]進退維谷[疏]谷謂山谷墜谷是窮困之義 又[廣韻]養也[老子道德 經]谷神不死 又[爾雅釋天]東風謂之谷風[詩邶風]習習谷風[詩詁]風出谷中也[疏]谷之言穀穀生也生長之風也[前漢王莽傳]其夕穀風迅疾[師古曰]卽谷風 又[韻會]竹溝曰谷[前漢律歷志]黃帝使伶倫取竹之解谷[註]解脫也谷溝也取竹之無谷節者一說解谷昆侖之北谷名也 又塹谷窟室也[左傳襄三十年]鄭伯有爲窟室夜飮朝者曰公安在其人曰吾公在塹谷[註]地室也 又人足內踝前後一寸陷中曰然谷穴[奇經考]陰蹻之脈起于跟中足少陽然谷穴之後 又地名[春秋定十年]公會齊侯于夾谷[杜註]卽祝其也 又郡縣名[前漢地理志]上谷郡秦置[魏書地形]谷陽縣屬留郡 又山名[山海經]波谷山者有大人之國 又姓漢有谷永又複姓金有夾谷謝奴[金國語姓氏解]夾谷曰仝 又[廣韻]余蜀切[集韻][韻會]兪玉切 音欲義與[說文]爾雅同 又姓北魏有谷渾氏又吐谷渾氏[金壷字 考]音突浴魂 又[廣韻][集韻][韻會]盧谷切音鹿[史記匈奴傳]置左右谷蠡王[註]谷蠡音鹿離 又叶乞約切音却[史記龜筴傳]有介之蟲置之谿谷收牧人民爲之城郭 又叶魚律

切音聿[易林]鹿畏人匿俱入深谷命短不長爲虎所得[音學五書]山谷之谷雖有穀欲二音其實欲乃正音[易]井谷陸德明一音浴[書]暘谷一音欲[左傳]南谷中一音欲[史記樊噲傳]橫谷[正義]音欲[貨殖傳]谷量牛馬索隱音欲苦縣[老子銘]書谷神作浴神是也轉平聲則音臾上聲則音與去聲則音裕今人讀谷爲穀而加山作峪乃音裕非

【 오류정리 】

○康誤處 1 ; [公羊傳僖三年]桓公曰無障谷[註]水注川曰溪(改谿)注溪(改谿)曰谷

●考證 ; 謹照原文溪改谿

◆整理 ; [公羊傳僖三年(공양전희삼년)] [註(주)] 溪(계)는 谿, 溪(계)는 谿(계)의 착오.

◆訂正文 ; [公羊傳僖三年]桓公曰無障谷[註]水注川曰谿注谿曰谷

▶【1913-1】字解誤謬與否 ; [公羊傳僖三年]桓公曰無障谷[註]水注川曰溪(改谿)注溪(改谿)曰谷 [溪(改谿)] [溪(改谿)]

★이상과 같이 오류(誤謬) 수정(修訂)이 되면 계(谿; 골짜기. 계곡(谿谷))인데 자전상(字典上) 곡(谷)의 본의(本義)에 적극 영향이 미치게 됨.

○康誤處 2 ; [左傳襄三十年]鄭伯(增有字)爲窟室夜飮朝者曰公安在(焉在)其人曰吾公在壑谷[註]地室也

●考證 ; 謹照原文鄭伯下增有字安在改焉在

◆整理 ; [左傳襄三十年(좌전양삼십년)] 鄭伯(정백)에 이어 有字(유자)를 덧붙이고, 安在(안재)는 焉在(언재)의 착오.

◆訂正文 ;[左傳襄三十年]鄭伯有爲窟室夜飮朝者曰公焉在其人曰吾公在壑谷[註]地室也

▶【1914-1】字解誤謬與否 ; [左傳襄三十年]鄭伯(增有字)爲窟室夜飮朝者曰公安在(焉在)其人曰吾公在壑谷[註]地室也 [鄭伯(增有字)] [安在(焉在)]

★이상과 같이 오류(誤謬) 수정(修訂)이 된다 하여도 ○유(有; 있다. 소유하다. 존재한다. 소지(所持)하다. 독차지하다. 접두사(接頭辭))와 ○언재(焉在; 어떻게 있는가)는 자전상(字典上) 곡(谷)의 본의(本義)에는 영향이 미치지 않음.

豆 部

康 豆(두)[唐韻]徒候切[集韻][韻會][正韻]大透切𣅔音竇[說文]古食肉器也[爾雅釋器]木豆謂之豆[書·武成]執籩豆[詩小雅]爲豆孔庶[公羊傳桓四年]諸侯曷爲必田狩一曰乾豆[註]豆祭器狀如鐙[禮明堂位]夏后氏以楬豆商玉豆周獻豆[註]楬無異物之飾也獻音娑疏刻之也 又[禮器]天子之豆二十有六諸公十有六諸侯十有二上大夫八下大夫六又[鄕飮酒義]六十者三豆七十者四豆八十者五豆九十者六豆所以明養老也[周禮冬官考工記]旊人爲豆實三而成觳崇尺[註]崇高也豆實四升[史記樂書]簠簋俎豆禮之器也 又[揚子方言]陳楚宋衛謂桮落爲豆籠[註]盛桮器籠也[集韻]或作梪㽠 又[韻略]穀也[博雅]大豆菽也小豆荅也[周禮天官大宰三農生九穀註]黍稷秫稻麻大小豆大小麥爲九穀[禮投壺]壺中實小豆焉爲其矢之躍而出也[干寶晉書]駑馬戀棧豆又[博雅]天豆雲實也又巴豆海紅豆皆藥名出巴蜀又相思子一名紅豆又土芋一名土豆皆菽豆別一種也俗作荳非 又[說苑辨物篇]十六黍爲一豆六豆爲一銖二十四銖爲一兩 又官名[南齊書·魏虜傳]北魏置九豆和官 又地名[北史周文帝紀]文帝伐魏至盤豆拔之

又州名[唐書地理志]隴右道有白豆州　又姓漢光武時關內侯豆如意後魏長廣王豆代田又複姓北周豆盧寧本姓慕容氏歸魏賜姓豆盧氏又三字姓北魏次南有紇豆陵氏　又[正韻]當口切音斗[玉篇]量名[周禮冬官考工記梓人]食一豆肉飲一豆酒[註]豆當爲斗毛居正曰豆古斗字如[左傳昭三年]豆區釜鍾之類當音斗後人誤讀爲俎豆之豆斗斛之斗又作䇺蓋譌併耳　又[字彙補]思留切讀作羞[周禮天官腊人]凡祭祀共豆脯[註]脯非豆實豆當爲羞聲之誤也[釋文]豆音羞　又[韻補]叶動五切音杜[柳宗元牛賦]皮角見用肩尻莫保或穿縢滕或實俎豆豆叶保保音補　又叶田故切讀作渡[詩小雅]儐爾籩豆飲酒之飫兄弟既翕和樂且孺　又山名[後漢郡國志]唐縣有都山一名豆山今關中人讀豆爲渡[說文]豎侸裋皆以豆得聲樹字从壴亦以豆得聲

【 오류정리 】

○康誤處 1 ; [書武成]執籩豆(改執豆籩)

●考證 ; 謹照原文改執豆籩

◆整理 ; [書武成(서무성)] 執籩豆(집변두)는 執豆籩(집두변)의 착오.

◆訂正文 ; [書武成]執豆籩

▶【1915-1】字解誤謬與否 ; [書武成]執籩豆(改執豆籩) [執籩豆(改執豆籩)]

★이상과 같이 오류(誤謬) 수정(修訂)이 되면 집두변(執豆籩; 두변(豆籩)을 잡고(執; 잡다. 두(豆; 나무로 굽이 높게 만든 목기) 변(籩 대오리로 결어서 굽이 높게 만든 제기)인데 자전상(字典上) 두(豆)의 본의(本義)에 직접 영향이 미치게 됨.

○康誤處 2 ; [禮明堂位]夏后氏以楬豆商(改殷)玉豆周獻豆

●考證 ; 謹照原文商改殷

◆整理 ; [禮明堂位(예명당위)] 商(상)은 殷(은)의 착오.

◆訂正文 ; [禮明堂位]夏后氏以楬豆殷玉豆周獻豆

▶【1916-2】字解誤謬與否 ; [禮明堂位]夏后氏以楬豆商(改殷)玉豆周獻豆 [商(改殷)]

★이상과 같이 오류(誤謬) 수정(修訂)이 되면 은옥두(殷玉豆; [禮明堂位]有虞氏兩敦(유우씨는 양대[兩敦]이고) 夏后氏四璉(하후씨는 사연[四璉]이며), 殷人六瑚(은나라 사람은 육호[六瑚]이고), 周人八簋(주나라 사람은 팔궤[八簋]이다), 夏后氏楬豆(하후씨는 꾸미지 않은 제기이고), 殷玉豆(은나라는 옥으로 만든 제기이며), 周獻豆(주나라는 새겨서 꾸민 제기이다) [論語註疏衛靈公]夏後氏以楬豆殷玉豆周獻豆[鄭注]云楬無異物之飾也獻[疏]刻之齊人謂無發爲禿楬)인데 자전상(字典上) 두(豆)의 본의(本義)에 직접 영향이 미치게 됨.

○康誤處 3 ; [詩小雅]儐爾籩豆飲酒之飫兄弟既翕(改既具)和樂且孺

●考證 ; 謹照原文既翕改既具

◆整理 ; [詩小雅(시소아)] 既翕(기흡)은 既具(기구)의 착오.

◆訂正文 ; [詩小雅]儐爾籩豆飲酒之飫兄弟既具和樂且孺

▶【1917-3】字解誤謬與否 ; [詩小雅]儐爾籩豆飲酒之飫兄弟既翕(改既具)和樂且孺 [既翕(改既具)]

★이상과 같이 오류(誤謬) 수정(修訂)이 된다 하여도 형제기구(兄弟既具; 형제가 한자리에 함께 하다. [詩經小雅]喪亂既平既安且寧雖有兄弟不如友生儐爾籩豆飲酒之飫兄弟既具和樂且孺妻子好合如鼓瑟琴兄弟既翕和樂且湛宜爾家室樂爾妻帑是究是圖亶其然乎)이니 자전상(字典上) 두(豆)의 본의(本

義)에는 영향이 미치지 않음.

豆部 三畫

康 豈 (기) [廣韻] 袪俙切 [集韻] [韻會] 去幾切𡘋音鎧 [說文] 還師振樂也又欲也登也 [徐曰] 今借此爲語詞 [玉篇] 安也焉也 [廣韻] 曾也 [增韻] 非然之辭 [書五子之歌] 怨豈在明 [詩召南] 豈不夙夜 [傳] 豈不言有是也 又 [集韻] [正韻] 𡘋可亥切音鎧與凱愷𡘋通軍勝之樂也又樂也和也○按經傳凱歌凱風愷悌樂愷皆借豈古凱愷豈音義通今分爲二 [字彙] (山下一)从岂省 (口下ソ一)从豆省俗作山頭非 [同文舉要] 豈同剴亦非

【 오류정리 】

○康誤處 1 ; [說文] 還師振(增旅字)樂也

●考證 ; 謹照原文振下增旅字

◆整理 ; [說文(설문)] 振(진)에 이어 旅字(려자)를 덧붙임.

◆訂正文 ; [說文] 還師振旅樂也

▶ 【1918-1】 字解誤謬與否 ; [說文] 還師振(增旅字)樂也 [振(增旅字)]

★이상과 같이 오류(誤謬) 수정(修訂)이 되면 진려(振旅; (군사를 거두어) 개선(凱旋)하다. [詩經小雅] 其車三千師干之試方叔率止鉦人伐鼓陳師鞠旅顯允方叔伐鼓淵淵振旅闐闐蠢爾蠻荊大邦爲讎方叔元老克壯其猶方叔率止執訊獲醜戎車嘽嘽)인데 자전상(字典上) 기(豈)의 본의(本義)에 직접 영향이 미치게 됨.

豆部 十一畫

康 豐 (풍) [唐韻] 敷戎切 [集韻] [韻會] 敷馮切𡘋音鄷 [說文] 豆之豐滿者也一曰器名鄕飮酒有豐侯亦謂之廢禁 [陸佃云] 似豆而卑 [海錄碎事] [射禮] 置豐於西階古豐國之君以酒亡國故以爲罰

爵圖其人形於下寓戒也 [儀禮鄕射禮] 司射適堂西命弟子設豐 [註] 將飮不勝者設豐所以承其爵也 [疏] 按 [燕禮] 君尊有豐此言承爵豐則兩用之 又 [玉篇] 大也 [廣韻] 多也 [易豐卦疏] 豐者多大之名盈足之義財多德大故謂之豐 [書高宗肜日] 典祀無豐于昵 [疏] 謂犧牲禮物多也 [楚語] 彼若謀楚其必有豐敗也哉 [註] 大也 [揚子方言] 凡物之大貌曰豐 又趙魏之郊燕之北鄙凡大人謂之豐人燕記曰豐人杼首杼首長首也 又 [廣韻] 茂也盛也 [詩小雅] 在彼豐草 [傳] 豐茂也 [楚語] 夫事君者不以豐約舉 [註] 豐盛約衰也 又猶厚也 [周禮地官大司徒] 原隰其民豐肉而庳 又歲熟曰豐 [詩周頌] 豐年多黍多稌 [公羊傳桓三年] 大有年何大豐年也 [註] 謂五穀皆大成熟 又 [博雅] 雲師謂之豐隆一曰雷師也 [屈原離騷] 吾令豐隆乘雲 [淮南子天文訓] 季春三月豐隆乃出 [註] 雷也 又豐席 [孔安國書傳] 豐莞也郭璞曰今西方人呼蒲爲莞用之爲席鄭康成曰刮凍竹席也 又豐本韭別名 [禮曲禮] 凡祭宗廟之禮韭曰豐本 [註] 其根本茂盛也 又地名 [書武成] 王來自商至于豐 [傳] 文王舊都在京兆鄷縣今長安縣西北是也通作鄷 又水名 [詩大雅] 豐水東注 [後漢郡國志註] 豐水出鄷南山豐谷北入于渭通作灃 又縣名 [前漢地理志] 豐縣屬沛郡 又州名古太原郡宋置豐州又陝西隋置豐州 又山名豐山在滁州南二里許上有豐樂亭見 [歐陽修記] 又人名 [前漢古今人表] 陳豐帝嚳妃生堯 [師古曰] 卽陳鋒也 又姓 [廣韻] 鄭穆公子豐之後 又複姓豐將氏見 [潛夫論] 又叶敷文切音分 [蔡邕碑] 民安物豐上叶綏我荊衡下叶以紀洪勳 又叶敷康切音芳 [韓愈歐陽生哀辭] 友則旣獲兮祿實不豐以志爲養兮何有牛羊

【 오류정리 】

○康誤處 1 ; [說文]豆之豐滿者也一曰器名鄕飮酒有豐候(改豐侯)亦謂之廢禁

●考證 ; 謹照原文豐候改豐侯

◆整理 ; [說文(설문)] 豐候(풍후)는 豐侯(풍후)의 착오.

◆訂正文 ; [說文]豆之豐滿者也一曰器名鄕飮酒有豐侯亦謂之廢禁

▶【1919-1】字解誤謬與否 ; [說文]豆之豐滿者也一曰器名鄕飮酒有豐候(改豐侯)亦謂之廢禁 [豐候(改豐侯)]

★이상과 같이 오류(誤謬) 수정(修訂)이 되면 풍후(豐侯; 풍족하고 넉넉함. [說文]豐 豆之豐滿者也.一曰器名鄕飮酒有豐侯亦謂之廢禁.[易豐卦疏]豐者多大之名盈足之義 財多德大故謂之豐)인데 자전상(字典上) 풍(豐)의 본의(本義)에 영향이 미치게 됨.

豕部 五畫

康象(상)[唐韻]徐兩切[集韻][韻會][正韻]似兩切达詳上聲[說文]長鼻牙南越大獸三年一乳象耳牙四足之形[爾雅釋地]南方之美者有梁山之犀象焉[疏]犀象二獸皮角牙骨材之美者也[詩魯頌]元龜象齒[左傳襄二十四年]象有齒以焚其身賄也[禮玉藻]笏諸侯以象士竹本象可也 又[王安石字說]象牙感雷而文生天象感氣而文生故天象亦用此字[易繫辭]在天成象[疏]謂懸象日月星辰也[禮樂記註]象光耀也 又[韓非子解老篇]人希見生象也而得死象之骨按其圖以想其生也故諸人之所以意想者皆謂之象也[易繫辭]象也者像此者也[疏]言象此物之形狀也[左傳桓六年]申繻曰名有五以類命爲象[註]若孔子首象尼丘[周禮春官大卜]以邦事作龜之八命二曰象[註]謂炎變雲物如衆赤鳥之屬有所象似[前漢王莽

傳]白煒象平[註]象形也萬物無不成形于西方 又法也[書堯典]象以典刑[傳]法用常刑用不越法[儀禮士冠禮]繼世以立諸侯象賢也[註]象法也 又象魏門闕也一曰書名[周禮天官大宰]正月之吉縣治象之法于象魏[疏]周公謂之象魏雉門之外兩觀闕高魏魏然也[左傳哀三年]命藏象魏[疏]由其縣于象魏故謂其書爲象魏 又象尊酒器[左傳定十年]犧象不出門[疏]象尊以象鳳凰或曰以象骨飾尊[三禮圖]云當尊腹上畫象之形[禮明堂位]犧象周尊也 又通言之官[禮王制]南方曰象[註]劉氏曰象像也如以意倣象其似而通之周官象胥是也 又舞名[詩周頌序]維淸奏象舞也[正義]文王時有擊刺之法武王作樂象而爲舞號其樂曰象舞[禮內則]成童舞象[史記樂書]文王之舞舞之以未成人之童故謂之象舞 又象人若今戲蝦魚獅子者也[前漢禮樂志]郊祭常從象人四人 又罔象水怪名[史記孔子世家]水之怪龍罔象[註]罔象食人一名沐腫 又藥名[本草綱目]盧會一名象膽以其味苦如膽也 又象教卽佛敎也[王中頭陀寺碑]正法旣沒象敎陵侇[註]謂爲形象以敎人也 又郡名州名山名[史記秦始皇紀]三十三年爲象郡[註]今日南又百越地陳置象郡因象山名隋平陳置象州 又姓[姓苑]潁州望族今南昌有此姓 又[正字通]象有平上去三聲諸韻書收入養韻漾韻不收[正韻]亦然[六書]有一字備四音者有轉十數音者獨至象必限以一音此古今分韻之謬也 又叶徐羊切音詳[晉書樂志地郊饗神歌]祇之體無形象潛泰幽洞忽。

【 오류정리 】

○康誤處 1 ; [周禮春官大卜]以邦事作龜之八命二曰象[註]謂炎變(改災變)雲物如衆赤鳥之屬

●考證 ; 謹照原文炎變改災變

◆整理 ; [周禮春官大卜(주례춘관대복)] [註(주)] 炎變(염변)은 災變(재변)의 착오.

◆訂正文 ; [周禮春官大卜]以邦事作龜之八命二曰象[註]謂災變雲物如衆赤鳥之屬

▶【1920-1】字解誤謬與否 ; [周禮春官大卜]以邦事作龜之八命二曰象[註]謂炎變(改災變)雲物如衆赤鳥之屬 [炎變(改災變)]

★이상과 같이 오류(誤謬) 수정(修訂)이 되면 재변(災變; 재해와 사변(事變). 재앙(災殃)으로 생기는 이변(異變). 격변(激變))인데 자전상(字典上) 상(象)의 본의(本義)에 영향이 미치게 됨.

○康誤處 2 ; [書堯典(改舜典)]象以典刑

●考證 ; 謹照原書堯典改舜典

◆整理 ; [書(서) 堯典(요전)은 舜典(순전)의] 착오.

◆訂正文 ; [書舜典]象以典刑

▶【1921-2】字解誤謬與否 ; [書堯典(改舜典)]象以典刑 [堯典(改舜典)]

★이상과 같이 인용처(引用處)나 주소(註疏), 음(音), 전(傳), 전(箋), 등(等)의 오류(誤謬)를 수정(修訂)을 한다 하여도 자전상(字典上)의 상(象)의 본의(本義)에는 영향이 미치지 않음.

豕 部 六畫

康豥(애)[廣韻]五蓋切[集韻]牛蓋切𠀤音艾[博雅]豥也[字林]豕三毛聚居者一曰豕老謂之豥通作艾[左傳定十四年]盍歸我艾豥

【 오류정리 】

○康誤處 1 ; [左傳定十四年]盍歸我(改歸吾)艾豥

●考證 ; 謹照原文歸我改歸吾

◆整理 ; [左傳定十四年(좌전정십사년)]歸我(귀아)는 歸吾(귀오)의 착오.

◆訂正文 ; [左傳定十四年]盍歸吾艾豥

▶【1922-1】字解誤謬與否 ; [左傳定十四年]盍歸我(改歸吾)艾豥 [歸我(改歸吾)]

★이상과 같이 오류(誤謬) 수정(修訂)이 된다 하여도 귀오(歸吾; 내 집에 돌아오다)는 자전상(字典上) 애(豥)의 본의(本義)에는 영향이 미치지 않음.

豕 部 九畫

康豭(가)[唐韻]古牙切[集韻][韻會][正韻]居牙切𠀤音家[說文]牡豕也[揚子方言]豬北燕朝鮮之閒謂之豭[易姤卦註]羣豕之中豭强而牝弱[左傳隱十一年]卒出豭[疏]謂豕之牡者[史記秦始皇紀]夫爲寄豭[註]夫淫他室若寄豭之豬也 又[韻會]或作猳[史記衞康叔世家]太子與五人介輿猳從 又叶洪孤切音胡[左傳定十四年]宋野人歌曰旣定爾婁豬盍歸我艾豭

【 오류정리 】

○康誤處 1 ; [史記衞康叔世家]太子與(改輿)五人介輿猳從(增之字)

●考證 ; 謹照原文與猳改輿猳從下增之字

◆整理 ; [史記衞康叔世家(사기위강숙세가)] 與猳(여가)는 輿猳(여가)의 착오이며, 從(종)에 이어 之字(지자)를 덧붙임.

◆訂正文 ; [史記衞康叔世家]太子輿五人介輿猳從之

▶【1923-1】字解誤謬與否 ; [史記衞康叔世家]太子與(改輿)五人介輿猳從(增之字) [與(改輿)] [從(增之字)]

★이상과 같이 오류(誤謬) 수정(修訂)이 된다 하여도 여(輿; 수레)와 종지(從之; 따라간다)는 자전상(字典上)

가(豤)의 본의(本義)에는 영향이 미치
지 않음.

○康誤處 2 ; [左傳定十四年]宋野人
歌曰旣定爾婁豬盍歸我(改歸吾)艾豤
●考證 ; 謹照原文歸我改歸吾
◆整理 ; [左傳定十四年(좌전정십사
년)] 歸我(귀아)는 歸吾(귀오)의 착
오
◆訂正文 ; [左傳定十四年]宋野人歌
曰旣定爾婁豬盍歸吾艾豤
▶【1924-2】字解誤謬與否 ; [左傳
定十四年]宋野人歌曰旣定爾婁豬盍歸
我(改歸吾)艾豤　[歸我(改歸吾)]
★이상과 같이 오류(誤謬) 수정(修訂)
이 된다 하여도 귀오(歸吾; 내 집에
돌아가다. 또는 돌아오다)는 자전상
(字典上) 가(豤)의 본의(本義)에는 영
향이 미치지 않음.

豸部 三畫

康 豹(표)[唐韻]北敎切[集韻][韻
會]巴校切[正韻]布恔切夶音爆[說文]
似虎圜文[陸璣詩疏]毛赤而文黑謂之
赤豹毛白而文黑謂之白豹[爾雅翼]屠
州有黑豹[洞冥記]靑豹出浪坂之山色
如翠[本草衍義]土豹更無文色其形小
[正字通]豹狀似虎而小白面毛赤黃文
黑如錢圈中五圈左右各四者一曰金錢
豹宜爲裘如艾葉者曰艾葉豹又西域有
金線豹文如金線[易革卦]君子豹變
[疏]如豹文之蔚縟也[詩鄭風]羔裘豹
飾孔武有力[張衡西京賦]搤水豹[註]
謂水處也[列子天瑞篇]程生馬[註程卽
豹也 又[周禮天官司裘]王大射則供虎
侯熊侯豹侯設其鵠[註]豹侯卿大夫以
下所射　又[後漢輿服志]最後一車懸
豹尾[古今注]豹尾車周制也古軍正建
之今唯乘輿建焉　又姓[風俗通]八元
叔豹之後[魏志]騎將豹皮公

【 오류정리 】

○康誤處 1 ; [周禮天官司裘]王大射
則供(改共)虎侯熊侯豹侯
●考證 ; 謹照原文供改共
◆整理 ; [周禮天官司裘(주례천관사
구)] 供(공)은 共(공)의 착오.
◆訂正文 ; [周禮天官司裘]王大射
則共虎侯熊侯豹侯
▶【1925-1】字解誤謬與否 ; [周禮
天官司裘]王大射則供(改共)虎侯熊侯
豹侯　[供(改共)]
★이상과 같이 오류(誤謬) 수정(修訂)
이 된다 하여도 공(共; 같이. 같게.
함께. 공동으로. 하나로 합하여. 전
부. 모두. 도합(都合). 공동의. 같은.
동일한. 한가지)은 자전상(字典上) 표
(豹)의 본의(本義)에는 영향이 미치지
않음.

豸部 五畫

康 豾(비)[廣韻]敷悲切[集韻][韻
會]攀悲切夶音丕[爾雅釋獸狸子隸註]
今或呼豾貍　又[集韻]貧悲切音邳與
貔同或作豾貔也詳貔字註

【 오류정리 】

○康誤處 1 ; [爾雅釋獸狸子隸(改貄)
註]今或呼豾貍
●考證 ; 謹照原文隸改貄
◆整理 ; [爾雅釋獸(이아석수)]隸(례)
는 貄(사)의 착오.
◆訂正文 ; [爾雅釋獸狸子貄註]今
或呼豾貍
▶【1926-1】字解誤謬與否 ; [爾雅
釋獸狸子隸(改貄)註]今或呼豾貍　[隸
(改貄)]
★이상과 같이 인용처(引用處)나 주
소(註疏), 음(音), 전(傳), 전(箋), 등
(等)의 오류(誤謬)를 수정(修訂)을 한
다 하여도 자전상(字典上)의 표(豹)의
본의(本義)에는 영향이 미치지 않음.

康 貀(날)[唐韻][集韻][韻會][正

韻]妭女滑切音肭[爾雅釋獸]貀無前足[註]晉太康七年召陵扶夷縣檻得一獸似狗豹文有角兩足卽此種類也或說貀似虎而黑無兩足[說文]漢律能捕豺貀購百錢[唐書回鶻傳]點戛斯古堅昆國其獸有野馬骨貀[異物志]貀出朝鮮似狸蒼黑色無前兩足能捕鼠陳藏器曰骨貀獸出西方突厥國似狐而大長尾[臨海志]狀如鹿形頭似狗出東海水中寇宗奭曰今出登萊州狀非狗非獸非魚前脚似獸尾卽魚身有短靑白毛毛有黑點或曰方書膃肭臍卽貀外腎〇按寇說與[爾雅]不合存以備考 又[集韻]當沒切音咄又女骨切音蚍義妭同

【 오류정리 】

〇康誤處 1 ; [爾雅釋獸]貀無前足[註]或說貀似虎而黑無(增前字)兩足

●考證 ; 謹照原文兩足上增前字

◆整理 ; [爾雅釋獸(이아석수)] [註(주)] 無(무)에 이어 前字(전자)를 덧붙임. 兩足(양족)

◆訂正文 ; [爾雅釋獸]貀無前足[註]或說貀似虎而黑無前兩足

▶ 【1927-1】字解誤謬與否 ; [爾雅釋獸]貀無前足[註]或說貀似虎而黑無(增前字)兩足 [無(增前字)]

★이상과 같이 오류(誤謬) 수정(修訂)이 된다 하여도 무전(無前; 전례가 없다. 견줄 사람이 없다. 대적(對敵)이 없다. 무적(無敵)이다)은 자전상(字典上) 날(貀)의 본의(本義)에는 영향이 미치지 않음.

豸部 六畫

康貊(맥)[集韻][韻會][正韻]妭曷各切音鶴本作貃[正字通]貊似狸銳頭尖鼻斑色毛深厚溫滑可爲裘[墨客揮犀]貊狀似兔性嗜紙人或擊之行數十步輒睡以物擊竹警之乃起旣行復睡[詩豳風]一之日于貉[箋]往搏貉以自爲裘也

[周禮冬官考工記]貉踰汶則死[淮南子修務訓]玃貉爲曲穴 又蟲名[爾雅釋蟲]國貉蟲蠁[註]今呼蛹蟲 又[廣韻]下各切音涸義同 又[唐韻][集韻][韻會]妭莫白切音陌[說文]北方豸種[五經文字]貉經典相承作蠻貊[周禮夏官職方氏]四夷八蠻七閩八貉又[秋官貉隸註]征東北夷所獲選以爲役員[公羊傳宣十五年]寡乎什一大貉小貉也[孟子子之道貉道也[註]貉在荒服者也貉之稅二十而取一 又[爾雅釋詁]貉縮綸也[註]綸繩也謂牽縛縮貉之 又[集韻]末各切音莫[爾雅釋詁]靜也 又[集韻][正韻]妭莫駕切同禡[周禮春官肆師]凡四時之田獵祭表貉則爲位[註]貉師祭也[爾雅釋天]是禷是禡[疏禡[周禮]作貉貉又爲貘字古今之異也

【 오류정리 】

〇康誤處 1 ; [周禮夏官職方氏]四夷八蠻七閩八貉(改九貉)

●考證 ; 謹照原文八貉改九貉

◆整理 ; [周禮夏官職方氏(주례하관직방씨)] 八貉(팔맥)은 九貉(구맥)의 착오.

◆訂正文 ; [周禮夏官職方氏]四夷八蠻七閩九貉

▶ 【1928-1】字解誤謬與否 ; [周禮夏官職方氏]四夷八蠻七閩八貉(改九貉) [八貉(改九貉)]

★이상과 같이 오류(誤謬) 수정(修訂)이 되면 구맥(九貉; 서주(西周) 때 북국(北國) 중 한나라. [逸周書職方]職方氏掌天下之圖辨其邦國都鄙四夷八蠻七閩九貉五戎六狄之人民[逸周書職方]職方氏掌天下之圖辨其邦國都鄙四夷八蠻七閩九貉五戎六狄之人民[山海經]有貊國近燕[周禮]有九貉可見其族類之多西周時貊為北國之一)인데 자전상(字典上) 맥(貊)의 본의(本義)에 직접 영향이 미치게 됨.

㉠狪(통)[廣韻]他紅切[集韻]他東切𠀤音通狪或作狪獸名[山海經]泰山有獸狀如豚而有珠其鳴自呼名曰狪 又[集韻]徒東切音同野彘

【 오류정리 】

○康誤處 1 ; 其鳴自呼名曰狪(改名曰狪狪其鳴自訆)

●考證 ; 謹照山海經原文改名曰狪狪其鳴自訆

◆整理 ; 其鳴自呼名曰 狪 (기명자호명왈통)은 名曰狪狪其鳴自訆(명왈동동기명자규)의 착오.

◈訂正文 ; 名曰狪狪其鳴自訆

▶【1929-1】字解誤謬與否 ; 其鳴自呼名曰狪(改名曰狪狪其鳴自訆)

★이상과 같이 오류(誤謬) 수정(修訂)이 되면 ○명왈동동(名曰狪狪; 이름을 동동이라하며) ○기명자규(其鳴自訆; 제 이름을 부르짖는다. [山海經北山經]又東北二百里曰馬成之山其上多文石其陰多金玉有獸焉其狀如白犬而黑頭見人則飛其名曰天馬其鳴自訆 又北三百里曰泰戲之山無草木多金玉有獸焉其狀如羊一角一目目在耳後其名曰辣辣其鳴自訆虖沱之水出焉)인데 자전상(字典上) 통(狪)의 본의(本義)에 직접 영향이 미치게 됨.

豸部 二十畫

㉠玃(확)[唐韻][集韻]𠀤王縛切音矍[爾雅釋獸]玃父善顧[註]貑玃也似獼猴而大色蒼黑能攫持人好顧盼[疏]大猿也[說文]貑玃也[廣雅]西方有獸焉如鹿白尾馬足人手四角其名曰玃如[玉篇]玃狙獸名 又玃且邾定公名[左傳文十四年]邾人辭曰齊出玃且長[註]玃且定公也 又[集韻]厥縛切音矍又[廣韻]具籰切[集韻]局縛切𠀤音戄義𠀤同 [廣韻]同玃

【 오류정리 】

○康誤處 1 ; [說文]貑(改㱿)玃也

●考證 ; 謹照原文貑改㱿

◆整理 ; [說文(설문)]貑(가)는 㱿(구)의 착오.

◈訂正文 ; [說文]㱿玃也

▶【1930-1】字解誤謬與否 ; [說文]貑(改㱿)玃也 [貑(改㱿)]

★이상과 같이 오류(誤謬) 수정(修訂)이 되면 구확(㱿玃; 큰원숭이)이라 자전상(字典上) 확(玃)의 본의(本義)에 직접 영향이 미치게 됨.

貝部 三畫

㉠財(재)[唐韻]昨哉切[集韻]牆來切𠀤音裁[說文]人所寶也[徐曰]可入用者也[玉篇]納財謂食穀也貨也賂也[易繫辭]何以聚人曰財[註]財所以資物生也[書禹貢]底愼財賦[傳]所愼者財貨貢賦[周禮天官大宰]以九賦斂財賄[註]財泉穀也[禮坊記]先財而後禮[註]幣帛也 又[禮器]設於用財[註]財物也各是土地之物 又與裁通[易泰卦]后以財成天地之道[釋文]財荀作裁[爾雅釋言疏]裁財音義同[史記封禪書]民里社各自財以祠[前漢郊祀志]作自裁 又與材通[孟子]有達財者 又與纔通[史記孝文本紀]太僕見馬遺財足[註]財與纔同 又[集韻]昨代切音在義同 又[韻補]叶前西切[舜南風之歌]南風之時兮可以阜吾民之財兮○按[唐韻正]支齊兩韻本通

【 오류정리 】

○康誤處 1 ; 又[禮器]設於用(改地)財

●考證 ; 謹照原文用改地

◆整理 ; [禮器(예기)] 用(용)은 地(지)의 착오.

◈訂正文 ; 又[禮器]設於地財

▶【1931-1】字解誤謬與否 ； 又[禮器]設於用(改地)財 [用(改地)]

★이상과 같이 오류(誤謬) 수정(修訂)이 되면 지재(地財; 개인이 땅 속에 묻어 놓은 재물. [周禮冬官考工記]審曲面勢以飭五材以辨民器謂之百工通四方之珍異以資之謂之商旅飭力以長地財謂之農夫治絲麻以成之謂之婦功粵無鎛燕無函秦無廬胡無弓車)인데 자전상(字典上) 재(財)의 본의(本義)에 영향이 미치게 됨.

貝部 四畫

㤡責(책)[廣韻][集韻][韻會]側革切[正韻]側格切𠀤音窄[說文]求也[左傳桓十三年]宋多責賂於鄭 又非也[書君奭]誕無我責[傳]汝大無非責我留 又誅責也[詩邶風旄丘序]責衞伯也[禮表記]君子與有諾責也寧有己怨[疏]責謂許而不與而被責 又責讓也[左傳僖十五年]西鄰責言不可償也[註]微刺也 又任也[孟子]有言責者 又取也[戰國策]歸其劍而責之金 又問也[史記周勃世家]吏簿責條侯[註]簿問其辭情 又自訟也[前漢韓延壽傳]痛自刻責 又[集韻][韻會][正韻]𠀤側賣切與債同[周禮天官小宰]聽稱責以傅別[註]稱責謂貸子[疏]謂舉責生子彼此俱爲稱意故曰稱責也[左傳成十八年]施舍已責[註]止逋責 又叶側棘切[柳宗元懲咎賦]旣明懼夫天討兮 又幽慄兮鬼責惶惶兮夜窹而晝駭兮類麏麚之不息

【 오류정리 】

○康誤處 1; [禮表記]君子與(增其字)有諾責也

●考證 ; 謹照原文與下增其字

◆整理 ; [禮表記(예표기)] 與(여)에 이어 其字(기자)를 덧붙임.

◆訂正文 ; [禮表記]君子與其有諾責

也

▶【1932-1】字解誤謬與否 ； [禮表記]君子與(增其字)有諾責也 [與(增其字)]

★이상과 같이 오류(誤謬) 수정(修訂)이 되면 군자여기유낙책(君子與其有諾責; 군자는 그와 더불오 승락한 채임을 저야한다. [禮記表記]子曰口惠而實不至怨及其身是故君子與其有諾責也寧有己怨[孔穎達疏]諾謂許人之物責謂許而不與而被責[國風]曰言笑晏晏信誓旦旦不思其反反是不思亦已焉哉子曰君子不以色親人情疏而貌親在小人則穿窬之盜也與) 자전상(字典上) 책(責)의 본의(本義)에 적극 영향이 미치게 됨.

貝部 八畫

㤡質(질)[唐韻]之日切[集韻][韻會][正韻]職日切𠀤音桎[易繫辭]原始要終以爲質也[註]質體也 又[詩小雅]民之質矣[傳]質成也[朱傳]實也又[大雅]虞芮質厥成[傳]質成也成平也[疏]三字義同故以質爲成以成爲平[朱傳]質正成平也 又[詩小雅]發彼有的[傳]的質也[疏]十尺爲候四尺爲鵠二尺曰正四寸曰質鵠及正質皆在候中也 又[周禮地官質人]大市曰質小市曰劑[註]質劑者爲之券藏之也 又[儀禮士冠禮]質明行事[註]質正也[禮月令]黑黃蒼赤莫不質良[註]所染者當得眞采正善也又[聘義]君子於其所尊弗敢質[註]質謂正自相當 又[禮曲禮]質君之前[註]質猶對也 又[廣雅]質地也[禮禮器]禮釋回增美質[註]質猶性也 又[公羊傳定八年]弓繡質[註]質拊也 又[史記范雎傳]不足以當椹質[註]質剉刃也 又[前漢張釋之傳]具以質言[註]質誠也 又[廣雅]問也定也 又[小爾雅]質信也 又[玉篇]主也樸也[禮樂記]中正無邪禮之質也

[註]質猶本也禮爲之文飾也　　又姓
[前漢貨殖傳]質氏以洒削而鼎食　　又
[廣韻][集韻][韻會]丛陟利切音致[說
文]以物相贅[左傳隱三年]故周鄭交質
　又[集韻]脂利切贅亦作質[左傳昭三
年]將奉質幣以無失時[晉語]臣委質于
翟之鼓[孟子]不傳質爲臣

【 오류정리 】

○康誤處 1；[詩小雅]發彼有的[傳]
的質也[疏]十尺爲(改曰)候(改侯)四尺
爲(改曰)鵠二尺曰正四寸曰質鵠及正質
皆在候(改侯)中也
●考證；謹照原文兩爲字丛改曰兩候
字丛改侯
◆整理；[詩小雅(시소아)] [疏(소)]
爲(위)는 曰(왈)，爲(위)는 曰(왈)，候
(후)는 侯(후)，候(후)는 侯(후)의 착
오.
◆訂正文；[詩小雅]發彼有的[傳]的
質也[疏]十尺曰候四尺曰鵠二尺曰正
四寸曰質鵠及正質皆在候(改侯)中也
▶【1933-1】字解誤謬與否；[詩小
雅]發彼有的[傳]的質也[疏]十尺爲
(改曰)候(改侯)四尺爲(改曰)鵠二尺曰
正四寸曰質鵠及正質皆在候(改侯)中也
[爲(改曰)] [候(改侯)] [爲(改曰)] [候
(改侯)]
★이상과 같이 오류(誤謬) 수정(修訂)
이 된다 하여도 왈(曰; 가로되. 말하
다)과 후(侯; 侯爵)는 자전상(字典上)
질(質)의 본의(本義)에는 영향이 미치
지 않음.

貝部　十四畫

(康)贔(비)[廣韻][集韻][韻會]丛平
秘切音備[玉篇]贔負作力貌[張衡西京
賦]巨靈贔屭[註]贔屭作力之貌[左思吳
都賦]巨鼇贔負首冠靈山[註]贔負用力
壯貌　　又[類篇]贔屭鼇也一曰雌鼇爲
贔[本草]贔屭大龜蟕蠵之屬好負重或

名蚢蝮今石碑下龜趺象其形[嶺南異物
志]贔屭作係臂　　又與奰同[詩大雅]內
奰于中國[傳]奰怒也不醉而怒曰奰[疏
]正義曰西京賦云巨靈奰屭以流河曲則
奰者怒而目作氣之貌不醉而怒者承上
醉字也

【 오류정리 】

○康誤處 1；[玉篇]贔負(改為贔屭)作
力貌
●考證；謹照原文贔負改為贔屭
◆整理；[玉篇(옥편)]贔負(비부)는
贔屭(비희)의 착오.
◆訂正文；[玉篇]贔屭作力貌
▶【1934-1】字解誤謬與否；[玉篇]
贔負(改為贔屭)作力貌　[贔負(改為贔
屭)]
★이상과 같이 오류(誤謬) 수정(修訂)
이 되면 비희(贔屭; 역성을 들어줌.
특별히 돌봐줌. 역성을 들어주는 사
람. 후원자(後援者)[文選張衡西京賦]
綴以二華巨靈贔屭高掌遠蹠以流河曲厥
跡猶存.)가 되니 　자전상(字典上) 비
(贔)의 본의(本義)에 직접 영향이 미
치게 됨.

○康誤處 2；[張衡西京賦]巨靈贔屭
(改屭字)[註]贔屭(改屭字)作力之貌
●考證；謹按屭字]集韻][廣韻][玉
篇]俱作屭自當以屭爲正今贔字註所引
贔負者三負字明係屭字之譌謹照原文改
屭所引屭字與屭字丛謹改屭字
◆整理；[張衡西京賦(장형서경부)]
屭(字典無)는 屭字(희자)의 착오. [註
(주)] 屭(字典無)는 屭字(희자)의 착오.
◆訂正文；[張衡西京賦]巨靈贔屭
[註]贔屭字作力之貌
▶【1935-2】字解誤謬與否；[張衡
西京賦]巨靈贔屭(改屭字)[註]贔屭(改
屭字)作力之貌　[屭(改屭字)] [屭(改
屭字)]

★이상과 같이 오류(誤謬) 수정(修訂)이 되면 비희(贔屭;후원자. 앞 1928-1 참조)가 되니 자전상(字典上) 비(贔)의 본의(本義)에 직접 영향이 미치게 됨.

赤部 四畫

康赦(사)[廣韻]始夜切[集韻][韻會][正韻]式夜切叶音舍[說文]置也釋也或从亦作赦[廣韻]赦宥也[易解卦]君子以赦過宥罪[書湯誓]罔有攸赦又[呂刑]五刑之疑有赦[周禮秋官司刺]掌三刺三宥三赦之法[註]赦舍也[前漢刑法志]三赦一曰幼弱二曰老眊三曰蠢愚 又姓[說苑]趙簡子臣赦厥 又通作舍[前漢朱博傳]常刑不舍 又[集韻]測革切本作敕擊馬也 又[韻補]叶詩戈切[韓愈東方朔詩]羣仙急乃言百犯庸不科向觀睥睨處事在不可赦○按詩戈切吳才老讀

【 오류정리 】

○康誤處 1 ; [前漢刑法志]三赦一曰幼弱二曰老眊三曰蠢(改惷)愚
●考證 ; 謹照原文蠢改惷
◆整理 ; [前漢刑法志(전한형법지)] 蠢(준)은 惷(준)의 착오.
◆訂正文 ; [前漢刑法志]三赦一曰幼弱二曰老眊三曰惷愚
▶【1936-1】字解誤謬與否 ; [前漢刑法志]三赦一曰幼弱二曰老眊三曰蠢(改惷)愚 [蠢(改惷)]
★이상과 같이 오류(誤謬) 수정(修訂)이 되면 준우(惷愚; 준우하다. 굼뜨고 어리석음. [韓非子忠孝篇]悗密惷愚一曰無匹貌 [史記五帝本紀帝堯]集解馬融曰流放宥寬也一曰幼少二曰老耄三曰惷愚五刑墨劓剕宮大辟[正義孔安國]云以流放之法寬五刑也)가 되니 자전상(字典上) 비(贔)의 본의(本義)에 직접 영향이 미치게 됨.

走部

康走(주)[廣韻]子苟切[集韻][韻會][正韻]子口切叶奏上聲[說文]趨也从夭从止[註]徐鍇曰夭則足屈故从夭[五經文字]今經典相承作走 又[儀禮士相見禮]將走[註]走猶去也 又[司馬遷報任少卿書]太史公牛馬走[註]走猶僕也[班固答賓戲]走亦不任廁技於彼列○按[漢書敘傳]走作僕 又[廣韻][集韻][韻會][正韻]叶則候切音諑[釋名]疾趨曰走走奏也促有所奏至也[羣經音辨]趨向曰走[書武成]駿奔走[孟子]棄甲曳兵而走[爾雅釋宮]中庭謂之走[註]走疾趨也 又與奏同[詩大雅]予曰有奔走[疏]今天下皆奔走而歸趨之也[釋文]奏本亦作走音同 又[韻補]叶子與切[左傳昭七年]正考父鼎銘一命而僂再命而傴三命而俯循牆而走亦莫余敢侮 又叶養里切音以[論語讖]殷惑姐己玉馬走

【 오류정리 】

○康誤處 1 ; [詩大雅]予曰有奔走(改奔奏)
●考證 ; 謹照原文奔走改奔奏
◆整理 ; [詩大雅(시대아)] 奔走(분주)는 奔奏(분주)의 착오.
◆訂正文 ; [詩大雅]予曰有奔奏
▶【1937-1】字解誤謬與否 ; [詩大雅]予曰有奔走(改奔奏) [奔走(改奔奏)]
★이상과 같이 오류(誤謬) 수정(修訂)이 되면 분주(奔奏; 신하가 임금의 성덕을 천하에 알림으로써 온천하의 민심이 임금에게로 돌아감. [詩經大雅緜]予曰有奔奏[毛傳]喻德宣譽曰奔奏一說使人趨附[鄭玄箋]奔奏使人歸趨之[陸德明釋文]奏如字本亦作走[孔穎達疏]奔走者此臣能曉喻天下之人以王德宣揚王之聲譽使人知令天下皆奔走而歸趨之故曰奔走也)가 되니 자전상

(字典上) 비(贔)의 본의(本義)에 직접 영향이 미치게 됨.

走部 七畫

康 趙 (조)[廣韻]治小切[集韻][韻會][正韻]直紹切𠀤音肇[說文]趨趙也 又[釋名]趙朝也本小邑朝事于大國也 又[廣韻]趙少久也 又姓[史記趙世家]繆王賜造父以趙城由此爲趙氏 又國名[前漢地理志]趙地昴畢之分野趙分晉得趙國 又[揚子方言]㧻杠南楚之閒謂之趙[註]趙當作兆聲之轉也中國亦呼杠爲挑㧻皆通也 又[集韻]徒了切音窕㧻或作趙通作趙刺也[詩周頌]其鎛斯趙[傳]趙刺也[箋]以田器刺也 又[集韻]起了切[詩周頌釋文]沈重讀 又同掉[荀子賦論篇]頭銛達而剽趙繚者耶[註]趙讀爲掉掉繚長貌 又[韻補]叶文呂切[崔駰達旨]魯連辨言以退燕包胥單辭而存楚唐且華顚以悟秦甘羅童牙而報趙

【 오류정리 】

○康誤處 1;[說文]趨(改趍)趙也
●考證;謹照原文趨改趍
◆整理;[說文(설문)]趨(추)는 趍(추)의 착오.
◆訂正文;[說文]趍趙也
▶【1938-1】字解誤謬與否;[說文]趨(改趍)趙也 [趨(改趍)]
★이상과 같이 오류(誤謬) 수정(修訂)이 된다 하여도 추조(趍趙; 더디게 걷는 모양 [說文解字]趍趙夂也夂行遲曳夂夂也)자전상(字典上) 조(趙)의 본의(本義)에는 영향이 미치지 않음.

走部 八畫

康 趣 (취)[廣韻][集韻][韻會]𠀤七句切音娶[說文]疾也[博雅]遽也[廣韻]趣向[易繫辭]變通者趣時者也[詩大雅]左右趣之[音義]趣七喩反[傳]趣也[箋]左右之諸臣皆促疾於事[朱傳]趣之趣向也 又[孝經序]會五經之指趣 又[梵書]蚊蚋小蟲之屬名諸趣 又[集韻][韻會]趨此苟切音剌[書立政]趣馬[傳]趣七口反掌馬之官[詩小雅]蹶維趣馬[箋]掌王馬之政[疏]七走反[周禮夏官趣馬註]趣馬趣養馬者也 又[集韻]趨玉切音促[禮月令]乃趣獄刑[史記項羽紀]數使使趣齊兵 又[前漢灌夫傳]局趣效轅下駒[註]應劭曰局趣蹴小貌 又[廣韻]側九切與棷同夜戒守有所擊也 又[集韻]將侯切音陬義同 又與趨通[禮月令]命有司趣民收斂[釋文]本又作趨音促[周禮地官縣正]趣其稼事而賞罰之[釋文]趨本又作趣音促 又[韻補]叶千候切意也[張衡東京賦]箸不及侈儉而不陋規遵王度動中得趣李善本作趨音同

【 오류정리 】

○康誤處 1;[周禮地官縣正]趣(改趨)其稼事而賞罰之
●考證;謹照原文趣改趨
◆整理;[周禮地官縣正(주례지관현정)]趣(취)는 趨(추)의 착오.
◆訂正文;[周禮地官縣正]趨其稼事而賞罰之
▶【1939-1】字解誤謬與否;[周禮地官縣正]趣(改趨)其稼事而賞罰之 [趣(改趨)]
★이상과 같이 오류(誤謬) 수정(修訂)이 되면 추(趨; 빨리가다. 쏠리다. 향하다. 달아나다. 뒤쫓다. 추구하다. 따라 행하다.거위나 뱀 등이 목을 내밀어 사람을 물다) 자전상(字典上) 취(趣)의 본의(本義)에 직접 영향이 미치게 됨.

足部 四畫

康 趴 (월)[唐韻][集韻]𠀤魚厥切音

月[說文]斷足也[韓非子外儲說]孔子相衞弟子子皋爲獄吏跀人足[玉篇]或作刖[類篇]跀或从兀作跀 又[集韻]五忽切音兀又五括切音捐義與同 又與髻通[周禮冬官考工記㼒人]髻墾薜暴不入市[註]髻讀爲跀[註]謂器不正敧邪者也

【 오류정리 】

○康誤處 1 ; [周禮冬官考工記㼒(改瓬)人]髻墾薜暴不入市
●考證 ; 謹照原文㼒改瓬
◆整理 ; [周禮冬官考工記(주례동관고공기) 㼒(방)은 瓬(방)의 착오임. 人(인)]
◆訂正文 ; [周禮冬官考工記瓬人]髻墾薜暴不入市
▶【1940-1】字解誤謬與否 ; [周禮冬官考工記㼒(改瓬)人]髻墾薜暴不入市 [㼒(改瓬)]
★이상과 같이 인용처(引用處)나 주소(註疏), 음(音), 전(傳), 전(箋), 등(等)의 오류(誤謬)를 수정(修訂)을 한다 하여도 자전상(字典上)의 월(跀)의 본의(本義)에는 영향이 미치지 않음.

足 部 七畫

康 踊(용)[唐韻]余隴切[集韻][韻會][正韻]尹竦切音勇[說文]跳也[詩邶風]踊躍用兵[禮檀弓]辟踊哀之至也[疏]拊心爲辟跳躍爲踊[左傳僖二十八年]曲踊三百[註]跳踊也 又[左傳昭三年]屨賤踊貴[註]踊刖足者[疏]刖足者之屨也 又[公羊傳僖十年]晉之不出入者踊爲文公諱也[註]踊豫也齊人語若關西言渾矣 又[公羊傳成二年]踊于棓而闚客[註]踊上也[類篇]踊或从勇作踴

【 오류정리 】

○康誤處 1 ; [公羊傳僖十年]晉之不(增言字)出入者踊爲文公諱也

●考證 ; 謹照原文不下增言字
◆整理 ; [公羊傳僖十年(공양전희십년)] 不(부)에 이어 言字(언자)를 덧붙임.
◆訂正文 ; [公羊傳僖十年]晉之不言出入者踊爲文公諱也
▶【1941-1】字解誤謬與否 ; [公羊傳僖十年]晉之不(增言字)出入者踊爲文公諱也 [不(增言字)]
★이상과 같이 오류(誤謬) 수정(修訂)이 된다 하여도 불언(不言; 말을 하지 않는다. [老子道德經]知者不言言者不知) 자전상(字典上) 용(踊)의 본의(本義)에는 영향이 미치지 않음.

足 部 八畫

康 踔(탁)[唐韻]丑敎切[集韻][韻會]敕敎切音駣[[說文]踶也[註]徐曰踶亦當踔意 又[前漢揚雄傳]踔夭蟜[註]踔走也[文選李善註]踔踰也[後漢蔡邕傳]踔宇宙而遺俗兮[註]踔猶越也 又[集韻]陟敎切音罩義同 又[集韻]他弔切音糶[史記司馬相如傳]踔稀間[註]踔縣蹢也 又[廣韻][集韻][韻會]敕角切音逴[史記貨殖傳]上谷至遼東踔遠[前漢孔光傳]非有踔絕之能不能踰越[註]踔高遠也 又[莊子秋水篇]吾以一足趻踔而行[音義]踔本亦作卓跨踔行貌[玉篇]踔踐也踸踔跛者行也○按踸與趻同 又[楚辭七諫馬蘭踸踔而日加[註]踸踔暴長貌 又[博雅]踸踔無常也[陸機文賦]故踸踔於短韻[註]今人以不定爲踸踔不定亦無常也 又[集韻]徒了切音窕路遠也 又[集韻][類篇]徒弔切音調[類篇]遠騰貌 又[集韻]敕略切音都略踔行貌 又[集韻][正韻]竹角切音琢與穛同特止也

【 오류정리 】

○康誤處 1 ; [史記貨殖傳]上谷至遼

東(增地字)踔遠
●考證；謹照原文東下增地字
◆整理；[史記貨殖傳(사기화식전)]東(동)에 이어 地字(지자)를 덧붙임.
◆訂正文；[史記貨殖傳]上谷至遼東地踔遠
▶【1942-1】字解誤謬與否；[史記貨殖傳]上谷至遼東(增地字)踔遠 [東(增地字)]
★이상과 같이 오류(誤謬) 수정(修訂)이 되면 지탁원(地踔遠; 변주리 땅은 아주 먼곳에 있다. [史記貨殖傳]上谷至遼東地踔遠[前漢孔光傳]非有踔絕之能不能踰越[註]踔高遠也)인데 자전상(字典上) 탁(踔)의 본의(本義)에 영향이 미치게 됨.

足部 十畫

康 蹇(건)[唐韻]居偃切[集韻][韻會]紀偃切夶音犍[說文]跛也[釋名]蹇跛蹇也病不能執事役也[史記晉世家]卻克僂而魯使蹇衛使眇[前漢敍傳]駕蹇之乘[莊子達生篇]聾盲跛蹇 又[易蹇卦]蹇難也險在前也[又]王臣蹇蹇[疏]涉蹇難而往濟蹇故曰王臣蹇蹇也 又[左傳哀六年]彼皆偃蹇將棄子命[註]偃蹇驕敖[屈原離騷]瑤臺之偃蹇兮[註]高貌[又]何瓊珮之偃蹇兮[註]衆盛貌又[九歌]靈偃蹇兮姣服[註]舞貌[補註]委曲貌 又[史記司馬相如傳]蹇產溝瀆[註]蹇產屈折也 又[管子四時篇]毋蹇華絕芋[註]蹇拔也 又[屈原離騷]蹇將憺兮壽宮[註]蹇詞也 又[博雅]蹇擾也 又姓[左傳僖三十二年]穆公訪諸蹇叔[註]秦大夫[屈原離騷]吾令蹇脩以爲理[註]蹇脩伏羲之臣也 又[廣韻]九輦切[集韻][韻會]九件切夶搴上聲又[集韻]巨偃切音鍵義夶同 又與褰同[莊子山木篇]蹇裳躩步[楚辭九章]憚蹇裳而濡足[補註]蹇讀

若褰 又與謇同[屈原離騷]余固知謇謇之爲患兮[註]謇謇忠貞貌易曰王臣謇謇[補註]今[易]作蹇蹇先儒引經多如此蓋古今本不同耳[六書正譌]蹇从足寒省聲跛爲正義借爲蹇難蹇直字別作謇非。

【 오류정리 】
○康誤處 1；[屈原離騷](增望字)瑤臺之偃蹇兮
●考證；謹照原文瑤上增望字
◆整理；[屈原離騷(굴원리소)]에 이어 望字(망자)를 덧붙임.
◆訂正文；[屈原離騷]望瑤臺之偃蹇兮
▶【1943-1】字解誤謬與否；[屈原離騷(增望字)]瑤臺之偃蹇兮 [屈原離騷(增望字)]
★이상과 같이 인용처(引用處)나 주소(註疏), 음(音), 전(傳), 전(箋), 등(等)의 오류(誤謬)를 수정(修訂)을 한다 하여도 자전상(字典上)의 건(蹇)의 본의(本義)에는 영향이 미치지 않음.

足部 十一畫

康 蹢(척)[唐韻][集韻]直炙切[正韻]直隻切夶音擲[說文]住足也一曰蹢躅賈待中說足垢也[博雅]蹢躅跢跦也[易垢卦]羸豕孚蹢躅[釋文]蹢躅不靜也一本作躑[程傳]跳躑也又[禮三年問]蹢躅焉踟蹰焉[釋文]蹢躅不行也 又[集韻]治革切音謫義同 又[廣韻]都歷切[集韻][韻會][正韻]丁歷切夶音的[詩小雅]有豕白蹢[傳]蹢蹄也[爾雅釋畜]馬四蹢皆白首 又[莊子徐無鬼]齊人蹢於宋者[音義]蹢投也呈亦反

【 오류정리 】
○康誤處 1；[說文]住足也一曰蹢躅賈待中(改侍中)說足垢也
●考證；謹照原文待中改侍中
◆整理；[說文(설문)] 待中(대중)은

侍中(시중)의 착오.

◆訂正文 ; [說文]住足也一曰蹢躅賈侍中說足垢也

▶【1944-1】字解誤謬與否 ; [說文]住足也一曰蹢躅賈侍中(改侍中)說足垢也 [待中(改侍中)]

★이상과 같이 오류(誤謬) 수정(修訂)이 된다 하여도 시중(侍中; 관직명. [漢書佞幸傳]賢寵愛日甚為駙馬都尉侍中出則參乘入御左右旬月間賞賜累)은 자전상(字典上) 척(蹢)의 본의(本義)에는 영향이 미치지 않음.

足 部 十二畫

康蹙(궐)[五經文字]蹶又作蹙[左傳襄十九年]是謂蹙其木 又[史記扁鵲傳]暴蹙[註]氣從下蹙起上行外及心脅也[呂氏春秋]處足則為痿為蹙[註]蹙逆疾也

【 오류정리 】

○康誤處 1 ; [左傳襄十九年]是謂蹙其木(改本)

●考證 ; 謹照原文木改本

◆整理 ; [左傳襄十九年(좌전양십구년)] 木(목)은 本(본)의 착오.

◆訂正文 ; [左傳襄十九年] 是謂蹙其本

▶【1945-1】字解誤謬與否 ; [左傳襄十九年]是謂蹙其木(改本) [木(改本)]

★이상과 같이 오류(誤謬) 수정(修訂)이 된다 하여도 기본(其本; 그것의 근본. [春秋左傳莊公六年]君子以二公子之立黔牟為不度矣夫能固位者 必度於本末而後立衷焉不知其本不謀 知本之不枝弗彊)은 자전상(字典上) 궐(蹙)의 본의(本義)에는 영향이 미치지 않음.

足 部 十五畫

康躒(력)[廣韻]郎擊切[集韻][韻會][正韻]狼狄切夶音歷同趣[玉篇]動也[大戴禮]騏驥一躒不能千步 又人名[左傳昭九年]使荀躒佐下車[註]荀盈之子 又[廣韻]盧各切[集韻]歷各切夶音洛[班固西都賦]連躒諸夏[註]違躒猶超絕也[孔融薦禰衡表]英才卓躒[註]卓躒絕異也 又[左傳]荀躒[釋文]亦音雒 又[集韻]力角切音犖義同 又[集韻]弋灼切音藥[類篇]迅也

【 오류정리 】

○康誤處 1 ; [左傳昭九年]使荀躒佐下車(改下軍)

●考證 ; 謹照原文下車改下軍

◆整理 ; [左傳昭九年(좌전소구년)]下車(하거)는 下軍(하군)의 착오.

◆訂正文 ; [左傳昭九年]使荀躒佐下軍

▶【1946-1】字解誤謬與否 ; [左傳昭九年]使荀躒佐下車(改下軍) [下車(改下軍)]

★이상과 같이 오류(誤謬) 수정(修訂)이 되면 사순력좌하군(使荀躒佐下軍; 순영의 아들 순역으로 하여금 하군의 보좌역으로 삼다. [左傳昭九年]使荀躒佐下軍[註]荀盈之子) 자전상(字典上) 력(躒)의 본의(本義)에 적극 영향이 미치게 됨.

身 部 三畫

康躬(궁)[唐韻]居崇切[集韻][韻會]居雄切夶音弓[說文]躳或从弓身也[五經文字]躬俗躳字今經典通用[易蒙卦]見金夫不有躬又[艮卦]艮其身止諸躬也[疏]躬猶身也[書太甲]惟尹躬克左右厥辟[詩邶風]我躬不閱 又[周禮春官大宗伯]伯執躬圭[註]以人形為瑑飾 又姓[廣韻]出[何氏姓苑] 又[韻補]叶姑弘切[易震卦]不于其躬于其鄰

[班固東都賦]登靈臺乎考休徵俯仰乎乾坤參象乎聖躬　又叶俱王切[陳琳大荒賦]延年其可留兮何勤遠以苦躬紛吾情之駘蕩兮嗟吾願有弗遑

【 오류정리 】

○康誤處 1；[班固東都賦]登靈臺乎(省乎字)考休徵

●考證；謹照原文臺下省乎字

◆整理；[班固東都賦(반고동도부)]臺乎(대호)의 乎字(호자)는 삭제함.

◆訂正文；[班固東都賦]登靈臺考休徵

▶【1947-1】字解誤謬與否；[班固東都賦]登靈臺乎(省乎字)考休徵　[乎(省乎字)]

★이상과 같이 오류(誤謬) 수정(修訂)이 된다 하여도 호(乎; 어조사(語助辭). 느냐. 랴. 지.겠지. 도다….에.…보다. 의문 또는 반문을 나타냄. 구어(口語)의 마(嗎)에 해당함. 의문문에서 선택을 나타냄.구어(口語)에서 니(呢)에 해당함. 동사 뒤에 붙어 우(于)와 같은 뜻으로 쓰임)는 자전상(字典上) 궁(躬)의 본의(本義)에는 영향이 미치지 않음.

字典酉集下考證

㉿軥(구)[廣韻]居求切[集韻]居尤切夶音鳩車軫長也　又[集韻]已幼切音稠車軫上幹也　又祁幼切音赳義同

【 오류정리 】

○康誤處 1；[集韻]已幼切(改己幼切)

●考證；謹照原文改己幼切

◆整理；[集韻(집운)]已幼切(이유절)은 己幼切(기유절)의 착오.

◆訂正文；[集韻]己幼切

▶【1948-1】字解誤謬與否；[集韻]

已幼切(改己幼切)　[已幼切(改己幼切)]

★이상과 같이 인용처(引用處)나 주소(註疏), 음(音), 전(傳), 전(箋), 등(等)의 오류(誤謬)를 수정(修訂)을 한다 하여도 자전상(字典上)의 구(軥)의 본의(本義)에는 영향이 미치지 않음.

㉿轊(세)[玉篇]干劌切音衞[說文]車軸頭也　又[廣韻]祥歲切[集韻]旋歲切夶音篲義同　[集韻]或从彗从慧从惠音義夶同

【 오류정리 】

○康誤處 1；[玉篇]干劌切(改于劌切)

●考證；謹照原文改于劌切

◆整理；[玉篇(옥편)]干劌切(간귀절)은 于劌切(우귀절)의 착오.

◆訂正文；[玉篇]于劌切

▶【1949-1】字解誤謬與否；[玉篇]干劌切(改于劌切)　[干劌切(改于劌切)]

★이상과 같이 인용처(引用處)나 주소(註疏), 음(音), 전(傳), 전(箋), 등(等)의 오류(誤謬)를 수정(修訂)을 한다 하여도 자전상(字典上)의 세(轊)의 본의(本義)에는 영향이 미치지 않음.

㉿軒(헌)[廣韻][集韻][韻會]夶虛言切音掀[說文]曲輈轓車也]徐曰]載物則直輈軒大夫以上車轓兩旁壁也[左傳閔二年]鶴有乘軒者[註]軒大夫車[又]歸夫人魚軒[註]魚軒夫人車又[定九年]與之犀軒[註]犀軒卿車夫人車以魚爲飾卿車以犀皮爲飾也　又車前高曰軒前下曰輊[詩小雅]戎車旣安如輊如軒[註]輊車覆而前也軒車却而後也[後漢馬援傳]居前不能令人輊居後不能令人軒[註]言爲人無所輕重也　又檐宇之末曰軒[左思魏都賦]周軒中天

[註]周軒長廊有窗而周迴者　又殿堂前檐特起曲椽無中梁者亦曰軒天子不御正座而御平臺曰臨軒[前漢史丹傳]天子自臨軒檻[註]軒檻欄版也　又軒縣樂縣也[周禮春官小胥]諸侯軒[註]軒縣三面其形曲故又謂之曲縣　又笑貌[後漢方技傳]軒渠笑自若[天祿外史]韓王軒然仰笑　又舞貌[淮南子道應訓]軒軒然迎風而舞　又自得之貌[唐書孔戣傳]軒軒自得　又與憲通[禮樂記]坐右憲左[註]憲讀爲軒足仰也　又黎軒國名[史記大宛傳]北有奄蔡黎軒[註]國在西海之西　又姓黃帝號軒轅後因爲氏又軒丘複姓梁相軒丘豹　又[集韻][韻會]𠀤許建切音憲[禮內則]麋鹿田豕麇皆有軒[註]切肉大如藿葉也　又[集韻]居言切音鞬人名[前漢功臣表]衆利侯伊卽軒　又[集韻]許偃切音幰車軾　又[篇海]呼旱切與罕通人名鄭有軒虎　又叶許斤切音欣[陸雲夏府君誄]丘園靡滯鸞驥憑軒豈方伊類捉髮躬勤

【 오류정리 】

○康誤處 1 ; [禮樂記]坐右(改致右)憲左

●考證 ; 謹照原文坐右改致右

◆整理 ; [禮樂記(예악기)]坐右(좌우)는 致右(치우)의 착오.

◆訂正文 ; [禮樂記]致右憲左

▶【1950-1】字解誤謬與否 ; [禮樂記]坐右(改致右)憲左　[坐右(改致右)]

★이상과 같이 오류(誤謬) 수정(修訂)이 된다 하여도 치우헌좌(致右憲左; 오른편 무릎을 땅에 대고 왼팔을 위를 바라보며 올린 자세. [禮樂記]致右憲左[註]憲讀爲軒足仰也 又武坐致右憲左,何也對曰非武坐也)인데 자전상(字典上) 헌(軒)의 본의(本義)에는 영향이 미치지 않음.

㈱軜(납)[廣韻][正韻]𠀤奴荅切音納[說文]驂馬內轡繫軾前者[詩秦風]鋈以觼軜[箋]謂白金飾皮爲觼以納物也四馬八轡而經傳皆言六轡明有二轡當繫之馬之有轡,所以制馬之左右令之隨逐人意驂馬欲入則逼於脅驅內轡不須牽挽故知軜者納驂內轡繫於軾前也

【 오류정리 】

○康誤處 1 ; [詩秦風]鋈以觼軜[箋(改疏)]謂白金飾皮爲觼以納物也

●考證 ; 謹照原文書箋改疏

◆整理 ; [詩秦風(시진풍)] [箋(전)은 疏(소)의] 착오.

◆訂正文 ; [詩秦風]鋈以觼軜[疏]謂白金飾皮爲觼以納物也

▶【1951-1】字解誤謬與否 ; [詩秦風]鋈以觼軜[箋(改疏)]謂白金飾皮爲觼以納物也　[箋(改疏)]

★이상과 같이 인용처(引用處)나 주소(註疏), 음(音), 전(傳), 전(箋), 등(等)의 오류(誤謬)를 수정(修訂)을 한다 하여도 자전상(字典上)의 납(軜)의 본의(本義)에는 영향이 미치지 않음.

㈱軨(령)[廣韻][韻會]𠀤郎丁切音靈[說文]車轞閒橫木[玉篇]車闌也[集韻]車有和鈴也[禮曲禮]展軨效駕[註]車轞頭轉也　又獵車也[前漢宣帝紀]以軨獵車奉迎曾孫[註]車獵車前有曲鈴　又重較也[楚辭九辯]倚結軨兮長太息　又顛軨地名[左僖二年]入自顛軨[註]虞境也　又軨軨獸名[山海經]空桑之山有獸焉其狀如牛而虎文其名曰軨軨　又與欞通[揚雄甘泉賦]據軨軒而周流兮[註]軨軒謂前軒之軨也軨者軒閒小木也或作轠轔音義𠀤同

【 오류정리 】

○康誤處 1；[禮曲禮]展鈴(改輪)效駕
●考證；謹照原文鈴改輪
◆整理；[禮曲禮(예곡례)]鈴(령)은
輪(령)의 착오.
◆訂正文；[禮曲禮]展輪效駕
▶【1952-1】字解誤謬與否；[禮曲
禮]展鈴(改輪)效駕　[鈴(改輪)]
★이상과 같이 오류(誤謬) 수정(修訂)
이 되면 전령(展輪; 수레 앞에 잡고
앞은 바라보도록 된 가로대. [禮曲
禮]展輪效駕[註]車轄頭轉也又獵車也)
인데 자전상(字典上) 령(輪)의 본의
(本義)에 영향이 미치게 됨.

○康誤處 2；[前漢宣帝紀]以輪車奉
迎曾孫[註]輪車獵車(改載獵車)前有曲
鈴(改曲輪)
●考證；謹照原文以輪下增獵字註中
輪車獵車改載獵車曲鈴改曲輪
◆整理；[前漢宣帝紀(전한선제기)]
車獵車(거렵거)는 載獵車(재렵거), 曲
鈴(곡령)은 曲輪(곡령)의 착오.
◆訂正文；[前漢宣帝紀]以輪車奉迎
曾孫[註]輪載獵車前有曲輪
▶【1953-1】字解誤謬與否；[前漢
宣帝紀]以輪車奉迎曾孫[註]輪車獵車
(改載獵車)前有曲鈴(改曲輪)　[車獵
車(改載獵車)] [曲鈴(改曲輪)]
★이상과 같이 오류(誤謬) 수정(修訂)
이 되면 재렵거(載獵車; 타고 사냥하
는 수레)와 곡령(曲輪; 차상의 밑바닥
에 대는 격자형의 틀　[前漢宣帝紀]
以輪獵車奉迎曾孫[註]載獵車前有曲輪
[孟康曰]今之載獵車也前有曲輪特高大
獵時立其中格射禽獸)인데 령(輪)의 본
의(本義)에 영향이 미치게 됨.

○康誤處 3；又顚(改顛)輪地名[左傳
僖二年]入自顚(改顛)輪
●考證；謹照原文兩顚字夶改顛
◆整理；又(우) 顚(전)은 顛(전)의 착
오, [左傳僖二年(좌전희이년)]顚(전)

은 顛(전)의 착오.
◆訂正文；又顛輪地名[左傳僖二年]
入自顛輪
▶【1954-1】字解誤謬與否；又顚
(改顛)輪地名[左傳僖二年]入自顚(改
顛)輪　[顚(改顛)] [顚(改顛)]
★이상과 같이 오류(誤謬) 수정(修訂)
이 되면 전령(顛輪; 지명(地名) [左傳
僖二年]入自顛輪[註]虞境也)자전상
(字典上) 령(輪)의 본의(本義)에 영향
이 미치게 됨.

康軷(발)[廣韻][集韻][韻會]夶蒲
撥切音拔[廣韻]將出祭名[詩大雅]取
羝以軷[註]祭行道之神也[周禮夏官]
大馭掌玉路以祀及犯軷[註]山行曰軷犯
者封土爲山象以菩芻棘柏爲神主既祭
以車轢之而去喩無險難也　又[廣韻]
[集韻][韻會]夶蒲蓋切音旆義同

【 오류정리 】

○康誤處 1；[周禮夏官]大馭掌(增馭
字)玉路以祀及犯軷
●考證；謹照原文掌下增馭字
◆整理；[周禮夏官(주례하관)] 掌
(장)에 이어 馭字(어자)를 덧붙임.
◆訂正文；[周禮夏官]大馭掌馭玉路
以祀及犯軷
▶【1955-1】字解誤謬與否；[周禮
夏官]大馭掌(增馭字)玉路以祀及犯軷
[掌(增馭字)]
★이상과 같이 오류(誤謬) 수정(修訂)
이 된다 하여도 장어(掌馭; 마부(馬
夫). [周禮夏官馭夫]掌馭貳車從車使車
分公馬而駕治之　又大馭掌馭玉路以祀
及犯軷山行曰軷犯者封土爲山象以菩芻
棘柏爲神主既祭以車轢之而去喩無險難
也)는 자전상(字典上) 발(軷)의 본의
(本義)에는 영향이 미치지 않음.

康軼(일)[廣韻]夷質切[集韻][韻

會][正韻]弋質切杕音佚[說文]車相出
也[楚辭九歎]軼迅風于淸源[註]從後出
前也　又[廣韻]過也突也[後漢馮衍
傳]軼范蠡之絶迹　又[集韻]侵軼也
[左傳隱九年]懼其侵軼我也　又屈軼
草名[博物志]堯時有草生於庭佞人至
則屈而指之　又與逸通[史記伯夷傳]
睹軼詩可異焉　又散軼也[史記五帝
紀]其軼乃時時見于他說　又與溢通
[前漢地理志]軼爲榮[禹貢]作溢　又
[廣韻][集韻][韻會]徒結切[正韻]杜
結切杕音絰義同　又與迭通[史記封
禪書]軼興軼廢　又[集韻][正韻]杕直
列切音徹與轍通詳後轍字註

【 오류정리 】

○康誤處 1 ; [楚辭九歎(改遠遊)]軼迅
風于淸源
●考證 ; 謹照原文九歎改遠遊
◆整理 ; [楚辭(초사) 九歎(구탄)은
遠遊(원유)의] 착오.
◆訂正文 ; [楚辭遠遊]軼迅風于淸源
▶【1956-1】字解誤謬與否 ; [楚辭
九歎(改遠遊)]軼迅風于淸源　[九歎
(改遠遊)]
★이상과 같이 인용처(引用處)나 주
소(註疏), 음(音), 전(傳), 전(箋), 등
(等)의 오류(誤謬)를 수정(修訂)을 한
다 하여도 자전상(字典上)의 일(軼)의
본의(本義)에는 영향이 미치지 않음.

車 部 六畫

康較(교)[廣韻]古岳切[集韻][韻
會][正韻]訖岳切杕音覺[說文]車輢上
曲銅也[崔豹古今注]車較重耳也在車
輢上重起如兩角然[詩衞風]猗重較兮
[註]較高于軾輢是兩旁植木較橫輢上
蓋古者車皆立乘平常立則憑較若應爲
敬乃俯憑軾較在軾上若兩較然故云重
較　又[廣韻]車箱也[後漢輿服志]金
簿繆龍爲輿倚較[註]車箱爲較　又與

角通相競也[孟子]魯人獵較　又[廣
韻]古孝切音敎與校通比較也　又[廣
韻]略也[孝經]蓋天子之孝也[疏]蓋者
辜較之辭辜較猶梗槪也言舉其大略也
　又[正韻]著明貌[前漢孔光傳]較然
甚明[集韻]或作較今通用較

【 오류정리 】

○康誤處 1 ; [後漢輿服志]金簿(改金
薄)繆龍爲輿倚較
●考證 ; 謹照原文金簿改金薄
◆整理 ; [後漢輿服志(후한여복지)]
金簿(금부)는 金薄(금박)의 착오.
◆訂正文 ; [後漢輿服志]金薄繆龍爲
輿倚較
▶【1957-1】字解誤謬與否 ; [後漢
輿服志]金簿(改金薄)繆龍爲輿倚較
[金簿(改金薄)]
★이상과 같이 오류(誤謬) 수정(修訂)
이 된다 하여도 금박(金薄; 자연금을
압착하여 만든 박편 [本草名]金箔[異
名]金薄金箔金箔紙)은 자전상(字典上)
교(較)의 본의(本義)에는 영향이 미치
지 않음.

康輅(로)[廣韻]洛故切[集韻][韻
會][正韻]魯故切杕音路[玉篇]大車也
[釋名]天子所乘曰玉輅謂之輅者言行
於道路也　又轅縛也[儀禮既夕]賓奉
幣當前輅致命[註]輅轅縛所以屬靷[疏]
謂以木縛于轅上以屬靷而輓之也　又大
也[後漢張湛傳] 禮下公門式輅馬[註]
輅大也君所居曰輅寢車曰輅馬　又頤輅
蟲名[莊子至樂篇]頤輅生乎食醯　又
[集韻]歷各切[韻會]轄各切杕音核[史
記婁敬傳脫輓輅[註]一木橫遮車前二
人挽之三人推之　又[集韻]魚駕切[正
韻]五駕切杕音迓[左傳僖十五年]輅秦
伯將止之[註]輅迎也　又與路通經書
車輅之輅多作路

【 오류정리 】

○康誤處 1；[儀禮既夕]賓奉幣當前輅致命[註]輅轅縛所以屬靷(改引)[疏]謂以木縛于轅上以屬靷(改引)而輓之
●考證；謹照原文兩靷字丛改引
◆整理；[儀禮既夕(의례기석)][註(주)]靷(인)은 引(인)의 착오, [疏(소)]靷(인)은 引(인)의 착오.
◆訂正文；[儀禮既夕]賓奉幣當前輅致命[註]輅轅縛所以屬引[疏]謂以木縛于轅上以屬引而輓之
▶【1958-1】字解誤謬與否；[儀禮既夕]賓奉幣當前輅致命[註]輅轅縛所以屬靷(改引)[疏]謂以木縛于轅上以屬靷(改引)而輓之 [靷(改引)] [靷(改引)]
★이상과 같이 오류(誤謬) 수정(修訂)이 된다 하여도 인(引; 이끌다. 당기다. 인도하다. 안내하다. 늘이다. 연장하다. 흰 상여줄)은 자전상(字典上)로(輅)의 본의(本義)에는 영향이 미치지 않음.

○康誤處 2；[後漢張湛傳]禮下公門式(改軾)輅馬[註]輅大也君所居曰輅寢車曰輅馬(改車曰輅車)
●考證；謹照原文式改軾註車曰輅馬改車曰輅車
◆整理；[後漢張湛傳(후한장담전)]式(식)은 軾(식)의 착오, [註(주)]車曰輅馬(거왈로마)는 車曰輅車(거왈로거)의 착오.
◆訂正文；[後漢張湛傳]禮下公門軾輅馬[註]輅大也君所居曰輅寢改車曰輅車
▶【1959-2】字解誤謬與否；[後漢張湛傳]禮下公門 式(改軾)輅馬[註]輅大也君所居曰輅寢車曰輅馬(改車曰輅車) [式(改軾)] [車曰輅馬(改車曰輅車)]
★이상과 같이 오류(誤謬) 수정(修訂)

이 되면 식로마(軾輅馬; 수레 앞 횡목에 의지 반듯하거거 경의를 표한다[後漢書張湛傳]軾輅馬[註]乘車必正立有所敬則撫軾謂小俛也通作式) 자전상(字典上)로(輅)의 본의(本義)에 영향이 미치게 됨.

康輇(전)[廣韻]市緣切[集韻]逡緣切[韻會]淳沿切[正韻]且緣切丛音銓[說文]蕃車下庫輪也一曰無幅車斫直木爲之如椎輪 又與銓通[莊子外物篇]輇才諷說之徒[註]輇量人物也一曰輇才謂小才也 又與輇同詳後輇字註 又[集韻]敕倫切音椿與軘同車約軘也

【 오류정리 】
○康誤處 1；[說文]蕃車下庫輪也一曰無幅車(改無幅也)斫直(改直斫)木爲之如椎
●考證；謹照原文無幅車改無幅也斫直改直斫
◆整理；[說文(설문)]無幅車(무폭거)는 無幅也(무폭야), 斫直(작직)은 直斫(직작)의 착오.
◆訂正文；[說文]蕃車下庫輪也一曰無幅也直斫木爲之如椎
▶【1960-1】字解誤謬與否；[說文]蕃車下庫輪也一曰無幅車(改無幅也)斫直(改直斫)木爲之如椎 [無幅車(改無幅也)] [斫直(改直斫)]
★이상과 같이 오류(誤謬) 수정(修訂)이 된다 하여도 무폭(無幅; 수레 덮개가 없다. [說文]蕃車下庫輪也一曰無幅也)과 직작(直斫) 곧게 자르다)는 자전상(字典上) 전(輇)의 본의(本義)에는 영향이 미치지 않음.

康載(재)[廣韻][集韻][韻會][正韻]丛作代切音再[說文]乘也[易大有]大車以載 又承也勝也[易坤卦]君子以厚德載物 又事也[書舜典]有能奮庸

熙帝之載[註]言奮起其功以廣帝堯之
事也　又始也與哉通[詩豳風]春日載
陽[孟子]湯始征自葛載　又則也助語
辭[詩周頌]載戢干戈載櫜弓矢　又成
也[書益稷]乃賡載歌[註]賡續也續歌
以成其義也　又行也[書皋陶謨]載采
采[註]言其所行某事某事也　又滿也
[詩大雅]厥聲載路　又記載也[書洛
誥]丕視工載[註]視羣臣有功者記載之
[史記伯夷傳]載籍極博　又飾也[淮南
子兵略訓]載以銀錫[註]箭以銀錫飾之
也　又載師官名[周禮地官載師註]載之
爲言事也事民而稅之也　又姓　又[廣
韻][集韻][韻會]㽲昨代切音在[集韻]
舟車運物也[詩小雅]其車既載[註]才
再反　又[廣韻]作亥切[集韻][正韻]
子亥切㽲音宰年也[書堯典]朕在位七
十載○按[爾雅釋天]載歲也註載始也
取物終更始之義蔡邕[獨斷]載歲也言
一歲之中莫不覆載也據此則年載之載
亦可作去聲讀也　又[集韻]都代切音
戴與戴通[詩周頌]載弁俅俅[禮月令]
載以弓韣　又叶子利切音祭[詩小雅]
受言載之叶下喜　又叶節力切音卽[詩
小雅]召彼僕夫謂之載矣叶上牧棘

【 오류정리 】

○康誤處 1；[書洛誥]丕視工載(改功
載)[註]視羣臣有功者記載之
●考證；謹照原文工載改功載
◆整理；[書洛誥(서락고)] 工載(공
재)는 功載(공재)의 착오.
◆訂正文；[書洛誥]丕視功載[註]視
羣臣有功者記載之
▶【1961-1】字解誤謬與否；[書洛
誥]丕視工載(改功載)[註]視羣臣有功
者記載之 [工載(改功載)]
★이상과 같이 오류(誤謬) 수정(修訂)
이 되면 공재(功載; 공신(功臣)을 기
재한 명부(名簿) [書洛誥]惟命曰汝命
命篤弼丕視功載乃汝其悉自教工蔡沉集

傳功載者記功之載籍也)인데 자전상
(字典上) 재(載)의 본의(本義)에 영향
이 미치게 됨.

㉣輒(첩)[廣韻]陟葉切[集韻][韻
會]陟涉切㽲音聸[說文]車兩輢也　又
[廣韻]專輒也　又[增韻]忽然也[韻會]
每事卽然也　又足疾也[春秋昭二十
年]秋盜殺衞侯之兄輒[穀梁傳]輒者何
兩足不相過也齊謂之綦楚謂之踂衞謂
之輒　又姓○按[說文]从車耴聲俗或
作輙非

【 오류정리 】

○康誤處 1；[穀梁傳]輒者何兩足不
(增能字)相過也
●考證；謹照原文不字下增能字
◆整理；[穀梁傳(곡량전)] 不(부)에
이어 能字(능자)를 덧붙임.
◆訂正文；[穀梁傳]輒者何兩足不
能相過也
▶【1962-1】字解誤謬與否；[穀梁
傳]輒者何兩足不(增能字)相過也 [不
(增能字)]
★이상과 같이 덧붙인다 하여도 불능
(不能; 할 수가 없다. 불가능(不可能)
하다)은 자전상(字典上) 첩(輒)의 본
의(本義)에는 영향이 미치지 않음.

㉣輔(보)[廣韻]扶雨切[五音集韻]
父雨切㽲音釜[說文]人頰骨也[易咸
卦]咸其輔頰舌[註]輔上頷也[左傳僖
五年]輔車相依　又[正韻]車輔兩旁夾
車木也[詩小雅]無棄爾輔[註]輔以佐車
可解 脫之物今人縛杖于輻防輔之脫也
　又[廣韻]毗輔相助也弼也[增韻]扶
也[易泰卦]輔相天地之宜[書說命]朝
夕納誨以輔台德　又以物相將曰輔[周
禮地官]鄉大夫以旌節輔令則達之[註]
民雖以徵令行其將之者無節則不得通

又四輔官名[禮文王世子]設四輔[註]謂師保疑丞也　又府史胥徒亦謂之輔[周禮天官大宰]置其輔[註]庶人在官者也　又[韻會]四輔星名所以輔佐北極　又三輔郡名漢京兆左馮翊右扶風　又輔氏地名[左傳宣十五年]秦伐晉次于輔氏　又龍輔玉名[左傳昭二十九年]公使獻龍輔于齊侯　又姓晉智果別族爲輔氏

【 오류정리 】

○康誤處 1；[詩小雅]無棄(改乃棄)爾輔[註(改疏)]輔以佐車可解脫之物今人縛杖于輻防輔之脫(改以孩輔車)也

●考證；謹照原文無棄改乃棄註改疏防輔之脫改以孩輔車

◆整理；[詩小雅(시소아)]無棄(무기)는 乃棄(내기), [註(주)는 疏(소),] 防輔之脫(방보지탈)은 以孩輔車(이해보차)의 착오.

◆訂正文；[詩小雅]乃棄爾輔[疏]輔以佐車可解脫之物今人縛杖于輻以孩輔車)也

▶【1963-1】字解誤謬與否；[詩小雅]無棄(改乃棄)爾輔[註(改疏)]輔以佐車可解脫之物今人縛杖于輻防輔之脫(改以孩輔車)也　[無棄(改乃棄)] [註(改疏)] [防輔之脫(改以孩輔車)]

★이상과 같이 주소(註疏)나, ○내기이보(乃棄爾輔; 이윽고 그대는 덧방나무를 버리다. [詩小雅]乃棄爾輔[疏]輔以佐車可解脫之物今人縛杖于輻以孩輔車也) 등(等)의 오류(誤謬)를 수정(修訂)을 한다 하여도 자전상(字典上)의 보(輔)의 본의(本義)에는 영향이 미치지 않으나, ○이해보거(以孩輔車; 아이들이 서로 밀접한 관계에 있다. [廣陽雜記]左傳輔車相依[林注]輔頻輔車牙車人頻骨似車輔故曰輔車左右相持故曰相依)는 본의(本義)에 직접 영향이 미치게 됨.

㉕輠(과)[廣韻]胡火切[集韻]戶果切[韻會]合果切[正韻]胡果切夶音夥[廣韻]車脂角[集韻]箭也車盛膏器[韻會]車行其軸當滑易故常載脂膏以塗軸此卽其器也齊以淳于髡爲炙輠謂其言長而有味如炙輠器雖久而其膏不盡也[說文]作楇[集韻]或作輵　又[廣韻][集韻]夶古火切音果義同　又[廣韻]胡瓦切[集韻][韻會][正韻]戶瓦切夶音踝[廣韻]轂轉貌[禮雜記]叔孫武叔朝見輪人以其杖關轂而輠輪[註]關穿也輠廻也謂以其杖穿轂中而廻轉其輪也

又[集韻]火猥切音膭苦猥切音塊戶賄切音瘣義夶同

【 오류정리 】

○康誤處 1；[禮雜記]叔孫武叔朝見輪人以其杖關轂而輠輪[註(改疏)]關穿也輠廻也

●考證；謹照原書註改疏謹照原文十一年改十二年 左傳莊十一年南宮萬以乘車輦其母

◆整理；[禮雜記(예잡기)] [註(주)는 疏(소)의] 착오.

◆訂正文；[禮雜記]叔孫武叔朝見輪人以其杖關轂而輠輪[疏]關穿也輠廻也

▶【1964-1】字解誤謬與否；[禮雜記]叔孫武叔朝見輪人以其杖關轂而輠輪[註(改疏)]關穿也輠廻也　[註(改疏)]

★이상과 같이 인용처(引用處)나 주소(註疏), 음(音), 전(傳), 전(箋), 등(等)의 오류(誤謬)를 수정(修訂)을 한다 하여도 자전상(字典上)의 과(輠)의 본의(本義)에는 영향이 미치지 않음.

㉕輦(련)[廣韻][集韻][韻會][正韻]夶力展切音輦[廣韻]人步輓車也[詩小雅]我任我輦[註]任負任者輦人

輓車也　又輓運也[左傳莊十一年]南宮萬以乘車輦其母　又京師謂之輦下[後漢周紆傳]典司京輦　又宮中道曰輦道[司馬相如上林賦]輦道纚屬[註]閣道可乘輦而行者　又輦郎官名[前漢劉向傳]向以父德任爲輦郎[註]引御輦郎也　又姓

【 오류정리 】

○康誤處 1 ; [左傳莊十一年(改十二年)]南宮萬以乘車替其母

●考證 ; 謹照原文十一年改十二年

◆整理 ; [左傳莊(좌전장) 十一年(십일년)은 十二年(십이년)의 착오.

◆訂正文 ; [左傳莊十二年]南宮萬以乘車替其母

▶ 【1965-1】字解誤謬與否 ; [左傳莊十一年(改十二年)]南宮萬以乘車替其母 [十一年(改十二年)]

★이상과 같이 인용처(引用處)나 주소(註疏), 음(音), 전(傳), 전(箋), 등(等)의 오류(誤謬)를 수정(修訂)을 한다 하여도 자전상(字典上)의 련(輦)의 본의(本義)에는 영향이 미치지 않음.

車 部 九畫

康輮(유)[廣韻]人九切[集韻][韻會][正韻]忍九切夶柔上聲[說文]車輞也[釋名]輞關西曰輮言曲輮也[周禮冬官考工記]行澤者反輮行山者仄輮[註]澤地多泥反輮者反其木裏使需者在外欲其滑也山地多沙石仄輮者使堅者在外柔者在內取其堅刃相成也　又與揉通[易說卦]坎爲矯輮[疏]使曲者直爲矯使直者曲爲輮又[集韻]踐也與蹂通　又[廣韻]人又切[集韻][韻會][正韻]如又切夶柔去聲又[集韻]而由切音柔義夶同

【 오류정리 】

○康誤處 1 ; [周禮冬官考工記]行澤者反輮行山者仄輮[註]澤地多泥反輮

者反其木裏使需者(改需者)在外欲其滑也

●考證 ; 謹照原文需者改需者

◆整理 ; [周禮冬官考工記(주례동관고공기)] [註(주)] 需者(수자)는 需者(연자)의 착오.

◆訂正文 ; [周禮冬官考工記]行澤者反輮行山者仄輮[註]澤地多泥反輮者反其木裏使需者在外欲其滑也

▶ 【1966-1】字解誤謬與否 ; [周禮冬官考工記]行澤者反輮行山者仄輮[註]澤地多泥反輮者反其木裏使需者(改需者)在外欲其滑也 [需者(改需者)]

★이상과 같이 오류(誤謬) 수정(修訂)이 된다 하여도 연자(需者; 어린이. 需[玉篇]柔也[類篇]弱也)는 자전상(字典上) 유(輮)의 본의(本義)에는 영향이 미치지 않음.

康輴(순)[廣韻]丑倫切[集韻][韻會]敕倫切[等韻]丑屯切夶音椿[廣韻]載柩車也[禮檀弓]菆塗龍輴[註]輴車載柩而畫龍爲楯故曰龍輴　又泥行所乘也[書益稷]子乘四載註]泥乘輴以板爲之其狀如箕擿行泥上[史記河渠書]作橇[漢書溝洫志]作毳　又[禮喪大記]大夫葬同輴[註]輴當爲輇車之輇○按[玉篇]輴與軘同不與輇同輇與輇同諸書多混纏眯目附記於此

【 오류정리 】

○康誤處 1 ; [禮喪大記]大夫葬同(改用)輴

●考證 ; 謹照原文同改用

◆整理 ; [禮喪大記(예상대기)] 同(동)은 用(용)의 착오.

◆訂正文 ; [禮喪大記]大夫葬用輴

▶ 【1967-1】字解誤謬與否 ; [禮喪大記]大夫葬同(改用)輴 [同(改用)]

★이상과 같이 오류(誤謬) 수정(修訂)

이 되면 대부장용순(大夫葬用輴; 대부 장사에는 상여를 쓴다. [禮記喪大記]大夫葬用輴,二綍,二碑. 御棺用茅. 士葬用國車,二綍,無碑,比出宮,御棺用功布凡封用綍去碑負引君封以衡大夫士以咸君命毋譁以鼓封大夫命毋哭士哭者相止也)인데 자전상(字典上) 순(輴)의 본의(本義)에 영향이 미치게 됨.

㋣**輹**(복)[廣韻][集韻][韻會][正韻]㽞方六切音福[說文]車下縛也[廣韻]車伏兔也[集韻]車軸縛也[釋名]輹伏也曰伏兔者伏于軸上似之也[易大畜]輿脫輹　又[大壯]壯于大輿之輹　又[集韻]芳六切音蝮義同

【 오류정리 】

○康誤處 1；[釋名]輹伏也曰伏兔者伏于軸上似之也(改釋名下改車伏兔又曰輹輹伏也伏于軸上也)

●考證；謹照原文釋名下改車伏兔又曰輹輹伏也伏于軸上也

◆整理；[釋名(석명)] 輹伏也曰伏兔者伏于軸上似之也는　釋名下改車伏兔又曰輹輹伏也伏于軸上也의 착오.

◆訂正文；[釋名]車伏兔又曰輹輹伏也伏于軸上也

▶【1968-1】字解誤謬與否；[釋名]輹伏也曰伏兔者伏于軸上似之也(改釋名下改車伏兔又曰輹輹伏也伏于軸上也) [輹伏也曰伏兔者伏于軸上似之也(改釋名下改車伏兔又曰輹輹伏也伏于軸上也)]

★이상과 같이 오류(誤謬) 수정(修訂)이 되면 ○거복토(車伏兔; 거여(車輿)와 차축을 연결 고정시키는 나무. 수레에 장착 된 좌대. 일설은 무림인들이 천금을 주고서라도 한번 앉고 싶어한다는좌대)와, ○복복복우축상야(輹輹伏于軸上也 [釋名]車伏兔 又曰輹(伏兔) 이상을 아래와 같이 분리하

였다. ○輹伏也(엎드린 복토) ○伏于軸上也(수레 축 위에 엎드려 있다)[左傳僖公十五年]車說其輹火焚其旗[晉杜預注]輹車下縛也[唐孔穎達正義]輹車下伏兔也今人謂之車屐形如 伏兔以繩縛於軸因名縛也 이니 자전상(字典上) 복(輹)의 본의(本義)에 영향이 미치게 됨.

㋣**輿**(여)[廣韻]以諸切[集韻][韻會]羊諸切[等韻]雲諸切㽞音余[說文]車底也[周禮冬官考工記]輿人爲車[註]輿人專作輿而言爲車者車以輿爲主也[後漢輿服志]上古聖人觀轉蓬始爲輪輪行不可載因物生智後爲之輿[韻會][詩詁曰輈軸之上加板以載物軫軾輢較之所附植輿其總名也　又乘輿[蔡邕獨斷]天子所御車馬衣服器械百物曰乘輿[註]輿車也乘載也　又[廣韻]權輿始也造衡自權始造車自輿始也　又[正韻]堪輿天地之總名[前漢藝文志]堪輿金匱]十四卷[註]堪天道輿地道　又載而行之之意[左傳僖十一年]敬禮之輿也[註]謂其載禮以行也又[襄二十四年]令名德之輿也　又負也[戰國策]百人輿瓢而趨　又[廣韻]多也[集韻]衆也[左傳僖二十八年]晉文公聽輿人之誦　又[韻會]扶輿佳氣貌又美稱[司馬相如子虛賦]扶輿綺靡　又輿人賤官[左傳昭四年]輿人納之　又丘輿地名[左傳成四年]鄭公子偃敗諸丘輿[註]鄭地　又平輿[後漢郡國志]平輿屬汝南郡[註]古沈子國也 又姓[韻會]周大夫伯輿之後　又[廣韻][韻會][正韻]㽞羊茹切音豫[增韻]舁車也兩手對舉之車集韻]或作轝[史記封禪書]作轝轝字从車从輿作車輿

【 오류정리 】

○康誤處 1；[後漢輿服志]上古聖人觀轉蓬始爲輪輪行不可載因物生智後

爲之興(改復爲之興)

●考證 ; 謹照原文後爲之興改復爲之興

◆整理 ; [後漢輿服志(후한여복지)]後爲之興(후위지여)는 復爲之興(복위지여)의 착오.

◆訂正文 ; [後漢輿服志]上古聖人觀轉蓬始爲輪輪行不可載因物生智復爲之興

▶【1969-1】字解誤謬與否 ; [後漢輿服志]上古聖人觀轉蓬始爲輪輪行不可載因物生智後爲之興(改復爲之興) [後爲之興(改復爲之興)]

★이상과 같이 오류(誤謬) 수정(修訂)이 된다 하여도 복(復; 중복하다. 거듭하다.되풀이하다)은 자전상(字典上) 여(輿)의 본의(本義)에는 영향이 미치지 않음.

○康誤處 2 ; 又[廣韻(改韻會)]權輿始也造衡自權始造車自輿始也

●考證 ; 謹按廣韻無此語查係韻會謹將廣韻改韻會

◆整理 ; [廣韻(광운)은 韻會(운회)의] 착오.

◆訂正文 ; 又[韻會]權輿始也造衡自權始造車自輿始也

▶【1970-2】字解誤謬與否 ; 又[廣韻(改韻會)]權輿始也造衡自權始造車自輿始也 [廣韻(改韻會)]

★이상과 같이 인용처(引用處)나 주소(註疏), 음(音), 전(傳), 전(箋), 등(等)의 오류(誤謬)를 수정(修訂)을 한다 하여도 자전상(字典上)의 여(輿)의 본의(本義)에는 영향이 미치지 않음.

康 **轃**(진)[廣韻][正韻]側詵切[集韻][韻會]緇詵切夶音臻[說文]大車簀也 又與臻同至也[前漢廟祀歌]四極爰轃[王吉傳]福祿其轃[集韻]或作轏

【 오류정리 】

○康誤處 1 ; [前漢廟(改郊)祀歌]四極爰轃

●考證 ; 謹照原文廟改郊

◆整理 ; [前漢(전한) 廟(묘)는 郊(교)의 착오. 祀歌(사가)]

◆訂正文 ; [前漢郊祀歌]四極爰轃

▶【1971-1】字解誤謬與否 ; [前漢廟(改郊)祀歌]四極爰轃 [廟(改郊)]

★이상과 같이 인용처(引用處)나 주소(註疏), 음(音), 전(傳), 전(箋), 등(等)의 오류(誤謬)를 수정(修訂)을 한다 하여도 자전상(字典上)의 진(轃)의 본의(本義)에는 영향이 미치지 않음.

康 **䡬**(차)[廣韻]士佳切[集韻][韻會][正韻]初皆切夶音柴[說文]連車也 又䡬車抵堂爲䡬[張衡東京賦]皇輿夙駕䡬于東階[註]䡬之言次也謂次于東階天子未乘之時也 又與差同[左傳哀六年]差車鮑點[註]鮑點牧臣也 又[集韻]千咨切音郪又[廣韻]疾資切[集韻]才茲切[正韻]義茲切夶音雌義夶同 [說文]本作䡬省作䡬俗作䡬

【 오류정리 】

○康誤處 1 ; [左傳哀六年]差車鮑點[註]鮑點牧臣也(改點鮑牧臣也)

●考證 ; 謹照原文鮑點牧臣也改點鮑牧臣也

◆整理 ; [左傳哀六年(좌전애육년)] [註(주)] 鮑點牧臣也(포점목신야)는 點鮑牧臣也(점포목신야)의 착오.

◆訂正文 ; [左傳哀六年]差車鮑點[註]點鮑牧臣也

▶【1972-1】字解誤謬與否 ; [左傳哀六年]差車鮑點[註]鮑點牧臣也(改點鮑牧臣也) [點牧臣也(改點鮑牧臣也)]

★이상과 같이 오류(誤謬) 수정(修訂)

이 된다 하여도 점포(點鮑; 목신(牧臣) 목축 노예들을 관리하던 벼슬.[左傳哀六年[差車鮑點[註]點鮑牧臣也)자전상(字典上)는 차(耋)의 본의(本義)에는 영향이 미치지 않음.

車部 十一畫

康轈(초)[廣韻][集韻][韻會][正韻]丛鉬交切音巢[說文]兵高車加巢以望敵也[左傳成十六年]楚子登巢車以望晉軍[註]巢本作轈

【 오류정리 】

○康誤處 1 ;[左傳成十六年]楚子登巢車以望晉軍[註]巢本作轈(改釋文說文作轈)

●考證 ; 謹按註無此語謹改釋文說文作轈

◆整理 ;[註(주)는 없으며]巢本作 轈(소본작소)는 釋文說文作轈 (석문설문작소)의 착오.

◆訂正文 ;[左傳成十六年]楚子登巢車以望晉軍釋文說文作轈

▶【1973-1】字解誤謬與否 ;[左傳成十六年]楚子登巢車以望晉軍[註]巢本作轈(改釋文說文作轈) [[註]巢本作轈(改釋文說文作轈)]

★이상과 같이 오류(誤謬) 수정(修訂)이 되면 작초(作轈; 망루수레를 제작[禮禮運檜巢註]檜又作巢 [曹大家東征賦]諒不登檋而椓蠡兮[正韻]作轈又[類篇]側交切同翼橑罟也)자전상(字典上) 초(轈)의 본의(本義)에 적극 영향이 미치게 됨.

車部 十二畫

康輚(잔)[同轏][廣韻]車名[正韻]兵車又臥車[左傳成二年]逢丑父寢于輚車餘詳轏字註

【 오류정리 】

○康誤處 1 ;[左傳成二年]逢丑父寢于輚車(改輚中)

●考證 ; 謹照原文輚車改輚中

◆整理 ;[左傳成二年(좌전성이년)]輚車(잔거)는 輚中(잔중)의 착오.

◆訂正文 ;[左傳成二年]逢丑父寢于輚中

▶【1974-1】字解誤謬與否 ;[左傳成二年]逢丑父寢于輚車(改輚中) [輚車(改輚中)]

★이상과 같이 오류(誤謬) 수정(修訂)이 되면 잔중(輚中; 수레 안. [春秋左氏傳成公二年]逢丑父與公易位將及華泉驂絓於木而止丑父寢於輚中蛇出於其下以肱擊之傷而匿之故不能推車而及)자전상(字典上) 잔(輚)의 본의(本義)에 적극 영향이 미치게 됨.

康轋(조)[集韻]子皓切音藻車飾有華藻也[周禮春官巾車]藻車藻蔽[註]故書藻作轋杜子春曰轋讀爲華藻之藻鄭康成曰藻水草蒼色以蒼土堊車以蒼繒爲蔽也 又[集韻]祖動切音縱又倉刀切音操義丛同

【 오류정리 】

○康誤處 1 ;[周禮春官巾車]藻車藻蔽[註]藻當爲轋(改故書藻作轋)

●考證 ; 謹照原註改故書藻作轋

◆整理 ;[周禮春官巾車(주례춘관건차)] [註(주)]藻當爲轋(조당위조)는 故書藻作轋(고서조작조)의 착오임.

◆訂正文 ;[周禮春官巾車]藻車藻蔽[註]故書藻作轋

▶【1975-1】字解誤謬與否 ;[周禮春官巾車]藻車藻 蔽[註]藻當爲轋(改故書藻作轋) [藻當爲轋(改故書藻作轋)]

★이상과 같이 오류(誤謬) 수정(修訂)이 되면 ○고(告; 명백하다) ○서조작조(書藻作轋; 조(藻)로도 쓰고 조(轋;

거식유화조(車飾有華藻; 수레장식에 는화려한 문체로 꾸미는 것이다. 즉 화려한 문체로 꾸미어 조각하여 새 기고 있다)로도 쓴다)[周禮春官巾車] 藻車藻蔽[鄭注]曰故書藻作轑[杜子春] 云轑讀為華藻之藻直謂華藻也玄謂藻水 草蒼色以蒼繪為蔽也[說文艸部]云藻水 草也篆體作藻或體从澡作藻是知藻藻同 字)는 자전상(字典上) 조(轑)의 본의 (本義)에 직접 영향이 미치게 됨.

康 **輲**(번)[廣韻][集韻][韻會]孚袁 切[正韻]孚艱切丛音翻[說文]輲車之 蔽也[韻會]應劭曰車耳反出所以為藩 屏翳塵泥以簟為之或用革[前漢景帝 紀]名二千石車朱兩輲千石至六百石朱 左輲 又通作藩[周禮春官巾車]漆車 藩蔽[註]小車藩漆席為之以蔽禦風塵 也 又[廣韻]車大箱也[集韻]絣輲車 箱 又[[廣韻]甫煩切[集韻]方煩切丛 音藩義同 又[集韻]甫遠切音反同軬 詳前軬字註

【 오류정리 】

○康誤處 1; [前漢景帝紀]名(改令)二 千石車朱兩輲千石至六百石朱左輲
●考證 ; 謹照原文名改令
◆整理 ; [前漢景帝紀(전한경제기)]名 (명)은 令(령)의 착오.
◆訂正文 ; [前漢景帝紀]令二千石車 朱兩輲千石至六百石朱左輲
▶【1976-1】字解誤謬與否 ; [前漢 景帝紀]名(改令)二千石車朱兩輲千石 至六百石朱左輲 [名(改令)]
★이상과 같이 오류(誤謬) 수정(修訂) 이 되면 령(令; 명령하다. …하게 하 다. ….을 시키다. 멸령. 하여금. 가 령. 이를테면. 법령. 규칙. 벼슬)은 자전상(字典上) 번(輲)의 본의(本義) 에 영향이 미치지 않음.

車部 十三畫

康 **轙**(의)[廣韻]魚倚切[集韻][韻 會]語綺切[正韻]養里切丛音螘[說文] 車衡載轡者[爾雅釋器]軛上環轡所貫也
又[正韻]僕人嚴駕待發之意[前漢郊 祀歌]靈禔禔象輿轙 [廣韻][集韻]魚 羈切[韻會]疑羈切[等韻]五羈切丛音 宜義同或作轛

【 오류정리 】

○康誤處 1; [爾雅釋器](增註字)軛上 環轡所貫也
●考證 ; 謹照原書釋器下增註字
◆整理 ; [爾雅(이아) 釋器(석기)]이 에 이어 註字(주자)를 덧붙임.
◆訂正文 ; [爾雅釋器]註軛上環轡所 貫也
▶【1977-1】字解誤謬與否 ; [爾雅 釋器(增註字)]軛上環轡所貫也 [釋器 (增註字)]
★이상과 같이 인용처(引用處)나 주 소(註疏), 음(音), 전(傳), 전(箋), 등 (等)의 오류(誤謬)를 수정(修訂)을 한 다 하여도 자전상(字典上)의 의(轙)의 본의(本義)에는 영향이 미치지 않음.

康 **轚**(격)[廣韻][集韻][韻會]吉歷 切[等韻]訖歷切丛音激[說文]車轄相 擊也[玉篇]舟車序行也[周禮秋官野廬 氏]凡道路舟車轚互者序而行之[註]轚 互謂迫隘處 又挂也[春秋昭八年]蒐 于紅[穀梁傳]流旁握御轚者不得入 [註]謂車兩轊各去門邊空四寸轚挂則 不得入門也 又[廣韻][集韻][正韻] 丛吉詣切音計義同 通作毄[前漢景 帝紀]農桑毄畜○按毄畜言郡國地磽陿 者農桑促密而難畜故民多乏食也毄與 轚音義丛同師古註以毄為食養之上下 文義難通宜與[周禮]轚互同義附記於 此

【 오류정리 】

○康誤處 1; [玉篇(改集韻)]舟車序行

也
●考證 ; 謹按語出集韻去聲十二霽不出玉篇玉篇今改集韻
◆整理 ; [玉篇(옥편)은 集韻(집운)의] 착오.
◆訂正文 ; [集韻]舟車序行也
▶【1978-1】字解誤謬與否 ; [玉篇(改集韻)]舟車序行也 [玉篇(改集韻)]
★이상과 같이 인용처(引用處)나 주소(註疏), 음(音), 전(傳), 전(箋), 등(等)의 오류(誤謬)를 수정(修訂)을 한다 하여도 자전상(字典上)의 격(聲)의 본의(本義)에는 영향이 미치지 않음.

車部 十四畫

康 轞(함)[廣韻][正韻]胡黤切[集韻][韻會]戶黤切𠀤音檻[廣韻]車聲與檻通[詩王風]大車檻檻[註]車行聲也 又囚車也上著板四周如檻形[前漢陳餘傳]轞車膠致 又[釋名]轞車上施檻欄以格猛獸之車也

【 오류정리 】

○康誤處 1 ; [前漢陳餘(改張耳)傳]轞車膠致(改爲詣長安)
●考證 ; 謹照原文陳餘改張耳膠致二字改爲詣長安
◆整理 ; [前漢(전한) 陳餘(진여)는 張耳(장이)의 착오. 傳(전)] 膠致(교치)는 詣長安(예장안)의 착오.
◆訂正文 ; [前漢張耳傳]轞車詣長安
▶【1979-1】字解誤謬與否 ; [前漢陳餘(改張耳)傳]轞車膠致(改爲詣長安) [陳餘(改張耳)] [膠致(改爲詣長安)]
★이상과 같이 오류(誤謬) 수정(修訂)이 되면 ○함거(轞車; 죄인을 실어나르는 수레. [詩王風]大車檻檻[註]車行聲也又囚車也上著板四周如檻形[前漢張耳傳]轞車詣長安又[釋名]轞車上施檻欄以格猛獸之車也)가 ○예장안(詣長安; 장안에 이르다)이니 자전상(字典上) 함(轞)의 본의(本義)에 간접 영향이 미치게 됨.

車部 十六畫

康 𨎮(룡)[廣韻]盧紅切[集韻]盧東切𠀤音龍[廣韻]軸頭也[玉篇]轒也[爾雅釋器]車轅上謂之𨎮[揚子方言]車轊齊謂𨎮

【 오류정리 】

○康誤處 1 ; [爾雅釋器(改小爾雅)]車轅上謂之𨎮(改車轅上者謂之𨎮)
●考證 ; 謹按語出小爾雅不出爾雅謹改小爾雅車轅上者謂之𨎮
◆整理 ; [爾雅釋器(이아석기)]車轅上謂之𨎮(차원상위지룡)은 [小爾雅(소이아)]車轅上者謂之𨎮(차원상자위지룡)의 착오.
◆訂正文 ; [小爾雅]車車轅上者謂之𨎮
▶【1980-1】字解誤謬與否 ; [爾雅釋器(改小爾雅)]車轅上謂之𨎮(改車轅上者謂之𨎮) [爾雅釋器(改小爾雅)] [車轅上謂之𨎮(改車轅上者謂之𨎮)]
★이상과 같이 인용처(引用處)나 주소(註疏), 음(音), 전(傳), 전(箋), 등(等)과 위(謂; 이르다)로 오류(誤謬)를 수정(修訂)을 한다 하여도 자전상(字典上)의 룡(𨎮)의 본의(本義)에는 영향이 미치지 않음.

○康誤處 2 ; [揚子方言]車轊齊謂𨎮(改謂之𨎮)
●考證 ; 謹照原文謂𨎮改謂之𨎮
◆整理 ; [揚子方言(양자방언)] 謂𨎮(위룡)은 謂之𨎮(위지룡)의 착오.
◆訂正文 ; [揚子方言]車轊齊謂之𨎮
▶【1981-2】字解誤謬與否 ; [揚子方言]車轊齊謂𨎮(改謂之𨎮) [謂𨎮

(改謂之轤)]

★이상과 같이 오류(誤謬) 수정(修訂)이 된다 하여도 위지(謂之; 이를만하다)로는 자전상(字典上) 룡(轤)의 본의(本義)에는 영향이 미치지 않음.

康**轙**(의)(同轙)[淮南子說山訓]遺人車而稅其轙[註]轙所以縛衡者也

【 오류정리 】

○康誤處 1; [淮南子說山訓][註]轙所以縛銜(改納衡)者也

●考證; 謹照原文縛銜改納衡

◆整理; [淮南子說山訓(회남자설산훈)][註(주)] 縛銜(박함)은 納衡(납형)의 착오.

◆訂正文 ; [淮南子說山訓][註]轙所以納衡者也

▶【1982-1】字解誤謬與否; [淮南子說山訓][註]轙所以縛銜(改納衡)者也 [縛銜(改納衡)]

★이상과 같이 오류(誤謬) 수정(修訂)이 되면 납형(納衡; 멍에를 매다)이니 자전상(字典上) 의(轙)의 본의(本義)에 적극 영향이 미치게 됨.

車部 十八畫

康**轈**(휴)[集韻][韻會]𠀤玄圭切音攜[集韻]車輪轉一周爲轈通作㩜[禮曲禮]立視五㩜[註]㩜猶規也陸佃曰乘車之輪六尺有六寸五㩜之𢆶三丈二尺荀子曰立視六尺而大之

【 오류정리 】

○康誤處 1; [禮曲禮]立視五㩜[註]㩜猶規也陸佃曰乘車之輪六尺有六寸五㩜之𢆶三丈二尺(改三尺)

●考證; 謹照文義二尺改三尺

◆整理; [禮曲禮(예곡례)] [註(주)] 二尺(이척)은 三尺(삼척)의 착오.

◆訂正文 ; [禮曲禮]立視五㩜[註]㩜

猶規也陸佃曰乘車之輪六尺有六寸五㩜之𢆶三丈三尺

▶【1983-1】字解誤謬與否; [禮曲禮]立視五㩜[註]㩜猶規也陸佃曰乘車之輪六尺有六寸五㩜之𢆶三丈二尺(改三尺) [二尺(改三尺)]

★이상과 같이 오류(誤謬) 수정(修訂)이 된다 하여도 삼척(三尺; 석자)은 자전상(字典上) 휴(轈)의 본의(本義)에는 영향이 미치지 않음.

辛部 五畫

康**辜**(고)[唐韻]古乎切[集韻][韻會][正韻]攻乎切𠀤音姑[說文]罪也从辛古聲[書大禹謨]與其殺不辜寧失不經[周禮夏官]以救無辜伐有罪 又必也[前漢律歷志]六律姑洗洗絜也言陽氣洗物辜絜之也[註]辜絜必使之絜也 又磔也[周禮春官]以疈辜祭四方百物[註]疈披牲胷也疈辜披磔牲以祭也 又障也[後漢靈帝紀]豪右辜榷[註]謂障餘人賣買而自取其利也一作辜較義同 又辜較大概也詳車部較字註 又月名[爾雅釋歲]十一月爲辜月 又姓

【 오류정리 】

○康誤處 1; [爾雅釋歲(改釋天)]十一月爲辜月(省月字)

●考證; 謹照原文釋歲改釋天辜下省月字

◆整理; [爾雅(이아) 釋歲(석세)는 釋天(석천)의]착오이며, 辜下(고하)의 月字(월자)는 삭제함.

◆訂正文 ; [爾雅釋歲(改釋天)]十一月爲辜

▶【1984-1】字解誤謬與否; [爾雅釋歲(改釋天)]十一月爲辜月(省月字) [月(省月字)]

★이상과 같이 월(月)을 삭제(削除)한다 하여도 자전상(字典上) 고(辜)의 본의(本義)에 영향을 끼치지 않음.

辛部 六畫

康 辟(피)[廣韻][集韻][韻會][正韻]𠀤必益切音璧[廣韻]君也[爾雅釋訓]皇王后辟君也天子諸侯通稱辟[書大甲]克左右厥辟[詩小雅]百辟爲憲[集韻]或作辟　又人稱天曰辟[詩大雅]蕩蕩上帝下民之辟　又妻稱夫亦曰辟[禮曲禮]妻祭夫曰皇辟　又[說文]法也[書酒誥]越尹人祇辟[註]正身敬法也　又明也[禮王制]天子曰辟廱[註]辟明也廱和也使天下之人皆明達和諧也又[祭統]對揚以辟之[註]對遂也辟明也言遂揚君命以明我先祖之德也

又徵辟也[後漢鍾皓傳]前後九辟公府皆不就[晉書王褒傳]三徵七辟　又星名與璧同[禮月令]仲冬之月日在斗昏東辟中　又姓　又[廣韻]普擊切[集韻][韻會]匹辟切[正韻]匹亦切𠀤音僻與僻同偏也邪也[禮玉藻]非辟之心無自入也[左傳昭六年]楚辟我衷若何效辟[註]辟邪也衷正也　又傾也側也[禮曲禮]辟咡詔之[註]謂傾頭與語也　又威儀習孰少誠實曰辟[論語]師也辟[又]友便辟　又辟名空名也[周禮天官]凡失財用物辟名者[註]辟名詐爲書以空作見文書與實不相應也　又刑也[書君陳]辟以止辟[周禮秋官小司寇]以八辟麗邦法　又與闢通[孟子]辟土地　又辟除行人也[周禮秋官]王燕出入則前車而辟[孟子]行辟人可也　又衆人驚退也[史記項羽紀]人馬俱驚辟易數里[註]言人馬開張易舊處也　又鞭辟策勵也程子曰學要鞭辟近裏朱子曰辟如驅辟一般大約要鞭督向裏去又與擗通拊膺也[詩邶風]寤辟有摽[禮檀弓]辟踊　又與躃通足病不能行也[賈誼治安策]非亶倒縣而已又類辟　又辟歷雷聲別作霹靂　又[集韻][正韻]𠀤毗義切與避同[詩魏風]宛然左辟[註]讓而避者必左[禮儒行]內稱不辟親外

舉不辟怨　又與睥同[史記灌夫傳]辟睨兩宮閒[註]與睥睨同邪視也　又[集韻][正韻]𠀤匹智切與譬同[禮坊記]君子之道辟則坊與[中庸]辟如行遠

又[廣韻][集韻][韻會]𠀤博厄切音百[禮內則]鶉羹爲辟雞[註]聶而切之也

又與擘同析裂也[禮喪大記]爲三不辟[註]大斂之絞旣小不復擘裂其末　又[正韻]莫禮切音米與弭同[禮郊特牲]有由辟焉[註]謂弭災兵也　又[集韻]頻彌切[正韻]蒲縻切𠀤音皮與紕同帶之緣飾也[禮玉藻]天子素帶朱裏終辟[註]辟緣也終竟也天子熟絹爲帶用朱于裏終此帶盡緣之也　又[集韻]必郢切音丙除也[莊子庚桑楚]至信辟金

【 오류정리 】

○康誤處 1 ; 又與擘同析裂也[禮喪大記](增絞一幅)爲三不辟[註(改疏)]大斂之絞旣小不復擘裂其末
●考證 ; 謹按爲三二字文義未全謹照原文爲三上增絞一幅三字註改疏
◆整理 ; [禮喪大記(예상대기)]에 이어 絞一幅(교일폭)을 덧붙이고, 爲三(위삼) [註(주)는 疏(소)의 착오]
◆訂正文 ; 又與擘同析裂也[禮喪大記]絞一幅爲三不辟[疏]大斂之絞旣小不復擘裂其末
▶ 【1985-1】 字解誤謬與否 ; 又與擘同析裂也[禮喪大記](增絞一幅)爲三不辟[註(改疏)]大斂之絞旣小不復擘裂其末　 [(增絞一幅)] [註(改疏)]
★이상과 같이 오류(誤謬) 수정(修訂)이 되면 교일폭(絞一幅; 대렴시 시체를 묶는 베. [禮記喪大記]絞一幅五十稱西領南上士陳衣于序東三十稱西領南上絞紟如朝服絞一幅為三不辟紟五幅無紞小斂之衣祭服不倒君無襚大夫士畢主人之祭服親戚之衣)을 덧붙임은 자전상(字典上) 피(辟)의 본의(本義)에 적극 영향이 미치게 되고, 주소(註疏)의

고침은 피(辟)의 본의(本義)에 영향이 미치지 않음.

辰 部

康辰(진)[唐韻]植鄰切[集韻][韻會][正韻]丞眞切𠀤音晨[說文]辰震也三月陽氣動雷電振民農時也[釋名]辰伸也物 皆伸舒而出也 又時也[書臯陶謨]撫于五辰[註]謂五行之時也 又日也[左傳成九年]浹辰之間[註]自子至亥十二日也 又歲名[爾雅釋天]太歲在辰曰執徐 又三辰日月星也[左傳桓二年]三辰旂旗[註]日照晝月照夜星運行于天昏明遞匝民得取其時節故三者皆爲辰也 又日月合宿謂之辰[書堯典]曆象日月星辰[註]辰日月所交會之地也 又北辰天樞也[爾雅釋天]北極謂之北辰[註]北極天之中以正四時 又大辰星名[春秋昭十七年]有星孛于大辰[公羊傳]大辰者何大火也大火爲大辰伐爲大辰北辰亦爲大辰[註]大火謂心星伐爲參星大火與伐所以示民時之早晚天下所取正北辰北極天之中也故皆謂之大辰 又[爾雅釋訓]不辰不時也[詩大雅]我生不辰又[小雅]我辰安在 又叢辰術家名[史記日者傳叢辰註]猶今之以五行生尅擇日也 又[韻會]州名古沅陵郡隋置辰州以辰溪名 又叶時連切音禪[韓愈詩]吾懸日與月吾繫星與辰叶先韻

【 오류정리 】

○康誤處 1；[左傳桓二年]三辰旂旗[註(改疏)]日照晝月照夜星運行于天昏明遞匝

●考證；謹照原文註改疏

◆整理；[左傳桓二年(좌전환이년)][註(주)는 疏(소)의 착오.

◆訂正文；[左傳桓二年]三辰旂旗[疏]日照晝月照夜星運行于天昏明遞匝

▶【1986-1】字解誤謬與否；[左傳桓二年]三辰旂旗[註(改疏)]日照晝月照夜星運行于天昏明遞匝 [註(改疏)]

★이상과 같이 인용처(引用處)나 주소(註疏), 음(音), 전(傳), 전(箋), 등(等)의 오류(誤謬)를 수정(修訂)을 한다 하여도 자전상(字典上)의 진(辰)의 본의(本義)에는 영향이 미치지 않음.

辵 部 三畫

康达(체)[廣韻][集韻]𠀤他計切音替[字林]足滑也[王褒洞簫賦]其妙聲則清靜厭㾾順敍卑达[註]达滑也 又[集韻]他達切音闥與健同[博雅]逃也一曰行不相遇 又陁葛切音達與達同通也一曰迭也 俗作达达𠀤

【 오류정리 】

○康誤處 1；[王褒洞簫賦]其妙聲則清靜厭㾾(改㾔)順敍卑达

●考證；謹照原文㾾改㾔

◆整理；[王褒洞簫賦(왕포동소부)]㾾(예)는 㾔(예)의 착오.

◆訂正文；[王褒洞簫賦]其妙聲則清靜厭㾔順敍卑达

▶【1987-1】字解誤謬與否；[王褒洞簫賦]其妙聲則清靜厭㾾(改㾔)順敍卑达 [㾾(改㾔)]

★이상과 같이 오류(誤謬) 수정(修訂)이 되면 예(㾔; 고요하다. 편안하다. 자세하다. 그윽하다.[前漢外戚傳]婉㾔有節操[註]師古曰㾔靜也 [說文解字注]㾔靜也靜當作竫亭安也此篆或作嬺見後漢書傳寫誤爲嬺洞簫賦曰清靜厭㾔神女賦曰澹清靜其愔㾔李善引韓詩曰㾔悅也引蒼頡篇曰㾔密也引曹大家列女傳注曰㾔深邃也[王褒洞簫賦]其妙聲則清靜厭㾔順敍卑达若孝子之事父母也]註]㾔深邃也)인데 자전상(字典上) 체(达)의 본의(本義)에 적극 영향이 미치게 됨.

㉖迅(기)[集韻]居吏切音寄[說文]
古之遒人以木鐸記言[徐鍇曰]遒人行
而求之故从辵从丅荐而進之于上也

【 오류정리 】

○康誤處 1 ; [集韻]居吏切音寄(改音記)
●考證 ; 謹按集韻居吏切以記字爲首
不與寄同音音寄謹改音記
◆整理 ; [集韻(집운)] 音寄(음기)는
音記(음기)의 착오
◆訂正文 ; [集韻]居吏切音記
▶【1988-1】字解誤謬與否 ; [集韻]
居吏切音寄(改音記)　[音寄(改音記)]
★이상과 같이 인용처(引用處)나 주
소(註疏), 음(音), 전(傳), 전(箋), 등
(等)의 오류(誤謬)를 수정(修訂)을 한
다 하여도 자전상(字典上)의 기(迅)의
본의(本義)에는 영향이 미치지 않음.

○康誤處 2 ; [說文]古之遒人以木鐸
記(增詩字)言
●考證 ; 謹照原文言上增詩字
◆整理 ; [說文(설문)] 記(기)에 이어
詩字(시자)를 덧붙임. 言(언)
◆訂正文 ; [說文]古之遒人以木鐸
記詩言
▶【1989-1】字解誤謬與否 ; [說文]
古之遒人以木鐸記(增詩字)言　[記(增
詩字)]
★이상과 같이 오류(誤謬) 수정(修訂)
이 된다 하여도 시언(詩言;시말. 시
언지(詩言志). [大學章句序]帝曰夔命
汝典樂敎胄子直而溫寬而栗剛而無虐簡
而無傲詩言志歌永言聲依永律和聲八音
克諧無相奪倫,神人以和)은 자전상(字
典上) 기(迅)의 본의(本義)에는 영향
이 미치지 않음.

㉖迂(우)[廣韻]羽俱切[集韻][韻
會]雲俱切𡘋音于[玉篇]遠也[史記孟

軻傳]迂遠而闊于事情[後漢王龔傳]其
言甚迂其效甚近　又曲也[書盤庚]恐
人倚乃身迂乃心[註]恐浮言之人迂汝
心使邪僻也[管子君臣篇]民迂則流之民
大流則迂之[註]迂曲不行則通之使行
流蕩不返則屈之使止也　又迂久良久
也[後漢劉寬傳]迂久大醉而還　又[說
文]避也　又[玉篇]廣大也　又[唐韻]
憶俱切音紆義同本作迂通作于

【 오류정리 】

○康誤處 1 ; [後漢王龔(改暢)傳]其言
甚迂(改若迂)其效甚近
●考證 ; 謹照原文龔改暢甚迂改若迂
◆整理 ; [後漢王(후한왕)　龔(공)은
暢(창)의 착오. 傳(전)] 甚迂(심우)는
若迂(약우)의 착오.
◆訂正文 ; [後漢王暢傳]其言若迂其
效甚近
▶【1990-1】字解誤謬與否 ; [後漢
王龔(改暢)傳]其言甚迂(改若迂)其效
甚近　[龔(改暢)]　[甚迂(改若迂)]
★이상과 같이 인용처(引用處)의 오
류(誤謬)를 수정(修訂)을 한다 하여도
자전상(字典上)의 우(迂)의 본의(本
義)에는 영향이 미치지 않으나. 이상
과 같이 오류(誤謬) 수정(修訂)이 기
언약우(其言若迂; 그 말이 만약 진부
하다면)라면 자전상(字典上) 우(迂)의
본의(本義)에 직접 영향이 미치게 됨.

○康誤處 2 ; [管子君臣篇]民迂則流
之民大流(改流通)則迂之
●考證 ; 謹照原文大流改流通
◆整理 ; [管子君臣篇(관자군신편)]
大流(대류)는 流通(유통)의 착오.
◆訂正文 ; [管子君臣篇]民迂則流之
民流通則迂之
▶【1991-2】字解誤謬與否 ; [管子
君臣篇]民迂則流之民大流(改流通)則
迂之　[大流(改流通)]

★이상과 같이 오류(誤謬) 수정(修訂)이 되면 유통(流通; 널리 퍼짐. 거침 흘러 통함. 세상에 널리통용됨)인데 자전상(字典上) 우(迂)의 본의(本義)에 직접 영향이 미치게 됨.

辵部 四畫

康迎(영)[唐韻]語京切[集韻]魚京切[韻會]疑京切𠀤音㐺[說文]逢也[增韻]逆也迓也[揚子方言]自關而東曰逆自關而西曰迎[淮南子覽冥訓]不將不迎[註]將送也迎接也不隨物而往不先物而動也　又逆數也[史記五帝紀]迎日推策[註]逆數之也日月朔望未來而推之故曰迎日　又[廣韻]魚敬切[集韻][韻會][正韻]魚慶切𠀤㐺去聲[正韻]凡物來而接之則平聲物未來而往迓之則去聲[詩大雅]親迎于渭　又叶吾郎切音昂[史記龜筴傳]理達于理文相錯迎使工召之所言盡當　又叶元具切音遇[屈原離騷]百神翳其備降兮九嶷繽其𠀤迎皇剡剡其揚靈兮告余以吉故

【 오류정리 】

○康誤處 1 ; [史記龜筴傳]理達于理文相錯迎使工召之(改占之)所言盡當
●考證 ; 謹照原文召之改占之
◆整理 ; [史記龜筴傳(사기구협전)] 召之(소지)는 占之(점지)의 착오.
◈訂正文 ; [史記龜筴傳]理達于理文相錯迎使工占之所言盡當
▶【1992-1】字解誤謬與否 ; [史記龜筴傳]理達于理文相錯迎使工召之(改占之)所言盡當　[召之(改占之)]
★이상과 같이 오류(誤謬) 수정(修訂)이 된다 하여도 점지(占之; 점치게 하다)는 자전상(字典上) 영(迎)의 본의(本義)에는 영향이 미치지 않음.

康迓(아)[廣韻][韻會][正韻]五駕切[集韻]魚駕切𠀤音訝[說文]相迎也[書盤庚]予迓續乃命于天又[洛誥]旁作穆穆迓衡[註]言迎治平也　又通作訝[周禮秋官訝士註]訝迎也士官之掌迎四方賓客者　又通作御[詩召南]百兩御之又[小雅]以御田祖　又通作衙[周禮夏官田僕設驅逐之車註]驅禽使前趨獲逆衙還之使不得出圍衙本作御五嫁反

【 오류정리 】

○康誤處 1 ; 又通作衙[周禮夏官田僕設驅逐(改驅逆)之車註]驅禽使前趨獲逆衙還之使不得出圍(改不出圍)
●考證 ; 謹照原文驅逐改驅逆不得出圍改不出圍
◆整理 ; [周禮夏官田僕設(주례하관전복설) 驅逐(구축)은 驅逆(구역)의 착오. 之車註(지차주)] 不得出圍(부득출위)는 不出圍(부출위)의 착오.
◈訂正文 ; 又通作衙[周禮夏官田僕設驅逆之車註]驅禽使前趨獲逆衙還之使不出圍
▶【1993-1】字解誤謬與否 ; 又通作衙[周禮夏官田僕設驅逐(改驅逆)之車註]驅禽使前趨獲逆衙還之使不得出圍(改不出圍)　[驅逐(改驅逆)] [不得出圍(改不出圍)]
★이상과 같이 오류(誤謬) 수정(修訂)이 되면 ○구역(驅逆; 짐승을 반대 방향으로 모는 것)과 ○불출위(不出圍; 어리석고 못난 자들만이 사방을 에워 싸다) 중 불출위(不出圍)는 자전상(字典上) 아(迓)의 본의(本義)에 직접 영향이 미치게 됨.

康返(반)[廣韻]甫遠切[集韻][韻會]府遠切𠀤音反[說文]還也[玉篇]復也[前漢董仲舒傳返之于天[註]謂還歸之也又[伍被傳]往者不返[註]言不復來也　又叶補鬵切音扁[秦嘉傳]遣車迎子還空去復空返憂來如循環匪席不可卷　又叶孚絢切翻去聲[張衡西京

賦]重闈幽閨轉相逾延望斾篠以徑庭眇不知其所返延讀去聲[韻會]通作反

【 오류정리 】

○康誤處 1; [秦嘉傳(改詩)]遣車迎子還空去復空返

●考證 ; 謹按此係秦嘉詩傳改詩

◆整理 ; [秦嘉(진가) 傳(전)은 詩(시)의] 착오.

◆訂正文 ; [秦嘉詩]遣車迎子還空去復空返

▶【1994-1】字解誤謬與否 ; [秦嘉傳(改詩)]遣車迎子還空去復空返 [傳(改詩)]

★이상과 같이 인용처(引用處)나 주소(註疏), 음(音), 전(傳), 전(箋), 등(等)의 오류(誤謬)를 수정(修訂)을 한다 하여도 자전상(字典上)의 반(返)의 본의(本義)에는 영향이 미치지 않음.

康迊(기)[字彙補]居以切音已 [九經考異][詩]往近王舅楊愼作迊一作迊詳近字註

【 오류정리 】

○康誤處 1; [字彙補]居以切音已(改己)

●考證 ; 謹按已當作己謹改己

◆整理 ; [字彙補(자휘보)] 已(이)는 己(기)의 착오.

◆訂正文 ; [字彙補]居以切音己

▶【1995-1】字解誤謬與否 ; [字彙補]居以切音已(改己) [已(改己)]

★이상과 같이 인용처(引用處)나 주소(註疏), 음(音), 전(傳), 전(箋), 등(等)의 오류(誤謬)를 수정(修訂)을 한다 하여도 자전상(字典上)의 기(迊)의 본의(本義)에는 영향이 미치지 않음.

辵部 五畫

康迣(렬)[廣韻]古文迾字[說文]迾晉趙曰迣[前漢鮑宣傳]部落鼓鳴男女遮

迣[註]言聞桴鼓之聲以爲有盜賊皆當遮列而追捕也 又[集韻]丑制切音跇[玉篇]超踰也[前漢郊祀歌]體容與迣萬里俗譌作迣迣迖非

【 오류정리 】

○康誤處 1; [前漢鮑宣傳]部落鼓鳴男女遮迣[註]言聞桴鼓之聲爲有盜賊皆當遮迣(改遮列)而追捕也

●考證 ; 謹照原註爲字上增以字遮迣改遮列

◆整理 ; [前漢鮑宣傳(전한포선전)][註(주)] 遮迣(차렬)은 遮列(차렬)의 착오.

◆訂正文 ; [前漢鮑宣傳]部落鼓鳴男女遮迣[註]言聞桴鼓之聲爲有盜賊皆當遮列而追捕也

▶【1996-1】字解誤謬與否 ; [前漢鮑宣傳]部落鼓鳴男女遮迣[註]言聞桴鼓之聲爲有盜賊皆當遮迣(改遮列)而追捕也 [遮迣(改遮列)]

★이상과 같이 오류(誤謬) 수정(修訂)이 되면 차렬(遮列; 막아 선다. [前漢鮑宣傳]部落鼓鳴男女遮 迣言聞桴鼓之聲以爲有盜賊皆當遮列而追捕也 [周禮地官山虞]物爲之厲厲遮列守之也互詳前迣字註)인데 자전상(字典上) 렬(迣)의 본의(本義)에 직접 영향이 미치게 됨.

康迆(이)[集韻][韻會]演爾切[正韻]養里切迖音以與迤同[爾雅釋訓]迆邐旁行也 又[集韻]余支切[正韻]延知切迖音移委迆自得貌 又[集韻][正韻]迖唐何切音駝逶迆行貌本作迱

【 오류정리 】

○康誤處 1; [爾雅釋訓(釋訓改作註)]迆邐旁行(增連延二字)也

●考證 ; 謹按此爾雅釋邱註非釋訓文謹照原文釋訓改作註於旁行下增連延二字

◆整理 ; [爾雅(이아) 釋訓(석훈)을 註(주)로] 旁行(방행)에 이어 連延二字(련연이자)를 덧붙임.

◆訂正文 ;[爾雅註]迪邐旁行連延也

▶【1997-1】字解誤謬與否 ; [爾雅釋訓(釋訓改作註)]迪邐旁行(增連延二字)也 [釋訓(釋訓改作註)] [旁行(增連延二字)]

★이상과 같이 오류(誤謬) 수정(修訂)이 된다 하여도 련연(連延; 계속하다. 연이어 길게 뻗치다. 잇대어 길게 뻗어 나가다. [舊唐書吐蕃傳上]延昌與李蓂皆從子儀子儀之隊千餘人山路狹隘連延百餘里人不得馳 [資治通鑑後漢紀]乃偃旗臥鼓但循河設火舖連延數十里番步卒以守之遣水軍檥舟於岸寇有潛往來者無不擒之)은 자전상(字典上) 이(迪)의 본의(本義)에는 영향이 미치지 않음.

康 迪(적)[唐韻]徒歷切[集韻][韻會]亭歷切[正韻]杜歷切𤇾音狄[𤇾韻]適也蹈也[書舜陶謨]允迪厥德[註]言信蹈其德也 又[說文]道也[書大禹謨]惠迪吉[註]言順道則吉也 又[增韻]啓迪開導也[書太甲]啓迪後人[註]謂開導子窄也又[康誥]矧今民罔迪不適[註]謂民無導之而不從者 又至也[前漢班固敍傳]漢迪于秦有革有因 又由迪相正也[損子方言]東齬青徐閒相正謂之由迪 又叶徒沃切音獨[詩大雅]緎此良人弗求弗迪叶下弗毒[陸雲饋王太尉詩]惟帝思庸大典光迪思媚三靈誧降天歎 又叶毒藥切音鐸[陸枯贈馺文罷詩]突突馺生哲問允迪天保定爾靡德不鑠

【 오류정리 】

○康誤處 1 ; [詩大雅]緎此良人弗求弗迪叶下弗毒(改復毒)

●考證 ; 謹照原文弗毒改復毒

◆整理 ; [詩大雅(시대아)] 弗毒(불독)은 復毒(복독)의 착오.

◆訂正文 ; [詩大雅]緎此良人弗求弗迪叶下復毒

▶【1998-1】字解誤謬與否 ; [詩大雅]緎此良人弗求弗迪叶下弗毒(改復毒) [弗毒(改復毒)]

★이상과 같이 오류(誤謬) 수정(修訂)이 된다 하여도 복독(復毒; 거듭된 폐단. [詩大雅]維此良人弗求弗迪叶下復毒)는 자전상(字典上) 적(迪)의 본의(本義)에는 영향이 미치지 않음.

康 迫(박)[廣韻]博白切[集韻][韻會][正韻]博陌切𤇾音百[玉篇]逼迫也[廣韻]急也[楚辭哀時命]衆比周以相迫兮[前漢武帝紀]外迫公事 又[增韻]窄也[楚辭遠遊]悲時俗之迫阨兮[後漢朱暉傳]惶迫伏地莫敢動 又[集韻]通作柏[前漢張耳傳]柏人迫于人也[武帝瓠子歌]魚沸鬱兮柏冬日 又叶璧亦切音必[馬融長笛賦]危殆險巇之所迫也衆哀集悲之所積也 又叶卜各切音博[崔瑗草書勢]草書之法蓋又簡略應時諭指用于卒迫

【 오류정리 】

○康誤處 1 ; [楚辭哀時命]衆比周以相迫(改肩迫)兮

●考證 ; 謹照原文相迫改肩迫

◆整理 ; [楚辭哀時命(초사애시명)]相迫(상박)은 肩迫(견박)의 착오.

◆訂正文 ; [楚辭哀時命]衆比周以肩迫兮

▶【1999-1】字解誤謬與否 ; [楚辭哀時命]衆比周以相迫(改肩迫)兮 [相迫(改肩迫)]

★이상과 같이 오류(誤謬) 수정(修訂)이 되면 견박(肩迫; 어깨를 집적거리다. [楚辭哀時命]衆比周以肩迫兮 [前漢武帝紀]外迫公事 [楚辭嚴忌哀時命]

衆比周以肩迫兮賢者遠而隱藏[王逸注]言衆佞相與合同并肩親比故賢者遠逝而藏匿也) 자전상(字典上) 박(迫)의 본의(本義)에 직접 영향이 미치게 됨.

康 迮(책)[廣韻]側柏切[集韻][韻會][正韻]側格切𠀤音嘖[說文]迮迮起也[玉篇]迫迮也[後漢竇融傳]囂執排迮不得進退[註排迮𨆯也又[陳忠傳]鄰舍比里共相壓迮　又[廣韻]則落切[集韻]卽各切𠀤音作義同通作作

【 오류정리 】

○康誤處 1 ; [後漢竇融傳]囂執(改埶)排迮不得進退[註]排迮(增迫字)𨆯也
●考證 ; 謹照原文執改埶𨆯也上增迫字
◆整理 ; [後漢竇融傳(후한두융전)]執(집)은 埶(예)의 착오. [註(주)] 迮(책)에 이어 迫字(박자)를 덧붙임. 𨆯也(축야)
◆訂正文 ; [後漢竇融傳]囂埶排迮不得進退[註]排迮迫𨆯也
▶【2000-1】字解誤謬與否 ; [後漢竇融傳]囂執(改埶)排迮不得進退[註]排迮(增迫字)𨆯也 [執(改埶)] [迮(增迫字)]
★이상과 같이 오류(誤謬) 수정(修訂)이 된다 하여도 효예(囂埶; 법도가 산만하다. [後漢書竇融傳] 國家當其前臣融促其后緩急迭用首尾相資囂埶排迮不得進退此必破也[李賢注]排迮謂𨆯迫也) 자전상(字典上) 책(迮)의 본의(本義)에는 영향이 미치지 않으나 박축(迫𨆯; 절박하다)는 본의(本義)에 직접 영향이 미치게 됨.

辵部 六畫

康 迵(동)[唐韻][集韻]𠀤徒弄切音洞[廣韻]過也[史記倉公傳]診其脈迵風[註]言風洞徹五臟也　又[玉篇]徒

東切音同達也[揚子太玄經]中宲獨達迵迵不屈[註]中心宲宲迵達故通而不盡

【 오류정리 】

○康誤處 1 ; [揚子太玄經]中宲獨達迵迵不屈[註]中心宲宲迵達(改獨達)故通而不盡
●考證 ; 謹照原註迵達改獨達
◆整理 ; [揚子太玄經(양자태현경)] [註(주)] 迵達(동달)은 獨達(독달)의 착오.
◆訂正文 ; [揚子太玄經]中宲獨達迵迵不屈[註]中心宲宲獨達故通而不盡
▶【2001-1】字解誤謬與否 ; [揚子太玄經]中宲獨達迵迵不屈[註]中心宲迵達(改獨達)故通而不盡 [迵達(改獨達)]
★이상과 같이 오류(誤謬) 수정(修訂)이 되면 독달(獨達; 홀로 통달하다. [揚子太玄經]中宲獨達迵迵不屈中心宲宲獨達故通而不盡. [論衡命祿篇第]從賤地自達命賤從富位自危故夫富貴若有神助貧賤若有鬼禍命貴之人俱學獨達并仕獨遷命富之人俱求獨得并爲獨成)인데 자전상(字典上) 동(迵)의 본의(本義)에 직접 영향이 미치게 됨.

康 迹(적)[唐韻][集韻][韻會][正韻]𠀤資昔切音積[說文]步處也[廣韻]足跡也[左傳宣十二年]遷大國之迹于鄭[前漢揚雄傳]擬足而投迹[淮南子說山訓]足躧地而爲迹　又凡功業可見者曰迹[書武成]太王肇基王迹[前漢王褒傳]索人求士者必樹霸迹　又凡前人所遺留者曰迹[莊子天運篇][六經]先王之陳迹也　又凡有所遵循亦曰迹[書蔡仲之命]爾乃邁迹自身[註]仲無所因故曰邁迹[前漢平當傳]深迹其道而務修其本[註]謂循其踪迹　又凡有形可見者皆曰迹[淮南子說山訓]循迹者非能生迹者也[唐書魏徵傳]豈有君臣同心

事形迹者　又循實而考之亦曰迹[前漢功臣表]迹漢功臣又[杜欽傳]將以求天心迹得失也　又風迹風化之迹也[後漢朱浮傳]頗欲厲風迹　又迹射尋迹而射也[後漢西域傳]漢有迹射　又迹人官名[周禮地官迹人註]迹之言跡知禽獸處也　又與跡同[文中子問易篇]心跡之判久矣　又與蹟通[詩小雅]念彼不蹟[註]謂不循故道也　又叶卽略切音爵[陸機演連珠]火壯則煙微性充則情約是以殷墟有感物之悲周京無佇立之迹[集韻]或作遺速

【 오류정리 】

○康誤處 1 ; [前漢平當傳]深迹其道而務修其本[註]謂循(改求)其踪迹

●考證 ; 謹照原註循改求

◆整理 ; [前漢平當傳(전한평당전)] [註(주)] 循(순)은 求(구)의 착오.

◆訂正文 ; [前漢平當傳]深迹其道而務修其本[註]謂循求其踪迹

▶【2002-1】字解誤謬與否 ; [前漢平當傳]深迹其道而務修本[註]謂循(改求)其踪迹　[循(改求)]

★이상과 같이 오류(誤謬) 수정(修訂)이 된다 하여도 순구(循求; 두루 찾다. [黃帝內經素問疏五過論篇]貧富各異品理問年少長勇怯之理審於分部知病本始八正九候診必副矣治病之道氣內為寶循求其理求之不得過在表裏守數據治無失愈理能行此術終身不殆不知愈理五藏熟癰發六府)는 자전상(字典上) 적(迹)의 본의(本義)에는 영향이 미치지 않음.

○康誤處 2 ; [後漢西域傳]漢有迹射(改前漢王尊傳將迹射士千人)

●考證 ; 謹按後漢西域傳無此語查係王尊傳今改前漢王尊傳將迹射士千人

◆整理 ; [後漢西域傳(후한서역전)]漢有迹射(한유적사)는 [前漢王尊傳(전한왕존전)]將迹射士千人(장적사사천인)

의 착오.

◆訂正文 ; [前漢王尊傳]將迹射士千人

▶【2003-2】字解誤謬與否 ; [後漢西域傳]漢有迹射(改[前漢王尊傳]將迹射士千人)

★이상과 같이 오류(誤謬) 수정(修訂)이 되면 장적사사천인(將迹射士千人; 장수가 남긴 흔적(자취) 으로 궁수가 천명이다 [漢書王尊傳]會南山羣盜傰宗等數百人爲吏民害拜故弘農太守傅剛爲校尉將迹射士千人逐捕[顏師古注]迹射言能尋迹而射取之也)인데 자전상(字典上) 적(迹)의 본의(本義)에 직접 영향이 미치게 됨.

康 迺 (내) [玉篇]與乃同語辭也[詩大雅]迺立皐門迺立應門 又汝也[前漢項籍傳]必欲烹迺翁 又[陳餘傳]豈少迺女乎 又始也[賈誼治安策]太子迺生[註]言始生也

【 오류정리 】

○康誤處 1 ; [賈誼治安策(改前漢賈誼傳)]太子迺生

●考證 ; 謹照原書賈誼治安策改前漢賈誼傳

◆整理 ; [賈誼治安策(가의치안책)]은 前漢賈誼傳(전한가의전)의] 착오.

◆訂正文 ; [前漢賈誼傳]太子迺生

▶【2004-1】字解誤謬與否 ; [賈誼治安策(改前漢賈誼傳)]太子迺生　[賈誼治安策(改前漢賈誼傳)]

★이상과 같이 인용처(引用處)나 주소(註疏), 음(音), 전(傳), 전(箋), 등(等)의 오류(誤謬)를 수정(修訂)을 한다 하여도 자전상(字典上)의 내(迺)의 본의(本義)에는 영향이 미치지 않음.

康 迻 (이) [唐韻][韻會]弋支切[集韻]余支切𣥠同移[說文]遷徙也[楚辭

九章]屢懲艾而不迗又[惜誓]或推迗而
苟容兮[註]迗一作移 [集韻或作拖敊

【 오류정리 】

○康誤處 1；[楚辭九章(改九歎)]屢懲
艾而不迗
●考證；謹照原書九章改九歎
◆整理；[楚辭(초사) 九章(구장)은
九歎(구탄)의] 착오.
◆訂正文；[楚辭九歎]屢懲艾而不迗
▶【2005-1】字解誤謬與否；[楚辭
九章(改九歎)]屢懲艾而不迗 [九章
(改九歎)]
★이상과 같이 인용처(引用處)나 주
소(註疏), 등(等)의 오류(誤謬)를 수정
(修訂)을 한다 하여도 자전상(字典上)
의 이(迗)의 본의(本義)에는 영향이
미치지 않음.

㋖追(추)[唐韻]陟佳切[集韻][韻
會]中葵切𠀤音鎚[廣韻]隨也[增韻]逮
也[玉篇]送也[詩周頌]薄言追之[註]
謂已發上道而追送之也[前漢韓信傳]
公無所追追信詐也 又[說文]逐也[周
禮秋官士師]掌卿合以比追胥之事[註]
追追寇也[左傳莊十八年]追戎于濟西
　　又[玉篇]及也救也[書五子之歌]雖
悔可追[註]言雖欲改悔其可及乎[論
語]往者不可諫來者猶可追[左傳襄九
年]圍宋彭城非宋地追書也[註]追書者
其地已非宋有追使屬宋也 又凡上溯
已往曰追[詩大雅]聿追來孝[左傳成十
三年]追念前勳 又遂非曰追非[前漢
五行志]歸獄不解茲謂追非[註]謂歸過
于民不罪己也解止也追非遂非也 又
國名[詩大雅]其追其貊奄受北國 又
[集韻][韻會][正韻]𠀤都雷切音堆[玉
篇]治玉名[周禮天官追師註]追治玉石
之名[詩大雅]追琢其章 又母追冠名
[禮郊特牲]母追夏后氏之冠也[註]母追
讀爲牟堆別作頯 又鐘紐[孟子]以追

蠡 又[字彙補]旬爲切與隨通[楚辭九
歎]背繩墨以追曲兮[註]追古與隨通
　　又叶馳僞切音墜[司馬相如上林賦]
車騎雷起殷天動地先後陸離離散別追

【 오류정리 】

○康誤處 1；[周禮秋官士師]掌卿(改
鄉)合以比追胥之事
●考證；謹照原文卿改鄉
◆整理；[周禮秋官士師(주례추관사
사)] 卿(경)은 鄉(향)의 착오.
◆訂正文；[周禮秋官士師]掌鄉合以
比追胥之事
▶【2006-1】字解誤謬與否；[周禮
秋官士師]掌卿(改鄉)合以比追胥之事
[卿(改鄉)]
★이상과 같이 오류(誤謬) 수정(修訂)
이 된다 하여도 향(鄉; 시골. 농촌.
향촌.고향. 태어남 곳. 곳. 장소. 지
구)은 자전상(字典上) 추(追)의 본의
(本義)에는 영향이 미치지 않음.

○康誤處 2；又母(改毋)追冠名[禮郊
特牲]母(改毋)追夏后氏之冠(改道)也
[註]母追讀爲牟堆別作頯(註以下改釋
文上音牟下多雷反)
●考證；謹照原文兩母字𠀤改毋冠改
道註以下改釋文上音牟下多雷反
◆整理；又(우) 母(모)는 毋(무)의 착
오. [禮郊特牲(례교특생)] 母(모)는
毋(무)의 착오. 冠(관)은 道(도)의 착
오 [註(주)를] 포함 母追讀爲牟堆別
作頯(모추독위모퇴별작퇴)는 [釋文(석
문)]上音牟下多雷反(상음모하다뢰반)
의 착오.
◆訂正文 ；又毋追冠名[禮郊特牲]毋
追夏后氏之道也[釋文]上音牟下多雷
反
▶【2007-2】字解誤謬與否；又母
(改毋)追冠名[禮郊特牲]母(改毋)追夏
后氏之冠(改道)也[註]母追讀爲牟堆別
作頯(註以下改釋文上音牟下多雷反)

[毋(改毌)] [毋(改毌)] [冠(改道)]
[[註]母追讀爲牟堆別作頋(註以下改釋
文上音牟下多雷反)]
★이상과 같이 오류(誤謬) 수정(修訂)
이 되면 ○무추(毋追; 하(夏)나라 때
의관(冠). [禮記郊特牲]毋追夏后氏之
道也[鄭玄注]常所服以行道之冠也[後
漢書輿服志下]委貌冠皮弁冠同制長七
寸高四寸制如覆杯前高廣后卑銳所謂夏
之毋追殷之章甫者也明謝肇淛[五雜俎
物部四]毋追收夏冠也)와 ○도(道; 법
도)와 ○상음(上音; 발음체의 고유진
동 중 기본 음보다 진동수가 크고 높
은 음)은 ○모(牟; 취하다)하고, ○하
다(下多; 칭찬은 적게 하고) ○뢰반
(雷反; 뢰성 같은 소리에는 등을 돌
린다)이라 한다면 자전상(字典上) 추
(追)의 본의(本義)에 영향이 미치게
됨.

○康誤處 3; 又與隨通[楚辭九歎(改
离騷)]背繩墨以追曲兮
●考證; 謹照原書九歎改离騷
◆整理; [楚辭(초사) 九歎(구탄)은
离騷(리소)의]착오.
◆訂正文; 又與隨通[楚辭离騷]背繩
墨以追曲兮
▶【2008-3】字解誤謬與否; 又與隨
通[楚辭九歎(改离騷)]背繩墨以追曲兮
[九歎(改离騷)]
★이상과 같이 인용처(引用處)나 주
소(註疏), 오류(誤謬)를 수정(修訂)을
한다 하여도 자전상(字典上)의 추(追)
의 본의(本義)에는 영향이 미치지 않
음.

(康)迾(렬)[唐韻][正韻]良薛切[韻
會]力薛切[五音集韻]良傑切太音列
[廣韻]遮也遏也 又[集韻]車駕清道
也[後漢輿服志]張弓帶鞬遮迾出入[張
衡西京賦]迾卒清侯 又通作列[禮玉

藻]山澤列而不賦[註]列言遮迾也 又
[廣韻][集韻][韻會]太力制切音例義
同 又通作厲[周禮地官山虞]物爲之
厲[註]厲遮列守之也互詳前進字註
【 오류정리 】
○康誤處 1; [張衡西京賦]迾卒清侯
(改候)
●考證; 謹照原文侯改候
◆整理; [張衡西京賦(장형서경부)]
侯(후)는 候(후)의 착오.
◆訂正文; [張衡西京賦]迾卒清候
▶【2009-1】字解誤謬與否; [張衡
西京賦]迾卒清侯(改候) [侯(改候)
候)의 本字]
★이상과 같이 오류(誤謬) 수정(修訂)
이 되면 렬졸청후(迾卒清候; 별배(別
陪) 졸들이 깨끗이 정리하고 가다리
다. [文選張衡西京賦]迾卒清候武士赫
怒[李善注]清候清道候望也[張銑注]清
候戒道也)인데 자전상(字典上) 렬(迾)
의 본의(本義)에 적극 영향이 미치게
됨.

(康)送(송)[唐韻][集韻][韻會][正
韻]太蘇弄切音漱[說文]遣也[詩邶風]
遠送于野[禮曲禮]使者歸則必拜送于
門外 又[增韻]將也[儀禮聘禮]賓再
拜稽首送幣[又]公拜送醴 又[正韻]
贈行曰送[詩秦風]我送舅氏 又株送
罪人相牽引也[前漢食貨志]廼徵諸犯令
相引數千人名株送[註]先至者爲魁株被
牽引者爲其根株所送也 又目送以目相
送也[左傳桓元年]目逆而送之[史記留
侯世家]四人趨出上目送之 又縱送善
射之貌[詩鄭風]抑縱送忌[註]舍拔曰
縱覆彃曰送[玉篇]籀文作遜
【 오류정리 】
○康誤處 1; [前漢食貨志]廼徵諸犯
令相引數千人名株送[註]先至者爲魁
株被牽引者謂(改爲)其根株所送也

●考證 ; 謹照原註謂改爲
◆整理 ; [前漢食貨志(전한식화지)] 謂(위)는 爲(위)의 착오.
◆訂正文 ; [前漢食貨志]迺徵諸犯令相引數千人名株送[註]先至者爲魁株被牽引者爲其根株所送也
▶【2010-1】字解誤謬與否 ; [前漢食貨志]迺徵諸犯令相引數千人名株送[註]先至者爲魁株被牽引者謂(改爲)其根株所送也 [謂(改爲)]
★이상과 같이 오류(誤謬) 수정(修訂)이 된다 하여도 위(爲; 돕다. 보위(保衛)하다. …에게. …을 위하여. 다스리다. 되다. 생각하다. 삼다. 배우다)는 자전상(字典上) 송(送)의 본의(本義)에는 영향이 미치지 않음.

康 逃(도)[唐韻][集韻][韻會][正韻]**太**徒刀切音陶[說文]亡也[書牧誓]乃惟四方多罪逋逃[註]謂有罪逃亡之人也 又[廣韻]避也去也[史記吳世家]季札讓逃去[註]謂讓位而逃也[後漢謝該傳]良才抱璞而逃所謂往而不返者也 又通作跳逸去也[史記高帝紀]項羽圍成皋漢王跳[註]跳音逃[前漢劉澤傳]跳驅至長安[註]跳音逃 又叶田黎切音題[劉歆列女贊]衞君不聽後果遁逃許不能救女作載馳[說文]逃一作迯俗作**迯**

【 오류정리 】

○康誤處 1 ; [史記高帝(改高祖)紀]項羽圍成皋漢王跳
●考證 ; 謹照原文高帝改高祖
◆整理 ; [史記(사기) 高帝(고제)는 高祖(고조)의 착오. 紀(기)]
◆訂正文 ; [史記高祖紀]項羽圍成皋漢王跳
▶【2011-1】字解誤謬與否 ; [史記高帝(改高祖)紀]項羽圍成皋漢王跳 [高帝(改高祖)]

★이상과 같이 인용처(引用處)나 주소(註疏), 등(等)의 오류(誤謬)를 수정(修訂)을 한다 하여도 자전상(字典上)의 도(逃)의 본의(本義)에는 영향이 미치지 않음.

○康誤處 2 ; [前漢劉澤(改燕王澤)傳]跳驅至長安[註]跳音逃(移於上文漢王跳之下)
●考證 ; 謹照原文劉澤改燕王澤註跳音逃語見史記不在漢書今移於上文漢王跳之下
◆整理 ; [前漢(전한) 劉澤(류택)은 燕王澤(연왕택)의 착오, 傳(전)] [註(주)]와跳音逃(도음도)는 上文(상문) 漢王跳之下(한왕도지하)로 옮김.
◆訂正文 ; [前漢燕王澤傳]跳驅至長安[註]跳音逃(移於上文漢王跳之下)
▶【2012-2】字解誤謬與否 ; [前漢劉澤(改燕王澤)傳]跳驅至長安[註]跳音逃(移於上文漢王跳之下) [劉澤(改燕王澤)] [跳音逃(移於上文漢王跳之下)]

★이상과 같이 인용처(引用處)나 주소(註疏), 등(等)의 오류(誤謬)를 수정(修訂)을 한다 하여도 자전상(字典上)의 도(逃)의 본의(本義)에는 영향이 미치지 않으며 도음도(跳音逃)는 전문(前文)의 한왕도(漢王跳) 아래로 옮기라 함이니 본의(本義)에는 영향이 미치지 않음.

○康誤處 3 ; [說文]逃一作迯俗作**迯**(改爲集韻逃俗作**迯**非是)
●考證 ; 謹按說文無此語今照集韻改爲集韻逃俗作**迯**非是
◆整理 ; [說文(설문)]逃一作迯俗作**迯**(도일작도속작도)는 [集韻(집운)]逃俗作**迯**非是(도속작도비시)의 착오.
◆訂正文 ; [集韻]逃俗作**迯**非是
▶【2013-3】字解誤謬與否 ; [說文]

逃一作逝俗作迯(改爲集韻逃俗作迯非是) [[說文]逃一作逝俗作迯(改爲集韻逃俗作迯非是)]

★이상과 같이 오류(誤謬) 수정(修訂)이 된다 하여도 [說文]은 집운(集韻)의 착오이며 도(逃)의 속작(俗作)이라 한 도(迯)는 옳지 않다 함이니 이 역시 자전상(字典上) 도(逃)의 본의(本義)에는 영향이 미치지 않음.

康 逢(방)[廣韻]薄江切[集韻][韻會]皮江切夶音龐[廣韻]姓也[孟子]逢蒙學射於羿[後漢劉玄傳]郡人逢安[註]逢字从夆

【 오류정리 】

○康誤處 1;[後漢劉玄傳(改劉盆子傳)]郡人逢安[註]逢字从夆(改劉攽曰从夆)

●考證;謹照後漢書原文改劉盆子傳註逢字从逢改劉攽曰从夆

◆整理;[後漢(후한) 劉玄傳(류현전)은 劉盆子傳(류분자전)의] 착오. [註(주)]逢字从夆(방자종강)은 劉攽曰从夆(류반왈종강)의 착오.

◆訂正文;[後漢劉盆子傳]郡人逢安[註]劉攽曰从夆

▶【2014-1】字解誤謬與否;[後漢劉玄傳(改劉盆子傳)]郡人逢安[註]逢字从夆(改劉攽曰从夆) [劉玄傳(改劉盆子傳)] [逢字从夆(改劉攽曰从夆)]

★이상과 같이 인용처(引用處)나 인명(人名)의 오류(誤謬)를 수정(修訂)을 한다 하여도 자전상(字典上)의 방(逢)의 본의(本義)에는 영향이 미치지 않음.

辵部 七畫

康 退(패)[唐韻][集韻]夶薄邁切音敗[說文]壞也[玉篇]敗走也今通用敗

【 오류정리 】

○康誤處 1;[玉篇]敗走(改散走)也今通用敗

●考證;謹照原文敗走改散走

◆整理;[玉篇(옥편)]敗走(패주)는 散走(산주)의 착오.

◆訂正文;[玉篇]散走也今通用敗

▶【2015-1】字解誤謬與否;[玉篇]敗走(改散走)也今通用敗 [敗走(改散走)]

★이상과 같이 오류(誤謬) 수정(修訂)이 된다 하여도 산주(散走; 따로따로 다니다. 흩어져 다니다. [朱子語類]仁宗大怒卽令中官捕捉諸公皆已散走逃匿而上怒甚捕捉甚峻城中喧然)는 자전상(字典上) 패(退)의 본의(本義)에는 영향이 미치지 않음.

康 逐(축)[唐韻][正韻]直六切[集韻][韻會]仲六切夶音軸[說]]追也[左傳隱九年]祝聃逐之又[隱十一年]子都拔戟以逐之 又[廣韻]驅也[正韻]斥也放也[史記李斯傳]非秦者去爲客者逐又[管仲傳]三仕三見逐 又[玉篇]競也[左傳昭元年]自無令諸侯逐進[後漢趙壹傳]捷懾逐物日富月昌 又[正韻]逐逐篤實也又馳貌[易頤卦]其欲逐逐 又日逐地名[前漢宣帝紀]迎日逐破車師 又[集韻][韻會]夶亭歷切音迪[易]其欲逐逐[蘇林]音迪 又[字彙補]同門切與豚同[山海經]苦山有獸焉名曰山膏其狀如逐 又[集韻]直祐切音冑奔也[山海經]夸父與日逐

【 오류정리 】

○康誤處 1;[左傳昭元年]自無令(增王字)諸侯逐進

●考證;謹照原文令下增王字

◆整理;[左傳昭元年(좌전소원년)]令(령)에 이어 王字(왕자)를 덧붙임. 諸侯(제후)

◆訂正文;[左傳昭元年]自無令王諸

侯逐進

▶【2016-1】字解誤謬與否　；［左傳昭元年］自無令(增王字)諸侯逐進　［令(增王字)］

★이상과 같이 오류(誤謬) 수정(修訂)이 된다 하여도 령왕(令王; 덕(德)이 있고 똑똑하여 정사를 잘 살피는 임금.［春秋左氏傳昭公元年］過則有刑猶不可壹於是乎虞有三苗夏有觀扈商有姺邳周有徐奄自無令王諸侯逐進狃主齊盟其又可壹乎恤大舍小足以為盟主又焉用之)은 자전상(字典上) 축(逐)의 본의(本義)에는 영향이 미치지 않음.

康 逑(구)［唐韻］巨鳩切［集韻］［韻會］［正韻］渠尤切夶音求［說文］聚斂也［詩大雅］以為民逑　又［玉篇］匹也合也［詩周南］君子好逑［前漢揚雄傳］挎逑索耦　又［字彙補］與絿同［爾雅釋訓］維逑鞠也［註］逑急迫也鞠窮也　又祭神名［史記封禪書］諸布諸嚴諸逑之屬百有餘祠

【 오류정리 】

○康誤處 1；［爾雅釋訓］維逑鞠也［註(改疏)］逑急迫也鞠窮也

●考證；謹照原書註改疏

◆整理；［爾雅釋訓(이아석훈)］［註(주)는 疏(소)의］ 착오.

◆訂正文；［爾雅釋訓］維逑鞠也［疏］逑急迫也鞠窮也

▶【2017-1】字解誤謬與否　；［爾雅釋訓］維逑鞠也［註(改疏)］逑急迫也鞠窮也

★이상과 같이 인용처(引用處)나 주소(註疏), 등(等)의 오류(誤謬)를 수정(修訂)을 한다 하여도 자전상(字典上)의 구(逑)의 본의(本義)에는 영향이 미치지 않음.

康 通(통)［唐韻］［正韻］他紅切［集韻］［韻會］他東切夶統平聲［說文］達也［正韻］徹也［易繫辭］始作八卦以通神明之德［禮學記］知類通達　又亨也順也［禮儒行］上通而不困［註］謂仕則上達乎君不困于道德之不足也［易節卦］不出戶庭知通塞也　又暢也［爾雅釋歲］四時通政［註］通平暢也　又總也［禮王制］以三十年之通制國用［註］通計三十年所入之數使有十年之餘也　又開也［前漢何武傳］通三公官［註］謂更開置之也　又陳也［前漢夏侯勝傳］先生通正言［註］謂陳道之也　又凡人往來交好曰通［前漢季布傳］非長者勿與通　又［陸賈傳］剖符通使　又書名［白虎通］彪固著［風俗通］應劭著　又書首末全曰通［後漢崔實傳］政論一通　又凡物色純者謂之通［周禮春官司常］通帛為旃［註］通帛無他物之飾也　又通鼓［周禮地官鼓人］以金鐸通鼓［疏］司馬振鐸將軍以下卽擊鼓故云通鼓　又井地名［前漢地理志］方里為井井十為通　又［廣韻］州名　又［韻會］馬矢曰通［後漢戴就傳］傳以馬通　又［左傳杜預註］旁淫曰通　又叶他郎切音湯［東方朔七諫］身寢疾而日愁兮情沈抑而不揚衆人莫可與論道兮悲精神之不通

【 오류정리 】

○康誤處 1；［爾雅釋歲］四時通政(改爾雅四時和為通正)

●考證；謹按原文作四時和為通正和為二字不可刪今改爾雅四時和為通正又爾雅無釋歲今省

◆整理；［爾雅(이아) 釋歲(석세)］와 四時通政(사시통정)은 ［爾雅(이아)］四時和為通正(사시화위통정)의 착오.

◆訂正文；［爾雅］四時和為通正

▶【2018-1】字解誤謬與否　；［爾雅釋歲］四時通政(改爾雅四時和為通正)［四時通政(改爾雅四時和為通正)］

★이상과 같이 오류(誤謬) 수정(修訂)이 된다 하여도 화위(和爲; 화합하다. [論語學而]有子曰:禮之用和爲貴先王之道斯爲美小大由之有所不行知和而和不以禮節 [程子]曰禮勝則離故禮之用和爲貴先王之道以斯爲美 而小大由之樂勝則流故有所不行者 知和而和不以禮節之亦不可行)는 자전상(字典上) 통(通)의 본의(本義)에는 영향이 미치지 않음.

○康誤處 2 ; [白虎通]班彪(改班固)著
●考證 ; 謹照原書班彪改班固
◆整理 ; [白虎通(백호통)]班彪(반표)는 班固(반고)의 착오.
◆訂正文 ; [白虎通]班固著
▶【2019-2】字解誤謬與否 ; [白虎通]班彪(改班固)著 [班彪(改班固)]
★이상과 같이 오류(誤謬) 수정(修訂)이 된다 하여도 인명(人名)은 자전상(字典上) 통(通)의 본의(本義)에는 영향이 미치지 않음.
○康誤處 3 ; 又書首末全曰通[後漢崔實傳]政論一通(改宜寫一通)
●考證 ; 謹照原書政論一通改宜寫一通
◆整理 ; [後漢崔實傳(후한최실전)]政論一通(정론일통)은 宜寫一通(의사일통)의 착오.
◆訂正文 ; 又書首末全曰通[後漢崔實傳]宜寫一通
▶【2020-3】字解誤謬與否 ; 又書首末全曰通[後漢崔實傳]政論一通(改宜寫一通) [政論一通(改宜寫一通)]
★이상과 같이 오류(誤謬) 수정(修訂)이 된다 하여도 의사(宜寫; 글씨를 씀에는 마땅히)는 자전상(字典上) 통(通)의 본의(本義)에는 영향이 미치지 않음.

○康誤處 4 ; [前漢地理志(改刑法志)]方里爲井井十爲通

●考證 ; 謹按語出刑法志不出地理志今改刑法志
◆整理 ; [前漢(전한) 地理志(지리지)는 刑法志(형법지)의] 착오.
◆訂正文 ; [前漢刑法志]方里爲井井十爲通
▶【2021-4】字解誤謬與否 ; [前漢地理志(改刑法志)]方里爲井井十爲通 [地理志(改刑法志)]
★이상과 같이 인용처(引用處)나 주소(註疏), 등(等)의 오류(誤謬)를 수정(修訂)을 한다 하여도 자전상(字典上)의 통(通)의 본의(本義)에는 영향이 미치지 않음.

○康誤處 5 ; 又馬矢曰通[後漢戴就傳]傅以馬通(改以馬通薰之)
●考證 ; 謹照原傳改以馬通薰之
◆整理 ; [後漢戴就傳(후한대취전)]傅以馬通(부이마통)은 以馬通薰之(이마통훈지)의 착오.
◆訂正文 ; 又馬矢曰通[後漢戴就傳]以馬通薰之
▶【2022-5】字解誤謬與否 ; 又馬矢曰通[後漢戴就傳]傅以馬通(改以馬通薰之) [傅以馬通(改以馬通薰之)]
★이상과 같이 오류(誤謬) 수정(修訂)이 된다 하여도 훈지(薰之: 훈(薰; 향기)을 피우다)는 자전상(字典上) 통(通)의 본의(本義)에는 영향이 미치지 않음.

㉭逞(령) [唐韻][集韻][韻會][正韻]丑郢切音騁[說文]通也[玉篇]快也[左傳隱十一年]鬼神實不逞于許君 又 [玉篇]極也盡也[左傳襄二十五年]不可億逞 又[玉篇]解也[左傳隱九年]乃可以逞[註]謂可以解患也 又[廣韻]疾也[揚子方言]東齊海岱之閒疾行曰速楚曰逞 又[增韻]矜而自逞也 又[正韻]不檢謂之不逞 又[集

韻]怡成切與盈同人名晉有欒盈亦作逞
　又叶癡眞切音瞋[張衡思玄賦]遇九
皋之介鳥兮怨素意之不逞遊塵外而瞥
天兮據㝠翳而哀鳴

【 오류정리 】

○康誤處 1；[揚子方言]東齊海岱之
閒疾行(省行字)曰速楚曰逞
●考證；謹照原文疾下省行字
◆整理；[揚子方言(양자방언)] 行
(행) 行字(행자)는 삭제함.
◆訂正文；[揚子方言]東齊海岱之
閒疾曰速楚曰逞
▶【2023-1】字解誤謬與否；[揚子
方言]東齊海岱之閒疾行(省行字)曰速
楚曰逞　[行(省行字)]
★이상과 같이 삭제(削除) 한다 하여
도 행(行)은 자전상(字典上) 령(逞)의
본의(本義)에 영향을 끼치지 않음.

康速(속)[廣韻][集韻][正韻]蘇谷
切[韻會]蘇木切�音倈[說文]疾也[孟
子]王速出令　又[玉篇]召也[易需卦]
有不速之客三人來[詩小雅]以速諸父
　又速速不相親附之貌[楚辭九歌]躬
速速而不吾親　又與㩧通速陋也[後
漢蔡邕傳]速速方轂[註]速速言鄙陋之
小人也[詩]作㩧㩧　又[正韻]鹿之足
跡曰速[石鼓文]鹿鹿速速籀作遬速字
从辵作

【 오류정리 】

○康誤處 1；[楚辭九歌(改九歎)]躬速
速而不吾親
●考證；謹照原書九歌改九歎
◆整理；[楚辭(초사) 九歌(구가)는
九歎(구탄)의] 착오.
◆訂正文；[楚辭九歎]躬速速而不吾
親
▶【2024-1】字解誤謬與否；[楚辭
九歌(改九歎)]躬速速而不吾親　[九歌
(改九歎)]

★이상과 같이 인용처(引用處)나 주
소(註疏), 등(等)의 오류(誤謬)를 수정
(修訂)을 한다 하여도 자전상(字典上)
의 속(速)의 본의(本義)에는 영향이
미치지 않음.

康造(조)[廣韻]昨早切[集韻][韻
會][正韻]在早切㽞音阜[增韻]建也作
也爲也[易乾卦]大人造也[書大誥]予
造天役[註]造爲也言我之所爲皆天所
役使也　又[正韻]始也[書伊訓]造攻
自鳴條[周禮天官膳夫]卒食以徹于造
[註]謂造飲食處也　又上造秦官爵名
[前漢百官公卿表]二上造十五少上造
十六大上造　又[廣韻][韻會][正韻]
㽞七到切音慥[說文]就也[詩大雅]小
子有造[禮王制]升于學者不征于司徒
曰造士　又[正韻]詣也進也[書盤庚]
其有衆咸造勿褻在王庭[註]衆皆至王
庭無褻慢也[周禮地官司門]凡四方之
賓客造焉則以告　又造次急遽也[論
語]造次必於是　又祭名[禮王制]造乎
禰[周禮春官大祝]掌六祈二曰造[註]
祈禱之祭名造　又納也[禮喪大記]大
盤造冰[註]造猶內也內與納同先納冰
盤中也　又造舟比舟而渡也[詩大雅]
造舟爲梁[註]天子造舟[疏]造舟者比
船于水加板于上卽今之浮橋　又[集
韻]則到切音竈[史記龜筴傳]卜先以造
灼鑽[註]造謂灼龜燒荆之處　又[集
韻]倉刀切音操進也　又叶此苟切湊上
聲[揚子太玄經]端往逋來遵天之造無
或改作遵天之醜

【 오류정리 】

○康誤處 1；[周禮天官膳夫]卒食以
(增樂字)徹于造
●考證；謹照原文徹上增樂字
◆整理；[周禮天官膳夫(주례천관선
부)] 以(이)에 이어 樂字(악자)를 덧
붙임.

◆訂正文 ; [周禮天官膳夫]卒食以樂徹于造

▶【2025-1】字解誤謬與否 ; [周禮天官膳夫]卒食以(增樂字)徹于造 [以(增樂字)]

★이상과 같이 덧붙인다 하여도 악철(樂徹; 여러 곡조나 단락으로 이루어진 은악이 완전히 끝남을 이름)은 자전상(字典上) 조(造)의 본의(本義)에는 영향이 미치지 않음.

康逡(준)[唐韻][集韻][韻會[正韻]𠀤七倫切音踆[說文]復也[玉篇]退也郤也[集韻]逡巡行不進也[前漢公孫弘傳]有功者上無功者下則羣臣逡[註]言有次第也[楚辭九章]逡次而勿驅兮 又月運之名[揚子方言]日運爲躔月運爲逡 又[小爾雅]體慚曰逡 又與夋通兔名[戰國策]東郭逡者海內之狡兔也 又[集韻]須閏切音竣逡遒縣名 又與駿通[禮大傳]執籩豆逡奔走[書武成]作駿

【 오류정리 】

○康誤處 1 ; [楚辭九章](增遷字)逡次而勿驅兮

●考證 ; 謹照原文逡次上增遷字

◆整理 ; [楚辭九章]에 이어 遷字(천자)를 덕붙임.

◆訂正文 ; [楚辭九章]遷逡次而勿驅兮

▶【2026-1】字解誤謬與否 ; [楚辭九章](增遷字)逡次而勿驅兮 [(增遷字)逡次]

★이상과 같이 오류(誤謬) 수정(修訂)이 된다 하여도 천(遷; 옮기다)은 자전상(字典上) 준(逡)의 본의(本義)에는 영향이 미치지 않음.

○康誤處 2 ; [揚子方言]日運爲纏(改躔)月運爲逡

●考證 ; 謹照原文纏改躔

◆整理 ; [揚子方言(양자방언)] 纏(전)은 躔(전)의 착오.

◆訂正文 ; [揚子方言]日運爲躔月運爲逡

▶【2027-2】字解誤謬與否 ; [揚子方言]日運爲纏(改躔)月運爲逡 [纏(改躔)]

★이상과 같이 오류(誤謬) 수정(修訂)이 된다 하여도 전(躔; 자취)은 자전상(字典上) 준(逡)의 본의(本義)에는 영향이 미치지 않음.

康逢(봉);[唐韻][集韻][韻會]𠀤符容切音蓬[說文]遇也从辵夆省聲[正韻]值也[左傳宣三年]不逢不若[書洪範]子孫其逢吉 又[正韻]迎也[揚子方言]逢迎逆也自關而西或曰迎或曰逢 又逆也[前漢東方朔傳]逢占射覆[註]逆占事猶言逆剌也 又大也[禮儒行]衣逢掖之衣[註]衣掖下寬大也 又關逢歲名[爾雅釋歲]太歲在甲曰關逢[註]言萬物鋒芒欲出壅遏未通也 又與縫通[禮玉藻]深衣縫齊倍要[註]縫或爲逢 又有逢國名[左傳昭二十年]有逢伯陵因之[註]逢伯陵殷諸侯 又姓齊逢丑父 又[廣韻][韻會]蒲蒙切[集韻][正韻]蒲紅切𠀤音蓬鼓聲也[詩大雅]鼉鼓逢逢 又[前漢司馬相如傳封禪書]大漢之德逢涌原泉[註]逢讀若縫言如熢火之升原泉之流 又叶符方切音房[韓愈詩]蕭條千萬里會合安可逢叶上江下鄕○按从夆者音龐从夆者音縫[顏氏家訓]逢逢之別豈可雷同

【 오류정리 】

○康誤處 1 ; 符容切音蓬(改爲縫)

●考證 ; 謹按逢在冬韻蓬在東韻逢字不音蓬謹照廣韻逢字同音之字改爲縫

◆整理 ; 符容切音(부용절음) 蓬(봉)은 縫(봉)의 착오.

◆訂正文 ; 符容切音縫

▶【2028-1】字解誤謬與否 ; 符容切
音蓬(改爲縫) [蓬(改爲縫)]
★이상과 같이 음(音)의 오류(誤謬)를
수정(修訂)을 한다 하여도 자전상(字
典上)의 봉(逢)의 본의(本義)에는 영
향이 미치지 않음.

○康誤處 2 ; [爾雅釋歲(改釋天)]太歲
在甲曰閼逢
●考證 ; 謹照原書釋歲改釋天
◆整理 ; [爾雅(이아) 釋歲(석세)는
釋天(석천)의 착오.
◆訂正文 ; [爾雅釋天]太歲在甲曰閼
逢
▶【2029-2】字解誤謬與否 ; [爾雅
釋歲(改釋天)]太歲在甲曰閼逢 [釋歲
(改釋天)]
★이상과 같이 인용처(引用處)나 주
소(註疏), 등(等)의 오류(誤謬)를 수정
(修訂)을 한다 하여도 자전상(字典上)
의 봉(逢)의 본의(本義)에는 영향이
미치지 않음.

㉽連(련)[唐韻]力延切[集韻][韻
會]陵延切[正韻]靈年切夶音漣[說文]
員連也[玉篇]合也及也[廣韻]續也還
也[集韻]屬也[正韻]接也[詩大雅]執
訊連連[朱傳]屬續貌[禮王制]十國爲
連連有帥[齊語]四里爲連十連爲鄉[後
漢韓康傳]連徵不至　又姻親爲連[史
記尉陀傳]及蒼梧秦王有連[註]有連者
連姻也　又黏鳥曰連[淮南子覽寞訓]
連鳥于百仞之上　又連尹連敖皆楚官
名[左傳襄十五年]屈蕩爲連尹[史記淮
陰侯傳連敖註]楚司馬官也　又連山易
名[周禮春官大卜]掌三易之法一曰連
山[註]其卦以純艮爲首山上山下是名
連山　又鉛之未鍊者曰連[史記貨殖
傳]長沙出連錫　又祈連山名[前漢霍
光傳]去北地遂入祈連山[註]即天山也
又[韻會]州名漢屬桂陽郡隋置連州

又姓[左傳莊八年]齊有連稱　又[集
韻][韻會][正韻]夶力展切音斂難也
[易蹇卦]往蹇來連[註]連亦難也　又
遲久之意　又[集韻]連彥切音捷[禮玉
藻]連用湯[註]連猶釋也以湯洗足垢乾
潔其體也　又[集韻]郎旰切音爛連石
山名[淮南子天文訓]日至于連石　又
叶離珍切音鄰[陸雲夏府君誄]祈祈縉
紳泣涕留連故作斯誄著之不泯泯音民

【 오류정리 】

○康誤處 1 ; [史記尉陀(改尉佗)傳]及
蒼梧秦王有連[註]有連者連姻也
●考證 ; 謹照原文尉陀改尉佗
◆整理 ; [史記(사기) 尉陀(위타)는
尉佗(위타)부타의 착오. 傳(전)]
◆訂正文 ; [史記尉佗傳]及蒼梧秦王
有連[註]有連者連姻也
▶【2030-1】字解誤謬與否 ; [史記
尉陀(改尉佗)傳]及蒼梧秦王有連[註]
有連者連姻也 [史記尉陀(改尉佗)]
★이상과 같이 인용처(引用處)나 주
소(註疏), 등(等)의 오류(誤謬)를 수정
(修訂)을 한다 하여도 자전상(字典
上)의 연(連)의 본의(本義)에는 영향
이 미치지 않음.

○康誤處 2 ; [前漢霍光(改霍去病)傳]
去北地(改出北地)遂入(改至字)祈連山
●考證 ; 謹照前漢書原文霍光改霍去
病去北地改出北地遂入改至字
◆整理 ; [前漢(전한) 霍光(곽광)응
霍去病(곽거병)의 착오. 傳(전)]去北
地(거북지)는 出北地(출북지)의 착오
遂入(수입)은 至(지)의 착오.
◆訂正文 ;[前漢霍去病傳]出北地至祈
連山
▶【2031-2】字解誤謬與否 ; [前漢
霍光(改霍去病)傳]去北地(改出北地)
遂入(改至字)祈連山 [霍光(改霍去
病)] [去北地(改出北地)] [遂入(改至

字)]

★이상과 같이 인용처(引用處)와 출북지(出北地; 북쪽 지방에서 출발하다)와 지(至; 이르다) 등(等)으로 오류(誤謬)를 수정(修訂)하였다 하여도 자전상(字典上)의 연(連)의 본의(本義)에는 영향이 미치지 않음.

辵部 八畫

㊗逯(록)[廣韻]力玉切[集韻][韻會]龍玉切𠀤音錄[說文]行謹逯逯也[博雅]逯逯衆也　又[揚子方言]逯遡行也[淮南子精神訓]渾然而來逯然而往[註]逯謂無所爲忽然往來也　又姓[風俗通]逯秦邑其大夫封于逯因氏焉前漢蒙鄉侯逯普王莽大司馬逯並後趙逯明　又[集韻]與逮同詳後逮字註

【 오류정리 】

○康誤處 1 ; [風俗通]逯秦邑其大夫封于逯因氏焉前漢蒙鄉侯逯普(改逯並)王莽大司馬逯並後趙逯明(改後趙錄金紫光祿大夫逯明)

●考證 ; 謹按逯並誤作逯普蒙鄉侯與大司馬是一人不得分以爲二照今漢書翟方進傳逯普改逯並王莽大司馬逯並後趙逯明照廣韻逯字註改後趙錄金紫光祿大夫逯明

◆整理 ; [風俗通(풍속통)] 逯普(록보)는 逯並(록병)의 착오. 王莽大司馬逯並後趙逯明(왕망대사마록병후조록명)은 後趙錄金紫光祿大夫逯明(후조록김자광록대부록명)의 착오.

◈訂正文 ; [風俗通]逯秦邑其大夫封于逯因氏焉[前漢]蒙鄉侯逯並[後趙錄]金紫光祿大夫逯明

▶【2032-1】字解誤謬與否 ; [風俗通]逯秦邑其大夫封于逯因氏焉前漢蒙鄉侯逯普(改逯並)王莽大司馬逯並後趙逯明(改後趙錄金紫光祿大夫逯明) [逯普(改逯並)] [王莽大司馬逯並後趙逯明(改後趙錄金紫光祿大夫逯明)]

★이상과 같이 오류(誤謬) 수정(修訂)이 되면 록병(逯並; 성명(姓名). 전한 말기(末期)신나라 관료. 신조대신(新朝大臣) 관지대사마(官至大司馬))과 후조록김자광록대부(後趙錄金紫光祿大夫) 록명(逯明; 姓名)으로 자전상(字典上) 록(逯)의 본의(本義)에 영향이 미치게 됨.

㊗逮(체)[廣韻][集韻][韻會]徒戴切[正韻]度耐切𠀤音代[說文]及也[易繫辭]水火相逮[註]水火不相入而相逮及[書周官]夙夜不逮　又[正韻]追也[前漢刑法志]逮繫[註]辭之所及則追捕之故謂之逮　又[集韻][韻會][正韻]𠀤蕩亥切音迨與迨同　又[廣韻]特計切[集韻][韻會]大計切𠀤音第逮逮安和貌[禮孔子閒居]威儀逮逮　又叶吐內切音退[前漢郊祀歌]青陽開動根荄以遂膏潤并受跂行必逮

【 오류정리 】

○康誤處 1 ; [前漢郊祀歌]青陽開動根荄以遂膏潤并受(改愛)跂行必(改畢)逮

●考證 ; 謹照原文受改愛必改畢

◆整理 ; [前漢郊祀歌(전한교사가)] 受(수)는 愛(애), 必(필)은 畢(필)의 착오.

◈訂正文 ; [前漢郊祀歌]青陽開動根荄以遂膏潤并愛跂行畢逮

▶【2033-1】字解誤謬與否 ; [前漢郊祀歌]青陽開動根荄以遂膏潤并受(改愛)跂行必(改畢)逮 [受(改愛)] [必(改畢)]

★이상과 같이 오류(誤謬) 수정(修訂)이 된다 하여도 ○병애(并愛; 아울러 좋아한다)와 ○필체(畢逮; 모두 잡다)는 자전상(字典上) 체(逮)의 본의(本義)에는 영향이 미치지 않음.

進(진)[唐韻][集韻][韻會][正韻]扶郎刃切音晉[說文]登也[玉篇]升也[廣韻]前也[禮曲禮]遭先生于道趨而進[表記]君子三揖而進[註]人之相見三揖三讓以升賓階[書盤庚]乃登進厥民[疏]延之使前而告之也　又[正韻]薦也[禮儒行]推賢而進達之　又[正韻]效也[禮樂記]禮減而進以進爲文[註]自勉强也[易乾卦]君子進德修業欲及時也　又近也[禮檀弓]兄弟之子猶子也蓋引而進之也　又進士[禮王制]大樂正論造士之秀者以告于王而升諸司馬曰進士[註]進士可進而受爵祿也　又特進[後漢和帝紀]賜諸侯王公將軍特進[註]諸侯功德優盛朝廷所敬異者賜位特進　又與餕同[禮祭統]百官進徹之[註]進同餕　又[字彙補]與盡同[列子黃帝篇]竭聰明進智力　又通作薦[列子湯問篇]王薦而問之[註]薦猶進也　又[集韻]徐刃切[正韻]齊進切扶與贐同會禮也[史記高帝紀]蕭何爲主吏主進[註]主賦斂禮錢也師古曰進本作贐聲轉爲進　又叶資辛切音津[揚子太玄經]陽引而進物出溱溱

【 오류정리 】

○康誤處 1；[唐韻][集韻][韻會][正韻]扶郎(改卽)刃切音晉
●考證；謹照原文郎改卽
◆整理；[唐韻(당운)][集韻(당운)][韻會(운회)][正韻(정운)] 郎(랑)은 卽(즉)의 착오.
◆訂正文；[唐韻][集韻][韻會][正韻]扶卽刃切音晉
▶【2034-1】字解誤謬與否；[唐韻][集韻][韻會][正韻]扶郎(改卽)刃切音晉 [郎(改卽)]
★이상과 같이 인용처(引用處)나 음(音), 등(等)의 오류(誤謬)를 수정(修訂)을 한다 하여도 자전상(字典上)의 진(進)의 본의(本義)에는 영향이

미치지 않음.

○康誤處 2；[列子湯問篇]王薦而問之[註]薦猶進也(改穆王薦之張註薦當作進)
●考證；謹照原文改穆王薦之張註薦當作進
◆整理；[列子湯問篇(렬자탕문편)]王薦而問之[註]薦猶進也는 穆王薦之張註薦當作進의 착오.
◆訂正文；[列子湯問篇]穆王薦之張註薦當作進
▶【2035-2】字解誤謬與否；[列子湯問篇]王薦而問之[註]薦猶進也(改穆王薦之張註薦當作進) [王薦而問之[註]薦猶進也(改穆王薦之張[註]薦當作進)]
★이상과 같이 오류(誤謬) 수정(修訂)이 되면 목왕(穆王)(周國五代王)은 천지(薦之；추천하다) 장(張；국토를 확장하였다)[주(註)]천(薦)은 당작진(當作進 진과 같이 쓴다. 곧 當作薦이다)의 주문(註文)은 자전상(字典上) 진(進)의 본의(本義)에 적극 영향이 미치게 됨.

○康誤處 3；[史記(改前漢)高帝紀]蕭何爲主吏主進[註]主賦斂禮錢也師古曰進本作贐聲轉爲進
●考證；謹按所引係前漢書註則正文亦當引前漢書史記改前漢
◆整理；[史記(사기)는 前漢(전한)의 착오. 高帝紀(고제기)]
◆訂正文；[前漢高帝紀]蕭何爲主吏主進[註]主賦斂禮錢也師古曰進本作贐聲轉爲進
▶【2036-3】字解誤謬與否；[史記(改前漢)高帝紀]蕭何爲主吏主進[註]主賦斂禮錢也師古曰進本作贐聲轉爲進 [史記(改前漢)]
★이상과 같이 인용처(引用處)나 주

소(註疏), 음(音), 등(等)의 오류(誤謬)를 수정(修訂)을 한다 하여도 자전상(字典上)의 진(進)의 본의(本義)에는 영향이 미치지 않음.

康 逵(규) [廣韻] 渠追切 [集韻] [韻會] 渠龜切 [正韻] 渠爲切 夶音馗 [說文] 九達道也 [爾雅釋宮] 九達謂之逵 [註] 四道交出復有旁道也 [左傳隱十一年] 入及大逵 [註] 涂方九軌曰逵 又逵泉魯地名 [左傳莊三十二年] 歸及逵泉 又 叶岐尤切音求 [詩周南] 施于中逵叶下仇 [說文] 本作馗

【 오류정리 】

○康誤處 1 ; [左傳隱十一年] 入(省入字) 及大逵 [註] 涂方九軌曰逵(省入字註以下改杜註逵道方九軌也)

●考證 ; 謹照原文 省入字註以下改杜註逵道方九軌也

◆整理 ; [左傳隱十一年(좌전은십일년)] 入(입) 入字(입자)는 삭제. [註(주)] 註以下(주이하)는 杜註逵道方九軌也(두주규도방구궤야)로 교체.

◆訂正文 ; [左傳隱十一年] 及大逵 [杜註] 逵道方九軌也

▶ 【2037-1】 字解誤謬與否 ; [左傳隱十一年] 入(省入字) 及大逵 [註] 涂方九軌曰逵(省入字註以下改杜註逵道方九軌也) [入(省入字)] [[註] 涂方九軌曰逵(省入字註以下改杜註逵道方九軌也)]

★이상과 같이 오류(誤謬) 수정(修訂)이 되면 규도방구궤(逵道方九軌 ; 큰 길 대로의 한편이 9대의 수레가 옆으로 나란히 갈수 있는넓은 길. [說文] 九達道也 [爾雅釋宮] 九達謂之逵 [註] 四道交出復有旁道也 [左傳隱十一年] 及大逵 [杜註] 逵道方九軌也)인데 자전상(字典上) 규(逵)의 본의(本義)에 직접 영향이 미치게 됨.

辵部 九畫

康 邊(탕) [廣韻] [正韻] 徒浪切 [集韻] [韻會] 大浪切 夶音宕 [廣韻] 過也 又 [集韻] 失據而倒也 [前漢王式傳] 陽醉邊地 又盪也 [史記倉公傳] 脈盛者爲重陽重陽者邊心主 [註] 邊者蕩也謂病之蕩心者猶刺其心也 又 [集韻] [韻會] 夶徒郎切音唐突也 [張衡思元賦] 爛熳麗靡藐以迭邊

【 오류정리 】

○康誤處 1 ; [史記倉公傳] 脈盛者爲重陽重陽者邊心主 [註] 邊者蕩也謂病之(省之字)蕩心者猶刺其心也

●考證 ; 謹照註省之字

◆整理 ; [史記倉公傳(사기창공전)] [註(주)] 之(지) 之字(지자)는 삭제.

◆訂正文 ; [史記倉公傳] 脈盛者爲重陽重陽者邊心主 [註] 邊者蕩也謂病蕩心者猶刺其心也

▶ 【2038-1】 字解誤謬與否 ; [史記倉公傳] 脈盛者爲重陽重陽者邊心主 [註] 邊者蕩也謂病之(省之字)蕩心者猶刺其心也 [之(省之字)]

★이상과 같이 삭제(削除) 한다 하여도 지(之 ; 가다)는 자전상(字典上) 탕(邊)의 본의(本義)에 영향을 끼치지 않음.

○康誤處 2 ; [張衡思元賦] 爛熳(改漫) 麗靡藐以迭邊

●考證 ; 謹照原文熳改漫

◆整理 ; [張衡思元賦(장형사원부)] 熳(만)은 漫(만)의 착오.

◆訂正文 ; [張衡思玄賦] 爛漫麗靡藐以迭邊

▶ 【2039-2】 字解誤謬與否 ; [張衡思元賦] 爛熳(改漫) 麗靡藐以迭邊 [熳(改漫)]

★이상과 같이 오류(誤謬) 수정(修訂)이 된다 하여도 란만(爛漫 ; 선명하고

아름답다. 눈부시다. 순진하다. 꾸밈새가 없다)은 자전상(字典上) 탕(盪)의 본의(本義)에는 영향이 미치지 않음.

康遁(둔)[唐韻][集韻]徒困切[正韻]杜困切𠀤音鈍[說文]遷也[玉篇]逃也[左傳僖二十八年]曳柴而遁 又[廣韻]隱也去也[詩小雅]勉爾遁思[後漢郅惲傳]南遁蒼梧 又迴避也[後漢杜林傳]上下相遁[註]謂上下相匿以文避去也 又遁甲[後漢方術傳]推六甲之陰而隱遁也 又[廣韻]徒損切[集韻][杜本切[正韻]徒本切𠀤音囤義同 又[集韻]七倫切[正韻]詳倫切𠀤與巡同[前漢平當傳]逡遁有恥 又與逡通[前漢賈誼過秦論]遁巡不敢進 [說文]亦作遯

【 오류정리 】

○康誤處 1；[後漢杜林傳]上下相遁[註]謂上下相匿以文避去(改避法)也
●考證；謹照原文避去改避法
◆整理；[後漢杜林傳(후한두림전)][註(주)] 避去(피거)는 避法(피법)의 착오.
◆訂正文；[後漢杜林傳]上下相遁[註]謂上下相匿以文避法也
▶【2040-1】字解誤謬與否；[後漢杜林傳]上下相遁[註]謂上下相匿以文避去(改避法)也 [避去(改避法)]
★이상과 같이 오류(誤謬) 수정(修訂)이 되면 피법(避法; 회피 하는 법)인데 자전상(字典上) 둔(遁)의 본의(本義)에 적극 영향이 미치게 됨.

康遂(수)[唐韻][集韻][韻會][正韻]𠀤徐醉切音穟[廣韻]達也[禮月令]慶賜遂行毋有不當[註]言通達施行使之周徧也[前漢王陵傳]上佐天子理陰陽下遂萬物之宜 又進也[易大壯]不

能退不能遂[書仲虺之誥]顯忠遂良[註]良則進之也 又成也從志也[禮月令]百事乃遂[註]遂猶成也[詩衛風]言旣遂矣 又稱也[詩曹風]不遂其媾 又竟也[前漢陳平傳]吾聞先生事魏不遂 又盡也[禮曲禮]有後入者闔而勿遂[註]遂闔之盡也 又[正韻]因也兩事相因而及也[詩衛風]問我諸姑遂及伯姊[春秋僖四年]侵蔡蔡潰遂伐楚 又擅成事也[易家人]無攸遂[公羊傳莊二十九年]大夫無遂事 又舒肆之貌[詩衛風]容兮遂兮 又物生出曰遂[前漢郊祀歌]靑陽開動根荄以遂 又[前漢孟卿傳]弟子遂之者[師古註]遂謂名位成達者[史記司馬相如傳]宦遊不遂而來過我 又充備也[禮鄕飮酒義]節文終遂也順也[周語]以遂八風 又[正韻]因循也[荀子王制篇]小事殆乎遂 又鄕遂郊外地[周禮地官大司徒]五縣爲遂王國內有六鄕外有六遂 又小溝也[周禮地官遂人]夫閒有遂遂上有徑 又遂人官名 又國名[春秋莊十三年]齊人滅遂[註]舜之後國在濟北蛇丘東北

【 오류정리 】

○康誤處 1；[詩衛風(改邶風)]問我諸姑遂及伯姊
●考證；謹照原書衛風改邶風
◆整理；[詩(시) 衛風(위풍)은 邶風(패풍)의] 착오.
◆訂正文；[詩邶風]問我諸姑遂及伯姊
▶【2041-1】字解誤謬與否；[詩衛風(改邶風)]問我諸姑遂及伯姊 [衛風(改邶風)]
★이상과 같이 인용처(引用處)나 주소(註疏), 등(等)의 오류(誤謬)를 수정(修訂)을 한다 하여도 자전상(字典上)의 수(遂)의 본의(本義)에는 영향이 미치지 않음.

○康誤處 2 ; 又[前漢孟卿(改胡母生)傳]弟子遂之者
●考證 ; 謹按所引見胡母生傳不在孟卿傳孟卿改胡母生
◆整理 ; [前漢(전한) 孟卿(맹경)은 胡母生(호모생)의 착오. 傳(전)]
◆訂正文 ; 又[前漢胡母生傳]弟子遂之者
▶【2042-2】字解誤謬與否 ; 又[前漢孟卿(改胡母生)傳]弟子遂之者 [孟卿(改胡母生)]
★이상과 같이 인용처(引用處)나 주소(註疏), 등(等)의 오류(誤謬)를 수정(修訂)을 한다 하여도 자전상(字典上)의 수(遂)의 본의(本義)에는 영향이 미치지 않음.

○康誤處 3 ; [禮鄕飮酒義]節文終遂也(改焉)
●考證 ; 謹照原文也改焉
◆整理 ; [禮鄕飮酒義(예향음주의)] 也(야)는 焉(언)의 착오.
◆訂正文 ; [禮鄕飮酒義]節文終遂焉
▶【2043-3】字解誤謬與否 ; [禮鄕飮酒義]節文終遂也(改焉) [也(改焉)]
★이상과 같이 오류(誤謬) 수정(修訂)이 된다 하여도 언(焉; 여기에. 대명사 반문의 문장이 주로 쓰임)은 자전상(字典上) 수(遂)의 본의(本義)에는 영향이 미치지 않음.

○康誤處 4 ; [周禮地官大司徒(改遂人)]五縣爲遂王國內有六鄕
●考證 ; 謹按所引出遂人大司徒改遂人
◆整理 ; [周禮地官(주례지관) 大司徒(대사도)는 遂人(수인)의] 착오.
◆訂正文 ; [周禮地官遂人]五縣爲遂王國內有六鄕
▶【2044-4】字解誤謬與否 ; [周禮地官大司徒(改遂人)]五縣爲遂王國內

有六鄕 [大司徒(改遂人)]
★이상과 같이 인용처(引用處)나 주소(註疏), 등(等)의 오류(誤謬)를 수정(修訂)을 한다 하여도 자전상(字典上)의 수(遂)의 본의(本義)에는 영향이 미치지 않음.

康遄(천)[唐韻]市緣切[集韻][韻會]淳沿切夶音篅[說文]往來數也[玉篇]疾也速也[易損卦]已事遄往[詩衞風]遄臻于衞[詩衞風]遄臻于衞 又臺名[左傳昭二十年]晏子侍于遄臺

【 오류정리 】
○康誤處 1 ; [詩衞風(改邶風)]遄臻于衞
●考證 ; 謹照原書衞風改邶風
◆整理 ; [詩(시) 衞風(위풍)은 邶風(패풍)의] 착오.
◆訂正文 ; [詩衞風]遄臻于衞
▶【2045-1】字解誤謬與否 ; [詩衞風(改邶風)]遄臻于衞 [衞風(改邶風)]
★이상과 같이 인용처(引用處)나 주소(註疏), 등(等)의 오류(誤謬)를 수정(修訂)을 한다 하여도 자전상(字典上)의 천(遄)의 본의(本義)에는 영향이 미치지 않음.

康遇(우)[唐韻]牛具切[集韻][韻會]元具切[等韻]魚具切夶音寓[玉篇]見也道路相逢也[廣韻]不期而會也[春秋隱八年]宋公衞侯遇于垂[穀梁傳]不期而會曰遇[禮曲禮]諸侯未及相見曰遇[註]未及期在期日之前也[周禮春官大宗伯]諸侯冬見曰遇[註]偶也欲其若不期而偶至也 又待也接也[前漢季布傳]遇人恭謹又[酈通傳]漢王遇我厚 又合也[前漢揚雄傳]七十說而不遇 又姓[風俗通]漢有遇冲爲河內太守 又[字彙補]五口切與偶同[史記天官

書]氣相遇者使畀勝高　又[集韻][韻
會]太魚容切音顒地名[史記高帝紀]戰
曲遇東[註]曲音齲遇音顒

【 오류정리 】

○康誤處 1；[禮曲禮]諸侯未及(增期字)相見曰遇
●考證；謹照原文未及下增期字
◆整理；[禮曲禮(예곡례)] 未及(미급)에 이어 期字(기자)를 덧붙임.
◆訂正文；[禮曲禮]諸侯未及期相見曰遇
▶【2046-1】字解誤謬與否；[禮曲禮]諸侯未及(增期字)相見曰遇 [未及(增期字)]
★이상과 같이 오류(誤謬) 수정(修訂)이 된다 하여도 미급기(未及期; 기일전 [禮曲禮]諸侯未及期相見曰遇[註]未及期在期日之前也 자전상(字典上)는 우(遇)의 본의(本義)에는 영향이 미치지 않음.

○康誤處 2；[史記天官書]氣相遇者使(省使字)畀勝高
●考證；謹照原文省使字
◆整理；[史記天官書(사기천관서)] 使(사) 使字(사자)는 삭제.
◆訂正文；[史記天官書]氣相遇者畀勝高
▶【2047-2】字解誤謬與否；[史記天官書]氣相遇者使(省使字)畀勝高 [使(省使字)]
★이상과 같이 삭제(削除) 한다 하여도 사(使)는 자전상(字典上) 우(遇)의 본의(本義)에 영향을 끼치지 않음.

㉭運(운)[廣韻][正韻]禹慍切[集韻][韻會]王問切太音韻[玉篇]轉也動也[正韻]行也]用也[易繫辭]日月運行[書大禹謨]帝德廣運[註]行之不息也[禮曲禮]君子欠伸運笏[註]運動也　又

[說文]移徙也[廣韻]轉輸也[後漢百官志]尉曹主卒徒轉運事　又[正韻]天造曰運[渾天儀]天運如車轂　又[韻會]五運五行氣化流轉之名　又運祚曆數也[史記高帝贊]漢承堯運　又[集韻]地南北謂之運[越語]廣運百里東西爲廣南北爲運　又叶于分切音云[蔡邕遠行賦]彌信宿而後閱兮威遺以東運陽光見之顥顥兮怀少弜之有欣　又叶于願切音院[阮瑀琴歌]奕奕天門開大魏應期運青蓋巡九州在西東人怨

【 오류정리 】

○康誤處 1；[禮曲禮(改少儀)]君子欠伸運笏
●考證；謹照原文曲禮改少儀
◆整理；[禮(예) 曲禮(곡례)는 少儀(소의)의] 착오.
◆訂正文；[禮少儀]君子欠伸運笏
▶【2048-1】字解誤謬與否；[禮曲禮(改少儀)]君子欠伸運笏 [曲禮(改少儀)]
★이상과 같이 인용처(引用處)나 주소(註疏), 등(等)의 오류(誤謬)를 수정(修訂)을 다 하여도 자전상(字典上)의 운(運)의 본의(本義)에는 영향이 미치지 않음.

○康誤處 2；[越語]廣運百里(增註字)東西爲廣南北爲運
●考證；謹照原文百里下增註字
◆整理；[越語(월어)] 百里(백리)에 이어 註字(주자)를 덧붙임.
◆訂正文；[越語]廣運百里[註]遠行賦東西爲廣南北爲運
▶【2049-2】字解誤謬與否；[越語]廣運百里(增註字)東西爲廣南北爲運 [百里(增註字)]
★이상과 같이 인용처(引用處)나 주소(註疏), 등(等)의 오류(誤謬)를 수정(修訂)을 한다 하여도 자전상(字典上)

의 운(運)의 본의(本義)에는 영향이
미치지 않음.

○康誤處 3 ; [蔡邕遠(改述)行賦]彌信
宿而後闞絲威遺(改思透迆)以東運陽光
見(改見陽光)之顯顯兮(省兮字)怀少弨
之有欣(改而有欣)
●考證 ; 謹照原文遠改述絲威遺改思
透迆陽光見改見陽光省兮字怀改懷之有
欣改而有欣
◆整理 ; [蔡邕(채옹) 遠(원)은 述(술)
의 착오. 行賦(행부)] 絲威遺(요위유)
는 思透迆(사위이)의 착오. 陽光見(양
광견)은 見陽光(견양광)의 착오. 兮字
(혜자)는 삭제. 怀改懷之有欣(비개회
지유흔)는 而有欣(이유흔)의 착오.
◆訂正文 ; [蔡邕述行賦]彌信宿而後
闞思透迆以東運見陽光之顯顯懷少弨
而有欣
▶【2050-3】字解誤謬與否 ; [蔡邕
遠(改述)行賦]彌信宿而後闞絲威遺(改
思透迆)以東運陽光見(改見陽光)之顯
顯兮(省兮字)怀少弨之有欣(改而有欣)
[遠(改述)] [絲威遺(改思透迆)] [陽光
見(改見陽光)] [兮(省兮字)] [怀少弨
之有欣(改而有欣)]
★이상과 같이 인용처(引用處)나 오
류(誤謬)를 수정(修訂)을 한다 하여도
자전상(字典上)의 운(運)의 본의(本
義)에는 영향이 미치지 않으며,
○유사(遺思; 그리워하다. [漢典]猶懷
念謂死者身後人們對他的懷念指死者留
下令人懷念之物猶留意)와 ○위이(透
迆; 도로나 하천 등이 구불구불 멀리
이어진 모양. 멀고 긴 모양 [洛神賦
]有凌波思透迆亦作透移透 迆透蛇委移
曲折婉轉的樣子). ○견양광(見陽光;
햇빛을 본다). 혜(兮; 語助辭)를 삭제
를 하고,○호호이(顯顯而; 원기가 넓
고 큰 모양으로 부터) ○유흔(有欣;
기쁨이 있어) 등(等)은 자전상(字典

上) 운(運)의 본의(本義)에는 영향이
미치지 않음.

⓴過(과) [廣韻] [集韻] [韻會] [正
韻] 夶古臥切戈去聲 [玉篇] 度也越也
[正韻] 超也 [易繫辭] 範圍天地之化而
不過 [禮檀弓] 過之者俯而就之 [史記賈
誼傳] 自以爲過之今殆不及也　又過失
也 [書大禹謨] 宥過無大 [註] 過者不識
而誤犯也 [前漢文帝紀] 俱去細過偕歸
大道　又罪愆也 [周禮天官大宰] 八柄
八曰誅以馭其過　又責也 [史記高帝
紀] 聞將軍有意督過之　又卦名易大過
小過　又 [廣韻] [集韻] [韻會] [正韻]
夶古禾切音戈 [廣韻] 經也 [書禹貢] 東
過洛汭北過洚水　又過所也 [釋名] 過
所至關津以示也或曰傳過也移所在識以
爲信　又國名 [左傳襄四年] 處澆于過
[註] 過國名東萊掖縣有過鄉　又澗名
[詩大雅] 溯其過澗　又姓 [後漢劉陶
傳] 過晏之徒 [註] 過姓過國之後　[正
韻] 經過之過平聲超過過失之過去聲

【 오류정리 】

○康誤處 1 ; [史記賈誼(改賈生)傳]自
以爲過之今殆(殆字今省)不及也
●考證 ; 謹照原書賈誼傳改賈生又原
文無殆字今省
◆整理 ; [史記(사기) 賈誼(가의)는
賈生(가생)의 착오. 傳(전)] 殆字(태
자)는 삭제.
◆訂正文 ; [史記賈生傳]自以爲過之
今不及也
▶【2051-1】字解誤謬與否 ; [史記
賈誼(改賈生)傳]自以爲過之今殆(殆字
今省)不及也　[賈誼(改賈生)] [殆(殆
字今省)]
★이상과 같이 인용처(引用處)나 주
소(註疏), 등(等)의 오류(誤謬)를 수정
(修訂)을 한다거나 태자(殆字)를 삭
제한다 하여도 자전상(字典上)의 과
(過)의 본의(本義)에는 영향이 미치지

않음.

○康誤處 2；[史記高帝紀(改項羽紀)]聞將軍(改大王)有意督過之
●考證 ；謹按所引出項羽紀不出高帝紀謹照原書高帝紀改項羽紀將軍改大王
◆整理 ；[史記(사기) 高帝紀(고제기)는 項羽紀(항우기)의 착오.] 將軍(장군)은 大王(대왕)의 착오.
◆訂正文 ；[史記項羽紀]聞大王有意督過之
▶【2052-2】字解誤謬與否 ；[史記高帝紀(改項羽紀)]聞將軍(改大王)有意督過之 [高帝紀(改項羽紀)] [將軍(改大王)]
★이상과 같이 인용처(引用處)나 주소(註疏), 등(等)의 오류(誤謬)를 수정(修訂)을 한다거나 대왕(大王)으로 수정(修訂)한다 하여도 자전상(字典上)의 과(過)의 본의(本義)에는 영향이 미치지 않음.

○康誤處 3；[釋名]過所至關津以示也或曰傳過也移(改傳轉也轉移)所在識以爲信
●考證 ；謹按太平御覽引釋名原文傳轉也轉移所在識以爲信今照改
◆整理 ；[釋名(석명)] 傳過也移(전과야이)는 傳轉也轉移(전전야전이)의 착오.
◆訂正文 ；[釋名]過所至關津以示也或曰傳轉也轉移所在識以爲信
▶【2053-3】字解誤謬與否 ；[釋名]過所至關津以示也或曰傳過也移(改傳轉也轉移)所在識以爲信 [傳過也移(改傳轉也轉移)]
★이상과 같이 오류(誤謬) 수정(修訂)이 되면 전전야전이(傳轉也轉移; 전해내려오다. 옮기다. [釋名釋書契]云傳轉也轉移所在 [釋名釋典藝]傳傳也以傳示後人也劉知幾[史通六家]云蓋傳

者轉也轉受經旨以授後人或曰傳者傳也所以傳示）인데 자전상(字典上) 과(過)의 본의(本義)에 영향이 미치게 됨.

康 遐 (하) [唐韻]胡加切[集韻][韻會][正韻]何加切𠀤音霞[說文]遠也[書太甲]若陟遐必自邇[楚辭九章]氾容與而遐舉兮 又與何通[詩小雅]遐不謂矣又[大雅]遐不作人 又叶寒歌切音何[左思魏都賦]閑居隘巷室邇心遐富仁寵義職競弗羅 又叶洪孤切音胡[揚子太玄經]缺船跋車其害不遐

【 오류정리 】

○康誤處 1；[楚辭九章(改遠遊)]氾容與而遐舉兮
●考證 ；謹照原書九章改遠遊
◆整理 ；[楚辭(초사) 九章(구장)은 遠遊(원유)의 착오.
◆訂正文 ；[楚辭遠遊]氾容與而遐舉兮
▶【2054-1】字解誤謬與否 ；[楚辭九章(改遠遊)]氾容與而遐舉兮 [九章(改遠遊)]
★이상과 같이 인용처(引用處)나 주소(註疏), 등(等)의 오류(誤謬)를 수정(修訂)을 한다 하여도 자전상(字典上)의 하(遐)의 본의(本義)에는 영향이 미치지 않음.

康 遒 (주) [唐韻]自秋切[集韻]字秋切[韻會][正韻]慈秋切𠀤音酋[說文]迫也[楚辭招魂]分曹𠀤進遒相迫些[註]遒亦迫也 又[玉篇]盡也忽也[楚辭九辯]歲忽忽而遒盡兮 又[玉篇]固也[詩閟風]四國是遒 又[正字通]聚也[詩商頌]百祿是遒[註]遒聚也 又[正字通]終也通作酋[詩大雅]似先公酋矣[註]言善始而善終也 又[正韻]遒人宣令之官 又[正韻]健也勁也[鮑

照詩]獵獵晚風遒[鄭愔詩]魏國文雅遒
又[集韻]逡遒縣名在淮南　又[廣韻]
卽由切[集韻]將由切夶音摎[爾雅釋
木]抱遒木[註]謂木叢　又[集韻]雌
由切音秋[說文]行貌

【 오류정리 】

○康誤處 1 ; [爾雅釋木]抱(改枹)遒
木[註]謂木叢(增生字)
●考證 ; 謹照原文 抱改枹木叢下增
生字
◆整理 ; [爾雅釋木(이아석목)]抱(포)
는 枹(포)의 착오. [註(주)] 叢(총)에
이어 生字(생자)를 덧붙임.
◆訂正文 ; [爾雅釋木]枹遒木[註]謂
木叢生
▶【2055-1】字解誤謬與否 ; [爾雅
釋木]抱(改枹)遒木[註]謂木叢(增生
字)　[抱(改枹)] [叢(增生字)]
★이상과 같이 오류(誤謬) 수정(修訂)
이 되면 포주목(枹遒木)을 [주(註)]에
서 풀기를 위목총생(謂木叢生; 나무
무더기로 나다. [爾雅釋木]枹遒木
[註]謂木叢生)이라 하였으니 자전상
(字典上) 주(遒)의 본의(本義)에 적극
영향이 미치게 됨.

辵 部 十畫

康 遘(구)[唐韻]古候切[集韻][韻
會][正韻]居候切夶音姤[說文]遇也
[爾雅釋訓]遘逢遇遻見也[註行而相値
也[書洛誥]無有遘自疾[註]言身其康
強無有遘遇自罹疾害者[崔駰慰志賦]
嘉昔人之遘辰兮　又與覯通 [前漢
敘傳]遘閔旣多[詩邶風]作覯

【 오류정리 】

○康誤處 1 ; [爾雅釋訓(改釋詁)]遘
逢遇遻見也
●考證 ; 謹照原書釋訓改釋詁
◆整理 ; [爾雅(이아) 釋訓(석훈)]은
釋詁(석고)의 착오.

◆訂正文 ; [爾雅釋詁]遘逢遇遻見也
▶【2056-1】字解誤謬與否 ; [爾雅
釋訓(改釋詁)]遘逢遇遻見也 [釋訓
(改釋詁)]
★이상과 같이 인용처(引用處)나 주
소(註疏), 등(等)의 오류(誤謬)를 수정
(修訂)을 한다 하여도 자전상(字典上)
의 구(遘)의 본의(本義)에는 영향이
미치지 않음.

康 遜(손)[唐韻][集韻][韻會][正
韻]夶蘇困切音巽[正韻]順也謙恭也
[書舜典]五品不遜　又[大甲]有言遜
于汝心　又[說命]惟學遜志[註]謙抑
也遜其志如有所不能也　又[說文]遁
也[書微子]吾家耄遜于荒[註]逃遁于
荒野也通作孫[詩豳風]公孫碩膚[禮學
記]孫其業也[春秋莊元年]夫人孫于齊
[集韻]亦作愻

【 오류정리 】

○康誤處 1 ; [大(改太)甲]有言遜于汝
心(改志)
●考證 ; 謹照原文大改太心改志
◆整理 ; [大(대)는 太(태)의 착오. 甲
(갑)] 心(심)은 志(지)의 착오.
◆訂正文 ; [書太甲]有言遜于汝志
※筆者謹按康熙字典原本 ; 書字無考
證[書大甲]
※又按書經原本; 商書太甲上太甲中太
甲下
▶【2057-1】字解誤謬與否 ; [書大
(改太)甲]有言遜于汝心(改志) [大(改
太)] [心(改志)]
★이상과 같이 인용처(引用處)의 오
류(誤謬)를 수정(修訂)을 한다 하여도
자전상(字典上)의 손(遜)의 본의(本
義)에는 영향이 미치지 않으며, 손우
여지(遜于汝志; 너의 뜻을 따르다.
[書經商書太甲下]退必自邇無輕民事惟
難無安厥位惟危慎終于始有言逆于汝心

必求諸道有言遝于汝志必求諸非道嗚呼
弗慮胡獲弗為胡成一人元良萬邦以貞君
罔以辯言亂)는 간접으로 영향이 미
침.

康 遝(답)[唐韻]徒合切[集韻][韻
會][正韻]達合切𡘋音沓[正韻]雜遝也
[前漢劉向傳]周文開基西郊雜遝[曹植
洛神賦]衆靈雜遝　又[玉篇]迨遝行相
及也[古詩]迨遝高飛莫安宿[王褒洞簫
賦]騖合遝以詭譎[註]合遝盛多貌　又
駊遝[陸機文賦]紛葳蕤以駊遝[註]文
辭壯奮也

【 오류정리 】

○康誤處 1 ; [前漢劉向傳]周文開基
西郊雜遝(改爲雜遝衆賢罔不肅和)
●考證 ; 謹按劉向傳雜遝二字屬下句
不屬上句今照原文句讀改爲雜遝衆賢
罔不肅和
◆整理 ; [前漢劉向傳(전한류향전)]
周文開基西郊雜遝(주문개기서교잡답)
은 爲雜遝衆賢罔不肅和(위잡답중현망
부숙화)의 착오.
◆訂正文 ; [前漢劉向傳]雜遝衆賢罔
不肅和
▶【2058-1】字解誤謬與否 ; [前漢
劉向傳]周文開基西郊雜遝(改爲雜遝衆
賢罔不肅和)
★이상과 같이 오류(誤謬) 수정(修訂)
이 되면 ○잡답중현(雜遝衆賢; 많은
현명한 자들이 모여들었다) ○망부숙
화(罔不肅和; 정중하고 공손하며 화
목함이 없었다. [正韻]雜遝也[前漢劉
向傳]雜遝衆賢罔不肅和[曹植洛神賦]
衆靈雜遝又迨遝行相及也) 자전상(字
典上) 답(遝)의 본의(本義)에 영향이
미치게 됨.

○康誤處 2 ; [王褒洞簫賦]騖(改鶩)合
遝以詭譎
●考證 ; 謹照原文騖改鶩

◆整理 ; [王褒洞簫賦(왕포동소부)]騖
(목)은 鶩(무)의 착오.
◆訂正文 ; [王褒洞簫賦]鶩合遝以詭
譎
▶【2059-2】字解誤謬與否 ; [王褒
洞簫賦]騖(改鶩)合遝以詭譎 　[鶩(改
鶩)]
★이상과 같이 오류(誤謬) 수정(修訂)
이 되면 무합답이궤휼(鶩合遝以詭譎)
[註]합답(合遝;겹쳐지다) 성다모(盛多
貌; 풍부한 모습)又駊遝 [文选陆机]
紛威蕤以駊遝(삽답)唯毫素之所拟[李
善注]駊遝(삽답) 多貌(다모)은 자전
상(字典上) 답(遝)의 본의(本義)에 영
향이 적극 미치게 됨.

康 遞(체)[廣韻]徒禮切[集韻][韻
會][正韻]待禮切𡘋音悌[說文]更易也
[廣韻]遞代也[正韻]更迭也[爾雅釋詁
]遞迭也[註]更迭開厠相代之義也[前
漢郊祀歌]四興遞代八風生　又[正韻]
迢遞遠也　又[增韻]傳遞驛遞也　又
遞鐘琴名[前漢王褒傳]伯牙操遞鐘　又
[廣韻]特計切[集韻][韻會][正韻]大
計切𡘋音第義同　又當蓋切音帶繞也
[前漢王莽傳]絳侯依諸將之遞據相扶之
勢[註]言諸將同心圍繞附翼也　又叶徒
結切音迭[王儉褚淵碑銘]德猷麾嗣儀
型長遞怊悵餘巖鏘洋遺烈[註]長遞猶
言長往不返亦迢遞之意[集韻]或作递
俗作逓

【 오류정리 】

○康誤處 1 ; [前漢王莽傳]絳侯依諸
將之遞據相扶之勢[註]言諸將同心圍
繞附(改扶)翼也
●考證 ; 謹照原文附改扶
◆整理 ; [前漢王莽傳(전한왕망전)]
[註(주)] 附(부)는 扶(부)의 착오.
◆訂正文 ; [前漢王莽傳]絳侯依諸將
之遞據相扶之勢[註]言諸將同心圍繞

扶翼也

▶【2060-1】字解誤謬與否 ； [前漢王莽傳]絳侯依諸將之遞據相扶之勢 [註]言諸將同心圍繞附(改扶)翼也 [附(改扶)]

★이상과 같이 오류(誤謬) 수정(修訂)이 된다 하여도 부익(扶翼; 보조하고 돕다)은 자전상(字典上) 체(遞)의 본의(本義)에는 영향이 미치지 않음.

辵部 十一畫

康 違(장) [集韻]諸良切音章週違迕也○按[大戴禮千乘篇]立妃設如太廟然乃中治中治不相陵斯庶嬪違庶嬪違則事上靜據此當爲彰顯明辨之意與章同義字彙依集韻訓作週違正字通力辨週違之非亦無援據因詳載戴禮以備考証云

【 오류정리 】

○康誤處 1 ; 字彙依集韻訓作週違正字通力辨週違之非亦無援據因詳載戴禮以備考証(改證)云

●考證 ; 謹按証諫也非考證之證謹改證

◆整理 ; 戴禮(대례) 証(정)은 證(증)의 착오.

◆訂正文 ; 字彙依[集韻]訓作週違正字通力辨週違之非亦無援據因詳載戴禮以備考證云

▶【2061-1】字解誤謬與否 ； 字彙依集韻訓作週違正字通力辨週違之非亦無援據因詳載戴禮以備考証(改證)云 [証(改證)]

★이상과 같이 오류(誤謬) 수정(修訂)이 된다 하여도 고증(考證; 유물(遺物)이나 문헌(文獻)을 상고(詳考)하고 증거(證據)를 대어 설명(說明)함)은 자전상(字典上) 장(違)의 본의(本義)에는 영향이 미치지 않음.

康 適(적) [唐韻][集韻][韻會][正韻]�968施隻切音釋[說文]之也[廣韻]往也[正韻]如也至也[詩鄭風]適子之館兮[禮曲禮]將適舍求毋固 又[廣韻]樂也[正韻]安便也自得也[詩鄭風]適我願兮[莊子大宗師]適人之適不自適其適 又從也[書多士]惟我事不貳適[註]言割殷之事無私心一于從帝而無貳也[左傳昭十五年]民知所適 又[正韻]適然猶偶然也[書康誥]乃惟眚災適爾[註]適偶也 又事之常然者亦曰適然[賈誼治安策]以是爲適然耳 又[韻會]適來猶爾來也又甫爾之辭[唐書武元衡傳]適從何來 又[廣韻]善也[韻會]貢得其人曰適[前漢武帝紀]貢士有一適再適三適 又[正字通]關西謂補滿曰適[前漢王霸傳]軍馬不適亡[註]馬少士多不相補滿 又[玉篇]女子出嫁也 又[廣韻]都歷切[集韻][韻會]丁歷切�968音的與嫡同[詩大雅]天位殷適[註]殷適殷之嫡嗣也[禮檀弓]扶適子南面而立 又適士上士也[禮祭儀]適士二廟 又適室正寢也[禮檀弓]哭之適室 又[韻會]主也專也[論語]無適也[詩衛風]誰適爲容又[小雅]誰適與謀 又[集韻][韻會]亭歷切[正韻]杜歷切�968音狄與敵同[禮燕儀]君獨升立席上西面特立莫敢適之義也[史記田單傳贊]始如處女適人閉戶後如脫兔適不敢距 又[集韻]陟革切音摘與謫同[詩衛風]室人交徧適我又[商頌]勿予禍適

又[集韻]他歷切音惕適適然驚貌[莊子秋水篇]適適然驚 又[集韻]之石切音隻往也 又叶式吏切音世[揚子太玄經]銳首銳于時得其適也銳東亡西不能迴避也 又叶式列切音設[韓愈進學解]紆餘爲妍卓犖爲傑較短量長惟器是適 又叶施灼切音爍[陸機演連珠]煙出夫火非火之和情生于性非性之適故火壯則煙微性充則情約

【 오류정리 】

○康誤處 1；[賈誼治安策(改前漢賈誼傳)]以是爲適然耳

●考證；謹照原書改前漢賈誼傳

◆整理；[賈誼治安策(가의치안책)은 前漢賈誼傳(전한가의전)의] 착오.

◆訂正文；[前漢賈誼傳]以是爲適然耳

▶【2062-1】字解誤謬與否；[賈誼治安策(改前漢賈誼傳)]以是爲適然耳 [賈誼治安策(改前漢賈誼傳)]

★이상과 같이 인용처(引用處)나 주소(註疏), 등(等)의 오류(誤謬)를 수정(修訂)을 한다 하여도 자전상(字典上)의 적(適)의 본의(本義)에는 영향이 미치지 않음.

○康誤處 2；[前漢王霸(改黃霸)傳]軍(去軍字)馬不適亡(改士字)[註]馬少士多不相補滿

●考證；謹按黃霸傳又發騎士詣北軍爲句馬不適士爲句軍馬二字不連讀今照原文王霸改黃霸馬上去軍字亡字改士字

◆整理；[前漢(전한) 王霸(왕패)는 黃霸(황패)의 착오. 傳(전)] 軍(군) 軍字(군자)는 삭제. 亡(망)은 士字(사자)의 착오.

◆訂正文；[前漢黃霸傳]馬不適士[註]馬少士多不相補滿

▶【2063-2】字解誤謬與否；[前漢王霸(改黃霸)傳]軍(去軍字)馬不適亡(改士字)[註]馬少士多不相補滿 [王霸(改黃霸)] [軍(去軍字)] [亡(改士字)]

★이상과 같이 인용처(引用處)의 오류(誤謬)를 수정(修訂)을 하거나 군자(軍字)를 삭제(削除) 한다 하여도 자전상(字典上)의 적(適)의 본의(本義)에는 영향이 미치지 않으나 적사(適士; 적자인 선비. [禮記祭法]天子七祀,諸侯五祀,大夫三祀,適士 二祀,庶

士庶人一祀)는 본의(本義)에 적극 영향이 미치게 됨.

○康誤處 3；[禮祭儀(改爲祭法)]適士二廟

●考證；謹照原書祭儀改爲祭法

◆整理；[禮(예) 祭儀(제의)는 祭法(제법)의] 착오.

◆訂正文；[禮祭法]適士二廟

▶【2064-3】字解誤謬與否；[禮祭儀(改爲祭法)]適士二廟 [祭儀(改爲祭法)]

★이상과 같이 인용처(引用處)나 주소(註疏), 등(等)의 오류(誤謬)를 수정(修訂)을 한다 하여도 자전상(字典上)의 적(適)의 본의(本義)에는 영향이 미치지 않음.

○康誤處 4；[禮燕儀(改燕義)]君獨升立席上西面特立莫敢適之義也

●考證；謹照原書燕儀改燕義

◆整理；[禮(예) 燕儀(연의)는 燕義(연의)의] 착오.

◆訂正文；[禮燕義]君獨升立席上西面特立莫敢適之義也

▶【2065-4】字解誤謬與否；[禮燕儀(改燕義)]君獨升立席上西面特立莫敢適之義也 [燕儀(改燕義)]

★이상과 같이 인용처(引用處)나 주소(註疏), 등(等)의 오류(誤謬)를 수정(修訂)을 한다 하여도 자전상(字典上)의 적(適)의 본의(本義)에는 영향이 미치지 않음.

○康誤處 5；又與謫同[詩衞風(此係誤)]室人交徧適我又[商頌]勿予禍適(增引又孟子人不足與適也)

●考證；謹按衞詩作謫不作適此係誤引今省去於勿予禍適下增引又孟子人不足與適也

◆整理；[詩衞風(시위풍)은 此係誤(차계오)로]삭제. 勿予禍適(물여화적)

에 이어 又孟子人不足與適也(우맹자인부족여적야)를 덧붙임.
◆訂正文 ; 與謫同[商頌]勿予禍適又[孟子]人不足與適也
※筆者謹按原本 ; 字典本文又與謫同上又字無
▶【2066-5】字解誤謬與否 ; 又與謫同[詩衞風(此係誤引今省去)]室人交徧適我 又[商頌]勿予禍適(增引又孟子人不足與適也) [詩衞風(此係誤引今省去)] [勿予禍適(增引又孟子人不足與適也)]
★이상과 같이 인용처(引用處)의 오류(誤謬)를 수정(修訂)을 한다 하여도 자전상(字典上)의 적(適)의 본의(本義)에는 영향이 미치지 않으나, 인부족여적야(人不足與適也; 다른 사람이 간여하여 허물하기에는 부족하다. [孟子離婁上]孟子曰人不足與適也政不足間也惟大人爲能格君心之非君仁莫不仁君義莫不義君正莫不正一正君而國定矣)라 이는 본의(本義)에 영향(影響)이 미침

康遝(양)[字彙]餘亮切音漾走也
【 오류정리 】
○康誤處 1 ; 遝(改遂)
●考證 ; 謹按此字从永不从水故列十一畫
◆整理 ; 當字는 羊下 水字가 이닌 永字로 辵받침에 十一畫임.
◆訂正文 ; 遂
▶【2067-1】字解誤謬與否 ; 遝(改遂)
★이상과 같이 본자(本字) 오류(誤謬) 수정(修訂)이 된다 하여도 자전상(字典上) 양(遂)의 본의(本義)에는 영향이 미치지 않음.

康遮(차)[廣韻]正奢切[集韻][韻會][正韻]之奢切夶音庶[說文]遏也[玉篇]冒也斷也要也攔也[史記高帝紀]三老董公遮說漢王[後漢班超傳]伏兵遮擊 又[正韻]蔽也[後漢輿服志]張弓帶鞬遮迾出入 又[正字通]周遮語多貌[白居易詩]周遮說話長 又[集韻]之夜切音柘義同 又叶之弋切灼平聲[司馬相如上林賦]山林爲之震動川谷爲之蕩波巴渝宋蔡淮南于遮[註]于遮曲名

【 오류정리 】
○康誤處 1 ; 又叶之弋切(改之戈切)灼平聲[司馬相如上林賦]山林爲之震動川谷爲之蕩波巴渝宋蔡淮南于遮
●考證 ; 謹按韻會小補遮叶之戈切故入歌韻與波相叶据改之戈切
◆整理 ; 之弋切(지익절)은 之戈切(지과절)의 착오.
◆訂正文 ; 又叶之戈切灼平聲[司馬相如上林賦]山林爲之震動川谷爲之蕩波巴渝宋蔡淮南于遮
▶【2068-1】字解誤謬與否 ; 又叶之弋切(改之戈切)灼平聲[司馬相如上林賦]山林爲之震動川谷爲之蕩波巴渝宋蔡淮南于遮 [叶之弋切(改之戈切)]
★이상과 같이 인용처(引用處)나 주소(註疏), 등(等)의 오류(誤謬)를 수정(修訂)을 한다 하여도 자전상(字典上)의 차(遮)의 본의(本義)에는 영향이 미치지 않음.

康遷(천)[唐韻]七然切[集韻]親然切夶音韆[說文]登也[廣韻]去下之高也[詩小雅]遷于喬木 又遷徙也[易益卦]君子以見善則遷有過則改[書益稷]懋遷有無化居[註]懋勉其民徙有於無交易變化其所居積之貨也 又移物曰遷[禮曲禮]先生書策琴瑟在前坐而遷之[註]諸物當前跪而遷移之 又變易

也[左傳昭五年]吾子爲國政未改禮而 又遷之 又徙國曰遷[周禮秋官小司寇]二曰詢國遷[註]謂徙都改邑 又徙官曰遷[前漢賈誼傳]誼超遷歲中至大中大夫 又貶秩曰左遷[史記韓王信傳]項王王諸將近地而王獨遠居是左遷也又[張蒼傳吾極知其左遷[註]是時尊右卑左故謂貶秩爲左遷 又[正韻]謫也放逐也[書益稷]何遷乎有苗 又君遷木名[左思吳都賦]君遷平仲 又姓 又西烟切音仙[前漢王莽傳]立安爲新遷王[註]服虔曰遷音仙師古曰遷猶仙耳不勞假借 又叶七情切音淸[陳琳大暑賦]樂以忘憂氣變志遷爰速嘉賓式燕且殷[李翶祭韓愈文]疏奏輒斥去而復遷升黜不改正言時聞

【 오류정리 】

○康誤處 1 ; [書益稷(改爲皐陶謨)]何遷乎有苗
●考證 ; 謹照原書改爲皐陶謨
◆整理 ; [書益稷(서익직)은 皐陶謨(고도모)의] 착오.
◈訂正文 ; [皐陶謨]何遷乎有苗
▶【2069-1】字解誤謬與否 ; [書益稷(改爲皐陶謨)]何遷乎有苗 [益稷(改爲皐陶謨)]
★이상과 같이 인용처(引用處)나 주소(註疏), 등(等)의 오류(誤謬)를 수정(修訂)을 한다 하여도 자전상(字典上)의 천(薦)의 본의(本義)에는 영향이 미치지 않음.

○康誤處 2 ; [左思吳都賦]君遷平仲(改爲平仲君遷)
●考證 ; 謹照原文改爲平仲君遷
◆整理 ; [左思吳都賦(좌사오도부)]君遷平仲(군천평중)은 平仲君遷(평중군천)의 착오.
◈訂正文 ; [左思吳都賦]平仲君遷
▶【2070-2】字解誤謬與否 ; [左思吳都賦]君遷平仲(改爲平仲君遷) [君遷平仲(改爲平仲君遷)]
★이상과 같이 오류(誤謬) 수정(修訂)이 된다 하여도 문장 순만 바뀌일뿐이니 자전상(字典上) 천(薦)의 본의(本義)에는 영향이 미치지 않음.

㊖**選**(선)[廣韻]先兗切[集韻][韻會][正韻]須兗切𡘜音籑[玉篇]擇也[詩邶風]威儀棣棣不可選也[禮禮運]選賢與能[左傳襄九年]擧不失選 又少選須臾也[呂覽]少選發而視之亦曰選閒 又[正韻]白選貨貝名[史記平準書]白金三品其一圜之以文龍名白選 又[玉篇]去絹切[廣韻]思絹切[集韻][正韻]須絹切𡘜音潠[禮王制]命鄕論秀士升之司徒曰選士[註]選宣練反 又[正韻]銓官也[唐書]有[選擧志] 又環舞也[詩齊風]舞則選兮 又[字彙補]萬也[山海經]五億十選九千八百步[楊愼云]選與萬古音通遂借其字 又與巽通[後漢淸河王傳]選懦之恩知非國典[註]選懦仁柔慈惠不決之意也 又選懦選耎畏怯之意[前漢西南夷傳]議者選耎復守和議[後漢西羌傳]公卿選懦容頭過身 又[廣韻]思管切[集韻]損管切𡘜音算[集韻]數也[書盤庚]世選爾勞[傳]數也[左傳昭九年]弗去懼選[註]懼數其罪而責之也 又與算同[前漢公孫賀傳贊]斗筲之人何足選音義與算同 又[集韻][韻會]𡘜數滑切音刷金選銖兩名[前漢蕭望之傳]甫刑之屬小過赦薄罪贖有金選之品[應劭註]選音刷[正字通]漢讀率[史記周本紀]其罰百率率如刷故劭以刷音之說文]本作選俗作選選字从巺作

【 오류정리 】

○康誤處 1 ; [史記平準書]白金三品其一圜之以文龍(改其文龍)名白選
●考證 ; 謹照原文以文龍改其文龍
◆整理 ; [史記平準書(사기평준서)]

以文龍(이문룡)은 其文龍(기문룡)의 착오.

◆訂正文 ; [史記平準書]白金三品其一圜之其文龍名白選

▶【2071-1】字解誤謬與否 ; [史記平準書]白金三品其一圜之以文龍(改其文龍)名白選

[以文龍(改其文龍)]

★이상과 같이 오류(誤謬) 수정(修訂)이 된다 하여도 기(其; 대명사(代名詞) 그(의) 조사(助詞) 어찌)는 자전상(字典上) 선(選)의 본의(本義)에는 영향이 미치지 않음.

○康誤處 2 ; 又與巽通(爲又選懦仁弱也)[後漢淸河王傳]選懦之恩知非國典[註]選懦仁柔慈惠(改仁弱慈戀)不決之意也

●考證 ; 謹按淸河王傳選懦不作巽懦註內亦不音巽不得云與巽通今改又與巽通爲又選懦仁弱也並照原註仁柔慈惠改仁弱慈戀

◆整理 ; 又與巽通(우여손통)은 又選懦仁弱也(우선나인약야)의 착오. [後漢淸河王傳(후한청하왕전)] [註(주)] 仁柔慈惠(인유자혜)는 仁弱慈戀(인약자련)의 착오.

◆訂正文 ; 又選懦仁弱也[後漢淸河王傳]選懦之恩知非國典[註]選懦仁弱慈戀不決之意也

▶【2072-2】字解誤謬與否 ; 又與巽通(爲又選懦仁弱也)[後漢淸河王傳]選懦之恩知非國典 [註]選懦仁柔慈惠(改仁弱慈戀)不決之意也 [又與巽通(又選懦仁弱也)] [仁柔慈惠(改仁弱慈戀)]

★이상과 같이 오류(誤謬) 수정(修訂)이 되면 ○선나(選懦; 유약하고 결단성이 없는 것. [後漢淸河王傳]選懦之恩知非國典選懦仁弱慈戀不決之意也又選懦選耎畏怯之意) ○인약(仁弱; 성

품(性品)이 어질고 무던하며 약(弱)함 [史記呂太后本紀] 故詩曰雖有姬姜不弃顦顇是也愛幸生趙隱王如意孝惠爲人仁弱高祖以爲不類我常欲廢太子立戚姬子如意如意類我) ○자련(慈戀; 결단을 쉽게 내리지 못함. [資治通鑑] 賢曰慈戀不決之意也))은 자전상(字典上) 선(選)의 본의(本義)에 직접 영향이 미치게 됨.

○康誤處 3 ; [前漢公孫賀傳贊]斗筲之人(改之徒)何足選

●考證 ; 謹照原文之人改之徒

◆整理 ; [前漢公孫賀傳贊(전한공손하전찬)] 之人(지인) 은之徒(지도)의 착오.

◆訂正文 ; [前漢公孫賀傳贊]斗筲之徒何足選

▶【2073-3】字解誤謬與否 ; [前漢公孫賀傳贊]斗筲之人(改之徒)何足選 [之人(改之徒)]

★이상과 같이 오류(誤謬) 수정(修訂)이 된다 하여도 도(徒; 걷다. 아무것도 없는. 다만. 공연히)는 자전상(字典上) 선(選)의 본의(本義)에는 영향이 미치지 않음.

辵部 十三畫

康 邀(요)[廣韻]于宵切[集韻][韻會]伊消切[正韻]伊堯切𠀤音腰[廣韻]遮也[晉書陶潛傳]王弘令潛故人賫酒于半道邀之 又[正韻]招也[李白詩]擧杯邀明月 又[集韻]求也通作徼[中庸]小人行險以徼倖 又[正韻]通作要[孟子]使數人要於路[又]修其天爵以要人爵

【 오류정리 】

○康誤處 1 ; [晉書陶潛傳]王弘令潛故人賫(改齎)酒于半道邀之

●考證 ; 謹照原文賫改齎

◆整理 ; [晉書陶潛傳(진서도잠전)] 賷(재)는 齎(재)의 착오.

◆訂正文 ; [晉書陶潛傳]王弘令潛故人齎酒于半道邀之

▶【2074-1】字解誤謬與否 ; [晉書陶潛傳]王弘令潛故人賷(改齎)酒于半道邀之 [賷(改齎)]

★이상과 같이 오류(誤謬) 수정(修訂)이 된다 하여도 재주(齎酒; 술을 가져오다. [宋書隱逸傳陶潛]潛嘗往廬山弘令潛故人龐通之齎酒具於半道栗里要之)는 자전상(字典上) 요(邀)의 본의(本義)에는 영향이 미치지 않음.

康邃(수) [廣韻] [集韻]雖遂切[正韻]須遂切扰音粹[說文]深遠也[禮玉藻]十有二旒前後邃延[註]言十二旒在前後垂而深邃以延覆冕上[後漢百官志]聖人處天子之位服玉藻邃延日月所以副其德彰其功也 又屋宇深遠亦曰邃[屈原離騷]閨中旣邃遠兮

【 오류정리 】

○康誤處 1 ; [後漢百官志(改輿服志)]聖人處天子之位服玉藻邃延日月所以副其德彰其功也

●考證 ; 謹照原書百官志改輿服志

◆整理 ; [後漢(후한) 百官志(백관지)는 輿服志(여복지)의] 착오.

◆訂正文 ; [後漢輿服志]聖人處天子之位服玉藻邃延日月所以副其德彰其功也

▶【2075-1】字解誤謬與否 ; [後漢百官志(改輿服志)]聖人處天子之位服玉藻邃延日月所以副其德彰其功也 [百官志(改輿服志)]

★이상과 같이 인용처(引用處)나 주소(註疏), 등(等)의 오류(誤謬)를 수정(修訂)을 한다 하여도 자전상(字典上)의 수(邃)의 본의(本義)에는 영향이 미치지 않음.

康邅(전) [廣韻] [集韻] [韻會]扰張連切音邅[集韻]迍邅難行不進貌[易屯卦]屯如邅如[楚辭九諫]蹇邅迴而不能行 又[廣韻]持碾切[集韻] [韻會] [正韻]直碾切扰邅上聲轉也逐也[屈原離騷]邅吾道夫崑崙[註]邅轉也楚人名轉曰邅 又[楚辭九歎]邅彼南道兮以征夫宵行[註]言已放逐而流轉江南也 又[廣韻]除善切[集韻]丈善切扰邅去聲移也 又循也

【 오류정리 】

○康誤處 1 ; [楚辭九諫(改哀時命)]蹇邅迴而不能行

●考證 ; 謹照原書九諫改哀時命

◆整理 ; [楚辭(초사) 九諫(구간)은 哀時命(애시명)의] 착오.

◆訂正文 ; [楚辭哀時命]蹇邅迴而不能行

▶【2076-1】字解誤謬與否 ; [楚辭九諫(改哀時命)]蹇邅迴而不能行 [九諫(改哀時命)]

★이상과 같이 인용처(引用處)나 주소(註疏), 등(等)의 오류(誤謬)를 수정(修訂)을 한다 하여도 자전상(字典上)의 전(邅)의 본의(本義)에는 영향이 미치지 않음.

辵部 十四畫

康邇(이) [廣韻]兒氏切[集韻] [韻會]忍氏切[正韻]忍止切扰音爾[說文]近也[書舜典]柔遠能邇[詩周南]父母孔邇[左傳文十七年]以陳蔡之密邇 又通作爾[詩大雅]莫遠具爾[註]爾近也[儀禮燕禮]君南鄉爾卿卿西面北上爾大夫[註]揖而移之近之也 [說文]別作邇俗省作迩迡遜字从㐭作

【 오류정리 】

○康誤處 1 ; [左傳文十七年]以陳蔡之密邇(增於楚二字)

●考證；謹照原文邇下增於楚二字
◆整理；[左傳文十七年(좌전문십칠년)]邇(이)에 이어 於楚二字(어초이자)를 덧붙임.
◆訂正文；[左傳文十七年]以陳蔡之密邇於楚
▶【2077-1】字解誤謬與否；[左傳文十七年]以陳蔡之密邇(增於楚二字) [邇(增於楚二字)]
★이상과 같이 오류(誤謬) 수정(修訂)이 되면 채지밀이어초(蔡之密邇於楚; 채나라는 초나라와 아주 가깝다. [春秋左傳文公十七年)]八月寡君又往朝以陳蔡之密邇於楚而不敢貳焉則폐邑之故也雖徹邑之事君何以不免在位之中一朝于襄而再見于君夷與孤之二三臣相及於絳雖我小國則蔑以過之矣)에는 자전상(字典上) 이(邇)의 본의(本義)에 적극 영향이 미치게 됨.

⟨康⟩邈(막)[唐韻]莫角切[集韻][韻會]墨角切𣘙音㲉[說文]遠也[正韻]渺也[屈原離騷]神高馳之邈邈又[九章]邈不可慕也 又[爾雅釋訓]邈邈悶也 又[正韻]輕視貌與藐同[陸機謝平原內史表]振景拔迹顧邈同列[註]邈凌也 又叶莫卜切音木[陸雲被命詩]聖敬遠躋神道元邈思媚三靈誕膺天篤 [說文]本作𨘷

【 오류정리 】
○康誤處 1；[屈原離騷]神高馳之邈邈 又[九章]邈不可慕也(改邈而不可慕)
●考證；謹照原文改邈而不可慕
◆整理；[九章(구장)]邈不可慕也(막부가모야)는 邈而不可慕(막이부가모)의 착오.
◆訂正文；[屈原離騷]神高馳之邈邈 又[九章]邈而不可慕
▶【2078-1】字解誤謬與否；[屈原

離騷]神高馳之邈邈 又[九章]邈不可慕也(改邈而不可慕) [邈不可慕也(改邈而不可慕)]
★이상과 같이 오류(誤謬) 수정(修訂)이 되면 막이부가모(邈而不可慕; 너무 아득하여 흠모하기 어렵도다. [楚辭屈原九章懷沙]邈而不可慕懲違改忿兮抑心而自彊離而不遷兮願志之有像進路北次兮日昧昧其將暮舒憂娛哀兮限之以大故亂曰浩浩沅湘分流汨兮脩路幽蔽道遠忽兮)라 자전상(字典上) 막(邈)의 본의(本義)에 적극 영향이 미치게 됨.

辵 部 十五畫
⟨康⟩邊(변)[集韻][韻會][正韻]杴畢眠切音編[玉篇]畔也邊境也[禮玉藻]其在邊邑[註]邊邑九州邊鄙之邑[左傳成十三年]搖蕩我邊疆 又[正韻]旁近也[前漢高帝紀]齊邊楚 又側也[禮檀弓]齊衰不以邊坐[疏]喪服宜敬起坐宜正不可著齊衰而偏坐也 又邊璋半文飾也[周禮冬官考工記]邊璋七寸 姓周大夫邊伯之後南唐有邊鎬[說文]作邊

【 오류정리 】
○康誤處 1；[左傳成十三年]搖蕩(改蕩搖)我邊疆
●考證；謹照原文搖蕩改蕩搖
◆整理；[左傳成十三年(좌전성십삼년)]搖蕩(요탕)은 蕩搖(탕요)의 착오.
◆訂正文；[左傳成十三年]蕩搖我邊疆
▶【2079-1】字解誤謬與否；[左傳成十三年]搖蕩(改蕩搖)我邊疆 [搖蕩(改蕩搖)]
★이상과 같이 오류(誤謬) 수정(修訂)이 된다 하여도 탕요(蕩搖; 마음을 깨끗이 하다. 흔들리어 움직임. [左傳•成十三年]又欲闕翦我公室傾覆我社稷帥我蝥賊以來蕩搖我邊疆 我是以有令

狐之役康猶不悛入我河曲伐我涷川俘我王官翦我羈我是以有河曲之戰) 자전상(字典上) 변(邊)의 본의(本義)에는 영향이 미치지 않음.

辵部 十九畫

康 邏 (라) [唐韻] [集韻] [韻會] [正韻] 郞佐切羅去聲 [說文] 巡也 [玉篇] 游兵也 [正韻] 游偵也 [晉書戴洋傳] 宜遠偵邏　又 [集韻] 遮也 [正字通] 山色環繞也 [杜甫詩] 春山紫邏長　又 [集韻] [韻會] 朗可切 [等韻] 力可切郞羅上聲　又 [集韻] 良何切音羅義郞同

【 오류정리 】

○康誤處 1 ; [杜甫詩] 春山紫邏長 (改雲山紫邏深)
●考證 ; 謹照杜甫送賈閣老出汝州詩原句改雲山紫邏深
◆整理 ; [杜甫詩(두보시)] 春山紫邏長 (춘산자라장)은 雲山紫邏深 (운산자라심)의 착오.
◆訂正文 ; [杜甫詩] 雲山紫邏深
▶ 【2080-1】 字解誤謬與否 ; [杜甫詩] 春山紫邏長 (改雲山紫邏深) [春山紫邏長 (改雲山紫邏深)]
★이상과 같이 오류(誤謬) 수정(修訂)이 되면 운산자라심(雲山紫邏深; 구름 자우하게 낀 자라산이 깊고도 깊구나. [杜甫詩] 宮殿靑門隔雲山紫邏深人生五馬貴莫受二毛侵鄭駙馬池台喜遇鄭廣文同飮 [編輯] 不謂生戎馬何知共酒杯然臍郿塢敗握節漢臣回)이라 자전상(字典上) 라(邏)의 본의(本義)에 영향이 미치게 됨.

邑部 四畫

康 邘 (심) [廣韻] [集韻] 郞式任切音沈地名 [左傳文十七年] 周甘歜敗戎于邘氶 [註] 邘氶周地河南新城縣北有氶亭

又姓也 [集韻] 與沈同

【 오류정리 】

○康誤處 1 ; [左傳文十七年] 周甘歜敗戎于邘氶 (改垂) [註] 邘氶 (改垂) 周地河南新城縣北有氶 (改垂) 亭
●考證 ; 謹照原文三氶字郞改垂
◆整理 ; [左傳文十七年 (좌전문십칠년)] 三氶字 (삼수자) 모두 垂 (수)의 착오.
◆訂正文 ; [左傳文十七年] 周甘歜敗戎于邘垂 [註] 邘垂周地河南新城縣北有垂亭
▶ 【2081-1】 字解誤謬與否 ; [左傳文十七年] 周甘歜敗戎于邘氶 (改垂) [註] 邘氶 (改垂) 周地河南新城縣北有氶 (改垂) 亭 [氶 (改垂)] [氶 (改垂)] [氶 (改垂)]
★이상과 같이 오류(誤謬) 수정(修訂)이 되면 심수(邘垂; 수정(垂亭). 地名. [左傳文公十七年] 秋周甘歜敗戎于邘垂 [杜預注] 邘垂周地河南新城縣北有垂亭)가 되는데 자전상(字典上) 심(邘)의 본의(本義)에 직접 영향이 미치게 됨.

康 邪 (사) [廣韻] 似嗟切 [集韻] [韻會] [正韻] 徐嗟切郞音斜 [廣韻] 不正也 [正韻] 姦思也佞也 [易乾卦] 閑邪存其誠 [書大禹謨] 去邪勿疑　又 [韻會] 辟邪獸名　又 [唐韻] 以遮切 [集韻] [韻會] [正韻] 余遮切郞音耶 [說文] 琅邪郡名　又莫邪劍名吳大夫莫邪作寶劍因名　又呼韓邪匈奴王名 [前漢宣帝紀] 呼韓邪單于來朝　又若邪水名在越州會稽縣　又胥邪木名 [司馬相如上林賦] 留落胥邪 [註] 胥邪似椶櫚皮可爲索　又汙邪下地田也 [史記滑稽傳] 汙邪滿車　又助語又疑辭經傳俱作邪俗作耶　又 [集韻] 羊諸切音余與餘同 [史記

歷書]歸邪於終[註]邪餘分也終閏月也
又[集韻]時遮切音闍瑞星名[史記天
官書]如星非星如雲非雲名曰歸邪 [註]
邪音蛇 又[字彙補]子可切音左[前漢
司馬相如傳]邪與肅愼爲鄰[註]邪讀爲
左謂東北接也 又叶詳於切音徐[詩邶
風]其虛其邪旣亟只且[註]邪亦作徐緩
也 又叶伊宜切音移[尚書考靈曜]虛
爲秋候昴爲冬期陰氣相左德乃不邪

【 오류정리 】

○康誤處 1 ; [史記天官書]如星非星
如雲非雲名(改命)曰歸邪
●考證 ; 謹照原文名改命
◆整理 ; [史記天官書(사기천관서)]
名(명)은 命(명)의 착오.
◆訂正文 ; [史記天官書]如星非星如
雲非雲命曰歸邪
▶【2082-1】字解誤謬與否 ; [史記
天官書]如星非星如雲非雲名(改命)曰
歸邪 [名(改命)]
★이상과 같이 오류(誤謬) 수정(修訂)
이 된다 하여도 운명(雲命;구름과
같은 목숨)은 자전상(字典上) 사(邪)
의 본의(本義)에는 영향이 미치지 않
음.

○康誤處 2 ; [詩邖(改邶)風]其虛其
邪旣亟只且
●考證 ; 謹照原文邖改邶
◆整理 ; [詩(시) 邖(필)은 邶(패)의
착오. 風(풍)]
◆訂正文 ; [詩邶風]其虛其邪旣亟只
且
▶【2083-2】字解誤謬與否 ; [詩邖
(改邶)風]其虛其邪旣亟只且 [邖(改
邶)]
★이상과 같이 인용처(引用處)나 주
소(註疏), 등(等)의 오류(誤謬)를 수정
(修訂)을 한다 하여도 자전상(字典上)
의 사(邪)의 본의(本義)에는 영향이

미치지 않음.

康 邳(비)[廣韻]枚悲切[集韻][韻
會]貧悲切[正韻]蒲糜切枚音岯地名
[說文]奚仲之後湯左相仲虺所封國在
魯薛縣 又下邳縣名[史記高祖紀]彭
越渡睢水戰於下邳 又上邳地名[前漢
諸侯王表]上邳侯郢客[註]高祖封楚元
王子 又大邳山名與伾岯通[書禹貢]
至于大伾[史記河渠書]作邳一作岯 又
姓晉有丕鄭[史記晉世家作邳鄭

【 오류정리 】

○康誤處 1;[前漢諸侯王表(改王子侯
表)]上邳侯郢客
●考證 ; 謹照原書諸侯王表改王子侯
表
◆整理 ; [前漢(전한) 諸侯王表(제후
왕표)는 王子侯表(왕자후표)의] 착오.
◆訂正文 ; [前漢王子侯表]上邳侯郢
客
▶【2084-1】字解誤謬與否 ; [前漢
諸侯王表(改王子侯表)]上邳侯郢客
[諸侯王表(改王子侯表)]
★이상과 같이 인용처(引用處)나 주
소(註疏), 등(等)의 오류(誤謬)를 수정
(修訂)을 한다 하여도 자전상(字典上)
의 비(邳)의 본의(本義)에는 영향이
미치지 않음.

康 郁(존)[廣韻]徂尊切[集韻]徂昆
切枚音存[玉篇]郁鄢縣名在犍爲

【 오류정리 】

○康誤處 1;[玉篇]郁鄢(改䣆)縣名在
犍爲
●考證 ; 謹照原文鄢改䣆
◆整理 ; [玉篇(옥편)]鄢(언)은 䣆
(마)의 착오.

◆訂正文；[玉篇]郁�縣名在犍爲

▶【2085-1】字解誤謬與否；[玉篇]郁鄏(改鄏)縣名在犍爲　[鄏(改鄏)]

★이상과 같이 오류(誤謬) 수정(修訂)이 되면 존마현(郁鄏縣; 현명(縣名). [玉篇]郁鄏縣名在犍爲)으로 자전상(字典上) 존(郁)의 본의(本義)에 적극 영향이 미치게 됨.

康 郅(질)[廣韻]職日切[集韻][韻會][正韻]之日切𠀤音質[廣韻]郁郅古縣名　又[集韻]至也[史記封禪書]文王改制爰周郅隆[註]言文王改制及周而大盛也　又[正韻]登也[揚子方言]魯衞謂登曰郅　又姓前漢郅都後漢郅惲　又[集韻]陟栗切音窒義同　又[集韻]激質切音秸郅偈竿杠之狀[揚雄甘泉賦]夫何旟旗郅偈之旖旎也

【 오류정리 】
○康誤處 1；[史記封禪書(司馬相如傳)]文王改制爰周郅隆

●考證；謹按所引出司馬相如傳謹据改

◆整理；[史記(사기) 封禪書(봉선서)는 司馬相如傳(사마상여전)의] 착오.

◆訂正文；[史記司馬相如傳]文王改制爰周郅隆

▶【2086-1】字解誤謬與否；[史記封禪書(司馬相如傳)]文王改制爰周郅隆　[封禪書(司馬相如傳)]

★이상과 같이 인용처(引用處)나 주소(註疏), 등(等)의 오류(誤謬)를 수정(修訂)을 한다 하여도 자전상(字典上)의 질(郅)의 본의(本義)에는 영향이 미치지 않음.

康 郇(순)[唐韻]相倫切[集韻][韻會][正韻]須倫切𠀤音旬國名[說文]在晉地[詩曹風]四國有王郇伯勞之[註]

郇伯郇侯文王之後嘗爲州伯治諸侯有功　又[廣韻]地名[左傳僖二十四年]秦師退軍于郇[註]解縣西北有郇城　又姓漢有郇越　又[廣韻]戶關切[集韻]胡關切𠀤音環亦姓也唐郇模[宛委餘篇]郇越之郇音荀郇模之郇音環[集韻]或作鄟

【 오류정리 】
○康誤處 1；[左傳僖二十四年]秦師(改晉師)退軍于郇

●考證；謹照原文秦師改晉師

◆整理；[左傳僖二十四年(좌전희이십사년)]秦師(진사)는 晉師(진사)의 착오.

◆訂正文；[左傳僖二十四年]晉師退軍于郇

▶【2087-1】字解誤謬與否；[左傳僖二十四年]秦師(改晉師)退軍于郇　[秦師(改晉師)]

★이상과 같이 오류(誤謬) 수정(修訂)이 된다 하여도 진사(晉師; 晉나라 군사. [春秋左傳宣公八年]晉師白狄伐秦　[左傳襄十八年]晉師東侵及濰是也　[左傳•成十三年]晉師濟涇及侯麗而還[註]侯麗秦地)는 자전상(字典上) 순(郇)의 본의(本義)에는 영향이 미치지 않음.

康 郈(후)[唐韻][正韻]胡口切[集韻][韻會]很口切𠀤音厚魯邑名[春秋定九年]叔孫何忌帥師圍郈[註]在東平無鹽縣東南[春秋定十年]叔孫州仇仲孫何忌帥師圍郈[註]叔孫氏邑　又姓[廣韻]魯大夫郈昭伯後漢郈常　又[集韻]胡溝切音侯又[廣韻]下遘切[韻會][正韻]胡茂切𠀤音候義𠀤同

【 오류정리 】
○康誤處 1；[春秋定九年(改十年)]叔孫(增州仇仲孫四字)何忌帥師圍郈[註]在東平無鹽縣東南(改叔孫氏邑)

●考證 ; 謹照原文九年改十年叔孫下增州仇仲孫四字在東平無鹽縣東南改叔孫氏邑

◆整理 ; [春秋定(춘추정) 九年(구년)은 十年(십년)의 착오. 叔孫(숙손)에 이어 州仇仲孫四字(주구중손사자)의 착오. [註(주)] 在東平無鹽縣東南(재동평무염현동남)은 叔孫氏邑(숙손씨읍)의 착오.

◆訂正文 ;[春秋定十年]叔孫州仇仲孫何忌帥師圍郈[註]叔孫氏邑

▶【2080-1】字解誤謬與否 ; [春秋定九年(改十年)]叔孫(增州仇仲孫四字)何忌帥師圍郈[註在東平無鹽縣東南(改叔孫氏邑)] [九年(改十年)] [叔孫(增州仇仲孫四字)] [在東平無鹽縣東南(改叔孫氏邑)]

★이상과 같이 인용처(引用處)의 오류(誤謬)를 수정(修訂)을 한다 하여도 자전상(字典上)의 후(郈)의 본의(本義)에는 영향이 미치지 않으며, ○숙손주구(叔孫州仇; 노(魯)나라대부(大夫). [春秋左傳襄公二十七年]稱叔孫州仇史稱叔孫武叔東周時期諸侯國魯國司馬三桓之一叔孫成子之子其父病逝後即位)와 ○중손하기(仲孫何忌; 魯나라大夫)는 인명(人名)이며, 숙손씨읍(叔孫氏邑; 숙손씨의 봉지(封地) [春秋左傳定公十年]叔孫州仇仲孫何忌帥師圍郈叔孫氏邑又姓 魯大夫郈昭伯後漢郈常)은 후(郈)의 본의(本義)에는 영향이 미치지 않음.

康郊(교)[唐韻]古肴切[集韻][韻會][正韻]居肴切𠀤音交[說文]距國百里爲郊[爾雅釋地]邑外謂之郊[周禮地官載師]近郊遠郊[註]五十里爲近郊百里爲遠郊[書費誓]魯人三郊三遂[註]國外曰郊郊外曰遂天子六軍則六鄉六遂大國三軍故魯三郊三遂也 又祭名冬至祀天于南郊夏至祀地于北郊故謂

祀天地爲郊 又地名[左傳文三年]秦伯伐晉取王官及郊[註]晉地 又叶姑刀切音高[詩衞風]碩人敖敖說于農郊[註]讀若高

【 오류정리 】

○康誤處 1;[詩衞風]碩人敖敖說于農郊[註]讀若高(改集傳叶音高)

●考證 ; 謹照原文註讀若高改集傳叶音高

◆整理 ; [詩衞風(시위풍)] [註(주)]讀若高(독약고)는 [集傳(집전)]叶音高(협음고)의 착오.

◆訂正文 ; [詩衞風]碩人敖敖說于農郊[集傳]叶音高

▶【2089-1】字解誤謬與否 ; [詩衞風]碩人敖敖說于農郊[註]讀若高(改集傳叶音高) [讀若高(改集傳叶音高)]

★이상과 같이 음(音)의 오류(誤謬)를 수정(修訂)을 한다 하여도 자전상(字典上)의 교(郊)의 본의(本義)에는 영향이 미치지 않음.

邑部 七畫

康邔(려)[廣韻]力舉切[集韻]雨舉切𠀤音呂亭名

【 오류정리 】

○康誤處 1;[集韻]雨舉(改兩舉)切

●考證 ; 謹照原文雨舉改兩舉

◆整理 ; [集韻(집운)]雨舉(우거)는 兩舉(양거)의 착오.

◆訂正文 ; [集韻]兩舉切

▶【2090-1】字解誤謬與否 ; [集韻]雨舉(改兩舉)切 [雨舉(改兩舉)]

★이상과 같이 음(音)의 오류(誤謬)를 수정(修訂)을 한다 하여도 자전상(字典上)의 려(邔)의 본의(本義)에는 영향이 미치지 않음.

康郎(랑)[唐韻][正韻]魯當切[集

韻][韻會]盧當切𠀤音廊[說文]魯亭
[春秋隱元年]費伯帥師城郎[註]魯地高
平方輿縣東南有郁郎亭　　又夜郎地
名屬牂牁郡　　又官名[韻會]秦初置郎
中令其屬官有三署郎漢官尚書郎初三
署郎既選入臺稱郎中歲滿稱侍郎隋文
帝諱中字惟置侍郎煬帝置六侍郎其諸
曹直曰郎除侍字又員外郎亦隋置　　又
男子之稱[唐書房玄齡傳]高孝基曰僕
閱人多矣無如此郎者　　又婦謂夫爲郎
[晉書列女傳]謝道韞曰天壤之閒乃有
王郎　　又僕稱主亦曰郎[唐書宋璟傳]
鄭善果曰中丞奈何卿五郎璟曰君非其
家奴何郎之云　　又[正韻]與廊通[史記
司馬相如傳]陛下築郎臺恐其不高　　又
姓[廣韻魯懿公孫費伯城郎居之因氏又
漢有郎顗

【 오류정리 】

○康誤處 1；[春秋(改左傳)隱元年]費
伯帥師城郎[註]魯地高平方輿(改方與)
縣東南有郁郎亭
●考證　；　謹照原文春秋改左傳方輿改
方與
◆整理；[春秋(춘추)는 左傳(좌전)의
착오. 隱元年(은원년)][註(주)] 方輿
(방여)는 方與(방여)의 착오.
◆訂正文；[左傳隱元年]費伯帥師城
郎[註]魯地高平方與縣東南有郁郎亭
▶【2091-1】字解誤謬與否；[春秋
(改左傳)隱元年]費 伯帥師城郎[註]魯
地高平方輿(改方與)縣東南有郁郎亭
[春秋(改左傳)] [方輿(改方與)]
★이상과 같이 인용처(引用處)나 방
여현(方與縣; 현명(縣名)) 등(等)의 오
류(誤謬)를 수정(修訂)을 한다 하여도
자전상(字典上)의 랑(郎)의 본의(本
義)에는 영향이 미치지 않음.

○康誤處 2；[史記司馬相如傳(引出前
漢東方朔傳)]陛下(增今字)築(改累字)

郎臺恐其不高
●考證　；　謹按所引出前漢東方朔傳今
据改並照原文陛下增今字築字改累字
◆整理；[史記司馬相如傳(사기사마상
여전)은 前漢東方朔傳(전한동방삭전)
의] 착오. 陛下(폐하)에 이어 今字
(금자)를 덧붙임. 築(축)은 累字(루자)
의 착오.
◆訂正文；[前漢東方朔傳]陛下今累
郎臺恐其不高
▶【2092-2】字解誤謬與否；[史記
司馬相如傳(引出前漢東方朔傳)]陛下
(增今字)築(改累字)郎臺恐其不高 [史
記司馬相如傳(引出前漢東方朔傳)]
[陛下(增今字)] [築(改累字)]
★이상과 같이 오류(誤謬) 수정(修訂)
이 된다 하여도 금루(今累; 지금 여
러 대)는 자전상(字典上) 랑(郎)의 본
의(本義)에는 영향이 미치지 않음.

(康)郟(겹)[廣韻][正韻]古洽切[集
韻][韻會]訖洽切𠀤音夾 郟鄏地名[左
傳宣三年]成王定鼎于郟鄏　　又[正字
通]郟城在汝州郟縣在襄陽漢屬潁川郡
　　又[字彙補]門郟之室曰郟室[大戴禮]
雍人割雞屋下當門郟室　　又姓[左傳哀
七年鄭有郟張

【 오류정리 】

○康誤處 1；[字彙補]門郊(改門郟)之
室曰郟室
●考證；謹照原文門郊改門郟
◆整理；[字彙補(자휘보)] 門郊(문
교)는 門郟(문겹)의 착오.
◆訂正文；[字彙補]門郟之室曰郟室
▶【2093-2】字解誤謬與否；[字彙
補]門郊(改門郟)之室曰郟室 [門郊
(改門郟)]
★이상과 같이 오류(誤謬) 수정(修訂)
이 되면 문겹(門郟; 겹실(郟室) 출입
문의 양편에 붙어 있는 방. [左傳宣

三年]門郯之室曰郯室 [大戴禮記諸侯 釁廟]雍人割雞屋下當門郯室割雞于室 中[盧辯注]郯室門郯之室一曰東西厢也 [孔广森注]郯室東西堂之室也前堂曰厢 后堂 曰郯郯)은 자전상(字典上) 겹 (郯)의 본의(本義)에 적극 영향이 미 치게 됨.

○康誤處 2 ; [大戴禮]雍人割雞屋下 當門郯室(改郯室雍人割雞于室中)
●考證 ; 謹按郯室二字屬下文讀不與 當門相連今照原文改郯室雍人割雞于室 中
◆整理 ; [大戴禮(대대례)]雍人割雞屋 下當門郯室(옹인할계옥하당문겹실)은 郯室雍人割雞于室中(겹실옹인할계우 실중)의 착오.
◆訂正文 ; [大戴禮]郯室雍人割雞于 室中
▶【2094-2】字解誤謬與否 ; [大戴 禮]雍人割雞屋下當門郯室(改郯室雍人 割雞于室中) [雍人割雞屋下當門郯室 (改郯室雍人割雞于室中)]
★이상과 같이 오류(誤謬) 수정(修訂) 이 되면 겹실옹인할계우실중(郯室雍 人割雞于室中; 겹실의 궁정 요리사가 실내에서 닭을 잡다. [字彙補]門郯之 室曰郯室 [大戴禮]郯室雍人割雞于室 中)은 자전상(字典上) 랑(郎)의 본의 (本義)에 영향이 미치게 됨.

邑 部 八畫

康 郮(당)[唐韻]多朗切[集韻][韻 會]底朗切夶音黨[說文]地名 又[廣 韻]居也一曰五百里爲郮[釋名]郮長也 聚所尊長也 或作黨亦作鄲

【 오류정리 】

○康誤處 1 ; [廣韻(引出玉篇)]居也一 曰五百里(改五百家)爲郮
●考證 ; 謹按所引出玉篇今照改五百

里改五百家
◆整理 ; [廣韻(광운)은 玉篇(옥편) 의] 착오. 五百里(오백리)는 五百家(오백가)의 착오.
◆訂正文 ; [玉篇]居也一曰五百家爲 郮
▶【2095-1】字解誤謬與否 ; [廣韻 (引出玉篇)]居也一曰五百里(改五百 家)爲郮 [廣韻(引出玉篇)] [五百里 (改五百家)]
★이상과 같이 인용처(引用處)와 가 (家; 집)의 오류(誤謬)를 수정(修訂)하 였다 하여도 자전상(字典上)의 당(郮) 의 본의(本義)에는 영향이 미치지 않 음.

○康誤處 2 ; [釋名]郮長也(增一字)聚 所尊長也
●考證 ; 謹照原文聚字上增一字
◆整理 ; [釋名(석명)]郮長也(당장야) 에 이어 一字(일자)를 덧붙임.
◆訂正文 ; [釋名]郮長也一聚所尊長 也
▶【2096-2】字解誤謬與否 ; [釋名] 郮長也(增一字)聚所尊長也 [(增一 字)聚]
★이상과 같이 오류(誤謬) 수정(修訂) 이 된다 하여도 일취(一聚; 한 무더 기. 하나의 모임체. [太公兵法]太公曰 外亂而內整示飢而實飽內精而外鈍一合 一離一聚一散陰其謀密其機高其壘伏其 銳士寂若無聲敵不知我所備) 자전상 (字典上) 당(郮)의 본의(本義)에는 영 향이 미치지 않음.

康 部(부)[廣韻][正韻]裴古切[集 韻][韻會]伴姥切夶音蔀[集韻]總也統 也[前漢地理志]置刺史部十三州[後漢 宗室傳]柱天都部[註]柱天者若天之柱 都部者都統其衆也 又[廣韻]署也六 卿之署曰六部 又分也[荀子王霸篇]

名聲部發於天地之閒[註]部猶分布言聲稱四溢也 又[正韻]部曲也[前漢李廣傳]行無部曲[註]將軍領軍皆有部曲大將軍營五部部校尉一人部下有曲曲有軍侯一人廣尚簡易不立部曲也 又星辰布列亦曰部[史記歷書]分其天部[註]分部二十八宿爲距度也 又五行謂之五部[前漢律歷志]起五部[註]五部謂金木水火土也 又書分四部[正字通]晉李充爲著作郞刪定典籍以類相從分五經爲甲部史記爲乙部諸子爲丙部詩賦爲丁部甚有條貫祕閣以爲永制[唐書藝文志]聚書四部以甲乙丙丁爲次因充制也 又星名[晉書天文志]北斗七星七曰部星亦曰應主兵 又[字彙補]斗蓋也[周禮冬官考工記]輪人爲蓋部長二寸

又與棓同大杖也[淮南子說山訓]羿死桃部 又百部藥名蔓生根多百十相連一名野天門冬 又[唐韻]蒲口切[集韻][韻會]薄口切𡏇音培讀與剖近部婁小阜也[左傳襄二十四年]部婁無松柏 又[字彙補]府九切音否[闞駰十三州志]諺云仕宦不偶值冀部

【 오류정리 】

○康誤處 1 ; [前漢地理志]置刺史部十三州(改凡十三部置刺史)
●考證 ; 謹照原文改凡十三部置刺史
◆整理 ; [前漢地理志(전한지리지)]置刺史部十三州(치자사부십삼주)는 凡十三部置刺史(범십삼부치자사)의 착오.
◆訂正文 ; [前漢地理志]凡十三部置刺史
▶【2097-1】字解誤謬與否 ; [前漢地理志]置刺史部十三州(改凡十三部置刺史) [置刺史部十三州(改凡十三部置刺史)]
★이상과 같이 오류(誤謬) 수정(修訂)이 되면 범십삼부치자사(凡十三部置刺史; 십삼부 모두에 지방장관을 두

다)라 자전상(字典上) 부(部)의 본의(本義)에 적극 영향이 미치게 됨.

○康誤處 2 ; [晉書天文志]北斗七星七曰部星亦曰應(增星字)主兵
●考證 ; 謹照原文應字下增星字
◆整理 ; [晉書天文志(진서천문지)] 應(응)에 이어 星字(성자)를 덧붙임.
◆訂正文 ; [晉書天文志]北斗七星七曰部星亦曰應星主兵
▶【2098-2】字解誤謬與否 ; [晉書天文志]北斗七星七曰部星亦曰應(增星字)主兵 [應(增星字)]
★이상과 같이 오류(誤謬) 수정(修訂)이 되면 응성(應星; 부성(部星) 북두칠성의일곱번째 별. [史記天官書]歲星一曰攝提曰重華曰應星曰紀星參見木星應驗星象舊時星占謂星象與人的生死榮辱有關 [晉書天文志]北斗七星七曰部星亦曰應星主兵) 자전상(字典上)인데 응성(應星)은 부성(部星)이라 부(部)의 본의(本義)에 적극 영향이 미치게 됨.

○康誤處 3 ; [周禮冬官考工記]輪人爲蓋部長二寸(改二尺)
●考證 ; 謹照原文二寸改二尺
◆整理 ; [周禮冬官考工記(주례동관고공기)] 二寸(이촌)은 二尺(이척)의 착오.
◆訂正文 ; [周禮冬官考工記]輪人爲蓋部長二尺
▶【2099-3】字解誤謬與否 ; [周禮冬官考工記]輪人爲蓋部長二寸(改二尺) [二寸(改二尺)]
★이상과 같이 오류(誤謬) 수정(修訂)이 된다 하여도 이척(二尺; 두자)은 자전상(字典上) 부(部)의 본의(本義)에는 영향이 미치지 않음.

康郭(곽)[唐韻][正韻]古博切[集韻][韻會]光鑊切𡏇音椁[廣韻]內城

外郭[釋名]郭廓也廓落在城外也[白虎通]所以必立城郭者示有固守也 又[正韻]國名[春秋莊二十四年]赤歸于曹郭公[穀梁傳]赤者何蓋郭公也 又姓[玉篇]王季之後亦曰虢叔之後[正字通]郭之有虢音者周文王季第封于虢或稱郭公因爲氏[春秋傳]攻虢則虞救之[公羊]作郭[左][穀][孟子]作虢異字轉音相近也 又[五音集韻]苦郭切與廓同

【 오류정리 】

○康誤處 1 ; [春秋莊二十四年]赤歸于曹郭公[穀梁(改公羊)傳]赤者何蓋郭公也

●考證 ; 謹按赤者何二句出公羊傳穀梁改公羊

◆整理 ; [春秋莊二十四年(춘추장이십사년)] [穀梁(곡량)은 公羊(공양)의 착오. 傳(전)]

◆訂正文 ; [春秋莊二十四年]赤歸于曹郭公[公羊傳]赤者何蓋郭公也

▶ 【2100-1】 字解誤謬與否 ; [春秋莊二十四年]赤歸于曹郭公[穀梁(改公羊)傳]赤者何蓋郭公也 [穀梁(改公羊)]

★이상과 같이 인용처(引用處)나 주소(註疏), 등(等)의 오류(誤謬)를 수정(修訂)을 한다 하여도 자전상(字典上)의 곽(郭)의 본의(本義)에는 영향이 미치지 않음.

㉃郯(담)[唐韻][集韻]徒甘切[正韻]徒藍切𠀤音談國名[說文]少昊之後所封[春秋宣四年]公及齊侯平莒及郯 又[昭十六年]郯子來朝 又邑名[前漢地理志]郯縣屬東海郡 又姓[集韻]郯以國爲氏通作談

【 오류정리 】

○康誤處 1 ; [昭十六年(改十七年)]郯子來朝

●考證 ; 謹照原文十六年改十七年

◆整理 ; [昭(소) 十六年(십륙년)은 十七年(십칠년)의] 착오.

◆訂正文 ; [昭十七年]郯子來朝

▶ 【2101-2】 字解誤謬與否 ; [昭十六年(改十七年)]郯子來朝 [六年(改十七年)]

★이상과 같이 인용처(引用處)나 주소(註疏), 등(等)의 오류(誤謬)를 수정(修訂)을 한다 하여도 자전상(字典上)의 담(郯)의 본의(本義)에는 영향이 미치지 않음.

㉃郰(추)[唐韻][正韻]側鳩切[集韻]甾尤切𠀤音鄒[說文]魯下邑孔子之鄕[左傳襄十年]郰人紇抉之以出門者[註]郰魯縣 又姓[禮檀弓]孔子少孤不知父墓問于郰曼父之母 又通作鄹[論語]孰謂鄹人之子知禮乎 又通作陬[史記孔子世家]孔子生于昌平陬邑 又[集韻]緒纂切音選亭名在新豐俗作鄹

【 오류정리 】

○康誤處 1 ; [禮檀弓]孔子少孤不知父墓(改其墓)問于郰曼父之母

●考證 ; 謹照原文父墓改其墓

◆整理 ; [禮檀弓(예단궁)] 父墓(부묘)는 其墓(기묘)의 착오.

◆訂正文 ; [禮檀弓]孔子少孤不知其墓問于郰曼父之母

▶ 【2102-1】 字解誤謬與否 ; [禮檀弓]孔子少孤不知父墓(改其墓)問于郰曼父之母 [父墓(改其墓)]

★이상과 같이 오류(誤謬) 수정(修訂)이 된다 하여도 기묘(其墓; 그 무덤)는 자전상(字典上) 추(郰)의 본의(本義)에는 영향이 미치지 않음.

○康誤處 2 ; [史記孔子世家]孔子生于(改魯)昌平陬邑

●考證 ; 謹照原文于改魯

◆整理 ; [史記孔子世家(사기공자세

가)] 于(우)는 魯(로)의 착오.

◆訂正文 ; [史記孔子世家]孔子生魯昌平陬邑

▶【2103-2】字解誤謬與否 ; [史記孔子世家]孔子生于(改魯)昌平陬邑 [于(改魯)]

★이상과 같이 오류(誤謬) 수정(修訂)이 된다 하여도 생로(生魯; 노나라에서 태어나다. [史記孔子世家]孔子生魯昌平陬邑)는 자전상(字典上) 추(陬)의 본의(本義)에는 영향이 미치지 않음.

(康)邧(병)[唐韻]薄經切[集韻]旁經切夶音瓶地名[春秋莊元年]齊師遷紀郱鄑郚[註]邧在東筦臨朐縣東南

【 오류정리 】

○康誤處 1 ; [春秋莊元年]齊師遷紀郱鄑郚[註]邧在東筦(改東莞)臨朐縣東南

●考證 ; 謹照原文東筦改東莞

◆整理 ; [春秋莊元年(춘추장원년)][註(주)] 東筦(동관)은 東莞(동완)의 착오.

◆訂正文 ; [春秋莊元年]齊師遷紀郱鄑郚[註]在東莞臨朐縣東南

▶【2104-1】字解誤謬與否 ; [春秋莊元年]齊師遷紀郱鄑郚[註]邧在東筦(改東莞)臨朐縣東南 [東筦(改東莞)]

★이상과 같이 오류(誤謬) 수정(修訂)이 된다 하여도 동완(東莞; 지명(地名). 지금의 산동성 기수에 있었음) 자전상(字典上) 병(邧)의 본의(本義)에는 영향이 미치지 않음.

(康)郲(래)[廣韻]落哀切[集韻]郎才切夶音來地名[左傳隱十一年]公會鄭伯于時來[註]時來郲也滎陽縣東有郲城鄭地也 又山名[前漢王尊傳]行部至卭郲[註]卭郲山名也在蜀郡嚴道縣 又[廣韻]落猥切音磥魁郲不平貌

【 오류정리 】

○康誤處 1 ; [左傳(改春秋)隱十一年]公會鄭伯于時來[註]時來郲也滎陽縣東有郲城(改釐城)鄭地也

●考證 ; 謹照原文左傳改春秋郲城改釐城

◆整理 ; [左傳(좌전)은 春秋(춘추)의 착오. 隱十一年(은십일년)] [註(주)] 郲城(래성)은 釐城(리성)의 착오

◆訂正文 ; [春秋隱十一年]公會鄭伯于時來[註]時來郲也滎陽縣東有釐城鄭地也

▶【2105-1】字解誤謬與否 ; [左傳(改春秋)隱十一年]公會鄭伯于時來[註]時來郲也滎陽縣東有郲城(改釐城)鄭地也 [左傳(改春秋)] [郲城(改釐城)]

★이상과 같이 인용처(引用處)의 오류(誤謬)를 수정(修訂)을 한다 하여도 자전상(字典上)의 래(郲)의 본의(本義)에는 영향이 미치지 않으나 리성(釐城; 정(鄭)나라 때의 지명(地名). [春秋隱十一年]公會鄭伯于時來[杜註]時來郲也滎陽縣東有釐城鄭地也) 래(郲)의 본의(本義)에 영향이 미치게 됨.

(康)郵(우)[唐韻]羽求切[集韻][正韻]于求切夶音尤[說文]境上行書舍也[廣韻]郵驛也[風俗通]漢改郵爲置置亦驛也度其遠近置之也[增韻]馬傳曰置步傳曰郵[爾雅釋言]郵過也[註]道路所經過也 又[集韻]田閒舍也[禮郊特牲]郵表畷[註]郵若郵亭謂田畯于田畔相連畷處造亭居之以督民之耕也 又[正韻]過也與尤通[禮王制]郵罰麗于事[註]郵過也麗附也過人罰人當各附于其事不可假他以喜怒也[前漢成帝紀]以顯朕郵 又[正韻]最也殿最亦曰殿郵[列子穆王篇]魯之君子迷之郵者

[註]郵與尤同　又[廣韻]督郵古官號[釋名]主諸縣罰負郵殿糾攝之[晉書陶侃傳]郡遣督郵至縣　又高郵州名　又姓[左傳哀二年]有郵無恤　又[集韻]是爲切音垂地名在衞　又叶于其切音移[詩小雅]不知其郵叶上傲　[正字通][說文]本作郵从垂垂遠邊也俗省作郵郵[集韻]作卸

【 오류정리 】

○康誤處 1；[晉書陶侃(改潛)傳]郡遣督郵至縣
●考證；謹按所引出陶潛傳侃改潛
◆整理；[晉書陶(진서도)侃(간)은潛(잠)의 착오.傳(전)]
◆訂正文；[晉書陶潛傳]郡遣督郵至縣
▶【2106-1】字解誤謬與否；[晉書陶侃(改潛)傳]郡遣督郵至縣 [侃(改潛)]
★이상과 같이 인용처(引用處)나 주소(註疏), 등(等)의 오류(誤謬)를 수정(修訂)을 한다 하여도 자전상(字典上)의 우(郵)의 본의(本義)에는 영향이 미치지 않음.

邑 部 九畫

康 郼(의)[廣韻][集韻]忕於希切音依[廣韻]殷國名[呂覽愼大篇]湯爲天子夏民親郼如夏[高繡曰]郼讀如衣今兗州人謂殷氏皆曰衣又[呂覽愼勢篇]湯其無郼武其無岐豐也[註]郼殷舊封國名[正字通]郼非卽殷字齊人讀殷如衣高註讀郼如衣皆方音非定音也

【 오류정리 】

○康誤處 1；[呂覽愼大篇]湯爲天子夏民親郼如夏[高繡曰(改高註)]郼讀如衣今兗州人謂殷氏皆曰衣
●考證；謹照原文高繡曰改高註
◆整理；[呂覽愼大篇(여람신대편)] [高繡曰(고수왈)은 高註(고주)의] 착오.
◆訂正文；[呂覽愼大篇]湯爲天子夏民親郼如夏[高註]郼讀如衣今兗州人謂殷氏皆曰衣
▶【2107-1】字解誤謬與否；[呂覽愼大篇]湯爲天子夏民親郼如夏[高繡曰(改高註)]郼讀如衣今兗州人謂殷氏皆曰衣 [高繡曰(改高註)]
★이상과 같이 인용처(引用處)나 주소(註疏), 등(等)의 오류(誤謬)를 수정(修訂)을 한다 하여도 자전상(字典上)의 의(郼)의 본의(本義)에는 영향이 미치지 않음.

○康誤處 2；[呂覽愼勢篇(改愼勢篇)]湯其無郼武其無岐豐也(省豐也二字增不能成功)[註]郼殷舊封國名(改註郼湯之本國)
●考證；謹照原文愼勢篇改愼勢篇武其無岐下省豐也二字增不能成功四字註郼殷舊封國名改註郼湯之本國
◆整理；[呂覽(려람) 愼勢篇(분세편)은 愼勢篇(신세편)의]착오. 豐也二字(풍야이자)삭제, 不能成功(부능성공)덧붙이고, [註(주)]郼殷舊封國名(의은구봉국명)은 註(주) 郼湯之本國(의탕지본국)의 착오.
◆訂正文；[呂覽愼勢篇]湯其無郼武其無岐不能成功[註]郼湯之本國
▶【2108-2】字解誤謬與否；[呂覽愼勢篇(改愼勢篇)]湯其無郼武其無岐豐也(省豐也二字增不能成功)[註]郼殷舊封國名(改註郼湯之本國) [愼勢篇(改愼勢篇)] [豐也(省豐也二字增不能成功)] [[註]郼殷舊封國名(改註郼湯之本國)]
★이상과 같이 인용처(引用處)나 ○풍야(豐也;풍부하다.[說文]豐也从林或說規模字从大數之積也林者木之多也與庶同意[段注]豐也釋詁曰蕪茂豐也)

를 삭제하고, ○불능성공(不能成功; 성공할 수 없다) 등(等)의 오류(誤謬)를 수정(修訂)을 하였다 하여도 자전상(字典上)의 의(郼)의 본의(本義)에는 영향이 미치지 않으나 ○의탕지본국(郼湯之本國; 의(郼)나라는 탕(湯)나라가 모국이다. [呂覽愼勢篇]湯其無郼武其無岐不能成功[註]郼湯之本國)이다. 에서는 의(郼)의 본의(本義)에 영향이 미치게 됨.

康 都(도)[唐韻]當孤切[集韻][韻會][正韻]東徒切𠀤音闍[廣韻]天子所宮曰都[周禮地官小司徒]四縣爲都　又諸侯子弟封邑亦曰都[左傳隱元年]大都不過參國之一[左傳隱元年]大都不過參國之一[註]凡邑有先君之廟曰都無曰邑　　又卿大夫食采之邑亦曰都[禮坊記]制國不過千乘都城不過百雉　又[正韻]美也盛也[詩鄭風]洵美且都[前漢司馬相如傳]車從雍雍閑雅甚都　又歎美之辭[書皋陶謨]皋陶曰都　又[正韻]居也[東方朔客難]身都卿相之位　又[廣韻]總也[曹丕與吳質書]頃撰遺文都爲一集[韓愈答崔立之書]若都不可得　又[字彙補]水所聚也[釋名]澤中有丘曰都丘言蟲鳥所都聚也　又姓[集韻]漢臨亞侯都稽　又[集韻]張如切音豬與豬通[書禹貢]大野既豬[又]被孟豬[史記夏本紀]既豬作既都, 孟豬作明都

【 오류정리 】

○康誤處 1；[左傳隱元年(改莊二十八年)]大都不過參國之一[註]凡邑有先君之廟曰都無曰邑(凡邑有宗廟先君之主曰都)

●考證；謹按所引註是莊二十八年左傳非隱元年註今照左傳原文改莊二十八年凡邑有宗廟先君之主曰都

◆整理；[左傳隱元年]大都不過參國

之一[註]凡邑有先君之廟曰都無曰邑은[左傳莊二十八年]凡邑有宗廟先君之主曰都의 착오.

◆訂正文；[莊二十八年]凡邑有宗廟先君之主曰都

▶【2109-1】字解誤謬與否；[左傳隱元年(改莊二十八年)]大都不過參國之一[註]凡邑有先君之廟曰都無曰邑(凡邑有宗廟先君之主曰都)　[隱元年(改莊二十八年)]　[凡邑有先君之廟曰都無曰邑(凡邑有宗廟先君之主曰都)]

★이상과 같이 인용처(引用處)의 오류(誤謬)를 수정(修訂)을 한다 하여도 자전상(字典上)의 도(都)의 본의(本義)에는 영향이 미치지 않으며, 범읍유선군지묘왈도무왈읍(凡邑有先君之廟曰都無曰邑)를 범읍유종묘선군지주왈도(凡邑有宗廟先君之主曰都)로 수정을 하게 되면 무왈읍(無曰邑)이 ○종(宗; 조상. 선조. 가족. 동성. 근원. 으뜸 제사. 존숭하는 사람)과 ○주(主; 주인. 임금. 우두머리. 상전. 가장 중요한.)로 수정(修訂)이 되는데 도(都)의 본의(本義)에는 영향이 미치지 않음.

康 郓(운)[唐韻][集韻][韻會]王問切[正韻]禹問切𠀤音運魯地名[春秋文十二年]城諸及郓[註]莒魯所爭者以其遠逼外國故帥師城之又[成四年]冬城郓[註]公欲叛晉故城而爲備又[春秋成九年]楚公子嬰齊帥師伐莒莒潰楚遂入郓[註]郓莒別邑又[十六年]晉人執季孫行父公還待于郓[註]魯西邑東郡廩丘縣有郓城又[襄十二年]莒人伐我東鄙圍台季孫宿帥師救台遂入郓又[昭元年]取郓[左傳]趙孟曰魯莒爭郓爲日久矣又[二十六年]公至自齊居于郓[六書故]春秋有二郓莒在魯東莒魯所爭東郓也公待于郓者西郓也文公城諸及郓不

聞與莒爭及成公時楚伐莒入鄆則鄆自
為莒邑而四年所城者西鄆也　又州名
[韻會]古兗州之域]魯附庸國漢為東平
國隋置鄆州　又[集韻]河內沁水鄉名
又姓[廣韻]魯大夫食采于鄆後因氏　又
[集韻]于分切音云義同

【 오류정리 】

○康誤處 1 ; [春秋成九年]楚公子嬰
齊帥師伐莒莒潰楚遂(改人)入鄆
●考證 ; 謹照原文遂改人
◆整理 ; [春秋成九年(춘추성구년)]
遂(수)는 人(인)의 착오.
◆訂正文 ; [春秋成九年]楚公子嬰齊
帥師伐莒莒潰楚人入鄆
▶【2110-1】字解誤謬與否 ; [春秋
成九年]楚公子嬰齊帥師伐莒莒潰楚遂
(改人)入鄆　[遂(改人)]
★이상과 같이 오류(誤謬) 수정(修訂)
이 되면 초인(楚人; 초나라 사람) 자
전상(字典上) 운(鄆)의 본의(本義)에
는 영향이 미치지 않음.

邑部 十畫

康鄋(수)[唐韻]所鳩切[集韻]疎鳩
切ᄯ音搜[說文]北方長狄國也在夏為防
風氏在殷為汪芸氏[左傳文十一年]鄋
瞞侵齊[註]鄋瞞狄國名防風氏之後姓
漆　又[集韻]蘇遭切音騷義同 [說文]
作鄋

【 오류정리 】

○康誤處 1 ; [說文]北方長狄國也在
夏為防風氏在殷為汪芸(改芒)氏
●考證 ; 謹照原文芸改芒
◆整理 ; [說文(설문)] 芸(운)은 芒
(망)의 착오.
◆訂正文 ; [說文]北方長狄國也在夏
為防風氏在殷為汪芒氏
▶【2111-1】字解誤謬與否 ; [說文]
北方長狄國也在夏為防風氏在殷為汪
芸(改芒)氏　[芸(改芒)]

★이상과 같이 오류(誤謬) 수정(修訂)
이 된다 하여도 왕망씨(汪芒氏; 은인
(殷人). [說文解字邑部]在夏為防風氏
在殷為汪芒氏) 는 자전상(字典上) 수
(鄋)의 본의(本義)에는 영향이 미치지
않음.

康鄔(오)[唐韻][正韻]安古切[集
韻][韻會]於五切ᄯ音隖縣名[左傳隱
十一年]王取鄔劉蔿邘之田于鄭[註]河
南緱氏縣西南有鄔聚　又晉地[左傳昭
二十八年]司馬彌牟為鄔大夫[註]今汾
州介休縣有故鄔城　又[廣韻]哀都切
[集韻]汪胡切ᄯ音烏又[廣韻]依倨切
[集韻]依據切ᄯ音飫義ᄯ同

【 오류정리 】

○康誤處 1 ; [左傳隱十一年]王取鄔
劉蔿邘(改邘)之田于鄭
●考證 ; 謹照原文邘改邘
◆整理 ; [左傳隱十一年(좌전은십일
년)] 邘(천)은 邘(우)의 착오.
◆訂正文 ; [左傳隱十一年]王取鄔劉
蔿邘之田于鄭
▶【2112-1】字解誤謬與否 ; [左傳
隱十一年]王取鄔劉蔿邘(改邘)之田于
鄭　[邘(改邘)]
★이상과 같이 오류(誤謬) 수정(修訂)
이 된다 하여도 류 위 우(劉 蔿 邘;
읍명(邑名). [左傳桓公十一年]王取鄔
劉蔿邘之田於鄭鄔劉是周成王時王季子
的封邑因此是姬姓之劉氏 [左傳隱十一
年]王取鄔劉蔿邘之田于鄭]註]蔿邘鄭
二邑)는 자전상(字典上) 오(鄔)의 본
의(本義)에는 영향이 미치지 않음.

康鄗(호)[廣韻]胡老切[集韻]下老
切[韻會]合老切ᄯ音皓[正字通]春秋
晉邑戰國屬趙[左傳哀四年]齊國夏伐晉
取邢鑾任鄗[註]鄗晉地後漢光武即位
于此改名高邑即今趙州高邑縣　又與

鎬通[後漢馮衍傳]西顧酆鄗[註]酆鄗
二水名文王都酆武王都鄗　又[廣韻]
口交切[集韻][韻會][正韻]丘交切𠀤
音敲水名[左傳宣十二年]晉師在敖鄗
之閒[註]敖鄗二水名在滎陽縣西北　又
[唐韻]呼各切[集韻][韻會][正韻]黑
各切𠀤音壑　又[集韻]虛到切音耗義𠀤
同　又[字彙補]居囂切音郊地名與郊
同[史記秦本紀]取王官及鄗[左傳文三
年作郊

【 오류정리 】

○康誤處 1；[左傳哀四年]齊國夏伐
晉取邢欒任(改任欒)鄗
●考證 ；謹照原文欒任改任欒
◆整理 ；[左傳哀四年(좌전애사년)]
欒任(란임)은 任欒(임란)의 착오.
◆訂正文 ；[左傳哀四年]齊國夏伐晉
取邢任欒鄗
▶【2113-1】字解誤謬與否 ；[左傳
哀四年]齊國夏伐晉取邢欒任(改任欒)
鄗　[欒任(改任欒)]
★이상과 같이 오류(誤謬) 수정(修訂)
이 된다 하여도 임란(任欒; 晉나라
지명(地名). [左傳哀四年]齊國夏伐晉
取邢任欒鄗鄗晉地後漢光武卽位于此改
名高邑卽今趙州高邑縣)은 자전상(字
典上) 호(鄗)의 본의(本義)에는 영향
이 미치지 않음.

邑部 十一畫

⊛鄙(비)[廣韻]方美切[集韻][韻
會]補美切[正韻]補委切𠀤音比[釋
名]鄙否也小邑不能遠通也[周禮天官
大宰]以八則治都鄙[註]都之所居曰鄙
公卿大夫之采邑王子弟所食邑在畿內
者　又[地官遂人]掌造縣鄙形體之法五
酇爲鄙五鄙爲縣　又[廣韻]邊鄙也[左
傳隱元年]太叔命西鄙北鄙貳于己[註]
鄙鄭邊邑　又[正韻]陋也厭薄之也[左
傳宣十四年]過我而不假道鄙我也[老

子道德經]衆人皆有以我獨頑且鄙　又
鄙與都對言朴野也[淮南子詮言訓]夫
始于都者常大于鄙　又鄙與仁對言
不通也[前漢董仲舒傳]或仁或鄙　又
嗇於財者曰鄙各俗作鄙鄙

【 오류정리 】

○康誤處 1；[老子道德經]衆人皆有
以我獨頑且(改似)鄙
●考證 ；謹照原文且改似
◆整理 ；[老子道德經(로자도덕경)]
且(차)는 似(사)의 착오.
◆訂正文 ；[老子道德經]衆人皆有以
我獨頑似鄙
▶【2114-1】字解誤謬與否 ；[老子
道德經]衆人皆有以我獨頑且(改似)鄙
[且(改似)]
★이상과 같이 오류(誤謬) 수정(修訂)
이 되면 완사비(頑似鄙; 완고하고 비
천한 것 같다. 분별력이 없고 비루하
며 인성이 부족하다. [唐玄宗御製道
德眞經疏]衆人皆有以我獨頑似鄙[疏]
凡俗之人不畏俗學所以耽滯逐境未曾休
息我於世間獨無分別有似鄙陋頑者無分
別也鄙者鄙不足也)인데 자전상(字典
上) 비(鄙)의 본의(本義)에 영향이 미
치게 됨.

⊛鄚(막)[廣韻][集韻][韻會][正
韻]𠀤末各切音莫縣名[史記趙世家]燕
鄚易[註]皆屬涿郡[前漢地理志]涿郡
有鄚縣[正字通]唐開元十三年命集賢
學士衞包改古文以鄚類鄭去邑作莫今
莫州任丘縣卽古鄚地　又姓

【 오류정리 】

○康誤處 1；[史記趙世家](增與字)燕
鄚易[註]皆屬涿郡
●考證 ；謹照原文燕上增與字
◆整理 ；[史記趙世家(사기조세가)]이
에 이어 與字(여자)를 덧붙임.
◆訂正文 ；[史記趙世家]與燕鄚易

[註]皆屬涿郡
▶【2115-1】字解誤謬與否 ; [史記趙世家](增與字)燕鄚易[註]皆屬涿郡[(增與字)燕]
★이상과 같이 오류(誤謬) 수정(修訂)이 된다 하여도 여연막(與燕鄚; 탁군(涿郡)에 속한 현명(縣名). [史記趙世家]與燕鄚易[註]皆屬涿郡[前漢地理志]涿郡有鄚縣)에서 구쳐진 여자(與字)는 자전상(字典上) 막(鄚)의 본의(本義)에는 영향이 미치지않음.

康 鄡(교)[廣韻]苦幺切[集韻]牽幺切[正韻]牽遙切𠀤音蹺[說文]鉅鹿縣名[後漢光武紀]繫銅馬于鄡[註]鄡屬鉅鹿郡故城在今冀州鹿城縣東 又鄡陽[前漢地理志]屬豫章郡 又鄡亭地名[前漢王莽傳]析宰將兵數千屯鄡亭 又姓[史記仲尼弟子傳]鄡單一作鄔俗作鄡

【 오류정리 】

○康誤處 1; [後漢光武紀]繫(改擊)銅馬于鄡
●考證 ; 謹照原文繫改擊
◆整理 ; [後漢光武紀(후한광무기)]繫(계)는 擊(격)의 착오.
◆訂正文 ; [後漢光武紀]擊銅馬于鄡
▶【2116-1】字解誤謬與否 ; [後漢光武紀]繫(改擊)銅馬于鄡 [繫(改擊)]
★이상과 같이 오류(誤謬) 수정(修訂)이 되면 격동마우교(擊銅馬于鄡; 교현에서 동마 도적을 공격하다. [後漢光武紀]擊銅馬于鄡鄡屬鉅鹿郡故城在今冀州鹿城縣東[註]鄡屬鉅鹿郡故城在今冀州鹿城縣東又鄡陽[前漢地理志屬豫章郡又鄡亭地名)인데 자전상(字典上) 교(鄡)의 본의(本義)에 영향이 미치게 됨.

康 鄧(등)[唐韻]徒亘切[集韻][韻會][正韻]唐亘切𠀤音蹬[說文]曼姓之國[春秋桓十年]鄧侯離吾來朝[疏]鄧在南地屬衡岳 又魯地[春秋隱十年]春齊侯鄭伯盟于鄧[註]鄧魯地 又蔡地[春秋桓二年]蔡侯鄭伯會于鄧[註]潁川召陵縣西南有鄧城[疏]賈服以鄧為國釋例以此為蔡地其鄧國則義陽鄧縣是也以鄧是小國去蔡遠蔡鄭懼楚而為此會不當反求近楚小國與之結援故知非鄧國也 又州名本秦南陽郡隋置南陽縣改鄧 又姓[姓考]殷武丁封叔父于河北為鄧侯後因氏

【 오류정리 】

○康誤處 1; [春秋桓十年(改七年)]鄧侯離吾(改吾離)來朝
●考證 ; 謹照原文十年改七年離吾改吾離
◆整理 ; [春秋桓(춘추환)十年(십년)은 七年(칠년)의 착오.] 離吾(리오)는 吾離(오리)의 착오.
◆訂正文 ; [春秋桓七年]鄧侯吾離來朝
▶【2117-1】字解誤謬與否 ; [春秋桓十年(改七年)]鄧侯離吾(改吾離)來朝 [十年(改七年)] [離吾(改吾離)]
★이상과 같이 인용처(引用處)와 오리(吾離; 내가 떠나다) 등(等)으로 오류(誤謬)를 수정(修訂)을 한다 하여도 자전상(字典上)의 등(鄧)의 본의(本義)에 영향이 미치지 않음.

康 鄩(심)[唐韻][集韻][韻會][正韻]𠀤徐林切音尋地名[左傳襄四年]寒浞使澆用師滅斟灌及斟鄩氏[註]北海平壽縣有鄩亭今萊州濰縣卽斟鄩 又周邑[左傳昭二十二年]周子朝之亂二師圍郊癸卯郊鄩潰[註]河南鞏縣西南有地名鄩中 又姓[左傳昭二十二年]鄩肸伐皇[註]鄩肸周大夫

【 오류정리 】

○康誤處 1；[左傳昭二十二年(改二十三年)]周子朝之亂(改正月壬寅朔)二師圍郊癸卯郊鄩潰

●考證；謹照原文二十二年改二十三年周子朝之亂改正月壬寅朔

◆整理；[左傳昭(좌전소) 二十二年(이십이년)은 二十三年(이십삼년)의] 착오.周子朝之亂(주자조지란)은 正月壬寅朔(정월임인삭)의 착오.

◆訂正文；[左傳昭二十三年]正月壬寅朔二師圍郊癸卯郊鄩潰

▶【2118-1】字解誤謬與否；[左傳昭二十二年(改二十三年)]周子朝之亂(改正月壬寅朔)二師圍郊癸卯郊鄩潰 [二十二年(改二十三年)] [周子朝之亂(改正月壬寅朔)]

★이상과 같이 인용처(引用處)와 정월임인삭(正月壬寅朔; 정월 초하루 일진 임인(壬寅))으로 오류(誤謬)를 수정(修訂)을 한다 하여도 자전상(字典上)의 등(鄧)의 본의(本義)에는 영향이 미치지 않음.

㉝鄩(교) [廣韻]居夭切 [集韻]舉夭切夶音喬國名 [字彙補]黃帝後姬姓之國 [路史國名記]鄩同橋 又[玉篇]九小切音矯義同

【 오류정리 】

○康誤處 1；[廣韻]居夭切音喬(改矯)又[玉篇]九小切音矯(省矯字)義同

●考證；謹按居夭切音矯不音謹照廣韻喬改矯於玉篇下省矯字

◆整理；[廣韻(광운)] 喬(교)는 矯(교)의 착오. [玉篇(옥편)] 矯(교) 矯字(교자)는 삭제.

◆訂正文；[廣韻]居夭切音矯又[玉篇]九小切音義同

▶【2119-1】字解誤謬與否；[廣韻]居夭切音喬(改矯) 又[玉篇]九小切音

矯(省矯字)義同 [喬(改矯)] [矯(省矯字)]

★이상과 같이 음(音)의 오류(誤謬)를 수정(修訂)을 한다 하여도 자전상(字典上)의 교(鄩)의 본의(本義)에는 영향이 미치지 않음.

㉝鄫(증) [唐韻]疾陵切 [集韻] [韻會] [正韻]慈陵切夶音繒 [說文]姒姓國在東海[春秋僖四年]鄫子來朝[註]鄫國在琅邪鄫縣 又鄭地[春秋襄元年]仲孫蔑會齊崔杼曹人邾人杞人次于鄫[註]鄫鄭地在陳留襄邑縣東南

【 오류정리 】

○康誤處 1；[春秋僖四年(改十四年)](增使字)鄫子來朝[註]鄫國在(改今字)琅邪鄫縣

●考證；謹照原文四年改十四年鄫字上增使字註在字改今字

◆整理；[春秋僖(춘추희) 四年(사년)은 十四年(십사년)의] 착오. 鄫字(증자) 앞에 使字(사자)를 덧붙임. [註(주)] 在字(재자)는 今字(금자)의 착오.

◆訂正文；[春秋僖十四年]使鄫子來朝[註]鄫國今琅邪鄫縣

▶【2120-1】字解誤謬與否；[春秋僖四年(改十四年)](增使字)鄫子來朝[註]鄫國在(改今字)琅邪鄫縣 [四年(改十四年)] [(增使字)鄫] [在(改今字)]

★이상과 같이 인용처(引用處)와 금(今; 지금), 사(使; 사람을 보내어) 등(等)의 오류(誤謬)를 수정(修訂)을 한다 하여도 자전상(字典上)의 증(鄫)의 본의(本義)에는 영향이 미치지 않음.

邑部 十六畫

㉝鄭(참)[廣韻]士咸切[集韻]鉏咸

切太音讇[說文]宋地[左傳哀十七年]宋皇麋奪其兄酈殷之邑

【 오류정리 】

○康誤處 1 ; [左傳哀十七年]宋皇麋(改麇)奪其兄酈殷(改般)之邑

●考證 ; 謹照原文麋改麇殷改般

◆整理 ; [左傳哀十七年(좌전애십칠년)] 麋(미)는 麇(미), 殷(은)은 般(반)의 착오.

◆訂正文 ;[左傳哀十七年]宋皇麇奪其兄酈般之邑

▶【2121-1】字解誤謬與否 ; [左傳哀十七年]宋皇麋(改麇)奪其兄酈殷(改般)之邑 [麋(改麇)] [殷(改般)]

★이상과 같이 오류(誤謬) 수정(修訂)이 되면 송황미탈(宋皇麋奪; 송황이 순록을 빼앗아가고)와 참반(酈般; 地名 [說文解字注]宋地也[左傳哀十七年]宋皇瑗之子麋有友曰田丙而奪其兄酈般邑以與之酈般猶祁午盂丙酈者般之邑也)은 자전상(字典上) 참(酈)의 본의(本義)에 영향이 미치게 됨.

康酈(령)[廣韻][集韻][韻會]太郞丁切音零地名[前漢地理志]長沙國有酈縣今屬衡州府[後漢郡國志]酈地名[荊州記]地有酈湖周迴三里取湖水爲酒極其甘美因以得名焉

【 오류정리 】

○康誤處 1 ; [後漢郡國志]酈地名[荊州記]地有酈湖周迴三里取湖水爲酒極其甘美因以得名焉(改酈屬長沙郡劉昭註引荊州記曰有酈湖周迴三里取湖水爲酒酒極甘美)

●考證 ; 謹照原文按後漢書無酈地名三字亦無因以得名之語今照原文改酈屬長沙郡劉昭註引荊州記曰有酈湖周迴三里取湖水爲酒酒極甘美

◆整理 ; [後漢郡國志(후한군국지)]酈地名[荊州記]地有酈湖周迴三里取湖水爲酒極其甘美因以得名焉은 酈屬長沙郡 劉昭註引荊州記曰有酈湖周迴三里取湖水爲酒酒極甘美의 착오.

◆訂正文 ; [後漢郡國志]酈屬長沙郡劉昭註引荊州記曰有酈湖周迴三里取湖水爲酒酒極甘美

※筆者謹按後漢書原本 ; 後漢書志第二十二郡國四長沙荊州 長沙郡酈一[劉昭註]荊州記曰有酈湖周迴三里取湖水爲酒酒極甘美湘東記曰縣西南母山周迴四百里

▶【2122-1】字解誤謬與否 ; [後漢郡國志]酈地名[荊州記]地有酈湖周迴三里取湖水爲酒極其甘美因以得名焉(改酈屬長沙郡劉昭註引荊州記曰有酈湖周迴三里取湖水爲酒酒極甘美)

★이상과 같이 오류(誤謬) 수정(修訂)이 되면 酈屬長沙郡劉昭註引荊州記曰有酈湖周迴三里取湖水爲酒酒極甘美(령(酈; 地名)이 속한 장사군(長沙郡)을 유소주(劉昭註)에서 인용(引用)한 형주기(荊州記)에서 왈(曰) 령호(酈湖)의 한 바퀴가 삼리(三里)요 호수(湖水) 물은 취(取)하여 술을 빚으면 그 술 맛이 지극히 감미롭다)라 하였으니 자전상(字典上) 령(酈)의 본의(本義)에 직접 영향이 미치게 됨.

邑部 十八畫

康酅(휴)[廣韻][集韻][韻會]太玄圭切音攜[玉篇]紀邑[春秋莊三年]紀季以酅入于齊[註]地在齊國東安平鄉 又齊地[春秋僖二十六年]齊人侵我西鄙公追齊師至酅[註]酅齊地濟北穀城縣西有地名酅下 又[正字通]城濮之戰楚師背酅而合[註]酅丘陵險阻名一說山名或地名 俗作嶲

【 오류정리 】

○康誤處 1 ; [正字通]城濮之戰楚師

背鬺而合(改舍)
●考證；謹照左傳原文合改舍
◆整理；[正字通(정자통)] 合(합)은 舍(사)의 착오.
◆訂正文；[正字通]城濮之戰楚師背鬺而舍
▶【2123-1】字解誤謬與否；[正字通]城濮之戰楚師背鬺而合(改舍) [合(改舍)]
★이상과 같이 오류(誤謬) 수정(修訂)이 된다 하여도 사(舍; 집)는 자전상(字典上) 휴(鬺)의 본의(本義)에는 영향이 미치지 않음.

酉部 二畫

康 酋 (추) [韻會] [正韻] 㢲慈秋切音遒 [說文]繹酒也从酉水半見於上酒久則水上見而糟少也 [周秝天官酒正二日昔酒註]昔酒今之酋久白酒 [疏]酋亦遠久之義　又 [博雅]酋熟也 [揚子方言]自河以北趙魏之閒火熟曰爛氣熟曰紋久熟曰酋穰熟曰酷其通閭也　又酒官之閒 [秝月令]仲冬之月乃命大酋 [註]酒熟曰酋大酋者酒官之閒酋者久遠之穰久熟者善故名酒官爲大酋　又 [揚子太玄經]酋西方也夏也物皆成象而就也 [註]酋聚也物已成就可蓄聚也　又 [爾雅釋詁]酋絢也 [詩大雅]似先公酋矣 [傳]酋絢也嗣先君之功而絢成之　又雄也 [前漢敘傳]說難既酋其身 [註]酋雄也　又矛名 [周秝冬官考工記]酋矛常有四尺 [疏]酋矛二丈也　又酋長魁帥之名 [左思吳都賦]儋耳黑齒之酋金鄰象郡之渠 [註]酋渠皆豪帥也　又 [韻會]酋者閭發聲也　又 [五音集韻]似由切音囚義同　[集韻]或作醟

【 오류정리 】

○康誤處 1；[前漢敘傳]說難既酋其身(增酋囚二字)
●考證；謹按原文其身酋囚四字爲句

酋囚二字不可省謹照原文其身下增酋囚二字
◆整理；[前漢敘傳(전한서전)] 其身(기신)에 이어 酋囚二字(주수이자)를 덧붙임.
◆訂正文；[前漢敘傳]說難既酋其身酋囚
▶【2124-1】字解誤謬與否；[前漢敘傳]說難既酋其身(增酋囚二字) [其身(增酋囚二字)]
★이상과 같이 오류(誤謬) 수정(修訂)이 된다 하여도 주수(酋囚; 죄수이다. [前漢敘傳] [說難]既酋其身酋囚 [註]酋雄也又矛名)는 자전상(字典上) 추(酋)의 본의(本義)에는 영향이 미치지 않음.

酉部 三畫

康 酌 (작) [唐韻]之若切 [集韻] [韻會] [正韻]職略切㢲音灼 [說文]盛酒行觴也 [詩周南]我姑酌彼金罍 [禮郊特牲]縮酌用茅 [註]酌猶斟也酒已泲則斟之以實尊彛 [前漢蓋寬饒傳]無多酌我我乃酒狂 [班固西都賦]騰酒車以斟酌　又 [博雅]酌漱也 [又]益也　又 [禮曲禮]酒曰酒酌 [博雅]淸酌酒也　又取善而行曰酌 [左傳成六年]子爲大政將酌於民者也 [註]酌取民心以爲政 [禮坊孔子閒居]上酌民言則下天上施 [註]酌猶取也　又參酌也 [周語]後王斟酌焉 [前漢敘傳]斟酌六經放易象論　又地名 [史記建元以來王子侯者年表]平酌侯蕡川懿王子 [註]屬北海　又 [正字通]武王樂歌周頌於鑠王師之篇名酌亦省作勺 [禮內則]十三舞勺 [註]勺與酌同　又 [集韻]實若切音杓挹也 [左傳成十四年]不內酌飲 [釋文]酌市略反亦讀章略反

【 오류정리 】

○康誤處 1；[禮曲禮]酒曰酒酌(改淸

酌)

●考證 ; 謹照原文酒酌改清酌

◆整理 ; [禮曲禮(예곡례)] 酒酌(주작)은 淸酌(청작)의 착오.

◆訂正文 ; [禮曲禮]酒曰淸酌

▶ 【2125-1】字解誤謬與否 ; [禮曲禮]酒曰酒酌(改淸酌) [酒酌(改淸酌)]

★이상과 같이 오류(誤謬) 수정(修訂)이 되면 청작(淸酌; 맑은 술)이라 자전상(字典上) 작(酌)의 본의(本義)에 직접 영향이 미치게 됨.

○康誤處 2 ; [禮孔子閒居(改禮坊記)]上酌民言則下天上施

●考證 ; 謹按所引出坊記今照改禮坊記

◆整理 ; [禮孔子閒居(예공자한거)는 禮坊記(예방기)의 착오.

◆訂正文 ; [禮坊記]上酌民言則下天上施

▶ 【2126-2】字解誤謬與否 ; [禮孔子閒居(改禮坊記)]上酌民言則下天上施 [孔子閒居(改禮坊記)]

★이상과 같이 인용처(引用處)나 주소(註疏), 음(音), 전(傳), 전(箋), 등(等)의 오류(誤謬)를 수정(修訂)을 한다 하여도 자전상(字典上)의 작(酌)의 본의(本義)에는 영향이 미치지 않음.

○康誤處 3 ; [周語](增而字)後王斟酌焉

●考證 ; 謹照原文後字上增而字

◆整理 ; 후자(後字) 앞에 而字(이자)를 덧붙임.

◆訂正文 ; [周語]而後王斟酌焉

▶ 【2127-3】字解誤謬與否 ; [周語](增而字)後王斟酌焉 [(增而字)後]

★이상과 같이 오류(誤謬) 수정(修訂)이 된다 하여도 이(而; 접속사(接續詞). (…로 부터)…까지. 접미사(接尾

辭). 말을 이음. 같다. 너. 그대.)는 자전상(字典上) 작(酌)의 본의(本義)에는 영향이 미치지 않음.

○康誤處 4 ; [史記建元以來王子侯者年表]平酌侯菑川懿王子[註](增志字)屬北海

●考證 ; 謹照原文屬字上增志字

◆整理 ; [史記建元以來王子侯者年表(사기건원이래왕자후자년표)] [註(주)]에 이어 志字(지자)를 덧붙임.

◆訂正文 ; [史記建元以來王子侯者年表]平酌侯菑川懿王子[註]志屬北海

▶ 【2128-4】字解誤謬與否 ; [史記建元以來王子侯者年表]平酌侯菑川懿王子[註](增志字)屬北海 [(增志字)屬]

★이상과 같이 오류(誤謬) 수정(修訂)이 된다 하여도 지속북해(志屬北海; 후지(後志; 水名)는 북해(北海; 國名)에 속(屬)한다. [史記建元以來王子侯者表]平酌侯菑川懿王子志屬北海 又武王樂歌周頌於鑠王師之篇名 [說文解字]汶水後志屬北海國今山東靑州府臨朐縣東六十里有朱虛故城前志朱虛下云東泰山汶水所出東至安丘入維 [神奇秘譜]云臞仙曰高山流水二曲本只一曲初志在乎高山言仁者樂山之意後志在乎流水言志者樂水之意至唐分爲兩曲不分段數至宋分高山爲四段流水爲八段 [水經注]又東南流注陽樂水陽樂水又東南傍狼山南山石白色特上亭亭孤立超出羣山之表)는 자전상(字典上) 작(酌)의 본의(本義)에는 영향이 미치지 않음.

康 **酒**(주)[唐韻]子酉切愀上聲[說文]就也所以就人性之善惡一曰造也吉凶所造也[釋名]酒酉也釀之米麴酉澤久而味美也亦言踧也能否皆彊相踧持飮之也又入口咽之皆踧其面也[周禮天官酒正]辨三酒之物一曰事酒二曰昔酒

三曰淸酒[註]事酒有事而飲也昔酒無事而飲也淸酒祭祀之酒[前漢食貨志]酒百藥之長[東方朔傳]銷憂者莫若酒[江純酒誥]酒之所興肇自上皇成之帝女一曰杜康　又玄酒明水也[禮明堂位]夏后氏尚明水殷尚醴周尚酒　又天酒甘露也[瑞應圖]王者施德惠則甘露降一名天酒　又官名[周禮天官]酒正[註]酒官之長[又]女酒[註]女奴燒酒者

又祭酒尊稱之號[前漢伍被傳]號爲劉氏祭酒[註]祭時惟尊長酹酒也　又酒旗星名[曹植酒賦]仰漢旗之景曜協嘉號於天辰　又地名[左傳莊二十二年]王與虢公酒泉之邑[註]邑在河南

又[前漢武帝紀]以其地爲武威酒泉郡[註]酒泉今肅州　又姓明有酒好德又人名[史記晉世家]靜公俱酒　又[韻補]叶子小切音剿[詩鄭風]叔于狩巷無飲酒豈無飲酒不如叔也洵美且好[易林]白茅醴酒靈巫拜禱神嘻飲食使人壽老　又叶子與切音苴[張超誚靑衣賦]東向長跪接狎歡酒悉請諸靈邪僻無

【 오류정리 】

○康誤處 1；[周禮天官]酒正女酒[註]女奴燒酒者(改曉酒者)

●考證；謹照原文燒酒者改曉酒者

◆整理；[周禮天官(주례천관)][註(주)]燒酒者(소주자)는 曉酒者(효주자)의 착오.

◆訂正文；[周禮天官]酒正[註]酒官之長[又]女酒[註]女奴曉酒者

▶【2129-1】字解誤謬與否；[周禮天官]酒正女酒[註]女奴燒酒者(改曉酒者) [燒酒者(改曉酒者)]

★이상과 같이 오류(誤謬) 수정(修訂)이 되면 효주자(曉酒者; 술에 대하여 훤히 아는자. [周禮天官]酒正[註]酒官之長[又]女酒[註]女奴曉酒者又祭酒尊稱之號)는 자전상(字典上) 주(酒)의 본의(本義)에 영향이 미치게 됨.

康 酲(졍)[唐韻]直貞切[集韻][韻會]馳貞切[正韻]時貞切夶音呈[說文]病酒也一曰醉而覺也[玉篇]醉未覺也[詩小雅]憂心如酲[傳]病酒曰酲[前漢禮樂志]柘漿析朝酲[註]應劭曰酲病也析解也言柘漿可以解朝酲也[張衡南都賦]其甘不爽醉而不酲　又[博雅]酲長也　又[集韻]癡貞切音檉病也

【 오류정리 】

○康誤處 1；[前漢禮樂志](增泰尊二字)柘漿析朝酲

●考證；謹照原文柘漿上增泰尊二字

◆整理；[前漢禮樂志(전한례악지)]에 이어 泰尊二字(태존이자)를 덧붙임.

◆訂正文；[前漢禮樂志]泰尊柘漿析朝酲

▶【2130-1】字解誤謬與否；[前漢禮樂志](增泰尊二字)柘漿析朝酲 [(增泰尊二字)柘漿]

★이상과 같이 오류(誤謬) 수정(修訂)이 된다 하여도 태준(泰尊; 유우씨(有虞氏) 순(舜)임금의 준(尊). [釋奠儀]云大尊通足高八寸一分口徑五寸七分腹徑六寸一分足徑三寸八分深六寸五分 [周禮圖]云:追享朝享朝踐,用兩大尊大口尊也一盛玄酒一盛醴齊[記]云泰,有虞氏之尊也)은 자전상(字典上) 정(酲)의 본의(本義)에는 영향이 미치지 않음.

康 酺(포)[唐韻]薄乎切[集韻][韻會]蓬逋切[正韻]薄胡切夶音蒲[說文]王德廣布大飮酒也[廣韻]大酺飮酒作樂[史記秦始皇紀]天下大酺[註]天下歡樂大飮酒也[前漢文帝紀]酺五日[註]漢律三人以上無故羣飮酒罰金四兩今詔橫賜得令會聚飮酒五日也師古曰酺之爲言布也王德布於天下而合聚飮食爲酺唐無酺禁亦賜酺者蓋聚作伎樂高

年賜酒麨[集韻]或作餔 又[周禮地官
族師]春秋祭酺亦如之[註]酺者爲人物
裁害之神也 又[集韻][韻會]蒲故切
[正韻]薄故切𠀤音步義同

【 오류정리 】

○康誤處 1；[說文]王德廣(省廣字)布
大歙酒也
●考證；謹照原文德下省廣字
◆整理；[說文(설문)]廣(광) 廣字 (광
자)를 삭제.
◆訂正文；[說文]王德布大歙酒也
▶【2131-1】字解誤謬與否；[說文]
王德廣(省廣字)布大歙酒也
★이상과 같이 광자(廣字)를 삭제(削
除)한다 하여도 자전상(字典上) 포
(酺)의 본의(本義)에 영향을 끼치지
않음.

酉部 八畫

康醂(량)[唐韻]力釀切[集韻]力讓
切𠀤音諒[說文]雜味也[集韻]一曰淸
漿曰醂[博雅]醂漿也[周禮天官膳夫飮
用六淸註]六淸水漿醴醂醫酏 又[集
韻][韻會]𠀤呂張切音良義同 又[集
韻]通作涼[周禮天官漿人註]涼以水和
酒康成謂今寒粥若糗飯雜水[禮內則]
有濫無涼[註]濫涼也水則臨時取用涼
則至用乃和

【 오류정리 】

○康誤處 1；[禮內則]有濫無涼(改漿
水醷濫)
●考證；謹照原文改漿水醷濫
◆整理；[禮內則(예내칙)]有濫無涼
(유람무량) 漿水醷濫(장수의람)
◆訂正文；[禮內則]漿水醷濫
▶【2132-1】字解誤謬與否；[禮內
則]有濫無涼(改漿水醷濫) [有濫無涼
(改漿水醷濫)]
★이상과 같이 오류(誤謬) 수정(修訂)
이 되면 장수의람(漿水醷濫；미음과

서늘한 매장[禮內則]漿水醷濫[集說註
]漿醋水也醷梅漿也濫雜糗飯之屬和水
也 [鄭註]濫以諸和水也紀莒之閒名諸
爲濫)라 하였으니 자전상(字典上) 량
(醂)의 본의(本義)에 적극 영향이 미
치게 됨.

康醁(록)[廣韻]力玉切[集韻][韻
會]龍玉切𠀤音錄[廣韻]美酒[集韻]醽
醁酒名[抱朴子嘉遯卷]寒泉旨於醽醁
[正字通][通雅]曰酃淥因作醽醁醽綠
[廣韻]訓醽爲淥酒則以醁爲淸酒矣衡
陽縣有酃湖今之酃縣也土人取其水以
釀晉武平吳薦醽酒於大廟[荆州記]淥
水出豫章康樂縣其閒烏程縣有井官取水
爲酒與湘東酃酒年常獻之或曰酃湖水
綠故名酃綠加酉爲酃醁 又[集韻][正
韻]𠀤盧谷切音祿義同

【 오류정리 】

○康誤處 1；[荆州記]淥水出豫章康
樂縣其閒烏程縣(改烏程鄕)有井官取水
爲酒
●考證；謹照原文烏程縣改烏程鄕
◆整理；[荆州記(형주기)] 烏程縣(오
정현)은 烏程鄕(오정향)의 착오.
◆訂正文；[荆州記]淥水出豫章康樂
縣其閒烏程鄕有井官取水爲酒
▶【2133-1】字解誤謬與否；[荆州
記]淥水出豫章康樂縣其閒烏程縣(改
烏程鄕)有井官取水爲酒 [烏程縣(改
烏程鄕)]
★이상과 같이 오류(誤謬) 수정(修訂)
이 된다 하여도 오정향(烏程鄕；강낙
현(康樂縣) 소재(所在) 지명(地名))은
자전상(字典上) 록(醁)의 본의(本義)
에는 영향이 미치지 않음.

酉部 十一畫

康醫(의)[唐韻][韻會]於其切[正
韻]於宜切𠀤音翳[說文]治病工也[禮

曲禮]醫不三世不服其藥[史記扁鵲傳]爲醫或在齊或在趙　又官名[周禮天官]醫師[註]醫師衆醫之長[疏]掌醫之政令聚毒藥以供醫事[後漢百官志]太醫令一人六百石[註]掌諸醫　又蟲名[崔豹古今注]蝘蜓一名蛇醫　又[集韻]或作毉[後漢郭玉傳]毉之爲言意也　又[集韻][正韻]於隱綺切音倚[韻會]飮也[五音集韻]梅漿也[周禮天官酒正]辨四飮之物二曰醫[註]醴濁釀酏爲之則少淸矣　又[集韻]或作醷亦作臆[周禮天官酒正註]鄭司農說[內則]漿水臆醫與臆音亦相似文字不同記之者各異耳此皆一物[釋文]醷本又作臆　又[集韻]壹計切音医[周禮六飮]一曰醫徐仙民讀

【 오류정리 】

○康誤處 1；[周禮天官]醫師[註]醫師衆醫之長[疏]掌醫之政令聚毒藥以供醫事(改醫師掌醫之政令聚毒藥以供醫事註醫師衆醫之長也)

●考證；謹照原文改醫師掌醫之政令聚毒藥以供醫事註醫師衆醫之長也

◆整理；[周禮天官]의 醫師[註]醫師衆醫之長[疏]掌醫之政令聚毒藥以供醫事는 醫師掌醫之政令聚毒藥以供醫事註醫師衆醫之長也의 착오.

◆訂正文 ；[周禮天官]醫師掌醫之政令聚毒藥以供醫事註醫師衆醫之長也

▶【2134-1】字解誤謬與否 ；[周禮天官]醫師[註]醫師衆醫之長[疏]掌醫之政令聚毒藥以供醫事(改醫師掌醫之政令聚毒藥以供醫事註醫師衆醫之長也)　[醫師[註]醫師衆醫之長[疏]掌醫之政令聚毒藥以供醫事(改醫師掌醫之政令聚毒藥以供醫事註醫師衆醫之長也)]

★이상과 같이 오류(誤謬) 수정(修訂)이 되면 중의지장(衆醫之長; 의원의 총 책임자. 원장(院長) [周禮天官]醫師掌醫之政令聚毒藥以供醫事註醫師衆醫之長也)[註]醫師衆醫之長[疏]掌醫之政令聚毒藥以供醫事)으로 요약되니 자전상(字典上) 醫의 본의(本義)에 영향이 적극 미치게 됨.

醴(례)[唐韻]盧啓切[集韻][韻會]里弟切[正韻]良以切於音禮[說文]酒一宿瓤也[玉篇]甜酒也[釋名]醴禮也釀之一宿而成醴有酒味而已也[詩小雅]且以酌醴[傳]饗醴天子之飮酒也[詩詁]酒之甘濁而不泲者[周禮天官酒正]辨五齊之名二曰醴齊[註]醴猶體也成而滓汁相將如今恬酒[前漢楚元王傳]元王每置酒常爲穆生設醴[註]師古曰醴甘酒也少麴多米一宿而熟　又[廣韻]醴泉美泉也狀如醴酒可養老[爾雅釋四時]甘雨時降萬物以嘉謂之醴泉[禮禮運]故天降膏露地出醴泉　又[正字通]木醴[建康實錄]陳末覆舟山蔣山松栢林冬日常出木醴後主以爲甘露　又縣名[史記惠景閒侯者年表]醴陵侯越[註]縣名屬長沙[廣韻]醴泉縣屬京兆府本漢谷口縣也屬馮翊至後魏置寧夷縣隋攺醴泉因周醴泉宮得名[韻會]唐置乾州宋攺醴州因醴泉縣名　又澧水亦作醴[楚辭九歌]沅有芷兮醴有蘭[史記夏本紀]又東至于醴[註]索隱曰騷人所歌濯余佩于醴浦醴卽澧水也　又[字彙補]與禮通[禮內則]世子生宰醴負子賜之束帛[註]醴當爲禮

【 오류정리 】

○康誤處 1；[爾雅釋四時(改釋天)]甘雨時降萬物以嘉謂之醴泉

●考證；謹照原書釋四時改釋天

◆整理；[爾雅(이아)釋四時(석사시)는 釋天(석천)의] 착오.

◆訂正文 ；[爾雅釋天]甘雨時降萬物以嘉謂之醴泉

▶【2135-1】字解誤謬與否 ; [爾雅釋四時(改釋天)]甘雨時降萬物以嘉謂之醴泉　[釋四時(改釋天)]

★이상과 같이 인용처(引用處)나 주소(註疏), 등(等)의 오류(誤謬)를 수정(修訂)을 한다 하여도 자전상(字典上)의 례(醴)의 본의(本義)에는 영향이 미치지 않음.

酉 部 十八畫

㉡釁(흔)[唐韻]虛振切[集韻]許愼切[韻會]許刃切夶興去聲[說文]血祭也象祭竈也[廣韻]牲血塗器祭也[禮月令]孟冬之月命大史釁龜筴[疏]謂殺牲以血塗釁其龜及筴又[雜記]成廟則釁之[疏]謂宗廟初成則殺牲取血以釁之尊而神之也[史記高祖紀]祭蚩尤於沛庭而釁鼓[註]釁祭也殺牲以血塗鼓曰釁　又罪也[左傳宣十二年]觀釁而動[註]釁罪也　又瑕也[左傳桓八年]讎有釁不可失也[註]釁瑕隙也[史記李斯傳]成大功者在因瑕釁而遂忍之[註]索隱曰言因諸侯有瑕釁　則忍心而剪除也　又兆也[魯語]若鮑氏有釁吾不圖矣[註]釁兆也[陸機答賈長淵詩]天厭霸德黃祚告釁　又塗也一曰熏也[齊語]比至三釁三浴之[註]以香塗身曰釁[周禮春官肆師]共其釁鬯[註]以鬯塗尸使之香美也[周禮春官]女巫掌歲時祓除釁浴[註]釁浴謂以香薰草藥沐浴[前漢賈誼傳]釁面吞炭[註]漆面以易貌一曰熏也以毒熏入之　又動也[左傳襄二十六年]夫小人之性釁於勇[註]釁動也　又[爾雅釋獸]獸曰釁[疏]獸之自奮迅動作名釁　又姓[正字通]周有釁夏　又[正字通]通作舋[韓非子]旣蓄王資而承敵國之舋[前漢高帝紀]乘舋而運　又或作衈[禮樂記]車甲衈而藏之武庫[註]衈釁字也包干戈以虎皮明能以武服兵也　又或作興[禮禮器]旣興

器用幣[註]興當爲釁字之誤

【 오류정리 】

○康誤處 1 ; [禮樂記]車甲衈而藏之武庫(改府庫)

●考證 ; 謹照原文武庫改府庫

◆整理 ; [禮樂記(례악기)] 武庫(무고)는 府庫(부고)의 착오.

◆訂正文 ; [禮樂記]車甲衈而藏之府庫

▶【2136-1】字解誤謬與否 ; [禮樂記]車甲衈而藏之武庫(改府庫)　[武庫(改府庫)]

★이상과 같이 오류(誤謬) 수정(修訂)이 된다 하여도 부고(府庫; 관청의 문서와 재물을 보관하는 곳집. [孟子滕文公]滕君則誠賢君也雖然未聞道也賢者與民並耕而食饔飧而治今也滕有倉廩府庫則是厲民而以自養也惡得賢)는 자전상(字典上) 흔(釁)의 본의(本義)에는 영향이 미치지 않음.

㉡醮(조)[唐韻][正韻]夶子肖切音醮[說文]歙酒盡也[博雅]醮盡也[禮曲禮]長者舉未醮]少者不敢飲[註]盡爵曰醮[前漢游俠傳]郭解姊子負解之勢與人飲使之醮非其任强灌之[註]盡爵曰醮其人不飲而使盡爵乃强灌之[張協七命]酒駕芳軒千鍾電醮　又[韻補]叶卽略切音爵[班固西都賦]陣輕騎以爲㷀騰酒車以斟酌割鮮飲食舉烽命醮

【 오류정리 】

○康誤處 1 ; [班固西都賦]陣(改陳)輕騎以爲(改行)㷀騰酒車以斟酌割鮮飲(改野)食舉烽命醮

●考證 ; 謹照原文陣改陳爲改行飲改野

◆整理 ; [班固西都賦(반고서도부)]陣(진)은 陳(진), 爲(위)는 行(행), 飲(음)은 野(야)의 착오.

◆訂正文 ; [班固西都賦]陳輕騎以行

炰騰酒車以斟酌割鮮野食舉烽命醨

▶【2137-1】字解誤謬與否；[班固西都賦]陣(改陳)輕騎以爲(改行)炰騰酒車以斟酌割鮮飮(改野)食舉烽命醨[陣(改陳)][爲(改行)][飮(改野)]

★이상과 같이 오류(誤謬) 수정(修訂)이 된다 하여도 ○진경(陳輕; 가벼이 말하다. 깔보다. [班固西都賦]陳輕騎以行炰騰酒車以斟酌割鮮野食舉烽命醨), ○행포(行炰;거칠게 굴다. 까불거리다. [文選班固西都賦]然後收禽會眾論功賜胙陳輕騎以行炰騰酒車以斟酌[李善注][毛詩]曰炰之燔之), ○야식(野食; 들짐승들의 먹이. 들밥. [班固西都賦]陳輕騎以行炰騰酒車以斟酌割鮮野食舉烽命醨) 등은 자전상(字典上) 조(醨)의 본의(本義)에는 영향이 미치지 않음.

采 部

康 采 (채)[唐韻]倉宰切[集韻][韻會]此宰切夶音採[說文]捋取也[詩周南]采采卷耳[朱註]采采非一采也 又擇也[禮昏義]昏禮納采問名納吉納徵請期[釋文]采擇也[疏]納采者謂采擇之禮[史記秦始皇紀]采上古帝位號號曰皇帝[班固西都賦]奚斯魯頌同見采於孔氏 又采色[書益稷]以五采彰施于五色[史記項羽紀]吾令人望其氣皆爲龍虎成五采此天子氣也 又物采[左傳隱五年]取材以章物采謂之物[疏]取鳥獸之材以章明物色采飾謂之爲物[文六年]分之采物[疏]采物謂采章物也 又[魯語]天子大采朝日少采夕月[註]大采袞職也少采黼衣也 又[左思·蜀都賦]符采彪炳[註]符采玉橫文也 又事也[史記司馬相如傳]使獲燿日月之末光絕炎以展采錯事[註]采官也展其官職設厝其事業者也 又官也[書·堯典]帝曰疇咨若予采[傳]采事也馬云官

也[禮明堂位]九采之圖[疏]各掌當州諸侯之事 又采地[禮禮運]大夫有采以處其子孫[前漢地理志]大夫韓武子食采於韓原 又飾也[前漢嚴助傳]樂失而淫禮失而采[註]如淳曰采飾也師古曰采者文過其實 又墓地[揚子方言]冡秦晉之閒謂之墳或謂之采[註]古者卿大夫有采地死葬之因名 又風采[前漢霍光金日磾傳]政自己出天下想聞其風采[左思魏都賦]極風采之異觀 又[詩秦風]蒹葭采采[傳]采采猶萋萋盛也 又[詩曹風]蜉蝣之翼采采衣服[傳]采采眾多也[朱註]采采華飾也[謝靈運緩歌行]采采彤雲浮 又幣也[史記周本紀]召公奭贊采[註]正義曰采幣也 又詩篇名[禮玉藻]趨以[采齊]行以[肆夏] 又姓[風俗通]漢度遼將軍采皓 又地名[左傳僖八年]晉里克帥師敗狄于采桑[註]平陽北屈縣西南有采桑津 又玉名[司馬相如上林賦]晁采琬琰和氏出焉[註]晁采玉名

又木名[史記秦始皇紀]堯舜采椽不刮[註]索隱曰采木名卽今之櫟木也 又草名[博雅]采蘽采也 又[韻會][正韻]夶倉代切音菜臣食邑[周禮天官八則註]公卿大夫采邑音菜[孟子元士受地視子男註]所受采地之制音菜[前漢食貨志註]采官也因官食地故曰采地又與菜同[周禮春官大胥]春入學舍采合舞[註]舍采謂舞者皆持芬香之采鄭康成曰舍卽釋也采讀爲菜始入學必舍菜禮先師也菜蘋蘩之屬 又[五音集韻]子苟切音走採取也

【 오류정리 】

○康誤處 1 ; [禮明堂位]九采之圖(改國)

●考證 ; 謹照原文圖改國

◆整理 ; [禮明堂位(예명당위)] 圖(도)는 國(국)의 착오.

◆訂正文 ; [禮明堂位]九采之國

▶【2138-1】字解誤謬與否 ； [禮明堂位]九采之圖(改國) [圖(改國)]

★이상과 같이 오류(誤謬) 수정(修訂)이 된다 하여도 국(國)은 자전상(字典上) 채(采)의 본의(本義)에는 영향이 미치지 않음.

采部 十三畫

康 釋(석)[唐韻]賞職切[集韻][韻會]施隻切夶音適[說文]解也从釆釆取其分別物也[左傳襄二十九年]春王正月公在楚釋不朝正于廟也[註]釋解也[疏]解釋公所以不得親自朝正也[吳語]乃使行人奚斯釋言於齊[註]釋解也以言自解 又[廣韻]捨也[前漢食貨志]今農事棄捐而采銅者日蕃釋其耒耨冶鎔炊炭[管子霸形]釋實而攻虛釋堅而攻膬釋難而攻易 又消也散也[前漢景十三王傳]骨肉冰釋[註]師古曰冰釋言消散也[淮南子俶眞訓]北方有不釋之冰 又放也[書多方]開釋無辜亦克用勸[傳]開放無罪之人[左傳哀八年]請釋子服何於吳 又[爾雅釋詁]釋服也[疏]釋者釋去恨怨而服也 又[書大禹謨]釋玆在玆[傳]釋廢也 又[禮王制]出征執有罪反釋奠于學以訊馘告[註]釋菜奠幣禮先師也 又[禮禮器]禮釋回增美質[註]釋猶去也回邪 辟也 又[儀禮士虞禮]擧魚腊俎組釋三个[註]釋猶遺也 又[書伊訓]若虞機張往省括于度則釋[疏]釋弦發矢 又潤也[禮內則]欲濡肉則釋而煎之以醢[疏]欲得濡肉則以水潤釋而煎之以醢 又[詩大雅]釋之叟叟[傳]釋淅米也 又釋迦佛號今僧家皆稱釋氏[支遁詠人日詩]釋迦乗虛會[梁昭明東齋聽講]昔聞孔道貴今覿釋花珍 又姓 又[韻會]或作澤[詩周頌]其耕澤澤[註]言土解也[周禮冬官考工記]水有時以澤 又[集韻]亦作繹通作醳[史記魏世家]與

其以秦醳衞不如以魏醳衞 又[字彙補]羊益切音亦悅也[六書正譌]別作懌非[嵇康琴賦]康樂者聞之則欨愉懽釋 又[韻補]叶施灼切音爍[楚辭九章]凌陽侯之泛濫兮忽翺翔之焉薄心絓結而不解兮思蹇產而不釋

【 오류정리 】

○康誤處 1 ; [前漢食貨志]今農事棄捐而采銅者日蕃釋其耒耨冶(改治)鎔炊炭

●考證 ; 謹照原文冶改治

◆整理 ; [前漢食貨志(전한식화지)]冶(협)은 治(야)의 착오.

◆訂正文 ; [前漢食貨志]今農事棄捐而采銅者日蕃釋其耒耨治鎔炊炭

▶【2139-1】字解誤謬與否 ； [前漢食貨志]今農事棄捐而采銅者日蕃釋其耒耨冶(改治)鎔炊炭 [冶(改治)]

★이상과 같이 오류(誤謬) 수정(修訂)이 되면 야용(冶鎔; 대장장이가 쇠를 녹이다. [史記平準書]姦或盜摩錢裏取鋊 [徐廣曰]冶器法謂之鎔 [前漢食貨志]冶鎔炊炭鎔形容也作錢模也)이라 자전상(字典上) 석(釋)의 본의(本義) 직접 영향이 미치게 됨.

里部 二畫

康 重(중)[唐韻]柱用切[集韻][韻會]儲用切夶音緟[說文]厚也[增韻]輕之對也[易繫辭]夫茅之爲物薄而用可重也[禮王制]輕任幷重任分 又[廣韻]更爲也[博雅]重再也 又難也[戰國策]臣之所重處重留也[註]重猶難也[前漢淮南王傳]文帝重自切責之[註]如淳曰重難也 又貴也[戰國策]張儀之殘樗里疾也重而使之[註]重猶貴也 又尊也[禮祭統]所以明周公之德而又以重其國也[註]重猶尊也 又尚也[禮緇衣]臣儀刑不重辭[註]重猶尚也[疏]爲臣之法不尚虛華之辭 又數也

[左傳襄四年]武不可重用不恢于夏家[註]重猶數也　又甚也[禮檀弓]子之哭也壹似重有憂者[戰國策]今富摯能而公重不相善也[註]重猶甚也　又[淮南子汜論訓]古者人醇工麗商朴女重[註]女重貞正無邪　又[戰國策]軍重踵高宛[註]重輺重也[前漢張耳陳餘傳]從閒路絕其輺重　又星名[博雅]歲星謂之重星　又縣名[前漢地理志]重平縣屬渤海郡　又山名[山海經]有重陰之山　又木名[博雅]重皮厚朴也　又[集韻][韻會]柱勇切[正韻]直隴切𡖤音偅[集韻]厚也善也愼也[五音集韻]多也[韻會]毛氏曰凡物不輕而重則上聲因其可重而重之與再重鄭重皆去聲〇按[說文]柱用切厚也卽與輕重義同[集韻]柱勇切愼也卽與鄭重義同上去雖有二音𡖤無二義古人三聲通用必謂上去異訓不可通押此宋人拘泥之過也　又[廣韻]直容切[韻會]傳容切𡖤音褈[廣韻]複也疊也[易乾卦]九三重剛而不中[疏]上下俱陽故重剛也[書舜典]重華協于帝[禮禮器]天子之席五重諸侯之席三重大夫再重[楚辭九辯]豈不鬱陶而思君兮君之門以九重　又穀名[詩豳風]黍稷重穋[傳]後熟曰重[釋文]重直容切先種後熟曰重　又作穜音同　又多也[左傳成二年]重器備[註]重猶多也[釋文直恭切　又累也[詩小雅]無思不憂祇自重兮[箋]重猶累也[釋文]直龍切又直用切　又[爾雅釋天]太歲在辛曰重光[釋文直龍切　又地名[左傳僖三十一年]臧文仲往宿於重館[註]高平方與縣西北有重鄉城[釋文]直龍切　又車名[詩衞風]猗重較兮[傳]重較卿士之車[釋文]直恭切　又屋承霤也[禮檀弓]池視重霤[疏]重霤屋承霤也以木爲之[釋文]直容切　又地名[左傳襄十七年]衞孫蒯田于曹隧飲馬于重丘[註]重丘曹邑　又人名[書呂刑]乃命重黎[傳]重卽羲黎卽和[釋文]直龍切　又姓[正字通]重黎之後明有重省　又神所依也[禮檀弓]重主道也[註]始死未作主以重主其神也重旣虞而埋之乃復作主[疏]言始死作重猶若吉祭本主之道主者吉祭所以依神在喪重亦所以依神故云重主道也　又[正韻]徒紅切音同與穜同穀名　又與童同[禮檀弓]與其鄰重汪踦往皆死焉[註]重當爲童未冠者之稱[釋文]重音同　又[正韻]之仲切音眾[前漢匈奴傳]不如重酪之便美[註]重乳汁也本作湩　又[韻補]叶直良切音長[道藏歌]神暢感寂庭默思徹九重靈歌理冥運百和結朱章

【 오류정리 】

〇康誤處 1；[禮緇衣]臣儀刑(改行)不重辭

●考證；謹照原文刑改行

◆整理；[禮緇衣(례치의)] 刑(형)은 行(행)의 착오.

◆訂正文；[禮緇衣]臣儀行不重辭

▶【2140-1】字解誤謬與否；[禮緇衣]臣儀刑(改行)不重辭 [刑(改行)]

★이상과 같이 오류(誤謬) 수정(修訂)이 된다 하여도 행불(行不; 행방불명(行方不明))은 자전상(字典上) 중(重)의 본의(本義)에는 영향이 미치지 않음.

康野(야)[唐韻]羊者切[集韻][韻會][正韻]以者切𡖤音也[說文]郊外也[易同人]同人于亨[疏]野是廣遠之處[詩魯頌]駉駉牡馬在坰之野[傳]邑外曰郊郊外曰野　又[周禮地官遂人]掌邦之野[註]郊外曰野此野爲甸稍縣都　又[周禮秋官]縣士掌野[註]地距王城二百里以外至三百里曰野　又[韻會]朴野[論語]質勝文則野[禮檀弓]故騷騷爾則野[疏]田野之人急切無禮　又官名[左傳昭七年]使野司寇各保其徵[註]野

司寇縣士也[禮月令]季春之月命野虞
毋伐桑柘[註]野虞謂主田及山林之官
　又地名[書禹貢]原隰底績至于豬野[
傳]豬野地名[左傳宣十七年]晉人執晏
弱于野王[註]野王縣今屬河內又[昭二
十五年]齊侯唁公于野井[註]濟南祝阿
縣東有野井亭又鉅　野縣名見[前漢地
理志]　又藪名[書禹貢]大野旣豬[周
禮夏官職方氏]河東曰兗州其山鎭曰岱
山其澤藪曰大野　又東野複姓[呂氏春
秋]東野稷以御見莊公　又[莊子逍遙
遊]野馬也塵埃也生物之以息相吹也
[註]野馬者遊氣也　又[博雅]野雞雉也
　又[廣韻][正韻]承與切[集韻]上與
切𠀤與墅同[集韻]田廬也[正韻]此正
古墅字田下已从土後人以其借爲郊野
字復加土字　又[集韻]演女切音與郊
外也　又[韻補]叶賞呂切音暑[詩邶
風]之子于歸遠送于野協上羽下雨[左
傳昭二十五年]童謠曰鸜鵒之羽公在外
野往饋之馬馬音姥　又叶烏果切倭上
聲[後漢隴坻歌]念我所欲飄然曠野登
高遠望涕泣雙墮　又叶常御切音樹班
固西都賦罘網連紘籠山絡野列卒周匝
星羅雲布

【 오류정리 】

○康誤處 1 ; [左傳昭十七年(改十八
年)]使野司寇各保其徵
●考證 ; 謹照原文十七年改十八年
◆整理 ; [左傳昭(좌전소) 十七年(십
칠년)은 十八年(십팔년)의] 착오.
◆訂正文 ; [左傳昭十八年]使野司寇
各保其徵
▶【2141-1】字解誤謬與否 ; [左傳
昭十七年(改十八年)]使野司寇各保其
徵　[十七年(改十八年)]
★이상과 같이 인용처(引用處)나 주
소(註疏), 등(等)의 오류(誤謬)를 수정
(修訂)을 한다 하여도 자전상(字典上)
의 야(野)의 본의(本義)에는 영향이

미치지 않음.

康量(량)[廣韻][集韻][韻會]力讓
切[正韻]力仗切𠀤音亮[集韻]斗斛曰
量書舜典]協時月正日同律度量衡]釋
文]量力尙切斗斛也[左傳昭三年]齊舊
四量豆區釜鍾[禮明堂位]頒度量而天
下大服[註]量謂豆區斗斛筐筥所容受
[前漢律歷志]量者龠合升斗斛也　又
[正韻]度量能容之謂量[蜀志黃權傳]
魏文帝察其有局量[程子遺書]或問量
可學乎曰可學進則識進識進則量進人
量隨識長亦有識高而量不長者識未至
也　又限也[禮禮運]月以爲量[疏量
猶分限也　又[禮檀弓]凡祭宗廟之禮幣
曰量幣[釋文]量音亮又音良　又審也
[禮少儀]事君者量而后入不入而后量
[釋文]量音亮　又酒量[論語]惟酒無
量不及亂[東都事略]太祖謂王審琦曰
天必賜卿酒量　又[唐韻][集韻][韻會
]呂張切[正韻]龍張切𠀤音良[說文]稱
輕重也[馮衍逡志賦]弃衡石而意量兮
　又[廣韻]度多少也[增韻]概量多寡
也[唐書武后紀]補闕連車載拾遺平斗
量　又度長短也[周禮夏官]量人[註]
量猶度也謂以丈尺度地[前漢枚乘傳]
鈦鈦而稱之至石必差寸寸而度之至丈
必過石稱丈量徑而寡失　又[韻會]商量
　又[博雅]量度也[左傳隱十一年]度德
而處之量力而行之[釋文]量音良[韓愈
詩]蚍蜉撼大樹可笑不自量○按古文亮
良二音通今讀度量器量爲亮讀丈量商
量爲良二音遂分　又[山海經]犬封國有
文馬縞身朱𩯭目若黃金名曰吉量[註]
郭璞曰一作良　又[字彙補]與緉同雙
履也[世說]阮孚曰未知能著幾量屐

【 오류정리 】

○康誤處 1 ; [禮檀弓(改曲禮)]凡祭宗

廟之禮幣曰量幣

●考證；謹照原書檀弓改曲禮

◆整理；[禮(례) 檀弓(단궁)은 曲禮(곡례)의] 착오.

◆訂正文；[禮曲禮]凡祭宗廟之禮幣曰量幣

▶【2142-1】字解誤謬與否；[禮檀弓(改曲禮)]凡祭宗廟之禮幣曰量幣 [檀弓(改曲禮)]

★이상과 같이 인용처(引用處)나 주소(註疏), 등(等)의 오류(誤謬)를 수정(修訂)을 한다 하여도 자전상(字典上)의 량(量)의 본의(本義)에는 영향이 미치지 않음.

字典戌集上考證

金 部

康金(김)[唐韻]居音切[集韻][韻會][正韻]居吟切𠫤音今[易繫辭註]天地之數五五相配以成金木水火土[疏]地四與天九相得合爲金[書洪範]五行四曰金金曰從革[傳]金可以改更[疏]可銷鑄以爲器也[又]從革作辛[傳]金之氣味[疏]金之在火別有腥氣非苦非酸其味近辛故云金之氣味又金有五色[說文]五色金黃爲之長久薶不生衣百煉不輕從革不違西方之行生於土[爾雅釋器]黃金謂之璗其美者謂之鏐白金謂之銀其美者謂之鐐[書禹貢]厥貢惟金三品[傳]金銀銅也[前漢食貨志]金有三等黃金爲上白金爲中赤金爲下[註]白金銀也赤金丹陽銅也師古曰金者五色黃金白銀赤銅靑鉛黑鐵 又[公羊傳隱五年]百金之魚[註]百金猶百萬也古者以金重一斤若今萬錢矣[莊子逍遙遊]不過數金[註]百金金方寸重一斤爲一金百金百斤也[史記平準書]黃金一斤[註]索隱曰如淳云時以錢爲貨黃金一斤直萬錢非也又臣瓚云秦以一鎰爲

一金漢以一斤爲一金是其義也董彥遠曰漢一斤金四兩直二千五百文[正字通]或曰古十兩爲一斤兵法興師一萬日費千金燕昭王以千金養士皆此數也非若今人以二十四銖爲一金也 又樂有八音一曰金[左傳成十二年]金奏作于下[疏]金奏擊鐘以爲奏樂之節金謂鐘及鎛也[周禮春官鍾師]掌金奏 又兵也[禮中庸]衽金革[朱註]金戈兵之屬 又[韻會]軍行鉦鐸曰金[釋名]金鼓金禁也爲進退之禁也[前漢李陵傳]聞金聲而止[註]金鉦也一名鐲 又黃色也[前漢宣帝紀]金芝九莖產於丞德殿銅池中[註]金芝色像金也[李白宮中行樂詞]柳色黃金嫩 又堅也[前漢司馬相如傳]上金隄[註]金隄言水之隄塘堅如金也[賈誼過秦論]金城千里 又官名[周禮秋官]職金掌凡金玉錫石丹靑之戒令[魏志王修傳]行司金中郎將[唐書百官志]更金部曰司金[遼史國語解]陰山採金置冶採鍊名山金司[元史世祖紀]置淮南淘金司 又[前漢百官公卿表]更名執金吾[註]金吾鳥名也主辟不祥天子出行職主先導以禦非常故執此鳥之象因以名官[古今注]金吾棒也以銅爲之黃金塗兩末謂爲金吾御史大夫司隸校尉亦得執焉 又[論語摘輔象]風后受金法[註]金法言能決理是非也 又地名[五音集韻]金州周爲附庸國魏於安康縣置東梁州後周改爲金州 又[前漢地理志]金城郡[註]昭帝始元六年置應劭曰初築城得金故曰金城臣瓚曰稱金取其堅也[方輿勝覽]楚威王置金陵邑因其地有王氣埋金鎭之故名 又山名[廣輿記]在鎭江府城西北江中唐裴頭陀於此開山得金故名 又[述異記]黃金山生交讓樹[又]南金山有師子獸 又臺名[白帖]燕昭王置千金于臺上以延天下之士故謂黃金臺 又花名[五代史附錄]湯城淀池多異花一曰旱金大

如掌 又樹名[洞冥記]影蛾池北有生
金樹破之皮開有屑如金而色青亦名青
金樹 又草名[周禮春官鬱人註]鬱金
香草宜以和鬯 又[拾遺記]祖梁國獻
蔓金苔[正字通]百兩金藥名 又[唐本
草]牡丹亦名百兩金 又古天子號[帝
王世紀]少昊氏以金德王故號金天氏
又國號[金史太祖紀]國有金水源產金
故號大金 又姓[五音集韻]古天子金
天氏之後 又漢複姓金留氏出[姓苑]
又書名[前漢蕭望之傳]金布令甲
[註]金布者令篇名也其上有府庫金錢
布帛之事因以名篇令甲者其篇甲乙之
次[唐書藝文志]海蟾子元英還金篇一
卷[宋史藝文志]叢金訣一卷 又神名
[前漢郊祀志]或言益州有金馬碧雞之
神[註]金形似馬碧形似雞 又闕門名
[前漢公孫弘傳]待詔金馬門[註]武帝
時更名魯班門爲金馬門 又金精珠名
見[博雅釋珠] 又鍾名[拾遺記]帝顓
頊有浮金之鍾 又星名[酉陽雜俎]北
斗第三星曰視金[清異錄]高麗謂星曰
屑金 又金丹[抱朴子金丹卷]神人授
之金丹仙經 又石名[淮南子地形訓]
黃澒五百歲生黃金[註]澒水銀也黃金
石名 又去聲[字彙補]音噤[荀子解
蔽篇]金口閉舌 又[韻補]叶居良切音
疆[易林]剛柔相傷火爛銷金

【 오류정리 】
○康誤處 1；[前漢宣帝紀]金芝九莖
產於丞德殿(改函德殿)銅池中
●考證；謹照原文丞德殿改函德殿
◆整理；[前漢宣帝紀(전한선제기)]
丞德殿(승덕전)은 函德殿(함덕전)의
착오.
◆訂正文；[前漢宣帝紀]金芝九莖產
於函德殿銅池中
▶【2143-1】字解誤謬與否；[前漢
宣帝紀]金芝九莖產於丞德殿(改函德
殿)銅池中 [丞德殿(改函德殿)]

★이상과 같이 오류(誤謬) 수정(修訂)
이 된다 하여도 함덕전(函德殿; 궁궐.
[前漢宣帝紀]金芝九莖產於函德殿銅池
中[前漢黃霸傳]令郡國上計吏條對有舉
孝子者先上殿[註]殿丞相所坐屋也今唯
天子宸居稱殿又重殿謂有前後殿天子之
制也)자전상(字典上)은 금(金)의 본의
(本義)에는 영향이 미치지 않음.

金 部 四畫

康釽(벽)[集韻][韻會]汰匹歷切音
霹[揚子方言]梁益之閒裁木爲器曰釽
[左思蜀都賦]藏鍭巨萬釽攦兼呈[註]
裁木爲器曰釽裂帛爲衣曰攦 又[揚子
方言]斯也晉魏之閒謂之釽釽[註]釽劈
歷反 又劍錚[越絕書]薛燭相劍曰觀
其釽爛如列星之行 又[集韻]匹麥切
[正韻]普伯切汰音拍義同 又[正韻]
破也[前漢藝文志]鉤釽析亂而已[註]
釽破也音普革反又音普狄反 按字彙
云俗鈲字然考說文从金从爪長箋亦云
誤爪爲厎則字須从爪安得反以从厎者
爲正字今从說文改正

【 오류정리 】
○康誤處 1；[揚子方言]斯也晉魏(改
晉趙)之閒謂之釽釽
●考證；謹照原文晉魏改晉趙
◆整理；[揚子方言(양자방언)] 晉魏
(진위)는 晉趙(진조)의 착오.
◆訂正文；[揚子方言]斯也晉趙之閒
謂之釽釽
▶【2144-1】字解誤謬與否；[揚子
方言]斯也晉魏(改晉趙)之閒謂之釽釽
[晉魏(改晉趙)]
★이상과 같이 오류(誤謬) 수정(修訂)
이 된다 하여도 진조(晉趙; 진(晉)나
라와 조(趙)나라) 자전상(字典上) 벽
(釽)의 본의(本義)에는 영향이 미치지
않음.

康鈆(연)[廣韻]與專切音沿同鉛[淮南子齊俗訓]鈆不可以爲刀[前漢江都王傳]以鈆杵舂[註]鈆者錫之類也 又[賈誼傳]莫邪爲鈍兮鈆刀爲銛 又國名[爾雅釋地]東至於泰遠西至於邠國南至於濮鈆北至於祝粟謂之四極[註]皆四方極遠之國 又[廣韻]職容切[集韻]諸容切夶音鍾鐵也

【 오류정리 】

○康誤處 1; [爾雅]南至於濮鈆北至於祝粟(改祝栗)

●考證; 謹照原文祝粟改祝栗

◆整理; [爾雅(이아)] 祝粟(축속)은 祝栗(축률)의 착오.

◆訂正文; [爾雅]南至於濮鈆北至於祝栗

▶【2145-1】字解誤謬與否; [爾雅]南至於濮鈆北至於祝粟(改祝栗) [祝粟(改祝栗)]

★이상과 같이 오류(誤謬) 수정(修訂)이 되면 축률(祝栗; 북쪽 끝에 있는 나라. [爾雅釋地]東至於泰遠西至於邠國南至於濮鉛北至於祝栗,謂之四極[晉郭璞註]皆四方極遠之國)인데 자전상(字典上) 연(鈆)의 본의(本義)에 직접 영향이 미치게 됨.

康鈔(초)[唐韻][韻會][正韻]楚交切[集韻]初交切夶音謙[說文]又取也[徐鉉曰]今俗別作抄[廣韻]略也[後漢公孫瓚傳]尅會期日攻鈔郡縣 又[韻會]或作摷[張衡東京賦]摷昆聊 又作抄[杜甫詩]飯抄雲子白 又姓[正字通]明鈔秀鈔奇 又[增韻]謄寫也[抱朴子金丹卷]余令略鈔金丹之都較以示後之同志者 又[博雅]强也 又[廣韻]初教切[集韻][韻會][正韻]楚教切夶音勦[周禮夏官射鳥氏甌烏鳶註]烏鳶喜鈔盜便汙人[釋文]鈔初教反 又[正字通]楮貨名宋史紹興二十四年女眞以

銅少循宋交子法造鈔引一貫二貫三貫五貫十貫五等謂之大鈔一百二百三百五百七百五等謂之小鈔與錢夶用以七年爲限納舊易新諸路置交鈔庫官受之每貫取工墨錢十五文公私便焉 又[韻會定正]官收物而給印信文憑也卽今鈔關 又與杪同[管子幼官篇]敎行於鈔[註]鈔末也[又]聽於鈔故能聞未極[註]鈔深遠也 又[集韻]齒紹切音麨取也

【 오류정리 】

○康誤處 1; [周禮夏官射鳥氏甌烏鳶註]烏鳶喜(改善)鈔盜便汙人

●考證; 謹照原文喜改善

◆整理; [周禮夏官射鳥氏甌烏鳶註(주례하관사조씨구오연주)] 喜(희)는 善(선)의 착오.

◆訂正文; [周禮夏官射鳥氏甌烏鳶註]烏鳶善鈔盜便汙人

▶【2146-1】字解誤謬與否; [周禮夏官射鳥氏甌烏鳶註]烏鳶喜(改善)鈔盜便汙人 [喜(改善)]

★이상과 같이 오류(誤謬) 수정(修訂)이 된다 하여도 선초(善鈔; 착한척하다. 선량한 척하다. [周禮夏官射鳥氏甌烏鳶註]烏鳶善鈔盜便汙人)는 자전상(字典上) 초(鈔)의 본의(本義)에 적극 영향이 미침.

康鉈(사)[唐韻]食遮切[集韻][韻會]時遮切[正韻]石遮切夶音闍[說文]短矛也 又或作鉇[揚子方言]矛吳揚江淮南楚五湖之閒謂之鉇[註]常蛇反 又[廣韻]式支切音詩 又[類篇]施智切音翅義夶同○按[廣韻]視遮切註又音夷五支韻闕此一音

【 오류정리 】

○康誤處 1; [廣韻]式支切音詩(改音

詩爲音施)

●考證；謹按詩音申之切與鉇不同音施音商支切與鉇同音謹改音詩爲音施

◆整理；[廣韻(광운)] 音詩(음시)를 音施(음시)로 함.

◆訂正文；[廣韻]式支切音施

▶【2147-1】字解誤謬與否；[廣韻]式支切音詩(改音詩爲音施) [音詩(改音詩爲音施)]

★이상과 같이 음(音)의 오류(誤謬)를 수정(修訂)을 한다 하여도 자전상(字典上)의 사(鉇)의 본의(本義)에는 영향이 미치지 않음.

康 鉏(서)[唐韻]士魚切[集韻][韻會]牀魚切夶同鋤[說文]立薅所用也从金且聲[釋文]助也去穢助苗也[前漢賈誼傳]秦人借父耰鉏慮有德色 又治田也[前漢劉章耕田歌]非其種者鉏而去之 又[兒寬傳]帶經而鉏 又[廣韻]誅也[韓書外傳]凌轢無罪之民成威于閭巷之閒者衆之所誅鋤也 又地名[晉語]賜公南陽陽樊溫原州陘絺鉏欑茅之田[左傳成四年]鄭伯伐許取鉏任冷敦之田又[哀二十五年]請適城鉏[註]城鉏宋邑[後漢郡國志]東郡有鉏城 又鳥名[爾雅釋鳥]鷺春鉏[註]白鷺也一名春鉏 又姓[左傳宣二年]鉏麑[註]晉之力士 又人名[左傳莊十六年]刖強鉏又[僖二十四年]鄭大夫孔將鉏[史記齊世家]故從犂鉏之計[左傳作犂彌 又[集韻]宗蘇切音租茅藉祭也[周禮春官司巫蒩館註]蒩讀爲鉏鉏藉也館神所止也[釋文]鉏子都反 又[集韻]詳余切音徐人名[左傳成十八年]西鉏吾[註]宋大夫[釋文]鉏仕居反徐在居反 又國名[左傳襄四年]后羿自鉏遷于窮石[註]鉏羿本國名[釋文]鉏仕居反 又[集]鋤加切音茬鉏牙物傍出也[周禮冬官考工記玉人註]二璋皆有鉏牙之飾[釋文]鉏側魚反沈讀徐加反 又[廣韻]

牀呂切[集韻]狀所切夶音齟鉏鋙相距貌[楚辭九辯]圜鑿而方枘兮吾固知其鉏鋙而難入[註]鉏牀舉反 又[集韻]牀據切音助與耡同籍稅也

【 오류정리 】

○康誤處 1；又[廣韻]誅也[韓書(改韓詩)外傳]衆之所誅鋤也

●考證；謹照原書韓書改韓詩

◆整理；[韓書(한서)]는 韓詩(한시)의 착오. 外傳(외전)]

◆訂正文；又[廣韻]誅也[韓詩外傳]衆之所誅鋤也

※筆者謹按字典原本 ；又[廣韻]誅也[韓書外傳]凌轢無罪之民成威于閭巷之閒者衆之所誅鋤也

▶【2148-1】字解誤謬與否；又[廣韻]誅也[韓書(改韓詩)外傳]衆之所誅鋤也 [韓書(改韓詩)外傳]

★이상과 같이 인용처(引用處)나 주소(註疏), 등(等)의 오류(誤謬)를 수정(修訂)을 한다 하여도 자전상(字典上)의 서(鉏)의 본의(本義)에는 영향이 미치지 않음.

康 鉗(겸)[唐韻]巨淹切[集韻][韻會]其淹切夶音箝[說文]以鐵有所刦束也从金甘聲[前漢高帝紀]自髡鉗爲王家奴[註]鉗以鐵束頸也[後漢光武紀]弛解鉗衣[註]倉頡篇曰鉗釱也釱足鉗又[五行志]廣漢鉗子謀攻牢[師古註]鉗子謂鉗徒也[晉律]鉗重二斤翹長一尺五寸[集韻]或作鉆 又鉸也[後漢梁冀傳]妻孫壽性鉗忌[註]鉗取言性忌害如鉗之能鉸物也 又[揚子方言]惡也南楚凡人殘罵謂之鉗 又[家語]無取鉗鉗[註]鉗鉗妄行不誠也 又[呂氏春秋]後時者小莖而麻長短穗而厚糠小米鉗而不香 又澤名[張衡南都賦]其陂澤則有鉗盧玉池 又姓[正字通]唐元和中長令鉗耳 又與拑通[後漢袁紹

傳]道路以目百辟鉗口[註]以木銜其口
也或作拑渠廉反　又[集韻]其嚴切音
黔義同　又[集韻]五甘切音拑刃也

【 오류정리 】

○康誤處 1 ； 又鈒也(改鉥也)[後漢梁
冀傳]妻孫壽性鉗忌[註]鉗取言性忌害
如鉗之能鈒物(改鉥物)也

●考證 ； 謹按漢書注鈒本作鉥音輒又
音聶拔髮也鈒音最錐屬與鉗物之義不同
今照原文鈒也改鉥也鈒物改鉥物

◆整理 ； 鈒也(최야)는 鉥也(섭야)의
착오. [後漢梁冀傳(후한량기전)] 鈒物
(최물)은 鉥物(섭물)의 착오.

◆訂正文 ； 又鉥也[後漢梁冀傳]妻孫
壽性鉗忌[註]鉗取也言性忌害如鉗之
能鉥物也

▶ 【2149-1】字解誤謬與否 ； 又鈒也
(改鉥也)[後漢梁冀傳]妻孫壽性鉗忌
[註]鉗取言性忌害如鉗之能鈒物(改鉥
物)也　 [鈒也(改鉥也)] [鈒物(改鉥
物)]

★이상과 같이 오류(誤謬) 수정(修訂)
이 ○섭(鉥; 족집게) ○섭물(鉥物; 항
쇠). [後漢書梁冀傳]性鉗忌能制御冀冀
甚寵憚之[李賢注]鉗鉥也言性忌害如鉗
之鉥物也) 자전상(字典上) 겸(鉗)의
본의(本義)에 적극 영향이 미치게 됨.

金部 六畫

康 銅(동)[唐韻]徒紅切[集韻][韻
會]徒東切𠀤音同[說文]赤金也[本草
集解]銅有赤白青三種赤銅出川廣雲貴
等處山中土人穴山采礦鍊取之白銅出
雲南靑銅出南番[廣韻]金之一品[前漢
律歷志]凡律度量用銅者取爲物至精不
爲燥濕寒暑變節不爲霜露風雨攺形也
　又自然銅一名石髓鉛　又銅青[本草
集解]銅之精華卽空綠以次空青也[抱
朴子金丹卷]銅靑塗脚入水不腐　又地

名[左傳成九年]執諸銅鞮[註]銅鞮晉
別縣在上黨[前漢地理志]益州郡銅瀨
縣　又山名[前漢吳王濞傳]吳有豫章
郡銅山　又官名[前漢百官公卿表]水
衡都尉屬官有辨銅令丞[註]辨銅主分
別銅之種類也　又宮名[左傳襄三十一
年]銅鞮之宮數里[註]銅鞮晉離宮　又
人名[前漢古今人表]銅鞮伯華　又[前
漢宣帝紀]金芝九莖產于函德殿銅池中
[註]銅池承霤也以銅爲之　　又[古今
注]秦始皇有名馬曰銅爵　又[史記孝
文本紀]初與郡國守相爲銅虎符　又與
洞通[山海經]洞庭之山[註]洞或作銅

【 오류정리 】

○康誤處 1 ； [左傳襄三十一年]銅鞮
(改鞮)之宮數里[註]銅鞮(改鞮)晉離宮

●考證 ； 謹照原文兩鞮字𠀤改鞮

◆整理 ； [左傳襄三十一年(좌전양삼십
일년)] 兩鞮字(양시자) 모두 鞮(제)
의 착오.

◆訂正文 ； [左傳襄三十一年]銅鞮之
宮數里[註]銅鞮晉離宮

▶ 【2150-1】字解誤謬與否 ； [左傳
襄三十一年]銅鞮(改鞮)之宮數里[註]
銅鞮(改鞮)晉離宮　 [鞮(改鞮)] [鞮(改
鞮)]

★이상과 같이 오류(誤謬) 수정(修訂)
이 되면 동제(銅鞮; 진(晉)나라 이궁
명(離宮名) [左傳成公九年]雖有姬姜无
弃蕉萃[杜預注]蕉萃陋賤之人銅鞮春
秋 晉邑名在今山西省沁縣南晉平公曾
筑銅鞮宮于此 [左傳成九年]執諸銅鞮
[註]銅鞮晉別縣在上黨)인데　자전상
(字典上) 동(銅)의 본의(本義)에 직접
영향이 미치게 됨.

康 銍(질)[唐韻][韻會]𠀤陟栗切音
窒[說文]穫禾短鐮也[釋名]銍穫黍鐵
也[詩周頌]奄觀銍艾[傳]銍穫也[疏]
銍器可以穫禾故云穫也　又[小爾雅]

禾穗謂之截穎謂之銍[書禹貢]二百里納銍[傳]銍刈謂禾穗也[疏]禾穗用銍以刈故以銍表禾穗也　又[廣韻]古縣名在譙[前漢陳勝傳]攻銍酇苦柘譙皆下之[註]五縣名銍音竹乙反[地理志]沛郡銍縣　又通作铚[史記秦本紀]百里奚曰臣嘗游困於齊而乞食铚人[徐廣曰]銍一作铚　又[廣韻]之日切[集韻]職日切𠀤音質義同　又[集韻]或作鍹

【 오류정리 】

○康誤處 1；又通作铚[史記秦本紀]百里奚曰臣嘗游困於齊而乞食铚人[徐廣曰]銍一作铚(改铚一作銍)

●考證；謹照原文銍一作铚改铚一作銍

◆整理；[史記秦本紀(사기진본기)]銍一作铚(질일작질)은 铚一作銍(질일작질)의 착오.

◆訂正文；又通作铚[史記秦本紀]百里奚曰臣嘗游困於齊而乞食铚人[徐廣曰]铚一作銍

▶【2151-1】字解誤謬與否；又通作铚[史記秦本紀]百里奚曰臣嘗游困於齊而乞食铚人[徐廣曰]銍一作铚(改铚一作銍)　[銍一作铚(改铚一作銍)]

★이상과 같이 오류(誤謬) 수정(修訂)이 질일작질(铚一作銍; 铚을 다른 데에서는 銍로도 쓴다)라 함이니 전제시킨 통작질(通作铚)과 동의(同義)가 되어 자전상(字典上) 질(銍)의 본의(本義)에 영향이 미치게 됨.

康銚(조)[唐韻]以招切[集韻][韻會]餘招切𠀤音遙[說文]溫器也[廣韻]燒器[正字通]今釜之小而有柄有流者亦曰銚　又[揚子方言]𥂁宋楚魏之閒或謂之銚鋭　又[說文]一曰田器　又姓[後漢銚期傳]銚期字次況潁川郟人　又國名[前漢禮樂志]銚四會員十二人齊四會員十九人[註]銚國名音姚　又

[馬融長笛賦]𡙇櫟銚𢥣晳龍之慧也[註]皆分別節制之貌　又[集韻]千遙切音鍫舀也[詩周頌庤乃錢鎛疏]世本云垂作銚宋仲子註云銚刈也然則銚刈物之器也[釋文]銚七遙反[莊子外物篇]銚鎒于是乎始修[註]銚七遙反削也能有所穿削也又他堯反　又[廣韻]吐彫切[集韻]他彫切𣂪音桃義同　又[廣韻][集韻][韻會]𣂪徒弔切音調燒器[集韻或作鑃鐁　又[集韻]他弔切音耀義同　又弋笑切音燿與薚同薚𦯈草名[爾雅釋草]長楚銚𦯈[註]今羊桃也或曰鬼桃葉似桃華白子如小麥亦似桃○按釋文銚音姚與集韻音異　又[集韻]田聊切音迢長矛也[呂氏春秋]長銚利兵

【 오류정리 】

○康誤處 1；[詩周頌痔(改庤)乃錢鎛]

●考證；謹照原文痔改庤

◆整理；[詩周頌(시주송) 痔(치)는 庤(치)의 착오. 乃錢鎛(내전박)]

◆訂正文；[詩周頌庤乃錢鎛]

▶【2152-1】字解誤謬與否；[詩周頌痔(改庤)乃錢鎛]　[痔(改庤)]

★이상과 같이 인용처(引用處)나 주소(註疏), 등(等)의 오류(誤謬)를 수정(修訂)을 한다 하여도 자전상(字典上)의 조(銚)의 본의(本義)에는 영향이 미치지 않음.

康銳(예)[唐韻]以芮切[集韻][韻會]俞芮切[正韻]于芮切𣂪音叡[說文]芒也　又[書顧命]一人冕執銳[傳]銳矛屬也[釋文]銳以稅反　又[左傳成二年]銳司徒免乎[註]銳司徒主銳兵者[釋文]銳悅歲反　又[廣韻]利也[史記武安侯傳]魏其銳身爲救灌夫[前漢淮南王傳]於是王銳欲發[註]王意欲發兵如鋒刃之銳利又[劉向說苑]哀公問取人孔子對曰毋取口銳口銳者多誕寡信

又[左傳哀十一年]子羽銳敏[註]銳精也[桓十一年]我以銳師宵加於郹[王褒講德論]各采精銳以貢忠誠　又[正字通]今凡物鐵利曰銳[前漢天文志]下有三星銳曰罰[註]上小下大故曰銳[爾雅釋邱]再成銳上爲融邱[釋文]銳音惠　又[釋山]銳而高嶠[疏]銳鐵也言山形峻而高者名嶠　又[正韻]細小也[左傳昭十六年]且吾以玉賈罪不亦銳乎[註]銳細小也[疏]銳是鋒鋋[釋文]銳悅歲反　又姓[姓苑]升平申鮮里有御史中丞銳管　又[韻會][正韻]汰徒外切音兌矛屬　又[集韻]都外切音祋義同　又[五音集韻]弋雪切音悅[揚子方言]盂宋楚魏之閒或謂之銚銳　[集韻]籀作劂或作稅

康 **鋘**(오)[廣韻]戸花切[韻會][正韻]胡瓜切汰音華[說文]本作釫兩刃臿也[廣韻]鋘鍫[後漢獨行傳]戴就被考掠燒鋘斧使就挾于肘腋[註]鋘斧臿也

[集韻]或作鏵　又[集韻]洪孤切音胡泥鏝也塗工之具或作釫　又[廣韻]五乎切[集韻][韻會][正韻]訛胡切汰音吾鋘鋘山名出金可作刀以切玉[列子殷湯篇]作鋘鋙[司馬相如子虛賦]作昆吾

康 **鋼**(강)[廣韻]古郎切[集韻][韻會][正韻]居郎切汰音岡[玉篇]鍊鐵也[列子殷湯篇]鍊鋼赤刃用之以切玉如切泥焉[魏文帝樂府]羊頭之鋼[筆談]世煅鐵謂鋼者用熟鐵屈盤之以生鐵陷其閒泥封煉之煅令相入謂之團鋼亦謂之灌鋼此乃僞鋼耳余出使磁州煅坊始識凡鐵有鋼者如麫中有筋鍛百餘火一煅一輕至柔煅斤兩不減則純鋼也[本草]李時珍曰鋼分三種有生鐵夾熟鐵煉成者有精鐵百煉出鋼者有西南海山中生成狀如紫石英者凡刀劍諸刃皆是鋼鐵也　又[廣韻]古浪切[集韻]居浪切汰岡去聲義同

●考證 ; 謹照原書改湯問篇
◆整理 ; [列子(열자) 殷湯篇(은탕편)은 湯問篇(탕문편)의 착오.
◆訂正文 ; [列子湯問篇]鍊鋼赤刃用之切玉如切泥焉
▶【2155-1】字解誤謬與否 ; [列子殷湯篇(改湯問篇)]鍊鋼赤刃用之以切玉如切泥焉 [殷湯篇(改湯問篇)]
★이상과 같이 인용처(引用處)나 주소(註疏), 등(等)의 오류(誤謬)를 수정(修訂)을 한다 하여도 자전상(字典上)의 강(鋼)의 본의(本義)에는 영향이 미치지 않음.

康 錕 (곤) [集韻]古渾切 [集韻] [韻會]公渾切夶音昆赤金謂之錕鋙 [廣韻]鐵可爲劒 [列子殷湯篇]錕鋙之劒 [司馬相如子虛賦]作昆吾 又 [廣韻] [集韻] [韻會] [正韻]夶古本切音袞 [玉篇]車釭也 [揚子方言]車釭齊燕海岱之閒或謂之錕 又[集韻]戶袞切音混又[五音集韻]如延切音然義夶同

【 오류정리 】

○康誤處 1 ; [列子殷湯篇(改湯問篇)]錕鋙之劒
●考證 ; 謹照原書改湯問篇
◆整理 ; [列子(열자) 殷湯篇(은탕편)은 湯問篇(탕문편)의 착오.
◆訂正文 ; [列子湯問篇]錕鋙之劒
▶【2156-1】字解誤謬與否 ; [列子殷湯篇(改湯問篇)]錕鋙之劒 [殷湯篇(改湯問篇)]
★이상과 같이 인용처(引用處)나 주소(註疏), 등(等)의 오류(誤謬)를 수정(修訂)을 한다 하여도 자전상(字典上)의 곤(錕)의 본의(本義)에는 영향이 미치지 않음.

康 錚 (쟁) [唐韻]側莖切 [集韻]甾莖切夶音爭 [說文]金聲也 [潘岳籍田賦]

衝牙錚鎗 [後漢劉盆子傳]光武曰卿所謂鐵中錚錚者 又鉦也 [東觀漢記]段潁有功而還介士鼓吹錚鐸 [馬端臨曰]錚卽說文鉦形圓如銅鑼 又 [廣韻]楚耕切 [集韻] [韻會]初耕切 [正韻]抽庚切夶音琤義同 又叶七羊切音鎗 [張籍祭韓愈詩]頃息萬事盡感情多摧舊塋盟津北野窆動鼓錚 [集韻]或作鎗

【 오류정리 】

○康誤處 1 ; [東觀漢記]段潁(改段熲)有功而還介士鼓吹錚鐸
●考證 ; 謹照原文据後漢書段熲改段熲
◆整理 ; [東觀漢記(동관한기)]段潁(단영)은 段熲(단경)의 착오.
◆訂正文 ; [東觀漢記]段熲有功而還介士鼓吹錚鐸
▶【2157-1】字解誤謬與否 ; [東觀漢記]段潁(改段熲)有功而還介士鼓吹錚鐸 [段潁(改段熲)]
★이상과 같이 오류(誤謬) 수정(修訂)이 된다 하여도 단경(段熲; 후한(後漢) 때 장수(將帥). [後漢書皇甫張段列傳]段熲字紀明武威姑臧人也遷遼東屬國都尉時鮮卑犯塞熲卽率所領馳赴之旣而恐賊驚去乃使驛騎詐齎璽書詔熲熲於道僞退潛於還路設伏虜以爲信然乃入追熲熲因大縱兵悉斬獲之坐詐璽書伏重刑以有功論司寇刑竟徵拜議郎)은 자전상(字典上) 쟁(錚)의 본의(本義)에는 영향이 미치지 않음.

康 錞 (순) [廣韻]常倫切 [集韻] [韻會] [正韻]殊倫切音純 [廣韻]樂器鳴之所以和鼓也 [周禮地官封人]以金錞和鼓 [註]錞于也圜如碓頭大上小下樂作鳴之與鼓相和 [晉語]戰以錞于丁寧儆其民也 [註]錞于形如碓頭與鼓相和丁寧鉦也 [韻會]一說形如鐘有舌謂之錞于樂書云自金聲之淳言之謂之錞後周平

蜀獲其器太常卿斛斯證曰錞于也以芒
筒捋之其聲極振取以和樂通作淳于　又
[集韻]都昆切音敦義同　又[廣韻]徒
對切音隊[詩秦風]厹矛鋈錞[傳]錞鐏
也[疏]矛之下端[釋文]錞徒對反　又
徒猥反一音敦　又[淮南子說林訓]錞
之與刃孰先弊也[註]錞讀頓首之頓　又
[廣韻]徒猥切[集韻][正韻]杜罪切音
義同　又[集韻]徒臥切音憝覆也[禮喪
大記大夫　以幬檦註]幬或作錞[釋文]
錞徒對反又徒臥反又徒猥反　又[山海
經]是錞于西海[註]郭曰錞猶堤埻也章
閏反[又]是錞于北海[註]謂依附于北
海也　又[正字通]北海有錞于縣一作
淳于錞釪皆因山川之形似圜堆深箐者
故以爲名如玉甌峯鈷鉧潭之類[說文]
作

【 오류정리 】

○康誤處 1；[周禮地官封人(改鼓人)]
以金錞和鼓
●考證；謹照原文封人改鼓人
◆整理；[周禮地官(주례지관) 封人
(봉인)은 鼓人(고인)의] 착오.
◆訂正文；[周禮地官鼓人]以金錞和
鼓
▶【2158-1】字解誤謬與否；[周禮
地官封人(改鼓人)]以金錞和鼓　封人
(改鼓人)]
★이상과 같이 오류(誤謬) 수정(修訂)
이 된다 하여도 고인(鼓人；타악기
연주를 전업으로 하는 사람, [周禮地
官]鼓人算數六鼓四金之音聲以節聲樂
以利軍强以正田役[鄭玄註]音聲五聲合
和者北周仿周制置司鼓中士正二命下置
司鼓下士等隸屬地官府)은 자전상(字
典上) 순(錞)의 본의(本義)에는 영향
이 미치지 않음.

康錢(전)[唐韻]昨先切[集韻]財仙
切[正韻]才先切夶音前[玉篇]財也[集

韻]貨泉也其藏曰泉其行曰布取其流行
無不徧也[正字通]冶銅爲錢易貨也古之
爲市所有易所無布幣金刀龜貝之法窮
錢始行周制以商通貨太公望立九府圜
法錢外圓而內孔方輕重以銖圜者爲均
通也九府者掌財帛之官也歷代便之周
景王鑄大錢曰寶貨肉好有輪郭以勸農
贍不足百姓蒙其利錢形似璧故亦稱肉
好或謂肉爲邊不知錢邊曰郭肉在邊之
中也漢以後大小輕重不一名稱各殊國
家改元必更錢以年號爲文輪郭如舊紀
錢制者唐張台封演有泉譜陶岳有貨泉
錄宋洪遵有泉志馬端臨有錢幣考彼此
異同本註不具載　又與泉同[史記天
官書]下有積錢金寶之上皆有氣不可不
察[註]錢古作泉字　又[朝野僉載]張
篤號靑錢學士謂萬選萬中也　又縣名
[前漢地理志]會稽郡錢唐縣[註]武林
山武林水所出　又[後漢梁冀傳]意錢
之戲[何承天纂文]一曰詭億一曰射意
一曰射數一曰持掩卽今攤錢也[潛夫論
]或以遊博持掩爲事[註]博博六也掩意
錢也[歐陽修詞]堂上簸錢堂下走　又
馬飾[古樂府]鐵𪩘金面靑連錢[庾信楊
柳歌]連錢障泥渡水騎[晉書王濟傳]作
連乾　又綠錢苔別名[沈約詩]賓階綠
錢滿客位紫苔生又[岑參詩]榆莢小於
錢[張籍詩]蓮葉出水大如錢　又連錢
鶌鴣別名[廣韻]頸有錢文一名錢母　又
姓晉有歷陽太守錢鳳　又[唐韻]卽淺
切[集韻][韻會]子淺切[正韻]子踐切
夶音翦[說文]銚也古田器[詩周頌]痔
乃錢鎛[傳]錢銚也　又[集韻]在演切
音踐義同　又[字彙補]古與盞通酒器
也[續鐘鼎銘]有雀錢

【 오류정리 】

○康誤處 1；[正字通]冶銅爲錢易貨
也太公望立九府圖法(改圜法)
●考證；謹照原文圖法改圜法
◆整理；[正字通(정자통)] 圖法(도

법)은 圜法(원법)의 착오.

◆訂正文 ; [正字通]冶銅爲錢易貨也太公望立九府圜法

▶【2159-1】字解誤謬與否 ; [正字通]冶銅爲錢易貨也太公望立九府圖法(改圜法) [圖法(改圜法)]

★이상과 같이 도법(圖法)이 환법(圜法)으로 오류(誤謬) 수정(修訂)이 된다 하여도 구부원법(九府圜法; 주대(周代)의 화폐법(貨幣法).

※(구부원법(九府圜法 중국 주(周)나라 때 태공망(太公望)이 만든 제도인데 구부(九府)는 모두 화폐(貨幣)를 맡은 아홉개의 관청 기구로 환(圜)은 화폐가 물과 같이 유통(流通)한다는 뜻으로, 환법(圜法)은 원활하게 화폐를 운용하는 법)

([康熙字典錢部][正字通]冶銅爲錢易貨也古之爲市所有易所無布幣金刀龜貝之法窮錢始行周制以商通貨太公望立九府圜法錢外圓而內孔方輕重以銖圜者爲均通也九府者掌財帛之官也歷代便之周景王鑄大錢曰寶貨肉好有輪郭以勸農贍不足百姓蒙其利錢形似璧故亦稱肉好或謂肉爲邊不知錢邊曰郭肉在邊之中也漢以後大小輕重不一名稱各殊國家改元必更錢以年號爲文輪郭如舊紀錢制者唐張台封演有泉譜陶岳有貨泉錄宋洪遵有泉志馬端臨有錢幣考彼此異同本註不具載)은 자전상(字典上) 전(錢)의 본의(本義)에는 영향이 미치지 않음.

○康誤處 2; [詩周頌]痔(改庤)乃錢鎛

●考證 ; 謹照原文痔改庤

◆整理 ; [詩周頌(시주송)]痔(치)는 庤(치)의 착오.

◆訂正文 ; [詩周頌]庤乃錢鎛

▶【2160-1】字解誤謬與否 ; [詩周頌]痔(改庤)乃錢鎛 [痔(改庤)]

★이상과 같이 치(痔)가 치(庤)로 오류(誤謬) 수정(修訂)이 되면 치(庤; 비축하다)인데 자전상(字典上) 전(錢)의 본의(本義)에 영향(影響)이 미치게 됨.

康錨(묘)[五音集韻]武瀌切音苗[玉篇]器也[焦竑俗書刊誤]船上鐵猫曰錨或曰錨錨同卽今船首尾四角乂用鐵索貫之投水中使船不動搖者俗讀若茅茅苗音別其用一也

【 오류정리 】

○康誤處 1; [焦竑俗書刊誤]卽今船首尾四角乂(改四角叉)

●考證 ; 謹照原文四角乂改四角叉

◆整理 ; [焦竑俗書刊誤(초횡속서간오)] 四角乂(사각예)는 四角叉(사각차)의 착오.

◆訂正文 ; [焦竑俗書刊誤]卽今船首尾四角叉

▶【2161-1】字解誤謬與否 ; [焦竑俗書刊誤]卽今船首尾四角乂(改四角叉) [四角乂(改四角叉)]

★이상과 같이 오류(誤謬) 수정(修訂)이 되면 사각차(四角叉; 네귀의 닻)인데 자전상(字典上) 묘(錨)의 본의(本義)에 직접 영향이 미치게 됨.

康錫(석)[唐韻]先擊切[集韻][韻會]先的切𠀤音裼[說文]銀鉛之閒从金易聲[徐曰]銀色而鉛質也[詩衞風]如金如錫[傳]金錫鍊而精[爾雅釋器]錫謂之鈏[疏]錫金白鑞也一名鈏 又[博雅]赤銅謂之錫 又[爾雅釋詁]賜也[易師卦]王三錫命[書堯典]師錫帝曰[傳]錫與也[左傳莊元年]王使榮叔來錫桓公命[註]錫賜也[禮緯文]九錫一曰輿馬二曰衣服三曰樂器四曰朱戶五曰納陛六曰虎賁七曰弓矢八曰鈇鉞九曰秬鬯 又粉錫胡粉也 又姓[吳志]漢末有錫光 又地名[左傳文十一年]楚伐麇至於錫穴[前漢功臣表]無錫侯多軍 又[集韻]斯義切音瀃予也本作賜 又[五音集韻]思積切音昔細布也[禮雜記]加灰錫也[註]取緦以爲布又加灰治之則曰錫言錫然滑易也[儀禮大

射儀]冪用錫若絺[註]錫細布也[疏]謂
之錫者治其布使之滑易也[史記司馬相
如傳]被阿錫[註]錫布也　又[集韻]他
歷切音逖髮也　又大計切音弟義同

【 오류정리 】

○康誤處 1；[左傳文十一年]楚伐麋
(改伐麇)至於錫穴
●考證；謹照原文伐麋改伐麇
◆整理；[左傳文十一年(좌전문십일
년)] 伐麋(벌미)는 伐麇(벌균)의 착
오.
◆訂正文 ；[左傳文十一年]楚伐麇至
於錫穴
▶【2162-1】字解誤謬與否 ；[左傳
文十一年]楚伐麋(改伐麇)至於錫穴
[伐麋(改伐麇)]
★이상과 같이 오류(誤謬) 수정(修訂)
이 된다 하여도 초벌균(楚伐麇; 초는
균을 치다. [春秋左傳文公][經]十有
一年春楚子伐麋夏叔仲彭生會晉郤缺于
承筐秋曹伯來朝公子遂如宋狄侵齊冬十
月甲午叔孫得臣敗狄于咸 [傳]十一年
春楚子伐麋成大心敗麋師于防渚潘崇复
伐麋至于錫穴)은 자전상(字典上) 석
(錫)의 본의(本義)에는 영향이 미치지
않음.

康錯(착)[唐韻][集韻]倉各切[韻
會]清各切[正韻]七各切𡶇音厝[說文]
金涂也[前漢食貨志]錯刀以黃金錯其
文一刀直五千與五銖錢𡶇行[註]錯刀
王莽錢[張衡詩]何以贈之金錯刀　又
[詩大雅]簟茀錯衡[傳]錯衡文衡也[史
記趙世家]剪髮文身錯臂左衽[註]錯臂
亦文身謂以丹青錯畫其臂　又[玉篇]
鑢也[書禹貢]錫貢磬錯[疏]治玉石曰
錯磬有以玉爲之者磬錯謂治磬錯也　又
[正韻]廣石也[詩小雅]他山之石可以
爲錯[傳]錯石也可以琢玉[釋文]錯廣
石也　又[玉篇]雜也[書禹貢]厥賦惟

上上錯[傳]錯雜出[疏]交錯是間雜之
義故錯爲雜也　又亂也[尚書孔安國
序]錯亂磨滅勿可復知　又[易繫辭]錯
綜其數[疏]錯謂交錯[禮文王世子]禮
樂交錯于中　又[祭義]不錯則隨[註]
錯鴈行也父黨隨行兄黨鴈行[詩小雅]
獻醻交錯[傳東西爲交邪行爲錯　又
[集韻]乖也[增韻]舛也誤也[五代史羅
紹威傳]帥魏博牙軍驕恣盡殺之由此勢
弱曰聚六州四十二縣鐵鑄一个錯不成
[註]借義喻錯悮也　又[前漢五行志]
宣元之後劉向治穀梁春秋數其旤福傳
以洪範與仲舒錯[註]錯謂牴牾不合也
　又[廣韻]厠也言相間厠也　又[禮中
庸]辟如四時之錯行[朱註]錯猶迭也
又[易離卦]履錯然[註]錯然敬愼之貌
　又[馬融廣成頌]嵎岵錯崔[註]錯崔
高峻貌　又[山海經]帶山有獸其狀如
馬一角有錯[註]言角有甲錯也　又神
名[後漢禮儀志]錯斷食巨[註]逐疫之
神也　又姓[廣韻]宋太宰之後　又人
名[史記高祖功臣年表]橐侯陳錯[索隱
註]漢表作鍇音揩　又蟲名[字彙補]莎
雞幽州人謂之蒲錯　又與厝通[前漢地
理志]五方雜厝風俗不純[註]厝錯古通
又[廣韻][集韻][韻會][正韻]麤故
切音措[集韻]金塗謂之錯亦姓本作鐯
又[博雅]藏也　又[楚辭九章]萬
民之生各有所錯兮[註]錯安也　又[史
記司馬相如傳]展采錯事[註]展其官職
設厝其事業也錯音措　又[易繫辭]苟
錯諸地則可矣[疏]錯置也[釋文]錯音
措[史記周本紀]成康之際天下安寧刑
錯四十餘年不用[註]錯置也　又[史記
張儀傳]秦魏之交可錯矣[註]錯停止也
音措　又[後漢寒朗傳]二人錯愕不能
對[註]錯七故反錯愕猶倉卒也　又[揚
子方言]滅也周秦曰錯[註]音酢　又與
醋同[管子弟子職]置醬錯食　又[集
韻]七約切音碏物理䶂也

【 오류정리 】

○康誤處 1 ; [易繫辭]苟錯諸地則可矣(改而可矣)

●考證 ; 謹照原文則可矣改而可矣

◆整理 ; [易繫辭(역계사)] 則可矣(칙가의)는 而可矣(이가의)의 착오.

◆訂正文 ; [易繫辭]苟錯諸地而可矣

▶【2163-1】字解誤謬與否 ; [易繫辭]苟錯諸地則可矣(改而可矣) [則可矣(改而可矣)]

★이상과 같이 오류(誤謬) 수정(修訂)이 되면 구착제지이가의(苟錯諸地而可矣; 진실로 모든 땅을 뒤석음도 가하다. [周易繫辭傳上]子曰苟錯諸地而可矣藉之用茅何咎之有 慎之至也夫茅之爲物薄而用可重也慎斯術也以往其無所失矣)하 하니 자전상(字典上) 착(錯)의 본의(本義)에 직접 영향이 미치게 됨.

金部 九畫

康鍛(단)[唐韻]丁貫切[集韻][韻會][正韻]都玩切𠀤音碬[說文]小冶从金段聲[徐曰]椎之而已不消故曰小冶[倉頡篇]椎也[廣韻]打鐵[增韻]冶金曰鍛[書費誓]鍛乃戈矛[傳]鍛鍊戈矛也[晉書嵆康傳]康好鍛每於柳樹下鍛鍾會造之康鍛如故 又[前漢路溫舒傳]上奏畏卻則鍛鍊而周內之[註]精熟周悉致之法中也[後漢韋彪傳]鍛鍊之吏持心近薄[註]言文深之吏入人之罪猶工冶陶鑄鍛鍊使之成熟也 又[儀禮喪服鍛而勿灰[疏]冠用六升布加以水濯勿用灰而已又[士喪禮功布註]功布鍛濯灰治之布 又[馬融長笛賦]䆷叩鍛之㪻㪣兮[註]叩鍛㪻㪣爲聲倉頡篇曰鍛椎也 又與腶通[左傳哀十一年腶脯釋文]腶丁亂反亦作鍛[穀梁傳莊二十四年]婦人之贄棗栗鍛脩[註]鍛丁亂反脯也鍛而加薑桂曰脩 又[詩大

雅]取厲取鍛[傳]鍛石也[箋]鍛厲斧斤之石[釋文]鍛本又作碬丁亂反[說文云]碬厲石 又矢名[前漢衡山王傳]作輣車鍛矢

【 오류정리 】

○康誤處 1 ; [後漢韋彪傳]鍛鍊之吏持心近薄[註]言文深(改深文)之吏入人之罪猶工冶陶鑄鍛鍊使之成熟也

●考證 ; 謹照原文文深改深文

◆整理 ; [後漢韋彪傳(후한위표전)][註(주)] 文深(문심)은 深文(심문)의 착오.

◆訂正文 ; [後漢韋彪傳]鍛鍊之吏持心近薄[註]鍛鍊猶言成熟也言深文之吏入人之罪猶工冶陶鑄鍛鍊使之成熟也

▶【2164-1】字解誤謬與否 ; [後漢韋彪傳]鍛鍊之吏持心近薄[註]言文深(改深文)之吏入人之罪猶工冶陶鑄鍛鍊使之成熟也 [文深(改深文)]

★이상과 같이 오류(誤謬) 수정(修訂)이 된다 하여도 심문(深文; 의미가 깊은 문장)은 자전상(字典上) 단(鍛)의 본의(本義)에는 영향이 미치지 않음.

康鍥(계)[唐韻]苦結切[集韻][正韻]詰結切𠀤音猰[說文]鎌也[揚子方言]刈鉤自關而西或謂之鎌或謂之鍥[集韻]或作鐑 又[廣韻]刻也[戰國策]鍥朝涉之脛[註]鍥刻也[荀子勸學篇]鍥而舍之朽木不朽[折]鍥而不舍金石可鏤 又[廣韻]斷絶也[左傳定九年]盡借邑人之車鍥其軸麻[註]鍥絶也 又刻酷曰鍥[後漢劉陶傳]寬鍥薄之禁 又[集韻]詰計切[正韻]去計切𠀤音契義同 又[廣韻][正韻]古屑切[集韻]吉屑切𠀤音結鎌也[集韻]或作鏴鐑鐑

【 오류정리 】

○康誤處 1 ; [荀子勸學篇]鍥而舍之

朽木不朽(改不折)
●考證 ; 謹照原文不朽改不折
◆整理 ; [荀子勸學篇(순자권학편)] 不朽(부후)는 不折(부절)의 착오.
◆訂正文 ; [荀子勸學篇]鍥而舍之朽木不折
▶【2165-1】字解誤謬與否 ; [荀子勸學篇]鍥而舍之朽木不朽(改不折) [不朽(改不折)]
★이상과 같이 오류(誤謬) 수정(修訂)이 된다 하여도 부절(不折; 꺾이지는 않는다)은 자전상(字典上) 계(鍥)의 본의(本義)에는 영향이 미치지 않음.

○康誤處 2 ; [左傳定九年]盡借邑人之車鍥其軸麻(省麻字)
●考證 ; 謹照原文鍥其軸爲句麻約而歸之爲句麻字不連上讀謹省麻字
◆整理 ; [左傳定九年(좌전정구년)] 麻(마) 麻字(마자)는 삭제.
◆訂正文 ; [左傳定九年]盡借邑人之車鍥其軸
▶【2166-2】字解誤謬與否 ; [左傳定九年]盡借邑人之車鍥其軸麻(省麻字) [麻(省麻字)]
★이상과 같이 마자(麻字)를 삭제(削除) 한다 하여도 자전상(字典上) 계(鍥)의 본의(本義)에 영향을 끼치지 않음.

康鍭(후)[唐韻]乎鉤切[集韻][韻會]胡溝切[正韻]胡鉤切𠀤音侯[爾雅釋器]金鏃翦羽謂之鍭[註]今之鋒箭是也鍭猶候也候物而射之[詩大雅]四鍭旣鈞[疏]鍭矢參亭三分之一在前二在後輕重鈞亭也[揚子方言]關西曰箭江淮謂之鍭[班固東都賦]列刃鑽鍭 又或作猴[禮喪禮]猴矢一乘 又[廣韻]胡遘切[集韻]下遘切[韻會][正韻]胡茂切𠀤音候義同

○康誤處 1 ; [班固東都賦(改西都賦)]列刃鑽鍭
●考證 ; 謹照原文東都賦改西都賦
◆整理 ; [班固(반고) 東都賦(동도부)는 西都賦(서도부)의] 착오.
◆訂正文 ; [班固西都賦]列刃鑽鍭
▶【2167-2】字解誤謬與否 ; [班固東都賦(改西都賦)]列刃鑽鍭 [東都賦(改西都賦)]
★이상과 같이 인용처(引用處)나 주소(註疏), 등(等)의 오류(誤謬)를 수정(修訂)을 한다 하여도 자전상(字典上)의 후(鍭)의 본의(本義)에는 영향이 미치지 않음.

康鍰(환)[唐韻]戶關切[集韻][韻會][正韻]胡關切𠀤音還[說文]鈌也[玉篇]六兩也[小爾雅]二十四銖曰兩有半曰捷倍捷曰舉倍舉曰鈌謂之鍰宋咸曰舉三兩鍰六兩[書呂刑]其罰百鍰[釋文]鍰戶關反六兩也鄭及爾雅同[說文]云六鈌也鈌十一銖二十五分銖之十三也馬曰又云賈逵說俗儒以鈌重六兩[周官]劍重九鈌俗儒近是[疏][考工記]云戈矛重三鈌馬融云鈌量名當與呂刑鍰同俗儒云鈌六兩爲一川不知所出耳鄭康成云鍰稱輕重之名今代東萊稱或以大半兩爲鈞十鈞爲鍰鍰重六兩大半兩鍰鈌似同也或有存行之者十鈞爲鍰二鍰四鈞而當一斤然則鍰重六兩三分兩之二[周禮]謂鍰爲鈌如鄭康成之言一鍰之重六兩多於孔王所說惟挍十六銖爾黃鐵今之銅也互詳鈌字註 又與環同[前漢五行志]宮門銅鍰[註]鍰讀與環同 又[集韻]胡慣切音患又[五音集韻]王眷切音院義𠀤同 又[韻補]叶胡涓切音懸[蘇軾月華寺詩]天公胡爲不自憐暮使百鎰朝千鍰

○康誤處 1；[書呂刑]其罰百鍰[釋文]鍰戶關反六兩也鄭及爾雅同[說文]云六鋝也鋝十一銖二十五分銖之十三也馬曰(改馬同)

●考證；謹照原文馬曰改馬同

◆整理；[書呂刑(서여형)] [釋文(석문)] [說文(설문)] 馬曰(마왈)은 馬同(마동)의 착오.

◆訂正文；[書呂刑]其罰百鍰[傳]六兩曰鍰鍰黃鐵也[釋文]鍰戶關反六兩也鄭及爾雅同[說文]云六鋝也鋝十一銖二十五分銖之十三也馬同

▶【2168-2】字解誤謬與否；[書呂刑]其罰百鍰[釋文]鍰戶關反六兩也鄭及爾雅同[說文]云六鋝也鋝十一銖二十五分銖之十三也馬曰(改馬同) [馬曰(改馬同)]

★이상과 같이 오류(誤謬) 수정(修訂)이 된다 하여도 마동(馬同; 말과 같다)은 자전상(字典上) 환(鍰)의 본의(本義)에는 영향이 미치지 않음.

康鎒(누)[五音集韻]奴豆切同耨[詩周頌痔乃錢鎛傳]鎛鎒也[疏]鎒或作耨字詁云頭長六寸柄長一尺鎒古字也今作耨 又[玉篇]呼高切音蒿除草[戰國策操銚鎒與農人居壠畝之中[註]鎒呼高反[淮南子說山訓]治國者若鎒田去害苗者而已

【 오류정리 】

○康誤處 1；[詩周頌痔(改庤)乃錢鎛傳]

●考證；謹照原文痔改庤

◆整理；[詩周頌(시주송) 痔(치)는 庤(치)의 착오. 乃錢鎛傳(내전박전)]

◆訂正文；[詩周頌庤乃錢鎛傳]

▶【2169-2】字解誤謬與否；[詩周頌痔(改庤)乃錢鎛傳] [痔(改庤)]

★이상과 같이 인용처(引用處)나 주소(註疏), 등(等)의 오류(誤謬)를 수정(修訂)을 한다 하여도 자전상(字典上)의 누(鎒)의 본의(本義)에는 영향이 미치지 않음.

康鐑(결)[集韻]詰結切與鍥同[淮南子本經訓]鐑岩鐑金玉[註]鐑刻金玉以爲飾也 又[集韻]吉屑切亦與鍥同鎌也

【 오류정리 】

○康誤處 1；[淮南子本經訓]鐑岩(改鐑山石)鐑金玉[註]鐑刻金玉以爲飾(改器字)也

●考證 ；謹按岩字乃山石二字之譌今照原文改鐑山石飾字改器字

◆整理 ；[淮南子本經訓(회남자본경훈)] 鐑岩(전암)은 鐑山石(전산석)의 착오. [註(주)] 飾字(식자)는 器字(기자)의 착오.

◆訂正文 ；[淮南子本經訓]鐑山石鐑金玉[註]鐑刻金玉以爲器也

▶【2170-2】字解誤謬與否 ；[淮南子本經訓]鐑岩(改鐑山石)鐑金玉[註]鐑刻金玉以爲飾(改器字)也 [飾(改器字)]

★이상과 같이 오류(誤謬) 수정(修訂)이 된다 하여도 기야(器也; 그릇이라 한다)는 자전상(字典上) 결(鐑)의 본의(本義)에는 영향이 미치지 않음.

康鎛(박)[唐韻]補各切[集韻][韻會][正韻]伯各切夶音博[說文]鎛鱗也鐘上橫木上金華也从金尃聲[徐曰]鐘簴上飾[玉篇]鎛鱗獸似人懸鐘橫木也 又[正韻]大鐘[周禮春官]鎛師掌金奏之鼓[左傳襄十一年]及其鎛磬[周語]伶州鳩對周景王曰細鈞有鐘無鎛昭其大也大鈞有鎛無鐘甚大無鎛鳴其細也大昭小鳴龢之道也[註]韋昭曰細細

聲爲角徵羽也釣調也鐘大鐘鏄小鐘也昭明也有鐘無鏄爲兩細不相和故以鐘爲節明其大者以大平細也大謂宮商也爲兩大不相和故去鐘用鏄以小平大也甚大謂同尚大聲故又去鏄獨鳴其細細謂絲竹革木也大聲昭小聲鳴龢平之道也[正字通]按鏄小於鐘韋註甚明而周禮儀禮註鄭康成皆云鏄如鍾而大與國語不合　又[說文]一曰田器[詩周頌]痔乃錢鏄[傳]鏄鎛也[釋文]鏄音博[釋名]鏄鋤類也　又[淮南子俶眞訓]華藻鏄鮮[註]鏄今之金尊鮮明好也

【 오류정리 】

○康誤處 1；[詩周頌]痔(改庤)乃錢鏄
●考證；謹照原文痔改庤
◆整理；[詩周頌(시주송)]痔(치)는 庤(치)의 착오.
◆訂正文；[詩周頌]庤乃錢鏄
▶【2171-2】字解誤謬與否；[詩周頌]痔(改庤)乃錢鏄　[痔(改庤)]
★이상과 같이 오류(誤謬) 수정(修訂)이 된다 하여도 치(庤; 비축하다. [說文解字广部]庤儲置屋下也 [遼史食貨志上]歲秋社民隨所獲戸出粟庤倉社司籍其目準備具備 [玉篇]庤儲也具也)는 자전상(字典上) 박(鏄)의 본의(本義)에는 영향이 미치지 않음.

康 **鎭**(진)[唐韻][集韻][韻會]扶陟刃切音震[說文]博壓也[玉篇]重也壓也[前漢枚乘傳]馬方駭鼓而驚之係方絕又重鎭之[周語]爲摯幣瑞節以鎭之[註]鎭重也[楚辭九歌]白玉兮爲鎭[註]以白玉鎭坐席也一作瑱　又[玉篇]安也[周禮·春官]王執鎭圭[註]鎭安也[左傳桓十三年]夫固謂君訓衆而好鎭撫之　又[正韻]藩鎭山鎭皆取安重鎭壓之義[禮禮運其餘無常貨註]其餘謂九州之外夷服鎭服蕃服之國[周禮夏官職方氏]辨九服之邦國曰侯服甸服男

服采服衞服蠻服夷服鎭服藩服[註]言鎭守之[書舜典封十有二山傳]每州名山大者以爲其州之鎭[周禮夏官職方氏]其山鎭曰會稽[註]鎭名山安地德者也　又[韻會]州名漢恆山郡後周立恆州唐改鎭州五代唐改眞定府　又姓出[姓苑]　又[萬姓統譜]湖廣松滋縣有鎭氏　又星名[史記天官書]太歲在甲寅鎭星在東壁　又[廣韻]陟鄰切[集韻][韻會]知鄰切太音珍[廣韻]戍也又[集韻]寶器也[周禮天官天府]國之玉鎭[註]玉瑞也一音珍或作瑱　又[周語]是陽失其所而鎭陰也[註]鎭音珍爲陰所鎭筓也[史記周本紀]作瑱　又[集韻]亭年切音田與塡同塞也[晉語]譬之如室既鎭其甍矣[註]鎭或作塡經史通用　又[馮衍顯志賦]稱古今以敬思兮覽聖賢以自鎭嘉孔父之知命兮大老耼之貴玄鎭叶音田

【 오류정리 】

○康誤處 1；[禮禮運(改禮器)其餘無常貨註]
●考證；謹照原文禮運改禮器
◆整理；[禮(예) 禮運(예운)은 禮器(예기)의 착오. 其餘無常貨註(기여무상화주)]
◆訂正文；[禮禮器其餘無常貨註]
▶【2172-1】字解誤謬與否；[禮禮運(改禮器)其餘無常貨註]　[禮運(改禮器)]
★이상과 같이 인용처(引用處)나 주소(註疏), 등(等)의 오류(誤謬)를 수정(修訂)을 한다 하여도 자전상(字典上)의 진(鎭)의 본의(本義)에는 영향이 미치지 않음.

○康誤處 2；[周禮天官(改春官)天府]國之玉鎭
●考證 ； 謹照原文天官改春官
◆整理 ； [周禮(주례) 天官(천관)은

春官(춘관)의 착오. 天府(천부)]

◆訂正文 ; [周禮春官天府]國之玉鎭

▶【2173-2】字解誤謬與否 ; [周禮天官(改春官)天府]國之玉鎭　[天官(改春官)]

★이상과 같이 인용처(引用處)나 주소(註疏), 등(等)의 오류(誤謬)를 수정(修訂)을 한다 하여도 자전상(字典上)의 진(鎭)의 본의(本義)에는 영향이 미치지 않음.

金 部 十一畫

康鏐(류)[唐韻][集韻]𠀤力幽切音蟉[說文]弩眉也　又[說文]黃金之美者[廣韻]紫磨金[爾雅釋黃金謂之璗其美者謂之鏐[註]鏐卽紫磨金[詩小雅韠琫有珌箋]大夫鐐琫而鏐珌[釋文]鏐力幽反又力幼反又力虬反黃金之美者　又人名[五代史]吳越王錢鏐　又與璆通[書禹貢]厥貢璆鐵銀鏤砮磬[註]璆紫磨金　又[廣韻][集韻][韻會][正韻]𠀤力求切音留又[集韻]渠幽切音蚪又力救切音溜義𠀤同　又[集韻]憐蕭切音聊白金也

【 오류정리 】

○康誤處 1 ; [詩小雅韠琫(改韠琫)有珌箋]大夫鐐琫而鏐珌

●考證 ; 謹照原文韠琫改韠琫

◆整理 ; [詩小雅韠琫有珌箋(시소아필봉유필전)] 韠琫(필봉)은 韠琫(비봉)의 착오.

◆訂正文 ; [詩小雅韠琫有珌箋]大夫鐐琫而鏐珌

▶【2174-2】字解誤謬與否 ; [詩小雅韠琫(改韠琫)有珌箋]大夫鐐琫而鏐珌　[韠琫(改韠琫)]

★이상과 같이 인용처(引用處)나 주소(註疏), 등(等)의 오류(誤謬)를 수정(修訂)을 한다 하여도 자전상(字典上)의 류(鏐)의 본의(本義)에는 영향이

미치지 않음.

康鏗(갱)[廣韻]口莖切[集韻][韻會]丘耕切[正韻]丘庚切𠀤音硜[玉篇]鏗鏘金石聲[禮樂記]鐘聲鏗[疏]言金鐘之聲鏗鏗然[前漢刑法志]但能紀其鏗鎗鼓舞[註]鏗鎗金石之聲[集韻]或作鎯鍞　又[韻會]琴聲[論語]鼓瑟希鏗爾　又[廣韻]撞也[楚辭招魂]鏗鍾搖簴[註]鏗撞[班固東都賦]發鯨魚鏗華鍾　又人名[楚辭天問]彭鏗斟雉帝何饗[註]彭鏗彭祖也[神仙傳]彭祖姓籛名鏗

【 오류정리 】

○康誤處 1 ; [前漢刑法志(改禮樂志)]但能紀其鏗鎗鼓舞

●考證 ; 謹按所引出禮樂志不出刑法志謹照原書刑法志改禮樂志

◆整理 ; [前漢(전한) 刑法志(형법지)는 禮樂志(예악지)의] 착오.

◆訂正文 ; [前漢禮樂志]但能紀其鏗鎗鼓舞

▶【2175-2】字解誤謬與否 ; [前漢刑法志(改禮樂志)]但能紀其鏗鎗鼓舞　[刑法志(改禮樂志)]

★이상과 같이 인용처(引用處)나 주소(註疏), 등(等)의 오류(誤謬)를 수정(修訂)을 한다 하여도 자전상(字典上)의 갱(鏗)의 본의(本義)에는 영향이 미치지 않음.

康鏤(루)[唐韻]盧候切[韻會][正韻]郎豆切𠀤音漏[說文]剛鐵可以刻鏤[書禹貢]厥貢璆鐵銀鏤砮磬[傳]鏤剛鐵　又[說文]一曰釜也[博雅]䰝也[揚子方言]䥻江淮陳楚之閒或謂之鏤　又[正韻]彫刻也[爾雅釋器]鏤也[註]刻鏤物爲鏤[又]金謂之鏤[註]冶器之名[詩秦風]虎韔鏤膺[箋]鏤膺刻金飾也[左傳哀元年]器不彫鏤[註]鏤刻也

又 [前漢司馬相如傳] 鏤靈山 [師古往] 鏤謂疏通之以開道也　又姓出 [姓苑]　又 [唐韻] 力朱切 [集韻] [韻會] 龍珠切𡘋音慺劒名史記吳太伯世家賜子胥屬鏤之劒 [註] 屬鏤劒名　又 [韻補] 叶凌如切音廬 [王延壽魯靈光殿賦] 綠房紫菂窅𥥆垂珠雲㮤藻棁龍角雕鏤

【 오류정리 】

○康誤處 1；[左傳哀元年] 器不彤鏤 (改彤鏤)

●考證；謹照原文彤鏤改彤鏤

◆整理；[左傳哀元年(좌전애원년)] 彤鏤(조루)는 彤鏤(동루)의 착오.

◆訂正文；[左傳哀元年] 器不彤鏤

▶【2176-2】字解誤謬與否；[左傳哀元年] 器不彤鏤 (改彤鏤)　[彤鏤(改彤鏤)]

★이상과 같이 오류(誤謬) 수정(修訂)이 되면 기부동루(器不彤鏤; 그릇에 붉은 꽃을 조각하지 않는다. [春秋左傳哀元年] 器不彤鏤 [註] 鏤刻也 又 [前漢司馬相如傳] 鏤靈山 [師古往] 鏤謂疏通之以開道也　[春秋左傳哀公八年] [昔闔廬食不二味居不重席室不崇壇器不彤鏤宮室不觀舟車不飾衣服財用擇不取費) 인데 자전상(字典上) 루(鏤)의 본의(本義)에 영향이 미치게 됨.

金部 十二畫

鐃 (뇨) [唐韻] 女交切 [集韻] [正韻] 尼交切 [韻會] 泥交切𡘋音呶 [說文] 小鉦也軍法卒長執鐃 [玉篇] 似鈴無舌軍中所用也 [釋名] 鐃聲鐃鐃也 [周禮地官封人] 以金鐃止鼓 [註] 鐃如鈴無舌有柄執而鳴 之以止擊鼓　又奏樂所用也 [禮樂記] 始奏以文復亂以武 [註] 文謂鼓武謂金鐃樂始奏先擊鼓亂猶言終也鼓聲爲陽故謂文鐃聲爲陰故謂武文以始之武以收之言節奏得宜也　又 [博古圖] 漢舞鐃二其形上圜下方下作疏櫺中

含銅丸謂之舌鼓動有聲　又樂府有鐃歌軍中鼓吹曲也　又與鐃通 [後漢五行志童謠] 今年尚可後年鐃○按風俗通作鐃　又 [集韻] [正韻] 𡘋女教切與橈同 [莊子天道篇] 萬物無足以鐃心者

【 오류정리 】

○康誤處 1；[周禮地官封人(改鼓人)] 以金鐃止鼓

●考證；謹照原文封人改鼓人

◆整理；[周禮地官(주례지관) 封人(봉인)은 鼓人(고인)의] 착오.

◆訂正文；[周禮地官鼓人] 以金鐃止鼓

▶【2177-2】字解誤謬與否；[周禮地官封人(改鼓人)] 以金鐃止鼓　[封人(改鼓人)]

★이상과 같이 인용처(引用處)나 주소(註疏), 등(等)의 오류(誤謬)를 수정(修訂)을 한다 하여도 자전상(字典上)의 뇨(鐃)의 본의(本義)에는 영향이 미치지 않음.

鐋 (양) [唐韻] 與章切 [集韻] 余章切𡘋音陽 [說文] 馬頭飾也引 [詩] 鉤膺鏤鐋一曰鍱車輪鐵 [徐鉉曰] 今經典作錫 [急就篇] 鞄𩊷靯鞲鞍韉鐋 [師古註] 鐋同錫

【 오류정리 】

○康誤處 1；[急就篇] 鞄(增𩊷字)靯鞲鞍韉鐋

●考證；謹照原文鞄下增𩊷字

◆整理；[急就篇(급취편)] 鞄(인)에 이어 𩊷字(복자)를 덧붙임.

◆訂正文；[急就篇] 鞄𩊷靯鞲鞍韉鐋

▶【2178-2】字解誤謬與否；[急就篇] 鞄(增𩊷字)靯鞲鞍韉鐋　[鞄(增𩊷字)]

★이상과 같이 오류(誤謬) 수정(修訂)이 된다 하여도 인복(鞄𩊷; 수레 안에 까는 깔개) 자전상(字典上) 양(鐋)

의 본의(本義)에는 영향이 미치지 않음.

金部 十三畫

㋬鐲(탁)[唐韻][集韻][韻會][正韻]𠀤直角切音濁[說文]鉦也从金蜀聲軍法司馬執兩鐲[周禮地官封人]以金鐲節鼓[註]鐲鉦也形如小鍾軍行鳴之以爲鼓節[釋文]鐲直角反 又[集韻]竹角切音斸義同 又[廣韻]市玉切[集韻][韻會]殊玉切𠀤音蜀鐲鏥溫器也 又[正韻]藥名 又[廣韻]陟玉切音瘃與劚同

【 오류정리 】

○康誤處 1；[周禮地官封人(改鼓人)]以金鐲節鼓
●考證；謹照原文封人改鼓人
◆整理；[周禮地官(주례지관) 封人(봉인)은 鼓人(고인)의] 착오.
◆訂正文；[周禮地官鼓人]以金鐲節鼓
▶【2179-2】字解誤謬與否；[周禮地官封人(改鼓人)]以金鐲節鼓 [封人(改鼓人)]
★이상과 같이 인용처(引用處)나 주소(註疏), 등(等)의 오류(誤謬)를 수정(修訂)을 한다 하여도 자전상(字典上)의 탁(鐲)의 본의(本義)에는 영향이 미치지 않음.

㋬鐸(탁)[唐韻]待各切[集韻][韻會][正韻]達各切𠀤音度[說文]大鈴也軍法五人爲伍五伍爲兩兩司馬執鐸[玉篇]所以宣敎令也[釋名]鐸度也號令之限度也[書胤征]遒人以木鐸徇于路[傳]木鐸金鈴木舌所以振文敎[周禮天官小宰]徇以木鐸[註]古者將有新令必奮木鐸以警衆木鐸木舌也文事奮木鐸武事奮金鐸 又[地官封人]以金鐸通鼓[註]鐸大鈴也振之以通鼓 又牛鐸[世

說]晉荀勗逢趙賈人牛鐸鳴識其聲及掌樂音未調曰得趙賈牛鐸則諧矣下郡國悉送牛鐸得之果諧 又[開元遺事]宮中簷閒縣碎玉片風搖如環珮聲名占風鐸 又地名[左傳僖十六年]狄侵晉取狐廚受鐸[註]受鐸晉地在汾北 又國名[左傳宣十六年]晉士會帥師滅赤甲狄氏及留吁鐸辰[註鐸辰留吁之屬 又宮名[左傳哀三年]司鐸火[註]司鐸宮名 又姓[左傳成十八年]鐸遏寇爲上軍尉[前漢藝文志]鐸氏微三篇[註]楚太傅鐸椒也 又人名[左傳僖二十八年]曹叔振鐸 又[昭十三年]司鐸射[註]魯大夫

【 오류정리 】

○康誤處 1；[周禮地官封人(改鼓人)]以金鐸通鼓
●考證；謹照原文封人改鼓人
◆整理；[周禮地官(주례지관) 封人(봉인)은 鼓人(고인)의] 착오.
◆訂正文；[地官鼓人]以金鐸通鼓
※筆者謹按字典原本；[地官封人] 周禮無
▶【2180-1】字解誤謬與否；[周禮地官封人(改鼓人)]以金鐸通鼓 [封人(改鼓人)]
★이상과 같이 인용처(引用處)나 주소(註疏), 등(等)의 오류(誤謬)를 수정(修訂)을 한다 하여도 자전상(字典上)의 탁(鐸)의 본의(本義)에는 영향이 미치지 않음.

○康誤處 2；[左傳宣十六年]晉士會帥師滅赤甲狄氏(改赤狄甲氏)及留吁鐸辰
●考證；謹照原文赤甲狄氏改赤狄甲氏
◆整理；[左傳宣十六年(좌전선십륙년)] 赤甲狄氏(적갑적씨)는 赤狄甲氏(적적갑씨)의 착오.
◆訂正文；[左傳宣十六年]晉士會帥

師滅赤狄甲氏及留吁鐸辰

▶【2181-2】字解誤謬與否 ; [左傳宣十六年]晉士會帥師滅赤甲狄氏(改赤狄甲氏)及留吁鐸辰 [赤甲狄氏(改赤狄甲氏)]

★이상과 같이 오류(誤謬) 수정(修訂)이 된다 하여도 적적갑씨(赤狄甲氏; 진(晉)나라가 적적족(赤狄族)의 다른 한갈래 파인 갑씨(甲氏). [春秋左傳宣公十六年]晉人滅赤狄甲氏及留吁[杜預注]甲氏留吁赤狄別種 [集韻]赤狄別種)는 자전상(字典上) 탁(鐸)의 본의(本義)에는 영향이 미치지 않음.

康鐺(당)[唐韻][集韻][韻會][正韻]𠀤都郎切音當[說文]鋃鐺鎖也互詳鋃字註 又[集韻][韻會]𠀤他郎切音湯與鏜同鼓聲也[史記司馬相如傳]鏗鎗鐺鼞[註]鐺鼞鼓音 又[廣韻]楚庚切[集韻][韻會]楚耕切𠀤音鎗釜屬[通俗文]鬴有足曰鐺[緯略]三足溫酒器也唐薛大鼎賈敦頤鄭德本號鐺脚御史[宋史太祖紀]雷德驤判大理寺言趙普强市人第宅上怒叱曰鼎鐺猶有耳汝不聞普吾社稷臣乎

【 오류정리 】

○康誤處 1 ; [史記司馬相如傳]鏗鎗鐺鼞(改鞈)[註]鐺鼞(改鞈)鼓音

●考證 ; 謹照原文兩鼞字𠀤改鞈

◆整理 ; [史記司馬相如傳(사기사마상여전)] 鼞(륭)은 鞈(답)의 착오. [註(주)] 鼞 (륭)은 鞈(답)의 착오.

◆訂正文 ; [史記司馬相如傳]鏗鎗鐺鞈[註]鐺鞈鼓音

▶【2182-1】字解誤謬與否 ; [史記司馬相如傳]鏗鎗鐺鼞(改鞈)[註]鐺鼞(改鞈)鼓音 [鼞(改鞈)] [鼞(改鞈)]

★이상과 같이 오류(誤謬) 수정(修訂)이 되면 당답(鐺鞈; 북소리. [史記司馬相如傳]鏗鎗鐺鞈[註]鐺鞈鼓音)인

데 자전상(字典上) 당(鐺)의 본의(本義)에 영향이 미치게 됨.

金部 十四畫

康鑊(확)[廣韻]胡郭切[集韻][韻會]黃郭切𠀤音穫[說文]鑴也从金蒦聲[廣韻]鼎鑊[增韻]釜屬[周禮天官亨人]掌共鼎鑊[註]鑊所以煮肉及魚腊之器[前漢刑法志]有鑿顚抽脅鑊亨之刑[師古註]鼎大而無足曰鑊以鬻人也 又[韻補]叶胡麥切音獲[柳宗元懲咎賦]進與退吾無歸兮甘脂潤兮鼎鑊幸皇鑒之明有兮累郡印而南適

【 오류정리 】

○康誤處 1 ; [師古註]鼎大而無足曰鑊以鬻(改鬻)人也

●考證 ; 謹按漢書註作鬻同煮鬻音義別今据原文鬻改鬻

◆整理 ; [師古註(사고주)] 鬻(죽)은 鬻(호)의 착오.

◆訂正文 ; [師古註]鼎大而無足曰鑊以鬻人也

▶【2183-1】字解誤謬與否 ; [師古註]鼎大而無足曰鑊以鬻(改鬻)人也 [鬻(改鬻)]

★이상과 같이 오류(誤謬) 수정(修訂)이 되면 호인(鬻人; 기식(寄食)하는 사람. 남의 집에 얹혀 살며 밥을 먹음)으로 자전상(字典上) 확(鑊)의 본의(本義)에 영향이 미치게 됨.

康鑑(감)[唐韻]革懺切[集韻][韻會]居懺切𠀤音監[說文]大盆也 又[說文]鑑諸可以取明水於月[周禮秋官司烜氏]以鑒取明水於月[註]鑒鏡屬取水者世謂之方諸 又[廣韻]鏡也[左傳莊二十一年]王以后之鞶鑑予之[註]鑑工暫反鏡也[文子符書篇]人舉其疵則怨鑑見其醜則自善以鑑無心故也 又[廣

韻]照也[左傳昭二十八年]光可以鑑
[吳語]王盍亦鑑于人無鑑于水　又[廣
韻]誡也[正字通]考觀古今成敗爲法戒
者皆曰鑑因鑑能照物取義[唐書張九齡
傳]玄宗千秋節九齡述前興廢之原爲書
五卷號千秋金鑑錄以申諷諭[宋史司馬
光傳]光編年史名資治通鑑　又[韻會]
通作監[書泰誓]厥監惟不遠在彼夏王
　又[君奭]人無于水監當于民監　又鑒
寐假寐也[齊武帝詔]永思民瘼弗忘鑒
寐[梁武帝詔]興言夕惕無忘鑒寐　又
[廣韻][正韻]古銜切[集韻]居銜切[韻
會]居咸切𫓧監平聲義同　又[集韻]胡
暫切音鑯陶器如甄大口以盛冰[正字
通]冰鑑盛冰器上體如斗有疏稜鏤底如
風窗承以大盤置食于上設冰于盤使寒
氣通徹以禦暑[周禮天官凌人]春始治
鑑[註]鑑如甄大口，以盛冰置食物于
中以禦溫氣，春而始治之[疏]漢時名
爲甄，即今之甕是也[釋文]胡暫反本
或作監[又]祭祀共冰鑑　又[集韻]胡
懺切與鑑同[博雅]賞坵鑑也　又[韻
補]叶經電切音見[張衡七辯]淑性窈窕
秀色美豔鬢髮玄鬢光可以鑑

【 오류정리 】

○康誤處 1；[君奭(改酒誥)]人無于水
監當于民監

●考證；謹照原書君奭改酒誥

◆整理；[君奭(군석)]은 酒誥(주고)
의] 착오.

◆訂正文；[酒誥]人無于水監當于民
監

▶【2184-1】字解誤謬與否；[君奭
(改酒誥)]人無于水監當于民監　[君奭
(改酒誥)]

★이상과 같이 인용처(引用處)나 주
소(註疏), 등(等)의 오류(誤謬)를 수정
(修訂)을 한다 하여도 자전상(字典上)
의 감(鑑)의 본의(本義)에는 영향이
미치지 않음.

㉿鬲(력)[廣韻]與鎘同鼎屬[吳越春
秋]見爾鬲蒸而不炊[左思嬌女詩]心爲
茶荈劇吹噓對鼎鬲[抱朴子黃白卷]於
鬲中加微火

【 오류정리 】

○康誤處 1；[吳越春秋]見爾鬲(改兩
鬲)蒸而不炊

●考證；謹照原文爾鬲改兩鬲

◆整理；[吳越春秋(오월춘추)]爾鬲
(이력)은 兩鬲(량력)의 착오.

◆訂正文；[吳越春秋]見兩鬲蒸而不
炊

▶【2185-1】字解誤謬與否；[吳越
春秋]見爾鬲(改兩鬲)蒸而不炊　[爾鬲
(改兩鬲)]

★이상과 같이 오류(誤謬) 수정(修訂)
이 되면 양력(兩鬲; 양쪽 솥. [康熙字
典](鬲)[廣韻]與鎘同鼎屬[吳越春秋]
見兩鬲蒸而不炊[左思嬌女詩]心爲茶荈
劇吹噓對鼎鬲[抱朴子黃白卷]於鬲中加
微火)이 되는데 자전상(字典上) 력
(鬲)의 본의(本義)에 영향이 미치게
됨.

㉿鑪(로)[唐韻]洛乎切[集韻][正
韻]龍都切[韻會]籠都切𫓧音盧[說文]
方鑪也[徐鉉曰]今俗別作爐非[廣韻]
火牀[韻會]一曰火函[左傳定三年]邾
莊公廢于鑪炭[周禮天官宮人]共鑪炭
[前漢賈誼傳]天地爲鑪造化爲工陰陽
爲炭萬物爲銅　又[正韻]酒器　又酒
肆[史記司馬相如傳]令文君當鑪[註]
韋昭曰鑪酒肆也以土爲墮邊高似鑪
　又鉀鑪箭名見前鉀字註　又[韻會]熏
器或作爐[漢官典職]尚書郎給女使執
香爐　又與鑢通[左傳定四年]鑪金初官
于子期氏[釋文]鑪本又作鑢金名音慮

【 오류정리 】

○康誤處 1；[左傳定四年]鑢金初官(改初宦)于子期氏

●考證；謹照原文初官改初宦

◆整理；[左傳定四年(좌전정사년)]初官(초관)은 初宦(초환)의 착오.

◆訂正文；[左傳定四年]鑢金初宦于子期氏

▶【2186-1】字解誤謬與否；[左傳定四年]鑢金初官(改初宦)于子期氏 [初官(改初宦)]

★이상과 같이 오류(誤謬) 수정(修訂)이 된다 하여도 초환(初宦; 첫 벼슬)은 자전상(字典上)로(鑢)의 본의(本義)에는 영향이 미치지 않음.

金部 十九畫

康鑢(영)[唐韻]魯戈切[集韻][韻會]盧戈切夶音贏[說文]銼鑢也[廣韻]小釜[集韻]溫器[博雅]鎢錥謂之銼鑢[集韻]或作贏鑼[字彙]譌作鑢

【오류정리】

○康誤處 1；[集韻][韻會]盧戈切夶音贏(改爲夶音贏)

●考證；謹按贏音盈與盧戈切不同音惟贏字正音係盧戈切謹据改爲夶音贏

◆整理；[集韻(집운)][韻會(운회)]夶音贏(병음리)는 夶音贏(병음라)의 착오.

◆訂正文；[集韻][韻會]盧戈切夶音贏

▶【2187-1】字解誤謬與否；[集韻][韻會]盧戈切夶音贏(改爲夶音贏) [夶音贏(改爲夶音贏)]

★이상과 같이 인용처(引用處)나 주소(註疏), 음(音), 등(等)의 오류(誤謬)를 수정(修訂)을 한다 하여도 자전상(字典上)의 영(鑢)의 본의(本義)에는 영향이 미치지 않음.

長部 四畫

康長(장)[唐韻][集韻]直良切[正韻]仲良切夶音場[增韻]短之對也[孟子]今交九尺四寸以長[前漢田横傳]尺有所短寸有所長　又久也[詩商頌]濬哲維商長發其祥[箋]長猶久也[老子道德經]天地所以能長且久者以其不自生故能長生　又遠也[詩魯頌]順彼長道屈此羣醜[箋]長遠也[古詩]道路阻且長　又常也[陶潛歸去來辭]門雖設而長關[杜甫詩]風雲長爲護儲胥　又大也[世說新語補]願乗長風破萬里浪　又善也[晉書樂廣傳]論人必先稱其所長[唐書韓琬傳]文藝優長　又[博雅]長挾也　又[吳語]孤敢不順從君命長弟許諾[註]長弟猶云先後也　又星名[博雅]太白謂之長庚[詩小雅]東有啓明西有長庚[傳]日旦出謂明星爲啓明日旣入謂明星爲長庚　又宮名[班固西都賦]北彌明光而亙長樂[謝朓怨情詩]掖庭聘絕國長門失歡宴[註]長門漢陳皇后所居　又地名[玉海]長安本關中地西漢建都于此後因謂天子所都爲長安　又山名[說林]公見東陽長山曰何其坦迆[金史禮志]有司言長白山在興王之地禮合尊崇　又國名[山海經]有鹽長之國　又獸名[山海經]有獸焉其狀如禺而四耳其名長右　又草名[爾雅釋草]長楚銚芅[疏]長楚一名銚芅　又姓[左傳僖二十八年]甯子先長牂守門[註]長牂衛大夫　又仲長複姓　又長乗神名[山海經郭璞贊]九德之氣是生長乗人狀狗尾其神則凝妙物自潛世無得稱　又[韻會][正韻]夶展兩切音掌孟也[易乾卦]元者善之長也[疏]元爲施生之宗故言元者善之長也[戰國策]君長齊奚以薛爲[註]長雄長之長　又齒高也[書伊訓]立愛惟親立敬惟長[禮曲禮]年長以倍則父事之十年以長則兄事之五年以長則肩隨之　又位高也[書益稷外薄四海咸建五長[傳]言至海諸

侯五國立賢者一人爲方伯謂之五長以
相統治[釋文]五長衆官之長　又[周禮
大冢宰]乃施則于都鄙而建其長[註]長
謂公卿大夫王子弟之食采邑者　又進
也[易泰卦]君子道長小人道消也　又生
長也[孟子]苟得其養無物不長　又長
養之也[前漢董仲舒傳]陽常居大夏而
以生育養長爲事　又[詩大雅]克明克
類克長克君[箋]敎誨不倦曰長　又官
名[左傳襄十一年]秦庶長鮑庶長武帥
師伐晉以救鄭[註]庶長秦爵也　又縣
名[左傳襄十八年]夏晉人執衞行人石
買于長子[註]長子縣屬上黨郡　又[集
韻][韻會][正韻]㣡直亮切音仗[集韻]
度長短曰長　又[集韻]餘也[正韻]多也
宂也剩也[論語長一身有半[世說新語]
平生無長物[陸機文賦故無取乎宂長
又[正韻]知亮切音障增盛也[韓愈詩]
得時方長王

【 오류정리 】

○康誤處 1；[杜甫(改李商隱)詩]風雲
長爲護儲胥
●考證；謹按籌筆驛詩爲李商隱作杜
甫改李商隱
◆整理；[杜甫(두보)는 李商隱(이상
은)의 착오. 詩(시)]
◆訂正文；[李商隱詩]風雲長爲護儲
胥
▶【2188-1】字解誤謬與否；[杜甫
(改李商隱)詩]風雲長爲護儲胥　[杜甫
(改李商隱)]
★이상과 같이 인용처(引用處)나 주
소(註疏), 등(等)의 오류(誤謬)를 수정
(修訂)을 한다 하여도 자전상(字典上)
의 장(長)의 본의(本義)에는 영향이
미치지 않음.

○康誤處 2；[周禮大冢宰(改大宰)]乃
施則于都鄙而建其長
●考證；謹照原書大冢宰改大宰

◆整理；[周禮(주례)大冢宰(대총재)
는 大宰(대재)의] 착오.
◆訂正文；[周禮天官大宰]乃施則于
都鄙而建其長
※筆者謹按字典原本；[周禮天官大冢
宰]乃施則于都鄙而建其長
▶【2189-2】字解誤謬與否；[周禮
大冢宰(改大宰)]乃施則于都鄙而建其
長　[大冢宰(改大宰)]
★이상과 같이 인용처(引用處)나 주
소(註疏), 등(等)의 오류(誤謬)를 수정
(修訂)을 한다 하여도 자전상(字典上)
의 장(長)의 본의(本義)에는 영향이
미치지 않음.

長 部 五畫

康䮦(절)[集韻]徒結切音経[爾雅釋
魚]䮦蠻[註]蝮屬大眼最有毒今淮南人
呼蠆子

【 오류정리 】

○康誤處 1；[爾雅釋魚]䮦蠻(改䮦蠆)
●考證；謹照原文䮦蠻改䮦蠆
◆整理；[爾雅釋魚(이아석어)]䮦蠻
(절만)은 䮦蠆(절악)의 착오.
◆訂正文；[爾雅釋魚]䮦蠆
▶【2190-1】字解誤謬與否；[爾雅
釋魚]䮦蠻(改䮦蠆)　[䮦蠻(改䮦蠆)]
★이상과 같이 오류(誤謬) 수정(修訂)
이 되면 절악(䮦蠆; 독사 이름. 살무
사의 일종. [爾雅釋魚]䮦蠆[註]蝮屬
大眼最有毒今淮南人呼蠆子)으로 자전
상(字典上) 절(䮦)의 본의(本義)에 직
접 영향이 미치게 됨.

門 部

康門(문)[唐韻]莫奔切[集韻][正
韻]謨奔切[韻會]謨昆切㣡音捫[說文]
聞也从二戸象形[玉篇]人所出入也在
堂房曰戸在區域曰門[博雅]門守也[釋
名]捫也言在外爲人所捫摸也[易同人]

同人于門[註]心無係吝通夫大同出門皆同故曰同人於門也[書舜典]賓于四門四門穆穆[傳]四門四方之門[禮月令]孟秋之月其祀門[周禮天官掌舍]爲帷宮設旌門[註]王行止食息張帷爲宮樹旌以表門[又]設車宮轅門[註]王止宿險阻之處車以爲藩則仰車以其轅表門今慕府亦稱轅門牙門[楚辭九辯[君之門以九重[註]天子九門關門遠郊門近郊門城門皐門雉門應門路門寢門亦曰庫門　又譙門城上爲高樓以望者[前漢陳勝傳]獨守丞與戰譙門中　又橋門國學門也[後漢儒林傳]圜橋門而觀聽者蓋億萬計　又師門[後漢桓榮傳]上則通達經旨下則去家慕鄉求謝師門又[通鑑]唐狄人傑嘗薦姚元崇等數十人或謂曰天下桃李悉在公門　又[正字通]世族盛著曰門望韓顯宗疏言門望者祖父之遺烈　又凡物關鍵處皆謂之門[易繫辭]道義之門[疏]物之得宜從此易而來故云道義之門謂與道義爲門戶也　又[老子道德經]衆妙之門　又期門勇士也[後漢譙玄傳]帝始作期門數爲微行[註]前書武帝微行常與侍中常侍武騎及待詔北地良家子能騎射者期諸殿門故有期門之號自此始也成帝微行亦然故言始也[班固西部賦]期門佽飛列刃攢鍭　又官名[周禮地官]司門祭祀之牛牲繫焉監門養之[後漢百官志]黃門侍郞六百石掌侍從左右給事中[又]門大夫六百石[註]漢官曰門大夫二人選四府掾屬　又[周禮春官小宗伯]其正室皆謂之門子[註]將代父當門者也[左傳襄十一年]大夫諸司門子勿順　又地名[左傳襄二十七年]託於木門[註]木門晉地[史記項羽紀]兵四十萬在新豐鴻門[孟康註]在新豐東十七里又[秦本紀]敗三晉之師於石門[一統志]在平陽府解州東南白徑嶺踰中條山通陝州道山嶺參天左右壁立閒不容軌名曰石門　又鴈門郡名見[前漢地理志　又山名[書禹貢]浮于積石至于龍門[傳]龍門山在河東之西界[後漢逸民傳]龐公攜其妻子登鹿門山又[正字通]北方北極之山曰寒門漢光武紀寒門註師古曰今冶谷去甘泉八十里盛夏凜然又星名[史記天官書]其南北兩大星曰南門[註]南門二星在庫樓南天之外門明則氐羌貢[天文志]大微星南四星執法中端門左右掖門　又姓氏也公卿之子敎以六藝謂之門子後因以爲氏後魏門文愛又東門西門雍門木門俱複姓[左傳宣十八年註]襄仲居東門故曰東門氏　又樂名<u>[周禮春官大司樂]舞雲門大卷大咸大磬大夏大濩大武</u>[註]此周所存六代之樂黃帝曰雲門　又人名[史記秦始皇紀]使盧生求羨門高誓[註]羨門古仙人[前漢藝文志]逢門射法二篇[註]卽逢蒙[荀子正論篇]羿逢門者天下之善射者也　又[正字通]僧曰沙門桑門[前漢郊祀志]沙門漢言息心削髮絕情欲歸於無爲也　又[韻補]叶民堅切音眠[楚辭遠遊]虛以待之兮無爲之先庶類有成兮此德之門　又叶眉貧切音珉[詩邶風]出自北門憂心殷殷叶下貧[荀卿雲賦]往來惛憊通於大神出入甚亟莫知其門

【 오류정리 】

○康誤處 1 ; [周禮大司樂]舞雲門大卷大咸大磬(改大磬)大夏大濩大武

●考證 ; 謹照原文大磬改大磬

◆整理 ; [周禮大司樂(주례대사악)]大 穿上端爲孔磬(대경)은 大磬(대소)의 착오.

◆訂正文 ; [周禮春官大司樂]以樂舞敎國子舞雲門大卷大咸大磬大夏大濩大武

※筆者謹按字典原本 ;[周禮春官大司樂]考證春官缺

▶【2191-1】字解誤謬與否 ; [周禮

大司樂]舞雲門大卷大咸大磬(改大磬)
大夏大濩大武　[大磬(改大磬)]
★이상과 같이 오류(誤謬) 수정(修訂)
이 되면 대소(大磬; 악명(樂名)) 순임
금 음악. [周禮春官大司樂]大磬又奏
姑洗舞大磬[註]大磬舜樂也)인데 자전
상(字典上) 문(門)의 본의(本義)에 직
접 영향이 미치게 됨.

門 部 三畫

㉙閉 (폐)[唐韻]博計切[集韻][韻
會]必計切[正韻]必弊切𡘋音嬖[說文]
闔門也从門才才所以歫門也會意亦像
形俗从下非[禮月令]修鍵閉[註]鍵牡閉
牝也[疏]鍵是門扇後樹兩目穿上端爲孔
閉者將局關門以內孔中[左傳桓五年]
閉蟄而烝[註]建亥之月昆蟲閉戶[釋
文]必計反　又[左傳桓五年]凡分至啟
閉必書雲物[註]閉立秋立冬　又[廣
韻]掩也[書大誥]予不敢閉于天降威用
[傳]言我不敢閉絕天所下威用而不行
[史記樂書]禮者所以閉淫也　又[淮南
子道應訓]劉氏奪之若轉閉錘[註]閉錘
格也　又[博雅]閉閉盛也　又[玉篇]
塞也[易坤卦]天地閉[疏]謂二氣不相
交通天地否閉　又藏也[淮南子天文
訓]萬物閉藏　又[詩秦風]竹閉緄縢
[傳]閉紲也[正字通]弓檠也　又服式
也[釋名]反閉襦之小者也却向著之領
反于背後閉其襟也　又[廣韻]方結切
[集韻][韻會]必結切[正韻]必列切𡘋
音鷩義同

【 오류정리 】

○康誤處 1；[禮月令]修鍵閉[註]鍵
牡閉牝也[疏]鍵是門扇後樹兩目(改兩
木)穿上端爲孔
●考證；謹照原文兩目改兩木
◆整理；[禮月令(예월령)][註(주)]
[疏(소)] 兩目(양목)은 兩木(양목)의
착오.
◆訂正文；[禮月令]修鍵閉[註]鍵牡

閉牝也[疏]何氏曰鍵是門扇後樹兩木
▶【2192-1】字解誤謬與否；[禮月
令]修鍵閉[註]鍵牡閉牝也[疏]鍵是門
扇後樹兩目(改兩木)穿上端爲孔　[兩
目(改兩木)]
★이상과 같이 오류(誤謬) 수정(修訂)
이 된다 하여도 양목(兩木; 나무 두
그루)은 자전상(字典上) 폐(閉)의 본
의(本義)에는 영향이 미치지 않음.

門 部 四畫

㉙開 (개)[廣韻]苦哀切[集韻][韻
會]丘哀切𡘋音侅[說文]張也[廣韻]解
也[韻會]啟也[爾雅釋言]闢也　又[五
音集韻]通也[易乾卦疏]亨通也會合萬
物令使開通而爲亨也　又發也[禮學
記]故君子之教喻也開而勿達[註]開謂
發頭角[疏]但爲學者開發大義頭角而
已　又釋也[易乾坤卦文言疏]諸卦及
爻皆從乾坤而出故特作文言以開釋之
[書多方]殄戮多罪亦克用勸開釋無辜
亦克用勸　又[韻會]條陳也　又始也
[後漢馮衍傳]開歲發春兮百卉含英
[註]開發皆始也[禮檀弓]曩者爾心或
開予[註]開謂諫爭有所發起　又星名
[史記天官書北斗七星註]春秋運斗極
云斗第六開陽　又[集韻]州名本漢朐
𦜝縣地後魏置開州鎮　又縣名[史記高
祖紀]與偕攻開封又[功臣年表]開封侯
陶舍[註]縣名屬河南　又[集韻]人名
[左傳襄二十三年]曹開御戎[註]齊臣
　又[韻會]姓也　又[集韻]通作闓詳
闓字註　又[集韻]輕煙切音牽山名在雍
州通作汧　又[韻補]叶音虧[謝惠連
擣衣篇]盈篋自余手幽緘候君開腰帶準
疇昔不知今是非　又叶音欺[左思蜀
都賦]宣化之闥崇禮之闈華闕雙邈重門
洞開[說文]開本字

【 오류정리 】

○康誤處 1；[集韻]輕煙切音牽山名

在雍州通作沂(改汧)

●考證；謹照原文沂改汧

◆整理；[集韻(집운)] 沂(기)는 汧(견)의 착오.

◆訂正文；[集韻]輕煙切音牽山名在雍州通作汧

▶【2193-1】字解誤謬與否；[集韻]輕煙切音牽山名在雍州通作沂(改汧)[沂(改汧)]

★이상과 같이 오류(誤謬) 수정(修訂)이 되면 견(汧；수명(水名). [說文]水出扶風汧縣西北入渭[水經注]汧水出汧縣蒲谷鄉弦中谷[爾雅釋水]汧出不流[註]水泉潛出自停成汙池也又水決之澤爲汧[疏]凡水爲人所決[全唐詩汧陽間] 汧水悠悠去似絣遠山如畫翠[爾雅釋水]汧出不流)으로 자전상(字典上) 개(開)의 본의(本義)에 직접 영향이 미치게 됨.

康 閒(한)[唐韻]古閑切[集韻][韻會]居閑切[正韻]居顏切𠀤音蕑[說文]隙也从門从月會意亦形[徐鍇曰]門夜閉閉而見月光是有閒隙也[禮樂記]一動一靜者天地之閒也[莊子]山木篇]周將處夫材不材之閒又[史記郭解傳]洛陽人有相讐者邑中賢豪居閒以十數終不聽[註]居中爲他道和輯之[周語]我先王不窋用失其官而自竄於戎翟之閒

又容也[禮文王世子]凡待坐於大司成者遠近閒三席[註]閒猶容也[前漢文帝紀]願請閒[師古註]閒容也猶今言中閒也請容暇之頃當有所陳也 又簡也[釋名]閒簡也事功簡省也 又車轄聲也[詩小雅]閒關車之轄兮[傳]閒關設轄聲也 又黃閒弩名[前漢李廣傳]射以大黃[註]黃肩弩晉灼曰卽黃閒大黃其大者也 又地名[春秋昭二十二年]大蒐于昌閒 又人名[史記項羽紀]田角弟田閒故齊將又[樂毅傳]以樂毅子

閒爲昌國君[註]閒紀閒反 又[集韻][韻會]何閒切[正韻]何艱切𠀤音閑[集韻]安也[詩周南窈窕淑女傳]言后妃有關雎之德是幽閒貞專之善女[朱傳]有幽閒貞靜之德[左傳僖三十三年]皇武子曰吾子取其麋鹿以閒敝邑若何[周禮地官旅師]掌聚野之鋤粟屋粟閒粟[註]閒民無職事者所出[釋文]𠀤音閑[禮王制]其餘以祿士以爲閒田[史記信陵君傳]侯生乃屏人閒語[註]閒音閑謂靜語也又[司馬相如傳]雍容閒雅甚都[註]韋昭曰閒讀曰閑 又隙也[禮曲禮]少閒願有復也[註]言欲須少空閒有所白也 又[廣韻]近也[左傳成十六年]以君之靈閒蒙甲冑[註]閒猶近也 又[廣韻]古莧切[集韻]居莧切[韻會]居諫切[正韻]居晏切𠀤音襇[爾雅釋詁]代也[書立政]相我受民和我庶獄庶愼時則勿有閒之[傳]閒代也[詩周頌]皇以閒之[儀禮燕禮]乃閒歌魚麗笙由庚 又[爾雅釋言]倪也[註]左傳謂之諜今之細作也[釋文]閒音諫 又[博雅]誤也[釋文]誤卽誤謗之誤 又[廣韻]厠也[易屯卦註]固志同好不容他閒正義曰閒者厠也五應在二是堅固其志在於同好不容他人閒厠其閒也[左傳隱三年]石碏曰遠閒親新閒舊[釋文]閒閒厠之閒 又迭也[書益稷]笙鏞以閒[傳]閒迭也[疏]更迭閒厠相代之義故閒爲迭也吹笙擊鐘更迭而作 又隔也[前漢楚元王傳]或脫簡或閒編[註]閒古莧反謂舊編爛絕就更次之前後錯亂也[韋玄成傳]閒歲而祫[註]閒歲隔一歲也 又與也[左傳莊十年]齊師伐我公將戰曹劌請見其鄉人曰肉食者謀之 又何閒焉[註]閒猶與也 又空也[前漢高帝紀]步從閒道走軍[註]閒空也投空隙而行不公顯也 又離也[晉語]且夫閒父之愛而嘉其貺[註]閒離也 又遠也[淮南子俶眞訓]溝中之斷則醜美

有閒矣[註]閒遠也 又非正色曰閒[詩衞風綠兮衣兮傳]綠閒色 又[廣韻]瘳也[正字通]病恆在身無少空隙今病既損有空隙故謂病瘳爲閒也 又送也 又[正字通]非訾亦曰閒 又致隙曰閒[左傳定四年]閒甚王室 又以計愚敵曰反閒孫子兵法反閒者因敵閒而用之也 又地名[戰國策]割河閒以事秦[註]閒音諫趙地 又[集韻]賈限切音簡地名引春秋大蒐于昌閒○按陸德明音義閒如字無作上聲讀者未知集韻何據 又[博雅]閒覗也[釋文]閒孤限切覗音司 又[集韻]下瞎切音鞻[爾雅釋詁]代也施乾讀 又[韻補]叶音巾[高彪詩]人有計策六奇五閒總茲三事謀則咨詢

【 오류정리 】

○康誤處 1; [書立政]相我愛民(改受民)和我庶獄庶愼時則勿有閒之
●考證; 謹照原文愛民改受民
◆整理; [서립정(書立政)]의 애민(愛民)은 수민(受民)의 착오임.
◆訂正文; [書立政]相我受民和我庶獄庶愼時則勿有閒之
▶【2194-1】字解誤謬與否; [書立政]相我愛民(改受民)和我庶獄庶愼時則勿有閒之 [愛民(改受民)]
★이상과 같이 오류(誤謬) 수정(修訂)이 된다 하여도 수민(受民; 물려 받은 백성. 이민으로 들어온 국민.[書立政]相我受民和我庶獄庶愼時則勿有閒之)은 자전상(字典上) 한(閒)의 본의(本義)에는 영향이 미치지 않음.

○康誤處 2; [淮南子淑眞訓(改俶眞訓)][註]閒遠也
●考證; 謹照原文淑眞訓改俶眞訓
◆整理; [淮南子(회남자) 淑眞訓(숙진훈)은 俶眞訓(숙진훈)의] 착오.
◆訂正文; [淮南子俶眞訓]溝中之斷則醜美有閒矣[註]閒遠也

▶【2195-2】字解誤謬與否; [淮南子淑眞訓(改俶眞訓)][註]閒遠也 [淑眞訓(改俶眞訓)]
★이상과 같이 인용처(引用處)나 주소(註疏), 등(等)의 오류(誤謬)를 수정(修訂)을 한다 하여도 자전상(字典上)의 한(閒)의 본의(本義)에는 영향이 미치지 않음.

○康誤處 3; [左傳定四年]閒甚(改閒恭)王室
●考證; 謹照原文閒甚改閒恭
◆整理; [左傳定四年(좌전정사년)]閒甚(한기)는 閒恭(한공)의 착오.
◆訂正文; [左傳定四年]閒恭王室
▶【2196-3】字解誤謬與否; [左傳定四年]閒甚(改閒恭)王室 [閒甚(改閒恭)]
★이상과 같이 오류(誤謬) 수정(修訂)이 되면 한공왕실(閒恭王室; 한공, 지명(地名). [左傳定四年]閒恭王室 又以計愚敵曰反閒孫子兵法反閒者因敵閒而用之也 又地名[戰國策]割河閒以事秦[註]閒音諫趙地 又[集韻]賈限切音簡地名引春秋大蒐于昌閒) 자전상(字典上) 한(閒)의 본의(本義)에 영향이 미치게 됨.

門部 五畫

康 閟(비)[唐韻][集韻][韻會][正韻]扶兵媚切音祕[說文]閉門也 又凡隱而不發皆作閟[詩衞風]視爾不臧我思不閟[傳]閟閉也[釋文]閟, 悲位反[左傳莊三十二年]初公築臺臨黨氏見孟任從之閟[註]閟不從公又[閔二年]孤突曰命以時卒閟其事也[註]冬十二月閟盡之時[前漢盧綰傳]綰愈恐閟匿 又[玉篇]愼也[書大浩]天閟毖我成功所[傳]言天愼勞我周家成功所在 又神也[詩魯頌]閟宮有侐[箋]閟神也 又

[正韻]深也幽也[詩魯頌閟宮朱傳]深閉也　又[五音集韻]彼義切音貫義同

【 오류정리 】

○康誤處 1; [詩衞風(改鄘風)]視爾不臧我思不閟

●考證; 謹照原書衞風改鄘風

◆整理; [詩(시) 衞風(위풍)은 鄘風(용풍)의] 착오.

◆訂正文; [詩鄘風]視爾不臧我思不閟

▶【2197-1】字解誤謬與否; [詩衞風(改鄘風)]視爾不臧我思不閟 [衞風(改鄘風)]

★이상과 같이 인용처(引用處)나 주소(註疏), 등(等)의 오류(誤謬)를 수정(修訂)을 한다 하여도 자전상(字典上)의 비(閟)의 본의(本義)에는 영향이 미치지 않음.

○康誤處 2; [閔二年]孤突(改狐突)曰命以時卒閟其事也

●考證; 謹照原文孤突改狐突

◆整理; [閔二年(민이년)]孤突(고돌)은 狐突(호돌)의 착오.

◆訂正文; [閔二年]狐突曰命以時卒閟其事也

▶【2198-2】字解誤謬與否; [閔二年]孤突(改狐突)曰命以時卒閟其事也 [孤突(改狐突)]

★이상과 같이 오류(誤謬) 수정(修訂)이 된다 하여도 호돌(狐突; 인명(人名). 희성(姬姓) 호씨(狐氏) 명돌(名突) 자백행(字伯行) 춘추시기(春秋時期) 진국대부(晉國大夫) [國語晉一]讒言益起狐突杜門不出 [近義]閉門却掃 杜門謝客)자전상(字典上) 비(閟)의 본의(本義)에는 영향이 미치지 않음.

門 部 六畫

閣(각)[唐韻]古洛切[集韻]剛鶴切[韻會][正韻]葛鶴切𤯔音各[說文]所以止扉者从門各意兼聲[徐曰]按杙長者謂之閣所以止扉即今云門頰扇所附著也[正字通]按爾雅釋宮樴謂之杙在牆者謂之楎在地者謂之臬大者謂之棋長者謂之閣　又[博雅]閣載也　又[集韻]一曰觀也一曰庋藏之所[玉篇]樓也揚雄校書于天祿閣[正字通]漢宮殿疏麒麟閣天祿閣蕭何造以藏祕書延賢士唐制宣政前殿也謂之衙衙有仗紫宸便殿也謂之閣朔望不御前殿而御紫宸謂之入閣　又食閣木板爲之所以庋食物[博雅]閣庖廚也[禮內則]大夫七十而有閣[註]閣以板爲之庋食物也[又]天子閣左達五右達五[註]天子尊庖廚遠故左夾室五閣右夾室五閣　又閣道樓陛也[前漢司馬相如傳]輦道纚屬[註]輦道閣道也[戰國策]故爲棧道木閣而迎王與后於城陽山中　又甬路亦名飛閣複道也[史記高祖紀輒燒絕棧道註]棧道閣道也崔浩云險絕之處傍鑿山巖而施版梁爲閣[正字通]馬鳴閣道利州棧道也今保寧府廣平縣其閣梁一頭入山腹一頭立柱水中張良燒絕秦棧道即此地輿志昭化縣有馬鳴閣劍州有劍閣　又[周禮秋官野廬氏註]車有輣轅坻閣[疏]坻閣道路之名也　又星名[史記天官書]營室曰閣道[註]樂汁圖云閣道北斗之輔　又[詩小雅]約之閣閣[毛傳]猶歷歷也[詩頗]端直貌　又蛙聲[韓愈雜詩]蛙黽鳴無謂閣閣祇亂人[註]閣閣如其聲喻羣言害道也　又姓[急就章]有閣幷訢[正字通]唐御史閣輔　又[韻補]叶于六切音囿[司馬相如上林賦]離宮別館彌由跨谷高廊四注重坐曲閣

【 오류정리 】

○康誤處 1; 爾雅大者謂之棋(改謂之杙)長者謂之閣

●考證; 謹照原文謂之棋改謂之杙

◆整理 ; 謂之棋(위지기)는 謂之栱(위지공)의 착오

◆訂正文 ; 爾雅大者謂之栱長者謂之閣

▶【2199-1】字解誤謬與否 ; 爾雅大者謂之棋(改謂之栱)長者謂之閣 [謂之棋(改謂之栱)]

★이상과 같이 오류(誤謬) 수정(修訂)이 된다 하여도 대자위지공(大者謂之栱; 대자(大者)는 두공(枓栱)이라 이른다. [爾雅釋宮] 在牆者謂之揮在地者謂之臬大者謂之栱長者謂之閣 閣謂之臺有木者謂之榭雞棲於弋爲榤鑿垣而棲爲塒植謂之傳傳謂之突宗廇謂之梁其上楹謂之梲閞謂之梀梠謂之㮰棟謂之桴桴謂之棼桴直而遂謂之閲)이니 자전상(字典上) 각(閣)의 본의(本義)에는 영향이 미치지 않음.

○康誤處 2 ; [史記天官書]營室曰閣道[註]樂汁圖云閣道北斗之輔(改六星絕漢抵營室曰閣道註閣道北斗之輔)

●考證 ; 謹照原文按天官書六星絕漢抵營室曰閣道非營室卽閣道也今照原文改六星絕漢抵營室曰閣道註閣道北斗之輔省樂汁圖云四字

◆整理 ; [史記天官書]營室曰閣道[註]樂汁圖云閣道北斗之輔는 六星絕漢抵營室曰閣道註閣道北斗之輔의 착오.

◆訂正文 ; [史記天官書]六星絕漢抵營室曰閣道[註]閣道北斗之輔

▶【2200-2】字解誤謬與否 ; [史記天官書]營室曰閣道[註]樂汁圖云閣道北斗之輔(改六星絕漢抵營室曰閣道註閣道北斗之輔) [營室曰閣道[註]樂汁圖云閣道北斗之輔(改六星絕漢抵營室曰閣道註閣道北斗之輔)]

★이상과 같이 오류(誤謬) 수정(修訂)이 되면 육성절한저영실왈각도(六星絕漢抵營室曰閣道; 천봉좌(다섯별) 뒤

의 여섯별은 은하수를 가로질러 천자궁(營室 室宿)에 까지 이르는데 이를 閣道座라 한다) [주(註)]각도(閣道)는 북두지보(北斗之輔; 북두(北斗)의 보성(補星)) 되는데 자전상(字典上) 각(閣)의 본의(本義)에 직접 영향이 미치게 됨.

○康誤處 3 ; [司馬相如上林賦]離宮別館彌由(改彌山)跨谷高廊四注重坐曲閣

●考證 ; 謹照原文彌由改彌山

◆整理 ; [司馬相如上林賦(사마상여상림부)] 彌由(미유)는 彌山(미산)의 착오.

◆訂正文 ; [司馬相如上林賦]離宮別館彌山跨谷高廊四注重坐曲閣叶下屬宿

▶【2201-3】字解誤謬與否 ; [司馬相如上林賦]離宮別館彌由(改彌山)跨谷高廊四注重坐曲閣 [彌由(改彌山)]

★이상과 같이 오류(誤謬) 수정(修訂)이 된다 하여도 미산(彌山; 산에 가득하다. [通鑑節要天漢元年]幸蒙大恩賜號稱王擁衆數萬馬畜彌山富貴如此) 자전상(字典上) 각(閣)의 본의(本義)에는 영향이 미치지 않음.

康 閤 (합)[唐韻][正韻]𠀧古沓切音合 [說文]門旁戶 [正韻]內中小門 [爾雅釋宮]小闈謂之閤 [疏]闈之小者名閤 [前漢文翁傳]敎令出入闈閤 [師古註]閤閤內中小門也 [史記汲黯傳]臥闈閤內不出 [正字通]毛晃曰唐制天子日御前朝見羣臣曰常參朔望薦食陵寢有思慕之感不臨前殿則御便殿見羣臣謂之入閤前殿卽宣政殿便殿卽紫宸殿立仗必於前殿喚仗則自東西閤入故曰入閤又門下省以黃塗門謂之黃閤長官曰閤老今俗通呼小室曰閤子韻會引公孫弘傳開東閤延賢師古曰閤者小門東向開

之避當庭門而引賓客以別掾史官屬明
周圻名義考曰閤爲庋閣之閣禮內則天
子之閣漢天祿等閣皆謂重屋也閤爲閨
閤之閤文翁傳閨閤公孫弘東閤皆謂門
也唐志中書舍人以久次者一人爲閣老
制本省雜事今輔臣延登曰入閣稱謂曰
閤老名雖同而義則異此古今諸家分閤
與閣爲二者也一說自漢迄宋明凡祕閣
龍圖閣天章閣寶文閣東閣文淵閣皆非
从合皆不專屬小門唐太宗引刺史入閤
問民疾苦貞觀制自今中書門下及三品
以下入閤議事諫官隨之宋太宗藏經史
子集天文圖畫分六閣與閣同今尊稱曰
閤下韓愈上宰相書皆从閤由此推之閤
閣音義通也毛周諸說从非字彙沿襲正
韻亦非　又閤閭船首也[揚子方言]舟
首謂之閤閭[註]今江東呼船頭屋謂之
飛閭是也

【 오류정리 】

○康誤處 1；[前漢文翁傳](增使傳二
字)教令出入閨閤
●考證；謹照原文使傳教令爲句今於
教令上增使傳二字
◆整理；[前漢文翁傳(전한문옹전)]에
이어 使傳二字(사부이자)를 덧붙임.
◆訂正文；[前漢文翁傳]使傳教令出
入閨閤
▶【2202-1】字解誤謬與否；[前漢
文翁傳](增使傳二字)教令出入閨閤
[(增使傳二字)教令]
★이상과 같이 오류(誤謬) 수정(修訂)
이 된다 하여도 사부교령(使傳教令；
사람을 보내 임금님의 명령을 교도
(教導)하다. [前漢文翁傳]使傳教令出
入閨閤 [師古註]閨閤內中小門也)은
자전상(字典上) 합(閤)의 본의(本義)
에는 영향이 미치지 않음.

康閥(벌)[唐韻][集韻][韻會]房越
切[正韻]房滑切从音伐[說文]閥閱自

序也[韻會]閥閱功狀[史記功臣年表]
人臣功有五品明其等曰閥，積日曰閱
　又[正韻]門在左曰閥在右曰閱又[正
字通]元朝品制有爵者其門爲烏頭閥閱
[冊府元龜]閥閱二柱相去一丈柱端置
瓦筒號爲烏頭　又[說文]通用伐[左傳
成十六年]卻至驟稱其伐閥[註]所踐歷
也又[前漢車千秋傳]無伐閱功勞[註]
師古曰伐積功也

【 오류정리 】

○康誤處 1；又[說文]通用伐[左傳成
十六年]卻至驟稱其伐閥(省閥字)[註]
所踐歷也(註改杜預註伐功也)
●考證；謹照原文省閥字並照原註改
杜預註伐功也
◆整理；[說文(설문)] 閥(열) 閱字(열
자)는 삭제. [註(주)] 所踐歷也(소천
력야)은 [杜預註(두예주)]伐功也(벌공
야)의 착오.
◆訂正文；又[說文]通用伐[左傳成
十六年]卻至驟稱其伐[杜預註]伐功也
▶【2203-1】字解誤謬與否；又[說
文]通用伐[左傳成十六年]卻至驟稱其
伐閥(省閥字)[註]所踐歷也(註改[杜預
註]伐功也)　閥(省閥字)　[[註]所踐
歷也(註改[杜預註]伐功也)]
★이상과 같이 열자(閥字)를 삭제(削
除)하거나 주소(註疏)를 바꾼다 하여
도 자전상(字典上) 벌(閥)의 본의(本
義)에 영향을 끼치지 않음.

康閭(려)[廣韻]力居切[集韻][韻
會][正韻]凌如切从音臚[說文]里門也
周禮五家爲比五比爲閭閭侶也二十五
家相羣侶也[書武成]式商容閭[傳]式
其閭巷[禮內則]與其得罪於鄉黨州閭
[註]二十五家爲閭[戰國策]齊桓公宮
中女市女閭七百[註]閭里中門也[後漢
班固傳]閭閻且千[註]字林曰閭里門也

又門名[左傳襄十八年]州綽門於東閭[註]齊東門[穀梁傳成元年]客不說而去相與立胥閭而語[註]胥閭門名[釋文]閭力居反　又仙所居[史記孝武紀]石閭者在泰山下阯南方方士多言此仙人之閭也　又亭名[春秋襄二十一年]邾庶其以漆閭丘來奔[註]高平南平陽縣西北有顯閭亭　又古官名[周禮地官閭胥]閭胥各掌其閭之徵令[離騷序]屈原與楚同姓仕於懷王爲三閭大夫[史記屈賈傳註]三閭之職掌王族三姓　又石名[五音集韻]尾閭司馬云閭者聚也水聚族之處在扶桑東一名沃焦一石方圓四萬里厚四萬里海水注者無不燋　又山名[爾雅釋地]東方之美者有醫無閭之珣玕琪焉[註]醫無閭山名今在遼東　又[揚子方言]舟首謂之閤閭[註]今江東呼船頭屋謂之飛閭是也　又劒名[荀子性惡篇]干將莫邪鉅闕辟閭此皆古之良劍也　又旗名[詩衛風子子干旟疏]閭旂　又[五音集韻]草名狀如艾蒿[前漢司馬相如傳]奄閭軒于[註]奄閭蒿也子可治疾　又[正韻]柌閭木名[史記司馬相如傳]仁頻并閭[註]仁頻并閭俱註作椶然犮之櫚皮作索則椶應屬并閭仁頻作栟櫚也　又[集韻]獸名如驢一角岐蹄[山海經]縣雍之山其獸多閭麋[註]郭曰閭卽羭也似驢而岐蹄角如麢羊一名山驢　又美女[戰國策]閭姝子奢莫如媒兮[註]閭姝荀子作閭娵韋昭云梁王魏翟之美女　又姓[左傳定十一年]宗子陽與閭丘明相廎也[前漢藝文志]閭丘子十三篇[註]魏人[正字通]將閭閭葵皆複姓漢唐君碑處士閭葵班　又人名[史記秦本紀]吳王闔閭[前漢武帝紀]東夷薉君南閭等[註]南閭者薉君之名[史記建元以來王子侯者年表]俞閭侯

【 오류정리 】

○康誤處 1；又旗名(今省去此段於上文古之良劍也)[詩衛風子子干旟疏]閭旂(下增註新序曰辟閭巨闕天下之良劍也)

●考證；謹按詩云鄕旟州旟黨旟族旟閭旂比旟謂鄕用旟州黨用旟族閭用旂比用旟非以閭旂爲旗名也今省去此段於上文古之良劍也下增[註]新序曰辟閭巨闕天下之良劍也

◆整理；又旗名은 古之良劍也(고지량검야)의 착오이며　[詩衛風子子干旟疏]閭旂 此段(차단)을 삭제하고 [註]新序曰辟閭巨闕天下之良劍也(주신서왈피려거궐천하지량검야)로 교체함.

◆訂正文；古之良劍也註[新序]曰辟閭巨闕天下之良劍也

▶【2204-1】字解誤謬與否；又旗名(今省去此段於上文古之良劍也)[詩衛風子子干旟疏]閭旂(下增註新序曰辟閭巨闕天下之良劍也)　[又旗名(今省去此段於上文古之良劍也)]　[閭旂(下增[註]新序曰辟閭巨闕天下之良劍也)]

★이상과 같이 오류(誤謬) 수정(修訂)이 되면 ○[註；주해(註解)] ○량검(良劍；큰 양날의 명검). ○신서왈피려거궐천하지량검야(新書曰辟閭巨闕天下之良劍也；신서(新書)에서 이르기를 피려(辟閭) 거궐(巨闕)은 모두 천하에서 제일 가는 명검이다) 자전상(字典上) 려(閭)의 본의(本義)에 적극 영향이 미치게 됨.

康 閱(열)[唐韻]弋雪切[集韻][韻會]欲雪切[正韻]魚厥切柌音悅[說文]具疏于門中[徐曰]春秋大閱簡車馬也具數一一數之也[玉篇]簡軍實也[周禮夏官大司馬]中冬教大閱[註]大閱簡軍實[春秋桓六年]秋八月壬午大閱[註]簡車馬　又[說文]一曰察也出門者察而數之也[博雅]閱數也[左傳襄九年]

商人閱其禍敗之釁[註]閱猶數也　又[正韻]簡閱也[書多方]克閱于乃邑謀介[疏]謂簡閱其事又[呂刑]閱實其罪[疏]簡練核實　又[正韻]歷也[前漢文帝紀]閱天下之義理多矣[註]閱，猶更歷也又[車千秋傳]無伐閱功勞[師古註]閱經歷也　又[廣韻]閥閱也[史記高祖功臣年表]積日曰閱[後漢·章帝紀]或起剛畝不繫閥閱[註]史記曰明其等曰閥積其功曰閱言前代舉人務取賢才不拘門地　又[韻會]買賣損價也[荀子修身篇]銀價不爲折閱不市[註]折閱謂損其所賣物價也　又容也[詩衞風]我躬不閱　[傳]閱容也又[曹風]蜉蝣掘閱[傳]閱容閱也[箋]掘閱掘地解閱謂其始生時也　又稟也[老子道德經]自古及今其名不去以閱衆甫[註]閱稟也甫始也言道稟與萬物始生從道受氣
又遂也[爾雅釋宮]㮤直而遂謂之閱[註]謂五架屋際椽正相當[疏]屋椽長直而遂達五架屋際者名閱　又[正韻]觀也　又人名[左傳僖三十年]冬王使周公閱來聘又[襄九年]華閱[註]華閱宋臣華元子[史記田敬仲世家]公孫閱謂成侯忌曰公何不謀伐魏

【 오류정리 】

○康誤處 1；[說文]具疏(改數)于門中
●考證；謹照原文疏改數
◆整理；[說文(설문)]疏(소)는 數(수)의 착오.
◆訂正文；[說文]具數于門中
▶【2205-1】字解誤謬與否；[說文]具疏(改數)于門中　[疏(改數)]
★이상과 같이 오류(誤謬) 수정(修訂)이 되면 구수(具數; 수량을 상세하게 헤아리여 준비하다. [韓非子難言]以具數言則見以爲陋陳奇獻集釋引尹桐陽曰具備也數計也備計則詳明)　자전상(字典上) 열(閱)의 본의(本義)에 영향이 미치게 됨.

○康誤處 2；[荀子修身篇]銀價(改良價)不爲折閱不市
●考證；謹照原文銀價改良價
◆整理；[荀子修身篇(순자수신편)]銀價(은가)는 良價(량가)의 착오.
◆訂正文；[荀子修身篇]良價不爲折閱不市
▶【2206-2】字解誤謬與否；[荀子修身篇]銀價(改良價)不爲折閱不市　[銀價(改良價)]
★이상과 같이 오류(誤謬) 수정(修訂)이 되면 량가(良價; 좋은 가격. [荀子修身篇]良價不爲折閱不市折閱謂損其所賣物價也)인데 자전상(字典上) 열(閱)의 본의(本義)에 직접 영향이 미치게 됨.
○康誤處 3；[詩衞風(改邶風)]我躬不閱
●考證；謹照原文衞風改邶風
◆整理；[詩(시) 衞風(위풍)은 邶風(패풍)의 착오.
◆訂正文；[詩衞風]我躬不閱
▶【2207-3】字解誤謬與否；[詩衞風(改邶風)]我躬不閱　[衞風(改邶風)]
★이상과 같이 인용처(引用處)나 주소(註疏), 등(等)의 오류(誤謬)를 수정(修訂)을 한다 하여도 자전상(字典上)의 열(閱)의 본의(本義)에는 영향이 미치지 않음.

門部 八畫

(康)閹(엄)[唐韻]英廉切[集韻][韻會]衣廉切[正韻]衣炎切夶音淹[說文]豎也宮中閹閽閉門者从門奄意兼聲[廣韻]男無勢精閉者[前漢敍傳]閹尹之㕣[註]謂宮人爲閹者謂其精氣奄閉不洩也一曰主奄閉門者　又[爾雅釋天]太歲在戊曰閹茂[釋文]閹音淹[史記歷書]游兆閹茂二年[註]閹茂一作淹戊

[管子幼官篇]春行冬政肅行秋政雷行夏政闔[註]陽氣獨盛 又[廣韻][集韻][韻會]衣檢切[正韻]於檢切𠀤音渰義同[集韻]通作奄

【 오류정리 】

○康誤處 1 ; [爾雅釋天]太歲在戊(改在戌)曰閹茂

●考證 ; 謹照原文在戊改在戌

◆整理 ; [爾雅釋天(이아석천)] 在戊(재무)는 在戌(재술)의 착오.

◆訂正文 ; [爾雅釋天]太歲在戌曰閹茂

▶【2208-1】字解誤謬與否 ; [爾雅釋天]太歲在戊(改在戌)曰閹茂 [在戊(改在戌)]

★이상과 같이 오류(誤謬) 수정(修訂)이 되면 재술왈엄무(在戌曰閹茂; 고갑자(古甲子)에서 지지 중 11번째인 戌을 이르는 말)가 되는데 자전상(字典上) 엄(閹)의 본의(本義)에 직접 영향이 미치게 됨.

門部 九畫

康闊(활)[廣韻][正韻]苦括切[集韻][韻會]苦活切𠀤音适[說文]疏也一曰遠也[爾雅釋詁]闊遠也 又[廣韻]廣也 又[韻會]闊勤苦也[詩衞風]死生契闊 [傳]契闊勤苦也 又寬也[前漢王莽傳]闊其租賦[註]闊寬也 又乖闊[詩衞風]于嗟闊兮[疏]于嗟乎此軍伍之人今日與我乖闊兮 又簡闊[後漢馬融傳]及漢祖杖劒武夫勃興憲令寬賖文禮簡闊 又迂闊[後漢律歷志]至元封中迂闊不審 又[正韻]凡久不相見曰闊闊[後漢諸葛豐傳]閒何闊 又[集韻]苦滑切音劼義同 又[韻補]叶音缺[成公綏天地賦]豈斯事之有徵將言者之虛設何陰陽之難測偉二儀之夸闊

【 오류정리 】

○康誤處 1 ; [詩衞風(改邶風)]死生契闊

●考證 ; 謹照原文書衞風改邶風

◆整理 ; [詩(시) 衞風(위풍)은 邶風(패풍)의] 착오.

◆訂正文 ; [詩邶風]死生契闊

▶【2209-1】字解誤謬與否 ; [詩衞風(改邶風)]死生契闊 [衞風(改邶風)]

★이상과 같이 인용처(引用處)나 주소(註疏), 등(等)의 오류(誤謬)를 수정(修訂)을 한다 하여도 자전상(字典上)의 활(闊)의 본의(本義)에는 영향이 미치지 않음.

○康誤處 2 ; [詩衞風(改邶風)]于嗟闊兮

●考證 ; 謹照原書衞風改邶風

◆整理 ; [詩(시) 衞風(위풍)은 邶風(패풍)의] 착오.

◆訂正文 ; [詩邶風]于嗟闊兮

▶【2210-2】字解誤謬與否 ; [詩衞風(改邶風)]于嗟闊兮 [衞風(改邶風)]

★이상과 같이 인용처(引用處)나 주소(註疏), 등(等)의 오류(誤謬)를 수정(修訂)을 한다 하여도 자전상(字典上)의 활(闊)의 본의(本義)에는 영향이 미치지 않음.

康闌(란)[唐韻]洛干切[集韻][韻會][正韻]郞干切𠀤音蘭[說文]門遮也[戰國策]晉國之去梁也千里有餘有河山以闌之[史記楚世家]雖儀之所甚願爲門闌之廝者亦無先大王[後漢明帝紀]勞賜縣掾史及門闌走卒[註]續漢志曰五伯鈴下待閤門闌部署街里 又車上闌[左傳宣十二年楚人惎之脫扃註]扃車上兵闌也 又[廣韻]晚也[岑參詩]蕭條芳歲闌 又[增韻]褪也衰也

又[玉篇]牢也　又[廣韻]希也飲酒半罷也[史記高祖紀]酒闌[註]闌言希也謂飲酒者半罷半在謂之闌[杜甫詩]廚人夜語闌　又[廣韻]盡也[蔡琰胡笳十八拍]更深夜闌兮夢汝來斯　又妄也[史記汲黯傳]文吏繩以爲闌出財物於邊關乎[註]闌妄也　又無符傳出入爲闌[史記高祖功臣年表]陽平侯杜相夫闌出函谷關[前漢成帝紀]闌入尚方掖門[註]應劭曰無符籍妄入宮曰闌　又腕闌[元氏掖庭記]元靜懿皇后旦日人獻翠腕闌[註]闌手鐲類　又闌干[左思吳都賦]珠琲闌干[註]闌干猶縱橫也　又縣名[前漢地理志闌註]屬越巂郡　又[集韻]郎旰切同闤文也或作𤔔亦省　又[韻補]叶陵延切音連[蘇軾遊東西巖詩]況復情所鍾感槩萃中年正賴絲與竹陶寫有餘歡常恐兒輩覺坐令高趣闌歡音軒

【 오류정리 】

○康誤處 1；[杜甫詩]廚人夜語闌(改廚人語夜闌)

●考證；謹照原詩改廚人語夜闌

◆整理；[杜甫詩(두보시)]廚人夜語闌(주인야어란)은 廚人語夜闌(주인어야란)의 착오.

◆訂正文；[杜甫詩]廚人語夜闌

▶【2211-1】字解誤謬與否；[杜甫詩]廚人夜語闌(改廚人語夜闌) [廚人夜語闌(改廚人語夜闌)]

★이상과 같이 오류(誤謬) 수정(修訂)이 되면 주인어야란(廚人語夜闌；부엌에서는 사람의 말소리가 밤 늦도록 들리네. [史記高祖紀]酒闌闌言希也謂飲酒者半罷半在謂之闌[杜甫詩] 山鬼吹燈滅廚人語夜闌雞鳴問前館世亂敢求安) 자전상(字典上) 란(闌)의 본의(本義)에 직접 영향이 미치게 됨.

門部 十畫

㊍闔(합)[唐韻]胡臘切[集韻]轄臘

切[韻會]曷閤切[正韻]胡閤切𦍙音合[說文]門扇也[爾雅釋宮]闔謂之扉[疏]闔扇也[禮月令]仲春之月乃修闔扇[註]用木曰闔[左傳襄十八年]以枚數闔[註]闔門扇也[史記宋微子世家]牧齒著門闔[註]闔門扇　又[韻會]雙曰闔闔門也單曰扇扇戶也　又[說文]閉也[易繫辭]闔戶謂之坤[疏]謂閉藏萬物若室之閉闔其戶[左傳襄十七年吾儕小人皆有闔廬以辟燥濕寒暑[註]闔謂門戶閉塞　又苦也[周禮夏官圉師]茨牆則剪闔[註]闔苦也　又[正韻]揔合也[後漢張儉傳]儉見曹氏世德已萌乃闔門懸車不與政事[前漢武帝紀]今或至闔郡而不荐一人[註]總一郡之中故曰闔郡　又[廣韻]閶闔[前漢禮樂志]游閶闔[註]閶闔天門[淮南子原道訓]排閶闔鑰天門[註]閶闔始升天之門也　又風亦名閶闔[史記律書]閶闔風居西方　又助語詞[莊子列禦寇]闔胡嘗視其良既爲秋栢之實矣[註]闔語助也又[則陽篇]日與物化者一不化者也闔嘗舍之[註]言何不試舍其所爲乎　又國名[前漢陳湯傳]又遣使責闔蘇大宛諸國歲遺[註]闔蘇國名在康居北一千里　又人名[莊子人閒世註]顏闔魯之賢人隱者

【 오류정리 】

○康誤處 1；[周禮夏官圉師]茨牆則剪(改翦)闔

●考證；謹按剪字下从羽今改翦

◆整理；[周禮夏官圉師(주례하관어사)] 剪(전)은 翦(전)의 착오.

◆訂正文；[周禮夏官圉師]茨牆則翦闔

▶【2212-1】字解誤謬與否；[周禮夏官圉師]茨牆則剪(改翦)闔 [剪(改翦)]

★이상과 같이 오류(誤謬) 수정(修訂)이 되면 자장칙전합(茨牆則翦闔；가

시 울타리를 치고 띠나 부들풀로 거적을 만들어 덮어 준다. [周禮夏官司馬]圉師掌教圉人養馬春除蓐釁廄始牧夏庌馬冬獻馬射則充椹質茨墻則翦闕圉人掌養馬芻牧之事以役圉師凡賓客喪紀牽馬而入陳廏馬亦如之)이 되는데 자전상(字典上) 합(闔)의 본의(本義)에 직접 영향이 미치게 됨.

康 闕 (궐)[廣韻]袪月切[集韻][韻會][正韻]丘月切夶音綩[說文]門觀也[徐曰]中央闕而爲道故謂之闕[玉篇]象魏闕也[廣韻]闕在門兩旁中央闕然爲道也[正韻]宮門雙闕也[韻會]爲二臺于門外作樓觀於上上員下方以其縣法謂之象魏象治象也魏者言其狀魏魏然高大也使民觀之因爲之觀兩觀雙植中不爲門又宮門寢門冢門皆曰闕[古今注]闕觀也古每門樹兩觀於其前所以標表宮門也其上可居登之則可遠觀故謂之觀人臣將至此則思其所闕故謂之闕[爾雅釋宮]觀謂之闕[詩鄭風]挑兮達兮在城闕兮[傳]乘城而見闕[左傳莊二十一年]鄭伯享王于闕西辟[註]闕象魏也[史記高祖紀]立東闕北闕又[秦本紀]築冀闕[註]劉伯莊云冀猶記事闕卽象魏也 又[廣韻]失也過也 又[集韻]乏也空也 又[增韻]不恭也 又[玉篇]少也[左傳成十三年]又欲闕翦我公室 又[廣韻]不供也[左傳襄四年]敝邑褊小闕而爲罪[註]闕不供也 又[增韻]虛也[禮禮運]三五而闕[註]一盈一闕屈伸之義也 又[增韻]游車補闕者曰遊闕[周禮春官車僕]掌戎路之萃廣車之萃闕車之萃[註]闕車所用補闕之車也[左傳宣十二年潘黨率游闕四十乘[註]游車補闕者 又不合也[前漢王莽傳]歸師勿遏圍城謂之闕[註]此兵法之言也闕不合也 又毀也[禮曾子問]入自闕[註]闕謂毀宗也 又[正韻]闕翟

后服刻繪爲衣不畫也[周禮天官內司服]王后之六服褘衣揄狄闕狄鞠衣展衣緣衣[註]W闕狄畫羽飾展衣白衣也[詩衛風]玼兮玼兮其之翟也傳]褕翟闕翟羽飾衣也 又劍名[荀子性惡篇]闔閭之干將莫邪鉅闕辟閭此皆古之良劍也 又國名[左傳昭十五年]闕鞏之甲[註]闕鞏國所出鎧 又獸名[爾雅釋獸]闕洩多狃[疏]闕泄獸名其脚多狃狃指也 又山名[前漢司馬相如傳]遺屯騎於玄闕兮[註]玄闕北極之山也 又塞名[戰國策]乃摩燕烏集闕見說趙王於華屋之下[註]闕塞名也又[史記周本紀]西周恐將天下銳師出伊闕攻秦[註括地志云在洛州南十九里 又[廣韻]姓也出下邳漢有荊州刺史闕羽三 又[正韻]亦作屈 又[正韻]其月切音橜[左傳隱元年]潁考叔曰若闕地及泉又[襄二十一年]方暑闕地下冰而牀焉[吳語]闕爲石郭陂漢以象帝舜[註]闕穿也[管子山權數篇]北郭有拙闕而得龜者[註]穿地至泉曰闕 又[韻補]叶音檜[程曉贈傅玄詩]元服初加萬福咸會赫赫應門嚴嚴朱闕 又叶音乞[班固北征頌]雷震九原電曜高闕金光鏡野武旗冒日 又叶音卻[鄭虔季贈陸雲詩]穆穆閶闔南端啟篇庶明以庸帝聽式闕

【 오류정리 】

○康誤處 1；[左傳成十三年] 又欲闕剪(改翦)我公室
●考證；謹按剪字下从羽今改翦
◆整理；[左傳成十三年(좌전성십삼년)] 剪(전)은 翦(전)의 착오.
◆訂正文；[左傳成十三年 又欲闕翦我公室
▶【2213-1】字解誤謬與否；[左傳成十三年] 又欲闕剪(改翦)我公室 [剪(改翦)]
★이상과 같이 오류(誤謬) 수정(修訂)이 되면 궐전(闕翦; 약화(弱化)시키

다. 손해(損害)를 보다. [左传成公十三年]闕翦削弱損害) 자전상(字典上) 궐(闕)의 본의(本義)에 적극 영향이 미치게 됨.

○康誤處 2 ; [正韻]闕翟后服刻繪(改繒)爲衣不畫也
●考證 ; 謹照原文刻繪改繒
◆整理 ; [正韻(정운)] 繪(회)는 繒(증)의 착오.
◆訂正文 ; [正韻]闕翟后服刻繒爲衣不畫也
▶【2214-2】字解誤謬與否 ; [正韻]闕翟后服刻繪(改繒)爲衣不畫也 [繪(改繒)]
★이상과 같이 오류(誤謬) 수정(修訂)이 된다 하여도 각증(刻繪; 고운 비단에 수를 놓다. [詩鄘風]玼兮玼兮其之翟也 [傳]翟衣夫人祭服刻繒爲翟雉形采畫之以爲飾玼者言宣姜服飾之盛如玉色也 [禮玉藻]君命屈狄 狄翟也后夫人之服刻雉爲五采子男之妻受王后之命者刻繒不畫故曰屈狄)은 자전상(字典上) 궐(闕)의 본의(本義)에는 영향이 미치지 않음.

○康誤處 3 ; [管子山權數篇]北郭有拙闕(改掘闕)而得龜者
●考證 ; 謹照原文拙闕改掘闕
◆整理 ; [管子山權數篇(관자산권수편)]拙闕(졸궐)은 掘闕(굴궐)의 착오.
◆訂正文 ; [管子山權數篇]北郭有掘闕而得龜者
▶【2215-3】字解誤謬與否 ; [管子山權數篇]北郭有拙闕(改掘闕)而得龜者 [拙闕(改掘闕)]
★이상과 같이 오류(誤謬) 수정(修訂)이 되면 굴궐(掘闕; 땅을 파 용천에 이른다. [管子山權數篇]北郭有掘闕而得龜者[註]穿地至泉)인데 자전상(字典上) 궐(闕)의 본의(本義)에 직접 영향이 미치게 됨.

門部 十一畫

康闕(관)[唐韻]古還切[集韻][韻會][正韻]姑還切夶音瘝[說文]以木橫持門戶也[韻會]要會也 又[玉篇]扃也[正韻]塞門也門牡也 又關津[周禮地官司關]司關掌國貨之節以聯門市[註]界上之門也[禮王制]關譏而不征[易復卦]先王以至日閉關 又墓門也[周禮春官巾車]及墓嘑啓關陳車[註]關墓門也 又[集韻]通也[書五子之歌]關石和鈞[疏]關通衡石之用使之和平[易同人註]雖是同人卦下之辭不關六二之義 又[韻會]關所以閉也[楚辭招魂]虎豹九關[註]使神虎豹執其關閉 又[正字通]關策猶關說也[史記梁孝王世家]有所關說于景帝 又[博雅]驛也 又塞也 又[正韻]戾機也又聯絡也 又涉也[後漢張升傳]升少好學多關覽[註]關涉也 又由也[前漢董仲舒傳]太學者賢士之所關也[註]關由也 又穿也[禮雜記]叔孫武叔朝見輪人以其杖關轂而輠輪者[疏]關穿也 又三關[淮南子主術訓]三關者不可不愼守謂耳目口不當妄視聽言也 又關藏[荀悅申鑒]善養性者得其和鄰臍三寸謂之關關藏呼吸以受四氣也 又關脉[史記倉公傳]少陽初關一分[註]脉經云從魚際至高骨却行一寸其中名曰寸口其骨自高從寸至尺名曰尺澤后尺前名曰關陽出陰入以關爲界 又關孔[周禮冬官車人五分其長以其一爲之首註]首六寸謂今剛關頭斧[疏]漢時斧近刃皆以剛鐵爲之 又以柄關孔 又[史記封禪書]因巫爲主人關飲食○按關卽索字意 又[韻會]閞關崎嶇屈轉貌[後漢荀彧傳]荀君乃越河冀閞關以從曹武 又[正韻]關白也[前漢王褒傳]進退得關其忠 又[正字通]閞關車轓聲[詩小雅]閞關車之轓兮[傳]閞關設轓也 又[正字通]關關鳥鳴聲[詩周南]關關雎

鳩[傳]關關和聲也 又斧名[後漢馬融傳]揚關斧[註]關斧斧名也 又地名[史記項羽紀]行略定秦地函谷關[前漢高帝紀]先入定關中者王之[註]自函谷關以西總名關中 又[集韻]亦姓 又[集韻]烏關切[正韻]烏還切太音彎[集韻]持弓關矢也[左傳昭二十一年]將注豹則關矣[註]關引弓[釋文]烏環反[孟子]越人關弓而射之 又[韻補]叶圭懸切音涓[劉歆遂初賦]馳大行之嚴防入天井之喬關望庭燧之皦皦飛旌旗之翩翩[盧諶懷古詩]藺生在下位繆子稱其賢奉辭馳出境伏軾徑入關

【 오류정리 】

○康誤處 1 ; [周禮春官巾車]及墓嘑啓關東車(改陳車)

●考證 ; 謹照原文東車改陳車

◆整理 ; [周禮春官巾車(주례춘관건거)] 東車(동거)는 陳車(진거)의 착오.

◆訂正文 ; [周禮春官巾車]及墓嘑啓關陳車

▶ 【2216-1】字解誤謬與否 ; [周禮春官巾車]及墓嘑啓關東車(改陳車) [東車(改陳車)]

★이상과 같이 오류(誤謬) 수정(修訂)이 되면 진거(陳車. 기마가 이끄는 병거(兵車); 옛날의 전차)가 되는데 자전상(字典上) 관(關)의 본의(本義)에 영향이 미치게 됨.

門部 十三畫

康闣(향)[唐韻][集韻][韻會][正韻]太許亮切音向[說文]門響也[爾雅釋宮]兩階閒謂之闣[註]人君南鄉當階門也[玉篇]門頭也[集韻]一曰牖屬刮楹達闣天子之廟飾[博雅窗牖闣也[左思吳都賦]蕭蕭階闣[註]兩階閒曰闣 又[集韻]許兩切音響門響也

【 오류정리 】

○康誤處 1 ; [爾雅釋宮]兩階閒謂之闣[註]人君南鄉當階門(改階間)也

●考證 ; 謹照原文階門改階間

※筆者謹按原本 ; 階問改階間

◆整理 ; [爾雅釋宮(이아석궁)] 階門(계문)은 階問(계문)의 착오.

◆訂正文 ; [爾雅釋宮]兩階閒謂之闣[註]人君南鄉當階間也

▶ 【2217-1】字解誤謬與否 ; [爾雅釋宮]兩階聞謂之闣[註]人君南鄉當階門(改階問)也 [階門(改階問)]

★이상과 같이 오류(誤謬) 수정(修訂)이 되면 계간(階間; 층계 사이)으로 자전상(字典上) 향(闣)의 본의(本義)에 영향이 미치게 됨.

字典戌集中考證

阜部 四畫

康阨(액)[集韻][正韻]烏懈切[韻會]幺解切太音稗[集韻]本作隘或作隘陋也[正韻]狹也[左思吳都賦]邦有湫阨而踦蹦 又[左傳昭元年]彼徒我車所遇又阨[註]地險不便車又[定四年]還塞大隧直轅冥阨[註]二者漢東之隘道[史記秦始皇紀]閉關據阨 又[集韻][正韻]太乙革切音厄[集韻]限也本作阸塞也 又[周禮地官鄉師]以歲時巡國及野而賙萬民之艱阨[孟子]阨窮而不憫○按說文玉篇廣韻皆有阸無阨故正字通云阨俗阸字然左傳孟子皆作阨亦未可以爲俗字也

【 오류정리 】

○康誤處 1 ; [定四年]還塞大隧直轅冥阨[註]二者(改三者)漢東之隘道

●考證 ; 謹照原文二者改三者

◆整理 ; [定四年(정사년)] 二者(이자)는 三者(삼자)의 착오.

◆訂正文 ; [定四年]還塞大隧直轅冥阨[註]三者漢東之隘道

▶【2218-1】字解誤謬與否 ; [定四年]還塞大隧直轅冥阨[註]二者(改三者)漢東之隘道　[二者(改三者)]

★이상과 같이 오류(誤謬) 수정(修訂)이 된다 하여도 삼자(三者; 대화 이외의 사람이나 사물)는 자전상(字典上) 액(阨)의 본의(本義)에는 영향이 미치지 않음.

康 阪(판)[唐韻][集韻][韻會]扶遠切音反[說文]坡者曰阪一曰澤障一曰山脅也[玉篇]險也[廣韻]大陂不平[詩小雅]瞻彼阪田[箋]阪田崎嶇墝埆之處[禮月令]善相丘陵阪險原隰[戰國策]外阪遷延[註]阪坡也[史記范睢傳]右隴蜀左關阪○按鄭風東門之墠茹藘在阪其室則邇其人甚遠阪遠二字廣韻俱在阮韻朱註阪叶孚嬋切字彙正字通仍之云又音顯　又地名[書立政]夷微盧烝三亳阪尹[左傳昭二十三年]單子從阪道劉子從尹道伐尹○按書傳訓作阪地之尹長而左傳云阪道尹道明是二地名當從左氏又釋文詩禮阪字俱兼反販二音惟書阪尹專音反　又[廣韻]同坂[集韻]亦同岅扶詳阪坂二字註　又與反同[荀子成相篇]阪爲先聖[註]阪與反同反先聖之所爲　又[玉篇]步坂切[集韻]部版切扶音飯[集韻]陂也　又[集韻]蒲限切音版阪泉地名[左傳僖二十五年]遇黃帝戰於阪泉之兆　又叶平聲[王褒關山篇]從軍出隴阪驅馬渡關山

【 오류정리 】
○康誤處 1; [書立政]夷微盧烝三亳(改三亳)阪尹
●考證 ; 謹照原文三亳改三亳
◆整理 ; [書立政(서립정)] 三亳(삼호)는 三亳(삼박)의 착오.
◆訂正文 ; [書立政]夷微盧烝三亳阪尹

▶【2219-1】字解誤謬與否 ; [書立政]夷微盧烝三亳(改三亳)阪尹　[三亳(改三亳)]

★이상과 같이 오류(誤謬) 수정(修訂)이 되면 삼박(三亳; 지명(地名) 곡숙(穀熟)인 남박(南亳; 탕(湯)의 도읍지(都邑地))와 북박(北亳) 즉 경박(景亳; 탕임금이 명(命)을 받았다는 곳) 언사(偃師) 즉 서박(西亳; 반경(盤庚)이 도읍을 옮긴 곳) 일설(一說)에 의하면 경박(景亳) 동박(東亳) 서박(西亳)을 삼박(三亳)이라 함. [書立政]三亳阪尹[孔穎達疏]引皇甫謐曰三處之地皆名爲亳蒙爲北亳谷熟爲南亳偃師爲西亳一說指景亳東亳西亳)인데 자전상(字典上) 판(阪)의 본의(本義)에 직접 영향이 미치게 됨.

康 叚(해)[玉篇]火哀切[廣韻]呼來切扶音哈[廣韻]毅叚笑聲也○按集韻作叚疑叚爲叚字之譌　又[類篇]毅叚剛卯也

【 오류정리 】
○康誤處 1; [類篇]毅叚剛卯(改剛卯)也
●考證 ; 謹照原文剛卯改剛卯
◆整理 ; [類篇(류편)] 剛卯(강란)은 剛卯(강묘)의 착오.
◆訂正文 ; [類篇]毅叚剛卯也

▶【2220-1】字解誤謬與否 ; [類篇]毅叚剛卯(改剛卯)也　[剛卯(改剛卯)]

★이상과 같이 오류(誤謬) 수정(修訂)이 되면 강묘(剛卯; 한시(漢時) 관리들은 모든 재액을 막기 위하여 허리에 金玉이나 복숭아나무로 만든 망치형의 장식품을 차고 다녔는데 이를 강묘(剛卯)라함. [說文]毅叚大剛卯也以逐精鬼[急就篇註]射魃謂大剛卯也以金玉及桃木刻而爲之一名毅叚[輟耕錄]剛卯者按[王莽傳]服虔註曰剛卯以

正月卯日作故謂剛卯又謂之大堅以辟邪也)인데 자전상(字典上) 해(叚)의 본의(本義)에 직접 영향이 미치게 됨.

阜部 五畫

㋖附(부)[廣韻][集韻][韻會]杖符遇切音駙[玉篇]依也近也著也[廣韻]寄附[集韻]托也[易剝卦]山附于地[禮樂記]附親萬民也[周禮地官大司徒]其附于刑者歸于士[註]附麗也[孟子]附於諸侯曰附庸 又[玉篇]附益也[論語]季氏富於周公而求也爲之聚斂而附益之[前漢諸侯王表]設附益之法[註]封諸侯過限曰附益○按[說文]附益作坿字泥 又[廣韻]姓也晉有附都 又轉附山名[孟子]吾欲觀於轉附朝儛又附耳星名[史記天官書]畢曰罕車其大星旁小星爲附耳 又高附國名[後漢西域傳]高附國在大月氏西南亦大國也 又附子藥名[前漢外戚傳]即擣附子齎入長定宮 又與祔通[禮雜記]大夫附于士[註]附讀爲祔祔祭也 又[唐韻]符又切[集韻]扶富切杖音覆[說文]附婁小土山也 又[夏侯惠景福殿賦]曾櫨外關櫼栌內附或因勢以連接或邪詭以盤構 又[集韻]薄口切音瓿[玉篇]附婁今作培[集韻]或作峏峔 又與坿通親戚曰肺附[前漢劉向傳]臣幸托肺附 又[集韻]芳無切音敷古孚字卯孚也註詳子部四畫 又叶音府[詩大雅]予曰有疏附予曰有先後予曰有奔奏予曰有禦侮後叶下五反奏叶宗五反

【 오류정리 】

○康誤處 1; [前漢劉向傳]臣幸托(改幸託)肺附

●考證; 謹照原文幸托改幸託

◆整理; [前漢劉向傳(전한류향전)]幸托(행탁)은 幸託(행탁)의 착오.

◆訂正文; [前漢劉向傳]臣幸託肺附

▶【2221-1】字解誤謬與否; [前漢劉向傳]臣幸托(改幸託)肺附 [幸托(改幸託)]

★이상과 같이 오류(誤謬) 수정(修訂)이 된다 하여도 행탁(幸託; 행복을 받치다)은 자전상(字典上) 부(附)의 본의(本義)에는 영향이 미치지 않음.

阜部 六畫

㋖陋(루)[唐韻]盧候切[集韻][韻會][正韻]郎豆切杖音漏[說文]阨陝也[論語]在陋巷[疏]隘陋之巷[左傳成九年]莒恃其陋而不設備 又[玉篇]醜猥也[唐書盧杞傳]郭子儀曰杞貌陋心險 又[玉篇]隱小也[廣韻]疎惡也[書堯典]明明揚側陋 又[荀子修身篇]少見曰陋[禮學記]獨學而無友則孤陋而寡聞 又[唐韻正]魯故反音路[張衡東京賦]奢未及侈儉而不陋規遵王度動中得趨於是觀禮禮舉義具 [說文]本作陋

【 오류정리 】

○康誤處 1; [張衡東京賦]規遵王度動中得趨於是觀禮禮舉義具(改儀具)

●考證; 謹照原文義具改儀具

◆整理; [張衡東京賦(장형동경부)]義具(의구)는 儀具(의구)의 착오.

◆訂正文; [張衡東京賦]奢未及侈儉而不陋規遵王度動中得趨於是觀禮禮舉儀具

▶【2222-1】字解誤謬與否; [張衡東京賦]規遵王度動中得趨於是觀禮禮舉義具(改儀具) [義具(改儀具)]

★이상과 같이 오류(誤謬) 수정(修訂)이 되면 의구(儀具; 임금님의 행차나 조현(朝見) 등의 의식(儀式)에 사용하는 기구(器具). [張衡東京賦]奢未及侈儉而不陋規遵王度動中得趨於是觀禮禮舉儀具)가 되는데 자전상(字典上) 루(陋)의 본의(本義)에 영향이 미치게 됨.

阜部　八畫

㉟陰(음)[唐韻][集韻][韻會]於今切[正韻]於禽切𡘌音音[說文]闇也[釋名]陰蔭也氣在內奧蔭也[玉篇]幽無形深難測謂之陰[易坤卦]陰雖有美含之以從王事弗敢成也地道也妻道也臣道也[禮月令]百官靜事毋刑以定晏陰之所成又[周禮天官內宰]以陰禮敎六宮[註]陰禮婦人之禮又[內小臣]掌王之陰事陰令　又[地官大司徒]以陰禮敎親則民不怨[註]陰禮謂男女之禮　又陰晴[詩邶風]曀曀其陰[又]以陰以雨　又[說文]山之北也[書禹貢]南至于華陰　又[說文]水之南也[前漢地理志]河東郡汾陰縣[註]介山在南　又[玉篇]影也[晉書陶侃傳]大禹惜寸陰吾輩當惜分陰　又[正字通]碑背曰陰楊修解曹娥碑陰八字　又[前漢郊祀歌]靈之至慶陰陰[註]師古曰言垂陰覆徧於下　又[玉篇]默也[戰國策]齊秦之處陰合　又[詩秦風]陰靷鋈續[傳]陰揜軌也[釋名]陰蔭也橫側車前以陰笒也　又地名[左傳襄九年]濟于陰阪侵鄭又[昭十九年]楚工尹赤遷陰于下陰又[二十二年]帥師軍于陰[前漢地理志]南陽郡陰縣[註]卽左傳下陰也又漢有兩陰山縣[地理志]西河郡陰山又桂陽郡陰山　又山名[史記秦始皇紀]自楡中𡘌河以東屬之陰山[註]徐廣曰在五原之北　又姓[廣韻]管修自齊適楚爲陰大夫其後氏焉○按史記褚少孫龜筴傳陰兢活之與之俱亡索隱曰陰姓兢名也是商時卽有陰姓矣又左傳僖十五年晉陰飴甥會秦伯盟于王城註飴甥食邑于陰戰國策有陰簡陰姬疑卽出於此又昭二十四年陰不佞以溫人南侵疑陰亦姓也　又[正字通]男子勢曰陰[史記呂不韋傳]私求大陰人嫪毐爲舍人　又[逸周書]㙮上張赤突陰羽[註]陰鶴也　[玉篇]今作陰[五音集韻]俗作

除[字彙]俗作阥[字彙補]亦作隔阴氘　又[集韻]烏含切音菴本作闇治喪廬也[論語]高宗諒陰三年不言　又[集韻][韻會]𡘌於禁切音蔭[集韻]瘞藏也[禮祭義]骨肉斃于下陰爲野土[註陰讀爲依廕之廕　又[詩大雅]旣之陰女反予來赫[箋]覆陰也[韻會小補]蔭通作陰　又[正字通]音飮古醫方有淡陰之疾俗作淡飮　又叶於容切音雍[詩豳風]二之日鑿冰沖沖三之日納于凌陰[箋]凌陰冰室[揚子太玄經]日飛懸陰萬物融融　又叶於虔切音煙[黃庭經]上有黿靈下關元左爲少陽右太陰　又[韻會小補]本作殷淺黑色也亦作陰[詩小雅我馬維駰傳]陰白雜毛曰駰陰淺黑色也

【 오류정리 】

○康誤處 1 ; [戰國策]齊秦之處(改之交)陰合

●考證 ; 謹照原文之處改之交

◆整理 ; [戰國策(전국책)] 之處(지처)는 之交(지교)의 착오.

◆訂正文 ; [戰國策]齊秦之交陰合

▶ 【2223-1】字解誤謬與否 ; [戰國策]齊秦之處(改之交)陰合 [之處(改之交)]

★이상과 같이 오류(誤謬) 수정(修訂)이 된다 하여도 지교(之交; 외교를 맺다. 교제하다. 사귀다)는 자전상(字典上) 음(陰)의 본의(本義)에는 영향이 미치지 않음.

○康誤處 2 ; [詩秦風]陰靷鋈續[傳]陰揜軌(改軓)也

●考證 ; 謹照原文軌改軓

◆整理 ; [詩秦風(시진풍)] [傳(전)] 軌(궤)는 軓(범)의 착오.

◆訂正文 ; [詩秦風]陰靷鋈續[傳]陰揜軓也

▶ 【2224-2】字解誤謬與否 ; [詩秦

風]陰靰鎱續[傳]陰撟軌(改軓)也　[軌(改軓)]

★이상과 같이 오류(誤謬) 수정(修訂)이 되면 음(陰) 엄범(撟軌; 수레 바닥 둘레 나무판. [詩經秦風]所以驅驂馬,使不得內入也陰撟軓也軓在軾前而以板橫側撟之以其陰映此軓故謂之陰也)으로 자전상(字典上) 음(陰)의 본의(本義)에 영향이 미치게 됨.

○康誤處 3; [逸周書]墰上張赤奕(改赤帟)陰羽

●考證; 謹照原文赤奕改赤帟

◆整理; [逸周書(일주서)] 赤奕(적혁)은 赤帟(적역)의 착오.

◆訂正文 ; [逸周書]墰上張赤帟陰羽

▶【2225-3】字解誤謬與否 ; [逸周書]墰上張赤奕(改赤帟)陰羽　[赤奕(改赤帟)]

★이상과 같이 오류(誤謬) 수정(修訂)이 된다 하여도 적역(赤帟; 붉은 장막. [清史稿]瑤階上幹羽功昭趨閭閽拜舞兼歡蹈匝爻闓赤帟飄颭紃牛露犬輸奇寶兜離傑昧盡入鹹韶九解玉河縹緲星沼遙)은 자전상(字典上) 음(陰)의 본의(本義)에는 영향이 미치지 않음.

康 陶 (도)[唐韻][集韻][韻會][正韻]夶徒刀切音桃[爾雅釋丘]再成爲陶丘[疏]丘形上有兩丘相重累[書禹貢]東出于陶丘北[釋名]於高山上一重作之如陶竈然也[說文]陶丘在濟陰[戰國策]秦客卿造謂穰侯曰秦封君以陶[註]今定陶縣[前漢地理志]濟陰郡定陶縣[史記越世家]范蠡止於陶[註]徐廣曰今定陶正義曰括地志云陶山在濟州平陰縣東三十五里止此山之陽也　又[說文]陶丘有堯城堯嘗所居故堯號爲陶唐氏[書五子之歌]惟彼陶唐有此冀方　又縣名[漢書地理志]魏郡館陶縣雲中郡陶林縣定襄郡安陶縣雁門郡沮陶縣　又

[玉篇]陶甄[廣韻]尸子曰夏桀臣昆吾作陶[汲冢周書]神農作瓦器[詩大雅陶復陶穴]　又陶正官名[左傳襄二十五年]昔虞閼父爲周陶正　又[書五子之歌]鬱陶乎予心[傳]鬱陶言哀思也　又[爾雅釋詁]鬱陶繇喜也[禮檀弓]人喜則斯陶陶斯咏咏斯猶[註]陶鬱陶也[疏]鬱陶者心初悅而未暢之意也　又[揚子方言]陶養也秦或曰陶　又[後漢杜篤傳]粳稻陶遂[註]韓詩曰陶暢也　又[廣韻]正也化也　又[揚雄解嘲]後陶塗[註]北方國名出馬因以爲名　又蒲陶果名[史記大宛傳]有蒲陶酒[司馬相如上林賦]櫻桃蒲陶　又姓[左傳定二年]殷氏七族陶氏施氏繁氏錡氏樊氏饑氏終葵氏[廣韻]陶唐之後今出丹陽　又[玉篇]亦作匋[篇海]亦作陶　又[荀子不苟篇]陶誕突盜[註]陶當爲㤻 杋之㤻頑嚚之貌或曰陶當爲逃隱匿其情也　又[韻會]鞠通作陶[周禮冬官考工記]韗人爲臯陶[註]臯陶鼓木也陶字从革　又[韻會]裪通作陶[左傳襄三十年]使爲君復陶[註]復陶主衣服之官又[左傳昭十二年]王皮冠秦復陶[註]秦所遺羽衣也　又[廣韻][集韻][韻會][正韻]夶餘昭切音搖[詩王風]君子陶陶左執翿右招我由敖[傳]陶陶和樂貌[釋文]陶音遙　又[禮祭義]陶陶遂遂如將復入然[註]陶陶遂遂相隨行之貌[釋文]陶音遙　又[廣韻]臯陶舜臣一作咎繇[篇海]本作陶　又[集韻]大到切音導[詩鄭風]淸人在軸駟介陶陶左旋右抽中軍作好[傳]陶陶驅逐之貌[釋文]陶徒報反好呼報反　又[朱註]陶叶徒候反好叶許候反　又叶夷周切音由[詩魯頌]淑問如臯陶在泮獻囚[易林]玆基運時稷契臯陶貞良得願微子解囚[杜篤吳漢誅]堯隆稷契舜嘉臯陶伊尹佐殷呂尙翼周

【 오류정리 】

○康誤處 1；[左傳定二年(改四年)]殷
氏(改殷民)七族
●考證；謹照原文二年改四年殷氏改
殷民
◆整理；[左傳定(좌전정) 二年(이년)
은 四年(사년)의 착오.] 殷氏(은씨)는
殷民(은민)의 착오.
◆訂正文；[左傳定四年]殷民七族
▶【2226-1】字解誤謬與否；[左傳
定二年(改四年)]殷氏(改殷民)七族
[二年(改四年)] [殷氏(改殷民)]
★이상과 같이 인용처(引用處)나 은
민(殷民; 은나라 백성)의 오류(誤謬)
수정(修訂)이 된다 하여도 자전상(字
典上) 도(陶)의 본의(本義)에는 영향
이 미치지 않음.

○康誤處 2；[荀子不苟篇(改榮辱篇)]
陶誕突盜[註]陶當爲檮杌之檮頑嚚之
貌(改頑嚚之貌)
●考證；謹按此荀子榮辱篇非不苟篇
今照原書不苟篇改榮辱篇註頑嚚之貌照
原文改頑嚚之貌
◆整理；[荀子(순자) 不苟篇(부구편)
은 榮辱篇(영욕편)의] 착오. 頑嚚之貌
(완효지모)는 頑嚚之貌(완은지모)의
착오.
◆訂正文；[荀子榮辱篇]陶誕突盜
[註]陶當爲檮杌之檮頑嚚之貌
▶【2227-2】字解誤謬與否；[荀子
不苟篇(改榮辱篇)]陶誕突盜[註]陶當
爲檮杌之檮頑嚚之貌(改頑嚚之貌) [頑
嚚之貌(改頑嚚之貌)]
★이상과 같이 오류(誤謬) 수정(修訂)
이 되면 완은지모(頑嚚之貌; 완고하
고 어리석은 모양. [荀子榮辱篇]陶誕
突盜[註]陶當爲檮杌之檮頑嚚之貌註頑
嚚之貌照原文改頑嚚之貌)인데 자전
상(字典上) 도(陶)의 본의(本義)에 영
향이 미치게 됨.

康 陼 (저) [廣韻]章與切[集韻][韻
會]掌與切夶音煮[爾雅釋水]小洲曰陼
小陼曰沚[越語]黿鼉之與同陼[楚辭九
章]朝發枉陼兮夕宿辰陽[司馬相如子
虛賦]且齊東陼巨海[註]東有大海之陼
[揚雄反離騷]鳳凰翔於蓬陼[註]蓬萊
之陼在海中　又丘名[爾雅釋邱]如渚
者陼邱　又[唐韻]當古切[集韻]董五
切夶音賭[說文]水中高者也　又[集
韻]同堵垣也詳土部堵字註　又[集韻]
同都切音徒本作鄐詳邑部鄐字註

【 오류정리 】

○康誤處 1；[爾雅釋邱]如渚(改如陼)
者陼邱
●考證；謹照原文如渚改如陼
◆整理；[爾雅釋邱(이아석구)]如渚
(여저)는 如陼(여저)의 착오.
◆訂正文；[爾雅釋丘]如陼者陼丘
▶【2228-1】字解誤謬與否；[爾雅
釋邱]如渚(改如陼)者陼邱 [如渚(改
如陼)]
★이상과 같이 오류(誤謬) 수정(修訂)
이 되면 저(陼; 물가. 모래섬. 삼각
주. 언덕)인데 자전상(字典上) 저
(陼)의 본의(本義)에 적극 영향이 미
치게 됨.

康 隅 (우) [廣韻]遇俱切[集韻][韻
會]元俱切夶音虞[說文]陬也[玉篇]角
也[書益稷帝光天之下至于海隅蒼生
[詩邶風]俟我乎城隅[禮曲禮摳衣趨隅
[註]趨隅升席也又[檀弓]童子隅坐而執
燭[註]隅坐不與成人並[論語]舉一隅不
以三隅反　又[玉篇]廉也[詩大雅]抑
抑威儀維德之隅[禮儒行]砥厲廉隅　又
海隅十藪之一[爾雅釋地]齊有海隅
又[周禮冬官考工記匠人]宮隅之制七
雉城隅之制九雉[註]宮隅城隅謂角浮
思也　又山名[魯語]汪芒氏之君也守

封隅之山者也[註]封山隅山在今吳郡永安縣[說文]作嵎 又叶語口切音偶[詩唐風]綢繆束芻三星在隅今夕何夕見此邂逅芻叶側九反逅叶很口反 又叶呼侯反音訽[揚雄反離騷]有周氏之嬋媛兮或鼻祖於汾隅靈宗初諜伯僑兮流於末之陽侯 [篇海]同隔

【 오류정리 】

○康誤處 1；[詩邶風]俟我乎(改於)城隅

●考證 ；謹照原文乎改於

◆整理 ；[詩邶風(시패풍)] 乎(호)는 於(어)의 착오.

◆訂正文 ；[詩邶風]俟我於城隅

▶【2229-1】字解誤謬與否 ；[詩邶風]俟我乎(改於)城隅 [乎(改於)]

★이상과 같이 오류(誤謬) 수정(修訂)이 된다 하여도 어(於; 語助辭)는 자전상(字典上) 우(隅)의 본의(本義)에는 영향이 미치지 않음.

㉿隆(륭)[唐韻]力中切[集韻][韻會][正韻]良中切夶音癃[說文]豐大也 又[玉篇]中央高也[爾雅釋山]宛中隆[疏]山形中央蘊聚而高者名隆 又[戰國策]雖隆薛之誠到於天猶之無益也 又與窿通[正韻]穹窿天勢本作隆[司馬相如上林賦]穹隆雲橈 又[玉篇]盛也[禮檀弓]道隆則從而隆]道汙則從而汙[史記封禪書]文王攺制爰周郅隆[前漢武帝紀]迫隆冬至[註]隆冬猶言盛冬也 又[禮祭義]頒禽隆諸長者[註]隆猶多也 又[荀子臣道篇]君者國之隆也[註]隆，猶尊也[史記平準書]方隆貴用事 又[前漢王莽傳]臣莽夙夜隆就孺子[註]隆長也言成就之使其長大也 又厚也[後漢皇后傳]使後世不見隆薄進退之隙 又[前漢五行志]沛城鐵官鑄鐵鐵不下隆隆如雷聲 又地名[史記晉世家]齊伐魯取隆[註]隆卽龍也魯地有隆山 又州名後周陵州宋升隆州 又豐隆[雷師[屈原離騷]吾令豐隆乘雲兮求宓妃之所在[正韻]霊霹本作豐隆 又與南通[淮南子俶眞訓]終南作終隆 又叶盧王切音郎[道藏歌但聞仙道貴不聞鬼道隆謠歌參天氣賈生元正章 又叶閭承切音棱[陸雲贈孫世顯詩]制動以靜祕景在隆雲根可棲樂此隈岑

【 오류정리 】

○康誤處 1；[戰國策]雖隆薛之誠(改城)到於天

●考證 ；謹照原文誠改城

◆整理 ；[戰國策(전국책)] 誠(성)은 城(성)의 착오.

◆訂正文 ；[戰國策]雖隆薛之城到於天

▶【2230-1】字解誤謬與否 ；[戰國策]雖隆薛之誠(改城)到於天 [誠(改城)]

★이상과 같이 오류(誤謬) 수정(修訂)이 된다 하여도 성도어천(城到於天; 성을 하늘에 닫도록 높이 쌓다. [戰國策]雖隆薛之城到於天猶之無益也)은 자전상(字典上) 룽(隆)의 본의(本義)에는 영향이 미치지 않음.

○康誤處 2；[荀子臣道篇(改致士篇)]君者國之隆也

●考證 ；謹照原書臣道篇改致士篇

◆整理 ；[荀子(순자) 臣道篇(신도편)은 致士篇(치사편)의] 착오임.

◆訂正文 ；[荀子致士篇]君者國之隆也

▶【2231-2】字解誤謬與否 ；[荀子臣道篇(改致士篇)]君者國之隆也 [臣道篇(改致士篇)]

★이상과 같이 인용처(引用處)나 주소(註疏), 등(等)의 오류(誤謬)를 수정(修訂)을 한다 하여도자전상(字典上)의 룽(隆)의 본의(本義)에는 영향이

미치지 않음.

康隊(대)[唐韻][集韻][韻會]徒對切[正韻]杜對切𡘋音憝[說文]从高隊也失也　又[玉篇]部也百人也[廣韻]羣隊也[左傳文十五年]楚子乘驛會師於臨品分爲二隊[註]隊部也兩道攻之[司馬相如上林賦]車按行騎就隊　又[集韻][正韻]𡘋直類切音懟[集韻]落也[禮檀弓]退人若將隊諸淵又[樂記]上如抗下如隊[釋文]隊直媿反[左傳成十二年]俾隊其師[集韻]本作隊亦作隧又[集韻]徐醉切音遂與隧同。詳隧字註　又[前漢王莽傳]分爲六尉六隊[註]隊音遂　又[穆天子傳]得絕鈃山之隊[註]隊謂谷中險阻道也　又[集韻]杜罪切憝上聲羣也

【 오류정리 】

○康誤處 1 ; [左傳文十五年(改十六年)]楚子乘驛(改乘馴)會師於臨品分爲二隊

●考證 ; 謹照原文十五年改十六年乘驛改乘馴

◆整理 ; [左傳文(좌전문) 十五年(십오년)은 十六年(십륙년)의] 착오. 乘驛(승역)은 乘馴(승일)의 착오.

◆訂正文 ; [左傳文十六年]楚子乘馴會師於臨品分爲二隊

▶ 【2232-1】 字解誤謬與否 ; [左傳文十五年(改十六年)]楚子乘驛(改乘馴)會師於臨品分爲二隊　[十五年(改十六年)]　[乘驛(改乘馴)]

★이상과 같이 오류(誤謬) 수정(修訂)이 된다 하여도 승일(乘馴; 신하가 임금의 명을 받고 어디를 갈 때 역마를 타고 가다. [左傳文公十六年]庸人曰楚不足與戰矣遂不設備楚子乘馴會師于臨品分爲二隊子越自石溪) 자전상(字典上) 대(隊)의 본의(本義)에는 영향이 미치지 않음.

康隖(도)[集韻]覩老切音擣[司馬相如上林賦]阜陵別隖[註]隖水中山也[玉篇]今作島亦作隯[集韻]亦作㠀　又[集韻]丁了切音鳥義同　又同鴞[後漢循吏傳]仇覽爲蒲亭長鄕邑爲之諺曰父母何在在我庭化我隖梟哺所生[註]隖梟卽鴞梟也　又叶當口切音斗[前漢敍傳]橫雖雄才伏於海隖沐浴尸鄕北面奉首　又叶都木切音篤[司馬相如子虛賦]振溪通谷蹇產溝瀆谺呀豁閜阜陵別隖○按正字通　又見鳥部重出應刪

【 오류정리 】

○康誤處 1 ; [司馬相如子虛賦(改上林賦)]阜陵別隖

●考證 ; 謹照原文子虛賦改上林賦

◆整理 ; [司馬相如(사마상여) 子虛賦(자허부)는 上林賦(상림부)의] 착오.

◆訂正文 ; [司馬相如上林賦]振溪通谷蹇產溝瀆谺呀豁閜阜陵別隖

※筆者謹按字典原本 ; [司馬相如上林賦]

▶ 【2233-1】 字解誤謬與否 ; [司馬相如子虛賦(改上林賦)]阜陵別隖　[子虛賦(改上林賦)]

★이상과 같이 인용처(引用處)나 주소(註疏), 등(等)의 오류(誤謬)를 수정(修訂)을 한다 하여도 자전상(字典上)의 도(隖)의 본의(本義)에는 영향이 미치지 않음.

○康誤處 2 ; [上林賦]谺呀豁閜(改豁閜)阜陵別隖

●考證 ; 謹照原文豁閜改豁閜

◆整理 ; [上林賦(상림부)] 豁閜(활문)은 豁閜(활하)의 착오.

◆訂正文 ; 谺呀豁閜阜陵別隖

▶ 【2234-2】 字解誤謬與否 ; [上林賦]谺呀豁閜(改豁閜)阜陵別隖　[豁閜(改豁閜)]

★이상과 같이 오류(誤謬) 수정(修訂)이 된다 하여도 활하(豁閕; 텅비다. [司馬相如上林賦]谽呀豁閕[註]呵下反豁閕空虛也)는 자전상(字典上) 도(隝)의 본의(本義)에는 영향이 미치지 않음.

阜 部 十三畫

㊟隧(수)[廣韻][集韻][韻會][正韻]𠀤徐醉切音遂[玉篇]墓道也[左傳隱元年]闕地及泉隧而相見[註]隧若今延道 又[僖二十五年]晉侯朝王王饗醴命之宥請隧弗許[註]闕地通路曰隧[周禮春官冢人]及竁以度爲丘隧[註]隧羨道也 又道也[詩大雅]大風有隧[禮曲禮]出入不當門隧[魯語]具舟除隧[前漢匈奴傳]起亭隧[註]隧謂開小道而行避敵鈔寇也 又[左傳襄七年叔仲昭伯爲隧正[註]隧正主役徒 又[周禮冬官考工記梟氏]于上之攠謂之隧[註]隧在鼓中窐而生光有似夫隧 又草名[爾雅釋草]出隧蘧蔬[疏]菌類也一名出隧一名蘧蔬 又[正字通]高麗國左有大穴曰神隧 又地名[戰國策]吳見伐齊之便而不知干隧之敗也[註]干隧吳地 又縣名[前漢地理志]河閒國武隧縣 又轉也回也[莊子天下篇]若磨石之隧[註]隧音遂回也 又[集韻]直類切音懟落也與墜同[荀子儒效篇]至共頭而山隧<u>[班固幽通賦]養峻谷曰勿隧</u>[註]可以免於顚隧[前漢王莽傳]不隧如髮 又[集韻]雖遂切音粹與邃同深遠也[周禮冬官考工記輿人]參分車廣去一以爲隧[註]鄭司農云隧謂車輿深也讀如鑽燧攺火之燧康成謂讀如邃宇之邃 又[集韻]杜罪切音薩[左傳襄二十五年]當陳隧者井堙木刊[註]隧徑也徐邈讀上聲 [廣韻]俗作璲

【 오류정리 】

○康誤處 1；[班固幽通賦]養(改眷)峻谷曰勿隧

●考證；謹照原文養改眷

◆整理；[班固幽通賦(반고유통부)]養(양)은 眷(권)의 착오.

◈訂正文；[班固幽通賦]眷峻谷曰勿隧

▶【2235-1】字解誤謬與否；[班固幽通賦]養(改眷)峻谷曰勿隧 <u>[養(改眷)]</u>

★이상과 같이 오류(誤謬) 수정(修訂)이 되면 권준곡(眷峻谷); 떨어지지 않게 하다 [文选班固幽通賦]眷峻谷曰勿墜) 자전상(字典上)인데 수(隧)의 본의(本義)에 직접 영향이 미치게 됨.

阜 部 十四畫

㊟隱(은)[唐韻][正韻]於謹切[集韻][韻會]倚謹切𠀤音㶏[爾雅釋詁]隱微也[註]微謂逃藏也[易·乾卦]龍德而隱者也 又[禮·禮運]大道既隱[註]隱猶去也 又[說文]蔽也[玉篇]匿也[論語]言及之而不言謂之隱[禮檀弓]事親有隱而無犯[魯語]刑五而已無有隱者隱乃諱也 又[廣韻]私也[論語]吾無隱乎爾[疏]孔子敎人無所隱惜 又[玉篇]不見也[易繫辭]巽稱而隱[註]稱揚命令而百姓不知其由[史記韓安國傳]壺遂之深中隱厚 又[禮曲禮]不以隱疾[註]隱疾衣中之疾也 又[史記秦始皇紀]隱宮徒刑者七十餘萬人[註]宮刑一百日隱於陰室養之故曰隱宮 又[史記滑稽傳]齊威王之時喜隱[前漢藝文志]隱書十八篇[註][劉向·別錄云隱書者疑其言以相問對者以慮思之可以無不喩 又[禮·玉藻]隱辟而後屨[註]隱辟俛逡巡而退著屨也 又[爾雅釋言]隱占也[註隱度[疏]占者視兆以知吉凶必先隱度[禮少儀]軍旅思險隱情以虞[註]隱意也思也<u>[後漢安帝紀]隱視幽心勿取浮華</u>[註]皆隱審盡心勿

取浮華不實者　又[揚子方言]隱定也　又[玉篇]安也　又痛也[詩邶風]如有隱憂[傳]痛也[禮檀弓]拜稽顙哀戚之至隱也稽顙隱之甚也[孟子]王若隱其無罪而就死地[又]皆有怵惕惻隱之心[前漢韓安國傳[此仁人之所隱也　又[左傳昭二十五年]隱民皆取食焉[註]隱約窮困又[定二年]君以弄馬之故隱君身[註]隱憂約也[荀子儒效篇]隱隱兮其恐人之不當也[註]隱隱憂戚貌　又[司馬相如上林賦]湛湛隱隱[註]隱隱盛貌又[前漢郊祀歌]休嘉砰隱溢四方[註]砰隱盛意　又[左傳襄二十三年]隃隱而待之[註]隱短牆也　又[諡法]隱拂不成曰隱不顯尸國曰隱見美堅長曰隱　又姓[吳志]有廷尉左監隱蕃　又[爾雅釋草]蔏隱蔥[註]似蘇有毛江東呼爲隱蔥藏以爲菹　又[廣韻][集韻]灶於靳切音檼[廣韻]隈隱之貌　又[孟子]隱几而臥[註]隱倚也於靳反　又[集韻]築也[前漢賈山傳]厚築其外隱以金椎　又[集韻]於刃切駰去聲[禮檀弓]旣葬而封廣輪揜坎其高可隱也[註]隱據也封可手據謂高四尺所[釋文]隱於刃反[集韻]俗作隱𢚩隐

【 오류정리 】

○康誤處 1；[後漢安帝紀]隱視(改隱親)幽心(改悉心)勿取浮華
●考證；謹照原文隱視改隱親幽心改悉心
◆整理；[後漢安帝紀(후한안제기)]隱視(은시)는 隱親(은친), 幽心(유심)은 悉心(실심)의 착오.
◆訂正文；[後漢安帝紀]隱親悉心勿取浮華
▶【2236-1】字解誤謬與否；[後漢安帝紀]隱視(改隱親)幽心(改悉心)勿取浮華 [隱視(改隱親)] [幽心(改悉心)]
★이상과 같이 오류(誤謬) 수정(修訂)

이 되면 은친(隱親; 몸소 자세하게 살핌) 실심(悉心; 盡心 [後漢安帝紀]隱親悉心勿取浮華[註]皆隱審盡心勿取浮華不實者勿取浮華[李賢注]隱親猶親自隱也悉盡也)인데 자전상(字典上) 은(隱)의 본의(本義)에 직접 영향이 미치게 됨.

○康誤處 2；[定二年(改三年)]君以弄馬之故隱君
●考證；謹照原文二年改三年
◆整理；[定(정) 二年(이년)은 三年(삼년)의] 착오.
◆訂正文；[定三年]君以弄馬之故隱君
▶【2237-2】字解誤謬與否；[定二年(改三年)]君以弄馬之故隱君 [二年(改三年)]
★이상과 같이 인용처(引用處)나 주소(註疏), 등(等)의 오류(誤謬)를 수정(修訂)을 한다 하여도 자전상(字典上)의 은(隱)의 본의(本義)에는 영향이 미치지 않음.

○康誤處 3；[襄二十三年]隃隱(改踰隱)而待之
●考證；謹照原文隃隱改踰隱
◆整理；[襄二十三年(양이십삼년)]隃隱(유은)은 踰隱(유은)의 착오.
◆訂正文；[左傳襄二十三年]踰隱而待之
▶【2238-3】字解誤謬與否；[襄二十三年]隃隱(改踰隱)而待之 [隃隱(改踰隱)]
★이상과 같이 오류(誤謬) 수정(修訂)이 되면 유은(踰隱; 담을 넘어가 숨다.[左傳襄二十三年]踰隱而待之[註]隱短牆也 [春秋左傳襄公二十三年]宣子喜曰而殺之所不請於君焚丹書者有如日乃出豹而閉之督戎從之踰隱而待之督戎踰入豹自後擊而殺之) 자전상(字典

上) 은(隱)의 본의(本義)에 직접 영향이 미치게 됨.

○康誤處 4 ; [爾雅釋草]莠隱蔥(改蔥)[註]似蘇有毛江東呼爲隱蔥(改蔥)

●考證 ; 謹照原文兩蔥字太改蔥

◆整理 ; [爾雅釋草(이아석초)] 蔥(총)은 蔥(총)의 착오. [註(주)]蔥(총)은 蔥(총)의 착오

◆訂正文 ; [爾雅釋草]莠隱蔥[註]似蘇有毛江東呼爲隱蔥

▶【2239-4】字解誤謬與否 ; [爾雅釋草]莠隱蔥(改蔥)[註]似蘇有毛江東呼爲隱蔥(改蔥) [蔥(改蔥)] [蔥(改蔥)]

★이상과 같이 오류(誤謬) 수정(修訂)이 되면 은총(隱蔥; 차조기와 비슷한데 털이 있다. [爾雅釋草]莠隱蔥[註]似蘇有毛)자전상(字典上) 은(隱)의 본의(本義)에 적극 영향이 미치게 됨.

㉃隳(휴)[廣韻]許規切俗隓字[老子道德經]故物或行或隨或呴或吹或强或羸或載或隳[宋玉高唐賦]長吏隳官 又通作墮[禮月令]繼長增高毋有壞墮[釋文]墮亦作隳 又[讀書通]與毁通[荀子富國篇]非將隳之也說不免焉[後漢袁紹傳]所過毀突[文選]作隳

【 오류정리 】

○康誤處 1 ; [老子道德經]或强或羸(改羸)

●考證 ; 謹照原文羸改羸

◆整理 ; [老子道德經(노자도덕경)] 羸(영)은 羸(리)의 착오.

◆訂正文 ; [老子道德經]或强或羸

▶【2240-1】字解誤謬與否 ; [老子道德經]或强或羸(改羸) [羸(改羸)]

★이상과 같이 오류(誤謬) 수정(修訂)이 된다 하여도 리(羸; 허약하다. 수

척하다. 지치다. 피로하다)인데 자전상(字典上) 휴(隳)의 본의(本義)에는 영향이 미치지 않음.

㉃隴(롱)[唐韻]力踵切[集韻][韻會]魯勇切[正韻]力董切太音壟[說文]天水大阪也[前漢地理志]天水郡隴縣[註]今呼隴城縣者也又[史記六國表]文公踰隴[秦本紀又使司馬錯發隴西因蜀攻楚黔中[前漢地理志]隴西郡[註]應劭曰有隴坻在其西也師古曰隴坻謂隴阪卽今之隴山也此郡在隴之西故曰隴西[地理直音]漢隴西今鞏昌府漢天水今鞏昌府秦州 又[廣韻]州名漢汧縣後魏置東秦州改爲隴州因山名之[地理直音]隋汧陽郡今鳳翔府隴州○按今陝西鞏昌府淸水縣平涼府華亭縣鳳翔府隴州皆有隴山洮州衞有東隴山 又[春秋文二年]盟于垂隴;註]鄭地滎陽東有隴城 又姓 又[正韻]丘壟之壟亦作隴[列子天瑞篇]逆之隴端[前漢劉向傳]皆無丘隴之處 又壟畝亦作隴[史記項羽紀]起隴畝之間 又[荀子議兵篇]案角鹿埵隴種東籠而退耳[註]隴種遺失貌如隴之種物然或曰卽鍾也序作隴鍾也

【 오류정리 】

○康誤處 1 ; [荀子議兵篇][註]隴種遺失貌如隴之種物然或曰卽隴鍾也(改龍鍾)

●考證 ; 謹照原文 鍾也改龍鍾

◆整理 ; [荀子議兵篇(순자의병편)][註(주)] 隴鍾也(롱종야)는 龍鍾(롱종)의 착오

◆訂正文 ; [荀子議兵篇][註]隴種遺失貌如隴之種物然或曰卽龍鍾

▶【2241-1】字解誤謬與否 ; [荀子議兵篇][註]隴種遺失貌如隴之種物然

或曰卽隴鍾也(改龍鍾)　[隴鍾也(改龍鍾]

★이상과 같이 오류(誤謬) 수정(修訂)이 된다 하여도 용종(龍鍾; 제왕의 자손)인데 자전상(字典上) 롱(隴)의 본의(本義)에는 영향이 미치지 않음.

隹部 三畫

康雀(작)[唐韻]卽略切[集韻][韻會][正韻]卽約切𡘋音爵[說文]依人小鳥也从小隹讀與爵同[古今注]雀一名家賓[埤雅]雀物之淫者[詩召南]誰謂雀無角[左傳襄二十五年]如鷹鸇之逐鳥雀也　又[書顧命]二人雀弁[傳]雀韋弁[疏]雀言如雀頭色也　又[周禮春官巾車]漆車藩蔽犴禈雀飾　又[戰國策]雀立不轉[註]雀立踊也　又[揚子方言]䳏黃或謂之楚雀[爾雅釋鳥]鵹黃楚雀[註]卽倉庚也　又[爾雅釋鳥]鵩負雀[註]鵩鶺也善捉雀因名　又[爾雅釋鳥桑鳸竊脂註]俗謂之靑雀　又[爾雅釋鳥桃蟲鷦註]鷦鵰桃雀也俗呼爲巧婦[疏]方言說巧婦之名自關而東謂之工爵自關而西或謂之韈雀　又揚雄校獵賦玄鸞孔雀　又[臨海異物志]南海有黃雀魚六月化爲黃雀十月入海爲魚　又[爾雅釋草]蕎雀麥[註]卽燕麥也　又朱雀南方宿名[禮曲禮]前朱雀而後玄武

【 오류정리 】

○康誤處 1；[揚雄校獵賦(改羽獵賦)]玄鸞孔雀

●考證；謹照原文校獵賦改羽獵賦

◆整理；[揚雄(양웅) 校獵賦(교렵부)는 羽獵賦(우렵부)의] 착오.

◆訂正文；[揚雄羽獵賦]玄鸞孔雀

▶【2242-1】字解誤謬與否；[揚雄校獵賦(改羽獵賦)]玄鸞孔雀　[校獵賦(改羽獵賦)]

★이상과 같이 인용처(引用處)나 주소(註疏), 등(等)의 오류(誤謬)를 수정(修訂)을 한다 하여도 자전상(字典上)의 작(雀)의 본의(本義)에는 영향이 미치지 않음.

隹部 四畫

康集(집)[唐韻][廣韻][韻會][正韻]秦入切[集韻][類篇]籍入切𡘋音箿[說文]本作雧羣鳥在木上也[詩周南]集于灌木　又[廣韻]就也成也[書武成]大統未集[傳]大業未就[詩小雅我行旣集[箋]集猶成也　又[韻會]雜也[孟子]是集義所生者[註]集雜也　又[廣韻]衆也　又[廣韻]安也[史記曹參世家]問所以安集百姓　又[玉篇]合也[廣韻]聚也會也同也[史記秦始皇紀]天下雲集響應[前漢鼂錯傳]動靜不集[註]師古曰集齊也[史記司馬相如傳]鱗集仰流　又[左傳昭二十三年]險其走集[註]集謂邊境之壘辟也　又[前漢藝文志]劉歆總羣書而奏其七略故有輯略]註]師古曰輯與集同謂諸書之總要[韻會]文集文所聚也唐有子史經集四庫　又州名[廣韻漢宕渠縣梁恭帝爲集州　又[廣韻]姓也漢有集壹　又[韻補]叶疾救切音就[詩小雅]我龜旣厭不我告猶謀夫孔多是用不集猶于救切　又叶昨合切音雜[詩大雅]天監在下有命旣集文王初載天作之合

【 오류정리 】

○康誤處 1；[左傳昭二十三年]險其走集[註]集謂邊境之壘辟也(改走集邊境之壘辟也)

●考證；謹按註中集上脫走字下多謂字今照原文改走集邊境之壘辟也

◆整理；[左傳昭二十三年][註]集謂邊境之壘辟也(집위변경지루피야)는 走集邊境之壘辟也(주집변경지루피야)의 착오.

◆訂正文；[左傳昭二十三年]險其走

集[註]走集邊境之壘辟也
▶【2243-1】字解誤謬與否；[左傳昭二十三年]險其走集[註]集謂邊境之壘辟也(改走集邊境之壘辟也) [集謂邊境之壘辟也(改走集邊境之壘辟也)]
★이상과 같이 오류(誤謬) 수정(修訂)이 되면 주집(走集; 변방의 요새. 교통의 요충지. 뒤이어와 모이다) 자전상(字典上) 집(集)의 본의(本義)에 직접 영향이 미치게 됨.

㊗雇(고)[唐韻][正韻]侯古切[集韻][韻會]後五切]太音戸[說文]九雇農桑候鳥扈民不婬者也从隹戸聲春雇頒盾夏雇竊玄秋雇竊藍冬雇竊黃棘雇竊丹行雇唶唶宵雇嘖嘖桑雇竊脂老雇鷃也[集韻]或作鶚鳸[爾雅釋鳥]作鳸　又[廣韻][集韻][韻會][正韻]太古慕切音顧[廣韻]相承借爲雇賃字[集韻]傭也　又[韻會]通作顧[前漢鼂錯傳]斂民財以顧其功[註]顧讎也若今言雇賃也　又[韻會]通作故[史記馮唐傳註索隱曰故行不行謂故命人行而身不自行故與雇同

【 오류정리 】

○康誤處 1；[說文]春雇頒盾(改鳻盾)
●考證；謹照原文頒盾改鳻盾
◆整理；[說文(설문)]頒盾(반순)은 鳻盾(반순)의 착오.
◈訂正文；[說文]春雇鳻盾
▶【2244-1】字解誤謬與否；[說文]春雇頒盾(改鳻盾) [頒盾(改鳻盾)]
★이상과 같이 오류(誤謬) 수정(修訂)이 된다 하여도 반순(鳻盾; 봄비둘기. [說文]九雇農桑候鳥扈民不婬者也从隹戸聲春雇鳻盾夏雇竊玄秋雇竊藍冬雇竊黃棘雇竊丹行雇唶唶宵雇嘖嘖桑雇竊脂老雇鷃也)으로 자전상(字典上) 고(雇)의 본의(本義)에는 영향이 미치지 않음.

隹部 五畫

㊗雉(치)[唐韻][集韻]直几切[韻會][正韻]丈几切太音薙[說文]雉有十四種[爾雅釋鳥]鷂雉鷮雉鳪雉鷩雉秩秩海雉鸐山雉翰雉鵫雉雉絕有力奮伊洛而南素質五彩皆備成章曰翬江淮而南靑質五彩皆備成章曰鷂南方曰𨿽東方曰鶅北方曰鵗西方曰鷷[疏]別諸雉之名也[易說卦]離爲雉]周禮春官大宗伯]六摯士執雉[公羊傳襄二十七年[昧雉彼視　又[爾雅釋鳥]鵽鳩寇雉[註]寇雉一名鵽鳩　又[晏子問篇]鄒滕雉犇而出其地猶稱公侯　又[晉語]雉經於新城之廟[註]雉經頭搶而懸也　又[周禮冬官考工記匠人]王宮門阿之制五雉宮隅之制七雉城隅之制九雉[註]雉長三丈高一丈[左傳隱元年]都城過百雉[註]方丈曰堵三堵曰雉一雉之牆長三丈高一丈侯伯之城方五里徑三百雉故其大都不過百雉[管子海王篇]吾欲藉於臺雉　又[春秋定二年]雉門及兩觀災[註]雉公宮之南門　又[揚雄甘泉賦]列新雉於林薄[註]服虔曰新雉香草也　又[爾雅釋詁]雉陳也[註]義未詳　又[揚子方言]雉理也　又[韻會]姓也殷後有雉氏　又[前漢高后紀註]荀悅曰諱雉之字野雞師古曰呂后名雉故臣下諱雉也[韻會]漢人諱之謂雉爲野雞　又[集韻]序姊切音兕本作䍧詳䍧字註　又[集韻]演爾切音酏縣名[前漢地理志]江夏郡下雉縣[註]雉羊氏反[又]南陽郡雉縣[註]弋爾反　又[集韻]口駭切音鍇桂林人謂人短爲䆿雉或作𥬬㕦　又直利切音稚野雞也

【 오류정리 】

○康誤處 1；[說文]東方曰鶅(改曰鶅)
●考證；謹照原文曰鶅改曰鶅
◆整理；[說文(설문)]曰鶅(왈류)는 曰鶅(왈치)의 착오.

◆訂正文 ; [說文]東方曰鶅
▶【2245-1】 字解誤謬與否 ; [說文]
東方曰鶅(改曰鶅)　　[曰鶅(改曰鶅)]
★이상과 같이 오류(誤謬) 수정(修訂)
이 되면 치(鶅; 꿩)인데 자전상(字典
上) 치(雓)의 본의(本義)에 직접 영향
이 미치게 됨.

○康誤處 2 ; [前漢高后紀註]荀悅曰
諱雓之字(增曰字)野雞
●考證 ; 謹照原文野雞上增曰字
◆整理 ; [前漢高后紀註(전한고후기
주)] 野雞(야계) 앞에 曰字(왈자)를
덧붙임.
◆訂正文 ; [前漢高后紀註]荀悅曰諱
雓之字曰野雞
▶【2246-2】 字解誤謬與否 ; [前漢
高后紀註]荀悅曰諱雓之字(增曰字)野
雞　　[字(增曰字)]
★이상과 같이 오류(誤謬) 수정(修訂)
이 된다 하여도 왈(曰; 가로되)은 자
전상(字典上) 치(雓)의 본의(本義)에
는 영향이 미치지 않음.

康雋(준)[唐韻][韻會][正韻]壯祖
兗切音吮[說文]肥肉也从弓所以射隹
[前漢蒯通傳]通論戰國時說士權變亦
自序其說凡八十一首號曰雋永[註]雋
肥肉也言其所論甘美而深長也　又[說
文]長沙有雋縣[前漢地理志]長沙國下
雋縣[註]莽曰閏雋　又[廣韻]姓也漢
有雋不疑　又[集韻]子兗切音臇肥也
　又捋邌切音醉本作檇詳木部檇字註
　又與儁通[前漢禮樂志]進用英雋[人
物志]張良體弱而精彊爲衆智之雋也
【 오류정리 】
○康誤處 1 ; [說文]長沙有雋縣(改長
沙有下雋縣)
●考證 ; 謹照原文改長沙有下雋縣
◆整理 ; [說文(설문)]長沙有雋縣(장

사유준현)은 長沙有下雋縣(장사유하
준현)의 착오.
◆訂正文 ; [說文]長沙有下雋縣
▶【2247-1】 字解誤謬與否 ; [說文]
長沙有雋縣(改長沙有下雋縣)　　[長沙
有雋縣(改長沙有下雋縣)]
★이상과 같이 오류(誤謬) 수정(修訂)
이 된다 하여도 하(下; 아래)는 자전
상(字典上) 준(雋)의 본의(本義)에는
영향이 미치지 않음.

隹 部 九畫

康雖(수)[唐韻]息遺切[集韻][韻
會]宣隹切夶音綏[說文]似蜥蜴而大从
虫唯聲　又[玉篇]詞兩設也[廣韻]助語
也[集韻]不定也況辭也[爾雅釋訓]每
有雖也[註]小雅棠棣曰每有良朋辭之雖
也[禮少儀雖請退可也[疏]雖假令也當
此時假令請退則可也　又[玉篇]推也
[吳語]吾雖之不能去之不忍　又獸名
[于逖聞奇錄]傅宏業宰天台縣有人獵得
一獸形如豕仰鼻長尾有岐謂之怪宏業識
之曰其名雖非怪也雨則縣于樹以尾塞其
鼻驗之果然[註]雖以醉反
【 오류정리 】
○康誤處 1 ; [註]小雅棠棣曰(改詩曰)
每有良朋
●考證 ; 謹照原文小雅棠棣曰改詩曰
◆整理 ; [註(주)] 小雅棠棣曰(소아당
체왈)은 詩曰(시왈)의 착오.
◆訂正文 ; [註]詩曰每有良朋
▶【2248-1】 字解誤謬與否 ; [註]小
雅棠棣曰(改詩曰)每有良朋　　[棣曰(改
詩曰)]
★이상과 같이 오류(誤謬) 수정(修訂)
이 된다 하여도 시왈(詩曰; 詩에서
이르기를) 자전상(字典上) 수(雖)의
본의(本義)에는 영향이 미치지 않음.

○康誤處 2 ; [吳語]吾雖之不能去之

不忍(去吳語以下十一字)(增當此時假令請退則可也二句)

●考證 ; 謹按原文作須不作雖謹節去吳語以下十一字而於上文少儀疏雖假令也下照原文增當此時假令請退則可也二句

◆整理 ; 吳語以下十一字(오어이하십일자) 삭제.

◆訂正文 ; 去吳語以下十一字

▶ 【2249-2】字解誤謬與否 ; [吳語] 吾雖之不能去之不忍(去吳語以下十一字)[增當此時假令請退則可也二句][(去吳語以下十一字)][增當此時假令請退則可也二句]

★이상과 같이 오류(誤謬) 수정(修訂)이 된다 하여도, 당차시가령청퇴칙가야(當此時假令請退則可也; 이때 이를테면 의당 물러나기를 청한다 라 한다면 좋다 라한다)는 자전상(字典上) 수(雖)의 본의(本義)에는 영향이 미치지 않음.

○康誤處 4 ; 又獸名[于逖聞奇錄]傅宏業宰天台縣有人獵得一獸形如豕仰鼻長尾有岐謂之怪宏業識之曰其名雖非怪也雨則縣于樹以尾塞其鼻驗之果然[註]雖以醉反(改爲又與唯通禮記表記唯天子受命於天註唯當爲雖又荀子性惡篇今以仁義法正爲固無可知可有之理耶然則唯禹不知仁義法正不能仁義法正也楊倞註唯讀爲雖)

●考證 ; 謹按仰鼻長尾乃爾雅所謂蜼非雖也聞奇錄誤刻为雖不可從今省此段謹改爲又與唯通禮記表記唯天子受命於天註唯當爲雖又荀子性惡篇今以仁義法正爲固無可知可有之理耶然則唯禹不知仁義法正不能仁義法正也楊倞註唯讀爲雖

◆整理 ; 又獸名[于逖聞奇錄]傅宏業宰天台縣有人獵得一獸形如豕仰鼻長尾有岐謂之怪宏業識之曰其名雖非怪

也雨則縣于樹以尾塞其鼻驗之果然[註]雖以醉反은 又與唯通禮記表記唯天子受命於天註唯當爲雖又荀子性惡篇今以仁義法正爲固無可知可有之理耶然則唯禹不知仁義法正不能仁義法正也楊倞註唯讀爲雖의 착오.

◆訂正文 ; 又與唯通[禮記表記]唯天子受命於天註唯當爲雖又[荀子性惡篇]今以仁義法正爲固無可知可有之理耶然則唯禹不知仁義法正不能仁義法正也楊倞註唯讀爲雖

▶ 【2250-3】字解誤謬與否 ; 又獸名[于逖聞奇錄]傅宏業宰天台縣有人獵得一獸形如豕仰鼻長尾有岐謂之怪宏業識之曰其名雖非怪也雨則縣于樹以尾塞其鼻驗之果然[註]雖以醉反(改爲又與唯[通禮記表記]唯天子受命於天[註]唯當爲雖又[荀子性惡篇]今以仁義法正爲固無可知可有之理耶然則唯禹不知仁義法正不能仁義法正也楊倞[註]唯讀爲雖

★이상과 같이 오류(誤謬) 수정(修訂)하면서 우여유(又與唯)를 전제(前提)시켰으니 유(唯; (부사) 다만. 단지. 오로지…(일)뿐. (접속사) 그러나. 그런데)가 이하 문장의 주된 요소일뿐이니 자전상(字典上) 수(雖)의 본의(本義)에 직접 영향이 미치게 됨.

隹 部 十畫

康 雞(계)[唐韻]古兮切[集韻][韻會]堅奚切[正韻]堅溪切夶音稽[說文]知時畜也[玉篇]司晨鳥[爾雅釋畜]雞大者蜀蜀子雓未成雞健絶有力奮[疏]此別雞屬也[春秋說題辭]曰雞爲積陽南方之象火陽精物炎上故陽出雞鳴以類感也[易說卦]巽爲雞[書泰誓]牝雞無晨[周禮春官大宗伯]六摯工商執雞[禮曲禮]雞曰翰音 又[爾雅釋鳥]翰天雞[註]翰雞赤羽[逸周書]文翰若彩雞成

王時蜀人獻之　又[爾雅釋蟲]螱天雞[註]小蟲黑身赤頭一名莎雞又曰樗雞[詩豳風]六月莎雞振羽[爾雅翼]一名梭雞一名酸雞　又雞人官名[周禮春官雞人]掌共雞牲辨其物大祭祀夜嘑旦以嘂百官　又[禮明堂位]灌尊夏后氏以雞彝　又地名[春秋襄三年]同盟于雞澤[註]在廣平曲梁縣西南又[昭二十三年]吳敗頓胡沈蔡陳許之師于雞父[註]雞父楚地[戰國策]負雞次之典[前漢地理志]欝林郡雍雞縣　又姓[正字通]明正統陝西苑馬寺監正雞鳴時 [說文]籀文作鷄互詳鳥部鷄字註

【 오류정리 】

○康誤處 1；[爾雅釋畜]雞大者蜀蜀子雒未成雞健(改健)

●考證；謹照原文健改健

◆整理；[爾雅釋畜(이아석축)] 健(건)은 健(련)의 착오.

◆訂正文；[爾雅釋畜]雞大者蜀蜀子雒未成雞健

▶【2251-1】字解誤謬與否；[爾雅釋畜]雞大者蜀蜀子雒未成雞健(改健) [健(改健)]

★이상과 같이 오류(誤謬) 수정(修訂)이 되면 계련(雞健; 미성숙한 작은 닭. [爾雅釋畜]雞大者蜀蜀子雒未成雞健[郭璞注]江東呼雞少者曰健連與健同)인데 자전상(字典上) 계(雞)의 본의(本義)에 직접 영향이 미치게 됨.

○康誤處 2；[前漢地理志]欝(改鬱)林郡雍雞縣

●考證；謹照原文欝改鬱

◆整理；[前漢地理志(전한지리지)]欝(울)은 鬱(울)의 착오.

◆訂正文；[前漢地理志]鬱林郡雍雞縣

▶【2252-2】字解誤謬與否；[前漢地理志]欝(改鬱)林郡雍雞縣 [欝(改鬱)]

★이상과 같이 오류(誤謬) 수정(修訂)이 되면 울림군 옹계현(鬱林郡 雍雞縣; 군명(郡名). [漢書地理志]蒼梧郡武帝元鼎六年開鬱林郡故秦桂林郡屬尉佗武帝元鼎六年開)인데 자전상(字典上) 계(雞)의 본의(本義)에 영향이 미치게 됨.

隹部 十一畫

康離(리)[唐韻]呂支切[集韻][韻會]鄰知切𠀤音驪[說文]黃倉庚也鳴則蠶生从隹离聲[玉篇]亦作鸝[廣韻]今用鸝爲鸝黃借離爲離別[集韻或作鵹又卦名[易離卦]象曰離麗也[玉篇離明也 又[玉篇]散也[廣韻]近曰離遠曰別[揚子方言]參蠡分也秦晉曰離[易乾卦]進退無恆非離羣也[待王風]有女仳離 又[玉篇]遇也[揚子方言]羅謂之離[易小過]飛鳥離之[前漢揚雄傳反離騷註]應劭曰離猶遭也 又[詩小雅]不離于裏[疏]離歷也 又[玉篇]兩也[禮曲禮]離坐離立[註]離兩也兩相麗謂之立 又[玉篇]判也[禮學記]一年視離經辨志[註]離經斷絕句也[周禮夏官形方氏]無有華離之地[註]華讀爲瓜正之使不瓜邪離絕 又[禮明堂位]叔之離磬[註]離謂次序其聲縣也[疏]叔之所作編離之磬 又[儀禮大射禮]中離維綱[註]離猶過也獵也 又[玉篇]陳也[左傳昭元年]設衛離服[註]離陳也 又[爾雅釋親]男子謂姊妹之子爲出謂出之子爲離孫 又[荀子非相篇]離離然[註]離離不親事之貌 又[爾雅釋詁]覭髳弗離也[註]謂草木之蒙茸翳薈也茀離卽彌離彌離猶蒙茸 又[屈原離騷]長余佩之陸離[註]陸離猶嵾嵯衆貌也許愼云美好貌師古云分散也 又[前漢郊祀歌]闞流離[註]流離不得其所者又[司馬相如大人賦]滂濞泱軋麗以林

離[註]林離揉攎也[揚雄校獵賦]淋離廓落 又[司馬相如上林賦]前長離而後矞皇[註]服虔曰皆神名也師古曰長離靈鳥也○按前漢禮樂志作長麗註云星名[張衡思玄賦]前長離使拂羽兮[註]長離南方朱雀神也 又[爾雅釋樂]大琴謂之離[疏]音多變聲流離也 又[前漢西域傳]闐賓出璧流離[註]師古曰魏略云大秦國出赤白黑黃青綠縹紺紅紫十種流離 又馬名[李斯諫逐客書]乘纖離之馬 又鳥名[詩邶風]流離之子[傳]流離鳥也○按爾雅釋鳥註作留離 又草名[屈原離騷]扈江離與辟芷兮[註]離蘪蕪也 又[司馬相如子虛賦]檗離朱楊[註]離山梨又[埤雅]韓詩曰芍藥離草也將離相贈以芍藥一名可離 又木名[史記孔子世家註][皇覽]曰塋中樹柞枌雒離 又水名[前漢武帝紀]出零陵下離水 又地名[左傳成十五年]會吳于鍾離[註]鍾離楚邑淮南縣 又國名[前漢西域傳]東離國大國也[拾遺記]泥離之國來朝 又[廣韻]姓也孟子弟子離婁 又[集韻]抽知切音痴本作螭詳虫部螭字註 又[集韻]輦尒切音邐離跂攘臂貌 又[司馬相如上林賦]離靡廣衍[註]離靡謂相連不絕也離音力爾反 又[廣韻][集韻][韻會]汰力智切音荔[廣韻]去也[書胤征]畔官離次[釋文]離如字又力智反[禮曲禮]鸚鵡能言不離飛鳥 又與荔同[司馬相如上林賦]答遝離支[註]晉灼曰離支大如雞子皮粗剝去皮肌如雞子中黃味甘多酢少師古音力智反 又[廣韻][集韻][韻會]汰郎計切音麗[禮月令]司天日月星辰之行宿離不貸[註]離讀如儷偶之儷宿儷謂其屬馮相氏保章氏掌天文者相與宿偶當審伺候不得過差也[釋文]離呂計反偶也 又叶音黎[卓文君白頭吟]淒淒復淒淒嫁女不須啼願得一心人白頭不相離 又叶良何切音

羅[韓愈裴少府墓銘]支分族離各為大家家音歌

【 오류정리 】

○康誤處 1 ; [曲禮]離坐離立[註]離兩也兩相麗謂之立(改兩相麗謂之離)
●考證 ; 謹按註無此文今据陳氏集說引方氏註改兩相麗謂之離
◆整理 ; [曲禮(곡례)] [註(주)] 兩相麗謂之立(량상려위지립)은 兩相麗謂之離(량상려위지리)의 착오.
◆訂正文 ; [禮曲禮]離坐離立[註]離兩也兩相麗謂之離
▶ 【2253-1】 字解誤謬與否 ; [曲禮]離坐離立[註]離兩也兩相麗謂之立(改兩相麗謂之離) [兩也兩相麗謂之立(改兩相麗謂之離)]
★이상과 같이 오류(誤謬) 수정(修訂)이 되면 리(離; 분리하다. 헤어지다. 떠나다)인데 자전상(字典上) 리(離)의 본의(本義)에 적극 영향이 미치게 됨.

○康誤處 2 ; [揚雄校獵賦(改羽獵賦)]淋離廓落
●考證 ; 謹照文選校獵賦改羽獵賦
◆整理 ; [揚雄(양웅) 校獵賦(교렵부)는 羽獵賦(우렵부)의 착오.
◆訂正文 ; [揚雄羽獵賦]淋離廓落
▶ 【2254-2】 字解誤謬與否 ; [揚雄校獵賦(改羽獵賦)]淋離廓落 [校獵賦(改羽獵賦)]
★이상과 같이 인용처(引用處)나 주소(註疏), 등(等)의 오류(誤謬)를 수정(修訂)을 한다 하여도 자전상(字典上)의 리(離)의 본의(本義)에는 영향이 미치지 않음.

○康誤處 1 ; [司馬相如上林賦(改大林賦)]前長離而後矞皇
●考證 ; 謹照漢書上林賦改大林賦
◆整理 ; [司馬相如(사마상여) 上林賦(상림부)는 大林賦(대림부)의 착오.

◆訂正文 ; [司馬相如大林賦]前長離而後霾皇

▶【2255-3】字解誤謬與否 ; [司馬相如上林賦(改大林賦)]前長離而後霾皇　[上林賦(改大林賦)]

★이상과 같이 인용처(引用處)나 주소(註疏), 등(等)의 오류(誤謬)를 수정(修訂)을 한다 하여도 자전상(字典上)의 리(離)의 본의(本義)에는 영향이 미치지 않음.

康難(난)[廣韻][韻會]那干切[集韻]那肝切𡖲音䳰[說文]鳥也本作鸂又[玉篇]不易之稱也[書皐陶謨]惟帝其難之[咸有一德]其難其愼　又珠名[曹植美人行]珊瑚閒木難[註][南越志]曰木難金翅鳥沫所成碧色珠也　又姓[正字通]南北朝難從党見[姓苑]又[集韻][韻會]囊何切[正韻]奴何切𡖲同儺[集韻]難卻除凶惡也[周禮春官占夢]遂令始難歐疫[夏官方相氏]率百隸而時難以索室驅疫[禮月令]季春命國難[又]季冬命有司大難　又[詩小雅]其葉有難[傳]難然盛貌[釋文]乃多反　又[集韻]乃可切音娜同㮊詳木部㮊字註　又[廣韻]奴案切[集韻][韻會][正韻]乃旦切𡖲音𢣷[廣韻]患也[易否卦]君子以儉德辟難不可榮以祿[禮曲禮]臨難母苟免[周禮地官調人]掌司萬民之難而諧和之[註]難相與爲仇讎　又詰辨也[唐史韋處厚傳]張平叔議糶鹽韋處厚發十難以詰之　又[書舜典惇德允元而難任人][傳]難拒也[釋文]乃旦反　又[公羊隱八年我入邴傳]其言入何難也[註]難辭也[釋文]乃旦反一音如字　又[孟子]於禽獸又何難焉[註]難責也　又人名[左傳文元年]難也收子[釋文]乃旦反一音如字　又叶音餐[汲冢周書]旁隊外權隳城湮溪老弱單處其謀乃難

○康誤處 1 ; [左傳文元年]難也收子[釋文]乃旦反(改乃多反)一音如字

●考證 ; 謹照原文乃旦反改乃多反

◆整理 ; [左傳文元年(좌전문원년)][釋文(석문)] 乃旦反(내단반)은 乃多反(내다반)의 착오.

◆訂正文 ; [左傳文元年]難也收子[釋文]乃多反一音如字

▶【2256-1】字解誤謬與否 ; [左傳文元年]難也收子[釋文]乃旦反(改乃多反)一音如字　[乃旦反(改乃多反)]

★이상과 같이 오류(誤謬) 수정(修訂)이 된다 하여도 내다반(乃多反;정말로 여러번이다)은 자전상(字典上) 난(難)의 본의(本義)에는 영향이 미치지 않음.

雨 部

康雨(우)[唐韻][集韻][韻會]𡖲王矩切音羽[說文]水从雲下也一象天門象雲水霝其閒也[玉篇]雲雨也[元命包]陰陽和爲雨[大戴禮]天地之氣和則雨[釋名]輔也言輔時生養[易乾卦]雲行雨施品物流行[書洪範]八庶徵曰雨曰暘　又[爾雅釋天]暴雨謂之涷小雨謂之霡霂久雨謂之淫陸佃云疾雨曰驟徐雨曰零久雨曰苦時雨曰澍　又穀雨二十四氣之一見[後漢律曆志]　又[正字通]雨虎蟲名遁甲開天圖曰霍山有雨虎狀如蠶長七八寸在石內雲雨則出可炙食或曰石蠶之類詳見[本草綱目]　又[集韻]歐許切音拊義同　又[廣韻][集韻][韻會]𡖲王遇切音芋[集韻自上而下曰雨[韻會]風雨之雨上聲雨下之雨去聲[詩邶風]雨雪其雱又[小雅雨我公田[釋文]雨于付反[禮月令]仲春始雨水[註]漢始以雨水爲二月節　又叶羽軌切音以[易林]陰積不已雲作淫雨

○康誤處 1 ; [說文]水从雲下也一象
天門(改冂)象雲水霝其閒也
●考證 ; 謹照原文門改冂
◆整理 ; [說文(설문)] 門(문)은 冂
(경)의 착오.
◆訂正文 ; [說文]水从雲下也一象天
冂象雲水霝其閒也
▶【2257-1】字解誤謬與否 ; [說文]
水从雲下也一象天門(改冂)象雲水霝其
閒也 [門(改冂)]
★이상과 같이 오류(誤謬) 수정(修訂)
이 된다 하여도 일상천경상운(一象天
冂象雲; 一은 하늘을 형상하고 冂은
구름을 상징한다. [書洪範]一象天門
(冂)象雲水霝其閒也 [說文解字] 水从
雲下也一象天冂象雲水霝其閒也凡雨之
屬皆从雨扁古文王矩切[注]霜冏霜朿古
文雨)은 자전상(字典上) 우(雨)의 본
의(本義)에는 영향이 미치지 않음.

雨 部 四畫

康雺(분)[集韻][韻會][正韻]莫敷
文切音芬[玉篇]霧氣也 又[韻會]雺
雺雪 貌[詩小雅]雨雪雺雺 又[釋名]
澗氣著草木遇寒凍色白曰雺 又[唐韻]
[集韻]莫符分切音汾[說文]本作氛祥
氣[集韻或作氳

【 오류정리 】

○康誤處 1;[釋名]澗氣(改潤氣)著草
木遇寒凍色白曰雺
●考證 ; 謹照原文澗氣改潤氣
◆整理 ; [釋名(석명)]澗氣(간기)는
潤氣(윤기)의 착오.
◆訂正文 ; [釋名]潤氣著草木遇寒凍
色白曰雺
▶【2258-1】字解誤謬與否 ; [釋名]
澗氣(改潤氣)著草木遇寒凍色白曰雺
[澗氣(改潤氣)]
★이상과 같이 오류(誤謬) 수정(修訂)
이 된다 하여도 윤기(潤氣; 윤택(潤

澤)한 기운(氣運))는 자전상(字典上)
분(雺)의 본의(本義)에는 영향이 미치
지 않음.

雨 部 五畫

康雷(뢰)[唐韻]魯回切[集韻][韻
會][正韻[盧回切夶音罍[說文]本作靁
陰陽薄動靁雨生物者也从雨晶聲象回
轉形[易說卦]震爲雷[禮月令]仲春雷
乃發聲 又[禮曲禮]毋雷同[註]雷之
發聲物無不同時應者人之言當各由已
不當然也 又[司馬相如大人賦]左玄
冥而右黔雷[註]黔雷黔嬴也天上造化
神名 又[周禮地官鼓人]以雷鼓鼓神
祀[註雷鼓八面鼓也 又[韻會]雷門會
稽城門有大鼓聲聞百里[前漢王尊傳毋
持布鼓過雷門 又[南部新書]胡琴大
曰大忽雷小曰小忽雷 又山名[書禹
貢]壷口雷首[疏]雷首在河東蒲坂縣南
又澤名[書禹貢]雷夏旣澤[傳]雷夏
澤名 又漢侯國名在東海見[史記建元
以來王子侯者年表] 又外國名[前漢
西域傳]無雷國王治盧城 又州名[韻
會]在廣西其山爲雷所震水流爲江唐置
雷州 又姓[前漢[淮南衡山王傳]郎中
雷被 又音纍[楚辭九歌]駕龍輈兮乘
雷載雲旗兮委蛇[晉語]靑陽方雷氏之
甥也[註]方雷西陵氏之姓黃帝娶於西
陵氏之子曰纍祖實生靑陽雷纍同○按
晉語註雷有纍音非止叶音也 又[集韻]
魯水切音壘推石下也 又[集韻]盧對
切音類本作礧或作礨礌櫑[埤蒼]推石
自高而下也[周禮秋官職金註]槍雷椎
椁之屬[釋文]劉音誄沈云當爲礧郎對
反[前漢鼂錯傳具藺石註]如淳曰藺石
城上雷石師古曰雷來內反 又[正字
通]擊鼓曰雷[古樂府]官家出遊雷大鼓

【 오류정리 】

○康誤處 1 ; 又姓[前漢淮南衡山王
傳](改又姓也前漢淮南王安傳)郎中雷

被

●考證；謹按漢書淮南衡山濟北王傳合為一卷郑此引係淮南王傳中語應省衡山字改又姓也前漢淮南王安傳

◆整理；又姓(우성)[前漢淮南衡山王傳(전한회남형산왕전)]은 又姓也(우성야) 前漢淮南王安傳(전한회남왕안전)의 착오.

◆訂正文；又姓也[前漢淮南王安傳]郎中雷被

▶【2259-1】字解誤謬與否；又姓[前漢淮南衡山王傳](改又姓也前漢淮南王安傳)郎中雷被　[又姓[前漢淮南衡山王傳](改又姓也前漢淮南王安傳)]

★이상과 같이 야(也; 語助辭)나 인용처(引用處) 등(等)의 오류(誤謬)를 수정(修訂)을 한다 하여도 자전상(字典上)의 뢰(雷)의 본의(本義)에는 영향이 미치지 않음.

康雹(박)[唐韻]蒲角切[集韻][韻會][正韻]弼角切𠀤音撲[說文]雨冰也[大戴禮]陽之專氣為霰陰之專氣為雹霰雹者一氣之化也[註]陽氣在雨溫暖如陽陰氣薄之不相入搏而為雹故春秋穀梁說曰雹者陰脅陽之象也[埤雅]陰包陽為雹申豐以爲古者藏冰固陰沍寒而無雹蓋陽無所洩雹之所以生也雹形今似半珠其粒皆三出雪六出成華雹三出成實雹冰之餘造化權輿曰雹者雨之冰也又曰北方之氣雲雨雹霰雪[禮月令]仲夏行冬令則雹凍傷穀[註]子之氣乘之也陽為雨陰起脅之凝為雹[左傳昭四年]聖人在上無雹雖有不爲災[韻會補]洮岷閒雨雹曰白雨又曰硬頭雨宋紹興十七年臨安雨雹太學屋瓦皆碎學宮諱言雹遂稱硬雨　又[集韻]蒲沃切音僕義同

【 오류정리 】

○康誤處 1；[埤雅]雹形今似(改似今)

半珠

●考證；謹照原文今似改似今

◆整理；[埤雅(비아)] 今似(금사)는 似今(사금)의 착오.

◆訂正文；[埤雅]雹形似今半珠

▶【2260-1】字解誤謬與否；[埤雅]雹形今似(改似今)半珠　[今似(改似今)]

★이상과 같이 오류(誤謬) 수정(修訂)이 된다 하여도 사금(似今; 이제와 같이)은 자전상(字典上) 박(雹)의 본의(本義)에는 영향이 미치지 않음.

雨部 七畫

康霄(소)[廣韻]相邀切[集韻][韻會]思邀切[正韻]先彫切𠀤音宵[說文]雨䨮為霄雪从雨肖聲齊語也[爾雅釋天]雨䨮為霄[註]詩曰如彼雨雪先集維霰霰冰雪雜下者謂之霄雪[疏]霄卽消也[韻會]霄雪今人所謂濕雪也著物則消　又[玉篇]雲氣也[廣韻]近天氣也[揚雄甘泉賦]騰清霄而軼浮景[註]師古曰霄日旁氣也　又陵霄花名[爾雅翼]苕陵苕今陵霄　又奔霄穆王八駿之一見[拾遺記]　又地名[左傳定十四年]城莒父及霄　又國名[拾遺記]西方有因霄之國人皆善嘯　又姓[正字通]韓非子有霄略　又人名[春秋襄十一年]楚人執鄭行人良霄[史記楚世家]是謂霄敖　又[集韻]仙妙切音笑與肖同　又[陸雲陸丞相誄]窮化幾神探賾衆妙駭塵氛埃澄響清霄霄叶音笑　又叶桑何切音莎[道藏歌彈璈北寒臺七靈曜紫霄濟濟聖仙舉紛紛塵中羅　又叶思留切音搜[陸機詩]恢恢天網飛沈是收受茲下臣騰光清霄　[集韻]或作䨗氛

【 오류정리 】

○康誤處 1；[爾雅釋天]雨䨮為霄(增雪字)

●考證；謹照原文為霄下增雪字

◆整理 ; [爾雅釋天(이아석천)] 爲霄(위소)에 이어 雪字(설자)를 덧붙임.

◆訂正文 ; [爾雅釋天]雨覽爲霄雪

▶【2261-1】字解誤謬與否 ; [爾雅釋天]雨覽爲霄(增雪字) [霄(增雪字)]

★이상과 같이 오류(誤謬) 수정(修訂)이 되면 소설(霄雪; 진눈깨비)인데 자전상(字典上) 소(霄)의 본의(本義)에 직접 영향이 미치게 됨.

雨 部 十二畫

康霰(산)[唐韻]蘇甸切[集韻][韻會][正韻]先見切夶先去聲[說文]稷雪也从雨散聲[詩小雅]如彼雨雪先集維霰[箋]將大雨雪始必微溫雪自上下遇緼氣而搏謂之霰[大戴禮]陽之專氣爲霰[註]陰氣在雨水凝滯爲雪陽氣薄之不相入散而爲霰故春秋穀梁說曰霰者陽脅陰之符也[釋名]霰星也水雪相搏如星而散也[埤雅閩俗謂之米雪言其霰粒如米所謂稷雪義蓋如此今名濇雪亦名濕雪 又[字彙補]佛之外道曰霰尼見楞嚴經 [說文]或作覽[玉篇]亦作霶[集韻]或作霚

【 오류정리 】

○康誤處 1 ; [詩小雅]如彼雨雪先集維霰[箋]將大雨雪始必微溫雪自上下遇緼氣(改溫氣)而搏謂之霰

●考證 ; 謹照原文緼氣改溫氣

◆整理 ; [詩小雅(시소아)] [箋(전)] 緼氣(온기)는 溫氣(온기)의 착오.

◆訂正文 ; [詩小雅]如彼雨雪先集維霰[箋]將大雨雪始必微溫雪自上下遇溫氣而搏謂之霰

▶【2262-1】字解誤謬與否 ; [詩小雅]如彼雨雪先集維霰[箋]將大雨雪始必微溫雪自上下遇緼氣(改溫氣)而搏謂之霰 [緼氣(改溫氣)]

★이상과 같이 오류(誤謬) 수정(修訂)이 된다 하여도 온기(溫氣; 따듯한 기운) 자전상(字典上) 산(霰)의 본의(本義)에는 영향이 미치지 않음.

康霜(상) [集韻]色壯切音孀霜殺物也 [字彙補]同瀘

【 오류정리 】

○康誤處 1 ; [集韻]色壯切音孀霜殺物也(改霣霜殺物)

●考證 ; 謹照原文改霣霜殺物

◆整理 ; [集韻(집운)] 霜殺物也(상살물야)는 霣霜殺物(운상살물)의 착오.

◆訂正文 ; [集韻]色壯切音孀霣霜殺物

▶【2263-1】字解誤謬與否 ; [集韻]色壯切音孀霜殺物也(改霣霜殺物) [霜殺物也(改霣霜殺物)]

★이상과 같이 오류(誤謬) 수정(修訂)이 된다 하여도 운(霣; 죽이다)은 자전상(字典上) 상(霜)의 본의(本義)에는 영향이 미치지 않음.

○康誤處 1 ; [字彙補]同瀘(改同霜)

●考證 ; 謹按同霜應作同霜謂霜字與霜同也集韻亦云霜或作霜今照改同霜

◆整理 ; [字彙補(자휘보)]同瀘(동상)은 同霜(동상)의 착오.

◆訂正文 ; [字彙補]同霜

▶【2264-1】字解誤謬與否 ; [字彙補]同瀘(改同霜) [同瀘(改同霜)]

★이상과 같이 오류(誤謬) 수정(修訂)이 되면 상(霜; 상(霜)과 동자(同字) 서리)은 자전상(字典上) 상(霜)의 본의(本義)에 적극 영향이 미치게 됨.

靑 部 四畫

康靑(청)[唐韻][集韻][韻會]夶倉經切音鶄[說文]東方色也[釋名]靑生也象物之生時色也[書禹貢]厥土靑黎

[荀子勸學篇]靑出於藍而勝於藍　又神名[史記封禪書]秦宣公作密時于渭南祭靑帝　又州名[書禹貢]海岱惟靑州　又鳥名[禮曲禮]前有水則載靑旌[註]靑靑雀水鳥　又木名[庾信步虛詞]空靑爲一林[註]雲笈七籤玉淸天中有樹似松名曰空靑之林又[廣韻]男靑女靑皆木名出羅浮山記　又果名靑子橄欖也[蘇軾詩]紛紛靑子落紅鹽　又藥名[本草綱目]空靑腹中空破之有漿治眼疾一名楊梅靑[又]白靑治目疾色深者爲石靑淡者爲碧靑淮南子畢萬術云白靑得鐵卽化爲銅又曾靑綠靑扁靑綠膚靑夶詳[本草綱目]　又[韻會]竹皮曰靑[後漢吳祐傳]殺靑簡以寫經書[註]以火炙簡令汗取其靑易書復不蠹謂之殺靑　又[唐李肇翰林志]凡大淸宮道觀薦告詞文用靑藤紙朱字謂之靑詞　又[李綽歲時紀]上巳曲江禊飲曰踏靑　又姓[廣韻]出何氏姓苑又複姓三氏漢有靑烏子又有靑牛氏靑陽氏　又[集韻][韻會]夶子丁切與菁同[詩衞風]綠竹靑靑[傳]靑靑茂盛貌[釋文]靑子丁反本亦作菁又[小雅]其葉靑靑[釋文]靑子零反

【 오류정리 】

○康誤處 1；[荀子勸學篇]靑出於藍而勝於藍(改靑出之藍而靑於藍)
●考證；謹照原文改靑出之藍而靑於藍
◆整理；[荀子勸學篇(순자권학편)]靑出於藍而勝於藍(청출어람이승어람)은 靑出之藍而靑於藍(청출지람이청어람)의 착오.
◆訂正文；[荀子勸學篇]靑出之藍而靑於藍
▶【2265-1】字解誤謬與否；[荀子勸學篇]靑出於藍而勝於藍(改靑出之藍而靑於藍)　[靑出於藍而勝於藍(改靑出之藍而靑於藍)]

★이상과 같이 오류(誤謬) 수정(修訂)이 되면 지(之；가다. 代名詞)는 자전상(字典上) 청(靑)의 본의(本義)에 영향이 미치지 않으나 청(靑；푸르다)은 직접 본의(本義)에 영향을 미치게 됨.

非 部 十一畫

㉿靡(미)[唐韻]文彼切[廣韻]文被切[集韻]母被切[韻會]母彼切夶音骳[說文]披靡也[廣韻]偃也[左傳莊十年]望其旗靡[史記項羽紀]項王大呼馳下漢軍皆披靡[註]正義曰靡言精體低垂　又[玉篇]侈靡奢侈也[周禮地官司市]以政令禁物靡而均市[註]靡謂侈靡也[禮檀弓]若是其靡也[戰國策]專淫逸侈靡　又[揚子方言]私小也秦晉曰靡[註]靡細好也[司馬相如上林賦]靡曼美色於後[註]張揖曰靡細也　又[爾雅釋言]靡無也[書咸有一德]命靡常[詩邶風]靡日不思[揚雄解嘲]胥靡爲宰[註]張晏曰靡無也言相師以無爲作宰者也　又[玉篇]罪累也[詩周頌]無封靡于爾邦[傳]封大也靡累也[疏]奢侈淫靡是罪累也　又[書畢命]商俗靡靡[疏]韓宣子稱紂使師延作靡靡之樂靡靡者相隨順之意[史記淮陰侯傳]燕從風而靡又[儒林傳]靡然鄉風　又[史記殷本紀]說爲胥靡[註]靡隨也古者相隨坐輕刑之名　又[詩王風]行邁靡靡[傳]靡靡猶遲遲也　又[史記司馬相如傳]儵眑靡徙[註]靡徙失正也又[司馬相如上林賦]登降施靡[註]施靡猶連延也　又[司馬相如上林賦]明月珠子玓瓅江靡[註]靡崖也　又胥靡周地見[左傳定六年　又[禮月令]孟夏之月靡草死[註]靡草薺葶藶之屬　又[集韻][韻會][正韻]夶忙皮切音糜分也[易中孚]我有好爵吾與爾靡之[註]靡散也分散而共之[集韻]通作糜　又[揚子方言]

靡滅也[孟子]靡爛其民而戰之[前漢景十三王傳]日夜靡盖　又[越語]靡王躬身[註]靡損也[戰國策]寡人屈於內而四國靡於外[荀子君道篇無靡費之用又與䃺通[揚雄反離騷]精瓊靡與秋菊○按離騷本作䃺　又[集韻]眉波切音摩散也　又[左傳成二年]師至於靡笄之下[註]山名[釋文]靡如字又音摩　又[莊子齊物論]與物相刃相靡[荀子性惡篇]身日進於仁義而不自知也者靡使然也[註]磨切也[史記淮南王衡山王傳贊]亦其俗薄臣下漸靡使然也　又[集韻]莫加切音麻收麻縣名在益州外靡藥草所出[前漢地理志]益州郡收麻縣[註]李奇曰靡音麻即升麻殺毒藥所出也　又[集韻][韻會]忟縻詖切音媚[集韻]偃也曳也散也[前漢郊祀歌]衆嫭忟綽奇麗顏如荼兆逐靡　又[揚雄甘泉賦]今朝廷純仁遵道顯義幷包書林聖風雲靡[註]師古曰靡忟武義反

【 오류정리 】

○康誤處 1；[前漢景十三王傳]日夜靡盖(改靡盡)
●考證；謹照原文靡盖改靡盡
◆整理；[前漢景十三王傳(전한경십삼왕전)]靡盖(미개)는 靡盡(미진)의 착오.
◆訂正文；[前漢景十三王傳]日夜靡盡
▶【2266-1】字解誤謬與否；[前漢景十三王傳]日夜靡盖(改靡盡) [靡盖(改靡盡)]
★이상과 같이 오류(誤謬) 수정(修訂)이 되면 미진(靡盡; 죄다 망함. 죄다 멸망시킴. [芥舟學畫編]作者固因之而靡盡光華莫掩鑒者亦味之而愈長是則所謂墨化也此特形容墨之態耳)인데 자전상(字典上) 미(靡)의 본의(本義)에 직접 영향이 미치게 됨.

面 部

康面(면)[唐韻][集韻][韻會]忟彌箭切音偭[說文]本作靣顏前也从自象人面形[書益稷]汝無面從退有後言　又見也[禮曲禮]夫爲人子者出必告反必面[註]反言面者從外來宜知親之顏色安否[儀禮聘禮]擯者出請事賓面如覿幣[註]面亦見也[周禮秋官司儀]私面[註]私覿也　又向也[書周官]不學牆面[疏]人而不學如面向牆[禮曲禮]天子當依而立諸侯北面而見天子曰覲又[玉藻]唯君面尊[註]面猶鄉也[周禮冬官考工記匠人]面朝後市　又[廣韻]前也[儀禮士冠禮]覆之面葉[註面前也又[韻會]方面當四方之一面也[書顧命]大輅在賓階面綴輅在阼階面[周禮冬官考工記]或審曲面勢[註]審察五材曲直方面形勢之宜[史記留侯世家]獨韓信可屬大事當一面　又[韻會]相背曰面[史記項羽紀]馬童面之[註]如淳曰面不正視也[前漢項羽傳註]師古曰如淳說非也面謂背之不面向也面縛亦謂反背而縛之杜元凱以爲但見其面非也　又[前漢張敞傳]自以便面拊馬[註]師古曰便面扇之類也亦曰屏面

【 오류정리 】

○康誤處 1；[說文]本作靣顏前也从自(改百)
●考證；謹照原文自改百
◆整理；[說文(설문)] 自(자)는 百(백)의 착오.
◆訂正文；[說文]本作靣顏前也从百
▶【2267-1】字解誤謬與否；[說文]本作靣顏前也从自(改百) [自(改百)]
★이상과 같이 오류(誤謬) 수정(修訂)이 되면 백(百; 백. 많은 수. 온갖. [부사] 전혀. 전연. 완전히. 모두)[集韻]百古作百)인데 자전상(字典上) 면(面)의 본의(本義)에 간접 영향이

미치게 됨.

面部 七畫

康 䩇 (보) [廣韻] 扶雨切 [集韻] 奉甫切 夶 音腐 [說文] 頰也 从面甫聲 [玉篇] 左傳僖二年䩇車相依 今作輔 [廣韻] 頰骨也 同䩉 [楚辭大招] 靨輔奇牙 [朱註] 輔一作䩇 頰車也 [淮南子說林訓] 靨䩇在頰則好 在顙則醜 [集韻] 本作輔或作頳頰 又 [唐韻] [集韻] 夶 符遇切 音附 義同

【 오류정리 】

○康誤處 1 ; [集韻] 本作輔或作頳(改爲頳)頰

●考證 ; 謹照原文頳改爲頳

◆整理 ; [集韻(집운)] 頳(거)는 頳(부)의 착오.

◆訂正文 ; [集韻] 本作輔或作頳頰

▶ 【2268-1】 字解誤謬與否 ; [集韻] 本作輔或作頳(改爲頳)頰 [頳(改爲頳)]

★이상과 같이 오류(誤謬) 수정(修訂)이 된다 하여도 혹작(或作; 또는…쓴다)은 자전상(字典上) 보(䩇)의 본의(本義)에는 영향이 미치지 않음.

革 部

康 革 (혁) [唐韻] 古覈切 [集韻] [韻會] 各核切 夶 音隔 [說文] 獸皮治去其毛革更之象 [註] 徐鍇曰皮去其毛染而瑩之曰革 [韻會] 皮熟曰韋生曰革 呂氏曰革者去毛而未爲韋者也 [書禹貢] 齒革羽毛 [傳] 犀皮 [詩召南羔羊之革] [傳] 革猶皮也 [疏] 獸皮治去其毛曰革 對文言之異散文則皮革通 [周禮天官] 掌皮掌秋斂皮冬斂革 [疏] 革須治用功深故冬斂之 又 [正字通] 人與獸皆曰革 [禮禮運] 膚革充盈 [註] 革卽膚內厚皮也 又 [禮明堂位] 革車千乘 [註] 革車兵車

也 [周禮夏官司弓矢] 王弓弧弓以授射甲革椹質者 [註] 革革甲也 又 [玉篇] 改也 [易革卦] 天地革而四時成 [書堯典] 鳥獸希革 [傳] 革改也 [疏] 毛羽希少改易 [洪範] 金曰從革 [傳] 金可以改更 [管子山權數] 丁氏歸革築室 [註] 革更也 又 [爾雅釋器] 轡首謂之革 [詩小雅] 僋革沖沖 [傳] 僋轡也 革轡首也 [疏] 馬轡所靶之外有餘而垂者謂之革 又 [詩小雅] 如鳥斯革 [傳] 革翼也 [箋] 如鳥夏暑希革張其翼時 [釋文] 革如字韓詩作勒 云翅也 又軍禮曰兵革 [禮中庸] 袵金革 [註] 革甲冑之屬 又 [周禮春官大師] 皆播之以八音金石土革絲木匏竹 [註] 革鼓鼗也 又 [揚子方言] 革老也 南楚江湘之閒代語也 又姓 [廣韻] 漢功臣表有遺棗侯革朱 又 [集韻] 訖力切 音殛 本作 亟急也 [禮檀弓] 夫子之病革矣 [註] 革急也 [釋文] 紀力切 又 [集韻] 竭億切 音極 義同 [禮檀弓釋文] 又音極 [集韻] 或作 亟

【 오류정리 】

○康誤處 1 ; [說文] 獸皮治去其毛革更之象(省象字)

●考證 ; 謹照原文省象字

◆整理 ; [說文(설문)] 象(상) 象字(상자)는 삭제.

◆訂正文 ; [說文] 獸皮治去其毛革更之

▶ 【2269-1】 字解誤謬與否 ; [說文] 獸皮治去其毛革更之象(省象字)

★이상과 같이 상(象)를 삭제(削除)한다 하여도 자전상(字典上) 혁(革)의 본의(本義)에 영향을 끼치지 않음.

革 部 七畫

康 鞔 (만) [唐韻] 母官切 [集韻] 莫官切 夶 音瞞 [說文] 履空也 又覆也 [註] 徐鍇曰履空猶言履殼也 [廣韻] 鞔靴履 [呂氏春秋] 南家工人也 爲鞔百也 又 [爾

雅釋器疏]靶謂鞥也　又[集韻]武遠切
音晚義同　又母本切音濶煩也本作懣
或作懑憫[呂氏春秋]味衆珍則胃充胃
充則中大鞥

【 오류정리 】

○康誤處 1；[呂氏春秋]南家工人也
爲鞥百也(改鞥者也)

●考證；謹照原文文鞥百也改鞥者也

◆整理；[呂氏春秋(여씨춘추)]鞥百
也(만백야)는 鞥者也(만자야)의 착오.

◆[訂正文]；[呂氏春秋]南家工人也爲
鞥者也

▶【2270-1】字解誤謬與否；[呂氏
春秋]南家工人也爲鞥百也(改鞥者也)
[鞥百也(改鞥者也)]

★이상과 같이 오류(誤謬) 수정(修訂)
이 되면 만자(鞥者; 북통에 가죽을
메우거나 신 운두에 천을 씌우는 사
람. [呂氏春秋]南家工人也爲鞥者也)
자전상(字典上) 만(鞥)의 본의(本義)
에 영향이 미치게 됨.

(康)鞘(현)[廣韻][集韻][韻會][正
韻]夶戶畎切 音泫[說文]大車縛軛䡇也
　又[廣韻]鞽鞘刀鞘也　又[詩小雅]鞘
鞘佩璲[傳]鞘鞘玉貌[釋文]瑚畎反或
作琄[集韻]亦作䡇　又[集韻]葵兗切
音蜎大車縛軛䡇　又[廣韻]古懸切[集
韻]圭懸切夶音涓[廣韻]鞘馬尾也[集
韻]馬勒　又[集韻]火懸切音䤪義同

【 오류정리 】

○康誤處 1；音泫[說文]大車縛軛䡇
(改軛䡇)也

●考證；謹照原文軛䡇改軛䡇

◆整理；[說文(설문)]　軛䡇(액조)는
軛䡇(액달)의 착오.

◆[訂正文]；音泫[說文]大車縛軛䡇也

▶【2271-1】字解誤謬與否；音泫
[說文]大車縛軛䡇(改軛䡇)也　[軛䡇
(改軛䡇)]

★이상과 같이 오류(誤謬) 수정(修訂)
이 되면 액달(軛䡇; 멍에를 매는 부
드러운 가죽 끈)인데 자전상(字典上)
현(鞘)의 본의(本義)에 직접 영향이
미치게 됨.

○康誤處 2；[集韻]音蜎大車縛軛䡇
(改軛䡇)

●考證；謹照原文軛䡇改軛䡇

◆整理；[集韻(집운)]　軛䡇(액조)는
軛䡇(액달)의 착오.

◆[訂正文]；[集韻]音蜎大車縛軛䡇

▶【2272-2】字解誤謬與否；[集韻]
音蜎大車縛軛䡇(改軛䡇)　[軛䡇(改軛
䡇)]

★이상과 같이 오류(誤謬) 수정(修訂)
이 되면 액달(軛䡇; 멍에를 매는 부
드러운 가죽 끈. [說文解字注](鞘)大
車縛軛䡇大車牛車也縛軛者苞注論語云
軛者轅端橫木以縛枙者也皇曰古作牛車
先取一橫木縛著兩轅頭又別取曲木爲枙
縛著橫木以駕牛脰也)인데 자전상(字
典上) 현(鞘)의 본의(本義)에 직접 영
향이 미치게 됨.

(康)鞚(봉)[集韻]補孔切音菶與鞸同
[左傳桓二年]藻率鞞鞚[註]鞞佩削上
飾鞚下飾[釋文]布孔反

【 오류정리 】

○康誤處 1；[左傳桓二年]藻率鞞(改
鞞)鞚[註]鞞(改鞞)佩削上飾鞚下飾

●考證；謹照原文鞞鞞二字夶改鞞

◆整理；[左傳桓二年(좌전환이년)]
鞞鞞二字(필필이자) 모두 鞞(비)의 착
오.

◆[訂正文]；[左傳桓二年]藻率鞞鞚
[註]鞞佩削上飾鞚下飾

▶【2273-2】字解誤謬與否；[左傳
桓二年]藻率鞞(改鞞)鞚[註]鞞(改鞞)
佩削上飾鞚下飾　[鞞(改鞞)]　[鞞(改

鞞)]

★이상과 같이 오류(誤謬) 수정(修訂)이 되면 비봉(鞞鞛; 칼집 윗부분 장식. [左傳桓二年]藻率鞞鞛鞶厲 佩 削上飾鞛下飾 [昭明文選東京賦]善曰[左氏傳]曰火龍黼黻昭其文也藻 綷鞞鞛鞶厲 旂纓昭其數也杜預曰火畫火也龍畫龍也 白與黑謂之黼黻兩己相戾也)인데 이는 자전상(字典上) 봉(鞛)의 본의(本義)에 적극 영향이 미치게 되나, 비패(鞞佩; 칼집을 허리에 참)는 영향이 미치지 않음.

康 鞠(국)[唐韻][集韻][韻會][正韻]𡘋居六切音掬[說文]蹋鞠也[戰國策]六博蹋鞠[註][劉向別錄]蹵鞠黃帝作蓋因娛戲以練武士[揚子法言]捖革爲鞠 又[爾雅釋言]鞠生也[揚子方言]養也陳楚韓鄭之閒曰鞠[詩小雅]母兮鞠我[書盤庚]鞠人謀人之保居 又[爾雅釋言]鞠稚也[書康王之誥]無遺鞠子羞[傳]鞠子稚子 又[玉篇]推也[廣韻]推窮也[書盤庚]爾惟自鞠自苦[傳]鞠窮也[詩齊風]旣曰告止曷又鞠止 又[小雅]鞠爲茂草[註]鞠窮也[戰國策]事敗而好鞠之[註]鞠窮也 又[爾雅釋詁]鞠盈也[詩小雅]降此鞠訩[傳]鞠盈也 又[玉篇]告也[詩小雅]陳師鞠旅[傳]鞠告也 又[韻會]鞠躬也[儀禮聘禮]執圭入門鞠躬焉]如恐失之 又姓[廣韻]出東萊[戰國策]太傅鞠武[風俗通]漢尙書令鞠譚[西京雜記]鞠道龍善爲幻術 又星辰[大戴禮]鞠則見鞠者何也星名也 又與菊通[禮月令]鞠有黃華[釋文]鞠本作菊 又[廣韻][集韻]渠竹切[韻會]渠六切𡘋音趜[廣韻]蹋鞠以革爲之今通謂之毬子[集韻]或作毱 又[廣韻]驅匊切[集韻][正韻]丘六切𡘋音麯[廣韻]亦姓也 又[禮月令]天子乃薦鞠衣於先帝[註]黃桑之服

[釋文]去六切[周禮天官司服]鞠衣[註]黃桑服也色如麴塵象桑葉始生 又[集韻]酒母也本作䴝或作鞠麴麴䴝互詳竹部籟字及麥部麴字註 又[集韻]丘弓切音穹[左傳宣十二年]有山鞠窮乎[註]山鞠窮所以禦濕[釋文]鞠起弓反[集韻]本作营亦作芎詳艸部营芎二字註 又叶各額切音格[楚辭九章]鬱結紆軫兮離愍而長鞠撫情效志兮冤屈而自抑

【 오류정리 】

○康誤處 1; [左傳宣十二年]有山鞠窮(改窮)乎[註]山鞠窮(改窮)所以禦濕

●考證; 謹照原文兩窮字𡘋改窮

◆整理; [左傳宣十二年(좌전선십이년)] 窮(궁)은 窮(궁)의 착오. [註(주)] 窮(궁)은 窮(궁)의 착오.

◆訂正文; [左傳宣十二年]有山鞠窮乎[註]山鞠窮所以禦濕

▶ 【2274-1】 字解誤謬與否; [左傳宣十二年]有山鞠窮(改窮)乎[註]山鞠窮(改窮)所以禦濕 [窮(改窮)] [窮(改窮)]

★이상과 같이 오류(誤謬) 수정(修訂)이 되면 국궁(鞠窮; 존경의 표시로 몸을 앞으로 다소곳이 굽힘)인데 자전상(字典上) 국(鞠)의 본의(本義)에 직접 영향이 미치게 됨.

革 部 九畫

康 鞭(편)[唐韻][集韻][韻會]𡘋卑連切音編[說文]本作𩭾驅也[玉篇]笞也馬箠也[書舜典]鞭作官刑[傳]以鞭爲治官之刑[左傳僖二十三年]左執鞭弭右屬櫜鞬[禮曲禮]乘路馬必朝服載鞭策不敢授綏[周禮地官司市]凡市入則胥吏執鞭度守門[史記三皇紀]以赤鞭鞭草木

【 오류정리 】

○康誤處 1 ; [周禮地官司市]凡市入則胥吏(省吏字)執鞭度守門
●考證 ; 謹照原文省吏字
◆整理 ; [周禮地官司市(주례지관사시)] 吏(리) 吏字(리자)는 삭제.
◆訂正文 ; [周禮地官司市]凡市入則胥執鞭度守門
▶【2275-1】字解誤謬與否 ; [周禮地官司市]凡市入則胥吏(省吏字)執鞭度守門 [吏(省吏字)]
★이상과 같이 리(吏; 벼슬아치)를 삭제(削除) 한다 하여도 자전상(字典上) 편(鞭)의 본의(本義)에 영향을 끼치지 않음.

革部 十一畫

(康)鞹(곽)[唐韻][正韻]苦郭切[集韻][韻會]闊鑊切𠀤音廓[說文]去毛皮也[論語]虎豹之鞹 又[詩齊風]載驅薄薄簟笰朱鞹[傳]諸侯之路車有朱革之質而羽飾之也[釋文]苦郭反革也[集韻 又作鞟

【 오류정리 】
○康誤處 1 ; [詩齊風]載驅薄薄簟笰(改茀)朱鞹
●考證 ; 謹照原文笰改茀
◆整理 ; [詩齊風(시제풍)] 笰(불)은 茀(불)의 착오.
◆訂正文 ; [詩齊風]載驅薄薄簟茀朱鞹
▶【2276-1】字解誤謬與否 ; [詩齊風]載驅薄薄簟笰(改茀)朱鞹 [笰(改茀]
★이상과 같이 오류(誤謬) 수정(修訂)이 되면 점불(簟茀; 삿자리 덮개.[鄭笺]茀之言蔽也車之蔽飾席文也)자전상(字典上) 곽(鞹)의 본의(本義)에 영향이 미치게 됨.

革部 十二畫

(康)韃(기)[廣韻]居依切[集韻]居希切𠀤音機[玉篇]韁在口[廣韻]繫馬[集韻]馬絡頭[屈原離騷]余雖好修姱以韃羈兮謇朝誶而夕譖[註]馬韁在口曰韃革絡頭曰羈[前漢刑法志]是猶以韃而御駻突

【 오류정리 】
○康誤處 1 ; [屈原離騷]余雖好修姱以韃羈兮謇朝誶而夕譖(改夕替)
●考證 ; 謹照原文夕譖改夕替
◆整理 ; [屈原離騷(굴원리소)] 夕譖(석참)은 夕替(석참)의 착오.
◆訂正文 ; [屈原離騷]余雖好修姱以韃羈兮謇朝誶而夕替
▶【2277-1】字解誤謬與否 ; [屈原離騷]余雖好修姱以韃羈兮謇朝誶而夕譖(改夕替) [夕譖(改夕替)]
★이상과 같이 오류(誤謬) 수정(修訂)이 된다 하여도 석참(夕替; 저녁 일찍. [屈原離騷]余雖好修姱以韃羈兮謇朝誶而夕替馬韁在口曰韃革絡頭曰羈)은 자전상(字典上) 기(韃)의 본의(本義)에는 영향이 미치지 않음.

革部 十四畫

(康)韄(획)[唐韻]乙白切[集韻]乙格切𠀤音攫本作韄[說文]佩刀絲也 又[集韻][韻會]𠀤屋虢切音嚄義同 又[莊子庚桑楚]天外韄者不可繁而捉將內揵 又[集韻]胡陌切音獲義同 又乙角切音渥縛也一曰刀靶中韋 又[廣韻]胡誤切[集韻]胡故切𠀤音護[玉篇]佩刀絲也[廣韻]佩刀飾也[集韻]佩刀謂之韄

【 오류정리 】
○康誤處 1 ; [莊子庚桑楚]天(改夫字)外韄者不可繁而捉將內揵
●考證 ; 謹照原文天字改夫字
◆整理 ; [莊子庚桑楚(장자경상초)]天(천)은 夫字(부자)의 착오.

◆訂正文 ; [莊子庚桑楚]夫外韄者不可繁而捉將內揵內韄者不可繆而捉將外揵

▶【2278-1】字解誤謬與否 ; [莊子庚桑楚]天(改夫字)外韄者不可繁而捉將內揵 [天(改夫字)]

★이상과 같이 오류(誤謬) 수정(修訂)이 된다 하여도 부외(夫外; 남편 외) 자전상(字典上) 획(韄)의 본의(本義)에는 영향이 미치지 않음.

韋部 五畫

(康) 韍 (비)[廣韻][集韻]㚹兵媚切音祕[玉篇]弓緷[詩秦風竹閉緄縢疏][旣夕記]說明器之弓云有韍[註]韍弓檠也弛則縛之於弓裏以備損傷也以竹爲之引[詩]云竹閉緄縢然則竹閉一名韍也言閉緄者謂置弓韍裏以繩繫之因名韍爲緄又[周禮冬官考工記弓人註]緄弓韍也角長則送矢不疾若見緄于韍矣[釋文]韍音悲位反 又[詩秦風釋文]徐音邊惠反 又[集韻]必結切音珌義同[詩秦風釋文]韍一音必結反

【 오류정리 】

○康誤處 1 ; [詩秦風竹閉緄籐(改縢)疏]

●考證 ; 謹照原文籐改縢

◆整理 ; [詩秦風竹閉緄(시진풍죽폐곤) 籐(등)은 縢(등)의 착오. 疏(소)]

◆訂正文 ; [詩秦風竹閉緄縢疏]

▶【2279-1】字解誤謬與否 ; [詩秦風竹閉緄籐(改縢)疏] [籐(改縢)疏]]

★이상과 같이 인용처(引用處)나 주소(註疏), 등(等)의 오류(誤謬)를 수정(修訂)을 한다 하여도 자전상(字典上)의 비(韍)의 본의(本義)에는 영향이 미치지 않음.

○康誤處 2 ; 引[詩]云竹閉緄籐(改縢)

●考證 ; 謹照原文籐改縢

◆整理 ; [詩(시)] 籐(등)은 縢(등)의 착오.

◆訂正文 ; 引[詩]云竹閉緄縢

▶【2280-2】字解誤謬與否 ; 引[詩]云竹閉緄籐(改縢) [籐(改縢)]

★이상과 같이 오류(誤謬) 수정(修訂)이 되면 죽폐곤등(竹閉緄縢; 대로 만든 도지개끈으로 묶었다. [詩秦風竹閉緄縢疏][旣夕記]說明器之弓云有韍[註]韍弓檠也弛則縛之於弓裏以備損傷也以竹爲之引[詩]云竹閉緄縢然則竹閉一名韍也言閉緄者謂置弓韍裏以繩繫之因名韍爲緄)인데 자전상(字典上) 비(韍)의 본의(本義)에 적극 영향이 미치게 됨.

(康) 韎 (매)[唐韻][集韻][韻會][正韻]㚹莫佩切音妹[說文]茅蒐染草也从韋末聲[詩小雅]韎韐有奭[傳]韎韐者茅蒐染草也一曰韎韐所以代鞸也[禮玉藻韞韍韐註]縕赤黃之閒色所謂韎也[左傳成十六年]有韎韋之跗注君子也[註]韎赤色跗注戎服[疏]賈逵云一染曰韎[儀禮士冠禮]緇帶韎韐 又[玉篇]東夷樂名[周禮春官宗伯]韎師掌教韎樂[禮明堂位]作眛 又[廣韻][集韻]㚹莫拜切音眜[玉篇茅蒐染草也 又[集韻居氣切音旣又莫貝切音眛又莫轄切音帓 又[五音集韻]莫撥切音末義㚹同 又[集韻]勿發切音襪與韤同詳後韤字註[字彙]韎與袜同宜从末中畫短莫佩切者宜从未中畫長○按說文从末無从未字彙强分爲二非也[正字通]駁字彙之誤而以諸書爲皆从未尤非韎

【 오류정리 】

○康誤處 1 ; [儀禮士冠禮]緇帶韎韐(改韎韐)

●考證 ; 謹照原文韎韐改韎韐

◆整理 ; [儀禮士冠禮(의례사관례)] 韎韐(할창)은 韎韐(할협)의 착오.

◆訂正文；[儀禮士冠禮]緇帶韎韐

▶【2281-2】字解誤謬與否；[儀禮士冠禮]緇帶韎韐(改韎韐)　[韎韐(改韎韐)]

★이상과 같이 오류(誤謬) 수정(修訂)이 되면 매갑(韎韐; 적황색 거죽 띠)자전상(字典上) 매(韎)의 본의(本義)에 영향이 미치게 됨.

韋部 八畫

康 韓(한)[唐韻][集韻]胡安切[韻會][正韻]河干切𠀤音寒[說文]井垣也从韋取其帀也倝聲　又國名[詩大雅韓奕箋]韓姬姓之國也後爲晉所滅故大夫韓氏以爲邑名[左傳桓三年]韓萬御戎[韻會]曲沃桓公之子萬食邑于韓後分晉爲國　又三韓國名辰韓示韓馬韓也見]後漢光武紀　又[廣韻]姓也[韻會]秦滅韓以國爲氏　又叶胡千切音焉[孫楚白起贊]神機電斷氣齊卒然南折勁楚走魏禽韓　[說文]本作韓[集韻]亦作韎倝

【 오류정리 】

○康誤處 1；又三韓國名辰韓示韓馬韓也見[後漢光武紀(改東夷傳)]

●考證；謹按示韓當作弁韓見後漢書東夷傳光武紀本文無之謹將示改爲弁光武紀改東夷傳

◆整理；[後漢(후한) 光武紀(광무기)는 東夷傳(동이전)의] 착오.

◆訂正文；又三韓國名辰韓弁韓馬韓也見[後漢東夷傳]

▶【2282-2】字解誤謬與否；又三韓國名辰韓示韓馬韓也見[後漢光武紀(改東夷傳)]　[光武紀(改東夷傳)]

★이상과 같이 인용처(引用處)나 주소(註疏), 등(等)의 오류(誤謬)를 수정(修訂)을 한다 하여도 자전상(字典上)의 한(韓)의 본의(本義)에는 영향이 미치지 않음.

韋部 十畫

康 韝(구)[唐韻]古侯切[集韻][韻會][正韻]居侯切𠀤音鈎[說文]射决也从韋冓聲[玉篇]結也臂沓也[史記張耳陳餘傳]趙王袒韝蔽自上食[註]徐廣曰韝者臂捍也又[滑稽傳]鯑韝鞠膆[註]韝音溝[前漢東方朔傳]董君綠幘傳韝[註]韋昭曰韝形如射韝以縛左右手于事便也師古曰卽今之臂韝也韝工侯反又[廣韻]恪侯切[集韻]墟侯切𠀤音彄又[集韻]居候切音遘義𠀤同[玉篇]作韝

【 오류정리 】

○康誤處 1；[滑稽傳]鯑韝鞠膆(改膳)

●考證；謹按膆字右旁从丞从巳膆今改膳

◆整理；[滑稽傳]膆 膳

◆訂正文；[滑稽傳]鯑韝鞠膆

▶【2283-2】字解誤謬與否；[滑稽傳]鯑韝鞠膆(改膳)　[膆(改膳)]

★이상과 같이 오류(誤謬) 수정(修訂)이 된다 하여도 기(膳; 윗 몸을 꼿꼿이 세우고 무릎을 꿇고 앉음. [集韻]與跽同長跪也) 자전상(字典上) 구(韝)의 본의(本義)에는 영향이 미치지 않음.

韋部 十二畫

康 韡(위)[唐韻]于鬼切[集韻][韻會]羽鬼切𠀤音偉[說文]本作韡盛也从𣎴韋聲[唐韻]華盛貌[詩小雅]棠棣之華鄂不韡韡[傳]韡韡光明也[集韻][類篇]書作韡

【 오류정리 】

○康誤處 1；[詩小雅]棠棣(改常棣)之華鄂不韡韡

●考證；謹照原文棠棣改常棣

◆整理；[詩小雅(시소아)]棠棣(당체)

는 常棣(상체)의 착오.

◆訂正文 ;

[詩小雅]常棣之華鄂不韡韡

▶【2284-2】字解誤謬與否 ; [詩小雅]棠棣(改常棣)之華鄂不韡韡 [棠棣(改常棣)]

★이상과 같이 오류(誤謬) 수정(修訂)이 된다 하여도 상체(常棣; 산앵두나무)는 자전상(字典上) 위(韡)의 본의(本義)에는 영향이 미치지 않음.

音部

康音(음)[唐韻][集韻][韻會][正韻]𣱮於今切音陰[說文]聲也生於心有節於外謂之音宮商角徵羽聲絲竹金石匏土革木音也从言, 含一[書·舜典]八音克諧[禮·樂記]變成方謂之音[[疏]方謂文章聲既變轉和合次序成就文章謂之音音則今之歌曲也[周禮春官大師]以六律爲之音[疏]以大師吹律爲聲又使其人作聲而合之聽人聲與律呂之聲合謂之爲音[詩序]情發於聲聲成文謂之音[疏]此言聲成文謂之音則聲與音別樂記註雜比曰音單出曰聲記又曰審聲以知音審音以知樂則聲音樂三者不同以聲變乃成音音和乃成樂故別爲三名對文則別散則可以通季札見歌[秦]曰此之謂夏聲公羊傳曰十一而稅頌聲作聲卽音也下云治世之音音卽樂也是聲與音樂各得相通也 又[易中孚]翰音登于天[禮曲禮]雞曰翰音 又姓見[姓苑] 又[正韻]於禁切與蔭通[左傳文十七年]鹿死不擇音[杜預註]音所茠蔭之處古字借用○按註借用是古字聲同皆相假借且釋文作於鳴反𣱮不作去聲讀正韻非

【 오류정리 】

○康誤處 1 ; [詩序]聲成文謂之音[疏]季扎(改季札)見歌秦曰此之謂夏聲

●考證 ; 謹照原文季扎改季札

◆整理 ; [詩序(시서)] [疏(소)]季扎(계찰)은 季札(계찰)의 착오.

◆訂正文 ; [詩序]聲成文謂之音[疏]季札見歌秦曰此之謂夏聲

▶【2285-1】字解誤謬與否 ;

字典戌集下考證

頁部 二畫

康頃(경)[廣韻]去穎切[集韻][韻會]犬穎切[正韻]丘穎切𣱮傾上聲[玉篇]田百畝爲頃[後漢黃憲傳]叔度汪汪若千頃波 又俄頃[禮三年問]小者至於燕雀猶有啁噍之頃焉 又地名[左傳哀十二年]宋鄭之閒有隙地焉曰頃邱[註]苦潁反又音傾 又[唐韻]去營切[集韻][韻會][正韻]窺營切𣱮與傾同[說文]頭不正也 又器名[詩周南]采采卷耳不盈頃筐[箋]頃筐敧筐也 又[諡法]甄心動懼曰頃敏以敬愼曰頃 又西頃山名[前漢地理志]隴西郡臨洮禹貢西頃山在縣西南[師古註]頃讀曰傾今本禹貢作傾西頃卽西傾也○按廣韻作地名非 又[正韻]犬藥切與跬同[禮祭儀]君子頃步而弗敢忘孝也[註]頃當爲跬缺婢反又丘弭反一舉足爲跬再舉足爲步[說文]从匕从頁[徐鉉曰]匕者有所比附不正也

【 오류정리 】

○康誤處 1 ; [左傳哀十二年]宋鄭之閒有隙地焉曰頃邱[註(改爲音字)]苦潁反

●考證 ; 謹按此音義非註也註字改爲音字

◆整理 ; [左傳哀十二年(좌전애십이년)] [註(주)는 音(음)의] 착오.

◆訂正文 ; [左傳哀十二年]宋鄭之閒有隙地焉曰頃丘[音]苦潁反

▶【2286-1】字解誤謬與否 ;[左傳哀

十二年]宋鄭之閒有隙地焉曰頃邱[註(改爲音字)]苦潁 反
★이상과 같이 인용처(引用處)나 주소(註疏), 등(等)의 오류(誤謬)를 수정(修訂)을 한다 하여도 자전상(字典上)의 경(頃)의 본의(本義)에는 영향이 미치지 않음.

○康誤處 2 ; [詩周南]采采卷耳不盈頃筐 [箋]頃筐敧筐也(改韓詩云敧筐也)
●考證 ; 謹按箋無此語今據釋文所引韓詩改韓詩云敧筐也
◆整理 ; [詩周南(시주남)] [箋(전)]頃筐敧筐也(경광기광야)는 [韓詩(한시)]云敧筐也(운기광야)의 착오.
◆訂正文 ; [詩周南]采采卷耳不盈頃筐 [韓詩]云敧筐也
▶ 【2287-2】字解誤謬與否 ; [詩周南]采采卷耳不盈頃筐 [箋]頃筐敧筐也(改韓詩云敧筐也) [頃筐敧筐也(改韓詩云敧筐也)]
★이상과 같이 오류(誤謬) 수정(修訂)이 된다 하여도 기광(敧筐; 기운 광주리)은 자전상(字典上) 경(頃)의 본의(本義)에는 영향이 미치지 않음.

○康誤處 3 ; [前漢地理志]隴西郡臨洮禹貢西頃山在縣西南(南字連下句不連上句今省去)
●考證 ; 謹按原文在縣西一句南郡都尉治一句南字連下句不連上句今省去
◆整理 ; [前漢地理志(전한지리지)] 南(남)은 省去(성거)삭제.
◆訂正文 ; [前漢地理志]隴西郡臨洮
▶ 【22788-3】字解誤謬與否 ; [前漢地理志]隴西郡臨洮禹貢西頃山在縣西南(南字連下句不連上句今省去) [禹貢西頃山在縣西南(南字連下句不連上句今省去)]
★이상과 같이 우공서경산재현서남

(禹貢西頃山在縣西南)을 삭제(削除)한다 하여도 자전상(字典上) 경(頃)의 본의(本義)에 영향을 끼치지 않음.

○康誤處 4 ; [禮祭儀(改祭義)]君子頃步而弗敢忘孝也
●考證 ; 謹照原書祭儀改祭義
◆整理 ; [禮(예) 祭儀(제의)는 祭義(제의)의] 착오.
◆訂正文 ; [禮祭義]君子頃步而弗敢忘孝也
▶ 【2289-4】字解誤謬與否 ; [禮祭儀(改祭義)]君子頃步而弗敢忘孝也 [祭儀(改祭義)]
★이상과 같이 인용처(引用處)나 주소(註疏), 등(等)의 오류(誤謬)를 수정(修訂)을 한다 하여도 자전상(字典上)의 경(頃)의 본의(本義)에는 영향이 미치지 않음.

頁部 三畫

㉕項(항)[唐韻]胡講切[集韻][韻會][正韻]戶講切夶 學上聲[說文]頭後也[釋名]項确也堅确受枕之處[儀禮士冠禮]緇布冠缺項[註]缺讀如有頍者弁之頍緇布冠無笄者著圍髮際結項中隅爲四綴以固冠也 又冠後爲項[儀禮士冠禮]賓右手執項[註]項結纓也 又國名[春秋僖十七年]夏滅項[註]項國今汝陰項縣[前漢地理志]汝南郡縣項故國 又[唐書西域傳]党項漢西羌別種 又姓[韻會]本姬姓國齊滅之子孫以國爲氏[史記項羽本紀]項氏世世爲楚將封於項故姓項氏 又大也[詩小雅]四牡項領[傳]項大也[箋]但養大其領不肯爲用 又[廣韻]古音胡孔切鴻上聲[張衡西京賦]䲒鮹䰻鯋脩額短項大口折鼻詭類殊種

【 오류정리 】
○康誤處 1 ; [儀禮士冠禮]緇布冠缺

項[註]缺讀如有頍者弁之頍緇布冠無笄者著(脫頍字)圍髮際結項中隅為四綴以固冠也
●考證 ; 謹按著字下脫頍字今照原文增入
◆整理 ; [儀禮士冠禮(의례사관례)] [註(주)] 著(저) 아래 頍字(규자) 누락.
◆訂正文 ; [儀禮士冠禮]緇布冠缺項[註]缺讀如有頍者弁之頍緇布冠無笄者著頍圍髮際結項中隅為四綴以固冠也
▶【2290-1】字解誤謬與否 ; [儀禮士冠禮]緇布冠缺項[註]缺讀如有頍者弁之頍緇布冠無笄者著(脫頍字)圍髮際結項中隅為四綴以固冠也 [著(脫頍字)]
★이상과 같이 저(著; 현저하다)를 덧붙인다 하여도 자전상(字典上) 항(項)의 본의(本義)에는 영향이 미치지 않음.

○康誤處 2 ; [廣韻]古音胡孔切(改爲唐韻正古胡孔切)
●考證 ; 謹按胡孔切語見唐韻正非廣韻也今將廣韻古音胡孔切改爲唐韻正古胡孔切
◆整理 ; [廣韻(광운)]古音胡孔切(고음호공절)은 [唐韻(당운)]正古胡孔切(정고호공절)의 착오.
◆訂正文 ; [唐韻]正古胡孔切
▶【2291-2】字解誤謬與否 ; [廣韻]古音胡孔切(改爲唐韻正古胡孔切) [[廣韻]古音胡孔切(改爲唐韻正古胡孔切)]
★이상과 같이 음절(音切)의 오류(誤謬)를 수정(修訂)을 한다 하여도 자전상(字典上)의 항(項)의 본의(本義)에는 영향이 미치지 않음.

康 䪞(독)[唐韻][集韻]𠀤徒谷切音

䪞[說文]䪞顱也[釋名]䪞顱爲之髑髏
又[廣韻]徒落切[集韻]達各切𠀤音鐸義同 又[集韻]闥各切音託腦脖 又[廣韻]丑格切[集韻]恥格切𠀤音斥腦蓋 又[廣韻][集韻]𠀤陟格切音磔義同

【 오류정리 】
○康誤處 1 ; 䪞顱爲之(改謂之)髑髏
●考證 ; 謹照原文爲之改謂之
◆整理 ; 爲之(위지)는 謂之(위지)의 착오.
◆訂正文 ; 䪞顱謂之髑髏
▶【2292-1】字解誤謬與否 ; 䪞顱爲之(改謂之)髑髏 [爲之(改謂之)]
★이상과 같이 오류(誤謬) 수정(修訂)이 된다 하여도 위지(謂之; 이를 만하다)는 자전상(字典上) 독(䪞)의 본의(本義)에는 영향이 미치지 않음.

康 順(순)[唐韻][正韻]𠀤食閏切盾去聲[說文]理也从頁从巛會意川流也[玉篇]從也[詩大雅]有覺德行四國順之[箋]有大德行則天下順從其政[逸雅]順循也循其理也 又放之也[儀禮大射儀]大射正執弓以袂順左右隈[疏]以袂向下於弓隈順放之 又山名水名[山海經]有順山順水出焉 又[釋名]鳳皇五色心文曰德翼文曰順 又[揚子方言]目好謂之順[註]言流澤也 又[增韻]和也[易豫卦]豫順以動故天地如之[疏]聖人和順而動合天地之德故天地亦如聖人而爲之[禮樂記]和順積中而英華發外 又[增韻]不逆也[爾雅釋詁]舒 業順敘也[疏]順本不逆有敘也 又[謚法]慈惠徧服曰順 又[小爾雅]順退也

【 오류정리 】
○康誤處 1;[逸雅(改爲釋名)]順循也
●考證 ; 謹按語出釋名今將逸雅改爲釋名
◆整理 ; [逸雅(일아)]는 釋名(석명)

의] 착오.

◆訂正文 ; [釋名]順循也

▶ 【2293-1】 字解誤謬與否 ; [逸雅(改爲釋名)]順循也 [逸雅(改爲釋名)]

★이상과 같이 인용처(引用處)나 주소(註疏), 등(等)의 오류(誤謬)를 수정(修訂)을 한다 하여도 자전상(字典上)의 순(順)의 본의(本義)에는 영향이 미치지 않음.

○康誤處 2 ; [爾雅釋詁]舒業順敘也[疏]順本(改順者)不逆有敘也

●考證 ; 謹照原文順本改順者

◆整理 ; [爾雅釋詁(이아석고)] [疏(소)]順本(순본)은 順者(순자)의 착오.

◆訂正文 ; [爾雅釋詁]舒業順敘也[疏]順者不逆有敘也

▶ 【2294-1】 字解誤謬與否 ; [爾雅釋詁]舒業順敘也[疏]順本(改順者)不逆有敘也 [順本(改順者)]

★이상과 같이 오류(誤謬) 수정(修訂)이 되면 순자(順者; 따르는 자)는 자전상(字典上) 순(順)의 본의(本義)에 영향이 미치게 됨.

康須(수)[廣韻]錫兪切[集韻][韻會]詢趨切夶音需[說文]面毛也[易賁卦賁]其須[註]須之爲物上附者也[疏]須上附于面[逸雅]頤下曰須須秀也別作鬚俗作鬢 又待也[易歸妹]歸妹以須[詩邶風]人涉卬否卬須我友 又與頊通[左傳成十二年]日云莫矣寡君頊矣[爾雅釋詁]頊待也 又資也用也與需通[爾雅釋獸須屬]獸曰釁人曰撟魚曰須鳥曰臭[疏]此皆氣倦體罷所須若此故題云須屬也 又斯須猶須臾也[禮樂記]禮樂不可斯須去身 又遲緩也[左傳成二年]子不少須衆懼盡[前漢淸河孝王傳]且復須留[註][東觀記]須留作宿留 又須女星名[史記天官書]婺女

註]正義曰須女四星亦婺女天少府也須女賤妾之稱婦職之卑者 又國名[春秋僖二十二年]公伐邾取須句[公羊傳]作須朐[前漢地理志]東郡須昌縣故須句國又[左傳定四年]分唐叔以密須之鼓[史記周紀]文王伐密須[註]密須氏姞姓之國今安定陰密縣是也 又邑名[詩邶風]思須與漕[註]須漕衞邑又[後漢郡國志]南陽郡順陽有須聚 又菜名[爾雅釋草]須蕵蕪[疏]詩谷風采葑采菲傳葑須也先儒以須葑蓯當之孫炎云須一名葑蓯 又草名[爾雅釋草]臺夫須[疏]臺一名夫須莎草也 又鳥名[爾雅釋鳥]鶟須鸁[疏]鶟一名須鸁 又兵器[逸雅]須盾本出於蜀須所持也 又[揚子方言]須捷敗也南楚凡人貧衣被醜弊謂之須捷 又姓[左傳莊十七年]有須遂氏[戰國策]魏大夫須賈 又人名[左傳僖二十四年]晉侯之豎頭須守藏者也 又[左思吳都賦]旗魚須[註]以魚須爲旗之竿也 又[集韻]逋還切音斑班也[禮玉藻]笏大夫以魚須文竹[註]崔云用文竹及魚班也隱義云以魚須飾文竹之邊須音班 又叶心秋切音修[息夫躬辭]嗟若是兮欲何留撫神龍兮攬其須[陸雲九愍]生遺年而有盡居靜言其何須將輕舉以遠覽眇天路而高遊[註]須求也 [說文徐註]此本須鬢之須頁首也彡毛飾也借爲所須之須俗書从水非毛氏曰須與湏別湏火外切爛也

【 오류정리 】

○康誤處 1 ; [逸雅(改爲釋名)]頤下曰須

●考證 ; 謹按語見釋名今將逸雅改爲釋名

◆整理 ; [逸雅(일아)]는 釋名(석명)의] 착오.

◆訂正文 ; [釋名]頤下曰須

▶ 【2295-1】 字解誤謬與否 ; [逸雅(改爲釋名)]頤下曰須 [逸雅(改爲釋

名)]
★이상과 같이 인용처(引用處)나 주소(註疏), 등(等)의 오류(誤謬)를 수정(修訂)을 한다 하여도 자전상(字典上)의 수(須)의 본의(本義)에는 영향이 미치지 않음.

○康誤處 2 ; [左傳成十二年]日云莫矣寡君頿(改須)矣
●考證 ; 謹按原文本作須其義則爲頿石經及各本皆同今仍改須
◆整理 ; [左傳成十二年(좌전성십이년)] 頿(수)는 須(수)의 착오.
◈訂正文 ; [左傳成十二年]日云莫矣寡君須矣
▶ 【2296-2】 字解誤謬與否 ; [左傳成十二年]日云莫矣寡君頿(改須)矣 [頿(改須)]
★이상과 같이 오류(誤謬) 수정(修訂)이 되면 수의(須矣; 기다린다 고 한다. [儀禮註疏]擯者出告須以賓入須亦待也出告之辭曰孤某須矣[疏]注須亦至"須矣○釋曰雲`出告之辭曰孤某須矣`者此約[雜記]辭爲證也)인데 자전상(字典上) 수(須)의 본의(本義)에 적극 영향이 미치게 됨.

○康誤處 3 ; [爾雅釋獸須屬]魚曰須鳥曰臭(改曰狊)
●考證 ; 謹照原文曰臭改曰狊
◆整理 ; [爾雅釋獸須屬(이아석수수속)] 曰臭(왈취)는 曰狊(왈격)의 착오.
◈訂正文 ; [爾雅釋獸須屬]魚曰須鳥曰狊
▶ 【2297-3】 字解誤謬與否 ; [爾雅釋獸須屬]魚曰須鳥曰臭(改曰狊) [曰臭(改曰狊)]
★이상과 같이 오류(誤謬) 수정(修訂)이 된다 하여도 조왈격(鳥曰狊; 새는 나래를 편다라 한다. [爾雅釋獸]獸曰釁人曰撟魚曰須鳥曰狊[疏]此皆氣倦體罷所須若此故題云須屬也又斯須猶須臾也)은 자전상(字典上) 수(須)의 본의(本義)에는 영향이 미치지 않음.

○康誤處 4 ; [前漢(改後漢)淸河孝王傳]且復須留
●考證 ; 謹照原書前漢改後漢
◆整理 ; [前漢(전한)은 後漢(후한)의 착오. 淸河孝王傳(청하효왕전)]
◈訂正文 ; [後漢淸河孝王傳]且復須留
▶ 【2298-4】 字解誤謬與否 ; [前漢(改後漢)淸河孝王傳]且復須留 [前漢(改後漢)]
★이상과 같이 인용처(引用處)나 주소(註疏), 등(等)의 오류(誤謬)를 수정(修訂)을 한다 하여도 자전상(字典上)의 수(須)의 본의(本義)에는 영향이 미치지 않음.

○康誤處 5 ; [詩邶風]思須與漕[註(改傳)]須漕衞邑
●考證 ; 謹照原文註改傳
◆整理 ; [詩邶風(시패풍)] [註(주)는 傳(전)의] 착오.
◈訂正文 ; [詩邶風]思須與漕[傳]須漕衞邑
▶ 【2299-5】 字解誤謬與否 ; [詩風]思須與漕[註(改傳)]須漕衞邑 [註(改傳)]
★이상과 같이 인용처(引用處)나 주소(註疏), 등(等)의 오류(誤謬)를 수정(修訂)을 한다 하여도 자전상(字典上)의 수(須)의 본의(本義)에는 영향이 미치지 않음.

○康誤處 6 ; [逸雅(改爲釋名)]須盾本出於蜀須所持也
●考證 ; 謹按所引出釋名今將逸雅改爲釋名
◆整理 ; [逸雅(일아) 釋名(석명)의] 착오.

◆訂正文 ；[釋名]須盾本出於蜀須所持也

▶【2300-6】字解誤謬與否 ；[逸雅(改爲釋名)]須盾本出於蜀須所持也 [逸雅(改爲釋名)]

★이상과 같이 인용처(引用處)나 주소(註疏), 등(等)의 오류(誤謬)를 수정(修訂)을 한다 하여도 자전상(字典上)의 수(須)의 본의(本義)에는 영향이 미치지 않음.

○康誤處 7 ；[玉藻]大夫以魚須文竹[註(改爲釋文)]崔云用文竹及魚班也

●考證 ；謹照原書註改爲釋文

◆整理 ；[玉藻(옥조)] [註(주)는 釋文(석문)의] 착오.

◆訂正文 ；[玉藻]大夫以魚須文竹[釋文]崔云用文竹及魚班也

▶【2301-7】字解誤謬與否 ；[玉藻]大夫以魚須文竹[註(改爲釋文)]崔云用文竹及魚班也 [註(改爲釋文)]]

★이상과 같이 인용처(引用處)나 주소(註疏), 등(等)의 오류(誤謬)를 수정(修訂)을 한다 하여도 자전상(字典上)의 수(須)의 본의(本義)에는 영향이 미치지 않음.

頁部 四畫

康頌(송)[廣韻][集韻][韻會]汰餘封切音容[說文]貌也[前漢儒林傳]魯儒生善爲頌又唐生褚生應博士弟子選詣博士摳衣登堂頌禮甚嚴[註]汰與容同 又從頌與從容同[史記魯仲連傳]世以鮑焦爲無從頌而死者皆非也[註]音從容 又[前漢刑法志]年八十以上八歲以下當鞠繫者頌繫之[註]謂寬容之不桎梏也 又公也[前漢吳王濞傳]它郡國吏欲采捕亡人頌共禁不與[註]頌猶公也 又[唐韻][集韻][韻會][正韻]汰似用切音誦[正韻]稱述也[釋名]稱頌成功謂之頌又頌容也敍說其成

之形容也[韻會]徐曰此容儀字歌誦者美盛德之形容故通作頌後人因而亂之以此爲歌頌字[禮少儀]頌而無讇[註]頌謂將順其美 又磬名[儀禮大射儀]西階之西頌磬[註]言成功曰頌西爲陰中萬物之所成是以西方鐘磬謂之頌 又琴名[左傳襄二年]使擇美檟以自爲櫬與頌琴 又占兆之詞[周禮春官大卜]其頌皆千有二百[註]頌謂繇也 又姓 又[韻補]叶牆容切音從[揚雄河東賦]麗鉤芒與驂蓐收兮殷玄冥及祝融敦衆神使式道兮奮六經以攄頌

【 오류정리 】

○康誤處 1 ；[前漢儒林傳]魯儒生(改魯徐生)善爲頌

●考證 ；謹照原文魯儒生改魯徐生

◆整理 ；[前漢儒林傳(전한유림전)]魯儒生(노유생)은 魯徐生(노서생)의 착오.

◆訂正文 ；[前漢儒林傳]魯徐生善爲頌

▶【2302-1】字解誤謬與否 ；[前漢儒林傳]魯儒生(改魯徐生)善爲頌 [魯儒生(改魯徐生)]

★이상과 같이 오류(誤謬) 수정(修訂)이 된다 하여도 노서생(魯徐生; 일명(一名) 서복(徐福) 서한학자(西漢學者) 노국인(魯國人) 한문제시(漢文帝時) 작송위례관대부(作頌爲禮官大夫)를 지냄)은 자전상(字典上) 송(頌)의 본의(本義)에는 영향이 미치지 않음.

康誤處 2 ；[前漢吳王濞傳]它郡國吏欲采捕(改來捕)亡人頌共禁不與[註]頌猶公也

●考證 ；謹照原文采捕改來捕

◆整理 ；[前漢吳王濞傳(전한오왕비전)] 采捕(채포)는 來捕(래포)의 착오.

◆訂正文 ；[前漢吳王濞傳]它郡國吏欲來捕亡人頌共禁不與[註]頌猶公也

▶【2303-2】字解誤謬與否；[前漢吳王濞傳]它郡國吏欲采捕(改來捕)亡人頌共禁不與[註]頌猶公也　采捕(改來捕)

★이상과 같이 오류(誤謬) 수정(修訂)이 된다 하여도 내포(來捕; 와 잡다)는 자전상(字典上) 송(頌)의 본의(本義)에는 영향이 미치지 않음.

康 碩(배)[集韻]薄皆切音排[說文]曲頤也　又[集韻]蒲枚切音裴義同或作頯頓　又蘗皆切音排大面貌與碩同○按碩頯頓本一字韻書譌分爲三

【 오류정리 】

○康誤處 1；又蘗(改蘗)皆切音排
●考證；謹照集韻原文蘗改蘗
◆整理；蘗(얼)은 蘗(벽)의 착오.
◆訂正文；又蘗皆切音踔
▶【2304-1】字解誤謬與否；又蘗(改蘗)皆切音排　[蘗(改蘗)]

★이상과 같이 음(音)의 오류(誤謬)를 수정(修訂)을 한다 하여도 자전상(字典上)의 배(碩)의 본의(本義)에는 영향이 미치지 않음.

康 頏(항)[廣韻]胡郎切[韻會]寒剛切[正韻]胡岡切夶音航[韻會]鳥飛貌本作頏上曰頡下曰頏今文通作頡頏[詩邶風]燕燕于飛頡之頏之[傳]飛而上曰頡飛而下曰頏　又或作頓[揚雄長楊賦]魚吉而鳥頓　又[集韻][正韻]夶居郎切音剛[說文]人頸也本作亢或作肮　又上聲[集韻]戶朗切[韻會]下黨切夶音沆聲也同吭　又[集韻]口朗切音忼亦與吭同咽也　又舉朗切音航義同　又去聲[廣韻]苦浪切音抗咽頏　又[集韻][韻會]夶下浪切杭去聲[五音集韻]鳥咽也

【 오류정리 】

○康誤處 1；[揚雄長楊賦]魚吉(改爲魚頏)而鳥頓
●考證；謹按句出甘泉賦魚吉照原文改爲魚頏
◆整理；[揚雄長楊賦(양웅장양부)]魚吉(어길)은 魚頏(어힐)의 착오.
◆訂正文；[揚雄長楊賦]魚頏而鳥頓
▶【2305-1】字解誤謬與否；[揚雄長楊賦]魚吉(改爲魚頏)而鳥頓　[魚吉(改爲魚頏)]

★이상과 같이 오류(誤謬) 수정(修訂)이 되면 어힐(魚頏; 물고기가 새처럼 날아 오르다. [揚雄甘泉賦]駢羅列布鱗以雜沓兮傑僗參差魚頏而鳥頓)인데 자전상(字典上) 항(頏)의 본의(本義)에 영향이 미치게 됨.

康 頓(돈)[唐韻][集韻][韻會][正韻]夶都困切敦去聲[說文]下首也[周禮春官大祝]辨九攈二曰頓首[註]頓首拜頭叩地也　又[釋名]頓僵也　又[揚子方言]頓愍惛也江湘之閒謂之頓愍南楚飲毒藥懣亦謂之頓愍猶中齊言眠眩也　又[增韻]貯也宿食所也[隋書煬帝紀]每之一所輒數道置頓　又[增韻]次也　又食一次也[世說新語]襄陽羅友嘗伺人祠乞食往太蚤主人問何得在此答曰聞卿祠欲乞一頓食耳[杜甫詩]頓頓食黃魚　又陡頓遽也[列子天瑞篇]一氣不頓盡一形不頓虧　又壞也[左傳襄四年]甲兵不頓[註]頓壞也正義曰頓謂挫傷折壞今俗語委頓是也　又止也[史記王翦傳]三日三夜不頓舍　又捨也[曹植七啓]頓綱縱綱[註]頓捨也縱緩也　又地名[詩衞風]送子涉淇至于頓丘[傳]丘一成爲頓丘[前漢地理志]頓丘縣屬東郡[師古註]以丘名縣也丘一成爲頓丘謂一頓而成也　又國名[春秋僖二十五年]楚子圍陳納頓子于頓[前漢地理志]南頓縣屬汝南郡[註]故頓子

國頓迫於陳其後南徙故號南頓 又姓[魏志華陀傳]有頓子獻 又[集韻]徒困切[正韻]杜困切𠀤音鈍[集韻]不利也[前漢賈誼傳]芒刃不頓[註]頓讀曰鈍 又[韻會][正韻]𠀤當沒切音咄[前漢匈奴傳]單于太子曰冒頓[註]冒音墨頓音毒

【 오류정리 】

○康誤處 1；[釋名(改爲博雅)]頓僵也
●考證；謹按語出博雅今將釋名改爲博雅
◆整理；[釋名(석명)은 博雅(박아)의] 착오.
◆訂正文；[博雅]頓僵也
▶【2306-1】字解誤謬與否；[釋名(改爲博雅)]頓僵也 [釋名(改爲博雅)]
★이상과 같이 인용처(引用處)나 주소(註疏), 등(等)의 오류(誤謬)를 수정(修訂)을 한다 하여도 자전상(字典上)의 돈(頓)의 본의(本義)에는 영향이 미치지 않음.

○康誤處 2；[曹植七啓]頓綱(改頓網)縱綱
●考證；謹照原文頓綱改頓網
◆整理；[曹植七啓(조식칠계)]頓綱(돈강)은 頓網(돈망)의 착오.
◆訂正文；[曹植七啟]頓網縱綱
▶【2307-2】字解誤謬與否；[曹植七啓]頓綱(改頓網)縱綱 [頓綱(改頓網)]
★이상과 같이 오류(誤謬) 수정(修訂)이 되면 돈망(頓網; 정돈(整頓)하다) 자전상(字典上) 돈(頓)의 본의(本義)에 직접 영향이 미치게 됨.

○康誤處 3；[春秋僖二十五年]楚(改楚人)圍陳納頓子于頓
●考證；謹照原文楚子改楚人
◆整理；[春秋僖二十五年(춘추희이십오년)]楚子(초자)는 楚人(초인)의 착오.
◆訂正文；[春秋僖二十五年]楚人圍陳納頓子于頓
▶【2308-2】字解誤謬與否；[春秋僖二十五年]楚子(改楚人)圍陳納頓子于頓 [楚子(改楚人)]
★이상과 같이 오류(誤謬) 수정(修訂)이 된다 하여도 초인(楚人；초나라 사람) 자전상(字典上) 돈(頓)의 의 본의(本義)에는 영향이 미치지 않음.

頁 部 五畫

康 頗 (파) [唐韻][集韻][韻會]滂禾切[正韻]普禾切𠀤 音坡[玉篇]不平也偏也[書洪範]無偏無陂[釋文]舊本作頗音普多反[又]人用側頗僻民用僭忒[傳]在位不敦平則下民僭差又[多方]爾乃惟逸惟頗大遠王命[韻補]古義字皆音俄周官註亦音俄故古文尚書本作無偏無頗遵王之義以叶俄音唐明皇以義字今音爲又改頗爲陂以从今音古音遂湮滅矣 又[廣韻][集韻][韻會][正韻]𠀤普火切音叵[釋名]少也又差多曰頗多良久曰頗久多有曰頗有[史記叔孫通傳]臣願頗采古禮與秦儀雜就之 又[廣韻][集韻]𠀤普過切音破[集韻]偏也一曰疑辭 又[集韻]蒲糜切音皮蘧頗楚人名見左傳

【 오류정리 】

○康誤處 1；[韻補]唐明皇以義字今音爲又(改又)
●考證；謹按文義又改又
◆整理；[韻補(운보)] 又(차)는 又(우)의 착오.
◆訂正文；[韻補]唐明皇以義字今音爲又
▶【2309-1】字解誤謬與否；[韻補]唐明皇以義字今音爲又(改又) [又(改又)]

★이상과 같이 오류(誤謬) 수정(修訂)이 된다 하여도 우(又; 또) 자전상(字典上) 파(頗)의 본의(本義)에는 영향이 미치지 않음.

○康誤處 2 ; [釋名(改爲博雅)]少也
●考證 ; 謹按語出博雅今將釋名改爲博雅
◆整理 ; [釋名(석명)은 博雅(박아)의] 착오.
◆訂正文 ; [博雅]少也
▶【2310-2】字解誤謬與否 ; [釋名(改爲博雅)]少也　[釋名(改爲博雅)]
★이상과 같이 인용처(引用處)나 주소(註疏), 등(等)의 오류(誤謬)를 수정(修訂)을 한다 하여도 자전상(字典上)의 파(頗)의 본의(本義)에는 영향이 미치지 않음.

康領(령)[唐韻]良郢切[集韻][正韻]里郢切[韻會]里整切𠀤音嶺[說文]項也从頁令聲[釋名]領頸也以壅頸也亦言總領衣體爲端首也[詩小雅]交交桑扈有鶯其領[傳]鶯鶯然有文章也領頸也[荀子勸學篇]若挈裘領　又[廣韻]理也[韻會]方氏曰承上令下謂之領[禮祭儀]先王之敎因而勿改所以領天下國家也　又[樂記]領父子君臣之節[註]領猶理治也　又[仲尼燕居]言游進曰敢問禮也者領惡而全好者歟[註]領猶治也　又[韻會]統領也[前漢魏相傳]總領庶職　又[廣韻]錄也[劉公幹詩]沈速簿領書[註]領錄也　又楚官名[左傳昭二十七年]鄢將師爲右領　又晉官名[晉書職官志]中領軍將軍魏官也　又地名[左傳昭二十二年]樊頃子奉王以追單子及領[註]領周地[前漢王子侯表]蒲領侯嘉　又山道與嶺通[前漢嚴助傳]輿轎而踰領　又[正字通]受也　又叶離貞切音鄰[韓愈田氏廟碑]業業魏土嬰兒弄兵吏戎愁毒莫保首領

【 오류정리 】
○康誤處 1 ; [禮祭儀(改祭義)]先王之敎因而勿改(改弗改)所以領天下國家也
●考證 ; 謹照原文祭儀改祭義勿改改弗改
◆整理 ; [禮(예) 祭儀(제의)는 祭義(제의)의] 착오. 勿改(물개)는 弗改(불개)의 착오.
◆訂正文 ; [禮祭義]先王之敎因而弗改所以領天下國家也
▶【2311-1】字解誤謬與否 ; [禮祭儀(改祭義)]先王之敎因而勿改(改弗改)所以領天下國家也　[祭儀(改祭義)]　[勿改(改弗改)]
★이상과 같이 오류(誤謬) 수정(修訂)이 된다 하여도 불개(弗改; 바꿔지지 않는다. [禮祭義]先王之敎因而弗改所以領天下國家也)는 자전상(字典上) 령(領)의 본의(本義)에는 영향이 미치지 않음.

頁 部　六畫

康頞(알)[唐韻]烏割切[集韻][韻會][正韻]阿葛切𠀤音遏[玉篇]鼻莖也[孟子]疾首蹙頞而相告[莊子至樂篇]深矉蹙頞　又[釋名]頞也　又[逸雅]頞鞍也偃折加鞍也　又幽頞獸名[山海經幽頞贊]幽頞似猴俾愚作智觸物則笑見人佯睡好用小慧終是嬰繫　又[玉篇]亦作齃[史記蔡澤傳]魋顏蹙齃[註]齃烏葛反　又音案[史記西南夷傳]秦時常頞略通五尺道[註]頞音案孚遠曰常頞疑人姓名

【 오류정리 】
○康誤處 1 ; [釋名(改爲博雅)]頞也
●考證 ; 謹按語出博雅今將釋名改爲博雅
◆整理 ; [釋名(석명)은 博雅(박아)의] 착오.
◆訂正文 ; [博雅]頞也

▶【2312-1】字解誤謬與否 ; [釋名(改爲博雅)]頗也 [釋名(改爲博雅)]

★이상과 같이 인용처(引用處)나 주소(註疏), 등(等)의 오류(誤謬)를 수정(修訂)을 한다 하여도 자전상(字典上)의 알(頯)의 본의(本義)에는 영향이 미치지 않음.

○康誤處 2 ; [逸雅(改爲釋名)]頗鞍也偃折加鞍(改爲如鞍)也
●考證 ; 謹按語出釋名今將逸雅改爲釋名並照原文加鞍改爲如鞍
◆整理 ; [逸雅(일아)은 釋名(석명)의] 착오.加鞍(가안)은 如鞍(여안)의 착오.
◆訂正文 ; [釋名]頗鞍也偃折如鞍也
▶【2313-2】字解誤謬與否 ; [逸雅(改爲釋名)]頗鞍也偃折加鞍(改爲如鞍)也 [逸雅(改爲釋名)] [加鞍(改爲如鞍)]

★이상과 같이 인용처(引用處)의 오류(誤謬)를 수정(修訂)을 한다 하여도 자전상(字典上)의 알(頯)의 본의(本義)에는 영향이 미치지 않으나, 여안(如鞍; 안장과 같다)은 본의(本義)에 적극 영향이 미침

頁 部 七畫

康**頯**(구)[廣韻]巨鳩切[集韻]渠尤切𪖤音求冠飾貌[說文]本作俅[詩周頌]戴弁俅俅[箋]俅俅恭順貌或作頯 又[廣韻]戴也

【 오류정리 】

○康誤處 1 ; [說文]本作俅[詩周頌]戴弁(改載弁)俅俅[箋(改傳)]俅俅恭順貌
●考證 ; 謹照原文戴弁改載弁箋改傳
◆整理 ; [詩周頌(시주송)] 戴弁(대변)는 載弁(재변)의 착오. [箋(전)은 傳(전)의] 착오.

◆訂正文 ; [說文]本作俅[詩周頌]載弁俅俅[傳]俅俅恭順貌
▶【2314-1】字解誤謬與否 ; [說文]本作俅[詩周頌]戴弁(改載弁)俅俅[箋(改傳)]俅俅恭順貌 [戴弁(改載弁)] [箋(改傳)]

★이상과 같이 오류(誤謬) 수정(修訂)이 된다 하여도 재변(載弁; 머리엔 고깔을 쓰고)은 자전상(字典上) 구(頯)의 본의(本義)에는 영향이 미치지 않음.

康**頭**(두)[唐韻]度侯切[集韻][韻會][正韻]徒侯切𪖤音投[說文]首也[禮玉藻]頭容直[釋名]頭獨也於體高而獨也 又古者謂一人爲一頭[春秋元命苞]十紀其一曰九頭紀卽人皇氏人皇兄弟九人故也 又[儀禮士相見禮]贄冬用雉夏用腒左頭奉之[註]頭陽也[疏]執禽者左首雉以不可生服故殺之雖死猶尚左以從陽也 又人名[左傳僖二十四年]晉侯之豎頭須守藏者也[註]豎小吏名頭須 又藥名[本草綱目]百頭貫衆也一名鴟頭[陶弘景曰]葉似大蕨毛芒似老鴟頭 又[廣韻][正韻]古音徒[古詩]東方千餘騎夫壻居上頭何用識夫壻白馬從驪駒[王延壽魯靈光殿賦]上紀開闢遂古之初五龍比翼人皇九頭 又與兜通[山海經]讙頭國[註]讙兜堯臣有罪投南海而死帝憐之使其子居南海而祠之[博物志]作讙兜國

【 오류정리 】

○康誤處 1 ; [廣韻][正韻]改廣韻正韻爲唐韻正韻)古音徒
●考證 ; 謹按廣韻正韻無此音查係唐韻正文今改廣韻正韻爲唐韻正韻
◆整理 ; [廣韻(광운)]과 [正韻(정운)]은[唐韻(당운)]과 [正韻(정운)]의 착오.
◆訂正文 ; [唐韻][正韻]古音徒

▶ 【2315-1】 字解誤謬與否 ; [廣韻][正韻]改廣韻正韻爲唐韻正韻) 古音徒 [[廣韻][正韻]改廣韻正韻爲唐韻正韻)]

★이상과 같이 인용처(引用處)의 오류(誤謬)를 수정(修訂)을 한다 하여도 자전상(字典上)의 두(頭)의 본의(本義)에는 영향이 미치지 않음.

㊗頮(회)[廣韻]荒內切[集韻]呼內切𠀤音誨洗面也同靧[書顧命]王乃洮頮水[釋文]頮音悔[註]頮頮面也 又[正韻]胡對切音潰義同

【 오류정리 】

○康誤處 1 ; [書顧命]王乃洮頮水[釋文]頮音悔[註]頮(改爲馬云)頮面也

●考證 ; 謹按頮面也乃釋文引馬氏語註頮二字今照原文改爲馬云

◆整理 ; [書顧命(서고명)] [釋文(석문)] [註(주)와]頮(회는) 馬云(마운)의 착오.

◈訂正文 ; [書顧命]王乃洮頮水[釋文]頮音悔馬云頮面也

▶ 【2316-1】 字解誤謬與否 ; [書顧命]王乃洮頮水[釋文]頮音悔[註]頮(改爲馬云)頮面也 [[註]頮(改爲馬云)]

★이상과 같이 인용처(引用處)의 오류(誤謬)를 수정(修訂)을 한다 하여도 자전상(字典上)의 회(頮)의 본의(本義)에는 영향이 미치지 않음.

㊗頰(협)[廣韻][正韻]古協切[集韻][韻會]吉協切𠀤音筴[說文]面旁也[釋名]輔國之頰[逸雅]頰夾也兩旁稱也亦取夾斂食物也[易咸卦]咸其輔頰舌[疏]輔頰舌者言語之具又[前漢高帝紀]漢王謂酈食其曰緩頰往說魏王豹[註]徐言引譬喩也 又地名[公羊傳定十年]公會齊侯于頰谷[左傳]作夾谷 又[正字通]赤頰鶴別名又批頰鵊鶪鳥別名 [集韻]籒作𩓡或作脥

【 오류정리 】

○康誤處 1 ; [釋名]輔國之頰(改[博雅]輔謂之頰)

●考證 ; 謹按國應作謂考此語出博雅今据原文改[博雅]輔謂之頰

◆整理 ; [釋名(석명)]輔國之頰(보국지협)은 [博雅(박아)]輔謂之頰(보위지협)의 착오.

◈訂正文 ; [博雅]輔謂之頰

▶ 【2317-1】 字解誤謬與否 ; [釋名]輔國之頰(改[博雅]輔謂之頰)

★이상과 같이 오류(誤謬) 수정(修訂)이 된다 하여도 위지(謂之; 이른다)는 자전상(字典上) 협(頰)의 본의(本義)에는 영향이 미치지 않음.

○康誤處 2 ; [逸雅(改爲釋名)]頰夾也

●考證 ; 謹按語出釋名今將逸雅改爲釋名

◆整理 ; [逸雅(일아)는 釋名(석명)의] 착오.

◈訂正文 ; [釋名]頰夾也

▶ 【2318-2】 字解誤謬與否 ; [逸雅(改爲釋名)]頰夾也 [逸雅(改爲釋名)]

★이상과 같이 인용처(引用處)나 주소(註疏), 등(等)의 오류(誤謬)를 수정(修訂)을 한다 하여도 자전상(字典上)의 협(頰)의 본의(本義)에는 영향이 미치지 않음.

㊗頷(암)[唐韻]胡感切[集韻][韻會][正韻]戶感切𠀤音菡[說文]面黃也[屈原離騷]長顑頷亦何傷[註]顑頷不飽貌 又頤頷[逸雅]頷含也口含物之車也或曰頰車亦所以載物也[前漢班超傳]虎頭燕頷[莊子說劍篇]驪龍頷下又[揚子方言]頷頤頷也南楚謂之頷 又[正韻]五感切音顉低頭[左傳襄二十六

年]衞侯入逆于門者頷之而已[註]頷搖其頭 又[五音集韻]胡男切音含亦面黃也

【 오류정리 】

○康誤處 1；[逸雅(改爲釋名)]頷含也
●考證 ；謹按語出釋名今將逸雅改爲釋名
◆整理 ；[逸雅(일아)는 釋名(석명)의] 착오.
◆訂正文 ；[釋名]頷含也
▶【2319-1】字解誤謬與否 ；[逸雅(改爲釋名)]頷含也 [逸雅(改爲釋名)]
★이상과 같이 인용처(引用處)나 주소(註疏), 등(等)의 오류(誤謬)를 수정(修訂)을 한다 하여도 자전상(字典上)의 암(頷)의 본의(本義)에는 영향이 미치지 않음.

㉭頸(경)[唐韻]居郢切[集韻][韻會]經郢切[正韻]居影切夶音景[說文]頭莖也[釋名]頸徑也徑挺而長也[廣韻]頸在前項在後[禮玉藻]頭頸必中又凡物之領皆曰頸[禮玉藻]韠其頸五寸[註]頸中央也 又[史記天官書]七星頸爲負官主急事[正義]七星爲頸一名天都以明爲吉暗爲凶宋均云頸朱鳥頸也 又[周禮冬官考工記輈人]參分其兔圍去一以爲頸圍五分其頸圍去一以爲踵圍[註]頸前持衡者踵後承軫者也 又[廣韻]巨成切音經義同

【 오류정리 】

○康誤處 1；[史記天官書]七星頸爲負官(改員官)主急事
●考證 ；謹照原文負官改員官
◆整理 ；[史記天官書(사기천관서)]負官(부관)은 員官(원관)의 착오.
◆訂正文 ；[史記天官書]七星頸爲員官主急事
▶【2320-1】字解誤謬與否 ；[史記天官書]七星頸爲負官(改員官)主急事

[負官(改員官)]
★이상과 같이 오류(誤謬) 수정(修訂)이 된다 하여도 원관(員官; 소속원과 관리)은 자전상(字典上) 경(頸)의 본의(本義)에는 영향이 미치지 않음.

㉭頹(퇴)[唐韻]杜回切[集韻][韻會][正韻]徒回切夶音魋[玉篇]頹下又[六書故]首禿也 又[廣韻]暴風也通作穨[詩小雅]維風及頹[爾雅釋天]焚輪謂之穨[註]暴風從上下 又[爾雅釋訓]虺頹病也通作隤[詩周南]我馬虺隤[註]馬退不能升之病也[說文]作穨[集韻]作尵 又順也[禮檀弓]拜而後稽顙頹乎其順也[註]頹順也[疏]頹然不逆之意也 又墜也[禮檀弓]泰山其頹乎 又[廣雅]懷也[司馬相如長門賦]無面目之可顯兮遂頹思而就牀[註]言懷其思慮而就牀也 又水下流也[史記河渠書]水頹以絕商顏[註]下流曰頹商顏山名

【 오류정리 】

○康誤處 1；[詩周南]我馬虺隤[註(改爲釋文)]馬退不能升之病也
●考證 ；謹照原書註字改爲釋文
◆整理 ；[詩周南(시주남)] [註(주)는 釋文(석문)의] 착오.
◆訂正文 ；[詩周南]我馬虺隤[釋文]馬退不能升之病也
▶【2321-1】字解誤謬與否 ；[詩周南]我馬虺隤[註(改爲釋文)]馬退不能升之病也 [註(改爲釋文)]
★이상과 같이 인용처(引用處)나 주소(註疏), 등(等)의 오류(誤謬)를 수정(修訂)을 한다 하여도 자전상(字典上)의 퇴(頹)의 본의(本義)에는 영향이 미치지 않음.

○康誤處 2；[廣雅]懷(改爲壞字)也[司馬相如長門賦]無面目之可顯兮遂

頹思而就牀[註]言懷(改爲壞字)其思慮
而就牀也
●考證 ; 謹照原文兩懷字夶改爲壞字
◆整理 ; [廣雅(광아)]懷(회)는 壞字
(괴자)의 착오. [司馬相如長門賦(사마
상여장문부)] [註(주)] 懷(회)는 壞字
(괴자)의 착오.
◆訂正文 ; [廣雅]壞也[司馬相如長門
賦]無面目之可顯兮遂頹思而就牀[註]
言壞其思慮而就牀也
▶【2322-2】字解誤謬與否 ; [廣雅]
懷(改爲壞字)也[司馬相如長門賦]無面
目之可顯兮遂頹思而就牀[註]言懷(改
爲壞字)其思慮而就牀也　[懷(改爲壞
字)] [懷(改爲壞字)]
★이상과 같이 오류(誤謬) 수정(修訂)
이 되면 괴(壞; 무너지다) 자전상(字
典上) 퇴(頹)의 본의(本義)에 직접 영
향이 미치게 됨.

(康)頻(빈)[唐韻]符眞切[集韻][韻
會]毗賓切夶音嚬[玉篇]急也[廣雅]比
也[詩大雅]國步斯頻[傳]頻急也[箋]
頻猶比也國家之政行此禍害比比然　又
姓[風俗通]漢有酒泉太守頻暢　又[說
文]水厓[徐鉉曰]今俗別作水濱非是
[詩大雅]地之竭矣不云自頻[傳]頻厓也
[箋]頻當作濱　又與嚬同[易復卦]頻
復厲无咎[註]謂頻蹙之貌　又果名[前
漢司馬相如上林賦]仁頻并閭[註]仁頻
賓榔也頻或作賓

【 오류정리 】

○康誤處 1 ; [詩大雅]地(改池)之竭矣
不云自頻
●考證 ; 謹照原文地改池
◆整理 ; [詩大雅(시대아)]地(지)는
池(지)의 착오.
◆訂正文 ; [詩大雅]池之竭矣不云自
頻
▶【2323-1】字解誤謬與否 ; [詩大

雅]地(改池)之竭矣不云自頻　[地(改
池)]
★이상과 같이 오류(誤謬) 수정(修訂)
이 된다 하여도 지(池; 못. 해자(垓
子). 도랑. 수로) 자전상(字典上) 빈
(頻)의 본의(本義)에는 영향이 미치지
않음.

頁 部 八畫

(康)頲(정)[廣韻][集韻][韻會][正
韻]夶丁定切音訂[玉篇]題頲也通作定
[詩周南]麟之定[註]額也　又入聲[爾
雅釋言]頲題也[疏]皆謂額也[釋文]頲
了淒切　又[集韻]都挺切音鼎與頂同

【 오류정리 】

○康誤處 1 ; [詩周南]麟之定[註]額
也(改傳定題也)
●考證 ; 謹照原文註額也改傳定題也
◆整理 ; [詩周南(시주남)][註(주)]額
也(액야)는 傳定題也(전정제야)의 착
오.
◆訂正文 ; [詩周南]麟之定[傳]定題
也
▶【2324-1】字解誤謬與否 ; [詩周
南]麟之定[註]額也(改傳定題也)
[[註]額也(改傳定題也)]
★이상과 같이 주소(註疏)의 오류(誤
謬)를 수정(修訂)을 한다 하여도 자전
상(字典上)의 정(頲)의 본의(本義)에
는 영향이 미치지 않으며, 정제(定題;
화제를 결정함. 입제(立題) 단계(段
階) 입제(立題) 정제(定題) 재입제(再
立題)　[玉篇]題頲也通作定　[詩周南]
麟之定傳定題也　[爾雅釋言]頲題也註
題額也) 역시 본의(本義)에는 영향이
미치지 않음.

○康誤處 2 ; 又入聲[爾雅釋言]頲題
也[疏]皆謂額也[釋文]頲了淒切(改爲
[爾雅釋言]頲題也註題額也引[詩]麟之

定[釋文]頏丁佞反）

●考證 ；謹按玉篇廣韻集韻類篇頏字皆無入聲爾雅釋文了浚切乃丁佞反之誤今省去又入聲三字改爲[爾雅釋言]頏題也註題額也引[詩]麟之定[釋文]頏丁佞反

◆整理 ；又入聲[爾雅釋言]頏題也[疏]皆謂額也[釋文]頏了浚切은 [爾雅釋言]頏題也註題額也引[詩]麟之定[釋文]頏丁佞反의 착오.

◆訂正文 ；[爾雅釋言]頏題也註題額也引[詩]麟之定[釋文]頏丁佞反

▶【2325-2】字解誤謬與否 ；又入聲[爾雅釋言]頏題也[疏]皆謂額也[釋文]頏了浚切(改爲[爾雅釋言]頏題也註題額也引[詩]麟之定[釋文]頏丁佞反) [[爾雅釋言]頏題也[疏]皆謂額也[釋文]頏了浚切(改爲[爾雅釋言]頏題也註題額也引[詩]麟之定[釋文]頏丁佞反)]

★이상과 같이 오류(誤謬) 수정(修訂)이 되면 ○제액(題額; 편액(扁額)에 글을 쓰다. 글을 쓴 편액. ○인지정(麟之定; 기린의 이마. [詩經國風]麟之趾振振公子于嗟麟兮麟之定振振公姓于嗟麟兮麟之角 振振公族于嗟麟兮麟之趾) ○정정(頏丁; 장년의 정수리. [詩周南]麟之定傳定題也 [爾雅釋言]頏題也[註]題額也引[詩]麟之定[釋文]頏丁佞反) ○녕반(佞反; 재지있게 뒤집다. [玉篇]題頏也通作定[詩周南]麟之定傳定題也[爾雅釋言]頏題也[郭璞註]題額也引[詩]麟之定[釋文]頏丁佞反)인데 자전상(字典上) 정(頏)의 본의(本義)에 직접 영향이 미치게 됨.

康頜(간)[唐韻]苦閑切[集韻][韻會][正韻]丘閑切达音慳[說文]頭鬢少髮也 又[集韻]長脛貌[周禮冬官考工記梓人]數目頜脰[註]頜長脰貌 又[玉篇]居研切[集韻]經天切达音肩又

[集韻]輕煙切音牽又[五音集韻]戶弗切晶上聲義达同

【 오류정리 】
○康誤處 1 ；[五音集韻]戶弗切晶上聲(改去聲)
●考證 ；謹照原文上聲改去聲
◆整理 ；[五音集韻(오음집운)] 上聲(상성)은 去聲(거성)의 착오.
◆訂正文 ；[五音集韻戶弗切晶去聲
▶【2326-1】字解誤謬與否 ；[五音集韻]戶弗切晶上聲(改去聲) [上聲(改去聲)]
★이상과 같이 음(音)의 오류(誤謬)를 수정(修訂)을 한다 하여도 자전상(字典上)의 간(頜)의 본의(本義)에는 영향이 미치지 않음.

康頜(금)[唐韻][集韻][韻會]达五感切音撼[說文]低頭也引[左傳襄十二年]衞侯入迎于門者頜之而已[註]頜搖其頭也亦作頜 又[廣韻]欽錦切[集韻]丘甚切达音坅同頜 又[廣韻]去金切[集韻][韻會]祛音切[正韻]驅音切达音欽[廣韻]曲頤之貌[前漢揚雄傳]頜頤折頞

【 오류정리 】
○康誤處 1 ；[左傳襄十二年]衞侯入迎于門者頜之而已[註]頜搖其頭也亦作頜(改爲引左傳襄二十六年迎於門頜之而已今本作頜杜註頜搖其頭也)
●考證 ；謹按事在襄公二十六年今照說文原文改爲引左傳襄二十六年迎於門頜之而已今本作頜杜註頜搖其頭也
◆整理 ；[左傳襄十二年]衞侯入迎于門者頜之而已[註]頜搖其頭也亦作頜은 [左傳襄二十六年]迎於門頜之而已今本作頜杜註頜搖其頭也의 착오.
◆訂正文 ；[左傳襄二十六年]迎於門頜之而已今本作頜杜註頜搖其頭也

▶【2327-1】字解誤謬與否 ; [左傳襄十二年]衞侯入迎于門者鎮之而已[註]鎮搖其頭也亦作顉(改爲引左傳襄二十六年迎於門鎮之而已今本作顉杜註顉搖其頭也)

★이상과 같이 인용처(引用處)나 주소(註疏)와 더불어 ○년(年; 해. 나이. 매년의) ○금본작암(今本作顉; 오늘날에는 암(顉)을 본자(本字)로 쓴다) ○암요(顉搖; 그 머리) [左傳襄二十六年]迎於門鎮之而已今本作顉[杜註]顉搖其頭也 등(等)의 오류(誤謬)를 수정(修訂)을 한다 하여도 자전상(字典上)의 금(鎮)의 본의(本義)에는 영향이 미치지 않음.

頁部 九畫

康題(제)[廣韻]杜溪切[集韻[韻會]田黎切夶音嗁[說文]額也[小爾雅]頭也[禮王制]南方曰蠻雕題交阯[爾雅釋言]顉題也[註]題額也[史記越世家]雕題[註]謂刻其頟湟以丹靑也　又[廣韻]書題[博雅]書稱題題諦也審諦其名號也[正字通]註疏有孟子題辭所以題號孟子之書　又[韻會]椽頭玉飾曰琁題玉題亦名璧璫　又題目也[杜甫詩]天老看題目　又品題也[李白上韓荆州書]一經品題便作佳士　又國名[南史裴子野傳]有白題及滑骨入貢　又縣名[前漢功臣表]題侯張富昌　又[釋名]平題鏑也　又[廣韻]獨計切音第視也[詩小雅]題彼脊令[傳]題視也[孔子丘陵歌]題彼泰山

【 오류정리 】

○康誤處 1 ; [史記越世家]雕題[註]謂刻其頟湟(改涅)以丹靑也

●考證 ; 謹照原文湟改涅

◆整理 ; [史記越世家(사기월세가)][註(주)] 湟(황)은 涅(열)의 착오.

◆訂正文 ; [史記越世家]雕題[註]謂刻其頟涅以丹靑也

▶【2328-1】字解誤謬與否 ; [史記越世家]雕題[註]謂刻其頟湟(改涅)以丹靑也　[湟(改涅)]

★이상과 같이 오류(誤謬) 수정(修訂)이 되면 알열(頟涅; 단청(丹靑) [史記越世家]雕題[註]謂刻其頟涅以丹靑也)인데 자전상(字典上) 제(題)의 본의(本義)에는 영향이 미치지 않음.

○康誤處 2 ; [釋名(改爲博雅)]平題鏑也

●考證 ; 謹按語出博雅今將釋名改爲博雅

◆整理 ; [釋名(석명)은 博雅(박아)의] 착오.

◆訂正文 ; [博雅]平題鏑也

▶【2329-2】字解誤謬與否 ; [釋名(改爲博雅)]平題鏑也　[釋名(改爲博雅)]

★이상과 같이 인용처(引用處)나 주소(註疏), 등(等)의 오류(誤謬)를 수정(修訂)을 한다 하여도 자전상(字典上)의 제(題)의 본의(本義)에는 영향이 미치지 않음.

康顓(전)[唐韻]職緣切[集韻]朱湍切[正韻]朱緣切夶音專[說文]頭顓顓謹貌　又[韻會]顓蒙也　又古帝號[玉篇]昌意生高陽是爲帝顓頊顓者專也頊者正也言能專正天之道也　又顓頊星名詳頊字註　又顓臾國名　又姓[神仙傳]太玄女顓頊和又顓孫複姓　又與專通獨也[史記陳涉世家]客愚無知顓妄言輕威[前漢高后紀]上將軍祿相國產顓兵秉政[班固典引]豈其爲身而有顓辭　又與團通[前漢賈捐之傳]顓顓獨居一海之中[註]顓與專同專專猶區區也一曰圜貌

【 오류정리 】

○康誤處 1 ; 又與團通(改又圜貌也)

●考證 ; 謹按玉篇廣韻韻會顠字均無團音亦不言與團通今据下所引漢書註改又圜貌也

◆整理 ; 又與團通(우여단통)은 又圜貌也(우원모야)의 착오.

◆訂正文 ; 又圜貌也

▶【2330-1】字解誤謬與否 ; 又與團通(改又圜貌也)

★이상과 같이 오류(誤謬) 수정(修訂)이 되면 원모(圜貌; 둥근 모양)라 자전상(字典上) 전(顠)의 본의(本義)에 적극 영향이 미치게 됨.

頁部 十畫

㞢願(원)[唐韻]魚怨切[集韻][韻會]虞怨切𠀤音愿[說文]大頭也 又[爾雅釋詁]思也[疏]欲思也[廣雅]欲也[書大禹謨]敬修其可願 又[正韻]顠望也[禮少儀]不願于大家[疏]謂見彼富大不可願效之也 又羨慕也[禮祭儀]國人稱願肰曰幸哉有子如此所謂孝也已 又每也[詩邶風]願言思子中心養養[傳]願每也[疏]每有所言思此二子中心養養然不知所定 又[集韻]五遠切音阮面短貌 又叶上聲[詩鄭風]有美一人淸揚婉兮邂逅相遇適我願兮 又[劉向九歎]河水淫淫情所願兮顧瞻郪路終不返矣○按願字去聲亦叶上聲至訓面短則止有阮字一音

【 오류정리 】

○康誤處 1 ; [禮祭儀(改祭義)]國人稱願肰曰

●考證 ; 謹照原文祭儀改祭義

◆整理 ; [禮(예) 祭儀(제의)는 祭義(제의)의] 착오.

◆訂正文 ; [禮祭義]國人稱願肰曰

▶【2331-1】字解誤謬與否 ; [禮祭儀(改祭義)]國人稱願肰曰 [祭儀(改祭義)]

★이상과 같이 인용처(引用處)나 주

소(註疏), 등(等)의 오류(誤謬)를 수정(修訂)을 한다 하여도 자전상(字典上)의 원(願)의 본의(本義)에는 영향이 미치지 않음.

㞢顙(상)[唐韻]蘇朗切桑上聲[玉篇]額也[易說卦]震其於馬也爲的顙[又]巽其於人也爲廣顙[儀禮士喪禮]主人哭拜稽顙[註]頭觸地無容[揚子方言]䫡額顲顙也 又[集韻][韻會]汰蘇郎切音桑義同[易林]玄鬣黑顙東歸高鄉[魏文帝東巡觀兵詩]古公宅岐邑實始翦股商孟獻營虎牢鄭人懼稽顙

【 오류정리 】

○康誤處 1 ; [揚子方言]䫡額顲(改顔)顙也

●考證 ; 謹照原文顲改顔

◆整理 ; [揚子方言(양자방언)]顲(위)는 顔(안)의 착오.

◆訂正文 ; [揚子方言]䫡額顔顙也

▶【2332-1】字解誤謬與否 ; [揚子方言]䫡額顲(改顔)顙也 [顲(改顔)]

★이상과 같이 오류(誤謬) 수정(修訂)이 된다 하여도 안(顔; 얼굴)은 자전상(字典上) 상(顙)의 본의(本義)에는 영향이 미치지 않음.

㞢顚(전)[唐韻]都年切[集韻][韻會][正韻]多年切𠀤音顛[說文]頂也[爾雅釋言]顚頂也[疏]謂頭上也[詩秦風]有馬白顚[傳]白顚的顙也[疏]額有白毛今之戴星馬也 又[玉篇]山頂曰顚[蘇軾琴操]山有時而童顚 又本末曰顚末[陸機文賦]如失機而後會恆操末以續顚[註]言先後失序也 又[小爾雅]殞也[釋名]倒也[書微子]告予顚隮[疏]謂從上而隕[莊子人閒世]形就而入且爲顚爲滅[郭註]若遂與同則是顚危而不扶持[正字通]別作傎 又與癲同狂也[唐書張旭傳]旭大醉呼叫狂走

以頭濡墨而書世號張顛　又地名[左傳僖二年]冀爲不道入自顛輪[註]虞地[後漢郡國志]河東郡大陽有顛輪阪　又縣名與滇同[司馬相如子虛賦]文成顛歌註女穎曰文成遼西縣名顛益州顛縣其人能作西南夷歌顛卽滇字　又專一也[莊子馬蹄篇]至德之世其行塡塡其視顛顛[陸德明音義]顛顛丁田反崔云專一也　又姓晉有顛頡見[左傳　又人名[書君奭有若泰顛　又[集韻]亭年切音田顛顛憂思貌[禮玉藻]喪容纍纍色容顛顛[註]憂思貌也[釋文]顛字又作傎音田又丁年反　又與闐通[禮玉藻]盛氣顛實揚休[註]顛讀爲闐[疏]顛塞也[釋文]闐音田　又[集韻]典因切亦頂也[司馬相如上林賦]長嘯哀鳴翩幡互經夭嬌枝格偃蹇杪顛　又[廣韻]他甸切瑱去聲與瑱同　[集韻]亦作䩄

【 오류정리 】

○康誤處 1；[左傳僖二年]冀爲不道入自顛輪(增伐鄋三門)[註]虞地[後漢郡國志]河東郡大陽有顛輪阪(改杜註河東大陽縣東北有顛輪阪)

●考證；謹按杜註無虞地二字今据左傳原文於入自顛輪下增伐鄋三門下照杜註原文改杜註河東大陽縣東北有顛輪阪

◆整理；[左傳僖二年] 顛輪(전령)에 이어 伐鄋三門(벌명삼문)을 덧붙고 [註]虞地[後漢郡國志]河東郡大陽有顛輪阪은 [杜註]河東大陽縣東北有顛輪阪의 착오.

◆訂正文；[左傳僖二年]冀爲不道入自顛輪伐鄋三門[杜註]河東大陽縣東北有顛輪阪

▶【2333-1】字解誤謬與否；[左傳僖二年]冀爲不道入自顛輪(增伐鄋三門)[註]虞地[後漢郡國志]河東郡大陽有顛輪阪(改杜註河東大陽縣東北有顛輪阪)　[顛輪(增伐鄋三門)]　[[註]虞地[後漢郡國志]河東郡大陽有顛輪阪(改

杜註河東大陽縣東北有顛輪阪)]
★이상과 같이 인용처(引用處)나 주소(註疏), 및 우지(虞地)가 삭제(削除)와 동북(東北) 증자(增字)가 되었다 하여도 자전상(字典上)의 전(顛)의 본의(本義)에는 영향이 미치지 않음.

○康誤處 2；又縣名與滇同[司馬相如子虛賦(改上林賦)]文成顛歌[註]女穎(改文穎)曰文成遼西縣名
●考證；謹照原文子虛賦改上林賦女穎改文穎
◆整理；[司馬相如(사마상여) 子虛賦(자허부)는 上林賦(상림부)의] 착오. [註(주)]女穎(여영)은 文穎(문영)의 착오.
◆訂正文；又縣名與滇同[司馬相如上林賦]文成顛歌[註]文穎曰文成遼西縣名

▶【2334-2】字解誤謬與否；又縣名與滇同[司馬相如子虛賦(改上林賦)]文成顛歌[註]女穎(改文穎)曰文成遼西縣名　[子虛賦(改上林賦)]　[女穎(改文穎)]
★이상과 같이 인용처(引用處)나 문영(文穎; 자(字) 숙장(叔長) 한(漢)나라 남양인) 등(等)의 오류(誤謬)를 수정(修訂)을 한다 하여도 자전상(字典上)의 전(顛)의 본의(本義)에는 영향이 미치지 않음.

○康誤處 3；[莊子]其字(改其視)顛顛
●考證；謹照原文其字改其視
◆整理；[莊子(장자)]其字(기자)는 其視(기시)의 착오.
◆訂正文；[莊子]其視顛顛
※筆者謹按字典原本；[莊子馬蹄篇]至德之世其行塡塡其視顛顛

▶【2335-3】字解誤謬與否；[莊子]其字(改其視)顛顛　[其字(改其視)]
★이상과 같이 오류(誤謬) 수정(修訂)

이 된다 하여도 기시(其視; 그는 보았다)는 자전상(字典上) 전(顚)의 본의(本義)에는 영향이 미치지 않음.

○康誤處 4; [上林賦]夭嬌(改夭蟜)枝格偃蹇杪顚
●考證 ; 謹照原文夭嬌改夭蟜
◆整理 ; [上林賦(상림부)]夭嬌(요교)는 夭蟜(요교)의 착오.
◆訂正文 ; 夭蟜枝格偃蹇杪顚
▶【2336-4】字解誤謬與否 ; [上林賦]夭嬌(改夭蟜)枝格偃蹇杪顚 [夭嬌(改夭蟜)]

★이상과 같이 오류(誤謬) 수정(修訂)이 된다 하여도 요교(夭蟜; 용이 뛰어 오르는 모양. 끊임없이 뻗어나가는 모양. 굽혔다 폈다 마음대로 하는 모양. [史記司馬相如列傳]於是玄猿素雌蜼玃飛鸓蛭蜩蠗蝚蜥胡毂蜼棲息乎其間長嘯哀鳴翩幡互經夭蟜枝格偃蹇杪顚)는 자전상(字典上) 전(顚)의 본의(本義)에는 영향이 미치지 않음.

(康)類(류)[唐韻][集韻][韻會][正韻]力遂切音戾[爾雅釋詁]善也[詩大雅]克明克類[箋]類善也勤施無私曰類[又]孝子不匱永錫爾類[傳]類善也又[玉篇]種類也[易乾卦]則各從其類也 又[繫辭]方以類聚 又比也[禮學記]知類通達[註]知事義之比也又[緇衣]子曰下之事上也身不正言不信則義不壹行無類也[註]類謂比式[疏]言行之無恆不可比類也又[左傳襄九年]晉君類能而使之[註]隨所能 又肖似也[禮曲禮]諸侯旣塟見天子曰類見[註]代父受國類猶象也執皮帛象諸侯之禮見也 又祭名[書舜典]肆類于上帝[詩大雅]是類是禡[周禮春官肆師]類造上帝[註]類其禮依郊祀而爲之者 又[爾雅釋魚]龜左倪不類[疏]倪庳也不發聲也謂行時頭左也庫下者名類 又[山

海經]宣爰之山有獸焉其狀如貍而有髦其名曰類自爲牝牡食者不妒 又[爾雅翼]載兩類曰鸒類奇類卽兩體自爲牝牡者鸒與膟同 又國名[後漢西域傳]有蒲類國 又姓[史記梁孝王世]類犴反[正字通]宋類演福州寧德尉 又[集韻]盧對切音壘偏也[左傳昭十六年]刑之頗類 又[集韻]劣戍切音律似也[曹植七啓]麗草交植殊品詭類綠葉朱榮煕天曜日 [說文]種類相似唯犬爲甚从犬頪聲

【 오류정리 】

○康誤處 1; [周禮春官肆師]類造上帝(增鄭字)[註]類其(省其字)禮依郊祀而爲之者
●考證 ; 謹照原文註字上增鄭字類字下省其字
◆整理 ; [周禮春官肆師(주례춘관사사)] 上帝(상제)에 이어 鄭字(정자)를 덧붙이고 [註(주)] 其(기) 其字(기자)는 삭제.
◆訂正文 ; [周禮春官肆師]類造上帝[鄭註]類禮依郊祀而爲之者
▶【2337-1】字解誤謬與否 ; [周禮春官肆師]類造上帝[(增鄭字)註]類其(省其字)禮依郊祀而爲之者 [(增鄭字)[註] [類其(省其字)]

★이상과 같이 주소(註疏)의 오류(誤謬)를 수정(修訂)하고, 기자(其字)를 삭제(削除)한다 하여도 자전상(字典上)의 류(類)의 본의(本義)에는 영향이 미치지 않음.

○康誤處 2; [爾雅釋魚]龜左倪不類[疏]謂行時頭左也(改左邊)庫下者名類
●考證 ; 謹照原文左也改左邊
◆整理 ; [爾雅(이아)] [疏(소)] 左也(좌야)는 左邊(좌변)의 착오.
◆訂正文 ; [爾雅]龜左倪不類[疏]謂行時頭左邊庫下者名類

▶【2338-2】字解誤謬與否 ; [爾雅釋魚]龜左倪不類[疏]謂行時頭左也(改左邊)庳下者名類 [左也(改左邊)庳下者名類]

★이상과 같이 오류(誤謬) 수정(修訂)이 된다 하여도 좌변(左邊; 외편짝. 왼편 가장자이. 좌포도청(左捕盜廳). 등식에서 등호의 왼쪽에 적은 수. 또는 식. 부등식에서 부등호의 왼쪽에 적은 수. 또는 식)은 자전상(字典上) 류(類)의 본의(本義)에는 영향이 미치지 않음.

頁部 十一畫

㊊顡(의)[廣韻][集韻]𠀤魚既切音毅[玉篇]痴顡不聽明也 又[廣韻][集韻]𠀤五怪切音聵義同 又[五音集韻]他怪切顡惡也 又[集韻]丗怪切音膪擊頭聲一曰聉顡無志 又[廣韻]五罪切[集韻]五賄切𠀤音頠義同

【 오류정리 】

○康誤處 1 ; [玉篇]痴顡(改癡顡)不聽明也

●考證 ; 謹照原文痴顡改癡顡

◆整理 ; [玉篇(옥편)]痴顡(치의)는 癡顡(치의)의 착오.

◈訂正文 ; [玉篇]癡顡不聽明也

▶【2339-1】字解誤謬與否 ; [玉篇]痴顡(改癡顡)不聽明也 [痴顡(改癡顡)]

★이상과 같이 오류(誤謬) 수정(修訂)이 되면 치의(癡顡; 총명하지 못함. [玉篇]癡顡不聽明也)인데 자전상(字典上) 의(顡)의 본의(本義)에 적극 영향이 미치게 됨.

頁部 十二畫

㊊䪜(외)[集韻]五怪切音聵人名漢有北平康侯蒯

【 오류정리 】

○康誤處 1 ; 人名漢有北平康侯蒯(改䪜)

●考證 ; 謹照集韻原文蒯改䪜

◆整理 ; [集韻(집운)] 蒯(괴)는 䪜(외)의 착오.

◈訂正文 ; 人名漢有北平康侯䪜

▶【2340-1】字解誤謬與否 ; 人名漢有北平康侯蒯(改䪜) [蒯(改䪜)]

★이상과 같이 오류(誤謬) 수정(修訂)이 되면 평강후(平康侯) 외(䪜; 인명 [集韻]音聵人名漢有北平康侯䪜)이니 자전상(字典上) 외(䪜)의 본의(本義)에 직접 영향이 미치게 됨.

㊊顧(고)[唐韻][廣韻][集韻][類篇][韻會][正韻]𠀤古慕切音故[玉篇]瞻也迴首曰顧[詩小雅]顧我復我[箋]顧旋視也[書太甲]顧諟天之明命[傳]謂常目在之 又眷也[詩大雅]乃眷西顧 又[書康誥]顧乃德[傳]謂顧省汝德又[詩小雅]不顧其後[箋]不自顧念 又但也[禮祭統]上有大澤則惠必及下顧上先下後耳[疏]言上有大澤則惠必及但尊上者先뽀下者處後耳一曰顧故也謂君上先餕臣下後餕示恩則從上起也 又發語辭[史記刺客傳]顧不易耶[註]反顧也[前漢賈誼傳]首顧居下[註]顧亦反也言如人反顧然 又與雇同[前漢鼂錯傳]斂民財以顧其功[註]顧讎也若今言雇賃也 又引也[後漢黨錮傳]郭林宗范滂等爲八顧言能以德行引人者也 又國名亦姓[詩商頌]韋顧旣伐昆吾夏桀[傳]有韋國者有顧國者[箋]顧昆吾皆己姓 又地名[左傳哀二十一年]公及齊侯邾子盟于顧[註]顧齊地 又山名[方輿勝覽]鎭江北固山梁武改曰北顧 又[五音集韻]公戶切音古義同[書微子]我不顧行遯徐邈讀俗作頋

【 오류정리 】

○康誤處 1 ; [禮祭統]顧上先下後耳

[疏]但尊上者則先(改在先)卑下者處後耳

●考證 ；謹照原文則先改在先

◆整理 ；[禮祭統(예제통)] [疏(소)]則先(칙선)은 在先(재선)의 착오.

◆訂正文 ；[禮祭統]顧上先下後耳[疏]但尊上者在先卑下者處後耳

▶【2341-1】字解誤謬與否 ；[禮祭統]顧上先下後耳[疏]但尊上者則先(改在先)卑下者處後耳 [則先(改在先)]

★이상과 같이 오류(誤謬) 수정(修訂)이 된다 하여도 존상자재선(尊上者在先; 상전이 앞에 있고)은 자전상(字典上) 고(顧)의 본의(本義)에는 영향이 미치지 않음.

○康誤處 2 ；[史記刺客傳]顧不易耶[註]反顧也(改顧反也)

●考證 ；謹照索隱原文反顧也改顧反也

◆整理 ；[史記刺客傳(사기자객전)] [註(주)]反顧也(반고야)는 顧反也(고반야)의 착오.

◆訂正文 ；[史記刺客傳]顧不易耶[註]顧反也

▶【2342-1】字解誤謬與否 ；[史記刺客傳]顧不易耶[註]反顧也(改顧反也) [反顧也(改顧反也)]

★이상과 같이 오류(誤謬) 수정(修訂)이 되면 고반(顧反; 돌아오다. [韓非子內儲說上]商太宰使少庶子之市顧反而問之曰何見於市陳奇獻集釋引顧廣圻曰商宋也 [史記刺客傳]顧不易耶顧反也 [前漢賈誼傳]首顧居下顧亦反也言如人反顧然)이 되니 자전상(字典上) 고(顧)의 본의(本義)에 영향이 미치게 됨.

㊢纇(금)[廣韻[集韻]𢀩渠飮切音噤

[廣雅]顤纇懦劣 又[玉篇]怒也 又[廣韻][集韻]𢀩渠領切音痙義同 又[廣韻]于禁切音欸纇顇切齒怒貌

【 오류정리 】

○康誤處 1 ；[廣雅(改爲集韻)]顤纇懦劣

●考證 ；謹 按語出集韻不出廣雅今將廣雅改爲集韻

◆整理 ；[廣雅(광아)는 集韻(집운)의] 착오.

◆訂正文 ；[集韻]顤纇懦劣

▶【2343-1】字解誤謬與否 ；[廣雅(改爲集韻)]顤纇懦劣 [廣雅(改爲集韻)]

★이상과 같이 인용처(引用處)나 주소(註疏), 등(等)의 오류(誤謬)를 수정(修訂)을 한다 하여도 자전상(字典上)의 금(纇)의 본의(本義)에는 영향이 미치지 않음.

㊢顬(면)[廣韻]武延切[集韻]民堅切𢀩音綿[揚子方言]雙也南楚江淮之閒曰顬 又[玉篇]雙生也[集韻][博雅]健顬孿也 一曰美也 又顬

【 오류정리 】

○康誤處 1 ；[集韻][博雅]健(改健)顬孿也

●考證 ；謹照博雅原文健改健

◆整理 ；[集韻(집운)][博雅(박아)]健(건)은 健(련)의 착오.

◆訂正文 ；[集韻][博雅]健顬孿也

▶【2344-1】字解誤謬與否 ；[集韻][博雅]健(改健)顬孿也 [健(改健)]

★이상과 같이 오류(誤謬) 수정(修訂)이 되면 련(健; 쌍둥이. [揚子方言]雙也南楚江淮之閒曰顬又雙生也)인데 자전상(字典上) 면(顬)의 본의(本義)에 적극 영향이 미치게 됨.

頁部 十五畫

康**顤**(원)[唐韻]魚怨切[集韻]虞怨切**夶**音願[說文]顤頂也[釋名]欲也 又[字彙]顤古願字註詳十畫○按[說文]願訓大頭从頁原聲顤訓顤頂从頁堯聲諸韻書二字俱分[字彙]以爲古願字未知何據

【 오류정리 】

○康誤處 1；[釋名(改爲博雅)]欲也
●考證 ；謹按語出博雅今將釋名改爲博雅
◆整理 ；[釋名(석명)은 博雅(박아)의] 착오.
◆訂正文 ；[博雅]欲也
▶【2345-1】字解誤謬與否 ；[釋名(改爲博雅)]欲也 [釋名(改爲博雅)]
★이상과 같이 인용처(引用處)의 오류(誤謬)를 수정(修訂)을 한다 하여도 자전상(字典上)의 원(顤)의 본의(本義)에는 영향이 미치지 않음.

康**顟**(빈)[玉篇][正韻]**夶**毗賓切音貧[玉篇]顟蹙憂愁不樂之狀也[易復卦]作頻復[註]謂頻蹙之貌 又通作矉[莊子天運篇]西施病心而矉其里其里之醜人見而美之歸亦捧心而矉其里[李白詩]蛾眉不可學況乃效其矉 亦作嚬

【 오류정리 】

○康誤處 1；[玉篇]顟蹙憂愁不樂之狀也[易復卦]作頻復(頻省下復字)[註]謂頻蹙之貌
●考證 ；謹按此謂顟字易作頻非謂顟字易作復也今改易復卦作頻省下復字
◆整理 ；[易復卦(역복괘)]復(복) 復字(복자) 삭제.
◆訂正文 ；[玉篇]顟蹙憂愁不樂之狀也[易復卦]作頻[註]謂頻蹙之貌
▶【2346-1】字解誤謬與否 ；[玉篇]顟蹙憂愁不樂之狀也[易復卦]作頻復

(頻省下復字)[註]謂頻蹙之貌 [復(頻省下復字)]
★이상과 같이 복자(復字)를 삭제(削除) 한다 하여도 자전상(字典上) 빈(顟)의 본의(本義)에 영향을 끼치지 않음.

頁部 十六畫

康**顱**(로)[廣韻]落胡切[集韻][正韻]龍都切[韻會]籠都切**夶**音盧[玉篇][博雅]曰頭顱謂之髑髏 又通作盧[前漢武五子贊]頭盧相屬于道 [集韻]或作髗[六書故]作顬

【 오류정리 】

○康誤處 1；[博雅]曰頭顱(改頣顱)謂之髑髏
●考證 ；謹照原文頭顱改頣顱
◆整理 ；[博雅(박아)]頭顱(두로)는 頣顱(독로)의 착오.
◆訂正文 ；[博雅]曰頣顱謂之髑髏
▶【2347-1】字解誤謬與否 ；[博雅]曰頭顱(改頣顱)謂之髑髏 [頭顱(改頣顱)]
★이상과 같이 오류(誤謬) 수정(修訂)이 되면 독로(頣顱；두개골. 머리뼈. [說文解字第九篇上][頁部] 顱頣顱首骨也)가 되는데 자전상(字典上) 로(顱)의 본의(本義)에 영향이 미치게 됨.

風部

康**風**(풍)[唐韻]方戎切[集韻]方馮切[正韻]方中切**夶**音楓風以動萬物也[莊子齊物論]大塊噫氣其名爲風[河圖]風者天地之使[元命包]陰陽怒而爲風[爾雅釋天]南風謂之凱風東風謂之谷風北風謂之涼風西風謂之泰風[禮樂記]八風從律而不姦[疏]八方之風也[史記律書]東北方條風立春至東方明庶風春分至東南方清明風立夏至南方景風夏至至西南方涼風立秋至西方閶

閶風秋分至西北方不周風立冬至北方
廣莫風冬至至[周禮春官保章氏]以十
有二風察天地之和命乖別之妖祥[註]
十有二辰皆有風吹其律以知和不　又
[玉篇]散也[易繫辭]風以散之　又趨
風疾如風也[左傳成十六年]郤至三遇
楚子之卒見楚子必下免冑而趨風　又
[玉篇]教也[書畢命]彰善癉惡樹之風
聲又[說命]四海之內咸仰朕德時乃風
[註]言天下仰我德是汝之教也[詩關雎
序]風之始也[箋]風是諸侯政教也　又
風俗[禮樂記]移風易俗天下皆寧　又
疾名[左傳昭元年]風淫末疾[註]末四
肢也風爲緩急　又[廣韻]佚也[書費
誓]馬牛其風[傳]馬牛風佚[疏]僖四年
[左傳]云惟是風馬牛不相及也賈逵云風
放也牝牡相誘謂之風然則馬牛風佚因牝
牡相逐而逸至放佚遠去也　又防風國名
今湖州武康縣　又地名寧風齊地見[左
傳]右扶風見[漢書]　又官名[前漢地
理志]武帝太初元年更名主爵都尉爲右
扶風　又鳥名[詩秦風]鴥彼晨風[爾
雅釋鳥]晨風鸇[疏]晨風一名鸇摯鳥也
郭云鷂屬　又[晉書輿服志]相風中道
[正字通]晉制車駕出相風居前刻鳥於
竿上名相風又[述征記]長安南有臺高
十仞立相風銅烏遇風輒動　又草名[西
京雜記]懷風苜蓿別名一名光風　又姓
黃帝臣風后　又風胡見[越絕書]又[神
異經]西方有披髮東走一名狂一名顚一
名狷一名風　又[廣韻]方鳳切音諷[詩
關雎序]詩有六義焉一曰風上以風化下
下以風刺上主文而譎諫言之者無罪聞
之者足戒故曰風[箋]風化風刺皆謂譬
諭不直言也[釋文]下以風之風福鳳反
[註]風刺同　又叶分房切音方[楚辭惜
誓]涉丹水而馳騁兮右大夏之遺風黃鵠
之一舉兮知山川之紆曲再舉兮睹天地
之圜方　又叶甫煩切音蕃[王粲詩]烈
烈冬日肅肅淒風潛鱗在淵，歸鴈載軒

又叶閭承切[後漢馮衍顯志賦]摛道
德之光輝兮匡衰世之渺風褒宋襄于泓
谷兮表季札于延陵　又叶孚金切音分
[詩邶風]絺兮綌兮淒其以風我思古人
實獲我心又[大雅]吉甫作頌穆如淸風
仲山甫永懷以慰其心[楚辭九章]乘鄂
渚而反顧兮欸秋冬之緒風步余馬兮山
皋邸余車兮方林[釋名]兗豫幷冀橫口
含脣言之讀若分靑徐蹴口開脣推氣言
之讀若方風放也氣放散也[陳第毛詩古
音考]風古與心林音淫爲韻孚金切或曰
今太行之西汾晉之閒讀風如分猶存古音
[正韻]一東收風二十侵闕蓋未詳風古有
分音也[說文]風動蟲生故蟲八日而化
从虫凡聲[趙古則曰]凡物露風則生蟲
故風从虫凡諧聲

【 오류정리 】

○康誤處 1 ; [爾雅]西風謂之秦風
(改泰風)
●考證 ; 謹照原文秦風改泰風
◆整理 ; [爾雅(이아)] 秦風(진풍)은
泰風(태풍)의 착오.
◆訂正文 ; [爾雅]西風謂之泰風
▶ 【2348-1】 字解誤謬與否 ; [爾雅]
西風謂之秦風(改泰風)　 [秦風(改泰
風)]
★이상과 같이 오류(誤謬) 수정(修訂)
이 되면 태풍(泰風; 서풍(西風). [爾
雅釋天]南風謂之凱風東風謂之穀風北
風謂之涼風西風謂之泰風焚輪謂之頹回
風爲飄日出而風爲暴風而雨土爲霾陰而
風爲曀天氣下地不應曰雺地氣發天不應
曰霧)이 되는데 자전상(字典上) 풍
(風)의 본의(本義)에 직접 영향이 미
치게 됨.

○康誤處 2 ; [書費誓]馬牛其風[疏]
賈逵云風放也牝牡相誘謂之風然則馬
牛放佚(改馬牛風佚)因牝牡相逐而逸
至放佚遠去也

●考證 ; 謹照原文馬牛放佚改馬牛風佚

◆整理 ; [書費誓(서비서)] [疏(소)] 馬牛放佚(마우방일)은 馬牛風佚(마우풍일)의 착오.

◆訂正文 ; [書費誓]馬牛其風[疏]賈達云風放也牝牡相誘謂之風然則馬牛風佚因牝牡相逐而遂至放佚遠去也

▶ 【2349-2】 字解誤謬與否 ; [書費誓]馬牛其風[疏]賈達云風放也牝牡相誘謂之風然則馬牛放佚(改馬牛風佚)因牝牡相逐而遂至放佚遠去也 [馬牛放佚(改馬牛風佚)]

★이상과 같이 오류(誤謬) 수정(修訂)이 되면 마우풍일(馬牛風佚; 풍일(風逸) 제멋대로 달아나다. [左傳昭元年]風淫末疾末四肢也風爲緩急又佚也[書費誓]馬牛其風[傳]馬牛風佚[疏]僖四年[左傳]云惟是風馬牛不相及也[賈達]云風放也牝牡相誘謂之風然則馬牛風佚因牝牡相逐而遂至放佚遠去也)인데 자전상(字典上) 풍(風)의 본의(本義)에 직접 영향이 미치게 됨.

○康誤處 3 ; [陳第毛詩古音考]風古與心林音淫爲韻孚金切[正韻]一東收風二十侵(改爲十二侵)闕蓋未詳風古有分音也

●考證 ; 謹照原文二十侵改爲十二侵

◆整理 ; [正韻(정운)] 二十侵(이십침)은 十二侵(십이침)의 착오.

◆訂正文 ;; [陳第毛詩古音考]風古與心林音淫爲韻孚金切[正韻]一東收風十二侵闕蓋未詳風古有分音也

▶ 【2350-3】 字解誤謬與否 ; [陳第毛詩古音考]風古與心林音淫爲韻孚金切[正韻]一東收風二十侵(改爲十二侵)闕蓋未詳風古有分音也 [二十侵(改爲十二侵)]

★이상과 같이 오류(誤謬) 수정(修訂)이 되면 십이침궐(十二侵闕; 12번 궐

(闕)을 침공하다. 옛날에는 절분음. 당김음. [正韻]一東收風十二侵闕蓋未詳風古有分音也[說文]風動蟲生故蟲八日而化从虫凡聲[趙古則曰]凡物露風則生蟲故風从虫凡諧聲)인데 자전상(字典上) 風의본의(本義)에 영향이 미치게 됨.

風部 九畫

康颺(양) [唐韻]與章切[集韻] [韻會]余章切[正韻]移章切坺音陽[說文]風所飛揚也 又[書益稷]工以納言時而颺之[傳]當正其義而揚道之 又大言而疾曰颺[書益稷]臯陶拜手稽首颺言 又簸颺颺去糠粃也與揚通[晉書孫綽傳]簸之颺之糠粃在前[詩小雅]作簸揚 又[左傳昭二十八年]子少不颺[註]顏貌不揚顯 又[正字通]舟徐行貌[陶潛歸去來辭]舟遙遙以輕颺 又鳥飛去曰颺[魏志呂布傳]譬如養鷹饑則爲用飽則颺去 又[廣韻][韻會][正韻餘亮切[集韻]弋亮切坺音漾義同从昜俗作颺非[字彙補]亦作飇

【 오류정리 】

○康誤處 1 ; [書益稷]工以納言時而颺之[傳]當(改是字)正其義而揚道之

●考證 ; 謹按傳文當下有是字是字解時字不可省今省當字改是字

◆整理 ; [書益稷(서익직)] [傳(전)]當(당)은 是字(시자)의 착오.

◆訂正文 ; [書益稷]工以納言時而颺之[傳]是正其義而揚道之

▶ 【2351-1】 字解誤謬與否 ; [書益稷]工以納言時而颺之[傳]當(改是字)正其義而揚道之 [當(改是字)]

★이상과 같이 오류(誤謬) 수정(修訂)이 된다 하여도 시정(是正; 그릇된 것을 바르게 잡다. 잘못을 고침)은 자전상(字典上) 양(颺)의 본의(本義)에는 영향이 미치지 않음.

風部 十八畫

康 颼(휴)[廣韻][集韻]夶香幽切音
烋[廣韻]驚風 又[玉篇]驚走貌[左思
吳都賦]儋耳黑齒之酋金鄰象郡之渠颼
駬颼喬䩉雪驚捷先驅前途[註]颼音浮
駬音月颼音休喬音聿䩉音撒雪音匣言
外國渠酋馳走爲吳王前導也蓋借疾風
形擬奔走之狀也 又[集韻]必幽切音
彪 又步幽切音滤義夶同

【 오류정리 】

○康誤處 1 ; [左思吳都賦]儋耳黑齒
之酋金鄰(改金鄰)象郡之渠颼駬颼喬䩉
雪驚捷

●考證 ; 謹照原文金鄰改金鄰

◆整理 ; [左思吳都賦(좌사오도부)]
金鄰(김린)은 金鄰(김린)의 착오.

◆訂正文 ; [左思吳都賦]儋耳黑齒之
酋金鄰象郡之渠颼駬颼喬䩉雪驚捷

▶ 【2352-1】 字解誤謬與否 ; [左思
吳都賦]儋耳黑齒之酋金鄰(改金鄰)象
郡之渠颼駬颼喬䩉雪驚捷 [金鄰(改
金鄰)]

★이상과 같이 오류(誤謬) 수정(修訂)
이 된다 하여도 김린(金鄰; 인명(人
名). [異物志]曰金鄰一名金陳去扶南可
二千餘里地出銀人民多好獵大象生得乘
騎死則取其牙齒 [左思吳都賦]儋耳黑
齒之酋金鄰象郡之渠 酋渠皆豪帥也)은
자전상(字典上) 휴(颼)의 본의(本義)
에는 영향이 미치지 않음.

飛部

康 飛(비)[唐韻]甫微切[集韻][韻
會]匪微切夶音非[玉篇]鳥翥[廣韻]飛
翔[易乾卦]飛龍在天[詩邶風]燕燕于
飛 又官名[前漢宣帝紀]西羌反應募
佽飛射士 又[釋名]船上重室曰飛廬
在上故曰飛也 又六飛馬名[前漢袁盎
傳]騁六飛馳不測山[註]六馬之疾若飛

也別作騛 又桑飛鷦鷯別名 又飛廉
神禽名[三輔黃圖]能致風身似鹿頭似
雀有角蛇尾文似豹[郭璞云]飛廉龍雀
也世因以飛廉爲風伯之名其實則禽也
又[本草]漏蘆一名飛廉 又[廣韻]
古通作蜚[史記秦紀]蜚廉善走 又借
作非[漢蕫長蔡君頌]飛陶唐其郭能若是
[說文徐註]上旁飞者象鳥頸

【 오류정리 】

○康誤處 1 ; 又借作非[漢蕫長蔡君
頌]飛陶唐其郭能(改其孰能)若是

●考證 ; 謹照原文其郭能改其孰能

◆整理 ; [漢蕫長蔡君頌(한름장채군
송)] 其郭能(기곽능)은 其孰能(기숙
능)의 착오.

◆訂正文 ; 又借作非[漢蕫長蔡君頌]
飛陶唐其孰能若是

▶ 【2353-1】 字解誤謬與否 ; 又借作
非[漢蕫長蔡君頌]飛陶唐其郭能(改其
孰能)若是 [其郭能(改其孰能)]

★이상과 같이 오류(誤謬) 수정(修訂)
이 된다 하여도 기숙능(其孰能; 그
누가 능히)은 자전상(字典上) 비(飛)
의 본의(本義)에는 영향이 미치지 않
음.

食部

康 食(식)[唐韻]乘力切[集韻][韻
會]實職切夶音蝕[說文]一米也[玉篇]
飯食[增韻]殽饌也又茹也啗也[釋名]
食殖也所以自生殖也[古史考]古者茹
毛飲血燧人鑽火而人始裹肉而燔之曰
炮及神農時人方食穀加米于燒石之上
而食之及黃帝始有釜甑火食之道成矣
[易需卦]君子以飲食宴樂[書益稷]暨稷
播奏庶艱食鮮食[傳]衆難得食處則與
稷教民播種之決川有魚鱉使民鮮食之
又[書洪範]惟辟玉食[註]珍食也 又
食祿也[禮坊記]君子與其使食浮于人
也寧使人浮于食 又祭曰血食[史記陳

涉世家]置守冢三十家碭至今血食　　又飲酒亦曰食[前漢于定國傳定國食酒至數石不亂　　又耳食[史記六國表]學者牽于所聞見秦在帝位日淺不察其終始因舉而笑之不敢道此與以耳食無異　　又目食[宋史司馬光傳]飲食所以爲味也適口斯善矣世人取果餌刻鏤之朱緣之以爲槃案之翫豈非以目食乎　　又吐而復吞曰食[書湯誓]朕不食言[左傳僖十五年]我食吾言背天地也[爾雅釋詁]食僞也[疏]言而不行如日之消盡故通謂僞言爲食言故此訓食爲僞也　　又蠱惑曰食[管子君臣篇明君在上便嬖不能食其意　　又消也[左傳哀元年]伍員曰後雖悔之不可食已[註]食消也　　又[書洛誥]乃卜澗水東瀍水西惟洛食[傳]卜必先墨畫龜然後灼之兆順食墨　　又日食月食[易豐卦]月盈則食[春秋隱三年]日有食之　　又[左傳襄九年]晉侯問於士弱曰吾聞之宋災於是乎知有天道何故對曰古之火正或食於心或食於咮以出納火　　又[禮檀弓]我死則擇不食之地而葬我焉[註]不食謂不墾耕　　又[前漢外戚傳]房與宮對食[註]應劭曰宮人自相與爲夫婦名對食房宮二人名　　又[揚子方言]食閻勸也南楚凡已不欲喜而旁人說之不欲怒而旁人怒之謂之食閻　　又寒食節名[荊楚歲時記]去冬至一百五日卽有疾風甚雨謂之寒食　　又大食國名在西域波斯國西都婆羅門兵刃勁利勇于野鬪　　又[廣韻]戲名博屬　　又姓漢有食子通[希姓錄]後漢食于公　　又[集韻]祥吏切[正韻]相吏切夶音寺[論語]有酒食先生饌[禮曲禮]食居人之左[註]食飯屬也　　又糧也[周禮地官廩人]廩人賙賜稍食　　又以食與人也[詩小雅]飲之食之[禮內則]國君世子生卜士之妻大夫之妾使食子[註]食謂乳養之也[左傳文元年]穀也食子[註]食養生也　　又[廣韻][集韻][韻會]夶羊吏切

音異[廣韻]人名漢審食其酈食其[荀悅漢紀]作異基　　又叶式灼切音爍[易林]三河俱合水怒踊躍壞我王室民困于食

【 오류정리 】

〇康誤處 1；[易需卦]君子以飲食晏(改宴)樂

●考證；謹照原文晏改宴

◆整理；[易需卦(역수괘)] 晏(안)은 宴(연)의 착오.

◆訂正文；[易需卦]君子以飲食宴樂

▶【2354-1】字解誤謬與否；[易需卦]君子以飲食晏(改宴)樂 [晏(改宴)]

★이상과 같이 오류(誤謬) 수정(修訂)이 된다 하여도 연악(宴樂; 잔치를 베풀고 즐김)은 자전상(字典上) 식(食)의 본의(本義)에는 영향이 미치지 않음.

〇康誤處 2；[宋史司馬光傳]世人取果餌刻鏤之朱緣之(改朱綠之)

●考證；謹照原文朱緣之改朱綠之

◆整理；[宋史司馬光傳(송사사마광전)]의 朱緣之(주연지)는 朱綠之(주록지)의 착오.

◆訂正文；[宋史司馬光傳]世人取果餌刻鏤之朱綠之

▶【2355-2】字解誤謬與否；[宋史司馬光傳]世人取果餌刻鏤之朱緣之(改朱綠之) [朱緣之(改朱綠之)]

★이상과 같이 오류(誤謬) 수정(修訂)이 된다 하여도 주록지(朱綠之; 붉은 색과 초록색을 쓴다. [東文選三都賦] 方織以爍雷梭風杼脫手霹靂羅綃綾繡綃縛縠煙纖霧薄雪皓霜白靑黃之朱綠之爲錦綺爲繡纈公卿以衣士女以服樞曳綷繚披拂趫赫是誠天府 [宋史司馬光傳]飲食所以爲味也適口斯善矣世人取果餌刻鏤之朱綠之以爲槃案之翫豈非以目食乎)는 자전상(字典上) 식(食)의

본의(本義)에는 영향이 미치지 않음.

○康誤處 3 ; [爾雅釋詁]食僞也[疏]言而不行如日(改如食)之消盡故通謂僞言爲食言
●考證 ; 謹照原文如日改如食
◆整理 ; [爾雅釋詁(이아석고)] [疏(소)]의 如日(여일)은 如食(여식)의 착오.
◆訂正文 ; [爾雅釋詁]食僞也[疏]言而不行如食之消盡故通謂僞言爲食言
▶【2356-3】字解誤謬與否 ; [爾雅釋詁]食僞也[疏]言而不行如日(改如食)之消盡故通謂僞言爲食言 [如日(改如食)]
★이상과 같이 오류(誤謬) 수정(修訂)이 되면 여식(如食; 먹는 것과 같은)인데 자전상(字典上) 식(食)의 본의(本義)에 영향이 미치게 됨.

○康誤處 4 ; [左傳襄九年]古之火正或食於心或食於咮以出納(改出內)火
●考證 ; 謹照原文出納改出內
◆整理 ; [左傳襄九年(좌전양구년)]의 出納(출납)은 出內(출내)의 착오.
◆訂正文 ; [左傳襄九年]古之火正或食於心或食於咮以出內火
▶【2357-4】字解誤謬與否 ; [左傳襄九年]古之火正或食於心或食於咮以出納(改出內)火 [出納(改出內)]
★이상과 같이 오류(誤謬) 수정(修訂)이 된다 하여도 출내(出内; 나온다)는 자전상(字典上) 식(食)의 본의(本義)에는 영향이 미치지 않음.

○康誤處 5 ; [周禮地官廩人]廩人賙賜稍食(改匪頒賙賜稍食)
●考證 ; 謹按廩人二字不當重複謹照原文廩人賙賜稍食改匪頒賙賜稍食
◆整理 ; [周禮地官廩人(주례지관름인)]의 廩人賙賜稍食(름인주사초식)은

匪頒賙賜稍食(비반주사초식)의 착오.
◆訂正文 ; [周禮地官廩人]匪頒賙賜稍食
▶【2358-5】字解誤謬與否 ; [周禮地官廩人]廩人賙賜稍食(改匪頒賙賜稍食) [廩人賙賜稍食(改匪頒賙賜稍食)]
★이상과 같이 오류(誤謬) 수정(修訂)이 된다 하여도 비반(匪頒; 나누어 주다. [周禮天官大宰]八曰匪頒之式 [鄭玄註] 鄭司農云匪分也)은 자전상(字典上) 식(食)의 본의(本義)에는 영향이 미치지 않음.

食部 二畫

康 飢(기)[唐韻][集韻]居夷切[韻會]居狋切吂音肌[玉篇]餓也[書舜典]黎民阻飢[爾雅釋天]穀不熟爲飢[註]五穀不成[又]仍飢爲荐[註]連歲不熟[韓詩外傳]一穀不升曰歉二穀不升曰飢 又[正字通]國名西伯伐飢國滅之 又姓[左傳定二年]殷人七族有飢氏又漢有大豪飢恬○按[說文]飢饑二字飢訓餓居夷切饑訓穀不熟居衣切汪來虞方伯說饑饉之饑从幾飢渴之飢从几諸韻書俱分列支微兩韻止[集韻]飢字訓或从幾經傳頗通用[長箋]云近代喜茂密者通作饑趨簡便者通作飢遂成兩謬經傳不誤恐傳寫之譌也 [集韻]別作飤[龍龕]同餰

【 오류정리 】

○康誤處 1 ; [左傳定二年(改四年)]殷人(改殷民)七族有飢氏
●考證 ; 謹照原文二年改四年殷人改殷民
◆整理 ; [左傳定(좌전정) 二年(이년)은 四年(사년)의] 착오. 殷人(은인)은 殷民(은민)의 착오.
◆訂正文 ; [左傳定四年]殷民七族有飢氏

▶【2359-1】字解誤謬與否 ; ［左傳定二年(改四年)］殷人(改殷民)七族有飢氏 ［二年(改四年)］［殷人(改殷民)］
★이상과 같이 인용처(引用處)나 은민(殷民; 은나라 백성)으로 오류(誤謬)를 수정(修訂)을 한다 하여도 자전상(字典上)의 기(飢)의 본의(本義)에는 영향이 미치지 않음.

康飤(사)［唐韻］［集韻］［韻會］祥吏切［正韻］相吏切𠀤音寺［說文］䊾也［玉篇］食也與飼同［增韻］以食食人也［東方朔七諫］子推自剖而飤君兮德日忘而怨深○按謂介子推從晉文公出亡割股肉以飤文公也通作食 又或作飴［晉書王䂮傳］以私米作饘粥以飴餓者［註］飴音嗣 ［玉篇］通作飼［六書故］飭飾皆从飤爲聲

【 오류정리 】

○康誤處 1 ; ［東方朔七諫］子推自剖(改自割)而飤君兮德日忘而怨深
●考證 ; 謹照原文自剖改自割
◆整理 ; ［東方朔七諫(동방삭칠가)］의 自剖(자부)는 自割(자할)의 착오.
◆訂正文 ; ［東方朔七諫］子推自割而飤君兮德日忘而怨深
▶【2360-1】字解誤謬與否 ; ［東方朔七諫］子推自剖(改自割)而飤君兮德日忘而怨深 ［自剖(改自割)］
★이상과 같이 오류(誤謬) 수정(修訂)이 된다 하여도 자할(自割; 제 몸의 일부를 스스로 끊는 일)은 자전상(字典上) 사(飤)의 본의(本義)에는 영향이 미치지 않음.

食 部 三畫

康飥(탁)［廣韻］他各切［集韻］闥各切𠀤音託［玉篇］餺飥餠屬［揚子方言］餠謂之飥［齊民要術］麥䴷堁作餠飥［五代史李茂貞傳］作不托［王闢之澠水燕談］作飥飥 ［篇海］或作䭔

【 오류정리 】

○康誤處 1 ; ［玉篇］{食+專}飥(改餺飥)餠屬
●考證 ; 謹照原文餺飥改餺飥
◆整理 ; ［玉篇(옥편)］의 餺飥(字典無탁)은 餺飥(박탁)의 착오임.
◆訂正文 ; ［玉篇］餺飥餠屬
▶【2361-1】字解誤謬與否 ; ［玉篇］{食+專}飥(改餺飥)餠屬 ［{食+專}飥(改餺飥)］
★이상과 같이 오류(誤謬) 수정(修訂)이 되면 박탁(餺飥; 수제비)인데 자전상(字典上) 탁(飥)의 본의(本義)에 적극 영향이 미치게 됨.

食 部 四畫

康飫(어)［廣韻］依倨切［集韻］［韻會］［正韻］依據切𠀤音淤［玉篇］食多也［廣韻］飽也饜也 又［說文］燕食也本作䭈［詩小雅］儐爾籩豆飲酒之飫［毛傳］儐陳飫私也不脫屨升堂謂之飫［鄭箋］私者圖非常之事若議大疑於堂則有飫禮焉［朱傳］飫饜也 又［周語］王公立飫則有房丞王公諸侯之有飫也將以講事成章建大德昭大物也故立成禮烝而已又武王克殷作飫歌［韋昭曰］立謂立行禮不坐也立曰飫坐曰晏歌辭互見支字註 又［廣韻］賜也［左傳襄二十六年］將賞爲之加膳加膳則飫賜 又［尚書序］逸書有藁飫篇名［傳］藁勞飫賜也［集韻］或作饇餟

【 오류정리 】

○康誤處 1 ; ［周語］王公立飫則有房丞(改房烝)
●考證 ; 謹照原文房丞改房烝
◆整理 ; ［周語(주어)］의 房丞(방승)은 房烝(방증)의 착오.
◆訂正文 ; ［周語］王公立飫則有房烝

▶【2362-1】字解誤謬與否 ; [周語] 王公立飫則有房丞(改房烝) ［房丞(改房烝)］

★이상과 같이 오류(誤謬) 수정(修訂)이 된다 하여도 방증(房烝; 제사에 올리는 생(牲)의 반체(半體). [禮月令]大飮烝[疏]烝升也升此牲體子俎之上 [周語]禘郊之事則有全烝王公立飫則有房烝親戚宴饗則有殽烝)은 자전상(字典上) 어(飫)의 본의(本義)에는 영향이 미치지 않음.

康 飭(칙) [廣韻]恥力切[集韻][韻會]蓄力切拉音敕[說文]致堅也[玉]謹貌[禮樂記]再始以著往復亂以飭歸[註]再擊鼓以明其進復擊鐃以謹其退也 又修治[易雜卦]蠱則飭也 又勤也[周禮天官大宰]百工飭化八材[註]飭勤也又[冬官考工記]飭力以長地財謂之農夫 又[廣韻]整備也[詩小雅]我車既飭[註]飭正也[禮月令]仲冬飭死事[註]誓戒六軍厲必死之志也[前漢武帝紀]飭躬齋戒 又與敕同命令也[齊語]飭其子弟相語以事[前漢張敞傳]明飭長吏守丞 [集韻]或作餙

【 오류정리 】

○康誤處 1 ; [周禮天官大宰]百工飭化八材[註(改疏)]飭勤也
●考證 ; 謹照原文註改疏
◆整理 ; [周禮天官大宰(주례천관대재)]의 [註(주)는 疏(소)의] 착오.
◆訂正文 ; [周禮天官大宰]百工飭化八材[疏]飭勤也

▶【2363-1】字解誤謬與否 ; [周禮天官大宰]百工飭化八材[註(改疏)]飭勤也 ［註(改疏)］

★이상과 같이 인용처(引用處)나 주소(註疏), 등(等)의 오류(誤謬)를 수정(修訂)을 한다 하여도 자전상(字典上)의 칙(飭)의 본의(本義)에는 영향이

미치지 않음.

○康誤處 2 ; [詩小雅]我車(改戎車)既飭[註(改傳)]飭正也
●考證 ; 謹照原文我車改戎車註改傳
◆整理 ; [詩小雅(시소아)]의 我車(아거)는 戎車(융거), [註(주)는 傳(전)의] 착오.
◆訂正文 [詩小雅]戎車既飭[傳]飭正也

▶【2364-1】字解誤謬與否 ; [詩小雅]我車(改戎車)既飭[註(改傳)]飭正也 ［我車(改戎車)］ ［註(改傳)］

★이상과 같이 융거(戎車; 전쟁에 사용하는 수레. 兵車)와 주소(註疏)의 오류(誤謬) 수정(修訂)을 한다 하여도 자전상(字典上) 칙(飭)의 본의(本義)에는 영향이 미치지 않음.

康 飮(음) [廣韻][集韻][韻會][正韻]拉於錦切音上聲[玉篇]咽水也亦歠也[釋名]飮奄也以口奄而引咽之也[周禮天官膳夫]飮用六淸又[酒正]辨四飮之物一曰淸二曰醫三曰漿四曰酏[註]淸謂酒之泲者醫卽內則以酏爲醴者漿今之酨漿酏今之粥也 又漱也[儀禮公食大夫禮]賓坐祭遂飮奠於豐上[註]飮漱也 又隱也[後漢蔡邕傳]邕上疏曰臣一入牢獄當爲楚毒所迫趣以飮章辭情何緣復聞[註]趣音促飮猶隱也今匿名文書也 又[正字通]樂律有聲飮以聲相轉而合也梁武帝自制四器名曰通每通施三絃因以通聲隨聲酌其淸濁高下也 又飮器溺器也[戰國策]趙襄子殺智伯漆其頭以爲飮器[註]溺器或曰酒器 又受箭曰飮箭[郭璞蛟贊漢武飮羽 又[廣韻]於禁切音蔭以飮飮之也[禮檀弓]酌而飮寡人[左傳昭二十六年]成人伐齊師之飮馬于淄者 又[莊子則陽篇]或不言而飮人以和 [說文]

或作歕通作飮互詳酉部龡字註

【 오류정리 】

○康誤處 1；[周禮酒正]辨四飲之物一曰清[註]清渭酒(改醴)之涷(改泲)者

●考證；謹照原註酒改醴涷改泲

◆整理；[周禮酒正(주례주정)] [註(주)]의 酒(주)는 醴(례), 涷(색)은 泲(제)의 착오.

◆訂正文；[周禮酒正]辨四飲之物一曰清[註]清渭醴之泲者

▶【2365-1】字解誤謬與否；[周禮酒正]辨四飲之物一曰清[註]清渭酒(改醴)之涷(改泲)者 [酒(改醴)] [涷(改泲)]

★이상과 같이 오류(誤謬) 수정(修訂)이 되면 례(醴; 단술)와 제(泲; 淸酒)는 자전상(字典上) 식(食)의 본의(本義)에 적극 영향이 미치게 됨.

ⓗ飯(반)[廣韻]扶晚切[集韻][韻會]父遠切𠀐音笨[玉篇]餐飯也[禮曲]飯黍毋以箸又[文王世子]文王一飯亦一飯文王再飯亦再飯 又[儀禮少牢饋食禮尸又食註]或言食或言飯食大名小數曰飯[疏]食大名者以其論語文多言食故云食大名也小數曰飯者此少牢特言三飯五飯九飯之等據一口謂之一飯五口謂之五飯等據小數而言故云小數曰飯 又[論語]亞飯三飯四飯[註]以樂侑食之官[白虎通]王者平旦食晝食晡食暮食凡四飯諸侯三飯大夫再飯 又指本[儀禮士喪禮]設決麗于擘自飯持之[註]麗施也擘手後節中也飯大擘指本也決以韋爲之籍有彄彄內端爲紐外端有橫帶設之以紐擐大擘指本也 又[唐韻]符萬切[集韻][韻會]扶萬切[正韻]符諫切𠀐煩去聲[說文]食也[汲冢周書]黃帝始炊穀爲飯[曲禮]毋摶飯[註]取飯作摶則易得多是欲爭飽非謙也 又[儀禮公食大夫禮]賓升公揖退于箱

實卒食會飯三飯[註]會飯謂黍稷也 又叶扶霰切音卞[蘇轍詩]岸上遊人暮不歸淸香入袖涼吹面投壺擊鞠綠楊陰共盡淸尊餐白飯 [廣韻]同餴俗作飰

【 오류정리 】

○康誤處 1；[儀禮註]食大名小數曰飯[疏]據少數(改小數)而言故云小數飯者(考證也)(改曰飯)

●考證；謹照原文少數改小數飯也改曰飯

◆整理；[儀禮註(의례주)]의 少數(소수)는 小數(소수), 飯也(반야)는 曰飯(왈반)의 착오.

◆訂正文；[儀禮註]食大名小數曰飯[疏]據小數而言故云小數曰飯

▶【2366-1】字解誤謬與否；[儀禮註]食大名小數曰飯[疏]據少數(改小數)而言故云小數飯者(考證也)(改曰飯) [據少數(改小數)] [飯者(考證也)(改曰飯)]

★이상과 같이 오류(誤謬) 수정(修訂)이 되면 소수(小數; 작은 수) 왈반(曰飯; 밥이라 이름) 자전상(字典上) 반(飯)의 본의(本義)에 직접 영향이 미치게 됨.

○康誤處 2；[曲禮]毋摶飯[註(改疏)]取飯作摶則易得多

●考證；謹照原文註改疏

◆整理；[曲禮(곡례)]의 [註(주)는 疏(소)의] 착오.

◆訂正文；[禮曲禮]毋摶飯[疏]取飯作摶則易得多

▶【2367-2】字解誤謬與否；[曲禮]毋摶飯[註(改疏)]取飯作摶則易得多

★이상과 같이 인용처(引用處)나 주소(註疏), 등(等)의 오류(誤謬)를 수정(修訂)을 한다 하여도 자전상(字典上)의 반(飯)의 본의(本義)에는 영향이 미치지 않음.

○康誤處 3 ; [儀禮公食大夫禮]賓升
公揖退于箱賓卒食會飯三飯(改三飲)
●考證 ; 謹照原文三飯改三飲
◆整理 ; [儀禮公食大夫禮(의례공식대
부례)]의 三飯(삼반)은 三飲(삼음)의
착오.
◆訂正文 ; [儀禮公食大夫禮]賓升公
揖退于箱賓卒食會飯三飲
▶【2368-3】字解誤謬與否 ; [儀禮
公食大夫禮]賓升公揖退于箱賓卒食會
飯三飯(改三飲) [三飯(改三飲)]
★이상과 같이 오류(誤謬) 수정(修訂)
이 되면 삼음(三飲; 세모금 마시다)
인데 자전상(字典上) 반(飯)의 본의
(本義)에 영향이 미치게 됨.

食 部 五畫

康 飽(포) [唐韻] [集韻] [韻會] [正
韻]𠀤博巧切包上聲 [說文]厭也 [玉篇]
飽滿也 [廣韻]食多也 [易漸卦]飲食衎
衎不素飽也 [禮文王世子]嘗饌善則世子
亦能食嘗饌寡則世子亦不能飽 又[陸
機豪士賦]心肵居常之安耳飽從諛之說
又姓 [正字通]宋添差通判臨江軍事
飽安盈 又[五音集韻]許旣切音歆飫
也 又古通有韻[詩小雅]牂羊墳首三
星在罶人可以食鮮可以飽 又叶彼五
切音補[吳子治兵篇]適其水草節其飢
飽冬則溫廏夏則凉廡

【 오류정리 】

○康誤處 1 ; [禮文王世子]嘗饌善則
世子亦能食嘗饌寡則(省則字)世子亦不
能飽
●考證 ; 謹照原文嘗饌寡下省則字
◆整理 ; [禮文王世子(예문왕세자)]의
則(칙) 則字(칙자)는 삭제.
◆訂正文 ; [禮文王世子]嘗饌善則世
子亦能食嘗饌寡世子亦不能飽
▶【2369-1】字解誤謬與否 ; [禮文
王世子]嘗饌善則世子亦能食嘗饌寡則

(省則字)世子亦不能飽 [則(省則字)]
★이상과 같이 칙(則)을 삭제(削除)
한다 하여도 자전상(字典上) 포(飽)의
본의(本義)에 영향을 끼치지 않음.

康 飾(식) [廣韻]賞職切 [集韻] [韻
會]設職切𠀤音識 [玉篇]修飾也 [逸雅]
飾拭也物穢者拭其上使明由他物而後
明猶加文于質上也 又[禮樂記]聲者
樂之象也文采節奏聲之飾也故君子動
其本樂其象然後治其飾 [註]以聲而被
之器也 又[詩鄭風]羔裘豹飾 [註]飾
緣袖也禮君用純物臣下之故裘以豹皮
爲飾也 又[周禮地官封人]飾其牛牲
[註]刷治潔淸之也一曰豫飾也 又[禮
曲禮]飾羔鴈者以績 [註]飾復也畫布爲
雲氣覆之以相見也 又[禮月令]天子
乃厲飾 [註]厲飾謂戎服尚威武也 又
[史記公孫弘傳]凡吏事緣飾以儒術 [前
漢章帝紀]詔曰俗吏矯飾外貌似是而非
朕甚厭之 又[周禮夏官掌固]設其飾
器 [註]兵甲之屬 又[正字通]滿飾國
名 [說文]㪿也从人从巾食聲讀若式
一曰橡飾

【 오류정리 】

○康誤處 1 ; [周禮地官封人]飾其牛
牲 [註]刷治(改刷治)潔淸之也
●考證 ; 謹照原文刷治改刷治
◆整理 ; [周禮地官封人(주례지관봉
인)] [註(주)]의 刷治(박치)는 刷治(쇄
치)의 착오.
◆訂正文 ; [周禮地官封人]飾其牛牲
[註]刷治潔淸之也
▶【2370-1】字解誤謬與否 ; [周禮
地官封人]飾其牛牲 [註]刷治(改刷治)
潔淸之也 [刷治(改刷治)]
★이상과 같이 오류(誤謬) 수정(修訂)
이 되면 쇄치(刷治; 닦고 정리하다.
[周禮地官封人]飾其牛牲刷治潔淸之也
一曰豫飾也)인데 자전상(字典上) 식

(飾)의 본의(本義)에 적극 영향이 미치게 됨.

○康誤處 2 ; [曲禮]飾羔鴈者以繢(改以繪)[註(改疏)]飾復也
●考證 ; 謹照原文以繢改以繪註改疏
◆整理 ; [曲禮(곡례)]의 以繢(이적)은 以繪(이궤)의 착오. [註(주)는 疏(소)의] 착오.
◆訂正文 ; [禮曲禮]飾羔鴈者以繪[疏]飾覆也
▶ 【2371-2】 字解誤謬與否 ; [曲禮]飾羔鴈者以繢(改以繪)[註(改疏)]飾復也 [以繢(改以繪)] [註(改疏)]
★이상과 같이 궤(繪; 수놓은 비단)나 주소(註疏), 등(等)의 오류(誤謬)를 수정(修訂)을 한다 하여도 자전상(字典上)의 식(飾)의 본의(本義)에는 영향이 미치지 않음.

○康誤處 3 ; [史記公孫弘傳]凡吏事(改習吏事)緣飾以儒術
●考證 ; 謹照原文凡吏事改習吏事
◆整理 ; [史記公孫弘傳(사기공손홍전)]의 凡吏事(범리사)는 習吏事(습리사)의 착오.
◆訂正文 ; [史記公孫弘傳]習吏事緣飾以儒術
▶ 【2372-3】 字解誤謬與否 ; [史記公孫弘傳]凡吏事(改習吏事)緣飾以儒術 [凡吏事(改習吏事)]
★이상과 같이 오류(誤謬) 수정(修訂)이 된다 하여도 습리사(習吏事; 관리들이 사무에 익숙하고. [史記公孫弘傳]習吏事緣飾以儒術[後漢章帝紀]詔曰俗吏矯飾外貌似是而非朕甚厭之)는 자전상(字典上) 식(飾)의 본의(本義)에는 영향이 미치지 않음.

○康誤處 4 ; [前漢(改後漢)章帝紀]詔曰俗吏矯飾外貌似是而非

●考證 ; 謹按章帝紀係後漢書前漢改後漢
◆整理 ; [前漢(전한)은 後漢(후한)의 착오. 章帝紀(장제기)]
◆訂正文 ; [後漢章帝紀]詔曰俗吏矯飾外貌似是而非
▶ 【2373-4】 字解誤謬與否 ; [前漢(改後漢)章帝紀]詔曰俗吏矯飾外貌似是而非 [前漢(改後漢)]
★이상과 같이 인용처(引用處)나 주소(註疏), 등(等)의 오류(誤謬)를 수정(修訂)을 한다 하여도 자전상(字典上)의 식(飾)의 본의(本義)에는 영향이 미치지 않음.

食部 六畫

康養(양)[廣韻]餘兩切[集韻][韻會][正韻]以兩切𡘋音痒[玉篇]育也畜也長也[易頤卦]觀頤觀其所養也　又取也[詩周頌]於爍王師遵養時晦[傳]養取也　又養養憂貌[詩邶風]中心養養[註]憂不定貌　又[博雅]養使也[公羊傳宣十二年]廝役扈養[註]艾草為防者曰廝汲水漿者曰役養馬者曰扈炊烹者曰養又[史記儒林傳]兒寬常為弟子都養[註]都養為弟子造食也　又姓養由基見[左傳成十六年]養奮見[孝子傳]

又與癢同[荀子正名篇]疾養凔熱滑鈹輕重以形體異　又[廣韻][正韻]餘亮切[集韻]弋亮切𡘋音恙[玉篇]供養也下奉上也[禮月令]收祿秩之不當供養之不宜者[註]謂凡恩命濫賜膳服佟僭踰制者[說文]本作𩛙[字彙]省作養附六畫非

【 오류정리 】

○康誤處 1 ; [詩周頌]於爍(改於鑠)王師遵養時晦
●考證 ; 謹照原文於爍改於鑠
◆整理 ; [詩周頌(시주송)]의 於爍(어삭)은 於鑠(어삭)의 착오.

◆訂正文 ; [詩周頌]於鑠王師遵養時晦

▶【2374-1】字解誤謬與否 ; [詩周頌]於爍(改於鑠)王師遵養時晦 [於爍(改於鑠)]

★이상과 같이 오류(誤謬) 수정(修訂)이 된다 하여도 어삭왕사(於鑠王師; 오! 훌륭하신 임금님의 용병. [韓詩外傳]於鑠王師遵養時晦 能制天下必能養其民也能養民者為自養也飲食適乎藏滋味適乎氣勞佚適乎筋骨於鑠王師遵養時晦言相養者之至於晦也公儀休相魯而嗜魚一國人獻魚而不受)인데 자전상(字典上) 양(養)의 본의(本義)에는 영향이 미치지 않음.

(康)餌(이)[集韻][正韻]㤗忍止切音耳[玉篇]食也餅也餈也[說文]粉餅也[徐鍇曰]釋名烝燥屑餅之曰餈非也粉米烝屑皆餌也非餈也[許愼曰]餈稻餅謂炊米爛乃擣之不為粉也粉餈以豆為粉糝餈上也餌則先屑米為粉然後溲之餈之言滋也餌之言堅潔若玉餌也[楚辭招魂]粔籹蜜餌 又[禮內則]糝取牛羊豕之肉三如一小切之與稻米稻米二肉一合以為餌煎之[註]此周禮糝食也 又[周禮冬官考工記弓人]魚膠餌[註]色如餌 又[禮內則]擣珍取牛羊麋鹿麕之肉必脈每物與牛若一捶反側之去其餌就出之去其皽柔其肉[註]餌筋腱也 又啗魚具[莊子外物篇]五十犗以為餌 又陰以利誘人曰餌[前漢賈誼傳]五餌三表 又[廣韻][集韻][韻會]仍吏切[正韻]而至切㤗音二義同[說文]䰙部作䰙重文从食耳聲作餌

【 오류정리 】

○康誤處 1 ; [禮內則]捶反側之去其餌就出(改孰出)之

●考證 ; 謹照原文就出改孰出

◆整理 ; [禮內則(예내칙)]의 就出(취출)은 孰出(숙출)의 착오.

◆訂正文 ; [禮內則]捶反側之去其餌孰出之

▶【2375-1】字解誤謬與否 ; [禮內則]捶反側之去其餌就出(改孰出)之 [就出(改孰出)]

★이상과 같이 오류(誤謬) 수정(修訂)이 된다 하여도 숙출(孰出; 익힌 후에 꺼냄. [禮內則]擣珍取牛羊麋鹿麕之肉必脈每物與牛若一捶反側之去其餌孰出之去其皽柔其肉餌筋腱也) 자전상(字典上) 이(餌)의 본의(本義)에는 영향이 미치지 않음.

食部 七畫

(康)餇(연)[廣韻]烏縣切[集韻][韻會]縈絹切[正韻]迂絹切㤗音育[玉篇]厭也[說文]饜飫[集韻]賈思勰曰飽食不餇或作餰 又[集韻]於泫切音蜎義同

【 오류정리 】

○康誤處 1 ; [玉篇]厭也[說文]饜飫(改爲廣韻饜飽)

●考證 ; 謹按說文無饜飫之語改爲廣韻饜飽

◆整理 ; [說文(설문)]과 饜飫(염어)는 [廣韻(광운)]과 饜飽(염포)의 착오.

◆訂正文 ; [玉篇]厭也[廣韻]饜飽

▶【2376-1】字解誤謬與否 ; [玉篇]厭也[說文]饜飫(改爲廣韻饜飽) [[說文]饜飫(改爲廣韻饜飽)]

★이상과 같이 인용처(引用處)나 염포(饜飽; 배불리 먹다. 포식(飽食)하다. [廣韻]饜飽[集韻]賈思勰曰飽食不餇 [正韻]迂絹切㤗音育厭也饜飽賈思勰曰飽食不餇) 등(等)의 오류(誤謬) 수정(修訂)이 된었다 하여도 자전상(字典上) 연(餇)의 본의(本義)에는 영향이 미치지 않음.

康 餐(찬)[廣韻]七安切[集韻][韻會]千安切𠀤粲平聲[說文]吞也詩魏風]不素餐兮[釋文]餐七丹反[說文]或从水作湌[韻會]俗作飡　又飮饌曰餐[前漢高后紀]賜餐錢[註]廚膳錢也又[韓信傳]令其裨將傳餐[註]服虔曰立駐傳餐食也如淳曰小飯曰餐師古曰餐古食字千安反　又採也[王儉褚淵碑]餐輿誦于丘里瞻雅詠于京國[註]採輿論稱述其德也　又古通先[古樂府君子行]周公下白屋吐哺不足餐一沐三握髮後世稱聖賢　又[集韻]蘇昆切音孫與飧同餔也[爾雅釋言]粲餐也[釋文]餐音飧　又[集韻]蒼案切音粲餅也　[正韻]作飱[字彙]作餐𠀤非

【 오류정리 】

○康誤處 1；[韓信傳]令其裨將傳餐[註]服虔曰立駐(改立騎)傳餐食也

●考證；謹照原文立駐改立騎

◆整理；[韓信傳(한신전)] [註(주)]의 立駐(립주)는 立騎(립기)의 착오.

◆訂正文 ；[韓信傳]令其裨將傳餐[註]服虔曰立騎傳餐食也

▶【2377-1】字解誤謬與否；[韓信傳]令其裨將傳餐[註]服虔曰立駐(改立騎)傳餐食也 [立駐(改立騎)]

★이상과 같이 오류(誤謬) 수정(修訂)이 된다 하여도 립기(立騎; 말 탄채 세우다. [前漢高后紀]賜餐錢廚膳錢也又[韓信傳]令其裨將傳餐服虔曰立騎傳餐食也如淳曰小飯曰餐師古曰餐古食字千安反　又採也)는 자전상(字典上) 찬(餐)의 본의(本義)에는 영향이 미치지 않음.

○康誤處 2；[爾雅釋言]粲餐也[釋文]餐音飧(原文音飱)

●考證；謹照原文音飱改音飧

◆整理；[爾雅釋言(이아석언)] 音飧(음손)은 原文音飱(원문음손)의 착오.

◆訂正文 ；音飧

※筆者謹按字典原本 ； [釋文]餐音飧

▶【2378-2】字解誤謬與否；[爾雅釋言]粲餐也[釋文]餐音飧(原文音飱)

★이상과 같이 음(音)의 오류(誤謬)를 수정(修訂)을 한다 하여도 자전상(字典上)의 찬(餐)의 본의(本義)에는 영향이 미치지 않음.

康 餒(뇌)[廣韻]奴罪切[集韻][韻會][正韻]弩罪切𠀤音綏[玉篇]餓也[左傳襄二十年]吾有餒而已　又魚爛也[爾雅釋器]魚謂之餒[註]肉爛[疏]魚爛從內發故云內爛今本內作肉恐誤也　又同餧[楚語]羸餒日日已甚[前漢魏相傳]振乏餒[說文]本作餒

【 오류정리 】

○康誤處 1；又同餧[楚語](增民之二字)羸餒日日已甚

●考證；謹照原文羸餒上增民之二字

◆整理；[楚語(초어)]에 이어民之二字(민지이자)를 덧붙임.

◆訂正文 ；又 同餧[楚語]民之羸餒日日已甚

▶【2379-1】字解誤謬與否；又同餧[楚語](增民之二字)羸餒日日已甚 [(增民之二字)羸餒]

★이상과 같이 민지(民之) 이자(二字)를 덧붙인다 하여도 자전상(字典上) 뇌(餒)의 본의(本義)에는 영향이 미치지 않음.

康 餧(원)[集韻]於袁切音鴛與餵同[博雅]貪食也　又[集韻]武遠切音晚又模元切音構義𠀤同

【 오류정리 】

○康誤處 1；[博雅]貪食也(改餧貪也)

●考證；謹照原文貪食也改餧貪也

◆整理；[博雅(박아)]의 貪食也(탐식야)는 餧貪也(원탐야)의 착오.

◆訂正文 ; [博雅]饒貪也
▶【2380-1】字解誤謬與否 ; [博雅]貪食也(改饒貪也) [貪食也(改饒貪也)]
★이상과 같이 오류(誤謬) 수정(修訂)이 되면 원탐야(饒貪也; 원(饒)의 의미는 탐야(貪也)라)는 자전상(字典上) 원(饒)의 본의(本義)에 영향이 미치게 됨.

㊗餔(포)[廣韻]博孤切[集韻][韻會][正韻]奔模切太音逋[玉篇]日加申時食也[呂氏春秋]旦至食食至日昳昳至餔餔至下晡下晡至日夕 又食也[楚辭漁父]餔其糟而啜其醨 又通作哺[後漢趙壹傳]弟季出遇赤眉賊將爲所哺 又[廣韻][正韻]薄故切[集韻][韻會]蒲故切太音捕[集韻]餹餔餌也或作粺粺 又[正字通]餳之濁者曰餔 又鳥名[爾雅釋鳥]鳺餔栜[註]未詳[釋文]餔音步 又[集韻]博故切音布與食也[史記高祖紀]老父請歠因餔之[師古曰]以食食之謂之餔

【 오류정리 】

○康誤處 1 ; [爾雅釋鳥]鳺(改鴩)餔栜
●考證 ; 謹照原文鳺改鴩
◆整理 ; [爾雅釋鳥(이아석조)]의 鳺(치)는 鴩(일)의 착오.
◆訂正文 ; [爾雅釋鳥]鴩餔栜
▶【2381-1】字解誤謬與否 ; [爾雅釋鳥]鳺(改鴩)餔栜 [鳺(改鴩)]
★이상과 같이 오류(誤謬) 수정(修訂)이 된다 하여도 일(鴩; 꿩)은 자전상(字典上) 포(餔)의 본의(本義)에는 영향이 미치지 않음.

○康誤處 2 ; [史記高祖紀(改爲前漢高帝紀)]老父請歠因餔之[師古曰]以食食之謂之餔
●考證 ; 謹按下引師古曰乃漢書註也謹將史記高祖紀改爲前漢高帝紀
◆整理 ; [史記高祖紀(사기고조기)]는 前漢高帝紀(전한고제기)의]착오.
◆訂正文 ; [前漢高帝紀]老父請歠因餔之[師古曰以食食之謂之餔
▶【2382-2】字解誤謬與否 ; [史記高祖紀(改爲前漢高帝紀)]老父請歠因餔之[師古曰]以食食之謂之餔 [史記高祖紀(改爲前漢高帝紀)]
★이상과 같이 인용처(引用處)나 주소(註疏), 등(等)의 오류(誤謬)를 수정(修訂)을 한다 하여도 자전상(字典上)의 포(餔)의 본의(本義)에는 영향이 미치지 않음.

㊗餘(여)[唐韻]以諸切[集韻][韻會]羊諸切[正韻]雲俱切太音余[說文]饒也[玉篇]殘也[廣韻]賸也[周禮天官冢宰]九賦斂財賄九曰幣餘之賦[註]幣餘百工之餘[左傳文元年]歸餘于終又[孟子]餘夫二十五畝[註]一夫上父母下妻子以五口八口爲率如有弟是餘夫也 又[周禮地官小司徒]凡國之大事致民大故致餘子[註]餘謂羨也鄭康成謂餘子卿大夫之子當守於王宮者也[左傳宣二年]又宦其餘子[註]餘子嫡子之母弟 又國名[春秋莊二年夏公子慶父帥師伐於餘丘[註]於餘丘國名又地名[左傳昭二十二年]莒敗齊師于壽餘 又舟名[左傳昭十七年]楚大敗吳師獲其乘舟餘皇 又草名[山海經]招搖山有草如韭靑花名祝餘食之不飢 又姓晉有餘頠餘文仲又梁餘夫餘俱複姓見[姓譜] 又[集韻]余遮切音耶[莊子讓王篇]緖餘以治天下國家[徐邈註]緖餘殘也緖音奢餘音耶 又叶夷周切音由[韓愈駑驥詩]嘶鳴當大路志氣若有餘騏驥生絕域自矜無匹儔 又叶羊遇切音裕[古詩]新人工織縑舊人工織素織縑日一疋織素五丈餘[正字通]按[周禮地官委

人]凡其余聚以待頒賜本作公因聲近譌作余故註云余當爲餘謂縣都畜聚之物據本註餘不當作余[正韻]四魚餘字註引[周禮]餘亦作余合余餘爲一非

【 오류정리 】

○康誤處 1；[周禮天官冢宰](增以字)九賦斂財賄九曰幣餘之賦(增鄭字)[註]幣餘(省幣餘二字)百工之餘

●考證 ；謹照原文九賦上增以字註上增鄭字註下省幣餘二字

◆整理 ；[周禮天官冢宰(주례천관총재)]에 이어 以字를 덧부임. 之賦(지부)에 이어 鄭字(정자)를 덧붙임. [註(주)] 幣餘(폐여) 幣餘二字(폐여이자)를 삭제.

◆訂正文 ；[周禮天官冢宰]以九賦斂財賄九曰幣餘之賦[鄭註]百工之餘

▶【2383-1】字解誤謬與否 ；[周禮天官冢宰](增以字)九賦斂財賄九曰幣餘之賦[(增鄭字)註]幣餘(省幣餘二字)百工之餘　[(增以字)九賦][(增鄭字)註][幣餘(省幣餘二字)]

★이상과 같이 이(以)와 정자(鄭字)를 덧붙인다 하여도 자전상(字典上) 여(餘)의 본의(本義)에는 영향이 미치지 않으나. 폐여(幣餘; 모든 벼슬아치들의 나머지 재물. [周禮天官冢宰治官之職大宰]以九賦斂財賄九曰幣餘之賦[鄭玄注]鄭司農云幣餘百工之餘)는 본의(本義)에 직접 영향이 미치게 됨.

○康誤處 2；[莊子讓王篇]緒餘以治天下國家(改其緒餘以爲國家)[徐邈註(改司馬彪註)]緒餘殘也

●考證 ；謹照原文改其緒餘以爲國家徐邈註改司馬彪註

◆整理 ；[莊子讓王篇(장자양왕편)]의 緒餘以治天下國家(서여이치천하국가)는 其緒餘以爲國家(기서여이위국가)의 착오. [徐邈註(서막주)는 司馬彪註(사마표주)의] 착오.

◆訂正文 ；[莊子讓王篇]其緒餘以爲國家[司馬彪註]緒餘殘也

▶【2384-2】字解誤謬與否 ；[莊子讓王篇]緒餘以治天下國家(改其緒餘以爲國家)[徐邈註(改司馬彪註)]緒餘殘也　[緒餘以治天下國家(改其緒餘以爲國家)][徐邈註(改司馬彪註)]

★이상과 같이 위국가(爲國家; 나라를 위하여)와 주소(註疏)의 오류(誤謬) 수정(修訂)이 된다 하여도 자전상(字典上) 여(餘)의 본의(本義)에는 영향이 미치지 않음.

○康誤處 3；[古詩]新人工織縑舊人(改故人)工織素織縑日一疋織素五丈餘

●考證 ；謹照原詩舊人改故人

◆整理 ；[古詩(고시)]의 舊人(구인)은 故人(고인)의 착오.

◆訂正文 ；[古詩]新人工織縑故人工織素織縑日一疋織素五丈餘

▶【2385-3】字解誤謬與否 ；[古詩]新人工織縑舊人(改故人)工織素織縑日一疋織素五丈餘　[舊人(改故人)]

★이상과 같이 오류(誤謬) 수정(修訂)이 된다 하여도 고인(故人; 망인(亡人). 죽은 사람)은 자전상(字典上) 여(餘)의 본의(本義)에는 영향이 미치지 않음.

食 部 八畫

康餉(향)[集韻]與餉同又[前漢章帝紀]賜給公田爲雇耕傭賃種餉[註]餉糧也古餉字

【 오류정리 】

○康誤處 1；[前漢(改後漢)章帝紀]賜給公田爲雇耕傭賃種餉

●考證 ；
謹按章帝紀係後漢書前漢改後漢

◆整理 ；[前漢(전한)은 後漢(후한)의 착오. 章帝紀(장제기)]

◆訂正文 ; [後漢章帝紀]賜給公田爲雇耕傭賃種餉

▶【2386-1】字解誤謬與否 ; [前漢(改後漢)章帝紀]賜給公田爲雇耕傭賃種餉 [前漢(改後漢)]

★이상과 같이 인용처(引用處)나 주소(註疏), 등(等)의 오류(誤謬)를 수정(修訂)을 한다 하여도 자전상(字典上)의 향(餉)의 본의(本義)에는 영향이 미치지 않음.

康 饁(업)[廣韻]於業切[集韻]乙業切太音腌[玉]饡也[廣韻]餌也粢也[博雅]餎饁飼也[揚子方言]餌謂之餤或謂之饁

【 오류정리 】

○康誤處 1 ; [博雅]餎饁飼也(改餌也)
●考證 ; 謹照原文飼也改餌也
◆整理 ; [博雅(박아)]의 飼也(사야)는 餌也(이야)의 착오.
◆訂正文 ; [博雅]餎饁餌也
▶【2387-1】字解誤謬與否 ; [博雅]餎饁飼也(改餌也) [飼也(改餌也)]
★이상과 같이 오류(誤謬) 수정(修訂)이 되면 이(餌; 떡)인데 자전상(字典上) 업(饁)의 본의(本義)에 영향이 미치게 됨.

康 餥(비)[廣韻][集韻]太府尾切音匪[說文]餯也[爾雅釋言]餥食也[揚子方言]陳楚之閒相謁食麥飯曰餥 又[廣韻]甫微切[集韻][韻會]匪微切太音非 又[集韻]方未切音沸義太同

【 오류정리 】

○康誤處 1 ; [揚子方言]陳楚之閒(改之內)相謁食麥飯(改麥饘)曰餥
●考證 ; 謹照原文之閒改之內麥飯改麥饘
◆整理 ; [揚子方言(양자방언)]의 之

閒(지한)은 之內(지내), 麥飯(맥반)은 麥饘(맥전)의 착오.
◆訂正文 ; [揚子方言]陳楚之內相謁食麥饘曰餥
▶【2388-1】字解誤謬與否 ; [揚子方言]陳楚之閒(改之內)相謁食麥飯(改麥饘)曰餥 [之閒(改之內)] [麥飯(改麥饘)]
★이상과 같이 오류(誤謬) 수정(修訂)이 되면 ○내(內)는 비(餥)의 본의(本義)에는 영향이 미치지 않으나 ○맥전(麥饘; 보리밥을 먹다. [爾雅釋言]餥食也[揚子方言]陳楚之內相謁食麥饘曰餥)은 자전상(字典上) 비(餥)의 본의(本義)에 영향이 미치게 됨.

康 館(관)[唐韻][集韻][韻會][正韻]太古玩切音貫[玉篇]客舍[詩鄭風]適子之館兮[禮曾子問]公館復私館不復[註]公館若今縣官舍也[周禮地官遺人]五十里有市市有候館候館有積 又[西京雜記]公孫弘開客館招天下之士一日欽賢館德任毗贊佐理陰陽者居之次日翹材館才堪九列二千石者居之次曰接士館一善一藝者居之 又[周禮春官司巫]祭祀則共匰主及道布蒩館[註]蒩之言藉也祭祀有當藉者館所以承蒩謂若今筐也 又重館地名在今山東魚臺縣[左傳僖三十一年]宿於重館 又與管通[儀禮聘禮]管人布幕於寢門外[註]管猶館也 又[集韻][韻會]太古緩切音管義同 又叶局縣切音睊[徐幹齊都賦]後宮內庭嬪妾之館衆偉所施極功窮變

【 오류정리 】

○康誤處 1 ; [周禮春官司巫]祭祀則共匰主及道布(增及字)蒩館[註]蒩之言藉也祭祀(改祭食)有當藉者館所以承蒩謂若今筐也
●考證 ; 謹照原文蒩館上增及字祭祀

改祭食

◆整理 ; [周禮春官司巫(주례춘관사무)]의 布(포)에 이어 及字(급자)를 덧붙이고, 祭祀(제사)는 祭食(제식)의 착오.

◆訂正文 ; [周禮春官司巫]祭祀則共匰主及道布及藉館[註]藉之言藉也祭食有當藉者館所以承藉謂若今筐也

▶【2389-1】字解誤謬與否 ; [周禮春官司巫]祭祀則共匰主及道布(增及字)藉館[註]藉之言藉也祭祀(改祭食)有當藉者館所以承藉謂若今筐也 [布(增及字)] [祭祀(改祭食)]

★이상과 같이 급(及; 및)을 덧붙인다 하여도 자전상(字典上) 관(館)의 본의(本義)에는 영향이 미치지 않으나 제식(祭食; 고수레. [儀禮特牲饋食禮]兩餕奠舉於俎許諾皆答拜若是者三皆取舉祭食祭舉乃食祭釦食舉卒食) 본의(本義)에 영향이 미치게 됨.

食 部 九畫

康）餰(전)[唐韻][韻會][正韻]夶諸延切音氈[玉篇]同饘[荀子禮論篇]酒醴餰鬻 又[字彙補]亦作餐[禮內則]稻米爲酏[註]酏讀爲餰之然反 又[集韻][韻會]夶居言切音犍又[集韻]旨善切音膳義夶同

【 오류정리 】

○康誤處 1 ; [禮內則]稻米爲酏[註(改爲釋文)]酏讀爲餰

●考證 ; 謹按此係釋文語今將註字改爲釋文

◆整理 ; [禮內則(예내칙)]의 [註(주)]는 釋文(석문)의 착오.

◆訂正文 ; [禮內則]稻米爲酏[釋文]酏讀爲餰

▶【2390-1】字解誤謬與否 ; [禮內則]稻米爲酏[註(改爲釋文)]酏讀爲餰 [註(改爲釋文)]

★이상과 같이 인용처(引用處)나 주소(註疏), 등(等)의 오류(誤謬)를 수정(修訂)을 한다 하여도 자전상(字典上)의 전(餰)의 본의(本義)에는 영향이 미치지 않음.

康）餳(당)[集韻][韻會][正韻]夶徒郞切音唐[說文]飴和饊也[揚子方言]餳謂之餹[釋文]餳洋也煮米消爛洋洋然也[急就章]棃柿柤桃待露霜棗杏瓜棣饊飴餳[詩話]劉禹錫曰詩用僻字宜有來歷宋考功云沈佺期嶺表寒食詩馬上逢寒食春來不見餳常疑之因讀毛詩簫管備舉鄭箋簫編小竹管如今賣餳者所吹六經惟此中有餳字吾緣明日重九押一饊字讀尋思六經無饊故不敢爲之○按重編廣韻云餳徐盈切當从昜正韻从昜誤餳徒郞切當从昜今混爲一字非字彙既有餳字从徐盈反復于餳字作徐盈徒郞二切尚未了然於字書之誤也

【 오류정리 】

○康誤處 1 ; [急就章]棃柿柤桃(改柰桃)待露霜棗杏瓜棣饊飴餳

●考證 ; 謹照原文柤桃改柰桃

◆整理 ; [急就章(급취장)]의 柤桃(사도)는 柰桃(내도)의 착오.

◆訂正文 ; [急就章]棃柿柰桃待露霜棗杏瓜棣饊飴餳

▶【2391-1】字解誤謬與否 ; [急就章]棃柿柤桃(改柰桃)待露霜棗杏瓜棣饊飴餳 [柤桃(改柰桃)]

★이상과 같이 오류(誤謬) 수정(修訂)이 된다 하여도 내도(柰桃; 앵도)는 자전상(字典上) 당(餳)의 본의(本義)에는 영향이 미치지 않음.

康）餐(전)[字彙補]與餰同[禮內則]以與稻米爲酏[註]酏讀爲餰之然反

【 오류정리 】

○康誤處 1 ; [禮內則]以與稻米(改

稻米)爲酏[註(改釋文)]酏讀爲餰
●考證 ; 謹照原文稻 米改稻米註改釋文
◆整理 ; [禮內則(예내칙)]의稻 米(字典無미)는 稻米(도미), 註(주)는 釋文(석문)의 착오.
◈訂正文 ; [禮內則]以與稻米爲酏[釋文]酏讀爲餰
▶【2392-1】字解誤謬與否 ; [禮內則]以與稻米(改稻米)爲酏[註(改釋文)]酏讀爲餰 [稻米(改稻米)] [註(改釋文)]
★이상과 같이 오류(誤謬) 수정(修訂)이 되면 도미(稻米; 멥쌀. 쌀.)인데 자전상(字典上) 전(餰)의 본의(本義)에 영향이 미치게 되나 주소(註疏) 오류(誤謬)를 수정(修訂)을 한다 하여도 본의(本義)에는 영향이 미치지 않음.

食部 十畫

康 餻(고)[廣韻]古勞切[集韻][韻會]居勞切[正韻]姑勞切𠀤音高[玉篇]餻糜[博雅]饔餻餌也[揚子方言]餌謂之餻[集韻]作糕別作餹○按[說文]作餻[字彙]沿俗省作餻附十畫非

【 오류정리 】

○康誤處 1 ; [博雅]饔(省去饔字)餻餌也
●考證 ; 謹按原文孰食謂之饔爲句餻饚飴餣䬶餌也爲句饔字不屬下讀今省去饔字
◆整理 ; [博雅(박아)] 饔(옹) 饔字(옹자)는 삭제.
◈訂正文 ; [博雅]餻餌也
▶【2393-1】字解誤謬與否 ; [博雅]饔(省去饔字)餻餌也 [饔(省去饔字)]
★이상과 같이 옹(饔; 아침밥) 삭제(削除) 한다면 자전상(字典上) 고(餻)의 본의(本義)에 영향을 끼침.

康 餼(희)[廣韻][集韻]許既切[韻會]於既切𠀤音欷[玉篇]饋餉也[周禮秋官司儀]致饔餼[註]小禮曰飧大禮曰饔餼 又[地官司徒]廩人獻餼[註]禾米也 又牲生也[儀禮聘禮]餼之以其禮上賓大牢積惟芻禾介皆有餼[註]凡賜人以牲生曰餼餼猶稟也結也[疏]按經云主國使卿歸饔餼五牢云飪一牢腥二牢餼二牢陳于門西鄭註云餼生也牛羊右手牽之豕東之是牲生曰餼論語告朔之餼羊鄭註亦云牲生曰餼春秋傳餼臧石牛服氏亦云牲生是凡牲生曰餼春秋僖三十三年鄭皇武子云餼牽竭矣服氏以爲腥曰餼以其對牽故以餼爲腥詩序云雖有牲牢饔餼鄭云腥曰餼以其對生是活故以餼爲腥 又[魯語]馬餼不過稂莠[註]秣也○按說文本作氣餼饋客芻米也齊人來氣諸侯見春秋桓十年或从食作餼或从既作槩亦借既義𠀤同今通作餼

【 오류정리 】

○康誤處 1 ; 又[地官司徒(改爲周語)]廩人獻餼[註]禾米也
●考證 ; 謹按此出國語之周語篇不出周禮地官司徒今將地官司徒字改爲周語
◆整理 ; [地官司徒(지관사도)는 周語(주어)의] 착오.
◈訂正文 ; 又[周語]廩人獻餼[註]禾米也
▶【2394-1】字解誤謬與否 ; 又[地官司徒(改爲周語)]廩人獻餼[註]禾米也 [地官司徒(改爲周語)]
★이상과 같이 인용처(引用處)나 주소(註疏), 등(等)의 오류(誤謬)를 수정(修訂)을 한다 하여도 자전상(字典上)의 희(餼)의 본의(本義)에는 영향이 미치지 않음.

○康誤處 2 ; [儀禮][疏]引春秋傳餼藏(改臧)石牛

●考證 ; 謹照原文藏改臧
◆整理 ; [儀禮(의례)][疏(소)]의 藏(장)은 臧(장)의 착오.
◆訂正文 ; [儀禮][疏]引春秋傳餕臧石牛
▶【2395-2】字解誤謬與否 ; [儀禮][疏]引春秋傳餕藏(改臧)石牛 [藏(改臧)]
★이상과 같이 오류(誤謬) 수정(修訂)이 된다 하여도 장(臧; 착하다. 좋다. 옳다. 남자 노복)은 자전상(字典上) 희(餕)의 본의(本義)에는 영향이 미치지 않음.

康餗(소)[集韻]蘇故切音素膳徹鼎也[正字通]按六書本作素儀禮士喪禮飯素食註猶故也謂復平生時食也史記霍光傳註菜食無肉曰素集韻作餗非

【 오류정리 】
○康誤處 1;[史記(改爲漢書)霍光傳][註]菜食無肉曰素
●考證 ; 謹按史記無霍光傳今將史記改爲漢書
◆整理 ; [史記(사기)는 漢書(한서)의 착오. 霍光傳(곽광전)]
◆訂正文 ; [漢書霍光傳]註菜食無肉曰素集
▶【2396-1】字解誤謬與否 ; [史記(改爲漢書)霍光傳][註]菜食無肉曰素 [史記(改爲漢書)]
★이상과 같이 인용처(引用處)나 주소(註疏), 등(等)의 오류(誤謬)를 수정(修訂)을 한다 하여도 자전상(字典上)의 소(餗)의 본의(本義)에는 영향이 미치지 않음.

康餾(류)[唐韻][集韻][韻會][正韻]夶力救切音溜[玉篇]飯氣蒸也[廣韻]餾飯[爾雅釋言]饙餾稔也[疏]孫炎曰蒸之曰饙均之曰餾郭云今呼攸下貝飯

爲饙饙熟爲餾[說文]云饙一蒸米也餾飯氣流也然則蒸米謂之饙饙必餾而熟之故言餾本作饐 又[廣韻][集韻]夶力求切音劉義同

【 오류정리 】
○康誤處 1;[爾雅釋言]饙餾稔也[疏]孫炎曰蒸之曰饙(改曰饙)均之曰餾郭云今呼餐飯(改餐飯)爲饙饙熟爲餾
●考證 ; 謹照原文曰饙改曰饙攸下貝飯改餐飯
◆整理 ; [爾雅釋言(이아석언)][疏(소)]의 曰饙(왈궤)는 曰饙(왈분), 攸下貝飯(字典無반)은 餐飯(수반)의 착오.
◆訂正文 ; [爾雅釋言]饙餾稔也[註]饙熟曰餾[疏]孫炎曰㐱之曰饙均之曰餾郭云今呼餐飯爲饙饙熟爲餾
▶【2397-1】字解誤謬與否 ; [爾雅釋言]饙餾稔也[疏]孫炎曰蒸之曰饙(改曰饙)均之曰餾郭云今呼攸下貝飯(改餐飯)爲饙饙熟爲餾 [曰饙(改曰饙)] [攸下貝飯(改餐飯)]
★이상과 같이 오류(誤謬) 수정(修訂)이 되면 ○분(饙; 찌다)과 ○수반(餐飯; 찐밥)인데 자전상(字典上) 류(餾)의 본의(本義)에 직접 영향이 미치게 됨.

康饁(엽)[唐韻]筠輒切[集韻]域輒切[正韻]弋涉切夶音葉[玉篇]餉田食[爾雅釋詁]饁饟饋也[疏]野饋曰饁[詩豳風]饁彼南畝[左傳僖三十三年]曰季使過冀見冀缺耨其妻饁之 又[周禮春官小宗伯]致禽饁獸於郊[註]聚所獲禽因以祭四方之神於郊也 又[集韻]乙業切音腌野饋也

【 오류정리 】
○康誤處 1;[周禮春官小宗伯(改夏官大司馬)]致禽饁獸於郊
●考證 ; 謹照原文 春官小宗伯改夏官大司馬

◆整理 ; [周禮(주례)의 春官小宗伯(춘관소종백)은 夏官大司馬(하관대사마)의] 착오.

◆訂正文 ; [周禮夏官大司馬]致禽饁獸於郊

▶ 【2398-1】 字解誤謬與否 ; [周禮春官小宗伯(改夏官大司馬)]致禽饁獸於郊 [春官小宗伯(改夏官大司馬)]

★이상과 같이 인용처(引用處)나 주소(註疏), 등(等)의 오류(誤謬)를 수정(修訂)을 한다 하여도 자전상(字典上)의 엽(饁)의 본의(本義)에는 영향이 미치지 않음.

食部 十一畫

康 餂(삼)[廣韻][集韻]垯桑感切三上聲[玉篇]羹餂也[說文]本作糂以米和羹 也一曰粒也 又[五音集韻]與糝同糝糧滓也 又[集韻]楚錦切音墋食有沙 又七紺切音謲鼓曲也與參同[魏志]禰衡爲漁陽參撾

【 오류정리 】

○康誤處 1 ; 又七紺切音謲鼓曲也與參同[魏志(改爲後漢)]禰衡爲漁陽參撾
●考證 ; 謹按所引見後漢書禰衡傳謹將魏志改爲後漢
◆整理 ; [魏志(위지)는 後漢(후한)의] 착오.
◆訂正文 ; 又七紺切音謲鼓曲也與參同[後漢]禰衡爲漁陽參撾
▶ 【2399-1】 字解誤謬與否 ; 又七紺切音謲鼓曲也與參同[魏志(改爲後漢)]禰衡爲漁陽參撾 [[魏志(改爲後漢)]]
★이상과 같이 인용처(引用處) 의 오류(誤謬)를 수정(修訂)을 한다 하여도 자전상(字典上)의 삼(餂)의 본의(本義)에는 영향이 미치지 않음.

食部 十二畫

康 饋(궤)[唐韻][集韻][韻會]求位切[正韻]具位切垯音匱[廣韻]餉也[周禮天官]膳夫掌王之饋[註]進食于尊曰饋 又[儀禮特牲饋食禮]特牲饋食之禮不諏日[註]祭祀自孰始曰饋食饋食者食道也又[士虞禮]特豕饋食[註]饋猶歸也以物與神及人皆言饋 又[左傳成十年]晉侯欲麥使甸人獻麥饋人爲之[註]饋人主治公膳者也 [集韻]或作歸餽 又[集韻]徒回切音頹餼饋餌名屑米和蜜蒸之

【 오류정리 】

○康誤處 1 ; [周禮天官]膳夫掌王之饋(改凡王之饋)[註]進食于尊(增者字)曰饋
●考證 ; 謹照原文掌王之饋改凡王之饋尊下增者字
◆整理 ; [周禮天官(주례천관)]의 王之饋(왕지궤)는 凡王之饋(범왕지궤)의 착오. [註(주)]의 尊(존)에 이어 者字(자자)를 덧붙임.
◆訂正文 ; [周禮天官]膳夫凡王之饋[註]進食于尊者曰饋
▶ 【2400-1】 字解誤謬與否 ; [周禮天官]膳夫掌王之饋(改凡王之饋)[註]進食于尊(增者字)曰饋 [王之饋(改凡王之饋)] [尊(增者字)]
★이상과 같이 범(凡)과 자(者)를 덧붙인다 하여도 자전상(字典上) 궤(饋)의 본의(本義)에는 영향이 미치지 않음.

食部 十三畫

康 饕(도)[唐韻]土刀切[集韻][韻會]他刀切垯音滔[玉篇]貪財也[韻會]貪嗜飮食曰饕[左傳文十八年]天下之民一比三凶謂之饕餮[註]貪財爲饕貪食爲餮互詳餮字註

【 오류정리 】

○康誤處 1 ; [左傳文十八年]天下之民一比(改以比)三凶謂之饕餮

●考證 ; 謹照原文一比改以比
◆整理 ; [左傳文十八年(좌전문십팔년)]의 一比(일비)는 以比(이비)의 착오.
◆訂正文 ; [左傳文十八年]天下之民以比三凶謂之饕餮
▶ 【2401-1】 字解誤謬與否 ; [左傳文十八年]天下之民一比(改以比)三凶謂之饕餮 [一比(改以比)]
★이상과 같이 오류(誤謬) 수정(修訂)이 된다 하여도 이(以; …써. …을 가지고. …을 근거로….에 따라…를 함으로써. …때문에)는 자전상(字典上) 도(饕)의 본의(本義)에는 영향이 미치지 않음.

㋠饗(향)[唐韻][集韻][韻會][正韻]夶許兩切音享[玉篇]設盛禮以飯賓也[說文]鄉人飲酒也[詩小雅]一朝饗之[箋]大飲賓曰饗[周禮秋官掌客]三饗三食三燕又[禮郊特牲]大饗尚腶修而已矣[註]此大饗之諸侯也又[儀禮士昏禮]舅始共饗婦以一獻之禮[註]以酒食勞人曰饗又[公羊傳莊四年]夫人姜氏饗齊侯于祝丘[註]牛酒曰犒加羹飯曰饗　又祭名[禮禮]大饗其王事歟[註]祫祭也　又[書顧命]王三祭上宗曰饗[註]宗伯曰饗者傳神命以饗告也[詩周頌]伊嘏文王既右饗之[箋]文王既右而饗之言受而福之　又通作享[左傳成十二年]享以訓恭儉宴以示慈惠[註]享同饗宴同燕　又與響通[前漢禮樂志]五音六律依饗　又[集韻][韻會][正韻]夶虛良切音香[集韻]祭而神歆之也[前漢郊祀歌]闕流離抑不祥賓百寮山河饗[註]師古曰合韻音鄉又[安世房中歌]嘉薦芳矣告靈饗矣告靈既饗德音孔臧　又叶荒降切與向通[黃香九宮賦]狼弧觳弓而外饗[註]饗宜讀作嚮

【 오류정리 】

○康誤處 1 ; [禮郊特牲]大饗尚腶修(改脩)而已矣[註]此大饗之諸侯(改饗諸侯)也
●考證 ; 謹照原文修改脩之諸侯改饗諸侯
◆整理 ; [禮郊特牲(례교특생)]의 修(수)는 脩(수)의 착오. [註(주)]의 之諸侯(지제후)는 饗諸侯(향제후)의 착오.
◆訂正文 ; [禮郊特牲]大饗尚腶脩而已矣[註]此大饗饗諸侯也
▶ 【2402-1】 字解誤謬與否 ; [禮郊特牲]大饗尚腶修(改脩)而已矣[註]此大饗之諸侯(改饗諸侯)也 [修(改脩)] [之諸侯(改饗諸侯)]
★이상과 같이 오류(誤謬) 수정(修訂)이 된다 하여도 ○단수(腶脩; 육포)는 자전상(字典上) 향(饗)의 본의(本義)에는 영향이 미치지 않으나 ○향제후(饗諸侯; 제후에게 흠향케 하다. [禮記明堂位]明堂也者明諸侯之尊卑也 昔殷紂亂天下脯鬼侯以饗諸侯是以周公相武王以伐紂武王崩成王幼弱周公踐天子之位以治天下)는 본의(本義)에 적극 영향이 미치게 됨.

○康誤處 2 ; [儀禮士昏禮]舅始(改舅姑)共饗婦以一獻之禮
●考證 ; 謹照原文舅始改舅姑
◆整理 ; [儀禮士昏禮(의례사혼례)]의 舅始(구시)는 舅姑(구고)의 착오.
◆訂正文 ; [儀禮士昏禮]舅姑共饗婦以一獻之禮
▶ 【2403-2】 字解誤謬與否 ; [儀禮士昏禮]舅始(改舅姑)共饗婦以一獻之禮 [舅始(改舅姑)]
★이상과 같이 오류(誤謬) 수정(修訂)이 된다 하여도 구고(舅姑; 시부모)는 자전상(字典上) 향(饗)의 본의(本義)에는 영향이 미치지 않음.

○康誤處 3 ; [前漢禮樂志]五音六律

依(增韋字)饗(增昭字)
●考證 ; 謹按郊祀歌本作五音六律依
韋饗昭今照原文依下增韋字饗下增昭字
◆整理 ; [前漢禮樂志(전한례악지)]의
依(의)에 이어 韋字(위자)를 饗(향)에
이어 昭字(소자)를 덧붙임.
◆訂正文 ; [前漢禮樂志]五音六律依
韋饗昭
▶【2404-3】字解誤謬與否 ; [前漢
禮樂志]五音六律依(增韋字)饗(增昭
字) [依(增韋字)] [饗(增昭字)]
★이상과 같이 오류(誤謬) 수정(修訂)
이 되면 ○의위(依韋; 망설임이 함
께 조화되면 서로 어긋나 동떨어지지
않는다)와 ○향소(饗昭; 음성의 울림
이 분명하다. [漢書禮樂志]五音六律
依韋饗昭[師古曰]依韋諧和不相乖離也
饗讀曰響昭明言聲響之明也)인데 자
전상(字典上)인데 향(饗)의 본의(本
義)에 직접 영향이 미치게 됨.

康饙(분)[集韻][韻會]𢿙方文切音
分[玉篇]半蒸飯[釋名]饙分也衆粒各
自分也 又[爾雅釋言]饙餾稔也[註]
今呼䉜飯爲饙饙熟爲餾[疏]稔熟也孫
炎曰蒸之曰饙均之曰餾郭云今呼䉜飯爲
饙饙熟爲餾[說文]云饙一蒸米也餾飯
氣流也然則蒸米爲之饙饙必餾而熟之
故言饙餾稔也[大雅泂酌]云可以饙饎
饙餴音義同 [說文]本作餴 [字彙]
省作饙附十二畫非今改正
【 오류정리 】
○康誤處 1 ; [爾雅][註]今䉜呼(改
餴)飯爲饙饙熟爲餾[疏]郭云今呼䉜(改
餴)飯爲饙饙熟爲餾
●考證 ; 謹照原文兩字䉜𢿙改餴
◆整理 ; [이아][주] 兩字(양자䉜)
는 모두 餴(수)의 착오.
◆訂正文 ; [爾雅][註]今呼餴飯爲饙
饙熟爲餾[疏]郭云今呼餴飯爲饙饙熟

爲餾
▶【2405-1】字解誤謬與否 ; [爾雅]
[註]今呼䉜(改餴)飯爲饙饙熟爲餾[疏]
郭云今呼䉜(改餴)飯爲饙饙熟爲餾
[䉜(改餴)] [䉜(改餴)]
★이상과 같이 오류(誤謬) 수정(修訂)
이 되면 수(餴; 찌다. 익히다. 끓이
다. (물을)축이다. 선밥(충분히 익
지 않은 밥). 고두밥. [廣韻]息流切
[集韻]思留切𢿙音修[廣韻]字義.餴饙
[玉篇]饙也與餴同[廣韻]饙謂之餴)는
자전상(字典上) 분(饙)의 본의(本義)
에 직접 영향이 미치게 됨.

食 部 十四畫
康饡(발) [玉篇]蒲突切音勃饖餫[字
彙]餫飽

【 오류정리 】
○康誤處 1 ; [玉篇]蒲突切音勃饖餫
(改饡餫)
●考證 ; 謹照原文饖餫改饡餫
◆整理 ; [玉篇(옥편)]의 饖餫(주어)
는 饡餫(볼어)의 착오.
◆訂正文 ; [玉篇]蒲突切音勃饡餫
▶【2406-1】字解誤謬與否 ; [玉篇]
蒲突切音勃饖餫(改饡餫) [饖餫(改饡
餫)]
★이상과 같이 오류(誤謬) 수정(修訂)
이 되면 발어(饡餫; 배부르다 [玉篇]
蒲突切音勃饡餫[字彙]餫飽)가 되는데
자전상(字典上) 발(饡)의 본의(本義)
에 적극 영향이 미치게 됨.

首 部
康首(수)[廣韻]書久切[集韻][韻
會][正韻]始九切𢿙音手[說文]頭也
[易說卦]乾爲首[周禮春官大祝]辨九
擇一曰䭫首二曰頓首三曰空首[註]稽
首拜頭至地也頓首拜頭叩地也空首拜頭

至手所謂拜首也 　又元首君也[書益稷]元首起哉 　又[廣韻]始也[公羊傳隱六年]春秋雖無事首時過則書[註]首始也時四時也過歷也春以正月爲始夏以四月爲始秋以七月爲始冬以十月爲始 　又[揚子方言]人之初生謂之首 　又魁帥也[禮檀弓]母爲戎首不亦善乎[註]爲兵主來攻伐曰戎首 　又標表也[禮閒傳]苴惡貌也所以首其內而見諸外也[集說]首者標表之義蓋顯示其內心之哀痛于外也 　又要領也[書秦誓]予誓告汝羣言之首[傳]衆言之本要

又[左傳僖十五年]秦獲晉侯以歸大夫反首拔舍從之[註]反首謂頭髮下垂

又[左傳成十六年]塞井夷竈陳於軍中而疏行首[註]疏行首者當陣前決開營壘爲戰道 　又[禮曲禮]進劍者左首[疏]首劍拊環也 　又[周禮冬官考工記廬人]五分其晉圍去一以爲首圍[註]首殳上鐏也 　又貍首樂章名[周禮春官樂師]凡射諸侯以貍首爲節 　又[禮檀弓]貍首之斑然[註]木文之華 　又官名[史記犀首傳]犀首者魏之陰晉人也名衍姓公孫氏[註]司馬彪曰若今虎牙將軍 　又山名[書禹貢]壺口雷首[疏]在河東蒲坂縣南一名首山左傳宣二年宣子田於首山卽此 　又邑名[春秋僖五年]諸侯盟于首止[註]衞地在陳留襄邑縣東南有首鄕[公羊傳]作首戴又[左傳昭二十八年]韓固爲馬首大夫[註]今壽陽縣 　又牛首鄭邑見[左傳桓十四年又剗首晉地見[左傳文七年 　又國名[山海經]有三首國 　又咳首八蠻之一見[風俗通 　又馬名[爾雅釋獸]馬四蹢皆白首[註]蹢蹄也四蹄白者名首俗呼爲踏雪馬 　又[禮月令]首種不入[註]首種謂稷[疏]百穀稷先種故云 　又豕首茢甄別名見[爾雅釋草 　又姓[正字通]明弘治汀州推官首德仁 　又[廣韻][集韻][韻會][正韻]扗舒救切音狩[廣韻]自首前罪

[正字通]有咎自陳及告人罪曰首[前漢文三王傳]驕嫚不首[註]不首謂不伏其罪也首失救反 　又服也[後漢西域]雖有降首曾莫懲革[註]首猶服也音式救反 　又頭向也[禮玉]君子之居恆當戶寢恆東首[註]首生氣也[釋文]首手又反 　又[戰國策]以秦之彊首之者[註]言以兵向之 　又叶詩紙切音始[揚子太玄經]凍登赤天陰作首也虛羸踦踦擅無已也 　又叶賞語切音黍[班固述高帝]神母告符朱旗廼舉粵蹈秦郊嬰來稽首 　又叶春御切音恕[晉書樂志鼓吹曲]征遼東敵失據威靈邁日域公孫既授首

【 오류정리 】

○康誤處 1 ; [周禮春官大祝]三曰空首[註]空首拜頭至手所謂拜首(改拜手)也

●考證 ; 謹照原文拜首改拜手

◆整理 ; [周禮春官大祝(주례춘관대축)] [註(주)]의 拜首(배수)는 拜手(배수)의 착오.

◆訂正文 ; [周禮春官大祝]三曰空首[註]空首拜頭至手所謂拜手也

▶ 【2407-1】 字解誤謬與否 ; [周禮春官大祝]三曰空首[註]空首拜頭至手所謂拜首(改拜手)也 [拜首(改拜手)]

★이상과 같이 오류(誤謬) 수정(修訂)이 된다 하여도 배수(拜手; 배수(拜首). 공수(空首).[周禮春官大祝辨九拜]三曰空首鄭註拜頭至地所謂拜手疏先以兩手拱至地乃頭至手以其頭不至地故名空首君答臣拜) 자전상(字典上) 수(首)의 본의(本義)에는 영향이 미치지 않음.

○康誤處 2 ; [春秋僖五年]諸侯盟于首止(改爲會王世子於首止)[註]衞地在(省在字)陳留襄邑縣東南有首鄕

●考證 ; 謹照五年經文改爲會王世子於首止並照原註陳留上省在字

◆整理 ; [春秋僖五年(춘추희오년)]의 諸侯盟于首止(제후맹우수지)는 會王世子於首止(회왕세자어수지)의 착오. [註(주)]의 衞地在(위지재)의 在字(재자)는 삭제.

◆訂正文 ; [春秋僖五年]會王世子於首止[註]衞地陳留襄邑縣東南有首鄕

▶【2408-2】 字解誤謬與否 ; [春秋僖五年]諸侯盟于首止(改爲會王世子於首止)[註]衞地在(省在字)陳留襄邑縣東南有首鄕 [諸侯盟于首止(改爲會王世子於首止)] [在(省在字)]

★이상과 같이 오류(誤謬) 수정(修訂)이 된다 하여도 회왕세자(會王世子; 왕세자를 만나. [春秋穀梁傳僖公五年]公孫玆如牟公及齊侯宋公陳侯衞侯鄭伯許男曹伯會王世子於首戴及以會尊之也何尊焉王世子云者唯王之貳也)는 자전상(字典上) 수(首)의 본의(本義)에는 영향이 미치지 않으며 재자(在字) 삭제 역시 같음.

康 �� (수)[集韻]首古作 �� [說文]古文百也巛象髮謂之鬊鬊卽巛也○按鬊音舜亂髮

【 오류정리 】

○康誤處 1 ; [說文]古文百也巛象髮謂之鬊鬊(𢍰改作鬌)卽巛也○按鬊(改作鬌)音舜

●考證 ; 謹照原文三鬊字𢍰改作鬌

◆整理 ; [說文(설문)]의 鬊(순)은 모두 鬌(추)의 착오.

◆訂正文 ; [說文]古文百也巛象髮謂之鬌鬌卽巛也○按鬌音舜

▶【2409-1】 字解誤謬與否 ; [說文]古文百也巛象髮謂之鬊鬊(𢍰改作鬌)卽巛也○按鬊(改作鬌)音舜 [鬊鬊(𢍰改作鬌)] [鬊(改作鬌)]

★이상과 같이 오류(誤謬) 수정(修訂)이 되면 추(鬌; 탈모(脫毛). 머리키락

이 빠짐)는 자전상(字典上) 수(��)의 본의(本義)에 영향이 미치게 됨.

首 部 八畫

康 馘 (괵)[廣韻][韻會]古獲切[集韻]骨或切[正韻]古伯切𢍰音蟈[玉篇]截耳也[說文]軍戰斷首也[詩大雅]攸馘安安[註]軍法獲而不服則殺而獻其左耳[禮王制以]訊馘告[註]訊是生者馘是死而截耳者[爾雅釋詁]馘獲也[註]今以獲賊耳爲馘 又[五音集韻]呼臭切音洫面也[莊子列禦寇]槁項黃馘 [說文]本作聝[字林]截耳則作耳旁獻首則作首旁 又叶況壁切音翕[詩魯頌]矯矯虎臣在泮獻馘叶上德服

【 오류정리 】

○康誤處 1 ; [說文]軍戰斷首(改爲斷耳)也

●考證 ; 謹照原文斷首改爲斷耳

◆整理 ; [說文(설문)]의 斷首(단수)는 斷耳(단이)의 착오.

◆訂正文 ; [說文]軍戰斷耳也

▶【2410-1】 字解誤謬與否 ; [說文]軍戰斷首(改爲斷耳)也 [斷首(改爲斷耳)]

★이상과 같이 오류(誤謬) 수정(修訂)이 되면 단이(斷耳; 귀를 자른다. [史記三王世家]王欲發兵罪名明白當坐之漢家有正法王犯纖介小罪過即行法直斷耳安能寬王驚動以文法王意盆下心恐)인데 자전상(字典上) 괵(馘)의 본의(本義)에 적극 영향이 미치게 됨.

香 部 八畫

康 馡 (비)[廣韻]甫微切[集韻]匪微切𢍰音斐[廣雅]馡馡香也 又[韻會]通作菲[楚辭九歌]芳菲兮滿堂[司馬相如上林賦]郁郁菲菲 又[集韻][韻會][正韻]𢍰芳微切音霏義同

【 오류정리 】

○康誤處 1 ; [韻會]通作菲[楚辭九歌]芳菲兮滿堂(改爲芳菲菲兮滿堂)

●考證 ; 謹照原文增改爲芳菲菲兮滿堂

◆整理 ; [楚辭九歌(초사구가)]의 芳菲兮滿堂(방비혜만당)은 芳菲菲兮滿堂(방비비혜만당)의 착오.

◆訂正文 ; [韻會]通作菲[楚辭九歌]芳菲菲兮滿堂

▶【2411-1】字解誤謬與否 ; [韻會]通作菲[楚辭九歌]芳菲兮滿堂(改爲芳菲菲兮滿堂) [芳菲兮滿堂(改爲芳菲菲兮滿堂)]

★이상과 같이 오류(誤謬) 수정(修訂)이 되면 비비(菲菲; 향기가 그윽하다. 무성하고 아름답다. 어지럽게 뒤섞여 있다. [楚辭九歌章句] [博雅]菲菲香也[司馬相如上林賦]郁郁菲菲又[揚子太䣼經]白黑菲菲[註]雜也[後漢梁鴻傳]志菲菲兮升降[註]高下不定也 芳菲菲兮滿堂菲菲芳貌也言乃使姣好之巫被服盛飾擧足奮袂僛僊而舞芬芳菲菲盈滿堂室也五音紛兮繁會五音宮商角徵羽也紛盛貌)인데 자전상(字典上) 비(菲)의 본의(本義)에 적극 영향이 미치게 됨.

馬 部

康馬(마)[唐韻][正韻]莫下切[集韻][韻會]母下切𠀌麻上聲[說文]怒也武也象馬頭髦尾四足之形[玉篇]黃帝臣相乘馬武獸也怒也[正韻]乘畜生於午稟火氣火不能生木故馬有肝無膽膽木之精氣也木臟不足故食其肝者死[易說卦傳]乾爲馬[疏]乾象天天行健故爲馬[春秋說題辭]地精爲馬[春秋考異記]地生月精爲馬月數十二故馬十二月而生[周禮夏官校人]掌王馬辨六馬之屬 又[趣馬]掌贊正良馬又[巫馬]掌養疾馬而乘治之相醫而藥攻馬疾又[馬質]掌質馬馬量三物一曰戎馬二曰田馬三曰

駑馬皆有物賈又[廋人]掌十二閑之政教以阜馬[圉人]掌芻牧以役圉師凡太祭祀朝覲會同毛馬而頒之凡軍事物馬而頒之[註]毛馬齊其色物馬齊其力 又司馬官名[周禮夏官大司馬註]謂總武事也又[清夜錄]漢制卿駙馬右騑[前漢東方朔傳]太守駟馬駕車一馬行春[衛宏輿服志]諸侯四馬駙以一馬[南史柳元策傳]兄弟五人並爲太守時人語曰柳氏門庭五馬逶迤[正字通]故今太守稱五馬大夫 又田野浮氣曰野馬[莊子逍遙遊]野馬也塵埃也生物之以息相吹也[註]日光也一曰遊絲水氣 又陽馬[何晏景福殿賦]承以陽馬接以圓方[註]陽馬屋四角引出承短椽者連接或圓或方也 又投壺勝算曰馬[禮投壺]爲勝者立馬一馬從二馬三馬既立請慶多馬[註]立馬者取算以爲馬表其勝之數也謂算爲馬者馬爲威武之用投壺及射皆以習武也 又[字彙補]打馬彈碁類也朱李易安有打馬圖 又地名馬陘齊邑馬陵鄭地並見[左傳] 又天馬獸名有翼能飛 又竈馬蟲名[西陽雜俎]狀似促織好穴竈旁今俗呼竈雞 又馬勃草名[正字通]生濕地腐木上一名馬疕韓愈所云牛溲馬勃兼收並蓄是也 又海馬魚名牙骨堅瑩文理細如絲可制爲器 又姓[姓苑]本伯益之後趙奢封馬服君遂氏焉 又司馬巫馬乘馬皆複姓[前漢溝洫志]諫大夫乘馬延年[孟康曰]乘馬姓也又[風俗通]有白馬氏 又馬流[俞益期曰]馬援立銅柱岸北有遺兵居壽冷岸南對銅柱悉姓馬號曰馬流[方隅勝略]謂馬人散處南海謂之馬流[韓愈詩]衙時龍戶集上日馬人來[註]即馬流也一作馬留 又門名[前漢項籍傳註]宮垣內兵衛所在四面皆有司馬以主事故總稱司馬門又[公孫弘傳註]武帝時相馬者東門京作銅馬法立於魯般門外更名金馬門 又亭名謝靈運爲永嘉太守以五馬自

隨立五馬亭　又[集韻]滿補切音姥義
同　[前漢石慶傳馬字與尾當五[師古
曰]馬字下曲者尾幷四點爲足凡五

【 오류정리 】

○康誤處 1；[周禮夏官校人]掌王馬
辨六馬之屬　又[趣馬]掌贊正良馬　又
[巫馬]掌養疾馬而乘治之相醫而藥攻
馬疾　又[馬質]掌質馬馬量三物一曰
戎馬二曰田馬三曰駑馬皆有物賈　又
[廋人]掌十二閑之政敎以阜馬[圉人]
掌芻牧以役圉師凡太祭祀朝覲會同毛
馬而頒之凡軍事物馬而頒之[註]毛馬
齊其色物馬齊其力(改爲周禮夏官馬質
掌質馬馬量三物一曰戎馬二曰田馬三曰
駑馬皆有物賈又校人掌王馬辨六馬之屬
凡大祭祀朝覲會同毛馬而頒之凡軍事物
馬而頒之註毛馬齊其色物馬齊其力　又
[趣馬]掌贊正良馬　又[巫馬]掌養疾馬
而乘治之相醫而藥攻馬疾　又[廋人]掌
十二閑之政敎以阜馬[圉人]掌芻牧以役
圉師)

●考證；謹照原文 次序改爲周禮夏官
馬質掌質馬馬量三物一曰戎馬二曰田馬
三曰駑馬皆有物賈又校人掌王馬辨六馬
之屬凡大祭祀朝覲會同毛馬而頒之凡軍
事物馬而頒之註毛馬齊其色物馬齊其力
又[趣馬]掌贊正良馬又[巫馬]掌養疾馬
而乘治之相醫而藥攻馬疾又[廋人]掌十
二閑之政敎以阜馬[圉人]掌芻牧以役圉
師

◆整理；[周禮夏官校人]掌王馬辨六
馬之屬　又[趣馬]掌贊正良馬　又[巫
馬]掌養疾馬而乘治之相醫而藥攻馬疾
又[馬質]掌質馬馬量三物一曰戎馬二
曰田馬三曰駑馬皆有物賈　又[廋人]
掌十二閑之政敎以阜馬[圉人]掌芻牧
以役圉師凡太祭祀朝覲會同毛馬而頒
之凡軍事物馬而頒之[註]毛馬齊其色
物馬齊其力은 周禮夏官馬質掌質馬馬
量三物一曰戎馬二曰田馬三曰駑馬皆有

物賈又校人掌王馬辨六馬之屬凡大祭祀
朝覲會同毛馬而頒之凡軍事物馬而頒之
註毛馬齊其色物馬齊其力　又[趣馬]掌
贊正良馬　又[巫馬]掌養疾馬而乘治之
相醫而藥攻馬疾　又[廋人]掌十二閑之
政敎以阜馬[圉人]掌芻牧以役圉師의
착오.

◆訂正文；[周禮夏官馬質]掌質馬馬
量三物一曰戎馬二曰田馬三曰駑馬皆
有物賈　又[校人]掌王馬辨六馬之屬
凡大祭祀朝覲會同毛馬而頒之凡軍事
物馬而頒之註毛馬齊其色物馬齊其力
又[趣馬]掌贊正良馬　又[巫馬]掌養
疾馬而乘治之相醫而藥攻馬疾　又[廋
人]掌十二閑之政敎以阜馬[圉人]掌芻
牧以役圉師

▶【2412-1】字解誤謬與否；[周禮夏
官校人]掌王馬辨六馬之屬　又[趣馬]
掌贊正良馬　又[巫馬]掌養疾馬而乘治
之相醫而藥攻馬疾　又[馬質]掌質馬
馬量三物一曰戎馬二曰田馬三曰駑馬
皆有物賈　又[廋人]掌十二閑之政敎
以阜馬[圉人]掌芻牧以役圉師凡太祭
祀朝覲會同毛馬而頒之凡軍事物馬而
頒之[註]毛馬齊其色物馬齊其力(改爲
周禮夏官馬質掌質馬馬量三物一曰戎馬
二曰田馬三曰駑馬皆有物賈又校人掌王
馬辨六馬之屬凡大祭祀朝覲會同毛馬而
頒之凡軍事物馬而頒之註毛馬齊其色物
馬齊其力　又[趣馬]掌贊正良馬　又
[巫馬]掌養疾馬而乘治之相醫而藥攻馬
疾　又[廋人]掌十二閑之政敎以阜馬
[圉人]掌芻牧以役圉師)

★이상과 같이 오류(誤謬) 수정(修訂)
이 된다 하여도 ◆([周禮夏官校人]掌王
馬辨六馬之屬= 周禮夏官又校人掌王馬
辨六馬之屬) ◆(又[馬質]掌質馬馬量三
物一曰戎馬二曰田馬三曰駑馬皆有物賈=
馬質掌質馬馬量三物一曰戎馬二曰田馬
三曰駑馬皆有物賈) ◆(又[巫馬]掌養疾
馬而乘治之相醫而藥攻馬疾　又[廋人]掌

十二閑之政敎以阜馬[圉人]掌芻牧以役圉師　=又[巫馬]掌養疾馬而乘治之相醫而藥攻馬疾　　又[廋人]掌十二閑之政敎以阜馬[圉人]掌芻牧以役圉師)　◆(又[趣馬]掌贊正良馬　凡太祭祀朝覲會同毛馬而頒之凡軍事物馬而頒之[註]毛馬齊其色物馬齊其力=又[趣馬]掌贊正良馬　凡大祭祀朝覲會同毛馬而頒之凡軍事物馬而頒之註毛馬齊其色物馬齊其力)

★이상과 같이 문장 순만 바뀌었을 뿐 일자(一字)의 수정이 없어 자전상(字典上) 마(馬)의 본의(本義)에는 영향이 미치지 않음.

○康誤處 2 ; [姓苑]本伯益之後超奢(改趙奢)封馬服君遂氏焉

●考證 ; 謹照原文超奢改趙奢原版已改

◆整理 ; [姓苑(성원)]의 超奢(초사)는 趙奢(조사)의 착오.

◆訂正文 ; [姓苑]本伯益之後趙奢封馬服君遂氏焉

▶【2413-2】字解誤謬與否 ; [姓苑]本伯益之後超奢(改趙奢)封馬服君遂氏焉 [超奢(改趙奢)]

★이상과 같이 오류(誤謬) 수정(修訂)이 된다 하여도 조사(趙奢; 조국인(趙國人). 전국 시대 조(趙)나라의 무장 [史記 陳涉世家]吳起孫臏帶他兒良王廖田忌廉頗趙奢之倫制其兵.嘗以什倍之地百萬之師)는 자전상(字典上) 마(馬)의 본의(本義)에는 영향이 미치지 않음.

馬部 二畫

(康)馮(풍)[廣韻]扶冰切[集韻][韻會]皮冰切𠀤音憑[說文]馬行疾也　又[玉篇]乘也陵也登也[易泰卦]包荒用馮河[疏]用馮河者無舟渡水馮陵於河是頑愚之人此九二能包含容受故曰用馮河也[爾雅釋訓]馮河徒涉也[疏]小雅

小旻不敢馮河毛傳云馮陵也然則豈涉水陵波而渡故訓馮爲陵也又[周禮夏官大司馬]馮弱犯寡則眚之[註]馮謂乘陵也又馮馮牆堅聲[詩大雅]削屢馮馮[傳]削牆鍛屢之聲馮馮然[朱傳]削屢牆成而削治重複也馮馮牆堅聲　又借爲馮依字[詩大雅]有馮有翼[傳]可馮依以爲輔翼也　又[揚子方言]馮怒也楚曰馮[註]馮恚盛貌[左傳昭五年]今君奮焉震電馮怒　又恃也矜也[史記伯夷傳]衆庶馮生[註]馮者恃也言衆庶之情蓋馮恃矜其生也又[莊子盜跖篇]富人侁溺於馮氣若負重行而上也[註]呂吉甫曰馮恃多資氣驕滿也舊註馮讀如憤非　又不滿之意[張衡西京賦]惟帝王之神麗懼尊卑之不殊雖斯宇之旣坦心猶馮而未慮[註]宮室神嚴所以別尊卑故此宇雖寬坦心未攄散也　又古郡名[前漢地理志]左馮翊故秦內史太初元年更名又馮乘縣屬蒼梧郡　又官名[周禮春官宗伯]馮相氏[註]馮乘也相視也　又馮夷神名　又[集韻]披耕切音怦馮閎大也一曰虛廓　又[唐韻]房戎切[集韻][韻會]符風切[正韻]符中切𠀤音逢[玉篇]姓也[韻會]鄭馮簡子　又[集韻]皮命切音病據也　又父吻切與憤同懣也

【 오류정리 】

○康誤處 1 ; [爾雅釋訓]馮河徒涉也[疏]小雅小旻不敢馮河毛傳云馮陵也然則豈涉水(改空涉水)陵波而渡故訓馮爲陵也

●考證 ; 謹照原文豈涉水改空涉水

◆整理 ; [爾雅釋訓(이아석훈)] [疏(소)]의 涉水(섭수)는 空涉水(공섭수)의 착오.

◆訂正文 ; [爾雅釋訓]馮河徒涉也[疏]小雅小旻不敢馮河毛傳云馮陵也然則空涉水陵波而渡故訓馮爲陵也

▶【2414-1】字解誤謬與否 ; [爾雅

釋訓]馮河徒涉也[疏]小雅小旻不敢馮河毛傳云馮陵也然則豈涉水(改空涉水)陵波而渡故訓馮爲陵也 [涉水(改空涉水)]

★이상과 같이 오류(誤謬) 수정(修訂)이 되면 공섭수(空涉水; 물이 말라 걸어서 건너감. [論語正義述而][詩傳]云馮陵也然則空涉水陵波而渡故訓馮為陵也)인데 자전상(字典上) 풍(馮)의 본의(本義)에 적극 영향이 미치게 됨.

○康誤處 2 ; [張衡西京賦]心猶馮而未慮(改未攄)

●考證 ; 謹照原文未慮

◆整理 ; [張衡西京賦(장형서경부)]의 未慮(미려)는 未攄(미터)의 착오.

◆訂正文 ; [張衡西京賦]心猶馮而未攄

▶【2415-2】字解誤謬與否 ; [張衡西京賦]心猶馮而未慮(改未攄) [未慮(改未攄)]

★이상과 같이 오류(誤謬) 수정(修訂)이 된다 하여도 미터(未攄; 다 하지 못하다. [張衡西京賦]惟帝王之神麗懼尊卑之不殊雖斯宇之旣坦心猶馮而未攄宮室神嚴所以別尊卑故此宇雖寬坦心未攄散也)는 자전상(字典上) 풍(馮)의 본의(本義)에는 영향이 미치지 않음.

○康誤處 3 ; 又郡名[前漢地理志]左馮翊(增註字)

●考證 ; 謹照原文左馮翊下增註字

◆整理 ; [前漢地理志(전한지리지)]의 翊(익)에 뒤 이어 註字(주자)를 덧붙임.

◆訂正文 ; 又郡名[前漢地理志]左馮翊註

▶【2416-2】字解誤謬與否 ; 又郡名[前漢地理志]左馮翊(增註字) [翊(增註字)]

★이상과 같이 오류(誤謬) 수정(修訂)이 되면 익주(翊註; 집중하여 도움. [前漢地理志]左馮翊註故秦內史太初元年更名又馮乘縣屬蒼梧郡)인데 자전상(字典上) 풍(馮)의 본의(本義)에 적극 영향이 미치게 됨.

馬 部 三畫

馰(적)[唐韻]都歷切[集韻][韻會]丁歷切夶音的[玉篇]馰顙白額馬也[說文]一曰駿也[爾雅釋獸]馰顙白顚[註]今之戴星馬也額有白毛謂之的盧準有旋毛及白毛謂之的吻凶

【 오류정리 】

○康誤處 1 ; [爾雅釋獸(改釋畜)]馰顙白顚

●考證 ; 謹照原書釋獸改釋畜

◆整理 ; [爾雅(이아)]의 釋獸(석수)는 釋畜(석축)의 착오.

◆訂正文 ; [爾雅釋畜]馰顙白顚

▶【2417-1】字解誤謬與否 ; [爾雅釋獸(改釋畜)]馰顙白顚 [釋獸(改釋畜)]

★이상과 같이 인용처(引用處)나 주소(註疏), 등(等)의 오류(誤謬)를 수정(修訂)을 한다 하여도 자전상(字典上)의 적(馰)의 본의(本義)에는 영향이 미치지 않음.

馵(주)[唐韻]之戍切[集韻][韻會]朱戍切夶音注[說文]馬後左足白也[爾雅釋獸]左白馵又膝上皆白惟馵[詩秦風]駕我騏馵 又[玉篇]馬懸足也[易說卦傳]震爲馵足[陸佃云]馵足蓋取其躁故二絆其足言制之而動今字書𩢸从馬一絆其足馵二絆其足𩣡口其足 又[集韻]朱欲切音燭義同

【 오류정리 】

○康誤處 1 ; [爾雅釋獸(改釋畜)]左白

羼
●考證 ；謹照原書釋獸改釋畜
◆整理 ；[爾雅(이아)의 釋獸(석수)는
釋畜(석축)의] 착오.
◆訂正文 ；[爾雅釋畜]左白羼
▶【2418-1】字解誤謬與否 ；[爾雅
釋獸(改釋畜)]左白羼 [釋獸(改釋
畜)]
★이상과 같이 인용처(引用處)나 주
소(註疏), 등(等)의 오류(誤謬)를 수정
(修訂)을 한다 하여도 자전상(字典上)
의 주(羼)의 본의(本義)에는 영향이
미치지 않음.

馬部 四畫

康馹(일)[唐韻][正韻]人質切[集
韻][韻會]入質切𠀇音日[說文]驛傳也
[玉篇]傳也[爾雅釋言]遽傳也[註]皆傳
車馹馬之名[左傳文十六年]楚子乘馹
會師于臨品[正字通]按六書故置馬代
馳取疾也以車曰傳以騎曰馹 [楊愼
曰]孟子置郵傳命古註置驛也郵馹也置
緩郵速驛遲馹疾也置有安置意猶今制
云日行一程郵有過而不留意猶今制云
倍道兼行言速馳也後世不達馹字義以
馹爲驛之省文永樂中制春秋大全盡改
左傳馹字爲驛驛與馹溷而不分故解經
皆繆元許謙云馬遞曰置步遞曰郵皆臆
揣妄說初無所祖不思古註郵訓爲馹若
是步遞字何以从馬據此說馹驛義別存
以備考正

【 오류정리 】

○康誤處 1 ；[爾雅釋言]遽傳也[註]
皆傳車馹馬(改驛馬)之名
●考證 ；謹按原文馹遽傳也謂馹遽皆
訓爲傳非訓馹爲遽傳也謹照原書文義改
遽爲𠀇照原文馹馬改驛馬
◆整理 ；[爾雅釋言(이아석언)] [註
(주)]의 馹馬(일마)는 驛馬(역마)의
착오.

◆訂正文 ；[爾雅釋言]遽傳也[註]皆
傳車驛馬之名
▶【2419-1】字解誤謬與否 ；[爾雅
釋言]遽傳也[註]皆傳車馹馬(改驛馬)
之名 [馹馬(改驛馬)]
★이상과 같이 오류(誤謬) 수정(修訂)
이 되면 역마(驛馬; 역말. 각 역참(驛
站)에 대기 시키고 있는 말)인데 자
전상(字典上) 일(馹)의 본의(本義)에
영향이 미치게 됨.

馬部 五畫

康駒(구)[唐韻]舉朱切[集韻][韻
會]恭于切𠀇音拘[說文]馬二歲曰駒
[註]六尺以上馬五尺以上駒[爾雅釋
獸]㹀駒褭驂[註]㹀駒小馬別名褭驂或
曰此卽腰褭古之良馬名[周禮夏官廋
人]攻駒[註]攻駒騬其蹄齧者 又[校
人]春祭馬祖執駒[註]執駒無令近母猶
攻駒也又[禮月令]仲夏游牝別羣則縶騰
駒[註]季春姙孕已逯故仲夏不使同羣
拘縶騰躍之駒防蹏齧 又驪駒歌名[前
漢儒林傳]王式謂歌吹諸生曰歌驪駒[
註]服虔曰逸[詩]篇名見[大戴禮]客欲
去歌之 又元駒魚名[崔豹古今注]兗
州人呼赤鯉爲元駒又蟻別名 又株駒
枯樹本也[列子天瑞篇]若橜株駒 又
姓周駒伯漢駒幾見;萬姓統譜 又[集
韻]俱遇切音句義同[詩小雅]老馬反爲
駒不顧其後[釋文]駒下故反 又[集
韻]駒驪國名 又叶居侯切音鉤[易林]
川深難游水爲我憂多虛少實命鹿爲駒

【 오류정리 】

○康誤處 1 ；[周禮夏官技人(改校人)]
春祭馬祖執駒
●考證 ；謹照原文技人改校人
◆整理 ；[周禮夏官(주례하관)의 技人
(기인)은 校人(교인)의] 착오.
◆訂正文 ；[周禮夏官校人]春祭馬祖

執駒

▶【2420-1】字解誤謬與否 ; [周禮夏官技人(改校人)]春祭馬祖執駒 [技人(改校人)]

★이상과 같이 오류(誤謬) 수정(修訂)이 된다 하여도 교인(校人; 주대(周代)에 소택(沼澤)을 관장하던 관명(官名). 연못직이. 주례(周禮)의 교인(校人)은 말은 관장하던 관직. [孟子萬章章句上]昔者有饋生魚於鄭子産子産使校人畜之池. 校人烹之反命曰始舍之圉圉焉,少則洋洋焉 [周禮夏官校人]春祭馬祖夏祭先牧秋祭馬社冬祭馬步皆馬祭也) 자전상(字典上) 구(駒)의 본의(本義)에는 영향이 미치지 않음.

○康誤處 2 ; [禮月令]仲夏游牝別羣則繫(改縶)騰駒
●考證 ; 謹照原文繫改縶
◆整理 ; [禮月令(예월령)]의 繫(계)는 縶(집)의 착오.
◆訂正文 ; [禮月令]仲夏游牝別羣則縶騰駒

▶【2421-2】字解誤謬與否 ; [禮月令]仲夏游牝別羣則繫(改縶)騰駒 [繫(改縶)]

★이상과 같이 오류(誤謬) 수정(修訂)이 되면 집등구(縶騰駒; 날뛰는 망아지를 우리에 가두다. [周禮夏官廋人]攻駒[註]攻駒騬其蹄齧者又[校人]月令[註]執駒無令近母猶攻駒也又[禮月令]仲夏游牝別羣則縶騰駒[註]季春妊孕已逐故仲夏不使同)인데 자전상(字典上) 구(駒)의 본의(本義)에 영향이 미치게 됨.

○康誤處 3 ; [釋文]駒下故反(改爲集傳駒叶去聲)
●考證 ; 謹按釋文駒音拘無下故反三字惟集傳後字下叶故反乃後字叶音非駒字叶音也今照集傳原文改爲集傳駒叶去

聲
◆整理 ; [釋文(석문)] 駒下故反(구하고반)은 [集傳(집전)]駒叶去聲(구협거성)의 착오.
◆訂正文 ; [集傳]駒叶去聲

▶【2422-3】字解誤謬與否 ; [釋文]駒下故反(改爲集傳駒叶去聲) [[釋文]駒下故反(改爲集傳駒叶去聲)]

★이상과 같이 오류(誤謬) 수정(修訂)이 되면 ○구협(駒叶; 날뛰는 망아지를 달램. [詩小雅]老馬反爲駒不顧其後集傳駒叶去聲)과 ○거성(去聲; 四聲(사성)의 하나, 처음에는 높이 시작(始作)해서 나중에는 낮추어 버리는 음(音) [玉鑰匙歌訣]提到平聲平道莫低昂上聲高呼猛烈強去聲分明哀遠道入聲短促急收藏)인데 자전상(字典上) 구(駒)의 본의(本義)에 영향이 미치게 됨.

康 駓 (비)[唐韻]敷悲切[集韻][韻會]攀悲切夶音丕[玉篇]駓駓走貌[楚辭招魂]逐人駓駓些[註]駓駓走貌 又[爾雅釋獸]黃白雜毛曰駓[註]今桃花馬[詩魯頌]有駓有騜 又[集韻]貧悲切音皮義同 [集韻]或作𩥑

【 오류정리 】

○康誤處 1 ; [爾雅釋獸(改釋畜)]黃白雜毛曰駓
●考證 ; 謹照原書釋獸改釋畜
◆整理 ; [爾雅(이아)]의 釋獸(석수)는 釋畜(석축)의 착오.
◆訂正文 ; [爾雅釋畜]黃白雜毛曰駓

▶【2423-1】字解誤謬與否 ; [爾雅釋獸(改釋畜)]黃白雜毛曰駓 [釋獸(改釋畜)]

★이상과 같이 인용처(引用處)나 주소(註疏), 등(等)의 오류(誤謬)를 수정(修訂)을 한다 하여도 자전상(字典上)의 비(駓)의 본의(本義)에는 영향이

미치지 않음.

康 **騢**(장)[唐韻][集韻][韻會]子朗切[正韻]子党切夶藏上聲[說文]壯馬也一曰馬蹲騢也又[唐本說文]騢奘馬也奘謏爲壯[玉篇]駿馬也[左思魏都賦]冀馬塡廐而騢駭[註]騢壯也 又[爾雅釋獸]奘騢也[註]秦晉呼大爲騢騢猶麤也 又牙儈狡捷者曰騢[呂氏春]段干木晉國之大騢也[史記貨殖傳]騢儈會兩家交易者如今之度市[註]騢者其首率 又[廣韻]徂古切[集韻][類篇]坐五切夶音祖[周禮春官典瑞]騢圭璋璧琮琥璜之渠眉[註]騢讀爲組渠眉玉飾之溝璓也[疏]此六玉兩頭皆有孔又於兩孔之閒爲溝渠於溝之兩畔稍高爲眉璓以組穿聯於其中也 又[集韻]聰祖切音粗亦馬壯也 又牀魚切音鉏人名齊公子騢見[左傳]

【 오류정리 】

○康誤處 1；[左思魏都賦]冀馬塡廐而騢駭(改騢駿)

●考證；謹照原文騢駭改騢駿

◆整理；[左思魏都賦(좌사위도부)]의 騢駭(장해)는 騢駿(장준)의 착오.

◆訂正文；[左思魏都賦]冀馬塡廐而騢駿

▶【2424-1】字解誤謬與否；[左思魏都賦]冀馬塡廐而騢駭(改騢駿) [騢駭(改騢駿)]

★이상과 같이 오류(誤謬) 수정(修訂)이 되면 장준(騢駿; 준마(駿馬)) 자전상(字典上) 장(騢)의 본의(本義)에 영향이 적극 미치게 됨.

○康誤處 2；[爾雅釋獸(改釋言)]奘騢也[註]秦晉(改江東)呼大爲騢騢猶麤也

●考證；謹照原文釋獸改釋言秦晉改江東

◆整理；[爾雅(이아)의 釋獸(석수)는

釋言(석언)의] 착오. [註(주)]의 秦晉(진진)은 江東(강동)의 착오.

◆訂正文 ；[爾雅釋言]奘騢也[註]江東呼大爲騢騢猶麤也

▶【2425-2】字解誤謬與否；[爾雅釋獸(改釋言)]奘騢也[註]秦晉(改江東)呼大爲騢騢猶麤也 [釋獸(改釋言)] [秦晉(改江東)]

★이상과 같이 인용처(引用處)의 오류(誤謬)나 강동(江東; 강소성 흐르는 진강의 동쪽)으로 오류(誤謬)를 수정(修訂)을 한다 하여도 자전상(字典上)의 장(騢)의 본의(本義)에는 영향이 미치지 않음.

康 **駘**(태)[唐韻]徒哀切[集韻][韻會][正韻]堂來切夶音臺[玉篇]駑馬銜脫也[崔寔政論]馬駘其銜 又駘蕩曠遠也 又地名[左傳昭九年]駘芮岐畢吾西土也[註]駘在始平武功縣又[哀六年]遷儒子於駘[註]駘齊邑[釋文]他才反又徒來反 又神名[韻會]金天氏子曰晞生允格臺駘 又人名[莊子德充符]魯有兀者王駘 又[五音集韻]土來切音胎義同 又[廣韻]徒亥切[集韻][正韻]蕩亥切夶音待[玉篇]駘蕩廣大意 又[正字通]春色舒放曰駘蕩 又[廣韻]疲也鈍也 又[類篇]駘騤馬不進也 又[莊子德充符]衞有惡人焉曰哀駘它[音義]駘音殆李云哀駘醜貌它其名也 又與跆同[史記天官書]兵相駘籍[前漢書]作跆

【 오류정리 】

○康誤處 1；[左傳昭九年](增魏字)駘芮岐畢

●考證；謹照原文駘上增魏字

◆整理；[左傳昭九年(좌전소구년)]에 이어 魏字(위자)를 덧붙임.

◆訂正文；[左傳昭九年]魏駘芮岐畢

▶【2426-1】字解誤謬與否；[左傳

昭九年](增魏字)駞芮岐畢　[(增魏字)駞]

★이상과 같이 오류(誤謬) 수정(修訂)이 되면 위태(魏駞; 위(魏)의 지명(地名). [崔寔政論]馬駞其銜又駞蕩曠遠也 又地名[左傳昭九年]魏駞芮岐畢吾西土也駞在始平武功縣)로 자 전상(字典上) 태(駞)의 본의(本義)에 적극 영향이 미치게 됨.

○康誤處 2 ; [哀六年]遷儒子(改孺子)於駞
●考證 ; 謹照原文儒子改孺子
◆整理 ; [哀六年(애륙년)]의 儒子(유자)는 孺子(유자)의 착오.
◆訂正文 ; [哀六年]遷孺子於駞
▶【2427-1】字解誤謬與否 ; [哀六年]遷儒子(改孺子)於駞　[儒子(改孺子)]
★이상과 같이 오류(誤謬) 수정(修訂)이 된다 하여도 유자(孺子: 적장자(嫡長子).어린 아이)는 자전상(字典上) 태(駞)의 본의(本義)에는 영향이 미치지 않음.

康駞(타)[廣韻]徒何切[集韻][韻會][正韻]唐何切夶音陀[玉篇]駱駞也一作駝駝[前漢西域傳]鄯善國多駞駞[註]師古曰脊上肉鞍隆高若封上俗呼封牛或曰駞狀似馬頭似羊長項垂耳有蒼褐黃紫數色性耐寒惡熱夏至退毛至盡人欲載輒屈足受之自燉煌往外國流沙千餘里無水有伏流駞遇其處停不進以足跑地掘之常得水又青海北夏有熱風傷行旅風將至駞先引頸鳴以鼻口匿沙中人見之則以氈擁蔽口面避其患其臥腹不帖地屈足糞煙直上如狼煙亦名橐駞[古諺]少所見多所怪見橐駞以爲馬腫背又[唐制]驛置有明駞使非邊塞軍機不得擅發俗本改明作鳴非　又通作它[揚雄長楊賦]鞲橐它　又背僂也

[柳宗元郭橐駞種樹傳註]人背駞不能仰也或作他[莊子德充符]衞有惡人哀駞他[註]他與駞同言背僂也　又凡以畜負物曰駞或作佗[前漢趙充國傳]以一馬自佗負別作馱[李白詩吳姬十五細馬馱

【 오류정리 】

○康誤處 1 ; [前漢西域傳]鄯善(改鄯善)國多駞駞
●考證 ; 謹照原文鄯善改鄯善
◆整理 ; [前漢西域傳(전한서역전)]의 鄯善(업선)은 鄯善(선선)의 착오.
◆訂正文 ; [前漢西域傳]鄯善國多駞駞
▶【2428-1】字解誤謬與否 ; [前漢西域傳]鄯善(改鄯善)國多駞駞　[鄯善(改鄯善)]
★이상과 같이 오류(誤謬) 수정(修訂)이 되면 선선(鄯善; 漢代 西域의 나라 중의 하나. 누란(樓蘭) [隋書西域傳]于闐國條下載于闐國都葱嶺之北二百余里東去鄯善千五百里南去女國三千里西去朱俱波千里,北去龜兹千四百里)인데 자전상(字典上) 타(駞)의 본의(本義)에 영향이 미치지 않음

○康誤處 2 ; [莊子德充符]衞有惡人哀駞他(改哀駘它)[註]他(改它)與駞同
●考證 ; 謹照原文哀駞他改哀駘它註中他字夶改它
◆整理 ; [莊子德充符(장자덕충부)]의 哀駞他(애타타)는 哀駘它(애태타)의 착오. [註(주)]의 他(타)는 它(타)의 착오.
◆訂正文 ; [莊子德充符]衞有惡人哀駘它[註]它與駞同
▶【2429-2】字解誤謬與否 ; [莊子德充符]衞有惡人哀駞他(改哀駘它)[註]他(改它)與駞同　[哀駞他(改哀駘它)] [他(改它)]

★이상과 같이 오류(誤謬) 수정(修訂)이 되면 애태타(哀駘它; 위국(魏國)의 추남(醜男)의 인명(人名). [莊子德充符]衞有惡人焉曰哀駘它哀駘醜貌它其名)과 타(它; 駝同)는 자전상(字典上) 타(駝)의 본의(本義)에 적극 영향이 미치게 됨.

康 駟(사)[唐韻][集韻][韻會]息利切[正韻]息漬切𠀤音四[玉篇]四馬一乘也[詩小雅]載驂載駟[註]王肅云古者一轅之車駕三馬則五轡夏后氏駕兩謂之麗殷益一騑謂之驂周又益一騑謂之駟駟者一乘四馬兩服兩驂是也董氏曰馬在車中爲服在車外爲驂 又[左傳文十一年]富父終甥駟乘 又[前漢郊祀志]秦祀四時每時用木寓龍一駟木寓車馬一駟各如其帝色[註]李奇曰寓寄也寄生龍形於木也師古曰一駟亦四龍也 又星名[爾雅釋天]天駟房也[註]房四星謂之天駟 又地名[前漢地理志琅邪郡駟望縣[又]樂浪郡駟望縣 又姓[左傳定十年]邱工師駟赤 又[前漢文帝紀齊王舅父駟鈞 又借作四[禮樂記]夾振之而駟伐盛威於中國也[註]駟當爲四每奏四伐一擊一刺爲一伐 又[集韻][韻會][正韻]𠀤息七切音悉義同

【 오류정리 】

○康誤處 1 ; [小雅]載驂載駟[註](改爲鄘風良馬五之疏)王肅云古

●考證 ; 謹照所引王肅云云見鄘風干旄疏非小雅註今照原書將小雅載驂載駟註七字改爲鄘風良馬五之疏

◆整理 ; [小雅(소아)]載驂載駟(재참재사)[註(주)]는 [鄘風(용풍)]良馬五之(량마오지)疏(소)의 착오.

◆訂正文 ; [詩鄘風]良馬五之[疏]王肅云

▶ 【2430-1】 字解誤謬與否 ; [小雅]

載驂載駟[註](改爲鄘風良馬五之疏)王肅云古

★이상과 같이 인용처(引用處)나 주소(註疏), 등(等)의 오류(誤謬)를 수정(修訂)을 한다 하여도 자전상(字典上)의 사(駟)의 본의(本義)에는 영향이 미치지 않으며. ○재참재사(載驂載駟: 참마 타고 사마 타다. [晏子春秋內篇]詩曰,載驂載駟君子所屆八,固非制也)가 삭제가 되고 ○량마오지소(良馬五之; 좋은말 다섯필이 수레를 끈다. [詩經國風)子子干旄在浚之都素絲組之良馬五之彼姝者子,何以予之子子干旄在浚之城素絲祝之良馬六之)로 수정(修訂)된다 하여도 사(駟)의 본의(本義)에는 영향이 미치지 않게 됨.

馬 部 六畫

康 駭(해)[唐韻]侯楷切[集韻][韻會][正韻]下楷切𠀤音蟹[玉篇]驚起也[公羊傳哀六年]諸大夫見之皆色然而駭[莊子大宗師]且彼有駭形而無損心[註]以變化爲形之駭動耳故不以死生損累其心 又[集韻]與駴同[周禮夏官大司馬]鼓皆駴[釋文]駴本亦作駭[王粲英雄記]整兵駭鼓 又散也[陸機詩]三后始基世武不承協風旁駭天晷仰澄[註]言和風遠馳四方也 又水名[書禹貢]九河旣道[傳]九河一曰徒駭[疏]禹疏九河以徒衆起故云徒駭 又人名[春秋隱二年]無駭帥師入極 又叶許己切音喜[吳子治兵篇]戢其耳目無令驚駭習其馳逐閑其進止[韓愈鄆州谿堂詩]淺有蒲蓮深有葭葦公以燕賓其鼓駭駭 又叶于支切音怡[韓愈瀧吏詩]官今行自到那邊妄問爲不虞卒見困汗出愧且駭○按古音駭讀作矣轉怡聲 又叶喜語切音許[陸機凌霄賦]因扶桑而東顧兮天傾光之可駭惑坤輿之茫茫兮心蒙蔽而無緒[註]緒上聲 又叶許計切

音戲[蘇轍黃樓賦]舞魚龍於隍壑閲帆
檣於睥睨方飄風之迅發震鼉鼓之驚駭

【 오류정리 】

○康誤處 1; [陸機詩]三后始基世武
不承(改丕承)

●考證 ; 謹照原文不承改丕承

◆整理 ; [陸機詩(륙기시)]의 不承(부
승)은 丕承(비승)의 착오.

◆訂正文 ; [陸機詩]三后始基世武丕
承

▶【2431-1】字解誤謬與否 ; [陸機
詩]三后始基世武不承(改丕承) [不承
(改丕承)] 이어번들다

★이상과 같이 오류(誤謬) 수정(修訂)
이 된다 하여도 비승(丕承; 훌륭하게
계승하다. [孟子滕文公下] [書]曰丕
顯哉文王謨丕承哉武王烈佑啟我後人咸
以正無缺)은 자전상(字典上) 해(駭)의
본의(本義)에는 영향이 미치지 않음.

康 駮(박)[唐韻][集韻][韻會]北角
切𠀐音剝[山海經]中曲山有獸如馬而
身黑二尾一角虎牙爪音如鼓名曰駮食
虎豹可以禦兵[正字通]此獸之別一種
非馬族也[詩秦風]隰有六駮[傳駁𤙸
[疏]陸機云駮馬梓楡也其樹皮靑白駁
犖遙視似駁馬故謂之駁馬下章云山有
苞棣隰有樹檖皆山隰之木相配不宜云
獸 又國名四裔駁馬地近北海唐永徽
中遣使朝賀 又秦叔寶有乘馬名忽雷
駮 又朝廷章奏不合事理別議改正曰
駮[前漢刑法志]文書盈於几閣典者不
能遍睹是以郡國承用者駮[註]不曉其
指用意不同也[王球貽謀錄]給事中掌
封駮司不可一日無淳化四年太宗推考
廢職始於唐末乃命魏庠柴成務同知給
事中未幾隷銀臺通進司爲封駮司眞宗
咸平四年吏部侍郎知封駮事陳恕乞鑄
印命取門下印用之因改名爲門下封駮
司 又[正字通]論列是非亦謂之駮如

柳宗元駮復讎議夏侯銛駮安定公主合
葬議是也○按駮與駁同[九經字樣]
泥[說文]分駁駮爲二者非

【 오류정리 】

○康誤處 1; [詩秦風]隰有六駮[傳]
駁駕(改爲駁如馬)

●考證 ; 謹照駕乃如馬二字之譌謹
照原文駮翟駕乃如馬二字之譌
謹照原文駮駕改爲駁如馬

◆整理 ; [詩秦風(시진풍)][傳(전)]의
駁駕(박字典無)는 駁如馬(박여마)의
착오.

◆訂正文 ; [詩秦風]隰有六駮[傳]駁
如馬

▶【2432-1】字解誤謬與否 ; [詩秦
風]隰有六駮[傳]駕口(改爲駁如馬)
[駮駕(改爲駁如馬)]

★이상과 같이 오류(誤謬) 수정(修訂)
이 되면 박여마(駁如馬; 박(駁)은 마
(馬)와 같다. [詩秦風隰有六駮[傳]駁
如馬[疏]陸機云駮馬梓楡也其樹皮靑白
駁犖遙視似駁馬故謂之駁馬)인데 자전
상(字典上) 박(駁)의 본의(本義)에 영
향이 미치게 됨.

馬 部 七畫

康 駴(해)[廣韻]侯楷切[集韻][韻
會][正韻]下楷切𠀐音駭[玉篇]雷擊鼓
也[周禮夏官大司馬]鼓皆駴車徒皆䂊
又[莊子外物篇]聖人之所以駴天下[音
義]駴戶楷反謂攺百姓之視聽也 又震
擊也[張衡西京賦]爎京薪駴雷鼓[註]
積高爲雷鼓八面鼓也互見前駭字註 又
集韻居拜切音戒上不問下

【 오류정리 】

○康誤處 1; [周禮夏官大司馬]鼓皆
駴車徒皆䂊(改譟)

●考證 ; 謹照原文䂊改譟

◆整理 ; [周禮夏官大司馬(주례하관대

사마)]의 梟(소)는 譟(조)의 착오.

◆訂正文 ; [周禮夏官大司馬]鼓皆駍車徒皆譟

▶【2433-1】字解誤謬與否 ; [周禮夏官大司馬]鼓皆駍車徒皆梟(改譟) [皆梟(改譟)]

★이상과 같이 오류(誤謬) 수정(修訂)이 되면 조(譟; 울다. 떠들썩하다) 자전상(字典上) 해(駍)의 본의(本義)에 적극 영향이 미치게 됨.

康駂(포)[廣韻][正韻]薄故切[集韻][韻會]蒲故切夶音捕[玉篇]馬習步也今作步[左傳哀二十六年]左師見夫人之步馬

【 오류정리 】

○康誤處 1; [左傳哀二十六年]左師見夫人之步馬(增者字)

●考證 ; 謹照原文馬下增者字

◆整理 ; [左傳哀二十六年(좌전애이십륙년)]의 馬(마)에 이어 者字(자자)를 덧붙임.

◆訂正文 ; [左傳哀二十六年]左師見夫人之步馬者

▶【2434-1】字解誤謬與否 ; [左傳哀二十六年]左師見夫人之步馬(增者字) [馬(增者字)]

★이상과 같이 오류(誤謬) 수정(修訂)이 된다 하여도 보마자(步馬者; 말은 슬슬 산책시키는 자(者). [地官族師祭醺註]又習馬曰步馬[左傳襄二十六年]左師見夫人之步馬者又牽行也[禮曲禮]步路馬必中道又行師曰步師)는 자전상(字典上) 포(駂)의 본의(本義)에는 영향이 미치지 않음.

康駂(성)[唐韻]息營切[集韻]思營切夶音騂[玉篇]馬赤黃[詩魯頌]有駜有駓 又牲赤色[書洛誥]文王騂牛一武王騂牛一[禮明堂位]夏后氏牲尚黑殷

尚牡周駂剛[疏]駂赤色剛壯也 又[周禮地官草人]凡糞種駂剛用牛[註]駂謂地色赤剛强也 又弓調和貌[詩小雅]駂駂角弓 [正字通]本作騂字彙省作駂非

【 오류정리 】

○康誤處 1; [禮明堂位]夏后氏牲尚黑殷尚牡(改白牡)

●考證 ; 謹照原文尚牡改白牡

◆整理 ; [禮明堂位(예명당위)]의 尚牡(상모)는 白牡(백모)의 착오.

◆訂正文 ; [禮明堂位]夏后氏牲尚黑殷白牡

▶【2435-1】字解誤謬與否 ; [禮明堂位]夏后氏牲尚黑殷尚牡(改白牡) [尚牡(改白牡)]

★이상과 같이 오류(誤謬) 수정(修訂)이 된다 하여도 백모(白牡; 흰 숫짐승. [禮記明堂位]季夏六月,以禘禮祀周公於大廟,牲用白牡,尊用犧象山罍鬱尊用黃目灌用玉瓚大圭薦用玉豆雕篹)인데 자전상(字典上) 성(駂)의 본의(本義)에는 영향이 미치지 않음.

康駭(애)[唐韻]五駭切[集韻][韻會][正韻]語駭切夶音騃[廣韻]癡也 又[說文]馬行仡仡也 又[廣韻][集韻][韻會][正韻]夶牀史切音俟駓駭獸行貌[張衡西京賦]植物斯生動物斯止衆鳥翩翩羣獸駓駭 又[類篇]丈里切音豸義同

【 오류정리 】

○康誤處 1; [張衡西京賦]植物斯生動物斯止衆鳥翩翩(改翩翻)

●考證 ; 謹照原文翩翩改翩翻

◆整理 ; [張衡西京賦(장형서경부)]의 翩翩(편편)은 翩翻(편번)의 착오.

◆訂正文 ; [張衡西京賦]植物斯生動物斯止衆鳥翩翻

▶【2436-1】字解誤謬與否 ; [張衡

西京賦]植物斯生動物斯止衆鳥翩翩
(改翩翻) [翩翩(改翩翻)]

★이상과 같이 오류(誤謬) 수정(修訂)이 되면 편번(翩翻; 훨훨 날라다니는 모양. [張衡西京賦]植物斯生動物斯止衆鳥翩翻羣獸駏騀)인데 자전상(字典上) 애(騀)의 본의(本義)에 직접 영향이 미치게 됨.

馬部 八畫

㉿騎(기)[唐韻][集韻][韻會]渠羈切[正韻]渠宜切𠀉音奇[說文跨馬也][逸雅]騎支也兩脚支別也 又[廣韻][集韻][韻會][正韻]𠀉奇寄切音芰義同 又[增韻]馬軍曰騎[禮曲禮]前有車騎[註]古人不騎馬故經典無言騎今言騎是周末時禮[能改齋漫錄]左傳昭二十五年左師展將以公乘馬而歸劉炫謂欲與公單騎而歸此騎馬之漸也[正字通]古者服牛乘馬馬以駕車不言單騎至六國時始有單騎蘇秦所謂車千乘騎萬匹是也 又票騎官名[前漢武帝紀]以霍去病爲票騎將軍[註]位三司品秩同大將軍 又旄頭騎[漢官儀]舊選羽林爲旄頭被髮先驅或云旄頭騎自秦始 又飛騎[正字通]唐貞觀中擇膂力驍捷善射者謂之飛騎衣五色袍乘六閑馬每上出遊幸從駕行 又姓[戰國策]燕將騎劫

【 오류정리 】

○康誤處 1;[逸雅(改釋名)]騎支也
●考證 ; 謹照原文書逸雅改釋名
◆整理 ; [逸雅(일아)는 釋名(석명)의] 착오.
◆訂正文 ; [釋名]騎支也
▶ 【2437-1】字解誤謬與否 ; [逸雅(改釋名)]騎支也 [逸雅(改釋名)]

★이상과 같이 인용처(引用處)나 주소(註疏), 등(等)의 오류(誤謬)를 수정(修訂)을 한다 하여도 자전상(字典上)의 기(騎)의 본의(本義)에는 영향이 미치지 않음.

○康誤處 2;[禮曲禮]前有車騎[註(改疏)]古人不騎馬
●考證 ; 謹照原文註改疏
◆整理 ; [禮曲禮(예곡례)]의 [註(주)는 疏(소)의] 착오.
◆訂正文 ; [禮曲禮]前有車騎[疏]古人不騎馬
▶ 【2438-2】字解誤謬與否 ; [禮曲禮]前有車騎[註(改疏)]古人不騎馬 [註(改疏)]

★이상과 같이 인용처(引用處)나 주소(註疏), 등(等)의 오류(誤謬)를 수정(修訂)을 한다 하여도 자전상(字典上)의 기(騎)의 본의(本義)에는 영향이 미치지 않음.

馬部 十畫

㉿騭(즐)[廣韻][集韻][韻會][正韻]𠀉職日切音質[玉篇]牡馬也[爾雅釋畜]牡曰騭 又[六書統]乘馬登山也从陟陟登也[爾雅釋詁]騭陟也[註]方言曰魯衞之閒曰陟馬 又定也[書洪範]惟天陰騭下民[傳]定也[釋文]騭之逸反馬云升也升猶舉也舉猶生也[正義]傳以騭卽質也質訓爲成成亦定義故爲定也 又[集韻]竹力切音陟義同

【 오류정리 】

○康誤處 1;[爾雅釋詁]騭陟也[註]方言曰魯衞之閒曰陟馬(改作隲字)
●考證 ; 謹按陟馬二字乃隲字之譌謹照原文陟馬二字改作隲字
◆整理 ; [爾雅釋詁(이아석고)][註(주)]의 陟馬(척마)는 隲字(즐자)의 착오.
◆訂正文 ; [爾雅釋詁]騭陟也[註]方言曰魯衞之閒曰隲
▶ 【2439-1】字解誤謬與否 ; [爾雅

釋詁]騰陞也[註]方言曰魯衞之閒曰陟
馬(改作隲字) 　[陟馬(改作隲字)]
★이상과 같이 오류(誤謬) 수정(修訂)
이 되면 즐(隲; 숫말)인데 자전상(字
典上) 즐(騭)의 본의(本義)에 직접 영
향이 미치게 됨.

康 騰(등)[唐韻][集韻][韻會][正
韻]夶徒登切音縢[玉篇]上躍也奔也
[禮月令]季春合累牛騰馬游牝于牧
[註]累騰皆乘匹之名[疏]季春陽盛物
皆產乳故合累牛騰馬使牡就牝欲孶生
蕃也　又[說文]傳也一曰犗馬也　又
姓　又與媵通[儀禮公食大夫禮]衆人
騰羞者盡陛不升堂授以蓋降出[註]騰
當作媵媵送也授授先者一人　俗作騰

【오류정리】

○康誤處 1;使牡就牝(改使牝就牡)欲
孶生蕃也
●考證;謹照月令疏原文使牡就牝改
使牝就牡
◆整理;使牡就牝(사모취빈)은 使牝
就牡(사빈취모)의 착오.
◆訂正文;使牝就牡欲孶生蕃也
▶【2440-1】字解誤謬與否;使牡就
牝(改使牝就牡)欲孶生蕃也　[使牡就
牝(改使牝就牡)]
★이상과 같이 오류(誤謬) 수정(修訂)
이 된다 하여도 사빈취모(使牝就牡;
암컷을 통하여 숫컷을 얻는다.[禮月
令]季春合累牛騰馬游牝于牧累騰皆乘
匹之名[疏]季春陽盛物皆產乳故合累牛
騰馬使牝就牡欲孶生蕃也)는 자전상
(字典上) 등(騰)의 본의(本義)에는 영
향이 미치지 않음.

康 騲(초)[廣韻]采老切[集韻]采早
切夶音草[玉篇]牝畜之通稱[正字通]
本作草晉郭欽謂魏杜畿課民畜牸牛草馬
[顔氏家訓]詩魯頌駉駉牡馬江南本皆

作牝牡之牡河北悉爲放牧之牧鄴下博
士見難云駉頌既美僖公牧于坰野之事
何限騲騭乎余答云按[毛]駉駉良馬腹
幹肥張也若作放牧之意通於牝牡則不
容限在良馬獨得駉駉之稱良馬諸侯以
充朝聘郊祀必無騲也今以詩傳良馬通
於牧騲恐失毛氏意

【오류정리】

○康誤處 1;[正字通]本作草晉郭欽
謂魏杜畿課民畜牸牛(改牸牛)草馬
●考證;謹照原文牸牛改牸牛原版已
改
◆整理;[正字通(정자통)]의 牸牛(자
우)는 牸牛(자우)의 착오.
◆訂正文;[正字通]本作草晉郭欽謂
魏杜畿課民畜牸牛草馬
▶【2441-1】字解誤謬與否;[正字
通]本作草晉郭欽謂魏杜畿課民畜牸牛
(改牸牛)草馬　[牸牛(改牸牛)]
★이상과 같이 오류(誤謬) 수정(修訂)
이 된다 하여도 자우(牸牛; 암소) 자
전상(字典上) 초(騲)의 본의(本義)에
는 영향이 미치지 않음.

康 驥(기)[廣韻]九利切[集韻]几利
切夶音冀[玉篇]千里馬同驥　又借爲
冀[禮文王世子註]大夫勤于朝卿士驥于
邑孔穎達曰驥謂仰冀之也[魯相韓敕修
孔廟禮器碑]自天王以下至於初學莫不
驥思歎印

【오류정리】

○康誤處 1;[禮文王世子註]大夫勤
于朝卿士(改州里)驥于邑
●考證;謹照原文卿士改州里
◆整理;[禮文王世子註(예문왕세자
주)]의 卿士(경사)는 州里(주리)의 착
오.
◆訂正文;[禮文王世子註]大夫勤于
朝州里驥于邑

▶【2442-1】字解誤謬與否 ; [禮文王世子註]大夫勤于朝卿士(改州里)驤于邑　[卿士(改州里)]

★이상과 같이 오류(誤謬) 수정(修訂)이 된다 하여도 주리(州里; 고향 마을. 살고 있는 마을. 周나라의 제도로 2500 호를 州라 하였고 25 호를 里라 하였음)는 자전상(字典上) 기(驥)의 본의(本義)에는 영향이 미치지 않음.

㉿騶(추)[唐韻][正韻]側鳩切[集韻][韻會]甾尤切夶音鄒[玉篇]騶虞義獸至德所感則見馬之屬[埤雅]騶虞尾長於身西方之獸也不履生草食自死之肉[詩召南]于嗟乎騶虞○按[賈誼新書]以詩騶虞爲騶人虞人非獸也[正字通]騶虞或作騶吾騶牙吾牙字雖與虞異其爲騶虞一也字彙分騶虞騶牙爲二獸泥　又[說文]廏御也[禮月令]季秋天子教於田獵命僕及七騶咸駕[註]七騶謂趣馬主爲諸官駕說者也[疏]天子馬有六種種別有騶則六騶也又有總主之人夶六騶有七故爲七騶皆以馬駕車又[左傳成十八年]程鄭爲乘馬御六騶屬馬使訓羣騶知禮[註]六騶六閑之騶　又騶虞縣名[前漢地理志]西河郡騶虞縣　又姓周騶衍騶忌皆齊人見[戰國策]　又與㿴同[前漢鼂錯傳材官騶發騶矢道同的[註蘇林曰騶音馬驟之驟如淳曰騶矢也師古曰騶謂矢之善者也春秋左氏傳作㿴字其音同騶發發騶矢以射也蘇音失之矣　又與趨走之趨同[荀子正論篇]步中武象騶中韶濩以養耳　又叶逡須切音趨[前漢敘傳]舞陽鼓刀滕公廐騶潁陰商販曲周庸夫攀龍附鳳夶乘天衢　又叶牕兪切音芻[淮南子原道訓]四時爲馬陰陽爲騶乘雲凌霄與造化者俱　又[集韻]才候切與驟同[禮曲禮]車驅而騶[註]騶音驟

【 오류정리 】

○康誤處 1 ; [左傳成十八年]程鄭爲乘馬御六騶屬馬(改屬焉)

●考證 ; 謹照原文屬馬改屬焉

◆整理 ; [左傳成十八年(좌전성십팔년)]의 屬馬(속마)는 屬焉(속언)의 착오.

◆訂正文 ; [左傳成十八年]程鄭爲乘馬御六騶屬焉

▶【2443-1】字解誤謬與否 ; [左傳成十八年]程鄭爲乘馬御六騶屬馬(改屬焉)　[屬馬(改屬焉)]

★이상과 같이 오류(誤謬) 수정(修訂)이 된다 하여도 속언(屬焉; 이여저 있다. 속해 있는 듯이 한다)은 자전상(字典上) 추(騶)의 본의(本義)에는 영향이 미치지 않음.

○康誤處 2 ; [前漢鼂錯傳]材官騶發騶(省下騶字)矢道同的

●考證 ; 謹照原文省下騶字

◆整理 ; [前漢鼂錯傳(전한조착전)]의 騶(추) 중 下騶字(하추자)는 삭제.

◆訂正文 ; [前漢鼂錯傳]材官騶發矢道同的

▶【2444-2】字解誤謬與否 ; [前漢鼂錯傳]材官騶發騶(省下騶字)矢道同的　[騶(省下騶字)]

★이상과 같이 추자(騶字)를 삭제(削除) 한다 하여도 자전상(字典上) 추(騶)의 본의(本義)에 영향을 끼치지 않음.

○康誤處 3 ; [荀子正論篇]步中武象騶中韶濩(增所字)以養耳

●考證 ; 謹照原文以字上增所字

◆整理 ; [荀子正論篇(순자정론편)]에 이어 濩(호)에 이어 所字(소자)를 덧붙임. 以養耳(이양이)

◆訂正文 ; [荀子正論篇]步中武象騶中韶濩所以養耳

▶【2445-2】字解誤謬與否 ; [荀子正論篇]步中武象驟中詔濩(增所字)以養耳　[濩(增所字)]

★이상과 같이 오류(誤謬) 수정(修訂)이 된다 하여도 호소(濩所;흩어지는 곳. [詩周南]是刈是濩又潰濩水勢相激貌[郭璞江賦]潰濩泌㳁又蠵宮室深邃貌)는 자전상(字典上) 추(驟)의 본의(本義)에는 영향이 미치지 않음.

馬部 十二畫

康　驍(효)[唐韻]古堯切[集韻][韻會][正韻]堅堯切㯭音澆[說文]良馬也　又[玉篇]勇捷也[廣韻]驍武漢書梟騎借用梟與驍通　又[禮投壺]投壺妙者有連花驍驍者矢躍出也箭自壺躍出復以手接之屢投屢躍不墜地曰驍[西京雜記]郭舍人能投壺一箭七十餘驍

【 오류정리 】

○康誤處 1 ; [禮投壺]投壺妙者有連花驍驍者矢躍出也箭自壺躍出復以手接之屢投屢躍不墜地曰驍[西京雜記]郭舍人能投壺一箭七十餘驍(改爲西京雜記古之投壺取中而不求還郭舍人則激矢令還一矢百餘反謂之爲驍 又顏氏家訓汝南周璝會稽徵㹃能一箭四十餘驍)

●考證 ; 謹 按投壺妙者云云壺篇無此語所引西京雜記亦與原文不合謹改爲西京雜記古之投壺取中而不求還郭舍人則激矢令還一矢百餘反謂之爲驍又顏氏家訓汝南周璝會稽徵㹃能一箭四十餘驍

◆整理 ; [禮投壺(예투호)]云云은 投壺妙者有連花驍驍者矢躍出也箭自壺躍出復以手接之屢投屢躍不墜地曰驍[西京雜記]郭舍人能投壺一箭七十餘驍[西京雜記(서경잡기)]云云의 착오. 古之投壺取中而不求還郭舍人則激矢令還一矢百餘反謂之爲驍 又[顏氏家訓]汝南周璝會稽徵㹃能一箭四十餘驍

◆訂正文 ; [西京雜記]古之投壺取中

而不求還郭舍人則激矢令還一矢百餘反謂之爲驍又[顏氏家訓]汝南周璝會稽徵㹃能一箭四十餘驍

▶【2446-1】字解誤謬與否 ; [禮投壺]投壺妙者有連 花驍驍者矢躍出也箭自壺躍出復以手接之屢投屢躍不墜地曰驍[西京雜記]郭舍人能投壺一箭七十餘驍(改爲西京雜記古之投壺取中而不求還郭舍人則激矢令還一矢百餘反謂之爲驍 又顏氏家訓汝南周璝會稽徵㹃能一箭四十餘驍)

★이상과 같이 오류(誤謬) 수정(修訂)이 되면 [서경잡기(西京雜記)] 古之投壺取中而不求還郭舍人則激矢令還一矢百餘反謂之爲驍 又[안씨가훈(顏氏家訓)]汝南周璝會稽徵㹃能一箭四十餘驍; 투호놀이를 하면서 화살을 던져 넣는 항아리에서 튀어 나온 화살을 다시 던져 넣기를 서경잡기에서는 백 번 반복할수 있다 하였고 안씨가훈에서는 40회 반복할 수 있다라 함)인데 자전상(字典上) 효(驍)의 본의(本義)에 직접 영향이 미치게 됨.

康　驕(교)[唐韻]擧喬切[集韻][韻會]居妖切㯭音嬌[說文]馬高六尺爲驕[玉篇]壯貌　又野馬也　又馬驕逸不受控制也　又[正字通]恣也自矜也[書周官]位不期驕[詩小雅]驕人好好勞人草草　又或作喬[禮樂記]齊音敖辟喬志[註]喬音驕　又[集韻]嬌廟切音撟驕驕馬行貌又縱恣也[史記司馬相如傳]夭蟜㤼以驕驁兮[註]㤼直項也驕驁縱恣也驕音居召反　又[五音集韻]居夭切音矯債驕不可禁之勢[莊子在宥篇]債驕而不可係者其惟人心乎[音義]驕如字又居表反　又[集韻]虛嬌切[正韻]吁驕切㯭音囂與獢同短喙犬也[詩秦風]載獫歇驕[釋文]驕本又作獢許喬反　又古通虞韻[前漢敍傳]漢興柔遠與爾剖符皆特其岨乍臣乍驕

【 오류정리 】

○康誤處 1 ; [史記司馬相如傳](增低卬二字)夭蟜裾(改据)以驕驁兮

●考證 ; 謹照原文夭蟜上增低卬二字裾改据

◆整理 ; [史記司馬相如傳(사기사마상여전)]에 이어 低卬二字(저앙이자)를 덧붙임 裾(거)는 据(거)의 착오.

◆訂正文 ; [史記司馬相如傳]低卬夭蟜据以驕驁兮

▶【2447-1】字解誤謬與否 ; [史記司馬相如傳](增低卬二字)夭蟜裾(改据)以驕驁兮 [(增低卬二字)夭蟜] [裾(改据)]

★이상과 같이 오류(誤謬) 수정(修訂)이 된다 하여도 ○저앙(低卬; 목을곳꼿이 세우다. [史記司馬相如傳]低卬夭蟜据以驕驁兮据直項也驕驁縱恣也)과 ○거(据 쩔쩔매는 모양)는 자전상(字典上)교(驕)의 본의(本義)에는 영향이 미치지 않음.

(康)騻(획)[字彙補]列子殷湯篇騻然而過隨過隨合[口義]騻合作騻

【 오류정리 】

○康誤處 1;列子殷湯篇(改湯問篇)騻然而過隨過隨合

●考證 ; 謹照原文書改湯問篇

◆整理 ; 列子(열자)의 殷湯篇(은탕편)은 湯問篇(탕문편)의 착오.

◆訂正文 ; 列子湯問篇騻然而過隨過隨合

▶【2448-1】字解誤謬與否 ;列子殷湯篇(改湯問篇)騻然而過隨過隨合 [殷湯篇(改湯問篇)]

★이상과 같이 인용처(引用處)나 주소(註疏)의 오류(誤謬)를 수정(修訂)을 한다 하여도 자전상(字典上)의 획(騻)의 본의(本義)에는 영향이 미치지 않음.

(康)贏(라)[廣韻]落戈切[集韻][韻會]盧戈切夶卵平聲[說文]驢父馬母[正字通]贏似驢而健驢力在髀贏力在腰乘者隨其力進退之又[楚辭九歎]同駕贏與蹇駏兮[前漢霍去病傳]單于遂乘六贏牡騎數百直潰漢國[玉篇]亦作驘[六書正譌]俗作騾[正字通]本从贏字彙省从贏非

【 오류정리 】

○康誤處 1 ; [前漢霍去病傳]單于遂乘六贏牡騎(改壯騎)數百直潰漢國

●考證 ; 謹照原文牡騎改壯騎

◆整理 ; [前漢霍去病傳(전한곽거병전)]의 牡騎(모기)는 壯騎(장기)의 착오.

◆訂正文 ; [前漢霍去病傳]單于遂乘六贏壯騎數百直潰漢國

▶【2449-1】字解誤謬與否 ; [前漢霍去病傳]單于遂乘六贏牡騎(改壯騎)數百直潰漢國 [牡騎(改壯騎)]

★이상과 같이 오류(誤謬) 수정(修訂)이 된다 하여도 장기(壯騎; 건장한 기병. [前漢霍去病傳]單于遂乘六贏壯騎數百直潰漢國)는 자전상(字典上)라(贏)의 본의(本義)에는 영향이 미치지 않음.

馬部 十五畫

(康)驫(광)[廣韻]古黃切[集韻][韻會]姑黃切夶音光[廣韻]決黃馬旋毛在脊上[集韻]馬回毛在背曰関驫或作廣

【 오류정리 】

○康誤處 1;[廣韻]決黃(改決驫)馬旋毛在脊上

●考證 ; 謹照原文決黃改決驫

◆整理 ; [廣韻(광운)]의 決黃(결황)은 決驫(결광)의 착오.

◆訂正文 ; [廣韻]決驫馬旋毛在脊上

▶【2450-1】字解誤謬與否 ; [廣韻]決黃(改決驨)馬旋毛在脊上　[決黃(改決驨)]

★이상과 같이 오류(誤謬) 수정(修訂)이 되면 광(驨; 황마(黃馬)의 등골 위 털이 한곳을 중심으로 소용돌이 모양으로 난 곳. [康熙字典馬部十五畫驨] [廣韻]古黃切[集韻][韻會]姑黃切夶音光[廣韻]決驨馬旋毛在脊上[集韻]馬回毛在背曰閞驨或作廣)인데 자전상(字典上) 광(驨)의 본의(本義)에 적극 영향이 미치게 됨.

馬部 十八畫

康 驨(휴)[廣韻]戶圭切音攜 [玉篇]騏驨也[爾雅釋獸]驨如馬一角似鹿不角者騏

【 오류정리 】

○康誤處 1 ; [爾雅釋獸]驨如馬一角似鹿不角者騏(改[郭註]角如鹿茸)

●考證 ; 謹照原文爾雅無似鹿二字謹照原書似鹿不角者騏改郭註角如鹿茸

◆整理 ; [爾雅釋獸(이아석수)]의 似鹿不角者騏(사록부각자기)는 郭註角如鹿茸(곽주각여록용)의 착오.

◆訂正文 ; [爾雅釋獸]驨如馬一角[郭註]角如鹿茸

▶【2451-1】字解誤謬與否 ; [爾雅釋獸]驨如馬一角似鹿不角者騏(改[郭註]角如鹿茸)　[似鹿不角者騏(改;郭註)角如鹿茸)]

★이상과 같이 오류(誤謬) 수정(修訂)이 된다 하여도 각여록용(角如鹿茸; 그 짐승의 뿔이 녹용과 같다. [爾雅釋獸]驨如馬一角不角者騏晉[郭璞注]元康八年九真郡獵得一獸大如馬一角角如鹿茸此即驨也)이라 하였는데 자전상(字典上) 휴(驨)의 본의(本義)에는 영향이 미치지 않음.

馬部 十九畫

康 驪(려)[唐韻]呂支切[集韻][韻會]鄰知切夶音離[玉篇]盜驪千里馬也[爾雅釋畜]小領盜驪[註]周穆王八駿有盜驪盜驪竊驪也竊淺靑色驪純黑色[詩齊風]四驪濟濟[禮檀弓]夏后氏尙黑戎事乘驪又[月令]冬駕鐵驪 又駕兩馬曰驪[後漢寇恂傳]光武北征時軍食急乏寇恂以輦車驪駕轉輸前後不絕[註]驪駕併駕也 又山名[後漢郡國志]京兆尹新豐有驪山[註]杜預曰古驪戎國韋昭曰戎成居此山故號驪戎 又高句驪國名 又縣名[前漢地理志]右北平郡驪成縣 又[廣韻]郎奚切[韻會]憐題切[正韻]鄰溪切夶音黎義同 又[集韻]陳尼切音馳驪軒縣名[前漢地理志]張掖郡驪軒縣[註]李奇曰音遲虔師古曰驪力遲反軒音虔令其土俗人呼驪軒疾言之曰力虔

【 오류정리 】

○康誤處 1 ; [爾雅釋畜]小領盜驪[註]周穆王八駿有盜驪盜驪竊驪也竊淺靑色驪純黑色(改郭註穆天子傳曰天子之駿盜驪綠耳又曰右服盜驪)

●考證 ; 謹按周穆王云云與爾雅註不符謹照原文註字以下改郭註穆天子傳曰天子之駿盜驪綠耳又曰右服盜驪

◆整理 ; [爾雅釋畜(이아석축)] [註(주)] 이하 周穆王八駿有盜驪盜驪竊驪也竊淺靑色驪純黑色은 郭註(곽주) 穆天子傳曰天子之駿盜驪綠耳又曰右服盜驪의 착오.

◆訂正文 ; [爾雅釋畜]小領盜驪[註]郭註[穆天子傳]曰天子之駿盜驪綠耳又曰右服盜驪

▶【2452-1】字解誤謬與否 ; [爾雅釋畜]小領盜驪[註]周穆王八駿有盜驪盜驪竊驪也竊淺靑色驪純黑色(改郭註穆天子傳曰天子之駿盜驪綠耳又曰右服盜驪)　[周穆王八駿有盜驪盜驪竊驪也

竅淺靑色驪純黑色(改郭註穆天子傳曰天子之駿盜驪綠耳又曰右服盜驪)]
★이상과 같이 인용처(引用處)나 주소(註疏), 등(等)의 오류(誤謬)를 수정(修訂)을 한다 하여도 자전상(字典上)의 려(驪)의 본의(本義)에는 영향이 미치지 않으며, 穆天子傳曰天子之駿盜驪綠耳又曰右服盜驪이상과 같이 오류(誤謬) 수정(修訂)이 되면 목천자전왈(穆天子傳曰; 진(晉)나라의 태강(太康) 2년에 지금의 하남성(河南省)에 있는 위(魏)나라 양왕(襄王)의 고분(古墳)에서 발굴(發掘)된 죽간(竹簡)에 씌어진 중국(中國) 최고(最古)의 역사(歷史) 소설(小說에 쓰여 있기를) 천자지(天子之; 천자의) 준도려록이(駿盜驪綠耳; 준마의 이름을 도려(盜驪) 록이(綠耳)라함. 우왈(又曰; 또 쓰여 있기를) 우복도려(右服盜驪; 병거(兵車)를 말 4마리를 나란히 메워 끄는 말을 참마(驂馬)와 복마(服馬)로 불리는데 양끝을 참마(驂馬)라하여 우참(右驂) 좌참(左驂)이라 하고 가운데 두 마리를 복마(服馬)라하고 좌복(左服)과 우복(右服)이라 하는데 우복(右服)의 마명(馬名)이 도려(盜驪)라 한다)가 되는데 이미 오류(誤謬)에도 려(驪)가 있어 이로서의 본의(本義)에 영향이 미치지 않음.

骨部 三畫

康 骫(위)[唐韻]於詭切[集韻][韻會]鄔毀切夶音委[說文]骨耑骫奊也[玉篇]骨曲也 又[前漢淮南厲王傳]骫天下正法[註]師古曰骫古委字謂曲也[枚乘傳]其文骫骳[註]骫骳猶言屈曲也 又[楚辭招隱士]林木茷骫[王逸註]枝條盤紆 又[司馬相如上林賦]崔錯癹骫[註]郭璞曰癹骫蟠戾也 又[司馬相如大人賦]容以骫麗兮[註]張

楫曰骫麗左右相隨也 又[揚子太玄經]禍所骫也[註]禍所鍾也 又姓[廣韻]出纂文

【 오류정리 】

○康誤處 1；[枚乘(改枚皐)傳]其文骫骳
●考證 ；謹照原文枚乘改枚皐
◆整理 ；[枚乘(매승)은 枚皐(매고)의 착오. 傳(전)]
◆訂正文 ；[枚皐傳]其文骫骳
▶【2453-1】字解誤謬與否 ；[枚乘(改枚皐)傳]其文骫骳 [枚乘(改枚皐)]
★이상과 같이 인용처(引用處)의 오류(誤謬)를 수정(修訂)을 한다 하여도 자전상(字典上)의 위(骫)의 본의(本義)에는 영향이 미치지 않음.

骨部 六畫

康 骹(교)[唐韻]口交切[集韻][韻會][正韻]丘交切夶音敲[說文]脛也[廣韻]脛骨近足細處[周禮冬官考工記輪人]參分其股圍去一以爲骹圍[註]骹謂近牙者也言骹以喩其細 又[周禮冬官考工記弓人註]齊人名手足掔爲骹 又[爾雅釋畜]馬四骹皆白驓[註]骹膝下也 又[揚子方言]骹謂之銎[註]卽矛刃[類篇]或作骱 又[集韻]居肴切音交又下巧切音佼又後敎切音效又口敎切敲去聲義夶同 又[集韻]虛交切音哮與髇同鳴鏑也

【 오류정리 】

○康誤處 1 ；[周禮冬官考工記弓人註]齊人名手足掔(改掔)爲骹
●考證 ；謹照原文掔改掔
◆整理 ；[周禮冬官考工記弓人註(주례동관고공기궁인주)]의 掔(견)은 掔(완)의 착오.
◆訂正文 ；[周禮冬官考工記弓人註]齊人名手足掔爲骹

▶【2454-1】字解誤謬與否 ; [周禮冬官考工記弓人註]齊人名手足擊(改擊)爲骹 [擊(改擊)]

★이상과 같이 완(擊; 손아귀)으로 오류(誤謬) 수정(修訂)이 된다 하여도 자전상(字典上) 교(骹)의 본의(本義)에는 영향이 미치지 않음.

骨部 八畫

康髀(비)[唐韻]幷弭切[集韻][韻會]補弭切[正韻]補委切夶音俾[說文]股也[釋名]髀卑也在下稱也[禮三年問]帶下毋厭髀又[祭統]殷人貴髀註]爲其厚也 又[集韻]母婢切音弭義同 又[廣韻]傍禮切音陛與髊同或作胜

【 오류정리 】

○康誤處 1 ; [禮三年問(改禮記深衣)]帶下毋厭髀

●考證 ; 謹照原書改禮記深衣

◆整理 ; [禮三年問(예삼년문)은 禮記深衣(예기심의)의] 착오.

◆訂正文 ; [禮記深衣]帶下毋厭髀

▶【2455-1】字解誤謬與否 ; [禮三年問(改禮記深衣)]帶下毋厭髀 [禮三年問(改禮記深衣)]

★이상과 같이 인용처(引用處)나 주소(註疏), 등(等)의 오류(誤謬)를 수정(修訂)을 한다 하여도 자전상(字典上)의 비(髀)의 본의(本義)에는 영향이 미치지 않음.

髟部 三畫

康髢(체)[唐韻][集韻]夶他計切音替[說文]與鬄同髮也[詩鄘風]不屑髢也[疏]髢一名髲髲益髮也言人髮少聚他人髮益之也[禮曲禮]斂髮毋髢[註]無垂餘如髮也[左傳哀十七年]初公自城上見己氏之妻髮美使髡之以爲呂姜髢[類篇]或作鬄髢 又[廣韻]特計切[集

韻]大計切夶音弟又[集韻]思積切音惜義髢同

【 오류정리 】

○康誤處 1 ; [禮曲禮]斂髮毋髢[註]無(改毋)垂餘如髮也

●考證 ; 謹照原文無改毋

◆整理 ; [禮曲禮(예곡례)] [註(주)]의 無(무)는 毋(무)의 착오.

◆訂正文 ; [禮曲禮]斂髮毋髢[註]毋垂餘如髮也

▶【2456-1】字解誤謬與否 ; [禮曲禮]斂髮毋髢[註]無(改毋)垂餘如髮也 [無(改毋)]

★이상과 같이 오류(誤謬) 수정(修訂)이 된다 하여도 무수(毋垂; 늘어트리지 마라)는 자전상(字典上) 체(髢)의 본의(本義)에는 영향이 미치지 않음.

髟部 十畫

康鬐(기)[唐韻]渠脂切[集韻][韻會]渠伊切夶音耆[說文]馬鬣也[廣韻]馬項上鬐也[揚子方言]鬐尾稍盡也[註]鬐毛物漸落去之名 又[儀禮士虞禮]魚進鬐也[註]鬐脊也[莊子外物篇]揚而奮鬐

【 오류정리 】

○康誤處 1 ; [儀禮士虞禮(增記字)]魚進鬐也(省也字)

●考證 ; 謹照原文士虞禮下增記字省也字

◆整理 ; [儀禮士虞禮(의례사우례)에 이어 記字(기자)를 덧붙임.]也(야) 也字(야자)는 삭제.

◆訂正文 ; [儀禮士虞禮記]魚進鬐

▶【2457-1】字解誤謬與否 ; [儀禮士虞禮(增記字)]魚進鬐也(省也字) [也(省也字)]

★이상과 같이 야자(也字)를 삭제(削除) 한다 하여도 자전상(字典上) 기

(鬢)의 본의(本義)에 영향을 끼치지
않음.

髟 部 十五畫

康鬣(렵)[唐韻]良涉切[集韻][韻
會][正韻]力涉切𣎴音獵[說文]髮鬣鬣
也从髟巤聲或作䰖獵[廣雅]鬣髦也 又
[玉篇]長須也[左傳昭七年]使長鬣者
相 又馬領毛[禮明堂位]夏后氏駱馬黑
鬣周人黃馬繁鬣 又豕也[儀禮士虞
禮]敢用絜牲剛鬣[禮曲禮]豕曰剛鬣
又帚端[儀禮既夕]埽者執帚垂末內
鬣從[禮少儀]拚席不以鬣 又[增韻]
凡魚龍頷旁小鬐皆曰鬣 又[集韻]弋
涉切音葉亦帚端

【 오류정리 】

○康誤處 1 ; [禮明堂位]夏后氏駱馬
黑鬣周人黃馬繁鬣(改蕃鬣)

●考證 ; 謹照原文繁鬣改蕃鬣

◆整理 ; [禮明堂位(례명당위)]의 繁
鬣(번렵)은 蕃鬣(번렵)의 착오.

◆訂正文 ; [禮明堂位]夏后氏駱馬黑
鬣周人黃馬蕃鬣

▶【2458-1】字解誤謬與否 ; [禮明
堂位]夏后氏駱馬黑鬣周人黃馬繁鬣
(改蕃鬣) [繁鬣(改蕃鬣)]

★이상과 같이 오류(誤謬) 수정(修訂)
이 되면 번렵(蕃鬣; 갈기가 무성하
다)인데 자전상(字典上) 렵(鬣)의 본
의(本義)에 직접 영향이 미치게 됨.

鬯 部 十畫

康鬵(거)[廣韻]其呂切[集韻]臼許
切𣎴音巨[說文]黑黍也一秠二米以釀也
[玉篇]今作秬詳禾部秬字註

【 오류정리 】

○康誤處 1 ; [說文]黑黍也一秠(改一
稃)二米以釀也

●考證 ; 謹照原文一秠改一稃

◆整理 ; [說文(설문)]의 一秠(일부)
는 一稃(일부)의 착오.

◆訂正文 ; [說文]黑黍也一稃二米以
釀也

▶【2459-1】字解誤謬與否 ; [說文]
黑黍也一秠(改一稃)二米以釀也 [一
秠(改一稃)]

★이상과 같이 오류(誤謬) 수정(修訂)
이 된다 하여도 일부이미(一稃二米;
한 껍질 속에 두 쌀알이 들어 있다.
[爾雅釋草]秬黑黍秠一稃二米) 자전상
(字典上) 거(鬵)의 본의(本義)에는 영
향이 미치지 않음.

鬼 部 三畫

康彲(매)[廣韻][集韻]𣎴明祕切音
媚[說文]老精物也从鬼彡彡鬼毛或作
魅[周禮春官]以夏至日致地示物彲[註]
百物之神曰彲

【 오류정리 】

○康誤處 1 ; [周禮春官]以夏至日(改
日至)致地示物彲

●考證 ; 謹照原文至日改日至

◆整理 ; [周禮春官(주례춘관)]의 至
日(지일)은 日至(일지)의 착오.

◆訂正文 ; [周禮春官]以夏日至致地
示物彲

▶【2460-1】字解誤謬與否 ; [周禮
春官]以夏至日(改日至)致地示物彲
[至日(改日至)]

★이상과 같이 오류(誤謬) 수정(修訂)
이 된다 하여도 일지(日至; 동지와
하지)란 자전상(字典上) 매(彲)의 본
의(本義)에는 영향이 미치지 않음.

鬼 部 四畫

康魌(기)[廣韻][集韻]𣎴渠羈切音
奇[說文]鬼服也一曰小兒鬼[韓詩外傳
]鄭交甫逢士女魌服[張衡東京賦]八靈

為之震慴況魅蜮與畢方[註]魅小兒鬼
又[急就篇]射魅辟邪除羣凶[註]射魅
謂天剛卯也以金玉及桃木刻而為之一
名玅改其上有銘而旁穿孔系以綵絲用
繫臂焉亦所以逐精魅也 又[唐韻][集
韻]扶奇寄切音茨又[集韻]巨綺切音技
義扶同

【 오류정리 】

○康誤處 1；[韓詩外傳]鄭交甫逢士
女(改二女)魅服
●考證 ；謹照原文士女改二女
◆整理 ；[韓詩外傳(한시외전)]의 士
女(사녀)는 二女(이녀)의 착오.
◆訂正文 ；[韓詩外傳]鄭交甫逢二女
魅服
▶ 【2461-1】字解誤謬與否 ；[韓詩
外傳]鄭交甫逢士女(改二女)魅服 [士
女(改二女)]
★이상과 같이 오류(誤謬) 수정(修訂)
이 된다 하여도 이녀(二女; 차녀) 자
전상(字典上) 기(魅)의 본의(本義)에
는 영향이 미치지 않음.

康魁(괴)[廣韻]苦回切[集韻][韻
會][正韻]枯回切扶音恢魁帥[書胤征]
殲厥渠魁[傳]魁帥也[禮檀弓]不為魁
[註]魁猶首也 又[博雅]大也[史記孟
嘗君傳]始以薛公為魁然也今視之乃眇
小大夫耳 又[莊子庚桑楚]人見其跂
猶之魁然[註]魁安也一曰主也 又[博
雅]魁岸雄傑也 又星名[史記天官書]
魁枕參首[註魁北斗第一星也[後漢郡
國志]魁方杓[註]春秋緯曰瑤光第一至
第四為魁 又蜃蛤也[儀禮士冠禮]素
積白屨以魁柎之 [註]魁蜃蛤柎注也
[疏]以魁蛤灰柎之者取其白耳魁即蜃
蛤一物 又姓 又小阜[周語]以為魁
陵[註]小阜曰魁 又與塊同[前漢東方
朔傳]魁然無徒[註]師古曰魁讀曰塊
又與科同[後漢東夷傳]大率皆魁頭露

紒[註]魁頭猶科頭也謂以髮縈繞成科
結也 又[集韻]苦猥切音碨魁瘣大枝
節盤結也

【 오류정리 】

○康誤處 1；[史記孟嘗君傳]始以薛
公為魁然也今視之乃眇小大夫(改丈夫)
耳
●考證 ；謹照原文大夫改丈夫
◆整理 ；[史記孟嘗君傳(사기맹상군
전)]의 大夫(대부)는 丈夫(장부)의 착
오.
◆訂正文 ；[史記孟嘗君傳]始以薛公
為魁然也今視之乃眇小丈夫耳
▶ 【2462-1】字解誤謬與否 ；[史記
孟嘗君傳]始以薛公為魁然也今視之乃
眇小大夫(改丈夫)耳 [大夫(改丈夫)]
★이상과 같이 오류(誤謬) 수정(修訂)
이 된다 하여도 장부(丈夫; 대장부.
사나이)는 자전상(字典上) 괴(魁)의
본의(本義)에는 영향이 미치지 않음.

鬼部 八畫

康魏(위)[廣韻]魚貴切[集韻][韻
會]虞貴切扶音偽[說文]本作巍高也从
嵬委聲[註]徐鉉曰今有省山以為魏國之
魏[詩魏風譜]魏者虞舜夏禹所都之地
也在禹貢冀州雷首之北析城之西周以
封同姓焉 又[周禮天官大宰]乃縣治
象之法于象魏[註]象魏闕也 又姓[廣
韻]本自周武王母弟受封于畢至畢萬仕
晉封魏城後因氏焉 又[集韻]語韋切
音巍[莊子知北遊]魏魏乎其終則復始
也 又[揚子方言]魏細也自關而西秦
晉之間凡細而有容謂之魏[註]魏魏小
成貌 又[集韻][正韻]扶吾回切音嵬
義同

【 오류정리 】

○康誤處 1；[說文]本作巍高也从嵬
委聲[註]徐鉉曰今有(改今人)省山以為

魏國之魏

●考證 ; 謹照原文今有改今人

◆整理 ; [說文(설문)] [註(주)]의 今有(금유)는 今人(금인)의 착오.

◆訂正文 ; [說文]本作巍高也从嵬委聲[註]徐鉉曰今人省山以爲魏國之魏

▶【2463-1】字解誤謬與否 ; [說文]本作巍高也从嵬委聲[註]徐鉉曰今有(改今人)省山以爲魏國之魏 [今有(改今人)]

★이상과 같이 오류(誤謬) 수정(修訂)이 된다 하여도 금인(今人; 요즈음 사람)은 자전상(字典上) 위(魏)의 본의(本義)에는 영향이 미치지 않음.

鬼部 十二畫

康 魖(허) [唐韻]朽居切 [集韻] [韻會]休居切𠀤音虛 [說文]耗鬼也 [前漢揚雄長楊賦]梢夔魖而抶猦狂

【 오류정리 】

○康誤處 1 ; [前漢揚雄長楊賦(改甘泉賦)]梢(改捎)夔魖而抶猦狂

●考證 ; 謹照原文長楊賦改甘泉賦梢改捎

◆整理 ; [前漢揚雄(전한양웅)의 長楊賦(장양부)는 甘泉賦(감천부)], 梢(초)는 捎(소)의 착오.

◆訂正文 ; [前漢揚雄甘泉賦]捎夔魖而抶猦狂

▶【2464-1】字解誤謬與否 ; [前漢揚雄長楊賦(改甘泉賦)]梢(改捎)夔魖而抶猦狂 [長楊賦(改甘泉賦)] [梢(改捎)]

★이상과 같이 인용처(引用處)나 소(捎; 인편에 전하다) 등(等)의 오류(誤謬)를 수정(修訂)을 한다 하여도 자전상(字典上)의 허(魖)의 본의(本義)에는 영향이 미치지 않음.

字典亥集中考證

魚部

康 魚(어) [唐韻]語居切 [集韻] [韻會] [正韻]牛居切𠀤御平聲 [說文]本作𤉢水蟲也象形與燕尾相似 [註]徐鍇曰下火象尾而已非水火之火 [韻會]隸省作魚 [易中孚]豚魚吉 [註]魚者蟲之隱者也 [儀禮有司徹]魚七 [註]魚無足翼 [史記周本紀]白魚躍入王舟中 [註]馬融曰魚者介鱗之物兵象也 又蠹魚亦名衣魚本草生久藏衣帛及書紙中 又 [詩小雅]象弭魚服 [傳]魚服魚皮 [陸璣]魚服魚獸之皮也似猪東海有之一名魚貍其皮背上斑文腹下純靑今以爲弓鞬步义者也 又 [唐書車服志]初罷龜袋復給以魚 [遼史興宗記]試進士於廷賜馮立等緋衣銀魚 [金史輿服志]親王佩玉魚一品至四品佩金魚以下佩銀魚 又 [左傳閔二年]歸夫人魚軒 [註]以魚皮爲飾 又馬名 [爾雅釋畜]二目白魚 [註]似魚目也 [詩魯頌]有驔有魚 又地名 [左傳僖二年]齊寺人貂漏師于多魚 又 [文十六年]惟裨儵魚人實逐之 [註]魚魚復縣今巴東永安縣 又 [晉語]夷鼓彤魚氏之甥也 [註]彤魚國名 又姓 [左傳成十五年]魚石爲左師 [史記秦本紀]秦之先爲嬴姓其後分封以國爲姓有修魚氏 又與吾同 [列子黃帝篇]姬魚語女 [註]姬讀居魚讀吾 又叶魚羈切音宜 [徐幹七喻]大宛之犧三江之魚雲鶬水鵠禽蹯豹胎胎音怡 又叶語鳩切音牛 [庾闡詩]煉形去人俗飄忽乘雲遊暫憩扶桑陰忽見東岳魚

【 오류정리 】

○康誤處 1 ; 今以爲弓鞬步乂(改步叉)者也

●考證 ; 謹照原文陸璣疏原文步乂改步叉

◆整理 ; 步乂(보예)는 步叉(보차)의 착오.

◆訂正文 ; 今以爲弓鞬步叉者也

▶【2465-1】字解誤謬與否 ; 今以爲弓鞬步乂(改步叉)者也 [步乂(改步叉)]

★이상과 같이 오류(誤謬) 수정(修訂)이 된다 하여도 보차(步叉 : 화살을 넣는 주머니(자루). 전대(箭袋). [釋名釋兵]織竹曰笮相迫笮之名也步叉人所帶以箭叉其中也馬上曰鞬鞬建也弓矢並建立其中也)는 자전상(字典上) 어(魚)의 본의(本義)에는 영향이 미치지 않음.

魚部 六畫

㊗鯈(숙)[集韻]式竹切音叔魚名[爾雅釋魚註]鮪鱣屬也大者名王鮪小者名鯈互詳鮥鮪二字註[類篇]或作鮛

【 오류정리 】

○康誤處 1 ; [爾雅釋魚註]鮪鱣屬也大者名王鮪小者名鯈(增鮪字)

●考證 ; 謹照原文鯈下增鮪字

◆整理 ; [爾雅釋魚註(이아석어주)]의 鯈(숙)에 이어 鮪字(유자)를 덧붙임.

◈訂正文 ; [爾雅釋魚註]鮪鱣屬也大者名王鮪小者名鯈鮪

▶【2466-1】字解誤謬與否 ; [爾雅釋魚註]鮪鱣屬也大者名王鮪小者名鯈(增鮪字) [鯈(增鮪字)]

★이상과 같이 오류(誤謬) 수정(修訂)이 되면 숙유(鯈鮪; 어린 다랑어. [說文]叔鮪也[爾雅釋魚]鮥鯈鮪[註]今宜都郡自京門以上江中通出鱏鱣之魚有一魚狀似鱣而小建平人呼鮥子[疏]鮪一名鮥肉色白味不如鱣也)인데 자전상(字典上) 숙(鯈)의 본의(本義)에 직접 영향이 미치게 됨.

魚部 八畫

㊗鯛(조)[唐韻]都僚切[集韻]丁聊切𠀤音雕[說文]骨專脃也 又[玉篇]魚名 [類篇]或作鮉

【 오류정리 】

○康誤處 1 ; [說文]骨專(改耑)脃也

●考證 ; 謹照原文專改耑

◆整理 ; [說文(설문)]의 專(전)은 耑(단)의 착오.

◈訂正文 ; [說文]骨耑脃也

▶【2467-1】字解誤謬與否 ; [說文]骨專(改耑)脃也 [專(改耑)]

★이상과 같이 오류(誤謬) 수정(修訂)이 되면 골단(骨耑; 뼈끝. [集韻][韻會]鄔毁切𠀤音委骨耑骫䯝也骨曲也[說文]骨耑脃也)인데 자전상(字典上) 조(鯛)의 본의(本義)에 적극 영향이 미치게 됨.

㊗鯤(곤)[廣韻]古渾切[集韻][韻會][正韻]公渾切𠀤音昆[爾雅釋魚]鯤魚子[註]凡魚之子名鯤[魯語]魚禁鯤鮞[類篇]或作鱻鰥 又[玉篇]大魚[列子殷湯篇]有魚焉其廣數千里其長稱焉其名爲鯤[莊子逍遙遊]北冥有魚其名爲鯤[陸德明音義]崔譔云鯤當爲鯨 又[集韻]胡昆切音渾義同

【 오류정리 】

○康誤處 1 ; [列子殷湯篇(改湯問篇)]有魚焉其廣數千里其長稱焉其名爲鯤

●考證 ; 謹照原書改湯問篇

◆整理 ; [列子(열자)의 殷湯篇(은탕편)은 湯問篇(탕문편)의] 착오.

◈訂正文 ; [列子湯問篇]有魚焉其廣數千里其長稱焉其名爲鯤

▶【2468-1】字解誤謬與否 ; [列子殷湯篇(改湯問篇)]有魚焉其廣數千里其長稱焉其名爲鯤 [殷湯篇(改湯問篇)]

★이상과 같이 인용처(引用處)나 주소(註疏), 등(等)의 오류(誤謬)를 수정(修訂)을 한다 하여도 자전상(字典上)의 곤(鯤)의 본의(本義)에는 영향이 미치지 않음.

魚部 十畫

康**鰦**(자)[廣韻]子之切[集韻]津之切𠀤音茲魚名[爾雅釋魚]鮦黑鰦[註]卽白鯈魚[疏]鮦一名黑鰦[六書故]今之鹹淡水中者長不逾尺摶身推首而肥俗謂之鰦海亦有之

【 오류정리 】

○康誤處 1 ; [六書故]今之鹹淡水中者長不逾尺摶身推首(改摶身椎首)而肥俗謂之鰦

●考證 ; 謹照原文摶身推首改摶身椎首

◆整理 ; [六書故(륙서고)의] 摶身推首(박신추수)는 摶身椎首(박신추수)의 착오.

◆訂正文 ; [六書故]今之鹹淡水中者長不逾尺摶身椎首而肥俗謂之鰦

▶【2469-1】字解誤謬與否 ; [六書故]今之鹹淡水中者長不逾尺摶身推首(改摶身椎首)而肥俗謂之鰦 [摶身推首(改摶身椎首)]

★이상과 같이 오류(誤謬) 수정(修訂)이 된다 하여도 박신추수(摶身椎首; 몸짓은 날렵한데 머리는 우둔하다. [爾雅釋魚]鮦黑鰦[註]卽白鯈魚[疏]鮦一名黑鰦[六書故]今之鹹淡水中者長不踰尺摶身椎首而肥俗謂之鰦海亦有之)는 자전상(字典上) 자(鰦)의 본의(本義)에는 영향이 미치지 않음.

康**鰩**(요)[唐韻]余招切[集韻][韻會][正韻]餘招切𠀤音遙[說文]文鰩魚名[山海經]觀水西流注于流沙其中多文鰩魚狀如鯉魚魚身而鳥翼蒼文而白首赤喙以夜飛其音如鸞雞[呂氏春秋蘁水之魚名曰鰩其狀若鯉而有翼[神異經]東南海中有溫湖中有鰩魚長八尺[本草]文鰩出海南大者長尺許有翅如尾齊一名飛魚羣飛水上海人候之當有大風

【 오류정리 】

○康誤處 1 ; [本草]文鰩出海南大者長尺許有翅如尾齊(改與尾齊)

●考證 ; 謹照原文如尾齊改與尾齊

◆整理 ; [本草(본초)]의 如尾齊(여미제)는 與尾齊(여미제)의 착오.

◆訂正文 ; [本草]文鰩出海南大者長尺許有翅與尾齊

▶【2470-1】字解誤謬與否 ; [本草]文鰩出海南大者長尺許有翅如尾齊(改與尾齊)

★이상과 같이 오류(誤謬) 수정(修訂)이 된다 하여도 시여미제(翅與尾齊; 날개와 더불어 꼬리는 가지런하다. [康熙字典]魚部十畫(鰩)[本草]文鰩出海南大者長尺許有翅與尾齊一名飛魚羣飛水上海人候之當有大風)는 자전상(字典上) 자(鰩)의 본의(本義)에는 영향이 미치지 않음.

魚部 十一畫

康**鱄**(전)[廣韻]職緣切[集韻][韻會]朱遄切[正韻]朱緣切𠀤音專[說文]魚也[儀禮士喪禮]鱄鮒九膊[家語]魚之大者名爲鱄[呂氏春秋]魚之美者洞庭之鱄 又[廣韻]專諸吳刺客或作鱄[左傳昭二十年]乃見鱄設諸焉而耕於鄙[註]鱄諸勇士 又[廣韻][集韻]𠀤徒官切音團[山海經]黑水南流注于海其中多鱄魚其狀如鮒而彘尾其音如豚見則天下大旱[註]鱄音團扇之團 又[廣韻]旨兗切[集韻][韻會]主兗切[正韻]止兗切𠀤音轉又[集韻]豎兗切音善義𠀤同 又[集韻]龍眷切音戀人名[左傳成十四年]吾不獲鱄也使主社稷[註]鱄衞侯衎之母弟

【 오류정리 】

○康誤處 1 ; [儀禮]鱄鮒九膊(改魚鱄鮒九)

●考證 ; 謹照原文改魚鱄鮒九

◆整理 ; [儀禮(의례)]의 鱄鮒九腊(전부구석)은 魚鱄鮒九(어전부구)의 착오.

◆訂正文 ; [儀禮士喪禮]魚鱄鮒九

▶【2471-1】字解誤謬與否 ; [儀禮]鱄鮒九腊(改魚鱄鮒九)

★이상과 같이 오류(誤謬) 수정(修訂)이 되면 어전부구(魚鱄鮒九; 큰 붕어 아홉 마리.[儀禮士喪禮] 魚鱄鮒九 [家語] 魚之大者名爲鱄) 자전상(字典上) 전(鱄)의 본의(本義)에 적극 영향이 미치게 됨.

魚部 十三畫

康鱷(경) [唐韻] [集韻] [韻會] [正韻] 𠀤渠京切音擎 [說文]海大魚也或从京作鯨 [前漢翟方進傳] 取其鱷鯢詳鯨字註 又 [廣韻] 巨良切 [集韻] 渠良切𠀤音彊義同

【 오류정리 】

○康誤處 1 ; [前漢翟方進傳]取其鱷鯤(改鱷鯢)

●考證 ; 謹照原文鱷鯤改鱷鯢

◆整理 ; [前漢翟方進傳(전한적방진전)]의 鱷鯤(경곤)은 鱷鯢(경예)의 착오.

◆訂正文 ; [前漢翟方進傳]取其鱷鯢

▶【2472-1】字解誤謬與否 ; [前漢翟方進傳]取其鱷鯤(改鱷鯢) [鱷鯤(改鱷鯢)]

★이상과 같이 오류(誤謬) 수정(修訂)이 되면 경예(鱷鯢; 고래의 암컷. [說文解字魚部]鱷海大魚也[前漢翟方進傳]取其鱷鯢詳鯨字註 [說文解字要解]鱷海大魚也春秋傳曰取其鱷鯢[左傳宣公十二年文]鯨鱷或从京从魚畺聲古京切) 인데 자전상(字典上) 경(鱷)의 본의(本義)에 적극 영향이 미치게 됨.

鳥部 四畫

康鳥(조) [唐韻]都了切 [集韻] [韻會]丁了切𠀤音蔦 [說文]長尾禽總名也 [正韻]常時曰鳥胎卵曰禽 [爾雅釋鳥]鳥之雌雄不可別者以翼右掩左雄左掩右雌 [書堯典]厥民析鳥獸孳尾 [周禮秋官翟氏]掌攻猛鳥又 [䎸蔟氏]掌覆妖鳥之巢 [註]䎸摘也摘其巢而去之 [正字通]二足而羽謂之禽或曰鳥觜曰咮曰喙爪曰距尾曰翠一作膵一名尾罌。膍胵曰奧嚨曰亢曰員官項畜食處曰嗉翅曰翮曰翎頸毛曰翁腳短者多伏腳長者多立腳近翠者好步腳近臆者好躑 [師曠禽經]羽蟲三百六十毛協四時色合五方又星名朱鳥南方七宿名 [書堯典]日中星鳥　又國名 [山海經]鹽長之國有人鳥首名曰鳥氏　又山名鳥鼠 [地志]在隴西郡首陽縣西南禹貢終南惇物至于鳥鼠又 [山海經]鳥危之山鳥危之水出焉　又官名 [周禮夏官]射鳥氏掌射鳥 [左傳昭十七年]少皞摯之立也紀於鳥爲鳥師而鳥名　又秦之先有鳥俗氏 [史記秦本紀]大費生子二人一曰大廉實鳥俗氏 [索隱曰]以仲衍鳥身人言故爲鳥俗氏　又丹鳥白鳥俱蟲名 [夏小正]丹鳥者丹良也白鳥者蚊蚋也　又妙音鳥 [法華經偈頌]聖主天中王迦陵頻伽聲 [註]迦陵頻伽妙音鳥也鳥未出聲時卽發音微妙一切天人聲皆不及惟佛音類之故以取況　又 [正韻]尼了切音𥊚義同　又 [集韻] [類篇]𠀤與島同 [書禹貢]島夷皮服 [史記夏本紀] [前漢地理志]𠀤作鳥夷孔讀鳥爲島　又 [字彙補]子削切音爵 [前漢地理志]武威郡鸞鳥縣 [後漢段熲傳]欲攻武威熲復追擊於鸞鳥 [註]鳥音爵　又叶都縷切音女 [史記自序]穆公思義悼殽之旅以人爲殉詩歌黃鳥　又叶丁柳切音近斗 [前漢敘傳]沐浴尸鄉北面奉首旅人慕殉義過黃鳥

【 오류정리 】

○康誤處 1；[正韻]尼了切音梟(改音裊)

●考證；謹照原文音梟改音裊

◆整理；[正韻(정운)]의 音梟(음효)는 音裊(음뇨)의 착오.

◆訂正文；[正韻]尼了切音裊

▶【2473-1】字解誤謬與否；[正韻]尼了切音梟(改音裊)

★이상과 같이 음(音)의 오류(誤謬)를 수정(修訂)을 한다 하여도 자전상(字典上)의 조(鳥)의 본의(本義)에는 영향이 미치지 않음.

鳥部 二畫

康 鳧(부)[唐韻]防無切[集韻][韻會]馮無切[正韻]逢夫切灶音扶[爾雅釋鳥]舒鳧鶩[郭註]鴨也[疏]野曰鳧家曰鴨[又]鳧雁醜其足蹼其踵企[郭註]鳧雁腳閒有幕蹼屬相著飛卽伸其腳跟企直[疏]醜類也[又]鸍沈鳧[註]狀似鴨而小背文靑色畀腳紅掌短喙長尾[詩鄭風]弋鳧與雁又[大雅]鳧鷖在涇[註]鳧水鳥鷖鳧屬　又[南越志]有私鳧棲息松閒不水處宿必以樹　又[揚子方言郭註]江東有小鳧其多無數俗謂之冠鳧

又[山海經]鹿臺山有鳥狀如雄雞人面曰鳧徯　又官名[周禮冬官考工記]鳧氏爲鍾[正字通]鳧入水不溺以名鍾工取虛浮之義　又山名[詩魯頌]保有鳧繹[註]鳧繹二山名又鳧麗山見[山海經　又魚鳧人名蜀山氏之君也見[成都記　又鳧茨草名[後漢劉玄傳]人掘鳧茨而食又[廣韻]茆鳧葵也　俗省作鳧

【 오류정리 】

○康誤處 1；[揚子方言郭註]江東有小鳧其多無數俗謂之冠鳧(改寇鳧)

●考證；謹照原文冠鳧改寇鳧

◆整理；[揚子方言郭註(양자방언곽주)]의 冠鳧(관부)는 寇鳧(구부)의 착오.

◆訂正文；[揚子方言郭註]江東有小鳧其多無數俗謂之寇鳧

▶【2474-1】字解誤謬與否；[揚子方言郭註]江東有小鳧其多無數俗謂之冠鳧(改寇鳧)

★이상과 같이 오류(誤謬) 수정(修訂)이 되면 구부(寇鳧; 작은 오리 [方言]第一凡物盛多謂之寇"[郭璞註]今江東有小鳧其多者無數俗謂之寇鳧)인데 자전상(字典上) 부(鳧)의 본의(本義)에 직접 영향이 미치게 됨.

鳥部 三畫

康 鳴(명)[唐韻]武兵切[集韻][韻會][正韻]眉兵切灶音明[說文]鳥聲也[玉篇]聲相命也嘷也[詩大雅]鳳凰鳴矣于彼高岡　又獸亦曰鳴[易說卦傳]其於馬也爲善鳴　又[增韻]凡出聲皆曰鳴[禮樂記]叩之以小則小鳴叩之以大則大鳴[莊子德充符]子以堅白鳴　又鳥名[山海經]弇州山有五彩之鳥仰天鳴名曰鳴鳥[書召誥]我則鳴鳥不聞[音義]馬云鳴鳥謂鳳凰也　又姓出[姓苑]

又[集韻][韻會][正韻]灶眉病切音命鳥相呼也[馬融長笛賦]山雞晨羣野雉朝雊求偶鳴子悲號長嘯[註]鳴命也[曹植詩]鳴儔嘯匹侶　又叶謨郎切音芒[前漢郊祀歌]寒暑不忒況皇章展詩應律鉊玉鳴函宮吐角激徵淸發梁揚羽申以商[張華俠曲]孟嘗東出關濟身由雞鳴信陵西反魏秦人悁其彊

【 오류정리 】

○康誤處 1；[禮樂記(改學記)]叩之以小則小鳴叩之以大則大鳴

●考證；謹照原書樂記改學記

◆整理；[禮(예)의 樂記(악기)는 學記(학기)의] 착오.

◆訂正文；[禮學記]叩之以小則小鳴

叩之以大則大鳴

▶【2475-1】字解誤謬與否 ; ［禮樂記(改學記)］叩之以小則小鳴叩之以大則大鳴　［樂記(改學記)］

★이상과 같이 인용처(引用處)나 주소(註疏), 등(等)의 오류(誤謬)를 수정(修訂)을 한다 하여도 자전상(字典上)의 명(鳴)의 본의(本義)에는 영향이 미치지 않음.

康鴇(보)［玉篇］布老切與鴇同性不止樹［班固西都賦］鶬鴰鴇鶂［註］鴇似鷹而大無趾［埤雅］鴇無舌兔無脾［管子輕重甲篇］非十鈞之弩不能中鷗雜鷔鴇又叶彼五切［徐幹齊都賦］鴐鵞鶬鴰鴻鴈鷺鴇連軒翬霍覆水掩渚

【 오류정리 】

○康誤處 1 ; ［班固西都賦］鶬鴰鴇鶂［註］鴇似鷹而大無趾(改［李註］鴇似鴈無後趾)

●考證 ; 謹照原文改［李註］鴇似鴈無後趾

◆整理 ; ［班固西都賦(반고서도부)］의 ［註(주)］鴇似鷹而大無趾(보사응이대무지)는 ［李註(이주)］鴇似鴈無後趾(보사안무후지)의 착오.

◆訂正文 ; ［班固西都賦］鶬鴰鴇鶂［李註］鴇似鴈無後趾

▶【2476-1】字解誤謬與否 ; ［班固西都賦］鶬鴰鴇鶂［註］鴇似鷹而大無趾(改［李註］鴇似鴈無後趾)　［[註]鴇似鷹而大無趾(改［李註］鴇似鴈無後趾)]

★이상과 같이 오류(誤謬) 수정(修訂)이 되면 ○보(鴇; 능에 느시(느싯과에 속한 새) ○사안(似鴈; 기러기와 비슷하고. ［集韻］［韻會］［正韻］師莊切𣎴音霜鷞鵝西方神鳥長頸綠色似鴈皮可爲裘) ○무후지(無後趾 뒤 발톱이 없다. ［正韻］博皓切𣎴音寶鳥也［郭璞曰］鴇似鴈無後趾毛有豹文一名獨豹)가 되는데

자전상(字典上) 보(鴇)의 본의(本義)에 적극 영향이 미치게 됨.

康鳶(연)［唐韻］與專切［韻會］余專切［正韻］于權切𣎴音緣［說文］鷙鳥也［玉篇］鴟類也［詩大雅］鳶飛戾天［爾雅釋鳥］鳶鳥醜其飛也翔［疏鳶鴟也鴟鳥之類其飛也布翅翱翔　又［禮曲禮］前有塵埃則載鳴鳶［疏］鳶鴟也鳶鳴則將風畫鴟於旌首而載之衆見咸知以爲備也　又風鳶［唐書田悅傳］臨洺將張伾以紙爲風鳶高百餘丈爲書達馬燧營［續博物志］今之紙鳶引絲而上令小兒張口望視以洩內熱　又木鳶［韓非子右經］墨子爲木鳶三年成飛　又人名［史記穰侯傳］走魏將暴鳶　又［韻會］或作鶎［前漢梅福傳］鶎鵲遭害則仁鳥增逝［說文］本作𪂇从鳥屰聲［徐註］屰非聲一本从屮疑从萑省今俗別作鳶非

【 오류정리 】

○康誤處 1 ; ［韓非子右經(改外儲說)］墨子爲木鳶三年成飛(改三年而成)

●考證 ; 謹照原文右經改外儲說三年成飛改三年而成

◆整理 ; ［韓非子(한비자)］의 右經(우경)은 外儲說(외저설)의］ 착오. 三年成飛(삼년성비)는 三年而成(삼년이성)의 착오.

◆訂正文 ; ［韓非子外儲說］墨子爲木鳶三年而成

▶【2477-1】字解誤謬與否 ; ［韓非子右經(改外儲說)］墨子爲木鳶三年成飛(改三年而成)　［右經(改外儲說)］［三年成飛(改三年而成)]

★이상과 같이 오류(誤謬) 수정(修訂)이 된다 하여도 삼년이성(三年而成; 삼년이 지난 뒤 완성하다. ［周禮冬官考工記鍾氏］五入爲緅染繡者三入而成又再染以黑則爲緅今禮俗文作爵言如爵頭色也［韓非子外儲説]墨子爲木鳶三年

而成)이라 자전상(字典上) 연(鳶)의
본의(本義)에는 영향이 미치지 않음.

鳥部 四畫

康 鴲(옥)[廣韻]魚欲切[集韻]虞欲
切夶音玉[玉篇]鸀鴲鳥名郭璞曰鴲似鴨
而大[司馬相如上林賦]駒䴙鸀鴲

【 오류정리 】

○康誤處 1 ; [玉篇]鸀鴲鳥名郭璞曰
(增鸀字)鴲似鴨而大
●考證 ; 謹照原文郭璞曰下增鸀字
◆整理 ; [玉篇](옥편)] 郭璞曰(곽박
왈)에 이어 鸀字(촉자)를 덧붙임.
◆訂正文 ; [玉篇]鸀鴲鳥名郭璞曰鸀
鴲似鴨而大
▶【2478-1】字解誤謬與否 ; [玉篇]
鸀鴲鳥名郭璞曰(增鸀字)鴲似鴨而大
[郭璞曰(增鸀字)]
★이상과 같이 오류(誤謬) 수정(修訂)
이 되면 촉옥(鸀鴲; 오리 보다 큰 물
새 . [廣韻]之欲切同鸀鸀鴲如鴨而大
[集韻][類篇]朱欲切夶音燭鸀鴲鳥陳藏
器曰鸀鴲狀如鴨而大長項赤目斑觜毛觜
紺色一名䴇篤)인데 자전상(字典上) 옥
(鴲)의 본의(本義)에 영향이 미치게
됨.

鳥部 五畫

康 鴟(치)[廣韻]處脂切[集韻][韻
會]稱脂切夶音摛[說文]鸋也[玉篇]鳧
屬鴟鴞惡鳥捉鳥子而食者又角鴟一名
鵂鶹一名鴙鵙一名鵋[爾雅釋鳥]鴟鴞
鸋鴂 又茅鴟[釋鳥]狂茅鴟[郭註]今
鵃鴟也似鷹而白[疏]茅鴟一名狂廣雅
云茅鴟鳩也 又怪鴟[釋鳥]即鴟鵂也
[廣雅]今江東呼此屬爲怪鳥[埤雅]怪
鴟一名隻狐晝無所見夜即飛噉蚊蟲莊
子所謂夜撮蚤察毫末晝出瞑目而不見
丘山是也又梟鴟[爾雅釋鳥郭註]土梟
又[山海經]南海蒼梧山有鴟久[註]
卽鴟舊[又]三危山有鳥狀如鸜名曰鴟
○按此鳥疑別是一種 又鴟夷革囊也
[史記伍子胥傳]盛以鴟夷革[註]取馬
革爲榼形也又[揚雄酒箴]自用如此不
如鴟夷[顏云]盛酒者也 又蹲鴟芋也
[史記貨殖傳]汶山下有蹲鴟[華陽國志
]汶山大芋如蹲鴟 又[茅鴟]逸詩篇名
[左傳襄二十八年]慶封來奔穆子使工
爲之誦[茅鴟][杜註]刺不敬也 又[書
呂刑]罔不寇賊鴟義[註]以鴟張跋扈爲
義也庚桑子曰人實鴟義而有其國 又
[史記貨殖傳]范蠡適齊爲鴟夷子皮[正
字通]字彙以鴟夷爲複姓誤

【 오류정리 】

○康誤處 1 ; [書呂刑]罔不寇賊鴟義
[註]以鴟張跋扈爲義也(改爲鴟義姦宄
註鴟義以鴟張跋扈爲義也)
●考證 ; 謹照原文以鴟義姦宄連讀謹
据改爲鴟義姦宄註鴟義以鴟張跋扈爲義
也
◆整理 ; [書呂刑]의 罔不寇賊鴟義
[註]以鴟張跋扈爲義也는 鴟義姦宄註
鴟義以鴟張跋扈爲義也의 착오.
◆訂正文 ; [書呂刑]鴟義姦宄註鴟義
以鴟張跋扈爲義也
▶【2479-1】字解誤謬與否 ; [書呂
刑]罔不寇賊鴟義[註]以鴟張跋扈爲義
也(改爲鴟義姦宄註鴟義以鴟張跋扈爲
義也) [罔不寇賊鴟義[註]以鴟張跋扈
爲義也(改爲鴟義姦宄註鴟義以鴟張跋
扈爲義也)]
★이상과 같이 오류(誤謬) 수정(修訂)
이 되면 ○치의(鴟義; 솔개와 같이
의(義)를 우습게 여기고; [書呂刑]鴟
義姦宄註鴟義以鴟張跋扈爲義也庚桑子
曰人實鴟義而有其國) ○간귀(姦宄;
여자들을 겁탈하고 도둑질을 하다.
[書舜典]蠻夷猾夏,寇賊姦宄[孔傳]在
外曰姦,在內曰宄[孔穎達疏]寇賊姦宄,
皆是作亂害物之名也)인데 자전상(字

典上) 치(鴟)의 본의(本義)에 영향이
미치게 됨.

康 䳑(율)[唐韻]以出切[集韻]允律
切[正韻]以律切𠀤音聿[說文]鷸飛貌
[廣韻]鳥飛快也[廣雅]矯飛也[詩秦
風]䳑彼晨風 又[小雅]䳑彼飛隼 又
[集韻]于六切音藚疾飛貌 又王勿切
音日義同 又胡決切音穴鳥名

【 오류정리 】

○康誤處 1;[廣雅]矯(改䳑)飛也
●考證;謹按䳑矯二字俱訓爲飛不訓
䳑爲矯飛今照原文矯改䳑
◆整理;[廣雅(광아)]의 矯(교)는 䳑
(율)의 착오.
◆訂正文;[廣雅]䳑飛也
▶【2480-1】字解誤謬與否;[廣雅]
矯(改䳑)飛也 [矯(改䳑)]
★이상과 같이 오류(誤謬) 수정(修訂)
이 되면 율비(䳑飛; 새 빨리 날다.
[正韻]以律切𠀤音聿鷸飛貌鳥飛快也
[廣雅]䳑飛也[詩秦風]䳑彼晨風又[小
雅]䳑彼飛隼又于六切音藚疾飛貌)인데
자전상(字典上) 율(䳑)의 본의(本義)'
에 직접 영향이 미치게 됨.

鳥部 六畫

康 鴻(홍)[唐韻]戶工切[集韻][韻
會][正韻]胡公切𠀤音洪[說]鴻鵠也
[玉篇]鴻鴈也詩傳云大曰鴻小曰鴈[陸
璣疏]鴻羽毛光澤純白似鶴而大長頸肉
美如鴈又有小鴻如鳧色白今人直謂之
鴻[易漸卦]鴻漸于陸其羽可用爲儀 又
旗名[禮曲禮]前有車騎則載飛鴻[鄭
註]鴻取飛有行列也 又通作洪大也
[史記河渠書]禹抑鴻水[楚辭天問]不
任汩鴻何以尙之[註]鴻大水也 又傭
也[周禮冬官考工記]梓人爲筍簴小首
而長搏身而鴻若是者謂之鱗屬以爲筍
[註]鴻傭也 又[周禮冬官考工記]矢人

橈之以眡其鴻殺之稱也[疏]釋云鴻卽
上文强是也殺卽上文弱是也 又地名
[左傳昭二十一年]齊師宋師敗吳師于
鴻口[註]梁國睢陽縣東有鴻口亭又鴻
溝[史記蘇秦傳]大王之地南有鴻溝
[註]在滎陽 又蟲名蜚鴻[史記周本
紀]蜚鴻滿野[註]蠛蠓也 又姓衞大夫
鴻騮魋見[左傳]鴻安丘見[後漢書] 又
人名大鴻堯臣名梁鴻漢人 又[廣韻]
[韻會]胡孔切[集韻]戶孔切𠀤音澒與澒
同[揚雄校獵賦]鴻絧緁獵[師古]鴻絧直
馳貌 又鴻濛元氣也[淮南子俶眞訓]
以鴻濛爲景[註]鴻濛東方日所出地 又
[集韻][類篇]𠀤虎孔切音嗊義同 又
[集韻]胡貢切音哄鴻洞深遠一曰相連
次貌 又[字彙]古送切音貢[淮南子精
神訓]澒濛鴻洞[註]鴻讀如子贛之贛
又叶胡光切音黃[呂氏春秋]彭祖以壽
三代以昌五帝以昭神農以鴻

【 오류정리 】

○康誤處 1;搏身(改摶身)而鴻
●考證;謹照周禮原文搏身改摶身
◆整理;搏身(박신)은 摶身(단신)의
착오.
◆訂正文;摶身而鴻
▶【2481-1】字解誤謬與否;搏身
(改摶身)而鴻 [搏身(改摶身)]
★이상과 같이 오류(誤謬) 수정(修訂)
이 되면 단신(摶身; 둥글다. [周禮考
工記梓人]摶身而鴻[鄭玄註]曰摶圜也)
인데 자전상(字典上) 홍(鴻)의 본의
(本義)에 영향이 미치게 됨.

○康誤處 2;[廣韻][韻會]胡孔切[集
韻]戶孔切𠀤音永(改音澒)
●考證;謹照原文音永改音澒
◆整理;[集韻(집운)]의 音永(음영)
은 音澒(음홍)의 착오.
◆訂正文;[廣韻][韻會]胡孔切[集
韻]戶孔切𠀤音澒

▶【2482-2】字解誤謬與否 ; [廣韻]
[韻會]胡孔切[集韻]戸孔切𪓐音永(改
音汞) [音永(改音汞)]
★이상과 같이 음(音), 의 오류(誤謬)
를 수정(修訂)을 한다 하여도 자전상
(字典上)의 홍(鴻)의 본의(本義)에는
영향이 미치지 않음.

○康誤處 3 ; [揚雄校獵賦(改羽獵賦)]
鴻絧緁獵
●考證 ; 謹照原文校獵賦改羽獵賦
◆整理 ; [揚雄(양웅)의 校獵賦(교렵
부)는 羽獵賦(우렵부)의] 착오.
◆訂正文 ; [揚雄羽獵賦]鴻絧緁獵
▶【2483-3】字解誤謬與否 ; [揚雄
校獵賦(改羽獵賦)]鴻絧緁獵 [校獵賦
(改羽獵賦)]
★이상과 같이 인용처(引用處)나 주
소(註疏), 등(等)의 오류(誤謬)를 수정
(修訂)을 한다 하여도 자전상(字典上)
의 홍(鴻)의 본의(本義)에는 영향이
미치지 않음.

○康誤處 4 ; [淮南子俶眞訓]以鴻濛
爲景(增柱字)[註]鴻濛東方日所出地
(改東方之野日所出)
●考證 ; 謹照原文爲景下增柱字鴻濛
東方日所出地改東方之野日所出
◆整理 ; [淮南子俶眞訓]의 爲景(위
경)에 이어 柱字(주자)를 덧붙임. [註
(주)]의 鴻濛東方日所出地는 東方之
野日所出의 착오.
◆訂正文 ; [淮南子俶眞訓]以鴻濛爲
景柱[註]東方之野日所出
▶【2484-4】字解誤謬與否 ; [淮南
子俶眞訓]以鴻濛爲景(增柱字)[註]鴻
濛東方日所出地(改東方之野日所出)
[爲景(增柱字)] [鴻濛東方日所出地
(改東方之野日所出)]
★이상과 같이 오류(誤謬) 수정(修訂)
이 되면 ○홍몽(鴻濛; 하늘과 땅이

아직 갈라지지않은 혼돈상태. 천지자
연의 원기(元氣). [太極]兩儀未判鴻濛
未開上而日月未光下而山川未奠一氣交
融萬氣全具故名太極即吾身未生以前之
面目二儀者人身呼吸之氣也鴻濛者人身
無想之會也) ○위경주(爲景柱; 경주라
하고. [淮南子俶眞訓]至德之世,甘瞑于
溷澖之域,而徙倚於汗漫之宇提挈天地
而委萬物,以鴻蒙爲景柱而浮揚乎無畛
崖之際是故聖人呼吸陰陽之氣而群生莫
不顒顒然仰其德以和順) [주(註)] ○동
방지야(東方之野; 동쪽 벌판. [淮南子
俶眞訓]以鴻濛爲景柱[註]東方之野日
所出) ○일소출(日所出; 해가 뜨는
곳. [淮南子俶眞訓]以鴻濛爲景柱[註]
東方之野日所出)인데 자전상(字典上)
홍(鴻)의 본의(本義)에 직접 영향이
미치게 됨.

(康)鶻(주)[唐韻][集韻]𪓐張流切音
輈[說文]鶻鵃鶻也似山鵲而小一名鶻
鳩[爾雅釋鳥]鶌鳩鶻鵃[本草]其鳴云
鉤輈格磔自呼也 又[玉篇]止遙切[集
韻]之遙切𪓐音昭又[廣韻][集韻]𪓐陟
交切音啁義𪓐同 又[玉篇]丁交切[集
韻]丁聊切𪓐音鵰義同 又[集韻]丁了
切音鳥鶦舠船長貌舠字原刻从了从鳥
【 오류정리 】
○康誤處 1 ; [爾雅釋鳥]鶌鳩鶻鳩(改
鶻鵃)
●考證 ; 謹照原文鶻鳩改鶻鵃
◆整理 ; [爾雅釋鳥(이아석조)]의 鶻
鳩(골구)는 鶻鵃(골주)의 착오.
◆訂正文 ; [爾雅釋鳥鶌鳩鶻鵃
▶【2485-1】字解誤謬與否 ; [爾雅
釋鳥]鶌鳩鶻鳩(改鶻鵃) [鶻鳩(改鶻
鵃)]
★이상과 같이 오류(誤謬) 수정(修訂)
이 되면 골주(鶻鵃; 산비둘기. [爾雅
釋鳥]云鶌鳩鶻鵃郭景純云鶌音九物反

鵰音嘲鷦鵰似山鵲而小青黑色短尾多聲[孫炎]云鷦鵰一名鳴鳩[說文]鷦鵰似山雀而小短尾青黑色)인데 자전상(字典上) 주(鵰)의 본의(本義)에 영향이 미치게 됨.

鳥部 七畫

康**鵑**(견)[廣韻]古懸切[集韻][韻會]圭懸切[正韻]圭淵切𠀤音涓杜鵑鳥名[玉篇]盤鵑[顏師古曰]鶗鵳一名買鶬一名子規一名杜鵑[李時珍曰]杜鵑出蜀中狀如雀鷂而色慘黑赤口有小冠春暮卽鳴夜啼達旦鳴必向北至夏尤甚晝夜不止其聲哀切田家候之以興農事惟食蟲蠹不能爲巢居他巢生子[埤雅]杜鵑苦啼啼血不止一名怨鳥夜啼達旦啼苦則倒懸於樹[異物志]杜鵑一名巂周自呼曰謝豹[寰宇記]蜀王杜宇號望帝立鼈靈爲相後因禪位自亡去化爲子規[華陽國志]杜宇稱帝會有水災其相開明決玉壘山以除害帝遂委以政升西山隱焉時適二月子規鳥鳴故蜀人聞輒悲思之 又花名杜鵑[花木考]亦名山石榴山躑躅映山紅互見鵙鶬鴟鶗鷤鶪諸字註巂字原刻从隹从岡或雋字鸛字原刻从崔从鳥

【 오류정리 】

○康誤處 1；[玉篇]盤鵑(改甄鵑)

●考證；謹照原文盤鵑改甄鵑

◆整理；[玉篇(옥편)]의 盤鵑(반견)은 甄鵑(견견)의 착오.

◆訂正文；[玉篇]甄鵑

▶【2486-1】字解誤謬與否；[玉篇]盤鵑(改甄鵑) [盤鵑(改甄鵑)]

★이상과 같이 오류(誤謬) 수정(修訂)이 되면 견견(甄鵑; 두견이. 자규(子規). [玉篇]甄鵑[顏師古曰]鶗鵳一名買鶬一名子規一名杜鵑)인데 자전상(字典上) 견(鵑)의 본의(本義)에 적극 영향이 미치게 됨.

鳥部 八畫

康**鵧**(병)[玉篇]步丁切[集韻]旁經切𠀤音瓶鳥曰也[爾雅釋鳥疏]鵧鳩一名鵧鳩 又[廣韻]房脂切[集韻]頻脂切𠀤音毗鵧鷑鳥名鳴自呼 又[集韻]畀盈切音幷又蒲街切音牌又貧悲切音邳 又補買切音擺又蒲巴切音爬義𠀤同鵧从幷作

【 오류정리 】

○康誤處 1；[爾雅釋鳥疏]鵧鳩一名鵧鳩(改鵧鷑)

●考證；謹照原文鵧鳩改鵧鷑

◆整理；[爾雅釋鳥疏(이아석조소)]의 鵧鳩(병구)는 鵧鷑(병급)의 착오.

◆訂正文；[爾雅釋鳥疏]鵧鳩一名鵧鷑

▶【2487-1】字解誤謬與否；[爾雅釋鳥疏]鵧鳩一名鵧鳩(改鵧鷑) [鵧鳩(改鵧鷑)]

★이상과 같이 오류(誤謬) 수정(修訂)이 되면 병급(鵧鷑; 지삐귀. [爾雅釋鳥疏]鵧鳩一名鵧鷑)인데 자전상(字典上) 병(鵧)의 본의(本義)에 적극 영향이 미치게 됨.

康**鵱**(륙)[唐韻][集韻]𠀤力竹切音六[說文]鵱蔞鵝也[爾雅釋鳥]鵱鷜[郭註]今之野鵝[說文]鵱蔞鵝也。

【 오류정리 】

○康誤處 1；[爾雅釋鳥]鵱鷜(增鵝字)

●考證；謹照原文鵱鷜下增鵝字

◆整理；[爾雅釋鳥(이아석조)]鵱鷜(륙루)에 이어 鵝字(아자)를 덧붙임.

◆訂正文；[爾雅釋鳥]鵱鷜鵝

▶【2488-1】字解誤謬與否；[爾雅釋鳥]鵱鷜(增鵝字) [鵱鷜(增鵝字)]

★이상과 같이 오류(誤謬) 수정(修訂)이 되면 륙루아(鵱鷜鵝; 야생거위. [爾雅釋鳥]鵱鷜鵝[郭註]今之野鵝[詩

[豳風]雲綢繆牖戶取其音同故讀從之 鵚鶟鵝今之野鵝)인데 자전상(字典上) 륙(鵚)의 본의(本義)에 영향이 미치게 됨.

康 鶨(탈) [廣韻]丁括切[集韻]都括切𠀤音掇鶨鳩鳥名[爾雅釋鳥]鶨鳩寇雉[郭註]鶨大如鴿似雌雄鼠脚無後指岐尾為鳥憨急羣飛出北方沙漠地[疏]又謂之泆泆卽所謂寇雉泆泆也[禽經]奪曰鶨[註]如鶻而小取鳥雀如攘奪也[異物考]蕃雀卽鶨也[玉篇]鶨一名冠雀[本草]又名突厥雀[張協七命]晨鳧露鵠霜鶨黃雀 又[廣韻]丁滑切[集韻]張滑切𠀤音窡又[廣韻]丁刮切[集韻]張刮切𠀤音錣又[集韻]徒活切音奪義𠀤同

【 오류정리 】

○康誤處 1 ; [郭註]鶨大如鴿似雌雄(改雌雉)

●考證 ; 謹照原文雌雄改雌雉

◆整理 ; [郭註(곽주)]의 雌雄(자웅)은 雌雉(자치)의 착오.

◆訂正文 ; [郭註]鶨大如鴿似雌雉

▶ 【2489-1】 字解誤謬與否 ; [郭註]鶨大如鴿似雌雄(改雌雉) [雌雄(改雌雉)]

★이상과 같이 오류(誤謬) 수정(修訂)이 된다 하여도 자치(雌雉; 까투리)는 자전상(字典上) 탈(鶨)의 본의(本義)에는 영향이 미치지 않음.

康 鵾(곤) [廣韻]古渾切[集韻][韻會]公渾切𠀤音昆[玉篇]似雞而大也[廣韻]鵾雞[楚辭九辯]鵾雞啁哳而悲鳴 又作鶤[韻會]陽溝巨鶤古之雞名 亦作昆[前漢司馬相如傳]亂昆雞昆同鵾 又叶俱倫切音君[傅毅洛都賦]屬蒲且以矰繳命詹何使沈綸維高冥之獨鵠連軒翥之雙鵾

【 오류정리 】

○康誤處 1 ; [楚辭九辯]鵾雞啁哳(改啁哳)而悲鳴

●考證 ; 謹照原文啁哳改啁哳

◆整理 ; [楚辭九辯(초사구변)]의 啁哳(조석)은 啁哳(조찰)의 착오.

◆訂正文 ; [楚辭九辯]鵾雞啁哳而悲鳴

▶ 【2490-1】 字解誤謬與否 ; [楚辭九辯]鵾雞啁哳(改啁哳)而悲鳴 [啁哳(改啁哳)]

★이상과 같이 오류(誤謬) 수정(修訂)이 된다 하여도 조찰(啁哳; 소리가 법잡스럽고 자잘함을 형용하는 말. 새 지저귀는 소리. [廣韻]嘲哳鳥鳴也[楚辭九辯]鵾雞啁哳而悲鳴[註]啁哳聲繁細貌)인데 자전상(字典上) 곤(鵾)의 본의(本義)에는 영향이 미치지 않음.

鳥部 九畫

康 鳺(부) [五音集韻]扶雨切音㕮鶨屬○按[集韻]鳺音父鶨屬[五音集韻]譌作鳺[篇海][字彙]因之皆傳習之誤其實六書𠀤無鳺字

【 오류정리 】

○康誤處 1 ; [五音集韻]扶雨切音㕮(改音㕮為音父)

●考證 ; 謹按扶雨切不得音㕮查五音集韻扶雨切以父字為首今据改音㕮為音父

◆整理 ; [五音集韻(오음집운)]의 音㕮(음수)는 音父(음부)의 착오.

◆訂正文 ; [五音集韻]扶雨切音父

▶ 【2491-1】 字解誤謬與否 ; [五音集韻]扶雨切音㕮(改音㕮為音父) [音㕮(改音㕮為音父)]

★이상과 같이 음(音)의 오류(誤謬)를 수정(修訂)을 한다 하여도 자전상(字典上)의 부(鳺)의 본의(本義)에는 영향이 미치지 않음.

康鵩(복)[廣韻][集韻]夶房六切音伏[廣韻]鵩鶝卽戴勝也[爾雅釋鳥]鶭鴶[註]猶鵩鶝 又[集韻]弼角切音雹義同

【 오류정리 】

○康誤處 1；[爾雅釋鳥]鶭鴶(改鶭鷜)

●考證 ；謹照原文鶭鴶改鶭鷜

◆整理 ；[爾雅釋鳥(이아석조)]의 鶭鴶(겹령)은 鶭鷜(겹핍)의 착오.

◆訂正文 ；[爾雅釋鳥]鶭鷜

▶【2492-1】字解誤謬與否；[爾雅釋鳥]鶭鴶(改鶭鷜) [鶭鴶(改鶭鷜)]

★이상과 같이 오류(誤謬) 수정(修訂)이 되면 겹핍(鶭鷜; 오디새. 후투티. [爾雅釋鳥]鶭鷜戴鵀[郭註]鵀卽頭上勝今呼爲戴勝)인데 자전상(字典上) 복(鵩)의 본의(本義)에 적극 영향이 미치게 됨.

康鷉(연)[類篇]儒轉切軟去聲鳥名[廣雅]鸐鷉[廣雅]雛雞也 又[集韻]濡純切音犉雞晚生者

【 오류정리 】

○康誤處 1；[廣雅]鸐鷉(博雅原文鸐鷉改雛雞也)

●考證 ；謹照類篇所引博雅原文鸐鷉改雛雞也

◆整理 ；[廣雅(광아)는 博雅(박아)의 착오.]鸐鷉(류연)은 雛雞也(연류야)의 착오.

◆訂正文 ；[博雅]雛雞也

▶【2493-1】字解誤謬與否；[廣雅]鸐鷉(博雅原文鸐鷉改雛雞也) [[廣雅]鸐鷉(博雅原文鸐鷉改雛雞也)]

★이상과 같이 오류(誤謬) 수정(修訂)이 되면 류계(鸐雞; 큰병아리. [玉篇]鸐雞[博雅]雛雞也)인데 자전상(字典上) 연(鷉)의 본의(本義)에 직접 영향이 미치게 됨.

康鶉(단)[唐韻]丑絹切[集韻]寵戀切夶音狳鳥名[爾雅釋鳥鶉鵙老[郭註]鵙鶉也俗呼爲癡鳥[疏]鶉一名鵙老字林云句喙鳥 又[廣韻][集韻]夶徒困切音鈍 又[集韻]吐玩切音彖義夶同

【 오류정리 】

○康誤處 1；[爾雅釋鳥]鶉鵙老[郭註]鵙鶉(改鵙鶉)也

●考證 ；謹照原文鵙鶉改鵙鶉

◆整理 ；[爾雅釋鳥(이아석조)][郭註(곽주)]의 鵙鶉(령단)은 鵙鶉(금단)의 착오.

◆訂正文 ；[爾雅釋鳥]鶉鵙老[郭註]鵙鶉也

▶【2494-1】字解誤謬與否；[爾雅釋鳥]鶉鵙老[郭註]鵙鶉(改鵙鶉)也 [鵙鶉(改鵙鶉)]

★이상과 같이 오류(誤謬) 수정(修訂)이 되면 금단(鵙鶉; 부엉이 [爾雅釋鳥]鶉鵙老[郭璞註]鵙鶉也俗呼爲癡鳥[疏]鶉一名鵙老)인데 자전상(字典上) 단(鶉)의 본의(本義)에 적극 영향이 미치게 됨.

鳥 部 十畫

康鷂(요)[廣韻]弋照切[集韻][韻會][正韻]弋笑切夶音燿[說文]鷙鳥也[爾雅釋鳥鷂雉註]靑質五采卽所謂鷸負萑也[列子天瑞篇]鷂爲鸇鸇爲布穀久復爲鷂此物變也 又[廣韻][集韻][正韻]夶餘招切音遙[玉篇]五色雉[廣韻]大雉名[爾雅釋鳥]鷂雉註靑質五采

【 오류정리 】

○康誤處 1；[說文]鷙鳥也[爾雅釋鳥鷂雉註]靑質五采卽所謂鷸負萑(改雀)也

●考證 ；謹照爾雅釋文鷂雉鷂音遙在餘昭切內不在弋照切內且鷂雉非鷙鳥不當在鷙鳥也下今按文義將爾雅釋鳥鷂雉

註靑質五采十一字移在下文广韻大雉名
之下並照爾雅雈改雀
◆整理 ; [爾雅釋鳥鷂雉註(이아석조요
치주)]의 雈(추)는 雀(작)의 착오.
◆訂正文 ; [說文]鷂鳥也卽所謂鷓負
雀也
▶【2495-1】字解誤謬與否 ; [說文]
鷂鳥也[爾雅釋鳥鷂雉註]靑質五采卽
所謂鷓負雈(改雀)也　[雈(改雀)]
★이상과 같이 오류(誤謬) 수정(修訂)
이 되면 부작(負雀; 새매. [爾雅釋鳥
鷓負雀[郭註]鷂也江東呼鷓善捉雀因名
[爾雅]謂之茅鴟齊人謂之擊正或謂之題
肩[爾雅]云負雀也)인데 자전상(字典
上) 요(鷂)의 본의(本義)에 적극 영향
이 미치게 됨.

鳥部 十一畫

康鵖(급)[集韻]極入切音及[爾雅釋
鳥]鵖鴔鵖鴔[郭註]小黑鳥江東呼爲烏
鴔　又[集韻]力入切音力義同

【 오류정리 】

○康誤處 1 ; [爾雅釋鳥]鵖鴔鵖鴔(改
鵖鴔)[郭註]小黑鳥江東呼爲烏鴔(改爲
鳥鴔)
●考證 ; 謹照原文
鵖鴔改鵖鴔註內烏鴔改爲鳥鴔
◆整理 ; [爾雅釋鳥(이아석조)]의 鵖
鴔(병구)는 鵖鴔(병급)의 착오. [郭註
(곽주)]의 爲烏鴔(위오격)은 爲鳥鴔
(위조백)의 착오.
◆訂正文 ; [爾雅釋鳥]鵖鴔鵖鴔[郭
註]小黑鳥江東呼爲鳥鴔
▶【2496-1】字解誤謬與否 ; [爾雅
釋鳥]鵖鴔鵖鴔(改鵖鴔)[郭註]小黑鳥
江東呼爲烏鴔(改爲鳥鴔)　[鵖鴔(改鵖
鴔)]　[爲烏鴔(改爲鳥鴔)]
★이상과 같이 오류(誤謬) 수정(修訂)
이 되면 병급(鵖鴔; 지빠귀) 조백(鳥
鴔; 오디새. [爾雅釋鳥]鵖鴔鵖鴔[郭璞

註]小黑鳥江東呼爲鳥鴔) 이라 자전상
(字典上) 급(鵖)의 본의(本義)에 영향
이 미치게 됨.

康鷙(지)[唐韻][集韻][韻會]脂利
切[正韻]支義切夶音至[說文]擊殺鳥
也[玉篇]猛鳥也[屈原離騷]鷙鳥之不
羣兮自前世而固然[王逸註]鷙執也謂
能執伏衆鳥鷹鸇之類也[後漢杜詩傳]
湯武善禦衆故無忿鷙之師[註]鷙擊也
又凡鳥之勇獸之猛者皆曰鷙[禮月令鷹
隼蚤鷙[註]鷙疾厲之氣也亦作摯[禮曲
禮]前有摯獸　增又抵也[莊子馬蹄篇]馬
知介倪闉扼鷙曼[釋文]李云鷙牴也　又
[集韻][類篇]陟栗切音窒[莊子在宥
篇]天下始喬詰卓鷙[音義]卓鷙行不平
也　又疑也[管子五輔篇]下愈覆鷙而
不聽從[註]謂伺察而懷疑也　又[集
韻]之列切音晢鳥擊也　又[集韻][類
篇]夶救栗切音抶　又陟利切音致義夶
同　又與鷻同[史記秦本紀]晉君棄其軍
與秦爭利還而馬鷙

【 오류정리 】

○康誤處 1 ; 又與鷻同[史記秦本紀]
晉君棄其軍與秦爭利還而馬鷙
●考證 ; 謹按史記不作鷙今節云於上
文禮曲禮前有摯獸下增又抵也莊子馬蹄
篇馬知介倪闉扼鷙曼釋文李云鷙牴也
◆整理 ; 上文(상문)인 禮曲禮(례곡
례)의 前有摯獸(전유지수)에 이어 又
抵也莊子馬蹄篇馬知介倪闉扼鷙曼釋文
李云鷙牴也를 덧붙임.
◆訂正文 ; 又抵也莊子馬蹄篇馬知介
倪闉扼鷙曼釋文李云鷙牴也
▶【2497-1】字解誤謬與否 ; 又與鷻
同[史記秦本紀]晉君棄其軍與秦爭利還
而馬鷙(增又抵也[莊子馬蹄篇]馬知介
倪闉扼鷙曼[釋文]李云鷙牴也)
★이상과 같이 오류(誤謬) 수정(修訂)
이 되면 전제된 저(抵; 저항하다)와

인액지만(闉扼鷙曼; 저항하다. [莊子馬蹄篇]馬知介倪闉扼鷙曼詭銜竊轡曼突也言曲頸於扼以抵突也)은 자전상(字典上) 지(鷙)의 본의(本義)에 적극 영향이 미치게 됨.

鳥部 十二畫

康 鷢 (궐)[唐韻][集韻][韻會]扰居月切音厥[說文]白鷢王鴠也[廣韻]鷢一名揚鳥善捕鼠[爾雅釋鳥]楊鳥白鷢[註似鷹尾上白[韓愈送文暢詩]飄然逐鷹鷢 又[廣韻][集韻][正韻]扰其月切音鱖義同

【 오류정리 】

○康誤處 1; [說文]白鷢王鴠(改鴟)也
●考證 ; 謹照原文鴠改鴟
◆整理 ; [說文(설문)]의 鴠(격)은 鴟(퇴)의 착오.
◆訂正文 ; [說文]白鷢王鴟也
▶【2498-1】字解誤謬與否 ; [說文]白鷢王鴠(改鴟)也 [鴠(改鴟)]
★이상과 같이 오류(誤謬) 수정(修訂)이 되면 퇴(鴟; 참새)라 자전상(字典上) 궐(鷢)의 본의(本義)에 적극 영향이 미치게 됨.

○康誤處 2 ; [廣韻]鷢一名揚鳥(改爲白鷢一名鸉)
●考證 ; 謹照揚鳥二字乃鸉字之譌謹照原文改爲白鷢一名鸉
◆整理 ; [廣韻(광운)]의 鷢一名揚鳥(궐일명양조)는 白鷢一名鸉(백궐일명양)의 착오.
◆訂正文 ; [廣韻]白鷢一名鸉
▶【2499-2】字解誤謬與否 ; [廣韻]鷢一名揚鳥(改爲白鷢一名鸉)
★이상과 같이 오류(誤謬) 수정(修訂)이 되면 백궐일명양(白鷢一名鸉; 매와 비슷한 꼬리가 흰새. [爾雅釋鳥]鸉白鷢[郭璞註]似鷹尾上白郝懿行義疏白鷢即今白鷢子似雀鷹而大 尾上一點白)인데 본의(本義)에 적극 영향이 미치게 됨.

○康誤處 3 ; [爾雅釋鳥]楊鳥(改爲鸉字)白鷢
●考證 ; 謹照原文楊鳥二字改爲鸉字
◆整理 ; [爾雅釋鳥(이아석조)]의 楊鳥(양조)는 鸉(양)의 착오.
◆訂正文 ; [爾雅釋鳥]鸉白鷢
▶【2500-3】字解誤謬與否 ; [爾雅釋鳥]楊鳥(改爲鸉字)白鷢 [楊鳥(改爲鸉字)]
★이상과 같이 오류(誤謬) 수정(修訂)이 되면 양(鸉; 매와 비슷한 꼬리가 흰새. [爾雅釋鳥]鸉白鷢[郭璞註]似鷹尾上白郝懿行義疏白鷢即今白鷢子似雀鷹而大 尾上一點白)인데 본의(本義)에 적극 영향이 미치게 됨.

康 鷁 (일)[廣韻]乙冀切音懿懿鸕鷀鳥也又[爾雅釋鳥]鸕懿[郭註]即鸕鷀也

【 오류정리 】

○康誤處 1;[爾雅釋鳥]鸕懿(改鷁)
●考證 ; 謹照原文懿改鷁
◆整理 ; [爾雅釋鳥(이아석조)]의 懿(의)는 鷁(일)의 착오.
◆訂正文 ; [爾雅釋鳥]鸕鷁
▶【2501-1】字解誤謬與否 ; [爾雅釋鳥]鸕懿(改鷁) [懿(改鷁)]
★이상과 같이 오류(誤謬) 수정(修訂)이 되면 자일(鸕鷁; 가마우지. [爾雅釋鳥]鸕鷁[郭註]鸕鷀也[李時珍]曰韻書盧與玆皆黑也此鳥色深黑故名鷁者其聲自呼也又名水老鴉 又名烏鬼)인데 자전상(字典上) 일(鷁)의 본의(本義)에 직접 영향이 미치게 됨.

康 鸕 (도)[廣韻][集韻]扰同都切音

徒鳥名[爾雅釋鳥]鶩鸗鶌[註]似鳥蒼白色

【 오류정리 】

○康誤處 1 ; [爾雅釋鳥]鶩鸗鶌[註]似鳥(改似烏)蒼白色

●考證 ; 謹照原文似鳥改似烏

◆整理 ; [爾雅釋鳥(이아석조)] [註(주)]의 似鳥(사조)는 似烏(사오)의 착오.

◆訂正文 ; [爾雅釋鳥]鶩鸗鶌[註]似烏蒼白色

▶ 【2502-1】字解誤謬與否 ; [爾雅釋鳥]鶩鸗鶌[註]似鳥(改似烏)蒼白色 [似鳥(改似烏)]

★이상과 같이 오류(誤謬) 수정(修訂)이 되면 사오(似烏; 까마귀와 비슷한 새. [康熙字典]鳥部四畫(鴶)[廣韻][集韻]王問切音運[廣韻]鳥名似烏一名同力[集韻]交廣人謂鳩曰鴶一曰雄鳩 [爾雅釋鳥]鶩鸗鶌[郭註]似烏蒼白色)라 자전상(字典上) 도(鶌)의 본의(本義)에 영향이 미치게 됨.

(康) 鷸(휼)[廣韻]餘律切[集韻]允律切[韻會][正韻]以律切夶音聿[說文]鷸知天將雨鳥也知天文者冠鷸陳藏器云鷸如鶉色蒼喙長在泥塗邨民云田鷄所化[戰國策]蘇秦曰鷸蚌相持又一種翠鳥曰鷸[爾雅釋鳥]翠鷸[郭註]似燕紺色生鬱林[疏]李巡曰鷸一名翠其羽可以爲飾又一種赤足黃文曰鷸[左傳僖二十四年]鄭子臧好聚鷸冠是也 又[正韻]疾飛貌[木華海賦]鷸如驚鳬之失侶 又[集韻]食律切音術[廣雅]鶬鶊鷸子籠脫鷸也[曹憲註]鷸音述驚字原刻从敬从鳥[考證]已改正

【 오류정리 】

○康誤處 1;[木華海賦]鷸如驚鳬(改驚鳬)之失侶

●考證 ; 謹照原文驚鳬改驚鳬

◆整理 ; [木華海賦(목화해부)]驚鳬(字典無부)는 驚鳬(경부)의 착오.

◆訂正文 ; [木華海賦]鷸如驚鳬之失侶

▶ 【2503-1】字解誤謬與否 ; [木華海賦]鷸如驚鳬(改驚鳬)之失侶 驚[鳬(改驚鳬)]

★이상과 같이 오류(誤謬) 수정(修訂)이 되면 경부(驚鳬; 도요새. [文選木華海賦]鷸如驚鳬之失侶 倏如六龍之所掣[李善注]鷸疾貌鷸[木華海賦]鷸如驚鳬之失侶又食律切音術)인데 자전상(字典上) 휼(鷸)의 본의(本義)에 영향이 적극 미치게 됨.

鳥 部 十三畫

(康) 鸀(촉)[集韻]殊玉切音蜀[爾雅釋鳥]鸀山烏[郭註]似烏而小赤觜穴乳出西方 又[廣韻][集韻]夶直角切音濁義同 又[唐韻][集韻]夶徒谷切音獨[廣韻]鸀鶔鳥 又[集韻]樞玉切音觸[山海經]海外互人之國有靑鳥身黃赤足六首名曰鸀此與山烏別一種 又[廣韻]之欲切[集韻][類篇]朱欲切夶音燭[廣韻]鸀鳿鳥陳藏器曰鸀鳿狀如鴨而大長項赤目斑觜毛觜紺色一名鷩鷜[本草]江中有鷩鷜似鳬而大赤目蓋鸀鳿乃鷩鷜聲轉耳 又與竹通[揚雄蜀都賦]獨竹孤鶬[註]竹屬通屬玉鶬皆水鳥本作屬玉俗加鳥 又屬玉觀名[前漢宣帝紀]帝幸屬玉觀[音義]屬玉水鳥也似鵁鶄於觀上作之因以爲名[班固西都賦]天子登屬玉之館

【 오류정리 】

○康誤處 1 ; [爾雅釋鳥]鸀山烏[郭註]似鳥(改似烏)而小

●考證 ; 謹照原文似鳥改似烏

◆整理 ; [爾雅釋鳥(이아석조)][郭註(곽주)]의 似鳥(사조)는 似烏(사오)의 착오.

◆訂正文 ; [爾雅釋鳥]鷚山烏[郭註]似烏而小

▶【2504-1】字解誤謬與否 ; [爾雅釋鳥]鷚山烏[郭註]似烏(改似鳥)而小 [似烏(改似鳥)]

★이상과 같이 오류(誤謬) 수정(修訂)이 되면 사오(似烏; 까마귀와 비슷한 새). [康熙字典]鳥部四畫(鳿)[廣韻][集韻]王問切音運[廣韻]鳥名似烏一名同力[集韻]交廣人謂鳩曰鳿一曰雄鳩[爾雅釋鳥]鷙鷗鸛[郭註]似烏蒼白色)라 자전상(字典上) 촉(鷚)의 본의(本義)에 직접 영향이 미치게 됨.

康 鸞(양)[廣韻]與章切[集韻]余章切夶音陽[玉篇]似雁本作楊[爾雅釋鳥]楊鳥白鷢[郭註]似鷹尾上白按或作楊鳥二字誤 又[集韻]怡成切音盈白鷢也江東語

【 오류정리 】

○康誤處 1 ; [玉篇]似雁本作楊[爾雅釋鳥]楊鳥白鷢(改鸞白鷢)[郭註]似鷹尾上白

●考證 ; 謹按雁即雁字之誤郭註可以不引玉篇攷釋文唐石經及宋本爾雅俱作鸞則楊鳥二字卽鸞字之誤不得云本作楊今謹改爲爾雅釋鳥鸞白鷢郭註似鷹尾上白按或作楊鳥二字誤

◆整理 ; [爾雅釋鳥(이아석조)]의 楊鳥白鷢(양조백궐)은 鸞白鷢(양백궐)의 착오.

◆訂正文 ; [玉篇]似雁本作楊[爾雅釋鳥]鸞白鷢[郭註]似鷹尾上白

▶【2505-1】字解誤謬與否 ; [玉篇]似雁本作楊[爾雅釋鳥]楊鳥白鷢(改鸞白鷢)[郭註]似鷹尾上白 [楊鳥白鷢(改鸞白鷢)]

★이상과 같이 오류(誤謬) 수정(修訂)이 되면 양(鸞; 매와 비슷한 꼬리가 흰새. [爾雅釋鳥]鸞白鷢[郭璞註]似鷹

尾上白郝懿行義疏白鷢即今白鷢子似雀鷹而大 尾上一點白)인데 본의(本義)에 적극 영향이 미치게 됨.

字典亥集下考證

鹵 部

康 鹵(로)[唐韻][正韻]郎古切[集韻][韻會]籠五切夶音魯[說文]西方鹹地也東方謂之㡪西方謂之鹵[廣韻]鹽澤也天生曰鹵人造曰鹽[書洪範疏]水性本甘久浸其地變而爲鹵[易說卦]兌爲剛鹵 又淳鹵[左傳襄二十五年]楚子木使表淳鹵[註]淳鹵埆薄之地表異輕其賦稅 又地名[春秋昭元年]晉荀吳帥師敗狄于大鹵[註]大鹵太原晉陽縣又[前漢地理志]安定郡鹵縣又代郡鹵成縣 又鹵簿[漢官儀]天子車駕次第謂之鹵簿兵衞以甲盾居外爲前導皆著之簿故曰鹵簿 又鹵莽輕脫苟且也[莊子則陽篇]昔予爲禾耕而鹵莽之則其實亦鹵莽而報 又香草名[爾雅釋草]杜土鹵[註]杜衡也似葵而香[疏]杜一名土鹵 又[廣雅]鹵薰也 又通櫓大盾也[前漢項籍傳]流血漂鹵[註]鹵盾也[左思吳都賦]干鹵殳鋋 又通擄搳獲也[揚子方言]鹵奪也[前漢高帝紀]毋得掠鹵又[衞靑傳]車輜畜產畢收爲鹵 又姓[史記游俠傳]太原鹵公孺 又[字彙]龍都切音爐同鑪[道樞]玄和子曰鼎鹵天地之象也[註]鹵鑪也[釋名]地不生物曰鹵鹵鑪也如鑪火處也

【 오류정리 】

○康誤處 1 ; [說文]西方鹹地也東方謂之㡪(改庎字)

●考證 ; 謹照原文㡪字改庎字

◆整理 ; [說文(설문)]의 㡪字(척자)는 庎字(척자)의 착오.

◆訂正文 ; [說文]西方鹹地也東方謂之庎

▶【2506-1】字解誤謬與否 ；［說文］西方鹹地也東方謂之庳（改庳字） ［庳（改庳字）］

★이상과 같이 오류(誤謬) 수정(修訂)이 된다 하여도 척(庳; 물리치다)은 자전상(字典上) 로(鹵)의 본의(本義)에는 영향이 미치지 않음.

○康誤處 2 ；又通擄（改攄字）挍獲也
●考證 ；謹照原文擄字改攄字
◆整理 ；又通(우통)에 이은 擄(터)는 攄字(로자)의 착오.
◆訂正文 ；又通攄挍獲也

▶【2507-2】字解誤謬與否 ；又通擄（改攄字）挍獲也 ［擄（改攄字）］

★이상과 같이 오류(誤謬) 수정(修訂)이 되면 로(擄; 노략질 하다)라 자전상(字典上) 로(鹵)의 본의(本義)에 적극영향이 미치게 됨.

鹵部 十畫

(康)鹽(고)［字彙］公土切音古［正字通］鹽之漓淖者東人呼鹽本作鹽［周禮天官鹽人］凡齊事鷰鹽以待戒令［註］齊事和五味之事鹽鹽湅治之［左傳成六年］郇瑕氏之地沃饒而近鹽［註］鹽鹽也猗氏縣鹽池是也正義曰鹽雖鹽唯此地之鹽獨名爲鹽餘鹽不名鹽也

【 오류정리 】

○康誤處 1；鹽（改鷰）鹽湅治之
●考證 ；謹照周禮天官鹽人註原文鹽改鷰
◆整理 ；鹽(字典無)는 鷰(자)의 착오.
◆訂正文 ；鷰鹽湅治之

▶【2508-1】字解誤謬與否 ；鹽（改鷰）鹽湅治之 ［(改鹽（改鷰）]

★이상과 같이 오류(誤謬) 수정(修訂)이 된다 하여도 자(鷰; 삶다)는 자전상(字典上) 고(鹽)의 본의(本義)에는 영향이 미치지 않음.

鹵部 十三畫

(康)鹽(염)［唐韻］［集韻］［韻會］余廉切［正韻］移廉切𠀤音閻［說文］鹹也古宿沙初作煮海爲鹽河東鹽池袤五十一里廣七里周百十六里［周禮天官鹽人］掌鹽之政令以共百事之鹽祭祀共其苦鹽散鹽賓客共其形鹽王之膳羞共其飴鹽［註］苦鹽出於池鹽爲顆未鍊治味鹹苦散鹽卽末鹽出於海及井幷𤉸鹵而成者鹽皆散末也形鹽卽印鹽積鹵所結形如虎也飴鹽以飴雜和或云生戎地味甘美也［禮內則］卵鹽［註］大鹽也［正字通］鹽種類非一或出於鹵地或出於井出於崖或出於石出於木　又［史記天官書］皐唐甘石因時務論其書傳故其占驗凌雜米鹽［正義曰］凌雜交亂也米鹽細碎也　又澤名［史記大宛傳］于闐之東水注鹽澤潛行地下則河源出焉　又白鹽山名在四川夔州南連赤甲山［杜甫詩］赤甲白鹽俱刺天　又國名［山海經］鹽長之國又無鹽古國名　又地名鹽城在蒲州安邑縣一名司鹽城［史記秦本紀］昭襄王十一年齊韓魏趙宋中山五國共攻秦至鹽氏而還又［前漢地理志］無鹽縣屬東平郡海鹽縣鹽官縣屬會稽郡又牛兩膁上曰陽鹽［甯戚相牛經陽鹽欲得廣　又金鹽五加皮別名　又姓［魯國先賢傳］有北海相鹽津又毋鹽複姓齊毋鹽邑大夫之後　又無鹽古之醜婦人　又［廣韻］［集韻］［正韻］𠀤以贍切音豔［廣韻］以鹽醃物也［禮內則］屑桂與薑以灑諸上而鹽之　又同豔［禮郊特牲］君親誓社以習軍旅流示之禽而鹽諸利以觀其不犯命也［註］流猶行也行田也鹽讀爲豔行田示之以禽使歆豔之觀其用命不也　又曲之別名凡歌詩謂之鹽者謂如吟行曲引之類也［古樂府］有昔昔鹽神雀鹽黃帝鹽諸名𠀤讀作鹽○按鹽卽古曲前之豔但歌此曲不定爲曲前曲中

直如[九宮譜]之所謂慢詞也　[字彙]
俗作盐

【 오류정리 】

○康誤處 1；賓客共其形鹽(增散鹽二
字)王之膳羞共其(省其字)飴鹽

●考證；謹照周禮原文形鹽下增散鹽
二字飴鹽上省其字

◆整理；形鹽(형염)에 이어 散鹽二字
(산염이자)를 덧붙임. 其(기) 其字(기
자)는 삭제.

◆訂正文；賓客共其形鹽散鹽王之膳
羞共飴鹽

▶【2509-1】字解誤謬與否；賓客共
其形鹽(增散鹽二字)王之膳羞共其(省
其字)飴鹽　[形鹽(增散鹽二字)] [其
(省其字)]

★이상과 같이 오류(誤謬) 수정(修訂)
이 되면 산염(散鹽; 정제되지 않은
굵은 소금. [史記貨殖傳]倚頓用鹽鹽
起謂出鹽直用不練也一說鹽鹽河東大鹽
散鹽東海煮水爲鹽又不攻緻也)이라 자
전상(字典上) 염(鹽)의 본의(本義)에
적극 영향이 미치게 되고, 기자(其字)
를 삭제(削除) 한다 하여도 본의(本
義)에 영향을 끼치지 않음.

鹿部 四畫

康麌(오)[廣韻][韻會][正韻]烏晧
切[集韻]烏浩切夶音襖[玉篇]麇子也
[魯語]獸長麑麌[韋昭曰]鹿子曰麑麋
子曰麌　又[集韻][韻會]於兆切[正
韻]伊鳥切夶音殀義同　又叶滿補切音
母[張衡西京賦]逞欲畋紋效獲麋麌樛蓼
浡浪乾池滌藪

【 오류정리 】

○康誤處 1；[張衡西京賦]逞欲畋紋
(改斂)

●考證；謹照原文紋改斂

◆整理；[張衡西京賦(장형서경부)]의
紋(문)은 斂(어)의 착오.

◆訂正文；[張衡西京賦]逞欲畋斂

▶【2510-1】字解誤謬與否；[張衡
西京賦]逞欲畋紋(改斂)　[紋(改斂)]

★이상과 같이 오류(誤謬) 수정(修訂)
이 되면 전어(畋斂; 물고기를 잡
다. [張衡西京賦]逞欲畋斂效獲麋麌樛
蓼浡浪乾池滌藪[註]斂捕魚也)인데 자
전상(字典上) 오(麌)의 본의(本義)에
영향이 미치게 됨.

康麃(포)[唐韻]薄交切[集韻][韻
會]蒲交切夶音庖[說文]麕屬[史記武
帝紀]郊獲一角獸若麃然[註]楚人謂麋
爲麃師古曰麃形似麞牛尾一角　又[集
韻][韻會]悲嬌切[正韻]卑遙切夶音鑣
麃麃武貌[詩鄭風]淸人在消駟介麃麃
又耘也[詩周頌]緜緜其麃　又[廣
韻][集韻]夶滂表切音瀌鳥毛變色也本
作䴢[禮內則]鳥䴢色而沙鳴[註]䴢色
毛變色也　又[集韻]匹沼切[正韻]蒲
昭切夶音縹義同　又草名[爾雅釋草]
薦麃[疏]薦一名麃郭云麃卽莓也江東
呼麃莓子似覆盆而大赤酢甜可食[釋
文]麃平表反　又[集韻]蒲嬌切音瓢義
同

【 오류정리 】

○康誤處 1；[史記武帝紀]郊(有雍字)
獲一角獸若麃然[註]楚人謂麋爲麃師
古曰麃形似麞(改爲引爾雅麎大麃)

●考證；謹按郊下有雍字師古曰非史
記註謹照原文郊下增雍字師古以下七字
改爲引爾雅麎大麃

◆整理；[史記武帝紀(사기무제기)]의
郊(교)에 이어 雍字(옹자)를 덧붙임.
師古曰麃形似麞(사고왈포형사장)은
引(인)[爾雅(이아)]麎大麃(경대포)의
착오.

◆訂正文；[史記武帝紀]郊雍獲一角
獸若麃然[註]楚人謂麋爲麃引[爾雅]
麎大麃

▶【2511-1】字解誤謬與否 ；[史記武帝紀]郊(有雍字)獲一角獸若麃然[註]楚人謂麋爲麃師古曰麃形似麞(改爲引爾雅麖大麃) [郊(有雍字)] [師古曰麃形似麞(改爲引爾雅麖大麃)]

★이상과 같이 오류(誤謬) 수정(修訂)이 되면 ○경대포(麖大麃; 모양은 균(麕, 노루)과 같은데 소 꼬리에 뿔이 하나다) [爾雅釋畜]麖大麃牛尾一角[疏]麃麞也大麞牛尾一角者)가 되는데 자전상(字典上) 포(麃)의 본의(本義)에 적극 영향이 미치게 됨.

鹿部 六畫

康麘(견)[玉篇]同麗[唐韻]古賢切[集韻][韻會][正韻]經天切夶音堅[說文]鹿之絕有力者[爾雅釋獸]鹿其跡速絕有力麘[疏]其跡名速絕有力者名麘 又[廣韻]古堅切[集韻]輕煙切夶音牽 又[集韻]倪堅切音妍又[集韻][韻會]夶詰戰切音譴又[集韻]詰定切音罄義夶同麘字从幵

【 오류정리 】

○康誤處 1 ；[廣韻]苦堅切(改爲苦堅切將下正韻二字增入廣韻下省正韻下苦堅切三字)

●考證 ；謹按古堅二字同屬見母不得並用爲切今照[廣韻]原文改爲苦堅切將下[正韻]二字增入[廣韻]下省[正韻]下苦堅切三字

◆整理 ；[廣韻(광운)]의 古堅切(고견절)은 苦堅切(고견절)의 착오로 [正韻(정운)] 二字(이자)를 [廣韻(광운)]에 이어 덧붙이고 [正韻(정운)]에 이어 苦堅切(고견절) 三字(삼자)를 옮김.

◆訂正文 ；[廣韻][正韻]苦堅切

▶【2512-1】字解誤謬與否 ；[廣韻]古堅切(改爲苦堅切將下正韻二字增入廣韻下省正韻下苦堅切三字) [[廣韻]古堅切(改爲苦堅切將下正韻二字增入廣韻下省正韻下苦堅切三字)]

★이상과 같이 음(音)이나 절(切)의 오류(誤謬)를 수정(修訂)을 한다 하여도 자전상(字典上)의 견(麘)의 본의(本義)에는 영향이 미치지 않음.

康麋(미)[唐韻]武悲切[集韻][韻會]旻悲切[正韻]忙皮切夶音眉[說文]鹿屬冬至解其角[釋名]澤獸也[司馬相如上林賦]沈牛麈麋[註]麋似水牛[爾雅釋獸]麋牡麔牝麎其子䴠其跡纏絕有力狄[疏]此釋麋之種類也[周禮天官獸人]冬獻狼夏獻麋[註]狼膏聚麋膏散聚則溫散則涼 又[麳麋醜人也[左思魏都賦]麳麋之與子都 又水草之交曰麋[詩小雅]居河之麋[左傳僖二十八年]楚子玉自爲瓊弁玉纓未之服也先戰夢河神謂已曰畁余余賜汝孟諸之麋[註]麋湄也 又姓蜀將東海麋竺見[蜀志] 又與眉同[荀子非相篇]伊尹之狀無鬚麋 又與蘪通[楚辭九歌]秋蘭兮麋蕪[註]麋蕪芎藭名

【 오류정리 】

○康誤處 1 ；[荀子非相篇]伊尹之狀(增面字)無鬚麋

●考證 ；謹照原文無字上增面字

◆整理 ；[荀子非相篇(순자비상편)]의 尹之狀(윤지상)에 이어 面字(면자)를 덧붙임.

◆訂正文 ；[荀子非相篇]伊尹之狀面無鬚麋

▶【2513-1】字解誤謬與否 ；[荀子非相篇]伊尹之狀(增面字)無鬚麋 [尹之狀(增面字)]

★이상과 같이 오류(誤謬) 수정(修訂)이 되면 상면(狀面; 뒤에 붙어 아뢰다.[新唐書本紀]中書侍郎禮部侍郎常袞爲門下侍郎同中書門下平章事癸巳詔諫官獻封事勿限時側門論事者隨狀面奏六品以上官言事投匭者無勒副章)인데

자전상(字典上) 미(麋)의 본의(本義)에 영향이 미치게 됨.

鹿部 八畫

康 麑(예)[唐韻]五雞切[集韻][韻會][正韻]硏奚切夶同猊[說文]狻麑獸也[爾雅釋獸]狻麑如虥猫食虎豹[註]卽獅子也出西域漢順帝時疏勒王獻犎牛及獅子[穆天子傳]狻猊日行五百里

又鹿子也[禮玉藻]麑裘靑豻褎絞衣以裼之[論語]素衣麑裘[疏]麑裘鹿子皮以爲裘也　又人名鉏麑晉力士見[左傳宣三年]　又[集韻]綿批切音迷義同

【 오류정리 】

○康誤處 1 ; [穆天子傳]狻猊日行(改日走)五百里

●考證 ; 謹照原文日行改日走

◆整理 ; [穆天子傳(목천자전)]의 日行(일행)은 日走(일주)의 착오.

◆訂正文 ; [穆天子傳]狻猊日走五百里

▶【2514-1】字解誤謬與否 ; [穆天子傳]狻猊日行(改日走)五百里 [日行(改日走)]

★이상과 같이 오류(誤謬) 수정(修訂)이 된다 하여도 일주(日走; 하루걸이. 하루에 걷기를. [穆天子傳]狻猊日走五百里 [焦氏易林]泰高脚疾步受肩喜趨日走千里賈市有得) 자전상(字典上) 예(麑)의 본의(本義)에는 영향이 미치지 않음.

○康誤處 2 ; [左傳宣三年(改二年)]

●考證 ; 謹照原文二年改三年)

◆整理 ; [左傳宣(좌전선) 三年(삼년)은 二年(이년)의] 착오.

◆訂正文 ; [左傳宣二年]

※筆者謹按春秋左傳原本 宣公一傳二年鉏麑賊之(杜註)鉏麑晉力士 ; 三年改二年

▶【2515-2】字解誤謬與否 ; [左傳宣三年(改二年)] [三年(改二年)]]

★이상과 같이 인용처(引用處)나 주소(註疏), 등(等)의 오류(誤謬)를 수정(修訂)을 한다 하여도 자전상(字典上)의 예(麑)의 의 본의(本義)에는 영향이 미치지 않음.

康 麓(록)[廣韻][集韻][韻會][正韻]夶盧谷切音祿[釋名]山足曰麓麓陸也言水流順陸燥也[周禮地官林衡]掌巡麓之禁令而平其守[註]平林麓之大小及所生者竹木生平地曰林山足曰麓[詩大雅]瞻彼旱麓[傳]旱山名麓山足也　又[說文]麓守山林吏也　又錄也[書舜典]納于大麓烈風雷雨弗迷[傳]納舜使大錄萬幾之政[註]亦曰山足　又與鹿通[春秋僖十四年]沙鹿崩[穀梁傳]林屬於山爲鹿　又叶錄直切音力[易林被服文德升入大麓四門雍肅登受大福福音逼

【 오류정리 】

○康誤處 1 ; [周禮地官林衡]掌巡(增林字)麓之禁令

●考證 ; 謹照原文麓字上增林字

◆整理 ; [周禮地官林衡(주례지관림형)]掌巡(장순)에 이어 林字(림자)를 덧붙임.

◆訂正文 ; [周禮地官林衡]掌巡林麓之禁令

▶【2516-1】字解誤謬與否 ; [周禮地官林衡]掌巡(增林字)麓之禁令 [掌巡(增林字)]

★이상과 같이 오류(誤謬) 수정(修訂)이 되면 임록(林麓; 산기슭의 숲. 산림(山林). [周禮地官林衡]林衡掌巡林麓之禁令而平其守以時計林麓而賞罰之[文選張衡西京賦賦]林麓之饒于何不有[薛綜注]木叢生曰林)인데 자전상(字典上) 록(麓)의 본의(本義)에 적극 영

향이 미치게 됨.

(康)麗(려)[唐韻][集韻][韻會]郞計切[正韻]力霽切𠀤音隷[說文]旅行也鹿之性見食急則必旅行又[司馬相如大人賦]駕應龍象輿之蠖略委麗兮[師古註]行步進止貌一 又[玉篇]偶也[易兌卦]麗澤兌[註]麗猶連也[周禮夏官校人]麗馬一圉[註]兩馬也[又]束帛麗皮[註]兩皮也[史世紀]太昊始制嫁娶麗皮爲禮[釋義]麗偶數也 又[玉篇]好也[廣韻]美也[楚辭招魂]被文纖麗而不奇些又[前漢東方朔傳]以道德爲麗又[玉篇]數也[詩大雅]商之孫子其麗不億 又[廣韻]著也[左傳宣十二年]射麋麗龜[註]麗著也 又[正韻]附也[易離卦]離麗也日月麗乎天百穀草木麗乎土又[禮王制]郵罰麗於事[註]麗附也過人罰人當各附於其事不可假他以喜怒 又繫也[禮祭義]祭之日君牽牲旣入廟門麗於碑[註]麗,猶繫也 又[玉篇]華綺也[正韻]華也[書畢命]敝化奢麗萬世同流[韓詩外傳]原憲謂子貢曰仁義之匿衣裘之麗憲不忍爲也 又[玉篇]施也[書多方]不克開於民之麗[傳]不能開於民所施政敎麗施也言昏昧 又[正韻]光明也 又地名[左傳成十三年]晉師濟涇及侯麗而還[註]侯麗秦地又[前漢地理志]樂浪郡華麗縣 又與欐同屋棟也[列子力命篇]居則連麗 又麗譙高樓也[莊子徐無鬼]君必無盛鶴列於麗譙之閒[前漢陳勝傳註]樓亦名譙故謂美麗之樓爲麗譙 又梁麗車名[莊子秋水篇]梁麗可以衝城不可以窒穴言殊器也 又魚麗陣名[左傳桓五年]高渠彌以中軍奉公爲魚麗之陣 又[正韻]小舟也 又姓見[姓苑] 又複姓[左傳成十七年]晉厲公游於匠麗氏 又[廣韻]呂支切[集韻][韻會]鄰知切[正韻]鄰溪切𠀤音離[釋名]麗離也

言一目視天一目視地目明分離所視不同也 又高麗國名[魏志]高句麗在遼東之東[前漢書]作高句驪 又山名[史記黥布傳]布故麗山之徒也或作驪 又與鸝同[張衡東京賦]麗黃嚶嚶[註]鵹麗古字通 又[集韻]憐題切音黎義同

又[集韻]里弟切音禮蕭該說彭蠡澤名古作彭麗 又力智切音詈美也 又[類篇]山宜切音釃柧也 又[集韻]郞狄切音歷縣名 从丽俗从兩日非[六書正譌]麗古麗字相附之形借爲伉麗俗別作儷

【 오류정리 】

○康誤處 1;[楚辭招魂]被文(增服字)纖麗而不奇些

●考證;謹照原文纖字上增服字

◆整理;[楚辭招魂(초사초혼)]의被文(피문)에 이어 服字(복자)를 덧붙임.

◆訂正文;[楚辭招魂]被文服纖麗而不奇些

▶【2517-1】字解誤謬與否;[楚辭招魂]被文(增服字)纖麗而不奇些 [被文(增服字)]

★이상과 같이 복자(服字)를 덧붙이게 되면 문복(文服;문인복(文人服)[資治通鑑晉元帝永昌元年][胡三省注]曰文服謂非心服特以虛文示相服而已)인데 자전상(字典上) 려(麗)의 본의(本義)에 적극 영향이 미치게 됨.

○康誤處 2;[左傳桓五年]高渠彌以中軍奉公爲魚麗之陣(改陳)

●考證;謹照原文陣改陳

◆整理;[左傳桓五年(좌전환오년)]의陣(진)은 陳(진)의 착오.

◆訂正文;[左傳桓五年]高渠彌以中軍奉公爲魚麗之陳

▶【2518-1】字解誤謬與否;[左傳桓五年]高渠彌以中軍奉公爲魚麗之陣(改陳) [陣(改陳)]

★이상과 같이 오류(誤謬) 수정(修訂)이 되면 진(陳; 베풀다)인데 자전상(字典上) 려(麗)의 본의(本義)에 적극 영향이 미치게 됨.

鹿部 九畫

康**麚**(가)[唐韻]古牙切[集韻][韻會][正韻]居牙切𠀤音嘉[說文]牡鹿以夏至解角[爾雅釋獸]鹿牡麚[又]麔麚短脰[馬融長笛賦]寒熊振頷特麚昏髟

【 오류정리 】

○康誤處 1; [馬融長笛賦]寒熊振頷特麚昏(改昏)髟

●考證 ; 謹照原文昏改昏

◆整理 ; [馬融長笛賦(마융장적부)]의 昏(혼)은 昏(시)의 착오.

◆訂正文 ; [馬融長笛賦]寒熊振頷特麚昏髟

▶ 【2519-1】 字解誤謬與否 ; [馬融長笛賦]寒熊振頷特麚昏(改昏)髟 [昏(改昏)]

★이상과 같이 오류(誤謬) 수정(修訂)이 된다 하여도 시(昏; 보다)는 자전상(字典上) 가(麚)의 본의(本義)에는 영향이 미치지 않음.

鹿部 十二畫

康**麟**(린)[唐韻][集韻][韻][正韻]𠀤力珍切音鄰[說文]大麚也麟身牛尾狼額 馬蹄五彩腹下黃高丈二[玉篇]仁獸也[詩周南]麟之趾[傳]麟信而應禮以足至者也[箋]麟角末有肉示有武不用[大戴禮]毛蟲三百六十麟爲之長[禮禮運]麟以爲畜故獸不狘[註]狘驚走也　又州名漢五原河西二地唐置麟州又[十洲記]鳳麟州有集弦膠　又與燐通光明也[揚雄劇秦美新文]炳炳麟麟　又叶陵延切音連[韓愈雜詩]指摘相告語雖還今誰親翩然下大荒被髮騎麒麟親

叶音千此詩終篇皆先韻○按經傳皆作麟字[爾雅][公羊][京房易傳]皆作麐[說文]麐牝麒也麟大牝鹿也據此則麐與麟有分[爾雅註疏]幷州界有麟大如鹿非瑞麟也故司馬相如賦曰射麋脚麟謂此麟也[爾雅]麐大麃牛尾一角註云謂之麟者此是也然麟麐二字今俱通用互詳麐字註

【 오류정리 】

○康誤處 1; [禮禮運]麟以爲畜故獸不狘(改狘)[註]狘(改狘)驚走也

●考證 ; 謹照原文兩狘字𠀤改狘

◆整理 ; [禮禮運(례례운)]의 狘(융)은 狘(월)과 [註(주)]의 狘(융)은 狘(월)이 모두 착오.

◆訂正文 ; [禮禮運]麟以爲畜故獸不狘[註]狘驚走也

▶ 【2520-1】 字解誤謬與否 ; [禮禮運]麟以爲畜故獸不狘(改狘)[註]狘(改狘)驚走也 [狘(改狘)][狘(改狘)]

★이상과 같이 오류(誤謬) 수정(修訂)이 되면 월(狘; 짐승이 놀라 다라나다)인데 자전상(字典上) 린(麟)의 본의(本義)에 영향이 미치게 됨.

鹿部 十七畫

康**麢**(령)[唐韻][集韻]韻會𠀤郎丁切音靈[說文]大羊而細角[玉篇]麢羊也角入藥[爾雅釋獸]麢大羊[註]似羊而大角細而圓銳好在山崖閒[山海經]翠山其陰多旄毛麢麝俗省作羚[寰宇志]安南高石山中出羚羊一角極堅能碎金石[韻會]麢角有圓蹙繞文夜則懸角木上以防患

【 오류정리 】

○康誤處 1; 似羊而大角細而圓銳(改麢羊似羊而大角圓銳)

●考證 ; 謹照爾雅原文改麢羊似羊而大角圓銳

◆整理 ; 似羊而大角細而圓銳(사양

이대각세이원예)은 羚羊似羊而大角圓銳(령양사양이대각원예)의 착오.

◆訂正文 ; 羚羊似羊而大角圓銳

▶【2521-1】字解誤謬與否 ; 似羊而大角細而圓銳(改羚羊似羊而大角圓銳) [似羊而大角細而圓銳(改羚羊似羊而大角圓銳)]

★이상과 같이 오류(誤謬) 수정(修訂)이 되면 영양(羚羊; 양과 흡사한데 몸집과 뿔이 크다 [爾雅釋獸]羚大羊羚羊似羊而大角圓銳好在山崖間)인데 자전상(字典上) 령(羚)의 본의(本義)에 직접 영향이 미치게 됨.

麥 部 三畫

康 麸 (재)[唐韻]昨哉切[集韻]牆來切麸音才[說文]餅籟也[揚子方言]麸麴也晉之舊都曰麸今江東人呼麴爲麸 又[集韻]將來切音哉義同

【 오류정리 】

○康誤處 1 ; [說文]餅籟(改餅籟)也
●考證 ; 謹照原文餅籟改餅籟
※筆者謹按許氏說文解字五音韻譜原本 ; 麥部麸餅籟也从麥才聲昨哉切
◆整理 ; [說文(설문)]의 餅籟(병국)은 오류(誤謬)가 아님.
◆訂正文 ; [說文]餅籟也
▶2522-1】字解誤謬與否 ; [說文]餅籟也
★이상과 같이 살펴보건대 許氏說文解字五音韻譜原本 ; 麥部 麸餅籟也로 康熙字典은 오류(誤謬)가 아님이 확인됨.

麥 部 五畫

康 麮 (거)[唐韻][集韻]麸丘據切音去[說文]麥甘鬻也[廣韻]麥汁[玉篇]賣麥也[急就篇]甘麮[註]甘麮者賣麥爲甘粥也[釋名]賣麥曰麮麮之爲言齵

也言齵爛也一曰麮者糗也甘麮者以麥和糗故味甘也[荀子富國篇]夏日則與之麥麮[註]賣麥飯也 又[廣韻]羌舉切[集韻]口舉切麸去上聲義同

【 오류정리 】

○康誤處 1 ; [荀子富國篇]夏日則與之麥麮(改瓜麮)
●考證 ; 謹照原文麥麮改瓜麮
◆整理 ; [荀子富國篇(순자부국편)]의 麥麮(맥거)는 瓜麮(과거)의 착오.
◆訂正文 ; [荀子富國篇]夏日則與之瓜麮
▶【2523-1】字解誤謬與否 ; [荀子富國篇]夏日則與之麥麮(改瓜麮) [麥麮(改瓜麮)]
★이상과 같이 오류(誤謬) 수정(修訂)이 되면 과거(瓜麮; 오이와 보리죽. 오이와 미숫가루. [急就篇]甘麮[註]甘麮者賣麥爲甘粥也[釋名]賣麥曰麮麮之爲言齵也言齵爛也一曰麮者糗也甘麮者以麥和糗故味甘也[荀子富國篇]夏日則與之瓜麮)로 자전상(字典上) 거(麮)의 본의(本義)에 직접 영향이 미치게 됨.

麥 部 八畫

康 麴 (국)[集韻][韻會][正韻]麸丘六切音鞠[說文]酒母也[玉篇]麴蘗[釋名]麴朽也鬱之使衣生朽敗也[書說命]若作酒醴爾惟麴蘗 又女麴小麴也見[齊民要術 又[左傳宣十二年]叔展曰有麥麴乎[註]麥麴所以禦濕 又麴塵華名黃色[爾雅釋草]作蘜亦作鞠[周禮天官內司服]天子乃薦鞠衣[註]色如麴塵服之以告桑 又神麴藥名 又與笛通[揚子方言]薄謂之笛或謂之麴 又姓[姓苑]出西平漢有麴演籟字原刻从幸

【 오류정리 】

○康誤處 1 ; 又麴塵華名黃色[爾雅釋

草]作麴亦作鞠[周禮天官內司服]天子乃薦鞠衣[註]色如麴塵服之以告桑(改爲又通鞠[禮記月令]天子乃薦鞠衣于先帝註黃桑之服釋文鞠云六反如麴塵[周禮內司服]註作鞠塵)

●考證 ; 謹按麴塵非華名薦鞠衣之文出月令不出周禮今謹改爲又通鞠禮記月令天子乃薦鞠衣于先帝註黃桑之服釋文鞠云六反如麴塵周禮內司服註作鞠塵

◆整理 ; 又麴塵華名黃色[爾雅釋草(이아석초)]作麴亦作鞠[周禮天官內司服(주례천관내사복)]天子乃薦鞠衣[註(주)]色如麴塵服之以告桑은 又通鞠[禮記月令(례기월령)]天子乃薦鞠衣于先帝註黃桑之服釋文鞠云六反如麴塵[周禮內司服(주례내사복)][註(주)]作鞠塵의 착오.

◆訂正文 ; 又通鞠[禮記月令]天子乃薦鞠衣于先帝註黃桑之服[釋文]鞠云六反如麴塵[周禮內司服]註作鞠塵

▶【2524-1】字解誤謬與否 ; 又麴塵華名黃色[爾雅釋草]作麴亦作鞠[周禮天官內司服]天子乃薦鞠衣[註]色如麴塵服之以告桑(改爲又通鞠[禮記月令]天子乃薦鞠衣于先帝註黃桑之服釋文鞠云六反如麴塵[周禮內司服]註作鞠塵)

★이상과 같이 오류(誤謬) 수정(修訂)이 되면 ○우통국(又通鞠; 또 국(鞠)과 통용. [左傳宣十二年]叔展曰有麥麴乎麥麴所以禦濕又通鞠) ○于先帝 선황(先皇). 선왕. 선대의 황제. ○황상지복(黃桑之服; 빛깔이 국진(鞠塵)과 같은데, 뽕잎이 처음 돋을 때의 빛깔을 본뜬 것이고, 이 옷을 신좌(神座)에 드리고 잠사(蠶事)를 빌었다. [禮記月令]天子乃薦鞠衣于先帝註黃桑之服) ○국운육반(鞠云六反; 국문하여 이르기를 (韓非子 六反) 생명을 아낀다는 귀생지사(貴生之士), 도를 배웠다는 문학지사(文學之士), 직

업 없이도 유복한 유능지사(有能之士), 거짓을 일삼는 변지지사(辯智之士), 칼부림을 일삼는 염용지사(勇之士), 도둑을 감싸는 임예지사(任譽之士) [釋文]鞠云六反如麴塵)) ○작국진(作鞠塵; 황상지복(黃桑之服)이라는 것은 빛깔이 국진(鞠塵)과 같은데, 뽕잎이 처음 돋을 때의 빛깔을 본뜬 것이고, 이 옷을 신좌(神座)에 드리고 잠사(蠶事)를 빌었다는 옷을 만든다. [周禮內司服]註作鞠塵又神麴藥名)인데 자전상(字典上) 국(麴)의 본의(本義)에 적극 영향이 미치게 됨.

麥部 十八畫

(康)麷(풍) [唐韻]敷戎切[集韻]敷馮切𡙡音豐[說文]煑麥也[周禮天官籩人]朝事之籩其實麷蕡[註]麷熬麥今河閒以此煮種麥賣之名曰麷[儀禮有司徹]麷蕡坐設於豆西當外列麷在東方[荀子富國篇]取其將若撥麷 又[廣韻][集韻][韻會]𡙡撫鳳切音賵又[集韻]撫勇切音捧義𡙡同

【 오류정리 】

○康誤處 1 ; 今河閒以此(改河閒以北)煮種麥賣之名曰麷

●考證 ; 謹照周禮天官籩人註原文河閒以此改河閒以北

◆整理 ; 河閒以此(하한이차)는 河閒以北(하한이북)의 착오.

◆訂正文 ; 今河閒以北煑種麥賣之名曰麷

▶【2525-1】字解誤謬與否 ; 今河閒以此(改河閒以北)煮種麥賣之名曰麷[河閒以此(改河閒以北)]

★이상과 같이 오류(誤謬) 수정(修訂)이 된다 하여도 이북(以北; 북쪽)은 자전상(字典上) 풍(麷)의 본의(本義)에는 영향이 미치지 않음.

麻部 四畫

㊝麾（휘）[廣韻]許爲切[集韻][韻會][正韻]吁爲切夶音撝[玉篇]旌旗之屬所以指麾也[周禮春官巾車]建大麾以田以封蕃國[註]大麾其色黑夏后氏所建以四時田獵者也　又或作戲[史記項羽本紀]諸侯罷戲下[註]戲大將之旗　又與撝同以手指麾也[書牧誓]右秉白旄以麾[詩小雅]麾之以肱畢來旣升[荀子成相篇]呂尚招麾殷民懷[註]招麾指麾也　又快也[禮禮器]祭禮不麾蚤[註]麾之言快也祭有常時不以先時爲快也　又[集韻]呼恚切音孈以旌旗示之曰麾　又[集韻]況僞切音㩰招也[左傳隱十三年]瑕叔盈又以蝥弧登周麾而呼曰君登矣[註]麾招也

【 오류정리 】

○康誤處 1 ; [集韻]況僞切音㩰(改㩰爲鰴)招也
●考證 ; 謹按集韻況僞切內無㩰字不得音㩰謹改㩰爲鰴
◆整理 ; [集韻(집운)]의 㩰(혁)은 鰴(휘)의 착오.
◆訂正文 ; [集韻]況僞切音鰴招也
▶【2526-1】字解誤謬與否 ; [集韻]況僞切音㩰(改㩰爲鰴)招也 [㩰(改㩰爲鰴)]
★이상과 같이 음(音)의 오류(誤謬)를 수정(修訂)을 한다 하여도 자전상(字典上)의 휘(麾)의 본의(本義)에는 영향이 미치지 않음.

麻部 十二畫

㊝黁（미）[唐韻]靡爲切[韻會][正韻]忙皮切夶音糜[說文]穄也[廣韻]黁穄別名[呂覽本味篇]陽山之穄南海之秬[註]關西謂之穄冀州謂之黁秬黑黍也

【 오류정리 】

○康誤處 1 ; 미자(黁字) 및 주문(註

文) 모두를 서부 십일획(黍部十一畫)련자(䵪字) 앞으로 옮긴다.
●考證 ; 謹按說文玉篇類篇黁字在黍部黁者黍類故其字从黍今謹將黁字及註並移於黍部十一畫䵪字之前
◆整理 ; 黁字(미자)와 註文(주문) 일체를 黍部(서부) 十一畫(십일획) 䵪字(련자) 앞으로 옮겨야 함.
◆訂正文 ; 이동전 원문과 같음.
▶【2527-1】字解誤謬與否 ; 문장(文章) 이동(移動)
★이상과 같이 문장 전체의 이동으로 자전상(字典上) 미(黁)의 본의(本義)에는 영향이 미치지 않음.

○康誤處 2 ; (增又與靡通)[呂覽本味篇]陽山之穄南海之秬[註]關西謂之穄(改靡)冀州謂之黁秬黑黍也(省秬黑黍也)
●考證 ; 謹按文義呂覽上增又與靡通四字並照原文穄字改靡字黁字改堅字省秬黑黍也四字
◆整理 ; 又與靡通(우여미통)을 [呂覽本味篇(려람본미편)] 앞에 덧붙이고 穄(미)는 靡(미)의 착오. 秬黑黍也(거흑서야) 4자는 삭제.
◆訂正文 ; 又與靡通[呂覽本味篇]陽山之穄南海之秬[註]關西謂之靡冀州謂之黁
▶【2528-1】字解誤謬與否 ; (增又與靡通)[呂覽本味篇]陽山之穄南海之秬[註]關西謂之穄(改靡)冀州謂之黁秬黑黍也(省秬黑黍也) [(增又與靡通)] [穄(改靡)] [黑黍也(省秬黑黍也)]
★이상과 같이 ○우여미통(又與靡通; 또 미(靡)와 통용한다. [前漢賈山傳]無不糜滅 又與靡通[禮少儀]國家靡敝[疏]靡爲糜謂財物糜散凋敝古字通用又與眉同)이 덧붙여지고 ○미(靡; 바람에 쓰러지다. 쇠퇴하다. 없다.)로 수정(修訂)되며 ○거흑서야(秬黑黍

也; 秬는 黑黍 검은 기장이다. (禮曲禮)凡祭宗廟之禮 黍曰薌合又秬黑黍也 虋赤黍也(爾草)秬黑黍詳秬字又角黍楚人悲屈原死以菰葉裹黍祠之謂之角黍(續齊諧記)角黍菰葉裹黏米爲之[周頌]秬,黑黍也)가 삭제가 되면 자전상(字典上) 미(虋)의 본의(本義)에 적극 영향이 미치게 됨.

麻部 十三畫

康 虋(분)[廣韻][集韻][韻會][正韻]丛符分切音汾[玉篇]枲實也[爾雅釋草]虋枲實[疏]虋即麻子名也[淮南子說林訓]虋不類布而可以爲布 又通作黂[儀禮喪服]苴者麻之有蕡者也 又[廣韻]扶沸切[集韻]父沸切丛音潰義同

【 오류정리 】

○康誤處 1;[儀禮]苴(增経)者麻之有蕡者也
●考證;謹照原文苴字下增経字
◆整理;[儀禮(의례)]의 苴(저)에 이어 経(질)을 덧붙임.
◆訂正文;[儀禮喪服]苴経者麻之有蕡者也
▶【2529-1】字解誤謬與否;[儀禮]苴(增経)者麻之有蕡者也 [苴(增経)]
★이상과 같이 오류(誤謬) 수정(修訂)이 되면 저질(苴経; 상중(喪中)에 베로 된 머리에 쓰는 수질(首経)과 허리에 매던 요질(腰経). [左传襄公十七年]齊晏桓子卒晏嬰麤縗斬苴経帶杖[杜預注]斬不緝之也縗在胸前麤三升布)인데 자전상(字典上) 분(虋)의 본의(本義)에 적극 영향이 미치게 됨.

黃部

康 黃(황)[唐韻]乎光切[集韻][韻會][正韻]》胡光切丛音皇[說文]地之色也[玉篇]中央色也[易坤卦]黃裳元吉象曰黃裳元吉文在中也[文言君子黃中通理 又[史記天官書]日月五星所行之道曰黃道 又山名[前漢東方朔傳]北至河陽西至黃山 又黃河[爾雅釋水]河出崑崙虛色白所渠幷千七百一川色黃 又地名[春秋哀十四年]公會晉侯及吳子于黃池[註]陳留封丘縣南有黃亭 又國名[左傳桓八年]楚子合諸侯于沈鹿黃隨不會[註]黃國今弋陽縣 又州名古邾國漢西陵縣隋黃州 又縣名[前漢地理志]黃縣屬東萊郡內黃屬魏郡外黃屬陳留郡[註]縣有黃溝澤故名師古曰惠公敗宋師于黃杜預以爲外黃縣東有黃城卽此地又中黃天子內藏[後漢桓帝紀建]和元年芝生於黃藏府 又官名[杜氏通典]乗黃令晉官主乗輿金根車[又]晉以后給事黃門侍郎散騎常侍俱屬門下省稱曰黃散 又老人曰黃髮[禮曲禮]君子敬黃髮[疏]人初老則髮白太老則髮黃[爾雅釋詁]黃髮齯齒鮐背耉老壽也[疏]壽考之通稱 又小兒曰黃口[淮南子氾論訓]古之伐國不殺黃口[高誘註]黃口幼也[唐開元志]凡男女始生爲黃四歲爲小十六爲丁六十爲老每歲一造計帖三年一造戶籍卽今之黃冊也 又翠黃飛黃丛馬名[淮南子覽冥訓]青龍迎駕飛黃伏皁[詩魯頌]有驪有黃[註]黃騂曰黃 又鴛黃鳥名[爾雅釋鳥倉庚註]卽鵹黃也 又黃目卣罍類[禮郊特牲]黃目鬱氣之上尊也黃者中也目者氣之清明者也 又大黃弩名[太公六韜]陷堅敗強敵用大黃連弩[史記李廣傳]以大黃射其裨將 又大黃地黃硫黃雄黃雌黃丛藥名 又流黃綵也[古詩]少婦織流黃[廣雅]作留黃 又會稽竹簟供御亦號流黃[唐詩]珍簟冷流黃 又[正字通]貼黃卽古引黃唐制詔敕有更改以紙貼黃其表章略舉事目見於前封皮者謂之引黃后世卽以引黃爲貼黃不用黃紙 又倉黃急遽

失措貌[風土記]大雪被南越犬皆倉黃
吠噬　又[玉篇]馬病色也[爾雅釋詁]
虺隤黃病也[註]皆人病之通名而說者
便以爲馬病[詩周南]我馬虺隤

【 오류정리 】

○康誤處 1 ; [前漢東方朔傳]北至河
陽(改池陽)

●考證 ; 謹照原文河陽改池陽

◆整理 ; [前漢東方朔傳(전한동방삭
전)]의 河陽(하양)은 池陽(지양)의 착
오.

◆訂正文 ; [前漢東方朔傳]北至池陽

▶【2530-1】字解誤謬與否 ; [前漢
東方朔傳]北至河陽(改池陽) 　[河陽
(改池陽)]

★이상과 같이 오류(誤謬) 수정(修訂)
이 된다 하여도 지양(池陽; 河南省
소재 地名) 자전상(字典上) 황(黃)의
본의(本義)에 영향이 미치지 않음.

○康誤處 2 ; [禮曲禮]君子敬黃髮(改
式黃髮)

●考證 ; 謹照原文敬黃髮改式黃髮

◆整理 ; [禮曲禮(예곡례)]의 敬黃髮
(경황발)은 式黃髮(식황발)의 착오.

◆訂正文 ; [禮曲禮]君子式黃髮

▶【2531-2】字解誤謬與否 ; [禮曲
禮]君子敬黃髮(改式黃髮) 　[敬黃髮
(改式黃髮)]

★이상과 같이 오류(誤謬) 수정(修訂)
이 되면 식황발(式黃髮; 머리가 황발
이 된 노인을 보고 고개 숙여 절을
하였다. [禮曲禮]君子式黃髮[疏]人初
老則髮白太老則髮黃[爾雅釋詁]黃髮齯
齒鮐背耇老壽也[疏]壽考之通稱)인데
자전상(字典上) 황(黃)의 본의(本義)
에 적극 영향이 미치게 됨.

○康誤處 3 ; [淮南子覽冥訓]靑龍迎
駕(改進駕)

●考證 ; 謹照原文迎駕改進駕

◆整理 ; [淮南子覽冥訓(회남자람명
훈)]의 迎駕(영가)는 進駕(진가)의 착
오.

◆訂正文 ; [淮南子覽冥訓]靑龍進駕

▶【2532-3】字解誤謬與否 ; [淮南
子覽冥訓]靑龍迎駕(改進駕) 　[迎駕
(改進駕)]

★이상과 같이 오류(誤謬) 수정(修訂)
이 된다 하여도 진가(進駕; 수레를
끌고 가다. [淮南子覽冥訓]靑龍進駕
飛黃伏皁[梁書張率傳]豈徒服皁而養安
與進駕以馳驟)는 자전상(字典上) 황
(黃)의 본의(本義)에는 영향이 미치지
않음.

康黈(주)[廣韻]天口切[集韻]他口
切[韻會]他斗切𡗛音妵[玉篇]黃色[穀
梁傳莊二十三年]禮天子諸侯之楹黝堊
大夫倉士黈　又[廣韻]晜前纊也[前漢
東方朔傳]黈纊充耳所以塞聰[註]以黃
綿爲圜用組懸之於晜垂兩耳旁示不外
聽也　又[馬融長笛賦]六器者猶以二
皇聖哲黈益況笛生乎大漢而學者不識
其可以裨助盛美忽而不讚[註]黈猶演
也

【 오류정리 】

○康誤處 1 ; [前漢東方朔傳]黈纊充
耳所以塞聰[註]以黃綿爲圜(改爲丸)

●考證 ; 謹照原文註爲圜改爲丸

◆整理 ; [前漢東方朔傳(전한동방삭
전)] 註(주)의 爲圜(위원)은 爲丸(위
환)의 착오.

◆訂正文 ; [前漢東方朔傳]黈纊充耳
所以塞聰[註]以黃綿爲丸

▶【2533-1】字解誤謬與否 ; [前漢
東方朔傳]黈纊充耳所以塞聰[註]以黃
綿爲圜(改爲丸)

★이상과 같이 오류(誤謬) 수정(修訂)
이 되면 황면위환(黃綿爲丸; 누런 솜

방울. [前漢東方朔傳]黈纊充耳所以塞聰[註]以黃綿爲丸用組懸之於冕垂兩耳旁示不外聽也)인데 자전상(字典上) 주(黈)의 본의(本義)에 적극 영향이 미치게 됨.

黍 部

㋩黍(서)[唐韻][集韻]舒呂切[韻會][正韻]賞呂切黈音暑[說文]禾屬而黏者也以大暑而種故謂之黍从禾雨省聲孔子曰黍可爲酒禾入水也[字彙]粟屬苗似蘆高丈餘穗黑色實圓重土宜高燥[詩緝]黍有二種黏者爲秫可以釀酒不黏者爲黍如稻之有秔糯也[爾雅翼]黍大體似稷故古人倂言黍稷今人謂黍爲黍穄[禮曲禮]凡祭宗廟之禮黍曰薌合　又角黍[續齊諧記]角黍菰叶裹黏米爲之楚俗投汨羅水祠屈原　又地名[左傳哀八年]晉人築五邑一曰黍丘[註]梁國下邑縣西南有黍丘亭　又[史記秦本紀]秦取韓負黍　又弓名[荀子性惡篇]繁弱鉅黍古之良弓　又黃鳥一名搏黍　又蟲名[爾雅釋蟲]委黍[註]鼠婦別名　又蓬名[爾雅釋]薦黍蓬[六書精蘊]黍下從氽象細粒散垂之形

【 오류정리 】

○康誤處 1; [左傳哀八年(改七年)]晉人(改宋人)築五邑

●考證 ; 謹照原文八年改七年晉人改宋人

◆整理 ; [左傳哀(좌전애) 八年(팔년)은 七年(칠년)의] 착오. 晉人(진인)은 宋人(송인)의 착오.

◆訂正文 ; [左傳哀七年]宋人築五邑

▶【2534-1】字解誤謬與否 ; [左傳哀八年(改七年)]晉人(改宋人)築五邑 [八年(改七年)] [晉人(改宋人)]

★이상과 같이 인용처(引用處)나 송인(宋人; 송나라 백성) 등(等)의 오류(誤謬)를 수정(修訂)을 한다 하여도 자전상(字典上)의 서(黍)의 본의(本義)에는 영향이 미치지 않음.

黑 部 四畫

㋩黑(흑)[唐韻]呼北切[集韻][韻會][正韻]迄得切黈音潶[說]火所熏之色也韓康伯曰北方陰色[釋名]黑晦也如晦冥時色也[易說卦]坤其於地也爲黑[書禹貢]兗州厥土黑墳[禮檀弓]夏后氏尚黑　又水名[書禹貢]華陽黑水惟梁州黑水西河惟雍州又[前漢地理志]益州郡滇池縣有黑水祠　又黑齒國名[楚辭招魂]雕題黑齒　又地名[左傳宣六年]公會晉侯宋公于黑壤　又黑子今所謂黶子也[前漢高帝紀左股有七十二黑子又[賈誼傳]淮 之北大諸侯 廑如黑子之著面　又[周禮天官邊人]其實蔆芡白黑[註]黍曰黑　又[詩小雅]以其騂黑[傳]黑羊豕也　又姓周有黑肱黑胎　又叶闥各切音壑[史記龜筴傳]天出五色以知黑白地出五穀以知善惡

【 오류정리 】

○康誤處 1; [賈誼傳]淮(增陽字)之北(改比字)大諸侯

●考證 ; 謹照原文淮下增陽字北字改比字

◆整理 ; [賈誼傳(가의전)]淮(회)에 이어 陽字(양자)를 덧붙이고, 北(북)은 比字(비자)의 착오.

◆訂正文 ; [賈誼傳]淮陽之比大諸侯

▶【2535-1】字解誤謬與否 ; [賈誼傳]淮(增陽字)之北(改比字)大諸侯

★이상과 같이 오류(誤謬) 수정(修訂)이 된다 하여도 회양(淮陽; 남조(南朝) 때 양(梁)나라의 현명(縣名)과 비(比; 견주다)는 자전상(字典上) 흑(黑)의 본의(本義)에는 영향이 미치지 않음.

○康誤處 2 ; [史記龜筴傳]天出五色以知黑白(改以辨白黑)地出五穀(改地生五穀)以知善惡
●考證 ; 謹照原文以知黑白改以辨白黑地出五穀改地生五穀
◆整理 ; [史記龜筴傳(사기구협전)]의 以知黑白(이지흑백)은 以辨白黑(이변백흑), 地出五穀(지출오곡)은 地生五穀(지생오곡)의 착오.
◆訂正文 ; [史記龜筴傳]天出五色以辨白黑地生五穀以知善惡
▶【2536-2】字解誤謬與否 ; [史記龜筴傳]天出五色以知黑白(改以辨白黑)地出五穀(改地生五穀)以知善惡 [以知黑白(改以辨白黑)] [地出五穀(改地生五穀)]
★이상과 같이 오류(誤謬) 수정(修訂)이 된다 하여도 이변백흑(以辨白黑; 흑백을 분간하고)과 지생오곡(地生五穀; 땅에서는 오곡이 나온다. 史記龜筴傳]天出五色以辨白黑地生五穀以知善惡人民莫知辨也與禽獸相若谷居而穴處不知田作天下禍亂陰陽相錯恩恩疾疾通而不相擇妖孽數見傳爲單薄聖人別其生使無相獲禽獸有牝牡置之山原;鳥有雌雄布之林澤有介之蟲,置之谿谷.故牧人民)인데 자전상(字典上) 흑(黑)의 본의(本義)에는 영향이 미치지 않음.

黑部 五畫

康 黝(유)[唐韻][集韻][正韻]於糾切[韻會]幺糾切𠀤音黝[說文]微青黑色[玉篇]黑也微青色也[爾雅釋器]黑謂之黝又[釋宮]地謂之黝[註]黑飾地也[周禮夏官牧人]陰祀用黝牲[註]讀若幽黑也 陰祀祭地北郊乃社稷也 又[王延壽魯靈光殿賦]互黝糾而摶負[註]黝糾特出貌 又[廣韻]於脂切[集韻]於夷切𠀤音伊[前漢地理志]丹陽郡黝縣[註]本作黟其音同 又[廣韻][集韻]

𠀤於九切音懮[廣雅]黝堊塗也禮天子諸侯之楹黝堊 又[集韻]云九切音有義同 又一笑切音要一曰用黑塗。

【 오류정리 】
○康誤處 1 ; 陰祀祭地北郊乃(改及字)社稷也
●考證 ; 謹照周禮原註乃字改及字
◆整理 ; 乃字(내자)는 及字(급자)의 착오.
◆訂正文 ; 陰祀祭地北郊及社稷也
▶【2537-2】字解誤謬與否 ; 陰祀祭地北郊乃(改及字)社稷也 [乃(改及字)]
★이상과 같이 오류(誤謬) 수정(修訂)이 된다 하여도 급(及; 및) 자전상(字典上) 유(黝)의 본의(本義)에는 영향이 미치지 않음.

康 點(점)[唐韻][集韻][正韻]𠀤多忝切音玷[說文]小黑也 又[正韻]點注也[爾雅釋器]滅謂之點[註]以筆滅字爲點 又[玉篇]檢點也 又[廣韻]點畫 又[正韻]更點 又[廣雅]污也[太史公報任安書]適足以發笑而自點耳 又[集韻]之廉切音詹人名魯有豐點齊有鮑點 又[集韻]丁賀切音哆草葉壞也[齊民要術]故墟種麻有點葉夭折之患 又[集韻]都念切音店亦汙也[束皙白華詩]鮮侔晨葩莫之點辱

【 오류정리 】
○康誤處 1 ; [太史公報任安書]適足以發笑(改見笑)而自點耳
●考證 ; 謹照原文發笑改見笑
◆整理 ; [太史公報任安書(태사공보임안서)]의 發笑(발소)는 見笑(견소)의 착오.
◆訂正文 ; [太史公報任安書]適足以見笑而自點耳
▶【2538-1】字解誤謬與否 ; [太史公報任安書]適足以發笑(改見笑)而自

點耳 [發笑(改見笑)]
★이상과 같이 오류(誤謬) 수정(修訂)
이 되면 견소(見笑; 웃음거리가 되다.
[孟子盡心下]吾長見笑於大方之家)인
데 자전상(字典上) 점(點)의 본의(本
義)에 직접 영향이 미치게 됨.

黑部 八畫

康黨(당)[唐韻]多朗切[集韻]底朗
切[正韻]多曩切丛音讜[說文]不鮮也
又[周禮地官閭胥疏]五家爲比五比爲閭
五閭爲族五族爲黨[釋名]五百家爲黨
黨長也一聚之所尊長也 又朋也輩也
[荀子强國篇]不比周不朋黨 又助也
相助匿非曰黨[論語]君子不黨 又偏
也[書洪範]無偏無黨王道蕩蕩 又比
也[荀子非相篇]順禮義黨學者[註]黨
親比也 又頻也[荀子天論篇]怪星之
黨見 又知也[揚子方言]黨曉哲知也
楚謂之黨或曰曉齊宋之閒謂之哲[郭
註]黨朗也解悟貌 又[廣韻]美也[廣
雅]黨善也 又所也時也[公羊傳文十
三年]往黨[註]黨所也所猶時齊人語也
[左傳哀五年]萊人之歌曰師乎師乎何
黨之乎[註]黨所也 又[玉篇]接也 又
[廣韻]累也 又地名[前漢地理志]秦
置上黨郡屬幷州古上黨關 又[集韻]
止兩切音掌姓也[左傳莊三十二年]公
築臺臨黨氏[註]黨氏魯大夫[釋文]黨
音掌又[哀十一年]季孫使從於朝俟於
黨氏之溝[註]黨氏溝朝中地名 又[集
韻]坦朗切[正韻]他曩切丛與儻同黨也
[前漢董仲舒傳]黨可得見乎又[五被傳
黨可以徼幸[師古註]黨讀曰儻 又與
讜同[荀子非相篇]實博而黨正[註]謂直
言也 亦作鄭郞

【 오류정리 】

○康誤處 1;[周禮地官閭胥疏(改大司
徒)]五家爲比五比爲閭五閭爲族(改四
爲族)

●考證 ; 謹照原文按閭胥疏無此語查
係大司徒文謹照原文閭胥疏改大司徒五
閭爲族改四爲族
◆整理 ; [周禮地官(주례지관)의 閭胥
疏(여서소)는 大司徒(대사도)의] 착
오. 五閭爲族(오려위족)은 四爲族(사
위족)의 착오
◆訂正文 ; [周禮地官大司徒]五家爲
比五比爲閭四爲族
▶ 【2539-1】 字解誤謬與否 ; [周禮
地官閭胥疏(改大司徒)]五家爲比五比
爲閭五閭爲族(改四爲族) [閭胥疏(改
大司徒)] [五閭爲族(改四爲族)]
★이상과 같이 오류(誤謬) 수정(修訂)
이 되면 사위족(四爲族; 100 家 [周禮
地官大司徒]五家爲比 五比爲閭 四閭
爲族 五族爲黨五百家爲黨)인데 자전
상(字典上) 당(黨)의 본의(本義)에 직
접 영향이 미치게 됨.

○康誤處 2;[荀子非相篇]實(省實字)
博而黨正
●考證 ; 謹按原文文而致實博而黨正
皆以四字爲句不得連引實字謹省實字
◆整理 ; [荀子非相篇(순자비상편)]實
(실) 實字(실자)는 삭제.
◆訂正文 ; [荀子非相篇]博而黨正
▶ 【2540-2】 字解誤謬與否 ; [荀子
非相篇]實(省實字)博而黨正 [實(省
實字)]
★이상과 같이 실자(實字)를 삭제(削
除) 한다 하여도 자전상(字典上) 당
(黨)의 본의(本義)에 영향을 끼치지
않음.

黹部 五畫

康黻(불)[唐韻][韻會]分勿切[集
韻]分物切丛音弗[說文]黑與靑相次文
[爾雅釋言]黼黻彰也[郭註]黼文如斧黻
文如兩己相背 又[左傳桓二年]袞冕黻
珽[杜註]黻韋韠以蔽膝也 又[釋名]黻

晃黻絍也畫黻絍文綵於衣也此皆隨衣而名文也所垂前後珠轉減耳〇按黻之狀如亞亞古弗字[增韻]云兩已相背形[周禮司服]註疏黻取臣民背惡向善亦取合離之義去就之理

【 오류정리 】

〇康誤處 1；此皆隨衣而名文也(改名之也)

●考證 ；謹照釋名原文名文也改名之也

◆整理 ；名文也(명문야)는 名之也(명지야)의 착오.

◆訂正文 ；此皆隨衣而名之也

▶【2541-1】字解誤謬與否 ；此皆隨衣而名文也(改名之也) [名文也(改名之也)]

★이상과 같이 오류(誤謬) 수정(修訂)이 된다 하여도 명지야(名之也; 명분이 서게 된다. [釋名釋言語]號呼也以其善惡呼名之也[釋名釋天]天又謂之玄畢沅疏證玄者以色名之也)는 자전상(字典上) 불(黻)의 본의(本義)에는 영향이 미치지 않음.

黹部 七畫

(康)黼(보)[唐韻]方榘切[廣韻]方矩切[集韻][韻會]匪父切𠀤音甫[說文]白與黑相次文[周禮冬官考工記]白與黑謂之黼[爾雅釋器]斧謂之黼[疏]黼蓋半白半黑似斧刃白而身黑取能斷意一說白西方色黑北方色西北黑白之交乾陽位焉剛健能斷故畫黼以黑白爲文[禮月令]季夏命婦官染采黼黻文章必以法[賈誼治安策]美者黼繡[韓愈乞巧文]黼黻帝躬

【 오류정리 】

〇康誤處 1；[禮月令]季夏命婦官染采黼黻文章必以法(增故字)

●考證 ；謹照原文必以法下增故字

◆整理 ；[禮月令(예월령)]의 必以法(필이법)에 이어 故字(고자)를 덧붙임.

◆訂正文 ；[禮月令]季夏命婦官染采黼黻文章必以法故

▶【2542-1】字解誤謬與否 ；[禮月令]季夏命婦官染采黼黻文章必以法(增故字) [必以法(增故字)]

★이상과 같이 고자(故字)를 덧붙인다 하여도 자전상(字典上) 보(黼)의 본의(本義)에는 영향이 미치지 않음.

黽部 五畫

(康)鼁(거)[廣韻]丘据切[集韻]丘據切𠀤音故[爾雅釋魚]鼁𪓰蟾諸[郭註]似鰕蟇居陸地淮南謂之去蚊[疏]鼁𪓰一名蟾諸 又[集韻][類篇]𠀤口舉切區上聲義同

【 오류정리 】

〇康誤處 1；音故(字典無)(改𪓰)

●考證 ；謹按廣韻集韻鼁𪓰同音故改𪓰

◆整理 ；音故(字典無)는 𪓰(거)의 착오.

◆訂正文 ；音𪓰

▶【2543-1】字解誤謬與否 ；音故(字典無)(改𪓰) [故(字典無)(改𪓰)]

★이상과 같이 음(音)의 오류(誤謬)를 수정(修訂)을 한다 하여도 자전상(字典上)의 거(鼁)의 본의(本義)에는 영향이 미치지 않음.

〇康誤處 2；淮南謂之去蚊(改蚥)

●考證 ；謹照爾雅註原文蚊改蚥

◆整理 ；蚊(문)은 蚥(보)의 착오.

◆訂正文 ；淮南謂之去蚥

▶【2544-2】字解誤謬與否 ；淮南謂之去蚊(改蚥) [蚊(改蚥)]

★이상과 같이 오류(誤謬) 수정(修訂)이 되면 거보(去蚥; 두꺼비. [爾雅釋

魚]鼊鼊蟾諸[郭註]似鰕蟇居陸地淮南
謂之去蚑[疏]鼊鼊一名蟾諸)되어 자전
상(字典上) 거(鼊)의 본의(本義)에 적
극 영향이 미치게 됨.

黽部 十一畫

康 鼈(별)[唐韻]并列切[集韻][韻
會][正韻]必列切𠀤音虌[說文]甲蟲
[玉篇]龜屬一名神守一名河伯从事[埤
雅]鼈以眼聽穹脊連脅水居陸生[爾雅
翼]鼈卵生形圓脊穹四周有帬易說卦離
爲鼈爲蟹爲龜以其骨在外肉在內也周
禮冬官考工記外骨爲龜屬內骨爲鼈屬
以鼈有肉緣比龜爲內骨耳[淮南子說林
訓]鼈無耳而目不可瞥精於明也陸佃曰
鶴影生鼈思生鼈伏於淵而卵剖於陵此
以思化也　　又]鼈伏隨日謂隨日光所
轉朝首東鄉夕首西鄉　又[爾雅釋魚]
鼈三足爲能[山海經]從山多三足鼈　又
納鼈[本草註]鼈無足而頭尾不縮者名
曰納鼈　又星名[史記天官書]旬始出於
北斗旁狀如雄雞其怒青黑象伏鼈　又縣
名[前漢地理志]牂牁郡鼈縣　又官名
[周禮天官鼈人]掌取互物　又姓[蜀王
本紀]鼈令尸亡隨江郫與望帝相見望帝
以爲相而禪國號曰開明　又木鼈子番
木鼈𠀤草名　又石鼈[本草註]石鼈生
海邊　又土鼈畜象處象屎所生斬斷復
自合能續骨　又蕨別名亦作虌[爾雅釋
草]蕨虌[郭註]初生無菜可食江西謂之
虌[詩召南]言采其蕨[毛傳]蕨虌也其
初生時似鼈脚故名　又叶毘祭切音備
[左思蜀都賦]白黿命鼈玄獺上祭俗作
蟞鱉

【 오류정리 】

○康誤處 1；[史記天官書]旬始(改旬
始)出於北斗旁
●考證；謹照原文旬始改旬始
◆整理；[史記天官書(사기천관서)]의
旬始(전시)는 旬始(순시)의 착오

◆訂正文；[史記天官書]旬始出於北
斗旁
▶【2545-1】字解誤謬與否；[史記
天官書]旬始(改旬始)出於北斗旁　[旬
始(改旬始)]
★이상과 같이 오류(誤謬) 수정(修訂)
이 되면 순시(旬始; 북두성 옆에서
나타나는 혜성의 名. 요사스러운 별
[晉書志天文中]出北斗旁如雄雞其怒有
青黑象伏鼈或曰怒雌也主爭兵又曰黃彗
分爲旬始爲立主之題主亂主招橫[前漢
天文志]旬始出于北斗傍)인데　자전상
(字典上) 별(鼈)의 본의(本義)에 직접
영향이 미치게 됨.

黽部 十二畫

康 鼉(타)[唐韻]徒何切[集韻][韻
會][正韻]唐何切𠀤音駝[說文]水蟲
[陸璣云]鼉似蜥蜴長丈餘其甲如鎧皮
堅厚可冒鼓[詩大雅]鼉鼓逢逢一說鼓
聲逢逢象鼉鳴[續博物志]鼉長一丈其
聲似鼓[埤雅]鼉鳴應更吳越謂之鼉更
　　又鼉欲雨則鳴里俗以鼉識雨[禮月
令]季夏天子命漁師伐蛟取鼉登龜取黿
亦作鱓[呂氏春秋]帝顓頊令鱓先爲樂
倡鱓乃偃浸以其尾鼓其腹其音鱓卽鼉
也　又[史記晉世家]曲沃桓叔子鱓[索
隱]鱓音陀　又[集韻]唐干切音壇　又
時戰切音繕義𠀤同　又叶徒沿切音田
[馬融廣成頌]左挈夔龍右提蛟鼉春獻
王鮪夏薦鼈黿

【 오류정리 】

○康誤處 1；以其尾鼓其腹其音鱓(改
英)
●考證；謹照呂氏春秋原文鱓改英
◆整理；鱓(선)은 英(영)의 착오.
◆訂正文；以其尾鼓其腹其音英
▶【2546-1】字解誤謬與否；以其尾
鼓其腹其音鱓(改英)　[鱓(改英)]
★이상과 같이 음(音)의 오류(誤謬)를

수정(修訂)을 한다 하여도 자전상(字典上)의 타(鼉)의 본의(本義)에는 영향이 미치지 않음.

鼎 部

康 鼎 (정)[唐韻][集韻][韻會]𠀤都挺切音頂[說文]鼎三足兩耳和五味之寶器也昔禹收九牧之金鑄鼎荆山之下[玉篇]鼎,所以熟食器也[左傳宣三年]昔夏之方有德也遠方圖物貢金九牧鑄鼎象物百物而爲之備使民知神姦故民入川澤山林不逢不若螭魅罔兩莫能逢之[周禮天官膳夫]王旦擧鼎十有二物皆有俎[鄭註]鼎有十二牢鼎九陪鼎三 又[周易卦名]巽下離上之卦 又[正韻]鼎當也 又方也[前漢賈誼傳]天子春秋鼎盛 又鼎鼎大舒也[禮檀弓]喪事鼎鼎爾則小人[疏]形體寬慢也 又周鼎星名見[步天歌] 又湖名[史記封禪書]黃帝鑄鼎於荆山後世因名其處爲鼎湖 又州名宋朗州改鼎州 又城門名[後漢郡國志]雒陽東城曰鼎門[註]九鼎所後入 又維舟曰鼎[揚子方言]維之謂之鼎 又官名[前漢東方朔傳]夏育爲鼎官[註]鼎官今殿前擧鼎者也 又姓未將鼎澧 又人名[西京雜記]鼎匡衡小名也又[前漢匡衡傳註]張晏曰匡衡少時字鼎長乃易字稚圭世所傳衡與貢禹書上言衡狀報下言匡鼎白知是字也[又]無說詩匡鼎來[註]服虔曰鼎猶言當也若言匡且來也○按服虔註誤 又[前漢賈捐之傳]捐之復短石顯楊興曰顯鼎貴[註]如淳曰言方且欲貴矣鼎音釘師古曰讀如字 又叶他經切音汀左思吳都賦精若耀星聲若雷霆名藏於山經形鏤於夏鼎

【 오류정리 】

○康誤處 1；[周禮天官膳夫]王旦擧(改爲王日一擧)

●考證；謹按旦字乃日一二字之譌謹照原文改爲王日一擧

◆整理；[周禮天官膳夫(주례천관선부)]의 王旦擧(왕단거)는 王日一擧(왕일일거)의 착오.

◆訂正文；[周禮天官膳夫]王日一擧

▶【2547-1】字解誤謬與否；[周禮天官膳夫]王旦擧(改爲王日一擧) [王旦擧(改爲王日一擧)]

★이상과 같이 오류(誤謬) 수정(修訂)이 된다 하여도 왕일일거(王日一擧; 임금님은 하루 한번 성찬 하신다.[論語鄕黨] [集說]朱子曰周禮王日一擧膳夫授祭品嘗食王乃食.故侍食者君祭則己不祭而先飯,若爲君嘗食然,不敢當客禮也)라 자전상(字典上) 정(鼎)의 본의(本義)에는 영향이 미치지 않음.

鼎 部 二畫

康 鼏 (멱)[唐韻]莫狄切音覓[說文]以木橫貫鼎耳而擧之从鼎冂聲周禮廟門容大鼎七箇卽易玉鉉大吉也正韻云鼏从冂音同與上鼏字不同○按鼏从一一音覓故與鼏異然說文鼏又作莫狄切則鼏又有覓音矣

【 오류정리 】

○康誤處 1；[說文]以木橫貫鼎耳而擧之从鼎門(改冂)聲周禮廟門容大鼎(改鼏)七箇

●考證；謹照原文从鼎門聲門改冂大鼎之鼎改鼏

◆整理；[說文(설문)]의 門(문)은 冂(경), 鼎(정)은 鼏(멱)의 착오.

◆訂正文；[說文]以木橫貫鼎耳而擧之从鼎冂聲周禮廟門容大鼏七箇

▶【2548-1】字解誤謬與否；[說文]以木橫貫鼎耳而擧之从鼎門(改冂)聲周禮廟門容大鼎(改鼏)七箇 [門(改冂)] [鼎(改鼏)]

★이상과 같이 오류(誤謬) 수정(修訂)이 된다 하여도 경성(冂聲; 공허한

소리. [說文]以木橫貫鼎耳而擧之从鼎 冂聲周禮廟門容大鼏七箇卽易玉鉉大吉 也[正韻]云鼏从冂音冋與上鼏字不同) 자전상(字典上) 멱(鼏)의 본의(本義) 에는 영향이 미치지 않음.

鼓 部

康 鼓(고)[唐韻]工戶切[集韻][韻 會]果五切[正韻]公土切夶音古革音之 器伊耆氏造鼓[說文]鼓郭也春分之音 萬物郭皮甲而出故謂之鼓[徐鍇曰]郭 者覆冒之意[玉篇]瓦爲椌革爲面可以 擊也樂器鼓所以檢樂爲羣音長[周禮地 官鼓人]掌敎六鼓[註]六鼓靁鼓八面靈 鼓六面路鼓四面鼖鼓臯鼓晉鼓皆兩面 又夏后氏足鼓置鼓於跗上謂之節鼓殷 楹鼓以柱貫中上出而樹之也周縣鼓植 簨虡而縣之也 又星名[爾雅釋天]河 鼓謂之牽牛[郭註]荆楚人呼牽牛爲擔 鼓擔者荷也 又[前漢五行志]天水冀 南山大石鳴曰石鼓鳴則有兵 又國名 春秋鼓國白狄別種[左傳昭二十三年] 晉襲鼓滅之[後漢郡國志]鉅鹿下曲陽 有鼓聚故翟鼓子國 又量名[禮曲禮] 獻米者操量鼓[廣雅]斛謂之鼓[荀子富 國篇]瓜桃棗李一本數以盆鼓[註]鼓量 也謂數度以盆量也 又[後漢東夷傳] 扶餘國正月國中連日大會飮樂名曰迎 鼓[集韻]俗作皷非是

【 오류정리 】

○康誤處 1; 樂器(改樂器爲樂書)鼓所 以檢樂爲羣音長

●考證 ; 謹按玉篇無此文語見韻會引 樂書謹改樂器爲樂書

◆整理 ; 樂器(악기)는 樂書(악서)의 착오.

◆訂正文 ; 樂書鼓所以檢樂爲羣音長

▶ 【2549-1】 字解誤謬與否 ; 樂器 (改樂器爲樂書)鼓所以檢樂爲羣音長 [樂器(改樂器爲樂書)]

康 鼓(고)[唐韻]公戶切音古[說文] 从攴从壴壴亦聲[廣雅]鼓鳴也[廣韻] 擊鼓也[左傳莊十年]長勺之戰公將鼓 之又凡有所擊搏曰鼓[易離卦]不鼓缶 而歌[詩小雅]鼓瑟吹笙吹笙鼓簧[又] 鼓鍾于宮 又鐘所擊處亦謂之鼓[周禮 冬官考工記]鳧氏爲鐘于上謂之鼓鼓上 謂之鉦 又[正韻]撫也歙也 又振動 也[易繫辭]鼓天下之物者存乎辭[又]鼓 之舞之以盡神 又扇也扇火動橐謂之 鼓[前漢終軍傳]膠東魯國鼓鑄鹽鐵 [註]如淳曰扇熾火謂之鼓○按[說文] 鼓舞之鼓从攴攴音朴鐘鼓之鼓从支微 有不同今槩用支不復用攴矣

【 오류정리 】

○康誤處 1; [易繫辭]鼓天下之物(改 鼓天下之動)者存乎辭

●考證 ; 謹照原文鼓天下之物改鼓天 下之動

◆整理 ; [易繫辭]鼓天下之物(改鼓天 下之動)

◆訂正文 ; [易繫辭]鼓天下之動者存 乎辭

▶ 【25450-1】字解誤謬與否 ; [易繫 辭]鼓天下之物(改鼓天下之動)者存乎 辭 [鼓天下之物(改鼓天下之動)]

★이상과 같이 오류(誤謬) 수정(修訂) 이 되면 동(動; 진동)인데 자전상(字 典上) 고(鼓)의 본의(本義)에 영향이 미치게 됨.

鼓 部 五畫

康 鼖(부)[集韻][韻會]夶馮無切音 扶[集韻]軍聲喧也[書傳]乃鼓鼖譟[周 禮夏官大司馬]車徒皆譟註書曰前師乃 鼓鼖而譟者亦謂喜也 又[集韻][類 篇]夶斐父切音撫義同

【 오류정리 】

○康誤處 1; 前師乃鼓鼖而譟者(改書

曰前師乃鼓籈譟)

●考證；謹照周禮註原文改書曰前師乃鼓籈譟

◆整理；前師乃鼓籈而譟者(전사내고부이조자)는 前師乃鼓籈譟(전사내고부조)의 착오.

◆訂正文；前師乃鼓籈譟

▶【2551-1】字解誤謬與否；前師乃鼓籈而譟者(改書曰前師乃鼓籈譟) [前師乃鼓籈而譟者(改書曰前師乃鼓籈譟)]

★이상과 같이 이(而)와 자(者)가 삭제(削除) 한다 하여도 자전상(字典上) 부(籈)의 본의(本義)에 영향을 끼치지 않음.

鼠 部

康鼠(서)[唐韻]書呂切[集韻][韻會][正韻]賞呂切𡕢音暑[說文]穴蟲之總名也[廣韻]鼠小獸善爲盜[春秋運斗樞]玉樞星散而爲鼠[易繫辭]艮爲鼠又十二生肖之首 又水鼠[雲僊雜志]穴水旁岸隙似鼠而小食菱芡魚蝦 又冰鼠東方朔云生北荒積冰下皮毛柔可爲席 又火鼠[神異經]出西域及南海火洲山有野火鼠人取其毛績之號火浣布 又陰鼠[郭璞山海經序]陰鼠生於炎山 又耳鼠[山海經]丹熏山有獸狀如鼠以其尾飛 又香鼠[字彙]河南禹州密縣雪霽山香鼠長寸餘齒鬚畢具香類麝躅大路則死 又辟毒鼠[西域舊圖]大秦有辟毒鼠 又天鼠[王羲之十七帖]天鼠膏可治耳聾 又兀兒鼠[甘地志]涼州地有兀兒鼠者似鼠有鳥名木周兒者似雀常與兀兒鼠同穴而處○按此卽[尙書]同穴之鳥鼠也 又鳥名蟨鼠[山海經]枸狀之山有鳥狀如雞而鼠毛名曰蟨鼠 又昌鼠鯧鯸魚別名 又鼠婦蟲名[爾雅釋蟲]蟠鼠負[註]瓮器底蟲[疏]負作蝜陶註本草云多在鼠坎中鼠背負之[詩豳風]伊威在室[毛傳]委黍也郭璞曰鼠蝜之別名蝜亦作婦

又馬直肉下曰輸鼠[齊民要術]相馬法輸鼠欲方 又木名[爾雅釋木]椋鼠梓[郭註]楸屬 又[本草]有鼠李 又草名[爾雅釋草]蒠鼠尾[註]可以染皁[又]蔴鼠莞[註]纖細似龍鬚可爲席 又[正字通]山名鳥鼠同穴山在隴西首陽縣 又土色[釋名]大赤曰鼠肝似鼠肝石也 又憂也[詩小雅]鼠思泣血亦書作癙[小雅]癙憂以痒 又持兩端曰首鼠[史記灌夫傳]武安君召韓御史曰何爲首鼠兩端[註]首鼠言一前一卻也上象齒下象腹爪尾俗省作鼠椵字原刻臾作臾

【 오류정리 】

○康誤處 1；[釋名]大赤(改土赤)曰鼠肝似鼠肝石也(改色也)

●考證 ；謹照原文大赤改土赤石也改色也

◆整理 ；[釋名(석명)]의 大赤(대적)은 土赤(토적), 石也(석야)는 色也(색야)의 착오.

◆訂正文 ；[釋名]土赤曰鼠肝似鼠肝色也

▶【2552-1】字解誤謬與否 ；[釋名]大赤(改土赤)曰鼠肝似鼠肝石也(改色也) [大赤(改土赤)] [石也(改色也)]

★이상과 같이 오류(誤謬) 수정(修訂)이 된다 하여도 토적(土赤; 쥐의 간) 간색(肝色; 다갈색(茶褐色) 푸른빛이 도는 회색 [釋名]土赤曰鼠肝似鼠肝色也)은 자전상(字典上) 서(鼠)의 본의(本義)에는 영향이 미치지 않음.

鼠 部 四畫

康龁(음)[集韻][類篇]𡕢淫沁切欣平聲[集韻]鼠名

【 오류정리 】

○康誤處 1；𡕢淫沁切欣平聲(改淫去

聲)

●考證 ; 謹 按欣與淫不同母且去聲非平聲謹照集韻改淫去聲

◆整理 ; 平聲(평성)은 淫去聲(음거성)의 착오.

◆訂正文 ; 朼淫沁切淫去聲

▶【2553-1】字解誤謬與否 ; 朼淫沁切欣平聲(改淫去聲) [欣平聲(改淫去聲)]

★이상과 같이 음(音 ; 去聲 ; 四聲의 하나로 처음에는 높이 시작 끝을 내리는 音)의 오류(誤謬)를 수정(修訂)을 한다 하여도 자전상(字典上)의 음(鼪)의 본의(本義)에는 영향이 미치지 않음.

鼠部 五畫

康鯍(령)[唐韻][集韻]朼郎丁切音靈[廣雅]䶄鯍鼠屬[廣韻]䶄鯍班鼠

【 오류정리 】

○康誤處 1 ; [廣雅]䶄(改䶂字)鯍鼠屬[廣韻]䶄(改䶂字)鯍班鼠

●考證 ; 謹照原文兩䶄字朼改䶂字

◆整理 ; [廣雅(광아)]의 䶄(경)은 䶂字(경자), [廣雅(광아)의]䶄(경)은 䶂字(경자)의 착오.

◆訂正文 ; [廣雅]䶂鯍鼠屬[廣韻]䶂鯍斑鼠

▶【2554-1】字解誤謬與否 ; [廣雅]䶄(改䶂字)鯍鼠屬[廣韻]䶄(改䶂字)鯍班鼠 [䶄(改䶂字)]

★이상과 같이 오류(誤謬) 수정(修訂)이 되면 ○경(䶂) ; 음경(音局) 반서(班鼠) 쥐무리. ○령(鯍) ; 음령(音靈) 서속(鼠屬) 쥐.인데 자전상(字典上) 령(鯍)의 본의(本義)에 영향이 미치게 됨.

鼠部 七畫

康鼯(오)[廣韻]五乎切[集韻][韻會][正韻]訛瑚切朼音吾[玉篇]鼯鼠飛生[正韻]一曰五技鼠[爾雅釋鳥]鼯鼠夷由[註]狀如小狐似蝙蝠肉翅項脅毛紫赤色背上蒼艾色腹下黃喙頷雜白脚短爪長尾二尺許飛且乳亦謂之曰飛生鼠聲如人呼食火烟能從高赴下不能從下上高一名夷由[馬融長笛賦]猨蜼晝吟鼯鼠夜叫

【 오류정리 】

○康誤處 1 ; [爾雅釋鳥]鼯鼠夷由[註]狀如小狐似蝙蝠(改蝠)肉翅(增翅尾二字)項脅毛紫赤色背上蒼艾色腹下黃喙頷雜白脚短爪長尾二尺(改三尺)許飛且乳亦謂之曰(省曰字)飛生鼠(省鼠字)聲如人呼食火烟能從高赴下不能從下上高(增疏字)一名夷由

●考證 ; 謹照原文下蝠字改蝠肉翅下增翅尾二字二尺改三尺飛生上省曰字聲如上省鼠字一名上增疏字

◆整理 ; [爾雅釋鳥(이아석조)][註(주)]의 蝠(편)은 蝠(복)의 착오, 肉翅(육시)에 이어 翅尾二字(시미이자)를 덧붙임. 二尺(이척)은 三尺(삼척)의 착오. 上高(상고)에 이어 疏字(소자)를 덧붙임.

◆訂正文 ; [爾雅釋鳥]鼯鼠夷由[註]狀如小狐似蝙蝠肉翅翅尾項脅毛紫赤色背上蒼艾色腹下黃喙頷雜白脚短爪長尾三尺許飛且乳亦謂之飛生聲如人呼食火烟能從高赴下不能從下上高疏一名夷由

▶【2555-1】字解誤謬與否 ; [爾雅釋鳥]鼯鼠夷由[註]狀如小狐似蝙蝠(改蝠)肉翅(增翅尾二字)項脅毛紫赤色背上蒼艾色腹下黃喙頷雜白脚短爪長尾二尺(改三尺)許飛且乳亦謂之曰(省曰字)飛生鼠(省鼠字)聲如人呼食火烟能從高赴下不能從下上高(增疏字)一名夷由 [蝠(改蝠)][肉翅(增翅尾二字)]

[二尺(改三尺)] [曰(省曰字)] [鼠(省鼠字)] [上高(增疏字)]
★이상과 같이 오류(誤謬) 수정(修訂)이 된다 하여도 ○편복(蝙蝠; 박쥐. 일명(一名) 복익(伏翼). 복익(服翼). 간에 붙었다 쓸개에 붙었다 하는 자. 기회주의자. [本草綱目]蝙蝠[釋名]蝙蝠天鼠[本經]仙鼠[唐本]飛鼠[宋本]夜燕恭曰伏翼者以其晝伏有翼也[抱朴子內篇]子日稱社君者鼠也稱神人者伏翼也丑日稱書生者牛也)과 ○시미(翅尾; 꽁지날개. [爾雅釋鳥]鼺鼠夷由狀如小狐似蝙蝠肉翅翅尾項脅毛紫赤色背上蒼艾色腹下黃喙頜雜白脚短爪長尾三尺許飛且乳亦謂之飛生聲如人呼[詩小雅]鴛鴦在梁戢其左翼鴛鴦紅頭翅尾黑頭有白長毛質杏黃色具文采) ○삼척(三尺) ○왈자(日字) ○서자(鼠字) 삭제 ○소자(疏字) 增字를 한다 하여도 자전상(字典上) 오(鼺)의 본의(本義)에는 영향이 미치지 않음.

鼠 部 十畫

康鼸(겸)[唐韻][集韻]𠀤丘檢切欠上聲[說文]䶅也 又[廣韻]胡忝切[集韻][韻會]下忝切𠀤音燅[玉篇]田鼠也[爾雅釋獸]鼸鼠[註]以頰裏藏食 又[釋名]頜或曰鼸車鼸鼠之食積於頰人食似之故取名也

【 오류정리 】

○康誤處 1 ; [爾雅釋獸]鼸鼠[註]以頰裏(改頰裹)藏食
●考證 ; 謹照原文頰裏改頰裹
◆整理 ; [爾雅釋獸(이아석수)][註(주)]의 頰裏(협이)는 頰裹(협과)의 착오.
◆訂正文 ; [爾雅釋獸]鼸鼠[註]以頰裹藏食
▶【2556-1】字解誤謬與否 ; [爾雅釋獸]鼸鼠[註]以頰裏(改頰裹)藏食

[頰裏(改頰裹)]
★이상과 같이 오류(誤謬) 수정(修訂)이 된다 하여도 협과(頰裹; 저식처(貯食處). [爾雅註疏釋獸]鹻音盆鳥曰嗉咽中裹食處寓鼠曰嗛頰裹貯食處寓謂獼猴之類寄寓木上鹻屬[疏]牛曰齝至"鹻屬[釋曰]此別鳥獸嚼食之名也牛名曰齝)는 자전상(字典上) 겸(鼸)의 본의(本義)에는 영향이 미치지 않음.

鼻 部

康鼻(비)[唐韻]父二切[集韻][韻會]毗至切[正韻]毗意切𠀤音紕[說文]鼻引气自𢌜也[釋名]鼻嘒也出氣嘒嘒也[管子水地篇]脾發為鼻[白虎通]鼻者肺之使 又[揚子方言]鼻始也獸初生謂之鼻人初生謂之首梁益閒謂鼻為初或謂之祖祖居也又人之胚胎鼻先受形故謂始祖為鼻祖[揚雄反騷]或鼻祖於汾陽 又獵人穿獸鼻曰鼻猶持弓曰手弓[張衡西京賦]鼻赤象圈巨狿 又炊鼻地名[左傳昭二十六年]師及齊師戰於炊鼻[杜註]炊鼻魯地 又有鼻國名在永州營道縣北[前漢昌邑哀王傳]舜封象於有鼻[師古註]有鼻在零陵[孟子]作有庳又鼻息西方國名見[風俗通] 又[後漢杜篤傳]共川鼻飲之國[註]相習以鼻飲也 又反鼻蝮蛇別名 又類鼻草名生田中葉如天名精[李時珍曰]卽豨薟 又[內典]阿鼻此曰無閒从自从𢌜俗从白非

【 오류정리 】

○康誤處 1 ; [揚雄反騷]或鼻祖於汾陽(改汾隅)
●考證 ; 謹照原文汾陽改汾隅
◆整理 ; [揚雄反騷(양웅반소)]의 汾陽(분양)은 汾隅(분우)의 착오.
◆訂正文 ; [揚雄反騷]或鼻祖於汾隅
▶【2557-1】字解誤謬與否 ; [揚雄反騷]或鼻祖於汾陽(改汾隅) [汾陽

(改汾隈)]

★이상과 같이 오류(誤謬) 수정(修訂)이 된다 하여도 분우(汾隈; 시조(始祖). 사물의 시초. [揚雄反騷]有周氏之嬋嫣兮或鼻祖於汾隈[注]鼻始也余以為未盡其義揚雄[方言]云獸之初生謂之鼻)는 자전상(字典上) 비(鼻)의 본의(本義)에는 영향이 미치지 않음.

鼻部 十二畫

康 齽 (침)[廣韻]子禁切[集韻]杏林切𠀤音禁[玉篇]高鼻也

【 오류정리 】

○康誤處 1；[廣韻]子禁切(改子心切)

●考證；謹照原文子禁切改子心切

◆整理；[廣韻(광운)]의 子禁切(자금절)은 子心切(자심절)의 착오.

◆訂正文；[廣韻]子心切

▶【2558-1】字解誤謬與否；[廣韻]子禁切(改子心切) [子禁切(改子心切)]

★이상과 같이 음(音)에 관련된 오류(誤謬)를 수정(修訂)을 한다 하여도 자전상(字典上)의 침(齽)의 본의(本義)에는 영향이 미치지 않음.

齊部 四畫

康 齊 (제)[唐韻]徂兮切[集韻][韻會][正韻]前西切𠀤音臍[說文]禾麥吐穗上平也[註]徐鍇曰生而齊者莫如禾麥 又[玉篇]整也[正韻]無偏頗也[荀子富國篇]必將修禮以齊朝正法以齊官平政以齊民[註]齊整也 又等也[前漢食貨志]世家子弟富人或鬪雞走狗馬弋獵博戲亂齊民[註]如淳曰齊等也無有貴賤謂之齊民 又[正韻]莊也肅也[左傳文二年]子雖齊聖不先父食[註]齊肅也 又正也[詩小雅]人之齊聖[註]中正通知之人也[朱傳]齊肅也 又[爾雅釋言]殷齊中也[註]釋地曰岠齊州以南[疏]齊中也中州爲齊州中州猶言中國也[列子黃帝篇]華胥氏之國不知斯齊國幾千萬里[註]斯離也齊中也 又[廣韻]好也 又辨也[易繫辭]齊大小者存乎卦[註]齊猶言辨也 又速也[爾雅釋言]疾齊壯也[註]猶速也[史記五帝紀]幼而徇齊[註]徇疾齊速言聖人幼而疾速 又國名武王封太公之地今山東青州濟南濰縣安樂等處是也又乾齊縣名屬酒泉郡見[後漢郡國志] 又姓[風俗通氏姓篇序]四氏於國齊魯宋衞是也 又放齊堯臣名 又[謚法]執心克莊曰齊資輔就共曰齊 又與臍通[左傳莊六年]後君噬齊 又[集韻][韻會][正韻]𠀤在禮切音薺[集韻]齊齊恭慤貌[禮玉藻]廟中齊齊 又[廣韻]在詣切[集韻][正韻]才詣切𠀤音劑[禮內則]凡食齊視春時[周禮天官醫人註]食有和齊藥之類也又酒以度量節作者謂之齊[周禮天官酒正]五齊三酒亦作齋 又火齊珠名一曰似雲母重疊而開色黃赤如金 又[集韻]子計切音霽和也[周禮天官食醫]八珍之齊 又[正韻]津私切音貲[論語]攝齊升堂孔安國曰衣下曰齊[禮曲禮]兩手摳衣去齊尺[註]齊謂裳下緝也 又莊皆切與齋同[禮祭統]齊之爲言齊也齊不齊以致其齊也 又牋西切音䪥與齌同[周禮天官醢人五齊註]齊當爲韲五齊昌本脾析蜃豚拍深蒲也[疏]韲菹菜肉之通稱 又與臍同[禮樂記]地氣上齊 又[廣韻]疾私切與薺通[禮玉藻]趨中采齊[鄭註]齊當爲楚薺之薺[釋文]齊依註作薺疾私反 又[正韻]才資切音疵引玉藻采齊當讀疵音 又[正韻]齋字古單作齊詳齋字註 又[集韻]子淺切音翦同剪[說文]斷也剪取其齊故謂齊爲剪[儀禮旣夕]馬下齊髦[註]齊剪也

【 오류정리 】

○康誤處 1 ; [易繫辭]齊大小者(改齊小大者)存乎卦

●考證 ; 謹照原文齊大小者改齊小大者

◆整理 ; [易繫辭(역계사)]의 齊大小者(제대소자)는 齊小大者(제소대자)의 착오.

◆訂正文 ; [易繫辭]小大者存乎卦

▶【2559-1】 字解誤謬與否 ; [易繫辭]齊大小者(改齊小大者)存乎卦 [齊大小者(改齊小大者)]

★이상과 같이 오류(誤謬) 수정(修訂)이 되면 제소대자(齊小大者; 크고 작음을 분변하다. [周易繫辭傳]無咎者善補過也是故列貴賤者存乎位齊小大者存乎卦辯吉凶者存乎辭憂悔吝者存乎介震無咎者存乎悔) 자전상(字典上) 제(齊)의 본의(本義)에 적극 영향이 미치게 됨.

○康誤處 2 ; [爾雅釋言]疾齊壯也[註]猶速也(改謂速也)

●考證 ; 謹照原註猶速也改謂速也

◆整理 ; [爾雅釋言(이아석언)] [註(주)]의 猶速也(유속야)는 謂速也(위속야)의 착오.

◆訂正文 ; [爾雅釋言]疾齊壯也[註]謂速也

▶【2560-2】 字解誤謬與否 ; [爾雅釋言]疾齊壯也[註]猶速也(改謂速也) [猶速也(改謂速也)]

★이상과 같이 오류(誤謬) 수정(修訂)이 되면 위속(謂速; 재빠름을 이름. [爾雅釋言]疾齊壯也[註]謂速也)인데 자전상(字典上) 제(齊)의 본의(本義)에 적극 영향이 미치게 됨.

○康誤處 3 ; [禮祭統]齊之爲言齊也齊不齊以致其齊也(改以致齊者也)

●考證 ; 謹照原文以致其齊也改以致齊者也

◆整理 ; [禮祭統(예제통)]의 以致其齊也(이치기제야)는 以致齊者也(이치제자야)의 착오.

◆訂正文 ; [禮祭統]齊之爲言齊也齊不齊以致齊者也

▶【2561-3】 字解誤謬與否 ; [禮祭統]齊之爲言齊也齊不齊以致其齊也(改以致齊者也) [以致其齊也(改以致齊者也)]

★이상과 같이 오류(誤謬) 수정(修訂)이 되면 치재(致齊; 제사 전에 음악을 듣지 않고 출입도 하지 않으며 오직 제사질분만 생각하고 제사 준비를 한다. [禮記祭統]齊之為言齊也齊不齊以致齊者也是以君子非有大事也故散齊七日以定之致齊三日以齊之定之之謂齊齊者精明之至也)인데 자전상(字典上) 제(齊)의 본의(本義)에 적극 영향이 미치게 됨.

齊部 七畫

康 齋(재)[廣韻]祖稽切[集韻][韻會][正韻]牋西切𠀋音𪗋持也付也裝也遺也送也持遺人也行道所用也[儀禮聘禮] 又齋皮馬[註]齋猶付也[莊子列禦寇]吾以萬物爲齋送俗作齍非 又歎聲[易萃卦]齋咨涕洟[釋文]王肅云將啼反徐讀將池反 又[廣韻]卽夷切[集韻][韻會][正韻]津私切𠀋音咨義同 又與資同[周禮天官外府]齋賜與之財用[周禮天官外府]共其財用之幣齋又[掌皮]歲終則會其財齋[註]予人以物曰齋今時詔書或曰齋計吏[疏]漢時考使謂之計吏有詔賜與之則曰齋

【 오류정리 】

○康誤處 1 ; [周禮天官外府]齋賜與之財用(改爲共其財用之幣齋)

●考證 ; 謹照原文共其財用之幣齋爲句齋字不屬下讀謹改爲共其財用之幣齋

◆整理 ; [周禮天官外府(주례천관외

부)]의 齎賜與之財用(재사여지재용)은 共其財用之幣齎(공기재용지폐재)의 착오.

◆訂正文 ; [周禮天官外府]共其財用之幣齎

▶ 【2562-1】 字解誤謬與否 ; [周禮天官外府]齎賜與之財用(改爲共其財用之幣齎) [齎賜與之財用(改爲共其財用之幣齎)]

★이상과 같이 오류(誤謬) 수정(修訂)이 되면 공기재용지폐재(共其財用之幣齎; 재물이나 비용을 제공하다. [大學衍義補]凡祭祀賓客喪紀會同軍旅, 共其財用之幣齎賜予之財用凡邦之小用皆受焉 [周禮天官外府]共其財用之幣齎 又[掌皮]歲終則會其財齎予人以物曰齎今時詔書或曰齎計吏[疏]漢時考使謂之計吏有詔賜與之則曰齎)인데 자전상(字典上) 재(齎)의 본의(本義)에 적극 영향이 미치게 됨.

齒部 四畫

(康)齒(치) [唐韻][廣韻]昌里切[集韻][類篇][韻會]醜止切[正韻]昌止切夶音紕[說文]口齗骨也象口齒之形牙牡齒也[字彙]上曰齒下曰牙[顏師古急就篇註]齒者總謂口中之骨主齰齧者也[周禮秋官小司寇之職]自生齒以上登於天府[鄭註]人生齒而體備男八月女七月而生齒 又[釋名]齒始也少長別始乎此也以齒食多者長也食少者幼也 又[爾雅釋詁]齒壽也 又兒齒齒落更生壽徵也[詩魯頌]黃髮兒齒 又年也又列也[左傳隱十一年]寡人若朝於薛不敢與諸任齒[杜註]齒列也[疏]禮記文王世子曰古者謂年齡齒亦齡也然則齒是年之別名人以年齒相次列以爵位用次列亦名爲齒故云齒列也[左傳昭元年]使后子與子干齒[杜註]以年齒高下而坐 又[禮曲禮]齒路馬有誅[疏]論

量君馬歲數亦被責罰皆廣敬也 又類也[管子弟子職]同嚌以齒 [註]齒類也謂食盡則以其所盡之類而進 又[廣韻]錄也 又金齒地名 又魚齒山名在潁川郡見[後漢郡國志] 又鑿齒獸名[揚雄長楊賦]鑿齒之徒[註]獸齒似鑿能食人 又羊齒草名[爾雅釋草]縣馬羊齒[郭註]草細葉葉羅生而毛似羊齒今江東呼爲雁齒 又黑齒外國姓 又鑿齒人名[山海經]羿與鑿齒戰於壽華之野[郭註]鑿齒人齒如鑿長五六寸因以爲名又習鑿齒晉人名 又[集韻]稱拯切稱上聲齒也

【 오류정리 】

○康誤處 1; [爾雅釋詁]齒壽也又兒齒齒落更生壽徵也(改齯齒壽也註齒墮更生細者通作兒)

●考證 ; 謹按爾雅以齯齒爲壽不以齒爲壽今謹改齯齒壽也註齒墮更生細者通作兒

◆整理 ; [爾雅釋詁(이아석고)]의齒壽也又兒齒齒落更生壽徵也는 齯齒壽也(예치수야)[註(주)]齒墮更生細者通作兒(치타경생세자통작아)의 착오.

◆訂正文 ; [爾雅釋詁]齯齒壽也[註]齒墮更生細者通作兒

▶ 【2563-1】 字解誤謬與否 ; [爾雅釋詁]齒壽也又兒齒齒落更生壽徵也(改齯齒壽也註齒墮更生細者通作兒) [齒壽也又兒齒齒落更生壽徵也(改齯齒壽也註齒墮更生細者通作兒)]

★이상과 같이 오류(誤謬) 수정(修訂)이 되면 치타경생세자통작아(齒墮更生細者通作兒; [爾雅釋詁]齯齒(91 세)壽(나이)也[註]齒墮更生細者通作兒[爾雅釋詁上]黃髮齯齒鮐背耉老壽也晉[郭璞注]齯齒齒墮更生細者)인데 자전상(字典上) 치(齒)의 본의(本義)에 적극 영향이 미치게 됨.

齒部 一畫

康**亂**(친)[集韻]同齟[史記周本紀]鰲水爲竈入王後宮後宮之童妾旣亂而遭之[韋昭註]毀齒曰亂

【 오류정리 】

○康誤處 1 ; [史記周本紀]鰲水(改鰲化)爲竈入王後宮後宮之童妾旣亂而遭之[韋昭註(改韋昭曰)]毀齒曰亂

●考證 ; 謹照原文鰲水改鰲化韋昭註改韋昭曰

◆整理 ; [史記周本紀(사기주본기)]의 鰲水(시수)는 鰲化(시화), [韋昭註(위소주)]는 韋昭曰(위소왈)의 착오.

◆訂正文 ; [史記周本紀]鰲化爲竈入王後宮後宮之童妾旣亂而遭之[韋昭曰]毀齒曰亂

▶ 【2564-1】 字解誤謬與否 ; [史記周本紀]鰲水(改鰲化)爲竈入王後宮後宮之童妾旣亂而遭之[韋昭註(改韋昭曰)]毀齒曰亂 [韋昭註(改韋昭曰)]

★이상과 같이 오류(誤謬) 수정(修訂)이 되면 시화(鰲化; 거품이 일다. 침을 뱉다. [史記周本紀]鰲化爲竈入王後宮後宮之童妾旣亂而遭之 [漢書叙傳上][震]鱗鰲于夏庭兮帀三正而滅周姬[顏師古注]引應劭曰[易震爲龍鱗虫之長也鰲沫也]가 되고 주소(註疏)의 오류(誤謬)를 수정(修訂)을 한다 하여도 자전상(字典上)의 친(亂)의 본의(本義)에는 영향이 미치지 않음.

齒部 四畫

康**齢**(금)[廣韻][集韻]𣲫巨禁切音噤[玉篇]舌病[廣韻]牛舌下病 又[廣雅]齢悼憐急哀也 又[字彙]巨今切音琴義 同一作齢

【 오류정리 】

○康誤處 1 ; 又[廣雅]齢悼憐急哀也(改爲又作牸[說文]牸牛舌病)

●考證 ; 謹按廣雅作牸不作齢謹改爲

又作牸[說文]牸牛舌病

◆整理 ; 又(우)[廣雅(광아)]齢悼憐急哀也(금도련급애야)는 又作(우작)牸[說文(설문)]牸牛舌病(금우설병)의 착오.

◆訂正文 ; 又作牸[說文]牸牛舌病

▶ 【2565-1】 字解誤謬與否 ; 又[廣雅]齢悼憐急哀也(改爲又作牸[說文]牸牛舌病) [又[廣雅]齢悼憐急哀也(改爲又作牸[說文]牸牛舌病)]

★이상과 같이 오류(誤謬) 수정(修訂)이 되면 금우설병(牸牛舌病; 소의 혀병. [廣韻]牛舌下病又作牸[説文]牸牛舌病)인데 자전상(字典上) 금(齢)의 본의(本義)에 적극 영향이 미치게 됨.

齒部 六畫

康**齛**(세)[集韻]私列切音薛[爾雅釋獸]羊曰齛[郭註]今江東呼齝爲齛反芻出嚼也 又以制切音曳羊粻也 亦作齝

【 오류정리 】

○康誤處 1 ; [爾雅釋獸]羊曰齛[郭註]今江東呼齝(改齝)爲齛

●考證 ; 謹照原文齝改齝

◆整理 ; [爾雅釋獸(이아석수)] [郭註(곽주)]의 齝(초)는 齝(치)의 착오.

◆訂正文 ; [爾雅釋獸]羊曰齛[郭註]今江東呼齝爲齛

▶ 【2566-1】 字解誤謬與否 ; [爾雅釋獸]羊曰齛[郭註]今江東呼齝(改齝)爲齛 [齝(改齝)]

★이상과 같이 오류(誤謬) 수정(修訂)이 되면 치(齝; 새김질하다)이니 자전상(字典上) 세(齛)의 본의(本義)에 적극 영향이 미치게 됨.

齒部 九畫

康**齾**(랄)[集韻][類篇]𣲫郎達切音辣[玉篇]齾齛齾物聲[史記蔡澤傳]吾

持梁刺齒肥[註]刺齒二字當作齺索隱曰刺齒肥當作齺肥肉也按此刺齒二字當合爲齺字　字本九畫字彙入八畫誤今改正

【 오류정리 】

○康誤處 1 ;［史記蔡澤傳］[註]索隱曰刺齒肥當作齺肥肉也(改謂食肥肉)

●考證 ; 謹照原文肉也改謂食肥肉

◆整理 ;［史記蔡澤傳(사기채택전)］[註(주)]索隱曰(색은왈)의 肉也(육야)는 謂食肥肉(위식비육)의 착오

◆訂正文 ;［史記蔡澤傳］[註]索隱曰刺齒肥當作齺肥謂食肥肉

▶【2567-3】字解誤謬與否 ;［史記蔡澤傳］[註]索隱曰刺齒肥當作齺肥肉也(改謂食肥肉)　[肉也(改謂食肥肉)]

★이상과 같이 오류(誤謬) 수정(修訂)이 된다 하여도 위식비육(謂食肥肉;기름진 음식을 먹다. ［史記蔡澤傳］吾持梁刺齒肥[註]刺齒二字當作齺[索隱]曰刺齒肥當作齺肥謂食肥肉)이니 자전상(字典上) 랄(齺)의 본의(本義)에는 영향이 미치지 않음.

【 齒部 十畫 】

㉗齺(추)[唐韻]側鳩切[集韻]甾尤切丛音鄒[說文]齒擽也一曰齬也一曰馬口中橛也　又[玉篇]無牙名也　又[廣韻]士角切[集韻]仕角切[正韻]食角切丛音浞[廣韻]齒相近貌　又[荀子王霸篇]齺然上下相信[註]齺齒相逆也齺然上下相向之貌　又[廣雅]齺也[管子輕重戊篇]車轂齺騎連伍而行[註]騶齺也言其車轂往來相齺

【 오류정리 】

○康誤處 1 ;［管子輕重戊篇］[註]騶(改齺)齺也

●考證 ; 謹照原文騶改齺

◆整理 ;［管子輕重戊篇(관자경중무편)］[註(주)]의 騶(추)는 齺(추)의 착오.

◆訂正文 ;［管子輕重戊篇］[註]齺齺也

▶【2568-1】字解誤謬與否 ;［管子輕重戊篇］[註]騶(改齺)齺也　[騶(改齺)]

★이상과 같이 오류(誤謬) 수정(修訂)이 되면 추설(齺齺; 깨물다. 갈가먹다. 침식하다. 씹다. ［管子輕重戊篇］車轂齺騎連伍而行[註]齺齺也言其車轂往來相齺)인데 자전상(字典上) 추(齺)의 본의(本義)에 적극 영향이 미치게 됨.

龍 部

㉗龍(룡)[唐韻][集韻]力鍾切[韻會][正韻]盧容切丛音籠[說文]龍鱗蟲之長能幽能明能細能巨能短能長春分而登天秋分而潛淵[廣雅]有鱗曰蛟龍有翼曰應龍有角曰虯龍無角曰螭龍未升天曰蟠龍[本草註]龍耳虧聰故謂之龍[易乾卦]時乘六龍以御天　又星名[左傳僖五年]龍尾伏辰[疏]角亢氏房心尾箕爲蒼龍之宿　又[襄二十八年]龍宋鄭之星也　又山名龍門在河東見[禹貢]龍山見[山海經]封龍見[括地志]　又邑名[左傳成二年]齊侯伐我北鄙三日取龍[註]龍魯邑在泰山博縣西南　又[前漢地理志]燉煌郡有龍勒縣　又官名[左傳昭十七年]太皥氏以龍紀故爲龍師而龍名　又句龍[左傳昭二十九年]共工氏有子曰句龍　又馬名[爾雅釋畜]馬高八尺爲龍[禮月令]駕蒼龍　又龍輔玉名[左傳昭二十九年]公賜公衍羔裘使獻龍輔於齊侯　又草名[詩鄭風]隰有游龍[陸璣草木疏]一名馬蓼生水澤中今人謂之小葒草　又神名[山海經]有神名燭龍[屈原離騷]日安不到燭龍何照　又姓漢有龍且又複

姓夏關龍逢卽豢龍氏後漢御史擾龍羣卽
劉累之後　又人名耆龍黃帝臣[管子
五行篇]耆龍辨乎東方故使爲土師又舜
臣名[書舜典]帝曰龍命汝作納言夙夜出
納朕命　又[廣雅]龍君也　又[廣韻]
通也　又[玉篇]寵也[詩商頌]何天之
龍我龍受之[毛傳]讀如字[朱傳]寵也
　又[玉篇]和也萌也　又[正韻]與寵同
[詩商頌何天之龍釋文]鄭讀作寵榮名之
謂也○按朱傳作叶音　又[正韻]音曨
[孟子]有私龍斷焉　又[集韻][韻會]
𤣥莫江切音厖[集韻]黑白雜色也[周禮
冬官考工記]玉人上公用龍[註]謂雜色
非純玉也　又叶蒲光切音龐[易坤卦]
故稱龍焉叶上嫌於無陽[揚雄解嘲]以鴟
梟而笑鳳凰執蝘蜒而嘲龜龍[說文]从肉
飛之形童省聲[徐鉉曰]象宛轉飛
動之貌

【 오류정리 】

○康誤處 1 ; [爾雅釋畜]馬高八尺爲龍
(改[周禮廋人]馬八尺以上爲龍)
●考證 ; 謹按爾雅作駥不作龍今改[周
禮廋人]馬八尺以上爲龍
◆整理 ; [爾雅釋畜(이아석축)]의 馬
高八尺爲龍(마고팔척위룡)은 [周禮廋
人(주례수인)]의 馬八尺以上爲龍(마팔
척이상위룡)의 착오.
◆訂正文 ; [周禮廋人]馬八尺以上爲
龍
▶ 【2569-1】 字解誤謬與否 ; [爾雅
釋畜]馬高八尺爲龍(改[周禮廋人]馬八
尺以上爲龍) [[爾雅釋畜]馬高八尺爲
龍(改[周禮廋人]馬八尺以上爲龍)]
★이상과 같이 인용처(引用處)나 주
소(註疏), 등(等)의 오류(誤謬)를 수
정(修訂)을 한다 하여도자전상(字典
上)의 용(龍)의 본의(本義)에는 영향
이 미치지 않음.

龍 部 六畫

龕(감)[唐韻]口含切[集韻]枯含
切[正韻]苦含切𤣥音堪[說文]龍貌　又
[爾雅釋言]洵龕也[註]未詳　又[玉
篇]受也盛也[揚子方言]龕受也齊楚曰
鋡揚越曰龕受盛也猶秦晉言容盛也[郭
註]今言龕囊由此名也　又[廣雅]龕取
也[揚子方言]劉龕南陽[註]取也同戡
　又[玉篇]聲也[揚子方言]龕喊𠵢唏
聲 又勝也[謝靈運詩]龕暴資神理　又
浮圖塔一曰塔下室[唐褚遂良書]久棄
塵世與彌勒同龕又[杜甫詩]禪龕只晏
如

【 오류정리 】

○康誤處 1 ; [揚子方言(改法言)]劉龕
南陽
●考證 ; 謹照原文方言改法言
◆整理 ; [揚子(양자)의 方言(방언)은
法言(법언)의 착오.
◆訂正文 ; [揚子法言]劉龕南陽
▶ 【2570-1】 字解誤謬與否 ; [揚子
方言(改法言)]劉龕南陽 [方言(改法
言)]
★이상과 같이 인용처(引用處)나 주
소(註疏), 음(音), 전(傳), 전(箋), 등
(等)의 오류(誤謬)를 수정(修訂)을 한
다 하여도 자전상(字典上)의 감(龕)의
본의(本義)에는 영향이 미치지 않음.

龜 部

龜(구)[唐韻]居追切[集韻]居逵
切[韻會]居爲切𤣥音馗甲蟲之閒[說文
]龜外骨內肉者也[玉篇]文也適也外骨
內肉天性無雄以蚹爲雄也[爾雅釋蟲]
十龜一神龜二靈龜三攝龜四寶龜五文
龜六筮龜七山龜八澤龜九水龜十火龜
　又[爾雅釋蟲]龜三足賁[疏]龜之三
足者名賁也　又[廣雅]龜貝貨也[前漢
食貨志]天用莫如龍地用莫如馬人用莫
如龜　又星名[石氏星經]天龜六星在
尾南漢中　又地名[春秋桓十二年]公

會宋公于龜[杜註]宋地　又山各[詩魯頌]奄有龜蒙[毛傳]龜山也左傳龜陰之田在山北山今在山東克州府泗水縣　又背梁[左傳宣十二年]射麋麗龜[杜註]麗著也龜背之隆高當心者　又官名[周秠春官龜人]掌六龜之屬　又龜目酒尊也[秠明堂位]周以黃目蓋以龜目飾尊今龜目黃　又[廣韻]居求切音鳩龜茲西域國名[前漢西域傳]龜茲音鳩慈　又[集韻][韻會]袪尤切[正韻]驅尤切夶音丘龜茲漢縣名[前漢地理志]上郡龜茲屬國都尉治[註]應劭曰音丘茲師古曰龜茲國人來降處之於此故名○按龜茲之龜有鳩丘二音　又[張衡西京賦]撫紫貝搏耆龜搤水豹霅潛牛○按此則龜亦叶尤韻不獨龜茲有丘鳩二音也　又[集韻][韻會]夶俱倫切音麏[莊子逍遙遊]宋人有善爲不龜手之藥者世世以洴澼絖爲事[註]不龜謂凍不皸瘃也[釋文]舉倫反　又叶於居切[易損卦]或益之十朋之龜弗克違[王褒僮約統緒捕魚纆鴈彈鴰登山射鹿入水搚龜

【 오류정리 】

○康誤處 1；[爾雅釋蟲(改釋魚)]十龜一神龜二靈龜
●考證 ；謹照原書釋蟲改釋魚
◆整理 ；[爾雅(이아)의 釋蟲(석충)은 釋魚(석어)의] 착오.
◆訂正文 ；[爾雅釋魚]十龜一神龜二靈龜
▶【2571-1】字解誤謬與否 ；[爾雅釋蟲(改釋魚)]十龜一神龜二靈龜 [釋蟲(改釋魚)]
★이상과 같이 인용처(引用處)나 주소(註疏), 등(等)의 오류(誤謬)를 수정(修訂)을 한다 하여도 자전상(字典上)의 구(龜)의 본의(本義)에는 영향이 미치지 않음.

○康誤處 2；[爾雅釋蟲(改釋魚)]龜三足賁
●考證 ；謹照原書釋蟲改釋魚
◆整理 ；[爾雅(이아)의 釋蟲(석충)은 釋魚(석어)의] 착오.
◆訂正文 ；[爾雅釋魚]龜三足賁
▶【2572-2】字解誤謬與否 ；[爾雅釋蟲(改釋魚)]龜三足賁 [釋蟲(改釋魚)]
★이상과 같이 인용처(引用處)나 주소(註疏), 등(等)의 오류(誤謬)를 수정(修訂)을 한다 하여도 자전상(字典上)의 구(龜)의 본의(本義)에는 영향이 미치지 않음.

龠 部

康 龠(약)[唐韻]以灼切[集韻][韻會][正韻]弋灼切夶音藥[說文]樂之竹管三孔以和衆聲也从品侖侖理也[釋名]龠謂之笛有七孔[詩邶風]左手執龠　又作籥[爾雅釋樂]大籥謂之產其中謂之仲小者謂之約[春秋宣八年]壬午猶繹萬入去籥[註]籥管也　又[正韻]量名器狀似爵以康爵祿[前漢律歷志]龠者黃鍾律之實躍微動氣而生物也容千二百黍合龠爲合十合爲升十升爲斗十斗爲斛[字彙]樂之竹管夶謂之龠惟黃鍾之管實以黍米積之而成五量之名說文樂龠字本作龠別作籥字註書僅竹筁也謂編竹習書也今以龠爲龠合字以籥爲樂籥字後世遂因之字从品从侖俗省作二口

【 오류정리 】

○康誤處 1；[釋名(改博雅)]龠謂之笛
●考證 ；謹照原書釋名改博雅
◆整理 ；[釋名(석명)은 博雅(박아)의] 착오.
◆訂正文 ；[博雅]龠謂之笛
▶【2573-1】字解誤謬與否 ；[釋名(改博雅)]龠謂之笛 [釋名(改博雅)]

★이상과 같이 인용처(引用處)나 주소(註疏), 등(等)의 오류(誤謬)를 수정(修訂)을 한다 하여도 자전상(字典上)의 약(龢)의 본의(本義)에는 영향이 미치지 않음.

龠部 五畫

康龢(화)[唐韻]戶戈切[集韻][韻會]胡戈切𠀤同和[說文]調也[廣韻]諧也合也[左傳襄十一年]如樂之龢[前漢敍傳]欨中龢爲庶幾兮顏與丹又不再[註]龢古和字　又晉邑名[晉語]范宣子與歙大夫爭田　又殿名[張衡東京賦]前殿靈臺龢驩安福[註]龢驩殿名又鍾名[六一題跋古器銘]寶龢，鍾也又人名庾龢見[晉書]

【 오류정리 】

○康誤處 1；[晉語]范宣子與歙大夫(改龢大夫)爭田

●考證；謹照原文歙大夫改龢大夫

◆整理；[晉語(진어)]의 歙大夫(취대부)는 龢大夫(화대부)의 착오.

◆訂正文；[晉語]范宣子與龢大夫爭田

▶【2574-1】字解誤謬與否；[晉語]范宣子與歙大夫(改龢大夫)爭田　[歙大夫(改龢大夫)]

★이상과 같이 오류(誤謬) 수정(修訂)이 되면 화대부(龢(人名)大夫;[張衡東京賦]前殿靈臺龢驩安福[註]龢驩殿名又鍾名[六一題跋古器銘]寶龢鍾也又人名)인데 자전상(字典上) 화(龢)의 본의(本義)에 적극 영향이 미치게 됨.

龠部 九畫

康龡(취)[說文]吹本字龡音律管壎之樂也

【 오류정리 】

○康誤處 1；[說文]吹本字龡音律管壎之樂也

●考證；謹照原文壎改壎(誤)

※筆者謹按許氏說文解字五音韻譜原本；(龡)龡音律管壎之樂也从龠炊聲昌垂切

※筆者謹按康熙字典原本；龡；[說文]吹本字龡音律管壎之樂也

◆整理；字典考證 誤謬

◆訂正文；0

▶【2575-1】字解誤謬與否；0

［二］

字典補遺

자전보유

(收錄新字 1.861 字)

康熙字典補遺(보유)　　1

康熙字典補遺子集
乙 部

【⿺九真】㊀단. 都寒切 ㊁구. 又其鳩切.
字義 ❶군주 단. (太上) ❷는 ❶과 같음. [字彙補]都寒切音丹太上作見亳州老君碑文又其鳩切音求義同

康熙字典補遺子集
二 部

【⿱亠⿱⿰幺幺一】마. 莫可切
字義 어조사 마. (語助辭也)[篇海類編] 莫可切音懡語助也.

康熙字典補遺子集
亠 部

【⿳亠回夂】위.
字義 쌀 위. (裹也) [五音篇海]音圍裹也.

康熙字典補遺子集
人 部

【伕】부.
字義 사위 부. (婿也) [篇海]女夫婿也.

【伖】탕.
字義 탕(帑)과 同字. [韻會]與帑同.

【㐺】음. 魚琴切
字義 모여설 음. [篇海類編] 魚琴切音吟衆立也與乑異俗書爲衆字非.

【优】우. 于求切
字義 오곡정기 우. 사람의 흰털과 같다. [篇海類編]于求切音尤五穀精.如人髮白也

【体】휴.
字義 휴(休)와 同字. [篇海]與休同

【⿱癶人】발.
字義 발(癶)과 同字. [五音集韻]同癶

【⿰亻⿵冂⿰夕夕】사.
字義 머리수 사. (頭會也) [海篇]音似頭會也

【伌】탁. 인명(人名).
字義 탁(侂)과 同字. 인명(人名).[字彙補]旣侂字宋史有韓侂胄傳

【仚】헌.
字義 가벼울 헌. (輕也) [海篇]音軒輕也

【⿰亻关】응. 以證切
字義 의미상(義未詳) [說文倂字註]呂不韋曰有侁氏以伊尹⿰亻关女古文以爲訓字臣鉉等曰㚘不成字當从賸省案勝字从賸聲疑古者賸或音⿰亻关以證切

【⿰亻尗】숙. 式竹切
字義 사람이름 숙. (人名) [篇海類篇].式竹切音叔人名

【⿰亻⿱夂土】효.
字義 교만할 효. (驕也) [海篇]音囂驕也.

【⿰亻步】척.
字義 척(陟)과 同字. [集韻]同陟

【⿰亻函】세. 息里切
字義 발 세. [字彙補]息里切音洗⿰亻函足

【⿰亻宴】연. 於慢切 音宴.
字義 편안할 연. (寧也) [字彙補] 於慢切 音宴寧也

【⿰亻隹】추.
字義 회임할 추. (任身也) [海篇]音芻任身也.

【⿰亻虎】치. 澄士切
字義 값 치. (値也) [字彙補]澄士切音雉値也

【⿰亻林】종.
字義 물흐르는모양 종. (水流貌) [海篇] 音種水流貌.

【⿰亻⿱巛疋】뇌.
字義 성 뇌. (姓也) [海篇]音惱姓也

【⿰亻亘】거.
字義 어리석은모양 거. (癡貌) [篇海類編]音呿皒⿰亻亘癡貌

【⿰亻兕】사.
字義 닮을 사. (相似也) [海篇]音肆相似也

【⿰亻复】복. 方六切
字義 ①없앨 복. ②복(復)과 通用. [字彙補]方六切音福[字義總略]除也史⿰亻复今年田租之半今通作復

【⿰亻宦】환.
字義 환(宦)과 同字. [集韻]同宦

【⿰亻竝】㊀팽. 蒲孟切 ㊁병.
字義 ❶함께 팽. (俱也) ❷는 ❶과 뜻이 같음. [篇海類編]蒲孟切鼓上聲俱也㚘也又音㚘義同

【⿰亻凭】빙.
字義 빙(凭)과 同字. [篇海類編]與凭同.

【⿰亻侯】후.
字義 후(候)와 同字. [正韻]同候

【⿰亻狊】격. 古闃切

字義 약을 격. [廣韻]古闃切音狊傛黠也.

【俇】광.
字義 광(徍)과 同字. [篇海類編]與徍同.

【倍】배.
字義 배(倍)와 同字. [字彙補]與倍同[廣雅]祇氣旬始倍譎

【俦】수.
字義 수(壽)와 同字. [海篇]同壽[字彙補]太上作見亳州老君碑

【佖】필. 厺密切
字義 못물세차게넘쳐나올 필. [字彙補]厺密切音弼[樊宗師絳守園記]佖池豪渠.

【侖】륜.
字義 륜(侖)의 籀文. [字彙補]籀文侖字

【俄】척.
字義 걱정할 척. (憂懼也) [海篇]音戚憂懼也

【偏】미. 母彼切
字義 없을 미. (無也) [篇海類編]母彼切 音美無也

【僥】요. 五弔切
字義 어리석은모양 요. [篇海類編]五弔切音耀偶僥癡貌

【傂】저. 東基切
字義 무거운모양 저. (重貌) [字彙補]東基切音低重貌

【傂】이. 余時切
字義 뚜렷할 이. (彰也) [字彙補]余時切音移彰也

【倬】탁.
字義 탁(倬)의 本字. [說文長箋]倬本字

【儆】음의미상(音義未詳)
字義 의미상(義未詳) [字彙補]音義未詳[法帖釋文]陳長沙王叔懷書花之與儆

【儫】궐. 居月切
字義 곡식쓸어질 궐. [字彙補]居月切音厥禾稼仆也[呂氏春秋]見風則儫

【傷】탕.
字義 ①씰지않을 탕. ②탕(蕩)의 古字. ③탕(傷)의 本字. [琅邪代醉編云]傷字玉篇不載揚子法言魯仲連傷而不剬藺相如剬而不傷卽古蕩字[字彙補]任臣按法言本作傷从昜不从湯豈古本或有異耶存以俟考.

【慼】척.
字義 척(慼)과 同字. [字彙補]與慼同又借爲親戚之戚[漢郭君碑]貴慼肅承莫不畏憚.

【僁】건.
字義 건(僁)과 同字. [字彙補]與僁同[崔駰司徒箴]國度斯僁

【僔】준.
字義 준(偆)의 本字. [說文長箋]偆本字.

【畬】여.
字義 ①여(余)와 同字. ②여(餘)와 同字. [說文]二余也讀與余同又[篇海類編]同餘.

【僤】두.
字義 두(侸)와 同字. [集韻]與侸同

【傻】사.
字義 사(傻)와 同字. [字彙補]與傻同

【畬】간. 古限切

字義 짧은편지 간. (小柬也) [海篇]古限切音柬小柬也

【儚】령.
字義 ①령(零)과 同字. ②령해령. [字彙補]與零同[通鑑]楊軌西奔儚海.

【傜】요.
字義 ①보낼 요. (使也) ②기쁠 요. (喜也) [海篇]音遙使也又喜也

【儸】라. 魯過切
字義 약할 라. (弱也) [廣韻]魯過切音羸儸弱也.

【御】어.
字義 어(禦)와 同字. [集韻]同禦

【儣】광. 臭往切
字義 그릇채울 광. [篇海類編]臭往切讀若誆載器也

【僄】㊀표. 疋昭切 ㊁표. 疋妙切
字義 ㊀가벼울 표. ㊁는 ㊀과 같음. [篇海類編]疋昭切音飄輕僄也又疋妙切音票義同

【傢】호.
字義 호(豪)와 同字. [字彙補]與豪同見前秦錄

【儆】경.
字義 기다릴 경. (待也) [海篇]音瓊待也

【僵】음미상(音未詳)
字義 의미상(義未詳). [字彙補]方國之僵言國之僵乳國之僵見元子音未詳

【儭】친. 楚敬切
字義 친(瀙)과 同字. [篇海類編]楚敬切音襯與瀙同

【僃】배. 布妹切

字義 무리 배. (等僅也) [篇海類編]布妹切音輩等僅也

【僵】음미상(音未詳)
字義 은전(銀錢). [字彙補]音未詳[瀛州勝覽]榜葛剌市用銀錢曰僵伽

【傾】빈. 及賓切
字義 ①구멍길 빈. (遠空) [字彙補]及賓切音頻[宋人饒德操詩]大似傾伽餉遠空

【儵】유. 以周切
字義 사람이름 유. (人名) [字彙補]以周切音由人名應儵昌國人宋理宗時參知政事宋史新編有傳

【儸】확.
字義 확(矍)과 同字. [字彙補]與矍同[揚子太玄經] 燕食扁扁其志儸儸[註]或得或失儸儸然也

【顐】촉.
字義 급박할 촉. (急迫也) [海篇]音促急迫也

康熙字典補遺子集
儿 部

【堯】법.
字義 의미상(義未詳). [字彙補]元始上皇丈人法字堯見三尊譜錄

【㲋】완. 五丸切 五官切
字義 토끼새끼 완. (兔子也) [廣韻] 五丸切[集韻]五官切𣥺音岏[廣韻]㲋㲌[集韻]兔子也

【尫】음미상(音未詳)
字義 거북. (龜尫) [字彙補]音未詳[論衡卜筮篇]武王伐紂卜之而龜尫

【堯】록.
字義 록(先)과 同字. [字彙補]與先同見楊氏韻寶

康熙字典補遺子集
入 部

【仐】개.
字義 초안두루마리 개. (草卷也) [海篇] 音介草卷也

康熙字典補遺子集
八 部

【𠔻】표.
字義 물똥날아다닐 표. (飛火也) [五音篇海]必堯切音標飛火也

【㢱】곤.
字義 곤(坤)과 同字. [字彙補] 坤字見歸藏易

【興】이.
字義 이(異)와 同字. [字彙補]與異同見漢楊著碑

康熙字典補遺子集
凵 部

【凶】신.
字義 숫구멍 신. (凶門也) 지금은 신(顖)으로도 씀. [五音篇海]音信凶門也今作顖

【屮】혐.
字義 들을 혐. (聞也) [搜眞玉鏡]亨念切 [海篇]聞也

【凷】곡.
字義 곡(曲)과 同字. [字彙補]與曲同[道藏洞靈眞經]凷心巧應

【凾】함.
字義 함(函)과 同字. [龍龕]同函

【𡐾】빈.
字義 그윽할 빈. (鬱也) [字彙補]甼民切音鬢鬱也

康熙字典補遺子集

刀 部

【刅】방.
字義 방(㓥)과 同字. [韻會]同㓥

【刔】절.
字義 절(截)과 同字. [字彙補]與截同.

【㓝】병. 布皿切
字義 고을이름 병. 정(鄭)나라 邑名 [字彙補]布皿切音丙鄭邑名[穆天子傳]天子北入于㓝.

【㓝】리. 龍異切
字義 다닐 리. (行也) [字彙補]龍異切音利行也

【刢】겹. 空削切
字義 들 입. (入也) [字彙補]空削切音恰入也

【㓞】구.
字義 참회하여사면받은 구. (出罪也) [海篇]音久出罪也

【㓟】曰살. 士鎋切 曰겹. 直叶切 目철. 澄哲切
字義 ▇풀칼 살. (草刀) ▇는 ▇과 같음. ▇풀이름 철. (草名) [川篇]士鎋切㓟草刀又直叶切義同又[字彙補]澄哲切音轍草名

【㓠】갈. 口八切
字義 벗길 갈. (㓟也) [川篇]口八切剝㓠也

【㓡】음미상(音未詳)
字義 가뭄. (旱) [字彙補]音未詳[鶡冠子]摟㓡與旱

【㓢】음미상(音未詳).
字義 오두막집 (오막살이) (廬) [字彙補]音未詳[國語]廬由㓢嫣[韋昭註]廬嫣姓之國㓢嫣廬女爲夫人.

【叡】주.
字義 주(疇)와 同字. [龍龕]同疇

【剻】리.
字義 자를 리. (割破也) [海篇]音利割破也

【靭】칠.
字義 칠(刺)과 同字. [六書統]與剌同

【劊】두. 徒侯切
字義 두(剅)와 同字. [字彙補]徒侯切音頭與剅同[廣雅]劊剅也

【剈】전.
字義 전(剸)과 동자. [字彙補]同剸.

【倒】금.
字義 절제할 금. [海篇]音噤制也.

【劕】찰. 出灼切
字義 끊을 찰. (斷也) [字彙補]出灼切音察斷也

康熙字典補遺子集
力 部

【劾】하. 雄箇切
字義 대철전주조할 하. [字彙補]雄箇切音賀[貨泉錄]王審知鑄大鐵錢俗謂之鉖劾

【剚】자. 祖似切
字義 다투어일할 자. (爭役也) [篇海類編]祖似切音子爭役也

【努】잔.
字義 잔(殘)과 同字. [篇海類編]與殘同

【劢】별.
字義 별(劋)과 同字. 별(劋)을

本字로 씀. [字彙補]與劋同[唐書敬羽傳]乃作巨枷號劋尾楡一本作劋.

【勵】궐.
字義 궐(劂)과 同字. [海篇]同劂.

【舅】음미상(音未詳)
字義 의미상(義未詳) [字彙補]音未詳見穆天子傳

【勠】륙. 呂竹切
字義 힘합칠 륙. (倂力也) [海篇]呂竹切音六倂力也

【舅】뢰.
字義 뢰(勵)와 同字. [篇海類編]與勵同

【勥】강.
字義 강(勁)과 同字. [篇海類編]與勁同.

康熙字典補遺子集
勹 部

【夻】작. 照削切
字義 한결같이가지런할 작. [字彙補]照削切音勺齊均平也

【玄】현. 胡涓切
字義 사람이름 현. (人名) [篇海類編] 胡涓切音懸人名

【匇】음미상(音未詳).
字義 활과쇠뇌로 구원하는데는 거리낌이 없다. (弓弩無匡軿者) [字彙補]音未詳[管子] 三月解匇弓弩無匡軿者

【匃】개.
字義 개(匃)와 同字. [字彙補]與匃同

康熙字典補遺子集
匚 部

【㽸】뇨. 徒聊切
字義 농구 뇨. (田器也) [龍龕]徒聊切田器也

【匠】음미상(音未詳)
字義 활국(滑國). 즉 서역국(西域國) [字彙補]滑國後魏時謂之滑匠西域國也見文獻通考

【匾】제.
字義 ①제(匪)와 同字. ②얇을 제. (薄也) [字彙補]與匪同薄也 [法華經]鼻不匾匾

康熙字典補遺子集
卜 部

【卡】롱.
字義 롱(弄)과 同字. [海篇]同弄

【虔】건.
字義 건(虔)과 同字. [釋典]同虔

【叔】정.
字義 땅광 정. 뜰이나 집채 아래로 땅을 파서 만든 광 (窖也) [川篇]音穽窖也

康熙字典補遺子集
卩 部

【嵒】음미상(音未詳).
字義 이름자. (名嵒) [字彙補]音未詳[太淸金液神氣經]北嶽姓嵒名君嵒

【玊】유.
字義 유(鐷)와 同字. [玉篇]與鐷同.

康熙字典補遺子集
厂 部

【厨】궐. 居月切
字義 ①짧을 궐. (短也) ②성 궐. (姓也) [字彙補]音厥短也姓也

【厰】벌.
字義 별(厰)의 舊本字. [字彙補]丘巨源與袁粲書荷厰塵末[品外錄]厰舊本作厰.

【廚】궐.
字義 궐(廚)과 同字. [海篇]與廚同.

康熙字典補遺子集
厶 部

【龛】긍. 弧耕切
字義 의미상(義未詳). [字彙補]弧耕切音恆.

康熙字典補遺子集
又 部

【𡰥】골.
字義 ①궐뼈 골. 정강이 뼈. (骨也) ②도(𡳞)와 동자(同字) [海篇]音叨骨也[字彙補]同𡳞.

【叡】곤. 徒昆切
字義 ①풀이름 곤. (草名) ②오행초 곤. (馬莧也) [字彙補]徒昆切音豚草名[廣雅]叡耳馬莧也

【𠢸】음미상(音未詳)
字義 ①사람이름. (人名) ②술취한 천자를 화장하여 매장한 산. [字彙補]人名[穆天子傳]巨蒐之𠢸曰觴天子于焚留之山音未詳

康熙字典補遺丑集
口 部

【叫】규.
字義 규(叫)와 同字. [說文長箋]與叫同.

【叺】신.
字義 읊을 음. (吟也) [龍龕]音申吟也

【吷】대. 徒蓋切
字義 맛볼 대. (嘗吷也) [五音集韻]徒蓋切 音大嘗吷也

【叧】극.
字義 극(亟)과 同字. [字彙補]與亟同

【旱_】우.
字義 우(吁)와 同字. [龍龕]同吁

【呀】의. 烏兮切
字義 소곤거릴 의. 속삭임. 가만가만 정담게 하는 말. (呢也) [篇海類編]烏兮切音衣呢也

【吷】부.
字義 부(跌)와 동자. [五音篇海]與跌同

【旱】지. 止基切
字義 집을 지. 물건을 손으로 잡아 듦. (拈物) [篇海類編]止基切音知拈物又音牟

【吃】흘.
字義 흘(吃)과 동자(同字). [五音篇海]同吃

【号】금.
字義 맏 금. (伯也) [海篇]音金伯也

【吻】저.
字義 저(呧)와 同字. [字彙補]與呧同

【呋】와. 五寡切
字義 사람이름 와.(人名) [字彙補]五寡切音瓦人名宋史熙寧七年賜邦辟勿丁呋姓名曰趙從義蓋呋曰趙秉義二人乃西族瞎征之後也又結呋齕亦人名

【呇】설. 五割切
字義 경계할 계. (戒也) [五音篇海]五割切音辥戒也語相訶拒也

【呝】액.
字義 고성 액. (高聲也) 액(呝)과 同字. [龍龕]音厄呝喔高聲也[字彙補]與呃同

【唍】완. 華板切
字義 ①완(莞)과 동자. ②피식웃는모양 완. (小笑貌) [川篇]華板切同莞小笑貌

【唫】음.
字義 음(鉴)과 同字. [韻會補]與鉴同

【啩】성.
字義 성(聲)과 동자. [五音篇海]同聲

【呞】후.
字義 소울 후. (牛鳴也) [五音篇海]音吼牛鳴也

【唽】무. 木由切
字義 도적이름 무. (賊名) [字彙補]木由切謬平聲苦唽漢賊名見後漢書朱儁傳

【嘽】차. 知遮切
字義 맹렬할 차. [字彙補]知遮切音車[元曲]瘦得采嘽嗻

【唇】진. 之人切
字義 놀낼 진. [篇海類編]之人切音眞驚也俗作口脣字誤

【唸】점. 東念切
字義 무당 점. [字彙補]東念切音店[輟耕錄]院本題目有唸師娘

【圆】사.
字義 나라이름 사. [字彙補]與杞同[路史國名記]杞定姒國商封之古作圆衛宏說

【唻】희.
字義 화성 희. (和聲) [海篇]音

希和聲

【唗】고.
字義 우는소리 고. (啼聲也) [龍龕]音孤啼聲也

【嘷】호. 胡刀切
字義 으르렁거릴 호. (熊虎聲也) [五音篇海]胡刀切音豪熊虎聲也

【嗒】대.
字義 맛볼 대. (嘗也) [五音篇海]音大嘗也

【罜】낭.
字義 너그러울 낭. [海篇]囊去聲寬罜也

【嘍】루.
字義 루(嘍)와 동자. [五音篇海]與嘍同.

【僉】音未詳
字義 사람 이름. (人名) [字彙補]音未詳人名[玉海]孝經鄭氏註乃咸平中日本僧僉然所獻

【呣】락.
字義 허풍칠 락. [海篇]音洛轉舌呼之

【嘔】갑.
字義 갑(嘔)과 同字. [集韻]與嘔同

【唘】계.
字義 계(唘)와 同字. [字彙補]漢逢童碑唘字

【唰】잡. 子荅切
字義 입구 잡. (入口也) [五音篇海]子荅切音帀入口也

【啻】시.
字義 지저귈 시. (鳥鳴) [篇海類編]是知切音時鳥鳴

【嘡】향.
字義 떠들썩할 향. (恐聲) [字彙補]許講切音享恐聲

【喱】음미상(音未詳)
字義 탈홍. 항문탈출(肛門脱出) [字彙補]音未詳[巢氏病源]大腸虛而傷於寒痢而用喱其氣不衝則肛門脱出

【嗽】유.
字義 유(呦)와 同字. [說文長箋]與呦同

【喿】누.
字義 양울음소리 누. (羊鳴也) [搜眞玉鏡]奴候切音𤞣[字彙補]羊鳴也

【簡】과.
字義 질가마솥 과. (土釜) [字彙補]古多切音戈土釜

【呷】발.
字義 신께기원할 발. (咒神也) [五音篇海]音鉢咒神也

【啀】채. 之皆切
字義 의미상(義未詳) [字彙補]之皆切音㮦

【喊】해. 許介切
字義 성내크게소리칠 해. (怒大聲) [龍龕]許介切音嶰怒大聲

【喁】규. 居肖切
字義 부를 규. (喚也) [五音篇海]居肖切音叫喁喚也

【嗅】환.
字義 개시키는소리 환. (使狗之聲) [五音篇海]音喚[字彙補]使狗之聲

【嗜】제. 在詣切

字義 갈가먹을 제. [五音篇海]在詣切音嚌嘗至齧也

【哫】족. 子六切
字義 근심하는모양 족. (愁貌) [篇海類編]子六切音足哫哫憂愁貌

【咯】락.
字義 혀차며꾸짖을 락. (轉舌呼之) [搜眞玉鏡]音洛轉舌呼之

【嗼】막.
字義 막(嗼)을 嗼으로도 씀. [說文]嗼作嗼

【軸】산. 楚簡切
字義 적육을갖출 산. (炙肉具也) [字彙補]楚簡切音產炙肉具也

【嘴】을. 伊必切
字義 쾌할 을. (快也) [字彙補]伊必切音乙快也

【嬰】는. 尼近切
字義 돼지부르는소리 는. (呼豕聲) [川篇]尼近切呼豕聲

【噔】등. 得滕切
字義 사람이름 등. (人名) [字彙補]得滕切音登人名[五代史]楊光遠父曰阿噔嗳

【嚾】환. 呼貫切
字義 부를 환. (呼喚) [篇海類編]呼貫切音喚呼喚

【壺】곤.
字義 곤(壺)과 同字. [字彙補]與壺同[蘇子由類篇敘]壺之在口無之在林凡變古而失其眞者皆從古也

【嚜】매.
字義 뿜을 분. (噴也) [五音篇海]音買噴也

【嘟】도.
字義 칭찬하는말 도. (美詞)[龍龕]音都[字彙補]美詞

【餤】창. 楚生切
字義 쇠소리 창. (金聲也)[字彙補]楚生切音傖金聲也

【嵤】음미상(音未詳)
字義 의미상(義未詳). [字彙補]音未詳明鉛山王緒 嵤見諡法纂

【犄】궤. 居倚切
字義 똑바로서지않을 궤. (立不正也)[字彙補]居倚切音几立不正也

【噴】질.
字義 평민들의말 질. (野人之言)[龍龕]音質野人之言

【嚍】힐. 虛業切
字義 감탄하는소리 힐. (口嚇也)[龍龕]虛業切音肸口嚇也

【嗺】여.
字義 강이름 여. (水名)[篇海類編]音余水名

【啖】담. 徒敢切
字義 먹을 담. [龍龕]徒敢切食噉也

【嚧】론. 蘆困切
字義 혀차며꾸짖을 론. (轉舌呼)[龍龕]蘆困切音論轉舌呼

【嚅】음미상(音未詳)
字義 의미상(義未詳) [字彙補]音未詳有以法製靑皮杏仁等物至酒闌分俵得錢謂之撒 嚅

【嘼】류. 力攜切
字義 개부르는소리 류. (喚犬聲)[川篇]力攜切喚犬聲也

【警】부.

字義 부(否)와 同字. [字彙補]與否同[說文]相與語唾而不受也

【嚩】관. 古還切
字義 새들이서로지저귀는소리 관 (鳥和鳴聲)[篇海類編]古還切音關嚩嚩鳥和鳴聲

【嚷】제.
字義 옥이름 제. (獄名也)[海篇]音齊獄名也

【嚛】악.
字義 악(諤)과 同字. 악(噩)의籀文. [字彙補]同諤[楊愼奇字韻]史記故本一士之嚛嚛今作諤又籀文噩字

【嚴】엄.
字義 엄(嚴)과 동자. [說文長箋]同嚴

【嚽】만. 微飯切
字義 혀차며꾸짖을 만. (轉舌呼)[字彙補]微飯切音萬轉舌呼

【囅】전.
字義 전(靦)과 동자. [集韻]與靦同

康熙字典補遺丑集

口　部

【囜】인. 尼鄰切
字義 어질 인. (賢也)[篇海類編]尼鄰切音紉賢也

【㔽】홀.
字義 화풀이하는말 홀. (出氣詞也)[六書略]音忽出氣詞也

【囙】홀.
字義 홀(囹)의 籀文.[字彙補]籀文囹字

【囲】통. 他紅切
字義 채찍 통. (策也)[篇海類編]他紅切音通策也

【囧】경. 居永切
字義 빛 경. (光也)[龍龕]居永切音憬光也

【囸】진.
字義 빛 진. (光也)[川篇]音眞光也

【囷】권. 去員切
字義 벼 권. (禾圍也)[龍龕]去員切音圈禾圍也

康熙字典補遺丑集

土　部

【圵】에. 於羈切
字義 묻을 에. (於羈切埋也)[龍龕]於羈切埋也

【圥】륙. 力谷切
字義 버섯 륙. (菌圥)[字彙補]力谷切音陸[雜字韻寶]地蕈曰菌圥

【坮】대. 徒蓋切
字義 강이름 개. (浙澗也)[篇海類編]徒蓋切音大浙澗也○按卽汏字之譌

【圠】억. 於力切
字義 땅이름 억. (地名)[篇海類編]於力切音抑地名

【坐】좌. 徂臥切
字義 죄입을 좌. (被罪也)[五音篇海]徂臥切音坐被罪也

【坺】반.
字義 비탈 반. (坂也)[篇海類編]音反坂也

【坭】니.
字義 니(泥)의 俗字. [五音集韻]

俗泥字

【𡐈】타. 徒禾切
字義 돌팔매 타. (飛磚戲) 또는 타(墑)로도 쓴다. [篇海類編]徒禾切音陀飛磚戲亦作墑

【坥】억.
字義 땅이름 억. (地名) [搜眞玉鏡]音億地名

【𡉫】유.
字義 쓸데없을 유. (冗也)[川篇]音由冗也

【埑】삽. 初洽切
字義 드디어 삽. (遂也) [川篇]初洽切音挿遂也

【坴】득.
字義 흙 득. (土也) 川篇音得土也

【𡎜】예. 羊茹切
字義 산이높은모양 예. (高土貌) 篇海類篇羊茹切音預高土貌

【室】인.
字義 땅이름 인. (地名) 川篇音因地名

【坳】유. 於九切
字義 고을이름 읍. (邑名) [字彙補]於九切音颱[六書略]邑名

【𣏗】규. 口圭切
字義 별이름 규. (星名) [五音篇海]口圭切音奎星名

【埊】폐.
字義 폐(陛)와 동자. [集韻]同陛

【埗】보.
字義 보(保)와 同字. [篇海類編]同保

【坙】악.
字義 흰 흙. (白土也) [五音篇海]音堊白土也

【𡊎】십. 常職切
字義 토기 십. (瓦器也) [五音篇海]常職切音十瓦器也

【垷】흘. 魚乞切
字義 지대가높은모양 흘. (高土貌) [龍龕]魚乞切音屹高土貌

【𡊲】륙. 渠追切
字義 흙 륙. (土也) [龍龕]渠追切音逵土也

【埙】매.
字義 땅이름 매. (地名) [龍龕]音梅地名

【堂】음미상(音未詳)
字義 인명. (姓姜名堂) [字彙補]音未詳 [五嶽眞形圖]西嶽姓姜名堂

【壞】경.
字義 경(埂)의 本字. 【篇海類編】埂本字

【墟】호. 胡老切
字義 질가마 호. (土盆) [篇海類編]胡老切音號土釜

【𡎴】옹. 烏貢切
字義 담 옹. (牆也) [龍龕]烏貢切音甕牆也

【墇】㊀한. ㊁위.
字義 ■①한(韓)의 俗字. ②사람이름 한. (人名 朱謀墇) [五音集韻]俗韓字又 [字彙補]人名朱謀墇著易象通邃古記水經注箋諸書 ■샘솟는곳 위. 又 [篇海類編]于鬼切韋上聲墇墇也

【壖】찹. 側甲切
字義 깨끗하지못한모양 찹. (不淨貌) [奚韻]側甲切不淨貌

【𡓉】좌. 菹瓦切
字義 좋은모양 좌. (好貌) [五音集韻]菹瓦切𡓉𡓉好貌

【𡐻】퇴. 都回切
字義 앉아있는모양 퇴. (坐貌) [字彙補]都回切音堆 [六書略]坐貌

【塝】부. 芳無切
字義 성벽 부. (郭也) [五音篇海]芳無切郭也

【壢】적. 陟格切
字義 열 적. (張開也) [篇海類編]陟格切音翟張開也

【墕】언.
字義 언(堰)과 동자. [字彙補]與堰同漢王景有墕流法

【墉】엽. 戈涉切
字義 샘솟는곳 엽. (壏) [篇海類編]戈涉切音葉壏壏

【壍】참.
字義 참(塹)과 同字. [篇海類編]與塹同 [史記司馬相如傳]隤牆塡壍 [前漢·陳湯傳]穿壍

【𡕊】음미상(音未詳)
字義 의미상(義未詳) [字彙補]音未詳見穆天子傳

【壞】불.
字義 구울 불. (炙也) [搜眞玉鏡]音弗炙也

【墖】답.
字義 탑(塔)과 同字. [字彙補]帝京景物略與塔同

【薑】애. 於駭切
字義 ①집 애. (屋舍也) ②그칠 애. (止也) [搜眞玉鏡]於駭切屋舍也止也

【埏】지. 陟記切
字義 넘을 지. (踰也) [川篇]陟記切音智踰也

【壖】적. 陟格切
字義 열 적. (開也) [篇海類編]陟格切音翟張也開也

【縠】굴. 苦骨切
字義 갑자기 굴. (突也) [篇海類編]苦骨切音窟突也

【墧】교.
字義 지옥 교. (地屋) 사람이 죽으면 간다는 곳. [篇海類編]音教地屋

【疄】림. 力珍切
字義 채마밭 림. (菜畦) [篇海類編]力珍切音林菜畦

【鐘】장. 于兩切
字義 변방 장. (塞也) [篇海類編]于兩切音蔣塞也[字彙補]作鐘

【壒】애.
字義 ①애(壒)와 同字. ②땅이름 애. (地名) 壒村 [字彙補]與壒同壒村地名見黃淳父集

【壉】퇴. 徒回切
字義 ①전답 퇴. (土地也) ②지(地)의 籒文. [篇海類編]徒回切音頹土地也又[字彙補]籒文地字

【塢】도.
字義 작은성 도. (堡也) [字彙補]音島堡也

【墍】개. 居大切
字義 앙벽칠 개. (仰塗也) 개(墍)와 通用. [篇海類編]居大切音蓋仰塗也與墍通

【壕】몽. 莫弄切
字義 향좋을 몽. (芸穀也) [篇海類編]莫弄切音夢芸穀也

【壥】다. 徒果切
字義 떨어질 다. (落也) [篇海類編]徒果切音垛落也

【壞】폐. 芳肺切
字義 언덕 폐. (坡也) [五音集韻]芳肺切音廢坡也

【壿】준.
字義 준(埻)과 同字. [篇海類編]同埻

【壝】괴.
字義 괴(壞)의 本字. [篇海]壞本字

【墟】희.
字義 희(墟)과 同字. [五音集韻]同壛

【壧】류. 力逾切
字義 흙덩이모양 류. (塊土貌) [篇海類編]力逾切音類塊土貌

【壅】웅. 語中切
字義 어리석을 웅. (愚也) [五音篇海]語中切愚也

【墼】음의미상(音義未詳)
字義 의미상(義未詳). [字彙補]音義未詳見石鼓文

【壜】첩. 徒葉切
字義 성위담장 첩. (城上垣) [篇海類編]徒葉切音牒城上垣

【壨】초.

字義 초(初)와 同字. [字彙補]武則天所製初字

【壥】리. 力奇切
字義 초목땅에붙어살 리. (草木附地生也) [字彙補]力奇切音離草木附地生也

【壴】공. 古送切
字義 땅이름 공. (地名) [字彙補]古送切音貢地名

【壡】학. 呼各切
字義 ①골 학. (谷也) ②폐허 학. (丘墟也) ③구덩이 학. (溝坑也) [篇海類編]呼各切音鶴谷也丘墟也溝坑也

【壥】추.
字義 추(麤)와 同字. [五音集韻]同麤

康熙字典補遺丑集
士 部

【巠】정. 他鼎切
字義 설 정. (立也) [字彙補]他鼎切音挺人在士上巠然而立也[字辮]巠字从爪从壬

【売】각.
字義 각(殼)과 同字. [字彙補]殼字省文[馮仲好集序]人之所以有生者獸軀売也

【壶】호.
字義 호(壺)와 同字. [字彙補]同壺[輟耕錄]元後宮有方壶玉虹亭

【壴】호.
字義 호(壺)와 同字. [字彙補]與壺同見漢韓勅碑

【壵】수. 心周切

字義 부끄러울 수. (恥也) [字彙補] 心周切音羞恥也

【喜】희.
字義 희(喜)와 同字. [字彙補] 與喜同見孫叔敖碑

【𡎣】누.
字義 누(穀)와 同字. [集韻]與穀同

【黿】와.
字義 와(蛙)와 同字. [字彙補] 與蛙同見楊愼韻經

【壹】일.
字義 일(壹)과 同字. [字彙補] 與壹同出漢祝睦碑

【𡐊】상.
字義 상(𣚦)과 同字. [集韻]與木部𣚦字同

康熙字典補遺丑集
夂 部

【麦】요.
字義 ①요(夭)와 同字. ②죽을 요. (麦殘) [字彙補]與夭同 [漢司隸校尉楊君頌]稼苗麦殘

【夏】曰 건. 其年切 曰 하.
字義 ▇義無. ▇하(夏)와 同字. (則夏亦夏字) [字彙補]其年切音虔見玉堂漫筆又 [瑯邪代醉編]揚州漕河東岸有墓道題曰夏國公蓋鎭遠侯顧公之賜葬也據此則夏亦夏字

【夒】요.
字義 요(要)와 同字. [說文長箋]與要同

【趐】린.

字義 린(鄰)과 同字. [字彙補] 同鄰見漢北海相景君碑

【慶】천.
字義 천(薦)와 同字. [字彙補] 卽薦字漢張公神碑歲聿再慶

【𩱱】어.
字義 지금은 어(御)로 쓰이고 있음. (今作御) [參同契]明君𩱱時今作御

【夒】하.
字義 하(夏)와 同字. [石鼓文] 夏字

【夒】기.
字義 기(夒)와 同字. [字彙補] 與夒同見漢碑

康熙字典補遺丑集
夕 部

【夗】복.
字義 복(夏)과 同字. [字彙補] 同夏與夗不同

【夠】구. 古偶切
字義 글귀 구. (句也) [字彙補] 古偶切音苟句也

【夠】구. 古舟切
字義 많을 구. (多也) [字彙補] 古舟切音勾多也

【夝】용. 而隴切
字義 매우많을 용. (衆多也) [字彙補]而隴切音宂衆多也

【夘】인. 於欣切
字義 원기 인. (元夘) (眞夘) [字彙補]於欣切音因元夘

【夂】첨. 昌占切

字義 많을 첨. (多也) [字彙補] 昌占切音襜多也

【𡴽】괴. 古賣切
字義 클 괴. (大也) [字彙補]古賣切音怪大也

【夠】나. 諾何切
字義 많을 나. (夠也) [字彙補] 諾何切音郍多夠也

【𡴭】신. 所臻切
字義 많을 신. (多也) [字彙補] 所臻切音莘多也

【𡴮】나. 乃何切
字義 많을 나. (多也) [字彙補] 乃何切音那多也

【𡴯】타. 烏果切
字義 많을 타. (多也) [字彙補] 烏果切音朶多也

【𡵘】치. 川止切
字義 빰 치. (煩也) [字彙補]川止切音侈煩也

【𡵀】이. (籀文)
字義 공존할 이. (恭也) [五音篇海]音夷籀文恭也

【𡵎】기. 去其切
字義 많을 기. (多也) [字彙補] 去其切音欺 [廣雅]楚人云多也

【𡵤】십. 常職切
字義 많을 십. (多也) [字彙補] 常職切音十多也

【𡵓】와. 於果切
字義 많을 와. (多也) [字彙補] 於果切娿多也

【𡶉】정. 丑甚切
字義 많은모양 정. (多貌) [字

彙補]丑甚切音遁多貌

【猴】구. 古侯切
字義 많을 구. (多也) [字彙補]古侯切音鉤多也

【貓】치. 宗知切
字義 많은모양 치. (多貌) [字彙補]宗知切音緇多貌

【雝】옹. 烏中切
字義 많은모양 옹. (多貌) [字彙補]烏中切音邕多貌

康熙字典補遺丑集
大 部

【乔】계. 古惠切
字義 성 계. (姓也) [字彙補]古惠切音桂姓也

【㚞】불.
字義 불(莆)과 同字. [集韻]與莆同

【奤】日 강. 古朗切 日 본
字義 소금호수 강. (鹽澤也) [篇海類編]古朗切剛上聲鹽澤也又音本

【奜】홰.
字義 홰(奆)와 同字. [篇海類編]與奆同

【奎】음미상(音未詳)
字義 성 (姓) [字彙補]音未詳[三尊譜錄]金明七眞法姓奎

【奞】관. 求玩切
字義 클 관. (大也) [搜眞玉鏡]求玩切大也

【契】급. 孤入切
字義 놀이 급. (戲也) [字彙補]孤入切音急戲也

【奭】모. 莫胡切
字義 ①법 모. (法也) ②형벌 모. (刑也) ③규칙 규. (規也)[篇海類編]莫胡切音模法也刑也規也

【森】日日 삼. 疏簪切 所錦切
字義 ■ 공포 삼. (恐怖也) ■는 ■과 같음. [篇海類編]疏簪切音森恐怖也又所錦切參上聲義同

【奫】혜.
字義 살찐모양 혜. (肥貌) [五音篇海]許慧切肥貌

【叁】권. 其元切
字義 사람 권. (人叁) [字彙補]其元切音拳人叁

【夑】궐. 古月切
字義 ①궐(玃)과 同字. ②토끼궐. (兔子) [字彙補]古月切與玃同兔子

【嚞】연.
字義 화장품그릇 연. (盛香器也) [海篇]音連盛香器也

【夎】산.
字義 덮개 산. (蓋也) [龍龕]音傘蓋也

【奎】음미상(音未詳)
字義 성. (姓) [字彙補]音未詳[三尊譜錄]太上眞皇法姓奎

【奱】재.
字義 재(載)와 同字. (당나라 때 복응천이 지은 형기풍수학의 경전인 雪心賦에 실려 있는 글자다) [字彙補]武則天所製載字

【奫】윤. 於倫切
字義 ①샘물 윤. (泉水) ②물살 윤. (水勢也) [龍龕]於倫切泉水

又水勢也

【奱】식. 賞職切
字義 남의물건을훔쳐다보관할식. (竊盜挾藏) [五音集韻]賞職切音識竊盜挾藏謂之奱

【奄】엄. 余險切
字義 작은나라임금휘 엄. (小國君名) [字彙補]余險切音掩小國君名

【奰】별. 朋舌切
字義 비틀거릴 별. (行不正也) [字彙補]朋舌切音別行不正也

【夅】공. 古東切
字義 사심없을 공. (無私也) [字彙補]古東切音公無私也

【奲】괘.
字義 옳지않을 괘. (不正也) [篇海]音咼不正也

【奱】음미상(音未詳)
字義 사람이름. (姓愇名奱君) [字彙補]音未詳[金液神氣經]中嶽姓愇名奱君

【奫】병. 閭員切
字義 남쪽 병. (南方也) [五音篇海]音丙南方也

【奱】련.
字義 기어오를 련. (攀也) ※ 란(奱)으로도 쓴다. (亦作奱) [篇海類編]閭員切音聯攀也亦作奱

康熙字典補遺丑集
女 部

【奼】팔.
字義 슬기로울 팔. (姤奼也) [篇海類編]音八姤奼也

【奴】구.

字義 여성문자 구. (女字) (女書)
[篇海類編]音久女字

【妑】장. 直亮切
字義 여성문자 장. (女字) (女書)
[篇海類編]直亮切音仗女字

【妭】구.
字義 구(妭)와 同字. [說文長箋]
與妭同

【妠】대. 同柰切
字義 누나라부를 대. (姊稱也)
[字彙補]同柰切音大姊稱也

【妠】우. 于求切
字義 여성문자 우. (女字) (女書)
[篇海類編]于求切音尤女字

【娷】와.
字義 와(娷)의 譌字. 【字彙補】
娷字之譌

【娿】비. 兵媚切
字義 여성문자 비. (女字) (女書)
[篇海類編]兵媚切音祕女字

【妼】필. 譬吉切
字義 여성문자 필. (女字) (女書)
[篇海類編]譬吉切音匹女字

【姘】팽. 匹耕切
字義 급할 팽. (急也) [篇海類
編]匹耕切音烹急也

【姱】과. 古華切
字義 여자이름 과. (女名) [篇海
類編]古華切音瓜女名

【姣】교. 苦絞切
字義 여성문자 교. (女字) (女書)
[篇海類編]苦絞切音巧女字

【娭】예.
字義 옷 예. (衣也) [龍龕]音曳

衣也

【姡】호. 呼老切
字義 사람의성씨 호. (人姓也)
[龍龕]呼老切人姓也

【姍】내. 奴買切
字義 젖 내. (乳也) [龍龕]奴買
切乳也

【姃】음미상(音未詳)
字義 ①새이름. (鳥名) ②송골매
(隼屬也) [字彙補]音未詳鳥名
[騈雅]獨姃隼屬也

【妐】형.
字義 아름다울 형. (嬉也) [川
篇]音兄嬉也

【妥】팔.
字義 오래살 팔. (生多也) [川
篇]疋万切生多也

【娏】퇴. 都回切
字義 여성문자 퇴. (女字) (女書)
[篇海類編]都回切音堆女字

【娀】휘. 呼對切
字義 ①여자이름 휘. (女名) ②
좋을 휘. (好也) [篇海類編]呼
對切音諱女名又好也

【姻】세. 思計切
字義 여성문자 세. (女字) (女書)
[篇海類編]思計切音細女字

【妋】휴. 許尤切
字義 여성문자 휴. (女字) (女書)
[篇海類編]許尤切音休女字

【姞】길.
字義 ①길(姞)과 同字. ②가족
길. (叔邦父叔敊)[字彙補]疑與
姞同[考古圖·寅簋銘]叔邦父叔
敊[皇霸文紀]一作姞

【媼】뇌. 奴皓切
字義 뉘우쳐한탄하고번뇌할 뇌.
(懊媼) [篇海類編]奴皓切音惱
懊媼

【姌】염.
字義 좋아하는모양 염. (好貌)
[川篇]音冉好貌

【姨】이. 于脂切
字義 여성문자 이. (女字) (女書)
[篇海類編]于脂切音伊女字

【敗】인.
字義 ①인(姻)과 同字. (卽姻字)
②혼인(敗敗)과도 일맥상통함.
(絆目敗敗) [字彙補]卽姻字[秦
詛楚文]絆目敗敗

【婑】다. 直牙切
字義 아름다운모양 다. (美貌)
[篇海類編]直牙切音茶美貌

【婂】롱. 力貢切
字義 여성문자 롱. (女字) (女書)
[五音篇海]力貢切女字

【娗】정. 直貞切
字義 여자이름 정. (女名) [篇海
類編]直貞切音呈女名

【媱】오. 余消切
字義 예쁜모양 오. (美貌) [奚
韻]余消切美貌

【妒】도. 當故切
字義 질투 도. (嫉妒也) [川篇]
當故切嫉妒也

【婸】왕. 烏光切
字義 여성문자 왕. (女字) (女書)
[篇海類編]烏光切音汪女字

【媟】섭. 悉協切
字義 다스릴 섭. (治也) [篇海類

編]悉協切音變治也

【媠】멈. 亡業切
字義 기녀 멈. (神女也) [川篇]亡業切神女也

【媜】긍. 苦等切
字義 어린이 긍. (幼者) [字彙補]苦等切音肯[菽園雜記]杭人謂子幼者曰媜

【婑】효. 何交切
字義 예쁠 효. (姣嫶也) [篇海類編]何交切音爻姣嫶也

【婌】호. 胡故切
字義 모습이아름다울 호. (美好) [篇海類編]胡故切音戶美好

【姑】고. 孔五切
字義 총명하고슬기로울 고. (姑姁也) [篇海類編]孔五切音苦乃姑姁也

【嫁】수. 徐醉切
字義 여자이름 수. (女名) [篇海類編]徐醉切音遂女名

【嬞】수. 息遊切
字義 여성문자 수. (女字) (女書) [篇海類編]息遊切音修女字

【蝴】호. 戶吳切
字義 여자이름 호. (女名) [篇海類編]戶吳切音胡女名

【愡】총. 倉紅切
字義 여자이름 총. (女名) [篇海類篇倉紅切音聰女名

【嬌】교. 堅堯切
字義 여자이름 교. (女名) [篇海類編]堅堯切音嬌女名

【颯】심.

字義 성 심. (姓也) [字彙補]音尋姓也見千家姓

【娷】봉. 方容切
字義 여자이름 봉. (女名) [篇海類編]方容切音封女名

【媖】거. 求於切
字義 여자이름 거. (女名) [篇海類編]求於切音渠女名

【嫧】련. 龍眷切
字義 좇을 련. (從也) [篇海類編]龍眷切音戀從也

【婞】형. 胡頂切
字義 패려궂을 형. (很也) [龍龕]胡頂切很也

【婖】습. 土洽切
字義 농담할 습. (戲謔也) [五音篇海]土洽切音映婖戲謔也

【嫣】효. 火交切
字義 먼저딸을칭할 효. (先女之稱) [篇海類編]火交切音囂先女之稱

【娍】함. 胡岩切
字義 여자부정할 함. (女不淨) [篇海類編]胡岩切音咸女不淨

【媚】련.
字義 좇을 련. (從也) [篇海類編]音戀從也

【嫗】구. 丘矩切, 區上聲
字義 곱사등이 같을 구. (猶傴僂也) [字彙補]丘矩切區上聲[漢趙壹刺世疾邪賦]嫗媚名執撫拍豪強[註]嫗媚猶傴僂也

【媣】탁. 初角切
字義 정중한모습 탁. (恭謹貌) [篇海類編]初角切音斁恭謹貌

【嬔】관. 姑還切

字義 여자이름 관. (女名) [篇海類編]姑還切音關女名

【嫂】휴. 許規切
字義 더러운모양 휴. (醜貌) [篇海類編]許規切音隳仳嫂醜貌

【嫲】붕. 博盲切
字義 삼갈 붕. (謹也) [篇海類編]博盲切音崩謹也

【嫟】최. 倉回切
字義 여성문자 최. (女字) (女書) [篇海類編]倉回切音崔女字

【嫄】총. 七容切
字義 여성문자 총. (女字) (女書) [五音篇海]七容切女字

【麼】마. 眉波切
字義 비구니 마. (麼尼) [篇海類編]眉波切音摩麼尼

【嫭】소. 鋤交切
字義 여성문자 소. (女字) (女書) [篇海類編]鋤交切音巢女字

【嫯】루.
字義 루(婁)의 籀文. (籀文婁字) [篇海類編]籀文婁字

【孁】강. 渠良切
字義 여성문자 강. (女字) (女書) [篇海類編]渠良切音強女字

【嬜】의. 於計切
字義 온유할 의 (柔順也) [篇海類編]於計切音意嫂嬜柔順也

【嫙】선. 似全切
字義 좋아하는모양 선. (好貌) [龍龕]似全切好貌

【嫝】曰 루. 力主切 曰 루.
力侯切

女部

【𡚍】字義 ▉여성문자 루. (女字) (女書) ▉는 ▉과 같음. [五音篇海]力主切女字人惡稱也又力侯切義同

【嬲】뇌. 字義 어지러울 뇌. (亂也) [龍龕]音惱相嬲亂也

【嬬】요. 烏皎切 字義 갸냘플 요. (細弱也) [龍龕]烏皎切嬬孅細弱也

【嫭】거. 求於切 字義 여성문자 거. (女字) (女書) [篇海類編]求於切音渠女字

【嫚】탕. 徒朗切 字義 ①교만할 탕. (嫚也) ②놀이 탕. (戲也) [篇海類編]徒朗切音蕩嫚也戲也

【嬬】유. 字義 유(嬬)와 同字. [篇海類編]同嬬

【嫙】연. 於緣切 字義 아름다운눈섭 연. (蛾眉也) [龍龕]於緣切蛾眉也

【嫰】뇌. 字義 뇌(嬲)와 同字. [篇海類編]同嬲

【孋】려. 字義 ①려(麗)와 同字. ②피부색이아름답다이를 려. (皮媚色稱) [萩林伐山]與麗同引[論衡]形孋骨蘭皮媚色稱○按今[論衡]作形佳骨媚

【嬏】번. 孚難切 반. 普官切 번. 附袁切 字義 ▉여성문자 최. (女字) (女書) ▉와 ▉의 의미는 ▉과 같음. [篇海類編]孚難切音翻女字也又普官切音潘又附袁切音煩義妣同

【嫲】마. 莫可切 字義 어머니의다른호칭 마. (母之異名) [五音篇海]莫可切母之異名

【嫽】철. 丑陟切 字義 ①여자다운태도 철. (女態) ②아첨할 철. (媚也) [篇海類編]丑陟切音徹女態又媚也

【嬞】동. 多動切 字義 여자이름 동. (女名) [篇海類編]多動切音董女名

【嫋】닉. 尼立切 字義 며느리의태도 닉. (婦貌) [篇海類編]尼立切音溺婦貌

【嬒】의. 宜寄切 이. 字義 ▉여성문자 의. (女字) (女書) ▉①곱고예쁠 이. (嫸嬒) ○美好的样子 ②훌륭한모습 이. (好貌) [篇海類編]宜寄切音義女字又音以嫸嬒好貌

【㜘】참. 靑含切 字義 탐낼 참. (嫯也) [龍龕]靑含切嫯也

【嫂】수. 先侯切 字義 여성문자 수. (女字) (女書) [篇海類編]先侯切音搜女字

【嫵】위. 字義 위(嫵)의 本字. [說文]嫵本字

【嫇】맹. 莫耕切 字義 좋아하는모습 맹. (好貌) [龍龕]莫耕切音萌好貌

【嫛】파.

【婆】字義 불경의파자 파. (佛經婆字) [字彙補]佛經婆字

【㙯】지. 字義 지(藝)의 本字. [說文]藝本字

【嬓】해. 下戒切 字義 여성문자 해. (女字) (女書) [篇海類編]下戒切音解女字

【嬈】뇨. 奴了切 字義 허리가늘 뇨. (腰嬈) [篇海類編]奴了切音裊腰嬈

【孋】력. 郎狄切 字義 여성문자 력. (女字) (女書) [篇海類編]郎狄切音力女字

【㜘】의. 烏奚切 字義 사람이처음태어날때 의. (人始生) [篇海類編]烏奚切音醫人始生曰㜘

【婌】죽. 之六切 字義 아름다운여자 죽. (美女也) [川篇]之六切美女也

【孌】만. 烏關切 字義 여성문자 만. (女字) (女書) [篇海類編]烏關切音灣女字

【㝂】부. 芳遇切 반. 芳万切 字義 ▉토끼 부. (兔子) ▉새알품을 반. (鳥伏卵也) [龍龕]芳遇切兔子又芳万切鳥伏卵也

【嬮】염. 字義 염(艶)과 同字. [字彙補]與艶同見張九成·橫浦集

康熙字典補遺寅集 子 部

【孝】효. 火挍切

字義 기를 효. (養也) [川篇]火
按切孝養也

【乳】발.
字義 발(勃)의 誤字. [字彙補]
勃字之誤

【奼】호.
字義 호(好)와 同字. (好同) [六
書精蘊]與喜好之好同

【孖】曰의. 魚紀切 曰진.
卽刃切
字義 ■흥성할 의. (盛也) ■또
한 진(晉)으로도 씀. (亦作晉)
[篇海類編]魚紀切音擬盛也又
卽刃切音進亦作晉

【疣】음미상(音未詳)
字義 할찰초(割鈇草)를 이름.
[字彙補]音未詳謂割鈇草也

【厚】복. 蒲木切
字義 걷는모습 복. (行貌) [字彙
補]蒲木切音僕行貌

【孚】부. 芳夫切
字義 알변할 부. (卵化也) [字彙
補]芳夫切音敷卵化也

【斍】빈. 卑孕切
字義 범음절신자(梵音切身字)
[字彙補]卑孕切音儐此梵音切
身字也

【孫】희. 許意切
字義 숨쉴 희. (息也) [篇海類
編]許意切音餼息也

【晳】의. 牛起切
字義 ①성한모양 의. (盛貌) ②
매우많은모양 의. (衆多貌) [篇
海類編]牛起切音擬盛貌又衆多
貌

【孡】이.

字義 부울 이. (注也) [搜眞玉
鏡]音而注也

【嚗】효. 呼交切
字義 성나고함칠 효. (哮喊也)
[篇海類編]呼交切音嚻哮喊也

【虢】담. 都敢切
字義 의미를 알 수 없음. (義未
詳) [字彙補]都敢切音膽義未詳
出釋典

康熙字典補遺寅集
宀　部

【穴】용.
字義 긴털 용. (長毛) [川篇]
而勇切長毛

【宅】둔.
字義 널모양 둔. (棺貌) [川篇]
音迍棺貌

【宨】침.
字義 침(寢)의 籀文. [龍龕]籀文
寢字

【宎】황. 火廣切
字義 넓을 황. (廣也) [川篇]
火廣切廣也

【寤】오.
字義 잠에서깨어나며말할 오.
(寢覺有言) [龍龕]音悟寢覺有
言

【座】온. 烏本切
字義 앉을 온. (坐也) [篇海類
編]烏本切音穩坐也

【宺】누. 乃后切
字義 젖꼭지가작은모양 누. (小
乳貌) [篇海類編]乃后切音㖗小
乳貌

【宊】수.

字義 수(叟)와 同字. [龍龕同叟

【寏】몽.
字義 몽자(寰字)의 면(宀)은
멱(冖)의 오류임. [字彙補]音
蒙○按音義卽寰字之譌

【寒】한.
字義 한(寒)의 本字. [說文長箋]
寒本字

【廉】강.
字義 강(康)의 本字. [說文長
箋]康本字

【窺】규. 苦規切
字義 경시할 규. (小視) [篇海類
編]苦規切音黔小視

【寚】로. 力昭切
字義 조용하고쓸쓸할 로. (空寂
也) [龍龕]力昭切空寂也

【寡】새.
字義 ①새(塞)와 同字. ②삼던
신 새. 짚신을 삼던 중. (業履)
[字彙補]與塞同[洞靈眞經]不替
寡其業履

【寢】침.
字義 침(癆)과 同字. [字彙補]
與癆同

【籲】로. 郎到切
字義 ①대홈통 로. 혹 대나무
이름. (筧也) ②너그러울 로.
(寬也) [集韻]郎到切音澇筧也
[字彙補]寬也

康熙字典補遺寅集
寸　部

【尌】무. 莫候切
字義 무(貿)와 同字. [字彙補]
莫候切與貿同出漢隸熊君碑

康熙字典補遺寅集
小 部

【㝴】필.
字義 필(筆)과 同字. [字彙補]與筆同見漢戚伯著碑

【尜】 음미상(音未詳)
字義 ①어린이장난감. (小兒戲物) ②뒷골목 명칭. (衚衕名)[字彙補]音未詳小兒戲物又衚衕名

【尞】고. 苦到切
字義 서역인의성 고. (西域姓也) [字彙補]苦到切音靠西域姓也

【甞】의.
字義 ①의(薏)와 同字. ②율무쌀 의. (起實) [字彙補]與薏同[廣雅]蘱起實甞目也

【尠】 음미상(音未詳)
字義 의심스럽기는 하나 모시나 갈포와 같은 종류. (疑紵葛之屬) [字彙補]音未詳[穆天子傳]䖨尠十篋[註]疑紵葛之屬

康熙字典補遺寅集
尢 部

【旡】우.
字義 우(尤)와 同字. [字彙補]與尤同見漢隸·楊君頌

【尫】환. 胡丸切
字義 고생스러워도해서는안될 환. (辛苦行不得也) ※안(尯)의 譌字가 아니지 의심됨. [篇海類編]胡丸切音桓辛苦行不得也疑卽尯字之譌

【尩】판. 又北官切
字義 더욱 판. (尤也) [龍龕]音板尩尤也又北官切

【尪】우.
字義 마침내 우. (竟也) [篇海類編]音尤竟也與尪字文同而義異

【尯】요.
字義 요(尯)와 同字. [篇海類編]同尯

【尳】병. 邦皿切
字義 빛 병. (光也) [字彙補]邦皿切音丙光也見西川隋函

【尵】제. 杜奚切
字義 절름발이 제. (跛也) [奚韻]杜奚切音啼跛也

康熙字典補遺寅集
尸 部

【屍】문.
字義 꼬리 문. (尾也) [海篇]音文尾也

【屇】우. 喩幽切
字義 빌 우. (空也) [字彙補]喩幽切音由[廣雅釋詁]屇空也

【屋】극.
字義 ①극(克)과 同字. ②극압하는군주의마음 극. (屋壓帝心) [字彙補]與克同[漢繁陽令碑]屋壓帝心

【屑】질. 丁頰切
字義 아래 질. (下也) [篇海類編]丁頰切音跌屑下也

【屎】첩. 丁協切
字義 아래 첩. (下也) [篇海類編]丁協切音喋下也

【屈】굴.
字義 ①굴(屈)과 同字. ②잔털새 굴. (短毛鳥也) [篇海]與屈同短毛鳥也

【屓】개.
字義 줄기 개. (莖也) [篇海類編]音慨莖也

【屜】도. 吐凋切
字義 농구 도. (田器) [字彙補]吐凋切音挑田器

【羸】로. 落乎切
字義 명령 로. 빛깔이 푸른 나방과 나비의 애벌레. (螟蛉也) [字彙補]落乎切音盧羸羸螟蛉也

康熙字典補遺寅集
屮 部

【屮】순. 竹律切
字義 풀싹하나돋아날 순. (草一出也) [篇海]竹律切諄入聲草一出也

【峚】권. 其員切
字義 땅이름 권. (地名) [篇韻]其員切音拳地名

康熙字典補遺寅集
山 部

【屵】알. 五葛切
字義 산굽이 알. (山曲) [龍龕]五葛切山曲

【岱】대. 度柰切
字義 섬이름 대. (島名) [字彙補]度柰切音代島名

【岂】기.
字義 혹 기(岂)로도 씀. (或書作岂) [集韻]屺或書作岂

【岀】근. 丘近切
字義 가까울 근. (近也) [龍龕]丘近切近也

【岹】견. 乞眞切

字義 산이름 견. (山名也) [字彙補]乞眞切音緊山名也見郭忠恕佩觿集

【屵】약.
字義 언덕위에서사람만날 약. (岸上見人也) [川篇]音藥岸上見人也

【岐】기.
字義 기(岐)와 同字. [字彙補]與岐同[馮少墟善利圖說序]夫善利之剖岐遠矣

【岡】강.
字義 강(岡)과 同字. [篇海類編]同岡

【岃】련.
字義 강산이름 련. (山名) 龍龕音連山名

【岙】감. 苦紺切
字義 바위구멍 감. (岩之巖窖也)[字彙補]苦紺切音磡[說略]岩之巖窖也

【屾】산.
字義 산(山)과 同字. (卽山字) [字彙補]卽山字見漢三老袁君碑

【岳】악.
字義 악(嶽)과 同字. [五音集韻]同嶽

【峚】곡. 居木切
字義 산 곡. (山也) [篇海類編]居木切音谷山也

【肖】우.
字義 산 우. (山也) [龍龕]音又山也

【豈】측.

字義 산 측. (山也) [川篇]音仄山也

【峲】리. 靈義切
字義 산이름 리. 화리산(嶂峲山) (山名) [字彙補]靈義切音利嶂峲山名在無錫縣高忠憲公葬處

【兊】산. 土山切
字義 산험준할 산. (山峻險也) [龍龕]土山切山峻險也

【峀】수.
字義 본자는 수(峀). [字彙補]石鼓文有此字石本作峀音首峀字原作山下自

【崖】주. 直遇切
字義 산 주. (山崖也) [奚韻]直遇切音住山崖也

【崗】 음미상(音未詳)
字義 의미상(義未詳) [字彙補]音義未詳[穆天子傳]桂薑百崗

【岲】흠. 丘近切
字義 가까울 흠. (近也) [篇海類編]丘近切欽去聲近也

【岿】아.
字義 산고개 아. (山之阿也)[字彙補]音阿山之阿也○按卽阿字之譌

【崌】균. 具隕切
字義 균구(崌狗) 균. 몸은 푸른범과 흡사한 짐승. [字彙補]具隕切音菌[海內經]有靑獸如菟名曰崌狗

【崒】좌.
字義 산이름 좌. (山名) [五音篇海]徂果切山名

【峉】 음미상(音未詳)

字義 작은산 이름. (小山名峉) [字彙補]音未詳[金液神氣經]小山名峉

【嶔】 음미상(音未詳)
字義 태주땅이름. (台州地名) [字彙補]音未詳盤嶔村台州地名

【尉】적. 助力切
字義 연이을 적. (尉也) [川篇]助力切尉也

【岊】즉. 子結切
字義 산이높은모양 즉. (山高貌) [龍龕]子結切音卽山高貌

【殺】살. 尸札切
字義 대장경에 쓰여진 글자. [字彙補]尸札切音殺出釋藏尊勝神咒

【岓】기. 丘計切
字義 뫼 기. (山也) [字彙補]丘計切音企山也

【崿】전.
字義 산꼬대기 전. (山顚也) [篇海類編]與巓同山顚也

【勳】 음미상(音未詳)
字義 작은산 (小山) [字彙補]音未詳[太淸金液神氣經]小山字崌勳

【嶂】화. 何瓜切
字義 산이름 화. (嶂峲山名) [字彙補]何瓜切音華嶂峲山名見峲字註

【嶸】성. 時證切
字義 산이름 성. (山名) [龍龕]時證切成去聲山名

【齰】괴. 都罪切

字義 무거운모양 괴. (重貌) [字彙補]都罪切音腲倭䫐重貌

【𡾞】조.
字義 조(潮)와 同字. [漢·郙閣頌]醳散關之嶆漯楊愼云嶆漯與潮濕同

【𡽱】로.
字義 로(路)와 同字. [字彙補]與路同見枚乘·菟園賦

【㠋】 음미상(音未詳)
字義 가장존경하다. (尊也) [字彙補]音未詳[汲冢周書王會篇]天元㠋宗馬十二[註]㠋宗尊也

【𡿀】도.
字義 도(嵞)와 同字. [字彙補]同嵞見偶得紺珠

【嶊】취. 子累切
字義 산높은모양 취. (山高貌) [字彙補]子累切音醉山高貌

【𡾰】서.
字義 서(嶼)와 同字. [字彙補]與嶼同[張淶西湖行]對列雙峯類巫峽孤生一嶼像蓬萊

【𡾾】음미상(音未詳)
字義 의미상(義未詳). [字彙補]義見嵗字註

【𡾶】화. 何化切
字義 산이름 화. (山名) [字彙補]何化切音話山名

【𡿁】당. 徒朗切
字義 산이름 당. (山名) [龍龕]徒朗切山名

【𡿂】외.
字義 외(巍)와 同字. [字彙補]與巍同

【𡿄】린. 力珍切
字義 벼랑이깊은모양 린. (深崖狀也) [龍龕]力珍切𡿄𡿄深崖狀也

【𡿃】노. 奴刀切
字義 ①산이름 노. (山名) ②개 노. (犬也) [篇海類編]奴刀切音猱山名在齊又犬也

【𡿅】루. 力罪切
字義 산 루. (山也) [字彙補]力罪切音壘山也

【𡿆】루. 力水切
字義 산의형상 루. (山貌) [篇海類編]力水切音壘𡿆𡾟山貌

【𡿇】규. 丘逵切
字義 작은산이많을 규. (小山而衆也) [龍龕]丘逵切小山而衆也

【𡿈】울.
字義 산에안개낀모양 울. (山煙貌) [川篇]音鬱山煙貌

康熙字典補遺寅集
巛 部

【𡿦】황.
字義 사람이름 황. (人名) [龍龕]音荒人名

【𡿧】풍.
字義 풍(風)과 同字. [字彙補]與風同見夏承碑

【𡿨】순.
字義 순(巡)과 同字. [說文長箋]同巡

【𡿩】 음미상(音未詳)
字義 땅이름. (地名) [字彙補]音未詳重𡿩氏地名見穆天子傳

【𡿉】희. 許迷切
字義 두려워꺼릴 희. (忌懼也) [字彙補]許迷切音羲忌懼也

【𡿊】자.
字義 자(孳)의 籒文字. [說文長箋]籒文孳字

康熙字典補遺寅集
工 部

【𢀚】규. 居幽切
字義 월광단 규. (月綾也) [龍龕]居幽切月綾也

康熙字典補遺寅集
己 部

【𢀳】 음미상(音未詳)
字義 룡(龍). [字彙補]音未詳[道書]眞陽之炁曰𢀳龍。

【𢀶】 음미상(音未詳)
字義 의미상(義未詳) [字彙補]音義未詳見穆天子傳

康熙字典補遺寅集
巾 部

【𢁒】이.
字義 이(彝)의 종정문(鐘鼎文) [韻寶]鐘鼎文彝字

【帄】정. 都汀切
字義 옷기울 정. (補衣裳) [字彙補]都汀切音丁補衣裳曰補帄

【㠸】㊀ 오. 汪胡切 ㊁ 고.
字義 던질 오. (投也) [篇海類編]汪胡切音烏投也又音枯

【𢁗】황.
字義 황(幌)과 同字. [篇海類編]同幌

【帉】분.

字義 갓 분. (冠也) [海篇]音分冠也

【冇】황.
字義 덮개 황. (幪也) [川篇]音荒幪也

【帗】발.
字義 수건 발. (巾也) [川篇]音鉢巾也

【鬲】호.
字義 ①호(虎)와 同字. ②오류호. (魯魚) [字彙補]與虎同 [三國志馮序]魯魚帝鬲

【帝】경.
字義 경(京)과 同字. [說文長箋]與京同

【帙】질.
字義 질(帙)의 本字. [說文長箋]帙本字

【帾】치. 丑吏切
字義 익힐 치. (習也) [篇海類編]丑吏切音熾習也

【柿】배. 博蓋切
字義 동작을행할 배. (行貌) [字彙補]博蓋切音拜 [六書略]行貌

【帀】사.
字義 사(師)와 同字. [字彙補]同師 [石鼓文]六帀既簡

【桫】종.
字義 종(帗)과 同字. [說文長箋]與帗同

【粗】사. 側加切
字義 뜰 사. (挹也) [字彙補]側加切音櫨挹也一曰取物泥中

【幟】극. 已力切

字義 좁을 극. (褊也) [川篇]已力切音戟褊也

【幘】曰 책. 曰 훈.
字義 ■ 책(策)과 同字. [字彙補]與策同 ■①향초 훈. (薰) ②훈(勳)과 同字. [漢夏承碑]幘薰著于王室薰與勳同

【級】급. 其立切
字義 신라의비단 급. (新羅謂絹曰級) [五音集韻]其立切音及新羅謂絹曰級

【幈】병.
字義 ①병(屏)과 同字. [字彙補]與屏同 ②산이름 병. (幈幪山) [邵堯夫幈幪春吟詞]幈幪山下有家園每歲家園過禁煙

【絇】구. 古後切
字義 솜옷 구. (綿絇) [字彙補]古後切音苟綿絇

【幣】폐.
字義 비단 폐. (帛也) [龍龕]毘祭切帛也

【幡】지.
字義 농기구 지. (田器也) [川篇]音至田器也

【籐】선.
字義 등나무 등. (橙也) [海篇]音旋橙也

【絬】계. 下利切
字義 가늘게짠피륙 계. (細綢也) [字彙補]下利切音系細綢也

【襪】음미상(音未詳)
字義 천자의 만수무강을 비는 노래. [字彙補]音未詳 [穆天子傳]天子命歌南山有襪

【幡】약. 於角切

字義 큰장부 약. 원장(元帳) (大帳也) [龍龕]於角切音約大帳也

【幠】교. 尼老切
字義 떠들석할 교. (鬧也) [字彙補]尼老切音獠鬧也

【貌】모. 茫孝切
字義 막짠비단 모. (綈雜文) [字彙補]茫孝切音貌綈雜文

【嚞】曰 체. 曰 무.
字義 ■①체(疊)와 同字. ②하늘의이름 체. (天名) [龍龕]音帝與疊同須嚞天名又音武出兜沙經

【繒】층. 疾陵切
字義 비단 층. (帛也) [龍龕]疾陵切音層帛也

【幗】과.
字義 된장비슷한양념 과. (鹽豉幗也) [川篇]音過鹽豉幗也

【龍】룡.
字義 룡(龍)과 同字. [字彙補]與龍同 [冊府元龜]齊武帝小字龍兒

【縣】록.
字義 록(綠)과 同字. [五音集韻]同綠

【歸】귀.
字義 귀(歸)와 同字. [字彙補]與歸同出漢孔和碑陰

【攙】난. 奴案切
字義 ①수건으로문지를 난. (巾搊) ②뚜렷하게칠할 난. (塗著也) [篇海類編]奴案切難去聲巾搊也又塗著也○按字本作攙亦書作攙當卽二字傳寫之譌

【鸁】락.
字義 락(駱)과 同字. [字彙補]與駱同見義雲章

康熙字典補遺寅集
干　部

【幷】병. 畢病切
字義 제사에사용하는그릇 병. 제기(祭器). (禮器) [字彙補]畢病切音幷禮器

康熙字典補遺寅集
广　部

【庎】유.
字義 유(幼)와 同字. [字彙補]與幼同武則天製

【庻】曰염. 曰효.
字義 █열염 염. (熱庻) [篇海類編]音炎熱庻又音爻

【庶】서.
字義 서(庶)의 本字. [說文]庶本字

【㞋】누. 乃吼切
字義 혈장작을 누. (小乳) [篇海類編]乃吼切音穀小乳

【庥】휴.
字義 나무그늘 휴. (樹陰也) [篇海類編]音休樹陰也

【廧】曰람. 力甘切 曰염.
字義 █가릴 람. 차단(遮斷)(遮也) █는 █과 같음. (義同) [集成]力甘切音藍遮也又音鹽義同

【廲】휘. 許規切
字義 맵시 휘. (姿廲也) [篇海類編]許規切音麾姿廲也

【廬】려.

【𪗣】려(厲)와 同字. [字彙補]與厲同見漢校官之碑

【�】미.
字義 미(糜)와 同字. [字彙補]同糜見漢碑

康熙字典補遺寅集
夂　部

【𡕓】천. 丑延切
字義 서로돌아보고걸을 천. (相顧而行也) [篇海類編]丑延切闡平聲相顧而行也

康熙字典補遺寅集
廾　部

【尢】구.
字義 구(九)와 동자(同字). [字彙補]同九見周易全書

【㐱】등.
字義 등(等)과 同字. [五音集韻]與等同

【卉】계.
字義 계(界)와 同字. [集韻]與界同

【𠬻】산.
字義 산(筭)과 同字. [字彙補]與筭同見邢雲路曆考

【㢱】형. 何仍切
字義 술그릇 형. (酒器) [字彙補]何仍切音邢酒器

【𢇐】건. 公殄切
字義 다발 건. 작은 묶음. (小束也) [字彙補]公殄切音蹇小束也

康熙字典補遺寅集
弋　部

【弌】익. 欲日切
字義 능할 익. (能也) [字彙補]欲日切音弋能也

【𢃳】대. 同柰切
字義 달 대. (甘也) [字彙補]同柰切音代甘也

【𢃾】소. 心布切
字義 성 소. (姓也) [字彙補]心布切音素姓也

康熙字典補遺寅集
弓　部

【𢎢】단. 都嘆切
字義 사람이름 단. (人名) [字彙補]都嘆切音旦人名柳子厚·趙矜墓誌矜曾祖曰𢎢安

【𢎒】수. 是爲切
字義 풀이름 수. (草名) [搜眞玉鏡]是爲切音垂草名

【𢎞】수.
字義 사람이름 수. (人名) [字彙補]音水人名明寧河王知𢎞

【𢎥】로.
字義 잘못될 로. (譌) [集韻]同張 [字彙補]書作張譌

【𢎤】필.
字義 필(弼)과 同字. [字彙補]同弼見漢張壽碑

【𢏕】발. 蒲沒切
字義 가마솥넘칠 발. (釜溢) [篇海類編]蒲沒切音孛釜溢疑當作粅

【𢏂】강. 其上切
字義 가질 강. (取也) [篇海類編]其上切音弜取也

康熙字典補遺寅集

彐 部

【妡】호.
字義 호(好)와 同字. [字彙補]同好[急就章]姁佼嬛嬿婉妡提

康熙字典補遺寅集
彡 部

【㞛】도.
字義 도(徒)와 同字. [字彙補]與徒同[石鼓文]㞛驛孔庶

【彨】쥬. 丁幽切
字義 캘 주. (採也) [搜眞玉鏡]丁幽切採也

【嘭】표. 彼休切
字義 호랑이의벌겋고퍼런무늬 표. (虎彣也) [字彙補]彼休切音彪虎彣也

【雍】사. 所綺切
字義 ①깃털드리울 사. (毛垂也) ②사(徙)와 同字. [篇海類編]所綺切音史毛垂也又[字彙補]同徙

【鬆】수.
字義 수(樹)와 同字. [韻會]樹字見鐘鼎文

【鬐】부.
字義 ①부(鬐)와 同字. ②짧은수염 부. (短須也) ③백발 부. (髮白也) [五音篇海]同鬐短須也又髮白也

康熙字典補遺寅集
彳 部

【彴】환. 戶官切
字義 길을잃은모양 환. (失途貌) [龍龕]戶官切音丸儇彴失途貌

【徍】왕.

字義 ①왕(徍)과 同字. ②빨리달려가염탐할 왕. (馳徎詗之) [字彙補]與徍同[南燕錄]馳徎詗之

【徊】각. 巨略切
字義 게으를 각. (倦也) [篇海類編]巨略切音噱倦也

【徉】장.
字義 급히걷는모양 장. (行遽貌) [字彙補]音章行遽貌見石鼓文

【徵】음미상(音未詳)
字義 여우. (狐狸) [字彙補]音未詳[王逸九思]狐狸兮徵徵見楚辭章句

【復】복.
字義 복(復)과 同字. [字彙補]同復見石鼓文

【徫】사.
字義 사(蛇)와 同字. [古音叢目]與委蛇之蛇同

【徸】선.
字義 걸어다니는모습 선. (行貌) [龍龕]音仙行貌

【縱】송. 息拱切
字義 공경 송. (敬也) [字彙補]息拱切音竦敬也

康熙字典補遺卯集
心 部

【忮】작. 之若切
字義 통병 작. (痛病也) [龍龕]之若切音灼痛病也

【㣺】쇠. 支超切
字義 서로등을돌릴 쇠. (相背也) [字彙補]支超切音釧相背也

【㣻】기. 渠記切

字義 ①생각할 기. (思也) ②악할 기. (惡也) [搜眞玉鏡]渠記切音芰思也惡也

【㣿】창.
字義 향내나는풀 창. (香草也) [字彙補]音唱香草也

【忐】감. 苦陷切
字義 생각할 감. (憶也) [五音篇海]苦陷切音勘憶也

【恴】음미상(音未詳)
字義 사람의 이름. (人名) (趙不恴) [字彙補]音未詳人名宋宗室趙不恴字仁仲

【愻】현.
字義 현(愻)과 同字. [字彙補]同愻

【悇】탕.
字義 우둔하고미련한모양 탕. (愚痴貌) [字彙補]通懇切音蠹愚痴貌

【愻】실. 先擊切
字義 공경할 실. (敬也) [五音篇海]先擊切音悉敬也

【怀】저.
字義 생각할 저. (思也) [川篇]音佇思也

【㥮】애.
字義 애(愛)와 同字. [字彙補]同愛[十六國春秋]惠施惜愛子之頭捨志以尊齊

【愗】구.
字義 모을 구. (聚也) [六書略]音鳩聚也

【怸】음미상(音未詳)
字義 땅이름. (地名) [字彙補]

音未詳烾谷地名[博古圖周敔敦
銘]王命敔追迎于上洛烾谷

【聡】충. 倉紅切
字義 붉은빛 충. (赤色) [字彙
補]倉紅切音聰赤色

【惹】야. 入瓦切
字義 어지러울 야. (亂也) [龍
龕]入瓦切音惹亂也

【悁】연.
字義 ①연(悁)과 同字. 주문체
(籀文體) ②성낼 연. (忿也)
[字彙補]籀文同悁忿也

【剩】정. 之領切
字義 정연할 정. (整齊也) [捜
眞玉鏡]之領切音整整齊也

【溰】기.
字義 털과가죽 기. (毛革也)
[海篇金鏡]音沂毛革也

【恤】극. 紀力切
字義 ①급한성질 극. (急性) ②
서로등돌릴 극. (相背也) [龍
龕]紀力切音亟急性相背也

【倓】탄. 透混切
字義 의미상(義未詳) (見皇極圖
韻)[字彙補]透混切音疃見皇極
圖韻

【慐】우.
字義 우(憂)와 同字. [字彙補]
與憂同見漢吳仲山碑

【憖】은.
字義 은(慭)과 同字. [字彙補]
同慭[十六國春秋]每思其憖慭
之言

【憰】曰 서. 曰 도.
字義 의미상(義未詳). [捜眞玉

鏡]音庶又音度

【愘】괄. 客角切
字義 잔인할 괄. (虐也) [字彙
補]客角切音劫虐也[黃氏續騷
經]夫帝烈厥戮兮而罰之不寧曷
愘彼龍兮以重厥刑

【憪】파. 方查切
字義 문득염려스러운생각에그
립고슬플 파. (諠念虞思慷憪)
[字彙補]方查切音巴[乾坤鑿
度]諠念虞思慷憪

【慄】뢰. 透對切
字義 잊을 뢰. (忘也) [字彙補]
透對切音退[廣雅]忘也

【憼】창. 徹帳切
字義 ①몹시빠른모양 창. (急速
貌) ②점잖고느긋할 창. (嘽咺)
[字彙補]徹帳切音悵憼憼急速
貌[列子]嘽咺憼憼

【懃】절.
字義 조용한모양 절. (靜貌)
[龍龕]音折靜貌

【懚】의. 於希切
字義 마음앓는소리 의. (念痛
聲) [捜眞玉鏡]於希切念痛聲

【憵】추. 楚九切
字義 증오할 추. (惡視也) [字
彙補]楚九切音輙惡視也

【懫】당. 直絳切
字義 흉악하고완미한모양 당.
(凶頑貌) [字彙補]直絳切音戇
戇凶頑貌

**康熙字典補遺卯集
戈部**

【戤】속. 壯縮切

字義 성 속. (姓也) [字彙補]壯
縮切音贖姓也[姓氏急就章]尊
延稽阮進戤戤[註]梁四公戤耑
○按字彙作戤耑

【戴】체. 透帝切
字義 나라이름 체. (戴氏之國)
[字彙補]透帝切音替[山海經]
有戴氏之國

【戒】계.
字義 계(戒)의 俗字. [字彙]俗
戒字

【咸】감. 口含切
字義 ①죽일 감. (殺也) ②감
(戙)의 譌字. [餘文]口含切殺
也○按卽戙字之譌

【戠】측. 精客切
字義 수렴을멋게하는무리 측.
(斂止衆也) [字彙補]精客切音
側斂止衆也

【戤】개. 渠蓋切
字義 저당잡힐 개. (以物相質
也) [字彙補]渠蓋切以物相質也

【㦸】재. 子乃切
字義 의미상(義未詳). (此係湖
廣俗字) [字彙補]子乃切音宰楚
人有以此命名者如范元㦸熊八
㦸是也此係湖廣俗字

【戯】세.
字義 세(歲)의 俗字. [字彙補]
俗歲字[捷錄大成]戊寅戯中甲
子

**康熙字典補遺卯集
戶 部**

【戶】호.
字義 도울 호. (護也) [龍龕]音
戶護也

【屏】저.
字義 집 저. (戶屏)[五音篇海]
音杼戶屏

康熙字典補遺卯集
手　部

【扟】신. 所臻切
字義 좋음에따라물건을택하여
취할 신. (從上擇取物)[龍龕]
所臻切音申從上擇取物

【払】범. 方犯切
字義 가질 신. (取也)[川篇]方
犯切取也

【剁】갈. 苦瞎切
字義 공교할 갈. (巧也)[五音
篇海]苦瞎切巧剁也

【抏】올.
字義 소동이르킬 올. (騷動也)
[龍龕]音兀騷動也

【扶】마. 火大切
字義 어루만질 마. (摸也)[川
篇]火大切音饃摸也

【揉】길. 古黙切
字義 손가락모두 길. (指盡也)
[川篇]古黙切指盡也

【抨】졸.
字義 머리채거머잡을 졸. (毛捽
也)[龍龕]昨沒切毛捽也

【扚】청. 他定切
字義 이을 청. (承也)[字彙補]
他定切音聽承也

【挆】노. 落好切
字義 땅이름 노. 挆挆(豐縣地
名)[字彙補]落好切音老挆挆灣
豐縣地名出河防一覽

【乹】근. 古忍切
字義 받들고있는곳에서몸가짐
과행동을삼갈 근. (謹身有所承
也)[正韻]古忍切音謹謹身有所
承也

【挒】려.
字義 스승 려. (師挒也)[龍龕]
音呂師挒也

【捊】빙. 巴升切
字義 ①대변을손으로덮어가릴
빙. (以手覆矢) ②활시위 빙.
(弓弦也)[字彙補]巴升切音冰以
手覆矢又弓弦也

【摬】창.
字義 창(搶)과 同字. [集韻]與搶
同

康熙字典補遺卯集
支　部

【攲】시.
字義 의미상(義未詳). [字彙補]
音尸

【敤】회. 何對切
字義 과일먹을 회. (食果也)
[字彙補]何對切音繪食果也

康熙字典補遺卯集
攴　部

【攷】우.
字義 나아갈 우. (進也)[篇海
類編]音于進也

【攺】무.
字義 무(改)의 本字. [六書正
譌]改本字

【敎】교. 古孝切
字義 불때는나무를더넣을 교.
(交炊木也) [五音集韻]古孝切
音教交炊木也

【儵】숙.
字義 숙(倏)과 同字. [說文長
箋]與倏同

【敲】효. 許昭切,
字義 땅이름 효. (地名)[字彙
補]許昭切音梟地名[前漢王子
侯表]敲陽侯延年○按攵攴相通
則敲敲本一字也以音義小異姑
別之

【敱】정. 宅耕切
字義 부딪칠 정. (撞也)[龍龕]
宅耕切音根撞也

【數】수.
字義 수(數)와 同字. [字彙補]秦
碣 數字

康熙字典補遺卯集
斗　部

【㪯】조.
字義 조(斛)와 同字. [篇海類
編]同斛

【㪯】과.
字義 음식끓이는그릇 과. (溫
器)[篇海類編]音戈溫器

【㪯】조.
字義 조(斛)와 同字. [篇海類
編]同斛

康熙字典補遺卯集
斤　部

【虢】괵.
字義 唐나라 때 괵주(虢州)의
괵자(虢字)에서 우변의 虎字를
척자로 바꿔 괵주(虢州)라 하
였음. [字彙補]唐避虎字改虢州
爲虢州

【斷】근.

字義 근(近)과 同字. [說文長箋]近字

【靳】전.
字義 자를 전. (斫也) [川篇]音瑑斫也

【斸】음미상(音未詳)
字義 땅이름. (地名) [字彙補]地名音未詳[穆天子傳]天子至於澡澤之上斸多之泃

【斴】대.
字義 대(貸)와 同字. [字彙補]與貸同[漢故民吳公碑]春秋給斴給與無已

康熙字典補遺卯集
方 部

【旃】진.
字義 진(陣)과 同字. [六書索隱]同陣

康熙字典補遺辰集
日 部

【晳】책. 楚革切
字義 아뢸 책. (告也) [篇海類編]楚革切音冊告也

【昶】창.
字義 창(昶)과 同子. [字彙補]與昶同[宋史新編世家敍]江南則李煜西蜀則昶

【晒】쇄.
字義 쇄(曬)와 同字. [字彙補]與曬同

【昌】창. 川張切
字義 사람이름 창. (人名) [字彙補]川張切音昌人名顧昌蘇州人見馮少墟集

【昜】양.

양(揚)과 同字. [古音駢字]與揚同

【昪】변. 皮變切
字義 빛 변. (光也) [川篇]皮變切音弁光也

【赾】체. 他禮切
字義 곁가지지팡이이름 체. (橫首杖名) [五音集韻]他禮切音體橫首杖名

【睺】후. 何樓切
字義 ①후(睺)의 譌字. ②사람이름 후. (人名) [字彙補]何樓切音侯睺字之譌月之交首尾曰羅睺又人名隋將周羅睺封義寧郡公

【曆】춘. 樞倫切
字義 사람이름 춘. (人名) [字彙補]樞倫切音春人名元世祖至元十七年高麗王曆來朝世祖加曆行省右丞相

【景】경.
字義 햇빛 경. (日色) [川篇]音境日色

【曶】구. 居祐切
字義 이백육십필마 구. (二百六十疋馬也) [集韻]居祐切音救二百六十疋馬也

【暯】당.
字義 당(唐)과 同字. [字彙補]與唐同見扶風縣夫子廟碑

【晣】잠.
字義 잠(暫)과 同字. 【說文長箋】與暫同

【曅】엽.
字義 엽(曅)과 同字. [字彙補]卽曅字寔錄辨證有此字以義推之當作楊憲今作楊曅憲初名曅也

【曺】조.
字義 조(曹)와 同字. [字彙補]與曹同出漢北海相碑

【晱】상. 息葬切
字義 놀이 상. (戲也) [奚韻]息葬切音喪眼晱戲也

【暾】돈. 他昆切
字義 사람이름 돈. (人名) [字彙補]他昆切音暾人名

【曌】조.
字義 ①평판 조. (名曌) ②조(照)와 同字. [唐書武后紀]名曌與照同

【普】안.
字義 안(朁)과 同字. [說文長箋]與朁同

【醓】혼.
字義 혼(昏)과 同字. [字彙補]與昏同古無此字元子創之謚隋煬帝曰醓[佩觿集]次山之昏畔加荒

【晶虫】융. 以中切
字義 점심때 융. (日正也) [篇海類編]以中切音融日正也

【譬】진.
字義 진(晉)과 同字. [集韻]同晉

【曤】환. 呼端切
字義 성 환. (姓也) [字彙補]呼端切音懽姓也[奇姓通]曤唯漢人

康熙字典補遺辰集
日 部

【甲】압. 烏譎切
字義 물건을얻어가질 압. (取物也) [字彙補]烏譎切音押[字學指南]取物也與甲字不同

【晿】쟁.
字義 쟁(爭)과 同字. [字彙補]
與爭同見漢韓勅碑

【晜】거. 古語切
字義 오왕세째아들字 거. (吳王
第三子名䶑字晜) [字彙補]古語
切音舉[三國·吳志]吳王第三子
名䶑字晜

【晵】조.
字義 조(曹)와 同字. [字彙補]
同曹見程浩扶風縣夫子廟碑

【盡】궤.
字義 궤(簋)와 同字. [字彙補]
與簋同出漢孔宙碑

康熙字典補遺辰集
月　部

【肎】주.
字義 주(舟)와 同字. [字彙補]
即舟字見蜀郡屬國碑

【朹】음.
字義 ①음(陰)과 同字. ②영혼
의집 음. (靈軒) [字彙補]與陰
同[大內規制記]左曰朹明閣右
曰朹靈軒

【胎】선.
字義 선(船)과 同字. [字彙補]
與船同[漢周府君碑]胎人嘆於
水渚

【腕】천.
字義 달 천. (月也) [篇海類編]
音泉月也

【腤】반.
字義 반(磐)과 同字. [字彙補]
同磐[漢隷碑]利磨确腤

【腠】종.

字義 종(朡)과 同字. [字彙補]
疑即朡字[呂氏春秋]晉誅羊舌
虎叔嚮爲之孥而朡

【勝】등.
字義 등(滕)과 同字. [字彙補]
與滕同見路史·國名記

【𦝫】음미상(音未詳)
字義 사람 이름. (人名) [字彙
補]音未詳人名[穆天子傳]𦝫蠤

【腹】복. 奉木切
字義 있을 복. (有也) [字彙補]
奉木切音伏有也

【䢉】농.
字義 농(農)과 同字. [字彙補]
與農同[道藏洞靈眞經]今夫憜
䢉信墜實生百穀

【膗】약. 於縛切
字義 계집 약. (女也) [搜眞玉
鏡]於縛切音約女也

康熙字典補遺辰集
木　部

【杊】영.
字義 열매먹는나무 영. (木也子
可食也) [川篇]音永木也子可食
也

【杓】삭. 市若切
字義 주걱 삭. (木杓也) [龍龕]
市若切木杓也

【枾】조. 子了切
字義 나무가갑자기클 조. (木忽
高也) [龍龕]子了切木忽高也

【枕】구.
字義 산사 구. (繫梅) [海篇]音
仇繫梅

【朿】차. 七賜切

字義 나무덤풀 차. (木芒也)
[五音篇海]七賜切木芒也今作
刺

【柔】엽.
字義 얇은모양 엽. (薄貌也)
[龍龕]音葉薄貌也

【枟】운. 于問切
字義 잘못된바가있을 운. (有所
失) [篇海類編]于問切音運有所
失

【㮴】日 치. 丑梨切 曰 니.
女几切
字義 얼레자루 치. (𤡾柄) [篇
海類編]丑梨切音痴𤡾柄又女几
切音你

【枖】요. 烏皎切
字義 물건끌 요. (拽物也) [奚
韻]烏皎切枖拽物也

【桬】음미상(音未詳)
字義 사람이름. (人名) [字彙
補]音未詳人名宋時賜隴桬姓名
曰趙懷恩見宋史新編王厚傳疑
即挱桬二字之譌

【桐】동.
字義 수풀 동. (林也) [川篇]音
桐林也

【栬】험. 許嚴切
字義 쟁반 험. (桦也) [川篇]許
嚴切栬桦也

【柙】갑.
字義 갑(匣)과 同字. [字彙補]
與匣同[關學編]楊爵身晝夜柙
鎖中

【棃】리.
字義 리(李)과 同字. [五音集
韻]與李同

【槳】정. 從性切
字義 깨끗할 정. (潔也) [字彙補]從性切音淨潔也

【㝔】함. 胡感切
字義 초목열매떨굴 함. (草木垂實) [奚韻]胡感切草木垂實

【框】광. 丘況切
字義 문틀 광. (門框也) [五音篇海]丘況切門框也

【桫】사.
字義 나무 사. (木也) [篇海類編]音娑木也

【棑】치. 丑利切
字義 얼레자루 치. (籰柄) [篇海類編]丑利切音熾籰柄

【楢】수. 承呪切
字義 오랜세월 수. (久年也) [篇海類編]承呪切音受久年也

【樤】조.
字義 조(條)와 同字. [字彙補]與條同山楸也見石鼓文

【梸】리.
字義 리(梨)와 同字. [字彙補]與梨同[史記司馬相如傳]櫨梸傍栗橘柚芬芳

【桵】음미상(音未詳)
字義 사람이름. (人名) [字彙補]音未詳人名見宋類苑

【桏】산.
字義 잇댄연접받침나무 산. (連栙木也) [川篇]所還切連栙木也

【椈】국.
字義 구기자 국. (枸子也) [川篇]音菊枸子也

【梐】피. 平移切
字義 침뱉는소리클 피. (困蓋) [奚韻]平移切音皮困蓋

【梍】굴. 渠勿切
字義 흙팔 굴. (梍土也) [龍龕]渠勿切音倔[字彙補]梍土也出釋典

【㮥】재.
字義 씨 재 (種也) [龍龕]音災種也

【椡】우.
字義 소나무 우. (松也) [川篇]音雨松也

【㮒】년. 泥展切
字義 맷돌 년. (㮒磨) [字彙補]泥展切音撚㮒磨

【粨】래. 力臺切
字義 ①이를 래. (至也) ②부지런할 래. (勤也) [五音集韻]力臺切音來至也勤也

【椌】고.
字義 나무이름 고. (木名) [龍龕]音孤木名

【㭯】자. 則此切
字義 나무이름 자. (木名) [篇海類編]則此切音紫木名

【棘】극.
字義 극(棘)의 俗字. [字彙補]俗棘字[袁桷七觀]不棘不茨

【搔】음미상(音未詳)
字義 의미상(義未詳) [字彙補]音未詳見揚雄蜀都賦

【㰥】경. 丘潁切
字義 경(檾)과 同字. [字彙補]丘潁切與檾同桌屬

【榦】간.
字義 간(榦)과 同字. [六書本義]同榦

【樨】서. 心妻切
字義 ①금계 서. 또는 금계의 꽃. (木樨; 木犀) ②칼이름 서. (劍名也) [字彙補]心妻切音犀江南謂桂曰木樨又木樨花劍名也出回回國見昭示奸黨錄

【㡢】치. 丑利切
字義 누에갈라놓을 치. (分蠶也) [字彙補]丑利切音憗分蠶也

【樢】눈. 乃困切
字義 우둔하고미련할 눈. (愚痴也) [字彙補]乃困切音嫩樢詬愚痴也

【槃】형.
字義 형(馨)과 同字. [字彙補]與馨同見齊民要術又見楊愼·山海經補注

【椇】구. 舉后切
字義 구기자 구. (苦杞也) [字彙補]舉后切音苟[博雅]椇乳苦杞也

【橐】음미상(音未詳)
字義 싸다. (包也) [字彙補]音未詳包也〇按卽橐字之譌

【榹】소.
字義 소(梳)와 同字. [五音篇海]同梳

【榤】결. 古怯切
字義 잔가지 결. (細枝) [字彙補]古怯切音結細枝

【樀】적. 陟革切

字義 잠가(蠶架)기둥 적. (蠶柱也) [篇海類編]陟革切音摘蠶柱也

【榯】호.
字義 술그릇 호. (酒器) [五音篇海]音壺酒器

【橢】타.
字義 타(橢)와 同字. [字彙補]與橢同 [楚辭]南北順橢其衍幾何

【樓】호.
字義 대추이름 호. (棗名) [五音篇海]音胡棗名

【纚】체. 他計切
字義 누에고치 체. (蠶易曲也) [字彙補]他計切音替蠶易曲也

【樠】문.
字義 검정감람나무 문. (木威也) [川篇]音文木威也

【橴】선. 之善切
字義 나무이름 선. (木名) [字彙補]之善切音聯木名見廣雅

【譴】둔. 徒困切
字義 어리석을 둔. (樮譴) [字彙補]徒困切音鈍樮譴

【槗】표.
字義 표(槗)와 同字. [五音集韻]槗亦書作槗

【槗】日 표. 符消切 曰 곤. 公混切
字義 ■단전대 표. (橐也) [字彙補]符消切音剽槗也 ■는 ■과 모두 같음. 又公混切音棍義同

【纚】음미상(音未詳)

字義 땅이름. (地名) [字彙補]音未詳地名 [穆天子傳]有纚瑠河

【纛】음미상(音未詳)
字義 의미상(義未詳). [字彙補]音未詳 [東方朔·罵鬼書]有纛毅之名字書無纛字

【樆】예. 魚制切
字義 나무가서로부딪칠 예. (木相摩也) [字彙補]魚制切音詣 [唐書劉文靜傳]奮樆大呼賓衝 [注]樆者木相摩也

【籞】욱. 乙六切
字義 누에기르는용기 욱. 잠박(蠶箔) (育蠶器) [集韻]乙六切音郁育蠶器 [五音集韻]書作籞

【霖】음미상(音未詳)
字義 수성(水星). [字彙補]音未詳 [史記·天官書註]辰星一名霖星

【櫃】구.
字義 구(柩)와 同字. [字彙補]與柩同 [唐書于頔傳]州地庫薄葬者不掩櫃

【橐】낭.
字義 낭(囊)과 同字. [字彙補]與囊同

【櫑】뢰. 力堆切
字義 제사용술단지 뢰. [字彙補]力堆切音雷食樽也見帝京物略

康熙字典補遺辰集
欠 部

【歍】호.
字義 따스하게내뿜는숨결 호. (温吹氣息) [篇海類編]音呼温吹氣息

康熙字典補遺辰集
殳 部

【殼】각.
字義 피부각질의돌기 각. (皮角也) [龍龕]口角切皮角也

【穀】구. 古候切
字義 소양젖짤 구. (取牛羊乳也) [篇海類編]古候切音遘取牛羊乳也

【穀】고. 公魯切
字義 옹알이 고. 동요(童謠) (小兒歌) [字彙補]公魯切音古 [帝京景物略]小兒歌曰禾場背了穀来了○疑是穀字之譌寫

【轚】경.
字義 나아가지못하는모양 경. (不可進貌) [龍龕]音輕不可進貌

康熙字典補遺辰集
母 部

【瑇】대.
字義 대(瑇)와 同字. [集韻]同瑇

康熙字典補遺辰集
比 部

【舓】곤. 古本切
字義 ①곤(捆)과 同字. ②같을 곤. (同也) [集韻]古本切音袞與捆同同也

【齜】유. 如佳切
字義 잡아찢을 유. (拿扯也) [五音篇海]如佳切音蕤拿扯也。

康熙字典補遺辰集
毛 部

【毱】국. 渠竹切

字義 가죽공 국. (皮毛之丸) [篇海類編]渠竹切音蹜皮毛之丸

【氂】리.
字義 리(釐)와 同字. [龍龕]同釐

【毿】사.
字義 사(甃)와 同字. [字彙補]與甃同[憨山大師塔銘]須髮鬖毿

康熙字典補遺巳集
水　部

【梚】국.
字義 땅속을흐르는지하수의줄기 국. (水文也) [川篇]音菊水文也

【冲】충. 敕中切
字義 수평선의모양 충. (水平遠貌) [餘文]敕中切冲融水平遠貌又音蟲

【汪】안.
字義 홍수 안. (大水也) [川篇]音狂大水也

【涷】칠. 雌卽切
字義 ①물이름 칠. (水名) ②성칠. (姓) [字彙補]雌卽切音七水名又姓

【涉】섭.
字義 ①섭(涉)의 譌字. ②사람이름 섭. (人名也) [字彙補]涉字之譌[十六國春秋]涉奕于人名也

【浭】량. 力樣切
字義 홍수 량. (大水也) [字彙補]力樣切音亮大水也

【鹵】소. 西古切
字義 알카리성토양 소. 감성토양(城性土壤) (城土也) [字彙補]西古切城土也

【㳕】리. 延詣切
字義 강이름 리. (水名) [字彙補]延詣切音吏水名

【滹】호.
字義 호(濩)와 同字. [字彙補]與濩同[晉書音義]濩水或作滹

【淼】曰 만. 曰 뇨.
字義 ■홍수 만. (大水也) [字彙補]音漫大水也 ■는 ■과 모두 같음. 又音裊義同

【渚】주. 之暑切
字義 물가 주. (水涯也) [字彙補]之暑切音主水涯也

【潡】돈. 當倫切
字義 맑은물 돈. (淸水也) [字彙補]當倫切音純淸水也

【潰】굉.
字義 솟아나올 굉. (潰也) [川篇]音宏潰也

【瀄】비.
字義 넘칠 비. (溢也) [搜眞玉鏡]音沸溢也

【瀄】음미상(音未詳)
字義 저자(滻字)의 와자(譌字) [字彙補]音未詳[武林舊事補]韓侂胄鑿山爲園作流觴曲水自靑衣下注于堅十有二折瀄于閱古堂前疑是滻字之譌

康熙字典補遺巳集
火　部

【秌】추.
字義 추(秋)의 俗字. [字彙補]俗秋字[四史纂要琨玉秌霜

【烋】휴.
字義 휴(休)와 同字. [字彙補]

卽炏字明樂平王仲炏

【炗】曰부. 方九切 曰부. 芳武切
字義 ■①찔 부. (蒸炗也) ②삶은고기 부. (腩也) ③뜨거울 부. (煒) [篇海類編]方九切音缶蒸炗也亦腩也[廣雅]煒謂之炗 ■는 ■과 모두 같음. 又芳武切音府義同

【焀】거. 其呂切
字義 횃불 거. (火炬) [龍龕]其呂切束薪爲火炬

【炋】료. 力照切
字義 섶을태워하늘에제사지낼료. (柴祭天也) [字彙補]力照切音料柴祭天也从屮炎古庭炋束葦爲之屮卽葦也詩庭炋之光俗作燎非見六書索隱

【烈】열. 而列切
字義 불사를 열. (褻也) [龍龕]而列切褻也

【炘】혈. 許列切
字義 불기운 혈. (火氣也) [川篇]許列切火氣也

【燚】담. 徒甘切
字義 재 담. 타고 남은 찌꺼기. (燼也) [篇海類編]徒甘切音談燼也

【敫】교. 古巧切
字義 멍청한모양 교. (木然也) [奚韻]古巧切敫木然也

【胅】탄. 他衰切
字義 고기 탄. (胅肉也) [篇海類編]他衰切音疃胅肉也

【焺】승. 詩兵切
字義 주조 승. 쇠를 녹여 거푸집에 부어 물건을 만듦. (鼓鑄

也)[字彙補]詩兵切音升焺點鼓鑄也

【煱】강. 苦浪切
字義 하늘 강. (乾也) [龍龕]苦浪切乾也

【煯】개. 古齋切
字義 불에말릴 개. (煪也) [字彙補]古齋切音皆煯也

【燷】재.
字義 재(灾)와 同字. [六書統]灾字

【燥】대. 徒哀切
字義 석탄 대. (煤也) [篇海類編]徒哀切音臺燥煤也

【焔】고. 果到切
字義 마를 고. (乾燥也) [五音篇海]果到切乾燥也

【燘】숙.
字義 왕성한모양 숙. (火熾貌) [川篇]音肅火熾貌

【焞】도. 徒臥切
字義 불 도. (火也) [搜眞玉鏡]徒臥切火也

【蒣】극.
字義 ①빠를 극 (疾也) ②급할 극. (急也) [奚韻]音亟疾也急也

【焺】상. 尸光切
字義 밝을 상. (明也) [五音篇海]尸光切明也

【煿】작. 之若切
字義 작(灼)과 同字. [字彙補]之若切與焯灼同說文引周書煿見三有俊心

【焰】함. 乎韽切

字義 물고기이름 함. (魚名) [集韻]乎韽切音陷魚名[山海經]留水多焰父之魚其狀如鮒而彘身○按山海經作鮒又字彙補作古然切非

【燅】엄. 羊瞻切
字義 불빛 엄. (火光也) [五音篇海]羊瞻切火光也

【爲】봉.
字義 봉(烽)과 同字. [說文長箋]烽字

【燉】불. 蒲沒切
字義 연기모양 불. (烟起貌) [龍龕]蒲沒切烟起貌

【燡】의. 於戲切
字義 사람이름 의. (人名) [字彙補]於戲切音意人名[高子遺書]恭和王次子惟燡

【燆】협. 虛業切
字義 불기운 협. (火氣也) [篇海類篇]虛業切音脅火氣也

【爀】학.
字義 화끈거릴 학. (熱貌) [龍龕]呼各切熱貌

【燩】대. 徒哀切
字義 그을름 대. (㚒煤也) [龍龕]徒哀切㚒煤也

【燵】광.
字義 투명하고깨끗할 광. (明照瑩潔也) [五音篇海]音光明照瑩潔也

【爃】영. 于平切
字義 사람이름 영. (朱日爃) [字彙補]于平切音榮朱日爃昆山人萬曆中營繕司員外郎

【爇】음미상(音未詳)

字義 의미상(義未詳) [字彙補]音未詳[三尊譜錄]金明七眞法字蕭

【爗】휘.
字義 휘(輝)와 同字. [字彙補]與輝同[漢孟郁修堯廟碑]俵著爗銘

【爨】불. 敷勿切
字義 불 타는모양 불. (火貌) [字彙補]敷勿切音拂爆爨火貌

【爟】약.
字義 의미상(義未詳) [字彙補]太上老君碑有㸆爟二字皆音藥

【燮】대. 大來切
字義 연기와먼지 대. (烟塵也) [字彙補]大來切音臺烟塵也[石鼓文]趩趩燮燮

【爍】석.
字義 불빛빛날 석. (火赫也) [龍龕]音昔火赫也

【爅】제. 子芮切
字義 불을가벼히보면망할 제. (火輕脆) [五音篇海]子芮切火輕脆

【爝】작.
字義 작(爝)의 本字. [字彙補]爝本字

【爔】희.
字義 불 희. (爔火也) [海篇]音希爔火也

【爦】㊀초. 卽遙切 ㊁착.
字義 ■그을릴 초. (火燒黑也) [篇海類編]卽遙切音焦火燒黑也 ■횃불 착. (炬也) 又音捉炬也

康熙字典補遺巳集

爪 部

【圣】경.
字義 짤 경. (織也) [五音篇海]音經織也

【㤅】애.
字義 애(愛)과 同字. [字彙補]同愛見漢婁先生碑

【觴】상.
字義 상(觴)의 籀文. [字彙補]籀文觴字

【�】란.
字義 ①란(亂)과 同字. ②함께일할 란. (共工) [字彙補]與亂同[亢倉子]共工稱�矣

【罷】도. 土刀切
字義 옛그릇 도. (古器) [篇海類編]土刀切音滔古器

【㸁】칭. 昌孕切
字義 이끌 칭. (牽也) [篇海類編]昌孕切音稱[字彙補]牽也

【㸂】음미상(音未詳)
字義 의미상(義未詳) [字彙補]音未詳見穆天子傳

【㸅】란.
字義 무시할 란. (不理也) [篇海類編]音亂不理也

康熙字典補遺巳集
父 部

【㸑】추. 七余切
字義 김장 추. (藏菜也) [字彙補]七余切音趨藏菜也

【裒】회.
字義 제멋대로 회. (恣也) [字彙補]音灰恣也

【斀】체.
字義 이끌 체. (牽也) [五音篇海]充勢切牽也

康熙字典補遺巳集
爻 部

【樊】번. 附袁切
字義 사납지않을 번. (鷥不行也) [五音集韻]附袁切音煩鷥不行也

康熙字典補遺巳集
爿 部

【牂】日장. 子兩切 日저. 徂古切
字義 ■클 장. (大也) [字彙補]子兩切音奬[六書略]大也 ■는 ■과 모두 같음. 又徂古切音俎義同

康熙字典補遺巳集
片 部

【版】日책. 丑格切 日척.
字義 ■의미상(義未詳). [篇海類編]丑格切音冊 ■살갗틀 척. (살갗에 낀) 때. (皴也) [字彙補]音斥皴也

【牏】하. 呼嫁切
字義 구멍 하. (孔也) [龍龕]呼嫁切孔也

【牐】탑. 土洽切
字義 성문닫을 탑. (閉城門也) [龍龕]土洽切下牐閉城門也

康熙字典補遺巳集
牛 部

【牟】호. 胡故切
字義 잠깐 호. (臾也) [篇海類編]胡故切音護臾也

【牞】日벌. 日가. 古珂切
字義 ■벌(伐)의 譌字. [篇海類編]伐字之譌 ■나팔동아리 가. (羣角也) [字彙補]古珂切音歌羣角也

【牜分】분.
字義 소네살 분. (牛四歲也) [川篇]音分牛四歲也

【牞斤】日건. 日과. 苦禾切
字義 ■건(犍)과 同字. [篇海類編]同犍 ■과(科)와 同字. 又[字彙補]苦禾切音科義與科同

【牵】거. 丘踞切
字義 소걷는모양 거. (牛行貌) [篇海類篇]丘踞切音去牛行貌

【牪】보.
字義 소고기말릴 보. (牛肉乾也) [海篇]音輔牛肉乾也

【牰】토. 他刀切
字義 소걸음더딘모양 토. (牛行遲貌) [龍龕]他刀切牛行遲貌

【牫】수.
字義 소처럼사나울 수. (牛狠也) [篇海類編]音須牛狠也

【牃】첩.
字義 소 첩. (牛也) [篇海類編]音牒牛也

【牋】진. 照新切
字義 먼옛날 진. (優古) [字彙補]照新切音眞[石鼓文]牋牋優古

【犕】비. 房六切
字義 ①비(犕)와 同字. ②소부릴 비. (用牛也) [字彙補]房六切與犕同用牛也

【犩】회.

字義 짐승이름 회. (獸名) [搜眞玉鏡]音會[字彙補]獸名

【犥】장.
字義 소순할 장. (牛善也) [篇海類編]音藏[字彙補]牛善也

康熙字典補遺巳集
犬部

【犮】발. 邦潑切
字義 개달아날 발. (犬走也) [字彙補]邦潑切音撥犬走也

【犲】 음미상(音未詳)
字義 재상(宰相)의 관인(官印). (相印) [字彙補]音未詳[印藪]有狪犲相印

【狆】 음미상(音未詳)
字義 오랑캐의 이름. [字彙補]音未詳狆宗苗人名也見諸苗考

【狁】원.
字義 원(猿)과 同字. [韻會]同猿

【狃】일.
字義 ①사냥할 일. (狩也) [篇海類編]音日狩也 ②짐승 일. (獸也) [字彙補]獸也

【狄】 음미상(音未詳)
字義 광서의 오랑캐 종족. (廣西苗種也)[字彙補]音未詳廣西苗種也

【犾】랄. 勒沒切
字義 화살쏠 랄. (箭射也) [篇海類編勒沒切音捋箭射也

【狋】一저. 二 三시. 承紙切 豕紙切
字義 一개이름 저. (犬名) [篇海類編]音抵犬名 二짐승이름 저. 여우 비슷함. (獸名) 又[龍龕]承紙切獸名似狐出則有兵也 三은 二와 같음. 又豕紙切義同

【狣】시.
字義 짐승이름 시. (獸名) [龍龕]音柴[字彙補]獸名

【狚】단.
字義 이리와비슷한짐승 단. (似狼) [龍龕]音旦獨狚似狼

【狱】안.
字義 안(犴)과 同字. [字彙補]與犴同[漢外黃令高君碑]獄狱生屮邦無怨聲

【犾】조
字義 검은개 조. (黑犬) [海篇]音早黑犬

【狣】연.
字義 연(然)과 同字. [字彙補]與然同[石鼓文]眞狣會同

【猅】극. 古客切
字義 사람이름 극. (人名) [字彙補]古客切音革人名

【猳】가. 古遐切
字義 돼지 가. (豕也) [搜眞玉鏡]古遐切[字彙補]豕也

【猰】설.
字義 짐승이름 설. (獸名) [五音篇海]音挈[字彙補]獸名

【猈】 음미상(音未詳)
字義 동북쪽오랑캐 명칭. (東北苗人名)[字彙補]音未詳東北苗人名明季都司傅元勳攻白蕩毛臺斬獲大頭目阿獨猈苗級二十一

【猸】전. 丁年切
字義 의미상(義未詳) [海篇]丁年切音顚

【猒】염. 於閻切
字義 배부를 염. (飽也) [龍龕]於閻切飽也犬甘肉又[字彙輔]飽也

【猆】비. 邊兮切
字義 감옥 비. (牢獄也) [字彙補]邊兮切音卑牢獄也[揚子法言]猆犴使人多禮乎[宋咸註]猆當作狴

【猹】삼. 所甲切
字義 암컷돼지 삼. (豕母也) [川篇]所甲切豕母也

【猭】환.
字義 짐승이름 환. (獸名) [五音篇海]音患[字彙補]獸名

【猵】반. 逋還切
字義 짐승이름 반. (獸名) [集韻]逋還切音班獸名

【猳】一낭. 女江切 二노. 乃刀切 三뇨. 女交切
字義 一털많은개 낭. (多毛犬也) [龍龕]女江切多毛犬也 二 三은 一과 모두 같음. 又乃刀切又女交切義厸同

【猲】석. 詳亦切
字義 석(猎)과 同字. (名猎猎[註]或作猲) [字彙補】詳亦切音夕與猎同[山海經]黑蟲如熊名猎猎[註]或作猲

【獙】안.
字義 개 안. (犬也) [五音篇海]音顔犬也

【獓】로. 盧故切
字義 능할 로. (熊也) [字彙補]盧故切音路[駢雅]子獓熊也

補遺(巳集) 犬部

【獜】린.
字義 린(獜)의 본자. [說文]獜本字

【豬】령. 郞丁切
字義 돼지똥 령. (猪糞) [五音集韻]郞丁切音靈 [通俗文]猪糞曰豬

【獶】우.
字義 우(優)와 同字. [字義總略]與俳優之優同

康熙字典補遺午集
玉 部

【玐】팔.
字義 구슬 팔. (玉也) [奚韻]音八玉也

【玗】발. 補戛切
字義 귀신이름 발. (神名) [五音篇海]補戛切神名

【玖】구.
字義 검은구슬모양 구. (黑玉貌) [川篇]音久黑玉貌

【玟】민.
字義 ①민(瑉)과 同字. ②추한옥이름 민. (惡玉名) [字彙補]與瑉同 [周禮弁師註]玟惡玉名

【珦】사.
字義 옥도장 사. (玉印) [川篇]音徙玉印

【珧】공.
字義 구슬 공. (玉也) [川篇]音孔玉也

【琟】곡.
字義 ①자신을굽히고따를 곡. (觔曲也) ②구슬 곡. (玉也) [篇海類]音曲觔曲也又玉也

【瑝】曰전. 曰선.
字義 ―돌과비슷한옥 전. (石似玉也) [龍龕]音全石似玉也又音旋

【瑎】치. 直意切
字義 구슬 치. (玉也) [篇海類編]直意切音治玉也

【瑱】완.
字義 빛 완. (光也) [五音篇海]音阮光也

【壼】령.
字義 옥세공장인 령. (以玉事人) [五音篇海]音令以玉事人

【璕】한. 戶散切
字義 담청색 한. (玉色也) [字彙補]戶散切音旱玉色也

【璐】호.
字義 구슬 호. (玉也) [川篇]音号玉也

【瓄】전.
字義 옥빛 전. (玉光) [篇海類編]音田玉光

【瓔】노. 奴刀切
字義 구슬이름 노. (玉名) [五音篇海]奴刀切玉名

康熙字典補遺午集
瓜 部

【瓟】연.
字義 오이 연. (瓜瓟) [川篇]音緣瓜瓟

【瓢】표.
字義 표(瓢)의 本字. [字彙補]瓢本字

康熙字典補遺午集
瓦 部

【瓨】강. 古湯切
字義 큰독 강 (大甕) [字彙補]古湯切音岡大甕

【甌】曰곡. 古獲切 曰영. 烏耕切
字義 ―질그릇 곡. (瓦器也) [龍龕]古獲切瓦器也 ■는 ■과 같음. 又烏耕切義同

【甋】국. 古獲切
字義 질그릇 국. (瓦器) [篇海類編]古獲切音國瓦器

【甀】숙. 心卜切
字義 능히행할수없을 숙. (不能行也) [字彙補]心卜切音宿不能行也

【甓】음미상(音未詳)
字義 의미상(義未詳) [字彙補]音未詳 [武林舊事]大度金甓

【甗】휴.
字義 처마밑빌 휴. (宇下空也) [五音篇海]音攜宇下空也

康熙字典補遺午集
生 部

【姓】수. 心追切
字義 옳지않을 수. (不正也) [五音篇韻]心追切音雖不正也

【甡】삼. 所音切
字義 동아리 삼. (衆也) [字彙補]所音切音森衆也

康熙字典補遺午集
用 部

【蠃】포. 皮夫切
字義 푸른나방애벌레 포. (螟蛉也) [字彙補]皮夫切音蒲蠃蠃螟蛉也

康熙字典補遺午集
田 部

【畟】척. 昌石切

字義 ①농기구 척. (田器) ②땅이름 척. (地名) [篇海類編]昌石切音尺田器又地名

【𭺸】염. 汝鹽切

字義 큰거북 염. (巨龜) [字彙補]汝鹽切音髥巨龜

【岬】남. 那含切

字義 거북딱지있을 남. (龜有甲) [字彙補]那含切音南龜有甲

【畗】회. 古位切

字義 의미상(義未詳) 회해(畗塽) [字彙補]古位切音檜畗塽

【畖】할. 下甲切

字義 들러붙을 할. (相著也) [字彙補]下甲切音轄相著也

【䚞】자.

字義 ①노나라천지제 자. (魯郊禮) ②더할 자. (益也) [五音篇海]音玆魯郊禮䚞又益也

【畾】채. 初瓦切

字義 ①날카로운소리 채. (甲聲也) ②눈속을걸어갈 채. (雪中行) [字彙補]初瓦切瓃上聲幕字甲聲也又雪中行。

【畽】언. 而宣切

字義 성밑경작지 언. (城下田也) [字彙補]而宣切音瞓 城下田也

【畩】주.

字義 밭 주. (田也) [川篇]音紬田也

【畾】탄.

字義 탄(疃)과 同字. 䵣으로 쓰면 오류임. [字彙補]疃字見石鼓文[字彙]作䵣誤

康熙字典補遺午集
广 部

【疘】구.

字義 병 구. (病也) [川篇]音鳩病也

【疘】규. 居幽切

字義 토사광란 규. (腹急病也) [龍龕]居幽切腹急病也

【㾑】우. 以主切

字義 ①병 우. (病也) ②근심할 우. (憂心也) [龍龕]以主切病也憂心也

【疧】지.

字義 조그마한병증 지. (小疾) [篇海類編]音旨小疾

【瘳】구.

字義 병날 구. (病也) [龍龕]音救病也

【疺】왕. 烏光切

字義 여윌 왕. (瘦也) [搜眞玉鏡]烏光切音汪瘦也

【㾴】배. 補回切

字義 결릴 배. (結痛也) [五音篇海]補回切結痛也

【瘓】외. 烏外切

字義 유난스럽도록깨끗함을좋아하는성벽 외. (潔病也) [篇海類編]烏外切潔病也

【瘟】압. 烏合切

字義 숨찰 압. (短氣也) [龍龕]烏合切短氣也

【瘂】아. 烏雅切

字義 말하지않을 아. (不言也) [龍龕]烏雅切不言也

【瘺】누. 奴侯切

字義 남창 누. (兔子也) [龍龕]奴侯切兔子也

【瘿】영.

字義 병날 영. (病也) [篇海類編]音營病也

【癋】침.

字義 뱃병 침. (腹病也) [五音篇海]音沉腹病也

【癏】수. 所追切

字義 병날 수. (病也) [龍龕]所追切病也

【癋】학. 何各切

字義 울화 병. (心病) [字彙補]何各切音鶴心病

【癋】극.

字義 병날 극. (病也) [篇海類編]音極病也

【癳】애. 烏對切

字義 지칠 애. (㾪也) [龍龕]烏對切癳㾪也

【應】응.

字義 응(應)의 本字. [字彙補]應本字

【癳】궐. 居月切

字義 졸도병 궐. (倒病也) [川篇]居月切倒病也

康熙字典補遺午集
𠬢 部

【𠬢】국. 九六切

字義 양손 국. (兩手舉) [龍龕]九六切兩手舉

康熙字典補遺午集
白 部

【𤼙】지.
字義 흴 지. (白也) [海篇]音支白也

【𤼚】지.
字義 흴 지. (白也) [五音篇海]音支白也

【𤼜】전.
字義 샘솟는물 전. (水泉) [篇海類編]音全水泉

【𤼠】무. 亡幽切
字義 가늘 무. (細也) [集韻]亡幽切繆平聲細也

【𤼢】사.
字義 말씀 사. (詞也) [海篇]音雛詞也

【𤼨】렴.
字義 흰빛 렴. (白光) [五音篇海]音廉白光

【𤼩】재.
字義 재(𧶠)의 俗字. [餘文]俗𧶠字

【𤼪】작. 字爵切
字義 흴 작. (白也) [字彙補]字爵切音嚼[廣雅]𤼪𤼪景景白也

康熙字典補遺午集
皮 部

【𤿲】취. 楚貴切
字義 소름 취. (粟體也) [龍龕楚貴切粟體也

康熙字典補遺午集
皿 部

【盈】영.
字義 영(盈)과 同字. [字彙補]漢靈臺碑盈字

【盂】소.
字義 그릇 소. (器也) [龍龕]音昭器也

【盚】조. 止遙切
字義 그릇이름 초. (器名也) [說文長箋]止遙切音招器名也博古圖有盚盂鐘銘[字彙]作盚

【盂】맹.
字義 맹(盂)과 동자. [字彙補]與盂同見韓敕修孔子廟後碑

【盉】몽.
字義 몽(饛)과 同字. [字彙補]與饛同見楊愼奇字韻

【盠】진. 將鄰切
字義 기운을포함한액체 진. (氣之液也) [五音集韻]將鄰切音津氣之液也

【盨】소. 始土切
字義 그릇에채울 소. (載器也) [篇海類編]始土切音所載器也

【鑾】려.
字義 려(盠)와 同字. [說文長箋]與盠同

【盧】탁. 丑困切
字義 다섯가지맛으로고기와채소를조리할 탁. (五味調肉菜) [廣韻]丑困切音踔五味調肉菜

康熙字典補遺午集
目 部

【𥄳】도. 湯勞切
字義 눈에쌍거풀질 도. (目重臉也) [字彙補]湯勞切音叨目重臉

也見𥄳字註

【䁔】진.
字義 밝을 진. (明也) [龍龕]之忍切明也

【昺】병.
字義 밝을 병. (明也) [篇海類編]音丙明也

【䀩】강. 吉羊切
字義 발라강(鉢羅 䀩) 강. 범어(梵語)로 지혜로움을 이르는 말. [奚韻]吉羊切梵語鉢羅 䀩此云智也

【𥄙】도. 他刀切
字義 분명을눈으로확인할 도. (目通白) [篇海類編]他刀切音滔目通白[楊氏古音]唐小說術士相裴夫人目𥄙而緩主淫俗誤作𥄙長之𥄙非又作𥄙

【䁤】무.
字義 무(貿)와 同字. [轉注古音]䁤與貿同王柏云貿相易也而爲䁤矇之貿[素問]目䁤䁤然

【瞀】창. 丑絳切
字義 ①창(瞀)과 同字. [篇海類編]丑絳切音創與瞀同 ②직시할 창. (直視也) 直視也

【𥅴】연. 如延切
字義 개고기 연. (犬肉也) [餘文]如延切犬肉也

【𥄞】㊀니. 女利切 ㊁알. 烏活切
字義 ■ 눈오목한모양 니 (目深貌) [篇海類編]女利切音膩目深貌 ■는 ■과 같음. 又烏活切音斡義同

【眰】㊀황. ㊁망.
字義 ■ 눈어두울 황. (目不明

也) ■는 ■과 같음. [龍龕]音
荒目不明也又狼眜也音忙義同

【眇】 사. 先何切
字義 엿보는모양 사. (偸見貌)
[篇海類編]先何切音梭偸見貌

【䀿】 치. 昌志切
字義 힐끗볼 치. (瞥也) [字彙
補]昌志切音熾瞥也

【䀇】 접. 卽葉切
字義 눈썹 접. (目䀇也) [龍龕]
卽葉切音接目䀇也

【瞉】 편. 邦見切
字義 볼 편. (視也) [字彙補]
邦見切音遍視也

【䀛】 만. 母版切
字義 ①만(晚)과 同字. [篇海類
編]母版切蠻上聲與晚同 ②직접
보는모양 만. (目視貌) 䀛瞖目
視貌

【䁐】 역.
字義 볼 역. (視也) [川篇]音役
視也

【瞇】 미.
字義 애꾸눈 미. (眇目) [川篇]
音彌眇目曰瞇

【䁓】 욱. 呼臭切
字義 볼 욱. (視) [篇海類編]呼
臭切音旭視䁓

【䁑】 曰계. 曰시.
字義 ■계(瞖)의 본자. ■볼
시. (視) [說文]瞖本字視也

【䀾】 구.
字義 두리번거리는모양 구. (左
右視貌) [龍龕]音俱左右視貌

【䁋】 굴. 苦骨切

字義 눈밝을 굴 (目卽) [奚韻]
苦骨切音窟目卽䁋

【䢢】 귀. 居爲切
字義 가래 귀. (耒也) [篇海類
編]居爲切音歸[廣雅]耒也

【瞔】 이. 何其切
字義 사람의성씨 이. (人姓) [字
彙補]何其切音移人姓

【䁮】 曰감. 苦洽切 曰함.
胡紺切
字義 ■감(瞰)과 통용. [餘文]苦
洽切陷也通作瞰 ■눈오목한모양
함. (目深貌) 又胡紺切目深貌

【瞥】 구.
字義 겨를없을 구. (無暇也) [奚
韻]苦搆切瞥瞥無暇也

【瞥】 曰리. 力智切 曰례. 力
計切
字義 ■엿볼 리. (竊視也) [餘
文]力智切竊視也 ■는■과 모
두 같음. 又力計切義同

【䁴】 혈.
字義 눈침침할 혈. (目不明)
[龍龕]火結切目不明

【矃】 특. 他則切
字義 누우려하는모양 특. (欲臥
貌) [篇海類編]他則切音弑矃矃
欲臥貌

康熙字典補遺午集
矛　部

【矜】 건.
字義 창자루 거. (矛柄) [五音
篇海]巨巾切矛柄

【䂊】 曰막. 莫角切 曰무.
莫候切 曰모. 莫胡切
字義 ■눈침침할 막. (目不明
也) [龍龕]莫角切目不明也 ■

소경 무. (矕稬也) 又莫候切矕
稬也 ■유자장 모. (榆子醬也)
又莫胡切稬榆子醬也

【穊】 창.
字義 창 창. (矛也) [川篇]音窓
矛也

康熙字典補遺午集
矢　部

【炫】 겁. 去法切
字義 화살 겁. (矢也) [川篇]去
法切矢也

【䂔】 적. 智宅切
字義 득수 적. 풍수지리에서
묘지에서 보아 산속에서 나와
산속으로 흐르는 물이 처음
보이는 지점. (得水也) [川篇]
智宅切音摘得水也

【䂕】 체.
字義 성 체. (姓也) [字彙補]音
滯姓也

康熙字典補遺午集
石　部

【砐】 갈. 苦八切
字義 돌모양 갈. (石狀也) [龍
龕]苦八切石狀也

【硜】 갱.
字義 광석을잘게부수는일 갱.
(破石) [川篇]音坑破石

【砽】 독. 徒木切
字義 농사에쓰는농구 독. (種田
具) [字彙補]徒木切音獨種田具

【砨】 괴. 古壞切
字義 마치옥같은돌 괴. (石似玉
也) [龍龕]古壞切音怪石似玉也

【䂪】 절.

字義 돌 절. (石也) [篇海類編] 音切石也

【砠】선.
字義 선(墠)과 同字. [字彙補] 漢武梁碑墠字

【硪】아.
字義 불똥 아. (石光也) [川篇] 音訝石光也

【砱】록. 力谷切
字義 ①이루기어려운모양 록. (難致貌) [字彙補]力谷切音祿難致貌 ②힘을다하여극치에이를 록. (力沒以盡) [揚子太玄經]拔石砱砱力沒以盡

【砳】광. 古猛切
字義 금은의순박 광. (金銀璞也) [篇海類編]古猛切音礦金銀璞也

【硈】름. 良忍切
字義 돌모양 름. (石貌) [篇海類篇]良忍切音廩石貌

【砮】독. 都毒切
字義 때릴 독. (砥也) [龍龕]都毒切音篤砥也

【硴】찰. 子末切
字義 핌박할 찰. (逼也) [篇海類編]子末切音拶逼也

【硈】갈. 康札切
字義 물을 갈. (問也) [龍龕]康札切問也

【硴】첨. 初錦切
字義 갈아엎을 첨. (反土也) [五音篇海]初錦切反土也

【磢】상.
字義 악의기초인북 상. (鼓磢石) [篇海類編音頻鼓磢石

【磧】저. 七余切
字義 저(砠)와 동자. [篇海類編]七余切同砠石山戴土

【碄】참. 初錦切
字義 돌부딛치는소리 참. (礛) [字彙補初錦切參上聲[黃香九宮賦]扶礐碄而朴雷公[註]礛一作碄

【礌】타. 都瓦切
字義 비소유황화합물 타. (雌黃也) [篇海類編]都瓦切音打雌黃也

【碾】참. 楚扇切
字義 명주를빠는돌판 참. (碾繒石也) [字彙補]楚扇切音懺碾繒石也

【礕】벽. 普擊切
字義 벽(礔)과 同字. [五音篇海]普擊切與礔同礕礰石聲也

【爨】음미상(音未詳)
字義 이름자(名字). [字彙補]音未詳[太淸金液神氣經]東嶽姓歲名爨

【蟲】두.
字義 두(蠹)와 同字. [字彙補]與蠹同[穆天子傳]蟲書於羽林

【礓】강.
字義 돌 강. (石也) [篇海類編]音薑石也

【礭】령. 力丁切
字義 돌구멍 령. (石硠也) [五音集韻]力丁切音靈石硠也

康熙字典補遺午集
示　部

【祂】취. 蚩瑞切
字義 앙화끼칠 취. (祟也) [篇海類編]蚩瑞切吹去聲祟也

【祸】화. 胡果切
字義 은혜베풀 화. (惠也) [川篇]胡果切祸惠也 (祸字原从示从朶作)

【褚】활. 何沫切
字義 사당 활. (祠也) [字彙補]何沫切音活祠也

【裯】日曰주.
字義 ■저주하는사람저주하는 이름 주. (咒人詛名) [篇海類編]音朱咒人詛名■는■과 같음. 又音注義同

【數】쇄. 想恚切
字義 초나라사람들이길흉을묻는말 쇄. (楚人問吉凶也) [篇海類編]想恚切音碎[方言楚人問吉凶也

【禋】인.
字義 ①공경할 인. (敬也) ②변방 인. (塞也) [五音篇海]音因敬也塞也

【褄】신.
字義 신(神)의 본자. [說文]神本字

【禍】류. 力又切
字義 제사 류. (祀也) [龍龕]力又切音溜祀也

【禱】도.
字義 ①도(禱)와 同字. [字彙補]與禱同 ②양제 도. 국왕이돌림병을 물쳐달라고 지내는 제사. (禳祭也) [廣雅]禱禜禳祭也

【禰】니.
字義 니(祁)의 本字. [說文聞箋]祁本字

【禴】약.
字義 약(禴)과 同字. [集韻同禴

【禯】령.
字義 령(禯)과 同字. [集韻同禯

康熙字典補遺午集
內　部

【黹】음미상(音未詳)
字義 의미상(義未詳). [字彙補]音未詳[荀子禮論篇]絲黹縷翣[註]絲黹未詳蓋亦喪車之飾或曰黹讀爲魚謂以銅魚懸於地下縷讀爲柳蔞字誤爲縷字耳

【㒼】만.
字義 ①만(萬)의 本字. [字彙補]萬本字 ②꿀벌이름 만. (蜂名) [埤雅蜂名

【㒼】만.
字義 만(萬)과 同字. [說文長箋]與萬同

【䶹】曰曰비. 扶味切 扶唱切
字義 ■짐승이름 비. (獸名) [龍龕]扶味切獸名 ■는 ■과 같음 又扶唱切義同

康熙字典補遺午集
禾　部

【秖】리.
字義 리(利)과 同字. [說文長箋同利

【秨】도. 都了切
字義 벼이삭고개숙인모양 도. (禾穗垂貌) [龍龕]都了切禾穗垂貌

【私】음미상(音未詳)
字義 좁쌀향기가 없다. [字彙補]音未詳[呂氏春秋]秎米而不香

【秚】칠. 則骨切
字義 움벼 칠. (秙也) [龍龕]則骨切秚秚也

【䄅】종. 直宗切
字義 방문열 종. (張開屋也) [五音篇海直宗切䄅張開屋也

【稅】종.
字義 종(稷)의 籒文. [篇海類編]籒文稷字

【秴】음미상(音未詳)
字義 복성(游秴) (複姓也) [字彙補]音未詳[奇姓通]游秴複姓也 [英賢傳]游秴子著書言法家之事

【稱】칭.
字義 칭(稱)과 同字. (合是稱字) [龍龕]隨函云合是稱字經文名稱世界也

【稌】타.
字義 이삭고개숙일 타. (穗下) [川篇音朵[字彙補穗下曰稌

【㮇】이.
字義 형세가뒤집힐 이. (易轉也) [篇海類編]音移遷㮇易轉也

【穌】음미상(音未詳)
字義 의미상(義未詳) [字彙補音未詳[漢鏡謌]向始穌冷將風陽

【䅶】여. 與黎同
字義 어린이 여. (倪也)[字彙補]與黎同[漢孔宙碑]䅶儀凱康儀卽倪也

【穦】건. 古典切
字義 다발 건. (小束也) [篇海類編]古典切聲同減小束也

【穀】곡. 古鹿切
字義 선법요해경에서나온 곡. (出禪法要解經) [字彙補]古鹿切音谷出禪法要解經

【穤】선. 市元切
字義 제기 선. (邊豆也) [字彙補]市元切音宣邊豆也

【馨】형.
字義 형(馨)과 同字. [字彙補]讀與馨同[金匱要略]馨飪之邪

【穤】별. 蒲結切
字義 벼향기 별. (禾香也) [字彙補]蒲結切音別禾香也

【秦】진.
字義 진(秦)의 本字. [字彙補]秦本字見羅泌·國名記

【䄉】음미상(音未詳)
字義 태상진황법자(太上眞皇法字) 䄉 [字彙補]音未詳[三尊譜錄]太上眞皇法字䄉

【稣】曰수. 垂毀切 曰다. 丁禾切
字義 쌓을 수. (積也) [字彙補]垂毀切音董[廣雅]稣積也 又丁禾切音多

【穊】자. 子之切
字義 벼자라는모양 자. (禾生貌) [篇海類編]子之切音茲禾生貌

【龝】추.
字義 추(秋)와 同字. [字彙補]同秋見漢楊著碑

康熙字典補遺午集
立　部

【童】동.
字義 동(童)의 籒文. [五音篇海籒文童字

康熙字典補遺未集
竹 部

【𥬰】日축. 日독.
字義 축(竺)과 同字. [龍龕]同竺 ①독(篤)과 동자. 又[字彙補]與篤同 ②두터울 후. (厚也) [楚辭天問]帝惟元子帝何竺之 [註]厚也

【𥮊】음미상(音未詳)
字義 수레(車𥮊) [字彙補]音未詳[呂氏春秋註]車𥮊

康熙字典補遺未集
米 部

【糰】음미상(音未詳)
字義 사람이름. (人名) [字彙補]音未詳人名[韓非子龐糰氏之子不孝

【糔】소. 蘇弔切
字義 죽 소. (糜也) [篇海類編]蘇弔切音笑糜也

【糏】령.
字義 령(䊩)과 同字. [集韻]與䊩同

【糷】미. 忙皮切
字義 부술 미. (碎也) [字彙補]忙皮切音糜碎也

康熙字典補遺未集
糸 部

【絺】치.
字義 치(絺)와 同字. [字彙補]絺字[楊愼文集]文徵明作絺乃是留字草書之謬

【編】라. 魯過切
字義 ①가늘지않을 라. (不細也) ②고르지않을 라. (不均也) [字彙補]魯過切音臝不細也又不均

也

康熙字典補遺未集
缶 部

【鎝】음미상(音未詳)
字義 의미상(義未詳) [字彙補]音未詳出穆天子傳

康熙字典補遺未集
网 部

【罖】월.
字義 월(粵)과 同字. [字彙補]與粵同[路史國名記]有揚罖

【罞】모. 莫厚切
字義 벼리 모. (그물의 윗쪽 코를 꿰어놓은 줄) (網綱) [篇海類編]莫厚切音某網綱

【罥】권. 古充切
字義 걸 권. (掛也) [餘文]古充切音卷掛也

【罦】부. 縛謀切
字義 일의실패나잘못 부. (覆車也) [奚韻]縛謀切音浮覆車也

【罟】호. 戶故切
字義 그물 호. (網也) [奚韻]戶故切網也

【罬】번.
字義 의미상(義未詳) [字彙補]音煩

【䍽】군. 居羣切
字義 ①조상 군. (宗也) ②대단히많은떼거리 군. (天羣也) [字彙補]居羣切音君宗也天羣也

【䍷】권. 去倦切
字義 둥지 권. (窠網也) [篇海類編]去倦切音勸 網也

康熙字典補遺未集
羊 部

【羜】체.
字義 누런 체. (黃) [字彙補]事物紺珠羜如麂而黃

【羳】역. 移益切
字義 이끌어줄 역. (引給也) [字彙補]移益切音繹引給也

【羻】음미상(音未詳)
字義 사람 이름. (人名) [字彙補]音未詳人名[冊府元龜]周懿王名羻注一作羻

康熙字典補遺未集
耳 部

【耶】소. 詞卯切
字義 정자이름 소. (亭名也) [川篇]詞卯切亭名也

【聠】병. 普丁切
字義 귀막힐 병. (耳閉也) [五音集韻]普丁切聘平聲耳閉也

【聤】애. 五介切
字義 듣지않을 애. (不聽也) [川篇]五介切不聽也

【聅】타. 丁果切
字義 귓불 타. (耳垂也) [篇海類編]丁果切音朶耳垂也

【瞎】음미상(音未詳)
字義 의미상(義未詳) [字彙補]音未詳[呂氏春秋]於東邊候晉之道[註]晉一作瞎

康熙字典補遺未集
肉 部

【肞】필. 滂必切

字義 목살 필. (項肉也) [字彙補]滂必切音匹[字辨]項肉也

【肊】을. 烏棘切
字義 기찰 을. (氣滿也) [篇海類編]烏棘切音乙氣滿也

【肓】후.
字義 정나라에서 후자(肝)로 썼음. [石鼓文]其楚肓來鄭作肝

【敉】여. 人舉切
字義 물고기가신선하지못할 여. (魚不鮮也) [奚韻]人舉切音汝魚不鮮也

【肮】환. 胡玩切
字義 여드름 환. (皰肮也) [奚韻]胡玩切音換皰肮也

【肳】초. 初校切
字義 적을 초. (少也) [川篇]初校切音麨少也

【肶】예.
字義 한스럽게볼 예. (恨視也) [川篇]音詣恨視也

【膌】자.
字義 ①자(胏)와 同字.【字彙補】同胏, ②크게썬고기덩이 자. 大臠也見說文長箋

【塵】자.
字義 자(胏)와 同字. [字彙補]同胏見說文長箋

【胏】자.
字義 자(胏)와 同字. [說文長箋]同胏

【胵】굴. 口骨切
字義 엉덩이 굴. (臋也) [字彙補]口骨切音窟臋也

【肒】나. 奴下切

字義 살찐모양 나. (肥貌) [篇海類編]奴下切拏上聲膝肒肥貌

【脴】주. 側救切
字義 포육 주. 가슴. 흉부(胸部) (脯也) [龍龕]側救切音奏脯也

【脤】신. 時忍切
字義 누울 신. (臥脤也) [龍龕]時忍切音腎臥脤也

【烽】풍. 芳容切
字義 살찔 풍. (肥烽也) [字彙補]芳容切音豐肥烽也出貫珠集

【睍】현. 胡典切
字義 배 현. (腹睍也) [篇海類編]胡典切音峴腹睍也

【胴】국.
字義 살찔 국. (肥也) [篇海類編]音菊肥也

【晧】호.
字義 고기 호. (肉也) [川篇]音浩肉也

【脀】효.
字義 반찬 효. (饍也) [龍龕]音看饍也

【膜】월. 許役切
字義 살찐모양 월. (肥貌) [川篇]許役切音颭肥貌

【脮】퇴. 他內切
字義 살찐모양 퇴. (肥貌) [篇海類編]他內切音退肥貌

【腺】선. 時充切
字義 근육 선. (脛腸也) [龍龕]時充切音善脛腸也

【脬】포.
字義 포(脬)와 同字. [集韻]同脬

【臀】둔.
字義 사람이름 둔. (人名) [戰國策]勝臀人名[註]臀元作臀字書無之

【腈】육. 余六切
字義 기를 육. (長養) [龍龕]余六切音育長養覆腈也

【腃】첩. 吐涉切
字義 몸놀릴 첩. (肉動也) [龍龕]吐涉切音貼肉動也

【腜】산. 蘇干切
字義 기름 산. (脂肪也) [龍龕]蘇干切音珊脂肪也

【胝】저. 丁尼切
字義 살갗두터울 저. (皮厚也) [五音篇海]丁尼切音低皮厚也

【餽】능.
字義 능(能)과 同字. [集韻同能

【膔】후.
字義 후(喉)와 同字. [集韻]同喉

【腍】치. 陟利切
字義 살찔 치. (肥也) [五音篇海]陟利切音致肥也

【腒】간. 丘寒切
字義 갈라질 간. (坼也) [集韻]丘寒切音看腒腒坼也

【腤】답. 都盍切
字義 피부상태 답. 살갗 모양. (皮貌) [篇海類編]都盍切音答皵腤皮貌

【�‍腂】굉. 姑橫切

字義 윗배 굉. (大腹也) [篇海類編]姑橫切音觥膨脓大腹也

【腊】집. 子入切
字義 고기가살져기름이흐를 집. (肉肥而膏出也) [奚韻] 子入切音輯肉肥而膏出也

【朡】종.
字義 미친병 종. (狂病也) [川篇]音㚇狂病也 [字彙補]與朡字不同朡从舟

【膌】㊀절. ㊁지.
字義 ㊀절(膌)과 同字. [字彙補]與膌同 ㊁기름 지. (脂也) [廣雅]肝膌胹膋脂也

【腒】문.
字義 근두 문. (힘줄 운동때에 고정되어 있는 힘줄의한 끝을 이름) (筋頭也) [龍龕]音吻筋頭也

【鍊】사. 心米切
字義 적쇠 사. (炙具也) [字彙補]心米切音徙[韻寶]串鍊炙具也

【艝】서. 私呂切
字義 굴뚝 서. (囪也) [字彙補]私呂切音醑囪也

【脒】내.
字義 살찔 내. (肥也) [篇海類編]音乃肥也

【膭】위. 以醉切
字義 근육통증상 위. (肉疾貌) [龍龕]以醉切肉疾貌

【燅】섬. 徐廉切
字義 고기끓인국 섬. (湯瀹肉也) [字彙補]徐廉切音燖湯瀹肉也

【焜】곤. 古本切

字義 거위와오리고기구울 곤. (鵝鴨炙也) [五音集韻]古本切音衮鵝鴨炙也

【朕】음미상(音未詳)
字義 복사뼈. [字彙補]音未詳鼠朕足踝之下也見巢氏病源

【散】산. 蘇旦切
字義 고기잔조각 산. (발골후 뼈에 붙었거나 고기 잔조각) (雜肉也) [龍龕]蘇旦切音散雜肉也

【膝】슬.
字義 슬(膝)과 同字. [集韻]同膝

【膯】등. 他登切
字義 배부를 등. (飽也) [五音集韻]他登切音鼟飽也

【犠】의. 牛肌切
字義 ①희생체골의법도 의. (度牲體骨) ②의(儀)와 通用. [五音集韻]牛肌切音儀度牲體骨曰犠通作儀

【胹】감. 吉典切
字義 굳은살 감. (胝胹也) [篇海類編]吉典切音減胝胹也

【膤】잠. 兹三切
字義 절인고기 잠. (腌膤) [字彙補]兹三切音簪[元人塡詞]腌膤

【臠】련. 呂員切
字義 여윌 련. (瘦也) [集韻]呂員切音臠瘦也

【䜌】련.
字義 련(臠)과 同字. [字彙補]與臠同出石鼓文

【臝】라. 力戈切

字義 햇빛 라. (日光也) [字彙補]力戈切音羅日光也

康熙字典補遺未集
臣 部

【鑑】검. 力陷切
字義 두골이긴모양 검. (頭長貌) [集韻]力陷切臉去聲鑑顃頭長貌

康熙字典補遺未集
自 部

【𦣹】자.
字義 자(自)의 古字. [字彙補]古文自字見玉篇〇按[玉篇]作𦣹

康熙字典補遺未集
至 部

【㞢】무. 奉無切
字義 비방할 무. (謗也) [字彙補]奉無切音誣謗也

康熙字典補遺未集
臼 部

【舂】박. 疋各切
字義 절구질할 박. (舂也) [龍龕]疋各切音粕舂也

【臼】구.
字義 절구질할 구. (舂也) [川篇]音糗舂也

【槳】강.
字義 나무 강. (木也) [川篇]音江木也

【舂】삽.
字義 절구질소리 삽. (舂聲) [川篇]音插舂聲

【臼】문. 微悶切
字義 말실수할 문. (語之微損

也)[龍龕]微悶切音問語之微損也

【𦥔】차. 勼四切
字義 차례 차. (次第也) [字彙補]勼四切音次次第也

【𦥫】영. 於盈切
字義 아해 영. (𦥫兒也) [字彙補]於盈切音嬰𦥫兒也

【𦥰】영. 烏鄧切
字義 불사를 영. (蓺也) [五音篇海]烏鄧切音澱蓺也

康熙字典補遺未集
舌 部

【𦧇】구. 古朽切
字義 할틀 구. (舌取物也) [字彙補]古朽切音久舌取物也

【𦧉】탐. 他酣切
字義 혀내밀 탐. (吐舌也) [龍龕]他酣切吐舌也

【𦧒】함. 火占切
字義 소혀바닥 함. (牛舌) [五音篇海]火占切音姀牛舌

【𦧺】찬. 雛免切
字義 오로지 찬. (專也) [字彙補]雛免切音饌專也

康熙字典補遺未集
舛 部

【𦦋】린. 力丁切
字義 돌틈에괸물 린. (水在石閒也) [字彙補]力丁切音隣水在石閒也

康熙字典補遺未集
舟 部

【𦨅】정. 東汀切
字義 배이름 정. (舟名) [字彙補]東汀切音丁舟名

【𦨧】나. 乃何切
字義 선박이름 나. (船名) [字彙補]乃何切音那船名

【𦨷】승.
字義 밭두둑 승. (稻田畦) [龍龕]音繩稻田畦也

【𦩅】유.
字義 배이름 유. (舟名) [搜眞玉鏡]音酉舟名

【𦩖】방. 蒲光切
字義 배모양 방. (船貌) [篇海類編]蒲光切音傍船貌

【𦩭】황.
字義 황(艎)과 同字. [字彙補]同艎

【𦪃】감. 古覽切
字義 배의양옆 감. (舟之兩旁) [字彙補]古覽切音敢舟之兩旁曰𦪃

康熙字典補遺未集
色 部

【𦙝】파. 白駕切
字義 색흐릴 파. (色不眞也) [廣韻]白駕切音杷色不眞也 파(皅)로도 씀. [集韻]作皅

康熙字典補遺申集
艸 部

【芇】배. 布怪切
字義 풀이름 배. (草名) [篇海類編]布怪切音拜草名

【蒯】찰. 初夏切

字義 잡초를뽑아낼 찰. (掃地惡草) [篇海類編]初夏切音刹蒯掃地惡草

【荆】형.
字義 형(荊)과 同字. [正韻]同荆

【蔪】전.
字義 전(葥)과 同字. [說文]葥字

【綮】계. 胡計切
字義 나막신 계. (屨綮也) [篇海]胡計切音係屨綮也

【葿】호. 洪孤切
字義 그릇 호. (器也) [韻學集成]洪孤切音胡器也

【荓】병. 補耕切
字義 풀이름 병. (草名) [韻學集成]補耕切音絣草名

【蓯】송. 蘇弄切
字義 풀 송. (草也) [篇海]蘇弄切音送草也

【蒚】악. 乙角切
字義 모일 악. (聚也) [韻學集成]乙角切音渥聚也

【蕽】망.
字義 망(蕽)과 同字. [直音]同蕽

【薂】해.
字義 쑥 해. (蒿也) [直音]音亥蒿也

【蔆】여.
字義 莰의 譌字 (莰字之譌) [康熙字典]字彙音義未詳 [直音]音如○按此字疑卽揚雄蜀都賦莰字之譌

【薨】맹. 莫登切
字義 풀이름 맹. (草名也) [字彙補]莫登切音萌草名也

【蓯】총. 子悚切
字義 풀빽빽할 총. (草細密也)[字彙補]子悚切音總草細密也

【菈】음궐(音闕).
字義 의궐(義闕). (音義闕) [字彙補]呂氏春秋爲其唯厚而及鎗者菈之堅者耕之音義闕

【糤】산. 心坦切
字義 마비에걸릴 산. (麻木束) [字彙補]心坦切音散麻木束

【莏】사.
字義 사(莎)의 譌字. 莎字之譌 [本草莎木註]李時珍曰字韻書不載惟孫愐·唐韻莎字註云樹似桄榔則莏字當作莎衣之莎其葉離披如莎衣狀故謂之莎也

【蘱】비. 蒲糜切
字義 풀이름 비. (草名) [篇海類編]蒲糜切音脾草名

【蓶】리. 鄰溪切
字義 나라밖국가이름 리. (外國名) [篇海類編]鄰溪切音犁新蓶外國名

【蓩】모.
字義 모(耄)와 同字. [字彙補]與耄同見九經考異

【蓌】㊀사. 思果切 ㊁사. 沙瓦切
字義 ■현이름 사. [龍龕]思果切蓌人縣名 ■는 ■과 같음. 又沙瓦切義同

【蔟】주. 倉奏切
字義 새집 주. (鳥巢也) [字彙補]倉奏切音湊鳥巢也

【葩】바. 普巴切
字義 풀꽃무성한모양 바. (草花茂盛貌) [字彙補]普巴切草花茂盛貌

【蓁】예.
字義 예(潫)와 同字. [篇海]同潫

【蘤】파.
字義 파(葩)와 同字. [字彙補]同葩

【蕃】차. 且巳切
字義 도꼬마리 차. (枲耳) [字彙補]且巳切音此即枲耳

【蔪】㊀절. 食列切 ㊁접. 旨列切
字義 ■연이음을끊을 절. (斷而猶連也)[篇海]食列切音折斷而猶連也 ■는 ■과 같음 又旨列切音摺義同

【薁】욱. 於六切
字義 콩대 욱. (萁也) [字彙補]於六切音郁萁也

【蘞】렵.
字義 렵(蘞)과 同字. [字彙補]同蘞

【藪】음미상(音未詳)
字義 의미상(義未詳) [字彙補]音未詳見法帖釋文索靖書

【藃】학. 呼各切
字義 ①크게돼지부르는소리 학. (狶吼也) [字彙補]呼各切音壑[韻寶]狶吼也 ②학(蒦)과 同字. 與蒦同

【薩】살. 桑割切
字義 잃을 살. (失薩也) [字彙補]桑割切音撒失薩也

【䕧】제. 田黎切
字義 풀이름 제. (草名) [篇海]田黎切音提草名

【藸】치.
字義 치(菑)와 同字. [篇海]同菑

【蘋】갱. 丘庚切
字義 나물 갱. (菜也) [篇海]丘庚切, 音坑菜也

【蕨】경.
字義 토란줄기 경. (芋莖也) [篇海]音耿芋莖也

【蔵】사.
字義 풀 사. (草也) [字彙補]音司草也

【蘢】피.
字義 피(蘢)와 同字. [集韻]同蘢

康熙字典補遺申集
虫 部

【虫】닉.
字義 치통 닉. (齒病) [川篇]音匿齒病

【虼】음미상(音未詳)
字義 국명. (國名) [字彙補]音未詳虼魯國名至江南馬行七月見贏蟲錄

【蚿】제. 丁計切
字義 얼룩지네 제. (蚣蝀也) [奚韻]丁計切蚿蚣蝀也

【蚉】기.
字義 기(蚔)와 同字. [篇海類編]同蚔

【蚗】사. 心紫切

字義 용무리 사. (龍屬) [字彙補] 心紫切音史龍屬 [廣博物志] 明月之珠藏于蚌中蚈龍伏之○按史記·龜筴傳作蚖疑卽蚖字之譌

【螩】조. 同聊切
字義 큰가뭄 조. (大旱) 조(儵)로도 씀. [字彙補] 同聊切音條 [山海經] 獨山多螩蠝狀如黃蛇魚翼見則大旱 [字彙作儵

【蝫】방.
字義 방(蚌)과 同字. [同義鐸] 與蚌同

【蠡】리. 力脂切
字義 지네 리. (蚰蛆) [篇海類編] 力脂切音梨蝏蠡蚰蛆蜈蚣

【蛦】상.
字義 벌레이름 상. (蟲名) [搜眞玉鏡] 音爽蟲名

【蠊】락.
字義 하루살이 락. (朝生暮死蟲也) [龍龕] 音略渠蠊朝生暮死蟲也

【蚲】례.
字義 벌레이름 례. (蟲名) [字彙補音例蟲名

康熙字典補遺申集
行 部

【疜】랍. 力盍切
字義 발을들수없을 랍. (不能擧足也) [字彙補] 力盍切音臘不能擧足也

【衙】음미상(音未詳)
字義 ①아이놀이개. (小兒戱物) [字彙補] 音未詳小兒戱物 ②거리이름 개. (衙衙名) 又衙衙名

【術】□술. □육.

字義 ■술(術)과 同字. [捜眞玉鏡] 音育 [字彙補] 與術同借作迊 ■공을만세토록칭송할 육. (功稱萬世) [漢孟郁碑] 史士歌術功稱萬世

康熙字典補遺申集
衣 部

【衦】천.
字義 복빌 천. [川篇] 音千祈也

【衧】견. 古莧切
字義 옷 견. (衣也) [五音篇海] 古莧切衣也

【疟】장.
字義 장(裝)과 同字. [字彙補] 與裝同 [漢王純碑] 徹易衣疟

【祈】차. 尺夜切
字義 적삼 차. (衦衫也) [川篇] 尺夜切衦衫也

【袯】계.
字義 옷깃풀어헤칠 계. (開衣領) [龍龕] 音啓開衣領

【衼】지. 支義切
字義 적삼앞옷깃주름 지. (羅衫上前襟褶衼) [字彙補] 支義切音至 [元曲] 羅衫上前襟褶衼又音支見韻學集成

【裛】고. 古老切
字義 흰옷 고. (素衣也) [五音篇海] 古老切音槁素衣也

【袳】치. 尺氏切
字義 옷이긴모양 치. (衣長貌) [龍龕] 尺氏切衣長貌

【褺】첩.
字義 옷 첩. (衣也) [篇海類編] 音牒衣也

【褼】선. 旬緣切
字義 관건도포 선. (冠巾袍褼) [字彙補] 旬緣切音旋 [帝京景物略] 冠巾袍褼

【樹】보. 幷眇切
字義 소맷부리 보. (袖端樹也) [龍龕] 幷眇切袖端樹也

【裀】사.
字義 마를 사. (燥也) [川篇] 音謝燥也

【襒】별. 蒲結切
字義 옷털 별. (襒衣) [篇海類編] 蒲結切音別襒衣

【襀】적.
字義 옷주름 적. (襞也) [龍龕] 音積襞也

【裭】충. 且勇切
字義 홑옷 충. (禪也) [龍龕] 且勇切禪也

【裌】급. 古洽切
字義 옷마를 급. (褶衣也) [五音篇海] 古洽切褶衣也

【襐】상. 徐兩切
字義 옷 상. (衣也) [龍龕] 徐兩切衣也

【襁】강.
字義 강(襁)과 同字. [字彙補] 與襁同 [范氏·唐鑑] 貴妃以錦繡爲大襁裸褁祿山

康熙字典補遺申集
襾 部

【酉】음미상(音未詳)
字義 강산이름. (山名) [字彙補] 音未詳山名 [五嶽眞形圖] 鸑盧酉疏玉筍洞陽小瀉九疑羅浮等山爲衡州之佐命

康熙字典補遺酉集
見 部

【覛】㊀묵. 莫北切 ㊁목. 莫卜切
字義 ■돌진할 묵. (突前) [篇海類編]莫北切音墨突前 ■는 ■과 같음. 又莫卜切音目義同

【覘】첨. 丑艶切
字義 계절 첨. (候也) [川篇]丑艶切候也

【覥】성.
字義 성(覶)과 同字. [字彙補]同覶 [山海經]犂覶之尸

【䚽】규.
字義 규(覺)와 同字 [篇海類編]同覺

【覹】홀.
字義 질풍 홀. (疾風也) [五音篇海]呼骨切疾風也

康熙字典補遺酉集
角 部

【觛】저.
字義 저(觝)와 同字. [篇海類編]同觝

【觕】낙. 女角切
字義 뒤틀린집바르게잡을 낙. (屋觕) 뒤틀린활바르게잡을 낙. (調弓也) [龍龕]女角切屋觕亦調弓也

【觔】기.
字義 기(觙)와 同字. [篇海類編]同觙

【觬】비. 方迷切
字義 양옆일자뿔소 비. (橫角牛

也) [五音篇海]方迷切橫角牛也

【觥】사.
字義 사(觓)와 同字. [搜眞玉鏡]同觓

【觷】필.
字義 필(觷)과 同字. [海篇]同觷

【觫】선.
字義 뿔휘두를 선. (揮角) [篇海類編]音宣揮角

【觺】철.
字義 철(觬)과 同字. [篇海類編]同觬

【觰】철.
字義 철(觺)과 同字. [川篇]同觺

【觸】집. 阻立切
字義 뿔이많은모양 집. (角多貌) [龍龕]阻立切角多貌

【觡】교. 五交切
字義 단단할 교. (硬也) [篇海類編]五交切咬平聲硬也

【觽】불.
字義 뿔 불. (角也) [龍龕]音佛角也

康熙字典補遺酉集
言 部

【訉】범.
字義 수다떨 범. (多言也) [龍龕]音梵多言也

【脂】요.
字義 요(詧)와 同字. [字彙補]同詧

【詷】망.
字義 망(調)과 同字. [篇海類編]同調

【曡】흉.
字義 만(詡)과 同字. [五音篇海]同詡

【詝】저.
字義 저(詆)와 同字. [篇海類編]同詆

【詢】㊀잉. 如形切 ㊁이. 人之切
字義 ■①돌인할 잉. (因也) ②나아갈 잉. (就也) [字彙補]如形切音仍因也就也 ■는 ■과 같음. 又人之切音而義同

【謈】원.
字義 원(訧)과 同字. [說文長箋]同訧

【訹】진.
字義 진(詇)과 同字. [字彙補]與詇同 [後漢書]乃詔上詇民

【詎】기.
字義 기(詒)와 同字. [說文長箋]同詒

【諚】록.
字義 록(錄)과 同字. [篇海類編]同錄

【詄】질.
字義 질(跌)의 本字. [說文長箋]跌本字

【誇】과.
字義 과(誇)와 同字. [篇海類編]與誇同

【𧩈】눌.

字義 눌(訥)의 籒文. [字彙補]籒文訥字

【詚】녈. 奴結切
字義 성나꾸짖을 녈. (哩呵也) [餘文奴結切哩呵也]

【諑】치. 丑知切
字義 알지못할 치. (不知也) [篇海類編]丑知切音痴不知也

【諣】회. 呼怪切
字義 그르칠 회. (誤也) [搜眞玉鏡]呼怪切[字彙補]誤也

【諲】순.
字義 순(詢)과 同字. [集韻]同詢

【諜】첩.
字義 첩(諜)과 同字. [搜眞玉鏡]同諜

【詷】소.
字義 향할 소. (向也) [川篇]音素向也

【謦】추.
字義 추(諏)와 同字. [說文長箋]同諏

【諮】총.
字義 총(認)과 同字. [五音篇海]同認

【諧】자.
字義 자(訾)와 同字. [篇海類編]同訾

【諷】풍.
字義 풍(諷)의 俗字. [字彙補]俗諷字[三國志]敍魏諷

【譡】당.

字義 당(讜)의 생략자(省略字). [字彙補]讜字省文[十六國春秋]司隷不進讜言又慕容皝立納諫之木以開讜言之路

【誡】계.
字義 계(誡)와 同字. [篇海類編]同誡

【諨】삽.
字義 삽(譗)과 同字. [篇海類編]同譗

【譽】귀. 居位切
字義 부끄러울 귀. (媿也) [篇海類編]居位切音貴媿也

【諝】서.
字義 서(諝)와 同字. [龍龕]同諝

【諑】작.
字義 ①작(譴)과 同字. ②사람이름 작. (人名) [字彙補]同譴人名明上洛王勤諑

【謹】중. 竹用切
字義 사람이름 중. (人名) [字彙補]竹用切音衆人名[唐書·宦者傳]李茂貞跋扈不軌宰相杜讓能與內樞密使李周謹謀誅之

【謷】㊀오. 五牢切 ㊁요. 五交切
字義 ■ 오(謷)와 同字. [字彙補]五牢切與謷同見廣雅釋言 ■는 ■과 같음. 又五交切音堯義同

【譶】답.
字義 답(譶)과 同字. [說文長箋]同譶

【譖】제.
字義 제(諸)와 同字. 한성(韓城) 지방에서 발견된 종정(鐘鼎)에 색여져 있는 글자. (鼎文諸字) [字彙補]韓城鼎文諸字

【讌】연.
字義 연(讌)과 同字. [篇海類編]同讌

【讉】건.
字義 건(讉)과 同字. [篇海類編]同讉

【譴】매.
字義 매(譴)의 本字. [說文長箋]譴本字

【譬】평. 蒲眞切
字義 짝 평. (匹也) [說文長箋]蒲眞切音平匹也

康熙字典補遺酉集
豆 部

【豥】해. 古來切
字義 양의태반 해. (羊胎也) [字彙補]古來切音該羊胎也

【豼】비. 疋鄙切
字義 클 비. (大也) [字彙補]疋鄙切音媲大也

【豋】등.
字義 제기 등. (禮器) [篇海類編]音登禮器

【䘞】첩. 他協切
字義 북소리안날 첩. (鼓無聲也) [字彙補]他協切音貼鼓無聲也

【䜊】각. 苦角切
字義 ①삼갈 각. (謹也) ②착할 각. (善也) [字彙補]苦角切音恪謹也善也

【醰】담. 徒南切

字義 북소리담. (鼓聲)[字彙補]徒南切音覃鼓聲

康熙字典補遺酉集
豕　部

【豕】간. 古嶝切
字義 모을 간. (聚也)[海篇]古嶝切音艮聚也

【豞】曰허. 火巨切 曰활. 火角切
字義 돼지소리 허. (豕聲)[篇海類編]火巨切音許豕聲又火角切音豁

【㺠】유. 羊捶切 타. 徒臥切
字義 ①거세한돼지 유. (豶豕也)[字彙補]羊捶切音唯㺠豕也 ②돼지의딴이름 타. (豬別名)又徒臥切音惰豬別名

【㺔】거. 古去切
字義 되지이름 거. (豕名)[字彙補]古去切音據豕名

【㺵】유. 羊捶切
字義 불깐작은돼지이름 유. (小㺠名)[篇海類編]羊捶切音唯小㺠名

【䝈】위.
字義 위(䜌)와 同字. [篇海類編]同䜌

康熙字典補遺酉集
豸　部

【豜】짐. 丁林切
字義 능할 짐. (能也)[川篇]丁林切能也

【貋】모.
字義 모(貌)와 同字. [篇海類編]同貌

【貀】표. 平表切
字義 ①돼지비슷할 표. (似豕) ②졸 표. (善睡)[字彙補]平表切摽似豕善睡

康熙字典補遺酉集
貝　部

【貾】지.
字義 지(賍)와 同字. [篇海類編]同賍

【購】구.
字義 다스릴 구. (治也)[篇海類編]音遘治也

【賞】파. 普怪切
字義 나갈 파. (出也)[奚韻]普怪切音派出也

【賊】활. 呼括切 수.
字義 볼 활. (視也)[龍龕]呼括切視也[搜眞玉鏡]音戌

【貰】세.
字義 세(貰)와 同字. [字彙補]與貰同見佩觿

【貴】배. 蒲昧切
字義 ①배(背)와 同字. [字彙補]蒲昧切音佩與背同 ②성 배. (姓)又姓

【賝】침.
字義 침(賝)의 本字. [字彙補]賝本字

【賧】曰첩. 丑夾切 曰삽.
字義 ■도박 첩. (博戲也)[奚韻]丑夾切博戲也 ■삽(賧)과 同字.[字彙補]同賧

【賹】요. 伊姚切
字義 작을짐승이름 요. [字彙補]伊姚切音邀青賹小獸名[宛委餘編]青賹食虎

【貏】잔. 才干切
字義 재물의탐욕은백해무익한 독물 잔. (害物貪財也)[餘文]才干切音殘害物貪財也

【賦】윤.
字義 사람이름 윤. (人名)[字彙補]與贇同人名[駕令南唐書]朱文適以贇絪顔守泉州程賦守漳州

【賰】징.
字義 바탕 징. (質也)[川篇]音徵質也

【贘】구. 古候切
字義 속죄할 구. (贖也)[龍龕]古候切贖也

【贅】췌.
字義 ①췌(贅)와 同字. (贅)[字彙補]與贅同 ②얻을 췌. (得也)[廣雅]贅得也

【賰】준.
字義 이득 준. (益也)[川篇]音峻益也

【贇】종.
字義 ①의심스럽기는하나 종자(實字)에 가까음. [字彙補]疑卽實字 ②짐승이름 종. [管窺輯要]拂菻國有獸名贇大如狗獷惡而力

康熙字典補遺酉集
走　部

【趍】추.
字義 추(趨)와 同字. [搜眞玉鏡]同趨

【趍】추.
字義 추(趨)와 同字. [字彙補]與趨同[近思錄]若不可及則趍

望之心怠矣

【趨】결.
字義 걷는모양 결. (走貌) [龍龕]音結走貌

【趀】잡.　丈甲切
字義 길다니는태도 잡. (路貌) [奚韻]丈甲切趀洽路貌

【趨】전.　張延切
字義 옮길 전. (移也) [川篇]張延切移也

【趨】음미상(音未詳)
字義 의미상(義未詳) [字彙補]音義未詳見劉向·請雨華山賦

【趨】순.　詳倫切
字義 걸어갈 순. (走也) [字彙補]詳倫切音巡走也

【趨】산.
字義 산(趨)의 本字. [字彙補]趨本字見石鼓文

【趨】분.
字義 분(趨)의 本字. [字彙補]趨本字見石鼓文

康熙字典補遺酉集
足　部

【跙】규.　巨幼切
字義 ①규(趾)와 同字. [龍龕]巨幼切同趾　②더럽고추잡스런짓 규. (醜行之貌) 趾跰醜行之貌

【趸】도.　徒聊切 去聲
字義 ①뛸 도. (躍也) [龍龕]徒聊切躍也　②높이뛰어오를 도. 又跟蹄上也又去聲

【跀】호.　胡故切.

【跀】두무릎꿇을 호. (雙膝著地)
[龍龕]胡故切或上聲跀跪雙膝著地

【跰】日체.　丑例切 日예.
字義 뛰어오를 체. (跳躍也) [龍龕]丑例切趾踰跳躍也又音曳

【跑】박.
字義 진나라사람들의발로참을이를 박. (秦人謂蹴也) [五音篇海]音電秦人謂蹴也

【跰】축.
字義 발가락 축. (足指也) [川篇]音丑足指也

【踢】방.
字義 ①반딧불이 방. (趼也) [龍龕]音方趼也　②종아리굽을 방. (脚脛曲也) 又音傍脚脛曲也

【跷】강.　口郎切
字義 밟을 강. (蹄也) [川篇]口郎切蹄也

【踔】탑.　他達切
字義 꺼꾸러넘어지는모양 탑. (足跌貌) [篇海類編]他達切音塔足跌貌

【跷】호.
字義 약이름 호. (藥名) [龍龕]音毫藥名

【蹕】선.　息絹切
字義 ①걸어두루다닐 선. (足踏也) ②산등성이 선. (冈也) [五音篇海]息絹切足踏也又冈也

【趸】무.
字義 발병 무. (瞴也) [川篇]音戊瞴也

【踥】접.
字義 급히갈 접. (行急) [川篇]

音接行急

【蹑】섭.
字義 섭(躡)의 俗字. [字彙補]俗躡字見四史纂要

【踱】발.
字義 다리절 발. (足蹶也) [字彙補]音潑足蹶也

【蹿】기.　丘弭切
字義 벌려딛는모양 기. (開足貌) [龍龕]丘弭切開足貌

【蹟】日치.　陟利切 日지.
字義 ■밟을 치. (蹄也) [龍龕]陟利切蹄也 ■조아릴 지. (頓也) 又音智頓也

【蹇】지.
字義 뛸 지. (跳也) [奚韻]音輊跳也

【蹟】백.
字義 뒤에있을 백. (在後也) [川篇]音魄在後也

【蹣】단.　徒管切
字義 발자국 단. (踐處也) [餘文]徒管切踐處也

【蹻】각.
字義 뛰어갈 각. (超走也) [川篇]音脚超走也

康熙字典補遺酉集
車　部

【軒】우.　羽俱切
字義 수레 우. (車也) [篇海類編]羽俱切音于車也

【軵】불.
字義 주장을전개떨칠 불. (取轉拂) [北海相景君碑]宜參鼎軵 [隷釋]字書無軵字當是借作拂

取轉拂之義

【輌】시. 先伊切
字義 상여가는모양 시. (䡛輀也) [五音篇海]先伊切䡛輀也

【䡌】곡. 居玉切
字義 수레끌채묶는끈동일 곡. (車轒縛也) [奚韻]居玉切車轒縛也

【輕】갱. 去孟切
字義 바위움직일 갱. (石動也) [川篇]去孟切石動也

【𨋤】간. 苦寒切
字義 볼 간. (視也) [龍龕]苦寒切音看視也

【䡾】획. 何國切
字義 굴대 획. (車軸轉也) [海篇大成]何國切音獲車軸轉也

【𨌲】양. 魚向切
字義 가마 양. (轎也) [龍龕]魚向切𨌲轎也

【𨍏】거.
字義 수레바퀴테 거. (車輞也) [龍龕]音渠車輞也

【䡮】역. 夷益切
字義 수레 역. (車也) [篇海類編]夷益切音亦車也

【䡥】옹. 如隴切
字義 수레 옹. (車䡥也) [奚韻]如隴切車䡥也

【𨍉】운. 於軍切
字義 전쟁용수레 운. (兵車也) [五音篇海]於軍切兵車也

【𨍭】황.
字義 끌 황. (引也) [龍龕]音皇引也

【䡲】수.
字義 화창할 수. (暢也) [龍龕]音遂暢也

【𨍰】굉. 呼宏切
字義 뭇수레소리 굉. (衆車聲也) [龍龕]呼宏切音轟衆車聲也

【𨎌】륙.
字義 적재함 륙. (車箱也) [五音篇海]音六車箱也

【𨎆】치. 陟利切
字義 작을수레 치. (小車也) [川篇]陟利切音致小車也

【𨎨】내.
字義 굴대끝 내. (轊也) [龍龕]音乃轊也

【𨏔】총.
字義 바퀴 총. (輪也) [龍龕]音總輪也

【𨏞】음미상(音未詳)
字義 사람 이름. (人名) [字彙補]音未詳人名趙師𨏞見宋史宗室表

【𨏤】㊀혼. ㊁헌.
字義 ❶끌채앞에댄멍에 혼. (車軶也) [龍龕]音渾車軶也 ❷수레앞들어올릴 헌. (車前舉也) 又音軒車前舉也

【𨏽】나. 奴可切
字義 굴대끝 나. (轊也) [餘文]奴可切轊也

【𨐁】천.
字義 바퀴없는폐기수레 천. (死車無輪也) [川篇]音遄死車無輪也

【𨏿】치. 陟利切
字義 수레앞무거울 치. (車前重也) [龍龕]陟利切車前重也

【𨐂】광. 苦光切
字義 수레 광. (車也) [篇海類編]苦光切音匡車也

【𨐃】민. 眉殞切
字義 수레상자와굴대연결목아래멍에 민. (車軾兔下軶) [篇海類編]眉殞切音敏車軾兔下軶

【𨐅】령.
字義 수레창고이름 령. (輅廄名也) [川篇]音令輅廄名也

【𨐆】은.
字義 수레소리 은. (車聲也) [川篇]音隱車聲也

【𨐇】락. 盧各切
字義 돌아가는소리 락. (車轉聲) [篇海類編]盧各切音洛車轉聲

【𨐈】력.
字義 ①력(轣)과 同字. [字彙補]與轣同 ②수레짤 력. (維車) [揚子·方言]維車趙魏之閒謂之𨐈轆

【𨐉】얼.
字義 얼(钀)과 同字. [說文長箋]與钀同

【𨐊】철.
字義 철(𨐋)은 俗字. [篇海類編]音蜇俗謂𨐋𨐊也

康熙字典補遺酉集
辛 部

【𨐌】윤. 以忍切
字義 나아갈 윤. (進也) [字彙補]以忍切音尹進也

【𢻇】개.
字義 섞일 개. (雜也) [川篇]音介雜也

【𨐏】희. 灰義切
字義 명성 희. (伯名) [川篇]灰義切伯名

【𨐨】고.
字義 매운맛 고. (味辛也) [五音篇海]音袴味辛也

【劈】벽. 普擊切
字義 나눌 벽. (分也) [字彙補]普擊切音劈分也

【𧅐】황. 何光切
字義 의미상(義未詳). [字彙補]何光切音黃[劉子雜組]德德𧅐𧅐[石鼓文]作𧅐

【䇂䇂】경.
字義 경(競)과 同字. [字彙補]與競同[字彙]二言爲競

康熙字典補遺酉集
辵 部

【迀】척. 丑亦切
字義 절름발이 척. (跛也) [篇海類編]丑亦切音尺跛也

【赴】도.
字義 도(辻)의 本字. [字彙補]辻本字

【迌】제.
字義 앞으로나아가지못할 제. (不進也) [川篇]音帝不進也

【迋】와. 五和切
字義 의미상(義未詳) [篇海類編]五和切音譌迋迊也義未詳

【迅】졸.

字義 몹시빠르게부는바람 졸. (疾風也) [篇海類編]音拙疾風也

【迻】순.
字義 순(巡)의 譌字. [字彙補]巡字之譌[天淵發微]天日錯行陰陽更迻

【迣】주.
字義 걸어가는모양 주. (行貌) [龍龕]音走行貌

【迊】종. 疾容切
字義 말을들을 종. (相聽也) [篇海類編]疾容切音從[說文]相聽也

【𨑢】종.
字義 종(從)과 同字. [字彙補]與從同見漢孔耽碑

【迥】음미상(音未詳)
字義 차고넘치다. (壩衍) [字彙補]音未詳[揚雄·蜀都賦]壩衍迥野

【迋】작. 丑角切
字義 달릴 작. (走也) [篇海類編]丑角切音綽走也

【迌】유.
字義 다닐 유. (行也) [五音篇海]音由行也

【退】간.
字義 뛰다멈出 간. (走止也) [篇海類編]古恨切音艮走止也

【迦】曰사. 桑何切 曰조. 在早切
字義 ■부자연스러울 사. (造作也) [篇海類編]桑何切音婆造作也 ■조(造)와 同字. 又在早切 與造同

【迣】제.
字義 교대로할 제. (更互也) [龍龕]音弟更互也

【遷】천.
字義 천(遷)과 同字. [字彙補]與遷同見馮少墟集

【迍】둔. 杜本切
字義 어기다의상세한주석 둔. (註詳迕字) [篇海類編]杜本切音遁註詳迕字

【近】정.
字義 정(庭)과 同字. [字彙補]卽庭字見漢·吳仲山碑

【迸】팽.
字義 ①팽(逬)과 同字. ②급히갈팽. [集韻]必幸切與逬同行急也

【遺】삭.
字義 빠를 삭. (速也) [龍龕]士角切速也

【遍】아.
字義 맞을 아. (迎也) [五音篇海]音迓迎也

【逶】음미상(音未詳)
字義 已未名時 통경(通卿) [字彙補]音未詳[道書]已未名時通卿亦曰退逶

【逋】보. 博孤切
字義 ①매달 보. (懸也) ②평평할 보. (平也) [龍龕]博孤切懸也又平也

【運】리. 力紀切
字義 늘어놓을 리. (攡) [字彙補]力紀切音里[陳白沙詩]大學西銘迤運攡

【遙】오. 余昭切

字義 ①멀 오.(遠也) ②다닐 오.(行也) [龍龕]余昭切遠也行也

【逰】용.
字義 달릴 용.(走也) [川篇]音勇走也

【逽】교.
字義 모일 교.(會也) [五音篇海]音交會也

【逌】유.
字義 ①멀 유.(遠也) ②기체의 움직이는형상 유.(氣行貌) [龍龕]音由遠也氣行貌

【迦】가.
字義 가(迦)와 同字. [集韻]同迦

【逘】섭. 先叶切
字義 달아나는모양 섭.(遝逘也) [龍龕]先叶切遝逘也

【逳】一투. 他候切 二두. 徒候切
字義 一스스로뛰어내릴 투.(自投下也) [篇海類編]他候切音透自投下也 二는 一과 같음. 又徒候切音豆義同

【遥】오. 余昭切
字義 ①멀 오.(遠也) ②다닐 오.(行也) [龍龕]余昭切遠也行也

【逑】술.
字義 다닐 술.(行也) [川篇]音述行也

【遆】제. 土兮切
字義 엷을 제.(薄也) [篇海類編]土兮切音梯匾遆薄也

【逥】홀.
字義 방금 홀.(乍也) [五音篇海]音忽乍也

【逨】렬.
字義 절목많을 렬.(多節目也) [川篇]音列多節目也

【逤】홀.
字義 멀 홀.(遠也) [篇海類編]音忽遠也

【遉】연. 以絹切 亦作遉
字義 서로돌아보고행함 연.(相顧而行也) [五音集韻]以絹切音掾相顧而行也亦作遉

【遣】 음미상(音未詳)
字義 사람 이름.(人名) [字彙補]音未詳人名考告圖有遣磬銘

【遐】보.
字義 보(報)와 同字. [字彙補]同報見古文老子

【逹】달.
字義 달(達)과 同字. [字彙補]卽達字見蜀郡造橋碑

【遳】추. 楚潄切
字義 가지런할 추.(齊也) [字彙補]楚潄切搊去聲齊也

【遖】아. 五加切
字義 멀 아.(遠也) [五音篇海]五加切音牙遠也

【遚】착. 士角切
字義 ①착(辵)과 同字. ②빠를 착.(速也) [集韻]士角切音浞與辵同速也

【遒】유.
字義 말의의미와태도 유.(言意貌) [篇海類編]音酉言意貌

【遾】설.
字義 절목많을 설.(多節目也) [川篇]音挈多節目也

【遹】휼.
字義 휼(遹)의 本字. [字彙補]遹本字

【廻】회. 徒回切
字義 앞으로나아가지못할 회.(不進也) [五音篇海]徒回切不進也

【遾】현.
字義 멀 현.(遠也) [川篇]音現遠也

【邀】학. 呼角切
字義 쏜살같을 학.(急速也) [龍龕]呼角切急速也

【遪】정. 特丁切
字義 의미상(義未詳) [龍龕]特丁切音庭出續高僧傳

【遪】초. 初效切
字義 채울 초.(充也) [川篇]初效切充也

【遾】수.
字義 수(隨)와 同字. [字彙補]與隨同見漢劉熊碑

【遷】천.
字義 천(遷)과 同字. [字彙補]與遷同見楚孫相碑

【淵】연.
字義 걷는모양 연.(行貌) [奚韻]音淵行貌

【遭】독.
字義 다닐 독.(遺也) [龍龕]音獨遺也

【邎】유.
字義 멀 유. (遠也) [龍龕]音由遠也

【遘】구.
字義 행동을신중히할 구. (行謹也) [篇海類編]音救行謹也

【遄】대. 徒回切
字義 나아가지못할 대. (不進也) [五音篇海]徒回切不進也

【遜】잠. 子敢切
字義 빠를 잠. (速也) [奚韻]子敢切速也

【遚】현. 形旬切
字義 멀 현. (遠也) [篇海類編]形旬切音現遠也

【遳】변.
字義 변(邊)과 同字. [字彙補]與邊同見韓敕孔廟禮器碑

【禍】화. 何果切
字義 지날 화. 왕래하다. (過也) [字彙補]何果切音禍過也 [廣雅]僉禍也

【遰】체.
字義 체(滯)와 同字. [字彙補]與滯同見漢楊君碑

【遭】조.
字義 조(遭)와 同字. [字彙補]卽遭字見漢從事武君碑

【遧】달. 徒葛切
字義 풀이할 달. (解也) [龍龕]徒葛切音達解也

【逳】현. 兮賤切
字義 없을 현. (無也) [字彙補]兮賤切音現無也

【鐷】섭. 山夾切
字義 빨리갈 섭. (疾行也) [五音篇海]山夾切疾行也

【蓬】회. 何對切
字義 어김이없을 회. (無違也) [字彙補]何對切音會無違也

【邊】음미상(音未詳)
字義 적산(積山)에 이르다. (至於積山之邊) [穆天子傳]至於積山之邊音未詳

【邚】고.
字義 서로어긋날 고. (相違也) [龍龕]苦告切相違也

【遣】고.
字義 서로어긋날 고. (相違也) [龍龕]音靠相違也

【覤】유.
字義 자세히살펴볼 유. (深視也) [五音篇海]音由深視也

【邋】악. 吁角切
字義 쏜살같을 악. (急速也) [篇海類編]吁角切音朧急速也

【邈】막.
字義 막(邈)과 同字. [說文長箋]同邈

【遾】달. 徒合切
字義 걷다멈춰설 달. (行立也) [篇海類編]徒合切音達行立也

【邍】찬.
字義 천천히걸을 찬. (慢行也) [五音篇海]音贊慢行也

【邎】오. 余肖切
字義 좇아갈 오. (相隨行也) [奚韻]余肖切相隨行也

【䮰】흘.
字義 흘(鷁)과 同字. [說文長箋]與鷁同

康熙字典補遺酉集
邑 部

【邑】원. 怨阮切
字義 원(苑)과 同字. [字彙補]怨阮切與苑同 [鄭樵通志略]反邑爲苑

【邔】산.
字義 땅이름 산. (地名) [搜眞玉鏡]音山地名

【邟】항.
字義 항(巷)의 本字. [字彙補]巷本字

【邕】소.
字義 소(邲)와 同字. [說文長箋]與邲同

【邑】구.
字義 구(邱)와 同字. [說文長箋]同邱

【魷】비.
字義 비(鄧)와 同字. [六書統]與鄧同

【邙】호.
字義 고을 호. (邑也) [川篇]音昊邑也

【邥】㊀나. 諾何切 ㊁복. 房六切
字義 ■온나사 나. (國名) (溫邥沙) [字彙補]諾何切音那 [後周書]粟特國在葱嶺之西蓋古之庵蔡一名溫邥沙 ■숨을 복. (隱也) 又房六切音伏隱也

【邞】구.
字義 구(邱)와 同字. [集韻]邱

或作邶

【肺】과.
字義 과(腡)와 同字. [字彙補] 與腡同見路史國名記

【釴】전. 此緣切
字義 발라낼 전. (剗也) [字彙補]此緣切音詮剗也

【圯】기. 具義切
字義 산이름 기. (山名) [奚韻] 具義切山名

【㹞】은.
字義 땅이름 은. (地名) [五音篇海]音銀地名

【䢵】운. 有軍切
字義 나라이름 운. (國名) [字彙補]有軍切音云國名

【都】음미상(音未詳)
字義 의미상(義未詳) [字彙補]音義未詳[爻侗論六書篇]都居骰雜

【貝阝】패. 邦沛切
字義 땅이름 패. (地名) [字彙補]邦沛切音貝地名[羅泌國名記]卽貝阝氏定十三年齊衛境垂葭也諸樊入貝阝取楚夫人

【㽗】금.
字義 정자이름 금. (亭名) [字彙補]音琴亭名

【郂】회.
字義 시골이름 회. (鄉名) [龍龕]音回鄉名

【郙】부. 傍俱切
字義 성 부. (城也) [川篇]傍俱切城也

【䢚】군.
字義 군(郡)의 本字. [字彙補]郡本字[漢書酷吏傳]所居䢚必凌其豪

【郣】비.
字義 비(邳)와 同字. [字彙補]與邳同[漢孔宙碑]弟子下郣朱班也

【㖾】공.
字義 ①정자이름 공. (亭名) ②고을이름 공. (邑名) [龍龕]音恭亭名又邑名

【郜】고.
字義 ①고(郜)와 同字. [字彙補]與郜同 ②자작 고. (呰) [路史·國名記]呰子爵郜也今登封有廢郜城

【郇】환.
字義 나라이름 환. (國名) [川篇]音宦國名

【㫄阝】교.
字義 고을이름 교. (縣名) [川篇]去要切縣名

【郖】즙.
字義 시골이름 즙. (鄉名) [川篇]音汁鄉名

【姜阝】강. 古岡切
字義 강이름 강. (水名) [字彙補]古岡切音姜水名[山海經]陸山姜阝水出焉而東流注于海

【䵶】격.
字義 격(鄏)의 本字. [說文]鄏本字

【㗊阝】합.
字義 땅이름 합. (地名) [川篇]何閣切音郃地名

【鄓】명. 莫經切
字義 진나라읍 명. (晉邑) [海篇]莫經切音冥晉邑

【馬阝】마.
字義 마(䮷)와 同字. [字彙補]與䮷同[晉書·地理志]存馬阝縣屬建寧郡[南齊·州郡志]存馬阝縣屬建平郡

【䣊】랑.
字義 랑(郎)과 同字. [說文長箋]與郎同

【鄮】루. 力候切
字義 땅이름 루. (地名) [玉篇]力候切音陋地名

【鼕阝】탕. 徒朗切
字義 고을이름 탕. (邑名) [五音篇海]徒朗切音蕩邑名

【鹿阝】록.
字義 땅이름 록. (地名) [五音篇海]音鹿地名

【䩱】작.
字義 땅이름 작. (地名) [川篇]音作地名

【鼙阝】간.
字義 간(鞁)과 同字. [說文長箋]同鞁

【鄄】견.
字義 견(鄄)의 本字. [說文]鄄本字

【鼫阝】교.
字義 교(郳)와 同字. [字彙補]同郳[史記仲尼弟子傳]郳單[徐廣註]一作鼫單

【鼫阝】음미상(音未詳)

字義 나라이름. (國名) [字彙補] 音未詳國名[路史國名記]鄭上甲微居卽桐也

【酈】 음미상(音未詳)
字義 의미상(義未詳) [字彙補] 音未詳出潛夫論·志姓氏篇

【酇】 작. 丁角切
字義 땅이름 작. (地名) [川篇] 丁角切地名

【酅】 맹.
字義 고을이름 맹. (縣名) [龍龕]音盲縣名

【酃】 악.
字義 악(鄂)의 本字. [說文]鄂本字

【酈】 령.
字義 땅이름 령. (地名) [搜眞玉鏡]音令地名

【酇】 다. 得何切
字義 고을이름 다. (縣名) [字彙補]得何切音多縣名晉淮揚郡有酇縣

【酅】 거. 強魚切
字義 시골이름. 거. (鄉名) [字彙補]強魚切音渠鄉名

【酄】 교. 丘消切
字義 정자이름 교. (亭名) [搜眞玉鏡]丘消切音蹺亭名

【酅】 잠.
字義 정자이름 잠. (亭名) [川篇]音蠶亭名

【酅】 향.
字義 향(鄉)의 本字. [說文]鄉本字

【酈】 반.
字義 ①반(彪)과 同字. ②사람이름 반. (人名) [字彙補]與彪同人名 [世說新語]人問王長史江酈兄弟羣從晉書作彪

【酈】 심.
字義 심(酈)과 同字. [說文長箋]同酈

【酈】 마.
字義 ①상나라때나라 마. (商時國也) [字彙補]名婆切音摩[路史國名記]商時國也 ②마(磨)와 同字. 又與磨同[呂氏春秋]剪其髮酈其手

【酈】 위.
字義 땅이름 위. (地名) [川篇]音葦地名

【酈】 령.
字義 땅이름 령. (地名) [龍龕]音零地名

【酈】 력.
字義 땅이름 력. (地名) [五音篇海]音歷地名

【酈】 담.
字義 담(酈)의 本字. [說文]酈本字

【酈】 령.
字義 고을이름 령. (縣名) [龍龕]音零縣名

康熙字典補遺酉集 酉 部

【酛】 曰 과. 曰 대.
字義 ■과(酒)와 同字. [篇海類編]同酒 ■①술빛빛날 대. (酒色光) ②달 대. (甜也) 又音代酒色光又甜也

【酒】 주.
字義 주(酒)와 同字. [字學指南]同酒

【酏】 지. 止移切
字義 술마실 지. (飲酒也) [龍龕]止移切飲酒也

【酺】 몽. 名隆切
字義 혼술 몽. (濁酒也) [字彙補]名隆切音蒙濁酒也

【酖】 담.
字義 식초 담. (醋也) [川篇]音毯醋也

【酦】 침. 初荏切
字義 질투심할 침. (醋甚也) [川篇]初荏切醋甚也

【酨】 영. 爲命切
字義 술상할 영. (酒壞也) [字彙補]爲命切音詠酒壞也

康熙字典補遺酉集 里 部

【俚】 축. 式六切
字義 별안간 축. (倏忽也) [字彙補]式六切音縮倏忽也

【畺】 충. 丑凶切
字義 땅이름 충. (地名) [餘文]丑凶切地名

【疇】 주. 澄求切
字義 밭 주. (田也) [字彙補]澄求切音紬[篇韻]田也。

康熙字典補遺戌集 金 部

【錄】 벽.
字義 그릇 벽. (器也) [龍龕]音劈器也

【鑗】치. 昌制切
字義 잘라없앨 치. (除刈也) [龍龕]昌制切音熾除刈也

【鑛】광. 古猛切
字義 금은철옥돌 광. (金銀銅鐵璞也) [篇海類編]古猛切音礦金銀銅鐵璞也

【鉨】미.
字義 낫 미. (鐮也) [龍龕]音彌青州人呼鐮也

【鎣】형. 乎絅切
字義 다스리는역량 형. (治器也) [篇海類編乎絅切治器也

【鑑】감. 古電切
字義 축구 감. (踢毛毬) [字彙補]古電切音鑑踢毛毬

【鏤】규.
字義 규(鍨)의 譌字. [字彙補]鍨字之譌

【鑒】강. 巨兩切
字義 납종류 강. (鉛屬) [字彙補]巨兩切音勥[六書略]鉛屬

【鐵】질. 徒結切
字義 말갈계부족 질. (鐵利也) [字彙補]徒結切音耋鐵利也

【鑡】착. 初角切
字義 판금 착. (鉼鑡) [篇海類編]初角切音戳鉼鑡

【鐲】축.
字義 소박할 축. (朴也) [五音篇海]音築朴也

【鑫】차. 章奢切
字義 비속어 차. (俗語也) [字彙補]章奢切音遮[七修類稿]鑫鑫俗語也

康熙字典補遺戌集
長 部

【镹】곤.
字義 이발할 곤. (去髮也) [龍龕]音坤去髮也

【镺】왜. 烏解切
字義 짧을 왜. (短也) [字彙補]烏解切音矮[篇韻]短也

【镻】송.
字義 잔털 송. (細毛) [字彙補]音松細毛

【镼】소. 所交切
字義 두려워할 소. (髮毛也) [龍龕]所交切髮毛也

【镽】비.
字義 비(镽)와 同字. [龍龕]同镽

【镾】렵. 力涉切
字義 모름지기 렵. (須也) [字彙補]力涉切音獵須也

【长】삼. 士懺切
字義 머리터럭모양 삼. (髮貌) [五音篇海]士懺切髮貌

康熙字典補遺戌集
門 部

【閅】㊀변. 皮變切 ㊁폐. ㊂별.
字義 ❶넓을 변. (搏也) [篇海類編皮變切音卞搏也 ❷폐(閉)와 동자. 又[字彙補]與閉同[荀子]外闔而不閅 ❸은 ❶과 같음. 又必結切音鱉義同[陶潛詩]荊扉晝常閅[李紳詩嚴城晝角三聲閅

【閪】이. 余支切
字義 문둔테 이. (門臼也) [五音篇海]余支切門臼也

【閜】아. 烏可切
字義 ①의지할 아. (倕也) ②문 기우러질 아. (門傾也) [龍龕]烏可切倕也門傾也

【闋】계. 丘帝切
字義 문 계. (門也) [字彙補]丘帝切音稧門也

【闞】표. 平姚切
字義 기생에빠질 표. (溺倡也) [字彙補]平姚切音瓢溺倡也俗字

【闠】분. 芳文切
字義 성곽출입구문 분. (闉闍也) [龍龕]芳文切闉闍也

【闍】사. 今作闍非
字義 스님부를 사. (僧稱) [字義總略]社平聲闍黎僧稱今作闍非

【闑】우. 語虯切
字義 가질 우. (取也) [川篇]語虯切音牛取也

【闕】궐.
字義 궐(闕)의 俗字. [字彙補]俗闕字[性理會通]蓋古人錢闕方鑄錢以益之

康熙字典補遺戌集
阜 部

【阸】비.
字義 비(岯)와 同字. [集韻]同岯

【陗】소.
字義 고을이름 소. (邑名) [龍龕]音所邑名

【隑】애. 五來切 作甌隑
字義 나라이름 애. (國名) [五音篇海]五來切[字彙補]甌隑國名百越之分土也[路史]作甌隑

【陳】진.

字義 진(陳)의 本字. [正韻]陳本字

【鐻】거. 强魚切
字義 장수 거. (帥也) [字彙補]强魚切音渠[博雅]將鐻帥也

【隊】추.
字義 추(墜)와 同字. [字彙補]卽墜字見漢繁陽令碑

【隯】빈. 或作隯
字義 빈(瀕)과 同字. [字彙補]與瀕同[前漢賈山傳]瀕海之觀畢至註瀕或作隯

【隤】퇴.
字義 퇴(隤)의 本字. [篇海類編]隤本字

【䧰】륙.
字義 륙(陸)의 籀文. [五音篇海]籀文陸字

康熙字典補遺戌集 隶 部

【䶴】련.
字義 의미상(義未詳) [字彙補]音連

康熙字典補遺戌集 隹 部

【雓】규. 渠追切
字義 돌아보는모양 규. (顧貌) [字彙補]渠追切音逵顧貌

康熙字典補遺戌集 雨 部

【霌】와. 烏瓜切
字義 아래 와. (霜下也) [五音篇海]烏瓜切音蛙霜下也

【霖】아. 五佳切
字義 빗소리 아. (雨聲) [奚韻]五佳切雨聲

【霮】색. 色麥切
字義 비내릴 색. (雨下也) [川篇]色麥切雨下也

【霈】배.
字義 비 배. (雨也) [川篇]伯罵切雨也

【霮】담. 徒敢切
字義 구름이뭉게뭉게일 담. (雲貌) [搜眞玉鏡]徒敢切霮䨴雲貌

【霥】몽. 莫紅切
字義 가랑비 몽. (小雨也) [字彙補]莫紅切音蒙小雨也

【霮】표. 疋敎切
字義 날갤 표. (雲伏) [字彙補]疋敎切音票雲伏

【霅】학. 呼各切
字義 구름흩어질 학. (雲散也) [五音篇海]呼各切雲散也

【霹】하. 乎加切
字義 구멍 하. (孔霹也) [龍龕]乎加切孔霹也

【霳】륭. 盧東切
字義 천둥소리 륭. (雷聲) [川篇]盧東切音隆雷聲

【翼】익. 移益切
字義 사람이름 익. (人名) [字彙補]移益切音翼人名[三國志荀彧傳]彧子惲惲子翼官至中領軍

【霿】몽. 莫鳳切
字義 비 몽. (雨也) [龍龕]莫鳳切音夢霿雨也

【霱】섬. 始檢切
字義 번갯불 섬. (電光) [字彙補]始檢切音閃電光

【霮】혼. 呼頓切
字義 잊을 혼. (忘也) [五音篇海]呼頓切忘也

【霝】령.
字義 착할 령. (善也) [五音篇海]音零善也

【霿】농. (雲廣貌)
字義 구름이넓게낀모양 농. (雲廣貌) [五音篇海]音濃雲廣貌

康熙字典補遺戌集 面 部

【𦣻】면.
字義 면(面)의 本字. [說文長箋]面本字

【靨】염.
字義 염(靨)과 同字. [字彙補]同靨[淮南子]口曾撓奇牙出靨酺搖

【靤】초.
字義 ①초(醮)와 同字. [字彙補]同醮 ②근심 초. (憂也) [廣雅]靤悴憂也

【𪟛】갑.
字義 갑(帢)과 同字. [集韻]同帢

康熙字典補遺戌集 革 部

【鞈】음미상(音未詳)
字義 其鞈은 반드시 두텁게 한다. (必厚其鞈) [字彙補]音未詳[呂氏春秋]凡耕之道必始於壚爲其寡澤而後枯必厚其鞈

【鞊】섭.
字義 가르킬 섭. (指揷也) [篇海

類編]音涉指揹也

【鞴】비.
字義 비(鞴)와 同字. [字彙補]與鞴同 [東坡志林]有水鞴 法

【鼝】댁. 大角切
字義 무늬있는비단 댁. (繢也) [川篇]大角切繢也

【韅】궤.
字義 궤(韅)와 同字. [篇海類編]與韅同

【鞻】현.
字義 현(韅)의 本字. [說文]韅本字

康熙字典補遺戌集
韋 部

【熿】위. 于鬼切
字義 빛 위. (光也) [字彙補]于鬼切音偉光也

【皾】역.
字義 가죽 역. (皮也) [川篇]音亦皮也

【韄】역.
字義 우뢰 역. (震也) [川篇]音域震也

【韊】추.
字義 추(韊)와 同字. [字彙補]同韊

康熙字典補遺戌集
韭 部

【皔】음미상(音未詳)
字義 의미상(義未詳) [字彙補]音未詳[泉志]尊盧氏弊有此字

康熙字典補遺戌集

音 部

【韇】포.
字義 음악이름 포. (樂名) [龍龕]音匏樂名

【韜】완.
字義 악기 완. (樂器) [龍龕]音阮樂器見貫珠集

【諙】욱. 烏黑切
字義 소리 욱. (聲也) [龍龕]烏黑切聲也

【韥】광. 古曠切
字義 소리 광. (聲也) [奚韻]古曠切聲也

【夒】륵.
字義 칠 륵. (打也) [川篇]音勒打也

康熙字典補遺戌集
頁 部

【𩑋】혈.
字義 혈(頁)의 本字. [說文]頁本字

【頠】수.
字義 여자 수. (女頠也) [川篇]音須女頠也

【顬】맹.
字義 맹(傄)과 同字. [五音集韻]與傄同

康熙字典補遺戌集
風 部

【颰】하.
字義 하(夏)와 同字. [六書略]與夏同

【颷】표.

字義 표(飈)와 同字. [韻會小補]與飈同

【颯】섭. 乃協切
字義 소리끊어질 섭. (聲絕也) [字彙補]乃協切音聶 [篇海]聲絕也

【飀】류.
字義 바람부는소리 류. (風行聲) [龍龕]音柳風行聲

【飆】율.
字義 율(飈)과 同字. [廣韻]同飈

【飇】당.
字義 당(飄)과 同字. [集韻]同飄

【飈】처. 丑於切
字義 펼 처. (舒也) [龍龕]丑於切舒也

康熙字典補遺戌集
食 部

【餕】사. 時吏切
字義 ①중배끼 사. (粆也) 유밀과(油蜜菓)의 일종(一種). ②음식이름 사. (食名) [篇海類編]時吏切音事粆也又食名

【飿】돌. 當沒切
字義 국수만들 돌. (麵果也) [字彙補]當沒切音咄義見餶字註

【龡】이.
字義 이(飴)의 籀文. [字彙補]籀文飴字

【餧】의. 移爾切
字義 ①기름진죽류 의. (膏屨類) [字彙補]移爾切音倚膏屨類 ②삼식 의. 두(豆)에 담는 제물(祭物) 의 하나. (糝食) [新唐書禮樂志]餧食糝食

【餡】 음미상(音未詳)
字義 ①증편류. 떡의 일종. [字彙補]音未詳蒸餅類 ②올챙이.(科斗) [武林舊事]餡餡科斗

【餼】흡. 許訖切
字義 배부를 흡. (飽也) [篇海類編]許訖切音吸飽也

【饕】천.
字義 게으를 천. (嬾也) [川篇]音泉嬾也

【餟】예. 羊句切
字義 조용히만날 예. (齊遇也) [龍龕]羊句切音預齊遇也

【餶】골. 古忽切
字義 국수만들 골 (麵果也) [字彙補]古忽切音骨 [武林舊事]㸑有鶻鶻餶餬兒麵果也

【饎】해. 呼泰切
字義 악취 해. (臭氣) [字彙補]呼泰切音餀臭氣

【饙】박.
字義 박(餺)과 同字. [字彙補]同餺 [杭州府志]有冬餛飩年饙飥之諺

【饙】분.
字義 분(饙)의 本字. [字彙補]饙本字

康熙字典補遺戌集
首 部

【頒】발.
字義 발(䰄)과 同字. [說文長箋]與䰄同

康熙字典補遺戌集
香 部

【馛】별. 疋結切
字義 작은향기 별. (小香也) [龍龕]疋結切音撇小香也

【馪】발. 蒲沒切
字義 큰향기 발. (大香也) [龍龕]蒲沒切音勃大香也

【馝】별. 普結切
字義 작은향기 별. (小香也) [龍龕]普結切音撇小香也

康熙字典補遺亥集
馬 部

【馻】문. 無分切 或書作𩢷
字義 ①말이숙련되어있지않을 문. (馬不純) [篇海類編]無分切, 音文馬不純 ②털색이화려한말 문. (馼) 又[六書略]馼或書作𩢷

【駞】차. 雌氏切
字義 말이름 차. (馬名) [篇海類編]雌氏切音此馬名

【駏】구.
字義 구(驅)와 同字. [字彙補]與驅同 [後趙錄]長驅至鄴

【騃】치. 丑飢切
字義 큰모양 치. (大貌) [篇海類編]丑飢切音癡大貌

【騌】종. 子貢切
字義 말 종. (馬騌) [奚韻]子貢切音縱馬騌

【騱】리. 力脂切
字義 말과비슷한짐승이름 리. (獸名似馬) [篇海類編]力脂切音犁騑騱獸名似馬

【騶】추. 之累切
字義 말작은모양 추. (馬小貌)

[字彙補]之累切追去聲馬小貌

【鷹】사.
字義 사(寫)의 譌字. [字彙補]見胡文煥山海經圖○按經作驡疑傳寫之譌

康熙字典補遺亥集
骨 部

【骪】 음미상(音未詳)
字義 때를 알다. (知時) [字彙補]音未詳 [浮丘伯·相鶴經]骭頫骪耳則知時

【䯀】쇄.
字義 의미상(義未詳). [搜眞玉鏡]音鎖

康熙字典補遺亥集
髟 部

【髾】초. 心叫切
字義 머리카락이눈을가릴 초. (髮覆目也) [字彙補]心叫切音肖 [字義總略]髮覆目也

【髤】개. 古拜切
字義 쪽찔 개. (簪結也) [字彙補]古拜切音介簪結也

【髬】아. 음의여아동(音義與駊同)
字義 높고큰모양 아. (高大貌) [字彙補]音義與駊同 [李商隱詩]欄藥日高紅髬髬○按甘泉賦崇丘陵之駊騀兮註駊騀高大貌髮髬當亦此意

【髤】문. 眉吟切
字義 흙파내는모양 문. (掘土貌) [川篇]眉吟切掘土貌

【髶】업. 良涉切
字義 수염 업. (鬚也) [龍龕]良涉切鬚也

【髮】불. 夫末切
字義 장신구할 불. (首飾) [字彙補]夫末切音弗首飾

康熙字典補遺亥集 鬥 部

【𩰊】극. 姑的切 今或作𢪄
字義 투자의우변 극. (鬥右) [字彙補]姑的切音戟[字孿]鬥右音戟 𢪄字从手手有所執今或作𢪄

【𩰋】국. 古曲切
字義 투자의좌변 국. (鬥左) [字彙補]古曲切音匊[字孿]鬥左音匊𩰋字反 𢪄執物則一

康熙字典補遺亥集 鬯 部

【𩰪】작.
字義 작(爵)의 古字. [字彙補]爵字古文見長箋○按長箋作𩰪字彙補誤

【鬰】작.
字義 작(爵)과 同字. [字彙補]同爵

康熙字典補遺亥集 鬼 部

【魌】창. 丑良切
字義 귀신 창. [五音篇海]丑良切鬼也

【魀】찰.
字義 귀신 찰. (鬼也) [五音篇海]音察羅魀鬼也

【魖】허.
字義 허(虛)와 同字. [說文長箋]與虛同

【魕】구.
字義 버금 구. (亞也) [五音篇海]音劬亞也

【魙】규. 渠追切 구.
字義 괴상하게생긴돌 규. (怪石) [字彙補]渠追切音逵怪石[王廷和陰陽管見辨]罔兩罔象山魈水之怪來遊人間皆非所謂神也

康熙字典補遺亥集 魚 部

【魢】음미상(音未詳)
字義 사람이름. (人名) [字彙補]音未詳人名萬曆時宗人 克魢 疏救御史劉光復

【鮔】거.
字義 물고기이름 거. (魚名) [篇海類編]音巨魚名

【魧】㊀매. ㊁항.
字義 ㊀물고기이름 매. (魚名) [川篇]音罵魚名又音航

【鮐】나.
字義 물고기이름 나. (魚名) [字彙補]乃果切音𡛋魚名

【鮆】례.
字義 물고기이름 례. (魚名) [龍龕]音禮魚名

【鯀】숙. 夭六切
字義 고요할 숙. (寂也) [搜眞玉鏡]夭六切寂也

【鮖】탄.
字義 물고기이름 탄. (魚名) [篇海類編]音吞[字彙補]魚名

【鯗】아.
字義 아(鰐)와 (同字). [五音集韻]同鰐

【鯯】제.
字義 제(鮆)와 同字. [字彙補]同鮆閩魚酬鯯魚板身多鯁而肥美[爾雅]謂之䰲鲃

【鰴】미.
字義 물고기이름 미. (魚名) [篇海類編]音弥魚名

【鰖】휴.
字義 의미상(義未詳). [字彙補]弦鷄切音攜

【鰟】로.
字義 물고기이름 로. (魚名) [篇海類編]音勞魚名

【鰋】언.
字義 물고기이름 언. (魚名) [搜眞玉鏡]音偃魚名

【鑴】휴. 戸圭切
字義 ①큰거북 휴. (大龜) [篇海類編]戸圭切大龜 ②휴(蠵)와 同字. 又同蠵

【鞠】국.
字義 국(鯯)과 同字. [篇海類編]同鯯

【鱯】호. 胡誤切
字義 물고기이름 호. (魚名) [龍龕]胡誤切魚名

【鱉】경.
字義 물고기이름 경. (魚名) [篇海類編]音擎魚名

【鱴】멸.
字義 멸(鱴)과 同字. [篇海類編]同鱴

康熙字典補遺亥集 鳥 部

【鳰】계.
字義 새 계. (鳥也) [篇海類編]

胡利切音係鳥也

【鷄】계.
字義 새이름 계. (鳥名) [字彙補]音系鳥名

【駓】비.
字義 비(駓)와 同字. [字彙補]與鴧同[陶潛讀山海經詩]巨猾肆威豹欽駓違帝旨窫窳强能變祖江遂戮死

【鳴】원. 作鳴鵷
字義 원(鳴)과 同字. [字彙補]與鳴同鳴鵷[史記]作鳴鵷

【鴚】가.
字義 가(鴚)와 同字. [篇海類編]與鴚同[廣雅]鳴鵝鴈也

【駒】구.
字義 벌레이름 구. (蟲名) [字彙補]其俱切音衢駒掇蟲名[列子]駒掇千日化而爲鳥其名曰乾餘骨[莊子至樂篇]作鴝掇是鴝駒同一字也

【鼻】압.
字義 압(鴨)과 同字. [說文長箋]同鴨

【鴨】압.
字義 압(鴨)과 同字. [說文長箋]同鴨備考[說文長箋]同鴨

【舐】지.
字義 닭 지. (鷄) [篇海類編]旨而切音支[方言]鷄陳宋謂之辟舐

【鷂】용.
字義 용(鷂)의 俗字. [字彙補]俗鷂字[陶氏輟耕錄]靑鷂

【鵏】노.

字義 무수리 노. (頮鶩也) [字彙補]力倒切音老頮鶩也

【鮫】교.
字義 교(鳩)의 本字. [說文]鳩本字

【鵭】도.
字義 도(鵭)와 同字. [篇海類編]同鵭[山海經註]隴西首陽縣西南山有鳥鼠同穴鳥名曰鵭鼠名曰鼵

【鴟】적.
字義 적(鷓)과 同字. [字彙補]同鴟[前漢東方朔傳]辟若鴟鴿飛且鳴矣

【鯖】청.
字義 청(鷓)의 本字. [說文]鶄本字

【鷊】역.
字義 새이름 역. [川篇]音域鳥名

【鷞】⊟후. 胡鉤切 ⊟구. 故茂切
字義 ▉독수리 후. (鵰) [篇海類編]胡鉤切音侯鵰也出崑崙[揚雄·蜀都賦]鷊鷞鴝鵲 ▉새이름 구. (鳥名) 又故茂切音候鳥名

【鵗】후.
字義 후(鷞)와 同字. [篇海類編]同鷞

【鴥】귤.
字義 비취새 귤. (翠羽鳥) [餘文]食律切翠羽鳥

【鷡】음의구무(音義俱無)
字義 음의구무(音義俱無) [字彙補]音義俱無見西儒耳目資

【鷻】⊟준. 私潤切 ⊟순.

思尹切
字義 ▉날 비. (飛也) [篇海類編]私潤切音峻飛也 ▉난새 순. (鷣也) 又思尹切音筍鷣也

【鷘】칙.
字義 칙(鷘)과 同字. [字彙補]與鷘同[埤雅]溪鷘卽鷘鷘也

【鷠】여. 移渠切
字義 새이름 여. (鳥名) [字彙補]移渠切音餘鳥名與鼠同穴[揚雄蜀都賦]鷠鷞鴝鵲風胎雨鷇

【鷭】밀. 眉筆切
字義 꽃지속하여필 밀. (繼英也) [字彙補]眉筆切音密鷭肌繼英也

【鷘】칙.
字義 칙(鷘)과 同字. [字彙補]同鷘見大方鑑註

【鷭】맹.
字義 새이름 맹. (鳥名) [篇海類編]眉庚切音萌鳥名

【鷫】취.
字義 취(鷫)와 同字. [篇海類編]同鷫[字彙補]南方有鳥名羌鷫黃頭赤目五色皆備

【鷿】벽. 必益切
字義 ①새이름 벽. (鳥名) ②비둘기 벽. (鳩也) [篇海類編]必益切音辟鷿鷕鳥名鳩也 ③벽(鷿)과 同字. 又與鷩同

【鷘】구.
字義 구(鷘)와 同字. [字彙補]同鷘[裴松之吳志註]此無異殘林覆巢而全其遺鷘

【鸃】의.
字義 의(鸃)와 同字. [篇海類

編]同羲[司馬相如賦]射鷁鷁

【鸒】여.
字義 ①여(鸒)와 同字.[字彙補]同鸒[揚子法言]頻頻之學甚於鸒斯 ②세발새 여.(三足之鳥)又[元覽]三足之鳥有酸鸒焉

【鸔】복. 蒲木切
字義 복(鸔)과 同字.[篇海類編]同鸔[字彙補]按六書略鸔蒲木切鸔薄報切又北角切二鳥似音義不同今字彙以鸔字音卜未審其是非也俟正

【鸓】루. 力水切
字義 날다람쥐 두.(飛生鳥)[篇海類編]力水切音壘飛生鳥

【䶁】롱.
字義 의미상(義未詳).[龍龕]音籠出山海經○按山海經無此字

【鷰】연.
字義 연(燕)과 同字.[篇海類編]同燕[晉書載記]慕容儁鷰巢於正陽之西構

【鸎】앵.
字義 앵(鸎)과 同字.[字彙補]同鸎[海防類編]倭國有鸎鸔里

【鸛】환. 呼官切
字義 까치비슷한꼬리짧은새 환.(鵲鳥)[篇海類編]呼官切音歡鸛鷨鳥射之則銜矢射人

【鸄】음미상(音未詳)
字義 새 이름.(鳥名)[字彙補]音未詳鳥名[廣雅]鶍鸄

康熙字典補遺亥集
鹵 部

【鹺】차. 士宜切
字義 ①차(鹾)와 同字.[篇海類編]同鹺 ②하노이말 차.(河內語)又[字彙補]士宜切音鹺河內語

【䶢】혜. 禾桂切
字義 짤 혜.(鹹也)[川篇]禾桂切鹹也

康熙字典補遺亥集
鹿 部

【麅】포.
字義 사슴 포.(鹿也)[五音篇海]音袍鹿也

【麊】미.
字義 사슴모양 미.(鹿貌)[龍龕]音迷鹿貌

【麔】호.
字義 호(虎)와 同字.[說文長箋]與虎同

【飇】日포. 疋招切　日보. 匪妙切
字義 ■의미상(義未詳).■바람이름 보.(風名)[五音篇海]疋招切[字彙補]匪妙切風名

【麙】암. 五感切
字義 산양 암.(山羊也)[搜眞玉鏡]五感切山羊也

康熙字典補遺亥集
麥 部

【麧】할. 乎八切
字義 누룩이름 할.(麭麥名)[五音篇海]乎八切麭麥名

【麳】익. 羊卽切
字義 보릿겨 익.(麥麩也)[龍龕]羊卽切麥麩也

【麯】국. 去匊切
字義 그루터기 국.(蘗也)[龍龕]去匊切蘗也

康熙字典補遺亥集
麻 部

【廥】유.
字義 유(糜)와 同字.[玉篇同糜

康熙字典補遺亥集
黃 部

【黗】돈. 徒昆切
字義 노란색 돈.(黃色也)[龍龕]徒昆切黃色也

【黿】강. 口浪切
字義 노란색 강.(黃色也)[龍龕]口浪切黃色也

【黇】점. 直廉切
字義 진한주황색 점.(赤黃色也)[龍龕]直廉切赤黃色也

【黌】음미상(音未詳)
字義 자서무차자(字書無此字)[字彙補]戰國策上黨之守靳黌[註]元作黌字書無此字

【黮】회. 胡對切
字義 노란색 회.(黃色)[篇海類編]胡對切音會黃色

【黐】점. 直占切
字義 노랄 점.(黃也)[搜眞玉鏡]直占切[字彙補]黃也

康熙字典補遺亥集
黑 部

【黟】의. 於戲切
字義 질게검을 의.(深黑也)[篇海類編]於戲切音意深黑也

【黗】의. 烏禮切

字義 의미상(義未詳) [字彙]烏
禮切音倚

【黮】㊀담. 徒感切 ㊁탐.
他感切
字義 ■먹구름 담. (雲黑也) [搜
眞玉鏡]徒感切雲黑也 ■는
■과 같음. 又他感切義同○按字
彙補作黮。

康熙字典補遺亥集
鼓 部

【鼟】짐. 丁林切
字義 북소리 짐. (鼓聲) [川篇]
丁林切鼓聲

【鼗】도.
字義 도(鼗)와 同字. [說文]鼗字

康熙字典補遺亥集
鼠 部

【鼶】미. 名移切
字義 ①거북 미. (龜屬) [川篇]
名移切龜屬 ②얼룩쥐 미. (鼠
屬) [字彙補]鼠屬

【鼲】경. 古螢切
字義 얼룩쥐 경. (班鼠) [字彙
補]古螢切音坰鼲鼲班鼠按字彙
作鼲据音似宜从同姑存其字以
竢別證

康熙字典補遺亥集
鼻 部

【齅】후. 許救切
字義 냄새맡을 후. (以鼻取氣也)
[龍龕]許救切以鼻取氣也

康熙字典補遺亥集
齒 部

【齞】안. 五板切
字義 이고르지않을 안. (齒不齊
也) [川篇]五板切齒不齊也

【齣】척. 俗讀作尺
字義 일막 척. 전기(傳奇) 중 일
회. (傳奇中一迴爲一齣) [字彙
補]傳奇中一迴爲一齣俗讀作尺或
云本是齝字譌作齣也蓋齝乃食之
已久復出嚼之今傳奇進而復出故
有取于齝云

【齟】사. 陟加切
字義 송곳니 사. (大齒) [篇海類
編]陟加切音查大齒

【齠】참. 陟陷切
字義 이뺄 참. (剔齒也) [五音篇
海]陟陷切剔齒也

【齡】창. 七羊切
字義 이 창. (齒也) [龍龕]七羊
切齒也

【齫】음미상(音未詳)
字義 깨물다. (齧也) [字彙補]音
未詳齧也 [焦氏易林]齫齫齧齧貪
鬼相責

【齭】소.
字義 소(齭)와 同字. [說文長箋]
與齭同

【齺】추.
字義 추(齺)와 同字. [說文長箋]
與齺同

【齕】골. 胡骨切
字義 깨물 골. (齧也) [篇海類
編]胡骨切音鶻齧也

【齤】권. 巨員切
字義 ①이빠진곳 권. (缺齒也)

---

②비뚤어진이 권. (曲齒) [字彙
補]巨員切音權缺齒也一曰曲齒

【齂】정.
字義 쌀 정. (米也) [五音篇海]
音精米也

【齱】추.
字義 추(齺)와 同字. [字彙補]與
齺同 [管子]車轂齱連伍而行

【齏】제.
字義 제(齏)와 同字. [五音篇海]
同齏

【齳】세.
字義 세(齛)와 同字. [集韻]同齛

【齸】음.
字義 지(舓)과 同字. [集韻]與
舓同

【齻】전. 丁年切
字義 이 전. (齒牙也) [篇海類
編]丁年切音顚齒牙也

【齹】채.
字義 이날 채. (齒生也) [五音篇
海]知皆切音楷齒生也

康熙字典補遺亥集
龜 部

【鼊】시.
字義 두꺼비 시. (蟾蠩也) [川
篇]音尸蟾蠩也

【龜】구.
字義 거북이걸음 구. (龜行也)
[五音篇海]音區 [字彙補]龜行
也

［三］

字典備考

자전비고

(收錄新字 5.489 字)

康熙字典備考子集
一　部

【引】사.
字義 의미상(義未詳)　[字彙補]音思

【冊】형.
字義 의미상(義未詳)　[海篇]音形

【厊】야.
字義 의미상(義未詳)　[海篇]音夜

【坓】구.
字義 의미상(義未詳)　[字彙補]同丘亦作岻

【畾】뢰.
字義 뢰(畾)와 同字.　[字彙補]與畾同

【㗊】차.
字義 의미상(義未詳)　[字彙補]且去聲

康熙字典備考子集
ノ　部

【丩】결.　居謁切
字義 움직이는모양 결.　(動貌)　[字彙補]居謁切音子丩丩動貌○按音義與[集韻]丩字同當卽丩字之譌

【厇】만.
字義 만()과 同字.　[字彙補]內典萬字

【㐱】음미상(音未詳)
字義 의미상(義未詳)　[字彙補]唐武宗製音義闕

【乎】금.
字義 의미상(義未詳)　[海篇]音今

【厄】신.
字義 의미상(義未詳)　[海篇]音愼

【眉】미.
字義 미(眉)의 譌字.　[海篇]音眉 疑眉字之譌

【愈】유.
字義 유(愈)와 同字.　[字彙補]同愈

康熙字典備考子集
乙　部

【屮】개.
字義 개(蓋)와 同字.　[海篇]同蓋

【糺】규.
字義 규(糺)의 疑字.　[字彙補]金有護衛糺軍疑卽糺字

【乳】만.
字義 만(萬)과 同字.　[字彙補]萬字如來胷有吉祥文卽此。

【㐱】허.
字義 의미상(義未詳)　[海篇]音虛

【乿】란.
字義 란(亂)과 同字.　[篇海類編]同亂

【鼻】황.
字義 의미상(義未詳)　[字彙補]音皇

【道】구.
字義 의미상(義未詳)　[字彙補]音臼

【酡】타.　徒多切
字義 의미상(義未詳)　[字彙補]徒多切音陀出釋典呪語。

【乿】의. 于記切　을
字義 탐낼 의.　(貪也)　[篇海類編]于記切音意貪也又音乙○按卽亂字之譌

【馳】사.　牀斜切
字義 의미상(義未詳)　[字彙補]牀斜切音蛇見續高僧傳

康熙字典備考子集
亅　部

【刊】정.
字義 정(玎)과 同字.　[字彙補]同玎

【東】중.
字義 중(中)과 同字.　[字彙補]與中同出漢戚伯著碑。

康熙字典備考子集
二　部

【亘】선.　思緣切
字義 구할 구.　(求也)　[篇海類編]思緣切音宣求也○按卽亘字之譌

康熙字典備考子集
亠　部

【亢】결.　古折切
字義 의미상(義未詳)　[字彙補]古折切音結

【便】휴.
字義 의미상(義未詳)　[五音篇海]音畦

【勉】면.
字義 의미상(義未詳)　[搜眞玉鏡]音勉

【奧】오.
字義 오(奧)와 同字.　[字彙補]與奧同

【顚】욱.
字義 의미상(義未詳)　[海篇]音旭

【褭】오.
字義 의미상(義未詳)　[龍龕]音
奧出六度集

【亯】용. 余頌切
字義 코로향기맡을 용. [字彙補]
余頌切音用鼻知香也○按卽亯字
之譌

【亯】용. 余從切
字義 ①항상 상. (常也) ②공로
용. (功也) [字彙補]余從切音容常
也功也○按卽亯字之譌

【毳】쇠.
字義 의미상(義未詳)　[五音篇
海]音衰

【㒳】미.
字義 의미상(義未詳)　[搜眞玉
鏡]音尾

康熙字典備考子集
人 部

【仃】혈.
字義 혈(孑)의 譌字. 孑字之譌
見[海篇]

【佡】뇨. 乃巧切
字義 어린아이 뇨. (小兒也) [字
彙補]乃巧切音嬲[說略]小兒也○
按卽仯字之譌

【仦】음미상(音未詳).
字義 의미상(義未詳)　[字彙補]
晉姜鼎作字

【夫】장.
字義 장(長)과 同字. [字彙補]與
長同

【今】도. 透刀切
字義 달려나아갈 도. (進趨也)
[字彙補]透刀切音叨進趨也○按
卽本字之譌

【弁】담. 東敢切
字義 바위에부딛치는물소리 담.
(石擊水之音) [字彙補]東敢切音
膽石擊水之音見宋人俗書

【伆】개.
字義 개(价)와 同字. [字彙補]與
价同

【休】후. 虛呂切
字義 따사로울 후. (和煦也) [字
彙補]虛呂切音煦和煦也見[玉篇]
○按和煦係休字義从木不从术玉
篇無此字字彙補誤引

【㑇】실.
字義 의미상(義未詳) [海篇]音失

【优】감.
字義 의미상(義未詳) [海篇]音敢

【仝】거.
字義 의미상(義未詳) [篇韻]音去

【㑊】曰사. 相咨切 曰지. 直
離切
字義 ■지역이름 사. (地名) [篇
海類編]相咨切音斯㑊祁地名 ■
는 ■과 같음. 又直離切音池
義同○按卽㑊字之譌

【佐】작.
字義 작(作)과 同字. [字彙補]同
作出道經

【俊】음미상(音未詳)
字義 의미상(義未詳) [字彙補]見
毘陵志·漢司農劉夫人碑音義未詳

【侔】모.
字義 모(侔)와 同字. [海篇]同侔

【佖】필. 普日切
字義 모두갖춰질 필. (咸備也)
[字彙補]普日切音弼咸備也○按卽
佖字之譌。

【俴】건. 古戰切
字義 힘있게돌아가는상태 건.
(健行也) [字彙補]古戰切音建健
行也○按卽俴字之譌

【炎】염.
字義 염(詿)과 同字. [海篇]同詿

【悸】기. 其季切
字義 가슴설렐 기. (心動也) [字
彙補]其季切音忌心動也○按卽悸
字之譌

【倒】어.
字義 의미상(義未詳) [海篇]音御

【㑥】요.
字義 요(猱)와 同字. [字彙補]同
猱

【僋】사.
字義 밥 사. (食也) [海篇]音寺食
也

【倕】아.
字義 의미상(義未詳) [海篇]音鴉

【偣】曰고. 曰신.
字義 의미상(義未詳) [海篇]音過
又音信

【倞】경.
字義 의미상(義未詳) [海篇]音
經

【僉】명.
字義 명(命)과 同字. [字彙補]同
命

【倒】어.
字義 어(御)와 同字. [字彙補]同
御

【傘】산.
字義 덮개 산. (蓋也) [海篇]音散
蓋也○按卽傘字之譌

【𠈬】지.
字義 의미상(義未詳) [字彙補]音地

【𠉗】하.
字義 하(夏)와 동자. [字彙補]同夏

【𠊄】상.
字義 의미상(義未詳) [海篇]音象

【僥】요. 于潮切
字義 기쁠 요. (喜也) [字彙補]于潮切音遙喜也○按即傜字之譌

【𠊳】특.
字義 특(蟘)과 同字.[字彙補]同蟘見楚相孫君碑

【𠋍】공.
字義 의미상(義未詳) [篇海大成]音共

【㒇】혜.
字義 혜(徯)와 同字. [海篇]同徯

【𠌡】송. 心共切
字義 보낼 송. (遣也) [字彙補]心共切音送遣也○按字形本作𨕙詳辵部

【𠍅】요.
字義 의미상(義未詳) [海篇]音姚

【𠌦】롱.
字義 의미상(義未詳) [海篇]音弄

【𠍐】건.
字義 의미상(義未詳) [字彙補]音蹇

【𠍋】언.
字義 의미상(義未詳) [字彙補]音偃

【𠍣】음무고(音無考)
字義 의미상(義未詳) [字彙補]音無考見穆天子傳

【𠍮】가.
字義 가(可)와 同字. [字彙補]同可涵虛子作見道經。

【𠍲】회.
字義 의미상(義未詳) [海篇]音會

【𠎂】기.
字義 의미상(義未詳) [海篇]音饑

【𠎊】추.
字義 품삯 추. (賃也) [海篇]音僦賃也○按即僦字之譌

【𠎓】면.
字義 면(偭)과 동자(同字). [海篇]與偭同

【𠎙】기.
字義 기(倛)와 동자(同字). [字彙補]與倛同○按即𠐛字之譌。

【𠎚】흥.
字義 흥(興)과 同字. [字彙補]老君碑興字

【𠎞】우.
字義 우(藕)와 同字. [字彙補]同藕

【𠎾】거. 求于切
字義 의미상(義未詳) [字彙補]求于切音渠

【𠏇】축.
字義 축(蹙)과 同字. [海篇]同蹙

【𠏏】음미상(音未詳)
字義 의미상(義未詳) [字彙補]印藪有孔𠏏印

【𠐁】도. 都皓切
字義 간청할 도. (太上作) [字彙補]都皓切音道太上作見亳州老君碑

【𠐑】려.
字義 마음이 평안하지 않을 려. (心不平也) [海篇]音呂心不平也○按即𢤱字之譌

【𠐐】위.
字義 큰바람 위 (大風也) [字彙補]音韋大風也○按即䫿字譌增

【𠐡】요.
字義 의미상(義未詳) [海篇]音堯

【𠐣】채.
字義 의미상(義未詳) [海篇]音寨

【𠐶】첨.
字義 의미상(義未詳) [海篇]音諂

【𠑊】흔.
字義 돈불을 흔. (鑫) [海篇]音欣鑫

康熙字典備考子集
儿 部

【𠑷】기.
字義 기(旡)의 古字. [集韻]古旡字○按即𠑷字之譌

【𠒇】사.
字義 사(兕)와 同字. [字彙補]同兕見漢碑

【𠒎】패. 𡘙介切
字義 의미상(義未詳) [字彙補]𡘙介切音敗

【𠒙】단. 丁甘切
字義 단(燀)과 同字인지는 의심이 됨.[字彙補]丁甘切音丹疑同燀

【𠓁】후. 香仲切
字義 의미상(義未詳) [字彙補]香仲切音趨

康熙字典備考子集
入 部

【仚】질.
字義 의미상(義未詳) [海篇]音疾

【念】차.
字義 의미상(義未詳) [海篇]音剳

【伏】공.
字義 의미상(義未詳) [海篇]音供

【㒶】음미상(音未詳)
字義 의미상(義未詳) [字彙補]音未詳見佩觿辯證

【畫】금.
字義 의미상(義未詳) [海篇]音琴

康熙字典備考子集
八 部

【𠔄】서.
字義 의미상(義未詳) [海篇]音西

【㣳】흠.
字義 의미상(義未詳) [海篇]欽上聲

【努】해.
字義 의미상(義未詳) [五音篇海]音害

【贇】음미상(音未詳)
字義 의미상(義未詳) [字彙補]出道藏音未詳

康熙字典備考子集
冂 部

【冋】경. 古詠切
字義 의미상(義未詳) [吳韻]古詠切音局

康熙字典備考子集

冖 部

【花】왕.
字義 의미상(義未詳) [海篇]音汪

【冪】료.
字義 의미상(義未詳) [海篇]音寮

【眂】맹. 明諍切
字義 의미상(義未詳) [字彙補]明諍切音孟

【畱】유.
字義 의미상(義未詳) [海篇]音西

【寲】침.
字義 침(寲)의 譌字. [字彙補]寲字之譌

康熙字典備考子集
冫 部

【汎】풍.
字義 의미상(義未詳) [海篇]音馮

【泍】강.
字義 의미상(義未詳) [海篇]降平聲

【滂】부.
字義 의미상(義未詳) [字彙補]音部

【憑】탕.
字義 탕(盪)과 同字. [字彙補]與盪同

【灥】야.
字義 의미상(義未詳) [五音篇海]音冶

康熙字典備考子集
几 部

【凥】시. 少士切
字義 의미상(義未詳) [字彙補]少士切音始

【兊】사. 蘇个切
字義 의미상(義未詳) [五音篇海]蘇个切娑去聲

【凢】기.
字義 의미상(義未詳) [篇海]音旡

【兏】장.
字義 의미상(義未詳) [篇海]音長

【凩】종.
字義 의미상(義未詳) [海篇]音從

【航】주. 子斗切
字義 의미상(義未詳) [字彙補]子斗切音走

【軌】⽈추. ⽈수.
字義 의미상(義未詳) [篇海]音樞又音殊

【凰】구. 古臼切
字義 의미상(義未詳) [字彙補]古臼切音救

【凬】유. 無迷切
字義 의미상(義未詳) [字彙補]無迷切音惟

【甋】혹. 乎麥切
字義 의미상(義未詳) [海篇]乎麥切音或

【膢】접.
字義 의미상(義未詳) [海篇]音接

【凰】초. 充疏切
字義 의미상(義未詳) [字彙補]充疏切音初

康熙字典備考子集
凵 部

【凶】리.
字義 의미상(義未詳) [海篇]音里

凵部

【冋】호.
字義 의미상(義未詳) [五音篇海] 音毫

【公】치.
字義 의미상(義未詳) [海篇] 音致

【㘝】련.
字義 의미상(義未詳) [五音篇海] 音連

【凶】창.
字義 의미상(義未詳) [龍龕] 音暢

【凶】창.
字義 의미상(義未詳) [搜眞玉鏡] 同上

【㐬】운. 於云切
字義 의미상(義未詳) [搜眞玉鏡] 於云切

【㠎】사.
字義 의미상(義未詳) [五音篇海] 音寺

【閚】도. 他刀切
字義 옛날에쓰던그릇 도. (古器) [字彙補]他刀切音叨古器

【齒】유.
字義 의미상(義未詳) [龍龕] 音幽

【㘫】표.
字義 의미상(義未詳) [搜眞玉鏡] 音彪

康熙字典備考子集
刀　部

【巛】주. 照收切
字義 살 주. (居也) [篇海] 照收切音州居也○按卽剡字之譌

【刅】동.
字義 말더듬을 동. (吃語也) [字

彙補]音棟刅吃語也○按卽刅字之譌

【广刂】촌. 淸困切 刊字之譌
字義 끊을 촌. (斷也) [字彙補]淸困切音寸斷也○按卽刊字之譌。

【氏刂】할.
字義 의미상(義未詳) [搜眞玉鏡] 音割

【衣刂】초. 與初同
字義 초(初)와 동자(同字) [字彙補]與初同

【聿刂】록. 盧骨切
字義 의미상(義未詳) [篇海類編] 盧骨切音綠

【血刂】휼.
字義 의미상(義未詳) [篇海類編] 音恤

【臼刂】구.
字義 의미상(義未詳) [搜眞玉鏡] 音臼

【承刂】구. 古丘切 按音義與 剡同 疑譌
字義 죄를참회하고용서받을 구. (出罪也) [龍龕]古丘切音鳩出罪也○按音義與剡同疑譌

【刱】이.
字義 이(伊)의 古字. [玉篇]古文伊字○按伊字古文作伩此誤

【剚】율.
字義 율(剚)과 同字. [篇海類編] 同剚

【剧】교.
字義 의미상(義未詳) [五音篇海] 音交

【棘刂】슬. 所一切
字義 의미상(義未詳) [字彙補]所

一切音瑟見韻經疑卽棘字之譌

【劶】감.
字義 의미상(義未詳) [字彙補]音堪

【亶刂】무.
字義 의미상(義未詳) [金鏡]音無

【樹刂】각.
字義 의미상(義未詳) [搜眞玉鏡] 音却

【剺】책. 穿則切
字義 물건자를 책. (割物也) (혹불꽃 놀이용 도구) [字彙補]穿則切音冊割物也 ○按卽剺字之譌

【劒刂】섬. 將廉切
字義 자를 섬. (刺也) [字彙補] 將廉切音殲刺也○按卽字之譌

康熙字典備考子集
力　部

【旭】력. 郞直切
字義 의미상(義未詳) 【字彙補】郞直切, 音力.

【仂】묵. 名白切
字義 륵(仂)의 異體.[字彙補]名白切音默與仂異

【男】영.
字義 의미상(義未詳) [海篇] 音榮

【劾】⊟해. ⊟효. 劾字之譌
字義 ■밀 해 (推也) [海篇]音亥推也 ■는 ■과 같음. 又音効義同○按卽劾字之譌。

【勔】편.
字義 의미상(義未詳) [海篇] 音便

【㝮】시.
字義 의미상(義未詳) [海篇] 音示

【劼】각.
字義 의미상(義未詳) [海篇]音刻

【勌】연.
字義 의미상(義未詳) [篇韻]音洎

【桑】뇌. 乃老切
字義 의미상(義未詳) [字彙補]乃老切音惱

【勴】양.
字義 의미상(義未詳) [海篇]音暘

【劦】략.
字義 의미상(義未詳) [海篇]音略

【弊】폐.
字義 의미상(義未詳) [海篇]音敝

【勞】종.
字義 의미상(義未詳) [海篇]音從

【劄】찰. 炤則切 劄字之譌
字義 힘 찰. (力也) [字彙補]炤則切音札力也○按卽劄字之譌

【勸】권.
字義 의미상(義未詳) [海篇]音眷

【勍】교.
字義 의미상(義未詳) [海篇]音咬

【劵】금.
字義 의미상(義未詳) [字彙補]音禁

【勴】로. 連呼切
字義 의미상(義未詳) [字彙補]連呼切音盧

康熙字典備考子集
勹 部

【勻】균.

字義 의미상(義未詳) [搜眞玉鏡]音均出吳韻

康熙字典備考子集
匕 部

【䒷】모. 名報切
字義 의미상(義未詳) [字彙補]名報切音貌

康熙字典備考子集
匚 部

【匴】산. 思管切
字義 의미상(義未詳) [搜眞玉鏡]思管切

【䮦】무. 莫侯切
字義 의미상(義未詳) [五音篇海]莫侯切

康熙字典備考子集
匸 部

【巫】항.
字義 항(恆)의 古字. [字彙補]古文恆字○按卽巫字之譌

【匜】야.
字義 의미상(義未詳) [海篇]音也

康熙字典備考子集
十 部

【叶】식.
字義 의미상(義未詳) [海篇]音食

【忛】석. 心七切
字義 의미상(義未詳) [字彙補]心七切音析與什不同

【丯】보. 㐰字之譌
字義 의미상(義未詳) [海篇]古文保字○按卽㐰字之譌

【伞】근.

字義 의미상(義未詳) [字彙補]口刀切音劉

【云】함. 和南切
字義 의미상(義未詳) [字彙補]和南切音含

【仦】왜.
字義 의미상(義未詳) [海篇]音倭又音矮

【杰】차.
字義 의미상(義未詳) [字彙補]音次

【丰】경.
字義 의미상(義未詳) [篇韻]音痓

【怕】퇴.
字義 의미상(義未詳) [海篇]音堆

【㞫】관. 古玩切
字義 덮개의 속된말 관. (蓋俗語也) [字彙補]古玩切音灌雲南人謀訟動曰㞫賴之事蓋俗語也

【斩】즙.
字義 의미상(義未詳) [海篇]音汁

【犂】란.
字義 의미상(義未詳) [海篇]音亂

【皲】가. 古旱切 幹字之譌
字義 의미상(義未詳) [字彙補]古旱切音笴○按卽幹字之譌

康熙字典備考子集
卜 部

【乞】걸. 丘吉切
字義 의미상(義未詳) [字彙補]丘吉切音乞

【贞】저.
字義 의미상(義未詳) [海篇]音楮

康熙字典備考子集

厂　部

【㕕】역.
字義 의미상(義未詳) [海篇]音亦

【㕗】주.
字義 의미상(義未詳) [海篇]音注

【㕧】감.
字義 의미상(義未詳) [海篇]音坎

【㕬】국.
字義 의미상(義未詳) [海篇]音菊

【㕜】석.
字義 의미상(義未詳) [海篇]音石

【㕽】역.
字義 의미상(義未詳) [海篇]音域

【㕺】원.
字義 의미상(義未詳) [海篇]音原

【㕾】전.
字義 의미상(義未詳) [海篇]音典

【㕴】필.
字義 의미상(義未詳) [海篇]音必

【扁】병.
字義 의미상(義未詳) [海篇]音兵

【㕶】류.
字義 의미상(義未詳) [海篇]音留

【㕿】궐.
字義 궐(厨)과 同字. [海篇]同厨

【㕹】이.
字義 의미상(義未詳) [海篇]音移

【厨】주.
字義 주(厨)의 譌字. [字彙補]厨字之譌

【上】공. 苦紅切
字義 의미상(義未詳) [字彙補]苦紅切音空

【卢】화. 弧阿切
字義 의미상(義未詳) [字彙補]弧阿切音和

【㝌】회.
字義 의미상(義未詳) [龍龕]音會

【㕠】구.
字義 구(咎)의 譌字. [字彙補]咎字之譌十六國春秋使始紹羅尚曰李驤與雄以饑餓孤危日鬪爭相㕠按咎字从人从各各相違故謂之咎今从卜非是

【南】형.
字義 형(衡)과 동자. [字彙補]與衡同

【㝔】허.
字義 의미상(義未詳) [龍龕]音虛

【奐】형.
字義 의미상(義未詳) [五音篇海]音衡

【㪔】각.
字義 의미상(義未詳) [五音篇海]音角

【㝓】수.
字義 의미상(義未詳) [搜眞玉鏡]音雖

康熙字典備考子集

冂　部

【㖐】기. 其利切
字義 의미상(義未詳) [字彙補]其利切音忌

【㗞】우.
字義 의미상(義未詳) [韻龕]音憂

【㼽】와. 五果切
字義 의미상(義未詳) [字彙補]五果切音娿

【厰】설.
字義 의미상(義未詳) [海篇]音設

【厈】홍.
字義 의미상(義未詳) [海篇]音洪

【厬】월.
字義 의미상(義未詳) [海篇]音月

【厥】궐.
字義 의미상(義未詳) [海篇]音厥

【齡】⊙선. ⊙령.
字義 의미상(義未詳) [海篇]音仙又音令

康熙字典備考子集

厶　部

【厽】공. 古弘切
字義 의미상(義未詳) [五音篇海]古弘切

【㠭】⊙첨. ⊙참.
字義 의미상(義未詳) [五音篇海]音尖又音僭

【会】백.
字義 의미상(義未詳) [海篇]音百

【㕆】제.
字義 의미상(義未詳) [龍龕]音帝

【公】거.
字義 거(去)와 同字. [字彙補]同去見集韻○按集韻無此字

【肉】옥.
字義 의미상(義未詳) [龍龕]音玉

【㕛】루.
字義 의미상(義未詳) [龍龕]音累

【皇】탄.
字義 의미상(義未詳) [川篇]音攤

【羨】유. 以九切 同羨 剱字之譌
字義 서로부를 유. (相羨呼也) [篇海類編]以九切音酉相羨呼也 字彙補同羨○按卽剱字之譌。

【皨】성.
字義 의미상(義未詳) [五音篇海]音星

康熙字典備考子集
又 部

【叴】뇨.
字義 약돌 뇨. (硇砂之硇) [海篇]音鐃[字彙補]硇砂之硇亦作叴

【叕】첨.
字義 의미상(義未詳) [海篇]音僉

【叟】사.
字義 의미상(義未詳) [海篇]音寺

【叝】변.
字義 의미상(義未詳) [海篇]音變

【叜】우.
字義 우(□)의 譌字. [字彙補]□字之譌。

【叡】활.
字義 의미상(義未詳) [海篇]音豁

【叡】개. 叡字之譌
字義 깊고굳은의지 개. (深堅意) [字彙補]音蓋深堅意○按卽叡字之譌

【叕】폐.
字義 조세를나누어거둘 폐. (賦斂也) [字彙補音廢賦斂也○按卽叕字之譌。

康熙字典備考丑集
口 部

【凸】우.
字義 우(吁)와 同字. [川篇]與吁同

【叺】이.
字義 또 이. (又) [龍龕]音以又[川韻]作又字

【叴】과.
字義 의미상(義未詳) [搜眞玉鏡]音寡

【叺】척. 丑入切
字義 의미상(義未詳) [五音篇海]丑入切音尺

【呎】천.
字義 의미상(義未詳) [五音篇海]音川

【吋】교.
字義 의미상(義未詳) [五音篇海]音嗷

【呁】무.
字義 의미상(義未詳) [五音篇海]音武

【㕻】□ 자. □예.
字義 의미상(義未詳) [搜眞玉鏡]音慈又音倪

【叨】인. 人印切
字義 의미상(義未詳) [字彙補]人印切音刃

【叺】범.
字義 의미상(義未詳) [五音篇海]音梵

【吔】야. 타.
字義 의미상(義未詳) [五音篇海]音也又音陀

【舁】롱.
字義 의미상(義未詳) [搜眞玉鏡]音弄

【哥】국.
字義 의미상(義未詳) [海篇]音局

【呐】잉.
字義 의미상(義未詳) [龍龕]音仍

【呀】잉. 五葛切
字義 의미상(義未詳) [字彙補]五葛切音遏

【呒】침. 長林切
字義 의미상(義未詳) [龍龕]長林切音沈

【吐】망. 국.
字義 의미상(義未詳) [海篇]音忙去聲又音國

【呂】벽. 芳逼切
字義 의미상(義未詳) [五音篇海]芳逼切

【吹】량.
字義 의미상(義未詳) [五音篇海]音兩。

【哎】과.
字義 의미상(義未詳) [搜眞玉鏡]音戈

【吓】판.
字義 의미상(義未詳) [海篇]音汴

【明】월.
字義 의미상(義未詳) [搜眞玉鏡]音月

【吀】십.
字義 의미상(義未詳) [五音篇海]音什

【呫】발. 잡.

【字義】 의미상(義未詳) [五音篇海]
普末切又音帀

【吭】용.
【字義】 의미상(義未詳) [搜眞玉鏡]
音宂

【呋】부.
【字義】 부(呋)의 와자. [字彙補]呋
字之譌

【呢】거.
【字義】 의미상(義未詳) [五音篇海]
音居

【岥】파. 륜.
【字義】 의미상(義未詳) [龍龕]音波
又音倫

【代】대.
【字義】 의미상(義未詳) [龍龕]音代
[字彙補]出釋隨字函

【咔】롱.
【字義】 새지저귈 롱. (鳥鳴也) [篇
海類編]音弄鳥鳴也○按卽咔字之
譌。

【㕙】술.
【字義】 술(述)과 同字. [字彙補]同
述

【㕚】사.
【字義】 의미상(義未詳) [龍龕]音似

【君】왕.
【字義】 왕(王)과 同字. [字彙補]與
王同出西江賦

【咏】영. 爲命切 詠字之譌
【字義】 노래 영. (歌也) [篇海]爲命
切歌也○按卽詠字之譌。

【呃】활. 枯託切
【字義】 의미상(義未詳) [搜眞玉鏡]
枯託切音闊[字彙補]與 呃不同

【呀】의. 烏計切
【字義】 의미상(義未詳) [搜眞玉鏡]
烏計切音懿

【呭】질.
【字義】 의미상(義未詳) [五音篇海]
地夜切疊去聲出呪中

【扁】급. 渠泣切
【字義】 의미상(義未詳) [字彙補]渠
泣切音及

【咼】군. 古屯切
【字義】 의미상(義未詳) [字彙補]古
屯切音君

【哦】벌.
【字義】 의미상(義未詳) [江西隨函]
音伐

【羋】방.
【字義】 의미상(義未詳) [字彙補]音
邦出釋典

【呧】고.
【字義】 울음소리 고. (音孤啼聲)
[篇海]音孤啼聲○按卽呱字之譌

【呧】고.
【字義】 울음소리 고. (音孤啼聲)
[篇海]音孤啼聲○按卽呱字之譌

【唛】해.
【字義】 화를벌컥내는소리 해. (怒
大聲) [海篇]音解怒大聲

【喿】곡.
【字義】 곡(哭)과 同字. [龍龕]與哭
同

【嗖】루. 落侯切 嘍字之譌
【字義】 새지저귈 루. (喚鳥) [龍龕]
落侯切音婁喚鳥也[字彙補]嘍字
之譌

【哆】린.

【字義】 린(吝)과 同字. [字彙補]與
吝同

【咗】거.
【字義】 의미상(義未詳) [龍龕]與呿
同

【㕛】규.
【字義】 의미상(義未詳) [搜眞玉鏡]
音糺

【呀】日日 아. 目 려.
【字義】 의미상(義未詳) [龍龕]音亞
又音啞又音唳

【号号】호.
【字義】 의미상(義未詳) [龍龕]同号

【㗧】계.
【字義】 계(嘆)와 同字. [五音篇海]
與嘆同

【呐】신.
【字義】 시(訊)과 同字. [韻會]與訊
同出集韻○按集韻本作呐字彙補
誤

【㖃】긍. 居陵切
【字義】 의미상(義未詳) [字彙補]居
陵切音兢

【喝】구.
【字義】 구(呴)와 同字. [字彙補]與
呴同見廣韻○按廣韻無此字字彙
補譌。

【喩】음미상(音未詳)
【字義】 의미상(義未詳) [字彙補]音
義未詳見釋典

【㗾】혁.
【字義】 혁(赫)과 同字. [篇海類編]
同赫

【曼】피.
【字義】 의미상(義未詳) [龍龕]音皮

【唋】태.
字義 태(鯔)와 同字. [字彙補]與
鯔同

【唛】릉.
字義 의미상(義未詳) [龍龕音陵

【㖞】음미상(音未詳)
字義 의미상(義未詳) [字彙補]音
義未詳出釋藏

【𠯗】암.
字義 의미상(義未詳) [海篇]與唵
同

【哶】분.
字義 의미상(義未詳) [川篇]音粉

【㗗】살.
字義 살(㗗)과 同字. [海篇]與㗗
同

【㖿】미.
字義 의미상(義未詳) [龍龕音弥

【㖙】효.
字義 효(嘵)와 同字. [五音篇海]
與嘵同

【㖒】가.
字義 의미상(義未詳) [字彙補]同
咢

【𠮿】파.
字義 의미상(義未詳) [海篇]音叵

【㗧】철.
字義 지혜 철. (智也) [龍龕音哲
智也○按卽哲字之譌。

【喊】뉵.
字義 뉴(恧)와 同字. [字彙補]同
恧

【喜】옹.
字義 옹(喁)과 同字. [龍龕與喁

【嗣】표.
字義 표(漂)와 同字. [篇海]與漂
同

【喰】⊟찬. ⊟손.
字義 의미상(義未詳) [龍龕音餐
又音孫

【嘩】삽.
字義 삽(嗦)과 同字. [五音篇海]
與嗦同

【㮷】책.
字義 책(策)과 同字. [龍龕與策
同

【㗱】교.
字義 교(咬)와 同字. [搜眞玉鏡]
同咬

【覓】환.
字義 의미상(義未詳) [五音篇海]
音喚

【㗪】분.
字義 의미상(義未詳) [搜眞玉鏡]
普問切

【唎】애.
字義 애(噠)와 同字. [龍龕同噠

【㖫】랑. 力蕩切
字義 애(噠)와 同字. [字彙補]力
蕩切音浪出釋典

【㗩】시.
字義 시(啻)와 同字. [五音篇海]
與啻同

【駌】매.
字義 매(罵)와 同字. [五音篇海]
同罵

【噭】패. 蒲養切
字義 석가야래의공덕을찬미하는

노래 패. (梵唄也) [龍龕]蒲養切
音稗梵唄也

【啡】패.
字義 석가야래의공덕을찬미하는
노래 패. [龍龕]同上

【齣】할.
字義 할(齧)과 同字. [五音篇海]
同齧

【㗭】철.
字義 철(啜)과 同字. [篇海類編]
同啜

【㗫】리. 力夷切
字義 의미상(義未詳) [龍龕]力夷
切音離

【𧩷】⊟지. ⊟시. 石爾切
字義 의미상(義未詳) [五音篇海]
音紙又石爾切

【㗁】강. 其養切
字義 의미상(義未詳) [龍龕]其養
切

【㗜】호. 五故切
字義 마음편할 호. (心了也) [五
音篇海]五故切音互心了也○按卽
悟字之譌

【㗶】득.
字義 의미상(義未詳) [字彙補]音
得出釋典

【喬】위.
字義 위(喎)와 同字. [海篇]同喎

【喌】수.
字義 의미상(義未詳) [龍龕]音樹

【聆】령. 力丁切
字義 귀울림 령. 귓소리. (耳聲)
[海篇]力丁切音零耳聲也

【飴】선.

【嚗】효.
字義 효(嚣)와 同字. [五音篇海] 與嚣同

【噶】랍.
字義 랍(臘)과 同字. [龍龕]音臘

【嗕】근.
字義 근(嗽)과 同字. [字彙補]與嗽同

【頌】수.
字義 의미상(義未詳) [龍龕]音須

【噻】인.
字義 인(喔)과 同字. [海篇]同喔

【舂】금.
字義 의미상(義未詳) [五音篇海]音姈

【嚛】연.
字義 연(嚘)과 同字. [五音篇海]與嚘同

【嚀】천.
字義 의미상(義未詳) [龍龕]音穿

【嗽】근. 其飲切
字義 의미상(義未詳) [五音篇海]其飲切音近

【噽】비.
字義 의미상(義未詳) [龍龕]同悲

【噶】갈. 古渴切
字義 의미상(義未詳) [字彙補]古渴切音葛

【噩】령.
字義 의미상(義未詳) [五音篇海]同靈

【嗪】금.
字義 금(吟)과 同字. [五音篇海]音琴[字學指南]與吟同

【嚼】주. 陟流切
字義 의미상(義未詳) [五音篇海]陟流切音周

【嗸】시. 審支切
字義 의미상(義未詳) [字彙補]審支切音詩出摩訶止觀

【嚘】저.
字義 저(佇)와 同字. [龍龕]同佇

【缽】발.
字義 의미상(義未詳) [龍龕]音鉢

【遃】도.
字義 도(導)와 同字. [集韻]同導

【噷】흠. 許淫切
字義 의미상(義未詳) [五音篇海]許淫切

【戠】집.
字義 의미상(義未詳) [川篇]同戢

【聕】운.
字義 운(韻)과 同字. [字彙補]與韻同

【緝】집.
字義 의미상(義未詳) [字彙補]音緝出釋藏·孔雀經

【嘻】자.
字義 자(嘴)와 同字. [龍龕]同嘴

【嗰】계.
字義 의미상(義未詳) [搜眞玉鏡]音計

【對】대.
字義 의미상(義未詳) [五音篇海]同對

【啡】패.
字義 패(啡)와 同字. [搜眞玉鏡]同啡

【嚣】은.
字義 은(嚣)과 同字. [字彙補]與嚣同

【臧】장. 子蒼切
字義 의미상(義未詳) [字彙補]子蒼切音臧見釋典

【興】궁. 呵朋切
字義 의미상(義未詳) [龍龕]呵朋切

【緝】집.
字義 의미상(義未詳) [字彙補]音緝見孔雀經

【嘻】사.
字義 의미상(義未詳) [海篇]音寫[字彙補]出孔雀經

【磬】경. 口頂切
字義 의미상(義未詳) [五音篇海]口頂切音磬

【謔】학.
字義 의미상(義未詳) [五音篇海]與謔同

【嚼】미. 名離切
字義 기원하는말 미. 呪文 음양가, 술가가 술법을 행할 때 외는 글귀. (呪語) [字彙補]名離切音迷呪語

【喘】천.
字義 천(喘)과 同字. [五音篇海]同喘

【雌】자.
字義 의미상(義未詳) [龍龕]音雌

【吃】흘.
字義 의미상(義未詳) [龍龕]同吃

【罄】형.
字義 형(馨)과 同字. [字彙補]與馨同

【嚪】도.
字義 의미상(義未詳) [龍龕]音闍

【嚪】담. 徒藍切
字義 의미상(義未詳) [字彙補]徒藍切音談出梵書

【囍】간.
字義 의미상(義未詳) [字彙補]同囏

【嚤】건.
字義 건(騫)과 同字. [龍龕]同騫

【囇】십.
字義 의미상(義未詳) [龍龕]音十

【矗】효.
字義 의미상(義未詳) [五音篇海]音嚻

【嚻】훤.
字義 훤(喧)과 同字. [搜眞玉鏡]與喧同

康熙字典備考丑集
囗 部

【㘴】사.
字義 사(四)와 同字. [字彙補]與四同

【㘿】구.
字義 의미상(義未詳) [篇海]音舅

【㘧】남.
字義 의미상(義未詳) [搜眞玉鏡]南上聲

【㘾】열.
字義 의미상(義未詳) [龍龕]音悅

【㘲】참.
字義 의미상(義未詳) [五音篇海]音墋

【㘬】수.
字義 의미상(義未詳) [龍龕]音囚

【㘩】롱.
字義 의미상(義未詳) [川篇]音職

【㘭】남.
字義 남(囝)과 同字. [搜眞玉鏡]同囝

【㘱】리.
字義 의미상(義未詳) [搜眞玉鏡]音陛

【㘵】돈.
字義 도(囤)과 同字. [奚韻]同囤

【回】면.
字義 의미상(義未詳) [五音篇海]音面

【㘶】읍.
字義 국(國)과 의미가 같음. (國同義) [古音略]卽邑字與國同義

【㘸】경.
字義 경(囧)과 同字. [龍龕]同囧

【囟】인.
字義 의미상(義未詳) [龍龕]音因

【囥】일. 囥字不同
字義 일(日)과 同字. [五音篇海]同日○按與囷字不同。

【㘷】국.
字義 국(國)과 同字. [龍龕]同國

【㘹】우.
字義 의미상(義未詳) [搜眞玉鏡]音尤

【网】닙.
字義 닙(図)과 同字. [搜眞玉鏡]同図

【㘺】연.
字義 연(淵)과 同字. [龍龕]同淵

【㘻】열.
字義 의미상(義未詳) [龍龕]音悅

【㘼】연.
字義 연(囷)과 同字. [篇海類編]同囷

【囘】회.
字義 회(回)와 同字. [篇海]同回

【囸】국.
字義 국(國)과 同字. [龍龕]同國

【囷】연.
字義 연(囷)과 同字. [字彙補]同囷

【㘽】태.
字義 태(胎)와 同字. [搜眞玉鏡]同胎

【㘾】합.
字義 의미상(義未詳) [龍龕]音合

【㘿】기.
字義 의미상(義未詳) [搜眞玉鏡]音機

【㙀】송.
字義 의미상(義未詳) [搜眞玉鏡]音宋

【㙁】과.
字義 의미상(義未詳) [五音篇海]音誇

【㙂】직.
字義 의미상(義未詳) [風雅逸編]同直

【固】함.
字義 의미상(義未詳) [川篇]音含

【囪】종.
字義 의미상(義未詳) [篇韻]音從

【窦】루.
字義 의미상(義未詳) [搜眞玉鏡]音妻

【豆】투.
字義 의미상(義未詳) [搜眞玉鏡]音偸

【咼】교.
字義 교(窖)와 同字. [篇海]同窖

【裹】위.
字義 의미상(義未詳) [搜眞玉鏡]音圍

【匝】曰인. 曰강.
字義 의미상(義未詳) [五音篇海]音因又音剛

【甫】전.
字義 의미상(義未詳) [五音篇海]音全

【冗】도.
字義 의미상(義未詳) [搜眞玉鏡]音途

【兎】월. 道書(도교서적)
字義 월(月)과 同字. [字彙補]道書月字

【亀】괴.
字義 의미상(義未詳) [五音篇海]音乖

【冤】울.
字義 의미상(義未詳) [搜眞玉鏡]音菀

【瓯】확.

字義 의미상(義未詳) [五音篇海]音獲

【甌】확.
字義 확(瓯)과 同字. [字彙補]同瓯

【圖】도.
字義 도(圖)와 同字. [龍龕]同圖

【罖】구.
字義 의미상(義未詳) [篇韻]音歐

【荅】답.
字義 의미상(義未詳) [五音篇海]音荅

【蕂】국.
字義 국(國)과 同字. [龍龕]與國同

【冤】원.
字義 의미상(義未詳) [篇韻]音苑

【悉】원.
字義 의미상(義未詳) [龍龕]音鴛

【章】장.
字義 의미상(義未詳) [篇海]音章

【蜜】무.
字義 의미상(義未詳) [五音集韻]無距切

【眼】간.
字義 간(看)과 同字. [字彙補]與看同矓仙作

【囲】옥.
字義 의미상(義未詳) [五音篇海]音玉

【嚢】원.
字義 의미상(義未詳) [五音篇海]同園

【嶢】요.

字義 의미상(義未詳) [篇海]音繞

【圖】곤.
字義 의미상(義未詳) [字彙補]音袞

【鹷】유.
字義 의미상(義未詳) [篇海]音由
○按卽鷉字之譌。

【賣】편. 布選切
字義 의미상(義未詳) [字彙補]布選切音扁見南粵志。

【圖】압.
字義 의미상(義未詳) [篇海類編]與圖同

【語】유.
字義 의미상(義未詳) [五音篇海]音由

【囵】인.
字義 의미상(義未詳) [金鏡]音因

【縣】여.
字義 의미상(義未詳) [字彙補]音汝

【環】유.
字義 의미상(義未詳) [搜眞玉鏡]音由

【圙圙】뢰.
字義 의미상(義未詳) [龍龕]音雷

康熙字典備考丑集
土　部

【左】성.
字義 성(聖)과 同字. [龍龕]同聖

【圸】국.
字義 의미상(義未詳) [篇海類編]音局

【圭】춘.

字義 의미상(義未詳) [篇韻]音春	字義 지(坻)와 同字. [龍龕]同坻	字義 의미상(義未詳) [龍龕]音敖

【坉】둔.
字義 둔(坉)과 同字. [川篇]同坉

【坥】일.
字義 의미상(義未詳) [篇海類編]音日

【块】월.
字義 의미상(義未詳) [篇海類編]音月

【垙】폭.
字義 의미상(義未詳) [川篇]音暴

【圮】曰지. 曰제.
字義 의미상(義未詳) [龍龕]音池 又音提。

【皇】균.
字義 균(均)과 同字. [篇海類編]與均同

【圹】호.
字義 의미상(義未詳) [搜眞玉鏡]音戶

【坍】담.
字義 담(坍)과 同字. [字彙補]同坍

【坅】지.
字義 지(坻)와 同字. [篇海類編]同坻

【圸】지.
字義 지(坻)와 同字. [篇海類編]同坻

【垪】정. 才性切
字義 구덩이 정. (坑垪) [篇海類編]才性切音淨坑垪○按卽阱字之譌

【坮】지.

【均】지.
字義 지(坻)와 同字. [龍龕]同坻

【圣】우.
字義 우(夊)와 同字. [五音篇海]同夊

【坴】세.
字義 의미상(義未詳) [龍龕]音世

【圠】조.
字義 조(兆)와 同字. [五音篇海]同兆

【坲】불. 藏經
字義 불(佛)과 同字. [五音篇海]藏經佛字

【垒】절.
字義 산높은모양 절. (高山貌) [篇海類編]音節高山貌○按卽岊字之譌

【坙】경. 古靈切
字義 곧은물결 경. (直波曰坙) [篇海類編]古靈切音經直波曰坙○按卽巠字之譌。

【垕】구.
字義 구(丘)와 同字. [篇海類編]同丘

【坑】갱.
字義 갱(坑)과 同字. [龍龕]同坑

【堲】자.
字義 자(坌)와 同字. [篇海類編]與坌同

【玤】붕.
字義 붕(堋)과 同字. [篇海類編]同堋

【坄】오.

【垻】발.
字義 의미상(義未詳) [搜眞玉鏡]音潑

【奇】구.
字義 구(均)와 同字. [龍龕]同均

【珊】탐.
字義 의미상(義未詳) [搜眞玉鏡]他甘切

【坪】평.
字義 평(坪)과 同字. [篇海類編]同坪

【坯】비.
字義 의미상(義未詳) [龍龕]音丕

【坮】대.
字義 대(臺)와 同字. [字彙補]與臺同見集韻註○按集韻本作坮字彙補誤

【垠】은.
字義 은(垠)과 同字. [篇海類編]同垠

【垈】벌.
字義 벌(垡)과 同字. [篇海類編]同垡

【垔】인.
字義 인(垔)과 同字. [篇海類編]同垔

【尭】호. 藏經
字義 호(胡)와 同字. [五音篇海]藏經胡字

【垧】향.
字義 향(响)과 同字. [龍龕]同响

【垳】치.

【圶】 치(圶)와 同字. [龍龕]同圶

【垕】수.
字義 수(守)와 同字. [五音篇海]同守

【埰】보.
字義 보(堡)와 同字. [篇海]同堡

【坓】계.
字義 의미상(義未詳) [龍龕]音計

【窒】인. 烏欣切
字義 변방 인. (塞也) [字彙補]烏欣切音垔塞也○按卽垔字之譌

【堚】갱.
字義 갱(坑)과 同字. [龍龕]同坑

【堌】지.
字義 의미상(義未詳) [龍龕]音坻

【垶】형.
字義 무쇠형틀 형. (鑄鐵模也) [五音篇海]音刑鑄鐵模也○按卽型字之譌

【塙】해.
字義 해(垓)와 同字. [龍龕]同垓

【塬】원.
字義 원(院)과 同字. [龍龕]同院

【堽】강.
字義 강(堽)과 同字. [龍龕]同堽

【坳】요.
字義 의미상(義未詳) [篇海類編]音腰

【垜】타.
字義 의미상(義未詳) [川篇]音惰

【堆】퇴.
字義 퇴(堆)와 同字. [龍龕]同堆

【堼】흥.
字義 의미상(義未詳) [龍龕]音弘

【坻】지.
字義 지(坻)와 同字. [篇海類編]與坻同

【坼】탁.
字義 탁(坼)과 同字. [五音篇海]同坼

【羍】분.
字義 쓸 분. (掃羍也) [五音篇海]音分掃羍也

【坔】지.
字義 지(地)의 古字. [龍龕]古地字○按玉篇古文地字本作坔龍龕誤

【壶】호.
字義 의미상(義未詳) [龍龕]音胡

【埑】뇌.
字義 의미상(義未詳) [龍龕]音惱

【堾】준.
字義 준(蹲)과 同字. [五音篇海]同蹲

【堏】괴.
字義 괴(塊)와 同字. [篇海類編]同塊

【城】曰 함. 曰 감.
字義 울퉁불퉁할 감. (城坷) [篇海類編]音咸又音勘城坷

【封】봉.
字義 의미상(義未詳) [五音篇海]音封

【堰】약.
字義 의미상(義未詳) [篇海類編]音藥

【埒】렬.
字義 렬(埒)과 同字. [篇海類編]同埒

【湟】괄.
字義 의미상(義未詳) [搜眞玉鏡]音括

【墟】지.
字義 의미상(義未詳) [搜眞玉鏡]音持

【垿】의.
字義 의자(蟻字)로 쓰임. [五音篇海]舊藏作蟻字在三法度論內.

【墜】지.
字義 지(地)와 同字. [字彙補]同地

【垎】다.
字義 다(多)와 同字. [五音篇海]同多

【埉】해.
字義 의미상(義未詳) [篇海類編]音奚

【垨】애. 烏戒切
字義 요해처 애. (險隘) [篇海類編]烏戒切音隘險隘○按卽隘字之譌

【壴】개.
字義 개(壒)와 同字. [字彙補]與壒同.

【壚】로.
字義 로(壚)와 同字. [篇海類編]同壚

【壿】대.
字義 대(臺)와 同字. [龍龕]同臺

【壐】비.
字義 비(埤)와 同字. [五音篇海]

同埤

【堋】붕.
字義 붕(堋)과 同字. [篇海]同堋

【𡒯】괴.
字義 괴(塊)와 同字. [篇韻]同塊

【壖】연.
字義 연(壖)과 同字. [篇海]同壖

【𡓷】⽇⽇ 량.
字義 의미상(義未詳) [篇海類編]音良又音亮

【𡓽】악.
字義 악(堮)과 同字. [篇海類編]同堮

【壈】실.
字義 실(𡑔)과 同字. [篇海類編]同𡑔。

【壔】도.
字義 도(壔)와 同字. [篇海]與壔同

【𡎁】복.
字義 복(𡎁)과 同字. [篇海類編]同𡎁

【壜】담.
字義 담(壜)과 同字. [篇海類編]同壜

【堤】제.
字義 제(堤)와 同字. [五音篇海]同堤

【𡐓】훼.
字義 훼(毀)의 俗字. [字彙補]俗毀字

【墹】전.
字義 의미상(義未詳) [五音篇海]他典切

【壇】전.
字義 전(填)과 同字. [龍龕]同填

【壏】장.
字義 장(壏)과 同字. [字彙補]同壏

【壙】빈.
字義 빈(殯)과 同字. [篇海類編]同殯

【𡏢】대. 徒來切
字義 의미상(義未詳) [龍龕]徒來切音臺見江西隨函

【墼】격.
字義 격(墼)과 同字. [龍龕]同墼

【壥】희.
字義 희(壥)와 同字. [字彙補]同壥

【𡑞】괴.
字義 괴(凷)와 同字. [篇海類編]同凷

【𡔆】⽇⽇ 효.
字義 의미상(義未詳) [搜眞玉鏡]詰要切又詰腰切

【壘】루.
字義 루(壘)와 同字. [篇海類編]同壘

【壧】곽.
字義 의미상(義未詳) [篇海類編]音霍

【𡓾】복.
字義 복(墣)과 同字. [龍龕]同墣

【𡔋】학.
字義 학(壑)과 同字. [奚韻]同壑

康熙字典備考丑集

士部

【声】요.
字義 의미상(義未詳) [字彙補]音堯

【宔】망.
字義 망(妄)과 동자. [字彙補]與妄同

【𡉣】장.
字義 장(壯)과 同字. [字彙補]同壯見藏經字義

【竜】와. 烏瓜切
字義 의미상(義未詳) [龍龕]烏瓜切

【𡔜】재.
字義 재(載)와 同字. [龍龕]同載

【壴】수.
字義 의미상(義未詳) [五音篇海]音樹

【壼】호.
字義 호(壼)와 同字. [五音篇海]同壼

【壻】서.
字義 서(壻)와 同字. [篇海類編]同壻

【壺】호.
字義 호(壺)와 同字. [篇海類編]同壺[字彙補]作壺

【𡔷】육.
字義 의미상(義未詳) [五音篇海]音育

【壾】호.
字義 호(壺)와 同字. [字彙補]與壺同

【嚭】점.
字義 의미상(義未詳) [五音篇海] 音占

【喜】앙. 於旁切
字義 의미상(義未詳) [龍龕]於旁切

【壺】曰호. 於君切 曰인. 目훈.
字義 의미상(義未詳) [龍龕]於君切又音壷又音因又音惲

【翻】주.
字義 주(儔)와 同字. [字學指南] 與儔同

【韻】주.
字義 의미상(義未詳) [篇海類編] 音紬

康熙字典備考丑集
夂 部

【齐】제.
字義 제(齊)와 同字. [字彙補] 同齊.

【夆】봉.
字義 봉(夆)과 同字. [篇海類編] 同夆

【牟】뢰. 牟字不同
字義 뢰(牢)와 同字. [字彙補] 同牢从夂从牛與牟字不同

【粂】재.
字義 재(齋)와 同字. 【字彙補】同齋.

康熙字典備考丑集
夊 部

【絎】항.
字義 항(絎)과 同字. [字彙補] 同絎

【曼】하.
字義 의미상(義未詳) [川篇] 音夏

【傁】수.
字義 의미상(義未詳) [字彙補] 音叟

【復】복.
字義 복(復)과 同字. 【字彙補】與復同.

【夒】요.
字義 요(要)와 同字. [奇字韻] 同要

【鞠】국.
字義 국(鞠)과 同字. [字彙補] 與鞠同

【夏】하.
字義 의미상(義未詳) [海篇] 音夏

康熙字典備考丑集
夕 部

【夅】건.
字義 의미상(義未詳) [五音篇海] 音巾

【夅】치.
字義 의미상(義未詳) [字彙補] 音哆

【竘】지.
字義 지(敍)와 同字. [字彙補] 同敍

【夜】曰자. 丁夜切 曰범. 梵音切
字義 ■呂 범. (身也) [五音篇海] 丁夜切 [字彙補] 此梵音切身也見藏經

【夜】사.

【謝】
字義 의미상(義未詳) [五音篇海] 音謝

【姪】지.
字義 의미상(義未詳) [字彙補] 音至

【姟】회.
字義 의미상(義未詳) [字彙補] 音恢

【夥】다.
字義 다(多)와 同字. [海篇] 同多

【移】이.
字義 이(移)와 同字. [字彙補] 與移同

【夥】외. 余怪切
字義 생질 외. (夥夥姊妹之子也) [字彙補] 余怪切音外夥夥姊妹之子也

【夜】마. 名夜切
字義 의미상(義未詳) [五音篇海] 名夜切

【夜】바. 并夜切
字義 의미상(義未詳) [五音篇海] 并夜切

【夢】차.
字義 차(夢)와 同字. [字彙補] 與夢同

【夜】자.
字義 자(夜)와 同字. [五音篇海] 同夜

【夜】바.
字義 바(夜)와 同字. [字彙補] 與夜同

【夜】曰 曰자.
字義 의미상(義未詳) [五音篇海] 亭夜切又丁夜切

【鬯】당.
字義 의미상(義未詳) [字彙補]音黨

【馘】험. 火冉切
字義 의미상(義未詳) [字彙補]火冉切音險

【鑤】태.
字義 태(太)와 同字. [字彙補]同太

【孋】유.
字義 태(太)와 同字. [字彙補]音蹂

康熙字典備考丑集
大　部

【丙】뇨.
字義 의미상(義未詳) [篇韻]嫋去聲

【冇】옥.
字義 의미상(義未詳) [字彙補]音玉

【夸】투.
字義 투(套)와 同字. [篇海類編]與套同

【夻】치.
字義 의미상(義未詳) [搜眞玉鏡]尺止切

【奀】혜.
字義 의미상(義未詳) [搜眞玉鏡]音兮

【奁】고.
字義 의미상(義未詳) [龍龕]音枯

【夲】과
字義 의미상(義未詳) [日月燈]夸字

【汆】방.
字義 의미상(義未詳) [篇海]音湝

【夎】저.
字義 클 저. (大也) [篇海類編]音低大也○按卽套字之譌

【套】저.
字義 저(套)와 同字. [篇海類編]同套

【奐】택.
字義 택(澤)과 同字. [字彙補]與澤同見集韻○按集韻無此字應卽臭字之譌

【奤】반.
字義 의미상(義未詳) [海篇]音盤

【奕】투.
字義 투(套)와 同字. [字彙補]同套

【奊】가.
字義 의미상(義未詳) [龍龕]音加

【姦】태.
字義 의미상(義未詳) [篇海類編]音太

【姦】초. 千奴切
字義 의미상(義未詳) [龍龕]千奴切

【臾】곤.
字義 곤(坤)과 同字. [焦氏筆乘]臾卽坤字○按卽臾字之譌註詳八部

【埊】온.
字義 온(穩)과 同字. [搜眞玉鏡]與穩同

【奊】희.
字義 의미상(義未詳) [字彙補]音

希見釋典

【奰】위.
字義 의미상(義未詳) [五音篇海]音胃

【姦】교.
字義 교(皎)와 同字. [字彙補]與皎同

【奓】개.
字義 의미상(義未詳) [五音篇海]音開

【姦】천.
字義 의미상(義未詳) [海篇]音天

【奊】지. 知雉切
字義 의미상(義未詳) [字彙補]知雉切智上聲出釋藏·疑字函

【奰】관.
字義 의미상(義未詳) [五音篇海]音寬

【傘】산.
字義 산(傘)과 同字. [韻會]與傘同

【奮】본.
字義 본(奮)의 譌字. [字彙補]奮字之譌。

【橐】본.
字義 본(橐)의 譌字. [字彙補]橐字之譌

【彌】별.
字義 별(彌)과 同字. [字彙補]與彌同

【癸】결.
字義 결(結)과 同字. [篇海]同結

【橆】모.
字義 모(模)와 同字. [韻會]同模

【⿱大頁】맹.
字義 의미상(義未詳) [五音篇海]
音萌

【⿱⿱卄冖大】대.
字義 의미상(義未詳) [搜眞玉鏡]
音帶

【⿰奐隹】왈.
字義 의미상(義未詳) [搜眞玉鏡]
烏刮切

康熙字典備考丑集

女 部

【⿰勺女】적.
字義 의미상(義未詳) [搜眞玉鏡]
音的

【⿱云女】운.
字義 운(妘)과 同字. [篇海類編]
同妘

【⿰女冗】담.
字義 담(妉)과 同字. [五音篇海]
同妉

【⿱㓁女】타.
字義 타(妥)와 同字. [龍龕]同妥

【⿱叒女】찬.
字義 찬(粲)과 同字. [龍龕]與粲
同

【⿰女亇】해.
字義 해(妎)와 同字. [五音篇海]
同妎

【⿱天女】알.
字義 의미상(義未詳) [金鏡]音謁

【⿱龶女】과. 工火切
字義 의미상(義未詳) [搜真玉鏡]
工火切

【⿱叒女】찬.
字義 찬(粲)과 同字. [龍龕]同粲

【⿰女世】설.
字義 의미상(義未詳) [[五音篇海]
音泄

【⿱余巾】여.
字義 의미상(義未詳) [篇海類編]
音如

【⿰亻妥】임.
字義 임(妊)과 同字. [篇海類編]
同妊

【⿰女巠】뇌.
字義 뇌(嫋)와 同字. [龍龕]同嫋

【⿰女夆】봉.
字義 봉(妦)과 同字. [龍龕]同妦

【⿰女丣】㊀ 묘. ㊁류.
字義 의미상(義未詳) [川篇]音卯
又音柳

【⿱⿱丷田女】처.
字義 처(妻)와 同字. [龍龕]同妻

【⿱污女】호.
字義 호(㚛)와 同字. [篇海類編]
同㚛

【⿰女攸】㊀ 뇨. ㊁닐.
字義 의미상(義未詳) [龍龕]奴了
切又女悉切

【⿰女冡】겁.
字義 마음이평안하지않을 겁.
(心不平也) [字彙補]音怯心不平
也○按海篇作嫁

【⿰女折】혈.
字義 혈(娎)과 同字. [篇海類編]
同娎

【⿱⿱日一女】간.
字義 간(奸)과 同字. [龍龕]同奸

【⿰女似】사.
字義 사(姒)와 同字. [篇海類編]
同姒

【⿱叟女】수.
字義 의미상(義未詳) [海篇]音雖

【⿱大⿰女女】추.
字義 의미상(義未詳) [搜眞玉鏡]
音麄

【⿰女欶】㊀ 촉. ㊁추.
字義 의미상(義未詳) [五音篇海]
音觸又音麄

【⿰女敉】뇨.
字義 의미상(義未詳) [龍龕]寧了
切

【⿱⿱毌中女】루.
字義 루(婁)와 同字. [五音篇海]
同婁出玉篇○按玉篇本作婁篇海
譌

【⿰女吉】빙.
字義 빙(聘)과 同字. [字彙補]與
聘同

【⿰女畀】기.
字義 기(娸)와 同字. [篇海類編]
同娸

【⿰女玆】현.
字義 현(婱)과 同字. [字彙補]婱
同

【⿰女悤】뇌.
字義 뇌(嫋)와 同字. [龍龕]同嫋

【⿱壮女】장.
字義 장(奘)과 同字. [字彙補]同
奘

【娜】나.

字義 나(娜)와 同字. [篇海類編] 與娜同	【嫛】닉. 字義 닉(嫟)과 同字. [龍龕]同嫟	字義 책(嫧)과 同字. [篇海類編] 同嫧

【奻】한. 革閑切
字義 의미상(義未詳) [搜眞玉鏡] 革閑切

【嫈】잉.
字義 의미상(義未詳) [搜眞玉鏡] 音孕

【婆】파.
字義 파(婆)와 同字. [字彙補]與婆同見釋典

【嫆】욕.
字義 욕자(欲字)로 쓰임. [龍龕]舊藏作欲字

【娗】전.
字義 의미상(義未詳) [川篇]音全

【嫩】曰 추. 曰 촉.
字義 의미상(義未詳) [龍龕]音龜 又音觸

【嫩】曰 뇨. 曰 닉.
字義 의미상(義未詳) [篇海類編]音裊又音匿

【嬰】리.
字義 리(孋)와 同字. [字彙補]與孋同

【嬰】사.
字義 사(娵)와 同字. [[五音篇海]同娵

【嫉】실.
字義 세속적잉여러가지번거로운일 실. (俗用) [篇海類編]音悉俗用

【婿】서.
字義 서(婿)와 同字. [奚韻]同婿

【婙】조.
字義 조(篠)와 同字. [篇海類編]同篠

【嬹】성.
字義 성(盛)과 同字. [龍龕]同盛

【嬔】별.
字義 별(嫳)과 同字. [篇海類編]同嫳

【嬔】울.
字義 울(罻)과 同字. [篇海類編]同罻

【嬤】모. 彌小切
字義 의미상(義未詳) [龍龕]彌小切

【嬌】암.
字義 암(嬒)과 同字. [篇海類編]同嬒

【嬾】권.
字義 권(孉)과 同字. [篇海類編]同孉

【嫋】요.
字義 요(窈)와 同字. [龍龕]同窈

【嬍】미.
字義 미(媄)와 同字. [五音篇海]與媄同

【孃】황.
字義 황(嫦)과 同字. [龍龕]同嫦

【孈】요.
字義 의미상(義未詳) [五音篇海]音妖

【嬻】책.

【嬑】훼.
字義 훼(毇)와 同字. [篇海類編]同毇

【嬸】음미상(音未詳)
字義 의미상(義未詳) [字彙補]音義未詳見釋藏·中峯語錄

【孏】뇌.
字義 뇌(惱)와 同字. [篇海類編]同惱

【嬰】요. 伊堯切
字義 의미상(義未詳) [篇海類編]伊堯切音妖

【孂】요.
字義 요(嬰)와 同字. [篇海類編]同上

【孍】함.
字義 함(嬐)과 同字. [龍龕]同嬐

【孎】부.
字義 부(娝)와 同字. [篇海][類編]同娝

【孈】휴.
字義 휴(嶲)와 同字. [字彙補]同嶲

【孍】설.
字義 의미상(義未詳) [篇海類編]音屑

【孍】연.
字義 여(嬿)와 同字. [餘文]同嬿

【孆】영.
字義 연(嬰)과 同字. [篇海類編]與嬰同

【孎】숙.

字義 숙(儵)과 同字. [篇海類編] 同儵

【觾】운.
字義 운(妘)과 同字. [籀文]同妘

【孅】⽇뢰. ⽇루.
字義 의미상(義未詳) [篇海類篇] 音雷又音累

【孅】람.
字義 람(濫)과 同字. [篇海類編] 同濫

【嬔】반.
字義 반(媻)과 同字. [篇海類編] 同媻

康熙字典備考寅集
子　部

【孖】서.
字義 의미상(義未詳) [搜眞玉鏡] 音署

【㞕】의.
字義 의미상(義未詳) [五音篇海] 音義

【圩】자.
字義 의미상(義未詳) [搜眞玉鏡] 音子

【㝧】회.
字義 의미상(義未詳) [搜眞玉鏡] 音會

【㤅】신.
字義 의미상(義未詳) [搜真玉鏡] 音信

【孕】잉.
字義 잉(孕)과 同字. [龍龕]同孕

【學】거.

字義 의미상(義未詳) [龍龕]居語切

【䎿】랑.
字義 의미상(義未詳) [搜真玉鏡] 音朗

【㺪】중.
字義 의미상(義未詳) [篇海類編] 音仲

【㝅】서. 辭呂切
字義 의미상(義未詳) [五音篇海] 辭呂切

【㪇】간.
字義 간(堅)과 同字. [篇海類編] 同堅

【㰝】제.
字義 의미상(義未詳) [龍龕]音齊

【㝔】내.
字義 내(孻)와 同字. [字彙補]同孻

【㝏】기.
字義 의미상(義未詳) [龍龕]音旣

【㝤】징.
字義 의미상(義未詳) [字彙補]帝孕切出釋典·神呪中

【㸉】동.
字義 의미상(義未詳) [篇海類編] 音童

【㙷】숙.
字義 의미상(義未詳) [字彙補]音孰

【㝬】순.
字義 의미상(義未詳) [字彙補]同鷯出釋典

【㝰】얼.

字義 얼(孼)과 同字. [對韻音訓] 同孼

【㿻】벽.
字義 벽(擘)과 同字. [篇海類編] 同擘

【㝊】급.
字義 의미상(義未詳) [餘文]音笈

【㝱】⽇종. ⽇규.
字義 의미상(義未詳) [龍龕]音從又音紃

康熙字典備考寅集
宀　部

【宄】음미상(音未詳).
字義 의미상(義未詳) [字彙補]唐武宗製乃宄二字以試王起音義俱闕

【宁】료.
字義 의미상(義未詳) [搜真玉鏡] 音了

【㝕】빈.
字義 의미상(義未詳) [川篇]音賓

【㝢】우.
字義 우(字)와 同字. [篇海類編] 與字同

【㝯】면. 莫見切
字義 혼연일체될 면. (冥合也) [篇海類編]莫見切音面冥合也○按音義卽寉字之譌

【宎】효. 胡交切
字義 의미상(義未詳) [篇海類編] 胡交切

【宎】수.
字義 의미상(義未詳) [五音篇海] 音殳

【歺】㊀구. ㊁면.
字義 의미상(義未詳) [龍龕]音久
又音麵

【𡧩】정.
字義 의미상(義未詳) [五音篇海]
音定

【寱】홀.
字義 의미상(義未詳) [搜眞玉鏡]
音忽

【宛】적. 通作家
字義 적(寂)과 同字. [字彙補]與
寂同見漢張納碑通作家

【宙】출. 竹律切
字義 의미상(義未詳) [篇海類編]
竹律切音术

【突】형.
字義 의미상(義未詳) [龍龕]音衡

【宕】개. 古海切
字義 의미상(義未詳) [搜眞玉鏡]
古海切

【容】빈.
字義 의미상(義未詳) [龍龕]音實

【㝉】약.
字義 의미상(義未詳) [龍龕]同若

【宋】시.
字義 의미상(義未詳) [龍龕]音屎

【宐】의.
字義 의(宜)와 同字. [餘文]與宜
同

【宪】㊀훙. ㊁모. ㊂혼.
字義 의미상(義未詳) [搜眞玉鏡]
香重切又莫報切又呼困切

【宧】태.

【宩】의미상(義未詳) [五音篇海]
音怠

【峯】봉.
字義 의미상(義未詳) [龍龕]音峯

【㝗】률.
字義 률(栗)과 同字. [龍龕]同栗

【宻】수.
字義 수(㜑)의 籀文. [五音篇海]
籀文㜑字

【莉】본. 芳本切
字義 의미상(義未詳) [搜眞玉鏡]
芳本切

【皂】조.
字義 의미상(義未詳) [搜眞玉鏡]
音造

【宰】재.
字義 의미상(義未詳) [餘文]同宰

【㝏】연.
字義 의미상(義未詳) [龍龕]音延

【寇】㊀훙. 香重切 ㊁혼. 火
困切
字義 의미상(義未詳) [龍龕]香重
切又火困切

【冥】명.
字義 명(冥)과 同字. [龍龕]同冥

【裒】갈.
字義 의미상(義未詳) [龍龕]音竭

【㝤】내.
字義 의미상(義未詳) [搜眞玉鏡]
音奈

【家】가.
字義 가(家)와 同字. [五音篇海]
同家

【㝢】홀.
字義 홀(寱)의 譌字. [字彙補]寱
字之譌

【窈】요. 魚嬌切
字義 의미상(義未詳) [搜眞玉鏡]
魚嬌切

【䘄】앙. 宜央切
字義 의미상(義未詳) [字彙補]宜
央切音卬出 [釋典·神呪]

【宻】밀.
字義 밀(密)과 同字. [篇海類編]
同密

【䆐】자.
字義 의미상(義未詳) [五音篇海]
音子

【寢】몽.
字義 몽(寢)과 同字. [字彙補]同
寢

【宷】안.
字義 의미상(義未詳) [搜眞玉鏡]
音案

【寳】보.
字義 보(寶)와 同字. [字彙補]同
寶

【寪】악. 五各切
字義 의미상(義未詳) [搜眞玉鏡]
五各切

【寂】적.
字義 의미상(義未詳) [五音篇海]
音寂

【實】실.
字義 의미상(義未詳) [龍龕]音實

【毟】훙.
字義 의미상(義未詳) [搜眞玉鏡]
香重切

【賓】숙.
字義 숙(宿)과 同字. [搜眞玉鏡] 同宿

【宊】적.
字義 의미상(義未詳) [五音篇海] 音寂

【鈘】기.
字義 의미상(義未詳) [搜眞玉鏡] 音岐

【寋】작. 才各切
字義 의미상(義未詳) [五音篇海] 才各切

【髐】혁.
字義 의미상(義未詳) [篇海] 音赫

【諴】음미상(音未詳)
字義 질병. [字彙補] 病也音未詳

【宴】루.
字義 의미상(義未詳) [搜眞玉鏡] 音婁

【寠】실.
字義 의미상(義未詳) [五音篇海] 音實

【鑒】보.
字義 보(寶)와 同字. [篇海類編] 同寶

【鍼】함.
字義 의미상(義未詳) [五音篇海] 音咸

【寕】닐. 寧吉切
字義 의미상(義未詳) [字彙補] 寧吉切音昵出[釋典]

【攘】어.
字義 어(攘)와 同字. [字彙補] 與

攘同

【竉】曰훙. 香仲切 曰혼. 呼困切
字義 의미상(義未詳) [龍龕] 香仲切又呼困切

【竆】훙.
字義 훙(竉)과 同字. [龍龕] 與竉同

【賫】귀.
字義 의미상(義未詳) [龍龕] 音貴

【廳】효. 革孝切
字義 의미상(義未詳) [五音篇海] 革孝切

【麈】새. 先代切
字義 의미상(義未詳) [字彙補] 先代切音賽

【甗】의. 魚其切
字義 의미상(義未詳) [篇韻] 魚其切音宜

【竉】룡. 呂春切
字義 의미상(義未詳) [龍龕] 呂春切

【竉壹】닐. 寧壹切
字義 의미상(義未詳) [字彙補] 寧壹切音昵出[釋典神呪]

【宨】제.
字義 제(擠)의 俗字. [字彙補] 俗擠字

【竷】강. 丘良切
字義 의미상(義未詳) [搜眞玉鏡] 丘良切

【竉】녕.
字義 녕(寧)과 同字. [字彙補] 同寧出[華嚴字母]

【竉】曰품. 曰로.
字義 의미상(義未詳) [[海篇]音稟又音祿

康熙字典備考寅集
寸 部

【　】등.
字義 등(等)의 俗字. [篇海類篇] 俗等字

【尋】유.
字義 의미상(義未詳) [搜眞玉鏡] 音裕

【尅】올. 五骨切
字義 의미상(義未詳) [搜眞玉鏡] 五骨切

【刪】나.
字義 의미상(義未詳) [龍龕] 音那

【村】사.
字義 의미상(義未詳) [篇海] 音射

【尀】내.
字義 의미상(義未詳) [龍龕] 同耐

【刪】산.
字義 산(刪)과 同字. [龍龕] 同刪

【宷】경.
字義 경(京)과 同字로 쓰임. [篇海] 舊藏作京

【尀】폄.
字義 의미상(義未詳) [海篇] 音貶

【尌】견.
字義 의미상(義未詳) [龍龕] 音堅

【尊】범. 方撿切
字義 의미상(義未詳) [五音篇海] 方撿切

【尊】존.
字義 존(尊)과 同字. [川篇]同尊

【𡬶】시.
字義 의미상(義未詳) [篇海]音是

【𡭄】전. 照川切
字義 의미상(義未詳) [字彙補]照川切音專

【對】류.
字義 류(劉)와 同字. [字彙補]與劉同出[周憬碑]

康熙字典備考寅集
小 部

【𡭔】휘. 呼鬼切
字義 의미상(義未詳) [龍龕]呼鬼切

【少】렬.
字義 의미상(義未詳) [篇海類編]音劣

【𡭠】패. 蒲買切
字義 의미상(義未詳) [龍龕]蒲買切

【𡭡】잉.
字義 의미상(義未詳) [搜眞玉鏡]音孕

【𡭢】수.
字義 의미상(義未詳) [搜眞玉鏡]音首

【𡭣】마.
字義 마(𡭟)와 同字. [篇海類編]同𡭟

【𡭤】건. 吉典切
字義 의미상(義未詳) [五音篇海]吉典切

【𡭥】란.
字義 의미상(義未詳) [五音篇海]音亂

【𡭦】묘.
字義 묘(妙)와 同字. [字彙補]與妙同

【𡭧】관.
字義 의미상(義未詳) [搜眞玉鏡]音觀

【𡭨】비.
字義 의미상(義未詳) [龍龕]音毘

【𡭩】소.
字義 소(小)와 同字. [搜眞玉鏡]同小

【𡭪】유.
字義 의미상(義未詳) [搜眞玉鏡]音乳

【𡭫】㊀ ㊁마. 莫何切 莫可切
字義 마(麽)와 同字. [五音篇海]莫何切又莫可切[字彙補]與麽同

【𡭬】유.
字義 유(有)와 同字. [字彙補]與有同臞仙作

【𡭭】매.
字義 의미상(義未詳) [海篇]音梅

康熙字典備考寅集
尢 部

【𡯂】우.
字義 우(又)와 同字. [五音篇海]同又

【𡯃】보. 步交切
字義 의미상(義未詳) [搜眞玉鏡]步交切

【𡯄】올.
字義 의미상(義未詳) [龍龕]音兀

【𡯅】㊀포. 蒲交切 ㊁로. 力弔切
字義 의미상(義未詳) [龍龕]蒲交切又力弔切

【𡯆】개.
字義 개(尬)와 同字. [字彙補]同尬

【𡯇】훌.
字義 의미상(義未詳) [五音篇海]許勿切

【𡯈】조.
字義 의미상(義未詳) [川篇]音銚

【𡯉】귀.
字義 의미상(義未詳) [五音篇海]渠危切

【𡯊】나.
字義 의미상(義未詳) [搜眞玉鏡]音拏

【𡯋】얼. 五結切
字義 의미상(義未詳) [篇海類編]五結切音臬

【就】취.
字義 취(就)와 同字. [五音篇海]同就

【𡯌】루.
字義 루(𡰀)와 同字. [篇海類編]同𡰀

【𡯍】린.
字義 의미상(義未詳) [龍龕]音隣

康熙字典備考寅集
尸 部

【𡰆】당.
字義 의미상(義未詳) [搜眞玉鏡]

音當

【尸】현.
字義 의미상(義未詳) [龍龕]音賢

【戾】피.
字義 의미상(義未詳) [龍龕]音皮

【尻】고.
字義 괴(尻)와 同字. [奚韻]同尻

【尹】소.
字義 의미상(義未詳) [篇韻]音小

【屄】구.
字義 의미상(義未詳) [海篇]音區

【扇】수.
字義 의미상(義未詳) [海篇]音水

【居】단.
字義 의미상(義未詳) [搜眞玉鏡]音簞

【屍】曰조. 曰도.
字義 의미상(義未詳) [海篇]音兆又音逃

【屋】잉.
字義 의미상(義未詳) [奚韻]音孕

【㞾】니.
字義 니(泥)와 同字. [五音篇海]同泥

【屎】뇨.
字義 뇨(尿)와 同字. [篇海類編]同尿

【屁】미.
字義 미(尾)와 同字. [字彙補]同尾

【屍】사. 桑可切
字義 의미상(義未詳) [搜眞玉鏡]

桑可切

【屍】유.
字義 의미상(義未詳) [篇海類篇]音乳

【岾】니.
字義 니(尼)와 同字. [字彙補]與尼丘之尼同

【屎】시.
字義 시(屎)와 同字. [篇海類編]同屎

【屭】병.
字義 의미상(義未詳) [五音篇海]音兵

【庳】비.
字義 비(庳)와 同字. [字彙補]與庳同

【屎】뇨.
字義 뇨(尿)와 同字. [海篇]同尿

【屁】비.
字義 비(屁)와 同字. [字彙補]同屁

【降】강.
字義 강(降)과 同字. [五音篇海]同降

【屌】군.
字義 군(羣)과 同字. [龍龕]與羣同

【屐】멸.
字義 의미상(義未詳) [字彙補]音蔑出內典

【屜】체. 他計切
字義 의미상(義未詳) [字彙補]他計切音替出高僧傳

【屬】구.

【㬗】구(絢)와 同字. [字彙補]與絢同

【屈】굴. 渠物切
字義 ①짧을모양 굴. ②급을 굴. [篇海類編]渠物切音倔短貌曲也

【屢】루.
字義 루(樓)와 同字. [高僧傳]同樓

【屬】국.
字義 의미상(義未詳) [海篇]音國

【屩】적.
字義 의미상(義未詳) [搜眞玉鏡]音積

【屝】비.
字義 의미상(義未詳) [龍龕]音備

康熙字典備考寅集
屮　部

【屮】시.
字義 시(市)와 同字. [字彙補]與市同

康熙字典備考寅集
山　部

【屲】개.
字義 개(屵) 개(蓋)와 同字. [龍龕]音蓋屲同蓋

【屼】위.
字義 위(屴)와 同字. [五音篇海]同屴

【屴】위.
字義 산이름 위. (山名) [龍龕]音危山名

【岊】절.
字義 절(嵒)과 同字. [篇海類編]同嵒

【屹】흘.
字義 흘(屹)과 同字. [篇海類編] 同屹

【屹】흘.
字義 흘(屹)과 同字. [篇海類編] 同屹

【岻】지.
字義 지(岻)와 同字. [篇海類編] 同岻

【岎】곡.
字義 곡(谷)과 동자. [字彙補]同谷

【宋】목.
字義 의미상(義未詳) [篇海類編] 音木

【峱】색.
字義 의미상(義未詳) [海篇]音色

【岸】기.
字義 기(圻)와 同字. [篇海類編] 同圻

【芥】조. 之刀切
字義 의미상(義未詳) [搜眞玉鏡] 之刀切

【岆】탄.
字義 탄(炭)과 同字. [龍龕]同炭

【岽】목.
字義 목(宋)과 同字. [五音篇海] 同宋

【岣】구.
字義 구(岣)와 同字. [篇海類編] 同岣

【岋】악.
字義 악(岳)과 同字. [搜眞玉鏡 同岳。

【岮】종.
字義 의미상(義未詳) [龍龕]音從

【崧】연.
字義 의미상(義未詳) [五音篇海] 音浴

【峍】류.
字義 류(流)와 同字. [龍龕]同流

【峀】방.
字義 방(邦)의 古字. [韻會小補] 古邦字○按字彙作峀與此小異

【峇】세.
字義 의미상(義未詳) [龍龕]音歲

【岇】항.
字義 항(岇)과 同字. [篇海類編] 同岇

【峯】봉.
字義 봉(峯)과 同字. [五音篇海] 同峯。

【峥】우.
字義 의미상(義未詳) [川篇]音雨

【岺】습. 所急切
字義 의미상(義未詳) [搜眞玉鏡] 所急切

【崩】붕.
字義 붕(崩)과 同字. [龍龕]同崩

【岘】강.
字義 의미상(義未詳) [搜眞玉鏡] 音江

【亘山】환.
字義 환(峘)과 同字. [海篇]與峘同

【崫】착. 士角切

【崫】
字義 의미상(義未詳) [篇海類編] 士角切音捉

【峉】세.
字義 의미상(義未詳) [龍龕]音歲

【崏】추.
字義 의미상(義未詳) [龍龕]音抽

【峚】계.
字義 의미상(義未詳) [海篇]音癸

【峇】함.
字義 함(峆)과 同字. [篇海類編] 同峆

【岡】강.
字義 강(岡)과 同字. [五音篇海] 同岡

【啓】㊀채. ㊁계.
字義 의미상(義未詳) [篇海類編] 音寨又音啓

【峪】척.
字義 척(嶨)의 譌字. [字彙補]嶨字之譌

【峴】회.
字義 의미상(義未詳) [龍龕]音回

【崟】기.
字義 의미상(義未詳) [海篇]音氣

【峎】은.
字義 은(垠)과 同字. [海篇]同垠

【焱】세.
字義 의미상(義未詳) [海篇]音歲

【崗】강.
字義 강(崗)과 同字. [龍龕]同崗

【隋】타.
字義 의미상(義未詳) [海篇]音朶

【㟓】후.
字義 후(㟓)와 同字. [海篇]同㟓

【勛】훈. 許軍切
字義 의미상(義未詳) [字彙補]許軍切音勳出釋典

【屳】시.
字義 의미상(義未詳) [篇韻]音時

【峔】자.
字義 의미상(義未詳) [海篇]音貴

【峚】기.
字義 의미상(義未詳) [字彙補]音綺

【㠖】우.
字義 우(憂)와 同字. [字彙補]同憂

【㠯】영.
字義 의미상(義未詳) [字彙補]同盈

【㟴】유.
字義 의미상(義未詳) [篇韻]音幽

【隋】타.
字義 타(隋)와 同字. [五音篇海]同隋

【嵑】간.
字義 의미상(義未詳) [龍龕]音看

【羛】아.
字義 아(峨)와 同字. [篇海類編]同峨

【嶡】제.
字義 의미상(義未詳) [五音篇海]音諸

【岷】민.
字義 민(民)과 同字. [五音篇海]同民

【岾】잠.
字義 의미상(義未詳) [五音篇海]音岑

【嵃】曰엽. 曰설.
字義 의미상(義未詳) [篇海類編]音葉又音齧

【嵏】파.
字義 의미상(義未詳) [五音篇海]音婆

【峻】준.
字義 준(峻)과 同字. [海篇]同峻

【嶧】악.
字義 악(崿)과 同字. [搜眞玉鏡]同崿

【嵾】참.
字義 참(嵾)과 同字. [篇海類編]同嵾

【嵳】차.
字義 차(嵯)와 同字. [篇海類編]同嵯

【辠】죄.
字義 죄(罪)와 同字. [篇海類編]同罪

【齒】치.
字義 치(齒)와 同字. [龍龕]同齒

【枝】지. 亦作支
字義 의미상(義未詳) [搜眞玉鏡]音祗亦作支

【嶽】악.
字義 악(嶽)과 同字. [篇海類編]與嶽同

【榜】방.
字義 의미상(義未詳) [龍龕]音傍

【巐】륙.
字義 의미상(義未詳) [五音篇海]音陸

【㦨】기.
字義 의미상(義未詳) [龍龕]音棄

【齒】할.
字義 할(齒)과 同字. [篇海類編]同齒

【雟】휴.
字義 휴(雟)와 同字. [龍龕]同雟

【蠱】고.
字義 의미상(義未詳) [海篇]音古

【縣】현.
字義 의미상(義未詳) [龍龕]音懸

【巖】뢰.
字義 뢰(磊)와 同字. [字彙補]同磊

【龍】롱.
字義 롱(龍)과 同字. [篇海類編]同龍

【魏】외.
字義 외(巍)와 同字. [篇海類編]同巍

【離】曰 曰리.
字義 의미상(義未詳) [龍龕]音離又音利

【巑】숭.
字義 의미상(義未詳) [川篇]音崇

【繒】증.
字義 증(嶒)과 同字. [龍龕]同嶒

【雞】曰계. 曰해.
字義 의미상(義未詳) [龍龕]音雞又音奚

同民

【鼉】한.
字義 의미상(義未詳) [搜眞玉鏡] 音閒

【讒】참.
字義 참(巉)과 同字. [海篇]同巉

康熙字典備考寅集
巛 部

【巛】곤.
字義 곤(坤)과 同字. [海篇]與坤同

【峇】고.
字義 의미상(義未詳) [篇海類編] 音苦

【㐺】중.
字義 중(衆)과 同字. [字彙補]同衆

【𡿨】훈.
字義 의미상(義未詳) [龍龕]音訓

【𨺃】룡.
字義 룡(龍)과 同字. [字彙補]同龍

【𡿫】재.
字義 재(載)와 同字. [龍龕]同載

【𩇵】색.
字義 의미상(義未詳) [篇海]音色

【鼉】옹.
字義 의미상(義未詳) [五音篇海] 音雍

【𩩲】초.
字義 의미상(義未詳) [金鏡]音剿

【𩰱】하.
字義 하(河)와 同字. [字彙補]同河

康熙字典備考寅集
工 部

【㘦】슬.
字義 의미상(義未詳) [搜眞玉鏡] 音虱

【㠨】만.
字義 의미상(義未詳) [金鏡]音万

【开】야. 余者切
字義 의미상(義未詳) [字彙補]余者切音也

【㠪】차.
字義 의미상(義未詳) [搜眞玉鏡] 音差

【㠫】차.
字義 차(差)와 同字. [字彙補]與差同

【㠭】휴.
字義 휴(隳)와 同字. [字彙補]同隳

【爾】이.
字義 의미상(義未詳) [海篇]音爾

【𤲃】다.
字義 다(多)와 同字. [字彙補]同多

【𡊷】무.
字義 무(無)와 同字. [字彙補]武夫切與無同涵虛子作

【𥥌】홍. 何貢切
字義 의미상(義未詳) [篇海]何貢切音閧

康熙字典備考寅集
己 部

【㠱】한.

字義 의미상(義未詳) [海篇]音旱

【起】기.
字義 의미상(義未詳) [海篇]音起

【㠳】방.
字義 의미상(義未詳) [五音篇海] 音邦

康熙字典備考寅集
巾 部

【帀】인.
字義 인(印)과 同字. [龍龕]同印

【㠿】약.
字義 의미상(義未詳) [篇海]音約

【帒】장.
字義 의미상(義未詳) [搜眞玉鏡] 音長

【㠾】궁.
字義 의미상(義未詳) [五音篇海] 音宮

【帗】면.
字義 의미상(義未詳) [龍龕]音綿

【希】희.
字義 희(希)와 同字. [龍龕]同希

【帔】불.
字義 불(帗)과 同字. [龍龕]同帗

【㡞】사.
字義 의미상(義未詳) [搜眞玉鏡] 音斯

【帞】망.
字義 의미상(義未詳) [龍龕]音网

【㡚】중.
字義 의미상(義未詳) [搜眞玉鏡] 音中

【系】계.

字義 계(系)와 同字. [字彙補]與系同

【亥】해.

字義 해(亥)와 同字. [篇韻]同亥

【艸】계.

字義 의미상(義未詳) [海篇]音癸

【帗】역.

字義 역(亦)과 同字. [龍龕]與亦同

【帤】례.

字義 례(烈)와 同字. [篇海類編]同烈

【帬】윤.

字義 유(尹)과 同字. [字彙補]同尹

【帉】음. 語今切

字義 의미상(義未詳) [搜眞玉鏡]語今切

【帑】윤.

字義 윤(尹)과 同字. [餘文]同尹

【帗】황.

字義 황(帗)과 同字. [篇海類編]同帗

【幕】흥.

字義 흥(幗)과 同字. [篇海類編]同幗

【帑】견.

字義 의미상(義未詳) [搜眞玉鏡]音牽

【帺】기.

字義 기(幕)와 同字. [篇海類編]同幕

【幍】송.

字義 송(幍)과 同字. [篇海類編]同幍

【幟】첩.

字義 첩(幟)의 譌字. [字彙補]幟字之譌

【幘】과.

字義 의미상(義未詳) [川篇]音果

【幘】속.

字義 의미상(義未詳) [搜眞玉鏡]音辣

【帳】후.

字義 후(帳)와 同字. [五音篇海]同帳

【幇】업.

字義 글자체가큰책판 업. (大版也) [字彙補]音業大版也所以飾縣鐘鼓○按卽業字之譌

【霈】조.

字義 의미상(義未詳) [篇韻]音早

【幂】의.

字義 살쾡이 의. (狸子也) 혹 삵새끼. [海篇]音義狸子也

【赫】격. 紀力切

字義 의미상(義未詳) [龍龕]紀力切

【幝】담.

字義 의미상(義未詳) [五音篇海]音覃

【幬】주.

字義 주(幬)와 同字. [餘文]同幬

【幬】탁.

字義 탁(幬)과 同字. [字彙補]與幬同

【幟】치.

字義 의미상(義未詳) [字彙補]音緻

【幎】전.

字義 의미상(義未詳) [五音篇海]音殿

【幟】사.

字義 의미상(義未詳) [海篇]音賜

【幟】개.

字義 의미상(義未詳) [搜眞玉鏡]音蓋

【幟】귀.

字義 귀(幟)와 同字. [字彙補]同幟

【幟】멱.

字義 멱(籏)과 同字. [龍龕]同籏

【幄】멱.

字義 의미상(義未詳) [搜眞玉鏡]音袁

【幟】능.

字義 의미상(義未詳) [五音篇海]音能

【幟】채. 此宰切

字義 의미상(義未詳) [字彙補]此宰切音彩與黼同

康熙字典備考寅集
干 部

【斥】근.

字義 의미상(義未詳) [海篇]音近

【乾】한.

字義 의미상(義未詳) [篇海]音旱

康熙字典備考寅集

幺 部

【𢆶】호. 匣故切
字義 의미상(義未詳) [字彙補]匣故切音互[釋典]呼作低字

【幻】조. 丁了切
字義 매단모양 조. (懸貌) [字彙補]丁了切音鳥懸貌右畔本作倒了字

【𢆷】신.
字義 의미상(義未詳) [海篇]音臣

【𢆸】㊀유. ㊁직.
字義 ❶작을 유. (小也) [五音篇海]音幽小也 ❷는 ❶과 같음. 又音直義同

【𢇃】연.
字義 의미상(義未詳) [五音篇海]音燕

【𢇄】정. 亭亮切
字義 의미상(義未詳) [字彙補]亭亮切

【𢇍】기.
字義 기(皾)와 同字. [字彙補]同皾

【𢇔】절.
字義 절(絕)과 同字. [餘文]同絕

【𢇖】자.
字義 자(孳)와 同字. [餘文]同孳

康熙字典備考寅集

广 部

【㐰】음.
字義 음(□)과 同字. [集韻]同㐰

【庉】돈.
字義 돈(庉)과 同字. [奚韻]同庉

【庀】황.
字義 의미상(義未詳) [五音篇海]音荒。

【庈】담.
字義 그늘 담. (陰也) [篇海類編]音覃陰也

【府】부.
字義 부(府)와 同字. [字彙補]同府

【庑】도.
字義 사당 도. (廟也) [篇海類編]音挑廟也[字彙補]疑誤

【㡧】㊀엄. ㊁순. 須順切
字義 ❶구릉과언덕 엄. (陵阜) [篇海類編]魚檢切音儼陵阜 ❷가파를 순. (陖也) 又陖也陖須順切

【庛】과.
字義 과(瓜)와 同字. [字彙補]同瓜

【庛】차.
字義 의미상(義未詳) [五音篇海]音次

【庙】요.
字義 의미상(義未詳) [篇海類編]音堯

【宥】우.
字義 의미상(義未詳) [篇海類編]音又

【㡪】해. 呼艾切
字義 의미상(義未詳) [字彙補]呼艾切音餀見廣韻○按廣韻無此字

【庮】유. 于求切
字義 고옥의좀먹은뼈대 유. (屋久木也) [字彙補]于求切音由。屋久木也疑卽 字之譌

【㾕】신.
字義 의미상(義未詳) [篇海類編]音身

【㾝】소.
字義 소(痟)의 俗字. [篇海類編]思凋切音消[揚雄蜀都賦味䤝㾝厲○按揚賦本作痟

【㾡】누.
字義 누(䰕)와 同字. [篇海類編]同䰕

【㾟】극.
字義 의미상(義未詳) [篇海類編]音極

【㾜】㊀단. 都干切 ㊁탄. 他干切
字義 의미상(義未詳) [龍龕]都干切又他干切

【㾞】내.
字義 의미상(義未詳) [搜眞玉鏡]音乃

【㾠】구.
字義 구(傴)와 同字. [篇海類編]同傴

【㾢】부.
字義 부(腐)와 同字. [奚韻]同腐

【㾣】조.
字義 의미상(義未詳) [奚韻]音阻

【㾤】뇌.
字義 의미상(義未詳) [搜眞玉鏡]音惱

【㾥】이.
字義 이(㾥)와 同字. [篇海類編]同□

广部 (continued, left column)

【庹】슬.
字義 슬(瑟)과 同字. [字義總略]
同瑟

【廤】로.
字義 여묘 로. 廬墓 (庵舍也)
[海篇]音魯庵舍也○按卽廫字之
譌

【廜】어.
字義 의미상(義未詳) [搜眞玉鏡]
音魚

【縻】노
字義 노(笯)의 古字. [字彙補]古
笯字○按卽縻字之譌

【頒】경.
字義 경(頒)의 譌字. [字彙補]頒
字之譌

【廫】료.
字義 료(遼)와 同字. [川篇]同遼

【廮】자.
字義 의미상(義未詳) [篇海類編]
音資

【廬】강.
字義 클 강. (大也) [餘文]音慷
大也

【臄】마.
字義 뼈 마. (骨也) [川篇]音麻
骨也

【廪】개.
字義 숨을 개. (隱也) [搜眞玉
鏡]苦海切隱也

【廧】색.
字義 색(嗇)과 同字. [餘文]與嗇
同

【廲】뢰.

广部 / 夊部 (middle column)

字義 경력의흠결 뢰. (歷病也)
[餘文]落猥切歷病也○按卽字之
譌

【爄】혐. 何兼切
字義 빛 혐. (光也) [字彙補]何
兼切音嫌光也

【㡂】무.
字義 의미상(義未詳) [龍龕]音無

【廈】하.
字義 하(廈)와 同字. [搜眞玉鏡]
同廈

【巤】설.
字義 설(薛)과 同字. [龍龕]同薛

【齹】전.
字義 의미상(義未詳) [字彙補]音
展

【麗】려.
字義 려(麗)와 同字. [篇海類編]
同麗

康熙字典備考寅集
夊　部

【巡】순.
字義 순(巡)의 譌字. [字彙補]巡
字之譌

【㢟】정.
字義 의미상(義未詳) [搜眞玉鏡]
音挺

【㢟】탄.
字義 의미상(義未詳) [搜眞玉鏡]
音誕

康熙字典備考寅集
廾　部

【弄】롱.

廾部 (right column)

字義 의미상(義未詳) [龍龕]音弄

【弈】혁.
字義 혁(弈)과 同字. [龍龕]同弈

【䢍】복.
字義 의미상(義未詳) [龍龕]音福

【弈】혁.
字義 혁(弈)과 同字. [字彙補]與
弈同見風雅廣逸

【拜】기.
字義 의미상(義未詳) [龍龕]音忌

【㚋】원.
字義 의미상(義未詳) [搜眞玉鏡]
音冤

【挈】曰기. 苦計切 曰결. 苦
結切
字義 ■실 기. (絲也) [龍龕]苦
計切音器絲也, ■넓을 결. (闊也)
又苦結切闊也○按字彙補作挈疑
卽契字之譌

【弅】권.
字義 권(弅)과 同字. [五音篇海]
與弅同

【㚬】기.
字義 의미상(義未詳) [搜眞玉鏡]
音其

【弃】개.
字義 의미상(義未詳) [搜眞玉鏡]
音改

【弇】변.
字義 변(弁)의 籒文. [五音篇海]
籒文弁字

【埶】계.
字義 계(契)와 同字. [字彙補]同
契

【鼻】손.

字義 손(巽)과 同字. [字彙補]同巽	字義 이(二)와 同字. [字彙補]同二	弧

【鱍】경.
字義 경(獘)과 同字. [龍龕]同獘

康熙字典備考寅集
弋 部

【弌】익.
字義 익(弋)과 同字. [字彙補]同弋

【弎】률.
字義 의미상(義未詳) [海篇]音栗

【忒】추.
字義 의미상(義未詳) [字彙補]音抽

【忒】재.
字義 의미상(義未詳) [金鏡]音裁

【弈】가.
字義 의미상(義未詳) [篇韻]音歌

【㦸】재.
字義 재(灾)와 同字. [字彙補]同灾

【殺】시.
字義 시(弒)와 同字. [字彙補]同弒

【貳】지.
字義 의미상(義未詳) [海篇]音脂

【祇】익.
字義 의미상(義未詳) [字彙補]音弋

【戠】재.
字義 의미상(義未詳) [海篇]音哉

【貳】이.

【瓢】월.
字義 의미상(義未詳) [字彙補]音鉞

【戴】대.
字義 대(戴)와 同字. [字彙補]同戴

【弒】시.
字義 시(弒)와 同字. [字彙補]同弒

【遏】갈.
字義 의미상(義未詳) [字彙補]音竭

【戲】친.
字義 의미상(義未詳) [字彙補]音襯

【戵】거.
字義 의미상(義未詳) [篇韻]音渠

康熙字典備考寅集
弓 部

【弓】⊟호.
字義 의미상(義未詳) [龍龕]音互又音戶

【引】절.
字義 의미상(義未詳) [龍龕]音節

【弚】탄. 陁旦切
字義 활 탄. (弓也) [川篇]陁旦切弓也[字彙補]按卽 字之譌

【弔】조.
字義 조(弔)와 同字. [說文長箋]同弔

【弗】호.
字義 의미상(義未詳) [字彙補]音

【吳】빙.
字義 의미상(義未詳) [搜眞玉鏡]音冰

【弦】저.
字義 저(弤)와 同字. [篇海類編]同弤

【弖】리.
字義 의미상(義未詳) [龍龕]音里

【弜】강.
字義 의미상(義未詳) [搜眞玉鏡]音强

【弞】인.
字義 의미상(義未詳) [龍龕]音引

【弲】신.
字義 신(哂)과 同字. [龍龕]同哂

【弤】불.
字義 의미상(義未詳) [龍龕]音弗

【弲】사.
字義 의미상(義未詳) [龍龕]音四

【費】불.
字義 북(弸)과 同字. [字彙補]同弸

【弼】필.
字義 필(弼)과 同字. [五音篇海]與弼同

【㢵】비.
字義 비(㢵)와 同字. [字彙補]同㢾

【弳】타.
字義 의미상(義未詳) [龍龕]音陁

【弬】⊟격. 紀力切 ⊟찰. 則

割切
字義 의미상(義未詳) [龍龕]紀力切又則割切

【𢐀】주.
字義 의미상(義未詳) [龍龕]音州

【弜】㊀광. ㊁강.
字義 의미상(義未詳) [五音篇海]音狂又音强

【𢐉】좌.
字義 좌(脞)의 譌字 [字彙補]脞字之譌

【𢐟】류.
字義 의미상(義未詳) [龍龕]音流

【𢐥】섭.
字義 섭(□)과 同字. [篇海類編]同□

【𢐪】위.
字義 위(爲)와 同字. [字彙補]與爲同○按為字古文 本作 疑譌

【弽】섭.
字義 섭(弽)과 同字. [篇海類編]與弽同

【𢐿】필.
字義 필(弼)과 同字. [篇海類編]同弼

【𢑀】현.
字義 의미상(義未詳) [川篇]音弦

【𢑃】이.
字義 이(弛)와 同字. [龍龕]與弛同

【𢑄】잠.
字義 의미상(義未詳) [五音篇海]音賺

【𢑅】구.
字義 큰활 구. (張弓也) [龍龕]古候切張弓也○按卽彀字之譌

【彍】괵.
字義 의미상(義未詳) [龍龕]音摑

【𢑓】필.
字義 필(弼)과 同字. [篇海類編]同弼

【𢑔】희.
字義 희(羲)와 同字. [字彙補]與羲同

【𢑗】㊀미. ㊁멸.
字義 의미상(義未詳) [五音篇海]音彌又音蔑

【𢑚】정.
字義 의미상(義未詳) [字彙補]音頂

【𢑛】사.
字義 사(死)와 同字. [字彙補]同死

【𢑜】초.
字義 초(炒)와 同字. [五音篇海]與炒同

【𢑝】번.
字義 번([illegible])과 同字. [篇海類編]同[illegible]

【𢑞】요.
字義 요([illegible])와 同字. [字彙補]同[illegible]

康熙字典備考寅集
彐 部

【𢑠】다.
字義 다(多)와 同字. [字學指南]同多

【𢑡】㊀ ㊁주.
字義 주(疇)와 同字. [字彙補]同疇又音輈

【𢑢】탐.
字義 의미상(義未詳) [篇韻]音躭

【𢑣】오.
字義 의미상(義未詳) [字彙補]音五

【𢑤】타.
字義 의미상(義未詳) [字彙補]音陁

【𢑥】휘.
字義 휘(彙)와 同字. [字彙補]同彙

【𢑦】슬.
字義 의미상(義未詳) [字彙補]音膝

【𢑧】래.
字義 의미상(義未詳) [字彙補]音來

【𢑨】구.
字義 구(狗)와 同字. [字彙補]同狗

【𢑩】추.
字義 추(皺)와 同字. [字彙補]同皺

【𢑪】비.
字義 의미상(義未詳) [字彙補]音非

【𢑫】매.
字義 발 【字彙補】同魅。

【𢑬】위.
字義 위(蝟)와 同字. [字彙補]同蝟

【𢑭】이.

字義 이(彝)와 同字. [字彙補]同
彝

【譒】번.
字義 번(翻)과 동자. [字彙補]同
翻

【豬】저.
字義 저(猪)와 同字. [字彙補]同
猪

【鱃】수.
字義 수(鱃)와 同字. [字彙補]同
鱃

【壺】호.
字義 호(壺)와 同字. [字彙補]同
壺

【那】나.
字義 너(那)와 同字. [字彙補]同
那

康熙字典備考寅集
彡 部

【彭】진.
字義 진(敡)과 同字. [字彙補]同
敡

【彡】삼.
字義 의미상(義未詳) [字彙補]音
彡

【彬】삼.
字義 삼(彬)의 譌字. [字彙補]彬
字之譌

【彬】비. 方未切
字義 의미상(義未詳) [五音篇海]
方未切

【彭】촉.
字義 의미상(義未詳) [搜眞玉鏡]
丑玉切

【彩】부.

字義 의미상(義未詳) [龍龕]音浮

【彪】표.
字義 표(彪)와 同字. [字彙補]同
彪

【彭】변.
字義 변(變)과 同字. [字彙補]同
變

【憂】종.
字義 의미상(義未詳) [龍龕]音終

【彭】변.
字義 변(彪)과 同字. [字彙補]與
彪同

【彭】목.
字義 목(參)과 同字. [龍龕]同參

【歲】세.
字義 의미상(義未詳) [字彙補]音
歲

康熙字典備考寅集
彳 部

【彳】교.
字義 교(仜)와 同字. [篇海類編]
同仜

【仕】도.
字義 도(徒)와 同字. [字彙補]與
徒同

【徉】염.
字義 염(袡)과 同字. [五音篇海]
同袡

【彷】지.
字義 의미상(義未詳) [搜眞玉鏡]
音遲

【仵】교.

字義 교(仜)위 譌字. [字彙補]仜
字之譌

【徏】인.
字義 의미상(義未詳) [龍龕]音引

【佟】동. 徒冬切 佟字之誤
字義 사람이름 동. [篇海類編]徒
冬切音同人姓[字彙補]佟字之誤

【征】임.
字義 임(任)과 同字. [字彙補]與
任同

【修】통.
字義 통(侈)과 同字. [川篇]同侈

【侵】침.
字義 침(侵)과 동자. [篇海類編]
與侵同

【豫】인.
字義 의미상(義未詳) [龍龕]音引

【俗】속.
字義 속(俗)과 同字. [龍龕]同俗

【徯】혜.
字義 혜(徯)와 同字. [龍龕]同徯

【悠】유.
字義 의미상(義未詳) [五音篇海]
音由

【修】수.
字義 수(修)와 同字. [川篇]同修

【御】각.
字義 각(御)과 同字. [篇海類編]
同御

【借】차.
字義 차(借)와 同字. [篇海類編]
同借

【徍】제. 字義 제(徍)와 同字. [篇海類編] 同徍	編]同衝 【徿】농. 字義 농(農)과 同字. [奚韻]同農 **康熙字典備考卯集** **心 部**	【㓗】흉. 字義 흉(恼)과 同字. [字彙補]同 恼
【徎】삽. 字義 삽(徦)위 譌字. [龍龕]徦字 之譌		【悤】사. 字義 의미상(義未詳) [五音篇海] 音射
【徎】격. 居逆切 字義 의미상(義未詳) [搜眞玉鏡] 居逆切	【心】점. 丁兼切 字義 성 점. (姓也) [五音篇海] 丁兼切姓也	【悬】원. 字義 의미상(義未詳) [五音篇海] 音元
【徥】집. 字義 집(徥)과 同字. [字彙補]同 徥	【忌】기. 字義 의미상(義未詳) [龍龕]音忌	【快】부. 字義 기쁠 부. (怡也) [川篇]音 夫怡也
【傲】오. 字義 오(傲)와 同字. [篇海類編] 同傲	【帆】범. 字義 범(帆)의 誤字. [字彙補]帆 字之誤見唐書釋音	【恔】혜. 字義 의미상(義未詳) [海篇]音兮
【從】종. 字義 종(從)과 同字. [篇海類編] 同從	【忘】지. 字義 의미상(義未詳) [五音篇海] 音志	【忑】보. 字義 의미상(義未詳) [搜眞玉鏡] 音甫
【徶】수. 字義 의미상(義未詳) [川篇]音修	【忈】심. 字義 의미상(義未詳) [搜眞玉鏡] 音心	【悲】공. 字義 공(恐)과 同字. [龍龕]同恐 出藏經
【微】미. 字義 미(微)와 同字. [龍龕]同微	【念】념. 字義 념(念)과 同字. [耳目資]與 念同	【恨】즉. 字義 즉(恨)과 同字. [五音篇海] 與恨同
【徬】변. 瓶邊切 字義 의미상(義未詳) [龍龕]瓶邊 切	【忓】하. 字義 의미상(義未詳) [搜眞玉鏡] 音下	【恑】교. 字義 의미상(義未詳) [五音篇海] 音翹
【僕】복. 字義 복(僕)과 同字. [篇海類編] 同僕	【恶】가. 字義 가(忓)와 同字. [字彙補]同 忓	【悳】저. 字義 의미상(義未詳) [龍龕]音低
【徽】훼. 字義 다닐 훼. (行也) [川篇]音 虫行也	【恚】지. 字義 지(志)와 同字. [川篇]同志	【悖】음미상(音未詳) 字義 거스르다. [字彙補]音未詳 逆也
【衝】충. 字義 충(衝)과 同字. [篇海][類	【忟】반. 字義 의미상(義未詳) [海篇]音反	【悳】덕. 字義 의미상(義未詳) [搜眞玉鏡] 音德

【悳】덕.
字義 덕(德)과 同字. [搜眞玉鏡] 同德

【悑】닉.
字義 의미상(義未詳) [字彙補]音 匿

【恖】지.
字義 의미상(義未詳) [五音篇海] 音志

【您】니.
字義 니(你)의 俗字. [篇海類編] 俗你字

【愫】소.
字義 의미상(義未詳) [搜眞玉鏡] 音璅

【屟】호.
字義 의미상(義未詳) [字彙補]音 戶

【憨】구. 苦候切
字義 의미상(義未詳) [搜眞玉鏡] 苦候切

【惁】현.
字義 현(怰)과 同字. [龍龕]同怰

【愊】과.
字義 의미상(義未詳) [五音篇海] 音過

【悪】공.
字義 공(恐)과 同字. [字彙補]同 恐

【煮】시.
字義 의미상(義未詳) [搜眞玉鏡] 音示

【愿】은.
字義 의미상(義未詳) [五音篇海]

音銀

【愬】고.
字義 의미상(義未詳) [搜眞玉鏡] 音鼓

【憗】오. 烏故切
字義 의미상(義未詳) [龍龕]烏故 切音惡

【罻】헌.
字義 헌(憲)과 同字. [龍龕]同憲 出江西隨函

【悠】유.
字義 의미상(義未詳) [搜眞玉鏡] 音由

【傶】휴.
字義 휴(恘)와 同字. [龍龕]同恘

【愻】합.
字義 합(煬)과 同字. [龍龕]同煬

【惟】퇴.
字義 의미상(義未詳) [字彙補]音 堆見釋藏

【慠】곽.
字義 의미상(義未詳) [搜眞玉鏡] 音廓

【懆】조.
字義 조(懆)와 同字. [川篇]同懆

【國】심.
字義 의미상(義未詳) [五音篇海] 音心

【譓】혜.
字義 혜(惠)와 同字. [字彙補]同 惠

【慿】기. 古脂切
字義 근심 기. (憂也) [搜眞玉

鏡]古脂切音基憂也

【惡】난.
字義 의미상(義未詳) [搜眞玉鏡] 音偄

【德】동.
字義 의미상(義未詳) [字彙補]音 僮

【憰】결.
字義 의미상(義未詳) [搜眞玉鏡] 音結

【憱】추.
字義 추(慉)와 同字. [字彙補]同 慉

【懳】흥. 香仲切
字義 의미상(義未詳) [五音篇海] 香仲切

【懰】뇨. 乃了切
字義 뇨(嬲)의 譌字. [集韻]乃了 切音褭○按卽嬲字之譌

【幾】유.
字義 의미상(義未詳) [五音篇海] 音葵

【蕙】명. 莫耕切
字義 클 명. (大也) [川篇]莫耕 切大也

【懺】전.
字義 의미상(義未詳) [篇海]音戰 義闕

【慗】계.
字義 계(慗)와 同字. [字彙補]與 慗同

【儲】주.
字義 주(住)와 同字. (釋典住字) [字彙補]釋典住字

康熙字典備考卯集
戈 部

【戈】거.
字義 의미상(義未詳) [海篇]音渠

【戏】아.
字義 의미상(義未詳) [龍龕]音我

【戚】사.
字義 의미상(義未詳) [搜眞玉鏡]音思

【戓】시. 式志切
字義 의미상(義未詳) [龍龕]式志切

【戓】아.
字義 의미상(義未詳) [龍龕]音我

【戠】니. 女利切
字義 의미상(義未詳) [龍龕]女利切

【武】월.
字義 의미상(義未詳) [搜眞玉鏡]音越

【威】〓조. 辰條切 〓척. 靑卽切
字義 의미상(義未詳) [字彙補]辰條切音詔又靑卽切音戚

【致】국.
字義 의미상(義未詳) [搜眞玉鏡]音國

【栽】멸.
字義 의미상(義未詳) [龍龕]音滅

【戧】장. 在良切
字義 의미상(義未詳) [搜眞玉鏡]在良切

【賊】적.

【戝】적. 적(賊)과 同字. [篇海類編]同賊

【㸞】석. 式逆切
字義 의미상(義未詳) [搜眞玉鏡]式逆切

【戯】분. 夫問切
字義 의미상(義未詳) [搜眞玉鏡]夫問切

【臧】멸.
字義 의미상(義未詳) [龍龕]音滅

【戛】잔.
字義 의미상(義未詳) [搜眞玉鏡]音殘

【㲚】교. 結腰切
字義 의미상(義未詳) [搜眞玉鏡]結腰切

【甋】국.
字義 의미상(義未詳) [搜眞玉鏡]音國

【戳】준.
字義 준(戳)의 譌字. [字彙補]同蠢○按卽戳 字之譌。

【鹹】희.
字義 의미상(義未詳) [字彙補]音戱

【幾】무. 微撫切
字義 의미상(義未詳) [字彙補]微撫切音武

【戱】허.
字義 의미상(義未詳) [搜眞玉鏡]音虛

【蒙】예.
字義 의미상(義未詳) [龍龕]音穢

【厲】장.

【藏】
字義 의미상(義未詳) [字彙補]同藏

【戠】병.
字義 병(〓)의 譌字. [龍龕]〓字之譌

【蟲】준.
字義 준(蠢)과 同字. [字彙補]同蠢見集韻○按集韻無此字

【戳】각.
字義 의미상(義未詳) [搜眞玉鏡]音角

【戳】멸.
字義 의미상(義未詳) [搜眞玉鏡]音滅

【鷔】적.
字義 의미상(義未詳) [五音篇海]音賊

【藏】절.
字義 의미상(義未詳) [搜眞玉鏡]音節

【蔽】식.
字義 의미상(義未詳) [龍龕]音識

【蠚】준.
字義 의미상(義未詳) [餘文]同蠢

康熙字典備考卯集
戶 部

【厄】액.
字義 의미상(義未詳) [川篇]同厄

【㞡】백.
字義 백(帠)과 同字. [五音篇海]同帠

【庆】례.
字義 의미상(義未詳) [川篇]音例

【戹】의.
字義 의미상(義未詳) [川篇]音衣

【庝】허. 香於切
字義 의미상(義未詳) [川篇]香於切

【㞚】이.
字義 의미상(義未詳) [篇海類編]同屚

【宓】중. 之戎切
字義 의미상(義未詳) [五音篇海]之戎切

【戶】억.
字義 의미상(義未詳) [川篇]音抑

【局】국.
字義 의미상(義未詳) [川篇]同局

【扆】례.
字義 의미상(義未詳) [五音篇海]音例

【戾】려.
字義 려(戾)와 同字. [龍龕]同戾

【㡰】건. 古典切
字義 의미상(義未詳) [川篇]古典切

【房】견.
字義 의미상(義未詳) [川篇]音肩

【㝈】갑. 口答切
字義 의미상(義未詳) [五音篇海]口答切

【㞉】갑. 苦合切
字義 의미상(義未詳) [川篇]苦合切

【肩】허.
字義 의미상(義未詳) [龍龕]音虛

【㣃】령.
字義 의미상(義未詳) [川篇]音靈

【猷】려.
字義 려(戾)와 同字. [海篇]與戾同

【嗣】사.
字義 의미상(義未詳) [五音篇海]音寺

【𡰢】령.
字義 령(𡰢)과 동자. [龍龕]同𡰢

【庰】백.
字義 의미상(義未詳) [篇海]音伯

【艑】편.
字義 의미상(義未詳) [川篇]音編

【䫡】작.
字義 의미상(義未詳) [五音篇海]音作

【䫡】기.
字義 의미상(義未詳) [川篇]音祈

康熙字典備考卯集
手　部

【扸】차.
字義 차(扠)의 譌字. [字彙補]扠字之譌

【扖】목.
字義 뽕나무 목. (桑也) [龍龕]音木桑也

【扔】인.
字義 의미상(義未詳) [搜眞玉鏡]音刃

【扸】하.
字義 의미상(義未詳) [字彙補]音下

【拡】타.
字義 의미상(義未詳) [搜眞玉鏡]音陁

【托】曰탁. 曰돈.
字義 의미상(義未詳) [龍龕]音託又音頓

【托】맹.
字義 의미상(義未詳) [川篇]音萌

【拡】이.
字義 의미상(義未詳) [奚韻]音夷

【夆】해.
字義 의미상(義未詳) [搜眞玉鏡]音瀣

【扤】노. 奴古切
字義 의미상(義未詳) [川篇]奴古切音姬

【拌】예.
字義 의미상(義未詳) [篇海]音曳

【㧕】유.
字義 의미상(義未詳) [海篇]音酉

【抍】증.
字義 증(塒)과 同字. [字彙補]同塒

【㧑】증.
字義 의미상(義未詳) [篇海]音蒸

【拓】저.
字義 저(抵)와 同字. [龍龕]同抵

【扻】절. 子列切
字義 의미상(義未詳) [搜眞玉鏡]子列切

【揁】추.
字義 추(搊)와 同字. [篇海類編]同搊

【揙】변.
字義 의미상(義未詳) [搜眞玉鏡] 音辨

【搲】와.
字義 와(抓)와 同字. [搜真玉鏡] 同抓

【搇】신.
字義 의미상(義未詳) [龍龕]音新

【搉】각.
字義 의미상(義未詳) [龍龕]音角

【揆】휴.
字義 의미상(義未詳) [篇海]音携

【搼】㊀륙. ㊁굴.
字義 의미상(義未詳) [篇海]音六又音掘

【揖】㊀입. ㊁서.
字義 의미상(義未詳) [篇海]伊入切又相居切

【搟】여.
字義 의미상(義未詳) [字彙補]同拏

【搭】자.
字義 의미상(義未詳) [龍龕]音咨

【揹】㊀객. 古麥切 ㊁읍.
字義 의미상(義未詳) [篇海]古麥切又[字彙補]音揖

【捷】첩.
字義 첩(捷)과 同字. [篇海]與捷同

【搩】과. 口戈切
字義 뿔없는동물 과. (無角也) [字彙補]口戈切音科無角也○按卽犐字之譌

【掇】철.
字義 의미상(義未詳) [篇海]音掇

【撖】동.
字義 의미상(義未詳) [篇海]音動

【擲】장.
字義 의미상(義未詳) [搜眞玉鏡] 音鄣

【擨】자.
字義 의미상(義未詳) [篇海]音慈

【擵】배.
字義 배(擵)의 譌字. [五音篇海] 擵字之譌

【攊】도.
字義 의미상(義未詳) [篇海]音跳

康熙字典備考卯集
支 部

【攱】기.
字義 의미상(義未詳) [搜眞玉鏡] 音忌

【攴】부.
字義 의미상(義未詳) [五音集韻] 音府

【敋】호.
字義 의미상(義未詳) [龍龕]音蒿

【敊】이.
字義 의미상(義未詳) [搜眞玉鏡] 音改

【敟】㊀ ㊁전.
字義 의미상(義未詳) [五音篇海] 音典又音琠

【敧】기.
字義 의미상(義未詳) [搜眞玉鏡] 音岐

【斆】교.
字義 교(教)와 同字. [龍龕]同教

【敼】지.
字義 의미상(義未詳) [搜眞玉鏡] 音祇

【敦】쟁.
字義 의미상(義未詳) [五音篇海] 持行切

【敹】치.
字義 의미상(義未詳) [搜眞玉鏡] 音致

【敳】식.
字義 의미상(義未詳) [龍龕]音食

【敼】해.
字義 의미상(義未詳) [搜眞玉鏡] 音害

【斁】로.
字義 의미상(義未詳) [龍龕]同魯

【斄】변.
字義 의미상(義未詳) [龍龕]同變

【斅】산.
字義 사(黻)과 同字.[龍龕]同黻

【斆】교.
字義 의미상(義未詳) [字彙補]音皎

【敿】㊀ ㊁고. 巨昭切 渠照切
字義 의미상(義未詳) [搜眞玉鏡] 巨昭切又渠照切

【斀】 음미상(音未詳)
字義 몰 구. (敺也) [字彙補]音未詳敺也

【斁】산.
字義 산(散)과 同字. [篇海類編]

同散

【皾】독.
字義 그늘진곳 독. 풍수학의 음택(陰宅) (陰州也) [龍龕]音獨陰州也

康熙字典備考卯集
攴　部

【敆】교.
字義 교(敎)와 同字. [龍龕]同敎

【叴】구.
字義 의미상(義未詳) [龍龕]音口

【㪣】골. 口骨切
字義 의미상(義未詳) [搜眞玉鏡] 口骨切。

【攺】구.
字義 의미상(義未詳) [五音篇海] 音敎

【朔】당.
字義 의미상(義未詳) [搜眞玉鏡] 音堂

【攱】귀. 去委切
字義 의미상(義未詳) [川篇] 去委切

【䏃】민.
字義 의미상(義未詳) [龍龕] 音敏

【㪠】료.
字義 의미상(義未詳) [

【敊】시.
字義 시(施)의 고자. [字彙補] 古施字○按古文施字本作㑚字彙補誤

【祋】사.
字義 사(赦)와 同字. [川篇] 同赦

【敆】기. 패.
字義 의미상(義未詳) [篇海類編] 音忌又音敗

【㪱】주.
字義 의미상(義未詳) [篇海類編] 音紂

【敉】살.
字義 살(殺)과 同字. [奚韻] 同殺

【敆】자.
字義 의미상(義未詳) [五音篇海] 音自

【敳】살.
字義 의미상(義未詳) [搜眞玉鏡] 音殺

【敨】곡.
字義 의미상(義未詳) [搜眞玉鏡] 音曲

【敭】양.
字義 의미상(義未詳) [五音篇海] 音揚

【敁】지. 昭子切
字義 이길 지. (尫也) [字彙補] 昭子切音止尫也○按卽敼字之譌

【敽】살.
字義 살(殺)과 同字. [五音篇海] 同殺

【敊】살.
字義 살(殺)과 同字. [字彙補] 與殺同

【敠】작.
字義 의미상(義未詳) [搜眞玉鏡] 赤灼切

【敲】경.
字義 경(敬)의 本字. [字彙補] 敬

本字

【數】수.
字義 수(數)와 同字. [五音篇海] 同數

【敿】우.
字義 의미상(義未詳) [龍龕] 音憂

【敺】구.
字義 구(敺)와 同字. [字彙補] 同敺。

【敾】산.
字義 산(散)과 同字. [五音篇海] 同散

【敼】진.
字義 의미상(義未詳) [龍龕] 音塵

【敽】살.
字義 살(殺)과 同字. [字彙補] 同殺

【夒】기.
字義 기(夒)와 同字. [古編] 同夒

【夒】기.
字義 기(夒)의 譌字. [字彙補] 夒字之譌

【歟】의.
字義 의(歟)와 同字. [五音篇海] 同歟

【黻】불.
字義 불(拂)과 同字. [龍龕] 同拂

康熙字典備考卯集
文　部

【宓】필.
字義 의미상(義未詳) [海篇] 音弼

【恄】시. 春思切
字義 성 시. (姓也) [字彙補] 春思切音詩姓也○按卽古文施字之

誚。

【萋】금.
字義 금(錦)과 同字. [字彙補]同錦

【颺】심.
字義 심(颮)과 同字. [字彙補]同颮

【鎜】반.
字義 의미상(義未詳) [海篇]音槃

【憂】우. 於鳩切
字義 의미상(義未詳) [搜眞玉鏡]於鳩切

【䆮】미.
字義 미(亹)와 同字. [龍龕]同亹

康熙字典備考卯集
斗　部

【斜】구.
字義 의미상(義未詳) [字彙補]音鳩出道經

【玩】과. 古禾切
字義 의미상(義未詳) [搜眞玉鏡]古禾切

【斻】료.
字義 의미상(義未詳) [五音篇海]音寮

【將】렬.
字義 렬(斜)과 同字. [五音篇海]同斜

【㪩】각.
字義 의미상(義未詳) [搜眞玉鏡]音角

【斞】방.
字義 방(斜)과 同字. [龍龕]同斜

【斠】짐.
字義 집(斠)과 同字. [龍龕]同斠

【㴭】초. 七遙切
字義 의미상(義未詳) [搜眞玉鏡]七遙切

康熙字典備考卯集
斤　部

【斦】력. 力得切
字義 의미상(義未詳) [五音篇海]力得切音礜

【斺】사.
字義 의미상(義未詳) [龍龕]音斯

【斪】흔.
字義 의미상(義未詳) [搜眞玉鏡]音欣

【昕】소.
字義 의미상(義未詳) [搜眞玉鏡]音所

【斮】향.
字義 의미상(義未詳) [五音篇海]音向

【斫】흔.
字義 의미상(義未詳) [搜眞玉鏡]音忻

【斱】착.
字義 착(斲)과 同字. [川篇]同斲

【斮】정.
字義 정(鼎)과 同字. [搜眞玉鏡]同鼎

【㪬】교.
字義 의미상(義未詳) [字彙補]音校

【斷】절.

【斵】절(斷)과 同字. [字彙補]同斷

【斿】정.
字義 의미상(義未詳) [龍龕]音亭

【鼎】정.
字義 정(斷)과 同字. [龍龕]同斷

【斳】장.
字義 의미상(義未詳) [篇韻拾遺]亭匠切

【斸】탁.
字義 탁(斲)과 同字. 【龍龕】同斲。

【薪】신.
字義 신(薪)과 同字. [龍龕]同薪

【兗】연.
字義 의미상(義未詳) [搜眞玉鏡]音軟

【斲】착.
字義 착(斲)과 同字. [川篇]同斲

【鼎】정.
字義 정(鼎)과 同字. [搜眞玉鏡]同鼎

【䙎】당. 都浪切
字義 의미상(義未詳) [龍龕]都浪切

【斸】흔.
字義 의미상(義未詳) [五音篇海]音欣

【斲】착.
字義 착(斷)과 同字. [川篇]同斷

【鼎】정.
字義 의미상(義未詳) [搜眞玉鏡]音斮

康熙字典備考卯集
方 部

【刕】종.
字義 의미상(義未詳) [龍龕]音從

【扵】정.
字義 정(旌)과 同字. [字彙補]同旌

【㫃】전.
字義 전(㫃)과 同字. [字彙補]同㫃

【旑】의.
字義 의(旑)자 省文. [日月燈]旑字省文。

【旀】방.
字義 의미상(義未詳) [五音篇海]音訪

【提】제.
字義 의미상(義未詳) [龍龕]音提

【㫎】휘.
字義 의미상(義未詳) [五音篇海]音揮

【䮪】귀.
字義 의미상(義未詳) [篇海類編]音貴

【䯒】우.
字義 우(旟)와 同字. [字彙補]同旟

【䫫】의.
字義 의(顗)와 同字. [龍龕]同顗

康熙字典備考卯集
无 部

【冗】기.
字義 의미상(義未詳) [篇韻]音无

【冏】마.
字義 의미상(義未詳) [五音篇海]無可切

【鵶】악.
字義 의미상(義未詳) [五音篇海]于敀切

康熙字典備考辰集
日 部

【晃】광.
字義 광(光)과 同字. [字彙補]同光

【昆】조.
字義 조(皂)와 同字. [龍龕]舊藏作皂字

【姐】우.
字義 의미상(義未詳) [龍龕]日又切

【旹】시.
字義 시(時)와 同字. [字彙補]與時同

【吳】측.
字義 측(昃)과 同字. [篇海類編]同昃

【昱】욕.
字義 의미상(義未詳) [篇海]音欲

【欵】탄.
字義 의미상(義未詳) [篇韻]音歎 [字彙補]與欠部吹字不同

【昉】방.
字義 방(訪)과 同字. [海篇]同訪

【智】음미상(音未詳)
字義 의미상(義未詳) [字彙補]音未詳見金光明經

【昃】측.
字義 측(昃)과 同字. [海篇]同昃

【昚】춘.
字義 춘(春)과 同字. [龍龕]同春

【晪】활.
字義 의미상(義未詳) [搜眞玉鏡]音豁

【晰】진.
字義 진(晰)과 同字. [龍龕]同晰

【昡】거.
字義 의미상(義未詳) [海篇]音去

【香】밀.
字義 의미상(義未詳) [搜眞玉鏡]音密

【晜】정.
字義 의미상(義未詳) [龍龕]音頂

【㬜】춘.
字義 춘(春)과 同字. [六書統]同春

【冒】창.
字義 창(昌)과 同字. [字彙補]與昌同

【晻】日안. 日냥. 女亮切
字義 의미상(義未詳) [川篇]音安 又女亮切

【晃】호.
字義 호(昊)와 同字. [字彙補]同昊

【晙】준.
字義 준(晙)과 同字. [龍龕]同晙

【晪】전.
字義 의미상(義未詳) [五音篇海]音典

【鼀】단.
字義 의미상(義未詳) [五音篇海] 音祖

【曡】첩.
字義 첩(疊)과 同字. [篇海類編] 同疊

【朁】조.
字義 의미상(義未詳) [五音篇海] 音曹

【督】목.
字義 의미상(義未詳) [川篇音木

【暠】위.
字義 의미상(義未詳) [五音篇海] 音謂

【䈞】혼.
字義 혼(昏)과 同字. [搜眞玉鏡] 同昏

【暔】체.
字義 의미상(義未詳) [龍龕]音體

【暆】日측. 日알.
字義 ■ 측(則)과 同字. [龍龕] 舊藏作則字又[香嚴]音謁

【暜】아.
字義 아(晉)와 同字. [字彙補]與晉同

【學】조.
字義 조(照)와 同字. [龍龕]同照

【彙】휘.
字義 작(彙)과 同字. [龍龕]舊藏作彙

【曑】몽.
字義 몽(蒙)과 同字. [海篇]同蒙

【暷】전.
字義 해움직일 전. (日動也) [字

彙補]音傳日動也

【顯】조.
字義 조(照)와 同字. [川篇]同照

【昦】름. 他林切
字義 의미상(義未詳) [川篇]他林切

【暴】음의미상(音義未詳).
字義 暴; 음의미상(音義未詳). [韻會]與暴同

【愿】조.
字義 의미상(義未詳) [篇韻]音照

【暡】난.
字義 의미상(義未詳) [海篇]音煖

【昜】종.
字義 의미상(義未詳) [篇韻]音從

【暍】갈.
字義 갈(暍)과 同字. [龍龕同暍

【暊】하.
字義 하(夏)와 同字. [五音篇海] 與夏同

【曽】회.
字義 의미상(義未詳) [海篇]音會

【晜】곤.
字義 곤(昆)과 同字. [五音篇海] 同昆

【曉】긍. 居陵切
字義 의미상(義未詳) [龍龕]居陵切

【矗】람. 來甘切
字義 해뜨기전 람. (日不到也) [五音篇海]來甘切音藍日不到也

【暺】단.

【皠】단.
字義 의미상(義未詳) [搜眞玉鏡] 音單

【疃】동.
字義 의미상(義未詳) [韻經]音種

【㬯】순.
字義 의미상(義未詳) [字彙補]音犉

康熙字典備考辰集
日　部

【昦】후.
字義 후(厚)의 本字. [字彙補]厚本字

【曇】과.
字義 의미상(義未詳) [字彙補]音果

康熙字典備考辰集
月　部

【肧】오.
字義 오(肝)와 同字. [篇海類編] 同肝

【肙】정.
字義 의미상(義未詳) [篇海類編] 音晶

【覷】회.
字義 의미상(義未詳) [海篇]音誨

康熙字典備考辰集
木　部

【朵】타.
字義 타(朶)와 同字. [龍龕]同朶

【朵】타.
字義 타(朶)와 同字. [五音篇海] 同朶

【枑】호.

字義 호(柏)와 同字. [篇海類編] 同柏

【秉】병.
字義 병(秉)과 同字. [字彙補]與秉同見漢碑

【杚】공.
字義 의미상(義未詳) [海篇]音孔

【棸】득.
字義 의미상(義未詳) [五音篇海] 音得

【枅】두.
字義 두공위두공 두. (柱上方木也) [龍龕]音斗柱上方木也〇按卽枓字之譌。

【枀】타.
字義 타(枀)와 同字. [龍龕]同朶

【朹】칠.
字義 나무 칠. (木也) [川篇]音七木也

【秌】재.
字義 의미상(義未詳) [海篇]音災

【桂】궐.
字義 의미상(義未詳) [字彙補]其月切音撅出釋典

【枖】애. 得該切
字義 의미상(義未詳) [字彙補]得該切音獃出尊勝神咒

【枈】숭.
字義 의미상(義未詳) [五音篇海] 音崇

【枭】자.
字義 자(柘)와 同字. [篇海類編]與柘同

【柾】구.

字義 구(柩)와 同字. [字彙補]同柩

【奞】과.
字義 의미상(義未詳) [五音篇海] 音果

【枈】리.
字義 의미상(義未詳) [五音篇海] 音梨

【秌】양.
字義 의미상(義未詳) [五音篇海] 於良切

【橆】무.
字義 무(無)와 同字. [字彙補]同無

【梘】전.
字義 전(梅)과 同字. [龍龕]同梅

【桍】고.
字義 고(桍)와 同字. [龍龕]同桍

【椊】칠.
字義 칠(橊)과 同字. [五音篇海] 同橊

【椚】홀.
字義 홀(榾)과 同字. [篇海類編] 同榾

【槑】매.
字義 매(梅)와 同字. [篇海類編] 同梅

【楉】답.
字義 답(楉)과 同字. [龍龕]同楉

【椺】겁.
字義 겁(极)과 同字. [字彙補]與极同見光遠集綴

【拥】삭.

字義 삭(槊)과 同字. [川篇]與槊同

【槌】추.
字義 추(楸)와 同字. [篇海類編] 與楸同

【楌】얼.
字義 얼(枿)과 同字. [龍龕]與枿同

【桼】승.
字義 승(桼)과 同字. [篇海類編] 與桼同

【柀】피.
字義 나무 피. (木也) [川篇]音彼木也

【楠】남.
字義 남(楠)과 同字. [川篇]同楠

【椈】국.
字義 산길을타고올라갈 국. (山行椈之) [海篇]音菊山行椈之〇按卽橗字之譌

【栠】기.
字義 기(棊)의 籀文 [字彙補]籀文棊字

【榜】붕.
字義 의미상(義未詳) [搜眞玉鏡] 音棚

【檆】삼. 所驂切
字義 의미상(義未詳) [字彙補]所驂切音衫見字辨

【楚】비. 邦世切
字義 의미상(義未詳) [龍龕]邦世切音祕出藏經

【棠】타.
字義 타(橢)와 同字. [篇海類編] 同橢

【㮱】투.
字義 투(梪)와 同字. [集韻]與梪同

【㭐】례.
字義 례(例)와 同字. [篇海類編]同例

【棗】조.
字義 조([)와 同字.【字彙補】同棗

【橤】⊖참. ⊜탁.
字義 ■참(槮)과 同字. ■탁(籜)과 同字. [篇海類編]同槮又同籜

【桱】강.
字義 강(剛)과 同字. [龍龕]與剛同

【㮚】률.
字義 률(栗)과 同字. [龍龕]同栗

【橠】양.
字義 의미상(義未詳) [字彙補]音羕

【槳】장.
字義 장(槳)과 同字. [篇海類編]同槳

【楢】⊖이. 于其切 ⊜사.
字義 ■사(蛇)와 同字. [字彙補]于其切與委蛇之蛇同

【樬】송. 余鍾切
字義 의미상(義未詳) [龍龕]余鍾切又音松

【橤】예.
字義 예(櫱)와 同字. [五音篇海]與櫱同

【槼】차.
字義 의미상(義未詳) [字彙補]音釵。

【楪】기.
字義 기(某)와 同字. [篇海類編]同某

【㭹】고.
字義 고(栲)와 同字. [餘文]同栲

【橬】음미상(音未詳)
字義 桎橬; 음의미상(音義未詳) [字彙補]音未詳桎橬

【檆】고.
字義 의미상(義未詳) [字彙補]音敲

【䕪】도.
字義 도(樍)와 同字. [篇海類編]同樍

【檕】격.
字義 격(橃)과 同字. [字彙補]同橃

【橺】상.
字義 상(觴)과 同字. [五音篇海]同觴

【纛】도.
字義 도(檮)와 同字. [篇海類編]同檮

【槬】가.
字義 의미상(義未詳) [奚韻]音柯

【蔍】록.
字義 록(麓)과 同字. [五音篇海]同麓

【檋】철.
字義 의미상(義未詳) [字彙補]音惙

【椹】심.
字義 심(甚)과 同字. [字彙補]同甚

【㮚】리.
字義 의미상(義未詳) [川篇]音梨

【㰍】학.
字義 의미상(義未詳) [搜眞玉鏡]音學

【㰗】단.
字義 단(短)과 同字. [奚韻]同短

【櫱】얼.
字義 얼(櫱)의 譌字 [字彙補]櫱字之譌

【棘棘】음미상(音未詳)
字義 의미상(義未詳) [字彙補]同棘豆鬊也

【森】⊖염. ⊜기.
字義 의미상(義未詳) [五音篇海]音厭又音其

【矗】연.
字義 의미상(義未詳) [字彙補]音覀

【彙】나.
字義 의미상(義未詳) [字彙補]拿上聲

【欜】국.
字義 타고산에올라갈 국. (山行乘之) [五音篇海]音菊山行乘之○按卽欜字之譌

【森】⊖살. ⊜기.
字義 의미상(義未詳) [五音篇海]音殺又音其出西江賦

【矗】호.
字義 의미상(義未詳) [字彙補]音呼

康熙字典備考辰集
欠　部

【㰨】신.
字義 신(㰤)과 同字. [龍龕]同㰤

【㱊】흠.
字義 의미상(義未詳) [五音篇海] 音欠

【㱄】차.
字義 의미상(義未詳) [字彙補]音次

【㱂】점.
字義 의미상(義未詳) [龍龕]音占

【㰴】전.
字義 의미상(義未詳) [搜眞玉鏡] 典去聲

【㱍】위.
字義 의미상(義未詳) [搜眞玉鏡] 音謂

【㱎】출.
字義 의미상(義未詳) [搜眞玉鏡] 音黜

【㱉】이.
字義 의미상(義未詳) [川篇]音伊

【㱏】관.
字義 관(㱛)과 同字. [龍龕]同㱛

【㱌】안.
字義 의미상(義未詳) [海篇]音按

【㱅】취.
字義 의미상(義未詳) [搜眞玉鏡] 音吹

【㱓】자.
字義 자(㰴)와 同字. [說文長箋] 與㰴同

【㱁】함.
字義 의미상(義未詳) [五音篇海]

音含

【㱆】세.
字義 의미상(義未詳) [龍龕]音世

【㱀】치.
字義 치(歡)와 同字. [龍龕]同歡

【㱇】잡.
字義 의미상(義未詳) [龍龕]音帀

【㱈】협.
字義 협(歡)의 譌字. [字彙補]歡字之譌

【㱋】역.
字義 의미상(義未詳) [龍龕]音亦

【㱐】악.
字義 의미상(義未詳) [龍龕]音咢

【㱑】曰속. 曰수.
字義 의미상(義未詳) [川篇]音贖又音樹

【㱒】서.
字義 의미상(義未詳) [五音篇海] 音西

【㱔】어.
字義 의미상(義未詳) [五音篇海] 同㱒

康熙字典備考辰集
止　部

【㱘】연.
字義 의미상(義未詳) [五音篇海] 音延

【㱙】간.
字義 의미상(義未詳) [龍龕]音簡

【㱕】긍.
字義 의미상(義未詳) [搜眞玉鏡]

音肯

【㱗】궤.
字義 의미상(義未詳) [龍龕]犬毀切

【㱚】치.
字義 의미상(義未詳) [五音篇海] 音緻

【㱛】예.
字義 예(睿)와 同字. [五音篇海] 同睿

【㱜】답.
字義 의미상(義未詳) [龍龕]徒合切

【崇】수.
字義 수(崇)와 同字. [龍龕]同崇

【㱝】묘.
字義 의미상(義未詳) [五音篇海] 音猫

【㱞】예.
字義 의미상(義未詳) [五音篇海] 音詣

【㱟】강.
字義 의미상(義未詳) [龍龕]音剛

【㱠】구.
字義 구(駈)와 同字. [搜眞玉鏡] 同駈

【㱡】전.
字義 전(剪)과 同字. [川篇]同剪

【㱢】고.
字義 의미상(義未詳) [篇海類編] 音古

【㱣】병.
字義 의미상(義未詳) [龍龕]音丙

【歠】인.
字義 의미상(義未詳) [海篇]音印

康熙字典備考辰集
歹 部

【夘】질. 度列切
字義 의미상(義未詳) 搜眞玉鏡 度列切音齧

【殀】전.
字義 의미상(義未詳) [龍龕]音殿

【殅】배.
字義 의미상(義未詳) [五音篇海]音拜

【肵】식.
字義 의미상(義未詳) 篇海類編 音食

【死】파.
字義 의미상(義未詳) [篇海類編]音琶

【 】원.
字義 의미상(義未詳) [篇海類篇]音願

【殔】유.
字義 유(腴)와 同字. [五音篇海]同腴

【殍】지.
字義 의미상(義未詳) [篇海類編]音至

【殕】옥.
字義 의미상(義未詳) [篇海類編]音屋

【殖】도. 他告切
字義 의미상(義未詳) [川篇]他告切叨去聲

【殗】아. 추.

字義 의미상(義未詳) [龍龕]音雅 又音椎

【殘】라.
字義 의미상(義未詳) [篇海類編]音裸

【殖】성.
字義 의미상(義未詳) [篇海類編]音星

【殘】염. 余冉切
字義 의미상(義未詳) [字彙補]余冉切音琰見藏經

【殯】편.
字義 의미상(義未詳) [篇海類編]音編

【殫】혼.
字義 의미상(義未詳) [篇海類編]音渾

【殝】작.
字義 작(殐)과 同字. [龍龕]與殐同

【殠】아.
字義 의미상(義未詳) [五音篇海]音兒

【殰】조.
字義 의미상(義未詳) [龍龕]音刁

【殲】선.
字義 의미상(義未詳) [龍龕]音善

【殲】해. 下戒切
字義 의미상(義未詳) [篇海類編]下戒切音解

康熙字典備考辰集
殳 部

【毀】금.

字義 의미상(義未詳) [五音篇海]音禽

【殼】가.
字義 의미상(義未詳) [龍龕]音加

【殳】급.
字義 의미상(義未詳) [龍龕]音及

【殺】살.
字義 의미상(義未詳) [五音篇海]同殺

【殼】전.
字義 의미상(義未詳) [龍龕]音殿

【殼】각.
字義 의미상(義未詳) [五音篇海]音恪

【毃】괴.
字義 의미상(義未詳) [搜眞玉鏡]音塊。

【毄】고.
字義 의미상(義未詳) [龍龕]音古

【毉】강.
字義 의미상(義未詳) [搜眞玉鏡]音腔

【毊】도.
字義 의미상(義未詳) [搜眞玉鏡]音道

【毃】착.
字義 의미상(義未詳) [龍龕]同鑿

【鑿】작.
字義 작(鑿)과 同字. [搜眞玉鏡]同鑿

【毉】위.
字義 의미상(義未詳) [篇韻]音威

康熙字典備考辰集
母 部

【毒】기.
字義 의미상(義未詳) [篇韻]音弃

【冊】⊟강. ⊟구.
字義 의미상(義未詳) [龍龕]音講
又音溝

康熙字典備考辰集
比 部

【毞】지.
字義 지(毞)와 同字. [海篇]同毞

【毕】로.
字義 로(㲉)와 同字. [龍龕]同㲉

【毗】비.
字義 의미상(義未詳) [龍龕]音畁

【競】경. 渠敬切
字義 의미상(義未詳) [字彙補]渠
敬切音競出釋藏

康熙字典備考辰集
毛 部

【毣】적.
字義 의미상(義未詳) [龍龕]音的

【毭】두.
字義 의미상(義未詳) [海篇]音斗

【毦】불.
字義 의미상(義未詳) [篇海類編]
音拂。

【号毛】호.
字義 의미상(義未詳) [搜眞玉鏡]
呼高切

【氂】리.
字義 리(氂)와 同字. [龍龕]與氂
同

【毪】모.
字義 의미상(義未詳) [五音篇海]
音毛

【毱】포. 蒲包切 亦作毱
字義 의미상(義未詳) [字彙補]蒲
包切音包亦作毱

【毿】수.
字義 의미상(義未詳) [篇海類編]
音雖

【毻】순.
字義 의미상(義未詳) [海篇]音純

【氃】황. 布黃切
字義 의미상(義未詳) [五音篇海]
布黃切

【毸】산.
字義 의미상(義未詳) [龍龕]音散

【氄】자.
字義 의미상(義未詳) [龍龕]音吞

【罷】강.
字義 의미상(義未詳) [搜眞玉鏡]
音薑

【氊】⊟전. 之延切 ⊟선. 失
延切
字義 의미상(義未詳) [龍龕]之延
切又失延切

【耗】선.
字義 의미상(義未詳) [搜眞玉鏡]
音仙

【毳】취.
字義 취(毳)와 同字. [篇海類編]
同毳

【氀】적.
字義 의미상(義未詳) [龍龕]音的

【氌】수.
字義 의미상(義未詳) [龍龕]音須

【氅】취.
字義 추(氅)와 同字. [篇海類編]
與氅同

【氉】곤.
字義 의미상(義未詳) [五音篇海]
音困

【氄】취.
字義 의미상(義未詳) [搜眞玉鏡]
音毳

【氈】전.
字義 전(氈)과 同字. [海篇]同氈

【氌】구.
字義 의미상(義未詳) [搜眞玉鏡]
音氍

【氉】소.
字義 의미상(義未詳) [搜真玉鏡]
音巢

【氍】계.
字義 계(氈)와 同字. [字彙補]引
集韻同氈○按集韻有氈無氍

【氄】용.
字義 용(氄)과 同字. [字彙補]引
集韻同氄○按集韻有氄無氄

【氄】도.
字義 의미상(義未詳) [龍龕]徒刀
切

【氄】곤.
字義 의미상(義未詳) [海篇]音困

康熙字典備考辰集
氏 部

【氒】질.

字義 질(臷)과 同字. [字彙補]同
臷

【瓱】탄.
字義 의미상(義未詳) [字彙補]音
誕

康熙字典備考辰集
气　部

【気】기.
字義 의미상(義未詳) [字彙補]音
冀

【䨊】박. 古託切
字義 의미상(義未詳) [字彙補]古
託切音泊

康熙字典備考巳集
水　部

【水】사.
字義 의미상(義未詳) [搜眞玉鏡]
音查

【氶】류. 力求切
字義 의미상(義未詳) [字彙補]力
求切音流出西江賦

【氼】사.
字義 의미상(義未詳) [龍龕]音似

【汛】친. 隻忍切
字義 의미상(義未詳) [韻龕]隻忍
切

【朳】발. 普八切
字義 의미상(義未詳) [五音篇海]
普八切

【汅】오.
字義 의미상(義未詳) [五音篇海]
同汚

【㞕】극.
字義 의미상(義未詳) [搜眞玉鏡]

音克

【氿】찰.
字義 찰(氿)의 譌字. [字彙補]氿
字之譌[帝京景物略]氿氿活活

【丼】영. 烏營切
字義 의미상(義未詳) [韻龕]烏營
切

【汐】석.
字義 석(汐)과 同字. [龍龕]同汐

【汢】설.
字義 설(泄)과 同字. [奚韻]同泄

【泳】류.
字義 류(流)와 同字. [龍龕]同流

【沜】반.
字義 반(泮)과 同字. [五音篇海]
同泮

【沅】曰曰항.
字義 의미상(義未詳) [五音篇海]
胡朗切又音沆

【泵】류.
字義 의미상(義未詳) [五音篇海]
音流

【涏】절. 子泄切
字義 의미상(義未詳) [搜眞玉鏡]
子泄切

【㴀】모.
字義 의미상(義未詳) [搜眞玉鏡]
音母

【㳠】견.
字義 견(犬)와 同字. [龍龕]同犬

【浴】용.
字義 용(溶)의 誤字. [字彙補]唐
穆宗子安王溶一本作。蓋傳寫之
誤也

【湏】훈.
字義 의미상(義未詳) [五音篇海]
音訓

【漯】曰라. 郎果切 曰로. 郎
号切
字義 의미상(義未詳) [龍龕]郎果
切又郎号切

【褽】매.
字義 매(魅)의 譌字. [字彙補]魅
字之譌見字義總略

【敊】연.
字義 의미상(義未詳) [搜眞玉鏡
音涎

【消】인.
字義 인(洇)과 同字. [奚韻]與洇
同

【涂】칠.
字義 칠(漆)과 同字. [字彙補]同
漆

【渊】연.
字義 여(淵)과 同字. [龍龕]同淵

【溯】삭.
字義 의미상(義未詳) [川篇]音朔

【湑】서.
字義 서(湑)와 同字. [五音篇海]
同湑

【漣】전. 直連切 灄字之譌
字義 강이름 전. (水名) [篇海類
編直連切音纏水名○按卽灄字之
譌

【渁】연.
字義 의미상(義未詳) [五音篇海]
音涎

【澎】동.
字義 동(澎)과 同字. [龍龕]同澎

【湓】관.
字義 관(盥)과 同字. [五音篇海]同盥

【溅】천.
字義 의미상(義未詳) [搜眞玉鏡]音濺

【滃】별.
字義 별(瀲)과 同字. [龍龕]與瀲同

【滭】필.
字義 필(潷)과 同字. [五音篇海]同潷

【漻】㊀교. ㊁호
字義 의미상(義未詳) [龍龕]音交又音爻

【滾】연.
字義 강이름 연. (水名) [川篇]音兗水名

【漉】록.
字義 록(漉)과 同字. [川篇]同漉

【漻】류.
字義 류(漻)와 同字. [龍龕]同漻

【湢】연.
字義 의미상(義未詳) [篇韻]音延

【濅】침.
字義 침(浸)과 同字. [字彙補]同浸

【潤】연.
字義 연(淵)과 同字. [龍龕]同淵

【澾】달.
字義 달(澾)과 同字. [五音篇海]同澾

【澁】삽.
字義 삽(澁)과 同字. [川篇]同澁

【濝】기.
字義 의미상(義未詳) [五音篇海]音炁

【漳】장.
字義 의미상(義未詳) [搜眞玉鏡]音掌

【澿】 음미상(音未詳) 淸字之譌
字義 감옥. (囹圄) [字彙補]音未詳[天文大成]澿囹圄或云淸字之譌

【澳】오.
字義 오(奥)와 同字. [龍龕]同奥

【澞】어.
字義 의미상(義未詳) [搜眞玉鏡]音御

【潒】환.
字義 환(渙)과 同字. [五音篇海]同渙

【澹】창.
字義 창(滄)과 同字. [川篇]同滄

【灄】삽.
字義 삽(澀)과 同字. [龍龕]同澀

【滋】엄. 羊嶮切
字義 의미상(義未詳) [搜眞玉鏡]羊嶮切

【瀳】전.
字義 의미상(義未詳) [篇韻]音篆

【濤】도.
字義 도(濤)와 同字. [字彙補]同濤

【灋】법.
字義 법(灋)과 同字. [字彙補]同灋

【濾】려.
字義 려(濾)와 同字. [龍龕]與濾同

【潘】판.
字義 의미상(義未詳) [搜眞玉鏡]音判

【𤄷】배. 徐庚切
字義 의미상(義未詳) [字彙補]徐庚切音掙

康熙字典備考巳集
火 部

【灮】재.
字義 재(災)와 同字. [川篇]同災

【㶡】괘.
字義 의미상(義未詳) [字彙補]音卦

【炒】초.
字義 초(炒)와 同字. [龍龕]同炒

【炖】돈.
字義 돈(炖)과 同字. [字彙補]同炖

【灴】간.
字義 의미상(義未詳) [龍龕]音干

【炃】수.
字義 의미상(義未詳) [搜眞玉鏡]音水

【炛】광.
字義 광(眖)과 同字. [龍龕]同眖

【炋】사.
字義 의미상(義未詳) [五音篇海]音仕

【災】재.

字義 재(灾)의 俗字. [字彙補]俗灾字

【炗】자. 字義 자(煮)와 同字. [搜眞玉鏡]同煮

【灮】황. 字義 불 황. (火也) [川篇]音荒火也

【炑】돌. 字義 의미상(義未詳) [搜眞玉鏡]音突

【炯】㊀도. ㊁뫼. 亡罪切 字義 의미상(義未詳) [川篇]音賭 又亡罪切

【灺】난. 字義 난(暖)과 同字. [五音篇海]同暖

【炟】가. 字義 의미상(義未詳) [龍龕]古何切

【炻】탁. 字義 탁(坼)과 同字. [龍龕]與坼同

【炋】호. 字義 얻을 호. (得也) [川篇]音呼 [字彙補]得也

【炃】현. 字義 현(玄)과 同字. [五音篇海]同玄

【炕】항. 字義 항(炕)과 同字. [龍龕]同炕

【炥】불. 字義 불(沸)과 同字. [字彙補]同沸

【炇】민. 字義 의미상(義未詳) [五音篇海]音旻

【炶】개. 字義 개(炶)의 譌字. [字彙補]炶字之譌

【炾】임. 字義 임(飪)과 同字. [五音篇海]同飪

【炰】포. 字義 포(炰)와 同字. [龍龕]同炰

【烣】회. 字義 회(恢)와 同字. [龍龕]與恢同

【㷤】지. 直尼切 字義 의미상(義未詳) [龍龕]直尼切音池

【烒】초. 字義 의미상(義未詳) [龍龕]音炒

【烼】치. 字義 치(炒)와 同字. [字彙補]同炒

【煜】달. 字義 달(炟)과 同字. [龍龕]同炟

【烅】극. 字義 극(亟)과 同字. [龍龕]同亟

【烮】점. 除廉切 字義 의미상(義未詳) [龍龕]除廉切

【焫】소. 市照切 字義 의미상(義未詳) [五音篇海]市照切

【焷】로. 力告切

字義 의미상(義未詳) [搜眞玉鏡]力告切

【焍】시. 字義 의미상(義未詳) [搜眞玉鏡]音視

【爇】초. 字義 초(炒)와 同字. [龍龕]同炒

【燭】초. 字義 초(炒)와 同字. [五音篇海]同炒

【㷸】연. 字義 연(烟)과 同字. [搜眞玉鏡]同烟

【燷】강. 苦浪切 字義 의미상(義未詳) [五音篇海]苦浪切

【焻】㊀과. 古誇切 ㊁창. 川向切 字義 ■의미상(義未詳) ■기운 창. (氣也) [字彙補]古誇切音瓜見釋藏又川向切音暢氣也

【惣】송. 字義 송(熜)의 譌字. [字彙補]熜字之譌

【燊】태. 字義 태(炲)와 同字. [字彙補]同炲

【棽】분. 字義 분(焚)의 俗字. [字彙補]俗焚字

【勲】조. 字義 조(助)와 同字. [五音篇海]同助

【焻】과. 古誇切 字義 의미상(義未詳) [字彙補[古

誇切音瓜

【𤎣】무.
字義 무(無)와 同字. [字彙補]同無

【𤈦】뇌.
字義 의미상(義未詳) [龍龕]音惱

【𤇶】자.
字義 자(煮)와 同字. [龍龕]同煮

【熔】다.
字義 다(熔)와 同字. [字彙補]同熔

【㶢】계. 居溪切
字義 의미상(義未詳) [字彙補]居溪切音稽

【焨】폭.
字義 폭(爆)과 同字. [龍龕]同爆

【焥】열.
字義 열(熱)과 同字. [字彙補]同熱

【㸎】어.
字義 어(飫)와 同字. [五音篇海]同飫

【熺】희. 許計切
字義 의미상(義未詳) [字彙補許計切音戲

【煞】살. 所殺切
字義 의미상(義未詳) [奚韻]所殺切

【㷜】질.
字義 의미상(義未詳) [五音篇海]音疾

【𤍶】소.
字義 소(燒)와 同字. [奚韻]同燒

【㷻】향.
字義 의미상(義未詳) [龍龕]音享

【㷫】괘.
字義 괘(卦)와 同字. [搜眞玉鏡]同卦

【𤏮】렬.
字義 렬(烈)과 同字. [奚韻]同烈

【㸐】찬.
字義 찬(爨)과 同字. [字彙補]與爨同

【𤎩】안.
字義 안(贋)과 同字. [字彙補]與贋同

【𤐣】괴.
字義 의미상(義未詳) [龍龕]音愧

【熂】벽.
字義 벽(僻)과 同字. [字學指南]與僻同

【𤏲】무.
字義 무(無)와 同字. [搜眞玉鏡]同無

【熻】심. 生錦切
字義 의미상(義未詳) [龍龕]生錦切

【燸】난.
字義 난(暖)과 同字. [龍龕]同暖

【燥】조.
字義 조(燥)의 俗字. [字彙補]俗燥字

【燳】조.
字義 조(照)와 同字. [字彙補]同照

【𤏷】잔.
字義 잔(盞)과 同字. [字彙補]與盞同

【㸁】선.
字義 선(燹)과 同字. [五音篇海]同燹

【𤐤】담.
字義 담(談)과 同字. [龍龕]音談

【燿】휘.
字義 휘(輝)와 同字. [字彙補]同輝

【𤐥】언.
字義 언(偃)과 同字. [五音篇海]與偃同

【𤑀】열.
字義 의미상(義未詳) [搜眞玉鏡]音熱

【𤑕】도.
字義 도(盜)와 同字. [字彙補]盜字見古老子

【𤑖】심.
字義 의미상(義未詳) [搜眞玉鏡]音燖

【𤑗】혜. 呼戒切
字義 의미상(義未詳) [川篇]呼戒切

【𤑘】㊀㊁ 안.
字義 의미상(義未詳) [川篇]音鴈又音岸

【㸅】촬.
字義 촬(撮)과 同字. [龍龕]同撮

【𤒌】㊀첨. ㊁㊂적.
字義 의미상(義未詳) [龍龕]音忝又音啇又音適

【𤒎】초.

字義 의미상(義未詳) [五音篇海] 音炒。

【燸】살.
字義 의미상(義未詳) [五音篇海] 音煞

【爆】폭.
字義 의미상(義未詳) [龍龕]音爆

【爀】박.
字義 의미상(義未詳) [五音篇海] 音髆

【㷤】숙.
字義 숙(熟)과 同字. [字彙補]與熟同

【爅】홀.
字義 홀(爐)과 同字. [搜眞玉鏡] 同爐

【髎】격. 古歷切
字義 의미상(義未詳) [五音篇海] 古歷切出道地經

【燹】경.
字義 경(耿)과 同字. [字彙補]同耿

【爨】찬.
字義 찬(爨)과 同字. [字彙補]與爨同

【爨】선. 先踐切
字義 의미상(義未詳) [川篇]先踐切

康熙字典備考巳集　爪部

【爪】규.
字義 규(糺)와 同字. [搜眞玉鏡] 同糺

【爪】조.

字義 의미상(義未詳) [搜眞玉鏡] 音祖

【爭】사.
字義 사(事)와 同字. [字彙補]秦碑事字

【爼】조.
字義 의미상(義未詳) [龍龕]音祖

【爬】㊀포. ㊁파.
字義 의미상(義未詳) [龍龕]音庖 又音把

【爬】거.
字義 의미상(義未詳) [五音篇海] 音巨

【爮】㊀쇄. 疎瓦切 ㊁차. 初瓦切
字義 의미상(義未詳) [龍龕]疎瓦切又初瓦切

【爴】상.
字義 의미상(義未詳) [搜眞玉鏡] 音上

【爾】라. 力果切
字義 의미상(義未詳) [搜眞玉鏡] 力果切

【爮】복.
字義 복(福)과 同字. [龍龕]同福

【爮】분.
字義 의미상(義未詳) [龍龕]音分

【爮】확.
字義 확(爮)과 同字. [篇海類編] 同爮

【爮】확.
字義 확(攫)과 同字. [字彙補]與攫同

【爽】소.

字義 소(巢)와 同字. [五音篇海] 與巢同

【爮】당.
字義 의미상(義未詳) [搜眞玉鏡] 音當

【爮】란.
字義 란(亂)과 同字. [字彙補]同亂

【爮】장.
字義 의미상(義未詳) [搜眞玉鏡] 音掌

【妥】㊀수. ㊁타.
字義 의미상(義未詳) [海篇]音曳 又音妥

【爮】표.
字義 표(瓢)의 譌字. [字彙補]瓢字之譌

【爮】신.
字義 의미상(義未詳) [龍龕]音神

康熙字典備考巳集　父部

【斧】보.
字義 도구 보. (器也) [龍龕]音甫器也工人所用○按卽斧字之譌

【爸】가. 古我切
字義 의미상(義未詳) [篇海類編] 古我切音智

康熙字典備考巳集　爻部

【爽】상.
字義 상(爽)과 同字. [耳目資]與爽同

【爾】녕.
字義 녕(爾)과 同字. [字彙補]與

毀同

【爾】이.
字義 이(爾)와 同字. [同文鐸]與爾同

康熙字典備考巳集
爿 部

【牀】요.
字義 의미상(義未詳) [搜眞玉鏡]余嬌切

【牂】봉.
字義 의미상(義未詳) [篇海類編]音峰

【牃】첩.
字義 의미상(義未詳 [篇海類編]音牃

【牄】일.
字義 일(逸)과 同字. [五音篇海]同逸

【牆】비.
字義 비(備)와 同字. [六書統]與備同

康熙字典備考巳集
片 部

【版】범.
字義 범(帆)과 同字. [字彙補]同帆

【牊】구.
字義 의미상(義未詳) [搜真玉鏡]音句

【牎】향.
字義 향(牕)과 同字. [龍龕]同牕

【牏】벽. 普覓切
字義 의미상(義未詳) [龍龕]普覓切

【牐】윤.
字義 윤(胤)과 同字. [川篇]與胤同

【牑】우.
字義 의미상(義未詳) [搜眞玉鏡]羊父切

【牕】창.
字義 창(牎)과 同字. [搜眞玉鏡]與牎同

【牒】승.
字義 의미상(義未詳) [奚韻]音承

【牓】동.
字義 동(棟)과 同字. [五音篇海]與棟同

【牔】정.
字義 의미상(義未詳) [五音篇海]音亭

【牗】복.
字義 복(牃)과 同字. [集韻]同牃

【牖】격.
字義 격(隔)과 同字. [篇海類編]同隔

【牘】당.
字義 의미상(義未詳) [篇海類編音當

康熙字典備考巳集
牙 部

【牙】아. 牛加切
字義 의미상(義未詳) [字彙補]牛加切音牙

【牚】참. 竹咸切
字義 의미상(義未詳) [篇海類編]竹咸切音詀

【䶒】아.
字義 아(牙)의 古字. [韻會]古文牙字○按古文本作䶒

【㸧】㊀이. ㊁제.
字義 의미상(義未詳) [五音篇海]音夷又音弟

康熙字典備考巳集
牛 部

【牜】청.
字義 의미상(義未詳) [川篇]同廳

【牞】익.
字義 ①익(㸦)과 同字. ②고을이름 익. (郡名) [篇海類編]與㸦同㸦牱郡名亦作

【牠】둔.
字義 둔(牠)과 同字. [篇海類編]與牠同

【牠】저.
字義 저(牴)와 同字. [篇海類編]與牴同

【牫】장.
字義 바를 장. (正也) [川篇]音壯正也

【牿】곡.
字義 의미상(義未詳) [篇海類編]音斛

【犰】술.
字義 의미상(義未詳) [搜真玉鏡]音述

【犴】축.
字義 의미상(義未詳) [篇海類編]音丑

【犻】패.
字義 패(犻)와 同字. [字彙補]同犻

【㧥】니.
字義 니(你)와 同字. [篇海類編]
與你同

【牥】저.
字義 저(牴)와 同字. [龍龕]與牴
同

【牺】피. 布外切
字義 의미상(義未詳) [搜眞玉鏡]
布外切

【牶】질.
字義 의미상(義未詳) [篇海類編]
音秩

【牰】염.
字義 염(拑)의 譌字. [搜眞玉鏡]
拑字之譌

【牱】갑.
字義 의미상(義未詳) [篇海類編]
音匣

【牽】근.
字義 의미상(義未詳) [搜眞玉鏡]
輕近切

【牳】치.
字義 치(鷹)와 同字. [字彙補]與
鷹同

【牫】토. 他高切
字義 의미상(義未詳) [搜眞玉鏡]
他高切

【牳】개.
字義 의미상(義未詳) [搜眞玉鏡]
音介

【㨔】속.
字義 속(束)의 俗字. [篇海類編]
俗束字

【犀】서.

字義 서(犀)와 同字. [五音篇海]
與犀同

【牷】직.
字義 직(牘)의 譌字. [龍龕]牘字
之譌

【牲】분.
字義 의미상(義未詳) [篇海類編]
音奔

【牴】曰타. 曰악.
字義 의미상(義未詳) [篇海類編]
音情又音岳

【㹀】추.
字義 추(搊)와 同字. [篇海類編]
與搊同

【牴】저.
字義 저(牴)와 同字. [搜眞玉鏡]
與牴同

【牸】연.
字義 의미상(義未詳) [海篇]音然

【採】채.
字義 의미상(義未詳) [篇海類編]
音采

【牳】후.
字義 의미상(義未詳) [篇海類編]
音吼

【牁】모.
字義 의미상(義未詳) [海篇]音模

【牳】추.
字義 추(搊)와 同字. [龍龕]同搊

【牁】미.
字義 의미상(義未詳) [篇海類編]
音眉

【牁】제.
字義 의미상(義未詳) [篇海類編]

音蹄

【牁】진.
字義 지(振)과 同字. [字彙補]同
振

【牁】도.
字義 의미상(義未詳) [篇海類編]
音度

【特】도. 徒勞切
字義 의미상(義未詳) [搜眞玉鏡]
徒勞切

【犊】독.
字義 의미상(義未詳) [篇海類編]
音毒

【牁】면.
字義 의미상(義未詳) [篇海類編]
音緬

【牁】황.
字義 의미상(義未詳) [篇海類篇]
音皇

【牁】생.
字義 의미상(義未詳) [搜眞玉鏡]
音生

【牁】강.
字義 소 강. (牛也) [龍龕]音剛
牛也

【牁】구.
字義 구(㲉)와 同字. [篇海類編]
同㲉

【牁】온. 烏困切
字義 의미상(義未詳) [篇海類編]
烏困切音搵

【牁】위.
字義 위(犩)의 譌字. [篇海類編]
音委字彙補犩字之譌

【牁】축. 丑六切

【字義】 의미상(義未詳) [五音篇海]
丑六切

【犝】제.
【字義】 의미상(義未詳) [五音篇海]
音薺

【㹀】진.
【字義】 의미상(義未詳) [字彙補]同
振

【犉】특.
【字義】 의미상(義未詳) [五音篇海]
音特

【䍱】숙. 所六切
【字義】 의미상(義未詳) [龍龕]所六
切

【犛】교. 莫交切。疑犛字
【字義】 의미상(義未詳) [搜眞玉鏡]
莫交切疑犛字

【犿】환. 呼關切
【字義】 의미상(義未詳) [五音篇海]
呼關切

【犇】정.
【字義】 의미상(義未詳) [搜眞玉鏡]
音頂

【犅】강.
【字義】 의미상(義未詳) [搜眞玉鏡]
音姜

【犌】군.
【字義】 의미상(義未詳) [篇海類編]
音羣

【犇】성.
【字義】 성(騂)과 同字. [字彙補]與
騂同

【犧】흥. 香仲切
【字義】 의미상(義未詳) [五音篇海]

香仲切。

【犦】색.日색.
【字義】 의미상(義未詳) [龍龕]音色
又音穡

【犩】암. 烏感切
【字義】 의미상(義未詳) [字彙補]烏
感切音唵見釋典

【犤】가.
【字義】 의미상(義未詳) [五音篇海]
音哥

【犪】락. 力却切
【字義】 의미상(義未詳) [搜眞玉鏡
力却切

【犡】례.
【字義】 례(犡)와 同字. [字彙補]同
犡

【犦】패.
【字義】 의미상(義未詳) [搜眞玉鏡]
音霸

【犪】만.
【字義】 의미상(義未詳) [篇海類編]
音蠻

康熙字典備考巳集
犬　部

【犿】돈.
【字義】 돈(犿)과 同字. [奚韻]同犿

【犮】발.
【字義】 의미상(義未詳) [搜眞玉鏡]
音鉢

【犳】작.
【字義】 의미상(義未詳) [搜眞玉鏡]
音灼

【犴】야.
【字義】 의미상(義未詳) [搜眞玉鏡]

音野

【狐】호.
【字義】 호(狐)와 同字. [五音篇海]
同狐

【狆】중.
【字義】 의미상(義未詳) [搜眞玉鏡]
音中

【狘】야.
【字義】 의미상(義未詳) [川篇]音夜

【㧤】모.
【字義】 의미상(義未詳) [龍龕]音毛

【狋】주. 丁侯切 日을. 魚
訖切
【字義】 의미상(義未詳) [龍龕]丁侯
切又魚訖切

【豹】표.
【字義】 의미상(義未詳) [龍龕]音豹

【犲】시.
【字義】 시(犲)와 同字. [龍龕]同犲

【狖】욱. 羊北切 日세. 常
預切
【字義】 의미상(義未詳) [五音篇海]
羊北切又常預切

【狖】유.
【字義】 유(狄)와 同字. [五音集韻]
同狄

【狖】우.
【字義】 의미상(義未詳) [海篇]音右

【狱】채. 側買切
【字義】 의미상(義未詳) [五音篇海]
側買切

【猱】노. 奴刀切
【字義】 의미상(義未詳) [川篇]奴刀
切

【猱】㊀욱. 羊北切 ㊁세. 常
預切
字義 의미상(義未詳) [龍龕]羊北
切又常預切

【狨】수.
字義 의미상(義未詳) [搜眞玉鏡]
音戌

【狚】저.
字義 저(狙)와 同字. [川篇]與狙
同

【狊】조.
字義 의미상(義未詳) [搜眞玉鏡]
音早

【狏】치. 宅解切
字義 의미상(義未詳) [五音篇海]
宅解切音爹

【㧯】렬.
字義 의미상(義未詳) [搜眞玉鏡]
音列

【狶】희.
字義 희(狶)와 同字. [篇海]同狶

【狣】조.
字義 조(狣)와 同字. [搜眞玉鏡]
同狣

【猗】각.
字義 의미상(義未詳) [搜眞玉鏡]
音角

【欻】대. 宅買切
字義 의미상(義未詳) [五音篇海]
宅買切

【猭】표.
字義 의미상(義未詳) [五音篇海]
音豹

【貌】모.
字義 모(貌)와 同字. [篇海類編]

同貌

【狩】화.
字義 화(狩)와 同字. [龍龕]同狩

【猓】보.
字義 보(保)와 同字. [龍龕]同保

【猎】재.
字義 의미상(義未詳) [五音篇海]
音在

【猨】원.
字義 원(猨)과 同字. [龍龕]與猨
同

【猍】륵. 力未切
字義 의미상(義未詳) [字彙補]力
未切音勒

【惣】노.
字義 노(猱)와 同字. [龍龕]同猱

【猍】채.
字義 의미상(義未詳) [川篇]音采

【猍】록. 力谷切
字義 의미상(義未詳) [搜眞玉鏡]
力谷切

【猬】서.
字義 서(猬)와 同字. [五音篇海]
同猬

【猰】선.
字義 의미상(義未詳) [五音篇海]
音宣

【猍】제.
字義 의미상(義未詳) [五音篇海]
音啼

【獀】즉.
字義 극(獀)의 譌字. [字彙補]獀
字之譌

【猍】사.
字義 의미상(義未詳) [搜眞玉鏡]
音射

【猰】잘. 祖葛切
字義 의미상(義未詳) [龍龕]祖葛
切

【獨】굉.
字義 의미상(義未詳) [搜眞鏡玉]
音訇

【揮】휘.
字義 휘(揮)와 同字. [五音篇海]
同揮

【猰】알.
字義 알(猰)과 同字. [龍龕]與猰
同

【猍】시.
字義 의미상(義未詳) [搜眞玉鏡]
音柴

【猍】사.
字義 사(猍)와 同字. [字彙補]與
鏀同

【獢】효.
字義 효(獢)와 同字. [搜眞玉鏡]
同獢

【猌】역.
字義 의미상(義未詳) [搜眞玉鏡]
音亦

【獸】복.
字義 의미상(義未詳) [五音篇海]
音伏

【獻】헌.
字義 헌(獻)과 同字. [字彙補]與
獻同

【猵】조. 前逃切
字義 의미상(義未詳) [字彙補]前

逃切音曹

【獬】

曰아. 羊者切. 曰세. 常預切

字義 의미상(義未詳) [龍龕]羊者切又常預切

【㺠】수.

字義 수(獀)와 同字. [篇海類編]同獀

【㺫】삼.

字義 삼(㺧)과 同字. [川篇]同㺧

【獝】욱. 烏國切

字義 의미상(義未詳) [搜眞玉鏡]烏國切

【㺨】함.

字義 함(㺪)과 同字. [字彙補]與㺪同

【㺶】안.

字義 의미상(義未詳) [搜眞玉鏡]音顏

【猦】문.

字義 의미상(義未詳) [龍龕]音吻

【獙】적.

字義 의미상(義未詳) [海篇]音赤

【㺲】악. 烏各切

字義 의미상(義未詳) 龍龕]烏各切.

【猈】환.

字義 의미상(義未詳) [五音篇海]音患

【㹰】연.

字義 연(然)과 同字. [篇海類編]同然

【獢】효.

字義 효(獢)와 同字. [字彙補]與獢同

【猭】려.

字義 법 려. (法也) [篇韻]音戾 法也

【㺼】창.

字義 의미상(義未詳) [搜眞玉鏡]音敞

【㺷】희.

字義 의미상(義未詳) [搜眞玉鏡]音希

【獤】독.

字義 독(獨)과 同字. [字彙補]與獨同

【㺞】만.

字義 만(獌)과 同字. [龍龕]同獌

【㺩】양.

字義 양(獽)과 同字. [川篇]同獽

【獦】호.

字義 호(獦)와 同字. [龍龕]與獦同

【㺝】오.

字義 오(獒)와 同字. [篇海類編]同獒

【獕】양.

字義 의미상(義未詳) [五音篇海]音羊

【獝】적.

字義 의미상(義未詳) [搜眞玉鏡]音適

【獷】광.

字義 광(獷)과 同字. [搜眞玉鏡]同獷

【㺴】효. 下巧切

字義 의미상(義未詳) [五音篇海]下巧切音晶

【獰】령.

字義 령(獵)과 同字. [龍龕]同獵

【㹴】아.

字義 아(阿)와 同字. [龍龕]同阿 見佛經音義

【獮】선.

字義 선(獮)과 同字. [篇海類編]同獮

康熙字典備考午集

玉　部

【玙】두.

字義 두(斗)와 同字. [字彙補]斗字見說文○按[說文]作斗字彙補譌

【玐】규.

字義 규(玝)와 同字. [奚韻]同玝

【玊】오.

字義 의미상(義未詳) [五音篇海]音汚

【玪】금.

字義 의미상(義未詳) [五音篇海]音金

【玖】구.

字義 구(玖)와 同字. [篇海類編]同玖○按字彙補音私玉名尤爲無據

【玬】대.

字義 의미상(義未詳) [五音篇海]音大

【玅】보.

字義 의미상(義未詳) [龍龕]音步

【玒】호.

字義 호(瑚)와 同字. [篇海類編]同瑚

【蚕】기.
字義 의미상(義未詳) [龍龕]音記

【玟】매.
字義 매(玫)와 同字. [篇海類編]同玫

【珊】산.
字義 산(珊)과 同字. [龍龕]同珊

【䄂】유.
字義 의미상(義未詳) [篇海類編]音由

【㧐】타.
字義 의미상(義未詳) [篇海類編]音𤭚

【珊】曰曰전.
字義 의미상(義未詳) [篇海類編]音田又音佃

【珦】괴.
字義 ①괴(瓌)와 同字. ②괴(瑰)의 譌字. [龍龕]同瓌[字彙補]珦字之譌

【㺯】유.
字義 의미상(義未詳) [篇海類編]音幼

【㻂】외.
字義 의미상(義未詳) [龍龕]音外

【㻏】서.
字義 의미상(義未詳) [搜眞玉鏡]音西

【㲰】흠.
字義 의미상(義未詳) [搜眞玉鏡]音欽

【𡓻】숙.
字義 숙(珬)과 同字. [篇海類編]與珬同

【珓】음미상(音未詳)
字義 의미상(義未詳) [字彙補]音未詳出釋藏·鍾字函

【珽】보.
字義 보(寶)와 同字. [川篇]與寶同

【瑯】린.
字義 린(璘)과 同字. [篇海類編]與璘同

【瑫】추. 責朱切
字義 의미상(義未詳) [搜眞玉鏡]責朱切

【瑡】리.
字義 의미상(義未詳) [篇海類編]音梨

【琔】선.
字義 선(琁)과 同字. [字彙補]與琁同

【琩】모. 莫豹切
字義 의미상(義未詳) [篇海類編]莫豹切音貌

【墅】성.
字義 성(聖)과 同字. [字彙補]與聖同

【玤】개.
字義 개(玠)와 同字. [字彙補]同玠

【琨】예. 五兮切
字義 의미상(義未詳) [篇海類編]五兮切音倪

【瑈】령.
字義 의미상(義未詳) [五音篇海]音苓

【瑯】린.

【璘】린(璘)과 同字. [龍龕]與璘同

【環】환.
字義 환(環)과 同字. [龍龕]同環

【琚】거.
字義 의미상(義未詳) [搜眞玉鏡]音渠

【𤩲】륙.
字義 의미상(義未詳) [搜眞玉鏡]音六

【璽】曰새. 曰도.
字義 ■새(璽)와 同字. 【龍龕】同璽 ■도(瑫)와 同字. 又[川篇]同瑫

【瑿】예.
字義 얘(瑿)와 同字. [龍龕]同瑿

【璗】도.
字義 도(璗)와 同字. [篇海類編]同璗

【琛】침.
字義 침(琛)과 同字. [字彙補]同琛

【瑤】요.
字義 요(瑤)와 同字. [龍龕]同瑤

【琴】금.
字義 금(琴)과 同字. [搜眞玉鏡]同琴

【瓄】압.
字義 압(瓄)과 同字. [餘文]同瓄

【璏】쟁.
字義 의미상(義未詳) [搜眞玉鏡]音爭

【瓘】갈.
字義 갈(瓘)과 同字. [川篇]同瓘

【𤫊】벽.
字義 벽(碧)과 同字. [龍龕]同碧

【𤪹】새.
字義 새(璽)와 同字. [搜眞玉鏡]同璽

【𤩱】㊀계. ㊁기. ㊂급. ㊃설. ㊄걸.
字義 의미상(義未詳) [篇海類編]居偈切音計又音芟又音給又音挈又音傑

【𤫩】㊀ ㊁전.
字義 의미상(義未詳) [龍龕]音田又音佃

【𤫻】호.
字義 의미상(義未詳) [搜眞玉鏡]音好

康熙字典備考午集 瓜部

【𤬪】짐.
字義 의미상(義未詳) [字彙補]同瓞見廣韻○按廣韻作瓞

【𤬯】은.
字義 의미상(義未詳) [五音篇海]烏痕切音恩

【𤬻】온.
字義 온(瓰)과 同字.[字彙補]同瓰見廣韻○按廣韻作瓰

【𤬿】실.
字義 의미상(義未詳) [川篇]音悉

【𤭁】렴.
字義 렴(𤬾)과 同字. [字彙補]同𤬾

【𤭂】㊀양. ㊁낭.
字義 의미상(義未詳) [五音篇海]音穰又音娘

康熙字典備考午集 瓦部

【𤭐】졸.
字義 의미상(義未詳) [龍龕音卒

【𤭔】홀. 許勿切
字義 의미상(義未詳) [篇海類編]許勿切

【𤭠】쇄.
字義 의미상(義未詳) [龍龕]音碎

【𤭦】앙.
字義 앙(甕)과 同字. [篇海類編]同甕

【𤭧】령.
字義 령(瓴)과 同字. [篇海類編同瓴

【𤮐】이.
字義 이(瓵)의 俗字. [字彙補]俗瓵字。

【𤮊】사.
字義 사(甐)와 同字. [篇海類編]同甐

【𤮛】국.
字義 국(𤮚)과 同字. [篇海類編]同𤮚

【𤮻】호.
字義 의미상(義未詳) [篇海類編]音湖

【𤮪】맹.
字義 맹(甍)과 同字. [字彙補]同甍

【𤮮】접. 足妾切
字義 의미상(義未詳) [字彙補]足妾切音接

【甎】전. 市緣切
字義 전(塼)과 同字. [餘文]市緣切同塼

【𤮺】용.
字義 용(甋)과 同字. [字彙補]同甋

【𤮽】저.
字義 저(𤮼)와 同字. [搜眞玉鏡]同𤮼

康熙字典備考午集 甘部

【𤯍】자. 牀自切
字義 의미상(義未詳) [字彙補]牀自切音自

【𤯌】심. 食枕切
字義 의미상(義未詳) [字彙補]食枕切音甚

康熙字典備考午集 生部

【𤯓】온.
字義 온(穩)과 同字. [字彙補]同穩

【𤯗】세.
字義 의미상(義未詳) [龍龕]音勢

【𤯝】종. 初充切
字義 인연을끊어자신의신세를망칠 종. (人亡絕) [字彙補]初充切音終人亡絕

【𤯒】생.
字義 생(笙)과 同字. [龍龕]與笙同

【𤯚】눈.
字義 눈(嫩)과 同字. [龍龕]同嫩

【𤯠】공. 莫孔切

字義 의미상(義未詳) [龍龕]莫孔切

【𤯷】日 曰양.
字義 의미상(義未詳) [篇海類編]音穰又音壤

康熙字典備考午集 用部

【甪】용.
字義 용(用)의 古字. [篇海類編]古文用字〇按玉篇古文用作甪

【甬】용.
字義 용(用)과 同字. [字彙補]同用

【角】비.
字義 비(備)와 同字. [字彙補]同備

【甭】붕. 方蹬切
字義 붕(甭)과 同字. [篇韻]方蹬切同甭

【䎱】전.
字義 의미상(義未詳) [五音篇海]音傳

【甤】천. 充先切
字義 의미상(義未詳) [字彙補]充先切音川

康熙字典備考午集 田部

【甴】찰. 士甲切
字義 의미상(義未詳) [篇海類編]士甲切音扎

【一田】언. 一田切
字義 의미상(義未詳) [五音篇海]一田切

【𤰆】류.
字義 류(留)의 俗字. [篇韻]俗留字

【畄】류.
字義 류(留)의 俗字. [篇海類編]俗留字

【甹】신. 詩眞切
字義 의미상(義未詳) [字彙補]詩眞切音申

【畓】구.
字義 의미상(義未詳) [龍龕]音舅

【画】화.
字義 화(畫)와 同字. [字彙補]同畫

【町】타.
字義 의미상(義未詳) [五音篇海]音吒

【町】정.
字義 정(鼑)과 同字. [五音篇海]與鼑同

【畁】조.
字義 조(早)와 同字. [字彙補]同早

【畎】천.
字義 의미상(義未詳) [龍龕]音泉

【畓】동.
字義 의미상(義未詳) [龍龕]音同

【畘】납.
字義 의미상(義未詳) [搜眞玉鏡]音納又音冈 ※冈字典無

【畘】납.
字義 의미상(義未詳) [龍龕]音納出道經

【畊】렬.
字義 의미상(義未詳) [龍龕]音劣

【昭】소. 時招切
字義 의미상(義未詳) [搜眞玉鏡]時招切音韶

【畕】고. 古皓切
字義 의미상(義未詳) [五音篇海]古皓切

【畖】렬.
字義 의미상(義未詳) [龍龕]音劣

【畓】수.
字義 의미상(義未詳) [五音篇海]音收

【畛】전.
字義 저(畋)과 同字. [龍龕]與畋同

【畚】방.
字義 의미상(義未詳) [搜眞玉鏡]音邦

【畏】귀.
字義 의미상(義未詳) [龍龕]音鬼

【畦】몽. 莫鄧切
字義 의미상(義未詳) [五音篇海]莫鄧切

【畒】재.
字義 재(載)와 同字. [字彙補]同載

【細】사.
字義 의미상(義未詳) [搜眞玉鏡]音祀

【畾】협.
字義 의미상(義未詳) [搜眞玉鏡]音叶

【畏】매.
字義 매(魅)와 同字. [字彙補]與魅同

【昰】풍.
字義 의미상(義未詳) [搜眞玉鏡] 音豐

【奱】준.
字義 주(畯)과 同字. [龍龕]同畯

【暜】계.
字義 의미상(義未詳) [搜眞玉鏡] 音桂

【晱】염.
字義 의미상(義未詳) [搜眞玉鏡] 音炎

【𤯹】탁.
字義 탁(晫)과 同字. [字彙補]同晫。

【畱】류.
字義 류(留)와 同字. [龍龕]同留

【畞】무.
字義 무(畝)와 同字. [川篇]同畝

【暴】분.
字義 분(糞)과 同字. [搜眞玉鏡] 同糞

【㬇】뇨.
字義 뇨(嬲)와 同字. [字彙補]同嬲

【睠】권.
字義 의미상(義未詳) [搜眞玉鏡] 音卷

【乗】승.
字義 의미상(義未詳) [龍龕]音乘

【𦕈】마.
字義 의미상(義未詳) [五音篇海] 音麻

【𪐀】적. 足昔切
字義 의미상(義未詳) [字彙補]足

昔切音積

【𥻥】조.
字義 의미상(義未詳) [五音篇海] 音稠

【𥻂】희.
字義 의미상(義未詳) [龍龕]音希

【𤲿】피.
字義 의미상(義未詳) [字彙補]扑益切音辟

【畽】찰.
字義 의미상(義未詳) [字彙補]淸夏切音擦

【𤲶】뢰.
字義 의미상(義未詳) [龍龕]郎迴切音雷

【疂】성.
字義 성(星)과 同字. [龍龕]同星

【畾】루.
字義 루(累)와 同字. [龍龕]與累同

【纍】루.
字義 루(累)와 同字. [五音篇海] 同累

【𤳷】첩.
字義 의미상(義未詳) [五音篇海] 音甂

【畾畾】뢰.
字義 뢰(雷)와 同字. [搜眞玉鏡] 同雷

康熙字典備考午集
疋 部

【梳】소.
字義 소(梳)와 同字. [五音集韻] 同梳

【疐】지. 陟利切
字義 의미상(義未詳) [篇韻]陟利切音智

【𤻍】지. 支義切
字義 의미상(義未詳) [字彙補]支義切音智

【疌】필. 匹覓切
字義 의미상(義未詳) [字彙補]匹覓切音匹

康熙字典備考午集
疒 部

【疘】복.
字義 복(疘)과 同字. [龍龕]同疘

【疘】측.
字義 측(仄)과 同字. [龍龕]與仄同

【疒】자.
字義 녁(疒)의 籒文. [五音篇海] 音子 [字彙補]籒文疒字見集韻○按集韻作疔字彙補誤

【疜】심.
字義 심(瘨)과 同字. [龍龕]同瘨

【痕】저.
字義 저(疷)와 同字. [字彙補]與疷同疑有誤

【疷】척.
字義 척(斥)과 同字. [龍龕]同斥

【疢】도. 多故切
字義 의미상(義未詳) [搜眞玉鏡] 多故切

【疥】개.
字義 개(疥)와 同字. [龍龕]同疥

【疢】문.

字義 의미상(義未詳) [川篇]音文	**【瘑】** 주. 字義 주(疳)와 同字. [龍龕]同疳	**【瘨】** 구. 字義 의미상(義未詳) [龍龕]音具
【疣】 구. 烏狗切 字義 의미상(義未詳) [龍龕]烏狗切音毆	**【疤】** 박. 字義 의미상(義未詳) [搜眞玉鏡]音薄	**【瘳】** 추. 側救切 字義 의미상(義未詳) [篇海類編]側救切音皺
【疧】 저. 字義 저(疷)와 同字. [篇海類編]同疷	**【痠】** 수. 字義 수(瘦)와 同字. [搜眞玉鏡]同瘦	**【瘄】** 효. 胡交切 字義 의미상(義未詳) [龍龕]胡交切音肴
【疣】 심. 字義 심(疢)과 同字. [龍龕]同疢	**【痐】** 서. 字義 의미상(義未詳) [龍龕]音西	**【療】** 경. 字義 의미상(義未詳) [搜眞玉鏡]音京
【疼】 다. 字義 다(瘩)와 同字. [龍龕]同瘩	**【痦】** 배. 普杯切 字義 의미상(義未詳) [龍龕]普杯切音坏	**【瘀】** 어. 字義 어(瘀)의 譌字. [字彙補]瘀字之譌
【疛】 주. 側救切 字義 의미상(義未詳) [篇海類編]側救切音奏	**【症】** 왕. 字義 왕(疭)과 同字. [搜眞玉鏡]與疭同	**【瘄】** 산. 字義 산(疼)과 同字. [篇海類編]同疼
【庘】 압. 烏甲切 字義 집무너질 압. (屋壞) [篇海類編]烏甲切音押屋壞○按卽庘字之譌	**【瘡】** 창. 字義 창(瘡)과 同字. [龍龕]同瘡	**【瘟】** 완. 於臥切 字義 의미상(義未詳) [龍龕]於臥切音涴
【疢】 괴. 字義 의미상(義未詳) [川篇]音魁	**【瘂】** 형. 尸呈切 字義 의미상(義未詳) [五音篇海]尸呈切音形	**【瘤】** 묘. 字義 묘(廟)와 同字. [龍龕]同廟
【疲】 치. 字義 의미상(義未詳) [川篇]音侈	**【瘋】** 도. 字義 의미상(義未詳) [五音篇海]音度	**【痔】** 치. 字義 치(痔)와 同字. [篇海類編]同痔
【疕】 은. 魚刃切 字義 의미상(義未詳) [搜眞玉鏡]魚刃切音釿	**【瘦】** 수. 字義 의미상(義未詳) [龍龕]音瘦	**【瘈】** 앙. 於香切 字義 의미상(義未詳) [搜眞玉鏡]於香切音央
【痊】 인. 字義 인(瘖)의 譌字. [字彙補]瘖字之譌	**【瘖】** 음. 字義 음(音)의 俗字. [龍龕]俗音字	**【瘦】** 수. 字義 의미상(義未詳) [搜眞玉鏡]音瘦
【痖】 서. 字義 의미상(義未詳) [龍龕]音西	**【瘄】** 각. 字義 의미상(義未詳) [龍龕]音角	**【瘰】** 수. 字義 수(厴)의 譌字. [字彙補]厴字之譌
【痺】 우. 字義 우(痩)와 同字. [五音篇海]同痩	**【瘜】** 뇌. 字義 의미상(義未詳) [龍龕]音惱	

【㾟】참. 士連切 字義 의미상(義未詳) [篇海類編] 士連切音讒	字義 의미상(義未詳) [篇海類編] 都老切音島	㾳
【㾠】뇌. 字義 뇌(惱)와 同字. [龍龕]同惱	【㾆】마. 字義 마(麻)와 同字. [篇海類編] 同麻	【㾯】창. 字義 창(瘡)과 同字. [篇海類編] 同瘡
【㾨】음미상(音未詳) 字義 의미상(義未詳) [字彙補]音 未詳見呂氏春秋字疑有誤	【瘐】탄. 字義 탄(瘓)과 同字. [龍龕]同瘓	【㾰】曰와. 曰외. 字義 의미상(義未詳) [篇海類編] 音臥又音畏
【㾙】하. 字義 하(廈)와 同字. [龍龕]同廈	【㾏】뇌. 字義 뇌(惱)와 同字. [龍龕]與惱 同	【㾜】소. 字義 의미상(義未詳) [搜眞玉鏡] 音銷
【㾭】염. 字義 염(壓)과 同字. [五音篇海] 同壓	【瘮】마. 字義 의미상(義未詳) [篇海類編] 音磨	【瘍】양. 字義 양(瘍)의 譌字. [字彙補]瘍 字之譌
【㾞】수. 字義 수(瘦)와 同字. [龍龕]同瘦	【㾡】수. 字義 수(瘦)와 同字. [五音篇海] 同瘦	【㾤】완. 字義 완(痛)과 同字. [篇海類編] 同痛
【㾝】사. 字義 의미상(義未詳) [五音篇海] 音師	【㾣】비. 字義 의미상(義未詳) [搜眞玉鏡] 音備	【㾥】유. 字義 유(揄)의 俗字. [字彙補]俗 揄字
【㾟】련. 呂圓切 字義 병 련. (病也) [龍龕]呂圓 切病也	【㾢】제. 心其切 字義 의미상(義未詳) [字彙補]心 其切音齊	【㾦】질. 字義 질(疾)과 同字. [字彙補]同 疾
【㾘】曰궐. 曰월. 字義 의미상(義未詳) [搜眞玉鏡] 音厥又音越	【㾛】퇴. 多回切 字義 의미상(義未詳) [搜眞玉鏡] 多回切音堆	【㾧】근. 字義 재계할 근. (齋) [龍龕]則 皆切音近齋
【㾚】아. 烏賈切 字義 의미상(義未詳) [搜眞玉鏡] 烏賈切音雅	【㾚】하. 字義 하(瘕)와 同字. [龍龕]同瘕	【㾨】탄. 他短切 字義 다리절 탄. (痬瘕) [篇海] [類編]他短切音瞳痬瘕
【㾛】력. 字義 의미상(義未詳) [龍龕]音歷	【㾜】부. 字義 부(膚)와 同字. [搜眞玉鏡] 同膚	【㾩】관. 字義 관(瘡)과 同字. [龍龕]同瘡
【㾜】석. 桑力切 字義 의미상(義未詳) [龍龕]桑力 切音昔	【瘮】예. 字義 예(瘞)와 同字. [龍龕]同瘞	【㾪】염. 伊琰切 字義 의미상(義未詳) [龍龕]伊琰 切音奄
【㾣】도. 都老切	【㾢】수. 字義 수(瘦)와 同字. [字彙補]同	【㾫】재. 鳥懈切 本作瘵

字義 심음소리 재. (病聲也) [字彙補]鳥懈切病聲也見集韻○按集韻本作𤺣

【瘶】수.
字義 수(瘦)와 同字. [篇海類編]同瘦

【⿸疒饔】연. 伊琰切
字義 의미상(義未詳) [篇海類編]伊琰切音演

康熙字典備考午集

癶 部

【⿱癶又】박. 疋角切
字義 의미상(義未詳) [川篇]疋角切

【⿱癶廾】국.
字義 국(挙)과 同字. [字彙補]同挙

【⿱癶亏】규.
字義 疑계(癸)의 譌字. [海篇]音圭疑癸字之譌

【⿱癶男】등.
字義 의미상(義未詳) [海篇]音登

康熙字典備考午集

白 部

【⿰白乚】가.
字義 가(乩)와 同字. [字彙補]與乩同

【皀】향.
字義 의미상(義未詳) [搜眞玉鏡]音香

【皃】환. 胡貫切
字義 의미상(義未詳) [搜眞玉鏡]胡貫切

【⿱白兄】환.
字義 의미상(義未詳) [海篇]音喚

【⿱白乇】주. 如支切
字義 의미상(義未詳) [字彙補]如支切音咒

【⿱少白】창.
字義 의미상(義未詳) [五音篇海]音暢

【⿱白土】황.
字義 의미상(義未詳) [龍龕]音皇

【⿱白冬】종.
字義 의미상(義未詳) [龍龕]音終

【⿱白兜】두.
字義 두(兜)와 同字. [字彙補]與兜同[神異經]驩⿱白兜民鳥足杖翼而行疑字有誤

【⿰白男】남.
字義 의미상(義未詳) [海篇]音男

【⿰白叟】수.
字義 의미상(義未詳) [海篇]音叟

【⿰白足】㊀족. ㊁박.
字義 의미상(義未詳) [搜眞玉鏡]音足又音拍

【⿰白凡】신.
字義 신(⿰米凡)과 同字. [字彙補]與⿰米凡同

【⿰白昌】효.
字義 의미상(義未詳) [搜眞玉鏡]音曉

【⿰白兒】두.
字義 의미상(義未詳) [龍龕]音兜

【⿱白兒】두.
字義 두(⿰白兒)와 同字. [龍龕]與⿰白兒同

【⿱𡗜白】주.
字義 의미상(義未詳) [五音篇海]音柱

【⿰白非】혹. 胡谷切
字義 의미상(義未詳) [五音篇海]胡谷切

【⿰白甘】황.
字義 의미상(義未詳) [海篇]音皇

【⿸尸⿱白比】죄.
字義 의미상(義未詳) [五音篇海]音罪

【⿱白兒】두.
字義 의미상(義未詳) [搜眞玉鏡]音兜

【⿰白倉】창.
字義 창(艙)과 同字. [字彙補]與艙同

【⿱白真】성.
字義 성(星)과 同字. [篇海]同星

【⿰白敝】별. 不滅切
字義 의미상(義未詳) [餘文]不滅切

【⿰白睪】려. 力拒切
字義 의미상(義未詳) [搜眞玉鏡]力拒切

【⿰白鬼】색. 山責切
字義 의미상(義未詳) [字彙補]山責切音色[海篇]作⿰白鬼

【⿱白森】존.
字義 의미상(義未詳) [海篇]音存

康熙字典備考午集

皮 部

【⿸尸⿱十又】피.

字義 의미상(義未詳) [龍龕]音皮

【𪖆】발.
字義 의미상(義未詳) [搜眞玉鏡]
音發

【𦜰】포.
字義 의미상(義未詳) [龍龕]音皰

【𢌻】난.
字義 난(赦)과 同字. [海篇]與赦
同

【𩏩】피.
字義 의미상(義未詳) [龍龕]音皮

【𥮗】피.
字義 의미상(義未詳) [龍龕]音皮

【𩏪】보.
字義 의미상(義未詳) [篇海類編]
音甫

【皱】기.
字義 의미상(義未詳) [龍龕]音攲

【䩅】비.
字義 의미상(義未詳) [篇海類編]
音卑

【皶】답.
字義 의미상(義未詳) [篇海類編]
音沓

【皵】창. 昌兩切
字義 의미상(義未詳) [篇海類編]
昌兩切音廠

【皷】추.
字義 추(皺)와 同字. [篇海類編]
與皺同

【𥛒】발.
字義 의미상(義未詳) [搜眞玉鏡]
音發

【皷】잡.
字義 잡(皷)과 同字. [奚韻]同皷

【韠】위.
字義 위(韋)와 同字. [龍龕]與韋
同

【皽】류.
字義 의미상(義未詳) [篇海類編]
音留

【𩏭】조.
字義 의미상(義未詳) [篇海類編]
音遭

【𥯡】뉴. 女六切
字義 의미상(義未詳) [篇海類編]
女六切音忸

【𩏮】회. 胡對切
字義 의미상(義未詳) [篇海類編]
胡對切音會

【𩏯】영.
字義 의미상(義未詳) [篇海類編]
音映

【𦜰】뇌.
字義 의미상(義未詳) [搜眞玉鏡]
音惱

【𥯢】뉵. 女六切
字義 의미상(義未詳) [五音篇海]
女六切

康熙字典備考午集
皿　部

【𥁋】몽.
字義 몽(𥁋)과 同字. [玉篇]同𥁋

【𥁌】범.
字義 범(盜)과 同字. [龍龕]同盜

【𥁍】맹.

字義 의미상(義未詳) [海篇]音猛

【𥂑】농.
字義 의미상(義未詳) [龍龕]奴冬
切

【𥂒】합.
字義 합(盍)과 同字. [篇海類編]
同盍

【盜】도.
字義 의미상(義未詳) [五音篇海]
音涂

【𥂓】초.
字義 초(盧)와 同字. [龍龕]同盧

【𥂔】곽.
字義 의미상(義未詳) [五音篇海]
音郭

【𥂕】망.
字義 망(𥂕)의 譌字. [字彙補]𥂕
字之譌

【𥂖】주.
字義 주(盩)와 同字. [龍龕]同盩

【𥂗】조. 精楚切
字義 의미상(義未詳) [字彙補]精
楚切音俎見[石鼓文]

【𥂘】해.
字義 해(鹽)와 同字. [篇海類編]
與鹽同

【𥂙】회.
字義 의미상(義未詳) [五音篇海]
音灰

【𥂚】반.
字義 의미상(義未詳) [五音篇海]
音盤

【𥂛】⊟회. ⊟경.
字義 의미상(義未詳) [搜眞玉鏡]

音繪又音梗

【盤】경.
字義 의미상(義未詳) [捜眞玉鏡] 音輕

【鹽】이. 余弃切
字義 의미상(義未詳) [龍龕]余弃切

【盡】개.
字義 의미상(義未詳) [海篇]音慨

康熙字典備考午集
目 部

【貪】동.
字義 의미상(義未詳) [五音篇海] 音同

【盲】빈.
字義 의미상(義未詳) [海篇]音實

【具】복.
字義 의미상(義未詳) [龍龕]音服

【旺】두.
字義 의미상(義未詳) [川篇]音杜

【叟】몽.
字義 의미상(義未詳) [捜眞玉鏡] 音蒙

【眈】잠. 丁感切
字義 의미상(義未詳) [捜眞玉鏡] 丁感切音瞻

【昏】기.
字義 기(耆)와 同字. [龍龕]同耆

【眍】교.
字義 교(眍)와 同字. [篇海類編] 同眍

【眅】조. 倉胡切

字義 의미상(義未詳) [龍龕]倉胡切音粗

【眳】미.
字義 미(眯)와 同字. [五音篇海] 同眯

【旺】저. 陟雨切
字義 의미상(義未詳) [龍龕]陟雨切音貯

【睒】이.
字義 이(眂)와 同字. [篇海類編] 同眂

【冒】후.
字義 의미상(義未詳) [龍龕]音侯

【冒】미.
字義 미(眉)와 同字. [五音篇海] 同眉

【眮】범.
字義 의미상(義未詳) [五音篇海] 音梵

【眲】점.
字義 의미상(義未詳) [捜眞玉鏡] 音簟

【眎】시.
字義 의미상(義未詳) [捜眞玉鏡] 音是

【昇】계.
字義 계(眄)와 同字. [篇海類編] 與眄同

【眪】성.
字義 성(聖)과 同字. [字學指南] 與聖同

【睎】희.
字義 희(睎)와 同字. [龍龕]同睎

【省】수.

【眶】경.
字義 의미상(義未詳) [龍龕]音首

【眭】경.
字義 의미상(義未詳) [龍龕]音竟

【晚】혁.
字義 의미상(義未詳) [五音篇海] 許役切

【眭】유. 揚佳切
字義 의미상(義未詳) [捜眞玉鏡] 揚佳切音帷

【睋】추.
字義 의미상(義未詳) [海篇]音傲

【眫】피.
字義 의미상(義未詳) [篇韻]音被

【睐】眑
字義 의미상(義未詳) [龍龕]同眑
※眑字;字典補遺備考諸無字

【眮】眑
字義 의미상(義未詳) [龍龕]同眑
※眑字;字典補遺備考諸無字

【睅】완.
字義 완(腕)과 同字. [龍龕]同腕

【眧】노.
字義 의미상(義未詳) [捜眞玉鏡] 奴到切

【睎】귀.
字義 의미상(義未詳) [五音篇海] 音歸

【睂】미.
字義 미(眉)와 同字. [五音篇海] 同眉

【眎】지.
字義 의미상(義未詳) [龍龕]音知

【睿】식.

字義 의미상(義未詳) [五音篇海] 音食	支若切音灼	莫侯切

【掤】반. 普患切
字義 의미상(義未詳) [搜眞玉鏡] 普患切

【睸】매.
字義 의미상(義未詳) [五音篇海] 音賣

【䀮】앵.
字義 의미상(義未詳) [龍龕] 音罌

【瞗】초.
字義 초(䀩)와 同字. [篇海類編] 同䀩

【䁊】존.
字義 존(尊)과 同字. [川篇] 同尊

【瞸】약.
字義 의미상(義未詳) [搜眞玉鏡] 音若

【憎】묘.
字義 묘(眇)와 同字. [藏經字義] 與眇同

【憼】묘.
字義 묘(眇)와 同字. [字彙補] 同眇

【䁞】면.
字義 면(眠)과 同字. [龍龕] 同眠

【學】조.
字義 조(照)와 同字. [龍龕] 同照

【瞳】잔.
字義 의미상(義未詳) [字彙補] 音剗

【瞻】작. 支若切
字義 의미상(義未詳) [搜眞玉鏡]

【曌】조.
字義 조(照)와 同字. [龍龕] 同照

【矊】면.
字義 면(矊)과 同字. [篇海類編] 與矊同

【矏】양.
字義 양(陽)과 同字. [龍龕] 同陽

康熙字典備考午集
矛　部

【矛】서.
字義 의미상(義未詳) [龍龕] 音暑

【矠】역.
字義 의미상(義未詳) [篇海類編] 音易

【矡】연. 如遠切
字義 의미상(義未詳) [字彙補] 如遠切音軟

【矀】무.
字義 무(倣)와 同字. [字彙補] 與倣同

【矞】무. 未付切
字義 의미상(義未詳) [字彙補] 未付切音務

【矕】잠. 從站切
字義 의미상(義未詳) [字彙補] 從站切音暫

【矊】궤.
字義 의미상(義未詳) [篇海類編] 音樻

【矋】무. 莫侯切
字義 의미상(義未詳) [五音篇海]

【矠】모.
字義 의미상(義未詳) [五音篇海] 音矛

【矡】찬.
字義 의미상(義未詳) [篇海類編] 音竄

【矠】찬. 七亂切
字義 의미상(義未詳) [五音篇海] 七亂切

康熙字典備考午集
矢　部

【矤】신.
字義 신(矧)과 同字. [龍龕] 同矧

【矨】단.
字義 의미상(義未詳) [搜眞玉鏡] 音短

【欨】신.
字義 의미상(義未詳) [龍龕] 音矧

【矵】옥. 於谷切
字義 의미상(義未詳) [搜眞玉鏡] 於谷切音屋

【矵】재. 牋西切
字義 짧고작을 재. (短小也) [篇海類編] 牋西切音賫牌矵短小也〇按卽矧字之譌。

【矩】단.
字義 단(短)과 同字. [海篇] 與短同

【矤】지.
字義 지(知)와 同字. [字彙補] 同知

【矦】추.
字義 의미상(義未詳) [五音篇海]

音惆

【矲】지.
字義 의미상(義未詳) [川篇]音智

【䂯】직.
字義 의미상(義未詳) [搜眞玉鏡]音直

【矨】체.
字義 체(毳)와 同字. [奚韻]同毳

【矰】단.
字義 의미상(義未詳) [龍龕]音短

【羮】환.
字義 의미상(義未詳) [五音篇海]音患

【矝】비.
字義 의미상(義未詳) [搜眞玉鏡]音甲

【矤】행.
字義 행(婞)과 同字. [龍龕]同婞

【矦】심. 尸忍切
字義 의미상(義未詳) [搜眞玉鏡]尸忍切音審

【䂫】오.
字義 의미상(義未詳) [五音篇海]音悟

【瑊】체.
字義 체(毳)와 同字. [奚韻]與毳同

【焯】천.
字義 의미상(義未詳) [五音篇海]音千

【婞】행.
字義 행(婞)과 同字. [龍龕]同婞

【狐】호.

字義 의미상(義未詳) [川篇]音胡

【矯】지.
字義 ①지(智)와 同字. [字彙補]同智見蘇子由 ②차례 지. (敍) [類篇]敍○按卽古文智字之譌

【䦂】단.
字義 의미상(義未詳) [龍龕]音短

【樊】치.
字義 치(雉)와 同字. [五音篇海]同雉

【糞】위.
字義 위(韋)와 同字. [五音篇海]同韋

【禺】우.
字義 의미상(義未詳) [海篇]音偶

康熙字典備考午集
石　部

【砥】지.
字義 지(砥)와 同字. [篇海類編]同砥

【砓】탁.
字義 탁(砺)과 同字. [篇海類編]同砺

【砈】폄.
字義 폄(砭)과 同字. [餘文]與砭同

【斛】곡. 胡谷切
字義 의미상(義未詳) [龍龕]胡谷切音斛

【砎】개.
字義 개(砎)와 同字. [川篇]同砎

【砌】뇨.
字義 뇨(砳)와 同字. [奚韻]同砳

【砳】적. 知革切
字義 의미상(義未詳) [川篇]知革切音摘

【砰】알. 於合切
字義 의미상(義未詳) [龍龕]於合切音遏

【砉】두. 當故切
字義 의미상(義未詳) [五音篇海]當故切音肚

【砙】자.
字義 의미상(義未詳) [龍龕]之夜切音蔗

【砘】차. 初瓦切
字義 의미상(義未詳) [奚韻]初瓦切

【砉】핵. 呼麥切
字義 의미상(義未詳) [奚韻]呼麥切

【砶】박.
字義 의미상(義未詳) [奚韻]同珀

【砓】괴.
字義 괴(砳)와 同字. [龍龕]同砳

【砲】포.
字義 의미상(義未詳) [龍龕]音拋

【砥】정.
字義 의미상(義未詳) [海篇]音正

【砥】지.
字義 의미상(義未詳) [五音篇海]音止

【砳】좌.
字義 의미상(義未詳) [龍龕]音砵

【砳】과.
字義 과(砞)와 同字. [五音篇海]

同砧

【礍】례.
字義 의미상(義未詳) [龍龕]音例

【磀】린. 力忍切
字義 의미상(義未詳) [龍龕]力忍切

【磁】뇌.
字義 뇌(磁)와 同字. [篇海類編]同磁

【砈】급.
字義 의미상(義未詳) [搜眞玉鏡]音及

【砰】양.
字義 의미상(義未詳) [五音篇海]音羊

【書】핵. 呼麥切
字義 의미상(義未詳) [搜眞玉鏡]呼麥切

【磥】력.
字義 의미상(義未詳) [篇韻]音歷

【砌】도.
字義 의미상(義未詳) [搜眞玉鏡]音到

【礂】흉. 虎冬切
字義 의미상(義未詳) [龍龕]虎冬切音胸

【羣】연.
字義 의미상(義未詳) [五音篇海]音研

【磆】혁. 虎伯切
字義 의미상(義未詳) [川韻]虎伯切音赫

【磳】뇌.
字義 뇌(磁)와 同字. [龍龕]同磁

【礨】사.
字義 의미상(義未詳) [餘文]音射

【磧】제. 子兮切
字義 의미상(義未詳) [五音篇海]子兮切

【磣】참.
字義 참(磣)과 同字. [龍龕]與磣同

【碍】구.
字義 의미상(義未詳) [五音篇海]音丘

【碍】①차. ②적.
字義 의미상(義未詳) [川篇]陟華切又音的

【磓】뇌.
字義 뇌(磁)와 同字. [餘文]同磁

【礆】추.
字義 추(碓)와 同字. [字彙補]同碓

【礔】담.
字義 담(礑)과 同字. [龍龕]同礑

【礛】포.
字義 포(礛)와 同字. [篇海類編]同礛

【礚】창.
字義 의미상(義未詳) [篇海類編]瘡上聲

【磊】뢰.
字義 뢰(磊)와 同字. [搜眞玉鏡]與磊同

【礳】마.
字義 마(摩)와 同字. [字學指南]與摩同

【礲】종.

字義 의미상(義未詳) [龍龕]音鍾

【礜】척.
字義 척(礜)과 同字. [五音篇海]與礜同

【礷】헐.
字義 의미상(義未詳) [海篇]音歇

【礮】참.
字義 참(礮)과 同字. [篇海類編]同礮

【礕】벽.
字義 벽(礕)과 同字. [五音篇海]同礕

【礰】뇨.
字義 뇨(砳)와 同字. [篇海類編]同砳

康熙字典備考午集
示　部

【祟】수.
字義 수(祟)와 同字. [龍龕]同祟

【祗】지.
字義 지(祗)와 同字. [篇海類編]同祗

【祐】사.
字義 ①해 사. (年也) ②사(祀)와 同字. [龍龕]音似年也與祀同

【祜】고.
字義 고(祜)와 同字. [龍龕]同祜

【祒】도.
字義 도(禱)와 同字. [五音篇海]同禱

【絮】여.
字義 의미상(義未詳) [搜眞玉鏡]音如

【禘】체.
字義 체(禘)와 同字. [龍龕]同禘

【斲】절.
字義 절(折)과 同字. [五音篇海]同折

【禂】도.
字義 도(禱)와 同字. [龍龕]同禱

【稔】임.
字義 임(稔)과 同字. [篇海類編]同稔

【襛】침.
字義 침(襛)과 同字. [五音篇海]同襛

【禍】화.
字義 화(禍)와 同字. [川篇]同禍

【禣】조.
字義 조(禠)와 同字. [字彙補]同禠

【襻】팽.
字義 팽(縏)과 同字. [字彙補]與縏同

【禨】궤.
字義 궤(跪)와 同字. [五音篇海]同跪

【瀺】잠. 才敢切
字義 의미상(義未詳) [龍龕]才敢切

【繫】핍.
字義 의미상(義未詳) [五音篇海]音逼

【礦】광.
字義 광(獷)의 譌字. [龍龕]獷字之譌

【禧】군. 俱殞切

字義 의미상(義未詳) [五音篇海]俱殞切

【禰】신.
字義 신(神)과 同字. [龍龕]同神

康熙字典備考午集
內　部

【䶆】화. 何果切 亦作䶕
字義 의미상(義未詳) [字彙補]何果切音禍亦作䶕

【禽】금.
字義 금(禽)과 同字. [字彙補]與禽同見漢孔耽碑

【嵩】수.
字義 금(獸)과 同字. [字學指南]與獸同

【羈】관.
字義 의미상(義未詳) [金鏡]音裸

【鼀】비.
字義 비(巢)와 同字. [篇海類編]同巢

康熙字典備考午集
禾　部

【秕】비.
字義 비(秕)와 同字. [餘文]同秕

【朾】曰曰지.
字義 의미상(義未詳) [川篇]音支又音知

【朴】괘.
字義 의미상(義未詳) [海篇]音卦

【秖】두.
字義 의미상(義未詳) [海篇]音杜

【秂】찬.
字義 의미상(義未詳) [川篇]同穳

【殻】곡.
字義 곡(穀)과 同字. [餘文]與穀同

【秏】선.
字義 의미상(義未詳) [搜眞玉鏡]音仙

【秆】과.
字義 의미상(義未詳) [龍龕]音科

【黍】화.
字義 의미상(義未詳) [搜眞玉鏡]音和

【秎】지.
字義 의미상(義未詳) [五音篇海]音积

【稀】자.
字義 의미상(義未詳) [搜眞玉鏡]音子

【柯】하. 胡羅切
字義 의미상(義未詳) [五音篇海]胡羅切

【秨】축.
字義 의미상(義未詳) [海篇]音祝

【秅】타.
字義 타(陀)의 譌字. [字彙補]陀字之譌見錢士晉·神道碑

【稊】제.
字義 제(稊)의 譌字. [字彙補]稊字之譌

【稟】공.
字義 공(稟)과 同字. [字彙補]同稟

【秆】행.
字義 의미상(義未詳) [龍龕]音行

【秾】미.

字義 의미상(義未詳) [龍龕]音米

【秼】주.
字義 의미상(義未詳) [搜眞玉鏡] 音朱

【棬】원.
字義 의미상(義未詳) [搜眞玉鏡] 音院

【稞】화.
字義 의미상(義未詳) [搜眞玉鏡] 音和

【秲】도. 徒巢切
字義 의미상(義未詳) [字彙補]徒巢切音陶

【劆】렬.
字義 렬(㓪)과 同字. [五音篇海] 同㓪

【稺】추.
字義 추(稵)와 同字. [篇海類編] 同稵

【稭】창.
字義 창(稭)과 同字. [龍龕]同稭

【穇】성. 牀升切
字義 의미상(義未詳) [字彙補]牀升切音成

【穈】미.
字義 미(麋)와 同字. [篇海類編] 同麋

【穄】수.
字義 수(穧)와 同字. [篇海類編] 同穧

【穊】보.
字義 의미상(義未詳) [龍龕]音補

【穧】직.
字義 의미상(義未詳) [搜眞玉鏡] 音稷

【𥠐】록. 隆穀切
字義 의미상(義未詳) [字彙補]隆穀切音祿

【穤】⊖비. 扶鬼切 ⊜베. 扶畏切
字義 ■자주빛줄기의 벼는 메질비. (稻紫莖不黏) [餘文]扶鬼切稻紫莖不黏 ■는 ■과 같음. 又扶畏切義同○按集韻本作穤

【穉】치.
字義 치(稺)와 同字. [篇海類編] 同稺

【穆】목. 名六切
字義 의미상(義未詳) [字彙補]名六切音牧

【穟】수.
字義 의미상(義未詳) [川篇]音穗

康熙字典備考午集
穴　　部

【宎】예.
字義 의미상(義未詳) [川篇]烏界切

【宎】찬.
字義 의미상(義未詳) [五音篇海]音竄

【𡧛】간. 空旱切
字義 의미상(義未詳) [龍龕]空旱切

【𥤖】적.
字義 의미상(義未詳) [龍龕]音寂

【穼】빈.
字義 의미상(義未詳) [搜眞玉鏡]音貧。

【𡩋】용.
字義 의미상(義未詳) [五音篇海]

音用

【窊】정. 直耕切
字義 의미상(義未詳) [搜眞玉鏡]直耕切

【窙】갱.
字義 의미상(義未詳) [奚韻]音坑

【窦】예. 羊計切
字義 의미상(義未詳) [搜眞玉鏡]羊計切

【窟】굴.
字義 굴(窟)과 同字. [龍龕]同窟

【窬】굴. 苦骨切
字義 의미상(義未詳) [五音篇海]苦骨切音窟

【窲】소. 鋤交切
字義 집안이으슥하고빈모양 소. (屋深空貌)[篇海類編鋤交切音巢 寥窲屋深空貌○按卽窲字之譌

【𥧌】적.
字義 의미상(義未詳) [字彙補]音寂

【𥨊】돌. 徒沒切
字義 의미상(義未詳) [龍龕]徒沒切

康熙字典備考午集
立　　部

【𡗗】역.
字義 역(亦)과 同字. [龍龕]同亦

【竷】⊖기. ⊜망. ⊜기.
字義 의미상(義未詳) [龍龕]音忌 又音望又音羈

【竰】랍.
字義 의미상(義未詳) [龍龕]音拉

康熙字典備考未集
竹　部

【笅】만.
字義 의미상(義未詳) [五音篇海]
音滿

【笍】구.
字義 의미상(義未詳) [篇海類編]
音勾

【笄】룡.
字義 의미상(義未詳) [搜眞玉鏡]
音龍

【筇】묘.
字義 의미상(義未詳) [篇海類編]
音卯

【笔】기.
字義 의미상(義未詳) [搜眞玉鏡]
音記

【爹】기.
字義 의미상(義未詳) [搜眞玉鏡]
音忌

【筶】고.
字義 의미상(義未詳) [搜眞玉鏡]
音槁

【簼】파.
字義 의미상(義未詳) [篇海類編]
音跛

【籬】정.
字義 의미상(義未詳) [搜眞玉鏡]
音亭

【篡】청. 七姓切
字義 의미상(義未詳) [搜眞玉鏡]
七姓切請去聲

【篛】日치. 日집.
字義 의미상(義未詳) [搜眞玉鏡]

音置又音戟

【篷】전.
字義 의미상(義未詳) [搜眞玉鏡]
音展

【醛】전.
字義 의미상(義未詳) [五音篇海]
音奠

【簋】멸. 莫結切
字義 의미상(義未詳) [搜眞玉鏡]
莫結切音蔑

【籛】서.
字義 서(筮)와 同字. [篇海類編]
同筮

【篛】日색. 日살.
字義 의미상(義未詳) [五音篇海]
音色又音殺

【籲】감.
字義 감(籲)과 同字. [搜眞玉鏡]
同籲

【覽】적. 亭力切
字義 의미상(義未詳) [搜眞玉鏡]
亭力切音敵

康熙字典備考未集
米　部

【类】육. 余六切
字義 의미상(義未詳) [搜眞玉鏡]
余六切

【籵】신.
字義 신(籵)의 譌字. [字彙補]籵
字之譌

【籹】궁.
字義 의미상(義未詳) [五音篇海]
音弓

【籽】자.

字義 의미상(義未詳) [龍龕]音子

【籾】니.
字義 의미상(義未詳) [搜眞玉鏡]
音尼

【粤】죽. 照足切
字義 의미상(義未詳) [字彙補]照
足切音粥

【斦】료.
字義 료(料)와 同字. [龍龕]同料

【粡】료.
字義 료(料)와 同字. [龍龕]與料
同

【粄】파.
字義 의미상(義未詳) [字彙補]音
頗

【籹】우. 於句切
字義 의미상(義未詳) [五音篇海]
四川經音云別本是麩字[香嚴]音
於句切

【粆】요.
字義 의미상(義未詳) [篇海類編]
音腰

【粘】日 日반.
字義 의미상(義未詳) [龍龕]音班
又音黏

【粎】미.
字義 의미상(義未詳) [五音篇海]
音米

【粭】치.
字義 의미상(義未詳) [龍龕]音值

【粏】극. 古得切
字義 의미상(義未詳) [五音篇海]
古得切

【粒】두.

字義 의미상(義未詳) [篇海類編]音豆

【粣】曰은. 曰제. 字義 ▇은(狆)과 同字. [五音篇海]同狆 ▇제(猘)의 譌字. [字彙補]猘字之譌

【粠】정. 字義 정(精)과 同字. [龍龕]同精

【糈】계. 公溪切 字義 의미상(義未詳) [字彙補]公溪切音雞

【粿】분. 字義 분(屄)과 同字. [篇海類編]同屄

【糎】굴. 字義 의미상(義未詳) [龍龕]音屈

【種】중. 字義 의미상(義未詳) [搜眞玉鏡]音重

【糈】서. 字義 서(糈)와 同字. [五音篇海]同糈

【糩】보. 博蒲切 字義 의미상(義未詳) [搜眞玉鏡]博蒲切

【麳】죽. 照足切 字義 의미상(義未詳) [字彙補]照足切音粥

【㷭】※字典補遺備考粿字無 字義 의미상(義未詳) [五音篇海]音粿

【敆】하. 禾架切 字義 의미상(義未詳) [搜眞玉鏡]禾架切

【糳】죽.

字義 의미상(義未詳) [五音篇海]音粥

【糙】조. 字義 의미상(義未詳) [五音篇海]音組

【䊯】치. 字義 의미상(義未詳) [五音篇海]音緇

【糁】담. 字義 의미상(義未詳) [搜眞玉鏡]音談

【榮】영. 字義 의미상(義未詳) [搜眞玉鏡]音榮

【䊲】린. 字義 의미상(義未詳) [龍龕]音鄰

【糟】례. 字義 의미상(義未詳) [龍龕]音禮

【糯】우. 字義 의미상(義未詳) [搜眞玉鏡]音憂

康熙字典備考未集
糸　部

【糿】궤. 字義 의미상(義未詳) [海篇]音几

【紉】잉. 字義 의미상(義未詳) [篇韻]音仍

【紇】올. 字義 의미상(義未詳) [篇韻]音兀

【紃】순. 字義 순(紃)과 同字. [篇海類編]同紃

【糾】규.

字義 규(糾)와 同字. [海篇]同糾

【紓】망. 字義 의미상(義未詳) [海篇]音網

【紒】수. 字義 의미상(義未詳) [篇韻]音手

【紾】진. 字義 진(紾)과 同字. [篇海類編]同紾

【綏】타. 字義 타(綏)와 同字. [篇海類編]與綏同

【紬】曰사. 曰타. 字義 의미상(義未詳) [篇韻]音奢 又音陁

【綳】나. 字義 의미상(義未詳) [篇韻]音那

【絻】모. 字義 의미상(義未詳) [海篇]音兒

【紘】굉. 字義 의미상(義未詳) [字彙補]音宏

【綫】건. 字義 의미상(義未詳) [字彙補]音蹇

【繄】계. 字義 의미상(義未詳) [海篇]音季

【練】탁. 字義 의미상(義未詳) [字彙補]音踔

【綖】선. 字義 선(線)과 同字. [字彙補]同線

【繇】요.

字義 요(絲)의 譌字. [字彙補]絲字之譌

【繨】옹.
字義 의미상(義未詳) [篇韻]音邕

【繉】국.
字義 의미상(義未詳) [篇韻]音國

【纂】전.
字義 의미상(義未詳) [字彙補]音轉

【繾】천.
字義 의미상(義未詳) [篇韻]音賤

【緦】두.
字義 의미상(義未詳) [篇韻]音兜出呪語

【繇】요.
字義 의미상(義未詳) [篇韻]音遙

【纆】마.
字義 의미상(義未詳) [篇海]音摩

【纛】비.
字義 비(轡)와 同字. [字彙補]同轡

【繸】변.
字義 의미상(義未詳) [篇韻]音邊

【𦆑】사.
字義 의미상(義未詳) [五音篇海]音絲

康熙字典備考未集
缶　部

【𦉇】소. 心夫切
字義 의미상(義未詳) [字彙補]心夫切音疏

【𦉈】병.

字義 병(缾)과 同字. [字彙補]與缾同

【𦉫】앵.
字義 앵(罌)과 同字. [海篇]同罌

康熙字典備考未集
网　部

【罨】면.
字義 고을이름 면. (縣名) [奚韻]彌演切罨池縣名在河南府○按卽罨字之譌

【罤】유.
字義 의미상(義未詳) [龍龕]音遺出釋典

【罬】연. 語堅切
字義 의미상(義未詳) [龍龕]語堅切音姸

【蜀】독.
字義 의미상(義未詳) [篇海類編]音獨

【𦋺】환.
字義 의미상(義未詳) [龍龕]音患

【纗】견.
字義 견(纗)과 同字. [篇海類編]同纗

康熙字典備考未集
羊　部

【𦍓】임.
字義 임(羊)의 譌字. [字彙補]羊字之譌

【羫】토. 他高切
字義 의미상(義未詳) [搜眞玉鏡]他高切

【羏】후.
字義 의미상(義未詳) [搜眞玉鏡]

音吼

【羘】장.
字義 장(牂)과 同字. [五音篇海]同牂

【羖】고.
字義 의미상(義未詳) [五音篇海]音羔

【羍】집.
字義 집(執)과 同字. [字彙補]與執同

【羱】상.
字義 의미상(義未詳) [搜眞玉鏡]音翔

【羾】솔. 生鶻切
字義 의미상(義未詳) [五音篇海]生鶻切

【羯】갈.
字義 의미상(義未詳) [搜眞玉鏡]音羯

【羫】보.
字義 의미상(義未詳) [搜眞玉鏡]音甫

【羳】전.
字義 의미상(義未詳) [五音篇海]音羶

【羬】복.
字義 의미상(義未詳) [奚韻]音福

【羪】현. 戶然切
字義 의미상(義未詳) [搜眞玉鏡]戶然切

【羔】고.
字義 고(羔)와 同字. [奚韻]同羔

【羷】전.
字義 의미상(義未詳) [搜眞玉鏡]

音羶

【𦍺】무.
字義 무(𦍺)와 同字. [字彙補]同𦍺

【羪】㊀임. 汝鍼切 ㊁녕. 尼令切
字義 의미상(義未詳) [搜眞玉鏡] 汝鍼切又尼令切。

【𦒃】망. 名養切
字義 의미상(義未詳) [五音篇海] 名養切

【譱】선.
字義 선(善)과 同字. [篇海類編] 同善

【羖】고.
字義 고(羔)와 同字. [字彙補]與羔同

【䍬】숙.
字義 숙(熟)의 本字. [字彙補]熟本字

【𦏧】고.
字義 의미상(義未詳) [五音篇海] 音羔

【羁】지. 章奇切
字義 의미상(義未詳) [五音篇海] 章奇切

【𦏱】연.
字義 의미상(義未詳) [搜眞玉鏡] 音窴

【羴】전.
字義 의미상(義未詳) [搜眞玉鏡] 音羶

【䄐】권.
字義 의미상(義未詳) [五音篇海] 音拳

【𦒄】장.
字義 의미상(義未詳) [五音篇海] 音張

【譱】선.
字義 선(善)과 同字. [搜眞玉鏡] 同善

【羕】양.
字義 의미상(義未詳) [海篇]音癢

康熙字典備考未集
羽 部

【羽】취. 側委切
字義 의미상(義未詳) [川篇]側委切

【翡】불.
字義 의미상(義未詳) [五音篇海] 音拂

【翋】부.
字義 부(𦐒)와 同字. [川篇]同𦐒

【翿】태.
字義 의미상(義未詳) [搜眞玉鏡] 音泰

【飜】비.
字義 비(飛)와 同字. [五音篇海] 同飛

康熙字典備考未集
老 部

【耂】노.
字義 의미상(義未詳) [篇海]音老

【耆】점.
字義 점(耆)과 同字. [字彙補]同耆

【耄】㊀용. ㊁흉.
字義 의미상(義未詳) [篇韻]音宂

又音洶

【𦓎】망.
字義 의미상(義未詳) [篇韻]音忘

【𦓏】철.
字義 의미상(義未詳) [篇韻]徹上聲

康熙字典備考未集
而 部

【耎】누. 尼于切
字義 의미상(義未詳) [龍龕]尼于切

【耏】이.
字義 이(胹)의 籒文. [字彙補]籒文胹字

【耐】나. 奴臥切
字義 의미상(義未詳) [搜眞玉鏡] 奴臥切

康熙字典備考未集
耒 部

【耔】걸.
字義 걸(耔)과 同字. [篇海類編] 同耔

【耕】공.
字義 의미상(義未詳) [五音篇海] 音拱

【耦】국.
字義 국(梮)과 同字. [龍龕]同梮

【種】종.
字義 종(種)과 同字. [川篇]與種同

【耫】책.
字義 의미상(義未詳) [五音篇海] 音責

【穮】표.

字義 표(穮)와 同字. [川篇]同穮	字義 의미상(義未詳) [搜眞玉鏡] 音沙	字義 의미상(義未詳) [篇海]音恩

【耨】누.
字義 누(耨)와 同字. [龍龕]同耨

【耤】적.
字義 적(耤)과 同字. [龍龕]同耤

【耰】만.
字義 만(耰)과 同字. [篇海類編]同耰

【耱】매. 莫个切
字義 의미상(義未詳) [川篇]莫个切

【耸】문.
字義 문(問)과 同字. [龍龕]同問

【耴】음미상(音未詳).
字義 의미상(義未詳) [字彙補]音義闕出釋藏恐是耶字之譌

【眲】문.
字義 문(聞)과 同字. [龍龕]與聞同

【眈】탐.
字義 탐(耽)과 同字. [五音篇海]同耽

【聛】망.
字義 망(聛)과 同字. [篇海類編]與聛同

【聥】진.
字義 진(聥)과 同字. [篇海類編]同聥

【聘】빙.
字義 빙(聘)과 同字. [龍龕]同聘

【聺】사.

【耵】야.
字義 의미상(義未詳) [龍龕]音耶

【聣】진.
字義 진(聣)과 同字. [篇海類編]同聣

【聕】청.
字義 청(聽)과 同字. [龍龕]同聽

【聟】거.
字義 의미상(義未詳) [龍龕]音渠

【聯】련.
字義 련(聯)과 同字. [五音篇海]同聯

【聣】정.
字義 의미상(義未詳) [龍龕]音汀

【聬】용.
字義 용(耗)과 同字. [字彙補]與耗同

【聫】조.
字義 조(聎)와 同字. [篇海類編]同聎

【聵】자.
字義 의미상(義未詳) [龍龕]音玆

【聬】종.
字義 의미상(義未詳) [五音篇海]音縱

【聰】련.
字義 련(聯)과 同字. [五音篇海]同聯

【聳】타.
字義 타(聦)와 同字. [龍龕]同聦

【聰】총.

【聱】적.
字義 적(聱)의 譌字. [川篇]聱字之譌

【聱】타.
字義 타(聶)와 同字. [龍龕]同聶

【聹】노. 奴到切
字義 의미상(義未詳)]奚韻]奴到切

【聸】담.
字義 담(聸)과 同字. [篇海類編]與聸同

【餌】이.
字義 의미상(義未詳) [龍龕]音耳

【聥】취.
字義 의미상(義未詳) [龍龕]音聚

【聵】외.
字義 의미상(義未詳) [五音篇海]音聵

【聯】련.
字義 련(聯)과 同字. [五音篇海]同聯

【聲】괄.
字義 괄(聲)과 同字. [篇海類編]同聲

【肑】면.
字義 면(肑)과 同字. [字彙補]同肑

【肕】산.
字義 의미상(義未詳) [龍龕]音訕

【肮】흘.

字義 흘(肐)과 同字. [海篇類編] 同肐

【胊】윤.
字義 윤(胸)과 同字. [海篇類編] 與胸同

【肴】효.
字義 효(肴)와 同字. [龍龕]同肴

【肴】탄.
字義 탄(吞)의 譌字. [字彙補]吞字之譌

【胝】지. 亦作胝
字義 지(胝)와 同字. [字彙補]同胝亦作胝

【胑】지.
字義 지(胑)와 同字. [篇海類篇]同胑

【肯】긍.
字義 긍(肯)과 同字. [五音篇海]同肯

【肯】제.
字義 제(臍)와 同字. [龍龕]同臍

【肫】순.
字義 순(肫)과 同字. [搜眞玉鏡]同肫

【脉】수.
字義 의미상(義未詳) [龍龕]音水

【朒】윤.
字義 윤(朒)과 同字. [字彙補]同朒

【肩】견.
字義 겨(肩)과 同字. [篇海類編]與肩同

【朒】읍.
字義 읍(胠)과 同字. [字彙補]同

胠

【望】자.
字義 자(肺)와 同字. [字彙補]同肺

【肔】황.
字義 강이름 황. (水名) [字彙補]虛放切音況水名

【肶】도.
字義 도(胝)와 同字. [篇海類編]同胝

【胠】거.
字義 거(胠)와 同字. [川篇]同胠

【育】흉.
字義 흉(胸)의 俗字. [字彙補]俗胸字

【胏】자.
字義 자(胥)와 同字. [五音篇海]同胥

【胖】반.
字義 반(胖)과 同字. [奚韻]同胖

【育】춘.
字義 의미상(義未詳) [龍龕]音椿

【胞】포.
字義 포(胞)의 譌字. [字彙補]胞字之譌

【册】산.
字義 산(册)과 同字. [篇海類編]同册

【腦】뇌.
字義 뇌(腦)와 同字. [篇海類編]同腦

【胷】흉.
字義 흉(胸)과 同字. [五音篇海]與胸同

【裔】적.
字義 의미상(義未詳) [龍龕]音迹

【胺】알.
字義 알(胺)과 同字. [奚韻]同胺

【胳】각.
字義 각(胳)과 同字. [奚韻]同胳

【胃】위.
字義 위(胃)와 동자. [五音篇海]同胃

【膴】어.
字義 어(膴)와 同字. [篇海類編]同膴

【脚】각.
字義 각(脚)과 同字. [奚韻]同脚

【脼】각.
字義 의미상(義未詳) [龍龕]音角

【脬】포.
字義 포(脬)와 同字. [字彙補]同脬

【胸】추.
字義 추(腸)의 省文. [字彙補]腸字省文

【肐】흘.
字義 의미상(義未詳) [搜眞玉鏡]音迄

【胸】뇌.
字義 뇌(腦)와 同字. [字彙補]同腦

【腑】부.
字義 부(腑)와 同字. [篇海類編]同腑

【腋】맥.
字義 맥(脉)과 同字. [五音篇海]

同脉

【腺】적.
字義 의미상(義未詳) [龍龕]音寂

【膒】추.
字義 추(膒)와 同字. [五音篇海] 同膒

【腌】엄.
字義 엄(腌)과 同字. [奚韻]同腌

【腂】피.
字義 피(腂)와 同字. [奚韻]同腂

【脾】비.
字義 비(脾)와 同字. [字彙補]同 脾

【牒】접.
字義 접(牒)과 同字. [篇海類編] 同牒

【脾】탁.
字義 의미상(義未詳) [搜眞玉鏡] 音卓

【肭】눌.
字義 눌(肭)과 同字. [篇海類編] 同肭

【胃】위.
字義 위(胃)의 本字. [篇海類編] 胃本字

【𦜕】뇌.
字義 뇌(腦)와 同字. [龍龕]同腦

【𦚜】륙.
字義 륙(戮)과 同字. [字彙補]同 戮

【䏃】함.
字義 함(䏃)과 同字. [奚韻]同䏃

【䐣】개.
字義 개(䐣)와 同字. [奚韻]同䐣

【腃】귀.
字義 귀(腃)와 同字. [奚韻]同腃

【膱】재.
字義 재(膱)와 同字. [龍龕]同膱

【䐄】등.
字義 등(䐄)과 同字. [搜眞玉鏡] 同䐄

【䏗】장.
字義 의미상(義未詳) [龍龕]音臧

【𦞂】영.
字義 영(𦞂)의 譌字. [字彙補]𦞂 字之譌

【膧】만.
字義 의미상(義未詳) [搜眞玉鏡] 音瞞

【䑐】륵.
字義 륵(肋)과 同字. [龍龕]同肋

【臄】갹.
字義 갹(醵)과 同字. [龍龕]同醵

【臂】비.
字義 의미상(義未詳) [龍龕]音臂

【曆】력.
字義 력(曆)과 同字. [字彙補]同 曆

【瞤】간.
字義 간(瞤)과 同字. [五音篇海] 同瞤

【𦞀】눈.
字義 눈(嫩)의 俗字. [五音篇海] 俗嫩字

【䐲】투.
字義 의미상(義未詳) [川篇]音妒

【䐃】절.
字義 절(斷)과 同字. [篇海類編] 與斷同

【膟】조.
字義 조(膟)와 同字. [龍龕]同膟

【膩】=(同膩):誤謬.
字義 誤謬 【五音篇海】同膩。

【䐶】뇌.
字義 뇌(腦)와 同字. [龍龕]同腦

【疏】소.
字義 의미상(義未詳) [龍龕]音疏

【頒】분.
字義 분(膹)과 同字. [奚韻]同膹

【膽】리.
字義 리(纚)와 同字. [龍龕]同纚

【腫】수.
字義 수(腫)와 同字. [篇海類編] 同腫

【臂】비.
字義 비(臂)와 同字. [龍龕]同臂

【顎】악.
字義 악(臂)과 同字. [川篇]同臂

【饌】전.
字義 전(膳)과 同字. [字彙補]同 膳

【胆】⽈취. ⽈박.
字義 의미상(義未詳) [龍龕]音胆 又音電

【朦】몽.

字義 몽(膧)과 同字. [龍龕]同膧

【㒸】함.
字義 함(臘)과 同字. [金石韻府]與臘同

【閾】영.
字義 영(臂)과 同字. [川篇]同臂

【齎】제.
字義 제(臍)와 同字. [字彙補]同臍

【膄】수.
字義 수(瘦)와 同字. [字彙補]同瘦

【臐】훈.
字義 훈(膹)과 同字. [五音篇海]同膹

【臟】첨.
字義 첨(臓)과 同字. [篇海類編]同臓

【膚】부.
字義 부(膚)와 同字. [龍龕]同膚

【膷】흥.
字義 흥(臀)과 同字. [篇海類編]同臀

【臕】포.
字義 포(膲)와 同字. [篇海類編]同膲

【臗】관.
字義 의미상(義未詳) [龍龕]音寬

【臛】호.
字義 호(臎)와 同字. [五音篇海]同臎

【膿】방.

字義 의미상(義未詳) [龍龕]音湾

【孃】오.
字義 오(㸋)와 同字. [字彙補]與㸋同

康熙字典備考未集
臣　部

【師】수. 所類切
字義 의미상(義未詳) [龍龕]所類切

【㲜】비.
字義 의미상(義未詳) [五音篇海]音秘

【㠯】광.
字義 광(𡐛)과 同字. [龍龕]與𡐛同

【冊】책.
字義 의미상(義未詳) [龍龕]音策

【㠯】왕.
字義 의미상(義未詳) [五音篇海]音王

【㠯】견.
字義 의미상(義未詳) [五音篇海]音堅

【㠯】고.
字義 고(孤)와 同字. [集韻]同孤

【㠯】가.
字義 의미상(義未詳) [龍龕]音加

康熙字典備考未集
自　部

【皈】귀.
字義 의미상(義未詳) [篇海類編]音歸

【皒】뉵.

字義 뉵(衄)과 同字. [字彙補]同衄

【皀】운.
字義 운(雲)과 同字. [五音篇海]同雲

【臮】식.
字義 의미상(義未詳) [龍龕]音息

【舩】선.
字義 의미상(義未詳) [五音篇海]音船

【㠯】종.
字義 종(終)과 同字. [龍龕]同終

【㠯】면.
字義 면(鼻)과 同字. [篇海類編]同鼻

【㠯】고.
字義 의미상(義未詳) [龍龕]音皋

【㠯】오.
字義 의미상(義未詳) [五音篇海]音悟

【㠯】불.
字義 불(佛)과 同字. [五音篇海]與佛同

康熙字典備考未集
至　部

【㠯】치.
字義 의미상(義未詳) [篇韻]齒去聲

【㠯】니.
字義 의미상(義未詳) [龍龕]音泥

【㠯】경.
字義 의미상(義未詳) [海篇]音敬

康熙字典備考未集
臼 部

【䀒】유.
字義 의미상(義未詳) [搜眞玉鏡] 音由

【䀜】작.
字義 의미상(義未詳) [搜眞玉鏡] 音作

【䀗】광.
字義 의미상(義未詳) [搜眞玉鏡] 音誆

【舉】여.
字義 여(舁)와 同字. [川篇]同舁

【焰】염.
字義 염(焰)과 同字. [字彙補]同焰

【䶹】신.
字義 신(申)의 古字. [字彙補]古申字見玉篇○按玉篇本作串

【䁋】예.
字義 예(䫡)와 同字. [字彙補]同䫡

【䵻】미.
字義 미(䵻)와 同字. [龍龕]同䵻

【舋】치.
字義 치(齒)와 同字. [搜眞玉鏡] 同齒

【羉】철.
字義 철(羉)의 譌字. [字彙補]羉字之譌

【譻】효.
字義 효(譻)와 同字. [龍龕]與譻同

【䁜】착.

着(鑿)과 同字. [龍龕]同鑿

【爨】찬.
字義 찬(爨)과 同字. [字彙補]與爨同

【䲹】정.
字義 의미상(義未詳) [五音篇海] 音政

康熙字典備考未集
舌 部

【䇤】금.
字義 금(䇤)과 同字. [龍龕]同䇤

【舓】활.
字義 의미상(義未詳) [搜眞玉鏡] 音潤

【䑙】흠.
字義 의미상(義未詳) [篇海類編] 欽去聲

【胡】첨.
字義 첨(甜)과 同字. [篇海類編] 與甜同

【舕】㊀첨. ㊁점.
字義 의미상(義未詳) [篇海類編] 音添又[字彙補]音占

【䑛】지.
字義 지(舓)와 同字. [龍龕]與舓同

【舑】주.
字義 의미상(義未詳) [五音篇海] 音朱

【䑖】호.
字義 의미상(義未詳) [龍龕]音狐

【舚】첨.
字義 의미상(義未詳) [五音篇海] 音沾

【舚】답.
字義 의미상(義未詳) [篇海類編] 音沓

【䑗】사.
字義 사(辭)와 同字. [龍龕]同辭

【舚】답.
字義 답(䑞)과 同字. [海篇]同䑞

【䑡】탑.
字義 탑(䑡)과 同字. [搜眞玉鏡] 同䑡

【談】탐.
字義 탐(舑)과 同字. [篇海類編] 與舑同

【䑜】지.
字義 지(舓)와 同字. [字彙補]同舓

【䑟】홰.
字義 홰(䑟)와 同字. [奚韻]同䑟

【䑠】지.
字義 지(舓)와 同字. [篇海類編] 同舓

【䑠】첨.
字義 의미상(義未詳) [龍龕]音甜

【䑢】게.
字義 게(憩)와 同字. [篇海類編] 與憩同

【䑣】사.
字義 사(舍)와 同字. [字彙補]同舍

康熙字典備考未集
舟 部

【冊】창.
字義 창(窗)과 同字. [字彙補]同

窗

【舡】복.
字義 복(服)의 古字. [字彙補]古文服字○按古文本作舩

【舠】복.
字義 복(服)과 同字. [川篇]與服同

【舦】가.
字義 가(舸)의 譌字. [龍龕]舸字之譌

【舠】인.
字義 인(肕)과 同字. [五音篇海]同肕

【舥】범.
字義 범(帆)과 同字. [龍龕]同帆

【舣】치.
字義 치(觶)와 同字. [字彙補]與觶同

【舷】제.
字義 제(舐)의 譌字. [篇海類編]舐字之譌

【舳】영.
字義 영(舲)과 同字. [篇海類編]同舲

【舡】제.
字義 제(舐)와 同字. [龍龕]同舐

【舩】벌.
字義 벌(筏)과 同字. [五音篇海]同筏

【舶】영.
字義 영(舲)과 同字. [搜眞玉鏡]同舲

【舯】탐. 他含切
字義 의미상(義未詳) [搜眞玉鏡]他含切

【艞】도.
字義 도(舦)와 同字. [篇海類編]同舦

【艐】종.
字義 종(艐)과 同字. [龍龕]與艐同

【艄】艖(字典補遺備考無字)
字義 음의미상(音義未詳) [篇海類編]同艖

【艄】주.
字義 의미상(義未詳) [海篇金鏡]音舟

【艄】비.
字義 의미상(義未詳) [海篇]音卑

【艓】추.
字義 추(艄)와 同字. [篇海類編]同艄

【艒】서.
字義 의미상(義未詳) [搜眞玉鏡]音棲

【艑】배.
字義 의미상(義未詳) [五音篇海]音排

【艐】등.
字義 등(滕)과 同字. [篇海類編]同滕

【艇】정.
字義 정(艇)과 同字. [龍龕]同艇

【艫】허.
字義 의미상(義未詳) [篇韻]音虛

【艕】방.
字義 방(舫)과 同字. [餘文]同舫

【艬】전.
字義 전(艬)과 同字. [龍龕]音旃亦作艬

【艢】숙.
字義 숙(艢)과 同字. [川篇]同艢

【艬】례.
字義 례(艬)와 同字. [龍龕]同艬

【艋】령.
字義 령(艋)과 同字. [五音篇海]同艋

【鰲】오.
字義 오(鰲)와 同字. [篇海類編]同鰲

【艣】숙.
字義 숙(舟从肅)과 同字. [龍龕]同 <舟从肅>

【艠】애. 都台切
字義 배 애. (船也) [龍龕]都台切音獃船也

康熙字典備考未集
艮 部

【艱】라.
字義 의미상(義未詳) [篇韻]音騾

康熙字典備考未集
色 部

【艴】작.
字義 의미상(義未詳) [龍龕]音鵲

【艳】박.
字義 의미상(義未詳) [五音篇海]音拍

【䒊】포.
字義 포(皰)와 同字. [龍龕]同皰

【麲】준.
字義 준(皺)과 同字. [五音篇海]同皺

【䫌】방.
字義 방(髣)과 同字. [篇海類編]與髣同

【齤】염.
字義 염(艶)과 同字. [龍龕]同艶

【䶦】기.
字義 의미상(義未詳) [篇韻]音其

【麷】혜.
字義 혜(麲)와 同字. [龍龕]同麲

【頩】안.
字義 안(顔)과 同字. [五音篇海]與顔同

【皰】포.
字義 포(皰)의 譌字. [字彙補]皰字之譌

【䫌】민.
字義 의미상(義未詳) [搜眞玉鏡]音閔

【䶱】명.
字義 명(麲)의 譌字. [川篇]麲字之譌

【皰】포.
字義 포(皰)와 同字. [五音篇海]同皰

康熙字典備考申集
艸　部

【莪】의.
字義 의미상(義未詳) [搜眞玉鏡]音衣

【茷】茷(字典補遺備考無字)

字義 음의미상(音義未詳) 【龍龕】與茷同。

【葬】비.
字義 비(葬)의 譌字. [五音篇海]毗米切○按卽葬字之譌

【邦】방.
字義 의미상(義未詳) [搜眞玉鏡]音邦

【䔉】마.
字義 마(麻)와 同字. [篇海]與麻同

【葿】우.
字義 우(葿)와 同字. [字彙補]同葿

【葩】타.
字義 의미상(義未詳) [龍龕]音他

【蒆】책.
字義 책(策)의 譌字. [字彙補]策字之譌

【蒟】구. 蒟字之譌
字義 장 구. (醬也) [川篇]音劬 醬也○按卽蒟字之譌

【蒚】로.
字義 로(蒚)와 同字, [龍龕]與蒚同

【蒭】추.
字義 추(蒭)와 同字. [龍龕]同蒭

【羮】미.
字義 미(羮)와 同字. [餘文]與羮同

【葉】엽.
字義 엽(葉)과 同字. [字彙補]與葉同

【蔡】채.
字義 채(纚)와 同字. [字彙補]與纚同

【蒱】소.
字義 소(菭)와 同字. [篇海]同菭

【蒹】념. 奴兼切
字義 풀이름 념. (草名) [篇海]奴兼切音拈草名

【蔄】다. 蓓亦作蔄
字義 사람이름 다. (人名) [篇海]得何切音多漢蓓宗人名蓓亦作蔄○按博雅云蓓係儋之誤則蔄又爲儋之譌矣

【蔜】오.
字義 풀이름 오. (草名) [韻學集成]音吾草名

【薑】강.
字義 강(薑)과 同字. [字彙補]同薑

【薍】할.
字義 할(薍)과 同字. [字彙補]同薍

【蘆】착.
字義 풀말라죽을 착. (草死也) [字彙補]七古切音縒草死也

【蔜】녕. 泥耕切
字義 풀이름 녕. (草名) [字彙補]泥耕切音擰[韻寶]葟蔜草名从艸从嬰嬰亦音擰亂也○按註从嬰字當作蘡今省作蔜恐誤

【薳】증.
字義 증(證)과 同字. [字彙補]同證

【薚】표.
字義 표(殍)와 同字. [篇海類編]同殍

【蓮】조.

字義 조(造)와 同字. [篇海]與造同

【蒨】천.
字義 천(蒨)과 同字. [篇海]同蒨

【蒨】천.
字義 천(蒨)과 同字. [字彙補]同蒨

【葬】장.
字義 의미상(義未詳) [字彙補]音葬見廣弘明集

【鎣】영.
字義 의미상(義未詳) [字彙補]烏令切音映出釋典

【鼜】증.
字義 증(證)과 同字. [字彙補]同證

【焱】표.
字義 표(焱)의 俗字. [篇海]俗焱字

【蒛】록.
字義 록(蒛)과 同字. [篇海]同蒛

【蒨】취.
字義 의미상(義未詳) [韻學集成]舊藏音聚

【薈】천.
字義 천(茜)과 同字. [字彙補]同茜見林罕集

【蒜】탐.
字義 풀자라나는모양 탐. (草長貌) [字彙補]音貪草長貌

【瑞】년. 寧田切
字義 의미상(義未詳) [字彙補]寧田切音年出亳州老君碑

【薏】오.

字義 의미상(義未詳) [龍龕]音烏

【蔘】삼.
字義 삼(蔘)과 同字. [川篇]與蔘同

【蓿】숙.
字義 숙(蓿)과 同字. [字彙補]與蓿同

【蜜】밀.
字義 밀(蜜)의 俗字. [字彙補]俗蜜字

【虇】건. 古典切
字義 의미상(義未詳) [搜眞玉鏡]古典切

【蒅】채.
字義 의미상(義未詳) [字彙補]音采

【蕀】극.
字義 의미상(義未詳) [龍龕]音蕀

【豐】문. 莫登切
字義 의미상(義未詳) [五音篇海]莫登切

【蘜】국.
字義 국(蘜)의 譌字. [字彙補]蘜字之譌

【讖】참.
字義 의미상(義未詳) [搜眞玉鏡]音讖

【蠡】라.
字義 풀이름 라. (草名) [篇海]落戈切音螺草名生水中○按卽蠡字之譌

康熙字典備考申集
虍　部

【劇】호.

字義 의미상(義未詳) [龍龕]音虎

【虓】축.
字義 의미상(義未詳) [五音篇海]音畜

【虏】우.
字義 우(虏)와 同字. [字彙補]同虏

【虝】효.
字義 의미상(義未詳) [五音篇海]音熇

【虎】추.
字義 의미상(義未詳) [搜眞玉鏡]音推

【慮】오.
字義 의미상(義未詳) [五音篇海]音烏

【號】하.
字義 의미상(義未詳) [搜眞玉鏡]音嘏

【虖】호.
字義 의미상(義未詳) [五音篇海]音呼

【虪】효.
字義 의미상(義未詳) [五音篇海]音熇

【虒】골.
字義 의미상(義未詳) [五音篇海]音骨

【虢】정.
字義 의미상(義未詳) [搜眞玉鏡]音鼎

康熙字典備考申集
虫　部

【虻】맹.

字義 의미상(義未詳) [龍龕]音萌

【蚃】락.
字義 발 【五音篇海】音落。

【蚕】조.
字義 의미상(義未詳) [五音篇海]音蚤

【虵】특.
字義 특(蚰)과 同字. [奚韻]同蚰

【蝕】기.
字義 기(蚔)와 同字. [篇海類編]與蚔同

【虴】치.
字義 치(蚳)와 同字. [餘文]同蚳

【蚖】원.
字義 원(蚖)과 同字. [篇海類編]同蚖

【蚭】특.
字義 특(蚭)과 同字. [餘文]同蚭

【蚎】궤.
字義 의미상(義未詳) [搜眞玉鏡]音軌

【粬】曰번. 曰반.
字義 ■ ■ 의미상(義未詳) [龍龕]音煩又音盤

【蚚】행.
字義 의미상(義未詳) [川篇]音行

【蚗】曰구. 曰북.
字義 ■ ■ 의미상(義未詳) [搜眞玉鏡]音求又音北

【螺】참.
字義 의미상(義未詳) [字彙補]音玷

【蜓】섭.

字義 의미상(義未詳) [搜眞玉鏡]音變

【蝟】曰슬. 曰례.
字義 ■ ■ 의미상(義未詳) [川篇]音虱又[搜眞玉鏡]音禮

【艼】정.
字義 의미상(義未詳) [五音篇海]音丁

【蝚】曰효. 曰호.
字義 ■ ■ 의미상(義未詳) [五音篇海]音肴又音豪

【蟒】망.
字義 망(蟒)의 譌字. [龍龕]蟒字之譌

【蜩】曰주. 曰질.
字義 ■ ■ 의미상(義未詳) [龍龕]音珠又音蛭

【蠘】曰 曰각.
字義 ■ ■ 의미상(義未詳) [搜眞玉鏡]音脚又音却

【蚃】왕.
字義 의미상(義未詳) [搜眞玉鏡]音王

【蠕】연.
字義 의미상(義未詳) [搜眞玉鏡]音消

【蟔】치.
字義 치(嘖)와 同字. [龍龕]同嘖

【螜】축.
字義 축(筑)과 同字. [字彙補]與筑同

【蠑】등.
字義 등(螣)과 同字. [字彙補]同螣

【蠶】의.

字義 의(蠮)와 同字. [川篇]同蠯

【蜽】회.
字義 회(蜽)와 同字. [餘文]與蜽同

【蝡】윤.
字義 윤(蝡)과 同字. [奚韻]同蝡

【蝶】접.
字義 의미상(義未詳) [金鏡]音接

【螺】혜.
字義 의미상(義未詳) [搜眞玉鏡]音惠

【蠻】세. 所戒切
字義 의미상(義未詳) [搜眞玉鏡]所戒切

【蠭】봉.
字義 봉(蜂)과 同字. [篇海類編]與蜂同

【䗪】비.
字義 비(盧)와 同字. [篇韻]與盧同

【蟲】홍.
字義 의미상(義未詳) [川篇]音紅

【蟘】석.
字義 석(蟄)과 同字. [龍龕]同蟄

【蠦】록.
字義 록(蠦)과 同字. [篇海類編]同蠦

【蠨】섭.
字義 의미상(義未詳) [搜眞玉鏡]音蟾

【蝷】락.
字義 락(蝷)과 同字. [五音篇海]同蝷

【蝅】점.
字義 점(蝍)과 同字. [說文長箋]同蝍

【蠘】계.
字義 계(蠽)와 同字. [字彙補]同蠽

【蟷】당.
字義 당(蟷)과 同字. [海篇]同蟷

【蟲】갈.
字義 의미상(義未詳) [篇韻]音蝎

【蠈】적.
字義 적(蠈)과 同字. [海篇]與蠈同

【蠍】애.
字義 의미상(義未詳) [字彙補]音愛

【蠭】앵.
字義 의미상(義未詳) [字彙補]音鸎

【蟲】멸.
字義 의미상(義未詳) [海篇]音蟻

【蠷】잔.
字義 의미상(義未詳) [篇韻音殘

【蠱】혈.
字義 의미상(義未詳) [篇韻]音穴

【蠯】은.
字義 의미상(義未詳) [字彙補]音銀

【蠨】소.
字義 의미상(義未詳) [字彙補]音蘇。

【蟻】아.
字義 의미상(義未詳) 字彙補]音俄

【蠛】멸.
字義 멸(蠛)과 同字. [五音篇海]與蠛同

【蠱】정.
字義 의미상(義未詳) [龍龕]音精出西江賦

【蠿】허.
字義 의미상(義未詳) [字彙補]音許

【蠹】⊖청. ㊁지.
字義 ■■의미상(義未詳) [搜眞玉鏡]音淸又音漬

康熙字典備考申集
血　部

【𧖫】암.
字義 의미상(義未詳) [海篇]音腤

【衈】맥.
字義 맥(脈)과 同字. [字彙補]與脈同

【衈】정.
字義 의미상(義未詳) [海篇]音頂

康熙字典備考申集
行　部

【衒】⊖어. ㊁술.
字義 ■■의미상(義未詳) [搜眞玉鏡]音御又音術

【衏】술.
字義 의미상(義未詳) [搜眞玉鏡]音率

【衖】의.
字義 의미상(義未詳) [搜眞玉鏡]音宜

【衘】함.
字義 의미상(義未詳) [五音篇海]音銜

【衘】어.
字義 의미상(義未詳) [奚韻]音御

康熙字典備考申集
衣　部

【袢】반.
字義 반(襻)과 同字. [五音篇海]同襻

【袌】구.
字義 구(救)와 同字. [龍龕]同救

【祄】개.
字義 개([ )와 同字. [篇海類編]同袔

【袡】보. 普故切
字義 의미상(義未詳) [川篇]普故切

【裂】열.
字義 의미상(義未詳) [字彙補]與裂同

【裛】우.
字義 의미상(義未詳) [川篇]音于

【裃】화.
字義 화(禍)와 同字. [龍龕]同禍

【裍】경.
字義 의미상(義未詳) [金鏡]音庚

【裵】계.
字義 의미상(義未詳) [龍龕]音啓

【裿】⊖후. ㊁탁.
字義 ■■의미상(義未詳) [龍龕]音后又音托

【裻】독.

字義 독(袠)과 同字. [篇海類編] 與袠同

【褫】치.
字義 치(褫)와 同字. [龍龕]同褫

【裍】고.
字義 의미상(義未詳) [五音篇海] 音故

【襂】삼.
字義 의미상(義未詳) [龍龕]音衫

【褜】재.
字義 의미상(義未詳) [字彙補]音齎

【襄】예.
字義 예(襃)와 同字. [捜眞玉鏡] 與襃同

【裲】칩.
字義 칩(裲)과 同字. [龍龕]與裲同

【褙】㊀실. 先佶切 ㊁재. 子對切
字義 ㊀㊁의미상(義未詳) [五音篇海]先佶切又子對切

【襃】㊀제. 知几切 ㊁쇠.
字義 ㊀㊁의미상(義未詳) [捜眞玉鏡]知几切又音襃

【褐】화.
字義 ㊀의미상(義未詳) [龍龕音禍

【襄】혼.
字義 혼(褌)과 同字. [字彙補]同褌

【襄】전. 襄字之譌
字義 황후의 옷 전. (皇后衣也) [龍龕]音展皇后衣也○按卽襄字之譌

【襺】염. 於琰切
字義 의미상(義未詳) [五音篇海] 於琰切

【襛】건.
字義 건(襄)과 同字. [字彙補]同襄

【褧】곤.
字義 곤(袞)과 同字. [龍龕]同袞

【襪】고. 居刀切
字義 의미상(義未詳) [捜眞玉鏡]居刀切

康熙字典備考申集
襾　部

【覂】허.
字義 의미상(義未詳) [龍龕]音虛

【黔】휴.
字義 휴(虧)와 同字. [海篇]同虧

康熙字典備考酉集
見　部

【覔】차.
字義 의미상(義未詳) [捜眞玉鏡] 初架切

【覥】친.
字義 의미상(義未詳) [龍龕]音親

【覬】혼.
字義 의미상(義未詳) [五音篇海] 音昏

【覛】멱.
字義 구할 멱. (求也) [龍龕]音覓求也

【覛】멱.
字義 멱(覛)과 同字. [龍龕]同覛

【覥】진.
字義 의미상(義未詳) [五音篇海] 音賑

【覰】자.
字義 자(覘)와 同字. [篇海類編] 與覘同

【親】친.
字義 의미상(義未詳) [龍龕]音親

【覴】우.
字義 의미상(義未詳) [龍龕]音友

【覴】지. 直里切
字義 의미상(義未詳) [龍龕]直里切

【覶】침.
字義 침(腕)의 譌字. [字彙補]腕字之譌

【覿】적.
字義 구할 적. (覓也) [篇海類編]音寂覓也

【覘】㊀당. 宅孟切 ㊁성.
字義 ㊀㊁의미상(義未詳) [捜眞玉鏡]宅孟切又音省

【覝】렴.
字義 살필 렴. (察也) [龍龕]音廉察也

【覲】이.
字義 의미상(義未詳) [捜眞玉鏡] 音夷

【覿】래.
字義 래(覯)와 同字. [字彙補]同覯

【覿】애. 五駭切 覶字之譌
字義 웃으며볼 애. (笑視也) [五音篇海]五駭切笑視也[字彙補]覶

字之譌

【靦】선. 私兗切
字義 의미상(義未詳) [五音篇海]
私兗切

【覩】친.
字義 친(親)과 同字. [龍龕]同親

【覶】로. 力小切
字義 의미상(義未詳) [搜眞玉鏡]
力小切

【覥】전. 他典切
字義 전(靦)과 同字. [搜眞玉鏡]
他典切同靦

【覸】경.
字義 의미상(義未詳) [五音篇海]
音竟

【覰】생. 所杏切
字義 의미상(義未詳) [龍龕]所杏
切

【覵】曰目간. 苦干切 苦旦
切
字義 ■一■의미상(義未詳) [龍
龕]苦干切又苦旦切

【頼】뢰.
字義 뢰(賴)와 同字. [字彙補]與
賴同

【覵】효.
字義 의미상(義未詳) [龍龕]音曉

【覼】로.
字義 의미상(義未詳) [五音篇海]
音澇

【甑】증.
字義 의미상(義未詳) [五言篇海]
音曾

【覾】해.

字義 해(覤)와 同字. [龍龕]與覤
同

【覻】견.
字義 볼 견. (視也) [川篇]音肩
視也

【覶】영. 烏耕切
字義 의미상(義未詳) [搜眞玉鏡]
烏耕切

【覶】관.
字義 관(觀)과 同字. [字彙補]與
觀同

【覷】효.
字義 의미상(義未詳) [五音篇海]
音曉

【顴】관.
字義 의미상(義未詳) [龍龕]音觀

【觀】리.
字義 리(覶)와 同字. [龍龕]同覶

康熙字典備考酉集
角　部

【舭】촉.
字義 의미상(義未詳) [川篇]音觸

【舮】담.
字義 담(舭)과 同字. [篇海類編]
同舭

【焅】규.
字義 의미상(義未詳) [字彙補]音
竅出西江賦

【舮】개.
字義 의미상(義未詳) [龍龕]音介

【觧】촉.
字義 촉(觸)과 同字. [篇海類編]
同觸

【觬】근.
字義 의미상(義未詳) [龍龕]音斤

【牄】착.
字義 착(牄)과 同字. [字彙補]同
牄

【舭】이.
字義 의미상(義未詳) [川篇]音包

【舡】굉.
字義 괴(舡)의 譌字. [篇海類編]
舡字之譌

【觨】교.
字義 의미상(義未詳) [搜眞玉鏡]
音交

【觚】曰자. 曰간.
字義 ■一■의미상(義未詳) [五音
篇海]音茲又音奸

【觚】곡.
字義 곡(觚)의 俗字. [龍龕]俗觚
字

【觺】수.
字義 의미상(義未詳) [奚韻]音受

【鯨】경.
字義 경(鯨)과 同字. [篇海類編]
同鯨

【鰥】환.
字義 환(鰥)과 同字. [龍龕]與鰥
同

【觤】시.
字義 시(觤)와 同字. [龍龕]同觤

【觷】교.
字義 교(觷)와 同字. [篇海類編]
同觷

【觤】간.

字義 의미상(義未詳) [龍龕]音姦

【𧤗】단.
字義 단(觿)과 同字. [龍龕]同觿

【𧤿】치.
字義 치(觝)와 同字. [川篇]同觝

【觹】휴.
字義 휴(觿)와 同字. [字彙補]同觿

【𧥒】一갱. 古行切 二경.
字義 一 二의미상(義未詳) [龍龕]古行切音京

【𧥄】치.
字義 치(觿)의 譌字. [字彙補]觿字之譌

【𧥂】류.
字義 류(觩)와 同字. [篇海類編]同觩

【𧥔】필.
字義 필(觱)과 同字. [海篇]同觱

【𧥙】린. 力珍切
字義 의미상(義未詳) [龍龕]力珍切

【𧥚】악.
字義 의미상(義未詳) [五音篇海]音握

【𧥞】촉.
字義 촉(觸)과 同字. [搜眞玉鏡]同觸

【𧥡】려.
字義 려(觻)와 同字. [篇海類編]同觻

康熙字典備考酉集

言　部

【訁】탄.
字義 의미상(義未詳) [龍龕[音歎

【訂】막.
字義 의미상(義未詳) [龍龕]音莫

【𧥬】구.
字義 구(訄)와 同字. [說文長箋]同訄

【訲】예.
字義 애(詍)와 同字. [搜眞玉鏡]同詍

【訰】준.
字義 준(訰)과 同字. [龍龕]同訰

【訮】현.
字義 현(訮)과 同字. [龍龕]同訮

【訑】저.
字義 저(詆)와 同字. [搜眞玉鏡]同詆

【詥】하.
字義 의미상(義未詳) [搜眞玉鏡]音蝦

【訰】준.
字義 준(訰)과 同字. [海篇]與訰同

【訽】현.
字義 의미상(義未詳) 五音篇海音訮

【訦】항. 胡浪切
字義 의미상(義未詳) [搜眞玉鏡]胡浪切

【訔】은.
字義 의미상(義未詳) [五音篇海]音銀。

【訡】一음. 魚禁切 二인. 烏刃切
字義 一 二의미상(義未詳) [搜眞玉鏡]魚禁切又[字彙補]烏刃切音印

【詎】저.
字義 저(詆)와 同字. [五音篇海]同詆

【詚】저.
字義 의미상(義未詳) [龍龕]音詆

【䛙】적. 子石切
字義 의미상(義未詳) [篇海類編]子石切音跡

【䛔】一건. 二산.
字義 一의미상(義未詳) 二산(訕)과 同字. [篇海類編]音虔又同訕

【誺】미.
字義 미(謎)의 譌字. [字彙補]謎字之譌

【諐】신.
字義 의미상(義未詳) [五音篇海]音臣

【誸】전. 直廉切
字義 의미상(義未詳) [篇海類編]直廉切音纏

【誂】조.
字義 조(誂)와 同字. [篇海類編]與誂同

【䛭】형. 胡丁切
字義 의미상(義未詳) [篇海類編]胡丁切音刑

【諳】압. 烏合切
字義 의미상(義未詳) 篇海類編]

烏合切音始

【詗】형.
字義 형(詗)과 同字. [篇海類編]同詗

【訷】신.
字義 의미상(義未詳) [篇海類編]音信

【諅】혜.
字義 혜(譓)와 同字. [龍龕]同譓

【諁】소.
字義 소(諑)와 同字. [龍龕]同諑

【譝】초.
字義 초(謿)와 同字로 疑心. [篇海類編]疑卽謿字

【詺】밤. 毗潛切
字義 의미상(義未詳) [五音篇海]毗潛切

【諕】하.
字義 하(號)와 同字. [篇海類編]與號同

【謀】모.
字義 의미상(義未詳) [龍龕]音母

【認】홀.
字義 의미상(義未詳) [篇海類編]音忽

【諗】녕. 乃定切
字義 의미상(義未詳) [篇海類編]乃定切音佞

【謂】서.
字義 서(諝)와 同字. [龍龕]與諝同

【謁】우.
字義 의미상(義未詳) [篇海類編]音偶。

【訢】흔.
字義 의미상(義未詳) [龍龕]音訢

【詀】참.
字義 참(詀)의 譌字. [字彙補]詀字之譌

【辡】변.
字義 변(辨)과 同字. [龍龕]同辨

【諕】하. 大加切
字義 의미상(義未詳) [篇海類編]大加切音蝦

【僑】론.
字義 론(論)과 同字. [字彙補]同論

【嚙】囗엄. 囗욱.
字義 ■■의미상(義未詳) [篇海類編]音掩又音郁

【譺】결. 渠業切
字義 의미상(義未詳) [篇海類編]渠業切音結

【譻】소.
字義 소(謏)와 同字. [字彙補]同謏

【僉】선. 心千切
字義 의미상(義未詳) [字彙補]心千切音仙

【謏】칠.
字義 ①칠(諫)과 同字. ②칠(諫)의 譌字. [五音篇海]同諫[字彙補]諫字之譌

【諀】피.
字義 피(詖)와 同字. [龍龕]同詖

【讜】당.
字義 당(讜)과 同字. [奚韻]同讜

【謚】익.

字義 익(謚)의 譌字. [字彙補]謚字之譌

【讇】운.
字義 의미상(義未詳) [龍龕]音云

【誓】서.
字義 서(誓)와 同字. [篇海類編]與誓同

【譛】자.
字義 자(訾)와 同字. [龍龕]同訾

【謫】폄.
字義 폄(謫)과 同字. [龍龕]與謫同

【讅】편.
字義 편(諞)과 同字. [五音篇海]同諞

【讔】囗강. 囗강.
字義 ■■의미상(義未詳) [五音篇海]音強又[字彙補]音倔

【讏】변.
字義 변(辯)과 同字. [字彙補]同辯

【譈】매. 莫佩切
字義 의미상(義未詳) [字彙補]莫佩切音魅

【嚳】하.
字義 의미상(義未詳) [五音篇海]音何

【讕】획.
字義 의미상(義未詳) [篇海類編]音讕

【諎】첨.
字義 의미상(義未詳) [龍龕]音諂

【讇】안. 烏合切

字義 의미상(義未詳) [篇海類編] 烏含切音安

【𧫒】은.
字義 은(讔)과 同字. [字彙補]與讔同

【譶】춘.
字義 의미상(義未詳) [搜眞玉鏡] 音春

【䚛】류.
字義 의미상(義未詳) [搜眞玉鏡] 音留

【譠】원.
字義 원(諢)과 同字. [五音篇海] 與諢同

【讃】람. 力喊切
字義 의미상(義未詳) [字彙補]力喊切音覽

【讀】두.
字義 의미상(義未詳) [篇海類編] 音豆

【謰】눈. 奴渾切
字義 의미상(義未詳) [篇海類編] 奴渾切嫩平聲

【囍】자.
字義 의미상(義未詳) [搜眞玉鏡] 音刺

康熙字典備考酉集
谷 部

【𧯀】훙.
字義 의미상(義未詳) [搜眞玉鏡] 胡萠切

【谷】사.
字義 의미상(義未詳) [搜眞玉鏡] 音舍

【䜵】흠.

字義 의미상(義未詳) [五音篇海] 音欽

【谷】日활. 火活切 日예.
字義 ■당호(堂戶)이름 활. (谷堂也) [川篇]火活切谷堂也 ■예(蔽)의 譌字. [字彙補]蔽字之譌

【𪴥】학.
字義 학(堅)과同字. [川篇]同堅

【䜗】호. 呼勞切
字義 ①심정골을 호. (深骨也) [龍龕]呼勞切䜗䒓深骨也 ②호(䜗)의 譌字. [字彙補]䜗字之譌

【𥢾】해.
字義 의미상(義未詳) [五音篇海] 音奚

康熙字典備考酉集
豆 部

【𠫫】두.
字義 두(豆)와 同字. [搜眞玉鏡] 同豆

【𧯤】두.
字義 의미상(義未詳) [篇海類編] 音豆

【𧯛】두. 丁侯切
字義 의미상(義未詳) [龍龕]丁侯切音兜出釋典

【𧯜】시.
字義 시(豉)와 同字. [龍龕]同豉

【䝁】두. 都勾切
字義 의미상(義未詳) [搜眞玉鏡] 都勾切

【𧯧】루. 力斗切
字義 의미상(義未詳) [搜眞玉鏡] 力斗切

【䝀】속.

字義 의미상(義未詳) [搜眞玉鏡] 音束

【䁵】완.
字義 완(豌)과 同字. [字彙補]同豌

【䝶】래.
字義 의미상(義未詳) [篇海類編] 音來

【䜭】음.
字義 음(喑)과 同字. [篇海類編] 同喑

【䜻】의.
字義 의(懿)와 同字. [篇海]同懿

【䝾】무.
字義 의미상(義未詳) [龍龕]音務

康熙字典備考酉集
豕 部

【豘】돈.
字義 돈(独)과 同字. [龍龕]同独

【獇】해.
字義 해(豥)와 同字. [龍龕]同豥

【豵】종.
字義 종(豵)과 同字. [龍龕]同豵

【豱】령.
字義 의미상(義未詳) [搜眞玉鏡] 音令

【䝟】곤.
字義 곤(昆)과 同字. [搜眞玉鏡] 與昆蟲之昆同

康熙字典備考酉集
豸 部

【豾】학.

字義 학(貃)과 同字. [餘文]與貃同	字義 리(貍)와 同字. [字彙補]同貍	字義 의미상(義未詳) [搜眞玉鏡]呼恬切
【貃】학. 字義 학(貗)과 同字. [篇海類編]同貗	【貗】노. 字義 의미상(義未詳) [篇海類編]音猱	【歆】자. 字義 자(資)와 同字. [字彙補]同資
【貱】파. 字義 의미상(義未詳) [篇海類編]音波	【貗】흔. 字義 의미상(義未詳) [五音篇海]音釁	【頚】닐. 字義 의미상(義未詳) [搜眞玉鏡]尼失切
【豾】피. 字義 의미상(義未詳) [川篇]音皮		【賥】희. 字義 의미상(義未詳) [搜眞玉鏡]音希
【豺】재. 側買切 字義 의미상(義未詳) [篇海類編]側買切齋上聲	# 康熙字典備考酉集 # 貝　部	【賊】아. 字義 의미상(義未詳) [龍龕]音我
【貋】래. 字義 래(豺)의 譌字. [字彙補]豺字之譌	【貮】쇄. 字義 ①다만 쇄. (只也) [篇海類編]音鎖只也 ②쇄(貨)의 俗字. [字彙補]俗貨字	【賮】귀. 字義 귀(貴)와 同字. [川篇]與貴同
【貏】동. 字義 의미상(義未詳) [奚韻]都勇切音董出釋典	【貦】수. 字義 의미상(義未詳) [龍龕]音手	【賂】함. 字義 의미상(義未詳) [龍龕]音含
【貒】단. 字義 단(貒)과 同字. [五音篇海]與貒同	【貥】포. 字義 의미상(義未詳) [篇海類編]音包	【賺】구. 字義 구(購)와 同字. [龍龕]同購
【貏】알. 字義 알(貒)과 同字. [川篇]同貒	【眷】추. 則于切 字義 의미상(義未詳) [字彙補]則于切音諏出尊勝神呪	【賚】재. 字義 재(齎)의 俗字. [字彙補]俗齎字
【貏】피. 皮寄切 字義 의미상(義未詳) [奚韻]皮寄切	【傾】정. 字義 정(頂)과 同字. [字彙補]同頂	【賣】라. 落戈切 字義 의미상(義未詳) [篇海類編]落戈切音騾
【貗】⊟편. ⊟종. 字義 ■■의미상(義未詳) [篇海]音遍又音縱	【眗】가. 字義 의미상(義未詳) [搜眞玉鏡]音珂	【賰】규. 居隨切 字義 의미상(義未詳) [龍龕]居隨切音規
【貗】환. 字義 의미상(義未詳) [五音篇海]音患	【脉】맥. 字義 맥(脉)과 同字. [龍龕]同脉	【韻】증. 字義 증(贈)과 同字. [篇韻]同贈
【貗】리.	【實】과. 字義 괴(寡)와 同字. [龍龕]舊藏同寡	【賺】부. 字義 부(賦)와 同字. [龍龕]同賦
	【賦】혐. 呼恬切	

【贎】잉.
字義 잉(贎)의 譌字. [餘文]贎字之譌

【贕】유.
字義 유(遺)와 同字. [字彙補]與遺同

【贕】섬.
字義 섬(贍)과 同字. [龍龕]同贍

【䝴】독.
字義 독(贖)과 同字. [字彙補]同贖

【賱】만.
字義 만(䞓)과 同字. [字彙補]同䞓

【贕】악. 羊灼切
字義 의미상(義未詳) [搜眞玉鏡] 羊灼切

【贊】자.
字義 의미상(義未詳) [海篇]音資

【贐】라. 郎個切
字義 의미상(義未詳) [篇海類編] 郎個切羅去聲

【贓】장.
字義 장(贓)의 俗字. [字彙補]俗臟字

康熙字典備考酉集
赤　部

【赻】미.
字義 미(赻)와 同字. [篇海類編] 同赻

【赮】석.
字義 의미상(義未詳) [奚韻]音惜

【赪】림.

字義 의미상(義未詳) [五音篇海] 音林

【赪】련.
字義 련(煉)과 同字. [奚韻]同煉

【赪】호.
字義 호(穀)와 同字. [龍龕]同穀

【赪】취.
字義 의미상(義未詳) [篇韻]音脆

【赪】곡.
字義 의미상(義未詳) [奚韻]音穀

【赪】등.
字義 등(燈)과 同字. [五音篇海] 同燈

【赪】연.
字義 의미상(義未詳) [字彙補]音煙

康熙字典備考酉集
走　部

【赹】교.
字義 의미상(義未詳) [龍龕]音教

【赿】역.
字義 의미상(義未詳) [字彙補]音逆

【赸】불.
字義 의미상(義未詳) [龍龕]音不

【起】재. 側買切
字義 의미상(義未詳) [篇海類編] 側買切齋上聲

【赿】저.
字義 저(越)의 譌字. [五音篇海] 越字之譌

【趄】차.
字義 차(趄)와 同字. [篇海類編]

同趑

【趘】멱. 凵狄切
字義 의미상(義未詳) [川篇]凵狄切

【趀】부.
字義 부(趍)의 譌字. [龍龕]趍字之譌

【趓】반.
字義 반(叛)과 同字. [龍龕]同叛

【越】치.
字義 치(越)와 同字. [搜眞玉鏡] 同越

【趧】도.
字義 의미상(義未詳) [龍龕]音到

【趰】예.
字義 예(趨)와 同字. [篇海類編] 同趨

【趰】삽.
字義 삽(趨)과 同字. [篇海類編] 同趨

【趰】활.
字義 활(趏)과 同字. [龍龕]同趏

【趨】구.
字義 구(遒)와 同字. [五音篇海] 同遒

【趌】길.
字義 길(趌)과 同字. [龍龕]同趌

【趨】잠.
字義 잠(趸)과 同字. [篇海類編] 同趸

【趨】부. 疋侯切
字義 넘어질 부. (僵也) [龍龕]

疋侯切剖去聲僵也

【趤】리. 良被切
字義 의미상(義未詳) [龍龕]良被切

【趘】등.
字義 의미상(義未詳) [五音篇海]音登

【趢】령. 力丁切
字義 의미상(義未詳) [搜眞玉鏡]力丁切音零

【趱】문.
字義 문(趱)과 同字. [龍龕]同趱

【趮】참.
字義 참(趮)과 同字. [龍龕]同趮

【趲】적.
字義 적(趲)과 同字. [篇海類編]與趲同

【趦】길.
字義 길(趦)과 同字. [篇海類編]同趦

【趧】훙.
字義 의미상(義未詳) [五音篇海]火仲切

【趨】日감. 日인.
字義 ■ ■의미상(義未詳) [篇海類編]音甘又音引

【趩】풍.
字義 의미상(義未詳) [龍龕]音豐

康熙字典備考酉集
足　部

【趼】궤.
字義 의미상(義未詳) [龍龕]音几

【趽】계.

字義 의미상(義未詳) [五音篇海]音計

【趿】타.
字義 의미상(義未詳) [龍龕]音吒

【跉】기.
字義 가(跉)와 同字. [五音篇海]與跉同

【跨】日오. 日고.
字義 ■오(跨)와 同字. ■고(胯)와 동자. [篇海類編]同跨又同胯

【跀】항.
字義 항(跀)과 同字. [龍龕]同跀

【斜】과.
字義 의미상(義未詳) [字彙補]音科

【跰】격. 古麥切
字義 의미상(義未詳) [五音篇海]古麥切音格

【跐】렬. 避列切
字義 의미상(義未詳) [篇海類編]避列切音列

【跬】분.
字義 분(奔)과 同字. [搜眞玉鏡]同奔

【踩】반.
字義 반(跬)과 동자. [字彙補]同跬

【跢】日저. 日제.
字義 ■ ■의미상(義未詳) [龍龕]音底又音帝

【瓯】와.
字義 의미상(義未詳) [搜眞玉鏡]音瓦

【郐】궁. 渠弓切

字義 의미상(義未詳) [搜眞玉鏡]渠弓切

【跌】부.
字義 부(跌)와 同字. [搜眞玉鏡]與跌同

【跫】기.
字義 기(尢)와 同字. [搜眞玉鏡]同尢

【跥】日댁. 知革切 日의. 丑加切
字義 ■ ■의미상(義未詳) [篇海類編]知革切音宅又丑加切音乂

【踐】벌.
字義 의미상(義未詳) [字彙補]音伐

【跔】순.
字義 의미상(義未詳) [篇海類編]音旬

【脚】각.
字義 각(脚)과 同字. [篇海類編]同脚

【踒】타. 他果切
字義 의미상(義未詳) [龍龕]他果切音妥

【蹾】아.
字義 의미상(義未詳) [龍龕]音我

【跤】과.
字義 과(跨)와 同字. [字彙補]同跨

【躗】추.
字義 추(躗)와 同字. [五音篇海]與躗同

【跥】호.
字義 호(跥)와 同字. [龍龕]與跥同

【蹀】접.
字義 접(蹀)과 同字. [五音篇海]
與蹀同

【跛】야.
字義 의미상(義未詳) [搜眞玉鏡]
音夜

【蹀】접.
字義 접(蹀)과 同字. [五音篇海]
與蹀同

【跊】족.
字義 의미상(義未詳) [字彙補]音
足

【蹸】책.
字義 책(蹸)과 同字. [龍龕]同蹸

【疐】曰접. 曰겁.
字義 ■■의미상(義未詳) [五音
篇海]音接又音劫

【蹄】시.
字義 의미상(義未詳) [龍龕]音時

【蹍】장.
字義 의미상(義未詳) [搜眞玉鏡]
音張

【蹏】제.
字義 제(蹄)와 同字. [龍龕]同蹄

【蟄】첩.
字義 첩(蟄)과 同字. [篇海類編]
同蟄

【趐】오.
字義 오(蟄)와 同字. [篇海類編]
同蟄

【蹾】욕.
字義 의미상(義未詳) [字彙補]音
欲出釋藏

【蹦】복.

字義 복(蹦)과 同字. [五音篇海]
同蹦

【躐】록.
字義 록(躐)의 俗字. [篇海類編]
俗躐字

【蹸】유.
字義 유(蹸)와 同字. [龍龕]與蹸
同

【蹶】궐.
字義 궐(蹶)과 同字. [五音篇海]
同蹶

【蹴】조.
字義 조(蹴)와 同字. [龍龕]同蹴

【疊】번.
字義 번(躥)과 同字. [篇海類編]
同躥

【蹍】난.
字義 난(夏)과 同字. [龍龕]與夏
同

【蹋】답.
字義 답(踏)과 同字. [字彙補]同
踏

【燷】번.
字義 번(顚)과 同字. 【字彙補】
同顚。

【蹾】둔.
字義 두(鈍)와 同字. [字彙補]同
鈍

【蹋】답.
字義 답(蹋)과 同字. [龍龕]同蹋
出釋藏·六度集

【蹸】슬.
字義 의미상(義未詳) [龍龕]音瑟

【蹮】 음미상(音未詳).

字義 의미상(義未詳) [字彙補]同
顚 ※字典補遺備考[顚字]無

【躗】리.
字義 의미상(義未詳) [餘文]音厘

【魔】궐.
字義 궐(蹶)과 同字. [龍龕]同蹶

【蹎】전.
字義 전(顚)과 同字. [五音篇海]
同顚

康熙字典備考酉集
身 部

【勻】아.
字義 아(牙)와 同字. [搜眞玉鏡]
同牙

【身】임.
字義 의미상(義未詳) [五音篇海]
音恁

【皀】담. 當禁切
字義 의미상(義未詳) [五音篇海]
當禁切

【躭】모.
字義 의미상(義未詳) [龍龕]音毛

【躳】인.
字義 의미상(義未詳) [龍龕]音引

【皺】파.
字義 파(跛)와 同字. [篇海類編]
同跛

【躮】모.
字義 의미상(義未詳) [篇海類編]
音母

【躬】궁.
字義 궁(躬)과 同字. [搜眞玉鏡]
同躬

【躶】과.
字義 과(躶)와 同字. [龍龕]與躶同

【躾】재.
字義 의미상(義未詳) [金鏡]音災

【聘】빙.
字義 빙(聘)과 同字. [川篇]同聘

【賮】임.
字義 임(姙)과 同字. [篇海類編]同姙

【躷】日화. 日수.
字義 ■ ■ 의미상(義未詳) [搜眞玉鏡]音禍又音瘦

【躰】사.
字義 사(射)와 同字. [五音篇海]同射

【䠱】주.
字義 의미상(義未詳) [龍龕]音周

【䠹】미.
字義 의미상(義未詳) [龍龕]音眉

【躹】완.
字義 의미상(義未詳) [龍龕]音剜

【躻】정.
字義 의미상(義未詳) [篇海類編]音亭

【躩】갈. 去謁切
字義 의미상(義未詳) [龍龕]去謁切

【䠦】춘.
字義 의미상(義未詳) [搜眞玉鏡]音春

【䠬】용. 而容切
字義 의미상(義未詳) [龍龕]而容切

【䠱】日화. 日수.
字義 화(躷)와 同字. [搜眞玉鏡]同躷

【䠮】용.
字義 의미상(義未詳) [龍龕]音容

【䠯】기.
字義 의미상(義未詳) [搜眞玉鏡]音其

【躙】섬. 失冉切
字義 홀적몸을피하여도망할 섬. (躹閃也) [字彙補]失冉切音閃躹閃也今文牒多用此字

【䠲】전.
字義 의미상(義未詳) [龍龕]音田

【䠳】상.
字義 의미상(義未詳) [五音篇海]音相

【䠽】日체. 千芮切 日철. 千劣切
字義 ■ ■ 의미상(義未詳) [龍龕]千芮切又千劣切

【䠪】日화. 日수.
字義 화(躷)와 同字. [搜眞玉鏡]同躷

【䠶】효.
字義 의미상(義未詳) [篇海類編]音囂

【䠺】악.
字義 아(樂)과 同字. [五音篇海]與喜樂之樂同

【躅】독.
字義 독(獨)과 同字. [龍龕]與獨同

【躡】섭.
字義 의미상(義未詳) [龍龕]音聶

【䠻】련.
字義 의미상(義未詳) [海篇]音攣

康熙字典備考酉集
車 部

【軘】돈.
字義 의미상(義未詳) [龍龕]同軘

【軋】흘.
字義 의미상(義未詳) [龍龕]音訖

【軝】저.
字義 저(軝)와 同字. [篇海類編]同軝

【軧】저.
字義 저(軝)와 同字. [五音篇海]同軝

【橾】조. 丁故切
字義 의미상(義未詳) [搜眞玉鏡]丁故切

【軬】극.
字義 의미상(義未詳) [搜眞玉鏡]音極

【車禾】화.
字義 의미상(義未詳) [龍龕]音禾

【軓】공.
字義 의미상(義未詳) [搜眞玉鏡]音功

【輕】경.
字義 경(輕)과 同字. [川篇]與輕同

【軛】포.
字義 의미상(義未詳) [搜眞玉鏡]

音布

【軎】구. 昆累切
字義 의미상(義未詳) [搜眞玉鏡]
昆累切

【軫】승.
字義 승(軫)과 同字. [篇海類編]
同軫

【斡】알.
字義 알(斡)과 同字. [龍龕]同斡

【軭】공.
字義 의미상(義未詳) [龍龕]音工

【軒】양.
字義 의미상(義未詳) [搜眞玉鏡]
音羊

【翔】허.
字義 의미상(義未詳) [金鏡]音許

【䡵】벌.
字義 의미상(義未詳) [五音篇海]
音伐

【輯】집.
字義 집(輯)과 同字. [龍龕]同輯

【輇】준. 子順切
字義 의미상(義未詳) [龍龕]子順
切

【䡼】모.
字義 의미상(義未詳) [川篇]音貌

【軧】시.
字義 시(軧)와 同字. [篇海類編]
同軧

【軝】지.
字義 지(軝)와 同字. [五音篇海]
與軧同

【籰】휘.
字義 휘(揮)와 同字. [搜眞玉鏡]
與揮同

【箷】시.
字義 시(軧)와 同字. [龍龕]同軧

【輆】흘.
字義 흘(吃)과 同字. [五音篇海]
同吃

【車从毒】독.
字義 의미상(義未詳) [搜眞玉鏡]
音毒

【䡱】언. 於典切
字義 의미상(義未詳) [龍龕]於典
切

【輯】집.
字義 집(輯)과 同字. [五音篇海]
同輯

【軸】포.
字義 포(軸)의 譌字. [龍龕]軸字
之譌

【輅】자.
字義 의미상(義未詳) [五音篇海]
音咨

【䡅】혁.
字義 의미상(義未詳) [龍龕]音革

【輺】치.
字義 치(輜)와 同字. [五音篇海]
同輜

【輬】량.
字義 량(輬)과 同字. [龍龕]同輬

【轎】교.
字義 교(轎)와 同字. [字彙補]同
轎

【轛】치.
字義 치(輜)와 同字. [五音篇海]
同輜

【轗】감.
字義 감(轗)과 同字. [龍龕]同轗

【轐】앙. 於尙切
字義 의미상(義未詳) [龍龕]於尙
切

【䡅】지.
字義 지(軝)와 同字. [龍龕]與軧
同

【轈】창.
字義 의미상(義未詳) [五音篇海]
音敞

【轟】굉.
字義 의미상(義未詳) [五音篇海]
音轟

【轐】복.
字義 복(轐)과 同字. [搜眞玉鏡]
同轐

【轉】전.
字義 의미상(義未詳) [龍龕]音轉

【轍】철.
字義 철(轍)과 同字. [字彙補]同
轍

【轐】형.
字義 형(衡)과 同字. [龍龕]同衡

【轘】헌.
字義 헌(轘)과 同字. [龍龕]同轘

【輅】로.
字義 로(輅)와 同字. [篇海類編]
同輅

【轒】분.

字義 분(輱)과 同字. [龍龕]同輱

【䡞】차.
字義 차(䡪)와 同字. [字彙補]與
䡪同

【轣】찬.
字義 찬(欑)과 同字. [篇海類編]
同欑

【䡆】양.
字義 의미상(義未詳) [篇海類編]
音壤

【輲】혁.
字義 의미상(義未詳) [五音篇海]
音革

【轍】
字義 철(轍)과 同字. [龍龕]同轍

【輪】진.
字義 진(軫)과 同字. [龍龕]同軫

【轔】팽.
字義 팽(輷)과 同字. [集韻]同輷

【䡣】비.
字義 비(轡)와 同字. [字彙補]同
轡

【轡】비.
字義 의미상(義未詳) [龍龕]音祕

【轢】람.
字義 람(轣)과 同字. [龍龕]同轣

【軝】합.
字義 의미상(義未詳) [篇海類編]
音榼

康熙字典備考酉集
辛　部

【新】신.
字義 신(新)과 同字. [漢孔耽碑]
新字

【辜】고.
字義 의미상(義未詳) [龍龕]音孤

【颷】반. 白限切
字義 의미상(義未詳) [搜眞玉鏡]
白限切

【䗶】거.
字義 의미상(義未詳) [五音篇海]
音渠

【䗽】혁.
字義 의미상(義未詳) [龍龕]音革

【䗰】변.
字義 변(辨)과 同字. [篇海類編]
與辨同

【辠】고.
字義 고(辜)와 同字. [篇海類編]
同辜

【辤】흥.
字義 흥(興)과 同字. [搜眞玉鏡]
同興

【䶀】답.
字義 답(䶂)과 同字. [字彙補]同
䶂

康熙字典備考酉集
辰　部

【震】진. 丞眞切
字義 의미상(義未詳) [字彙補]丞
眞切音辰

康熙字典備考酉集
辵　部

【𠫔】지.

字義 지(之)와 同字. [字彙補]
與之同出漢伯戚碑。

【迄】흘.
字義 흘(迄)과 同字. [龍龕]與迄
同

【䢌】신.
字義 신(䢅)과 同字. [字彙補]與
䢅同

【迚】필.
字義 의미상(義未詳) [餘文]音匹

【辿】둔.
字義 둔(迍)과 同字. [龍龕]同迍

【辿】볼. 普沒切
字義 의미상(義未詳) [餘文]普沒
切

【辺】병.
字義 의미상(義未詳) [餘文]普庚
切

【还】부.
字義 의미상(義未詳) [篇海類編]
音浮又音否俗作還字非

【迅】신.
字義 신(迅)과 同字. [龍龕]與迅
同

【迄】흘.
字義 흘(迄)과 同字. [龍龕]同迄

【迲】
字義 의미상(義未詳) [字彙補]音
未詳字見毘陵志

【迚】차.
字義 차(越)와 同字. [五音篇海]
同越

【迻】별.

字義 의미상(義未詳) [篇海類編] 音暼

【迣】간.
字義 의미상(義未詳) [龍龕]音看

【逋】적.
字義 적(迡)과 同字. [字彙補]同迡

【逍】조.
字義 조(趄)와 同字. [龍龕]同趄

【迀】호.
字義 호(毫)와 同字. [龍龕]同毫

【迷】☐미. ☐학. 呼角切
字義 ■미(迷)와 同字. [龍龕]舊藏同迷 ■의미상(義未詳) 又郭氏云呼角切

【迡】제.
字義 의미상(義未詳) [篇海類編] 音摍

【逝】렬.
字義 렬(迣)과 同字. [廣韻]同迣

【迣】공.
字義 의미상(義未詳) [龍龕]音恭

【迪】곡.
字義 의미상(義未詳) [龍龕]音曲

【逆】☐졸. 子骨切 ☐쥴. 子聿切 ☐솔. 蘇沒切
字義 ■졸(卒)로 쓰임. [龍龕]舊藏作卒 ■ ■의미상(義未詳) 又子聿切又子骨切又蘇沒切

【迪】유.
字義 유(迪)와 同字. [篇海類編] 與迪同

【逼】통.

字義 통(通)과 同字. [字彙補]與通同見漢碑

【逓】체.
字義 체(遞)와 同字. [龍龕]與遞同

【逃】도.
字義 도(逃)와 同字. [奚韻]同逃

【遟】변.
字義 변(邊)과 同字. [搜眞玉鏡]同邊

【逌】유.
字義 유(逌)의 譌字. [字彙補]逌字之譌

【逮】체.
字義 의미상(義未詳) [五音篇海] 音逮

【巡】건.
字義 건(警)과 同字. [五音篇海] 同警

【逬】사.
字義 사(迎)와 同字. [五音篇海] 同迎

【逎】퇴.
字義 퇴(隤)와 同字. [字彙補]同隤

【遘】청.
字義 청(淸)과 同字. [龍龕]同淸

【遊】유.
字義 유(由)와 同字. 【龍龕】同由。

【迤】적.
字義 적(迪)과 同字. 【篇海類編】同迪。

【連】달.

字義 의미상(義未詳) [篇海類編] 堂滑切音達出西江賦

【逽】☐퇴. ☐추. ☐배. ☐비.
字義 의미상(義未詳) [龍龕]音堆 又音推又音裴又音匪

【遞】체.
字義 체(遞)와 同字. [龍龕]同遞

【還】환.
字義 환(還)과 同字. [龍龕]同還

【遜】렴.
字義 렴(奩)과 同字. [五音篇海] 同奩

【遽】제.
字義 제(遽)와 同字. [龍龕]同遽

【赴】부.
字義 부(赴)와 同字. [五音篇海] 同赴

【遼】연.
字義 의미상(義未詳) [龍龕]音緣

【這】지. 之依切
字義 의미상(義未詳) [字彙補]之依切音知出尊勝神呪

【逗】환. 戶官切
字義 의미상(義未詳) [龍龕]戶官切

【違】위.
字義 위(違)와 同字. [龍龕]同違

【邀】요.
字義 요(邀)와 同字. [龍龕]同邀

【遝】삽.
字義 삽(麷)과 同字. [龍龕]同麷

【過】과.

字義 의미상(義未詳) [五音篇海]
音誇

【䢞】⊟겁. 巨業切 ⊟지.
字義 ■의미상(義未詳) [龍龕]巨
業切, ■지(躓)와 동자. 同躓

【迬】왕.
字義 의미상(義未詳) [字彙補]音
枉出西江賦

【遯】둔.
字義 둔(遁)과 同字. [川篇]同遁

【迋】우.
字義 의미상(義未詳) [五音篇海]
音迂

【𨓜】사.
字義 사(迤)와 同字. [龍龕]與迤
同

【還】환.
字義 환(還)과 同字. [龍龕]同還

【迋】광.
字義 의미상(義未詳) [五音篇海]
音狂出西江賦

【遍】편.
字義 편(徧)과 同字. [奚韻]同徧

【遮】차.
字義 차(遮)와 同字. [龍龕]同遮

【迦】학.
字義 학(㲉)과 同字. [龍龕]同㲉

【逋】포.
字義 포(逋)와 同字. [篇海類編]
同逋

【遺】유.
字義 유(遺)와 同字. [餘文] 同
遺

【遫】삽.
字義 삽(㴙)과 同字. [篇海類編]
同㴙

【邊】덕.
字義 덕(德)과 同字. [龍龕]與德
同

【霆】정.
字義 정(霆)과 同字. [五音篇海]
與霆同

【選】붕.
字義 붕(迸)과 同字. [字彙補]與
迸同

【遭】조.
字義 조(遭)와 同字. [字彙補]與
遭同出漢碑

【遳】정.
字義 정(霆)의 譌字. [字彙補]霆
字之譌

【遷】천.
字義 천(遷)과 同字. [龍龕]同遷

【遷】천.
字義 천(遷)과 同字. [龍龕]同遷

【�.】체.
字義 체(逮)와 同字. [五音篇海]
同逮

【遷】대.
字義 대(帶)와 同字. [篇海類編]
同帶

【糤】련.
字義 련(連)과 同字. [五音篇海]
與連同

【遷】루.
字義 루(遺)와 同字. [龍龕]與遺
同

【遹】힐.
字義 힐(擷)과 同字. [字彙補]與
擷同

【遙】요.
字義 요(遙)와 同字. [龍龕]同遙

【遘】구.
字義 구(遘)와 同字. [篇海類編]
同遘

【遠】렴.
字義 렴(奩)과 同字. [龍龕]與奩
同

【霾】퇴.
字義 퇴(退)와 同字. [字彙補]同
退

【𨓜】요.
字義 의미상(義未詳) [篇海類編]
音遙

【勪】려.
字義 의미상(義未詳) [搜眞玉鏡]
音黎

【遯】둔.
字義 둔(遯)과 同字. [五音篇海]
同遯

【遞】체.
字義 체(遞)와 同字. [龍龕]同遞

【遶】규.
字義 규(逵)와 同字. [龍龕]同逵

【蓮】련.
字義 련(輦)과 同字. [五音篇海]
同輦

【蹟】퇴.
字義 퇴(隤)와 同字. [龍龕]同
隤

【迌】지. 字義 의미상(義未詳) [五音篇海]音遲

【遦】궤. 字義 궤(匱)와 同字. [龍龕]同匱

【遷】천. 字義 천(遷)과 同字. [五音篇海]同遷

【邅】번. 否典切 字義 의미상(義未詳) [奚韻]否典切

【邁】매. 字義 매(邁)와 同字. [字彙補]同邁

【遷】애. 字義 애(靉)와 同字. [龍龕]同靉

康熙字典備考酉集
邑 部

【邨】촌. 字義 촌(邨)과 同字. [篇海類編]同邨

【邥】의. 字義 의미상(義未詳) [龍龕]音乂

【邟】항. 字義 항(邟)과 同字. [五音篇海]同邟

【邪】사. 字義 의미상(義未詳) [龍龕]音邪

【邸】저. 字義 저(邸)와 同字. [龍龕]同邸

【焔】화. 字義 화(郔)와 同字. [說文長箋]同郔

【炅】화. 字義 화(郔)와 同字. [字彙補]同郔

【邡】방. 字義 방(邦)과 同字. [搜眞玉鏡]同邦

【㖉】감. 字義 감(邯)과 同字. [五音篇海]與邯同

【邹】추. 字義 추(鄒)의 俗字. [龍龕]俗鄒字

【邻】극. 字義 극(郤)과 同字. [龍龕]同郤

【枷】가. 字義 의미상(義未詳) [川篇]音伽 出靈寶經

【鄂】고. 字義 고(鄂)와 同字. [川篇]同鄂

【郘】후. 字義 후(郈)와 同字. [龍龕]與郈同

【邷】좌. 丁灰切 字義 의미상(義未詳) [龍龕]丁灰切

【邳】정. 字義 의미상(義未詳) [龍龕]音正

【邦】방. 字義 방(邦)과 同字. [五音篇海]同邦

【鄀】규. 字義 방(邦)과 同字. [龍龕]同邦

【邨】선.

【梟】화. 字義 의미상(義未詳) [搜眞玉鏡]音先

【酃】추. 字義 추(鄒)와 同字. [五音篇海]與鄒同

【珊】산. 字義 산(刪)과 同字. [龍龕]同刪

【鈕】년. 字義 년(郱)과 同字. [奚韻]同郱

【酛】도. 字義 도(都)와 同字. [五音篇海]同都

【鄒】추. 字義 추(鄒)와 同字. [龍龕]同鄒

【耇】기. 字義 기(耆)와 同字. [奚韻]同耆

【郳】방. 字義 방(邦)과 同字. [五音篇海]同邦

【酆】항. 字義 항(巷)과 同字. [五音篇海]同巷

【貌】회. 字義 회(郠)와 同字. [龍龕]同郠

【郻】황. 字義 황(鄗)과 同字. [川篇]同鄗

【郡】격. 郄字之譌 字義 성 격. (人姓) [龍龕]丘逆切人姓○按卽郄字之譌。

【魋】도. 字義 도(都)와 同字. [字義總略]同都

【齫】당.

字義 당(鄺)과 同字. [搜眞玉鏡] 與鄺同	字義 광(邝)과 同字. [篇海類編] 同邝	字義 환(酄)과 同字. [川篇]同酄
【䜍】부. 字義 부(部)와 同字. [龍龕]同部	【哿】가. 字義 의미상(義未詳) [五音篇海] 音哥	【鄭】정. 字義 정(鄭)과 同字. [金石韻府] 同鄭
【酁】추. 字義 추(鄹)와 同字. [龍龕]同鄹	【劖】쇄. 字義 쇄(劖)와 同字. [川篇]與劖同	【燊】담. 字義 담(郯)의 譌字. [字彙補]郯字之譌 [宋史新編藝文志]有燊子新修六壬大玉帳歌十卷
【郒】방. 字義 방(邦)과 同字. [五音篇海]同邦	【侞】曰제. 曰어. 字義 ■■의미상(義未詳) [龍龕]音諸又音御	【會】회. 字義 회(鄶)와 同字. [字彙補]同鄶
【㗬】고. 字義 고(郜)와 同字. [篇海類編] 與郜同	【鼙】려.　黎 一作鼙 字義 려(黎)와 同字. [字彙補]與黎同 [路史]黎一作鼙	【鄸】몽. 字義 몽(鄸)과 同字. [五音篇海]同鄸
【聭】취. 字義 취(聚)와 同字. [龍龕]同聚	【䣲】무. 字義 의미상(義未詳) [川篇]音茂	【歲】술. 字義 의미상(義未詳) [川篇]音戌
【邷】휼. 字義 휼(邮)과 同字. [龍龕]同邮	【繩】채. 字義 채(鄒)와 同字. [五音篇海] 與鄒同	【鼻】의. 字義 의(劓)와 同字. [龍龕]同劓
【谷】극. 字義 극(郤)과 同字. [五音篇海] 與郤同	【軥】순. 字義 의미상(義未詳) [搜眞玉鏡] 音順	【聚】취. 字義 취(聚)와 同字. [龍龕]同聚
【酇】방. 字義 방(邦)과 同字. [龍龕]同邦	【盛】성. 字義 의미상(義未詳) [川篇]音成	【鄩】신. 字義 의미상(義未詳) [搜眞玉鏡] 音侁
【鄘】려. 字義 려(酈)와 동자. [龍龕]同酈	【鼜】참. 字義 의미상(義未詳) [搜眞玉鏡] 音攙	【鄼】당. 字義 당(鄧)과 同字. [篇海類編] 同鄧
【厱】전. 字義 전(厘)과 同字. [五音篇海] 同厘	【粦】린. 字義 린(鄰)과 同字. [搜眞玉鏡] 同鄰	【鄴】만. 字義 만(鄭)과 同字. [字彙補]同鄭
【䚻】계. 字義 계(鄈)와 同字. [字彙補]與鄈同	【黎】려. 字義 려(黎)와 同字. [五音篇海] 同黎	【鄱】도. 字義 도(都)와 同字. [搜眞玉鏡] 同都
【奇】기. 字義 기(敆)와 同字. [五音篇海] 同敆	【酄】환.	【酈】부. 字義 부(鄘)와 同字. [搜眞玉鏡]
【邝】광.		

同郿

【鄭】거.
字義 거(鄒)와 同字. [字彙補]與鄒同

【鄢】라. 郎可切
字義 의미상(義未詳) [搜眞玉鏡]郎可切

【鄆】악.
字義 악(鄂)과 同字. [龍龕]同鄂

【酈】력.
字義 력(酈)과 同字. [篇海類編]同酈

【酃】령.
字義 령(酈)과 同字. [搜眞玉鏡]同酈

康熙字典備考酉集
酉　部

【酎】류.
字義 의미상(義未詳) [龍龕]音類

【酄】흘.
字義 흘(邨)과 同字. [字彙補]同邨

【酘】효.
字義 효(酘)와 同字. [川篇]同酘

【酙】짐.
字義 짐(斟)과 同字. [龍龕]同斟

【酙】짐.
字義 짐(斟)과 同字. [字彙補]同斟

【酦】산.
字義 의미상(義未詳) [搜眞玉鏡]音酸

【酱】반.

字義 반(酔)과 同字. [五音篇海]同酔

【酺】팽.
字義 의미상(義未詳) [龍龕]音烹

【酡】호.
字義 의미상(義未詳) [龍龕]音皓

【酵】효.
字義 효(酵)의 本字. [篇海類編]酵本字

【酼】해.
字義 장 해. (醬也) [龍龕]音海醬也○按卽醯字之譌

【酶】曰잡. 子答切 曰삽. 所甲切
字義 ■■의미상(義未詳) [龍龕]子答切又所甲切

【酟】희.
字義 의미상(義未詳) [搜眞玉鏡]音希

【醚】미.
字義 미(醚)의 譌字. [字彙補]醚字之譌

【酳】언.
字義 의미상(義未詳) [搜眞玉鏡]音言

【醌】曰톤. 他典切 曰전.
字義 ■얼굴이부끄러운 톤. (面慚也)[龍龕]他典切面慚也 ■전 (靦)의 譌字. [字彙補]靦字之譌

【醳】규.
字義 의미상(義未詳) [搜眞玉鏡]音叫

【醔】오. 偈古切
字義 의미상(義未詳) [字彙補]偈古切音五

【醤】曰음. 曰주.
字義 ■음(飮)과 同字. [字學指南]同飮 ■주(酒)와 同字. 又[篇韻]酒也

【醓】해.
字義 해(醓)의 譌字. [搜眞玉鏡]音海○按卽醢字之譌

【醶】염.
字義 염(醶)과 同字. [篇海類編]同醶

【醄】로.
字義 의미상(義未詳) [五音篇海]音老

【醑】서.
字義 서(醑)와 同字. [龍龕]同醑

【醸】식.
字義 식(食)과 同字. [龍龕]同食

【醡】曰차. 側駕切 曰사.
字義 ■술짜는기구 차. (壓酒器也) [龍龕]側駕切壓酒器也 ■사 (醡)의 속자. [字彙補]俗醡字

【醮】자.
字義 자(醮)와 同字. [篇海類編]同醮

【醠】차.
字義 차(醠)와 同字. [篇海類編]同醠

【醰】비.
字義 비(醰)와 同字. [龍龕]同醰

【醻】팽.
字義 팽(烹)과 同字. [五音篇海]同烹

【醬】정.
字義 정(醬)과 同字. [五音集韻]同醬

【䤄】제.
字義 제(祭)와 同字. [龍龕]同祭

【醑】서.
字義 서(醑)와 同字. [龍龕]同醑

【醏】사.
字義 의미상(義未詳) [五音篇海] 音奢

【䤂】초.
字義 초(醮)와 同字. [字彙補]同醮

【醯】염.
字義 염(鹽)과 同字. [龍龕]同鹽

【醯】혜.
字義 혜(醯)와 同字. [五音篇海] 同醯

【醂】효.
字義 효(酵)와 同字. [五音篇海] 同酵

【醑】숙.
字義 숙(莤)과 同字. [字彙補]同莤

【醚】수.
字義 의미상(義未詳) [搜眞玉鏡] 音遂

【醳】역.
字義 역(醳)과 同字. [龍龕]同醳

【醝】차.
字義 차(醝)와 同字. [搜眞玉鏡] 同醝

【醨】이.
字義 의미상(義未詳) [搜眞玉鏡] 音移

【醷】총.
字義 총(醷)과 同字. [篇海類編] 同醷

【醶】찬. 徂丸切
字義 의미상(義未詳) [字彙補]徂丸切音攢

【醻】란.
字義 간(醻)과 同字. [五音篇海] 同醻

康熙字典備考酉集
采 部

【番】반.
字義 반(播)과 同字. [字彙補]同播

康熙字典備考酉集
里 部

【童】日 日리.
字義 의미상(義未詳) [龍龕]音狸又音里

【踶】질. 澄暱切
字義 의미상(義未詳) [字彙補]澄暱切音姪

【𨤽】회.
字義 의미상(義未詳) [龍龕]音會

【䊍】량.
字義 량(粮)과 同字. [字彙補]與粮同

康熙字典備考戌集
金 部

【釠】란.
字義 란(亂)의 俗字. [龍龕]俗亂字

【鈍】둔.
字義 두(鈍)과 同字. [龍龕]同鈍

【釨】주. 之酉切
字義 의미상(義未詳) [五音篇海] 之酉切

【鈡】중.
字義 의미상(義未詳) [搜眞玉鏡] 音中

【鋬】잠.
字義 의미상(義未詳) [五音篇海] 音岑

【釩】침.
字義 침(鈂)과 同字. [篇海類編] 同鈂

【鉼】정.
字義 의미상(義未詳) [五音篇海] 音井

【鋈】공.
字義 공(銎)과 同字. [龍龕]同銎

【鈐】겸.
字義 의미상(義未詳) [字彙補]拑平聲出釋典

【鈂】진. 今作鋎
字義 진(鎮)의 古字. [字彙補]古鎮字見集韻○按[集韻]今作鋎

【鉫】가. 古何切
字義 의미상(義未詳) [龍龕]音加又古何切

【鉋】포.
字義 포(鉋)와 同字. [川篇]與鉋同

【鉫】여.
字義 의미상(義未詳) [篇海類編] 音汝

【銐】체.
字義 체(銐)와 同字. [搜眞玉鏡] 同銐

【鎊】벽.

字義 벽(�)과 同字. [篇海類編] 同�	【鎚】리. 字義 의미상(義未詳) [五音篇海] 音利	【鑽】찬. 字義 찬(鑽)과 同字. [篇海類編] 同鑽
【鍔】모. 字義 모(鈝)와 同字. [龍龕]同鈝	【鑯】겸. 字義 의미상(義未詳) [川篇]音鎌	【鑸】뢰. 字義 뢰(鑸)와 同字. [篇海類編] 同鑸
【鉂】오. 烏故切 字義 의미상(義未詳) [搜眞玉鏡] 烏故切	【鐸】화. 字義 화(鏵)와 同字. [龍龕]同鏵	【鑑】감. 字義 감(鑑)과 同字. [龍龕]同鑑
【鎵】상. 字義 의미상(義未詳) [龍龕]音床	【鎤】총. 字義 총(鎤)과 同字. [五音篇海] 同鎤	【鑔】日찰. 蒼葛切 日채. 字義 ■ ■ 의미상(義未詳) [龍龕]蒼葛切又音蔡
【鋗】국. 字義 국(鋗)과 同字. [篇海類編] 同鋗	【鐌】맘. 字義 맘(鐌)과 同字. [龍龕]同鐌	【鑋】유. 字義 유(鑋)와 同字. [字彙補]同鑋
【鑫】변. 字義 의미상(義未詳) [搜眞玉鏡] 音晉	【鐉】누. 字義 누(鐉)와 同字. [龍龕]同鐉	【鑢】착. 初角切 字義 의미상(義未詳) [龍龕]初角切音妵
【鈗】유. 字義 의미상(義未詳) [五音篇海] 音乳	【錐】추. 字義 추(錘)와 同字. [五音篇海] 同錘	【鑤】오. 字義 오(鑤)와 同字. [五音篇海] 與鑤同
【鎰】아. 於加切 字義 의미상(義未詳) [搜眞玉鏡] 於加切出藏經	【鐦】이. 字義 이(飴)와 同字. [字彙補]與飴同	【鑕】작. 子略切 字義 의미상(義未詳) [龍龕]子略切
【鋘】간. 字義 의미상(義未詳) [搜眞玉鏡] 音束	【鏺】박. 字義 의미상(義未詳) [搜眞玉鏡] 音剝	【鑠】삭. 字義 삭(鑠)과 同字. [篇海類編] 同鑠
【鏊】공. 字義 공(鏊)과 同字. [龍龕]同鏊	【鐎】추. 字義 추(鎚)와 同字. [龍龕]同鎚	【鑽】찬. 字義 의미상(義未詳) [五音篇海] 音纂
【鈌】봉. 字義 의미상(義未詳) [龍龕]音封	【鏬】혈. 字義 의미상(義未詳) [川篇]音血	【鑹】포. 必老切 字義 의미상(義未詳) [五音篇海] 必老切
【鉋】맘. 字義 의미상(義未詳) [篇韻]音琰	【鐯】주. 字義 의미상(義未詳) [五音篇海] 音注	【鑴】유. 字義 제사이름 유. (祭名) [龍
【鎮】오. 字義 오(鎮)와 同字. [龍龕]與鎮同	【鎌】표. 字義 표(鑣)와 同字. [龍龕]同鑣	

龕]音俞祭名

【鑫】曰보. 曰옥.
字義 ■■의미상(義未詳) [搜眞玉鏡]音寶又音玉

康熙字典備考戌集
長　部

【镺】계.
字義 계(镸)와 同字. [龍龕]同髻

【朖】曰 曰창.
字義 ■■의미상(義未詳) [篇海類編]音唱又音刱

【镸予】모.
字義 모(髦)와 同字. [字彙補]與髦同

【镸氏】씨.
字義 의미상(義未詳) [搜眞玉鏡]音氏

【镸叚】개.
字義 의미상(義未詳) [龍龕]音改

【镸昜】曰장. 直羊切 曰양. 如養切
字義 ■■의미상(義未詳) [龍龕]直羊切又如養切

【镸尒】무. 彌久切
字義 의미상(義未詳) [搜眞玉鏡]彌久切

【镸弓】소. 山交切
字義 의미상(義未詳) [龍龕]山交切音燒

【镸占】점.
字義 의미상(義未詳) [篇海]音店

【镸母】曰 曰모.
字義 ■■의미상(義未詳) [篇海類編]音串又音母

【镸甘】曰겸. 曰감.
字義 ■■의미상(義未詳) [篇海類編]音鉗又音紺

【镸弗】불.
字義 의미상(義未詳) [搜眞玉鏡]音弗

【镸幵】알.
字義 길 알. (長也) [川篇]音拤 長也

【镸吉】초.
字義 의미상(義未詳) [搜眞玉鏡]音招

【镸甚】심. 士金切
字義 의미상(義未詳) [龍龕]士金切

【镸冊】총.
字義 의미상(義未詳) [五音篇海]音囪

【镸呆】종.
字義 종(騌)과 同字. [五音篇海]同騌

【镸夋】준. 子峻切
字義 의미상(義未詳) [龍龕]子峻切

【镸易】척.
字義 의미상(義未詳) [篇海類編]音剔

【镸叚】하. 胡加切
字義 의미상(義未詳) [龍龕]胡加切音遐

【镸丕】비.
字義 의미상(義未詳) [搜眞玉鏡]音丕

【镸彔】구.
字義 의미상(義未詳) [海篇]音求

【镸耆】기.
字義 기(鬐)와 同字. [龍龕]同鬐

【镸昏】만.
字義 만(鬘)과 同字. [龍龕]同鬘

【镸扁】편.
字義 의미상(義未詳) [五音篇海]音扁

【镸辟】성.
字義 성(聖)과 同字. [字彙補]同聖

【镸毛】자.
字義 자(髭)와 同字. [五音篇海]同髭

【镸剃】체.
字義 의미상(義未詳) [篇海類編]音剃

【镸垂】성.
字義 성(聖)과 同字. [龍龕]與聖同

【镸鹽】자.
字義 자(髭)와 同字. [五音篇海]同髭

【镸劦】무.
字義 의미상(義未詳) [龍龕]音務

【镸逢】봉.
字義 의미상(義未詳) [搜眞玉鏡]音逢

【镸賣】퇴.
字義 의미상(義未詳) [搜眞玉鏡]音蹟

【镸亶】천. 丑善切
字義 의미상(義未詳) [搜眞玉鏡]丑善切

【镸需】봉.

【字義】의미상(義未詳) [搜眞玉鏡] 音蓬

【綠】日曰참. 【字義】 ■■의미상(義未詳) [篇海類編]音參又音慘

【䫃】오. 【字義】 오(䫃)와 同字. [篇海類編]同䫃

【䮾】절. 子結切 【字義】 의미상(義未詳) [搜眞玉鏡] 子結切

【䯶】빈. 【字義】 빈(鬢)과 同字. [五音篇海]同鬢

【鬐】귀. 【字義】 의미상(義未詳) [搜眞玉鏡] 音貴

【鬘】만. 【字義】 만(鬘)과 同字. [復古編]同鬘

【纕】양. 【字義】 양(饟)과 同字. [龍龕]同饟

【鑽】찬. 【字義】 찬(鬟)과 同字. [龍龕]同鬟

【鸘】충. 【字義】 충(寵)과 同字. [篇海類編]同寵

康熙字典備考戌集
門　部

【門】문. 【字義】 의미상(義未詳) [搜眞玉鏡] 音門

【閁】열. 【字義】 의미상(義未詳) [龍龕]音悅

【閦】축. 【字義】 축(閦)과 同字. [龍龕]同閦

【閐】폐. 【字義】 의미상(義未詳) [五音篇海] 音閉

【開】개. 【字義】 의미상(義未詳) [篇海]音開

【閒】축. 【字義】 축(閦)과 同字. [篇海類編]同閦

【閭】천. 【字義】 천(闡)과 同字. [龍龕]同闡

【閳】년. 年典切 【字義】 의미상(義未詳) [五音篇海]年典切

【閜】공. 【字義】 의미상(義未詳) [搜眞玉鏡] 音公出國書

【開】조. 【字義】 의미상(義未詳) [篇海類編] 音趙

【閉】축. 【字義】 축(閦)과 同字. [龍龕]同閦

【閿】안. 【字義】 의미상(義未詳) [搜眞玉鏡] 音安

【䦏】약. 【字義】 의미상(義未詳) [搜眞玉鏡] 音弱

【闕】궐. 【字義】 궐(闕)과 同字. [龍龕]同闕

【閻】염. 【字義】 염(閻)과 同字. [五音篇海]

同閻

【閦】축. 【字義】 축(閦)과 同字. [龍龕]同閦

【闊】활. 【字義】 활(闊)과 同字. [五音篇海]同闊

【闡】천. 【字義】 천(闡)의 譌字. [龍龕]闡字之譌

【閏】윤. 【字義】 윤(閏)과 同字. [五音篇海]同閏

【閻】염. 【字義】 염(閻)과 同字. [龍龕]與閻同

【闡】지. 【字義】 의미상(義未詳) [五音篇海]音紙

【閞】한. 【字義】 의미상(義未詳) [川篇]音閒

【閭】리. 【字義】 의미상(義未詳) [五音篇海]音理

【閫】온. 【字義】 온(穩)과 同字. [龍龕]與穩同

【閞】괄. 【字義】 의미상(義未詳) [五音篇海]音刮

【閉】제. 徒兮切 【字義】 의미상(義未詳) [五音篇海]徒兮切

【閞】문. 【字義】 의미상(義未詳) [搜眞玉鏡]

音門

【闦】금.
字義 금(琴)과 同字. [川篇]同琴

【闠】영.
字義 의미상(義未詳) [五音篇海] 音英

【闌】혈. 胡結切
字義 의미상(義未詳) [搜眞玉鏡] 胡結切

【虝】휘. 呼貴切
字義 의미상(義未詳) [五音篇海] 呼貴切

【闦】외. 五乖切
字義 의미상(義未詳) [搜眞玉鏡] 五乖切

【闃】궐.
字義 궐(闕)과 同字. [五音篇海] 同闕

【闔】계.
字義 의미상(義未詳) [搜眞玉鏡] 音屆

【闗】복.
字義 의미상(義未詳) [搜眞玉鏡] 音服

【闢】피.
字義 의미상(義未詳) [五音篇海] 音辟

【闛】량.
字義 의미상(義未詳) [海篇]音良

【闔】남.
字義 의미상(義未詳) [龍龕]音南

【闛】창.
字義 창(闛)과 同字. [五音篇海] 與闛同

【開】개.
字義 개(開)와 同字. [字彙補]與開同

【闀】경.
字義 의미상(義未詳) [搜眞玉鏡] 音竟

【龍】능. 奴等切
字義 의미상(義未詳) [搜眞玉鏡] 奴等切

【闌】개.
字義 의미상(義未詳) [五音篇海] 同開

【闣】측.
字義 의미상(義未詳) [龍龕]音側

【闛】상.
字義 의미상(義未詳) [搜眞玉鏡] 音商

【闦】루.
字義 의미상(義未詳) [龍龕]音淚

【闛】용.
字義 의미상(義未詳) [搜眞玉鏡] 音用

【闦】온. 五昆切
字義 의미상(義未詳) [龍龕]五昆切

【闛】계.
字義 의미상(義未詳) [龍龕]音系

【闦】윤.
字義 의미상(義未詳) [搜眞玉鏡] 音閨

【闛】온.
字義 의미상(義未詳) [奚韻]音熅

【闦】숙.

字義 숙(塾)과 同字. [篇海類編] 與塾同

【門門】활. 呼括切
字義 의미상(義未詳) [搜眞玉鏡] 呼括切

【闦】혈.
字義 의미상(義未詳) [五音篇海] 音絜

【闦】두.
字義 의미상(義未詳) [五音篇海] 音頭

【鑴】전.
字義 전(鐫)과 同字. [龍龕]同鐫

【闌】미.
字義 의미상(義未詳) [龍龕]音米

【闛】천.
字義 천(闛)과 同字. [篇海類編] 同闛

【門門】曰탕. 曰탈.
字義 ■ ■의미상(義未詳) [搜眞玉鏡]音蕩又音奪

康熙字典備考戌集
阜　部

【邘】우.
字義 의미상(義未詳) [五音篇海] 音尤

【阢】우. 移愁切
字義 의미상(義未詳) [字彙補]移愁切

【阪】판.
字義 판(阪)과 同字. [字彙補]同阪

【餅】정.
字義 정(阱)과 同字. [字學指南]

備考(戌集) 阜部 隹部 1183

与阱同

【阤】문. 字義 의미상(義未詳) [篇海類編]音刎

【阹】비. 字義 의미상(義未詳) [龍龕]音秘

【阰】曰曰자. 字義 ■■의미상(義未詳) [五音篇海]音子又音茲

【呷】압. 烏甲切 字義 의미상(義未詳) [龍龕]烏甲切

【陰】은. 字義 의미상(義未詳) [搜眞玉鏡]力近切

【陀】타. 字義 타(陀)와 同字. [龍龕]同陀

【降】강. 字義 강(降)의 俗字. [字彙補]俗降字

【陇】타. 他火切 字義 의미상(義未詳) [搜眞玉鏡]他火切

【隔】귀. 字義 의미상(義未詳) [龍龕]音歸

【綴】철. 字義 의미상(義未詳) [篇海類編]音輟

【隔】묘. 字義 의미상(義未詳) [搜眞玉鏡]音卯

【埏】성. 祥延切 字義 의미상(義未詳) [搜眞玉鏡]祥延切

【餤】대. 字義 대(隊)와 同字. [篇海類編]同隊

【隆】륭. 字義 륭(隆)과 同字. [龍龕]同隆

【隔】격. 字義 의미상(義未詳) [龍龕]音隔

【隤】퇴. 字義 퇴(隤)와 同字. [龍龕]同隤

【隘】애. 字義 애(隘)와 同字. [字彙補]同隘

【隩】하. 字義 의미상(義未詳) [龍龕]音磚

康熙字典備考戌集
隹 部

【雈】익. 字義 익(雄)과 同字. [篇海類編]同雄

【推】우. 字義 의미상(義未詳) [川篇]音于

【雅】보. 字義 보(鴇)와 同字. [篇海類編]同鴇

【雄】부. 字義 부(鳧)와 同字. [篇海類編]與鳧同

【售】수. 字義 수(售)와 同字. [龍龕]同售

【雈】순. 字義 순(奞)과 同字. [篇韻]同奞

【雦】금. 巨林切 字義 의미상(義未詳) [奚韻]巨林切

【雄】음미상(音未詳) 字義 의미상(義未詳) [字彙補]同雈※雄雈; 字典備考補遺無字

【雒】사. 字義 의미상(義未詳) [龍龕]音辭出大莊嚴經

【雋】曰자. 曰전. 字義 ■■의미상(義未詳) [龍龕]音雋又音吮

【雜】애. 字義 애(鷃)와 同字. [篇海類編]同鷃

【雛】추. 字義 추(雛)와 同字. [篇海類編]同雛

【售】수. 字義 수(售)와 同字. [龍龕]同售

【餙】치. 字義 의미상(義未詳) [篇海類編]音雉

【雦】안. 如寒切 字義 의미상(義未詳) [龍龕]如寒切

【雦】수. 字義 수(讎)와 同字. [五音篇海]同讎

【雛】유. 字義 의미상(義未詳) [龍龕]音維

【雦】난. 字義 난(難)과 同字. [龍龕]同難

【歔】산.

字義 의미상(義未詳) [搜眞玉鏡]
音散

【雦】운. 如純切
字義 의미상(義未詳) [搜眞玉鏡]
如純切

【雓】리.
字義 의미상(義未詳) [篇海類編]
音離

【欜】양.
字義 양(欜)의 俗字. [字彙補]俗
欜字

【雦】순.
字義 순(鶉)과 同字. [龍龕]同鶉

【雦】확.
字義 의미상(義未詳) [搜眞玉鏡]
音籰

【雧】관.
字義 관(鱹)과 同字. [字彙補]同
鱹

【雥】온.
字義 의미상(義未詳) [搜眞玉鏡]
音氳

【雥】연.
字義 연(鱻)과 同字. [龍龕]同鱻

康熙字典備考戌集
雨　部
【雹】학.
字義 학(虐)과 同字. [龍龕]與虐
同

【雫】나. 奴寡切
字義 의미상(義未詳) [龍龕]奴寡
切

【雯】부.
字義 의미상(義未詳) [五音篇海]

音父

【雰】천.
字義 의미상(義未詳) [龍龕]音川

【霏】보. 普孝切
字義 의미상(義未詳) [龍龕]普孝
切

【雾】曰행. 曰우.
字義 ■ ■의미상(義未詳) [龍
龕]音行又音于

【電】전.
字義 전(電)과 同字. [川篇]與電
同

【霄】제.
字義 제(霽)와 同字. [龍龕]同霽

【霕】둔.
字義 둔(鈍)과 同字. [龍龕]同鈍

【霅】정.
字義 의미상(義未詳) [龍龕]在性
切

【霂】우.
字義 의미상(義未詳) [五音篇海]
音雨

【霅】성.
字義 의미상(義未詳) [龍龕]音星

【霅】박.
字義 박(雹)과 同字. [五音篇海]
同雹

【霈】제.
字義 제(霽)와 同字. [龍龕]與霽
同

【霅】령.
字義 의미상(義未詳) [搜眞玉鏡]
音令

【霡】대.
字義 대(霸)와 同字. [字彙補]同
霸

【霆】정.
字義 정(霆)과 同字. [龍龕]同霆

【霒】오.
字義 오(寤)와 同字. [龍龕]同寤

【霚】전.
字義 전(電)과 同字. [篇海]同電

【霙】영.
字義 영(霙)과 同字. [龍龕]同霙

【霣】전.
字義 전(電)과 同字. [海篇]同電

【嵠】계.
字義 의미상(義未詳) [搜眞玉鏡]
音溪

【霠】진.
字義 진(蓙)과 同字. [龍龕]同蓙

【霛】박.
字義 박(雹)과 同字. [字彙補]同
雹

【霣】침. 他林切
字義 의미상(義未詳) [奚韻]他林
切

【霡】핵.
字義 핵(覈)과 同字. [龍龕]與覈
同

【電】류.
字義 류(雷)와 同字. [龍龕]同雷

【霹】령.
字義 령(霶)과 同字. [五音篇海]
同霶

【霻】공. 去重切
字義 의미상(義未詳) [龍龕]去重切音控

【隸】체.
字義 체(隸)와 同字. [龍龕]同隸

【䨄】담.
字義 담(䨄)과 同字. [字彙補]同䨄

【霟】혼.
字義 의미상(義未詳) [字彙補]音昏

【霻】보.
字義 보(寶)와 同字. [龍龕]同寶

【霻】쌍.
字義 쌍(霻)과 同字. [龍龕]同霻

【靐】진.
字義 진(震)의 籒文. [篇海類編]籒文震字

康熙字典備考戌集
靑 部

【靔】천.
字義 천(天)과 同字. [字彙補]與天同

【䃤】⊖정. ⊜형.
字義 ■■의미상(義未詳) [金鏡]音政又音形

康熙字典備考戌集
非 部

【劳】⊖방. ⊜분.
字義 ■■의미상(義未詳) [搜眞玉鏡]音芳又音芬

【悲】혜.
字義 의미상(義未詳) [五音篇海]音惠。

【喬】잡.
字義 잡(喬)과 同字. [龍龕]同喬

【番】번. 龇字之譌
字義 백합산 번. 백합과에 속한 다년생 초보. (百合蒜也) [龍龕]音煩百合蒜也○按卽龇字之譌

【酇】비.
字義 의미상(義未詳) [搜眞玉鏡]符微切

【鼕】번.
字義 의미상(義未詳) [龍龕]音煩

【隆】대.
字義 의미상(義未詳) [龍龕]音隊

康熙字典備考戌集
面 部

【酖】담.
字義 담(酖)과 同字. [龍龕]同酖

【酖】담.
字義 담(酖)과 同字. [搜眞玉鋤]同酖。

【酚】애. 五介切
字義 의미상(義未詳) [龍龕]五介切音睚

【酎】바. 白可切
字義 의미상(義未詳) [搜眞玉鋤]白可切

【酥】맥.
字義 의미상(義未詳) [龍龕]音脈

【酴】함.
字義 함(酴)과 同字. [龍龕]同酴

【醋】추.

【皺】추(皺)와 同字. [五音篇海]同皺

【夏】도.
字義 의미상(義未詳) [字彙補]音到

【勳】초.
字義 초(醮)와 同字. [字彙補]同醮

【䩏】부.
字義 부(顧)와 同字. [龍龕]同顧

【醶】암. 烏感切
字義 의미상(義未詳) [龍龕]烏感切音晻

【鷗】와.
字義 의미상(義未詳) [字彙補]音娾

【醶】암.
字義 암(醶)과 同字. [篇海類編]同醶

【醲】자.
字義 자(慈)와 同字. [龍龕]同慈

【醲】간.
字義 의미상(義未詳) [搜眞玉鏡]音幹

【鼉】사.
字義 의미상(義未詳) 搜眞玉鏡音要

【醲】의.
字義 의미상(義未詳) [龍龕]音疑

【醿】음미상(音未詳)
字義 부끄러워하다. (皰恥也) [字彙補]音未詳皰恥也

【醯】곽.
字義 의미상(義未詳) [篇海類編]

音摑。

【䩓】구.
字義 구(䩓)와 동자. [龍龕]同䩓

康熙字典備考戌集
革　部

【䩀】항.
字義 의미상(義未詳) [龍龕]音吭

【䩁】흘.
字義 흘(靮)과 同字. [篇海類編] 同靮

【䩂】제.
字義 제(䩂)와 同字. [篇海類編] 同䩂

【靮】항.
字義 항(䩀)과 同字. [龍龕]與䩀 同

【䩃】배. 步罵切
字義 의미상(義未詳) [龍龕]步罵 切

【䩄】예.
字義 예(靾)와 同字. [龍龕]同靾

【䩅】曰□앙. 五浪切 五桑切
字義 ■ ■의미상(義未詳) [搜眞 玉鏡]五浪切又五桑切

【䩆】원.
字義 의미상(義未詳) [龍龕音元

【靷】분.
字義 의미상(義未詳) [龍龕]音汾

【靸】예.
字義 예(靾)와 同字. [篇海類編] 同靾

【靵】가.

字義 의미상(義未詳) [龍龕]音加

【䩊】고.
字義 의미상(義未詳) [五音篇海] 音鼓

【䩋】옥.
字義 의미상(義未詳) [龍龕]音玉

【䩌】저. 丁奚切
字義 의미상(義未詳) [龍龕]丁奚 切音低出呪中

【䩍】포.
字義 포(鞄)와 同字. [篇海類編] 同鞄

【䩎】맥.
字義 의미상(義未詳) [五音篇海] 音脈

【䩏】추.
字義 추(皺)와 同字. [龍龕]同皺

【䩐】수.
字義 의미상(義未詳) [篇海類編] 音狩

【䩑】진.
字義 의미상(義未詳) [奚韻]音陣

【䩒】액.
字義 의미상(義未詳) [川篇]音厄

【䩓】진.
字義 의미상(義未詳) [搜眞玉鏡] 音陣

【䩔】주.
字義 의미상(義未詳) [搜眞玉鏡] 音朱

【䩕】발.
字義 의미상(義未詳) [搜眞玉鏡] 音跋

【䩖】앙.
字義 의미상(義未詳) [搜眞玉鏡] 音鞅

【䩗】노. 惱字之譌
字義 근심 노. (憂也) [川篇]奴 到切憂也○按卽惱字之譌

【䩘】도.
字義 도(鞉)와 同字. [篇海類編] 同鞉

【䩙】준.
字義 의미상(義未詳) [五音篇海] 音濬

【䩚】철.
字義 의미상(義未詳) [川篇]音哲

【䩛】보.
字義 의미상(義未詳) [搜眞玉鏡] 音步

【䩜】국.
字義 잘못을엄히따져밝힐 국. (推窮也) [龍龕]居六切推窮也○ 按卽鞫字之譌

【鞠】각.
字義 의미상(義未詳) [奚韻]音角

【䩝】지.
字義 의미상(義未詳) [奚韻]音志

【鞉】도.
字義 도(韜)와 同字. [龍龕]同韜

【鞋】혜.
字義 혜(鞋)와 同字. [龍龕]同鞋

【䩞】도. 徒了切
字義 의미상(義未詳) [龍龕]徒了 切

【鞍】예.

【字義】예(鞥)와 同字. [五音篇海] 同鞥

【鞠】거. 【字義】 의미상(義未詳) [五音篇海] 音居

【鞬】과. 【字義】 의미상(義未詳) [搜眞玉鏡] 音果

【鞜】쇄. 【字義】 의미상(義未詳) [龍龕]音鑠

【鞍】경. 【字義】 의미상(義未詳) [篇海類編] 音硬

【鞋】저. 【字義】 의미상(義未詳) [龍龕]音猪

【鞝】미. 【字義】 의미상(義未詳) [龍龕]音眉

【韓】위. 【字義】 의미상(義未詳) [龍龕]音韋

【鞠】보. 【字義】 보(鞠)의 譌字. [字彙補]鞠字之譌

【鞳】혁. 【字義】 의미상(義未詳) [龍龕]音革

【鞻】복. 鞻字之譌 【字義】 소굴레고비 복. (絡牛頭繩) [龍龕]音卜絡牛頭繩○按卽鞻字之譌

【鞾】고. 【字義】 고(鞾)와 同字. [字彙補]與鞾同

【鞠】고. 【字義】 의미상(義未詳) [龍龕]音告

【鞳】사. 【字義】 의미상(義未詳) [五音篇海] 素何切

【鞳】고. 【字義】 의미상(義未詳) [龍龕]音鼓

【鞧】주. 直追切 【字義】 의미상(義未詳) [川篇]直追切

【鞳】배. 步罵切 【字義】 의미상(義未詳) [龍龕]步罵切

【鞳】첩. 【字義】 안장 첩. (鞍鞳也) [五音篇海]音跕鞍鞳也

【鞞】비. 【字義】 비(鞞)와 同字. [奚韻]同鞞

【鞠】흉. 【字義】 의미상(義未詳) [龍龕]音胸

【鞐】액. 【字義】 의미상(義未詳) [搜眞玉鏡] 音厄

【鞏】포. 【字義】 포(鞄)와 同字. [五音篇海] 與鞄同

【鞻】근. 【字義】 의미상(義未詳) [龍龕]音近

【鞳】강. 居兩切 【字義】 의미상(義未詳) [搜眞玉鏡] 居兩切

【鞻】현. 【字義】 현(鞻)과 同字. [龍龕]同鞻

【鞻】소. 先果切

【字義】 의미상(義未詳) [五音篇海] 先果切

【鞻】도. 【字義】 도(鞀)와 同字. [龍龕]同鞀

【鞻】옹. 而鍾切 【字義】 의미상(義未詳) [龍龕]而鍾切

【鞴】부. 【字義】 의미상(義未詳) [龍龕]音富

【鞻】삼. 【字義】 삼(鞻)과 同字. [龍龕]同鞻

【鞻】승. 【字義】 의미상(義未詳) [龍龕]音繩出藏經

【鞻】승. 【字義】 승(鞻)과 同字. [五音篇海] 同鞻

【鞻】황. 本作鞻 【字義】 황(煌)의 古字. [字彙補]古煌字見集韻○按集韻本作鞻

【鞻】건. 居言切 【字義】 의미상(義未詳) [五音篇海] 居言切

【鞻】굴. 【字義】 국(鞻)과 同字. [六書統]與鞻同

【鞻】인. 【字義】 인(鞀)과 同字. [字彙補]同鞀

【鞻】결. 鞻字之譌 【字義】 이지러질 결. (缺也) [字彙補]音決缺也○按卽鞻字之譌

【鞻】용.

字義 용(鞲)과 同字. [五音篇海]
同鞲

【鞼】지.
字義 의미상(義未詳) [搜眞玉鏡]
音知

【鞈】결.
字義 의미상(義未詳) [篇海類編]
音決

【鞥】용. 而用切
字義 의미상(義未詳) [搜眞玉鏡]
而用切

【韀】건.
字義 건(韉)과 同字. [龍龕]同韉

【韀】전.
字義 저(氈)과 同字. [龍龕]同氈

【韄】라.
字義 의미상(義未詳) [五音篇海]
音羅

康熙字典備考戌集
韋 部

【靬】한.
字義 의미상(義未詳) [五音篇海]
音旱

【歡】曰군. 口云切 曰분. 方
吻切
字義 ■ ■의미상(義未詳) [龍
龕]口云切又方吻切

【韠】불.
字義 불(韍)과 同字. [字彙補]同
韍

【輅】구.
字義 구(韝)와 同字. [龍龕]同韝

【鞣】타.
字義 타(鞣)와 同字. [五音篇海]

同鞣

【鞇】인.
字義 인(因)과 同字. [龍龕]同因

【鞴】역.
字義 의미상(義未詳) [字彙補]音
亦

【韃】할.
字義 의미상(義未詳) [龍龕]音轄

【韇】연.
字義 의미상(義未詳) [搜眞玉鏡]
音涓

【儶】위.
字義 의미상(義未詳) [川篇]音違

【鞍】단.
字義 단(鞍)의 譌字. [搜眞玉鏡]
鞍字之譌

【鞁】배.
字義 배(鞴)와 同字. [龍龕]同鞴

【鞣】섭.
字義 섭(鞣)과 同字. [龍龕]同鞣

【韠】혁.
字義 의미상(義未詳) [五音篇海]
音革

【韛】구.
字義 구(韝)와 同字. [龍龕]與韝
同

【韏】권.
字義 의미상(義未詳) [篇韻]音卷

【韡】흔.
字義 의미상(義未詳) [川篇]觅上
聲

【韝】패.

字義 의미상(義未詳) [搜眞玉鏡]
音敗

【韞】패.
字義 의미상(義未詳) [五音篇海]
音敗

【韠】단.
字義 의미상(義未詳) [搜眞玉鏡]
音單

【韑】가.
字義 의미상(義未詳) [川篇]音柯

【韇】구.
字義 의미상(義未詳) [川篇]音寇

康熙字典備考戌集
韭 部

【韰】해.
字義 해(韰)의 譌字. [五音篇海]
韰字之譌

【韲】제.
字義 제(韲)와 同字. [篇海類編]
同韲

【韮】자.
字義 자(自)와 同字. [篇海金鏡]
同自

【韲】대.
字義 회 대. (韲也) [字彙補]徒
對切韲也

【韲】비.
字義 바(韲)와 同字. 【五音篇
海】同韲

康熙字典備考戌集
音 部

【韵】박.
字義 의미상(義未詳) [龍龕]音雹

【斲】근. 去斤切
字義 의미상(義未詳) [五音篇海]
去斤切

【韐】갈.
字義 의미상(義未詳) [五音篇海]
音喝

【兤】광. 古橫切
字義 의미상(義未詳) [五音篇海]
古橫切

【韐】동.
字義 의미상(義未詳) [海篇]音洞

【韐】약.
字義 의미상(義未詳) [龍龕]音藥

【韽】감. 돌이킬 감. (反也) [[川篇]
音坎反也○按卽韽字之譌

【諫】속.
字義 의미상(義未詳) [龍龕]音速

【韻】봉.
字義 의미상(義未詳) [川篇]音贈

【韹】호. 戶皋切
字義 의미상(義未詳) [川篇]戶皋切

【韯】정.
字義 의미상(義未詳) [龍龕]音亭

【韛】상.
字義 의미상(義未詳) [龍龕]音桑

【韰】합.
字義 의미상(義未詳) [五音篇海]
音鮓

【韽】속.
字義 의미상(義未詳) [龍龕]音韽

【韼】막.
字義 의미상(義未詳) [五音篇海]
音莫

【韽】경.
字義 경(經)과 同字. [篇海類編]
同經

【韽】박.
字義 의미상(義未詳) [龍龕]音樸

【韽】와.
字義 의미상(義未詳) [川篇]音譌

【韽】임.
字義 의미상(義未詳) [五音篇海]
音稔

康熙字典備考戌集
頁 部

【頱】진.
字義 의미상(義未詳) [搜眞玉鏡]
音振

【頒】랍. 郎合切
字義 의미상(義未詳) [搜眞玉鏡]
郎合切

【頍】두.
字義 의미상(義未詳) [奚韻]音斗

【頵】曰무. 曰규.
字義 ■■의미상(義未詳) [字彙補]音撫出釋典又音規出百緣經.

【傾】경. 誤音傾字
字義 결 경. (側也) [字彙補]此字出[西域記]中誤音傾字側也

【頖】아.
字義 의미상(義未詳) [龍龕]音雅

【頗】진.
字義 진(殄)과 同字. [篇海類編]

同殄

【頙】진.
字義 진(殄)과 同字. [龍龕]同殄

【頒】수.
字義 의미상(義未詳) [搜眞玉鏡]
音須

【頏】주.
字義 의미상(義未詳) [龍龕]音主

【頮】회.
字義 회(頹)와 同字. [龍龕]同頹

【頔】이.
字義 이(歐)와 同字. [龍龕]同歐

【頭】탄.
字義 탄(頭)과 同字. [龍龕]與頭同

【頥】신.
字義 신(頤)과 同字. [龍龕]同頤

【頮】수.
字義 수(鬚)와 同字. [川篇]同鬚

【頵】잠.
字義 잠(顔)과 同字. [川篇]同顔

【顁】 음미상(音未詳)
字義 의미상(義未詳) [海篇]同顁
※顁字字典補遺備考無

【頮】부.
字義 의미상(義未詳) [搜眞玉鏡]
音孚

【頟】액.
字義 의미상(義未詳) [字彙補]音額出續高僧傳

【頹】비.
字義 비(頹)와 同字. [字彙補]同

頨

【顐】설. 疋滅切
字義 의미상(義未詳) [搜眞玉鏡]
疋滅切

【䪻】규.
字義 규(頯)와 同字. [篇海類編]
與頯同

【顠】각.
字義 의미상(義未詳) [搜眞玉鏡]
音角

【頜】함. 胡耽切 頷字之譌
字義 턱 함. (頤也) [龍龕]胡耽
切音咸頤也○按卽頷字之譌

【䫌】유.
字義 의미상(義未詳) [搜眞玉鏡]
音由

【顀】曰외. 五怪切 曰괴. 苦
怪切
字義 ■■ 의미상(義未詳) [龍
龕]五怪切又苦怪切

【顅】옹.
字義 옹(顯)과 同字. [篇海]同顯

【䫟】앙. 五郞切
字義 의미상(義未詳) [搜眞玉鏡]
五郞切

【頙】반.
字義 의미상(義未詳) [搜眞玉鏡]
音班

【薆】우.
字義 우(憂)와 同字. [搜眞玉鏡]
與憂同

【頯】린.
字義 린(類)과 同字. [篇海類編]
同類

【顥】유.

字義 유(顥)와 同字. [川篇]同顥

【纈】삼.
字義 삼(頷)과 同字. [川篇]同頷

【遺】규.
字義 의미상(義未詳) [川篇]音遠

【顎】훤.
字義 의미상(義未詳) [字彙補]音
喧

【顥】정.
字義 정(顥)과 同字. [篇海類編]
同顥

【顡】악.
字義 악(顡)과 同字. [字彙補]同
顡

【顲】창.
字義 의미상(義未詳) [川篇]音蒼

【願】曰관. 曰원.
字義 ■■ 의미상(義未詳) [搜眞
玉鏡]音官又音願

康熙字典備考戌集
風 部

【颬】배. 北妹切
字義 의미상(義未詳) [龍龕]北妹
切

【颮】부.
字義 부(颬)와 同字. [篇海]與颬
同

【颫】심.
字義 심(颭)과 同字. [龍龕]同颭

【颬】뇨. 女交切
字義 의미상(義未詳) [搜眞玉鏡]
女交切

【颭】패.

字義 의미상(義未詳) [龍龕]音霈

【颭】식.
字義 의미상(義未詳) [川篇]音式

【颭】삽.
字義 삽()과 同字. [字彙補]同颯

【颭】조.
字義 의미상(義未詳) [搜眞玉鏡]
音早

【颭】획.
字義 의미상(義未詳) [川篇]音劃

【颭】방.
字義 의미상(義未詳) [龍龕]音防

【颭】曰삭. 疋角切 曰보. 普
高切
字義 ■■ 의미상(義未詳) [龍
龕]疋角切又普高切

【颭】한.
字義 의미상(義未詳) [篇海類編]
音旱

【颭】曰오. 曰악.
字義 ■■ 의미상(義未詳) [篇
海]音汙又音惡

【颰】량.
字義 량(颰)과 同字. [篇海類編]
同颰

【颰】량.
字義 의미상(義未詳) [篇海類編]
音兩

【颰】청.
字義 의미상(義未詳) [五音篇海]
音靑

【颰】우.
字義 의미상(義未詳) [龍龕]音雨

【颶】비.
字義 의미상(義未詳) [龍龕]步迷切

【韑】위.
字義 위(<風从韋>)와 同字. [篇海大成]同<風从韋>

【颲】영.
字義 영(颲)과 同字. [篇海類編]同颲

【颺】양.
字義 양(颺)과 同字. [篇海類編]同颺

【颵】천.
字義 의미상(義未詳) [龍龕]音泉

【颼】소.
字義 소(颼)와 同字. [字彙補]同颼見集韻〇按集韻無此字

【飆】요.
字義 요(飆)와 同字. [海篇金鏡]同飆

【颽】개.
字義 개(飆)와 同字. [篇海類編]同飆

【颺】⊖야. ⊜역.
字義 ▨ ▨의미상(義未詳) [篇海類編]音夜又音亦

【颺】수.
字義 수(颺)와 同字. [五音篇海]與颺同

【颺】범.
字義 범(颺)와 同字. [五音篇海]與颺同

【飂】료.
字義 료(飂)와 同字. [篇海類編]

同飂

【飌】풍. 夫中切
字義 서로가까울 풍. (相竿也) [字彙補夫中切音風[談薈]夏禹作伺飌卽相竿也〇按此疑卽風鳥二字之譌

【徽】위.
字義 위(飆)와 同字. [龍龕]同飆

【颵】수.
字義 의미상(義未詳) [五音篇海]音隨

【飉】료.
字義 료(飉)와 同字. [篇海類編]同飉

【黃風】횡.
字義 횡(飆)과 同字. [篇海類編]與飆同

【飈】풍.
字義 의미상(義未詳) [川篇]音風

【鼓風】고.
字義 의미상(義未詳) [龍龕]音古

【飀】룡.
字義 의미상(義未詳) [五音篇海]音龍

【飀】룡.
字義 의미상(義未詳) [龍龕]音龍

【風鬼豢豢】선.
字義 의미상(義未詳) [龍龕]音旋

【飜風翏流】풍.
字義 의미상(義未詳) [五音篇海]音風

康熙字典備考戌集
飛 部

同飀

【翼】몽.
字義 의미상(義未詳) [篇韻]音佲

【翼】척.
字義 의미상(義未詳) [海篇大成]音隻

康熙字典備考戌集
食 部

【食】식.
字義 식(食)과 同字. [川篇]同食

【飢】액.
字義 액(飢)과 동자. [龍龕]同飢

【飡】기.
字義 기(飢)와 同字. [五音篇海]同飢

【飾】식.
字義 식(飾)과 同字. [龍龕]同飾

【餮】도.
字義 도(饕)와 同字. [龍龕]同饕

【餂】감.
字義 감(餂)과 同字. [龍龕]與餂同

【餺】박.
字義 박(餺)과 同字. [字彙補]與餺同

【飷】제.
字義 제(飷)와 同字. [龍龕]與飷同

【餐】포.
字義 포(飽)와 同字. [篇海類編]與飽同

【餐】⊖⊜패. 浦昧切 蒲昧切
字義 ▨ ▨의미상(義未詳) [龍龕]浦昧切又蒲昧切

【餀】어.
字義 어(飫)와 同字. [五音篇海]與飫同

【餇】공.
字義 의미상(義未詳) [龍龕]音供

【飺】채. 側皆切
字義 의미상(義未詳) [龍龕]側皆切

【餂】제.
字義 의미상(義未詳) [搜眞玉鏡]音啼

【餔】철.
字義 의미상(義未詳) [搜眞玉鏡]音綴

【餐】찬.
字義 의미상(義未詳) [龍龕]音餐

【飻】어.
字義 의미상(義未詳) [龍龕]音飫

【餙】제.
字義 의미상(義未詳) [龍龕]音骶

【餗】식.
字義 식(餝)과 同字. [龍龕]與餝同

【餝】수.
字義 의미상(義未詳) [五音篇海]音遂

【饗】손.
字義 의미상(義未詳) [搜眞玉鏡]音飧

【鹹】함.
字義 의미상(義未詳) [篇海類編]音咸

【餕】준.

【餕】준.
字義 준(餕)과 同字. [龍龕]與餕同

【餮】무.
字義 의미상(義未詳) [搜眞玉鏡]音務

【餶】갱.
字義 의미상(義未詳) [海篇]音羹

【餬】오. 安姑切
字義 의미상(義未詳) [五音篇海]安姑切。

【餐】수.
字義 의미상(義未詳) [龍龕]音餿

【饕】도.
字義 도(饕)와 同字. [搜眞玉鏡]同饕

【虝】도.
字義 도(饕)와 同字. [篇海類編]同饕

【餶】장.
字義 장(饕)과 同字. [龍龕]同饕

【饕】갈.
字義 갈(饕)과 同字. [搜眞玉鏡]與饕同

【餬】호.
字義 호(餬)와 同字. [龍龕]與餬同

【饐】침.
字義 침(饐)과 同字. [篇海類編]同饐

【餤】담.
字義 담(餮)과 同字. [龍龕]同餮

【饜】염.
字義 염(饜)과 同字. [篇海類編]同饜

同饜

【饳】다. 徒臥切
字義 의미상(義未詳) [搜眞玉鏡]徒臥切

【餕】삼.
字義 삼(餕)과 同字. [篇海類編]與餕同

【饡】잘. 祖葛切
字義 의미상(義未詳) [搜眞玉鏡]祖葛切

【鏻】린.
字義 의미상(義未詳) [篇海類編]音隣

【饗】어.
字義 의미상(義未詳) [龍龕]音飫

【饡】찬.
字義 의미상(義未詳) [海篇]音餐

【饗】몽. 莫紅切
字義 의미상(義未詳) [川篇]莫紅切

【饡】찬.
字義 찬(饡)과 同字. [篇海類編]同饡

【饡】여.
字義 의미상(義未詳) [川篇]音余

【饡】람.
字義 의미상(義未詳) [龍龕]音覽

康熙字典備考戌集
首 部

【臬】오.
字義 의미상(義未詳) [川篇]音五

【䭲】계.

字義 계(䜈)와 同字. [龍龕]同䜈	【黐】복. 字義 복(馥)과 同字. [篇海類編]同馥	【駝】타. 字義 의미상(義未詳) [五音篇海]音馳
【艏】계. 字義 계(䜈)와 同字. [龍龕]同䜈	【馥】복. 字義 복(馥)과 同字. [字彙補]同馥	【駽】완. 五貫切 字義 의미상(義未詳) [龍龕]五貫切
【𦣫】이. 字義 이(𦣞)와 同字. [字彙補]同𦣫	【䵻】애. 字義 애(䶗)와 同字. [篇海類編]同䶗	【雲】구. 字義 구(駈)와 同字. [篇海類編]同駈
【䭪】수. 字義 수(首)와 同字. [五音篇海]同首	【馫】향. 字義 의미상(義未詳) [五音篇海]音香	【馳】구. 字義 구(駈)와 同字. [篇海類編]同駈
【䭫】유. 字義 의미상(義未詳) [五音篇海]音惟	【馦】향. 字義 의미상(義未詳) [篇海]音香	【雟】모. 字義 의미상(義未詳) [五音篇海]音謀
【䑆】수. 字義 의미상(義未詳) [龍龕]音首	【䶞】류. 字義 의미상(義未詳) [五音篇海]音類	【騁】빙. 字義 빙(騁)의 譌字. [字彙補]騁字之譌

【䬋】단. 字義 의미상(義未詳) [五音篇海]音檀		【駩】감. 字義 의미상(義未詳) [篇海類編]音甘

【䬑】유. 字義 의미상(義未詳) [字彙補]音諛	【馰】정. 字義 의미상(義未詳) [五音篇海]音丁	【駘】호. 字義 의미상(義未詳) [搜眞玉鏡]音胡
【䬊】단. 字義 의미상(義未詳) [搜眞玉鏡]音檀	【䮁】보. 字義 보(駂)와 동자. [篇海類編]同駂	【駺】휴. 字義 휴(儁)와 同字. [篇海類編]同儁
【䬐】별. 字義 별(䬰)과 同字. [龍龕]同䬰	【駢】군. 字義 군(羣)과 同字. [篇海類編]同羣	【䴹】보. 字義 보(譌)의 譌字. [字彙補]犒字之譌
【䬰】복. 字義 복(馥)과 同字. [五音篇海]同馥	【戶馬】려. 字義 려(駏)와 同字. [篇海類編]同駏	【騮】류. 字義 류(騮)와 同字. [龍龕]與騮同
【䭸】향. 字義 의미상(義未詳) [搜眞玉鏡]音香	【駅】과. 字義 의미상(義未詳) [川篇]音戈	【𪘂】황.

字義 황(騜)과 同字. [篇海類編] 同騜	【驕】기. 字義 기(騎)와 同字. [篇海類編] 與騎同	字義 의미상(義未詳) [搜眞玉鏡] 烏刮切
【馹】절. 字義 의미상(義未詳) [篇海類編] 音折	【驪】환. 字義 환(驪)의 譌字. [字彙補]驪 字之譌	【骹】曰흘. 曰아. 烏架切 字義 ■■의미상(義未詳) [搜 眞玉鏡]音訖又烏架切
【駗】리. 字義 의미상(義未詳) [搜眞玉鏡] 音利	【驅】족. 字義 의미상(義未詳) [篇海類編] 音足	【骭】유. 字義 의미상(義未詳) [五音篇海] 音腴
【駞】曰도. 曰화. 字義 ■의미상(義未詳) [川篇]音 桃 ■화(驊)와 同字. 又[字彙補] 與驊同	【驗】도. 字義 의미상(義未詳) [龍龕]音徒	【骱】갈. 字義 갈(骱)과 同字. [龍龕]與骱 同
【騞】작. 字義 의미상(義未詳) [搜眞玉鏡] 音鵲	【騰】등. 字義 등(騰)과 同字. [龍龕]同騰	【骫】곤. 字義 곤(閫)과 同字. [龍龕]與閫 同
【騍】곤. 字義 의미상(義未詳) [五音篇海] 音困	【驫】봉. 字義 봉(驫)과 同字. [字彙補]同 驫	【骺】반. 字義 의미상(義未詳) [五音篇海] 音飯
【駲】굴. 字義 굴(鷗)과 同字. [篇海類編] 與鷗同	【驪】흘. 字義 의미상(義未詳) [搜眞玉鏡] 音訖	【骯】항. 字義 항(骯)과 同字. [龍龕]同骯
【駿】변. 字義 변(駢)과 同字. [字彙補]見 石鼓文楊愼云當作駢	【驕】취. 字義 의미상(義未詳) [搜眞玉鏡] 音聚	【骱】갑. 字義 의미상(義未詳) [龍龕]音甲
【驇】유. 字義 의미상(義未詳) [奚韻]音幽	【驔】전. 知卷切 字義 의미상(義未詳) [搜眞玉鏡] 知卷切	【骭】주. 字義 의미상(義未詳) [五音篇海] 音注
【驉】여. 字義 의미상(義未詳) [搜眞玉鏡] 音余	【驢】려. 字義 려(驢)와 同字. [搜眞玉鏡] 同驢	【骿】연. 字義 의미상(義未詳) [字彙補]音 研
【騔】혜. 字義 혜(騔)와 同字. [龍龕]同騔	**康熙字典備考亥集** **骨　部**	【骱】가. 字義 가(骳)와 同字. [餘文]同骳
【騩】괴. 字義 괴(騩)와 同字. [字彙補]同 騩	【骩】간. 字義 의미상(義未詳) [川篇]音干	【骾】환. 字義 환(骾)의 譌字. [字彙補]骾 字之譌
	【骬】왈. 烏刮切	【骰】삭. 土角切

第一欄

字義 의미상(義未詳) [龍龕]士角切

【骸】갈.
字義 의미상(義未詳) [奚韻]音褐

【骹】담.
字義 의미상(義未詳) [五音篇海]音啖

【骾】아. 烏花切
字義 의미상(義未詳) [龍龕]烏花切

【骹】후.
字義 후(骹)와 同字. [篇海類編]同骹

【骱】요.
字義 의미상(義未詳) [搜眞玉鏡]音驍

【髗】고.
字義 고(骺)와 同字. [字彙補]同骺

【髀】고.
字義 고(勒)와 同字. [龍龕]同勒

【骹】오.
字義 오(聱)와 同字. [篇海類編]同聱

【髐】훈. 許君切
字義 의미상(義未詳) [龍龕]許君切音熏

【髊】曰曰염. 於鹽切 於焰切
字義 ■ ■의미상(義未詳) [龍龕]於鹽切又於焰切

【髒】담.
字義 의미상(義未詳) [餘文]音曇

康熙字典備考亥集

第二欄 高部

高　部

【鄗】학.
字義 학(鄗)의 譌字. [五音篇海]鄗字之譌

【臺】미.
字義 의미상(義未詳) [龍龕]音媚

【嚆】호.
字義 호(豪)의 本字. [字彙補]引長箋云豪本字○按長箋本作嚆

【韴】노. 奴刀切
字義 의미상(義未詳) [搜眞玉鏡]奴刀切

【韓】비.
字義 비(陣)의 籀文. [字彙補]籀文陣字○按卽韓字之譌

【蠚】갈.
字義 의미상(義未詳) [搜眞玉鏡]音蝎

康熙字典備考亥集
髟　部

【髦】모.
字義 모(髦)와 同字. [龍龕]同髦

【髶】비.
字義 비(髹)와 同字. [龍龕]同髹

【髣】개.
字義 개(髶)와 同字. [龍龕]同髶

【髶】용.
字義 의미상(義未詳) [龍龕]音用

【髦】모.
字義 의미상(義未詳) [五音篇海]音母

【髶】불.

第三欄 髟部

字義 불(髻)의 譌字. [字彙補]髻字之譌

【鬢】曰차. 曰절.
字義 ■ ■의미상(義未詳) [篇海類編]音跐又音節

【髮】실.
字義 의미상(義未詳) [字彙補]音失

【髽】좌.
字義 좌(髽)의 俗字. [字彙補]俗髽字

【髹】휴.
字義 휴(髹)와 同字. [篇海類編]同髹

【髹】휴.
字義 휴(髹)와 同字. [五音篇海]同髹

【鬣】섭.
字義 의미상(義未詳) [五音篇海]音涉

【鬖】참.
字義 의미상(義未詳) [篇海類編]音讒

【鬆】살.
字義 의미상(義未詳) [五音篇海]音殺

【鬐】복.
字義 복(鬊)과 同字. [龍龕]同鬊

【鬒】전.
字義 전(氈)과 同字. [五音篇海]同氈

【鬚】농.
字義 농(鬚)과 同字. [餘文]同鬚

【鬤】曰曰농. 女紅切 女容

切
字義 ▨ ▨의미상(義未詳) [龍龕]女紅切又女容切

【鬞】충.
字義 의미상(義未詳) [字彙補]音冲

【鬣】렵.
字義 렵(鬣)의 譌字. [字彙補]鬣字之譌

康熙字典備考亥集
鬥 部

【鬦】투.
字義 투(鬪)와 同字. [五音篇海]同鬭

【鬪】투.
字義 투(鬪)와 同字. [五音篇海]同鬭

【鬩】혁.
字義 혁(鬩)과 同字. [五音篇海]同鬩

康熙字典備考亥集
鬲 部

【䰜】종.
字義 종(䰜)과 同字. [龍龕]同䰜

【䰞】객.
字義 의미상(義未詳) [川篇]音客

【䰤】초. 初巧切
字義 의미상(義未詳) [龍龕]初巧切

【鬹】갱.
字義 갱(羹)과 同字. [五音篇海]與羹同

【鬻】혐.
字義 의미상(義未詳) [搜眞玉鏡]

音嫌

【鬻】교.
字義 의미상(義未詳) [川篇]音敎

【鬻】죽.
字義 죽(粥)과 同字. [龍龕]同粥

【鬻】심.
字義 심(鬻)과 同字. [餘文]同鬻

【鬻】비.
字義 비(鬻)와 同字. [篇海類編]同鬻

【鬰】원.
字義 의미상(義未詳) [搜眞玉鏡]音垣

【鬻】약.
字義 의미상(義未詳) [川篇]音淪

【鬻】욕.
字義 의미상(義未詳) [搜眞玉鏡]音辱

康熙字典備考亥集
鬼 部

【䰠】구.
字義 의미상(義未詳) [搜眞玉鏡]音鳩

【魁】귀.
字義 의미상(義未詳) [五音篇海]音鬼

【鬽】매.
字義 매(彪)와 同字. [龍龕]同彪

【魂】매.
字義 의미상(義未詳) [搜眞玉鏡]音魅

【魄】귀.

字義 귀(鬼)의 古字. [字彙補]古文鬼字○按卽䰟字之譌

【冕】망.
字義 망(魍)과 同字. [龍龕]同魍

【魦】매.
字義 매(魅)와 同字. [龍龕]同魅

【魁】귀.
字義 귀(鬼)와 同字. [五音篇海]同鬼

【魅】괴.
字義 괴(魁)와 同字. [五音篇海]同魁

【耄】모.
字義 모(耄)와 同字. [龍龕]同耄

【魊】죽.
字義 의미상(義未詳) [龍龕]音竹

【䰟】화.
字義 화(傀)와 同字. [篇海類編]同傀

【魅】괴. 苦回切
字義 의미상(義未詳) [搜眞玉鏡]苦回切

【䰥】리.
字義 리(魑)와 同字. [篇海類編]同魑

【魒】앙.
字義 돌이킬 앙. [龍龕]於良反

【魅】고.
字義 의미상(義未詳) [龍龕]音古

【魅】소.
字義 의미상(義未詳) [龍龕]音蘇

【魁】갑.

字義 갑(⿰甲鬼)과 同字. [篇海類編] 同⿰甲鬼

【⿺鬼兜】두.
字義 의미상(義未詳) [字彙補]音兜

【⿺鬼役】역.
字義 의미상(義未詳) [龍龕]音役

【⿺鬼朱】추. 暢朱切
字義 의미상(義未詳) [龍龕]暢朱切

【⿺鬼舟】귀.
字義 귀(鬼)와 同字. [五音篇海] 同鬼

【⿺鬼来】㊀삼. ㊁뢰.
字義 ❶ ❷의미상(義未詳) [搜眞玉鏡]音滲又音賴

【⿺鬼豕】매.
字義 매(魅)와 동자. [搜眞玉鏡] 與魅同

【⿺鬼寽】률.
字義 의미상(義未詳) [搜眞玉鏡] 音律

【⿱圭鬼】계.
字義 의미상(義未詳) [搜眞玉鏡] 音桂

【⿱亦鬼】역.
字義 역(魊)과 同字. [篇海類編] 同魊

【⿱罒鬼】량.
字義 량(魎)과 同字. [篇海類編] 同魎

【⿺鬼虎】호.
字義 호(⿺鬼虎)와 同字. [龍龕]同⿺鬼虎

【⿺鬼毛】정.
字義 의미상(義未詳) [五音篇海] 音精

【⿺鬼多】치.
字義 의미상(義未詳) [龍龕]音侈

【⿺鬼覀】괴.
字義 괴(魁)와 同字. [搜眞玉鏡] 同魁

【⿺鬼急】급.
字義 귀신이름 급. (鬼名) [字彙補]音急鬼名

【⿺鬼者】저.
字義 의미상(義未詳) [五音篇海] 音猪

【⿺鬼叟】㊀수. 所救切 ㊁숙. 所六切
字義 ❶ ❷의미상(義未詳) [龍龕]所救切又所六切

【⿺鬼登】매.
字義 매(魅)와 同字. [龍龕]與魅同

【⿺鬼豦】거.
字義 의미상(義未詳) [字彙補]音據

【⿺鬼采】우.
字義 귀신이름 우. (鬼名) [搜眞玉鏡]音右鬼名

【⿱羊鬼】양.
字義 의미상(義未詳) [五音篇海] 音羊

【⿺鬼焱】표. 必遙切
字義 의미상(義未詳) [龍龕]必遙切

【⿺鬼異】이.
字義 의미상(義未詳) [五音篇海] 音異

【⿺鬼賓】빈.
字義 빈(⿰賓鬼)과 同字. [篇海類編] 同⿰賓鬼

【⿺鬼需】유.
字義 유(⿰需鬼)와 同字. [篇海類編] 同⿰需鬼

【⿱⿰𠂉垂鬼】의.
字義 의(⿺鬼疑)와 同字. [篇海類編] 同⿺鬼疑

【⿱各⿰鬼鬼】귀.
字義 귀(鬼)와 同字. [搜眞玉鏡] 同鬼

【⿺鬼霝】령,
字義 령(⿰霝鬼)과 同字. [篇海類編] 同⿰霝鬼

【⿱鬼羅】라.
字義 의미상(義未詳) [搜眞玉鏡] 音羅

康熙字典備考亥集
魚 部

【⿱⺈⿵冂火】어.
字義 어(魚)와 同字. [字彙補] 同魚○按集韻古文魚字作⿱⺈⿵冂火⿱⺈⿵冂火即⿱⺈⿵冂火字之譌

【⿺尢魚】㊀별. ㊁어.
字義 ❶ ❷의미상(義未詳) [五音篇海]音鼈又音魚

【⿰魚厶】시.
字義 시(⿰魚氏)와 同字. [五音篇海] 同⿰魚氏

【⿱元魚】원.
字義 원(魭)과 同字. [篇海類編] 同魭

【魧】항. 胡郎切

字義 물고기리름 항. (魚名) [龍龕]胡郎切魚名○按卽魥字之譌

【鮕】고.
字義 의미상(義未詳) [篇海類編]音沽

【鮉】목.
字義 물고기이름 목. (魚名) [篇海類編]音目魚名

【鮤】렬.
字義 렬(鱳)과 同字. [篇海類編]同鱳

【魼】협.
字義 의미상(義未詳) [篇海類編]音叶

【鮝】소.
字義 소(鰠)와 同字. [龍龕]同鰠

【䱥】구.
字義 의미상(義未詳) [篇海類編]音舅

【鯪】몽. 武登切
字義 몽(魟)의 譌字. [五音集韻]武登切○按卽魟字之譌

【魟】몽. 魟字之譌
字義 몽(鱕)과 同字. [篇海類編]同鱕○按卽魟字之譌

【鮨】의.
字義 의미상(義未詳) [篇海類編]音宜

【鮡】조.
字義 조(鮷)와 同字. [龍龕]同鮷

【鼉】타.
字義 타(鮀)와 同字. [篇海類編]同鮀。

【鯠】리. 力脂切 鯬字之譌
字義 물고기이름 리. (鰻鯠) (鯠鯠) (鮁魚名) [篇海類編]力脂切音梨鰻鯠又鯠鯠鮁魚名○按卽鯬字之譌

【鮀】사. 徐姊切
字義 의미상(義未詳) [龍龕]徐姊切

【鯼】니.
字義 의미상(義未詳) [篇海類編]音泥

【鮏】형.
字義 의미상(義未詳) [篇海類編]音熒

【鰭】서.
字義 서(鰭)와 同字. [龍龕]同鰭

【鯨】경.
字義 의미상(義未詳) [搜眞玉鏡]音京

【颮】위.
字義 의미상(義未詳) [搜眞玉鏡]音威

【鯱】사.
字義 의미상(義未詳) [篇海類編]音思

【鯺】나.
字義 나(鯺)와 同字. [字彙補]同鯺

【鰽】교.
字義 교(鰽)와 同字. [篇海類編]同鰽

【鰡】류.
字義 류(鰡)와 同字. [字彙補]同鰡

【鱻】曰선. 曰소.
字義 ▪ ▪의미상(義未詳) [龍龕]音仙又音蘇

【鱪】위.
字義 위(鰃)와 同字. [篇海類編]同鰃

【鯤】곤.
字義 곤(鯤)과 同字. [集韻]同鯤

【鰶】작.
字義 작(鰪)의 本字. [篇海類編]鰪本字

【鰥】환.
字義 환(鰥)과 同字. [龍龕]同鰥

【鰔】침.
字義 침(鰔)과 同字. [篇海][類編]同鰔

【䲠】촉.
字義 의미상(義未詳) [篇海類編]音蜀

【鱺】리.
字義 리(鯉)와 同字. [篇海類編]與鯉同

【蟹】해.
字義 해(鱰)와 同字. [說文長箋]同鱰

【鰲】오.
字義 오(鰲)와 同字. [篇海類編]與鰲同

【鰒】복.
字義 복(鰒)의 譌字. [字彙補]鰒字之譌

【鱣】엽.

字義 의미상(義未詳) [篇海類編] 音嚱

【鱋】달. 疑卽獺字異文
字義 달(鱰)과 同字. [字彙補]同鱰疑卽獺字異文

【鷙】지.
字義 지(鷙)와 同字. [篇海類編]同鷙

康熙字典備考亥集
鳥部

【鳥】조.
字義 조(鳥)와 同字. [字彙補]鳥字見漢碑

【鼻】력.
字義 력(劸)과 同字. [篇海類編]與劸同

【鳩】구.
字義 구(鳩)와 同字. [字彙補]鳩字見漢碑

【鳩】구.
字義 구(鳩)의 譌字. [搜眞玉鏡]音鳩○按卽鳩字之譌

【鴜】자.
字義 자(雌)와 同字. [字彙補]同雌見集韻○按集韻作雌亦作鴜字彙補誤

【鮏】日휴. 日표.
字義 ■이상하게생긴새 휴.(怪鳥) [五音篇海]音休怪鳥 ■의미상(義未詳) [字彙補]音豹

【鴉】교. 俗音無
字義 교자(憍字)로 쓰임. [龍龕]舊藏作憍字俗音無

【鳽】개.

【鳽】개.
字義 개(鳽)와 同字. [篇海類編]與鳽同

【鴉】아.
字義 아(鴉)와 同字. [龍龕]同鴉

【鷦】치.
字義 치(鷗)와 同字. [篇海類編]與鷗同

【鴥】日거. 日효.
字義 ■ ■의미상(義未詳) [搜眞玉鏡]音巨又音爻

【鳾】아.
字義 의미상(義未詳) [字彙補]音雅

【駒】학.
字義 학(鸖)과 同字. [龍龕]同鸖

【鴂】일.
字義 일(鴥)과 同字. [篇海類編]與鴥同

【距】거.
字義 거(鷗)와 同字. [篇海類編]與鷗同

【鴀】보.
字義 보(鴇)와 同字. [篇海類編]同鴇

【鴨】압.
字義 압(鴨)과 同字. [說文長箋]同鴨

【駕】가.
字義 가(鴽)와 同字. [篇海類編]同鴽

【鵁】교.
字義 교(鴽)와 同字. [篇海類編]同鴽

【鴂】발.

字義 발(鴂)과 同字. [篇海類編]同鴂

【鶜】미.
字義 의미상(義未詳) [搜眞玉鏡]音米

【鴝】순.
字義 순(鴝)과 同字. [篇海類編]同鴝

【鵅】락.
字義 락(鵅)과 同字. [五音篇海]同鵅

【鵀】임.
字義 임(鵀)과 同字. [川篇]同鵀見集韻○按[集韻]鵀或作雔川篇誤

【鴀】부.
字義 의미상(義未詳) [龍龕]音婦

【鴀】칙.
字義 칙(鴀)과 同字. [篇海類編]同鴀

【鵻】율.
字義 의미상(義未詳) [海篇]音聿

【鶨】초.
字義 의미상(義未詳) [川篇]音初

【鶹】수.
字義 의미상(義未詳) [搜眞玉鏡]音秀

【鵗】포.
字義 포(鵗)와 同字. [篇海類編]同鵗

【鷩】별.
字義 별(鷩)과 同字. [篇海類編]同鷩

【鵩】과.

【鷅】
字義 의미상(義未詳) [搜眞玉鏡] 音果

【鶩】매.
字義 의미상(義未詳) [龍龕] 音枚

【鴰】명.
字義 의미상(義未詳) [搜眞玉鏡] 音命

【鵬】붕.
字義 붕(鵬)과 同字. [篇海類編] 同鵬

【彙】동.
字義 동(鶇)과 同字. [篇海類編] 同鶇

【鶛】부.
字義 부(鳺)와 同字. [篇海類編] 同鳺

【鵤】비.
字義 비(鯡)와 同字. [篇海類編] 同鯡

【鵂】부.
字義 부(鵮)와 同字. [篇海類編] 同鵮

【雟】요.
字義 요(鸎)의 譌字. [字彙補] 鸎字之譌

【鶮】객.
字義 의미상(義未詳) [搜眞玉鏡] 音客

【鵰】묘.
字義 묘(鶓)와 同字. [篇海類編] 同鶓

【鶓】묘.
字義 묘(鶓)와 同字. [篇海類編] 同鶓

【鶖】독.
字義 의미상(義未詳) [字彙補] 音獨

【鴑】오.
字義 의미상(義未詳) [篇海類編] 音鳥

【鶒】식.
字義 식(鶴)과 同字. [篇海類編] 同鶴

【鷮】교.
字義 교(鷮)와 同字. [龍龕] 同鷮

【鶵】추.
字義 추(鶵)와 同字. [字彙補] 同鶵

【鵃】조.
字義 의미상(義未詳) [篇海類編] 音鳥

【鷚】류.
字義 류(鷚)와 同字. [篇海類編] 同鷚

【鶴】학.
字義 학(鶴)의 譌字. [字彙補] 鶴字之譌

【鷛】용.
字義 용(鸙)의 本字. [說文] 鸙本字

【顅】고.
字義 고(顧)와 同字. [字彙補] 與顧同見耳目資疑卽鷞字之譌 鷞字之譌

【鷥】사.
字義 사(鵖)와 同字. [字彙補] 同鵖

【鶍】거.
字義 거(鶪)와 同字. [篇海類編] 同鶪

【鶝】부.
字義 의미상(義未詳) [川篇] 音富

【鷛】용.
字義 용(鱅)과 同字. [篇海類編] 同鱅

【鷻】단.
字義 단(鷲)과 同字. [篇海類編] 同鷲

【鷫】숙.
字義 숙(鶖)과 同字. [篇海類編] 同鶖

【鶮】허.
字義 의미상(義未詳) [搜眞玉鏡] 音虛

【鷄】계.
字義 의미상(義未詳) [龍龕] 音雞

【鷿】벽.
字義 벽(鷿)과 同字. [篇海類編] 同鷿

【鶕】⊟명. ⊟첨.
字義 ■■의미상(義未詳) [搜眞玉鏡] 音命又音僉

【鸀】촉.
字義 촉(鸀)과 同字. [篇海類編] 同鸀

【鸛】환.
字義 환(鸛)과 同字. [篇海類編] 同鸛

【鱵】침.
字義 침(鱵)과 同字. [篇海類編] 同鱵

【鷳】난.
字義 난(難)과 同字. [篇海類編] 同難

【鷨】수. 尸呪切
字義 의미상(義未詳) [搜眞玉鏡]
尸呪切

【鸍】미.
字義 의미상(義未詳) [川篇]音彌

【䲹】얼.
字義 얼(鸏)과 同字. [篇海類編]
與鸏同

【䴅】회.
字義 의미상(義未詳) [字彙補]音
灰

【鷡】국.
字義 국(鵴)과 同字. [字彙補]同
鵴

【鼜】소.
字義 의미상(義未詳) [字彙補]音
搔

【䲱】㊀도. 都老切 ㊁노. 尼
小切
字義 ■　■의미상(義未詳)　[奚
韻]都老切又尼小切

【䴇】리.
字義 리(鸝)와 同字. [奚韻]同鸝

康熙字典備考亥集
鹵　部

【鹵】로.
字義 로(鹵)와 同字. [奚韻]同鹵

【䶖】접.
字義 접(接)과 同字 [龍龕]同接

【䶒】강.
字義 강(䶒)의 譌字. [字彙補]䶒
字之譌

【䶍】강.

字義 강(䶍)과 同字. [川篇]與䶍
同

【齡】긍.
字義 의미상(義未詳) [搜眞玉鏡]
音矜

【䶞】척. 千力切
字義 의미상(義未詳) [搜眞玉鏡]
千力切

【鹹】함.
字義 함(鹹)과 同字. [篇海類編]
同鹹

【䶗】최.
字義 최(鹹)의 譌字. [字彙補]鹹
字之譌

【䶘】천. 此先切
字義 의미상(義未詳) [字彙補]此
先切音遷

康熙字典備考亥集
鹿　部

【䴔】록.
字義 록(鹿)과 同字. [字彙補]同
鹿

【麎】시.
字義 의미상(義未詳) [五音篇海]
音矢

【麔】빈.
字義 빈(牝)과 同字. [字彙補]與
牝同

【麠】령.
字義 령(麣)과 同字. [搜眞玉鏡]
同麣

【麌】모.
字義 의미상(義未詳) [搜眞玉鏡]
音牡

【麊】천.
字義 의미상(義未詳) [龍龕]音賤

【䴕】병.
字義 병(瓶)과 同字. [龍龕]同瓶

【䴖】과.
字義 의미상(義未詳) [搜眞玉鏡]
音果

【䴗】주. 子唯切
字義 의미상(義未詳) [五音篇海]
子唯切

【麖】경.
字義 경(麖)과 同字. [字彙補]同
麖

【䴘】경.
字義 경(麖)과 同字. [龍龕]同麖

【麚】사.
字義 사(麝)와 同字. [篇海類編]
同麝

【麤】음미상(音未詳)
字義 ■의미상(義未詳) [字彙補]
麤字之譌 ※字典備考補遺字無

【麍】령.
字義 령(麠)과 同字. [搜眞玉鏡]
同麠

【麤】령.
字義 령(麠)과 同字. [龍龕]同麠

【麜】전. 在見切
字義 의미상(義未詳) [龍龕]在見
切

【麤】록.
字義 의미상(義未詳) [搜眞玉鏡]
音鹿

【麟】린.

字義 린(麟)과 同字. [字彙補]同麟

【麤】누.
字義 의미상(義未詳) [搜眞玉鏡]音耨

康熙字典備考亥集
麥　部

【麬】료.
字義 의미상(義未詳) [龍龕]音了

【麬】비.
字義 의미상(義未詳) [五音篇海]音比

【麬】궐.
字義 의미상(義未詳) [字彙補]音橛

【麬】부. 芳無切 麬字之譌
字義 밀기울 부. (麥皮也) [龍龕]芳無切麥皮也○按卽麬字之譌

【麬】오.
字義 오(熬)와 同字. [龍龕]同熬

【麬】곡.
字義 의미상(義未詳) [搜眞玉鏡]苦穀切

【麬】릉.
字義 릉(夌)과 同字. [龍龕]同夌

【麬】릉.
字義 의미상(義未詳) [搜眞玉鏡]音陵

【麬】재.
字義 재(䞭)의 譌字. [字彙補]䞭字之譌

【麬】우. 汝隹切
字義 의미상(義未詳) [龍龕]汝隹切。

【麬】오. 五高切 熬字之譌
字義 달일 오. (煎也) [五音篇海]五高切煎也○按卽熬字之譌

【麬】책.
字義 의미상(義未詳) [龍龕]音責

【麬】첨.
字義 의미상(義未詳) [篇海類編]音甜

【麬】국.
字義 국(麴)과 同字. [龍龕]同麴

【麬】릉. 崚字之譌
字義 높고험한산의모양 릉. (陵嶒山貌) [龍龕]音陵陵嶒山貌○按音義疑卽崚字之譌

【麬】㊀척. ㊁추. ㊂고. ㊃곡.
字義 의미상(義未詳) [搜眞玉鏡]音戚又音趨又音苦又音穀

【麬】도. 他弔切
字義 의미상(義未詳) [搜眞玉鏡]他弔切音跳

【麬】㊀결. ㊁괄.
字義 ■■의미상(義未詳) [搜眞玉鏡]音結又音括

【麬】류.
字義 의미상(義未詳) [搜眞玉鏡]音漻

【麬】모.
字義 모(麬)와 同字. [搜眞玉鏡]與麬同

【麬】멸.
字義 의미상(義未詳) [五音篇海]音蔑

【麬】속.

字義 의미상(義未詳) [搜眞玉鏡]音束

【麬】치.
字義 의미상(義未詳) [篇海類編]音癡

【麬】부.
字義 부(麩)의 譌字. [字彙補]麩字之譌

【麬】등. 多肯切
字義 의미상(義未詳) [搜眞玉鏡]多肯切

【麬】초.
字義 초(麨)와 同字. [字彙補]同麨

【麬】초. 勅敎切
字義 의미상(義未詳) [篇海類編]勅敎切音趠

【麬】모.
字義 모(麬)와 同字. [篇海類編]與麬同

【麬】추.
字義 의미상(義未詳) [搜眞玉鏡]音秋

【麬】오. 五高切 熬字之譌
字義 달릴 오. (煎也) [篇海類編]五高切音敖煎也○按音義疑卽熬字之譌

【麬】과.
字義 과(麬)의 譌字. [字彙補]字見五代史疑卽麬字之譌

【麬】차.
字義 차(麬)와 同字. [龍龕]同麬

【麬】오.
字義 오(鏊)와 同字. [字彙補]與鏊同

【麨】조.
字義 조(麨)와 同字. [篇海類編] 與麨同

【麷】업. 魚列切
字義 의미상(義未詳) [搜眞玉鏡] 魚列切音業

康熙字典備考亥集
麻　部
【廐】마.
字義 마(摩)의 古字. [字彙補]古文摩字○按古文奇字摩古作摛字彙補誤

【麿】석.
字義 섯(䃞)과 同字. [篇海類編] 同䃞

康熙字典備考亥集
黃　部
【黁】갱.
字義 의미상(義未詳) [五音篇海] 音坑

【黊】지.
字義 의미상(義未詳) [五音篇海] 音輕

【黤】경.
字義 의미상(義未詳) [字彙補]音輕

【黇】치.
字義 의미상(義未詳) [龍龕]音馳

【黈】휘.
字義 의미상(義未詳) [搜眞玉鏡] 音輝

【黌】횡.
字義 횡(黌)과 同字. [五音篇海] 同黌

【黆】황.
字義 의미상(義未詳) [搜眞玉鏡] 音黃

【黣】㊀편. 必連切 ㊁번. 必淺切
字義 ㊀㊁의미상(義未詳) [五音篇海]必連切又必淺切

【黵】단.
字義 단(黵)의 俗字. [五音篇海] 黵俗字

【黸】막.
字義 의미상(義未詳) [龍龕]音莫

【黐】굉.
字義 의미상(義未詳) [五音篇海] 音觥

【黖】주.
字義 주(黖)와 同字. [字彙補]同黖

【黕】㊀굉. ㊁광.
字義 ㊀㊁의미상(義未詳) [搜眞玉鏡]音觥又音光

【黗】서.
字義 의미상(義未詳) [五音篇海] 音瑞

【黦】광.
字義 의미상(義未詳) [五音篇海] 音曠

【黋】표.
字義 의미상(義未詳) [搜眞玉鏡] 音票

康熙字典備考亥集
黑　部
【黬】견.
字義 견(黬)의 譌字. [字彙補]黬
字之譌

【黰】완.
字義 의미상(義未詳) [龍龕]音刓

【黪】요.
字義 의미상(義未詳) [搜眞玉鏡] 音夭

【黲】㊀축. ㊁몰.
字義 ㊀㊁의미상(義未詳) [搜眞玉鏡]音縮又音沒

【黳】이.
字義 의미상(義未詳) [搜眞玉鏡] 音二

【黰】두.
字義 의미상(義未詳) [搜眞玉鏡] 音豆

【黚】겸. 九嚴切
字義 의미상(義未詳) [龍龕]九嚴切音㡠

【黝】회.
字義 회(黝)와 同字. [字彙補]同黝

【黯】암. 於檻切
字義 의미상(義未詳) [龍龕]於檻切音晻

【黓】㊀역. ㊁욱.
字義 ㊀㊁의미상(義未詳) [川篇]音域又音郁

【黵】흑. 儵字之譌
字義 의미상(義未詳) [字彙補]虎得切音黑見五音篇海○按卽儵字之譌

【黎】도.
字義 의미상(義未詳) [五音篇海] 音荼

【屫】묵. 尾黑切
字義 의미상(義未詳) [字彙補]尾黑切見釋典

【鷠】음미상(音未詳)
字義 의미상(義未詳) [字彙補]音未詳見原病集

【黯】암.
字義 암(黯)과 同字. [龍龕]同黯

【㯱】새. 柴買切
字義 의미상(義未詳) [搜眞玉鏡]柴買切塞上聲

【䍏】계.
字義 의미상(義未詳) [搜眞玉鏡]音界

【䵋】후.
字義 의미상(義未詳) [搜眞玉鏡]音侯

【顟】멱.
字義 의미상(義未詳) [五音篇海]音覓

【䵍】건.
字義 의미상(義未詳) [五音篇海]音建

【黖】묵.
字義 의미상(義未詳) [五音篇海]音默

【黸】묵. 亡接切
字義 의미상(義未詳) [川篇]亡接切

【䵾】반.
字義 반(䵾)과 同字. [篇海類編]與䵾同

【黤】낭.
字義 낭(黤)의 譌字. [字彙補]黤

字之譌

【㸍】칠.
字義 의미상(義未詳) [搜眞玉鏡]音漆

【㸋】척.
字義 의미상(義未詳) [搜眞玉鏡]音隻

【䵸】담.
字義 담(黵)과 同字. [篇海類編]同黵

【㸊】업.
字義 의미상(義未詳) [搜眞玉鏡]音業

【䵶】찰.
字義 의미상(義未詳) [川篇]音察

【䵷】장.
字義 의미상(義未詳) [搜眞玉鏡]音臧

康熙字典備考亥集
黽 部

【䵷】원.
字義 원(黿)과 同字. [龍龕]同黿

【䵩】구.
字義 구(蠅)와 同字. [篇海類編]同蠅

【䵪】구.
字義 구(蠅)와 同字. [篇海類編]同蠅

【䵬】와.
字義 와(黿)와 同字. [龍龕]同黿

【䵭】미.
字義 미(黽)와 同字. [龍龕]同黽

【䵮】지.
字義 지(鼅)와 同字. [龍龕]同鼅

【䵲】추.
字義 추(䵲)와 同字. [字彙補]同䵲

【䵯】타.
字義 타(鼉)와 同字. [搜眞玉鏡]同鼉

康熙字典備考亥集
鼓 部

【鼓】고.
字義 고(鼓)와 同字. [龍龕]同鼓

【鼖】분.
字義 분(鼖)과 同字. [龍龕]同鼖

【鼛】연.
字義 의미상(義未詳) [搜眞玉鏡]音淵

【鼝】가.
字義 의미상(義未詳) [川篇]音笳

【鼘】연.
字義 연(鼝)과 同字. [五音篇海]同鼝

【鼜】첩.
字義 첩(鼞)과 同字. [龍龕]與鼞同

【鼞】연.
字義 연(鼝)과 同字. [川篇]同鼝

【鼟】주. 直又切
字義 의미상(義未詳) [搜眞玉鏡]直又切音呪

【鼞】동.
字義 동(鼟)과 同字. [篇海類編]

同饢

【齾】척.
字義 척(齾)과 同字. [五音篇海]
同齾

【齾】향.
字義 의미상(義未詳) [篇海類編]
音響

康熙字典備考亥集
鼠 部

【鼧】항. 火崗切
字義 의미상(義未詳) [川篇]火崗
切

【鼣】자.
字義 자(齟)와 同字. [篇海類編]
同齟

【鼦】각.
字義 각(齡)과 同字. [搜眞玉鏡]
同齡

【鼮】광.
字義 광(齟)과 同字. [搜眞玉鏡]
同齟

【鼵】후. 火有切
字義 의미상(義未詳) [川篇]火有
切音朽

【鼺】뢰. 良几切 리.
字義 의미상(義未詳) [搜眞玉鏡]
良几切又音离

【鼭】사.
字義 사(鼶)와 同字. [字彙補]同
鼶

【鼤】교.
字義 의미상(義未詳) [搜眞玉鏡]
音敎

【鼢】사. 先稽切

字義 의미상(義未詳) [川篇]先稽
切音斯

【鼶】훌. 蒲术切
字義 의미상(義未詳) [搜眞玉鏡]
蒲术切

康熙字典備考亥集
鼻 部

【鼽】비.
字義 의미상(義未詳) [篇海類編]
音譬

【鼾】굴.
字義 의미상(義未詳) [龍龕]音掘

【齁】올.
字義 올(齁)과 同字. [篇海類編]
同齁

【齅】체.
字義 체(嚏)와 同字. [龍龕]同嚏

【齆】옹.
字義 옹(齆)과 同字. [篇海類編]
同齆

康熙字典備考亥集
齊 部

【齎】제.
字義 제(齎)와 同字. [字彙補]與
齎同

【齏】제.
字義 제(齏)와 同字. [篇海類編]
同齏

康熙字典備考亥集
齒 部

【齒】치.
字義 치(齒)의 古字. [字彙補]古
文齒字○按說文古文齒作齒字彙
補誤。

【齣】거.
字義 의미상(義未詳) [龍龕]音居

【齕】흘.
字義 흘(齕)과 同字. [龍龕]同齕

【齔】친.
字義 친(齔)과 同字. [五音篇海]
同齔

【齡】계.
字義 계(齡)와 同字. [川篇]同齡

【齩】교.
字義 겨(齩)와 同字. [龍龕]同齩

【齙】용.
字義 의미상(義未詳) [字彙補]音
宂

【齲】할.
字義 할(齲)과 同字. [篇海類編]
同齲

【齡】령.
字義 령(齡)과 同字. [字彙補]與
齡同

【齜】재.
字義 재(齜)와 同字. [篇海類編]
同齜

【齦】간.
字義 간(齦)과 同字. [字彙補]與
齦同

【齝】타.
字義 의미상(義未詳) [搜眞玉鏡]
音朶

【齧】설.
字義 설(齧)과 同字. [龍龕]同齧

【齒有】日위. 日이.
字義 ■■의미상(義未詳) [篇海類編]音委[字彙補]音以

【齒后】채. 知皆切
字義 의미상(義未詳) [搜眞玉鏡]知皆切音椑

【齒玄】의.
字義 의(齯)와 同字. [餘文]同齯

【齒休】휴.
字義 의미상(義未詳) [搜眞玉鏡]音休

【齒尾】아.
字義 의미상(義未詳) [龍龕]音牙

【齒左】차.
字義 차(䶪)와 同字. [川篇]同䶪

【齒東】태.
字義 태(齳)와 同字. [龍龕]同齳

【齒辰】산.
字義 의미상(義未詳) [五音篇海]音酸

【齒屈】약.
字義 의미상(義未詳) [搜眞玉鏡]音約

【齒丑】추.
字義 추(齺)와 同字. [篇海類編]同齺

【齒肴】자.
字義 의미상(義未詳) [龍龕]音自

【齒虎】악.
字義 악(齶)과 同字. [龍龕]同齶

【齒夋】산.
字義 의미상(義未詳) [龍龕]音酸

【齒冏】우.
字義 우(齵)와 同字. [五音篇海]同齵

【齒肖】절.
字義 절(切)과 同字. [字彙補]與切同

【齒尤】설.
字義 설(齧)과 同字. [龍龕]同齧

【齒齊】채. 知皆切
字義 의미상(義未詳) [搜眞玉鏡]知皆切音椑

【齒骨】활.
字義 활(齃)과 同字. [篇海類編]同齃

【齒虛】구.
字義 의미상(義未詳) [篇海類編]音區

【齒展】태. 卓皆切
字義 의미상(義未詳) [龍龕]卓皆切

【齒曾】증.
字義 의미상(義未詳) [龍龕]音繒

【齒襄】알. 日葛切
字義 불완전한모양 알. (不全貌) [奚韻]日葛切齺䶟不全貌[字彙補]字當有誤

【齒咨】색.
字義 색(齰)과 同字. [字彙補]同齰

【齒至】지.
字義 지(舐)와 同字. [篇海類編]同舐

【齒亶】차.
字義 치(齹)와 同字. [五音篇海]

與齹同

【齒戟】찰.
字義 찰(齺)과 同字. [五音篇海]同齺

【齒聯】련.
字義 련(齻)과 同字. [篇海類編]同齻

【齒厲】리.
字義 의미상(義未詳) [篇海類編]音利

【齒膚】알. 齾字之譌
字義 이빠질 알. (齒缺也) [搜眞玉鏡]魚轄切齒缺也○按卽齾字之譌

【齒盧】은.
字義 의미상(義未詳) [搜眞玉鏡]音銀

【齒贊】작.
字義 의미상(義未詳) [字彙補]音爵

【齒齊】작.
字義 자(齰)의 譌字. [字彙補]齰字之譌

【齒獻】알.
字義 알(齾)과 同字. [篇海類編]與齾同

【齒屬】우.
字義 우(齵)의 譌字. [字彙補]齵字之譌見浙本五代史

康熙字典備考亥集
龍　部

【龍肝】견.
字義 견(䪊)과 同字. [篇海類編]同䪊

【龘】망. 莫講切

字義 의미상(義未詳) [字彙補]莫
講切音佹

康熙字典備考亥集
龜　部

【𪚅】구.

字義 구(龜)와 同字. [龍龕]同龜

【𪚆】구.

字義 구(鮈)와 同字. [正字通]同
鮈

【𪚈】염.

字義 염(朧)과 同字. [字彙補]同
朧

【𪚉】동.

字義 동(鼍)과 同字. [篇海類編]
同鼍

【𪚊】구.

字義 구(龜)와 同字. [搜眞玉鏡]
同龜

【𪚋】구.

字義 구(龜)와 同字. [搜眞玉鏡]
同龜

【𪚌】패.

字義 패(貝)와 同字. [搜眞玉鏡]
同貝

康熙字典備考亥集
龠　部

【𪛃】지.

字義 지(鯱)와 同字. [字彙補]與
鯱同

[四]

字典等韻

자전등운

(造成新字 230 字)

康熙字典等韻(등운)

等韻解(등운해)

◆ 等韻(등운)

以前(이전)의 反切(반절)을 위주로 한 音韻(음운) 연구에 반하여, 唐末(당말) 宋初(송초)부터 音(음)을 開口音(개구음) 合口音(합구음)으로 나누고, 各各(각각) 一(일) 二(이) 三(삼) 四等(사등)으로 나눠, 지금의 音聲學(음성학)적 硏究(연구)를 취한 中國(중국) 音韻學(음운학)임.

◆ 等韻學(등운학)과 等韻圖(등운도)

等韻學(등운학)은 전통적 漢語語音學(한어어음학)--音韻學(음운학)중의 한 분과이다. 古代(고대) 漢語(한어) 語音(어음)의 연구에 있어서, "等(등)"이라는 개념으로써 漢語(한어)의 聲類(성류)와 韻類(운류)를 구분한 것을 等韻(등운)이라 불렀다.

等韻(등운)을 硏究(연구)하는 學科(학과)는 곧 等韻學(등운학)이라 불린다. 等韻(등운)의 學理(학리)로써 古漢語(고한어) 語音(어음)을 분석하여 만들어진 圖表(도표)는, 곧 等韻圖(등운도)簡稱(간칭) 韻圖(운도)라 부른다.

等韻圖(등운도)는 漢語(한어) 語音(어음)을 硏究(연구)하는 일종의 특수 수단이며, 그것은 특정한 格式(격식)을 이용하여 漢語(한어)의 語音(어음)계통을 表現(표현)해 낸다. 淸人(청인) 勞乃宣(로내선)은 等韻一得(등운일득). 外篇(외편)에서 말하길:"等韻學(등운학)은, 音(음)을 따지는 것을 爲主(위주)로 하며, 考證(고증)하는 것을 높이 사지 않고, 오로지 사람의 소리를 중히 여긴다(等韻之學(등운지학), 以審音爲主(이심음위주), 不尙考據(불상고거), 專重人聲(전중인성))."이라 하였다. 張耕(장경)의 切字肆考(절자사고)에서도 말하길:"等韻(등운)은 본시 音(음)을 주로 한다.

等韻本以音爲主(등운본이음위주))."라고 하였다("卷首(권수)"에 보임). 等韻圖(등운도) 자체는, 漢語(한어) 語音(어음)을 연구하는 수단이며, 또한 等韻學(등운학) 硏究(연구)의 具體的(구체적)인 성과이다.

等韻學(등운학)에는 물론 일련의 이론 문제와 개념 방면의 論說(론설)과 추정(推闡(추천))이 있으나, 等韻(등운)의 硏究(연구) 方法(방법)은 오히려 韻圖(운도)의 制作(제작)을 表現(표현) 수단으로 하고 있다. 이 때문에, 等韻學(등운학)의 硏究(연구)는, 일부 이론과 개념에 대한 탐구를 表現(표현)한 것 이외에도, 주로 韻圖(운도)의 制作(제작) 중에 나타나고 있다.

等韻學(등운학)의 내용은, 歷代(력대) 等韻圖(등운도)의 制作(제작)에 대한 연구를 主體(주체) 部分(부분)으로 하고 있으며, 기타 일부 理論性(이론성) 문제는, 모두 等韻圖(등운도)의 編制(편제)와 변천 등의 상황을 둘러싸고

전개되었다. 이때문에, 본서의 論述(론술)은, 일면으로는 等韻學(등운학)과 관련된 각종 이론을 연구하며; 또 다른 면으로는, 各代(각대)의 韻圖(운도) 製作(제작)과 變遷(변천)의 狀況(상황)을 敍述(서술)하고 있다.

◆ 等韻圖(등운학)의 作用(작용)

等韻圖(등운도)는 圖表(도표)의 格式(격식)을 이용하여 韻書(운서) 중의 反切(반절)에 의하여 표시된 字音(자음)을 밝히고 있다. 反切(반절)은 중국 고대의 일종의 注音法(주음법)이다. 이러한 방법은 두개의 漢字(한자)를 배합하여 다른 한 글자의 讀音(독음)을 상세히 밝히는(注明(주명) 것이다.

反切(반절)을 구성하는 두 字(자)는, 위의 것을 反切(반절) 上字(상자) 라고 라고 하고, 아래의 것을 反切(반절)下字(하자)라고 한다.

上字(상자)는 被切字(피절자)의 聲母(성모)를 표시하고, 下字(하자)는 被切字(피절자)의 韻母(운모)와 聲調(성조)를 표시한다. 聲(성), 韻(운), 調(조)의 三者(삼자)합하여, 하나의 완전한 漢語(한어) 音節(음절)을 구성하며, 하나의 漢語(한어) 讀音(독음)을 표시한다. 淸人(청인) 陳(진)례는 切韻考(절운고)에서는 말하길:"切語(절어)의 방법은, 두 字(자)를 한 글자의 音(음)으로 삼은 것인데, 上字(상자)는 被切字(피절자)와 雙聲(쌍성)이고, 下字(하자)는 被切字(피절자)와 疊韻(첩운)이다(切語之法(절어지법), 以二字爲一字之音(이이자위일자지음), 上字與所切之字雙聲(상자여소절지자쌍성), 下字與所切之字迭韻(하자여소절지자질운)."이 다고 하였다. 예를 들면, 東字(동자)의 反切(반절)은 德紅切(덕홍절)인데, 東(동)과 德(덕) 上字(상자)의 聲母(성모)가 서로 같고 고로 雙聲(쌍성)이라 부른다), 東(동)과 紅(홍)(下字(하자)의 韻母(운모)가 서로 같으며 고로 疊韻(첩운)이라 부른다, 德字(덕자)의 聲母(성모) 와 紅字(홍자)의 韻母(운모)가 배합되면 곧 東(동) 字(자)의 讀音(독음)을 나타내게 된다. 여기에서, 上字(상자)의 韻母(운모)와 下字(하자)의 聲母(성모)는 모두 남는 것이다. 기타 反切(반절)도, 모두 동일한 이치에 따라 各個(각개) 字音(자음)을 표시한다. 예를 들면, 朱(주)는, 장구절(章俱切(장구절)이고; 乾(건)은, 渠焉切(거언절)이며; 蕭(소)는, 소조절(蘇彫切(소조절)이고; 尤(우)는, 羽求切(우구절) 등이다(위에서 예로 든 反切(반절)은 모두 廣韻(광운)에 보인다.

漢代(한대)에 反切(반절)이 출현한 이래로, 古人(고인)들의 經籍(경적)에 대한 注音(주음)이 크게 편리해졌다. 각종 經籍(경적)에는 各自(각자)의 師承(사승)(스승으로부터 이어 받은 계통)이 있어서, 反切(반절) 또한 돌면서 전해 주고 전해 받았던 것이다. 魏晉(위진) 時代(시대)에 이르러, 訓告(훈고)와 詩文(시문)의 創作(창작)이라는 必要(필요)를 滿足(만족)시키기 위하여, 곧 反切(반절)이 나타내는 字音(자음)에 따라 정리, 歸納(귀납)하여 이루어진 책이 出現(출현)하였는데, 이것이 곧 韻書(운서)이다. 韻書(운서)는 事實上(사실상) 곧 많은 漢字(한자)를 反切(반절)의 異同(이동)에 따라 분류하고 배열한 字音(자음)

의 總集(총집)이다. 현재 알려 있는 가장 이른 韻書(운서)는 魏(위)나라 李登(이등)이 撰(찬)한 성류(聲類)이다. 南北朝에 이르러서는, 韻書의 편찬이 매우 많았는데, 隋나라 陸法言 등이 저명한 韻書인 절운(切韻)을 편찬하였다.

唐人(당인) 王仁(왕인)휴는 그것에 의거하여 수정, 보충하여, 간류보결절운(刊謬補缺切韻)을 편찬하였으며, 孫(손)면은 또한 切韻(절운)을 唐韻(당운)으로 개편하였고, 李舟(이주)도 切韻(절운)이라는 저작을 가지고 있다.

宋代(송대)에 이르러, 陳彭年(진팽년), 邱雍(구옹)은 切韻(절운), 唐韻(당운)의 기초 위에서, 廣韻(광운)을 수정, 편찬하였다. 대략 切韻(절운)과 唐韻(당운)이 出現(출현)한 이후, 곧 等韻圖(등운도)가 만들어 졌다. 韻圖(운도)는 곧 韻書(운서)가 대량으로 세상에 나돌게 된 상황에서 출현하였던 것이다. 그것은 韻書(운서)의 보조적인 읽을 거리였다. 그것은 韻書(운서)의 反切(반절)에 따라 圖(도)를 나누고 字(자)를 배열하고, 字(자)를 네 개의 "等(등)"으로 귀납, 나열하여, 相異(상이)한 字音(자음)을 대표하게 하였다. 이 때문에, 더 나아가, 韻圖(운도)란 "等(등)"에 따라 分音(분음)하고, 韻書(운서)의 反切(반절)을 분석한 圖表(도표)이며, "等(등)"의 개념을 운용하여 反切(반절)으로써 表現(표현)해낸 漢字(한자)의 讀音(독음)을 연구하는 것이, 곧 等韻(등운)이라고도 말할 수 있다.

淸人(청인) 李光地(이광지)는 音韻闡微(음운천미)에서 말하길:"歷代(력대)의 韻譜(운보)는 대부분 四等(사등)으로 나누었는데, 이 때문에 일반적으로 等韻(등운)이라 부른다."라고 하였다. 等韻(등운) 자체는 비교적 완전한 이론 체계와 독특한 연구 방법을 갖추고 있고, 그것의 존재 또한 비교적 오랜 역사를 가지고 있으므로, 韻書(운서)와 反切(반절)의 밖으로 독립하였을 뿐만 아니라, 하나의 특별한 학과가 될 수 있다. 그것은 중국 古代(고대) 學者(학자)들의 字音(자음)을 따지어 구별하였던 주요 방법과 성취를 반영하였다. 그것의 내용은 韻書(운서)와 反切(반절)보다 훨씬 풍부하고, 훨씬 복잡하다.

중국에서, 等韻學(등운학)의 연구는 유구한 역사를 가지고 있는데, 前人(전인)들은 그것을 小學(소학)중의 한 部門(부문)으로 간주하였다. 張象津(장상진)은 等韻簡明指掌圖(등운간명지장도)에서 말하길:"等韻(등운)은 서로 전해 내려온지 천여 년이 되어, 그것들을 대대로 고치고 바로 잡음이 있었는데, 대부분 나중에 나온 것이 앞의 것들 보다 나았다(等韻相傳千餘載(등운상전천여재), 代有更訂(대유갱정), 大都後勝于前(대도후승우전))."고 하였다. 淸人(청인) 공自珍(자진)은 程恩澤(정은택)의 말을 인용하여 말하길:"小學(소학) 중에 '聲(성)'이라는 한 부문이 있는데, 聲(성)이라는 것 중에는 大韻(대운), 今韻(금운), 等韻(등운)의 세 부문이 있다. 等韻(등운) 중에는 西番(서번)이라는 한 부문이 있다 (小學中有(소학중유)'聲(성)'一門(일문), 聲之中有大韻(성지중유대운), 今韻(금운), 等韻三門(등운삼문). 等韻中有西番一門(등운중유서번일문))."라고 하였다. 大韻(대운)이 가리키는 것은 곧 일반적으로 말하는 "古音學(고

음학)"이며, 그것은 上古音(상고음)을 연구 주로 詩經(시경)에 의거하여 古音
(고음)을 연구하는 부문)하는 것을 주요 대상으로 하고 있는 것이며; 今韻(금
운)은 곧 一般的(일반적)으로 말하는 "今音學(금음학)"으로서, 中古(중고)의
切韻(절운), 廣韻(광운)계통의 韻書(운서)가 반영하는 語音(어음)의 연구를
목적 "今音學(금음학)"은 明淸(명청) 때 사람들이 부르는 명칭을 계속 사용한
것이다)으로 한다. 等韻學(등운학)과 古音學(고음학), 今音學(금음학)은 셋으
로 정립하여, 중국 古音(고음)의 세 가지의 相異(상이)한 部門(부문)이 되었
다. 그러나 이 三者(삼자)는, 또한 "漢語音韻學(한어음운학)"으로 通稱(통칭)
되기도 한다. 音韻學(음운학)이라는 명칭은 비교적 뒤에 나왔는데, 그것은
古音(고음), 今音(금음), 等韻(등운)의 세 부문을 개괄하였다. 또한 音韻學(음
운학)의 내용은, 古代(고대)에는 "小學(소학)"의 범위로 들어갔었다. "小學(소
학)"은 音韻(음운), 訓詁(훈고), 文字(문자) 등을 포함한다.

공自珍(자진)은 글에서 "等韻中有西番一門(등운중유서번일문)"이라는 말을
제기하였으나, 이 "西番(서번)"이라는 말은 또한 "字母(자모)"를 가리켜 말한
것이다. 前人(전인)들의 견해에 따르면, 等韻圖(등운도)상에 쓰인 聲類(성류)
를 표시하는 字母(자모)는 주로 西番(서번) 西藏(서장)에서 西域(서역)에 이
르는 일대)에서 왔다고 생각된다.

唐宋(당송) 時代(시대)에는, 韻圖(운도)의 格式(격식)으로써 韻書(운서)중의
音韻(음운)계통을 비교, 분석, 表現(표현)하였는데, 이는 중국 전통 語音學
(어음학) 발전 과정 중의 하나의 큰 진보이다. 韻書(운서)의 편찬과 제작이
다만 聲調(성조)와 韻類(운류)의 구별에 중점 (이는 韻書(운서)편찬의 목적이
주로 古人(고인)들이 詩(시)를 지을 때 押韻(압운)하는데 사용하기 위함에
있었음으로 말미암아 결정된 것이다)을 두었기 때문에, 한 字音(자음) 중의
기타 音素(음소)에 대해서는, 예를 들면, 聲母(성모)와 介音(개음) 같은 것은,
소홀하게 되었다. (作詩(작시) 押韻(압운)은 다만 聲調(성조), 韻(운)의 상호간
의 압운만을 강구할 뿐이었으며, 聲母(성모)와 介音(개음)은 따질 필요가 없
었기 때문에, 韻書(운서)의 편찬은 주로 調(조), 韻(운)의 귀납과 분석에만 착
안하였던 것이다).

이 때문에, 字音(자음)의 연구라는 각도에서 말한다면, 전체 語音(어음)계통
을 표현하려면, 聲(성), 韻(운), 調(조)라는 각 音素(음소)로 하여금 같은 것
끼리 분명하게 하고 변별하기 쉬운 위치에 있게 하려면, 韻書(운서)에만 의
존하는 것은 충분하지 않다. 그밖에, 韻書(운서)의 反切(반절)은 매우 복잡하
여, 개별적인 字音(자음)은 反切(반절)을 통하여 살펴볼 수 있으나, 全體(전
체) 음계를 이해하려면, 흩어져 있는 反切(반절)에 의해서는 아니 된다.

韻圖(운도)는, 전체 계통으로부터, 聲(성), 韻(운), 調(조)의 상호 配合(배합)
관계로부터 漢語(한어)의 語音(어음)계통을 반영하고 있다. 그것은 배열된

표의 격식으로써, 韻書(운서)중에 포함된 전체 音系(음계)를 하나의 平面(평면)으로 배열하여, 복잡한 反切(반절)을 간단한 도표가 되게 하며, 전체 音階(음계)를 一目瞭然(일목료연)하게 해 준다. 陳(진)례는 等韻通(등운통)에서 말하길:"等韻學(등운학)은, 그 根源(근원)이 切語(절어)에서 나왔으나 異同(이동)이 있게 되자, 시험 삼아서 나아가 그것을 논하여, 그것으로써 字母(자모)가 나타내는 雙聲(쌍성)의 名目(명목)으로 하고, 呼等(호등)이 나누는 疊韻(첩운)의 條例(조례)로 하여, 縱橫(종횡)으로 관통하였는데, 아울러 苦心한 바가 있었다(等韻之學(등운지학), 其源出于切語而有異同(기원출우절어이유이동), 嘗就而論之(상취이논지), 以爲字母標雙聲之目(이위자모표쌍성지목), 呼等析迭韻之條(호등석질운지조), 縱橫交貫(종횡교관), 具有苦心(구유고심).)"라고 하였다. 이는 바로 等韻圖(등운도)가 縱橫(종횡)으로 貫通(관통)함으로써 切語(절어)를 전개하고 讀音(독음)의 作用(작용)을 표시하였음을 설명한다. 韻圖(운도)는 聲(성), 韻(운), 調(조) 三者(삼자)간의 配合(배합) 관계를 전개하였으므로, 圖表(도표) 각자의 위치를 통하여 各個(각개) 切語(절어)의 병讀(독)방법을 규정하여, 反切(반절)로 하여금 더욱 분명하게 이해할 수 있는 것이 되게 하였다. 勞乃宣(로내선)은 等韻一得(등운일득). 外篇(외편)에서 말하길:"古人(고인)들의 反切(반절)은.... 갑자기 소리냄이 만약 그다지 조화를 이루지 않게 되면, 반드시 그 等母韻部(등모운부)를 세밀히 분별하여, 이에 그것을 얻을 수 있게 되었다. 이는 古人(고인)들이 反語(반어)를 쉽게 알 수 없었던 이유이니, 반드시 等韻(등운)으로써 그 계단으로 삼아야 한다.(古人反切(고인반절)....驟呼之若不甚諧(취호지약불심해), 必細辨其等母韻部(필세변기등모운부), 乃能得之(내능득지). 此古人反語所以不易知(차고인반어소이불역지), 而必以等韻爲之階梯也(이필이등운위지계제야).)"라고 하였다. 이상의 시술에서 알 수 있듯이, 等韻(등운)은 한편으로는 사람들이 反切(반절)을 이해하며, 反切(반절)을 장악하는 계단이며, 또한 學者(학자)들이 漢語(한어) 語音(어음)을 연구한 結晶(결정)이다. 그것의 구체적인 작용을, 더 나아가 다음과 같이 설명할 수 있다.

(一) 反切(반절)을 闡明(천명)함. 韻圖(운도)는 一般的(일반적)으로 五音(오음), 七音(칠음) 혹은 三十六字母(삼십육자모)로써 "聲(성)"(反切上字(반절상자)가 표시하는 것)을 통괄하고, 韻攝(운섭)과 韻部(운부)로써 "韻(운)"(反切下字(반절하자)가 표시하는 것)을 통괄하여, 복잡한 反切(반절)을 조리 있게 하여, 反切(반절)로 音(음)찾는 것을 편하게 하였으며, 또한 音(음)에서 反切(반절)을 탐구하기에 편하게 하였다. 明人(명인) 袁子讓(원자양)은 字學元元(자학원원) 卷二(권이)에서 말하길:"等韻(등운)의 설정은, 羅列(라렬)됨이 무수히 많지만, 聲(성)과 音(음) 두 가지를 분별한 것에 지나지 않을 뿐이다. 운각(切脚(절각)) 두 字(자)에서, 上字(상자)는 音(음)을 나타내고, 下字(하자)는 聲(성)을 나타낸다. 번절(飜切(번절))의 方法(방법)은 다만 音(음)을 聲(성)으로 바꾸고, 聲(성)을 音(음)에 맞출 뿐, 달리 다른 길은 없다. 시험 삼아 等韻(등운)을 잘 다루어, 어느 것이 音(음)에 속하고, 어느 것이 聲(성)에 속

하는지를 알고, 音(음)의 유사함과 聲(성)의 변화에 정통하게 되면, 저절로 音(음) 가운데에서 聲(성)을 취하게 되고, 聲(성)중에서 音(음)을 이해할 수 있게 된다. 그러므로 切脚(절각)의 기묘함은, 번다하게 말할 필요가 없다. 다만 반드시 한 권의 等韻(등운)을 다루게 되면, 縱橫(종횡)의 연고는 곧 그 이치를 통하게 된다."라고 하였다. 袁氏(원씨)가 말한 "熟玩等子(숙완등자)"는, 곧 等韻圖(등운도)를 잘 알고, 等韻圖(등운도)가 나타내는 反切(반절) 切脚(절각)의 방법을 분명하게 하여, 音(음)과 聲(성)을 다 알면, 곧 音(음)의 유사함과 聲(성)의 변화에 정통하게 되고, 反切(반절)의 구성과 병독(독)의 방법을 이해할 수 있게 된다는 것이다. 이것이 곧 勞乃宣(로내선)이 等韻一得(등운일득).外篇(외편)에서 말하였던 "그러므로 等韻學(등운학)은, 反切(반절)을 위하여 만든 것이다(故等韻之學(고등운지학), 爲反切設也(위반절설야))"라는 도리이다. 陳(진)레가 말한 等韻(등운)은, "切語之學(절어지학)에서 변하여 된 것"인데, 이는 바로 韻圖(운도)가 反切(반절)을 명확하게 해주며, 反切(반절)의 작용을 表現(표현)한 것임을 밝히고 있다.

(二) 音値(음치)를 分明(분명)하게 밝혀 줌. 韻圖(운도)는 反切上(반절상), 下字(하자)가 나타내는 開(개), 合(합), 洪(홍), 細(세)에 따라 字音(자음)을 分辨(분변)하여, 字音(자음)의 실제 讀法(독법)을 더 한층 분명하게 알게 하고, 심음(審音(심음))과 변자(辨字)에 큰 편리함을 제공하였다. 그래서 明人(명인) 吳繼仕(오계사)는 음성기원(音聲紀元)에서 말하길:"다만 等類(등류)의 法(법)은 처음에는 섭등선(攝等扇(섭등선))에 배열하여, 表格(표격)에 音聲(음성)을 정하고, 각각 그와 더불어 위치를 정하였으니, 古今(고금)에 잡을 수 없었던 물건을 취하여, 그것이 顎舌吻齒喉半(악설문치후반)의 사이를 빠져나감이 없었다. 어찌 讀若(독약)의 논리, 즉 세부적인 것에서 명확함이 모자라는 것에 가까이 미치겠는가?"라고 하였다. 韻圖(운도)는 固定(고정)된 위치인 "格(격)에서 音聲(음성)을 定(정)(格定音聲(격정음성))"하므로, 讀音(독음)이라는 이 "古今(고금)에 잡을 수 없었던 물건"으로 하여금 숨거나 피할 곳이 없게 하며, 입술의 사이에서 명확하게 分辨(분변)되어, 字音(자음)의 바름과 잘못됨이 韻圖(운도)에서 검증되어 매우 분명하다. 이 때문에, 韻圖(운도)는 字音(자음)을 따지고 분변하는 데에 없어서는 아니 될 工具(공구)이다. 淸人(청인) 王曰恭(왕왈공)은 增補韻法直圖(증보운법직도)의 蔣允奎序(장윤규서)에서 말하길:"가지의 풍토가 같지 않아, 각각 誦讀(송독)할 때에 方音(방음)으로써 하여 그 본래의 音(음)을 잃어버림을 생각해 보면, 진실로 韻圖(운도) 反切(반절)의 法(법)은 없어서는 아니 된다."라고 하였다. "本音(본음)"을 고증하고, 정확한 讀法(독법)을 밝히려고 한다면, 韻圖(운도)는 반드시 없어서는 아니 될 工具(공구)이다.

(三) 간결함으로써 번다함을 배제하고, 전체 音系(음계)를 表現(표현)함. 韻圖(운도)는 聲(성), 韻(운), 調(조)의 각 요소로써 서로 배열되어 있으며, 따라서 전체 韻書(운서)가 대표하는 語音(어음)계통으로 하여금 뚜렷하게 펼

쳐지게 하여, 마치 그물(網(망))이 벼리 속에 있듯이, 다루기에 편리하다. 張序賓(장서빈)은 等韻法(등운법)에서 말하길:"等韻法(등운법)은 直橫(직횡)의 二圖(이도)인데, 한 권의 字典(자전)으로써 그 가운데를 뚫어, 진실로 簡略(간략)함으로써 繁多(번다)함을 배제하였으니, 辨字審音(변자심음)의 첩경이다."라고 말했다. 淸人(청인) 潘(반)뢰는 類音卷二(류음권이)에서 또한 말하길:"字(자)의 韻(운)에 있음이, 散亂(산란)하여 계통이 없었으나, 等韻(등운)을 얻고서 비로소 條理(조리)가 있게 되었으니, 그 功(공)은 심히 크다."라고 하였다. 이러한 것들은, 모두 等韻圖(등운도)가 簡略(간략)함으로써 繁多(번다)함을 배제하여, 反切(반절)과 그것이 나타내는 字音(자음)을 條理(조리)있게 하였던 作用(작용)을 설명한다.

(四) 音(음)을 연습하기에 편리함. 韻圖(운도)는 일종의 편리한 練音表(연음표)이다. 그것은 전체 음계의 각종 音素(음소)와 그들이 상호 배합한 音節(음절)을 개괄하였는데, 이는 하나의 완전한 音節表(음절표)에 해당된다. 韻圖(운도)에 배열된 字(자)(每(매) 字(자)는 각기 相異(상이)한 하나의 音節(음절)을 대표한다)에 숙련된다는 것은, 전체 語音系統(어음계통)의 發音(발음)을 장악할 수 있다는 것이다. 袁子讓(원자양)은 자학원원(字學元元(자학원원))에서 말하길:"무릇 한 字(자)의 呼(호)에는, 聲音(성음)이 갖추어져 있는데, 等子(등자)가 곧 母(모)로써 그것을 꿰뚫으면, 音(음)에 어긋남이 없다; 횡으로 韻(운)으로써 押韻(압운)하면, 聲(성)에 누락됨이 없다. 고로 等子(등자)의 辨別(변별)의 妙(묘)는, 音(음)이 聲(성)을 어지럽게 하지 않고, 聲(성)이 音(음)을 어지럽게 하지 않음에 있다; 聯絡(련락)의 妙(묘)는, 音(음)에서 聲(성)을 얻고, 聲(성)에서 音(음)을 얻음에 있다. 故(고)로, 그 聲(성), 音(음)의 구별을 얻고, 또한 그 聲(성), 音(음)의 聯關性(연관성)을 깨닫게 되면, 等中(등중)에서 쉽게 알 수 있는 字(자)는 말할 것이 없고, 자주 보게 되지 않는 字(자)일지라도, 다만 直(직)으로는 그 母(모)가 어느 音(음)인가를 보고, 橫(횡)으로는 그 等(등)이 어느 聲(성)인가를 따라가 보면, 그 字(자)는 알 수 있게 된다."라고 하였다. 袁(원)씨의 이러한 말은, 韻圖(운도)에서 표현한 한 字音(자음)의 聲母(성모)와 韻母(운모) 간의 구별과 연계, 그리고 이러한 종류의 連繫(연계)를 통하여 字音(자음)을 잘 알게 하고, 모르는 자를 알게 하는 作用(작용)을 매우 분명하게 말하고 있다. 張序賓(장서빈)은 等韻法(등운법)에서 또한 韻圖(운도)의 練音識字(연음식자)의 作用(작용)에 대하여 명확하게 설명하였다. 그는 말하길:"等韻(등운)을 잘 알고 난 후에는, 平(평), 上(상), 去(거), 入(입)을 한번만 살펴보아도 곧 알게 될 뿐만 아니라, 辨別(변별)을 거치지 않은 모든 字(자)나, 뒤섞이어 분명하지 않은 音(음)은, 손가락으로 헤아려 보면, 스스로 明確(명확)하여 差異(차이)나 錯誤(착오)가 없게 된다."라고 하였다.

(五) 音(음)의 變化(변화)를 분명히 밝혀 줌. 韻圖(운도)는 어떤 一個(일개)의 語音(어음)계통을 펼쳐 보이고 있으며, 이러한 어음 계통은 몇 년을 경과한

이후, 그것을 가지고서 現實(현실)의 語音(어음)과 서로 비교하면, 語音(어음)의 發展(발전) 演變(연변)의 상황을 이해할 수 있다. 이러한 作用(작용)은, 물론 韻圖(운도) 작자가 韻圖(운도)를 편제할 때 예견할 수 있었던 것은 아니며, 또한 主觀的(주관적)으로 自覺(자각)한 意圖(의도)가 아니라, 客觀的(객관적)으로 일어난 作用(작용)이다. 이 때문에, 韻圖(운도)의 제작은 몇 년의 시대를 경과한 이후, 客觀的(객관적)으로 時代(시대)의 音變(음변)을 표명하여, 後人(후인)의 연구를 위하여 구체적인 증거를 제공하였다고 말할 수 있다. 淸人(청인) 李光地(이광지)는 음운천미(音韻闡微)/凡例(범례)에서 말하길:"(韻圖(운도)는) 縱(종)으로는 二十三行(이십삼행)으로 나누고, 橫(횡)으로는 四等(사등)으로 나누며, 平上去入(평상거입)을 聲(성)으로써 서로 附錄(부록)하고, 脣喉齒舌(순후치설)은 類(류)로써 서로 따르게 하였다. 모든 經史韻書(경사운서)중에는 音(음)이 있고 字(자)가 있는 것은, 모두 이러한 것을 포함할 수 있다. 각 지방의 風土(풍토)가 다르고, 古今(고금) 音韻(음운)의 變化(변화)가 있으니, 역시 한계가 있다. 이는 漢文(한문)에서의 音(음)을 따지는 요체이다."라고 하였다. 분명, 韻圖(운도)는 聲(성), 韻(운), 調(조)의 각 요소의 안배와 처리에 대하여, 語音(어음)의 歷史的(역사적) 연변의 여러 가지 흔적을 반영하였다. 예를 들면, "等(등)"의 分列(분렬)이 반영한 聲母(성모)간의 관계(端組(단조)와 知組(지조) 聲母(성모)의 관계, 精組(정조)와 照組(조조) 聲母(성모)의 관계 등)와 韻母(운모)의 관계(一等韻(일등운)과 三等韻(삼등운)의 관계)는, 모두 후인들의 漢語(한어) 語音(어음)의 발전 연변을 연구하는데 귀중한 자료를 제공하였다. 後人(후인)들의 上古音(상고음)(古音學(고음학)) 혹은 中古音(중고음)(今音學(금음학))연구는, 모두 반드시 等韻學(등운학)이 제공하는 원리, 방법과 실마리에 의지하여야 하는데, 그래서 勞乃宣(로내선)은 ≪等韻一得(등운일득).序(서)≫에서 말하길:"古今(고금)의 韻(운)은 反切(반절)을 얻은 후에 쉽게 명확하게 되었으며, 反切(반절)의 理致(리치)는 等韻(등운)을 얻은 후 쉽게 해석되었으니; 곧 等韻(등운)은, 또한 古韻(고운), 今韻(금운)의 계단이다."라고 말하였다. 張耕(장경)은 切字肆考(절자사고) 卷首(권수)에서 吳鼎臣(오정신)의 말을 인용하여 말하길:"切韻(절운) (等韻之學(등운지학)을 가리킴)은 古韻(고운)의 사다리이다."라고 하였는데, 이 또한 이러한 도리이다.

前人(전인)들이 等韻(등운)이 古韻(고운)의 사다리라고 생각하였던 것은, 도리가 없지 않은 것이다. 이는 한편으로는 古韻(고운)의 연구는 반드시 等韻學(등운학)이 제공하는 學理(학리)와 방법을 운용하여야 하며, 또 한편으로는 또한 歷代(력대)의 韻圖(운도)중에는, 많은 古音(고음)의 흔적이 表現(표현)되어 있기 때문에, 漢語(한어) 語音(어음)변화의 실제 상황을 반영하였다. 이 때문에, 많은 학자들은 모두 古韻(고운)에 정통하려면 반드시 먼저 等韻(등운)에 정통하여야 한다고 강조하였다. 淸(청)의 夏燮(하섭)은 述韻序(술운서)에서 말하길:"나는 학자들이 古韻(고운)에 정통하고자 한다면, 먼저 等韻(등운)에 정통하여야 한다고 말한다. 等韻(등운)이 밝아진 후에 古音(고음)의 당연함과 그 까닭이 밝아지지 않음이 없다."라고 하였다. 공自珍(자진)도 家塾策問一(가숙책문일)중에서 말하길:"六書(육서)는 小學(소학)의 한 부문이고, 聲(성)은 또한 六書(육서)의 한 부문이다. 等韻之學(등운지학)은, 또한 聲(성) 중의 한 부문이다; 그런 즉 古韻(고운)을 이야기함에 있어서, 어찌 等韻(등운)을 이야기할 만한 가치가 없다고 하겠는가? 아니면 經學(경학)을 연구하느라 틈이 없다고 하겠는가? 推測(추측)컨대 古韻(고운)은 족히 經(경)을 읽는데 도움을 줄 수 있지만, 等韻(등운)은 허드렛일이다 라고 말한다. 古韻(고운)이 밝아지면 經(경)이 밝아지고, 그 몸이 높아지지만; 等韻(등운)이 밝아지면 天下(천하)의 言語(언어)가 밝아진다 라는 것을 모르는 도다."라고 하였다. (龔自珍全集(공자진전집)121 쪽) 夏燮(하섭), 공自珍(자진) 두 사람의 관점은 정확한 것이다. 淸代(청대)의 古音學者(고음학자), 예를 들면, 江永(강영), 戴震(대진) 등은, 等韻(등운)의 學理(학리)를 깊게 연구함으로써, 여기에서 적지 않은 啓發(계발)을 받았기 때문에, 그들은 古音(고음)을 연구할 때, 一般的(일반적)으로 모두 古今(고금)을 貫通(관통)할 수 있었으며, "옛 것을 考證(고증)한 功(공)은 많아, 審音(심음)의 功(공)은 얕았다"라는 問題點(문제점)을 피할 수 있었다. 그러나 이러한 점은, 도리어 다른 면에서, 等韻圖(등운도)의 작용을 반영하였는데: 그것은 자체가 표현해 내는 語音演變(어음연변)의 흔적으로써 후인들에게 漢語(한어) 語音史(어음사)를 연구하는 데에 재료와 실마리를 제공하였으며, 또한 그것이 體現(체현)해 낸 원리와 방법으로써 고대 語音(어음)을 연구하는 사람들에게 연구의 수단을 제공하였다. 韻圖(운도)의 이러한 작용은, 等韻學(등운학)을 연구하는 사람들에 의하여 왕왕 소홀히 취급되었다.

上述(상술)한 다섯 가지는, 等韻圖(등운도)의 具體的(구체적)인 作用(작용)이다. 반드시 지적해야 할 점은, 韻圖(운도)가 各種(각종) 音素(음소)의 분석과 처리, 漢語(한어) 語音(어음)에 부합하는 특징에 대하여, 그것의 안배가 상당히 교묘한 정도에 도달하였다는 것이다. 明人 심총수(沈寵綏)는 度曲須知(탁곡수지)에서 陳獻可(진헌가)의 皇極圖韻(황극도운)이라는 韻圖(운도)를 引用(인용)하여 서술한 후 말하길:"요컨대, 各(각) 行(행)에 다섯 개의 音(음)을 다루었는데, 원래 즉 每(매) 母(모)아래의 36 子(자) 가운데의 字(자)였다. 故(고)로 子(자)에는 필히 母(모)가 있어야, 聲(성)의 소리남이 한층 적절해 진다. 또한 그 橫(횡)으로 배열된 위치와 차례는, 一照(일조) 首圖(수도) 十韻(십운) 行列(항열)은, 36 字母(자모)의 아래 나뉘어 졌는데, 한 字(자)에도 異同(이동)이 없었다. 즉 音(음)의 위치를 알고 소리내면 자연스럽게 나오고, 口法(구법)에는 헛된 借用(차용)이 없게 된다. 方便(방편)과 法門(법문)(학문이나 修行(수행)따위의 방법)이, 여기서 시작되지 않겠는가?"라고 하였다. 沈寵綏(심총수)는 等韻圖(등운도)의 제작을 평가하여 "方便法門(방편법문)"이라 하였고, 그것이 나타내는 "音位乃出天然(음위내출천연)"이라 생각하였는데, 이는 韻圖(운도)가 漢語(한어) 語音(어음)을 표시할 때, 確實(확실)히 漢語(한어) 語音(어음)의 特徵(특징)에 부합한다는 점을 설명하고 있다. 이 때문에,

等韻圖(등운도)의　産生(산생)은, 우리 선조들의　語音學(어음학)지식이　상당히 돌출된　수준에　도달하였음을　나타내며, 중국 고전　語音學(어음학)이　걸출한 성취를　획득하였다고　우리들은　말할 수　있다. (出妻 도래샘)

◆七音(칠음)

①**古樂音(고악음)**; 宮(궁)　商(상)　角(각)　徵(징)　羽(우) 變宮(변궁)　變徵(변징)
②**等韻音(등운음)**; 脣音(순음)　舌音(설음)　牙音(아음)　齒音(치음)　喉音(후음)　半舌音(반설음)　半齒音(반치음).

①**古樂理之宮商角徵羽變宮變徵爲七音(고악리지궁상각징우변궁변징위칠음)**

●左傳昭公二十年; 先王之濟五味(杜註; 濟成也)和五聲也以平其心成其政也(杜註; 聲味皆和故其心平其心旣平其政始成)聲亦如味(杜註; 齊和五聲亦如齊和五味)一氣(林註; 樂須氣以動故氣居第一)二體(杜註; 舞者有文武)三類(杜註; 風雅頌)四物(杜註; 雜用四方之物以成器)五聲(杜註; 宮商角徵羽)六律(杜註; 黃鍾大簇姑洗蕤賓夷則無射也陽聲爲律陰聲爲律陰聲爲呂此十二月氣)七音(林註; 宮商角徵羽變宮變徵也周武王伐紂自午至子凡七日王因此以數合之以聲昭之故以七同其數以律和其聲謂之七音)八風(林註; 八方之風東北曰條風又名融風東方曰明庶風東南曰淸明風南方曰景風又名凱風西南曰涼風西方曰閶闔風西北曰不周風北方曰廣莫風)九歌(林註; 九功之德皆可歌也六府三事謂之九功水火金木土穀謂之六府正德利用厚生謂之三事)以相成也(杜註; 言此九者合然後相成爲和樂)(陸德明釋文; 七音宮商角徵羽變宮變徵也)

②**等韻之學以脣音舌音牙音齒音喉音半舌音半齒音七稱發音爲七音(등운지학이진음설음아음치음후음반설음반치음칠칭발음위칠음)**

●通志總序; 天籟之本自成經緯縱有四聲以成經橫有七音以成緯
●洪武正韻序; 人之生也則有聲聲出而七音具焉所謂七音者牙舌脣齒喉及舌齒各半是也智者察知之分其淸濁之倫定爲角徵宮商羽以至於半商半徵而天下之音盡在是矣然則音者其韻書之權輿乎

1. 순음(脣音); 입술소리.
2. 설음(舌音); 혓소리
3. 아음(牙音); 설근음. 어금닛 소리.
4. 치음(齒音); 잇소리. 혀끝과 윗니 또는 잇몸 사이에서 나는 소리

5. **후음(喉音)**; 목구멍 소리. 목청 사이에서 나는 소리.
6. **반설음(半舌音)**; 반혓소리. 혀를 윗잇몸에 대었다 떼면서
   　　　내는 소리.
7. **반치음(半齒音)**; 반잇소리. 오음(五音) 기준에 속하지 않
   　　　는 닿소리.

1. **鶴唳(학려)**; 학의 울음 소리.
2. **風聲(풍성)**; 바람소리.
3. **雞鳴(계명)**; 닭의 울음소리.
4. **狗吠(구폐)**; 개 짖는 소리.
5. **雷霆(뢰정)**; 세찬 천둥소리.
6. **驚天(경천)**; 하늘을 놀라게 내는 소리.
7. **蟁蝱(문맹) (亦作蚉虻 亦作 "蟁虻 即蚊虻 亦比喻坏人);**
   최저음.

◆等韻圖(등운도)

중국 音韻學(음운학)에서 성(聲)과 운(韻)의 결합으로 中國語(중국어)의 자음(字音), 즉 音節(음절)을 나타낼 수 있도록 마련한 圖表(도표). 韻圖(운도)라고도 한다. 당(唐)나라 말기부터 송(宋)나라에 걸쳐 중국어 음계(音系) 안의 여러 가지 음운론적 대립을 체계적으로 정리한 음운표가 고안되었다. 비슷한 몇 개의 운을 하나의 표에 모아서, 사성(四聲)별로 4 란(欄)으로 운을 나눈 다음 각 난 안에서는 운모음(韻母音)의 성질에 따라 1 등(等)부터 4 등으로 나누어 횡단(橫段)으로 배열하고, 종행(縱行)으로는 36 자모(字母)와 이에 해당하는 한자를 배열하여, 성모와 운모가 도표 위에서 서로 만나 어떤 자음(字音)을 나타내는지, 이를 보이도록 꾸민 圖表(도표)이다.

36 자모는 성모를 순(脣) 설(舌) 아(牙) 치(齒) 후(喉) 반설(半舌) 반치(半齒)의 7 음으로 나누고, 다시 청(清:全清) 차청(次清) 탁(濁:全濁) 청탁(清濁:次清)으로 나누었다. 주요한 운도로는 《절운(切韻)》계 여러 운서의 음계와 비교적 가까운 북송 정초(鄭樵)의

《칠음략(七音略)》, 장인지(張麟之)의 서문이 있는 《운경(韻鏡)》과, 중세의 음계에 맞도록 고친 남송의 《절운지장도(切韻指掌圖)》, 원나라의 《절운지남(切韻指南)》, 명나라의 《음운일월등(音韻日月燈)》이 있고, 중세 구어음을 반영한 북송 소옹(邵雍)의 《황극경세성음창화도(皇極經世聲音唱和圖)》가 있는데, 조선시대의 《경세정운(經世正韻)》과 《훈민정음운해(訓民正音韻解)》도 소옹의 영향을 받은 일종의 韻圖(운도)라고 할 수 있다. (出處; 두산백과)

◆韻圖(운도)

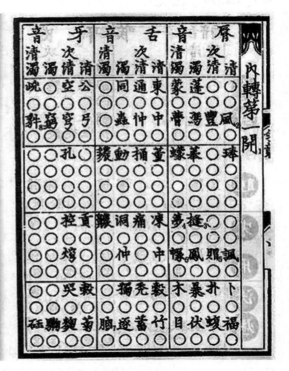

◆三十六字母(삼십륙자모)

唇音	重唇音	全清	次清	全浊	次浊	全清	全浊
唇音	重唇音	帮	滂	並	明		
	轻唇音	非	敷	奉	微		
舌音	舌头音	端	透	定	泥		
	舌上音	知	彻	澄	娘		

齒音齒頭音	精	清	从		心	邪
正齒音	照	穿	床		審	禅
牙音	見	溪	群	疑		
喉音	影			喻	暁	匣
半舌音				来		
半齒音				日		

◆七音表(칠음표)

◆七音略(칠음략)

最上兩行標(최상량행표)

幫(방) 滂(방) 並(병) 明(명) 非(비) 敷(부) 奉(봉) 微(미) 端(단) 透
(투) 定(정) 泥(니) 知(지) 徹(철) 澄(징) 娘(낭) 見(견) 溪(계) 群
(군) 疑(의) 精(정) 清(청) 從(종) 心(심) 邪(사) 照(조) 穿(천)床(상)
審(심) 禪(선) 影(영) 曉(효) 匣(갑) 喻(유) 來(래) 日(일)

康熙字典等韻本文 (강희자전등운 본문)

字母切韻要法(자모절운요법)

證鄉談法(증향담법)

鄉談豈但分南北　每郡相鄰便不同
由此故教音韻證　不因指示甚難明

分九音法(분구음법)

見溪郡疑是牙音　端秀定泥舌頭音
知徹澄娘舌上音　幫滂並明重脣音
非敷奉微輕脣音　精清從心邪齒頭

照穿狀審禪正齒　影曉喻匣是喉音
來日半舌半齒音　後習學者自明分

分十二攝韻首法(분십이섭운수법)

迦咤加○砢髂　　　　瓜撾○○○○
⑳哲結嗟儞惹　　　⑳叕訣蕝䐝㧅

閉　　　　　　　　　　合

岡張江將良穰　　　光椿惷○瀧○
庚貞經精靈仍　　　工中弓蹤龍戎
祴知饑賫離而　　　孤竹居沮驢如
高朝交焦寮饒　　　○○○○○○
該稉皆○唻○　　　乖㒽○○○○
㊀○○○○○　　　傀追圭崔茱綏
根珍金津林人　　　昆邨君邅倫囷
干霑堅尖連然　　　官爟涓鐫攣堧
鉤輈鳩摰留柔　　　○○○○○○
歌摘角爵略弱　　　鍋桌矍○攑○

內含四聲音韻圖(내함사성음운도)

見○迦	岡庚㊀祴高該㊀根干㊀㊀鉤	歌
溪⊙佉	康阬○刻尻開○靭堪○○彄	珂
郡●○	○○○○櫃隑○頎靬○○○	○
疑◐卬	昂婀○礘敖猷○垠豻○○嵨	峨

開

端○打	當登○得刀懬○○丹○○兜	多
透⊙塔	唐騰○忒陶台○吞壇○○頭	佗
定●大	蕩蹾○特道殆○○禪○○斜	佗

泥◑納　囊能○稦猱髳○○南○○糯　那
知○哳咤　張貞○知○朝桿○珍霑○○輈　摘

　　口

徹☉徹茶　長呈○池○超跲○陳纏○○紬　亀
澄●舌踃　丈徎○豸○肇䴏○脁湛○○紵　著
娘●聶拏　娘儜○尼○鐃擇○紉黏○○喋　諾
幫○巴　幫崩○挩北包小卑悲鏱班○○掊　波
滂☉爬　滂朋○菩[虫覆]袍排裴盆盤○○婄　婆
並●钯　杵菶○部儚抱灑倍体扶○○倍　爸
明◑麻　忙萌○模墨毛埋眉門瞞○○矛　摩
精○市　臧增○賫則糟災○怎簪○○譐　鈭

　　　正

清☉攃　藏層○慈城曹財○○蠶○○廠　蹉
從●○　駔贈○鷀賊早在○○瓚○○梂　鬠

心●鈒　桑僧○思塞臊顙○灑三○○鎪　娑
邪●○　○○○詞○○○○○鱢　○
影○遏　俠嫛○殕懊哀○恩安○○謳　阿
曉☉哈　炕亨○黑蒿咍○吽憨○○齁　訶

　　韻

喻◑○　○○○○○頤○○沾○○○　○
匣○合　航恆○紇豪孩○痕含○○侯　何
來○拉　郎楞○勒牢來○○藍○○樓　羅

日●鬮　○○○○○○○○○○○○○　○
見○加結　江經經飢交皆○金堅金堅鳩　角
溪☉䴔茄　強輕○溪喬揩○勤慳○○求　却
郡●○傑　勥痙○技僑拐○噤件○○臼　御
疑●牙業　卬迎○疑堯崖○銀言○○牛　岳

　　　開

端○爹　○丁○低凋○○顛战○○丟　○
透☉帖　○庭○提條○○天甜○○○　○
定●牒　○訂○弟窕○○○典○○○　○
泥◑朣　饒寧○泥嬈○○年拈○○○　○

幫○萉　○兵○卑標○○賓邊○○彪　○
滂⊙瞥　○平○皮標○睥貧篇○○淲　○
　　口
並●別　驃鮩○婢摽○○牝扁○○○　○

明◓咩　○明○迷苗○○民綿○○繆　○
精○嗟　將精○賫焦○○津尖○○揫　爵
清⊙苴　牆清○齊樵○○秦前○○秋　鵲
從●姐　蔣靜○鱭濟○○盡踐○○楸　噍
心◑些　廂星○西省○○心先○○修　削
邪●斜　詳餳○夕○○○尋涎○○囚　○
照○柤遮　章爭○支炤齋○眞占○○舟　酌
穿⊙叉車　昌乘○鷗巢柴○瞋袥○○愁　策
狀●柞貰　○誺○鶡傑寨○甚磋○○鮹　謫
審◓沙奢　商生○尸燒篩○身山○○收　爍
禪●○闍　裳筬○時韶○○憺蟬○○醻　杓
影○鴉噎　央英○衣夭挨○因煙○○幽　約
曉⊙煆奇　香興○希諤猺○欣枕○○休　咊
喻○○耶　羊盈○移遙○○寅延○○由　藥
匣○遐協　瓨形○兮觽諧○詢閑○○○　學
來○砢儸　良靈○離寮唻○林連○○留　略

日◓髯惹　穰仍○而饒○○人然○○柔　弱

韻以下盡是合口呼(운이하진시합구호)

見○瓜　光工㊀孤○乖傀昆官[昆][官]○　鍋
溪⊙誇　硿工○枯○咼魁坤寬○○○　科
郡●○　○○○○○髡鞼○犪○○○　趬
　　合
疑◓歂　○峞○吾○詭巍倔頑○○○　訛
端○○　○東○都○○堆敦端○○○　垜
透⊙○　○同○徒○○推屯團○○○　詑
定●○　○動○杜○○陮囤斷○○○　墮
泥◐○　○農○奴○○醲醾濃○○○　梛
知○癷撾　椿中○猪竹○○儔追邸爐○○○　桌

徹⊙㧖　撞重○除畜○菆鎚椿傳○○○　擉
澄●。　撞憧○柱逐○挈墜蟫篆○○○　濁
娘⊖呐妠　噥醲○帮籾○髶萎○妠○○○　搦
非○法　方風○夫○○非分樊○○哹　轉
敷⊙妭　芳峰○孚○○妃芬幡○○俘　猼
奉●伐　房逢○扶○○肥焚凡○○浮　縛
微◑襪　亡氂○無○○微文樠○○○　嘸
精○○　○宗○租○○嗺尊劗○○○　侳

　　　正

清⊙○　○聰○麄○○催存欑○○○　侳
從●○　○悰○徂○○罪僔攢○○○　坐
心⊖○　○鬆○蘇○○挼孫酸○○○　莎
邪●○　○○○酥○○○○郪○○○　○
影○窊　汪翁○烏○○哇畏溫剜○○○　窩
曉⊙譁　荒烘○葫○○蚎灰昏歡○○○　火

　　　韻

喻◑○　○弘○侉○○侑○○○○○　訏
匣●華　黃洪○胡○○懷回魂還○○○　螺
日⊖揣　○○○愸○○○○○○○○○　○
見○訣　悝弓㓷居○○圭君涓㖑㳙○　矍
溪⊙癏　狂窮○渠○○蔡羣圈○○○　覆
郡●掘　佺羣○巨○○跪葊卷○○○　懬
疑⊖月　○顒○魚○○危輐元○○○　○

　　　合

精○蕝　○蹤○沮○○崔遵鐫○○○　○
清⊙綴　○樅○蛆○○厜皴全○○○　○
從●絕　○從○咀○○嶵癄雋○○○　○
心◐雪　○嵩○須○○雖荀宣○○○　○

　　　口

邪●薉　○松○徐○○隨旬旋○○○　○
照○挫拙　莊種○俎諸○龥佳諄專○○○　捉
穿⊙碓映　牀崇○初樞○痕吹春穿○○○　趵
牀●○○　牀剿○齟打○擺○陌僝○○○　鋜

　　　副

審●要說	霜舂	○疎書	○衰水賭栓	○○○	朔
禪●○嚘	○裡	○○殊	○○誰馴遄	○○○	○
影○朓	任縈	○於	○○威滃冤	○○○	孃
曉⊙靴	怳兄	○虛	○○輝熏誼	○○○	攫

韻

喻◑日	王容	○于	○○韋云員	○○○	玃
匣●穴	○熊	○驕	○○攜○玄	○○○	○
來○臉	瀧龍	○驢	○○茉倫攣	○○○	舉
日●捼	○戎	○如	○○綏搯堁	○○○	○

唱

寄韻法(기운법)

雙母重韻各有存　哲徹舌聶結內尋
知等四字飢韻收　拪菩隨孤是來因
觜慈五字復歸飢　叕入訣內對韻眞
猪除從居不須問　挫瓜相連一處云
俎孤同韻君須記　悲眭三聲傀相親
亦有蘱痕乖中取　若用哹碎鳩內跟

借入聲法(차입성법)

迦結祴歌四聲全　該干迦下借短言
庚於祴求傀如是　岡高根鉤歌內參

字母關鑰歌訣(자모관약가결)
揭十二攝法(게십이섭법)

迦結岡庚　祴高該傀　根干鉤歌　諸字骨髓

分四聲法(분사성법)

平聲平道莫低昂
上聲高呼猛烈強
去聲分明哀遠道

入聲短促急收藏

明顯四聲等韻圖(명현사성등운도)

迦攝章第一(가섭장제일)

見○　迦○○蛤　加假架甲　瓜寡卦刮　○○○○
溪⊙　佉○○屋　軻阿牁恰　誇咵胯捾　○○○○
郡●　○○○○　○○○○　○○○○　○○○○
疑◒　○○○歺　牙雅迓睚　歐瓦瓦刖　○○○○

端○　○打○答　○○○○　○○○○
透⊙　○○○搭　○○○○　○○○○
定●　○○大達　○○○○　○○○○
泥◐　○○○納　○○○○　○○○○

知○　咤踸吒箚　　　撾天○耻
徹⊙　茶　佗賖　　○檫○頒
澄●　○跦稂撦　　○蕯○○
娘◒　拏砟踷図　　○○○妠

幫○　巴把耙八　○○○○
滂⊙　爬跁怕砏　○○○○
並●　○跁杷拔　○○○○
明◐　麻馬罵首　○○○○
非○　　　　　○○○法
敷⊙　　　　　○○○祛
奉●　　　　　○○○伐
微◒　　　　　○○○襪

精○　○○○帀　○○○○　○○○○　○○○○
清⊙　○○○攃　○○○○　○○○○　○○○○
從●　○○○雜　○○○○　○○○○　○○○○
心◐　○○○靸　○○○○　○○○○　○○○○
邪●　○○○○　○○○○　○○○○　○○○○

照○　　　　　粗鮓詐札　　　挫䶕○苗
穿☉　　　　　叉笒杈刹　　　○䃔○靫
狀●　　　　○柞乍箒　　　○○○○
審◓　　　　沙灑嗄殺　　　○嗖誜刷
禪●　　　　○○○○　　　○○○○

影○　○○○遏　鴉啞亞鴨　窊搲嗢乞　○○○○
曉☉　○○○哈　煆閒謔瞎　譁○化眨　○○○○
喻◐　○○○○　○○○○　○○○○　○○○○
匣●　○○○合　遐鷪暇狎　華踝話滑　○○○○

來○　○○○拉　○呵○拉　變○○○　○○○○
日◓　○○○○　○○○鶲　揦○○○　○○○○

平上去入(평상거입)

結攝章第二(결섭장제이)

見○　㊒(迦)　　結○○刧　㊒(瓜)　　○○○訣
溪☉　　　　　茄○㪚怯　　　　　瘸○○缺
郡●　　　　　○○○傑　　　　　○○○掘
疑◓　　　　　○○○業　　　　　○○○月

端○　　　　　爹哆○跕
透☉　　　　　○○○帖
定●　　　　　○○○牒
泥◐　　　　　㸒○○埕

知○　○○○哲　　　　○○○叕
徹☉　○○徹僷　　　　○○○皷
澄●　○○○舌　　　　○○○
娘◓　○○○聶　　　　○○○呐

幫○　　　　　○○○莂
滂☉　　　　　○○○蟞
並●　　　　　○○○別
明◐　　　　　哔七○滅

非○
敷◉
奉●
微◐

精○	嗟媎借節	○○○蕝
清◉	苴且跙切	○○○叜
從●	○姐褯接	○○○絶
心◑	些寫卸泄	○○○雪
邪●	斜挶謝○	○○○薛

照○	遮者這折	○○○拙
穿◉	車撦厙掣	○○○吷
狀●	○○貰挕	○○○○
審◑	奢捨舍攝	○○○說
禪●	闍社圿涉	○○○啜

影○	○○○噎	肔○○抉
曉◉	苛○○脅	靴○○血
喻◑	耶也夜葉	○○○日
匣●	○○○協	○○○穴

| 來○ | 儸趹劉列 | 臠○○劣 |
| 日◐ | 惹若偌熟 | 捼○○爇 |

平上去入(평상거입)

岡攝章第三(강섭장제삼)

見○	岡眈鋼㊕	江講降㊟	光廣桄㊟	惟獷誆㊟
溪◉	康慷忼㊟	强硿硿㊟	硄慷曠㊟	狂悺眶㊟
郡●	○○○○	○勥撻㊟	○○○趪	○徃迋㊟
疑◐	昂駉柳㊟	卬仰軮㊟	○○○矍	○○○○

端○	當黨檔㊟	○○○○	○○○撥
透◉	唐儻攩㊟	○○○○	○○○脫
定●	○蕩宕㊟	○○○○	○○○奪

泥◑	囊曩儀(諾)	○饟○○	○○○○	
知○	張漲帳(諾)		椿挩偆(卓)	
徹⊙	長昶暢(危)		幢○靚(擉)	
澄●	○丈仗(呫)		○○撞(濁)	
娘⊖	娘○釀(邊)		醲攛饢(搦)	
幫○	幫榜謗(撥)	○○○○		
滂⊙	滂髈胇(鏺)	○○○○		
並●	○棒傍(白)	○驃○○		
明◐	忙蟒莔(謨)	○○○○		
非○			方倣放(轉)	
敷⊙			芳仿訪(髆)	
奉●			房○防(縛)	
微⊖			亡罔妄○	
精○	臧髒葬(作)	將獎醬(爵)	○○○(䂝)	○○○○
清⊙	藏蒼稸(錯)	牆搶蹌(鵲)	○○○(攝)	○○○
從●	○駔臧(昨)	○蔣匠(嘄)	○○○(蔛)	○○○
心◐	桑顙喪(索)	廂想相(削)	○○○(趚)	○○○○
邪●	○○○○	詳象○○		
照○		章掌障(酌)		莊愴壯(捉)
穿⊙		昌敞唱(策)		牀㽼唱(策)
狀●		○○○(謫)		○○狀(鋝)
審⊖		商賞恦(爍)		霜爽㴀(朔)
禪●		裳上尚(杓)		○○○○
影○	佒姎盎(惡)	央秧怏(約)	汪㲿㶇(幹)	○怏○(纓)
曉⊙	炕汗○(歊)	香享向(㰥)	荒謊暁(豁)	○軦況(攫)
喻◐	○○○○	羊養樣(藥)	○○○(膺)	王往旺(㸌)
匣●	航沆笐(個)	巟項巷(學)	黃晃潢(活)	○○○○
來○	郎朗浪(落)	良兩亮(略)	○○○(抒)	瀧○○(犖)

日◑　○○○○　穰壤讓(翁)　○○○○　○○○○

平上去入(평상거입)

庚攝章第四(경섭장제사)

見○　庚梗更(械)　經景敬(吉)　工礦貢(骨)　弓拱供(菊)
溪⊙　阬掔埂(刻)　輕謦慶(乞)　空孔控(哭)　窮恐忎(曲)
郡●　○○○○　○痙競(極)　○○○○　○藭共(局)
疑◐　娙○硬(鐙)　迎脛凝(逆)　峞渨○(杌)　顒○岈(玉)

端○　登等橙(得)　丁頂錠(的)　東董棟(咄)
透⊙　騰艼霳(忒)　庭挺聽(剔)　同桶痛(禿)
定●　○蹬隥(特)　○訂定(狄)　○動洞(獨)
泥◑　能鼐鼐(得)　寧顎甯(翁)　農穠濃(吶)

知○　貞朕倀○　中冢凍(竹)
徹⊙　呈逞遉○　重寵踵(畜)
澄●　○徎澄○　○㣚仲(逐)
娘◑　儜檸㘨○　醲○○(妠)

幫○　崩埲迸(北)　兵丙柄(必)
滂⊙　朋倗髼(蟚)　平頩娉(匹)
並●　○菶砰(備)　○鮩並(弼)
明◑　萌猛孟(墨)　明皿命(密)

非○　　　　　　風韸諷(弗)
敷⊙　　　　　　峰湗封(拂)
奉●　　　　　　逢捧奉(佛)
微◑　　　　　　氂○氋(勿)

精○　增矰綜(則)　精井㰹(積)　宗總粽(卒)　蹤縱縱(足)
清⊙　層○蹭(峸)　清請婧(七)　聰○謥(猝)　樅㞡○(促)
從●　○○贈(賊)　○靜淨(疾)　○從敓(族)　○○從(崒)
心◑　僧○○(塞)　星惺性(悉)　鬆悚送(速)　嵩聳○(戌)

邪●	○○○○	餳○○夕	○○○○	松○頌俗

照○		爭整正炙		鍾腫種粥
穿⊙		乘愩稱赤		崇喠揰出
狀●		○○諑前		○○劕襠
審⊖		生省勝失		春○○束
禪●		筬○盛石		褈尰○熟

影○	嬰孊澋㖼	英影應乙	翁蓊甕屋	榮擁雍郁
曉⊙	亨撔哮黑	興鵼嫿吸	烘嗊轟忽	兄怳昒旭
喩◑	○○○○	盈郢暘亦	弘○○○	容永用聿
匣●	恆悙胻纥	形倖鏗形	洪詠橫縠	熊迥淡驈

來○	楞冷倰勒	靈領令力	籠攏弄鹿	龍壟籠律
日⊖	○○○○	仍捼扔人	○○○肉	戎穴毦琢

平上去入(평상거입)

袚攝章第五(계섭장제오)

見○	○○○袚	飢己記吉	孤古故骨	居舉句菊
溪⊙	○○○刻	溪起氣乞	枯苦庫哭	渠詓去曲
郡●	○○○○	○技偈極	○○○○	○巨具局
疑⊖	○○○殟	疑擬義逆	吾五悟扤	魚語遇玉

端○	○○○得	低底帝的	都覩妒咄	
透⊙	○○○忒	提體剃剔	徒土兔禿	
定●	○○○特	○弟地狄	○杜度獨	
泥◑	○○○㤕	泥禰泥溺	奴努怒呐	

知○	○○○○	知攵智陟	○○○竹	猪拄註㤏
徹⊙	○○○○	池恥殊敕	○○○畜	除褚㑓詘
澄●	○○○○	○爹治直	○○○逐	○柱住朮
娘⊖	○○○○	尼你膩匿	○○○衂	帑女挐嫋

幫○	悲彼貝北	卑比閉必	㧵補布不	

滂⊙	裵啡配蠰	皮捭譬匹	菩普怖攴
並●	○倍被㥤	○婢備弻	○部步勃
明◐	眉美妹墨	迷米寐密	模母暮木

非○	夫府富弗
敷⊙	孚撫副拂
奉●	扶腐付佛
微◒	無武務勿

精○	○○○則	賫子恣○ / 賷濟祭積	租祖做卒	沮苴俎足
清⊙	○○○城	慈此次○ / 齊淒砌七	麁麄醋猝	蛆取趣促
從●	○○○賊	○紫自○ / ○鱭劑疾	○怚祚族	○咀聚崒
心◐	○○○塞	思死四○ / 西洗細悉	蘇鹵素速	須諝絮戌
邪●	○○○○	詞似寺○ / ○○○夕	酥○○○	徐敘續俗

照○	支止至炙	俎阻詛堲	諸主炷粥
穿⊙	鴟齒厠赤	初楚傸閦	樞杵處出
狀●	○楬殖前	○齟助驟	○抒○襩
審◒	尸史世失	疏蔬疏數	書鼠恕束
禪●	時士示石	○○○○	殊豎樹熟

影○	○○○殗	衣倚意乙	烏鄔汙屋	於迂掀郁
曉⊙	○○○黑	希喜戲吸	葫虎呼忽	虛許昫旭
喩◐	○○○○	移以易亦	侉○○○	于羽喩聿
匣●	○○○紇	兮傒係矜	胡戶護縠	○○○驍

來○	○○○勒	離里利力	盧魯路鹿	驢呂慮律
日◒	○○○○	而耳二入	○○愸肉	如汝恁堲

平上去入(평상거입)

高攝章第六(고섭장제육)

見○	高杲告㪅	交絞教⻆	○○○郭	○○○覆
溪⊙	尻考靠客	喬巧竅卻	○○○廓	○○○�765
郡●	○○櫃○	○僑轎噱	○○趣	○○懅
疑◐	敖頕傲愕	堯咬樂岳	○○○㼁	○○○○
端○	刀倒到㩧	凋鳥弔○	○○○掇	
透⊙	陶討套㩧	條姚趒○	○○脫	
定●	○道盜鐸	○窵掉○	○○奪	
泥◑	猱惱猱諾	嬈𡣡尿○	○○○○	
知○	朝獠罩摘		○○○桌	
徹⊙	超趠逴㲈		○○○擉	
澄●	○肇召著		○○○濁	
娘◒	鐃撓鬧𧵗		○○○溺	
幫○	包寶報撥	標表俵○		
滂⊙	袍砲疱鏺	瓢縹剽○		
並●	○抱暴白	○摽儦○		
明◑	毛卯帽謨	苗眇妙○		
非○			○○○縛	
敷⊙			○○○餺	
奉●			○○○縛	
微◒			○○○○	
精○	糟早造作	焦剿醮爵	○○○𥐻	○○○○
清⊙	曹草操錯	樵鈔悄鵲	○○○撮	○○○○
從●	○皁譙昨	○潐嚼噍	○○噍	○○○○
心◑	燥掃燥索	宵小笑削	○○○削	○○○○
邪●	○○○○	○○○○	○○○○	○○○○
照○		炤爪照酌		○○○捉
穿⊙		巢炒鈔㲸		○○○䩸
狀●		○儏㘅譙		○○○鋜
審◒		燒少㲞爍		○○○朔

禪●　　　韶紹邵(杓)　　　　　　　○○○○

影○　懊襖奧(恩)　天妖要(約)　○○○(幹)　○○○(嬈)
曉⊙　蒿好耗(歊)　詨曉孝(耴)　○○○(豁)　○○○(攉)
喻◐　○○○○　遙㑱曜(藥)　○○○(嚾)　○○○(矐)
匣●　豪皓號(㘅)　餚姣效(學)　○○○(活)　○○○○

來○　牢老澇(落)　寮了料(略)　○○○(捋)　○○○舉
日◖　○○○○　饒遶蟯(弱)　○○○○　○○○○

平上去入(평상거입)

該攝章第七(해섭장제칠)

見○　該改蓋(蛤)　皆解界(劫)　乖枴怪(刮)　○○○(訣)
溪⊙　開鎧慨(尾)　揩楷劤(恰)　喎銙快(擖)　○○○(缺)
郡●　○○慨○　○拐齻(傑)　○○髻○　○○○(掘)
疑◖　獃皚艾(歹)　崖娾厓(業)　詭○聵(刖)　○○○(月)

端○　懛歹帶(答)　○○○(跕)　○○○○
透⊙　台儓泰(塔)　○○○(帖)　○○○○
定●　○殆代(達)　○○○(牒)　○○○○
泥◐　髵乃奈(納)　○○○(涅)　○○○○
知○　桋欶媞(窃)　　　　　○儙偙(聑)

徹⊙　眡○薑(貼)　　　　　祓○頟(煼)

澄●　○廌○(擖)　　　　　○挈遺○

娘◖　捱妳臬+柰(図)　　　○○髵(妠)

幫○　悖擺拜(八)　○○○(捌)

滂⊙　排扻派(矶)　○○○(瞥)

並●　○灑敗(拔)　○○○(別)

明◐　埋買賣(眉)　○○○(滅)

非○　　　　　　　　○○○(法)
敷⊙　　　　　　　　○○○(法)
奉●　　　　　　　　○○○(伐)
微◖　　　　　　　　○○○(襪)

精○	災宰再㊅	○○○㊯	○○○○	○○○㊟
清◉	財彩菜㊹	○○○切	○○○○	○○○㊠
從●	○在載㊹	○○○接	○○○○	○○○絶
心◐	愢蕙賽㊹	○○○泄	○○○○	○○○雪
邪●	○○○○	○○○○	○○○○	○○○㊠

照○		齋扴債折	蕡○○㊀
穿◉		柴豺瘥㊹	瘜揣啐㊋
狀●		○○寨㊹	○○揣○
審◑		篩汛曬㊹	袁○帥說
禪●		○○○涉	○○○㊀

影○	哀優愛㊹	挨矮隘㊹	哇崴懀㊊	○○○扶
曉◉	咍海齂哈	豬○啙㊹	狆扮謁㊹	○○○血
喩◐	頤佁	○○○葉	○○○○	○○○日
匣●	亥害害合	諧蟹㫃+韭協	懷巐壞㊹	○○○穴

來○	來硤賴拉	唻攋○列	膠○○○	○○○劣
日◐	○○○○	○○○熱	○○○○	○○○爇

平上去入(평상거입)

傀攝章第八(괴섭장제팔)

見○	○○○㊹	○○○吉	傀膇劊骨	圭鬼貴菊
溪◉	○○○○	○○○乞	魁磈瘣哭	葵奎喟曲
郡●	○○○○	○○○極	○○韛○	○跪匱局
疑◑	○○○○	○○○逆	巍峐外㊐	危姽魏玉

端○	○○○○	○○○的	堆顀對㊰
透◉	○○○○	○○○剔	推腿退禿
定●	○○○○	○○○狄	○陮兌獨
泥◐	○○○○	○○○㊐	醅餒內㊩

知○	○○○○		追○綴竹
徹◉	○○○○		鎚餥惙㊞
澄●	○○○○		○○墜逐

娘◐	○○○○		○萎枘㘝		
幫○	悲彼貝㊗	○○○㊗			
滂◉	裴啡配螵	眭○刷匹			
並●	○倍被慿	○○○嬶			
明◐	眉美妹墨	○○○密			
非○			非匪廢佛		
敷◉			妃誹肺拂		
奉●			肥腓吠佛		
微◐			微尾未勿		
精○	○○○○	○○○積	嗺摧最卒	崔觜醉足	
清◉	○○○○	○○○七	催璀萃猝	厜嶵翠促	
從●	○○○○	○○○疾	○罪啐族	○崒悴崒	
心◐	○○○○	○○○悉	按佳碎速	雖髓歲戌	
邪●	○○○○	○○○夕	○○○○		
照○		○○○炙	佳捶贅粥		
穿◉		○○○赤	吹○袖出		
狀●		○○○䏢	○○○積		
審◐		○○○失	○水稅束		
禪●		○○○石	誰菙睡熟		
影○	○○○○	○○○乙	畏猥穢屋	威委恚郁	
曉◉	○○○○	○○○吸	灰悔誨忽	輝虫諱旭	
喻◐	○○○○	○○○赤	○侑懲○	韋葦位聿	
匣●	○○○○	○○○矜	回誨會縠	攜○慧驍	
來○	○○○○	○○○力	雷累儽鹿	莱耒類律	
日●	○○○○	○○○人	○○○肉	緌蘂芮塚	

平上去入(평상거입)

根攝章第九(근섭장제구)

見○	根詪艮㉛	金謹禁㉕	昆滾棍㉑	君庫捃㉂
溪◔	齦懇䁐㉒	勤螼歡㉭	坤闓困㉗	羣稛趣㉙
郡●	○頷○○	○噤近㉮	○○○㉮	○莙郡㉵
疑◒	垠峎艮㉱	銀釿吟㉝	俒○譓壗	輑啍○○
端○	○○○㉟	顛○○○	敦猌頓㉠	
透◔	吞唔捸㉋	天○○○	屯吨褪㉽	
定●	○○○㉐	○○○○	○囤鈍㉥	
泥◑	○○○㉞	年○○○	麕涊嫩○	
知○	珍𩥇鎮㉓		邨○飩㉣	
徹◔	陳龍趁㉤		椿偆○㉺	
澄●	○朕陣㉇		○蜳○㉡	
娘◒	紉抭賃㉽		○○○㉖	
幫○	錛本奔㉢	賓臏擯○		
滂◔	盆㕨噴㉜	貧品岕○		
並●	○体埊㉰	○牝○○		
明◑	門尒悶悶㉨	民泯愍○		
非○			分粉糞㉻	
敷◔			芬紛忿㉳	
奉●			焚憤秎㉿	
微◒			文吻問○	
精○	○怎○㉺	津浸進㉟	尊劑焌㉌	遵○俊○
清◔	○○○㉚	秦寢劁㉖	存忖寸㉛	皴蹲○○
從●	○○○㉳	○盡鱭㉪	○僔鐏㉊	○癄○○
心◑	○灑擻㉞	心伈信㉙	孫損巽㉘	荀笋迿○
邪●	○○○○	尋○蕈○	○○○○	旬楯徇○
照○		眞枕震㉘		諄準稕㉗
穿◔		瞋硶瞋㉪		春惷○㉖
狀●		○甚碜㉱		○陙揗㉣
審◒		身審渗㉦		○賭舜㉹
禪●		愖腎甚㉠		馴盾○○

影○　恩穩鷽㊀　因隱印㊀　溫穩搵㊀　涒允慍㊀
曉⊙　○吽○㊀　欣炘焮㊀　昏惛睧㊀　熏○訓㊀
喻◑　○○○○　寅引胤㊀　○○○㊀　云殞運㊀
匣●　痕很恨㊀　詢○○㊀　蒐混慁㊀　○○○○

來○　○○○○落　林痳恡㊀略　嶮愉諭㊀　倫埨淪㊀
日⊖　○○○○　人忍刃㊀　○○○○　掄䅻閏○

平上去入（평상거입）

間攝章第十（간섭장제십）

見○　干感紺㊀　堅揀見㊀　官管貫㊀　涓捲眷㊀
溪⊙　堪坎看㊀　慳遣欠㊀　寬款欵㊀　圈犬勸㊀
郡●　○○靬○　○件健㊀　○○懽○　○卷倦㊀
疑⊖　犴豻岸㊀　言眼硯㊀　頑輐玩㊀　元阮願㊀

端○　丹膽旦㊀　战點店㊀　端短段○
透⊙　壇坦探㊀　甜忝䑲㊀　團報湍○
定●　○襢但㊀　○典電㊀　○斷緞○
泥◑　南喃難㊀　拈撚念㊀　㘆煗稬○

知○　霑展站㊀　　　　　　爐轉囀㊀
徹⊙　纏諂硟㊀　　　　　　傳篆掾㊀
澄●　○湛綻㊀　　　　　　○篆瑑○
娘⊖　黏碾辗㊀　　　　　　㚷睍○㊀

幫○　班粄半㊀　邊貶遍㊀
滂⊙　盤坢判㊀　篇＜片从見（字典無字）＞片㊀
並●　○扶伴㊀　○扁便㊀
明◑　瞞滿慢㊀　綿免面㊀

非○　　　　　　　　　　樊反販㊀
敷⊙　　　　　　　　　　幡疲泛㊀
奉●　　　　　　　　　　凡犯梵㊀
微⊖　　　　　　　　　　樠晚萬㊀

精○　簪昝讚㊀　尖剪箭㊀　劗纂鑽○　鐫騰恮㊀
清⊙　蠶慘粶㊀　前淺刊㊀　欑慸竄○　全○焌㊀
從●　○瓚暫㊀　○踐賤㊀　○○攢○　○雋餕㊀

| 心◖ | 三傘散⦿ | 先跹線泄 | 酸匴算○ | 宣選渲⦿ |
| 邪● | ○○○○ | 涎銛羨○ | ○鄹○○ | 旋鏇鏇⦿ |

照○		占斬戰⦿		專剸孨⦿
穿⦿		祜闡懺⦿		穿喘釧映
狀●		○磣棧⦿		○僝饌○
審◖		山閃扇⦿		栓○涮⦿
禪●		蟬善禪⦿		遄腨縳⦿

影○	安稕按⦿	煙掩厭⦿	剜椀腕⦿	冤婉怨⦿
曉⦿	憨罕漢⦿	枚顯獻⦿	歡癬喚⦿	諠愃楥⦿
喻◖	炶○○○	延演炎⦿	○○○○	員遠院⦿
匣●	含旱汗⦿	閑峴現⦿	還緩幻⦿	玄泫眩⦿

| 來○ | 藍覽爛⦿ | 連臉煉⦿ | 鑾卵亂○ | 攣孿戀⦿ |
| 日◖ | ○○○○ | 然染詽⦿ | ○○○○ | 堧軟緛⦿ |

平上去入(평상거입)

鉤攝章第十一(구섭장제십일)

見○	鉤狗垢⦿	鳩九救⦿	○○○⦿	○○○⦿
溪⦿	彄狗扣⦿	求揂趜⦿	○○○⦿	○○○⦿
郡●	○○○○	○臼舊⦿	○○○⦿	○○○⦿
疑⊖	喁藕偶⦿	牛齺鼽⦿	○○○⦿	○○○⦿

端○	兜斗鬥⦿	丟○○○	○○○⦿
透⦿	頭鈄透⦿	○○○⦿
定●	○鈄豆⦿	○○○⦿
泥◖	穤檽浽⦿	○○○⦿

知○	輈肘晝⦿	○○○⦿
徹⦿	紬丑惆⦿	○○○⦿
澄●	○紂宙⦿	○○○⦿
娘⊖	鍒鈕糅⦿	○○○⦿

幫○	○掊○⦿	彪○○○
滂⦿	婄剖歆⦿	滮○○○
並●	○培歆⦿	○○○○

明◐	矛愁牟⟨謨⟩	繆○謬○		

非○			呼岳鍑⟨轉⟩	
敷◉			砩紑副⟨傳⟩	
奉●			浮婦伏⟨縛⟩	
微◖				

精○	譸走奏⟨作⟩	挈酒僦⟨爵⟩	○○○⟨峇⟩	○○○○
清◉	廠韻湊⟨錯⟩	秋○籔⟨鵲⟩	○○○⟨攝⟩	○○○○
從●	○楸楱⟨昨⟩	○湫就⟨噍⟩	○○○⟨最⟩	○○○○
心◐	鎪叟涑⟨索⟩	修滫秀⟨削⟩	○○○⟨趉⟩	○○○○
邪●	○鱶○○	囚○袖○	○○○○	○○○○

照○		舟箒呪⟨酌⟩		○○○⟨捉⟩
穿◉		愁醜臭⟨策⟩		○○○⟨酌⟩
狀●		○鯫諏⟨謫⟩		○○○⟨鎝⟩
審◖		收手瘦⟨爍⟩		○○○⟨朔⟩
禪●		疇受授⟨杓⟩		○○○

影○	謳嘔漚⟨惡⟩	幽懮幼⟨約⟩	○○○⟨幹⟩	○○○⟨孃⟩
曉◉	齁吼詬⟨壑⟩	休朽齅⟨吒⟩	○○○⟨豁⟩	○○○⟨攫⟩
喻◐	○○○○	由酉又⟨藥⟩	○○○⟨矆⟩	○○○⟨彉⟩
匣●	侯厚后⟨涸⟩	○○○⟨學⟩	○○○⟨活⟩	

來○	樓籔漏⟨落⟩	留柳溜⟨略⟩	○○○⟨拎⟩	○○○⟨犖⟩
日◖	○○○○	柔𦚢揉⟨弱⟩	○○○○	○○○○

平上去入(평상거입)

歌攝章第十二(가섭장제십이)

見○	歌哿箇革	○○○角	鍋果過郭	○○○矍
溪◉	珂可坷客	○○○却	科顆課廓	○○○躩
郡●	○○○○	○○○御	○○○趉	○○○戄
疑◖	峨我餓愕	○○○岳	訛婐臥瓦	○○○○
端○	多嚲跢矴	○○○○	堁朶矬掇	

透⊙	佗扡杝托	○○○○	詫妥唾脫
定●	○陊詑鐸	○○○○	○墮惰奪
泥◑	那娜哪諾	○○○○	硇扼糯○

知○	○○○摘	○○○桌
徹⊙	○○○覒	○○○擉
澄●	○○○著	○○○濁
娘◒	○○○諾	○○○搦

幫○	波跛簸撥	○○○○
滂⊙	婆叵破鏺	○○○○
並●	○爸潑白	○○○○
明◑	摩麼磨謨	○○○○

非○		○○○轉
敷⊙		○○○餺
奉●		○○○縛
微◒		嚩○○○

精○	㘦左佐作	○○○爵	坐○嗺硞	○○○○
清⊙	蹉瑳○錯	○○○鵲	矬脞銼撮	○○○○
從●	○薺○昨	○○○昨	○坐座蕞	○○○○
心◑	娑縒徣索	○○○削	莎鎖膄趏	○○○○
邪●	○○○○	○○○○	○○○○	○○○○

照○	○○○酌	○○○捉
穿⊙	○○○策	○○○踿
狀●	○○○謫	○○○鋜
審◒	○○○爍	○○○朔
禪●	○○○杓	○○○○

影○	阿衰啊惡	○○○約	窩媒埚幹	○○○孃
曉⊙	訶哊呵壑	○○○吒	○火貨豁	○○○攫
喻◑	○○○○	○○○藥	訏○○嚄	○○○戄
匣●	何抲賀涸	○○○學	禾禍和活	○○○○

來○　　羅攞邏落　　○○○略　　螺裸掿挱　　○○○舉
日◗　　○○○○　　○○○弱　　○○○○　　○○○○
　　　　平上去入(평상거입)

切字㨾法(절자양법)

夫等韻者梵語悉曇此云字母乃是一切文字之母所謂迦佉乃至
劣爇是也梵語毘佉囉此云切韻是一切文字之根本岡康乃至玃
舉是也亦言切者斷韻分音爲之切韻者音聲相和爲之韻能析諸
字名派所謂論韻母之橫豎辯九音之清濁呼開合之正副分四聲
之平仄故名字母切韻切字之法如箭射標切脚二字上字爲標下
字爲箭出切定音於那母下定在那母下取字爲之立標以脚爲箭
定韻尋標中者便是亦定四聲行韻於平聲定取平聲字行韻於上
聲定取上聲字行韻於去聲定取去聲字行韻於入聲定取入聲字
所言平聲者爲之平韻仄聲者上去入三聲爲之仄韻如同佉字是
康茶切出切於岡攝開口正韻溪母下行韻於迦攝開口正韻徹母
下依韻尋標定取溪母下佉字是也註云此字在迦攝開口正韻溪
母下是牙音屬次清是平聲爲平韻此之一字以爲定式餘者皆同
故云此法是諸書之本爲衆藝之勝名派以就然後明義如何是義
大地一切文字不出事物兩用何爲事物所謂空言無物爲之事凡
所有形爲之物此丨一字乃爲查號說文云丨某某丨乃爲之定規
耳

訣云(결운)

切字之法最易通　　切脚二字用本形
記取康茶佉是㨾　　故敎學者初分明

又云(우운)

切字之時不可忙　　臨文須要細參詳
刻雕殘缺寫多誤　　何用依形執字旁

貼韻首法(첩운수법)

迦⑳岡庚裓高該㊌根干鈎歌　加結江經饑交皆○金堅鳩角
瓜㊒光工孤○乖傀昆官○鍋　○訣惺弓居○○圭君涓○矍

凡貼韻者用靑黃二色有字者用靑色貼逢空聲用黃色貼遇雙母
重韻者用兩色貼矣

讚囑等韻西江月二首(찬축등운서강월이수)

堪讚九音總括包含萬字無差從來切字有作家難比如斯妙法有
聲韻中直取見形篇內活拿若君記念細熟滑實乃眞金無價

又云(우운)

切字須憑等韻呼吸清濁音聲橫編豎紐要叮嚀音韻自然眞正橫
豎各排千遍師傳關鑰分明若言此事不精靈除是癡聾瘂倀

一畫(일획)

一 央力切　｜ 顯次切　丿 皮帖切　乙 央力切　丶 中女切　亅 居日切　中

二畫(이획)

二 饒記切　冂 居種切　人 仍心切　儿 仍心切　又 遙就切　力 略吉切　窮
凵 溪免切　丂 堪草切　入 仍的切　冖 綿逆切　厶 僧慈切　刀 丹袍切　几 江比切
卜 班攴切　冫 卑經切　几 遄魚切　厂 咍看切　卪 焦帖切　勹 班朝切　容
匕 兵體切　七 灰𦜝切　丄 天刃切　丩 江由切　八 班歺切　十 憻乞切　九 饑酒切
丁 凋明切　了 良絞切　亠 台侯切

三畫(삼획)

三 娑盤切　上 時講切　土 推虎切　工 瓜宗切
士 寨比切　女 妳拄切　乃 那買切　口 刻丑切　彡 星甜切　彳 長匿切　久 饑酒切
夂 張恥切　夂 盈忍切　尸 山移切　宀 迷閑切　屮 怎叵切　弓 恆謟切　同
厶 靜剔切　冂 門討切　亐 云書切　丌 却迷切　巛 吹員切　夕 詳極切　小 西表切
山 生篇切　尢 溫幢切　大 禪載切　刃 而信切　广 岳扁切　幺 衣焦切　弓 居鍾切

彐金帝切	丮星刀切	匚夫幢切	巾江貧切	口云佳切	弋羊赤切	匚形史切
己江比切	寸催棍切	丸黃傳切	干庚霜切	丈廮党切	屮朕矗切	中
子怎死切	也羊且切	廾涓永切	夊雪吹切	悉	皆	備
八	十	三	部	必	須	窮

四畫(사획)

王員㻻切	父凡古切	夫方徒切	予云書切	手山九切	爪爭眇切	文亡存切
丮鳩必切	亢恆唐切	曰云缺切	欠却扇切	支裴不切	爻形巢切	云容矗切
止舟起切	戈孤莎切	戶禾祖切	尺愁狄切	歹狅合切	丹登含切	壬甜影切
木毛不切	曰埋召切	勿微獨切	殳遄魚切	方夫幢切	斗登肘切	斤江貧切
日仍的切	月魚穴切	火昏鎖切	夭衣焦切	水霜虫切	井將景切	气強意切
犬羣軟切	牛迎秋切	氏蟬喜切	不非土切	市法最切	毛麻陶切	尢延尋切
支眞疑切	込文光切	帀增拉切	卅三答切	刈排蠆切	巴包佋切	丑陳斗切
凡扶團切	元魚玄切	兮閑溪切	部	罄	天條煙切	心星民切

五畫(오획)

示裳備切	玉顯聿切	田條煙切	司僧慈切	号何報切	亣干卯切	兄熏窮切
疋栓俎切	民苗寅切	氺悲皀切	目毛不切	可康麼切	禾懷科切	生收明切
立略吉切	牙牛沙切	正章並切	宁濁女切	夲台朝切	瓜工撾切	皿迷影切
未歹菜切	去圈慮切	白扶錯切	甘庚霜切	广黏鐸切	穴玄雪切	凶熏窮切
北幫得切	瓦頑大切	且秋若切	矛毛紬切	玄穴穿切	失商里切	戊埋透切
勹爭必切	氐丟起切	左怎叵切	用員共切	屵狅合切	石慴乞切	形
宍饒帚切	毋文都切	冉柔斬切	句涓續切	皮平疑切	歹將體切	比兵體切
四顥次切	片皮硯切	半巴紺切	古官鹵切	卯門討切	甲皆札切	評
申尸實切	无金帝切	必剪吉切	令連定切	弗分竹切	戊云缺切	備
共	收	六	十	部	頭	形

六畫(육획)

色燒剔切	舌寨怯切	血虛拙切	肉擭骨切	冊乘爵切	自在寺切	耳然米切
网無抩切	行含增切	叕然學切	老藍考切	西星皮切	両央乍切	死三子切

吕攀主切	竹中咄切	未衰足切	缶非土切	曲蔡俗切	放央閃切	舟酌牛切
刕刻拉切	兆朕討切	永曰腫切	㺢裴害切	由分竹切	有羊醜切	旨舟起切
多丹摩切	交鳩苗切	亦羊赤切	艸財卯切	自東肥切	羊遙江切	庀灰無切
羽曰舉切	至章地切	而人溪切	衣央皮切	光官幢切	印天刀切	此層子切
受別小切	糸綿逆切	共砉從切	丞牛貪切	束財四切	出崇聿切	先星甜切
聿員玉切	出眞疑切	亥合乃切	帇黏哲切	虫熏髓切	耒舉水切	米民底切

七畫(칠획)

里良米切	邑央力切	弟訂己切	男那班切	見鳩便切	谷乖忽切	身尸實切
足鐫律切	言印綿切	肉農哭切	臼劈酉切	豆道奏切	厄眞疑切	臣裳民切
囪星刃切	走增斗切	辵陳托切	尾無累切	巫文都切	束衰足切	㐰篇信切
車昌咩切	卵雷短切	囟吹狂切	赤愁狄切	危魚韋切	貝崩配切	辛星民切
角皆削切	系諧剃切	舛崇軟切	次詳甜切	兒埋召切	采別戰切	酉羊醜切
豕商里切	更鉤孟切	卑實提切	三	十	八	親

八畫(팔획)

京堅平切	匝寅迷切	夅黏哲切	步枠暮切	東端烘切	門麻陳切	阜凡古切
炙爭必切	雨曰舉切	面良品切	來良台切	虎荒古切	兔團素切	辰裳民切
卓專屬切	帛柭錯切	青齊寧切	明民靈切	㬊鍾元切	叕追皴切	多紂恥切
非方魁切	長呈幫切	佳鍾菜切	果官朶切	隶禪戴切	其却迷切	金江貪切

九畫(구획)

面民欠切	頁形別切	旻熏足切	首門納切	思僧慈切	兒人溪切	盾誰蹲切
食儉亦切	鹵帖樵切	韭機酒切	享希想切	早合走切	泉蛆栓切	音央尋切
豆桌悰切	香枕卬切	重濁孔切	臥巍座切	飛方魁切	鬼居水切	是蟬喜切
龜記切	畐篇剔切	風分中切	㐮吹狂切	亞央乍切	癸居水切	林
貞王宣切	臤强山切	耑都還切	革高著切	酋秦牛切	旁	部
並	排	八	九	六	十	眞

十之十二畫(십지십이획)

鬥得畫切	骨乖忽切	晉山九切	髟兵條切	斝狀擧切	珿皆削切	舁云書切
馬眉打切	冥民靈切	麥矛龜切	秝略吉切	皀陳托切	能南層切	書霜于切
素孫護切	韋云佳切	豈喬止切	軱鉤旦切	索臊龜切	傘光懷切	處春擧切
華剪吉切	殺商恰切	高康陶切	巢昌瓢切	黑訶刻切	桼秦必切	魚月書切
鬲略吉切	彎纏謗切	鳥丟少切	麻毛法切	華回瓜切	鹵崙虎切	東恆詣切
烏窊扶切	巫鍾圭切	章舟江切	壹央力切	美班攵切	黃回光切	須宣虛切
鹿螺忽切	雲容羣切	黍水羽切	鼠水羽切	晨裳民切	喜休止切	會華對切
黽眉逞切	象涎享切	絲僧慈切	崔黃傳切	辟剪吉切	黹眉党切	壺黃無切

十三之二十九畫 (십산지이십구획)

嗇燒剔切	琴求民切	梟娑召切	舜水郡切	鼓官鹵切	齊前溪切	中
單時扁切	鷹脱改切	豐良米切	僉秦綿切	糳裴害切	鼻扁帝切	熊穴嵩切
甏戌喘切	履良米切	鼎丟請切	犛麻陶切	興欣寧切	黹張恥切	歲宣恚切
墓角引切	衜焚度切	亶乖黏切	龜涓佳切	學形酌切	齒柴體切	龍倫鍾切
廫毛更切	絲盧寬切	橐瓜吻切	侖羊噍切	翼略吉切	鹽盈綿切	爨存幻切
磬喬淨切	嬴龍雛切	三	十	七	豐幡籠切	終

權將此法示初學後哲有疑重改更

檢篇卷數法 (검편권수법)

一序二見溪　三內是郡疑　端透泥定四　澄娘徹五知
幫滂六內取　明並七爲基　非敷微八奉　精清從九歸
心邪十內有　照穿狀十一　審禪行十二　曉匣影十三
喻母居十四　來日十五宜

揭韻攝法 (게운섭법)

通止遇果　江蟹臻山　宕曾流深
效假梗咸　又云　通江止遇
蟹臻山效　果假宕梗　曾流深咸

揭入聲法 (게입성법)

通江臻山宕　梗曾深咸様　忽然若剖開　無窮多寶藏又云
通宕曾深全　江臻山梗咸　入聲唯九攝　仔細用心參

明等第法 (명등제법)

端精二位兩頭居　知照中閒次第呼
來曉見幫居四等　輕脣三等外全無

明攝內相同法 (명섭내상동법)

梗曾二攝與通隨　止攝無時蟹攝推
流遇略參江同宕　山咸深臻兩相關

變形十八部 (변형십팔부)

阜陽网罒邑宗都　辵道肉肝艸府蘇
神示被衣心自性　利刀足路玉元珠
雷還雨也火還照　建復廴乎手復摸
敎攴妙圓歸淨盡　獨留豸犬吠韓爐

等韻切音指南 (등운절음지남)

果	梗	止	山	深	江	効	流
假	曾	蟹	咸	臻	宕	攝	攝
二	通	遇	二	二	二	一	一
攝	三	三	攝	攝	攝		
	攝	攝					
內含	內含						
結訣	祴傀						

果攝內四 (과섭내사) 假攝外 (가섭외) 開口呼狹門 (개구호협문)

見	歌哿箇各	嘉檟駕嘏	迦○○孑	○○○結
溪	珂可坷恪	魺跒髂㱁	佉○○朅	○○歌猰
郡	翗○○○	○○○○	伽○○傑	○○○○
疑	莪我餓咢	牙雅迓睚	○○○孼	○○○钀

端知	多韃跢洬	奓綎吒啠	○○○哲	爹哆○窒
透徹	佗袉拖託	佗奼詑獺	○○○屮	○○○鐵
定澄	駝奓馱鐸	茶跢蛇噠	○○○轍	姪
泥娘	那檂奈諾	拏絮胗疧	○○○○	膻○○涅

幫	○○○博	巴把霸捌	○○○箹	○○○鷩
滂	○○○頗	葩土杷汃	○○○○	○○○擘
並	○○○泊	爬羓猷拔	○○○別	○○○鷩
明	○○○莫	麻馬禡宻	○○○○	哶乜○蔑

精照	㹨左佐作	櫨鮓詐札	遮者柘晢	嗟姐唶節
清穿	蹉瑳○錯	叉笣瘥刹	車撦扯掣	礎且笡切
從狀	醝齹○昨	楂槎乍鍘	蛇○射舌	查姐褯截
心審	娑縒些索	鯊灑嗄殺	奢捨舍設	些寫蝑屑
邪禪	○○○○	○○○○	闍社坫○	袤灺謝○

曉	訶歌呵靧	煆嗬嚇瞎	○○○妜	苛○○鿔
匣	何荷賀涸	遐下暇黠	○○○紇	○○○纈
影	阿閜椏惡	鴉啞亞軋	○○○絹	○○○噎
喻	○○○○	○○○○	○○○○	耶野夜拽

來	羅攞邏落	○蘿○○	儸跒劙列	
日	○○○○	○○○髽	若若偌熱	
韻	歌哿箇鐸	麻馬禡鎋	薛	
			月	

果攝內四 (과섭내사) 假攝外六合口呼狹門 (가섭외육합구호협문)

見	戈果過郭	瓜寡㯡劀	○○○蹶	○○○玦
溪	科顆課廓	誇髁跨觖	𩨞○○闕	○○○関
郡	○○○○	○○○○	癯○○叕	
疑	訛姽臥瓁	㕁瓦瓦刖	○○○月	○○○○

端知	陊埵椯○	檛夃○鷄	○○○輟	
透徹	詑妥唾○	○棃○�頮	○○○䬠	

定澄	牠墮惰○	○蘀○○	○○○○
泥娘	捼婑愞○	○○○婥	○○○吶

幫非	波跛播○		○○○髮
滂敷	頗叵破○		○○○怖
並奉	婆爸陪○		○○○伐
明微	摩麼磨○		○○○韤

精照	侳○挫噪	挫䄍○苴	○○○拙	○○○蕝
淸穿	蓌脞剉○	○䃺○爨	○○○歠	○○○脧
從狀	矬坐座膬	○○○○	○○○絶
心審	莎鎖膄○	○䅭㕞刷	○○○說	○○○雪
邪禪	○○○○	○○○○	○○○啜	○○○蒤

曉	○火貨霍	華○化聒	韡○○旻	○○○血
匣	和禍和穫	華踝觟頢	○○○○	○○○穴
影	倭媒涴矆	窊掗掗婠	肥○○嬳	○○○抉
喩	訏○○○	○○○○	○○○越	○○○悅

來	贏裸贏硸	臠○○○	臠○○劣
日	○○○○	○○○○	捼○○爇

韻	戈果過鐸	麻馬禡鎋	薛月

梗攝外七(경섭외칠)　開口呼(개구호)　廣門(광문)

見	庚梗更格	驚警敬親	頸剄徑激
溪	鏗伉○客	卿○慶隙	輕謦罄燩
郡	○○○○	㯤○競劇	頸痙○○
疑	娙○鞕齴	迎○迎逆	娙脛○鷁

端知	朾酊倀摘	貞朕○蹢	丁頂矴的
透徹	瞠○矃瘑	檉逞遉彳	汀珽聽剔
定澄	棖場鋥宅	呈徎鄭擲	庭挺定悌

泥娘	寧嚀○疒	○○嚀○	寧顁甯鑈

幫	閍浜迸伯	兵丙柄碧	并鞞摒辟
滂	怦胼亨擂	○○病鈈	聘頩聘僻
並	彭鮃倣白	平病○檘	瓶並併僻
明	蕄猛孟陌	明皿命○	名䁸詺覓

精照	爭睜諍責	征整政隻	精井精積
清穿	琤瀞瀞策	○○○尺	清請倩䚡
從狀	傖○○齚	○○○麝	情静淨籍
心審	生省生棟	聲○聖釋	星省性昔
邪禪	○○○○	成○盛石	錫○○席

曉	脝誟諄赫	○○○虩	馨鶊欨歘
匣	行幸行覈	○○○○	刑婞脛檄
影	罌犖灇戹	霙影映○	嬰癭纓益
喻	○○○○	○○○○	盈郢○繹

來	磷冷○礐	跉令令○	靈領零酈
日	○○○○	穰聁○○	○○○○

韻	庚梗諍陌	清静勁昔

青迥徑錫

梗攝外七(경섭외칠) 合口呼(합구호) 廣門(광문)

見	觵礦○蟈	○憬湀攫	泂熲局駫
溪	鐄夬○蜐	○憬病躩	傾頃高闃
郡	○○○趩	○○○○	瓊○○○
疑	○○○○	○○○○	○○○○

端知
透徹
定澄
泥娘

幫

滂

並

明

精照　○○○攑　○○○蒘　屧○○○
清穿　○○○○　○○○○　○○○旻
從狀　○○○赻　○○○○　○○○○
心審　○○○撼　○○○○　駍穎○○
邪禪　○○○○　○○○○　○○○○

曉　諻濙轟諫　兄兢病○　駍兢敻瞁
匣　宏卝蝗獲　○○○○　熒迥淡○
影　泓嫈宏攫　巊○○○　縈淡鎣○
喻　弘○○嚙　榮永詠械　營穎○役

來　○○○○　○○○○
日　○○○○　○○○○

　韻　庚梗諍陌　清靜勁昔
　　　　　　　青迥徑錫

曾攝內六(증섭내육)　開口呼(개구호)　侗門(국문)

見　摚寯亙祴　兢○○殛
溪　屳肯埑刻　硱○欸軶
郡　○○○○　殑殑殑極
疑　○○○○　凝○凝嶷

端知　登等嶝德　徵○○陟
透徹　鼟鼟澄忒　僜庱覴敕
定澄　騰蹾鄧特　澂澄瞪直
泥娘　能能鼐齥　○○朒匿

幫　崩○絣北　冫○冰逼
滂　漰倗鵬覆　砏○漰堛

| 並 | 朋䩄倗䩄 | | 凭憑砯愎 | |
| 明 | 䝬䝬懵墨 | | 儚○○竇 | |

精照	增矰增則	○○○側	蒸拯證職	䚘○甑卽
清穿	嶒○矰城	○○○測	稱齒稱瀷	○○嶒○
從狀	層○贈賊	磳○○崱	繩○乘食	繪○○聖
心審	僧○癗塞	殏殏○色	升○勝識	線○○息
邪禪	○○○○	○○○○	承○丞寔	○○○○

曉	○○○黑		興○興絀	○○○○
匣	恆層○劾		○○○洦	○○○○
影	鞥○○餩		膺○應億	○○○○
喻	○○○○		熊○○○	蠅○孕弋

來	棱○倰勒		陵○餕力	
日	○○○○		仍耳認日	
韻	登等嶝德		蒸拯證職	

曾攝內六 (증섭내육)　合口呼 (합구호)　侷門 (국문)

見	肱○○國	恭○○○
溪	鞃○○○	○○○○
郡	○○○○	○○○○
疑	○○○○	○○○○

端知
透
定
泥

幫
滂
並
明
精

清
從
心
邪

曉	薨○○㬠		○○○洫
匣	弘○○或		○○○○
影	泓○○○		○○○○
喻	○○○○		耺○○域

來	○○○○		○○○○
日	○○○○		○○○○
韻	登　　德		蒸　　職

通攝內一 (통섭내일)　合口呼 (합구호)　侷門 (국문)

見	公頼貢縠	恭拱供辇
溪	空孔控哭	銎恐恐曲
郡	頑○○○	蛩栱共局
疑	峱渼○氍	顒○岉玉

端知	東董凍縠	中冢潼竹
透徹	通侗痛禿	蹱寵蹱畜
定澄	同動洞獨	重重重逐
泥娘	齈𦬼齈耨	醲○○衄

幫非	○琫○卜	封覂諷匸
滂敷	徬○○扑	峯捧葑蝮
並奉	蓬蓬槿僕	逢奉俸幞
明微	蒙蠓懞木	摩○朦娟

精照	葼總糉鏃	鍾腫種燭	縱緵縱足
清穿	恩○謥瘯	衝鶺揰妯	樅總○促
從狀	叢㟅鼨族	崇○劋贖	從○從歜
心審	檧㩆送速	舂○○束	蜙悚○粟
邪禪	○○○○	鱅尰○蜀	松○頌續

曉	烘嗊烘嗀		訇洶趨旭	○○○○
匣	洪鴻哄縠		雄○○○	○○○○
影	翁蓊瓮屋		邕擁雍郁	○○○○
喻	○○○○		○○趬囿	容勇用欲

來	籠朧弄祿		龍隴曨○
日	○○○辱		茸宂韈○
韻	東董送屋		鍾腫用燭
	冬○宋沃		

止攝內二 (지섭내이) 　開口呼 (개구호) 　通門 (통문)

見	○○○祴		饑几冀曁	○枳繫吉
溪	○○○刻		敧起器乞	○企棄詰
郡	○○○○		奇技芰姞	衹○○佶
疑	○○○○		狋擬钀聑	䚗○○䡾

端知	○○○德		知徵智窒	○○帝窒
透徹	○○○忒		絺裭屎抶	○體○○
定澄	○○○特		馳豸緻秩	○弟地鐜
泥娘	○○○鼞		尼狔膩昵	○○○昵

幫	陂彼○北		○○賁筆	卑匕庫必
滂	○䟣○覆		鈹○帔拂	紕諀譬匹
並	○被○菔		皮○備弼	毗婢鼻邲
明	糜美○墨		○○縻密	彌洣寐蜜

精照	○齋 ○妹 ○恣 則○	菑批裝櫛	支止志質	○○○聖
清穿	○雌 ○此 ○次 城○	差刻廁刹	鴟齒䶂叱	○○○七。
從狀	○慈 ○茈 ○自 賊○	茬士○齫	○豉示實	○○○疾
心審	○詞 ○似 ○寺 ○○	師史駛瑟	詩始屎失	○○○悉
邪禪		○○○○	時視嗜藥	○○○○

曉	○○○墨		犧喜戲肸	咦○○欯
匣	○○○劾		○○○○	○○系○
影	○○○餩		醫倚懿乙	伊○擪一

喻	○○○○	○矣○○	移以異逸

來	○○○勒	離邐吏栗
日	○○○○	而爾二日
韻	○○○德	脂旨至質
		微尾未術

止攝內二（지섭내이） 合口呼（합구호） 通門（통문）

見	㉿	㉺	龜軌瞶亥	鞻癸瞡橘
溪			虧歸喟屈	闚跬觖○
郡			逵跽匱倔	葵揆悸繘
疑			危硊僞崛	○峗○○
端知			追○轛怵	
透徹			○榱○黜	
定澄			鎚墜○朮	
泥娘			○餒諉貀	
非			非匪沸弗	
敷			霏斐費佛	
奉			肥膹狒佛	
徹			微尾未物	
精照	蕏○○鵽	錐捶惴○	崔嶊醉卒	
清穿	衰揣㓡○	吹○吹出	嵳崒翠焌	
從狀	○○○○	○○○術	厜皎萃崒	
心審	衰○帥率	○水稅絀	綏髓邃卹	
邪禪	○○○○	錘華睡○	隨猶遂○	
曉			麾毀毀燬	陸瞲血獝
匣			○○○○	○○○驈
影			逶委餒蔚	洼○恚○
喻			帷蔿位颱	惟荽遺聿
來			灅壘類律	

日		痿藥秇○
韻		微尾未物
		指旨至迄

蟹攝外二(해섭외이)　開口呼(개구호)　廣門(광문)

見	該改蓋葛	皆鍇誡鶷	○○猤暨	雞鶃計吉
溪	開愷磕渴	揩楷炫稭	○○憩乞	谿啓契詰
郡	○○隑○	○筊齹○	○○偈婋	○○○佶
疑	皚騃艾嶭	崖騃睚聐	○○劓耴	倪埦詣鮠
端知	韃等帶怛	椻釽媞啠	○○癓窒	低邸帝窒
透徹	胎嘽泰闥	摅○蠆獺	○○跩抶	梯體替○
定澄	臺駘大達	娷偍○噠	○○滯秩	嗁弟第臺
泥娘	能乃奈捺	揑嬭槷疷	○○嬭暱	泥禰泥昵
幫	○恬貝○	頑擺躃捌		豍靫閉必
滂	姙佫霈○	屓帔○汃		砒頖媲匹
並	蓓倍旆○	排羅○拔		鼙陛薜邲
明	○穤眜搣	買買賣密		迷米謎蜜
精照	哉宰載鬓	齋扸瘵札	○○制質	齎濟霽聖
清穿	猜采蔡攃	釵夈差剎	犗萰掣叱	妻泚砌七
從狀	裁在載戳	豺○傺鍘	○○觢實	齊薺嚌疾
心審	鰓諰賽躠	崽灑䕬殺	○○世失	西洗細悉
邪禪	○○○○	○○○○	○○逝嗽	○○○○
曉	咍海餀顡	俙○譮瞎	○○歇肸	醯○欯欯
匣	孩亥害曷	諧蟹邂黠	○○○○	奚傒暳○
影	哀欸藹遏	娃挨隘軋	○○竭乙	鷖吟翳一
喻	頤𩓣○○	○○○○	○○澨逸	○○曀逸
來	來禮賴剌	唻擸○○	○○例栗	黎禮麗○
日	○○○○	○○○髶	苒疞○日	○○○○
韻	咍海泰曷	皆駭怪鎋	齊薺祭質	

代　　　　　　　　　霽

蟹攝外二(해섭외이)　合口呼(합구호)　廣門(광문)

	代		霽	
見	傀頍憒括	媧𤓶卦劊	○○劇亥	圭○桂橘
溪	恢頯塊闊	匯胿𠜱勬	○○數屈	睽○褉○
郡	○○贑○	○○髻○	○○𡜊倔	○○○繘
疑	鮠顡磑枂	詭○聵刖	○○峞崛	觀○○○
端知	磓膇對掇	○儑臇鵽	○○綴竹	
透徹	䡷骽退㒃	○○頽頯	○○憝畜	
定澄	頹錞隊奪	鐻揬㯷○	○○鑡逐	
泥娘	捼餒內○	○○取妠	○○衄	
幫非	桮悖背撥	○○庯○	○○廢弗	○○○○
滂敷	肧琣配鏺	○○湃○	○○肺拂	○○刷○
並奉	裴琲佩跋	○○愂○	○○吠佛	睡○○○
明微	枚浼妹末	○○呦○	○○○物	○○○○
精照	嗺摧晬纗	○○○茁	○○贅○	○○蕝卒
清穿	崔璀倅撮	硡撮啐篡	○○毳出	○○毳焠
從狀	摧皠啐柮	朘○擩○	○○○術	○○○崒
心深	㘴崔碎劂	蓑○崒刷	○○稅絀	○○歲卹
邪禪	○○○○	○○○○	杉○啜○	○○籑○
曉	灰賄誨豁	𪒠扮𩤱䀢	○○喙颬	脃○嘒猲
匣	回瘣潰活	懷夥壞頢	○○○○	攜○慧譑
影	隈猥魁斡	蛙崴黵婐	○○穢蔚	娃○○○
喻	○阢𢤱○	○○○○	○○衛颭	○○銳聿
來	罍磥纇捋	腺○○○	○○○律	
日	○○○○	○○○○	○○芮	
韻	灰賄隊末	皆駭怪鎋	齊薺廢術	

霽

遇攝內三(우섭내삼)　合口呼(합구호)　侗門(국문)

見	孤古顧穀		居舉據䇔	
溪	枯苦綺哭		虛去欱曲	
郡	○○○○		渠巨遽局	
疑	吾五誤玉		魚語御玉	

端知	都覩妒毅	○○○竹	豬貯著瘃	
透徹	琮土菟禿	○○○畜	攄楮絮楝	
定澄	徒杜渡獨	○○○逐	除佇箸躅	
泥娘	奴怒笯耨	○○○衄	袽女女傉	

幫非	逋補布卜		跗甫付⼐	
滂敷	㮟普怖扑		敷撫赴蝮	
並奉	酺簿捕暴		扶父附幞	
明微	模姥暮木		無武務媚	

精照	租祖作鏃	菹阻詛縬	諸鬻煮燭	且苴怚足
清穿	麤蘆厝瘯	初楚憷珿	樞杵處促	疽跛覷促
從狀	徂粗祚族	鋤齟助鐲	○紓○贖	蠩咀聖覰
心審	蘇卤訴速	疏所疏縮	書暑恕束	胥諝絮粟
邪禪	○○○○	○○○○	蜍野署蜀	徐敘㒃續

曉	呼虎謼嗀		虛許噓旭	○○○○
匣	胡戶護縠		○○○○	○○○○
影	烏隖汙屋		於椥飫郁	○○○○
喻	㑧○○○		虧羽芋圉	余與豫欲

來	盧魯路祿		臚呂慮○
日	○○辰辱		如汝洳○
韻	模姥暮屋		魚語御燭
	沃		虞麌遇○

山攝外四（산섭외사）開口呼（개구호）廣門（광문）

見	干笥旰葛	閒簡諫鵽	㩖蹇建子	甄繭見結
溪	看侃侃渴	慳齦○鞊	愆繾俔朅	牽遣譴猰
郡	○○○○	○○○○	乾件健傑	○○○○

疑	豜○岸辥	顔眼鴈眰	言齴彥孽	妍齞硯齾
端知	單亶旦怛	徸○○啴	邅展驏哲	顛典殿窒
透徹	灘坦炭闤	○矊暴獺	脡搌○徹	天腆瑱鐵
定澄	壇但憚達	獭○袒嗻	纏邅邅屮	田殄電姪
泥娘	難攤攤捼	然赧暴疤	○趁輾○	年撚晛涅
幫	○○○○	班版扮捌	○辡變鍹	鞭楄褊驚
滂	○○○○	攀眅襻汃	○鶣○○	篇蹁鶣擎
並	○○○○	瓣版瓣拔	○辯卞別	便梗便蹩
明	○○○蕎	蠻矕慢密	懣免○○	眠緬麪蔑
精照	箋趱贊鬠	○醆○札	餐膳戰哲	箋翦箭節
清穿	餐○粲擦	獮剗羼剎	○闡硟掣	千淺蒨切
從狀	殘瓚儹巉	虥棧輚鏟	○○○舌	前踐賤饞
心審	刪散繖鏟	山產訕殺	羶煽扇設	仙獮霰屑
邪禪	○○○○	○○○○	鋋善繕○	次선羨繕
曉	頇罕漢顯	羴○○瞎	嘕幰獻妠	袄顯韅肣
匣	寒旱翰曷	閑限骭黠	○○○紇	賢峴見纈
影	安侒按遏	黰軋晏軋	焉趴躽暍	煙蝘宴噎
喻	○○○○	○○○○	漹○○○	延演衍枻
來	蘭嬾爛剌	斕○○○	連輦攣列	蓮○練○
日	○○○○	○○○髯	然趚軔熱	○○○○
韻	寒旱翰曷	山產諫鎋	仙獮線薛 元阮願月	

山攝外四(산섭외사) 合口呼(합구호) 廣門(광문)

見	官管貫括	關○慣刮	勬卷眷蹶	涓涓䁢玦
溪	寬款鑧闊	○○○刖	棬棬羂闕	○犬狷闋
郡	○○○○	趨○趨○	權圈倦蠉	虇蜎○○
疑	岏輐玩柮	頑○薍刖	元阮願月	○○○○
端知	端短鍛掇	關○慣刮	虇轉囀掇	

透徹	湍疃彖侻	○○○頒	猭腞猭頒	
定澄	團斷段奪	窀○○○	椽篆傳○	
泥娘	渜煗偄○	奻○奻妠	○腝○妠	
幫非	䊩粄半撥		蕃反販髮	
滂敷	潘坢判鏺		飜疲嬔怖	
並奉	槃伴叛跋		煩飯飯伐	
明微	瞞滿縵末		樠晚萬韈	
精照	鑽纂穳繓	跧譔孨茁	專剸剸拙	鐫臇悛蕝
清穿	鋑毳竄撮	○㩼篡纂	穿舛釧歠	詮○縓膬
從牀	欑○攢柮	狗撰饌○	船○○○	全雋泉絕
心審	酸算算潫	栓○篳○	○○縛設	宣選選雪
邪禪	○鄹○○	○○○○	遄膞摶啜	旋蔙淀菠
曉	歡澴喚豁	豩○○聒	暄晅楦㬇	鋗蠉絢血
匣	桓緩患頢	湲睆患頢	○○○○	玄泫縣穴
影	剜椀惋斡	彎綰綰婠	嬛宛怨噦	淵娟餶抉
喩	○○○○	○○○○	員遠瑗越	沿兗掾悅
來	鑾卵亂捋	灡○○○	攣臠戀劣	
日	○○○○	○○○○	堧輭㬉熱	
韻	桓緩換末	山産諫鎋	元阮願月	
			仙獮線薛	

咸攝外八(함섭외팔) **開口呼**(개구호) **狹門**(협문)

見	弇感紺閤	緘鹻韽夾	黚檢○㘂	兼孂兼頰
溪	龕坎勘溘	鵮床歉恰	㰹預○瘱	謙脥傔愜
郡	○○黔○	○○○○	鍼儉鐱衱	涅○○○
疑	玵鎮儑儑	巖顩㺒脛	䶬顩驗○	○○○○
端知	耽黕馱答	詀鮎鮎劄	霑○○輒	髻點店眲
透徹	䑙菼賧榻	○僴○鬸	覘諂覘鍤	添忝㮇帖
定澄	覃禫醰沓	㺒湛賺䎎	灵湛○牒	甜簟磹牒
泥娘	南腩妠納	諵図諵図	黏○○聶	鮎淰念茶

幫	○○○○	○○○○	砭貶窆頋	
滂	○○○○	○○○○	○○○妐	
並	○○○○	㻢○埿○	狎○○○	
明	姏媣姏○	莽○○○	○𦋐○○	
精照	簪昝篸帀	漸斬覽眨	詹黵占讋	尖僭嚔接
淸穿	參慘謲趛	攙醶黲插	韂○蹅謵	籤憯壍䵟
從牀	蠶歜暫雜	巉瀺儳鍷	○○○○	潛漸潛捷
心審	三糂三趿	攕摲釤翜	苫陝閃攝	銛綅磏爕
邪禪	○○○○	○○○○	棎剡贍涉	燅䆄○○
曉	峆喊䫡欱	㰹喊㒛呷	㚊險○僷	豨○○弽
匣	含頷鑑盍	咸豏陷洽	○○○○	嫌鼸○協
影	諳晻暗姶	猎黯韽鴨	淹奄惮敀	懕黶猒魘
喩	佔○○○	佔○○○	炎○○曄	鹽琰豔葉
來	藍覽䰪拉	鑑臉鑑粒	廉斂殮獵	鬑○稴甄
日	○○○○	○○○○	○○○○	䫇冉染讘
韻	覃感勘合	咸豏陷洽	鹽琰豔葉	

咸攝外八(함섭외팔) 開口呼(개구호) 狹門(협문)

見	干		黚劒○劫	
溪			顩凵欠怯	
郡			黚拑砛跲	
疑			嚴冂㜝業	
知			○○○○	
徹			○僴○㹱	
澄			誗○○墈	
娘			○○黏㹱	
非			○腇○法	
敷			芝釩汎㹤	
奉			凡范梵乏	
微			瑗錽荽○	

精照	户拈○○	尖	
清穿	○○○○		
從狀	○○○○		
心審	○○痈○		
邪禪	○○○○		

曉	轞險脅脅
匣	○○○○
影	醃埯俺腌
喻	炎橬○鎰

來	○○獫○
日	○○○○
韻	凡范梵乏

深攝內八(심섭내팔) 開口呼(개구호) 狹門(협문)

見	根	金錦禁急
溪		欽顑搇泣
郡		琴噤唫及
疑		吟僸吟岌

端知	碪戡揕縶
透徹	琛踸闖湁
定澄	沈朕鴆蟄
泥娘	誑拰賃孴

幫	○稟稟鵁
滂	○品○○
並	○○○魶
明	○○○○

精照	○怎○○	先顡譖戢	斟枕枕執	祲醋浸喋
清穿	○○○○	參墋識屆	覘瀋瀋戡	侵寢沁緝
從狀	○○○○	岑頰稶霵	○甚○○	鱏蕈鱏集
心審	○○○○	森痒滲澀	深沈深溼	心罧勦颯

邪禪	○○○○	○○○○	諶甚甚十	尋○鐔習
曉	○吽○○		歆歉譀吸	○○○○
匣	○○○○		○○○○	○○○○
影	○○○○		音歆蔭邑	愔○○揖
喻	○○○○		○○顉煜	淫潭黮熠
來			林廩臨立	
日			任荏妊入	
韻			侵寢沁緝	

臻攝外三 (진섭외삼)　開口呼 (개구호)　通門 (통문)

見	根頤艮扢		巾㐱抻暨	○緊○吉
溪	齦墾硍○		纂蟹掀乞	○蟹蓳詰
郡	○頷○○		墐近懂姞	趣○○佶
疑	垠限齦龁		銀釿憖耴	○○○𩒹
端知	○○○○		珍𨅬鎮○	顛○○窒
透徹	吞㑒瘥○		獺矁疢○	天○○○
定澄	○○○○		陳紖敶○	田○○𪐴
泥娘	○○○○		紉○○○	年○○昵
幫			彬○○筆	賓臏儐必
滂			砏○○拂	繽棘米匹
並			貧○○弼	頻牝○邠
明			珉愍愍密	民泯○蜜
精照	○○○○	臻鷙繏櫛	眞軫震質	津檇晉堲
清穿	○○○○	溱齔櫬𡻣	瞋○○叱	親笉親七
從狀	○○○○	蓁澠酳齟	神○○實	秦盡○疾
心審	○灑㩅○	莘○䰄瑟	申㐱矧失	新囟信悉
邪禪	○○○○	○○○○	辰腎慎朮	○○賮○
曉	○○○○		欣㶒衅肸	鴥○○欯
匣	痕很恨麧		○○○○	礥○○○

影	恩穩饂○	咽隱偃乙	因○印一
喻	○○○○	○○○○	寅引胤逸
來	○○○○	粦嶙遴栗	
日	○○○○	仁忍刃日	
韻	痕很恨沒	眞軫震質	
		殷隱焮迄	

臻攝外三 (진섭외삼)　合口呼 (합구호)　通門 (통문)

見	昆鯀緄骨		麇庫攈亥	均○昀橘
溪	坤閫困窟		困稇壼屈	○麇○○
郡	○○○○		羣窘郡倔	愂○○繘
疑	麇○顝兀		輑輑○峮	○○○○
端知	敦頓頓咄		屯○飩竹	
透徹	暾○黁宊		椿楯○畜	
定澄	屯囤鈍突		酏蜳○逐	
泥娘	麇炳嫩訥		○○○衂	
幫非	奔本奔不		分扮糞弗	
滂敷	濆杸噴鼥		芬忿湓拂	
並奉	盆獖坌勃		紛憤分佛	
明微	門懣悶沒		文吻問物	
精照	尊劗焌卒	竣○○焌	諄準稕○	遵○儁卒
清穿	村忖寸猝	帪○○○	春蠢○出	逡踆○焌
從狀	存鱒鷷捽	○○○○	脣盾順術	鷷瘯○崒
心審	孫損巽窣	○○○率	○賰舜絀	荀筍襚卹
邪禪	○○○○	○○○○	純○○○	旬楯殉○
曉	昏緫惛忽		薰○訓颴	○○○獝
匣	魂混圂搰		○○○○	○○○驈
影	最穩搵頜		贇惲醞蔚	蝹○○○
喻	○○○○		筠殞運颺	勻尹○聿
來	論愸論栽		淪輪淪律	

日	○○○○		犉㬷閏○
韻	魂混䰟沒		諄準稕術
			文吻問物

江攝外一(강섭외일) 開合呼(개합호) 侷門(국문)

見	㊣	江講絳覺	
溪		腔控𩗺㲉	
郡		○○○䃺	>開口呼
疑		峨○○嶽	

知		椿㧍戇斲	
徹		憃○𢱢踔	
澄		幢○轛濁	>合口呼
娘		𦗁𢶏𩇩搦	

幫		邦𢬵○剝	
滂		胮𢶒脪璞	
並		龐样○雹	>開口呼
明		厖佲憴邈	

照		○○○𪮏	
穿		囪𠐺稷妠	
狀		淙○漴浞	>合口呼
審		雙䉶淙朔	
禪		○○○○	

曉		肛俇慃吒	
匣		栙項巷學	
影		胦㦲○渥	>開口呼
喻		○○○○	

來		瀧○○犖	
日		○○○○	>合口呼
韻		江講絳覺	

宕攝內五(당섭내오) 開口呼(개구호) 侷門(국문)

見	岡魟鋼各	江講絳覺	薑繦疆腳	
溪	康慷抗恪	腔控羫殼	羌硈唴卻	
郡	○○○○	○○○矐	強勥弜噱	
疑	卬䘀柳㗷	峃○○嶽	卬仰䘌虐	

端知	當黨讜沰		張長帳芍	○○○○
透徹	湯矘儻託		募昶悵㲉	○○○○
定澄	唐蕩宕鐸		長丈仗著	○○○○
泥娘	囊曩儾諾		娘○釀諾	○饟○○

幫非	幫榜榜博	邦絜○剝		○○○○
滂敷	滂髈脧䫎	胮㩧脹璞		○○○○
並奉	傍○傍泊	龐棒○雹		○驃○○
明微	茫莽漭莫	尨佄恾邈		○○○○

精照	臧駔葬作		章掌障灼	將獎醬爵
清穿	倉蒼稶錯		昌敞唱綽	瑲搶蹡鵲
從狀	藏奘藏昨		○○○○	牆蔣匠嚼
心審	桑顙喪索		商賞餉爍	襄想相削
邪禪	○○○○		常上尚妁	詳像○○

曉	炕肝○夅	肛儖慃咔	香響向謔	
匣	航沆吭涸	棒項巷學	○○○○	
影	鴦块盎惡	胦慃○渥	央鞅怏約	
喻	○○○○	○○○○	陽養漾藥	

| 來 | 郎朗浪落 | | 良兩亮略 | |
| 日 | ○○○○ | | 穰壤讓若 | |

| 韻 | 唐蕩宕鐸 | 江講絳覺 | 陽養漾藥 | |

宕攝內五(당섭내오) 合口呼(합구호) 侷門(국문)

見	光廣㧬郭	恇獷誑玃
溪	觥懭曠廓	匡恇眶躩

| 郡 | ○○○○ | | | 狂佂狂懩 | |
| 疑 | ○○○瓊 | | | ○○○○ | |

端知	○○○○	椿挏戇戁			
透徹	○○○○	惷○瞢逴			
定澄	○○○○	幢○軵濁			
泥娘	○○○○	攏聬鬞搦			

幫非				方昉放轉	
滂敷				芳髣訪薄	
並奉				房○防縛	
明微				亡网妄○	

精照	○○○○	○○○捉	莊㑉壯斮	○○○○
清穿	○○○○	囪億稷娖	創碏剟○	○○○○
從狀	○○○○	淙○漴浞	牀○狀斮	○○○○
心審	○○○○	雙聳淙朔	霜爽霜○	○○○○
邪禪	○○○○	○○○○	○○○○	○○○○

曉	荒慌荒霍			○悅況曤	
匣	黃晃攩穫			○○○○	
影	汪滰汪膜			○怔○嬞	
喻	○○○○			王往迋籰	

來	○○○硴	瀧○○犖	○○○○	
日	○○○○	○○○○	○○○○	
韻	唐蕩宕鐸	江講絳覺	陽養漾藥	

効攝外五(효섭외오) 開口呼(개구호) 廣門(광문)

見	高暠誥各	交絞教覺	驕矯驕脚	驍皎叫○
溪	尻考犒恪	敲巧敲殼	趫槁趬卻	蹻磽竅○
郡	○○欅○	○○○嶠	喬鐈嶠噱	翹狢翹○
疑	敖顉傲号	聱齩樂嶽	○○虐虐	堯齴顤○

| 端知 | 刀倒到沰 | 嘲獠罩○ | 朝○○芍 | 貂鳥吊○ |

透徹	饕討韜託	颾翶趠○	超巐超皅	祧朓糶○
定澄	陶道導鐸	桃○棹○	鼂肇召著	迢窕藋○
泥娘	猱惱腝諾	鐃獿橈○	○○○逽	嬈嬲尿○
幫非	褒寶報博	包飽豹剝	鑣表裱○	飈褾標○
滂敷	橐皫犥顃	胞砲奅璞	○麃○○	奧縹剽○
並奉	袍抱暴泊	庖鮑齙雹	○瀌藨○	瓢標驃○
明微	毛務帽莫	茅卯皃邈	苗○廟○	蜱眇妙○
精照	糟早竈作	摷爪抓○	昭沼照灼	焦湫醮爵
淸穿	操草橾錯	謥燋抄○	怊麷覞綽	鍫悄陗鵲
從牀	操皁漕昨	巢巢巢○	○○○○	樵灑噍嚼
心審	騷嫂喿索	稍㪔稍○	燒少少爍	宵小笑削
邪禪	○○○○	○○○○	韶紹邵妁	○○○○
曉	蒿好耗㬻	虓嗃孝吒	嚻○○謔	曉膮歊○
匣	豪晧号涸	肴澩效學	○○○○	○皛顤○
影	爊襖奧惡	顱拗靿握	妖夭○約	要杳要○
喩	○○○○	○○○○	鴞○○○	遙鷕燿藥
來	勞老嫪落	顟膠○○	燎繚尞略	聊了顤○
日	○○○○	○○○○	饒擾饒若	○○○○
韻	豪晧号鐸	肴巧效覺	宵小笑藥	

流攝內七(류섭내칠) **開口呼**(개구호) **狹門(협문)**

見	鉤苟遘各		鳩久救腳	樛糾赳○
溪	彄口寇恪		丘糗齨卻	區嫗踆○
郡	○○○○		裘舅舊噱	虯蟉趴○
疑	齵藕偶咢		牛鼸鼿虐	聱○○○
端知	兜斗鬭沰		輈肘晝芍	丟○○○
透徹	偷黈透託		抽丑畜皅	○○○○
定澄	頭𪏮豆鐸		儔紂胄著	○○○○
泥娘	羺穀槈諾		啁狃楺逽	○○○○

幫非	○探○卜	○○○○	不岳富仁	彪○○○
滂敷	桴剖仆扑	○○○○	飊恒副○	○○○○
並奉	裒部踣暴	○○○○	浮婦復幞	淲○○○
明微	呣母茂木	謀○莓○	○○○媚	繆○謬○

精照	繌走奏作	鄒掫皺灼	周帚咒責	遒酒僦爵
清穿	瑳趣輳錯	搊鞦篘綽	犨醜臭策	秋○趥鵲
從狀	剿鯫剿作	愁穱驟酢	○○薵○	酋湫就嚼
心審	涷安瘷索	掺湊瘦爍	收首狩棟	修滫秀削
邪禪	○鱔○○	○○○○	讎受授妁	囚○岫○

曉	齁吼蔲膗		休朽齅詬	鱟○蜈○
匣	侯厚候涸		○○○○	○○○○
影	謳歐漚惡		憂颱憂約	幽黝幼○
喻	○○○○		尤有宥○	猷酉狖藥

來	樓塿陋落		劉柳溜略	鏐○○○
日	○○○○		柔蹂輮若	○○○○
韻	侯厚候鐸		尤有宥藥	

康熙字典

[考證][補遺][備考][等韻]（終）

康熙字典(강희자전)

初版 印刷 : 2020년 12월 1일
初版 發行 : 2020년 12월 10일

解 說 者 : 田 桂 賢
發 行 者 : 金 東 求

發 行 處 : 明 文 堂(1923. 10. 1 창립)
서울시 종로구 윤보선길 61(안국동)
우체국 010579-01-000682
Tel (영)733-3039, 734-4798, 733-4748
Fax 734-9209
Homepage : www.myungmundang.net
E-mail : mmdbook1@hanmail.net
등록 1977. 11. 19. 제1~148호

ISBN 979-11-90155-61-8 (11720)
값 70,000원